D1574314

GESCHIEDENIS VAN DE LAGE LANDEN

GESCHIEDENIS VAN DE LAGE LANDEN

JAAP TER HAAR

COMPLETE EDITIE

FIBULA-VAN DISHOECK

Tweede druk, 1990

ISBN 90 228 3664 9 / CIP
NUGI 641
© 1985 Fibula-Van Dishoeck, Weesp
© 1990 this edition Unieboek b.v., Postbus 97, 3990 DB Houten

Grafische vormgeving en omslagontwerp: Peter Postmus
Drukken en binden: Amilcare Pizzi, Milaan

In vele gevallen is in deze editie bij de illustraties niet het gehele beeld van de schilderijen, gravures etc. weergegeven, doch is gekozen voor het in relatie met de tekst essentiële gedeelte.

Alle rechten voorbehouden. Niets uit deze uitgave mag worden verveelvoudigd, opgeslagen in een geautomatiseerd gegevensbestand, of openbaar gemaakt, in enige vorm of op enige wijze, hetzij elektronisch, mechanisch, door fotokopieën, of enig andere manier, zonder voorafgaande schriftelijke toestemming van de uitgever.
No part of this book may be reproduced in any form, by print, photoprint, microfilm or any other means, without written permission from the publisher.

Voor alle kwesties inzake het kopiëren van een of meer pagina's uit deze uitgave: Stichting Reprorecht, Prof. E.M. Meijerslaan 13, 1183 AV Amstelveen.

Woord vooraf

Een geschiedenis als deze maak je niet alleen: voorop staan de vele miljoenen mensen, die vanaf de prehistorie tot het heden in de Lage Landen hebben geleefd met hun strijd, hun vreugde, hun leed, hun angst, hun hoop en hun liefde, en die allen, met elkaar de werkelijke geschiedenis hebben gemaakt.

Daarnaast zijn er natuurlijk degenen die bij het totstandkomen van dit werk hebben meegewerkt, zoals bij voorbeeld de redacteuren, de illustratie-deskundigen, de grafische vormgevers, de drukkers, de zetters en binders.

Heel veel dank ben ik verschuldigd aan een groot aantal historici uit Nederland en België, die mijn manuscripten hebben bekeken en mij met hun aanwijzingen en kritiek voor historische onjuistheden hebben behoed.

Zelf heb ik deze geschiedenis geschreven met het doel het verleden zo toegankelijk mogelijk te maken voor een groot publiek; misschien wel vooral omdat een volk dat in het heden leeft en het verleden niet kent, kwetsbaar en onzeker de toekomst tegemoet gaat.

Het verheugt mij dat, met deze nieuwe editie in één deel, het werk voor een nieuwe generatie beschikbaar komt.

Voor mij persoonlijk heeft het schrijven van deze geschiedenis in ieder geval tot resultaat gehad, dat ik de korte tijd die ik op deze wereld kan rondkijken – afwegend tegen het verleden – intenser beleef.

Jaap ter Haar

Chronologie

VANAF 1500 v. CHR.

Prehistorie en Romeinse Tijd
Op deze camee is keizer Augustus afgebeeld, een van de belangrijkste keizers van het Romeinse rijk, dat zijn invloed over geheel Europa deed gelden.

VANAF 500

Middeleeuwen en Bourgondische tijd
De schaking van gravin Richildis van Henegouwen door Boudewijn van Vlaanderen, tegen de achtergrond van een typisch middeleeuwse entourage met een kasteel en boogschutters.

VANAF 1500

De Nederlanden tot de beeldenstorm
Beeldenstormers, uiting van fel verzet tegen de overheersing door het katholieke Spaanse bewind, aan het begin van de Tachtigjarige Oorlog.

VANAF 1566

De Opstand 1566 - 1609
Het beleg van Deventer door de Staatse troepen in 1578. Een poging van de opstandelingen om de stad, die zich onder Spaanse heerschappij bevond, te ontzetten.

VANAF 1609

De Republiek in de 17de eeuw
Het Muiderslot, middelpunt van het culturele leven van de 17de eeuw, waar Hooft en zijn Muiderkring met poëzie en muziek bijeenkwamen.

VANAF 1702

De Republiek 1702 - 1780

Een pachtersopstand in Leiden. De stad Leiden behoorde in de 17de en 18de eeuw, als een centrum van handel, wetenschap en cultuur tot de belangrijkste steden van de Republiek.

VANAF 1780

Een tijd van revoluties 1780 - 1848

De overwinning van de Nederlandse troepen bij Leuven tijdens de Tiendaagse veldtocht op 12 augustus 1831. Hierna vielen de Lage Landen definitief in twee staten uiteen.

VANAF 1848

Doorbraak van het liberalisme 1848 - 1870

De Haven van Antwerpen in de tweede helft van de 19de eeuw. De industrialisatie in de Lage Landen werd onder andere gekenmerkt door de overgang van zeilvaart naar stoomvaart.

VANAF 1870

De overgang naar de 20ste eeuw 1870 -1914

Het café 'Milles Colonnes' aan het Rembrandtplein te Amsterdam geeft een goed beeld van het stedelijk uitgaansleven aan het begin van de twintigste eeuw.

VANAF 1914

Nederland en België in de 20ste eeuw

Verboden demonstratie in 1930. De arbeidersstand was zich van zijn rechten bewust geworden en eiste zijn deel van de welvaart.

Inhoud

Prehistorie – Romeinse tijd 9
In den beginne 9
Boeren in de steentijd 12
Op naar de bronstijd 18
Van brons- naar ijzertijd 22

Romeinse tijd – Middeleeuwen 26
De komst van de Romeinen 26
De romanisering 28
De Romeinen in de Lage Landen 33
De opstand der Bataven 37
De romanisering 40
Jaren van verval 46
De ondergang van het Romeinse rijk 48

Middeleeuwen – Bourgondische tijd 52
De donkere middeleeuwen 52
Franken, Friezen en Saksen 58
De opmars van het christendom 62
Bonifatius 66
Karel de Grote 69
Onder de keizerskroon 73
Deling van het Frankenrijk 78
De Noormannen 83
Opkomst van het graafschap Holland 86
De kruistochten 90
Opkomst der steden 94
Op de drempel van de 13de eeuw 96
Het Diets 100
Floris V, der keerlen God 105
Slag bij Woeringen 108
De moord op Floris V 111
De Guldensporenslag 114
Hollanders en Vlamingen 117
Beelden uit de middeleeuwen 121
Playboy in de middeleeuwen 124
Hoekse en Kabeljauwse twisten 127
Het woud zonder genade 131
Onder Beierse hertogen 134
Vrouwe Jacob 138
Jacoba's strijd en ondergang 142
Filips de Goede 145

Bourgondische tijd – Twaalfjarig Bestand 150
Onder het Bourgondische hof 150
De dood van Filips 155
Karel de Stoute 158
Einde van het Bourgondische rijk 162
Maximiliaan van Oostenrijk 165
De wereld is rond 169
Over de drempel naar de nieuwe tijd 172
Prins Karel, heer der Nederlanden 177
Don Carlos, koning bij de gratie Gods 182
Keizer Karel en Maarten Luther 186
Onderdanen op drift 191
Landvoogdessen in de Lage Landen 195
Hervormer Calvijn 200
Over onrust en oorlog 204
De laatste jaren van Karel V 209
14 bisdommen: begin van verzet 214
Filips II hakt de knoop door 219
De beeldenstorm 222
Komst der Spanjaarden 226
Begin van de Tachtigjarige Oorlog 230
De watergeuzen nemen Den Briel 234
Van Alkmaar begint de victorie 239
Leidens ontzet 243
De Pacificatie van Gent 247
De eenheid breekt 251
De dood van Willem van Oranje 256
De komst van Leicester 260
De Armada 266
Prins Maurits in het offensief 273
Heemskerk naar Nova Zembla
Houtman en De Keyser naar De Oost 277
Over zeerovers en de dood van Filips II 283
1600: Slag bij Nieuwpoort 288
Naar een twaalfjarig bestand 291

Einde Tachtigjarige Oorlog – Patriottentijd 294
In het jaar 1609 294
Remonstranten en contra-remonstranten 300
Rellen en een staatsgreep 304
Oldenbarnevelts dood 307
De laatste jaren van het bestand 311
De oorlog hernieuwd 317
Als Den Bosch geus wordt 323
Het Zuiden verduurt 326
Over schilders en slaven, tulpen en sex 330
O, Tromp, men zal uw deught trompetten 335
Op naar de vrede van Munster 339
Prins Willem II 344
Oorlog met Engeland 349
Rellen in Noord en Zuid 354
Michiel Adriaansz. de Ruyter 358
De Tweede Engelse Oorlog 363
De tocht naar Chatham 367
Johan de Witt 372
Het rampjaar 1672 376
Moord op de gebroeders De Witt 380
Het rampjaar glijdt voorbij 384
Naar de vrede van Nijmegen 388
Koning-stadhouder Willem III 392
Lodewijk XIV en Willem III 397
De Republiek omstreeks 1700 402
De Spaanse successieoorlog 407
In de eeuw van goud 411
Over pruiken, bokkepruiken en regenten 417
De Oostenrijkse successieoorlog 421
Hervormingsbewegingen en Prins Willem IV 424
Machteloosheid in de Republiek 428
De vierde oorlog met Engeland 432

De Franse Tijd – Negentiende en Twintigste Eeuw 438
Opkomst der patriotten 438
Burgeroorlog? 443
Tijdens de Franse Revolutie 446
Exit Willem V 450
De fluwelen revolutie 452
Magere soep 456
Over opstand en strijd 460
Naar eenhoofdige leiding 465
In het koninkrijk Holland 468
Onder de keizerskroon 472
De bevrijding en Waterloo 476
Het koninkrijk der Nederlanden 480
De Belgen komen in verzet 484
België wordt een koninkrijk 488
'Het loon der zonde is de dood daar is een hel en hemel, kinderen!' 492
Naar een nieuwe grondwet 495
Over Vlamingen en Walen 499
Thorbecke en de nieuwe grondwet 502
Gebed van een onwetende 505
Voor Leopold de Kongo, voor Aletta de doktersbul 509
Over Abraham de Geweldige, Dolle Mina en Domela Nieuwenhuis 512
Kiesrecht voor de Belgen 517
Over de drempel naar de 20ste eeuw 520
Over Van Heutsz en de rooie rakkers 523
De eerste wereldoorlog breekt uit 529
De weg naar de vrede 535
De polsslag van de tijd 538
In de jaren twintig 540
De grote crisis begint 546
België tussen twee wereldoorlogen in 550
In de schaduw van morgen 553
Wereldoorlog nummer twee 556
De oorlog in mei 560
De achttien meidagen in België 563
De bezetting 565
De wrede zee 569
Het verzet 571
De massamoord op de joden 573
Bevrijding van België – Dolle dinsdag in Nederland 576
Van hongerwinter naar bevrijding 579
Van het heden naar de toekomst 583

Register 590
Verantwoording van de afbeeldingen 599

Prehistorie – Romeinse tijd
In den beginne

In den beginne schiep God den hemel en de aarde. De aarde nu was woest en ledig, en duisternis lag op den vloed en de Geest Gods zweefde over de wateren. En God zeide: Er zij licht; en er was licht. En God zag dat het licht goed was, en God maakte een scheiding tussen het licht en de duisternis. En God noemde het licht dag, en de duisternis noemde Hij nacht. Toen was het avond geweest en het was morgen geweest: de éérste dag! (Genesis:I:1-6)

De aarde in de ruimte, gezien vanaf de maan. Foto gemaakt vanuit de Apollo VIII.

Omstreeks 4.500.000.000 jaar geleden gebeurt een onachterhaalbaar wonder. Kosmische krachten breken los. Een gloeiend brokstuk scheurt los van de zon. Als een apart hemellichaam begint de aarde haar bestaan.

In die klomp, die brandend en afkoelend 4,5 miljard jaar geleden door de eeuwigheid wentelt, liggen dán al de bestanddelen voor onstuimige rivieren en trotse bergen, voor dromerige kokospalmen en complexe industrieën. Eveneens voor duizenden schimmelsoorten, talloze vissen, vogels, zoogdieren én voor mensen. Het ongrijpbare wonder: dat in de woeste, ledige aarde van 4.500.000.000 jaar geleden de kiemen aanwezig zijn voor een menselijke angstschreeuw, voor een plek die de Nederlanden zal gaan heten, zélfs voor de regels in dit boek. Want in het heelal wentelt de brandende en afkoelende aarde, die dit alles in zich droeg vanaf de eerste dag.

En God zeide: Dat de aarde jong groen voortbrenge, zaadgevend gewas, vruchtbomen, die naar hun aard vruchten dragen, welke zaad bevatten... (Genesis I:II)

Ongeveer 3.000.000.000 jaar geleden ontstaan op de dan afgekoelde aarde algachtige organismen. Met tienduizenden eeuwen als bondgenoot ontwikkelen zij zich tot schelp- en schaaldieren, planten en bomen, tot kruipend gedierte, tot vogels.

Daar ligt dan de aarde: met de zeeën en het land op de groene grondslagen der gewassen gevestigd. De bergen rijzen op en de dalen zinken neer, terwijl de bronnen water naar de beken zenden. De dieren planten zich voort met een onnaspeurlijk instinct en leven met de scheiding tussen de dag en de nacht. De maan staat daar – gemaakt voor de vaste tijden van maanden en jaren. Met de zon en de sterren spant de hemel zich als een mantel van licht en duisternis om de aarde heen.

De dageraad heeft zijn plaats gekregen. Ondoorgrondelijke geheimen liggen verborgen in de bodem en in de grillige wolkgevaarten.
'Hoe wordt de dauw verwekt? Vanwaar blaast de oostenwind over heuvels en vlakten...?' Na al die miljarden jaren is er nog steeds niemand, om die vragen te stellen.

Oerbossen rijgen zich aaneen. Metershoge dinosaurussen strekken hun hals traag naar het groen van de bomen. Een overvloed van vogels vliegt over bergen, vlakten en meren voort. Slijpend en schurend stromen rivieren naar zee, terwijl de mosasaurus met zijn kop van anderhalve meter langs de oevers voortzwemt.

Duizende eeuwen neemt de natuur onbelemmerd haar loop. Het wordt lente, zomer, herfst en winter. Dieren kruipen uit eieren. Zij verscheuren elkaar en houden elkaar in stand. Vruchten rijpen, vallen neer, rotten weg. Groots en overstelpend wentelt de aarde in het heelal – wachtend op de mensen, die eens zullen komen...!

En God zeide: Laat Ons mensen maken naar ons beeld, als onze gelijkenis, opdat zij heersen over de vissen der zee en over het gevogelte des hemels en over het vee en over de gehele aarde... En God schiep den mens naar zijn beeld...; man en vrouw schiep Hij hen...! (Genesis I:26–27)

10.000.000 jaar geleden weerklinkt in Afrika het gegrom van mensapen, die voortgekomen zijn uit de stam van de *Proconsul*.
'Gggggrrr...!' Zij slingeren zich door bomen op zoek naar voedsel, op zoek naar beschutting voor hun kroost. Zij eten, paren, vechten en sterven, terwijl de stam in duizenden eeuwen geleidelijke veranderingen ondergaat:

De slang echter zeide tot de vrouw... God weet dat ten dage, dat gij daarvan eet, uw ogen geopend zullen worden... En de vrouw zag... dat de boom begeerlijk was om daardoor verstandig te worden, en zij nam van zijn vrucht en at, en zij gaf ook haar man, die bij haar was, en hij at. Toen werden hun beider ogen geopend en zij bemerkten, dat zij naakt waren... (Genesis 3:6–7)

Een groep van de *Homo Habilis* ontgroeit de bossen en ontwikkelt op de savannen van Midden- en Zuid-Afrika een rechtopgaande gang. Deze *rechtopgaanden* hebben de grens van het dierenrijk overschreden. Wankelend tussen mens en dier – met een herseninhoud die groter is dan die van de chimpansee – speuren zij naar de geheimen en mogelijkheden, waarmee de schepping hen omringt.

Grommend en soms brullend trekken zij in groepen voort:
'Ggghirr... Ggghorr...!' De geluiden die zij kunnen maken, worden steeds beter begrepen door de rest van de stam. Klanken krijgen betekenis:
'Lopen!' 'Gevaar!' 'Stoppen!'

Hun loopsnelheid neemt toe. Nu zij niet meer klimmen en de handen vrijgekomen zijn, grijpen zij naar een steen of een stok. Zij doen de formidabele ontdekking, dat zij met knotsen kunnen slaan en een vijand kunnen uitschakelen door een slag met een scherpe steen.

Voortzwervend langs rivieren, omdat water onontbeerlijk is, zoeken zij eetbare vruchten en planten. Gedreven door honger zetten zij de jacht op andere dieren in. Een verbeten strijd. Een zegevierend geschreeuw. De jachtbuit wordt neergesmakt. 'Rats-rats!' Ze scheuren stukken vlees weg en verslinden het – dampend en rauw. Door bedreigingen van buitenaf groeit het gemeenschapsgevoel. Als tropische regenbuien uit de wolken neerstorten, slepen zij hun jongen naar een overhangende rotswand die beschutting biedt.

Een tijdsbestek van meerdere miljoenen jaren verstrijkt, als *de mens* zich als een afzonderlijke tak van de primaten (mensapen) afscheidt en tot ontwikkeling komt. Omdat de mensen *verstand* hebben en geleerd hebben te denken, zwerven zij met vuistbijlen en speren uit om over de aarde te gaan heersen.

Deel van de wervelkolom van de mosasaurus, gevonden bij Maastricht.

Afdruk van een varen uit het Carboon (250 miljoen jaar geleden), gevonden in een Limburgse mijn.

Prehistorie – Romeinse tijd

Toen de mensen zich op de aarde begonnen te vermenigvuldigen en hun dochters geboren werden, zagen de zonen Gods, dat de dochters der mensen schoon waren, en zij namen zich daaruit vrouwen, wie zij maar verkozen... De reuzen waren in die dagen op de aarde, en ook daarna, toen de zonen Gods tot de dochters der mensen kwamen en zij hun (kinderen) baarden. Dit zijn de geweldigen uit den voortijd, de mannen van naam... (Genesis 6:1–4)

De mannen van naam! Hoe prachtig klinkt dat voor de éérsten in het menselijk wordingsproces, waarvan de raadsels nog steeds niet zijn opgelost. Als een man van naam liep duizenden eeuwen geleden de *Pecanthropus erectus* op Java rond – etend van vruchten en op zijn hoede voor gevaar. Hij kijkt naar de hemel en beleeft de trillende stilte die aan een onweer voorafgaat. Hij voelt zijn angst, als een ratelende donderslag op een bliksemschicht volgt. Hij hoort in dat ongerepte landschap de lokroep van een vogel, ziet hoe twee bokken onverbiddelijk vechten om het leiderschap van de kudde, en ervaart het wonder van geboorte en dood. En de eeuwen verglijden als een zucht in de wind.

Temidden van alle ondoorgrondelijke geheimen zijn in een periode van miljoenen jaren uiteindelijk de *Neandertalers* ontstaan, die als de directe voorgangers van de moderne mens worden beschouwd. Zij beheersen het toneel in Europa gedurende de eerste helft van de láátste ijstijd, die tot ongeveer 35.000 jaar geleden heeft geduurd.

Om zich tegen het ruwe klimaat te beveiligen, zoeken de Neandertalers beschutting in diep uigesneden dalen, waar zij onder overhangende rotswanden en in ondiepe rotsholen hun bivak opslaan.

Alleen in de zomer wagen zij zich voor de jacht op de Noordeuropese vlakten – hoewel de gemiddelde juli-temperatuur daar dan nog geen 10° Celsius bereikt. Zo komen dan de Neandertalers naar de Lage Landen, zoals bodemvondsten in Hogersmilde, Hijken en verspreide vondsten in Limburg hebben aangetoond.

Drenthe, 50.000 tot 45.000 jaar geleden: Een groep mammoet-jagers heeft bij het huidige Hogersmilde een pleisterplaats gevonden. Van daaruit zijn ze op jacht gegaan en trekken zij met hun enigszins gebogen gang over de toendra voort: korte, gedrongen gestalten met lange armen in de wijdse verlatenheid.
'Heei!'

Af en toe schreeuwen en grommen zij schorre, rauwe kreten naar elkaar. Gearticuleerd spreken kunnen zij nog niet, omdat er maar weinig keelruimte voor de tong beschikbaar is.

De ogen onder de platte schedels kijken loerend rond. Zij speuren naar kuddes mammoeten, rendieren, naar wisents en de wolharige neushoorn. Voor die dieren zijn ze naar het noorden gegaan.
'Kijk!'

Eén van de jagers wijst naar een kudde mammoets in de verte.
'Veel!'

Een grijns. Een zenuwachtig likken langs een lip. Langzaam sluipen zij voort over het harde gras, langs dwergberken en kruipwilgen, met gepunte stenen vuistbijlen slagklaar in de hand.
'Die!'

Met een kennersblik heeft de leider van de groep de mammoets getaxeerd en zijn keus bepaald. Er is vlees nodig. Een been voor nieuwe spiesen. En huiden voor een nieuwe tent. Zij hebben al eerder een valkuil gegraven. Daarin hopen zij nu zo'n reusachtige mammoet te verstrikken.

'Ja!'

Ze verspreiden zich, slikken hun angst weg. Vanuit de zware oogkassen nemen zij iedere beweging van de kudde op. Zij sluipen behoedzaam naar een mammoetwijfje, dat wat afgezonderd staat.
'Nu!'

Schreeuwend en brullend springen ze op een teken naar voren en zwaaien knotsen en spiesen wild heen en weer.

Opgeschrikt komt de kudde in beweging. Een jonge mammoet wordt half omvergelopen in de wilde vlucht.
'Hoei... hoei!'

De jagers hebben hun kring gevormd. Ze richten hun speren en werpen op het juiste moment. Opeens schiet een oude mammoet-stier opzij en keert. Woedend stuift hij naar voren met gebogen kop. 'Ràng!' Met zijn kromme slagtanden stoot hij toe. Een schreeuw. Een jager buitelt bloedend door de lucht. Hij is al dood als hij op de grond smakt. De toendra dreunt onder het gestamp van de voortsnellende kudde.

Die avond weerklinkt geweeklaag in het kleine kamp, waar één leger onbeslapen blijft.

Pas vier dagen later valt een opgejaagde mammoet struikelend in de kuil. Verbeten stoten de jagers toe. Een speer boort zich door een oog. Vuistbijlen dalen onder gejuich op de grote mammoetschedel neer.

Vreugde in de pleisterplaats van de Neandertalers bij Hogersmilde. Hompen vlees, mals geslagen tussen stenen. Graaiende handen. Tevreden gesmak en druipend bloed langs de harige kinnen. Een lucht van ongewassen lijven en van een mammoetlijk, als met vele soorten schrapers en krabbers de huid wordt schoongemaakt. Voorlopig is er eten genoeg.

De Neandertalers houden geen stand. In het midden van de laatste ijstijd, omstreeks 35.000 jaar geleden, verdwijnen zij uit Europa, als de *Homo recens fosilis* zijn opwachting maakt. Waar en hoe deze mensen ontstaan zijn, is niet bekend. Waarschijnlijk zijn zij hun zwerftocht vanuit het zuidoosten (Palestina) begonnen.

Met een lichaamsbouw en een hersen-inhoud die geheel met die van de hedendaagse mens overeenstemmen, kunnen de nieuw gekomen jagers zich goed handhaven in het dan nog koude klimaat. Zij beschikken niet alleen over zorgvuldig bijgewerkte stenen wapenen – pijl- en speerpunten en harpoenen die van weerhaken zijn voorzien – maar ook over gespecialiseerde jachttechnieken:

'Ik kies voor de mammoet!'
'Ik ga bij de rendierjagers!'
'Geef mij maar het wilde paard!'

De schedel van de Australopithecus (de oudst bekende menselijke schedel), de Homo Erectus, de Neandertaler en de Cromagnonmens. Tussen de Homo Erectus en de Neandertaler ligt bijna één miljoen jaar.

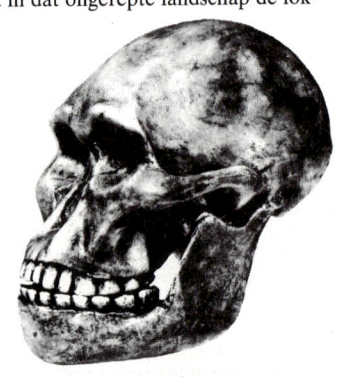

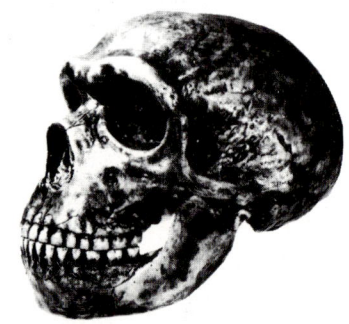

Paleolithische vuistbijl, gevonden in Ospel.

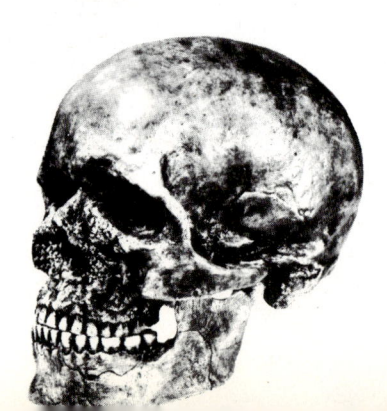

Zo zullen de jongens hebben gesproken, alvorens zij bij een bepaalde groep, voor de jacht op één diersoort, werden ingedeeld.

Met priemen en naalden van been vervaardigen deze moderne jagers hun kleding en hun ronde tenten, waarvan de randen met mammoettanden zijn verzwaard. Later doen zij dat met stenen, want de mammoet en ook de wolharige neushoorn sterven uit.

Jagers in de vroege steentijd! Wat zij dachten, zeiden, droomden en hoopten is onachterhaalbaar verloren gegaan...

De schemer valt. Ze lopen door het donker wordende bos. Herfst! Bladerloze bomen steken spookachtig af tegen de grauwe lucht. Ineengegroeide struiken en bemoste stronken, slijmerige paddestoelen en een geur van verrotting. Kusch grijpt de arm van zijn vader. Hoe angstaanjagend is een bos in de vallende duisternis. Hij voelt honderd ogen op zich gericht, alsof een onbekend wezen ieder ogenblik van achter een boomstam te voorschijn springen kan. Het bos heeft duizenden geheimen: loerende, onheilspellende geheimen.

'Zijn we verdwaald?'
'Bang?'
'Het is of de takken ons zullen grijpen!'

Zijn vader knikt, zegt verder niets.

Het is doodstil en tóch lispelt het woud. Een krakende tak, een opvliegende vogel. En opeens, ver weg, brult een holebeer die in zijn slaap is gestoord.

'Wacht even, Kusch!'

De jachtbuit wordt neergesmeten. Kusch staat even alleen op een open plek, als zijn vader zich op een stronk zet om zijn behoefte te doen. Muggen dansen op het geronnen bloed en op de ogen van het jonge hert. Gespannen kijkt Kusch om zich heen. Bewóóg daar iets achter die kromgetrokken struik? Klonk daar de lach van een bosgeest, of... Het ganse woud lijkt te leven, nu de nacht als een donkere huid over bomen en planten glijdt.

'Kom!'

Kusch schrikt van de stem van zijn vader, die het hert weer over zijn schouders slingert.

'Is het nog ver?'
'Misschien!'

Het begint te regenen. Hoe zijn vader de weg weet, is voor Kusch een raadsel, want kans om de rook van het kamp nú nog te zien is er niet meer. Het geruis en gedrup van het neerstromende water overstemt nu alle geluiden van het woud. Bomen. Bewegende takken. Steeds snellere voetstappen op de drassige grond. Angst!

Opeens zijn ze er. Alle vermoeidheid valt weg. Kusch rent het laatste stuk vooruit, springt de tent binnen.

'Pas op nou!' zegt zijn moeder net als anders. Alsof er helemaal niets is gebeurd.

Later, als hij gegeten heeft en warm tussen de huiden ligt, luistert Kusch naar het neerslaan van de regen op de tent. Er is een lek, dat nog steeds niet is hersteld. Hij hoort het gesteun van zijn vader, die nu bij zijn moeder ligt. Vertrouwde geluiden van een omhelzing. Een hand, die liefkoost. Een fluistering. Dan een tevreden zucht.

'Moeder-van-mensen,' fluistert Kusch dankbaar. Hoe goed was het om thuis te zijn.

Gegrepen door het leven en de krachten om zich heen, beginnen de jagers uit de vroege steentijd 'kunst' te bedrijven. Zij graveren stukken been met figuren die onheil kunnen bezweren. Zij beeldhouwen reliëfs in zachte steen. Bij het flakkerend vuur van fakkels verfraaien zij met wandschilderingen en tekeningen de grotten die hun heligdommen zijn. Tussen 25.000 en 15.000 komt hun schilderkunst, waarin de oeros domineert, tot grote bloei.

In die grotten bedrijven zij hun magie voor de jacht: met berekoppen op het hoofd voeren zij jachtdansen uit, en wenden zo de vrees voor de holebeer van zich af. Vol overgave houden zij daar de riten, die voor vruchtbaarheid en voortplanting onontbeerlijk zijn.

In die periode vormen de lage landen een deel van een uitgestrekte toendra. De ijskap, die Noord-Europa bedekt, heeft dan zóveel water opgeslagen, dat de zeespiegel 80 meter is gezakt. De Noordzee is drooggevallen en Engeland zit vast aan het continent.

Harde noordwest-winden blazen sneeuw op. Stormen, die het land met stuifzanden en (zuiderlijker) met löss bedekken, maken de huidige Nederlanden tot een onleefbaar gebied. Pas tegen het einde van de laatste ijstijd, trekken rendierjagers de Noordeuropese vlakten weer op. Hun zomerkampen hebben hier in de uitgestrektheid gestaan. Rook is er uit de brandhaarden opgestegen. Opgetogen mannen zijn met gevelde rendieren thuisgekomen van de jacht.

In de *midden steentijd* (8300–4400 voor Christus), zet eindelijk een definitieve klimaatsverbetering in. Er verrijzen geleidelijk bossen van dennen, eiken, iepen, essen, linden en hazelaars op de open toendra's van weleer. Door stijgende temperaturen en het smelten van veel ijs, komt de zee steeds dichterbij. Engeland wordt weer eiland!

De rendieren trekken naar het noorden weg. De jagers, die hen niet volgen, moeten zich aanpassen aan omstandigheden die na verloop van tijd zeer gewijzigd zijn. In de bossen, bij de jacht op dieren, worden *nieuwe* jachtmethoden een noodzakelijkheid. Zo ook lichtere wapens voor de jacht op vogels en klein wild. Sluipen. Sporen zoeken. Rekening houden met de wind. Een snel boogschot tussen struiken door. Geduld!

In de midden steentijd wonen er allerlei jagersfamilies in de Lage Landen, die hun tenten van huiden hebben opgeslagen aan de kust, langs de rivieren, of bij open zoetwater in het binnenland.

Voor hun levensonderhoud zwerven zij uit op zoek naar noten, vruchten, wortelen. Met hun lichte wapens van hout en been jagen zij op klein wild, vogels, bevers – en vangen daarbij nog een goed maaltje vis.

Ook de jagers die de rendieren op hun trek naar Noord-Europa hebben gevolgd, keren met hun grote stenen werktuigen gedeeltelijk weer naar de Lage Landen terug, wanneer hun eigen jachtgronden door het stijgende zeeniveau onder water zijn gelopen. Onderlinge contacten tussen al die verschillende cultuurgroepen geven de midden steentijd hier een veelzijdig beeld.

'Ràng... Ràng!'

Eén van die uit het noorden afkomstige jagers ramt met zijn *tranchetbijl* (oudste type bijl van steen) een den om. Dan begint hij een stuk stam van 3 meter lengte in te branden met vuur. Vervolgens verwijdert hij de houtskool met schrapers, krabbers en beitels van steen.

Laag na laag wordt de grove dennestam ingeschroeid. Laag na laag krabt de man de verkoolde houtvezels weg. De mensen in de steentijd hebben een kolossaal geduld bezeten – alsof het jachtige begrip tijd voor hen niet bestond. Krabben, branden, branden en krabben, tot eindelijk een kano overgebleven is. Wat een opwinding als de boot te water gaat en nieuwe perspectieven opent voor de jacht en de visserij.

Behoedzaam rondkijkend peddelt de bootbouwer de moerassen in om jacht te maken op otters, ganzen en eenden. Of om zijn netten van boombastvezel te laten zakken in het midden van een plas.

Varend over het water van het toen vochtige Drenthe hebben zijn juichkreten én vloeken, ruim 8000 jaar geleden over het water geschald!

De Venus van Willendorff (Oostenrijk), waarschijnlijk een vruchtbaarheidssymbool.

Een gedeelte van een bovenkaak van een mammoet met een kies (ongeveer 25 cm).

Rotstekening uit de grot van Lascaux (Frankrijk).

Prehistorie – Romeinse tijd

Boeren in de steentijd

Het oudst bewaarde schip ter wereld. Bij grondwerkzaamheden bij Pesse in Drenthe werd deze kano bij toeval door twee draglinemachinisten ontdekt. De boot van Pesse wordt op ongeveer 6300 voor Chr. gedateerd.

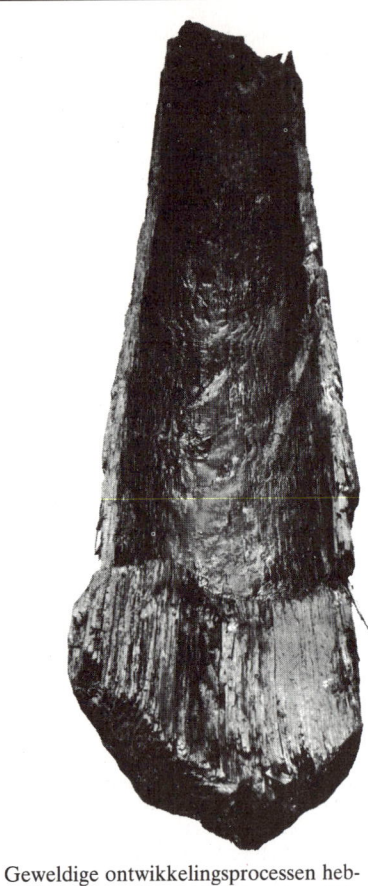

Een harpoen met weerhaken.

Terwijl de jagers- en vissersfamilies in de Lage Landen nog geheel afhankelijk zijn van wat de natuur aan eetbaars biedt, hebben volken in het Nabije Oosten omstreeks 8000 voor Christus baanbrekende ontdekkingen gedaan.

In gebieden, waar geiten en schapen voorkomen en tarwesoorten (eenkoren, emmer, gerst) groeien in het wild, is voedselproduktie langzaam op gang gekomen. In eerste instantie zijn het vissers, schelpen- en slakkeneters – die gewend zijn om op een vaste plaats te wonen – bij wie gedachten aan landbouw en veeteelt worden gewekt.

'Dood dat schaap niet. Wacht liever tot zij haar jongen heeft geworpen, dan zijn we beter af!'
'Als we de korrels van het eenkoren bewaren en uitgooien over het land, hebben we volgend jaar nog meer!'

Stap voor stap komen bewuste landbouw en veeteelt tot ontwikkeling. Dat betekent een kolossale verandering. Na duizenden eeuwen wordt de mens nu uit zijn zwervend bestaan verlost! Er ontstaan permanente nederzettingen. Reeds in het jaar 7000 verrijst Jericho als eerste stad.

De boeren verbeteren landbouwtechnieken. De veehouders beginnen te spinnen en weven, nu zij door kuddes schapen en geiten zijn omringd. Voor het transport van vet, melk, meel, kan het zware stenen vaatwerk niet worden gebruikt. Gebakken aardewerk, potten, bekers, kruiken, komen in de ovens van handige pottenbakkers tot stand.

Een volledige nieuwe levenswijze – met een nieuw cultuurpatroon – verspreidt zich vanuit het Nabije Oosten. Er ontstaan boerendorpen in het Donaugebied. En wanneer de grond door landbouw is uitgeput, of bevolkingstoename de spoeling te dun heeft gemaakt, trekken boerenfamilies weg. Zij pakken hun spullen bij elkaar en gaan met hun vee en graan op zoek naar een nieuw woongebied. Zo komen landbouw en veeteelt, nieuwe werktuigen, aardewerk, huizenbouw, omstreeks 4400 voor Christus naar de Lage Landen. Dat alles heeft natuurlijk de nodige indruk gemaakt:

Geweldige ontwikkelingsprocessen hebben zich in de vroege en midden steentijd voltrokken. De mens is niet langer een onderdeel van de natuur: hij is er gedeeltelijk bovenuit geklommen. Vanuit die halfslachtige positie streeft hij met al zijn onzekerheid en angst, naar houvast, rust en geluk. De ervaring heeft hem geleerd, dat hij niet alleen van zijn eigen beslissingen afhankelijk is, maar ook in de greep zit van de natuur om zich heen. Er zijn krachten die hij niet kent, bedreigingen (overstromingen, droogte, brand) waarop hij geen antwoord weet.

De jagers uit de steentijd leven met hun verwondering over duisternis en licht. Hoe sterk ondergaan zij hun immense beperktheid in de stilte van een maanovergoten nacht? Wat ervaren zij, als zij bij rivierduinen zand zien verstuiven, of als een geheimzinnige nevel in slierten boven de velden drijft? Lijkt het niet, of een onzichtbare godheid een mantel over zijn reusachtige schouders trekt?

Kwestbaar en nietig zwerven de jagersfamilies door verlaten streken. Is er zekerheid en voorspoed te winnen bij machten in én boven de natuur? Is het niet goed het bestaan te binden aan god of goden, van wie zoveel te winnen en zoveel te vrezen valt? En de gebeden klinken op:
'Alvader, bron van het licht, maak onze wapenen trefzeker!'
'Heerser der bossen, geef ons een goede jacht en wij beloven u een deel van de buit!'

Soms, als álles tegenloopt, lijkt dat op wraak van de goden en wanhopige mensen vragen zich af, hoe een verzoening met de hemel tot stand kan worden gebracht. Zo wordt er naar de wil der goden gespeurd. Zo gaat het geloof inhoud en richting geven aan het menselijk bestaan.

Er heerst grote opschudding bij de jagersfamilies. De hoofdmannen zijn bijeengekomen. Vol ongeloof staren zij naar Milkar, de zoon van Sef.
'Hij liegt dat de sterren ervan huilen!' mompelt een van hen. 'Milkar is een dagdromer. De goden zullen hem straffen!'

Vervloekt! Driftig kijkt Milkar de kring rond. Waar blijft de dank en erkenning voor het nieuws dat hij heeft gebracht? Beledigingen en scheldwoorden krijgt hij naar zijn hoofd.
'Ik roep mijn voorvaderen tot mijn getuigen! Ik zág hen, die vreemdelingen. Ik zág hun knapen met grote, logge dieren de bossen ingaan!'
'Waren ze groten dan herten?'
'Zwaarder en zonder gewei. Slechts twee korte horens hadden zij op hun kop. Terwijl ze bladeren aten van es en iep, liepen die knapen rustig door hen heen!'
'En die dieren stootten niet toe?'
'Neen!'

Er klinkt gelach. Sefar roept zelfs, dat ze hun tijd verdoen. Milkar voelt spottende blikken op zich gericht. Dat zij hem niet geloven en uitlachen, maakt hem razend. Hij schreeuwt ze toe:
'Geloof het of niet, die vreemde mensen trokken aan de uiers van hun dieren. Zij verzamelden de melk in grote...' Krampachtig zoekt Milkar naar woorden om het wonderlijke vaatwerk van de vreemdelingen te beschrijven. Zijn handen zwaaien door de lucht en geven vormen aan.
'Zwijnen, met hun jongen, wroetten naar eikels op de grond en zonder angst speelden de kinderen om hen heen. Mannen waren bezig hun tenten te bouwen. Geloof het of niet: zij velden bomen, ramden met zware keien palen in de grond. De openingen ertussen werden met een vlechtwerk van takken en twijgen gedicht. En daaroverheen streken zij de vette grond, die zij uit kuilen náást die tenten verzamelden!'

Die in drift gesproken woorden hebben toch indruk gemaakt. Het blijft even stil. Zelfs Sefar, die een krachtige jager is en daarom iedereen overschreeuwt, kijkt nu toch ernstig voor zich uit.
'Hoe groot waren die tenten?'

Milkhar haalt even zijn schouders op. Dan wijst hij de afstand tussen twee bomen aan.
'En de daken, met riet toegedekt, staken hoger dan die takken!'

Opnieuw een ongelovig gemompel. Zwijnen met jongen die niet aanvielen, oerossen, die zich door mensen lieten melken, tenten van 30 meter lengte – bestreken met zand uit de grond – is meer dan de meeste mannen van Milkar willen slikken.

Het moet diepe indruk hebben gemaakt op de jagers, als op de lössgronden bij Sittard, Geleen, Beek, Elsloo, Stein de eerste echte dorpen verrijzen met woningen, 8 tot 35 meter lang en 5 tot 7 meter breed. Uitgezonden verspieders melden, dat de vreemdelingen inderdaad ossen 'weiden' in de bossen:
'Grote stukken bos rond hun nederzettingen branden zij weg. Tussen de verkoolde stronken zaaien de vreemdelingen gewassen uit. Zij laten daar ook gras groeien voor de dieren die hen dienen...'
'Uit fijne en grove klei kneden zij hun vaatwerk, potten en kruiken, die zij met golvende banden versieren...'

De eerste landbouw in de Lage Landen wordt bedreven, als de boeren van de *Bandkeramiek* gerst en verschillende tarwesoorten uitzaaien en bewust gras laten groeien voor hun vee. Hun steensplijters vervaardigen de werktuigen, die voor akkerbewerking en het binnenhalen van de oogst onmisbaar zijn. Met grote precisie slaan zij kleine, stenen mesjes bij elkaar. Uit de onderkaak van een gestorven rund trekken zij de kiezen en in de ontstane holtes hameren zij die messen, zodat de snijkanten op één lijn komen te staan.
'Ziezo!' Er is weer een sikkel klaar.

Als uitvloeisel van hun geloof zijn de mensen van de Bandkeramiek hun doden gaan eren met een eigen graf. Met opgetrokken knieën leggen zij hun gestorvenen op hun zij in een kuil. Zij overdekken het graf met een heuvel. Soms omgeven zij de laatste rustplaats met een kring van palen. Of zij graven er een greppel omheen. Vooral de hoofdmannen krijgen kostbare grafgiften mee voor hun reis naar de eeuwige verten: fraai gepolijste strijdbijlen en bekers, met golvende banden versierd. Bevatten die bekers een drankoffer? Een hartige slok voor de god van de dood? Of kregen zij een plaats in het graf, opdat de doden geen dorst hoefden lijden op die lange weg naar ... tja, waarheen...?

Tussen de boeren van de Bandkeramiek en de oorspronkelijke jagersfamilies moeten intensieve contacten hebben bestaan. Uit vondsten van vaatwerk en gereedschap is bijvoorbeeld gebleken, dat de Swifterbandjagers bij Oostelijk Flevoland met de boerenculturen van midden Europa in verbinding hebben gestaan.

Hoe zijn de ontmoetingen tussen boeren en jagers geweest...?

Toek kijkt de mannen aan, die zich rond zijn leger hebben verzameld. Zijn huisvrouw heeft zijn dijwond verschoond en met nieuwe kruiden en fris blad bedekt. Dat vervloekte zwijn met zijn vervloekte tanden! De goden zij dank doet de wond nu minder pijn.

'Luister goed,' zegt Toek. Lang heeft hij over een plan nagedacht, waarvan hij weet dat het zijn jagersvrienden zal schokken. Even weegt hij zijn woorden, dan gooit hij eruit:
'Ook wij moeten vee hebben. Ook wij moeten gewassen uitzaaien, zoals de vreemdelingen doen!'
Er klinken verontwaardigde uitroepen en protesten. Er worden tegenwerpingen gemaakt. Pas als het wat rustiger is, vraagt Mor, de bootbouwer:
'Waarom moeten wij als die vreemdelingen gaan leven?'
Toek legt het uit. Hij somt alle voordelen op.
'Nee, Toek, nee!'
Opnieuw klinken tegenwerpingen. Vooral onder de oudere jagers leeft sterk verzet. Het leven dat zij leiden is toch goed? Die beenwond was beroerd, maar ze hadden het zwijn gedood. Eten was er weer volop.
'En hoe wil je die runderen krijgen, Toek? Wat hebben wij in ruil te bieden voor vee en tarwe en gerst?'
Toek heeft op die vraag gerekend. Hij richt zich op, buigt zich naar voren: 'Akkad is stervende. Hij heeft drie dochters, die weldra huwbaar zullen zijn!'
'Wil je die kinderen...'
Toek knikt. Hij spreekt nu snel. De dochters van Akkad zijn mooi en sterk. Een moeder hebben ze niet meer.
'De goden zullen Akkad weldra halen. Misschien zenden zij hem nu pijnen, omdat hij met zijn oudste dochter geslapen heeft. Wie wil die meisjes in zijn tent? Rust de vloek der goden ook niet op hen?'
De jagers kijken elkaar aan. Tegen de snel gesproken argumenten van Toek hebben zij geen verweer.
Er is lang en ernstig met de steunende, stervende Akkad gepraat. Wil hij zich niet verzoenen met de goden? Er zullen kostbare offers worden gebracht voor de rust van zijn ziel.
'Maar dan moet je wel je dochters aan ons afstaan!'
Vlak voor zijn dood heeft Akkad geknikt – althans, dat zeggen ze in het kamp.
Met enkele jagers én de drie meisjes, die

hebben gehuild en geschreeuwd, is Toek naar het zuiden gegaan. De kano's zijn volgestouwd met geschenken om de vreemdelingen gunstig te stemmen.

Een lange tocht. Ze bereiken de nederzetting met de verwonderlijk grote woningen, met het grazende vee, met een rijkdom aan vaatwerk en fraaie werktuigen, met een taal die ze niet verstaan.
'Vriendelijk kijken!' heeft Toek gezegd, toen ze het dorp binnengingen. Opwinding. Er is gelachen. Kleren en sieraden zijn betast. Gebarentaal. Een maaltijd bij de hoofdman. Uitwisseling van geschenken en tenslotte de koop.
'Die drie voor die dieren?'
Toek wijst eerst naar Akkads dochters, die voor de aankomst fris beschilderd zijn. Dan wijst hij naar de runderen: drie koeien en een stier. Hij gebaart, dat hij dat vee wil meenemen.
De hoofdman lacht, schudt zijn hoofd.
'Die meisjes, die kano's, die wapens en dát!' Hij trekt aan Toeks ketting die hem goed bevalt. 'Voor die twee jonge koeien en die kleine stier!'
Gebaren, het trekken van ontstemde gezichten, verontwaardigd weglopen, dan weer terugkomen. Nee schudden en knikken van ja.
De koop wordt na lange onderhandelingen gesloten. Vrijwel berooid beginnen Toek en zijn jagers met 3 magere runderen en een zak met gerst de lange tocht naar huis.
De stier sterft voordat hij één van de koeien beklommen heeft.
'De goden hebben het niet gewild!' zeggen de oudere jagers.

Successievelijk worden de jagers met vallen en opstaan toch boer, al blijven de jacht en de visserij toch van grote betekenis. Soms zullen zij erop uitgetrokken zijn, om met kleine benden runderen van de veehouders te roven. Soms is er tussen kleine gemeenschappen 'geoorlogd' en zijn door groepen van tien of twintig man de speren geworpen en de strijdbijlen gezwaaid. Zeker is, dat boeren van de Bandkeramiek hun nederzetting bij Sittard in een later stadium met pallisaden hebben omheind. Niet eens zo zeer om een vijand buiten, maar veeleer om hun vee binnen de omheining te houden.

Bandkeramisch aardewerk gevonden te Elsloo. Op deze begraafplaats zijn 113 skeletresten en overblijfselen van crematies aangetroffen.

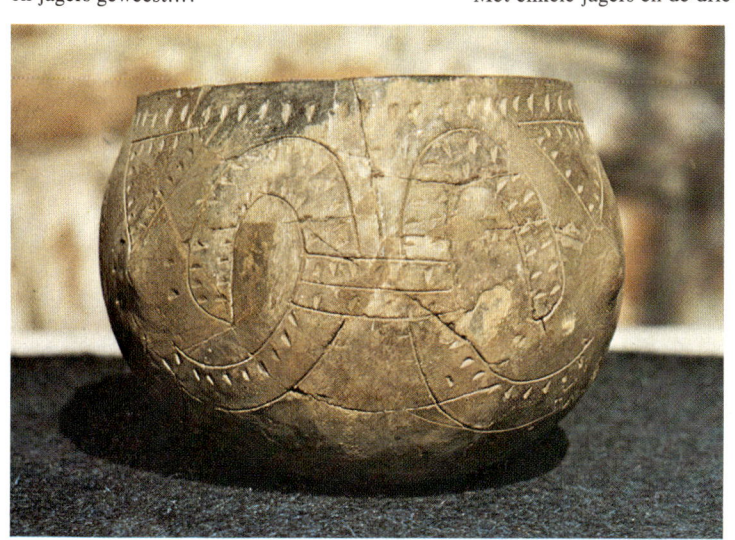

Prehistorie – Romeinse tijd

Wat de jagers, die nu boer worden, het allereerst nodig hebben, zijn bijlen, waarmee ze de bossen te lijf kunnen gaan om akkers en weiden te veroveren. De bijl van vuursteen is daarvoor (althans in die tijd) het meest geschikt.

Zo komt er, nog voor 3000 voor Christus, een ware vuursteenindustrie op gang – op plaatsen, waar vuursteenbanken in zachte, makkelijk weg te hakken kalksteen aanwezig zijn: België, Zuid-Limburg, Polen, Zuid-oost-Engeland, noord Jutland, zuid Zweden.

Terwijl de jagers landbouw, veeteelt, huizenbouw, werktuigen, vaatwerk en ook de wijze van begraven van de bandkeramische boeren overnemen, profiteren de boeren op hun beurt van de vuursteenindustrie, die bij de oorspronkelijke bewoners tot ontwikkeling komt. Hoeveel koopgrage handelaren zijn van heinde en ver getrokken naar de vuursteenmijn van St. Geertruid, waar de jaarlijkse produktie van bijlen in de duizenden loopt...?

Geth heeft zijn hertshoornen houweel en vuurstenen pick opgenomen. Hij neuriet voor zich uit. Vrolijker dan anders is hij de Michelsberg opgegaan, waar hij – en anderen voor hem – diepe schachten in de kalksteen heeft gehakt. Met horizontale gangen en ook tot 10, 12 meter diepte hebben zij zich de berg in gehakt, tot een vuursteenbank eindelijk binnen hun bereik is gekomen.

Geth is afgedaald in een schacht. Opgewekt hakt hij met zijn hertshoornen houweel vuursteenknollen uit de rots. Hij neuriet nog als hij later, wit bestoven van de kalk, naar buiten komt voor wat frisse lucht.
'Wat lach je, Geth?' 'Zomaar!'
'Kom op, wat is er?'
Geth kan het goede nieuws niet voor zich houden.
'De goden hebben zich eindelijk laten verbidden. Tira is zwanger!'

Vanaf het plateau kijkt Geth uit over het diep ingesneden dal. Daar beneden zich ziet hij de hutten, de rook van de vuren en een groep jagers die thuiskomt van de jacht.

Als de maan nog zeven keer vol geworden is, zal hij daar in de laagte lopen met een zoon. Niemand zal dan nog kunnen zeggen, dat zijn zaad niet krachtig is – of dat de godin van de vruchtbaarheid het niet op zijn vrouw heeft voorzien.
'De goden hebben zich laten verbidden!' herhaalt hij zacht in zichzelf en even kijkt hij naar de wolken, die goudomrand zijn door de zon.

'Klók-klók, klók...' Om hem heen klinkt het voortdurend geklop, waarmee de vuursteenknollen tot ruwe bijlen worden gevormd. Geklop tot gekwordens toe. De werkplaats onder de blote hemel is een beter verblijf dan de stoffige, benauwde schacht in de berg, denkt Geth. De opzichter schreeuwt bits:
'Komt er nog wat van?'

Het raakt Geth niet. Nog één keer kijkt hij in het dal of hij Tira ziet. Tira met zijn zoon in haar schoot. Dan daalt Geth af naar de diepte en neemt zijn houweel weer op.
'Tók, tók,' Later als zijn zoon opgroeit, zal hij...

Opeens breken Geth's gedachten af. Hij hoort een scheurend gekraak, voelt een stuk rots op zijn schouder, gilt...
'De schacht! De schacht is ingestort!' roepen stemmen boven zijn hoofd.

Dat dringt niet meer tot Geth door. Pas 50 eeuwen later zal zijn lijk – in de schacht die eens was – worden ontdekt. Dan houdt hij het hertshoornen houweel nog steeds in zijn verstilde hand...

Wat zo'n vuurstenen bijl voor waarde heeft gehad, valt niet te schatten. Vast staat, dat zij verhandeld zijn over een uitgestrekt gebied. Zij hebben hun weg gevonden naar de eerste, volwaardige boerencultuur, die zich in die eeuwen op de Noord- en Middeneuropese vlakte heeft ontwikkeld. Door migraties en landverhuizingen strekt die cultuur zich van Zuid-Scandinavië tot in Bohemen, van ver in Polen tot Drenthe uit. Het aardewerk van die boeren heeft de vorm van een trechter.

Omstreeks 3000 voor Christus vestigen boeren van de *Trechterbekercultuur* zich in Drenthe. Maar ook in Friesland, Groningen, Overijssel en Gelderland trekken zij hun woningen op. Zo ontstaan er allengs dorpen van keurige, rechthoekige huizen, bestaande uit twee vertrekken met een veranda ervoor. Langer dan 40, 50 jaar leven deze mensen niet op één plek. In die tijd is het omringende land verschraald en moeten zij op zoek naar een ander woongebied.

Indrukwekkend is hun eerbied voor de dood – misschien juist omdat zij als echte boeren zoveel eerbied voor het leven hebben gehad. Voor hun gestorvenen bouwen zij gemeenschappelijke grafkelders: onvergankelijke bolwerken van steen, die later *hunnebedden* zullen worden genoemd.

De mensen van de Trechterbekercultuur moeten diep gelovig zijn geweest. Alleen dáárdoor kan hun bovenmenselijke inspanning voor de bouw van een grafkelder worden verklaard. Voor het kolossale werk zullen zij de kwade geesten hebben bezworen en de goden met kostbare offers gunstig hebben gestemd.

Een deel van hun godsdienstige riten heeft zich afgespeeld aan de rand van het moeras. In Denemarken zijn ruim 150 offerplaatsen van de Trechterbekercultuur aan de moerasranden van weleer ontdekt. De inhoud van één offerpot kon nog worden vastgesteld: Eieren, vlees van een bever, een eend, twee snoeken en een zeelt!

Wagentje gevonden in Hongarije.

Prehistorische ploeg. Naar een rotstekening uit Bohuslän (Zweden).

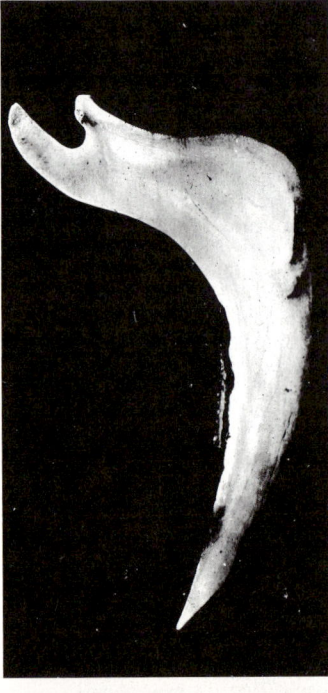

Sikkel gemaakt van een ezelskinnebak met stenen mesjes.

Aardewerk van de Trechterbekercultuur, ongeveer 2700 voor Chr. gevonden in een hunebed bij Drouwen (Drenthe).

Maar ook runderen, schapen, vogels en gebruikte bijlen – en soms, als hóógste offer een mens! – hebben zij aan hun goden toevertrouwd. Zagen zij achter het onbegaanbare moeras het begin van hun hemel of... hel? Leefden daar de ongrijpbare machthebbers die heersten over land, water en lucht?

Zij bouwen houten bruggen over het veen – bruggen, die doodliepen in het moeras. Misschien wel om een godheid dichter te kunnen naderen en beter van giften te kunnen voorzien. Wie waren zij, die Trechterbekermensen, wier cultuur van zo'n onschatbare betekenis is geweest...?

Als Taundi bezweet en moe van het werk thuiskomt, is zijn huisvrouw er niet. Ook het kind is er niet.
'Lin... Lin!'
Hij roept een paar keer, kijkt rond. Net als anders staat het kraaghalsflesje, met olie gevuld en van een verse pit voorzien, klaar om ontstoken te worden als de nacht valt. In de terrine ligt het vlees tussen kruiden en gestold vet. Taundi grijpt de nieuwe, steilwandige emmer die met melk is gevuld. De vliegen erop duwt hij weg en hij drinkt.

'Lin...?'
Als er geen antwoord komt, loopt hij naar buiten, doet navraag bij vrouwen in de buurt.
'Ik zag haar gaan,' zegt Lumbe de steenslijper, wiens voeten bij de bouw van een grafkelder werden verbrijzeld. Omdat hij niet meer lopen kan, weet hij beter dan wie ook wat er in het dorp gebeurt.
'Toen de dag heet werd, liep ze met een kruik naar het bos. Ze had je zoon op de arm!'
Taundi knikt. Dan loopt hij langs de akkers ter linkerhand naar het bos. Overal zoekt hij – behalve in het deel dat taboe is, omdat de bosgod daar heerst.
Pas twee dagen later worden zijn vrouw en zoon door een toeval gevonden. Ze zijn half weggezakt in het moeras. Lin's keel is doorgesneden. Er staan krassen op haar schouders en borst. Ze is aangerand en verkracht.
'Vast een uitgestotene van een andere stam!'
Diepe rouw in het dorp. Geweeklaag bij de begrafenis. Aanroeping van de goden. Met zorg heeft Taundi zijn grafgiften uitgezocht: de steilwandige emmer, een geoorde fles, de kostbare ketting met kralen van vuursteen, barnsteen en git. Zijn zoon krijgt de lepel met de holle steel, die kort tevoren nog zijn zuigfles was geweest.
'Bij de ziel van mijn vaderen zweer ik wraak!' heeft Taundi uitgeroepen en de mannen van het dorp hebben instemmend geknikt. De vrouwenverkrachter was een gevaar voor de nederzetting en moest uit de weg worden geruimd.

Met een weitas van gevlochten biezen vol voedsel, met zijn boog en pijlen, is de beschilderde Taundi sluipend op zoek naar de moordenaar gegaan. Sporen die hij vindt, leiden naar het moeras. Water, modder, riet en kruipend struikgewas vloeien ineen tot een geheimzinnig, sinister decor voor de komende strijd. 'Vecht niet met de oerdrift van de herten in het woud. List en sluwheid zijn machtiger dan kracht, had Lumbe gezegd. Dapper gaat Taundi voorwaarts. Gebeden prevelend overwint hij zijn angst. Om hem hen klinken de geluiden van het moeras: de plons van een opspringende vis, het geritsel van een hagedis in het riet.

Zoemende muggen omzwermen zijn zwetend lijf en zuigen zich vol met zijn bloed.
'Alvader!' fluisterd Taundi en zijn hart staat stil.
Vanachter een struik rijst de moordenaar opeens levensgroot voor hem op. In een flits ziet Taundi een reusachtig litteken over een wang en voorhoofd, een vertrokken rechteroog, een ruige blonde baard. Hij hoort een schreeuw. Nog voordat Taundi zijn speer heeft kunnen werpen, is hij al besprongen en wentelt hij met de moordenaar over de soppige grond. Met één oog door modder verblind, schopt en bijt en vecht Taundi nu tóch met de oerdrift van een dier. Ze rollen naar de waterkant. Al hun krachten roepen ze op. Dan duwt Taundi dat wanstaltige hoofd in het modderige water. Hij duwt en duwt, roept de goden aan. Hij ziet de opengesperde ogen. Een laatste duw. Dan is het gebeurd.
Met een stenen mes snijdt hij de moordenaar van zijn vrouw den strot door. Het is een weerzinwekkend werk, maar het moet. Misselijk geworden braakt hij gal en slijm. Het verminkte lichtaam werpt hij in de plomp waar het angstaanjagend nog even blijft drijven.

Alleen in het moeras, alleen in de stilte vol geluiden, alleen met zijn huiver en angst, pakt Taundi zijn spullen bij elkaar. Met het hoofd van Lin's moordenaar keert hij naar het dorp terug...

Van 3000 tot 2200 voor Christus leven de mensen van de Trechterbekercultuur in de Lage Landen. Wat hun wetten, hun plichten en zorgen zijn geweest is niet bekend. Zij hebben hun vaatwerk gebakken, zoals vondsten in de hunebedden van kruiken, kraaghalsflesjes en lepels met een holle steel hebben aangetoond. Kettingen met kralen van vuursteen (uit het krijtgebied van Jutland) van barnsteen (uit Denemarken), van git (afkomstig uit Engeland), en van stukjes brons en koper (uit midden Europa), bewijzen dat er raakpunten met verre streken zijn geweest. Er is gehandeld, geruild en gehuild.

Er zal wel eens vee zijn geroofd. Er zullen wel eens vrouwen zijn verkracht en moorden zijn gepleegd. Sex, hebzucht en angst zijn door alle eeuwen heen belangrijke menselijke drijfveren geweest.

Maar de nederzettingen rond de hunebedden, door eiken omzoomd, zullen zeker ook vele jaren van vrede en rust hebben gekend. Een zachte zomeravond. Mannen die tegen de schemering thuiskomen van hun werk in het veld. Een feestmaal als een eerstgeborene wordt gespeend. En een jonge moeder, zittend op de veranda voor haar woning met een baby op haar schoot.
'Pak dan...'
Ze rinkelt met haar ketting, waar de baby kraaiend naar grijpt. Grazend vee en het gemekker van de schapen en geiten in de verte. Een herdersjongen speelt op een fluit. Vreugde over het binnenhalen van een goede oogst. Een winteravond. Sneeuw die zich ophoopt. Verhalen rond een vuur.

En weer een zomer en zo maar even een boerenvrouw en een kind op de veranda van hun huis in Drenthe, terwijl de vader zwetend zijn krachten verslijt bij het rooien van een stuk bos.
'Ja, dat is vader,' zegt de vrouw, als de baby even luistert, omdat de slagen van de vuurstenen bijl op de veranda te horen zijn. Alle drie zullen zij in een hunebed een laatste rustplaats krijgen.

Zeventiende-eeuwse voorstelling van hunebedbouw.

Vuursteenbewerking. Van de grote vuursteen worden klingen afgeslagen waarvan dan een krabber, boor en pijlspits worden gemaakt (omstreeks 3000 voor Chr.).

15

Prehistorie – Romeinse tijd

Perioden	Tijd	Klimaat	Landschap	Culturen	
				Noord	Zuid
Palaeolithicum	ca. 8000 v. Chr.	arctisch	toendravlakten met overwegend lage begroeiing en bevroren ondergrond zeespiegel op −20 m. N.A.P.	HAMBURGER TJONGER AHRENSBURGER	
Mesolithicum	ca. 3000 v. Chr.	klimaatsverbetering vochtiger en warmer	berken- en dennenbossen op zandgronden, veenvorming, stijging zeespiegel,	TARDENOISIEN	
			löss met eikenmengbos	BANDKERAMIEK	
Neolithicum	ca. 1700 v. Chr.	vochtig en warmer	hogere zandgronden met dichte loofbossen en venen In kustgebied W.-Ned. boszeggen/veenlandschap met oeverwallen en kreekruggen naast het oude duinlandschap	RÖSSEN TRECHTERBEKER STANDVOETBEKER VLAARDINGER KLOKBEKER	MICHELSBERG
Bronstijd	ca. 600 v. Chr.	vochtig en warm droger	heidevelden en loofbossen op zandgronden, rivierkleigebied met oeverwallen en komgronden, semi-permanente akkers	ELP	HILVERSUM DRAKENSTEIN
IJzertijd	ca. 57 v. Chr.	klimaatsverslechtering droog	kustgebied N.-Ned. kwelders met strand- en oeverwallen, zandverstuivingen heidevelden op zandgronden, rooien van bossen op grote schaal op de hogere zandgronden	ZEIJEN TERPEN	HALLSTATT LA TÈNE
Romeinse tijd	ca. 400 n. Chr.	vochtiger		TERPEN	

Tweehonderd kilometer naar het westen lacht eveneens een moeder tegen haar kind. Want ook het kustgebied is op de hoogopgeslibde rivieroevers en oude strandwallen omstreeks 2500 voor Christus bewoond geraakt. Vindplaatsen zijn bekend van Zandwerven, Voorschoten, Leidschendam, Brabers (op Schouwen) en van Hekelingen en Vlaardingen. Afstamming en verwantschap van deze kustbewoners zijn nog niet opgehelderd. Hun cultuur wordt de *Vlaardingen-cultuur* genoemd naar de rijkste en best onderzochte vindplaats. Dat zij contacten onderhielden met de Trechterbekermensen (en verbindingen hadden met de later komende Standvoetbekercultuur) staat met zekerheid vast.

In een landschap dat veel op de huidige Biesbosch moet hebben geleken, staan de paalwoningen van 6 tot 10 meter lengte aan de oevers van zoetwaterkreken, omgeven door bomen en riet. Tussen die woningen spelen kinderen, lachen vrouwen, ruimen mannen hun fuiken of de buit van de jacht. Jacht en visserij vormen de hoofdbronnen van bestaan, al wordt er ook landbouw en veeteelt bedreven. (Duidelijke sporen van de ploeg van deze kustbewoners zijn bij Zandwerven in de grond gevonden – maar liefst op 3 meter beneden het huidige zeeniveau.)

In hun kleine boten peddelen de vissers door de grillige kreken, met een boog steeds binnen handbereik.
'Ja, gooi maar uit!'
Zij werpen hun ruwe, van biezen gevlochten netten uit – vooral voor de steur, die op vaste tijden landinwaarts zwemt. Als de stenen ontbreken, worden die netten met bereschedels tot zinken gebracht.
'Dáár! Snel!'

Hun pijlen of speren zoeven weg naar watervogels en bevers. Maar ook herten, beren, everzwijnen en marters maken zij buit. In de kreken, waarin zij hun afval wer-

Gedeeltelijke reconstructie van een hunebed, de zgn. Papeloze kerk te Schoonoord (Drenthe).

pen, zijn de beenderen van al die dieren ontdekt. Zouden de gevonden paardeskelet-resten eveneens afkomstig zijn geweest van de jacht? Hebben zij af en toe een wild paard getemd? Zélfs gebeente van een walvis is bij een opgraving uit zo'n kreek te voorschijn gekomen. Dat gebeente roept als vanzelf het beeld op van 'Vlaardingers' op het strand, waar de walvis bij toeval is aangespoeld. Ze schreeuwen en wijzen, rood van opwinding en ontzag:
'Aai-aai, kijk die kop, die bek, die enorme staartvin!'
'Zie z'n ogen en wat heeft-ie een spek!'
'Een dier uit de voortijd, toen de geweldigen hebben geleefd!'

Geroep en geschreeuw op het strand. Het zoeken naar eetbare schaal- en schelpdieren wordt even vergeten. Misschien wordt de priester gehaald. Want die walvis is een verbijsterende ontdekking, die het geloof in reusachtige monsters aanzienlijk versterkt. Misschien heeft de priester de plek rond de walvis voor taboe verklaard. Want met taboes overwinnen mensen hun angst.
'Als ge dáár maar niet komt, kan je verder niets gebeuren!'
'Als je dát maar niet doet, loop je verder geen gevaar!'

Zo ontstaan gedragspatronen, die eeuwen trotseren.

Wat bij die oude kustbewoners vooral onze verbazing wekt, is hun arsenaal van stenen, bijlen en kleiner vuurstenen gereedschap. Het materiaal daarvan is gekomen uit Devon in Engeland en uit de mijn van St. Geertruid. Hoe zijn de handelswegen tot stand gebracht? Welke kostbaarheden heeft dit vrij arme volkje voor die gewilde steensoorten geruild? Huiden van bevers, van otters, of van de wilde kat?

Ongeveer vijf eeuwen lang – tot 2000 voor Christus – hebben de 'Vlaardingers' zich kunnen handhaven in het kustgebied. Toen heeft de zee waarschijnlijk toegeslagen: het eens zoete water verziltte en dwong deze vissers en jagers naar andere woongebieden om te zien. De kleine nederzettingen worden een prooi van water, zon en wind. Riet en bomen overwoekeren de rechthoekige huizen, die tenslotte bedolven raken onder wegrottende stammen en aanspoelend slib.

Bijna 4000 jaar later buigen archeologen zich over 'Vlaardingse' weefselresten, hamers en speerpunten van been. Zij onderzoeken een visfuik, een stukje touw, een doorboorde hondetand, of kralen van barnsteen en git. En zij stellen zich vragen: 'Waar kwamen deze mensen vandaan?'
'Hoe zijn paarden in het Deltagebied beland?'

De bodem heeft vele geheimen prijs gegeven, maar nog duizend vraagtekens zijn blijven bestaan...

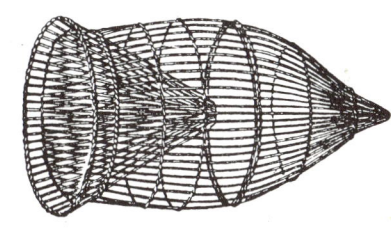

Gereedschappen uit Vlaardingen. Boven v.l.n.r. gegroefd artefact van hertshoorn, beitelhouder, stamper, beitel en speerpunt van been. Onder v.l.n.r. benen priem, beitel van vuursteen, gepolijst beiteltje, vuurstenen en bijl en benen hamer.

Reconstructie van de gevonden fuik.

Het vinden van een fuik bij de opgravingen van Vlaardingen.

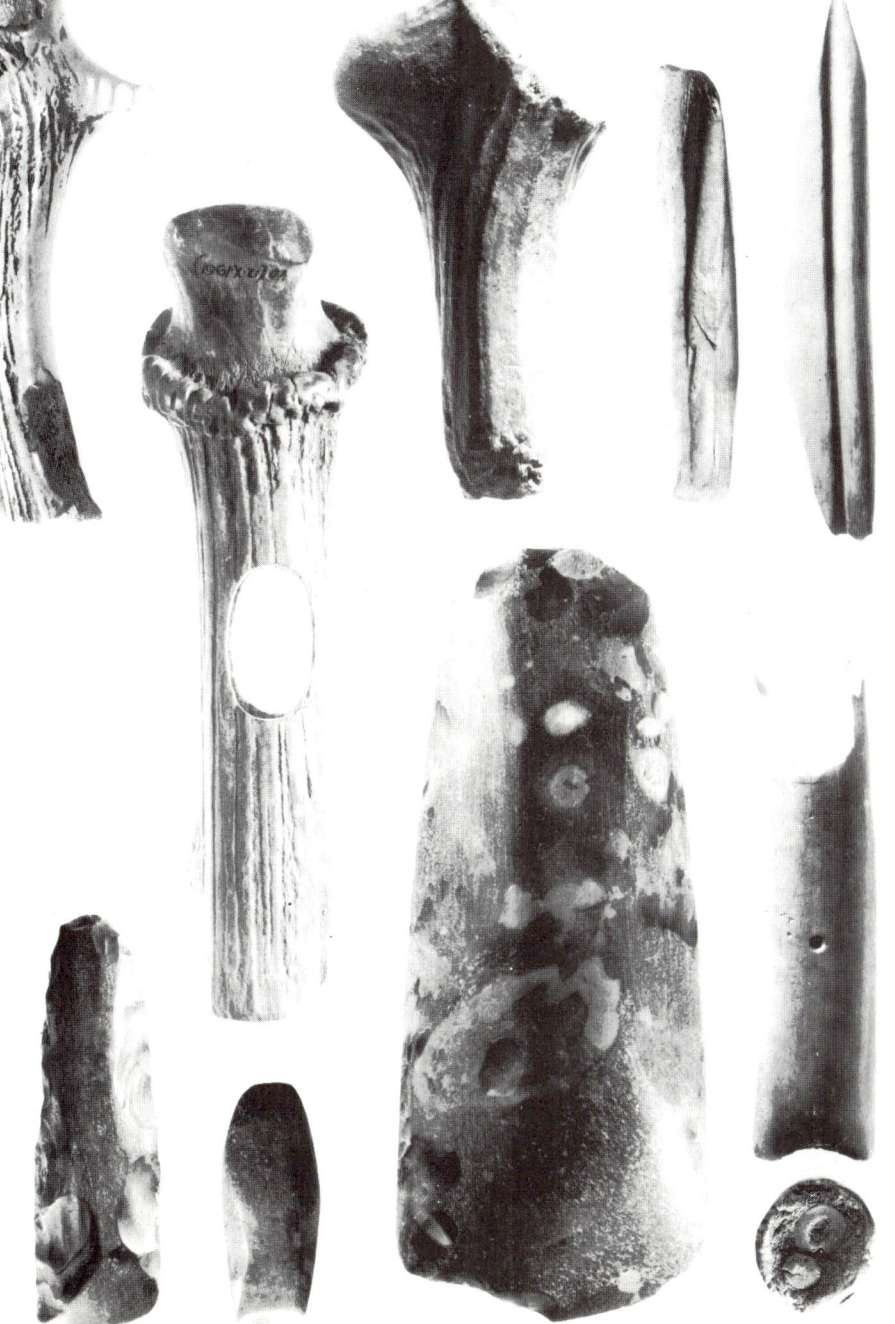

Prehistorie – Romeinse tijd
Op naar de bronstijd

Voor we afscheid nemen van het stenen tijdperk is het goed even stil te staan bij de archeologen, die op hun speurtochten door de prehistorie reeds zoveel geheimen hebben ontdekt.

Met eindeloos geduld hebben zij met bulldozers, draglines, troffels, meetlinten, camera's en microscopen, grafheuvels en nederzettingen blootgelegd en onderzocht. Door analyses van de bodem (o.a. stuifmeelonderzoek), door ontdekking van brandsporen en paalgaten, door het vinden van scherven, potten en bekers, hebben zij tal van culturen opgespoord.

Met de resten van dierskeletten, met de vondst van een stuk leer of door middel van randversiering op aardewerk hebben zij een deel van de legpuzzel van de prehistorie gelegd. Onvoorstelbaar veel gegevens ontbreken.

'Misschien vermoedelijk, waarschijnlijk, wellicht, het moet niet uitgesloten worden geacht...' Dat zijn de termen, waarmee de prehistorie moet worden geschreven.

Dat geldt ook voor de bronstijd, wanneer het 'druk' begint te worden in de Lage Landen (althans voor prehistorische begrippen) en nieuwe cultuurvormen zich binnen enkele eeuwen over Europa verspreiden.

Tegen het eind van de nieuwe steentijd (2200–1700 voor Christus) ontwikkelen zich nieuwe levenspatronen, die met de namen *Standvoetbeker* en daaruit voortkomend (met sterke invloeden van buitenaf) *Klokbeker* worden aangeduid. Vermoedelijk zijn de Trechterbekermensen en de Vlaardingers in die nieuwe culturen opgenomen. In de grijze mist die nog over de prehistorie hangt, doemen de Standvoetbekermensen als een krijgshaftig volk op.

'Het Strijdhamervolk' is de naam die zij zich hebben verworven vanwege de geduchte stenen strijdhamers die zij hebben gezwaaid. Zij dringen door tot in Friesland, Groningen, Drenthe, maar ook zuidelijker (in Overijssel, de Achterhoek, Limburg, op de Veluwe, in het Gooi en in de buurt van Enkhuizen). Zij zijn bij uitstek veeboeren, géén nomaden.

'Weg met die wouden. Zet de fakkel er maar in!' hebben ze keer op keer gedacht. Ze hebben weidegronden nodig voor hun vee en steken daarom met ontstellend grote vuren de bossen in brand. Dat heeft als gevolg dat het landschap in bepaalde streken volledig verandert.

Hun langzame opmars heeft voor de plaatselijke bevolking natuurlijk gevolgen gehad. Zijn verkenners vooruitgetrokken en hebben zij dorpen en nederzettingen tevoren bespied? Voor een deel zullen de mensen van de Standvoetbekercultuur nieuwe woongebieden zonder strijd binnengetrokken zijn. Misschien zijn er met de daar reeds wonende boeren onderhandelingen gevoerd. In dat geval hebben zij overeenkomsten gesloten – en wellicht met huwelijken bondgenootschappen bekrachtigd. Misschien is er af en toe ook harde strijd geleverd en is de oorspronkelijke bevolking schatplichtig gemaakt en geknecht:

'We zullen gaan,' zegt Oez en hij knikt zijn vader, die hoofdman is, geruststellend toe. Er zijn berichten gekomen, dat een vreemd, machtig volk de jachtgebieden van de nederzetting langzaam nadert. Wilde geruchten hebben de ronde gedaan: 'Zij dragen onoverwinnelijke strijdhamers,' is verteld. 'Zij laten zich voorttrekken door hun vee. Vrouwen en kinderen zitten met zaaigoed en huisraad op wonderbaarlijke houten gevaarten en ossen, gespannen in touwen, slepen hen voort...'

De hoofdman wil zekerheid. Daarom stuurt hij Oez met drie ervaren verspieders op het naderend volk af.

'Dáár!'

Na een speurtocht van dagen hebben de verspieders de karavaan ontdekt. Neergedoken tussen de struiken, turen zij langs takken en bladeren naar het machtige volk dat in aantocht is. Verkenners gaan voorop. Daarachter de strijdbare mannen.

'Bij Tor,' fluistert Oez en hij gelooft zijn ogen niet. Daar rollen inderdaad houten gevaarten, getrokken door ossen, over de bodem voort. Het is een fantastisch gezicht en toch loopt er een huivering over zijn rug.

'Het zijn schijven van boomstammen. Daarop rust de draagbak!'

'Maar hoe?'

'Dat mogen de goden weten!'

Ontsteld kijken de verspieders naar de wielen van de karren, die maar rollen en rollen en rollen, alsof dat geen verbijsterend wonder is. Achter de karren zien zij de knechten met het vee.

'Eenmaal vijf, tweemaal vijf...' Oez probeert het aantal weerbare mannen te tellen. Hij taxeert de wapens, de vrouwen, het vee. Alle details van dat voorttrekkend volk neemt hij in zich op. Dan sluipt hij met de andere verspieders weg om zijn vader en de dorpsoudsten verslag uit te brengen van alles wat hij heeft gezien.

'Als we álle weerbare mannen oproepen, kunnen we dat volk verslaan. Dan zijn die voortrollende gevaarten, die vrouwen en knechten en al dat vee van ons!' roept Oez hen in zijn jeugdige overmoed toe.

Na verhitte gesprekken, nadat priesters de goden hebben geraadpleegd en er kostbare offers zijn gebracht, wordt er inderdaad tot oorlogvoeren beslist. Als de strijd

Standvoetbeker, gevonden in een Neolithische grafheuvel bij Doorwerth.

Voorwerpen uit de Klokbekercultuur, o.a. pot, polsbeschermer en pijlpunten, gevonden in de grafheuvel te Lunteren.

ontbrandt is, is Oez een der eersten, die met een verbrijzelde schedel ter aarde stort. Nimmer heeft hij kunnen rijden op een echte kar...

De Standvoetbekermensen zegevieren keer op keer, want hun cultuur krijgt een vaste voet aan de grond. Zij bouwen hier hun grote vee-kralen en breiden hun veestapels uit: de kraal, bij Anloo in Drenthe ontdekt, is tot tweemaal toe vergroot.

Voor hun karren met de massieve houten schijfwielen leggen zij in drassige gebieden wegen aan: een eindeloze rij van balken die dicht tegen elkaar op onderleggers hebben gerust. Zij begraven hun doden in een hurkhouding onder kleine, afzonderlijke grafheuvels en geven hen bekers, lange vuurstenen spanen en soms een bijl als grafgift mee.

De doden in de steentijd gingen goed verzorgd hun graven in. Soms beschilderden de nabestaanden zijn skelet (ontdaan van al het vlees) met oker of rode pasta – rood, als symbool voor de levende kracht van het bloed. Soms scheidden zij bij een gestorvene het hoofd van de romp. Dan werd het lichaam verbrand en alleen de schedel bijgezet. Op die wijze, zo meenden zij misschien, was de scheiding tussen lichaam en ziel compleet.

De nabestaanden hebben ook gaten in de schedels geboord! Kon alleen zó de geest van de dode ongehinderd vertrekken en langs de kortste weg naar het hiernamaals gaan?

En mocht een uitgesproken rotzak het in zijn leven te bont hebben gemaakt, dan werd zijn lijk met opgetrokken knieën, stevig gebonden aan handen en voeten in een grafheuvel weggestopt. Dat gaf de nodige zekerheid om zijn terugkeer tot de levende te voorkomen. Wat hem dan rest is de ongelukzalige tocht naar de schimmige duisternis.

Schedelvondsten uit de Standvoetbekercultuur hebben onthutsende gegevens aan het licht gebracht:

De hoofdman Tinko heeft tevergeefs raad gezocht bij de medicijnman en de priester van het dorp.
'Mijn kop barst nog steeds van de pijn! Dit is geen leven meer!' Hij heeft in een gevecht een slag van een stenen strijdbijl op zijn schedel gekregen. De wond is langzaam geheeld, maar de pijn is niet verdwenen.

'Luister, Tinko,' heeft de priester gezegd. 'Er is een plek, waar kundige mannen gaten in schedels schaven. Zij maken openingen, waardoor de kwade geesten uit je hoofd kunnen vertrekken. En door die openingen zul je vrije toegang krijgen met de geesteswereld om ons heen. Ga daarheen, Tinko!'

Tinko is gegaan. Met een heilig ontzag en dodelijke angst in zijn hart is hij naar het centrum getrokken, waar, na lange ervaring met hoofdwonden en schedelbreuken, die wonderen worden verricht. Hij heeft er mannen ontmoet, die aan vallende ziekte leden. Anderen waren met kinderen gekomen, die door waanzin van kwelgeesten werden geplaagd.

Tinko heeft gegild van de pijn, toen een stuk van zijn schedel met vuurstenen krabbers werd weggeschaafd. Of werd er met een scherp gepunt instrument een kartelrand in het bot geritst? In ieder geval heeft hij de schedeltrepanatie overleefd. Met grote eerbied en omgeven door een schijn van heiligheid (en met minder hoofdpijn!) is Tinko bij zijn stamgenoten teruggekeerd.

In Europa zijn in die eeuwen nieuwe volksverhuizingen aan de gang. Onder sterke invloeden van buitenaf komt de *Klokbekercultuur* uit de Standvoetbekercultuur voort.

De Klokbekermensen zijn naast boeren ook handwerkslieden en handelaren geweest. Hun fraai gevormde klokbekers met kerfspatelversiering zijn als bewijs van hun vele verbindingen in Spanje, zuid Engeland, langs de Rhône, in Bohemen en Beieren ontdekt. Met grote beweeglijkheid hebben zij zich op vele plaatsen gevestigd: in de periode 2100–1800 voor Christus, waarin de steentijd eindigt en de bronstijd begint. Dat is bij uitstek een tijd, die voor ondernemende handelaren uitstekende kansen biedt. Vooral op de Veluwe komt een welvarende gemeenschap tot bloei, waarvan de kostbare grafgiften nog getuigen: conische knoopjes en een koperen tongdolk (afkomstig uit Beieren of Oostenrijk); barnsteen uit het Oostzeegebied; zeldzame gouden sieraden (uit Ierland) en stenen polsbeschermers, die uit het Bohemen gekomen zijn en die bij het boogschieten gebruikt werden om de huid te beschermen tegen de terugspringende pees van de boog. Ze kregen ook stenen wapenen mee.

Dat zij een uitgebreide handel dreven, blijkt uit hun flinke aardewerken potten, die op vele plaatsen zijn gevonden langs de kusten van de Middellandse Zee, de Atlantische Oceaan en in het Rijngebied.

Ook met de veeboeren van de Standvoetbekercultuur en de Trechterbekermensen hebben zij zaken gedaan: Scherven van hun klokbekers zijn in de hunebedden gevonden.

Zij moeten over een belangrijk en gewild artikel hebben beschikt. Wat was hun koopwaar, waarvan tot op heden ieder spoor ontbreekt? Wat heeft er in die klokbekers gezeten, die zo wijd en zijd zijn verspreid? 'Zout is wat wij nodig hebben!' moeten de boeren, en zeker de veeboeren in de lage landen, herhaaldelijk tegen rondreizende handelaren hebben gezegd. De behoefte aan zout is sterk gegroeid.

Misschien gleden de boten van de Klokbekermensen door het deltagebied én over zee, om zout te halen in Spanje, Portugal en Frankrijk, waar het werd gewonnen uit zee. Gaven zij barnsteen, huiden of vuursteen in ruil? Zeker is, dat zij voor hun koopwaar koper hebben kunnen bemachtigen en soms ook goud.

Draagbare aambeelden en hamers – te voorschijn gekomen uit een graf bij Lunteren – wijzen erop, dat zij dat koper zelf hebben verwerkt. Zij zijn, bijna zeker, de éérste smeden in de Lage Landen geweest.

Vanuit het deltagebied van Maas en Rijn zijn de Klokbekermensen de Noordzee overgestoken om de oostkust van Engeland te koloniseren. Zij hebben daar één van de vele elementen aangedragen voor de rijke handelscultuur van Wessex, die in Brittannië (omstreeks 1700) de vroege bronstijd heeft ingeluid.

Op hun beurt trekken Wessex-mensen naar de Lage Landen. Zij vestigen zich in het mondingsgebied van de grote rivieren en breiden van daar hun handel met continentaal Europa uit. Hun aardewerk, de zogenaamde Hilversum-urnen, getuigt nog van hun immigratie.

Mede door hun invloed glijden de Lage Landen uit het stenen tijdperk en wordt de vroege bronstijd ingeluid. Er is dan veel veranderd, zélfs in het landschap.

De eens uitgestrekte bossen van iepen, essen, linden en eiken, zijn rond de dorpen voor een goed deel gekapt en verbrand. Roofbouw heeft delen van de bodem uitgeput. Als boeren wegtrekken op zoek naar betere gronden, groeien er geen nieuwe

Prehistorie – Romeinse tijd

Grootste tot nu toe behouden schedeltrepanatie, gevonden te Nordhausen (DDR).

bossen op. Er ontstaan heidevelden. Het eens aanwezige wild is door de komst van de mensen gevlucht of uitgeroeid.

Bloeiende gemeenschappen van Klokbekermensen worden soms door binnenvallende stammen overheerst en geknecht. Het leven verschraalt.

In andere delen van Europa komen landstreken tot bloei: Bohemen met zijn rijke ertsen; Denemarken met zijn barnsteen; Zuid-Engeland met zijn tin. Het gevraagde brons is een vermenging van tin (10%) met koper (90%) en gelukkig het volk dat het in zijn bodem vindt!

De Lage Landen missen dat geluk. De hier wonende kuddehouders, boeren en jagers beschikken ook niet over hoogwaardige ruilartikelen om het begeerde brons in grote hoeveelheden te bemachtigen. Toch zijn ook zij in het wordingsproces der wereld niet helemaal vergeten. Zij krijgen een gunstige ligging mee. Dáárdoor blijven raakpunten met rijkere culturen bestaan.

Omdat de nederzettingen met grote, ruime huizen nu een permanent karakter krijgen, komen rondreizende bronssmeden-handelaars uit Ierland, Schotland, of uit het midden Rijngebied naar deze streken, in de hoop hier goede zaken te kunnen doen:

Een kar, getrokken door een span ossen, hobbelt langzaam voort over de Wageningse heuvelrug. Een Ierse bronssmid zit op zijn gereedschapskist, waarin zijn handel ligt geborgen: zijn grafeerstift, een hellebaard, een dolk, een vlakke bijl van brons, stukjes bronsblik, nog ongevormde klinknagels, een stenen bijl en enkele staafjes ruw metaal – bij elkaar een vermogen.

'Het is geen verbeelding geweest,' mompelt hij zacht, alsof hij zichzelf nog overtuigen wil. Hij kijkt naar zijn Ierse knecht en naar de gids-tolk, die hij in het kustgebied in zijn dienst heeft genomen. Nu het heuvelopwaarts gaat, leidt dat tweetal de ossen. En vervloekt-nog-an-toe, ze houden alwéér een fluisterend gesprek. Een zwarte vogel wiekt plotseling krijsend van een boomtak omhoog. 'Ook dat nog!' Het was een slecht teken en voorspelde ongeluk. Sinds een dag is de Ierse smid ervan overtuigd geraakt – en vooral na de woorden die hij die morgen bij toeval had opgevangen – dat het tweetal bij de ossen hem wil vermoorden om er dan met zijn bronsschat vandoor te gaan. Wie zou er in deze streken treuren om zijn dood?

Urenlang heeft hij erover zitten broeden, hoe hij zich uit deze situatie redden moet. De dichtsbijzijnde nederzetting is niet ver meer, maar toch nog ver genoeg. Op een plek, waar hij goed uitzicht heeft, hakt de smid opeens de knoop door.

'Luister,' roept hij naar zijn knecht. 'Het is niet zeker, dat we voor de schemer de volgende nederzetting zullen bereiken. Die ossen lopen langzaam. Als jullie twee eens vooruitgingen en daar gaan waarschuwen dat ik kom?'

De knecht en de gids stoten elkaar aan. Zij wisselen een snelle, veelbetekenende blik. Het ontgaat de smid niet.

'Ja, heer!'

Ze lopen grinnikend weg, kijken herhaaldelijk om. Als ze al een flink stuk verwijderd zijn, klimt de smid van de kar. Hij loopt naar de ossen en doet, of hij wat prutst aan het tuig.

Pas als zijn helpers vrijwel uit het zicht verdwenen zijn – hoe goed had hij zijn plek uitgekozen! – komt de smid snel in actie. Hij tilt zijn kist van de kar. Dan graaft hij met de stenen bijl een diep gat. Haastig ontdoet hij zich van zijn armband en sieraden. Die werpt hij bij zijn andere kostbaarheden en laat de kist dan zakken in de grond. Hij schuift de opgegraven aarde over het deksel, strooit er bladeren overheen. Slechts zijn dolk houdt hij. Nog één keer neemt hij de plaats goed in zich op.

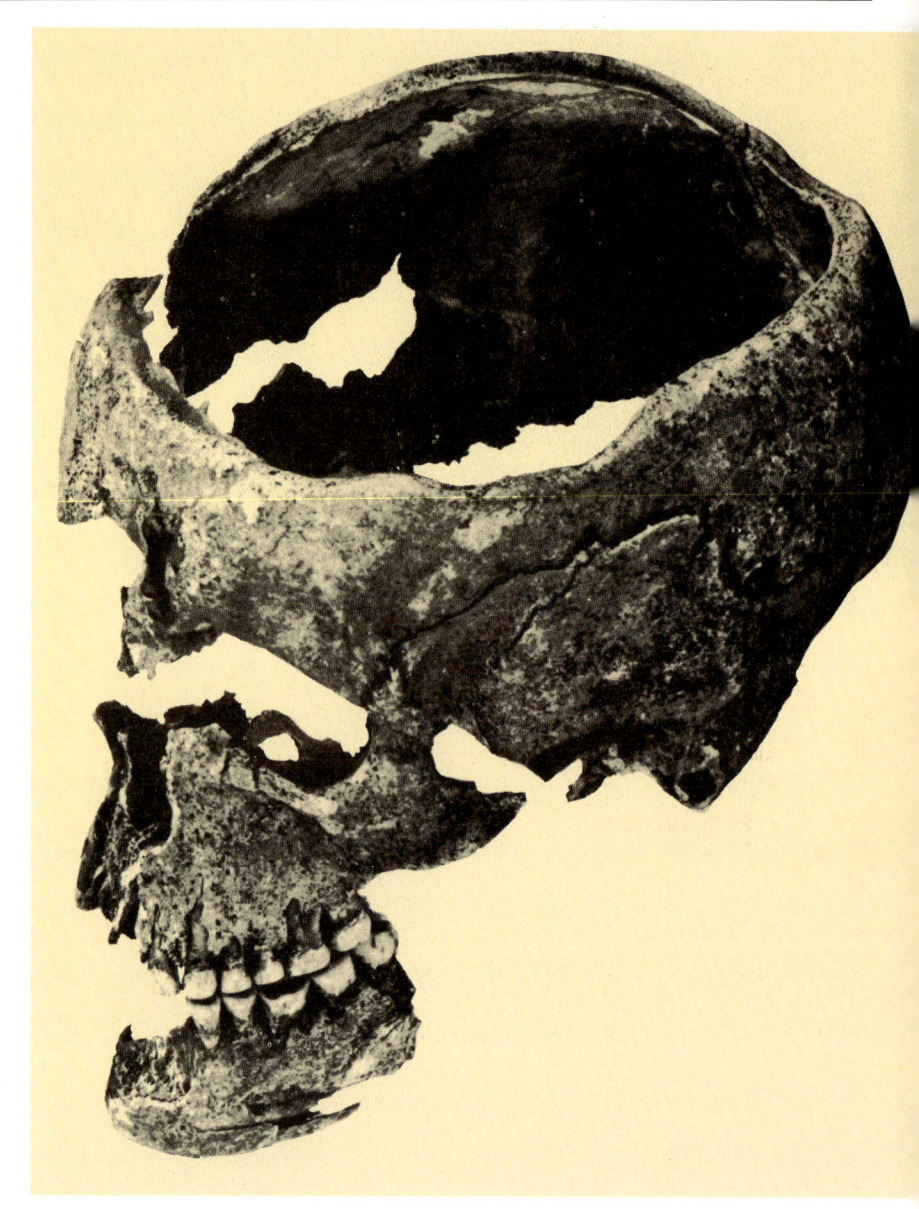

'De boom met die knoest, die struiken, dat heuveltje en die vreemd gevormde stronk...' Hij zal het niet vergeten.

'Huoo!'

De smid drijft zijn ossen aan. Hij lacht. Dat tweetal bastaards uit de onderwereld, zal hem niet doden, zolang zij niet weten waar de kist verborgen is. En als hij de nederzetting veilig bereikt – hij heeft reeds een rijk offer aan de goden beloofd – zal hij hulp inroepen en zijn knecht en gids aanklagen bij het dorpshoofd. Daarna zal hij zijn schat opgraven.

De goden krijgen het beloofde offer niet. Bij een groepje dichte struiken springen de knecht en de gids opeens te voorschijn. Ze brengen de ossen tot stilstand. De smid heeft zijn mes getrokken.

'Waar is de kist?' roept de knecht geschrokken. Hij geeft zijn bedoelingen nu duidelijk prijs.

De smid wacht iets te lang met zijn antwoord. Te laat ziet hij, dat de gids hem van de andere kant genaderd is. Hij voelt een harde ruk aan zijn been. 'Zwijnen!' roept hij struikelend. Dan smakt hij met een schreeuw neer op de kar – in zijn eigen mes!

'Dat de goden jullie vervloeken,' steunt hij nog met een reutelende stem. Dan sterft hij...

De vondst van die bronsschat symboliseert in ons land het begin van de *bronstijd*. Waarom de Ierse smid (als het een Ier was) zijn kostbaarheden aan de aarde toevertrouwde en nooit meer opgegraven heeft, zal altijd wel een raadsel blijven. Misschien heeft een hoofdman van een Veluws Klokbekerdorp – die niet rijk genoeg was om zich een hellebaard of een bronzen bijl aan te schaffen – enkele harde jongens uit zijn dorp achter de smid aangestuurd. Dan kregen zij wél de smid, maar niet de bronsschat te pakken.

Het mondingsgebied van Maas, Rijn en Schelde begint nu een rol van betekenis te spelen. Uit het vrij kleine aantal schatvondsten uit de bronstijd blijkt, dat Engelsen allengs de taak van de Ierse bronsgieters hebben overgenomen – al hebben zij hier nooit een dominerende rol gespeeld. Want niet alleen zij, maar ook anderen brengen hier speerpunten met ingegraveerde versiering, randbijlen, zwaarden en

Bijl en Polsbeschermer uit de Bronstijd.

mantelspelden. Veelal bij toeval zijn hier en daar verzamelingen van die kostbaarheden ontdekt. Hebben mensen, in tijden van strijd en gevaar, hun kapitaal haastig aan de aarde toevertrouwd, toen in de verte het ophitsend tromgeroffel van een vijandige stam weerklonk?
'Graven! Graaf dan toch!'
Het bronsbezit van een familie verdwijnt in een kuil. Dan nadert de vijand met angstaanjagend geschreeuw. Bezwete krijgers dringen een nederzetting binnen. Zij heffen speren en strijdbijlen dreigend op en slaan toe.
Genade is er dit keer niet. Zij plunderen de woningen, vergaren wapens, werktuigen, vee en verdelen de buit. En waarschijnlijk óók de vrouwen, waarmee de roes van de overwinning hartstochtelijk wordt gevierd.
Daarna trekt zo'n krijgsman – met bloed besmeurd, zijn lijf nog nauwelijks droog van het zweet – in alle stilte weg. Dankbaarheid welt op naar de goden, die hem zo'n rijke buit hebben gegeven en zijn leven hebben gespaard. Bij een afgelegen veen legt hij een deel van zijn buit voor een godheid neer en misschien prevelt hij een stil gebed: 'Voor U...'
Of plaatst hij een deel van de veroverde schatten in een grafheuvel om zich zo te verzoenen met de goden van leven en dood?

Drouwen in Drenthe, omstreeks 1500 voor Christus: Een stam treurt bij het graf van een groot hoofdman, die op werkelijk vorstelijke wijze in een klein dodenhuis (1,85 bij 1,40 meter, rustend op 4 palen) onder een grote grafheuvel is bijgezet:
Hij draagt zijn gouden oorringen. Aan zijn linkerzijde ligt zijn breed, tweezijdig zwaard (misschien wel het éérste zwaard dat dit gebied bereikte en daarom een ongelooflijk kostbaar bezit!). Hij heeft zijn bronzen bijl bij zich, zijn boog en pijlen. De pijlpunten zijn vervaardigd uit een doorschijnende oranje-grijze vuursteen. Ook al uniek! Tenslotte heeft hij zijn kleinere eigendommen meegekregen: een bronzen scheermes uit Engeland en slijpsteen van zwart lydiet, een vuursteen.
De krijgsman moet een van de machtigste stamhoofden van zijn tijd zijn geweest. Waarschijnlijk heeft hij heel wat omliggende stammen aan zich onderworpen en schatplichtig gemaakt – en zo het kapitaal verkregen om al die prachtige aankopen te doen. Dat hij aanspraak kon maken op de eerbied van de nabestaanden, bewijst zijn rijke graf.

Drenthe, omstreeks 1300 voor Christus. Kenan bevestigt een kort zwaard en een dolk aan zijn riem. Nerveus rukt hij even aan een leren sandaal. Dan slaat hij zijn cape om de schouders, over het hemd zonder mouwen, en grijpt zijn ronde muts.
'Klaar?' vraagt hij aan zijn vrouw.
'Bijna!'
Zijn vrouw loopt heen en weer. Met oorlepeltjes, nagelreinigers en epileertangetjes heeft ze toilet gemaakt. Ze ziet er goed uit in haar blouse met korte mouwen, haar lange rok van een kleurig weefsel – een ceintuur om haar middel met een sierlijk bewerkte plaat van brons. Het duurt allemaal wel lang. Ze duwt tegen haar haarnet, trekt haar ketting recht.
'Ze komen! Ze komen!' klinkt het buiten. Dat maakt Kenan nog zenuwachtiger dan hij al is.
'Schiet op nou!'
'Nog even m'n armband...'
Kenan trekt haar mee naar buiten, waar door de samengestroomde mensen eerbiedig plaats voor hem wordt gemaakt. Hij moet immers het stamhoofd en zijn nieuwe bruid welkom heten en ontvangen in zijn huis!
Kenan denkt aan de verrassing, die hij voor het feestmaal in petto heeft. Vijf grote kruiken staan in zijn woning gereed. Hij had nauwgezet uitgevoerd, wat een rondtrekkend handelaar hem had verteld:
'Laat de gerst goed vochtig worden. Verwarm de korrels bij het vuur, zodat ze gaan kiemen. En dan, Kenan, zijn er kruiden, die ik je kan verkopen...'
Het had moeite gekost. Het was tot drie keer toe mislukt. In het dorp hadden ze hem uitgelachen, voor gek verklaard, maar nu stonden 5 grote kruiken met de nieuwe drank voor het feest gereed.
'Imrod! Imrod!'
Er klinkt gejuich, nu het stamhoofd met zijn bruid uit het verre Hessen naast zich, op een wagen de nederzetting binnenrijdt. Handen worden naar hem uitgestoken. Lachend staat de machtige Imrod op de wagen. Hij wijst naar zijn nieuwe vrouw. Een bewonderend gemompel stijgt op:
'Zie je haar ketting van puur barnsteen?'
'En die armbanden, die radnaalden!'
'En die mantelspelden. Ze draagt er vier!'
Voor het volk van Drenthe is het een onvoorstelbare vermogen, dat de vorstin uit Hessen op haar wollen kleding draagt. Ze wuift, maar er liggen rimpels op haar voorhoofd, alsof het haar niet meevalt wat ze in de nederzetting ziet. Was ze daar in Hessen soms meer gewend? Enigszins ongerust vragen enkele mannen zich af, welke prijs Imrod voor de rijke vrouw én voor het bondgenootschap, aan de vorst in het verre Hessen heeft betaald.
Het feest groeit uit tot een bizar succes, waarover nog dagenlang zal worden gesproken.
'Beste Kenan...!' roept Imrod. Hij slaat zijn gastheer tevreden op de schouder. Kenan kijkt verrukt rond, als de nieuwe drank in de smaak valt. Imrod, dorstig van zijn lange reis, maar ook de dorpsoudsten, slurpen er gulzig en smakkend van. Er wordt gezongen, gelachen en het gaat steeds ruiger toe. Stark, die naar buiten wil lopen om een plas te doen, botst tegen de deurpost en kwakt tegen de grond.
'Bij de god van het licht!' Zijn kop draait hem op de romp. Alles zwaait en danst en zwenkt hem voor de ogen.
Buiten voor de woning groepen mannen en vrouwen uit de nederzetting bij elkaar.
Wat is daar binnen aan de gang?
'Hebben kwade geesten het feestmaal bezocht?'
'Zijn zó de gebruiken van die Hessische vorstin?'
'Hóór ze! Hóór ze toch!'
Het gelal, gelach en geschreeuw daar binnen lijkt zonder eind. De dorpelingen deinzen wat achteruit, als Kenan voor wat frisse lucht met een rode kop naar buiten waggelt, bijna valt en vloekend lacht.
'Hoe is de bruid?' vraagt iemand.
'Mooi is ze!' roept Kenan. Hij hikt en boert van zijn zelf gebrouwen bier. 'Mooi is ze. Rijk is ze. Maar al haar verstand, hik..., zit in haar kont!' Hij brult van het lachen om die gewaagde, ijzersterke grap.
Het brouwen van bier, dat in het graanrijke Egypte reeds lang bekend was, kan in de bronstijd naar de Lage Landen gekomen zijn. Zeker is dat niet. Wel is zeker, dat een rijke dame uit Hessen, of Thüringen, bij Weerdinge in Drenthe gestorven is. Zij is daar, overeenkomstig de heersende gebruiken, in een grafheuvel, omgeven door een kring van palen, bijgezet. Haar ketting van 13 barnstenen kralen, een bronzen armband, prachtige radnaalden (aan één ervan kleefde nog een stukje geweven wollen lint!) en maar liefst 4 mantelspelden zijn gevonden in haar graf. Bij elkaar is dat voor die tijd een vermogen geweest. Rovers hebben dan ook getracht een diepe gang naar haar laatste rustplaats te graven. Ze hebben zich meester willen maken van de schat, zoals archeologen bij de opgraving hebben ontdekt.

Bronsgieters en handelaren hebben sikkels, beitels, scheermessen, bijlen, zwaarden, speerpunten, ringen, oorhangers, dolken en hellebaarden naar de nederzettingen gebracht. Zij hebben de grote collectieve boerenbedrijven bezocht, waarvan er één bij Elp heeft gestaan. Het hoofdgebouw had een lengte van 40 meter en was 5 meter breed. Daar stonden nog enkele schuren en een bijgebouw, 25 meter lang. In de eeuwen, dat die kolossale boerderij van Elp (door een commune?) werd bewoond, hebben de mensen het bouwwerk 6 maal opnieuw opgetrokken. Zo'n woning (bij Emmen stond er één van 77 meter lengte!) ging ongeveer een jaar of 75 mee.

Prehistorie – Romeinse tijd

Van brons- naar ijzertijd

Er zijn sporen gevonden van grote rechthoekige huizen bij Deventer, van moerasdorpen in Vlaanderen, van eikehouten ploegen, die hun voren – nog duidelijk zichtbaar voor het heden – achterlieten in de bodem van het Westfriese land.

Al die mensen van toen hebben een uitgesproken visie gehad op leven en dood en die tot uitdrukking laten komen bij het begrafenisritueel. Onder invloed van buitenaf en door allerlei vermengingen zijn gedragspatronen veranderd en hebben godsdienstige rituelen wijzigingen ondergaan.

Al naar geloof, de streek, de stam van herkomst, hebben de dodenverzorgingen verschild. De doden, aanvankelijk bijgezet onder omheinde grafheuvels (vaak in houten boomkisten), gaan allengs weer verbranding tegemoet.

Een opzienbarende grafheuvel-begraafplaats is bij Toterfout-Halve Mijl in Brabant tussen 1948 en 1951 blootgelegd en onderzocht. Laag na laag zijn de grafheuvels (tumuli) afgegraven. Tumulus 8 bleek de grafheuvel van een kind:

'Wee, wee!'

Het geweeklaag van vrouwen stijgt op. Gebeden en gezangen van de priesters weerklinken, nu het dode lichaampje van een kind op de takken van de brandstapel is geplaatst.

'Wee mij!'

Een moeder snikt het uit, als de vlammen om zich heen grijpen en het gestorven kind verteren tot as.

Met stukken houtskool wordt de as van de kleine dode gloeiend en wel in een urn gedeponeerd en dan gedragen naar het dodenveld. Daar krijgt de urn een plaats in een ondiepe kuil onder een dodenhuisje: een dakje, rustend op vier palen in de grond. Zij vlechten de tussenruimten met takken en twijgen dicht. Als die magische kring gesloten is, ontsteken zij naast die omheining een vuur om het begrafenisfeest te vieren.

Wat later breken de inwoners van het dorp het dodenhuisje en omheining af. Zij dekken het graf van een klein met een grafheuvel van plaggen af. Rondom rammen zij eiken palen in de grond. Opnieuw is de as omsloten door een magische kring. Later, vele jaren later, wanneer de palen zijn vergaan en de heuvel door plantengroei is overwoekerd, zullen ze het nabestaanden het graf nog één keer met zand toedekken en met nieuwe palen omcirkelen. Pas daarna geven zij de as van het kind prijs aan de krachten van de natuur.

Waarom zijn de mensen van Toterfout-Halve Mijl – met hun grote eerbied en wellicht ook angst voor de dood – tot verbranding van hun gestorvenen overgegaan? Zijn ze gegrepen door een nieuwe visie op het leven, door een nieuw geloof? Is er een soort godsdienstige revolutie geweest? Oudere generaties zullen zich hebben verzet, maar de nieuwe denkbeelden hebben het tenslotte toch gewonnen. Onder invloed van de dragers der Hilversumcultuur, verspreidt de nieuwe wijze van begraven zich omstreeks 1000 voor Christus over de Lage Landen. De urnen met de as van de doden krijgen dan een plaats op velden buiten de nederzetting. De *Urnenveldmensen* gaan in de late bronstijd het toneel der Lage Landen beheersen…!

Offermes uit de Bronstijd, gevonden in Drenthe.

De bevolkingsdichtheid in Europa is sterk toegenomen door de gestadige verbetering van landbouw en veeteelt. Omdat de boeren nog uitgestrekte gebieden voor hun voedselproduktie nodig hebben, raken stammen in het nauw. Ze moeten wegtrekken – soms ook omdat jaren van droogte de grond heeft uitgeput. Zo gaan zij op drift en terwijl zij op zoek naar nieuwe landstreken uitzwerven, stuwen zij andere stammen op.

'Allen zijn klaar, heer!' wordt aan een hoofdman gemeld, als iedereen hebben en houwen bij elkaar heeft gepakt.

'Voorwaarts!'

En daar gaan ze, met een laatste blik op het dorp, waar het leven niet langer houdbaar is. De strijdbare mannen gaan voorop, gevolgd door de vrouwen en kinderen, die een plaats hebben gekregen op de zware karren met voorraden en lijfbezit. Daarachter ploeteren hun knechten met het vee. Zij zijn bereid strijd te voeren voor akkers en weidegronden – als de kans gunstig lijkt.

De families, die zij op die manier bedreigen, vluchten op hun beurt weg. Om knechtschap en slavernij te ontlopen, trekken zij het onbekende tegemoet.

Zo komen omstreeks 1200 voor Christus nieuwe volksverhuizingen op gang. In Turkije gaat daardoor het rijk der Hethieten ten onder. In Griekenland wordt de Myceense beschaving onder de voet gelopen. In beweging gekomen stammen – machtig geworden door gesloten bondgenootschappen – spreiden nieuwe gewoonten en nieuwe cultuurpatronen over Europa uit.

Na enkele eeuwen ondergaan ook de Lage Landen de invloeden van die volksverhuizing. Dat is te merken aan de grafrituelen die keer op keer veranderen. Lijkverbranding en bijzetting in urnen raken in zwang – misschien wel door stammen die vanuit Hannover en Westfalen de grens over komen om zich hier als Urnenveld-mensen te vestigen.

Bij Wapse in Drenthe heeft een urnenveld gelegen (omtrek omstreeks 200 bij 20 meter), dat ongeveer 500 jaar lang als begraafplaats heeft dienst gedaan. In het kleine dorp bij dit grafveld, hebben niet meer dan enkele gezinnen gewoond – alles bij elkaar niet veel meer dan 15 mensen tegelijk. Een grondig onderzoek heeft uitgewezen, dat de gemiddelde leeftijd der gestorvenen niet veel meer heeft bedragen dan 30 jaar. In de prehistorie is de dood altijd dichtbij en aanwezig geweest.

Wapse: een kleine nederzetting in de late bronstijd, ver verwijderd van de grote beschavingscentra. Wat vee. Enkele woningen aan de oever van een water. Wat vuurstenen werktuigen. Pijlen, nog van stenen punten voorzien, zoeven weg naar een hert of een zwijn. Rijkdommen om brons te kunnen aanschaffen bezitten de mensen daar niet.

Lijkverbrandingen en bijzetting in vele verschillende urnen. Een kind balanceert op een omgewaaide boom. Sneeuw die zich ophoopt in een ijzige winter. In de verte het gehuil van een wolf.

Vijf eeuwen Wapse: een haast vergeten fluistering in de eeuwigheid.

Ver van Wapse is een nieuwe beschavingsperiode begonnen. Bekwame smeden hebben de samenstelling van een nieuw, blank, hard metaal gevonden. Vermoedelijk hebben de Skythen uit Zuid-Rusland, of de Kimmeriërs die zij opjagen, die ontdekking naar het westen gebracht. 'Dat metaal moeten wij gaan maken!' denken de machtige heren van de *Hallstattcultuur*. Zij zijn aan de Wolfgangsee in Oostenrijk onder andere door zoutwinning rijk geworden, maar willen graag nog wat rijker zijn.

Zij zetten hun smeden aan het werk. Vanuit Hallstatt glijdt het laatste wonder van smeedtechniek tijdens de volksverhuizingen over Europa: langs Donau, Oder en Rijn.

De IJzertijd is aangebroken! Het is een periode van 700 tot omstreeks het begin van onze jaartelling.

Het nieuwe metaal dringt langzaam tot de Lage Landen door. Alleen de machtige stamhoofden kunnen zich voorwerpen van ijzer veroorloven. Omstreeks 650 voor Christus krijgt een vorst bij Oss een groot ijzeren zwaard als grafgift mee. Het gevest is ingelegd met goud.

Krom gebogen en té zwaar om mee te strijden, heeft het waarschijnlijk bij godsdienstige riten een rol gespeeld en zijn er offerdieren mee gedood. Het is dat schitterende zwaard, dat hier het begin van de IJzertijd symboliseert…

Sieg's blikken glijden naar het blinkende paardentuig aan de wand. Ernaast hangt een blanke kokerbijl, die de vlammen van het vuur weerkaatst.

De stem van de priester dreunt maar door. De meeste jongens staren verveeld voor zich uit. Zélfs Tar zucht, omdat er aan de wijze lessen over wetten en plichten maar geen einde komt.

'... Maar indien het verderf dodelijk is, zo moet gegeven worden ziel voor ziel, oog voor oog, voet voor voet, wond voor wond, buil voor buil...'

Sieg kijkt naar een vlieg op zijn knie. Vreemd dat zo'n klein dier bestaat, eieren legt, kinderen krijgt, sterft. Waarom hebben de goden zo'n wonderlijk diertje gemaakt? Hij luistert weer naar de priester.

'... Over alle zaak van onrecht, of als er twist over eigendommen ontstaat, over een os, een paard of klein vee, zullen de twistende partijen voor de goden worden gedaagd...'

In Siegs korte leven was het tweemaal voorgekomen, dat twee mannen voor de goden waren ingedaagd. Zij bleken zó onverzoenlijk, dat een tweestrijd op leven en dood hun twist had beslist.

'En als het nou eens vrienden zijn?' vraagt Tar handig, omdat hij de priester verlokken wil tot het vertellen van een verhaal. En waarachtig. De oude trapt erin.

'Ook dát is gebeurd. Lang geleden, toen mijn vaders vader nog niet geboren was, moesten twee hechte vrienden – gedreven door de omstandigheden – met elkaar strijden voor de goden. Op leven en dood! Een ganse, lange dag streden Lain en Ferdad tegen elkaar. Hun krachtige slagen maakten menige verwonding. Maar toen de duisternis viel omarmden zij elkaar. Zij verzorgden elkanders wonden en dronken elkaar bij het kampvuur toe. En achter hun woorden ging diepe, sterke vriendschap schuil...'

De priester glimlacht. Het is nu doodstil. De jongens zijn een en al aandacht. Niet de wetten en verplichtingen die op hun samenleving rusten, maar verhalen over trouw en moed spreken hen aan.

'Bij het eerste licht van de volgende dag streden Lain en Ferdad verder met niet aflatende kracht. Bij geen enkele slag van hun grote zwaarden trachtten zij elkaar te ontzien. Het respect van de één voor de ander gedoogde dit niet. Ook die dag bracht geen beslissing. Wéér omarmden zij elkaar bij het vallen van de duisternis. En wéér bevestigden zij elkaars vriendschap en moed. Elk verbond de wonden van de ander met de grootste zorg en opnieuw dronken zij elkaar bij het kampvuur toe.

Ook de derde dag vochten zij voort zonder rust. Maar die avond zochten zij na het verwoede gevecht ieder hun eigen kampvuur op...'

'Waarom...?' vraagt Sieg met een diepe zucht.

'Zij wisten dat de volgende dag één van beiden moest vallen. Stil was het die laatste nacht. Ieder lag neer met zijn eigen gedachten – vol verdriet, omdat de goden niet anders hadden beslist.

Het was Lain, die op die laatste dag staande bleef. Ferdad lag eindelijk levenloos neer. Leunend op zijn zwaard – geen plek op zijn lichaam was zonder wond – liet Lain zijn tranen stromen. Het zout ervan brandde in zijn bloed... Toen heeft hij Ferdad in zijn armen genomen en weggedragen naar zijn graf...'

De geduchte wereld der Kelten, vol verhalen, mythen en legenden, dringt zich aan grote delen van Europa op. De Hallstattperiode wordt omstreeks 500 voor Christus gevolgd door de ijzerindustrie van *La Tène*, die Kelten bij het meer van Neuchâtel tot ontwikkeling hebben gebracht.

Op een ondiepe plaats in het Meer van Neuchâtel is de Keltische versterking La Tène ontdekt. Omdat de ijzerbewerking der Kelten hoger ontwikkeld was dan die van de Hallstatt-cultuur, geeft La Tène zijn naam aan de beschavingsperiode, die vanaf 500 voor Christus tot de komst der Romeinen duurt. De Kelten! Afkomstig uit het Donaugebied, op drift geraakt en naar alle kanten uiteengevallen, bevolken zij allengs een gebied, dat zich van de Zwarte Zee tot aan Portugal, Engeland en Brabant uitstrekt. In de 7e eeuw voor Christus zijn zij het huidige België binnengedrongen en hebben de daar wonende stammen aan zich onderworpen met hun formidabel geweld. Zo vormen zij als het ware een keten, die Noord- en West-Europa van de Griekse en Romeinse wereld gescheiden houdt.

Uit de ontdekte, Keltische grafheuvels doemen de schimmen op van geduchte krijgslieden, die er in volle wapenrusting zijn bijgezet: Aan hun zijde bronzen en ijzeren zwaarden – soms langer dan 1 meter en met gouden plaatjes versierd. De schouderriemen en gordels zijn met fraaie gespen vervaardigd. Gouden sieraden, tuigonderdelen – zoals ijzeren paardenbitten – en bronzen ketels krijgen zij als grafgift mee.

Gezeten op hun vurige paarden – met ijzeren ringen op de sierplaten die als bellen rinkelen – rijden machtige stamhoofden nederzettingen binnen om met andere vorsten te spreken over oorlog en vrede, over huwelijken of een bondgenootschap.

'Luister, Asterix! Als de oogst binnen is kunnen wij gezamenlijk optrekken. Kom met alle weerbare mannen, want de buit die ons wacht is groot...'

Van een hechte eenheid onder de Kelten is nog geen sprake. Zij beoorlogen elkaar om weidegronden, vee en woongebieden. Zij vermengen zich ook met de volksgroepen, wier landstreken zij binnentrekken, zodat een uiterst ingewikkeld en onoverzichtelijk levenspatroon ontstaat.

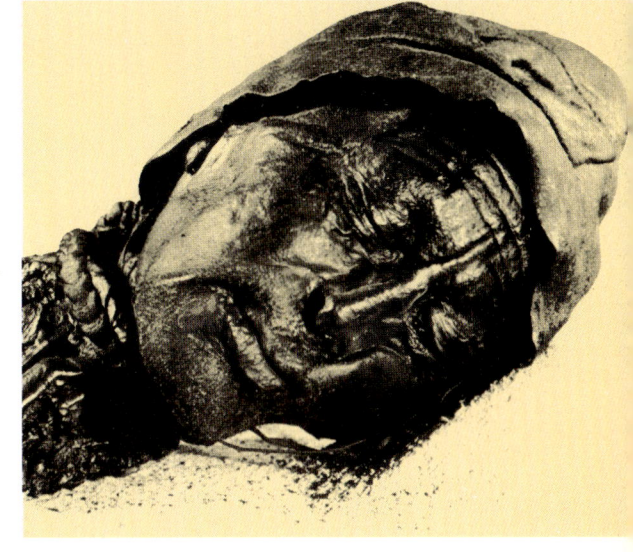

'O, Lug, god van het licht! U dragen wij dit offer op!'

De stemmen der druïden weerklinken bij de heilige offerplaats, waar Kelten zich verzameld hebben om de goden met een offer gunstig te stemmen. De zon breekt tussen twee wolken door. Het licht valt even op de grote offersteen. Is het een teken?

'Lug... Lug!' Een zacht gemompel stijgt uit de rijen op, als een krijgsgevangene naar voren wordt geduwd. Hij verzet zich, kronkelt angstig heen en weer. 'Nee! Nee!' Hij wil niet geslacht worden om aan de goden te worden gewijd.

Een mes flitst door de lucht. Het geschreeuw verstilt in een laatste gerochel. Bloed druipt op de steen – bloed dat de levenden reinigt van zonde en schuld.

Vol huiver en schroom weten de zeer gelovige Kelten zich omgeven door de natuurmachten van hemen en aarde. Zij denken zich hun goden in de eeuwig voortstromende rivieren, in de zich opstapelende wolken, in een ondoorgrondelijk dicht woud. Nauwgezet vervullen zij de godsdienstige plichten, die de priesters hen voorschrijven. Want de druïden zijn *zij die weten*.

'Goden, geeft uw oordeel!'

De druïden werpen hun runen vol ritueel op de witte lakens. In de ligging van die stokjes zien zij de toekomst en zij bezweren hun voorspellingen met magische kracht. Hun uitspraken doen de stamgenoten geloven in de onsterfelijkheid en het voortbestaan van de ziel. Daarom brengen zij hun offers – ook van mensen! – om de soms wrede goden gunstig te stemmen: *Lug*, de lichtgod, *Sucellos*, de woudgod, de *Drie Matres*, de voedende krachten van de natuur, *Epona*, de paardengodin.

Zij vertellen hun verhalen, hun mythen en legenden: vooral hoe de helden van weleer hun tochten naar het land van de goden, óf naar de boze geesten, volbrachten. Zo geven zij van generatie op generatie de wijze levenslessen door. 'Lug, de lichtgod, heeft een magische speer!' zo zeggen de druïden. 'Wie die speer voert wéét, dat het wapen uit *levende* materialen is samengesteld. Want als vanzelf glijdt hij uit de hand weg en zoekt dan bloeddorstig de vijand op, zonder dat iemand hem richt. Zo flitst de speer langs bomen en struiken en doorboort de mensen, die Lug wil treffen met zijn wraak...'

De Tollundman (Denemarken), die geleefd heeft in de IJzertijd. Zijn lijk werd met de strop om de hals in het veen gevonden. Ook in Nederland werden slachtoffers ritueel (?) omgebracht in het moeras.

De Valther Veenbrug (345 à 50 voor Chr.). De oudste Veenbruggen dateren van 2800 voor Chr. en bestonden aanvankelijk uit naast elkaar gestapelde takken. Pas als het wiel zijn intree doet verbetert de aanleg van die veenwegen en komt een constructie van balken op onderleggers tot stand.

23

Prehistorie – Romeinse tijd

Opgravingen van het terpendorp Ezinge.

Wieldop, gevonden in het wagengraf van Wijchen.

De wereld van Kelten is een geduchte wereld, die zich pas in de dagen van Julius Caesar zal laten knechten.

Zo liggen daar dan de Lage Landen omstreeks 500 voor Christus: met Kelten in het zuiden; met nakomelingen van de Urnenveldmensen en de nazaten van de Bekerculturen op de zandgronden boven de grote rivieren. De kuststreken met steeds weer overspoelde moerassen en wadden liggen nog vrijwel verlaten. Het zijn ideale verzamelplaatsen voor tal van vogels. Maar voor mensen? Zeevaarders uit de oudheid moeten hebben gehuiverd bij het aanschouwen van dat vreemde land...:

Een vrachtvaarder uit Carthago, op weg naar de tinmijnen in Cornwall, is uit zijn koers gelopen in een storm. Het schip is afgedreven naar de Lage Landen en de stuurman zoekt nu behoedzaam zijn weg langs de kust.

De zee is kalm. De roeiers zijn dat niet! Bevreesd en vol onzekerheid trekken zij aan de riemen.

'Necho, kijk toch!'

De oude Necho die naar een farao vernoemd is, loert naar het land, dat geen land is maar op het einde der aarde lijkt. De stuurman roept vloekend de goden aan. Hij boort zijn blikken door de mist.

'Op al mijn reizen heb ik zóiets nog nooit gezien. Water, land en lucht vloeien hier tot één grijze, ongrijpbare massa ineen!'

Hij schudt zijn hoofd. Het einde der wereld?

'De poorten van de onderwereld, als je het mij vraagt,' bromt Necho. 'Hier moeten de geesten der gestorvenen hun tol betalen om te kunnen afdalen naar het rijk der schimmen!'

Het lijkt zeer wel mogelijk. Want het land blijkt geen land. Eilanden die uit de nevelen opdoemen, worden overspoeld en verdwijnen traag en vol mysterie weer onder de golven van de zee. De lucht blijkt geen lucht. Vochtig als een nat gordijn slaat de mist tegen Necho's doorweekte baard.

Het water is wel water, maar de Phoenicische roeiers begrijpen de gang der getijden niet. Het land rijst op en verdwijnt. Is de zeegod hier een monster dat zijn eigen kinderen verslindt?

'Necho, luister!'

Onheilspellend klinkt in de verte het gekrijs van meeuwen.

'Zijn het de stemmen der gestorvenen?'

'Ligt hier de hel, waar de Kimbren leven?'

Langzaam glijdt de vrachtvaarder uit Carthago langs de Lage Landen, langs een verlaten, steeds weer overspoelde kust...

Toch raken ook de eens onbewoonbare moerassen en Wadden in het uiterste noorden gekoloniseerd en bevolkt. Zandverstuivingen in Drenthe dwingen daar de landbouwers naar nieuwe woongebieden om te zien. Tussen 600 en 500 wagen zij de sprong naar de lage, zeer zware kleigronden van de Friese kust. Zij beschikken nu eindelijk over werktuigen en ploegen, die stevig genoeg zijn om de vette bodem te bewerken. En ook de Friezen uit het mondingsgebied van Eider en Elbe trekken met vee en huisraad naar de kwelders bij Westergo. Werden zij door andere stammen bedreigd? Wilden zij te hoge schatplicht ontlopen en gingen zij daarom onbeperkte vrijheid in het lage, begroeid geraakte, kustgebied tegemoet?

'Dit wordt de plaats!' hebben de hoofdmannen gewezen. Een dorp verrijst. Ze bouwen boederijen van 6 bij 13 meter. Tussen het woongedeelte en de stalruimte brengen zij een wand aan: een vlechtwerk van takken, bestreken met klei. In de stallen staan de boxen voor het vee aan beide kanten van een looppad.

Af en toe komen handelaren die afgelegen boerderijen in het noorden bezoeken. In ruil voor huiden, stoffen, wol, leveren zij werktuigen, sieraden, wapens van ijzer en brons.

Terwijl de mannen boeren, jagen en vissen, weven de vrouwen stevige warme stoffen voor kleding en dek. Zo verstrijken twee eeuwen.

Uit een klein begin werken de Friezen zich op tot vrij welvarende boeren – onbewust van het grote gevaar, dat hen van jaar tot jaar achter de kwelders bedreigt. En dan opeens razen storm en springvloed over het lage land:

'Goden van hemel en aarde!'

Een boer schreeuwt zijn noodkreet door de nacht: naar de wind, de donkere wolken en het aanstuivende water. Golven overspoelen de kwelders en slaan het werk van jaren weg.

'Heilige goden, spaar ons!'

Maar de goden sparen niets. Dáár gaat krakend een schuur. Een muur van een hoeve bezwijkt.

'Het vee!' Mannen waden door het water om hun wild loeiende runderen te redden. Ze schreeuwen naar hun vrouwen, die kleine kinderen tegen zich aan houden geklemd:

'Neem ze het dak op!'

Boven het geweld van de storm klinkt het huilend geblaf van een hond. Het aanroepen van de goden lijkt zinloos in het woeste geraas van golven, krakende daken, gierende wind.

Traag kantelen de woningen om. Blèrende schapen en hinnikende paarden drijven tenslotte met de vloedgolven weg. Een schorre noodschreeuw van een varken. Een gebed, waarin nog gauw van alles aan de goden wordt beloofd. Gehuil en kreten in de nacht.

Daar gaan de weefgetouwen, de paardetuigen, de met zorg geweven stoffen. En de mensen! Hun hulpgeroep verstilt, als het water zich boven hen sluit...

'Het land verhogen!' Dat wordt nu de belangrijkste wet in het kwetsbare kustgebied. De mannen, de vrouwen en kinderen brengen met de mest van hun vee, met plaggen zand en modder, de grond onder hun boerderijen moeizaam omhoog. Vanaf de monding der Rijn tot diep in Duitsland verrijzen (ook in de jaren na Christus!) allengs honderden terpen langs de kust. Een gevoel van saamhorigheid groeit in die gemeenschappelijke strijd tegen het water. 'Een armzalig volk, dat bij eb de drooggevallen vis najaagt en bij vloed veiligheid zoekt op de woonheuvels,' melden Griekse en Romeinse geschiedschrijvers, als Pytheas en Plinius, in oude kronieken over het Friese volk.

'Levend in de modder stoken zij vuur van die modder (turf) om de koude ingewanden wat te warmen... Bij springvloed hokken zij als aangespoelde schipbreukelingen op hun terpen, aan alle kanten omgeven door water. Zij betalen aan niemand schatting, want de zee ontneemt hun al het bezit...'

Pytheas en Plinius hebben zich ten opzichte van de Friezen weinig betrouwbare verslaggevers getoond. Bij de afgraving van de befaamde terp van Ezinge – 450 meter lang en 5,5 meter hoog! – is na het verwijderen van 25.000 ton aarde een ander beeld van de Friezen naar voren gekomen: Zij hebben daar in drie bewoningsperioden geleefd. Op de terp stonden boerderijen van 17 meter lengte en 7 meter breed – met stallen die plaatsboden aan 50 tot 70 stuks vee. De mannen gingen gekleed in buizen met mouwen en lange broeken. Daarover droegen zij hun loshangende mantels, die rond de schouders werd bevestigd met een speld. Met ijzer en brons, afkomstig uit verafgelegen streken, hebben de Friese smeden hun werktuigen en kleine wapens gemaakt. Een pijpje van een blaasbalg is bij de opgraving tussen slakken en sintels gevonden. Met een witte pasta en fijngemalen schelpen hebben de vrouwen hun zwartglanzend, gepolijst aardewerk met geometrische figuren versierd.

Een armzalig volk?

De geschreven bronnen der historie zijn dikwijls onbetrouwbaar. De voorwerpen uit de prehistorie liegen nooit.

Een nieuw tijdperk breekt aan, als de machtige Romeinen een randgebied willen bezetten aan de noordwest-grens van hun groeiend rijk. Wanneer zij daarvoor verbeten strijd voeren tegen de Galliërs, ontdekken de heersers te Rome, dat er zich achter de Kelten nog geduchte Germaanse stammen bevinden, die een groot gevaar voor hun trotse rijk kunnen zijn.

De opmars begint.

De zon neemt bloedrood afscheid van de prehistorie. De geschiedenis van voorwerpen en sporen, ontdekt in de aarde, loopt ten einde. De legioenen van het sterkste leger ter wereld marcheren en de zon gaat nu bloedrood op boven de *Romeinse tijd*.

De historie, die kan steunen op geschreven bronnen en teksten, begint...

IJzeren zwaard en bronzen emmer (situla) uit het vorstengraf van Oss. Het zwaard is ingelegd met bladgoud en waarschijnlijk in verband met ritueel gebruik omgebogen.

Reconstructie van een terpenboerderij te Ezinge (500 voor Chr.).

Romeinse tijd – Middeleeuwen
De komst van de Romeinen

De Grieken hebben het wonder volbracht om zich in enkele eeuwen (900-500 voor Christus) de ganse beschaving van het Middellandse Zeegebied eigen te maken en daaraan een nieuwe richting te geven.

'Leer uzelf kennen!' was het opschrift van het Orakel te Delphi. Met dat uitgangspunt vormden de Griekse wijsgeren zich een nieuw beeld over de mens – niet zoals hij was, maar vóóral hoe hij zou kunnen worden: 'Een nobel heerser over gedachten en gevoelens, die vrij en onbevreesd tot aanvaarding moeten komen van de dood...'

Met een groot gevoel voor schoonheid – en afschuw voor het lelijke, zwakke en mismaakte – werden de Grieken zich de draagwijdte van het verstand bewust. Door de verschijnselen in zichzelf en om zich heen te onderzoeken (en niet alles op rekening van de goden te schuiven!), legden zij de basis voor de wetenschap.

In 146 voor Christus wordt die, in menig opzicht toch wel verheven Griekse wereld, onder de voet gelopen door de Romeinen, die in enkele eeuwen Klein-Azië, Syrië, Egypte, Tunis, Algiers, Marokko, Spanje en Portugal als provincies bij hun rijk trekken. Zij staan op het punt dat ook met Gallië (Frankrijk) te doen.

De Romeinen zijn keiharde veroveraars, uitstekende administrateurs en voortreffelijke wetgevers. Met de Grieken als hun leermeesters volbrengen zij op hun beurt het wonder: vrijwel de gehele beschaafde wereld uit die tijd tot één rijk samen te voegen. Nog nimmer zijn op aarde zóveel mensen vanuit één centrum bestuurd: Roma, pulcherrima rerum – Rome, de mooiste van alle.

Zilveren munt uit de Romeinse Tijd met de voorstelling van de wolvin met Romulus en Remus, gevonden in St. Oedenrode (N.Br.).

Bij de Kelten in Frankrijk zijn onder krachtige aanvoerders krijgshaftige rijken tot bloei gekomen, die zich ten kosten van verwante stammen hebben uitgebreid. Het patroon van hun samenleving bestaat uit vorsten, uit aanzienlijken (adel), uit vrije mannen (in dienst van die adel en ondergeschikt) en uit slaven.

Germani – Oostelijke Buren! Dat is de naam, die de Kelten toekennen aan de stammen aan de overkant van de Rijn. Met die stammen voeren zij woeste oorlogen om buit en vergroting van hun grondgebied. Het zijn ook de Kelten, die de Romeinse wereld aanhoudend bedreigen.
'Victorie! Victorie!' Met die krijgskreet werpen zij zich, aangespoord door hun priesters, op de Romeinse legioenen. Zij zouden zelfs Rome hebben veroverd (in 390 voor Christus), als de ganzen in het Kapitool niet tijdig alarm hadden gekwaakt. 'Kwak-kwak... kwàààk!' Roma, pulcherrima rerum, bleef overeind.

In de 2de eeuw voor Christus, zoeken Kimbren en Teutonen, afkomstig uit Scandinavië en het Oostzeegebied, expansie in zuidelijke richting. Met omvangrijke hordes dringen zij de Keltische wereld binnen. Pas dan ervaart Rome, dat zich *achter* de Kelten een groot aantal woeste, Germaanse stammen bevindt, die een groot gevaar voor hun rijk kunnen zijn.

Uit de onoverzichtelijke, onbeschreven wereld van de laatste twee eeuwen voor Christus doemt het beeld op van volksverhuizingen, van bloedige vechtpartijen, van oorlogen en grote veldslagen: tussen Romeinen en Kelten, tussen Kelten en Germanen, tussen tal van stammen onder elkaar, zoals Zwaben, Usipeten, Tencteren, Nerviërs of Bructeren.

Rijke en aanzienlijke stamhoofden sluiten plechtige bondgenootschappen met elkaar, als een kans op gebiedsuitbreiding zich voordoet.
'Vruchtbare woongebieden liggen daar voor het grijpen! Koop karren en lastdieren op. Zaai nú zoveel mogelijk uit om op de tocht over voldoende voorraden te beschikken. Bekrachtig vrede en vriendschap met de buurstammen. Over twee jaar trekken we op!' Ze drinken op het verbond en op de buit die hen wacht.

Keer op keer is er verraad, als de vorsten elkaar met beloftes overbieden, of elkaar omkopen met vee en goud. Zwabische huurlingen dienen in Keltische legers in de strijd tegen Kimbren en Teutonen. Gallische krijgers strijden dapper in een Romeins legioen. Temidden van al het geweld vinden vermengingen en verhuizingen plaats, als bedreigde en opgejaagde stammen met hun vee op trek gaan naar veiliger woonoorden.

In 58 voor Christus wordt Caius Julius Caesar tot stadhouder over Gallië benoemd. Hij begint een bloederige opmars om de Kelten te knechten. De voorbeeldig getrainde legioenen met hun ijzeren discipline, hun superieure wapens en ervaren officieren richten ontstellende slachtingen aan.
'Dit optreden is ons en onze voorvaderen onwaardig!' roept men in Rome, als die oorlog zich jaar na jaar uitbreidt, steeds meer legioenen in Gallië verdwijnen en geruchten over toenemende wreedheden de ronde doen. De Romeinse bevolking laat stevige protesten horen. Vooral om de golf van kritiek te bezweren, schrijft Julius Caesar zijn *Commentarii de Bello Gallico* – Commentaren op de Gallische Oorlogen – een indringend verslag over de oorlog tegen de Galliërs en de Germanen. Direct al met de eerste regels van dit boek komt er klaarheid in een verwarde situatie. *De geschreven historie van de Lage Landen begint*: 'Gallië bestaat in zijn geheel uit drie delen, waarvan de Belgen (Belgae!) er één bewonen, de Aquitaniërs een ander, het derde zij, die in hun eigen taal 'Kelten', maar in ons spraakgebruik 'Galliërs' heten. De Garonne scheidt de Galliërs van de Aquitaniërs. De Marne en Seine scheiden hen van de Belgen. Onder hen allen zijn de Belgen de dappersten, omdat zij het verst verwijderd zijn van de beschaving en cultuur der provincie... en omdat zij de naaste buren zijn van de Germanen, die over de Rijn wonen en met wie zij voortdurend in oorlog zijn...'

Caesar verovert Gallië en slaat de opdringende Germaanse stammen terug achter de Rijn. Hij begint de strijd met 36.000 soldaten in het jaar 57 voor Christus. Hij beëindigt hem 5 jaar later met 11 legioenen, of 66.000 man.

In die oorlog marcheren de Romeinen door onherbergzame streken: langs kleine nederzettingen, langs onthutste stammen, die moeten kiezen tusen onderwerping of strijd. Voorop gaan de verspieders, die tijdig melden als gevaar ergens dreigt. De hoofdofficieren, de legaten en trotse krijgstribunen, rijden in hun rood wollen mantels aan het hoofd van hun troepen. De centurio's – lagere officieren die uit de beroepssoldaten zijn voortgekomen – schreeuwen hun bevelen:

'Vierde Cohort... Aantreden!'
De standaard- en vaandeldragers heffen de veldtekenen. De adelaar glanst in het licht van de zon. Steeds weer klinken de signalen van de hoorn- en trompetblazers, als gevaar de kolonnes bedreigt. 'Bij Hades en de goden uit de onderwereld!' Kankerend halen de soldaten schild en helm uit hun overtrek en houden hun wapens slagklaar gereed, als zij bevel krijgen in slagorde verder te moeten gaan. Daar marcheren de hulptroepen, gerecruteerd uit alle delen van het Romeinse rijk. Daar rijdt de ruiterij, met Spaanse, Gallische en Germaanse ruiters. De legertros volgt met de zware en lichte artillerie van werpmachines, met stormrammen en gevechtstorens, met de ambachtslieden, de vrouwen, de kinderen, de buit.

Na iedere dagmars van 20 à 25 kilometer slaat het Romeinse leger een versterkte legerplaats op. Vooruitgezonden officieren hebben daarvoor zorgvuldig een geschikt terrein uitgekozen.
'Hier, vanaf dit punt!' wijzen zij aan de landmeters, die aan het veld afmeten en overal gekleurde vlaggen plaatsen. Bij aankomst van het legioen vindt ieder cohort zijn eigen plek. Korte bevelen weerklinken: 'Het eerste en derde manipel voor het schanswerk!' Slechts een vierde deel van de strijdmacht wordt na de lange dagmars aan het graven gezet. Binnen twee uur is de versterkte legerplaats voor de nacht gereed.

Tegen die perfect draaiende oorlogsmachine kunnen noch de Galliërs, noch de Belgen evenmin als de Germaanse stammen het bolwerken – zelfs al zijn ze numeriek soms achtmaal in de meerderheid. Opgehitst door het krijgsgezang van hun vrouwen stormen zij op de dichte slagorde van Romeinse legioenen in. 'Overwinning! Overwinning!' Maar hun kreten verstommen. Romeinse werpspiesen flitsen door de lucht. Met hun ijzeren punten doorboren zij pantsers, dringen in schouders en schedels, in dijen of een long.

De Bellovaken gaan ten onder. Wanhopig houden tienduizenden Nerviërs aan de Sambre (bij het huidige Maubeuge) stand. 'Geen stap terug!' is het bevel van hun stamhoofden. Verbeten en moedig strijden zij boven de lijken van hun gevallen krijgsmakkers voort. Zij weten van geen wijken, maar hun moed alleen is niet genoeg:
'Van de onzen, 60.000 man, zijn nauwelijks 500 over,' verklaren enkele krijgsgevangenen na de verbitterde strijd.

Het machtige volk der Atuatuken, afstammelingen van Kimbren en Teutonen wordt van de aardbodem weggevaagd. Dit ongelukkige volk trekt zich terug in een rotsburcht bij de Maas (in de omgeving van Hoei). Dan volgt de belegering: met gevechtstorens, belegeringsdammen, scheldpartijen en verbitterde strijd. De vesting valt. 53.000 mannen, vrouwen en kinderen worden aan opkopers verkocht en belanden op een verre, vreemde slavenmarkt. Met dit voorbeeld voor ogen zijn andere stammen eerder bereid tot onderwerpen over te gaan.

Uit Caesars boek springen gruwelijke verhalen naar voren: Geweldige oproeren van reeds onderworpen stammen. Onverwachte aanvallen op geïsoleerde winterkwartieren. Heimelijke samenzweringen en verraad. En steeds weer vernietigende veldslagen. Hoor, hoe een Keltisch hoofdman klaagt:
'Soldaten, waar trekken wij heen? Onze ruiterij, onze ganse adel is ten gronde gericht. Twee der aanzienlijkste burgers zijn beschuldigd van verraad en zonder verhoor door de Romeinen gedood. Verneem het van hen, die aan het bloedbad zelf zijn ontsnapt. Mijn broeder en al mijn verwanten zijn vermoord. Smart belet mij te spreken...'
Zelfs de helden raken vermoeid.

Maar ook de Romeinen lijden soms zware verliezen in de strijd om alles of niets: 'Toen werden de dappere en gezaghebbende Titus Balventius de beide dijen met een werpspies doorboord. Quintus Lucianus sneuvelde – vechtend als een leeuw – toen hij zijn ingesloten zoon te hulp wilde komen. Een slingersteen trof de legaat Cotta pal in het gelaat, terwijl hij al de cohorten en centuriën aanwakkerde...'

De Romeinen vervolgen de Kelten tot in het Scheldedal, waar de Morinen en Menapiërs zich in de bossen en moerassen van Vlaanderen en Zeeland trachten te redden. Caesar noteert in zijn derde Boek:
'... Terwijl de vijand zich in de dichtere bossen terugtrok, braken zulke geweldige onweersbuien los... dat men de soldaten wegens de aanhoudende regen niet langer in hun tenten kon houden. Daarom verwoestte Caesar al de velden, stak dorpen en alleenstaande hoeven in brand en keerde met zijn leger naar de winterkwartieren terug..'

Het gaat hard tegen hard, als de formidabele Galliër Vercingetorix met tal van bondgenoten een opstand begint. Caesar schrijft:
'Er was niemand die dacht aan buit. Zó verbitterd waren onze soldaten over de slachting te Cenabum... dat zij ouden van dagen, noch vrouwen noch kinderen spaarden. Tenslotte ontvluchtte er van het ganse totaal der vijand, dat ongeveer 40.000 bedroeg, nauwelijks 800 man. Deze waren bij het eerste geschreeuw de vesting uit-

Gajus Julius Caesar

Zilveren denarius met op de voorzijde Gajus Julius Caesar.

Romeinse tijd – Middeleeuwen

De romanisering

gestormd en kwamen behouden bij Vercingetorix aan...'

De doden bedekken de groene velden: met ingeslagen hersens, doorboorde longen, opengestoken darmen. En hier en daar ligt een vergeten krijger die nog beweegt.

Ondanks hun moed en hun haat zijn de Kelten en Germanen geen partij voor de goed getrainde legioenen. De opstanden worden neergeslagen, het verzet breekt. Dan gaan gijzelaars en gevangenen in ketenen op weg naar het verre Rome – in lange kolonnes, te voet.

'Lopen! Vooruit, de pas erin!'

Een zoon steunt zijn vader, een vrouw draagt haar kind. Ze sjokken gebroken voort, terwijl bevelen en scheldwoorden weerklinken. Soms knalt er een zweep. 'Jij daar! Bek dicht!'

Machteloze stammen verlaten hun geboortegrond, omdat oppermachtige Romeinse veldheren dit voor de veiligheid van hun legioenen eisen. Dat alles heeft nieuwe volksverhuizingen tot gevolg. Na geleden nederlagen, verzwakt door de oorlog, of door andere volkeren bedreigd, pakken de zwakste groeperingen hun biezen om op zoek te gaan naar een nieuw en veilig woongebied.

Soms moeten zij toestemming van de Romeinen kopen om zich ergens te kunnen vestigen. Zo komen afgezanten van een stam (vermoedelijk Menapiërs die in Brabant of Limburg woonden) in Caesars hoofdkwartier:

'Wij zijn uit onze landen verdreven,' zeggen ze. 'Willen de Romeinen met ons in vriendschap leven, dan kunnen wij nuttige vrienden zijn!'

Zij vragen om woongebied in Gallië.

Caesar hoort hen aan, antwoordt dan: 'Van vriendschap kan geen sprake zijn, indien gij in Gallië blijft. Het is niet billijk dat een volk, dat zijn eigen grondgebied niet heeft kunnen verdedigen, dat van anderen in beslag nemen wil. Vestig u op de landstreken van de Ubiërs!'

Daar gaan ze dan, met hun vrouwen, hun kinderen, hun karren, hun vee.

Op dezelfde wijze zal het met de Bataven zijn gegaan. Ook zij hebben hun dorpen en nederzettingen bij de Katten in Hessen moeten verlaten. Onder Romeinse druk gezet trekken zij naar het noorden. Hebben hun verkenners ontdekt, dat daar, tussen brede rivieren, een eiland ligt, dat goed bewoonbaar is? Ze beginnen de lange tocht. De karren volgestouwd met lijfbezit, met knechten en slaven die het vee voortdrijven, bewegen zij zich voort langs de Rijn. *(Over vlotten is niets bekend!)*

Tussen 55 en 12 voor Christus strijken zij in het goed bewoonbaar geworden gebied tussen de rivieren neer. In de Betuwe en het Land van Maas en Waal bouwen zij hun vrij gerieflijke woningen met stallen en schuren. In het nieuwe land ploegen zij hun akkers en weiden er hun vee.

In de geschiedenis van de Lage Landen begint een nieuw hoofdstuk...

Op het 'eiland der Bataven' zijn de vrije mannen in volksvergadering bijeengekomen. Zij moeten hun houding ten opzichte van de machtige Romeinen bepalen. Misschien moeten zij beslissen over leven en dood van hun volk. Er klinken vragen. Ernstig weegt ieder voor zich een antwoord af.

'Wat kunnen we doen?'

'Moeten we ons onderwerpen? Een bondgenootschap sluiten met alle verplichtingen van dien?'

De aanzienlijken spreken de vergadering toe en zetten hun standpunten uiteen. Enkelen zijn bereid zich tegen de Romeinen te keren.

'De vrijheid van onze vaderen, die nog de onze is, mag niet verloren gaan!' Ze wijzen erop, dat zij met steun van andere Germaanse stammen niet kansloos zullen strijden.

'De Romeinen zijn niet onoverwinnelijk! Wij kennen nu hun strijdmethode. Wat zij doen kunnen wij ook. Ook wij kunnen versterkte legerplaatsen aanleggen en onze nederzetting met wallen omringen!'

'Denk aan Vercingetorix!' zeggen de voorzichtigen. 'De onversaagde vorst der Aveners is na enkele overwinningen tóch ten onder gegaan!'

Een grimmig gemompel stijgt uit de rijen op. Ieder weet wat gebeurd is. Om zijn volk de bloedige wraak der Romeinen te besparen, had Vercingetorix zich vrijwillig geofferd. Zijn einde was gruwelijk geweest. Als een gekooid dier hadden de Romeinen hem vijf dagen achtereen door de straten van Rome gevoerd. Vernederd, bespot, bespuugd, was hij daar tenslotte op een beestachtige manier geslacht.

'Denk ook aan de Nerviërs!' Ook die ontembaar strijdende stam had een geduchte nederlaag geleden en leek nu tot ondergang gedoemd.

'Denk aan de Tencteren en Usipeten!' Angstaanjagende berichten waren ontvangen. Vroeg in het jaar had de machtige Caesar zijn winterkwartier aan de Rijn verlaten. Hij was tegen die stammen opgetrokken en had hen vernietigend verslagen.

'Ja, ja...' knikken de vrije mannen en zij kijken elkaar bezorgd aan. Dan staat weer een krijgslustig hoofdman op om fiere woorden te spreken:

'Wat mijn voorstel is? Te doen wat onze voorvaderen deden in de strijd tegen Kimbren en Teutonen, jaren terug. Zij namen de wapens op. De vijand deinsde af, verliet ons land en ging op zoek naar andere gronden. Zij lieten ons tevens onze rechten, onze wetten, onze velden en onze vrijheid! Nooit immers hebben wij met een ander doel oorlog gevoerd!'

De invloedrijke Bataven nemen beurtelings het woord. Zorgvuldig slachten wijze priesters kostbare witte offerdieren. Vol overgave zoeken zij in de dampende ingewanden naar een teken van de goden...

Tenslotte besluiten de Bataven het voorbeeld van andere stammen aan de Rijn te volgen. Zij zenden een gezantschap naar de machtige Romeinen om hun minderheid te erkennen en een nauwer contact tot stand te brengen.

Een bevelhebber ontvangt het gezelschap der Bataven. Lagere officieren zullen hem allerlei inlichtingen hebben verschaft: 'De Bataven? Ze zijn groot en zwaar van gestalte, met blauwe, fonkelende ogen en lang, blond, golvend haar. Een volk alleen aan zichzelf gelijk: moedig, strijdvaardig,

Bronzen beeldjes van de oorlogsgod Mars.

trouw en heilig aan een eensgegeven woord...'

Daar staan ze in een Romeins hoofdkwartier: de zware schilden op de rug gebonden, de handen rustend op het zwaard. Om indruk te maken hebben zij zich opgesierd en dragen kostbare mantelspelden, kettingen van doorboorde beretanden, fraaie gespen aan de riem. Zij zullen wel adviezen hebben ingewonnen bij de leidsmannen van andere stammen. Veel, héél veel zal van dit gesprek met de Romeinen afhangen voor de toekomst van hun volk.

Zelfrespect dwingt hen geen moment onderdanig te zijn. Zij geven trotse antwoorden op vragen, die een tolk voor hen vertaalt.

'Een bondgenootschap?'

Enkele stafofficieren knipogen en kijken geamuseerd toe. Ze hebben al tientallen keren dit soort barbaren in hun hoofdkwartier gehad.

'Ja, een bondgenootschap!'

De scherpzinnige Romeinen krijgen al gauw in de gaten, dat deze Bataven grote diensten kunnen bewijzen: niet alleen in de strijd tegen andere Germaanse stammen, wiens vechtwijze zij grondig kennen! Vóóral, omdat hun eiland een uitstekende springplank lijkt voor toekomstige expedities – en daarom van strategisch belang. Zo komt het bondgenootschap tussen het Romeinse wereldrijk en het volk der Bataven tot stand. De Bataven verplichten zich hulptroepen voor de Romeinse legioenen te leveren. In ruil daarvoor behoeven ze geen schatting te betalen. Langzaam maar onafwendbaar gaat de romanisering van onze gewesten dan een aanvang nemen...

12 voor Christus: Van de Atlantische Oceaan tot de Eufraat, vanaf diep in Afrika tot aan de Rijn heerst de *Pax Romana*, de Romeinse vrede die keizer Augustus bewerkstelligd heeft. Strijd wordt nog slechts gevoerd aan de grenzen van het immense rijk. Daar moeten de legioenen van beroepssoldaten, in sterke vestingen gelegerd, het hoofd bieden aan de opstuwende, barbaarse stammen.

Alom hebben de Romeinen hun trotse adelaars geplant, eretekenen en tempels opgericht en nederzettingen gesticht. Overal hebben zij hun heirbanen aangelegd – met wachttorens, stations van de keizerlijke postdienst, herbergen voor reizigers en versterkte legerplaatsen. Niet alleen de legioenen, maar ook het handelsverkeer profiteert daarvan. Veilig en ongehinderd bewegen de karavanen en transporten zich langs de heirbanen en rivieren voort.

Om een eind te maken aan de bedreigingen van de woeste, onrustige Germaanse stammen, stuurt keizer Augustus zijn stiefzoon Claudius Drusus, stadhouder in Gallië, naar het noorden. Hij krijgt de opdracht de daar wonende Germanen te onderwerpen. Het strategisch gelegen eiland der Bataven wordt een basis voor de komende operatie...

Een aantal Bataven heeft het dagelijks werk in de steek gelaten. Met gemengde gevoelens staan zij bij elkaar en staren haast ongelovig naar de rivier. De kinderen zijn al vooruitgerend. Opgewonden schreeuwend lopen ze langs de drassige oever voort – wijzend naar de indrukwekkende Romeinse rivierschepen, die nu langzaam naar de kant glijden.

'Misschien zit mijn oom er wel bij,' zegt Servofried. Hij kijkt zijn ogen uit aan al die pracht.

De roeiers zitten aan de riemen, die steeds gelijktijdig het water raken. Uit de diepte van de schepen weerklinken de bevelen. Officieren staan met hun gidsen en tolken op de hoge achterplecht. De adelaar en eretekenen glanzen als symbool van Rome's macht.

De soldaten hebben hun dobbelspel tussen voorraden en paarden in de steek gelaten en verdringen zich nu aan dek.

'Héé!' Ze roepen grove flauwiteiten naar de mooie Bataafse meisjes aan de kant: 'Lekkere poes, heb maar geduld. Caius Tullus komt zo bij je!' Ze grinniken en stoten elkaar veelbetekend aan.

Loopplanken worden neergelaten. Dan begeeft een krijgstribuun zich met enkele van zijn officieren en tolken aan land. 'Servofried, hier komen!' Een ongeruste moeder roept, doch er dreigt geen gevaar. Een soldatenhand glijdt even over Servofrieds blonde haren.

Geholpen door hun tolk richten de Romeinse officieren zich tot de vrije mannen uit het dorp:

'Wij zullen hier een legerplaats optrekken. Wij willen voedsel kopen en moeten hulp hebben voor de werkzaamheden, die de bouw van een *castellum* vereist!'

'Een castellum?'

'Da's een fort voor de hulptroepen!'

De Bataven knikken en de soldaten ontschepen zich. In perfecte orde slaan zij hun kamp op. De Bataven verbazen zich over zoveel doelmatigheid en discipline.

Romeins helmmasker van brons, verzilverd en gedeeltelijk verguld (eerste eeuw na Chr.).

Romeinse tijd – Middeleeuwen

'Imerix, zie je dat?'
Binnen enkele uren klapperen de leren tenten in de wind; koken soldaten hun pap boven de kleine vuren; staan wachtposten op wacht. Met de ontscheping van allerlei wonderbaarlijke werktuigen, wapens, gereedschappen en voorraden is begonnen.

Verwonderd kijken de Bataven toe. Zij zien hoe binnen enkele weken een vrijwel onneembare vesting verrijst. Met viseertoestellen zetten de gromaticus (de landmeter) en zijn helpers de hoofdwegen en de omtrek van het kamp (130 bij – 110 meter) met paaltjes uit. Geholpen door Bataafse knechten kappen de legioensoldaten essen en elzenbomen. Ze verzamelen riet en klei. De gekapte stammen vormen de basis voor de wallen. Met hecht gestapelde zoden ontstaan muren. De tussenruimten worden opgevuld met zand, dat vrijkomt uit de rondom gegraven gracht. Palissaden gaan de grond in en op de hoeken van de wallen verrijzen hoge, dubbele gevechtstorens.
'Mag ik erop?' Servofried loopt opgetogen tussen de soldaten rond.

Binnen de wallen zagen timmerlui de stammen tot balken en planken. Wanden ontstaan uit een vlechtwerk, bestreken met leem. Kazernes, stallen voor de paarden, officiersverblijven – compleet met stookplaats – verheffen zich op de drassige grond.
'En wat is dat?' Een Bataafse schoonheid leunt met haar blonde hoofd tegen een stevige Romeinse borst.
'Ons hoofdkwartier!'
'En wat is dat?'
'De tempel, waar onze adelaars en eretekenen bij het altaar staan!' De Romein legt het allemaal geduldig uit. De liefde is een zaak van geven én nemen.

Aan de Kromme Rijn bij Utrecht verrijst in het jaar 12 voor Christus vermoedelijk het eerste Romeinse castellum (Fectio – Vechten!) op het grondgebied der Noordelijke Nederlanden.
'Salve!'

Is de komst van de Romeinen een zegen, of is het een ramp? Zeker, in materieel opzicht winnen de Bataven veel. Met de legioenen van Drusus is ook een leger van ingenieurs en technici meegekomen. Zij bouwen de eerste vestingen en opslagplaatsen. Zij leggen heirbanen aan. Met kennis van zaken graven zij de befaamde Drususgracht – vermoedelijk een verbinding tussen Kromme Rijn en Vecht – om het leger bij de expeditie naar het noorden van een doeltreffende verbinding te voorzien. Voor de riviervloot construeren zij een steiger, die later een lengte zal krijgen van 500 meter.

Maar geen enkel volk verdraagt ongestraft de overheersing van een ander volk. Om voordeel op te doen, of nadeel te ontlopen, schuift onder dwang altijd een ondermijnende vorm van corruptie in het leven. In moreel opzicht – en daarin ligt de kracht van een volk – gaat door de komst van de Romeinen zeker veel verloren...

Als er offers zijn gebracht aan de goden die de Romeinse wapenen moeten zegenen, vaart Drusus via de Drususgracht en het Flevomeer naar het noorden. Wat een verbijsterende indruk moet die machtige vloot hebben gemaakt op de Germaanse stammen, die de Romeinen nu voor het eerst in hun gebieden zien verschijnen.
'Wodan en Freya, sta ons bij!' mompelen onthutste verspieders, die zich haasten om het nieuws aan hun stamhoofden te melden.

Afgezanten gaan op pad. Onderhandelingen beginnen.

Drusus onderwerpt de Friezen. Hij legt hun een redelijke schatting op in de vorm van koeiehuiden – omdat leer voor de Romeinen onmisbaar is. Dan trekt hij verder naar het noordoosten. In de kaartenkamer van het Palatium te Rome, waar de haast goddelijk geworden Augustus heerst, is de Elbe voorlopig als uiterste grens van het rijk geprojecteerd.

De Germaanse stamhoofden staan voor een moeilijke keus. Hun eer, hun vrijheid, maar ook hun leven staat op het spel.
'De nobele Ariovistus, die tegenstand bood, is in slavernij weggevoerd!'
'Opstandige nederzettingen zijn in vlammen opgegaan!'
Zo klinken de angstaanjagende berichten op de vergaderplaatsen. Daarom kiezen de meeste Germanen voor een rustig bondgenootschap. Zij kunnen dan nog hun eigen goden aanroepen, hun eigen leiders kiezen en rechtspreken volgens eigen recht. En als de bloedwraak het eist, kunnen zij hun eigen vetes nog naar hartelust uitvechten, zonder dat een Romein daar naar taalt. De schatting is vernederend, maar de handel en leveranties aan het leger brengen weer voordelen met zich mee.
'Dienstnemen bij de Romeinse hulptroepen?' Menig jong Germaan – vooral bij de Bataven – toont zich daartoe maar al te bereid.
'Dát is de manier om roem en eer te behalen!' zeggen zij in hun jeugdige overmoed.
'Dát is de manier om wat meer van dat wijde, wonderbaarlijk grote keizerrijk te zien.'

In dat grote keizerrijk wordt in het jaar 4 voor Christus de Christus geboren (eerst veel later kwam onze 'jaartelling' in zwang.

Grafsteen van de veteraan Marcus Valerius Celerinus met de voorstelling van een dodenmaal ter nagedachtenis van de overledene (tweede helft van de eerste eeuw na Chr.).

Door recent onderzoek is gebleken, dat men zich met de geboorte van Christus 4 jaar verteld had) – wat voor de harde wereld zulks verstrekkende gevolgen heeft.

Tijdens zijn geboorte in het afgelegen, onbelangrijke Judea, heerst in het keizerrijk de *Pax Romana – De Romeinse vrede* vrijwel overal.

'Mare Nostrum – Onze Zee.' Zo noemen de Romeinen de Middellandse Zee. Grote handelsvloten doorkruisen haar, zonder angst voor vijanden of zeeroverij.

Klein-Azië, Noord-Afrika en Spanje beleven tijden van ongekende voorspoed. De vrede, de orde en rust zijn er de oorzaak van, dat keizer Augustus zijn leger inkrimpt. Hij brengt het aantal legioenen van 70 tot 28, of 27 terug. Met de hulptroepen mee is dat een totaal sterkte van omstreeks 300.000 man. Met die strijdmacht houdt hij zijn wereldrijk in stand!

Als kleine eilanden in een wijde oceaan liggen de keizerlijke vestingen en legerplaatsen langs de Rijn in het Germaanse land. De bevelvoerende officieren tonen hun aanwezigheid. Zij maken hun patrouilles. Zij innen de schatting. Keer op keer trekken de cohorten erop uit, om bij de nabij wonende stammen te forageren.

'300 denarii voor die tarwe en de kaas. En geen denarius meer!' De quaestor betaalt uit en de meeste stamhoofden zijn tevreden. De soldaten verkwanselen hun soldij aan Germaanse souvenirs. Zij flirten wat met de mooie Germaanse meisjes. Voor de rest laten zij de barbaarse stammen ongemoeid.

Als in dat ritme een aantal jaren verglijdt, meent Quintilius Varus, de Romeinse stadhouder in Germanië, dat de tijd rijp is voor een volvediger Romeins bestuur. Hij zendt zijn ambtenaren en gerechtsdienaren uit om die plannen te verwezenlijken. Snijdend diep tast hij daar mee het leven der stammen aan. De toepassing van het Romeinse recht druist vaak lijnrecht in tegen de Germaanse gebruiken. De ontevredenheid bij de stammen groeit. Steeds dreigender broeit het gevaar voor plaatselijke opstanden...

'Luister, ik heb een plan!' Arminius zet zijn drinkbeker neer. Dan glijdt zijn blik langs de mannen, die in de woning van zijn gastheer bijeen zijn gekomen. Terwijl de fakkels een lichtglans op de kostbare huiden werpen, begint hij te spreken met gedempte stem.

'Luister!'

Arminius is een jeugdig hoofdman der Cherusken, de machtigste stam in Westfalen. Als Germaan heeft hij in het Romeinse leger gediend.

'Ik wéét hoe zij oprukken. Ik wéét hoe zij vechten, maar onoverwinnelijk zijn zij niet. Wanneer wij ons allen vastberaden aaneensluiten, is de zege aan ons. Of willen jullie jezelf en jullie kinderen eeuwig laten overheersen? Jullie zien toch wat de Romeinen doen?'

Met dergelijke woorden weet hij de groeiende ontevredenheid van andere stamhoofden te bespelen en... uit te buiten voor zijn wraakzuchtig plan.

Op geniale wijze organiseert hij een uitgebreide samenzwering tegen de Romeinen, die nu gehate overheersers zijn geworden. Allereerst ziet hij kans een groot aantal stammen aan zich te binden. Dan zet hij zich ertoe, als raadsman, gids en tolk, het vertrouwen van stadhouder Varus te win-

Camee, voorstellende keizer Augustus met naast hem Roma, familieleden en personificaties van water (lucht) en aarde. Daaronder richten soldaten een zegeteken op in het bijzijn van krijgsgevangenen.

Romeinse tijd – Middeleeuwen

Brons, voorstellende keizer Augustus.

nen. Ook dat lukt hem. De kans om zich te wreken komt.
'Dit najaar slaan we toe. Luister...' De stamhoofden luisteren goed. Als in de herfst van het jaar 9 na Christus het Romeinse leger zich, na een expeditie door het Germaanse land, in de winterkwartieren aan de Rijn moet terugtrekken, lokt Arminius de legioenen in het haast ondoordringbare, moerassige Teutenburgerwoud.
'Er zijn daar gevaarlijke opstanden uitgebroken. We moeten er heen!'
Zo liegt hij met nadruk tegen zijn Romeinse commandant.
De opzet slaagt. Varus wijkt van zijn marsroute af en trekt met zijn legioenen het moeras- en woudengebied binnen:

Trots en onbewogen zit de stadhouder op zijn volbloed hengst. Vanuit de voorste gelederen overziet hij de lange marskolonnes. Nóg worden de Romeinse adelaars, de glorierijke vaandels en eretekens geheven. Jonge officieren rijden heen en weer en geven commando's aan de cohorten door.
'Het 3de manipel naar de tros. De lastwagens duwen!'
De soldaten vloeken, wanneer de kolonne keer op keer stokt in het moerassige land. Moeizaam duwen zij de logge karren met wapens, voorraden, tenten, geschut, handmolens, smidsen en de wagens met vrouwen, kinderen, werktuigen én buit door het onbegaanbare terrein. Wegen zijn er niet. Bruggen over de beken en rivieren ontbreken.
'Bij Jupiter, om nu met een mooie meid in de Circus Maximus te zitten!' verzucht een decurio, terwijl hij zijn paard door de modder drijft. Het zijn de laatste woorden die hij in zijn leven spreekt.
'Flang!' Een pijl, geschoten door in hinderlaag liggende Germanen, doorboort hem.
Hij smakt van zijn paard op de grond en sterft in de modder.
'Wraak! Wraak!'
Vanuit verdekte stellingen in de omringende bossen werpen de verenigde Germaanse stammen zich op het trotse Romeinse leger. Zó onverwacht komt hun aanval, dat de Romeinen geen tijd vinden, zich in hun geduchte slagorde op te stellen. Drie complete legioenen, 15.000 man totaal, met duizenden lastdieren en volgestouwde wagens, trachten zich een weg te banen naar de Rijn. Maar overal sluipen Germaanse strijders: nabij en toch ongrijpbaar iedere keer.
'Wraak! Dood aan de Romeinen!' Overal weerklinken hun barbaarse strijdkreten, hun krijgsliederen en het ophitsende geschreeuw van hun vrouwen. Met woeste felheid betwisten zij hun vijand de doortocht naar de Rijn.
Bij beken en rivieren liggen zij in hinderlaag om het geleden onrecht te wreken. In dichte bossen overvallen zij de bagagetrein. Aanvankelijk weten de Romeinen voor de nacht nog een verstevigde legerplaats op te slaan.
'Maken we nog een kans?' vraagt een jong soldaat. Het zweet gutst van zijn angstig vertrokken gezicht.
'Di meliora!' vloekt zijn oude centurio. 'Ik heb al meer dan dertig jaar gediend en wel voor hetere vuren gestaan!' Met een rauwe lach knikt hij de jonge soldaat bemoedigend toe.
Maar de Romeinen moeten verder en op de derde dag voltrekt zich de catastrofe. Het verband in de marskolonnes gaat volledig verloren. Ruiters laten in paniek het voetvolk in de steek. Het is grotendeels tevergeefs. Pijlen flitsen zoevend door de lucht. Zwaarden komen moordend op Romeinse helmen neer. Speren en lansen doorboren de Romeinse tunica's en pantsers.
'Di meliora!'
De totale ondergang is meer dan Varus kan verdragen. Om althans zijn menselijk eergevoel te bewaren, werpt de stadhouder zich in zijn eigen zwaard. Terwijl het bloed zijn uniform doorweekt, klinkt in de verte het gejuich der Germanen. Twee van de drie legioensadelaars – teken van Rome's prestige en macht – zijn in hun handen gevallen. In enkele dagen tijd hebben zij drie legioenen van de aardbodem weggevaagd.
'Vooruit, Romeinse honden, lópen!' Een aantal Romeinen ondergaat de vernedering als gevangene in slavernij te worden weggevoerd. Zij verdwijnen vrijwel onachterhaalbaar in de diepe, donkere wouden. De meeste gevangenen vinden daar een gruwelijke dood. Van de 15.000 man kan slechts een handjevol veteranen ontkomen.
'Totale ondergang. De Goden hadden ons verlaten!' Zo brengen zij het bericht van de ramp naar de legerplaatsen en vestingen langs de Rijn...

Een ogenblik wankelt het machtige Romeinse rijk op zijn grondvesten. Er is een ernstige bres geslagen in de grensverdediging, nu drie legioenen niet langer bestaan. Zonder enige tegenstand te ontmoeten zouden de Germaanse legerscharen nu het Romeinse rijk kunnen binnenvallen.
'Varus, Varus, geef mij mijn legioenen weer!' schijnt keizer Augustus verslagen te hebben uitgeroepen.

De weg naar Rome ligt open, maar de Germanen zijn niet in staat hun succes uit te buiten. Nu de vrijheid herwonnen is, verdwijnt hun bereidheid Arminius nog langer te gehoorzamen. Liever zetten zij zich voor persoonlijke (dus kleinere) belangen in. Als vanouds vechten zij opnieuw oude vetes onder elkaar uit met woeste strooptochten uit. Daardoor krijgen de Romeinen de tijd hun verdedigingslinies te herstellen.
Het plan de Elbe tot grens van zijn rijk te maken, laat keizer Augustus varen. Wel onderneemt Drusus' zoon, Germanicus, nog enkele veldtochten in het Germaanse land om de verlorengegane adelaars te herwinnen en de eer van de Romeinse wapenen te herstellen. Maar tot onderwerping van dat gebied komt hij niet. De strijd blijkt te kostbaar en Tiberius, die keizer Augustus is opgevolgd, roept hem terug. De romanisering der Lage Landen begint.

De Romeinen in de Lage Landen

'Knggr... kngrr!'
Vijf varkens knorren en schuren zich aan elkaar in de laadbak van de kar, die de twee ossen langzaam voorttrekken. De hoge, massief houten wielen rollen knersend over de heirbaan voort.

Op de bok zit een Bataafse veehouder naast zijn jonge vrouw. Bezorgd kijkt hij naar de hoge wachttoren, waar Romeinse soldaten op hun posten staan.

'Wat ze ook doen, niks zeggen! Alleen maar lachen!' zegt hij tot zijn vrouw. Vriendelijk lachen en je van de domme houden, was de beste manier om bij de zich vervelende Romeinse wachtposten moeilijkheden te voorkomen. Je moest niet driftig worden, zoals Imerix, die de Romeinen met een transport hadden weggevoerd.

'Nou lachen!'
De wachtcommandant schreeuwt een bevel. Zijn soldaten slenteren de weg op. De veehouder houdt zijn kar in. Hij lacht – óók als de soldaten flauwe geintjes maken en zijn vrouw met platvloers gegrinnik taxeren. Zijn vrouw haalt haar schouders op om te tonen dat ze de woorden der soldaten niet begrijpt.

'Pergite!'
Ze kunnen passeren. Traag komen de ossen in beweging. Over de rivier glijden twee handelsschepen en een patrouilleschip met soldaten langzaam voort. Arbeiders slepen hout aan voor de legerplaats, die de Romeinen aan het uitbreiden zijn. Er is een nieuw cohort aangekomen. De veehouder hoopt daarom op goede prijzen voor de zware biggen in zijn kar.

Zijn vrouw knikt hem toe en legt haar hand even op zijn naakte arm.
'Mag ik straks vaatwerk kopen?'
Ze denkt aan de snuisterijen, die op de markt bij het castellum te koop zullen zijn.
'Wie weet! Als ze me voor de biggen goed betalen!'

De ossen sjokken goedmoedig voort en de varkens, achter op de kar, knorren tevreden:
'Knggr... knggr!'

Als de Rijn de grens is geworden van het Romeinse rijk, krijgt het eiland der Bataven een sterke bezetting vanwege de grote, strategische betekenis. Van hieruit kunnen de Romeinen de moeilijk toegankelijke Rijndelta en de riviermonden, waarlangs het handelsverkeer naar Brittannië gaat, volledig beheersen. Zij bouwen nieuwe vestingen, die veel vertier brengen en al snel uitgroeien tot levendige marktplaatsen, waar ieder wat van zijn gading vindt.

'Welriekende zalf, afkomstig uit Rome en niet duur!'
'Die stoffen? Ja, betast ze maar. De consuls in Rome dragen niet beter!'

De stemmen van de kooplieden lokken het volk naar zich toe. Germaanse handelaren voeren hun goederen naar die marktplaatsen aan, terwijl kooplieden uit Rome er de artikelen brengen, die vooral voor de Romeinse officieren en hun vrouwen onmisbaar zijn: boekrollen, parfumerieën, sieraden, wapens, textiel. Zij ontdekken al gauw de kansen voor een winstgevende handel met de Germaanse stammen. Ze trekken naar de nederzettingen en bieden op de huiden van koeien, marters en vossen, die alom een gewild artikel zijn.

'En dat stevige blonde haar van je vrouw?'
'Wàt??'
'Ik ben bereid er een goede prijs voor te geven!' De handelaar rinkelt met geld en denkt aan de pruikenmakers in Rome. Met dat prachtige, lange, blonde haar zal hij goede zaken kunnen doen, want pruiken in Rome zijn in!

'Werkelijk? Geld voor het haar van mijn vrouw?'
De Germaanse mannen kijken naar hun vrouwen, grinniken en sluiten de koop.
'Vooruit, snij het maar af, mijn lief!'
'Nee, nee!' De Germaanse vrouwen protesteren heftig. Zij verzetten zich, maar het helpt niet.
'Dat haar groeit zo weer aan. Vooruit!' Zo pressen de Germanen hun vrouwen en dienstmaagden om zich te laten kortwieken voor het snel waardevol geworden Romeinse geld.

Aanvankelijk zijn het de kooplieden en handelaren, die de Lage Landen tot in verre uithoeken voor de Romeinen ontsluiten. Hun schepen varen ongehinderd over rivieren en meren, beladen met dolken, mantelspelden, zwaarden en menig snuisterij. Zij leren de Germanen kennen als betrouwbare klanten, die in welvarende dorpen leven in hecht familieverband. Zij kiezen hun leidsmannen en houden nauw omschreven normen in het oog. Want juist omdat de Germanen een eigen beschaving hebben en geen verwilderde barbaren zijn, gaat de romanisering van de Lage Landen met enige heftige schokken gepaard. Want wat gebeurt?

Het Romeinse rijk is als een gigantische appel, waarvan het klokhuis is aangetast. Van buiten lijkt de appel gaaf: de legioenen marcheren en zorgen voor orde en rust. Dankzij een goedwerkend bestuursapparaat, heerst het Romeinse recht overal en de vredespolitiek van keizer Augustus zet zich ook na zijn dood nog voort.

Maar in het klokhuis van de appel leven een paar honderd aanzienlijke families, die het voor het zeggen hebben in het immense rijk. Zij vechten, stoken en konkelen om rijkdom en macht. Kuiperijen, hebzucht en verraad in die hoogste kringen, tasten de Romeinse appel aan. Inhalige landvoogden uit die hoogste kringen zijn de oorzaak, dat de verhouding met de Germanen hier te lande gaat wankelen en dat af en toe de bom barst:

Friesland, in het jaar 28 na Christus: Op de vergaderplaatsen onder de heilige eiken klinkt opruiende taal.
'Ossehuiden! Hoe komen we ooit aan ossehuiden?' Driftig laten de Friezen hun klachten horen.

De Romeinse landvoogd Olennius heeft een ongehoord zware schatting van hen geëist: huiden van de grote oerossen en dan nog veel in getal.
'Wij telen slechts klein vee. Wij bezitten geen oerossen!' Ze hebben geprotesteerd, maar hun bezwaren zijn door nonchalante officieren weggelachen.

De gevolgen blijven niet uit. De verontwaardigde, wanhopige Friezen besluiten dit blijk van willekeur niet te slikken. Als de priesters de orakels hebben geraadpleegd en er kostbare offers aan de goden zijn gebracht, kiezen zij zich aanvoerders uit een edel geslacht. In de dorpen nemen Friese krijgers afscheid van vrouw en kind.
'Beloof me, wees voorzichtig!'
'De voortekenen zijn gunstig!'

Zij grijpen hun wapenen en begeven zich naar de verzamelplaatsen. Van daaruit werpen zij zich op de Romeinen, die zij volledig overrompelen en verslaan.
'Kruisigt hen! Kruisigt hen!' Zij grijpen de gehate belastinginners en binden die aan het kruis – een beschavingsvorm, die zij reeds van de bezetters hebben overgenomen.

De Romeinen die zich kunnen redden, hopen zich op in *Castellum Flevum* – een vesting die vermoedelijk aan de Vliemonding heeft gelegen. Op hun beurt roepen nu *zij* de goden aan. Ook zij brengen offers, in de hoop, dat hun ontvluchte kameraden alarm zullen slaan bij de Rijn...

In de legerplaats Xanten aan de Rijn heeft de commandant het purperen vaandel laten hijsen.
'Alarm!'
Met volle bepakking stromen de cohorten samen op het forum in het fort. Hun veldheer spreekt hen toe:
'Soldaten!' Hij vertelt wat er gebeurd is, belooft beloningen en buit. Dan rukken de troepen met versnelde dagmarsen op. Zij verstevigen de wegen en veenbruggen, zodat ook de zware legertros het opstandige Friese gebied kan binnengaan.

Bronzen beeldje van de godin Minerva, gevonden te Ede.

Romeinse tijd – Middeleeuwen

Het Colosseum te Rome (eerste eeuw na Chr.).

'Wat een troep!' De soldaten vervloeken het drassige kikkerland en verlangen al gauw terug naar het vertier van de legerplaatsen aan de Rijn.
'Bekken dicht. Vooruit, marcheren!'

De soldaten marcheren, want de straffen in het leger – rantsoenvermindering, aftrek van een aandeel in de buit, geseling of doodstraf – zijn streng.

Het Germaanse voetvolk, dat in het Romeinse leger dient, en een afdeling ruiterij der Cananefaten krijgen opdracht de Friezen in de rug aan te vallen. 'Voorwaarts!' Ze stormen naar voren, maar de grimmig strijdende Friezen houden stand en drijven de vijand met grote verliezen terug. 900 Romeinen komen op hun vlucht terecht in het raadselachtige Baduhennawoud. Daar worden ze omsingeld door een Friese legermacht.
'Genade! We vragen genade!'

Maar de Friezen kennen geen genade. Hun pijlen snorren weg. Hun speren treffen doel. De strijdbijlen en zwaarden worden geheven. Alle Romeinen worden in het bloedbad afgemaakt.

Een andere Romeinse groep van 400 man heeft een onderkomen gezocht in de hoeve van de veteraan Cruptorix, die zich na de dienst in het Friese land had gevestigd. Ook die verstevigde boerderij wordt omsingeld. Rondom klinkt het verhitte Friese krijgsgeschreeuw. Het gaat de huiverende Romeinen door merg en been.
'Hoor ze...'
'Di meliora, als ze ons te pakken krijgen!'
'Hun wraak zal vreselijk zijn!' Een jong soldaat likt angstig de lippen.
'De goden voorkomen, dat we hen levend in handen vallen,' bromt een veteraan.
'Een snelle, zelf verkozen dood is beter dan een lange marteling!' Hij knikt zijn kameraden toe. De meesten zijn het met hem eens. Uit angst, dat de wraak der Friezen hen zal treffen, steken deze 400 Romeinen elkaar in Cruptorix's hoeve beurt voor beurt overhoop.

Tenslotte rukt het 5de legioen, de roemruchte *Legio Alaudae*, naar het noorden op. Maar zelfs deze doorgewinterde soldaten kunnen geen overwinning behalen. Hun onverschrokken inzet tegen de Friese gevechtseenheden blijft onbeslist.
'De naam der Friezen kreeg als gevolg een beroemde klank onder de Germanen,' schrijft Tacitus in zijn *Annalen*. De Romeinen laten het standvastige Friese volk daarna geruime tijd met rust.

Pas in het jaar 47 na Christus, wanneer de befaamde veldheer Corbulo met een sterke strijdmacht naar het noorden trekt om de roofzuchtige Chauken te tuchtigen, moeten ook de Friese veehouders zich aan het gezag van Rome onderwerpen. Corbulo ziet kans om de Chauken te verslaan: 'Dat miserabele volk, dat als drenkelingen op de Wadden van strooptochten, zeeroverij en visvangst leeft!'

Even lijkt het, of het Romeinse gezag zich daar in het noorden voor goed zal vestigen. Maar keizer Claudius geeft Corbulo bevel, zich op de linker Rijnoever terug te trekken. Opdat zijn krijgsmacht niet in rust zal roesten en de discipline niet verloren zal gaan, zet hij zijn soldaten aan het graven van een machtig werk:

De Corbulo-gracht! Dat is de naam van het kanaal, dat de soldaten kankerend graven over een afstand van 23 mijl van Maas naar Rijn – ruwweg vanaf het castellum Matilone (Roomburg bij Leiden) via Naaldwijk naar het zuidwesten. De oever van de Rijnmond te Valkenburg heeft dan ook een ingrijpende verandering ondergaan:

Omstreeks het jaar 40 verschijnt het 3de Gallische Cohort (ongeveer 500 man sterk) bij de Rijnmond. IJverig gaan de soldaten aan de slag om op een zandplaat aan de zuidelijke rivieroever een winterkwartier op te trekken.
'Kijk ze nou toch!' De Cananefaten wijzen grijnzend naar de bedrijvige soldaten. Grinnikend slaan zij elkaar op de schouder, als de wallen verrijzen, de grachten worden gegraven en binnen de omheining kazernes met stookplaatsen, stallen en een prachtig commandantshuis gereed gekomen zijn.
'Nee, niks zeggen. Laat ze!' Die legerplaats met houten afvoergoten voor het water, wordt voor de Cananefaten misschien de grootste grap van het jaar.

Als het voorjaar aanbreekt, begint het water in de Rijn te wassen. Door de opeenhoping van regenbuien en smeltende sneeuw overspoelt de zandplaat en het prachtige castellum zinkt hulpeloos verloren in de stroom.

Misschien hebben de Cananefaten werkelijk onbedaarlijk gelachen, toen dat voor hun ogen gebeurde.

De aarde heeft het geheim van dit Romeinse fort vele eeuwen later aan archeologen prijsgegeven. Door tal van vondsten kwam de onfortuinlijke geschiedenis van dat castellum voor de dag. Een serie munten, stukken leer, gespen, houtskool, enkele schrijftafeltjes, overblijfselen van palissaden en gebouwen hebben daar een stuk verleden tot leven gebracht...

'De volgende!' heeft Albanus, de legerarts van de Gallische hulptroepen daar geroepen, toen hij in het castellum zijn spreekuur hield. Misschien was 'de volgende' de soldaat Tigernilus, want zijn adres is op een houten schrijfplankje (tabula cerata) teruggevonden. Het vaatwerk in het fort was afkomstig uit pottenbakkerijen in Zuid-Gallië.

De goed bewaard gebleven overblijfselen getuigen, hoe de Romeinen de grond na de overstroming hebben verhoogd; hoe Chaukische zeerovers onder aanvoering van de Cananefaat Canascus het fort in het jaar 47 verwoestten. Voor de derde maal opgebouwd, is de vesting tijdens de opstand der Bataven in vlammen opgegaan. In totaal hebben de Romeinen het fort zes keer opgetrokken – de laatste maal aan het eind van de 2de eeuw in steen!

Misschien hebben de Cananefaten ook hun ogen uitgewreven, toen de decadente, half waanzinnige keizer Caius (Caligula, die van 38 tot 42 regeerde) met zijn troepen op het strand bij Katwijk verscheen. Met onvoorstelbare uitspattingen had Caius in één jaar tijd het kolossale bedrag van 2.700.000.000 sestertiën opgesoupeerd. Nu komt hij persoonlijk naar het noorden om de verovering van Brittannië voor te bereiden. Op het strand van Katwijk (misschien was het ook bij Boulogne) spreekt hij – gedreven door zijn grillige invallen – zijn troepen toe:
'Soldaten... Wij hebben de zeegod Neptunus de oorlog verklaard!'
'Di meliora – de goden beteren het!' Daar krijgen door strijd geharde veteranen plotseling opdracht hun pijlen te schieten op de zee!
'Di meliora!' De Kretensische slingeraars moeten hun stenen werpen op de schuimende golven. Met littekens overdekte centurio's krijgen bevel met hun manipels schelpen te zoeken op het strand.
'O, goddelijke Caesar, hier is de buit op Neptunus en de Oceaan behaald!'

Wat hebben de barbaarse Cananefaten

gedacht, toen zij deze 'happening' van keizer Caius gadesloegen?

De Bataven schikken zich als bondgenoten nog het best in de aanwezigheid van de Romeinen. Zij leveren allengs 1000 ruiters en 4 à 5000 man voetvolk aan het leger. Zij dienen in het verre Rome eervol in de lijfwacht van de keizers, die daar keer op keer om zeep worden gebracht. Zij helpen opstanden in Gallië dempen. Tussen de Numidische lichte infanterie uit Noord-Afrika, ruiters uit Gallië, slingeraars van de Baleären, maken Bataven ook deel uit van de Romeinse strijdmacht, die naar Brittannië oversteekt om de Kelten te knechten.

Onder de persoonlijke aanvoering van keizer Claudius, die als hij zenuwachtig is erg st... st... st... stottert, neemt 40 à 50.000 man aan deze grootscheepse invasie deel. Bekwame, ijzersterke commandanten voeren hun troepen naar de westkust van Europa.

'Legioen Gemina uit Mainz meldt zich!'

De soldaten van het 9de legioen uit Spanje, dat het Donaucommando heeft moeten afstaan, hebben 1000 kilometer moeten marcheren. Uit Straatsburg komt het 2de legioen, onder aanvoering van de latere keizer Vespasianus. 'Legio Augustae meldt zich!'

Volbeladen karren rijden over de heirbaan naar Boulogne. Voorraden stapelen zich op en oude strijdmakkers ontmoeten elkaar:

'Memmius, oude ezeldrijver. Jij hier?'
'Munatius, kerel, heb je het eindelijk tot centurio gebracht?'
'Kom mee, ik heb een markentenster, die ons een goed glas zal schenken. Of heb je, net als vroeger, je soldij reeds verdobbeld in het spel?'

Vier complete legioenen, versterkt met hulptroepen en detachementen specialisten verzamelen zich bij de kust, om onder bevel van Aulus Plautius de aanval op Engeland te wagen.

'Tsa... tsa... tsa...!'

In hun kleine gevechtswagens, getrokken door beweeglijke ponies, zetten de Britten de aanval in. Maar de Romeinen zijn superieur op alle fronten.
'Flàng!' Werpmachines en katapulten jagen zware pijlen over een afstand van 350 meter in het vijandelijke kamp. De ballista's slingeren grote keien en zware balken over een afstand van 300 meter. Verpletterend komen zij op ponies en gevechtswagens neer. Rauwe, doordringende kreten stijgen van het slagveld op...

Na het eerste bloedige treffen zit een jong krijgstribuun in zijn tent. Rondom hem branden de kampvuren en klinkt het gezang van de soldaten, die hun eigen meelpap koken op een klein vuur. De jonge krijgstribuun leest Horatius om de verschrikkingen van de slag een ogenblik te vergeten:

'Bedenk dat het leven kort en vergankelijk is en dat niemand de dood ontkomt... Geniet van de eenvoudige gaven van de natuur...'

Weemoedig staart de tribuun vanuit zijn tent in de donkere nacht en denkt aan zijn geliefde in Rome. Wat zal hem hier, in dit vreemde barbaarse land nog te wachten staan...?

De Romeinen bezetten het zuiden en westen van Brittannië. Het duurt echter nog jaren, voordat het verzet volledig gebroken is en zij de grens tot bij Schotland kunnen verleggen.

Door de verovering van Brittannië krijgen de Lage Landen voor de Romeinen een grotere betekenis. Overal langs de Rijn – die belangrijke verbindingsweg en grens! – verrijzen sterke forten. Om de verdediging van hun linie te vereenvoudigen, houden de Romeinen een flinke strook ten noorden van de rivier onbewoond. Zij laten daar geen stammen toe. Een groep Friezen – misschien verjaagd door de agressieve Chauken – trekt met have en goed door bossen en moerassen om naar een nieuw woongebied te zoeken.

Onder aanvoering van hun gekozen koningen, Verritus en Malorix, vestigen zij zich uitgerekend in de strook, die de Romeinen willen vrijhouden. Dáár juist bouwen zij hun huizen. Dáár ploegen zij de woeste grond. Dáár zaaien zij hun koren uit. Romeinse patrouilles komen hen waarschuwen:

'Jullie moeten hier weg. Als dat niet goedschiks gaat, zullen onze wapens de beslissing forceren!'

Verritus en Malorix, die te vergeefs met lagere commandanten onderhandelingen hebben gevoerd, besluiten hun zaak bij de hoogste instanties in Rome te bepleiten.

Prachtig uitgerust, gezeten op de beste paarden van de stam, gaan ze op weg – de lange, lange weg naar Rome...

De twee Friese vorsten worden allervriendelijkst ontvangen. Terwijl hun zaak hangende is, krijgen zij de gebruikelijke rondleidingen door de stad. Zij mogen zelfs een avondje mee naar het beroemde *Theater van Pompeius*. Verwonderd kijken zij daar rond: naar het toneel, naar de voorste rijen en het deftige publiek.
'Wie zitten daar?' Verritus en Malorix wijzen naar de voorste rangen waar de senatoren, ridders en hoge buitenlandse gasten gezeteld zijn.
'Dat zijn de ereplaatsen van hoogwaardigheidsbekleders. Daar zitten ook de gezanten van volkeren, die zich voor Rome hebben onderscheiden door hun moed en hun trouw!' zeggen de gastheren met een glimlach.
'Dan moeten wíj dáár zitten!' roepen de Friezen. 'Geen volk ter aarde overtreft ons in moed en trouw!' Onder gelach van het publiek (dat aardigheid heeft in die simpele bonken!) dalen Verritus en Malorix naar de voorste rijen af en nemen daar plaats tussen de belangrijke afgezanten. Grote hilariteit! (Tacitus vermeldt het).

De Friese vorsten winnen burgerrecht, maar hun verzoek het nieuwe grondgebied te mogen behouden, wordt door Nero onder geen enkele voorwaarde ingewilligd. Zij moeten uit het ingepalmde land verdwijnen. Als dat niet goedschiks gaat, rijden afdelingen Romeinse ruiterij uit om de evacuatie kwaadschiks te dwingen. Wie niet wegtrekt, vindt de dood...

Wat er van hen geworden is, is helaas niet bekend. Waarschijnlijk zijn zij teruggegaan naar hun terpen.

Hetzelfde lot treft de Amsivari, een vrij belangrijke stam uit het noorden, die door de Chauken uit hun land bij de Eems zijn verdreven. Ook zij willen zich vestigen in een vrije streek.
'Wij kunnen toch niet leven zonder land? Wij moeten ons koren toch ergens kunnen uitzaaien?' Eindeloos bepleiten zij hun zaak bij de Romeinen, maar hun smeken blijft zonder resultaat. Dan roepen zij de hulp in van machtige stammen in Westfalen. Maar de angst voor de Romeinen zit dan al diep geworteld. Bondgenoten voor de Amsivari blijven uit.
'Waarom gaan we niet naar huis?'

Kleine kinderstemmen klinken van de wagens, als dag na dag verglijdt.

Moedeloos zwerven de Amsivari rond: naar de Usipeten, naar de Tubanten in Twente. Nergens vinden zij woongebied.
'Dan zullen de wapenen moeten beslissen. Een andere weg is er niet!'

Grimmig werpen zij zich ten einde raad op andermans nederzettingen voor de verovering van eigen grond. De weerbare man-

De kantharos van Stevensweert.

Romeinse tijd – Middeleeuwen

nen sneuvelen in de wanhopige strijd. De rest van de trieste Amsivari, de oude mannen, de vrouwen en de kinderen, raken als een gemakkelijke prooi bij andere stammen in slavernij.

Ondertussen neemt de romanisering van onze gewesten onder keizer Claudius (41-52) traag, maar onafwendbaar een aanvang. Uit de versterkte legerplaatsen aan de Rijn glijden kennis, cultuur en maatschappelijke orde over de Lage Landen heen.

Het zijn vooral de Bataven, die van de komst der Romeinen profiteren. Het drassige eiland tussen de grote rivieren raakt tot grote bloei. Van een onbeduidend volk klimmen zij tot gewaardeerde bondgenoten op. De 8 cohorten Batavi, onder bevel van Bataafse edelingen, behoren tot de beroemdste keurtroepen van het rijk. De soldaten winnen burgerrecht en koesteren dat met gepaste trots.

In de dienst komen zij in aanraking met tal van nieuwe cultuurvormen. Zij ontdekken de tempels, waar priesters offers brengen aan vreemde goden en godinnen. Hoe verwonderd kijken ze rond bij het eerste bezoek aan Rome – dat rusteloos kloppend hart der wereld, van waaruit men heerst over een totale bevolking van 70 miljoen:

'Rome!'

Daar staan de Bataven. Overal om hen heen weerklinkt het geroep van de slaven, die moeizaam een weg banen voor de draagstoelen van hun meesters. De Bataven snuffelen haast verstomd in de winkeltjes op het Forum tussen koopwaar uit alle delen van de wereld: schrijfpapier uit Egypte, aardewerk uit Griekenland, wonderlijke vruchten uit Syrië.

'Héé, zijn dat meiden of mannen?' Grinnikend wijzen ze naar de rijkgeklede, verwijfde jongelui, die zich verdringen voor de uitstalling van parfumerieën en de verzenbundels in de hand nemen, die een boekverkoper etaleert.

'Bij Wodan, ze hebben de lippen beschilderd!'

'En hun haren geverfd!'

Het gonst in de nauwe straten tussen de huizen van vijf en zes verdiepingen, waar Parthen, Syriërs, Grieken, graanhandelaren uit Egypte en kunstenmakers uit de Libanon, zich mengen onder de Quiriten, de oorspronkelijke stadsbevolking. Dat volkje is luidruchtig, slim en brutaal als altijd.

'Geld wisselen? Hier krijg je mooie prijzen voor je goud!' Geldwisselaars zijn op vrijwel iedere straathoek te vinden.

'Salve! Ik heb hier iets moois voor je vrouw!'

Rome: ontelbare stegen en kroegen, waaronder de riolen als kolkende rivieren bruisen. De vuilnisemmers stremmen met hun draagbaren steeds weer het verkeer. Overal verrijzen nieuwe gebouwen van blinkend marmer.

'Hoei, hoei, pak aan, sla dood!' Opgewonden kijken de Bataven toe, hoe in één van de grote arena's 40 Germaanse krijgers moeten strijden tegen 40 woeste kerels uit Marokko – op leven en dood. Ze juichen, als na een moordende strijd tenslotte nog twee Germanen staande zijn.

'Ai, ai, ai!' Ze springen overeind en brullen met het volk van Rome mee, als een everzwijn een der wilde dierenvechters op zijn slagtanden neemt, woest door de arena stuift en dan...

'Rang!' Met vaart wordt de man door het zwijn tegen de arena-wand gedrukt. Een doodsschreeuw scheurt door de lucht.

Misschien vangen de Bataven iets op van de verbluffende boodschap, die Paulus van Tarsus, apostel van de sekte der Nazareners, op zijn zendingsreizen uitdraagt:

'Alle mensen op aarde, zowel de machtige senatoren als stinkende bedelaars, zijn aan elkaar gelijk, als kinderen van God!'

'Onze God is een enig God. Zijn hoogste gebod is: het liefhebben van de naasten.'

Drinkend in een herberg horen de Bataven wellicht praten over de christenen. 'Wat willen ze?' vraagt een wijnkoper.

'Ze keren zich tegen het gezag, dat tuig!' zegt een bakker en hij neemt een slok.

'Nieuwlichters zijn het, die de bestaande orde omver willen werpen,' meent de bakker. Hij kijkt door het venster naar buiten, waar priesters fraai opgetuigde offerdieren in bedwang houden, alvorens hun bloed in de tempels van Jupiter, Venus, Hercules of Apollo te plengen...

Tijdens het bewind van keizer Nero (54-68) krijgen de christenen de schuld van de grote brand van Rome. Opeens verwerven zij zich bekendheid in het grote Romeinse rijk. Tot vermaak van het volk worden ze in de amphitheaters voor de wilde dieren gesmeten.

'Waarom vechten ze niet? Waarom zitten ze daar?'

'Ze knielen en bidden!'

Het volk van Rome kijkt toe, hoe hongerige leeuwen grommend nabijkomen, hun klauwen uitslaan naar mannen, vrouwen en kinderen en dan wellustig aan het verscheuren gaan.

Iedereen op de tribunes vraagt zich af, wie en wat die christenen zijn, wat ze willen, wat ze doen. Dat is één van de oorzaken, dat volstrekt nieuwe begrippen in de westelijke wereld gaan weerklinken.

Het is met de dood van Nero, dat ook in het leven van de Bataven verandering komt. Van trouwe bondgenoten schuiven zij in de rol van bewuste opstandelingen, die hun vrijheid willen grijpen en zich gaan keren tegen de Romeinse oppermacht.

Mozaïek met de voorstelling van een hond, gevonden te Pompeji.

De opstand der Bataven

Bij Nero's dood staan een aantal troonpretendenten elkaar naar de macht. Sommigen trachten zich te handhaven door sleutelposities te geven aan vrienden. Anderen proberen hun tegenstanders met moorden en complotten uit de weg te ruimen. Om zich van een fikse aanhang te verzekeren, delen zij geld en geschenken uit. Met eigen legioenen rukken zij beurtelings naar Rome op om met geweld een greep naar de keizerskroon te doen.

Eén van hen is de dikke, vraatzuchtige, onbekwame Vitellius, de landvoogd van Germanië. Door straffen kwijt te schelden en extra soldij en beloningen uit te keren, krijgt hij de legioenen op zijn hand.

In Colombia Agrippina (het huidige Keulen) laat hij zich uitroepen tot keizer van het rijk.

'Vivat Augustus!'
'Heil, Caesar, heil!' De soldaten juichen Vitellius toe, want hun beurzen zitten vol geld. Tegenstanders bij de samenzweringen zijn gegrepen, gevangen gezet en soms terechtgesteld.

Met zijn tuchteloos plunderende troepen marcheert Vitellius naar Italië, waar hij zijn tegenstander van dat ogenblik verslaat. Dan richt hij een feestmaal aan om zijn succes te vieren. Heel Rome spreekt erover:
'Tweeduizend zeldzame vissoorten, zevenduizend stuks gevogelte, met talloze andere heerlijkheden zijn aan de gasten geserveerd.'
'We gaan terug naar de dagen van Nero,' voorspelt een ambtenaar somber. Had Vitellius niet fazante- en kalkoenehersens, schelvislevers, tongen van struisvogels en andere specialiteiten aan de Godin Minerva geofferd?
'De reusachtige zilveren schaal, waarop hij die kolossale vleesragoût aan de godin presenteerde heeft 1.000.000 sestertiën gekost. Bij Jupiter, die man denkt alleen in termen van eten en drinken!' De ambtenaar kijkt voorzichtig om zich heen, dan fluistert hij tegen zijn vriend:
'De vraatzucht van Vitellius is dermate groot, dat hij zelfs bij offerdiensten in de tempels zijn handen niet kan thuishouden. Waarachtig, daar graait hij stukken offervlees van het altaar weg en schranst die op. Zijn dikke, kale kop glimt dan van wellustig genoegen!'

Als derde keizer in dat jaar zet deze veelvraat zich op de troon van het Romeinse rijk.

De legioenen uit Germanië – waaronder vele cohorten Bataven – genieten ondertussen van het leven in Italië. Hun uitspattingen en vechtpartijen behoren tot de orde van de dag.
'Hallekiedee!' Met verhitte koppen onteren zij vrouwen, slaan kroegen in elkaar en gedragen zich, of het gehele land hen toebehoort.

Ondertussen zitten hun verwanten thuis met de handen in het haar: Door Vitellius' aftocht naar Rome, zijn de Romeinse commandanten aan de Rijn met onvoldoende troepen achtergebleven. Zij zien zich voor de noodzaak geplaatst nieuwe cohorten te werven en schrijven daarom een lichting uit.
'Dit is een kans om geld te maken,' zeggen handige ambtenaren. 'We roepen zeer jeugdige Germanen onder de wapenen. Dan dwingen we de ouders hun kinderen met flinke bedragen vrij te kopen.' Ze lachen tevreden, want het is prachtig bedacht.
'We zitten hier toch zeker niet om vliegen te vangen?'

Gebruik makend van de verwarde toestanden, proberen Romeinse ambtenaren bij de grensstammen door afpersing hun slag te slaan:
Een dorpsoudste in het Land van Maas en Waal staat met gebalde vuisten voor zijn woning. In machteloze drift volgt zijn blik de troep Romeinen, die het dorp hebben bezocht. Voldaan lachend trekken ze weg. Om hem heen weerklinkt het verontwaardigd, woedend gemompel van de vrije Germaanse mannen. 'Die vuile honden!'
'Ze wilden mijn Tuerix meenemen voor de dienst. De knaap is nog geen vijftien lentes oud!'
'Het heeft mij een flinke som gekost Amaloger buiten hun oproep te houden!'
Driftig trekt een boze vader aan het gevest van zijn zwaard.
'Onbetrouwbare varkens! Dát zijn het!'

Sterk ondergaan de mannen deze inbreuk op gemaakte afspraken en op hun vrijheid. Somber en dreigend staan ze bij elkaar. Het lijkt of het landschap – de akkers, het vee, de woningen, de spelende kinderen – opeens aan lieflijkheid heeft verloren.
Wanneer de schemering valt, rijdt een kleine troep ruiters het dorp binnen. Opnieuw Romeinse krijgslieden? Bezorgd groepen de mannen samen. 'Weer die honden?'
'Nee, mannen van ons!'
'Het is Julius Civilis!'
Hij is het inderdaad. Als edeling en stamgenoot wordt hij met respect begroet – al is hij gekleed in het uniform van een Romeins officier.

Even later zitten de aanzienlijkste Bataven van het dorp rond het vuur in één van de veilig gelegen hoeves. Aandachtig luisteren zij naar de woorden, die Civilis tot hen spreekt. Opgezweept door zijn krachtige taal, smeden zij drieste plannen, terwijl het gerstenat en de mede voor deze gelegenheid rijkelijk vloeit...

Julius Civilis (*en niet Claudius Civilis!*) is een hoofdman van de Bataven. Als commandant van een Bataafs cohort heeft hij in het Romeinse leger gediend. Na de dood van Nero is hij betrokken geraakt bij de intriges en samenzweringen, die toen de Romeinse legerplaatsen vervulden.
Reeds tijdens het bewind van Nero heeft hij gevangen gezeten. Zijn broer is zelfs gedood. Later weer vrijgelaten, is hij naar het eiland der Bataven teruggekeerd: bezield van wraaklust en verbitterd op de legioenen, die zijn terechtstelling hadden geëist.

Nu alom ontevredenheid en woede over de Romeinse wervingsacties heersen, buit hij de verontwaardiging van zijn stamgenoten op briljante wijze uit. 'Wij kunnen toeslaan en onze vrijheid hernemen! De legerplaatsen liggen half verlaten. Wordt de kern van de troepen langs de Rijn niet door Germanen gevormd? Met Germaans bloed worden wij Germanen onderworpen!' Zo zal hij gesproken hebben en zijn woorden worden met instemming begroet.

In het diepste geheim treft Julius Civilis de voorbereidingen voor een grootscheepse opstand tegen het Romeins gezag – en koestert daarbij in stilte zijn eigen ambitieuze plannen.

Civilis bereidt de opstand uitstekend voor. De eerste uitbarsting laat hij plaatsvinden bij de Cananefaten, die kloek bij de monding van de Rijn. Zoals gebruikelijk is in tijd van oorlog, kijken de Cananefaten naar een leider uit.
'Brinno! Brinno!' Zij kiezen de geduchte Brinno tot hun koning en aanvoerder, door hem hoog op een schild boven de verzamelde krijgers uit te tillen.

Dan gaat het erop los. Met woest geweld overrompelen zij de half bezette forten (Valkenburg, misschien Brittenburg) aan de Oude Rijnmond. Juichend veroveren zij de versterkingen langs de heirbaan, die de kust met het eiland der Bataven verbindt.
'Vang dat Romeinse tuig!' Kooplieden en handelaren worden overvallen en geplunderd. Natuurlijk gaat het om de vrijheid, maar toch ook om de buit. Al wat Romein is en zich kan redden, vlucht naar de Over-Betuwe, waar het nog veilig lijkt.

Evenals Arminius voor hem, speelt ook Civilis een dubbel spel. Hij wil tijd winnen om bondgenoten te werven aan de overkant van de Rijn. Hij hoopt de Galliërs in de opstand te betrekken. Diep in zijn hart koestert hij zijn grootse plannen: een vrij rijk, dat zich van de Alpen tot de Noordzee zal uitstrekken en waarover hij zélf de heerser zal zijn. Voor die droom blijft hij voorlopig nog in Rome's dienst. Hij verwijt de Romeinen hun vrees en biedt zelfs aan, om aan het hoofd van zijn cohorten de ongeregeldheden te onderdrukken. Maar achter hun rug wendt hij zich tot de Germaanse stammen en tot de Gallische hulptroepen in de Romeinse legioenen aan de Rijn.
'Bedenk wat wij kunnen winnen. Dít is onze kans!'

In Vetera (Xanten) hebben de krijgssignalen weerklonken. De soldaten staan aangetreden met volle bepakking op de rug. Zij hebben geluisterd naar de toespraak van de commandant.
'Eerste cohort... Voorwaarts!'
'Tweede cohort... Voorwaarts!'
Scherpe bevelen schallen over het forum. Dan marcheren de troepen door de Porta Pretoria om de opstandige Cananefaten te straffen voor hun verraad.

De Romeinse bevelhebbers hebben de omvang van het oproer nog steeds niet onderkend. Dát is de oorzaak, dat *Bataafse* ruiters en *Germaanse* hulptroepen deel uitmaken van de marskolonne. En aan de riemen van de rivierschepen – volgestouwd met troepen, die de opstandelingen in de flank moeten aanvallen – zitten *Germaanse* roeiers, die donders goed weten, wat nu van hen wordt verwacht.

Te laat bemerken de Romeinen hun kortzichtigheid. Als de strijd ontbrandt, zien zij plotseling hun Bataafse ruiters en

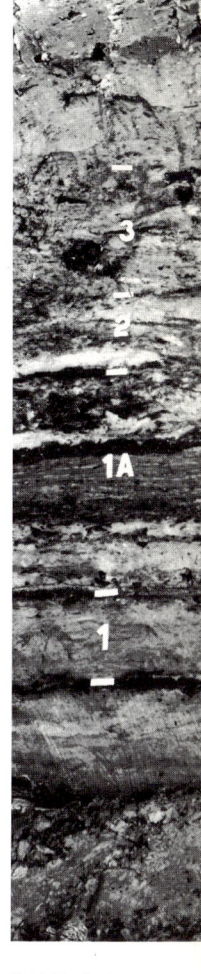

Duidelijk zijn de verschillende lagen zichtbaar, die elk een andere fase in de bouw van het castellum van Valkenburg markeren. Bij 1A is de brandlaag als gevolg van de opstand van de Batavieren te zien.

Romeinse tijd – Middeleeuwen

Diverse munten uit de Romeinse tijd.

Germaanse hulptroepen naar de vijand overlopen.
'Verraad, verraad! Cotus, terug. Fufius, dek mijn flank!' Tierend en vloekend schreeuwen officieren in alle verwarring hun bevelen uit.

Paarden steigeren in het geweld van de strijd. Wat een paniek, als de roeiers de schepen met opzet naar de vijandelijke oever roeien. Zonder veel tegenstand te kunnen bieden moeten de trotse Romeinen zich laten overmeesteren door de Germanen aan de kant.
'Publius, sein de aftocht. Laat het vierde de aftocht dekken!'

Slechts met de grootste krachtsinspanning en aanzienlijke verliezen, kan een deel van de legioensoldaten zich binnen Vetera redden. Ogenblikkelijk gaan de Germanen ertoe over die vesting in te sluiten. Het beleg begint.

'Bij Wodan, we hebben ze te pakken!' Opgetogen lopen de Germaanse hoofdmannen door hun kamp. De eerste klap is goed aangekomen. Voor de toekomst geeft dat hoop. Én... een winnende zaak krijgt altijd aanhangers...

De opstand breidt zich inderdaad gestadig uit. De handige Civilis heeft voorgewend niet tegen Rome, doch uitsluitend tegen keizer Vitellius te strijden. Daar de Romeinse stadhouder in Germanië zijn nieuwe keizer hartgrondig haat, handelt hij met opzet traag. Zo krijgen de opstandelingen de tijd nog belangrijke versterkingen te winnen. De 8 Bataafse cohorten, die in Italië zo wild de bloemetjes hebben buiten gezet, zijn teruggekeerd. Zij sluiten zich bij Civilis aan. Op eigen gelegenheid breken zij hun kamp bij Mainz op en trekken naar het noorden.
'Zullen ze ons niet stoppen?'
'We slaan ons er wel doorheen. Op naar Julius Civilis!'

Het Romeinse garnizoen te Bonn tracht deze cohorten inderdaad de weg te versperren, maar lijdt tegen de goed getrainde Bataven een geduchte nederlaag. De verwarring neemt nog toe, als Civilis – opgehitst door de voorspellingen van de profetes Velleda – nu ook de Galliërs met schone beloften aan zijn zijde krijgt. Rome zelf ligt verlamd. De dikke Vitellius moet ervaren, dat de bekwame veldheer Vespasianus zich tegen hem heeft gekeerd en vanuit Alexandrië met eigen legioenen naar het westen oprukt om een greep naar de macht te doen. Daardoor zijn er geen troepen voor het opstandige Germanië beschikbaar:

In het belegerde Vetera verslechtert de toestand van de Romeinen met de dag. 'Er moet toch hulp komen?'
'De voorraden raken op!'
'Halveer opnieuw de rantsoenen!'

De Romeinen wikken hun kansen, maar uitzicht op redding is er nauwelijks of niet. Nóg is iedere aanval afgeslagen. Nóg zijn de poorten bemand. Nóg staan de soldaten op de verschansingen en hoge gevechtstorens op hun post. Maar de honger begint te kwellen. Het voedsel raakt op. Niet langer in staat strijd te leveren, zijn de Romeinen aan het eind van hun Latijn. Vanaf de poort voeren zij de onderhandelingen over de capitulatie.
'Een vrije aftocht?'
'Toegestaan, mits de wapenen achterblijven!'

De trompetten in de vesting blazen verzamelen. De poort gaat open. Ordelijk en gedisciplineerd marcheren de Romeinen ongewapend naar buiten.

Dan blijkt, dat het volk, alleen aan zichzelf gelijk en trouw aan een eens gegeven woord, corrupt is geworden.
'Dood aan de Romeinen. Sla dood, sla dood!' Met opgeheven zwaarden en strijdhamers stuiven de Germanen laaghartig naar voren en moorden hun vijand verraderlijk tot de laatste man uit...

Vanuit een hoge toren waar niemand komen mag, voorspelt de geheimzinnige Bataafse profetes Velleda de toekomst voor haar volk.
'Ik zie overwinningen. Ik zie bloed en strijd en nieuwe overwinningen...' Kijkt Velleda naar de sterren? Speurt ze in de eenzaamheid naar tekenen van de goden in een donkere nacht?
'Wodan, Alvader, heerser der hemel! Freya...' Misschien prevelt zij haar gebeden en ziet ze de wolken opengaan als bewijs, dat de goden haar stem hebben gehoord. In ieder geval komen haar voorspellingen keer op keer uit.

Colonia Agrippina sluit zich bij de opstand aan. De belangrijke stam der Treveri, rond het huidige Trier, kiest Civilis' partij. En opnieuw treedt een aantal cohorten in dienst van het nieuwe Germaans-Gallische rijk.

De toestand voor de Romeinen lijkt kritiek, als eindelijk de krachtige Vespasianus te Rome de macht in handen krijgt. Vitellius gaat jammerlijk tenonder: na een afgrijselijke dood trekt men zijn vette lichaam met een vleeshaak in de Tiber.
'Vivat sequens!' De keizer is dood. Leve de nieuwe keizer.

Vespasianus zendt direkt Cerealis, één van zijn beste bevelhebbers, met troepen uit Italië en Spanje naar het bedreigde noorden om de opstand te dempen. 'Laat ze marcheren. Iedere dag is er één,' zegt Cerealis tegen zijn krijgstribunen. En de soldaten marcheren. Met volle bepakking rukken zij in versnelde dagmarsen van 25 tot 30 kilometer op.

Ondertussen verspillen de Germaanse opstandelingen kostbare tijd. Eindeloos is het geharrewar van de aanvoerders onder elkaar.
'Wat wil die Civilis? Denkt hij soms het gezag van de Bataven over de andere stammen te kunnen bevestigen?'
'Hij denkt alleen maar aan zijn eigen macht!'

De stamhoofden bestijgen hun paarden, rijden naar vrienden om de toestand te bespreken. Zij raken opstandig over het gesloten verbond en moeten steeds weer met beloftes en toezeggingen worden gesust.

De aarzelende Galliërs ondernemen niets om de Alpenpassen te bezetten en af te grendelen voor de Romeinen die in opmars zijn. Is hun ontzag voor het machtige Rome toch nog te groot? Als Cerealis met zijn snel marcherende legioenen nadert, zien zij zelfs geheel van de opstand af. En erger: de weinig betrouwbare Treveri lopen na een kleine nederlaag naar de vijand over en Trier valt vrijwel zonder strijd in Romeinse handen.

Toch gaat Civilis met zijn strijdmacht van Bataven, Cananefaten, Friezen en andere bondgenoten de oprukkende Romeinen tegemoet. Buiten het gezichtsveld van vijandige verspieders, rukt hij in alle stilte met

zijn keurtroepen door de bossen op.
'We zullen de Romeinse varkens in hun angst laten knorren. We zullen hen verrassen en verslaan. Zeg tegen de krijgslieden, dat ze nu stiller moeten zijn dan een voortsluipende vos...' Civilis weet precies hoe hij met zijn strijdmacht zal toeslaan.

Daar rijden ze door de nacht: de aanvoerders te paard in schitterende uitrustingen. De vrije mannen met hun zwaarden, schilden en helmen te voet. 'De goden zijn ons gunstig gezind. Velleda heeft overwinningen beloofd!' In nerveuze opwinding om hun moed en kracht te bewijzen, sluipen ze door de nacht. Onder dekking van de duisternis naderen zij onopgemerkt het vijandelijk kamp.

Als het eerste morgenlicht nog schemerig door de bomen breekt, rijdt Julius Civilis voor het laatst langs zijn troepen. Hij spreekt de aanvoerders toe: 'Het Romeinse leger slaapt. Slechts de gebruikelijke posten staan op wacht. Zij verwachten geen treffen. Het kamp is een gemakkelijke prooi. Een schitterende buit ligt ons te wachten.'

Dan geeft Civilis het teken en de aanval begint.

Met woest krijgsgeschreeuw (om de diep verborgen doodsangst te overwinnen!), dringen de Bataven en hun bondgenoten in het kamp.
'Overwinning!'
'De goden zijn met ons!'

Onstuimig werpen zij hun speren. Verbeten hakken en rammen zij met hun zwaarden op de ontwaakte Romeinen in.
'Sla dood! Sla dood!' Ze richten een slachting aan. Maar op buit belust slaan zij reeds aan het plunderen, voordat de overwinning wérkelijk is behaald. Cerealis, die de nacht buiten het kamp in gezelschap van een lichtekooi heeft doorgebracht, wordt haastig gewaarschuwd.
'Cerealis!'

De veldheer duwt zijn rulle vriendin-voor-de-nacht van zich weg, springt van zijn leger en wapent zich. Dan stelt hij zich aan het hoofd van zijn lijfwacht en organiseert krachtige tegenstand.
'Op, soldaten van Rome. Vergeet uw vroegere dapperheid niet!'

De krijgskans keert. De Bataven vluchten en slechts een enkeling draagt nog een kostbaar Romeins schild, helm, of buitgemaakt zwaard...

Na deze Romeinse overwinning komen de opstandige bewoners van Colonia Agrippina tot bezinning. In groepen verzamelen zij zich voor hun woningen en bespreken de toekomst, die niet langer rooskleurig lijkt. Zij hebben nu spijt aan de opstand te hebben meegedaan.
'De wraak van de Romeinen zal vreselijk zijn!'
'Wij werden gedwongen ons bij Civilis aan te sluiten! Wij hadden geen keus!' 'Zeg dat maar eens aan Cerealis. Nee, makker, we zullen onze straf niet ontlopen. De troepen in de stad zullen zich tegen de Romeinen teweerstellen. En daarna...' De man maakt zijn zin niet af, maar in zijn angstige ogen is te lezen, wat daarna zal gebeuren: de stad zal prijs zijn voor de Romeinse soldaten. Zij zullen vrouwen grijpen, mannen doodslaan, huizen plunderen en in brand steken. Hoe kunnen ze ontkomen aan die ramp? Iemand komt met een plan:
'Misschien kunnen we Romeinse vergiffenis verwerven. Luister goed, want de tijd dringt! We kunnen ons bevrijden van de troepen in de stad!'
'Hoe?'
'Luister...'

De inwoners van Keulen bedenken een schandelijk plan om de Romeinen voor zich te winnen. Zij laten al het bier verzamelen. Dan gaan zij aan het schenken met gespeelde vriendelijkheid.
'Hier, drink eens uit!' Overvloedig schuimt het gerstenat, dat zij aan de Germaanse bezettingstroepen aanbieden. Als de krijgslieden in de stad eindelijk stomdronken, lallend en versuft neervallen, voltooien de inwoners van Colonia Agrippina hun laaghartige daad. Met zwaarden, dolken en knuppels moorden zij de gehele Germaanse bezettingsmacht uit. Dan openen zij hun poorten voor de Romeinen...

Ongestoord kan Cerealis nu naar het noorden optrekken, zijn patrouilles uitzenden en tenslotte de hoofdmacht van Julius Civilis te lijf gaan.

Temidden van water en moerassen verloopt de strijd aanvankelijk in het nadeel van de zwaarbewapende Romeinen. Slechts moeizaam vinden zij hun weg door het drassige land.
'Wat een van goden vergeten land!' Kankerend sjouwen ze door de modder. Verbeten roepen zij de schimmen van Drusus of Germanicus aan. Het is, alsof die gestorven veldheren de smeekbeden van de soldaten hebben gehoord.

Een Bataafse overloper wijst de Romeinen een veilig pad en voert hen door moerassen en water heen. Zo bereiken zij de strijdmacht van de Germaanse opstandelingen, die zij nu in de rug kunnen aanvallen.

Het komt tot een gevecht van man tegen man:
'Voorwaarts, vooruit! Moeten de cohorten van het 10de soms met de eer gaan strijken? Vooruit, val aan!'
Italianen en Spanjaarden staan tegenover Bataven, Friezen en Cananefaten. Zij vergeten zichzelf in de onstuimige strijd. Gekletter van zwaarden, het briesend gehinnik van angstige paarden, wild, haast dierlijk krijgsgeschreeuw vermengen zich met de kreten van gewonden en stervenden.
'Wodan, Alvader...' Een laatste gebed van een gevelde Bataaf.
'Jupiter, Venus, onsterfelijke goden, ik zal offers brengen...' Gefluisterde gedachten van een zwaar getroffen Romein.
Een hulpeloos paard, met grote wonden in de flanken, tracht vergeefs overeind te komen. Met zijn achterbenen schopt hij woest tegen een afgeslagen arm. Een bronzen armband zit nog steeds om de pols. Waar is de Bataaf, die die arm verloor?

Temidden van de bloederige chaos valt de dapper strijdende Civilis van zijn paard. Schrik slaat de Bataven om het hart.
'Civilis is getroffen. Dodelijk gewond is hij neergestort van zijn paard.'

Opeens loopt het gerucht onder de Germanen, dat hun bezielde aanvoerder gesneuveld is. In paniek slaan de troepen op de vlucht.
'Vlucht, Amaloger. Loop, Servofried. De slag is verloren!' Ze hollen weg – hun heil zoekend in de moerassen en dichte bossen verder weg.
'Victorie!' Achter hen klinken de juichkreten der Romeinen.

Een grimmige Cerealis trekt nu onbedreigd door het Bataafse land. Dorpen en nederzettingen gaan in vlammen op, maar nog is de tegenstand niet volledig gebroken. Vanaf de overkant van de Waal ondernemen de gevluchte Bataven en hun bondgenoten nog felle aanvallen op de verspreide Romeinse vestingen en wachtposten.

Om een eind te maken aan alle strijd, biedt Cerealis aan te onderhandelen. Julius Civilis, beseffend dat hij kansloos is, grijpt dit aanbod aan.

Midden op een afgebroken brug over de rivier de Nabalia (?) komen beide veldheren bij elkaar.
'Julius Civilis, dit zijn mijn voorwaarden voor de vrede,' roept Cerealis zijn tegenstander toe. 'Rome is bereid de Bataven wederom als bondgenoten te aanvaarden. Zij zullen opnieuw als gewaardeerde troepen in de Romeinse legioenen mogen dienen. Maar niet meer onder eigen hoofdlieden. En ook niet meer in hun eigen gebied!'

Terwijl de troepen aan weerszijde van die onbekende rivier de onderhandelingen volgen, neemt Julius Civilis tenslotte de voorwaarden aan...

Dat was dan de befaamde *Opstand der Bataven*. Hoe benauwend de situatie voor de Romeinen is geweest, bewijst wel het feit, dat de doortastende Cerealis te Rome een triomftocht mag houden. Het volk van Rome juicht hem toe en wijst opgewonden naar de bezienswaardigheden, die hij in die optocht meevoert. 'Dáár is ze!'
Kinderen worden opgetild als de profetes Velleda, die met haar orakels de opstand zo krachtig aanvuurde, voorbijgaat.
'Zie je die ogen? Dat lange haar? Spuug haar, kleine Fabius, want het is een slechte vrouw!'

Over het lot van Julius Civilis is verder niets bekend. Vermoedelijk heeft hij zijn leven ver van zijn Bataafse vaderland in ballingschap beëindigd.

West-Europa blijft de komende eeuwen onder Romeinse heerschappij. Een periode van rust en vrede begint – óók in Rome, waar krachtige en bekwame keizers regeren met een ijzeren vuist. De romanisering kan dan twee eeuwen lang vrijwel ongestoord voortgang vinden – tot heil van Europa, tot heil ook van de Lage Landen aan de Noordzee.

Opgravingen in de Romeinse legerplaats op de Hunerberg bij Nijmegen: de castra van het 10de legioen. Boven: de spitsgrachten, die ter verdediging rondom de legerplaats waren gegraven. Midden: resten van de soldatenbarakken. Onder: opgegraven resten van de graanschuur (horreum).

Romeinse tijd – Middeleeuwen
De romanisering

De zon is opgegaan en beschijnt de antieke wereld, die langs rivieren en heirbanen de Lage Landen heeft bereikt. Ingrijpende veranderingen hebben zich, in die eerste eeuwen na Christus, in het leven voltrokken. Forten en legerplaatsen zijn na de opstand der Bataven in flink aantal gebouwd. Wisselplaatsen liggen langs de heirbanen: met woningen, herbergen, winkels en stallen voor de paarden. Er staan loodsen, gevuld met produkten die de omringende bewoners daar hebben gebracht: melk, kaas, graan, vee, hout, geweven stoffen, turf, huiden. De belangrijkste knooppunten groeien uit tot levendige marktplaatsen, waar van alles is te doen. Grote transporten bewegen zich over de altijd drukke, uiterst belangrijke heirbaan van Keulen naar Boulogne, met het einddoel: Brittannië.

'Vooruit, jullie, trek eruit!' In de houten barakken wekken onderofficieren de maffende soldaten. Bij zonsopgang moeten zij de wachtposten van de 4de nachtwacht bij de *Porta Decumana* van de legerplaats (castra) aflossen.

'Kom eruit, luie honden!'

De jongens van het 10de cohort komen foeterend overeind. Zo beginnen zij in de grootste legerplaats in Nederland – op de Hunerberg bij Nijmegen – een nieuwe dag.

De soldaten van het 10de Legioen Gemina, die daar na de opstand der Bataven gelegerd zijn, raken al gauw in een goede stemming. Straks zal de quaestor op het forum de soldij uitbetalen: 120 denarii voor een kwart jaar dienst.

De legioensvesting en alles wat er omheen ligt, de kazernes, werkplaatsen, stallen, excercitievelden, tempels en hoofdkwartier beslaan een oppervlakte van circa 30 hectare. Daar staan de woningen van de officieren en geneesmeesters, van de priesters, tentenmakers, bakkers, slagers, leerbewerkers, kleermakers, van de inners der belastingen en van de ambtenaren, die in dienst van de legioenen met de proviandering zijn belast. Nu er weer rust heerst zijn zij alom weer graag geziene gasten:

'Salve, Gargilius!'

Op de hoeve van Lopeteus in het Friese Westergo begroet de veehouder Stelus een leverancier van het leger.

'Vee kopen? Ik heb een mooi rund!'

Gargilius knikt. Stelus laat hem zijn rund zien en de onderhandelingen beginnen:

'130 denarii en geen denarius minder!'

'Ik geef je 100!'

'In geen 100 jaar. Gargilius, kijk hoe hij in zijn vlees zit!'

Met loven en bieden gaat het rund tenslotte voor 115 denarii van de hand. Twee centurio's van het 1ste en 5de legioen zijn getuigen van deze transactie. Een veteraan van het leger, die zich daar misschien met een Friese vrouw heeft gevestigd, stelt zich borg voor de uitbetaling van het bedrag.

Gargilius laat de koopacte opmaken. In cursiefschrift wordt de koop op een schrijftafel genoteerd. Eeuwen later is dat schrijftafeltje bij Tolsum vrijwel ongeschonden uit de aarde te voorschijn gekomen. Daarom weten we met zekerheid, dat ze daar bij Tolsum in het Friese land, mét dat rund en met de getuigen, hebben gestaan.

'Dag Gargilius! Dat de goden je vergezellen!'

'Dag Stelus!'

Waarschijnlijk hebben ze nog een stevige beker bier op de goede afloop gedronken...

De zon is opgegaan boven het immense Romeinse imperium. Terwijl bekwame keizers zich hebben ingezet om de eenheid en gelijkvormigheid van bestuur in alle delen van het rijk te versterken, verwatert het plaatselijke, inheemse bestuur in tal van provincies tot schone schijn. De aanzienlijken en edelen bij de onderworpen stammen dienen als officieren in het leger. Zij winnen burgerrecht, gaan Latijn spreken en... beginnen zich Romein te voelen. Ze zijn daar trots op, want na de opstand der Bataven beleeft het Romeinse imperium een glansperiode van orde en rust. Nimmer meer zal de wereld zó'n langdurige periode van vrede hervinden. Ook de Lage Landen koesteren zich nu in de milde zon van het Romeinse rijk.

'Blijf trouw aan eigen bloed! Blijf trouw aan eigen bodem! Blijf trouw aan eigen goden!' zullen de Germaanse priesters keer op keer hebben uitgeroepen. Maar er is geen houden aan. Oorspronkelijke volkstalen en culturen verdwijnen. Keltische en Germaanse goden versmelten geleidelijk met hun Romeinse collega's in hemel en hel: Donar met Jupiter, Freya met Venus. Bij de massa zit de vroomheid diep geworteld. Het ganse leven is ervan doortrokken.

'Jupiter, Venus, gij onsterfelijke goden, ontvang dit offer!' klinkt het overal.

Geboorte en dood, huwelijk, zaaien en oogsten, bouwen en reizen, gaan als vanouds met offers en godsdienstige plechtigheden gepaard. Voortekenen, tovernarij, vrees voor heksen en boze machten liggen verweven in een bijgeloof, dat heel het leven omslaat. Alom worden talismannen gekocht om geesten en demonen te bezweren.

'Flectere si nequeo superos, Acheronta movebo...' heeft Vergilius in zijn *Aeneïs* geschreven. 'Als de mensen de goden niet op hun hand kunnen krijgen, willen zij de onderwereld daartoe bewegen...'

De kern van de staatsgodsdienst is de *keizercultus*: een vage, symbolische vorm van geloof aan het noodlot; aan de bestemming van Rome; aan de eeuwigheid en onaantastbaarheid van het rijk...

In het Germaanse land – langs Rijn en heirbanen – verrijzen steden, die het strakke, rechthoekige schema tonen van een Romeinse legerplaats. In die steden: zuilenhallen, markten, tempels, theaters, badhuizen – met de grafmonumenten van de aanzienlijken even buiten de poort. Het muntgeld is snel ingeburgerd, zodat de omslachtige ruilhandel uit het leven verdwijnt. Geld blijkt ook in de Lage Landen een stimulans, waarvoor de plaatselijke bewoners zich gaan inspannen. Zowel de steenhouwers in Belgica als de Drentse schapenboeren ontvangen baar geld voor de stenen en wol die zij leveren. De Nerviërs in Henegouwen verdienen goed met het weven van een dik, soepel laken, waaruit de kleermakers mantels en uniformen snijden voor de Romeinse militair. En evenals in het verre Rome, bouwen ook hier rijke Romeinen hun fraaie villa's – vooral op de hoogvlakte in België en op de heuvels van het huidige Zuid-Limburg:

'Ja, mijn waarde, dit is de plek!'

De bouwmeester trekt even aan zijn toga, neemt dan de omgeving in zich op. Hij heeft zijn schetsen gemaakt. Het grote

De koopakte van Tolsum. Bij ruilverkeer tussen Romeinen en inheemsen werd vaak een contract gesloten. Op een plankje van berkenbast werd was aangebracht en daarin werd de tekst met een pen gekrast.

De opgegraven fundamenten van de thermen van Maastricht. Het openbaar leven speelde zich vaak voor een groot deel in het badhuis af.

probleem zal echter zijn aan goede werklui te komen.
'Wij willen natuurlijk badvertrekken, een zuilengalerij en mijn vrouw staat erop, de woonvertrekken met muurschilderingen te verfraaien!'

De bouwmeester knikt. 'Rond de idus van maart zal ik u mijn uitgewerkte plannen laten zien.'

Wie was het, die op de Kloosterberg bij Mook een luxueus buitenverblijf liet verrijzen – *een villa urbana* met een voorgevel van 84 meter lang? Wie is de bezitter geweest van de immense hereboerderij, de *villa rustica* te Voerendaal, waar de lengte van het gebouwencomplex zich na een aantal verbouwingen over 190 meter uitstrekte?

De geromaniseerde kolonisten en grootgrondbezitters in Limburg hebben hun woningen op uitgelezen plaatsen laten optrekken. De bouwmeesters hebben zorggedragen, dat het *hypocaustum* de vloeren en wanden in die villa's centraal verwarmde. Sommige vloeren zijn met kostbare mozaïeken verfraaid. Met pannen, vermoedelijk afkomstig uit een nabij gelegen steenbakkerij, hebben werklieden de daken gelegd.

Flinke grindwegen, die naar de villa's leiden, doorkruisen het Limburgse land om op de heirbanen uit te komen. Over die wegen rijden hoge officieren, ambtenaren, boodschappers en rollen de karren van ondernemende kooplui in een sukkelgang voort. Soms vragen zij de weg:
'Hoe ver nog naar het Forum Hadriani, het centrum der Cananefaten?'
'Is dit de weg naar Matilo?'

Ze kijken op hun kaarten, maar komen er soms toch niet helemaal uit. Bij de wisselplaatsen krijgen zij alle informaties die zij wensen.
'Hoeveel dagmarsen nog naar Noviomagus, de stad der Bataven?'

De vicus Heerlen is bekend om de pottenbakkerijen. Vermoedelijk zijn heel wat reizigers daar gestopt om zich na een lange, warme rit in het open zwembad met een duik te verfrissen. Of zij brengen een bezoek aan de *thermen* die voorzien zijn van een keurig kleedvertrek, een koudwaterbad, een lauwwaterbad, een heetwaterbad, een zweetbad, compleet met vloerverwarming, waar de welgestelden uit de villa's en hereboerderijen zich zo graag verpozen. Misschien zal een gepensioneerde kok uit het leger naast de thermen een eethuis begonnen zijn.
'Claucus, aannemen!'
'Wat zal het zijn, edele heer? Ik heb verse riviervis... gewoon uit de kunst.'

IVNONI MEAE – *Aan mijn Juno!*
Die woorden staan op een gouden ring, die tussen de verbrande beenderen van een vrouw in een sarcofaag te Simpelveld is gevonden.

Zonder twijfel heeft Juno in één van de Limburgse villa's gewoond. Misschien heeft haar man haar met een zachte stem de vurige liefdesverzen van Catullus voorgelezen:

'Uit jouw mond, lieveling, heeft het geklonken
dat onze liefde één geluk zal zijn
één eeuwigheid van ongekende blijdschap...'

De liefde van Juno's man moet groot zijn geweest. Haar schitterende askist getuigt daarvan. De kist is vervaardigd uit zandsteen. Een kundig beeldhouwer – wellicht afkomstig uit Keulen – kreeg opdracht de binnenkant met reliëfs te versieren.
'Ik wil dat zij, ook in haar dood, vertrouwde dingen om zich heen zal zien.' zal de weduwnaar hebben gezegd. De beeldhouwer heeft geknikt en is aan het werk gegaan.

Op de ene wand heeft hij een vrouw uitgebeiteld. Ze ligt op een rustbed. Half opgericht kijkt zij rond. Is het Juno? Een rieten stoel, tafeltjes, kannen, kasten, flessen zijn in het zandsteen uitgehouwen. Zelfs een huis siert een van de wanden: een Romeinse villa met hoektorens, zijvleugels, vierkante vensters met ruiten en luiken. Op het geveldak boven de drie verdiepingen zijn de dakpannen duidelijk te onderscheiden.

Heeft de weduwnaar zijn geliefde Juno willen binden aan de sfeer, waarin hij zelf nog leeft? Heeft hij zich bij haar dood getroost met een ander vers van Catullus:

Zij wil niet meer. Wil niet, wat toch niet kan.
Loop haar niet langer na, betreur haar niet
maar wees verstandig en verman dit hart!
Vaarwel...

De sarcofaag van Simpelveld, met een afbeelding van de overledene en haar huisraad.

Romeinse tijd – Middeleeuwen

Romeins keizer, mogelijk Trajanus. (rechts)

Zakenmensen die steenbakkerijen beginnen, mergelgroeven of bossen exploiteren, ceramiek-bedrijven oprichten en behoorlijke kapitalen verdienen, bouwen hun prachtige huizen van twee, soms drie verdiepingen hoog. Zij bouwen voorraadschuren, stallen en woningen voor hun personeel. Zo ontstaan gemeenschappen van soms meer dan 100 mensen bij elkaar. Buiten de villa's liggen de weidevelden, bouwlanden, boomgaarden en moestuinen, waarop de Romeinen de Germanen het werk voor zich laten doen.

Veteranen uit het leger trouwen Germaanse vrouwen en gaan zich na hun diensttijd in de Lage Landen vestigen. Dan beginnen zij een herberg bij de wisselplaatsen. Of ze raken in goeden doen met kalkbranderijen, met handel of met een landbouwbedrijf.

Vele vondsten, zoals fundamenten van gebouwen, tempels, altaren, aardewerk, begraafplaatsen en tal van munten met de beeltenis van keizers, geven het heden het rijke, maar nog onvolledige beeld van de romanisering van de lage landen bij de zee – een beeld ook van de wijze, waarop de samenleving in allerlei districten was georganiseerd.

Klein reukflesje afkomstig uit de sarcofaag van Simpelveld (2de-3de eeuw voor Chr.).

Valerius Silvester, een Bataaf uit de Neder-Betuwe, heeft de ogen gesloten. Zijn lippen prevelen een zacht gebed:
'Godin Hurstrga, hoor mijn smeekbeden, vervul mijn ene grote wens. Ik beloof u een altaar. Onsterfelijke, luister naar dit gebed...'
De godin heeft geluisterd en de wens van Valerius Silvester vervuld. Want om zijn dank te tonen, heeft Silvester een klein stenen altaar aan haar gewijd. Een steenhouwer beitelde het opschrift:

Voor de Godin Hurstrga heeft volgens haar opdracht Valerius Silvester, Gemeenteraadslid van het Municipium der Bataven, dit altaar opgericht. Gaarne en met reden.

Dit stenen altaar met Latijns opschrift werd in 1954 bij Kapel-Avezaat gevonden. Hurstrga had Valerius Sylvester vast in een visioen of droom laten weten, dat zij voor zijn voorspoed had gezorgd. Was hij dankbaar voor het Romeins burgerrecht? Of was het voor de benoeming tot gemeenteraadslid, dat Sylvester die altaarstenen gaarne en met reden liet beitelen?

Te Elst, in de Betuwe, is de eerste stenen tempel uit de grond verrezen: 11 meter lang en bijna 9 meter breed. Tijdens de opstand der Bataven is dat bouwwerk vernield. Onder keizer Vespasianus (70-78) wordt op de verwoeste fundamenten een nieuwe tempel opgetrokken van omstreeks 31 bij 23 meter: het nationale heiligdom der Bataven, een symbool van het verbond dat met de Romeinen gesloten is.
'Ik wil mij reinigen. Dit is mijn offer...'
Ernstig wijst een gelovige aan de priester, welke dieren hij aan één van de goden wil wijden.
Terwijl tempeldienaren een rund, een schaap en een varken driemaal rondleiden en de priester in de *cella* zijn heilige woorden spreekt, laat de gelovige Bataaf de muurschilderingen op zich inwerken en overdenkt hij de zonden die hij bedreef.
'Mmmèè... mè-è!' Een mes flitst neer en bloed van de dieren druipt voor het altaar op de grond.
De schedels van een varken, een schaap en een rund – typerend voor een offer aan Mars – zijn daar bij Elst, dichtbij elkaar, in de grond gevonden.

Overal en in de grootste verscheidenheid zijn tot in de verste uithoeken van het rijk altaren voor bekende en onbekende goden opgericht. Aan de kust bij Domburg heeft een heiligdom gestaan, waar mensen in hun dankbaarheid de plaatselijke godinnen en goden met altaren vereerden:

Aan de Godin Nehalennia heeft Dacinus, de zoon van Liffio, zijn gelofte ingelost. Gaarne en met reden.

Op een altaarsteen is de godin Nehalennia uit de antieke hemel tot leven gekomen. Gekleed in een lang gewaad, zit zij onder een baldakijn op haar troon. Zij houdt een schaal met appelen in haar handen. Een hond ligt naast haar op de grond.
Nehalennia is een schutsvrouw van de zeelieden, die bij Domburg de Noordzee oversteken om in Engeland zaken te doen. Zij wordt aangeroepen als een schip in nood verkeert:
'Nehalennia, bezweer de woeste golven! Neem de stormwind van ons weg. Nehalennia, Nehalennia, geef ons een behouden vaart...' Misschien heeft Dacinus, zoon van Liffio, die woorden tijdens een stormnacht naar de donkere wolken, naar de stormwind en de woedende golven geroepen – staande aan het roer van zijn krakend schip.
'Ik beloof een altaar, een kostbaar altaar, maar laat mij de kust bereiken...'

Aan de Godin Nehalennia heeft Marcus Secundinius Silvanus, handelaar in aardewerk, die op Brittannië handel drijft, wegens de behouden overtocht van zijn koopwaar, zijn gelofte ingelost. Gaarne en met reden.

Silvanus had waarschijnlijk goede zaken gedaan. Of ook hij had op een woelige zee in zijn rats gezeten...
Bij vondsten in 1647 en in 1970 zijn vele altaren van de cultusplaats Domburg aan de voet van de duinen te voorschijn gekomen. Stille getuigen van de eerbied en het diep ontzag, waarmee de zeelieden en handelaren de natuurkrachten om zich heen hebben gevoeld. Stille getuigen ook, hoezeer de bewoners van de Lage Landen gewoonten en gebruiken van de Romeinen hebben overgenomen en eigen hebben gemaakt.

Hoog in het noorden blijven de Friezen nog het meest aan zichzelf gelijk. Zij tonen zich in staat hun nationale cultuur en tradities te verstevigen. Levend buiten de rijksgrens op hun terpen, wonen zij in hoeven, die de vorm hebben van de huidige Friese boerderij: vóór ligt het woongedeelte, daarachter de deel, die plaatsbiedt aan 50, soms 70 stuks vee. In cilinderachtige vormen bereiden zij hun kaas. Met hun honden gaan de mannen vol animo op jacht in de dichtbijzijnde bossen op de zandgrond. Als de buit groot is, komen zij opgetogen thuis: 'Mijn lief, kijk eens? Voor jou!' Vol trots houdt een Friese jager, nog bezweet van de jacht, de tanden van buitgemaakte beren en zwijnen in zijn handen. En vol trots zal zijn jonge vrouw die tanden in een ketting, of als amulet, om haar hals gaan dragen.

Rond de dorpen op de terpen graast het vee in de kwelders. Dichte zwermen muggen zullen dikwijls een plaag zijn geweest.
Als de mannen na het werk thuis komen eten, gebruiken zij hun dolken en keurige lepels, die zij uit de horens van hun vee hebben gesneden. Het voedsel en de drank komen in potten, borden, schalen en bekers, die zij zélf bakken, op tafel.

Zonder twijfel zijn er nauwe contacten geweest met Romeinse kooplieden. Heel wat Friese jongelingen zullen zich – op avontuur belust – als vrijwilligers bij de legioenen hebben gemeld. Maar overigens gaat het leven bij de Friezen vrij ongehinderd en in eigen stijl voort. Hoe anders is dat voor de stammen, die bij het Imperium werden ingelijfd:

De Bataaf Titus Flavius Romanus was een ritmeester (decurio) in het Romeinse leger. Hij diende onder meer in Beieren. Daar heeft hij zijn naam op een altaar laten beitelen - met de vermelding, dat hij Romeins burgerrecht bezat en afkomstig was uit Noviomagus, het centrum van het land der Bataven.
'Salve, Tite...' Hoe zat je daar tussen de Romeinen in de officiers-mess? Had je af en toe heimwee? Was je getapt, of was je voor de soldaten een lastig kreng? Hoe vaak mocht je met betaald verlof naar huis, Titus, en wat bracht je dan uit het verre Beieren voor je familie mee?

In het verre Hongarije is een Germaanse vrouw begraven. In haar sarcofaag staat vermeld, dat zij de vrouw was van een geneesheer van het 1ste legioen en dat zij afkomstig was uit Forum Hadriani, in het woongebied der Cananefaten. Daaruit kan blijken, dat een nederzetting bij de riviermonden van Maas en Rijn, bij het bezoek van keizer Hadrianus, marktrecht had verkregen.

Zouden de kinderen van die geneesheer van het 1ste legioen óóit hun grootouders in het Germaanse land hebben gezien?

In wijde landstreken is de invloed van de Romeinen niet of nauwelijks merkbaar. Ten noorden en ten zuiden van het land der Bataven lagen uitgestrekte gebieden met donkere wouden en weinig toegankelijke moerassen, waar het leven van Germanen en Kelten primitief en onberoerd verder ging (zoals nu nog het geval is met bevolkingsgroepen in Afrika, Zuid-Amerika en Azië!).

De Romeinen hadden hier als eerste en voornaamste taak: de woeste Germaanse stammen, die het rijk omringden, buiten de grenzen te houden! Met dat hoofddoel voor ogen, bouwden zij hier hun vestingen (60 castella langs de Rijn) – het vermoedelijk begin van steden als Nijmegen, Maastricht, Utrecht. Een fascinerende vesting is de geheimzinnige Brittenburg geweest, waarvan de resten voor Katwijk door de zee zijn overspoeld.

In het theater van Tongeren, hoofdstad van de civitas Tungrorum, wordt door een rondreizend toneelgezelschap *Vrouwen van Troje* opgevoerd. Het stuk is door de Griek Euripides geschreven en door de Romein Seneca bewerkt. Op het toneel staat Hecuba. Het machtige Troje is gevallen en zij spreekt vanaf de denkbeeldige ruïnes op het toneel:

Wie zijn vertrouwen stelt in koninklijke macht
En in een groot paleis regeert – op rijkdom trots!
Hij moge u aanschouwen, Troje; op mij werpen zijn blik.
Nooit heeft het lot zwaarder beproeving opgelegd,
Hoe broos is van de machtigen de trotse toeverlaat...

'Ja, in de grijze oudheid werd Troje verwoest, maar dat zal ons nimmer gebeuren!' zeggen de Tongri na afloop van het stuk. Welgedaan en tevreden kijken ze naar hun stad, die in de 2de eeuw volgens een groot opgezet plan uit steen werd opgetrokken. Omgeven door een dubbele gracht, door muren van 2 meter dik (omtrek 4500 meter!) met flinke torens versterkt en voorzien van stoere poorten op de weg van Keulen naar Bavay, lijkt Tongeren onaantastbaar. In de stad staan de kantoren van ambtenaren en magistraten, de gerieflijke woningen van hoge officieren en rijke handelaren, de eenvoudiger huizen van bakkers, slagers, leerbewerkers of een edelsmid. Maar net als de gestadige druppel, die de hardste steen uitholt, zal ook de tand des tijds gaan knagen aan die trotse torens, die stoere poorten, die dikke muur.

'Tempus edax, homo edacior!' De tijd is een verwoester, maar de mens nog meer! In het noorden groeien alleen Noviomagus en vermoedelijk het centrum der Cananefaten tot werkelijke steden uit. De Romeinen bouwen hier hun vestingen, scheepswerven, huizen en tempels, bruggen en wegen. Maar het hoogste goed, dat zij in de wereld uit-

Romeinse tijd – Middeleeuwen

De legendarische Brittenburg, zoals Abraham Ortelius deze in 1581 zag.

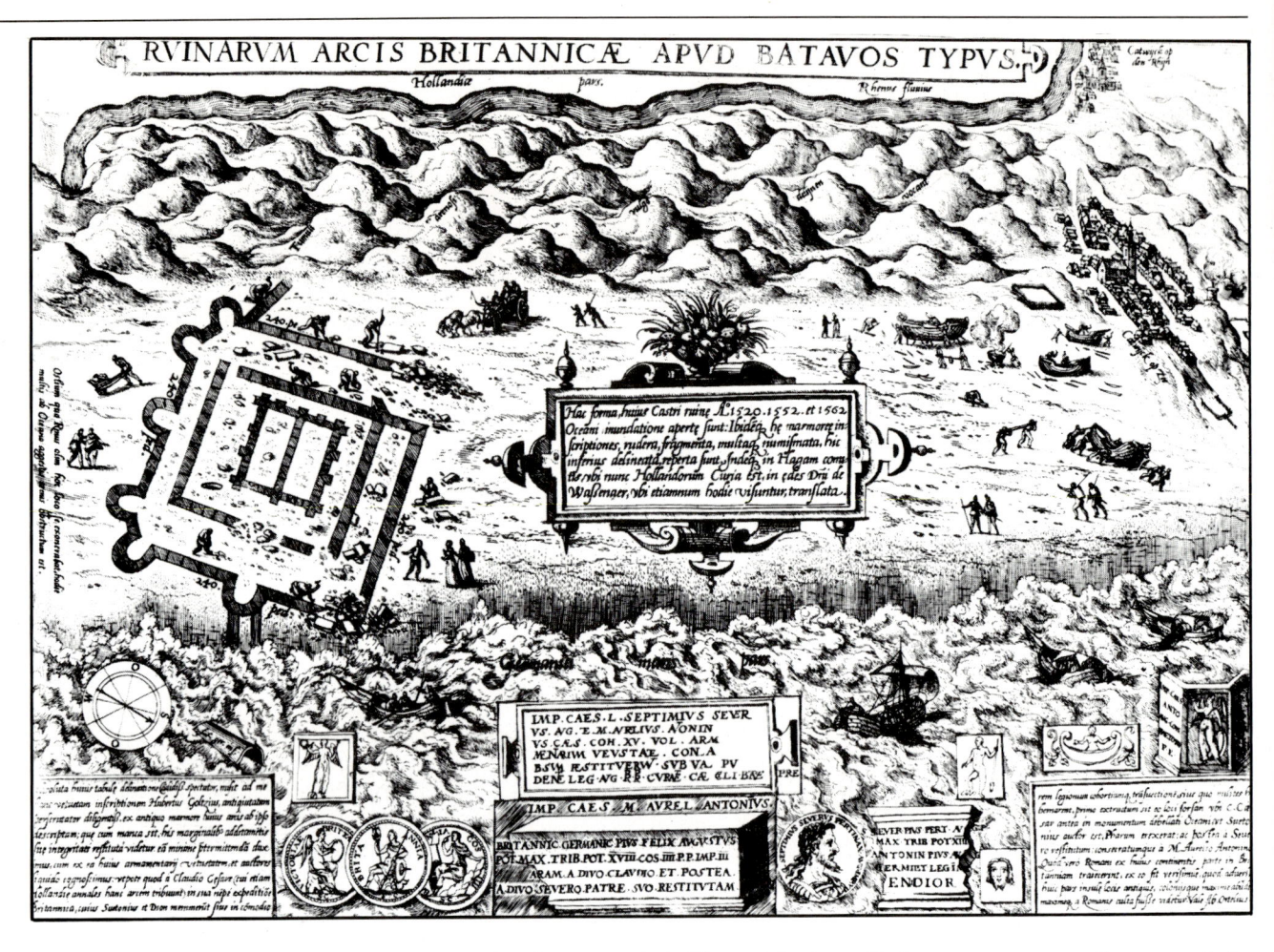

dragen – duurzaam tot op deze dag! – is niet van steen, noch uit hout vervaardigd:

Salvius Julianus, de grote jurist in Rome, schuift de papyrusrollen van zich af en leunt vermoeid achterover. Van keizer Hadrianus (117-138) heeft hij de grootste en meest omvangrijke opdracht gekregen, die ooit aan een jurist was verleend:
'Ik wens een herziening van het Romeinse Recht, een *Edictum Perpetuum* – een Eeuwig Edict, dat als onveranderlijke grondslag voor het rechtswezen zal kunnen gelden!' heeft Hadrianus gezegd.

Sinds oeroude tijden heeft de rechtspraak in Rome op de edicten van de pretoren berust. Nu moet Julianus die serie edicten herzien.

Iedere plaatselijke gemeenschap in het Romeinse Rijk had zijn eigen wetten en leefregels. Dat had heel wat moeilijkheden opgeleverd. Ieder beriep zich op de wetten van zijn eigen land. Er moesten nu wetten komen, die voor alle volkeren onder alle omstandigheden van kracht zouden zijn: zowel voor Germaanse veeboeren, Joodse vissers, Griekse filosofen, als voor Spaanse handelaren of een primitief woestijnvolk. Moesten de menselijke natuur en de rede dan niet het uitgangspunt zijn? Het belang van de staat, die vóór alles souverein was, moest daarbij op de voorgrond staan.

Salvius Julianus leunt achterover. Het formidabele werk nadert zijn voltooiing en de voldoening die hij begint te voelen is groot.
'Breng me de Edicten uit de tijd, dat Iunius Silanus en Sillius Nerva consuls waren,' zegt Salvius Julianus tegen zijn Griekse slaaf. Dan buigt hij zich over zijn werktafel en verdiept zich opnieuw in de stukken die voor hem liggen: over huwelijk en misdaad, godslastering en erfrecht, over rechten én plichten van de mens in de gecompliceerder wordende wereld...

Diepgaande wijzigingen voltrekken zich, wanneer het Edictum Perpetuum eindelijk gereed komt. Langzaam beginnen zich onder keizer Hadrianus twee grote takken van dienst af te tekenen: de militaire en de juridisch-burgerlijke. Juristen worden allengs de belangrijkste mensen, die de keizer en hoge bestuurders als raadslieden bijstaan.

Wat een macht heeft de keizer van dat ontzagwekkende Romeinse rijk! Van Brittannië tot de Eufraat, van diep in Afrika tot de Krim kan hij zijn beslissingen laten gelden. Voor zijn onderdanen is hij een soort god op aarde. Zijn voorspoed betekent bloei, zijn tegenspoed nood en rampen. Als de postzendingen uit Rome arriveren, bespreken de bewoners van Tongeren, Noviomagus of Forum Hadriani het nieuws en zeker ook het wel en wee van hun keizer:

'Keizer Hadrianus heeft een ernstige kwaal en lijdt hevige pijnen!'
'Hadrianus wil sterven, maar is er niet toe in staat!'
'Hadrianus heeft om een zwaard en om vergif gevraagd, maar hij was te verzwakt om zijn einde te forceren. Hij heeft beloningen uitgeloofd aan ieder die hem doden wil. Geen enkele vrijwilliger meldde zich. Toen heeft hij een krijgsgevangene laten komen. Op zijn borst wees hij de plek aan, waar deze hem moest doorsteken. Maar de man vluchtte weg en de keizer huilde...'

Onder de voorbeeldige keizer Antoninus Pius (138-161) viert Rome haar 900-jarig bestaan. Alom heerst vrede.

'Ze kunnen de muren van Rome nu wel afbreken,' zeggen de mensen, als een brief van de keizer al voldoende is om de koning der Parthen te bewegen van een oorlog af te zien. Maar in die jaren van rust en voorspoed lijkt het, of de cultuur tot stilstand is gekomen. Of er niet meer naar nieuwe wegen wordt gezocht. Men richt de blikken op het verleden – en niet langer vooruit.

Vulcacius kijkt zijn leerlingen aan. Dan zegt hij met nadruk:
'Te allen tijde is de zorg voor monumenten, oprichting en instandhouding van musea een zeer gewichtige zaak. Het zou bedenkelijk worden, wanneer een nageslacht de erfenis der voorvaderen achteloos laat vervallen en te gronde laat gaan!'

Vulcacius heeft lang gesproken. Hij heeft als hoogste ideaal gesteld, erin te kunnen slagen 'de ouden' te evenaren. Nu verwacht hij bijval, maar die blijft uit.

Eén van zijn leerlingen staat op en waagt het zijn meester tegen te spreken: 'Is het niet bedenkelijk, als de zorg voor de instandhouding van het oude, de ontwikkeling naar iets nieuws in de weg gaat staan?'

Achter hem wordt gegrinnikt.
'Iets nieuws?' Vulcacius kijkt hem ontzet aan. 'Wéét, dat alles wat de moeite waard is, reeds gedacht, gezegd, gedicht is. Alles wat belangrijk en waardevol is, heeft het voorgeslacht reeds geleverd!' De geleerde Vulcacius beseft niet, dat een wereld die zich niet vernieuwt, tot ondergang is gedoemd!

De Grieks-Romeinse cultuur is oud en verzadigd en begint originaliteit en geestkracht te missen. Er is heftig verzet tegen

Enkele huishoudelijke voorwerpen. V.l.n.r.: inktkoker, stift voor het inkrassen van tekst op wasplankjes, beurs met munten, krabber voor het verwijderen van olie waarmee het lichaam bij de sportbeoefening werd ingesmeerd, fibula (mantelspeld), sleutel, bronzen godenbeeldje, schaartje en olielampje.

nieuwlichters. Af en toe komen verontruste, opgehitste massa's tegen de christenen in beweging. Willen die volgelingen van Jezus met hun wonderlijke theorieën over liefde, barmhartigheid en geweldloosheid de bestaande maatschappij omver werpen? Dat nooit! 'Grijpt ze! Grijpt ze! Ze willen niet de keizer, maar alleen hun eigen God eer bewijzen. Grijp dat tuig, dat zo anders denkt dan wij!'

Hoewel de Romeinse autoriteiten zich verdraagzaam tonen en weinig geneigd zijn tot vervolgingen over te gaan, moeten zij aanklachten toch in behandeling nemen. Zo komt de oude bisschop Polycarpus van Smyrna voor de stadhouder in Azië. De stadhouder smeekt hem haast:
'Brand toch enkele wierookkorrels voor het beeld van de keizer!'

De oude bisschop blijft standvastig:
'Tachtig jaar heb ik mijn Heer gediend,' zegt hij. 'Zou ik Hem nu verloochenen?'
Dapper gaat hij zijn dood tegemoet.
Ondanks die vervolgingen – of juist daardoor – breidt het geloof der christenen zich gestadig uit. De Evangeliën komen op schrift. De Zendbrieven der Apostelen worden vermenigvuldigd en gebundeld. Ontwikkelde en geletterde mannen treden tot de beweging toe. Er begint een organisatie te ontstaan. De kleine, wankele christelijke gemeenschappen groeien uit tot episcopaten met bisschoppen aan hun hoofd. Via de steden en nederzettingen langs de Rijn en Moezel verbreidt het nieuwe geloof zich geleidelijk naar het noorden.
'Christus overwinnaar! Onze God is een enig God. Hij eist geen bloedoffers, broeder Claucus. Hij is een God van liefde, zuster Julia...'

Behoedzaam dragen de eerste christenen hun boodschap uit. Haast provocerend plaatsen zij het teken van de vis, het symbool van het geloof, op wanden en muren: 'God is de liefde!'

Omstreeks het jaar 250 verrijst in Reims de eerste christelijke kerk. De eerste bisschop die Germanië tot arbeidsveld krijgt, vestigt zich in diezelfde tijd in Trier – bijgestaan door een bisschop die iets later in Keulen verschijnt:
'Al ware het, dat ik met de tongen der mensen en der engelen sprak, maar de liefde niet had, ik ware een schallend koper of een rinkelend cimbaal. Al ware het dat ik profetische gaven had, en alle geheimnissen en alles wat er te weten was, wist en al het geloof had, zodat ik bergen kon verzetten, maar had de liefde niet, ik ware niets...'

Die woorden van Paulus dringen in de Germaanse provincies door. Temidden van tientallen goden, bloedige offers, angst voor demonen, toeslaande heksen en een ontstellend bijgeloof, dragen de eerste zendelingen hun overtuiging uit. Iedere vorm van organisatie, die buiten de staatsdienst valt, is streng verboden. Slechts begrafenisverenigingen vormen daarop een uizondering.

'Broeders en zusters, alleen door geloof in Christus is hier op aarde heil te verwachten. Alleen door Zijn geboden te volgen en Hem lief te hebben, zoals Hij de mensen lief heeft...' Zo spreken de voorgangers. 'Het leven kan niet rusten op uiterlijke macht en rijkdom. Slechts de daden van innerlijk gevoelde liefde voor de naasten kunnen tellen...

Een nieuw geloof! De voorgangers preken, sluipen weg door de nacht, worden vervolgd en maken hun bekeerlingen.

St. Servatius komt in de 4de eeuw als eerste bisschop in de Lage Landen, naar Tongeren en begint daar zijn moeilijke werk:
'God Christus, Alvader, aanvaardt dit offer!' Het ligt haast voor de hand dat de bekeerde Tongri hun ossen en lammeren slachten om de god Christus gunstig voor zich te stemmen...

De eerste bisschoppen richten hun aandacht vooral op de steden. In het Rijnland (Xanten, Keulen, Mainz, Trier) winnen zij een stevige aanhang. Maar de Noordelijke Nederlanden met hun uitgestrekte landbouwgebieden bereiken zij nog niet. Bekeerlingen worden daar vrijwel niet gemaakt. Dat zal nog vele eeuwen duren, want juist in die jaren begint het machtige rijk van Rome in al haar voegen te kraken.

Mede door het christendom gloeit onder de oppervlakte van het uiterlijk zo vredige, eensgezinde rijk een steeds feller wordende strijd: een oude cultuur tracht zich te handhaven tegen een nieuw geloof. Toch zijn het niet de christenen die het imperium ondermijnen. De donkere, barbaarse wereld, die de Romeinen aanvankelijk zonder veel moeite achter Donau en Rijn hebben gehouden, steekt nu dreigend de kop op: loerend naar de rijke, welvarende gewesten der Romeinen én... belust op buit.

De avondzon van de antieke wereld neemt bloedend afscheid van het westen, als die barbaarse wereld met geweld in beweging komt...

Romeinse tijd – Middeleeuwen
Jaren van verval

De grootste fout van de Romeinse keizers (sinds Augustus) is geweest, dat zij de woeste stammen buiten hun grenzen ongemoeid hebben gelaten. Achter Donau en Rijn hebben zij steeds een politiek van verdediging gevoerd. Vrijwel nooit zijn zij tot de aanval overgegaan om aan de bedreiging van opstuwende volkeren een eind te maken.

Het Romeinse rijk is als een reusachtig eiland, omgeven door een zee van barbaarse stammen. De grensvestingen zijn als duinen of dijken, die het land beschermen. Maar zoals bij eb en vloed spoelen steeds nieuwe golven barbaren tegen de Romeinse zeewering op. Bij storm en springvloed slaat de zee gevaarlijke gaten. Pas dan, als het al te laat is, beginnen de Romeinen de strijd tegen de vijandige barbarenzee rondom...

Romeins graf, gevonden te Esch (N.Br.)(2de-3de eeuw).

De grote keizer Marcus Aurelius (161-180) ontdekt het gevaar, als de Chauken op zoek gaan naar nieuwe woongebieden en grote onrust zaaien in het Germaanse land. Vrijwel zijn gehele regeringsperiode moet Marcus Aurelius rusteloos oorlog voeren om opstuwende, haast als nomaden voorttrekkende Germaanse volken te weren uit zijn rijk. In zijn hart is hij geen militair, maar filosoof. Tijdens lange marsen, of eenzame avonden in een legerplaats, schrijft hij zijn *Meditationes* – meditaties over zichzelf. 'Nergens op aarde kan een man méér rust vinden, dan in zijn eigen ziel,' noteert hij, terwijl om hem heen de soldaten hun liederen bij de kampvuren zingen. Denkend aan de onmetelijkheid van het heelal, aan de oneindigheid van de tijd, realiseert hij zich de kleine plek, waarop hijzelf als keizer is gesteld en de geringe tijd, die hem is gegeven:

'De tijd is nabij, waarop je alles vergeten zult hebben; de tijd is ook nabij, waarop allen jou vergeten zullen zijn... Denk erover na, hoeveel mannen elkaar haten, jaloers zijn op elkaar, elkaar tot in de dood bevechten... Dan sterven zij en wat er overblijft van alles is as... Hoe weinig stabiel is de mensheid...!'

De wereld om hem heen is zeker weinig stabiel! Verweg klinken de gezangen van Germaanse vrouwen, die hun mannen en zonen moed in spreken voor de komende strijd. Marcus Aurelius heeft zich tot taak gesteld de opstuwende volkeren te keren. Steeds weer moet hij met zijn legioenen voort, de oorlog en alle gevaren tegemoet:

Het is bloedheet. De lange dag marcheren heeft geen geschikte drinkplaatsen opgeleverd. Bezweet, stinkend en de goden verwensend loopt het leger voort.

Dan komt één van de verkenners aangereden. Uitgeput, bloedend uit wonden, hangt hij over zijn paard.

'Zeg de keizer, dat een aanval dreigt... Dat de cohorten aan alle kanten omsingeld zijn!'

Plotseling weerklinken signalen. Stafofficieren rijden langs de troepen.

'In slagorde!'

De onheilspellende Germaanse krijgsgezangen zijn in de verte reeds te horen. Dodelijk vermoeid stellen de soldaten zich in hun slagorde op. Zij slaan de eerste woeste aanvallen af. Maar die dorst, die kwellende, verlammende dorst, verlamt hun strijdlust en moed.

'Jupiter, Apollo, Juno, Minerva, gij allen, onsterfelijke goden, geef me toch te drinken,' kreunt een soldaat, terwijl hij met zijn zwaard op de vijand inhakt. Smachtend naar water, snakkend naar verkoeling, beginnen de voorste gelederen te wankelen. Noodkreten stijgen op en daartussen het ontstellende bericht:

'De keizer wordt met omsingeling bedreigd!'

Ieder roept de goden aan. De christenen in de legioenen bidden tot hun God. Een voor de soldaten verbijsterend wonder volgt: onverwacht barst een hevige regenbui boven het leger los. Schilden en helmen worden geheven om de regen op te vangen. Het neerstromende water vermengt zich met zweet en bloed. De Romeinen kunnen hun dorst lessen en... de overwinning bevechten.

'Onze God heeft redding gebracht,' zeggen de christenen met overtuiging. Zij eisen het wonder voor zich op. Maar ook de anderen doen dat. Zelfs een Egyptische godheid wordt als de regen-verwekker naar voren geschoven. Officieel meldt het hoofdkwartier, dat Jupiter het wonder heeft bewerkstelligd.

Op de erezuil, die als teken van triomf voor Marcus Aurelius te Rome wordt opgericht, krijgt het regenwonder een plaats. Maar om moeilijkheden te voorkomen laat de keizer er geen enkele godheid bij afbeelden...

Nog is het rijk voor invallen behoed, maar niet voor lang. Na de dood van Marcus Aurelius loopt het machtige imperium – dat alom respect afdwong en eeuwen onaantastbaar leek – met een verbijsterende snelheid uit de voegen. De oorzaken? Zonder twijfel de verwording in Rome, waar karakter en moraal verloren zijn gegaan. Onvoorstelbare tonelen spelen zich daar af. 'De dagen van Nero, Caligula en Vitellius lijken teruggekeerd,' zeggen bezorgde Romeinen.

Het keizerschap is speelbal geworden van ambitieuze aanvoerders en soldaten, die de kroon voor geld en gunsten aan de meest biedende verkopen.

'We moeten een keizer hebben, die ons hoge beloningen geeft,' roepen de pretorianen, de leden van de keizerlijke lijfwacht. Zij hebben lak aan de Senaat, lak aan de wensen van het volk. Zij hebben een keizerrijk te vergeven en bij Jupiter, degene die ambities heeft zal ervoor moeten bloeden.

Zo beleeft Rome het wel héél buitensporige schouwspel, dat de pretorianen de keizerskroon bij opbod gaan verkopen. De moordenaars van de vorige keizer (die schriel was) treden als vendu-meester op.

'De eerbiedwaardige Sulpicianus heeft ons 3000 denarii per hoofd geboden. Hoever wilt gij gaan, edele Julianus?'

Na lang loven en bieden krijgt de zeer rijke Julianus voor 6200 dinarii per pretoriaan de kroon: 'Eénmaal, andermaal, verkocht!'

Nog wat later staan vier keizers tegenover elkaar, omdat de legioenen van het Donaucommando, het leger in Brittannië en de strijdmacht in het oosten, hun veldheren eveneens voor geld en beloftes tot keizer uitroepen. Zo kan het ook gebeuren, dat de 14-jarige Bassianus uit Edessa (in het hart van Syrië) met zijn Baälpriesters als keizer naar Rome optrekt.

'Hij heeft zijn wangen beschilderd. En zie je die paarlenkettingen om zijn hals?' verbijsterd kijkt het volk van Rome, dat toch wel wat gewend is, naar zijn intocht.

Bassianus roept zichzelf tot godheid uit en meent zich alles te kunnen veroorloven. Tijdens feestelijke maaltijden laat hij slangen op zijn gasten los. Goddelijke pret!

'Schande!', roept Rome als hij het hoofd van de Vestaalse Maagden trouwt. Een wagenmenner en een beroepsdanser worden tot minister benoemd. Zelfs de soldaten vinden het gedrag van hun keizer te bar. Zij

Kaartje van de invallen in het Romeinse Rijk.

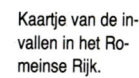

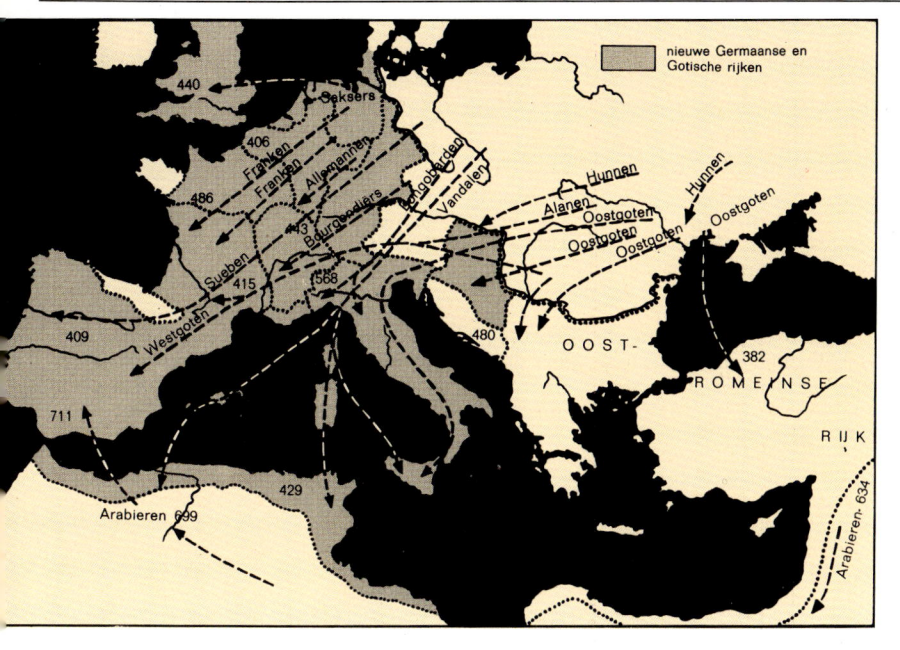

vermoorden hem en smijten het verminkte lichaam met stenen verzwaard in de Tiber.

238 is het jaar, waarin achtereenvolgens zes keizers op de troon plaatsnemen. Een wanhopige Senaat bevestigt onder dwang der soldaten zelfs de 13-jarige Cordianus in het hoogste ambt.

'Vivat Augustus! Leve de nieuwe keizer!' Dat kunnen ze in de jaren 257-270 aan het roepen blijven: Het zijn: *"De jaren van de dertig tirannen"*.

Caransius vormt in Brittannië een eigen rijk, waarin hij zich 7 jaar lang als een regerend vorst kan laten gelden...

Strijd, strijd en nog eens strijd zijn het trieste gevolg. Het is, alsof het rijk hartaanval na hartaanval te verduren krijgt. Onderlinge veldslagen en strafexpedities verzwakken de weerbaarheid. De *Pax Romana* gaat geheel verloren!

Toch zijn de keizers in die derde eeuw grotendeels geharde soldaten, die met een zeldzame energie hun rijk naar alle kanten doorkruisen. Rusteloos vechten zij tegen opstandelingen, pseudo-keizers en plunderende barbaren. Zij zijn steeds dáár, waar het grootste gevaar dreigt. Hun hof is een hoofdkwartier geworden: in Trier, in Antiochië of in Milaan. En terwijl de keizers, pseudokeizers en usurpators met hun legioenen tegen elkaar optrekken, komen barbaarse vorsten en stamhoofden bijeen:

'De grensbewaking der Romeinen is veronachtzaamd,' zeggen zij tegen elkaar. 'De verdedigingslinies zijn zwak bezet. Verzamel voorraden en kom met uw krijgsvolk. Nú is de kans!' Zij houden hun strooptochten tot diep in het rijk. Zij roven mensen, vee. Villa's gaan in puin, nederzettingen in brand. Totdat de legioenen eindelijk kunnen oprukken en de barbaren-volkeren met de grootste krachtsinspanningen terugslaan. Maar nooit voor lang!

Alsof dit alles nog niet genoeg is, verschijnt er plotseling een nieuwe vijand, die niet met de kracht van wapenen kan worden teruggedreven. Onzichtbaar, moordend sluipt hij rond en richt ontstellende, verbijsterende verwoestingen aan:

Overal klinkt de doodsklok en kringelt rook van de brandstapels omhoog. Wanhopige mensen brengen offers in de tempels om de goden gunstig te stemmen.

'O, Sol Invicte: onoverwinnelijke Zon! In de tempel staat het beeld van Mithras in de rode gloed van het altaarvuur. Het licht uit sierlijke olielampen werpt een stralenkrans rond zijn gebeeldhouwde lokken. Fier staat hij op zijn twee-wielige zonnewagen en legt met een machtige zwaai de zweep over de vier voortrennende paarden.

'Door wie wij de wierook aanbieden, door wie wijzelf worden verteerd...'

Vertwijfeld roepen de Mithras-aanbidders om hulp.

Isis wordt aangeroepen. Vergezeld van kostbare offers stijgen smeekbeden naar Jupiter op.

'Heer, vergeef ons onze zonden!' bidden de christenen, die hun laatste uur geslagen zien.

De pest woedt in het land en grijpt beangstigend om zich heen. Een leger, dat in het Oosten de Parthen heeft verslagen, is met de zwarte ziekte naar Europa teruggekeerd.

Door de straten van de steden en dorpen klinken de jammerklachten. 'Wee... wee!' Hele families worden soms in enkele weken door de Zwarte Dood weggerukt. Jarenlang raast de gevreesde ziekte voort. Steden, ja zelfs hele landstreken raken ontvolkt. Het leven stokt. De niet te herstellen schade brengt de bestuurders tot wanhoop.

De doodsklok luidt: niet alleen voor de slachtoffers van de pest, maar ook voor het eens zo machtige Romeinse rijk...

Rust om de lasten te verlichten en tot herbevolking van de getroffen landstreken over te gaan, ontbreekt. In de woelende Germaanse wereld hebben tal van stammen elkaar overrompeld, op de voet gelopen, opgeslokt. Uit noodzaak zijn er bondgenootschappen gesloten om sterker tegenover de vijanden te staan. Uit de duistere, onbeschreven streken van de Zwarte Zee tot Donau en Rijn doemen machtige volksgroepen onder nieuwe namen op:

Daar komen de Goten en Vandalen, vervolgens Alemannen, Franken en Saksen. Belust op buit, zoekend en vechtend voor woongebied, schuiven zij elkaar voort en overspoelen zij – als de kans schoon is – de zwak bewaakte grenzen van het Rijk.

Rome viert feest! Als Philippus, afstammeling van een obscure sjeik, op de troon zit, vieren de inwoners het duizendjarig bestaan van hun stad.

'Een koor, samengesteld uit zonen en dochters van de nobelste families zal zingen om de goden nieuwe zegeningen af te smeken,' vertellen de burgers elkaar.

'Bij het licht van toortsen kan worden gedanst op het Veld van Mars. Er zal volop sport zijn in het Circus Maximus.'

De mensen verdringen zich voor de aankondigingen en aanplakbiljetten. Duizend gladiatoren zijn beschikbaar!'

'Grote zendingen leeuwen, tijgers, nijlpaarden, giraffen en een rinoceros zijn onderweg!'

Rome viert feest. Overvloedig vloeit de wijn in taveernes en kroegen. Er wordt gezongen en gedanst.

Vanuit zijn prachtige villa op een van de heuvels kijkt een oude generaal neer op de feestende stad.

'Rome viert feest, maar wat is er van Rome overgebleven?' Zijn woorden klinken bitter. 'Een Arabier op de troon, die afhankelijk is van een leger huurlingen. De oude, trotse instellingen bestaan niet meer. Het aanzien van de Romeinse burgers is verdwenen. Burgeroorlogen en invallen der barbaren hebben hele provincies verwoest!' Hij kijkt neer op de stad, waar toortsen branden. Vaag dringen gejuich en flarden muziek tot zijn villa door.

'Bij Jupiter, als ik maar 4 legioenen had!'

'Onze wereld is voorbij,' zegt zijn vriend. 'En als de goden ons niet terwille zijn, komt er ook aan het Eeuwige Rome nog een vroegtijdig eind!'

Spookachtig rijst in de 3de en 4de eeuw het beeld op van achteruitgang en verwoesting; van oorlogen en rauwe plundertochten; van uitgemoorde steden, platgebrande dorpen, leeggestroopte villa's.

De wettige (en onwettige!) keizers hebben geld, steeds meer geld nodig om hun legers te betalen – en de trouw van soldaten en bondgenoten te kopen. Zij laten barbaarse stammen in de ontvolkte streken toe in de hoop, nieuwe manschappen voor hun legioenen te kunnen werven. Reeds onder keizer Hadrianus is het proces van barbarisering begonnen.

'Di meliora!' In dienst vergrijsde centurios ontdekken soms onthutst, dat de trotse, gedisciplineerde legioenen van weleer, steeds meer gaan lijken op de barbarenhordes, die zij moeten bestrijden. Het worden ruige, vaak plunderende troepen, die zich door veldheren laten huren en optrekken voor buit.

Meer en meer krijgen de grenstroepen vaste woongebieden aangewezen, waar zij in hun eigen onderhoud moeten voorzien. Dat gebeurt om de lasten voor de regering te verminderen.

Dux en *Comes*! Dat zijn de titels, die de legercommandanten in de grensgebieden ontvangen. Die namen zullen in de Germaanse vertaling in de middeleeuwen als 'hertog' en 'graaf' blijven bestaan.

'Voorwaarts!'

En zo trekken dan Germanen met hun zware cavalerie, hun boogschutters en voetvolk, gekleed in nationale uitrusting met geduchte formaties de vijanden van het rijk tegemoet. Óf... zij keren zich – als dat beter uitkomt – tegen de Romeinen. De ondergang van het eens zo trotse keizerrijk is beangstigend nabij.

47

Romeinse tijd – Middeleeuwen
De ondergang van het Romeinse rijk

Romeins slangendraad-flesje (4de eeuw), gevonden te Maastricht.

Daar komen de Franken!
Onder die verzamelnaam hebben de volkeren tussen de Gelderse IJssel en de Lahn zich verenigd met de stammen uit oost Nederland en Westfalen.
'Zeg hun leidsmannen en edelingen, dat zij óf een bondgenootschap kunnen sluiten, óf tenonder zullen gaan!' Die woorden zullen machtige vorsten tegen hun afgezanten hebben gesproken, als die moeten onderhandelen met Chamaven, Saliërs, Angrivarii, met de Usipeten en Tubanten, met de Bructeren bij de Ruhr.
Zij hebben zich aaneengesloten (in een los verband) en richten zich frank en vrij met nieuw bewustzijn op de toekomst.
'Gezamenlijk staan wij sterk. Gezamenlijk kunnen wij de Romeinen aan!'
De verbonden stammen trekken met knechten, slaven en vee, langs rivieren en bossen voort. Op de volksvergaderingen hebben de edelingen voor de tocht een koning gekozen. Die koningen op hun beurt bundelen hun krachten, zodat waarlijk grote strijdmachten ontstaan.
'Wij zweren het!' Met dure eden beloven de krijgers hun vorsten trouw.
Natuurlijk leggen de aanvoerders bepaalde streken schatting op. Zij kopen bondgenoten en groeien uit tot machtige heersers. Terwijl de keizers en tegenkeizers elkaar met hun legioenen naar het leven staan, grijpen de Franken hun kans.

In de Lage Landen hebben restanten van het Romeinse leger zich in de castella en castra moeten terugtrekken. Koeriers uit die vooruitgeschoven posten rijden keer op keer naar de belangrijke hoofdkwartieren: 'Wij moeten troepen hebben. Wij zitten hier als eilandbewoners en moeten werkeloos toezien, hoe de macht der barbaren aanzwelt en ons steeds verder omringt...'
Maar er zijn geen troepen. Frankische stammen dwingen de Romeinen toestemming af om zich in het nog nauwelijks bewoonde Brabant te mogen vestigen. Vandaar stuwen zij verder op.
De fraaie villa's in Limburg liggen verlaten. Geplunderd en gebrandschat staan zij daar nog als spookachtige ruïnes van een tijd, die is geweest. De Nerviërs (in het huidige Henegouwen) en de Tungri (eens zo trots op hun onneembare stad), hebben hun woonsteden verlaten. Verjaagd? Onderworpen en opgenomen in het Frankische stamverband?
'Godin Hurstrga, verhoor mijn smeekbeden!' Zo bad lang geleden Valerius Silvester in het land der Bataven. Nu is het waarschijnlijk stil geworden rond die godin. Haar heilige naam en haar gunsten zijn vermoedelijk verwaaid met de wind. Zonder hulp der Romeinen kunnen ook de Bataven zich niet staande houden.
'Ik heb mijn vee verkocht. Pak de boel bij elkaar. Morgenvroeg vertrekken we.' Zo hebben verstandige mannen gesproken. Met tranen in de ogen zullen de vrouwen hun woningen hebben verlaten. Uit angst voor het naderend geweld zijn vele families weggetrokken met het leger, dat zich naar alle waarschijnlijkheid zuidelijker verschanst: vermoedelijk ergens tussen de heirbaan Keulen-Boulogne en de Waal. De overige Bataven, die hun vaderland van drie eeuwen niet konden opgeven, zien de Franken komen:

'Nee... nee!' Een vrouw gilt het uit.
'Doodt mij, maar niet mijn kind!' Ze tracht haar baby te beschermen. Een Frank, met het zwaard in de hand, loopt op haar toe. 'Wees maar niet bang!' Hij ziet de angst in haar ogen en tracht haar gerust te stellen. Speels drukt hij een vinger onder de kin van het kind. Rondom klinkt het gejuich van de Frankische krijgers.
'Kom mee, weg van hier. Ik zal je beschermen!' Hij knikt haar toe en voert haar naar een veilige plek. Maar al te goed weet hij, dat zijn verhitte wapenbroeders tot vele wandaden in staat zijn.
'Nee... nee!' Hysterisch huilend krabt en slaat een andere Bataafse vrouw om zich heen, maar een Frank met een diepe wond aan zijn schouder, grijpt haar, werpt haar tegen de grond: rauw als een dier in de roes van de overwinning. Ook dat gebeurt.
Buiten in het veld, of bij de versterkingen liggen de Bataafse mannen, met wonden overdekt. Sommigen leven nog. Ze horen het ijselijk geschreeuw van enkele vrouwen. Tussen de brandende woningen stuiven rovende en plunderende Franken heen en weer.
'Nee!'
Opnieuw een doordringende gil. Een vrouw wordt gedwongen te zeggen, waar zij haar sieraden, haar goud en geld in de aarde heeft gestopt. Pas als de nacht valt komen de Franken tot zichzelf. Rond de kampvuren stijgen stille gebeden naar de goden op: dank voor de overwinning en de buit...

Misschien zijn Bataafse dorpen zó tenondergegaan. Misschien ook zijn er rustige onderhandelingen gevoerd, waarbij de Bataven zich zonder strijd lieten knechten en onderwerpen. Niemand weet het. Onbeschreven en daarom vaag verheft zich een beeld van triest verval: Geplunderde nederzettingen, verwoeste legerplaatsen en geschonden tempels weerspiegelen de ondergang van een verre, Romeinse provincie in het lage land.
Frankische stammen overspoelen Utrecht, de Veluwe en nestelen zich in de Belgische provincies. Hun kolonnes van volgeladen karren, vrouwen, kinderen, vee, bereiken zelfs het noorden van Frankrijk, waar dan de Saksen op hun plundertochten reeds aan de kust zijn neergestreken.

Wanneer de grote keizer Constantijn in het jaar 306 de troon bestijgt, moet hij vanuit zijn residentie te Trier tegen de Franken optrekken. Tot tweemaal toe steekt hij bij Keulen de Rijn over. De Frankische vorsten, die hem in handen vallen, vinden een droevig eind.
'Omnes moriantur – allen moeten sterven!' beveelt Constantijn.
Als afschrikwekkend voorbeeld voor andere Franken, laat hij ze in het amphitheater in Trier voor de wilde dieren smijten. Daar staan ze in de arena en roepen wellicht de láátste snoevende beledigingen naar de Romeinen om hen heen. Dan springen hongerige leeuwen toe... Keizer Constantijn grijpt ook de Bructeren aan. Hij verwoest hun dorpen en moordt hun nederzettingen bloedig uit.
In het verre Rome doet ondertussen een tegen-keizer een gooi naar de macht. Dan moet Constantijn (die ook zelf de kroon greep) zijn strafexpedities staken. De noordelijke grens laat hij onbewaakt achter.
Met zijn strijdmacht rukt hij naar Italië om zijn keizerskroon veilig te stellen. Het is tijdens deze schitterend geleide opmars, dat hij voor zichzelf én de westelijke wereld een diepgaande beslissing neemt.

Om de draagwijdte van zijn daad duidelijk te maken, eerst een snelle schets van het geestelijk klimaat van die jaren van ondergang en verval...

In de wereld van strijd, krimpende handel en sterk verminderd verkeer, begint de oude, Grieks-Romeinse cultuur te wankelen. In tijden van ondergang en verval groeit altijd de behoefte om het goede en schone van vroeger te redden. De ontwikkelde Romeinen zoeken dan ook kracht in de opvattingen van voorheen. Fel werpen zij zich daarom op de christenen, die met de oude tijd en de oude goden willen breken. Vier bisschoppen van Rome vinden in één jaar de dood. Desondanks meldt zich de vijfde!
Om vervolgingen te ontlopen, vestigen vele christenen in het Oosten zich op het platteland. Zij vormen daar hun kleine gemeenschappen, waaruit later de kloosters zullen voortkomen. Duizenden in het Oosten ontvluchten de verdorvenheid van de wereld. Als kluizenaars wijden zij zich geheel aan de mystieke eenwording met God. De stand van geestelijken gaat zich vormen.
'Niet alleen de Romeinen op de aarde, maar ook hun goden in de hemel krijgen het hard te verduren!'
En het is waar. Ook andere geestesstromingen breken met het oude. Een nieuwe mentaliteit wordt merkbaar, omdat mensen in verwarde, bloedige tijden intenser zoeken naar oplossingen voor hun bestaan. Een geestelijke doorbraak is dan meestal het gevolg.

De Grieks-Romeinse cultuur gaat langzaam tenonder, als Plotinus leert, hoe de mens door vergeestelijking zijn hoogste geluk kan bereiken. De christenen beginnen de kluizenaars als heiligen te beschouwen. De woorden, wonderen en visioenen van die heilige mannen gaan van mond tot mond.
Zo trachten de mensen een nieuw houvast, een nieuwe waarheid in de ontwortelde wereld te vinden.
'Veritas temporis filia... De waarheid als dochter van de tijd!' Zal zij ooit volledig aan het licht komen?

Keizer Constantijn is de éérste keizer, die openlijk met de oude orde breekt. Vermoedelijk heeft hij de hemel aangeroepen en gevraagd om een teken, toen hij voor Rome's poorten moest strijden om alles of niets.
'In hoc signo vinces! – In dit teken zult gij overwinnen!' Misschien heeft hij in een droom het teken van het kruis als werkelijkheid gezien.
De soldaten van Constantijns leger krijgen nu allen opdracht, het Christusmonogram op hun schilden te krassen. Zij schilderen het kruisteken op de banieren. De éérste Romeinse keizer kiest openlijk partij voor de christenen en stelt zich openlijk onder de bescherming van hun God.

'Nu zal beslist worden, wie zich in zijn geloof vergist', zegt een oude krijgstribuun als de strijd gaat beginnen.
Constantijn behaalt de overwinning. Als triomfator trekt hij Rome binnen. Daar laat hij – op de plaats waar Petrus en Paulus begraven zijn – een grote basilica optrekken. Dat wordt de grondslag van de huidige St. Pieter. Bij het Tolerantie-edict dat keizer Constantijn uitvaardigt, worden verbeurdverklaarde kerkgebouwen en goederen aan de christenen teruggegeven. Zij krijgen volledige vrijheid en gelijkstelling met de heidense erediensten. De rechtspraak van de bisschoppen in geschillen tussen hun gemeenteleden wordt erkend.
'Jezus Christus Overwinnaar!' juichen de christenen.
De grote massa stroomt nu – op keizerlijk voorbeeld – hun kerk binnen. De oude tempeldiensten vervallen al gauw tot onbeduidendheid. Maar hoe treurig menselijk: nu alles opeens voor hen gewonnen lijkt, ontstaan onder de christenen de éérste, felle godsdiensttwisten.
Natuurlijk heeft keizer Constantijn de boodschap van het Evangelie niet volledig verstaan. Hij blijft Romein en keizer van de 4de eeuw: geweld en bloedvergieten, intriges en streven naar macht blijven voor hem een vanzelfsprekende zaak. Met nietsontziende hardheid werpt hij zich op de vijanden van zijn rijk, want de plunder- en strooptochten van Germaanse stammen duren onverminderd voort:

Daar komen de Saksen!
In de laatste helft van de 3de eeuw hebben met elkaar verbonden volkeren uit het gebied ten oosten van de Elbe onder die naam hun opwachting gemaakt. Zij versmelten met een groot aantal stammen en breiden op die wijze hun macht aanzienlijk uit. Het is dan, dat de geduchte Chauken uit het gezichtsveld verdwijnen. Onder de voet gelopen? Hebben zij zich als zeerovers en piraten van formaat met de Saksen verenigd? Misschien zijn hun aanvoerders onderhandelingen begonnen:
'Als onderlinge strijd onze stootkracht niet langer verlamt, kunnen we gezamenlijk optrekken. Denk aan de streken die we kunnen winnen. Denk aan de buit!' De stamhoofden knikken ernstig. Ze zweren de eed met hun krijgers te zullen komen.
Zo stuwen de Saksen naar het zuiden op. Ze beginnen druk uit te oefenen op de Franken. Zij waaieren uit naar het westen. Waarschijnlijk brengen zij een aantal Friezen zó in het nauw, dat een deel van dit volk zich in het huidige Noord-Holland gaat vestigen.
De Saksen verschijnen ook in Drenthe – wellicht over een weg, die vermoedelijk eens vanaf de Rijn over de Veluwe, via Overijssel en Drenthe naar de Elbe heeft gelopen:

Wijster, bij Beilen, Drenthe, in het jaar 425: Een stamhoofd zit voor zijn woning en speelt met zijn kind.
'Mooi?'
Het kind strekt een naakt, mollig armpje uit naar de gouden armband, die zijn vader van Romeinse munten heeft laten smelten. Goud heeft een magische kracht. De armband is een kostbaar amulet of misschien ook een uiterlijk teken van waardigheid.
'Pak het dan!'
De vader kijkt over de welvarende nederzetting. Zijn blik glijdt langs de houten waterputten tussen de woningen, langs de schuren voor het graan, langs de stallen van het vee.
Op lange winteravonden zijn de verhalen van de voorvaderen van generatie op generatie verteld. Lang geleden zijn wellicht Friezen naar Wijster getrokken, toen door langdurige droogte tyfus uitbrak en huishield op de 1400 terpen tussen Eems en Vlie. Er zijn ook verhalen, dat de voorvaderen zich bedreigd voelden door de strooptochten van de infame Chauken.

'Ja, zet je tanden er maar in... Ja, toe maar!'
De baby lacht, bijt in de armband. Plotseling wordt zijn gekraai overstemd door opgewonden kreten op het dorpsplein. Het stamhoofd, of dorpsoudste zet zijn kind op de grond en rent er heen. Dan hoort hij:
'Vlucht, vlucht!'
'Waarom? Wat is er?'
'Ze komen!'
'Wie?'
'Een machtig volk. Ze komen hierheen: met paarden, vee, karren en honderden krijgers!'

De boog van Constantijn te Rome.

Romeinse tijd – Middeleeuwen

Recente opgravingen hebben het bestaan en het lot van de nederzetting bij Wijster aan het licht gebracht. De Saksen zijn er gekomen, want twee Saksische urnen zijn in het graf van een krijgsman teruggevonden. Een aanzienlijke goudschat van armbanden en munten is uit de aarde te voorschijn gekomen. Was het van de (denkbeeldige) hoofdman, die speelde met zijn kind? Toen een op buit beluste legerschaar der Saksers naderde, heeft hij zijn goud willen redden en aan de aarde toevertrouwd...

De gouden munten en sieraden, die bij Wijster zijn ontdekt, bewijzen dat goudtransporten van de Romeinen naar het noorden hebben plaatsgevonden. Mogelijk kochten de Romeinen op die wijze de vriendschap van plaatselijke hoofdmannen. Misschien was het goud bedoeld om soldaten voor de legioenen te werven. De begraafplaatsen in Wijster wijzen daarop: Ruim vier maal zoveel skelet-resten van vrouwen als van mannen zijn daar gevonden. De meeste mannen zijn in dat dorp geen rustige dood gestorven!

Archeologen hebben veel geheimen bloot gelegd. Zij hebben vastgesteld, dat het dorp omstreeks het jaar 425 ophield te bestaan. De laatste bewoners zijn opgeslokt door de Saksen – of meegevoerd om deel te nemen aan de strooptochten naar Brittannië, of de Franse kust...

Strijd, strijd, strijd! Voor woongebieden, voor buit, voor macht. Sommige Germaanse vorsten laten zich met hun legerscharen in de Romeinse legioenen opnemen en klimmen op tot hoge posten. De Franken, Saksen en Alemannen blijven echter vijanden van het rijk. Zij storten zich over de grenzen om flinke brokken van Gallië en de lage landen op te slokken. Dat gaat goed, totdat er weer krachtige keizers en bekwame aanvoerders hun gehavende legioenen verzamelen en tegen de invallers optrekken.

'Soldaten! We moeten 70 steden op de barbaren heroveren. De omgebrachte burgers schreeuwen om wraak. Bedenk, dat wij tegen een woeste verraderlijke vijand ten strijde gaan. Rome rekent op u. Met behulp van de goden zullen wij zegevieren!'

'Vivat Augustus!' roepen de soldaten, als een keizer hen buit en beloningen in het vooruitzicht stelt.

Eén van de beroemdste veldslagen uit die tijd vindt plaats bij het huidige Straatsburg. Daar ziet de formidabele Julianus kans, met slechts 13.000 man zeven vorsten der Alemannen met een leger van 35.000 man vernietigend te verslaan. Het is ook deze Julianus, die met de Romeinse legioenen (in de 2de helft der 4de eeuw) nog één maal naar het noorden marcheert. Voor het laatst herstelt hij de Romeinse macht over het eiland der Bataven.

Dit herstel van de Romeinse glorie duurt echter niet lang. Uit het Oosten doemt een verschrikkelijk volk op, dat vrijwel geheel Europa in een panische angst gevangen houdt:

'Ze komen!'

Uitgeput melden ruiters het ontstellende nieuws aan bevriende stammen. Zij vertellen over het afschrikwekkende volk, dat uit het Oosten nadert:

'Tienduizenden zijn het. Ze komen te paard en met karren. Plunderend, verwoestend, rovend trekken zij hun bloedig spoor over de aarde!'

Geschokt kijken mannen elkaar aan. Zij denken aan hun geld, hun vee, hun vrouwen en kinderen. Angstig stellen zij hun vragen:

'Hoe zien ze eruit?'

'Donker en baardeloos zijn ze, kort en gedrongen. Bij de geboorte doorkerven zij de wangen van hun kinderen om baardgroei tegen te gaan...'

'Waar leven ze van?'

'Het zijn monsters die leven van wortels, wilde planten en rauw vlees, dat zij onder hun zadels murw rijden en dan verslinden. Ze zijn gekleed in aaneengenaaide muizevellen. Zo zitten zij op hun paarden: vechtend, handel drijvend, etend en slapend – zich hardend tegen wind, kou, honger en dorst. Vreselijk zijn hun krijgskreten. Angstaanjagend is de snelheid, waarmee zij tot de aanval overgaan. Ze zwerven rond zonder huis of haard, zonder vaste gewoonten, zonder gezag. Hun dorst naar goud is als een verschroeiende hartstocht. Groot zijn zij in aantal en niets is hun heilig!'

Daar komen de Hunnen!

In wilde hordes drijven zij verschrikte, ontredderde volkeren voor zich uit. Vele stammen vallen nu het rijk binnen om veiligheid te zoeken achter de Romeinse grenzen. De ontreddering wordt totaal. Onder de vervaarlijke aanvoerder Radagais trekt een Gotisch leger de Alpen over. Moordend en brandstichtend valt hij Italië binnen. Ook elders zien de barbaren hun kans.

'De Rijngrens ligt verlaten!'

'Nu moeten we gaan!'

Bourgondiërs, Vandalen en andere groepen steken in massa de Rijn over om nieuwe woonplaatsen te zoeken.

Helios in de Zonnewagen. Detail van een mozaïek uit een Romeinse villa te Orbe (Italië), begin 3de eeuw na Chr.

Gouden Romeinse munt met aan de voorzijde een portret van Keizer Eugenius (ca. 392 na Chr.) gevonden te Obbicht (L.).

'Mijn man is dood. Schennende handen hebben mijn dochters onteerd. Mijn vee is geroofd, mijn woning verbrand. Waar zijn mijn zonen? Zijn zij jammerlijk omgekomen in de strijd? Wee, wee, wee!' Met het geweeklaag van vrouwen voor ogen, verkopen stamhoofden zich nu eens aan Vandalen, dan weer aan Goten of Romeinse krijgsheren. Om zo'n verbond te bekrachtigen geven zij hun kinderen in gijzeling...

Het is een onvoorstelbare tijd. Hoe te beschrijven, dat Suevi en Vandalen naar Spanje trekken en daar eigen rijkjes gaan stichten? Wat te doen met de tienduizenden slaven, die nu overal hun vrijheid zoeken? Zij vluchten van hun meesters weg en sluiten zich aan bij de langs trekkende legerscharen. Zie de belegerde steden, met sterke kerels op de wallen en in de gevechtstorens – en de stervenden kermend en hulpeloos bij de gracht. Zie de beelden van pest en neergang, van samenzwering en plunderingen, van lallende soldaten, die met dronken koppen niemand ontzien.

Dwars door die grauwe, bloederige, betraande wereld lopen de bisschoppen, die op pad gaan naar verre streken om het christendom te prediken.
'In naam van de Vader, de Zoon en de Heilige Geest...' Dapper houden zij het kruis bij woeste stammen in de lucht. Maar onder elkaar vechten óók zij in twee partijen een harde geloofsstrijd uit over de 'goddelijkheid' van Christus.

Daar komen de Vandalen!
Een veldheer der Romeinen in Afrika wil zich tot keizer over het Romeinse rijk opwerpen. Omdat hij het niet alleen kan klaren, nodigt hij koning Geiserik van de Vandalen uit, als bondgenoot naar Afrika te komen. In het jaar 429 gaat een héél volk, *80.000 zielen sterk*, de zee op. Zij zetten koers naar Afrika, waar zij met grote hartstocht beginnen te plunderen...

Daar komen de West-Goten!
Bisschop Ulfilas heeft hen tot het christendom bekeerd – al zijn ze er niet minder woest om. Onder hun grote koning Alarik slaan zij het beleg voor Rome.
'Roma eterna!' Het eeuwige Rome is in dodelijk gevaar.

In het jaar 410 wordt de stad, waar tijdens het beleg een verschrikkelijke hongersnood heerste, door de Goten veroverd. Drie dagen lang plunderen Alariks ruige soldaten paleizen en huizen en grijpen wat ze grijpen kunnen. Alleen de St. Pieter wordt gespaard. Als kostbare levende buit valt de schone Galla Placidia, zuster van de keizer, Alarik letterlijk in handen.
'Vrijheid! Vrijheid!' Duizenden slaven breken hun banden los en trekken als vrije mensen met de Goten mee.

Onvoorstelbaar groot is de indruk, die de val van Rome op de wereld maakt. Wat eeuwenlang onmogelijk leek, is nu gebeurd:
'Roma eterna, het eeuwige Rome in handen van barbaren!' Dat schokkende nieuws gaat door het gehele rijk.
'Dit is de wraak der goden! Zijn hun tempels niet gesloten? Zijn hun beelden niet weggevoerd? De goden van Rome zijn vertoornd omdat géén offers, geen plechtigheden meer aan hen worden gewijd...'
Zózeer wankelt het geloof van vele christenen, dat de grote kerkleraar Augustinus, zich als een goed herder tot zijn dolende schapen richt:

De Civitate Dei – Over het Rijk Gods! In dat werk stelt hij de christenen gerust, dat de plundering van Rome niet de straf kan zijn voor het verlaten van de oude goden...
De Goten trekken weg – hopend op Sicilië en in Afrika vaste woonplaatsen te vinden. Tijdens rooftochten in Zuid-Italië sterft de grote Alarik.
'Een straf van God voor de plundering van Rome!' zeggen de bisschoppen. De christenen zijn maar al te bereid dat te geloven.
Alariks begrafenis geeft weer, met hoeveel bewondering en eerbied tal van stammen hun formidabele krijgsheren door half Europa volgen:
'Dáár moet zijn graf komen,' wijzen de aanvoerders. Honderden slaven krijgen bevel de bedding van de rivier Busento droog te leggen.
Wanneer de afdamming gereed is, nemen de Goten hun gestorven vorst op. Vol eerbied dragen zij hem met al zijn schatten naar zijn laatste rustplaats in de droog gevallen bedding van de rivier. Als hij daar ligt in vol ornaat, worden de dammen doorstoken, zodat de stroom zijn oude loop hernemen kan en met zijn water het graf van Alarik bedekt.
'Dood hen. Dood hen allen!' Alle slaven, die aan de laatste rustplaats van Alarik hebben gewerkt, worden gedood.
'Deze heilige plek moet geheim blijven. Geen begerige handen zullen ooit het graf van Alarik de Grote mogen schenden!'

Daar komen opnieuw de Hunnen!
Na een periode van rust stuiven duizenden ruiters onder aanvoering van Attila door Europa heen. Stad na stad gaat in vlammen op. Tot diep in Frankrijk dringen zij door. Dan vallen zij Italië binnen. Duizenden angstige mensen vluchten hulpeloos naar uithoeken weg. Zo ontstaat Venetië in de afgelegen moerassen.
'De gesel Gods!' Dat is de naam die Attila van de christenen ontvangt.
'Bidt! De Heer zal uitkomst geven,' roepen de bisschoppen hun gemeentes toe.

In Rome breekt paniek uit. Er zijn geen troepen die de stad met kans van slagen kunnen verdedigen. Een aanzienlijk gezantschap onder leiding van paus Leo begeeft zich daarom naar de Hunnenvorst.
'Hij is gevoelig voor smeekbeden en is beslist welwillend tegenover allen die zijn vertrouwen hebben,' is over Attila gezegd. De afgezanten gaan door de kleurige, woeste, chaotisch aandoende legerplaats. Zij komen bij de Hun. Hij is klein van gestalte, breed van borst. Kleine, smalle ogen staan in een te groot hoofd boven een stompe neus. Zijn haar begint te grijzen. De paus en zijn gevolg komen als bedelaars in zijn tent.
Dienaren brengen uitgelezen spijzen in het kostbaarste vaatwerk. De Hunnenvorst zelf eet en drinkt uit houten eetgerei. Twee jonge dichters bezingen bij het voorgerecht de roem van hun leider.
'Attila, de geweldige... Attila zonder vrees...'
In de grote tent worden de besprekingen gevoerd. Paus Leo houdt zijn pleidooi voor Rome:
'Besef, dat de verovering van de heilige stad ongeluk brengt. Is Alarik niet kort na de inname gestorven? Wij zijn bereid een jaarlijkse schatting te betalen, maar laat Rome bestaan!'
Dan breekt de pest uit in het Hunnenkamp. Dat legt de stootkracht lam. Bovendien sterft Attila. Hij krijgt een mooie dood. Hij heeft zich een nieuwe vrouw uitgekozen, een jonge, schone Germaanse. Haar leidt hij als bruid naar zijn tent.
'Kom hier!'
Ze komt. Een grauwe donkere Hunnenhand glijdt over haar naakte schouder.
'Kom!' De schone Germaanse ziet de smalle ogen glinsteren in het licht van de toortsen. Ze voelt zich meegetrokken naar een bed, waarop kostbare huiden zijn gespreid. Dan gebeurt het: in zijn eerste huwelijksnacht bezwijkt de grote Attila in de roes van de liefde... Zijn rijk valt onder zijn twistende zonen uiteen.
Roma eterna is gespaard gebleven, maar niet voor lang. In het jaar 455 verschijnt Geiserik met zijn vloot voor de Tibermonding. Opgetogen vertellen de Vandaalse krijgers elkaar, wat een goede dagen er nu op handen zijn:
'Ze zeggen dat de stad niet verdedigd zal worden. Zonder strijd zal een onvoorstelbare buit ons deel zijn!'
Het onverdedigde Rome ziet de Vandalen komen. Keizer Maximus wil vluchten, maar de woedende, angstige bevolking slaat hem dood.

Drie weken lang schuimen de Vandalen door de straten. Zij grijpen alles wat van hun gading is: vaatwerk, sieraden, vrouwen, meisjes, zilver en goud. Vreselijk zijn de verwoestingen, die door hen worden aange-

Muurschildering in de Catacombe aan de Via Latina te Rome (midden 4de eeuw).

Middeleeuwen – Bourgondische tijd

De donkere middeleeuwen

Heidens, vol primitief bijgeloof, schuiven de donkere middeleeuwen over de Lage Landen, nu de westelijke wereld diep onder het niveau van de Romeinse beschaving is weggezakt. Donker zijn zij, omdat geschreven bronnen ontbreken en niemand met zekerheid weet, wat zich in die jaren bij Franken, Friezen en Saksen heeft afgespeeld. De geschreven taal – boeken, dichtbundels, brieven – verdwijnt en maakt plaats voor het gesproken woord: woeste toverliederen en heldenzangen weerklinken...

Glas en sieraden uit de Frankische tijd (5de eeuw).

richt. Tot op heden is de naam *Vandaal* – en het woord *vandalisme* – spreekwoordelijk gebleven.

Twintig jaar lang is het keizerschap speelbal van barbaarse vorsten. De láátste keizer – het lijkt haast symbolisch – is een kind. Want de patriciër Orestes (een Oost-Goot, die als secretaris onder Attila heeft gediend), roept te Ravenna zijn zoontje tot keizer uit. Het kereltje krijgt de meest trotse namen uit de Romeinse geschiedenis: 'Romulus Augustulus!'

Die fraaie namen helpen hem niet. De Germaanse troepen in Italië komen in opstand. De kleine Romulus Augustulus is zélfs nog te onbeduidend om te worden gedood. Met een jaargeld wordt het jochie weggezonden...

'Wie wordt de nieuwe keizer?'

Niemand wil nog langer onder een keizer van Rome dienen. Evenals de Franken en Saksen, willen nu ook de Goten en Vandalen, de Bourgondiërs en Suevi onder eigen koningen eigen land in bezit nemen. Zij eisen akkers voor zich op zodat zij van de opbrengst daarvan als een soldatenkaste kunnen leven. Alles liever, dan de karige soldij aanvaarden die het reeds lang onteerde keizerschap. De kroon en scepter – waarvoor zoveel strijd, zo onvoorstelbaar veel leed waren doorstaan – worden in het jaar 474 naar Constantinopel gezonden, waar het Oost-Romeinse rijk tot 1453 blijft voortbestaan.

'Sic transit gloria mundi...'

In de Lage Landen zijn de banden met Rome dan al lang verbroken. Voor de Friezen, die zich langs de kusten konden handhaven, voor de Franken in het midden en zuiden en voor de Saksen in het oosten, zijn alle contacten met de Romeinse wereld verloren gegaan.

De hoofdmannen en edelen staan schatting en krijgers aan hun vorsten af, zodat deze op hun beurt kunnen deelnemen aan veroveringen en plundertochten in groter verband. Overwonnen stammen zien zich als horigen gebonden aan hun grond – als knechten van nieuwe meesters. De landhonger lijkt in deze weinig aantrekkelijke gebieden voorlopig gestild.

Donker en onbeschreven zakken de Lage Landen terug in een barbaars moeras. De handelswegen, die tot bloei hadden geleid, verdwijnen. Van de Romeinse rechtspraak blijft vrijwel niets bestaan. Van de bestuursvorm wordt niets gered. De toevoer van al de beschavingsvormen uit de centra rond de Middellandse Zee, is voor eeuwen verbroken.

Slechts één organisatie, die nog binding heeft met de oude beschaving, blijft overeind. De christelijke kerk is staande gebleven.

'Gaat dan heen, onderwijst al de volken en doopt hen in de naam des Vaders en des Zoons en des Heilige Geestes en leer hen alles te onderhouden, dat ik u gegeven heb...'

Door die boodschap van Jezus zullen de Lage Landen vanuit het centrum te Rome eeuwen later uit het moeras omhoog komen...

Daar liggen de Lage Landen. Vol ontzag vereren de stammen oude Wodansbomen, donkere wouden en heilige waterbronnen. Veel meer nog dan de Romeinen, putten zij kracht uit magische bezweringsformules en geheimzinnige toverbrouwsels.

De bestuursvorm en de cultuur der Romeinen zijn hopeloos verloren geraakt. Het leven ligt gevangen in een simpele rechtspraak, die niet eens bewijsvoering eist.

'Ik zweer het. Bij de goden die mij heilig zijn, ik zweer het!' Geholpen door hun eedhelpers (getuigen), zweren mannen hun gelijk als zij voor de rechters staan. Wanneer beide partijen met dure eden voet bij stuk houden, laten de rechters het oordeel over aan de goden.

'De goden zullen vonnis spreken. Zij zullen beslissen over het gelijk in een strijd op leven en dood!'

Soms bieden formidabel krachtige beroepsvechters zich aan om voor de meest biedende de wapens in zo'n gerechtelijk tweegevecht te voeren:

Het strijdperk is afgepaald. Van ver zijn mannen, vrouwen en kinderen gekomen om het gevecht van twee mannen gade te slaan.

'Vecht met de brute kracht van een dier, want genade is er niet in de strijd op leven en dood!' hebben vrienden tegen de krijgers gezegd.

Daar staan ze: het zwaard in de hand, het schild geheven. Ze slikken de angst uit een droge keel weg.

'Nu!' De kamprechter geeft het teken. Een gemompel stijgt uit de dichte rijen der omstanders op.

'Vecht, doortrapte hond. Laat de goden je oordelen!' Zij roepen elkaar ophitsende woorden toe om hun woede op te zadelen – woede, die zij nodig hebben om fel te kunnen strijden.

Een zwaard wordt geheven. Een schild gaat omhoog. Dan slaan ze verwoed op elkaar in en om beurten schreeuwen ze als dieren.

Zweet gutst langs de lichamen. Bloed begint uit wonden te druipen. Een schild versplintert. Dan valt de láátste slag:

'Hoei, hoei! Kijk ze...' Het volk kijkt ontzet toe, huivert en... geniet.

'Nu!' denkt een krijger en hij bidt om kracht. Moordend daalt zijn zwaard op de helm neer. Het staal scheurt, een schedel splijt... Met een wanhopige doodsschreeuw stort de tegenstander ter aarde.

De goden hebben beslist...

Zo is het herhaaldelijk gegaan. Dikwijls ook moeten de verdachten door ketelvang, water- of vuurproef hun onschuld bewijzen. Wodan, de Alvader, sta hen bij, als het eenmaal zover is. De straf op moord is in verhouding licht:

'Betaling van een weergeld!' eisen de rechters. Daarmee koopt de moordenaar de wraak van familieleden van zijn slachtoffer af.

Kaart van de groei van het Frankische rijk.

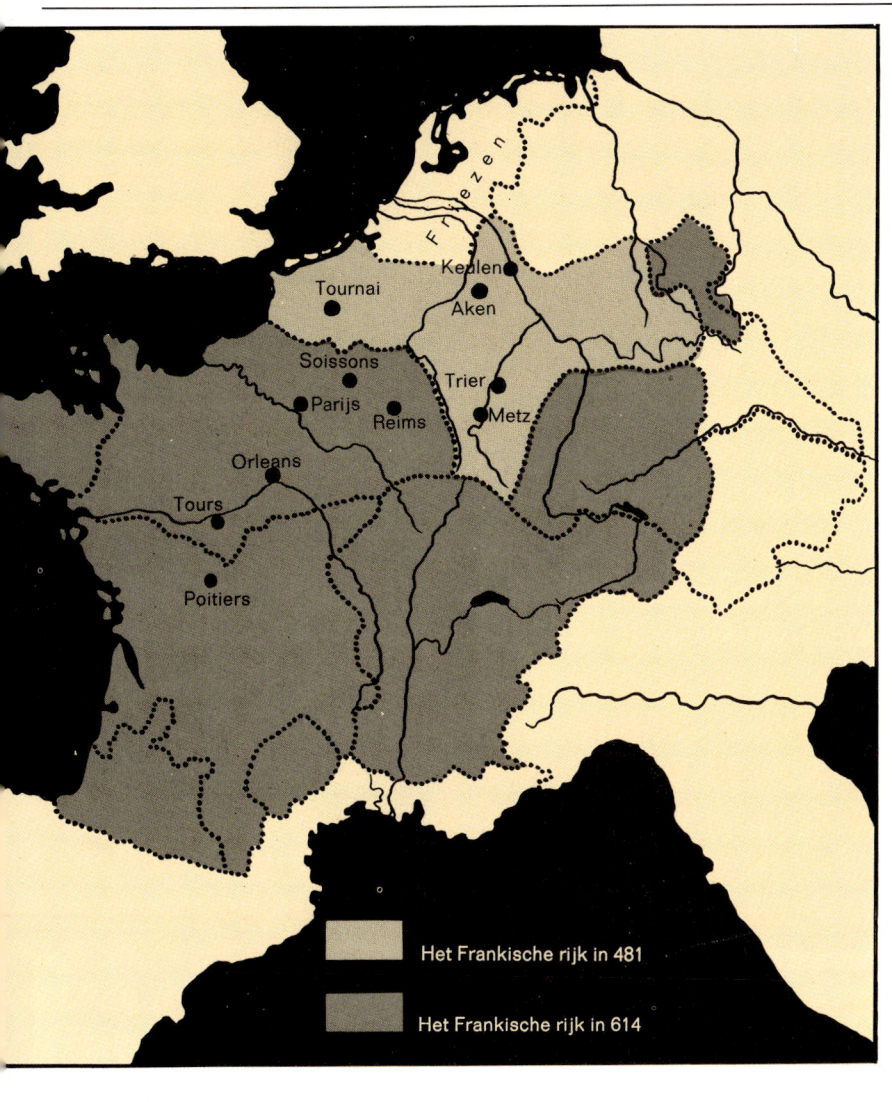

Het Frankische rijk in 481
Het Frankische rijk in 614

Regelmatig komt de *mallus*, de gewone rechtbank, in een gouw bijeen om onder voorzitterschap van de *thunginus* (de dingman of rechter) over een aantal zaken uitspraak te doen. De rachimburgen – de vrije mannen in de honderdschap die als oordeelvinders zijn aangewezen – moeten erop toezien, dat het volk de oude gebruiken naleeft en zich aan de ongeschreven wetten van de samenleving houdt.

De zitting van de mallus is misschien wel een feestdag geweest. Met karren, te paard, of lopend begeven mannen en vrouwen zich naar het rechtsveld. Zij lopen langs de uitstallingen van kooplui, die de zitting van de mallus hebben aangegrepen om hun koopwaar aan te prijzen:
'Kostbaar bergkristal, met magische kracht gevuld. Het weert de boze geesten!'
'Hier, bikkels voor je kinderen. Zijn ze niet fraai?'
'Dobbelstenen? Kijk eens naar die speelschijven van emaille en been!'

De vrouwen kijken naar het groene glaswerk, naar bronzen scharen, spinklossen, stoffen, schoenen, munthangers, of naar een klein, bijzonder godenbeeld. Als hun zuigelingen beginnen te huilen, zwaaien zij de rammelaars van aardewerk – in de vorm van een vogelkop of een paddestoel.

De mannen betasten spijkers, een baardtang, een dolk of een zwaard. Dan slenteren ze naar het rechtsveld om zich van een goede plaats te verzekeren:

Een gerechtsdienaar leidt een vrouw voor. Als vrij geborene heeft zij heimelijk haar slaaf gehuwd en daarmee zwaar gezondigd tegen de wetten van haar stam.

Ze is mank. Moeilijk loopt zij tot vlak voor de rachimburgen om te pleiten voor haar hopeloze zaak. Ze wijst naar haar slaaf, die doodsbenauwd voor de rechters draait – beseffend dat een gruwelijke dood hem wacht.
'Hij heeft mijn akker bebouwd, mijn vee gevoed!' zegt de vrouw trots. 'Hij heeft mij met zorgen omringd en zekerheid gegeven aan mijn bestaan. Ik was het, die hem tot een huwelijk dwong. Niet hem, maar mij treft schuld. Hij was immers mijn slaaf!'

Een afkeurend gemompel stijgt uit de rijen der toeschouwers op.
'Zullen de rechters de acht over haar uitspreken?' vraagt een jonge kerel aan zijn buurman.
'Ze zullen haar tot *wargus* (wolf) verklaren!' De man knikt, trekt met zijn oog, doorziet reeds hoe het oordeel luiden zal.
'Ja, wargus!'

Dan zal het tot ieders plicht horen die manke vrouw te doden. Hij bijt op zijn lippen, omdat hij haar einde voor zich ziet. Een fris wijf, ondanks die horrelvoet.

Schichtig kijkt de slaaf naar de ernstige rachimburgen en naar de manke vrouw om bij haar steun te zoeken in dit bange uur...

De rechtszaken rijgen zich aaneen. Daar staat een man, die een vrouw in haar arm heeft geknepen.
'Een weergeld van dertig stuivers!' De dingman velt het vonnis. Het lijkt een zware straf. Voor hetzelfde geld had de boosdoener die vrouw dodelijk kunnen wonden. Toch klinken er geen protesten uit zijn mond. Hij heeft immers de wraak van de echtgenoot te vrezen? Vandaar dat hoge bedrag. En bovendien: bij de Germaanse stammen weegt de kuisheid bijzonder zwaar. Overspelige vrouwen worden naakt op de dorpspleinen gegeseld en dan uitgestoten.
'Weg! Weg!' Woedend krijsende vrouwen zitten zo'n overspelige zuster met messen bewapend achterna.

Een grijsaard komt naar voren. Hij heeft een tovermiddel tegen een vijand aangewend. Zijn wandaad staat onomstotelijk vast, al heeft hij zijn doel niet bereikt.
'Een boete van zestig gouden solidi!'

Zenuwachtig plukkend aan zijn haveloze baard verlaat hij jammerend het veld.

Het weergeld voor een moord op een kind blijkt driemaal zo hoog als de boete voor de moord op een vader.
'Waarom?' durft een kindermoordenaar zijn rechters te vragen. De thunginus legt hem uit:
'De vader kan de dood van zijn kind wreken. Maar wat kan een kind als wreker van zijn vader doen?'

De omstanders knikken. De thunginus is een wijs man.

In de donkere middeleeuwen verglijdt het leven van angst naar angst.
'Wee, wee, ik heb een raaf als een hond horen blaffen in een maanovergoten nacht!'

Angstige mensen lopen naar hun priester om die onheilspellende voortekenen te melden.
'Zijn de goden vertoornd?'

De priesters zingen hun liederen. Met diep ontzag spreken zij hun bezweringsformules uit. Dan kijken zij de verontruste gelovigen ernstig aan.
'Zeg ons, wat is de wil der goden?'
'De goden eisen een mensenoffer!' zeggen de priesters met overtuigende zekerheid.

Dan grijpen de bewoners van een nederzetting enkele slaven of krijgsgevangenen, die als offer dienst moeten doen.
'Nee, nee!' De ongelukkigen mogen schreeuwen en tegenspartelen, maar ze worden door stevige handen gegrepen en meegesleurd naar een heilige Wodansboom. Dáár moeten ze hangen – om de gunst van de hemelse goden te herwinnen voor de stam.

Donker en onduidelijk gaan twee eeuwen voorbij, terwij zich in de heidense wereld van Friezen, Franken en Saksen grote veranderingen voltrekken...

Op tal van manieren hebben Germaanse stammen zich onder hun aanvoerders en vorsten tot kleine rijkjes aaneengehecht. Om sterker te staan in de ongewisse tijd, huwelijken koningen hun kinderen aan elkaar uit. Op die wijze hopen zij zich te verzekeren van betrouwbare steun. Ze móéten wel. Alom heerst het recht van de sterkste. Voortdurend is er strijd. Strijd om visrechten, om vrouwen, om weidegronden of woongebied.
'Koning der Romeinen!' Onder die naam trachten de láátste Romeinse machthebbers zich in Gallië staande te houden. Dan duiken de namen van nieuwe heersers op:
'Heil, koning Clodio!' roepen Frankische krijgers, als zij met woeste krijgsbenden achter Clodio, uit het geslacht der Merovingen, ten strijde gaan. Wee de boeren, de veehouders én hun vrouwen, als Clodio's strijdmacht hun boerderijen en dorpen pas-

53

Middeleeuwen – Bourgondische tijd

seert. Dan klinken de bevelen en de roof begint:
'Drijf die runderen naar de tros! Laadt dat graan op de karren!'

De krijgsknechten grijpen voorraden en vee. Zij stropen hulpeloze nederzettingen kaal – en maken korte metten met de mannen en vrouwen, die zich daartegen durven verzetten.

Op de logge karren, die vlak achter de koning en zijn edelingen voortrollen, staan de kisten met buit. Uit die kisten komen de edelstenen, het zilver en goud.
'Geef hem zijn verraderssloon!' lacht koning Clodio, als overlopers van de vijand hem hun geheimen prijsgeven. De kisten gaan ook open, om de steun van sterke stamhoofden te kopen:
'Geef de nobele Chlodwig zijn goud en laat ons op het bondgenootschap drinken!'

Clodio bezet met zijn gekochte aanhang de centra Doornik en Kamerijk. Vandaar breidt hij zijn gebied steeds verder uit. Ook zijn zoon Childerik grijpt iedere kans tot expansie aan: naar het noorden, naar het oosten, naar het westen. Die expedities kosten geld, maar de leegtes in de kisten vullen zich vanzelf weer met het goud en zilver aan, dat machteloze stammen aandragen om knechting, horigheid en slavernij te ontlopen. De dreiging van moordende, rovende, plunderende troepen hangt iedere gemeenschap van dag tot dag boven het hoofd...

St. Remigius doopt Clovis. Miniatuur uit een middeleeuws handschrift.

Childerik, die zijn residentie in Doornik heeft, sterft in het jaar 481. Zijn zoon Clovis zorgt vermoedelijk voor een schitterende begrafenis. Hij laat zijn vader in volle wapenrusting in liggende houding bijzetten. Kostbare giften vergezellen Childerik op zijn laatste reis, waaronder meer dan 300 gouden, geëmailleerde bijen. Misschien hebben die bijen – werk van een zeer kundig edelsmid – de wijde koningsmantel van de Frankenvorst gesierd.

De geduchte Clovis voelt zich sterk genoeg om zich tegen de Romeinse macht in Gallië te keren.
'Bedenk wat wij daar kunnen halen. Bedenk wat in Gallië te winnen is!' Met schone woorden en blinkend goud verwerft hij de krachtige steun van andere Frankische vorsten. Dan leidt hij zijn strijdmacht naar het zuiden. Het gaat hard tegen hard. De onstuimige Franken zien kans het Romeinse gezag in het noorden van Gallië volledig te breken. Na de strijd klinken snoevende, opgetogen woorden:
'Gundchramm, je hebt je naam alle eer aangedaan. Als een ware *gevechtsraaf* heb je gestreden!'
'Dankzij de overwinningen, kan nu ook jij je naam alle eer bewijzen, Landrith. Wij zijn nu *rijk aan land!*' De Theuderikken *(machtig door volk)*, de Dagoberchts *(schitterend door strijd)*, de Herimans *(krijgsman)* of hoe de aanvoerders ook mogen heten, heffen hun drinkbekers en wijzen opgetogen naar de karren vol buit. Ze hebben een groot gebied veroverd en vele nederzettingen schatplichtig gemaakt. Dat ook zij, als edelingen en hoofdlieden, daarvan een graantje zullen meepikken ligt voor de hand.

Koning Clovis vestigt zich te Parijs. Hij is een groot vorst geworden en zijn naam (Chlodowech, *roemruchtig gevecht*, in het Latijn Hlodivicus, dus Lodewijk!) wordt alom genoemd met ontzag. Om zeker te zijn, dat de macht hem niet zal ontglippen en dat niemand hem naar het leven zal staan, ruimt hij als een geslepen gangster zijn tegenstanders uit de weg. Hij roept zijn handlangers toe:
'Lok de vorst weg van de zijnen. En als de kans schoon is, dóódt hem snel!' Een goudbuidel rinkelt.

Met fluisterende stem geeft hij zijn vertrouwelingen opdracht na opdracht. Met goud en land koopt hij moordenaars voor menig bloedig complot. Een groot aantal Frankische vorsten – vrijwel allen bloedverwanten van hem! – laat hij behendig ombrengen. Stuk voor stuk! Door middel van moord krijgt hij tal van kleine rijken in zijn macht; door moord groeit hij tot onbetwist leider der Franken uit. Het is hem nog niet genoeg.

'Op voor Clovis!' klinkt het in de nederzettingen, als hoofdlieden hun krijgers verzamelen om op oorlogspad te gaan. Vanaf het jaar 500 onderwerpt Clovis met een nieuwe serie veldtochten de geduchte Alemannen. Hun woongebied langs de middenloop van de Rijn kan hij voegen bij zijn rijk. Het is hem nog niet genoeg.

'We gaan nog verder!' Hrotgar *(roemzuchtige lans)* slaat zijn zwager Roduulf *(roemzuchtige wolf)* op de schouder. ' We zijn nu sterk genoeg om de Goten in het zuiden vernietigend te verslaan!'
'Dan zullen we toch eerst de talrijke Gallische christenen voor ons moeten winnen en ons moeten verzekeren van de steun van hun kerk,' zegt de roemzuchtige wolf voorzichtig, want de macht van de christenen in

het zuiden is groot. Ook koning Clovis heeft dat ingezien.

Gedreven door zijn veroveringszucht doet hij een stap, die aan de ontwikkeling van het heidense Westen een nieuwe wending geeft:

Reims, kerstmis in het jaar 496: In de kerk staat de later heilig verklaarde bisschop Remigius in vol ornaat voor het altaar. Koning Clovis ligt voor hem neergeknield om zich in het doopvont tot christen te laten dopen.
'Kom nader, zoon!'

De woeste, heidense aanvoerders en Frankische edelen kijken onwennig rond, als de doopformule in het Latijn door de kerk weerklinkt:
'In de naam van de Vader...'

Zij komen onder de indruk van de eerbiedwaardige bisschop en van de plechtige, verheven rust om hen heen. Sommigen trachten – verlegen loerend naar elkaar – wat onhandig een kruis te slaan.
'... en de Zoon en de Heilige Geest...'

De bisschop zal wel begrepen hebben, dat koning Clovis de kerk voor zijn ambitieuze plannen wil gebruiken en dat hij niets van zijn heidense streken prijsgeven zal. Maar tevens doorziet Remigius, dat met de doop en bekering van de koning, de meeste Franken nu tot het christelijk geloof zullen overgaan. Eérst de vorsten en aanvoerders, dan de aanzienlijken en edelingen en tenslotte het gewone volk.

Nog tientallen jaren, wellicht eeuwen, zal het duren, voordat al het heidens bijgeloof is afgezworen en de kerstening werkelijk plaats gevonden heeft. De bisschop weet, dat Gods molens langzaam malen. Daarom dompelt hij de ruwe Clovis in de naam van de Vader, de Zoon en de Heilige Geest driemaal in het doopbekken onder. En hij spreekt: ' Buig het fiere hoofd, Sicamber! Aanbidt, wat gij verbrandde. En verbrandt, wat gij aanbeden hebt.'

De kerkdienaren juichen. In het land der Franken heeft de kerk een grootse overwinning behaald!

Opnieuw met een goed voorbereide moord brengt Clovis, de christenkonig, het gebied rond Keulen onder zijn heerschappij. Weldra rukken zijn troepen tot aan de Betuwe op. Uit de kleine Franken-rijkjes is dan een machtige staat opgebouwd, verdeeld in gouwen, waarin aanzienlijke families de scepter zwaaien.
'Laat de boel pakken, Gairetrudis *(zekerheid van de scepter)*,' zal een hoofdman na afloop van een veldtocht tegen zijn vrouw hebben gezegd. 'We gaan naar het noorden. Clovis heeft ons eindelijk een gouw afgestaan!'

Een eigen gebied! Maar die aanzienlijke aanvoerder blijft toch verantwoording verschuldigd aan de koning.

Als Clovis in het jaar 511 sterft, zetten zijn zoons en kleinzoons de uitbreidingen voort. Te vuur en te zwaard trekken zij aangrenzende gebieden in. Tijdens rauwe veldtochten veroveren hun hordes Bourgondië, Thüringen, de Provence, Beieren en het Alpengebied. De vorsten houden hun rijk – dat dan nog slechts voor een derde deel uit Germanen bestaat – ook te vuur en te zwaard in stand. 'Géén genade! Grijpt hun nederzettingen aan!' roept Theoderik, *(machtig door God)*, zoon van Clovis, bij een strafexpeditie tegen het opstandige Auvergne. Hij gaat in dat jaar 532 als een beul te keer:
'Steek de dorpen in brand. Plunder de kerkelijke gebouwen. Dood het opstandige volk!' Zo luiden zijn bevelen. Het land wordt met een onstellende grondigheid verwoest. De krijgsknechten stuiven de dorpen in. Hartstochtelijk graaien zij kostbaarheden weg. Zelfs de kerken en kloosters – met zoveel moeite gebouwd – rennen zij binnen.
'Nee, nee! Domine, deduc!' Maar de monniken die zich verzetten, vallen met gekloofde schedels voor de altaren neer.

De Lage Landen in het noorden zijn in die jaren teruggezakt in de rol van een weinig aantrekkelijk grensgebied. Voor de Frankische koningen zijn die streken de moeite van verovering en onderwerping nauwelijks waard. Slechts een deel van Brabant, het gebied bij Nijmegen, Limburg en het huidige België hebben tot het grote Frankrijk behoord. Daardoor krijgen de Friezen, die tijdens de verwarde volksverhuizingen een hecht volk zijn gebleven, nú de kans hun gebied in zuidelijke richting uit te breiden. Gevaar voor de Franken leveren zij aanvankelijk niet op. Integendeel! De Friese gemeenschappen, die zich langs de kust hebben gevormd, blijken zelf nog zeer kwetsbaar te zijn:

De Rijnmonding in het jaar 526: Een vloot van lange, lage schepen, afkomstig uit Scandinavië, zet koers naar de kust.
'Dáár gaan we aan land. Vanavond zal het feest zijn!' Koning Higlac, staande op de voorplecht van zijn schip, lacht zijn krijgers toe. De boten glijden naar de oever. Met geheven zwaarden en op buit belust springen de ongetemde Noorderlingen naar de kant om de daar liggende nederzettingen te plunderen.
'Heya... heya!' Hun krijgskreten schallen over het lage land.

Wat een paniek in de dorpen, als die schreeuwende krijgers naderen. Haastig graait men enkele kostbaarheden bij elkaar. Kinderen worden opgetild. Wat voedsel wordt haastig in zakken gedaan.
'Hier heen, Berta... Neem de kinderen... O, onsterfelijke goden!' Angstige mannen, jammerende vrouwen, huilende kinderen vluchten in doodsnood weg. Ze rennen struikelend door de akkers, springen over sloten.
'Naar de bossen!'

Een enkele boer tracht zijn vee te redden. Schreeuwend drijft hij de dieren voort. Zijn vrouw roept, wenkt en huilt in haar angst. Hij ziet hoe zijn huis wordt leeggestroopt, in vlammen opgaat. Hij hoort het gelal van Higlacs krijgers, als deze de geslaagde overval vieren met buitgemaakt bier.
'We leven nog!' In de dichte bossen, waar de vrouwen en kinderen zich geheel overstuur verscholen houden, spreken de mannen troostende woorden...

Vreesaanjagende geruchten over de woeste rovers verspreiden zich van dorp tot dorp. Dát is het begin van een legende, die zich later over de Noorderlingen vormt:
'Er zijn monsters bij van wonderbaarlijke grootte, zoals hun koning Higlac. Vanaf zijn twaalfde jaar kon geen paard hem meer dragen...'

Aangemoedigd door dat eerste succes, zetten de Scandinaviërs hun tocht voort. Ze stropen de Rijn af. Hun schepen vullen zich met buit. Vertrouwend op hun kracht varen zij steeds verder het land in. Een rokend spoor van verwoestingen wijst de weg die zij gingen.
'Higlac, we komen nu bij het rijk der Merovingers. We moeten niet verder!' Maar koning Higlac slaat de waarschuwende woorden van zijn verkenners in de wind. De Scandinaviërs dringen overmoedig het noordoostelijk deel van het Frankenland binnen.'Heya, heya!'

Opgravingen van het grafveld bij Dorestad.

Christelijke grafsteen, gevonden bij de St. Servaas te Maastricht.

Middeleeuwen – Bourgondische tijd

De zogenaamde noodkist van St. Servaas, een reliekschrijn uit 1160-1170.

Hun overmoed kost hen de kop. De koning der Oost-Franken zendt zijn zoon Theodebert met een sterke strijdmacht naar het noorden. Dan eindelijk gaan de Scandinaviërs gruwelijk strijdend ten onder. De buit, die de Franken in handen valt, is groot.
'Dit is hem,' wijzen de Frankische soldaten na het gevecht. Verwonderd staren zij op het slagveld naar Higlac's verminkte lijk. 'Zijn gebeente is bewaard op een eiland in de Rijn, waar deze in de oceaan uitstroomt,' melden oude kronieken. 'Het wordt als iets wonderlijks getoond aan reizigers, die van verre gekomen zijn.'

Ondanks die vernietigende aanval van de Noorderlingen, winnen de Lage Landen toch geleidelijk aan kracht. Zij bloeien langzaam op, als de Angelen en Saksen (wellicht met Frankische en Friese vermengingen) zich na harde strijd van Engeland hebben meester gemaakt. De Keltische Britten wijken voor een deel naar Bretagne uit.

Zoals de Middellandse Zee eens de *Mare Nostrum – Onze Zee* der Romeinen was, zo wordt de Noordzee een *Zee van Germanen*: omringd door eenzelfde, heidense gedachtenwereld, omgeven door dezelfde tradities en dezelfde cultuur. De bindingen van bloed, wellicht ook van geloof en taal, zullen aanleiding zijn geweest tot uitwisseling.

Uit die contacten over en weer, ontwikkelt zich langzaam een groeiende handel. Typerend is het romantische verhaal, dat een schrijver in het verre Byzantium aan deze streken wijdt. Hij vertelt over een koning der Varini, die over het gebied van de Rijnmond heerst. De eerste vrouw van deze koning is gestorven en om in goede verstandhouding met de machtige Franken te kunnen leven, huwt hij de zuster van de Frankische vorst Theudebert (534-547). Maar lang en gelukkig leeft hij niet:

'Radigis, luister,' zegt de vorst der Varini tot zijn zoon uit zijn eerste huwelijk. 'Ik wil dat jij trouwt met een prinses uit Brittannië. Wij moeten de handelsbelangen van ons volk beveiligen en een huwelijk is daarvoor de beste manier!'
Radigis knikt. Voor vorstenzonen komt de liefde niet aan de orde. Samen met zijn vader steekt hij de zee over om huwelijksonderhandelingen te beginnen. Alles gaat goed. Maar dan komt er een kink in de kabel. Nog voordat het huwelijk met een 'Engelse' prinses gesloten is, voelt de koning der Varini zijn einde naderen. Woelend op zijn sterfbed weegt hij de belangen van zijn volk af. Opnieuw spreekt hij zijn zoon toe:
'Radigis, luister. Vriendschap met de machtige Franken is voor ons volk belangrijker dan een goede verstandhouding met de Angelen en Saksen, aan de overkant van de zee. Vergéét de prinses in Brittannië...'
'Wat dan?' Radigis kijkt zijn vader vragend aan.
'Neem mijn vrouw tot de jouwe. Huw je stiefmoeder!'

In de stilte die op die woorden volgt, valt slechts te raden naar Radigis' reactie. Misschien was de stiefmoeder nog jong en mooi. Misschien was ze vals en oud. Hoe het ook zij, in het belang van zijn stam trouwt Radigis de vrouw van zijn vader.
'Dat is woordbreuk en ik neem dat niet!' roept de prinses in Brittannië driftig uit. Ze is razend als zij het nieuws verneemt. Met een sterke strijdmacht steekt ze de zee over en verslaat de te hoop gelopen Varini – niet ver van de monding der Rijn. Ze neemt Radigis gevangen én... huwt hem!
Of ze samen nog lang en gelukkig hebben geleefd, vermeldt de Byzantijnse schrijver helaas niet.

De bindingen tussen de Germaanse volkeren rond de Noordzee versterken zich, als door invallen en strijd de handelswegen van de Middellandse Zee naar het Oostzeegebied verloren gaan.
'Bevaar de Rhône, de Maas en de Rijn!' zeggen de kooplieden, wanneer zij nieuwe mogelijkheden zoeken om hun koopwaar in het noorden kwijt te raken. 'Schenk af en toe een zwaard of een drinkbeker weg, maar win het vertrouwen van de daar wonende stammen!'

Vanaf 550 begint de Noordzee een belangrijke rol in de handel van Europa te vervullen. Er ontstaan handelscentra langs de Maas. Op Walcheren groeit Domburg

opnieuw tot een overslagplaats uit.
'Voorspoedige reis gehad?'
'De Goden hebben ons gezegend!' zegt een tevreden schipper en hij wenkt zijn knechten om met het lossen van produkten uit Brittannië te beginnen.

Het gunstig gelegen Dorestad gaat een bloeiperiode tegemoet. De schippers die daar wonen, vinden nieuwe afzetgebieden voor de pottenbakkerijen en glasblazerijen uit het Rijnland en voor de metaalindustrie uit het land van de Maas.
'Alles aan boord? Zeilen maar!'
De golven klotsen tegen de boeg en de zeilen bollen zich in de altijd aanwezige wind van het lage, nog zo dun bevolkte land.

De opbloei van de heidense, Germaanse wereld rond de Noordzee kan vrij ongestoord geschieden. Want juist in die periode ligt het rijk van Clovis in strijd en chaos verlamd. Koningszonen voeren bloedige oorlogen om hun erfdelen op te eisen of te vergroten. Met verraad en moord ondermijnen zij de wordende eenheid van hun land. Sommigen onder hen – verwend door hun rijkdom en daardoor krachteloos – laten de Romeinse circussen herbouwen. Daar zitten zij, als Romeinse keizers, in hun loge.
'Zij, die gaan sterven, groeten u!'
In de arena klinken de woorden van de gladiatoren, die elkaar moeten bevechten op leven en dood.
'100 goudstukken zet ik in op die Goot!'
'Ik houd het op de Galliër!' De Frankenkoning lacht voldaan als het woeste tweegevecht begint en de met bloed overdekt Galliër tenslotte staande blijft. Dan weer kijkt hij met zijn gasten toe, hoe wilde dieren elkaar in de arena verscheuren.
'Die verwoed strijdende dieren zijn als de edelen van mijn rijk,' zal menig koning hebben gedacht. Want hebzuchtige families betwisten elkaar overal de macht. Zij ruziën om de aantrekkelijke titels van hertog of paltsgraaf; zij bestrijden elkaar om gebied. Vooral in het steeds machtiger wordende oostelijk deel van het rijk keert de hoge adel zich tegen de macht van de koningen uit het westen. Complotten en samenzweringen, hinderlagen, heimelijk beraamde overvallen en verraad zijn de middelen, waarmee de vorsten te werk gaan. Als een dun vlies en nog nauwelijks geworteld, ligt het christendom over het Frankische land.
'Episcope,' mompelt een jonge priester ontdaan tot de bisschop, als hij verslag moet uitbrengen van een tocht, die hij door het bisdom heeft gemaakt. Hij is afkomstig van een Latijnse school in het zuiden van Frankrijk en is geschokt door hetgeen hij nu in het noorden heeft gezien.
'In de dorpen geven christelijke priesters zich nog vol bijgeloof over aan magie en zwarte kunst. Waar ze kunnen leven de pastoors met hun vrouwen en kinderen in wereldse weelde...'
'Ja, mijn zoon!' De bisschop knikt met een vermoeide glimlach. Hij weet: op de Synode van Orange in het jaar 441 en tijdens de Synode van Arles in 524, was voor de diaconaatswijding een belofte van eeuwige maagdelijkheid geëist. In praktijk was daarvan nog niet veel terecht gekomen.
'We zullen geduld moeten hebben. Er is reeds veel gewonnen. Bid de Heer om kracht!'
Slechts uiterlijk zijn de heidense feestdagen en gebruiken in een christelijk patroon geschoven. Prelaten leveren alom driftig strijd:

'Op, op! Val aan! Sla dood!'
Met het zwaard in de vuist hopen zij gebieden voor hun kloosters en abdijen te winnen. Het heidendom, dat zo diep in de natuurvolkeren geworteld zit, kan niet ineens door een bezielde bisschop worden uitgeroeid. Integendeel zelfs! Even lijkt het, of de heidense wereld rond de Noordzee nog zeer sterk staat en terrein op het christendom herwint:
'De voortekenen zijn gunstig! De priesters hebben gesproken. Wodan en de onsterfelijke goden zullen ons naar de overwinning dragen op vleugelen van de wind!'
Welgemoed grijpen Friezen en Suevi hun helmen, hun speren, hun strijdhamers en zwaarden. Welgemoed trekken zij tegen het verdeelde Frankrijk op. 'De goden zijn met ons!'
Met onbeheerste hartstocht rukken zij in hordes naar het zuiden, en slaan daar de wankele kerken tot puin.
'Jezus... Maria...' bidt een enkeling, maar hele volksstammen laten de kerk los en lopen naar het nabijgekomen heidendom over.
'Wodan, Alvader... Freya, vruchtbare moeder der aarde!' Niet langer naar die ene, vage, verre God der christenen, maar naar de goden van leven en dood, van donder en vruchtbaarheid stijgen nu weer de gebeden op.
'Nee, nee!' Opnieuw klinken de ijselijke kreten van krijgsgevangenen, die als mensenoffer in de Wodansbomen de hemelse toorn moeten beteugelen. Opnieuw worden de doden onder magische gezangen verbrand. Wat een bevrijding, als iedereen zijn driften weer onbeheerst kan laten gaan.

De invloed van het heidendom reikt steeds verder naar het zuiden. De bisschop van Atrecht moet in 577 zijn bisdom prijsgeven en vestigt zich in Noyon. 'Sneller! We moeten ons haasten!' Daar trekt de bisschop van Tongeren met enkele kerkboeken, kostbare altaarstukken en een handjevol priesters overhaast langs modderige karresporen voort om veiligheid te zoeken in het castellum van Maastricht. zijn bisdom valt ten prooi aan de goden van de natuur.

Maar steeds als het heidendom terrein wint en opstuwt, staan er weer krachtige vorsten op, zoals Chilperik *(machtig in hulp)* koning van het westelijk deel van het Frankische rijk. Oude kronieken beschrijven zijn doortastendheid: 'Hij was de schrik van de ver wonende Suevi en Friezen. Zij durfden niet meer te strijden en lieten zich beteugelen...'

De eindoverwinning behaalt het heidendom niet.

In de onbeschreven eeuwen voltrekken zich in de heidense wereld rond de Noordzee – haast onzichtbaar – toch grote veranderingen. In het menselijk bestaan wordt een diepgrijpend keerpunt bereikt.

Daar gaat de grote Patrick. Hij is geboren in Engeland. Als slaaf wordt hij naar Ierland verkocht. Hij vlucht naar Gallië en weet dan al wat lijden betekent. Misschien dat hij dáárom het leven van Christus zo goed begrijpt. Hij keert als missionaris naar Ierland terug.
'Christus overwinnaar!' Hij houdt het kruis voor de woeste Ieren omhoog en kan daar de vorsten (en daarom ook het volk) voor het christendom winnen. Heilig verklaard gaat hij als St. Patrick de eeuwigheid in.
Zijn Ierse discipelen bekeren de Schotten. Baanbrekend werk onder de Angelen en Saksen verricht Augustinus van Canterbury voor de kerk. Door hun toewijding brengen al deze predikers licht in een donkere tijd. Door hun geloof en inzet krijgt de heidense wereld rond de Noordzee geleidelijk een ander gezicht.

Ook de Lage Landen raken bij de kerstening betrokken – maar pas als er verschuivingen plaatsvinden in het Frankenland. De edelen in het oosten eisen een eigen man aan het hof van de koning: Iemand die daar hun belangen behartigt en hun zaken veilig stelt. Onder de krachtige koning Dagobert *(schitterend als de dag)* I, maken de *hofmeiers* hun opwachting. De expansie-politiek der Franken gaat zich dan bewust op het heidense noorden richten.

Amuletten gevonden in Friesland. Boven de zogenaamde Alsen-gemme van glas, onder een amulet van hertshoorn.

Middeleeuwen – Bourgondische tijd
Franken, Friezen en Saksen

'Ik zal mij niet bezig houden met de val van Saturnus, of met de toorn van Juno, of met de gevallen van Jupiters echtbreuk. Ik minacht al die dingen die tot stof vergaan. Ik zal mij slechts bezig houden met de goddelijke zaken, met de wonderen van het Evangelie...!' Dat schrijft Gregorius van Tours in zijn *Historia Francorum* in de 6de eeuw. Maar in de 7de eeuw zijn er vrijwel geen schrijvers meer in het rijk der Franken. Want ook in Gallië en langs de Rijn lijken de laatste cultuurresten der Romeinen verdwenen te zijn. Merovingers kunnen allengs niet meer lezen of schrijven.

Slechts bij hoge uitzondering bezoeken de zonen en dochters der aanzienlijken de spaarzame kloosterscholen en opleidingsinstituten van de kerk.

Geweldig en primitief laaien aan het Frankenhof de hartstochten op.
'Vergif!' Een snel werkend vergif!' fluistert de bijzit van de koning. Daarmee ruimt zij de wettige koningin uit de weg. Dan bespeelt ze haar minnaar.
'Mijn sterke Childebrecht!' In het koninklijke bed smeedt zij het ijzer terwijl het heet is. 'Ik wil je iets vragen...'
Ze wroet en konkelt en tracht in naam van haar bastaardkinderen over een groot gebied te heersen. Zo gaat het ook in menige gouw. Steeds weer trekken koningszonen ten strijde. Zij vermoorden elkaar of sluiten elkaar in kloosters op.
'Moeder Maria!' Huilende vrouwen slaan een kruis, als de slordige strijdmachten van aanzienlijken voorbijsloffen.

Om zich staande te kunnen houden, trekken de koningen ijverig door hun rijk. Om rust en orde te bewaren horen zij hun onderdanen aan:
'Heer koning, de onbetrouwbare Sigebercht heeft zich weidegronden toegeëigend, die sinds jaren in het bezit zijn van mijn geslacht. Hij beroept zich op een schenking door uw vader, die nooit heeft bestaan...'
Steeds weer moeten de koningen bemiddelen in geschillen tussen de edelen. Zij spreken recht – en laten de boetes van die rechtspraak voor een belangrijk deel in hun eigen schatkist vloeien.

Eens per jaar, op de eerste dag van maart, komen de rijksgenoten in de koninklijke verblijfplaats (*palatium* of *palts*) bijeen. Tijdens de beraadslagingen voeren ijdele, sterke en trotse aanvoerders en hoofdmannen het woord:
'Heer koning, dat voorstel is niet in ons belang. Van oudsher hebben wij...' Zij sommen hun bezwaren op en weten steeds vaker hun wil door te drijven. Dat verzwakt de macht van de koningen. Het bestuur van het rijk komt daardoor langzamerhand in de greep van de hofmeiers, die de machthebbers in het oosten, westen en zuiden aan het hof gaan vertegenwoordigen...

Een vrije boer loopt mompelend naar de hoofdman van de streek. Hij vecht een harde tweestrijd in zichzelf uit.
'Ik moet wel. Ik moet toch wel...' Driftig balt hij zijn vuist. Voor hem ligt de ruime boerderij van de hoofdman, die met leem, balken en een vlechtwerk van takken is opgetrokken. Rond de hoeve liggen de woningen van de horigen, die vaak wél over eigen grond beschikken, maar hand- en spandiensten voor hun heer moeten doen. Even aarzelt de vrije boer. Dan vermant hij zich en meldt zich.
'Ik bied u mijn land aan, heer! In ruil voor bescherming!' gooit de boer eruit als hij voor zijn hoofdman staat.
'Waarom?'
De boer zoekt naar een antwoord, maar vindt het niet. In de gouw heeft de graaf tot taak recht te spreken, de belastingen te innen en krijgers voor konings strijdmacht op te roepen. Moet hij zeggen, dat hij de laatste jaren gruwelijk is uitgebuit?
'Zij die geen heer hebben, zijn slecht verzorgd!' mompelt hij.
De hoofdman knikt. Ook hij weet, dat de kleine gemeenschappen van vrije boeren zich nauwelijks staande kunnen houden in die harde tijd vol roof, plunderingen, strijd. Velen hebben reeds hun vrijheid opgeofferd en zich bij voorkeur aan een klooster of anders aan een edeling gebonden. In ruil voor allerlei diensten en een deel van hun oogst, winnen zij op die wijze bescherming en veiligheid.
'Misschien is het beter zó, Winemar!' zegt de hoofdman met een glimlach. 'Ja, heer...' zegt de boer en hij voelt de pijn van dit ogenblik langzaam wegtrekken. Het was beter horige te worden van een machtig heer, dan tot de bedelstaf te vervallen. Beter de vrijheid te verliezen dan verpauperd met vrouw en kinderen langs de wegen van het onveilige land te moeten zwerven...

Door de onderlinge strijd en verdeeldheid bij de Franken, kunnen de Friezen – soms verbonden met de Saksen – hun rijk tot de grote rivieren uitbouwen. Tot in Zeeland vestigen zij zich langs de kust.

De Friezen zijn in hoofdzaak boeren gebleven. In het noorden zijn zij nog steeds druk bezig hun terpen met kwelderplaggen en met de mest van hun vee op te hogen en uit te breiden. Elders weiden zij hun varkens in het kreupelhout.

Naast landbouw en veeteelt begint nu ook de handel op te bloeien. Vanuit Dorestad en de kustgebieden varen Friezen met hun snelle, voortreffelijke schepen overal naar toe.
'Neem dat laken, de kaas en die huiden

De bewerking van het land, ingedeeld in maanden. Miniatuur uit een handschrift, vervaardigd in Salzburg (begin 9de eeuw).

Inheems aardewerk, gevonden in Dorestad.

mee! En probeer, of je dat aardewerk goed kunt kwijtraken,' krijgen de schippers te horen. Ze varen de rivieren op en komen met wijn (in kruiken van aardewerk), specerijen, kostbare sieraden en molenstenen terug. Van groot belang is ook hun handel in zout.

Op hun reizen naar de Franken zullen ze wel wat woorden van het vulgaire Latijn hebben opgepikt, dat daar door de meeste onderdanen wordt gesproken.
'Res integra...' Ja, ze doen eerlijke zaken. Op de befaamde markt van St. Denis te Parijs, maar ook op de jaarmarkten in het Oostzeegebied en in Vlaanderen zijn de Friezen graag geziene gasten.

Met de wijn, de specerijen en kostbaarheden, die handelaren langs de Schelde, Maas en Rijn aanvoeren, steken de Friezen de Noordzee over.
'Ja vriend, die wijn kan je krijgen, maar dan toch in ruil voor tin en lood!' 'Voelen jullie Friezen niks voor dat groepje krijgsgevangenen? Je kan ze goedkoop krijgen, want we hebben er zat!'

Een enkele keer zullen ze hun produkten wel eens hebben ingezet tegen de sombere krijgsgevangenen, die de Angelen en Saksen op de verstoten Kelten hebben buitgemaakt. Maar dat lijkt toch een handel, die de vrije Friezen niet ligt.

Hoe belangrijk de grote waterwagen zijn geweest, bewijst dat de Merovingische cultuur zich juist langs de rivieren bij de Friezen nestelt.

Van het doen en laten der Saksen staat maar weinig met zekerheid vast. Sporen van hun invloed zijn in Groningen, Friesland en Drenthe gevonden. Hun gemeenschappen lagen echter goeddeels versluierd achter de IJssel ook in Duitsland.

Het raadsel van hun opkomst, verbondenheid en leefwijze is tot op heden nog niet opgelost. Een ding schijnt echter vast te staan: De Saksische wereld is een keiharde wereld.

Over de rechtspraak in de Merovingische tijd is weinig bekend. Wel is in een oude kroniek vermeld, dat de afgevaardigden van de Saksische gouwen omstreeks het jaar 770 te Marklo bijeengekomen zijn:
'Mijn zwaard, mijn helm, mijn mantel!'

Fraai uitgedost gaan de vertegenwoordigers van de edelingen, van de vrije mannen en de *laten* (de half vrije mannen, maar geen slaven) op weg naar Marklo om over het wel en wee van stammen en vorstendommen te vergaderen. De horigen blijven thuis.

Als de priesters kostbare offers naar de goden hebben gezonden om gunsten af te smeken, beslissen de afgevaardigden over oorlog en vrede, over plundertochten en roof. Ook de wetten en leefregels voor de gouwen en dorpsgebieden zullen daar een vaste vorm hebben gekregen. Wijze mannen zullen zich gebogen hebben over de strenge, Saksische wetten, die later door monniken opgetekend zijn:
'Wie een vier-jarig rund ter waarde van 2 schillingen, in de nacht als een dief steelt, wordt met de dood gestraft!' De mannen knikken. De laatste tijd is aanhoudend vee geroofd. Een strenge straf is noodzakelijk. (Zo staat het later ook in het tweede koningsgebod van Karel de Grote opgetekend!).

'Wie bij een ander een oog uitsteekt, betaalt een boete van 720 schillingen!' Een zacht gemompel. 720 schillingen! Dat is de waarde van 360 runderen! Het is een zware straf.
'En voor het uitsteken van twee ogen?'
'Het dubbele.'
Ernstig kijken de mannen elkaar aan. De strenge straffen zijn de enige manier om een wereld vol geweld te temmen. Nauwkeurig stellen ze vast, wat het weergeld moet zijn voor het afslaan van baardharen, oren of een neus...
'Wát, als de ledematen geslagen worden, maar op hun plaats blijven hangen?'

Een der wetgevers denkt aan zijn broer, die zijn arm nog heeft, maar hem na een zwaardslag niet meer kan gebruiken.
'Dan is de boete de helft. En als er nog beweging inzit, een kwart!'
De wijze mannen beraadslagen. Zorgvuldig wegen zij de wandaden af.
'Wie een gehuwde vrouw rooft, betaalt 300 schillingen aan de vader van de vrouw en 300 schillingen aan de echtgenoot!' Van hen is immers wraak te vrezen? Vrouwenroof is een dure liefhebberij, duurder dan moord.
'Ken jij een vrouw, aan wie je 300 runderen zou willen verspelen?' fluistert een der wetgevers zacht tegen zijn buurman. Een humorloze dingman roept hem tot de orde...
In de loop van vele jaren zullen de Saksische wetten tot stand zijn gekomen en zullen de straffen voor het heimelijk in brand steken van een huis, het versperren van de weg, het moedwillig in het water gooien van een tegenstander, of het doorsteken van een wang (met en zonder ernstig litteken!) zijn vastgesteld.

Uit de Karolingische wetten, waarin dat alles staat opgetekend, doemen beelden op van maagdenroof, manslag, van sluipende rovers in de nacht. Beelden ook van gewiekste kerels die vee uit de gemeenschappelijke weidegronden sleuren; beelden van brandstichtingen en wraak. (Wie het huidige Nederlandse Wetboek van Strafrecht doorbladert, leest ook over moord, doodslag, aanranding, verkrachting, diefstal en roof – en zal kunnen denken, dat de Nederlanders niets anders doen! Waarschijnlijk viel het met alle opgesomde misdaden nogal mee.)

Gewapend met hun kleine werpbijlen en korte zwaarden – de *saks*, die niet langer is dan 50 cm – zijn de Saksen geduchte strijders gebleven.
'Ja, wij willen het. Wij willen het!' hebben ze op de vergadering te Marklo uitgeroepen, toen hen een goed oorlogsplan werd voorgelegd. Dan hebben zij hun krijgers verzameld en zich op de naburige Friezen geworpen. Of zij zijn met hun gesnavelde schepen uitgevaren om in Engeland aan het roven en plunderen te gaan. En natuurlijk keren zij zich ook tegen de Franken. Daarbij zijn de Friezen dan weer hun trouwe bondgenoten.

Daar komt echter verandering in, als de krachtige Dagobert, die in 623 koning wordt in het oostelijk deel en vanaf 629 van het gehele Frankrijk, de macht in handen neemt.
'Wij moeten aan de bedreiging der Friezen een einde maken!' zullen zijn raadgevers hem hebben gezegd. 'Bovendien liggen daar in het noorden de riviermonden, waarlangs de handel zich zo gunstig ontplooit.'

Waarschijnlijk heeft ook de kerk haar invloed aangewend om Dagobert tot een opmars naar het noorden te bewegen. Het

Bronzen helm uit het graf van een voorname Frank in Morken (Duitsland). Waarschijnlijk is deze helm, die in circa 600 werd vervaardigd, geïmporteerd uit het Middellandse Zeegebied.

Frankische wapens, gevonden in het grafveld bij Rhenen (6de-7de eeuw).

Middeleeuwen – Bourgondische tijd

heidendom is nog steeds een voortdurend gevaar.

Langzaam maar zeker dringen de Franken op. De gebieden die Dagobert in handen vallen heeft hij hard nodig: daarmee kan hij zijn altijd hongerige graven en hertogen tevreden stellen.

In nauwe samenwerking met de hofmeier van het oosten, Pippijn van Landen (Pippijn de Oudste) en bisschop Kunibert van Keulen, stuwt Dagobert zijn invloedssfeer naar de Friezen op. Kerk en staat werken hand in hand om landstreken in de lage landen te kerstenen en ze zo te brengen onder de Frankische heerschappij. Vooral de hoge adel heeft daarbij een belangrijke taak. God sta de heidenen bij als de christenen komen:

'Wodan, Wodan, hoor mijn gebeden. Spaar ons voor de soldaten van de christenen!'

Op heilige plaatsen smeken de vrouwen hun goden toch uitkomst te geven voor het onzeker geworden bestaan. Het christendom brengt in sommige nederzettingen ontstellend veel leed. Toch stuurt de kerk ook bezielde monniken naar het heidense noorden toe:

'Draag de boodschap van het Evangelie uit, Amandus. Dat God je op je weg vergezelle...' Met die opdracht van kerk én staat begeeft St. Amand zich naar het land van Vlaanderen:

'Hij is gekomen! Hecht geen geloof aan zijn woorden en verlaat de oude goden niet!'

De Wodanpriesters roepen het volk in Vlaanderen toe, dat de monnik uit Poitou hun ondergang beoogt. Zij prevelen magische formules, die St. Amand moeten treffen met een vreselijke dood.

Ondanks de waarschuwingen van hun priesters lopen mannen en vrouwen nieuwsgierig uit om St. Amand te horen en te zien.

'Kijk, dat is hem, in die bruine pij!'
'Erg krijgshaftig ziet hij er toch niet uit!'
'Stil, hij gaat spreken!'

Ze wijzen en luisteren naar onbegrijpelijke woorden over Christus en liefde en God.

'Onze God is een énig God. Wie in Hem gelooft zal eeuwig leven!'

Om zijn woorden kracht bij te zetten, werpt St. Amand de heilige offerstenen omver. Het blijkt een doeltreffende manier om aan te tonen, dat de heidense goden onmachtig zijn.

'Kijk hem!'

Verbouwereerd zien ze gebeuren, dat een altaarsteen tegen de grond gaat.

Geschrokken slaan vrouwen de hand voor de mond. Zal Donar nu niet rijden om die lasteraar te treffen met zijn bliksem en wraak?

'Kijk hem!'

Ze wijzen naar het kruis, dat St. Amand als een magisch runen-teken voor hen opheft en ze schudden verwonderd het hoofd, als hij uit eigen bezit horigen loskoopt en hun de vrijheid hergeeft.

'Een vreemde man, Wihtgar. Hij heeft elders misdadigers van de galg gered en zich langdurig moeite gegeven voor het heil van hun ziel...'

Het optreden van de monnik uit Poitou schokt het Vlaamse land. De verhalen rond zijn opzienbarende barmhartigheid en liefde voor mensen gaan overal rond. Misschien zijn enkelingen waarachtig door zijn christelijke boodschap geraakt...

Onder het bewind van koning Dagobert sticht St. Amand met Ierse helpers een klooster – op de plaats waar de Elnon in de Scarpe mondt. Door zijn toedoen kunnen werklieden een kerk met klooster bouwen te Gent.

'De St. Baafs!' Dat is de naam die het bouwwerk gaat krijgen – genoemd naar de prediker *Bavo* uit de Haspengouw.

St. Amand predikt ook in het afgelegen gebied van Antwerpen. Een aanzienlijke Frank schenkt hem daar een kerk – misschien wel omdat hij daar nog maar kort is geplaatst en de hulp van God hard nodig heeft.

Andere predikers volgen het spoor: de gewezen monnik Omaar richt een bisdom in bij Terwaan. Missionarissen, afkomstig uit midden Frankrijk, zoals Remaclus, en bezielde monniken uit Ierland bouwen de kerk verder uit. Met steun van de koning en met landschenkingen van de adel bedekken zij het Belgische land langzaam met kloosters, abdijen en scholen. Dat zijn de onmisbare steunpunten in de uitbouw van het rijk...

Vanuit de Hettergouw rukt koning Dagobert met zijn leger naar Nijmegen en het Deltagebied der rivieren op. Hij verslaat de Friezen en verovert Utrecht.

'Hier moet een kerk komen,' zegt Dagobert. Hij staat met zijn krijgsvolk te Utrecht in het Romeinse castellum, dat de eeuwen heeft getrotseerd.

'De kerk moet aan onze schutspatroon St. Maarten worden gewijd!' Hij zal het kerkje schenken aan de bisschop van Keulen: een basis te Utrecht om het missiewerk onder de Friezen te beginnen.

Even lijkt het, of nu ook het midden van

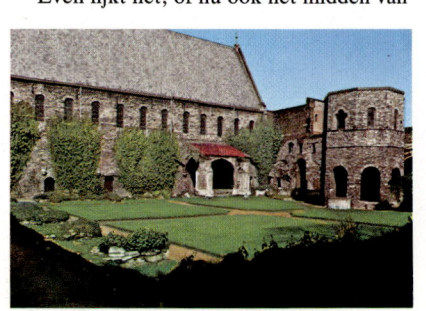

De graftombe van koning Dagobert in de abdij van St. Denis.

Een gezicht op de St. Baafsabdij te Gent.

het huidige Nederland voorgoed in de Frankische invloedssfeer komt.

'We gaan verhuizen', zegt de Frank Madelinus, een muntmeester te Maastricht. Hij trekt naar Dorestad – en dat is wel een bewijs, hoe belangrijk deze handelsplaats der Friezen is geworden.

Maar de Franken zijn niet in staat het nieuwe gebied te consolideren. Na Dagoberts dood komen er opnieuw een aantal zwakke vorsten op de troon. Krachtige hofmeiers krijgen steeds steviger de *werkelijke* macht in handen. De Merovingische koningen raken meer en meer van al hun aanzien beroofd. In oude kronieken staan zij als jammerlijke figuren beschreven:

'Zij zitten met hun lange hoofdhaar (teken van de koningklijke waardigheid) en ongeschoren baard op de troon. *Uiterlijk* tonen zij zich vorsten. Zij verlenen gehoor aan de gezanten, die van heinde en ver hun opwachting maken en geven op hoge toon antwoorden, die hun tevoren zijn ingefluisterd. Maar zij bezitten niets dan een enkel hofgoed en het karig jaargeld, dat de hofmeiers hun toemeten...'

Geen koninklijke stoet van wapperende banieren en trotse ruiters, als de koning door zijn land trekt:
'Indien de koning op reis gaat, rijdt hij op een wagen, getrokken door een span ossen en op boerenwijze door een koeherder bestuurd. Zo begeeft hij zich, als het nodig is, naar het hof, of naar de jaarlijkse vergadering van edelen en bisschoppen, die zijn macht keer op keer verzwakken... Het bestuur ligt geheel in handen van de hofmeiers...'

Op hun afgelegen landgoederen leven de koningen met drie of vier vrouwen. Daarbij komen nog een aantal lichtekooien uit de laagste stand, die de hofmeiers hun vorst toezenden: een probaat middel om hem van staatsbemoeienis af te houden, want het gestoei met al die vrouwen is zonder eind. De meeste koningen der Franken bezwijken aan hun uitspattingen en sterven jong...

Maar ook de hofmeiers zijn niet in staat de vrede in het rijk te bewaren. Nu staan *zij* elkaar naar de macht. Nu kopen *zij* bondgenoten om hun geschillen met de wapenen uit te vechten. Terwijl ze daarmee bezig zijn, kunnen de Friezen met steun van de Saksen, het verloren gebied heroveren. Utrecht, Dorestad en de kuststreek valt weer in hun handen. Bevelen weerklinken: 'Vernietig die tempel. Verbrand het hout, laat geen steen op de andere staan!'

Het kleine kerkje, dat koning Dagobert in het castellum van Utrecht liet bouwen, gaat volledig in puin.

'Hadsjéé!' De Friezen juichen, als zij de kerkmuren omverhalen – en zien dat de God der christenen niets onderneemt om hen te treffen met zijn wraak.

'Hadsjee, sla dat altaar kapot!' Terecht zien de Friezen in het Frankische christendom een vijand, die hun onderwerping zoekt.

'Vooruit, lopen jullie!' Een aantal christelijke krijgsgevangenen hangen zij in de Wodansbomen op om de almacht van hun eigen goden met mensenoffers te laten triomferen.

De hemel, met God of goden, kijkt geduldig toe...

St. Amandus, de stichter van de St. Baafsabdij te Gent. Miniatuur uit een handschrift (tweede helft 12de eeuw).

De troon van koning Dagobert.

Middeleeuwen – Bourgondische tijd
De opmars van het christendom

Versiering van een harnas, gevonden in het vorstengraf van Sutton Hoo (Engeland, 7de eeuw).

Willibrord, houten beeld uit de hoofdkerk van Prüm (Duitsland) vervaardigd in de 16de eeuw.

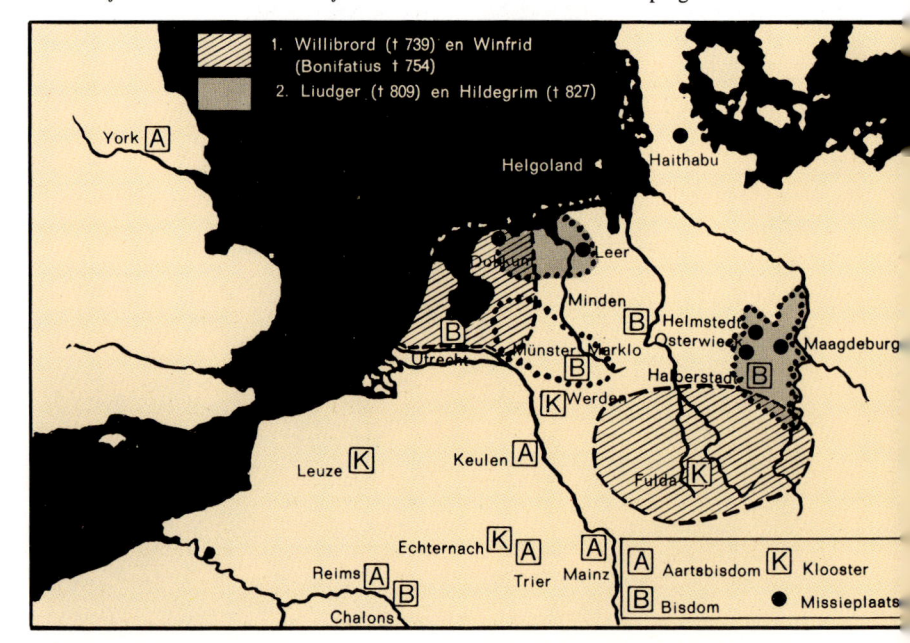

Kaartje van de missiegebieden van de Utrechtse zendelingen.

'Kom met al uw krijgslieden. Ik beloof u land en buit. We zullen optrekken en na de strijd heer en meester zijn!' Zo zal Pippijn van Herstal, hofmeier in het oosten, de edelen en hoofdmannen uit de Moezel-, Maas- en Rijnstreek hebben toegesproken.

Met een flinke strijdmacht kan Pippijn naar het westen oprukken en tegen de andere hofmeiers in het Frankenrijk ten strijde gaan.

'Pippijn! Pippijn!' Het krijgsvolk juicht hem toe, want er zitten overwinningen in de lucht. En waarachtig. Ze hebben op het goede paard gewed. In het jaar 687 neemt Pippijn de koninklijke schatkist in beslag. Dan is hij een machtig man. Zonder veel moeite kan hij zich op de vergadering van bisschoppen en edelen tot *opperhofmeier* laten uitroepen. De gehele macht over het rijk der Franken valt hem ten deel.

Pippijn II regeert met een ijzeren vuist. Met een onverbiddelijke hardheid smeedt hij het verdeelde land weer hecht aaneen. Als dát gebeurd is, kan hij zich keren tegen de vijanden van zijn rijk.
'Op naar de Beieren!'
'Op naar de Alemannen!'
'Op naar de Saksen!'

Het krijgsvolk, opgeroepen in de dorpen en nederzettingen, loopt sjokkend achter hun hoofdmannen aan. Geharnaste en op buit beluste bisschoppen voeren hun boeren aan.

'Jezus, Maria, sta hen bij!' bidden vrouwen, als zij hun mannen en zonen zien vertrekken. Ze slaan een kruis, omklemmen een amulet en misschien beloven zij Moeder Maria in stilte een kostbaar offer, als de strijd voor hun dierbaren goed mag aflopen.
'Op naar de Alemannen!'
'Op naar de Saksen!'

Dan zijn de Friezen aan de beurt. Vanuit zijn geliefde residentie bij Jupille aan de Maas trekt Pippijn naar het noorden op.

Ook daar heerst onrust en bezorgdheid in de dorpen, als de vrije mannen worden opgeroepen om hun geduchte koning Redbad de oorlog in te gaan.
'Onsterfelijke goden, sta hen bij!' bidden Friese vrouwen, als zij hun mannen en zonen vol goede moed zien vertrekken. Ook zij omklemmen een beproefde talisman.

Twee strijdmachten marcheren. In beide legers klinken snoevende woorden, worden wapens geslepen en heerst de spanning voor de komende strijd. Zowel de Friezen als de Franken beseffen, dat een beslissende krachtmeting tussen christendom en heidendom op handen is...

Al eerder hebben priesters uit Engeland – waaronder de bisschop Wilfried van York, op doorreis naar Rome – onder de Friezen gepredikt en bekeerlingen gemaakt. Zelfs koning Redbad (zo gaat de legende) heeft reeds met één voet in het doopvont gestaan. De missionaris Wolfram had indringend met hem gesproken en het christelijk geloof van hemel tot hel aan hem uitgelegd. Op het punt gedoopt te worden, stelt Redbad aan Wolfram een laatste vraag:
'Wat is er van mijn voorvaderen geworden, Wolfram? Heeft de God der christenen de oude helden der Friezen in de hemel opgenomen? Of bevinden zij zich als heidenen in de hel?'
'Zij zijn in de hel,' antwoordt Wolfram in zijn eerlijke, maar onverstandige ijver voor het geloof.

Ogenblikkelijk trekt Redbad zijn voet uit het doopwater terug. Hij roept de priester driftig toe:
'Liever ben ik met mijn voorvaderen in de hel, dan met de eerste de beste christelijke bedelaar in de hemel!'

Zijn bekering gaat niet door en sindsdien heeft hij zich krachtig opgesteld tegen de christenen in zijn rijk – die tevens een pro-Frankische partij hebben gevormd.

Nu staat hij met zijn strijdmacht bij Dorestad. Tegenover hem in het veld maakt het leger van Pippijn zich voor de aanval gereed. De laatste commando's weerklinken. Dan breekt onder geschreeuw de hel van het slagveld los...

Niemand weet hoe de strijd gevoerd is, hoeveel soldaten daar streden en welke tactiek werd toegepast door Redbad en Pippijn.

De zon die opgaat. Zenuwachtige laatste toebereidselen in het kamp. Krijgssignalen. Overmoedige woorden van aanvoerders, die bij hun mannen de vechtlust opwekken. Lange linies die zich vormen. Wachten. En dan:
'Voorwaarts!'

Dan zullen de beide legers op elkaar zijn losgestormd. In het geweld van de strijd – op het vinkentouw van leven en dood – deinzen de Friezen terug. Dorestad en vervolgens Utrecht vallen Pippijn in handen. Daarmee herstelt hij de macht van de Franken over het zuidelijk deel van het Friese rijk. Na de veldslag moet echter ook nog een duurzame vrede worden gewonnen.

De onderhandelingen beginnen. Dat is in menig opzicht een historisch moment!' Daar zitten de twee vorsten tegenover elkaar: De één is heiden, de ander een christen. Maar beiden zijn Germaan en beiden zijn mannen van formaat.
'Vrede?'
'Maar toch niet tot elke prijs! Wat zijn de voorstellen van de vorst der Franken?'

Vermoedelijk ziet Pippijn in, dat koning Redbad een geduchte tegenstander is en bespeurt hij diens vrijheidszin en trots. Om de onderwerping van de Friezen

kracht bij te zetten, zegt hij:
'Ge hebt een dochter!'
'Theodewinde!'
'Ik heb een zoon!'
'Grimoald!'

Een huwelijk moet de gemaakte afspraken bekrachtigen. Waarschijnlijk doorziet Redbad, dat er méér op het spel staat dan gebiedsverlies, schatting, een huwelijk van zijn dochter. Nu hij tegenover Pippijn zit, zal hij beseft hebben, dat ook de godsdienst van zijn volk op de weegschaal van de tijd is gelegd.

In het zuidelijk deel van het Friese rijk is de verovering met het zwaard volbracht. De verovering van de geest zal moeten volgen. Pippijn doorziet die noodzaak maar al te goed. Als geroepen komt juist dan een groot, bezield priester om het christendom onder de Friezen te prediken. Op de ontwikkeling der Lage Landen zet hij een stempel, dat onuitwisbaar is:

In het jaar 658 werd in Engeland, in Northumbrië, een jongen geboren. Zijn ouders brengen hem naar de abdij van Ripon. 'Wij willen, dat onze zoon aan de dienst des Heren wordt toegewijd,' zeggen zij tegen de abt Wilfried, die tevens bisschop is van York.

Wilfried wordt zijn leermeester. Op 20-jarige leeftijd trekt de vroom opgegroeide knaap als monnik naar de beroemde abdij van Rathmelsigi in het Ierse land. 'Zelfverloochening en heiliging van de medemens, mijn zoon, bezielt daar de monniken. De missie staat er centraal,' zal Wilfried hem hebben verteld.

In tegenstelling tot de zedeloze toestanden in vele Frankische kerken en kloosters, munt de abdij van Rathmelsigi door harde zelftucht uit.
'Heer, ban al het kwaad uit dit zondige vlees,' bidden daar de monniken, als zij voor kleine zonden geselstraffen ondergaan. De devotie is groot. Aan de toewijding der geestelijken worden de hoogste eisen gesteld.

Omstreeks het jaar 690 – juist als Pippijn de Friezen heeft verslagen en het zuidelijk deel van hun rijk tot aan de Veluwe in bezit genomen heeft – vertrekt Willibrord met 11 helpers uit Ierland om voor Gods woord onder de Friezen aan de slag te gaan.

Als Twaalf Apostelen varen Willibrord en zijn helpers over de Noordzee...

Met hun kaal geschoren hoofden, gehuld in dikke pijen, varen zij over de binnenwateren het land in. Volgens goed gebruik, maakt Willibrord zijn opwachting aan koning Redbads hof.
'Heer koning,' zal hij gevraagd hebben, 'kunnen wij toestemming krijgen om te prediken onder uw volk?'
'Neen!' heeft Redbad gezegd – en misschien heeft hij grimmig gedacht aan zijn voorvaderen in de hel.

Dan wendt Willibrord zich tot de oppermeier hofmeier der Franken om zijn geestelijke taak te kunnen uitvoeren met steun van de wereldlijke macht. Pippijn ontvangt hem met achting en respect. Dankbaar wijst hij hem het veroverde, zuidelijke Friesland als missiegebied toe:
'Laat Utrecht uw standplaats en centrum zijn. Ge kunt rekenen op mijn steun!'
'Die zullen we ook nodig hebben, heer koning, want wij bezitten niets!'

Omdat de predikers niet kunnen leven van de wind, schenkt Pippijn hun een tiende deel van al het koninklijke bezit en van alle koninklijke inkomsten in het zendingsgebied. Zo kan het werk op een hechte basis beginnen.

Naast de puinhopen van de St. Maartenskerk bouwt Willibrord – met turfsteen uit Duitsland of Luxemburg – een nieuwe kerk, die hij aan de Heiland wijdt. Het schip van de kerk wordt 15 bij 7 meter groot. In de eerste jaren predikt Willibrord vooral in het zuiden.

'Rang!' Zoals velen van zijn voorgangers reeds hebben gedaan, werpt ook hij heidense afgodsbeelden omver. Vol huiver en soms met weemoed kijken de Friezen toe. Ondoorgrondelijk fonkelen de ogen van hun priesters. Zonder gevaar is het missiewerk niet.

'Ràng!' Op Walcheren gaat een offersteen voor Nehallenia tegen de grond. 'Daar zal hij voor boeten!' Een heidens tempeldienaar, die voor zijn goden opkomt, stormt met een geheven zwaard op Willibrord af. Zijn taak is het, het heiligdom te beschermen. Schreeuwend slaat hij toe, maar als door een wonder schampt de zwaardslag langs Willibrords hoofd. De woedende aanval loopt met een sisser af. Maar wat een diepe indruk maakt het op de bewoners van het Zeeuwse land, als de agressieve tempelwachter drie dagen later sterft.
'Is zijn dood een straf?'
'De God der christenen is een machtig God!'

Hoe onbegrijpelijk dat nieuwe geloof ook is, vele Friezen laten zich nu bekeren om zich van de steun van die machtige Godheid te verzekeren. Willibrord doopt en zegent hen:
'In de naam van de Vader en de Zoon en de Heilige Geest...'

Hoe belangrijk Willibrords onderneming in de christelijke wereld wordt geacht, bewijst zijn tocht naar Rome in het jaar 695. Paus Sergius wijdt hem tot bisschop van de Friezen. Na tal van plechtige ceremoniën ontvangt hij in de basiliek van de St. Pieter driemaal de pauselijke zegen. Dan weerklinkt het laatste gebed, waarin God om kracht voor de nieuwe bisschop wordt gesmeekt:
'Heer... laat hem rijk zijn aan een vast geloof, een zuivere liefde, een eerlijke vrede-

Inheemse boerderij. Reconstructie naar een opgegraven plattegrond in Dorestad (8ste-9de eeuw).

Een paar gouden schoudergespen, versierd met glas, granaat en gouddraad, gevonden in het vorstengraf van Sutton Hoo (Engeland, 7de eeuw).

Pippijn en zijn schoonmoeder Irmina met het klooster Echternach, dat Willibrord op een van hen gekregen landgoed gesticht had. Pentekening uit de *Codex Aureus Epternacensis* (circa 1100).

Middeleeuwen – Bourgondische tijd

lievendheid. Verleen hem een bisschopszetel om Uw kerk en geheel Uw volk te besturen en weest Gij zijn gezag, zijn sterkte, zijn macht. Zegen hem overvloedig, opdat hij altijd op Uw barmhartigheid zal kunnen rekenen en dankzij Uw gunst steeds vroom kan zijn, door Christus, onze Heer...'
'Amen!' weerklinkt in de kerk. Het zij zo en meer dan dat.

Zo komt Willibrord – *nu in naam van de paus en nauw verbonden aan Rome* – als bisschop en missionaris opnieuw bij de Friezen terug. Utrecht, nog maar pas veroverd op Redbad, lijkt als vaste standplaats nog te kwetsbaar te zijn. Waaraan Willibrord vooral behoefte heeft, zijn steunpunten die niet blootstaan aan de voortdurende bedreiging van het heidendom. Daarom schenkt Irmina (schoonmoeder van Pippijn) hem een kerk en klooster te Echternach, compleet met uitgestrekt landerijen.
'Elf horigen, die hun vrijheid herkrijgen, zijn verplicht de kerk te Echternach jaarlijks één kaars te schenken,' staat onder meer in de schenkingsacte te lezen.

Nog andere belangrijke giften vallen Willibrord ten deel: de abdij van Susteren, opgericht voor 'rondtrekkende broeders of andere godvrezenden' en de kerk te Bakel – vermoedelijk de enige kerk die dan in Brabant staat. De geestelijke Heribald geeft hem een kerk én een stuk moeras bij Vlaardingen, 'waarop een aantal hamelen (schapen) kunnen grazen.'

Wat een uitermate belangrijk instituut is de kerk in het Frankenland! Niet alleen de koningen en hofmeiers, maar ook veel aanzienlijke families zijn gewoon van allerlei te schenken: land, horigen, kloosters. Dikwijls laten zij op eigen kosten kleine kerkjes bouwen. Maar ook op ander gebied wordt de kerk keer op keer bevoordeeld.

Er bestaat een oorkonde van het jaar 716, waarin koning Chilperik II de abdij van Corbie het recht geeft om voorraden voedsel tolvrij te halen uit de tolplaats te Fos aan de Middellandse Zee. Het document geeft een levendig beeld van de tijd van de produkten, die dan in de handelscentra in omloop zijn:

De abt van Corbie leest de oorkonde, die hij van koning Chilperik heeft gekregen nog eens door:
'10.000 pond olie, 30 kruiken vissaus (een vloeibaar zoutmiddel), 30 pond peper, 1 pond kaneel...' God heeft de wereld toch mooi gemaakt, denkt de abt bij de peper en de kaneel, die via de lange handelswegen uit het verre Oosten naar zijn abdij zullen komen.
'In excelsis Deo...!' zegt hij zacht.

Dan leest hij verder om te zien, waarop zijn klooster nog meer recht heeft: '100 pond vijgen, 50 pond dadels, op olijven, amandelen, pistaches, rijst, geoliede huiden (20 stuks), Egyptische tarwe en 50 rollen (van 60 bij 240 cm) papyrus...' Werd die voorraad papier maar gebruikt om op te schrijven, denkt de abt, maar hij weet, dat de papyrus voornamelijk voor de vervaardiging van pitten voor kaarsen wordt aangewend.

Hij staat op om zijn monniken opdracht te geven het transport te regelen. Zij hebben een lange reis voor de boeg: 15 karren, gespannen achter paarden, staan voor de abdij van Corbie.
'Hebben jullie alles?'
De monniken knikken. Op de wagens ligt de leeftocht voor de lange reis: 10 witte broden, 1 maat wijn, 2 vaatjes bier, 10 pond spek, erwten en bonen. De geit, die zal worden gemolken, mekkert op een van de karren. De 5 kippen, die onderweg behoorlijk zullen moeten leggen, kakelen onrustig in hun hok, 2 pond olie, zout, azijn, 1 ons peper, 2 ons komijn, tarwe en een vracht hout, waarmee ze in het veld hun potje kunnen koken, liggen zorgvuldig weggestouwd.
'Goede reis. Dat God u behoede!' De abt geeft zijn zegen en daar gaan ze dan.

De karren van de abdij van Corbie rollen over de modderige wegen van het Frankenland, om de goederen in een haven aan de Middellandse Zee uit de koninklijke opslagplaatsen te halen. De monniken ontmoeten onderweg kleine benden krijgslieden en ervaren, hoe de bisschoppen en edelen in bepaalde streken met elkaar strijden om de macht. Zij zien in nederzettingen, hoe op heterdaad betrapte misdadigers – toegetakeld en achtervolgd door schreeuwend volk – voor een graaf worden gesleurd.
'Is hij schuldig?'
'Ja, heer!' zeggen de *Schreimannen* en zij eisen de galg. Zonder vorm van proces gaan boosdoeners hun dood tegemoet.

Met kleine en grote avonturen vervolgen de monniken hun weg. Zij passeren rondreizende kooplui, krijgslieden in dienst van de koning en boodschappers van het hof. Vanuit slordige hutten zullen horige boeren het transport vol wantrouwen en met venijnig jaloerse blikken hebben nagekeken...!

Met tal van schenkingen en voorrechten begunstigd, groeit het aanzien van de kerk te Utrecht, die nog geheel afhankelijk is van vorsten en slechts bij de gratie van de staat kan bestaan. De invloed van de paus in het Frankenrijk is nog uiterst gering.

In het belang van de staat wordt het missiewerk met kracht gesteund om de eenheid te bevorderen. Het stelt Willibrord in staat om zijn boodschap met Angelsaksische priesters uit te dragen in het Friese land. Zijn wapenen zijn een groot geloof en een nog groter geduld. Organisatietalent én visie zijn nodig om het bisdom in te richten.

Willibrord sticht te Utrecht een kloosterschool. Hij herbouwt de kerk van St. Maarten. Schippers uit Dorestad zullen hem na de thuisreis kostbare geschenken uit het verre Ierland hebben gebracht.
'Voor u, vader. Van de abt van Rathmelsigi...'

Het zijn kostbare boekwerken, door ijverige monniken gecopieerd. De bibliotheek van het klooster vult zich ook met andere giften.

Het voorbeeld dat Willibrord en zijn helpers geven, moet groot zijn geweest. Steeds meer Friezen in het zuidelijk gebied laten zich dopen – maar niet zonder meer:
'Ik zal me laten dopen, maar wat stelt de kerk daartegenover?' Die vraag stelt menig Fries edeling. Omdat niets voor niets gaat, worden bekeerlingen soms met landschenkingen beloond – een stimulans die het missiewerk nog niet kan ontberen.
'In de naam van de Vader en de Zoon en de Heilige Geest...' Het dopen geschiedt bij voorkeur in levend bronwater. Willibrords waterputten zijn alom bekend.

Naast de kerken te Vlaardingen en Velsen die hem geschonken zijn, sticht Willibrord nog kerkjes te Oegstgeest, Velzen, Petten, Heilo.

'Laat mij nou eens kijken?' Heidens volk verdringt zich voor de kerkdeur. Binnen zijn bekeerde Friezen samengekomen voor de mis. Verwonderd luisteren zij naar de Latijnse teksten die een priester spreekt. Nog wat onhandig knielen zij neer en slaan eerbiedig een kruis.
'Jezus, Maria, onsterfelijke goden...' Zij vergissen zich nog wel eens in het gebed. Buiten bij de kerkdeur duwen nieuwsgierigen elkaar weg. Grinnikend wijzen ze naar binnen, naar al de vreemde poespas die daar wordt gemaakt. Als de kerk leegloopt, staat er misschien een handige koopman, die zijn waar naast de kerkuitgang heeft uit-

Gedeelte van de goudschat, die in 1866 werd gevonden bij Wieuwerd (Fr.) en die bestond uit gouden muntsieraden, ringen en gespbeslag (630-640).

Ruiterspoor van met goud ingelegd brons, gevonden in Dorestad (8ste-9de eeuw).

gestald.
'Hier mensen... Ik heb hier amuletten, die je behoeden tegen al het kwaad!' De kans is groot, dat hij met zijn magische tovermiddelen bij de pas bekeerde christen uitstekende zaken doet.

We kunnen ons slechts verbeelden, wat zich op zondag bij die eerste kerkdiensten heeft afgespeeld...

In het noorden – ver boven Utrecht – krijgt het christendom nog vrijwel geen voet aan de grond. Als Willibrord daar een heilige, heidense bron voor de doop gebruikt, worden de Friezen woedend.
'Wij eisen een mensenoffer om de gunst van de ontstemde goden te herwinnen! Eén van jullie moet met ons mee!'
Protesten helpen niet. De Friezen houden voet bij stuk.
'Alleen door één van jullie te offeren, ontlopen wij goddelijke wraak.'

Willibrord en zijn helpers krijgen stenen en moeten dobbelen voor hun leven. Het lot treft één van hen. Zoals in de kuststreek gebruikelijk is, wordt hij op het strand tot zijn nek ingegraven. Zo moet hij wachten tot de vloed zijn leven neemt.

Vermoedelijk hebben toen op het strand niet alleen de gebeden van grimmige heidense priesters, maar ook die van de christenen geklonken:
'Heer, vergeef het hen, want zij weten niet wat ze doen!'

De moeilijkheden en tegenslagen, die Willibrord en zijn helpers te verwerken krijgen, zijn niet gering. Juist als in het zuiden hun missiewerk vruchten afwerpt, gaat de heidense wereld der noordelijke Friezen nog eenmaal met geweld over tot een offensief. Zinnend op wraak heeft koning Redbad zijn kans afgewacht. En de kans is gekomen:

Het is het jaar 714. De grote Pippijn ligt op zijn sterfbed en voelt zijn einde naderen. Wie moet hem opvolgen, als hij er niet meer is? Hij denkt aan zijn zoon Grimoald, die door een verbeten Fries in de kerk van Luik werd vermoord. Een tweede zoon was al eerder gestorven.
'God, wat moet ik doen?' Pippijn denkt aan Karel en Hildebrand, bastaardzonen die uit bijzitten geboren zijn. Nee, in aanmerking voor opvolging komen die niet. De zuivere banden van het bloed hebben altijd sterk tot de Germanen (en dús tot Franken) gesproken.

Menend, dat hij zijn macht als opperhofmeier op een hechte grondslag heeft gevestigd, geeft Pippijn te kennen, dat zijn minderjarige kleinzoon zijn waardigheid moet erven.
'Domine, miserere super peccatore... Heer, wees de zondaar genadig!' Priesters prevelen hun gebeden voor de stervende Pippijn.

Nauwelijks heeft hij zijn ogen gesloten en is zijn ijzeren vuist machteloos, of de Frankische edelen komen aan alle kanten in opstand tegen de nieuwe heerser van het land.
'Met een knaap als opperhofmeier kunnen wij onze slag slaan!' roepen ze elkaar toe.

Ze verzamelen hun krijgslieden, sluiten bondgenootschappen en trekken op om met de buit te gaan strijken.

Pippijns vrouw tracht voor haar kleinzoon te redden, wat er nog te redden is. Zij laat haar stiefzonen Karel en Hildebrand gevangen nemen. Wilde tonelen spelen zich af, als de edelen in oost en west hun eigen voormannen kiezen en tegen elkaar ten strijde gaan.

Dát is het ogenblik, waarop koning Redbad met ongeduld heeft gewacht. Hij verenigt zich met op buit beluste Saksen. Handig weet hij onder de opstandige Frankische edelen te stoken:
'Doe met ons mee! Slechts met Friese bondgenoten zult ge uw macht en aanzien kunnen vergroten!' Een aantal van die Frankische edelen doen met de Friezen mee. Terwijl de Franken in burgerstrijd zijn verlamd, rukt Redbad met een sterke strijdmacht naar het zuiden op. Hij dringt tot Keulen door. Zijn krijgslieden juichen. Zij hebben de eindoverwinning reeds in zicht.

Willibrord is dan reeds met al zijn priesters gevlucht. Hij zoekt zijn heil in zijn geliefd klooster te Echternach. Al zijn werk, al zijn kerken, kloosters, zijn school en bibliotheek te Utrecht heeft hij moeten achterlaten – prooi voor het heidens geweld. Maar dat valt dit keer nogal mee:
'Spaar de kerken!' heeft Redbad tegen zijn krijgers gezegd. Vermoedelijk is dat een concessie, die hij aan zijn Frankische bondgenoten heeft moeten doen. Een ogenblik lijkt hij sterk te staan.
'De Frankische honden vechten om het been, wij lopen er mee heen!' kan Redbad met recht tegen zijn aanvoerders hebben gezegd. Maar het loopt anders.

Gebruik makend van alle verwarring, ontsnapt Pippijns bastaardzoon Karel uit zijn gevangenis. Hij is een geweldenaar! Voor niets terugdeinzend stelt hij zich aan het hoofd van het leger. In het Frankenland overwint hij al gauw al zijn tegenstanders door het razend geweld waarmee hij strijdt.
'Karel Martel!' Die naam verwerft hij zich op het slagveld, omdat hij zijn martel, strijdhamer, zo vervaarlijk zwaait.

Het is Karel Martel, die de Friezen een halt toe roept en die Redbad in 718 in een láátste gevecht bij Dorestad het onderspit doet delven – al voert hij geen oorlog voor een christelijk ideaal:
'Breng me de buit!' roept hij naar zijn krijgsknechten, als die in een kerk of klooster aan het plunderen slaan. Dat gebeurt zelfs heftig in de St. Baafs te Gent. Herhaaldelijk ook eist Karel Martel kerkelijke domeinen voor zich op om die aan zijn krijgsmakkers te kunnen wegschenken. Maar zijn verovering brengt toch de eindoverwinning aan het christendom!

Willibrord kan zich weer naar het noorden begeven om het zendingswerk verder uit te bouwen. Hij krijgt daarbij de hulp van de Ierse prediker Winfried, die in 716 in Dorestad is aangekomen en die, als pauselijk legaat, in heel Europa vermaardheid krijgt...

Pentekening uit het Utrechts psalter, dat omstreeks 830 te Reims werd vervaardigd. Voor de muur links de oogst, rechts de wijnteelt en -oogst. Achter de muur een koning en koningin aan tafel.

Enkele Merovingische munten uit het graf van Sutton Hoo (Engeland, 7de eeuw).

Middeleeuwen – Bourgondische tijd
Bonifatius

De abt Winfried, van de abdij te Exeter (Wessex) brengt in het jaar 719 een bezoek aan Rome. Tijdens een onderhoud met de paus wordt hij met een omvangrijke opdracht belast.
'Bekeer de nog in dwaling van het ongeloof levende volkeren tot ons christendom,' zegt de heilige vader, die Winfried dan de naam *Bonifatius* geeft, naar de martelaar Bonifatius, wiens gedachtenis daags tevoren gevierd was.

Bonifatius neemt de uitdaging aan. Trekkend door Duitsland wordt hem in een droom een grote oogst in Friesland voorspeld. Daarom begeeft hij zich na de dood van Redbad naar het noorden.

Als belangrijke medewerker van de oud geworden Willibrord predikt hij langs de Vecht, in Woerden, in Velsen. Zó indrukwekkend is het resultaat van zijn werk, dat Willibrord hem aanbiedt:
'Graag wil ik mijn bisschopszetel delen!'

Maar Bonifatius schudt zijn hoofd. Er zijn nog vele volkeren die dwalen in het geloof. Vasthoudend aan zijn opdracht trekt hij naar het heidense Hessen. Als dienaar van de kerk – en niet als dienaar van een vorst! – draagt hij daar stoutmoedig het Evangelie uit:

Bij Geismar in Hessen staat een heilige, duizendjarige boom. Er hangen dierenschedels in de takken, bespeeld door de wind.
'De eik van Donar!' Haast onverwoestbaar staat hij daar. De takken in de kruin reiken hoog naar de hemel.

Eeuwenlang zijn onder die boom kostbare offers gebracht. De eik wordt alom met zóveel eerbied beschouwd, dat zélfs de bekeerde Germanen de oeroude boom nog vol huiver en vrees benaderen.
'Luister, God roept u op om Donars eik te vellen!' roept Bonifatius zijn bekeerlingen toe. Maar niemand in het goeddeels gekerstende Hessen waagt de stam te kwetsen.
'Dan zal ik het zelf doen!' Met het goede gevoel voor show, dat voor een doeltreffend missionaris onmisbaar moet zijn geweest, roept hij het Hessische volk op om getuige te zijn van de val van Donars eik.

Uit alle delen van het land komt het volk toegestroomd.
'Hij doet het! Het doet het werkelijk. Zie toch, hij bidt zijn God om kracht!'

Vol ontzag kijken de Hessen naar Bonifatius, als deze de bijl grijpt. Zouden de goden hem verpletteren bij de eerste slag? Zal Donar zijn bliksemstralen niet bestraffend naar de aarde zenden?
'Ràng... ràng!' Houw na houw treft het heilige hout. De prediker hakt... Zijn helpers nemen het werk over en hakken zich na hem in het zweet. En dan: 'O, wonder!' Door een opstekende wind begint de eeuwenoude boom vroegtijdig en onverwacht te wankelen. Ruisend, haast statig komt de kruin omlaag en klapt dan met een huiveringwekkend gekraak tegen de grond. De heidenen staren met sprakeloze ontzetting naar hun heilige eik. De christenen in de menigte juichen.
'Velen laten zich die dag door Bonifatius dopen...' staat in een oude kroniek vermeld.

Van het hout van de boom wordt een christelijke kapel opgetrokken. Het is kenmerkend voor Bonifatius, dat hij die kapel wijdt aan de apostel Petrus – de voorganger van de pausen van Rome...

Bonifatius groeit uit tot de grondlegger van de kerk in Duitsland. Niet alleen als godsdienstig, maar ook als staatkundig wetgever der Germanen wint hij vertrouwen en wordt hij geëerd.

Heftig keert hij zich tegen de corrupte Gallisch-Frankische geestelijkheid. Vooral tegen bisschoppen, die nu gebieden in Duitsland voor hun bisdom opeisen – en 'en passant' de dochters van heidense vorsten verleiden:
'Zuipers, vloekers, bloeddorstige jagers, krijgers en echtbrekers...' noemt hij de Frankische bisschoppen. Hij laat Karel Martel weten – en dat is volstrekt nieuw in het Frankenrijk – dat hij niet bij hem aan tafel wenst te zitten vanwege de aanwezige zuipende, vloekende kerkheren. In één van zijn brieven schrijft hij:
'Zelfs de heidenen houden de echtelijke staat in ere. Wanneer in Oud-Saksen een jonkvrouw het huis van haar vader door ontuchtig gedrag onteert, of wanneer een vrouw zich aan echtbreuk schuldig maakt, dan geven zij haar een strik en dwingen haar om met eigen hand een eind aan haar leven te maken... Als haar lijk verbrand is, hangen zij haar verleider boven de asheuvel op...!'

Dat lot treft onder anderen bisschop Emmeranus in Beieren. Deze kerkvader had met de dochter van een Beiers hertog de liefde bedreven. Boven haar asheuvel klinken zijn láátste gebeden naar de hemel – uit een stevige strop.

De kracht van de Engelse en Ierse priesters, zoals Bonifatius en Willibrord is bij uitstek, dat hun daden volledig overeenstemmen met hun leer. Vooral dáárdoor moeten zij een diepe indruk op hun omgeving hebben gemaakt.

Willibrords leven glijdt ondertussen in het klooster te Echternach naar een vredig eind. Hij beleeft nog, dat Karel Martel de Saracenen bij Poitiers verslaat en dat hij in 734 opnieuw tegen de Friezen optrekt, omdat deze thans onder hertog Bubo in opstand zijn gekomen. Dit keer ziet 'de Strijdhamer' kans het Friezenrijk tot aan de Lauwerszee aan zich te onderwerpen.
'Dát is de moeite waard geweest!' Juichend slepen de ruige Franken er een onmetelijke buit vandaan.

Willibrord is dan al te oud om het nieuwe veroverde gebied in het Noorden te kerstenen. Hij is een milde, oude man geworden die zijn geliefde boeken leest en geniet van een wandelingetje in de kruidentuin.
'Ik ben in Gods genade gelukkig!' schrijft hij in zijn kalender. Met hart en ziel hoopt en vertrouwt hij de hemelse zaligheid te winnen, na een zendingsarbeid van 50 jaar.

Als het herfst wordt in het jaar 739, gaat Willibrord, 81 jaar oud, vredig heen. Door hem heeft het bisdom Utrecht – ook door Karel Martel met grote schenkingen begiftigd – macht en aanzien gekregen. De bekering van de Friese heidenen in het Noorden, aan de overkant van het Almere, het Flevomeer, moet hij aan zijn leerling Bonifatius overlaten.

Bonifatius komt om Willibrords levenswerk te voltooien, maar niet meteen. Door de paus benoemd tot aartsbisschop wil hij eerst zijn taak in Hessen, Thüringen, Beieren en Saksen tot een goed einde brengen.

Hij is het die een stevige brug bouwt van het christendom naar de heidense wereld.
'Laat niemand onderschatten, hoe onvoorstelbaar veel hij in zijn leven tot stand

De begrafenis van een patriarch. Miniatuur uit de *Pentateuch van Tours* (7de eeuw).

heeft gebracht,' zullen zijn medewerkers later getuigen.

Niet alleen als missionaris, maar vooral ook als kerkelijk staatsman. Standvastig en met een verziende blik is zijn streven steeds geweest de pausen te Rome bij het kerkelijk werk in Europa te betrekken. De invloed van die visie zal blijken. Trouwens op ieder gebied schijnt Europa de donkere eeuwen van zich af te willen schudden – en zich gereed te maken voor een nieuwe tijd. Natuurlijk gaat dat gepaard met grote onrust en verzet.

Als Karel Martel in 741 sterft, verdeelt hij het sterk uitgegroeide Frankenrijk onder zijn drie zonen. Dat geeft opnieuw aanleiding tot bloedige familietwisten en broederoorlog. De geestelijkheid – zich nu beroepend op de paus – tracht te bemiddelen. Het is tevergeefs! Beieren, Alemannen en Saksen grijpen de burgeroorlog bij de Franken aan, om in opstand te komen.
'Te wapen...! Te wapen!' Ze storten zich op de edelen uit Maas- en Moezelstreek, die Karel Martel door hoge functies had gegeven.

Het lijkt wel, of de opperhofmeiers iedere keer weer met meedogenloze strijd moeten bewijzen, dat zij de oppermacht ook werkelijk waardig zijn.

Zo gaat het ook nu:

'Hoewel hij klein is en de bijnaam '*de Korte*' draagt, beschikt hij over geweldige kracht en heeft hij zich een uitzonderlijk dapper aanvoerder getoond...' Zo spreekt men over Pippijn III, die tenslotte alle macht in handen heeft gekregen. Al die overwinningen, op zijn tegenstanders behaald, verschaffen hem zó'n aanhang onder de Frankische edelen, dat er geen schijnkoning meer naast hem hoeft te zijn. Hij roept zijn rijksgroten bijeen en stelt hen voor:
'Laat de paus beslissen, wie voortaan over het Frankenland zal regeren: de koningen,

Bonifatius, (1357) zoals hij op een stenen grafplaat in de Dom te Mainz is afgebeeld (links).

Middeleeuwen – Bourgondische tijd

die geen invloed hebben, of de opperhofmeier, die in feite het land regeert!'

Paus Zacharias (door toedoen van Willibrord en Bonifatius steeds nauwer bij het Europese staatsleven betrokken!) kiest voor de hofmeier.

'Hoog! Onze koning hóóg!' Op oud-Germaanse wijze wordt de kleine gedrongen gestalte van Pippijn in het jaar 751 door zijn edelen op een schild de lucht ingetild en te Soissons tot koning uitgeroepen. De láátste Merovingische schijnkoning, Childerik III, wordt van zijn lange hoofdhaar en van zijn waardigheid beroofd en moet naar een klooster. Vermoedelijk wordt hij op die tocht gevolgd door een kar, waarin al zijn vrouwen en lichtekooien hebben plaatsgenomen...

Aan Bonifatius valt de eer te beurt om Pippijns verheffing tot koning te bekrachtigen. Het bewijst zijn overweldigend prestige. Als aartsbisschop zonder zetel en als bisschop van Mainz heeft hij niet alleen moreel overwicht. Het toezicht over veel bisdommen, waaronder Keulen, Worms, Luik en Utrecht is hem opgedragen, terwijl hij tevens nog belast is met het bekeringswerk in het gehele Germaanse land.

In het bijzijn van de rijksgroten zalft hij Pippijn te Mainz – in naam van de paus – tot koning der Franken.

Bonifatius, apostel van Duitsland, grondlegger van de macht en invloed die de kerk nu in West-Europa ontwikkelt, is ondanks al zijn aanzien in zijn hart een missionaris gebleven. Als in noordelijk Friesland de anti-Frankische, anti-christelijke partij zich in een laatste krachtmeting op de christenen wil werpen, aarzelt Bonifatius geen ogenblik.

'Domine, ad adjuvandum me festina...' Die woorden, die in de kloosters tijdens de ochtenddienst weerklinken: 'Heer haast U om mij te helpen!' heeft hij wellicht tot de zijne gemaakt. Als láátste missiegebied kiest hij de landstreek, die Karel Martel op de Friezen veroverd heeft.

Hij is 70 jaar oud, als hij per schip de Rijn afzakt en in Utrecht zijn werk gaat voorbereiden. Met 9 helpers vaart hij over het Almere naar het Noorden. Daar krijgt hij vermoedelijk steun van een militaire escorte, zoals die overal in de grensgebieden gelegerd zijn. Bezield door zijn roeping vat Bonifatius weer zijn echte zendingswerk weer op.

'Bekeert U. Verlaat de oude goden voor God, onze Vader Die in de hemelen is, Wiens koninkrijk zal komen...'

Moedig als steeds werpt hij de afgodsbeelden omver, bouwt kerkjes en doopt:

Zijn oogst aan bekeerlingen is groot...

Dokkum, 5 juni in het jaar 754: Boeren drijven hun vee naar buiten. De huizen op de stadsterp zijn omgeven door een ringweg, waaraan de stallen der boerderijen gelegen zijn. De ossen kunnen hun weg naar de lager gelegen weilanden gemakkelijk vinden.

De zon is opgegaan en beschijnt het dorp, de bomen en de gerichtplaats, die in het midden van de terpengemeenschap ligt. Daar bespreken mannen en in groepjes vrouwen de dingen van de dag.

'Ik ben in het kamp geweest. Het zijn vriendelijke mensen!'

'Hun opperpriester is een oude man!'

'Vandaag wordt daar heel wat volk verwacht!'

'Zo?'

'Een van de helpers heeft dat verteld!'

De zon schijnt op het tentenkamp van Bonifatius. Op deze woensdag na Pinksteren worden daar een aantal bekeerlingen verwacht om van de priesters het sacrament van het Vormsel te ontvangen.

'Wat doen ze nou?' Omstanders zien toe, hoe Bonifatius en zijn helpers het kamp in gereedheid brengen om de stoet van pas gedoopten welkom te heten. Een Friese boer, met enkele schapen op weg naar de wei, blijft even staan. Misschien knikken de priesters hem vriendelijk toe – en danken zij in stilte God, dat zij – óók als herders – een aantal nieuwe schapen in de kerk mogen leiden...

'Verraad, verraad!' Plotseling is het kleine kamp in rep en roer. In plaats van bekeerlingen, naderen vijandige Friese ruiters met hun krijgsvolk. Zij dringen met geheven zwaarden het kamp binnen. Bonifatius ziet wat er gebeurt.

'Géén geweld... Nee, we verweren ons niet!' roept hij zijn helpers toe. Tot het laatst blijft hij trouw aan de woorden, die hij steeds heeft gepredikt.

Een Fries zwaard wordt naar hem opgericht. Hij heft een Evangelie in afweer boven zijn hoofd. Het zwaard doorklieft het boek. Bonifatius stort dodelijk getroffen op de grond.

'Domine, fiat voluntas tua...' Misschien weerklinken nog die gefluisterde woorden: 'Heer, Uw wil geschiede...'

Aan het leven van een groot man is schokkend, onverwacht een eind gekomen.

De marteldood van Bonifatius en al zijn helpers, maakt diepe indruk in de gehele westelijke wereld.

'Dit schreeuwt om wraak!' roepen de Friese christenen. Zij verzamelen zich tot een flinke strijdmacht en brengen de Friese heidenen een verpletterende nederlaag toe. Weinig christelijk richten zij een ware slachting aan. Dan brengen zij het lijk van de grote prediker naar Utrecht, waar het na balseming begraven wordt als een kostbaar reliek.

Maar dan komen geestelijken uit Mainz. 'Hij was ónze bisschop,' zeggen ze met klem. 'Hij moet bij óns worden begraven!'

Na enige geharrewar krijgt Bonifatius, overeenkomstig zijn eigen wens, een laatste rustplaats in zijn dierbare abdij Fulda. Met eerbied wordt zijn lijk overal gevolgd en nagekeken op de lange weg van Utrecht naar Mainz.

Onder toezicht van de gouwgraaf Abba bouwen de Friezen op het martelveld bij Dokkum een bijna 4 meter hoge terp. Daarop krijgen een gedachteniskerk met school, priesterhuis én kerkhof een eerbiedige plaats.

Met de dood van Bonifatius lijkt een tijdperk afgesloten. Het missiewerk van Angelsaksische zendelingen en kerkhervormers loopt op zijn eind. Overal in de Lage Landen zijn kerken, kloosters en abdijen verschenen – dragers van kennis en cultuur. De kerk gaat een opvoedende en leidende rol in de samenleving vervullen.

De woeste, onbehouwen Germaanse geest wringt zich langzaam maar zeker in het harnas van het christelijk geloof. Zelfs ruwe, onbeheerste edelen beginnen de banvloek van de kerk te vrezen.

Samen met de wereldlijke macht van de Frankische koningen kan de kerk de beschaving van het Romeinse rijk herstellen én verder uitbouwen, als Karel de Grote, zoon van Pippijn III, de troon bestijgt.

Bonifatiuskruis. Dit zou een van de kruisen zijn die in 754 opgericht werden door de bewoners van de plaatsen waar het stoffelijk overschot van Bonifatius op weg van Mainz naar Fulda overnachtte.

Karel de Grote

In kloosters en abdijen buigen geduldige monniken zich over vellen perkament. Vol overgave kopiëren zij de Evangeliën, de geschiedenissen der heiligen, of de gedachten van een belangrijk kerkvorst. Met sierlijke letters vermelden zij wetenswaardigheden over kruiden, astronomie, of het leven van Jezus.

'Nisi efficiamini sicut parvuli – Indien gij niet gelijk de kinderen wordt, zult ge het koninkrijk Gods niet binnengaan...' De beginletters der hoofdstukken versieren zij met een gestyleerd diermotief.

Na jaren van heidens én christelijk geweld maken de geestelijken een nieuwe balans op van het menselijk bestaan. Zij bergen de kennis en cultuur der Romeinen – gevoegd in de leer van Christus – in boeken samen, zodat dit erfgoed voor het nageslacht niet verloren gaat.

Aan donkere, onbeschreven eeuwen is een eind gekomen.

Een nieuw tijdperk breekt aan, als Pippijn III in 768 sterft en zijn zoon Karel – na de gebruikelijke opstanden en familietwisten – drie jaar later álle macht over het Frankenrijk stevig in handen krijgt.

Als een volledig heerser over staat én kerk tracht hij het zedelijk en intellectuele peil van zijn volk te verheffen en orde te scheppen in de verwilderde toestanden van zijn rijk.

Karel de Grote! Zonder twijfel is hij één der grootste figuren, die de Lage Landen hebben voortgebracht. (Hij stamt vermoedelijk uit de Ardennen – we nemen het dus ruim). Reeds door zijn tijdgenoten is hij met alle beschikbare superlatieven beschreven:

'Hij had een brede, krachtige lichaamsbouw en een hoge gestalte, die zeven maal de lengte zijner voeten bedroeg. Zijn ogen waren groot en levendig. Hoewel zijn hals te kort en te dik was en zijn buik een weinig vooruitstak, was zijn gestalte, hoogst eerbiedwaardig en indrukwekkend, zowel zittend als staand. Opvallend was zijn te hoge stem...'

Zijn ijzersterke gezondheid stelt hem in staat uren achtereen paard te rijden of te jagen. IJverig oefent hij zich in zwemmen. Hij verstaat die kunst zó voortreffelijk, dat niemand hem daarin evenaart.

'Vooruit, we gaan zwemmen. Allemaal!' Vaak moet zijn hoge stem zo geklonken hebben. Een van zijn biografen vermeldt: 'Niet alleen zijn zonen, maar ook de rijksgroten en zijn vrienden, niet zelden ook de gehele stoet van zijn gevolg en zijn lijfwacht nodigde hij in het bad, zodat soms meer dan 100 mensen te zamen baadden...'

Heel wat keren zal dat zijn gebeurd in de Maas, bij Luik, waar koning Karel zo graag vertoefde op de landgoederen van zijn voorgeslacht:

Daar staan ze, geheel naakt, aan de oever van de glasheldere rivier. 'Nee, niet spatten,' kirren liefalligke jonkvrouwen. Roze en blank staan ze in de stroom. Langzaam lopen ze naar dieper water, waar de dappersten voorzichtig neerhurken. Plotseling neemt een hofjonker één van hen in zijn sterke armen. 'Nee, nee... m'n haren!' Gillend spartelt ze tegen, maar het helpt haar niet. 'Plons!' Daar gaat ze onder.

Terwijl koning Karel met krachtige slagen door het diepste water zwemt, stoten soldaten van de lijfwacht elkaar grinnikend aan.

'Kijk hem... Hij durft niet!'

Piemelnaakt schuift een trotse edelman met zichbare tegenzin en angst voetje voor voetje de rivier in. Hij moet wel, want de koning heeft het bevolen en een uitweg was er niet.

Het hof baadt. Vrolijk en uigelaten klinken de stemmen in een stuk ongerept natuur.

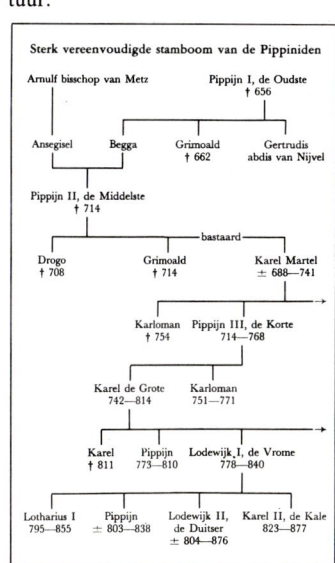

Ruiterbeeldje van een Karolingische heerser, volgens de traditie Karel de Grote. Waarschijnlijk omstreeks 860 te Metz vervaardigd.

Stamboom van de Pippiniden.

Middeleeuwen – Bourgondische tijd

Zegel van de grietmannen en rechters van Franeker, voorstellende Karel de Grote.

'Dat was lekker,' zegt de koning als hij naar de kant stapt, zich afdroogt en zich begint te kleden in de gewone Frankische volksdracht: een linnen hemd glijdt over zijn blote lichaam. (Vermoedelijk heeft hij nooit een onderbroek onder zijn wambuis gedragen.)

'Mijn kousen!' Hij trekt zijn lange kousen aan, die hij tot over de dijen ophijst en om zijn middel samenbindt. Dan slingert hij de windsels om zijn benen. ('s Winters beschermt hij borst en schouders met een zeehondenvel tegen de kou.)

Ook de andere baders komen nu uit de rivier. Ze generen zich niet voor hun naaktzijn. Schaamtegevoel bestaat in Europa nog niet. Dat komt pas eeuwen later.

Ook sex levert geen al te grote problemen – althans voor de mannen van het hof. Overeenkomstig de zeden van de tijd ontdoet koning Karel zich zonder moeite van zijn vrouwen. Hij trouwt vijf keer en bezit buiten zijn gemalinnen niet minder dan vier vaste bijzitten.

'Wie vanavond heer?'

'Laat de blonde Martha komen! Een donderse meid en ze is in lang niet geweest.'

Aan zijn echte én buitenechtelijke kinderen geeft koning Karel een voortreffelijke opvoeding. Naast wetenschappelijke en godsdienstige vorming laat hij hen onderwijzen in de ridderlijke kunsten van zijn tijd. Zelf kan hij lezen, noch schrijven.

Vermoedelijk is hij in een kar geboren, toen Pippijn met zijn hof onderweg was en heeft hij een groot deel van zijn jeugd in legerplaatsen doorgebracht. Dáár was het zwaard machtiger dan het woord. Pas op oudere leeftijd tracht hij lezen en schrijven te leren. Zonder veel resultaat:

'K-a-r-e-l.' Met beverige, onzekere letters plaatst hij onder staatsstukken tenslotte toch zijn eigen naam. Veel verder komt hij niet. Ondanks zijn visie, zijn mensenkennis, zijn intuïtief gevoel voor cultuur, blijkt zijn intellect beperkt. 'De taal, die men aan God verschuldigd is!' Dat is zijn mening over het Latijn, dat hij vrij vloeiend leert spreken. Het Grieks kan hij redelijk goed verstaan.

'... En doe mijn groeten aan alle dienaren!' Laat koning Karel in een van zijn brieven schrijven. Aandoenlijk – en geheel overeenkomstig het streven van de kerk – is zijn oprechte bewogenheid voor het lot van de kleine man. Vooral voor hen voert hij een betere rechtspraak in: een rechtbank van schepenen. Hij vaardigt zelfs een besluit uit, dat horigen en slaven op zondag niet hoeven werken, zodat zij als gewone mensen naar de kerk kunnen gaan.

Karel toont zich een voortreffelijk organisator. Steunend op zijn zendgraven, die het bestuur in de gouwen en marken voor hem controleren, schept hij orde in Europa. Hij werkt hard:

'Na het middagmaal, waarbij hij wat ooft tot zich neemt, gaat hij een paar uur slapen. 's Nachts staat hij drie of vier keer op om zich aan staatszaken te wijden...' vermeldt een tijdgenoot.

Als een absoluut vorst heerst Karel de Grote over Kelten en Germanen, Slaven en Romanen, Avaren en zelfs over Saracenen in de Spaanse mark. Om al deze volkeren, met hun uiteenlopende zeden en gewoonten in één rijk te kunnen verenigen, staan hem twee bindmiddelen ter beschikking: zichzelf, dus de persoon van de koning, en de godsdienst.

'Wij zweren het! Wij zweren het!' Steeds weer klinken die woorden aan zijn hof. Want Karel laat geen gelegenheid voorbijgaan om de aanwezigen de eed van trouw aan hem te laten herhalen – alsof hij er steeds aan wil herinneren, dat zij van hem afhankelijk zijn. De rijksgroten zijn hem speciale trouw verschuldigd door een vazallen-eed.

Het is echter vooral de godsdienst, die tot eenheid moet leiden. Daarom steunt koning Karel de kerk waar hij kan. Hoe vaak zegt hij aan een schrijver, een monnik die aandachtig luistert:

'Noteer! We schenken dat koninklijke domein aan abt Flobertus!'

'Schrijf aan de abt van Fulda, dat hij de missie blijft bevorderen in zijn gebied.'

'Laat de bisschop weten, dat óók hij in zijn bisdom een school moet stichten!' Van de bisschoppen, die hij zelf benoemt, eist hij onvoorwaardelijke gehoorzaamheid. Zo wordt de kerk bij uitstek het instrument, waarmee Karel de eenheid smeedt – en waarmee hij de heidenen in de veroverde gebieden tot getrouwe onderdanen tracht te maken:

'Domine, deduc me in verbo tuo...' Een priester dicteert die woorden van Psalm 119. Even is niets anders te horen dan het gekras van de ganzeveer. Bekeerde Friezen en Saksen, die tot priester worden opgeleid, buigen zich in de befaamde missieschool van Utrecht over hun lessenaar.

'En de vertaling?'

'Heer, maak mij verstandig naar uw woord!'

De priester knikt goedkeurend. Godlof, hadden enkele van zijn pupillen een uitstekend verstand.

Vanuit de missieschool te Utrecht trekt de Angelsaks Liafwin naar het oosten. Hij predikt achter de IJssel. Te Deventer sticht hij de eerste kerk. Natuurlijk komt de heidense wereld tegen die kerk in verzet:

'Hebben jullie het gehoord? Een christentempel is in onze landstreken bij de IJssel verrezen.' Als een lopend vuur gaat dat onthutsende nieuws langs de heidense stammen, die het gebied tussen Elbe, IJssel en Wezer bevolken.

'Dit is het begin van onze onderwerping. Laten wij ons wapenen! Weg met die kerk, die een inbreuk op onze vrijheid is!' Op de vergaderplaatsen spreken de Saksische edelingen felle woorden. Zij hebben genoeg gezien en ervaren om het christendom te vrezen en te haten met een hardgrondige haat. Hevig verontwaardigd rukken de Saksen met een krijgsbende op. Woedend werpen zij zich op de christenen van Liafwin.

'Sla het bouwwerk in elkaar. Verbrand het hout. Niets moet overblijven!' Ze maken de kleine kerk te Deventer met de grond gelijk.

Liafwin toont zich een even dapper als volhardend priester. Hij heeft daar bij Deventer zijn eerste bekeerlingen gemaakt en geeft zijn missie niet op. Met steun van Helco, de zoon van de edelman Folcbraht – en vermoedelijk weet hij de wapens van koning Karel achter zich – begeeft hij zich naar het hol van de leeuw. Hij verschijnt op de jaarlijkse volksvergadering en spreekt daar de Saksische afgevaardigden toe:

'Ik eis schadevergoeding voor mijn vernielde kerk! Ik eis het recht om aan uw stammen, die mij verwant zijn, te prediken!'

Moedig, maar ook brutaal. Het kost hem bijna zijn leven.

'Snoer hem de mond! Sla hem dood!' Woedend schreeuwen de Saksen hun verontwaardiging uit. Slechts ternauwernood redt Liafwin het vege lijf.

'Domine, deduc me in verbo tuo...'

Wellicht is deze gebeurtenis mede aanleiding geweest, dat koning Karel zijn leger verzamelt.

'Op naar de heidense Saksen. Hun onderwerping moet volledig zijn. God wil het,' zeggen de priesters en zij zegenen de wapenen. Menig krijgsman draagt voor alle zekerheid toch nog een talisman op de borst.

Een eindeloze strijd breekt uit. Steeds weer rukken de Franken op om de Saksische stammen met ontstellende wreedheid te knechten. Maar evenzoveel keren komen de Saksen onder hun dappere aanvoerder Wittekind vol haat tegen de Franken in opstand.

In een periode van bijna 40 jaar 20 veldtochten! Onvoorstelbaar veel leed. Dorpen en nederzettingen gaan in vlammen op.

'Doodt hen! Doodt hen allen!' zegt koning Karel, als Wittekind hem opnieuw is ontsnapt. Een groot aantal gevangenen moet daar voor boeten.

'Klàk... klàk!' Zwaarden flitsen door de lucht. De gevangenen worden stuk voor stuk onthoofd. Daar rollen hun hoofden, met baarden, met snorren, met littekens en nog bezweet van de strijd.

Te vuur en te zwaard wil koning Karel het christelijk geloof doen zegevieren. IJzerstrenge, onmenselijke wetten voert hij bij de onderworpen stammen in:

'Wie zich onder het volk der Saksen ongedoopt verbergen wil en nalaat zich ten doop te bieden, zal met de dood worden gestraft!'

Handtekening van Karel de Grote. De keizer tekende alleen het ruitje binnen het monogram. De rest werd door een klerk geschreven.

Een detail uit een rijkbewerkte boekband, later bestemd voor de *Codex aureus Echternacensis* (ongeveer 1050).

ningen en Oostfriesland hem als missiegebied toegewezen...

> Het Godenpaard Stormwind, vrij en ontembaar
> stormt door de hemelse nacht
> De kruinen der heilige eiken buigen naar het land
> Ons land, dat vol wind, wijd en vrij is...

In die geest heeft de geliefde, blinde zanger Bernlef in de Friese dorpen gezongen: over de goden, over de voorvaderen, over de grote heldendaden van weleer.

Volgens de legende bekeert Liudger die blinde zanger, die dan, als door een wonder, plotseling weer kan zien! Niet langer bezingt Bernlef dan de heidense helden. Hij dicht en zingt nu over de glorie van God en steunt het werk der missie. Aan de zijde van Liudger trekt hij door het Friese land.

Liudger groeit uit tot een groot man. Hij werkt onder de Friezen, vervolgens onder de Saksen. Bij de Ruhr sticht hij de abdij Werden, die grote bekendheid krijgt. De beloning voor zijn ijver blijft niet uit. Als koning Karel de opstandige Saksen eindelijk definitief onderwerpt (door duizenden van hen naar het Frankenland te deporteren!) wordt Liudger tot bisschop van Munster benoemd. Misschien is hij het wel geweest, die de dappere Wittekind tenslotte toch tot het christendom bekeert.

Het rondtrekken der missionarissen heeft geleid tot een onoverzichtelijk kerkelijk bezit. Ook in de lage landen liggen de uitgestrekte bezittingen van kloosters, abdijen en bisdommen – voorzien van allerlei voorrechten – door elkaar verspreid. Door het werk van Bonifatius bezit de abdij van Fulda hier uitgebreide goederen. De kerk van Linwerd, waaromheen Leeuwarden zich ontwikkelt, behoort aan de abij van Corvey. Dankzij de missie-arbeid van Liudger beschikt de Westfaalse abdij Werden over een deel van de opbrengst van de kerkelijke landerijen in het Friese land.

'Ligt alles nu werkelijk op de karren?' De pastoor van Winsum loopt bedrijvig met zijn lijst heen en weer. Eens in de drie jaar is hij verplicht de abt van Werden een aantal produkten te leveren. Nu is het weer zover. Voor het laatst controleert hij het transport:

'Een mud tarwe, 5 mud rogge, vijf hamels, twee varkens...!' Hij bekijkt ze kritisch.

'Ze zijn wat aan de kleine kant, maar de big is dik!' mompelt hij tegen de monniken die hem behulpzaam zijn. Dan telt hij verder: 'Een koe, 10 kazen, 10 kippen, 100 eieren, een ton boter, 3 kruiken wijn, een voer bier, een pond was, 1/4 pond peper, een bond vlas, 10 schepels haver, 2 voer hooi, hout, braadspietsen, 5 solidi voor aalmoezen...' Het is er allemaal.

'Waar ligt het laken?' In Werden rekenen ze ook op stof voor een mantel voor de abt. 'Hier!' wijst een monnik. De pastoor haalt opgeruimd adem. Al zal de spoeling dit jaar wat dunner zijn, ze zijn er voor de komende drie jaren weer van af. Tenzij de abt van Werden hem een bezoek zou brengen om zijn bezittingen in ogenschouw te nemen. Dan moeten er volgens afspraak vissen op tafel komen: 'Ieder met een lengte van 9 duim!' De abt en zijn monnniken zullen wel behoorlijke smulpapen zijn, denkt de pastoor van Winsum, als de zwepen knallen en het transport zich op weg begeeft...

'Wanneer iemand uit minachting voor het christendom zich niet aan het veertiendaagse vasten houdt en vlees eet, hij zal de dood sterven...'

Onthutst en verbijsterd luisteren de Saksen op hun dorpspleinen toe, als door dienaren van koning Karel de wetten bekend worden gemaakt.

'Wanneer iemand met geweld een kerk binnendringt en daar iets rooft of steelt, hij zal de dood sterven!'

'Als iemand het lichaam van een gestorvene naar heidens gebruik verbrandt, hij zal met de dood worden gestraft!'

Met de scherpte van het zwaard besturen Frankische edelen de veroverde gouwen in het Saksische land. Zij heffen tienden. Zij eisen mensen:

'Op iedere 120 man moeten twee horigen aan de kerk worden afgestaan om diensten te verrichten!'

Keer op keer tot het uiterste gebracht, nemen de Saksen verbeten hun wapenen op. Met onuitblusbare moed scharen zij zich steeds weer achter hun ongrijpbare aanvoerder Wittekind, om hun vrijheid, hun heidendom, hun recht te strijden en zich te wreken op de Franken, door wie zovele stamgenoten werden vermoord.

Bij één van hun opstanden dringen de Saksen Drenthe, Groningen en Friesland binnen. Vol hartstocht plunderen zij de kerken.

'Bekeer u. Keer terug naar uw oude goden!' roepen zij de Friezen toe. Een groot aantal Friezen is maar al te bereid het christendom af te zweren.

'Here Jezus... ik bedoel Heilige Wodan, Alvader!' Met zoenoffers aan Wodan en Donar omhelzen zij opnieuw het heidens geloof.

De Friese missionaris Liudger, zoon uit een adellijk geslacht (in Utrecht opgeleid), moet halsoverkop vluchten, als de woeste Saksen daar in het jaar 782 het land binnendringen. Hij besluit zijn studie te voltooien. Via Rome reist hij naar het beroemde klooster op de Monte Cassino, waar zijn familielid Theodema abt is.

Als de rust in Friesland is teruggekeerd, stuurt koning Karel de afgestudeerde Liudger in 786 naar het noorden:

'Herstel de schade en teruggang van de kerk in de gouwen Hugmerchi, Hunusga, Fevelga, Emisga, Federitga en het eiland Bant!' luidt de opdracht. Zo worden Gro-

Middeleeuwen – Bourgondische tijd

Friese vrachtvaarders zullen de produkten uit Winsum wel hebben overgeladen op schepen en naar Werden hebben gebracht. Zij hebben zeker ook goede zaken in dienst van de abdij van Fulda gedaan. Met volgeladen schepen zeilen en roeien zij over de Rijn om de goederen uit Fulda's Friese bezittingen naar Mainz te brengen. Het verkeer is zó intens, dat welvarende schippers zich in Mainz gaan vestigen: in de Friese wijk! Met de handel in het rijk van Karel de Grote is het overigens bitter slecht gesteld. De economie beleeft een periode van snelle neergang. Daarvoor zijn verschillende oorzaken aan te wijzen. Eén ervan ligt bij een profeet, die ver van het Frankenland in de 6de eeuw werd geboren:

'Allah is groot en Mohammed is zijn profeet!' Met die strijdkreet hebben de mohammedanen een heilige oorlog geproclameerd. Met het kromme zwaard in de hand willen óók zij hun geloof naar andere landen uitdragen. Karel Martel heeft hen in het jaar 732 bij Poitiers een zware nederlaag toegebracht en hen achter de Pyreneeën kunnen terugslaan. De mohammedanen hebben zich echter stevig rond de Middellandse Zee kunnen nestelen.
'De christenen kunnen er zelfs geen plank meer laten drijven!' beweren de kaliefs en emirs met enige overdrijving. Maar de weg van het Frankenland naar het Oosten ligt toch wel gedeeltelijk geblokkeerd.

Om het gevaar van opdringende mohammedanen aan zijn zuidgrens te keren, trekt koning Karel met een sterke strijdmacht over de Pyreneeën heen: Veel succes boekt hij daar niet. Als zijn troepen op de terugweg plunderend door het Baskenland trekken, wordt zijn achterhoede in de verraderlijke vallei van Roncevalles door de Saracenen overvallen en in de pan gehakt.

Graaf Roland rijdt nu over het oorlogsveld
En richt, met in zijn hand zijn snijdend zwaard
Een hevige slachting aan onder het morenvolk.
O, had gij toen de dappere vorst gezien,
Die lijk op lijk stapelt... zijn lijf, zijn schild
Zijn dapper paard van nek tot schouder rood...

Het *Roelandslied* gewaagt, hoe koning Karel drie van zijn paladijnen waaronder graaf Roeland, bij Roncevalles verliest.
De gevolgen van de geblokkeerde handelsroute naar het Oosten, worden duidelijk merkbaar: de goudinvoer stagneert. Gouden munten raken uit de roulatie.
'We zullen een zilveren muntstelsel invoeren!' beveelt koning Karel. Het *pond*, de *schellingen* en *penningen* (het stelsel dat tot voor kort in Engeland is blijven bestaan) doen hun intree. Maar ook hiervan is de voorraad niet genoeg.
'Moeder Maria,' briest een edelman. 'Ik moet hoognodig gereedschap hebben. Maar ik heb geen geld. Er is niet aan te komen!'
'Geef één van de runderen in ruil. Of neem wat hammen mee,' zegt zijn vrouw. 'En vloek niet zo!' Met een aantal hammen rijdt de edelman kankerend weg.

Om noodzakelijke goederen te krijgen moeten de mensen *ruilhandel* gaan drijven – met alle gevolgen van dien!

Zeker is de teruggang van de economie ook te wijten aan de grote onveiligheid op de wegen. Menig koopman ervaart dat tot zijn bitter verdriet, als hij in het grote rijk ergens in een hinderlaag loopt:

'Nu!' Een groep struikrovers springt uit de struiken te voorschijn. De bogen staan gespannen; de speren, klaar voor de worp, zijn gericht.
'Erbarmen!' roept een handelaar. Maar de ruige, vervuilde troep lacht hem uit.
'Geef hier die mantel, die dolk, dat zwaard... Kom op met je wambuis, die riem, je hemd!' Het paard en de kar met koopwaar worden weggevoerd. En jammerend blijft dan een halfnaakte handelaar in het rulle, stoffige karrespoor achter.

De armoede neemt hand over hand toe. In de steden kunnen de kooplieden – zonder kopers – zich niet langer handhaven. Hun stand verdwijnt vrijwel geheel. Een aantal steden raakt hierdoor ontvolkt. Desolaat en haast spookachtig leeg staan ze in het Frankische land.
'Kan je munten smelten van deze zilveren schaal!' Met die vraag kloppen de edelen met zilveren voorwerpen bij de schaars wordende muntmeesters aan. En maar al te graag voegen zij daaraan toe:
'Héé, luister, een extra beloning, als je wat goedkoper metaal door de geldstukken smelt...' Door dergelijke vermengingen kunnen velen van hen nog een voordelig slaatje slaan.

Slechts één groep mensen schijnt in die tijd nog goede zaken te doen.:

'Deze kostbare stof, heer. Ik bied u hem aan voor die zilveren kan! Voelt u eens. In het gehele Frankenrijk vindt ge geen betere kwaliteit.' Gehuld in een lange kaftan, met een eerbiedwaardige lange baard rond zijn scherp getekend, intelligent gezicht, kijkt een joodse koopman een edelman aan.
Juist in die ongelukkige jaren van neergang komen de joden naar West-Europa om handel te drijven. Zij blijken in staat het contact tusen Oost en West te onderhouden.
'Ik heb ook specerijen, wierookkorrels voor de kerken, ivoor en edelstenen, heer!'

De joodse koopman ziet de ogen van de jonkvrouw oplichten. Hij knikt naar zijn dochter. 'Rebecca, geef me het kleine kistje...'
De risico's die de joodse handelaren moeten nemen, zijn groot. Zij moeten die dekken met stevige prijzen. In hun lange kaftans trekken zij als mysterieuze figuren door het Frankenland – nagestaard door het volk, dat hen al wantrouwt om hun geheimzinnige dracht. Waar alom armoede heerst, wekt het bezit der joden afgunst en haat – al blijft hun handel beperkt tot de toplaag der rijken.
Met speciale wetten en weergelden moet koning Karel de joden in zijn rijk in bescherming nemen.
Dan al!

In die jaren van economisch verval zwerven overal hongerende, schooiende troepen langs de mulle zandwegen. Zij zijn afhankelijk van de barmhartigheid van kloosters en van de vrijgevendheid der rijken in het land.
'Eten, heer. Geef iets te eten voor mijn vrouw en kinderen!' Grauw en vervuild, gehuld in lompen, kloppen ze bij boerderijen aan. Wat niet goedschiks wordt gegeven, wordt soms kwaadschiks gepikt. Verenigd tot flinke roversbenden overvallen zij welvarende landgoederen.

Zo liggen daar dan de Lage Landen. Zendgraven rijden met hun krijgsvolk van gouw naar gouw. Desondanks heerst er een voortdurende angst in vrijwel iedere afgelegen hoeve.
'Stil eens?'
'Hoorde je wat.'
Een hond blaft. Een rijke boer grijpt naar zijn zwaard en wekt zijn knechten. Rovers? Schooiend volk?
Overal laten de welgestelden hun hoeve nu met palissaden omringen. Achter stevige, hoge palen, geheid in een aarden wal, zitten ze veilig. Het vuur brandt. Een minstreel zingt. In de verte weerklinkt het geratel der melaatsen, die buiten de gemeenschap gestoten zijn...

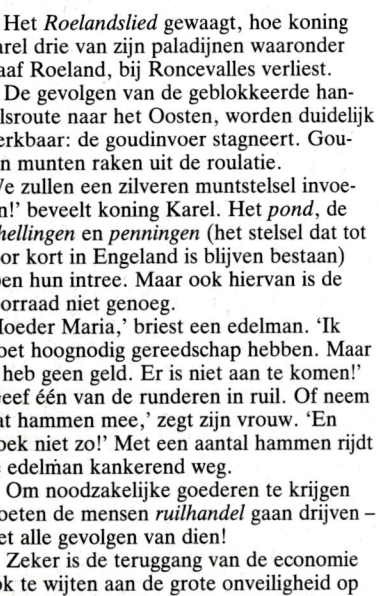

Joodse vertalers speelden een belangrijke rol in de cultuuroverdracht van Oost naar West. Een vertaler ontvangt een boek van een Arabisch heerser (rechts boven) en biedt zijn vertaling aan een christelijke vorst aan (links boven).

Onder de keizerskroon

Tijdens de regering van Karel de Grote valt Europa geheel en al op zijn landbouw terug. Overal leeft men van de opbrengst van de grond. Omdat men de produkten van eigen grond niet langer kwijt kan, moeten de grote landgoederen zichzelf gaan bedruipen.

De grootgrondbezitters (de rijke edelen én de kerk) worden gedwongen hun eigen werkplaatsen in te richten voor het vervaardigen van gereedschap; voor het knopen van visnetten; voor het weven van eigen kleding. Geld, om iets te kopen, ontbreekt.

Op de landgoederen moet men eigen molens gaan bouwen voor het malen van het graan.

'Ik wil bier!' kan een edelman schreeuwen, maar wil hij het drinken, dan moet het door zijn eigen knechten worden gebrouwen.

Het is een harde noodzaak geworden om horigen tot timmerman, smid, bierbrouwer of bakker te bekwamen. Want geld, om ambachtslieden te huren, is er niet.

De onmisbare produkten, zoals zout of wijn, worden door ruilhandel verkregen.

Door de onmogelijkheid om produkten in munt om te zetten, komt ook koning Karel keer op keer in geldnood te verkeren. Met nog meer noodzaak dan zijn voorvaderen, moet hij met zijn hof van palts naar palts, om zich op de koninklijke landgoederen door de oogsten heen te eten. Zijn hof heeft zó'n omvang gekregen, dat hij zijn dienaren, stalgraven, schrijvers, muzikanten, geestelijken, lijfwacht, bezoekende graven en hertogen, baantjesjagers én zijn vrouwen slechts korte tijd op één en hetzelfde landgoed kan onderhouden.

'Heer koning, de voorraden zijn op!'

'Nu al?' Met een zucht geeft Karel opdracht de boel te laten pakken. Het hele hof maakt zich opnieuw gereed om naar de volgende palts te gaan. Flinke voorraden liggen daar gereed.

En daar gaat de koninklijke stoet: de vrouwen en dochters, de pages en zangers, de edelsmeden en muntmeesters, die brokken kostbaar metaal afwegen, zodat de koning dáármee zijn betalingen kan doen. De mannen zitten te paard, de vrouwen op karren. De knechten sjokken door de modder.

Niet voor niets zien de leenmannen en de meiers op de koninklijke domeinen zich overstroomd met wensen en opdrachten van koning Karel, voordat hij met zijn hof in aantocht is. Als grootste grootgrondbezitter heeft Karel er direct belang bij om de landbouw in zijn rijk te verbeteren. Op de koningsgoederen begint hij het drieslagstelsel voor de akkers in te voeren (één jaar braak liggen, twee jaar verschillende gewassen zaaien). Tegelijkertijd richt hij modelboerderijen op:

'En? Wat staat er?' De meier van het koninklijk domein te Asnapium kijkt de monnik die hij heeft laten komen vragend aan.

'Het is een *capitulare de villis*, gezonden door koning Karel, heer!'

'Een wát?' De meier schenkt broeder Flotarius nog eens in.

'Het is een verordening betreffende de domeinen, heer. U moet hem een opgaaf verstrekken van al de voorraden, van al het gereedschap, huisraad en werkplaatsen! En van al het vee!'

'Heilige Maria!' zegt de meier ontzet. De monnik slaat haastig een kruis.

'Als u me dicteert, zal ik het opschrijven!'

Even later lopen ze naar buiten. De meier kijkt hoofdschuddend rond. Moet de koning weten, dat het hoofdgebouw van steen is opgetrokken en drie kamers omvat? Moet hij melden, dat op het erf – binnen de houten palissaden – zeventien hutten staan? De monnik knikt, begint te schrijven.

'Zeventien hutten...' Ze zijn slechts één kamer groot. De horigen met hun gezinnen hebben daar een onderkomen gevonden.

De monnik noteert tevens, dat er grote stallen zijn, een bakkerij, een keuken en schuren voor het graan! 'Jij daar, aan je werk!' snauwt de meier naar een horige, die geintjes staat te maken met een meid uit de spinkamer. Met een domme grijns sjokt de man in zijn vuile lompen door het drek naar de stenen poort. Hij pakt zijn houten schep, kijkt nog eens om en loopt dan door de poort naar de moestuin verderop.

Boven de poort ligt de zolder, waar de uitdelingen van voedsel aan de armen plaatsvinden – zolang de voorraad strekt.

'Schrijf dat ook maar op!' Met een zucht laat de meier zijn blikken gaan over de hof met vruchtbomen, groentetuinen, veldjes met kruidgewassen – vanwege het gespuis dat langs trekt eveneens met palissaden omringd. Hij dicteert. Broeder Flotarius schrijft het op: vrijwel geen woord zonder spelfouten.

'Koperen schalen, drinkbekers, twee koperen en een ijzeren ketel, een pan, een haardijzer, een lantaarn, vier bijlen, twee boren, een grote en een kleine schaaf, twee zeisen, twee sikkels, twee met ijzer beslagen schoppen...' Al die metalen voorwerpen behoren tot de kostbaarheden van het erf. Het houten gereedschap wordt achtelozer vermeld.

Ze komen bij de voorraden. Knechten versjouwen zakken, wegen af: '90 korven spelt, goed voor 450 pond meel en zaaigoed, 100 mud weit, 100 mud gerst, 430 mud haver, 1 mud bonen, 12 mud erwten...'

'Wacht even!' De meier denkt na. Van de 5 molens was 800 mud meel ontvangen, waarvan 240 mud aan de armen was uitgedeeld; 650 mud gerst was naar de brouwerij gegaan; 2 mud gerst was afkomstig van de tol, die op de brug werd geheven. Hij moet ook de maten honing en boter niet vergeten, die hij als tiende in ontvangst genomen heeft. Broeder Flotarius krijgt kramp in zijn hand!

'10 hammen van het vorig jaar, 200 hammen van het lopend jaar, ingewanden en vet, 43 pond verse kaas...'

Buiten klinken de bellen van het vee. De meier roept de horige herders bij elkaar: de varkenshoeders (wat stinken die kerels toch), de ossendrijvers, de meiden die over de bijenkorven en het hoenderpark gaan. Ze kunnen nauwelijks tellen.

'Hou es op met dat stomme gegiechel!' hij vloekt om de mateloze domheid van zijn personeel. Tenslotte komt de levende have toch ook op de inventarislijst voor de koning te staan:

'51 merries, 12 veulens, 10 twee-jarige en 8 éénjarige hengstveulens, 3 hengsten, 16 ossen, 2 ezels...'

'Ezels! Als we de knechten meetellen zijn het er heel wat meer!' mompelt de meier wrang. Broeder Flotarius lacht lang en luid. Zo kan hij even op adem komen.

'50 koeien, 20 vaarzen, 28 éénwinters, 3 springstieren (fokstieren), 260 varkens, 100 biggen, 5 beren, 150 ooien en lammeren, 200 oudere lammeren, 120 rammen, 60 geiten, 3 bokken en 30 éénjarigen, 30 ganzen, 80 kippen en 22 pauwen...!'

Tenslotte telt de meier voor alle zekerheid nog eens de stapel wolfsvellen, die hij koning Karel nog moet sturen. Hij is verplicht ieder voorjaar met andere grondbezitters op de wolvenjacht te gaan. Zo kan de bedreiging van die dieren niet in een plaag ontaarden.

Zouden de heren aan het hof al die wolfsvellen werkelijk tellen?

'Ik heb dorst,' zegt Flotarius. Even later laat hij zich het bier van de koning, dat de meier hem schenkt, goed smaken...!

Door paarden getrokken wagen. Illustratie uit *Psychomachia* van Prudentius (eind 9de eeuw).

Middeleeuwen – Bourgondische tijd

Bladzijde uit het *Utrechts psalter*. Midden onder wordt muziek gemaakt op een windorgel (circa 830).

Ook de kloosters en abdijen zijn uitgegroeid tot ware landbouwbedrijven met al hun grondbezit. Zij kunnen beschikken over tientallen horigen en halfhorigen – die werkkrachten kosten hun vrijwel niets.

Héél wat weduwen, die zonder man slecht verzorgd achterblijven, zoeken de bescherming van kloosters in die ongewisse tijd. Hun kinderen vervallen daar als vanzelf in dienstbaarheid. Het streven van koning Karel én de kerk om het lot van de horige te verzachten, loopt op niets uit. Dat kan ook niet anders in een samenleving, waar de economie zich zonder geld overeind houden moet. (Echte slavernij komt in Karels rijk vrijwel niet meer voor!)

Op de koninklijke domeinen leven de *koningsvrijen*. Zij hebben de grond in pacht en zijn daar tevens belast met de verdediging van het rijk. De *vrijgewijden* hebben zich met land en al goed aan kloosters toevertrouwd. Maar ook voor hen gaat de vrijheid op den duur verloren. Het ganse leven ligt in dienstbaarheid gevangen, want ook de kleine vrije boeren leiden een afhankelijk bestaan...

'De veldtocht gaat tegen de Saksen. Als niemand van ons uit vrije wil naar koning Karels leger wil gaan, zullen we erom moeten dobbelen...!' Drie vrije boeren zitten bij elkaar en bespreken hun lot.

Per drie hoeven koningsvrijen één ruiter voor 's konings strijdmacht toerusten. Dat is een zware verplichting. Wat is de waarde van een goed schild en een lans? Moeten zij er een os voor betalen? Een goed schild heeft die waarde wel. 'Moeder Maria sta me bij!' zegt de boer, die als ruiter naar het leger moet vertrekken. 'Ik zal gaan, maar ik wil een redelijk harnas!'

De twee anderen kijken elkaar aan. Zullen ze een vette koe voor een redelijk harnas afstaan? Of zullen ze zelf wat in elkaar gaan prutsen? De oogst is mager geweest. Hoeveel mud graan moeten zij niet afstaan om hun makker te voorzien van een zwaard?

'Met een beetje geluk kan je wel een zwaard en een goed schild op de Saksen veróveren!' zeggen ze bemoedigend. Het geld groeit ze nu eenmaal niet op de kromme rug.

En tenslotte, hun kameraad kan alleen worden ingezet voor de strijd in hun eigen gebied!' En mocht hij de dienst met alle geweld willen ontlopen, dan kan hij zich nog altijd als horige bij een klooster melden, want daar pakken ze hem niet.

'Maar ik wil een goed zwaard!' zegt de toekomstige ruiter kwaad.

'Ach kerel, luister nou!' De anderen trachten hem te sussen, want rijk zijn ze niet.

Alleen de leenmannen en achterleenmannen trekken met hun knechten onder aanvoering van een leenheer met het leger van koning Karel mee:

'Op naar de Saracenen in Spanje!'
'Op naar de eeuwig opstandige Saksen!'
'Op naar Bohemen!'

Vooral in Bohemen wordt er verschrikkelijk door de Franken huisgehouden. 'Op naar de grensprovincies in Midden-Europa!' Daar bouwen ze sterke vestingen om zich tegen aanvallers te kunnen beschermen.

'En op naar Italië!' Daar heeft paus Leo zich door allerlei samenzweringen nauwelijks op de Stoel van Petrus kunnen handhaven. Op weg naar een processie is de heilige vader zelfs in de straten van Rome door zijn tegenstanders overvallen en bijna gedood.' Persoonlijk heeft de paus zich naar Paderborn begeven om de hulp van koning Karel in te roepen.

Daar marcheert het leger over de hoge pas door de Alpen achter de paladijnen van koning Karel aan: Haemon, zoon van Duolin van Mainz, Ogier de Deen, aartsbisschop Turpin, Engelier, Olivier of Oton, zoals zij in latere legenden worden genoemd. Ze trekken door het verre Italië, waar zij de paus herstellen in zijn macht.

Zonder twijfel kijken de krijgsknechten – zoals eens de Bataven! – hun ogen uit in de eeuwige stad. Enkelen zijn erbij, als in de St. Pieter een indrukwekkende mis wordt gehouden ter ere van Karel, die dan nog koning is:

'Amen...'

Na het gebed treedt paus Leo tijdens de mis in de St. Pieter naar voren en drukt koning Karel – naar het schijnt geheel onverwacht – een gouden kroon op het hoofd. 'Leven en zegenpraal worden aan Karel, de Augustus, de grote, vredestichtende keizer der Romeinen verleend!' roept paus Leo uit. Hij zalft Karel met heilige olie en werpt zich dan voor hem neer om hem hulde te bewijzen. De Frankische edelen in de kerk juichen.

Koning Karel is keizer! De keizerskroon vormt het schitterende sluitstuk van een regeringsperiode – al heeft Karel misschien niet gewenst die kroon te ontvangen uit handen van de paus. Want steeds heeft hij niet alleen de hoogste *wereldlijke macht*, maar evenzeer de *geestelijke oppermacht* willen uitoefenen in zijn rijk. Eigenmachtig benoemde hij bisschoppen – zélfs in Italië, het domein van de paus. Hoe typerend zijn de woorden die de Angelsaksische monnik Alcuïn, vertrouweling van de koning, aan Karel schrijft:

'Zie, voor u buigt de ganse christenheid; op u alleen berust het ganse heil der kerken van Christus.'

In Italië aanschouwt keizer Karel de imposante bouwwerken, de prachtige luister der kerken. Hij hoort daar de stemmige koorzangen der geestelijkheid. De paltsen en simpele kerkjes in zijn eigen land steken maar schraal en schamel af bij al die overweldigende Romeinse monumenten en pracht.

'Ik wil Italiaanse bouwmeesters laten komen. Ik wil Italiaanse zangers aan mijn hof!'

Geïnspireerd door Rome gaat de keizer nu ook aan het bouwen: een hof en een kerk te Aken, een nieuwe palts te Nijmegen – waar hij nooit zal vertoeven, omdat het bouwwerk pas gereedkomt ná zijn dood.

Hij verzamelt denkers, schrijvers, muzikanten en dichters om zich heen. Door de voorlichting die zij geven, door de kennis, die zij op de hofschool uitdragen, komt er als vanzelf wat meer cultuur en beschaving in het Frankische rijk.

De onderdanen in de Lage Landen koesteren zich in de rust die daar nu heerst. Zij hebben een aantal kerken, kloosters en scholen zien ontstaan, waar de zonen van edelen (nog bij uitzondering) kunnen leren lezen en schrijven – vermoedelijk met de tong uit de mond.

'Quae pulchra ardua sunt – wat schoon is, gaat moeilijk!'

Er zijn ook vrouwenkloosters, maar de meeste adellijke dochters krijgen hun onderwijs thuis.

Jongelieden melden zich als monnik bij

Opgraving van de havenconstructies in de Rijnbedding bij Dorestad (8ste-9de eeuw).

Exterieur van de oude Sint-Pieter.

de kloosters.
'Voor armoede, kuisheid en gehoorzaamheid!' Daarvoor leggen zij hun gelofte af, als zij de 20-jarige leeftijd hebben bereikt. Jaarlijks ontvangen zij één nieuwe kap, één paar schoenen (met leer voor vier zolen) twee borstrokken en twee hemden. Vrijwillig onderwerpen zij zich aan de strenge tucht (behalve bij de Saksen) en naarmate zij in rangorde stijgen, krijgen zij één glas wijn aan tafel meer.
'Proost, broeder Flotarius!'

De Friezen varen uit. Terwijl Antwerpen en Deventer in opkomst zijn en Quentovic aan de Belgische kust een belangrijke haven is geworden, ontwikkelt Dorestad zich tot een flinke, welvarende plaats.
'Wat een drukte!' zeggen de dorpelingen, die daar van veraf een enkele keer ter markt gaan.
'Maar wel prachtig!'
Er is één lange dorpsstraat, waarlangs aan weerszijde de lemen huizen staan. Er staat ook een kerk van steen binnen de hechte rij palissaden. Aan de houten steigers landen schepen: met wapens uit de Ardennen, met bont uit het hoge noorden, met wijn uit de wijngaarden langs de Rijn. Af en toe landen daar monniken uit Brittannië, die als pelgrims naar Rome gaan, of de lange tocht wagen naar het Heilige Land. Af en toe komt er een rondreizend abt.
Dorestad onderhoudt vele betrekkingen en heeft vermoedelijk over eigen vertegenwoordigers in belangrijke centra beschikt.
'Aan de armen van Dorestad!' Met die woorden vermaakt een Friese weduwe in het Oostzeegebied al haar geld aan de behoeftigen in haar geboortestad. Had haar man een standplaats in het Oostzeegebied om de belangen van handeldrijvende landgenoten te behartigen? Dan heeft hij zeker goede zaken gedaan met het Friese en vooral het Vlaamse laken. Dat laken gaat zelfs met een Frankisch gezantschap mee naar Bagdad.

'Een geschenk van keizer Karel!' zeggen de gezanten, als zij met dat laken voor de grote kalief Haroen al Raschid staan. Zij beginnen onderhandelingen, onder meer over de bedevaarten naar het Heilige Graf. De kalief belooft, dat de pelgrims voortaan ongehinderd door zijn gebied mogen trekken.
De giften uit het Frankenland halen overigens niet bij de geschenken, die keizer Karel van de kalief ontvangt. Die brengen het ganse hof in verbijstering en verrukking: 'Kijk nou toch, hoe schitterend!' Opgetogen hofdames betasten de prachtige stoffen. Ze ruiken aan de flessen met reukwerk.
'Hoe is het mogelijk!' Ze klappen verrukt in de handen, als een kunstig uurwerk begint te slaan:
'Pèng... pèng... pèng!'
Kogels vallen op een bekken en – o, wonder – op de hele uren komen 12 ruiters uit de vensters te voorschijn. Enige paladijnen aan keizer Karels hof zullen dan wel beseffen, dat zij in wezen nog barbaren zijn, nu zij iets van de verfijning zien, waarmee de grote Haroen al Raschid zich omgeeft...

In de Lage Landen leggen de grootgrondbezitters en machtige leenmannen hun onderlinge geschillen aan de zendgraven van de keizer voor, terwijl het volk geheel afhankelijk is van gouwgraven, bisschoppen, abten en de schepenen van de rechtbanken in hun gouw.
Die grote heren heffen tol, roepen dienstplichtingen op, trachten hun bezit te vergroten en... maken dikwijls misbruik van hun macht. Hoe makkelijk is het voor hen om vrije boeren met hun vee en land in horigheid te dwingen.
De staat mist als apparaat de kracht – analfabetisme heerst alom! – om deze ontwikkeling tegen te gaan. Want de staat is: de keizer! En keizer Karel kan niet veel anders doen dan steunen op de trouw van de edelen in zijn rijk.

Middeleeuwen – Bourgondische tijd

Grafsteen met vikingschip.

Karel de Grote maakt zijn testament bekend en kroont zijn zoon Lodewijk de Vrome. Miniatuur uit de *Grandes Chroniques de France* (14de eeuw).

Moeizaam ploetert het onderdrukte, uitgebuite volk zich naar een minimaal bestaan. Slechts af en toe wordt de sleur van alle dag doorbroken met een gebeurtenis, waarover iedereen nog weken later spreekt. Een tweegevecht, een brand, een processie van de kerk:
'Dáár... dáár! Dat is een stuk van de mantel van de heilige Amand!' Ze slaan een kruis en staren vol ontzag en bijgeloof naar de relieken, die de priesters en hun helpers zingend en biddend met zich meedragen:
'Domine, libera nos a malo. Amen! Heer, bevrijd ons van het kwade!'

Af en toe stroomt het volk samen om te zien hoe een doodstraf voltrokken wordt:
'God, Here Jezus, heilige Moeder Maria...' Rillend en vol huiver vergaapt het volk zich aan een boosdoener, die op het rechtsveld krijsend door vier paarden uiteen wordt gereten.

Het leven in Friesland en Holland verloopt minder grim en somber, omdat daar een stand van vrije landbouwers is blijven bestaan.

In de laatste jaren van zijn regering krijgt keizer Karel een hevige schok. Hij ondekt, dat er een verre vijand van zijn immense rijk, zijn onvoorstelbare macht tóch nog komt tarten:

De Noordzeekust in het jaar 806: Zeilen bollen in de wind.
'Wat zijn het?'
Keizer Karel staat met zijn edelen aan de kust. Verwonderd, allengs onthutst en onzeker kijken zij naar de vreemde vaartuigen. Laag op het water liggen ze. Met bolle zeilen zetten zij koers naar het land.
'Welke vloot durft ons rijk zo uitdagend te naderen?'
Daar komen de Noormannen!
Zij hielden reeds hun felle plundertochten in Engeland. Zij hebben reeds hun invallen gedaan tot diep in de Saksische gouwen. Nu komen ze voor het eerst in het zicht van de machtige keizer der Franken.
'Ze keren hun schepen!'

Dat doen ze inderdaad – zodra zij ontdekken, dat keizer Karel zich in eigen persoon op de wal bevindt. Het prestige van zijn naam en macht reikt ver!

Diep in zijn trots en eer getast, dat een vijand het nog bij zijn leven waagt de kust van zijn rijk te naderen, neemt Karel zijn maatregelen om aanvallen af te slaan.
'Rust een vloot uit. Werpt versterkingen op langs de zee!' Een bevel gaat uit naar het noorden:
'Aangaande de Friezen willen wij, dat onze graven en vazallen, die landen van ons in leen hebben, allen goed toegerust op de weerplaatsen komen.' Hij geeft hen op-

Het Frankische rijk bij de dood van Pippijn (768)

Veroveringen van Karel de Grote (768—814)

Kaartje van het Frankische rijk in 768 en na de veroveringen van Karel de Grote.

dracht de Denen ter zee aan te vallen en waar mogelijk, hun woongebied te stropen.

De Friezen, die nog weinig verschil maken tussen handel en zeeroverij, voeren keizer Karels bevel met vreugde uit. Maar die vreugde vergaat hen al gauw:

Nog geen vier jaar later zeilt een vloot, 200 schepen sterk, naar de Friese kust. 'Vaar scherper aan de wind. Dáár links vooruit moeten we aan land!' In hun open barken hebben de Denen de stormen getrotseerd. Als ruiters te paard berijden de formidabele zeekoningen hun schepen. Hun gevleugelde helmen en de vlammende runentekens in hun zwaard, glinsteren in het licht van de zon. Een zanger aan boord bezingt het lot van een zeekoning. Hij is in handen gevallen van een Engelse vorst en heeft zijn leven in een kuil met adders beëindigd. De stem van de zanger verglijdt in het ritme van golven en wind:

Wij strijden met zwaarden. Ras nadert het erflot
Grimmig is de beet des adders
Heftig zullen mijn zonen toornen om hun vaders moord.
Het zwaard van drieste jongelingen
Wil geen rustig verblijf.
Ik verheug mij op het einde.
Vrolijk zal ik bier met de Asen op de plaats der ere drinken
Lachend zal ik sterven...

Onverschrokken sturen de Denen hun scherp gekielde schepen naar de kust. Met bruut geweld overspoelen zij het Friese land.

'Op naar de vrouwen! Op voor vrouwen en buit!' Na dagen op zee is geen vrouw veilig voor hun wilde drift. Dorpen gaan in vlammen op. Vee wordt geroofd en geslacht. Vooral de kerken, die de grootste rijkdommen bergen, moeten het ontgelden.

Keizer Karel, te oud om zelf krachtig op te treden, treft bij de Rijn voorbereidingen om tot een tegenaanval over te gaan. Hij wil zijn zoon met een sterke strijdmacht naar het noorden zenden. Voor de Friezen is het dan reeds te laat.

Om dorpen, kerken en mensen te sparen, zijn reeds onderhandelingen met de niets ontziende plunderaars begonnen in de hoop dat plundering kan worden afgekocht.

'80 pond...'

'125 pond. En als het niet gauw komt, zullen wij het zelf halen!' Een ruige zeekoning lacht.

Voor 100 pond zilver – een enorme som voor die dagen – kopen de Friezen de Noormannen af.

Het is mede door dit voorval, dat de haast onverwoestbare keizer Karel begint te sukkelen en de nadering van zijn einde voorvoelt. Ook in zijn omgeving wordt druk gefluisterd, dat zijn dood op handen is: 'De zon heeft zwarte vlekken vertoond!' 'Er was alwéér een verduistering van de maan!'

De houten Rijnbrug bij Mainz, waaraan tien jaar lang is gezwoegd, brand binnen drie uur tijd tot de waterspiegel af. 'Opnieuw een teken van de hemel!' fluistert het hof ontdaan, als de zuilengalerij, die van de burcht in Aken naar de kerk loopt, om onverklaarbare redenen in elkaar is gestort. Het zijn allemaal tekenen van de Voorzienigheid, dat een buitengewoon mens zijn einde nu onafwendbaar tegemoet zal moeten gaan.

In het jaar 813 roept de keizer de rijksdag in zijn geliefde residentie Aken bijeen. Omgeven door de geestelijke en wereldlijke groten, verzoekt hij de schitterende kring van aartsbisschoppen, bisschoppen, hertogen, graven en hoge bevelhebbers, of zij zijn zoon Lodewijk als opvolger willen aanvaarden. Hij vraagt hen tevens of Lodewijk voortaan als mederegent mag optreden. 'Zweer hem uw onvoorwaardelijke trouw!' Op hun trouw heeft immers ook zijn eigen macht berust?

'Wij zweren het!'

Een week later verzamelt de vergrijsde keizer de rijksgroten. Daar spreekt hij zijn zoon op ontroerende wijze toe:

'Dien God, bescherm de kerk, wees een liefdevol vader voor alle onderdanen, toon je een steun voor je zusters...'

Met eigen hand moet Lodewijk de keizerskroon op zijn hoofd plaatsen. Een bewijs dat Karel zijn kroning door de paus tóch als een vernedering heeft gevoeld?

Een half jaar na die plechtigheid loopt de keizer een longontsteking op. Het is winter. Al branden de vuren in de schouw, de koude burcht geeft op genezing weinig kans.

Langzaam ebt het grote leven weg. De toortsen branden aan de wand. Priesters heffen het kruis op en prevelen gebeden.

'Heer, in Uw handen beveel ik mijne geest...' De láátste woorden van keizer Karel zijn voor zijn hemelse vader, voor wie hij zich zo hartstochtelijk heeft ingezet.

In de kerk te Aken, die hij zelf liet bouwen, wordt zijn lijk bijgezet. In de volksmond weerklinken de verhalen over die laatste rustplaats. In de verbeelding is de grote keizer met alle pracht, alle glans, alle macht, ja, haast alle heiligheid die zijn leven omstraalde, nu ook omgeven in de dood. Eerbiedig vertellen de onderdanen elkaar:

'Met het gouden zwaard aan zijn zijde, het Evangelie op de knieën, zó zit hij in het grafgewelf op zijn zetel. Het hoofd wordt met een gouden ketting fier geheven. Om zijn schouders is de gouden pelgrimstas gehangen, die hij op zijn tocht naar Rome droeg. De gouden scepter en het gouden schild, door paus Leo gewijd, hebben een plaats aan zijn voeten gekregen. Het gelaat van keizer Karel wordt met een zweetdoek bedekt. Voorzien van reukwerken, munten en sieraden is het graf gesloten en verzegeld...'

Helaas: dat alles is legende gebleven. Hij is begraven op de dag waarop hij stierf, in een liggende houding onder het koor van de kerk. Wat zou hij overigens graag dat legende-goud tijdens zijn leven hebben bezeten. Zijn graf kreeg als opschrift mee:

Hieronder ligt het lichaam van Karel, de grote en rechtgelovige keizer, die het rijk der Franken heinde en ver heeft uitgebreid en 47 jaar gelukkig regeerde. Hij stierf als zeventigjarig grijsaard in het jaar des Heren 814, op de 28ste Januari.

De keizer is dood. Het 'leve de nieuwe keizer' dat de edelen voor zijn zoon Lodewijk de Vrome kunnen aanheffen, klinkt weinig overtuigend...

Middeleeuwen – Bourgondische tijd
Deling van het Frankenrijk

'Ieder voor zich en God voor ons allen!' Dát typeert de toestand als Karel de Grote gestorven is en het gezag van de staat onder zijn krachteloze opvolgers verslapt. De noodzaak gaat ontbreken om de koning te dienen.

'Ieder voor zich!' Met die woorden werken en vechten de edelen voor de uitbreiding van hun macht. Zo worden de sterken steeds sterker; zo raken de zwakken steeds meer in afhankelijkheid verstrikt.

De menselijke verhoudingen ontaarden in gedwongen dienstverlening (die de sterken eisen!) en in het zoeken naar bescherming (die de zwakken zo bitter nodig hebben!). Het feodale tijdperk breekt aan, als de samenleving gaat bestaan uit heren en knechten...

De *horigen*! Gebonden aan de grond, veelal overgeleverd aan de willekeur van hun heer, houden zij zich staande met de opbrengst van hun kleine akkers. Een vastgesteld deel van de varkens, de kaas, de tarwe is voor de heer:
'Bij alle heiligen, heer, ik zweer het! Dit is het tiende deel van de oogst!'
'Nog geen twee schepel!' 'Het was een magere oogst, heer!'

Natuurlijk is er eindeloos geharrewar over het deel, dat de horigen na iedere oogst aan hun heer moeten uitkeren. Bovendien moeten zij steeds weer hand- en spandiensten voor hun meesters verrichten: hout kappen, vrachten vervoeren, palissades optrekken, het helpen bouwen van een schuur.

Een leger van boeren ploetert een aantal dagen per jaar in de modder om met het graven van sloten en het ontwerpen van dijken, moerasgebieden voor landbouw en veeteelt te winnen.

Als horige mannen wilen trouwen, moeten zij dat doen met een horige vrouw van het eigen erf. Een huwelijk met een vrouw van een ander landgoed is er niet bij.
'Neem de schele Hilde dan maar!' Welwillend of onverschillig deelt de landheer de huwelijken van zijn horigen in. 'Ik hoop op een talrijk broed, Wilehelm!' zegt hij met een grijns. Hoe meer kinderen er komen, hoe hoger zijn welvaart stijgt. Zo deelt Wilehelm dan met de schele Hilde de hoek met stro in zijn hut. Is hij tevreden? Dat is een vraag die Wilehelm zich nauwelijks stelt.

In de horigheid zit wél een stuk sociale zekerheid. Men zit op eigen bedrijfjes en kan daar niet worden afgegooid. Maar er zijn uitwassen: liefde en vrijheid verliezen hun waarde, als een tijdperk van geweld, van misoogsten en bedreiging de kleine mensen steeds hechter in horigheid dwingt.

Soms vluchten ze weg naar de bossen, waar andere ontsnapte horigen zich schuil houden en leven van roof. Of ze zoeken hun heil in het haast ondoordringbare moerassenland aan de kust, waar vluchtelingen onopgemerkt als *vrije boeren* een bestaan hebben opgebouwd. Maar als ze worden gegrepen, gaan de tong eruit en de oren eraf.

Soms ook komen vertwijfelde horigen tegen hun meesters in opstand. Dan werpen zij zich op hun onderdrukkers. Dan gaan hoeven en opslagplaatsen in vlammen op.

Maar de wanhopige roes van vrijheidszin en haat duurt niet lang. Als de landheren hun kleine krijgsbenden verzamelen, is het opstandige, horige volk kansloos tot ondergang gedoemd. Wee, degeen, die dan levend wordt gegrepen.

Opstanden van het dienstvolk zijn echter uitzondering. Over het algemeen schikken de horigen zich zonder morren in hun bestaan. Zij verrichten de diensten, die de heer van hun eist en nemen genoegen met de vrouwen of mannen, die de heer hun geeft. Want ook de zonen en dochters van de vrije boeren hebben geen vrije keus.
'Denk aan haar akkers!'
'Denk aan zijn vee!' Dat zijn de woorden, die de ouders bij een komend huwelijk spreken. Liefde is er niet bij, want zelfs de kinderen van edelen – en zij vooral – trouwen uit berekening.
'Mijn dochter Mathilde voor je zoon Adelbert?' Twee aanzienlijke heren bespreken een huwelijk van hun kinderen – als bewijs dat zij oude vetes willen bijleggen.
'Wat brengt ze mee aan land, hoeves, tollen, horigen en vee?'

Zo worden alom onderhandelingen gevoerd. En als de Mathildas serpenten blijken, troosten de Adelberts zich in het hooi: met de dochters van hun pachtboeren. Of ze zetten de bloemen eens buiten in een stad als Aken en wellicht ook wel in Dorestad.

Aken, in het jaar 814: In de rosse buurt, waar lichtekooien een rauw bestaan leiden, klinkt geschreeuw en angstig gegil.
'Blijf me van m'n lijf!'
'Ik ga niet mee. 'k Heb niks gedaan!'
'Auw, auw, laat me los, vuilak!'

De rosse buurt is in rep en roer, nu krijgsknechten de meisjes-van-plezier uit de woningen sleuren en hardhandig opbrengen naar de markt.
'Bevel van de keizer, liefje. Vooruit, lopen!'

Keizer Lodewijk de Vrome zit geheel in de greep van zijn geestelijke raadgevers. Bij de dood van zijn vader wil hij het zondige Aken niet eerder binnentrekken, alvorens de lichtekooien uit de stad zijn verdreven. 'De stad is een poel van zonde en verderf,' hebben ijverige priesters Lodewijk toegefluisterd. 'Het zal God welgevallig zijn, aan die zondige misbruiken een eind te maken...'

Nu duwen de krijgsknechten de deernen grijzend voor zich uit.
'Ontkleedt ze!'

Gretige soldatenhanden strekken zich uit, maar worden weggeduwd.
'Afblijven!'
'Houd je poten thuis!'
'Uitkleden kunnen we zelf wel!'

Daar staan de angstig jammerende meisjes op het marktplein. Als voorbeeld voor allen worden zij daar beurtelings gegeseld en dan de stad uitgejaagd. Spijtig kijken sommige heren hen na.
'Wat nu, Adelbert?'
'Het gaat me aan het hart!'

Mistroostig schudden enkele edelen, die aan het hof van keizer Karel zoveel vrolijkheid gewend waren, hun langharig hoofd....

Onder het keizerschap van de zwakke Lodewijk de Vrome begint niet alleen de afbraak van Akens rosse wijk, maar tevens de onttakeling van het machtige rijk, dat Karel de Grote met zoveel energie had opgebouwd.

Als gehoorzaam werktuig van de geestelijkheid bevoordeelt Lodewijk de kerk waar hij kan. Overal tracht hij aan de zedeloze toestanden een eind te maken.
'Nou is het afgelopen! Jullie gaan naar een klooster!' beveelt hij zijn bandeloze zusters, die reeds vele minnaars in hun bed hebben gehad. Wat een scheldpartijen en tonelen,

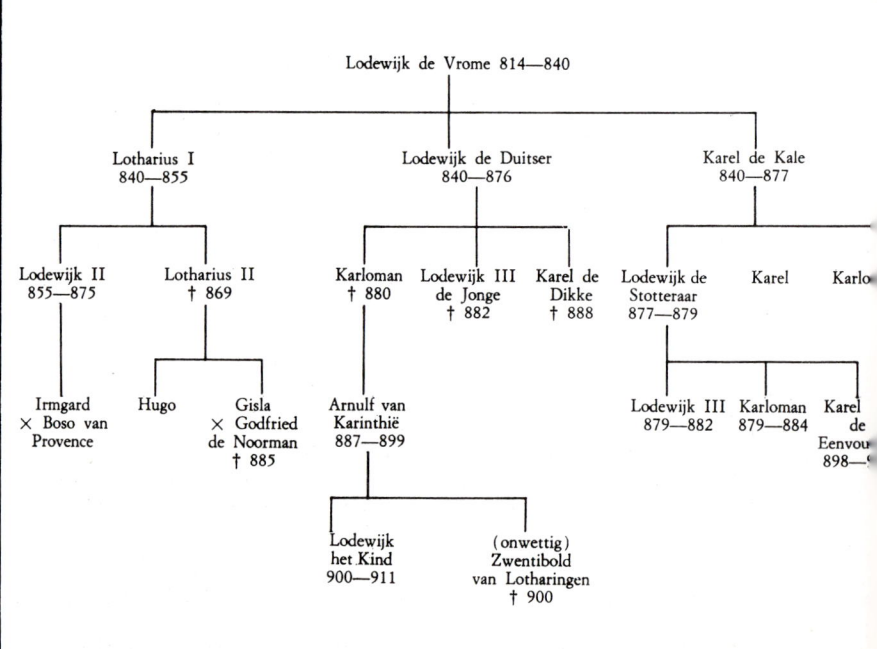

Lodewijk de Vrome en zijn nakomelingen.

```
                        Lodewijk de Vrome 814—840
          ┌──────────────────┼──────────────────────┐
     Lotharius I        Lodewijk de Duitser      Karel de Kale
      840—855              840—876                 840—877
   ┌──────┴──────┐    ┌───────┬───────┐      ┌──────┬──────┐
 Lodewijk II  Lotharius II  Karloman Lodewijk III Karel de  Lodewijk de  Karel  Karlo
  855—875      † 869         † 880   de Jonge   Dikke    Stotteraar
                                      † 882    † 888     877—879
    │           │                                                   
  Irmgard      Hugo   Gisla         Arnulf van                  Lodewijk III Karloman Karel
  × Boso van          × Godfried    Karinthië                    879—882     879—884   de
  Provence            de Noorman    887—899                                           Eenvou
                      † 885                                                            898—
                                    │
                              Lodewijk        (onwettig)
                              het Kind       Zwentibold
                              900—911      van Lotharingen
                                               † 900
```

als die zusters werkelijk moeten gaan!

Lodewijk benoemt zijn drie zonen, Lotharius, Lodewijk en Pippijn, tot koning over delen van het machtige Frankenrijk. Daar mogen zij in naam van hun keizerlijke vader de scepter zwaaien. Het zijn hebzuchtige knapen. Om de nodige ruimte voor hen te maken, laat de vrome Lodewijk zijn neef Bernard, koning van Italië, de beide ogen uitsteken, in een weerzinwekkend complot.

'O, God... O, God!' Onder helse pijnen kronkelt koning Bernard over de grond. Hij overleeft de wandaad niet.

'O, God... O, God,' mompelt nu ook Lodewijk, die hevige wroeging krijgt.

Als kort daarop zijn vrouw sterft, ondergaat hij dat als een straf van God. Met streng vasten, ijverige gebeden en harde boetedoening probeert hij rust te vinden voor zijn bezwaard gemoed. Hij wil zelfs afstand doen van de keizerskroon en zich in een klooster terugtrekken tot heil van zijn ziel.

'Dat gaat toch te ver,' meent de geestelijkheid, die juist van Lodewijk nog zoveel voorrechten te verwachten heeft. De bisschoppen steken de gewijde hoofden bijeen. 'Wij moeten een nieuwe vrouw voor hem vinden!' bedenken ze. Dan laten zij de mooiste vrouwen uit het rijk opdraven om de keizer tot andere gedachten te brengen, want in een klooster wensen zij hem niet.

Menig dochter uit een edel geslacht, maakt zich op voor een reis naar het hof. 'Doe je best en houd je vroom!' Met die vaderlijke raad maken heel wat schone jonkvrouwen hun opwachting bij vrome Lodewijk. En heel wat vaders koesteren de hoop, via hun dochter op te klimmen tot een belangrijk vazal.

Het is de betoverende Judith Welf, dochter van een Beiers hertog, die het hart van de keizer wint.

'Mijn geliefde Lodewijk...' Zij laat hem zien, dat het leven buiten het klooster toch ook nog aardige kanten heeft. Hun huwelijk wordt in 819 voltrokken. En dan beginnen de moeilijkheden pas goed...

Het is voor Lodewijk geen fraai begin geweest, maar het wordt nog erger, als Judith Welf in verwachting raakt.

'Is ze zwanger van de keizer?'
'Ik denk het niet!'

Zo fluisteren stemmen aan het hof, als Judith op haar kraambed ligt en de bevalling begint.

Een schreeuw. Een rood kopje. Kleine handjes die hulpeloos bewegen in de kraamkamer van de keizerin. Omgeven door haar dienaressen baart de donkere Judith na vier jaar huwelijk (vermoedelijk na een heimelijke verhouding met een graaf) een zoon. De baby wordt Karel (de Kale) gedoopt.

Tegen alle afspraken in slaat Judith aan het intrigeren om macht en aanzien te verwerven voor haar kind.

'Dat nooit!' roepen de zonen van de keizer, Lotharius, Lodewijk en Pippijn driftig uit. Zij verzamelen hun krijgsbenden en trekken tegen hun vader op. Een periode van bloedige strijd, van complotten en verraad breekt aan. En erger: de vijanden buiten de grenzen beginnen de zwakte van de machtige Franken te ruiken.

'Allah wil het!' Daar komen de Saracenen om de havensteden in het zuiden te plunderen.

'Werra, werra!' Vanuit de verre Balkan stuiven woeste ruitervolkeren over de grenzen heen.

'Styrbord!' roepen de zeekoningen, want ook zij hebben de kwetsbaarheid van het Frankenrijk ontdekt. Aanvankelijk zijn de Noormannen nog vrij voorzichtig. Met 10, 12 schepen koersen zij naar een kustgebied. Behoedzaam varen zij kreken en baaien in Friesland, Zeeland en zuidelijker binnen en voeren daar hun brutale rooftochten uit. Al vrij gauw hebben zij in de gaten, dat de grootste kostbaarheden in kerken en kloosters te vinden zijn.

'Heya, heya!' Of wat ze dan ook roepen, daar gaan ze met zilveren miskelken, koperen kandelaars, of met reliekschrijnen, die met edelstenen zijn versierd. Ze rennen met ornamenten van heiligen naar hun schepen. En weg zijn ze weer – lang voordat de Franken met een strijdmacht kunnen opdagen.

Tevergeefs tracht Lodewijk de Vrome – onder drang van zijn geestelijke raadgevers – die niets ontziende geweldenaren uit het noorden tot het christendom te bekeren:

'Ik koop ze!'
'Alleen die kinderen? Ik heb nog een sterke kerel en een jonge vrouw...' De slavenhandelaar op Jutland kijkt zijn klant uit het Frankenland vragend aan. 'Alleen die kinderen. Hoeveel?'

Ansgar, een bezielde monnik uit het Klooster van Corvey heeft het gewaagd om op Jutland onder de heidense Vikingen te prediken. Hij koopt 12 slavenkinderen en sticht dan een school. Hij wil die kleine slaafjes tot zendeling en priester opleiden, want slechts enkele monniken waren bereid hem te volgen in het moeilijke en gevaarvolle missiewerk.

Met kunst en vliegwerk tracht Ansgar vaste voet te krijgen in het Deense land. Ook daar staan heerszuchtige vorsten elkaar naar de macht.

'Luister, heer koning,' zegt Ansgar tegen een van hen, die zich flink in de nesten heeft gewerkt. 'Bekeer u tot het christendom. Laat u dopen, dan krijgt u in de machtige keizer van het Frankenrijk een krachtige bondgenoot!' Zo zal hij gesproken hebben en hij heeft succes.

In het jaar 826 vaart de Deense koning Heriold met zijn vrouwen, kinderen en 400 volgelingen de Rijn af om zich in de keizerlijke palts Ingelheim te laten dopen.

'In de naam van de Vader en de Zoon en de Heilige Geest...' Het wijwater vloeit en 400 Vikingen zijn in één klap tot het christendom bekeerd.

'En mijn beloning?' Heriold heeft het verstandig gespeeld. Keizer Lodewijk geeft hem het graafschap Rustringen in Oost-Friesland en delen van Walcheren in leen.

'Leve Christus,' denkt de op buit beluste Heriold. Hij gaat in Friesland heersen – en aan belasting innen, wat hij bij de Friezen maar losschroeven kan... Hoewel Ansgar maar weinig bekeerlingen maakt – hij probeert het ook nog in Zweden – wordt hij voor zijn ijver toch met het pas opgerichte bisdom Hamburg beloond.

'Initium semper molestum est!' Met recht kan hij tegen zijn priesters zeggen, dat het begin altijd moeilijk is. Want Heriold, die de buit binnen heeft, krijgt genoeg van zijn christelijk leven. Vol overgave werpt hij zich weer in de armen van de heidense goden. Bovendien komen andere Vikingen het jonge bisdom Hamburg plunderen. Voor zover zij hen niet uitmoorden, voeren zij de inwoners als slaven met zich mee. De kerk gaat in puin en de heilige Ansgar kan zijn leven maar ternauwernood redden...

Ondertussen begint de keizerskroon op het vrome hoofd van Lodewijk steeds meer te wankelen onder de familietwist. Op de rijksdagen te Aken en Nijmegen trachten de rijksgroten te bemiddelen in de strijd tussen de keizer en zijn zoons. Vooral door toedoen van de Saksi-

Lodewijk de Vrome, penning geslagen bij Wijk bij Duurstede.

Lodewijk de Vrome als voorvechter van het christendom. Miniatuur uit een handschrift uit de School van Fulda (na 831).

Middeleeuwen – Bourgondische tijd

sche edelen – die daarvoor flinke voorrechten ontvangen – blijft Lodewijk aan de macht. Maar Lotharius, Lodewijk en Pippijn geven de moed niet op. Opnieuw trekken zij met hun krijgsbenden tegen hun vader te velde.

Ook de keizer roept zijn vazallen naar de weerplaatsen op en brengt een leger op de been. Dat helpt hem niet. De meeste edelen laten hem in de steek, wanneer zij ontdekken hoe sterk de tegenstanders zijn. En de vazallen en leenmannen, die nog weifelen, stoken zij op:
'Heudebert, luister. Niet de keizer, maar Lotharius zal de slag winnen. Het is beter ten halve gekeerd, dan ten hele gedwaald. Kerel, kies toch eieren voor je geld!'

Aan de vooravond van de beslissende slag, stroomt de keizerlijke legerplaats leeg! Vele edelen rijden met hun krijgsvolk naar het kamp van Lotharius – hopend voor hun ontrouw te worden beloond.

De keizer is machteloos geworden. Zonder slag of stoot moet hij zich overgeven. De zonen beslissen over hun vader, die nu niets meer te vertellen heeft. 'Judith moet hier weg!' eist Lotharius en de donkere Judith Welf wordt naar Italië verbannen. Haar zoontje Karel verdwijnt naar Prüm in de Eifel. Onder strenge bewaking zetten zij vader Lodewijk gevangen in een klooster te Soissons. Maar wat dan?
'Ik zie een oplossing,' zegt de scherpzinnige Ebo, aartsbisschop van Reims, die van horige tot rijksgrote is opgeklommen. 'Laat de Keizer zich aan een openlijke, kerkelijke boetedoening onderwerpen!'

Lotharius knikt instemmend. Kerkelijke boetedoening houdt in, dat zijn vader niet langer de wapenen mag dragen en niet bevoegd is een ereambt te bekleden in zijn eigen rijk.
'Ja, een kerkelijke boetedoening! Dat is het!' Lotharius lacht tevreden.

Soissons, 13 november van het jaar 833: De grote kerk is stampvol. Lotharius heeft alle bisschoppen en de belangrijkste vazallen ontboden en ook het gewone volk is binnengehaald om getuige te zijn van de vernedering van de keizer. Gespannen wacht men op zijn komst.
'Dáár is hij!' Als een ruisende wind glijdt het gefluister door de kerk. Iedereen rekt zijn nek om niets te missen.
'Dat hij gekomen is! Onbegrijpelijk!'
'Hij had geen keus!'
'Ik had het nooit gedaan!'

Daar schrijdt een gebroken keizer Lodewijk in zijn krijgsgewaad naar het altaar. Hij knielt neer:
'Domine, non sum dignus!' Hij bekent, dat hij niet alleen God, maar ook het keizerschap onwaardig is; dat hij Christus te schande heeft gemaakt; dat hij bereid is boete te doen.

Onbewogen kijkt Lotharius toe, als aartsbisschop Ebo de keizer een lijst overhandigt. Daarop staan in 8 artikelen de keizerlijke zonden vermeld. Met bevende stem leest Lodewijk ze voor.
'Dit gaat toch te ver!'
'Schandelijk!'

Gefluisterde stemmen, als het wat te bar wordt in de ogen van menig edelman. Dan

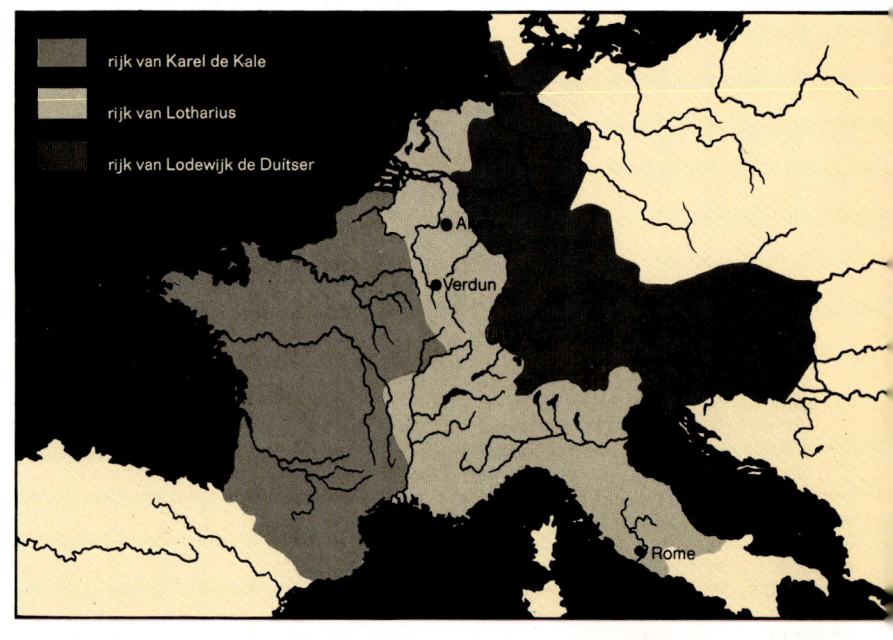

Kaartje van de verdeling van het Frankische rijk na het verdrag van Verdun.

Het zogenaamde Osebergschip. Dergelijke schepen werden door de Vikingen gebruikt.

moet de keizer met eigen hand zijn zwaard losgespen en zich van zijn wapenrok ontdoen.
'Miserere mei Deus, ontferm U over mij, o, God...' Somber weerklinken de stemmen van de priesters door de kerk, als Lodewijk een zwart boetekleed over zijn schouders krijgt. Met as overdekt moet hij zijn boetetocht door de straten aanvaarden...
Even lijkt het, of Lotharius de keizerskroon voor het opzetten heeft. Doch het pakt anders uit.
'Kijk hem toch!'
'Heilige Moeder Gods!'
'Dit gaat te ver!' Protesten weerklinken, als de keizer als boeteling voorbijtrekt. Begaan met zijn harde lot kiest het volk Lodewijks partij. De Saksen komen in opstand. Bovendien breken tussen Lotharius, Lodewijk en Pippijn weer hevige twisten uit. Daardoor kan Lodewijk zijn kroon behouden.
De kerk die hem vernederde, moet hem nu weer in zijn waardigheid verheffen. De donkere Judith en de kleine Karel mogen terugkeren aan het hof. Lodewijk de Vrome is opnieuw keizer – maar slechts in naam! Hij laat de regering goeddeels over aan zijn vrouw en vult zijn dagen met jagen, vissen én bidden!
'Miserere mei Deus!'

Een rijk, zó in zichzelf verdeeld, kan niet met kracht een doelbewuste vijand tegemoetgaan. En een geduchte vijand werpt zich juist nu op het rijk.
In 834 glijdt een machtige Vikingvloot de Rijn op. Onheilspellend rijzen de drakenkoppen aan de boeg van de schepen boven het water uit. Dit keer varen de Noormannen de dorpen in de kuststreek voorbij. Ze hebben zich een driester doel gesteld. Een formidabele prooi ligt in het verschiet. In de schepen zitten enkele oude, vergrijsde Vikingen.

'Onze láátste tocht, Erik...' De oude krijgers hebben hun woningen in het hoge noorden verlaten, omdat zij aftakeling en een levenseind op een ziekbed verfoeien als de zwarte pest. Niet voor de buit zijn ze uitgevaren. Zij wensen hun leven te beëindigen met een gewelddadige dood.
'Samen gaan we voorwaarts, Erik!' Straks zullen zij tussen de jongere krijgers aan land springen. Náákt, zonder zichzelf te verdedigen, zulen zij de aanval inzetten. Met het zwaard in de vuist hopen zij te sterven.
'Vrolijk zullen wij bier drinken met de Asen op de plaats der ere. Lachtend zullen wij de dood aanvaarden...!' De eeuwige vreugde van het Walhalla lokt.
Voor de jongeren zijn overbevolking, politieke onrust in eigen land, zucht naar avontuur en de aantrekkingskracht van het rijke zuiden aanleiding geweest om op roof te gaan. Gespannen turen ze nu naar de oever. Ze zien mensen wegrennen, maar de schepen glijden voort, en dringen steeds dieper door in het lage, drassige land.
'Erik, dáár! Dáár is het!'

Dorestad (bij Wijk bij Duurstede) in het jaar 834.
'De Vikingen! Ze komen met talloze schepen!' Buiten adem heeft een man dat aan de wachtposten gemeld. In een oogwenk verspreidt dat nieuws zich van huis tot huis.
'De Vikingen!'
Haastig worden de wallen en houten palissaden rond de nederzetting door de dappersten bemand. In paniek trachten Friese schippers hun boten aan de kade haastig los te gooien en te vluchten. Angstige vrouwen verstoppen de kostbaarheden van hun huis.
De Vikingen! Zelfbewust koersen de zeekoningen hun zeeraven naar het rijkste handelscentrum der Lage Landen. Met ware doodsverachting bestormen zij de palissaden en vechten zich Dorestad in.
'Heya, heya!'
Hun krijgsgeschreeuw is nu overal te horen.
'Here Jezus, haast u toch ons te helpen!' bidt een priester. Trillend ziet een kind, hoe een Viking in de roes van de strijd een overwonnen tegenstander het hart uitsnijdt.
'Hier!' Honend werpt hij de bloederige massa naar de nabestaanden.
Gejuich klinkt op bij het munthuis en de opslagplaatsen. De Vikingen pressen de inwoners van Dorestad het goud en zilver, de voorraden laken, wapens en de verstopte rijkdommen naar de schepen te dragen.
In de kerk, bolwerk van het gehate christendom, grijpen zij de kostbaarheden. Ze steken een biddende priester overhoop...
Pas als er niets meer te halen is, varen zij weg; onachterhaalbaar voor de legerschare van de ver wonende keizer. De plunderingen veroorzaken de ondergang van Dorestad. Binnen enkele jaren keren de Vikingen tot viermaal toe terug. De nijvere, welvarende koopmansnederzetting zakt weg in triest verval. Een spookachtige, verkoolde ruïne getuigt nog slechts van de glorie die daar eens is geweest.

De Vikingvloten varen er nu voorbij. Zij koersen hun schepen nu naar de opkomende handelsplaatsen in het land van Vlaanderen, op Walcheren en langs de Schelde.
Lodewijk de Vrome komt naar de Lage Landen om de verdediging te organiseren. In de palts bij Nijmegen vestigt hij tijdelijk zijn hof. Evenals zijn vader laat hij langs de kuststreek versterkingen opwerpen: houten burchten, verstevigd met de aarden wallen.
Daarin zal de bedreigde bevolking bij een inval zijn toevlucht kunnen zoeken. Veel meer kan hij met zijn verbrokkelde macht niet doen. De Vikingen krijgen vrijwel vrij spel, vooral als keizer Lodewijk in 840 sterft. Want dan ontbrandt de broederstrijd om de keizerskroon pas goed.
Met barre rauwheid trekken Lotharius, Lodewijk (de Duitser) en Karel de Kale tegen elkaar op. De slag bij Fontenailles op de 25ste juni in het jaar 841 ontaardt in een ontstellend bloedbad en leidt tot de zelfmoord van het Frankische rijk. Zélfs na de slag gebeuren er nog afgrijselijke dingen.
'Hak ze de voeten en handen af, opdat zij de wapens niet meer zullen dragen!' bevelen de broers, als zij aanzienlijke krijgsgevangenen hebben gemaakt. Wreed en haatdragend laten zij andere tegenstanders onthoofden.
Na de slag bij Fontenailles wil Lotharius tot iedere prijs een nieuw leger op de been brengen. Wat dat het land kost, laat hem zo koud als een steen.
'Herstel van de oude rechten en terugkeer

Kroning van Karel de Kale tussen de aartsbisschoppen van Reims en Trèves. Miniatuur uit het *Sacramentarium van Metz* (tweede helft 9de eeuw).

Middeleeuwen – Bourgondische tijd

tot het heidendom!' belooft hij de Saksen. 'Maar lever me soldaten!' Hij zoekt zelfs een bondgenootschap met de Noormannen en sluit een verbond met de Deense hoofdman Rorik, die zich in Dorestad heeft genesteld – en het omringende land met zijn krijgsbende terroriseert.

'Ge kunt dat gebied in leen krijgen, mits gij de Vikingvloten uit de kuststreek wil weren en mij steun verleent!' laat hij aan de Deense hoofdman weten.

'Ik zweer het!' zegt Rorik voldaan.

Zo wordt vervolgens het krijgshoofd Harald in het bezit van Walcheren bevestigd, zodat in de Lage Landen rauwe Deense heerschappijen ontstaan. Ondertussen liggen Lodewijk de Duitser en Karel de Kale met hun legers bij Straatsburg: De Romaans-Gallische en Germaans-Duitse wereld staan tegenover elkaar. Maar voordat de beslissende veldslag begint, worden de verzoeningspogingen van de rijksgroten en de geestelijkheid eindelijk met succes bekroond:

Straatsburg, februari in het jaar 842: Omgeven door hun aanvoerders en geestelijken, staan Lodewijk en de 17-jarige Karel de Kale tegenover elkaar. Met zorgvuldig uitgekozen woorden moeten beiden een eed zweren, die beslissend is voor de toekomst van Europa: De broers bevestigen elkaars onafhankelijkheid! Karel spreekt de eed uit in de Frankische taal:

'Uit liefde tot God en in het belang van het christenvolk én van ons beiden, van deze dag af, voor zover mij God de kennis en macht zal geven, zo zal ik deze, mijne broeder, behandelen, zoals men met recht zijn broeder behoort te behandelen, mits hij het eveneens doet met mij. En met Lotharius zal ik in geen vergelijk treden, dat Lodewijk tot schade strekt...'

De vazallen van Lodewijk bekrachtigen de eed van hun vorst in het Germaans.

De definitieve splitsing van het Frankenrijk komt later te Verdun tot stand, waar Lotharius, Lodewijk en Karel (Pippijn is gestorven) voor de laatste onderhandelingen bijeenkomen. Maandenlang hebben 120 rijksgenoten zich met de deling van het rijk bezig gehouden. Eenvoudig was het niet om het de hebzuchtige broeders naar de zin te maken. Maar eindelijk is het toch zo ver:

Lodewijk de Duitser krijgt het oostelijk deel. Dankzij de aanhoudende intriges van zijn moeder Judith ontvangt Karel de Kale het westelijk deel. Lotharius neemt de lange, vrijwel onverdedigbare middenstrook – lopend van Italië tot aan de Noordzee – met grimmige voldoening in bezit. Het middenrijk, mét de keizerskroon en de huisgoederen van de Karolingers, geldt als de vetste kluif.

Een oplossing vormt de deling niet, want strijd, neergang en verval duren voort. Vooral het rijk van Karel de Kale krijgt het zwaar te verduren. Bretagne en Aquitanië komen in opstand. Eén van Karels zonen ziet zijn kans schoon: hij maakt gemene zaak met de opstandelingen en weet zijn vader op die wijze een eigen graafschap af te dwingen. Een andere zoon, gevangengezet in een klooster, ontsnapt.

'Mannen, sluit je bij me aan! Ik beloof jullie, dat we samen goede buit zullen behalen!'

In die geest spreekt hij een flinke roversbende toe. Versterkt met allerlei gespuis dat langs de wegen zwerft, trekt hij moordend en plunderend door het land.

'Steekt hem de beide ogen uit!' beveelt Karel de Kale, als hij zijn zoon eindelijk te pakken krijgt.

Saracenen teisteren ondertussen de kusten van de Middellandse Zee en vrijwel ongestraft kunnen de Noormannen het land binnenvallen. Onbedreigd varen zij met hun schepen de Seine op tot aan Parijs.

'Bij alle heiligen, we moeten hun plunderingen afkopen,' meent Karel de Kale.

Gewapend met een koninklijk bevel trekken zijn krijgsknechten het land door om overal goud en zilver op te eisen. Met een geweldig fortuin, uit kerken en kloosters bijeengeschraapt, varen de Vikingen brallend weg – om zich met brooddronken wreedheid te werpen op Bordeaux, Orleans of Tours.

Het is geen wonder, dat de graven uitgroeien tot heer en meester in hun eigen gebied. Ieder voor zich tracht zich zo goed mogelijk door de ongewisse tijd heen te slaan. Niet langer gecontroleerd door zendgraven, proberen zij naar hartelust hun bezittingen uit te breiden.

'Wij eisen de erfelijkheid van onze titels op!' laten zij de koning weten. Naar willekeur kunnen zij de zwakkeren onderdrukken.

Om de vaak onhandelbare edelen aan zich te binden, schenken de vorsten abdijen en kloosters aan hun vechtjassen weg.

'Laudate Dominum – Looft de Heer!' Misschien zingen de monniken wel een welkomstlied, als deze edele vechtersbazen met hun gezinnen *als abt* de kloosters binnentrekken.

'Gelijke monniken, gelijke kappen,' denken de monniken en al gauw volgen zij het voorbeeld van hun nieuwe abt. Ook zij gaan huwelijken aan en leven zo met vrouwen en kinderen binnen de kloostermuren. Wilde taferelen van uitgelatenheid, maar ook van haat en nijd zijn het trieste gevolg:

'Broeder Amandeus, je blijft met je handen van mijn vrouw af!'

'Je moet mij niet hebben, broeder, maar de abt!'

'Als ik je nog eens met haar zie...'

Terwijl sommige kloosters door misoogsten op de rand van de afgrond staan, gaan elders rijke monniken gekleed in veelkleurige kledij. Zij dragen met goud bestikte hoofddeksels en buitenlandse mutsen van bont. Protserig lopen zij met hun vrouwen op gekleurde, hel blinkende schoenen rond. Niet voor niets klaagt Karel de Kale, in de Capitulare van Pîtres uit het jaar 862:

'Ons land is onvruchtbaar geworden, daar wij de bloemen en vruchten van ons geloof, van hoop en liefde, van deemoed, kuisheid, matigheid en de andere deugden, op de akker van ons hart hebben uitgeroeid. In hun plaats groeien nu de doornen der hartstocht, de brandnetels der zonde en de scheerling der ijdelheid...'

Het is niet anders gesteld in het Duitse rijk, waar Slavische volkeren hun invallen houden. Het is ook niet beter in het rijk van Lotharius, dat te lijden heeft van Arabische zeerovers, plunderende Grieken en opstandige Longobarden – en waar de Lage Landen in de greep liggen van de mateloos brutale Noormannen...

Zilveren kip met kuikens uit de schat van koningin Teodelinda. (Longobardisch, 6de-7de eeuw).

De Noormannen

Vikingzwaard

Niemand is zijn leven voor een dag zeker in de jaren, dat de Noormannen hier hun invallen doen. Vikingen, willekeur van heerszuchtige graven, misoogst, pest, plundering van roversbenden, hangt de bevolking van dag tot dag boven het hoofd.

De kleine man heeft geen weet van een Verdrag van Verdun, geen begrip van grenzen, geen idee, waarom woeste hoofdmannen langs trekken en grijpen, wat er maar te grijpen valt.

'Heilige Jezus, heilige Maria...' Ze bidden om uitkomst, maar als de christelijke hemel blijft zwijgen, keren velen tot het heidendom terug. Zijn de kerken en kloosters niet voor hun ogen in vlammen opgegaan? Sommige mannen melden zich vrijwillig bij de Noorse krijgsbenden om deel te hebben aan hun buit. Anderen trekken met hun gezinnen naar veiliger streken – waar zij haast onherroepelijk gedoemd zijn tot horigheid.

De meeste kleine boeren verduren echter gelaten ramp na ramp. Met de onblusbare veerkracht, die in ieder mens verborgen ligt, bouwen zij de afgebrande boerderijen weer op en ploegen volhardend de voren in hun platgetrapte land...

Steeds weer opnieuw roeien de Noormannen hun sterke vloten de rivieren op. Ze bestormen Utrecht en steken de kerken van Willibrord en Bonifatius in brand. 'Heya, heya!' Daar gaan de kostbare kerkboeken en relieken, die de bisschop bij zijn overhaaste vlucht naar het Odiliënklooster bij Roermond heeft moeten achterlaten. 'Heya, heya!' Met omstreeks 1500 schepen beheersen de Noormannen de zeeën. Alle handel ligt lam. Niemand waagt zich nog met een kostbare lading op een verre handelsreis.

Rorik heeft rond Dorestad allengs niets meer te plunderen. Hij trekt weg om enkele jaren later het Kennemerland voor zich op te eisen.

'De Vikingen!' Steeds weer vlucht het angstige volk naar de schaarse houten burchten, maar die bieden weinig soulaas.

Vooral Friesland staat aanhoudend bloot aan hevige roofovervallen. Toch worden de trotse Friese hoofdmannen op de hofdag te Nijmegen in 837 ernstig berispt: 'Door ongehoorzaamheid hebt ge de afweer bemoeilijkt. Velen van u hebben met de Noormannen geheuld en ijverig meegedaan met de ontstellende plundertochten!' wordt hen daar voor de voeten gegooid.
'Maar wij hadden geen keus!'

Tijdens en na afloop van de vergaderingen smeken de Friezen de aanwezige bisschoppen en andere rijksgroten om hulp. Maar die hulp kan niet worden gegeven. Het Friese land krijgt het daarom verschrikkelijk hard te verduren. Tot het uiterste gebracht grijpen de inwoners soms naar de wapenen. Dan stormen de verbitterde boeren en schippers in ongeordende benden op de gehate Vikingen af:

'Wacht op een teken!' beveelt een zeekoning. Dicht op elkaar, met gebogen knie achter de grote schilden geborgen, wachten de Vikingen de aanval af. Daar komen de Friezen, in een slordige linie, met de dappersten voorop.

Dichtbij gekomen overwinnen zij hun aarzeling. Zij spannen hun bogen. De eerste speren vliegen weg.

'Pak de vrouwenmoordenaars! Sla dood! Sla dood!' Ze trekken hun zwaarden en stormen op de nog steeds neergeknielde linie der Noormannen af. Pas als ze vlakbij zijn klinken daar korte bevelen:

'Op... op!' Als één man richten de Vikingen zich op. Met het zwaard in de vuist slaan zij toe en slachten de aanvallers af. Hun overwinning is volledig. 'De goden zijn ons welgezind geweest!'
'We zullen hen niet vergeten!'
'Een offer?'
De zeekoning knikt.
'Zoek enkele flinke kerels uit!' Een aantal gevangen Friezen worden gegrepen en uit dankbaarheid voor de overwinning aan de Asen geofferd. Daarmee is de kous nog niet af.
'We moeten nog wat roeiers hebben!'
'Hoeveel?'
'Die... en die... en die!' Een Vikinghoofdman loopt langs zijn gevangenen en kiest de sterkste mannen uit. Die moeten de opengevallen plaatsen in de boten bezetten. Héél wat Friezen gaan trouwens vrijwillig mee – belust op vrouwen en buit.

Zó erg is de mensenroof, dat op de Friese vergaderplaatsen edelingen en vrije mannen speciale wetten in het leven moeten roepen:

'Wanneer iemand door Noormannen weggevoerd of verkocht is, maar later terugkeert, mag hij zich zonder enige strijd weer in het bezit van zijn eigendom stellen volgens álle Friese wetten – ook al hebben zijn

Vikinghelm (11de eeuw).

Middeleeuwen – Bourgondische tijd

bloedverwanten inmiddels zijn vaderlijk erf verkocht of verruild...'

En nog sterker: 'Wanneer Noormannen iemand vangen en uit het land voeren; als zij hem dan weer in het land brengen, en hij huizen in brand steekt, vrouwen verkracht, mannen doodt of boeit... Wat hij ook misdoet, wanneer hij ontvlucht of vrijgekocht wordt en in de volksvergadering terecht staat wegens het kwaad dat hij bedreef, dan mag hij openlijk bekennen en zeggen, dat hij niet hoeft te boeten. Omdat hij, wat hij gedaan heeft, als *slaaf* heeft gedaan...'

Iedere slaaf moet gehoorzamen aan zijn meester. Dus treft hem geen schuld. En zo is niemand verantwoordelijk voor de wandaden, die hij in dienst der Noormannen bedrijft.

Niet alleen in Friesland, maar ook op Walcheren en in Vlaanderen slaan de Vikingsvloten hevig toe. De belangrijke handelsplaats Quentovic gaat in 844 tegen de vlakte en is tot ondergang gedoemd. Aanzienlijk zijn de verwoestingen in de gouwen van Mempiscus en Terwaan. De befaamde St. Baafsabdij te Gent gaat in vlammen op. Het land raakt ontvolkt.

Pas in het jaar 864 wordt langs de kust van de Vlaanderengouw eindelijk kordate tegenstand geboden.

Crypt van de Lebuïnuskerk te Deventer.

'Te wapen!' roept graaf Boudewijn I. Hij heeft de dochter van Karel de Kale geschaakt en deinst nu ook niet voor de Noormannen terug.

'IJzerarm!' noemt het krijgsvolk hem. Met kracht zet hij zijn ijzeren arm in om een landingspoging van de Noormannen te verijdelen.

Doortastend als hij is bouwt hij een stevige burcht – gedeeltelijk van steen! – op de plaats waar de Reie in de zeeboezem vloeit van het Zwin. Dát is het begin van Brugge. Dankzij Boudewijn IJzerarm behoudt Vlaanderen zijn zelfstandigheid en wordt het niet, zoals andere delen der Zuidelijke Nederlanden, bij het Gallische rijk gevoegd. Boudewijns zoon kan reeds onbekommerd een eigen machtspolitiek volgen.

Zo gaat het ook elders. Met wat vastere vorm beginnen graafschappen en hertogdommen zich af te tekenen.

'Makkers, ik krijg genoeg van dit woest, zwervende bestaan, genoeg van de ongemakken in de schepen,' zegt de hoofman Rollo tegen de Vikingen, waarmee hij menige slag heeft geslagen. 'Wat wij nu gaan veroveren, is land!'

Zo strijken deze Vikingen neer op de Franse kust en stichten daar een eigen nederzetting. In het jaar 911 krijgt een Noorman het hertogdom Normandië officieel van de Frankische koning in leen...

In de Lage Landen is het nog niet zo ver. Ze raken steeds meer van de regen in de drup. Want op hun tochten landinwaarts verwisselen de Noormannen nu hun schepen voor buitgemaakte paarden.

'Heya, heya!' Als ruiters rijden de zeekoningen door het land. Heinde en ver verspreiden zij schrik. Zij verschansen zich in de palts bij Nijmegen. Zij varen de Maas op. Overwinterend in een versterkte legerplaats (vermoedelijk Elsloo bij Maastricht), plunderen zij de rijke abdijen en paltsen langs de Maas en Rijn.

Te Aken stallen zij hun paarden in de kapel van Karel de Grote. Zij richten slachtingen aan in Keulen, Bonn, Luik, Trier.

'Domine, talem terris avertite pestem...' bidden benarde geestelijken, die met hun boeken en relieken een onderkomen zoeken in het nog veilig gelegen Mainz. *Maar de aarde wordt nog niet van de Vikingpest verlost.*

Hoog stijgt de nood in de versnipperde rijken. Bohemers, Serven, Wilzen en Obotrieten lopen plunderend de Duitse gouwen af. Grieken trachten Italië – een deel ervan behoort wettig tot het Byzantijnse rijk – aan hun heerschappij te onderwerpen. Bohemers en Moraviërs streven naar een onafhankelijk Slavisch rijk. Overal klinken verbitterde, ontevreden stemmen op.

'Niets dan neergang, vernietiging, verval!'
'Wat kunnen we doen om het gevaar te keren?'
'Er moet eenheid zijn! Eensgezind staan we sterk!'
'Kunnen we het rijk, waarover keizer Karel heerste, niet nog eenmaal herstellen onder de keizerskroon van één man?'

De rijksgroten en bisschoppen steken de hoofden bij elkaar. En waarachtig: door een aantal sterfgevallen van zwakke vorsten, komt de kans het oude Frankenrijk nog éénmaal onder één keizer samen te voegen. Als een der laatste Karolingers maakt Karel de Dikke zijn opwachting, maar erg gelukkig is men met die dikke Karel niet.

'Die man?' Onthutste edelen schudden het hoofd.
'Het is een Karolinger. Een ander is er niet!'
'Maar hij lijdt aan krampachtige toevallen, aan een zwakheid van hoofd, die soms in zinneloosheid overslaat!'
'Wie anders?'

Op een druk bezochte rijksdag te Worms besluiten de edelen en bisschoppen het toch maar met de dikke Karel te wagen. Zij verenigen zich tot een machtig leger en trekken eensgezind tegen de gevreesde Noormannen op. Het lukt hen de Vikingen te Elsloo in te sluiten.

'Nu kunnen wij hen vernietigen. Nu is de beurt aan ons!' Verheugd slijpen de edelen hun zwaarden. Een uitweg lijkt er voor de vijand niet. En toch:

'Wij moeten onderhandelen,' zegt Godfried, de scherpzinnige aanvoerder der Noormannen in de belegerde sterkte van Elsloo. Hij is een zoon van Heriold – de vorst, die zich voor een leen in Friesland tot het christendom bekeerde. Hij is een neef van Rorik, die hij in het Kennemerland is opgevolgd.

'We hebben niets om over te onderhandelen,' menen zijn vazallen. 'We zitten ingesloten. Ons allen wacht de dood...' Vanaf de palissaden hebben zij hun vijanden teruggeslagen – al 12 dagen lang. Veel langer zal dat niet kunnen doorgaan, want de krijgers van keizer Karel zijn talrijk en zij hebben de tijd op hun hand.

'Meldt de keizer dat ik onderhandelen wil,' zegt Godfried en hij lacht. 'We zullen ons bekeren tot het christendom! We zullen ons laten aannemen als vazal!' Hij weet precies hoe hij het spel moet spelen. Het oude lokaas wordt uitgeworpen en zijn tegenstander bijt!

Karel loopt in de val en laat zich een schitterende overwinning voor beschamende voorwaarden ontgaan.

'Ik ben bereid me te laten dopen, maar niet voor niets!' zegt Godfried. En waarachtig, hij ontvangt een grote som geld (de kerken en kloosters moeten weer bloeden!) voor zijn belofte van verdere plunderingen af te zien. En dat niet alleen! Om de goede verstandhouding te bekrachtigen, mag hij trouwen met een Frankische prinses.

'Moet het? Moet het echt?' Een onechte dochter van Lotharius II barst vermoedelijk in snikken uit, als de ruige Godfried aan haar wordt toegewezen.

Als klap op de vuurpijl benoemt de dikke keizer Karel de Viking tot hertog en geeft hij hem het westelijk deel boven de grote rivieren in leen.

'Wat heb ik jullie gezegd?' grijnst Godfried triomfantelijk. Overladen met buit kunnen ook deze Noormannen wegtrekken. Op de terugweg naar het noorden plunderen ze nog gauw even het welvarende Deventer.

Daar de Vikingen in de Lage Landen nog steeds oppermachtig zijn, lijkt het aanzien van de kerk geheel gebroken. Vele kloosters staan spookachtig verlaten in het verwilderde land. In enkele abdijen, die over de rijkdom beschikten om stenen muren op te trekken, hebben de Noormannen zich verschanst. Een aantal kloosters nemen zij in beslag als buit.

Waar de kerk is staande gebleven, moeten de geestelijken naar grove middelen zoeken om het ontwrichte volk aan zich te binden. Vooral de relieken van de martelaren (ook zo duidelijk omstraald door geweld) spreken hevig tot de verbeelding van het simpele volk. Om daaraan tegemoet te komen, zijn sommige geestelijken tot heel wat bereid:

'Luister, broeders, ik heb een plan,' zegt een monnik in Vlaanderen, die God in alles wil dienen. 'Ik weet een trefzeker middel om het verwilderde volk voor onze Heer te winnen!'
'Spreek op, broeder!'
'Deo juvante, met Gods hulp kunnen wij...' Fluisterend spreekt hij zijn gedachten uit. De anderen knikken.
'Het is wel gevaarlijk!' oppert een van de monniken.
'Deo ducente nihil nocet,' zegt een broeder, die graag pronkt met zijn kennis van het Latijn. 'Als God leidt, zal ons niets deren!'

Zo begeven enkele Vlaamse monniken zich naar Engeland. Het reisdoel: het lijk van de heilig verklaarde St. Liafwin stelen uit een Engelse kerk. Met welke smoesjes dringen ze de kerk binnen? Bij het licht van een fakkel graven zij het stoffelijk overschot op. Dan sluipen ze weg...

Wat een triomf, als zij met het heilige geraamte in processie door Vlaanderen gaan. Vol ontzag kijkt het volk toe.
'St. Liafwin... St. Liafwin!' Gebeden stijgen naar de heilige op.

Zóveel indruk maakt dit menselijk reliek, dat vele Vlamingen tijdens de processie de bloedwraak afzweren...

Geleidelijk aan beginnen de invallen der Noormannen af te nemen. Niet alleen is de kerstening in het hoge Noorden begonnen, maar ook de mankracht der Vikingen is uitgeput. Bovendien valt er in de leeggestroopte Nederlanden weinig meer te halen.

De gebroken kerk richt zich weer overeind om kennis en de zorg voor de naasten uit te dragen: niet alleen met geroofde relieken, maar ook met waarachtig geloof.

Als uit een diepe droom gewekt... Zo staat het kernachtig in een oorkonde uit die tijd.

Langzaam maar zeker kunnen de gevluchte priesters naar het Noorden terugkeren. Terwijl de Vikingen nog in Utrecht zitten, begeeft Radboud, bisschop van Utrecht, zich alvast van Roermond naar Deventer. Telg uit een adellijk geslacht uit de Lommegouw – via zijn moeder zelfs afstammeling van de Friese koning Redbad – heeft hij zijn opleiding gekregen aan de Keulse kathedraalschool en aan de hofschool van Karel de Kale. In het jaar 900 is hij tot bisschop gewijd. Denkt hij daar in Deventer vaak aan de kerk van St. Maarten in Utrecht, waarin de Vikingen nog steeds hun wilde feesten vieren?

'Reik me eens de brieven van Bonifatius,' zegt bisschop Radboud tegen een monnik. Naast missiewerk, wat nog alom noodzakelijk blijkt, schrijft bisschop Radboud sermoenen over het leven van heiligen: over St. Servatius, St. Liafwin en St. Bonifatius. Hij stelt kerkelijke gezangen op schrift, verzamelt oude oorkonden en waagt zich zelfs aan gedichten.
'Zal ik ooit nog in Utrecht, het oude centrum van de bisschopszetel terug keren? Wat is er geworden van al het bezit?' vraagt hij zich keer op keer af. Soms slaat hij er oude oorkonden op na. Lezend glijden zijn vingers haast liefkozend over het oude perkament:
'In Texel behoort het derde deel van het land aan Sint Maarten. In Wieringen behoren twee delen van het gehele land aan Sint Maarten, samen met de kerken van beide landen. Ook behoren aan Sint Maarten de tienden van de schapen, die door de stormen daarheen worden gedreven, én van de strandvond, want tol geheven wordt er niet...'

Wat weemoedig denkt bisschop Radboud aan het Overmeer, waar de gehele visserij aan zijn bisdom toekomt en aan de opbrengst van de halve treilvisserij (met netten achter schepen) uit het Uitermeer, waarop Sint Maarten recht heeft.

In het Almere kan hij rekenen op een koninklijk tiend van de belasting. 'Ja, de koggeschuld!' mompelt Radboud. Onder de Vikingen is van dat alles natuurlijk niets gebleven.

Wat was er geworden van het domein te Nesse, van de visserij in de Vecht met alle plassen eraan? Wat van de domaniale hoeve met saalland te Elft, met de lijfeigenen die wonen in het dorp? Eén van hen was zelfs diaken van de kerk?

Er is nog meer, nog veel meer bezit, waarover bisschop Radboud in Deventer kan dromen.
'Deo juvante...' Met Gods hulp zal alles zich nog ten goede keren. Hij buigt zich over een brief van Bonifatius – niet beseffend, dat hij de door Noormannen verwoeste bisschopsstad nimmer meer zal zien. Hij sterft in het jaar 917, tijdens een inspectietocht door Drenthe...

Ondertussen is het hertog Godfried in zijn nieuwe leen ook niet al te best vergaan. Voor zijn beloofde trouw aan de keizer stelt hij steeds hogere eisen. Hij doet dapper mee met een complot, dat een aantal Frankische edelen tegen de keizer smeedt. Begerig graait hij naar het onderste uit de kan. Hij krijgt het deksel op zijn neus:

'Wij moeten ons van die kwalijke Godfried ontdoen,' zeggen de raadgevers aan het hof.
'We zullen hem een valstrik spannen en dan toeslaan!' 'Hoe?'
'We moeten Godfrieds vazallen voor ons winnen. Door flinke beloningen in het vooruitzicht te stellen, kunnen we zeker graaf Gerulf voor ons plan winnen. En Everhard, de zoon van graaf Meinard...'

Voor een laaghartige moord deinzen de hovelingen niet terug. Graaf Gerulf is maar al te bereid zijn leenheer Godfried naar Herispich in de Betuwe te lokken voor een gesprek met een afgevaardigde van de keizer. Daar bij Spyck, bij de splitsing van Rijn en Waal, bevindt zich ook Everhard.
'Verwijt Godfried, dat hij je enige landgoederen heeft ontnomen. Beledig hem, maak hem driftig. Als hij dan zijn zwaad trekt, slaan we toe!' Vermoedelijk zijn dit de instructies geweest voor de zoon van graaf Meinhard. Everhard speelt zijn rol goed.
'Bedrieger!'
'Landrover!'

De twist loopt inderdaad hoog op. De aartsbisschop van Keulen is erbij, als de heren tijdens die bijeenkomst de gevreesde Godfried de hersens inslaan... Graaf Gerulf wordt voor zijn aandeel in de moord naar waarde beloond: Hij krijgt het Kennemerland als leen toegewezen. Tevreden vestigt hij zich daar op een versterkte hoeve en... wordt de stamvader van het Hollandse gravenhuis...

Afbeelding uit de geschiedenis van Lazarus: de rijke man verdwijnt in de hel. Miniatuur uit de Codex aureus Echternacensis *(circa 1050).*

Middeleeuwen – Bourgondische tijd
Opkomst van het graafschap Holland

Als omstreeks het jaar 920 de laatste Deense handels- en plunderkolonie uit Utrecht wordt verdreven, maakt de jeugdige bisschop Balderik zijn entree in de verlaten, onttakelde stad. Dan zijn er in de Lage Landen vier machten, die hun stempel het sterkst op de ontwikkeling drukken:

Het bisdom Utrecht! Op tal van manieren begunstigd kan de doortastende Balderik de verwoeste kerken met stevige stenen muren optrekken.

Kennemerland! Deze machtskern komt tot ontplooiing in een uithoek van het hertogdom Lotharingen.

'Graaf in Friesland!' Zo luidt de titel van graaf Gerulf, die vrijwel onbereikbaar achter het moerassenland zijn gang kan gaan. Hij bezit een aantal boerderijen. Waar mogelijk zal hij tol hebben geheven en vele keren voor roofridder hebben gespeeld.

De uitgestrekte bossen in zijn graafschap, hout- of holtland, zullen anderhalve eeuw later de naam Holland opleveren. De draak, die Gerulf in zijn wapen voert, zal in diezelfde loop der jaren veranderen in een leeuw.

Het graafschap Vlaanderen! Dat is de vierde macht in de Lage Landen, naast de graafschappen van Namen, Limburg, Gelre, Luxemburg en het belangrijke bisdom Luik. Vlaanderen is een leen van het Franse rijk. Onder Boudewijn II weet dat graafschap een sterke, onafhankelijke positie op te bouwen – en kan daardoor een eigen identiteit ontwikkelen én bewaren.

De Duitse rijkskroon (10de eeuw).

Het zijn harde eeuwen, die nu een aanvang nemen. Met brutale roverijen, zonodig met moord en verraad, zwaaien de hertogen en graven in hun eigen gebied de scepter. Zij trachten te zorgen voor orde en rust. Aan krachtige kerels vertrouwen zij delen van hun graafschap in *achterleen* toe.
'Een deel van de opbrengst blijft voor mij. En zweer me je eed van trouw, want ik moet op je wapenen kunnen rekenen!'
'Bij God en alle heiligen, ik zweer het!'

Uit die vechtjassen voor een graaf, een bisschop of hertog, ontstaan later de *ridders*. In de vechtgrage tijd gaan zij hun boerderijen verstevigen en laten zij allengs burchten verrijzen van hout. Want ook zij moeten zich op hun beurt tegen agressieve buren staande houden.

Het koning- en keizerschap lijkt overbodig geworden. Maar dankzij de kerk, die het van God gegeven gezag op aarde toch érgens moet plaatsen, blijven de koningen en keizers met luister omkleed. Met de trouw van hun edelen is het triester gesteld:

De grote vazallen leggen hun eed van trouw en gehoorzaamheid aan de keizer even gemakkelijk af, als zij hem breken.

Al bevestigen de machtige edelen hun wil met het zwaard in de vuist aan de zwakkeren, zij zorgen er toch ook voor, dat de ontaarding niet te ver wordt doorgedreven. In hun gebieden beschermen zij hun volk. Zij zetten zich in voor zekerheid, orde en rust – al doen zij dat nog weinig zachtzinnig:

De graaf van Vlaanderen kijkt verstoord op. Het gemompel en gefluister van de mensen wordt hem te bar.
'Ik wil stilte!' buldert hij. Ogenblikkelijk houdt het volk zich stil. Dan wendt de graaf zich tot een vrouw, die haar zaak komt bepleiten.
'Ik ben weduwe,' begint ze. En dan vertelt zij, hoe een edelman enkele koeien van haar gestolen heeft.

De 'ridder' zoekt uitvluchten, draait zich vast en kan tenslotte niet anders dan de misdaad toegeven.

'Kook hem! Kook hem levend!' Om een eind te maken aan de voortdurende veediefstallen, stelt de graaf die zware straf. De dief gaat de pot in. Langzaam komt het water op temperatuur. De veedief loopt rood aan, roept om genade, gilt. Aan het huiveringwekkend geschreeuw komt tenslotte toch een eind.

Haast nog afgrijselijker lijkt het, wanneer de beulsknechten een boosdoener grijpen en hem met een houten plank het hoofd van de romp zagen. Dat is het lot, dat de aanranders van vrouwen herhaaldelijk treft.

Barbaarse straffen, maar ze zijn nodig, nu het recht van de sterkste telt. Met barbaarse straffen moeten de aanzienlijken de orde handhaven en willekeur tegengaan. Het is in hun eigen belang de wegen voor kooplieden en pelgrims van rovers te zuiveren en de grote groep horige boeren en knechten te beschermen tegen bruut geweld. Na jaren van verwildering zijn het de harde, veroveringszuchtige, twistzieke edelen, die als beschavers en ordebewaarders optreden.

Omdat Lotharingen een twistappel wordt van Frankrijk en Duitsland – en een krachtige bestuurshand ontbreekt – kan Gerulf ongestraft menige goede slag slaan.
'Hertog Godfried is een goede leermeester geweest,' zal hij dikwijls hebben gedacht, als hij zich met een boerderij hier, een vis-

water daar kan verrijken. 'Prefect van de kuststreek!' Dat is de titel die zijn zoon Dirk I mag voeren. Gerulfs kleinzoon, Dirk II, krijgt het zelfs voor elkaar een dochter van de machtige graaf van Vlaanderen te huwen, wat zijn aanzien niet weinig vergroot. Zijn vrouw is waarschijnlijk minder verguld:
'Nee, nee toch. Is dit waar ik moeten wonen?' De dochter uit Vlaanderen moet wel geschrokken zijn, toen zij de simpele burcht in het Kennemerland voor het eerst zag: een gracht, een houten palissade, een hoge houten gevechtstoren naast de hoeve en wat hutten voor het dienstvolk, wat stallen voor het vee.
'Moeder Maria!' Het steekt allemaal wel schril af vergeleken met de stenen burcht van haar vader te Brugge. Het is echter een troost, dat haar schoonvader zich energiek en haast letterlijk uit het moeras omhoog werkt en dat haar kinderen een betere toekomst wacht:

Bladel in Noord-Brabant in 922: Graaf Dirk I, prefect van de kuststreek, stijgt van zijn paard. Op het koninklijk hof (dat daar vermoedelijk heeft gelegen) zal hij een ontmoeting hebben met de Westfrankische koning Karel de Eenvoudige, die thans tevens heerser over Lotharingen is.
Hoe is het gesprek tussen de koning en zijn onbeduidende vazal verlopen? 'Wij zijn tevreden, graaf Dirk, over uw trouw en over de goede diensten, die gij ons in het Kennemerland bewijst!'
'Gij kunt altijd op mij rekenen, heer koning! Het zou echter in uw voordeel zijn als u mij...' Vrij geslepen zal Dirk nog enkele voorwaarden ter tafel hebben gebracht.

Hoe het ook zij, in ieder geval vaardigt de koning daar in Bladel een belangrijke oorkonde uit.
'Schrijf op,' beveelt de koning aan een van zijn schrijvers.
Een monnik noteert, dat aan graaf Dirk een nieuw gebied in leen wordt gegeven. In het Latijn zet hij fraaie letters op het geduldige perkament:
'... Ecclesiam videlicet Egmonde cum omnibus ad eam jure pertinentibus...'
Als die moeilijke woorden voor Dirk vertaald worden, krijgt hij te horen: 'De kerk van Egmond en al het land, dat er rechtens toebehoort met de hoeven en het dienstvolk dat er is en nog geboren zal worden; met de weiden, de bossen, de moerassen en wateren...' (Van deze befaamde oorkonde bestaat alleen nog een afschrift van omstreeks het jaar 1172.)
Wat daar in Bladel precies gebeurd is, weet niemand. Vermoedelijk had graaf Dirk zich het gebied van Egmond, dat toebehoorde aan het klooster te Echternach, reeds rustig toegeëigend. En zeer waarschijnlijk heeft hij die gebiedsuitbreiding door de zwakke koning van het Westfrankische rijk (niet eens zijn leenheer!) laten wettigen.
Uiterst tevreden is Dirk van Bladel naar huis gereden.
'Met Egmond hebben wij een waardige laatste rustplaats voor ons geslacht!' zegt hij wellicht opgetogen tegen zijn vrouw. Hij laat de abdij – zo strategisch gelegen op de enige weg naar het noorden – van steen optrekken. Een uiterst kostbare zaak.
'We zullen daar het gebeente van St. Adelbert laten bijzetten!' beveelt hij zijn ondergeschikten. Met het gebeente van de heilig verklaarde (maar totaal onbekende) Adelbert, hoopt hij de kerk aanzien te geven en het ontzag van omwonenden op te wekken.
Echternach mag sputteren, maar Egmond komt aan Kennemerland. Vermoedelijk hebben de stenen gevechtsmuur en de omringende gracht goede diensten bewezen bij de toch nog voorkomende invallen der Noormannen. Én... bij het toenemende aantal strooptochten van Friezen uit het noorden!

Het graafschap van Dirk: moerassen en bossen; kleine, van hout gebouwde nederzettingen; groepjes boerderijen in de verlatenheid op het land tussen Egmond en Leiden. Toch groeit die modderige uithoek van de wereld tot enig aanzien uit.
Dirk II's jongste zoon Egbert, opgevoed in de adij, brengt het tot kanselier en aartsbisschop van Trier. Door zijn huwelijk met een gravin uit Luxemburg krijgt de oudste zoon, Arnoud, uitstekende betrekkingen met het Duitse hof. Zijn zwager wordt daar keizer. De broer van Dirk I, Waltger, is graaf van Nifterlake en in het bezit van de versteviqde Walburgskerk bij Tiel.
'Bij de heilige St. Adelbert, ik had met dat leen Egmond niet veel later moeten komen,' kan graaf Dirk met recht gedacht hebben. Karel de Eenvoudige is kort na de ontmoeting te Bladel, verhuisd naar de gevangenis van een opstandig leenman. En onderlinge strijd in west Francië is er de oorzaak van, dat Lotharingen in Duitse handen valt. Daarvan zal het bisdom Utrecht profiteren:
'Mijn hemel, wat moet ik met die eeuwig opstandige, inhalige leenmannen!' zegt de Duitse keizer Otto de Grote. 'Ze zweren mij hun eed van trouw, maar breken die weer, of het dode twijgen zijn...'
'Misschien zullen de gewijde kerkvorsten zich betrouwbaarder dienaren van de kroon tonen,' antwoorden geestelijke raadgevers, die op hun beurt bezig zijn om de invloed van de kerk overal te versterken.
Met die goede raad gaat keizer Otto de Grote er toe over zijn bisschoppen te bekleden met wereldlijke macht. Vanuit Duitsland zendt hij krachtige bisschoppen naar Utrecht. Met wettelijke en militaire volmachten gewapend, beginnen deze als ware vorsten over hun uitgestrekte gebieden te heersen. Waar mogelijk streven óók zij naar groeiende macht.
'Den schlechten Mann muss man verachten, der nie bedacht, was er vollbringt!' De doortastende bisschoppen van de keizer bedenken wel, wat ze willen volbrengen.
Door hun toedoen komen de Betuwe, Teisterbant, het land rond Woerden, een graafschap in Drenthe, landerijen in Groningen, Muiden met zijn belangrijke tol en de Veluwe in de loop der jaren onder het gezag van het wordende Sticht.
Het ziet er werkelijk naar uit, dat het bisdom tot een keizerlijke provincie zal uitgroeien en dat de bisschoppen hun gebied als een keizerlijk stadhouder (met eigen graven en lagere leenmannen) gaan besturen.

Ook van Vlaanderen uit is er expansie: naar het oosten, zuiden en noorden. De Vlaamse graven krijgen zodoende delen van Zeeland in hun bezit. Natuurlijk gaat dat alles gepaard met de nodige strijd – al heeft die dikwijls niet veel om het lijf – De oorlogen worden niet langer met grote legers gevoerd. Slechts kleine strijdbenden trekken te velde.

De Lage Landen aan het begin van de middeleeuwen.

Middeleeuwen – Bourgondische tijd

'Op voor graaf Boudewijn!' Een plaatselijk machthebber monstert op de binnenplaats van zijn versterkte hoeve de kleine strijdmacht die hij zal aanvoeren: Tien paarden, achttien man. Twee aan twee zitten ze te paard: Odo met zijn ene oog, lachend en goedgemutst als altijd; de kleine, gebochelde Thibert, die desondanks verbluffend goed streed door de kracht van zijn arm. Zijn strijdbijl hangt aan zijn zij. Sommigen van de mannen dragen een lans of een oud zwaard, anderen pijl en boog. Zelfgemaakte, ruwhouten schilden hangen aan de nek der paarden.

Daar gaan ze door de houten poort. Een laatste armzwaai naar de bezorgde vrouwen. Geduldig gaan de paarden stapvoets voort – elk met twee man op de rug. Maar elders moet het krijgsvolk lopen, dus klagen doen ze niet.

'Op voor graaf Boudewijn!'
'Op voor de bisschop!'
Zo sjokken ze overal voort.

Dirk II sterft in 988 en vindt zijn laatste rustplaats in de abdij van Egmond. Zijn zoon Arnoud sneuvelt in een veldtocht tegen de Friezen. Zijn weduwe, de Luxemburgse gravin, moet hulp van haar zwager, de keizer, inroepen, om aan de brutale rooftochten van de Friezen een eind te kunnen maken – en het bezit intact te houden voor haar zoon.

Dirk III zet de expansiepolitiek van zijn voorvaderen voort. Dát ervaren de boeren, die in het verleden in de moerassen zijn gevlucht om er een vrij bestaan op te bouwen. Op de eilanden en schorren rond de riviermondingen hebben zij hun schamele hoeves gebouwd.

Moeizaam hebben zij het drassige land ontgonnen. Is al hun geploeter voor niets geweest?

'Wat moeten we? Tot wie kunnen we ons wenden?' roepen ze, als Dirk daar met zijn krijgsknechten verschijnt.
'Kan hij het land zo maar pikken?'
'We zijn nou toch vrije boeren?'
'We zullen hem schatting moeten betalen. Een andere uitweg is er niet!' Machteloos staan ze voor hun boerderijen. Ze schelden en roepen God of goden aan, maar moeten zich toch aan Dirk onderwerpen.

'Hier gaan we een burcht bouwen!' wijst Dirk en hij kijkt naar de rivier, waarover rijk beladen schepen uit Tiel, Utrecht en Deventer hun weg zoeken naar Vlaanderen en Engeland.

'En hier heffen we een flinke tol!' Hij lacht voldaan. Nu zal het geld rijkelijk binnenvloeien. Maar het lachen vergaat hem. De tol die hij eist is zó onredelijk hoog, dat de Tielse kooplieden zich bij de keizer gaan beklagen.

De bisschop van Utrecht – tóch al naijverig op de groeiende macht van het graafschap! – steunt de klacht; Hij heeft reeds landerijen en visrechten aan de graven Dirk verloren en is dus een gebeten vijand van het Kennemerland. En ook de bisschoppen van Luik en Keulen laten ernstige protesten horen:
'Het is diefstal wat daar gebeurt!'
'Het regent klachten van de kooplieden!'
'We zullen er een eind aan maken!' belooft de keizer. Op een rijksdag te Nijmegen besluit hij een leger te zenden naar de lastige graaf in het Kennemerland. Een fikse vloot, versterkt met afdelingen van Utrecht, Keulen en Luik, zal onder commando van Godfried, hertog van Lotharingen, naar de kuststreek varen om graaf Dirk te tuchtigen.

De monnik Alpertus beschrijft de veldtocht als eerste Noordnederlandse geschiedschrijver. Vermoedelijk is deze Alpertus geboren in het bisdom Utrecht. Hij wordt monnik in Metz en keert waarschijnlijk als kanunnik naar het Utrechtse terug. Een hoge dunk van de bewoners in de kuststreek heeft hij niet, zoals in zijn geschrift is te lezen:

'Een deel der Friezen, die zich in het Merwedewoud hadden gevestigd, hadden zich verbonden met rovers en zó de kooplieden van Tiel grote schade toegebracht...' schrijft Alpertus van Metz in het Latijn. Maar ook over de Tielse handelaren en kooplieden geeft hij een weinig vleiend oordeel.

Volgens Alpertus steekt het oosten in beschaving ver boven het grove, onderontwikkelde westen uit:

'Het zijn rauwe mannen, aan geen tucht gewend. Processen worden niet volgens gangbare wetten, maar naar willekeur gevoerd. Dat is hun, naar zij zeggen, door de keizer per oorkonde toegestaan. Voor het gerecht liegen zij en zij zweren valse eden... Echtbreuk rekenen zij niet tot een schande: Zolang de vrouw zwijgt, houdt de man het voor toegestaan...

's Morgens, in alle vroegte, houden zij hun drinkgelagen. Wie met luide stem gemene taal weet uit te slaan om het domme volk aan het lachen en wijnzuipen te krijgen, verdient er de grootste lof...' Op de aanklacht van deze vrolijke Tielse heren, vaart hertog Godfried van Lotharingen naar de kust.

Bij Flaridingun (Vlaardingen), 'waar rovers een verschansing hebben aangelegd', gaat de keizerlijke strijdmacht aan land. 'Wat een uithoek. Wat een duivels oord!' kankeren de soldaten, want ze krijgen met vele moeilijkheden te kampen. Ze zijn het moerassengebied en de sloten niet gewend. Alpertus van Metz noteert:

'Toen het leger van de hertog een terugwaartse beweging moest maken, schreeuwde een schurkachtig familielid der rovers, dat ieder op zijn leven bedacht moest zijn; dat de voorste gelederen verslagen waren en dat de hertog was gevlucht...'

Hoe is het precies gegaan? Wellicht stond het 'schurkachtig familielid', ergens aan een slootkant te roepen en te sarren naar de keizerlijke legerschaar: 'Jullie gaan eraan, jongens! Daar verderop zijn ze al gesneuveld. En die mooie hertog van jullie heeft al de benen genomen...'

Hoe het ook verlopen is, paniek breekt uit. In volle wapenrusting springen de keizerlijke soldaten in de rivier. Zwemmend trachten zij hun schepen te bereiken. Andere zakken in de moerasbodem weg:

'Rechtop, zoals zij erin gerend waren, door het gewicht van de wapenen,' schrijft Alpertus.

De Friezen schieten toe en moorden wie zij moorden kunnen.

'Sla dood! Sla dood!' Onbehouwen slaan zij op de ongelukkigen in. Tallozen verdrinken of geven zich over. De mannen van graaf Dirk krijgen ook de hertog te pakken. Veldheer Godfried mag niet eerder vertrekken, voordat hij plechtig belooft aan het hof van de keizer Dirks voorspraak te zullen zijn.

Alpertus, die dat allemaal vermeldt, eindigt zijn verslag met de mededeling: 'Alle menselijkheid vergetend, trekken de Friezen de gevallenen alle kleding uit. Zelfs geen bedekking van het schaamdeel blijft over... Wegens hun stank worden vele lichamen in zee geworpen, waar vogels en zeedieren zich de mensenlichamen goed laten smaken... Hoewel de strijd op 29 juli heeft plaatsgevonden... spoelen op 1 december nog steeds verteerde lijken naar de kust...'

Het rijksleger heeft tegen een onbeduidende, weerbarstige graaf een geduchte nederlaag geleden. Zeer tegen hun zin moeten de bisschoppen van Utrecht, Keulen en Luik, graaf Dirks nieuw verworven bezittingen erkennen. Wellicht is het uit dankbaarheid voor die overwinning, dat Dirk III een bedevaart naar het Heilige Land onderneemt.

Alpertus wijdt ook enige paragrafen aan graaf Ansfried, die zijn sporen als vazal van het Duitse rijk ruimschoots heeft verdiend en door de keizer als bisschop naar Utrecht wordt gezonden.

Hij blijkt een zachtaardige man. In het door hem gestichte klooster op de Heiligenberg bij Amersfoort, geeft Ansfried zijn beste zorgen aan de armen: 'Zijn liefde ontwikkelde zich meer en meer tot een onbegrensde tederheid voor álle schepselen van de Heer die hij diende. Zelfs de vogelkens was hij weldadig... Als de winter gekomen was liet hij, uit medelijden met hun armoede, volle korenschoven in de bomen van zijn heuvel plaatsen...'

Wat een vredig beeld in die wereld vol geweld: die oude, verstilde bisschop die in de barre winter de vogels voert.

Dankzij Alpertus gaat ook even de sluier op, die dan nog over het oosten hangt. Ook daar geen verheffende tonelen, maar

Details uit het Tapis de Bayeux, een ongeveer 80 meter lang kleed, dat de verovering van Engeland door Willem de Veroveraar in 1066 in beeld brengt.

Vechtende ridders. Miniatuur uit de *Bijbel van Florence* (11de eeuw).

scheldpartijen en venijn:
'Die schurk!'
'Dat hondsvot!'

Twee graven in Gelderland stappen daar driftig rond om de prefectuur te bemachtigen. Graaf Wichman en graaf Balderik bestrijden elkaar met grote heftigheid. Voor Adela, Balderiks vrouw, is geen middel te laag om haar man machtsvermeerdering te bezorgen.
'Pik in!' zegt ze, als zij (vermoedelijk) haar zuster, abdis van het klooster te Elten vergiftigt.
'Pik in, Balderik!' Vermoedelijk is ook zij het, die graaf Wichman laat vermoorden. Maar voor Balderik is er dan niets meer te pikken: Op de hofdag te Nijmegen wordt hij uit zijn ambt en goed ontzet...

Graaf Dirk IV, een geduchte vechtjas, doet het beter. Ook hij voert voortdurend strijd – vooral om het snel opkomende Dordrecht. Hij krijgt die gunstig gelegen nederzetting in bezit. Als een appel, die niet ver van de stam rolt, begint hij – evenals zijn vader – op eigen initiatief, aanzienlijke tollen te heffen. Ook dat levert wrijving op die in het verre Luik tijdens een tournooi dramatisch tot ontknoping komt:

'U kunt hem pakken, Heer!' zegt een wapenknecht en hij reikt graaf Dirk zijn lans.
'Rustig maar!' Hij klopt het vurige paard op de hals, neemt dan het toom en voert zijn heer naar het strijdperk.
'Of ik hem pakken zal!' mompelt graaf Dirk. In het steekspel heeft hij de broer van Keulens bisschop als tegenstander gekregen. Misschien denkt hij even aan de klachten, die de bisschop over de tol bij Dordrecht heeft laten horen.
'Ik zal hem krijgen!'
Trompetten weerklinken.
'Veel geluk, heer!' De wapenknecht kijkt naar de kamprechter. Dáár komt het teken.
'Horrée!' In woest galop rijdt graaf Dirk op zijn tegenstander in.

'Hij komt mooi snel weg,' denkt de wapenknecht. Dan ziet hij hoe de lansen worden gericht, hoe de fraai opgetuigde paarden elkaar in wilde vaart naderen...
'Ráng!' Dodelijk getroffen smakt de broer van de bisschop ter aarde. Juichkreten in het Hollandse kamp.
'Jezus, Maria!' Hoewel bij deze spelen vele dodelijke ongelukken gebeuren, ontsteken de Keulenaars dit keer in verontwaardigde drift.
'Te wapen!' Witheet werpen zij zich bij het strijdperk op de Hollanders. In het bloedige gevecht dat volgt, omlijst door het geschreeuw van de omstanders, vinden twee halfbroers van graaf Dirk de dood. Zelf moet hij zijn leven redden door een overhaaste vlucht. Thuisgekomen koelt Dirk zijn woede op de Keulse en Luikse kooplieden die op dat moment toevallig in Dordrecht zijn.
'Grijp hun goederen. Steek hun schepen in brand!' beveelt hij zijn krijgsknechten. Bij alle heiligen, hij zal het ze daar in Luik en Keulen laten voelen. Nieuwe strijd om Dordrecht is het gevolg.

Wanneer Dirk tijdens een wandeling over de wallen zijn Dordtse sterkte inspecteert, wordt hij door een giftige pijl van een sluipschutter getroffen...

Het is een tijd, waarin heel wat edelen een gewelddadig einde vinden. Dirks zoon Floris I sneuvelt in 1061. Zijn vrouw, Geertruida van Saksen aanvaardt het bewind in naam van haar nog onvolwassen zoon. Op macht beluste buren zien dan hun kans.
'Gode zij dank, dit is het ogenblik om aan het bestaan van een lastig graafschap een eind te maken,' denkt de bisschop van Utrecht. Hij roept zijn leenmannen op en rust zich tegen Geertruida ten strijde.
'Op naar het Kennemerland,' roept Robert van Vlaanderen zijn krijgsmakkers toe. Hij is de jongste zoon van graaf Boudewijn V. Omdat er voor hem maar weinig te erven valt, hoopt hij zich een eigen graafschap te kunnen veroveren.

Arme Geertruida. Ze zit behoorlijk in het nauw. Om uit de nesten te komen, huwt zij ten einde raad de Vlaamse Robert, die 'de Fries' als bijnaam krijgt. Met hem aan haar zijde, weet zij de bisschop te weren.

Even lijkt het, of het graafschap aan de kust tot ondergang is gedoemd, als een hertog van Lotharingen oprukt. Hij verovert het Kennemerland en wijst het als leen toe aan bisschop Willem van Utrecht, die het dankbaar aanvaardt. Lang duurt die periode niet.

Met steun van de hertog van Normandië (Willem de Veroveraar), weet Dirk V zijn rechten op het graafschap te herstellen. De strijd ontknoopt zich in de burcht van IJsselmonde, waar de bisschop van Utrecht zich heeft verschanst. De gebeden van zijn monniken helpen hem niet als de bestorming begint. De burcht valt. De bisschop gaat op de knieën – al is het dit keer niet voor het kruis:
'Ja, ik erken graaf Dirk in zijn rechten!' moet hij wel zeggen, als zijn tegenstanders met de wapens in de vuist tegenover hem staan. Dirk blijft echter leenplichtig aan Utrecht. In een oorkonde uit het jaar 1101 staat zijn titel vermeld: 'Comes de Hollant – graaf van Holland!' Pas met Dirk V is het graafschap Holland een feit!

Zo liggen daar de Lage Landen, waarin de hertogdommen, bisdommen en graafschappen met onduidelijke en steeds wisselende grenzen hun plaats hebben gekregen. Ten koste van Utrecht breidt Gelre zich uit. Dankzij hun verwantschap met de graven van Kleef zijn daar de Wassenbergs tot aanzien gerezen. Toch loeren die edelen met jaloerse blikken naar het hertogdom Limburg en het opkomend graafschap Loon.

Hoog in het noorden onttrekken de Friezen zich langzaam maar zeker aan het gezag van hertogen, koningen en keizers. Zij slaan een eigen weg in:
'Als wilde planten in een verlaten tuin...'
Een prachtig beeld, want iedere sterke plant overwoekert daar in Friesland de zwakkere.

Vlaanderen, grenzend aan Brabant en Henegouwen komt van al die gewesten het eerst tot economische en culturele bloei. Door verstandige huwelijken te sluiten (en door te vechten!) krijgen de graven van Vlaanderen abdijen, kloosters en aangrenzende gebieden in hun bezit. Vooral onder het bewind van Boudewijn V – benoemd tot voogd van de Franse troonopvolger en in feite regent van het westelijk Frankenland – groeit Vlaanderen uit tot een belangrijk gebied.
'Daar en daar moeten steden komen!' wijst Boudewijn V, als hij door zijn graafschap rijdt. Doelbewust sticht hij een gordel van steden en jaarmarkten van Brugge tot de Schelde vallei – waaronder Rijssel en Ieper. Handel én nijverheid ontwikkelen zich snel. De lakenindustrie komt tot bloei. Het is in deze jaren, dat daar in Vlaanderen echte steden ontstaan met op hoogtijdagen een markt:

'Hier moet je zijn, lieve mensen. Kostbare zalf, die iedere zwerende wond helen zal,' roept een koopman, die zijn potjes heeft uitgestald. Een krom, vervuild vrouwtje met een zwerend oog schuifelt naderbij.
'Ja, kom maar, moedertje. D'r is niks beters voor je oog!'
Hij haalt haar naar zich toe, mompelt iets over gemalen berentanden, kostbare

Middeleeuwen – Bourgondische tijd
De kruistochten

kruiden uit het Frankenland, heilige balsem van een monnik uit Jeruzalem.
'Een schelling en je bent van alles af!'
In de nederzetting staan de huizen met riet gedekt. De bakkers hebben hun koeken en broden uitgestald. Slagers prijzen hun hammen, ingewanden of malse uiers aan.
'Ja, ik wil die veren wel hebben,' zegt een mutsenmaker en hij trekt een jagersman zijn huisje in. Een smid zingt, terwijl hij aan en pantser werkt. Maar niemand luistert naar hem. Een fluitspeler op het marktplein krijgt wel gehoor – misschien vooral, omdat zijn dikke vrouw, grappig dansend, obsceen haar billen draait en zingend om een aalmoes smeekt.
'Hallikiedee!' Ze heeft de lachers al meteen op de hand.
Voor de huizen liggen mesthopen, waar kippen naar wurmen pikken. Een kleermaker doet daar zonder gêne zijn behoefte in het stro.
'Bàà... huoo... dàh!' Een horige zonder tong probeert een koopman iets duidelijk te maken, maar hij wordt weggeduwd. Het is zaak mensen zonder tong te wantrouwen. Grauw en bont tegelijk ontrolt zich in de vuile, modderige straten van een uitgroeiende nederzetting het kleurrijke leven...

De opkomende steden worden door de graven gesteund, want door handel en nijverheid kan hun rijkdom alleen maar groeien. De adel op het platte land, die haar macht ziet krimpen, komt in verzet.
Heel wat edelen overleggen kankerend en met woeste koppen of zij zich aan een opstandje zullen wagen. Niet voor niets beginnen de rijke baronnen nu hun burchten op te trekken met steen.
Het is ook in deze jaren dat de bisschoppen, die als betrouwbare stadhouders van koningen en keizers regeerden, zich van het hoogste gezag beginnen los te maken. Dat geschiedt, als in 1076 tussen paus Gregorius VII en keizer Hendrik IV de strijdvraag ontbrandt:
'Wie heeft het recht om de bisschoppen te benoemen?'
'De keizer!' zeggen de vazallen, die het van keizerlijke beloningen moeten hebben – en niets te verwachten hebben van de paus.
'De paus!' roept de geestelijkheid, die slechts heil ziet in toenemende macht van de kerk.
Deze *Investituurstrijd* die een halve eeuw blijft slepen, speelt zich af met banvloeken, synodes te Worms en Utrecht, zelfs met de benoeming van tegen-pausen en tegen-keizers. Wanhopig zoeken de grote mannen naar een oplossing, want versplintering en verbrokkeling zijn het directe gevolg.

Uitgangspunt van al die twisten is de drang naar hervorming van de kerk. Vrome kerkvaders willen een eind maken aan de wantoestanden in kloosters, aan de wereldlijke hebzucht van vechtgrage bisschoppen, aan de ontucht en het wangedrag van talloze priesters. Vooral in het klooster van Cluny wordt een inspirerend, zuiverend voorbeeld uitgedragen.
'Da pacem, Domine,' mogen vrome monniken bidden, maar vrede komt er toch niet. Temidden van de kerkstrijd en hervormingspogingen weerklinkt de verbijsterde oproep, die half Europa uit haar voegen tilt:
'Op, ter Kruisvaart!'

Gezicht op de oude stad van Jeruzalem.

Het Westen: een wereld waarin iedereen van hoog tot laag doordrongen is van hetzelfde geloof! Diep en onaantastbaar ligt het christendom in Europa verankerd.
'Onze Vader die in de Hemelen is...' Dat gebed weerklinkt overal. Het geloof van ieder mens is hecht en zonder twijfels. In wezen is ieder mens op weg naar een ander leven na de dood.
Vol overgave trekken duizenden pelgrims uit alle lagen der bevolking jaarlijks naar het Heilige Land om reeds bij hun leven met lichaam en ziel aanwezig te zijn bij Christus.
'Verlos ons van den Boze...' Ze willen het graf van hun Verlosser zien, de stenen en relieken aanraken en zich reinigen van het zondige eigen ik. Zélfs de horigen, vrijwel onwrikbaar gebonden aan hun grond, kunnen altijd op toestemming rekenen om op bedevaart te gaan.
'En leidt ons niet in verzoeking...' Ze leggen de lange weg af. Met heilig ontzag en ontroering bekijken zij de plekken, waar Christus predikte en gestorven is.
Dan overvallen Turken en Arabieren de heilige plaatsen. Zij plunderen en vermoorden pelgrims en drijven de christelijke nederzettingen in het Heilig Land in het nauw.
Dat is het begin van de kruistochten. Zij zijn in eerste instantie niet bedoeld als agressie tegen het Oosten, maar worden ingesteld om de heilige plaatsen te bewaren voor het christendom...

De christenen in het Heilige Land hebben het werkelijk bijzonder moeilijk gekregen.
'Het zou te lang duren alle ongelukken en alle kwaad te verhalen, waaraan het volk van onze Heer in die dagen leed,' schrijft Willem van Tyrus later. Hij somt op, hoe de Saracenen hen in corvee en onder geweld laten werken. Zelfs in hun woningen kennen de christenen geen veiligheid en rust.
'Allah! Allah!' Voor hun huizen klinkt het gejoel van Arabieren.
'Ráng!' Daar dreunt een grote steen naar binnen. Mest, modder, allerlei soorten afval volgen. De angstige christenen bidden. Willem van Tyrus schrijft: 'Als het gebeurde, dat één van de christenen ook maar één woord sprak dat de Saracenen mishaagde, werd hij als een moordenaar naar de gevangenis gesleept en verloor hiervoor voet of vuist. Of hij werd gehangen. Dikwijls namen de ongelovigen de zonen en dochters van christenen in hun huizen en deden met hen wat zij wilden.
Zó geprovoceerd en geraakt op de meest kwetsbare plek, het gevoel, moet het christendom wel terugslaan:

Clermont in Auvergne, 27 november 1095: Op het bijeen geroepen concilie luisteren 14 aartsbisschoppen, 225 bisschoppen, 400 abten, talloze lagere geestelijken en vele edelen – in het open veld verzameld – naar paus Urbanus II. Tijdens de laatste zitting van dit concilie schildert de paus met vurige taal het lijden van de christenen in Jeruzalem. Hij roept zijn gehoor toe:
'Zeer geliefde broeders,
Gedwongen door de eisen van de tijd ben ik, Urbanus, bij de gratie Gods drager van de pauselijke kroon, paus over de gehele

Paus Urbanus II in Cluny.

aarde, naar u gekomen, dienaren Gods, als boodschapper om u de goddelijke wil te onthullen... Het is noodzakelijk snel hulp te brengen aan onze broeders in het Oosten, wat wij zo vaak beloofd hebben en wat nu zo dringend nodig is. De Turken en Arabieren hebben hen aangevallen... Daarom smeek ik u en spoor ik u aan – en niet alleen ik, maar de Heer smeekt u en spoort u aan, als herauten van Christus – de armen zowel als de rijken – u te haasten dit lage gebroed te verjagen uit de streken, die onze broeders bewonen!'

Als de stem van de paus zo over het veld heeft geschald, weerklinkt opeens een hartstochtelijke stem uit de menigte op: 'God wil het!'

De kreet wordt door allen overgenomen. Diep geroerd, haast in extase, zwelt de roep aan:

'God wil het...! God wil het!'

Geïnspireerd door die bijval gaat de paus voort:

'Als zij, die er heen gaan, gedurende de reis te land of ter zee, of in strijd tegen de heidenen hun leven verliezen, zullen hun zonden in dat uur vergeven zijn. Ik verleen dit door de macht, die God mij heeft gegeven... Laten zij, die vroeger gewoon waren te strijden in een persoonlijke oorlog tegen gelovigen, nú strijden tegen ongelovigen en een roemrijk einde maken aan een oorlog, die reeds lang begonnen had moeten zijn. Laten zij, die tot nu toe rovers zijn geweest, heden soldaten worden...'

'God wil het! God wil het!' Bezield verklaren een groot aantal aanwezigen zich bereid, naar het Heilige Land te vertrekken. De bisschop van Puy nadert de paus met een stralend gezicht. Hij knielt neer:

'Ik vraag toestemming te mogen gaan!'

Hij ontvangt de volmacht, dat allen hem zullen moeten gehoorzamen en dat hij het kruisleger zal leiden. Allen juichen hem toe. Priesters gaan rond met rode kruisen. 'Ik een! Ik een!' Trotse edelen krijgen schitterende kruisen van zijde of laken uitgedeeld. Met heilige geloofsijver naaien zij die vast op hun mantels, reisjas of hemd...

De pauselijke oproep spoelt als een vloedgolf over Europa. Boodschappers verkondigen het nieuws in steden en afgelegen heerlijkheden. De baronnen van Vlaanderen zijn al machtig genoeg om aanspraak te kunnen maken op een persoonlijk schrijven van de paus:

'Indien God sommigen van u zal inspireren deze (kruis)gelofte af te leggen, laten zij dan weten, dat zij zich met hun gevolg kunnen aansluiten bij het vertrek, dat met hulp van God is vastgesteld op de dag van Hemelvaart van de Heilige Maagd...'

Onvoorstelbaar, wat de pauselijke oproep teweegbrengt: Vorsten maken zich voor het vertrek gereed – opeens hopend de hemel deelachtig te worden. Ruige roofridders ontvluchten de eindeloze verveling op hun afgelegen burcht. Zij melden zich devoot – hopend op avontuur en buit. Boeren verkopen hun wijngaarden, hun hoeve en vee om zich bij het kruisleger te melden. 'God wil het!'

Daar stromen ze toe: misdadigers, die zo hun straf ontlopen; horigen, die naar vrijheid hunkeren; kleine burgers, door hun vrouwen vaarwel gekust. Uit zucht naar roem begeven jongelingen zich naar de verzamelpunten, voorzien van leeftocht voor de lange, gevaarvolle reis.

Peter de Kluizenaar, afkomstig uit Amiens, trekt als gezant van de paus door Italië, Frankrijk en Duitsland. Hij predikt in steden en dorpen, op viersprongen, markten en kermissen – overal waar mensen zijn. Guibert van Nogent is ooggetuige geweest van zijn optreden en heeft beschreven hoeveel bezielde overtuigingskracht van Peter van Amiens is uitgegaan. Overal krijgt hij zijn gehoor geheel in zijn ban: 'Hij bracht overspelige vrouwen bij hun echtgenoten terug. Hij herstelde de vrede en goede verstandhouding... met een wonderbaarlijk gezag. Bij alles wat hij deed of zei, scheen er iets goddelijks in hem te zijn...'

Het volk vereert hem. Men trekt zelfs haren uit zijn muilezel om die te bewaren als relikwie.

'God wil het!' Daar staat Peter van Amiens, gehuld in een wollen overkleed met daarover een mantel van baai, die hem tot de hielen valt. Zijn armen en voeten zijn bloot. Hij voedt zich hoofdzakelijk met wat vis en wijn.

Het zijn vooral de armen, die zich bij hem aansluiten – al is het nog uitsluitend een zaak van de baronnen en ridders om de wapenen te voeren. Nu trekken ongeoefende, arme mensen in massa met Peter van Amiens op om het graf van Christus te heroveren. Ooggetuigen en tijdgenoten verklaren:

'De armen gebruikten hun ossen als paarden, als tweespan voor de wagens, waarop zij hun povere voorraden en hun kleine kinderen vervoerden. Zodra zij een flink kasteel of stad zagen, vroegen deze kinderen, of dat nu eindelijk Jeruzalem was...'

Daar gaan de Schotten, woest, onbekend met krijgskunde, met blote benen en ge-

Middeleeuwen – Bourgondische tijd

Paus Urbanus II roept te Clermont op tot de eerste kruistocht.

kleed in jassen van ruw haar. Zij hebben tassen met levensmiddelen over de schouders geslagen. Hun wapens zijn belachelijk primitief.
'Er waren mensen uit een ver barbaars land, wier onbekende taal niemand kon verstaan. Zij kruisten hun vingers over elkaar en door hun tekens maakten zij kenbaar, dat zij over de zaak van het geloof wilden vertrekken naar het Heilige Land...'
Terwijl de vorsten en baronnen hun grondige en langdurige voorbereidingen treffen, marcheert Peter van Amiens met zijn tuchteloze horde vast vooruit. Allerlei gespuis, maar ook anderen, onschuldig als bloemenkinderen, sluiten zich bij hem aan. Na een tocht van vele weken komt de troep in Hongarije, waar het volkse kruisleger hartstochtelijk aan het plunderen slaat. Guibert van Nogent getuigt:
'Zij (de kruisvaarders) ontvoerden de jonge meisjes en lieten ze alle soorten gewelddaden ondergaan. Zij onteerden de huwelijken, door de vrouwen van hun echtgenoten te ontnemen. Zij trokken de baarden van hun gastheren uit of staken die in brand... Iedereen leefde van moord en diefstal en allen gedroegen zich met een onbegrijpelijke schaamteloosheid, alsof zij reeds bij de Turken waren...'
Strijd en nog eens strijd. Met een gehavend leger arriveert Peter in Byzantium. 'Heer, verlos ons van de kruisvaarders,' bidden de christenen in de stad. Want de kruisvaarders vernielen de paleizen. Zij klimmen op de daken der kerken om het koper te roven en te verkopen. Wat een opluchting in de stad, als zij eindelijk afreizen naar het gebied der Turken. Zij gaan daar hun ondergang tegemoet. Bij de belegering van een veste door een deel van het kruisleger, noteert een kroniekschrijver:
'De onzen leden zó'n dorst, dat zij de aderen van hun paarden en ezels openden om het bloed te drinken. Anderen hingen gordels en doeken in de latrines en lieten het vocht zomaar lopen in hun mond. Sommigen urineerden in de hand van een vriend en dronken het daarna op. Er waren er, die zich op de grond uitstrekten en de modder op hun borst uitwreven – zó groot was de hevigheid van hun dorst. De bisschoppen en de priesters troostten de onzen en spoorden ons aan stand te houden...'
Ze worden door de Turken afgeslacht. Tenslotte, bij de golf van Nicodemia, ligt de rest van het volkse leger, dat ter kruisvaart ging:

'Bergen van beenderen, witgebrand door de zon...'
De heidenen gebruiken de geraamtes als specie bij het bouwen van een muur.
'Deo cari nihilo carent – Die God liefheeft zal het aan niets ontbreken...!' hebben priesters in Europa gezegd.

In augustus vertrekt het grote kruisleger. Een belangrijke afdeling waaronder kruisvaarders uit de Lage Landen, Lotharingers, Walen en Brabanders, begeeft zich onder commando van Godfried van Bouillon via Hongarije naar het Heilige Land. Andere legergroepen, zoals de troepen uit noord en midden Frankrijk, marcheren onder aanvoering van graaf Robert van Vlaanderen over de Alpen naar Italië. Bij de inscheping te Brindisi begint de desertie al op grote schaal.
'God wil het!' Het klinkt nu wat minder veerkrachtig. Want paus Urbanus heeft nog steeds een tegen-paus, die zich in Rome heeft genesteld en die zich wat minder druk maakt dan zijn concurrent. Talloze teleurstellingen over het gedrag van de kruisridders, tasten het moreel van de oprecht gelovigen aan. Van het eens zo gloeiende idealisme blijft soms maar weinig bestaan.
De werkelijke strijd om het Heilige Land begint met het beleg van Nicea, de stad met sterke muren, die 240 gevechtstorens telt:

'Wie zou dit reusachtige leger van Christus kunnen tellen?' roept een jong ridder uit. Hij is pas aangekomen en kijkt zijn ogen uit. 'Nog nooit heb ik een dergelijk aantal zo volmaakte ridders bij elkaar gezien!'
In de pracht van hun vergulde, groene, rode en anders gekleurde maliënkolders ontplooien de ridders om hem heen hun gouden en purperen vaandels. Met fonkelende helmen bespringen zij hun strijdrossen. Maar het enthousiasme van de jonge edelman vergaat snel, als hij ziet hoe een deel van die volmaakte ridders zich in de strijd gedraagt. Zelfs de doden sparen zij niet.
'Sla ze de kop af!' bevelen zij hun krijgsknechten. Ze zien er geen been in de gesneuvelde Turken en krijgsgevangenen het hoofd van de romp te laten hakken.
'Breng die hoofden naar de catapulten!'
'Fláng... fláng!' Daar vliegen de Turkse hoofden de muur over en rollen de inwoners van Nicea voor de voet. Ontdekken geschokte kinderen zo het hoofd van hun vader?
Op hun beurt halen de verdedigers van de haast onneembare stad ook vrij gruwelijke staaltjes uit. Een ooggetuige schrijft:

'Men moest zuchten van medelijden, als men zag, hoe de Turken ijzeren haken wierpen naar onze gewonden aan de voet van de muren en hen dan ophesen, zónder dat iemand van ons hen die prooi ontrukken kon. Zij beroofden de lichamen en wierpen die dan van de muur omlaag...'
Wanhoop maakt zich van het kruisleger meester, als na het beleg van Nicea tijdens de verdere opmars een geduchte Turkse strijdmacht tot de aanval overgaat:
'De lucht weergalmde van de doordringende kreten, die aan de ene kant onze mannen, vrouwen en kinderen, aan de andere kant de heidenen, die zich op ons wierpen, slaakten. Reeds bekenden wij, daar wij alle hoop om ons leven te redden, verloren hadden, dat wij allen zondaars en misdadigers waren. Wij smeekten vroom om het medelijden van God. Bij de pelgrims waren de bisschop van Puy, onze heer, en vier andere prelaten, allen gekleed in witte gewaden, nederig neergeknield – de Heer smekend het leger van de vijanden te verslaan en over ons de gave van Zijn medelijden te verbreiden. Allen zongen en baden onder tranen. Een menigte van onze mensen, vrezend weldra te zullen sterven, wierp zich op de knieën en bekende hun zonden...
Dankzij de doortastende moed van de graaf van Normandië en graaf Robert van Vlaanderen kan het benarde leger het gevaar bezweren. Dwars door de woestijn trekt het kruisleger dan naar Antiochië. Opnieuw een tijdrovend beleg van een sterke stad:

Antiochië, paasdag in het jaar des Heren 1098: De dappere graaf Etienne de Blois staat in volle wapenrusting in zijn tent. Zijn kapelaan Alexander schrijft de woorden op, die de graaf aan zijn vrouw Adèle, dochter van Willem de Veroveraar, wil zenden:
'Graaf Etienne aan Adèle, zijn zeer geliefde en zeer beminde echtgenote, aan zijn zeer geliefde kinderen, aan al de vazallen van zijn geslacht, groet en zegening.
Ge kunt er zeker van zijn, zeer geliefde, dat de boodschapper, die ik u gezonden heb om u te troosten, mij gezond en veilig voor Antiochië, door de gunst van God in de beste welstand, heeft achtergelaten... Aan zilver en goud en alle soorten rijkdommen heb ik op het ogenblik tweemaal zoveel, als u liefde mij had gegeven toen ik u verliet. Want al onze vorsten hebben mij in overleg met het leger, tegen mijn wensen, tot aanvoerder gemaakt...'
Etienne somt de gevechten op, verhaalt Adèle over veldslagen, over het aantal vijanden dat is gedood. Hij voegt daaraan toe:
'In deze zelfde gevechten zijn, om het eerlijk te zeggen, vele van onze broeders gedood en hun zielen zijn opgenomen in de vreugde van het paradijs...' En dan volgt, aandoenlijk, aan het slot:
'... Ik ben niet in staat u te zeggen, wat ik in gedachten heb. Ik druk u op het hart wel te handelen, met zorg te waken over mijn landen, uw plicht te doen, zoals het behoort tegenover onze kinderen en vazallen. Gij zult mij terugzien, zodra ik naar u kan terugkeren. Gegroet...'

Als Antiochië eindelijk valt, kijken zelfs de aanzienlijkste baronnen hun ogen uit aan de rijkdommen, die zij daar aantreffen én... toeëigenen. Een bezetting achterlatend, trekt het leger verder: nu naar het einddoel Jeruzalem.
Ontberingen van allerlei soort zijn aan de orde van de dag. Paarden vallen van uitputting en vermoeidheid neer en wanhopige kruisvaarders gooien in wanhoop hun wapenen weg.
Eindeloos is de tweestrijd, eindeloos ook het gekrakeel onder de christelijke baronnen. Ridders, die naar de Saracenen overlopen, zijn geen uitzondering. Wilde tonelen spelen zich af bij de waterbronnen.
'Water! Geef mij toch te drinken, heer!'
'Betalen, vrind!'
Met eigen krijgsknechten bezetten de edelen steeds weer de waterbronnen. Het bezit daarvan – met al die van dorst versmachtende kruisvaarders – blijkt een goudmijn te zijn.
Pas drie jaar na de start in Europa, kan het heilige Jeruzalem eindelijk worden ingenomen:

De inname van Jeruzalem door de kruisvaarders. Frans miniatuur (14de eeuw).

Jeruzalem, 15 juli 1099: Onthutst schrijven mannen op, wat zij bij de inname van de stad hebben gezien:
'Eindelijk, na de heidenen uiteengedreven te hebben, grepen de onzen in de tempel van Salomon een groot aantal mannen en vrouwen en doodden hen – of lieten hen in leven, zoals het uitkwam. De kruisvaarders renden weldra door de gehele stad, goud, zilver, paarden en muildieren rovend en de huizen, die overvloeiden van rijkdommen, plunderend...'

En een paar uur later:
'Wenend van vreugde gingen de onzen naar het graf van onze Verlosser Jezus, om het te aanbidden en kweten zich van hun schuld tegenover Hem...'
'Men beval ook alle dode Saracenen buiten de stad te slepen wegens de buitengewone stank, want de stad was bijna geheel vervuld van hun lijken. Buiten de poorten maakte men heuvels van de lijken, even hoog als de huizen. Niemand heeft ooit een dergelijke slachting van heidense ridders gezien. Men kon niet zonder afgrijzen deze menigte doden aanschouwen en ook het aanzicht van de overwinnaars, die van het hoofd tot de voeten met bloed waren bedekt, was verschrikkelijk...'

Zó verovert de christenheid de Heilige Stad! In plechtige vergadering kiezen de baronnen Godfried van Bouillon tot koning van Jeruzalem.

'Ik weiger mij met een gouden kroon te tooien op de plaats, waar Christus een doornenkroon gedragen heeft!' zegt Godfried.
'Beschermer van het Heilige Graf!' Met die titel neemt hij het bestuur over het Heilige Land in handen. Hij sterft reeds een jaar later, nadat hij zijn grootheid in menig opzicht bewezen had. Zij broer Boudewijn, graaf van Edessa, volgt hem op – en toont zich wél bereid de titel 'koning van Jeruzalem' te voeren.

Twee eeuwen lang duren de kruistochten. Twee eeuwen duurt het bewind van de baronnen over de christelijke rijkjes, die zij in het Heilige Land hebben gesticht. Zij bouwen daar hun burchten. Zij krijgen – net als in Europa – kleine vorstendommen op de rand van de moslemwereld in leen. Steeds weer complotteren zij met de emirs, om hun macht in Tripolis of Antiochië te vergroten. Zij stichten er de orde der Johanniters en die der Tempeliers. In periode van op- en neergang leven zij daar in vreedzame barmhartigheid en devoot, zo goed als rovend, bloeddorstig en ontstellend wreed.

Aangespoord door dit eerste succes komen steeds nieuwe riddergroepen de dunnende gelederen versterken. De havensteden in Italië komen daardoor tot bloei:

'We willen schepen hebben voor de overtocht naar het Heilige Land,' zeggen aanvoerders. 'Wat is de prijs?'
'Wij doen het graag voor niets, heer, als ge daar een kleine dienst tegenover stelt,' mompelen geslepen kooplieden. Dan verzoeken zij de baronnen om onderweg bepaalde steden voor hun handelsbelangen te veroveren, of concurrerende steden met de grond gelijk te maken.
'Is er buit te halen?'
'Er liggen schatten,' zeggen de kooplieden en ze wrijven zich vergenoegd in de handen.

Steeds weer, als het Heilige Land in gevaar komt en de kleine christelijke koninkrijken met ondergang worden bedreigd, trekken priesters en monniken door Europa om het volk ter kruisvaart op te wekken. Dat gebeurt in 1147 en 1189, met Richard Leeuwenhart en Frederik Barbarossa als grote aanvoerders. 'God wil het!' Met haast mystieke geestdrift weerklinkt die roep nog steeds. Maar hoe roekeloos en gevaarlijk ligt de wil van God in de handen van mensen. Hoe verbijsterend is de *Kinderkruistocht!* In hun onschuld lopen ze zingend, hand in hand, de barre weg naar het Heilige Land, waar ze onbeschermd tenondergaan. Daar gaan ze, een ziek kind, een huilend kind, een angstig kind, duizenden kinderen.

Zij hadden een stem in het licht vernomen:
'Laat de kinderen tot mij komen...'
De mensen... kusten hen, wenend om het woord
Dat de kinderen lachend hadden gehoord...
Ze zijn bij de haven op schepen gegaan
En sliepen op 't dek tegen elkander aan...
Soms schreide er één in zijn droom en riep
Over het water totdat hij weer sliep...
Wie alles verlaat vindt in vaders huis
Dat vele woningen heeft zijn thuis
Het hart van een kind is zo warm en los
'Pater infantium liberet vos...
(Martinus Nijhof)

De gevolgen van de kruistochten zijn groot. Niet alleen raken de koningen en vorsten in Europa verlost van een stoet kleine, heerszuchtige ridders, die altijd onrust stoken, tevens begint het ideaal van ware ridderschap op te gloeien. Dat zal van onschatbare betekenis zijn, zoals ook de opbloei van de handelsbetrekkingen tussen het Oosten en het Westen zegenrijke gevolgen heeft. (Venetië, Genua en Pisa komen tot grote bloei!). Bovenal raken de ridders in Jeruzalem, Akko of Antiochië betrokken in een cultuur en in technieken, die in het veel barbaarsere Europa nog ondenkbaar zijn. In de steden treffen zij kostbare bibliotheken (waarin kennis en wetenschap verborgen ligt). In de woestijnen vinden zij suikerriet. En... zij zien er de windmolens, die in de Lage Landen zo'n grote rol zullen spelen bij de droeglegging van menig meer en moeras...

Middeleeuwen – Bourgondische tijd
Opkomst der steden

Vreedzame, gelukkige mensen maken meestal geen geschiedenis.
Steeds weer beijveren de kroniekschrijvers zich om oorlogen, rooftochten en complotten voor het nageslacht op te tekenen – alsof het menselijk spoor uitsluitend met bloed en tranen, met ontucht en strijd naar het heden getrokken is.
Het beeld van de gewone mensen, van hun hoop en geluk, hun liefde en geloof ligt vrijwel altijd versluierd achter daden van geweld en blaaskakig heldendom.
Misschien is het daarom goed even stil te staan bij graaf Floris II, bijgenaamd 'de Vette', die van 1091 tot 1122 vreedzaam over Holland heerst…

Opgravingen van Staveren: houten huizen met een houten bestrating, bewoond vanaf het midden van de 11de eeuw.

Als Floris II het bestuur in handen neemt, is de investituurstrijd tussen paus en keizer bezig uit te lopen op een compromis. Hendrik IV heeft zijn beroemde tocht naar Canossa gemaakt, waar hij de paus smeekte de banvloek tegen hem in te trekken. Het gevolg zal zijn, dat de bisschoppen van Utrecht en Luik hun wereldlijke macht gaan verliezen. Vlaanderen, Holland, Brabant en Gelre ontplooien zich in de Lage Landen als de belangrijkste machten – en zijn er als de kippen bij om gebieden uit de bisdommen op te pikken. Zij achten dat belangrijker dan een moeizame tocht naar Jeruzalem.
'Ter kruisvaart? Kom nou!' Terwijl in West-Europa overal koortsachtig opwinding heerst, blijven de nuchtere Hollanders voorlopig rustig waar ze zijn. In een wild land van moerassen, schorren en slik-eilanden – uithoek van de beschaafde wereld – lijkt voor dit soort avonturen geen plaats.
'Ik wens die kruisvaarders Gods zegen. Maar op mijn woord, ik heb wel wat anders te doen dan m'n krachten verspillen aan de ongelovigen in het Heilige Land. Drink eens uit, Jacob Eenoog!'
De boeren en vissers, de kooplieden en handelaren hebben andere zaken aan hun hoofd. Zij moeten zich staande houden als de zee het lage land bij springvloed overstroomt. Zij moeten de akkers uitbreiden, als de bevolking toeneemt en de korenaanvoer bij tijd en wijle stokt.
Het is een geluk, dat graaf Floris II er met zijn dikke lichaam niet op uit is met stoutmoedige daden te streven naar roem. Als een verstandig, vreedzaam vorst reorganiseert hij zijn graafschap en ziet hij kans zijn gebied tot de Westerschelde uit te breiden. Door de rust, die hij in Holland teweegbrengt, neemt de welvaart toe. Maar het belangrijkste voor de kwetsbare kustgebieden lijkt de dijkbouw, die hij met kracht ter hand laat nemen:

'Houd de sluizen schoon. Diep de sloten uit. Herstel de wegen. Verhoog de terpen en dammen. Werk in de lente aan de dijken en dreg in de zomer de sloten!'
Zó zullen de wetten van de graaf hebben geklonken, als de Lage Landen na tal van overstromingen eindelijk besluiten om een tegenaanval in te gaan zetten.
'Meldt u met spade, vork en burrie!' Overeenkomstig de Friese rechtsregels verschijnen de horigen en vrije boeren op de plaatsen van samenkomst. Zij werpen de dammen op en graven sloten. Zij sluiten kreken af en polderen de kwelders, die 's zomers droogvallen, met dijken in. Ze graven talloze sloten door moerassen, waardoor nieuw land voor de landbouw wordt gewonnen.
'Op naar de dijken!' Die eeuwenoude roep van de polderjongens vermengt zich met de stormwinden het geruis van het water, met modder en moeizaam gespit.
Terwijl de kroniekschrijvers uit die dagen al hun aandacht richten op de kruistochten, komt in de Lage Landen – onbeschreven en in alle stilte! – een wonder tot stand. De Friezen, Hollanders en Zeeuwen versjouwen onmetelijke hoeveelheden modder en zand. Zij ontwerpen drainage-systemen en verstevigen de zeeweringen met kaden van hout. Onder het alziend oog van de graaf en zijn leenmannen (de latere dijkgraven) ontstaat er een noodzakelijke bestuursvorming voor al het dijkwerk. Boeren en hele nederzettingen krijgen taken in de waterschappen toegewezen.
'Zij, die met sloten graven land winnen, mogen dat land als vrije mannen behouden. Maar een tiende van de opbrengst is dan voor de graaf!'
Op dat nieuws trekken vele horige boeren als kolonisten de moerassen in. 'Vrijheid!' Maandenlang graven en ploeteren zij in de modder. Met het eerste daglicht gaan ze aan het werk. Bij het vallen van de duisternis komen ze gebroken thuis: met de diepe voldoening, dat eigen land en eigen erf in wording zijn. Die ongezonde moerassen hebben het gezonde gevolg, dat de horigheid hier te lande snel uit het leven verdwijnt…
De roep van al dit werk waait tot ver over de grenzen, vanwaar al gauw een beroep op de Hollandse dijkwerkers wordt gedaan.
'Kom naar het land tussen Elbe en Wezer. Koloniseer daar het moerassige land! Ik ben bereid daarvoor flinke voorrechten te schenken!' In het jaar 1133 sluit de aartsbisschop van Bremen met een aantal Hollanders een verdrag. Vermoedelijk doen zijn herauten te paard de ronde om de aantrekkelijke voorwaarden voor de emigratie met luide stem om te roepen:
'Luister naar de oproep van de bisschop van Bremen!'
Men luistert, weegt voor- en nadelen zorgvuldig af.
'Op naar Oostland!' klinkt het bij vele gezinnen. Hebben en houwen gaan op de karren.
'Dag Jacob Eenoog!'
'Dag vader, dag moeder!'
Daar trekken ze weg – misschien wel omdat er in Holland, onder het vreedzame bewind van Floris II, een bevolkingsoverschot is ontstaan. De kroniekschrijvers hebben de dikke Floris eeuwenlang lelijk vergeten. Hopelijk zwaaien we hem terecht de lof voor de dijkbouw, inpolderingen en droogleggingen toe!

In 1122, het jaar waarin Floris de Vette sterft, komt op Pasen in Utrecht een concilie bijeen. Onderwerp: de bisschopsbenoemingen, het grote twistpunt tussen keizer en paus. De keizer komt er persoonlijk voor over. Desondanks krijgt hij toch niet iedereen achter zich.
'Ik kies voor de paus. Ik schaar mij onder de wil van de heilige vader te Rome!' zegt de bisschop van Utrecht dapper.
'Wij geven onze steun aan de keizer!' roepen de Utrechtenaren, die wel beseffen, waar nu de mosterd vandaan komen moet. Er zijn al gauw twee partijen in de stad. Steeds feller staan die tegenover elkaar. Protesten, rellen, straatgevechten, waarbij

de bisschopspartij het onderspit delft. De dankbare keizer beloont de Utrechtenaren voor hun goed uitgespeelde trouw, met enkele prettige privileges. De rechten, die de opkomende burgerij ontvangt, ondermijnen de macht van de bisschop nog meer.
Utrecht is nu met zijn stenen kerken en kloosters, omgeven door de houten huizen van schippers, kooplieden, gerechtsdienaren en ambachtslieden, een welvarende stad.
Van allerlei volk loopt er rond:
'Wir wollen haring! Ja, haring!' Handelaren uit Duisburg kopen er haring. 'Goed. Jullie onze haring, maar dan wij jullie wijn. Gut?' Ze marchanderen heftig over de prijs.
'Mijn lieber mens!' De Utrechtenaren gaan jammerend accoord, maar inwendig lachen ze om de voordelige slag die zij slaan.
Evenals Heerewaarden, Deventer, het opkomende Dordrecht, Stavoren en het zeer belangrijke Tiel bestaat Utrecht grotendeels uit de inkomsten van de handel. Als vanouds halen de schippers via de grote rivieren wijn en nu vooral ook schepen vol tufsteen, waarmee de aanzienlijken nieuwe burchten gaan bouwen. Als ware vrachtvaarders brengen zij de wijn, haring en zout naar Engeland en nemen dan wol, runderhuiden, tin en lood mee terug. Kooplieden uit Rijnsburg bieden hun lakens in Londen en Genua te koop. Friese munten uit die dagen zijn zelfs in Rusland opgedolven. *Pasjalst!* Of op zijn Hollands: *Alsjeblieft!* 'Pecunia non olet – Geld stinkt niet!' heeft keizer Vespasianus uitgeroepen, toen hij een belasting op openbare latrines invoerde; een les, die hier te lande goed begrepen is: Keulse deniers, obolen en quadranten uit Byzantium, Nederrijnse en Nedersaksische penningen – wellicht afkomstig van de belangrijke tol te Tiel – zijn overal in omloop. Ook de Vlamingen begeven zich met hun beroemde laken (vooral uit Gent) voor het geld dat niet stinkt ter Rijnvaart – al worden zij daar door Hollanders en Friezen geweerd.

De steden! Zij brengen rijkdom en welvaart. De vorsten varen wel bij hun groei:
'Heer graaf, wij kunnen u een deel van onze inkomsten beloven, maar stel ons dan vrij van tol. Bescherm ons tijdens jaarmarkten. Beveilig onze transporten door uw land...' Zo marchanderen de steden met hun hertogen en graven, die in ruil voor inkomsten bepaalde privileges verlenen. Zij kiezen voor de steden en keren zich daarmee tegen de ridderschap, die heel wat minder te bieden heeft.
Er begint een trek naar de stad.
'Mijn leven hier verdoen met gesappel in het modderige land? Mij niet gezien!' Boerenjongens groeien uit tot timmerlieden, leerlooiers, wevers, smeden, kleermakers, bakkers of kroegbazen. Door het geld, dat nu overal in omloop komt – waarvan de waarde dus vermindert – beginnen de ridders op het platteland te verarmen.
'Zo gaat het niet langer,' roepen ze vergramd. Daarom gaan ze ijverig aan de slag om eigenhandig tollen te heffen, of om andermans landgoederen op te slokken. Waar mogelijk, trachten zij het gezag te ondermijnen van hun graaf. 'Zo gaat het niet langer,' klinkt het in een burcht in Vlaanderen, waar een aantal weerbarstige edelen bij elkaar gekomen is. Bij de maaltijd steken ze hun dolken in brokken reerug, ze drinken een stevig glas en kankeren op de duivelse verplichtingen, die de voorvaderen met de graaf zijn aangegaan en waar zij nu het slachtoffer van zijn.
'Het zijn die verrekte dorpers!'
'Zij spelen de graaf in de kaart!'
'Wij worden verraden!'
'We moeten iets doen!'
Met hete koppen smeden ze een laaghartig plan. En inderdaad: ze vermoorden hun graaf Karel de Goede in het jaar 1127. Maar ook met opstand en moord kunnen zij de ontwikkeling van de steden niet tegenhouden. Het zijn de steden in Vlaanderen, die Karels opvolger kiezen.
'Leve graaf Dirk!' roepen de poorters, als zij Dirk van de Elzas – in ruil voor nieuwe privileges! – verheffen tot hun graaf.

De opkomst der steden heeft nog een andere kant. Dat ervaart Petronella, de weduwe van Floris II en zuster van de keizer. Zij voert het bewind voor haar minderjarige zoon Dirk VI. Van haar keizerlijke broer weet zij de heerschappij over Rijnland los te peuteren, maar machtsuitbreiding naar het noorden loopt op niets uit.
'Nooit zullen wij ons door een Hollandse graaf laten onderwerpen,' zeggen de Friezen, die wilde planten in de verlaten tuin. Integendeel. Met hun voorliefde voor een rooftocht trekken zij plunderend en brandschattend de Hollandse grensstreken in.
'In de grote nederzettingen is onvoorstelbare buit te halen!' Verlekkerd grijpen zij hun wapenen en gaan op pas – nota bene onder aanvoering van Floris de Zwarte, Dirks broer.
Noodkreten stijgen op in Alkmaar en in Haarlem, welvarende dorpen met uitsluitend houten huizen, die de plunderende Friezen steeds weer zien komen.

Met de groei van de steden neemt de stem van de poorters in kracht toe. Bij de *verkiezing* van de bisschop van Utrecht (nu geen benoeming meer door de keizer) geven graaf Dirk van Holland, de graven van Gelre en Kleef en de Utrechtse geestelijkheid hun stem aan Herman van Horn. Maar de burgers van Utrecht en Deventer, met steun van de boeren uit het Sticht, wensen een telg uit het gravengeslacht Berg als hun bisschop te zien. Ze durven hun stem te verheffen: 'Wij wijken niet!' Opstanden, straatrellen, eindeloos geharrewar en harde strijd zijn het gevolg. Keizer Barbarossa moet in eigen persoon naar de Lage Landen komen om het weerspannige Utrecht en Deventer te straffen.
Uit het verzet van de vrije burgers groeit de wil om zich uit de greep van vorsten en adel los te maken. Een economische, culturele én sociale revolutie staat voor de deur. In burchten weerklinkt nog onbekommerd het gezang van edelen. Acrobaten vertonen hun kunsten aan het hof van de graaf. Een nar verkoopt zijn grollen:
'De vrouwen, edele heer? Bij nacht zijn alle katjes grauw!'
'Dan heb jij de kat vaak in het donker geknepen!'
'Ik heb mijn kat de bel aangebonden, heer. Vervolgens heb ik de kat uit de boom gekeken. Pas toen ontdekte ik, dat ik een kat in de zak had gekocht. Net als de muizen, heer, heb ik leren dansen, toen de kat voorgoed van huis was. Kortom, de liefde heeft me een kater gegeven...'
Geldstukken rinkelen, de nar raapt ze op. Niemand beseft, dat een nieuwe tijd op de drempel staat.

Muzikanten, die vaak maaltijden of avonden op kastelen opluisterden.

Benen kam, vermoedelijk van Baltische herkomst, gevonden bij de opgravingen in Staveren.

Middeleeuwen – Bourgondische tijd
Op de drempel van de 13de eeuw

In de 12de eeuw voltrekt zich een economische, culturele en sociale revolutie. Een van de oorzaken: de steden, die als zichzelf besturende eilanden temidden van koninkrijken en vorstendommen ontstaan.

Het bestuur raakt daar in handen van rijke groothandelaren en belangrijke werkgevers. Het patriciaat maakt zijn entree!

Een andere oorzaak: de denkende mensen (vrijwel altijd geestelijken) beginnen de rede te hanteren en dat gaat ten koste van het eens zo onaantastbare geloof. De denkers vallen terug op het verrichte werk uit de oudheid. Op het gebied van de wetenschap, sterrenkunde, aardrijkskunde, geneeskunde worden de draden (mede door de kruistochten) weer opgenomen, die eeuwen terug waren doorgehakt. Men herontdekt het Romeinse recht. Men hervindt de staatkunde, die in een grijs verleden het absolute gezag toekende aan de vorst. De kerk komt onder een kruisvuur van geheel nieuwe gedachten te liggen.

Maar juist omdat het geloof hier en daar wordt aangevallen, staan ferme tegenkrachten op. Bernardus, abt van het klooster Clairvaux, keert zich fel tegen de vrijere gedachten. Hij strijdt voor de oppermacht van de kerk boven de wereldlijke macht. Zijn invloed is groot en reikt ver: Duitse en Franse koningen luisteren naar zijn stem en steunen hem, als hij na de val van Edessa tot een tweede kruistocht oproept.

De macht van de kerk ontglipt aan de wil der vorsten. Met eigen machtsmiddelen oefent de kerk een ontstellend grote invloed uit. Dat ervaart Dirk VI tot diep in zijn ziel, als hij in één van zijn oorlogen tegen Utrecht optrekt.

'Breng de catapulten in stelling. Voer de blijde naar de muur!' Zijn bevelen zetten de krijgsknechten aan het werk. Als de belegering van Utrecht begint, zijn vooral rond de stad de kleurige tenten van de Hollandse edelen verrezen. De banieren wapperen. Oude krijgsmakkers begroeten elkaar en roepen snoevende, beledigende woorden naar de Utrechters op de muur.

De bisschop van Utrecht overziet de strijdmacht van Holland en voelt zich niet in staat het beleg met succes te doorstaan.

'Heer, geef mij uitkomst! bidt hij. Hoe kan hij zonder strijd tóch zegepraal behalen? Dan kiest hij het machtigste wapen van de kerk. Aan het hoofd van zijn geestelijken, het getijdeboek in de hand, schrijdt de bisschop in vol ornaat door de poort naar buiten. Als een indrukwekkende dienaar van God gaat hij graaf Dirk tegemoet.
'Heer graaf, wanneer gij niet ogenblikkelijk wegtrekt, spreek ik de banvloek over u uit...'

Hoe sterk blijkt dat kerkelijk wapen. Blootshoofds, barrevoets en vol schuldgevoel neerknielend, smeekt graaf Dirk de bisschop om vergeving. Niemand spot met zijn voetval.

Floris III, die in 1157 in Holland aan de macht komt, gaat nog veel rampzaliger gebeurtenissen tegemoet, al heeft hij dat voor een deel aan zijn eigen hebzucht te wijten. 'Hier moet een tol komen,' zegt hij traditiegetrouw en hij begint bij Geervliet een sterkte te bouwen. De schippers en kooplieden uit Tiel, Utrecht, Deventer én Vlaanderen zien die vesting aan het water met wantrouwen verrijzen. En de klap komt: '5% van de lading. Niet meer, maar ook niet minder!' eist Floris III. De kooplieden in Vlaanderen nemen het niet. Ze dienen krachtige protesten in. Als dat niet helpt, trekt een Vlaamse strijdmacht naar het noorden.

De strijd ontbrandt. En als de Hollandse linies beginnen te wijken, weerklinkt bij de Vlamingen de verheugde kreet:
'We hebben de graaf. We hebben graaf Floris gevangen!'

Weggevoerd, gevangen gezet, moet hij zuchten in een kerker.
'Wilt ge de tol opgeven?'
'Nee!'

Als zo twee jaar voorbij zijn gegaan, zegt hij eindelijk: 'Ja...' Bovendien heeft hij er dan in toegesemd, het bezit van Zeeland-Bewester-Schelde, als gemeenschappelijk leen met Vlaanderen te delen. (Het Zeeuwse land wordt dan een bron van onrust, opstand en geweld!)

Teruggekeerd in Holland strijdt Floris III ook weinig gelukkig tegen de Friezen. En dan slaat een nog dreigender vijand onverwacht toe:

Zoals eens de Germanen hun onsterfelijke goden in een stormnacht aanriepen, zo bidden de Hollanders nu tot God.

Tijdens een verschrikkelijke storm, die het water bij een springvloed extra hoog opjaagt, zwiepen de golven opeens over het Hollandse land.
'De dijken breken!'

Het moeizame werk van vele jaren spoelt weg. Mensen, vee, boerderijen en stallen worden meegesleurd door de stroom. 'O, God!' Ontzet fluisteren mensen die woorden, als zij hun dierbaren hulpeloos onder zien gaan.

Onder de muren van Utrecht staat het water dermate hoog, dat de poorters er zee-

Tympaan van de oude Abdij van Egmond, voorstellende Petrus, graaf Dirk VI van Holland en zijn moeder gravin Petronella.

vis kunnen vangen. Opnieuw gaat in de dorpen en gehuchten de oude roep van mond tot mond:
'Verstevig de dammen!'
'Diep de sloten uit!'
'Maak de sluizen schoon!'

Opnieuw gaat het boerenvolk overal met de schoppen, de vorken en kruiwagens aan de slag om de meest gevreesde vijand achter duinen en dijken terug te slaan...

Wellicht is het om al deze rampen, dat Floris III als eérste Hollandse graaf ter kruisvaart trekt. Na alle tegenslagen hoopt hij onder Frederik Barbarossa en Richard Leeuwenhart, dan toch eindelijk roem en eer te kunnen behalen in de strijd tegen de Saracenen in het Heilige Land. Op weg naar Jeruzalem treft hem de laátste tegenslag: Hij sterft in 1190 in Antiochië aan een ziekte – en wordt daar in de Domkerk begraven.

Zijn oudste zoon Dirk VII beseft beter, dat hij geen kostbare tijd verloren moet laten gaan. Want tijd is de stof, waaruit het leven én graafschappen worden opgebouwd.
'Eerst de Friezen!' zegt Dirk en na veel strijd wordt zijn broer Willem als graaf van Friesland erkend.
'En nou de tol!' Hoewel hij maar 13 jaar heerst, weet deze Dirk zijn tol bij Geervliet in eer en deugd te herstellen.
'En nou Utrecht!' Grote happen van Utrecht voegt hij aan het graafschap toe, door zijn boeren de Stichtse moeraslanden te laten binnendringen.

Gelre speelt hetzelfde spel in het Oversticht – Utrechts uitgebreid bezit achter de IJssel. Daardoor komen Holland en Gelre langzaam aan als de belangrijkste machten tegenover elkaar te staan.

In het noorden kunnen de Friezen – ondanks graaf Willem, hun onafhankelijkheid handhaven. De schaarse toegangswegen tot hun gebied tussen meren en moerassen door, kunnen zij uitstekend en vrij gemakkelijk verdedigen.

In het zuiden is Vlaanderen aan een wisselend lot ten prooi geweest. Door hun huwelijken en erfopvolgingen is het graafschap – beter is het van een vorstendom te spreken – tot één van de belangrijkste centra van Europa uitgegroeid. Gent, Brugge, Atrecht en St. Omaars behoren tot de bloeiendste steden der wereld.
'Het is wéér meer dan de vorige keer, heer!' zeggen de ambtenaren, als zij de buidels met tolgelden bij hun heer op tafel leggen. Met de tollen op de handel groeien de graven van Vlaanderen uit tot de rijkste vorsten van het christendom. In het jaar 1177 strekt het graafschap zich van Schelde tot Seine uit. Tot in Bourgondië kan het zijn invloed laten gelden.

Maar na dit hoogtepunt raakt Vlaanderen in de laatste jaren van het bewind van Filips van de Elzas, steeds afhankelijker van Frankrijk. Grote gebieden gaan dan weer verloren.
'Me voilà!' De Franse koning komt zich zelfs in Doornik vestigen om zijn macht over Vlaanderen uit te oefenen. Filips van de Elzas, graaf van Vlaanderen, wordt zijn nederlagen zat. Om zich uit zijn vernedering te bevrijden, denkt hij aan een kruistocht naar het Heilige Land.
'God wil het,' zegt Filips van de Elzas. Ook hij ontvlucht zijn nederlagen en dom gevoerde politiek. Ook hij trekt voor roem en eer met Barbarossa en Richard Leeuwenhart naar het Heilige Land. Ook hij gaat bij het beleg van Akko in 1191 roemloos en kinderloos aan een ziekte te gronde.

Nieuwe strijd om het rijke Vlaanderen is het gevolg. Wat is zo'n zin snel geschreven en snel gelezen. Maar achter de woorden *nieuwe strijd* ligt het wel en het wee van duizenden mensen: Een krijgsknecht schreeuwt, een giftpijl steekt diep in zijn schouder. Een kind wordt geboren, maar zal nooit weten wie zijn vader is. Een moeder zingt, haar zoon is van het slagveld teruggekeerd. Een boer vloekt en balt zijn vuist bij zijn platgevochten akker. Een vrek telt zijn geld om het opnieuw onvindbaar te verbergen. Een oude man sterft op de muur van een burcht.
'Hallikiedee!' Een soldaat drinkt zich een stuk in zijn kraag.
'Kom maar mee!' Een andere soldaat voert drie uitgehongerde kinderen naar zijn tent.

Een trouwe schildknaap dekt zijn heer. Een monnik schrijft. Een melkmeid tilt haar rokken op en lacht. Een troubadour zingt in de legerplaats. Een vrouw huilt bij haar verwoeste hoeve. Een horige knecht krijgt een klap. Een priester bidt: 'God, vergeef ons allen, want wij weten niet wat wij doen!'

Mensen, mensen, steeds nieuwe mensen doemen op achter de afgesleten woorden: strijd, oorlog, gebiedsuitbreiding, rooftocht, plundering. Maar, God zij dank, ook achter de woorden: hoop, geloof en liefde. Als kinderen van de tijd, zo'n korte tijd, leven zij met hun angst en hun vreugd, met hun zorg en hun werk, met hun nederlaag en hun triomf, met hun haat en hun trouw.

Daar liggen de Lage Landen op de drempel van de 13de eeuw. Een stormachtige ontwikkeling ligt nu achter de graafschappen en bisdommen. Rusteloos hebben de graven en bisschoppen gestreefd hun uit-

Bijbelse figuren, afgebeeld in het *Liber Floridus*, een 12de-eeuwse encyclopedie, vervaardigd door Lambert van Sint-Omaars.

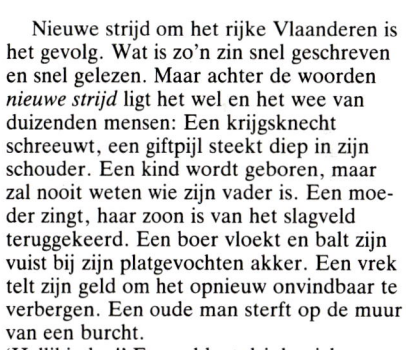

Middeleeuwen – Bourgondische tijd

Parcival. Miniatuur uit de Franse School (circa 1402).

eenlopende leengoederen, kerkelanden, keizerlijke schenkingen (alle met verschillende rechten, plichten en privileges ingericht) tot een hechte eenheid samen te smelten. Het zijn machtige landsheren geworden. Zij alleen hebben het recht stenen bouwwerken op te trekken. Zij staan die burchten aan hun leenmannen af.

'Weer daar mijn vijanden en dien mij trouw, heer Gijsbert!'
'Bij St. Joris, dat zweer ik!'

Die burchten groeien uit tot centra van gezag en bestuur. Alleen de graven hebben het recht het leger op te roepen, dat vooral steunt op de gepantserde ruiterij. Het voetvolk komt uit de steden en nederzettingen, soms aangevuld met huurlingen. Vlaamse boogschutters hebben de landsheren van Holland trouw gediend. Graag slentert het krijgsvolk wat rond in de steden, waar de *kerk-missen* op hoogtijdagen met *kermissen* worden gevierd. In de stad is van alles te beleven.

'Zie je die klauwen?'
'Wat een kop!'

Een haveloze man laat een beer dansen. Op de markt prijzen de kooplieden hun spullen aan.

'Een aalmoes, heer!' Overal strekken vervuilde, mismaakte bedelaars hun handen smekend uit. Potsenmakers verkopen hun grollen. Iedereen loopt uit, als op het marktplein een brandstapel is opgericht:

'Kom mee, kom mee, daar wordt een man verbrand!'
'Wees mij genadig!'

Hartverscheurend klinkt de stem van een jonge moordenaar. Als een dier hebben de beulsknechten hem met een ketting vastgebonden aan een paal. Zij komen nu naar voren. Naar kerkwet en gewoonte vragen zij de jonge moordenaar vergiffenis voor het werk dat zij moeten doen. Wezenloos kijkt de moordenaar hen aan. Dan knielt hij neer voor een kruis, dat een priester voor hem opheft.

'Hij bidt!' murmelt een oude vrouw. Ze slaat een kruis. Straks zullen de vlammen zich naar dat lichaam uitstrekken. Hoe lang zal hij de pijn kunnen weerstaan?

De beulsknechten hebben de toortsen uit de houders genomen en steken de takken op twee plaatsen in brand. Aan de uiterste rand van de brandstapel kronkelen de eerste vlammen door het droge hout omhoog.

Een schrijnwerker rekt zich uit. De nu hoog opschietende vlammen en dichte rookwolken hebben hem het gezicht op de moordenaar ontnomen. Hij hoort nog slechts een wanhopig gekrijs, dat zich door vuur en rook in de omstanders boort...

De Lage Landen: van enig nationaal gevoel is nog geen sprake. De poorters van Dordrecht voelen zich geen Hollanders en de inwoners van Brugge voelen zich nauwelijks stamverwant of verbonden met Vlamingen uit een andere streek. 'Hee, hee!' roept Tijl Uylespiegel in Damme, de opkomende haven van Brugge, waar Hollandse polderjongens en dijkmeesters een dam hebben aangelegd. Tijl Uylespiegel is in de kroeg op een tafel gesprongen en wijst naar de dikke Gilbert, die net één dag is getrouwd.

'Héé, dikke Gilbert, nooit kunt ge uw liefde op beide handen dragen!'
'En waarom niet, Tijl?'
'Omdat een mens toch tenminste één hand in eigen boezem moet kunnen steken. Hij moet bovendien een hand over zijn hart kunnen strijken, terwijl het voor de hand ligt, dat hij nog iets achter de hand houdt. Ge komt dus handen te kort. En nog iets, Gilbert. De linkerhand mag niet weten wat de rechter doet. Zo is ons dat van hogerhand geleerd. Ge licht met vele dingen de hand, Gilbert, al wast ge uw handen graag in onschuld. Met schepen Jacob zijt ge twee handen op een buik en zó probeert ge iedereen naar uw hand te zetten. Voor uw geliefde, beste Gilbert, komt ge handen te kort.

Terwijl Tijl met rappe tong vaak wrange poetsen bakt, trekken kasteelheren tegen elkaar op om plaatselijke geschillen uit te vechten. De meeste burchten zijn nog van hout.

'Boem!' Een blijde werpt stenen van 1000 pond naar het roversnest van een brutaal ridder, maar de houten balken bezwijken niet.

Op een viersprong in Henegouwen, waar het beeld van Jezus of Maria in een klein heiligdom staat, zit een trotse ridder uit Henegouwen in volle wapenrusting te paard. Om zijn moed te bewijzen, zoekt hij strijd. Misschien ook heeft hij een dure eed gezworen en zoekt hij daarom tegenstanders op. Luister een ogenblik naar zijn snoevende woorden:

'Ik ben een zuivere Frank en van adel. Bij dit heiligdom, lang geleden opgericht, kan ieder die een duel wil leveren zich opstellen en God om hulp vragen – wachtend op de man die hem uitdagen durft. Op deze viersprong ben ik lange tijd gebleven om op een tegenstander te wachten. Maar de man, stoutmoedig genoeg hiervoor, is nooit gekomen!'

De Lage Landen: Overal staan kerken en kloosters. Vele landsheren stichten abdijen en nonnenkloosters, zodat zij daar hun *jongere* kinderen als abt of abdis kunnen aanstellen. Bezoek voor een ogenblik Aleida van Holland, dochter van Dirk VI, abdis van de abdij te Rijnsburg.

'Pragtig, kostelyk en weelderig!' Zo leeft zij daar, omgeven door talloze dienaren, knechten, maagden, jagers, wagelieden, bouwlieden, paarden, honden en valken. Het is een deftig klooster: alleen hoogadellijke jonkvrouwen (die door omstandigheden geen man vonden) krijgen daar onderdak. Er zijn drie stookplaatsen en jaarlijks zijn 600 pond kaarsen nodig voor de verlichting van de abdij.

'Bekeert u!' Overal gaan priesters rond. Dreigend met hel en eeuwige verdoemenis trachten zij het volk uit een zondig leven te verheffen. Anderen wekken ter kruisvaart op. De aflaat voor de zonde, die zij voor deelname geven, levert al gauw een winstgevende handel op.

'Voor 15 schellingen kunt ge hem krijgen, heer!'

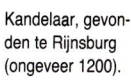

'Ik geef er 10.'
'Maar deze aflaat... hij geldt voor álle zonden!'
'Vooruit, 12 schellingen!'
'Hier, heer, hij is de uwe!'

De Lage Landen: minstrelen en troubadours trekken tussen marskramers en handelskaravanen langs de wegen. Op feesten en partijen brengen de beste onder hen hun edel gehoor in verrukking. Zij bezingen het heldendom – en vergasten de ridders in een donkere hoek graag op een pornografisch rijmpje tussen neus en lippen door. Maar heldendom en ridderdeugden trillen in de meeste liederen door. Vooral koning Arthur en Karel de Grote dienen als inspirerende voorbeelden voor het ridderideaal:

Hij gaf de trotse straf genoeg
Hield huis met hem als een Tartaar
Doch als er één genade vroeg
Had hij het eerst vergeving klaar...

Liefdesverhalen, zoals Tristan en Isolde, het uitrijden in de dienst van God, zoals Parcival deed op zoek naar de Graal, maken diepe indruk op de ruwste vechtjassen. De Aeneïs – de lotgevallen van Aeneas – van Chrétien de Troyes, die de Limburgse edelman Hendrik van Veldeke in 1190 in een Nederlands dialect vertaalde, boeit menig edelman.

Nieuwe idealen gloeien op. Kijk even in die kerk, waar een jonker zijn ridderwijding ontvangt. Het plechtig gebruik van weleer is uitgegroeid tot een kerkelijke ceremonie – hoewel dat nooit verplicht is geweest. Daar staat de jonker voor het altaar:
'Verhoor onze gebeden, o Heer, en zegen met de hand en Uw Majesteit dit zwaard, waarmee Uw dienaar omgord wenst te worden, opdat hij de kerken, weduwen en wezen, en alle dienaren van God verdedigen en beschermen kan tegen de aanvallen der heidenen; en allen die hen naar het leven staan, ten schrik worde...'
Een ridderslag krijgt hij niet – de slag met de platte kant van het zwaard vindt pas een eeuw later ingang.

De Maasvallei is het culturele centrum van West-Europa. Daar begon Sint Servatius omstreeks het jaar 350 het evangelie te prediken. In Maastricht zijn prachtige kerken gebouwd. Te Luik staan 24 parochiekerken binnen de wallen. Zij vormen het hart van het oude bisdom, dat in Tongeren van start is gegaan. Aangemoedigd door de Luikse kerk geven geleerden en kunstenaars uit Germanië, Bohemen, Lotharingen of Normandië lessen in de scholen van de kathedraal, van de abdijen en collegiale kerken.
'Dominus sit in corde tuo... – Moge de Heer in uw hart en op uw lippen zijn...'
Gregoriaanse gezangen zijn dagelijks te horen.

Overal zijn kunstenaars bezig manuscripten te kopiëren en met miniaturen te verluchten. Ivoor snijden, beeldhouwwerk en edelsmeedkunst staan er in hoge ere.

Hoei, de éérste stad in het westen die reeds in 1066 een bewijs van vrijdom ontving, is beroemd om de grote edelsmeden, die verbazingwekkende meesterwerken vervaardigen: doopvonten en betoverende emails.

Doordat de bisschoppen van Luik trouwe vazallen van de keizer zijn geweest, hebben zij steeds nieuw land, nieuwe rechten en nieuwe vazallen (waaronder de graaf van Henegouwen) ontvangen. Zo is het prins-bisdom Luik ontstaan. Het zal zich handhaven tegen het machtige Brabant en later het graafschap Looz (ook wel Loon) aan zich onderwerpen.
'Dominus mihi adjutor – De Heer is mij een helper!' Met recht van spreken kunnen de machtige prins-bisschoppen van Luik dat beweren...

Brabant strekt zich uit van Tiel in het noorden tot ver voorbij Leuven in het zuiden.
'De zaken gaan goed!' Handenwrijvend zien de Brabantse kooplui uit 's-Hertogenbosch, Breda, Antwerpen, Mechelen en Brussel hun zaken met Engeland en de landen langs de Rijn ontwikkelen. Hun positie is gunstig op de wereldhandelsweg van Keulen naar de kust. Zij handelen in Engelse wol, in laken, in wijn. Af en toe halen zij zich een duchtige strop op de hals – wanneer een belangrijk transport overvallen wordt.
'Grijpt hem. En brengt zijn koopwaar naar de burcht!' Nu is het een roofridder, die zich met een ruwe lach in de handen wrijft als hij de buit van de overval ziet. De wijn zal hij nu drinken, het laken verkopen!
'De Heer zij geloofd!' Dankbaar slaat hij een kruis en vloekt dan zijn knechten uit omdat die sukkels één van de wijnvaten beschadigen.

Aan de oostgrens van Brabant is Gelre, door verovering, koop én gunsten van de keizer tot aanzien gekomen. Door een verstandig huwelijk hebben de Wassenbergs nu ook het graafschap Zutphen gewonnen. Nogal onoverzichtelijk is Gelre uit de oude gouwen omhoog gerezen.
'We moeten land aan de grote rivieren hebben om tol te kunnen heffen,' zeggen de Wassenbergs. Dat valt niet mee. Daarom bestrijden ze het bisdom Utrecht en maken het de Veluwe afhandig. Tot zijn smart ziet de bisschop zijn bezittingen in Groningen en Drenthe nu van hem gescheiden door een vijandig geworden gebied.

De Utrechtse bezittingen in het *Oversticht* zijn toevertrouwd aan de prefect van Groningen en de kastelein van Koevorden.
Maar nu de kat ver van huis is – en Gelderland als buffer fungeert – gaan de muizen in Drenthe feesten.
'De bisschop? Wat kan de bisschop ons nog doen?' denken de machthebbers in het Oversticht. Ze storen zich nergens meer aan en ontglippen vrijwel geheel aan de bisschoppelijke macht.
'Dat kan zo niet!' vindt bisschop Boudewijn. Met behulp van de graaf van Bentheim trekt hij in 1187 naar Drenthe om zijn gezag te herstellen. Hij neemt de burcht bij Koevorden, maar lang duurt zijn herwonnen invloed niet. Met behulp van hun boeren en met steun van Gelre zetten de kasteleins van Koevorden hun streven naar onafhankelijkheid onverminderd voort.

De Lage Landen op de drempel van de 13de eeuw: Her en der verspreid wonen geduchte edelen die zich niet door enig gezag laten vangen en knechten: een establishment dat van geen wijken weet. In Limburg zijn dat de gevreesde heren van Elsloo en Valkenburg, zoals de heren van Breda, van Cuyck en van Arkel dat elders zijn.
'Wat hebben wij met een koning of keizer te maken!' zeggen de graven op hun beurt. Vooral in Holland en Gelre hebben zij zich gaandeweg de volheid van koninklijke macht toegemeten. Eigenmachtig heffen zij tollen. Hoewel het een keizerlijk voorrecht is, nemen zij het 'muntrecht' in eigen hand. Ook het koningsrecht op alle 'onbeheerd goed' (dat is het bezit van veroordeelde misdadigers, het bezit van ballingen zonder erfgenaam, maar ook aangeslibd land!) trekken zij als ware landvorsten naar zich toe.
'Ja, heer van Voorst, ge krijgt mijn toestemming om een burcht te bouwen!' zegt een bisschop van Utrecht als een opperheer des lands.
'Goed, ridder Cock, u kunt een sterkte optrekken. Maar denk er goed aan: hij moet van hout worden gebouwd!' Het moet niet te dol worden vindt de graaf van Gelre...

De Lage Landen: Met een zekere mildheid begint de zon nu toch over bisdommen en graafschappen te schijnen, al is het leven nog doortrokken van angst en bijgeloof:
'Help, een langrok!' Een ontmoeting met een priester voorspelt zonder meer een ongelukkige dag. Veel mensen slaan dan ook geschrokken een kruis, als zij een langrok tegenkomen op hun weg. Stugge Saksische boeren bewerken hun grond – of maken zich op om werk voor hun heer te verrichten:
'Hier is uw hout, heer. Twintig flinke stammen!'
'Hier is uw varken, heer!'
'Hier zijn de twee schepel graan!'

De stoere Friese volksaard weigert zich te buigen, anders dan voor een zelfgekozen heerschappij. De uitbuiting is er ook daar niet minder om.

Op een wit berijpte dag stijgt rook omhoog uit de gaten in daken van armzalige hutten. Vol achterdocht en venijn kijken boeren voorbijgangers na die hun eenzame hoeve passeren: voorbijgangers in de tijd...

Kandelaar, gevonden te Rijnsburg (ongeveer 1200).

Middeleeuwen – Bourgondische tijd
Het Diets

In de 13de eeuw, wanneer de steden stadsrechten krijgen, begint in de Lage Landen regionaal een vaag gevoel van eenheid te ontwaken. Het eerst in Vlaanderen, dat zich tegen de overheersing van Frankrijk keert.

'Oui, oui, elle est charmante...' De Vlaamse adel bedient zich in toenemende mate van de Franse taal, terwijl de burgers in de steden zich daar tegen beginnen te verzetten.

Kenmerkend: de acten en overeenkomsten, die steeds in het Latijn of Frans zijn opgeschreven – gaan de Vlamingen nu opstellen in het Diets!

Holland is, evenals Utrecht, Gelre, Brabant, Limburg, nog steeds een gewest van het Duitse rijk. Maar het leven is een stuk gecompliceerder geworden. De hertogen, graven en roerige leenmannen hebben niet langer uitsluitend te maken met hun leenheer en inhalige buren. Hun blikken richten zich uit politiek belang gaandeweg tot ver over de grens:

Naar Frankrijk, dat een hecht, sterk koninkrijk is geworden.

Naar Engeland, dat na Willem de Veroveraar voortdurend met Frankrijk in oorlog is over omstreden leengoederen.

Naar Duitsland, dat niet naar eenheid kan groeien en steeds verder in kleine vorstendommen verbrokkelt.

Het altijd nog hebzuchtige spel van de landsheren om méér land, méér macht, méér geld blijft hetzelfde, maar geschiedt nu in een groter verband...

Vlaanderen is in het jaar 1205 in een moeilijk vaarwater terecht gekomen. Graaf Boudewijn IX is ter kruisvaart gegaan. Hij is zelfs in Byzantium tot keizer uitgeroepen. Dan verdwijnt hij uit het gezicht. (Vermoedelijk zal hij in het Oosten gestorven zijn.)
'Wat nu?' vraagt men in het Vlaamse land.

De Franse koning overziet de situatie. Boudewijn IX heeft twee dochters: Johanna en Margaretha. Johanna is opgevoed aan het Franse hof en door de koning uitgehuwelijkt aan de Portugese prins Ferrante.
'Jullie krijgen Vlaanderen in leen!' zegt de koning tot dit echtpaar.

Misschien zijn de Ferrantes erg dankbaar, maar een gemakkelijke taak wacht hun niet. Ze raken in de grootste moeilijkheden, als zij hun onafhankelijkheid willen bewaren en intrigerende burggraven van Gent, Brugge en kasteelheren in andere districten (de Fransgezinde partij) tegenover zich zien. In hun benauwdheid zoeken de Ferrantes steun: in Duitsland, in Engeland, in Brabant en in het graafschap Holland, dat ook net het toneel is geweest van wilde, dramatische scènes betreffende de erfopvolging:

'Ada, luister,' zegt de vrouw van Dirk VII in het grafelijk slot te Dordrecht. 'We zullen nu toch moeten beslissen!'
'Moet dat?' Ada kijkt haar moeder aan.
'Het moet! De tijd dringt!'

Graaf Dirk VII ligt op sterven. Hij heeft slechts één dochter. Daar Holland steeds een zwaardleen is geweest (de grafelijke waardigheden zijn uitsluitend erfelijk in mannelijke lijn!), zullen er bij zijn dood

De slag bij Bouvines (1214), waarbij de Engelse koning Jan zonder Land en de Duitse keizer Otto IV door de Franse legers werden verslagen.

moeilijkheden ontstaan.
'Ada, de graaf van Loon is naar Dordrecht onderweg. Hij is maar al te bereid je te huwen...' De vrouw van Dirk VII wenst, koste wat het kost, haar dochter Ada als gravin van het graafschap te zien.

Nauwelijks heeft Dirk VII zijn laatste adem uitgeblazen, of Ada en Lodewijk van Loon begeven zich naar de kapel. Terwijl het lijk van vader Dirk nog boven de grond ligt opgebaard, verbindt een priester het jonge paar in de echt. Moeder knikt tevreden. Met een man aan haar zijde staat Ada redelijk sterk.

Haar zaak blijkt echter niet sterk genoeg. Dirks broer Willem, graaf in Friesland, ziet zijn kansen. Hij snelt naar Holland om zijn rechten, als manlijk erfgenaam, te doen gelden.

Het graafschap, verdeeld in twee kampen, staat klaar zich voor de strijd gereed. Mooie beloningen zijn door beide partijen aan hun belangrijkste volgelingen beloofd.
'Op voor graaf Willem!'
'Op voor gravin Ada!'
De strijd eindigt ermee, dat Willem tenslotte toch als graaf van Holland wordt erkend.

Graaf Willem I is een eigengereide man. Ontrouw aan zijn leenmanschap aan de Duitse keizer, biedt hij zich aan als bondgenoot van de Engelse koning. Hopend op buit en winst trekt hij met zijn ridders naar Vlaanderen om de Ferrantes te steunen.

Strijd en plundering in Vlaanderen, als Engeland, met de steun van Holland en Brabant, met steun ook van graaf Reginald van Boulogne en de Duitse keizer Otto IV tegen het leger van het machtige Frankrijk optrekt.
'Victorie...! Victorie!' In de beslissende slag bij Bouvines in het jaar 1214 komen de Fransen zegevierend te voorschijn.
'De graaf van Holland. We hebben de graaf van Holland! We zullen zien wat hij waard is!' lachen Franse edelen triomfantelijk. Hoewel hij zich dapper weerde, is graaf Willem in gevangenschap geraakt. In ketenen wordt hij naar Frankrijk gevoerd. Slechts door het betalen van een hoog losgeld – een gebruik dat weer sterk in zwang komt – kan hij zijn vrijheid herkrijgen.

De slag bij Bouvines heeft ook gevolgen voor de koning van Engeland.
'Dit is het ogenblik, waarop wij medezeggenschap in het bestuur moeten eisen,' menen de Engelse edelen, die heimelijk met elkaar beraadslagen. 'Wat is de koning zonder ons? Wat kan hij doen, nu hij die nederlaag heeft geleden?'
'Yes, old boy!'
De edelen in Engeland dwingen hun koning de *Magna Charta* af: de beroemde vrijheidsbrief van 18 juni 1215, waarmee zij inderdaad medezeggenschap ontvangen. De Franse koning is na Bouvines machtiger dan ooit. Hij legt beslag op al het land vanaf het Kanaal tot aan de Loire. Zuid Vlaanderen, Artois, lijft hij als provincie bij Frankrijk in.
'Breekt de wallen om uw steden af!' beveelt de Franse koning de Vlamingen, want zij moeten stevig voor hun opstandigheid boeten. De verjaagde burggraven van Gent en Brugge keren als zetbazen van de Franse koning in hun steden terug.

Het is in tijden van nood, van overheersing en onderdrukking, dat de mens de verbondenheid met zijn omgeving het sterkste voelt. Juist nu, als de Franse invloed zich zo ingrijpend doet gelden, groeit bij de Vlamingen verzet.

Als graaf Willem uit zijn gevangenschap terugkeert, beseft hij hoe hij zijn brood het best kan smeren. Hij keert zich nu tegen zijn vroegere bondgenoot door mee te gaan met een Franse expeditie tegen Engeland.
'De ban voor graaf Willem!' zegt de paus, die ook al nauw betrokken is bij het politieke gebeuren en dit keer zijn steun aan Engeland geeft.

De ban! Graaf Willem loopt er onprettig mee rond. Misschien is dát wel de oorzaak, dat hij ter kruisvaart gaat: Met een enorme vloot vaart hij in 1217 uit. Onderweg landt hij in Portugal, waar hij de bevolking krachtig steunt tegen de Moren, die daar zijn neergestreken en overal hun sterkten hebben gebouwd. Ook in Egypte, bij het beleg van Damiate weert graaf Willem zich.

Misschien ontmoet hij daar Franciscus van Assisi, die geweldloosheid predikt in een wereld, die tot bloedens toe aan de vechtlust der baronnen heeft geleden...

Franciscus van Assisi heeft bij Damiate gepredikt. Met zijn zachtmoedige opvattingen – ieder geweld is hem vreemd – maakt hij daar vele geharde vechtjassen aan het schrikken. Jan van Eleemosyna vermeldt, hoe hij daar missiearbeid verricht:
'Toen het leger van christenen voor Damiate in het land van Egypte was gekomen, ging broeder Franciscus onverschrokken naar de sultan. Toen Saracenen zich onderweg van hem meester maakten, zei hij: 'Ik ben christen. Voer mij naar uw meester!'
'Hem ziende zacht gemaakt...' schrijft Jan van Eleemosyna over de sultan, die enkele dagen aandachtig naar de christelijke predikingen luistert.
'Ik ben bereid in het vuur te gaan, samen met een Saraceens priester om zó te bewijzen, dat het geloof van Christus het ware is!' stelt Franciscus in zijn geloofsijver voor.
'Broeder,' zegt de sultan, 'Ik geloof niet, dat enig Saraceens priester voor zijn geloof door het vuur zal gaan!'
Urenlang wisselen de sultan en Franciscus gedachten uit. Dan vreest de sultan, dat de christen werkelijk bekerlingen zal maken en laat hem gaan: 'Toen hij Franciscus met allerlei eerbetoon en in alle veiligheid naar het kamp van de onzen liet terugbrengen, zei de sultan tegen hem: 'Bid voor mij, opdat het God behaagt mij de wet en het geloof, die Hem het liefst zijn, te openbaren...'

De kruistocht loopt vrij rampzalig af en kort na zijn terugkeer sterft Willem I, in 1222.

Floris IV, die zijn vader opvolgt, wijdt zich met energie aan dijkbouw en ontginningsprojecten. Hij roept ook een hechtere organisatie voor zijn graafschap in het leven.

'Bij God, wat moet ik met die eeuwig roerige leenmannen doen!' Dat moet hij vele keren hebben uitgeroepen, als berichten over opstanden hem bereiken. Om daaraan een eind te maken, benoemt hij kasteleins in verschillende gebieden.
'Bewaar de orde en rust. Voer een goede administratie en tracht de zelfstandige macht van opstandige edelen te breken!'

Middeleeuwse rechtspleging. Boven: een Israëliet (geheel links) is door een christen gedood. De laatste wordt hierop door een scherprechter onthoofd. Onder: een zwangere vrouw mag tot geen andere lijfstraffen veroordeeld worden dan kaalscheren of geselen. Illustraties uit de *Sachsenspiegel* (begin 14de eeuw).

101

Middeleeuwen – Bourgondische tijd

Een ridder in maliënkolder ontvangt van een priester de hostie. Beelden aan de gevel van de kathedraal van Reims (ongeveer 1250).

krijgen die kasteleins te horen.

Floris steunt de landbouw en handel waar hij kan. Tijdens zijn bewind krijgen Domburg en Westkapelle stadsrecht. Geertruidenberg heeft dat recht reeds in 1213 gekregen. De welvarende dorpen Haarlem, Delft en Alkmaar zullen weldra volgen. Middelburg en Dordrecht zijn reeds zó oud, dat zij geen stadsrecht-oorkonde bezitten. Hun rechten worden in 1217 en 1220 uitgebreid.

Met harde straffen roept Floris IV de boosdoeners in zijn graafschap tot de orde. In het *Liber albus* van Utrecht, één der oudste rechtsbronnen, staat bij de aanhef geschreven:
'Het is de gewoonte, héél Duitsland door: de dief de galg, de moordenaar en brandstichter het rad, manslag het zwaard, de valsemunter de ketel, de spion de ogen, de muntsnoeier de duim!'

De middeleeuwen munten uit door het uitdenken van de gruwelijkste straffen. 'Rollen maar!' beveelt de beul. De beulsknechten rollen een ketter, een heks of duivelaanbidder in een ton, waarin scherpe spijkers geslagen zijn. Daarin opgeborgen rollen zij de boosdoener de stad in. Steeds meer bloed sijpelt door de spleten naar buiten.
'Nee... O, God... auw... verlos me!' gilt de veroordeelde, tot de dood als verlosser komt.

Sommige edelen laten hun vijanden levend inmetselen – met een kijkgaatje in de muur om te kunnen zien, hoe het stervingsproces verloopt:
'Ha, ha... daar zit ge. Dorst, heer Jan? Nee, laat ik deze wijn maar zelf drinken. Ha, ha!'

Uitgemergeld en versmachtend van dorst geeft heer Jan na dagen de geest.

Ook de veldslagen getuigen van gruwelijke wreedheid. Dat ervaart graaf Floris IV, als hij met de bisschop van Utrecht, Otto II (uit het geslacht Lippe) meetrekt naar het opstandige Oversticht:

In het welvarende handelsdorp Groningen zijn de Gelkingen in opstand gekomen tegen hun burggraaf. Met steun van Rudolf van Koevorden hebben zij de zetbaas van de bisschop uit de stad gejaagd.
'Roep de edelen en gewapenden op!' beveelt de bisschop. 'Stuur verzoek om hulp naar Holland, naar Keulen, naar Munster en Kleef!' Hij móet de Gelkingen en de heren van Koevorden tot de orde roepen. Belust op buit en beloningen rijden vele krijgsheren uit.

Daar komen Gijsbrecht van Amstel, de heren van Woerden en Montfoort. Zij zijn machtige edelen, die in het Sticht de voorposten tegen Holland vormen. Maar dit keer is Holland bondgenoot.

Daar komen graaf Floris en de graaf van Kleef op de verzamelplaats – onder het trompetgeschal van hun herauten. Vele ridders uit het Keulse en Munsterse geven aan de oproep van de bisschop gehoor. Daar wapperen de banieren van Horstmar, Bodekin van Bentheim en Reinout van Rese.
'Varen maar!' Over de Vecht glijdt een grote vloot met levensmiddelen, werptuigen, stormrammen en ander oorlogstuig, op weg naar Ommen. Rudolf van Koevorden lijkt kansloos tegen het schitterende ridderleger, dat nu tegen hem te velde trekt.

Op de dag van St. Panthaleon, 27 juli van het jaar 1227: In de moerassen van Drenthe heeft Rudolf van Koevorden, de opstandige leenman, een vrij schamel leger op de been gebracht. Zijn broers Frederik, Godfried, Menso en Hendrik van Gravesdorp voeren de Drentse boeren aan, die uit Dalen, Steenvoorden, Loon en Goor zijn gekomen.

'Op mijn woord, we zullen hen raken!' lacht Godfried. Hij en de andere aanvoerders zijn reeds door de bisschop in de ban gedaan. Veel hebben ze niet te verliezen, vrijwel álles te winnen.
'Ge kunt op ons rekenen, heer!' knikken de boeren, die zich met een aandoenlijke trouw aan hun aanvoerders binden. Zij hebben zich bij Ane achter een met gras begroeide moerasvlakte opgesteld en tarten de bisschop tot de aanval over te gaan.

'Dominus vobiscum – De Heer zij met u!' De bisschop heeft zijn ridders toegesproken. Hij heeft hun de aflaat beloofd en de zegen gegeven.
'Voorwaarts!' Daar gaat zijn schitterende legerschaar naar voren. Volgens oud recht draagt de heer van Goor de bisschoppelijke banier van St. Maarten. Zeker van de overwinning – en een laatste kruis slaand – rijden de graven van Holland, Gelre, Bentheim, de heren van Amstel, Horstmar en van Rese de Drentse boeren tegemoet. Hoe bedriegelijk bedekt de groene graslaag het moerassige land.
'Overwinning!' Ze geven hun paarden de sporen. Hun krijgskreten klinken boven het wapengekletter uit, maken dan plaats voor vloeken en krachttermen, als de paarden struikelen en neerklappen op het drassige groene land.
'Het land heeft geen grond. De paarden lopen zich vast, als vliegen in de brei!' wordt later gemeld.

Daar gaan de helden van menig woest tournooi. Met paard en al zakken ze in de modder weg.
'Nou d'r op af!' De lichtbewapende Drentenaren stormen aan. Onvervaard hakken ze toe.

'Mijn God!' Horstmar sneuvelt en met hem tientallen ridders van naam. Amstel en de graaf van Gelre storten gewond ter aarde.

Proberend zich van harnasstukken te ontdoen, waadt een trotse ridder als een achtervolgd dier door water en modder heen. Angstige paarden trachten zich hinnikend uit het moeras te verheffen. Een verschrikkelijke slachting volgt. Terwijl het overmoedige ridderleger een goed heenkomen zoekt, krijgen de Drentse boeren de bisschop zelf te pakken.
'Schudt hem uit! Z'n zwaard, z'n hemd!' Ze plunderen hem kaal, snijden hem de kruin van het hoofd en maken hem tenslotte beestachtig af.
'Fláts' Daar gaat het mismaakte lijk van bisschop Otto II de plomp in.
'Het lijk was gekerfd met wonden, zijn hoofd overdekt met messteken en zwaardslagen, alsof het gevild was...' Zó werd hij, volgens een oude kroniek, gevonden.

Otto's opvolger, de krijgshaftige Willebrand van Paderborn moet de ontstellende nederlaag en de dood van zijn voorganger wreken. Tot tweemaal toe rukt hij straffend door het Drentse land. Inderdaad krijgt hij Rudolf van Koevorden en diens broer te pakken.
'Het rad!'

Als straf voor hun opstandigheid vinden de Koevordense heren onder de ijselijkste pijnen door radbraking hun eind.

Desondanks lukt het de bisschop niet het Oversticht blijvend te onderwerpen.

Drenthe blijft een vrij land, met vrije boeren. Zelfs de machtige heren van Koevorden zien geen kans landsheerlijkheid

Zegel van Elisabeth van Brunswijk, echtgenote van roomskoning Willem II.

Ook onder de gewone bevolking zijn kinderhuwelijken geen uitzondering. Dat heeft soms barre tonelen tot gevolg:

Sibrandus, abt van het klooster Mariëngaarde bij Hallum in Friesland, schrijft aan zijn lessenaar. Het is een levensbeschrijving, waarin hij wil weergeven, hoe rampzalig de gevolgen van een kinderhuwelijk kunnen zijn.
'Hoe heetten ze toch alweer,' mompelt hij zacht. Even staart hij voor zich uit. Dan schudt hij zijn hoofd, als hij aan die twee kinderen denkt, een jong echtpaar, dat bij de schoonouders moest wonen, tot ze oud genoeg waren om op zichzelf te staan. Wat een toestand was het geworden, toen de schoonmoeder in liefde ontwaakte voor haar schoonzoon. Hij ziet weer voor zich hoe het is gegaan: Schoonmoederlijke verwennerijen. Een liefkozing voor het nog kleine joch. Een liefkozing voor het oudere joch, dat vrijwel man geworden is. Dan de hartstocht die ontbrandt...
'Mijn man, jouw schoonvader, moet weg, ik wil hem niet!' Gefluisterde woorden, die tenslotte leiden tot moord.
'Gods wegen zijn wonderlijk,' denkt de abt en hij slaat een kruis.
Bij de begrafenis bleek het lijk van de man te lang voor de kist. Zoiets kon nooit pluis zijn. Het moest een reden hebben en mensen uit het dorp waren naar abt Sibrandus gerend:
'U moet de zaak onderzoeken, vrome vader. Hij past niet in zijn kist!'
De abt was erheen gegaan en de waarheid was aan het licht gekomen. Geloofd zij de Heer!
Abt Sibrandus had de vrouw verbannen. Haar minnaar en schoonzoon had hij de neus laten afsnijden. En ook het lichaamsdeel van de schoonzoon, dat schuld had gehad aan al die ellende moest eraf. Misschien was het daarom goed geweest, dat abt Sibrandus hem voor zijn zonde had laten boeten in een klooster...

Graaf Willem II overkomt dat niet. Nauwelijks is hij volwassen en heeft hij het ridderschap ontvangen, of hij wordt door de geestelijke vorsten van Duitsland tot roomskoning uitgeroepen over het ganse rijk. Hij is dan 20 jaar oud.
Willem, graaf van Holland, roomskoning van het Duitse rijk! Nu lijkt het ogenblik voor flinke veranderingen aangebroken: Vlaanderen in de greep van Frankrijk; Holland nu sterker met de Duitse kroon verbonden dan ooit.
Maar het loopt anders. Hoewel Willem, ondanks zijn jeugd met energie aan de gang gaat om de werkelijke macht over Duitsland te verwerven (al die roerige vorsten moet hij daar onder de duim krijgen!) raakt hij betrokken in oorlogen elders.
Allereerst moet hij zich mengen in een opvolgingsstrijd in Vlaanderen.
'Mijn zoon Gwijde moet graaf zijn,' vindt Zwarte Griet, zoals Margaretha (zuster van Johanna Ferrante) genoemd wordt.
'Dat nooit!' roepen de Henegouwers, die thans onder de oppermacht van Vlaanderen vallen. Zij grijpen naar de wapenen om hun eigen kandidaat, Jan van Avesnes, naar voren te schuiven. Graaf Willem geeft zijn steun aan zijn neef en vriend Avesnes.
Het gevolg is, dat een sterke Vlaamse strijdmacht tegen Holland optrekt. Op Walcheren zien de Hollanders de Vlamingen komen.
'Holland! Holland!'

over het land te bemachtigen...

Graaf Floris IV, in deze strijd bondgenoot van Utrecht, wordt door tijdgenoten afgeschilderd als één der meest volmaakte ridders van zijn tijd. Hij schittert op toernooivelden en haalt daar vele prijzen weg. Ook op de edelvrouwen maakt hij grote indruk. De jonge gravin van Clermont, getrouwd met een veel oudere man, bewondert hem. En méér dan dat:
'O, Floris...' Tijdens een toernooi geeft zij zich in zoet geminnekoos aan hem over. De oudere graaf van Clermont ontdekt dat. Hij is buiten zichzelf van woede.
'Ziet de graaf van Holland, dien gij voor zo'n volmaakt ridder houdt, nog maar eens goed aan,' schijnt hij zijn jonge vrouw te hebben toegebeten. 'Lang zult ge dat niet meer kunnen!'
Meteen daarop steekt hij Floris op het toernooiveld verraderlijk overhoop. De graaf van Kleef schiet toe en velt de moordenaar. Zo eindigt ook dit steekspel met grimmige doodslag. Het ontzielde lichaam van Floris gaat op transport naar Holland, waar het in de abdij van Middelburg een laatste rustplaats krijgt...

Graaf Willem II is pas 6 jaar oud, als zijn vader sterft. Zijn achterneef Boudewijn van Bentheim neemt het bewind voor hem in handen en belast zich met de opvoeding van zijn jonge neef. Zoals andere adellijke knapen krijgt ook Willem onderwijs in vele vakken:

'Nee, hef dat zwaard wat meer omhoog. Dan pas naar beneden slaan, met de ganse kracht van uw arm en met inzet van de pols!' Een leermeester doet het de kleine graaf Willem nog eens voor.
'Span die boog niet te krampachtig. Het zit niet alleen in de kracht van spieren, de vastheid van de hand, de scherpte van de ogen!'
'Wat dan nog meer?'
'De vaste wil om te raken, heer!' Dát maakt de pijl trefzeker!'
Misschien wordt de 6-jarige graaf Willem, net als andere knapen van zijn leeftijd, vastgebonden op het zadel van een groot paard.
'Horrée!' Hij maakt een urenlange rit door de velden, en als hij gebroken terugkeert, wordt hij in de stal op het stro te rusten gelegd.
'Welterusten, heer!' Ook een graaf moet zich harden tegen de ongemakken van een ridderlijk bestaan – en tegen de nog grotere ongemakken van de ontwikkeling van zijn geest. Een monnik onderwijst hem:
'Nee, graaf Willem, fructu arbor cognoscitur... Aan de vruchten wordt de boom herkend! Een spreuk uit het Evangelie van Mattheus...'
Willem is nog een kind, als zijn voogden een huwelijkscontract voor hem sluiten met de ouders van Elizabeth van Brunswijk-Lüneburg. Aan alle kanten zijn de vorsten en landsheren ten nauwste aan elkaar verbonden – al zijn al die familiebanden geen waarborg dat het vrede blijft.

103

Middeleeuwen – Bourgondische tijd

De schaking van gravin Richildis van Henegouwen door Boudewijn van Vlaanderen uit de 11de eeuw naar een latere uitbeelding.

'Vlaanderen, de Leeuw!'
Dapper stormen de krijgsknechten achter hun aanvoerders aan: bang, maar trouw aan hun heer. De ridders te paard in hun zware harnassen dragen linnen gewaden over hun rusting. Daarop zijn de wapens van hun geslacht, emblemen of spreuken afgebeeld, waardoor ze in het strijdgewoel gemakkelijk te herkennen zijn. Onder hun harnassen dragen zij gewatteerde jakken om kneuzingen te ontlopen.
'Ráng!' Wat dreunt het door het hele hoofd, als een zwaardslag op een helm neerdaalt.
Het voetvolk is gewapend met bogen, met morgensterren (knotsen met ijzeren punten), goedendags (lansen met slagmessen) en hellebaarden.
'Holland! Holland!'
'Vlaanderen de Leeuw!'
Gekletter van zwaarden en knotsen op helmen en gepantserde vuisten. Briesende paarden. Kreten van gewonden en stervenden. Moed: een lansdrager strijdt verbeten boven het lichaam van een stervende kameraad. Trouw: midden in het geweld staat een paard roerloos bij een ridder die niet langer beweegt. Lafheid: Luid schreeuwend en de anderen aanmoedigend, rennen velen, dapper zwaaiend met een knots, naar de plaatsen waar niets gebeurt.
Holland behaalt de overwinning. Kroniekschrijvers uit die tijd beweren, dat in die slag op Walcheren 15.000 Vlamingen gesneuveld zijn. Misschien zijn het er 600 geweest...
Het is (alweer!) de Franse koning die – met een Salomons oordeel – ingrijpt. Met zijn zegen krijgt Jan van Avesnes Henegouwen en Gwijde van Dampierre het graafschap Vlaanderen.
De ster van graaf en koning Willem is inmiddels hoog gerezen. Hij staat op het punt naar Rome te vertrekken om de keizerskroon van de paus te ontvangen. Hij heeft alleen geld, veel geld nodig om als koning van het Duitse rijk aanzienlijke bondgenoten en vazallen te kunnen werven. Zo komt hij ertoe steden van het rijk te verpanden.
'Wat biedt ge voor Nijmegen?'
'16.000 mark zilver', zegt Otto II van Gelre. Hij krijgt de stad voor die prijs in pand – en ziet de kans van daaruit de Betuwse adel tot leenhorigheid te dwingen. Met geld, op die wijze verkregen, kan Willem een strijdmacht op de been brengen. Want alvorens naar Rome te reizen, wil hij de eeuwig opstandige Friezen knechten, die ten noorden van Alkmaar aanhoudend in het graafschap aan het plunderen slaan.

Hoogwoud, Noord-Holland, 28 januari 1256: de winter heeft een ijzige adem over het lage landschap gelegd. Met zijn strijdmacht is Willem door de moeilijk toegankelijke moerasgebieden naar het noorden getrokken. Hij rekent vast op een volledige overwinning. Onvoldoende overziet hij de risico's die hij loopt.
Misschien denkt hij aan het Duitse rijk en de keizerskroon en dwaalt hij daardoor iets te ver van zijn legermacht af. Of is hij tijdens de strijd van zijn troepen verwijderd geraakt?'
Friezen staan gereed.
'Sla toe!'
'Wacht even!'
Plotseling zakt de geharnaste Willem met zijn zwaar gepantserde paard door het ijs. De Friezen slaan toe, zonder te weten wie zij voor zich hebben. De plundering van het lijk begint:

'Z'n helm, z'n harnas... z'n zwaard!' Ze willen alles hebben. En dan... Geschokt ontdekken ze, dat ze de roomskoning hebben doodgeslagen.
'Dit mag niemand weten. Dit moet geheim blijven!' Ontzet kijken ze elkaar aan.
'Wat moeten we met het lijk?'
'Verstoppen!'
'Heilige Moeder Maria!' Ze staren naar de geharnaste man in de modder. Er is geen twijfel mogelijk. Ze hebben de koning vermoord. Even blijven zij verbijsterd staan:
'Pak op. Gauw!'
Haastig nemen zij het lichaam op en dragen het weg naar een vrijwel onvindbare plaats. In alle stilte begraven zij het lijk en zweren elkaar die plaats nooit te openbaren...
Pas 26 jaar later zal de láátste overlevende Fries, die aan de moord deelnam, het geheime graf prijsgeven, als Floris V zijn vader in West-Friesland komt wreken en het lijk van zijn vader zoekt...

De veelbelovende graaf en roomskoning is op 28-jarige leeftijd gestorven. Hollands nauw geworden band met het Duitse rijk lijkt opeens doorgesneden. Meer dan ooit zal het graafschap Holland en Zeeland – op de uiterste grens van het Duitse rijk – het streven naar volledige onafhankelijkheid voortzetten én... een eigen identiteit kunnen bewaren. Want gaandeweg raken de mensen toch nauwer bij de zaken van hun graafschap betrokken. Ondanks alle strijd begint men toch bij elkaar te horen. Saamhorigheidsgevoel groeit in een stad tijdens een beleg, groeit in een oorlog door gemeenschappelijke strijd, groeit bij een watersnood, als iedereen elkaar zo bitter hard nodig heeft. Het gevoel van verbondenheid groeit zeker ook door een gemeenschappelijke taal, vooral als die taal gelezen wordt en op schrift komt te staan. Ook dat gebeurt in deze jaren:

In het zuiden leeft een vrouw, geboortig uit Antwerpen, die raadselachtig en voornaam uit de Lage Landen opdoemt en als dichteres het eerste wérkelijk grote monument der Nederlandse letteren met woorden schept:

Mijn recht es clene, haar cracht es groet...

Met grote kracht laat zij zich in mystieke overgave meeslepen in haar hartstochtelijke liefde voor de liefde: in haar liefde voor God. Zij laat haar juichkreten horen, als zij Gods aanraking voelt.
'Mijn God!'
Ze leeft in de diepste verslagenheid, als er een leegte om haar heen valt. Dan schreeuwt zij haar verlangen, haar eenzaamheid, het onvervulde, onvolmaakte menszijn uit:
'Mijn God!'
Hadewijch (1200-1269) schrijft haar verzen in het *Diets*. Scherp, bewogen, visionair, gebruikt zij de volkstaal om de hoogste sferen van het geestelijk leven binnen te dringen. In haar *Brieven* en *Visioenen* geeft zij haar ervaringen weer – ervaringen van de ziel op reizen naar ongekende verten. Haar invloed is groot.

Mijn recht is klein, haar kracht is groot
Men zegt, dat de zwaan, als hij de dood gaat proeven, dat hij dan zingt.

Vermoedelijk te Nijvel, ten zuiden van Brussel, heeft zij als een zwaan met grote kracht gezongen. Zij heeft uiting gegeven aan de vrijwording van de Vlaamse geest, die zichzelf bewust wordt en zich tegen de toenemende verfransing scherpt.

Floris V, der keerlen God

In Vlaanderen beginnen de burgers in de steden steeds meer een eigen rol te spelen. Zij weigeren aan het hof van de bisschop in de Franse taal processen te voeren. Zij hebben die machtsstrijd gewonnen, want de paus heeft hen van die verplichting ontheven. De vrijwording van de taal werkt op veel gebieden door: 'Hebt ge gelezen van de Vos Reinaert?' Dat verhaal heeft talloze Vlamingen vermaakt, omdat aan het hof van dierenkoning Nobel alleen het hondje Courtois Frans spreekt.

'Kéf, kéf!' Met zijn gekef in het verhaal neemt hij de verfranste adel behoorlijk op de hak.

Hertog Jan I van Brabant dicht zijn minneliedjes in het Diets. Nu de dichters, schrijvers en zelfs de klerken hun volkstaal in schrift gaan gebruiken, komen er ook scholen, waar het Diets onderwezen wordt. Een eigen individualiteit kan zich dan gaan ontwikkelen.

Een scheepsklerk in Damme, de haven van Brugge, heeft de weg naar de toekomst scherp gevoeld. Bij uitstek heeft vooral hij voor de vrijwording van zijn geest gevochten:

Jacob van Maerlant (± 1235 ± 1295) brengt als geen ander de nood van zijn volk onder woorden. Kritisch stelt hij zich op tegen de feodale maatschappij om zich heen.
'Ik schrijf voor de burgerij! Dát is de nieuwe stand, die het aanzien van de wereld zal veranderen...' Zo zal hij in de spijshuizen van Damme tot zijn vrienden hebben gesproken.

Terwijl een groot deel van de burgerij nog smult van de ridderverhalen – van de Heemskinderen, Walewyn, Karel en de Elegast: onverbiddelijke bestsellers op de lijst van middeleeuwse literatuur – richt Van Maerlant zich tegen de wantoestanden in kerk en staat. Met fiere inzet keert hij zich tegen de Franse cultuur, die de Nederlandse dreigt te overspoelen.

Die schone valse Waalse poëten
Die meer rijmen dan zij weten...

Bij zijn beschermer Albrecht van Voorne in Zeeland ontmoet hij de jonge graaf van Holland, Floris V.
'Heimelikheid der Heimelikheden, staatsmanskunst voor een jonge vorst!' Vermoedelijk schrijft hij dat werk voor Hollands jonge graaf.
Spiegel Historiael! Die geschiedenis der Lage Landen wordt in ieder geval aan graaf Floris opgedragen, omdat de graaf van Vlaanderen zich met Franse minstreels omgeven heeft. Het beeld van eensgezinde, verbonden Nederlanden zweeft dikwijls door zijn geest.

Om zich heen ziet hij – zoals mensen in álle tijdperken – het onrecht, het machtsmisbruik, de overmoed der rijke edelen. Hij roept op tot bezinning en tucht.

Zijn werk, gedragen door de geest van de tijd, maakt grote opgang. De burgerij vindt zichzelf erin terug en voelt zich door de duizenden rijmregels van de scheepsklerk te Damme in menig opzicht gesterkt en gestimuleerd.

Het gevoel van verbondenheid groeit, omdat Jacob van Maerlant en zijn opvolgers de richting aanwijzen. Niet de graven, niet de grote landsheren, maar een eenvoudige scheepsklerk slaat vonken uit het Vlaamse volk, die in een vrijheidsoorlog zullen ontbranden...

Op de kleine, hoge tribune tegenover het midden van het toernooiveld hebben de vier kamprechters met hun heraut plaatsgenomen. Ernaast, op de overdekte tribunes aan weerszijde: een bont geheel van kleuren, praal en opschik. Daar zitten de edelvrouwen tussen oudere edelen en enkele vooraanstaande geestelijken. De trompetten schallen over het veld.
'Voelt gij geen opwinding?'
'Ecclesia non sitit sanguinem. De kerk dorst niet naar bloed!' zegt de bisschop.
Dan lacht hij de jonkvrouw naast zich vrolijk toe.
Dikwijls heeft de kerk getracht een eind te maken aan het steekspel. Maar het ridderideaal eist, dat de edelen hun moed, behendigheid, kracht en vooral hun grootmoedigheid met veel vertoon bewijzen. Pas als in een toernooi tien of méér deelnemers aan dodelijke wonden bezwijken, grijpen de bisschoppen in. Dan doen zij het steekspel in de ban en weigeren zij de gevallen ridders een gewijde begrafenis.
'Daar komen ze!' De jonkvrouw rekt haar lieftallige hals. Kijkt ze, of haar geliefde haar handschoen aan zijn lans heeft gebonden? De bisschop glimlacht. Hij ondergaat nu toch ook de opwinding van dit ogenblik. Rond het toernooiveld staan de kramen van koekverkopers, bierventers, acrobaten en marskramers nu verlaten. Al het volk staat samengedrongen rond de buitenste omheining van het strijdperk: men wedt, lacht, juicht en joelt.
'Ik kan niks zien!'
Vaders tillen hun kinderen op de schouders – tot verontwaardiging van omstanders, die zij daardoor het uitzicht ontnemen.
In het strijdperk hebben de ridders, verdeeld in twee partijen, hun paarden in positie gereden. Gehuld in zware harnassen en kleurrijke overkleden zitten de vechtjassen op hun fraai gesierde en gepantserde paarden. Zij hebben het vizier van hun bepluimde helmen gesloten en houden schild, lans en teugels in hun stalen vuisten vast.
Dáár weerklinkt de trompet van de heraut. De scheidsrechters hebben het teken gegeven. Hun dienaren kappen de touwen.
'Let op nou!' zegt een vader tegen zijn zoontje.
'Hoei!' Gejuich stijgt op, als de edelen beangstigend snel in dichte drommen op elkaar inrijden, hun lansen richten en krachtig toestoten.
'Zag je dat?' Kijk de graaf van Kleef!'

Bewonderend gemompel stijgt op, als de lansen een schild, een borst of helm treffen.
'Hoei, hoei!' Groot is de schande, als een strijder zijn tegenstander mist, of hem per ongeluk in het onderlijf treft.
De grond schokt, als de eerste ridders in hun zware harnassen met een doffe dreun ter aarde storten.
'Ai, ai, ai, kijk heer Reinout!' Enkele edelen zijn in drift ontvlamd. In wilde razernij trekken zij hun zwaarden en slaan nu in ernst op hun tegenstanders in – alsof het werkelijk gaat om leven en dood.
'Heilige moeder Gods!' Het volk rilt, geniet, huivert, als het steekspel in woedende, bloedige gevechten ontaardt.
Voetknechten en schildknapen schieten toe om hun neergestorte, versufte meesters buiten de omheining te trekken. Eén van hen is Floris, broer van graaf Willem II, de voogd van de jonge graaf van Holland en Zeeland, Floris V. Dodelijk gekwetst is hij tussen de steigerende paarden neergekwakt en door zijn dienaren uit het strijdperk weggesleept. Zij nemen hem haastig de helm af.
'M'n borst!' Zij ontdoen hem geschrokken van zijn kinstuk, schouderplaten, borststuk, buikstroken.
'Heer!' mompelt een schildknaap ontdaan.
Daar ligt dan Floris. Door een harde goedgerichte stoot is aan zijn korte voogdij over Holland en Zeeland een eind gekomen. Misschien overdenkt hij, terwijl hij stervende is, wat hij in die paar jaar tot stand heeft gebracht: het vredesverdrag met Vlaanderen, waarbij hij de 2-jarige Floris V een Vlaamse erfdochter ten huwelijk wees. Misschien gaan zijn laatste gedachten bezorgd naar de leenroerige, deels onbetrouwbare edelen in Zeeland. Omdat hun onafhankelijkheid steeds meer in het gedrang komt, verzetten zij zich deels tegen Holland, deels tegen Vlaanderen.
'Laat mijn neef Floris...' Gesteunde, fluisterende woorden. Wil hij nog iets zeggen over het conflict, waarin hij – samen met Gijsbrecht IV van Amstel – met de bisschop van Utrecht is gewikkeld? Of misschien passen deze gedachten niet meer in de snel kleiner wordende wereld van de stervende...
Zijn lijk wordt overgebracht naar de abdij van Middelburg. Gezangen weerklinken en vele kaarsen branden, als hij daar wordt bijgezet.

Floris V, graaf van Holland en Zeeland

Bronzen kookgerei (13de eeuw).

Middeleeuwen – Bourgondische tijd

en Heer van Friesland (zoals hij zich later noemt), is pas vier jaar oud, als tante Aleid van Henegouwen hem na de dood van oom Floris onder haar hoede neemt.
'Een vrouw aan het hoofd,' denken de edelen met vreugde. Ongeremd vechten zij in het graafschap hun vetes uit. Waar mogelijk betwisten zij elkaar de macht.
'Een vrouw aan het hoofd!' zeggen de vooraanstaande poorters in de steden. Zij willen zich niet langer door adellijke heren laten ringeloren en eisen zelfbestuur en medezeggenschap op.
Tante Aleid krijgt haar handen vol. Zij moet een kordaat beleid voeren tegenover het Sticht, tegenover de geduchte graven van Gelre. En tegenover Vlaanderen, dat wroet naar invloed in het Zeeuwse land. Zij moet Hollands positie bepalen ten opzichte van Frankrijk en een verstandige politiek voeren met Engeland dat Frankrijk voortdurend beoorlogt en naar bondgenoten zoekt op het vaste land.
Temidden van al die zorgen wordt er óók nog een aanval ondernomen op haar positie als voogdes. Tante Aleid redt het niet. Achter haar rug om bespeelt Otto II van Gelre een groep ontevreden edelen, die hun invloed ten koste van de jonge Floris V willen vergroten.
'Ik zal me van het voogdijschap meester maken. Desnoods met geweld!' laat Otto hen weten. Fikse beloningen worden in het vooruitzicht gesteld.
'Doen de heren mee?'
'Gij kunt op ons rekenen!'
Zo trekt Otto van Gelre met een flinke strijdmacht naar het westen? Met geweld eist hij het voogdijschap over Floris op – en legt meteen ook beslag op een aantal bezittingen van tante Aleid om zijn krijgsmakkers te kunnen belonen. Zijn macht is van korte duur. In het Hollandse land krijgt men genoeg van voogden. Al is hij nog minderjarig, men besluit het met de jeugdige graaf te wagen.

'Leve Graaf Floris!'
Net 12 jaar oud wordt Floris V tot graaf van Holland en Zeeland uitgeroepen.
Bijgestaan door een raad van edelen krijgt hij het heft in handen: een kind, dat nog gemakkelijk door zijn omgeving wordt bespeeld.
'Heer graaf, wilt ge dit tekenen...'
'Heer graaf, wilt ge uw zegel aan deze oorkonde hechten?'
Wat gaat er in hem om, als hij – zo jong nog – in allerlei staatszaken betrokken wordt, kennismaakt met de intriges en het spel om de macht gaat doorzien?
Zijn sluwheid groeit snel, als hij de problemen van het graafschap krijgt voorgelegd.
Ongeveer 16 jaar oud trouwt hij met Beatrijs van Dampierre uit Vlaanderen.
'Een goed huwelijk!' melden kroniekschrijvers uit die dagen, hoewel een triest noodlot op dat huwelijk rust.
'Gods wegen zijn ondoorgrondelijk, heer graaf!' troosten priesters, als de babies steeds weer dood worden geboren. Zeven kinderen sterven. Slechts één dochtertje, Margaretha, blijft in leven.
Met een groot toernooi en fleurige feesten wordt Floris, 18 jaar oud, aan het Brabantse hof tot de ridderlijke waardigheid verheven. Maar alvorens hij als een volwassen man aan de uitbouw van zijn graafschap kan beginnen te werken, moet hij aan een belangrijke verplichting voldoen.

'Ik wens voor alles de dood van mijn vader te wreken!' zegt hij tot zijn edelen.
'Stuur bericht naar al mijn leenmannen. Laten zij met al hun krijgsvolk uitrijden naar de Torenburg. Van daaruit zullen wij de Friezen tuchtigen!'
In de burcht, die zijn vader Willem II in afweer tegen de Westfriezen liet bouwen, verzamelt graaf Floris zijn strijdmacht:

Bij de vesting Torenburg, bij Alkmaar, is het een drukte van belang. Veel edelen hebben zich met hun krijgsvolk in de grafelijke burcht gemeld. De aanzienlijksten onder hen zitten bij hun jonge graaf in de Torenburg aan tafel.
'Heer Hendrik, die schaal!'
Met hun handen grijpen ze naar de stukken vlees – een homp terugwerpend als die niet bevalt. De botten smijten zij voor de honden op de grond. Ongegeneerd boeren zij over tafel. Zij snuiten hun neus in het tafellaken en vegen er de vette lippen aan af.
'... En God weet, dat ik straks in de strijd...'
Als snoevende kinderen spreken zij over de kracht, waarmee zij zullen strijden.
'Héé, heb je dat gezien?'
'Bij Sinte Damianus!' Wat onwennig lopen eenvoudige ridders naar de nis in de muur: Wat een uitvinding! Het verteerde voedsel verdwijnt door een gat in de muur en komt met een ploep in de gracht terecht. Thuis, in de verstevigde huizen van steen, zijn de edele ridders gewend het buiten te doen. Nog overal gebeurt dat in de vrije natuur – zonder enige verlegenheid voor de omstanders die de stoelgang kunnen gadeslaan. En als het koud is, doen ze het in de hoek van een gang, waar een dienaar de boel wel zal ruimen.
Die eenvoudige ridders leiden thuis een simpel bestaan. Ze leven in één ruimte, waar gekookt en gestookt wordt. Het hele gezin slaapt in één vertrek.
Voor hun gezin zijn ze ten strijde gegaan.
'Wat denkt ge, Gerard, maken we kans op veel buit?'
Dat soort vragen weerklinken keer op keer. De ridders hebben zich voor de strijd tegen de Westfriezen gemeld, omdat zij van hun wapenen moeten leven.
Dáárom staan hun kleurige tenten op het kampeerveld, rond de Torenburg bij Alkmaar...

'Er moeten nog meer balen hooi komen, heer!' Met balen hooi en stro laat Floris een dam bouwen over de Rekere, het water dat vroeger met de zee in verbinding heeft gestaan en West-Friesland beschermt.
Als de opmars begint, banjert de strijdmacht van Holland – niet veel meer dan een paar honderd man bij elkaar – over het soppige stro naar de overkant. Voor hen uit strekt zich het ontoegankelijke moerasland: vol plassen en meren, met hier en daar dijken, waarlangs de schaarse toegangswegen naar het noorden gaan.
'Voorzichtig, heer. Daar zitten ze! Dáár bij die bosjes!'
De Friezen weten precies, waar zij de zwaar bewapende Hollanders moeten opwachten. Zij hebben verraderlijke plaatsen uitgekozen, waar de Hollandse ruiterij niet uit de voeten kan.
'Vooruit, naar voren! Holland, Holland!'
Wanneer de Hollanders de aanval inzetten, gebeurt precies, waarop de Friezen hebben gehoopt: de ruiterij zakt weg in de drassige grond. Van een geregelde slag is geen sprake. Van alle kanten bestookt, raken de Hollandse gelederen in paniek.
'Terug!'
'Lopen, Ysebout!'
De soldaten rennen voor hun leven, tot ze eindelijk weer de 'herde geest' – de harde geestgronden – onder de voetzolen voelen...

Die nederlaag tegen de Westfriezen wordt alom toegeschreven aan Floris' onmacht en gebrek aan kracht. Zijn prestige krijgt een ernstige knauw.
'Grave Floris is zo sterk niet!'

Zegel van Floris V.

'We kunnen best wat wagen!'
'Nu is de kans!'

Boeren, ambachtslieden en edelen beginnen zich te roeren. Overal breken de opstanden uit.

In het Kennemerland lopen nijdige boeren te hoop. Onder het bewind van de bastaard Wouter van Egmond, baljuw van de streek, is het landvolk met harde belastingvoorschriften uitgezogen. Zij nemen dat niet langer en rukken op.

'Wij ook, mannen!' zeggen de Waterlanders en zij grijpen naar hun mestvorken.

Amstelland gaat zich roeren. Nederzettingen als Mijdrecht en Muiden proberen zich tot zelfstandige plaatsen met eigen bestuurders te verheffen. De opstand zet zich voort in het Sticht Utrecht.

'Nou, d'r op los!' De ambachtsgilden van smeden, leerlooiers, kleermakers, schrijnwerkers en bakkers jagen het patriciaat (de schout, schepenen en andere bestuurders) de stad uit. De heren van Amstel en Woerden, hoewel in dienst van de bisschop, steunen de opstand en hopen er hun voordeel mee te doen.

Aan alle kanten belaagd, kan graaf Floris toch opstanden dempen.

'We moeten met het zwaard tegen die vrijpostige boeren in!' adviseert een aantal edelen. De baljuw in het Kennemerland is dat roerend met hen eens.

Maar Floris zoekt een andere weg.

'Wij kunnen die boeren voor ons winnen met privileges!' denkt hij. 'Wij kunnen de voornaamsten aan ons binden met de ridderslag!' Zo zullen zij een stevig evenwicht vormen met de lastige ridderschap. Inderdaad: Om de verhitte gemoederen te kalmeren verheft Floris veertig van de rijkste en eerbaarste huislieden in de adelstand.

'Moet hij het hebben van een handjevol boeren?' spotten de Hollandse edelen.

Der keerlen God! Vermoedelijk is dat de bijnaam, die zij graaf Floris schamper geven, nu hij in de roerige gebieden privileges uitdeelt om de rust te herstellen.

Eén daarvan betreft de tol te Moordrecht:

'Floris, graaf van Holland groet allen, die deze brief zullen zien.

Gij allen moet weten dat wij alle mannen, die afhankelijk zijn van abdis en convent van Rijnsburg en die te Boskoop wonen, van heden af vrijstellen van elke tolheffing tot onze tol te Moordrecht – voor alle goederen die zij voor eigen gebruik of dat van hun eigen huis willen benutten. Indien zij echter koopwaar aanvoeren, dan willen wij dat zij verplicht worden, over deze goederen het verschuldigde tolgeld te betalen. In getuigenis van deze zaak hebben wij deze brief met ons zegel doen bekrachtigen.

Gegeven in het jaar des Heren 1273, op de donderdag na de onthoofding van de heilige Johannes de Doper (Donderdag, 31 augustus)...

Evenals zijn voorvaderen hebben gedaan, mengt Floris zich in de politiek van het Sticht Utrecht. Hij begint daar een doeltreffend, uiterst geslepen spel om zijn invloed te vergroten.

'De bisschop van Utrecht, Jan van Nassau, zit tot zijn nek in de schulden. Laten wij hem leningen geven, maar daarvoor burchten en landgoederen in onderpand nemen!' Zo zal graaf Floris in de raad der edelen hebben gesproken. Ingewikkelde manipulaties, waarin ook de heren van Amstel, Woerden en de Utrechtse bankier Lambert Vrieze betrokken zijn, sturen bisschop Jan van Nassau steeds dieper in het slop.

'Domine, quid me vis facere? Heer, wat moet ik doen?' bidt de bisschop. Vermoedelijk vindt hij niet het juiste antwoord op die vraag. Want in alle stilte begint hij te knoeien. Heimelijk legt hij beslag op de kruistocht-tienden, die in een Utrechts klooster zorgvuldig worden bewaard.

Quod periit, periit! Wat weg is, is weg en wat op is, is op! Maar zo simpel is het toch niet. De fraude komt aan het licht en een flinke rel is het gevolg.

'We gaan de goede kant op!' lacht Floris, want de rel is koren op zijn eigen molen.

Opnieuw haalt hij de bisschop met leningen uit de nesten – dit keer in ruil voor al de inkomsten van het Sticht!

'Nou hebben we hem!' Opgetogen schakelt Floris de heren van Amstel en Woerden als bondgenoten in om zijn greep op het bisdom te verstevigen. Maar achter hun rug verbindt hij zich heimelijk met andere Stichtse edelen, die beloven zich later met Floris tegen Amstel en Woerden te zullen keren!

'Homo homini lupus,' zal de bisschop hebben gedacht. Want de ene mens is voor de andere als een wolf.

In de buitenlandse politiek kiest graaf Floris V vóór Engeland en tégen Frankrijk. Waarschijnlijk hoopt hij met steun van de Engelse koning tegen zijn schoonouders in Vlaanderen te kunnen optrekken.

'Op mijn woord, Beatrijs, het gaat niet tegen je vader. Het is noodzaak om de gehele macht over Zeeland in handen te krijgen!' In die geest sust hij zijn vrouw. Tevens verwacht hij van Engeland gunstige handelsovereenkomsten te winnen. Holland moet beslag kunnen leggen op de stapel van Engelse wol, die nu zijn weg naar Vlaanderen vindt.

De Engelsen voeren de wol, een belangrijk produkt, naar één vaste plaats op het vaste land, zodat de afnemers de wol gemakkelijk kunnen verkrijgen. Bovendien geeft de stapelplaats aan de Engelse koning de kans, om de belastingen op de wol doeltreffend te innen.

En er is meer, dat Floris van koning Eduard wil winnen. Hij is zelfs bereid een verbijsterend contract te sluiten, waarbij hij de helft van Holland bijna in handen van de Engelsen speelt:

Het is de 5de juni van het jaar 1281: Een geheimschrijver wrijft zich de ogen uit. Wat heeft graaf Floris bewogen, deze oorkonde op te stellen?

'Kan dit werkelijk de bedoeling zijn?' mompelt hij zacht. Dan glijdt zijn ganzeveer over het perkament. Hij weet dat Albrecht, heer van Voorne, Dirk, heer van Teylingen, Nicolaas van Cats, Willem van Egmond en Arnold van Heemskerk uitvoerig met de graaf hebben gesproken over de verloving van zijn pas geboren dochter Margaretha met prins Alfons van Engeland. De heren zullen wel weten wat ze doen. Zij hebben beslist, dat dit jonge paar de helft van het graafschap Holland zal ontvangen, indien er geen manlijke opvolger zal zijn.

'Bij Sinte Antonie, de kans is groot, dat Alfons de helft van Holland krijgt,' mompelt de geheimschrijver verbouwereerd. Die arme Vrouw Beatrijs had immers alleen maar boze kinderen ter wereld gebracht. Hoofdschuddend neemt de geheimschrijver zijn ganzeveer op. Voor zijn meester schrijft hij nu aan de Engelse koning, met sierlijke letters in het Latijn:

'In naam van de vader enz. Dit is de verdeling van de Landen van het graafschap Holland en Zeeland...

Hij beschrijft de aardrijkskundige ligging over de twee delen en somt dan op, wat ze waard zijn:

'In voornoemd land ligt het baljuwschap Kennemerland met alles wat erbij hoort en het brengt per jaar 4000 pond op. Ook Noord-Holland met alles wat erbij hoort, en dat brengt per jaar 3000 pond op. Ook de lijftocht van gravin Mathilde, bestaande uit Monster, Maasland, Lier en Zoutenveen, en het brengt per jaar 1000 pond op. Ook de lijftocht van jonkvrouw Ricardis, die bestaat uit Delft, Delftland en Pijnakker, dat per jaar 1000 pond opbrengt. Bij dit deel hoort de heerlijkheid Voorne geheel en de heerlijkheid Putten... en Schouwen en het brengt 300 pond op. Bij dit deel hoort ook het eiland dat Duiveland heet en Dreischor. Bij dit deel hoort ook de tol van Geertvliet en Strienemonde en die brengt 1000 pond op. Ook het baljuwschap tussen Schiedam en Gouwe tot aan het bisdom Utrecht en het brengt 500 pond op...'

Dan noteert de geheimschrijver nauwgezet het andere deel, dat Zuid-Holland wordt genoemd: Dordrecht met tol, waarde 2000 pond. Opbrengst van de tol bij St. Geertruidenberg, 200 pond. De rest van Zuid-Holland: 2300 pond; de overige Zeeuwse eilanden 1000 pond en Poortvliet 300 pond.

Opdat de Engelse koning zal weten, dat de opsomming geen roekeloze slag in de lucht is, eindigt de oorkonde met de zorgvuldig gekozen woorden:

'Wij, Floris, graaf van Holland, Albrecht heer van Voorne, Dirk van Teilingen, Nicolaas van Cats, Arnold van Heemskerk en Wilem van Egmond, ridders, verklaren dat het voornoemde stuk voor stuk in onze aanwezigheid door betrouwbare personen, die gewend zijn de ontvangsten in het land te ontvangen, is geteld en volgens ons geweten waar is. In getuigenis van deze zaak hebben wij onze zegels aan deze oorkonde doen hangen.

Gegeven op de dag, volgend op de Geboorte van de gelukzalige Maria (9 september), in het jaar des Heren 1281...

'Wel, wel, ei, ei...' prevelt de geheimschrijver, als de inkt gedroogd is en hij het lange stuk nog eens overleest. *De helft van het graafschap Holland voor Alfons van Engeland, áls er tenminste geen zoon wordt geboren.* Wat kan de oorzaak zijn, dat graaf Floris de Engelse koning zó sterk aan zich bindt?

De troon van Schotland zal vacant komen. Vermoedelijk koestert graaf Floris V in stilte de hoop, met behulp van de Engelse koning die kroon te kunnen bemachtigen. Via zijn grootmoeder, Ada van Huntingdom, kan hij inderdaad een verre aanspraak laten gelden op het Schotse land. Of hoopt hij andere belangen met een Engels bondgenootschap te kunnen dienen?

Zeker is het, dat graaf Floris de Engelse koning nauwkeurig van zijn doen en laten op de hoogte houdt en hem zelfs laat weten, wanneer hij een tweede veldtocht tegen de Friezen begint...

Middeleeuwen – Bourgondische tijd
Slag bij Woeringen

'We kunnen weer wat verdienen,' zegt menig krijgsman opgewekt tegen zijn vrouw. 'Graaf Floris trekt opnieuw tegen de Friezen ten strijde!'
'Dag Dirk!'
'Dag Wouter!'
'Dag Roderik...'
Laatste omhelzingen. Laatste goede raadgevingen. En daar gaan ze.

Dit keer vermijdt Floris de aanval in het moerasland. Met een flinke vloot vaart hij over zee naar het Westfriese land om zijn vijand direct in het hart te kunnen aanpakken. Versterkt met afdelingen uit Gelre en Kleef, die zich goed laten betalen, gaat het Hollandse leger in juni 1282 bij Wijdenes (onder Hoorn) aan land.

Opnieuw bij Hoogwoud, waar graaf Willem sneuvelde, komt het tot een treffen. Dit keer zegevieren de Hollandse wapenen. Graaf Floris heeft de dood van zijn vader gewroken en eist nu diens lijk van de Friezen op. Maar zo eenvoudig is dat niet.

'Waar is het lichaam van mijn vader?'
'Niemand weet het, heer graaf. Weinig mannen zijn nog in leven, die uw vader, de roomskoning, 26 jaar geleden hebben vermoord en die van de heimelijke begrafenis getuige zijn geweest!'
Keer op keer worden aanzienlijke Friezen voor de graaf van Holland geleid.
'Waar is het graf van mijn vader?'
'Ik zweer het bij de Moeder Gods. Ik weet het niet, heer!' Al komt de pijnbank eraan te pas, niemand kan of wil de plaats openbaren.

Pas na geruime tijd blijkt, dat nog slechts vier Friezen in leven zijn die weten, waar de laatste rustplaats van Floris'vader is.
'Grijpt die kerels!' beveelt de graaf.
Ridders gaan op weg. Zij keren met weinig bemoedigd nieuws van hun speurtocht terug.
'Eén van de vier is in de strijd bij Hoogwoud gesneuveld, heer graaf!'
'En de anderen!'
Twee van hen zochten tijdens de strijd hun heil in een kerk, heer graaf. Zij zijn door verbitterde Hollanders achtervolgd en doodgeslagen!'
'Dan is er nog één in leven! Breng hem hier!'

Tenslotte kan toch de láátste getuige worden gegrepen. Met de pijnbank en een afschuwelijke dood voor ogen, besluit hij de eed van geheimhouding te breken.
'Ik zal het zeggen, heer graaf. Ik zal u tonen, waar het lijk van uw vader ligt!'
Hij leidt graaf Floris naar een woning en wijst naar een schouw.
De stenen worden weggebroken. Mannen gaan aan het graven.
'Voorzichtig...' Mansdiep in de grond zijn ze gestoten op het stoffelijk overschot van graaf Willem II. Het geraamte wordt opgehaald – waarschijnlijk tot opluchting van de bewoners van het huis, die toch ook wel iets van het drama zullen hebben geweten. Het is geen pretje geweest te leven met het lijk van de roomskoning onder de vloer.
Na alle onrust krijgt het gebeente een laatste rustplaats bij vele voorvaderen: in de kerk van de abdij te Middelburg.
'Ende Floris dancte Gode ende onser Vrouwe,' schrijft Melis Stoke. In dienst van Floris V is hij belast met het samenstellen van een rijmkroniek met als onderwerp: het graafschap Holland. Dankzij Melis Stoke bleef de geschiedenis van het verstopte lichaam zo dramatisch (en wellicht wat overdreven!) voor het nageslacht bewaard...

In het veroverde West-Friesland laat Floris een aantal sterke burchten optrekken, onder meer bij Medemblik en Warmenhuizen. Daarmee hoopt hij de Westfriezen te kunnen temmen. Opstanden blijven echter broeien. Pas als tijdens hevige stormnachten de zee grote delen van hun land onder water zet, laten de Friezen – murw door alle tegenslagen – de gedachten aan opstand varen.
'Wij zijn bereid ons te onderwerpen!' klinkt het gelaten. Ook Wieringen en Texel nemen dan Floris als hun heer aan.
'Wij wensen wel enige garanties te ontvangen, heer graaf!'
'Wij zullen u een landrecht schenken!'
Evenals in Kennemerland geschiedde, verstrekt graaf Floris de Westfriezen een aantal rechten, waarmee hij hen tegen de willekeur van adellijke gezagsdragers beschermt.

Kostbare gebiedsuitbreiding en een groeiend prestige zijn de uitkomst van de strijd. Holland is tot een macht uitgegroeid, waarmee men in andere gewesten rekening moet houden. Gelre én Vlaanderen ervaren dat, als een oorlog over de opvolging in Limburg ontbrandt:

'Wie zal nu het bewind over Limburg voeren?' Die vraag rijst, als Walram III in 1280 gestorven is – zonder zonen die hem kunnen opvolgen. De Duitse koning belast Walrams dochter Irmgind, getrouwd met Reinout I van Gelre, met het bestuur. Hij stelt tevens vast, dat Reinout nu de titel van hertog mag voeren.
Een weinig lieflijk middeleeuws tafereel begint, als Vrouwe Irmingard kort daarop kinderloos sterft. Dan gaan alle adellijke poppen in de Lage Landen aan het dansen.
'Ik wens mij in Limburg te handhaven!' zegt Reinout tegen zijn leenmannen.
Eindelijk heeft zijn gebied de grote rivieren bereikt. Eindelijk kan hij daar de zo begeerde tollen gaan innen.
'Dat nooit!' roept graaf Adolf van Berg. 'Ik ben een telg uit het Limburgse geslacht. Met meer recht dan Reinout kan ik mij tot wettig erfgenaam opwerpen!' Maar omdat hij zich niet opgewassen voelt tegen het machtige Gelre, verkoopt hij zijn rechten aan hertog Jan van Brabant.
'Ja, ik koop die rechten,' zegt hertog Jan, die er niets voor voelt om aan Reinout van Gelre een té invloedrijke buurman te krijgen. Hij is bereid voor zijn gekochte rechten te strijden.
In 1283 barst de oorlog los, die vijf jaar zal duren en tal van vorsten in de strijd betrekt. De graven van Gulik en Kleef, graaf Adolf van Nassau, Jan van Luxemburg, de heer van Valkenburg en Siegfried, aartsbisschop van Keulen – allen edelen, die hertog Jan zo vaak op zijn toernooien heeft ontmoet – kiezen de partij van Gelre. Hertog Jan van Brabant krijgt steun van Holland, Berg, Luik (waar zijn zwager bisschop is) en van de Keulse burgerij:
'Dít is de gelegenheid om ons van onze gehate aartsbisschop te ontdoen,' zeggen de Keulenaren en zij grijpen naar de wapens.

Vijf jaar lang woedt de oorlog op de middeleeuwse manier: kleine krijgsbenden rukken tegen elkaar op, belegeren burchten, verwoesten elkanders gebied.
'Heer Dirk, kies onze zijde! Ge hebt niets te verliezen, wel veel te winnen. Binnenkort trekt Reinout naar het rijke Tiel!'
'Heer Wouter, laat Gelre in de steek. Namens hertog Jan kan ik u beloven...'
Overal voeren konkelende edelen geheime onderhandelingen om een onver-

Het kasteel van Medemblik.

Maliënkolder.

wachte slag te kunnen slaan. Telkens weer wisselen de groeperingen die elkaar beoorlogen, dan weer wapenstilstand sluiten, hun woord breken en weer ten strijde gaan. Volop ontrouw en verraad. De koningen van Engeland en Frankrijk trachten te bemiddelen, als een onverwachte veldslag opeens een eind maakt aan alle strijd:

'Luister, edele Heer. Reinout van Gelre en de graaf van Luxemburg zijn met hun leenmannen te Valkenburg bijeen om over de verkoop van Limburg te onderhandelen. Gij hebt nú de kans, een aantal vijanden in één klap te verslaan!'
'Op mijn woord, dat doen we! Roep de ridderschap op!'

Daar gaat hertog Jan van Brabant met zijn ridders en krijgsknechten naar Valkenburg, maar hij komt te laat. Ook zijn tegenstanders zijn gewaarschuwd en hebben op tijd hun heil gezocht in de vlucht.
'Dan naar Keulen!' Om zijn teleurstelling goed te maken, rukt hertog Jan naar het Keulse, waar hij het land brandschat. Hij verwoest de aartsbisschoppelijke wijngaarden bij Bonn:
'Moet Siegfried het maar eens voelen!'

Hij laat zijn honden uit Brabant komen om lekker uitdagend in de bossen van het bisdom te jagen. Als hij daar zit, komen de burgers van Keulen tot hem met een verzoek:
'Kunt ge niet optrekken tegen de roofburchten tussen Maas en Rijn? Zij brengen ons zoveel schade. En Heer, kunt ge tevens de gehate tolburchten van bisschop Siegfried slechten? Voor onze handel zijn die tollen een plaag!'

Hertog Jan, die als toekomstig heer van Limburg de landsvrede moet bewaren, is de Keulenaars maar al te graag van dienst. En zo begeeft hij zich onder meer op weg naar het bisschoppelijk kasteel te Woeringen:

Woeringen, de maand mei van het jaar 1280: De belegering heeft een aanvang genomen. Net als pijlen, vliegen ook de scheldwoorden van en naar de muren:
'Die was ráák, makker. Met de groeten van hertog Jan!'

De vergramde bisschop Siegfried roept ondertussen van heinde en ver zijn vazallen en bondgenoten op:

'Hertog Jan staat met een kleine strijdmacht voor Woeringen! We kunnen hem uitschakelen. Meldt u met spoed!'

Met 1500 zwaar gewapende ridders en ongeordend voetvolk rukt Siegfried op. In lange 'bataelgen' trekt hij in 3 kolonnes onder aanvoering van Reinout van Gelre, Hendrik van Luxemburg en Adolf van Nassau naar de burcht van Woeringen op.
'Niets staat een overwinning in de weg!' denkt de bisschop, terwijl hij vanuit het zadel zijn strijdmacht overziet...

'We gaan hen tegemoet,' beveelt hertog Jan. Overeenkomstig de gewoonte, slaat hij voor de slag begint, een aantal van zijn getrouwen tot ridder – waarschijnlijk met de hoop, dat ze dan beter voor hem zullen vechten.

Adolf van Berg en de Keulenaars krijgen opdracht zich in reserve te houden. Met een dichte drom Brabanders om zich heen wacht hertog Jan dapper de vijandelijke overmacht af...
'Van de Slag van Woeronc...!'

Wapenheraut Jan van Heelu, dichter aan het Brabantse hof, wijdt een beroemd ge-

Tournooi aan het hof van koning René van Anjou (tweede helft 15de eeuw).

109

Middeleeuwen – Bourgondische tijd

worden gedicht aan de strijd – waarin hij de heldendaden der ridders bezingt:

> Dáár stormen de edelen voorwaarts om elkaar hun moed te bewijzen.

Graaf Hendrik van Luxemburg bereikt de Brabanders het eerst. Hij wendt zich tot Godfried (broer van hertog Jan), die zich dapper met zijn schildknapen weert.

'Ráng!' Eén van de knapen slaat het paard van graaf Hendrik op de kop. Het arme dier neemt geschrokken de benen en even lijkt het of Hendrik vlucht. Maar hij keert zijn paard en werpt zich nu onstuimig op hertog Jan:

> In die tweestrijd tussen beiden
> Kon men grote daden zien...
> Als de leeuwen in het veld
> Wanneer zij woedend zijn
> Zó verwoed waren ook deze beiden
> Tegen elkaar. Want lang tevoren
> Hadden zij verlangd elkaar te ontmoeten.
> Zij lieten weldra het zwaard los
> En worstelden met de armen,
> Wie den ander onder krijgen kon...

'Brabant, Brabant!'
'Luxemburg!'

In het krijgsgewoel raken de twee 'leeuwen' uiteen. Brabant begint te wijken. Dan werpen de ongeduldige Geldersen – bang dat buit hen zal ontgaan – zich op het Brabantse tentenkamp en beginnen daar vast met de plundering.

Walraven van la Roche (wie hij ook moge zijn) stort dodelijk gewond ter aarde. Hertog Jan raakt gewond. Reeds twee paarden zijn onder zijn lichaam gedood. Zijn banier is zelfs een ogenblik gedaald, maar onder gejuich weer geheven:

'Als ware hij op een toernooi...' schrijft de opgetogen wapenheraut over de verbitterde vechtlust van de graaf van Luxemburg. Steeds weer komt hij aangestormd om de hertog te treffen. Zijn einde is nabij:

'Dáár!' Een schildknaap steekt Luxemburgs paard in de buik: 'dat de darmen op de eerde vallen!' Meteen daarop stoot ridder van den Bisdomme de Luxemburgse graaf overhoop.

Brabant wankelt, maar als de krijgsknechten van Berg en de Keulenaars zich fris in de strijd mengen, keert de kans. De standaard van bisschop Siegfried gaat ten onder:

> Die standaard stond op een wagen
> Waarop met planken een kasteel was getimmerd,
> Waarin zich gewapenden bevonden...

Sterke paarden trekken die gevechtstoren over het slagveld naar de bedreigde plaatsen. Niemand kan de standaard omverwerpen. Geen dappere ridders, maar een paar simpele krijgsknechten halen dat huzarenstukje uit: Ze krijgen van Jan van Heelu maar een paar regels – omdat het geen edelen, maar gewone jongens zijn:

> Hij werd door eenvoudige knapen
> Die niet als strijders waren meegekomen
> Bestormd en veroverd...

Aartsbisschop Siegfried geeft zich over. Reinout van Gelre zoekt het in een vlucht. 'Je kleren! Geef me je kleren!' roept hij een dienaar toe. In alle haast tracht hij zich nog als schildknaap te vermommen. Het baat hem niet. Hij wordt gevangen. Terwijl honderden ridders sneuvelen in de slachtpartij die nu volgt, wordt Reinout gevangen. Ook de gehate Keulse bisschop treft dat lot.

'Hij moet zijn harnas en helm aanhouden! Na afloop van de slag is dát de wraak, die Adolf van Berg voor bisschop Siegfried bedenkt.

Dag en nacht laat hij de kerkvorst in zijn zware harnas rondgaan. De bisschop stikt zowat van de benauwdheid, als de zon het staal tot kookhitte verwarmt. Slechts voor het middagmaal mag hij zijn helm even afzetten.

'Kijk hem!' Waarschijnlijk lachen de Brabantse edelen zich ongans, als zij Siegfrieds rode, zwetende, doorstoofde kop uit het pantser te voorschijn zien komen.

Er is slechts één gevangene, die op de ridderlijke Jan van Brabant diepe indruk maakt.

Niet alleen is hij tijdens de ganse slag dapper op zijn paard gebleven, maar ook in gevangenschap verliest hij zijn trotse fierheid niet.

'Ge kunt naar huis, zonder de betaling van een losgeld, graaf Adolf van Nassau!'

Graaf Adolf, later door de Duitse vorsten tot roomskoning gekozen, zal de ridderlijkheid van hertog Jan van Brabant niet vergeten.

De overige aanzienlijke gevangenen moeten zwaar voor hun vrijheid betalen...

De gevolgen van de slag bij Woeringen zijn groot. Reinout moet afstand doen van zijn aanspraak op Limburg. Zijn schoonvader Gwijde van Vlaanderen verstrekt hem het geld voor de losprijs – in ruil neemt hij Zutphen voor vijf jaar in pand.

'Zoek een *rijke* vrouw!' zal Reinout aan zijn zoon hebben gezegd. Met de schatrijke Sophie Berthout van Mechelen komt Gelre weer wat uit de zorg – al keert de rust er nog niet terug.

Reinout heeft bij Woeringen een zwaardslag op het hoofd gehad. De zoon, die hunkert naar de macht, laat zijn vader voor *onberekenbaar* verklaren. Hij sluit zijn oude heer 12 jaar lang in het gevang. Ook dat heeft weer strijd tot gevolg.

Brabant krijgt Limburg. Daarmee heeft hertog Jan de belangrijke wereldhandelsweg van Keulen naar Antwerpen stevig en onbetwist in zijn macht. Het zal Brabant (Brussel en Antwerpen) tot grote bloei brengen.

Voor zijn aandeel in de strijd raakt graaf Floris bevrijd van de Brabantse leenhoogheid over Dordrecht en omgeving. Hij was daar leenman van hertog Jan. De volgende stap in Floris' rusteloos streven naar machtsuitbreiding is gericht tegen het rijke Vlaanderen – tegen de vader van zijn vrouw, met wie hij de macht over Zeeland moet delen.

Willem van Gulik na de slag bij Woeringen.

De moord op Floris V

'God, help ons!'
In een stormnacht verkeren enkele vissers op de Middelzee (Zuiderzee) in grote nood. Opgestuwd door de wind krullen de golven om en slaan dreunend tegen de romp van hun schip.

In het toenemend geweld van de storm scheuren de zeilen, versplintert de mast, breekt het roer in de donkere kracht van het water.

'Heer, sta ons toch bij!' Soms durven de vissers niet te kijken naar de aanstormende golven. De wind giert over hun half vollopen schip, dat ieder ogenblik kan breken. Is er uitkomst?

'Heilige God in de Hemel. We zullen U een kapel bouwen op de plek waar we aanspoelen, maar laat ons het leven behouden. Om Christus wil...'

Voortgestuwd door de wind spoelen zij als drijfhout aan in het moerasland, waar de rivier de Amstel in zee uitmondt. Als verzopen katten schudden zij het zoute water van zich af. Dan knielen zij vol eerbied neer om de Heer voor hun redding te danken.

Zij houden hun gelofte: in het verlaten land bouwen zij een kleine kapel, die zij wijden aan de heilige Olaf – de schutspatroon van de schippers. Rond die kapel ontstaat een kleine nederzetting van vissers, die met een dam hun dorp beveiligen tegen het water. Het is die dam bij de Amstel, die het vissersdorp zijn naam verleent: *Amstelerdam*. Althans, zo luidt de legende...

In 1282 koopt graaf Floris V met verziende blik het *Waterland met Zeearm* van Jan Persijn. Daarmee geeft hij zijn graafschap op een vitaal punt toegang tot de Middelzee. Door zijn unieke ligging kan Amstelerdam dan een rol gaan spelen in het handelsverkeer met het noorden en oosten.

Terwijl deze gebiedsuitbreiding plaatsvindt, staat er opnieuw een gezinsuitbreiding voor de deur. Voor de zoveelste keer is Beatrijs in verwachting. Opnieuw verkeert graaf Floris in de uiterste spanning. Zal God hem eindelijk de zo lang begeerde opvolger schenken?

'Het is een zoon!' Die juichkreet gaat door het grafelijk slot als er eindelijk, in het jaar 1284, een kind wordt geboren, dat in leven blijft. Door de geboorte van Jan I komt het verlovingsverdrag tussen Margaretha en de Engelse prins Adolf te vervallen.

Het Engelse hof haast zich een gezantschap naar Holland te sturen om een nieuw verdrag tot stand te brengen.

'Een verloving, heer graaf, van uw zoon Jan met een Engelse koningsdochter...

Wij zijn bereid die verloving met een grote som uit de Engelse schatkist te bekrachtigen...'

'En de wolstapel te Brugge? Kan die naar Dordrecht worden overgeplaatst? En hoe staat het met mijn kansen op die Schotse troon?'

Zo wordt al direct onderhandeld over het zwakke kind, dat Beatrijs met zoveel moeite ter wereld bracht. Om zijn goede wil te tonen, belooft Floris de kleine Jan voor zijn opvoeding naar het Britse hof te sturen. Nauwelijks heeft hij het bondgenootschap met Engeland op die wijze verstevigd, of hij zoekt naar middelen om Zeeland geheel in zijn macht te krijgen. Met dat doel richt hij zich tot de Duitse koning:

'Zoudt ge niet bereid zijn het door Floris de Voogd gesloten verdrag met Vlaanderen nietig te verklaren? Kan Zeeland niet in zijn geheel aan de graaf van Holland worden toegewezen?' Die vragen worden de koning voorgelegd. En waarachtig: in 1287 spreekt het Duitse hofgerecht zich voor Floris uit.

Vloekend op zijn schoonzoon laat Gwijde van Vlaanderen het er niet bij zitten. De strijd om Zeeland begint. Gwijde kan rekenen op een groot aantal Zeeuwse edelen, die onder aanvoering van Wolfert van Borsselen en Jan van Renesse de Vlaamse zaak willen steunen. De steden en gemeenten in Zeeland – bevoorrecht met vele privileges – kiezen de partij van de Hollandse graaf. Een krachtmeting tussen Floris en zijn schoonvader staat voor de deur.

Gwijde maakt zich voor de aanval gereed. Zijn boodschappers rijden af en aan. De leenroerige edelen wegen voor- en nadelen af en melden zich bij Gwijde's strijdmacht.

'Op naar Middelburg!' Middelburg heeft zijn poorten gesloten. De poorters in de stad zijn wél bereid enige tijd tegenstand te bieden, maar toch niet te lang:

'Als we ons te lang verzetten, zal wraak en plundering het gevolg zijn!'

'Maar we kunnen graaf Floris toch niet in de steek laten? Als grave Florijs wint en de privileges intrekt voor al te lafhartig gedrag...'

De poorters wikken en wegen om kool en geit te sparen. Met middeleeuwse tweeslachtigheid beloven zij Gwijde hun stad op een bepaalde datum te zullen overgeven:

'Mits op die tijd nog geen hulp is komen opdagen, heer graaf!'

Zo staan de zaken, als hertog Jan van Brabant gaat bemiddelen in het geschil. Graaf Floris wordt uitgenodigd om te Biervliet de onderhandelingen met zijn schoonvader te beginnen:

'Grijpt hem!'

Krijgsknechten schieten toe, ontwapenen Floris V, graaf van Holland en Zeeland, heer van Friesland.

'Voer hem naar een kerker!'

Nauwelijks te Biervliet aangekomen, wordt Floris verraderlijk gevangengezet.

'Aha! Nu zullen we eens zien, wat we met

Bodebus met het wapen van Amsterdam (1572).

Middeleeuwen – Bourgondische tijd

een onhandelbare schoonzoon kunnen doen!' denkt Gwijde voldaan.

'Luister, Floris...' Hertog Jan van Brabant komt zijn zwager in het gevang met voorstellen bezoeken. Ook Gwijde zal af en toe komen kijken hoe het ermee staat. Zonder twijfel vliegen driftige scheldwoorden en krachttermen in het rond.

Daar zit een woeste Floris, verraderlijk gegrepen, zich opwindend en de stenen van zijn kerker tellend.

'Bij God, Gwijde, hondsvot, ik zal je!' Woedend mompelt hij vervloekingen voor zich uit, maar er is weinig dat hij kan doen tussen de kille muren van zijn gevang. In de lange, eenzame uren denkt hij aan zijn ziekelijke zoon Jan.

Hoe schril steekt diens zwakheid af bij de stevige bastaardkinderen, die lieve edelvrouwen in zijn graafschap hem hebben geschonken.

'Witte!' Even fluistert hij de naam van de sterke Witte van Haemstede, de bastaardzoon die Ada van Heusden hem schonk. Woelend op zijn leger glijden zijn gedachten ook als vanzelf naar de bekoorlijke, lieftallige vrouw van Gerard van Velzen. Floris is verzot op mooie vrouwen. Heel wat vergramde edelen hebben dat tot hun grote ergernis moeten ervaren. Midden in zijn overpeinzingen komt Jan van Brabant de kleine, donkere kerker in om een nieuwe bemiddelingspoging te doen.

'Floris, luister!'
'Ik onderhandel niet als een gevangene!'

Ondertussen denkt Floris toch, hoe hij het spel tegenover zijn schoonvader moet spelen. In zijn graafschap kan hij rekenen op de steun van steden en boeren, die hij steeds ten koste van zijn edelen heeft bevoorrecht. Het is landbouw en handel ten goede gekomen. Het volk is hem dankbaar voor grote dijkwerken: de Dubbeldam, de bedijking in de Groote Waard, bedijkingen in Schieland en Westfriesland, de afdamming van de IJssel, het graven van de vaart van Jutfaas naar Vreeswijk, waardoor Utrecht een verbinding met de Lek heeft gekregen.

Gwijde van Dampierre en zijn zoon Robert van Bethune. Illustraties uit een 17de eeuws manuscript.

Ook in Utrecht zal hij kunnen rekenen op de steun van de steden, al hebben de grote heren zich daar tegen hem opgesteld.

'Amstel, Woerden, Jan van Cuyk...' Bij God en alle Heiligen, ze zijn nog niet met hem klaar.

Floris weet precies hoe hij hun macht zal breken. Amstel en Woerden zullen aan Holland komen – al beseffen die trotse heren dat nog niet. Als hij eerst maar verlost is uit dit gevang.

'God, haal me hier uit!'

Zich opwindend loopt hij in zijn kerker rond. Hij denkt aan het grafelijk hof te 's Gravenhage, waar hij een ridderzaal, groot als een kerk, met bijgebouwen en tuinen, muren en poortwachterswoningen heeft laten verrijzen...

'Floris, luister!' Opnieuw komt hertog Jan van Brabant met voorstellen.

Graaf Floris is ditmaal bereid te luisteren. Hij accepteert het verdrag en de vernederende voorwaarden, die Gwijde hem voorlegt.

'Wolfert van Borsselen baljuw in Zeeland?' Best. Alls is goed, zolang hij straks maar als een vrij man zal kunnen vertrekken. Hij zal zich geen moment gebonden voelen aan een verdrag, dat hem onder dwang is afgeperst. Zwager Jan van Brabant, die met een grote som borg staat voor het verdrag, moet maar zien hoe hij zich redt...

Floris heeft nauwgezet uitgedacht, hoe hij het spel om Zeeland, tegen Gwijde zal spelen. In 1291 vertrekt hij naar Engeland. Vermoedelijk brengt hij zijn zoon Jan zelf naar het hof van koning Eduard. Met die bondgenoot begint hij besprekingen. Natuurlijk komt de troon van Schotland ter sprake. De Schotse koningin is eindelijk gestorven.

'Op mijn woord, tot mijn verdriet kan ik de kroon van Schotland niet aan de graaf van Holland afstaan,' zegt koning Eduard en hij laat zijn argumenten horen.

'En de wolstapel?' Eduard knikt. Hij is bereid de Engelse wolstapel van Brugge naar Dordrecht te verplaatsen. Met een flinke som geld hoopt hij een belangrijke bondgenoot op het vasteland te behouden.

Terug van die reis, begint Floris zijn getaande macht in Zeeland te herstellen. Binnen enkele jaren heeft hij Wolfert van Borsselen, Jan van Renesse en andere vijandige edelen het land uitgewerkt. Zijn krijgsbenden bestoken nu het Vlaamse land...

'We moeten wat doen,' denkt Gwijde van Dampierre, die lelijk in het nauw is geraakt. Vanuit het noorden wordt Vlaanderen door Holland aangevallen.

Vanuit het zuiden wroet koning Philips IV van Frankrijk. Met behulp van de adel en de aanzienlijke poortersfamilies in de steden (die daarvoor privileges ontvangen) probeert de Franse koning de Vlaamse graaf uit te schakelen.

'We zullen hulp gaan zoeken in Engeland!' zegt Gwijde tegen zijn getrouwen. En het Engelse bondgenootschap met Holland?
'We zullen graaf Floris overbieden!'

Gezanten steken het Kanaal over. En inderdaad: als bondgenoot tegen Frankrijk verkiest de Engelse koning het machtige, rijke Vlaanderen boven het graafschap Holland. De wolstapel verhuist naar Mechelen – ten koste van Dordrecht, waar de Engelse wol onvoldoende aftrek vond. Het eens gegeven woord wijkt voor economische en politieke noodzaken.

'We moeten wat doen!' denkt graaf Floris op zijn beurt. Door al die tegenslag, maar vooral voor de kwestie Zeeland Bewester Schelde, sluit hij op 9 januari 1296 te Parijs in het diepste geheim een verdrag met Frankrijk, dat zich tegen Engeland en Vlaanderen richt. Met die forse politieke omzwaai staan de stukken op het schaakbord, waarmee zo dramatisch wordt gespeeld naar het schaakmat van graaf Floris V.

In ridderzalen bij brandende haardvuren en op geheime plekken van samenkomst klinken de voorzichtig uitgesproken woorden, die het complot tegen de lastige graaf van Holland gestalte geven. Samenzweerder Jan van Cuyck brengt de belangrijkste vijanden van Floris op de hoogte:

'Luister goed, heer van Amstel, we hebben het plan om graaf Floris gevangen te nemen en naar Engeland te voeren...'

'Jazeker, heer van Woerden, de Engelse koning weet ervan. Vermoedelijk heeft hij het plan gesmeed!'

'En de graaf van Vlaanderen? En hertog Jan?'

'Zij zijn van alles op de hoogte!'

In opdracht van opstandige edelen, reist Jan van Cuyck van de één naar de ander om alle details te regelen. Hij heeft geen grote problemen. Bij St. Joris, wat zijn de edelen op de Hollandse graaf gebeten. Gijsbrecht van Amstel en Herman van Woeren, zozeer in het Sticht benadeeld, kunnen zijn bloed wel drinken. Zij zijn dan ook gauw bereid zich met de uitvoering van het plan te belasten. Het kost hen geen moeite Gerard van Velsen voor het complot te winnen.

'Bij God, eindelijk! Die vrouwenverleider!' Gerard van Velzen koestert een hevige haat tegen de Hollandse graaf, die (zeer waarschijnlijk) een verhouding met zijn vrouw heeft gehad.

Utrecht, 23 juni 1296: Graaf Floris heeft te Utrecht de verzoening tot stand gebracht tussen de heren Van Amstel en van Zuylen.

'Ik zal een deel van de afkoopsom betalen,' heeft Floris edelmoedig aan Van Amstel gezegd, die voor de vrede met Jan Zuylen een flink bedrag moet dokken.

Na de onderhandelingen een maaltijd! Graaf Floris zit tussen Amstel en Woerden in.

'De dronk van St. Geerten Minne!' Na afloop van het maal heffen zij de glazen voor de dronk, die bij uitstek als betuiging van de hartelijkste, wederzijdse vriendschap geldt.

Als graaf Floris zich na de maaltijd even te ruste legt, stellen de samenzweerders zich ver buiten Utrecht in positie. Alles is terdege voorbereid. Floris wordt gewekt.

'Komt ge mee?' Gijsbrecht van Amstel heeft tot taak Floris voor een valkenjacht mee naar buiten te lokken. Dat lukt en dan gebeurt het. Al aan het begin van de jacht rijden de edelen op graaf Floris toe. Woerden grijpt zijn paard bij de teugel:

'Uwe hoge sprongen zijn uit, meester! Gij zult niet langer over ons de baas kunnen spelen. Gij zijt gevangen!'

Floris lacht, denkt aan een grap. Maar als de heren hem zijn valk ontnemen, weet hij beter. Alleen een *vrij* edelman was gerechtigd een valk te dragen. Floris grijpt naar zijn zwaard. Driftig springt Gerard van Velzen naar voren:

'Ik zal u de schedel tot aan de tanden kloven, als gij u verzet!'

Een van de dienaren schiet toe, poogt

zijn heer te bevrijden. Een snelle zwaardslag velt hem neer. Twee anderen kunnen wegvluchten. Zij haasten zich naar Utrecht om het stadsbestuur te waarschuwen. Floris, alleen achtergebleven, moet de ruwheden van zijn vijanden ondergaan.
'Knevel hem!'
Geboeid, een handschoen in de mond zodat hij niet kan schreeuwen, zó wordt *Der Keerlen God* naar Muiden gevoerd...

Het bericht over deze gewelddaad verspreidt zich als een stormwind door het gehele graafschap heen.
'Hebt ge het gehoord? Grave Florijs, grave Florijs is gevangen!' Woede en verontwaardiging maken zich van vrijwel alle onderdanen meester.
'Te wapen!'
Opvallend eensgezind en verbonden grijpen velen naar de wapenen: zélfs in het Kennemerland, zélfs in West-Friesland en in het Waterland, waar graaf Floris jaren terug nog opstanden heeft moeten dempen. Groeiend wantrouwen van het volk richt zich alom op de adel.
'Te wapen, lieve broeders!'
'Op voor grave Florijs!'
'Op naar Muiden!'

Muiden, 27 juni 1296:
'Rijden!'
Stevig gebonden op zijn paard, de polsen samengesnoerd, een handschoen in de mond, rijdt graaf Floris tussen de samenzweerders zijn eigen Muiderslot uit.
Ze komen niet ver.
'Halt!' Ze houden de paarden in. In de verte, bij Muiderberg, zien zij een troep te hoop gelopen Gooilanders.
'Wie zijn dat?'
'Ik zal eens kijken!'
Gerard van Velzen rijdt vooruit, ontdekt dat de boeren van de ontvoering op de hoogte zijn, hoort hun geschreeuw:
'Schurk!'
'Geef ons grave Florijs!'
Haastig wendt Van Velzen zijn paard. In wilde drift ontstoken, omdat een groep boerenpummels hem doorgang weigert, ziet hij het spel opeens verloren.
'Bij God, ik zal hem!' Met getrokken zwaard rijdt hij op graaf Floris in. Al zijn opgekropte haat zoekt een uitweg. Hij slaat toe. Weerloos heft Floris zijn gebonden handen tegen de zwaardslagen in afweer omhoog. Wanhopig probeert hij nog zijn paard over een brede sloot te drijven. De sprong mislukt. Hij valt, ligt half in het water en in de modder. Gerard van Velzen stormt toe.
'Hier! Hier!' In dolle drift hakt hij met zijn zwaard op de liggende, kronkelende Floris in.
Met de snel naderende, schreeuwende Gooilanders vlakbij, ziet Floris zijn eind tegemoet. Een laatste gedachte aan zoon Jan in Engeland, aan Beatrijs, die kort tevoren gestorven is, aan zijn graafschap, waarvoor hij zo rusteloos het allerhoogste spel heeft gespeeld.
'God!' Alle angst, alle pijn, alle gedachten ebben weg, als hij met wonden overdekt aan de slootkant zijn laatste adem uitblaast...

De Gooilanders naderen. Omdat zijn eigen paard is weggedraafd, krijgt Van Velzen het paard van zijn page. Met de andere samenzweerders – nu moordenaars – vlucht hij weg: in woeste galop over het lage land. De woedende Gooilanders krijgen slechts de page te pakken. Het arme joch, dat zo dapper zijn trouw aan zijn meester bewees, wordt gegrepen en geradbraakt.
Van Amstel en Woerden ontkomen, maar hun bezittingen vervallen aan het graafschap Holland, zoals Floris altijd had gewild.
Overal is het volk te hoop gelopen. Vermoedelijk hebben zij Gerard van Velzen bij de belegering van het slot Cronenburg gevonden. Zijn dood zal ijzingwekkend wreed zijn geweest.
Bang dat de zaken in Holland en Zeeland geheel uit de hand zullen lopen, begeeft de abt van Egmond zich op verzoek van enkele edelen naar het Engelse hof. Met zijn gevolg brengt hij de Engelse koning van de moord op de hoogte. Hij smeekt hem, Jan I zo spoedig mogelijk naar Holland te laten terugkeren.
Graaf Floris is dood. Leve de nieuwe graaf!

Terechtstelling van de moordenaars van Floris V, in de *Divisiekroniek*, Leiden 1517.

Het Muiderslot, waar Floris V gevangen werd gezet.

Middeleeuwen – Bourgondische tijd
De Guldensporenslag

In het Vlaamse land spreekt het volk bezorgd over de oorlog, die tussen Engeland en Frankrijk is ontbrand. Was het verstandig geweest, dat graaf Gwijde zijn trouw aan Filips de Schone van Frankrijk had opgezegd en Engelands zijde had gekozen? 'Dat gaat ons geld kosten!' Met ongerustheid denken de wevers en wantsnijders, de boterlieden en zadelmakers aan het geld, dat voor een oorlog nodig is. Zij kankeren in Brugge en Gent al bij voorbaat op het stadsbestuur, dat zich wel weer over hun ruggen zal verrijken.

'Leve de koning!' roepen anderen enthousiast, als koning Eduard van Engeland met zijn baronnen en een strijdmacht te Sluis aan land gaat en dan naar Gent trekt om de toestand met Gwijde te bespreken. Maar ook dat enthousiasme verwaait met de wind. De Schotse soldaten zetten de stad op beestachtige wijze op stelten:

Gent, september in het jaar des Heren 1297: Op de hoeken en straten en in de volle herbergen en taveernes staan en zitten de poorters bijeen.
'Wie de Scotten koopt, die koopt die helle, zijts gewis!' bromt een nijdige wever. Hij spuugt zijn wrevel tegen de grond. Rellen en vechtpartijen met de Schotse soldaten zijn aan de orde van de dag.
'Wapene, Martijn, hoe zalt gaen? Zal dese werelt iet langhe staen?' citeert een kleermaker, die Jacob van Maerlant heeft gelezen. Maar het ziet er niet naar uit, dat de Vlaamse wereld zal blijven staan: Rijssel heeft reeds na een kort beleg de poorten voor het Franse leger van Filips de Schone geopend. Een Vlaamse strijdmacht is bij Veurne eveneens roemloos tegen de Fransen ten onder gegaan.

De wevers en spinners, de slagers en knechten van het leerlooiersgilde schelden en vloeken. Even zijn ze eerbiedig stil, als een kleine processie voorbijkomt. Er zijn ergere dingen in het leven dan straatrellen of hoge belastingen.

Een ongelukkige huisvader trekt diep triest met de zijnen naar de kerk. Een arts en de leider van het leprozenhuis hebben hem voor *besmet* verklaard. Tijdens de kerkmis zal hij bij het altaar de kledij der melaatsen ontvangen. Een priester zal zijn kleed, zijn handschoenen en ratel zegenen: 'Heb geduld in uw ziekte, want God minacht u niet wegens uw kwaal, en sluit u niet buiten Zijn gemeenschap. Indien gij geduldig zijt zult gij gered worden, zoals de melaatste, die stierf voor het paleis van de rijke vrek en onmiddellijk het paradijs werd binnengedragen...'

De poorters van Gent kijken de ongelukkige na. Straks zal hij onderdak vinden in de ommuurde leprozenkolonie. En als daar geen plaats is, zal men hem in het vrije veld een eenzame hut toewijzen – ver buiten de muren der stad. Voortaan zal hij geheel afhankelijk zijn van het eten en de aalmoezen, die voorbijgangers hem angstig bewogen toestoppen...

'Die schepenen, Martijn...!' Nu de processie gepasseerd is, kankeren de poorters weer verder. De haat van het volk keert zich vooral tegen de 39 schepenen, die een ware tyrannie uitoefenen in de stad: 'Ze knoeien met stadsgelden. Ze bevoordelen zichzelf, zijts gewis!'

Talloze wandaden zijn aan het licht gekomen. Patriciërs-zonen kunnen zich vrijwel straffeloos aan de dochters van arbeiders vergrijpen.

Verweer heeft het volk niet. Het is hen verboden wapens of messen te dragen. Op stakingen staat verbanning, of de galg. Herhaaldelijk is het tot opstand gekomen.

Ook in Brugge, in Ieper en andere steden is een klassenstrijd ontbrand. Hoeveel maal zijn stenen tegen luiken gevlogen en de huizen der rijken door woedende massa's bestormd?
'Ze hebben mijn Pieter gegrepen, Martijn...!' Een man wijst naar de galgen buiten de stadsmuren, waar de zwarte vogels rond de daar bungelende lijken vliegen: stille getuigen van menig oproer dat hardhandig werd onderdrukt. 'Is het geen schande, Martijn...' Ja, het steekt het volk, dat de arbeiders niet binnen de muren mogen wonen, maar moeten samenhokken in de krotten, die buiten de stadswallen verrezen.
'Zeker, Martijn, 't is waar!' Soms houden de schepenen hun *Godstafels*, waar zij kleding, voedsel en geld aan berooide stakkerds uitreiken.

Soms wassen zij de armen in de badhuizen schoon: vol deernis voor hun ongeluk, naar het voorbeeld van de heilige Franciscus. De angst voor de hel ligt diep in het leven verankerd en daden van barmhartigheid openen de hemelpoort.

Terwijl familievetes met gehuurde messentrekkers worden uitgevochten en de schoutsdienaren goed bewapend hun ronde doen, geeft graaf Gwijde aan het hof schitterende feesten voor zijn Engelse bondgenoot.

De Engelse baronnen ontvangen prachtige geschenken en edelvrouwen, óók belust op enige faam, flirten met minstrelen en troubadours:
'Mijn dierbare Guillaume, wilt ge wijd en zijd mijn schoonheid bezingen?'
Zo worden de liefialligste jonkvrouwen wijd en zijd beroemd.

Zeer tegen de zin van Gwijde sluiten Frankrijk en Engeland, dankzij bemiddelingspogingen van de paus, een wapenstilstand. Daardoor ziet Vlaanderen zich een bondgenoot ontglippen – want de Engelse strijdmacht verdwijnt.
'Gegroet!' zeggen de Engelse baronnen. Ze nemen hun geschenken op, kussen een Vlaams liefje vaarwel en keren met hun soldaten en koning Eduard naar Engeland terug.

Zo staat graaf Gwijde opeens alleen – aan genade of ongenade overgeleverd van Filips IV.

In Holland en Zeeland heeft Gwijde korte tijd kunnen rekenen op de steun van Wolfert van Borsselen, die de voogdij over Jan I had opgeëist en de macht over het graafschap in handen had genomen. Maar ook die bondgenoot valt weg.

En erger: uitgerekend Jan van Avesnes, de graaf van Henegouwen en erfvijand van Vlaanderen, komt naar Holland om het bewind voor zijn neefje Jan in handen te ne-

Het vagevuur, waaruit zielen worden verlost. Miniatuur uit het getijdenboek van Catharina van Kleef.

114

Vlaanderen in de middeleeuwen.

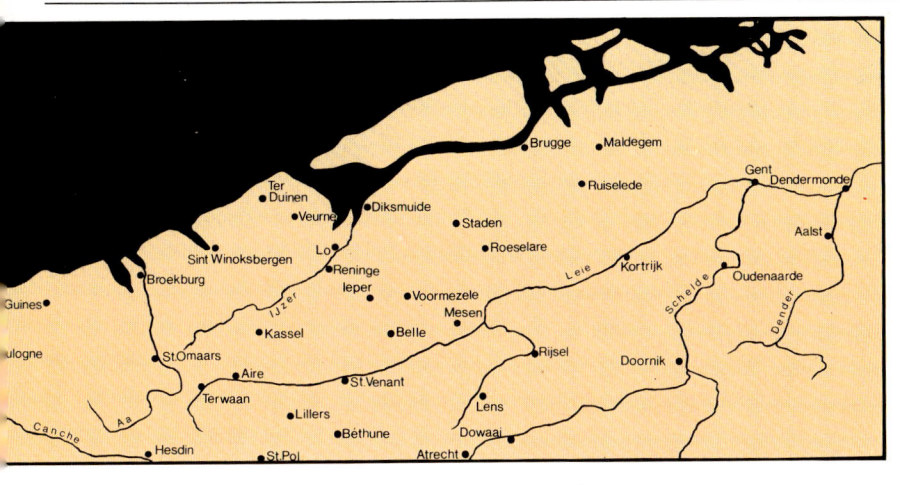

men.

Daar zit de oude, gebroken graaf Gwijde: volledig geïsoleerd. Zijn graafschap wordt bovendien nog door hevige partijstrijd verscheurd.

'Op, *Leliaarts!* De partij van de stadsregeringen en een deel van de adel richt de ogen hoopvol op Frankrijk. Uit Frankrijk moeten immers de beloningen en privileges komen?

'Op, *Klauwaarts!* Hun naam ontlenend aan de rode leeuw van Vlaanderen, stelt de volkspartij zich achter Gwijde op – in de hoop rechten te winnen tegenover de willekeur van menig stadsbestuur.

'Het wordt mij teveel!' zegt de bijna 70 jaar oude Gwijde, als het bestand afloopt. Hij draagt de regering over aan zijn zoon Robert.

Dat helpt Vlaanderen niet. Een Frans leger valt het land binnen. Robert en zijn broer trachten tegenstand te bieden, maar het Vlaamse verzet verbrokkelt tot niets. Graaf Robert, zijn broer en oude vader worden door Franse edelen gegrepen. Als gevangenen vinden zij in de kerkers van Franse kastelen een treurig onderdak.

Temps de doleur et de temtacion
Aages de plour, d'envie et de tourment...

Hoe toepasselijk zijn de woorden van de dichter Eustache Deschamps (die wat later leefde), op het zwaarmoedig lot, dat de adel zo dikwijls treft:

Tijd van smart en verzoeking
Tijd van wenen, nijd en plagen
Tijd van kwijnen en verderf
Eeuw, die naar het einde leidt...!

Als die 13de eeuw ten einde loopt, kan koning Filips van Frankrijk na een doelbewuste politiek de buit binnenhalen: In het jaar 1300 voegt hij het rijke Vlaanderen bij zijn kroondomeinen!

'Voilà! Vlaanderen is Frans. Er lijkt niemand te zijn, die daaraan nog iets zal kunnen veranderen. En toch: hoewel hij zich omringd heeft met scherpzinnige juristen (die nu overal aan de universiteiten komen), maakt de Franse koning een aantal blunders, waardoor Vlaanderen hem met een schok ontvalt.

Allereerst benoemt Filips de oom van zijn vrouw tot gouverneur van het Vlaamse domein. De graaf van Châtillon is een hoogadellijke seigneur, maar hij heeft geen enkel besef van het wel en wee van het gewone volk. Alsof hij een van God gegeven recht bezit, begint hij de Leliaarts overal te bevoorrechten. Met hoog opgeschroefde belastingen betalen de Klauwaarts het gelag. In Gent komen de 39 bestuurders, die bij vorige woelingen waren afgezet, weer aan de macht. Grimmig beidt het volk zijn tijd.

De bom barst, als koning Filips in 1301 zijn nieuwe bezit in ogenschouw komt nemen en in de steden zijn vorstelijke intochten houdt.

'Vive le roi!' De triomferende Leliaarts juichen de koning toe en overladen hem met huldeblijken en geschenken. In Gent is de ongehoorde som van 27.000 pond door het stadsbestuur uitgetrokken voor de luisterrijke ontvangst.

In Brugge leidt de ontvangst van de koning en de dolle belastingen die daarop volgen, tot een kookpunt van hartstochten en geweld:

Brugge, in de maand mei, 1320: Golven van verzet, van opstand, gevolgd door ijzerstrenge onderdrukking door de Franse gouverneur en weer nieuwe rellen hebben de stad keer op keer geschokt.

'Lieve mensen, zijn wij als vee, dat willoos naar de slachtbank gaat om langzaam dood te bloeden?' Met dergelijke woorden heeft de slager Jan Breidel menige rel op gang gebracht.

Het is echter vooral de wever Pieter de Coninck, die het volk weet mee te slepen in het verzet tegen de Franse overheersers en de Leliaarts. Blind aan één oog, klein en onaanzienlijk, bijna 60 jaar oud, schudt hij het volk met hartstochtelijke redevoeringen stoutmoedig wakker.

Pieter de Coninck wordt gevangen gezet. In grote getale zijn de poorters en gilden uitgetrokken. Zij hebben hem onder luid gejuich weer bevrijd en beheersen allengs de straat.

'Dit gaat niet goed. We moeten weg!' De koninklijke baljuw en de schepenen verlaten de stad om de haat van de Bruggelingen te ontlopen.

Dan rukt de graaf van Châtillon met Vlaamse edelen, Henegouwers, Picardiërs en Franse troepen tegen het opstandige Brugge op. Pieter de Coninck en zijn vrienden vluchten. Verzet tegen het Franse geweld lijkt nutteloos.

'Wij zullen de poorten openen op één voorwaarde!' roept het benauwde stadsbestuur van de muren naar de Franse gouverneur.

'En dat is?'

'Dat allen, die nu gevaar lopen, de stad mogen verlaten!'

'Je suis d'accord!'

'En masse' maken Bruggelingen van allerlei slag zich die avond gereed om hun geliefde stad te verlaten.

'We moeten gaan. God, waar zijn de kinderen?'

'Wat nemen we mee?'

'Wat we dragen kunnen. Stouw de rest bij Geerte-moei...'

Daar gaan ze: de opstandige slagers, de wevers, spinners en ververs, die zich zo heftig én opvallend tegen de Leliaarts hebben verzet. Angstige kinderen, verbeten mannen, vrouwen die hun zuigeling dragen, sjokken gepakt en gezakt de stad uit – spottend nagestaard door de Franse ridderschap. Onderweg vallen grimmige woorden:

'Martijn, Martijn, zijn wij willoos vee? Ook Fransen koningen zijn, als wij, geboren in een vuil vel...'

Het is in *dit* uur, dat het in de steek gelaten volk in diepe wanhoop opeens haar krachten voelt. Opeens is men bereid te vechten voor het Vlaamse land, dat toch zo definitief aan Frankrijk verloren lijkt:

'Terug! Toch niet zonder strijd laten wij onze huizen in de steek?'

'Terug! We gaan terug!'

'Wapene, Martijn!'

In de stilte van de nacht keren de mannen gewapend naar Brugge terug. Heimelijk trekken zij vroeg in de morgen over de half gedempte gracht en afgebroken muren.

'Sla dood, Martijn!'

Met de verbittering van werkelijk wanhopige mensen, werpen de Bruggelingen zich op het volkomen verraste Franse garnizoen.

Schild en Vriend! Dat is de kreet die opeens overal weerklinkt. Wie bij het uitspreken van die twee woorden struikelt, is Fransman en vindt de dood.

De Bruggelingen dringen de huizen binnen en smijten de ingekwartierde Fransen door de ramen naar buiten. Honderden Fransen worden geboeid voortgedreven naar de marktpleinen.

'Doodt hen... Doodt hen!' Onder het aanmoedigende, helse geschreeuw van de vrouwen worden ze door het woedende volk in stukken gehakt.

Châtillon weet nog te ontkomen, maar tientallen van zijn ridders en vele Franse voetknechten vinden in de *Brugse metten* een afgrijselijke dood...

'Op Klauwaarts!'

Onder aanvoering van Pieter de Coninck, Willem van Gulik en Gwijde van Namen, komt vrijwel de gehele kuststreek van Vlaanderen in beweging. Overal werpt men de gehate Leliaarts en de gehate wetten van zich af. Dit is het uur van bevrijding.

Maar ook Filips de Schone zit niet stil. Hij brengt een sterk leger op de been. Onder bevel van Robert van Artois, rukken 2000 ridders en schildknapen, korpsen boogschutters en een paar duizend man voetvolk tegen de Vlaamse opstandelingen op.

'Alors, Jean, Gaston, Alain, Charles!' Overmoedig rijden jonge edelen met de schitterende strijdmacht mee. 's Konings kanselier, de in de adelstand verheven jurist Pierre Flote, Raoul de Nesle, Jacques de Châtillon en de bloem der Franse ridderschap komen met hun blinkende wapenrustingen, hun kostbaar versierde tenten, vol glanzende praal en overmoed naar het Vlaamse land. Het ziet ernaar uit, dat zij daar gemakkelijk roem en een flinke buit zullen halen...

Middeleeuwen – Bourgondische tijd

Een episode uit de Guldensporenslag. Miniatuur uit de *Grandes Chroniques de France* (14de eeuw).

Bij Kortrijk heeft de Vlaamse legermacht zich verzameld. Het zijn merendeels redelijk geoefende boeren en poorters. De Vlaamse adel is Frankrijk trouw gebleven en wacht in de veilige burchten rustig de uitslag af. Slechts een handvol ridders kan de volkse strijdmacht aanvoeren.
'Maken we een kans, Martijn?'
Voor de slag begint, slaat Gwijde van Namen, zoon van de oude graaf, Pieter de Coninck en een aantal andere vooraanstaande volksleiders tot ridder.
'Grote, barmhartige God! Martijn, kijk!' Hevig is de spanning en zwaar weegt de angst, als het Frans leger met zijn geharnaste edelen en trots wapperende banieren, de grauwe, slecht bewapende Vlamingen nadert:

Kortrijk, 11 juli in het jaar 1302: Willem van Gulik en Gwijde van Namen hebben de bewoners van het Brugse Vrije (plattelanders die buiten Brugge wonen), de Ieperlingen, de contigenten uit Oost- en West-Vlaanderen achter de Grote Beek en de Groeningebeek opgesteld. Jan van Renesse – na de moord op Wolfert van Borsselen uit Zeeland gevlucht – voert de achterhoede aan. In de rug en in de flank zijn de Vlamingen door de rivier de Leie en de stadswallen gedekt.
Vóór de beken zijn de Franse troepen, de eenheden van Brabant, van Nesle, van Artois, Clermont, van de Normandische edelen en van Lotharingen in positie gekomen.
'Les pauvres... Het zijn slechts boeren, Gaston!' De Franse ridders lachen smalend, als zij hun povere tegenstanders ontdekken.
Op hun gepantserde paarden en in hun harnassen telt ieder van hen tenminste voor 10 man voetvolk en hun overmacht lijkt groot. Kijkt ook maar één van hen bezorgd naar het drassige land van de beek?'
In de Vlaamse gelederen bijten eenvoudige landsdragers zich op de lippen. Zij zullen moeten strijden voor hun leven, voor hun vrouwen en kinderen – voor het Vlaamse land. De minst dapperen zullen zich laten meeslepen door de moed van hun makkers en dan zichzelf vergeten in de gruwelijke strijd om alles of niets...

'Daar klinken de trompetten, Martijn!'
Het Franse leger zet zich in beweging. Bevelen weerklinken:
'Boogschutters!'
De boogschutters worden naar voren gecommandeerd. Een regen pijlen vliegt over de beken op de Vlamingen neer. Even wijken ze. En even zijn de Franse edelen bang, dat een goed en gemakkelijk gevecht hen zal ontgaan.
'De ruiterij!' Robert van Artois beveelt zijn ruiters tot de aanval over te gaan.
De ridders en hun schildknapen galopperen naar voren.
'Op voor Artois!'
'Op voor de Châtillon!'
Overmoedig gaan ze voorwaarts, maar de beken met hun drassige oevers remmen de stootkracht af.
'*Fláng!*' Daar struikelt een paard. Een ridder klapt languit met zijn zware harnas in het water.
'*Fláts!* Een paard, getroffen door een pijl, gaat door de knieën en opnieuw valt een edelman met zijn zwaard in de hand tussen varens en riet.
'Vlaanderen, de Leeuw!' Dapper vangen de Vlamingen de aanval op. Nieuwe drommen Franse ruiters drijven hun paarden voort, maar zij brengen verwarring in de beken en sloten, als zij stoten op eigen mensen en vallen over elkaar. Wat is een harnas waard in het modderige water van een beek...?
'Voorwaarts!' Zodra enkele Fransen de overkant bereiken, gaat Jan van Renesse met zijn ruiters tot de tegenaanval over.
'Vlaanderen de Leeuw!' Die strijdkreet schalt onder de wallen van Kortrijk, als aanval na aanval wordt afgeslagen. Franse edelen, die zich willen overgeven, krijgen geen kwartier, zoals de ridderlijke gewoonte dat alom eist.
Met pieken en knotsen rammen de boeren en poorters op hun vijanden in en doden, wie zij maar doden kunnen. Als honderden edelen de grond bedekken, of in de beken verdronken zijn, breekt paniek uit in de Franse legermacht. Robert van Artois is gesneuveld. Zo ook 's konings kanselier, Pierre Flote. Zo ook Jacques de Châtillon. Zo ook Raoul de Nesle. In de grootste verwarring vluchten de Fransen in de richting van Doornik weg.
'Martijn... Martijn!' Juichkreten stijgen uit de Vlaamse gelederen omhoog.
'Verzamel de sporen!' Aan de met bloed doordrenkte oevers van de Groeninge en Grote Beek verzamelen de bezwete boeren en poorters de gouden sporen van hun verslagen vijand.
'Het zijn er 500 stuks bij elkaar, Martijn...'
De sporen krijgen een plaats in de Kortrijkse kerk, waar de Bruggelingen, Ieperlingen en de boeren uit Vlaanderen God danken voor de nauwelijks verwachte overwinning...

De uitkomst van de Guldensporenslag maakt in het feodale Europa een overweldigende indruk.
'Hoe heeft ooit een leger van ambachtslieden en boeren de machtige strijdmacht der christenheid kunnen verslaan?' Dat is de vraag, die de onthutste adel zich overal stelt. Vele maanden lang zijn de Franse edelen hun zelfvertrouwen kwijt. Hoe vanzelfsprekend is het gevoel van eigenwaarde, van hoog verheven te zijn boven het volk, altijd geweest. Hoe ontnuchterend kwam daar bij Kortrijk op die mening een dreun.
Niet langer lijkt het uitsluitend aan vorsten en edelen voorbehouden om over gebieden te oorlogen. In Vlaanderen heeft het gewone volk zijn stem laten horen en zijn vuist getoond.
Hoewel er nog enkele jaren gevochten zal worden – onder meer een bloedige slag bij de Pevelenberg in 1304 – betekent de Guldensporenslag een keerpunt in de geschiedenis van Europa. Aan de Franse machtsuitbreiding naar het noorden is een halt toegeroepen. Vlaanderen behoudt zijn onafhankelijkheid – al geeft het bij de vrede het Frans sprekende gebied met de steden Rijssel, Dowaai en Béthune aan Frankrijk in pand. Over dat gebied zal nog lang worden gestreden.
Maar voordat de vrede te Athis-sur-Orge in het jaar 1305 wordt getekend, werpt Vlaanderen zich eerst nog op de Franse bondgenoten in het noorden: op Zeeland, Holland en het Sticht....

Hollanders en Vlamingen

'We gaan lachen, want de baronnen zullen ons zeer gaarne zien en als ze willen, dat wij bij hen blijven, zullen ze ons veel geld moeten geven!' Zo dichtte een troubadour voor de ridders in de 12de eeuw toen een oorlog op handen was.

Eeuwenlang hebben de ridders hun bestaan op de wapenen gebaseerd. Zij leefden van beloningen en van de buit in oorlogen en op plundertochten behaald.

In de 14de eeuw gaat de adel moeilijke tijden tegemoet. De Guldensporenslag heeft bewezen, dat ook het gewone volk in staat is tot geduchte strijd. Troepenafdelingen uit de steden komen nu de legers van vorsten versterken. Gaandeweg bieden zich ook contingenten huurlingen aan.

'Waar moet dat met de wereld naar toe,' jammeren de edelen, als zij die ontwikkeling zwaarmoedig gadeslaan. Zij komen nog verder buiten spel te staan, als de vorsten een goede administratie willen voeren en méér behoefte krijgen aan intelligente, betaalde, en daardoor betrouwbare dienaren, dan aan de ruige – en vaak onbetrouwbare – vechtjassen van weleer.

De rol van de adel verandert ook door de opkomst der steden en door de strijd voor burgerlijke en politieke vrijheden der burgerij.

Veel edelen krijgen een functie in het bestuur van het platteland: als baljuw, dijkgraaf, rentmeester of drost. Anderen trekken in de stad stenen huizen op en gaan zich aan de groothandel wijden. (Kleinhandel is geen ridderlijke bezigheid!).

De meeste edelen, die zo lang als heren en meesters hebben geleefd, beginnen overbodig te raken – al zijn zij zich dat nog allerminst bewust...

Terwijl de Vlamingen zo dapper voor hun vrijheid streden, is Holland het toneel geweest van intriges, rellen en allerlei verdrietige toestanden van geweld. In het jaar 1297 is het zoontje van Floris V met Engelse raadgevers naar Holland gekomen. Voor zijn vertrek is het 13 jaar oude, ziekelijke knaapje nog snel uitgehuwelijkt aan een dochter van de Engelse koning, die graag een vinger in de Hollandse pap behoudt.

Het lukt Wolfert van Borsselen de kleine Jan I in zijn greep te krijgen. Als regent neemt hij het bewind in handen – en slaat daarbij voor zichzelf menig goede slag.
'Graaf Jan, je zegel, beste jongen!' Van Borsselen zorgt, dat de heerschappij hem geen windeieren legt. Hij laat zich aanzienlijke heerlijkheden schenken. Hij eigent zich IJsselstein toe en intrigeert in het Sticht, waar twee partijen fel tegenover elkaar zijn komen te staan.

De Lichtenbergers! Zo noemen zich de leden van de ridderschap en het patriciaat, die zich bedreigd voelen door de opkomende kapitalisten uit de handelsstand.
De Fresingen! noemen de nieuwe kapitalisten zich. Hun voorman is de bankier Lambrecht de Vriese. Eindeloze strijd en voortdurend gekonkel wisselen elkaar af. De bisschop wordt zelfs gegrepen. De paus bemoeit zich met de rel, die zo steeds grotere omvang krijgt. De verbittering tussen Lichtenbergers en Fresingen neemt hand over hand toe.

In dat troebele water vist Wolfert van Borsselen IJsselstein en ook nog de bezittingen van de Amstels en Woerdens voor zichzelf op. Door bevoordeling van zichzelf en van vrienden in Zeeland, raakt hij in conflict met Dordrecht, dat zijn regentschap niet langer slikt.
'Kom, graaf Jan...' Met de kleine graaf steeds in zijn onmiddellijke nabijheid trekt hij rond. Jan moet ook mee naar Dordrecht, waar een openlijke opstand is uitgebroken. Een groep Hollandse edelen, waaronder Duivenvoorde en Wassenaer, keert zich tegen Wolfert. Behendig weten zij de poorters van Delft voor zich te winnen. Op 1 augustus 1299 werpt het opgehitste volk zich op de gehate heerser en wordt hij gelyncht.

'Is heer Wolfert dood? Dat is goed nieuws. Maak alles gereed voor de reis. We rijden naar Holland!' Jan van Avesnes, graaf van Henegouwen, oom van Jan I, komt naar het Hollandse land. Het is niet langer de adel, maar het zijn de steden Dordrecht, Middelburg, Zierikzee, Leiden, Delft, Haarlem, Alkmaar en Geertruidenberg, die hem voor vier jaar het bestuur over Holland en Zeeland opdragen. Nog geen vier weken later sterft de kleine Jan. Als naaste erfgenaam kan de graaf van Henegouwen dan de titel én de macht over het graafschap als Jan II in handen nemen. Omdat hij liever in het ridderlijke Henegouwen dan in het nuchtere Holland verblijft, stelt graaf Jan zijn derde zoon, jonker Willem, tot bewindvoerder in Holland aan.
'Smeek Gods zegen af en let op de Zeeuwse edelen,' zal hij tegen zijn zoon hebben gezegd.

Zo komt dan het Henegouwse Huis, dat sterk pro-Frans en hevig anti-Vlaams gericht is, in Holland en Zeeland de scepter zwaait. Is het een wonder dat de Vlamingen, na hun overwinning op Frankrijk, nu het vijandige noorden vol wantrouwen gadeslaan?

'Ge kunt Zeeland zonder moeite veroveren, heer graaf. Ik heb daar vrienden, die u zullen steunen...' Vast en zeker heeft Jan van Renesse aan het Vlaamse hof flink gewroet om met steun van de Dampierres zijn invloed in Zeeland terug te winnen.

Met geld en beloften gestreeld, komen Zeeuwse edelen inderdaad tegen Jan II in opstand – en geven de Vlaamse graaf het argument voor de strijd.
'Ja, we trekken op!' Gwijde van Namen verzamelt zijn Vlamingen en gaat tot de aanval over. Zijn eerste klappen blijken een daalder waard:

'Een nederlaag bij Vere!'
'Middelburg ingenomen!'
'Duiveland is onderworpen!'
'Jonker Willem heeft een zware nederlaag geleden!'

Paniek in Holland, als dat nieuws door de gewesten gaat. Stad na stad stelt zijn poorten voor de onweerstaanbare lijkende Vlamingen open. Op vele plaatsen is men bereid Gwijde van Namen te erkennen als vorst.
'Jan van Renesse is met een sterke strijdmacht in aantocht!'
'De Brabanders! De Brabanders komen!'

De hertog van Brabant, op de hoogte van de Vlaamse opmars, vergeet zijn eigen belangen niet. Snel diept hij enkele oude aanspraken op Zuid-Holland uit zijn archieven op en mengt zich in de strijd. Zonder oorlogsverklaring neemt hij Geertruidenberg in bezit. Dan gaat hij Dordrecht belegeren. Het is, of opeens allerlei edelen hun kansen zien. Begerig trekken ze op om buit binnen te halen en munt uit de verwarde toestand te slaan.
'Ik ben hier wettig heer en meester!' zegt Jan van Amstel, de zoon van de gevluchte Gijsbrecht die Floris V had vermoord. Jan van Amstel is in Amsterdam verschenen en eist in het vissersdorp zijn rechten op. (De moeilijkheden, die hij tegemoet gaat, inspireren Vondel later tot zijn *Gijsbrecht!*) Verwarring en paniek in iedere streek. De komst van de Vlaamse legerbenden brengt overal oude vetes boven.

Twee partijen verscheuren het Hollandse graafschap: De ene groep verwacht voordelen en privileges uit Vlaanderen; de andere partij hoopt juist met het Henegouwse Huis een goede slag te slaan.

Van die onderlinge verdeeldheid maken de Vlamingen gebruik om tot het hart van Holland door te dringen...
Strijd ook in Utrecht.
'De bisschop is gevangen!' roept het volk. En waarachtig: de eerzame vader in Gode, Gwijde van Henegouwen, is in de strijd op Schouwen in gevangenschap geraakt. Jan van Renesse benut zijn kans in Utrecht en verschijnt met een krijgsbende in de stad. In alle verwarring hopen de Fresingen de macht te kunnen veroveren. Zij roepen het volk op.
'Te wapen, lieve burgers!' Zij werpen zich op de Lichtenbergers en met behulp van de gilden behouden zij in de straatgevechten de overhand.

Verkiezing van de stadsraad door de gilden! Dat wordt in Utrecht de leus van de lieve burgers, die zich met stenen en tafelpoten in de strijd hebben geworpen – maar daarbij hun eigen belangen niet vergeten. Zij eisen een vinger in de pap. Schout en

Monument voor de slag bij Manpad, die nooit geleverd werd.

Middeleeuwen – Bourgondische tijd

Stempel van het Domkapittel van Utrecht (14de eeuw).

schepenen zien zich genoodzaakt de eisen van de ambachtslieden te bekrachtigen met een *Gildenbrief* (1304).

Zo zijn het de wantsnijders, molenaars, linnenwevers, vleeshouwers, viskopers, looiers, wollewevers, marskramers, boterlieden, corduaniers (schoenmakers), koornkopers, steenbikkers, grauwwerkers, riemsnijders (tassen-, zweep- en handschoenmakers), de smeden en zadelmakers – verdeeld in twintig gilden – die nu de stadsraad gaan kiezen.

Utrecht wordt de eerste stad in de Lage Landen, waar de kleine man een stem krijgt in het bestuur! In Holland gaat de paniekerige strijd tegen de Vlamingen met veel geschreeuw en weinig vechten voort:
'De Vlamingen!'
'Zij naderen Haarlem!'
'Wat moet er van ons worden!'
Alleen al het gerucht, dat een sterke Vlaamse strijdmacht nadert, legt het verweer in Holland lam. Eeuwenlang is gemeend, dat Witte van Haemstede, bastaardzoon van Floris V en Ada van Heusden, bij Haarlem dapper slag leverde. Hij zou de boeren en poorters in het Kennemerland rond zijn banier hebben verzameld.
'Dit is grave Florijskint, God hebs danck dat hi hier is comen!'
Zo staat het in oude kronieken, als hij met boeren en polderjongens toesnelt.
'Holland, Holland!' is de kreet, die in de duinen onder Haarlem zou hebben weerklonken, toen Witte van Haemstede met zijn troep tot de aanval overging en bij het *Manpad* de Vlamingen vernietigend versloeg.

Helaas! De slag bij het Manpad heeft nooit plaatsgevonden. Maar het verhaal van die slag wordt in het graafschap met opzet verder verteld om de gezonken moed te schragen. Psychologische oorlogvoering. Ook toen! De aftocht van het zeer kleine Vlaamse leger is vermoedelijk veroorzaakt door verzet in Delft. Uit vrees te worden geïsoleerd trekken de Vlamingen naar het zuiden terug.

'Holland, Holland!' is wél de strijdroep, die na de (denkbeeldige) overwinning door het graafschap weergalmt. Psychologisch mist de schijnzege bij het Manpad zijn uitwerking niet. Overal stort men zich nu op de Vlaamse garnizoenen en de edelen die Gwijde steunden.
'We moeten hier weg,' zegt Jan van Amstel in Amsterdam en in alle stilte verlaat hij de kleine havenplaats van zijn vaderen.
'We moeten hier weg!' Vloekend verzamelt Jan van Renesse zijn strijdmacht in Utrecht en neemt de vlucht. Hij verdrinkt op zijn haastige terugtocht in de Lek.
'Zij moeten hier weg. Op, op!' roept Nicolaas van Putten en hij ziet kans de Brabanders bij Dordrecht te verslaan.

In Zierikzee, dat Gwijde verbeten belegert om Zeeland niet te hoeven prijsgeven, houden de burgers dapper stand. Een haastig bijeengeraapte vloot uit Holland, krachtig gesteund door een Frans eskader, schiet toe om de stad te ontzetten.
'Hijsen maar!' Scherpschutters gaan met hun bogen de mast in, waar zij in ruime manden hun bogen spannen.
'De pijlen vlogen als sneeuw door de lucht,' zegt een tijdgenoot. De Vlaamse vloot gaat in augustus 1304 droevig ten onder en Gwijde's expansiedrift smelt als sneeuw voor de zon...

'Er zijn nog geen 200 man in de oorlog tegen Vlamingen en Brabanders gesneuveld!' ontdekt een schrijver aan het Hollandse hof. Daar de graaf goeddeels beslag legt op de buit en zich het losgeld voor aanzienlijke krijgsgevangenen kan toeëigenen, rust ook

Het levend verbranden van Joden.

op hem de verplichting de geleden verliezen te vergoeden. In steden en dorpen zijn de verlieslijsten haastig opgemaakt om de rekening te kunnen presenteren aan het hof.
'Het blijkt nogal mee te vallen, heer graaf! Bij Dordrecht zijn 54 krijgslieden omgekomen!'
'En bij Haarlem?'
'Slechts 12 knapen, heer!'
Denkend aan de totale bevolking van Holland en Zeeland – omstreeks 250.000 zielen! – kan de graaf tevreden zijn. De schade van plundering en brandschatting is in verhouding oneindig veel groter.
'Hoeveel in Dordrecht?'
'50.000 pond voor de welgeborenen en 100.000 pond voor de huislieden, heer!'
De ridders van Gwijde van Namen zijn niet met lege handen van de veldtocht teruggekeerd...
'Leve graaf Willem!'
In het bevrijde Zierikzee wordt jonker Willem – zijn vader is juist gestorven – gehuldigd als graaf Willem III. Hij ruimt in Holland en Zeeland de laatste verzetshaarden op, stelt zijn raad samen uit niet al te voorname edelen, en probeert dan oprecht de tegenover elkaar staande partijen met elkaar te verzoenen. Hoewel ook hij het leven in het fleurige Henegouwen verkiest boven een verblijf in Holland, verschijnt hij toch een aantal maanden in zijn graafschap om de lopende zaken te regelen.
'Willem de Goede!' Die bijnaam verwerft hij zich voor zijn streven naar vrede en rust. Met visie zet hij zich in om Hollands aanzien te vergroten. Evenals Floris V werkt ook hij met geldleningen aan het Sticht om dorpen en strategische burchten in pand te krijgen.
Hij roert zich actief voor de benoeming van een keizer in het Duitse rijk. Als dank voor de moeite huwt keizer Lodewijk van Beieren met Margaretha, één van de dochters van de Hollandse graaf. Heel wat voorbereidingen moeten voor dat belangrijke huwelijk worden getroffen.
'Wie moet haar als klerk op de reis naar Duitsland vergezellen?' vraagt Willem, als hij de stoet van zijn dochter met zorg samenstelt.
'Benoem meester Andries, schoolmeester te Leiden, heer!'
En zo trekt meester Andries met de toekomstige keizerin naar het Duitse rijk. Ook de andere dochters komen goed onderdak. Eén trouwt de Engelse koning, een ander krijgt de graaf van Gulik tot man.
Hardnekkig ijvert graaf Willem III om Zeeland – het omstreden, met Vlaanderen gedeelde leen – geheel in zijn bezit te krijgen.
'Luister Lodewijk!' zal hij tegen zijn schoonzoon de Duitse keizer hebben gezegd. In naam is de keizer nog steeds leenheer der Lage Landen. En Willem krijgt zonder veel moeite Zeeland-Bewester-Schelde (Walcheren, Noord- en Zuid-Beveland) toegewezen als leen. De nieuwe graaf van Vlaanderen, opgevoed in Frankrijk, interesseert zich niet voor deze kwestie en verzet zich dan ook niet.
Zeeland-Bewester-Schelde komt in 1323 definitief aan Holland en Willem III stelt daar zijn zoon als graaf en beheerder aan. Want in het steeds ingewikkelder wordende leven valt steeds meer te besturen, te regelen, te doen:
'Heer graaf, hier zijn de gelden van de tollen!'
'Heer graaf, hier zijn de gelden van de boetes!'
Trouw komen de vertegenwoordigers van de steden bij de graaf hun opwachting maken om hem de belastingen te overhandigen en te horen wat de grafelijke wensen zijn.
'Dat is een flinke heffing, heer!' zeggen de stadsvertegenwoordigers, als de graaf om extra gelden vraagt. Dan gaan ze snel onderhandelen over enkele privileges, want vóór wat, hoort wat. Zij geven zich alle moeite de graaf te overtuigen van maatregelen, die het landsbelang dienen en voor de steden belangrijk zijn. In ruil voor vrijheden gaan tientallen verplichtingen op de steden drukken. Zij zijn *bede* verschuldigd, als de graaf zich met een stoet van ridders en edelvrouwen naar het keizerlijke hof begeeft. Zij moeten betalen voor de feesten, als een zoon de ridderslag ontvangt, of een dochter trouwt. De steden keren ook de losprijs uit, als de graaf in krijgsgevangenschap raakt.
Die regelmatige bijeenkomsten van de raad der edelen met vertegenwoordigers van de steden zijn het begin van de statenvergaderingen.
'We moeten de aanzienlijke poorters in het bestuur betrekken,' beseft graaf Willem.
Want dankzij de Hollandse steden kan hij een grote staat voeren, schitterende toernooien organiseren en zich omringen met buitenlandse edelen en een prachtig hof. Heel wat ridders in Holland slaan het gedoe daar gade met toenemende jaloezie:
'Bij St. Jan, die heren aan het hof! Ze stelen zich rijk!'
'Die bij het vuur zit, warmt zich het best!'
Ja, de edelen aan 's graven hof warmen zich goed. De heer Filips van Duivenvoorde ziet in enkele jaren kans zich behoorlijk te verrijken:
'Stapelrecht voor Dordrecht van de stroomafwaarts komende goederen, heer?' Een geldbuidel rinkelt. Zo wordt hij omgekocht.

119

Middeleeuwen – Bourgondische tijd

'Ontheffing van tol voor buitenlandse handelaren, heer?' Een geldbuidel rinkelt. In tal van zaken is de hand van Van Duivenvoorde aanwezig. Zijn bastaardzoon Willem heeft echter helemaal een gouden hand. 'Willem Snickerieme – Willem de Roeispaan!' is de toepasselijke bijnaam die hij krijgt. Op 20-jarige leeftijd komt Willem naar het hof. Zes jaar later is hij 'kamerling' en bewaakt hij de schatten van de graaf. Hij is zó intelligent, zó geniaal op financieel gebied, dat hij in korte tijd een vermogen bij elkaar roeit. Hij leent aan zijn graaf en meester geld: tegen de formidabele rente van 20%. Keer op keer breidt hij zijn geldzaken uit. Als een internationaal bankier wordt hij geldschieter van de hertog van Brabant, van de aartsbisschop van Keulen, van de koning van Engeland, van de bisschoppen van Utrecht en Luik.
'Ik wil grond,' laat hij weten. Steeds meer domeinen koopt hij op. De hele streek rond Breda, stukken in Holland, stukken in Brabant. 'De weg van Dordrecht naar Mechelen loopt door mijn gebied!' kan hij met trots beweren tegen ieder die het horen wil.

Gaandeweg bezit hij meer, dan vele Nederlandse vorsten. Zijn halfbroer Jan van Polanen wordt zijn erfgenaam. (Als Johanna van Polanen in 1403 trouwt met graaf Engelbrecht van Nassau, wordt het bezit van Willem de Roeispaan de grondslag van de macht, die de Duitse Nassau's in de Lage Landen krijgen. En van de Oranjes, die op hen volgen!)

Voor tal van zaken roert Willem Snickerieme zijn gouden vinger in de pap. Niet voor niets wekt juist die hofgrote de jaloezie en afgunst van minder fortuinlijke edelen op.
'Het zijn zorgelijke tijden, heer Gijsbrecht!'
'Zo is het, heer Jan!' De tijden zijn voorbij, dat een man met het zwaard in de vuist een man kon zijn. Die verrekte poorters! Alles draait om hun handel. En met hun geld groeien ze ons boven het hoofd!'

De adel heeft moeite zich staande te houden, omdat in Holland flinke oorlogen ontbreken en de kans op plundering en buit de ridders ontgaat. Ruige roofridders, die nog langs de Rijn opereren en dolende ridders, die elders hun slag trachten te slaan, komen in de Lage Landen nauwelijks meer voor.

Zijn de Hollanders (dan al!) te nuchter? In ieder geval ontbreekt het hun aan zwier en fantasie: door dijkbouw, door handel en vrachtvaart is al vroeg een nuchtere zin voor de werkelijkheid ontwaakt.

Ook in de andere delen van Europa komen standenvergaderingen bijeen, maar méér dan in Holland het geval is, kunnen vorsten daar nog met een ontstellende willekeur heersen. En bij de gratie Gods halen zij ongestraft verbijsterende streken uit:
'Ik heb geld nodig!' zegt Filips de Schone, koning van Frankrijk.

Omdat zijn oorlogen, de groeiende hofhouding, de stoet van edelen, ambtenaren, dienaren, maîtresses en lijfwachten schatten verslinden, verkeert hij financieel steeds in nood. Hij ziet er geen been in geld te vervalsen. Rustig laat hij munten met een té gering goud- of zilvergehalte door zijn muntmeesters slaan. Nog erger wordt het na de oorlog tegen Vlaanderen.
'Leg beslag op al het joodse bezit!' beveelt Filips op 21 juli 1306. Overal dringen zijn ambtenaren en gerechtsdienaren de joodse huizen in Frankrijk binnen.
'In naam van de koning!' Zij grijpen geld, wissels, kostbaarheden. Een deel van de buit gebruikt Filips om in Rome kardinalen en bisschoppen om te kopen: Hij wil een eigen kandidaat op Petrus' Stoel. Zó hoopt hij een eind te maken aan de hevige tweestrijd tussen de wereldlijke en geestelijke macht.
'Cantate Domino canticum novum – Zing de Here een nieuw lied!' weerklinkt wellicht in Rome. Maar onthutsende intriges spelen zich bij de pausverkiezing af – na de vermoedelijke gifdood van paus Benedictus.

De benoeming van de aartsbisschop van Bordeaux tot paus Clemens V komt inderdaad tot stand en heeft verstrekkende gevolgen. De nieuwe paus zit geheel in de greep van Filips de Schone en durft zich niet in Rome te laten zien. Na enige omzwervingen vestigt hij zijn hof met wereldlijke pracht in Avignon. Het zal 70 jaar duren, voordat de Heilige Stoel ontheiligd naar Rome terugkeert – teken van de toenemende verwording van de kerk.

Gruwelijke beelden vertonen de middeleeuwen, als Filips de Schone een begerig oog laat vallen op de rijkdommen van de machtige orde der Tempeliers. Sluwe vos als hij is, laat hij de Tempeliers van alles en nog wat beschuldigen.
'Afgoderij!'
'Kinderoffers!'
'Ketterse praktijken!'

Met behulp van paus en kerk – vooral de Dominicanen treden als inquisiteurs op om de gunst van de koning te winnen – worden de ridders en edele Tempelheren met schandalige aanklachten gevangen gezet.
'Ze moeten de aanklachten bekennen!'
'De pijnbank!' klinkt dan het bevel.

Onder persoonlijke leiding van de koninklijke biechtvader worden de slachtoffers in een speciaal ingerichte folterkamer tot onwaarschijnlijke bekentenissen gedwongen. De beulsknechten hangen de ongelukkige Tempeliers aan armen en voeten, terwijl zij de lichamen met gewichten verzwaren. Met ijzeren schroeven persen zij voeten samen.
'De nagels!' De beulsknechten drijven houten pinnen onder de nagels. Met helse werktuigen breken zij handen en knokkels.
'De tanden!' Eén voor één trekken zij hun slachtoffers de tanden, of de haren uit.

De 136 trotse Tempelheren weigeren desondanks schuld te bekennen en sterven aan hun folteringen een niet voorstelbare dood.

Ponsard van Gisi, een prior der orde, verklaart:
'Nog voor drie maanden moest ik in een mestkuil staan, de handen zó vast op de rug samengebonden, dat het bloed door de nagels drong. Indien ik thans nog eens – zij het ook voor korte tijd – op de pijnbank werd gelegd, dan zou ik alles bekennen, wat men maar van mij verlangde. Ik ben bereid voor de eer der orde mij het hoofd te laten afslaan, ja, me te laten verbranden of koken, maar zulk een langdurige foltering, als ik nu sinds meer dan twee jaar heb uitgestaan, verdraag ik nimmer meer!'

546 Tempelridders, overal gepakt, gaan onder strenge bewaking naar Parijs. Wie geen schuld bekent, wacht de dood:

Op 12 mei, in het jaar des Heren 1310 bestijgen 54 Tempeliers de brandstapel voor de poort van de stad.

In de middeleeuwen staan uitersten voortdurend tegenover elkaar. Wreedheid en tedere barmhartigheid, ontstellende lafheid en verbazingwekkende moed, angstig bijgeloof en diepe godsvrucht liggen haast in elkaar verweven, als het leven zich hartstochtelijk, kleurrijk en vol uiterlijk vertoon voltrekt....

Foltering en vervoer naar de executieplaats van ketters. Frans miniatuur (ongeveer 1370).

Beelden uit de middeleeuwen

In de 14de eeuw staan houten huizen, bedekt met stro, in de ommuurde steden. Tussen wijde meren, moerasgebieden, rivieren en uitgestrekte bossen liggen de slordige dorpen, de kloosters en burchten nog vrij dun gezaaid. Dankzij de privileges, die de landsheer uitdeelt, neemt de welvaart toe. Maar ook verplichtingen aan de heer rusten in grote verscheidenheid op iedere stad en op ieder dorp.

'Pluk ze! De hele troep!' krijgen meiden op de Veluwe te horen, als een stel witte pauwen kakelend bij elkaar gedreven is.

Op het kleine gehucht Rosendael op de Veluwe rust de plicht witte pauwen te fokken en jaarlijks een aantal veren te leveren voor de helmen van de hertogen van Gelre.

'Hebben we drie wagens vol?' Harderwijk is, naast de gewone belastingen, verplicht de graaf, in geval van oorlog, drie volgeladen karren met vis – ieder bespannen met drie paarden – voor de strijd mee te geven. Bij grafelijk bezoek moet Harderwijk bovendien de paarden van het hele gezelschap van voer en stro voorzien. Het aantal van dit soort verplichtingen is legio, maar in steden en dorpen blijft ruimte voor grote daden en eigen initiatief.

'Ei, ei, Jacobus!' De deken Jacobus van Oudshorn draalt praalziek rond. Hij heeft zijn mooiste kaproen op het hoofd gezet, nu hij de eerste steen voor de Domtoren te Utrecht mag leggen. Heftige protesten zullen opklinken, dat de bouw van de toren gelden aan de armenzorg onttrekt, maar het werk gaat voort. Met omstreeks 10.000 inwoners is Utrecht, met Dordrecht, de grootste stad boven de rivieren. Als de Domtoren na een arbeid van 60 jaar in al zijn glorie in 1387 gereed komt, is de bisschopsstad haar macht reeds kwijt.

Menig stadsbestuur keert zich bezorgd tegen de zedenverwildering, die door de toenemende welvaart binnen de muren schuift:

'Behalve tijdens jaarmarkten en vorstelijk bezoek, is dobbelen en al het spel om geld verboden!' bepaald de stadsraad in Doetichem. Ook in andere steden tracht men het kwaad uit te bannen. Maar worp-tafelen (trick-trak), balslaan (kaatsen) en kegelen blijven toegestaan.

In Zwolle hebben de schepenen zich verplicht zes jaar lang 500.000 stenen jaarlijks in de muren te laten verwerken. Met tal van rellen en uitbarstingen hebben de gilden ook daar aan macht gewonnen. In Deventer, met omstreeks 4000 inwoners, houden de poorters reeds een soort wijkverkiezing. Leden van de ridderschap, geestelijken, maar óók de beul, maken daar deel uit van het koopmansgilde.

'Nog zaken gedaan, Dodo?'
'k Heb er deze week drie kunnen hangen!'
'Daar kunnen we dan wel op drinken!'

In de meeste huizen brouwen de vrouwen een slap bier, omdat het water niet te drinken is. In Haarlem, Gouda, Amersfoort en Delft zijn grote brouwerijen ontstaan, die met steenkool uit Newcastle het bier onder gelijkmatige temperaturen stoken. De turf deugt daar niet voor.

'Drink eens uit, Matthijs. Echt hoppebier!'
'Och man, St. Damianus belemmert me de waterlozing!'
'Drink uit! Sint Antonie brandt me de gewrichten met jammerlijk vuur, maar dat bier is best!' Tal van heiligennamen zijn verbonden aan ziekten, die de heiligen in het volkse bijgeloof uit de hemel op het mensdom doen neerdalen.

Amsterdam doet ondertussen uitstekende zaken met het hoppebier, dat het uit Hamburg importeert. De stad heeft al 4000 inwoners – tegen Gent 50.000 en Brugge 35.000.

'Dáár heb je ze!' De vrouwtjes van Stavoren staan tevreden bij de haven, als de schepen met graan uit de Oostzeelanden terugkeren. Stavoren verdient goud met de verkoop van dat graan aan de dichtbevolkte centra in het westen.

'Nou stillekes. En geen geluid meer!' De schippers, die met schoenen uit Den Bosch en laken uit Maastricht de Rijn opvaren, trachten keer op keer de tientallen tollen in het donker te omzeilen. Boven de grote rivieren varen de zware koggeschepen mee in het zich uitbreidende handelsverkeer.

'Hèé, bijdraaien! Tol voor de graaf! Dat is een roep, die op vele plaatsen weerklinkt. Uit de oudste tolrekening van Lobith, van het jaar 1306, blijken 1750 schepen, beladen met wijn, haring, granen, hout, ijzer, aardewerk etc. daar in dat ene jaar tol te hebben betaald. 80 Zutphense en 117 Arnhemse schepen zijn Lobith tolvrij gepasseerd, terwijl nog 75 schepen met een bijzondere lading voor de graaf (wijn, of stenen voor de kapittelkerk in Zutphen) zonder betaling verder konden. Meer dan 2000 schepen bij elkaar!

'Brand! Brand!' Steeds weer gaat die onheilspellende angstkreet door de steden, waar de houten huizen met hun dak van stroo door turfvuren zo snel in lichter laaie staan. Overal stimuleren de stadsbesturen steenbouw! Bij Venlo, Arnhem, Kampen, Zutphen en Middelburg zijn aanzienlijke steenbakkerijen verschenen.

Terwijl het lied van de arbeid in de bruisende nijverheid én toenemende welvaart weerklinkt, bezingen de minstreels en troubadours de ridderdeugd – al blijkt die deugd soms niet zo groot te zijn. In een *eerlijk* lied wordt over de ridderlijke heren vermeld:

> Wanneer wij in de herberg zijn, sterke wijnen drinkend,
> De dames naast ons, die ons aanzien
> Met haar gladde halzen, haar nauwsluitende colliers,
> Die schitterende ogen van glimlachende schoonheid
> Dan vermaant ons de natuur, een driest hart te hebben...
> Maar als wij te velde zijn op onze dravende rossen
> Het schild aan de hals en de lans geveld
> En als de bittere koude ons geheel doet bevriezen,
> En onze vijanden naderen,
> Dan zouden wij willen zijn in een kelder zó groot
> Dat wij nooit gezien werden, in het geheel niet...

De drang naar luxe, die in zo grote mate beschikbaar komt, doet de ridderidealen vaak verwateren in voos gebral en valse schijn.

De harde vechtjassen van weleer gaan nu met vorsten en hertogen ter picknick. Zij

Hoorn van het Sint Anna- of Rijnschippersgilde te Kampen (14de eeuw).

Drinkbeker van het Sint Anna- of Rijnschippersgilde te Kampen (1369).

De Dom van Utrecht. Detail van een Kruis-triptiek van de Meester van Frankfort (ongeveer 1485).

Middeleeuwen – Bourgondische tijd

plukken bloemen, om die aan lieve dames aan te bieden – en hebben snelle, vaak platte en speelse complimentjes bij de hand.

De liefde heeft zijn ruwe, maar ook tedere kanten. Als een dichter de wind tegen de vensters van zijn geliefde's slaapvertrek hoort waaien, schrijft hij opgetogen:

... En God weet, wat groot heer ik was daarna, de hele nacht...
Ik was zo gelaafd
Dat ik zonder mij om te keren of af te pijnigen
Een gouden slaap sliep
Zonder eens in de nacht wakker te worden.
En vervolgens, eer mij aan te kleden
Om er de liefde lof voor te brengen
kuste ik driemaal mijn hoofdkussen,
In mijzelf zalig lachende...

'O, o, ja, nee... ooooh... Diederik!' Daar zit een ridder in de hof van zijn burcht met zijn geliefde in bad.
'Kijk ze nou toch!' De meiden en knechten hangen uit de ramen en zien geamuseerd (of jaloers) toe, hoe heer Diederik met zijn liefje stoeit en vrijt. Het gaat zonder gêne. Tegelijkertijd zijn er zwaarmoedige edelen, die de hoogste vorm van liefde in kuisheid zoeken en jaren rondrijden met een handschoen of een roos op de harige borst – hun eens door een onbereikbare geliefde geschonken.

Kasteel Doornenburg in de Betuwe, dat ongeveer in deze vorm in de 15de eeuw gereed kwam.

De ene kleedt zich voor haar in het groen
Een ander in 't blauw, een ander in 't wit
Een ander kleedt zich in 't bloedrood
En hij, die haar het meest begeert,
Kleedt zich uit grote rouw in 't zwart...!

Zwart, om het verdriet van een onbereikbare liefde; blauw uit trouw en groen, om een prille, ontwakende liefde te tonen.

Met hoofse manieren trachten de edelen schone deugden na te streven, maar zij ontsporen en het wordt hol gedoe. Met een omhaal van plichtplegingen trekken zij ten strijde:
'Mogen wij de heren ridders voor een goed glas uitnodigen?' Franse en Engelse edelen, die in de oorlog tegenover elkaar staan, vieren 's avonds gezamenlijk feest, omdat die adellijke heren zo nauw aan elkaar verbonden zijn en graag hun grootmoedigheid willen tonen. En wat hun moed betreft:
'Gevaar! Vlucht!' Een gehele Franse strijdmacht pakt zijn biezen, omdat in het gras een haas beweegt en de ridders werkelijk even dachten, dat de vijand tot de aanval was overgegaan.

In de Lage Landen lijkt geen plaats voor de zwierige vormen, waarmee de adel zich in zuidelijke streken (vooral Henegouwen omgeeft).

De Hollanders en Zeeuwen zijn er krachtig op uit om deel te hebben aan de handel rond de Oostzee. Zij halen daar koren, hout, honing en bont. Met die produkten kopen zij in Vlaanderen het fameuze laken, waarmee zij naar de rijke steden in Italië varen. Daar slaan zij luxe artikelen in, die hun weg weer naar het noorden moeten vinden. De Hollanders en Zeeuwen trachten zaken te doen met de machtige handelscompagnieën in Florence, Venetië en Genua, die reeds bijkantoren in Brugge en Londen hebben opgericht. Dat alles brengt geld in het laadje.

'Kijk toch, wat een pracht!' roepen de vrouwen in het graafschap, als Willem III met Henegouwse zwier één van zijn schitterende feesten geeft. Zoiets hebben ze niet vaak gezien, want de edelen in Holland en Zeeland beschikken over minder rijkdommen en staan tussen de bedijkte landen toch nuchterder op de drassige grond, dan de adellijke zuiderburen. Zij zijn te zakelijk om zich louter voor een ridderideaal in de schulden te steken, of in een wild avontuur te storten, zoals de edelen in Frankrijk en Henegouwen bereid zijn te doen:

Valenciennes in Henegouwen, het jaar 1326:
'En toen... o, heer, en toen heeft hij...' Koningin Isabella van Engeland snikt het uit. Zij is met haar zoontje het Engelse hof ontvlucht en naar Henegouwen gereisd om steun te zoeken tegen haar brute echtgenoot. Onder tranen vertelt Isabella van Engeland (zelf met boter op haar hoofd), wat koning Eduard II haar allemaal heeft aangedaan.
'Zie hier uw ridder, die u trouw zal blijven tot de dood, al liet de ganse wereld u in de steek!' roept Jan, heer van Beaumont uit. Hij is de broer van graaf Willem III en om zijn ridderlijkheid beroemd. Plechtig belooft hij Isabella bij te staan.

Graaf Willem III is niet erg enthousiast over de belofte van zijn broef Jan. Maar wellicht omdat zijn dochtertje Filippa een warme genegenheid opvat voor de jonge Engelse prins, geeft hij Jan van Beaumont tenslotte toch toestemming voor koningin Isabella te strijden. Jan roept vrijwilligers op:
'Ons wacht een nobele taak. Trek mee naar Engeland voor de getergde vorstin...!'
300 Ridders, voornamelijk uit Henegouwen, melden zich. Met de meest edele gevoelens – en hopend op beloningen en buit! – trekken zij met Isabella en haar zoon naar het Engelse land.

En waarachtig! Zij krijgen de Britse adel op hun hand. Toestanden en tonelen, als zij Eduard II tenslotte van zijn troon stoten, hem in een kerker opsluiten en hem daar tenslotte vermoorden.
'Gij zijt een waarachtig ridder, heer van Beaumont!' zal Isabella hebben gezegd. Ze kan tevreden zijn. Haar zoon Eduard III mag de troon bestijgen – en huwt een paar jaar later Filippa, de verliefde dochter van Willem III. De beloningen worden aan de Henegouwse heren uitgedeeld.
'En de Hollanders?'
Zij hebben de ridderschaar met 132 haringbuizen en 8 grote hulken naar Engeland overgevaren – en er zeker goed aan verdiend...

De nobele ridderlijkheid heeft een keerzijde, die heel wat minder nobel is. Ongevoelig, harteloos en onbarmhartig, verzamelen die edelmoedige edelen dwergen en mismaakten aan hun hof, die met buitelingen – of vechtend met elkaar – de gasten moeten vermaken.

Stempel voor het stadszegel van Amersfoort (ongeveer 1367 in Maastricht vervaardigd).

'Dans dan!'
'Spring dan, trek grimassen!'

De stumpers zitten vaak als dieren aan de ketting vast. Ze worden gesard en opgehitst – en het edele volk lacht stom om de wanstaltige capriolen die zij moeten maken. Het gewone volk is trouwens niet minder wreed, zoals de debielen en geestelijk gestoorden overal ervaren:
'Hij blaast, hij blaast! Kijk hem, hij wordt kwaad!'
'Héé, malle Jacob, spuug nog een keertje!'
'Kijk hem... Kijk die kop!'

In de steden wijzen de poorters en kleine burgers met kinderlijke onkiesheid en wrede spotlust naar de krankzinnigen, die vrij over straat slierten – zolang ze geen kwaad doen. De naïeve hardheid wordt toch ook weer prachtig gecompenseerd met opofferingen en daden van barmhartigheid:
'Laten we God bidden om steun. Leg je hand in de mijne...' Nonnen en minderbroeders treden onbevreesd de melaatsen tegemoet. Zij wijden zich aan die uitgestoten stumperd, verzorgen aangevreten wonden – lachen, leven, bidden en sterven met hen.
'Domine, miserere super peccatore...' Hoe devoot, diep gelovig, ontroerd loopt het volk barrevoets en nuchter achter de priesters en predikers op processie aan:
'Heer, weest ons, zondaars genadig!'

Vooral als de pest toeslaat, gaat de stoet soms dagenlang rond:
'Heer, reinig ons van onze zonden! Heer, wij smeken U, beëindig de heersende pest!'

Huilend, vroom, biddend, houden zij hun ingetogen ommegang – verbonden met het kruis, haast één met de hemel. En als dat voorbij is:
'Hupsa, fiefaldera!' Een paar dagen later dansen ze weer uitgelaten op het gepijp van de doedelzakspelers en hossen ze stom bezopen en lallend door de straat. Als kinderen – Jantje-lacht, Jantje-huilt – gaan de volwassenen door het leven: snel geschokt, snel ontroerd, snel wanhopig en snel met uitbundige lol. De middeleeuwen: een bont, fel gekleurd patroon van uitersten. Overal verdichten zich de handelsrelaties. De Hanzesteden beginnen de gehele handel van Nowgorod in Rusland tot aan Brugge en Gent te beheersen.

Steeds meer steden, zoals het snel opkomende Kampen, het belangrijke Groningen en Deventer, leggen contacten met de Hanze om van de overvloedige graantjes wat mee te pikken. De Vlaamse Hanze richt zich vooral op Londen.
'Ja, natürlich!' Regelmatig komen de kooplieden in Lübeck bijeen om afspraken te maken; om wankele monopolies te verstevigen; om elkaar bescherming te beloven tegen zeeroverij. Ze gooien elkaar de bal toe – die mooie bal van goud.

Met de handel, de scheepvaart en visserij, met het laken en het Friese vee (dat tot ver over de grenzen gaat!) worden kapitalen verdiend.
'Yes, yes, herring!'
'Wieviel?'

In de herbergen en kroegen klinken vele talen. Op de scheepswerven, in de zeilmakerijen, touwslagerijen en smederijen, heerst grote bedrijvigheid.

De toenemende luxe en de zich wijzigende mode vervullen overheid en kerk ondertussen met grote zorg:
'Vrome vader, dit gaat toch te ver?'
'Zie toch, hoe uitdagend zij zich kleden!'

In Zutphen wordt het aan vrouwen en jonkvrouwen verboden, kant aan te brengen op de 'kovelen' (muts), want zoiets geeft toch geen pas.
'En geen *brewelse* (pikante zoom) aan de kleding, die van buitenaf zichtbaar is!' De stadsklerk tekent dat zorgvuldig op in het *Condichboek*!

Het leven verloopt fel – misschien wel omdat de dood voortdurend aanwezig is: Niet alleen grijnst hij de levenden tegemoet uit de knekelhuizen, waar de doodshoofden zijn uitgestald om ieder aan het tijdelijke van het aardse bestaan te herinneren. Hij loert ook naar de mensen vanaf de galgen bij de stadspoort, van waar de lijken der boosdoeners ter helle zijn gegaan. En met zijn zeis staat de Dood in de velden, als twee partijen tegen elkaar optrekken en haat een uitweg zoekt:
'Bij God en alle heiligen, die varkens!' roept een abt in Friesland.
'Bij God en alle heiligen, die honden!' roept een andere Friese abt.

Een twist tussen twee kloosters is de oorzaak, dat in Friesland hevige strijd ontbrandt tussen de *Schieringers* en *Vetkopers*. Met hun families en aanhang vechten zij oude vetes en bloedwraak hardhandig uit. Het zijn daar niet langer edelen, die tegen elkaar optrekken en elkaars burchten belegeren, maar hele partijen en belangengroepen gaan op elkaar los:
'Sla dood!'
'Ram ze stuk!'

Het gaat er zó heftig toe, dat Willem III met een flinke legermacht naar Friesland moet trekken om de orde te herstellen. Hij geeft Stavoren (zo nauw door de handel met het westen betrokken) een Hollandse schout en leent zijn oor welwillend aan de heersende grieven.
'Heer graaf, ge zijt te toegevend!' zeggen hoogmoedige edelen in zijn gevolg. 'Dit volk is het bijzonder erfdeel van mijn vorstenhuis, verworven door de bloedige arbeid mijner voorgangers. Van dit volk ben ik de heer. Ik zal niet dulden, dat het door iemand verdrukt wordt, of dat iemand er enig aandeel in krijgt!' antwoordt graaf Willem volgens oude kronieken.

Onder de bruisende welvaart smeulen vele vuren. Steeds zijn er moeilijkheden tussen de steden, als privileges van de één, een nadeel blijken voor een andere stad.
'Heer graaf, Dordrecht heeft...'
'Heer graaf, tegen de afspraak in heeft Delft...'

Herhaaldelijk moet Willem III als scheidsrechter in geschillen optreden. Er heersen (soms hevige) spanningen tussen Dordrecht en Delft, tussen Middelburg en Zierikzee, zoals er spanningen bestaan tussen rijke poorters en magistraat, tussen gilden en stadsbesturen, tussen steden en platteland, tussen de bezittende adel en de adel, die het in het ridderbestaan niet langer redt. Wat een onbehagen ligt er achter het nieuws, dat boodschappers vaak zo gekleurd en vol sensatie brengen.

Na een bewind van 33 jaren, waarin het graafschap Holland, na Vlaanderen, tot de grootste macht in de Lage Landen is uitgegroeid, sterft graaf Willem III in 1337 een rustige dood aan de jicht. En juist nu Holland bij de smeulende partijstrijd zo dringend behoefte heeft aan een sterke hand, komt een playboy als graaf zijn opwachting maken: een playboy, die in korte tijd het welvarende graafschap naar de afgrond feest...

Fraai beschilderde sarcofagen, gevonden bij Aardenburg (14de eeuw).

Middeleeuwen – Bourgondische tijd
Playboy in de middeleeuwen

De slag bij Sluis op 24 juni 1340 tussen de Franse en Engelse vloot. Miniatuur uit Jean Froissart, *Chroniques* (Vlaams, tweede helft 15de eeuw).

Geliefden. Ivoren hoes voor een spiegel (eerste helft 14de eeuw).

Graaf Willem IV is een woelziek, krijgszuchtig en op avonturen belust man. In de honderdjarige oorlog, die tussen Engeland en Frankrijk woedt, kiest hij nu eens de zijde van zijn zwager, Eduard III, dan weer de kant van zijn oom, de koning van Frankrijk.

'Un fou furieux – een dolle gek!' noemt de Franse koning zijn wilde neefje. Maar voor de baronnen valt er veel te lachen:

'Kom, er moet maar weer eens iets gebeuren,' denkt Willem keer op keer en dan richt hij fantastische feesten aan. Met een verbluffende praalzucht onderhoudt hij vorsten en edelen tijdens toernooien in Haarlem en Dordrecht, in Nijvel, Keulen, Gulik.

'Kom, rijd eens naar Rijnsburg!' zegt hij tegen een schildknaap. 'En vraag daar, of de heilige vrouwtjes mijn gast willen zijn op de dag van St. Denis!' Herhaaldelijk nodigt graaf Willem de aanzienlijke nonnen uit het klooster bij zich aan tafel. Opwinding en gekir in het klooster, als de gewijde jonkvrouwen toilet maken om in de meest zwierige japonnen aan het hof te verschijnen.

'Kom, we moeten de heidenen bestrijden!' Driemaal trekt graaf Willem naar Duitsland, waar hij heidenen wil bestrijden die er nauwelijks meer zijn.

Het bewind over Henegouwen laat hij over aan zijn ridderlijke oom, Jan van Beaumont, terwijl Willem van Duivenvoorde Holland en Zeeland voor hem bestuurt – en zichzelf daarbij aan grote rijkdommen helpt.

'Kom, heer Van Duivenvoorde, schrijf nog eens een bede uit!' Omdat zijn ondernemingen en overdadige partijen schatten opslurpen, verkeert de graaf voortdurend in geldgebrek.

'Opnieuw een bede? Maar we hebben net...'
'Verpand dan een burcht! Beleen een stuk land...' Met een onverantwoordelijke nonchalance slaat de jonge graaf aan het belenen en verpanden en zuigt hij zijn steden steeds verder leeg.

De rekeningen, door zijn rentmeesters en klerken nauwkeurig bijgehouden, geven het beeld van de geldsmijterij.

'Kom, we gaan naar het Heilige Land!' Met een aantal ridders, een groot gevolg van dienaren, knechten, pages en 103 paarden begeeft graaf Willem zich op weg. Zijn klerk Ysebout moet de kas bijhouden op de tocht, die 4½ maand duurt:
'De heer van Milaan verwacht u, heer graaf!'

Via Basel en de St. Gotthard is Willem in Italië aangekomen, waar hij in Milaan een goed onderkomen vindt. Hij houdt daar het zoontje van de heer van Milaan ten doop.

'Kom, Ysebout, wat geld voor een pillegift. En laten we niet krenterig wezen!' De baby krijgt een prachtig zilver plateel met 1000 royalen. Milde fooien krijgen de koks en bedienden en ook de minstreels worden goed bedacht.

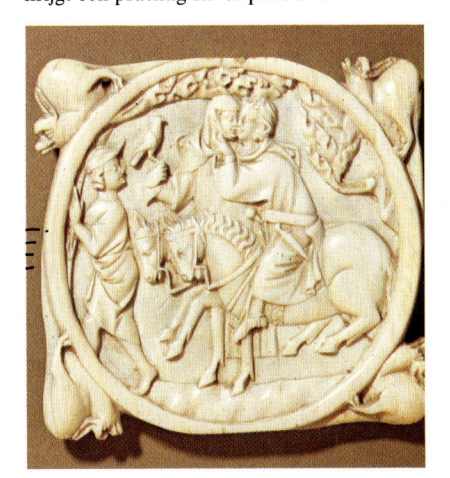

'Kom, minstreel, zing eens een stevig vers voor mannen!'
'Kent ge het lied van die boerenmeid die in bad ging, heer graaf?'
'Zing op!' In een apart zaaltje hebben de minstreels de heren vast en zeker vergast op platte, behoorlijk gore rijmen, want in de middeleeuwen wordt alles nog cru bij de naam genoemd. Een kont is een kont, daar draait men niet om heen.

Als echte toeristen zwalkt het Hollandse gezelschap langs de uitstallingen van kooplieden en winkeliers.

'Kom, Ysebout, reken dat even af!' In Venetië koopt graaf Willem een zilveren eetservies met twintig schotels, twaalf lepels.
'En wat is dat?'
'Een koperen urinaal, heer graaf!'
'Die moet ik ook hebben, Ysebout.' Ysebout schrijft het allemaal keurig op.

In Italië scheept Willem zich in voor de zeereis naar het Heilige Land.
'Kom, beste makkers, we nemen meisjes mee. Ysebout? Voor drie gouden dukaten het stuk leent Willem drie meisjes-van-plezier, die met kennis van zaken kunnen zorgen voor een vrolijke overtocht.

Vanaf Cyprus reist de graaf met een klein gezelschap naar het Heilige Land. Hij en zijn ridders vermommen zich als varensgezellen om overvallen en beroving te ontlopen. Zo trekken ze langs de heilige plaatsen en Christus' graf.

Terug op Cyprus sterft de graaf van Namen. Willem zorgt voor een keurige begrafenis. De dode graaf wordt opgebaard op een met zwart laken omhangen stellage.

Daarop is een kleed met tien geschilderde wapens genaaid. Er branden 12 grote en 120 kleine kaarsen en 56 kransen sieren de baar.

'Ysebout?' roept graaf Willem, weer in Venetië.

Maar Ysebout schudt zijn hoofd. De kas is leeg. Hij kan 1000 gouden dukaten lenen tegen een rente van 30%. Dat is hoog. Daarom galopperen enkele knechten haastig naar Henegouwen in Holland om 6000 schilden in muntgeld op te halen.

De winter nadert. Voor zijn hele gevolg schaft graaf Willem met bont gevoerde kleren aan. Misschien bekruipt hem even een schuldgevoel voor alle dolle pret. Hij koopt een 'gulden cleet' voor zijn vrouw en schenkt de 5 abdijen van de stad waskaarsen.

'Ysebout, mijn eigen gewicht in waskaarsen voor iedere abdij!' Het is 1000 pond bij elkaar...

'Kom, lieve makkers, we geven een feest!' Op de terugreis geeft graaf Willem enorme partijen in Wenen, in Moravië, in Silezië, in Pruisen. Daar zendt hij een drietal ridders en een klerk (misschien wel Ysebout) vooruit om kwartier te maken voor de komende nacht.

'Halt! Greife an! Aha, aha!' Een roofridder overvalt het ongelukkige viertal en voert hen mee naar de burcht Wardenstein. Ze komen pas vrij, als graaf Willem een losgeld van 1500 dukaten voor hen neertelt.

'Ysebout?'

Opnieuw schudt Ysebout zijn hoofd. En opnieuw trekt een knecht haastig naar de Lage Landen om in Mechelen 10.000 schilden 'in de wissel te leggen'.

Overal organiseert graaf Willem toer-

Maaltijd in de open lucht ter ere van de inhuldiging van Boudewijn van Luxemburg als aartsbisschop van Trier in 1308. De bediening geschiedt te paard. Miniatuur uit de *Codex Balduineus* (midden 14de eeuw).

nooien. Dan bestelt hij banieren en pennoens met zijn wapen om een luisterrijke indruk te kunnen maken op het buitenlands publiek. Slechts af en toe verdient hij iets terug:
'Kijk eens, Ysebout?' Op de woensdag voor St. Vincentius wint graaf Willem met dobbelen: 147 schilden, 55 royale, 6 kronen, 6 lioenen en 12 dobbeloren.

De goede Ysebout, die het allemaal moet bijhouden, brengt voor zichzelf, zijn knecht en de twee paarden die zij berijden, voor de gehele tocht van 137 dagen, slechts 6 pond en 17 schellingen in rekening...

Nauwelijks terug in 's Gravenhage, of ook dáár wordt weer een overweldigende partij gegeven:
'Ende men gaf alle dagen te eten vrouwen ende joncfrouwen, ridderen ende knapen ende men telivereerde den vremden vrouwen ende hoeren gheselscap uten haren herberghen van allen cost...'
50 koeien, 29 varkens, 13 baken (bijzonder soort varken), twee wilde ossen en een hert uit de Haarlemmerhout, verdwijnen in de hongerige magen. 72½ aam Rijnwijn, 39 aam Wijn van St. Jan en 45 vaten Hamburger bier gaan er door.
'Kom,' zegt dolle Willem. Nauwelijks is het feest afgelopen, of hij zit alweer in het zadel om deel te nemen aan een toernooi in Beauvais, waar hij de jonkvrouwen van het klooster bij Maubeuge en de koning van Bohemen op een groot diner onthaalt...

'Kom!' denkt ook Jan van Arkel, de krachtige bisschop van Utrecht. Nu graaf Willem er alles doorheen jaagt, is hij al gauw in staat de aan Holland in pand gegeven gebieden en burchten terug te winnen.
Dat loopt uit op een conflict. Le fou furieux verzamelt ogenblikkelijk zijn leger: 1 hertog, 13 graven, 42 baronnen, vele ridders en voetknechten neemt hij in zijn soldij.
'Kom!' Met blijden en katten, uit Dordrecht en Nijmegen aangevoerd, slaat hij het beleg voor Utrecht, omdat dat weer eens iets anders is.

Na een beleg van zes weken sluit wij weer vrede – haast even zinloos als de hele veldtocht is geweest.
Zo staan de zaken, als hij in 1345 een veldtocht tegen Friesland wil ondernemen. Het is moeilijk geworden om aan geld te komen. Een reeks domeinen en een aantal tiendheffingen zijn reeds verpand. De steden in Holland en Zeeland, die borg zijn voor de kosten van de graaf, hebben reeds een verbond gesloten om hun belangen te verdedigen. Onrust en onenigheid drijven het volk in partijen. Toch stuurt Willem, graaf van Holland bij de gratie Gods, nog brieven naar al zijn baljuws:
'In naam van de Vader enz...' Of de heren hem een opsomming willen geven van de rijkste ingezetenen. Ergens moeten toch nog mensen zitten, van wie hij geld kan lenen.
'De kracht van het land gaat te gronde onder de afpersingen van de velen die het knagen en villen – tot ternauwernood de beenderen overblijven!' staat in een kroniek uit die tijd.
Het geld voor een veldtocht krijgt Willem niet meteen bij elkaar.
'Kom, lieve vrienden, laten we Vlaanderen steunen!'
'Op, Klauwaarts, op!'
Vlaanderen, met zijn rijke steden beknseld in de oorlog tussen Frankrijkl en Engeland, is het toneel geweest van heftige taferelen. Een geweldige opstand van radeloze boeren onder Nicolaas Zannekin, hagepoorter van Brugge, is overgenomen door de gilden in Ieper en Brugge zelf. Het land heeft gesidderd onder het geweld.
'Wij moeten hulp hebben tegen Leliaarts en de Franse overheersers,' zegt het wanhopige stadsbestuur in Brugge. De burgemeester, Willem de Deken, begeeft zich met 12 notabelen naar Engeland om steun te vragen, maar de hulp komt te laat. Met steun van de Leliaarts heeft Filips VI de opstand onderdrukt. Willem de Deken is gegrepen, meegevoerd naar Parijs, waar de beul en zijn knechten opdracht krijgen de fiere Vlaming te vierendelen.

De graaf van Vlaanderen, Lodewijk van Nevers, zit geheel in de greep van de Franse koning. als Franse speelbal laat hij het Vlaamse volk schandelijk in de steek:
'Alle handel met Engeland moet worden gestopt!' luidt één van zijn verbijsterende bevelen.
'Dat kan niet! Dan kan toch niet! roepen de wevers en spinners, die volledig van de Engelse wolinvoer afhankelijk zijn.
Maar het kan blijkbaar wel. Het is een formidabele slag voor Brugge, voor Ieper en Gent, wanneer de Engelse wolstapel als gevolg van dat bevel naar Antwerpen in Brabant verhuist.
'Wat moeten we nu, Marike? Geen wol meer te krijgen!' mompelt een verbitterde thuiswever.
'God zal uitkomst geven,' zegt zijn vrouw.
Maar die uitkomst komt er niet.
Gaandeweg staan de weefgetouwen stil. Armoe klopt aan de deur. Rellen, opstootjes, geschreeuw, protesten in de straten en complete oproeren zijn niet van de lucht. De haat en wanhoop moet zich ergens op richten. Oude vetes tussen Klauwaarts en Leliaarts worden verbeten uitgevochten.

Temidden van al die onrust staat uit het Vlaamse volk een man op, die op de vernederingen, op de tweestrijd en het wanbeleid van de graaf een visionair antwoord weet.
Jacob van Artevelde (1290-1345) is een Klauwaart – al stamt hij uit een rijk koopliedengeslacht. In Gent krijgt hij het woord:
'Lieve burgers, er is slechts één weg, die ons uit ons jammerlijk lijden verlost: eensgezindheid, aansluiting bij Engeland!' Vurig bepleit hij, dat alle Nederlandse gewesten zich tegen Frankrijk moeten verbinden.
'Op het plein van de Biloke spreekt hij het volk zó schoon en wijs toe, dat hij alle har-

Aanval op een burcht. Illustratie uit de *Rijmbijbel* van Jacob van Maerlant (1271).

Middeleeuwen – Bourgondische tijd

Willem IV en Margaretha. Latere houtsnede door Jacob Cornelisz. van Oostzanen (vóór 1519).

ten tot zijn inzicht bekeert,' schrijft iemand uit zijn gehoor.

Met behulp van de wevers krijgt Jacob van Artevelde vrijwel vorstelijke macht in handen. Dat een burger een zelfstandig staatsman wordt, is een unieke gebeurtenis in het feodale Europa van toen. Artevelde brengt de Vlaamse steden tot elkaar. Hij brengt een bezoek aan Engeland: via Dordrecht keert de wol naar Vlaanderen terug. Hij wordt gaandeweg als een god vereerd. Het lukt hem Brabant, Holland en Henegouwen als bondgenoot te winnen.

'In de Naam van de Vader, de Zoon en de Heilige Geest...' Daar staat de koningin van Engeland in de kerk te Gent om het pasgeboren kind van Jacob van Artevelde, *de burger*, ten doop te houden. Als een zelfstandig staatsman heeft hij de Engelse koning in 1340 in Gent ontvangen. En onder zijn aanvoering trekken troepen uit Brabant, Gelre, Holland en Henegouwen tegen Frankrijk op om Doornik te belegeren.

Maar dan moet ook Jacob van Artevelde ervaren, dat de politiek vaak een onfatsoenlijk spel is, waarbij trouwloosheid hoogtij viert.

'Yes, yes...' De Engelse Eduard III laat zich door Frankrijk tot de zoveelste wapenstilstand overhalen. Hij verlaat Vlaanderen met stille trom – zonder zelfs zijn grote schulden te voldoen.

'Kom!' denkt dolle Willem en hij loopt met Holland en Henegouwen over naar het Franse kamp. Brabant volgt...

Vlaanderen staat weer alleen. Door alle bondgenoten in de steek gelaten, zakt het land weg in het moeras van zijn eigen tegenstellingen: Patriciërs staan tegenover de gilden, wevers tegenover volders, steden tegenover het platteland.

'Trek naar het land en vernietig alle weefgetouwen!' bevelen de grote heren in Ieper en Gent. Zij zien er geen been in hun krijgsmachten naar de thuiswevers te zenden om aan wat concurrentie een eind te maken.

'Rang!' De bijlen gaan in de weefgetouwen in kleine, armzalige hoeves.

'Wat moeten we nu? Marike, wat moeten we nu?' vraagt een thuiswever met tranen van drift in zijn ogen.

'God zal uitkomst geven,' zegt Marike met een doffe stem. Verslagen kijkt ze naar de resten van het kostbare weefgetouw...

Steeds nieuwe onlusten barsten los. Jacob van Artevelde krijgt allengs van alles de schuld.

Het verbeten, wanhopige volk is nog niet toe aan zijn gedachten. Het wenst dit keer niet op te komen voor het algemeen belang. 'Kwade Maandag!' heet de noodlottige dag in het jaar 1345, waarop de wevers, die Van Artevelde eerst aan de macht hielpen, nu met hun driftige haat naar zijn huis marcheren.

'Weg! Weg met hem!'
'Sla dood!'

De deken van het weversgilde heft zijn bijl en slaat de grote Jacob van Artevelde de hersens in. Hoe wispelturig en bespeelbaar is het volk.

'Leve de graaf!' roepen de poorters van Ieper en Brugge, die de overheersing van Gent beu zijn – en zich toch bij iemand geborgen willen zien.

'Leve de graaf!' Juichend halen zij de nieuwe graaf, Lodewijk van Male, in hun stad. En ze juichen ook, als het weversgilde prompt uit het stadsbestuur wordt gestoten.

'Op naar Gent!' Een aantal poorters marcheert mee, als het leger van de graaf Gent bestormt – waar de pest juist in alle hevigheid heeft gewoed. En zo keert alles weer naar de oude toestand terug.

Lodewijk van Male regeert het Vlaamse land 30 jaar lang – met een ijzeren vuist, als een feodale, onafhankelijk vorst. Hij houdt zich zo ver mogelijk van Frankrijk vandaan. Na alle woelingen, na alle opwindingen, na alle tranen, gaan de Vlaamse steden onder het flinke bewind van hun graaf een nieuwe, glorierijke bloeitijd tegemoet – wellicht ook, omdat het graafschap Holland en Zeeland door graaf Willem IV op de rand van de afgrond is gebracht:

'Kom!' Met geld, losgeschroefd uit alle delen van zijn graafschap, heeft Willem eindelijk een indrukwekkende strijdmacht op de been gebracht om Friesland aan zich te onderwerpen. Vele op buit beluste edelen hebben aan zijn oproep gehoor gegeven en hebben hun harnassen weer eens te voorschijn gehaald.

In september 1345 zeilt het Hollandse leger vol goede moed naar het Friese land. 'Daar komen ze, die varkens van de duivel!' Als de Hollandse vloot de kust nadert, staat een Friese vrouw jouwend op de dijk. Om haar verachting te tonen, tilt zij haar rokken omhoog en richt haar blote achterwerk laatdunkend naar de vijand toe.

'Hier...! Zó denk ik over jullie!' Een sprekender gebaar van hoon is nauwelijks denkbaar.

Enkele Hollandse boogschutters zien de humor er niet van in. Zij spannen hun boog. Pijlen snorren weg. Dodelijk getroffen stort de kloeke vrouw ter aarde.

'Kom, makkers!' Op 24 september gaan de Hollanders aan land en de opmars begint. Twee dagen later ligt Willem IV, de fou furieux met een verbrijzelde schedel bij de terp van het St. Odulfsklooster dood in de modder.

In de slag bij Warns zijn dan ook honderden ridders en voetknechten door de verbeten Friezen afgeslacht. Een schamel restant van het leger haast zich met de boten naar Holland terug.

Ook de laatste onderneming van graaf Willem IV is uitgelopen op een catastrofe.

Maar erger dan zijn nederlaag is het feit, dat hij gesneuveld is zónder een opvolger na te laten. Alle vuren, die onder zijn bewind hebben gesmeuld, alle spanningen, die zich tijdens zijn wanbeleid zo stelselmatig hebben vermeerderd, barsten met grote hevigheid los, als over de troonsopvolging onenigheid ontstaat.

De verwarde *Hoekse en Kabeljauwse twisten* gloeien op. Zij zullen de Lage Landen ruim anderhalve eeuw met onverzoenlijke hevigheid gaan teisteren...

Gedenksteen ter herinnering aan de slag bij Warns (1345).

Hoekse en Kabeljauwse twisten

Naarmate de kleine kabeljauw groeit, kan hij grotere vissen in zijn zwemgebied verschalken. Naarmate hij flinkere vissen opslokt wordt hij dikker en groeit zijn kracht. Als een groeiende kabeljauw hebben de graven van Holland om zich heen gehapt. Zij streven nu naar gewestelijke onafhankelijkheid, naar een eigen gezag, naar eenheid in hun gebied, omdat versnippering de macht ondermijnt.

'Iedere kabeljauw, zélfs de grootste, is te vangen met een hoek, of vishaak!' Mits handig uitgeworpen en van het goede aas voorzien, kan de hoek de kabeljauw doen spartelen aan de lijn en amechtig op het droge halen. Die vishaken zijn reeds eerder uitgeworpen, omdat de machtige edelen heer én meester willen blijven in hun eigen gebied – en niet gebaat zijn bij een sterk, grafelijk bewind.

Diep in het zwemwater, nog vrijwel onzichtbaar voor de hoeken én de kabeljauw, ligt de grondoorzaak van alle strijd:

Een feodale, versnipperde, voortdurend wisselende machtswereld zal met schokken moeten uitgroeien naar een nieuwe vorm. Het ontwakende gewestelijke bewustzijn zal moeten leiden naar een hechte eenheid en een sterk centraal gezag:

'Met vuur, bloed en tranen!' Want dát is het cement, waarmee iedere staat door vorsten en volk gegrondvest wordt...

Willem IV is gesneuveld. De schatkist is leeg en een manlijk opvolger is er niet. 'Het graafschap is een familiebezit. Het moet onder Willems zusters worden verdeeld,' denkt Eduard III van Engeland, die met Filippa van Holland is getrouwd. Als erfdeel voor zijn vrouw eist hij Zeeland maar vast voor zich op – en tracht met met geld en beloften een pro-Engelse partij in het leven te roepen.
'Daar komt niets van in!' vindt de Duitse keizer Lodewijk van Beieren, die met Willems zuster Margaretha is getrouwd. Officieel is hij nog steeds de leenheer van Holland, Zeeland en Friesland. Daarom heeft hij het láátste woord:

Op 15 januari 1346 verleent hij de opengevallen graafschappen, 'met kus en scepter' en de overige gebruikelijke plechtigheden aan zijn vrouw Margaretha!

Margaretha van Beieren komt naar Holland. Tijdens moeizame besprekingen tussen adel, geestelijkheid en vertegenwoordigers van de steden, wordt zij gehuldigd als gravin. Zij ontdekt al gauw, hoe het in haar graafschap is gesteld. Vrijwel nergens heerst rust.

Hoog in het noorden zijn de Schieringers en Vetkopers nog steeds druk in de weer om heetgebakerd op elkaar los te slaan.
'Nil time! Vrees niets!' roepen abten en priors tegen hun vrome broeders in de Heer. Deze kloosterheren oefenen hun monniken in de wapenkunst om zich doeltreffender op andere kloosters te kunnen werpen voor bezit en buit. Met een bonte schakering van motieven verbindt men zich trouwens overal in groepen om posities te versterken, vrijheden en privileges te winnen en platte, banale ruzies uit te vechten. Het regent klachten bij de nieuwe gravin:
'Vrouwe, ge moet ons steunen...' Boeren in het Kennemerland, opnieuw uitgezogen, lopen te hoop.
'De baljuws en ambachtsheren hebben naast de tiendheffingen, jachtrecht, visrecht en tal van andere heffingen, ons nu ook nog *het recht van de wind* opgelegd!' protesteren molenaars. Omdat de molens draaien op de wind (die de heren in eigen gebied in eigendom menen te hebben), hebben de baljuws die vorm van belasting ongestraft bedacht.
'Vrouwe, luister! Enkele van onze kooplieden, die voor zaken naar Keulen moesten, zijn daar gegrepen en gevangen gezet. Keulen wil geld zien...' klagen vertegenwoordigers en stadsbesturen.
'Waarom?'
'Omdat de schulden van grave Willem IV nog niet zijn betaald! Dat lot heeft ook elders al vele onschuldige kooplieden getroffen...'

In Dordrecht en Zierikzee ontlaadt het onbehagen der burgers zich in heftige strijd om het stadsbestuur. In Zeeland vechten Wolfert van Borsselen en Jan van Haemstede een oude vete uit. Vol wantrouwen zien de machtige heren van Egmond, van Arkel en van Heemskerk, dat gravin Margaretha zich heeft omringd met de heren van Wassenaar, van Duivenvoorde, en Polanen en van Heemstede – die al zo lang van het fluwelen kussen hebben geprofiteerd. Ook dát zet kwaad bloed.

IJverig deelt Margaretha privileges uit om een aanhang te winnen, maar temidden van alle moeilijkheden moet zij naar Beieren terug. De keizerskroon van haar man loopt daar ernstig gevaar.
'Luister Willem, mijn lieve zoon!' zegt Margaretha bij haar vertrek tegen haar 13-jarige jongen. 'Ik benoem jou tot verbeidend graaf!'

Met een Raad van de Van Duivenvoorde-kliek, onder leiding van de min of meer onpartijdige Jan van Beaumont, moet het knaapje als plaatsvervanger van zijn moeder het land gaan besturen.

'Grave Wullum, jouw beurt!'
De kleine, verbeidende graaf kaatst tegen de straatjongens van Middelburg. Hij verliest.
'Hier heer!' Willems roedrager Wijtkijn reikt de beurs:
'Om den kindren daer hi tieghens ghecaetst hadde te betalen...'
De verbeidende graaf heeft een druk bestaan: regelmatig krijgt hij schermlessen.

Keizer Lodewijk van Beieren (1314-1347) echtgenoot van Margaretha van Henegouwen.

Margaretha van Henegouwen (overleden 1356). Beeld van Michiel Ywijnsz. voor de gevel van het stadhuis van Middelburg (1514/18).

Middeleeuwen – Bourgondische tijd

Hij dobbelt in Den Haag en viert op Vastenavond het carnaval te Geertruidenberg – waar doedelzakspelers hem vermaken met hun vrolijk spel. Maar zijn leven heeft ook ernstiger kanten.

Hij is 15 jaar oud, als de oorlog met Utrecht opnieuw ontbrandt.
'Op naar Utrecht!' beveelt hij. Muzikanten, valkeniers en minstreels trekken met Willem mee, als hij een strooptocht naar Hopenesse onderneemt. Vandaar uit richt hij een nog kinderlijke uitdaging aan bisschop Jan van Arkel:
'Aan de eersame vader in Gode, heeren Janne van Arkel, bisschop te Utrecht,' laat hij schrijven. Zorgvuldig motiveert hij zijn oorlogsverklaring:
'Om het grote onrecht dat ons is geschied van u ende van de uwen met roven ende branden binnen onze (grens)palen...' En met een aandoenlijk gevoel voor het lot der kleine mensen voegt hij er nog aan toe:
'Het ware beter de strijd tot één dag te bekorten, omdat anders de arme luiden op beide kanten het ontgelden zouden...'
Daarom stelt hij de bisschop voor:
'Op de dag van morgen of op zijn laatst op de naastkomende dinsdag te strijden tussen IJsselstein en Jutphaas...' En of de bisschop maar gauw wil antwoorden.
De eerzame vader in Gode, Janne van Arkel antwoordt niet...

Terwijl de oorlog ongunstig verloopt, kan de Van Duivenoorde-kliek zich met de 'verbeidende graaf' nog steeds moeilijker handhaven.
'Vrouwe, wilt ge geen afstand doen ten behoeve van uw zoon?' stelt de Raad van edelen Margaretha voor.
'Wat biedt u?' vraagt Margaretha, want ze is een harde zakenvrouw.
'Een groot jaargeld en een som ineens!'
Die bedragen hebben zó'n omvang en zullen zó zwaar op de steden van Holland en Zeeland komen te drukken, dat overal verzet groeit. In de groep, die zich tégen Margaretha en tegen Van Duivenoorde keert, tekenen zich de *Kabeljauwen* af. De *Hoeken* zijn in de minderheid. Zij kunnen slechts steunen op het door hen zo bevoorrechte Dordrecht en een deel van het Zeeuwse land. Omdat alle macht hem ontglipt heeft de 16-jarige Willem zich naar Henegouwen begeven in de hoop, dat zijn moeder wat water in de wijn wil doen.
'Moeder, die bedragen die u geëist heeft...'
Hij doet zijn woordje, maakt haar duidelijk dat hij op zwart zaad zit en smeekt haar om geldelijke steun.
'Moeder, zonder uw hulp...'
'Ik denk er niet aan!' De harde, veeleisende Margaretha (inmiddels weduwe geworden!) toont zich weinig welwillend. Onverrichter zake keert Willem naar Holland terug. Zelfs die tocht levert moeilijkheden op. Wat een vernedering wacht hem in een herberg in 's-Hertogenbosch:
'Neen, heer, ge zult uw paarden hier achter moeten laten. Als onderpand voor de rekeningen, die ge niet betalen kan!' zeggen ze in Den Bosch – waar ook nog wel een rekeningetje zal openstaan voor Willem IV, le fou furieux!
'Maar ik beloof op mijn woord...'
'Neen, heer!'
In dit dieptepunt kiest Willem eieren voor zijn geld. Hij maakt zich los van de Van Duivenvoorde-groep. Hij benoemt nu Kabeljauwen in zijn Raad en laat zich in 1351 in Delft inhuldigen als graaf Willem V.

Het startschot van de Hoekse en Kabeljauwse twisten heeft dan al weerklonken:
'Tsa, tsa, mannen, pak an!' In Delft hebben enige Hoeken de Kabeljauwse edelman Klaas van Zwieten doodgeslagen.
'Dat nemen we niet!'
De woedende burgerij komt de straat op. Zij grijpen de daders, radbraken de schuldigen en nemen vervolgens het heft in eigen hadn.
'Tsa, tsa, tsa!' Overal werpen Kabeljauwen zich nu op de Hoeken. Zij slaan aan het belegeren van de burchten der Duivenvoordes, Polanes en Wassenaars. De Hoekse edelen verlaten het hof en wissen gelijk de sporen van hun knoeierijen uit:
'De boeken! De brieven!' Alvorens Van Duivenvoorde met zijn kornuiten naar Henegouwen vlucht, neemt hij een deel van de administratie van het graafschap mee. Er is verschrikkelijk mee geknoeid!

Ondertussen woedt de partijstrijd alom. In die strijd weerklinkt in de Lage Landen opeens een knal, die de geharnaste ridders, de landsdragers, boogschutters en voetknechten in totale verbijstering brengt...:

Gloria sine labore nulla,' mompelt de monnik Berthold Schwarz uit Freiburg, als hij met allerlei chemische middelen experimenteert om een bruikbare goudverf te krijgen: 'Zonder werk geen eer!'
Hij doet salpeter, zwavel en houtskool in een bronzen vijzel. Hij sluit de vijzel af, begint het mengsel boven een vuur te verhitten.

'Boem!'
'Heilige Moeder Gods!' Wat schrikt Berthold Schwarz, als de vijzel ontploft en aan stukken slaat. Misschien heeft hij gedacht, dat de duivel zelf hem kwam halen en snakkend naar adem in afweer snel een kruis geslagen!

Het kunnen ook andere geleerden en alchemisten zijn geweest, die tijdens talrijke proeven een bruikbaar kruit ontwikkelden. Velen hebben gezocht naar een sterkere stof van het *Griekse vuur*, dat de kruisridders zo in verbazing had gebracht.

Rond het jaar 1330 zijn de eerste primitieve vuurwapenen in West-Europa in omloop gekomen. Te Doornik wordt in 1346 een kanon beproefd – uit brons gegoten door een tingieter uit Brugge.
'Boem!' Wat een opwinding, angst en paniek:
'Bij alle heiligen, 't is ongehoord!'
'Duivelswerk!'
Al klappen de ijzeren potten – *donrebossen* – nog wel eens uit elkaar, zij zullen toch een keerpunt in de oorlogvoering gaan betekenen, want overal schaffen de landsheren zich die geschutbussen aan:
'Jan Rose, gij moet mijn geschutsmeester worden!'
'Geheel tot uw dienst, heer graaf!'
In 1351 neemt graaf Willem V de geschutsmeester Jan Rose in dienst, die zich met de aankoop van 'donrebossen ende cruut' moet bemoeien.

Al klinkt hier en daar het huiveringwekkende geknal van het nieuwe geschut, de Kat en Blijde moeten bij belegeringen toch nog het zware werk doen.
'Tsa, tsa!' roepen de edelen, als zij de evenhoge (belegeringstoren) of stormram naar een muur laten duwen. En als zij met die werktuigen geen succes hebben, dan blijkt vergiftiging van het bronwater voorlopig doeltreffender, dan een donrebosse ende cruut...

Terwijl de Kabeljauwen overal zegevieren – 17 burchten van Hoekse edelen gaan in puin – zoekt Margaretha met haar aanhang steun bij de Engelse koning. Met Engels geld werft zij troepen om haar zoon te dwingen tot gehoorzaamheid. Nog steeds eist zij de betaling van het hoge jaargeld op.
Het gaat hard tegen hard, als moeder en zoon hun krijgsmachten verzamelen. De beslissing valt op 4 juli 1351 bij Zwartewaal, waar de ruzie te land en ter zee wordt uitgevochten:

'Daar kwam heer Diederik van Brederode met veel ridders ende knechten om zijn rechte Lands-Vrouwe te helpen; daar kwam het tot een zware strijd, 'overmits dat daer enxtelick wert gevochten ende veel volcx doot bleef van beyden seyden...'
En Diederik van Brederode, 'die niet wijcken en woude,' werd daar gevangen met vele goede ridders ende knechten...'
Zo staat het in een oude kroniek. Het is voor de jonge graaf een mooie overwinning. 'Nu nog Engeland op mijn zijde,' denkt Willem V. Om zijn moeder de wind uit de zeilen te nemen, stuurt hij een gezantschap naar het Engelse hof om voor hem de hand te vragen van Machteld van Lancaster. Ook dat lukt!
In 1352 wordt het huwelijksverdrag gesloten, terwijl de láátste burchen der Hoeken in de as worden gelegd. Twee jaar later kan Willem, die dan stevig in het zadel zit, vrede sluiten met zijn moeder.
'Mogen de edelen, die mij steunden, naar

Het Milimete kanon, begin 14de eeuw. Deze illustratie uit Walter van Milimete De Nobilitatibus Sapientiis et Prudentiis Regum (1326-27), is de eerste ons bekende en bewaard gebleven afbeelding van een vuurwapen.

hun bezittingen terugkeren?' vraagt Margaretha van Beieren haar zoon.
'Laat ze maar komen!' zegt Willem. En dan opeens, heel driftig:
'Maar ze zullen ervoor moeten betalen!'

Oprecht streeft de jonge graaf naar verzoening der partijen en tracht hij de grondoorzaken van alle onrust te ontdekken. Hij zoekt naar een nieuwe vorm van bestuur:
'Wilt gij niet eens uw denkbeelden voor mij op schrift stellen?' vraagt hij aan zijn vertrouweling, Philips van Leyden. En dat gebeurt:

'Het recht moet de onschendbare grondslag zijn voor de staat. Het leenstelsel moet vervallen, want de vorst moet als dienaar van zijn land en zijn volk kunnen regeren over zijn gehele gebied...'

Dat zegt Philips van Leyden, die in de kalme pastorie van zijn broer (pastoor te Noordwijk) is opgevoed en zich opwerkte tot lid van de Raad van graaf Willem III en IV.

Zoals andere Hollanders heeft hij aan de Universiteit van Orleans rechten gestudeerd en later te Parijs zijn doctorstitel behaald in het kanoniek recht. In zijn *Tractatus de cura republicae et sorte principantis*, dat hij op verzoek van Willem V schrijft, pleit hij niet alleen voor de ondergang van het leenstelsel.
'Een vorst moet zich omringen met rechtsgeleerden,' zegt hij. 'De edelen kunnen een rol spelen bij de verdediging van het land, maar moeten uit belangrijke bestuursfuncties worden geweerd!'

Philips van Leyden, later gezant bij de paus in Avignon en benoemd tot vicaris te Utrecht, groeit uit tot een der leidsmannen van de Kabeljauwen. Hij tekent de staat, zoals die later zal komen: De koning, bij de gratie Gods, alleenheerser over zijn gebied, waarin de edelen hun macht moeten verliezen!

De kans om het tractaat van Philips van Leyden in praktijk te brengen, krijgt Willem V helaas niet. De bekwame, stugge, in zichzelf gekeerde graaf raakt meer en meer in de greep van zijn hevige, onbeheerste driftbuien.
'Bij God... bij God!' ziedend slaat hij in een aanval van woede een trouw en toegedaan raadsman dood. Zijn omgeving vreest dan al het ergste. Somber kan hij voor zich uitstaren, terwijl zijn gedachten ronddwalen in het niemandsland van zijn verwarde geest. Hij is pas 24 jaar oud, als volslagen krankzinnigheid in hem losbreekt.
'Wij staan machteloos,' zeggen vier heelmeesters uit Delft, die hebben gedaan wat ze konden, maar zonder resultaat.
'Kom...' Macheld van Lancaster is genoodzaakt haar man op te sluiten in de Henegouwse burcht Quesnoy. Nog 30 jaar lang zal Willem daar, in een paar vertrekken, zijn waanzin uitschreeuwen. Zijn jongere broer, hertog Albrecht van Beieren, komt nu als ruwaard naar het noorden om het bewind over Henegouwen, Holland, Zeeland en Friesland in handen te nemen. Het geeft aanleiding tot nieuwe strijd.

Iets meer Hoeks (conservatief) dan Kabeljauws, draagt Albrecht het bestuur op aan een commissie, die uit leden van beide partijen bestaat. Een algehele verzoening lijkt even op handen, maar de oude geweldaden hebben steeds weer nieuwe moordpartijen tot gevolg:
'Daar komt de baljuw!' fluisteren Kabeljauwse heethoofden in het Kennemerland. Als ervaren sluipmoordenaars hebben zij de Hoekse, pas benoemde baljuw Reinoud van Brederode in een hinderlaag gelokt.
'Sla toe!'

Als hij vlakbij is, springen zij uit hun schuilplaats te voorschijn. De baljuw geeft zijn paard de sporen en kan nog net bijtijds ontkomen.
'Ik vraag asiel!' zegt Reinoud van Brederode, die zich in een kerk redt – en daar moet wachten tot hulp opdaagt. De aanranders vluchten weg naar het Kabeljauwse Delft en naar het slot van de heer van Heemskerk (die misschien een oude vete heeft willen beslechten met een moord!).

Albrecht ziet in het gebeuren een Kabeljauwse samenzwering, die hij hardhandig in de kiem wil smoren.
'Beleger het slot Heemskerk en grijp de schuldigen!' beveelt hij aan de Hoekse heer van Polanen.

De hertog keert nu naar Holland terug om zo nog zelf te kunnen ingrijpen. 'Heer, onlusten in het graafschap! Enkele edelen zijn met opstandige Delftenaren tot de aanval overgegaan!'

Een aantal Hoekse burchten wordt door Kabeljauwen belegerd.

Hertog Albrecht acht het noodzakelijk om zelf tegen het opstandige Delft van leer te gaan. Zijn plannen om naar Brussel te gaan moet hij nu laten varen en zal hij pas het volgend jaar ten uitvoer kunnen brengen. Met weemoed denkt hij aan het toernooi dat hij moet laten schieten en aan de mutsen van rood en groen laken, die hij had willen bestellen voor zijn gevolg. Zó getooid – als jongens van één club – had hij de reis willen maken.

Maar het is nu geen tijd voor feestkledij maar voor de wapenrok.
'Roept mijn strijdmacht op!'

Vele verbitterde Hoeken komen zich melden...

'Boem!'

Donderbussen knallen af en toe rond de muren van Delft, waar het krijgsvolk van ruwaard Albrecht de tenten heeft opgeslagen.
'Tsa, tsa!' Blijden zijn in stelling gereden en de evenhoges zijn naar de muren geduwd. Reeds twee maanden duurt het beleg en nog steeds houdt Delft stand, al beginnen de poorters toch wel te wanhopen.
'Hoe langer we ons verweren, hoe heviger onze straf zal zijn!' zeggen ze benauwd.
'We moeten onderhandelen!'
'Ja,ja, anders gaan we er allemaal aan!'
'Een andere weg is er niet,' mompelen de heren van het stadsbestuur. Ze gaan op weg om te horen, welke capitulatievoorwaarden Albrecht stelt. Zijn eisen zijn niet gering:
'Een boete van 60.000 schilden! Afbraak van poorten en versterkingen. En gij zult mij moeten smeken om lijfsbehoud!'

Smekend om lijfsbehoud! Er zit niets anders op.

1000 Delftse mannen en 500 vrouwen trekken barrevoets en met loshangende haren deemoedig en als ware boetelingen langs vrouwe Machteld van Lancaster en de ruwaard heen:
'Vergeving, heer! Spaar ons leven, heer! Erbarmen!' Voorop, op blote voeten, lopen de schout en schepenen om de sleutel van de stad aan de ruwaard te overhandigen!

Hoewel een ridder van de oude stempel, zet Albrecht zich als een verstandig staatsman in om de tegenstellingen in het ontvlambare graafschap op te heffen. Hij bewerkt de Hanzesteden om hun stapel te Dordrecht te vestigen en geeft de Hollandse steden een flink aandeel in het landsbestuur. De welvaart neemt toe. Desondanks komt het tijdens zijn bewind (1358-1404) toch steeds weer tot opstootjes en vechten?
'Maar dat is boven *recht en rede*! roept een nijdige Otto van Arkel, als hij ervaart, hoe de ambtenaar van de tollen te Niemandsvrient, de tolgelden int voor de graaf – en daarbij ook zichzelf niet vergeet. Otto van Arkel begeeft zich naar Niemandsvrient, de voorpost van de Dordtse stapel.
'Ha, knaap.' Woedend slaat hij de inhalige

Duiveluitdrijving bij krankzinnigen door de heilige Dimpna. Detail van het Dimpnarentabel in de kerk van Geel, vervaardigd door Jan de Wavre (midden 16de eeuw).

Middeleeuwen – Bourgondische tijd

Ziekenzorg, miniatuur uit Jehan Miélot, *Miracles de Nostre Dame* (15de eeuw).

tollenaar de hersens in. Dan rijdt hij schuldbewust naar het grafelijke hof. In de *Kroniek van het Land van Arkel* staat vermeld, met welke onsterfelijke woorden Albrecht de heer van Arkel die moord vergeeft:

'Isser een boef doot? So blijft hij doot! Is 't anders niet? Coom dy daerom hier? Dat was geenen noode. Laet ons gaen eten...'

Dit keer loopt het met een dinertje af, maar vaker gaat het hard tegen hard en komen er geen vriendelijke eetpartijtjes aan te pas:

Haarlem, in het jaar 1377: De zon is opgegaan boven de stad. Het eerste daglicht valt op de huisjes van leem, met stro bedekt, waarin de armere gezinnen samenhokken in één vertrek: De zon beschijnt ook de houten huizen van de gegoede burgers en de trotse woningen van steen, die de aanzienlijken hebben opgetrokken.
'En zorg dat je met aalmoezen thuiskomt,' zegt de moeder tegen haar gebrekkige kind. Met de allerarmsten heeft zij onderdak gevonden in de open gewelven van de stadsmuren.

Bij het eerste licht is Haarlem tot leven gekomen. In de werkplaatsen en onder de kleurrijke uithangborden klinken de stemmen van de poorters over de dingen van de dag:
'Bij Sint Maurus, die boeteprediker stookte mij het vuur in 't lijf!' mompelt een bakker, terwijl hij een brood van de plank pakt. Hij rilt nog van de woorden, die een rondreizend priester over de menigte heeft uitgestort. Vooral de beschrijving van de hel vliegt als een spookbeeld door de geest.
'Een aalmoes, ik kan niet lopen!' Een in vodden gehulde bedelaar steekt zijn haast zwarte hand naar een koopman uit.
'Als ge niet lopen kunt, spaart ge weggeld uit!' lacht een viskoper en hij vervolgt grinnikend zijn weg.

'Uitdeling van dakpannen? Zijtsgewis?' vraagt een zadelmaker aan zijn vriend. Driemaal binnen 50 jaar hebben brand een goed deel van de stad verwoest. Niet voor niets stimuleert de stadsraad steenbouw en worden dakpannen soms gratis verstrekt.

Druk, bont, levendig klinkt het geschreeuw op het markplein. In de kroegen praten de mannen over de komende jaarmarkt, een gildefeest en een processie, of de prijs van het graan. En heel wat woorden worden aan de meiden van het badhuis gewijd:
'Die tieten van de dikke Marie, man, als ik daar naar kijk ...' Zonder enige gêne worden de bekoorlijkheden van de halfnaakte diensters in het badhuis besproken.

Het is een dag als alle dagen, maar plotseling wordt de rust verstoord.
'Wullum, kom hier!' roept een moeder, als de heer van Brederode met een aantal kornuiten de straat inrijdt...
'Here God, Weg! Weg hier!'

Opeens raast geweld door de straten van Haarlem, als een heftige vechtpartij uitbreekt tussen Simon van Saenden (Kabeljauw) en de heer van Brederode (Hoek).
'Pak ze! Vat aan!'
'Sla dood! Sla dood!'

Al strijdend moet de heer van Saenden zich met de zijnen terugtrekken in zijn woning aan de Koningsstraat. Brederode gaat met zijn aanhang tot de belegering over.
'De deur! Ram de deur in!'

Ze dringen met geheven zwaarden naar binnen. Met dolle drift zetten zij het gevecht in de woonvertrekken voort.
'Nee, nee!' Het angstige gegil van vrouwe van Saenden klinkt in het achterhuis, als zij ziet hoe haar kisten, tafels, stoelen worden vernield.
'Fláts!' Haar kostbare tin-en vaatwerk vindt een weg naar vijandige hoofden. De omstanders op straat horen geschreeuw, gebrul en gekraak van meubilair. 'Ráng!'

Daar komt het eerste lijk door de ramen naar buiten. Het is een Hoek. In de thuisstrijd heeft de heer van Saenden duidelijk het voordeel van eigen terrein.
'Ráng!'
'Weer één...'
'Da's drie...'

Veertien Hoeken worden, de één na de ander, in de Koningsstraat gesmeten. Ze zijn allen morsdood.
'Nou is de beurt aan ons, roept Simon van Saenden. Na de spectaculaire overwinning maakt hij zich met zijn Kabeljauwse vrinden meester van het stadsbestuur.

Als na een bloedige dag de duisternis over Haarlem schuift, valt de stilte over de stad.

Verlichting kost geld, dus kruipen de ouders met hun kinderen – zodra het donker wordt – naakt in één groot bed.
'Wel te rusten!'

Het is stil en donker in Haarlem. Slechts bij hoge uitzondering hangt er een lantaarn aan de huisgevel van een aanzienlijk heer...

De nacht is ook gevallen over het graafschap Holland, waar in de ommuurde steden de kerktorens naar de sterren reiken. De armen zijn onder de wol gekropen na een maaltje bonen met zure saus.
'Bij Sint Teunis!' Heel wat edelen liggen na een overdadig feestmaal naast hun lieve vrouwen te boeren en te zuchten met een overspannen maag. Bij Sint Teunis, het was ook wat:
'Een hespe, een stuk rundvlees, een schapen schoudere, een hamelen bout, een bruynen hutspot met pruimen, boter ende caes en een gerookte tong met fruit...'
En de rinse wijn gleed er lekker en overvloedig in.
'Heilige Moeder Gods,' bidt een meisje van lichte zeden, dat *sich bruiden laat om ghelt*. Zij maakt zich grote zorgen. Het stadsbestuur heeft haar verwezen naar de bordelen achter de kerk van onze Lieve Vrouwe. Ook is haar de toegang tot het badhuis ontzegd, terwijl zij dáár juist zulke goede zaken deed. Wat moet er van haar worden?

In de kerkers zuchten de boosdoeners. Oók zij bidden. De beul zal hen een hand afhakken, radbraken, vierendelen of branden met een langzaam vuur.

Vrijwel het gehele graafschap Holland bidt, nu de nacht is gevallen. Er is zoveel te vragen; er is zoveel angst.
'Domine, non sum dignus – Heer ik ben U niet waardig!' prevelt een pastoor in zijn bed. Hij voelt de zachte dijen van zijne jonge huishoudster tegen zich aan. 'Ik zal een karper nemen,' denkt de jonge huishoudster, want de pastoor krijgt morgen gasten.

Ze zal die vis bereiden met gember, kaneel en geweldde rozijnen.

En er is nog goede, witte wijn.
'Heer, mijn oogst komt in gevaar,' murmelt een landman, die nog een aantal dagen verplicht moet werken aan de dijk – en daardoor niet toekomt aan het binnenhalen van zijn graan. Biddend – en soms vloekend – woelt hij heen en weer tot de slaap hem uit zijn zorgen verlost.

In de ziekenhuizen doen begijntjes hun ronde. Minderbroeders leggen er de lijken af, want dat is één der zeven werken van barmhartigheid. Jan Rose, de geschutsmeester, denkt aan de donrebosse ende cruut. Hij heeft 50 geschutsposten bij Nijs in Rotterdam gekocht, maar een aantal daarvan is gebarsten.

'Heer, als gij me wilt helpen...' De machtige heer van Arkel overweegt, hoe hij zijn landsheerlijkheid tussen Holland, Sticht en Gelderland kan vergroten en ook hij wendt zich tot God.

In de Henegouwse burcht Quesnoy liggen de angstige meiden en knechten woelend wakker, omdat Willem V, *de dolle hertog*, graaf van Holland, Zeeland, Henegouwen en heer van Friesland, woedend door zijn vertrekken raast en zijn bezetenheid uitschreeuwt in de nacht.

Duisternis valt over de Lage Landen. In de diepe stilte van de lantaarnloze, middeleeuwse nacht slapen de machthebbers, de aanzienlijke edelen, de eenvoudige ridders, de poorters en horige boeren. Zij allen samen, groot en klein, zullen de uitkomst van de dag van morgen bepalen.

De poortwachters doen hun ronde. Buiten de muur schommelt een lijk aan de galg even door de wind heen en weer.

Het woud zonder genade

Het volk ging onderling strijden
De heren scheidden zich in partijen
Men ging de boeren zó kastijden
Dat ze rouwden om hun leven.
Had iemand geld of goed te vergeven
Dat hij het snel wegschonk was het beste!
Het ging zo wonderlijk op het lest
Dat niemand meer onthouden kon,
Wie waarvoor vocht en hoe het begon.
Dus was het een woud zonder genade...

Met dit (vrij bewerkte) rijmpje beschrijft Willem van Hildegaersberch de Hoekse en Kabeljauwse twisten.

Het woud zonder genade! In dat woud knaagt de angst voor oorlog en brandschatting, voor willekeur en pest. Daarin heerst het onbehagen over de kanonnen, die nu voor het eerst hun dreigend gebulder laten horen. Daarin slaat de dood schrikwekkend toe.
'Kijk, kijk!'
Onthutst wijst het volk naar de duivels, die monniken als zwarte, monsterlijke, afschrikwekkende gestalten op schilderijen hebben afgebeeld. Is dat het achterland van de dood? Iedereen weet, dat de ziel als een klein naakt meisje bij de laatste ademtocht uit de mond van een stervende trekt.

In het woud zonder genade zoeken de mensen naar vertier, naar plat vermaak, naar gemakkelijke afleiding voor de bedreigingen van leven en dood. De hang naar rijkdom, de zucht naar praal, de fantastische opsiering van liefdadigheidswerk, de verwijfdheid in de mode, de vraatzucht, de wilde pret in bordelen, het dronken gelal op de feesten der gilden weerspiegelen hoe adel of volk de onzekerheden van het leven ontvlucht.

Maar in de ontredderde wereld weerklinken altijd weer de stemmen van mensen, die diep bewogen en met wijsheid naar een antwoord zoeken voor het verwarde bestaan. Soms vinden zij een weg door het woud zonder genade...

In oktober van het jaar 1340 werd in een deftig huis aan de Brink te Deventer een jongen geboren. De verheugde vader, die schepen is, geeft menig rondje.
'Een roemer wijn?'
'Ei, ei?'
'Ik heb een zoon gekregen!'
'Zo, zo! Hoe heet de jongen?'
'Geert!'
'Op de gezondheid van je zoon dan, schepen Grote!'
Geert Grote krijgt eerst in Deventer, later in Aken, het beste onderwijs dat er te krijgen is. Op zijn 15de jaar trekt hij naar Parijs, waar hij wijsbegeerte en rechten met toewijding studeert.
Als meester in de vrije kunsten voltooit hij zijn studie in Praag – waar ook Petrarca studeert – en in Avignon, waar onder de kunstzinnige paus Urbanus V het humanisme bloeit en het werk der klassieken alle aandacht krijgt.

Met zijn innemend uiterlijk, zijn omvangrijke kennis en buitengewone welsprekendheid, krijgt Geert Grote bij de kerk in Utrecht en Aken eervolle posities. In die funkties kan hij zijn passie in praktijk brengen: het opbouwen van een bibliotheek.
'Ja, het is prachtig geworden!' Liefkozend glijden zijn handen over de boeken, die hij overal voor aanzienlijke bedragen voor zich kopiëren laat.
Heeft Geert Grote ooit de veel oudere Johannes Ruusbroeck ontmoet? Misschien is hij enkele keren in het klooster Groenendaal niet ver van Brussel bij de vrome, intelligente, diep schouwende geestelijke op bezoek geweest.

'Ga zitten, mijn zoon!'
Ruusbroeck is een verstilde persoonlijkheid. Hij heeft in zichzelf drie trappen ontdekt, waarlangs de mens kan opklimmen naar het wezen van God. Met grote visie heeft hij zijn gedachten schitterend helder voor het volk in de Dietse taal opgeschreven. In de stilte van zijn studeerkamer is Ruusbroeck toch een strijdbaar man. Met hartstochtelijke verontwaardiging keert hij zich tegen de ontaarde kerkvorsten om zich heen:
'Ziet ze aan, die prinsen der heilige kerken, of ze goede herders zijn. Hun paleizen zijn vol bedienden. Daar is macht en rijkdom, overvloedige spijs en drank, menigvuldige klederen, kostelijke juwelen en al die sier en desondanks komen ze steeds te kort. Hoe meer ze zich verrijken, des te gieriger ze zijn...'
Ruusbroeck is begaan met het lot der verwarde mensen:

(Pagina 132) Johannes van Ruusbroeck (1293-1381).

Heraut van Gelre met wapenmantel. Illustratie uit *Gelre's Wapenboek*, vervaardigd tussen 1369-1396.

Eigenhandig geschrift van Thomas à Kempis met op de rechterpagina het begin van zijn *Over de navolging van Christus* en op de linker bladzijde de inhoudsopgave van dit boek.

Middeleeuwen – Bourgondische tijd

'De schapen dazen en dolen, maar de kerkvorsten zoeken hen niet. Al worden ze door de duivel en de wereld in de grond der hel verleid, zij (de prinsen der kerk) wijzen hun de weg der waarheid niet...'

Van de waarheid, die hij in de geschriften van Ruusbroeck vindt, wil Geert Grote getuigen. Onweerstaanbaar groeit in hem de drang, strijd te voeren tegen hun wereldse kwaad:

'Dit is de schenkingsakte...'

Op 20 september 1374 schenkt Geert Grote zijn ouderlijk huis en erf in de Begijnenstraat te Deventer aan 'Jongeren ende weduwen, die Gode willen dienen in cuisheit!'

Hij laat zich wijden tot diaken om te kunnen prediken in het omringende land.

Hartstochtelijk valt hij ontaarde geestelijken aan:

'Die losbandige monniken... de hebzucht van de priesters!'

Prekend in de volkstaal te Amsterdam, keert hij zich fel tegen de wantoestanden in de kerk. Heftig protesteert hij tegen de bouw van de Dom te Utrecht, die alleen maar dient ter meerdere glorie van de burgerij, de architect en het stedelijk bestuur. De gelden van de armen worden voor een onnut doel besteed! 'Dat zijn de woorden van de duivel zelf!' zeggen de aangevallen geestelijken.

Het regent aanklachten, beschuldigingen en menig verwijt.

'Dat hebt ge wél gezegd!'
'Dat heb ik niet gezegd!'

Om getuigen voor zijn preken bij de hand te hebben, reist Geert Grote voortaan met een notaris en twee klerken rond.

Broeders des gemeenen levens! Dat is de gemeenschap die hij sticht met zijn vrienden Floris Radewijnszoon, Vos van Heusden, Johannes Brinckerinck en Johannes van Kempen – broer van Thomas à Kempis – die zich een Latijnse naam heeft aangemeten en als schrijver van *Over de navolging van Christus* beroemd zal worden. Hun stemmen van protest tegen de ontaarde kloostergeestelijkheid worden gehoord. Hun voorbeeld van 'moderne devotie' vindt overal navolging – vooral bij de jongeren is zijn invloed groot. In Utrecht, Gelre, Holland en Groningen ontstaan de huizen van de Broeders des gemeenen levens, die hun inkomsten en al hun bezit aan de gemeenschap afstaan.

'Wie de jeugd bezit, bezit de toekomst!'

Met dát in gedachten geven zij hun tijd en aandacht aan scholen, waar kinderen onderwijs krijgen in grammatica, logica, ethica en filosofie. De school van Johannes Cele te Zwolle telt allengs 800 tot 1000 leerlingen. De armen onder hen hoeven niet te betalen voor de schrijfbehoeften en het papier.

'De mens en zijn verhouding tot God...'

De broeders, predikend in de taal van het volk wekken op tot individueel geloof. Zij dwingen de mensen tot nadenken en leggen de basis voor de grote hervormingen van de kerk.

'Non libet!' zegt de verstarde kerk. Hoewel de overheid de gemeenschappen steunt, verbiedt de kerk Geert Grote in het openbaar te spreken. Zij trekt de preekvergunning van de broeders in.

'Ik beroep mij op de paus!' zegt de strijdbare Geert Grote. In afwachting van die uitspraak, wijdt hij zich te Deventer vol overgave aan de slachtoffers van de pest. Hij is pas 43 jaar oud, als de gevreesde ziekte ook hem aantast. Hij sterft rustig in de kracht van zijn geloof, terwijl om hem heen heftige tweestrijd het leven in de Lage Landen ontwricht en verscheurt...

Bloedige onlusten in Gelre, als hertog Reinoud II sterft en zijn weduwe het bewind voor haar zoon Reinoud III in handen neemt.

'Niet zij en dat kind, maar ik, ik moet de hertog zijn!' roept Eduard, Reinouds broer. Natuurlijk staat een aantal edelen direct gereed om ten koste van elkaar te streven naar meer invloed en meer macht.

'Ik kies voor Eduard,' zegt Gijsbrecht van Bronkhorst tegen zijn vrienden. Hij heeft grote bezittingen aan de IJssel en in Brabant en hoopt zijn gebieden nu te kunnen uitbreiden ten koste van het Sticht.

'Heer van Hekeren, ik reken op uw steun,' zegt de bisschop van Utrecht, die ogenblikkelijk in het Oversticht naar bondgenoten zoekt om de geduchte Van Brinkhorst te kunnen weerstaan.

Weldra staat Gelre in lichterlaaie. De *Bronkhorsten* (Eduards partij) trekken met hun aanhang tegen de *Hekerens* (Reinouds partij) ten strijde. Zij zoeken bondgenoten en ieder heeft zijn prijs:

'Luister, heer van Lynden...'
'De kans is schoon, heer van Bylant!'
'Uw beloning zal niet uitblijven, heer van Kuilenburg...'

Wat te doen met al die heren, die elkaar in de edele haren vliegen? Ze rukken tegen elkaar op en slaan elkaars burchten in puin.

'Ik beloof jullie je vrijheid, als jullie mijn zaak willen steunen!' zegt Eduard tegen de horige boeren op de Veluwe, die hij wil winnen voor de strijd.

'Op voor hertog Eduard!'

De horigen grijpen hun wapens en mestvorken, verzamelen zich en trekken op. Zij hebben geen idee, waarom ze eigenlijk gaat. Wél weten ze, op wie zij zich nú willen wreken:

'Kom op, mannen. Wat let ons?'

Weldra banjeren de horigen plunderend en brandschattend naar Arnhem om zich met grote verbetenheid op hun eigen landeigenaren te werpen. Of dat Hekerens of Bronkhorsten zijn, laat hen zo koud als een steen.

De schade neemt nog toe, als de heer van Arkel zich in de strijd mengt en er weer nieuwe onoverzichtelijke bondgenootschappen worden gesloten:

Het ging zo wonderlijk op het lest
Dat niemand meer onthouden kon
Wie waarvoor vocht en hoe het begon...

Op de achtergrond speelt de oorlog tussen Engeland en Frankrijk een belangrijke rol.

Een aantal heren in de Lage Landen heeft zich, hetzij aan Engeland, hetzij aan Frankrijk, voor behoorlijke vergoedingen verhuurd. De Kabeljauwen en Hekerens wensen aansluiting bij Frankrijk, terwijl Hoeken en Bronkhorsten steun gaan zoeken in het Engelse kamp.

Ook het graafschap Gulik raakt in rep en roer, als een woeste troep het land binnenrukt.

'Een menigte koppen, heer, in verroeste helmen met baarden van grijnzende kerels erin!' komen angstige boeren aan hun landsheer melden.

'Wat voor volk is het? Wat is hun strijdkreet?'

'Het zijn Brabanders, heer...'

Brabantse huurlingen, in Engelse dienst, zijn het graafschap Gulik binnengevallen en óók daar voeren de heren over en weer verbitterde strijd.

Kleine krijgsbendes rukken op: geharnaste ridders, snoevende woorden, galopperende boodschappers, een hinderlaag, een brandende burcht, een doodsschreeuw, verraad, gevangenschap:

Daar rijdt hertog Reinoud van Gelre door de Betuwe. De handen zijn hem op de rug gebonden. Omgeven door vijandige krijgsknechten hobbelt hij op de rug van zijn paard naar het Huis te Rozendaal. In de veldslag bij Tiel, in het jaar 1361, is hij in gevangenschap geraakt.
'Maar ik beloof...' Hij belooft zijn bewakers van alles, maar het is te laat:
'Ha, gij wilt de stal sluiten als het paard gestolen is...'

Later overgebracht naar het slot Nijenbeek moet hertog Reinoud 10 jaar lang zijn vrijheid missen. Als hij eindelijk het gevangenvertrek mag verlaten, kan hij niet door de deur. Was het vraatlust of hongeroedeem, dat zijn lichaam als een ballon deed zwellen? Werklieden moeten een deel van de muur wegbreken, voordat hij zijn bloedend hertogdom weer binnen kan rijden.

'Ha, ha, ha, dat is een mooie zaak!' lacht de overmoedige Zweder, heer van Voorst en Keppel. De bisschop in het Oversticht trotserend, houdt hij zich met brutale rooftochten in het leven en hij staat voor niets. In Zwolle steekt hij de huizen buiten de muren in brand en werpt zich daarbij op onschuldige mensen.
'Grijpt ze!' roept hij naar zijn knechten. Ze springen uit een hinderlaag te voorschijn en nemen 70 Zwolse burgers gevangen voor hun roofzuchtige heer. 'Ha, ha, ha! 70 burgers. Dat kan een mooie losprijs worden!' Glunderend neemt Zweder, heer van Voorst en Keppel, de ongelukkigen mee en zet hen gevangen in zijn onneembaar geachte burcht. Dan stuurt hij bericht naar Zwolle en laat daar weten, wat hij voor hun vrijlating ontvangen moet.
'Zo helpe mij God, daar zal hij voor boeten,' mompelt de eerzame vader in Gode, de bisschop Jan van Arkel. Hij roept zijn strijdmacht op. Hij krijgt steun van de steden in het Oversticht – in ruil voor een aantal privileges.

'Op voor de bisschop!' roepen de nijdige Zwollenaren. Zij voeren werptuigen aan, die steenklompen van 1300 pond naar de muren kunnen slingeren.
'Op voor de bisschop!' klinkt het ook in Deventer. De stad zendt boogschutters met een ruimte tent, een eigen kok, een eigen kapelaan en een nieuw geschilderd banier met zijden franje om tegen Zweder te strijden.
'Breng alles in rekening voor de bisschop!' zegt het stadsbestuur tegen Dirk de Hoyer van de Rekenkamer. Dirk noteert nauwkeurig wat alles kost:
'13 pond voor meester Gosen uit Nijmegen!' Meester Gosen kreeg een grote opdracht:
'Gy moet eynre grote donrebusse smeden en 10 andere donrebussen en 10 hameren tot den bussen...' De totale rekening van Deventer voor de bisschop bedraagt 2550 pond.

De strijd begint.
'Die burcht blijft staan tot Sint Juttemis!' Mistroostig schudden de boogschutters uit Deventer het hoofd, als zij het formidabele bouwwerk van heer Zweder voor zich zien.
'Dubbele grachten. Een stenen ringmuur 3½ meter dik en 24 meter hoog. Poorten van zwaar ijzer en dan nog die vierkante voorburcht buiten de gracht!'
'Dat zal ons wat lieve maanden kosten,' mompelen de Deventenaren.
Maar de bisschop zegent de wapenen en dat geeft de boogschutters weer wat moed. De belegering begint – met alle vindingrijkheid, waarover men in die dagen beschikt:
'De vlotten zijn klaar, heer!'
'Vaar van de zware stormram naar de toren!'
Angstig kijken de krijgers van de bisschop naar de hoge muren, waarop de mannen van Zweder honend gereedstaan met kokende olie en gloeiend pek. Toch krijgen zij de stormram op zijn plaats en het doffe, regelmatige gedreun begint. Weken later zakt de trotse toren in elkaar en vernielt in zijn val de grote zaal van de burcht.
'Vooruit, dicht het gat. Aan het werk!'
Zweder is niet voor één gat te vangen. Haastig laat hij nieuwe versterkingen opwerpen en het lukt de belegeraars niet de vesting binnen te dringen.
'De stormladders!' Breng de stormladders naar de muren!' Steeds weer dragen de belegeraars de lange ladders aan. Onder dekking van hun stevige schilden trachten dapperen naar boven te klimmen.
'Ja, nú!' beveelt Zweder. Zijn mannen werpen haken aan touwen naar de ladders!
'Halen!'
Via flinke katrollen hijsen ze de ladders over de muur in de burcht, terwijl de vijand schreeuwend van angst naar beneden springt – soms getroffen door de rondsnorrende pijlen.
Lange, trage, eentonige weken met wat gewonden en doden rijgen zich aaneen. Dan komen enkele slimme Zwollenaren naar de bisschop.
'Wij weten, hoe we de heer Zweder kunnen pakken!'
'Nu...?'
'Als we half verrotte dierenlijken over de muren schieten...'
'Op mijn woord!' lacht de bisschop. 'Geen paarlen, maar dode zwijnen voor de zwijnen!'
Aanzienlijke hoeveelheden bloederige, half vergane kadavers kwakken de krijgsknechten met de catapulten over de muur – met neuzen dicht. Tot het uiterste gebracht door ziekte en stank, moet Zweder, heer van Voorst en Keppel, zich tenslotte overgeven.
'Vrije aftocht met bezit van wapenen? bedingt hij van de muur.
'Toegestaan!'
Ongehinderd marcheert Zweder en zijn mannen weg. De onneembare burcht is genomen. Werklieden slopen het bolwerk – steen voor steen.
'Die stenen willen wij wel kopen!' zeggen enkele rijke poorters in Zwolle. Vermoedelijk hebben zij er nieuwe huizen mee gebouwd.

Elders gaat de strijd niet anders. Nieuwe oorlog in Gelre, als de opgezwollen Reinoud III kort na zijn vrijlating sterft. Zijn beide dochters staan elkaar dan fel naar de macht.
'Gelre behoort mij,' zegt Machteld, de oudste dochter en weduwe van Jan van Kleef.
Zij krijgt ogenblikkelijk alle steun der Hekerens.
'Mijn zoon is de rechtmatige erfgenaam!'

Middeleeuwen – Bourgondische tijd

Onder Beierse hertogen

(Pagina 133) Graaf Reinoud IV van Gelre († 1403) met Sint-Nicolaas.

meent dochter Maria. Zij is getrouwd met Willem van Gulik. De Bronkhorsten, 28 belangrijke edelen bij elkaar, scharen zich achter haar.
'Wij kiezen voor Machteld!' roept het stadsbestuur in Arnhem. Nijmegen en Tiel kiezen daarop de partij van Maria en de Bronkhorsten. Als vanouds staan Veluwe en Betuwe tegenover elkaar. Krijgsbenden trekken van her naar der, tot Machteld in 1379 het veld ruimt – met een behoorlijke schadeloosstelling en behoud van haar titel hertogin.

Volslagen anarchie heerst inmiddels in het noorden. Occo tom Broke noemt zich heer van Brockmerland in Oost-Friesland en als een onbeperkt machthebber bestuurt hij zijn gebied. Edo Wiemken zit in zijn sterk slot te Jever en heerst over Rustringen en Astringen met even harde vuist.
'Ja, jullie kunnen rekenen op krijgsvolk en geschut voor een deel van de buit,' zeggen zij tegen de Friese zeerovers, die met flinke vloten de Hanzeschepen overvallen.
'Op, op!' roept de adel in Oostergo en Westergo, die zo nauw met de kerk is verbonden. Ook zij willen een deel van de Friese koek. Zij slepen de half wereldse geestelijkheid met zich mee: rijke kloosters werpen zich in de strijd. En erger: de twist tussen de partijen gaat dikwijls van de kloosters uit.
'Vooruit broeder Bernardus, hef dat zwaard hoger en dan pas slaan!'
'Trek de pees wat strakker aan, broeder Vincent. Bij God, hou jij het liever bij een lans!' Het is niet ongewoon, dat de priors en abten hun monniken zwaardvechten en boogschieten leren. Het komt ook voor, dat de monniken in hun eigen gevechtsijver hun eigen abt doodslaan, omdat hij vreedzaam weigert ten strijde te gaan.
De *Schieringers* (schiere is de grauwe pij van de Cisterciënsers) zoeken steun bij de boeren en pachters die beducht zijn voor verdere uitbreiding van de adellijke macht.
De Harinxma's uit Sneek zijn hun aanvoerders. Daar tegenover groeperen zich de Vetkopers.

Hoe ontstellend verward zijn de bloedige ruzies van al die adellijke families. Zij hebben vaak verspreide bezittingen: in Gelre, in Brabant, in Holland of het Sticht. Hoewel zij in vele gevallen aan elkaar verwant zijn, is hun haat en hebzucht er niet minder om. Rusteloos zijn ze bezig elkaar uit te schakelen voor een landgoed, een heerlijkheid, een erfdeel of een baljuwschap.
'Voorwaar, schone neve, laat ons optrekken tegen oom Jan!'
Zij wisselen steeds weer van partij, trachten steden voor zich te winnen, of halen zich juist de vijandschap van poorters en boeren op de hals.
Rokende burchten en brandende boerderijen zijn het gevolg, als Kabeljauwen, Schieringers, Hekerens en Lokhorsten, zich keren tegen Hoeken, Vetkopers, Bronkhorsten en Lichtenbergers. Het lage land ontaardt in een woud zonder genade...

'Bekeert u... Bekeert u en doet het haastiglijk! Het einde der dagen is nabij!' Boeteprediker voorspellen de ondergang van de wereld, nu het leven gevangen ligt in oorlog, burgerstrijd, hongersnood, watersnood en de rondrazende pest. Het lijkt, of de wraak van God op de wereld is neergehageld.
'Domine, miserere...: Heer, ontferm U.'
Uit angst voor hemelstraffen gaan flagellanten twee aan twee door de straten. Zij ranselen elkaar met zwepen, of kastijden elkaar met kettingen om de zonden uit het lichaam te bannen en smeken Gods genade af. De dood is immers zo nabij en de kerk blijkt niet langer in staat de gelovigen zekerheid te geven. Té lang hebben pausen elkaar vanuit Rome en Avignon bestreden en politiek misbruik gemaakt van het interdict (de ban). Té lang hebben bisschoppen hun hebzucht getoond. Té lang hebben priesters gemarchandeerd met de sacramenten. Waar is nog kracht te vinden?
'Dans van de Dood!'
In het holst van de nacht dansen mannen en vrouwen die macabere dans op een afgelegen kerkhof. In hun anst en bijgeloof dragen zij hun zware missen aan de duivel op. Want als de hemel niet luistert, wenden zij zich in hun nood tot de heersers der hel. De schapen dolen...
Overal zoekt men naar hervorming, naar nieuwe wegen. John Wycliffe (1384), professor in Oxford, richt zijn aanval op de kerk: 'De Bijbel is de basis van alle geloof. Daar is geen kerk voor nodig!' roept hij zijn studenten toe. 'Pelgrimstochten naar heilige plaatsen zijn nutteloos voor het heil van de ziel. Geen priester kan een mens redden, door het toedienen van een sacrament!'
Om zijn denkbeelden te ondersteunen, heeft Wycliffe de bijbel vanuit het Latijn in het Engels vertaald. Zijn volgelingen – vooral armere mensen – trekken de wereld in om die boodschap uit te dragen als getuigen van God.
De edelen zoeken naar middelen om de leegheid van het ridderschap nieuwe inhoud te geven. Overal zijn ridderordes ontstaan:
'Honni soit qui mal y pense: Schande over hem, die er kwaad van denkt!' Met dat motto heeft Edward III van Engeland in 1348 al zijn befaamde Orde van de Kouseband ingesteld – nadat hij een beminde hofdame, wier kous afzakte, hoffelijk hielp.
Wat kan men doen met de boosheid der wereld! De mensen bidden, vasten, liggen zorgelijk wakker, drijven handel, ploegen hun akker, marcheren mee met het leger van een hertog of graaf. Wat iedereen zoekt en wat niemand nog vindt in het woud zonder genade is de weg, die zo schemerig vaag naar de toekomst loopt...

Onrust beheerst ook het leven in het Vlaamse land, dat gebukt gaat onder de oppermacht van Gent. Keer op keer richt de rijke stad zich tegen het gezag van Lodewijk van Male, Vlaanderens graaf, terwijl het volk luidschreeuwend eigen eisen kenbaar maakt:
'Hogere lonen!'
'Een beter bestuur!'
'Weg met de schout en schepenen!'
Steeds weer krijgt de graaf te maken met oproeren, opstanden en loonstrijd. Allerlei sociale groeperingen vliegen elkaar vol onbehagen naar de keel.
Wat Lodewijk van Male ook probeert, hoezeer hij ook neutraal tracht te blijven ten opzichte van Frankrijk en Engeland, de zaken lopen hem voortdurend uit de hand.
Hij zoekt tenslotte toch buitenlandse steun:
'Luister Margaretha,' zegt hij tegen zijn dochter. 'De tijd is gekomen, dat je zult moeten trouwen!' Na lang wikken en wegen heeft graaf Lodewijk de vierde zoon van de Franse koning voor zijn dochter uitgezocht. Zó verschijnt Filips de Stoute de hertog van Bourgondië, in de Lage Landen, waar hij met vlaggen en feesten wordt binnengehaald.
'Waarom heet de hertog Filips *de Stoute*?

Filips de Stoute, borstbeeld in reliëf van gepolychromeerd albast.

vraagt een Vlaamse jongen aan zijn vader.
En de vader vertelt:
'Hij verwierf die trotse bijnaam in de slag bij Poitiers, in het jaar 1356. In die veldslag tegen de Engelsen heeft hij zich dapper geweerd. Hij was toen 14 jaar. Twee jaar ouder dan jij!

Gehuld in een klein harnasje, op maat gemaakt, had Filips bij Poitiers moedig op Engelse helmen en maliënkolders ingehakt en de regen van pijlen getrotseerd.
'Het was zijn eerste grote gevecht!'

In het strijdgewoel had hij zijn vader, de koning van Frankrijk, zwaar gewond ter aarde zien storten.
'Terug, Terug!' schreeuwden de Franse edelen, toen een nederlaag onafwendbaar leek. Haastig waren zij van het slagveld weggereden om gevangenschap en de strop van een losprijs te ontlopen.
'Maar hertog Filips bleef bij zijn vader!'

Met een trouw, die in die wilde jaren weinig voorkwam, was de 14-jarige Filips zijn vader in gevangenschap gevolgd.
'En zijn beloning is niet uitgebleven!'

Voor zijn moed en trouw had hij Touraine in leen gekregen, dat hij in 1363 voor Bourgondië had geruild. Nu heeft hij de hooghartige Margaretha gehuwd, omdat hem dáárdoor Vlaanderen ten deel zal vallen. En wellicht ook Brabant, waar Lodewijk van Male met succes een opvolgingsoorlog had gevoerd.
'Is het een goed vorst, vader?'

De vader glimlacht, haalt zijn schouders op.
'Het zijn ongewisse tijden. Laten we het maar hopen, zoon!'

Met geduldig onderhandelen weet Filips zijn macht gestadig uit te breiden. Hij is een meester in het zoeken bij zijn tegenstanders naar een zwakke plek. Met takt en met de kracht van Franse wapenen weet hij zijn schoonvader te behoeden voor de ondergang en... het rijke Vlaanderen als zijn toekomstig erfdeel zeker te stellen. Maar zonder strijd gaat dat niet!

'Moeten wij ons neerleggen bij het bestuur van de graaf, die zozeer met de Fransen heult?' kankeren ontevreden burgers in Gent.
'Wij zijn rijk genoeg om eigen legers te huren. Met Brugge en Ieper kunnen wij de macht over Vlaanderen proberen te vestigen. Dan blijven we baas in eigen huis!'

De moord op baljuw Rogier van Outrive is aanleiding tot een grootscheepse opstand van het rijke Gent.
'Op voor de vrijheid!'
'Op naar Brugge!' Op tegen graaf Lodewijk!'

Onder aanvoering van Filips van Artevelde, de zoon van de vermoorde Jacob, trekt een flinke Gentse strijdmacht naar Brugge om graaf Lodewijk uit de stad te verjagen. Ze dringen er binnen, razen met geheven zwaarden door de straten heen.
'Plons!' In alle verwarring duikt de arme Lodewijk in de gracht. Zwemmend door het stinkwater redt hij nog net bijtijds het vege lijf.
'Vrijheid, vrijheid!' De wevers juichen hun Gentse bevrijders toe. Uitgelaten werpen zij zich op de huizen van de patriciërs om naar hartelust aan het plunderen en moorden te slaan.

Even ziet het er naar uit dat in Vlaanderen de volkspartij zal zegevieren. Met enthousiasme smeden de volksleiders hun plannen voor de toekomst, maar dat duurt niet lang.

'Mijn rijke erfdeel,' denkt Filips de Stoute. 'Dat loopt verkeerd!' Als de drommel begint hij in Frankrijk troepen te werven. De minderjarige koning, die speelbal is van de hertog van Bourgondië en van de hertogen van Berry en Anjou, stelt zich persoonlijk aan het hoofd van het leger.

De Fransen trekken door het Vlaamse land, bezetten steden, veroorzaken paniek:
'We gaan vreselijke tijden tegemoet!' voorspellen de zwartkijkers.
'Welnee, Willem. Denk aan wat vroeger gebeurde. Gent brengt een machtig leger op de been. Je zult eens zien, óók wij hangen straks de gouden sporen van die Franse heren in onze kerk!'

Maar Willem schudt zijn hoofd. Somber overweegt hij, hoe hij zijn geld, zijn vrouw en kinderen in veiligheid kan brengen. Waar moet hij heen?

Artevelde trekt het Franse leger tegemoet. Zullen de Vlaamse steden zich nu definitief boven de ridderschap verheffen – zoals reeds in Italië en Zuid-Duitsland is gebeurd? De burgers in Parijs, in Luik, in Brabant, Holland en Zeeland wachten gespannen af, wat de uitslag van de krachtmeting in Vlaanderen zal zijn.

Westrozebeke, West-Vlaanderen, 27 november 1382: Filips van Artevelde is zeker van de overwinning, als hij met zijn strijdmacht tegenover de Fransen staat:
'We geven geen enkel Frans edelman kwartier!' zegt hij tegen zijn aanvoerders, gedachtig aan de Guldensporenslag.
'Sla ze allemaal dood, maar laat de Franse koning, die nog een kind is, leven. Dan kan hij Vlaams leren bij ons in Gent...'

De Vlamingen lachen. Dat de Franse koning Vlaams zal leren lijkt een goede grap. Maar de Fransen lachen het laatst:

Binnen een half uur zijn de Gentenaren in de pan gehakt. Ook Filips van Artevelde heeft geen kwartier gekregen. Zijn lijk ligt tussen de gesneuvelden op de met bloed bevlekte Vlaamse grond.
'Pak hem op! We nemen hem mee naar Gent!'

Gebonden op een rad wordt Arteveldes verminkte lichaam aan het volk getoond. Met bikkelharde maatregelen roept Filips de Stoute de opstandige steden in naam van zijn schoonvader tot de orde en onverbiddelijk spreekt hij recht:

Middeleeuwen – Bourgondische tijd

Detail van de graftombe van Filips de Stoute.

'Zij zullen boeten met de dood!'
123 Bruggenaren, die zich voor de opstand beijverden, moeten hun leven beëindigen op het schavot. Van 281 burgers worden alle goederen en al het bezit verbeurd verklaard.
Ondertussen plunderen Bretonse troepen Kortrijk en de omliggende dorpen. Onthutste burgers melden de machteloos geworden graaf Lodewijk wat er is gebeurd:
'Heer, onze stad is genomen!'
'Door wat voor volk?'
'Het waren Bretons, heer graaf!'
'Ha, Bretons! Zij zijn slecht volk. Zij zullen de stad plunderen, verbranden en dan vertrekken. Wat is hun strijdkreet?'
'Wel heer, zij roepen La Trimouille...'
De graaf knikt, maar hij kan niets meer doen. Als hij twee jaar later sterft, neemt Filips de Stoute, hertog van Bourgondië, Vlaanderen in naam van zijn vrouw in bezit. Dan richt hij zijn blikken hongerig naar het noorden! Niet meer strijd, maar door een huwelijk van zijn beide kinderen hoopt hij daar een goede slag voor zijn nageslacht te kunnen slaan...
'Een dubbel huwelijk!' denkt ruwaard Albrecht van Beieren. Opnieuw tracht hij te overzien, waartoe het huwelijk van zijn onstuimige zoon Willem en zijn dochter Margaretha met een dochter én zoon van Filips de Stoute kan leiden. Zij doen in menig opzicht een goede partij, als, als, als...
Met groot gevolg, de prachtigste kleren mee, begeeft hij zich naar Kamerijk in Vlaanderen, waar het dubbele huwelijk zal worden voltrokken. Alle uitnodigingen zijn verstuurd. Het zal een schouwspel worden.
'De Vlaamse hofschilder, Melchior Broederlam uit Ieper, heeft opdracht de trouwpartij in een drieluik te vereeuwigen,' heeft zijn dochter verteld. Dat is allemaal mooi, denkt de ruwaard, maar hij vraagt zich steeds weer af, of hij verstandig heeft gedaan zijn kinderen aan de machtige Bourgondische hertog te binden.

Kamerijk, Vlaanderen, 1385: In de feestelijk versierde stad is een luisterrijk gezelschap bijeengekomen. Daar zitten de neven uit Frankrijk, de voornaamste edelen uit andere gewesten met hun schitterend getooide vrouwen in de grote kerk bijeen.
'In naam van de Vader en de Zoon en de Heilige Geest...'
Albrecht werpt een tevreden blik op het kostbare huwelijkskleed van zijn dochter Margaretha, die voor het altaar naast Jan zonder Vrees is neergeknield. Dan kijkt hij, iets bezorgder, naar zijn zoon Willem die nu aan Filips de Stoutes dochter, óók een Margaretha, zijn jawoord geeft.
Oude formules weerklinken. Plechtige gezangen van het koor stijgen naar de hemel op.
'Dominus vobiscum...' De Heer zij met U.
Nu toch tevreden denkt Albrecht, dat hij voor zijn kinderen een schitterende partij heeft gevonden. Zouden ze gelukkig worden? Een overbodige vraag. voor geluk was het huwelijk in zijn kringen niet bestemd. Zijn zoon en dochter zullen wel minnaressen en minnaars vinden, waarmee de liefde kan worden beleefd. Misschien kijkt Albrecht tijdens de kerkdienst even naar Jan, heer van Kleef, die zich op 63 bastaardkinderen beroemt.
Straks de maaltijd, de feesten, de toernooien. Straks zullen beide echtparen hun vertrekken opzoeken voor de eerste huwelijksnacht. De gasten zullen de jong getrouwden naar de slaapkamers vergezellen en de banaalste grappen, de grofste speculaties maken, hoe het in de nacht zal gaan:
'O, Margaretha, denk eraan dat je...'
'Cher Guillaume, pour l'amour, tu sais...'
De ruwaard van Holland, Albrecht van Beieren mijmert voort. Dan verheft hij zich. De bisschop geeft eindelijk zijn zegen:
'Dominus vobiscum: De Heer zij met u lieden. Amen. Et cum spirito tuo: En met uw geest,' antwoorden de aanwezigen.

Zonder twijfel hebben Willem en Margaretha, Margaretha en Jan zonder Vrees de *Roman de la Rose* gelezen: de bonte, wulpse, middeleeuwse bijbel van het liefdeleven, waarin het plukken van de roos de geslachtsdaad symboliseert.
Dat openhartige geschrift heeft overal stof doen opwaaien.
'Ik zou liever mijn hemd verliezen dan deze roman,' hebben de vooraanstaande godgeleerden gezegd. Maar anderen noemen het boek een bron van onzedelijkheid. Vanaf de kansel keren zij zich heftig tegen de tinteling der vleselijke lust.
'Vanwaar de bastaarden, vanwaar de kindermoorden, de afdrijvingen? Vanwaar de haat en vergiftigingen van echtgenoten?' roepen zij vol afschuw uit. Heftig veroordelen zij de bandeloosheid, die de *Roman de la Rose* teweeg zou hebben gebracht.
De liefde is een zaak, die iedereen intens bezig houdt. Met al die huwelijken, die uit politieke noodzaak zijn gesloten, maar ook om de spanning en ellende van pest en oorlog te vergeten, richten landsheren *Liefdehoven* in. Dat zijn gerechtszittingen, waarin de adel zich met hoofse ernst in Amors tuinen verstrooit. Zij groeien uit tot een cultus, die naar extreme normen, naar vastheid en spelregels zoekt.
Feestavonden en gezelschapsspelletjes staan dikwijls in het teken van de liefde. Dan vragen lieflijke dames aan hun ridders:
'Beau Sire, wat woudt ge liever willen: dat men kwaad sprak van uw geliefde en gij haar goed bevond? Of dat men goed van haar sprak en gij haar slecht bevond...'

Die vraag is zeer van toepassing op Albrecht, want de Hoekse edelen in Holland en Zeeland spreken veel kwaad over Aleid van Poelgeest, zijn jonge, bekoorlijke vriendin. De oude ruwaard is na de dood van zijn vrouw tot over zijn oren op haar verliefd. Hij 'bevindt' haar lief en goed, want Aleid krijgt juwelen en huizen in Leiden en Den Haag – in tegenstelling tot de vele andere vriendinnen, die Albrecht in zijn onstuimig liefdeleven versleten heeft.
'Mijn lieve Albrecht...' fluistert ze gelukzalig, als haar bezit aanzienlijk groeit. Men denkt dat zij haar Hoeksgezinde minnaar zó weet te bespelen, dat zij af en toe benoemingen voor haar Kabeljauwse vrienden losflirten kan. Maar niets lijkt minder waar, want zijzelf stamt uit een Hoeks milieu. Haar vader is rentmeester van Zuid-Holland en voogd van Albrechts jachtslot Teylingen. Aleid bezit geen politieke invloed. Toch is het opvallend, hoeveel Kabeljauwse edelen vanaf 1388 door de ruwaard op van oudsher Hoekse posten worden aangesteld. De gevolgen daarvan blijven niet uit. Ontevreden Hoekse edelen steken de koppen bij elkaar:
'Dit gaat toch te ver!'
'Is het de invloed van die vermaledeide Aleid...?'
De Hoeken zien hoe de sympathieën van de ruwaard nog toenemen, als hij een jaar later zijn eindelijk gestorven, krankzinnige broer als graaf van Holland, Zeeland en Henegouwen opvolgen. Aleid begeleidt hem op zijn langdurige huldigingstocht.
'We moeten eens gaan praten met graaf Willem!'
De Hoeken beginnen het benauwd te krijgen. Velen van hen zoeken steun bij Albrechts zoon Willem (van Oostervant) – een graag feestende, wilde ruchtersbaan, die tot gouverneur van Henegouwen is benoemd. Bij hem, de opvolger, zoeken de Hoekse edelen alvast toekomstige posities en zekerheid.
'Wij moeten ons aaneensluiten, anders lopen ze ons straks onder de voet,' zeggen daarop de Kabeljauwse edelen tegen elkaar en ook zij sluiten een verbond.
Zo staan weer twee partijen gespannen en vol wantrouwen tegenover elkaar, als met een laffe moord de vonk in het kruit wordt geworpen:

Den Haag, 22 september in het jaar 1392:
'Daar komen ze!'
Dirk en Hugo de Blote staan met 9 à 10 helpers bij het Binnenhof te wachten. Met een moord willen zij het getij in hun voordeel doen keren. Steeds weer kijken ze om zich heen. Dreigt nergens gevaar? Hun paarden staan voor een snelle aftocht gereed.
'Ja, nu!'
Ze lopen jonkvrouw Aleid van Poelgeest, die met de hofmeester naar buiten is

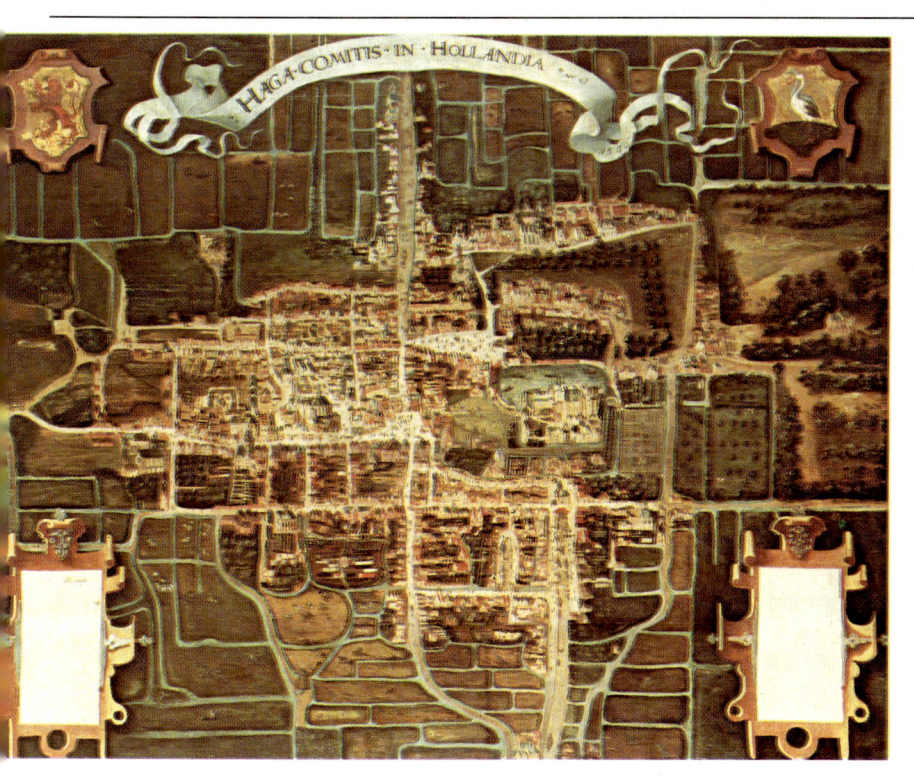

Illustratie uit *La Cité de Dieu* van Augustinus, met graaf Willem VI (met hermelijnen kap) en Jan van Beieren (met hermelijnen voering in zijn capuchon) aan de voeten van de kerkvader.

Het grafelijk hof in 's Gravenhage. Schilderij uit de Hollandse School (ongeveer 1570).

gekomen, tegemoet. Ze groeten haar vriendelijk, om zich niet verdacht te maken. Dan trekken zij hun wapenen. Een tijdgenoot beschrijft wat er gebeurt:
'... Toen wierdt in Den Hage dootgeslagen, Jonkvrouw Alyd van Poelgeest, 's Hertogen Aelbrechts boele (bijzit)... En toen Willem Kuser, des Hertogen Hofmeester, haar beschermen wilde, wierdt hij op haar lyf doot geslagen van dezelven, die dezen moord deden, endie die dit feit deeden, ruimden terstond het land en liepen weg. Ende van desen dootslagh quam eene groote beroerte in den lande...'

Albrecht is geschokt als hij hoort van de moord op Kuser en zijn geliefde. Toch aarzelt hij om een vervolging in te stellen tegen de schuldigen.
Eerst op 28 mei volgt het proces. 54 Hoekse edelen zijn voor het gerecht gedaagd, tot driemaal toe, maar uitsluitend wegens hun aandeel in de moord op Willem Kuser! Niemand verschijnt; 32 van hen worden verbannen.
Volgens het recht van die tijd moesten de huizen of burchten van de veroordeelden worden afgebroken. Weer aarzelt Albrecht. Eerst in het najaar ontvangen baljuws en stadsraden grafelijke bevelen om de burchten en huizen neer te halen en geen steen op de andere te laten.
Ook tegenover zijn zoon Willem van Oostervant neemt Albrecht een verzoenende houding aan. Hij stelt alles in het werk om zijn zoon te sparen. Willem daarentegen is woedend, dat het hem niet is gelukt om de schuldigen buiten schot te houden. Hij zoekt nu zijn heil ver van het hof in Den Haag, in het Franse land...
Toch komt het weer tot een verzoening tussen vader en zoon, als Margaretha van Kleef in 1394 de vergrijsde Albrecht huwt. Zij heeft een kalmerende invloed op haar gemaal. De Hoekse edelen keren geleidelijk aan weer terug. En ook Willem kan weer zijn opwachting maken – met plannen voor een kruistocht, waarvoor hij in Frankrijk enthousiast is geraakt. Zijn vader ziet daar niet veel in:

'Willem,' zegt Albrecht nuchter, 'aangezien gij wenst op krijgstocht te gaan naar Hongarije en Turkije, om wapenfeiten te zoeken tegen lieden en landen, die ons nooit iets hebben misdaan, en gij geen andere redelijke grond hebt, dan om de ijdele roem dezer wereld, – laat toch Jan van Bourgondië en onze neven van Frankrijk hun emprises vervullen en vervult gij uw eigene! Ga in Friesland ons erfdeel veroveren...'
En dat is, wat Willem tenslotte doet – mede op dringend verzoek van de Hollandse steden, want de zeeroverij van de Friese vrijbuiters betekent een ramp.
Tijdens vier rauwe veldtochten trekken de Hollanders (vooral Hoeken) met behulp van de Vetkopers rovend en plunderend door het Friese land. Maar dan komen de Schieringers met een massale volksbeweging in opstand.
'Dood aan de Hollanders. Weg met de Vetkopers!' Ze slaan de Hollandse ambtenaren dood en jagen hen, mét de Vetkopers, het land uit. Tot onderwerping komt het niet.
Strijd, strijd, steeds weer nieuwe strijd! Daar trekt Keno tom Broke met wraaklustige Vetkopers naar Groningen. Hij maakt zich meester van de stad en begint van daaruit Friesland te brandschatten en plunderen.
'Kom ons toch helpen!' Nu zijn het de Schieringers, die steun in Holland komen zoeken – dit keer bij de Kabeljauwse partij.
Maar ook de Kabeljauwen raken in het nauw, nu Wilem het bewind van zijn oude vader meer en meer in handen neemt. Hoeken en Kabeljauwen vechten in Holland weer om het been, terwijl een derde partij er lachend mee hoopt weg te lopen:
'Arkel, Arkel!' roepen de krijgsknechten van de heer van Arkel, die zich met steun van Gelre op het verdeelde Holland werpt.
Lange én bloedige strijd moet Willem voeren, als hij in 1404 als Willem IV de macht geheel in handen krijgt.
Belegeringen, verwoeste burchten, gekonkel en verraad. In de steek gelaten door zijn bondgenoten, moet Jan van Arkel zijn land en de stad Gorkum aan Holland afstaan. Zelf vlucht hij naar Brabant, maar zelfs daar is hij niet veilig voor vijandelijke wraak.

'Pak hem!' beveelt Willem. En waarachtig: drie van zijn ridders krijgen Jan van Arkel te pakken en voeren hem als gevangene naar Den Haag. Tien jaar lang zit hij daar in een kerker!
Ook andere Kabeljauwse edelen, zoals Jan van Egmond en Willem van IJsselstein, zien hun bezittingen aan Willem verloren gaan. Hagestein, Everstein, Altena, burcht na burcht gaat in de as.
De Hoeken gaan onder Willem goede tijden tegemoet. Zelfs de moordenaars van Aleid kunnen weer veilig in Holland leven. Zij hebben de moord geboet met een bedevaart naar Lyon – en daar 800 zielmissen laten lezen voor de gemoedsrust van Aleid. Met 400 vrienden en magen komen zij naar Den Haag om in de kerk een knieval te doen.
'Gij wordt mijn *klerk van de kost!*' zegt Willem tegen Hugo de Blote.
Hij is hem toch wel dankbaar voor de moord. Landschenkingen als beloning raken uit de mode, want de dagen der vrije heerlijkheden zijn geteld. En *klerk van de kost* is een beste baan.
Niet alleen in Holland, maar ook elders moet Willem strijd voeren. Hij beveelt zijn leenmannen en ridders: 'We moeten mijn broeder helpen in Luik!'
Willems broeder Jan van Beieren is tot bisschop gekozen, maar de strijdbare burgers van Luik weigeren met hem in zee te gaan. Met geweld brengt een Hollandse strijdmacht Jan van Beieren tenslotte toch in de stad.
'We zullen ze leren!' zegt bisschop Jan. Domheren en burgers, die zich vijandig toonden, worden zonder onderscheid ter dood gebracht.
'Hoe, heer bisschop?'
'Laat ze vierendelen, branden en verdrinken!'
Vele Luikenaars, waaronder vrouwen, vinden in de Maas hun eind.
Jan zonder Genade! is de naam, die de nieuwe bisschop zich verwerft voor de gruwelijke manier, waarop hij alle tegenstand breekt.
Wat denkt hij, als hij in de Luikse Dom de hoogmis celebreert en moet getuigen van de liefde Gods?
'Dominus vobiscum...' Hij zal de Latijnse formules uitspreken, maar vermoedelijk denkt hij daarbij aan het graafschap Holland. Zijn broer Willem heeft een slepende beenwond opgelopen, die niet geneest. Voor alle zekerheid laat de nieuwe bisschop van Luik zich nog niet wijden: als naaste manlijke erfgenaam maakt hij een kans op het Henegouwse en Hollandse graafschap. Dat heeft hij liever dan het bisdom Luik. Misschien weerklinkt het gebed van de niet gewijde bisschop in de grote Domkerk: 'Heer in de hemel, Uw wil geschiede...'

Middeleeuwen – Bourgondische tijd
Vrouwe Jacob

Kruisvinding. Keizer Constantijn (met staf) heeft de trekken van keizer Sigismund. Achter keizerin Helena Willem VI (hoed met bontrand) en Jan van Beieren.

Daar ligt de wereld in de eerste helft van de 15de eeuw. In de verbeelding van de mensen is het nog steeds een platte wereld.

'Waag je niet te ver, zeeman! Achter de wijkende horizon leven monsters. En doodenge duivelen zuigen hun prooi daar van het aardoppervlak af...!'

De kerk heeft het te druk gehad met haar eigen machtsstrijd om al het afwijkende geloof op te heffen. Twee, zelfs drie pausen hebben tegenover elkaar gestaan. Maar als stemmen van protest tegen alle wantoestanden zich steeds luider verheffen, gaat de Heilige Kerk tot de tegenaanval over. Zij richt zich nu tegen afwijkende meningen en bijgeloof. Soms gaat dat behoorlijk grof:

'Graaf zijn lijk op!' bevelen kerkvorsten. Het gebeente van John Wycliffe wordt in Engeland uit de grond gehaald en in het openbaar verbrand.

Verontwaardigd over die daad begint Johannes Hus, rector van de universiteit te Praag, Wycliffes woorden te herhalen. Dat leidt onder zijn studenten tot heftige rellen: tégen en vóór!

Een ridder wordt aangekleed voor de strijd. Pages binden hem zijn zwaard en sporen om terwijl hij zichzelf de bepluimde helm opzet. Miniatuur uit de gedichten van Christine de Pisan (Frans, circa 1415).

'Het interdict voor Johannes Hus!' zegt de paus. 'Dagvaardt hem naar het concilie te Konstanz!'

'Krijg ik daarvoor een vrijgeleide?' vraagt de in de ban gedane Hus, die de kerkvaders allerminst vertrouwt. Ze beloven het hem met nadruk.

Daar staat Johannes Hus op het concilie voor de in het rood geklede kerkvorsten. Vrijmoedig uit hij zijn denkbeelden. Hij kan immers ongehinderd terugkeren naar Praag?

Toch wordt hij gegrepen, gevangen gezet én veroordeeld.
'Maar mijn vrijgeleide.'
'Wij achten een belofte, aan een ketter gegeven, niet bindend.' is het minderwaardige antwoord dat hij van de kerkvaders krijgt.

Johannes Hus beëindigt zijn leven als martelaar op de brandstapel van de Heilige Kerk. Dat is het begin van vervolgingen tegen ketters, heksen, anders denkenden. Godsdiensttwisten mengen zich in het politieke en nationale strijdtoneel.

Terwijl aanhangers van Hus in een eigen staat een soort christelijk communisme willen grondvesten, komt in Europa het vroege kapitalisme steeds steviger op de benen te staan. Sprekend voorbeeld daarvan zijn de Fuggers, bankiers in Zuid-Duitsland. Overal vestigen zij kantoren, waar klerken en schrijvers zich over de boekhouding buigen.

Jan IV van Brabant, echtgenoot van Jacoba van Beieren, tekening van Jan van Eyck.

Het is de tijd van de renaissance, die in Italië reeds eerder begonnen is. Herontdekt wordt de antieke wereld van Plato en Homerus, van Horatius en Cicero tot een nieuwe levende kracht. Het is alsof verborgen menselijke krachten plotseling losbreken en het creatieve vermogen zich overal in schilderkunst, boeken, bouwwerken, wetenschap en uitvindingen openbaart.

Een reactie op de onzekere tijd? Vooral in Italië, waar de Medici met hun onvoorstelbare rijkdommen artiesten stimuleren, komt de kunst tot grote bloei.

Het is een tijd van ontstellende armoede. De ingang der rijke kerken liggen vol met vervuilde, mismaakte bedelaars.
'Erbarmen!'

Dat erbarmen is er wel, maar een houvast ontbreekt, nu alles wankelt en tweestrijd overal woedt:

Op het platteland zijn streken, waar zelfs het getok van een kip of het gekraai van een haan niet meer te horen is, omdat oorlogvoerende krijgsheren daar keer op keer met hun plunderende

legers zijn gepasseerd. Het is de tijd van wilde uitspattingen, van ontstellende zucht naar praal en uiterlijk vertoon. Daar komen de rijke heren van de schutterij met hun vandels en hun kleurrijke uniformen. Daar komen de rederijkers – met hun blazoenen met naam en zinspreuk – op een landjuweel:
'De drie Santinnen uit Brugge!'
'Ha, let op, de Violieren uit Antwerpen!'
'Kijk, 't Bloempje van Jesse uit Middelburg!'
Het volk klapt en lacht, als de narren en zotten hun sotternieën opvoeren en de rederijkers bij haagspelen en refreinfeesten, hun wedstrijden houden in voordracht en spel. De altijd aanwezige dood kijkt toe...

Hengelpartij aan het hof van Willem VI van Holland (op de voorgrond rechts met de orde van de Kousenband). De twee vrouwen met gouden ketting moeten Jacoba van Beieren en haar moeder Margaretha van Bourgondië zijn. Tekening, begin 15de eeuw, vermoedelijk omstreeks 1600 bijgeschilderd.

Den Haag, 31 mei 1417: Willem VI, hertog van Beieren, graaf van Holland, Zeeland, Henegouwen, heer van Friesland ligt op zijn sterfbed. De slepende beenwond heeft zijn gehele lichaam aangetast en hij wacht op de dood. Hij denkt aan zijn dochter Jacoba, die zich in Henegouwen bevindt. Voor háár heeft hij van de edelen en steden in Holland en Zeeland een dure eed geëist: 'Wy erkennen die doorluchtige vorstinne, onse genadige Vrouwe Jacoba van Beyeren als rechte erfgenaem ende leenvolchster des Hoochgeboren Vorsten ons lief genadichs Heeren Hertoge Willems van Beyeren...'

Vrouwe Jacob! Zo wordt Jacoba van Beieren in haar tijd genoemd. Zij is een mooi, hartstochtelijk, fel levend meisje, reeds weduwe van de Franse dauphin en 16 jaar oud.

Op zijn sterfbed denkt graaf Willem VI aan zijn enige dochter. Zal zij zich met steun van haar Bourgondische grootvader in het Hollandse en Henegouwse graafschap kunnen handhaven? Tegenstanders zijn er genoeg.

'Arkel... Egmond...' mompelt graaf Willem. De kans lijkt groot dat die Kabeljauwse edelen de wapens tegen haar zullen opnemen en de bisschop van Luik als graaf gehuldigd willen zien. Willem VI weet, dat zijn broer Jan zonder Genade als bisschop geen wereldlijke heerschappij mag voeren – tenzij hij als kerkvorst ontheffing krijgt van de paus. Zou keizer Sigismund hem desondanks met Holland willen belenen...?

'Domine, miserere...'

In de ziekenkamer branden kaarsen. Een priester houdt het kruis op. Zijn helpers prevelen de gebeden der stervenden 'Jacob...'

Graaf Willem woelt op zijn sterfbed. Was het verstandig geweest op een huwelijk aan te dringen tussen zijn dochter Jacob en haar 13-jarige neef Jan van Brabant? Met een man naast zich zal niemand haar het vaderlijk erfdeel betwisten. Of wel? Zal de paus voor dit huwelijk tussen neef en nicht dispensatie geven?

'Domine, miserere mei preccatoris...' Heer heb medelijden met deze zondaar.

Nauwelijks heeft Willem VI de ogen gesloten, of een wilde burgeroorlog breekt in de Lage Landen los. Pausen, keizers, Engelse en Franse troepen zullen zich mengen in de strijd! De hoofdrolspelers in dit drama nemen hun plaatsen in:

Aan de ene kant: Vrouwe Jacob, geboren op Sint Jacobsdag, beroemd om haar schoonheid, haar moed, haar onstuimige trots en haar passie voor jagen. Een aantal steden en vooral de Hoekse ridderschap heeft haar gehuldigd als gravin.

'Slechts met een man aan haar zijde kan zij Holland en Zeeland doeltreffend besturen!' is de mening van haar aanhangers. Daarom zijn vertegenwoordigers van de adel, de geestelijkheid en de steden haastig te Biervliet bijeengekomen. Met loven en bieden hebben zij het verlovingscontract tussen Vrouwe Jacob en haar neefje Jan van Brabant opgesteld. Er is echter nog een andere moeilijke kwestie, die de aandacht vraagt.

'Wat moeten we doen met de eisen van de bisschop van Luik?'

'Laat hij als voogd en ruwaard voor zijn nichtje optreden, tot de paus haar toestemming tot het huwelijk geeft!' Zo spreken de afgevaardigden dat te Biervliet af. De niet gewijde bisschop, Jan zonder Genade, eist dan erkenning voor zijn ruwaardschap door Vrouwe Jacob, maar hij krijgt die niet.

Aan de andere kant staan de Kabeljauwen en het machtige Dordrecht, die de ruwaard Jan zonder Genade in ruil voor beloningen en privileges graag tot hun graaf verheven zien. Maar ook de bisschop van Luik moet wachten op bericht van de paus!

Pas als hij uit zijn ambt ontheven is, zal hij de *wereldlijke* macht over Holland kunnen aanvaarden en eerder niet.

'Ik moet de steun van keizer Sigismund hebben. Hij is de leenheer van Holland en hij moet mij helpen!' denkt Jan zonder Genade. Handig kiest hij, *de bisschop*, een Duitse gravin tot vrouw! En inderdaad: hij krijgt de keizer achter zich.

'Laat de paus mijn zaak toch bespoedigen!' zegt Vrouwe Jacob en zij stuurt haar gezanten naar Rome.

'Laat de Heilige Vader zich met de beslissing haasten,' zegt Jan zonder Genade en ook hij stuurt zijn gezanten naar Rome. De beslissing over de opvolging in Holland ligt nu in het Vaticaan! Wat een onrust brengt die onzekere toestand overal teweeg:

'Op, op, lieve broeders. De macht moet aan ons. Weg met het stadsbestuur!'

In Haarlem komen de Kabeljauwse gilden op de been en zij maken zich meester van de stad.

'Op naar Haarlem,' roept Vrouwe Jacob tegen haar Hoekse edelen. Met doodstraffen en verbanningen herstelt zij daar de Hoekse macht!

Midden in de nacht luiden de klokken in Gouda. Onder het lawaai van bekkenslagen marcheren opgewonden poorters door de straten om ieder op te wekken tot muiterij.

'Leve de ruwaard!' roepen de burgers in Dordrecht, die Jan zonder Genade willen aanvaarden als hun heer.

Maar niet alleen in de steden, ook bij de adel neemt de onrust van dag tot dag toe.

'Met steun van de ruwaard kunnen wij onze verbeurdverklaarde goederen weer in bezit nemen!' menen de heren van Egmond. Met andere verbannen Kabeljauwse edelen trekken zij over de grens, winnen bondgenoten en nemen bij verrassing het slot IJsselstein in.

'Op naar Gorkum, onze oude erfstad!' roept Jan van Arkel, die zijn hoop in de toenemende chaos ziet stijgen.

'Op naar Gorkum!'

Daar komt ook Vrouwe Jacob gereden. Haar beproefde veldheer Walraven van Brederode heeft zij bij zich. Met steun van Hoeksgezinde ridders rukt zij vanuit Utrecht naar Gorkum op om de belangrijke stad te kunnen behouden. Persoonlijk voert zij haar strijdmacht tegen Jan van Arkel aan.

'Kijk haar! Kijk haar toch!' In haar fiere, onvervaarde moed zien de edelen het symbool van een vervagend ridderschap. Nog éénmaal gloeit het op. Hopen zij met Vrouwe Jacob hun feodale wereld te kunnen redden van een wisse ondergang?

'Op voor Vrouwe Jacob!'

Daar rijden ze in hun glanzende harnassen, met hun gouden sporen, hun trotse banieren, hun stoere woorden, hun nobele moed!

'Dien mij trouw! Strijd dapper!'

Bij God, zij zullen voor die moedige edelvrouwe strijden. Onstuimig werpen zij zich op de vijand en weten de overwinning te bevechten – ten koste van veel bloed.

'Leve Vrouwe Jacob!'

Ze juichen, als de dappere Jacoba haar banier bij Gorkum plant. En zij beseffen niet, dat de ridderschap bezig is zelfmoord te plegen in al die strijd: Jan van Arkel is gesneuveld. Walraven van Brederode is gesneuveld. Talloze ridders zijn gesneuveld. Meer dan 100 edelen zijn gevangen. Onder hen: Jan van Egmond, nu erfgenaam van Arkel, Gelre en Gulik.

'Dat zal een mooie losprijs geven,' zeggen de opgetogen Hoeken 's avonds voor hun tent.

Den Haag, in het jaar 1418: Jacoba van Beieren staat op het punt haar jawoord te geven aan hertog Jan van Brabant. Wat gaat er door haar heen, als zij naast de dikke, vadsige, 14-jarige lummel voor het altaar staat?

De kerk is feestelijk versierd. Zelf is ze omhangen met de fraaiste juwelen. Straks zullen er grote feesten zijn.

'Jacob, Jacob,' denkt ze in zichzelf. Wat

Middeleeuwen – Bourgondische tijd

De Elizabethsvloed (1421). Links Dordrecht. Dit schilderij is een 15de eeuwse kopie van een verloren gegaan origineel.

moet ze met die onsmakelijke, onverschillige knaap, die soms niet helemaal bij zijn verstand lijkt te zijn?
De paus had dispensatie voor het huwelijk gegeven. Maar op verzoek van keizer Sigismund, die Jan zonder Genade met Holland en Zeeland wil belenen, heeft hij die dispensatie weer haastig ingetrokken. Maar in de kerk doet men of men dat niet weet. Er is haast bij het huwelijk, want Jacoba weet, dat haar oom Jan reeds tot het offensief is overgegaan.
'Ja, ik wil!'
Om zich in het erfdeel van haar vader te kunnen handhaven, aanvaardt Jacoba de kwabbige jongen naast haar als gemaal. En als medebestuurder van haar graafschappen!

Overal schuimen ondertussen Kabeljauwse benden door het land. Jacoba heeft haar oom openlijk tot vijand verklaard. Zij rukt op, om het opstandige Dordrecht tot de orde te roepen. De belegering in de zomer van 1418 loopt op een vernederende mislukking uit. Terwijl het beleg zich voortsleept, neemt de onrust toe. Het is niet Jacoba, maar Jan zonder Genade die Dordrecht voor zich wint. Hij stookt en konkelt om alle macht in Holland in handen te krijgen. Steeds scherper staan de twee partijen tegenover elkaar. Jacoba redt het niet. Ze wordt door haar eigen man verraden:
'Ik wil wel onderhandelen,' laat Jan van Brabant zijn tegenstanders weten. Hij heeft genoeg van de strijd, genoeg van een leven in bemodderde tenten, genoeg van de twistzieke Hollanders en Zeeuwen, genoeg van het Hollandse land. Hij verlangt naar het vrolijke Brabant, naar jagen en goed eten, naar vrolijke feesten en gestoei met zijn vele vriendinnen aan het hof.
Te Woudrichem en later te Sint-Maartensdijk speelt hij Jan zonder Genade het graafschap Holland en Zeeland vrijwel geheel in handen.
'Ziezo!' Na een smadelijk verdrag keert hij met een diep gekrenkte Jacoba opgewekt naar Brabant terug.
Wel wat minder opgewekt betrekt Jan zonder Genade het grafelijk kasteel te Den Haag. Hij omgeeft zich daar met een schitterend hof, waaraan niet alleen de dichter Dirk Potter, maar ook de schilder Jan van Eyck met zijn indrukwekkende, realistische doeken voor de nodige luister zorgt. Erg rustig zit ruwaard Jan daar niet. Zonder voortdurende strijd kan hij zich niet handhaven. 'Doe toch met ons mee,' zeggen de verdrukte Hoeken in Holland tegen Lichtenbergse groeperingen, die nu in Utrecht de baas geworden zijn.
'Laten we een bondgenootschap sluiten,' stelt Jan zonder Genade aan Gelre voor in de hoop zo de agressieve tegenwerking uit Utrecht te kunnen breken. Maar ook Vrouwe Jacoba laat hem niet met rust.
'Op, op!' Persoonlijk voert ze Hoekse strijdkrachten aan, die vanuit Brabant aanvallen doen op Heusden en Geertruidenberg.

Het houdt maar niet op – ook niet in de steden, waar de poorters het voorbeeld van de grote heren navolgen: en onder elkaar aan het bakkeleien gaan: 'Sla dood!' roept Simon Wallichszoon tot de kleine, verbitterde burgers van Haarlem. Zijn oproer kraaiende gezellen rammen 36 Kabeljauwse leden van de vroedschap dood. Jan zonder Genade haast zich naar de Stad. Met doodstraffen, gijzelingen en eeuwige verbanningen bewijst hij zijn bijnaam opnieuw alle eer.
'Nee, heer. Spaar ons! Ik heb mijn vrouw in kraam liggen en vier kinderen bij de haard, die schreeuwen van de honger. Ik kan ze niets in de mond stoppen dan wat brood met zout erin. Spaar ons, heer!' Zo klinken de stemmen van de boeren, die ridders met hun knechten zien naderen. Want vele in het nauw gebrachte edelen nemen in de verwarde tijd het haast vergeten beroep van roofridder weer op. Met stroop- en plundertochten houden zij zich in leven.
'Verwoeste akkers, brandende burchten, hongersnood... Die ellende moest genoeg zijn, maar dan komen de schooiers die alles oppakken, alles wegnemen, alles ophappen. En zoek maar uit, wie dat betaalt!' roept het volk jammerend.
Overal luiden de klokken van alarm en dood, maar al die ellende is blijkbaar nog niet genoeg. Geheel onverwacht spoelt een nieuwe ramp over het lage land:

Het is de nacht na St. Elizabethsdag (19 november) van het jaar 1421. Sinds mensenheugenis heeft de wind nog nimmer zó hevig aan bomen en huizen gerukt. Nimmer zijn de wolken zó stormachtig langs de hemel voortgejaagd, de golven der zee zó hoog en kolkend naar de kusten gestuwd.
In Friesland, Holland, Zeeland en Vlaanderen luiden de stormklokken.
'Peerke, blijf thuis!' smeekt een vrouw.
'Onno, laat me niet alleen!' bidt een oude moeder.
'Ik moet gaan!'
De boeren en polderjongens werpen zich in de woeste wind en worstelen zich naar de verzamelplaatsen. Ze komen te laat! Overal

breken de dijken in het geweld van de nacht. Als een dol monster stuift het wilde water over het lage land – woningen, vee en mensen meesleurend in zijn schuimende vaart.

'Het dak op!'

Sommigen kunnen zich redden op de daken van stevige huizen. Anderen vechten wanhopig tegen het stijgende water om hen heen.

'God! Jezus! Maria, Moeder Gods!'

Overal schreeuwen mensen hun nood naar de hemel, als zij hun mannen, hun vrouwen, hun kinderen in de golven tenonder zien gaan. In de grote kerk bij Petten, een hecht stenen bouwwerk, hebben 400 vertwijfelde mensen een veilig onderkomen gezocht.

'God!' Het is een gebed en een vloek tegelijk. De stormwind rukt de toren omver. De kerk met allen die in haar zijn, verdwijnt in de golven. Een groot deel van de duinenrij is reeds weggeslagen.

Tussen Dordrecht en Geertruidenberg zinken hele dorpen weg in die donkere nacht.

Ze zinken weg in het water – dat later de naam Biesbosch krijgt. Ontstellende woorden en zinnen weerklinken:

'Mijn Maaike, ik zag haar nog... ze stak haar handjes naar me uit en toen...'

'Hij had ... mijn kind in zijn armen... En toen...'

'Hij... had... mijn... kind... in zijn armen... En toen...'

De kloosters stellen hun poorten open om natte, huilende, berooide, geschokte mensen op te vangen. Duizenden zijn dakloos en zien reikhalzend uit naar hulp, die in het toch al door strijd verscheurde land nauwelijks beschikbaar is. Duizenden verdrinken in de verbijsterende Elizabethsvloed. Honderden komen, verkleumd op de daken van hun woningen van honger om.

In de chaos komt men er amper aan toe de dijken doelmatig te herstellen. In de komende jaren zal de zee opnieuw toeslaan en zijn tol eisen...

De partijstrijd gaat onverminderd voort. Jan zonder Genade komt steeds steviger te staan, nu teleurgestelde Hoeken naar hem overlopen. Met behulp van de Schieringers toont hij zelfs in Friesland een flinke vuist. Hij laat zich daar uitroepen tot 'erfelijk heer'. Dokkum, in handen van Hollandse krijgsbenden, groeit snel tot een berucht zeeroversnest uit.

Ook vanuit Utrecht heeft Jan geen gevaar meer te duchten, want de Lichtenbergers hebben daar hun tijd gehad.

'Nou wij, mannen. Nóu is de kans!'

Bij een bisschopskeuze – sterk beïnvloed door de Bourgondiërs die overal stoken en intrigeren – barsten hevige onlusten los.

'Ja, ja, toe, toe!'

Moord op de burgemeester van Utrecht brengt de Lokhorsten weer aan het bewind. Dan zijn de Lichtenbergers aan de beurt voor verbanning en gijzeling in dat voortdurend stuivertje verwisselen om aanzien en macht. De meesten vluchten weg.

'Naar Brabant. Naar Vrouwe Jacob. Zij zal ons steunen!' zeggen de Lichtenbergse bannelingen. Maar zij vinden haar daar niet.

Tijd vol gruwel, die alles verkeerd doet
Eeuw van leugen, vol hovaardij en nijd
Tijd zonder eer en zonder juist oordeel
Eeuw van droefheid, die het leven verkort...

Misschien heeft Jacoba die woorden in een gedicht van Eustache Deschamps gelezen en gedacht, dat zij haar korte leven niet in Brabant moet verdoen. Beu van het gesar en van de vernederingen aan het lichthartige hof van haar man, is zij naar Henegouwen vertrokken.

'Daar zullen we steun vinden bij de edele ridderschap!' zal ze tot haar vrienden hebben gezegd. 'Dáár houden de edelen de ridderidealen nog in ere!'

Ze verwerft zich in Henegouwen grote populariteit. Hoffelijk dingen vele ridders naar haar gunst. Jachtpartijen en feesten worden te harer eer gegeven, maar wat ze zoekt is steun.

'Lieve neef...' Ze vraagt hulp aan haar machtige achterneef, Filips van Bourgondië, die na de laaghartige moord op zijn vader Jan Zonder Vrees, in 1419 het bewind over de uitgestrekte Bourgondische landen in handen genomen heeft.

'Lieve neef, luister naar het onrecht, dat mij is aangedaan...' zegt Jacoba van Beieren aan het Bourgondische hof.

Filips de Goede luistert. Met de hebzucht en hoogmoed van zijn geslacht hoopt hij de Lage Landen onder zijn invloedssfeer te brengen. Wat Jacoba hem vertelt, kan van groot belang voor de toekomst zijn.

'Lieve nicht...' Hoffelijk en vol medeleven knikt hij. Maar ondertussen speelt hij een vérreikend spel. Doordat de Engelsen steeds dieper Frankrijk binnendringen, heeft hij zijn handen in het zuiden vrij. Hij werpt zijn blikken begerig naar het noorden. En in dat noorden is voor Vrouwe Jacob, zijn lieftallige nicht, geen plaats!

Met een bewonderenswaardige strijdbaarheid en volharding blijft Jacoba vechten voor haar vrijwel hopeloze zaak.

'Ik verklaar mijn huwelijk met Jan van Brabant voor nietig,' besluit ze dapper – zich beroepend op het feit, dat de paus de dispensatie later weer ingetrokken heeft. Ze breekt los uit de Bourgondische familieclan en vertrekt in alle stilte naar Engeland om steun te zoeken aan het hof van Henry V.

'My dear...' De koning ontvangt haar allervriendelijkst. Misschien hopen hij en zijn raadgevers met behulp van die onstuimige gravin, Holland, Zeeland en Henegouwen te kunnen brengen onder de Engelse invloedssfeer.

'Bij Sint Hubertus, ze is charmant!' De Engelse edelen zijn verrukt, als zij met Jacob op jachtpartijen uitrijden en zien, hoe voortreffelijk zij de boog hanteert. Om steun te winnen voor haar strijd, is ze tot alles bereid. Zelfs voor een derde huwelijk deinst ze niet terug.

'Ja, ik wil...' In 1422 trouwt Vrouwe Jacob voor de derde keer. Met Humphrey van Gloucester, jongste broer van de koning, hoopt zij zich te verzekeren van krachtige Engelse steun. Smeedt zij wellicht met Humphrey het plan om haar oom en grote tegenstander, Jan zonder Genade, uit de weg te ruimen?

'Zoek contact met Jan van Vliet. Hij is gehuwd met één van mijn bastaardzusters. Hij is arm. Beloof hem een beloning van 40.000 kronen als hij slaagt...'

Misschien heeft Jacoba die woorden gesproken en hebben Engelse kooplieden de boodschap overgebracht. Hebben de 40.000 kronen Jan van Vliet aan het wankelen gebracht? Zéker is, dat Jan zonder Genade ziek wordt.

'Vergiftiging?' vraagt men fluisterend aan het hof.

'Het lijkt niet uitgesloten!' menen de heelmeesters.

Zéker is ook, dat Jan van Vliet voor die vermeende vergiftiging moet boeten. De beul en zijn knechten grijpen hem. Zijn gegil zal in de martelkamers hebben weerklonken. Hij beëindigt zijn leven met een gruwelijke dood.

Jan zonder Genade, hertog van Beieren, niet gewijde bisschop van Luik, sterft kort daarop...

'Hij is dood! Hij is dood!' Vermoedelijk zal Jacoba dat juichend hebben uitgeroepen als zij dat nieuws hoort. Maar zij en haar Engelse vrienden beseffen niet, dat zij door die moord een nog veel geduchter tegenstander hebben gekregen. Want vlak voor zijn dood heeft Jan van Beieren zijn machtige neef, Filips de Goede, hertog van Bourgondië, tot erfgenaam benoemd van zijn persoonlijke bezittingen in Holland, zoals Voorne, Gooiland en Woerden. Daarmee wordt de éérste Bourgondische stap in het Hollandse land gezet...

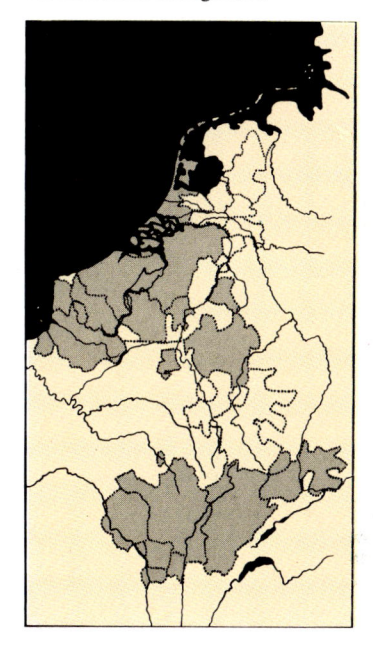

Kaartje van de Bourgondische landen.

Middeleeuwen – Bourgondische tijd
Jacoba's strijd en ondergang

'Mijn huwelijk met Vrouwe Jacob is nog steeds geldig!' beweert Jan opeens met klem. Hij tracht de paus tot die uitspraak te dwingen. Nu Jan zonder Genade dood is, wil hij Holland en Zeeland niet zo maar laten gaan.

'Dat kan een goede zaak worden,' lacht hij tevreden, 'als de Raad van Holland hem inderdaad tot landsheer uitroept. Maar wat doet de dikke lummel? Hij heeft zijn buik vol van het twistzieke volk boven de rivieren. Bovendien heeft hij grote behoefte aan geld. Hij is bereid zijn graafschap te verkwanselen.

'Accoord!' zegt hij na enige onderhandelingen. Voor een flinke som geld verpandt hij Holland, Zeeland en Friesland aan de heerzuchtige Filips van Bourgondië voor de tijd van 12 jaar. Zo komen Jacoba en de machtige Bourgondiër nu tegenover elkaar te staan.

'Oom Jan is dood! Nu kunnen wij ons erfdeel veroveren,' heeft Jacoba in Engeland gezegd. Samen met Humphrey is ze met een klein legertje naar Henegouwen vertrokken – hopend nog steun te krijgen van de vele vrienden die zij daar heeft. Het wordt een verdrietige tocht – een reis vol ergernis en tegenslag. Want Humphrey heeft zijn ogen op een ander laten vallen: 'Eleonora, my dearest!' Tijdens de reis flirt Humphrey aanhoudend met Eleonora Cobham, een hofdame uit Jacoba's gevolg. Er vallen harde woorden. En erger: onderweg laat Humphrey zijn vrouw in de steek.

Met de liftallige Eleonora keert hij naar Engeland terug. Voor Jacoba breken moeilijke dagen aan.

'Neem mijn lieve nicht gevangen en sluit haar op!' beveelt Filips de Goede. 'Breng haar naar de burcht Gravensteen te Gent en dan zullen wij afwachten, wat de paus over haar huwelijken beslist!' Het kost de Bourgondiërs weinig moeite haar te pakken.

Daar gaat de gevangen Jacoba. Zal de paus zich uitspreken voor haar echtgenoot Jan van Brabant? Of zal het de ontrouw geworden Humphrey zijn? Ze denkt in haar gevangenis niet aan haar mannen. Slechts door één gedachte wordt zij beheerst: ontsnappen.

Het Gravensteen te Gent, 31 augustus 1425: Ontembaar als steeds wenst Jacoba het antwoord van de paus niet af te wachten.

'Bevrijd mij! Stuur mij mannenkleren!' Ondanks de goede bewaking heeft zij haar Hoekse vrienden kunnen waarschuwen. Zij heeft hen verzocht zich voor haar bevrijding in te zetten. Het complot wordt zorgvuldig uitgebroed.

'Hier zijn uw kleren, vrouwe!' Een gefluisterde stem van een omgekochte cipier. 'Uw vrienden zijn in de stad!'

In Gent wachten enkele Hoekse edelen de dag van ontvluchten af. Zij hebben onderdak gevonden in een van de taveernes – en slapen daar op harde matrassen, die met vlooien zijn bedekt.

'Nog drie dagen!'

Ze doden de tijd en kijken misschien naar één van de kerkelijke mysteriespelen, die op een plein in de open lucht worden opgevoerd: *Adam en Eva*! Die komen naakt op, zonder enige gêne en geheel vervuld van hun rol. Zij lopen na de zondeval in het spel in vijgenblad op de toneelstellages rond. Wat hebben de Hoekse edelen een lol als in het stuk de satan in zijn hel (een pot op een werkelijk brandend vuur) tijdens zijn dialoog met God de echte vlammen vergeet. Hij neemt méér tijd voor zijn volzinnen dan goed voor hem is.

'Auw... help!' Het vuur heeft zijn werk gedaan en in vol publiek rukt satan zich zijn schroeiende tricot met geschreeuw van de billen.

De Hoeken lachen en tellen de uren, die hen van Vrouwe Jacob scheiden in de drukke, levendige, kleurrijke stad.

'Nog twee dagen!'

Ze lopen langs de Leie, kijken naar de uitstallingen van de kooplui. En dan is het zover:

'Vandaag! Denk je dat het lukt?'

Na dagen van wachten komt voor de Hoekse edelen in Gent eindelijk het uur van triomf, als ze op de afgesproken plaats Vrouwe Jacob zien naderen.

'Dáár is ze!'

Als man vermomd komt Jacoba op hen af. Zonder moeilijkheden glippen ze tussen boeren en handelaren langs de poortwachters heen. Op gereedstaande paarden rijden ze spoorslags naar Vianen en Schoonhoven – een dolle rit die Jacoba als een man volbrengt.

'Leve Vrouwe Jacob!' Ze wordt door haar getrouwen met gejuich begroet!

'Zij en weet niet van wijken!'

'Bij God, ze was de hertog te slim af!'

'Wat een vrouw!'

Het bericht van de spectaculaire ontsnapping gaat in heel Europa van mond tot mond. De golf van bewondering en sympathie voor de vrouw, die van geen wijken weet, voor de vrouw die aan de machtige Filips ontsnapte, zwelt van dag tot dag aan:

'Leve Vrouwe Jacob!' Gouda en Oudewater, van oudsher Hoekse bolwerken, openen de poorten voor haar.

'Onze hulde, Vrouwe!' Verstoten Lichtenbergers uit Utrecht komen berooid naar haar toe en bieden hun diensten aan.

Daar zit ze, met een handjevol drieste vrijbuiters. Hoe wil ze zich ooit langer dan een paar weken staande houden?

Nog geen maand na haar ontsnapping, komt Filips de Goede aan het hoofd van een Bourgondische strijdmacht, 3000 man sterk, om aan het gevaar van die wilde, loslopende vrouw een eind te maken. Dat lijkt een kwestie van weken. Maar wat niemand verwacht, gebeurt: Vrouwe Jacob laat zich niet intimideren en houdt stand!

'Hahan!' briest Filips. Vrijwel alle steden hebben hem als ruwaard gehuldigd. Hij kan steunen op de Bourgondische rijkdommen, op huurlegers, op vendels uit de steden. Hij heeft zijn ervaren aanvoerders, zijn ambtenaren en kwartiermakers.

'Op voor Vrouwe Jacob!' In de kleine hoek bij Gouda en Schoonhoven houdt een verbeten en trotse, koppige, 24-jarige vrouw de strijd tot verbazing van geheel Europa drie jaar lang vol.

'Op voor Vrouwe Jacob!' Onder haar inspirerende leiding werpen Hoeken en Lichten-

Toneelvoorstelling: het martelaarschap van Sint Apollonia.

bergers zich bij Gouwersluis op afdelingen Kabeljauwen uit Leiden, Haarlem en Amsterdam! Ze treden zegevierend uit de strijd tevoorschijn.
'Er komt hulp uit Engeland!' melden boodschappers. Dat bericht geeft Jacob's schamel legertje nieuwe moed. En inderdaad: een Engelse vloot van 24 schepen, met 2000 man aan boord, is naar Zeeland onderweg (Echtgenoot Humphrey is thuis gebleven!) De strijdmacht gaat bij Brouwershaven aan land.
'Hahan!' Met Kabeljauwse ridders, contingenten uit Dordrecht, Leiden, Delft, met 1500 man uit Vlaanderen en afdelingen boogschutters uit Bourgondië, haast Filips zich naar de kust. Hij wil de indringers terugslaan en voorkomen, dat het Britse leger Jacoba bereikt...

Brouwershaven in het jaar 1427: Langs de zeedijk hebben de Engelsen en Hoekse ridders uit Zeeland zich achter een linie van gepunte palen verschanst. Er heerst een angstige opwinding, als zij de indrukwekkende legerschaar van Filips langs de dijk zien naderen.
'Up, men!'
In drie gelederen staan de befaamde Britse boogschutters met hun lange voetbogen gereed.
'Now!' Daar jaagt het voorste gelid een regen van pijlen op de vijand in. Meteen daarop knielen ze met één knie op de grond om plaats te maken voor de schutters van het tweede gelid.
'Now!' De zware pijlen zoeven met kracht weg. Dan buigt ook het tweede gelid, zodat de achterste rij kan schieten. Met de perfectie van een goed lopende klok heeft het eerste gelid de bogen inmiddels met kleine takels gespannen.
'Up men!' Ze komen weer overeind.
'Now!' Ze mikken bij voorkeur op de paarden. Hun zware pijlen dringen dwars door de harnassen der ridders heen.

Zeker van de overwinning is Filips de Goede achter op zijn schip. Dan hoort hij dat zijn leger wijkt 'Hahan!' Hij springt aan land om zijn troepen persoonlijk aan te vuren. Om een voorbeeld te stellen gaat hij dapper naar voren. Hij raakt bijna omsingeld in het krijgsgewoel.
'De hertog! Voorwaarts!' Dankzij de geweldige kracht van de Vlaamse reus, heer Jan Vilain uit Gent, ontsnapt Filips aan het grote gevaar.
'Vlaanderen!' Onder aanvoering van l'Isle Adam komen de Vlamingen naar voren.
'Dordrecht!' Met flankaanvallen dringen vendels uit Dordrecht langs de Engelse boogschutters heen. Dan begint de slachting: Woedende Kabeljauwen werpen zich op Engelsen en Hoeken. Over greppels en sloten worden zij zonder genade nagezeten. De bloem van de Zeeuwse ridderschap vindt naast de Engelse bondgenoten een droeve dood.

'Op voor Vrouwe Jacob!' Kennemerland en de Westfriezen scharen zich dom maar dapper achter de hopeloze Hoekse zaak. Als gevolg zien zij de Bourgondische strijdmacht op zich afkomen en het neerslaan van alle opstanden begint.
Strijd om Haarlem, strijd bij Alfen, waar de Hoeken onder persoonlijke aanvoering van Jacoba een Vlaams leger verslaan. Maar de Kennemers en Westfriezen houden het niet. Zij gaan jammerlijk ten onder. Als een absoluut vorst die alle macht in handen heeft, benoemt Filips buitenlanders tot krijgsoversten en gouverneurs in het Hollandse land.
'Hahan, onderdruk iedere opstand met geweld!'
Wat moeten de boeren, nauwelijks gewapend, amper gepantserd, tegen de Bourgondische macht? De fanatieke strijdlust van de Hoeken houdt hen nog even met de moed der wanhoop op de been. Bij Hoorn worden ze bloedig uit elkaar geslagen. Daar liggen ze in de velden: met zwaardslagen, pijlen of lanswonden overdekt.

Aan het hoofd van zijn schitterende hofstoet komt de trotse Bourgondiër persoonlijk naar Amsterdam om vonnis te wijzen over het opstandige land: 'Een boete van 120.300 kronen. Intrekking van alle privileges, vrijheden, handvesten...'
Haarlem krijgt bevel de muren te slechten. Kennemers en Westfriezen moeten ál hun wapens inleveren. Slechts hun broodmessen – maar dan zonder punt – mogen zij behouden.
'Erbarmen, erbarmen!' smeken de gevangenen. Maar de aanstichters der opstand worden met de wreedste straffen getroffen: pijniging op het rad, levend koken, het afstropen van de huid, of de windas, die de darmen uit het lichaam trekt en langzaam oprolt. Over en weer worden de gruwelijkste wandaden begaan.
'Lieve Moeders Gods en alle heiligen!' denkt een gegrepen edelman, want zeggen kan hij dat niet! Ze hebben hem vastgebonden en in een mestkar gestopt. Daar zit hij in de stank. De vloeibare mest reikt tot zijn kin. Zó wordt hij naar de stad gereden.
'Héé, rij door die kuil!' roept één van de bewakers naar de voerman. Dat is de manier om het stinkende drab in de kar goed te laten golven.
'Kijk hem!' de krijgsknechten brullen het uit, als de edelman nauwelijks meer weet, waar hij het met zijn stijf opeengesloten lippen moet zoeken...

Zoals door Filips van Leyden werd bepleit, werpt Filips de Goede zich als een *souverein vorst* op de Lage Landen. Met zijn ambtenaren schakelt hij de rechten van adel en boeren uit. Alleen de steden kunnen zich nog enigszins weren tegen de vorstelijke willekeur.
Filips' optreden luidt een nieuw tijdperk in: het betekent het eind van de trotse ridderschap, die op eigen bezittingen en heerlijkheden nog eigen heer en meester konden zijn.
Ondanks het feit dat Holland, Zeeland en Henegouwen Filips als ruwaard huldigen, zet Vrouwe Jacob in haar klein, benarde hoek bij Gouda, Schoonhoven en Zevenbergen, haar fantastische tegenstand nog ruim een jaar voort.
'In Naam van de Vader enz...' Dringende, ontroerende brieven schrijft zij naar Engeland. Zij smeekt om steun: aan Gloucester, aan het parlement, aan de nieuwe, jonge Engelse koning. Het is allemaal tevergeefs.
Omdat Filips zijn aandacht eerst op Utrecht richt – waar hij zich mengt in de strijd om de bisschopszetel – kan Jacoba

Memorietafel voor de heer Raes van Haamstede, die sneuvelde bij Brouwershaven. Nederlandse meester (ca. 1435/40).

De slag bij Brouwershaven. Bovenaan de Hoeken met hun Engelse bondgenoten, daartegenover Filips van Bourgondië met de Kabeljauwen.

Middeleeuwen – Bourgondische tijd

Aanbieding van een boek aan Filips de Goede. Miniatuur.

nog volharden in haar tegenstand. Haar naam ligt op ieders lippen – net als van het boerenmeisje uit Domrémy, die haar visioenen in daden omzet en als Jeanne d'Arc de verslagen Franse troepen tegen de Engelsen naar de overwinning voert.

'Hahan, en nou mijn lieve nicht!'
In 1427 wordt de aanval tegen Jacoba ingezet. Die begint met de belegering van het slot Zevenbergen, ten zuiden van het Hollands Diep.
'Strijen! Strijen!'
Dat is de strijdkreet, waarmee de dappere Gerrit van Strijen het machtige Bourgondische leger in zijn burcht braveert.
Maandenlang weerstaat hij in zijn vesting het geschut, de stormtorens en alle krijgsmiddelen, die met de rijkdom van Bourgondië kunnen worden gekocht.
'Strijen! Strijen!'
Veertien weken lang illustreert die strijdkreet de heroïsche moed, de toegewijde trouw van een vervlogen ridderideaal. Niet de blijden en donrebussen, maar de knagende honger dwingt de dappere Gerrit tot overgave van zijn slot.
'Voer hem weg!' Voor trouw en moed lijkt geen plaats in het woud zonder genade: Gerrit van Strijen gaat voor tien jaar een gevangenis in. Tenslotte vrijgelaten en verbannen, sterft hij onder behoeftige omstandigheden in het buitenland.
Terwijl Roelant van Uutkerke en Louis van Châlons, prins van Oranje, in naam van hertog Filips overal geld loskloppen voor de oorlog die schatten verslindt, trekt de Bourgondische strijdmacht dan eindelijk naar Gouda om de onbuigzame Vrouwe Jacob de genadeslag toe te brengen. Maar tot een eindgevecht komt het niet...:

Gouda, in het jaar 1428: Het is nimmer goed nieuws, dat Jacoba van Beieren in die dagen van haar boodschappers ontvangt:
'Vrouwe, de heilige vader te Rome heeft uw huwelijk met hertog Jan van Brabant voor wettig verklaard!'
'Vrouwe, er komt geen hulp uit Engeland!'
'Vrouwe, Humphrey van Gloucester is met Eleonora Cobham getrouwd!'
'Vrouw, de Bourgondiërs naderen!'
Jacoba heeft de moed niet laten varen, toen de Kennemers de wapens hadden neergelegd. Ook niet, toen de vloot van Willem van Brederode bij Wieringen werd verslagen – na zo lang onrust te hebben gestookt op de Zuiderzee. Zij heeft haar edelen en krijgsvolk aangespoord te volharden, ook al bracht Filips het bisdom Utrecht onder zijn macht. Vooral Amersfoort onderscheidde zich toen in de strijd. De vrouwen vochten mee om met kokend water uit de brouwerijen de Bourgondische aanvallen af te slaan.

Dat alles heeft haar niet doen versagen, maar de uitspraak van de paus, het vernederende huwelijk van Humphrey met haar hofdame, breken haar strijdlust en trots. Ze roept haar getrouwen bijeen:
'Ik stel een wapenstilstand voor! We zullen onderhandelen!'
Zelf rijdt ze naar Delft om de zaken te regelen. Met eerbied en tactvolle hoffelijkheid wordt zij door Filips de Goede ontvangen.
Zoen van Delft! Reeds na vier dagen, op de 3de juli 1428, tekenen zij dat vredesverdrag. Té trots om over de voorwaarden te loven en te bieden, erkent Vrouwe Jacob haar neef als ruwaard en erfgenaam van het Hollandse en Zeeuwse land.
'Ja!' Ze gaat accoord, dat de invloedrijke Frank van Borsselen tot stadhouder wordt benoemd.
'Ja!' Plechtig belooft zij niet meer te zullen trouwen – behalve als Filips haar toestemming verleent.
'Ja!' Alles vindt ze goed. Alleen voor haar wapenbroeders is ze bereid zich in te zetten:
'Luister, lieve neef...' Slechts voor haar getrouwe Hoekse edelen dwingt zij tijdens de onderhandelingen banen en jaargelden af. Gaarne stemt Filips daarmee in. Hij is niet gebaat bij partijstrijd.
'Ik wil van geen Hoeken en Kabeljauwen meer horen!' zegt de hertog.
'De strengste straffen voor hen, die de namen nog hardop durven uitspreken!'
Jacoba begeeft zich naar Henegouwen, waar de bij uitstek ridderlijke edelen zich uitsloven om haar te huldigen en met jachtpartijen te vermaken.
Herhaaldelijk rijdt Jacoba met haar oude tegenstander Filips de bossen in: 'Ende God weet,' schrijft een tijdgenoot, 'hoeveel genoegen de hertog en hertogin elkander aandeden ende niemand zou gedacht hebben, dat zij ooit met elkaar in oorlog waren geweest...'

Maar hoeveel addertjes kruipen onder het gras van die vriendschap. Vrouwe Jacob, in naam nog gravin, koestert de stille hoop haar erfdeel alsnog stevig in handen te krijgen. Trekkend door Holland en Zeeland ontdekt zij de ergernis over het Bourgondische bestuur:
'Die belastingen, vrouwe!'
'Al die buitenlandse gouverneurs, vrouwe! Ze begrijpen ons niet!'
'Al die garnizoenen van vreemde krijgsknechten, vrouwe!'
In Zeeland doet zij temidden van het volk mee met het Papegaai-schieten. Zij spant daar als een man haar boog. Trefzeker richt ze haar pijl.
'Rááák!' Ze heeft de opgezette vogel van de metershoge paal geschoten.
'Leve de koningin!'
Het volk juicht haar toe en roept haar tot koningin der schutters uit. Maar koningin-zijn der schutters is haar niet genoeg. Ze zoekt méér. Ze wil nog steeds de macht in haar graafschap, hoe dan ook.
In Zeeland ervaart ze, dat Frank van Borsselen niet blind is voor haar vrouwelijke bevalligheid. En Frank van Borsselen is een eerzuchtig man. Zou ze met hem...?
'Luister Frank...'
Is het berekening of werkelijke liefde, die haar in zijn armen drijft? Smeedt zij nu met hem een gevaarlijk, ambitieus plan?
In het diepste geheim trouwt Vrouwe Jacob voor de vierde keer. Ten overstaan van slechts enkele getuigen wordt het huwelijk in 1432 te Den Haag voltrokken. Denken ze werkelijk de lange, sterke arm van Filips de Goede te kunnen weerstaan?
Filips heeft Utrecht en Gelre reeds onder zijn invloedsfeer gebracht. Tevens heeft hij zich door erfopvolging, bij de dood van hertog Jan, tot hertog van Brabant laten uitroepen.
'Hahan!' Komt de aanslag op zijn leven, in Henegouwen beraamd maar voortijdig ontdekt, uit de koker van Jacoba en Frank? 'Hahan! Zijn ze getrouwd? Zijn ze aan mijn wil ongehoorzaam geweest?'
Natuurlijk is het nieuws over het heimelijk gesloten huwelijk in de praatgrage wereld uitgelekt. Filips slaat toe. Frank van Borsselen gaat het gevang in. Dan is Jacoba aan de beurt. Nu Filips haar volledig onder druk kan zetten, buit hij de situatie vreedzaam, maar geslepen uit:
'Roept de baenrodzen, de ridderen en knechten en de steden ter dagvaart op!' beveelt Filips de Goede aan zijn boden. Op 12 april 1433 komen de standen van Holland en Zeeland in de Binnenhof bijeen. Filips wil hen allen getuige laten zijn, hoe Vrouwe Jacob zich in het openbaar voor het regeren ongeschikt verklaart. Haar stem weerklinkt en iedereen hoort het, als zij al haar vaderlijke erfgoederen afstaat aan de hertog van

Filips de Goede

Bourgondië:
'... Onze lieven broeder, mit onsen vryen moetwille, sonder eenich bedwanc ende sonder wederroeping van ons off van onsen nacomelingen...!' staat er in de oorkonde die zij voorlezen moet.

Om die beslissing werkelijk onherroepelijk te maken, moet zij de paus, de kerkvergadering te Bazel, de keizer van het Duitse rijk en de koning van Engeland van haar afstand op de hoogte brengen.
'Hertogin in Beieren en Holland, gravin van Oostervant!' Die titel mag zij blijven voeren. Zij krijgt een behoorlijk jaargeld.
'En Frank?'
Frank van Borsselen wordt vrijgelaten. Met toestemming van Filips mag zij hem nu officieel huwen. Eindelijk, eindelijk lijkt er rust te zullen komen in haar wilde leven – al duurt zélfs dat niet lang.

Het slot Teylingen, 9 oktober 1436: Jacoba van Beieren weet dat ze stervende is. De tering heeft haar onstuimige krachten volledig gesloopt.
'Leg een lijst aan van mijn cleynoten ende juwelen!' Dat is vrijwel het enige, dat zij nog bezit. Het zijn 12 parelsnoeren, een aantal armbanden, ringen, spelden, 80 stuks bij elkaar. De totale waarde bedraagt 1380 pond.
'Dit is voor mijn minne... Dit voor de vrouw, die beweert mijn bastaardzuster te zijn...'. Nauwgezet geeft ze aan, hoe al die kostbaarheden moeten worden verdeeld. De bedienden vergeet ze daarbij niet.
'Laat allen vasten voor mijn ziel, bedevaarten ondernemen... En vraag hen missen te laten lezen voor mijn ziel...'
Met klem geeft ze te kennen, dat ze te Sint-Maartensdijk, het bezit van Frank van Borsselen, een laatste rustplaats hebben wil. Ze heeft daar met haar laatste echtgenoot waarschijnlijk toch de gelukkigste jaren van haar leven geproefd. Maar ook dat wordt haar niet gegund.
'Nee,' zegt haar moeder Margaretha. Op haar bevel krijgt Jacoba een graf in de hofkapel te 's-Gravenhage.

Van alle kanten komen oude vrienden toegestroomd om haar bij de uitvaart de laatste hulde te brengen voor haar onverzettelijke leven en fiere moed; 2500 arme luyden uit Delft, Leiden en de dorpen uit de omtrek, volgen ontdaan en snikkend de plechtige stoet. Zij ontvangen allen één of twee geldstukken: 'Al naar gelang zij arm schenen...'

Aan het hartstochtelijke, heroïsche, fel geleefde bestaan van Jacoba van Beieren is een eind gekomen. Met haar lijken ook de oude idealen van de ridderschap af te dalen in het graf. Vele edelen zijn trouwens tijdens haar leven al gesneuveld. Oude adellijke geslachten zijn in de oorlogen te gronde gegaan.

De hoogmoedige Filips de Goede kan nu vanuit zijn hoofdstad Brussel een centraal gezag uitbouwen. Als een almachtig vorst hecht hij zijn hertogdommen, graafschappen, heerlijkheden tot één staat aaneen...

Steeds fermere schepen varen de platte wereld in: van Venetië naar Antwerpen en Londen. Van Portugal naar Brugge en Amsterdam. Van Dordrecht en Kampen naar Bremen, Lübeck, Kopenhagen en het verre Novgorod.

Onder het krachtige bewind van Hendrik de Zeevaarder zeilen de Portugezen nu ook de Oceaan op. Zij hebben Madeira ontdekt en in 1437 de Azoren bereikt. Er worden kapitalen verdiend. Temidden van de overdaad die steden tentoonspreiden, neemt de belangstelling voor wetenschap en kennis in snel tempo toe. Overal zijn auteurs, kopiisten en boekverluchters ononderbroken bezig bibliotheken met ridderromans, godsdienstige verhandelingen, geschiedverhalen, moderne Italiaanse vertellingen (de Decamerone is een bestseller) en werken der klassieken uit te breiden. Het nonnenklooster Sint Barbara te Delft beschikt reeds over 109 titels.

Leuven, waar in 1425 de eerste universiteit der Lage Landen is gesticht, begint juristen af te leveren, die de vorsten gaan bijstaan in het bestuur. De rekenkamers, raadskamers en kanselarijen leiden geleidelijk naar een sterk centraal gezag.

De adel is dienstbaar geworden. Voor de ruige, immer strijdende ridders is geen plaats meer. Uit de stalmeesters, opperschenkers, ceremoniemeesters of lijfwachten aan het hof is een ander soort adel voortgekomen.

De platte aarde, die toch rond zal blijken, wentelt ondertussen geduldig door het heelal: met vrome kluizenaars, bont getooide edelen, smerige zwijnenhoeders, kunstenaars, devote begijntjes, overspelige edelvrouwen en met een praallievende vrome Filips van Bourgondië, grondlegger van de vereniging van Nederlandse gewesten. Over deze Filips de Goede schrijft een tijdgenoot:

'Kort gezegd, als God uit de hemel zou neerdalen, zou men Hem niet meer eer kunnen bewijzen, dan thans aan de hertog geschiedt...'

Hoe bont en schitterend zijn de vertoningen, als Filips met zijn luisterrijk gevolg in rijke steden zijn blijde intrede houdt.
'Kijk toch, wat een pracht!'
'Daar komt de hertog!'
De burgers juichen. De vlaggen en banieren wapperen boven de opgeschilderde uithangborden. Kostbare tapijten bedekken de gevels. De poorters, schutters en gilden voeren hun spelen op:

Dokter, hoe gaat het met het Recht?
Bij mijn ziel, hij is maar minnetjes
Hoe gaat het met de Rede?
Zij heeft haar verstand verloren,
Zij spreekt maar zwak
En de Gerechtigheid is geheel idioot...!

Te Gent zwemmen naakte meisjes als sirenes in de Leie om de hertog te verwelkomen. Elders kijkt het volk met de meeste lust naar drie lieftallige schoonheden, die voor de hertog verschijnen, zoals een ooggetuige meldt:
'Ook waren er nog drie heel schone meisjes, geheel naakt. En men zag haar borsten, recht, vrij, rond en hard, wat zeer aangenaam was. Zij zeiden kleine motetten en herdersliedjes en dichtbij hen speelden verscheidene lage instrumenten, die grote melodieën ten besten gaven...'
'Leve de hertog!' Het is feest in de stad met gratis wijn. Maar wat kost zo'n blijde intrede de steden veel geld!

Filips de Goede (1419 - 1467) heeft de macht over zijn landen stevig in de hand. Hij heeft de kerk achter zich, omdat hij zelf een zéér vroom man is en vele posten in het bestuur laat bekleden door de geestelijkheid. De adel weet hij aan zich te verplichten, door banen en geschenken rond te strooien. Aan de landsheerlijke rechten vergrijpt hij zich niet.

De grote conflicten spelen zich af met de steden. Waar mogelijk heft Filips de stedelijke privileges op. Het gevolg: de strijd van de steden tegen het centrale gezag.

Een ander probleem is de hoge adel! Hoe kan de hertog de machtige oude geslachten, die nog uitgestrekte goederen in bezit hebben, voor altijd aan zich verplichten? Hoe kan hij voorkomen, dat telgen uit vooraanstaande gravenfamilies hun aanspraken op erflanden zullen doen?
'Mijn heer, luister...' Hij krijgt geslepen adviezen, want hij heeft scherpzinnige juristen bij de hand. In de goed geordende beambtestaat is voor zelfstandige macht van de hoge adel in feite geen plaats. Toch weet Filips ook hen nauw te binden aan zijn Bourgondische Huis...:

Brugge in het jaar 1430: Filips de Goede staat voor zijn derde bruid. Hij is reeds

Middeleeuwen – Bourgondische tijd

Filips de Goede van Bourgondië (1396 - 1467), afgebeeld met de orde van het Gulden Vlies. Paneel, toegeschreven aan Rogier van der Weyden.

getrouwd geweest met Michelle van Frankrijk en met Bonne d'Eu, die beiden stierven. Zorgvuldig heeft hij uitgekeken naar een nieuwe vrouw.
'Meester Jan, wilt ge naar Portugal gaan om mijn toekomstige echtgenote te schilderen?' En hofschilder Jan van Eyck is gegaan.
Nu is de ingetogen, zeer godvruchtige Isabella van Portugal naar het feestelijke versierde Brugge gekomen, waar haar huwelijk met de hertog van Bourgondië voltrokken wordt. Ze duizelt!
Fabelachtige sommen zijn uitgegeven voor het huwelijksfeest, dat acht dagen duurt.
Wat is er voor het volk veel te zien:
'Hee, nou es opzij, man!'
'Er is genoeg!'
'Ja, voor de dringers!'
Wijn en rozenwater spuiten de ganse dag uit fonteinen, waar het uitgelaten volk zich verdringt en bedrinkt. Tijdens luisterrijke maaltijden komen muzikanten en beroemde minstreels uit pasteien te voorschijn.
'Ai... Oooo...'
Schitterende schotels, opgemaakt als schepen of zwanen worden door een stoet van knechten opgediend. Af en toe werpen pages geldstukken naar het verzamelde volk op het plein.
'Hier... Ik was eerst... Nee... auw!' Het volk grist en graait en vecht om iets van de Bourgondische rijkdom te bemachtigen. Met danspartijen, toernooien, kleurrijke optochten, toneelvoorstellingen, muziekuitvoeringen en kerkdiensten, rijgen de dagen zich aaneen.
'Wat een praal!'
'Wat een rijkdom!'
'Wat een feest!'
In Brugge, waar men toch waarachtig wel het een en ander gewend is, vallen de monden keer op keer van verbazing open. En Isabella duizelt van de pracht, waarmee het hof haar omgeeft.

De *Orde van het Gulden Vlies*! Van alle feestdagen is de stichting van die orde toch het hoogtepunt.
'Het Gulden Vlies, symbool voor de vacht, die Gideon uitspreidde en waarop de dauw van de hemel zo zegenrijk viel...' Zo heeft de hertog het aan zijn edelen uitgelegd. De orde mag 24 leden tellen (later uitgebreid tot 30). Aan de opneming der Vliesridders worden de strengste eisen gesteld:
Zij moeten hun adeldom en de vier kwartieren van hun wapen bewijzen. Zij moeten persoonlijk een leengoed bezitten. Zij moeten trouw beloven aan kerk en hertog, onderlinge broederschap uitdragen, hun moed bewijzen in de strijd! De ridderlijke eer mag niet met enige blaam zijn belast...'
Lang hebben raadgevers en juristen zich over de 94 artikelen van het orde-statuut gebogen. Trouw aan een eens gegeven woord staat er niet bij vermeld, want dat wordt in die dagen van niemand verwacht. Vrijwel geen edelman voelt zich door meineed bezwaard en de omkoopbaarheid aan het Bourgondische hof vloeit als een inktvlek van corruptie over de samenleving uit.
'Eens in de drie jaar zullen de Gulden Vliesridders in kapittel bijeenkomen in hun prachtige kleding van scharlaken rood fluweel,' weet men al lang van te voren te vertellen.
'Om de hals zullen zij een keten dragen van ineengehaakte schakels: blauw geëmailleerde vuursteen, voorzien van emblemen en wapens. De gouden ramsvacht hangt er, als symbool, bungelend onderaan...' Wie zullen als lid kunnen toetreden? De spanning daarover is groot.
'De leden der orde krijgen grote rechten. Zij zullen in belangrijke staatszaken worden gekend. Zij zullen zich kunnen uitspreken over oorlog en vrede. Slechts voor hun orde-broeders zullen zij terecht kunnen staan. Zij zijn het, die de hoogste posten in het Bourgondische rijk gaan bekleden...'
Dat alles weet men op te dissen aan het hof. Hoeveel trotse edelen uit oude geslachten trachten tevergeefs een gooi naar het lidmaatschap te doen? Uit Holland en Zeeland kunnen alleen Van Borsselen en Brederode toetreden. Louis de Châlons, prins van Oranje komt er niet in:
'Hij is tijdens een veldslag voor een overmacht gevlucht. Dat is smaad op zijn eer...'
Om diezelfde reden wordt Jan van Neufchâtel geweerd, al kan hij zich beroemen op vele daden van persoonlijke moed. Hij is er zó kapot van dat hij zijn bezittingen verkoopt. Als een gebroken man gaat hij op bedevaart naar het Heilige Land, waar de dood hem uit de vernedering verlost.
'*Aultre n'aray* – ik zal geen ander hebben!' Dat is de zinspreuk van de orde – een eerbewijs aan Filips derde vrouw.
Ik zal geen ander hebben! Misschien heeft de ingetogen Isabella van Portugal om die woorden geglimlacht. Filips heeft al talloze verhoudingen met andere vrouwen achter de rug. En zal er vele andere krijgen. Van zijn maîtresses worden er door kroniekschrijvers 33 met naam en toenaam genoemd. Zijn 26 onwettige kinderen worden met alle eer omringd: zij zullen hoge posities gaan bekleden in kerk en staat.
De orde van het Gulden Vlies, waarmee Filips van Bourgondië de machtigste edelen aan zich bindt, zal tot ver in de 16de eeuw

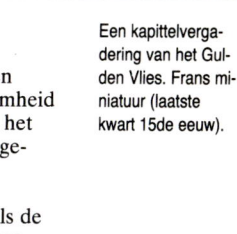

zijn invloed doen gelden...

Wat een glans en rijkdom, wat een kunstzin en levenslust, wat een vroomheid en wellustige wreedheid hebben aan het praalzieke hof van de Bourgondiërs geheerst.
'Tsa, tsa... Pak haar aan!'
Joelende hovelingen kijken toe, als de schilderachtige Madame d'Or, de hoogblonde dwergin, moet vechten met de dwerg Hans om het hof te vermaken. Er zijn 30 narren en dwergen, mannelijke en vrouwelijke, aan het Bourgondische hof.
Alle omgangsvormen zijn tot in de puntjes geregeld:
'Mijn heer...' De opperschenker kust het servet, alvorens hij het de hertog aanreikt. De doktoren en heelmeesters, de kamerdienaars, hofdames en de 126 nobele ridders van de lijfwacht weten allen precies hun plaats.
Per jaar worden aan het hof, naast al het bier, 1000 tonnen wijn leeggedronken; 40.000 pond besteedt de hertog jaarlijks aan vermaak. Het zijn dan ook wel partijen die hij geeft:
'Kijk nou toch...!'
Uit de borst van een vrouwenbeeld vloeit wijn. Wat een pret, als een edelman aan de stenen tepel zuigt.
'Hoe charmant!'
Een kunstig gebeeldhouwd knaapje plast rozenwater.
'Ooooo!' Op een der dinertafels is een kerk gebouwd, waarin de klokken luiden.
'Ei, ei!' De hofdames klappen verrukt in de handen, als de hofpoëet op de rug van een olifant de eetzaal binnenrijdt. In een pastei maken 14 man muziek.
In het kasteel van Hesdin heeft Filips door uitvinders en handige knutselaars een toverzaal laten inrichten, die hem in hoge mate bekoort.
'Nee maar, och, och... foei, foei!' Water spuit uit de grond, bliksem flitst rond, valluiken klappen open en doen argeloze gasten neertuimelen in een donzenbed. Uit verborgen buizen stuiven onverwacht wolken meel. Verfkwasten vol verf springen uit de muur en zetten menig ridder onverwachts schut.
En toch straalt van dat wonderbaarlijke hof een cultuurpatroon over de Lage Landen, dat zijn weerga ten noorden van de Alpen niet heeft:
'Laat deze boeken voor mij copiëren, beveelt Filips. Hij is een hartstochtelijk lezer en heeft zijn hele leven een passie voor prachtige boeken gehad. Aanhoudend zijn auteurs en kunstenaars, die de teksten met schitterende miniaturen illustreren, voor hem in de weer. Met ruim 900 titels overschaduwt de hertogelijke bibliotheek te Brussel alle andere bibliotheken in de wereld van het christendom.
'Guillaume, schrijf me een verhandeling over het Gulden Vlies!' En Guillaume Fillastre gaat aan het werk, zoals andere kunstenaars opdracht krijgen om een statuten-boek van de orde (met portret van de grootmeester) voor nieuwe leden te vervaardigen.
'Wat een opdracht! Vrouw, wat een opdracht!' Opgetogen vertellen Vlaamse schilders, wat een prachtige bestelling zij hebben gekregen van het hof:
'Ik moet 50 vanen en banieren met het blazoen van de hertog versieren...!'
'Ik moet een spel speelkaarten beschilderen, met ridders te paard en schone edelvrouwen die op valkenjacht gaan...'

Een kapittelvergadering van het Gulden Vlies. Frans miniatuur (laatste kwart 15de eeuw).

Filips de Goede en zijn derde echtgenote, Isabella van Portugal. Schilderij uit de Vlaamse School.

Middeleeuwen – Bourgondische tijd

Feest aan het hof van Filips de Goede. 16de-eeuwse kopie naar een schilderij uit de 15de eeuw.

Het gonst van bedrijvigheid in de straten, waar leden van het schildersgilde samenhokken. Zij brengen het leven van die dagen op het doek:
'Meester Hans, ik wil een portret!'
'Meester Rogier, schilder mijn bastaard!'
'Meester Albrecht, schilder die vrouw!'
'Meester Jan, schilder mijn zoon!'
De gebroeders van Eyck, Rogier van de Weyden, Hans Memlinc en Albrecht Ouwater verkeren aan het hof om de Bourgondiërs op hun doeken te vereeuwigen.

De rijke burgers en de kerken willen niet achterblijven en wedijveren mee om zo'n kostbaar statussymbool.
'Daar hangt het! De aanbidding van het Lam!' Van heinde en ver komen kunstenaars naar dat Gentse altaarstuk kijken – en raken bezield door een nieuwe schoonheidsleer.

Ook te Haarlem ontstaat een belangrijk centrum van schilders, waarin Geerten tot St. Jans met diep menselijke gevoelens zijn Bijbelse taferelen penseelt.

'Muziek, muziek! De hertog wil muziek!'
'Waarschuw meester Guillaume. De hertog wenst muziek!'
Aan het Bourgondische hof leidt Guillaume Dufay de muziek in nieuwe banen. En hij niet alleen. De muziek der Lage Landen is in die jaren beroemd tot in Italië toe. Johannes Ockeghem is voorzanger aan het Franse hof. Zijn leerling Josquin Després verwerft grote faam en Jacob Obrecht staat op het punt zijn carrière in Bergen op Zoom te beginnen.

De beeldhouwer Klaas Sluter, afkomstig uit Haarlem, heeft bij Dijon zijn geniale werken gebeiteld voor het klooster en mausoleum van de Bourgondiërs, Champmol. Met behulp van zijn neef Klaas de Werve uit Hattem, de Fransman Moiturier en de Spanjaard de la Huerta werkte hij aan de graftombe van Filips de Stoute, na eerst vele schetsen te hebben gemaakt.
'Hier komen de ridders en de schildknapen!'
Hij toont zijn schetsen aan de la Huerta.
'El papere aguante mucho!'
'Ja, het papier verdraagt veel, maar die steen ook!'
Vol overgave hakken zij ridders en schildknapen, dokters en apothekers, prelaten en monniken, bodes en bediendes, ambtenaren en keukenpersoneel op de graftombe uit. Allen zijn gehuld in lange rouwmantels om de gestorven Filips de Stoute te betreuren.

Klaas Sluter decoreert het kerkportaal met een indrukwekkende madonna. Wat een geloof en devotie straalt in vrijwel al zijn kunstwerken door!

Steeds weer opnieuw krijgen juweliers en zilversmeden opdracht om pronkbekers, miskelken, prachtige tafelklokken of reliekhouders te maken. Weverijen ontvangen bestellingen voor wandtapijten, waarop jachttaferelen, de Schepping, de prediking van Petrus, of historische veldslagen met gouddraad en zijde doorweven, in schitterende kleuren staan afgebeeld.

Al die kunstzin, al dat gevoel voor weelde en pracht verspreiden zich over de Lage Landen, waar de steden nu in een ware bouwwoede hun raadhuizen, stadshallen, patriciërswoningen en gildehuizen vol kunstig beeldhouwwerk laten verrijzen. Grote cultuurmonumenten verheffen zich in die hartstochtelijke drang naar een schoner, beter leven.

Ondanks de frivoliteit, waarin het hof zo vaak ontaardt, ondanks al het uiterlijk vertoon, waarmee hij het volk overbluft en aan zich bindt, is Filips de Goede een ernstige, gelovige en zwaarmoedige man geweest. Een heimwee naar God en bevrijding van de zonden, hebben zijn leven beheerst. Als hem de dood van één van zijn kinderen wordt bericht, verzucht hij:
'Was ik maar zo jong gestorven...'
Hij vast vier dagen per week. Vele uren brengt hij door in stil gebed. Maar dan wordt al zijn vroomheid weer door zijn hoogmoed en wrede trekken verscheurd.
'Hahan!' Hoe verlustigt hij zich het tweegevecht tussen stier en een leeuw. De stier verliest. In de nauwkeurig bijgehouden uitgaven van zijn hof staat de schadevergoeding voor die stier aan een boer keurig vermeld. Zo ook de fooien voor de vader van Belon.
'Hier, Belon, je dochter, heeft ons mooi vermaakt!'
Belon is een krankzinnig liliputmeisje. Haar debiele grimassen en onbeheerste uitvallen wekken bij de nobele edelen steeds weer de lachlust op. De slotemaker van Blois heeft een ijzeren ketting met halsband voor de kleine Belon gesmeed.
'Kijk haar. Tsa, tsa...'
Belon kwijlt en sist en gilt. Ze struikelt in haar waanzin over de ketting en het hof giert.

Hoe dierlijk ook geniet de verfijnde hertog, als twee gewone burgers (voor het eerst weer sinds jaren!) veroordeeld worden tot een gerechtelijke tweekamp op leven en dood:
Te Valenciennes is het strijdperk afgezet. De banken en tribunes zijn tot de nok gevuld. Banieren wapperen in de wind. Hertog Filips heeft zich met zijn edelen speciaal van Brugge naar Valenciennes begeven om het tweegevecht te zien. In zijn gevolg bevindt zich de Vlaming Chastellain, de kroniekschrijver van het hof. Hij speurt om zich heen. Alle details van de komende strijd wil hij in zich opnemen. Om hem heen gonzen de stemmen:
'Daar komt Jacotin. Wat is hij bleek!'
'Hij heeft zijn hoofdhaar kortgeschoren!'

'Dan heeft zijn tegenstander geen houvast!'
De burger Jacotin Plouvier betreedt het strijdperk als eerste. Hij is blootshoofds, gekleed in een pak van glad leer. Hij heeft zijn vechtmeester bij zich. Vroom buigt hij neer. Ootmoedig begroet hij hertog Filips, die achter een traliehek heeft plaatsgenomen.
'Daar komt Mahuot!' Hij is asgrauw!' Het zal je ook gebeuren!'
Mahuot verschiet nog van kleur, als hij de Bijbel kust. Dan neemt hij plaats op één van de met zwart beklede stoelen.
'Ik houd het op Mahuot!'
'Nee, nee vrind. Hij is te klein!'
Knechten smeren de kampvechters van hals tot enkels in met vet. Hun handen worden ingewreven met as.
'Wat nou?'
'Ze krijgen suiker in de mond!'
Dan drukt men hun een knots en een schild in handen. Ieder ontvangt een banderol met een vrome spreuk. Beiden kussen zij de beelden van de heiligen die op de schilden geschilderd zijn.
'Ja, het gevecht gaat beginnen!' Een wellustige huiver trekt haast zichtbaar door de tribunes, nu de kamprechter het sein geeft voor de strijd op leven en dood.
'Hoei, hoei... Zag je dat?'
De kleine Mahuot schept met de punt van zijn schild zand van de grond en smijt het Jacotin in de ogen.
'Hoei, hoei...!'
Een verbitterd knotsengevecht volgt.
'Ahan!'
De kleine Mahuot struikelt, valt. Meteen werpt Jacotin zich op hem, wrijft hem zand in mond en ogen, todat Mahuot de vinger van zijn tegenstander tussen de tanden krijgt en bijt. Wanhopig bijt hij voor zijn leven.
'Kijk ze, kijk ze!'
Jacotin duwt een duim in Mahuots oogkassen, draait zijn armen naar achteren. Dan springt hij op hem – om hem de rug te breken.
'Ik wil biechten!' Half stervende schreeuwde Mahuot die woorden naar de uitpuilende tribunes. In zijn doodsangst gilt hij naar de hertog:
'O, Heer van Bourgondië! Ik heb u zo goed gediend in de oorlog van Gent. O, Heer, om Gods wil, ik smeek u genade. Redt mij het leven!'
Genade krijgt hij niet. Stervende wordt hij uit het strijdperk gesleept en door de beul gehangen.
De edele ridders, zo meldt de hofdichter La Marche, hebben het krijt achteraf toch met schaamte verlaten...

Ook Filips zelf heeft zich aan een tweegevecht willen wagen. Tijdens zijn strijd tegen Jacoba van Beieren heeft hij Humphrey van Gloucester tot een tweekamp uitgedaagd, met de nobele woorden:
'Om te vermijden storting van christenbloed en verderf des volks, waarmee ik in mijn hart mededogen heb...' Zo heeft het in zijn uitdaging gestaan.
'Dat door mij persoonlijk deze twist ten einde worde gebracht, zonder er de weg van oorlog voor in te slaan, waardoor vele edellieden en anderen – zowel van úw leger als van het mijne – hun dagen jammerlijk zouden moeten eindigen...'
Met die pompeuze omhaal van woorden, wil Filips beantwoorden aan het ridderideaal, dat hij zichzelf zo gaarne stelt. Maar de geste is voos en hol. Met een verbijsterd vertoon heeft hij de voorbereidingen voor het tweegevecht getroffen. Een schitterend harnas, prachtige kleding, kostbare tenten, banieren en vanen, wapenrokken en uniformen voor kampmeesters en herauten heeft hij voor grote sommen besteld. Dat alles is overdekt met de blazoenen van zijn landen en het Bourgondische St. Andrieskruis.
'Ahan!' Dagelijks heeft hij met de beste wapenmeesters geoefend voor de tweekamp.
Hij onthield zich van spijs en drank en deed lichaamsoefeningen:
'Om mij in goede adem te brengen!'
Van het tweegevecht is nooit iets gekomen. Maar oorlogen ontbranden wel en de contingenten uit de steden marcheren...

Bourgondische tijd – Twaalfjarig Bestand
Onder het Bourgondische hof

Filips de Goede — en later ook zijn zoon Karel de Stoute — heeft krachtig naar de eenwording van al zijn hertogdommen en graafschappen gestreefd. Eén rijk onder één vorst: hijzelf. Om dat te verwezenlijken heeft hij zijn gewesten een aantal gemeenschappelijke instellingen gegeven en aan zijn eigen hof tal van raadskamers ingericht. De Hofraad, gevormd door een hechte kern van juristen, is een besturende instantie die zal uitgroeien tot de Grote Raad.

In 1432 ontstaat naast de stadhouder in Holland en Zeeland een raad, die de naam Hof van Holland krijgt. Heel wat Vlamingen, maar ook Bourgondiërs en Picardiërs bekleden hoge ambten bij de Hollandse rekenkamers en gerechtshoven, omdat er in Holland en Zeeland op dat gebied nog onvoldoende specialisten zijn. Vooral aan het eind van zijn bewind zal Filips de Goede herhaaldelijk de vertegenwoordigers van de Staten der vorstendommen in de Lage Landen bijeenroepen.

Zo ontstaan de Staten-Generaal, waarin Hollanders en Zeeuwen, Brabanders en Limburgers, Vlamingen en Henegouwers gezamenlijk spreken over de belangrijke politieke problemen van het machtige Bourgondische rijk.

Tussen Hoeken en Kabeljauwen hebben tal van verschuivingen plaatsgevonden: Jacoba's legeraanvoerder, de dappere Floris van Kijfhoek, is met de Wassenaars naar het Kabeljauwse kamp overgestapt. Nieuwe groeperingen tekenen zich ook in de steden af. In Leiden zijn de grote lakenfabrikanten Kabeljauw. De handwerkslieden — gilden die ook hier hun strijd voeren — kiezen de toch nog verdrukte Hoekse kant. Ondernemende kooplieden in Amsterdam, die zich tegen de machtige Hanzesteden willen keren, zijn Kabeljauw. De grondbezitters — van huis uit al bedaarde mensen — voelen zich Hoek. Om de partijen met elkaar te verzoenen, benoemt Filips in de Hollandse en Zeeuwse baljuwschappen en stadsbesturen zowel Hoeken als Kabeljauwen — een politiek die ook elders door hem wordt toegepast.

Wel zijn er nog herhaaldelijk rellen en onlusten, maar tot ernstige uitbarstingen komt het niet.

De mensen zijn murw van de burgeroorlogen, murw van de overstromingen, murw van de misoogsten en de zware belastingdruk. Ondanks het schitterend vertoon van het Bourgondische hof, zijn het barre jaren voor de kleine man.

'Ieder mens moet overeenkomstig zijn omstandigheden leven!' menen de vorsten en edelen, die zich steeds vér boven het gewone volk verheven hebben gevoeld.

'Armen in hun armoede; de boeren zorgen voor het brood; de kooplieden handeldrijvend; de priesters biddend tot God!' Zij allen waren bestemd om de 'heren' te dienen. Alleen de edelen — zo denkt de adel — zijn in staat door hun deugden, hun vroomheid en hun moed het leven te verheffen naar een hogere beschavingstrap. Met dat beeld voor ogen leven de edelen in de late middeleeuwen in de schone schijn van hun nobel ridderschap. Schijn! Want in werkelijkheid worden zij beheerst door hun baatzucht, hun ontstellende hoogmoed en door een wreedheid die vaak gruwelijk is. Hun krijgsbedrijf, van oudsher bedoeld om de kerk te beschermen en verdrukten bij te staan, is nu een zaak van winstbejag. Slechts een doodenkele keer trilt in de kronieken over de adel deernis voor het lijdende volk: 'Zo moeten de onschuldigen van honger omkomen, terwijl de grote wolven zich iedere dag de buik vullen — die wolven die bij duizenden de onrechtmatige schatten opkopen. Het is het graan, het koren van de arme lieden, die ten koste van hun bloed en beenderen het land hebben geploegd. Vandaar dat hun geest om wraak schreeuwt tot God. En wee de maatschappij!'

Slechts een enkele keer krijgen machtige heersers een waarschuwend woord te horen:
'Vorst, bedenk, zonder arme lieden te minachten, dat de dood de teugel houdt!'

Het is een bittere tijd voor het kleine volk, dat met het leven vaak geen raad meer weet:
'Het moet! Zet je tanden op elkaar!' Talloze bedelaressen mismaken hun kinderen met opzet. Zó alleen kunnen zij deernis opwekken. Verminkt gaan ze op pad om een aalmoes in de wacht te slepen en gedreven door de honger zijn ze vaak zo brutaal als de beul. Trouwens, een flink deel van de jeugd geeft de ouderen grote zorgen:
'Wat mankeert ze? Ze doen maar en zijn geheel zonder tucht!'

Meester Johan van Dalen, door schepenen en raad van Zwolle belast met de leiding van de oude school van Johannes Cele, moet strenge maatregelen nemen tegen de bandeloze, inwonende scholieren van zijn instituut. Een losgeslagen jeugd zoekt naar een nieuw houvast en wenst zich niet à priori neer te leggen bij de maatstaven die geldend zijn. Heel wat adellijke knapen die hun greep op de toekomst missen, schuiven hun studieboeken aan de kant:
'Bij mijn ziel, waarom nog werken? Moet ik soms net zo'n brallende snoever worden als mijn oude heer?'
'Het heeft geen zin! Er valt nog wel wat beters in de wereld te ontdekken dan de grammatica van het Latijn!' Ze lopen van de universiteiten weg, op zoek naar een leven dat anders is.
'Kom mee, Dirk. Vooruit, Reinoud, allez Gaston!' Daar gaan ze om zich bij de groepen rondtrekkende Aernoutsbroeders en zusters aan te sluiten.
'Op mijn woord, Guillaume, niet in de burchten, maar in de straten vind je het ware leven!'

Tussen de rondtrekkende kwakzalvers, dichters, souteneurs, lichtekooien, haveloze zwervers en onbezorgde vermaakzoekers, schuimen zij als bohémiens langs de steden. Zij verenigen zich met narren, kermisklanten, ontvluchte monniken en rondreizende tandentrekkers in een *gilde van Vaganten*. 'Halliekiedee!' Zij houden zich met klaplopen, knoeien, vechten, vals spelen, zingen en dansen in leven:

Geldlozen volgt mij
Wij willen zingen een vrolijk lied
En wie er rijker is dan wij
Die is van onze lieden niet
Maar wie altoos naar vreugden spiet
Is van onze compagnie partij!

Ze hopen zich op in de Kolenberg, de beruchte achterbuurt van Maastricht en op andere vrijplaatsen voor lolbroeken en bedelaars. Met een cynische galgehumor bespotten zij de maatschappij. Zij bijten zich door de met honger en kou gevulde winters heen.

'Lieve burgers, hier moet je zijn! Dit is het middel om de geslachtsdrift op te wekken, beste man. Je leeft maar eens!' roepen de Aernoutsbroeders in de steden.

'Hier, een probate zalf voor winterhanden, uit raapzaad vervaardigd!'
'Héé, lekkere meid, ken je de heilzame werking van de Anglica-wortel?' Zo roepen ze op markten en pleinen om aan de kost te komen en doen met rappe grappen hun kwasi-middeltjes van de hand.

'We moeten daar een eind aan maken,' zeggen de bezorgde schepenen in Utrecht. In 1434 vaardigen zij maatregelen uit om de heelmeesters en tandentrekkers in de stad tegen de rondreizende kwakzalvers te beschermen.

'Halliekiedee!' Terwijl de *Gesellen van de Blauwe Schuit*, een gilde van lolbroeken, door het najaar van de middeleeuwen dansen, voorspellen ernstige, godvrezende boeteprediker het einde der dagen.
'Bekeert u!' Zij wekken bij hun gehoor de levensangst op, dat de platte aarde door Gods wrekende vuist een genadeloze ondergang tegemoet zal gaan. Hoe nabij en voortdurend aanwezig is de dood!

De soldaten marcheren. Als Filips aan een slepende oorlog met Frankrijk een eind maakt (bij de vrede van Atrecht in 1435 slokt hij een aantal landsheerlijkheden en steden aan de Somme op!) raakt hij pal daarop in oorlog met zijn oude bondgenoot Engeland. In de Lage Landen pakt dat nieuws verkeerd uit: 'Oorlog met Engeland? Dat kan toch niet voor onze handel?'
'We kunnen toch onze belangen niet op het spel zetten voor een oorlog, die ons alleen maar nadeel brengt?'

Hollanders en Zeeuwen weigeren in Vlaanderen voor hun hertog te strijden. Het Gentse leger saboteert het beleg van Calais, waar nu de belangrijke wolstapel is gevestigd.

'Hahan!' Filips mag vloeken wat hij wil, maar hij krijgt Calais niet in handen. Ondertussen protesteren de Zeeuwen tegen de oorlog die woedt:
'Te wapen, lieve burgers!' Te Middelburg loopt het volk te hoop om Engelse kooplie-

De librije in Zutphen, waar men kan zien hoe de oude, kostbare banden met kettingen aan de lessenaars zijn bevestigd.

den uit het gevang te bevrijden — in de hoop dat Zeeuwse schepen in Engelse havens daardoor confiscatie zullen ontgaan. Armoede, ellende, stijgende prijzen. Vooral ook omdat de Hanzesteden Lübeck, Hamburg, Rostock, Straalsund de Hollandse en Vlaamse concurrenten hebben overvleugeld, neemt de vertwijfeling toe.
'Geef ons toch kaperbrieven, heer!' smeken de steden in de Lage Landen aan hun hertog. Daarmee gewapend bestoken en plunderen zij de Hanzeschepen — en meteen ook maar die van bevriende landen. Het gevolg: weer een nieuwe oorlog, ditmaal tegen de handelsmachten in de Oostzee gericht.
'Op naar de Sont!'
De Staten rusten een sterke vloot uit, 24 schepen uit Amsterdam en 25 uit de Zeeuwse steden zeilden uit. De matrozen bestormen een burcht aan de Sont. In de haven van Hamburg steken zij de Hanzeschepen in brand. De tocht kost de Staten 6600 gouden rijders. Nieuwe belastingen zijn het onvermijdelijke resultaat.
De graantoevoer uit de Oostzee stagneert. Voedsel wordt kostbaar en schaars. Pest woedt opnieuw door het lage land. Het volk verduurt. Dankzij bemiddeling van de Deense koning komt er in 1441 vrede. De Hollandse kooplieden hebben inmiddels een belangrijke les geleerd:
'Wat de Hanze kan, kunnen wij ook!' De Hollandse steden treden uit het Hanzeverbond. Met Amsterdam voorop gaan ze zelfstandig opereren.
'Hijs de bezem maar in de mast!'
'Waarom, schipper?'
'Als bewijs, dat we de zee behoorlijk hebben schoongeveegd!' Ze varen. Niet alleen breidt de handel zich uit, maar ook de blik verruimt zich. Er is daardoor sprake van een geestelijke groei der burgerij. De behoefte aan kennis en inzicht neem toe.
Boeken vervullen daarbij hun onmisbare rol. Niet voor niets zijn in de openbare bibliotheken kostbare boeken aan lange kettingen vastgeklonken. Ze bereiken wel een lessenaar, maar niemand kan ze heimelijk meesmokkelen!
'Niet aleen schreeuwt het onderwijs om boeken en teksten, maar ook de burgerij heeft een toenemende behoefte aan lectuur. Om aan de vraag te kunnen voldoen zoekt men naar nieuwe druktechnieken:

Haarlem, in de jaren 1440-1450:
'Geef me die plank eens aan.'
'Deze, meester?'
'Nee, die!'
Al jarenlang is Laurens Janszoon Coster aan het experimenteren. Hij tracht teksten van boekvellen in hout uit te snijden en met tafeldrukken te vermenigvuldigen.
Soms gaat dit aardig goed:
'Meester, dit stuk is bijna geheel leesbaar!'
'Maar het bevalt me toch nog niet!'
Laurens Janszoon zoekt verder. Hij komt op het idee de houten planken te vervangen door afzonderlijke letters van metaal. En waarachtig: dat experiment slaagt en gejuich zal in de werkplaats hebben weerklonken — al is daarover nog steeds geen zekerheid.
Was het Laurens Janszoon Coster, die de boekdrukkunst in zijn werkplaats te Haarlem uitvond, of was het Gutenberg uit Mainz? Misschien zijn ze het wel allebei geweest, want een dergelijke vinding hing reeds op vele plaatsen in de lucht. Na het wiel is de ontdekking van de boekdrukkunst waarschijnlijk wel de meest baanbrekende vondst geweest, die de mensheid ooit heeft gedaan. De wereld van het boek en daarmee kennis en de mogelijkheid tot verruiming van de geest — komt gaandeweg in ieders bereik. 'Kijk eens, meester. Alles is duidelijk leesbaar!'
Vooral vanuit Mainz verspreidt de nieuwe vinding zich als een lopend vuur over de christelijke wereld. Binnen korte tijd worden de nieuwe technieken overal toegepast.
'Ja, druk dat maar 100 keer af!' Govert van Ghemen drukt te Gouda, te Leiden en zelfs te Kopenhagen. Jan Veldenaer vervaardigt zijn wiegedrukken te Leuven.
'Ja, druk maar af! 500 stel!' De drukkerij van Paffraet te Deventer levert in de 15de eeuw meer dan 200 boeken — vrijwel alles in het Latijn met sierlijke monnikenletters gedrukt. In Antwerpen zal Christoffel Plantijn tot de meest beroemde drukker van het Westen uitgroeien.
Van het Westen, ja! Want het is goed te bedenken, dat de eerste blokdrukken reeds in het jaar 868 in China plaatsvonden en dat door de Chinese drukkers reeds in 1045 *losse letters* werden gebruikt!

'Laurens Janszoon, kom mee!' Zonder twijfel heeft ook Laurens Janszoon op een dag in het jaar 1445 zijn werkplaats in de steek gelaten om te zien, hoe Hoeken en Kabeljauwen elkaar weer eens naar de keel gevlogen zijn, nadat verontruste poorters reeds eerder hun gal hadden gespuugd:
'Dat wordt toch te dol! Steeds meer Hoeken in het stadsbestuur!'
'Haal je de drommel!'
'Wat?'
'De dochter van de stadhouder Willem van Lalaing is immers met Reinoud van Brederode gehuwd? Nou dan! Heer Reinoud is immers een Hoek!'
Onbestemde burgers zijn de straat opgekomen. Zij willen recht. En niet alleen in Haarlem, maar ook in Amsterdam:
'Dit is geen leven meer! We gaan hier weg!'
Na een geweldige deining in Amsterdam nemen Kabeljauwse families de benen. Zij vluchten voor Hoekse burgemeesters en schepenen en zoeken in Haarlem hun heil. Dat verslechtert de toch al gespannen toestand in Haarlem nog meer.
'Die Hoeken! We zullen ze!'
'Die Kabeljauwen! Maar krijgen doen we ze wel!'
In Haarlem staan twee partijen tegenover elkaar. Ieder heeft zich gewapend en is bereid tot een strijd op leven en dood. Tevergeefs weerklinken sussende woorden:
'Broeders, legt uw wapens neer. Ziet naar het Heilige Sacrament. Doet, wat God, de

Bourgondische tijd – Twaalfjarig Bestand

gekruisigde van u verlangt!'

Priesters, uitgelopen met het Heilige Sacrament, trachten wanhopig het komende gevecht te bezweren. Dat lukt pas, als een zware stortbui op de heethoofden neerplenst en een natte ontnuchtering brengt.

Snel afgekoeld rent iedereen doorweekt naar huis. De vrede duurt niet lang. Nauwelijks is het weer droog, of er klinken opnieuw hartstochtelijke stemmen in de stad: 'Vooruit, hun huizen in. Sla dood!' De Kabeljauwen gaan tot de aanval over. Zij bestormen hun tegenstanders in de woningen en slaan ze daar dood. Ook in Leiden behalen de Kabeljauwen de overwinning in een straatgevecht. De wegvluchtende Hoeken zoeken asiel op het Hooglandse kerkhof.

'Nee, nee! Dit is een vrijplaats!' schreeuwen ze de naderende Kabeljauwen toe. Maar vrijplaats of niet, ze worden gegrepen en gaan voor de bijl.

Hertogin Isabella is dan reeds naar Holland gekomen om een beroep op de twistende partijen te doen. Het helpt niet. Filips zelf moet er aan te pas komen 'Hahan!' Voor het eerst sinds 11 jaar verschijnt hij in 1445 in Holland, hoogmoedig en trots als altijd. Al gauw benoemt hij overal Kabeljauwse regenten, die door kalme Hoeken moeten worden bijgestaan. 'Maar het moet uit zijn met het dragen van die rode en grauwe mutsen,' beveelt hij.

Die mutsen, herkenningstekens der partijen, werken de tweedracht maar in de hand.

'Het moet ook uit zijn met het zingen van spotliederen! En binnen de steden wil ik niet langer heetgebakerd volk in harnassen met zwaarden en messen zien!'

Hij draagt nu Mr. Goosewijn de Wilde het stadhouderschap op en stelt in Holland en Zeeland een aparte Rekenkamer in. Dan zijn het niet langer gehate buitenlanders, die de belastinggelden voor de hertog innen, maar lieden van het eigen volk. Ook dat draagt bij tot de rust.

Nu hij toch in het noorden is, onderneemt hertog Filips meteen een poging om de vrije Friezen onder zijn invloedssfeer te brengen. Hij roept hen op een gezantschap te sturen naar 's Gravenhage.

'Héé, heb je ooit zoiets gezien?'
''t Is fraai, dat moet gezegd!'

Te Den Haag kijken de Friezen hun ogen uit aan de praal en verbluffende rijkdom, waarmee de hertog zich omgeeft. Maar ze laten zich toch niet van hun stuk brengen door de woorden, die Filips tot hen spreekt:

'Wij raden u aan, u vrijwillig aan ons te onderwerpen. Hoe droef zou het zijn voor u en ons, als het tot wapengeweld zou moeten komen!' In die geest zal hij hebben gesproken. Dan beveelt hij een hoveling, de Friezen naar hun kwartier te brengen, waar de zaken tijdens de nacht nog eens rustig kunnen worden overdacht. Maar de Friezen, gast van de hertog, drinken zich liever een stuk in de kraag.

'We nemen er nog één!' Ze houden een prachtig feest en beginnen uitgelaten krijgertje te spelen.

'Tòk... dòk-dòk.' Met dronken koppen klossen ze op hun klompen rond. De Bourgondische edelen, die maar niet in slaap kunnen komen, worden gek van het lawaai en het klompengeklets, zo vlak boven hun hoofd.

'En nou is het uit!' Tot het uiterste getergd, stuiven enkele hovelingen naar boven.

Bij de spraakverwarring en ruzie die volgt, hakt een driftig edelman één der Friezen een hand af.

'Daar zal hij voor boeten!' zegt Filips, als hij hoort dat de onschendbaarheid van een der gezanten zo bloedig is aangetast. Hij laat de edelman vonnissen en paait de Friezen met een royaal gebaar:

'Wij zullen u die misdaad vergoeden!' zegt hij tot de onthande Fries, die met een mooi handgeld van de hertog naar huis toe kan. Dat neemt toch niet weg, dat de Friezen zich verder niets aan de Bourgondiërs gelegen laten liggen.

'Wij zullen ieder geweld keren!' laten zij keizer Frederik III — in naam hun rechtmatige heer! — voor alle zekerheid weten. De Friezen behouden hun vrijheid en onafhankelijkheid, omdat de hertog van Bourgondië geen gelegenheid krijgt tegen hen ten strijde te gaan.

Ook Filips de Goede wendt zich tot de Duitse keizer. Hij wil onderhandelen over een koningstitel voor zichzelf. Diep in zijn hoogmoedige hart droomt hij ervan het oude rijk van Lotharius te herstellen onder de Bourgondische heerschappij. Waarschijnlijk stelt hij zijn eisen te hoog, want de koningstitel krijgt hij niet.

Rusteloos reist Filips de Goede door zijn landen. Steeds is hij op die reizen door zijn hofhouding vergezeld. Het is een indrukwekkende stoet: regeringsambtenaren; de neven en nichten, die teren op zijn beurs; zijn enige zoon Karel; de talrijke bastaarden; edelen, pages, dienaren en een militair escorte. Speciale hovelingen zijn met hun knechten belast met het transport van de kostbare tapijten, die in de befaamde werkplaatsen van Atrecht en Doornik tot stand gekomen zijn. Daar rijden de overdadig kleurrijke koetsen. Dienaren dragen de kostbare draagstoelen. De troonzetels met baldakijnen gaan op de wagens mee. De zware kisten met edelstenen, juwelen, gouden dukaten sleept Filips overal mee toe om met een goed gevoel voor show van zijn rijkdom te getuigen. Nu eens bevindt hij zich in Dijon, dan weer in Atrecht of, als Frans prins, te Parijs. Dan weer trekt hij naar Brussel, Brugge of Gent.

Tijdens een gigantisch banket te Rijssel, dat vele dagen duurt, zweert hij een plechtige, ernstig gemeende eed.

Borstbeeld van Filips de Goede.

De tafels zijn bedekt met wonderen. Omdat hovelingen en artiesten de werken van Hercules zullen opvoeren, is de gehele eetzaal herschapen in een mythologisch decor. Dagenlang zit het hof vele, vele uren aan tafel.
'Ai, ai!' Daar is de dag, waarop het vlees op onvoorstelbare schotels wordt opgediend — opgesierd tot 30 verschillende tuinen: met bloemperken vol witte rozen, met vergulde bomen, voorzien van bladeren van kant.
'Hoe aardig!' Tijdens een der gangen komt madame De Beaugrant, het dwergje van prinses Maria, op een vergulde, paardshoge leeuw de eetzaal binnenrijden. Iedere keer, dat het dier zijn kunstige bek opent, weerklinkt er een lied. Dan komt het hoogtepunt.
'Wat een schoonheden!'
'Lieve God, Ge hebt de wereld mooi gemaakt!' mompelt een edelman. Gretig kijkt hij naar de stoet schone, nauwelijks geklede jonkvrouwen, die zo aanlokkelijk de eetzaal zijn binnengestapt. Zij dragen een levende fazant, die omhangen is met de ordeketen van het Gulden Vlies.
Hertog Filips staat op. Tevoren heeft hij reeds bepaald, dat hij dit lieflijke tafereeltje zal aangrijpen voor het afleggen van een plechtige eed. Het is eerbiedig stil, als zijn woorden weerklinken.
'Ik zweer op die fazant, dat ik ter kruisvaart zal gaan — als God en de toestand van mijn land dat gedogen!'
Die eed verwekt grote geestdrift. Bijna alle edelen volgen het hertogelijk voorbeeld, want de verovering van Constantinopel door de Turken (1453) heeft de christelijke wereld diep geschokt.
Meteen al worden schepen gevorderd, gelden ingezameld, extra belastingen geheven, baronnen en vazallen opgeroepen. Enkele edelen vertrekken naar Syrië om de toestand alvast te verkennen. *De kruistocht wordt nooit gemaakt!*

Op zijn prachtig kasteel te Hesdin ontvangt Filips gezanten en buitenlandse vorsten. Die mogen drinken uit gouden bekers en eten van een gouden servies. Dan weer spoedt hij zich naar Gent, dat met ongehoorde zelfstandigheid — als een staat in de staat — in opstand is gekomen. De hoge belastingen, die de hertog voor al zijn feesten nodig heeft, en de willekeur van het bestuur, hebben de burgers van Gent voor de zoveelste keer op de been gebracht. De aanleiding is de nieuwe zoutbelasting. De oorzaak ligt veel dieper.
'Luister, lieve burgers, moeten wij ons aan de nieuwe zoutbelasting onderwerpen?'
'Nee... nooit!'
Steeds weer hebben de klokken het volk opgeroepen naar de markt. Menig oproerig woord is daar gehoord:
'Wat moeten wij met die kleine, gesloten groep, die de macht in het stadsbestuur verkwistend gebruikt om ons te onderdrukken?'
'Weg! Ze moeten weg!'
De baljuw is verjaagd. Opstandige hoofdmannen hebben het heft in handen genomen. Steeds weer zijn er terechtstellingen geëist. Er is gehoopt op steun van Frankrijk, op hulp uit Holland en Zeeland, maar de stad is alleen blijven staan.
'Hahan, op naar Gent!' beveelt Filips. de wapenen zullen in de krachtmeting tussen hertog en stad moeten beslissen:

Gent, 30 juli 1453: 2000 burgers lopen blootshoofds en slechts in een hemd gekleed de stad uit om in het legerkamp van de hertog boete te doen.
'Grâce... Usez de clémence!' In de Franse taal moeten zij om genade smeken voor de opstand, die enkele jaren het Vlaamse land heeft geschokt.
'Grâce!'
Het is niet de eerste keer dat Gent zich tegen Filips heeft gekeerd. Na het beleg van Calais hebben de vergramde Gentenaren hun machtige hertog zelfs gevangengezet om hem zo allerlei privileges te kunnen afdwingen. Filips heeft toen veel beloofd, waar hij zich na zijn vrijlating niet aan heeft gehouden. Vergeten heeft hij die vernedering niet.
'Grâce, grâce!'
Daar sjokken de Gentenaren in hun hemd. Zij maken hun knieval en jammeren om genade, nadat hun leger — na het verraad van een Engels kapitein — in het open veld een verpletterende nederlaag heeft geleden.
De genade wordt verleend: *voor 350.000 gouden rijders!* En de oude zelfstandigheid van de stad wordt drastisch beknot.
Dat is het begin van de langzame achteruitgang van het trotse Gent. Ook Brugge heeft zijn hoogtepunt gehad. De klad is gekomen in de verbinding met de Hanzesteden. De Bruggenaren beginnen tevens de concurrentie van de Engelse lakenindustrie duidelijker te voelen, omdat de reglementen voor de handel te Antwerpen veel soepeler zijn. En, nog erger: het Zwin, de uitweg naar de zee, verzandt. In Brabant staat Antwerpen klaar om Brugge's taak over te nemen. Ook Brussel komt tot bloei, als hertog Filips daar zijn hof permanent installeert. De oorzaak daarvan ligt voor de hand: uit de Lage Landen komen de goudstukken, waarmee hij zijn grote staat kan voeren. Van alle belastinggelden, die in de Bourgondische landen worden geheven, betaalt Vlaanderen 1/3 deel. De rijkdommen hebben zich daar haast onuitputtelijk opgehoopt. Brabant zorgt voor 1/4 deel, Holland en Zeeland nemen 1/4 voor hun rekening. Maar de burgers kankeren wel hun onvree uit.
'Lieve hemel, die belastingen!'
'Ik begrijp het niet. Een heel varken, dat vroeger 10 stuivers kostte daar vragen ze nou maar liefst 20 stuivers voor!'
'D'r valt niet meer tegenop te werken! Waar moet dat toch naar toe?'
Om aan de benodigde gelden voor de hertog te komen, leggen de stadsbesturen accijnzen op boter, zout, brood, leer, laken en vlees. verreweg het grootste bedrag halen de steden op met de heffingen op wijn en bier. Zij verpachten de vervuilende stadsgrachten als viswater. Zij verhuren de standplaatsen op de markt. Flink laten zij betalen voor het gebruik van de waag, de laken- en vleeshallen en natuurlijk heffen zij tol.
'De kosten van het levensonderhoud zijn bijna verdubbeld!' kan een slimmerik hebben uitgerekend.
De 20 stemhebbende steden in Holland en Zeeland, die afgevaardigden naar de Staten sturen, mogen over de verdeling van de belastingen meepraten. Maar allengs ligt de uiteindelijke beslissing bij de grote zes: Amsterdam, Dordrecht, Haarlem, Leiden, Gouda en Delft.

In die steden: de kroegen, de welgedane burgers, de armoede, de bedrijvigheid bij de haven, de vechtpartijen, de spelende

Engelbert II van Nassau-Breda (1451-1504). Hij was generaal en stadhouder van de Lage Landen voor Filips de Schone. Portret door de Meester van de vorstenportretten.

Bourgondische tijd – Twaalfjarig Bestand

kinderen, de luidende klokken voor vesper of metten, de biecht, de ratel der melaatsen, muziek, er is van alles te zien en te doen.
'Daar komen de schutters!'
'Morgenavond op de Brink een vastenavondspel. De stellages zijn al gebouwd!'
'Wat voeren ze op?'
'Lijsken, die een man wil hebben die naar het harnas ruikt!'

In Deventer brengt het smidsegilde een stuk met een toepasselijke titel: *Van een oud wijf een jong smeden!* Op kosten van de stad worden de spelers in de herberg 'De Ster' voor 12 gulden getrakteerd.

Menig dinertje richten de schepenen aan, als hun stad met hoog bezoek wordt vereerd. Leiden schenkt 4 kannen wijn, als jonker Van Gaesbeec en Willem van Egmond op bezoek komen. Utrecht ontvangt de kastelein van Breda met een overvloedig *gelaech* — een maal, waaraan niets ontbreekt.

Steeds weer gaan leden van de vroedschap op reis om de belangen van hun stad elders te behartigen. Te paard, met de wagen of per schip trekken zij overal naar toe.
'Schepen Jan Dirkz kunt ge naar Den Hage?'
'Zijtsgewis!'

Een schepen van Zutphen reist in enkele maanden op kosten van de stad naar Arnhem, Lochem, Bronkhorst, Doesburg, Groenlo, Dieren, 's-Heerenberg, dan weer naar Arnhem, opnieuw naar Bronkhorst. Zijn uitgaven worden nauwkeurig in de stadsrekening vermeld.

Haast aandoenlijk is het verslag over één der burgemeesters van Enkhuizen:
'Hij kwam van stadswege uit Den Hage. Hij was te voet gegaan *uit zuinigheid* dewijl hij ten koste van weduwen en wezen geen zes schellingen, die de voerlui hem vroegen, durfde te verrijden! Tussen Purmerend en Hoorn, gaande te voet, werd hij in zijn tabbaerd vermoord op een weg, die men nadien het Boevenpad noemde!'

De stadsbesturen hebben het druk. Zij moeten toezien op de reglementen van de gilden en ambachten. Zij stellen voorschriften vast voor de behandeling van personeel, voor de inrichting van werkplaatsen, voor vrouwenarbeid, voor verkoopprijzen, voor maat en gewicht.
'Bakker Janszoon, je bakt je brood te licht!'
'Maar heer, ik...!'
'Een boete van 1 pond!'
'Maar heer, ik...!'
'Als het nog eens gebeurt wordt de boete 5 pond, bakker Janszoon. En bij de derde keer mag je twee jaar lang geen brood meer bakken! Houd je dat voor gezegd!'

De raad van Maastricht verbiedt de goudsmeden *namaakstenen* in goud te zetten.

Soms stuurt de raad boosdoeners op bedevaart naar een ver land. Dan zijn ze hen in ieder geval voor lange tijd kwijt. Er klinken ook trieste opdrachten:
'Jan, kan jij met dat kereltje naar heelmeester Henric te Zutphen?' vraagt de vroedschap te Arnhem aan stadsbode Jan van Aggelen. Op Sinte Agathendag trekt Jan van Aggelen met het kleine knechtje naar Zutphen. Het joch wordt van melaatsheid verdacht. Als heelmeester Henric die ziekte vaststelt, zal hij uit de samenleving moeten verdwijnen.
'Bid tot God, jongen — en raak me niet aan, als het je belieft!' Daar trekken zij samen door het Gelderse land.

In de winter laat het stadsbestuur van de steden regelmatig bijten hakken in het ijs van de bevroren grachten. Er moet water bij de hand zijn in geval van brand. In Sneek worden de schoorstenen, vuursteden en ovens 4 maal per jaar gecontroleerd.

Steeds weer worden er nieuwe voorschriften uitgevaardigd.
'Rèt-tet-tet!' Een trompetter blaast.
'Schout en schepenen maken bekend...' De stadsomroepers roepen het belangrijkste nieuws voor de inwoners om. Processies, meifeesten, terechtstellingen breken de sleur van alle dag. In de straten der looiers, wevers, schoenmakers, leidekkers, volders of ververs, verrichten mannen, vrouwen én kinderen hun werk — en helpen hun vorsten daarmee aan geld.
'Ik voel m'n rug wel, Geerte! Sint Teunis verkoopt mij zijn kwaal te duur!'
'Ga maar slapen!'
'Wel te ruste, Geerte!'
'Wel te ruste, Jan Janszoon!'

Opnieuw is een dag in het Bourgondische hertogdom voorbijgegaan...

Winkels in een middeleeuwse stad. Links een kleermaker, op de achtergrond een bonthandelaar en een barbier. Rechts een apotheek. Miniatuur uit een 15de eeuwse bijbel.

De dood van Filips

Filips de Goede krijgt in zijn landen niet alleen de steden en edelen (met al hun heerlijkheden), maar ook de bisschopszetels in zijn macht. Met zijn invloed, zijn goud én geduld, ziet hij kans bastaardbroers, bastaardzonen of mannen die van hem afhankelijk zijn, tot bisschop te laten benoemen.

Zij maken hun opwachting in Doornik, Kamerijk, Amiens, Atrecht en Terwaan. Dat zijn bisdommen met slechts een zeer beperkte wereldlijke macht.

Anders is het gesteld in Utrecht en Luik, maar ook op die gebieden laat Filips zijn ogen vallen. Het prinsbisdom Luik komt onder zijn invloed, als zijn neef Louis de Bourbon daar bisschop wordt:

'Invium virtuti nihil: Voor de deugd is geen pad onbegaanbaar!' Zelfs in Utrecht niet, al moeten de wapenen er daar aan te pas komen!

'Hier zijn 4000 gouden dukaten!' bericht Gijsbrecht van Brederode aan de paus. Hij is in Utrecht in eer en deugd tot bisschop gekozen. Zijn benoeming door de heilige vader lijkt — na de zending gouden dukaten — nog slechts een formaliteit. Toch niet. Filips de Goede intrigeert en konkelt in het Vaticaan om de benoeming ongedaan te maken. Is de paus gevoelig voor de kruistochtplannen van de hertog en gecharmeerd door het Bourgondische goud? Met zijn 4000 dukaten krijgt Gijsbrecht van Brederode geen voet aan de grond. Filips' bastaardzoon David wordt door het Vaticaan als bisschop aangewezen.

'Dat nemen we niet!' roepen de Utrechters, die hun democratische rechten niet zo maar willen prijsgeven. Of ze met hun verzet kans van slagen hebben is echter een andere vraag..

'Kunnen we ooit tegen de hertog op?'

'De hertog zit zonder geld!' zeggen sommigen.

'Hij is dood!' zeggen anderen en dat geeft de burgers moed. Ze weigeren de nieuwe bisschop David van Bourgondië te ontvangen.

Opnieuw komt hertog Filips aan het hoofd van een sterk leger naar het noorden. Als het niet goedschiks gaat, wil hij zijn zin doordrijven met geweld. Al zijn ridders van het Gulden Vlies verzamelt hij te Den Haag om er meteen een kapittel te houden.

'Zeggen ze dat ik dood ben? Of geen geld meer heb? Hahan!'

In de Ridderzaal stelt hij al zijn rijkdommen ten toon. Van heinde en ver stroomt het volk toe om de Bourgondische praal te aanschouwen.

'Nee maar!'

''t Is ongehoord!'

Vooral de geldkisten, gevuld met 200.000 gouden leeuwen, maken diepe indruk. Op zwart zaad zit de hertog blijkbaar nog niet. Ondertussen kijken ook vele ridders van het Gulden Vlies lichtelijk verbaasd om zich heen. Zij hadden in 's-Gravenhage niet zoveel luister verwacht.

'De schoonste zaal ter wereld!' noemen zij de Ridderzaal, waar Filips hof houdt en orde op zijn zaken stelt. Van heine en verre laat hij ongehoorzame onderdanen opdraven om hen te dwingen tot gehoorzaamheid. Onaantastbaar op zijn troon deelt hij vermaningen, verwijten en soms strenge straffen uit.

'Hahan!' Wie niet horen wil, moet het maar voelen.

'Vergeving, heer!' Dordtenaars komen er een knieval doen, omdat zij de hertogelijke bevelen steeds naast zich hebben neergelegd. Het met privileges verwende Dordrecht heeft zich langzamerhand de heerschappij over het gehele Maasland aangematigd. Over 40 dorpen en de stad Geertruidenberg spelen de Dordtenaars de baas. Zij dwingen die dorpen turf en koren naar de Dordtse markt te brengen. De dorpelingen moeten hun bier van de Dordtse brouwerijen betrekken. Zij moeten meehelpen en meebetalen aan het onderhoud, uitdiepen en versterken van de haven.

Ook moeten zij bijdragen aan de belastingen, die de hertog heft en die zeer gestegen zijn.

'Vergeving, heer!' Terwijl de Dordtenaars hun knieval doen, zullen ze bij zichzelf wel bedenken, dat door de ontvangst van de Vliesridders, het onderhoud van het leger én de kruistochtplannen, de belastingen nog verder zullen stijgen.

Na de nodige indruk te hebben gemaakt op Holland, trekt hertog Filips naar het Sticht om dáár de tegenstand te breken.

'Wij zullen u ruimschoots schadeloos stellen!' krijgt Gijsbrecht van Brederode te horen. Hij stapt opzij. Gehuld in een schitterend harnas rijdt bisschop David van Bourgondië aan het hoofd van zijn troepen als een veroveraar Utrecht in.

'Te Deum laudamus — U, o God, loven wij!'

Wat denkt de nieuwe bisschop als in de Domkerk het Te Deum weerklinkt? Heel wat mensen in zijn bisdom prijzen de Heer dit keer niet.

'Wij zullen ons blijven verzetten!' Die woorden worden gehoord in de steden en weerklinken fel bij de ridders in het Oversticht. Er heerst grote activiteit in de Overijsselse steden. Boodschappers rijden af en aan om bondgenootschappen te verkrijgen. Zij krijgen steun van de stad Groningen, van de bisschop van Osnabrück en van een hulpvaardige Arnold van Gelre, die de naar land hongerende ogen der Bourgondiërs al lang op zich gericht heeft gevoeld en daar niet gelukkig mee is.

Om ook die tegenstand te breken, rukt Filips met een leger van duizenden soldaten over de Veluwe — dwars door Gelre heen! — naar Deventer op.

'Merakels!'

'Krek, m'n jong!'

De Veluwse keuterboertjes, die geen idee hebben waar Bourgondië ligt en geen besef hebben van grenzen, weten niet wat ze zien.

'Krelis, m'n jong, niet te geloven!' Vol ontzag kijken zij naar het passerende Bourgondische leger met de indrukwekkende stoet van ridders, vanen, banieren, tenten, belegeringswerktuigen en geschut.

Na een beleg van vijf weken geeft Deventer zich over. Dan is ook het Oversticht gedwongen David van Bourgondië als bisschop te huldigen. Van harte gaat dat niet.

Lang blijft de onrust in het bisdom Utrecht gisten en steeds weer worden oude tegenstellingen aangewakkerd tot vurige rellen.

'Grijpt de opstandigen! Zet ze gevangen! Pijnigt hen!' Steeds weer moet bisschop David met geweld de oppositie neerdrukken.

Met de praalzucht van zijn geslacht vestigt hij zich in het schitterende kasteel te Wijk bij Duurstede. Formidabel is zijn drang naar weelde. Naast zijn hardvochtigheid spreidt hij ook een flinke kunstzin ten toon. Met de hebzucht, die ook hem in het bloed zit, tracht hij zich met landsheerlijke macht te omkleden. Evenals zijn vader Filips werpt hij begerige blikken op het aangrenzende hertogdom Gelre. Zou bisschop David ooit iets gehoord hebben van de pater, die juist in die roerige dagen door de Lage Landen trekt en het volk zo welsprekend tot bekering oproept?

Johannes Brugman is omstreeks het jaar 1400 geboren in het stadje Kempen, op de grens van Kleef en Berg. Na een vrij wilde jeugd is hij via de hervormingsbeweging van de Franciscanen tot een der grootste volkspredikers van de Lage Landen uitgegroeid. Hij trekt door Groningen en Friesland. Hij preekt te Kampen (één keer uitsluitend voor de leden van de raad!), Gouda, Amsterdam — soms vijf uur aan één stuk. Steden zenden hem uitnodigingen. Als hij het woord neemt stroomt het volk toe, want hij kent de knepen van zijn vak:

'Brugman, wilt du biecht horen om geld?'

'Trouwe neen!' roept hij uit in Amsterdam. 'Brugman wil de schapen de wol laten en gaarne ieders biecht horen om Gods wil zónder geld! Brugman, wilt du ook van de lieden weglopen, die de pestilincie hebben, zoals sommigen wel doen? Trouwe neen!' Hij hekelt de priesters, die te kort schieten. Geniaal bespeelt hij zijn gehoor:

'Brugman,' vraagt hij zichzelf, 'wilt du van de schaapkens weglopen? Trouwe neen! Du wilt althoos bij hen blijven, of zij rijk zijn of arm... Gij goede lieden! Gij hebt wel gehoord, waarom ik met mijn arme, schamele broederkens gaarne met u wonen en een snood kloosterke hebben zoude: alleen al om u allen de weg des eeuwigen levens te wijzen en daarin te helpen!'

Als een ware herder trekt hij zich overal in om het volk te verheffen. Hij groeit als vanzelf naar de 'Moderne Devotie' toe — de beweging die Geert Grote in leven riep. Zelfs op hoge leeftijd spoedt hij zich nog naar het Gaasterland om vetes tussen kloosterlingen te beslechten.

'Och, ewich is so lanc!'

Als een ware tophit slaat dat geestelijke lied — en andere die hij dicht en laat kopiëren — bij het volk in.

Als hij in 1473 te Nijmegen sterft, voorziet nog niemand, dat de door hem geëiste hervormingen zullen leiden tot een scheu-

Bourgondische tijd – Twaalfjarig Bestand

ring in de kerk, die hij en duizenden anderen die veranderingen wensen zeker niet hebben gewild.

Ondanks alle fouten heeft pater Johannes die kerk toch zo innig liefgehad. Als Brugman heeft hij gepraat. Tienduizenden harten heeft hij geraakt en bezield. Toch verklaart hij in de avond van zijn leven — en het bewijst zijn grootheid:
'Ik heb vele jaren met grote toeloop en toejuichingen gepredikt, en ik weet niet, of ik zelfs wel één enkele oude vrouw wáárlijk heb bekeerd!'

Hij heeft begrepen dat mensen mensen blijven.

Als Filips de Goede na de strijd voor bastaardzoon David naar zuidelijker streken terugkeert, laat hij zijn enige wettige zoon Karel (de Stoute) als stadhouder achter.

Karel, onstuimig stout en dapper in de strijd, is een harde werker. Tot diep in de nacht bemoeit hij zich met staatszaken, omdat hij álles weten wil. Dikwijls toont hij zich een onverbiddelijk meester: driftig, eigenzinnig en hardnekkig in het volgen van een eigen plan. Soms kan hij zeer edelmoedig zijn, dan weer ontstellend wreed.
'Graaf Karel is weinig standvastig en met de onverzadigbare hebzucht van zijn geslacht uitgerust!' vinden de steden. De stadsbesturen zijn oprecht bevreesd, dat zij onder zijn onbeheerste willekeur kostbare rechten, vrijhouden en privileges zullen verliezen!
'Graaf Karel? Het toonbeeld van een waarachtig ridder!' zeggen de edelen. Zij bewonderen zijn edelmoedigheid en moed.

Tussen Karel en zijn vader komt het tot een breuk, als Filips op aandringen van de paus (in verband met de kruistochtplannen) toenadering met Frankrijk zoekt. Karel vindt dat een slechte politiek. Hij ziet in Frankrijk een gevaar voor het Bourgondische rijk. Het loopt uit op een hevige uitbarsting tussen vader en zoon, als er onenigheid ontstaat over de bezetting van enkele baantjes aan het hof. Chastellain, de hofschrijver, heeft beschreven hoe de ruzie ontvlamt, als Karel zich tegen de benoeming van een pro-Frans edelman keert:
Op de maandag van Sint Antoniesdag is de hofkapel na de mis leeggestroomd.

Hertog Filips is achtergebleven om zijn getijden te zeggen. Hij roept zijn zoon bij zich en zegt hem zacht:
'Karel, wat die strijd betreft tussen de heren van Sempy en van Hémeries om de post van kamerheer, ik wil dat ge er een eind aan maakt, en dat de heer van Sempy de vacante plaats krijgt!'

Karel verzet zich: 'Mijnheer, ge hebt mij eenmaal uw ordonnantie gegeven, waarin niet de heer van Sempy staat. En, mijnheer, als het u behaagt, bid ik u, dat ik die mag houden!'
'Ei,' zegt de hertog, 'bemoei u niet met de ordonnanties. Het staat aan mij om ze te vermeerderen en te verminderen. Ik wil dat de heer van Sempy erin komt!'
'Hahan,' zegt graaf Karel, want zo vloekt hij altijd, 'ik houd mij aan wat gij mij bevolen hebt!' Hij vermoedt dat de heer van Croy (van de pro-Franse partij) zijn hand in de benoeming heeft gehad.
'Hoe?' zegt de hertog. 'Zult ge mij ongehoorzaam zijn? Zult ge niet doen wat ik wil?'
'Mijnheer, ik zal u gaarne gehoorzamen, maar dit zal ik niet doen!'

De hertog, ziedend van kwaadheid, antwoordt: 'Ha! Knaap, zult ge aan mijn wil ongehoorzaam zijn! Ga uit mijn ogen!' Het bloed trekt hem bij die woorden naar het hart. Hij wordt bleek, daarop plotseling vuurrood en zó schrikwekkend in zijn gelaat — zoals Chastellain de geestelijke van de kapel hoort vertellen — dat het vreselijk was hem te zien. De hertogin is hevig geschrokken. Haastig duwt ze haar zoon uit het bidvertrek en door de kerk. Een klerk, die met een sleutel de deur moet openen, knielt voor Karel neer en smeekt hem, dat hij de hertog vergiffenis zal vragen, vóór hij de kerk verlaat. Ook de hertogin vraagt haar zoon dat te doen.

'Ei, mevrouw,' zegt Karel hooghartig. 'Mijn heer heeft mij verboden onder zijn ogen te komen. Hij is boos op mij, zodat ik na dat verbod niet bij hem zal terugkeren, maar heen zal gaan waar God mij leidt, ik weet niet waar!'

Karel vlucht naar Holland. Hij heeft daar onder meer Putten, Strijen en Gooiland met Naarden in persoonlijk bezit. Zo ook het gunstig gelegen Gorkum, waar hij zich vestigt. Hij wordt door zijn vergramde vader van al zijn functies ontheven. Bijgestaan door zijn raadsman Anton Michiels ontvangt hij steun van de Hollandse Staten en doodt de tijd met zeilen op de rivieren.

'Laat Michiels grijpen en opsluiten in het kasteel Hesdin!' beveelt hertog Filips. Dat gebeurt, maar Karel weet hem daar weer te bevrijden. Het gaat hard tegen hard!

In de ruzie met zijn vader staat het gelijk aan Karels kant. Want aan het Bourgondische hof lopen vele spionnen rond, die onder aanvoering van kanselier Croy de Franse koning heimelijk in de kaart spelen. De geslepen, hoogst onbetrouwbare Lodewijk XI weet precies hoe hij het spel moet spelen. Als dauphin is hij voor zijn vader uit Frankrijk gevlucht. Ruim 6 jaar heeft hij gastvrijheid genoten van hertog Filips. Hij heeft zich in die jaren van vrienden en spionnen voorzien.

'Frankrijk zal nimmer machtig kunnen worden, zolang het Bourgondische rijk bestaat,' beseft Lodewijk XI. Geen middel is hem te laag om de macht van zijn voormalige gastheer te breken.
'Mijn neef van Bourgondië weet niet wat hij doet. Hij voedt de vos, die zijn kippen zal verslinden!' heeft hij als dauphin gezegd, toen hij bij de hertog gastvrijheid genoot.

Nu hij koning is gaat hij zonder scrupules aan het werk om de Bourgondische kippen aan zijn spit te rijgen.
Met leningen en diefstal krijgt hij het geld bijeen waarmee hij de verpande steden aan de Somme van Filips terugkoopt. Het is de eerste stap in de krachtmeting, waarvoor hij als een sluwe spin het web weeft waarin hij zijn Bourgondische neven wil verstrikken.

Filips de Goede is te oud geworden om het spel van Lodewijk XI te doorzien. In de laatste jaren van zijn leven is hij geheel vervuld van de kruistochtplannen, die hem — zo hoopt hij — dichter zullen brengen bij God.

Hij ontvangt een gezantschap van Perzen, Armeniërs en heren uit Mesopotamië, die als de wijzen uit het Oosten naar de Bourgondische ster in het Westen zijn getogen om hulp te vragen tegen de Turkse overmacht. Het leidt tot niets. Oud en verzwakt wordt hertog Filips langzaam kinds. Wel heeft hij zich in 1465 met zijn zoon Karel verzoend. Voor de Staten van Vlaanderen heeft hij hem tot erfgenaam en opvolger benoemd. Als luitenant-generaal neemt de onstuimige Karel de Stoute vanaf dát moment de regering feitelijk in handen.

Filips de Goede sterft twee jaar later te Brugge — als een heerser, die het ideaal van Filips van Leyden zeer dicht genaderd heeft. Als een absoluut vorst heeft hij het gezag over zijn gebieden in handen genomen. Met zijn staatsinstellingen, rekenkamers, gerechtshoven én de Staten-Generaal, heeft hij de grondslag voor een centraal bestuur gelegd. Door zijn toedoen is de basis van de Nederlanden gevormd. Maar ook voor zijn indrukwekkend leven van praal en vrome inkeer, van inhaligheid en wijs bestuur, gelden de woorden uit Genesis:

'Stof zijt gij en tot stof zult gij wederkeren!' Daar helpen geen Bourgondische rijkdommen aan. Als hij de geest heeft gegeven wekt het verwondering aan het hof, dat Karel de Stoute in de sterfkamer weent. Hij wringt zich de handen, weeklaagt en werpt zich van mateloze smart op de grond. Aan het zwart omfloerste hof — want ook de dood eist een grootse vertoning — hult Isabella zich in rouw.

In de Sint Donaaskerk krijgt Filips een voorlopige rustplaats. Zeven jaar later wordt zijn stoffelijk overschot, overeenkomstig met zijn wens, naar de Chartreuse van Champol overgebracht. Daar zal hij tenslotte rusten bij zijn vader — onder een grote, zwart marmeren steen.

Karel de Stoute staat trappelend van ongeduld gereed om zijn taak als hertog van de Bourgondische gewesten-verzameling over te nemen. Hij komt aan het bewind op een tijdstip, waarin de structuur van de samenleving eigenlijk al is verouderd. De maatschappij is aan vernieuwing toe. Zoals dat steeds het geval is geweest, gaan die veranderingen overal in Europa met heftige schokken gepaard. De onduidelijke weg naar de toekomst wordt geplaveid met tranen en bloed.

Oorlogen, burgeroorlogen, godsdienstoorlogen, klassestrijd, rebellie van machtige baronnen en bandietendom hebben hun diepe, verminkende sporen getrokken over het aangezicht van Europa. Veranderingen zijn overal op til. Nieuwe vorsten maken hun opwachting. Als *Nieuwe Monarchen* maken zij zich van hertogdommen, graafschappen en heerlijkheden meester en leggen zodoende de grondslag voor een natie.

Zij krijgen daarbij steun van de boeren en stedelingen die verlangen naar rust, orde, vrede en recht. In de onrust van de haast onbegrepen ontwikkeling vechten Hoeken en Kabeljauwen hun ruzies uit.

In Engeland, waarmee de Lage Landen zulke goede zaken doen, woedt de strijd tussen de aanhangers van York en Lancaster. Tot genoegen van de koning en de meeste Engelse burgers moorden de baronnen elkaar in die *Oorlog van de Rozen* naar hartelust uit. Binnenkort zullen de Tudors (Hendrik VIII) er de macht stevig in handen krijgen.

In Frankrijk zijn de Bourguignons en Armagnacs in een voortdurende strijd gewikkeld. De sluwe Lodewijk XI speelt een zeldzaam geraffineerd spel om de onafhankelijke graafschappen en hertogdommen (Bretagne, Armagnac, Normandië) met oorlog, gifmoord, of met geld onder zijn gezag te brengen. Zijn spionnen zitten overal en rusteloos stookt hij om Karel de Stoute, zijn grootste tegenstander, de nek te laten breken.

Zuidelijker, in Spanje, zullen Ferdinand van Aragon en Isabella van Castilië hun koninkrijken door een huwelijk in 1469 bijeenbrengen. Op aansporing van de kerk strijden zij tegen de Moren — die pas in 1492 uit Granada zullen worden verjaagd.

In het Heilige Roomse Rijk (Duitsland) zijn de Habsburgers, de aartshertogen van Oostenrijk, in 1438 aan de macht gekomen. Door goed gekozen huwelijken, door omkoperij en het handig uitspelen van de Duitse baronnen tegen elkaar, hebben zij kans gezien de erfelijkheid van de keizerskroon voor hun geslacht op te eisen.

Zélfs in het verre Rusland is dat streven naar eenheid merkbaar, als de prinsen van Moskou de Mongolen eindelijk terugdringen (na een overheersing van tweeëneenhalve eeuw!). Iwan III de Grote, die in 1462 het bewind in handen krijgt, verovert Nowgorod en grijpt de factorijen van de Hanze als aantrekkelijke buit. 'Tsaar Iwan, grootvorst en heerser over geheel Rusland!' Zo zal hij aan het eind van zijn leven worden begroet.

Alleen in Italië komt het niet tot eenheid. Wat Gent en Brugge niet gelukte, hebben de rijke steden in Italië wél tot stand gebracht. Florence, Venetië, Genua en Milaan zijn tot zelfstandige staten uitgegroeid. Maar ook daar woeden oorlogen en vindt er eindeloos gekonkel om de macht plaats. De Medici hebben het gebracht tot hertogen van Florence. Hun schatrijke dochters zullen koningen trouwen. De Sforza's heersen over Milaan, maar Genua en Venetië zijn republieken gebleven.

De middeleeuwen gaan vol bloed en tranen over naar een nieuwe tijd.

In die wereld moet hertog Karel de Stoute zich tussen Duitsland en Frankrijk staande houden. Ook hij zal een hechte monarchie in zijn losse gewestenverzameling moeten vestigen, òf... tenondergaan. Zijn rusteloze leven zal voor dát doel in het teken staan van strafexpedities en veroveringen, van oorlogen en strijd.

Een hoveling aan het Bourgondische hof roept hem toe:
'Uw vader was een dienaar van Venus, gij zijt een leerling van Mars. Hij was de lieveling van de vrouwen, gij zijt een meester in het hanteren der wapenen!' Maar tien jaar nadat hij het bewind heeft aanvaard, is de leerling van Mars, de oorlogsgod, reeds tenonder gegaan!

Bisschop David van Bourgondië door de Meester van Delft, (links).

De nederlaag van Siena tegen Florence bij San Romano in 1432. Schilderij van P. Uccello.

Bourgondische tijd – Twaalfjarig Bestand
Karel de Stoute

Karel de Stoute met het ordeteken van het Gulden Vlies. Portret door Rogier van der Weyden (ca. 1460).

'Leve hertog Karel!'
De Gentenaars hebben Karel geestdriftig gehuldigd op de 30ste juli van het jaar 1467.
'Wij hebben zijn partij gekozen in zijn strijd tegen zijn vader! Nu zal hij ons wel ontslaan van een aantal gehate belastingen, zijtsgewis!' denken vele burgers in de stad.
Maar als dat niet gebeurt, grijpen de burgers van Gent nijdig naar de wapenen. Heer en meester in hun eigen stad, dwingen zij hertog Karel met geweld en dreiging vele voorrechten af.
'Dat moeten wij ook doen,' roepen de burgers in Mechelen en in andere steden, als zij horen hoe Gent zijn privileges won. 'Wij zullen hertog Karel niet eerder erkennen, voordat hij al onze vrijheden en rechten bekrachtigd heeft.'
Karel heeft de vrijmoedige steden gauw in bedwang. Alleen tegen Luik, waar agenten van koning Lodewijk XI het vuur hebben gestookt, moet hij met een sterke strijdmacht oprukken. Hij verslaat het Luikse leger in het open veld. De Luikenaars zullen voortaan weten wie hun meester is:
'Hak een bres in die muur!' beveelt hertog Karel. Hij wil de stad niet door de poorten binnengaan. Zijn krijgsknechten rammen een gat in één van de stadsmuren, want dat is de weg die de hertog wil gaan.
'Daar komt hij! God sta ons bij!' fluisteren de inwoners onthutst. Gevolgd door zijn ridders en soldaten rijdt de trotse Karel over de puinhopen door het gat in de muur de stad in: in volle wapenrusting en met het getrokken zwaard in de hand. Het is een onheilspellende intocht.
'Dat belooft weinig goeds!'
'Hij zal ons laten voelen wie de meester is!'
De zwartkijkers krijgen gelijk:
'Laat de muren en torens van de stad omverhalen,' zegt Karel. Hij eist hoge geldboetes en trekt tal van privileges in.

Omdat Lodewijk XI zich voor de oorlog toerust — en ondertussen Normandië en Bretagne aan zijn kroon verbindt — moet Karel zijn bondgenootschap met de Engelsen verstevigen. Een huwelijk lijkt daarvoor de aangewezen weg — al is hij beslist geen dienaar van Venus.
'Die bespottelijke en dwaze genietingen van de vrouwelijke sexe!' heeft hij herhaaldelijk tot zijn omgeving gezegd.
Nu trouwt hij Margaretha van York, in het belang van zijn politiek Als Margaretha in de grote kerk van Damme voor het altaar staat, beseft ze nog niet dat ze van de dwaze genietingen weinig last zal hebben. Ze zal haar echtgenoot nauwelijks zien.
Bezeten door zijn zucht naar uitbreiding van zijn rijk, bezeten om krijgsroem te behalen, zet Karel zich dag en nacht in om zijn machtsdromen te verwezenlijken.
Achter zijn rug groeit het web, dat de sluwe Lodewijk geniepig spint. Openlijk durft Lodewijk nog geen strijd te leveren. Hij kiest voorlopig nog andere middelen uit zijn rijke arsenaal:

Péronne, 14 oktober 1468: In gezelschap van slechts enkele getrouwen is koning Lodewijk XI — onder belofte van vrijgeleide — naar het stadje Péronne gekomen om met Karel te onderhandelen. Juist als de besprekingen beginnen, brengt een bestofte boodschapper Karel bericht:
'Mijn heer, oproer in Luik! Op aansporing van Franse agenten is Luik opnieuw in opstand gekomen. De inwoners hebben hun bisschop gevangen gezet. Zij hebben de stad Tongeren overvallen. Een aantal domheren op gruwelijke wijze mishandeld en vermoord!'
Karel wordt ziedend. Een ogenblik lijkt het, of hij de arglistige koning Lodewijk op staande voet zal vermoorden. Hij heeft immers het vuur in Luik gestookt.
'Neen, heer. Doe dat niet! Gij zult u in de ogen van alle Europese vorsten schandvlekken!' Het kost zijn vrienden de grootste moeite hertog Karel van doodslag te weerhouden. Maar wat dan? Moet hij Lodewijk gevangenzetten? Zal hij de hertog van Berry plaatsen op de Franse troon? Al die mogelijkheden worden overwogen.
'Lieve neef!' Trouweloos als hij is, weet Lodewijk zich uit de nesten te redden.
Koelbloedig belooft hij afstand te doen van àl zijn rechten als opperleenheer van Bourgondië. En hij belooft nog meer:
'Ik zal mee optrekken om het opstandige Luik te tuchtigen,' zegt hij aan Karel — alsof hij zelf niet de hand in die opstand heeft gehad.
Zo rukken de twee geslagen vijanden met 40.000 man broederlijk tegen de oproermakers op.
'Bourgondie!' roept Lodewijk XI als hij zich tegen de opstandelingen keert. Acht dagen lang bieden de Luikenaars op hun reeds vernielde muren en afgebroken torens wanhopig tegenstand.
'Houd moed!' Verbeten staan ze met hun zwaarden, bogen, pieken op de puinhopen.
Ze moeten wel moed houden! Ieder beseft dat de wraak van hertog Karel dit keer afschuwwekkend zal zijn.

Dan op een zondag — de dag des Heren waarop niemand een aanval verwacht — gaan de Bourgondiërs tóch tot de stormloop over. Klimmend over het puin stormen zij juichend de stad in.
'Vlucht!'
'Vlucht over de Maas!'
'Vlucht naar de Ardennen!'
Honderden inwoners vluchten in paniek weg. Honderden anderen zoeken angstig asiel in de kerken. Honderden, waaronder ook vrouwen, worden uit huizen en uit schuilplaatsen te voorschijn gesleurd. Driftig spreekt Karel het oordeel over hen uit:
'Verdrink hen!'
In de rivier de Maas gaan zij een jammerlijk einde tegemoet. Bovendien krijgen de soldaten toestemming hun gang te gaan. Na een wilde plundering gaat de rijke stad in vlammen op. Alleen de kerken, kloosters en de woningen van de geestelijken blijven gespaard.
'Schitterend, lieve neef!' Lodewijk XI, aanstichter van de opstand, toont zich zó lafhartig opgetogen, dat hij als beloning naar Frankrijk terugkeren mag. Thuisgekomen begint hij weer ogenblikkelijk tegen zijn lieve neef te konkelen. De oorlog tussen Frankrijk en Bourgondië blijft niet uit:

Plundertochten, wapenstilstand en weer nieuwe oorlog. De Fransen veroveren Amiens en St. Quentin. Haast onmenselijk gaan zij in de Bourgondische landen te keer.
Karel probeert de Franse hertogen van Berry en Guyenne voor zich te winnen. 'Ge kunt mijn dochter huwen!' laat hij Berry weten. Guyenne wordt door Lodewijk XI vergiftigd — ook al is het zijn eigen broer. Woedend trekt Karel daarop naar Normandië. Om zijn drift te koelen verwoest hij het land tot aan de Dieppe en Rouaan. Ook dat geschiedt op een onmenselijke manier. Desondanks krijgt Karel steun van de Franse kardinaal Balue, die hem de geheimen van koning Lodewijk verraadt. Het komt de kerkvorst duur te staan, want hij wordt gegrepen.
'Aha... ha, ha, ha!' lacht Lodewijk, als hij kardinaal Balue te pakken heeft. Als straf sluit hij hem 10 jaar lang in een ijzeren kooi, die aan een plafond is gehesen.
'Ha, ha, exemplum suorum!' Bespot en gesard zit daar de kardinaal als voorbeeld voor de zijnen in zijn kooi.
Nog minder fraai is het optreden van kardinaal Goffredi. Hij voert de troepen van Lodewijk aan tegen de graaf van Armagnac. Ondanks plechtige belofte van vrijgeleide en vergeving, laat de kardinaal de graaf na overgave van een stad vermoorden.
De weduwe, die een kind verwacht, krijgt te horen:
'Gij zult een eind moeten maken aan uw zwangerschap!' Het graafschap dient stevig in bezit te komen van de Franse kroon. De arme gravin wordt door de kardinaal gedwongen een middel in te nemen, zodat een miskraam volgt. Ze bezwijkt twee dagen later!
Lodewijk XI is een duivels tegenstander. Niet voor niets roept hertog Karel in het jaar 1471 de afgevaardigden van zijn gehele rijk te Abbéville bijeen.

Ernstig en bezorgd over de ongewisse tijden komen de afgevaardigden van Brugge, Gent, Amsterdam, Dordrecht, Antwerpen en Dijon met de machtige edelen en Vliesridders in het verre Picardië bijeen om naar hun hertog te luisteren:

Margaretha van York, echtgenote van Karel de Stoute voor de St Goedelekerk in Brussel. Miniatuur uit *Benois sont les miséricordieux*.

'Wij hebben een goed gewapend leger nodig om de onafhankelijkheid van de Bourgondische landen tegen Frankrijk te kunnen handhaven!' legt Karel hen uit. Menig stadsbestuurder slaat de angst al om het hart.
'Ik vraag gelden om een beroepsleger op te richten.' 800 speren, ieder bestaande uit een zwaar bewapende ruiter, een schildknaap en 8 voetknechten wil de hertog op de been brengen.
'Daarvoor zullen extra gelden beschikbaar moeten komen!'
De heren knikken. Nieuwe belastingen, waaronder grondbelasting, doen hun intree. En de belastingen stijgen nog verder, als Karels leger uitgroeit tot 2200 speren, waarbij nog 4000 merendeels bereden boogschutters worden aangesteld. Een schitterende artillerie van 300 kanonnen en 2000 wagens voor het kruit kompleteren het geheel.
Karel schoeit zijn beroepsleger, waarvoor hij veel Italianen huurt, op een moderne leest. Hij voert een strenge discipline in. Hij geeft voorschriften voor de opmars, voor de huisvesting, voor de tucht. Om een eind te maken aan de voortdurende naijver van zijn edelen, benoemt hij zijn officieren voor de tijd van één jaar.
Streng, soms hardvochtig maar rechtvaardig, smeedt hij dit leger aaneen. Het betekent een ommekeer in de oorlogvoering van die tijd.
'Onze dagen zijn voorbij, heer Zweder!'
'Zo is het, heer van Bouillon!'
Aan het edele, ouderwetse vechtbedrijf van de ridderschaar is een eind gekomen en menig edelman konstateert dat met verdriet.
Hoe groot de organisatie-talenten van Karel voor de opbouw van zijn leger ook zijn geweest, als veldheer en strateeg schiet hij met zijn driftige karaktertrekken vaak ernstig te kort.
De inwoners van de Lage Landen zuchten onder de belastingen en volgen bezorgd of hun hertog zich wel staande houdt in alle strijd!

Beheerst door de droom koning te worden over zijn landen, sluit Karel in 1472 een wapenstilstand met Frankrijk.
'Wij moeten ons bezig gaan houden met de landen, die onder het leenheerschap vallen van keizer Frederik III!' zegt hij tot zichzelf. Zal de keizer hem het koningschap willen geven? Karel heeft er zijn dochter voor over en zet het meiske daarvoor in:
'Ik bied uw zoon, Maximiliaan, mijn rijke erfdochter Maria!' laat hij de keizer weten.
Maria is het enige kind van Karel.
Karel richt zijn ogen nu inderdaad op het noorden en op het oosten. Een Fries gezantschap wordt opnieuw naar Holland ontboden. En ditmaal spelen zij geen krijgertje in de nacht.
Er klinken vriendelijke woorden en stevige dreigementen. Maar opnieuw wensen de Friezen niet tot onderwerping over te gaan. Alleen Uffo van Dokkum kiest de Bourgondische partij en ziet kans zijn stad voor de hertog te winnen. Handhaven kan hij zich niet. De Bourgondische strijdmacht, die hem beloofd was, komt niet opdragen.
'Snode beloften en anders niet!' Knarsetandend (want dat doen die heren) ziet heer Uffo, de vrijgevochten Friezen, gesteund door Groningers, op Dokkum afkomen.
Terwijl zijn stad na plundering in vlammen opgaat vlucht Uffo weg. Hij zoekt zijn heil in Karels leger.
Gunstiger verloopt het hebzuchtige spel om Gelre, waar hertog Arnold en zijn zoon Adolf hevige ruzies maken over de macht. Toestanden en tonelen in het corrupte, slecht bestuurde Gelderse hertogdom zijn aan de orde van de dag.
'Bij mijn ziel, dat gaat zo niet!'
Om te bekoelen van de twisten met zijn vader heeft Adolf een bedevaart gemaakt naar het Heilige Land. Geestelijk gesterkt wordt hij op zijn terugweg benoemd tot ridder van het Gulden Vlies.
'Dát moeten we toch vieren,' vindt het stadsbestuur in Arnhem. De heren bieden Adolf een luisterrijk diner aan voor l75 personen.
'Op uw veilige terugkeer, heer!'
'Op de toekomst, als u hertog bent!'
De bekers gaan met het enthousiasme de lucht in, want de oude hertog is niet populair.
Links en rechts heeft hij bezittingen verpand om op een sterk leger te been te houden tegen de loerende Bourgondiërs. Dat alles heeft veel geld gekost. De Gelderse steden zijn de hoge belastingen beu. Adolf weet, dat hij kan rekenen op hun steun en daarom smeedt hij een weinig fraai komplot.
'Kom op de avond van Driekoningen,' fluistert hij tegen enkele vrienden. 'Dan slaan we toe!'
'Gaan we uw vader...'
'We zetten hem buitenspel!'
In het slot te Grave hebben vader en zoon het feest van Driekoningen gevierd. Er is goed gegeten, goed gedronken, goed gefeest en gedanst. Best tevreden met het leven begeeft iedereen zich tenslotte naar bed. Midden in de nacht, als iedereen slaapt, leidt zoon Adolf een verbeten groep mannen uit Nijmegen over de bevroren slotgracht het kasteel in.
'Deze kant op!'

Met zijn allen lichten zij de oude hertog uit zijn bed. Zij zetten hem op een paard en rijden in de koude vriesnacht met hem weg.
'Op naar de burcht te Buren!'
Scheldend, vloekend, smekend, richt de oude hertog zich tot zijn bewakers. Het helpt hem niet.
In de burcht te Buren zet Adolf zijn oude heer gevangen. Dan grijpt hij met steun van de steden naar de macht. Als een winterwind waait dat schokkende nieuws over de Lage Landen.
'Heb je het gehoord?'
'De hertog van Gelre, gevangen door zijn zoon!'
Half Europa spreekt er schande van. De paus driegt met de banvloek. Strijd en burgeroorlog zijn het trieste gevolg. Het is precies het troebele water waarin de Bourgondiërs zo bedreven kunnen vissen!

Karel de Stoute biedt zijn bemiddeling aan. Hij stelt voor, dat zijn Gulden Vliesridder Adolf van Gelre het bewind zal blijven voeren, maar dat zijn vader de hertogtitel houdt.
'Ik verzuip liever m'n vader en mezelf, dan dat ik daarin toestem. Mijn vader heeft al 44 jaar geregeerd. Nu is de beurt aan mij!' schijnt Adolf te hebben uitgeroepen. Karel de Stoute schrijft hem af. In alle stilte sluit hij dan een verdrag met de oude, afgeleefde hertog, die hij makkelijker paaien kan: 'Wilt ge het hertogdom Gelre voor 300.000 goudguldens aan mij verpanden?' De oude Arnold hapt toe. Tevens koopt Karel de rechten van Gulik en Berg voor 80.000 gulden aan goud. Als Arnold in 1473 sterft, valt ook Gelre Bourgondië als een rijpe ap-

Bourgondische tijd – Twaalfjarig Bestand

De verovering van Jeruzalem door Titus. Schilderij uit de Gentse School (circa 1500).

pel in de schoot.

Wel weigeren de burgers van Nijmegen Karel als hun heer te erkennen. Flink geratel van de wapenen en vooral het gedonder van de Bourgondische artillerie roepen de weerbarstige stad snel tot de orde. De Duitse keizer, denkend aan het rijke huwelijk van zijn zoon Maximiliaan, haast zich Karel de Stoute als hertog van Gelre en graaf van Zutphen te erkennen. Karel staat dan op het toppunt van zijn macht.

De Elzas heeft hij reeds in pand gekregen. Zijn harde stadhouder regeert daar met de volstrekte willekeur van een despoot. Lotharingen zal moeten volgen. En dan?

'Zwitserland, Savoye, de Dauphiné en de Provence!' droomt Karel. Een rijk van de Middellandse Zee tot de Noordzee. En dan?

'Italië? De koningskroon? Wellicht in de toekomst de keizerskroon van het Heilige Roomse Rijk?'

Zijn gezanten zijn reeds naar Duitsland getogen om de weg voor het koningschap met goud en geschenken te effenen. Om de gevoerde onderhandelingen af te ronden, begeeft Karel zich persoonlijk naar Trier.

'Waarachtig, we zullen ze daar wat laten zien!'

Van zijn vader heeft hij geleerd hoe hij indruk moet maken. Zijn intocht wordt dan ook een formidabele show:

Trier, 29 september 1473: Aan het hoofd van een schitterende stoet trekt Karel de oude bisschopsstad binnen. De burgers van Trier weten niet wat ze zien.

'Die hoeden met edelsteen afgezet!'
'Die harnassen. Die gewaden!'
'Die dienaren! Al dat goud! En dat zilver der livreien!'
'Kijk nou toch, die tapijten, banieren, baldakijnen!'

De inwoners van Trier en de Duitse edelen hebben aan hun hof nooit iets dergelijks aanschouwd.

Duizenden ruiters, duizenden boogschutters, duizenden te voet, gevolgd door de befaamde artillerie dreunen de stad in. Het volk verdringt zich bij de overdadige banketten, feesten, toernooien, waarbij Karel steeds weer zijn buitensporige praalzucht ontplooit.

De onderhandelingen tussen de keizer en de hertog beginnen en tal van wensen worden kenbaar gemaakt:

'En dan Lotharingen en Savoye!'

Kleef, Lotharingen, Savoye, de bisdommen van Utrecht, Luik, Toul en Verdun worden op papier alvast in de nieuwe Bourgondische staat gevoegd.

'Ja, ik bevestig u als hertog van Gelre!' zegt de keizer.

In begin november zijn de besprekingen reeds zó ver gevorderd, dat de voorbereidingen voor de kroningsfeesten een aanvang nemen. Wat de hovelingen moeten verzetten is niet gering:

De Dom wordt versierd. De hofmeesters, opperschenkers en ceremoniemeesters zijn druk in de weer om nieuwe banketten te organiseren. Zij zetten tal van feestelijkheden grootscheeps op touw. Maar dan begint de keizer te aarzelen, want hevig is de onrust in het Rijnland, in de Elzas, in Zwitserland, als men van de kroningsplannen en rijksuitbreidingen hoort.

'Beau Sire, écoutez...' Agenten en gezanten van Lodewijk XI stoken de alom smeulende vuren met behendige praatjes op. En dan opeens komt voor Karel de ontnuchterende klap. Vlak voor zijn kroning ontdekt hij, dat hij de boot heeft gemist:

'Waar is de keizer?'
'De keizer is vertrokken, mijn heer?'

Op het laatste moment is keizer Frederik van Habsburg, die het te machtig werd, in alle stilte verdwenen. Hertog Karel, omgeven door al zijn rijkdommen en prachtig wapenvolk, is zonder de hevig begeerde koningstitel achtergebleven in Trier.

Razend, tierend, vloekend — en wee de ongelukkige die hem voor de voeten komt — zint hij op wraak...

De kans op wraak wordt hem al meteen gegeven. De aartsbisschop van Keulen roept zijn hulp in. Hij moet zijn bisschopszetel tegen een andere kandidaat verdedigen en heeft behoefte aan Bourgondische steun.

'In ruil voor uw steun moogt ge in Keulen troepen legeren!' laat de bisschop weten.

Karel hapt toe. Met zijn leger wil hij naar de stad Neuss, waar de tegenstander van de Keulse bisschop zich heeft verschanst.

'We gaan naar Neuss!' klinkt het bevel. De hovelingen, knechten, dienaren beginnen de boel te pakken. Ook de leden van de hofkapel, 24 zangers, talrijke koorknapen, organisten en andere muzikanten, pakken de luit, de viool of schalmei op de wagens.

Zij hebben een druk bestaan, want hertog Karel is een verwoed liefhebber van muziek. Iedere dag wil hij van zijn zangers een andere mis horen — en ook zelf heeft hij een aantal verdienstelijke chansons gecomponeerd.

Daar bij Neuss is al gauw geen reden meer voor opgewekte muziek. Wat niemand verwacht, gebeurt: Karel stoot er zijn neus, want de stad houdt zich staande en slaat aanval na aanval af.

'Beveel opnieuw de stormloop!' tiert Karel. Zijn soldaten stormen, maar hun geweld blijft zonder resultaat. Maand na maand verstrijkt. De kleine stad Neuss geeft zich niet over.

Verbeten wendt Karel zich tot de Lage Landen. Hij vraagt om geld en manschappen.

Ze worden hem onvoldoende gegeven, wat hem razend maakt. Haast nog erger zijn de verontrustende berichten, die hem in zijn hoofdkwartier worden gebracht:

'Heer, de Elzas is, opgestookt door koning Lodewijk, in opstand gekomen. Uw stadhouder daar is gegrepen, gevonnist en terechtgesteld!'

'Heer, de Zwitsers zijn, opgestookt door koning Lodewijk, plunderend uw landen binnengevallen!'

'Heer, de Franse koning probeert al uw tegenstanders in een liga te verzamelen.

Lotharingen heeft zich reeds van Bourgondië afgekeerd!'

Het kleine Neuss houdt zich dag na dag overeind. Het is om dol te worden. 'Heer, de Engelse koning, die te Calais op u wacht om tegen Frankrijk op te trekken, begint ongeduldig te worden!'

'O heer, de Engelse koning heeft met Frankrijk een wapenstilstand gesloten!'

Met een enorm verlies aan prestige breekt hertog Karel het beleg tenslotte op. De strijd heeft schatten gekost. En de Lage Landen krijgen er genoeg van de belastingen voor de wilde avonturen van hun hertog te moeten betalen.

Woedend begeeft Karel zich naar Brugge, waar hij de Staten in vergadering bijeen roept. In al zijn hoogmoed barst hij tegen de verzamelde heren los:

'Gij spreekt van gehoorzaamheid en gij voert mijn bevelen niet uit. Gij spreekt van trouw en gij laat uw heer in de steek zonder zijn landen of onderdanen te verdedigen.

Zijn dat goede kinderen? Al wat gij doet is heimelijk samenspannen om uw heer in het verderf te storten. Is dat geen verraad?'

Zijn stem dondert driftig door de vergaderzaal. Er zijn afgevaardigden die rillen.

Het wapen van Karel de Stoute (1433-1477).

'Iedereen weet, welke straf staat op verraad: verbeurdverklaring van uw goederen en, erger dan de dood, vierendelen. Aangezien gij niet gelijk *kinderen* met uw vader leven wilt, zal het voortaan met de wil van God — van Wie *alleen ik* dit gezag ontvangen heb — *als onderdanen* onder hun heer zijn. Mijn tegenstrevers vrees ik niet, want God heeft mij de macht en het gezag gegeven!'

Karel, geen koning maar wel hertog bij de gratie Gods, dondert zijn onvree uit. Maar opluchting brengt hem dat niet. Na de belegering van Neuss vervalt hij in buien van diepe neerslachtigheid. Dan denkt hij aan de zinloosheid van het bestaan en haat hij het leven met al die spanningen en strijd. Dan heeft hij geen uitzicht op de toekomst en is hij geheel vervuld van zichzelf en de narigheid die hem treft.

Misschien gaat hij in zijn nood steun zoeken bij de vrome Denis van Rijckel, of Dionysius de Karthuizer, zoals Denis in de christelijke wereld van die dagen met ontzag wordt genoemd:

Dionysius de Karthuizer! Hij is één der grote mannen van de eeuw. Hij is opgetreden als raadgever van Philips de Goede. Hij is dat ook wie Karel de Stoute, met wie hij samen het Karthuizerklooster te Den Bosch heeft gesticht.
'Vrome vader, ik zoek uw hulp!' Tientallen keren hebben die woorden geklonken in zijn eenzame cel te Roermond. Vorsten, edelen, geestelijken en burgers bezoeken hem van heinde en ver. De oude hertog van Gelre heeft bij de vrome monnik raad gezocht in de strijd tegen zijn opstandige zoon. Indrukwekkende verhalen doen over Dionysius de ronde:
'De aardse genoegens hebben voor hem geen waarde. Hij voedt zich bij voorkeur met stinkende vis, boter met wurmen, of met kersen die door slakken aangevreten zijn!'
'Te zoute haringen hangt hij op, tot ze rotten!'

Verwonderd vragen de mensen hem, hoe hij zó los kan staan van het aardse leven.
'Ik heb een ijzeren hoofd en een koperen maag!' zegt Dionysius blijmoedig.

Met dat ijzeren hoofd brengt hij het godsdienstige denken van de middeleeuwen in 45 geschriften bijeen. Voor pater Brugman stelt hij een handleiding voor het christelijk leven op. En niet alleen voor de groten der aarde, maar ook voor de kleine mens zet hij zich in.
'Wat gebeurt er toch precies als je dood gaat?' vraagt de oude, eenvoudige lekenbroeder Willem, die zijn sterven nabij weet en zich zorgen maakt. In eenvoudige taal schrijft Dionysius voor hem op, hoe de zielen der gestorvenen elkaar in het hiernamaals zullen herkennen. Hoe schokkend en onthutsend soms het teruggetrokken leven van de diepvrome monnik:
'De duivelen!' In de kamer van een stervende vrouw ziet hij ze komen. Ze slaan hem zelfs zijn staf uit de hand. Maar hij weet hen met Gods hulp te overwinnen.

Honderden keren ziet Dionysius de geesten van de gestorvenen aan zich verschijnen: reële gestalten op het filmdoek van zijn geest. In de mystieke openbaringen, in de geestelijke vergezichten die hij in zijn ziel ontplooit, ontdekt hij zelfs zijn vader in het vagevuur!
'Domine!'
Vurig biddend weet hij zijn vader uit het vagevuur te bevrijden en hij ziet de poorten van de hemel voor hem opengaan.

Met middeleeuwse hartstochtelijkheid ervaart Dionysius de boosheid van de duivel en de liefde van God.

Voor de verheffing van de wereld geeft hij zijn geestelijke ervaringen prijs aan de stervende middeleeuwen — waarin zo wanhopig wordt gezocht naar nieuwe normen en naar een godsdienstig houvast.

Misschien gesterkt door Dionysius werpt Karel zich na het beleg van Neuss in Luxemburg op de troepen van hertog René van Lotharingen, de vroegere bondgenoot van Bourgondië, die door Lodewijk XI tot afvalligheid is bepraat. Ondanks de plechtige gelofte om René te zullen steunen, laat Lodewijk ook hem laaghartig in de steek.

Zonder moeite kan Karel het hertogdom Lotharingen met de hoofdstad Nancy in november 1475 aan zich onderwerpen. Het Bourgondische rijk gordt zich nu als een keten van landen gesloten aaneen. Nimmer is het rijk zó groot geweest. Maar voor Karel de Stoute, die naar wereldmacht streeft, is het nog niet genoeg...

Wapenrusting van een soldaat uit de 15de eeuw.

Bourgondische tijd – Twaalfjarig Bestand

Einde van het Bourgondische rijk

Onder het bewind van Karel de Stoute zijn Holland en Zeeland tot grote bloei geraakt. De gewesten liggen ver van het directe oorlogsgebeuren verwijderd en de handel met Engeland en de Oostzee gaat ongestoord voort. Wel kreunen ook de Hollanders onder de zware belasting. Te Hoorn en Zierikzee moeten belastingoproeren met geweld worden onderdrukt.

'De goede tijden onder hertog Karel!' Zo zal men later toch dankbaar op deze jaren terugkijken.

Voor Vlaanderen is de toestand veel ongunstiger. De voortdurende oorlogen zijn fnuikend voor het gebied, dat zozeer op goede verbindingen met Frankrijk aangewezen is. Troepen trekken verwoestend door het Vlaamse land, dat langzaam wegglijdt uit de grootheid en rijkdom van weleer.

In Utrecht reorganiseert bisschop David bestuur en rechtspraak. Hij trekt de macht steeds meer naar zich toe. Verkiezingen zoals vroeger zijn er niet meer bij. 'Die bastaard van Bourgondië!' vloekt het volk.

Het verzet tegen de bisschop groeit met de dag.

In Gelre laat de Bourgondische bestuursvorm zich steeds sterker gelden. Ook daar verliezen de steden het recht om schout en schepenen in vrije verkiezingen te benoemen. De Bourgondische rentmeesters, in de verschillende kwartieren aangesteld, moeten hun beleid aan de Rekenkamer van Mechelen verantwoorden.

Geprikkeldheid en verzet in Brabant. Onwillig en vol kommer bekijken de Brabanders de militaire krachtsinspanningen van hun hertog, die van geen ophouden weet.

'Eerst naar de Elzas! En dan zullen we de Zwitsers tuchtigen!'

Na de verovering van Lotharingen wil Karel naar het Zuiden. Met een schitterend leger en omgeven door zijn prachtige hofstoet trekt hij op. Kostbaar getooide edelvrouwen rijden in het gevolg mee. Zij lachen en flirten met de hoge officieren en vragen lieftallig om gunsten, waaraan maar al te graag wordt voldaan.

'Heer Hendrik, zoudt gij mij 's hertogen tent eens kunnen laten zien?'

Verrukt slaan de dames de handen in elkaar als zij Karels hoofdtent van binnen mogen zien. Versierd met gouddraad en paarlen, bestikt met de kleurrijke wapenschilden van zijn macht, is de tent van buiten en binnen een lust voor het oog.

'Dat is de gouden stoel, waarop de hertog plaatsneemt als hij gezanten ontvangt!' wijzen gedienstige hovelingen.

'Dat is zijn hoed, met edelstenen omkranst!'

'Dat is nou zijn zwaard. Met zeven grote diamanten, vier robijnen en vele paarlen afgezet!'

Het belooft een vrolijke veldtocht te worden, want er is volop vermaak. Kooplieden, goochelaars, muzikanten, speellieden en een stoet van lichtekooien voor de soldaten omzwermen het leger op de tocht naar het Zwitserse land.

Freiburg valt. Bern is reeds bereid zich over te geven. Het kleine stadje Granson heeft de moed zich te verzetten, maar na een bestorming van drie uur is het met de tegenstand gebeurd. Alleen de soldaten in het versterkte kasteel van het stadje weigeren hun tegenstand te stoppen.

'Wees verstandig, mannen. Staakt toch een kansloze stijd!' Een Bourgondisch edelman bepraat de soldaten in het kasteel.

'Krijgen we een vrije aftocht?'

'Beloofd! Op mijn woord!'

Maar als de poort opengaat en de wakkere krijgslieden verschijnen, laat hertog Karel hen verraderlijk grijpen.

'Doodt hen!'

Op 29 februari moeten de ongelukkigen half naakt aantreden voor de beul, die het met zijn knechten druk krijgt om allen te hangen. De felste Zwitsers wacht nog een verschrikkelijker lot: Bourgondische soldaten binden hen met lange touwen lijf aan lijf vast. Zó worden ze in de ijskoude rivier gezet. Daar staan ze, nét zo lang, tot zij in het vrieswater verstijven en jammerlijk sterven. De reacties blijven niet uit.

'Te wapen, te wapen, denk aan Granson.' Woedend over de wandaad grijpen de vrijheidslievende Zwitsers nu overal naar hun wapens. Met 20.000 verbitterde, op wraak beluste kerels rukken zij naar het 60.000 man sterke leger van hertog Karel op.

Allen zijn bereid hun leven zo duur mogelijk aan de Bourgondiërs te verkopen:

Granson, 3 maart 1476: Het Zwitserse leger ligt neergeknield en bidt tot God om kracht en om de overwinning. Stille gedachten voor God, voor vrouw en kind.

Stille angst voor de komende strijd.

De Bourgondische ridders en soldaten wijzen lachend naar die neergeknielde troep:

'Ei, ei, zie eens. De Zwitsers smeken nú al om genade!'

Enkele uren later zijn het de Bourgondische huurlingen die om genade roepen.

Strijdend voor land en vrijheid, zijn de Zwitsers met grote woede tot de aanval overgegaan. Er breekt paniek uit in de Bourgondische gelederen. Hoe dapper en onstuimig hertog Karel zelf ook strijdt, het lukt hem niet zijn vluchtende soldaten te keren. Overal werpen zij de wapens weg en gaan zij aan de haal.

'Lafaard! Terug, terug!'

Karel scheldt en vloekt, maar door allen in de steek gelaten, moet ook hij op een overhaaste vlucht. Om zijn leven te redden jaagt hij met vijf getrouwen in galop uit het dal van Granson!

'Heinz, Paul, Pierre, lieve mensen, hier, hier moet je zijn!'

Opgetogen stemmen schallen door het verlaten Bourgondische legerkamp. De Zwitserse boeren geloven hun ogen niet, nu onmetelijke rijkdommen, voorraden, wapens en geschut hen in handen gevallen zijn.

'Paul, hierheen, jongen!'

Ze stuiven van tent naar tent en graaien wat er te grijpen is.

'Heilige Moeder Gods: Kijk nou toch!'

Er is zoveel, zo ontzettend veel, dat ontstellend is.

'Rustig nou! Ieder krijgt zijn deel!'

Zij meten het goud in hun mutsen. Zó verdelen zij de porties onder elkaar. De eenvoudige Zwitserse boeren kennen de waarde van edelstenen niet. De prachtige Bourgondische hoeden, vol paarlen en robijnen, doen zij voor enkele stuivers van de hand.

'Deze steen, vader. U kunt hem krijgen. Voor één gulden?' Een boer verkoopt een diamant aan een priester. Later zal paus Julius II er 20.000 dukaten voor geven.

Tientallen edelstenen vinden van Granson hun weg naar de hoven van Europa.

Vele ervan krijgen een plaats in een koningskroon.

Hertog Karel is buiten zichzelf en weet even niet, waar hij het zoeken moet. 'Bij God!' Hij scheldt zijn aanvoerders uit en drinkt zich, wat hij anders nooit doet, een behoorlijk stuk in zijn kraag. Wat een afgang voor geheel Europa! Hoe is die nederlaag mogelijk geweest! En hoe vernederend: van zijn goed getrainde krijgslieden zijn er slechts 1000 gesneuveld. De rest is domweg op de loop gegaan!

'Wraak! De smadelijke nederlaag ongedaan maken!' Dát is de gedachte die Karel bezielt, als hij zijn verstrooide troepen rond-

Kelk die door de Zwitsers buitgemaakt in het legerkamp van Karel de Stoute.

om zich verzamelt en zich gereedmaakt voor nieuwe strijd.

'Op naar Bern!'

Door het prachtige Zwitserse landschap, over bergen en dalen, marcheert het Bourgondische leger van Lausanne naar Bern. Onderweg stuiten zij op Murten, dat de poorten voor Karel gesloten houdt. Haastig heeft daar de oude ridder Adriaan van Bubenberg de stad in staat van verdediging gebracht.

'Stuur mij geen troepen,' laat hij Bern weten. 'Verzamel álle krachten voor een leger om hertog Karel te kunnen weerstaan. Ik zal in Murten standhouden, zolang ik kan!'

Met een ongelofelijke geestkracht bezielt hij de soldaten en inwoners van zijn stad:

'Zweert, dat gij allen zult vechten tot de laatste druppel bloed! De dood voor hem, die van overgave spreekt!'

Ze zweren het.

De Bourgondische kanonnen bulderen en slaan gaten in de muren, maar iedere stormloop wordt moedig opgevangen en loopt daardoor op niets uit. Bern krijgt de tijd een leger in het veld te brengen. Oostenrijkse ridders en René van Lotharingen met zijn troepen zijn toegestroomd om de Zwitsers te steunen. Met 34.000 man kunnen zij optrekken om het heldhaftige Murten te ontzetten.

'Granson! Granson!' Dat is de strijdkreet, waarmee de Zwiters tot de aanval overgaan. Onstuitbaar stormen zij op de vijand in. Opnieuw wordt hertog Karel — ondanks zijn persoonlijke moed — vernietigend verslagen.

'Geen kwartier!' de opdracht om géén gevangen te maken hebben beide legers meegekregen. 26.000 Bourgondiërs worden afgeslacht. De Zwitsers willen niet nóg een keer tegen dezelfde vijand strijden. En opnieuw valt de rijke Bourgondische legerplaats in Zwitserse handen.

Met 3000 ruiters heeft hertog Karel het slagveld verlaten, maar de een na de ander laat hem in de steek. Slechts 30 ridders blijven hem trouw, ook al kost hen dat moeite, want Karel de Stoute heeft al zijn stoutmoedigheid verloren. Zwartgallige moedeloosheid en donkere melancholie maken zich van hem meester, als hij aan het meer van Genève — later in een burcht te Pontarlier in de Jura — zijn verliezen overziet.

Zwijgend staart hij naar de grond.

'Mijnheer, ge moet eten, als het u belieft!'

Hij schruift het eten woest van zich af. Hij drinkt veel en schijnt zich om niets meer te bekommeren.

Kostbare maanden gaan voorbij. Zijn macht schrompelt ineen: soldaten beginnen te deserteren. Brusselse piekeniers verlaten hun stellingen aan de Maas. Deserteurs trekken door Vlaanderen en sporen tot opstand aan. Ernstige woelingen barsten los in Gent. Terwijl hertog Karel zich op dat verlaten kasteel in de Jura aan zijn sombere stemmingen en woede-uitbarstingen overgeeft — acht weken lang! — herovert hertog René met Franse steun zijn Lotharingse hertogdom.

Als Karel eindelijk een nieuw leger op de been wil brengen, weigeren de Lage Landen krachtig zich nieuwe opofferingen te getroosten. De dochter van Karel, Maria, 'mademoiselle van Bourgondië', zoals zij wordt genoemd, zit bij de Vlamingen vrijwel in gevangenschap.

'Op naar Nancy!' Als Karel eindelijk tot daden komt, trekt hij in zijn grenzeloze halsstarrigheid met een klein, samengeraapt legertje naar het noorden op. In plaats van vrede te sluiten en te redden wat er nog te redden valt, marcheert hij met 5000 man naar het Lotharingse land.

Nancy, 5 januari 1477: De Zwitserse alpenhoorns weerklinken op die koude winterdag, als hertog René, gesteund door Fransen, Elzassers en Zwitsers het offensief tegen Karel begint.

Al is hij in de steek gelaten door de Italianen die op het laatste moment naar de vijand overlopen, toch waagt Karel met zijn kleine, verkleumde leger de strijd om alles of niets.

'Bourgondie!' Met de moed van een leeuw strijdt hij in de wanorde van vernietiging en geweld. In woeste toorn slaat hij op zijn eigen mensen in, als zij willen vluchten omdat ze kansloos zijn.

'Terug! Terug!' Hij drijft zijn soldaten naar voren, maar hoe hij zich ook keert en wendt, een nederlaag vermijden kan hij niet.

'Bourgondië!' Die oude strijdkreet sterft weg, terwijl hertog Karel bezeten doorvecht, zonder op de gevaren acht te slaan. Dan moet ook hij vluchten.

In zijn donkere wapenrusting galoppeert hij over de berijpte, bevroren velden. Kijkt hij af en toe grimmig achter zich, om te zien of hij achtervolgers heeft? Zijn paard draaft het ijs op van een bevroren poel. Gekraak, een schreeuw, een val. Angstig hinnikt zijn steigerend paard tussen schotsen.

'O, God!'

Pas de volgende dag wordt zijn lijk ontdekt: onherkenbaar verminkt, ontkleed door lijkrovers en aangevreten door de wolven. Hij is 43 jaar oud geworden. Met zijn leger heeft hij een nieuwe wijze van oorlogvoering ingeluid. Hij heeft ervan gedroomd de Bourgondische landen uit te bouwen tot een wereldrijk. Van dat alles is niets overgebleven.

Maria van Bourgondië, door Hans Maler.

De slag bij Murten. Illustratie uit Diebold Schilling, *Luzerner Chronik*.

163

Bourgondische tijd – Twaalfjarig Bestand

Executie met het zwaard. Miniatuur uit Froissart, Chroniques *(15de eeuw)*

Zijn lijk gaat op transport naar Nancy, waar hertog René het met tranen in de ogen aanschouwt. Hij grijpt ontroerd de hand van de dode:
'Gij hebt ons veel kwaad berokkend, lieve neef. God zij uw ziel genadig!'
Later wordt Karel, samen met Margaretha van York, bijgezet in de Onze Lieve Vrouwe kerk van Brugge, waar zijn prachtige graftombe nu nog te bezichtigen is.
Als het nieuws van zijn dood door Europa gonst, ontstaat er alom chaos en verwarring!
'Is hij dood? Prachtig, prachtig!' Lodewijk XI is opgetogen. Om de dood van zijn grote tegenstander te vieren, richt de geslepen vos voor zijn hovelingen een prachtig feestmaal aan.
'En nou gaan we tot de aanval over!' denkt hij.
Hij stuurt zijn troepen naar Bourgondië, naar Rethel en Nevers om die landen te bezetten en vervallen te verklaren aan de Franse kroon. Franse legers marcheren ook naar Artois, naar Picardië en trekken Henegouwen in. Wat moet Maria van Bourgondië, nu 19 jaar oud en nog zonder echtgenoot, tegen Frankrijk beginnen? Lodewijk XI wil haar laten huwen met zijn pas 7 jaar oude zoon. Franse agenten zijn te Gent en Brugge al druk in de weer, om de Vlamingen voor dat plan te winnen.
'Onze jonkvrouw heeft geen behoefte aan een kind maar aan een man. Een kind kan ze zelf nog wel krijgen,' zegt men aan het hof. Toch lijkt het, of de Franse koning de Lage Landen zal gaan veroveren. De Vlaamse adel kiest als vanouds de Franse kant.
De arme Maria, van alle kanten bestookt, weet zich geen raad. Aan alle zijden is zij door openlijke en heimelijke vijanden omringd. Overal breken opstanden uit: Te Gent, Brussel, Brugge, Antwerpen en elders werpen de burgers zich op de gehate belastinginners. Ze slaan de Bourgondische raadsheren dood.
'Leve hertog Adolf!' Gelre werpt het Bourgondische juk van zich af. De steden en ridderschap roepen Adolf tot hun hertog uit — al zit hij nog steeds in Kortrijk gevangen.
Woelingen te Utrecht, waar de gehate bisschop het zwaar te verduren krijgt. Heel wat haat wordt op hem gericht:
'Weg met de bisschop! Weg met de bastaard van Bourgondië!' Onder Jan van Montfoort, die zich Hoek noemt, vormt zich een anti-Bourgondische partij. De aanhangers eisen intrekking van allerlei Bourgondische hervormingen en zoeken contact met Holland en Gelre om sterker te staan. Hoeken en Kabeljauwen stellen zich wéér tegenover elkaar op.
'Wat kunnen we doen?' De ongelukkige Maria ziet zich de erflanden ontvallen, terwijl bovendien inlijving bij Frankrijk dreigt.
In dat donkere uur komen de Staten-Generaal bijeen. Vertegenwoordigers van Holland, Zeeland, Vlaanderen, Brabant, Henegouwen en Namen zijn bereid zich achter 'mademoiselle van Bourgondië' te scharen, mits zij daar iets tegenover stelt:
'Wij denken aan een aantal privileges en flinke souvereiniteitsrechten,' zeggen de heren.

Gent, 11 februari in het jaar 1477: Het is een historisch ogenblik, als Maria haar handtekening zet onder het *Groot Privilege* — en daarmee haar eigen macht aanzienlijk beperkt.
'Schaf het gehate parlement van Mechelen af!' hebben de afgevaardigden geëist. 'Laat het centrale gerechtshof verdwijnen!'
Een *Grote Raad*, samengesteld uit een kanselier en 23 vertegenwoordigers van de Staten, zal de hertogin voortaan bijstaan in het bestuur van haar gebied.
'Zonder toestemming der Staten moogt gij geen huwelijk aangaan, geen belasting heffen, geen oorlog voeren,' hebben de afgevaardigden gezegd. De Staten krijgen nu het recht zélf munt te slaan en zélf de magistraat der steden te benoemen.

Arme Maria! De kanselier Hugonet en de heer van Humbercourt helpen haar trouw, maar ook die steun wordt haar ontnomen. Hun plaatsen vallen plotseling open.
'Waar is de heer Hugonet? Waar is de heer Humbercourt?' Als Maria zich dat angstig afvraagt, liggen de beide heren al op de pijnbank van Gent. Verdacht van verraad aan Frankrijk worden zij door de schepenen ondervraagd en veroordeeld tot de dood.
Maria doet al het mogelijke om hen vrij te krijgen. Het helpt haar niet. Het schavot is reeds opgericht tegenover het raadhuis. Gewapende burgers zorgen voor de afzetting. Er omheen joelt het volk. Hugonet en Humbercourt staan reeds op de hoge stellage. de scherprechter maakt zich gereed.
'Wacht!'
In een láátste poging haar trouwe raadgevers te reddden, rent Maria in rouwkleren en met loshangende haren over het plein naar het raadhuis. Daar houdt ze haar laatste pleidooi voor de twee mannen die haar zo trouw hebben gediend:
'Heren schepenen, ik sméék u genade!'
Haar woorden en tranen halen niets uit. Toch krijgt Maria nog onverwachte steun. Het volk op het plein is opeens diep onder de indruk gekomen van die rouwende, verdrietige hertogin.
De menigte stuwt driftig naar voren. Krijgsknechten duwen het volk met speren terug. Temidden van het tumult krijgt de beul opdracht zijn werk snel te doen. In haar rouwkleren en met loshangende haren ziet Maria de hoofden van haar vrienden vallen!

Lodewijk XI denkt het spel om de Lage Landen te hebben gewonnen. Hij verklaart de jonge hertogin te willen beschermen en rukt met zijn leger op.
Paniek in Vlaanderen. De Staten komen opnieuw bij elkaar.
'Hebben we van de Franse koning niet meer te duchten dan van de zwakke hertogin van Bourgondië?' vragen de afgevaardigden zich af.
'We moeten een leger op de been brengen!'
'Maar wie moet dat leger aanvoeren?'
Even is het stil. Dan bedenkt iemand:
'Hertog Adolf van Gelre! Hij zit nog steeds in Kortrijk gevangen, maar strijden kan hij wel!'
Hoe veranderlijk is het lot! Niet alleen mag Adolf plotseling uit zijn gevang, hij ziet zich meteen ook tot opperbevelhebber benoemd.
'Hij zou een goede man zijn voor Maria!' wordt al door velen gemompeld. Even ziet het er naar uit, of aan de lang vergeten gevangene — de schurk die tot verontwaardiging van half Europa zijn vader opsloot — de rijke Bourgondische erflanden ten deel zullen vallen. Hij is in ieder geval bereid er dapper voor te strijden.
'Gelre! Gelre!' is de strijdkreet die hij aanheft, als hij met zijn leger bij Doornik op de Fransen losstormt en de overwinning bevecht.
'We hebben de Fransen verslagen!' komen hovelingen aan Maria vertellen. Dan kijken zij haar aan.
'Ja?'
'Hertog Adolf is tijdens de slag gevallen!'
Vermoedelijk slaakt Maria een zucht van verlichting: een huwelijk met de ruige Gelderse hertog wordt haar bespaard.
Het Franse gevaar is voorlopig geweken. Een Duits gezantschap komt naar Vlaanderen om de hand van Maria — zoals door Karel de Stoute beloofd was — op te eisen voor prins Maximiliaan.
Na korte beraadslagingen geven de Staten hun toestemming. Zij hebben een vorst nodig, die zich krachtig kan opstellen tegenover Lodewijk XI. Reeds 13 dagen later, op 26 april 1477, wordt het huwelijk met de handschoen voltrokken.
De graaf van Weldenz staat, als plaatsvervanger van Maximiliaan, naast Maria voor het altaar. In tegenwoordigheid van de hertogin-moeder, talrijke raden en hovelingen, legt de graaf zich na de plechtigheid naast Maria te bed. 'Honni soit qui mal y pense!' De graaf van Weldenz heeft zijn rechter been en arm met stukken van zijn wapenrusting bedekt. Alleen het lange zwaard, dat tussen hem en Maria inligt, is ontbloot. Zo komen de Lage Landen onder het bewind van Maria van Bourgondië en de Habsburger Maximiliaan van Oostenrijk.

Maximiliaan van Oostenrijk

'Ik wil niet een koning van het geld worden, maar een koning van hen die geld hebben!' heeft Maximiliaan vroeger gezegd. Aan het Duitse hof hebben ze om die uitspraak flink moeten lachen, maar nu wordt het werkelijkheid, want rijke erflanden liggen in het verschiet.

Op de 18de augustus van het jaar 1477, 18 jaar oud, rijdt Maximiliaan van Oostenrijk met 11.000 ruiters door het Vlaamse land om in Gent een glorieus entree te maken.

In de stad wapperen vlaggen. Kostbare tapijten en kleurige stoffen hangen over de gevels der huizen. Gent juicht, als Maximiliaan door de beschilderde erepoorten de stad binnenrijdt. Maria begroet hem. Ze heeft Maximiliaan reeds eerder ontmoet en vermoedelijk meent ze de woorden die zij tot hem spreekt: 'Welkom is mij het edelste Duitse bloed, waarnaar ik zo verlangd heb en dat ik nu met vreugde bij me zie!'

Maria en Maximiliaan! In het feestelijk versierde Gent, temidden van feesten en banketten, beseffen zij nog niet, dat hen gruwelijke, bloedige jaren in de Lage Landen te wachten staan. De bruiloft wordt een onbezorgd feest: gejuich, toespraken, ontvangsten! Muziek, toernooien en gratis wijn! Geldstukken voor het volk en alom dolle pret:
'Lach nog wat, Jan!'
'Dans nog wat, Griet!'
'Drink nog eens uit, scheve Willem!'

Het volk danst en host en zuipt — om eens even onbekommerd los te raken van het spoor, dat met zoveel bloed en tranen, angst en hebzucht naar de toekomst gaat.
In de kroegen schuimt het bier en worden bij de tap sterke verhalen verteld:
'Op mijn woord, het ding liep! En het was niet groter dan zo!'
'En gaf het de tijd?'
'Op de minuut. Daar in Neurenberg heb ik een heel stel van die zakuurwerken in de werkplaats van Peter Hele gezien!'
'En echt niet groter dan zó?'
'Op mijn woord!' *Neurenbergse eieren* worden ze genoemd. Dat zegt toch wel genoeg?
'Dat is toch wat!'
'Dat is het zeker!'
'Als het waar is!'

Het is waar, maar in het feestende Gent beseft men nog niet hoe laat het is en hoeveel geweld er dreigt. De Lage Landen hebben last van groeistuipen en een dokter voor de kwalen is er niet.

Met de medische hulp in het algemeen is het nog droef gesteld. In de altijd volle hospitalen liggen dikwijls twee patiënten in één bed — en wee de ongelukkige als zijn slapie bovenmatig stinkt. De heelmeesters en chirurgijnen (die na een onderzoek nog niet de handen wassen), staan vooral bezorgd te kijken naar de schotwonden, nu handvuurwapens overal in omloop zijn.
'Het brandijzer. En kokende olie!' De heelmeesters zijn er nog van overtuigd, dat schotwonden vergiftigd zijn. Daarom moeten zij de wond met brandijzers of kokende olie reinigen. Zij beschikken over tangen, boren, haken en pincetten om pijlpunten en kogels uit het lichaam te verwijderen.
'Drink maar een stevig glas, Jan Janszoon!' Op een andere verdoving kunnen de patiënten nog niet rekenen. Er wordt in die primitieve hospitalen wat afgegild!

Gent viert uitgelaten feest, omdat het leven zo intens verdrietig, uitzichtloos en wanhopig kan zijn. Wie wijst de weg? Wat biedt houvast?

In Deventer studeert de 10-jarige Erasmus aan de beroemde school (2000 leerlingen!) van Alexander Hegius. Hij leeft daar met zijn moeder en broertje. Zijn vader is pater te Gouda en bij hem paste tenslotte toch geen gezin. De jonge Erasmus is een briljant kind. Later zal hij trefzeker over zichzelf schrijven.
'Een man als ik wordt slechts ééns in de loop van een eeuw geboren!' Hij is voorbestemd priester te worden. Maar hoe moeilijk is het, om het geloof te bewaren, nu het Vaticaan te Rome door en door corrupt is geraakt. Onder het onthutsende wanbeheer der Borghia's en andere krijgszuchtige pausen hebben zich onvoorstelbare tonelen afgespeeld. Hoe feilbaar blijken de paus en zijn kerk! Regiomontanus heeft een leerboek over wiskunde en sterrekunde samengesteld en ook astronomische instrumenten vervaardigd. Met vele andere geleerden verklaart hij:
'De aarde is rond!'
'Neen!' zegt de kerk en wie anders meent kan wegens ketterij op de brandstapel terecht.

De mensen denken, dromen en hopen. De één verwacht de wereld te bekeren. Een ander hoopt nog eens te rijden in een overdekte koets, die hier en daar op de wegen verschijnen. In een aantal steden is men al tot bestrating overgegaan en op de burgers rust nu een schoonmaakplicht. De knorrende varkens zijn, met de koeien en mesthopen, uit het stadsbeeld verdwenen.

Gent juicht als de pauselijke legaat, de kardinaal van Ostia, het huwelijk tussen een gelukkige Maria van Bourgondië en Maximiliaan van Habsburg inzegent.
'Te Deum laudamus!'
Daar staat Maximiliaan, dapper en beminlijk, edelmoedig en verkwistend. Hij is een lieveling der vrouwen (13 bastaardkinderen zijn later bekend). Hij is ook onvolwassen én... wisselvallig als een kind. De taal der Lage Landen spreekt hij niet.
Evenmin kent hij de wetten en gewoonten van het land. De vrijheidszin der steden zint hem allerminst!

De eerste taak van Maximiliaan is de opdringende Fransen te weren. Na twee jaar van schermutselingen, wapenstilstanden en politiek gekonkel, valt in het jaar 1479 bij Guinegate de beslissende slag. Maximiliaan wint — al heeft het de soldaten die dat voor hem doen. Zo blijven Henegouwen en de Franche Comté behouden voor het Bourgondische rijk.

Nauwelijks is het Franse gevaar gekeerd, of de Hoekse en Kabeljauwse twisten barsten opnieuw in de Lage Landen los. De oorzaken liggen onontwarbaar diep.
Angstige, hebzuchtige, haatdragende en hongerige mensen grijpen naar de wapenen. De direkte aanleiding wordt gevormd door de toestanden in Gelre.
'Wij willen de kleine Karel, Adolfs zoon, op de troon van Gelre,' zegt Willem van Egmond. Hij werpt zich op tot voogd van de kleine knaap, die aan het Bourgondische hof wordt opgevoed. Maar ook de hertog van Kleef meent rechten op te troon te kunnen laten gelden:
'Kleef, Kleef!' roept daarom de andere partij in Gelre en de hertog van Kleef begint het land alvast vanuit Arnhem te brandschatten.
Ook elders rellen, vechtpartijen, klokgelui en verbitterde debatten:
'Het komt door de Hoeken, zijtsgewis!'
'Die vermaledeide Kabeljauwen!'
'Trouwe neen! Dat is je reinste Hoekse willekeur!'
'Wat kunnen we doen?'
'Te wapen!'

In Haarlem werpen kabeljauwen zich op Hoekse edelen, die daar op een avond de bloemetjes hebben buiten gezet. De drift ontlaadt zich:
'Ràng-pàts-dòng!' en het is met de heren gebeurd.

Nijdige Kabeljauwse en Rotterdammers jagen de Hoeksgezinde stadhouder van Holland en Zeeland hun stad uit. Een soort *catch-as-catch-can* waarbij menige persoonlijke vete wordt uitgevochten, schokt het Lage Land.
'Vooruit, mannen, naar Den Hage!' Poorters uit Amsterdam, Haarlem, Delft en Leiden bezetten het Binnenhof, slaan flink aan het plunderen en rammen de boel behoorlijk in elkaar.
'Eruit met die kerels!' schreeuwt de schout van Leiden, Adriaan van Swieten. Met de Raephorsten en Alkemades jaagt hij 100 Hoeken de stad uit — waardoor hij de Kabeljauwse lakenfabrikanten wat steviger in het zadel helpt.

Al die in het nauw gedreven Hoeken verzamelen zich in Utrecht. Zij scharen zich onder de banier van Jan van Montfoort, zodat een oorlog tussen Sticht en Holland op handen lijkt.

Maximiliaan komt naar Holland. Hij kiest de zijde van de Kabeljauwen, ontslaat de Hoekse stadhouder en trekt waar mogelijk tegen de opstandelingen op. De dankbare Kabeljauwen kennen hem een bede toe van 80.000 pond.

Harnas van Claude de Vaudrey (ca. 1450-1515), kamerheer en raad van Karel de Stoute. Keizer Maximiliaan verkreeg het na een steekspel tijdens de rijksdag te Worms in 1495.

Bourgondische tijd – Twaalfjarig Bestand

Doodstraffen, verbanningen, nieuwe opstootjes en vechtpartijen gaan behoren tot de orde van de dag. Alom verbijsterende tonelen:
'Moeten we dit nog langer slikken lieve broeders? Die grote heren zuigen ons uit. Zij zetten ons steeds weer op de tocht. Goede lieden, er rest ons maar één ding...'
Verbitterde Leidse textielarbeiders keren zich tegen de oppermacht van de Kabeljauwse lakenfabrikanten en scharen zich daardoor bij de Hoekse partij.
'Op naar Leiden!' roept de Hoek Reinier van Broeckhuyzen. Met 135 man marcheert hij vanuit Utrecht naar Leiden om van de rellen te profiteren en zijn slag te slaan.
Tijdens een nachtelijke sneeuwstorm trekt hij met zijn troep over de bevroren gracht.
'Te wapen! Te wapen!' Verschrikte stemmen klinken op.
'Nú is de kans!' roepen de textielarbeiders verbeten uit.
De burgers komen de straat op en jagen de Kabeljauwen uit hun stad. Verwarde straatgevechten, schietpartijen, rondvliegende stenen. En dan opeens: 'Boem!'
Daar ontploft het kruit in de kelders van het raadhuis. Met een formidabele klap gaat het hele zaakje de lucht in.
'Yes, yes...' 150 Engelse huursoldaten hebben begrepen wat de bedoeling is. Met een aantal verdreven Kabeljauwen verbergen zij zich in een schip onder een lading rijshout voor de bakkerijen. Onopgemerkt varen zij Dordrecht binnen. Wat een paniek, als zij zich plotseling meester maken van de stad.
'Sla dood! Sla dood! Schaar u achter mij!' De dappere burgemeester is de straat opgerend om zijn stad tegen de invallers te verdedigen. In zijn haast heeft hij niet zijn helm, maar een koperen pot op zijn hoofd gezet. En met die pot nog op sneuvelt hij haast lachwekkend in de chaotische strijd.

'Jan van Montfoort is in aantocht, heer!' meldt een angstige boodschapper aan Jacob van Amerongen.
'Met hoeveel man?'
'Wel zestig, heer. En goed bewapend ook!'
De klok wordt geluid. Mannen rennen door de Amerongse straten:
'Wie rust ende vrede hebben wil, die kome bij Jacob van Amerongen met zijn harnas!'
Zo maken ze zich in Amerongen gereed om de aanval af te slaan.
Overal onrust. Overal daden van geweld. In Westbroek bij Utrecht, laat de nieuwe Henegrouwse stadhouder àlle woningen in brand steken, als hij op strafexpeditie is.
'Spaar alleen de huizen, waarin net kinderen geboren zijn, of waarin mensen op sterven liggen!'
De vlammen zijn in Utrecht te zien. Als de burgers daar ontdekken wat in Westbroek gebeurt, wordt ogenblikkelijk de banklok geluid.
'Op! Op naar Westbroek!' Dol stormen verontwaardigde Hoeken op de stadhouderlijke troepen af. Een ontstellende slachting is het gevolg. Deerlijk, vaak onherkenbaar verminkt liggen talloze lijken bij Westbroek op de grond.
'Graaf een kuil voor de vreemden!' Daarin komen de verslagen Kabeljauwen terecht. De Hoeken nemen hun doden mee naar Utrecht. Maar wie de verminkte gesneuvelden zijn, is niet meer te zien.
'Leg ze op de Neude!'
Als vissen op de banc, zo staat het geschreven, worden ze uitgestald totdat iedereen zijn gesneuvelde vader, zoon of broer

aan kledingstukken, gebit of haarkleur heeft herkend.
Er is gejammer en geweeklaag in de stad:
'Goede lieden, zegt uw Onzevaders voor de ziel van wijlen Laurens Laurenszoon...'

Het is ook in die dagen, dat een ruitertroep van bisschop David van Bourgondië over de Veluwe galoppeert. Zij zijn uitgezonden om voedseltransporten uit Gelre of Kleef, bestemd voor Utrecht te onderscheppen.
De heer van Amerongen — of misschien zijn stadsklerk — heeft het onvergankelijke avontuur van die ruiters beschreven:
'Item, op de 16 de dag in juli (van het jaar 1482) zijn sommige ruiters van de Rosendael gekomen en hebben de toren ende kerk van Barneveld genomen. Zij waren 19 man sterk. Toen zijn ruiters van Amersfoort en Nijkerk voor de kerk gekomen ende zij brachten bussen mee en schoten door de toren ende schoten daar vier of vijf dood.
Die op de toren waren, begeerden spraak te houden en dat geschiede. Die op de toren waren wilden zich graag over en gevangen geven. Maar die van Amersfoort antwoorden, dat zij hen niet in handen nemen en wouden. Zij mosten enen, Jan van Schaffelaar geheten, uit de galmgaten van de toren werpen — wat diegenen op de toren niet doen en wouden.
Toen zei Jan van Schaffelaar:
'Lieve gesellen, ik moet immers sterven. Ik en wil u in gene last brengen!' En hij ging boven op de tinnen van de toren staan ende zette zijn handen in zijn zijde ende sprong van boven neder. Maar hij viel niet dood. Maar toen hij neerlag, werd hij doodgeslagen, zoals mij is gezegd.'
Heb je ooit geweten, dappere Jan, dat je van die tinnen in de onsterfelijkheid sprong?

Zo raast de strijd in Holland, Utrecht, Gelre. Verwoestingen, brandschatting, plunderingen. Woedende Hoeken rijden bisschop David, die kromgetrokken is van de jicht, op een mestkar naar Amersfoort en zetten hem in het gevang. Dan komt Maximiliaan met een sterke strijdmacht. Hij verovert Utrecht, krijgt Amersfoort in handen en loopt meteen ook maar het verdeelde Gelre onder de voet.
'Adolf, jij wordt hier mijn stadhouder. Maar pak ze hard aan. Breek het gezag van de ridders en steden!'
'Je vous avoue!' zegt graaf Adolf van Nassau, want de heren spreken onder elkaar meestal Frans. Hij neemt het bewind in zijn ijzeren vuist. Geheel in de geest van zijn meester heft hij de zwaarste belastingen op leengoed en bezit. Hij eist haardstedegeld en pondschattingen ten behoeve van zijn heer. Want Maximiliaan heeft meer dan ooit een dringende behoefte aan geld. Hij moet een leger op de been brengen — nu niet tegen de Fransen, maar tegen het opstandig geworden Vlaamse land, waar zijn gezag niet langer wordt erkend. Want er is een ernstig ongeluk gebeurd, dat het land in rep en roer heeft gebracht: Maria van Bourgondië is stervende.
Onthutste Vlamingen vertellen elkaar, wat een droef lot hun landsvrouwe heeft getroffen:
'Ze was met haar gevolg op de reigerjacht!'
'En toen?'
'Bij een sprong over een greppel, even buiten Brugge, is ze van haar paard gestort. Met ernstige kneuzingen is ze naar de stad gebracht!'
'Ik heb het gehoord!'
'De knapste heelmeesters zijn bij haar. Men zegt, dat deze haar niet kunnen redden!'
Zo verspreidt zich het nieuws, dat Maria van Bourgondië stervende is. Op haar sterfbed smeekt ze Maximiliaan, of hij zich toch vooral wil inzetten voor de eenheid en saamhorigheid der Nederlandse gewesten.
'Bewaar het Bourgondische erfdeel voor onze kinderen!'
In de sterfkamer komen de doktoren, de priesters, de twee kinderen Philips en Margaretha en natuurlijk ook Maximiliaan. Tranen van bedienden vloeien, want hun trouw en aanhankelijkheid is groot. Gebeden weerklinken. Het laatste afscheid breekt aan:
'Ga nu!'
Enkele uren voor haar dood stuurt Maria haar man, van wie ze veel heeft gehouden de sterfkamer uit. Ze wil hem niet getuige laten zijn van de laatste moeilijke uren voor haar dood. Ze is pas 26 jaar, als in het jaar 1482 het einde komt.
Maximiliaan is diep verslagen. Overal in de Lage Landen steken zijn vijanden de kop op.
'Wat moeten we met een vreemdeling?'
'Wensen wij een Oostenrijkse indringer aan de macht? Trouwe neen!'
De jonge hertog Philips, pas enkele jaren oud, wordt tot hertog over de Bourgondische landen uitgeroepen. Zijn vader wil men niet meer!

Dit lijkt een gunstig moment voor de vrijheidslievende gewesten om de zaken naar eigen hand te zetten, want van de kleine hertog Philips hebben ze nog geen last. Het kereltje wordt te Gent bijna als een gevangene behandeld. Toch brengt dit alles een geweldige onrust teweeg.
Overal nieuwe strijd, verzet, opstand. Gevluchte Hoeken en Franse agenten stoken in de Vlaamse steden het volk op.
Temidden van alle onenigheid komen de Staten te Gent in vergadering bijeen. De Brabantse afgevaardigden spreken daar woorden, die voor het eerst de verbondenheid van de gewesten onderstrepen — woorden die het begin van *De Nederlanden* lijken te zijn. Want van eensgezindheid was nimmer sprake. Nu roepen de Brabanders op de vergadering uit:
'... *Dat men broeders mag blijven en samen vereend, om door een ware unie in eendracht, goeden wil en moed de landen en heerlijkheden te bewaren!*'
Als we eensgezind zijn, zo zeggen de Brabanders, zal de Franse koning ons niet kunnen schaden. Verdeeldheid kan ons àller ondergang zijn:
'*Derhalve moeten wij, om ons en u te bewaren, in ware unie en zonder tweedracht zijn, en leven en sterven in de verdediging van elkaars landen!*'

Eenheid? Ook Maximiliaan doet een beroep op de Staten en gewesten om bijeen te blijven. Met veel moeite, strijd en gemarchandeer is hij tot voogd over zijn zoon benoemd. Hij mist echter het vermogen en de takt om inspirerend bij te dragen tot eenheid die iedereen wenst. Zijn gezag wordt amper aanvaard.
De toestand spitst zich toe, als de rijksgroten in Duitsland hem tot roomskoning uitroepen en hij zich dan met Duitse raadgevers omringt. Tot ergernis der Lage Landen voert hij nu een Habsburgse politiek en gebruikt hij Duitse troepen in de oorlog, niet alleen tegen Frankrijk maar ook tegen de opstandige steden in eigen land.
'Heinrich, du Mensch!' Als die Duitsers de oproeren komen onderdrukken gaan zij als beesten te keer. De haat tegen Maximiliaan groeit met de dag.
'Laten we ons onder Franse bescherming stellen,' roepen de woedende burgers in Gent, die de Duitse plunderingen beu zijn en geen andere uitkomst zien. In Brugge is het van hetzelfde laken een pak.
Dapper, dom en kortzichtig treedt Maximiliaan al die oproeren nu eens streng, dan weer zachtmoedig tegemoet. Overmoedig

Het beleg van Rhenen door Engelbert van Kleef voor de bisschop van Utrecht op 14 februari 1483, (links).

De begrafenis van Karel VI in 1422. Een afbeelding van de overledene ligt op de kist. De leden van het Parlement van Parijs dragen rode kleren in plaats van zwarte. Miniatuur uit de *Chroniques de Charles VII* (15de eeuw).

Bourgondische tijd – Twaalfjarig Bestand

Willem Moreel, burgemeester van Brugge, die in 1482 Maximiliaan gevangen liet nemen. Schilderij van Hans Memling.

denkt hij de opstand in Brugge te kunnen breken.
'U moet niet gaan, heer!' waarschuwen zijn raadgevers.
'Wij gaan wel!' zegt Maximiliaan. Met 500 ruiters begeeft hij zich naar het gistende Brugge. Wat een toestand wordt het, als hij de stad binnenrijdt. Het volk loopt in protest te hoop. De alarmklok luidt.

'Sluit de poorten!' roepen de burgers, als Maximiliaan in hun midden is. De poortwachters sluiten de poorten. Niemand kan de stad meer in of uit en Maximiliaan zit in de val.
Duizenden zijn op de been. Geschut komt in positie. Een schreeuwende, joelende menigte stuwt op.
'Heer, ge moet naar ons luisteren!'
'Heer, het zint ons niet, dat gij...'
'Grijpt hem! Sluit hem op!'
Maximiliaan, Duits roomskoning, voogd over de Bourgondische landen wordt gegrepen en gevangengezet.
'Sluit hem op! Hierheen met die man!'
Het opgewonden volk duwt de roomskoning naar het huis van een kruidenier. Acht gildebroeders houden daar vol trots de wacht. Later brengen zij hem over naar het Craenenburg. Daar zit dan Maximiliaan, in de greep van de opstandige Bruggenaren.
'Heer, ik ben het!' De dappere hofnar Kunz von der Rosen heeft zich eindeloos veel moeite gegeven om zijn heer te bevrijden. Vermomd als monnik is hij tenslotte tot zijn vorst doorgedrongen.
'Neemt gij deze pij, heer. Geeft mij úw kleren! Dan kunt ge vluchten!'
'Neen!'
'Maar heer...'
Maximiliaan schudt zijn hoofd. Hij wil niet dat de nar zijn leven voor hem offert.
'Wanneer ge hier blijft, zijt ge groter nar dan ik!' roept Kunz en hij onderstreept de aandoenlijke trouw, die in de middeleeuwen zo eindeloos vaak is bewezen.
Maximiliaan weigert de pij, zoals hij ook weigert zich door de Bruggenaren allerlei beloften te laten afpersen, die men in ruil van zijn vrijheid van hem eist. De zaak groeit uit tot een rel van formaat:
De paus keert zich met de ban tegen Brugge, Ieper en Gent. Frederik III, de Duitse keizer, roept het rijksleger op om zijn zoon te bevrijden en dreigt met geweld. Het helpt allemaal niets.
16.000 burgers staan te Brugge 6 lange weken onder de wapenen. De terechtstellingen van hun tegenstanders volgen elkaar dag na dag op.
Pas als het Duitse rijksleger, 20.000 man sterk, hun stad nadert, zijn de Bruggenaren bereid Maximiliaan te laten gaan:
'Maar dan moet ge vrede sluiten met Frankrijk!'
'En dan moet ge de kosten van de oorlog zélf betalen!'
'En ge moet afstand doen als regent en voogd van uw zoon!'
Maximiliaan knikt, maar houdt zich natuurlijk niet aan die afgeperste beloften.
Nieuwe woelingen. Nieuwe oproeren. De Duitse troepen onder de geduchte Albrecht van Saksen rukken op. Vooral na de vrede met Frankrijk gaat het hard toe in het opstandige Vlaamse land. Gent, Brugge en Ieper gaan tenslotte door de knieën. In boetekleed gehuld komen de overheden knielend om vergeving vragen, want een andere uitweg is er niet. Het is een dure vergeving: 300.000 gouden leliën verhuizen naar de schatkist van hun voogd.

Terwijl Maximiliaan in Vlaanderen gevangen zit, zijn in Holland en Zeeland de Hoeken weer in beweging gekomen.
'... En wij verzoeken, of gij de leiding van onze beweging op u wilt nemen!' laten de opstandige Hoeken aan jonker Frans van Brederode weten.
'Vooruit, denkt Frans, student te Leuven. Hij schuift zijn studieboeken aan de kant. Al gauw heeft hij in Sluis een soort slordig hoofdkwartier ingericht. Van alle kanten stromen wraaklustige Hoeken toe. Als zijn strijdmacht sterk genoeg is, trekt jonker Frans naar Rotterdam. Dan verovert hij ook Woerden. Van daaruit begint hij de brandschatting van het omringende land.
Opnieuw moet Maximiliaan naar Holland, waar hij stevige steun krijgt van Amsterdam.
'Tik!' Als beloning krijgt de Amsterdamse burgemeester de ridderslag. En de stad mag voortaan de Roomse koningskroon boven haar wapen voeren. Als Maximiliaan vertrekt, laat hij Albrecht van Saksen met een flinke strijdmacht achter.
'Breek alle tegenstand van de Hoeken. Gebruik ieder middel om de orde en rust in Holland, Zeeland, Utrecht en Gelre te herstellen. En probeer eens iets in Friesland te doen!' In die geest luidt de opdracht aan Albrecht van Saksen. En Albrecht gaat aan de slag.

Als een vrolijke Frans voert jonker Frans van Brederode te Rotterdam een vorstelijke staat. Overvloedige banketten, drinkgelagen, wilde studentikoze partijen zijn aan de orde van de dag. De muzikanten spelen. De feesten duren echter niet lang. De Bourgondische stadhouder, Jan van Egmond, begint Rotterdam te belegeren. Dat zit de inwoners toch niet prettig en ze krijgen het benauwd. Vroeg in de morgen gaan ze naar jonker Frans om hun wensen kenbaar te maken:
'Wij willen ons met de stadhouder accorderen,' roepen zij hem toe.
'Wij verzoeken om overgave, anders moeten wij van honger vergaan!'
Terwille van de hongerende inwoners geeft jonker Frans, toch de beroerdste niet, de stad prijs. vanuit Sluis blijft hij de oorlog nog een jaar voortzetten. Met 38 schepen, bemand met 1200 koppen, schuimt hij als een zeerover de kusten af. Tot het misgaat in een slag op zee:
'We hebben jonker Frans!' roepen ze van de stadhouderlijke schepen, als de Hoekse vloot bij Schouwen verslagen is. Hij moet mee naar Dordrecht, waar hij in de gevangenis aan de opgelopen wonden sterft.
Met jonker Frans is dan ook de Hoekse partij vrijwel geheel ten onder gegaan!
Ruïnes, puinhopen, verwoest land! Een volslagen misoogst en als gevolg een hevige

De wereld is rond

hongersnood. Dát is het beeld der Lage Landen na de Hoekse en Kabeljauwse twisten. Daar bovenop komen nog eens uitzonderlijk zware belastingen, want Maximiliaan smijt met geld.

Tot het uiterste gebracht — vooral door de geheven ruitergelden — grijpen wanhopige veeboeren in Kennemerland en West-Friesland naar de wapenen. Hoe verbitterd en getergd keren zij zich tegen het gezag. 'Kaas en Brood!' hebben zij op hun banieren en schilden geschreven. Daarmee beginnen zij hun protestmars door het Noordhollandse land.

'Naar Alkmaar! Op naar het huis van Claes Corf!' Ze trekken de stad binnen, waar ze het huis van de gehate rentmeester volledig aan diggelen slaan.

3000 man sterk marcheren ze naar Haarlem. De Raad heeft de poorten dra haastig laten sluiten. Hongerig en joelend rammen de boeren in hun opgekropte woede een zijpoort in elkaar. Zo komen ze toch waar ze willen zijn:
'Naar het raadhuis!'

Tierend drommen ze de zaal in, waar de raadsleden aan het vergaderen zijn. Razend hakken zij op de heren in. Vooral de schout moet het ontgelden:
'Snij hem in stukken!' En waarachtig: de gehate schout Klaas van Ruyven gaat in stukken. Het zo mishandelde lichaam zenden zij in een mand naar diens weduwe.

Nog een stukje beestachtiger dan het hongerige volk gaan de troepen van Albrecht van Saksen te keer, als zij het hongeroproer komen smoren. Zó gruwelijk treedt het plunderende, verwoestende leger op, dat de boeren al bereid zijn de meest harde bestaansvoorwaarden te accepteren nog voordat Albrecht West-Friesland heeft bereikt. Dan is ook aan het *Kaas- en Broodspel* een eind gekomen.

Een feodale, versnipperde wereld is met schokken, met tranen, bloed en strijd naar een nieuwe vorm toegegroeid. In alle twisten is de adel vrijwel ten onder gegaan. De ridders van weleer hebben elkaar wraaklustig uitgemoord. Zij, die zijn overgebleven, aanvaarden de Bourgondische oppermacht — en zoeken begerig naar de goede baantjes die het hof te bieden heeft.

Ook de boeren zijn verliezers. In sommige streken moeten zij zich schikken in de overmacht en uitbuiting van de stad. Niet meer horig, maar wel gebonden aan hun grond, moeten zij boter, kaas, vlees en akkerprodukten leveren tegen een lage, schommelende prijs. Al kan het platteland in Vlaanderen afgevaardigden naar de Staten zenden, veel invloed op de gang van zaken hebben de boeren toch niet.

Als grote overwinnaars van alle botsingen zijn de steden te voorschijn gekomen. Zij hebben burgervrijheden bevochten en machtige organisaties opgebouwd.

In Holland zijn het de rijke kooplieden en fabrikanten, die de steden beheersen en met de adel hun stem laten horen in de Staten-Generaal. Zo ook in Vlaanderen. In Henegouwen is het vooral de geestelijkheid.

Het zijn de steden en de rijke kooplieden, die de aarde een nieuw gezicht gaan geven — vooral nu in 1492 drie schepen westwaarts zeilen over de grote oceaan...

Tegen het eind van de 15de eeuw zijn de geleerden — maar nog niet allen — er van overtuigd, dat de aarde rond is. De weg naar het Verre Oosten, open gelegd door de tocht van Marco Polo (in 1271 van Venetië naar Peking), moet dus ook via het westen te bereiken zijn.

Nu Constantinopel gevallen is en de Turken beslag hebben gelegd op het Byzantijnse rijk, ligt de handelsroute naar het Oosten gedeeltelijk geblokkeerd. Wel worden nu nog omvangrijke zaken gedaan met Egypte, maar de wens bij de kooplieden groeit om een zeeweg naar het Oosten via het westen te vinden. Koene Portugezen varen langs de kust van Afrika. Zij verdienen kapitalen met hun handel in slaven (voor huiselijk gebruik in Europa en door de verkoop van de ongelukkigen aan andere stammen!). Zij halen vermogens op met specerijen, ivoor en goud. Met het zo verdiende geld zijn de Portugezen in staat snellere en zeewaardiger schepen te bouwen.

Steeds verder zeilen ze uit om rijkdommen in de wacht te slepen — terwijl de rest van Europa hun verrichtingen jaloers gadeslaat.

In 1488 zeilt Bartholomeus Diaz als eerste Europeaan om Kaap de Goede Hoop. Hij koestert de hoop de zeeweg naar Azië eindelijk te hebben gevonden. Wanneer na drie weken zeilen nog steeds geen land in zicht komt, slaat de bemanning aan het muiten.

'Terug!' roept het zeevolk uit angst voor donkere zeeën en onbewoonbare gebieden. De stoere Diaz ziet zich gedwongen het roer te wenden.

De wereld is rond! Jawel, maar welke gek waagt het naar de westelijke einder te zeilen om zodoende in China aan land te gaan?

Christofoor Columbus, een weverszoon uit Genua wil het proberen. Zeelieden hebben hem verteld, dat op de Azoren meermalen voorwerpen zijn aangespoeld:
'Ver in het westen moeten eilanden zijn!'
'Een stuurman uit Portugal heeft op de Azoren een kunstig gesneden brok hout gevonden!'
'Stukken riet en zelfs twee lijken van een vreemd mensenras zijn daar door de golven aan land gespoeld!'

Onvermoeid vecht Columbus — aan vele hoven van Europa — acht jaar lang voor zijn plan. Eindelijk beginnen koningin Isabella en koning Ferdinand toch iets te zien in de ideeën van de welbespraakte kapitein. De Moren zijn net uit Granada verjaagd en nu aan die slepende oorlog een eind gekomen is, kunnen er wel gelden beschikbaar worden gesteld.

'Het prestige van Spanje zal groeien als de tocht met succes wordt bekroond!' denkt men aan het hof.

Zó doldriest, zó avontuurlijk, zó gevaarlijk lijkt de onderneming dat Columbus geen zeevolk voor zijn schepen vindt. Gevangenen kunnen hun vrijheid krijgen als zij zich melden, maar ze doen het niet. Tenslotte krijgt Columbus zijn bemanning toch bij elkaar.

3 augustus 1492: In de haven van Palos gooien de matrozen op de Pinta, de Nina en de Santa Maria de trossen los. In de hut van Columbus ligt een brief in het Latijn, bestemd voor de keizer van China.

Het is prachtig weer. Met een constante oostenwind drijven de schepen, met in totaal 120 koppen aan boord, in snelle vaart westwaarts.

'Psst!' Ze spugen in zee, tellen de polsslagen, terwijl de spuugvlek langs het schip drijft. Zó meten ze hun snelheid. Columbus geeft de afgelegde afstand steevast te klein op: zijn zeelieden moeten de afstand naar Spanje vooral niet te groot gaan vinden.

De zee, de eindeloze zee, maakt de bemanning soms wanhopig. Pas na 10 weken komen er aanwijzingen, dat 'Indië' nabij moet zijn.

'Daar!' wijst een matroos over de reling. Een stok met snijwerk en kort daarop nog een tak met rode bessen worden verheugd uit zee opgevist. Op de avond van de 11de oktober meent Columbus in de verte een licht te zien:

'Het flikkerde met zulk een onzekere glans, dat ik het niet als een teken van land durfde aanmerken...' noteert hij in zijn logboek. Ruim 23 uur later weerklinkt in de nacht opeens de bevrijdende kreet van de uitkijk:
'Land! Land!'

Rodrigues Bermejo, matroos op de vooruitvarende Pinta, heeft in het maanlicht de zoom van een zeestrand ontdekt. Wat een blijdschap!
'Rodrigues!'
'Fernando! Land, land!' De ruige zeelui omarmen elkaar en juichen. Dankbaar zingen zij een Te Deum op het dek om God te prijzen voor de behouden vaart.

Bourgondische tijd – Twaalfjarig Bestand

Wat een fascinerend schouwspel als de naakte, beschilderde Taino-Indianen op de Bahama's de vreemdelingen tegemoetgaan. Als onbekende goden uit een andere wereld betreden de Spanjaarden het land. Begerig loeren zij naar de kleine stukjes goud, die de Taino's in de doorboorde neuswand dragen. Wapens kennen deze vreedzame Indianen niet. Eén van hen loopt argeloos in het zwaard van de admiraal en verwondt zich lelijk.

Zoekend naar Japan ontdekken de Spanjaarden in de komende weken nieuwe eilanden. De tropische lente vertoont zich in haar exotische bloemenpracht. Voor het eerst ziet het zeevolk, hoe de Indianen een soort kruiden in een droog blad wikkelen en aansteken.
'Ze drinken de rook!' schrijft Columbus in een van zijn rapporten.

De moeilijkheden waarmee hij te kampen krijgt zijn groot. Er is desertie. Belust op goud gaan bemanningsleden aan de haal. Bij het ruilen van prullaria tegen goud stapelen de ruzies zich op. Bovendien loopt de Santa Maria aan de grond. Van het wrakhout bouwen de Spanjaarden een fort: het eerste Europese bolwerk in de Nieuwe Wereld. Wat vooral opvalt is het feit, dat de Indianen nog geen spijker ontvreemden — terwijl door de bemanning toch heel wat wordt geklauwd.

Na vele avonturen vindt Columbus het mooi genoeg, 40 vrijwilligers blijven achter in het eenzame fort — hopend zich rijk te stelen. Dan wordt de terugreis aanvaard!

Palos, 15 maart 1493: Met een onbeschrijfelijk enthousiasme haalt Spanje de grote ontdekker binnen. De klokken luiden. Een ontelbare menigte omstuwt de admiraal, als hij aan land stapt in zijn mooiste pak. Zijn reis naar het hof loopt op een ware triomftocht uit.
'Sire, zie hier...' Aan het hof toont Columbus de gouden sieraden, enkele Indianen en wat gewassen, die hij uit de verre landen heeft meegenomen.
'Ja, Sire, ik heb de zeeweg naar Indië gevonden!' Met overtuiging worden die woorden uitgesproken, hoewel er bij sommigen toch twijfels bestaan:
'Nee, dat kan niet,' zeggen een aantal geleerden. 'Het ontdekte land ligt te dicht bij Europa om tot het vasteland van Azië te kunnen behoren!' Maar in de feestroes wordt daarop geen acht geslagen.

Aan het hof verhaalt Columbus van zijn avonturen, van de onuitputtelijke rijkdommen, van het aantal slaven dat hij daar wegvoeren kan. Paus Alexander VI, die dan juist in Spanje is, maakt in twee bullen bekend.
'Alle ontdekte en te ontdekken gebieden ten westen en ten zuiden van de meridiaan, 100 mijl ten westen van de Azoren en Kaap Verde zullen Spanje toebehoren!'

De Portugezen zijn over die pauselijke beslissing behoorlijk boos. (Later worden de grenzen verlegd, zodat de Portugezen Brazilië kunnen behouden!)

Voor Spanje zijn het in ieder geval prachtige vooruitzichten. Met enthousiasme wordt een nieuwe vloot uitgerust: 3 grote koopvaardijschepen en 14 karavelen. De ruimen vullen zich met snuisterijen, zaden, paarden, schapen en... africhte bloedhonden. Aanzienlijke Spaanse edelen melden zich nu voor de reis — hopend op goud en avontuur. Een aantal missionarissen stapt aan boord. Zij moeten de inboorlingen tot het christendom bekeren.

Vier ontdekkingsreizen zal Columbus — nu admiraal en onderkoning van Spanje — nog maken. De Bahama-eilanden, Cuba, Haïti, Panama, Puerto-Rico, Jamaïca, de Orinoco-delta en Trinidad brengt hij op de kaart. Nooit meer zal een zeevaarder en ontdekker zoveel successen kunnen boeken — al vond Columbus nóóit wat hij zocht: de zeeweg naar Azië via het westen.

En jaar na de dood van Columbus (hij sterft arm en vergeten, omdat er een serie valse aanklachten en beschuldigingen tegen hem zijn ingebracht) krijgt het nieuwe continent in het jaar 1506 een naam. Maar niet de zijne. Amerigo Vespucci, een Florentijns

Colombus. Schilderij toegeschreven aan Yanez.

Kaartje van de grote ontdekkingsreizen uit het einde van de 15de, begin 16de eeuw.

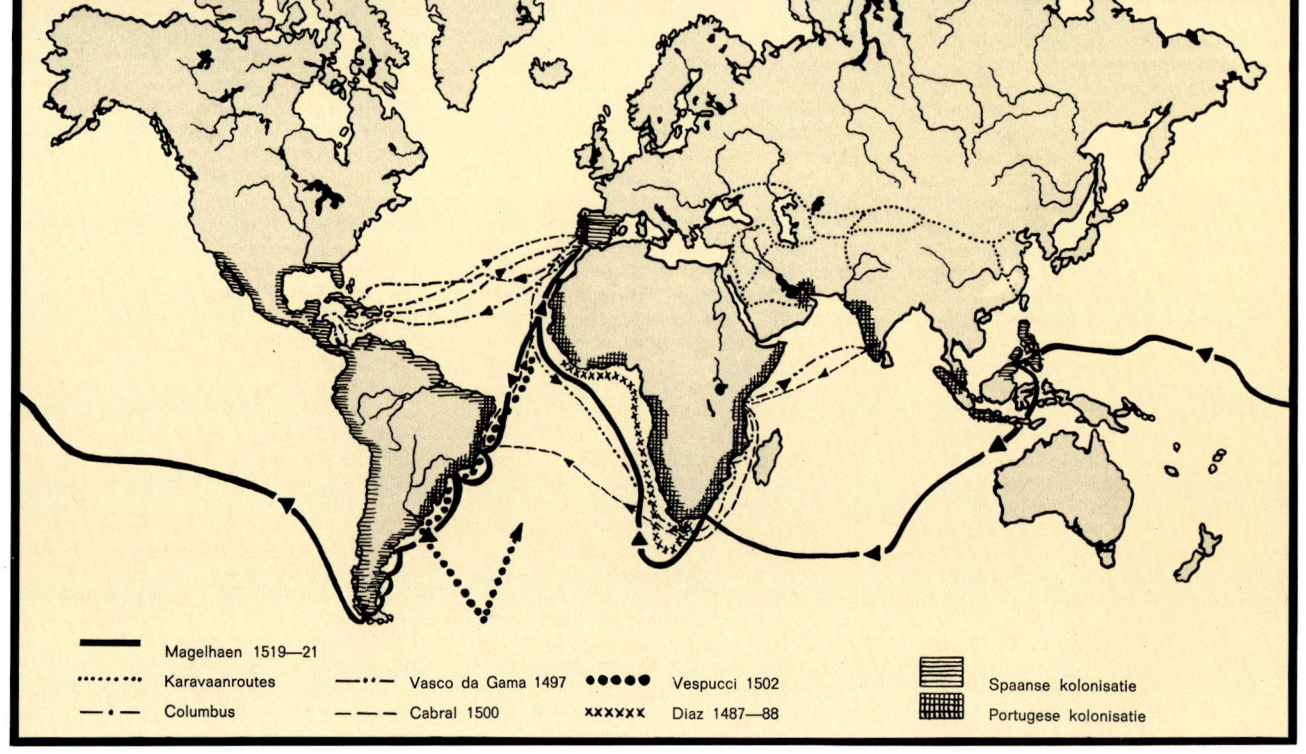

De Spaanse veroveraars onthoofden Azteken. Illustratie uit een werk van de Spanjaard Diego Duran (1570).

koopman, heeft een reis naar de nieuwe wereld gemaakt. Boeiend en amusant heeft hij zijn avonturen en indrukken beschreven.
'Heb je het gelezen?'

Overal in Europa wordt gretig naar zijn geschriften gegrepen en een Duits geleerde komt op het idee, het nieuwe werelddeel te noemen naar hem:
'Amerigo — Amerika!'

De dagen zullen komen, dat de Spanjaarden de hoog beschaafde en rijke volkeren in Centraal- en Zuid-Amerika zullen ontdekken. Terwille van het goud zullen zij zich op Maya's en Inca's werpen en een buit maken, die de allerstoutste verwachtingen overtreft. Het zijn echter vooral de ontwikkelingen op het gebied van de landbouw, waarvoor Europa de Indianen dankbaar kan zijn: maïs, aardappelen, tomaten, sisal, vanille, tabak, rubber en katoen zullen het leven in dat kleine, zichzelf overschattende Europa gaan verrijken.

'All on board?' In opdracht van koning Hendrik VII van Engeland, heeft John Cabot met de Matthew zee gekozen. Het is maar een klein scheepje, met slechts 18 koppen aan boord. Zij zoeken een noordelijke route naar Indië en ontdekken in 1497 New Foundland.

'Klaar om te wenden?' Daar zeilt Vasco da Gama om Kaap de Goede Hoop de Indische Oceaan op. Na lange, onzekere weken valt zijn anker bij Calcutta. Daarmee beschikt Portugal als eerste over de zo begeerde zeeweg naar het Oosten.

Pedro Alvarez Cabral is eveneens op weg naar Indië. Na een eindeloze reis vaart hij een baai binnen, die eens zijn naam zal dragen en legt voor zijn land beslag op... Brazilië!

De zeeën worden bevaren en vergissingen worden gemaakt. Toch komt nu in snel tempo de nog ruwe gedaante der aarde op kaart te staan. Steeds meer nederzettingen en handelsposten verrijzen in afgelegen streken. Het is, alsof het oude Europa opeens uit de middeleeuwen ontwaakt. Er lijken ongekende mogelijkheden voor de toekomst en met energie gaat men erop af:

Vasco Nunez de Balbao wil over het vaste land van Panama de Stille Oceaan bereiken, waarvan men het bestaan vermoedt.

Met een leger van 189 man en vele Indianen hakt hij zich door de oerwouden heen. 25 dagen zijn nodig om de 70 kilometer af te leggen. En dan de juichkreet:
'De zee!'

Opeens komt er een eind aan de dichte jungle: wijd en blauw ligt daar de lang gezochte, onbekende oceaan. Bevinden zich achter de einder de specerij-eilanden, die iedereen zoekt? Hoe kunnen de schepen ooit die Stille Oceaan bereiken?

De Spanjaarden en Portugezen halen als eersten de gouden daalders uit de nieuw ontdekte werelddelen binnen. Maar dan staan ook de kooplieden in de Lage Landen gereed om de wijde, ronde wereld te bezeilen en een greep naar de prachtige handelskansen te doen.

Terwijl Columbus zijn eerste, adembenemende tocht naar Amerika volbrengt, maakt Albrecht van Saksen, de stadhouder van Maximiliaan, een eind aan alle twisten, die de noordelijke gewesten zo bloedig hebben geschokt. Ook het roerige Utrecht brengt hij onder de Bourgondische macht. In dat zelfde jaar houdt Gent, onder leiding van Coppenhole, de opstand tegen Maximiliaan nog vol. Maar ook daar komt het einde van alle strijd in zicht. Moe en murw van alle ellende, keren de burgers zich tegen hun eigen stadsbestuur. De ene bloedige omwenteling volgt de andere op. Tenslotte beëindigt ook Coppenhole zijn leven op het schavot. Half ontvolkt, verarmd, de privileges ingetrokken, legt Gent het hoofd in de schoot.

Nimmer zal de stad zich meer kunnen verheffen tot de leidende positie van weleer.

Hoe triest ligt daar ook Ieper. In het jaar 1312 beschikte de stad nog over een paar duizend weefstoelen. Toen liepen er ruim 20.000 inwoners rond. Nu staan de huizen merendeels leeg. De straten zijn in verval. Er wonen nog slechts 6000 mensen en vrijwel alle weefstoelen zijn verdwenen!

Ook in Gelre hebben zich tijdens Columbus' ontdekkingsreis grote gebeurtenissen afgespeeld. De jonge hertog Karel, die in de oorlog van Maximiliaan tegen Frankrijk in Franse gevangenschap was geraakt, is eindelijk vrijgekomen.
'80.000 gouden guldens. Dat is de losprijs voor hertog Karel!' hebben de Fransen geëist. Het heeft jaren geduurd, alvorens de Gelderse steden dat bedrag bij elkaar hebben geschraapt. Maar ze zijn blij dat ze hun hertog hebben. Gelre, dat genoeg heeft van het harde bewind van Adolf van Nassau, roept nu vol enthousiasme de jonge Karel tot hertog uit. Als kampioen voor de onafhankelijkheid der Noordelijke Nederlanden zal hij een halve eeuw lang zijn strijd tegen de Bourgondiërs blijven voeren.

Tijdens de grote ontdekkingsreizen is Frederik van Egmond door Maximiliaan tot graaf van Buren verheven. (Het is één van de titels, die het huis van Oranje nog steeds voert).

Luik heeft in dat jaar 1492 opnieuw een bittere tijd achter de rug. Opgestookt door Frankrijk heeft de graaf van der Marck voor de bisschopszetel gestreden en erg zachtzinnig heeft hij dat niet gedaan.
'De Ever van de Ardennen!' Dát is de bijnaam die hij krijgt, als hij vanuit zijn burchten te Sedan en Bouillon zijn bloedige sporen trekt door het land, dat reeds lang een twistappel tussen Bourgondië en Frankrijk is geweest. In Luik is niet 'de Ever', maar Jan van Horne na veel strijd tot bisschop benoemd. Onder zijn bewind keert de rust in het oude prinsdom eindelijk terug, want bisschop Jan voert een politiek van strikte neutraliteit.

Grote veranderingen zijn in de Lage Landen op til, als Maximiliaan het in 1493 — na de dood van zijn vader — tot Duits keizer brengt. Kort daarop draagt hij de regering van de Bourgondische landen aan zijn 16-jarige zoon:
'Leve de nieuwe hertog!' klinkt het in de Lage Landen, als Filips de Schone de Bourgondische troon bestijgt. Men roept het vol vertrouwen, omdat niemand in de toekomst kan zien.

171

Bourgondische tijd – Twaalfjarig Bestand
Over de drempel naar de nieuwe tijd

Filips de Schone, opgegroeid te Mechelen, omgeven door raadgevers uit de Lage Landen is een Nederlands vorst! Als zodanig wordt hij met enthousiasme als de nieuwe hertog begroet. Wél trekt hij al direct het Groot Privilege van zijn moeder in, maar de verwachting is toch, dat hij de belangen van zijn gewesten oprecht zal behartigen.

Bij die belangen behoren handelsverdragen met Engeland en vrede met Frankrijk.

'O, mein Pappa!' moet Filips de Schone dikwijls hebben gedacht.

Want keizer Maximiliaan zoekt uitsluitend de voordelen van het Habsburgse huis. Hij ziet het Bourgondische rijk en zijn eigen Oostenrijks-Hongaarse rijk als één groot geheel. Steeds weer zet hij zijn zoon Filips onder druk om de Nederlandse gewesten in zijn oorlog tegen Frankrijk te betrekken. Steeds weer opnieuw tracht hij Oostenrijkse en Hongaarse ridders opgenomen te krijgen in de Orde van het Gulden Vlies.

Daar Engeland zich nauwer bij Frankrijk aansluit, zoekt Maximiliaan naar sterke bondgenoten voor zijn eigen zaak. Voor dat doel laat hij zijn beide kinderen, Filips en Margaretha, in het huwelijk treden met een zoon en dochter van Isabella van Castilië en Ferdinand van Aragon. Want Spanje, dat juist de Moren uit het land heeft gejaagd en zich vooral in het Middellandse Zeegebied en in Italië tegen Frankrijk keert, gaat bovendien de vruchten plukken van de ontdekkingen in Amerika en lijkt een allernuttigste bondgenoot.

'O Santa Maria!' Johanna van Aragon weet niet goed hoe ze het heeft, als een Spaanse vloot haar in de Lage Landen aan land heeft gezet en zij haar entree maakt aan het goud verslindende hof van haar man.

Ze is opgevoed in de strenge eenvoud van haar vrome moeder en de schrielheid van haar vader is overal bekend:

'Koning Ferdinand laat tot drie keer toe nieuwe mouwen zetten in zijn oude wambuis!' weet men spottend te vertellen.

Nu ziet Johanna zich opeens omgeven door de weelde van het verblindende Bourgondische hof. Het verwart haar, als ze de strenge etikette tracht te leren en de stoet van hovelingen ziet.

'De eerste kamerheer heeft twintig kamerheren onder zich. En iedere kamerheer beschikt over vier kamerdienaars?' leggen edelvrouwen haar uit.

'De opperstalmeester staat aan het hoofd van twintig stalmeesters, die tevens schenkers zijn?'

'Santa Maria!' 70 hofmeesters en dienaren lopen rond voor het aandragen van de spijzen. Zij allen ontvangen 10 tot 20 dukaten per maand.

'En de vijf voorsnijders?'

'Die krijgen 50 dukaten per maand!'

Er zijn 25 pages, die de hertog altijd vergezellen en daarbij heeft hij nog 20 knapen in dienst.

'De hoogste hofbeambten zijn de leden van de Raad!'

'Er zijn drie opperkwartiermeesters met tien ondergeschikten. Die wijzen de gasten hun kwartier! Heus, u zult er gauw genoeg achter komen, hoe alles in zijn werk gaat!'

'En de biechtvader?'

'Die heeft de bisschoppelijke waardigheid, madame. Hij wordt bijgestaan door een opperkapelaan, 24 kapelaans en dan nog door de zangers en orgelspelers.'

Misschien vertellen ze haar niet eens, dat er 6 geheimschrijvers zijn in 2 doktoren, ieder met een loon van 70 dukaten per maand. Het orkest van de hertog bestaat uit 26 man. De lijfwacht van 100 boogschutters en 100 Duitse hellebaardiers, loopt altijd naast de paarden als Filips uitrijdt met zijn gevolg. Aan traktementen betaalt hij jaarlijks 300.000 dukaten. De tafelgelden en de paarden kosten hem 40.000 dukaten per jaar.

'Dit is meester Jeroen, madame!' Zeer waarschijnlijk ontmoet Johanna van Aragon de schilder Jeroen Bosch, wiens schilderstukken door haar echtgenoot zo oprecht worden bewonderd. Alles wat de middeleeuwse mens benauwt, onthutst, verbijstert, geeft Jeroen Bosch gestalte in zijn fantastische scheppingen. Met de kracht van een ziener, brengt hij zijn angsten, zijn dromen en vergezichten op het doek.

Misschien raakt Johanna, die toch al zo ontworteld in het leven staat, ook dáárvan in de war.

De gezant van Venetië, Quirini, heeft Johanna beschreven:

'Ze spreekt met weinigen en houdt zich meestal in haar vertrekken opgesloten.'

Jaloers van aard, schuwt zij vooral het gezelschap van vrouwen. Welvoegelijkheid staat bij haar steeds op de voorgrond!'

Qurini noemt Filips goedhartig, vriendelijk, oprecht maar besluiteloos.

'Croit-conseil — Vertrouwt op raad!' Die spottende bijnaam voor de hertog bewijst, hoezeer hij zich door zijn raadgevers laat leiden. Maar hoe verheugd zijn allen aan het hof, als uit het huwelijk van de schuwe Johanna en de besluiteloze Filips een zoon wordt geboren.

1500, Karel V te Gent geboren!

Hoe verandert de wereld door de komst van dit kind. Wat niemand heeft kunnen voorzien, gebeurt in de korte tijd van zes jaar:

In het verre Spanje sterft de troonopvolger Don Juan. Als weduwe keert Margaretha (Filips' zuster) naar de Lage Landen terug. Dan sterft Don Juans oudere zuster. Daarna sterft het zoontje van die oudere zuster. Koningin Isabella sterft, terwijl ook het leven van haar man niet eeuwig zal zijn.

'Por Dios y Patria!' denkt koning Ferdinand. Als de drommel sluit hij een tweede huwelijk om alsnog zorg te dragen voor een opvolger voor de Spaanse troon.

Als Isabella gestorven is, zeilen Filips en Johanna met een vloot van 80 schepen naar Spanje om alvast Castilië voor zich op te eisen en zich te beveiligen tegen de intriges van vader Ferdinand.

'We gaan een goede tijd tegemoet!' zeggen de hovelingen en Vliesridders en met enthousiasme begeven zij zich aan boord.

'We gaan een zorgelijke tijd tegemoet!' mompelen de leden van de Staten-Generaal heel wat minder enthousiast. Zij bekijken de zaken nuchterder en zien maar weinig heil in de groeiende macht van hun vorst.

'Dat gaat niet goed!' denkt ook keizer Maximiliaan. Hij heeft Filips aanvankelijk geheel naar zijn hand kunnen zetten, maar nu staan er voor zijn zoon en diens vrouw opeens andere en veel grotere belangen op het spel.

'Santa Maria,' bidt Johanna van Aragon, als zij met het hof in het jaar 1506 de tocht naar Spanje onderneemt. Nauwelijks ligt Zeeland achter hen, of de noodkreet klinkt over het schip:

'Brand!'

Ze hoort het geschreeuw, het geklos van hollende voeten op klompen, als ze angstig om redding bidt. Amper is de brand met de grootste moeite geblust, of er steekt een storm op, die de vloot verstrooit. Enkele schepen vergaan.

'Santa Maria!' Met gebroken masten, gescheurde zeilen, de ruimen vol water wordt Engeland met kunst en vliegwerk bereikt.

Hendrik VII ontvangt Filips en Johanna aan zijn hof en biedt hen schitterende feesten aan. Handig maakt hij van de gelegenheid gebruik om Filips een handelsverdrag af te dwingen dat voor de Lage Landen buitengewoon ongunstig is.

Dan gaat de reis verder naar Castilië, waar de laatste ramp van die rampzalige reis zich vrij plotseling voltrekt. Op de 25ste september van het jaar 1506 sterft Filips na een korte ziekte, tot ontsteltenis van iedereen. Johanna, toch al labiel en ijlhoofdig, wordt zó hevig door de dood van haar man geschokt, dat volledige waanzin in haar losbreekt.

'Nee, nee... weg!' In de dodenkamer schreeuwt ze het uit. Ze wil geen afstand doen van het lijk. Zij zeult ermee rond, gehuld in sombere boeteklêren. Stuitende taferelen spelen zich af. Koning Ferdinand neemt het bestuur van Castilië van haar over.

Omdat er geen land met haar te bezeilen valt, laat hij haar opsluiten in Tordesillas, een somber kasteel.

'Santa Maria!' Daar zit ze in haar boetekleed. Later zal haar zoon Karel haar nog enkele keren bezoeken. Pas 50 jaar later, in 1555, wordt 'Johanna de Waanzinnige' door de dood uit haar waanzin verlost...

'Roep de Staten-Generaal bijeen!' beveelt

De inhuldiging van Filips de Schone en zijn eedsaflegging in 1494 op de 'Blijde Incomste'. Vlaams wandkleed (ca. 1500).

de tijdelijke landvoogd, Willem van Croy, als het bericht over Filips' dood en Johanna's waanzin hem te Brussel bereikt. De afgevaardigden van de Staten, de ridders van het Gulden Vlies, de leden van de hertogelijke Raad zullen voor de erfgenaam, de 6-jarige Karel, over de toekomst moeten beslissen.

Keizer Maximiliaan heeft zich in Italiaanse avonturen gestort en laat weten, dat hij het regentschap voor zijn kleinzoon niet op zich kan nemen. Hij wijst zijn dochter Margaretha daarvoor aan. Dat is een goede keus, want Margaretha is één van de intelligentste, schranderste vrouwen van haar tijd. Willem van Croy wordt Karels gouverneur, terwijl de Leuvense hoogleraar Adriaan Florensz van Utrecht met de opvoeding wordt belast.

Door grootmoeder Isabella heeft de kleine Karel Castilië verworven. Over tien jaar zal hij van grootvader Ferdinand het koninkrijk Aragon ontvangen en als Karel V zal hij in Oostenrijk-Hongarije de opvolger zijn van opa Maximiliaan. En dan zijn er nog de rijke Lage Landen, die hem van oma Maria van Bourgondië toegevallen zijn.

Het is werkelijk niet gering.
Hoe zal hij al die landen — met hun tegenstrijdige belangen — ooit onder de duim kunnen houden, zonder dat hij daarbij brokken maakt? En wat is precies de erfenis, die hem als Heer der Nederlanden wacht?

Friesland: Jaren van strijd zijn voorbijgegaan. Galama's stonden tegenover Donia's; Harinxma's tegenover Tjaarda's, om van de Heemstra's, Jongsma's, Juwema's en Dekema's maar niet te spreken. Strijd van stad tegen stad, dorp tegen dorp, klooster tegen klooster, heeft de kracht van het onafhankelijke land verlamd.

Groningen, rijk en machtig omhoog gerezen, heeft onder aanvoering van Willem Frederiks, pastoor van de Martinikerk, het Friese land aan zich onderworpen. Hij heeft zijn eigen kasteleins in Dokkum en Leeuwarden aangesteld. 'Dat kan niet!' is een gezant van Maximiliaan de Groningers komen vertellen. 'Friesland is een leen van het Heilige Roomse Rijk!' Na lange en ingewikkelde intriges verzoeken Bolsward en Workum in 1495 aan Maximiliaan, of hij Albrecht van Saksen niet tot potestaat van Friesland wil benoemen, omdat zonder een krachtig heerser de chaos zal blijven bestaan.

Wat een tonelen, als Albrecht alvast 1000 van zijn lansknechten naar Friesland zendt om orde te scheppen in het verscheurde gewest. De Duitsers sparen niemand: priesters, vrouwen, kinderen, kerken noch kloosters worden ontzien. Nauwelijks minder zachtzinnig gaan de Groningers tot het offensief over om de heerschappij over Friesland te behouden.

'De rechten erfachtigen Heere!' Zó mag Albrecht zich als potestaat van Friesland noemen, als hij Maximiliaan en Filips een schuld van 300.000 guldens kwijtgescholden heeft. Met ijzeren hand schept hij orde in het Friese land, dat hij op deze wijze heeft gekocht. Dan vertrekt hij naar Saksen, terwijl hij zijn zoon als stadhouder achterlaat.

Opstanden, strooptochten, de belegering van Groningen, strafexpedities zijn onder Hendrik van Saksen aan de orde van de dag. De toestand verbetert pas, als hij sterft en zijn broer George het bewind in handen krijgt.

'Alle strijd en onrust is alleen te beëindigen

Bourgondische tijd – Twaalfjarig Bestand

Keizer Maximiliaan met Maria van Bourgondië en zijn zoon Filips de Schone. Zittend op de voorgrond zijn kleinkinderen Ferdinand, Karel (V) en Lodewijk (II van Hongarije). Schilderij van B. Strigel (1515).

met een krachtig centraal bestuur!' meent George van Saksen. Hij zet alles op alles om dat te verwezenlijken. En inderdaad: hij brengt het roerige land eindelijk tot rust. Met kracht ook neemt hij het veronachtzaamde dijkwezen ter hand. Het volk is hem daar dankbaar voor.
'Nog nooit heeft het land zo'n orde en rust gekend als nu onder George van Saksen,' constateren de Friezen tevreden. Alleen de strijd tegen Groningen vindt nog voortgang.
In 1506 laat echter ook George van Saksen zijn gewest in de steek. Hij benoemt er graaf Hendrik van Stolberg tot stadhouder.

Groningen: Net zoals de steden in Italië oefent de stad Groningen gezag uit over het omringende land. Nu Groningen belaagd wordt door Friezen en Saksen, roept de stad de hulp van Karel van Gelre in.
'Wij bieden u de heerschappij aan over de stad en het land tussen Lauwers en Eems!' hebben de Groningers tegen hertog Karel van Gelre gezegd. En Karel komt. Met de macht van George van Saksen is het dan al gauw gedaan. (In 1515 zal George zijn rechten op Friesland voor 100.000 goudguldens aan Karel V verkopen. Dan staan Gelre en Bourgondië in Friesland en Groningen tegenover elkaar!)

Utrecht: De invloed van de bisschop in Friesland, Groningen en het Oversticht is geheel verloren gegaan. David van Bourgondië is in zijn laatste levensjaren kinds geworden. Keizer Maximiliaan heeft kans gezien zijn neef Frederik van Baden op de bisschopszetel te plaatsen, maar winst voor het bisdom betekent dat niet. Bisschop Frederik voert in Wijk bij Duurstede een schitterend hof. De staatszaken laat hij over aan Floris van Buren, die zich in de Betuwe tegen Karel van Gelre keert. Daardoor zal ook Utrecht hevig betrokken raken in de machtsstrijd van Bourgondië tegen Gelre.
Het zijn rijke gewesten, die de 6-jarige Heer der Nederlanden erft, maar hij zal er nog een bloedige strijd voor moeten voeren.
De Lage Landen tellen in het jaar 1506 omstreeks 3.000.000 onderdanen. Zij wonen in 208 steden, 150 grote en talloze kleine kerkdorpen, maar niet overal is het welvaart en rijkdom wat de klok slaat:
'Is dit Brugge?' vragen de bezoekers verbaasd. Er groeit gras in de straten en niet langer verdringen honderden karren elkaar daar voor de poort. De glorie is verloren gegaan. Met veel meer welgevallen zullen reizigers de stad Antwerpen in Brabant bezien:
'Dagelijks gaan hier 500 schepen in en uit.
Dagelijks zijn er 2500 vaartuigen op de Schelde te zien!' vertellen de Antwerpenaren trots.
'Per week komen hier 2000 vrachtkarren uit Frankrijk. En 10.000 boerenkarren rijden wekelijks de stad in om ons van proviand te voorzien...'
'Antwerpen is het middelpunt van de Europese geldhandel. Onze beurs wordt door duizenden kooplieden bezocht. 500 statiekoetsen en 200 wagens voor het volk rijden in onze stad rond!' De trotse Antwerpenaren zeggen niets te veel. Hun stad is bezig tot het meest weelderige, meest welvarende handelscentrum van de wereld uit te groeien.
Brussel is beroemd om zijn bijouterieën, Namen om zijn leerwerk en Luik om de fabrikatie van steenblokken, wapens en geschut. Het geelkoperen vaatwerk van Dinant geniet een grote faam.
Sinds de uitvinding van het haringkaken (Beukelszoon in 1400) is de visserij in Holland en Zeeland tot een schitterend bedrijf uitgegroeid. De twee gewesten beschikken te zamen over 600 haringbuizen. Vlaanderen heeft er maar 100. Het is ook geen wonder, dat de Hollanders en Zeeuwen de vrachtvaarders zijn tussen de Oost- en de Middellandse Zee.

Nu Margaretha landvoogdes gaat worden, zal de invloed van de ridders van het Gulden Vlies in regeringszaken danig toenemen. Dat zijn de Van Borsselens uit Zeeland, de heren Van Egmond en Brederode uit Holland, van Horne en Bergen uit Brabant, Croy en Lalaing uit Henegouwen. Door verheffingen zijn zij in rang náást de graven van Nassau komen te staan en ook naast de Franse Oranjes, die onder de eerste hertog aan het Bourgondische hof terechtgekomen zijn. De zeer ontwikkelde, beschaafde Margaretha heeft geen al te hoge opvatting over de adel die haar omringt. Dat maakt ze haar neefje Karel later duidelijk in een brief:
'Onder de groten van dit land wast een jeugd op, met wier zeden ik mij niet wil noch kan verdragen. Goede trouw, eerbied voor God en koning zijn verloren. Met uitzondering van weinigen is het bederf zó algemeen, dat ik, al ware ik een man, hen niet alleen niet zou willen besturen, maar hen nauwelijks zou willen zien of op gelijke voet met hen zou willen leven. God is mijn getuige wanneer ik uwe majesteit verzeker, dat ik liever met mijn handen mijn brood zou winnen, dan met hen in aanraking zijn!'
De adellijke heren trekken zich daar weinig van aan. Zij accepteren hun bevoorrechte posities als een vanzelfsprekend en van God gegeven recht.
'Uw kousen!'
Als de 6-jarige Karel op de 18de oktober van het jaar 1506 wordt uitgekleed, na in een plechtige vergadering door de Staten-Generaal tot Heer der Nederlanden te zijn verheven, zijn de middeleeuwen voorbij. Met heftige beroeringen en schokken zijn de Lage Landen over de drempel geschoven naar de nieuwe tijd. Dat is gebeurd dankzij

het onbehagen van denkers en filosofen, dankzij de vrijheidszin der steden, dankzij de offervaardigheid van kleine burgers, dankzij de ondernemingszin van de kooplieden, dankzij àllen, die in de middeleeuwen hebben gehoopt, gestreden en geleefd. Het stelsel van vertegenwoordiging en verkiezingen, het streven naar een zelfstandige rechtspraak, de arbeidersbewegingen die zullen leiden naar de vorming van politieke partijen, zijn voortgevloeid uit de middeleeuwse maatschappij — al komt de macht steeds steviger in handen van de vorst.

Onder Karel V gaat Europa zoekend en tastend een nieuwe toekomst tegemoet. De wegwijzers naar die toekomst worden echter niet geplaatst door de vorst en evenmin door de vooraanstaande edelen aan het hof, maar door onderdanen die niet langer met de gang van zaken in kerk en staat tevreden zijn.

Een van hen is een zoon uit het volk — een buitenechtelijk kind — die de wereld van zijn tijd een nieuw inzicht geeft en doordringt met de schitterende gaven van zijn geest: verdraagzaamheid, waarheid, eenvoud en vredelievendheid. Als een reus stijgt hij als één der grootste zonen uit de Lage Landen op. Zijn *Lof der Zotheid*, een onverbiddelijke bestseller, is kort nadat prins Karel aan de macht kwam verschenen.

Desiderius Erasmus heeft in de *Lof der Zotheid* zijn snijdende spot tegen de willekeur van vorsten en tegen de waanzin van menige oorlog aangewend. Vernietigend heeft hij de onwetendheid van priesters, de dode spitsvondigheid van geleerden en het losbandige leven der monniken gehekeld. Maar ook het onderwijs en de schoolmeesters kregen van hem hun trekken thuis.

Hij schrijft:
'Ik ga mij bezighouden met hen, die onder de mensen de schijn der wijsheid ophouden en streven naar die gouden tak, zoals dat heet. Onder hen nemen de schoolmeesters de eerste plaats in, die stellig het rampzaligste, ellendigste... meest gehate slag mensen zouden vormen, als ik niet de nadelen van hun allerongelukkigst beroep met een goedaardig soort waanzin zou verzachten. Want zij zuchten onder duizend vervloekingen. Immers, voortdurend honger lijdend en armoedig worden zij in die scholen van hen — wat zeg ik? Scholen? — Neen! Zorgenpakhuizen, tredmolens en martelkamers, temidden van troepen kinderen, oud door inspanningen, doof door het geschreeuw, ziek van het vuil en de winden. Dankzij de Zotheid vinden zij zichzelf de meest bevoorrechte mensen. Zó tevreden zijn ze met zichzelf, wanneer ze de angstige schare met dreigend gezicht en dreigende stem schrik aanjagen; wanneer zij op alle mogelijke manieren hun willekeur botvieren, net als die ezel in Kymè. Ondertussen lijkt dat vuil hun het summum van netheid, de winden geuren als marjolein, dat ellendige slavenbaantje houden ze voor een koningskroon... Maar nog veel gelukkiger zijn ze door een opvallend geloof in hun kennis. Terwijl ze immers de kinderen louter onzin bijbrengen, kijken ze nota bene neer op mensen als Phalaris en Donatus. En door weet-ik-wat voor kunsten krijgen ze het — gek genoeg — ook nog voor elkaar, dat de domme moekes en stomme vaders hen zo aanvaarden als ze zich voordoen!'

Erasmus is met hart en ziel toegedaan aan het *Humanisme*, dat in Europa zijn opgang beleeft: Door zelfvorming en zelfopvoeding wordt naar het hoogst menselijke gestreefd. Met studie van de klassieken zetten de humanisten zich in om de beste eigenschappen in de mensen wakker te roepen — hopend zó de trage wereld te verheffen tot een beter oord.

Terwijl prins Karel door de wijze en bekwame Margaretha van Savoye wordt opgevoed, stijgt de ster van Erasmus naar ongekende hoogte. Hij heeft dan reeds zijn dagen in het klooster, zijn baantje als secretaris van de bisschop van Kamerijk en zijn verblijf in Parijs achter de rug. Hij heeft in Engeland zijn grote vriend Thomas More ontmoet — eveneens een briljant humanist, die zijn eerlijkheid op het schavot zal moeten boeten. Na studie aan de universiteit van Bologna is hij te Turijn tot doctor in de theologie gepromoveerd. Zijn opvallende geleerdheid deed hem de vriendschap van enkele kardinalen winnen. Hij haalde zich tevens de vijandschap op de hals van kerkvorsten, priesters en monniken, die niet opgewassen zijn tegen zijn waarheid en scherpe spot.

Zijn grootste schepping, de vertaling van het Nieuwe Testament, zal hij in 1516 met toestemming van zijn vriend, Paus Leo X, publiceren. Met veel taalgevoel is hij bezig de bijbelteksten van indringende commentaren te voorzien. Bij de tekst van Mattheus XXIV, vers 23 noteert hij:
'Ik zag met eigen ogen paus Julius II te Bologna en later te Rome aan het hoofd van zijn leger een triomftocht houden.

De geldwisselaar vervulde een belangrijke en noodzakelijke functie in het handelsverkeer wegens de grote verscheidenheid van het geld, dat in omloop was. Schilderij van Quinten Metsijs.

Tekening uit *Lof der Zotheid* van Erasmus door Holbein in het exemplaar dat in bezit was van de drukker Joannes Froben (Bazel, 1515).

Bourgondische tijd – Twaalfjarig Bestand

Erasmus, door Hans Holbein.

De Heilige Petrus onderwierp de wereld door geloof, niet door een legermacht en krijgstoerustingen. De opvolgers van Petrus zouden evenveel overwinningen behalen, als zij in zijn geest handelden!'

Hij keert zich tegen het celibaat, tegen wantoestanden in de kerken, tegen het gesol van priesters met relieken:
'Al die fragmenten van het ware kruis, die gezamenlijk een ganse scheepslading zouden uitmaken!'

Bij de tekst I Tim 1, vers 6:
'Theologanten zijn nimmer moe in het beredeneren wat zonde eigenlijk is: een gebrek *in* de ziel of een vlek *op* de ziel. Waarom is het niet voldoende de zonde te haten? Over honderden van zulke kwesties is door geleerde theologanten gedisputeerd en de onderwerpen blijven even duister. Het is alles ijdelheid!'

Niet na te meten is de uitwerking die Erasmus' bijbeluitgave op de wereld heeft. 100.000 exemplaren gaan alleen al in Frankrijk van hand tot hand. Nimmer heeft een geleerde de eminente, internationale faam bereikt, die Erasmus ten deel valt. De groten der aarde zullen vragen om zijn raad.

Hij valt de onvolkomenheden en zwakheden van de kerk aan, maar een scheuring in de moederkerk wil hij allerminst. Niet voor niets wil de paus hem voor hervormingsacties van de kerk verheffen tot kardinaal. Erasmus blijft echter de teruggetrokken kamergeleerde, die desondanks de stem van de toekomst bezit. Hij is wellicht de enige in die jaren die inziet, dat ketterij nóóit een misdrijf, hoogstens een dwaling kan zijn. Hoe schitterend draagt hij verdraagzaamheid uit!
'Ik wens een burger van de wereld te zijn,' schrijft hij aan zijn vrienden. Erasmus, zoon van de Lage Landen, *Europeaan!* Wat heeft hij veel van de toekomst verwacht.

Vooral voor de toekomst kan hij zijn leven zo'n prachtige inhoud geven. Hij schrijft aan een vriend in Bazel:
'Zo erg ben ik niet aan het leven gehecht, maar het is mij wél de moeite waard mijn bestaan nog wat te rekken bij het vooruitzicht van deze gouden eeuw... De geleerden komen als paddestoelen uit de grond; taalstudie, natuurkunde, wiskunde, er is leven op ieder gebied. Zélfs op dat der theologie is ontwikkeling waar te nemen.
Ook ik heb in mijn onbeduidendheid daartoe mijn bijdragen geleverd. Ik heb tenminste de gal opgewekt van hen, die de wereld dom willen houden. Alleen dwazen blaffen mij nog aan...'
Wat een winst voor de toekomst, dat Erasmus leeft en zijn wegwijzers plaatst!

De wereld roept om hervormingen. Sinds 1378 — het begin van het westerse schisma dat zoveel gelegenheid tot verbeteringen bood — is het onmogelijk gebleken, de dringend gewenste hervormingen binnen de officiële kerk door te voeren. Overal zoekt men naar nieuwe antwoorden op vragen die bijna zo oud als de wereld zijn.

Het koor van ontevreden stemmen wint aan kracht.

Prins Karel, heer der Nederlanden

Europa, 5 januari in het jaar 1515: De zon is opgegaan boven een onrustige wereld. Een nieuwe generatie van denkers en geleerden droomt van een beter bestaan. Hun stemmen, die veranderingen en hervormingen eisen, worden overal gehoord.

Een nieuwe dag is begonnen voor de kleine man en voor hen, die zozeer hun stempel zullen drukken op de eerste helft van de 16de eeuw.

Te Rome is paus Leo X (uit het geslacht der Medici) uit zijn slaap ontwaakt.

'Heilige Vader, uw ontbijt staat klaar!' meldt een bediende.

Vermoedelijk is de pauselijke maîtresse reeds door een achterdeur verdwenen. Paus Leo is een kunstlievend man. Hij heeft schitterende opdrachten gegeven om het Vaticaan te verfraaien. Doorziet hij hoezeer het gezeul met de aflaat en de inhaligheid van kerkvorsten het pauselijk gezag in diskrediet hebben gebracht? Op zeer veel plaatsen hebben de kloosters het besef van hun roeping verloren. Heel wat dorpspastoors zijn aan de drank, of leven in een openlijk concubinaat. Zij missen de kracht om een voorbeeld te zijn. Maar... misstanden zijn er altijd geweest en de opstandigen uit die jaren trekken de kerkelijke zaken wél wat uit hun evenwicht.

Nieuw is misschien, dat men met een overmaat aan religieus gevoel naar een nieuwe manier van geloven zoekt. Dát én de onmogelijkheid om de gewenste hervormingen in de kerk door te voeren, vormen het begin der reformatie. Het is een tijd vol onbehagen, onrust en bedreiging. Als geen ander heeft de schilder Jeroen Bosch de geest van die dagen afgebeeld: het alledaagse leven, waarin duivels en monsters de verworden mens belagen en gevangen houden in hun greep.

In Engeland is koning Hendrik VIII, 23 jaar oud, aan een nieuwe dag begonnen. Hij is een begaafd, kunstzinnig, veelbelovend vorst, die aan de hoog gestelde verwachtingen niet geheel beantwoorden zal:

'Een man van bloed en willekeur, een tiran, door velen vervloekt en door niemand bemind' luidt een latere typering. Helemaal juist is dat niet. Steunend op de meerderheid van zijn volk, zal het hem geen moeite kosten revolutionaire veranderingen in de kerk en de politieke structuur door te voeren. 18.000 bedelaars zal hij tijdens zijn lange bewind laten opknopen en desondanks zullen de armoelijders in zijn land blijven bestaan. Uit het huwelijk met Catharina van Aragon, zijn eerste vrouw in de serie van zes, is één dochtertje geboren, maar de Engelse koning wacht vol ongeduld op een zoon.

In Frankrijk is op die 5de januari 1515 de ijdele Frans van Angoulême uit zijn bed gekropen. Misschien heeft hij zich bij het opstaan even in stilte verkneukeld over het feit, dat vier dagen tevoren zijn schoonvader, Lodewijk XII, overleden is. Als Frans I zit hij nu opeens zelf op de troon. Steunend op krachtige huurlegers zal hij aan zijn weelderige hof als een absoluut vorst proberen te heersen. Eén van zijn onderdanen is de 5-jarige Jean C(h)auvin.

De kleine Jean is een intelligent jochie, dat later met een beroemd boek over de christelijke godsdienst het geloof van miljoenen diepgaan zal wijzigen. Zijn gelatiniseerde naam Johannes Calvinus, verkort tot Calvin (Calvijn in het Nederlands), zal indringender dan die van de koning de eeuwen trotseren.

Lakenmarkt te 's-Hertogenbosch (ca. 1500).

Bourgondische tijd – Twaalfjarig Bestand

In Duitsland doet Maximiliaan met Habsburgse eerzucht wanhopige pogingen om eenheid te brengen in zijn versnipperde rijk.
'Het ravengebroed der Duitse vorsten kan alleen door een nóg grotere roofvogel aan banden worden gelegd!' heeft Frederik, keurvorst van Saksen, beweerd.
Keurvorst Frederik heeft in de zomer van het jaar 1502 in zijn land de universiteit van Wittenberg gesticht. Eén van de hoogleraren daar is een Augustijner monnik, in wiens boerse lichaam het bloed ongemeen heftig stroomt. Gruwelijk zal deze doctor in de godgeleerdheid zich ergeren aan de aflaatprediking van de monnik Tetzel — die voor geld alle 'zondestraffen' vergeeft. De paus zal die aflaat uitschrijven, omdat hij in Rome geld nodig heeft voor de afbouw van de St.-Pieterskerk. De 31-jarige Dr. Maarten Luther zal zijn verontwaardiging niet lang meer voor zich kunnen houden — en daarbij steun zoeken per brief bij de grote Erasmus:
'Ik meen dat gij niet alleen mijn geschriften (over de aflaat) hebt gelezen maar ook dat gij ermee instemt... Zo dan, mijn Erasmus, vriendelijke man, als het u goed schijnt, erken mij als uw kleine broeder in Christus, die u zeer bevriend en genegen is...'
Terwijl de Spanjaarden de kusten van Zuid-Amerika exploreren, vestigen de Portugezen hun hegemonie in de Indische wateren.
Vanuit Goa (India) knopen zij betrekkingen aan met Siam, de Molukken en zelfs China. Wat een fantastische ondernemingen, als zij op wildvreemde kusten aan land gaan om zaken te doen.
'We willen kruidnagelen, peper! Ja, ja, kopen!' Ze gebaren met handen en voeten en krijgen flinke partijen in hun schip. In de afgelopen jaren hebben zij alleen al 1.000.000 pond peper naar Antwerpen gestuurd!
In het Turkse rijk heeft Selim I zijn vader van de troon gejaagd, zijn broer vermoord en het bewind stevig in handen genomen. Ook daar zijn de zaken van het geloof op drift geraakt. Naar schatting heeft Selim 40.000 van zijn onderdanen wegens bijgeloof ter dood gebracht. Vervolgens is hij — om het Ottomaanse rijk verder uit te breiden — tot een groot offensief overgegaan. Zijn zoon zal Wenen belegeren en West-Europa ernstig bedreigen. Zo wentelt de wereld zich met grote en kleine mensen naar een nieuwe dag: vol geloof en bijgeloof, vol koene ondernemingslust maar ook in doffe berusting.
Voor velen verglijdt het leven van angst naar angst.

Ook in de Lage Landen is de zon opgegaan op die 5de januari van het jaar 1515. Voor de 3 miljoen inwoners is de nieuwe dag begonnen. 50.000 wonen in Antwerpen, centrum van de wereldhandel, waar vele talen te horen zijn. Met 20.000 inwoners is Utrecht in het noorden de grootste stad. Daarop volgen Leiden (12.000), Haarlem (11.000), Amsterdam (10.000 — maar met de Oostzeehandel snel in opkomst), Dordrecht (6.000) en Rotterdam (4.000). De houten gevels der huizen en de daken van stro beginnen uit het stadsbeeld te verdwijnen. Overal zijn gezellen van het gilde der timmerlieden en metselaars in de weer om woningen op te trekken — niet langer van hout, maar van steen.

In Amsterdam zijn kerken, kapellen en vele kloosters verrezen. Aan de Oude Zijds staan de kloosters van de Oude Nonnen, van de Maria-, Clara-, Agnes- en Nieuwe Nonnen en van de Cellebroeders, Paulusbroeders en Minderbroeders dicht op elkaar — maar liefst 15 in totaal —, terwijl het Clarissen-, Geertrui- en Luciënklooster domineren op de Nieuwe Zijds.
'Geen vestiging meer van nieuwe kloosters!' hebben de Amsterdamse handwerkslieden en handelaren geëist. Want naast het bedrijven van liefdadigheid, oefenen de nonnen en broeders veelal een handwerk uit. Zij drijven ook handel, zodat de kas van het klooster kan worden gespekt. Aan het betalen van belastingen en accijnzen behoeven de geestelijken niet te voldoen.
'Wij belasting betalen en zij niet? Dát is oneerlijke concurrentie!' De Amsterdammers hebben bij het stadsbestuur de nodige druk uitgeoefend. Als gevolg heeft de magistraat het de kloosters verboden — bij een keur uit het jaar 1411 — tot verdere uitbreiding over te gaan.

In het graafschap Holland werken de polderjongens, na de hevige overstromingen van 1508, 1509 en 1514, ijverig aan de dijken, onder het toeziend oog van de heemraden en dijkgraven van het waterschap. Landbouw, veeteelt en tuinbouw zijn tot grote bloei gekomen. Niet voor niets heeft koning Gustaaf II landbouwers der Lage Landen naar Denemarken uitgenodigd:
'Die Nederlandse boeren kunnen onze eigen landbouw en veeteelt helpen bevorderen!' heeft hij gezegd. Zijn voorbeeld wordt door Engeland gevolgd.

Op de scheepswerven en in de werkplaatsen gonst het van bedrijvigheid. Voor de rijke kooplieden lijken de mogelijkheden voor grote, winstgevende zaken haast onbeperkt. Voor de kleine man zijn het moeilijke jaren. Vooral de bevolking op het platteland heeft incidenteel veel te lijden van plunderend en brandschattend krijgsvolk — dat voorbijtrekt en maar weinig verschil maakt tussen vijand en vriend. Soms is het niet eens bekend onder welke heer zo'n rovend troepje dient.

'Adjutorium nostrum in nomine Domini! De enige hulp is in de naam des Heren,' zo verkondigen de priesters, maar overal liggen de duivelen, de tovenaars en de heksen op de loer. Verstikkend is de angst die het leven beheerst: 'Er zat een giftige pad op de dakgoot! Moeder Maria, ik zweer je, het was een helse geest!'
'Bij Griete zaten vier zwarte katten op het dak!'
'Behekste gezellen van de duivel!'
Heksenzalven gaan van hand tot hand om het duivelse kwaad te weren. Duivelbanners verdienen goed geld. Zij misbruiken de domme lichtgelovigheid voor hun handel in flesjes, die met populierloof en vleermuisbloed zijn gevuld. In de drukkerijen glijden talrijke prenten van dodendansen van de persen. Daarmee wordt de broosheid van het menselijk bestaan onderstreept. Hoe belangrijk is voor allen het vast geloof in God.

Terwijl George van Saksen te Brussel onderhandelt om zijn rechten over Friesland en Groningen voor 100.000 goudguldens aan prins Karel over te doen, gaan zijn Saksische soldaten in die gebieden als beesten te keer.
'Heer, kom ons toch van die zwarte benden verlossen,' hebben de Friezen gesmeekt en Karel van Egmond, hertog van Gelre, is gekomen. Alleen: voor verbetering van het lot der Friezen strijdt hij niet. In stilte koestert hij de hoop Friesland en Groningen in te lijven bij zijn hertogdom. Met Frankrijk als bondgenoot voert hij oorlog om de toenemende bedreiging van de Bourgondische Habsburgers tegen te gaan.

In Friesland heeft Karel van Egmond steun gekregen van de geduchte vechtjas Grote Pier, die op zijn tijdgenoten zo'n diepe indruk maakt:

Willem van Croy, heer van Chièvres (1458-1521), een van de voornaamste adviseurs van Karel V. Anonieme Vlaamse meester (ca. 1510).

'Een groet, swart man mit grote oghen... gruwelicken van aensyen.' Grote Pier heeft naar de wapens gegrepen om de plunderende Saksen uit zijn land te werpen.

Omdat hij te land niet tegen hen is opgewassen, zoekt hij zijn heil op het water. Met verbitterde Friese vrijbuiters bemant hij een aantal schepen en gaat er dan flink op los. Hij groeit uit tot de schrik der Zuiderzee.
'Geen schip is veilig!' klagen de Hollandse kooplieden bij de overheid.
'Heer, er moet iets worden gedaan!'
De Hollandse stadhouder stuurt een vloot van 28 koggen op de Friese zeeschuimers af. Ze gaan kansloos ten onder. En erger: van de 500 gevangen die Grote Pier maakt, is er geen die zijn leven behoudt.

'Spoel ze de voeten!' klinkt het bevel. Zonder pardon smijten de krijgsmakkers van Grote Pier alle gevangen in zee.
'Hadsjéé!'
Van alles beroofd gaan ze de golven in. Ze spartelen, schreeuwen en bidden, tot het water zich boven hen sluit. Ook de bewoners van Alkmaar en Medemblik zien Grote Pier komen, als hij zich met een plunderende Gelderse strijdmacht verbonden heeft. Beide steden gaan in vlammen op. Van de ene dag op de andere kan het met de rust en de welvaart in een stad of dorp zijn gedaan.

De broosheid en de bedreigingen van het bestaan worden op de 5de januari 1515 echter niet in het feestelijk versierde Brussel gevoeld. Daar zijn alle groten der Lage Landen bijeengekomen om hun heer meerderjarig te verklaren en te huldigen.

Daar staat prins Karel, 14 jaar oud. In het paleis van Caudenberg is in de grote zaal een schitterend gezelschap bijeengekomen voor zijn huldiging.
Zij, die Karel voor het eerst zien, geven hun fluisterend commentaar:
'Een bleke, tengere jongen!'
'Zijn gezondheid is ook zwak!'
'Zijn mond hangt open!'
'Dat heeft hij met alle Bourgondische vorsten gemeen!' Uitpuilende ogen staan boven een arendsneus. Hij maakt geen briljante indruk, maar hij is taai. Er ligt geen gevoel van humor op zijn magere gezicht, doch volhardend en ijverig is hij wel.
'Nondum — Nog niet!' luidt zijn wapenspreuk, die haast kenmerkend is voor het tempo, waarmee zijn niet al te vlugge geest zich met de zaken bemoeit. Later zal hij die wapenspreuk vervangen door een eerzuchtiger leus: 'Plus ultra — Verder!'

Als Karel zijn rede moeilijk en stotend uitspreekt, kijkt zijn goede tante, de regentes Margaretha, enigszins verbitterd om zich heen. Zij heeft zware jaren achter de rug.

Haar politiek om Gelre én Frankrijk de baas te worden is in de Nederlanden uitgelopen op een nederlaag. Aanhoudend hebben de weerbarstige Staten en de gouverneur van de prins, Willem van Croy, heer van Chièvres, tegen haar samengespannen, omdat het bondgenootschap met Engeland een zeer ongunstig handelsverdrag opgeleverd heeft. De oorlog tegen Gelre heeft geen resultaat gehad, omdat stevige medewerking ontbrak. De gewesten van het Bourgondische rijk hangen nog als los zand aan elkaar en zijn nog bij lange na niet tot een hechte natie samengegroeid!
'Ik weet niet meer wat ik moet doen, gezien de geringe steun die ik ondervind en de slechte toestand der geldmiddelen,' heeft Margaretha geschreven aan haar keizerlijke vader Maximiliaan. Haar taak als regentes is nu voorbij. Achter haar rug om hebben de leden der Staten-Generaal een gezantschap naar Duitsland gezonden:
'Er moet een eind komen aan het gekonkel en de voortdurende tweestrijd aan het hof!' hebben zij Maximiliaan laten weten. Rinkelend met een volle beurs hebben de heren hem verzocht:
'Verklaar prins Karel toch meerderjarig!'
Omdat de Staten tal van adellijke groeperingen achter zich hebben heeft Maximiliaan het geld begerig opgestreken en aan hun verzoek voldaan.

Nu is het zover. De meerderjarig verklaarde prins Karel spreekt de groten der Lage Landen toe:
'Mijn goede tante, die méér dan een moeder is geweest!' Die welgemeende woorden zijn — terecht — aan Margaretha gericht. In de zaal zitten de ridders van het Gulden Vlies, waaronder legeraanvoerder Hendrik van Nassau. Kerkvorsten in vol ornaat kijken ernstig om zich heen — allerminst vermoedend dat Adriaan Florensz van Utrecht, kanselier van de Leuvense universiteit en leermeester van de prins, in de nabije toekomst hun paus zal zijn. Iedereen in het illustere gezelschap wikt eigen kansen en weegt de belangen van de eigen stad, het eigen bisdom of het eigen gewest, zorgvuldig af. Niemand schijnt zich te realiseren, dat prins Karel weldra de Spaanse troon zal bestijgen en dat hij met grote kans van slagen een gooi naar het keizerschap van grootvader Maximiliaan kan doen!

Met een indrukwekkend gevolg gaat prins Karel op reis om zich in de belangrijkste steden te laten huldigen en er zijn *Blijde Incomste* te doen. In Leuven, Brussel, Mechelen, Antwerpen, Brugge en Gent wedijveren vorst en onderdanen om elkaar in weelde en vermaak de loef af te steken. Vooral Brugge laat de triomfale pronk van haar getaande glorie zien. De edelen, notabelen en kooplieden der stad, allen te paard en rijk uitgedost, ontvangen prins Karel bij de Kruispoort en trekken dan Brugge met hem in.
'Leve prins Karel!' Het volk juicht.

Bourgondische tijd – Twaalfjarig Bestand

Grote stellages, behangen met tapijten en met wapenschilden versierd, zijn in de straten opgericht. Flambouwen branden. De buitenlandse kooplieden hebben flink in de bus geblazen. De Duitsers in Brugge hebben drie kolossale erepoorten laten verrijzen waarop de keizerlijke adelaars staan afgebeeld. De Spanjaarden vertonen een zegevierend zeegevecht, dat de heilige oorlog tegen de Turken symboliseert.

'Leve prins Karel!'

Gezeten op een prachtig Spaans paard met een sjabrak van rijk goudlaken en voorafgegaan door de ridders van de orde van het Gulden Vlies, prelaten en edelen, rijdt Karel — omstuwd door pages die flambouwen dragen — het oude Brugge in. Tante Margaretha volgt hem in een draagstoel, door prachtig geklede hofdames omringd.

'Ha, ha, ho, ho, lieve burgers!' Een nar, achterstevoren op een ezel gezeten onder een toren van brandende kaarsen, maakt deel uit van de stoet en schreeuwt zijn grappen en snaakse grollen naar het lachgrage volk. Gilden en rederijkers voeren een serie mysteriespelen op, die van Brugge's rijke historie getuigen.

Wat niet doet Karel zijn 'Blijde Incomste' in Zeeland, Holland, Henegouwen en Namen. Overal valt hem een geestdriftige aanhankelijkheid ten deel. De stad Haarlem biedt hem twee kostbaar opgetuigde hengsten aan en schenkt hem drie aam Rijnse wijn. Op voorstel van één der burgemeesters besluit de stadsraad ook de invloedrijke edelen uit het gevolg niet te vergeten. Willem van Croy, Montigny en de kanselier krijgen ieder 50 pond:

'Tot dankbaarheid van zekere deugden en vriendschappen, die zij de stad Haarlem bij diverse gelegenheden hebben bewezen en met Gods hulp nog vaker zullen bewijzen!'

Zo koopt menige stad invloed aan het hof — en de rijkdom van de toch al rijke heren neemt nog toe.

'Zijtsgewis, de duivel schijt altijd op de grote hoop!' kankert menig kleine handwerksman.

'Kom, brasser,' antwoordt zijn gezel, die het allemaal wat makkelijker neemt. 'Laat ons vrolijk zijn, want de wijn is niet gewassen voor de varkens, noch is het bier gebrouwen voor de ganzen. Vooruit, brasser, laat ons met schonen vrouwen plezier maken, of met de teerling spelen!' In de taveernes wordt veel gedronken, want de politieke en sociale verhoudingen in alle gewesten zijn weinig rooskleurig en het onbehagen onder het volk is groot.

De gilden verkeren overal in een staat van verval. De gildemeesters hebben hun posities erfelijk gemaakt.

'Wij komen er niet meer aan te pas!' brommen de gezellen, die tot gewone loonarbeiders zijn verlaagd. Bovendien zijn de kosten van het levensonderhoud dermate gestegen, dat alom een kifterige, oproerige stemming heerst. Dat is te merken in menig huisgezin: 'Man ende wijf die altijd kijve ende vechten, want zij lopen dikwijls van malkanderen,' schrijft iemand in die jaren. 'De man gaat de hoeren, het wijf de boeven achterna!' Er loopt trouwens heel wat geboefte langs de wegen. Ze *zeeperen, biegeren, momsen, dutseren of kammesieren* — al naar de aard van hun bedelpartij: De schout en zijn rakkers geven zij volop werk.

Het bestuur der steden ligt stevig in handen van het patriciaat. De kleine burgerij mist een vinger in de pap. Als gevolg daarvan zijn de vissers te Zierikzee reeds in opstand gekomen tegen de magistraat en vele andere steden zullen nog door stadsoproeren worden geschokt. Spanning en onrust komen in vrijwel alle kringen voor.

De lage adel is niet gelukkig omdat zijn rol is uitgespeeld. Sterk verarmd dienen de kleine landedelen als officieren in het leger, of zij hebben zich in de steden reeds lang verbonden met het patriciaat. Alleen voor de telgen uit de oudste en rijkste geslachten zijn er nog functies beschikbaar aan het hof. Zij ontvangen daar een aanstelling als hoveling, stadhouder, gouverneur, bisschop of diplomaat.

'Wat moeten wij met die hoogadellijke heren?' mopperen de burgerlijke juristen, die bij de uitvoering van het centraal gezag betrokken zijn. 'Zij beschikken wel over keurig blauw bloed, maar een broodnodige opleiding voor hun taken hebben zij nooit gehad!'

Zo zijn er heel wat problemen die Karel op zijn nek geschoven krijgt. Jong als hij is, moet hij nog geheel steunen op zijn Raad, waarin Willem van Croy maar liefst vier le-

Landvoogdes Margaretha van Oostenrijk (1480-1530), naar Bernard van Orley (eerste helft 16de eeuw).

den van zijn huis een aanstelling heeft bezorgd. Met vrijwel alle macht in handen zoekt Croy toenadering tot Frankrijk. Hij hoopt dat het geannexeerde Bourgondië kan worden teruggewonnen en dat ook Gelre bij de Nederlanden kan worden ingelijfd. Met het doel de vriendschap van Frankrijk te winnen, reist een gezantschap onder Hendrik van Nassau en Michel van Sempy naar Parijs. Niet alleen zullen zij Karel bij de kroning van Frans I vertegenwoordigen, maar tevens moeten zij daar onderhandelen over een verloving van prins Karel met de 4-jarige dochter van Lodewijk XII, prinses Renée:
'Ta-ta,' kirt Renée, die vermoedelijk liever met haar poppen speelt.

De nacht is gevallen over Parijs. In het paleis van de hertogin van Vendôme branden honderden kaarsen. Muziek klinkt in de balzaal. Een stoet van dienaren gaat met kostelijke dranken en schitterend opgemaakte schotels rond — terwijl wat handelaars buiten wachten of er iets te bietsen valt. Tijdens het bal krijgen Hendrik van Nassau en Michel van Sempy de gelegenheid om langdurig met de Franse koning te spreken.

'Majesteit,' zeggen ze eerbiedig. 'U bent nog jong, net als onze vorst. Gij zijt beiden nog onbeschreven bladzijden. Sámen zoudt gij een nieuw leven kunnen beginnen tot zegen van de gehele christenheid!'
'Op mijn woord als ridder,' antwoordt koning Frans en hij geeft de verzekering, dat het lot der christenheid ook hem ter harte gaat. Natuurlijk komt ook de verloving van Karel met prinses Renée ter sprake.
'IK ga gaarne akkoord!' knikt koning Frans en dan worden de glazen nog eens gevuld.
'Laudate Dominum!' Dát weerklinkt plechtig op Palmzondag in de Notre Dame, als het toekomstige huwelijk wordt bezworen. Spijtig is alleen, dat de voorwaarden van het vriendschapsverdrag met Frankrijk minder gunstig zijn dan het hof te Brussel heeft gehoopt. Geen woord staat erin over Bourgondië! Geen enkele toezegging inzake het hertogdom Gelre is gemaakt. Afgezant Hendrik van Nassau heeft voor zichzelf betere zaken gedaan. Tijdens zijn bezoek aan Frankrijk verwerft de 32-jarige weduwnaar de hand van Claude de Châlons. Zij is de erfgename van het prinsdom Oranje. Bovendien wordt Hendrik door prins Karel met het stadhouderschap over Holland, Zeeland en Friesland beloond.

Er gaat in dat jaar 1515 nog een ander belangrijk Nederlands gezelschap op reis. Door het vriendschapsverdrag met Frankrijk is er een gespannen toestand met Spanje ontstaan. De oude koning Ferdinand van Aragon is daardoor zeer geïrriteerd geraakt en heeft niet zoveel meer met zijn kleinzoon Karel op.
'Ga naar Spanje, beveilig de opvolging en zoek daar vrienden, die prins Karel willen steunen. En voer het regentschap als Ferdinand gestorven is!' Met die opdracht begeeft de geleerde Adriaan Florensz. van Utrecht zich naar Spanje. Hij kwijt zich uitstekend van zijn taak. Weliswaar ontvangt koning Ferdinand hem vol wantrouwen, maar hij wint de achting en vriendschap van de zeer invloedrijke kardinaal Ximenes, de aartsbischop van Toledo. Met diens steun weet Adriaan Florensz inderdaad te bewerkstelligen, dat prins Karel de troon van Aragon verwerven zal.
Castilië was hem al ten deel gevallen, zodat hij nu over geheel Spanje kan heersen.

Met hooggestemde verwachtingen hebben de bewoners van de Lage Landen het bewind van prins Karel tegemoet gezien.
'Eindelijk een zoon van het land op de troon!'
'Eindelijk een vorst, die de landstaal spreekt!'
Eindelijk een vorst, die zich geheel op Nederlandse raadsgevers laat drijven!'
In die geest is er bij de inhuldiging van alles over prins Karel beweerd. Al wordt in de kroegen en taveernen veel onrecht verkropt; al knokken de steden — ieder voor zich — voor de handhaving van hun zelfstandigheid; al wroeten de Staten aanhoudend naar meer invloed en macht; de binding van de onderdanen met hun heer is nog ontstellend groot.
Door alle hooggestemde toekomstverwachtingen komt een dikke, aanvankelijk nog onzichtbare streep, als in het verre Spanje koning Ferdinand van Aragon op de 23ste januari 1516 sterft.
'De koning is dood. Leve de nieuwe koning!'

Ferdinand van Aragon, door de Meester van de Magdalenalegende.

181

Bourgondische tijd – Twaalfjarig Bestand

Don Carlos, koning bij de gratie Gods

De grote heersers staan gereed om hun gretige tanden te zetten in de koek, die Europa heet. Zij beschouwen hun vorstendommen nog volledig als een persoonlijk eigendom, dat hen tot de glorie van hun huis 'bij de gratie Gods' is gegeven. 'De macht van de dynastie voor het nageslacht vergroten!' Dát is het eerste doel, dat iedere koning zich stelt. Voor de uitbreiding van hun aanzien en bezit zijn zij bereid, vrijwel alles te doen:
'Liegen en verraden in de politiek?' Best. 'Martelen en moorden om tegenstanders uit te schakelen?' Het moet maar, als het niet anders kan. 'Oorlog voeren?' Natuurlijk, want daarin zit de kans op winst.
'Kinderen voordelig uithuwelijken, zoals de Habsburgers steeds zo voorbeeldig hebben gedaan?' Allicht, want een goede partij brengt heel wat voordeel met zich mee.
Nimmer zullen de belangen van de onderdanen zwaarder wegen dan de belangen van de dynastie. Tegen die achtergrond sluiten de vorsten hun huwelijken, voeren zij hun oorlogen en bedrijven zij hun politiek.
Opgevoed in strakke denkbeelden — die eigenlijk al verouderd zijn — maakt prins Karel zijn opwachting op het wereldtoneel. Hendrik VIII en Frans I zijn beiden beter voorbereid op hun taak. Beiden zijn kunstzinnig. Beiden zijn mensen van hun tijd en heersers over landen, die tot een bestuurlijk geheel aaneengesmolten zijn. Beiden zijn erop gebrand hun macht uit te breiden, waar het maar kan:
'Ierland en Schotland' heeft Hendrik VIII gedacht. Hij heeft begerige ogen op die gebieden laten vallen en hij zoekt tevens naar kansen op het vasteland.
Koning Frans I van Frankrijk staat er minder prettig voor. Aan alle kanten is hij ingesloten door de Habsburgers. Daarom zal hij al het mogelijke doen, om de vijanden van die erfvijand te steunen. Zijn politiek: 'Steun aan de Duitse vorsten die voor hun onafhankelijkheid strijden tegen keizer Maximiliaan. Steun aan de Italianen, die zich keren tegen de Spaanse macht in hun gebied. Steun aan Robert van der Marck, heer van Sedan, die zijn rauwe rooftochten op het noorden richt. Steun aan hertog Karel van Gelre, die de hebzuchtige Habsburgers in de Nederlanden bestrijdt.' Ondanks de toenaderingspolitiek, de verlovingsovereenkomst met Renée en het gesloten vriendschapsverdrag, zullen Karel V en Frans I aanhoudend met elkaar in oorlog zijn.

Brussel, 13 maart in het jaar 1516: Tweeduizend burgers hebben met brandende fakkels een haag gevormd van het hof van prins Karel naar de St. Goedele kerk. Een indrukwekkende rouwstoet is van het paleis naar de kerk gegaan voor de uitvaartdienst van koning Ferdinand van Aragon. Honderden kaarsen branden in de St. Goedele, die met kostbare tapijen en gobelins is versierd. Michel Pavye is op de kansel geklommen en spreekt de lijkrede uit:
'Aan deze dodendans ontkomt niemand, geen koning, geen vorst. Zo luidt de onverbiddelijke wet van het leven. Scepters en kronen moeten vallen. Gedenken wij, ja, gedenken wij dit omslaan van onze vreugde en onze feesten in droefheid en smart.'
Recht tegenover de kansel zit Karel, heer der Nederlanden — gekleed in een prachtig rouwgewaad. Hij kijkt naar de heraut van het Gulden Vlies, die nu naar voren komt. Tot driemaal toe roept hij luid door de kerk:
'Don Ferdinand!'
Driemaal weerklinkt plechtig het antwoord:
'Hij is gestorven!'
De koninklijke standaard van Aragon zakt langzaam naar de grond. Dan schalt de stem van de heraut opnieuw over alle aanwezigen heen:
'Leve donna Johanna en don Carlos, de katholieke koningen!'
Karel is opgestaan. Zijn rouwgewaad heeft hij afgelegd. Langzaam loopt hij naar het altaar, waar de bisschop van Badajoz hem met een gewijde degen wacht. Hij neemt de degen aan, zwaait ermee door de lucht. Dan dreunt het gejuich van de menigte door de kerk. De jonge vorst der Nederlanden is nu — naast zijn waanzinnig geworden moeder — koning van het Spaanse land.
Daar staat hij: ernstig, vol vorstelijke pretenties, doordrenkt met begrippen over ridderlijke eer en bezield om te strijden voor het christelijk geloof.

Het *leve don Carlos* klinkt in Spanje heel wat minder overtuigend. Met de grootste moeite heeft kardinaal Ximenes in Castilië gedaan gekregen, dat de hoge adel Karel als koning aanvaardt. De steden in Aragon weigeren dit te doen.
Voor Adriaan Florensz zijn het geen gemakkelijke jaren. Al krijgt hij het bisdom Tortosa geschonken, wennen aan de toestanden in Spanje kan hij niet. Aan vrienden schrijft hij:
'Ik hoop na aankomst van de koning uit deze gevangenis te worden verlost.' Schertsend voegt hij daar later nog aan toe:
'Zelfs als ik paus werd, zou ik te Utrecht willen wonen!' Hij heeft bouwmeesters opdracht gegeven daar een groot stenen huis voor hem te bouwen, maar zijn geliefd Utrecht zal hij nooit meer zien. Wegens zijn geleerdheid en zijn vrome rechtschapenheid wordt hij tot inquisiteur van Aragon en Navarra en tot groot-inquisiteur in Leon en Castilië benoemd. Heel eervol verheft de paus hem tot kardinaal. De hoop, dat koning Karel hem spoedig zal verlossen vervliegt echter in rook. Kostbare maanden verglijden, omdat het hof te Brussel allerlei alliantie-besprekingen voert.
'Een algehele verbroedering bezielt het ganse christendom!' denken vele onderdanen, als Karel met Hendrik VIII, met Frans I, met de paus en keizer Maximiliaan overeenkomsten sluit. Dat lijkt zo hoopvol. Helaas, vorsten verliezen wél hun haren, doch hun streken verliezen ze niet:
'Karel,' zegt Maximiliaan tegen zijn kleinzoon, 'gij zijt op weg om de Fransen te bedriegen. Ik neem de Engelsen ertussen, tenminste, ik zal er mijn best voor doen!'
De veelbelovende allianties zijn niets meer dan woorden op geduldig papier.
In Spanje stapelen de moeilijkheden zich op.
'De onrust neemt toe. Laat koning Karel toch overkomen,' verzoeken Adriaan Florensz en kardinaal Ximenes met klem. Hun verontwaardiging over zijn vriendschapsverdrag met Frankrijk — vijand van Spanje in Italië en Navarra — is groot. Pas in de zomer van 1517 begeeft Karel zich met een grandioos gevolg naar Zeeland, waar een vloot van 40 schepen voor hem in gereedheid is gebracht. Terwijl het gezelschap daar wacht op gunstige wind, voltrekt zich een klein, menselijk drama in de duinen bij Middelburg:
Paltsgraaf Frederik, ridder van het Gulden Vlies, is verliefd. Tijdens de vele hoffeesten heeft hij zijn hart verloren aan Eleonora, Karels oudste zuster van 18 jaar. Bij het naderend afscheid heeft hij haar in de duinen heimelijk een briefje toegestopt:
'Mijn schatje,' staat daarin. 'God en de Heilige Maagd roep ik aan tot mijn getuigen, dat ik u toebehoor en gij mij!' Eleonora verbergt het briefje ongelezen in haar keurslijf. Haar wangen vertonen de hoogrode kleur die haar liefde verraadt. Wat een verdriet, dat iemand van het roddelgrage hof het kleine voorval heeft gezien en Karel doorverteld. Omdat de prinses al jaren inzet is voor huwelijksonderhandelingen met alle belangrijke vorsten van Europa, valt haar vrijage goed verkeerd.
'Verdwijn!' beveelt Karel, die in familieaangelegenheden de baas wil blijven. Paltsgraaf Frederik moet het hof ogenblikkelijk verlaten.

'Hoe onverbiddelijk!' fluisteren de hovelingen, die nu ontdekken dat de volwassen wordende Karel zijn eigen wil steeds sterker laat gelden. Eleonora moet mee naar Spanje — en zich schikken in een huwelijk met haar oom, de oude koning van Portugal.

Bij gunstige wind gaan Karel, Eleonora, Willem van Croy en hun schitterend gevolg op 8 september te Vlissingen aan boord. Het wordt een bijzonder onbehaaglijke reis. 'Mon Dieu!' zuchten zeezieke hofdames, als de schepen elkaar in de storm verliezen en zij groen van ellende ontdekken, dat zij hun Spaanse haven voorbij zijn gezeild.

Het stormt nog steeds, als Karel zich met slechts een deel van zijn gevolg bij de steile kust van Villa Viciosa aan land begeeft. 'Mil demonios! Alle duivels!' De onthutste kustbewoners denken aan een overval.

Ze staan reeds met wapens in de hand gereed om op de naderende vreemdelingen in te slaan.
'Santa Puta!' Wat ongemakkelijk kijkt het volk van Villa Viciosa rond als het duidelijk wordt, dat hun jonge koning eindelijk zijn opwachting in Spanje heeft gemaakt.

De tocht van de hofstoet naar Valladolid wordt een nieuwe verschrikking:
'Er heerst overal pest, Sire. Ge dient de hoofdwegen en de grote steden te vermijden!

Besmettelijke ziekten hebben het land alom in radeloosheid gebracht!' krijgt Karel bij zijn aankomst te horen. Voor de reis kiest hij daarom onherbergzame streken uit.

Moeizaam geploeter door het kustgebied, lange bergtochten en oncomfortabele overnachtingen wisselen elkaar af. Anderhalve maand is het hof onderweg.

Tijdens die tocht vol ongemakken ligt de 80-jaar oude kardinaal Ximenes op zijn sterfbed. Deze onvervaarde, briljante bestuurder heeft grote kerkhervormingen in Spanje doorgevoerd — al was verdraagzaamheid ten opzichte van andersdenkenden niet zijn sterkste kant. Keer op keer heeft de inquisitie toegeslagen. Moren en joden zijn vervolgd. Bevangen door schrik hebben reeds 35.000 joden Spanje verlaten.

Talloze ketters zijn na vreselijke martelingen op de brandstapels geworpen en kwamen gillend in de vlammen om. Dat alles tot heil van het geloof en tot de glorie van God.

Ruim een week voordat Ximenes sterft — zonder zijn jonge vorst te hebben gezien — betreedt een ander hervormer het wereldtoneel.

Wittenberg, 31 oktober 1517: Het is op de dag vóór Allerheiligen dat Maarten Luther zijn 95 stellingen tegen de aflaat op schrift heeft gesteld en misschien — zeker is het geenszins! — op de deur van de slotkerk laat slaan. Op zichzelf is dat niets bijzonders.

Tientallen keren hebben daar theologische en filosofische stellingen gehangen. Het is de gebruikelijke manier. Luther heeft te Rome de verwording van de kerk aanschouwd. Zijn afkeer tegen allerlei wantoestanden heeft hij reeds herhaaldelijk openbaar gemaakt.
'Here God, wijs mij de weg!' Hevig heeft

Borstbeeld van de jonge Karel V, toegeschreven aan Conrad Meit.

Bourgondische tijd – Twaalfjarig Bestand

De portretten van Melanchton (links) en Luther (rechts) ingeplakt in een bijbel van Hans Plock.

hij in zichzelf met al zijn twijfels gestreden.

Steeds weer heeft hij aan de eed, die hij zwoer om kerk en evangelie trouw te dienen, gedacht. De werkelijk schandalige aflaathandel, bedreven door de dominicaan Johannes Tetzel, heeft de emmer doen overlopen en zijn geduld uitgeput.

Tetzel heeft het daar ook wel naar gemaakt. Gezeten in een fraai rijtuig, door drie ridders en een talrijk gevolg begeleid, reist hij in opdracht van de aartsbisschop van Mainz met zijn 'handel' door het Duitse land. Zodra hij een stad nadert, zendt hij een bode vooruit die het volk mag verkondigen:

'De genade Gods en van de heilige vader, de paus, is voor de poorten verschenen!'

Als door die woorden de gehele stad op de been is en de klokken worden geluid, maakt Johannes Tetzel zijn opwachting. De pauselijke aflaatbul wordt op een fluwelen kussen voortgedragen. Vanaf de kansel van de grootste kerk houdt hij vervolgens zijn predikaties met een donderende stem:

'Hoort gij uw ouders en andere gestorvenen klagen? Verduren zij de vreselijke folteringen in het vagevuur? Gij kunt hen redden, als ge de kerk maar een aalmoes geeft.'

Tetzel verkoopt zijn aflaatbrieven voor de levenden én voor hen die reeds gestorven zijn. Hij doet ze van de hand voor straffen van zonden die mensen reeds bedreven hebben, maar ook van zonden, die zij nog zullen begaan. Inclusief moord! Pochend roept hij op marktpleinen uit:

'De paus zou zélfs vergiffenis kunnen schenken aan iemand, die de Heilige Maagd heeft onteerd!'

Maarten Luther heeft zich vol verontwaardiging tot de hoge geestelijkheid gewend.

'Maak toch aan deze misleidingen een eind!' heeft hij verzocht. Toen zijn protesten vruchteloos bleven, nam hij het heft in eigen hand. En daar liggen dan nu zijn stellingen – en misschien hangen zij op de deur van de slotkerk te Wittenberg:

Stelling 6: De paus kan geen schuld vergeven dan in zover dat hij verklaart en bevestigt wat door God vergeven zij.

Stelling 7: God vergeeft aan niemand schuld, die zich niet tevoren verootmoedigt.

Stelling 32: Zij, die menen door aflaatbrieven van hun zaligheid verzekerd te zijn, zullen met hun meesters naar de duivel varen.

Er is geen terug. Luther is een man, wiens standvastigheid groeit in gevaar en wiens moed klimt door tegenstand. Zijn prior en superieuren smeken hem de orde niet te schande te maken. Hij antwoordt:

'Lieve vaders, is dit niet in Gods Naam begonnen, dan zal het spoedig uitlopen op niets. Doch het is in Zijn Naam aangevangen, laat het dan toch over aan Hem!'

De stellingen verwekken een ongehoord opzien. Zij geven nauwgezet weer, wat tienduizenden gelovigen reeds lang hebben gedacht en gevoeld. Ze worden vermenigvuldigd en vertaald.

'Hebt ge gelezen, wat ene Luther uit Wittenberg schrijft?' Overal in Europa zijn zondevergeving, de macht van priesters, de betekenis van goede werken en de inhoud van het geloof hét onderwerp van gesprek. Temidden van onbehagen en onzekerheid bieden de stellingen een kans tot nieuw houvast.

Een aantal studenten schaart zich achter Luther. Opgewonden trekt een groep naar een drukkerij, waar zij de drukker van de aflaatbrieven afranselt. De aanwezige voorraad wordt in beslag genomen en onder gejuich van vele toeschouwers wordt de stapel op het marktplein in brand gestoken. Luthers aanhang groeit, maar er zijn ook velen, die zich heftig tegen hem keren. Johannes Tetzel, een aantal vooraanstaande theologen en tenslotte ook Rome zetten de aanval tegen hem in. Juist dát drijft Maarten Luther tot verweer. Kernachtig en met bijtende taal tracht hij alle beschuldigingen te ontzenuwen. De ene boute uitspraak volgt de andere op:

'Wanneer de paus en de kerkvorsten de schandelijke aflaathandel goedkeuren, dan is Rome de zetel van de Antichrist.' Verbitterde dominicanen willen hem verpletteren. De paus ontbiedt hem naar Rome. Hij gaat niet, omdat een onvermijdelijke brandstapel daar zijn lot zou zijn. De machtige keurvorst Frederik de Wijze neemt Luther in bescherming – trots als hij is op de door hem gestichte Wittenbergse universiteit en de ruime geest die daar heerst. Ook keizer Maximiliaan bemoeit zich met het geval. Hij schrijft naar de keurvorst:

'Bewaar uw monnik zorgvuldig. Wellicht kunnen wij ons nog eens van hem bedienen.'

Zo worden de stellingen van Luther ook een zaak der politiek! Overigens maakt Maximiliaan zich niet al te druk over de opstandige monnik, want hij heeft andere dingen aan zijn hoofd. Om zijn kleinzoon Karel tot opvolger benoemd te krijgen, roept hij (in 1518) een rijksdag te Augsburg bijeen. Tevens hoopt hij met steun van de afgevaardigden een groot leger uit te rusten om de Turken uit Hongarije en Bohemen, erflanden voor zijn kleinzoon Ferdinand, te slaan. Beide pogingen mislukken, omdat koning Frans I vanuit Frankrijk behoorlijk heeft gestookt. Met geld en schone beloften heeft hij vele Duitse vorsten en afgevaardigden omgekocht:

'Stem niet op Karel!' Frans I wrijft zich vrolijk in de handen als dat inderdaad niet gebeurt.

Ook Luther reist naar Augsburg, waar hij door de pauselijke legaat aan de tand wordt gevoeld.

'Als het zo wezen moet, ben ik bereid te sterven voor mijn leer,' schrijft hij aan zijn geleerde vriend, Philippus Melanchton. De heftige debatten met de legaat brengen geen enkele toenadering. Het lijkt niet alleen zinloos, maar ook gevaarlijk ermee door te gaan. Daarom laat Luther zich door de prior van het augustijner klooster uit de stad smokkelen. Dat gebeurt 's nachts, als het behoorlijk donker is. Opnieuw neemt keurvorst Frederik hem in bescherming.

Al is van afscheiding nog geen sprake, helaas drijft 'het geval Luther' steeds verder naar de spits. Met onverholen belangstelling volgt de geestelijkheid de krachtmeting tussen de onbekende monnik en de grote theologen in de machtige katholieke kerk.

Natuurlijk wordt Erasmus met zijn formidabel prestige in de zaak gemengd. Tot woede en ergernis van velen kiest hij geen partij. Hij schrijft:

'Alles wat ik tot nu toe heb gezegd, staat buiten de zaak van Luther. Ik discussieer alleen maar over de manier en over het gevaar... Nooit zal ik bewust een dwaalleraar of onruststoker zijn; ik zal liever alles dulden dan tweedracht zaaien.' Later voegt hij daar nog aan toe — in een brief aan een Luthers edelman:

'U spoort mij aan, mij bij Luther aan te sluiten. Dat zal makkelijk gebeuren, zodra ik hem in het kamp van de katholieke kerk zie. Komt de zaak tot een uiterste verwarring, zodat de kerk naar beide zijden kan wankelen, dan zal ik mij intussen hechten aan die stevige rots, totdat de vrede is weergekeerd en het duidelijk zal blijken, waar de kerk staat. En dáár zal Erasmus zijn, waar de evangelische vrede heerst...'

Erasmus blijft de kerk trouw en hij weigert Luther te veroordelen, al wordt hij als gevolg door beide partijen aangeklaagd en beklad. Zijn wijze verdraagzaamheid maakt geen kans in de wereld, die nu door tal van emoties wordt verscheurd.

Er zijn vele oorzaken aan te wijzen, waarom de samenleving zo onrustig is. Op allerlei gebied hebben de mensen met het patroon der middeleeuwen gebroken. *Er is een nieuw soort mens ontstaan*, als gevolg van het humanisme en de renaissance en de toenemende zelfstandigheid van de steden.

Meer en meer twijfelt men aan de kerk, die in de middeleeuwen nog ieder zieltje borg. Het leven heeft een veel wereldlijker karakter gekregen dan voorheen. Het collectieve heeft plaats gemaakt voor een sterkere individualiteit (kunstenaars beginnen hun werk te signeren!). In het economische leven zijn bedrijven ontstaan, die zich niet langer uitsluitend richten op de lokale markt, maar nu ook produceren voor verafgelegen afzetgebieden. Meer en meer gaan de grootkooplieden en machtige bankiers het leven beheersen.

Het vroeg-kapitalisme is reeds ingeleid. Dat heeft talloze kleine handwerklieden in grote onzekerheid gebracht. In de havensteden en mijnwerkersgebieden zijn reeds pauper-standen ontstaan. Door de onophoudelijke reeks van oorlogen leven de boeren op het platteland in doffe ellende en afhankelijkheid, terwijl de adel zich bedreigd voelt door de toenemende macht van de vorst. Tel daarbij het voortdurend rondwaren van de pest en het is duidelijk waarom iedereen in zijn benauwdheid tot de hemel bidt:
'God, wat moet er van de wereld worden?'

Tienduizenden ontevreden mensen zoeken naar opluchting, naar bevrijding, naar licht. Nimmer zijn de kerken zó vol geweest. Nimmer nog is er op zo'n grote schaal gebiecht. Duizenden stromen toe als boeteprediker door de straten gaan:
'Miserere mei, Domine!'
Miseremini mei!'

Maar de ontferming en het medelijden van God worden niet meer zo sterk als vroeger gevoeld. Het geloof biedt niet langer de geborgen zekerheid en de blijde bevrediging die men zoekt. In dát decor van onvrede halen de 95 stellingen van Luther (paus Leo X veroordeelt er 41) geleidelijk aan nog meer overhoop. Voor velen, waaronder Erasmus, is het een ontstellende catastrofe, dat de kerk en de geestelijke eenheid in Europa splijt. Voor velen betekenen de stellingen een nieuw houvast in de onzekere tijd. Opeens gloeit er een kans op een beter leven en een zinvoller bestaan. Terwijl Luthers woorden daarom op een uitermate vruchtbare bodem vallen, heeft koning Karel na een erbarmelijke tocht van zes weken de stad Valladolid in Castilië bereikt.

'Dat is don Carlos!' wijst het uitgelopen volk, als Karel zijn pralende intocht houdt.
Jong en overmoedig maakt hij — met zijn op banen en buit beluste edelen uit de Lage Landen — zijn opwachting aan het strenge Spaanse hof. Voor het eerst ontmoet hij daar zijn broer Ferdinand, die een eervolle taak toegewezen krijgt: hij mag de droogdoek aanreiken, als Karel bij het aantafel-gaan zijn handen wast. Of Ferdinand die hoge eer op prijs stelt valt te bezien. Kort geleden was hij zelf nog kandidaat voor de Spaanse troon. Ook de trotse Spaanse grandes zien de invasie van hovelingen uit Brussel met achterdocht tegemoet.

'Zal don Carlos zijn eigen vertrouwelingen niet bevoorrechten boven ons?' vragen zij zich onrustig af. Hoe gespannen de verhouding al direkt is, bewijst een toernooi, dat de Nederlanders willen houden:
'Wij zullen de Spanjaarden de grote dapperheid van onze heren tonen!' roepen ze elkaar overmoedig toe. Telgen uit de geslachten Croy, Lannoy en Luxemburg laten dertig geduchte vechtjassen aantreden, die hun krachten met dertig Spanjaarden moeten meten. Ze maken er heel wat werk van:
'Iedere ridder als een Sint Joris.'

Gehuld in schitterende harnassen met daarover met goud en zilver doorweven stoffen, rijden de dapperen het strijdperk in — vastbesloten de eer van hun land grimmig te verdedigen. De pluimen en helmtooi reiken tot het kruis van de paarden.
'Santa puta!' Als de lansen bij het eerste treffen versplinteren, trekken de beide ploegen hun zwaarden. Met grote verbetenheid slaan ze op elkaar in. 'Ràng-ràng.'

Al gauw liggen tien paarden dood in het zand. Te voet strijden de ridders verder:
'Ràng, ràng' alsof het gaat om leven en dood.

'Jezus, Jezus!' gillen onthutste edelvrouwen op de tribunes. Zo'n verwoed gevecht hebben zij nog nimmer gezien. Karel besluit de strijd te staken. Het teken dat hij geeft helpt niet. De ridders in het strijdperk zijn in een dermate dolle drift geraakt, dat zij slechts met geweld van elkaar kunnen worden gescheiden. Pas tijdens een grote ontvangst met een luisterrijk bal komen de verhitte gemoederen weer enigzins tot rust.

Het wantrouwen, dat de Spaanse grandes koesterden en dat hen zo verbeten deed vechten, blijkt niet ongegrond. Al gauw begint de kortzichtige bevoordeling van Vlaamse gunstelingen. De heer van Chièvres wordt Spaanse grande en hertog van Soria in het land van Napels, want dat is Spaans bezit. Zijn 17-jarig neefje Willem van Croy mag kardinaal Ximenes opvolgen. Het aartsbisdom van Toledo valt hem ten deel.
'Niet slecht,' denkt de Brabantse edelman Jean le Sauvage, als hij tot kanselier van Castilië wordt benoemd.

De vroegere steunpilaren van het Spaanse hof krijgen nauwelijks gehoor. Een aantal wordt zelfs ontslagen. Dat zet kwaad bloed. Allerlei klachten stapelen zich op.

Allerlei wensen worden naar voren gebracht:
'Laat de koning toch de inquisitie bevorderen.'
'Laat hij toch een eind maken aan de

De prediking door Lucas van Leyden (1489-1533).

Bourgondische tijd – Twaalfjarig Bestand
Keizer Karel en Maarten Luther

twisten en verdeeldheid in het land.'
'Er moeten maatregelen komen tegen de ontwaarding van het geld.'
'Allereerst moet hij de armoede bestrijden.'
Er heersen wantoestanden in Spanje. Oorzaken voor ontevredenheid zijn er genoeg.

De Vlaamse gunstelingen amuseren zich ondertussen best:
'In vier maanden tijd heeft het hof van don Carlos méér geld verspild dan de gehele regering van koning Ferdinand,' klaagt een Spanjaard, al is dat wat overdreven.
Koning Karel moet zich aanpassen en nog eens aanpassen en doen, wat Chièvres van hem eist. Al gauw begint hij terug te verlangen naar de gemakken, het plezier en de pracht van zijn Brusselse hof. Op 18 januari 1518 schrijft hij vanuit Tordesillas aan zijn vriend Hendrik van Nassau:
'Om eigenhandig met mijn mooi handschrift antwoord te geven op uw laatste dwaze brief...' Hij vertelt over sledetochten en over de Spaanse vrouwen die hem slecht bevallen — behalve één, die zich helaas vreselijk schminkt.
'Ach, als ik met u, mijn beste Hendrik, wat drukker zou kunnen praten... Al die meer dan geleerde heren, die hier dagelijks tegen mij komen oreren...'
Er zijn inderdaad tientallen problemen, die Karels aandacht opeisen. Nu in Spanje de toenaderingspolitiek tot Frankrijk niet haalbaar blijkt, moet de hele buitenlandse politiek op de helling.
In februari vindt na veel geharrewar de inhuldiging in Castilië plaats. Eind maart gaat Karel op reis om zich met dezelfde feesten en dezelfde moeilijkheden in Aragon en Catalonië tot koning te laten uitroepen. Met tijdrovende beraadslagingen glijdt maand na maand voorbij. Hij wordt daarin bijgestaan door de Italiaan Mercurino di Gattinara, een briljant Italiaanse jurist, die aan het hof van regentes Margaretha heeft gediend en toen al grote invloed op de jonge Karel heeft gehad.
'Grootkanselier van alle rijken en landen des konings.' In die functie treedt de humanist Gattinara tot de regering toe. Hij zal jarenlang Karels meest vertrouwde raadsman zijn om de droom van *één wereldrijk en één christelijke kerk* te helpen verwezenlijken. Die droom komt opeens aanzienlijk dichterbij, als het hof op 28 januari te Lerida bericht krijgt, dat keizer Maximiliaan op 12 januari is gestorven.
'Het keizerschap is zo verheven en groot, dat het alle andere waardigheden op deze aarde in glans te boven gaat,' schrijft Karel aan Adriaan Florensz. Tot ergernis van de Spanjaarden laat hij zijn Spaanse koninkrijken (waar overal opstanden zijn uitgebroken) in de steek. Hij haast zich naar de kust om zijn kansen in Duitsland veilig te stellen. Het zal drie jaar duren, voordat hij in Spanje terugkeert...

De waardigheid van het keizerschap is diep gezonken. Het is niet veel meer dan een schim, een onkneedbaar symbool. In het rumoerige Duitse land heeft de keizerskroon bij de onafhankelijke vorsten en vechtgrage landsheren alle glans verloren. Maximiliaan heeft dat ervaren, toen hij vlak voor zijn dood voor de poorten van Innsbruck verscheen. Dat was op een gure dag en de nacht zou spoedig vallen.
Toch weigerde de magistraat keizer Maximiliaan toegang tot de stad:
'Er staan nog onbetaalde rekeningen open van een vorig bezoek, Majesteit. Pas als die betaald zijn, zullen wij u graag in Innsbruck zien!
De poorten bleven gesloten voor de keizer van het Heilige Roomse Rijk. Onder slechte weersomstandigheden moest Maximiliaan de nacht doorbrengen in het open veld. Hij werd ziek en stierf kort daarop. Karel van Spanje, heer der Nederlanden, Hendrik VIII, koning van Engeland en Frans I van Frankrijk staan alle drie klaar, om met vrijwel alle middelen te dingen naar die ontluisterde keizerskroon.

'200.000 kronen ineens en een jaarlijkse toelage van 100.000 franken als ik gekozen word,' laat Frans I de wereldlijke keurvorsten weten. Aan de geestelijke keurvorsten biedt hij de helft, misschien wel omdat hij de steun van de paus heeft. Hendrik VIII trekt zich terug, maar Karel tracht die ongehoorde bedragen nog te overtreffen.
Met behulp van het bankiershuis Fugger zijn zijn agenten overal in de weer. Al die pogingen lijken nutteloos. De keurvorsten roepen Frederik van Saksen, de man die Luther onder zijn bescherming houdt, tot keizer uit. Frederik weigert de kroon. Hij is echter bereid zijn steun aan Karel te verlenen.

Frankfurt, 28 juni 1519: Opnieuw staat de keizersverkiezing op het programma.
Reeds twee dagen hebben de keurvorsten beraadslaagd, zonder dat enig nieuws uit betekenis is uitgelekt. Wie zal keizer worden? Voor alle zekerheid heeft Karel Nederlandse troepen onder bevel van Hendrik van Nassau rondom de stad gelegerd.
Dat vertoon van macht heeft wel de nodige indruk gemaakt. Het stadsbestuur heeft alle inwoners verzocht te bidden tot God:
'Smeek Hem de keurvorsten genade te verlenen, opdat zij een keizer kiezen, die de Almachtige, het Heilige Rijk en ons allen ten nutte zal zijn! 22 Hoornblazers maken bekend, dat Karel met algemene stemmen is gekozen — al heeft de keurvorst van Brandenburg notarieel laten vastleggen:
'Ik heb mijn stem louter uit vrees en niet volgens geweten uitgebracht.' De troepen van Hendrik van Nassau hebben toch hun nut gehad. Renboden stuiven weg om Karel, die te Brussel vol spanning wacht, het goede nieuws te brengen. Grootkanselier Gattinara heeft reeds een memorandum voor de nieuwe keizer opgesteld:
'Sire, daar God u de ontzaglijke genade heeft verleend u boven alle koningen en vorsten der christenheid te verheffen tot een macht, die tot dusver slechts uw voorganger Karel de Grote heeft bekleed, zijt gij op weg naar de wereldmonarchie, naar de vereniging der gehele christenheid onder één Herder!' Déze gedachte zal door Karel vele jaren met taaie volharding worden nagestreefd!

Voor zijn investituur trekt Karel met een machtig gevolg naar Aken. De intocht gaat gepaard met een overweldigend vertoon: vendels te paard, graven en ridders, 300 voetknechten onder Frans van Castelato, de hertog van Gulik met 400 ruiters, de raadsheren van Aken met hun witte staven in de hand. Dan volgt het hof met al de dienaren, pages, herauten, trommelslagers, pijpers en paukeniers. Steeds weer vliegen geldstukken uit de hofstoet naar het uitgelopen volk. Daar komen de Spaanse grandes, de ridders van het Gulden Vlies, vorsten en keurvorsten.
'De keizer! Leve keizer Karel V!' Daar rijdt Karel in harnas en brocaat gekleed, voorafgegaan door erfmaarschalk Von Pappenheim, die het rijkszwaard draagt.
In de historische dom van Karel de Grote vindt de inhuldiging plaats. 'Wilt gij deze vorst en heer naar het woord van de apostel gehoorzaam zijn?' roept de aartsbisschop van Keulen de aanwezigen toe.
'Fiat... Fiat... Fiat!' klinkt het antwoord. Enkele dagen later bevestigt de paus het keizerschap van de vijfde Karel, die nu de troon van het Heilige Roomse Rijk bestijgt. Indrukwekkend is dan de serie titels die hij voert — en waarvan de rangorde te Brussel reeds zorgvuldig is vastgesteld:
Rooms keizer, altijd Augustus, koning van Spanje, Sicilië, Jeruzalem, de Balearen, de Canarische en Indische eilanden, als ook van het vasteland aan gene zijde van de Oceaan, aartshertog van Oostenrijk, hertog van Bourgondië, Brabant, Stiermarken, Karinthië, Krain, Luxemburg, Limburg, Athene en Patras (Catalaans hertogdom, ontstaan in 1311), graaf van Habsburg, Vlaanderen, Tirol, paltsgraaf van het graafschap Bourgondië, Henegouwen, Pfirt, Rousillon, landgraaf in de Elzas, vorst in Zwaben, heer in Azië en Afrika.
Het is ontzagwekkend! Hoe kan Karel al die landen ooit hanteren? Enkele politici zien het onmogelijke daarvan in. Zij zeggen:
'Voor de onbehouwen Duitse vorsten is hij te beschaafd en te katholiek.'
'Voor de Italianen is Karel te weinig kunst-

Majolica schotel met de voorstelling van het bezoek van Paus Leo X aan Florence (1514).

zinnig en reikt zijn ontwikkeling niet ver genoeg.'

In Spanje, waar de belangen indruisen tegen die der Nederlanden, wordt hij als vreemdeling met wantrouwen omringd. De Spaanse steden zijn reeds tegen hem in het geweer gekomen en die opstanden moeten bloedig worden onderdrukt. Want overal wil Karel de macht van zijn huis handhaven — en liefst nog uitbreiden, als hij kan. Met een star, later haast dweepziek geloof zet hij zich als een kruisridder voor de belangen van de kerk in. Hij vindt daarbij Maarten Luther op zijn weg!

Na vertrouwelijke gesprekken met een kamerheer van de paus wordt Luther een zwijgplicht opgelegd. Maar hij kan niet stil blijven, als zijn tegenstanders scherpe aanvallen op hem blijven richten en als zijn boeken worden verbrand. In een openbaar debat, nog vóór de keizerskeuze, heeft Luther zijn tegenstander dr Johannes Eck heftig toegeroepen:

'Een concilie kan geen nieuw geloofsartikel maken!' Gedachtig aan de dood van Johannes Hus heeft hij daaraan toegevoegd: 'Er is geen enkel bewijs voor de onfeilbaarheid van een kerkvergadering te vinden!' 'Eerwaarde vader!' heeft dr Eck geantwoord, ' wanneer gij gelooft, dat een wettig concilie dwalen kan, dan zijt gij mij als een heiden en een tollenaar.' De stukken zijn er afgevlogen en Luthers aanhang groeit met de dag.

Dr Johannes Eck reist terug naar Rome en brengt verslag uit. Omdat de curie en de paus de dialoog, die Luther wenst, afwijzen — en hem liever uit de kerk verwijderen, dan tot moeilijk door te voeren hervormingen over te gaan — volgt in juni 1520 een voorwaardelijke banvloek: 'Exsurge, Domine!'

'Ik zal de pauselijke bul verbranden,' verklaart Luther aan zijn studenten. Het is een uitdagende en sensationele daad. In dichte drommen komen zijn aanhangers toegestroomd. Een brandstapeltje van canonieke wetboeken, geschriften van dr. Johannes Eck en wat hout, flikkert op. Dan gaat de pauselijke bul het vuur in: 'Omdat ge het heilige des Heren beroerd hebt, vertere u het eeuwige vuur!' roept Luther uit. De breuk met de paus is dan een feit. Als keizer Karel voor het regelen van tal van zaken de rijksdag te Worms heeft uitgeschreven, ontbiedt hij ook Maarten Luther daar naartoe. Op aandringen van de Duitse steden wordt aan de rusteloze monnik een vrijgeleide verstrekt.

Johannes Eck, die in dispuut treedt met Luther. Zilveren penning, begin 16de eeuw.

187

Bourgondische tijd – Twaalfjarig Bestand

Worms is afgeladen vol op die 17de april in het jaar 1521. De mensen zitten op de daken om maar goed te kunnen zien, hoe maarschalk Von Pappenheim Maarten Luther naar de rijksdag begeleidt. Er is haast geen doorkomen aan. Ze moeten door enige huizen en achtertuinen om het gebouw te kunnen bereiken. Bij de ingang van de zaal klopt veldheer Von Freundsberg Luther bemoedigend op de schouder: 'Monnikje, monnikje, gij doet een zware gang, zoals vele krijgsoversten in het heetst van de strijd niet zouden hebben gemaakt. Zijt gij op de rechte weg en zeker van uw zaak, ga dan in Godsnaam voort en wees goedsmoeds. God zal u niet verlaten!'

Luther gaat de zaal binnen. Daar staat hij voor de jonge keizer, voor de Duitse vorsten, graven, vrijheren, bisschoppen en de leden, die de steden hebben afgevaardigd. Door velen wordt hij bewonderd, maar keizer Karel is allerminst onder de indruk geraakt:
'Die man zal mij bezwaarlijk tot zijn geloof bekeren,' mompelt hij.

Twee dagen lang slepen verhoren en debatten zich voort. Na een weifelend begin hervindt Luther zijn kracht. Men eist herroeping van zijn geschriften: onvoorwaardelijk! Hij richt zich op en antwoordt fier:

'Nu uwe keizerlijke majesteit en keurvorstelijke genaden een rondborstig en eenvoudig antwoord van mij verlangen, zal ik er één geven dat horens noch tanden heeft. En wel dit: Tenzij ik door getuigenissen der heilige schrift of door openbare, duidelijke en heldere bewijzen overwonnen wordt — want aan de paus en de kerkvergaderingen sla ik op zichzelf geen geloof — zo kan ik en wil ik niet herroepen, omdat het noch veilig noch raadzaam is, iets tegen het geweten te doen. God helpe mij! Amen.' ('Hier sta ik. Ik kan niet anders', heeft hij nooit gezegd!).

De hertog van Brunswijk raakt zó geestdriftig over die woorden, dat hij Luther nog in de vergadering een zilveren kan laat brengen met koel, Eimbecker bier. Keizer Karel antwoordt de volgende dag met een waardige rede die hij eigenhandig in het Frans heeft opgesteld. Hij beroept zich op zijn voorouders, die allen beschermers van de kerk zijn geweest. Wijzend op zijn eigen verantwoordelijkheid maakt hij de afgevaardigden bekend:

'Ik ben besloten vast te houden aan alles, wat sedert het concilie van Constanz is bepaald. Want het staat vast dat één monnik dwaalt, wanneer hij tegenover de mening der gehele christenheid staat. Anders zou de christenheid duizend jaren of nog langer hebben gedwaald. Daarom ben ik besloten mijn koninkrijken en gebieden, mijn vrienden, lijf en bloed, leven en ziel in te zetten... Nadat wij hier gisteren de rede van Luther hebben gehoord, zeg ik u dat het mij leed doet, zólang te hebben geaarzeld met het nemen van maatregelen tegen hem. Ik zal hem nooit opnieuw horen. Hij geniete zijn vrijgeleide, maar ik zal hem voortaan als een notoire ketter beschouwen en ik hoop dat gij, als goede christenen, eveneens het uwe zal doen!'

Keizer Karel, met zijn ernstig gevoel voor traditie en Maarten Luther, met de kracht van zijn geweten, hebben thans beiden hun posities bepaald. Wat een tragiek voor de wereld, dat zij niet tot overeenstemming gekomen zijn. Dat nu een scheuring in de kerk op handen is, wordt slechts door een enkeling beseft.

De storm van de hervorming barst niet ogenblikkelijk los. Een haast wonderlijke stilte volgt op de rijksdag van Worms. 'Grijp Luther en breng hem in veiligheid!' heeft de bezorgde Frederik van Saksen aan zijn dienaren bevolen. Ze krijgen hem te pakken en sluiten hem voor zijn eigen veiligheid in de Wartburg op. Daar verricht hij uiterst belangrijk werk: de vertaling van de

Gezicht op Rome aan het begin van de 16de eeuw, tijdens de beruchte plundering door de troepen van Karel V in 1527.

Bijbel in het Duits. Het theologisch protest dat hij begon, zal in de komende acht jaar uitgroeien tot het lutheranisme, dat zich in eigen kerken organiseert.

Keizer Karel ontbreekt de tijd om zich verder nog diepgaand met Luther te bemoeien. Tijdens de rijksdag is hij met Frankrijk in oorlog geraakt. Ook Robert van der Marck, heer van Sedan, en Karel van Egmond, hertog van Gelre, zijn weer op het oorlogspad. Daarom begeeft Karel zich naar de Lage Landen om zijn gewesten tegen koning Frans en diens bondgenoten te verdedigen. Hij vestigt zijn hoofdkwartier in de stad Oudenaarde in het kasteel van de gouverneur Charles van Lalaing.

'Janneke!' Keizer Karel — die niet graag alleen slaapt — heeft in het kasteel een dienstmeisje ontdekt dat hij aantrekkelijk vindt. Zijn smaak is in dit opzicht eenvoudig, Janneke, of Jeanne van der Gheynst mag (of moet wellicht) het bed met de keizer delen. Ze raakt zwanger. Als haar keizerlijke minnaar reeds anderhalve maand naar Spanje is teruggekeerd, schenkt zij het leven aan een dochtertje, dat Margaretha wordt gedoopt.

'Geef haar een jaargeld,' heeft Karel bevolen. Jeanne krijgt een mager pensioentje van 24 pond voor de diensten, die ze in het keizerlijke bed bewees. Het kind wordt haar echter ontnomen en wordt aanvankelijk bij eenvoudige mensen opgevoed. Jeanne van der Gheynst trouwt een paar jaar later ver boven haar stand met Jehan van den Dijcke, heer van Santvliet. Ze schenkt hem 9 kinderen, maar de kleine Margaretha vergeet zij niet. Want Karel zal dat meiske later voor zijn politieke plannen gebruiken en eens zal deze Margaretha de landvoogdes der Nederlanden zijn!

Groot is de vreugde, als in de strijd tegen Frankrijk de onneembaar geachte stad Doornik in Karels handen valt. Op de moeizame weg naar de verovering van de Nederlandse gewesten lijkt de eerste belangrijke stap gezet. Maar andere belangen (er staat voor Karel zoveel op het spel!) krijgen voorrang en daarom duurt de verovering van Friesland, Groningen, Overijssel, Utrecht en Gelre veel langer dan strikt noodzakelijk is.

'Ruk u los uit de beperkte invloedssfeer der Nederlanden!' heeft grootkanselier Gattinara de keizer zonder twijfel geadviseerd. 'Richt Uw aandacht op Italië, het hart van Europa!' In alliantie met paus Leo gaat Karel daar de Fransen te lijf. Zijn troepen veroveren Milaan.

'Paus Leo werd ziek van vreugde, toen hem die overwinning ter ore kwam,' wordt overal verteld.

Ook in Spanje pakt de toestand gunstig voor keizer Karel uit. Kardinaal Adriaan Florensz van Utrecht heeft wanhopige moeite gedaan om alle opstanden van adel en steden te dempen. Uit angst voor de groeiende invloed van het gewone volk kiest de hoge adel tenslotte toch partij voor Adriaan Florens. Het gevaar voor Karels Spaanse troon ebt weg.

'Nu zal ik weldra naar Utrecht kunnen terugkeren,' moet stadhouder Adriaan herhaaldelijk hebben gedacht. Maar zijn leven neemt opnieuw een onverwachte wending. Te Rome is paus Leo gestorven. De daar vertoevende kardinalen, 37 in getal, komen in conclaaf bijeen om tot de verkiezing van zijn opvolger over te gaan.

'Domine, dirige nos!' Achter gesloten deuren hebben de kardinalen God om leiding gevraagd, maar na drie weken beraadslagen hebben zij nog steeds geen paus gekozen.

De lucht in de Sixtijnse kapel is haast ondragelijk geworden. De maaltijden van de 'ingemetselde' kardinalen bestaan sinds enkele dagen nog slechts uit brood en wijn, want de ingeslagen voorraden zijn vrijwel op hun eind.

189

Bourgondische tijd – Twaalfjarig Bestand

Geestelijken en handwerkslieden klagen over Luther. Houtsnede van Hans Sebald Beham (1500-1550).

Portret van paus Adrianus VI (1459-1523).

'Domine, dirige nos.' Noch de Fransgezinde kardinalen, noch de Italianen en evenmin de keizerlijke partij in het conclaaf zijn tot een vereiste meerderheid gekomen. Buiten drommen mensenmassa's samen. Spotschriften en satirische pamfletten gaan van hand tot hand. Eindelijk, op de 8ste januari van het jaar 1522, gaat een klein paleisvenster open: 'Habemus pontificem!'

'We hebben een paus! We hebben een paus!' klinkt het rondom het Vaticaan. Als de naam bekend wordt, slaat het gejuich van de mannen en vrouwen van Rome over in gescheld, geschreeuw, gevloek:
'Een Nederlander!'
'Een barbaar!' Wanneer de kardinalen eindelijk naar buiten komen, krijgen zij hoongeroep en gore scheldwoorden naar hun hoofd. Adriaan Florensz mag dan een geleerd en heilig man zijn, het volk van Rome beschouwt zijn verkiezing als een ramp!

In zijn geboorteplaats Utrecht wordt de verheffing van Adriaan uitbundig gevierd. Koerier Willem Hermen Korgensse, die het goede nieuws brengt, ontvangt grote beloningen en een speciaal benoemde feestcommissie gaat direct aan het werk.

Twee terdoodveroordeelden krijgen gratie — mits zij naar Rome gaan om boete te doen en de Utrechtse paus voor hun lijfsbehoud willen danken. Adriaan zelf ondergaat geen vreugde, als hij het bericht van zijn verkiezing in Spanje ontvangt. Hij voelt slechts de verpletterende last die nu op hem rust. Hoe ver gaat de nieuwe verantwoordelijkheid het menselijk draagvermogen te boven?
'Vive el pape!'

Spanje schaart zich opeens achter hem. Hij is plotseling één der hunnen en geen gehate vreemdeling meer. Waar hij verschijnt stijgen toejuichingen en gejubel naar hem op. Zijn laatste regeringsdaad als stadhouder is een verzoek aan keizer Karel:
'Verleen allen, die aan de opstanden in Spanje hebben deelgenomen, amnestie.' Karel wil hem graag terwille zijn. Hij verwacht sterke steun van zijn oude leermeester in de oorlog tegen Frankrijk, doch paus Adrianus zoekt juist vrede. Vurig hoopt hij alle christenvorsten te verenigen in een sterk verbond — voor de strijd tegen de Turken, die in opmars zijn.

Paus Adrianus VI gaat onnoemelijk zware maanden tegemoet. Te Rome wordt zijn integriteit slechts door een enkeling gewaardeerd. De grootse plannen, die hij koestert voor een hervorming van de kerk, lopen op een vijandige omgeving stuk. En daar is de snel voortwoekerende beweging van Luther, die hij in de kiem wil smoren. Voor dat doel laat hij zijn gezant op de Duitse rijksdag een rede voorlezen, die haast van wereldomvattende betekenis is:
'... Wij weten wel, dat ook bij deze Heilige Stoel sinds tal van jaren vele verfoeilijke dingen voorgekomen zijn: misbruiken in geestelijke zaken, overtredingen van geboden, ja, dat alles zich bijna ten kwade heeft gericht... Wij allen, prelaten en geestelijken, zijn van de weg der gerechtigheid afgeweken en *één die goed deed* was er sinds lang niet meer...' Hij plcit voor genezing, hervormingen, ootmoed.

'Wij hebben niet naar de pauselijke waardigheid gestreefd, en hadden liever onze dagen in de eenzaamheid van het privé-leven gesleten... Wij zullen dit ambt waarnemen, niet uit heerszucht, noch ter verrijking van onze verwanten, maar om de heilige kerk haar vroegere schoonheid terug te geven; om hulp te verlenen aan de bedrukten; om geleerde en deugdzame mannen te verheffen; kortom, om alles te verrichten, wat een goed herder en waarachtig opvolger van de heilige Petrus behoort te doen!'

Nog geen twee jaar zal de vrome Adriaan paus blijven — hartgrondig gehaat door het volk van Rome dat hem niet begrijpt. Allerlei stormen gaan over hem heen. De 14de september 1523 sterft hij: kalm, vroom en heilig, zoals hij heeft geleefd. Hardnekkige geruchten, dat hij door tegenstanders vergiftigd is, worden na een onderzoek ontkend.

'Hier ligt Adrianus VI, die het als het grootste ongeluk beschouwde dat hij moest regeren,' komt op zijn voorlopige graf te staan. De stoel van Petrus heeft heel wat slechtere pausen gekend!

Onderdanen op drift

In 1513 heeft Vasco Nunez de Balboa, na een tocht over de gebergten van Midden-Amerika, de Stille Oceaan ontdekt. 'Ik neem deze zee voor Spanje in bezit,' heeft Balboa gezegd. Hij dreef zijn paard in de golven en sloeg een kruis in het water met zijn zwaard. Zes jaar later veroverde Hernando Cortes het Aztekenrijk in Mexico. Met slechts 400 man is hij naar de hoofdstad opgerukt: 'Wat we zagen was zo wonderlijk,' vertelt Bernal Diaz, 'dat we niet konden zeggen, of het werkelijkheid was wat we meemaakten, of dat we droomden. Aan de oevers van het meer lagen grote steden en op de eilanden ook. Het meer was met kano's bedekt. We waren slechts 400 man sterk... toch gingen we verder.' Na gastvrij te zijn ontvangen hebben de Spanjaarden de vorst Montezuma verraderlijk gevangen genomen.

Bloedige gevechten hebben plaatsgevonden. Het Aztekenrijk in Mexico werd als een kolonie bij Spanje ingelijfd. Maar Spanje wil nog meer. 'Het Oosten moet via het westen te bereiken zijn. Er moet in Amerika een doorgang te vinden zijn naar de Stille Oceaan.' Voor dat doel staat Karel V — als koning van Spanje — 5 schepen af aan de zeevaarder Fernao de Maghelhâes, of Ferdinand Magelhaen. Deze Portugese kapitein heeft reeds enkele zeereizen naar Indië volbracht.

Hij is vastbesloten de zeeweg via het westen te ontdekken.

In het jaar 1519 is hij met 238 koppen uitgezeild. Varend langs het Amerikaanse continent exploreren zij de vreemde kusten. Soms zeilen ze hoopvol brede riviermondingen in om dan teleurgesteld te ervaren, dat dat niet de begeerde doorgangen zijn. Zo zakt hij met zijn schepen steeds verder naar het zuiden. 'We gaan hier aan land,' besluit Magelhaen, als het weer verslechtert en een barre winter op handen is.

Dat bevalt het bijgelovige zeevolk allerminst.

'Santa Puta, moeten we ons laten commanderen door een Portugees?' kankeren de Spaanse matrozen. Tijdens de overwintering slaan 4 van de 5 kapiteins aan het muiten. Hun opstand wordt onderdrukt. 'Laat de oproerlingen hangen en vierendelen!' beveelt Magelhaen. Een deel van de bemanning laat hij zelfs voor straf achter op dat zuidelijk deel van de Zuidamerikaanse kust. Met een ijzeren wil dwingt hij de rest om met hem verder te gaan.

'Dáár, stuurman! De kust wijkt!' Eindelijk ontdekken zij een stuk water, dat de zuidpunt van het continent omspoelt — en dat weldra Magelhaens naam zal dragen.

25 november 1520: De zeebonken turen vol angst over het water van de nauwe zeestraat die nu voor hen ligt.

'Heilige Moeder Gods, daar komen we nooit heelhuids doorheen!'

Ze hebben mist, valse rukwinden, gevaarlijke stromingen en een grillige rotskust te verduren, waaróp de schepen ieder ogenblik te pletter kunnen slaan. Onheilspellend klotsen de golven tegen de boeg van de Vittoria, die laverend de dreigende rotsen omzeilt. Het water is zó diep, dat geen enkele ankerketting de bodem haalt. Stampend over de woeste golven vaart de Vittoria scherp aan de wind. De hoge rotsen naderen. Een matroos slaat een kruis. De bootsman vloekt.

'Klaar om te wenden?' Ze zijn klaar. God sta ze bij, wanneer ze dat niet zouden zijn.

Eén van de schepen vergaat. Op een ander schip klinkt oproerige taal: 'We verdommen het verder!' Muitend zoekt de bemanning heil in een vlucht naar de Atlantische Oceaan.

38 dagen in kou, mist en voortdurend gevaar hebben de resterende 3 schepen nodig om laverend door de nauwe zeestraat (325 mijl) te gaan.

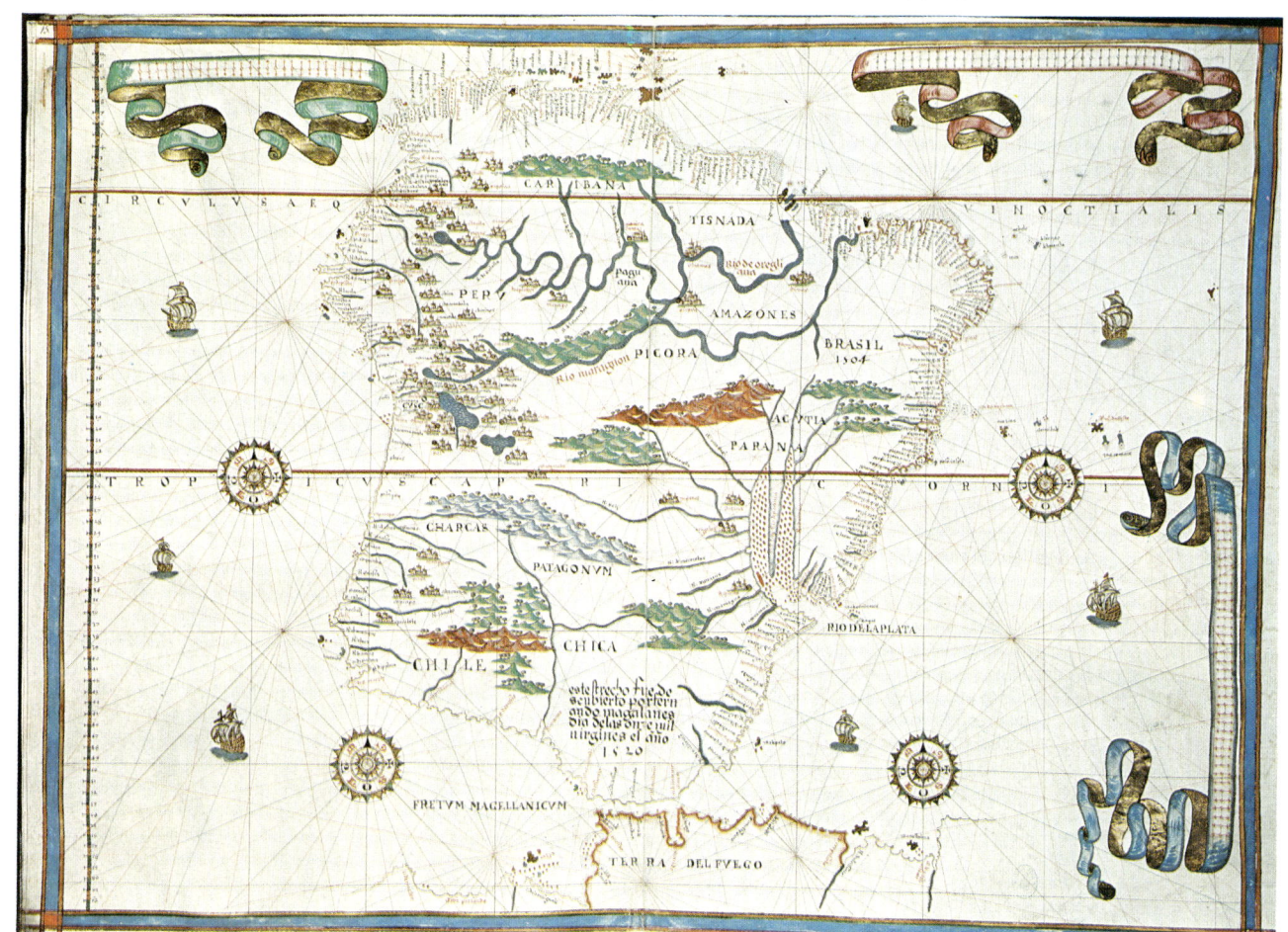

Landkaart van Zuid-Amerika uit de atlas van Joan Martínes.

Bourgondische tijd – Twaalfjarig Bestand

Plattegrond van Amsterdam door Cornelis Anthonisz. (1538).

'God lof!' Eindelijk komt er een eerlijk stuk zee. Ze hebben het gehaald.
'Nou zullen we spoedig in Indië zijn!' zeggen de matrozen op de Vittoria en ze wuiven naar het scheepsvolk op de Trinidad, die iets hoger vaart. Voor hen ligt nu de Stille Oceaan. De uitgestrektheid van die immense zee kennen ze niet. Ze wagen de sprong in de beste stemming. De dagen verglijden in weken, in maanden. Het eten raakt op. Zelfs de sterksten worden door scheurbuik geveld.
'Die wurmen, God, die wurmen!'
'Vreet op, man!' De scheepsbeschuit met wurmen wordt dankbaar gegeten. De kok kookt leer.
'En wat is dat?'
'Zaagselpap!' Een van de opvarende schrijft in zijn dagboek:
'We dronken water, dat geel was geworden en stonk. We aten de repen ossenhuid, die om de uiteinden van de ra's waren gebonden, ja zelfs zaagsel. Ratten waren een lekkernij, waarvoor men veel geld moest betalen.'

De wereldreizigers beseffen, dat het ergste nog moet komen. 96 dagen zeilen ze over de Stille Oceaan. Te muiten komt bij niemand op. Er is geen terug. En dan opeens de verlossende kreet:
'Land in zicht!' Eindelijk, op 6 maart, wordt Guam bereikt. Tien dagen later vallen de ankers op de Filippijnen. Daar sneuvelt de wakkere Magelhaen in een domme schermutseling met de inheemse bevolking. De roem van zijn gigantische tocht zal hij niet oogsten, maar zijn naam gaat de eeuwigheid in. Omdat er dan niet meer voldoende matrozen voor drie schepen zijn, wordt de reis met twee schepen voortgezet. Kapitein Juan Sebastian del Cano voert nu het zeevolk dwars door de Indische wateren naar Kaap de Goede Hoop.
'Nou is het niet ver meer,' verzuchten de mannen, maar ze zijn er nog niet. Als ze op de Kaap Verdische eilanden proviand en drinkwater inslaan, nemen de Portugezen daar een deel van de Spanjaarden gevangen. Opnieuw moet Del Cano een schip achter laten. Wat een triomf, als de Vittoria, het enige overgebleven schip, op 9 september 1522 de haven van Sevilla binnenloopt.

Van de 239 man, die op de 5 schepen van Magelhaen de reis begonnen, hebben 18 er levend afgebracht. Kapitein Del Cano is ontstemd, wanneer hij ontdekt dat zijn dagboek niet klopt. Hij is het leven in Spanje precies één dag voor. Hij beseft nog niet, dat hij op zijn reis om de wereld in 1080 dagen, de klok precies 24 uur heeft ingehaald!

Het leven op zee mag dan hard zijn, ook het bestaan aan de wal heeft zijn keerzijden, omdat vrijwel alle onderdanen van Karel V nog volledig gevangen zitten in het keurslijf van de kerk. Iedere poging om vrijmoedig te denken wordt in de kiem gesmoord. Rondlopen met andere gedachten dan de gangbare is een levensgevaarlijke bezigheid. De kerk is er snel bij om zich tegen bijgeloof, afvalligheid én tegen witte wijven, vermeende demonen of door de duivel beheerste mensen te keren.
'Doe alles wat nodig is ter bestrijding van de ketterij en tovenarij,' heeft paus Innocentius VII in een bul bekend gemaakt. Dat was in het jaar 1484 — dus lang voor de hervorming begon. Tevens heeft hij twee beruchte inquisiteurs benoemd, die het duivelse kwaad in de wereld moeten uitbannen

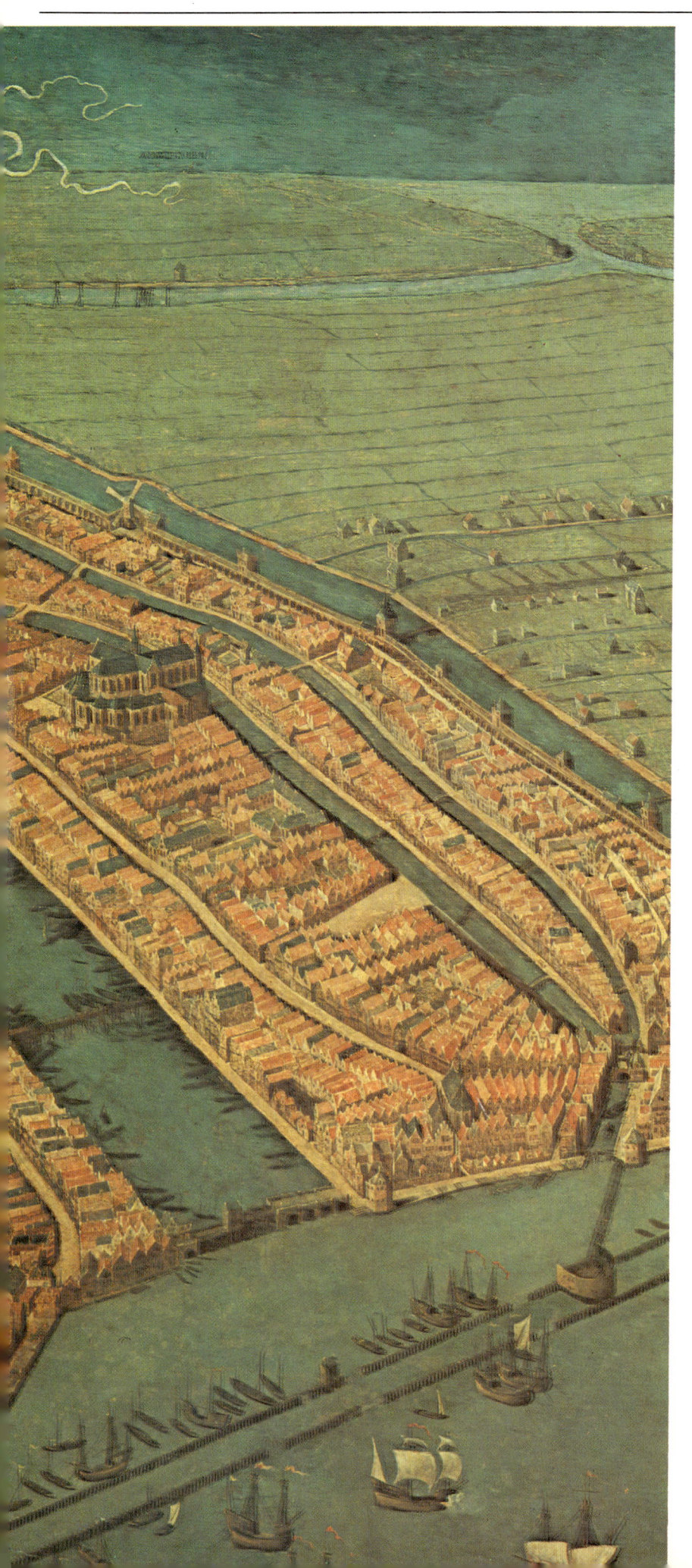

en straffen. Want dat de duivel overal tastbaar aanwezig is en zich meester maakt van mens en dier, is een feit, dat niemand in twijfel trekt.

'Er zijn vele personen van beide sexen,' heeft paus Innocentius verklaard, 'die zich afgeven met demonen, of die door hun toverzangen, bezweringen, hun gruwelijke superstitiën en wichelarijen, een gevaar zijn voor het geloof.'

De inquisiteurs zijn aan het werk gegaan en heel wat mensen zijn gegrepen en verbrand. Wie de pest heeft aan zijn buurman, brengt hem aan: 'Hij heeft een verbond gesloten met de duivel. Ik heb gezien, hoe hij in het holst van de nacht...'

Voor valse verdachtmakingen is er ruimte genoeg. Wie op die wijze een concurrent wil uitschakelen, kan bij de rechtbank terecht.

'De waterproef!' klinkt het bevel van de rechter. En daar gaat Claes Ariensz., of de lange, magere weduwe van Christoffel Eénoog, die van hekserij wordt beticht. De duimen zijn kruisgewijs aan de grote tenen gebonden. Een priester heeft het water bezworen, waarin zij worden neergelaten. 'Als ge zinkt, is alles in orde. Blijft ge drijven, dan volgt de straf des vuurs.' Een prettig vooruitzicht is dat niet.

In de kerken hebben heel wat mannen en vrouwen een blote arm in een ketel kokend water moeten steken. Of zij hebben daar negen stappen moeten lopen met een roodgloeiende bout in de hand. Als de huid, door de priester verbonden, niet na drie dagen genezen is, moeten de arme drommels de brandstapel op. In Oudewater heeft een beroemde heksenwaag gestaan. Voor wie gewogen en te licht bevonden werd, waren de laatste dagen geteld. In de meeste gevallen heeft de Hollandse nuchterheid toch gezegevierd.

'Wij Burgemeesteren, Schepenen en Raden der Stede Oudewater doen kont en certificeren een iegelijk, dat...' Met zo'n vrijbrief in de hand werd het leven heel wat dragelijker.

Ook de volgelingen van Luther zijn als *ketters* gebrandmerkt. Daarom heeft keizer Karel bij zijn vertrek naar Spanje in 1522 een inquisiteur benoemd. 'Zoek en straf de peste, ketterij ende heresie van Merten Luther', luidt de opdracht aan Frans van der Hulst, raadsheer in de Raad van Brabant. En als een keizerlijk commissaris is Frans van der Hulst aan het werk gegaan om de afvalligen op te sporen — mede tot het heil van hun eigen ziel. Met een gruwelijke dood voor ogen zijn de eerste slachtoffers bereid geweest boete te doen. 'Domine, miserere super peccatore...' In het openbaar hebben zij hun zondige geloofsopvattingen herroepen. Maar dan zijn er twee monniken die standvastig blijven; die pijnbank en martelkamer trotseren voor de glorie van God:

Brussel in het jaar des Heren 1523: Een zacht gemompel glijdt als een huivering door de dichte rijen toeschouwers. Samengepakt achter de afzettingen kijken zij naar de brandstapels op het plein. Hendrik Vos en Johannes van Esschen, twee augustijnen, staan stevig vastgebonden aan de paal. 'Vergeef ons...' Naar kerkwet en gewoonte vragen de scherprechters vergiffenis voor het werk dat zij moeten doen. Met hun sterke armen duwen zij de laatste takkenbossen recht. Dan grijpen zij de fakkels. Langzaam dansen de eerste vlammen door

193

Bourgondische tijd – Twaalfjarig Bestand

het droge hout omhoog.
'Domine, ad adjuvandum me festina...' Hendrik Vos en Johannes van Esschen bidden tot God, misschien wel de woorden, die zij vroeger met het kloosterkoor tijdens de ochtenddienst hebben gezonden: 'Heer, haast U om mij te helpen'. God is het enige houvast in de laatste ogenblikken van hun leven — al heeft de inquisitie hun geloof voor ketters verklaard.

'Heilige Moeder Maria!' Een geschokte vrouw slaat een kruis. Ontredderd staart ze naar het vuur. Tussen de rookwolken en de opschietende vlammen ziet zij de monniken staan. Zacht prevelt ze de gebeden voor de stervenden. Een schrijnwerker rekt zich uit. Een gezel van het bakkersgilde denkt sidderend aan de vergankelijkheid van het bestaan. Hendrik Vos en Johannes van Esschen — de eerste martelaren in de Zuidelijke Nederlanden — verschrompelen in het vuur.

De ketterij wordt niet alleen gezien als een afvalligheid van de kerk, maar ook als een aantasting van de politieke en maatschappelijke orde en dus als een gevaar voor de staat. Landvoogdes Margaretha windt er zich niet al te zeer over op.

'Ach, die monniken-ruzie,' zegt ze over de geloofsstrijd en ze is blij als ze Frans van der Hulst als inquisiteur de laan uit kan sturen, omdat hij valsheid in geschrifte heeft gepleegd. Pauselijke inquisiteurs nemen dan in dienst van de kerk het werk van hem over. Een beklemmende spanning schuift over de Lage Landen, als allerlei edicten het licht zien en de geloofszuivering met tal van plakkaten steeds strenger wordt toegepast.

'Balthasar is in voorlopige hechtenis genomen!'
'De goederen van Laurens van den Dool zijn alle verbeurd verklaard!'

In sommige steden, zoals Luik, trekt de inquisiteur hard van leer, maar in Antwerpen, waar veel protestanten zijn, missen de edicten effect. Met hun internationale handel, hun levendige markten en beurzen, hebben de Antwerpenaren wel wat anders aan hun hoofd dan te muggeziften over het ware geloof. Ondertussen sijpelen de geschriften van Luther de Lage Landen in. In drukkerijen rollen ze heimelijk van de persen.

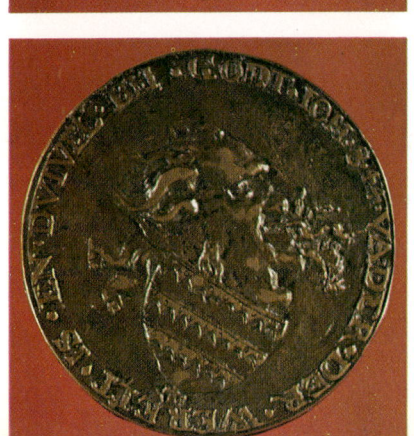

'Een mens moet toch weten, wat hij *niet* mag geloven? In Leiden is Luthers werk overal verkrijgbaar, maar in steden zoals Utrecht of Amersfoort wordt die lectuur door de kerk in het openbaar verbrand. Overal gonst het van gesprekken over het voor en tegen van de nieuwe leer. In kroegen of op de kaatsbaan gaat allerlei schokkend nieuws van mond tot mond:
'De augustijnen te Haarlem en Enkhuizen zijn Luther toegedaan!'
'Prior Hendrik van Zutphen is uit zijn klooster te Dordrecht geschopt. Maar wat wil je, hij heeft met Luther in Wittenberg gestudeerd!'

Bij nacht en ontij komen benarde mensen op scheepswerven, in schuren, of in afgelegen huizen bij elkaar om hun geloof te onderzoeken. Of zij luisteren daar naar een priester die afvallig geworden is. Soms kan dat ook openlijk, omdat vele stadsbesturen zich tegen de inquisitie hebben verzet: niet vanwege het geloof, maar zuiver en alleen, omdat zij de rechtspraak in eigen hand willen houden en geen inmenging dulden — zelfs niet van de kerk. In vele plaatsen is de hervorming ongemerkt begonnen — reeds lang voordat Luther zijn stellingen op de slotkerk van Wittemberg liet slaan. Er is verzet gegroeid tegen tal van instellingen en tegen allerlei uitwassen van de kerk:

In de jaarlijkse processie te Amsterdam, waarin het heilige sacrament rongedragen, lopen niet alleen engelen met vleugels, maar loopt ook een stoet duivels mee:
'Ze zijn verschrikkelijk toegemaakt, met overtreksels waarop huiveringwekkende tonelen zijn afgebeeld. Ze grijnzen gruwelijk en dragen een pekstok in de hand — ter herinnering aan het helse vuur! De kinderen huilen, als zij deze monsters voorbij zien gaan.' Zo ongeveer beschrijft een opstandige apotheker de processie, die voor hem een steen des aanstoots is.
'Wat? Gaat ge naar het sacrament? De kaas en het brood, dat ik hier in mijn hand houd acht ik nét zo goed!' zegt een ander. Hij ziet slechts brood *(en niet het lichaam van Christus)* in het brood, dat tijdens het Avondmaal wordt uitgereikt. Jacob Klaasz. houdt zijn hoofd op het hoofd als hij het sacrament tijdens een processie passeert. Zijn straf ontloopt hij niet:
'Drie maanden lang op elke donderdag de mis in de Oude Kerk knielend bijwonen!'

Dat valt dus nog wel mee. Voor het drukken van lutherse lectuur moet Pieter Jansz. Tibaut twee uur op de kaak staan en als extra straf naar het verre Rijssel op bedevaart gaan.
'Een boete van 3 gulden!' krijgt Brecht Lamberts te horen. Hij heeft luthers volk in zijn huis gehaald en er is uit verdachte boeken voorgelezen. Albert Dirksz. eet uitdagend vlees op een vastendag en heeft daarbij veel aanstoot gegeven. Ook hij wordt door de kerk naar de (wereldlijke) rechtbank gesleept: 'Een bedevaart naar Napels!' luidt het vonnis. Niet de aflaat-praktijken zoals in Duitsland, maar de gang van zaken bij de mis rond het sacrament, heeft in de Lage Landen de eerste stoot tot de hervorming gegeven.

De *sacramentariërs!* Zo worden in eerste instantie de mensen genoemd, die zich afkeren van het katholieke geloof. Naast tal van kleine sekten vormen zij de eerste grote hervormingsgroep. Wat later komen de wederdopers en rond het midden van de eeuw volgen de verbeten en strijdvaardige aanhangers van Calvijn.

Echte leiders, zoals Luther in Duitsland, of Zwingli in Zwitserland bezitten de 'ketters' in de Lage Landen niet. Er zijn priesters, zoals Caspar Cooltuyn in Alkmaar, of pastoor Anastasius Veluanus te Garderen, die in alle stilte de nieuwe leer prediken *binnen de muren* van de roomskatholieke kerk. Vrijwel onopgemerkt leggen zij de basis voor een nieuw geloof.

Er zijn relletjes en opstootjes. Kwajongens zingen schimpliedjes voor huizen, waar volgelingen van Luther samenkomen. Menig pastoor vindt op zijn huisdeur pamfletten geplakt met vernietigende kritiek op paus en kerk. Sommige priesters hebben het daar ook wel naar gemaakt, zoals de beruchte Gerrit Pieters, pastoor van de Oude Kerk in Amsterdam.
'Hij schenkt vrouwen kwijtschelding van boete voor bedreven zonden, mits zij met hem naar bed willen gaan,' wordt in de stad beweerd. Klachten van het stadsbestuur bij de bisschop hebben niets uitgehaald.
'Gerrit Pieters heeft veel geld voor zijn ambt betaald. Hij kan pas ontslagen worden, als hij dat bedrag heeft terugverdiend,' antwoordt de bisschop. Het geschil tussen de magistraat en de kerk loopt hoog op en zo raken ook politieke doelen in het geding.

Natuurlijk spitsen de tegenstellingen zich toe. Hier en daar gaan stenen door de ruiten, of worden baldadige grappen uitgehaald. Twee goed rooms-katholieke vrouwen gooien met drek naar een man, die werkt op zondag.
'God-schenner, dat zal je leren!' Beide vrouwen krijgen een boete van 4 gulden en worden veroordeeld tot een bedevaart.
'Ketters, ketters, gij houdt schoele en vergaderinge!' roept Marike Meinowe naar de aanhangers van de nieuwe leer. Al is ze goed rooms, toch wordt ze in de St. Olofspoort gevangengezet. Voor de rederijkers zijn dat dankbare onderwerpen voor een sotternie, terwijl ook zeer ernstige spelen (met hervormingsgedachten) door hen worden opgevoerd:

Hoe Lazerus van de dood verwekt werd heet een van de stukken, waarin de plakkaten ter sprake komen en zelfs Jezus aangeklaagd wordt wegens ketterij. Dat alles lokt scherpe maatregelen uit. De schout en zijn rakkers krijgen het druk. Velen van hen zijn gaarne bereid hun ketterse medeburgers tijdig te waarschuwen, als er gevaar van de inquisitie dreigt:
'Maak je uit de voeten, Joannes Pelt. Slecht volk heeft je in het Minderbroederklooster horen preken en je Mattheus-evangelie staat de inquisitie niet aan!' Velen vluchten weg. Zij vinden heimelijk onderdak bij gelijkgezinden in een andere stad.

Maar naarmate de geloofsverschillen zich duidelijker aftekenen, worden steeds meer mensen voor hun overtuiging gepakt:

De priester Jan Janszoon zit in zijn cel. Hij heeft te Leuven gestudeerd en is na zijn wijding tot vicaris van Woerden benoemd. Zijn preken slaan aan bij het volk, maar ze bevallen de bisschop van Utrecht niet.
'Zet Jan Janszoon gevangen!' beveelt de bisschop. 'Zijn vrijzinnige prediking is een gevaar voor het ware geloof!' De inwoners van Woerden nemen dat niet. Dreigend zijn zij op de been gekomen en hebben vrijla-

Spotpenning op de paus en een kardinaal. Door de penningen te draaien krijgt men een duivels- en een narrekop.

Landvoogdessen in de Lage Landen

ting geëist. Bang voor de gevolgen heeft de bisschop toegegeven aan dat verzoek. Na een verblijf te Wittenberg — brandpunt der hervorming — neemt priester Jan Janszoon een beslissende stap. Hij breekt met de kerk, trouwt een veel oudere vrouw en vestigt zich te Woerden als bakker.

'Jan de Bakker' wordt hij door het volk genoemd. Hij kan zich verheugen in een behoorlijk grote populariteit.

'De zaken in Woerden lopen uit de hand. Wij moeten daar iets doen,' denkt de bisschop van Utrecht. Met een zeer aantrekkelijke aflaat lokt hij de roerige Woerdenaars weer terug in de kerk.

'Dat gaat te ver!' meent Jan de Bakker. Hij neemt eigenhandig zijn priesterambt weer op — en gebruikt zijn biechtstoel om ernstige waarschuwingen tegen de aflaat te laten horen. Dat wordt zijn eind. Om het volk van de ernst der ketterij te doordringen, besluit de overheid om tot een openbare veroordeling van Jan de Bakker over te gaan. Voor het hof te 's-Gravenhage wordt een stellage opgericht. Daarop komt een preekstoel, een altaar en aan drie zijden worden banken voor het publiek neergezet.

Stadhouder Lalaing, de wijbisschop van Utrecht, drie abten, drie dekens, de inquisiteurs, leden van de Geheime Raad, president en raadsheren hebben hun plaatsen ingenomen, als Jan de Bakker in priesterlijke kleding wordt voorgeleid.

'Jan Janszoon, ge wordt ervan beschuldigd...'

Keer op keer tracht Jan te protesteren, maar steeds weer snoeren de rechters hem de mond. Een pleitbezorger heeft hij niet. De bisschop treedt naar voren om tot de ontwijding over te gaan. Hij snijdt een haarlok af, laat hem een geel kleed aantrekken en zet hem de gele zotskap op het hoofd. Met luide stem leest de rechter het vonnis voor:

'Naar het schavot op de Plaats om aldaar te worden gebrand tot pulvers toe, zulks, opdat van hem geen memorie meer zal zijn!' Als Jan de Bakker zijn laatste weg gaat en de Voorpoort, waar hij gevangen gezeten heeft, passeert, roept hij naar zijn vrienden, die hem vanachter de tralies gadeslaan:

'Broeders, ik ga u voor!' Uit de gevangenis weerklinkt het Te Deum Laudamus. Jan de Bakker, die zijn geweten — het kostbaarste dat hij als mens bezit — niet aan zijn aardse rechters heeft willen prijsgeven, sterft als eerste martelaar in de Noordelijke Nederlanden moedig op het schavot. De oeroude vraag wat de waarheid is, dringt zich beklemmend bij vele toeschouwers op.

Hoezeer de vrome keizer Karel ook alle ketterij in zijn erflanden wil verpletteren, het verzet tegen de kerk groeit met de dag — geldboeten, verbanningen, doorsteking van de tong, geseling, verdrinking en brandstapels ten spijt. En werkelijk: vele inquisiteurs zetten zich met een oprecht geloof in om de zielen van de afvalligen te redden uit het wachtende vagevuur.

'Broeder Johannes, herroep toch dat ene woord!' De inquisiteurs smeken en bidden met hun slachtoffers tot God. In vele gevallen blijft hun inzet zonder resultaat.

In de wereld, die Magelhaen omzeilde, zijn vele zekerheden verloren gegaan. En wie in de op drift geslagen samenleving dan eindelijk een nieuw houvast gevonden heeft, geeft dat niet gemakkelijk prijs.

'Domine, deduce me in verbo tuo! Heer, maak mij verstandig naar Uw woord!' Maar *allen* dwalen!

Als het aardse leven geen soelaas geeft, richten de mensen al gauw de blikken naar de hemel. Hoezeer het geloof ieder bezig houdt, bewijst de Bijbelvertaling van Luther in het Duits: nog tijdens zijn leven rollen 377 herdrukken van de persen. Maar alleen de bovenlaag, het denkend deel der mensen, kan het Oude en Nieuwe Testament lezen in de eigen taal — en het kritisch afwegen tegen wat door de kerk is verkondigd. En het gewone volk, dat noch lezen noch schrijven kan, krijgt de uitkomst van al dat denken op zijn brood. Men grijpt naar de Bijbel, omdat het leven zo vol benauwenis is. De oorlog met Frankrijk sleept zich voort en verslindt handenvol geld.

'En wij maar betalen,' verzuchten de burgers in de steden als landvoogdes Margaretha, steunend op haar Geheime Raad en de hoge adel, steeds weer nieuwe belastingen heft. In Gelre voert hertog Karel van Egmond nog steeds zijn verbeten strijd. Een Habsburgs leger heeft hem met hulp der Friezen uit Friesland verdreven.

Stormachtige tonelen hebben zich daar afgespeeld. Tenslotte hebben de Friezen op een bewogen landdag te Harlingen keizer Karel tot hun landsheer uitgeroepen. Want zonder krachtige leiding kunnen zij niet. Ook de Overijsselse steden zijn in opstand gekomen tegen hun rauwe, feodale Gelderse beschermheer, die zich bovendien als een fel inquisiteur op de ketters geworpen heeft. Overal marcheert plunderend krijgsvolk, dat vee rooft, vrouwen uit huizen sleurt en boeren dwingt te zeggen, waar zij hun geld hebben verstopt.

'Genade, ik heb geen geld!'

'Schroei zijn voeten in het vuur. Dan zal-ie wel anders piepen!' De ongelukkige boeren worden bij haardvuren geroosterd. Gillend van pijn geven ze uiteindelijk toch de bergplaats van hun spaarduitjes prijs. In Utrecht liggen de gilden met de adel en rijke burgers overhoop, terwijl de hongerige bevolking van Leuven en Mechelen graanpakhuizen plundert. Oproerende geschriften tegen keizer Karel gaan van hand tot hand. Dat is het werk van Franse agenten, die stoken waar ze kunnen.

'Zo kan het niet meer! De graanprijs is tot het zesvoudige gestegen!' roepen boze Vlamingen uit. De Staten van Vlaanderen maken ondertussen van 's lands geldnood een handig gebruik om Margaretha te chanteren:

'Nieuwe belastingen? Best, maar dan zult ge toch enige concessies moeten doen.' Zij beloven alleen geld, als zij zich onafhankelijker kunnen maken van het hof. Ook in de steden wordt dat als de normale gang van zaken beschouwd. Er zijn dijkdoorbraken en misoogsten. De pest waart rond. Op de brandstapels schreeuwen vermeende heksen en enkele ketters hun doodsangst uit. Uit wanhoop en gebrek grijpen inwoners van 's-Hertogenbosch naar de wapens:

'We willen te eten!'

'Weg met de magistraat!'

'In de kloosters ligt volop voedsel!' Grimmige groepen trekken naar de omliggende kloosters en maken daar de voorraden buit. 'Waar is nog uitkomst?' In hun nood grijpen benarde mensen naar ketterse geschriften. Zij luisteren aandachtig naar afvallige priesters, die bezield zijn door een nieuw geloof. De hervormingsgedachten vallen op vruchtbare grond!

Bourgondische tijd – Twaalfjarig Bestand

Wandtapijt met het wapen van Karel V. Atelier van W. Pannemaker (Brussel, 1530/40).

Temidden van alle onrust vliegt in februari 1525 opeens een bericht door Europa dat zó sensationeel is, dat men er de vele zorgen om het bestaan even voor vergeet:
'Koning Frans van Frankrijk is gevangene van de keizer!'
'Het is toch niet waar!'
'Bij alle heiligen, buur, het is zo waar als ik hier sta!' In de slag bij Pavia, in Italië, is koning Frans temidden van het krijgsgewoel van zijn paard gestort. Hij heeft zich als gevangene moeten overgeven aan Karels veldheer, Lannoy. Lannoy is opgetogen.

Ogenblikkelijk stuurt hij een ijlbode naar keizer Karel, die zich in Spanje bevindt. In een persoonlijke brief meldt hij het ongehoorde nieuws en voegt daar de goede raad aan toe:
'God heeft u nú de kans gegeven. Nooit zult gij uw kronen beter in ontvangst kunnen nemen dan thans... Sire, de heer van Borselen heeft eens gezegd, dat God ieder mens éénmaal een goede herfst zendt. Wanneer hij dan niet oogst, is het te laat!'

De kronen, die Karel zo zielsgraag in ontvangst wil nemen, zijn die van Bourgondië, Navarra en de lenen Vlaanderen en Artesië. Dat alles én de macht in Italië lijkt opeens voor het grijpen. Aan alle hoven van Europa gonst het van berichten en geruchten.

(Spionnen en agenten doen er goede zaken met het verkopen van inlichtingen en nieuws!) De onderhandelingen met koning Frans, die ruim een jaar in gevangenschap moet blijven, beginnen. Landvoogdes Margaretha stuurt daarvoor haar bekwame raadgever, Nicolaas Perrenot, heer van Granvelle, naar Spanje.
'Ik smeek om vrede,' laat hij de keizer weten, want de onrust in de Lage Landen kan zij moeilijk de baas. Keizer Karel doet al het mogelijke om 'de goede herfst' te oogsten.

Hij zet koning Frans het mes op de keel:
'Doe afstand van Italië, Napels, Milaan, van Kroon-Vlaanderen en Artesië, eist hij van de Franse koning. 'Laat uw bondgenoten Robert van der Marck, Gelre, Navarra schieten en lever mij een vloot, zodat ik tegen de Turken ten strijde kan gaan.'

Pas nadat een ontvluchtingspoging mislukt, is koning Frans bereid het hoofd voor de veeleisende Habsburgers te buigen.
'Een losgeld van 3.000.000 gouden talers?'
'Een regeling voor Bourgondië?'
'Uitlevering van twee zonen als gijzelaars?'
Koning Frans knikt, want een andere uitweg ziet hij niet. Op 17 maart 1526 krijgt hij eindelijk zijn vrijheid. Veldheer Lannoy begeleidt hem tot San Sebastian, bij de Frans-Spaanse grens. Bij het afscheid vraagt hij nog eens:
'Uwe hoogheid is nu vrij. Denkt u aan uw belofte?'
'Er zal niets aan ontbreken,' antwoordt koning Frans. Dan rijdt hij opgewekt de grens over. Geen van deze afspraken zal hij houden...

Een week tevoren is keizer Karel het vrolijke, overdadig versierde Sevilla binnengereden. Onder de stralende vooruitzichten van vrede en gebiedsuitbreiding is daar zijn huwelijk voltrokken met de tengere Isabella van Portugal. Zij vormen een ingetogen, vroom echtpaar, dat zich streng aan alle vormen houdt. Zelfs vlak voor hun eerste bruidsnacht wordt er nog een extra mis gecelebreerd. 'Pater noster, qui es in coelis...' Naar de hemelse Vader stijgen gebeden op om het huwelijk met kinderen te zegenen. Het is een mooie, waardige trouwerij geweest, maar voor de onderdanen in de Lage Landen is er weinig reden tot vreugd.

In Utrecht hebben de gilden een nederlaag geleden. De adelspartij heeft er de overwinning behaald, maar zich op eigen kracht staande houden kunnen de edelen toch niet
'Laten we hertog Karel van Gelre om steun verzoeken!' hebben ze gedacht. Zo halen ze Gelre binnen de grenzen. De neutraliteit raakt verloren en het bisdom komt van de regen in de drop.

Maarten van Rossum, Gelres bekwame maar weinig zachtzinnige veldheer, wordt in Utrecht tot gouverneur benoemd. Ondertussen roepen de bedreigde steden in Overijssel steeds luider om steun van het Brusselse hof.
'Gelderse troepen stropen het land af. Maak toch een eind aan dat vijandelijk geweld!'
Landvoogdes Margaretha wil best helpen. Maar de schatkist is leeg en de Staten steunen haar ook dit keer niet. Pas als Maarten van Rossum in 1528 een plundertocht naar 's-Gravenhage onderneemt — zijn krijgsknechten gaan daar gruwelijk te keer — schrikken de trage Staten overeind.
'Ja, wij zullen gelden voor een expeditie beschikbaar stellen,' besluiten de afgevaardigden eindelijk eensgezind. De graaf van Buren en Schenck van Toutenburg, de stadhouder in Friesland, verenigen hun troepen tot een flinke legermacht. Zij veroveren Hattem, Elburg, Harderwijk en trekken op Arnhem af. Dan is het met Gelre gebeurd.
'We zullen moeten onderhandelen,' meent de hertog, die met zijn 60 jaar veel van zijn vurige strijdvaardigheid verloren heeft.

Overijssel, Coevorden en Drenthe, Groningen en de Ommelanden staat hij aan keizer Karel af. Ondanks de protesten van de paus slokken de landhongerige Habsburgers ook nog Utrecht op.
'Dan is er nog iets,' zeggen de onderhandelaars tegen de hertog van Gelre, als het vredesverdrag wordt opgesteld. 'In het geval gij kinderloos overlijdt, moet ge keizer Karel als erfgenaam erkennen. 'Karel van Egmond heeft weinig keus. De kans dat hij met zijn zestig jaar nog kinderen zal krijgen is niet erg groot.

Zo wordt het dan eindelijk vrede in de Lage Landen en dankzij landvoogdes Margaretha komt er ook een vrede met Frankrijk tot stand. Zij en de Franse koningin-

Slag bij Pavia, waar Frans I gevangen werd genomen door Karel V (1525). Anonieme meester, 16de eeuw.

moeder (zij zijn elkaars schoonzuster) hebben zich bijzonder voor het beëindigen van de oorlog beijverd. Na een uitvoerige briefwisseling komen de beide vorstinnen te Kamerijk bijeen. Bij de *Damesvrede* sleept de doortastende Margaretha een zeer gunstig resultaat in de wacht: 'Volle souvereiniteit over Vlaanderen en Artesië!' kan ze keizer Karel berichten. (Tevoren waren die gewesten een Franse leen geweest). Al moet hij het fel begeerde Bourgondië vergeten, Milaan, Genua en Napels vallen hem ten deel.

Behalve Gelre liggen dan alle Nederlandse gewesten stevig in Karels macht.

'Ik voel mij niet goed. Ik weet dat mijn eind nadert.' Een half jaar na de Damesvrede beseft Margaretha, dat zij niet lang meer te leven heeft. De zware bewindsjaren in de Nederlanden hebben hun tol geëist. In het rustige Mechelen, temidden van haar kostbare schilderijen (Memlinck, Van Eyck, Jeroen Bosch), haar schitterende bibliotheek, de met fluweel bespannen vertrekken die met kunschatten zijn gevuld, bereid zij zich rustig voor op de dood. Op haar sterfbed neemt zij met een laatste brief afscheid van de keizer:

'De ure is gekomen, dat ik niet langer met eigen hand schrijven kan; dat mijn geweten rust heeft gevonden en ik mij gereedmaak het allerlaatste te ontvangen uit Gods hand. Mijn enige smart is, u voor mijn dood niet nog eenmaal te kunnen zien.

Dit zal mijn laatste brief zijn...'

'Ik laat u, als mijn enige erfgenaam, de mij toevertrouwde landen na — niets slechts ongeschonden maar aanmerkelijk vergroot. Daarvoor verwacht ik Gods loon, uwe tevredenheid en de dank der natie. Terwijl ik u bovenal de vrede aanbeveel, in het bijzonder met de koningen van Engeland en Frankrijk, en u verzoek voor mijn dienaren te zorgen, breng ik u dit laatste vaarwel...'

Trouw en met energie heeft ze keizer Karel in moeilijke, eenzame jaren gediend — en daarbij dikwijls de wérkelijke belangen van de losse, onsamenhangende gewesten der Nederlanden niet vergeten. Ze sterft rustig in een onwankelbaar geloof.

Er moet een opvolgster komen, want het ontbreekt de keizer aan tijd om zich intensief bezig te houden met het bestuur. Opgejaagd door tal van zorgen reist hij door zijn landen. Steeds is hij onderweg naar plaatsen, waar zijn aanwezigheid het dringendst wordt geëist. Sinds hij de troon besteeg is hij van de Lage Landen naar Spanje, naar Engeland, opnieuw naar de Lage Landen, naar Duitsland, opnieuw naar de Lage Landen, naar Engeland, naar Spanje, naar Italië en Duitsland getrokken. De rest van zijn leven zal hij nergens langer zijn dan twee jaar!

Tot opvolgster van Margaretha kiest hij zijn 26-jarige zuster Maria, de koningin-weduwe van Hongarije. Haar hooghartige kracht, haar harde vastbeslotenheid, haar onwankelbare trouw aan het Habsburgse huis heeft hij naar waarde geschat. Hij heeft haar ingewijd in de problemen, die haar als landvoogdes te wachten staan.

Gering zijn die niet:

'Onthou goed, de edelen zijn niet van plan zich tot onderdanige hovelingen te verslagen en toch moeten wij hen binden aan ons hof.'

'De steden en gewesten zijn roerig. Steeds weer doen zij een beroep op oude, onoverzichtelijke privileges om zich te kunnen onttrekken aan het centrale gezag.'

Heel wat steden tonen zich ook té vergevingsgezind ten opzichte van de ketters, wier aanhang, ondanks alle vervolgingen groeit.'

'Houd rekening met de staat van armoede, waarin de gewesten zich bevinden.' Te paard is de tengere Maria van Krems aan de Donau naar Brussel gereden omgeven door haar honden en valken, alsof het een jachtrit was. Op 6 juli 1531 stelt Karel haar in het Brusselse paleis voor aan de Staten-Generaal en dan volgen de gebruikelijke feesten elkaar op.

Maria van Hongarije zit naast haar keizerlijke broer op het balkon van de Portugese ambassade, dat met groen en wit fluweel is gedrapeerd. Vanwege de geboorte van een Portugese kroonprins geeft de ambassadeur een schitterend feest. Op het plein voor de ambassade rijden geharnaste edelen bij het licht van honderden toortsen op elkaar in. Het volk van Brussel vergaapt zich:

'Is dat René van Nassau, de zoon van graaf Hendrik?'

'Ja, Hij noemt zich nu prins van Oranje. Dat kreeg hij van zijn moeders kant.'

'Bij die grote heren kan het niet op, buur!'

De sportieve gevechten op het plein worden afgewisseld met zwaard- en fakkeldansen. Vooral de vrouwen in het publiek rekken de hals om iets van hun nieuwe landvoogdes te zien. Na afloop is er een luisterrijk souper. Keizer Karel, een groot eter, werkt zich met animo door de eindeloze rij gerechten heen. De vrouwen der edelen nemen opgetogen de kostbare geschenken en verrassingen in ontvangst.

Dansmuziek weerklinkt. Kan landvoogdes Maria in deze luisterrijke omgeving beseffen, dat zij in Brussel op een kruitvat plaatsgenomen heeft? Haar secretaris, Olàh, weet dat wel: 'Rook thuis is beter dan vuur in de vreemde,' heeft hij aan vrienden geschreven.

Het vuur laait al meteen op. Christiaan II, zwager van Karel V, is van de Deense troon verjaagd. Hij is naar de Lage Landen gekomen. Eigenhandig brengt hij daar een leger op de been in de hoop zijn land te kunnen heroveren.

'Op voor koning Christiaan,' roepen een aantal rabouwen. Vooral uit Friesland stromen ze toe en met een zeldzame onbe-

Maria van Hongarije, zuster van Karel V.

Bourgondische tijd – Twaalfjarig Bestand

schaamheid beginnen zij Overijssel, Utrecht en Holland maar alvast te plunderen. Een leeggeroofd Alkmaar gaat in vlammen op.

Om van hem af te zijn, schenken de Staten koning Christiaan 12 schepen en wat geld. Dan gaat hij met zijn boeventroep onder zeil: om te strijden tegen de beste zakenrelaties die Holland heeft. Hij behaalt enkele successen in Noorwegen en begeeft zich dan naar Denemarken. Maar zijn begeerde troon herwint hij niet. Als hij daar aan land gaat om besprekingen te voeren in het kasteel Sonderburg, loopt hij lelijk in de val:

'Grijpt hem!'

'Nou hebben we hem en we zullen hem houden ook!' Hij wordt gevangengezet.

Vrijwel de rest van zijn leven, 27 lange jaren, zal hij als gevangene in Sonderburg moeten slijten. Zijn spel, als zwager van keizer Karel, is uitgespeeld. De heilloze expeditie heeft rampzalige gevolgen. Nederlandse schippers die de Oostzee bevaren, keren nu ontsteld naar hun havens terug: 'De Sont is gesloten. We mogen er niet door...' Voor de Noordelijke gewesten is dat een ontzettende slag. Opeens ligt de belangrijke Oostzeehandel geheel plat. Er kan geen graan meer worden gehaald. Een hevige economische crisis doet zich voelen en het brood op de plank ontbreekt. Vooral in Brussel wordt de honger sterk ondergaan:

'Moeten wij verrekken? Dat huis ligt vol. Allez, ram de deur toch in? 'Een troep hongerige Brusselaren dringt met geweld het huis van een koopman binnen, die graan zou hebben gehamsterd. Want waar honger is stijgen de graanprijzen en die woekeraar hoopte een goede slag te slaan.

'Die korenbijter! In steden en dorpen heeft hij koren opgekocht!'

'Ze motten sulk volk bannen uut den lande!'
'Waye! Zij zijn te rijk van gelde. En wie geld heeft, kan alle dinck veyl maken...'

Opgekropte gevoelens van wanhoop breken los.

'Nomdeju, nou naar die andere huizen. Daar zal ook wel het nodige zijn!' De dol geworden menigte slaat aan het plunderen en rooft zelfs eten uit de hofbakkerij van de landvoogdes. Alle smeulende onvree is in Brussel opeens tot explosie gekomen.

Er is muiterij. De gilden wapenen zich. Er volgens arrestaties, met als reactie de bestorming van het raadhuis.

'Stel harde voorbeelden,' beslist de magistraat. Veertig plunderaars worden ter dood gebracht, maar het oproer blijft razen door de straten. Landvoogdes Maria ontvlucht de stad, waar de magistraat het ijzer smeedt terwijl het heet is en privileges afdwingt, nu Brussel zo dreigend op stelten staat.

Als keizer Karel, die in Tunis tegen de Turken strijdt, van de opstand hoort, schrijft hij grimmig aan zijn zuster:

'Ik kan U mijn besluit in twee woorden meedelen, te weten, dat die gemene muiters flink moeten worden gestraft, zodat zij anderen ten voorbeeld zijn. Wat zij U gedwongen hebben toe te staan, moet herroepen worden. En niet alleen dat, maar ook verdere kwaadaardige privileges, zo zij die mochten hebben...'

Al die privileges van de naar onafhankelijkheid wroetende stadsbesturen zijn de keizer een doorn in het vlees. Maria volgt die raadgeving op. Ze stuurt de hertog van Aarschot naar Brussel met een flinke troepenmacht. Pas vier maanden later, als de rust geheel is hersteld, keert de landvoogdes naar haar hoofdstad terug. Geen enkel pardon zal zij aanvaarden.

'Brussel doet boete, vrouwe!' krijgt ze te horen als ze de stad binnentrekt. Twee rijen dik staan de burgers langs de straten. Allen zijn blootshoofds, op blote voeten, in het zwart gekleed en houden witte kaarsen in de hand. Het is doodstil als Maria met haar edelen, haar bagagewagens en omgeven door krijgsvolk langs de dichte rijen rijdt.

Onheilspellend weerklinkt in de stilte het gekletter van wapenen boven het getrappel der paardenhoeven uit.

De inwoners der Lage Landen ondergaan steeds sterker, hoe de wereld om hen heen ontworteld en geen zekerheden geeft. Onafwendbaar lijkt een nieuwe oorlog met Frankrijk, terwijl de Zuidelijke gewesten reeds zo hevig door Franse én ook keizerlijke huurlingen gebrandschat zijn. De Turken bedreigen Europa: het naderend gevaar wordt alom gevoeld. Geloofsstrijd in Duitsland. Het 'ravengebroed' der Duitse vorsten roert zich en trekt zich weinig van keizer Karel aan. Ook in Engeland zijn grote veranderingen op til. Reeds lang is koning Hendrik VIII in de weer om zich van zijn 6 jaar oudere vrouw — de vroom-katholieke Catharina van Aragon — te laten scheiden. Wie zijn nieuwe vrouw moet worden is nog de vraag.

'Ik wil geen kat in de zak,' moet Hendrik hebben gedacht, want keer op keer stuurt hij zijn hofschilder Holbein naar het vaste land om portretten van mogelijke echtgenoten te maken.

'Ja, die moet het zijn!' Door een prachtig portret is Hendrik verliefd geraakt op de dochter van Christiaan II, die zich onder de hoede van Maria aan het Brusselse hof bevindt.

'Ik geef geen toestemming tot echtscheiding!' laat de paus weten. Koning Hendrik legt zich niet bij die uitspraak neer. Hij schuift de pauselijke beslissing ter zijde en benoemt nu zichzelf tot beschermer en hoofd van de kerk in Engeland. Die daad betekent een schisma, en legt de basis voor de hervorming, die door zijn opvolgers met kracht zal worden doorgevoerd. Hendrik VIII ontbindt ook de kloosters (die het volk juist door hun rijkdom zo nuttelos acht) en verstevigt zo zijn eigen gezag.

Dat alles brengt grote onzekerheid. De onrust neemt nog toe door de regen van edicten en plakkaten, die keizer Karel na ieder bezoek achterlaat. Door zijn voortdurende afwezigheid en strijd tegen Frankrijk of de Turken, krijgt de hervorming alle kans zich te verbreiden van stad naar stad. Temidden van hevige maatschappelijke en godsdienstige onrust schieten tal van geheimzinnige sekten bijna als paddestoelen uit de grond: sacramentariërs, melchiorieten, broeders die zich 'bondgenoten' noemen en aanhangers van Luther in tal van variaties.

'Gods Duizendjarig Rijk is aanstaande!' voorspellen de vrome, ingetogen wederdopers. 'Wij stichten in de stad Munster een Nieuw Jeruzalem!' Zij roepen hun volgelingen op naar Munster te gaan om zich dáár te redden uit de klauwen van de duivelse macht. Dat dit hier en daar gepaard gaat met excessen, ligt voor de hand:

'Sla dood, de monniken en papen. Slaat dood alle overheid over de ganse wereld en in het bijzonder die, welke over ons heerst! Alleen God kan onze koning zijn!' Dat verkondigt Harmen Schoenmaker in Groningen en hij predikt daarmee de revolutie.

Allegorisch schilderij met Hendrik VIII, waarschijnlijk op zijn sterfbed, zijn opvolger Edward IV en op de voorgrond de flauwgevallen paus.

Zwaardlopers en naaktlopers stuiven gillend door Amsterdam:
'Wee over de wereld. Wee over de goddelozen!' Een oproer barst los en kan slechts met moeite worden onderdrukt.

Fascinerend is de invloed, die in betrekkelijk kleine kring uitgaat van bakker Jan Matthijzen uit Haarlem en de Leidse kleermaker Jan Beukelszoon. Haast hysterisch dragen zij hun boodschap uit:
'Doet boete! Doet boete... Want boven mij zie ik de Hemelse Vader door vele duizenden engelen omringd. Ik *zie*, dat Hij u met ondergang bedreigt. De grote en verschrikkelijke dag des Heren is gekomen. Bekeert u, anders wacht u eeuwige verdoemenis en eindeloze foltering!' De onthutste omstanders zien, hoe die predikers met waanzinnige gebaren rondspringen en de armen naar de hemel hebben gewend. Zij werpen zich op de grond, strekken zich uit als het kruis van Christus en wentelen zich schreeuwend door het slijk. Geloofwaardiger kan het haast niet.
'Op naar Munster! Op naar Munster!' roepen omstanders, die door die woorden gegrepen zijn.

In de meest barre jaren, die Europa misschien ooit heeft gekend, trekken duizenden mannen, vrouwen en kinderen met wagens, lopend of per schuit naar Munster om het Nieuwe Jeruzalem binnen te gaan. Nonnenkloosters stromen leeg. Als die groepen wederdopers naderen, sluiten de burgers in steden en dorpen de poort en brengen zij zich in staat van verdediging.
'Laat die dopers gevangennemen,' beveelt de regering. De meest fanatieke profeten worden naar martelkamers gevoerd en beëindigen hun leven op het schavot.

Geheel in extase rennen mannen, vrouwen en kinderen soms met opzet in de pieken van wachtende hellebaardiers. De bisschop van Munster vlucht uit zijn stad, waar nu Jan Matthijzen de macht in handen krijgt. Zijn gloeiende, meeslepende toespraken gooien alle remmen los:
'Weest vruchtbaar en vermenigvuldigt u!' Meteen daarop worden de lichten gedoofd en werpen mannen en vrouwen zich op elkaar. Een deel van Munster lijkt even uit te groeien tot een groot bordeel, hoewel de meeste wederdopers hele rustige lieden zijn. De fantastische visioenen der leiders maken echter indruk op iedereen. Jan van Leiden loopt midden in de nacht spiernaakt over straat. Zijn stem schalt schokkend langs de gevels:
'Doet boete en bekeert u. De doorluchtige koning Jezus staat met vele duizenden engelen gereed om op aarde neer te dalen. Hij zal de vierschaar spannen. Doet boete en bekeert u, want straks is het te laat!' Het meisje Hilla heeft eveneens de stem van God gehoord. Nu de bisschop van Munster de dopers in zijn stad met troepen belegert, heeft ze de zekerheid, dat God een belangrijke taak op haar schouders heeft gelegd.
'Ik heb het goddelijk bevel gekregen de bisschop van Munster te onthoofden,' verklaart zij ernstig en zij verlaat de stad. Haar voornemen lekt uit en ze verliest op het schavot haar eigen hoofd.

Jan van Leiden wordt tot koning van het nieuwe Zion uitgeroepen en met welriekende zalf gewijd. Hij voert de wederdopers aan tegen de bisschop. Vanaf de muren bieden zij heroïsche tegenstand. Aanval na aanval slaan zij af. Zij eten ratten en muizen omdat er onvoldoende voorraden zijn. Maar géén koning Jezus en géén duizenden engelen dalen neer om hen van de belegering te verlossen. Als de stad eindelijk valt, is het met de wederdopers gedaan. Onmenselijke tonelen spelen zich af bij de martelingen en terechtstellingen, die de bisschop — weinig christelijk! — op grote schaal beveelt.
'Onze Vader, die in de hemelen zijt, Uw naam worde geheiligd; Uw koninkrijk kome...'

Met grote waardigheid en kalmte gaat Jan van Leiden een afgrijselijke dood tegemoet. Op het marktplein is een stellage voor hem opgericht. Daarop staan ijzeren pannen met kolen gevuld. Tangen liggen daar te gloeien. Daarmee knijpen de scherprechters hem het vlees van het bot.
'... Uw wil geschiede, gelijk in de hemel, alzo ook op de aarde...' De bisschop maakt er zich niet met een Jantje-van-Leiden af. Hij en een grote menigte kijken toe, als het deerlijk verminkte lijk van de aanvoerder der wederdopers in een ijzeren kooi aan de Lambertustoren wordt opgehangen.
'... Amen!'

Gebeden weerklinken en ook de nodige vloeken vliegen in het rond, terwijl in de haagspelen en op landjuwelen de vermaningen gehoord worden:
'Gij rijken, om Gods wille en uyt liefden, werpt den armen nootdruft toe!' De armen krijgen te horen:
'Gheen murmureerder te zijn, maer danckbaerlijck te bidden veur den mensche...'

Veel reden tot dankbaarheid is er niet. Vooral in de zuidelijke gewesten is men wanhopig, als er opnieuw een oorlog met Frankrijk uitgebroken is. In Europa neemt iedere vorst, die de Habsburgers vijandig gezind is, de wapens weer op. Landvoogdes Maria roept de Staten te Mechelen bijeen. Tevergeefs pleit zij daar voor eensgezindheid, die juist nu zo noodzakelijk lijkt. De gewesten en steden denken slechts aan hun eigen belang en hebben nog volledig lak aan elkaar. De stemming is zó geladen, dat Maria nauwelijks durft te vragen om geldelijke steun. Keizer Karel ('armer dan zijn armste gewest,' zoals iemand heeft beweerd) tracht het kwaad van een oorlog nog te keren.
'Ik daag u uit tot een godsoordeel, een duel tussen ons beiden op degens en dolk!' bericht hij aan koning Frans. Want geld om een behoorlijk leger op de been te houden heeft hij niet. Van dat vorstelijk duel komt natuurlijk niets. De oorlog moet worden gevoerd.

'Zoekt de strijd!' is het bevel, dat Maria haar legeraanvoerders geeft. Zij heeft overwinningen nodig — snelle overwinningen — want haar positie is verzwakt. Om die te behalen steekt zij zichzelf in het harnas en rijdt dapper naar het front.
'Wanneer koning Frans nog veertien dagen wil wachten, zal ik hem laten zien, waartoe God een vrouw de kracht kan geven!' zegt ze tegen haar generaals. Ook dit keer blijft de hemel in gebreke. belegeringen, plundertochten, platgereden akkers, brandende boerderijen... Bloed en tranen.

En dan opeens een wapenstilstand: noch keizer Karel, noch koning Frans kunnen hun legers financieren, omdat hen het geld daarvoor ontbreekt. De wapenstilstand zal niet lang duren...

De koning van de wederdopers: Jan van Leyden. Houtsnede van Cornelis Anthonisz. (1535).

Bourgondische tijd – Twaalfjarig Bestand
Hervormer Calvijn

Het optreden van Luther, de toenemende aanhang die hij vooral in Duitsland krijgt én het schisma, dat Hendrik VIII in Engeland veroorzaakt heeft, dwingen de eeuwenoude kerk van Rome tot een tegenoffensief over te gaan.
'Wij moeten onderzoeken op welke gebieden de moederkerk faalt,' zegt paus Paulus III — die dan juist twee van zijn kleinzoontjes (knapen nog) tot kardinaal heeft benoemd. Een commissie van onderzoek gaat aan het werk.
'De oorzaak ligt in eerste instantie bij de pausen, die steeds gemeend hebben dat de heilige kerk hun eigendom is!' melden de commissieleden in een openhartig rapport (1537). Zij benadrukken tal van misstanden:
'Verkoop van kerkelijke ambten aan degeen die het meeste biedt.'
'Wanbeheer in rijke kloosters.'
'Tal van schoolboeken zijn in omloop, die verderfelijk zijn voor de jeugd.' Hoewel méér dan de helft van zijn inkomen wordt gevormd door de verkoop van kerkelijke ambten, besluit paus Paulus III — weliswaar aarzelend — hervormingspogingen te beginnen voor zijn ontwrichte kerk. Hij reorganiseert de inquisitie naar het voorbeeld dat kardinaal Ximenes in Spanje heeft gesteld. Een aantal nieuwe kloosterorden, die beter dan de bestaande moeten functioneren, zijn reeds opgericht. Scherpzinnige theologen debatteren over vernieuwing. Dat alles zal leiden tot het belangrijke concilie van Trente (1545), waar het katholieke geloof veel duidelijker zal worden omlijnd. De eeuwenoude kerk komt daar vernieuwd naar voren en bij de contra-reformatie die zij begint, neemt zij ten scherpste stelling tegen de leer van Luther, tegen de opvattingen van Melanchton en Zwingli en — wat later — tegen de meest strijdbare en geduchtste tegenstander: de hervormer Johannes Calvijn.

Het concilie van Trente (1545-1563), dat vooral ten doel had om na alle hervormingsbewegingen de positie van het katholieke geloof te versterken.

Notariszoon Calvijn is 26 jaar jonger dan Luther. Hij groeit op in een samenleving, waarin hartstochtelijk over hervorming en vernieuwing wordt gepraat en gedacht.
Zijn generatie heeft de taak, aan alles wat onderzocht en omgewoeld is, richting en vorm te geven. Haast oeverloos is er gedebatteerd over geloof, sacrament, kerk en God. Nu groeit de behoefte aan organisatie, aan normen die stevig worden vastgelegd, aan richtlijnen die de houvast geven in de praktijk. Beter dan de meeste andere hervormers zal juist Johannes Calvijn aan die eisen voldoen.
Zijn theologische studies aan de universiteit van Parijs heeft hij in 1528 voltooid. Op verzoek van zijn vader studeert hij nog twee jaar rechten in Bourges en Orléans.
'Verlegen en beschroomd'. Zo beschrijft hij zichzelf. Dat beeld past bij de puriteinse, humanistisch getinte kamergeleerde die hij in feite is. Op 24-jarige leeftijd voltrekt zich een ommekeer, die zijn leven een andere wending geeft. Hij wordt haast overrompeld door de grote gedachte:
'De volledige almacht van de alom aanwezig God!' Tevens ondergaat hij de zekerheid, dat hij, als mens, slechts een instrument kan zijn — een instrument, dat door God voor de verkondiging van Zijn waarheid zal worden gebruikt. Dat God een plan voor de aarde heeft staat voor hem vast. Gedreven door een sterke wil en met een groot begrip voor orde, voelt hij het als zijn opdracht Gods koninkrijk in een kerk op aarde te verwezenlijken. *De instellingen van de Christelijke Godsdienst:* Dat is de titel van het baanbrekende werk, dat hij, pas 27 jaar oud, in 1536 publiceert. Het maakt hem op slag beroemd. Zich baserend op de Bijbel en met de schepping als tastbaar voorbeeld, zet Calvijn de bedoeling van God uiteen:
'God te kennen is het hoofddoel in het leven der mensen!' schrijft hij. Geen vaag geloof, maar *de zekerheid dat Hij bestaat en door schepping en Bijbel te kennen is*, onderstreept Calvijn in heldere taal. Hij voegt daaraan toe: omdat de mens door zijn verdrijving uit het paradijs vervallen is tot zonde, begint hij uit zichzelf niets. Niet door het doen van goede werken, niet door vrome karaktereigenschappen, maar slechts door de *uitverkiezing* van God kan de mens het eeuwige heil verwerven.
'Sommigen zullen door God worden gered, anderen zullen veroordeeld worden.
Het middel dat God daarvoor gebruikt is Jezus Christus, die de Verlosser is!'
Deze leer van de predestinatie (later door zijn volgelingen vervormd!) gaat dwars door goed en kwaad heen. Goede mensen kunnen verdoemd worden en slechte mensen kunnen uitverkoren zijn. Dat alles ligt in de handen van God. Maar allen dienen te hopen en te leven naar het voorbeeld, dat Christus de wereld heeft gegeven. Calvijn keert zich tegen het sacrament in de roomse kerk. Hij acht het Nieuwe Testament het belangrijkst, maar sterker dan bij Luther, valt bij hem toch ook een zwaar accent op het Oude Testament: 'God kan een verschrikkelijk God zijn en de zondige mens dient te sidderen voor zijn toorn!'
Onder een schuilnaam heeft Calvijn Frankrijk verlaten, als daar (in 1534) de geloofsvervolgingen begonnen zijn. Hij trekt naar Italië, naar Duitsland en Zwitserland, waar hij steeds in de kringen van hervormers verkeert. Als hij op doorreis te Genève overnacht, komt een lid van de her-

Calvijn (1509-1564). Frans schilderij (18de eeuw).

vormde gemeente naar hem toe met het verzoek:
'Wordt gij onze voorganger. Brengt hier de ideeën van uw boek in praktijk!'
'Ik ben geen prediker, geen zendeling,' protesteert Calvijn. Dan voelt hij, dat de alom aanwezige God hem die opdracht op de schouders legt. Hij neemt de taak op zich en zal — met een korte onderbreking — bijna 30 jaar in Genève blijven om richting te geven aan de gemeenschap, die in vele opzichten zijn weg nog zoekt.

"*Genève, stad van God!*' Met dat beeld voor ogen begint Calvijn de kerk te organiseren. Hij brengt ingrijpende wijzigingen aan:
'De overheid moet erop toezien, dat het de kerk aan niets ontbreekt,' zo stelt hij. De overheid (stedelijke magistraat) moet voor de nodige gelden zorgen. De overheid benoemt de predikanten en de ouderlingen. Maar aan de kerk is het toezicht op de ganse samenleving toevertrouwd (dus ook toezicht op het gedrag van de overheid!)
De kerk is verantwoordelijk voor de verzorging der armen. De kerk let op, dat de mensen niet dwalen in hun geloof en geen dingen doen, die met de leer van Christus in tegenspraak zijn.

'*Genève, stad van God!*' De prostitutie wordt uitgebannen. Calvijn richt er zelfs kroegjes op, waar de mensen kennis kunnen maken met zijn leer tijdens het (gematigd) drinken van een goed glas wijn. Dat wordt een fiasco, want het volk zit liever in een gezellige kroeg.
Te Genève groeit de kerk uit tot een instrument, dat het ganse leven domineert. En Calvijn krijgt er (als een kleine paus) tenslotte alle macht in handen. Kerk en staat vloeien in elkaar over tot vrijwel één geheel. Het is geen lieflijk geloof, maar het is concreet. Het is geschikt voor de sterken, de strijdbaren. Dankzij Calvijn komt er een hechte organisatievorm voor de kerk tot stand. Juist dááraan heeft de hervorming met al zijn sekten en versplinteringen zo dringend behoefte. Maar enige ruimte voor speelse fantasie blijft er niet. Pas na 1550 zal de leer van Johannes Calvijn de Lage Landen bereiken. De koele zakelijkheid van het calvinisme zal de inwoners méér aanspreken, dan Luthers heftige, gevoelsmatige geloofsbenadering!

Temidden van de heersende armoede, de geloofsvervolgingen en de geld verslindende oorlogen grijpt slechts een enkele geleerde naar de geschriften van Calvijn.
Het zal nog even duren, voordat ze vertaald zijn uit het Latijn en dan bereikbaar worden voor iedereen. Velen verdiepen zich liever in de eerste vaderlandse geschiedenis, die Cornelius Aurelius Goudanus (in 1517) te Leiden heeft uitgegeven: *Die Chronycke van Hollandt, Zeelandt ende Vrieslant*. Weer anderen lezen graag de ontroerende gedichten en verhalen, die aan martelaren zijn gewijd — zoals het lied, dat de proces en de marteldood van Weynken Claes bezingt.
Weynken Claes uit Monnickendam is voor de rechter gedaagd en heeft duidelijk blijk gegeven, dat zij een afvallige is.
'Wat denkt ge van het sacrament? Wat denkt ge van het heilige oliesel? heeft de rechter haar gevraagd.
'Olie is goed op de sla, of om de schoenen mee in te smeren,' is het dappere antwoord van Weynken geweest. Alle pogingen om haar te redden waren tevergeefs. En als zij de moeilijke weg naar de brandstapel gaat en een geestelijke een houten crucifix opheft in een oprechte drang om haar te beschermen, roept ze:
'Dat is mijn God niet. Dat is een houten God. Werp hem in de vijver!' Haar dood heeft diepe indruk gemaakt:

De beul trat aen om worgen
Doen sloot sy haer oogen fijn,
Hebbende in 't hert vorborghen
Een Trooster, niet om sorgen
Verlangende thuys te zijn...

Het verlangen om thuis te zijn — in het vele woningen tellende huis van de Hemelse Vader — wordt door vele mensen gevoeld. De huizen op aarde worden echter niet vergeten. Rijke edelen bouwen hun fraaie paleizen. Vooral Maarten van Rossum compenseert zijn woeste brand- en plundertochten met het optrekken van prachtige bouwwerken, zodra het weer even vrede is: de Kannenberg bij Vaassen, woningen in Arnhem en Zaltbommel.
'Daar staat de buit van menig veldtocht!' schamperen de boeren in de omgeving, maar zonder boosheid ploegen zij op hun akker voort. De rijken én de armen — zij zijn er beiden — en ieder heeft zijn plaats.
Hendrik van Nassau en zijn zoon René, prins van Oranje, verfraaien hun vorstelijke residentie te Breda. De rijke stad Antwerpen voert een nieuw stadsplan uit. Gilbert van Schoonbeke — een jongen uit het volk die met grondspeculaties een vermogen vergaarde — heeft het ontworpen en is met de uitvoering ervan belast. De trotse gevels, die kooplieden in de steden in nieuwe stijl laten verrijzen, bewijzen dat ook de burgerij met oude tradities breekt. Het aangezicht der steden ondergaat een ingrijpende wijziging, niet alleen van binnen, maar ook van buiten:
'We moeten de stadsmuren verlagen,' hebben militaire gouverneurs beslist. 'Dat is beter voor het opstellen van het geschut. We moeten vooruitspringende kazematten bouwen en die met aardewallen omringen! Aardewallen zijn beter tegen kanonskogels bestand dan stenen muren!'

De kunst is geheel op de renaissance geënt. Steeds weer reizen schilders naar Italië om daar inspiratie op te doen. Jan van Scorel heeft te Rome paus Adriaan vereeuwigd op het doek. De schilders die naam hebben gemaakt, kunnen overal terecht. Zij reizen langs de hoven van Europa en portretteren vorsten en vorstinnen, prinsen en prinsessen, en af en toe een maîtresse die hoog in aanzien staat. Hofschilder Jan Vermeyen trekt met Karel V naar Tunis en is er getuige van, dat de keizer daar de Turken verslaat.
Quinten Metsys vervaardigt een portretmedaille van de grote Erasmus, de man die zovelen in levende lijve willen zien. Onder dat portret wordt een tekst gegraveerd: 'Een beter portret van Erasmus tonen u zijn werken!' Twee schilders die Erasmus goed hebben gekend, Lucas van Leiden en Albrecht Dürer, ontmoeten elkaar in Antwerpen — in de vrolijke, veelal onbezorgd levende, wereld der kunstenaars.
'Mij heeft te gast genood Meester Lucas, die in koper snijdt, een klein manneke,' schrijft Dürer in zijn reisjournaal. Ze schilderen elkaars portret. Misschien heeft Dürer in het atelier van Lucas *Het Laatste Oordeel* bewonderd en gekeken naar de hel, waar de mens als gevolg van de zonde een droevig lot ondergaat. Misschien ook hebben de menselijke heiligen en de vele taferelen uit het Oude en Nieuwe Testament het meest indruk op hem gemaakt. Terwijl de theologen debatteren over doctrines van het geloof, schildert Lucas van Leiden mensen in hun innerlijke worsteling.
De gebrandschilderde ramen — een

Bourgondische tijd – Twaalfjarig Bestand

nieuwe techniek die in Gouda tot ontwikkeling komt — raken in zwang. Een van de glasschilders is David Jorisz, een man die ook gedichten maakt. Niet door zijn kunst, maar door zijn uitdagend optreden raakt hij bekend. Tijdens een Mariaprocessie gaat hij heftig tegen de Maria-verering te keer:
'Al quame Luycefer selve uuter helscher ghewelt, ick en souder niet af vervaert sijn, so ben ic gestelt...' Al komt Lucifer dan niet uit het geweld van de hel, het loopt hem toch dun door de broek, als de schout hem grijpt en hem wegens zijn aanstootgevend gedrag achter slot en grendel sluit. Na een harde geseling, moet David Jorisz te pronk staan aan de kaak, met een ijzer door de tong. Vervolgens wordt hij voor drie jaar uit de stad verbannen:

Ick arm schaep aen de groen heyde
Waar zal ik henengaen?
Van vrienden en magen moet ik scheyden
En alleen op Christum staen...

Dat alles terwille van de heilige Maria, die juist zoveel kunstenaars tot schilderijen, schone composities en toneelstukken inspireert.
Bliscappen van Maria heet het mysteriespel, dat vrijwel ieder jaar te Brussel wordt opgevoerd. Haar eerste blijdschap is de aankondiging van Jezus' geboorte; haar zevende en láátste blijdschap vormen haar dood en hemelvaart.

De dood, de altijd aanwezige, is ook het onderwerp in het uitermate succesvolle spel: *Den Speyghel der Salicheyt van Elckerlijc*. In opdracht van God komt Die Doot aan Elckerlijc vertellen, dat hij sterven moet. Maar Elckerlijc is nog niet klaar om te verschijnen voor Gods troon:
'Daer op ben ic nu al qualic versien (voorbereid), Rekeninghe te doen voer Gode bloot. Wie bistu, bode?'
'Ick ben die Doot, Die niemant en spaert...'
Elckerlijc smeekt om twaalf jaar uitstel, maar zijn gekerm baat hem niet. Al zijn menselijke, eigenschappen laten hem één voor één in de steek: schoonheid, kracht, kennis. De deugd, die met hem afdaalt in het graf, verlaat hem als láátste. Dan voert een engel hem naar 'de hemelse pleinen, waar allen moeten komen, de groten en kleinen...'

Op de hemelse pleinen verschijnt ook *Mariken van Nieumweghen*, een schoon spel over een meisje, 'die meer dan seven jaren metten Duvel woende ende verkeerde'.
De Duvel lokt haar mee:
'Ik zal je alles leren... de zeven vrije kunsten: rethoriek, muziek, logica, grammatica ende geometrie, aristmetica ende alchemie...' En Marieken van Nijmegen gaat met hem mee naar Den Bosch en Antwerpen, waar zij haar leven met de duivel verloedert. Tenslotte tot inkeer komend trekt ze naar Rome, waar de paus haar vergiffenis schenkt.

Vanzelfsprekend bestaan er naast de ernstige mysteriespelen allerlei kluchten, die met sappige taal en platte grollen zijn gevuld. Vechtpartijen op de toneelstellages tussen man en vrouw — met alle scheldwoorden die er maar te bedenken zijn — doen de toeschouwers brullen van de lacht:

Swijt! Het's jammer dat ghi leeft
Vuil ondier plavant
Ic sal u smiten (slaan) op uwen tant!

Heimelijke pret als de spelers op het toneel de overheid stiekum te grazen nemen. De gehate plakkaten betreffende de godsdienst vormen voor menig schrijver een dankbaar onderwerp. Toch vaardigt keizer Karel bij ieder bezoek aan de Lage Landen ook heel wat edicten uit, die voor het volk een zegen zijn.
'Voorschriften voor markten.' Daarin worden prijzen vastgesteld om de woekerpraktijken van opkopers tegen te gaan.
'Maatregelen tegen vagebonden, lediggangers en drankmisbruik.'
De keizerlijke plakkaten voor het dijkwezen zijn heilzaam, omdat door de heersende armoede weinig aan het onderhoud wordt gedaan. De regeling van het armenwezen (in de praktijk een fiasco) toont in ieder geval zijn goede wil. Waar hij kan, steunt de keizer het onderwijs. Ondanks zijn voortdurende geldnood scheldt hij Alkmaar een derde van de belastingen kwijt.

Het laatste oordeel, door Lucas van Leyden.

Van dat geld kan een verwoeste school weer worden opgebouwd. De Alkmaarse school heeft omstreeks 900 leerlingen. De meesten van hen wonen op kamers bij burgers in de stad. Dat zij het af en toe te bont maken, valt te lezen in het reglement van de school:
'De leerlingen moeten zich fatsoenlijk en eerlijk gedragen. Zij mogen 's nachts niet langs de straten zwieren. In herbergen en huizen van verdacht allooi behoren zij niet te zijn. Opzichtige kleding en het dragen van wapenen zijn verboden. Op zon- en feestdagen moeten zij de mis bijwonen en hun leus moet zijn: *wél te leven én... steeds Latijn te spreken.*'

De wellevendheid is dikwijls zoek. Toch zijn er vele 'manierenboekjes' in omloop, die herhaaldelijk worden herdrukt. Het belangrijkste boek is dat van Erasmus, die het in 1530 schreef. Temidden van kerkstrijd, oorlogen, misoogsten en stijgende prijzen raakt men goede manieren maar al te gauw kwijt. Daarom is het goed om de dagelijkse zorgen even te vergeten:

'Wi willen gaen dansen van herten blij!' zeggen de vrouwen als het kermis is. Menig lepe dille (meisje), draait daar dan met haar billen. Want het gaat er ongegeneerd toe.

En wat een afleiding is het, als de Kamers van Rhetorijcke hun stukken spelen.

Daar komen de rederijkers. Met schitterende voorstellingen, feesten en drinkgelagen, luisteren zij de hoogtijdagen op. Op

Brugge. Miniatuur uit een Vlaams gebedenboek van Simon Bening (ca. 1483-1561).

Bourgondische tijd – Twaalfjarig Bestand

Over onrust en oorlog

In de 16de eeuw neemt de macht van de vorst toe — ten koste van allerlei bestuursorganen die vroeger beschikten over een grote mate van onafhankelijkheid. Er begint nu een soort touwtrekkerij om de macht tussen de vorst en de magistraat in de steden, of de regionale overheid (Uitzondering op die regel vormen vooral de gewesten Holland en Zeeland!). Zonder schokken verloopt dat proces niet.

Opeens kunnen in rustige plaatsen opstanden uitbarsten, die voor keizer Karel een kwelling zijn. Hij voelt zich als een vader voor zijn gewesten — en begrijpt niet, dat zijn kinderen in opstand komen tegen het 'ouderlijk gezag'.

'Er is niemand die streeft naar de versterking van onze dynastie!' krijgt hij van landvoogdes Maria te horen.

het *landjuweel* steken zij elkaar met artistieke prestaties naar de kroon. Trompetten en klaroenen schallen, als de meedingende kamers hun opwachting maken. Gedost in rode, blauwe, groene gele of bruine mantels, in uniforme tabbaarden en wambuizen, de hoeden vol met pluimen, rijden zij op hun versierde speelwagens de stad in.

'Die zijn van *De Pellicaen* uit Haarlem. *Trou moet blijcken* is hun devies!'

'Daar komt *wt jonsten versaemt* van Antwerpen!'

'Dat is de *Eglantier* uit Amsterdam!' Een bloeiende rozestruik met daarop de gekruisigde Christus voeren zij op hun blazoen met eronder het devies: 'In liefde bloeiende!'

De zotten en narren zitten op ezels, of rijden in vreemdsoortige rolwagentjes voort.

Ze praten luid met hun marmotten en verkopen hun ruwe moppen aan het uitgelaten publiek:

Lelijk creatuur! Vuil marmottenbeest! Ge hebt me de hosen nat geseken!'

De stad is versierd. De gevels gaan verborgen achter hangtapijten en duizenden toortsen verlichten het marktplein, waar de kamers hun voorstellingen zullen geven. Op St. Jorisdag, Driekoningen of Ommegangsdag mogen mastklimmen, varkensknuppelen en vuurwerk de processies opluisteren, hoogtepunt is toch altijd het optreden van de Kamer van Rhetorijcke. Als winnaars van de Europa Cup worden de leden van *Het Bloemken Jesse* te Middelburg, of van *De Violieren* te Antwerpen binnengehaald, als zij prijzen op een landjuweel in de wacht hebben gesleept.

De kunst der rederijkers draagt er in hoge mate toe bij, dat de volksontwikkeling een trapje hoger komt te staan. Zij brengen ook de steden en gewesten wat dichter tot elkaar. Belangrijk is zeker ook de rol, die zij in de hervorming spelen. Kenmerkend daarvoor is het grote landjuweel van Gent, dat in 1539 wordt gehouden. 19 Kamers nemen er aan deel. Zij hebben opdracht gekregen een *Sinnespel* op te voeren, waarin een antwoord wordt gegeven op de vraag: *'Wat is de stervende mens het meest tot troost!'*

Het is een geladen onderwerp, dat het geloof in zijn diepste kern raakt. Hoe opvallend, dat géén der kamers het sacrament der stervenden vermeldt; dat in vele stukken de kerkelijke ceremoniën als weinigzeggend worden afgedaan en dat door de meeste rederijkers de nadruk op de Bijbel wordt gelegd. Toch zijn vrijwel alle spelers en schrijvers goed katholiek.

'Bedevaarten, vasten, laten bidden, geven niet de troost die de stervende behoeft!' staat in het spel dat door de Bruggenaren wordt opgevoerd. Direkt na het landjuweel verschijnen de spelen in druk.

'Deze stukken zijn te protestants. Zij doen het publiek twijfelen aan de geboden der kerk. Het is zaak, de verspreiding ervan tegen te gaan!' zeggen leden van de theologische faculteit van Leuven. En inderdaad, de uitgave zal op de lijst van verboden boeken komen te staan.

Een maand na dat landjuweel barst in Gent een woeste opstand los.

De onderwerping van Gent aan Karel V in 1540. Aquarel van J.C. Vermeyen.

Gent, in het jaar des Heren 1539: Nu de regentes om een extra gelden heeft verzocht, raakt de stad in rep en roer. Opgewonden burgers vertellen de wildste geruchten aan ieder die het maar wil horen:

'Koningin Maria heeft ons een ongehoorde belastingplicht opgelegd!'

'De magistraat heeft geweigerd aan die belastingen te voldoen!'

'Ze zeggen dat de keizer dood is...'

Er ontstaan vechtpartijen, waarbij vooral de belastingambtenaren het moeten ontgelden. De arrestaties en doodvonnissen die daarop volgen, brengen de stemming in de stad al gauw naar een kookpunt dat er niet om liegt.

'In de stadsarchieven ligt een document dat *Terugkoop van Vlaanderen* heet. Daarin is het privilege vastgelegd, dat onze stad nimmer belasting hoeft te betalen, als de magistraat dit niet wenst...' Ergens in Gent schreeuwt iemand die wilde bewering uit. Het maakt indruk:

'Op naar het raadhuis!'

'Op naar het raadhuis!' Een verhitte menigte gaat op zoek naar Lieven Pijn, deken van de stad. De poorten worden bezet.

'Recht, wet en justitie!' Met die kreet komen de *creesers* (schreeuwers) in openlijke opstand. Na langdurige folteringen onthoofden zij Lieven Pijn op het plein voor het Gravensteen. Met die daad denken de gilden en handwerkslieden een greep naar de vrijheid te kunnen doen. De Terugkoop van Vlaanderen vinden zij niet. Wel het Calfvel — een document, waarmee Karel V reeds eerder een aantal privileges heeft ingetrokken.

'Steek er het mes in, broeders!' En het mes gáát erin.

De creesers trekken vervolgens door het Vlaamse land. Wilde tonelen spelen zich in Kortrijk, Brugge, Ieper en Rijssel af. Protesten van de landvoogdes halen niets uit.

'Wat hebben wij metter koninginne te doen? Dat men ze in een klooster steke!'

Maria, die maar weinig steun krijgt, schrijft wanhopige brieven aan de keizer. Ze smeekt hem over te komen. En Karel komt, al is het niet meteen.

Pas in februari 1540 trekt hij met Maria, met Nederlandse, Duitse, Spaanse en Italiaanse edelen, met kerkvorsten, ruiterij en geschut en met gevechtsklaar voetvolk naar het opstandige Gent. In april velt hij het vonnis over de stad:

'Schuldig bevonden aan misdaden van trouweloosheid jegens hun vorst, aan ongehoorzaamheid, verdragsbreuk, opstand, rebellie en majesteitsschennis, worden de gilden en de gemeente van Gent vervallen verklaard van alle privileges, rechten, vrijheden, costumen ende gebruiken... voor alle eeuwigheid!'

Dat alles is niet gering, maar er volgt nog meer:

'In beslag genomen zijn te onzen bate, de bezittingen, renten, inkomsten, onroerende goederen, kanonnen... en de klok, genaamd Roelant...'

Als een bijzondere gunst is Karel op die voorwaarden bereid Gent zijn misdaden te vergeven. Vertegenwoordigers van de stad moeten openlijk boete doen.

'Genade!' Leden van de magistraat, in het zwart gekleed, zonder riem en blootshoofds; vijftig creesers, gehuld in een lap linnen, barrevoets en met een strop om de nek, knielen met tranen in de ogen voor de keizer neer:

'Genade! Genade!' De tranen zijn begrijpelijk, want de straf komt hard aan. De Engelse gezant rapporteert aan koning Hendrik VIII:

'Heden heeft de keizer vonnis geveld over de stad Gent: een vonnis zó gestreng, dat het mij niet zou verbazen als de hele stad eraan te gronde zou gaan!'

Het fiere onafhankelijke Gent, dat altijd in Vlaanderen heeft gedomineerd, ligt gebroken onder de genadeslag.

'Blijf toch nog,' zegt landvoogdes Maria, als Karel kort daarop de Lage Landen wil verlaten. 'Verover eerst Gelre, waar hertog Willem van Kleef zich als een openlijke vijand van ons huis gedraagt...' Karel schudt zijn hoofd. Hij heeft belangrijker zaken te doen. Hij wil de Turken terugdrijven, en de Duitse protestanten onderwerpen aan zijn gezag. Bovendien voelt hij de noodzaak àl zijn krachten te bundelen, om Frankrijk in de op handen zijnde oorlog te kunnen weerstaan.

'Heer, wijs mij de weg!' Dat zal hij dikwijls hebben gebeden, want onmetelijk zwaar wegen de zorgen over het wereldrijk. Het is een last die één man onmogelijk kan dragen. Daarom denkt Karel vele keren over zijn opvolging. Zal hij zijn vorstendommen onder een aantal familieleden verdelen? Even rijpt het plan om de Nederlandse gewesten samen te smelten tot één afzonderlijk koninkrijk. Als hij dát eens had gedaan...

Wanneer keizer Karel in januari 1541 de Nederlanden verlaat, dreigen er gevaren van alle kanten. Frankrijk, Gelre en Denemarken (dat een sterke vloot heeft) hebben zich voor de komende oorlog verenigd in een groot verbond.

'Waar zal de eerste aanval plaatsvinden!' Vol ongerustheid vraagt iedereen zich dat af. Overal doen onheilsgeruchten de ronde. Een beklemmende sfeer nestelt zich in ieder gewest.

Uitgeweken Vlamingen, die gevlucht zijn voor de inquisitie, zetten de burgers in de Noordelijke Nederlanden tegen de Habsburgers op. Buitenlandse agenten zaaien onrust en hun spionnen en verklikkers brengen tal van berichten naar hun meesters over de grens. De spanning stijgt en wie verontrust door de straten der steden gaat, hoort uit de martelkamers de afgrijselijkste kreten en het hels gegil van samenzweerders, oproerlingen, misdadigers en... ketters.

'Nomdeju...' Het gaat door merg en been.

Wanneer de oorlog uitbreekt, trekt veldheer Maarten van Rossum met zijn troepen Brabant in. Al gauw doet een versje de ronde:

Twee Maartens stellen de gehele wereld in roeren
De één plaagt de kerk (Luther), de andere de boeren...

Inderdaad plaagt Maarten van Rossum de Brabantse plattelandsbevolking op een verschrikkelijke manier. De streek rondom 's-Hertogenbosch en Breda wordt platgebrand en uitgemoord. Terwijl de Fransen Luxemburg veroveren, richt Gelre de aanval op Antwerpen. Landvoogdes Maria rijdt van her naar der om haar troepen te inspecteren en haar veldheren aan te sporen tot flinke strijd.

Prins René van Oranje krijgt opdracht Antwerpen te verdedigen. Op weg daarheen lijdt zijn strijdmacht reeds een ernstige nederlaag. Toch houdt Antwerpen stand.

Kaartje van de Habsburgse landen.

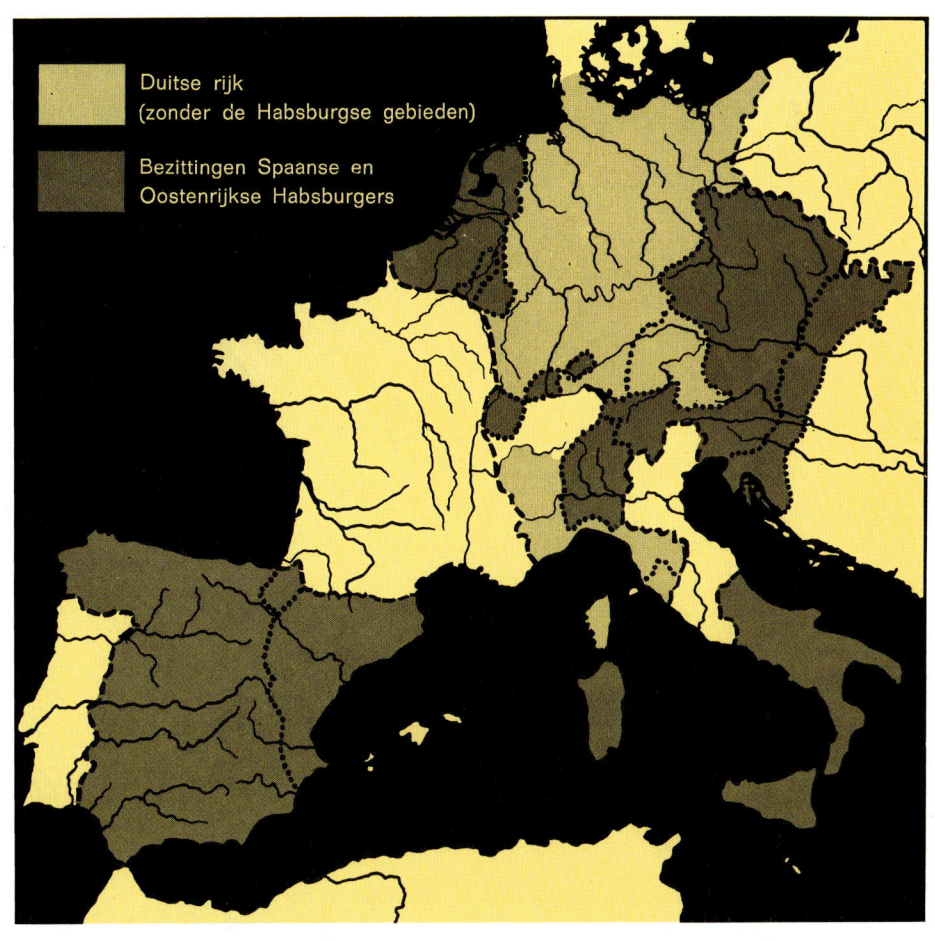

Duitse rijk (zonder de Habsburgse gebieden)

Bezittingen Spaanse en Oostenrijkse Habsburgers

Bourgondische tijd – Twaalfjarig Bestand

Als 'Zwarte Maarten' de stad nadert, grijpen de burgers naar de wapenen en sporen elkaar aan tot dapper verzet:
'We moeten de wallen verstevigen met keien uit de straten!'
'We moeten kisten hebben manden en zakken! Laat de vrouwen die naar de zwakste plekken slepen!'
'We zullen helpen,' zeggen de kinderen. Al die bedrijvigheid ondergaan vooral de jongens als een mooi avontuur. De ellende van een beleg kennen zij niet. Opgewekt vullen ze tonnen met teer. En als ze 's avonds onder dat teer thuiskomen, jammeren hun moeders het uit. Maarten van Rossum trekt weg, omdat zijn leger met omsingeling wordt bedreigd.

Mechelen heeft als afweer de dijken doorgestoken. De stad ligt onbereikbaar in een eindeloze watervlakte, die de akkers en landerijen van de boeren bedekt. Te Leuven zetten de studenten tot verzet en strijd aan — al is de bange magistraat reeds met Van Rossum in onderhandeling. De ontreddering van het hart der Lage Landen lijkt totaal.

Plundertochten, rokende puinhopen, kuiperijen en verraad kenmerken de oorlog, waarin voorlopig niemand wint en iedereen verliezer is, want de landvoogdes eist ongehoorde belastingen van de Staten-Generaal: 'Een honderste penning van alle uitvoer.

Een tiende van al het onroerend goed!' En opnieuw smeekt ze de keizer over te komen...

Spanje, 4 mei 1543. Karel V zit achter zijn schrijftafel. Met de ervaring — opgedaan in vele zware jaren — weet hij, dat hij in de komende maanden veel, zo niet alles, op het spel moet zetten. Voor zijn vertrek naar Duitsland en de Nederlanden heeft hij zijn 16-jarige zoon Filips in Spanje tot erfgenaam en regent benoemd. De Cortes (Staten) heeft hem als zodanig reeds gehuldigd. Nu schrijft de keizer zijn zoon een lange, persoonlijke brief:
'Mijn zoon, aangezien mijn vertrek uit deze koninkrijken steeds nader komt, zal ik het wagen om u in mijn plaats achter te laten om over deze landen te regeren...'

Vele aandoenlijke en vaderlijke raadgevingen zet Karel eigenhandig op papier: vroom zijn, God liefhebben en vrezen. Wenken voor de omgang met zijn zusters.

Adviezen over bestuurscolleges met de raad: 'Wacht u voor vleiers als voor vuur!' 'Mijn zoon, gij zult zo God wil, spoedig in het huwelijk treden... Wat uw eerste huwelijkstijd betreft, moet ik u vermanen, omdat gij nog jong zijt. Gij moet uzelf in acht nemen en u niet aanstonds mateloos aan het huwelijk overgeven. Niet alleen zou dat uw gezondheid benadelen, maar het heeft ook vaak zulk een zwakheid ten gevolge, dat dit het nakomelingschap in gevaar brengt!' Filips krijgt de raad, niet te veel bij zijn aanstaande vrouw te verwijlen.

'En als gij, naar gij mij verzekerd hebt, nog geen vrouw voor de uwe hebt aangeraakt, laat u dan ook ná het huwelijk niet met domheden in, want dit zou zonde zijn voor God en ergerlijk voor uw vrouw en voor de wereld...'

Uit deze regels doemt een vorst op, die zich door de jaren heen tot een sterke persoonlijkheid heeft ontwikkeld; die zelfbewust de mensen doorziet; die met een diep geloof de wisselvalligheden van het bestaan overlaat aan God: 'Zeer bekommerd en bezorgd ben ik, dat ik u mijn landen in zulk een noodtoestand en innerlijk verzwakt moet achterlaten... Om uw erfdeel te beveiligen, ook om eer en aanzien, trek ik te velde en niemand weet, hoe de afloop zal zijn. Want de tijd is al ver gevorderd, het geld is beperkt en de vijand is op zijn hoede...'

De keizer geeft aanwijzingen voor Filips' regentschap en hij schetst de karakters van de raadgevers der kroon:
'De kardinaal van Toledo is onberispelijk. De hertog van Alva zal zich scharen bij de partij die hem voordeel brengt. Daarom heb ik hem, gelijk alle grandes, van de eigenlijke staatszaken verre gehouden. Hij is

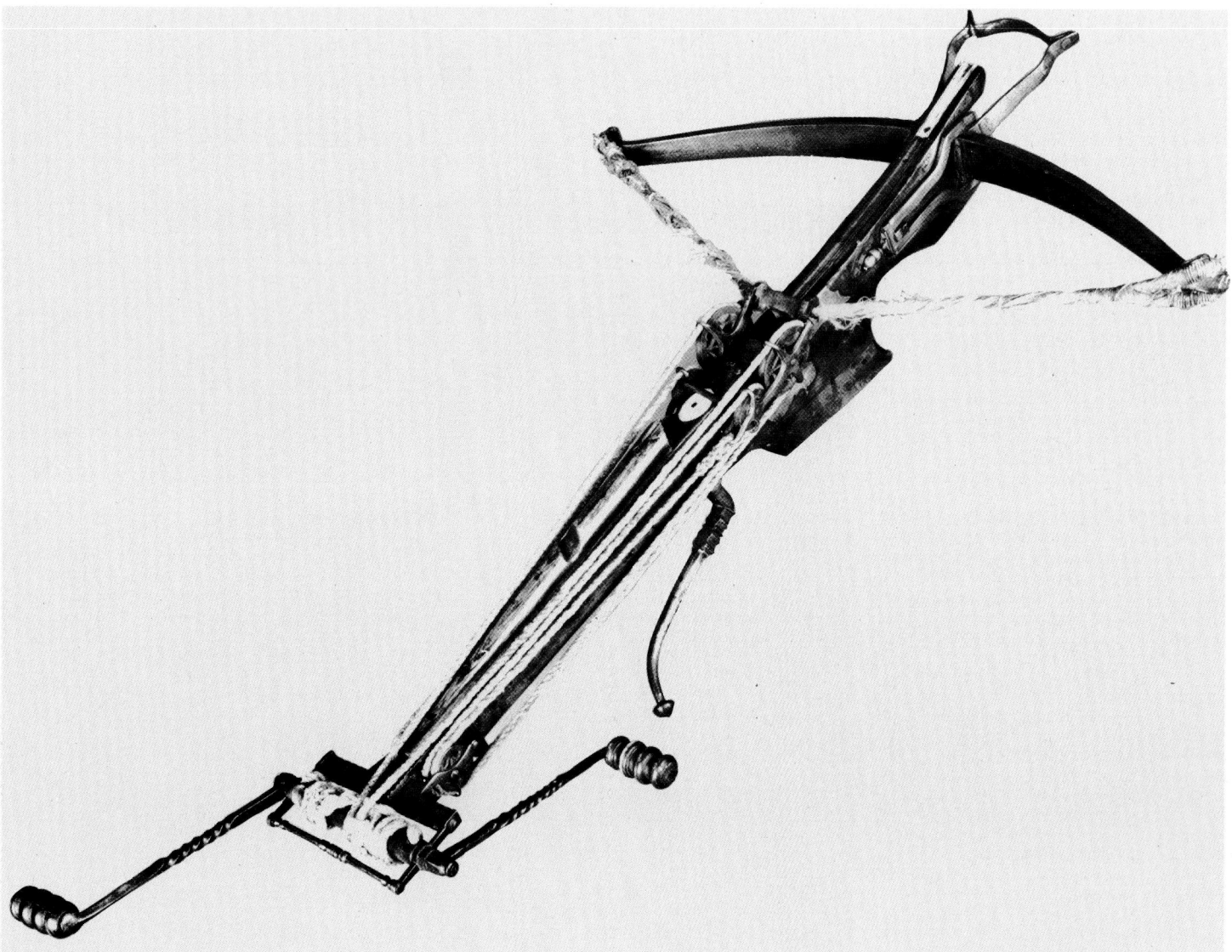

Kruisboog met Engelse spannen (16de eeuw).

Gezicht op Brussel, door Th. van Heyl, 17de eeuw.

eerzuchtig, al doet hij zich nog zo nederig voor. Hij zal toenadering tot u zoeken, desnoods met behulp van vrouwen.
Wees tegenover hem op uw hoede, maar schenk hem vertrouwen in alle militaire aangelegenheden...'
Granvelle wordt warm aanbevolen als raadgever voor de politiek:
'Ik houd hem voor trouw, ook al dient hij tevens zijn eigen belang.'
Hoe prachtig wordt Karel getypeerd door de laatste regels uit zijn brief:
'Ik moest u eigenlijk nog heel veel zeggen, mijn zoon. Doch wat ik u aan werkelijk belangrijks moet mededelen, dat is voor mijzelf nog zo duister en onbeslist... Eén van de voornaamste redenen van mijn tocht is: zekerheid te krijgen over wat wij hebben te doen. Gedraag u naar Gods wil en laat al het andere maar over. Zo streef ook ik ernaar mijn plicht te doen en mij op te dragen aan Hem, die u Zijn zaligheid moge verlenen, nadat gij in Zijnen dienst uw dagen zult hebben volbracht!
Ik, de Koning.'

Via Italië en Duitsland trekt Karel met een groot leger tegen Gelre op. De stad Düren heeft overmoedig de poorten voor hem gesloten. Na een korte belegering capituleert het garnizoen. De Nederlanders die bij de Gelderse troepen hebben gediend, worden gegrepen, verdronken of gewurgd. De keizerlijke soldaten krijgen de stad als krijgsbuit toegewezen:
'Da's beter dan een zakje soldij, dat we toch niet krijgen,' denken ze en ze slaan opgewekt aan het plunderen.
Geschrokken van Dürens harde lot geven Gulik en Kleef zich over. Ook andere steden in Gelre roepen keizer Karel snel tot hun hertog uit. Al is de strijd afgelopen, Maarten van Rossum komt niet zonder werk. Hij krijgt genade, omdat keizer Karel zo'n veldheer maar al te goed gebruiken kan.
Zo zijn dan tenslotte, in 1543, de 17 Nederlandse gewesten (17 als symbool voor véél) onder de kroon van de Habsburgers verenigd. Alleen het prinsbisdom Luik behoudt nog enige onafhankelijkheid. Van een hechte eenheid is ook dan nog geen sprake.
Wél vormen de gewesten een begin voor een samenhangend cultuurgebied.
'Toekomende overste heer en natuurlijken prins!' Met die betiteling trekt de keizer naar Nijmegen om zich te laten huldigen:

'We zullen triomf oogsten als keizer Karel komt!' heeft het stadsbestuur beslist. Al het beschikbare geschut, 34 kanonnen in totaal, is naar de wallen gesleept. Die kanonnen bulderen en ook de klokken beieren, als Karel, in gezelschap van Maria en van de nieuwe stadhouder Lalaing, Nijmegen binnentrekt. In zijn gevolg bevinden zich ook maarschalk Maarten van Rossum, de bisschoppen van Atrecht en Kamerijk en de ridderschap van het Nijmeegse kwartier. Het is een hele stoet. Voorop marcheert het schuttersgilde, met het vaandel van St. Joris en slaande trom. De schutterskoning, omhangen met een zilveren keten, draagt de papegaai op zijn hand.
Dan komen de burgemeesters, geflankeerd door hellebaardiers, de schepenen, de meesters der gilden en broederschappen, de burgerweer met de stadsbanierdrager.
'Hé, Lange Jacob!'

'Vooruit, kleine Arent!'
Voor wat afwisseling in de bonte stoet zorgen de twee stadsgekken in hun bonte narrenpak. Misdadigers, die kans zien de staart van het paard van de keizer vast te houden, krijgen volgens oud gebruik kwijtschelding van hun straf. De Nijmegenaren kijken toe:
'Ze hebben een touw gebonden aan keizer Karels paard!'
'Dan kunnen heel wat boeven van de intocht profiteren. Mot je de koppen zien van dat tuig!'
Voor het raadhuis worden geschenken uitgedeeld. Keizer Karel ontvangt 3 zware zilveren bekers (afkomstig uit Keulen, waarde 2500 gulden), 5 vette ossen, 5 okshoofden Rijnwijn en 108 mud haver voor zijn paarden!

Gelre is veroverd, doch de oorlog met Frankrijk sleept zich nog voort. Als Luxemburg hem weer in handen is gevallen, verzamelt Karel (in 1544) zijn hoofdmacht in Metz. Van daaruit wil hij Frankrijk binnentrekken. Omgeven door zijn Spaanse en Italiaanse generaals, door Duitse vorsten en Nederlandse bevelhebbers, inspecteert de jichtige keizer daar zijn troepenmacht. Het is een indrukwekkend geheel: 3000 Italiaanse en 4000 Duitse ruiters. 16.000 man voetvolk, waaronder 6.500 Spanjaarden en 7.000 Nederlanders. Dan zijn er nog 62 kanonnen met 3500 paarden, 1400 pioniers, 200 wagens, 70 boten. Alles bij elkaar staan 40.000 man voor een beslissende krachtmeting met Frankrijk gereed.
Na een opmars van 100 kilometer komt de eerste tegenstand. St. Dizier aan de Marne weigert zich over te geven. Gehar-

Bourgondische tijd – Twaalfjarig Bestand

naste en bepluimde officieren rijden op hun paarden rond en de gebruikelijke bevelen weerklinken:
'Loopgraven graven!'
'Breng de kanonnen in stelling voor een bombardement!'

Op een van de eerste dagen van het beleg wordt één van de hoofdofficieren levensgevaarlijk in zijn schouder getroffen. Krijgsvolk brengt hem naar zijn leger, maar er is geen redden aan. Op 21 juli 1544 sterft — pas 26 jaar oud — René van Châlons, prins van Oranje, Heer van Nassau en Breda, drost van Brabant, stadhouder van Holland, Zeeland, West-Friesland, Utrecht en Gelre, verreweg de rijkste edelman van het Brusselse hof.

St. Dizier valt enkele dagen later. De weg naar de Franse hoofdstad ligt open. Het volk van Parijs verkeert reeds in paniek. Maar... vredesonderhandelingen zijn reeds gaande. Opnieuw door gebrek aan geld kan Karel geen definitieve overwinning behalen. In september sluit hij met koning Frans de vrede van Créspy.

'We moeten elkaar steunen in de strijd tegen de Turken!' spreken ze af. En dat mag ook wel. Onder hun hoofdman Barbarossa houden de Turken barre plundertochten in Italië. Nieuws daarover, dat door Europa gaat, heeft ontsteltenis en afschuw gewekt:
'Meer dan 5000 christenen, waaronder 200 nonnen voor de harem van de sultan, zijn door de Turken naar de galeien gevoerd.'

Bij de vredesonderhandelingen beloven keizer Karel en koning Frans elkaar tevens tot uitroeiing van het ketterse geloof over te gaan. *Vrede*, al heeft de oorlog geen beslissing in de voortdurende machtsstrijd gebracht. Wél is de laatste veldtocht beslissend geweest voor een 11-jarige jongen in het Duitse land:

Een koerier van de keizer is met een belangrijke boodschap naar de Dillenburg gereden, het stamslot der Nassau's die omstreeks het jaar 1160 uit de graven van Lauenburg zijn voortgekomen. Verbijsterd luisteren graaf Willem van Nassau en zijn vrouw, Juliana van Stolberg, naar de boodschap die hij brengt:
'Prins René is gesneuveld. Uw oudste zoon is tot algeheel erfgenaam van titel, macht, bezit en geld benoemd.'
'Moet hij dan katholiek worden?' De koerier knikt, kijkt het echtpaar aan. Willem van Nassau en zijn vrouw hebben de partij van Luther gekozen, zoals zoveel Duitse vorsten hebben gedaan. Zullen zij de erfenis voor hun zoon aanvaarden, nu de kleine Willem aan het Brusselse hof katholiek zal worden opgevoed?
'Zo zwaar weegt dat toch niet!' meent Willem van Nassau. Voor hem wegen de dynastieke belangen het zwaarst. De tegenstellingen katholiek-protestant waren op dat moment trouwens nog niet zo scherp afgebakend. En wat een kansen voor zijn zoon!

In maart 1545 maakt de kleine Willem, 11 jaar oud, zijn opwachting aan het Brusselse hof. Daar krijgt hij, als hoveling, zijn scholing in krijgskunde en politiek. Reeds binnen twee maanden mag hij met landvoogdes Maria mee op een inspectietocht door Holland en als vanzelf maakt hij kennis met de belangrijkste edelen van het land:

'Prins Willem, dat is de graaf van Egmont.'
Egmont is de rijkste edelman der Lage Landen. Hij bezit uitgestrekte bezittingen in Vlaanderen en Luxemburg, die hij door een huwelijk met een Waalse erfdochter heeft gekregen. Maar de kleine prins van Oranje overtreft hem in rijkdom tot drie keer toe!

'Dat is de graaf van Kuilenburg!'
Met Aremberg, Horne (graaf van Montmorency), de graaf van Buren en Hoogstraten (uit het huis Lalaing) behoort hij tot de vermogendste mannen van het land.

Prins Willem ontdekt, met hoeveel weelde zo'n hoogadelijk heer zich omgeeft. Het zoontje van de heer van Aarschot (uit het huis Croy) woont als student in een eigen paleis met een eigen gouverneur, een eigen leraar en 12 pages. Als een telg uit die voorname geslachten trouwt, komen er vertegenwoordigers van de Franse koning, van de Duitse en Italiaanse vorsten en een afgezant van de paus. De feesten die zij geven zijn van een overdadige pracht — al ontaarden ze maar al te vaak in wilde braspartijen, waarbij uitbundig met hupse deernen wordt gestoeid. De kleine prins van Oranje zal in dat opzicht later voor geen van hen onderdoen — behalve misschien voor Brederode, want die drinkt zich ongeveer dood.

Met een geschat inkomen van 150.000 livres per jaar, kan prins Willem leven als een waarachtig vorst. Zélfs als hij af en toe wat moet bezuinigen — en dan 28 koks tegelijk ontslaat! — wordt dat in zijn vorstelijke hofhouding amper gemerkt. Die voorname edelen bekleden de belangrijkste posten in de regering en aan het hof van de landvoogdes. Niet uitsluitend hun aanleg, maar ook de kleur blauw van hun bloed geeft bij aanstellingen de doorslag. De stadsbesturen sloven zich daarom meestal uit, als die hoge heren hun stad met een bezoek vereren:
'De graaf kan onze voorspraak zijn bij de landvoogdes,' zo denken de leden van de magistraat. 'We zullen een grootse maaltijd voor hem aanrichten. En laten we zorgen voor een héél mooi meisje voor de nacht, want de graaf slaapt niet graag alleen!' Als erfgenaam van zijn oom René stapt prins Willem van Oranje die wereldse maatschappij van de Lage Landen binnen.

In de Lage Landen is de toestand niet al te best. In de steden heeft een aantal bedrijven moeten sluiten en heel wat huizen staan er leeg. Het economische leven gaat steeds verder achteruit. (De grootste achteruigang valt rond het jaar 1566 — het jaar van de Beeldenstorm, die ook economische achtergronden heeft.) De ontevredenheid is groot. Duizenden afgedankte Duitse en Spaanse soldaten trekken plunderend door het land. Ze maken zich zeer gehaat:
'Dat Spaanse tuig! Wat moeten ze hier?'
'Betalen we dáárvoor de hoge oorlogsbelasting, die op vrijwel alle goederen drukt?'
Te kankeren is er volop en met reden. De zware belastingen hebben de Nederlanden tot het duurste land van Europa gemaakt. Uit vrijwel ieder kerkportiek weerklinken de klagende stemmen van vervuilde bedelaars:
'Een aalmoes, in Jezus' naam!'

Opluchting heeft de vrede met Frankrijk niet gebracht, want de keizer staat alweer gereed om strijd te leveren tegen de protestantse Duitse vorsten die opstandig zijn.

Hij motiveert dat in een brief aan zijn zuster Maria, de landvoogdes, die hij als trouwe medewerkster zo waardeert:
'Door zich af te wenden van het katholieke geloof, zullen de volkeren zich tevens afwenden van de trouw en gehoorzaamheid aan hun vorst. Voor niets ter wereld wil ik dat beleven, noch veroorzaken.'

Reikhalzend zien vele ontevreden onderdanen uit naar de afloop van die strijd.

Vooral de protestanten — die gebukt gaan onder edikten en plakkaten — beseffen dat de toekomst van hun geloof daar in Duitsland op het spel is komen te staan...

De laatste jaren van Karel V

Het geestelijke leven in Europa staat in de jaren 1546-1550 op vele plaatsen voor een belangrijke beslissing. Voor de mensen die dan leven moeten de zaken van het geloof buitengewoon onoverzichtelijk zijn geweest. Overal zijn vooraanstaande theologen in de weer om hun mening te verkondigen. Voor de gewone burger, die geen Latijn leest, is moeilijk te ontdekken wat er gaande is. In het kamp van de hervorming heerst grote onenigheid. Allerlei meningen staan tegenover elkaar en dat heeft tot verslapping geleid. De kerk van Rome, die zich op het concilie van Trente heeft vernieuwd — al dringt ook dát langzaam tot de gewone burgers door — lijkt nog uitermate sterk te staan. Maar juist als de katholieken de gelederen hechter aaneensluiten, krijgt de hervorming een nieuwe impuls, die beslissend voor de toekomst van West-Europa zal zijn.

De beginjaren zijn niet gemakkelijk, maar de moderne aanpak en de totale inzet hebben toch succes. Als Loyola in 1556 sterft zijn er 1000 leden! Geleerden, bekwame onderwijzers, beroemde redenaars, voortreffelijke staatslieden — maar ook gevreesde inquisiteurs — zijn bezig uit hun midden voort te komen. Zij bijten in zekere zin de spits af bij de contra-reformatie die de kerk van Rome is begonnen. In Duitsland zijn de jezuïeten reeds het offensief tegen de aanhangers van Luther begonnen. En met goed resultaat!

Overeenkomstig zijn belofte bij de vrede van Créspy, begint koning Frans de ketters in zijn land te vervolgen. Ook in Frankrijk een offensief der roomse kerk. En ook in Frankrijk verrijzen brandstapels. Omstreeks 4.000 mensen sterven daar in vrij korte tijd de marteldood. De inquisiteurs in de Pro-

Ignatius van Loyola, door P.P. Rubens.

In het jaar 1546 is Maarten Luther stervende. Hij heeft vele twijfels gekend en zich soms wanhopig afgevraagd, of hij wel de goede weg heeft bewandeld. De getrouwen, die nu zijn sterfbed omringen, horen hem zeggen:
'In Uwe handen beveel ik mijn geest, Vader. Gij hebt mij verlost, God der Waarheid...'

Als hij nog één keer uit zijn doodssluimer ontwaakt, stelt dr. Justus Jonas hem nog snel de vraag, die voor allen zo uitermate belangrijk is:
'Eerwaarde vader, wilt gij op de leer, die gij gepredikt hebt, in vol vertrouwen sterven?'
'Ja,' fluistert Luther. Dat is het láátste woord dat hij spreekt.

Zijn volgeling Melanchton neemt de leiding over. Ook hij kan niet voorkomen, dat over Luthers geloofsopvattingen bittere ruzies ontstaan. Tweestrijd en versnippering zijn het gevolg. Al blijven de Duitse vorsten, ook uit politiek oogmerk, de leer van Luther toegedaan, tot een eensgezind front komen zij toch niet. En dát, terwijl keizer Karel met een leger naar hen onderweg is om orde op zaken te stellen...

Enige jaren tevoren heeft de paus met enige aarzeling zijn zegen gegeven aan de orde der jezuïeten, die de strijdvaardige Ignatius van Loyola in het leven heeft geroepen.

Ignatius, een Spaans edelman die in de oorlog gewond is geraakt, heeft te Parijs hetzelfde college bezocht als Johannes Calvijn. Misschien hebben zij er elkaar nog juist ontmoet en als jongelingen gedebatteerd over zaken van geloof en humanisme, dat daar toen zo'n opgang maakte. Ignatius is diep onder de indruk gekomen van het boek *De navolging van Christus*, dat Thomas à Kempis schreef. Weer in navolging van hem zet hij zijn eigen gedachten op papier.

Geestelijke oefeningen, noemt hij zijn werk, waarin hij de weg wijst, hoe een gelovige tot God kan geraken — en hoe hij daarbij de mensheid moet dienen. *'Mensen naar God brengen!'* Dat is het doel, dat de orde der jezuïeten zich stelt. Ignatius, gekozen tot generaal, stuurt zijn ordeleden als *soldaten van Christus* de wereld in om dwalende, verwarde mensen te bekeren en te helpen. Hun taak wordt tevens het geloof te zuiveren en bij te dragen tot de verheffing van de enigszins ontluisterde kerk.

Evenals Calvijn kent Loyola geen twijfels. En evenals Calvijn is hij een praktisch man. Van zijn ordeleden eist hij grote soberheid, strenge discipline en onverbiddelijke gehoorzaamheid.

Bourgondische tijd – Twaalfjarig Bestand

vence deinzen er zelfs niet voor terug 40 vrouwen in een met stro gevulde schuur op te sluiten. Dan klinkt hun bevel: 'In nomine Domini, steekt de schuur in brand...' Bewogen bidden de inquisiteurs voor het zieleheil van de vrouwen, die het uitkrijsen en dan verstikken en verkolen in de brandende schuur.

De geschriften van Calvijn — kort tevoren vanuit het Latijn in schitterend Frans vertaald — zijn voor iedereen bereikbaar geworden. Daardoor neemt Calvijns aanhang in Frankrijk toe. In het diepste geheim vertellen de geestelijke leiders van zijn leer en getuigen met enthousiasme, hoe het calvinisme te Genève in praktijk is gebracht: 'Daar is één grote gemeente, die God met lichaam en ziel is toegedaan. Daar wordt het evangelie in al zijn waarheid verkondigd. Prostitutie is er niet. De roerige stad van vroeger is herschapen in een stad van God!'

Calvijn heeft moeilijke jaren achter de rug, maar met een onwankelbaar geloof dat God hem als een instrument gebruikt, heeft hij zijn opvattingen in praktijk gebracht.

Zij, die niet rechtzinnig willen leven, of die zich keren tegen zijn predestinatie-leer, worden uit Genève verbannen, of eindigen hun leven wegens godslastering op het schavot. In dat opzicht doet Calvijn niet voor de inquisitie onder: met geselstraffen, verbanningen en uitstoting heeft hij zijn (weinig verdraagzame) gemeenschap gesticht.

De voor velen moeilijk te verteren predestinatie levert het strijdbare element in de beweging van Calvijn:

'Als God voor mij is, wat heb ik dan van mensenhand te duchten?' Juist tegen die achtergrond zijn de aanhangers van Calvijn — georganiseerd in kleine, waterdichte gemeenschappen en met een vast omlijnd doel voor ogen — moeilijk te verslaan. Met ouderlingen en kerkvoogden, die worden gekozen (er zit veel democratie in de leer!) vormt het calvinisme een revolutionair geloof:

'De kerk is Gods huis. Wij erkennen slechts Zijn autoriteit!' De calvinisten durven zich tegen het wereldlijk gezag te keren, inclusief het gezag van de vorst.

Met de trots de enige waarheid te bezitten en met een strijdbaarheid die hen pal doet staan voor hun geloof, verbreiden de aanhangers van Calvijn hun leer naar Frankrijk.

Van daar uit trekken bezielde voormannen naar Engeland, naar Schotland en naar de Lage Landen. Zij zijn het, die de hervorming een nieuwe impuls geven. In de ontwortelde wereld krijgen zij de wind van God in de zeilen...

'Hij heeft de overwinning behaald. Bij God, dit wordt ons einde! Een protestant koopman is binnengelopen bij een geloofsgenoot die gildemeester is.
'Keizer Karel? Heeft hij gewonnen in Duitsland?' De koopman knikt. Tegen alle verwachtingen in, heeft Karel bij Mühlberg in Duitsland een overwinning behaald en daarmee de hervorming een ernstige klap toegediend.

'Op steun uit Duitsland hoeven we niet langer te rekenen,' zegt de gildemeester somber. 'Man, man, nou ziet het er slecht voor ons uit!' Hij kijkt zijn vriend vragend aan, hopend dat hij uitkomst zal geven.
'Ik blijf hier niet!'
'Wat wil je dan?'
'Naar Engeland. Moet ik soms wachten tot de inquisitie mij grijpt? Liever ballingschap, dan geestelijke slavernij. Let op mijn woorden, Roemer. Met de plakkaten wordt het nu bittere ernst!' Nijdig spuugt de koopman op de rode plavuizen...

Na keizer Karels overwinning nemen vele duizenden Nederlanders de wijk. Het zijn vooral de rijken, die nu in Engeland of Duitsland een toevlucht zoeken. Het gevolg is nóg meer werkloosheid, nog meer armoede, nog meer ontevredenheid.

Nu Karel in Duitsland heeft getriomfeerd, lijkt zijn macht onaantastbaar. De vraag is alleen: hoe kan die macht voor het Habsburgse nageslacht worden veiliggesteld?

Augsburg in de winter 1547-1548. Alle grote Habsburgers zijn bijeengekomen om zich gezamenlijk te beraden over de toekomst die hen wacht. Een deel van de familie logeert in het schitterende huis van de Fuggers, de bankiers, die de keizer reeds zo vaak met leningen hebben gesteund.

Maria, landvoogdes der Nederlanden, is gekomen. In haar gevolg bevindt zich de jonge prins van Oranje, die opnieuw met de groten der aarde kennismaakt: 's keizers

Godsdienstoefening in de zogenaamde Tempel van Lyon. De eerste calvinistische kerk in Frankrijk werd de Paradijskerk genoemd. Anoniem schilderij (1564).

broer, de roomskoning Ferdinand en diens zoon, aartshertog Maximiliaan, de aartshertogin-weduwe van Lotharingen, de prins van Piemonte, keurvorsten en ook kardinalen, pauselijke legaten, de hertog van Alva, allen met talrijk gevolg. De dochters van Christiaan II amuseren zich best op alle banketten en partijen. Karel heeft het minder plezierig. Hij wordt gekweld door jicht en kan zich soms nauwelijks bewegen, terwijl zo'n groot aantal zaken om zijn aandacht vraagt:
'Sire, meester Titiaan is gearriveerd!' Temidden van alle besprekingen, waarmee Karel de Duitse zaken thans definitief wil regelen, zit hij model voor de Venetiaanse schilder Titiaan. Hij heeft hem ontboden om de keizerlijke familie te portretteren.

Titiaan maakt vooral van Karel indrukwekkende portretten: niet alleen als overwinnend veldheer, in harnas te paard, maar ook als een oude, vermoeide man, door jicht en geelzucht gekweld, in sober zwart gekleed. De zware jaren van veldtochten en politieke zorgen zijn duidelijk op zijn ernstige gelaat te lezen.

In de familieraad komen de plannen ter tafel, die zo belangrijk voor de toekomst zijn:
'Ik wens de Nederlandse gewesten geheel los te weken uit het Duitse Rijk en ze eendrachtig te bundelen in de Bourgondische kreits!' zegt Karel en allengs wordt het iedereen wel duidelijk, dat hij de erfopvolging van zijn geliefde zoon Filips stevig verzekerd wil zien. Voor dat doel moet zijn zoon overkomen om zich allereerst in de Nederlanden — *de landen van herwaarts over*, zoals Karel ze noemt — als toekomstig heer te laten huldigen.

Prins Filips: een bleke, niet geheel gezonde man. Klein van gestalte, blond met blauwe ogen, fanatiek vroom, maar ook wreed, heeft net als zijn vader uitpuilende ogen en een vooruitspringende kin. Hij staat eerzuchtig en vol ongeduld gereed om de titels van zijn afgeleefde vader over te nemen. Aarschot rijdt hem met een prachtig gezelschap bij de grens tegemoet — omdat hij via Genua over land naar de Lage Landen is gereisd.

Dan volgt een serie feestvertoningen en intochten, die haast roekeloos aandoen bij alle onvree die er smeult. De intocht te Brussel overschaduwt vrijwel alles, wat het volk ooit aan pracht en luister heeft gezien. Bij de Leuvense poort wordt prins Filips toegesproken en met enthousiasme begroet. Nogal hooghartig laat hij grootkanselier Granvelle de toespraken beantwoorden.
'Waarom zegt hij zelf niks?'
'Tfy (foei) er kan zelfs geen lachje af!'
'Hij spreekt onze taal niet. Hij kent alleen maar Spaans!'
Zo fluistert het volk, omdat de zoon zo geheel anders is dan zijn altijd joviale vader.
Vreugdevuren branden in de feestelijk versierde stad. Giften voor de kroonprins stromen binnen en kleurrijke optochten trekken voorbij. Volksspelen, plechtige processies, ontvangsten, steekspelen op de markt, stokschermen te Gent, jachtpartijen in het Zoniënwoud, partijen in het kasteel te Binche.
Landvoogdes Maria vergast haar eerzuchtige neefje zelfs op een schijngevecht van enkele escadrons. Daarbij laten twee soldaten het leven voor het plezier van hun toekomstige vorst. Inhuldiging in Henegouwen. Inhuldiging in Brabant. De Blijde Inkomste te Antwerpen overtreft nog die van Brussel. Zo gaat het alle gewesten door. Wat echter een triomftocht had moeten worden, loopt enigszins op het tegendeel uit. Dat komt door de koude, trotse indruk die Filips overal achterlaat.
'Van het steekspel moet hij niet veel hebben,' mopperen de Nederlandse edelen, omdat Filips zich geen geestdriftig toernooiheld toont.
'Van jachtpartijen al evenmin!'
'En hebt ge gezien, hoe de prins gisteren naar ons keek?'
Het is waar: met een zekere walging kijkt Filips neer op de rauwe Nederlandse seigneurs en op de ruige feesten, waarbij menig edelman zich onder tafel drinkt. Het enige, dat hem in de Lage Landen werkelijk interesseert, is zijn nichtje Christina. Hij trekt aanhoudend met haar op.
In mei 1550 verlaten de keizer en zijn zoon Brussel om ook in Duitsland de kroon voor Filips zeker te stellen. Boven die kroon stapelen zich (nog onzichtbaar) donkere wolken op. En daar niet alleen:

In een taveerne in Antwerpen zitten enkele mannen bijeen. Smakkend drinken ze van hun onversneden bier.
'Siet, brasser (drinkgezel), wat schoonder wijf komt ginder sitten? Willen wi ons bi haer schikken met onzer kanne? Dat vrouwken is om te versoeten!'
'Mijn kop staat er niet naar. Wat me dwars zit, man, is het plakkaat, dat keizer Karel achterliet. Want ziet ge, mijn vader is drie weken terug door de rakkers gegrepen!'
Vele vaders delen dat lot en hun toekomst ziet er opeens veel dreigender uit. Want van de 12 plakkaten die keizer Karel tegen de ketterij heeft uitgevaardigd, is het bloedplakkaat van 1550 — met zijn afschrikwekkende executiebepalingen — het meest berucht. Het maakt diepe indruk op het volk der Nederlanden, want vrijwel iedereen kent wel iemand, die wegens het geloof gevangen zit.

Talloze boeken en tijdschriften zijn door de inquisitie in beslag genomen. Heel wat gedichten en toneelstukken van de rederijkers zijn reeds gevallen onder de keizerlijke ban (de index, de lijst van boeken die door de kerk officieel verboden zijn, wordt pas in 1559 ingevoerd). Een landjuweel te Leiden mag geen voortgang vinden omdat de overheid rellen vreest. Vurig en heftig praat men overal over de zaken van het geloof:
'Ik heb bij Maarten Luther gelezen...'
'Melanchthon heeft gesteld...'
'Ene Johannes Calvijn in Genève, zo heb ik vernomen, zegt dat het sacrament...'
Het volk praat, maar goede voorlichting ontbreekt. Want juist de geestelijke leidsmannen worden door de inquisiteurs gegrepen. Dikwijls worden ze in alle stilte terechtgesteld uit angst voor de razernij van het volk.
In dat klimaat vol onzekerheid verschijnen druppelsgewijs de geschriften van Calvijn — door verbeten aanhangers heimelijk vanuit Frankrijk over de grens gesmokkeld. De eerste calvinistische gemeenten beginnen zich te vormen — al gaat dat met vallen en opstaan gepaard.
'Pieter, ik weet hoe ge denkt. Vanavond komt Pierre Brully, een prediker uit Frankrijk. Hij zal tot ons spreken in het huis van Jacob Coecke, achter de Grote Markt.
Kom achterom en zorg dat niemand je ziet.'
'Zijtsgewis!'

In stille straten worden dat soort zinnen vele keren gefluisterd. Er zijn ook anderen, die niet tot een beslissende stap durven overgaan. Velen kappen hun aarzelende toenadering tot de hervorming — misschien wel omdat ze net een gruwelijke terechtstelling van een ketter hebben gezien.
'Laet mi met vreden. Ende vliet van mi, fel vijand boos. Wee mij, dat ik u ooit verkoos...'
Predikers als Pierre Brully en Guido de Brès spreken te Doornik en Rijssel de eerste calvinistische groeperingen toe:
'Het koninkrijk Gods is niet gelegen in woorden, doch in kracht. Zo God, de Here voor u is, wie kan dan tegen u zijn?'

Het vuur van ontevredenheid, dat onder de oppervlakte van het dagelijkse leven smeult, zal door de veel wagende, strijdbare calvinisten worden aangewakkerd — tot de vlammen eruit slaan!

De soep wordt echter nooit zo heet gegeten, als hij wordt opgediend. Dat geldt in belangrijke mate voor de plakkaten, die keizer Karel tegen de ketters heeft ingesteld.
In Groningen en de Ommelanden, in Brabant en Gelre gaat het leven vrij ongestoord voort.
'Wij bezitten onze eigen, oude privileges!' hebben de Staten van die gewesten met klem beweerd en de inquisitie krijgt er nauwelijks een voet aan de grond. Er heerst ook een duidelijke verdraagzaamheid onder het volk — te danken aan de invloed die van Erasmus en andere humanisten is uitgegaan. Typerend is het gedrag van de Antwerpse grootkoopman Gillis Hoffman, die als reder en met handel in hout kapitalen heeft verdiend. Hij is calvinist, maar als hij sterft staat in zijn testament:
'Ik laat 50.000 dukaten na voor de Antwerpse armen. Dat geld moet gelijkelijk verdeeld worden onder katholieken en protestanten die behoeftig zijn...' Het is ook deze Gillis Hoffman geweest, die Abraham

Filips II, door Leoni.

Bourgondische tijd – Twaalfjarig Bestand

Karel V geschilderd door Titiaan als overwinnaar na de slag bij Mühlberg (1547).

Ortelius de gelden voor de uitgave van diens beroemde *Wereldatlas* heeft verschaft.

De wetenschap gaat in die jaren met sprongen vooruit. Gerard Mercator uit Rupelmonde vervaardigt kaarten die vooral voor de zeevaart onmisbaar zijn. Nu alle wereldzeeën worden bevaren en de handelstransacties meer omvattend worden, bewijst Jan Ympyn de kooplieden een nuttige dienst:

Handleiding voor dubbele boekhouding heet het werk dat hij het licht doet zien.

In het buitenland staat de naam van een flink aantal Nederlandse geleerden hoog in aanzien. Zelfs vanuit Portugal en Italië komen jonge mannen naar de universiteit van Leuven, waar ruim 3000 studenten ingeschreven zijn: in de *artes liberales* (letteren en wijsbegeerte), voor theologie, rechten of medicijnen. In de middeleeuwen hebben de studenten een grote mate van inspraak gehad. Zij hadden stemrecht, inspraak bij het opstellen van statuten of studieprogramma's en hielden ook toezicht op examens en op het gedrag van hun professoren. Bij de groei van de universiteiten in Europa is veel van die inspraak-mogelijkheid verloren gegaan — veelal door bemoeienis van over- heid en kerk.

De Noordelijke gewesten steken nog wat magertjes af bij de meer geleerde en rijkere gewesten in het Zuiden. Mechelen is beroemd om zijn klokkegieterijen en de produktie van kanonnen. Het bisdom Luik produceert kogels — bij tienduizenden tegelijk. Antwerpen heeft een export van 5.500.000 gulden. Het opkomende Amsterdam haalt de 250.000 gulden nog niet.

'Maar wij hebben onze molens!' zeggen de Hollanders en Zeeuwen met trots. Bij de drooglegging van moerassen spelen die windmolens een belangrijke rol. De landaanwinst bedraagt in die tijd gemiddeld 1500 hectare per jaar.

Er verandert veel in de wereld, maar al maken nieuwe hoofdrolspelers hun opwachting, het spel om de macht wijzigt zich niet. In Frankrijk is koning Frans I gestorven. Een leven vol uitspattingen en een geslachtsziekte hebben zijn krachten geheel ondermijnd. Nu zit Hendrik II op de troon. Met een verbeten haat maakt hij zich gereed om het Habsburgse huis te fnuiken waar hij maar kan.

Ook Hendrik VIII van Engeland ligt thans geborgen in een grafkelder, waar zijn omvangrijke lichaam tot een smal geraamte en stof wederkeert. Zijn 10-jarig zoontje volgt hem slechts voor korte tijd op. Reeds in 1553 komt de katholieke Maria Tudor op de troon. Dat doet in Engeland heel wat stof opwaaien — vooral als zij Filips II van Spanje huwt. De rust keert pas terug, als koningin Elizabeth in 1558 de macht stevig in handen neemt.

Ook voor keizer Karel, die het leven in Europa zo lang beheerst heeft, komt het einde in zicht. In de laatste regeringsjaren stapelen de teleurstellingen zich voor hem op:
'Sire, keurvorst Maurits van Saksen is met een sterke protestantse strijdmacht triomferend Augsburg binnengetrokken. Het schijnt dat de Franse koning hem steunt!'

Dat ontstellende bericht bereikt keizer Karel, als hij zich op 19 mei in Innsbruck bevindt.
'Sire, uw leven loopt hier gevaar!' Karel knikt. Over betrouwbare troepen beschikt hij niet. Wat rest hem anders dan een vlucht? De regen valt bij stromen neer, als hij heimelijk zijn slaapkamer verlaat om met een klein gevolg de wijk te nemen. Hij kreunt als dienaren zijn jichtig, ziekelijk lichaam op een paard hijsen, maar een rit door de nacht kan hij met zijn zieke lichaam toch niet volbrengen. Terwijl Maurits van Saksen naar het zuiden oprukt, tillen dienaren de keizer in een draagstoel. Daarin vervoeren zij hem langs steile bergpaden naar Villach.
'Ik heb het goed met Duitsland gemeend, maar noch bij de katholieken noch bij de protestanten dank geoogst,' mompelt Karel. Bittere woorden nu opeens iedereen zich tegen hem keert.

Hij sleept zijn uitgeputte lichaam naar de Nederlanden, waar vooral de Zuidelijke gewesten ernstig door Franse legers worden bedreigd.
'Geld moet ik hebben. Goud moet er komen voor een sterke legermacht!' Een Nederlandse vloot zeilt naar Spanje om dat goud te halen. Te Madrid maakt prins Filips zich alleen maar zorgen over de Duitse keizerskroon:
'Zorg toch, die voor mij veilig te stellen,' schrijft hij aan zijn vader. Misschien denkt hij wat al te gemakkelijk aan de spreuk, die in die tijd bij vele Spanjaarden op de lippen ligt: 'Como se move Espana, la tierra tembla: Als Spanje beweegt, siddert de aarde!'

Maar noch Duitsland noch Frankrijk zijn aan sidderen toe...

Om zijn handen vrij te krijgen in de oorlog tegen de Fransen, moet keizer Karel vrede sluiten met Duitsland, waarbij zijn absolute macht tenondergaat:
'Géén keizerskroon voor Filips!'
'Godsdienstvrijheid voor de protestanten!'
Zo wordt bij het verdrag van Passau aan de Duitsers toegestaan, wat aan de Nederlandse onderdanen nooit gegeven is.

Ondertussen maakt landvoogdes Maria met een haast onbegrensde toewijding de Lage Landen voor de strijd tegen Frankrijk gereed. Opnieuw bezoekt zij vestingen en steden en maant zij haar bevelhebbers tot moed. En waarachtig. Wat niemand verwacht gebeurt: Onder aanvoering van Lamoraal, graaf van Egmont en Hoogstraten, drijft het leger de Fransen terug.

Oud — maar nog niet gebroken — trekt een verbitterde keizer Karel dan zelf tegen zijn erfvijand op. Tegen alle adviezen in slaat hij met een schitterend leger, onder het opperbevel van de hertog van Alva, het beleg voor de onneembaar geachte vesting Metz. Als daar het najaar verstrijkt en de winter aanbreekt, verandert dat prachtige leger in een jammerlijk chaotisch geheel.
'Gott im Himmel!'
'Diable!'
'Madre mia!'

In alle talen vloeken en schelden de soldaten, als regens op hen neerslaan, als epidemieën uitbreken en velen in een modderig bivak tenondergaan. De bevelhebber Bossu schrijft een neerslachtige brief aan de landvoogdes:
'Ik kan niet nalaten uwe majesteit te berichten, dat ik niet geloof, dat er sinds het begin van de wereld ooit zóveel wanorde in een leger is geweest als hier. Binnen vier mijl in de omtrek is álles geplunderd en leeggeroofd. Zelfs de etensdragers worden voortdurend bestolen van alles, wat zij bij zich hebben — tot aan hun paarden en wagens toe. Het zou mij niet verbazen, als ons kamp door gebrek aan levensmiddelen opgebroken werd.'

Bossu krijgt gelijk. Metz houdt zich staande en de keizer, opnieuw ziek geworden tijdens het beleg, moet zijn strijdmacht wegens gebrek aan geld ontbinden. Opwinding op de klosbanen en in de kroegen:
'Wàt? Wat zegt ge, Marcus?'
'Het leger is naar huis gestuurd!'

Dat nieuws verwekt paniek. Nerveuze spanningen kunnen ieder moment uitbarsten in een flinke rel.

Pas vele weken later komt keizer Karel naar Brussel. Dan ziet het volk hem in zijn draagstoel: doodsbleek, uitgeput, te zwak om zelfs te groeten. Zijn onmatig gedrag met eten, drinken en vrouwen — zelfs voor die tijden opzienbarend! — hebben zijn krachten gesloopt. In buien van zwaarmoedigheid onttrekt hij zich aan ieder gezelschap. Landvoogdes Maria, Granvelle (de bisschop van Atrecht die zijn vader als grootkanselier is opgevolgd), de hertog van Alva en anderen weten zich geen raad.
'Zijn door jicht krom getrokken handen kunnen zonder pijn geen brief meer openen!' fluisteren de lagere goden aan het hof.
'Urenlang bidt hij in een met zwart fluweel behangen vertrek!'

De keizer besluit afstand te doen en ook zijn zuster Maria wil — na een trouwe dienst van 24 jaar — graag van haar regentschap af. Ze laat haar broer weten:
'Ik zie in de Nederlanden een jongere generatie, aan wier gewoonten ik mij niet kàn en zou willen aanpassen. De trouw en het respekt jegens God en de vorst zijn zodanig verworden, en het aantal werkelijke dienaren is zo gering, dat ik niet zou wensen over dergelijke lieden te regeren!' De oude generatie is vermoeid geraakt en toont weinig begrip voor de nieuwe generatie, die nu de taken en verantwoordelijkheden moet overnemen.

Filips komt uit Spanje. Omdat zijn eerste vrouw, Maria van Portugal, is gestorven, zijn er plannen gemaakt voor een huwelijk tussen hem en Maria Tudor, de katholieke koningin van Engeland. Hij trouwt haar als hij op weg is naar de Nederlanden, waar zijn vader hem verwacht. Er is vastgelegd, dat een zoon uit dit huwelijk later koning van Engeland én van de Nederlanden zal zijn.

Brussel, 25 oktober 1555. In het paleis van de hertogen van Brabant zijn in de grote zaal de Staten-Generaal bijeengekomen. Een gezelschap van edelen, kerkvorsten, afgevaardigden van de gewesten, ridders van het Gulden Vlies — bijna duizend mensen bij elkaar — wacht in spanning wat er gebeuren gaat. Filips en de

De Antwerpse burgemeester Gillis Hoffman en zijn vrouw Margaretha van Nispen. Hij week in 1566 uit naar het Noorden en zond als eerste Nederlandse schepen naar Rusland in 1577. Schilderij van Maerten de Vos (1532-1603).

Bourgondische tijd – Twaalfjarig Bestand
14 bisdommen: begin van verzet

landvoogdes hebben hun zetels reeds ingenomen. Dan gaan de deuren opnieuw open: 'De keizer!'

Zwaar steunend op een stok, doodsbleek, komt hij binnen. De prins van Oranje, kapitein-generaal van het leger bij Givet, lid van de Raad van State en ridder van het Gulden Vlies, schiet haastig toe en helpt hem naar zijn zetel. Een raadsheer legt uit, waarom zijn majesteit de heerschappij wil neerleggen. Dan krijgt keizer Karel het woord. Hij zet zijn bril op, pakt zijn aantekeningen en begint te spreken — als een vader die zich tot zijn kinderen richt. Het is doodstil in de zaal, als hij zijn levensverhaal vertelt: simpel, zoals bij waarachtig grote mensen past. Hij spreekt over zijn oorlogen, zijn reizen, zijn ziekten en zijn zorgen:

'Ik weet, mijne heren, dat ik mijn leven lang ernstige fouten heb gemaakt, hetzij door mijn jeugd, hetzij door andere tekortkomingen. Maar ik kan u verzekeren, dat ik nooit één van mijn onderdanen bewust geweld of onrecht heb aangedaan. Mocht dit toch gebeurd zijn, dan doet mij dat leed en vraag ik vergiffenis...'

Vrijwel alle aanwezigen zijn ontroerd. Enkelen barsten openlijk in snikken uit. Ook de keizer krijgt het te kwaad, wanneer hij al zijn landen (nu in de Spaanse taal) overdraagt aan zijn geliefde zoon. Zijn stem trilt vervaarlijk:

'Gij moet u niet verwonderen, mijne heren, dat ik, oud en zwak van leden, en ook door mijn liefde tot u, een paar tranen stort...'

Dan geeft Filips in slecht Frans te kennen, dat de bisschop van Atrecht het woord voor hem zal voeren. Tenslotte spreekt Maria. Ook zij neemt afscheid. Zij heeft haar hofhouding reeds ontbonden.

Op 15 september 1556 begeeft Karel zich te Souburg aan boord van de *El Espiritu Santo*, een schip van 400 ton. Maria, die haar broer op zijn reis naar Spanje zal vergezellen, scheept zich in op *Le Fauçon*, het vlaggeschip van de Nederlandse vloot.

De 17 gewesten blijven achter met hun nieuwe heer...

Om rust en vrede te vinden vestigt Karel zich in het klooster San Yuste. Hij leeft daar teruggetrokken en vroom, werkt in de tuin en knutselt met klokken. Als pogingen om twee uurwerken precies gelijk te laten lopen keer op keer mislukken, verzucht hij: 'Niet eens twee uurwerken kan ik tot volkomen overeenstemming brengen. En ik, dwaas, meende dat ik zoveel verschillende volkeren gelijk een klok regeren kon...'

Zijn krachten nemen geleidelijk af. Hij verwijt zichzelf, dat hij de hervormingen niet krachtiger heeft onderdrukt en vult zijn laatste dagen met strenge godsdienstoefeningen en gebed. In een met zwart fluweel behangen kapel, door waskaarsen verlicht, woont hij zijn eigen uitvaart bij.

Eindelijk komt de ware dood in dit onstuimige, veelbewogen leven. De bisschop van Toledo dient hem de sacramenten van de stervenden toe. De monniken van San Yuste prevelen hun gebeden. De keizer omklemt het crucifix, dat ook zijn vrouw op haar doodsbed in handen hield. Zijn laatste woorden:

'Heer, blijft Gij in mij, opdat ik blijve in U...'

Keizer Karel V, die voor de glorie van zijn huis én voor de eenheid van de kerk, zoveel onnodig bloed vergoot, is niet meer...

Onder koning Filips II ontstaan er tegenstellingen in de regering.

Daarom is het goed te weten, hoe het bestuur in de Lage Landen is georganiseerd.

De centralisatie, die onder Filips van Bourgondië begonnen is, heeft zich in de loop der jaren voortgezet. Deze ontwikkeling maakt een krachtige sprong vooruit, als Karel V — ter versterking van zijn eigen macht — in het jaar 1531 de Collaterale Raden in het leven roept. Het zijn:

De Raad van State. Hiervan zijn 10 edelen lid, terwijl de ridders van het Gulden Vlies als buitengewone leden kunnen worden beschouwd.

De Raad van State is een adviserend lichaam, dat bij afwezigheid van de vorst ook een uitvoerende taak kreeg toebedeeld. De leden, die het werk veelal overlaten aan een kleine actieve groep, behartigen vooral de kwesties van de binnenlandse en buitenlandse politiek (oorlog, kerkelijke aangelegenheden, onderwijskwesties, etc.).

De Geheime Raad. 5 leden, met een hoofd en voorzitter — later uitgebreid tot 8 leden, die allen jurist zijn. De Geheime Raad bemoeit zich vooral met de bestuurlijke, de gerechtelijke en de wetgevende taken, waarbij de Raad van State adviseert.

De Raad van Financiën. Dit lichaam, waarin aanvankelijk de hoge edelen de scepter zwaaiden, is belast met het innen van de belastingen en controleert de Rekenkamers.

De adel vervult een zeer belangrijke taak in de regering. De edelen voelen zich mederegeerders van hun land. Karel V en na hem Filips II in nog sterkere mate, willen zich van die invloed ontdoen en schakelen steeds sterker de burgerlijke juristen in (die zich slechts uitvoerders beschouwen van de koninklijke wil en die in feite een veel moderner visie hebben op het bestuur). Dat de edelen daarom acties beginnen te voeren is begrijpelijk. De wrijvingen tussen hen en de juristen (met op de achtergrond de vorst) beginnen zich vanaf het jaar 1555 toe te spitsen en zijn oorzaak van een groeiend conflict. De koning, en de landvoogden of landvoogdessen die hem vertegenwoordigen, zien zich tegenover ontevreden edelen geplaatst.

Want die adellijke seigneurs geven hun invloed niet zonder meer prijs!

Op 7 augustus in het jaar 1559 komen de Staten-Generaal te Gent bijeen om in tegenwoordigheid van koning Filips II Margaretha van Parma als nieuwe landvoogdes der Nederlanden te installeren. Het dochtertje van keizer Karel en Janneke van der Gheynst — dat in het kasteel van Oudenaarde háást bij toeval werd verwekt — heeft bewogen jaren achter de rug. Steeds weer heeft haar vader haar in zijn politieke spel om Italië gebruikt:

'Trouw met Alexander de Medici!' heeft hij bevolen. Jong als ze was, is ze met Alexander getrouwd.

'Trouw met Ottavio Farnese!' klinkt opnieuw de opdracht, als ze al spoedig weduwe is geworden. Dan 17 jaar oud moet zij trouwen met Ottavio, een bastaardzoon van paus Paulus III, die pas 14 jaar is. Desondanks heeft de paus er sterk op aangedrongen, dat het jonge echtpaar het huwelijk zou consumeren. Margaretha's weerzin is groot.

Die weerzin verergert nog flink: vermoedelijk van pure zenuwen doet de kleine Ottavio tijdens de eerste huwelijksnacht een plas in het bed.

'Ridi pagliacci!' Maar veel te lachen voor het bastaardzoontje van de paus en het bastaarddochtertje van de keizer valt er niet.

Eindeloze intriges hebben zich in Italië rond Margaretha afgespeeld, totdat ze, door tussenkomst van haar keizerlijke vader, tenslotte in het bezit van het hertogdom Parma wordt gesteld. Nu is zij door Filips opgeroepen om het Habsburgse huis in de Nederlanden te dienen. Het is tenslotte haar geboortegrond.

Daar zit ze, 37 jaar oud, in de vergadering der Staten-Generaal. Commentaar op haar verschijning blijft niet uit:

'Ze is manlijk en groot!'

'Ze heeft haar op d'r bovenlip,' fluisteren de Nederlandse edelen. De heren hadden gehoopt Filips' nicht, Christina van Lotha-

Margaretha van Parma, door A. Mor.

Koning Filips II, door A. Mor.

ringen, tot landvoogdes te krijgen. Met Margaretha van Parma hebben ze maar weinig op.

Daar zit ook de bisschop van Atrecht, Granvelle. Filips zal hem in de Nederlanden achterlaten, zodat hij Margaretha kan dienen als adviseur. Samen met de graaf van Berlaymont (de enige edelman die Filips vertrouwt!) en de knappe Friese rechtsgeleerde, Viglius van Aytta, president van de Raad van State, zal Granvelle de werkelijke regering vormen.

'Houdt de Nederlandse edelen zo ver mogelijk buiten spel!' luidt de uitdrukkelijke opdracht van de koning.

Granvelle is een briljante man. Iedereen kent hem in Europa. De Venetiaanse gezant heeft hem goed getypeerd:

'Met zijn zeer nobele intelligentie, zijn onbegrensde ervaring in de politiek (als grootkanselier), is hij inderdaad een hoogst bewonderenswaardige persoonlijkheid.

Men kan rustig zeggen, dat hij alléén meer in zijn mars heeft, dan alle Spaanse en Nederlandse raadsheren te zamen. Doch hij wekt bijzonder veel afgunst!'

Bisschop Granvelle is voorstander van een onbeperkte, koninklijke macht. In zijn weelderig huis vol kunstschatten en een prachtige bibliotheek, toont hij zijn zwak voor vrouwen, zijn honger naar geld en macht en ook zijn hartstocht om leider te zijn in de politiek. De meeste edelen haten hem en alle onvree der Nederlanders zal zich — niet geheel terecht — gaan richten op hem.

'Granvelle's overgrootvader was een ketellapper!' schimpen de hoogadellijke heren en ook Willem van Oranje heeft zijn lage afkomst in brieven gehekeld. Als een typische ambtenaar en nieuwbakken edeling staat Granvelle tegenover de oude adel van het land.

Daar zitten de voornaamste edelen op de ereplaatsen vlakbij koning Filips en de nieuwe landvoogdes:

'Zij weten weinig van hoe het toegaat in de wereld,' heeft de gezant van Venetië, die een opmerkzaam man is, aan zijn regering gemeld.

Willem van Oranje is één van hen, maar hij is wél een man van de wereld. Op zijn 18de jaar was hij kapitein van een ruitercompagnie, een jaar later kolonel over tien vendels, 22 jaar oud kapitein-generaal van het leger. Hij is nu 26 jaar, stadhouder van Holland, Zeeland en Utrecht en lid van de Raad van State.

Een afgevaardigde van de steden wijst zijn buurman de prins van Oranje aan en fluistert:

'Zijn vrouw Anna van Buren is kort geleden gestorven. Van haar heeft hij het graafschap Buren, de steden Leerdam, IJsseltein, Acquoy, Eindhoven en St. Maartensdijk geërfd!'

'En hij was al zo rijk!'

Oranje is beroemd om zijn prachtige paleizen, zijn paarden, valken, jagermeesters en koks. De Europese adel spreekt met enthousiasme over de weelderige feesten die hij geeft.

'Banketten met 93 verschillende gangen, opgediend in vier bedrijven, zijn waarachtig geen uitzondering, mijn waarde Von Pappenheim!'

Talentvol, elegant en eerzuchtig voelt Oranje zich voorbestemd om in de Lage Landen de eerste viool te spelen. Dat Granvelle — met wie hij het aanvankelijk best heeft kunnen vinden — die viool nu in handen heeft gekregen, grieft prins Willem diep.

Vlakbij de prins zit zijn vriend, Lamoraal, graaf van Egmont, stadhouder van Vlaanderen en Artesië, die bij St. Quentin en Grevelingen zo'n onverwachte overwinning op de Fransen heeft behaald. Hij is goed katholiek en onvoorwaardelijk trouw aan de koning. Dapper maar ijdel, naïef in zijn zelfoverschatting en weinig scherpzinnig in de politiek, zoekt ook hij de plaats van de eerste violist!

'Leden der Staten-Generaal...' In naam van de koning roept Granvelle de afgevaardigden van adel, geestelijkheid en steden een welkom toe. Hij geeft de gebruikelijke vleierijen ten beste en verzekert hen van de genade van hun vorst. 'Koning Filips heeft de nieuwe landvoogdes opgedragen de plakkaten tegen de ketters streng te handhaven,' zegt Granvelle in zijn toespraak. Niemand die daar erg van schrikt.

Tijdens het gehele bewind van Karel V zijn er naar schatting gemiddeld 50 mensen per jaar de marteldood gestorven — hoogstens 2000 in totaal. De leden der Staten-generaal wachten met veel meer spanning of er iets over de Spaanse troepen zal worden gezegd. 4000 Spaanse soldaten, die in lang geen soldij hebben gehad, zwerven in benden door de Zuidelijke Nederlanden. Zij roven geld, vrouwen en vee alsof zij in het land van een vijand zijn. Als grensbewaking tegen de Fransen liggen zij in garnizoen. Door hun plunderingen zijn zij de schrik van iedereen.

Vervuld van haat tegen die ruige soldaten hebben vele gezinnen in de buurt van die garnizoenen hun huis en haard verlaten. In Zeeland weigeren de boeren zelfs nog langer hun dijken te onderhouden:

'Liever verzuipen, dan lijden onder de Spanjolen!' hebben de Zeeuwse boeren vol verbittering gezegd. Met geen woord rept Granvelle over die kleine Spaanse furie.

Wel verzoekt hij de leden der Staten-Generaal om een bede van 3.000.000 gulden, die zijn vorst zo dringend behoeft.

Daar zit Filips II, koning van Spanje, heer der Nederlanden.

'El Rey Prudente,' zullen de Spanjaarden hem later met ere noemen: *de verstandige, vooruitziende koning!*

Filips heeft zijn best gedaan welwillend te zijn en oprecht getracht zich aan te passen.

215

Bourgondische tijd – Twaalfjarig Bestand

Met tegenzin — omdat het niet strookt met zijn karakter — heeft hij deelgenomen aan de drinkgelagen en ruwe feesten der Nederlandse edelen. Slechts gedeeltelijk heeft hij daarmee de slechte indruk uitgewist, die hij in het begin gemaakt heeft. De Venetiaanse gezant roemt zijn ijver, zijn vredelievende instelling, zijn mildheid:
'Toen de armen in de straten van Brussel vorig jaar van honger en koude omkwamen, liet de koning schuren bouwen. Daarin werden 800 ongelukkigen opgenomen. Zij kregen daar brood, bier stro en hout... Maar in zijn gehechtheid aan de kerk gaat de koning volgens velen te ver!'

Streng katholiek kan hij er met zijn onwrikbare principes nooit in toestemmen, dat een ander geloof zich in zijn landen nestelen zal. Filips is een man voor de eenzaamheid en de stilte; voor gebeden en voor ernstige gesprekken, die hij met zijn biechtvader houdt.

'Het grote voorbeeld van zijn vader Karel breekt steeds zijn zelfvertrouwen en hangt als een schaduw over hem heen,' ontdekken scherpe waarnemers. Steeds meer vijanden bezorgt hij zichzelf door zijn voortdurende argwaan. *Ik en de tijd brengen alles terecht.* Dat is zijn lijfspreuk Maar besluiteloosheid, gebrek aan wilskracht en visie ondermijnen zijn macht. Terecht heeft hij een aantal voorrechten van de adel (die onder meer vrijgesteld was van belasting) langzaam maar zeker beknot. Dat heeft kwaad bloed gezet. Daarom heeft Filips, Egmont (de populairste man in de Lage Landen) en Oranje (die onder schulden gebukt gaat) met giften van respectievelijk 50.000 en 40.000 kronen aan zich willen verplichten. Dat is niet helemaal gelukt. Het feit, dat hij zich steeds met Spaanse edelen omringt, heeft de adel geraakt op een kwetsbare plek: vóór al het andere willen de Nederlandse edelen hun ambten en invloed behouden.

'En tot slot, mijne heren...' Granvelle geeft de laatste bevelen en dan neemt koning Filips afscheid van de Staten-Generaal. Maar de afgevaardigden zijn nog niet met hem klaar!

Granvelle, een van de voornaamste raadgevers van de landvoogdes, door J. Jonghelinck, circa 1566.

De volgende dag brengen de afgevaardigden hun antwoord. Met fraaie volzinnen betuigen zij hun onwankelbare trouw. Dan beginnen zij als goede kooplieden te marchanderen:
'Sire, de bede van drie miljoen willen wij graag betalen, maar pas als de Spaanse troepen uit onze landen vertrokken zijn. Bovendien wensen wij, dat uitsluitend Nederlanders in het landsbestuur worden aangesteld.'

Filips is woedend. Hij richt zich tot de edelen rondom zijn troon:
'Nu zie ik, hoe weinig ik mij op de zo hoog genoemde trouw der provinciën kan verlaten!'

Oranje komt naar voren. Met Egmont en andere aanzienlijken heeft hij een verzoekschrift opgesteld, dat hij nu in naam der Staten-Generaal aan de koning overhandigt:
'Het gedrag der Spaanse soldaten gaat alle perken te buiten,' staat erin te lezen. De eis dat zij moeten verdwijnen wordt herhaald. Driftig verlaat Filips de zaal. Toch gaat hij voor de druk der edelen opzij:
'Het is nooit mijn bedoeling geweest, de Nederlanden een vreemde regering te geven!' verklaart hij en hij belooft dat hij de Spaanse troepen zal terugtrekken. Vol wrok over dit verlies aan prestige scheept Filips zich te Vlissingen voor de reis naar Spanje in. Hij wordt uitgeleide gedaan door de landvoogdes en de voornaamste edelen. ('Niet de Staten, maar gij, gij, gij!' is vermoedelijk nooit gezegd. De prins van Oranje en Filips hebben in een goede verstandhouding afscheid genomen!)

Zo verlaat koning Filips de Lage Landen, die hij nimmermeer terug zal zien. De kaarten voor een komend drama zijn geschud en uitgedeeld. Ieder zal zijn troeven naar aard, karakter en ambities uitspelen in dat grote moeilijke spel der politiek.

Aanvankelijk gaat het leven zonder zichtbare conflicten voort. Dat Filips de Nederlandse edelen niet te veel voor het hoofd heeft willen stoten, bewijst het feit, dat hij Willem van Oranje (weliswaar aarzelend) toestemming heeft gegeven te huwen met de lutherse, zéér rijke Anna van Saksen. De prins, die steeds geslepen zijn positie kiest, heeft naar links en rechts gelogen om die trouwerij erdoor te krijgen:
'Anna zal katholiek worden,' heeft hij de koning en Granvelle beloofd.
'Anna zal als protestantse kunnen leven!' heeft hij Anna's voogd met nadruk toegezegd. De Duitse vorsten zijn niet erg ingenomen, dat de 16-jarige Anna met Oranje huwt.
'Een katholiek. En dan nog ver beneden haar stand!' is het commentaar der Duitse vorsten.
'Swigende Willem!' spot Granvelle later over al dat gedraai. 'Swigende' heeft de betekenis van huichelaar. Nóg later levert het de erenaam *De Zwijger* op.

In dat jaar 1561 is de verhouding tussen Oranje en Granvelle nog uitstekend, zoals iedereen ziet:
'Bijna als een vader en zoon!' zegt men aan het Brusselse hof. Als een trouw onderdaan heeft de prins de inquisitie toegelaten te Breda en in zijn prinsdom Oranje heeft hij zich tégen de hervorming gekeerd. De prins van Oranje, Egmont, de Croys en Van der Marckx komen pas tegen Granvelle in opstand, als koning Filips — volgens een plan van Karel V — de kerk in de Nederlanden reorganiseert.

De roomse kerk in de Nederlanden vormt al sinds eeuwen een bijzonder onoverzichtelijk geheel. Als gevolg van het allereerste missiewerk — door Willibrord, Bonifatius en anderen uitgevoerd — valt een groot deel van het kerkelijk bezit (en bestuur!) onder het gezag van Duitse kerkprovincies, zoals Keulen en Reims. In overleg met zijn raadgevers heeft Karel V hierin verandering willen aanbrengen.
'Wij moeten het buitenlands kerkelijk gezag in onze landen uitvoeren,' heeft hij te kennen gegeven. In zijn streven naar de absolute macht heeft hij daaraan toegevoegd:
'Niet de kapittels, doch de kroon moet de bisschoppen benoemen. Alleen op die wijze kan de kerk onder het gezag van de staat worden geplaatst!'

Nog twee belangrijke maatregelen hebben keizer Karel voor de geest gezweefd:
'Het aantal bestaande bisdommen uitbreiden. Dan is beter toezicht mogelijk op geloofszaken en de ketterij!' Dat past ook in het streven van de inquisitie, die sinds het concilie van Trente doeltreffender is geworden. En nog een andere maatregel, die geheel met de vernieuwings-besluiten van Trente overeenkomt, is bij de reorganisatie-plannen naar voren gebracht:
'De nieuwe bisschoppen zullen voortaan doctor in de theologie moeten zijn!'

Filips II voert deze plannen uit. Hij wil in een afzonderlijke Nederlandse kerkprovincie 14 bisdommen groeperen, die niet langer aan buitenlandse aartsbisschoppen onderhorig zullen zijn. Bisdommen in Atrecht, Doornik, St. Omaars en Namen; in Ieperen, Brugge, Gent en Antwerpen; in Den Bosch, Roermond, Middelburg, Haarlem, Groningen en Leeuwarden. Samengevat in drie kerkprovincies komen zij te staan onder de aartsbisschoppen van Kamerijk, Utrecht en Mechelen. De aartsbisschop van Mechelen wordt als primus inter pares hoofd van de kerk in de Nederlanden. Om in hun onderhoud te kunnen voorzien en de kosten van het nieuwe bestuursapparaat te kunnen dragen, zullen de bisschoppen tevens abt zijn van één of meer rijke abdijen.

Dit concordaat, dat kan bijdragen tot de bestuurlijkheid en de versterking van het land, wekt overal hevig verzet. Alle standen — zowel de steden als adel en geestelijkheid — schreeuwen hun verontwaardiging uit.

Niet in eerste plaats de plakkaten, niet de roekeloze geloofsijver van Filips tegen de ketterij, maar die nieuwe bisdommen brengen de Nederlanden in verzet.
'Sinds eeuwen was de kerk een onafhankelijke grootheid in de staat. Nu zullen wij onze vrijheid verliezen,' vrezen de geestelijken. Menig abt leeft in spanning, of hij zijn abdij kwijt zal raken. Menig bisschop is geen doctor in de theologie.
'Wij hebben onze privileges! Wij moeten een bezwaarschrift opstellen!' beslist men in de steden tijdens verhitte vergaderingen van de magistraat. De stem, die de heren in de kapittels hebben gehad, raken ze kwijt. Pensionarissen en rechtsgeleerden zoeken in de stadsarchieven in oude oorkonden stof voor bezwaarschriften bij elkaar.

Voor de protestanten vormen de nieuwe bisdommen een forse bedreiging. In hun kringen neemt de ongerustheid toe:
'Zal ons leven nu onmogelijk worden gemaakt?'

Het verzet tegen het bewind van Granvelle, die in opdracht van de koning de nieuwe bisdommen moet invoeren, neemt van dag tot dag toe, vooral als hij aartsbisschop van Mechelen wordt en dus het hoofd der kerkelijke hiërarchie.
'Dat spaanse varken!'
'Die rode duivel!'
'Dat paapse uitschot!'
Zelfs de vurigste katholieken onder de edelen hebben geen goed woord over voor de reorganisatie der kerk.
'Wij hebben de bisdommen en rijke abdijen altijd voor onze jongere zonen kunnen opeisen,' zeggen de edelen vergramd. En dat is waar. De Croys, de Bergens en Van der Marckx hebben bestaande bisdommen vrijwel in pacht gehad en daarmee aanzien,

macht en geld aan hun huizen toegevoegd. Plotseling moeten de nieuwe bisschoppen doctor zijn in de theologie. Opeens liggen ambten en bronnen van inkomsten voor zonen en familieleden geblokkeerd. De adel staat op de achterste benen en hitst, waar mogelijk, invloedrijke burgers op tot verzet.
'Als de edelen niet zo hard schreeuwden, zou het volk de mond niet opendoen!' zegt Granvelle, maar dat is niet helemaal waar. Onder het volk heerst een behoorlijke angst, dat het toezicht op het geloofsleven door die nieuwe bisdommen strenger zal worden. En zo ook de vervolging van de ketterij.

Onder de nieuw aangestelde bisschoppen bevinden zich voortreffelijke mannen — de meesten van hen zijn van geringe komaf. Ook dát steekt op de adel. Het verzet uit hun kring is zó groot, dat Granvelle niet tot benoemingen in Antwerpen, Groningen, Leeuwarden, Deventer en Roermond kan overgaan. De meeste abdijen, bevreesd door de nieuwe bepalingen bezit en invloed kwijt te raken, scharen zich achter de opstandige edelen. Het rommelt flink.
'Wel hier en gunder!' vloeken de adellijke heren, als paus Pius V — omgekocht met Spaans goud — Granvelle ook nog tot kardinaal verheft.
'Nu heeft dat Spaanse varken voortaan voorrang boven Egmont en Oranje!' Ze zijn des duivels en kankeren er behoorlijk op los.
'Gave God, dat men nóóit aan die nieuwe bisdommen had gedacht,' zal Granvelle later uitroepen. Alle onvree, alle angst, alle haat richt zich op hem, terwijl hij slechts uitvoerder is van 's konings wil.

Bedreigd in hun persoonlijke belangen en vol kritiek op de politieke en godsdienstige inzichten van Filips II, komen de voornaamste edelen in opstand tegen het gezag.
'We moeten Granvelle wegwerken,' zo zeggen ze. 'Dát is het eerste doel. Als dat gebeurd is, vestigen wij ons eigen bewind in de Lage Landen!'

Oranje en Egmont gaan als eersten tot de aanval over. Achter de rug van Margaretha en Granvelle om schrijven zij een brief aan de koning, waarin zij zich ernstig over Granvelle beklagen:
'De staatszaken en ook belangrijke benoemingen gaan buiten ons om. Wij wensen in de regeringsbesluiten te worden gekend.'
Zij dreigen met ontslag als lid van de Raad van State, indien er geen verandering komt. Het is een eerste, openlijke daad van verzet. Hoe zal de koning reageren in het verre Madrid? Wat gaat er door Granvelle heen, als men zijn macht op deze wijze ondermijnt?
De machtige handelsstad Antwerpen mist eveneens het vertrouwen in de landvoogdes en haar kardinaal. De magistraat stuurt enkele afgevaardigden — alwéér achter de rug van Granvelle om — naar de koning in Spanje. De heren krijgen het voor elkaar, dat de instelling van het nieuwe bisdom in hun stad voor onbepaalde tijd zal worden opgeschort. Ook te Doornik richt een groep onderdanen zich rechtstreeks tot de koning, maar omdat zij calvinisten zijn, gaat dat op een zeer ongebruikelijke manier.

Door prediking, eerst van Pierre Brully, later van Guido de Brès, is het calvinisme in de Zuidelijke Nederlanden in stilte gegroeid. In het huis van de rijke koopman Marcos Perez hebben deze hervormers zeer krachtige plannen uitgewerkt ter verkondiging van de leer van Johannes Calvijn. Duizenden geschriften zijn door toegewijde aanhangers met levensgevaar verspreid. Allerlei geruchten over hun felle onbuigzaamheid en gewelddadige ordeverstoringen hebben de ronde gedaan:
'Die calvinisten zijn simpele idioten!'
'Het is canaille!' Zo wordt er door velen over die nieuwlichters gepraat. Ondanks alle vervolgers treden zij steeds openlijker op. Gehuld in donkere mantels, de vrouwen gesluierd, en de lichten dovend om niet te worden herkend, trekken zij 's nachts psalmzingend door de stad:

Uit diepten van ellenden
Roep ik met mond en hart
Tot U, die heil kunt zenden
O, Heer, aanschouw mijn smart...

Om de stemming en de houding van de plaatselijke overheid te peilen, zijn de kinderen met het zingen begonnen. Als hen niets overkomt, vallen de volwassenen hen bij:

Ik blijf den Heer verwachten
Mijn ziel wacht ongestoord
Ik hoop in al mijn klachten
Op Zijn onfeilbaar woord...

Natuurlijk zijn de calvinistische jongeren al gauw geneigd met branie-achtige streken te getuigen voor hun geloof:
'Laten we een aanval op de stadswacht doen!'
'Zullen we meneer pastoor een pak op z'n donder geven?' Ze kladderen spreuken op de deur van een kerk en sturen stompzinnige dreigbrieven naar de overheid. Die wandaden hebben dan weer kritiek en arrestaties tot gevolg.
Om zijn geloofsgenoten tegen die aanvallen en alle kritiek te verdedigen, heeft Guido de Brès in 1561 een *geloofsbelijdenis*

Vlaams dorp door Jacob Grimmer (1587-1589).

Bourgondische tijd – Twaalfjarig Bestand

De Kruisdraging van Pieter Bruegel, misschien geïnspireerd door de herinnering die de schilder had aan de openbare terechtstellingen uit zijn tijd (detail).

opgesteld. Hij wil dat de koning die belijdenis leest. In een begeleidende brief schrijft De Brès:
'Als het ons maar vergund was *persoonlijk* voor Uwe Majesteit te verschijnen om ons te zuiveren van alle laster, die men U over ons in het oor blaast, dan zouden wij onze toevlucht niet hebben genomen in deze, wat slinkse, schriftelijke verdediging. Maar wij moeten wel, want wij worden van uw landen verjaagd, gedood en verbrand...'

In een donkere nacht wordt de geloofsbelijdenis met de brief over de buitenmuur in het kasteel van Doornik geworpen — in de hoop dat die boodschap de koning bereikt.

De voorgangers der calvinisten, die heimelijk preken in velden, bossen of duinen, hebben met die nieuwe geloofsbelijdenis een strak omlijnd levensplan in handen, waarnaar door zovelen hongerig wordt gezocht:
'Geloof me, Pieter Pauwelsz., waarachtig, meester Reunigius. Op mijn woord, de leer van Calvijn geeft houvast!'

Hoewel kardinaal Granvelle persoonlijk een gematigd optreden tegen de ketters voorstaat, komen er bevelen uit Madrid:

'Pak de ketters harder aan!'

De inquisiteurs, die in de nieuwe bisdommen zijn aangesteld, gaan aan het werk.
Vooral de inquisiteur in Vlaanderen, Pieter Titelman, wijdt zich met een huiveringwekkende nauwgezetheid aan zijn moeilijk (nu noemen we het onmenselijk!) beroep. Bij nacht en ontij jaagt hij te paard door het land: van Ieper naar Kortrijk, van Doornik naar Brugge, van Duinkerken naar Gent. Sidderende handwerkslieden en angstige boeren haalt hij uit hun huizen weg. In de martelkamers perst hij bekentenissen af en stelt dan de gewetensvolle vraag:

'Belooft ge, voor God en alle heiligen, de ketterse geloofsovertuiging af te zweren?'

Wie dat weigert levert Titelman aan de wereldlijke rechtbanken uit. Hij dwingt dan de rechters tot het uitspreken van de doodstraf op de brandstapel of door het zwaard.

Dat alles heeft nóg meer verzet en een nóg snellere groei van het calvinisme tot gevolg. Uitdagend, haast dweepziek, treden de gelovigen naar voren om de marteldood tegemoet te gaan. Eén van hen is de fluweelfabrikant Bertrand de Blas:

Mijn ziel vol angst en zorgen
Wacht sterker op den Heer
Dan wachters op den morgen
Den Morgen? Ach! Wanneer?

Met misschien die woorden in het hart, heeft Bertrand de Blas op kerstdag zijn vrouw en kinderen voor een afscheid in zijn armen gesloten.
'Betrouw op God. Vaarwel!' Hij is de hoofdkerk van Doornik binnengestapt. Op het ogenblik, dat daar het heilige brood wordt geheven, werpt Bertrand de Blas zich op de priester. Hij ontrukt hem de hostie en roept de verbijsterde katholieken toe:
'Verblind volk! Hoe kunt gij dit brood voor Jezus Christus, uw Heer en Heiland houden?'

Hij wordt gegrepen, verhoord en veroordeeld. Kalm en vastberaden gaat hij zijn afschrikwekkende dood tegemoet.

Mijn zuchten en mijn kermen
Zie aan, genadig God
Eilaas, wilt mijns ontfermen...

Langzaam verschrompelt zijn lichaam boven een flauw brandend vuur...

Met dit soort voorbeelden voor ogen komt er een eind aan het lijdzame geduld der ketters. Opstanden breken uit in de Waalse provincies — mede omdat de economische toestand verslechterd is. Een woedende menigte te Valenciennes verlost twee predikers van de brandstapel en voert hen in triomf weg. Opgezweepte groepen overrompelen gevangenissen en bevrijden de gevangenen onder uitdagend gejuich. 'Wij eisen het recht van opstand tegen het gezag, dat doof blijft voor het woord van God!' staat in een verzoekschrift aan de magistraat van Hondschote, in het roerige, Westvlaamse industriegebied. In 1562 strooit men daar pamfletten rond met de dreiging enige grote Vlaamse steden in brand te steken als er geen verandering komt.

Niet alleen de protestanten, maar ook de katholieken raken geprikkeld door de steeds heftiger geloofsvervolging. Als een olievlek op het water breidt de haat tegen Granvelle zich uit!

Een opstandige wind blaast over de Lage Landen, maar waarlijk niet alleen vanwege de nieuwe bisdommen, de plakkaten en de bloedige inquisitie. In de beginnende jaren zestig kondigen zich tekenen aan van een minder voorspoedige tijd. Door de welvaartsbedreiging neemt het wantrouwen van de middenstand tegenover de bestaande toestanden toe. De arbeiders zien hun lonen voortdurend dalen, terwijl de prijzen werkelijk onrustbarend stijgende zijn. De schatkist is leeg...

Wel gaat de handel voort. Er heerst nog steeds een grote bedrijvigheid aan de kade van Antwerpen, Amsterdam, Dordrecht, Vlissingen, Enkhuizen en Hoorn. Balen met kant, zijde, linnen, laken en vaten met bier, zuivelprodukten en vis verdwijnen in de ruimen van de schepen. Door kooplieden en fabrikanten worden in die jaren van vrede flinke kapitalen verdiend, maar het volk heeft het zwaar. Steeds weer zijn er rampzalige dijkdoorbraken en staan landstreken blank. Hevige regenval kan een deel van de oogst verwoesten. Hulpeloos staan de mensen tegenover roodvonk, pokken, lepra en syfilis. De long- en builenpest hangt als een voortdurende bedreiging boven ieder gewest. Door dit alles heeft zich een nerveuze spanning van de Nederlanden meester gemaakt. Al die zaken vallen als duizenden losse druppels in de emmer, die eens onherroepelijk zal overlopen — tenzij een doortastend optreden dat wassende water keert. En juist die doortastendheid ontbreekt.

In het verre Spanje schuift koning Filips alle beslissingen op de lange baan. Het is, zoals Granvelle's broer kernachtig beweert: 'Zoals altijd, besluit de koning om geen besluiten te nemen!'

Slechts aan de vervolging van de ketters houdt hij — tegen vele adviezen in — onwrikbaar vast!

Filips II hakt de knoop door

In Frankrijk is een burgeroorlog gaande tussen protestanten, die daar hugenoten worden genoemd, en katholieken. Koning Filips wil daar de katholieken steunen en denkt onderdanen uit de Nederlanden te kunnen gebruiken voor die strijd. Landvoogdes Margaretha roept de Raad van State, de stadhouders en de ridders van het Gulden Vlies bijeen. Zij legt hen de wens van de koning voor.
'Wat denkt u ervan, messieurs?'
'Tegen!' zeggen de edelen met klem.

Nu al die voorname edelen in Brussel zijn, inviteert de prins van Oranje hen in zijn paleis voor een schitterende partij. Natuurlijk spreken zij over de politieke toestand en klinken er opstandige woorden aan het adres van Granvelle. Het is tijdens die gelegenheid, dat de sluwe Oranje de hoge adel aaneen weet te sluiten en in een liga verbindt:
'Wij moeten elkaar bijstaan! Wij dienen één lijn te volgen tegenover de koning en de landvoogdes,' zo spreken de heren af.
'En laten wij alle bestaande klachten en al onze eisen formuleren in een brief. Gezamenlijk sturen wij die dan naar de koning!'

Horne, een vurig katholiek (maar tegenstander van de geloofsvervolgingen!) en een goed vriend van Oranje, reist met die brief naar Spanje, om Filips vrijmoedig mee te delen wat er in de Nederlanden gaande is.
'Het volk is beducht voor invoering van een Spaanse inquisitie. Ge moest eens weten, sire, hoe iedereen Granvelle haat! Het is werkelijk gevaarlijk onrustig. En, majesteit, laat ik u zeggen hoe u zich het best van de steun der edelen verzekeren kan...' Filips luistert, maar mist opnieuw besluitvaardigheid.

Granvelle. Portret door A. Mor.

Te Brussel neemt Granvelle wél besluiten, alleen doet hij dat veelal achter de rug van de adel om. Dat prikkelt de trotse edelen in hoge mate — temeer daar Granvelle alle ambten vergeeft en als kardinaal (via de nieuwe bisdommen) de macht van Oranje en Bergen in Brabant, van andere edelen elders, verminderen kan. In de Raad van State spelen zich meer dan eens heftige tonelen af: 'En nou is het uit!' briest de opvliegende Egmont tijdens een vergadering. In tegenwoordigheid van de landvoogdes trekt hij zijn dolk om de gehate kardinaal te doorsteken. Zijn vrienden pakken hem nog tijdig vast. Ook de woeste graaf Hendrik van Brederode haat Granvelle bij het leven. Hij is een middeleeuwse dolleman, die geen enkele inmenging in zijn heerlijkheden wenst.

Vol branie toont hij zich onuitputtelijk in het bedenken van grappen, die de kardinaal belachelijk maken bij het volk.
'Komt an dan!' zegt hij tot zijn vrienden. Als monnik of kardinaal verkleed, neemt hij aan nachtelijke maskerades deel. Op zijn hoed draagt hij dan geen veer, maar een vossestaart. Ook zijn bedienden laat hij zo gekleed gaan en iedereen lacht en juicht:
'De oude sluwe vos Granvelle, en zijn vosjes Viglius en Berlaymont zullen weldra hun staarten verliezen,' roept hij keer op keer uit. Met een veelal nog middeleeuwse mentaliteit volgen vele edelen zijn voorbeeld en blazen zo het vuur van verzet gestadig aan.

Hoe de stemming in vele steden is, bewijzen de briefjes, die bij het paleis van de graaf van Egmont over de muur worden gegooid:
'Bekeert u tot het calvinisme. Dan maken wij u de heer der Nederlanden, graaf!'

Ook Oranje vindt dit soort aanmoedigingen op zijn deur geplakt. De chaos neemt toe. Oproerkraaiers kunnen worden gegrepen, maar vele rechters geloven niet langer in de wrede wetten, die hen door de regering zijn voorgelegd.
'Wij kunnen de zittingen van de Raad van State niet langer bijwonen. Wij kunnen geen verantwoordelijkheid dragen voor de besluiten, die in de Consulta (de geheime Achterraad) door Granvelle, Viglius en Berlaymont worden genomen,' verklaren Oranje, Egmont en Horne.

Margaretha voelt zich door die conflicten steeds meer in het nauw gedreven. Zij smeekt de koning over te komen. Filips vraagt adviezen, maar besluit... niets!
'Matig toch de inquisitie, sire,' adviseren sommige hovelingen. 'Vervang toch Granvelle, als daarmee de vrede is gediend!'

De hertog van Alva schrijft aan de koning: 'Telkens wanneer ik brieven zie van de drie Nederlandse heren, brengen zij mij buiten mijzelf van woede. De kardinaal uit de Nederlanden weg te roepen, zoals zij verlangen — en aan uwe majesteit durven schrijven — zou hoogst nadelige gevolgen hebben!' Alva is een voorstander van de harde lijn: 'Wat de mannen betreft: die verdienen dat men hun het hoofd afhakt, toont hen een welwillend gezicht, totdat gij hun vonnis kunt voltrekken...' Ook dát advies legt de koning — voorlopig nog — naast zich neer.

Als de volksoproeren een dreigender karakter krijgen en de edelen steeds openlijker ageren om Granvelle weg te krijgen, hakt landvoogdes Margaretha de knoop door.

Moe van Granvelle's voogdijschap, kiest zij de zijde van Egmont, Oranje en Horne want de hoge adel heeft het volk achter zich. De positie van de kardinaal is dan onmogelijk geworden. De eeuwig weifelende Filips geeft hem zijn congé.

Brussel, 13 maart 1564: Gezeten in een draagstoel, begeleid door een indrukwekkend escorte, verlaat Granvelle (zijn haar is spierwit geworden onder de last der afgelopen jaren) als een machtig kerkvorst de stad. Daar gaat de enige trouwe dienaar van de koning — de enige, die de Nederlanden voor zijn meester had kunnen behouden. De stemming in Brussel is uitgelaten:
'De sluwe vos verliest toch zijn streken!'
'Nu zal het beter worden!'

De dolle Brederode en de graaf van Hoogstraten kijken uit het venster om getuige te zijn van Granvelle's vertrek. Nauwelijks is hij uit het zicht, of ook zij gaan naar buiten. Samen springen ze op hetzelfde paard: Hoogstraten in het zadel en Brederode achterop.
'Horéé...'
Zo galopperen zij de kardinaal achterna. Zij rijden om zijn stoet heen, sarren en bespotten hem en krijgen overal de lachers op hun hand.

Enkele Brusselaars spijkeren een bordje op de poort van Granvelle's paleis. Erop staat maar één woord:
'Spoedverkoop!'

'Nu wij,' denken de edelen met de machtige stadhouders Oranje en Egmont aan het hoofd. En zij krijgen de kans om hun staatsmanschap te tonen. Veel brengen zij er echter niet van terecht. Als de opluchting

219

Bourgondische tijd – Twaalfjarig Bestand

Majesteitszegel van Filips II.

Willem van Oranje, door A. Mor.

en blijdschap over Granvelle's vertrek wat bekoeld is, mort het volk al gauw:
'Wat een wanorde in het bestuur!'
'Partijdige rechtspraak!'
'Corruptie! Die hoge heren denken alleen maar aan zichzelf!'

Dat alles is voor een groot deel waar. De edelen willen de macht van het stadhouderschap uitbreiden; de Raad van State meer invloed toekennen; de Geheime Raad en de Raad van Financiën afschaffen. Ook eisen zij de benoemingen tot belangrijke posten voor zich op. Knoeierijen liggen voor de hand en gemor blijft daarover niet uit:
'Nou, nou, de aanstelling tot abt te Tongerlo is voor 10.000 gulden te koop!'
'Genadebrieven gaan tegenwoordig voor grof geld van de hand!'
'Ze doen maar...'

De edelen proberen zeker ook het landsbelang te dienen. Hun afkeer tegen de geloofsvervolgingen is zeker oprecht. Alles bij elkaar voeren zij echter een slecht bewind. Er is slechts één, die in alle wanorde de mogelijkheid ziet voor een nieuwe politiek: *Willem van Oranje!* Grote veranderingen hebben zich in zijn leven voltrokken. Van de onbezorgde, trotse, eerzuchtige edelman is hij door de omstandigheden uitgegroeid tot een politicus van formaat.
'Een regering van de Nederlandse adel, met medewerking van de Staten, onder het oppergezag van de koning!' Dat is het doel dat hij wil verwezenlijken. Hij streeft daarbij tevens naar afschaffing of verzachting van de gehate plakkaten tegen het geloof. Hoewel hij afkerig is van het agressieve calvinisme, voert hij geheime besprekingen met de jurist-theoloog Baudouin en met de predikanten Guido de Brès en Charles de Nielles:
'We moeten gematigde katholieken, gematigde lutheranen en calvinisten verenigen tot een middenpartij, die gewetensvrijheid in haar vaandel voert!'

'Swigende Willem' is de Zwijger geworden, toen hij in 1559 samen met de hertog van Alva als gezant in Frankrijk verbleef. Toen zou de Franse koning Hendrik II hem hebben ingelicht over de uitroeiing van de ketterij, waarvoor hij en Filips een geheim bondgenootschap hadden gesloten. De gevolgen van die politiek heeft de prins van Oranje in de Lage Landen gezien.

Grote moeilijkheden in zijn huwelijk met Anna van Saksen hebben zijn bezorgdheid doen toenemen — en misschien ook zijn hoogmoed aangetast. Zijn 11-jarig dochtertje verblijft aan het hof van Margaretha. Daar eet ze bij Madame aan tafel. Onder de voortdurend ruziënde Anna heeft het arme kind geen leven gehad. Anna drinkt en kan van geen man afblijven. Anna kijkt, omdat haar man zulke zware schulden heeft.

Ernstiger, bezonkener heeft Willem van Oranje zijn positie omzichtig gekozen. Hij heeft Granvelle weggekregen. Nu hoopt hij op dezelfde wijze de gewetensvrijheid en een inheemse adelsregering te kunnen grondvesten. Nauwgezet is hij op de hoogte van wat er aan het Spaanse hof gebeurt: een secretaris van koning Filips is als agent in dienst van Oranje en de Nederlandse adel. Alle belangrijke staatsstukken kopieert die secretaris. Wat omgaat aan het hof in Spanje brieft hij over. Omgekeerd stuurt een Spaanse monnik, die te Brugge verblijft, uitvoerige rapporten naar Madrid:
'Naar mijn mening heerst een totale verdwazing in de Nederlanden!' schrijft hij in felle bewoordingen. Hoe goed Willem van Oranje ook is ingelicht, hoe geslepen hij het politieke spel kan spelen, mede door toedoen van die monnik zal het een illusie blijken koning Filips te winnen voor zijn plan!

De toestand verbetert niet. Eensgezindheid onder de Nederlandse edelen ontbreekt, want de hertog van Aarschot, Berlaymont en Viglius blijven trouwe uitvoerders van de bevelen uit het Escoriaal. De geloofsvervolgingen zijn wel verminderd, maar geheel opgehouden zijn zij nog niet:
'Inquisiteur Titelman gaat onverminderd fel met zijn aanklachten voort!' klaagt de raad van Brugge. In Antwerpen barst zelfs een openlijke opstand uit, als de karmelieter monnik Fabricius ter dood wordt veroordeeld, omdat hij tot het calvinisme is overgegaan.
'Hebt ge het gehoord?'
'Broeder Fabricius moet branden!'

Op dat nieuws trekt een razende menigte naar de gevangenis om de populaire monnik te bevrijden. Ze joelen en schreeuwen, met stokken en stenen in de hand.
'Lieve mensen, verwek om mij geen oproer,' roept Fabricius door de tralies naar het volk. 'Laat mij toch rustig voor mijn overtuiging sterven!'

Die rust is hem niet gegund. Als de beul hem op de brandstapel aan de paal wil kluisteren, barst de volkswoede opnieuw los. Het regent stenen naar de afzetting, naar de hoogwaardigheidsbekleders en naar de beul. Scheldwoorden klinken over het plein. Woedend stuwt een groep naar voren. Ze breken door de afzetting heen en stormen naar de brandstapel om hun geliefde prediker te bevrijden. Helaas koestert de beul een groot verantwoordelijkheidsgevoel. Alvorens te vluchten doorsteekt hij Fabricius nog gauw even met een dolk!

Een strenge winter. Handelsmoeilijkheden met Engeland. Honger. Volksoproeren.
'Wij moeten iemand naar Spanje zenden om opnieuw de noden van het land aan de koning voor te leggen!' besluiten de leden van de Raad van State. Egmont is bereid te gaan. Lang wordt er over zijn instructie gesproken:
'Zeg de koning, dat het aantal doopsgezinden, lutheranen en calvinisten onrustbarend is toegenomen en dat het volk — óók de katholieken, benadrukt dat vooral, Egmont! — afkerig is van de toepassing der plakkaten!'
'Hij moet weten dat de schatkist leeg is en dat de miljoenenschulden een bedreiging vormen voor het land!'
'En Egmont, laat zijne majesteit weten, dat zijn aanwezigheid hier dringend noodzakelijk is. Dan kan hij alles met zijn eigen ogen zien!'

Op Oudejaarsavond houdt Willem van Oranje een rede in de Raad van State die enkele uren duurt. Helder en scherp zet hij de toestand uiteen. Hij eindigt magistraal:
'De koning dwaalt als hij meent, dat Nederland temidden van de landen waar godsdienstvrijheid bestaat, voortdurend de bloedige plakkaten kan verdragen. Evenals elders, zal men ook hier veel door de vingers moeten zien. Hoezeer ik ook aan het katholieke geloof gehecht ben, ik kan niet goedkeuren dat vorsten over het geweten van hun onderdanen willen heersen en hun de vrijheid van geloof en godsdienst ontnemen...' Die woorden snijden diep. Ze be-

zorgen de scherpzinnige, maar bangelijke Viglius nog diezelfde avond een beroerte...

Op 31 januari 1565 vertrekt Egmont naar Spanje. Brederode, Culemborg, de graaf van Mansfeld en anderen doen hem uitgeleide tot Kamerijk.
'Mocht ge in Spanje iets overkomen, op ons woord van eer Egmont, we zullen het wreken op kardinaal Granvelle!' Om die woorden te bekrachtigen tekenen de aanwezige edelen een oorkonde met hun eigen bloed. Op het afscheidsfeest krijgt de beschonken Brederode ruzie met de aartsbisschop van Kamerijk. 'Hier dan!'
Mansfeld geeft de kerkvorst zelfs een klap in zijn gezicht.

Tegen allerlei bange voorgevoelens in wordt Egmont in Spanje allerhoffelijkst ontvangen. Gunsten en geschenken vallen hem ten deel. Zonder enige argwaan legt hij de koning de plannen voor, die de edelen met elkaar hebben uitgedacht voor de reorganisatie van het Nederlandse staatsbestel. Filips luistert, knikt en hoort precies waar alles om draait.
'Wij zullen geld sturen,' zegt hij, 'zodat de soldaten en ambtenaren aan het Brusselse hof (eindelijk weer eens) kunnen worden betaald!'
Dan maakt hij Egmont duidelijk, dat er over verzachting van de plakkaten niet te denken valt.
'Wij sterven liever duizend doden, dan dat wij een eind maken aan de strijd tegen de ketterij. Bedenk wel, heer graaf, wij beroepen ons daarbij op de besluiten, die op het concilie van Trente genomen zijn. En op de verordeningen van de paus!'
Egmont tilt niet te zwaar aan die uitspraak. ook doorziet hij niet, dat Filips hem geen enkele toezegging doet, maar alles in het vage houdt. Verblind door de getoonde koninklijke vriendschap, keert hij met Alexander van Parma (zoon van landvoogdes Margaretha) naar de Nederlanden terug. Daar laat hij zich als een triomfator begroeten en hij voert er nu het hoogste woord:
'De graaf spreekt, als ware hij de koning zelf,' schrijft een hoveling spottend aan Granvelle. 'Hij onderhandelt dag en nacht met de hele wereld, en iedereen gaat voor hem uit de weg!' Alleen de prins van Oranje gelooft niet in het slagen van Egmonts missie en zegt dat ook ronduit.
'Hij is natuurlijk jaloers,' mompelen de edelen. Maar de toekomst zal leren, dat prins Willem het ook dit keer bij het rechte eind heeft gehad.

Wat een slag is het voor Margaretha, als de eerste brieven van Filips na Egmonts bezoek haar bereiken. Midden in de voorbereidingen voor het huwelijk van haar zoon met Maria van Portugal, leest zij met schrik, dat de koning geen stap van zijn uitgangspunt zal afwijken. Over de reorganisatie van de regering wenst hij nog na te denken. Opnieuw besluiteloosheid! Opnieuw wanbeheer, omdat vaste lijnen ontbreken. En ondertussen breidt het calvinisme zich steeds sneller uit. De leden van de theologische faculteit van Leuven, waar Oranjes oudste zoon Filips Willem studeert, schrijven op 14 mei 1565 vol ongerustheid aan de koning:
'De godsdienstige toestand zien wij met de dag slechter en slechter worden. De ketterijen verspreiden zich... zózeer, dat weldra in al deze streken het geloof en de oude godsdienst volledig zullen instorten, indien men niet dadelijk ingrijpt. De oorzaken van deze kwalen liggen naar ons oordeel in het feit, dat de plakkaten worden verwaarloosd. Daar komt nog bij, dat de heilige inquisitie bijna niet meer functioneert en gehaat is geworden, en dat de decreten van Trente niet worden uitgevoerd!'
Deze en andere berichten doen de koning besluiten tot een krachtiger optreden over te gaan.

Juist als Brussel de huwelijksfeesten van Alexander van Parma met luister viert, ontvangt Margaretha in november drie brieven de de koning: de beruchte brieven uit het bos van Segovia.
'Mon Dieu!' De landvoogdes is ontsteld en verbijsterd. Acht volle dagen duur het, alvorens ze de Raad van State over de inhoud van die brieven durft in te lichten.
Filips beveelt:
'Geen pardon voor de ketters! Geen verzachting der plakkaten. De inquisitie moet voortgang vinden. Geen bijeenkomst van de Staten-generaal, voordat het katholieke geloof beveiligd is...'
Wat de Nederlandse edelen nog het meest grieft is het feit, dat koning Filips over de reorganisatie van het regeringsbestel nog niets heeft beslist.
'We moeten deze brieven niet aan de ambtenaren en niet aan de steden bekend maken!' stelt de bezorgde Viglius de Raad van State voor.
'Toch wel!' zeggen Oranje, Egmont en Horne. Zij willen bewust rellen en oproer uitlokken — en daarmee de koning dwingen tot een andere koers.
'We zullen weldra een grote tragedie zien beginnen,' fluistert de prins van Oranje, als hij de bewogen vergadering verlaat. Hij trekt zich (achtervolgd door schuldeisers) op zijn bezittingen terug. Zo ook de graaf van Egmont. Bergen en Megen nemen ontslag...

Een kreet van ontzetting stijgt in de Lage Landen op, als Margaretha de besluiten van de koning proclameert.
'Nou gaat het mis!' denken velen.
'Dat wordt burgeroorlog, net als in Frankrijk! Let op mijn woord!'
Het regent protesten: uit Holland, uit Vlaanderen en uit Brabant, dat zich vooral opstandig toont. Overal spreken bezorgde mensen elkaar aan:
'Gewis, Robijn, de inquisitie durft niet meer tot openbare terechtstellingen over te gaan. Ze verzuipen de ketters nu in het holst van de nacht!'
Het is waar! Met het hoofd tussen de knieën gebonden worden de ongelukkigen in de gevangenissen ondergedompeld in een waterkuip.
'Heer, wees mijn zondige ziel genadig!'

Het verbranden van ketters door de inquisitie. Schilderij van Pedro Berruguete.

Bourgondische tijd – Twaalfjarig Bestand
De beeldenstorm

Een ijskoude winter is ingegaan. Het malaise-gevoel dat alom heerst, wordt nog aangewakkerd door een sociaal-economische crisis, die een nieuw dieptepunt heeft bereikt. De graanoogst is grotendeels mislukt. Veel koren moet komen uit de Oostzee, maar de Sont is gesloten.

Van het koren heet het spel, dat de rederijker Laurens Jansz. heeft gedicht. De 1180 coupletten zijn een aanklacht en een vloek tegen alle woekeraars. Schandelijke speculaties door kooplieden met graanvoorraden hebben de nood onder het volk hoog doen stijgen. De Spanjaard Castellanos vermeldt een gruwelijk detail van die nood: 'Ik heb aanschouwd hoe vrouwen in Artesië zichzelf ophingen, om niet te hoeven zien dat hun kinderen van honger stierven...'

Te Gouda maakt de half verhongerde bevolking zich meester van twee graanschepen, terwijl in Mechelen de deuren der graanhandelaars worden getekend met bloed.

De Schelde ligt dichtgevroren. Er zijn schaatswedstrijden, omlijst met kermis en kraampjes. De schilder Pieter Brueghel — de grootste verteller van zijn tijd — heeft die ijspret op zijn doeken en prenten vastgelegd.

Pieter Brueghel, Brabander, staat midden in het volk. Hij schildert de mensen van zijn tijd in hun boertige lol, in hun hebzucht en gierigheid, in hun geloof, hun liefde en leed. In *Luilekkerland* beeldt hij de mens in zijn vraatzucht af:
'Smullen en zuipen tot de buik vol is totter kinne!'

Op de prent *De bruiloft* dansen, flirten, vrijen en zoenen de boeren op de muziek van de doedelzak. Hoe typerend voor de tijd is ook het vrij grove onderschrift van die uitbundige tekening:

Locht op Speelman ende latet wel dueren
So langh als de lul ghaet en den rommel vermach:
Doet Lijse wel dapper haer billen rueren,
Want ten is vrij met haer gheen bruijloft alden dach...

Het Narrenfeest, Dulle Griet, De heks van Mallegem, De gerechtigheid vertellen, ogenschijnlijk lomp en rauw, op een verfijnde manier over de mensen die rond het midden der 16de eeuw hebben geleefd:

Half ghoet, half quaet
Half vlas, half draet
Half dicht, half geck
Half eer, half schande
Is de manier vanden lande...

In het leven staan de zaken meestal half-half tegenover elkaar. Maar in die winter van 1565 heeft de honger en misère wel erg de overhand. Een van de secretarissen aan het hof schrijft in december aan kardinaal Granvelle:
'Wij hebben hier onder een vreselijke duurte van het graan te lijden, die met de dag erger wordt. Ik weet niet, hoe wij er tot de volgende oogst zullen doorkomen, en hoe men het gewone volk in bedwang zal kunnen houden, dat zeer verbitterd is en alarm slaat... God moge ons voor een groot oproer beschermen. Wanneer het volk eenmaal opstaat, zal de godsdienst erin gaan betrekken, naar ik vrees...'

Die vrees zal worden bewaarheid...

De grote seigneurs zijn het verzet begonnen. Nu zij op hun kastelen en landgoederen gaan afwachten wat er in de Lage Landen gebeuren zal, geven zij hun initiatief prijs. 'Nu is de beurt aan ons,' meent de lagere adel, die het verzet maar al te graag in handen neemt. Want deze edele heren steken vrijwel allen tot hun nek in de schuld. Toch denken zij er niet aan hun uitgaven te beperken, of hun te dure huishoudingen in te krimpen omdat het geld ontbreekt. Velen van hen zijn lagere officieren. Nu het vrede met Frankrijk is, zitten zij zonder werk.

'Velen verwachten van een ongeluk dat de staat zou treffen, redding voor zichzelf,' schrijft later de vermaarde Grotius (1583-1645) in zijn 'Geschiedenis van de Opstand'. 'Voortdurend kijken zij uit naar onlusten. Altijd zijn zij bereid zich onder het vaandel te scharen van die partij, in wier armen de hoop of wanhoop hen dreef...'

In de kringen van deze lagere edelen gaat het verzet een nieuwe fase in...

Brussel, 2 december 1565: Er is feest in Margaretha's paleis, ter ere van Alexanders huwelijk met Maria van Portugal. Op de dansvloer in de grote balzaal voeren Oranje en Egmont ieder een partij aan voor een vrolijk schijngevecht.

Elders in Brussel gaat het heel wat ernstiger toe. In het huis van Floris van Pallandt, graaf van Culemborg, luisteren twintig jonge edelen naar een calvinistisch predikant:
'Gij zult Mij tot een volk zijn en Ik zal u tot eenen God zijn, zegt de Heere. Nu heeft broeder Calvijn ons geleerd...' Als Franciscus Junius uit Genève is uitgesproken, vragen de edelen zich af, welke daden de ongewisse tijd van hen eist.
'Het *Compromis* moet nu werkelijkheid worden!' zegt een van hen. Reeds eerder, toen zij in de zomer verzameld waren in het pret- en kuuroord Spa, hebben zij met elkaar plannen gemaakt voor een *Verbond van de Edelen*, om gemeenschappelijk sterk te staan. Zij willen zich keren tegen de inquisitie en de uitvoering van 's konings bevelen verhinderen, koste wat het kost.

Nicolaas de Hames, heraut van het Gulden Vlies, de gebroeders Jan en Filips van Marnix en de anderen zijn het geheel met elkaar eens, dat zij voor de verdrukten op de bres moeten staan. Even denken zij aan de waarschuwing, die Viglius heeft laten horen:
'Trouwbreuk der Vliesridders zal nimmer worden vergeven!' Geïnspireerd door de predikant uit Genève komt het Verbond in het huis van Culemborg tot stand.

Jan van Marnix, heer van Thoulouse, stelt de bondsakte op. Hij doet dat zó omzichtig, dat zowel katholieken, als calvinisten en lutheranen met de inhoud akkoord kunnen gaan.

'Nu moeten we handtekeningen verzamelen!' Voor dat doel trekken Hames en Mansfeld erop uit. Lodewijk van Nassau (een broer van Oranje) en Hendrik van Brederode behoren tot de eerste ondertekenaars. Van alle kanten stromen nieuwe leden toe. Ook rijke kooplieden en andere burgers kunnen hun handtekening zetten.

Een smeekschrift met wensen, dat de leden van het verbond aan de landvoogdes willen aanbieden, is in de maak.

De hoge adel houdt zich afwezig, al zijn er allengs 2000 handtekeningen onder het smeekschrift gezet.
'Wij zijn tegen dit verbond. De lagere adel stuurt aan op een gewapend verzet!' verklaren Egmont en Megen. Een gesprek tussen de voormannen der edelen met Oranje, Egmont, Horne, Bergen, Montigny en Hoogstraten levert niets op. Door dit alles spat de liga van de prins in tweespalt uiteen.

Landvoogdes Margaretha bevindt zich nu in een afschuwelijk parket. 'Mon Dieu...' Haar hand glijdt over haar kin en langs haar behaarde bovenlip, als zij de tegenstrijdige problemen overdenkt. Aan de ene kant liggen daar de koninklijke bevelen. Aan de andere kant ziet ze het verzet daartegen, dat in haar landen beangstigend toegeno-

Penning uit 1567, door J. Jonghelinck 1566. Voorzijde: Margaretha van Parma. Achterzijde: vrouw met de symbolen van macht en vrede.

men is.
'De toestand is explosief, madame!' krijgt ze van haar raadgevers te horen. Overal sluipen spionnen en verklikkers. Overal rijden boodschappers heen en weer.

Egmont waarschuwt:
'De verbonden edelen zijn bezig troepen te werven, madame. Zij zijn van plan de regering omver te werpen en het begin van hun opstand zal de aanbieding van een smeekschrift zijn.'

De edelen komen opnieuw bij elkaar. Sommigen achten de inhoud van het smeekschrift gevaarlijk en misdadig. Anderen willen nog veel omstuimiger te werk gaan.
'Niet doen,' adviseert Oranje. Hij wendt al zijn invloed aan om de toon van het stuk te verzachten. Dan krijgt hij het bij de landvoogdes gedaan, dat de edelen haar dit smeekschrift persoonlijk mogen overhandigen:

Brussel, 3 april 1566: Aan het hoofd van 200 gewapende edelen trekt Brederode tegen het vallen van de avond de stad in. Het volk loopt uit, juicht hem toe:
'Leve Brederode, de hersteller van de verloren vrijheid!'

Een enkeling schudt bezorgd zijn hoofd en mompelt ongerust:
'Wat moeten we met die wilde zuiplap?'

4 april rijdt de graaf van Culemborg met 100 ruiters door de straten naar zijn paleis. Een spanning is overal merkbaar. Opnieuw verdringen de Brusselaars elkaar, als in de morgen van de 5de april een lange stoet van edelen zich te voet naar het paleis van Margaretha begeeft.
'Zal ze toegeven, Floris?'
'Ze moet wel, Nicolaas!'

Ongewapend gaan de edelen het paleis binnen. Ze komen toch wel onder de indruk, als zij de landvoogdes, staande tussen de leden van de Raad van State, voor zich zien.

Brederode stapt naar voren. Het smeekschrift, dat hij moet voorlezen, trilt in zijn hand. Zijn stem klinkt onzeker:
'Wij waarschuwen voor een opstand, als de gehate plakkaten niet worden ingetrokken... Nieuwe voorschriften, te bekrachtigen door de Staten-Generaal...'

Nederige woorden van trouw aan de koning verzwakken niet wat het Verbond bedoelt. Nauwelijks zijn de edelen vertrokken, of een woedende Margaretha barst in snikken uit. Oranje tracht haar te sussen:
'De edelen zijn trouwe onderdanen, madame. Zij hebben toch alleen maar hun bezorgdheid voor de toekomst geuit? Calmez-vous, altesse...'

Egmont is geschokt. Hij weet zich geen houding te geven, kiest ook geen partij.

Berlaymont zegt verbeten:
'Hoe kan Uwe Hoogheid bevreesd zijn voor een troep bedelaars? Willen deze mensen, die niet eens hun eigen vermogen kunnen beheren, de koning en uwe hoogheid leren, hoe men een land besturen moet? Bij de eeuwige God, wanneer men mijn raad wilde volgen, dan zou men op hun smeekschrift met een dracht slagen moeten antwoorden. Ik zou hen de trappen spoediger afjagen, dan ze die opgeklommen zijn!'

De volgende dag belooft Margaretha de inquisitie te verzachten en een gezantschap te zenden naar het Spaande hof.
'We hebben het pleit gewonnen,' denken de edelen. In een overwinningsroes komen zij in het paleis van Culemborg bijeen — 300 man sterk — om dat te vieren. De wijn gaat in bokalen rond. Steeds woester dringt het feestgedruis naar buiten.

Opeens staat Brederode op:
'Het vosje Berlaymont heeft ons *gueux* (het woord voor bedelaars) genoemd!
Welaan, we zullen deze titel aannemen. We zullen de koning trouw blijven, maar de inquisitie bestrijden — al geraken we daardoor ook tot de bedelstaf!'

Met een dronken kop wenkt Brederode een van zijn pages, die hem een leren bedelzak en een houten bedelnap aanreikt. Hij hangt de zak om, vult de nap met wijn:
'Vivent les gueux!'
'Leve de geuzen!'

Terwijl de bedelnap rondgaat, de opwinding toeneemt, komen Oranje, Egmont en Horne de feestzaal in. Ze trachten de dronkemanstroep te kalmeren — waarvoor een veronruste landvoogdes hen later zeer dankbaar is.
'Vivent les gueux!'

Tot diep in de nacht weerklinkt die kreet door de stille straten van Brussel, als menig beschonken edelman lallend naar huis terugkeert.

Brederode, de vurige, rusteloze, stoutmoedige middeleeuwer is de held van de dag.

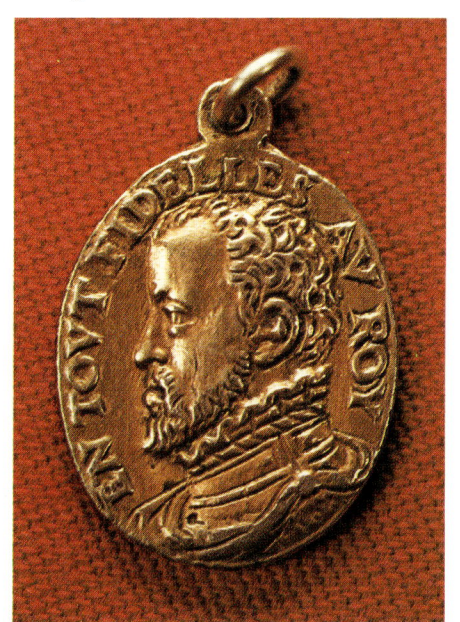

Dit is zijn uur. 'De grote geus!' wordt hij al gauw genoemd. Als hij op weg naar huis te Antwerpen overnacht, groepen 5000 mensen samen voor zijn logement. Voor open venster spreekt hij hen — met bedelzak om de schouder en de bedelnap in de hand — opzwepende woorden toe. De edelen van het Verbond lopen niet langer in fluwelen, met goud bestikte wambuizen, maar in grijze kleding van grof laken rond.

Een vilten hoed gaat op het hoofd. Bedelzak en nap vormen de enige sieraden. Zij laten ook penningen slaan: op de voorzijde de beeltenis van koning Filips; op de keerzijde twee ineengeslagen handen met de spreuk
'Getrouw aan den koning tot aan de bedelzak toe!'

Niet de koning, maar diens gehate regering vormt hun doelwit. Een ogenblik lijkt het, alsof de landvoogdes gewetensvrijheid oprecht zal waarborgen. Talloze vluchtelingen en ballingen keren uit het buitenland terug. De vervolgde predikers der hervorming wagen zich nu in het openbaar. Hun geloof lijkt dat der vrijheid en de mensen stromen toe. Onder de blote hemel, staande op een kar of heuvel, dragen de predikers hun boodschap uit:

Helt nu u selfs, soo helpt u Godt
Uyt der tyrannen bandt en slot
Benaude Nederlanden
Ghy draecht den bast al om u strot
Rept flucks u vrome handen...

De strijdliederen der calvinisten galmen door de velden. Van alle godsdienstige groeperingen zijn de calvinisten de enigen, die met hun geloofsbelijdenis nauwgezet weten wat ze doen. Dankzij Calvijns geschriften — en de ervaring die hij te Genève heeft opgedaan — weten zij ook precies wat zij in het staatkundige willen bereiken.

Hoe belangrijk is dat in die tijd van chaos en onzekerheid!

Peter Gabriël, een voormalig monnik, houdt de eerste grote hagepreek in Holland: in de duinen bij Overveen. Duizenden nieuwsgierigen zijn erheen gegaan. Velen van hen vinden een antwoord op hun armoe en honger, op hun benauwdheid en angst, in de gepredikte leer der predestinatie:

Wie maar de goede God laat zorgen
En op Hem hoopt in 't bangst gevaar
Is bij Hem veilig en geborgen
Dien redt Hij, God'lijk, wonderbaar...

Te Antwerpen, centrum van het calvinisme, komen wel 10.000 mensen voor hagepreken bijeen. Gaandeweg schat de prins van Oranje hun aantal op 18 à 20.000.

Arent Dircksz. Vos, voormalig pastoor te Lier, dicht het eerste geuzenlied, dat de oproerige geest in die onrustige dagen duidelijk onderstreept:

Slaet opten trommele, van dirredomdeyne
Slaet opten trommele, van dirredomdoes
Slaet opten trommele, van dirredomdeyne
Vive le Geus is nu de loes...

Prins Willem van Oranje voelt dat hij zijn greep op de gang van zaken verliest. Zoals de meeste stadhouders is hij nog steeds goed katholiek. Met de felle calvinisten heeft hij weinig op.
'Een volksopstand willen wij gewis verhin-

De bedelpenning van de geuzen met het portret van Filips II en twee handen die elkaar op de bedelzak trouw beloven, door J. Jonghelinck 1566.

Bourgondische tijd – Twaalfjarig Bestand

De beeldenstorm. Gravure door Hogenberg.

deren,' schrijft hij aan zijn broer Lodewijk. 'Als het tot zulk een omwenteling komt, zullen wij als eersten ten gronde worden gericht en geruïneerd!'

Oranje weet, dat Margaretha en Filips druk corresponderen en dat hij onder verdenking staat. Keer op keer tracht hij de felle edelen van het Verbond te matigen. Willen zij werkelijk Antwerpen en andere steden overmeesteren? Is het waar, dat er een plan bestaat voor de ontvoering van de landvoogdes?

Viglius stelt een nieuwe wet voor de inquisitie op. In een *Moderatie* legt hij de beloofde verzachting van de plakkaten in 53 artikelen vast.

'Geen Moderatie, maar *Moorderatie!*' schreeuwt het volk. In die wilde dagen hebben de mensen volledige vrijheid geproefd. De nieuwe wet gaat hen lang niet ver genoeg.

Tal van organisaties duiken achter het Verbond der edelen op. De calvinistische kooplieden verenigen zich. Luthersen en doopsgezinden trachten hun gemeenten bijeen te houden — en weren zich tegen het agressieve calvinisme dat leiding geeft.

Willem van Oranje koorddanst tussen landvoogdes en koning; tussen de edelen (met hun uiteenlopende meningen) en allerlei groeperingen van het geloof. Krampachtig tracht hij alles en iedereen bijeen te houden. Heeft zijn liga-gedachte nog een kans?

Geslepen politicus als hij is, zet hij niet alles op dat ene paard. Hij onderhoudt nauwe contacten met hugenoten in Frankrijk en met de veelal lutherse vorsten in het Duitse rijk. Hij wil zich van bondgenoten verzekeren, als het met de koning tot een breuk mocht komen. Voor alles wenst hij af te wachten, of het gezantschap in Madrid iets bereikt.

Op 29 mei heeft Montigny Brussel verlaten om voor geloofsvrijheid te pleiten aan het Spaanse hof. Als hij onderweg te Parijs verblijft, krijgt hij een ernstige waarschuwing:

'Zet uw tocht niet voort!' adviseert de Spaanse gezant in de Franse hoofdstad. 'Uw leven loopt gevaar. Zijne Majesteit is zeer verbitterd over de Nederlanders!'

'Ik acht het mijn plicht, de mij verleende opdracht te volvoeren,' antwoordt Montigny, die niet geheel overziet wat er in Madrid gebeurt.

Koning Filips bijt zich vast in de brieven en rapporten, die hij van fanatiek katholieke, vaak Spaanse berichtgevers ontvangt. Deze verafschuwen alles wat Nederlands is, de landvoogdes incluus. De wanhopige brieven van Margaretha, die om geld en instructies vraagt, legt Filips naast zich neer. Slechts even lijkt hij geneigd toe te geven. Maar juist dan vinden er gebeurtenissen plaats, die het de koning onmogelijk maken tot matiging van de inquisitie over te gaan.

De Nederlanden in de zomer van 1566: De Raad van State vergadert onophoudelijk.

Nieuws over die besprekingen lekt uit. Overtrokken berichten doen de ronde: 'De landvoogdes werft heimelijk troepen!' zegt de een.

'Zal zij een overval wagen op onze komende hagepreek?'

'Dan moeten ook wij ons wapenen,' vindt een ander. Op de hagepreken durft men allengs niet langer ongewapend te verschijnen. Ze groeien tot ware legerplaatsen uit, bevolkt door mensen van allerlei slag.

'Lijsken, kom mee. De rijke kooplieden, die calvinist zijn, keren duiten uit aan alle armen, die zich tot hun leer willen bekeren. D'r zit goed geld an!'

'Momser, is dat wel wijs?'

'Spot met alle wijsheid en aanvaardt alle dwaasheid, zoals de Aernoutsbroeders zeggen. Kom op, deerne! Geld stinkt immers niet?'

Bij duizenden stromen bedelaars, paupers, ruige avonturiers naar de bijeenkomsten om zich geld te laten uitkeren voor hun aanwezigheid. de spanning stijgt ten top. In juli komen de leden van het Eedverbond te Sint-Truiden (op Luiks gebied) bijeen.

Ruim 200 edelen met hun schildknapen en wapenvolk houden daar hun beraadslagingen en wilde feesten.

'Wij moeten krachtig tegen de driestheid der protestanten ingaan,' zeggen sommigen van hen.

'Neen, dat juist niet!' vinden anderen en zij lenen een gewillig oor aan Antwerpse en Doornikse calvinistische kooplieden, die om bescherming van hun predikaties vragen tot de Staten-Generaal een beslissing hebben genomen.

'Wij moeten troepen werven in Duitsland. De calvinistische kooplieden hebben wel geld en zij zijn daarmee gebaat!' Dan gebeurt plotseling toch, waarvoor Oranje en anderen al zo lang bevreesd zijn geweest. Na de hongerwinter en in de diepte van de

224

economische crisis, neemt het moe geworden volk het initiatief in eigen hand:

Steenvoorde in West-Vlaanderen, 10 augustus 1566: Sebastiaan Matte, voormalig mutsenmaker te Ieper, ongeveer 30 jaar oud 'met een clein swarbaerdeken, cort ende dick van persoone' houdt een hagepreek voor duizenden mensen. Hij dondert erop los en zet zijn gehoor in vuur en vlam: 'Staat er niet geschreven,' zo roept hij, 'dat God de Here geen aanbidding van beelden wil? En wat zien we in de paapse kerken? Beelden van Jezus, Maria en de heiligen, die het volk aanbidt...'

Zijn blikken glijden over de menigte. In het midden zitten de vrouwen, binnen een ruime cirkel, die met palen en koorden is afgezet. Huurlingen en gewapend manvolk houden daarbuiten de wacht. Mutsenmaker Matte bespeelt hun haat tegen de katholieke kerk, hun afschuw tegen de regering, die véél heeft beloofd, maar géén brood, en géén opluchting heeft gebracht.

'Leve de geuzen!' klinkt het na afloop van het sermoen. Verhitte mannen vuren hun geweren af.

'Daar staat het St. Laurentiusklooster!' schreeuwt de gewezen monnik Jaak de Buyzere. 'Laten wij daar de paapse afgoderij bestaan?'

'Neen, Neen!'

Onder zijn aanvoering trekt een gewapende troep erheen. Ze dringen naar binnen.

'Breek er wat ge breken kunt!'

Zinloos rammen ze alle heiligenbeelden in elkaar. Zo ontlaadt zich voor het eerst niet alleen de godsdienstige, maar ook een politieke en sociale spanning. De diep trieste *Beeldenstorm* — die alle plannen doorkruist — heeft op die 10de augustus in West-Vlaanderen een aanvang genomen!

Als een steekvlam schiet de Beeldenstorm in de Lage Landen op. Al hebben de calvinistische leiders dat vermoedelijk niet gewild, toch werpen dweepzieke ijveraars, gesteund door rabauwen, opgeschoten lummels en *'guijten die nauwelic eenen schoen an den voet en hadden,'* zich op kerken en kloosters:

'Monniken zijn leeglopers!'

'Priesters zijn zwijnen, die zich met weelde hebben vetgemest!'

Op vele plaatsen kijken burgers gelaten toe, als de brekers vol haat de kunstschatten, kostbare misgewaden, schilderijen, zilveren en gouden altaarsieraden vernielen.

Gestolen wordt er vrijwel niet:

'Wij willen de plundering afkopen,' smeken geestelijken te Valenciennes. Het half verhongerde volk wijst al het goud van de hand.

De aanwezigheid van Egmont te Ieper is voldoende om eventuele beeldenstormers in bedwang te houden. Nauwelijks is hij weg, of ook daar breekt de ramp los en niets blijft gespaard. Herman Moded, voorheen priester in Zwolle, predikt te Antwerpen tegen de 'afgoderij' en moedigt zijn gehoor aan alle beelden neer te halen. Te Gent worden binnen 24 uur 8 kerken, 25 kloosters, 10 hospitalen en 7 kapellen door beeldenstormers geteisterd.

'Het Lam Gods!' heeft een priester daar nog tijdig bedacht. Dat beroemde werk van Van Eyck kan nog net op tijd op de zolder van de Sint-Baafskerk worden verborgen. Behalve in enkele Zeeuwse steden en in Utrecht, verloopt de Beeldenstorm in het noorden en oosten van de Nederlanden vreedzamer, terwijl het doel daar effectiever wordt bereikt:

'Wij hebben genoeg van hagepreken in weer en wind! Wij eisen nu een eigen kerk!' zeggen calvinisten in Friesland en Gelre. Zonder gewelddaden eigenen zij zich godshuizen toe. In Utrecht stoken enkele edelen een rel.

'Tsa, tsa, op voor en werk dat Gode welgevallig zal zijn!' Zo hitsen ze de kleine ambachtslieden op en de prachtige kloosterbibliotheken verkolen in het vuur. Elders betalen edele heren een daggeld aan paupers om het vuile vernielingswerk te doen.

Door het krachtige optreden van plaatselijke regenten en magistraten kan op vele plaatsen de storm worden afgewend. Rijssel, Kortrijk, Brugge, Aalst, Haarlem, Zierikzee, Arnhem en Nijmegen blijven de vernielingen bespaard.

'Smeerlappen, zuipers, schoelje!' Scheldend en verbeten staan dappere vrouwen in Amsterdam in afweer gereed en zij voorkomen, dat een opgewonden menigte het sacrament van het Mirakel profaneert.

De Beeldenstorm is een ontstellend gebeuren. Een onschatbaar cultuurbezit verdwijnt binnen twee weken tijd. Alleen al in Vlaanderen zijn kunstschatten in 400 kerken volledig vernield:

Waar men devotie plegen zag
En God zo loflijk werd geëerd
Waar Hij gediend werd, nacht en dag
Daar zag men mensen heel verkeerd
Met hamers, bijlen en geweer
Als van de boze geest bezeten
Het groot sieraad, met groot oneer
Hoe zij dat al in stukken smeten...

In de ontluisterde kerken betreden calvinistische voorgangers de kansel — al zijn ze qua aanhang ook nog zo in de minderheid. Staat er een nieuwe tijd vol vroomheid en deugd voor de deur? Antwerpen bevindt zich aan de rand van een openlijke opstand. Schotschriften vallen Margaretha, Karel V's bastaarddochter, onbarmhartig aan:

'Wordt wakker, Brabanders. Een bastaard mag in Brabant geen enkel ambt uitoefenen, hoe ondergeschikt ook. En gij duldt, dat een bastaard regentes is van dit gewest?'

Een rij verdachtmakingen volgt. En tenslotte komt de oproep: 'Jaag haar weg, die hoer. Stuurt haar naar de duivel, met die verrader Viglius erbij!'

Midden in de nacht laat Margaretha de aanwezige ridders van het Gulden Vlies bij zich komen.

'Ik wil hier weg. Ik ga naar Bergen, waar het veilig is!'

'Dan haal ik u terug, al moest het met 40.000 man!' beweert Egmont. Oranje wil de Staten-Generaal bijeenroepen, al is dat uitdrukkelijk tegen 's konings bevel.

'Het volk van Brussel wil het paleis bestormen,' meldt een dienaar. Paniek. Wilde besprekingen. Een hypernerveuze, overspannen landvoogdes is eindelijk bereid een soort godsdienstvrijheid af te kondigen.

'Maar ik roep God tot mijn getuige, dat ik nu wijk voor geweld.'

Het volk juicht, als op 25 augustus bekend wordt, dat de inquisitie is opgeheven en de plakkaten zijn verzacht.

'De protestante preken mogen voortgang vinden, maar alleen op de plaatsen, waar ze tot dusver gehouden zijn!' vertellen de calvinisten elkaar.

'Dat betekent feitelijk geloofsvrijheid,' juichen ze en ze danken God. Hebben de geuzen eindelijk de overwinning behaald?

'Nee, Nee!'

In het verre Spanje rukt koning Filips de haren uit zijn baard, als hij het eerste nieuws over de beeldenstorm verneemt.

'Dát zal hun duur komen te staan! Ik zweer het bij de ziel mijns vaders!' Eindelijk neemt hij besluiten. Dit keer aarzelt hij niet.

Don Fernando Alvarez de Toledo, hertog van Alva, krijgt opdracht een leger te formeren. Afgezanten als Montigny en Bergen, aanvankelijk vriendelijk ontvangen, moeten nu boeten voor het onheil, dat allerlei gespuis in de Nederlanden heeft aangericht.

'Ik reken hen nu tot de opstandelingen!' moet Filips hebben gedacht. 'Grijpt hen en zet hen in stilte gevangen.' (Montigny komt in 1570, in een Spaanse gevangenis, door wurging om het leven.) Filips II gaat eindelijk over tot het offensief — niet vermoedend dat hem dat zijn Bourgondische erflanden zal kosten!

Prins Willem van Oranje ziet zijn pleidooien voor verdraagzaamheid in rook opgaan als hij naar Antwerpen rijdt. Kort te voren heeft hij, als gouverneur, de calvinisten daar plaatsen om te preken *in* de stad gegeven. Opeens zijn de rollen omgekeerd. Dit keer moet hij de katholieken beschermen tegen de onverdraagzame aanhangers van Calvijn. Een geschokte Egmont begeeft zich naar Vlaanderen. Hij verschijnt daar na de beeldenstorm als een verbitterde vijand van de hervorming. Ontstellend streng treedt hij tegen de ketters op.

'De doodstraf!' luidt zijn vonnis voor tientallen beeldenstormers.

'Weest toch vergevingsgezind!' heeft Oranje hem laten weten, maar Egmont luistert niet. Als ijverigste aanhanger van de regering en steunend op zijn troepen, gaat hij als een inquisiteur te keer. De graaf van Horne, naar Doornik gezonden, verbiedt de protestantse godsdienstoefeningen en treedt eveneens hard tegen alle raddraaiers op.

'Zie wat er gebeurt!' roepen de inwoners van Valenciennes. 'Wij laten ons toch zeker niet goedschiks verdelgen?' Zij sluiten de poorten en Noircarmes, stadhouder in Henegouwen, slaat het beleg voor de opstandige stad.

'Dit is het ogenblik om naar wapens te grijpen!' zegt Brederode en vele jonge edelen zijn dat roerend met hem eens. Want Margaretha heeft het akkoord met het (intussen ontbonden) Eedverbond ingetrokken.

In bange onrust, onderling verdeeld, vrijwel regeringsloos, glijdt het schokkende jaar 1566 in de Nederlanden voorbij...

Bourgondische tijd – Twaalfjarig Bestand
Komst der Spanjaarden

Te Oosterweel, in de nabijheid van Antwerpen, heeft Brederode een strijdmacht verzameld van 2000 man. Ernstige, streng gelovige calvinisten, jonge adellijke avonturiers en het gebruikelijke uitschot, dat met plunderen een slag hoopt te slaan, zijn van alle kanten toegestroomd. Omdat Brederode elders troepen werft voor het ontzet van het belegerde Valenciennes, heeft hij het bevel van zijn legerplaats overgedragen aan Jan van Marnix, heer van Toulouse, een jong en vurig calvinist.

Don Fernando de Toledo, hertog van Alva. Schilderij van A. Mor.

'De troepenmacht der rebellen groeit met de dag,' zegt landvoogdes Margaretha ongerust. Zij vraagt zich af, wat zij tegen die geuzen moet beginnen. 'U hoeft maar te bevelen, madame, en ik hak al die opstandelingen in de pan!' belooft Filips van Lannoy, de bevelhebber van haar garde. Het bevel komt. Met 3000 man regeringstroepen snelt Lannoy naar Oosterweel om het broeinest der geuzen uit te roeien.

In Antwerpen stijgt de stemming naar een kookpunt:
'Onze geloofsgenoten staan daar bij Oosterweel. Zonder onze hulp zullen ze worden afgeslacht! Vooruit, Crispijn! Allez, Jan Muys! Kom op Charelke van Eyck!' Wel 10.000 mannen willen de stad uittrekken om de strijdmacht van Jan van Marnix te versterken. De prins van Oranje waagt zich zonder enige bescherming in de woedende massa. Hij tracht tot kalmte te manen, maar krijgt daarbij de lelijkste scheldwoorden naar zijn hoofd:
'Weg met de verrader!'
'Weg met de papist!'
Zijn leven loopt gevaar. Toch spreekt hij de meute met voorname waardigheid toe: 'Luistert! Mannen, luistert toch. Bloedvergieten is zinloos en zal rampzalige gevolgen hebben voor uw rijke stad!' Zijn argumenten slaan aan. De vechtlustige Antwerpenaren blijven binnen hun muren, waar dan een nieuw bloedbad dreigt: lutheranen en katholieken maken zich gereed om zich op de calvinisten te werpen.

Ook dát weet de prins van Oranje te voorkomen, al kost hem dat zijn populariteit.

Vanaf de muren zien de burgers van Antwerpen, hoe Lannoy zijn geoefende troepen naar de verschansingen van Oosterweel dirigeert. Jan van Marnix vecht met heldenmoed, maar veel ervaring heeft hij niet. Hij sneuvelt en zijn samengeraapte schare wordt inderdaad tot vrijwel de laatste man in de pan gehakt.

Er is ook geen redding in zicht voor het belegerde Valenciennes.
'Wij zullen ons overgeven, indien gij het leven en het bezit der inwoners spaart!' laat de magistraat stadhouder Noircarmes weten.
'Het zij zo!' antwoordt Noircarmes, maar nauwelijks is Noircarmes in Valenciennes, of hij laat de poorten sluiten.
'Grijpt en vonnist de schuldigen!' beveelt hij en terwijl zijn soldaten de stad plunderen, eigent hij zich de door hem verbeurd verklaarde bezittingen der rijken toe.

Enige honderden calvinisten vinden hun eind op de brandstapels of aan de galg. In die laatste bange uren troosten zij elkaar: 'De Heer is mijn Herder, mij zal niets ontbreken!'
Ze bidden, ze nemen afscheid en gaan naar het schavot. Eén van de slachtoffers is Guido de Brès, die waardig sterft in een vast geloof.

Het verzet lijkt gebroken. Alle oproerige steden, zoals Harderwijk, Zaltbommel, Venlo, Den Bosch, willen een ramp voorkomen en onderwerpen zich snel aan het koninklijk gezag. Margaretha is opnieuw meesteres. Zij steunt nu vooral op Egmont — en eist van haar edelen een eed van trouw aan Filips II. 'Daartoe zijn we gaarne bereid!' zeggen Hoogstraten en Horne, maar Oranje weigert en neemt zijn ontslag.

Hij heeft Antwerpen verlaten en talloze protestanten zijn hem gevolgd — wel beseffend wat koning Filips voor hen in petto houdt. De brieven van de koning aan de landvoogdes spreken duidelijke taal:
'Hoe meer verbetering er in de toestand komt, hoe noodzakelijker het is op te treden tegen de troebelen die hebben plaatsgehad,' schrijft hij. 'Dít is het moment om privileges op te heffen, om forten en citadellen in de steden te bouwen, waarin onze eigen garnizoenen te legeren zijn!' Zo denkt hij de steden klein te krijgen. Hij voegt daar nog aan toe: 'De hertog van Alva is met troepen en instructies naar de Lage Landen onderweg...'

Daar komt dan don Fernando, hertog van Alva, die op zijn 16de jaar gedichten schreef. Voor de joodse en Moorse onderdanen, die elders in Spanje vervolgd werden, is hij in zijn eigen hertogdom altijd zeer mild geweest.
'Een beschaafd en beheerst hoveling,' wordt Alva genoemd, 'de bekwaamste veldheer van zijn tijd en een trouw dienaar van de Spaanse kroon.'
Op zijn 60ste jaar krijgt hij opdracht met een leger naar de Nederlanden te trekken.

Al ziet hij — als man van de oude stempel en geplaagd door jicht — tegen die koninklijke opdracht op, toch meent hij zich er niet aan te kunnen onttrekken. Daarom stampt hij energiek een leger uit de grond: 'Por Dios, Patria y Rey!' *Voor God, Vaderland en Koning* geven duizenden Spanjaarden aan Alva's oproep gehoor. 'Mil demonios!' Ze zullen de ketterse Nederlanden tot de orde roepen voor roem en een karig soldij.

Vlak voor het vertrek van de tot in de puntjes verzorgde strijdmacht, vliegt de Spaanse kroonprins, don Carlos, Alva naar de keel:
'Indringer, Intrigant!'
Filips labiele zoon heeft lang gehoopt zélf de nieuwe landvoogd te kunnen worden.

Hij kan het niet verkroppen, dat de oude hertog het commando gekregen heeft. Met twee pistolen gewapend loopt don Carlos rond in het koninklijk paleis. Filips is zó bang dat zijn zoon hem overhoop zal schieten, dat hij de deur van zijn slaapkamer met twee extra sloten versterkt.

In mei 1567 vaart het leger met 37 galeien naar Italië. Van daaruit is het marcheren geblazen.
'Por Dios, Patria y Rey!' Daar gaan ze: infanteristen en paardevolk, piekeniers met kleurige vanen aan hun lansen, kapiteins met pluimen op de hoeden en musketiers.
Er zijn Ieren bij, Fransen, Italianen, vrouwen van gehuwde soldaten en enkele honderden meisjes van plezier. Al met al 20.000 mensen bij elkaar, waarvan de helft militairen zijn.

De Alpen over in 14 dagen (een meesterstuk in de annalen der krijgskunde), nergens plunderingen! (alles wat het leger vordert wordt keurig betaald!).
'Hier mogen de soldaten naar hartelust hun gang gaan,' knikt Alva toestemmend, als het leger de Franse bezittingen van Oranje heeft bereikt. Gezeten in een draagstoel, omgeven door twee zoons en een bastaardzoon, trekt Alva door Bourgondië, Lotharingen naar Luxemburg, waar nog 8000 Duitse huursoldaten zijn strijdmacht versterken. Velen van hen zijn protestant.
'Zij hebben lutherse predikanten als geestelijke verzorgers bij zich, excellentie!' melden officieren van de staf.
'Laat ze!' zegt Alva. Zo zullen ketters de ketterij in de Nederlanden helpen bestrijden.

Egmont en Horne heten Alva in Luxemburg welkom. Te Leuven maakt Filips Willem (Oranjes oudste zoon) zijn opwachting. Hij krijgt een allervriendelijkste ontvangst.
'Mon Dieu...' Landvoogdes Margaretha voelt zich bedreigd, als de hertog te Brussel zijn pralende intocht houdt.
'Och Madame...' Egmont stelt haar gerust. IJverig neemt hij deel aan de feesten, die de hoge Spaanse officieren geven en hij sluit vriendschap met Alva's zoon.

De Lage Landen maken zich niet erg druk over de komst der Spaanse leger-

Spaans infanterieregiment (tercio). Fresco van Fabrizio Castello en Niccolo Granello (eind 16de eeuw).

macht:
'Zijtsgewis, de hertog is streng, maar ik hoop dat hij eindelijk eens orde zal stellen op de zaken van het land!' De meeste mensen zijn de opstootjes en rellen meer dan zat.
'Wat wij voor de handel nodig hebben is vrede en rust!'
Menig blond meisje verliest haar hart aan een donkere, krijgshaftige Spaanse soldaat:
'Ghi zijt mijn liefste *boel*! Wi willen gaen dansen van herten bly!'
'Ola linda!'
En zo valt tweemaal het woord *geliefde*, dat zich in iedere taal snel laat begrijpen. In heel wat herbergen sloffen de bedienden met de beste wijn naar de tafels van de Spaanse officieren.
'Onversneden Franse wijn, uwe edelen. Hij is duur, dat geef ik toe, maar...'
'Vete yá. Donder maar op,' zeggen ze lachend, want ze worden toch niet verstaan.

Slechts een minderheid van het volk ziet de toekomst met angst en beven tegemoet.
Vele duizenden hebben in de loop van de zomer het land verlaten. Ook prins Willem van Oranje heeft zijn koffers gepakt. Sinds de Beeldenstorm valt er op steun uit Duitsland niet meer te rekenen. En hij ziet er geen heil in om een opstand te beginnen met de verspreide groepjes geuzen.
'Voor zover wij het kunnen overzien, is het met deze landen gedaan,' schrijft de prins aan een vriend. Te Willebroek, tussen Antwerpen en Brussel, heeft hij een láátste samenkomst met Egmont:
'Kerel, ga mee naar Duitsland. Er dreigt gevaar en ik voorzie 's konings wraak!'
Egmont schudt zijn hoofd. 'Ik reken op de vriendschap en de goedheid van de koning. Ik heb hem toch steeds trouw en naar eer en geweten gediend?' Ze proberen elkaar te overtuigen maar worden het niet eens. Dan nemen ze afscheid, omarmen elkaar:
'Vaarwel, prins zonder land!'
'Vaarwel, graaf zonder hoofd!'
Al is dat vermoedelijk nooit gezegd, het geeft wel prachtig weer, hoe de situatie is.
In gezelschap van Filips van Marnix, heer van St. Aldegonde, begeeft prins Willem zich naar de Dillenburg. Ook Brederode neemt de benen. Hij heeft bij Vianen oorlog tegen regeringstroepen gevoerd, maar dat is uitgelopen op niets. Hij trekt naar Emden, waar reeds zoveel Hollanders, Vlamingen, Brabanders, Zeeuwen en Friezen zich uit angst voor de plakkaten hebben gevestigd. Anderen zijn naar Frankrijk gegaan om de strijdmacht der hugenoten te versterken.
Plukjes verzetstrijders, zoals de bosgeuzen, achtergebleven zonder werkelijke leiders, houden zich verborgen in bossen, of in een moeras. Met een beschamende roofzucht vallen deze desperado's kloosters en boederijen aan. 'Heilige Moeder Maria...' bidden monniken te Egmond, als zij zo'n ruige troep zien komen. Hoe zij ook bidden, de oude, rijke abdij van Egmond wordt geheel verwoest. Heel wat wandaden plegen die rauwe geuzen.
'Pak die paapse vetzak!' Met plezier martelen zij priesters en monniken, die zij op hun plunder-expedities tegenkomen.
'Snijd hem de roomse neus en oren af!' Met die lichaamsdelen versieren de gabbers de staarten van hun paarden.
Enkele katholieke kringen branden van begeerte om wraak te nemen voor de smaad, die de kerk tijdens de Beeldenstorm is aangedaan. Zij geven koning Filips het advies:
'Trek het zwaard Gods uit de schede en overdek het met ketters bloed!' Toch verlaten ook vele katholieke edelen het land — bevreesd als ook zij zijn voor de koninklijke toorn.

Een matte, drukkende sfeer hangt over de Lage Landen, waar het volk zich niet langer kan richten tot leiders, die naar her en der zijn gevlucht. De grote vraag die allen beheerst:
'Wat gaat de hertog van Alva doen?'
Als een goed strateeg heeft Alva zich in die eerste weken zeer welwillend getoond.
'Hij staat een weg van verzoening voor,' beweren velen hoopvol. Weggevluchte edelen willen reeds terugkeren. Plotseling werpt Alva het masker af. Dan wordt ook duidelijk, welke volmachten en instructies hij van koning Filips heeft gekregen. 5 september doet hij de eerste stap, die onder het volk grote ongerustheid wekt:
'Meester Oomken, hebt ge gehoord dat de hertog een *Raad van Beroerte* heeft opgericht?' Meester Oomken, prins der zotten van de Brusselse rederijkers, heeft dit keer geen kwinkslag bij de hand.
'Een Raad van Beroerte, die vonnis zal spreken over alle misdrijven, die tijdens de woelingen zijn begaan!'
'Maar dat gaat toch tegen de bestaande privileges in? Hij kan toch niet...'
De hertog kan het wel. Onder toezicht van de Spaanse edelen Vargas en Del Rio krijgen Nederlandse rechtsgeleerden opdracht agenten en spionnen naar alle gewesten te zenden. Zij moeten bewijsmateriaal tegen beeldenstormers en vooraanstaande ketters verzamelen.
9 september: Alva verzoekt Egmont en Horne bij hem te komen voor een belangrijke beraadslaging. Tijdens een voorafgaande maaltijd krijgt Egmont een waarschuwing van don Fernando, Alva's zoon:
'Vlucht zo spoedig mogelijk weg. Ge hebt geen ogenblik te verliezen!' Verward en gejaagd is Egmont van tafel opgestaan. Hij wil naar de deur lopen, maar Noircarmes houdt hem tegen:
'Vluchten betekent bekennen van schuld,' zegt hij met klem. En zo begeeft Egmont zich toch naar Alva's paleis. De beraadslaging begint. Pas aan het eind daarvan trekt Alva zich terug. Ook als Egmont en Horne de vergadering willen verlaten, stapt de ka-

Zitting van de zogenaamde Bloedraad onder leiding van de hertog van Alva.

Bourgondische tijd – Twaalfjarig Bestand

pitein van de hertogelijke lijfwacht op hen af:
'Uw degens, alstublieft!'
'Maar wij zijn Vliesridders. U kan niet zo maar...'
'Ik heb mijn orders!'
Egmont en Horne gaan op transport naar Gent, waar zij worden opgesloten in het Gravensteen.

'Egmont gegrepen!'
Onbeschrijfelijke ontzetting grijpt de mensen aan.
'Egmont, de held van Grevelingen, achter slot en grendel!'
Zijn vrouw huilt uit bij Margaretha, die van niets geweten heeft en van de schok hoge koorts krijgt. Ze neemt haar ontslag en schrijft op 22 november 1567 in haar laatste brief aan de koning:
'Ik smeek uwe majesteit nederig en uit het diepst van mijn ziel de Nederlanders met vergevingsgezindheid en barmhartigheid te bejegenen, overeenkomstig de hoop die hun in dat opzicht zo vaak is gegeven. Indien men al te gestreng is, sire, moeten de goeden wel lijden met de kwaden, en zal een ramp — namelijk de algehele ondergang van deze gewesten — het gevolg zijn...'
Alva denkt er anders over. Hij schrijft in die dagen een brief aan de Franse koningin-moeder, Catharina de Medici:
'Een vorst die met zijn onderdanen onderhandelt, kan zich niet beschouwen als de hoogste autoriteit in zijn rijk. Het is veel beter een land te ruïneren door het met de wapenen voor God en de koning te bewaren, dan het zonder geweld in tact te houden ten bate van de duivel en zijn volgelingen, de ketters...'
De hertog van Alva leeft 50 jaar te laat. En toch zouden vele calvinisten in zijn plaats terwille van hun geloof precies hetzelfde hebben beweerd...

Begin 1568 worden Oranje, Lodewijk van Nassau, Hoogstraten, Culemborg, Brederode en vele anderen voor de Raad van Beroerte gedaagd. *De Bloedraad* is de naam, die het volk al gauw aan deze bijzondere rechtbank geeft.
'Eeuwige verbanning, verbeurdverklaring van al zijn goederen,' luidt het vonnis tegen Oranje, die geweigerd heeft voor de Raad te verschijnen. En erger: Alva laat Filips Willem van Oranje te Leuven grijpen en stuurt hem naar Spanje. Zo houdt hij een belangrijke troef tegen prins Willem in handen.
De Bloedraad begint zijn werk. (Volgens de latere landvoogd Requesens hebben 5 à 6000 mensen tijdens het bewind van Alva het leven gelaten. Een recente studie noemt een getal van ± 1150 executies en 8000 andere vonnissen, die op de lijst van veroordeelden van de Raad van Beroerte hebben gestaan.) De vooraanstaande mensen moeten het eerst ontgelden. Uit de verbeurdverklaringen vloeien grote sommen in de Spaanse schatkist. Soms gaat het keihard toe:
'Waar heeft uw meester zijn bezit verborgen?'
'Auw... stop...' De heer van Bakkerzeel ligt op de pijnbank. Hij moet verraden, waar Egmont een deel van zijn bezit heeft verstopt. Kronkelend en krimpend van pijn schreeuwt hij zijn beulen tenslotte toe:
'Luister, 11 kisten en enige koffers met zilver zijn begraven in Gent!' De gerechtsdienaren kunnen aan het spitten gaan.
Er sluipen spionnen rond. Er is verraad.

Al plegen vele rechters lijdelijk verzet, toch moeten steeds meer ongelukkigen naar het schavot. Op hun tocht naar de brandstapel roepen zij de omstanders toe:
'Verzet u toch tegen de Spaanse tyrannie! Verlaat toch de paapse kerk, die van de duivel is!'
Om hen het spreken te beletten doorsteken de scherprechters hun slachtoffers te voren de tong met een gloeiende priem. Een Spaanse kapitein is getroffen door de moed, waarmee veroordeelden hun dood aanvaarden:
'Zelfs aan de voet van de galg zijn zij nog driest en vermetel. Nooit heeft men bij een van hen enig spoor van vrees ontdekt. Van 11 tot 12 uur — het uur van respijt voor het vonnis voltrokken wordt — vermaken zij zich met de kruik en kroes in de handen. Zij brengen een dronk uit op de beul en op hen die de terechtstelling willen bijwonen. Zij zeggen dan allerlei snaakse dingen, geven opdrachten en boodschappen voor verwanten en vrienden, zonder te denken aan de dood... Zij drinken al-maar-door. Als de klok twaalf begint te slaan, leggen zij zich eigenhandig de strop om de hals en springen dan met ongelooflijke moed de ladder af...'
Meestal gaat het ernstiger toe en stijgen gebeden en gezangen naar de verre, verre hemel op.
Overal hebben de gereorganiseerde stadsbesturen opdracht gekregen de wetten stipt uit te voeren. Telkens weer roepen bodes de namen van veroordeelden af en hangen zij lijsten met schuldigen op:
'Opsporing verzocht...'
Afgevaardigden van Antwerpen komen naar Alva om genade af te smeken voor enkele aanzienlijke en verstreffelijke burgers uit hun stad.
'Zijne majesteit koning Filips II wil liever het gehele land in een woestenij herscheppen, dan dulden dat daarin ook maar één ketter in leven blijft!' geeft Alva hen ten antwoord. Voor God en koning wil de ijzerstrenge — maar niet onrechtvaardige! — hertog tenonder laten gaan, wat in zijn starre ogen van de boze is.

Van wat tyrannen dat men leest
Daer heeft noyt zijns ghelijck ghewees
Soo boos, soo wreet van zeden...

Zo geeft Jan Cooman uit Delft zijn woede prijs. Zijn gedicht, heimelijk gedrukt, gaat met tal van andere geschriften van hand tot hand. Hoewel het volk de brandstapels en galgen, de bloedige plakkaten en stijgende nood, angstig en gelaten over zich heen laat komen, bijten de meest opstandigen van zich af en roepen hun medeburgers op tot verzet. Zij organiseren zich, drukken pamfletten:

'Verspreid die strijdliederen gedurende de nacht!'
'Sla die spotschriften op de kerkdeuren!'
Af en toe proberen zij gevangengenomen vrienden te bevrijden — complotterend en met valse sleutels sluipend door de nacht. Pistolen onder donkere mantels en het knarsen van een slot.
'Snel, Laurens Jansz.!'
De nieuwe bisschoppen, waardige en veelal voortreffelijke mannen, passen ondertussen de decreten van Trente in hun bisdommen toe. Met allerlei reglementen houden zij nu strenger toezicht op het geloofsleven van de kudde en de schaapjes worden zelfs geteld:

'Noteer wie er *niet* te communie komt en wie *niet* komt biechten!' laten zij hun priesters weten. De protestanten raken daardoor in het nauw. Uit angst voor vervolging stellen heel wat rijken, die met de hervorming sympathiseerden, nú hun huizen open voor katholieke geestelijken. Zij tonen zich rooms en trachten de geestelijken met geschenken en overdadige maaltijden nog snel voor zich te paaien:
'Tast nog eens toe, eerwaarde!'
De meeste protestanten, mannen, vrouwen en kinderen komen echter moedig in huiskamers en op graanzolders bijeen. In die *kerken onder het kruis* belijden zij heimelijk hun geloof en luisteren naar hun ondergedoken voorgangers met alle risico's van dien.

De wereld zingt een vreugde-zang
De hel beweent haar ondergang...

Dat zingen ze, in de hoop niet te worden ontdekt.
Willem van Oranje beantwoordt zijn indaging voor de Bloedraad vanuit de Dillenburg. Ernst, eenvoud en verdraagzaamheid zijn in hem gerijpt. Zijn geloof heeft zich langzamaan gewijzigd, want de kleine prins Maurits is op de Dillenburg *luthers* gedoopt.
'Ik zal mij wapenen om vóór de geloofsvrijheid en tegen de tirannie te strijden,' laat hij zijn vrienden weten. Als onafhankelijk vorst heeft de prins het recht legers te werven. Dat is wat hij doet. Het is niet tegen de koning, maar tegens diens regering dat hij zich richt. Hij wendt zich tot de Duitse vorsten om steun. Hij knoopt betrekkingen aan met de hugenoten en met Engeland. Alles wat hij nog bezit verkoopt hij om gelden voor een leger bijeen te krijgen. Zijn familie helpt hem royaal. Ook Brederode, Hoogstraten en anderen tekenen voor aanzienlijke bedragen in. Hoewel Oranje's koeriers en boodschappers in vele steden besprekingen voeren, brengen de Nederlanden zelf nog niet eens 1% van de legerkosten op. Onverschilligheid? Angst?
Hoe moeilijk is het voor velen om partij te kiezen.

'... Dees sorgelijcke tijden, overvloeyende van ontallijcke verscheyden opiniën...' schrijft Coornhert, plaatsnijder, later notaris en secretaris te Haarlem. In zijn geschriften keert hij zich zowel tegen de onverdraagzaamheid van de calvinisten, als tegen de kettervervolgingen van de katholieke kerk. Hij wordt dan ook door beide kanten heftig aangevallen. Coornhert is een prachtig prozaschrijver, die zich met Spieghel en Visscher toelegt op de zuivering van de Nederlandse taal.
'Ontallijcke, verscheyden opiniën!' Dat er over God en geloof, over koning en regering, over politiek en staat zoveel uiteenlopende meningen bestaan, pleit voor het karakter van een volk. Zeker in vergelijking met omringende gebieden zijn de Nederlanden zeer ontwikkeld.
Er is veel beweging op wetenschappelijk en cultureel gebied. Vooral de rijke stad Antwerpen trekt talenten aan en is bereid de grootste kunstenaars flink te betalen. De schilder Frans Floris leeft daar als een vorst.
'Weest welkom, heer!' zegt hij tot de Vliesridders die op zijn feesten verschijnen. En als hij moe naar bed gaat, begeleidt een stoet van leerlingen hem naar zijn met goudleer behangen slaapvertrek.

De schilder Michiel Cocxie bezit te Mechelen drie paleizen — en zijn bedienden gaan bont gekleed in de kleuren van het huis. De meeste schilders apen de Italianen nog met handige maniertjes na. Voor de doeken van de zo oorspronkelijke Pieter Brueghel worden in die jaren (hij sterft in 1569) peperdure prijzen betaald.

Boeken, veelal gevuld met humanistische denkbeelden, vinden hun weg naar de meest afgelegen provinciestadjes. Dodonaeus beschrijft de plantenwereld. Mercator geeft zijn wereldatlas uit. Vesalius verdiept zich in de menselijke anatomie. Grote roem als arts verwerft zich Levinus Lemnius uit Zierikzee. Hij houdt zich tevens bezig met astrologie en... zwarte kunst, want dat hoort bij het medische vak.

Bijgeloof viert nog hoogtij en er wordt waarde aan zogenaamde voortekenen gehecht:
'Het wemelt in de Nederlanden van heksen,' schrijven de Spaanse soldaten naar huis. 'Vooral in Luik en ommelanden. Om een geringe aanleiding doden die heksen het vee. Zij berokkenen de mensen ook kwaad aan den lijve, uit wraak voor onrecht dat hen is aangedaan!'

Vermoedelijk sterven er tijdens Alva's bewind méér heksen dan ketters en geuzen een gerechtelijke dood! (Vooral tegen het eind van de eeuw neemt de heksenjacht toe. Nog in 1613 werden in Roermond in één week 64 heksen verbrand — al was dat hoge getal een uitzondering).

'Nergens in Europa is het leven zo gerieflijk als in de Nederlanden,' zeggen de Spaanse soldaten. Opgetogen loopt het volk uit, als zij zich met logge, onwillige Hollandse stieren wagen aan een stierengevecht.
'Olé, olé!'

Uit de vele kronieken, die de Spanjaarden na hun verblijf hier te lande hebben samengesteld, doemt een kleurrijk beeld der Nederlanden op. Kapitein Alonso Vásquez vertelt:
'De bewoners van deze streken zijn van nature koel, en zij doen alles bedaard en flegmatiek. Zij zijn zó waarheidslievend, dat zij zich eerder laten doden, dan dat zij tot een leugen overgaan!' Vermoedelijk heeft de kapitein vooral de standvastige calvinisten voor ogen gehad. De vrouwen noemt hij 'onbevangen, blond, knap en voorkomend, maar keurige tafelmanieren hebben ze niet...' Goede moeders zijn het wél:
'Zij hebben veel liefde voor haar kinderen en wijden zich met onverdroten ijver aan hun opvoeding. Te middernacht gaan de huismoeders naar de kroeg, op zoek naar haar mannen. Iedere vrouw heeft dan een lantaarn bij zich. Als de man zó door de drank in de kroeg beneveld is, dat hij niet eens meer ziet waar hij zijn voeten zet, nemen de vrouwen hem bij de hand. Strompelend en struikelend brengen zij hem dan thuis en soms moeten zij hem wel dragen. Zó groot is in die streken de ondeugd van het drinken, dat de mannen van de ene dronkenschap in de andere vervallen — zózeer, dat ik het hier als iets zéér bijzonders vermeld...' Over de drankzucht der Nederlanders zijn vrijwel alle Spaanse kroniekschrijvers het eens. De carillons maken indruk: 'Zulk een mooie en welluidende klokkenmuziek, dat het bijkans bovennatuurlijk is. Bij het klokkenspel van 's-Hertogenbosch draaien poppetjes, die de heilige figuren voorstellen, in het rond...'

Kapitein Alonso Vásquez heeft veel plezier in de stedelijke nachtwakers, die in gezelschap van een hond hun ronde doen:
'Het zijn doorgaans geestige lieden met snaakse invallen. Zij roepen allerlei dwaze dingen — en zij waarschuwen de heimelijk bijeengekomen geliefden als de nieuwe dag begint...'

De brede wallen van Antwerpen met mooie bomen beplant; de trekhonden die zo goed zijn afgericht, dat zij geheel alléén hun karretje met huiden naar de leerlooierijen brengen; de uitstekende zorg voor de armen; de schaatspret; dat àlles valt de Spanjaarden op. En ook de drukbezochte badhuizen: 'Het is merkwaardig, dat de badvrouwen alleen een klein rokje dragen en aldus de mannen bij het baden en wassen behulpzaam zijn — zonder dat daarbij enig kwaad wordt gedacht...'

Het treft hen, dat de beulen een zorgvuldige opleiding krijgen: zij oefenen zich in het afhouwen van hoofden op lemen poppen.

Prachtig typeert Alonso Vásquez hoezeer iedereen bezig is met zaken van het geloof: 'In een plaats, die aan de graaf van Benthem toebehoorde, vernam ik, dat de graaf *calvinist* en de abdis van het klooster *luthers* was, terwijl de inwoners van het dorp *vrijzinnig* waren. En ieder deed zijn best om de anderen tot zijn denkwijze over te halen. De mensen in deze streken lopen zeer uiteen, en ieder houdt aan zijn eigen denkbeelden koppig vast.'

Vol verwondering en haast als toeristen hebben de Spanjaarden aanvankelijk het leven in de Nederlanden bekeken. Wat zij in de eerste maanden van hun verblijf over het hoofd zien, is de smeulende haard van onrust. De roep tot verzet zwelt aan.
'De prins van Oranje laat ons in de steek. Hij werft troepen om het getij te keren!' vertellen ingewijden elkaar. De Spaanse militairen zullen gaan ervaren, dat dat koele, bedaarde flegmatieke volkje nog aardig fanatiek kan zijn...

Alva en de onderworpen provincies. Op de achtergrond in het midden de onthoofding van Egmont en Horne te Brussel. Anoniem.

Bourgondische tijd – Twaalfjarig Bestand

Begin van de Tachtigjarige Oorlog

De haat tegen de Spanjaarden neemt toe, als het leven der Nederlanders rechtstreeks door hen wordt aangetast. Dat zij allengs veel ergernis verwekken, blijkt in taveernes en op straathoeken in ieder gesprek:

'De Spanjool heeft het huis van Dirk Walraevens gevorderd!'

'In de kroeg van Langh Claesken hebben ze gisteren een rel geschopt.

Het was al vechten en slaan. De brave Daniël Laurensz. kreeg per vergissing een Spaans mes in de rug. Zijn wijf schreit de ogen uit!'

'Drie Spaanse tamboers, dat tuig, hebben schoon Hanneken aangerand en bij de stadswal verkracht...' *Meer nog dan de brandstapels zijn dít de zaken, die het bloed der kleine burgers doet koken.*

'We krijgen een citadel in de stad met een Spaans garnizoen!'

'Op Aswoensdag zijn weer heel wat mensen gepakt!' *De bedreigingen nemen toe. De terreur komt op gang. De gevangenissen raken vol, omdat de vonnissen van de rechtbanken lang op zich laten wachten, want Alva laat niet moorden! Pas als de strafbare feiten bewezen zijn — na verhoren en een degelijk onderzoek — kunnen de scherprechters aan het werk (over de strafbare feiten kunnen de meningen natuurlijk verschillen, en dat doen ze dan ook!).*

'Hebt ge het gehoord, Robijn? Van de schoolmeesters wordt een eed van gehoorzaamheid geëist!'

'Bij Sinte Joris, het is waar! Alle eerzame burgers moeten hun wapenen inleveren. 't Staat aangeplakt bij het raadhuis!'

De opwinding en woede nemen toe — vooral als steeds weer de accijnzen worden verhoogd om de Spanjaarden te kunnen helpen aan hun soldij. De stemming in de Nederlanden is allengs van dien aard, dat de prins van Oranje met zijn geworven troepen een aanval durft te doen. Hij rekent erop, dat het opstandige volk zijn strijdmacht dankbaar zal versterken.

Zo breekt in 1568 de 80-jarige oorlog uit. Dat zeggen we tenminste nú, maar er was al eerder gewapend verzet.

De linde in Dillenburg waar Willem van Oranje de gezanten ontving, die hem vroegen naar de Republiek te komen.

Op drie fronten hoopt Willem van Oranje het offensief te beginnen. Hij deelt zijn aanvoerders mee:
'Lodewijk, jij voert je strijdmacht door Groningen en Friesland en probeert dan, of je de provincie Holland bereiken kan!' Lodewijk van Nassau knikt.
'Hoogstraten, jij valt Gelre binnen en bezet Roermond. Zelf zal ik de aanval op het hart der Nederlanden, op Brabant richten!'
Oranje rekent op steun uit zee van de *watergeuzen*, die hij voor dat doel kaperbrieven heeft verstrekt.
De eerste stoot mislukt. Hoogstraten wordt ziek. De heer van Villers die hem vervangt, ziet geen kans Roermond te bereiken. Zijn krijgsmacht van 3000 man wordt op 23 april door de ervaren Spaanse bevelhebber Sancho d'Avila bij Daelhem volledig in de pan gehakt. Bij de 'Bloedgracht' raakt de heer van Villers zelf in gevangenschap.
'Wat zijn de krijgsplannen van Oranje? vragen de Spanjaarden hem meteen.
Misschien hopend zijn leven te kunnen redden, vertelt Villers de aanvalsplannen, die de prins zo goed geheim had gehouden. Dan begint het tweede offensief.
Heiligerlee, 23 mei 1568: De strijdmacht van Lodewijk van Nassau — 6000 Duitse en Waalse huurlingen — ligt tegenover het leger van stadhouder Aremberg. Een bos, poelen, plassen en stukken drassige grond. Haakbusschutters liggen op een terp. Eskadrons ruiterij op de rechterflank, langs de weg naar de abdij.
'Feuer!' Aremberg beveelt tirailleursvuur op de terp.
'Adelante!' 200 Spaanse piekeniers stormen voorwaarts voor een gevecht van man tegen man. Ze lopen zich vast in de veenplassen en gaan hun eind tegemoet.
Een ruiteraanval. Aremberg stort zich persoonlijk op Adolf van Nassau, doodt hem én de twee ruiters die Adolf terzijde staan. Een schot van een haakbus. Aremberg smakt neer.
'Heer, Excellentie...' Ze tillen hem overeind. Zwaar gewond, leunend in volle wapenuitrusting tegen het hek van een wei, ziet hij nog hoe de slag verloren gaat.
Dan sterft hij, evenals 450 Spanjaarden in zijn legermacht. De Duitse vendels in Spaanse dienst geven zich over.
'Laat ze zweren!' Op de gebruikelijke eed om voor zes maanden géén dienst te doen, mogen ze gaan. Alleen God kan de boeren bijstaan, als deze hongerige huurlingen de boerderijen passeren. Dan grijpen ze de koeien of varkens die zij zien.
'Schweinebrat, Wilhelm!' 'Schmeckt gut, Heinz!'
De overwinning van Lodewijk van Nassau bij Heiligerlee maakt diepe indruk. Van alle kanten komen gewapende boeren toestromen om zijn gelederen te versterken. 'Nunc aut numquam!' staat op de vaandels geschreven. *Nu of nooit!* En ook: 'Herwinnen of sterven!'
Met die leuzen eist Lodewijk van Nassau de stad Groningen op — hoewel zijn opdracht was naar Holland door te stoten.
'Sluit de poorten voor die geuzen, die rovers en oproermakers!' klinkt het in de katholieke, koningsgezinde stad. Omdat een beleg begint, krijgt Alva de tijd zijn maatregelen te nemen.
'Ik wil gedekt zijn in de rug, als ik de opmars naar het Noorden begin. Dan wens ik geen oproeren en opstanden hier!' denkt Alva als hij te Brussel zijn plannen maakt.
Hij ziet maar één middel om dat te voorkomen:
'Schrik en ontzetting zaaien, zodat het volk zelfs niet meer te kikken durft!'
Op 1 juni laat hij 18 edelen en vooraanstaande burgers in Brussel terechtstellen en een dag later volgen nog 4 man na een verhaast proces.
Op 3 juni komen de graven Egmont en Horne per wagen in Brussel aan — onder escorte van niet minder dan twee compagnieën voetvolk en twee eskadrons ruiterij.
'Voor God en mensen moet ik het vonnis tegen die twee hoogverraders voltrekken,' verklaart Alva plechtig. Daarin schuilt geen onwaarachtigheid. Eerst na een nauwgezet onderzoek is het oordeel over Egmont en Horne geveld. Met tegenzin.
Kwalijker is, dat de Vliesridders alleen voor eigen rechters kunnen verschijnen en dat dit privilege in de rechtzaak door Alva is geschonden. De bisschop van Ieper krijgt opdracht Egmont het vonnis in de gevangenis mee te delen:
'Excellentie, ik vraag om schorsing. In naam van God smeek ik om genade!' De bisschop doet zijn best, maar het helpt niet. 'Gij zijt niet geroepen om mij raad te geven, maar om de veroordeelde als biechtvader bij te staan!' zegt Alva, die het werkelijk niet plezierig vindt.
Zonder te verbleken leest Egmont het document, dat de bisschop hem heeft overhandigd:
'Na inzage van de getuigenverklaringen... na de bekentenis... keuren zijn excellentie en zijn raad goed, dat... hun als zodanig in het openbaar het hoofd zal worden afgehouwen...'
De láátste nacht van zijn leven brengt Egmont met de bisschop door. Uit diens handen ontvangt hij het Avondmaal. Tegen de morgen schrijft hij een laatste brief aan de koning:'Sire, hedenavond heb ik het vonnis vernomen, dat uwe majesteit behaagd heeft over mij uit te spreken. Alhoewel ik nooit iets gedacht of bewust gedaan heb, wat tot nadeel van uwer majesteits persoon of dienst strekken kon, wil ik evenwel geduldig dragen, wat de goede God behaagd heeft mij te laten toekomen...'
Hij schrijft hoe hij steeds God en de koning trouw heeft willen dienen en eindigt: 'Daarom bid ik uwe majesteit, mij te vergeven en medelijden te hebben met mijne arme vrouw en kinderen en bedienden uit aanmerking mijner vroegere diensten. In welke hoop ik mij thans aan Gods genade aanbeveel.

Uit Brussel, Ter dood bereid, 5 juni 1568
uwer majesteits ootmoedige en getrouwe
onderdaan en dienaar
Lamoraal van Egmont'

Ook admiraal Filips van Montmorency,
graaf van Horne (heer van het kasteel
Horn, ten westen van Roermond) schrijft
een brief aan de onaantastbaar lijkende koning.
Zijn toon is minder ootmoedig.

3000 Spaanse soldaten staan als afzetting
rond het schavot, dat op de grote markt van
Brussel is opgericht. 11 uur in de morgen
van die 5de juni haalt een compagnie Egmont uit de gevangenis. Gehuld in een met
goud versierde zwarte mantel en begeleid
door de bisschop stapt hij tussen de soldaten voort: 'O, Domine...' Een psalm lezend
loopt hij naar het schavot, dat met zwart
Fries laken is overspannen.
Ernstig knielt hij neer op een fluwelen
kussen, grijpt een crucifix en bidt. Dan legt
hij zijn mantel af, trekt een linnen slaapmuts over zijn ogen, vouwt zijn handen op
de borst:
'God, in Uwe handen beveel ik mijn geest!'
Hij is gereed, buigt zijn hoofd. De beul is
eerbiedig verborgen gebleven, zoals dat
tegenover zo'n hooggeboren edelman betaamt. Nu komt hij naar voren, heft zijn
zwaard:
'Klak!' Met één houw is het gebeurd. Het is
doodstil op het plein. Vele Spaanse soldaten hebben tranen in de ogen. De Franse
gezant, die aanwezig is, fluistert naar zijn
buurman:
'Hier zie ik het hoofd vallen, waarvoor
Frankrijk tweemaal sidderde!'
Staande achter een venster van zijn paleis kan de toekijkende hertog van Alva zijn
tranen niet bedwingen, 'Caramba!' Een
mens komt voor afschuwelijke beslissingen
te staan als hij hoge posten bekleedt.
Dan komt de graaf van Horne. Hij ziet
het lijk van zijn vriend Egmont, dat onder
een zwart laken verborgen is. Met luide
stem spreekt hij (in het Spaans) de officieren en soldaten toe:
'... Ik vraag U insgelijks vergiffenis, zo wij
u door ons leven hebben geërgerd, want wij
zijn allen sterfelijk en zwak van kracht.
Staat ons met uwe gebeden bij...'
Horne knielt neer. Een laatste gebed.
De grote admiraal is nu niet meer dan een
halm in de roerige wind van de tijd.
'Klak!' Het is voorbij.
Drie uur lang hangen de afgehouwen
hoofden op gereedstaande palen ten toon.
Twee mannen (die Alva wellicht trouw
hadden geholpen om alle opstand te dempen) zijn met een zwaardslag van de beul
tot martelaren uitgegroeid. 'Waye, waye...'
Het volk breekt door de afzetting heen en
doopt zakdoeken in het bloed, dat in hun
ogen voor de vrijheid is gegeven...

Met de blunder van die terechtstellingen
achter de rug, trekt Alva met zijn leger naar
het Noorden, waar Lodewijk van Nassau
zich nu in grote moeilijkheden bevindt.
Groningen heeft standgehouden. Omdat
geld voor soldij ontbreekt, zijn Nassau's
huurlingen aan het plunderen geslagen.
'Vrijwillige contributies!' verzoekt Lodewijk
om zijn troepen te kunnen betalen. En hij
dreigt:
'Als er geen geld komt, gaan alle huizen in
de omgeving in brand!'
Alva blijft niet achter. Ook hij vaardigt
een proclamatie uit:

'Iedere Nederlander, die de rebellen geld
geeft, zal het dubbele aan de Spanjaarden
moeten betalen én voor hoogverraad worden gestraft!'
Tegen de geoefende strijdmacht van
Alva heeft Lodewijk van Nassau geen schijn
van kans. Reeds bij het eerste treffen bij
Jemmingen breekt er een grenzeloze verwarring in het geuzenleger uit. Wat een
veldslag had moeten zijn, ontaardt in een
walgelijke slachting. Omstreeks 7000 rebellen vinden de dood. Lijken en weggeworpen wapens bedekken de velden. Slechts
weinigen kunnen vluchten.
'Snel, heer, uw harnas!' Geholpen door zijn
page ontdoet Lodewijk van Nassau zich van
zijn wapenrusting.
'Plons!' Hij springt in de Eems en zwemt
naar zijn veiligheid. Zo is ook deze tweede
aanval op de Nederlanden zonder enig resultaat. Het Groningse land blijft weerloos
achter voor Alva's wraak.

Pas in september begint de prins van
Oranje zijn offensief. Tegen het advies der
Duitse vorsten in, trekt hij begin oktober

De broers van Willem van Oranje.
Van links naar rechts: Lodewijk, Jan de Oude, Adolf en Hendrik van Nassau. Schilderij van W.G. de Geest.

Bourgondische tijd – Twaalfjarig Bestand

met 14.000 huurlingen bij Stockem over de Maas.

'Caramba, is het leger van de prins een vlucht wilde ganzen?' roept Alva verbaasd uit.

Ganzen zijn het niet, maar wild zijn ze wel. Tijdens de opmars plunderen die troepen dorpen en kloosters, terwijl de prins het volk van Brabant met pamfletten oproept tot verzet:

Waerschouwinge des Princen van Orangien en Getrouwe Vermaninge — opgesteld in het Frans en Diets — worden onder de Brabanders verspreid:

'Verzet u tegen de dwingelandij der Spanjaarden en de bloeddorstige plannen des vijands... Wij roepen alle trouwe burgers der Nederlanden op...'

Zo rukt hij op, neemt Tongeren in het gebied in Luik, maar steun van de Brabanders krijgt hij niet. En wat nog erger is: Alva weigert slag te leveren. Als een goed strateeg schuift de hertog zijn leger heen en weer.

'Vorder voorraden en opslagplaatsen, of steek ze in brand. Oranje's strijdmacht zal dan gebrek lijden. En de winter nadert...'

29 maal verandert de prins van stelling om Alva tot een veldslag te dwingen, want zijn geld raakt op en muiterij breekt uit. Als een ongrijpbare schaduw ontwijkt Alva keer op keer de strijd.

'Wij moeten het muitende leger ontbinden. Het is gedaan!' concludeert de prins. In november gaat hij geslagen de Franse grens over. Te Straatsburg verkoopt hij zijn tafelzilver, zélfs zijn veldmeubelen — en moet hij schuldbekentenissen tekenen — om zijn huurlingen tevreden te stellen.

'Sluit nu vrede met de koning!' adviseren vrienden. De prins weigert. Berooid, verslagen en vogelvrij kiest hij met 1200 ruiters de zijde van de hugenoten, die door de prins van Condé en admiraal de Coligny worden geleid. De *religieuze* binding is vaak belangrijker dan de *nationale*!

Temidden van de hugenoten wordt het pad geëffend, dat Oranje uiteindelijk in de armen van de strijdbare calvinisten voert — al moet hij ook naar Frankrijk vluchten na een ernstige nederlaag. Het donkerste uur is aangebroken:

'Goede vriend,' schrijft de prins aan Jacob van Wesembeke, de pensionaris van Antwerpen en één van de weinigen, die hem niet in de steek hebben gelaten. Alles heeft Oranje op het spel gezet. Alles heeft hij verloren. Geen wonder dat hij klaagt:

'... Het heeft mij grotelijks mishaagd, geërgerd en bevreemd, dat de landen tot nu toe zo weinig ijver en moed hebben betoond om het slavenjuk af te werpen, uit liefde voor zichzelf en hun kinderen na hen.'

Misschien vindt de prins troost in de regels, die Marnix van St. Aldegonde op het slot Lützburg in Oost-Friesland voor hem dicht: het *Wilhelmus*. Het is geen jubelzang, maar een lied van berusting.

Oorlof mijn arme Schapen
Die zijt in grooten noot
U Herder sal niet slapen
Al zijt ghy nu verstroyt:
Tot Godt wilt u begheven
Sijn heylsaem Woort neemt aan
Als vrome Christen leven
't Sal hier haest zijn ghedaen.

Soo het den wil des Heeren
Op die tijdt had gheweest
Had ick gheern willen keeren
Van U dit swaer tempeest.
Maer de Heer van hier boven
Die alle dinck regeert
Die men altijt moet loven
En heeftet niet begeert.

Oranje is de leider van het verzet, maar Filips van Marnix, heer van St. Aldegonde, geeft dat verzet een ziel.

Alva is na zijn overwinningen in de beste stemming naar Brussel teruggekeerd.

'Oranje is zo goed als dood!' meldt hij juichend aan de koning. Van paus Pius V, die hem als een verdediger van de roomse kerk eert, ontvangt hij een gewijde degen en hoed. Dat is de trotse hertog niet genoeg:

'Vervaardig een groot standbeeld van mij — en giet het uit de kanonnen, die ik bij Jemmingen heb buitgemaakt,' beveelt hij de beeldhouwer Jacob Jongeling, die dat best een fijne opdracht vindt. Hij krijgt tevens het onderschrift voor het standbeeld mee:

Voor Ferdinand Alvarez van Toledo, hertog van Alva, stadhouder der Nederlanden onder Filips II, de verdelger van het oproer, de tuchtiger der muiterij, de hersteller van de godsdienst, de trouwste dienaar zijns konings, is dit gedenkteken opgericht.

Dit standbeeld, voor Antwerpen bedoeld, is een nieuwe blunder.

'De hertog gaat wel wat erg trots en hoogmoedig te werk,' denkt Filips en Alva's vijanden aan het Spaanse hof blazen het koninklijke wantrouwen maar al te graag aan.

De ijzeren hertog begaat nog meer fouten. Hoewel Filips aandringt op een algemeen pardon, wil Alva eerst nog de ergste boosdoeners straffen. Niet uit wreedheid, maar met een gestrengheid die ook Calvijn op zijn wijze kenmerkte, laat hij de Raad van Beroerte uitspraken doen.

Ondertussen behandelt hij de Nederlanden als een opstandig gebied.

'Hoe schamel is het ons lieden te moede!' kankert het volk. Reizen naar het buitenland zonder speciale vergunning verboden. Drukpersvrijheid bestaat al lang niet meer. Overal sluipen verklikkers rond, die in naam van God, kerk en koning hun leugens vertellen en gruwelen begaan. En dan het slecht betaalde Spaanse leger, dat, verdeeld over alle gewesten, in garnizoenen ligt. 'De Spanjool zuipt en vreet, maar betalen doet hij niet!'

Er is ook geen geld voor soldij. Een met geld geladen schip uit Genua is door de Britten buitgemaakt. Koningin Elizabeth, maar al te blij met zo'n buitenkansje, geeft het schip niet terug.

'Laat alle Engelse kooplieden arresteren!' beveelt Alva. 'Ik verbied dat er verder nog handel met Engeland gedreven wordt!'

Dat is een slag voor de handel. De nood, in die jaren van economische crisis, stijgt hoog. En als klap daar nog boven op, komt de grootste blunder die Alva maakt:

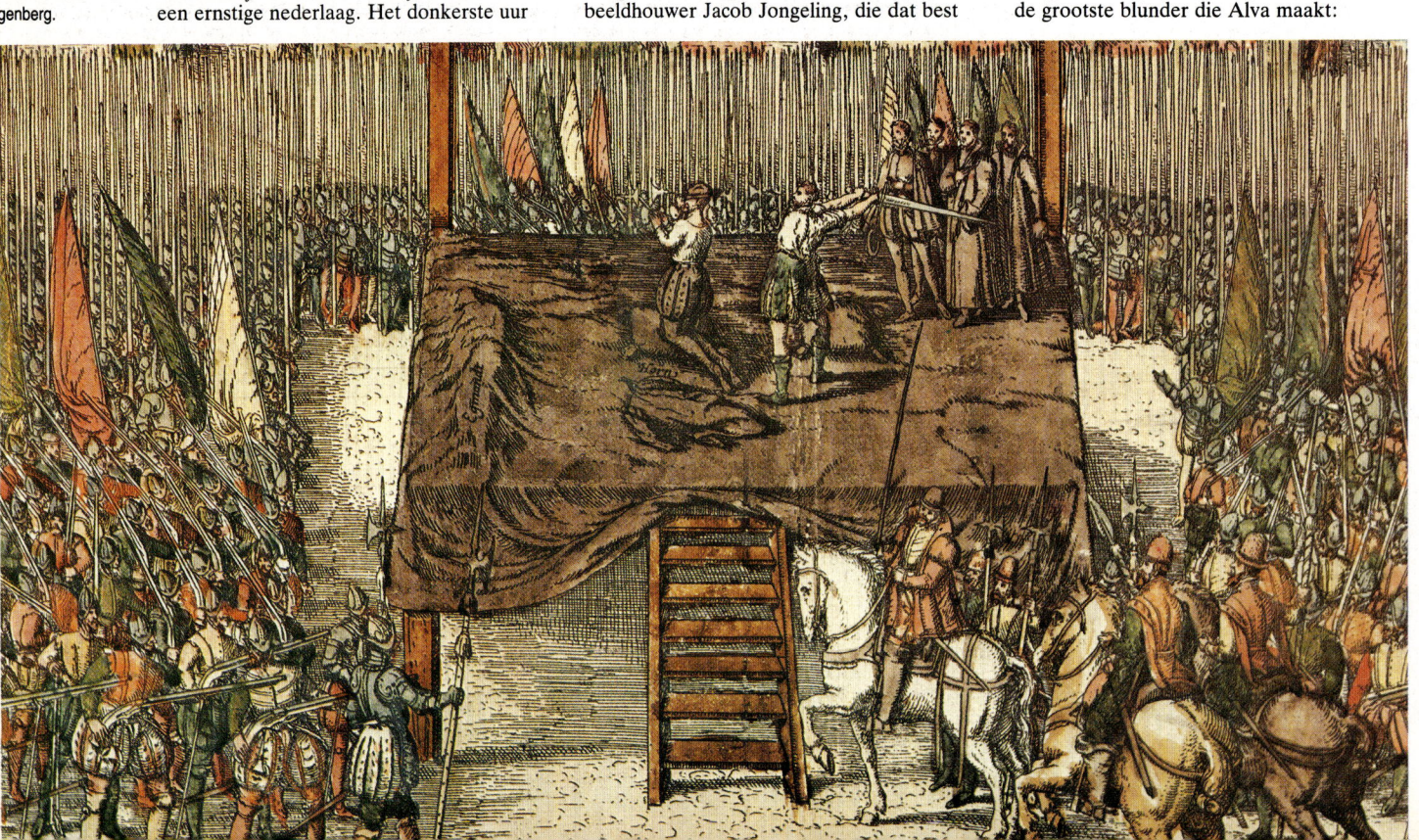

De terechtstelling van Egmont en Horne op de Grote Markt te Brussel. Gravure van F. Hogenberg.

Brussel, 26 maart 1569: De Staten-Generaal zitten bijeen. Per schuit, in een koets, of te paard hebben de afgevaardigden van adel, geestelijkheid en steden hun tocht door de Lage Landen gemaakt — en de groeiende onrust onder het volk gezien. Nu staat de hertog van Alva voor hen, die op de scherpe toon van Karel de Stoute, nieuwe, *altijd geldende* belastingen van hen eist:
'Ten eerste, mijne heren, 1 % op al het roerend en onroerend goed. Dan een belasting van 5 % bij verkoop van onroerende goederen. Tenslotte 10 % bij verkoop van al het roerend goed.'

De uitwerking is verpletterend. Adel en geestelijkheid hebben daar niet veel last van, maar de afgevaardigden der steden kijken elkaar verbijsterd aan. 'De genadeslag voor onze handel,' fluisteren ze elkaar toe. Zowel katholieken als protestanten — en zelfs de meest trouwe aanhangers van de regering spreken er hun afschuw over uit. Het regent verzoekschriften en protesten.
'Zie toch van uw plannen af!' smeken de grijze Viglius, Noircarmes en Berlaymont. Het helpt niet. Gewestelijke Staten protesteren. Utrecht weigert vierkant mee te doen en enkele katholieke geestelijken zeggen zelfs tegen de ambtenaren van de belasting:
'We nemen jullie de biecht niet af! Absolutie krijgen jullie niet, met je tiende, twintigste en honderdste penning!'

De afzonderlijke gewesten staan alleen toe, dat de 100ste penning word geïnd.
Voorlopig kopen zij de rest af voor 2 miljoen per jaar. Dat de penningen nauwelijks of niet werden betaald in de vorm die Alva voorstelde, doet aan de sterke oppositie tegen het nieuwe belastingstelsel niets af. In 1571 probeert Alva het weer, maar dan hoeven de kooplui bij de 10de penning geen boeken over te leggen. Tegen fraudering zien velen niet op!

Het hele land raakt in rep en roer. De Nederlanders zijn bereid geweest veel te slikken. De nieuwe beslissing vormt nu de dikke druppel, waardoor de reeds gevulde emmer overloopt.
'Het is geen wonder, dat het ganse land op kwade voet met mij staat want ik heb niets gedaan om mij bemind te maken!' schrijft Alva aan de koning. Hij zet de woorden nog eens kracht bij, nu hij met de opstandige gewesten over de belastingen onderhandelen moet. Hij dreigt met intrekking van privileges, met verwoesting en plundering. De stemming wordt daar niet beter op.

Vanuit Duitsland stoken Oranje en zijn vrienden de zaak verder op. Waar mogelijk wakkeren zij het verzet aan.

Uitgeweken edelen, zoals Diederik Sonoy, Louis de Boisot, Albrecht van Huchtenbroek; oud-regeringsleden als pensionaris Wesembeke uit Antwerpen, Willem Bardes en Reinier Cant uit Amsterdam, of Pieter Adriaansz. van der Werff uit Leiden — en ook kleinere lieden als IJsselschipper Hendrik Wessels en de ossenkoopman Herman de Ruyter uit 's-Hertogenbosch — trekken als geheime agenten de Nederlanden in om brieven van de prins rond te brengen en waar mogelijk geld te innen voor de goede zaak.
'Een nieuwe aanval wordt voorbereid,' vertellen zij aan de voormannen van het verzet. Zij overhandigen berichten in geheimschrift — waarvoor de geleerde Johan Basius, secretaris van de prins, steeds weer nieuwe sleutels bedenkt.
'Er móet geld komen!' zeggen de ijverige Adriaan van Swieten en Paulus Buys. Zij schieten daarvoor ook de calvinistische predikanten aan:
'Probeer geld los te krijgen van uw gemeente!'
De calvinisten zijn tot grote offers bereid — niet alleen met geld, maar ook met komplotten, die tot een opstand kunnen leiden...
Pas in 1570 — en dan is het al te laat — kondigt Alva een *algemeen pardon* af. 'Op dát pardon zullen wij geen acht slaan.' Reikhalzend heeft het volk naar amnestie uitgezien. De lang verwachte oorkonde maakt zoveel uitzonderingen, dat het zijn doel volledig mist. Reeds in mei bestijgen vier pastoors, beschuldigd van ketterij, de brandstapel te 's-Gravenhage.
'Dit pardon is al verraderij! Op God betrouwt, want Hij zal Oranje's hand kracht geven en de bloedhond, de tyran der vromen, nederslaan!'
Liederen met deze strekking klinken in de straten, maar met de Spaanse garnizoenen rondom kunnen de opstandige burgers verder niet veel doen. Alleen de watergeuzen op zee kunnen hun opgekropte woede botvieren en zij doen dat naar hartelust. Het zijn ontembare zeeschuimers: edelen, geleerden, kooplieden, vissers en handwerkslieden, allen verdreven van huis en haard. Zij hebben zich vermengd met echte piraten en ander gespuis dat uit de 17 gewesten voortgekomen is.
'Liever Turks dan Paaps,' is hun strijdkreet. Ze plunderen de kustgebieden en keer op keer roept de uitkijk:
'Schip in zicht aan bakboord! Twee zeilen in zicht, recht voor ons uit!' Gretig varen ze er op af. Vrijwel zonder onderscheid te maken overvallen zij koopvaarders van iedere nationaliteit.
'Klaar om te enteren?'

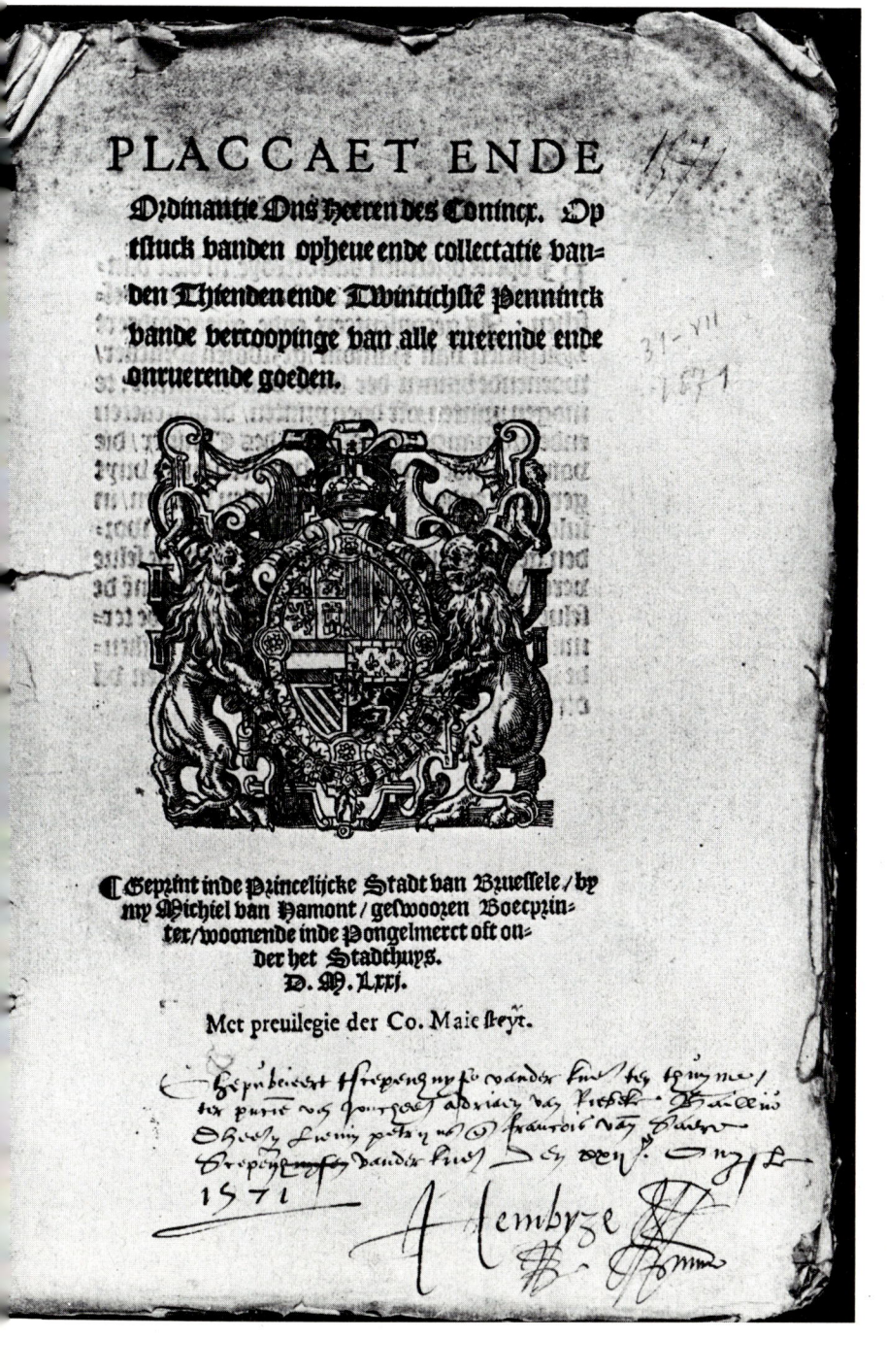

Plakkaat op de inning van de Tiende en Twintigste penning (Brussel 1571).

Bourgondische tijd – Twaalfjarig Bestand

De watergeuzen nemen Den Briel

Ze springen over onder gejuich, 300 handelsschepen maken ze in één jaar buit. Hun admiraal, de Waalse edelman Adriaan van Bergen is een woeste dronkelap. Met zijn opvolgers Lumbres, Lancelot (een bastaard van Brederode) en Willem Lumey is het niet veel beter gesteld.

De geuzen opereren vanuit Dover in Engeland en La Rochelle in Frankrijk. Dat zijn veilige havens en zij brengen daar hun buit gemakkelijk aan de man.

'Bitter weinig van die rijkdommen stroomt in de kas van de prins!' is de algemene klacht van de voormannen uit het verzet. Oranje plaatst predikanten aan boord van de geuzenschepen. Dan wordt het wel iets beter, maar voor de kooplieden en kustbewoners blijven zij een plaag. De zee veroorzaakt trouwens nog meer ellende:

Allerheiligen 1570: Een hevige storm uit het noordwesten heeft het hoogopgedreven water over duinen en dijken het land ingejaagd. Tot Groningen, Leeuwarden, Sneek en Franeker staat alles blank. Vlaanderen wordt tot bij Brugge en Gent door noodweer en zee geteisterd. 128 huizen gaan te Scheveningen tegen de grond.

De Maas treedt met geweld buiten haar oevers en verandert de Betuwe in een meer.

De Hondsbosch breekt op drie plaatsen. 'God!' Schreeuwende mensen zitten in de toppen der bomen, in kerktorens, op de daken der huizen. Voldoende schepen om hen te redden zijn er niet. Duizenden komen niet door het water, maar van de honger om. (In Friesland en Groningen alleen zijn het naar schatting 20.000!)

Om al die ongelukkigen uit hun benarde posities te bevrijden, zet de Spaanse stadhouder in het Noorden, Robles de Billy, zijn troepen ogenblikkelijk in. Hij dringt er bij de Gewestelijke Staten op aan, de dijken snel te herstellen. De edelen verzetten zich. 'Wij hebben onze privileges!' Zich beroepend op oude vrijheden weigert de adel geld bij te dragen.

'Stopt dan uw privileges en adelsbrieven maar in de gaten van de vernielde dammen!' roept Robles de Billy spottend uit. Dankzij hem komen er nieuwe, sterke dijken. De dankbare Friezen richten een fraai standbeeld voor hun doortastende Spaanse stadhouder op!

Verzande akkers, verwoeste dorpen, totale armoede voor duizenden gezinnen zijn het gevolg van deze Allerheiligenvloed. Daarbij komt dan nog de teruglopende handel, de dreigende 10de en 20ste penning, de inquisitie en het pardon, dat geen verlichting heeft gebracht.

Laatste, aangrijpende brieven, geschreven in de gevangenissen, circuleren onder het volk:

'Mijn lieve vrouw, Gesterkt in het ware geloof ga ik de dood tegemoet. Ik maak me slechts zorgen over de kinderen en jou...'

Of: 'Mijn dierbaren, Treur niet om mij. Ik blijf den Heer verwachten. Mijn ziel wacht ongestoord. Ik hoop in al mijn klachten, op Zijn onfeilbaar woord...'

Reikhalzend kijkt het volk uit naar betere levensomstandigheden en de haat tegen Alva en Spanjaarden neemt toe.

'De kansen voor gewapend verzet groeien met de dag!' melden boodschappers aan de prins van Oranje...

Prins Willem van Oranje is hoopvol gestemd. 'Ik kan Zutphen en Deventer in handen spelen van de prins!' heeft beurtschipper Hendrik Wessels gezegd. 'Rotterdam, Den Briel en Haarlem zullen zonder veel moeite tot de rebellen overgaan. De plannen voor aanslagen op Enkhuizen, Hoorn en Medemblik liggen klaar...'

Nog belangrijker voor de prins: in Frankrijk is de burgeroorlog beëindigd. Admiraal De Coligny heeft grote invloed in de nieuwe regering gekregen en belooft Oranje te zullen steunen. Daarom voert Lodewijk van Nassau besprekingen met de Franse regering én met de watergeuzen in La Rochelle. Er zijn goede contacten met de Duitse vorsten en met Engeland. Omdat niets voor niets gaat, bieden de rebellen de koning van Engeland leenhoogheid aan over Holland en Zeeland, in ruil voor doeltreffende hulp. Hetzelfde aanbod geldt voor Frankrijk met Vlaanderen en Artesie.

Willem van de Marck, graaf van Lumey, als veroveraar van Den Briel op 1 april 1572.

Geuzenpenning (1574).

Eind december 1570: De ossenkoopman Herman de Ruyter geeft zijn kleine rebellengroep de laatste instructies:
'Kom, zodra we de poorten openen!' De mannen knikken en nemen hun posities in.

Met drie kameraden, die zich als bedelmonniken hebben vermomd, begeeft De Ruyter zich op weg. Tegen de avond kloppen zij op de poort van het slot Loevestein, dat zo strategisch gelegen is tussen Maas en Waal.
'Wij zijn bedelmonniken. Wij vragen onderdak voor de nacht!'

De poort wordt geopend. Eenmaal binnen, trekt De Ruyter zijn pistool. Hij schiet de slotvoogd overhoop. Dan laat hij zijn groep, 30 man sterk, binnen de muren.

Dapper en doortastend overmeesteren zij het kleine garnizoen.
'Al zullen de geuzen spoedig komen, breng het slot toch in staat van verdediging.'

Want als de mens al het mogelijke gedaan heeft, mag hij de rest overlaten aan God.

De geuzen verschijnen niet. Flinke overstromingen hebben het hun onmogelijk gemaakt tijdig op Loevenstein te zijn. Wie er wel komen zijn de Spanjaarden. Herman de Ruyter en zijn makkers, hopend op hulp, verdedigen het slot met grote dapperheid. Tien dagen lang houden zij stand.
'Makkers, vertrouwt op God in 't bangst gevaar.'

Moedig strijdend vinden allen de dood!

Pogingen om zó verschillende plaatsen voor de prins te veroveren, lopen op een mislukking uit. Daadwerkelijke steun in de steden krijgt Oranje niet, omdat er ten opzichte van hem — zowel bij de katholieken als bij vele calvinisten — nog veel wantrouwen heerst:
'Swigende Willem zoekt zijn eigen macht!'
'Welnee,' beweren anderen. 'Oranje is onze vrijheidsheld. Is hij niet de enige die alles geofferd heeft?'

Makkelijk heeft de prins het niet. Geheime agenten van Alva staan hem naar het leven. Nog steeds wordt hij door schuldeisers achtervolgd, terwijl zijn huiselijke omstandigheden zeer verslechterd zijn. 'Slet' is het enige woord dat hem nog rest voor zijn vrouw Anna van Saksen, als hij haar in de armen van Jan Rubens (vader van de schilder) betrapt. Ze verwacht zelfs een kind van hem. De wilde Anna is zo aan de drank geraakt, dat ze sporen van krankzinnigheid vertoont. De prins sluit haar in de Dillenburg op.

Ook politiek en op het gebied van de godsdienst is de positie van prins Willem delicaat. Tot dusver was hij voor de Augsburse confessie geporteerd. Doch hij ziet in, dat in de Nederlanden niet de lutheranen en evenmin de dopers, maar de felle, alles wagende calvinisten de beste medestrijders in het verzet zullen zijn. Op een synode te Emden (in 1571) hebben de calvinisten de geloofsbelijdenis van Guido de Brès als grondslag voor de kerkleer in de Nederlanden voor alle gereformeerden aanvaard. Hun organisatie is hecht. Meer en meer helt Oranje nu over naar hun kant.

Om dat duidelijk te maken, neemt hij de calvinistische Marnix van St. Aldegonde in zijn dienst. Zo staan de zaken, als de mislukkende verzetsstrijd plotseling een vrij dramatische wending neemt:
Daar zeilen de watergeuzen!
'Ik zweer voor God dat ik mijn haar, mijn baard en nagels zal laten groeien, totdat de dood van Egmont en Horne gewroken is!' heeft Willem van Lumey, graaf van der Marck uitgeroepen. Hij heeft enige schepen uitgerust en Oranje het opperbevel over de geuzen min of meer afgedwongen.
'Langnagel!' noemt het scheepsvolk de rauwe commandant, die niet gewend is iemand of iets te ontzien. De meeste geuzenkapiteins doen niet voor hem onder.

Daar zeilt Johan van Rinsdorp. Voor de gevangenen, die hij op zijn schepen houdt, eist hij een flink losgeld op:
'Binnen acht dagen, anders dansen beiden overboord!'

De Groningse edelman Barthold Entens van Mentheda heeft vreselijk huisgehouden op Texel, Vlieland en langs de Hollandse kust. Hij is de schrik van de Groningse kooplieden, maar bruikbaar in de harde strijd.
'Dat schreeuwt om wraak,' roept hij, als zijn vriend Jan van Troyen door de stadhouder in Holland, Bossu gegrepen wordt en aan de galg gaat. 'Oog om oog, tand om tand. Onze gevangene, stuurman Oosthuizen, zal daarvoor moeten boeten!'

Met een strop om de nek wordt de arme stuurman aan de boegspriet gebonden en de bemanning mag net zo lang op hem schieten, tot hij geen adem meer geeft: een kronkelend lichaam aan een touw en gelach op het dek.

Daar is Gautier Herlin met zijn wreed geschonden gezicht. Hij liep die littekens op in het bloedbad van Valenciennes, waar zijn vader en drie broers het leven liet.

Bezield door wraakgevoelens is hij bereid alles te wagen en niemand te ontzien.

Albrecht van Egmont, Lancelot van Brederode, Crispijn van Saltbrugge, Entens en Jelle Elsma hebben met elkaar een verbond gesloten: '... Tot afbraak, vernieling en annulering van de hertog van Alva en zijn bloedige aanhangers, om weer in te voeren het waarachtige woord Gods en dat overal te doen prediken...'

Hoe verschilt Frederik van Inthiema met deze woeste kerels. Met glans heeft hij zijn studies in Leuven voltooid. Nog jong is hij tot burgemeester van Workum gekozen.

Nu is hij geus en kaperkapitein.

Daar is de Amsterdamse korenkoper, Jacob Simonsz. de Rijk, die te Danzig voor eigen rekening een schip heeft uitgerust voor de dienst van de prins. Ook bij Jacob Cabeliau, jonker Frederik van Dorp, Willem van Blois, Treslong en de Enkhuizer poorter Ellert Vliechop staat een hoger doel voor ogen dan roof en plundering.

Verbeten zijn ze wel: 'De bloethonden ende paepisten sullen wij noch wel anders hebben,' roept Ellert Vliechop, geuzenkapitein. 'Sy hebben my schandelyck uit myn goederen gestooten, so dat myn kinderkens niet behouden en hebben dan de cleederkens, die sy aen 't lyff draeghen!'

De watergeuzen! Menige stad in de Lage Landen siddert, als die rabouwen koers zetten naar de kust. Door hun toedoen ligt de handel ten dele verlamd. Vissers zien hun schamele boten overmand en hun leven bedreigd.
'In Monnikendam hebben de geuzen de kerktoren omgehaald en alle santen en santinnen verbrand!' Dat nieuws doet in de Zuiderzeehavens de ronde.
'Het is toch wat!'
'En de baljuw heeft zich tijdens de landing half naakt moeten verstoppen in een varkenskot!' Vooral die halfnaakte baljuw ziet ieder duidelijk voor zich. Men schudt het hoofd: Wat een tijden zijn het toch. Als een vloot van Alva's stadhouder Bossu een aantal geuzenschepen buit maakt, gaat er een zucht van verlichting in vele havensteden op...

In februari 1572 ontvangt Alva bevelen van koning Filips II, dat de belastingheffingen moeten plaatsvinden. Nieuwe onrust en agitatie. Opnieuw gaan protesten en smeekschriften naar het Brusselse hof.
'De 10de penning zal de handel vernietigen,' betuigen drie bisschoppen met klem.

Het helpt niet. Ambtenaren beginnen voorraden te controleren en huiszoekingen te doen. In Brussel komt het tot openlijk verzet:
'Wij verdommen het verder,' zeggen de bierbrouwers. Ze zetten hun brouwerijen stop.
'Wij tappen geen bier meer!'
'En wij houden op met het bakken van brood!'

Handwerkslieden sluiten hun werkplaatsen. Hongerig volk slentert werkloos door de straten. Zélfs de Spaanse soldaten, die nu geen bier en andere zaken kunnen kopen, zijn woedend over het nieuwe belastingsysteem. Handel en verkeer liggen vrijwel stil.
'Hang 18 van de rijkste kooplieden voor de deuren van hun gesloten winkels op!' beveelt een ziedende Alva aan de beul. Tot een terechtstelling komt het niet. Schokkend nieuws — als een donderslag aan een blauwe hemel — eist Alva's aandacht op.

Den Briel, 1 april 1572: Met 26 schepen en onvoldoende leeftocht heeft Lumey zijn vluchthaven Dover moeten verlaten.
'De geuzen moeten uit Dover weg!' heeft koningin Elizabeth van Engeland bevolen.

Spanje heeft haar onder druk gezet en een oorlog terwille van wat geuzen wenst ze niet. Trouwens, de wreedheden van de geuzen hebben keer op keer het afgrijzen van de Engelsen en van geheel Europa gewekt. Nu moeten ze vertrekken.
'We zullen bij Texel de Zuiderzee binnenvaren en ons daar ergens een nieuwe schuilplaats veroveren,' heeft Lumey tot zijn kapiteins gezegd. Maar een sterke wind drijft de vloot naar de monding van de Maas, voor het stadje Den Briel. Daar laten ze de ankers vallen.

De Brielse veerman Coppestock roeit naar de vloot.
'Is jonker Treslong aan boord?' vraagt hij. Die kent hij, want hij heeft nog onder hem gediend.
'Hoe is het in Den Briel?'
'Zo z'n gang. We zitten zonder garnizoen, God zij dank!'

Opeens rijst het plan om de stad in te gaan. De magistraat krijgt twee uur bedenktijd om de poorten te openen, maar al eerder dringen 600 plunderzieke geuzen naar de muren der stad. Geestelijken en

Bourgondische tijd – Twaalfjarig Bestand

Am ersten des Monats Aprill,
Verlor Duc D'Alba seinen brill

Daß hatt im sein gesicht geschwecht
Vnd gekost seher vill stoltzer knecht

Die er in Hollant hatt gelaßen
Welches innen verdrauß der maßen

Daß er außgerißen ist mitt schand,
Vnd verwüstet daß gantz Neiderland.

F. Hogenberg gaf deze visie op de inname van Den Briel op 1 april 1572.

rijke kooplieden die met hun geld willen vluchten, drijven zij terug.
'Vat an, mannen. Laat de papisten maar eens merken dat we er zijn!' Een ware beeldenstorm begint. Katholieke geestelijken worden gemarteld, vermoord.
Ontwijding van de kerken! Plundering van vrijwel ieder katholiek huisgezin.
'En nou moeten we wegwezen!' Na een paar dagen dragen de geuzen hun buit reeds naar de schepen, als Treslong en De Rijk opeens een veel betere mogelijkheid zien: 'We houden Den Briel voor de prins bezet. Vooruit, hijs de prinsenvlag op de toren!'
Het is haast een lachwekkende vertoning. Niemand neemt die daad erg serieus. Toch heeft hij zulke vérstrekkende gevolgen...

'Die verrekte Lumey!' vloekt Lodewijk van Nassau, als hij hoort wat er in Den Briel is gebeurd. In samenwerking met de hugenoten bereidt hij een grondige aanval op de Nederlanden voor. Door zijn voorbarig optreden heeft Lumey roet in het eten gegooid. Ook de prins is hevig ontstemd. Met moeizaam verkregen gelden werft hij een nieuw leger en nu komt ineens dit.
'No es nada!' zegt Alva. *Het is niets,* die val van Den Briel! Toch laat hij de bevolen terechtstellingen in Brussel schieten.
'Herneem de stad!' beveelt hij aan stadhouder Bossu. Met tien vendels Spaanse soldaten — afkomstig uit het garnizoen in Utrecht — rukt Bossu naar Den Briel. De gewaarschuwde geuzen treffen maatregelen om de aanval af te slaan:
'Breng de kanonnen van de schepen op de wallen!' Treslong, Hemming en Roobol geven hun manschappen volop werk. De Brielse timmerman Rochus Meeuwisz. opent de Nieuwlandse sluis, zodat alle binnenwegen onder water komen te staan.
'Steek de Spaanse schepen in brand, zodat ze niet kunnen overvaren. En bestrijk met de kanonnen die ene dijk, waarover een opmars nog mogelijk is...'
Bossu moet terugtrekken — vermoedelijk tot spijt van de meeste inwoners van Den Briel, die weinig te jubelen hebben over het geuzenbewind.
Bossu begeeft zich met zijn vendels naar Rotterdam.
'Wij weigeren garnizoen op te nemen,' stelt de magistraat, die de poorten gesloten houdt.
'Het gaat alleen om vrije doorgang,' verzekert Bossu plechtig. Nauwelijks zijn de Spanjaarden binnen de stad, of zij gaan er als beesten te keer. Binnen enkele ogenblikken zijn reeds 40 mannen en vrouwen vermoord. Die verraderlijke slachting brengt in de Lage Landen een hevige verbittering teweeg.

Ras, seventien provincen!
Stelt U nu op den voet,
Treckt de coemste des Princen
Vriendelijk te gemoet;
Stelt U met zijn banieren
Elck als een trouwe man,
Doet helpen verlogieren
Duc d'Alve, den tyran...

Hoe ontstellend verwarrend is de toestand als Den Briel gevallen is. Erg 'ras' treden de 17 provinciën de prins nog niet tegemoet. Vrijwel ieder, die iets bezit, is tegen de opstand gekant. Geen sprake van, dat andere steden in Holland en Zeeland nu ook het Spaanse juk willen afwerpen. Integendeel: de meerderheid der Nederlanders kiest voor de Spanjaarden en voor de zittende (Spaans gezinde) magistraat.
'Leve de geuzen!' Dat roepen alleen de bezitlozen, de vroegere beeldenstormers, de vervolgde calvinisten, verbannen edelen en vogelvrij verklaarden. Uit Rotterdam, Delft, het Westland stromen ze naar Den Briel — in de vaste overtuiging dat het offensief van de prins nu werkelijk is begonnen.
Wilde tonelen in Vlissingen, als Alva er Waalse troepen heen stuurt. De edelman Jan van Cuyck verzamelt een troep werklozen om zich heen. 'Tsa, tsa, mannen!' Met hun hulp dwingt hij de magistraat de poorten voor de regeringstroepen te sluiten.
De Walen blijven op de schepen die voor Vlissingen op de rede liggen, en wachten voorlopig af.
'Deze beurs met geld voor de kerel, die het

éérste schot op de Spanjolen lost!' roept een prinsgezinde edelman. Een dronken vent knalt er op los en de Spaanse vloot zeilt weg. Dan kan Jan van Cuyck hulp halen uit Den Briel. Met 200 geuzen — waaronder Engelse vrijwilligers en Franse hugenoten — trekt Treslong naar Vlissingen en neemt de stad in beslag voor de prins. 'Wat moet er van dit alles worden,' fluisteren bezorgde burgers en de angst slaat hen om het hart. Nu de geuzen er de zaken gaan regelen blijven gewelddaden niet uit. Spaanse officieren in de stad worden terechtgesteld: 'Een ter dood veroordeelde misdadiger heeft het vonnis voltrokken, omdat de beul er niet was!' vertellen de onthutste burgers elkaar. Met behulp van een aantal berooide vissers krijgen de geuzen ook Veere aan de zijde van de prins. Middelburg en Goes daarentegen halen als de drommel Waalse troepen binnen de muren en blijven de regering trouw.

'Wij zullen wel gelden beschikbaar stellen, maar vindt toch grote en haastige remediën om de piraten en de plunderzieke geuzen te verdrijven,' meldt een aantal Hollandse steden aan stadhouder Bossu.
'Dat tuig rooft kerken en kloosters!'
'Zij kleden zich spotziek in buitgemaakte misgewaden en priesterkleding!' Inderdaad!
Bij de rustige burgerij wekken de geuzen eerder angst en haat dan vertrouwen.
Groot is de aanhang van Oranje nog niet. Met bitterheid ervaart de prins, dat Bossu zo maar gelden krijgt, terwijl hij er om moet smeken — juist nu hij een nieuw leger vormt.
Lodewijk van Nassau verlaat half mei Parijs. Met een leger van hugenoten als voorhoede — met 1000 bosgeuzen versterkt — bezet hij het belangrijke Bergen in Henegouwen, terwijl vrienden zich meester maken van Valenciennes.
'De Fransen zijn in aantocht!'
Vooral dát nieuws maakt de (nog kleine) aanhang van de prins overmoedig. Om zich van de macht in de steden te verzekeren, nemen zij nu de grootste risico's — soms met een volksbeweging van binnenuit, soms met behulp van geuzen van buitenaf:

Enkhuizen in de maand mei 1572. Steeds weer heftige debatten in de kroegen.
Ernstiger gesprekken in de huiskamers.
Geschreeuw op straat:
'Kies voor de prins!' roept het volk, dat niets te verliezen heeft, naar het stadsbestuur.
'Open toch de poorten voor een Spaans garnizoen!' adviseren de middenstanders en de gezeten burgerij. De meerderheid van de burgers haalt in lauwheid de schouders op.
'Het gaat nu om het koninkrijk Gods!' preekt Jan Arentsz. van de kansel. Eens was hij mandenmaker. Na ballingschap in Emden is hij als predikant teruggekeerd. Hij haalt de geuzen naar de stad.
'Op naar het Spui!' Luid trommelend gaat de stadsomroeper door de Enkhuizer straten en roept alle prinsgezinden tot actie op. Opgewonden marcheert het verzamelde volk naar het raadhuis, waar de magistraat paniekerig achter gesloten deuren vergadert. 'Trap de deur in!'
Paul Buiskens toont zijn volmacht van de prins. Hij laat de stadsregering grijpen en opsluiten. De prinsenvlag wappert reeds van de toren. Zó spreekt Enkhuizen zich uit voor de prins. Sonoy verschijnt er als luitenant-generaal van Oranje. Weinig zachtzinnig gaat hij daar de zaken regelen. Hij stelt zich in verbinding met Lumey, die tot gouverneur van de prins in Holland is benoemd.

Alva onderschat volledig wat in Holland en Zeeland gebeurt. Hij beseft niet, dat een vastberaden minderheid zijn wil kan opleggen aan een vrij lauwe meerderheid. In die warrige dagen is Alva veel meer voor een aanval van Frankrijk bevreesd.
'Herover Bergen,' beveelt hij zijn zoon don Frederik. 'En voeg de garnizoenen uit de noordelijke gewesten bij je legermacht!'
Nu de regeringstroepen naar het zuiden trekken, kunnen de geuzen en de aanhangers van de prins in het noorden nog veel gemakkelijker tot acties overgaan:
'Wie niet waagt, wie niet wint!' denkt Adriaan van Swieten. Met slechts 19 waaghalzen trekt hij Oudewater binnen en grijpt daar de macht. Twee dagen later verschijnt hij met 50 ballingen te Gouda voor de Kleiwegtpoort.
'Deze kant op!'
Samenzweerders in de stad laten hem binnen, wijzen de weg. Driest marcheert de kleine troep langs overblufte burgers en voorbij de onthutste stadswacht naar het raadhuis.
'Zweer een eed van trouw aan de prins, of we beginnen hier een beeldenstorm en plundering!' dreigt Van Swieten het angstige stadsbestuur. De heren kijken elkaar aan, zweren hun eed.
'Vive de geus!' roepen ze om hun goede wil te tonen. En ze bidden tot God en de heiligen dat alles goed mag aflopen.
Leiden, waar een crisis in de lakenindustrie talloze gezinnen in diepe armoede heeft gedompeld, kiest op 26 juni voor de prins. Op 3 juli volgt Haarlem.
'Waar moet het naartoe?' Vol kommer vragen de regeringsinstanties zich dat af, als zij horen van samenzweringen, sluiptochten door de nacht, vermomde boodschappers van de prins én steden, die naar de rebellen overgaan.

'Het is hier niet langer veilig. We moeten hier weg!'
Leden van de Haagse Rekenkamer vluchten naar Leiden. Als Leiden omgaat naar de prins, nemen de heren de benen naar Utrecht, waar het nog rustig lijkt.

Portret van de watergeus Bartold Entens van Mentheda (Fries, 2de helft 16de eeuw).

Bourgondische tijd – Twaalfjarig Bestand

Het Hof van Holland verlaat eveneens Den Haag. De leden van het Hof trekken naar Rotterdam. Als het daar te onrustig wordt, begeven zij zich naar Amsterdam.

Nauwelijks zitten ze daar, of ze horen tot hun schrik:

'Het Spaanse garnizoen verlaat de stad. Don Frederik heeft hen opgetrommeld!'

'Dan moeten we hier weg!'

Opnieuw pakken de leden van het Hof hun boeltje bij elkaar. Met katholieke geestelijken, monniken, nonnen, koningsgezinde edelen, edelvrouwen en vele rijke burgers — 4000 in getal, met hun hebben en houen op 700 wagens — reizen zij met de Spaanse troepen mee!

De keuze van de steden in de Noordelijke gewesten is een dubbeltje op z'n kant.

Vallen ze om voor de prins? Blijven ze de regering trouw?

Barthold Entens zeilt met 30 schepen naar Dordrecht. Vervolgens *bevrijdt* hij ook Gorkum, waar een deel van de burgerij zich dan pas goed *gevangen* voelt.

'De monniken zijn uit het klooster gehaald,' vertellen goede katholieken elkaar ontzet.

'Entens heeft ze naar Lumey in Den Briel gestuurd!'

'God sta de ongelukkigen bij!'

Langnagel Lumey stelt die monniken voor een moeilijke keus:

'Het roomse geloof afvallen, of de dood!'

'Wij hebben steeds voor ons geloof geleefd. Wij zijn bereid voor ons geloof te sterven!' zeggen 19 van de 21 monniken. Lumey laat ze martelen, sarren, hangen.

Héél Europa raakt in opschudding door die schandelijke daad. Als de Gorkumse martelaren zullen die monniken later worden heilig verklaard.

Om Enkhuizen veilig te stellen begeeft Sonoy zich naar Medemblik. Alle weerbare mannen in de stad verschansen zich in het kasteel.

'Grijpt de vrouwen en kinderen!' beveelt Sonoy, als de mannen weigeren zich over te geven.

'Lopen!'

Als levende schilden drijven de geuzen de jammerende vrouwen en kinderen voor zich uit. Dan is het met de Medemblikse tegenstand in het kasteel gedaan. Zo vallen ook Hoorn, Edam en Alkmaar in handen van de prins.

Oranje's zwager, Van den Bergh, maakt zich zonder veel moeite meester van delen van Gelderland, Overijssel en Utrecht. Willem van Bronkhorst weet in Friesland steden te winnen voor de prins.

Zo liggen daar de 17 gewesten. Het noorden is in handen van zeeschuimers, werklozen, verbannen edelen — met uitzondering van Amsterdam, Woerden, Utrecht, Arnhem, Leeuwarden, Harlingen en Groningen. De zuidelijke gewesten bevinden zich nog in de greep van Alva, maar ook daar grijpt het vuur van de opstand om zich heen. Het landsbestuur is ontredderd.

'Laat de Staten te 's-Gravenhage bijeenkomen!' heeft een verbitterde Alva bevolen.

Achter zijn rug om zoeken de afgevaardigden Dordrecht op.

'Santa puta!' briest Alva. 'De Staten kunnen niet op eigen gezag vergaderen!'

Het is je reinste revolutie!

Dordrecht, 19 juli 1572: Vrijwel als revolutionairen zitten de leden van de Staten van Holland in vergadering bijeen: Jacob, heer van Wijngaarden als enige vertegenwoordiger van de Hollandse ridderschap; Arend van Wassenaar zit er namens Lumey: dan zijn er de gedeputeerden van de steden Haarlem, Leiden, Gouda, Gorkum, Oudewater, Edam, Monnikendam, Alkmaar, Hoorn, Enkhuizen en Medemblik. Bezorgd overzien zij hun netelige toestand en vragen zij zich af, wat er gebeuren moet.

'De prins van Oranje blijft gouverneur-generaal en luitenant van de koning in Holland, Zeeland, Westfriesland en het Sticht!' verklaren de gedeputeerden plechtig.

'Hij is immers nooit afgezet?' Daarmee schuiven zij Bossu, als Alva's handlanger, aan de kant. Leger en vloot komen onder bestuur van de prins:

'Hij heeft het recht om de Nederlanden tegen alle invasies en onderdrukkingen van vreemden te beschermen!'

'We moeten de Staten-Generaal bijeenroepen en nauwe contacten onderhouden met de andere gewesten. Alleen zó kunnen wij onze vrijheden behouden!'

Geruime tijd wordt er gesproken over de godsdienst. Lang niet alle gedeputeerden zijn calvinist. Iedereen beseft echter, dat de calvinisten (al zijn ze nog ver in de minderheid) de werkelijke opstandelingen zijn. Nu er geen terug meer is, is aansluiting bij hen gewenst.

Filips van Marnix maakt zijn opwachting. Hij toont zijn geloofsbrief, dankt de Staten namens de prins voor de steun en het stadhouderschap. Hij vraagt geld voor het leger.

'Neemt het aanwezige geld uit kloosters en kerken. Verkoop het zilver en goud van de roomse kerk!' luidt het voorstel van een harde calvinist. Marnix houdt een schitterende rede. Hij noemt Oranje dan al *de Vader des Vaderlands* en verklaart namens de prins:

'... Dat er vrijheid van godsdienst zal zijn, zowel voor de gereformeerden, als voor de katholieken, met vrije uitoefening van het geloof!'

Zo leggen ze daar in Dordrecht de grondslag voor een nieuw bestuur over een gebied, waarvan koning Filips nog steeds als wettelijk hoofd wordt erkend.

'Kunnen we ons ooit staande houden tegen het machtige Spanje en de machtige roomse kerk?' vraagt menige afgevaardigde zich af.

'Er is geen terug!'

Daarom beginnen ze daar in Dordrecht met de samenstelling van een nieuw bestuur: nieuwe leden voor de Rekenkamer, nieuwe leden voor het Hof. Waar ze de moed en het vertrouwen vandaan halen, is haast een raadsel. Toch brengen ze het geloof in hun toekomst op. In dit uiterst wankele begin ligt het geboorte-uur van een natie...

Beducht voor Alva's wraak, kijken de opstandelingen reikhalzend uit naar de komst van de prins. Pas eind augustus trekt hij met zijn tuchteloze, plunderende leger over de Maas. Brandende kloosters, vermoorde priesters en monniken wijzen opnieuw de weg, die Oranje's leger door Brabant gaat. Leuven en Brussel sluiten de poorten.

Ook Antwerpen, Brugge en Gent blijven de regering nog trouw. Dat zijn tegenslagen. Maar de hugenoten zijn vanuit Frankrijk onderweg. Met hen hoopt de prins de stad Bergen te ontzetten waar zijn broer Lodewijk nog steeds door don Frederik belegerd wordt. Juist dan komt een vermoeide boodschapper de prins melden:

'Een voorhoede van de hugenoten, 7500 man sterk, is bij Bergen vroegtijdig tot de aanval overgegaan. Don Frederik heeft zich op hen geworpen...'

'En?'

'Ze zijn volledig in de pan gehakt!'

Het is verpletterend nieuws. En kort daarop bereikt de prins een bericht, dat haast nog erger is.

'De katholieken in Frankrijk hebben zich op de hugenoten geworpen. Er is een vreselijk bloedbad geweest...'

'Waar?'

'In Parijs, excellentie. Voor het huwelijk van Hendrik van Navarre met Margaretha van Valois bevonden vrijwel alle vooraanstaande hugenoten zich in de stad. Catharina de Medici en de hertog De Guise hebben het komplot gesmeed, in nauwe samenwerking met de Parijse gemeenteraad. In de nacht van 23 augustus zijn plotseling de klokken gaan luiden. Dat was het teken voor het begin van de moordpartij.'

'En admiraal De Coligny?'

'Vermoord met honderden, duizenden van zijn aanhangers...'

Alva is opgetogen, als hij het nieuws van die bloedige *Bartholomeusnacht* verneemt.

'Laat de kanonnen vreugdeschoten afvuren!' beveelt hij zijn troepen rondom Bergen, waar de ingesloten Lodewijk van Nassau en zijn troepen aan het eind van hun krachten zijn.

Met de moed der wanhoop trekt de prins met zijn leger voort. Hij neemt Mechelen, Dendermonde en Oudenaarde. Dan wil hij een poging doen om Bergen te bevrijden.

Opnieuw ontwijkt Alva een beslissende slag in het open veld. Wél waagt hij een nachtelijke aanval op het legerkamp van de prins.

'Adelante!'

Onder aanvoering van Julian Romero rijden in het wit geklede ruiters — met voetknechten achterop de paarden — Oranjes legerplaats in.

Geschreeuw, gevloek. Wegrennende soldaten in hun ondergoed. Brandende tenten. Bloed van gewonden en stervenden.

Dankzij het blaffen van zijn hond, kan de prins zijn leven redden door een overhaaste vlucht. Zijn dienaren en twee van zijn geheimschrijvers sneuvelen in die verwarde, nachtelijke strijd.

Zes dagen later geeft het half verhongerde Bergen de moed op. Bij de capitulatie mag Lodewijk van Nassau de stad met krijgseer verlaten en don Frederik brengt hem persoonlijke hulde voor zijn dapper gevoerde verdediging:

'Bienfait, Louis!'

'Merci, Frédérique!'

Een moedeloze prins van Oranje trekt met zijn onbetaalde, muitende troepen naar Roermond, waar hij eind september zijn leger ontbindt.

'Ik ben besloten,' schrijft hij aan zijn broer, 'me naar Holland en Zeeland te begeven om daar de zaken te handhaven voor zover dat mogelijk is. Ik ben vastbesloten daar zonodig mijn graf te vinden.'

Met sombere voorgevoelens begeeft hij zich met 60 ruiters naar Kampen. Hij zal zich nu moeten verenigen met de standvastige calvinisten, die in de Noordelijke gewesten nog onder de wapenen staan. Hollandse schepen varen hem over de Zuiderzee naar Enkhuizen. Daar zet hij op 21 oktober voet aan land. Niet als stadhouder, maar als leider van een revolutie, waagt hij zich aan een vrijwel kansloos lijkende strijd. Zijn rol als Vader des Vaderlands begint...

Van Alkmaar begint de victorie

Chaotisch en onoverzichtelijk is de toestand in de Lage Landen als dat wilde jaar, 1572 ten einde loopt.

In Zeeland leveren de geuzen dappere gevechten op de modderige dijken tegen Spanjaarden, die even moedig zijn. In West-Friesland terroriseert Sonoy de katholieke boeren, alsof de afgekondigde godsdienstvrijheid niet bestaat. Talloze priesters en regenten zijn reeds gevlucht. De graaf Van den Bergh teistert met zijn Duitse huurlingen Gelderland. Lumey belegert Amsterdam.
'Ons geloof is het enige ware!' hebben 160 calvinisten in Alkmaar verklaard. In de stad — met 6000 inwoners! — klinkt geen protest. Van de ene dag op de andere prediken de pastoors in de onttakelde kerken de leer van Calvijn. Daarbij worden nog wel de nodige vergissingen gemaakt.

Na de val van Bergen wedijveren de steden in Brabant en Vlaanderen zich in betuigingen van trouw aan koning Filips II. Het regeringsleger ligt in het zuiden en men vreest bloedige wraak.
'Caramba!' Vervuld van verbitterde woede heeft Alva reeds gezworen die wraak te zullen nemen.
'Neem het leger en tuchtig de opstandige steden en gewesten!' zegt hij tegen zijn zoon. Met 15.000 man, Spanjaarden en Italianen, gaat don Frederik op pad.

Mechelen is het eerste doelwit. De inwoners weten niet wat ze overkomt, als de Spaanse troepen hun stad binnengaan.
'Drie dagen lang mogen de soldaten plunderen naar hartelust!' hebben don Frederik en Noircarmes gezegd. Dat doen ze en niets blijft gespaard. In de woonhuizen, kerken en kloosters, geestelijke gestichten, grijpen de slecht betaalde soldaten naar geld, gewijde kelken, relieken, naar het goud en zilver dat menig altaar versiert.
'Schoften! Dat is de kerkelijke hoofdstad der Nederlanden! Ploerten, dit is geen Turkse stad...' roept af en toe een vergramde burger. Veel uitwerking heeft zo'n woede-aanval niet. In de wilde hartstocht, die de plundering bij hen wakker roept, drijven de soldaten vele Mechelse vrouwen samen in de kerk.
'Beesten!'
'Heilige Moeder Gods!'

Hoe de vrouwen ook schelden, bidden, krabben en stompen, ze worden zonder meer onder het altaar verkracht.
'Madre mia, Pedro...' Het zijn mooie dagen voor de soldaten. Eindelijk zijn de lege beurzen weer eens gevuld. Welgemoed trekken ze dan ook met don Frederik naar Gelderland, waar Zutphen zwakke pogingen doet om zich tegen de Spanjaarden te verzetten.
'Stel een ijzerstreng voorbeeld. Laat geen

Filips II (1527-1598). Portretbuste van Pompeo Leoni.

Bourgondische tijd – Twaalfjarig Bestand

Penning met de zinspreuk van de prins van Oranje: Rustig temidden van de woelige baren. Keerzijde van de penning die is geslagen op last van de Staten van Holland na de moord op Willem van Oranje, door Gerard Bylaer, 1584.

mens binnen de muren in leven!' luidt Alva's opdracht en don Frederik voert dat bevel bijna letterlijk uit, als Zutphen de poorten opent.
'Adelante!' Zonder genade hakken en houwen de soldaten mannen, vrouwen en kinderen neer.
'Er zijn geen beulen genoeg om de gevangenen te hangen!'
'Verzuip ze dan!'
Hoe verbijsterend het ook is, 800 burgers gaan, rug aan rug gebonden, de ijskoude IJssel in. Gespartel en spattend water, doodsangst en doffe berusting. Een vloek, een laatste schreeuw. Dan stroomt de IJssel weer in de stilte voort... De opstandelingen in Friesland buigen het hoofd. Robles de Billy verslaat daar een geuzenleger van 6000 man. Daarmee is het verzet gebroken. Zonder noemenswaardige tegenstand kan Robles het gewest zuiveren en terugbrengen onder Alva's gezag.

Dan komt Holland aan de beurt. De eerste stoot geldt Naarden. Het stadje chicaneert wat lang over de capitulatie. Als generaal Julian Romero met zijn befaamde musketiers nadert, bedenkt het gemeentebestuur:
'Laten we hem een schitterende ontvangst geven! Een goed diner voor hem en zijn officieren. Misschien overkomt ons dan niets!'
Na afloop van de overvloedige maaltijd beveelt Romero, dat alle inwoners van het stadje zich bij het stadhuis moeten verzamelen. Als 500 mensen daar bijeen zijn, verschijnt een priester. Hoe moeilijk valt het hem het volk te zeggen, wat hem opgedragen is:
'Dat ieder van u zich nu voorbereide op de dood...'
De straten zijn afgezet. Spaanse soldaten dringen naar voren. Het bloedbad begint.
Vervolgens zetten de Spanjaarden de huizen in brand. Temidden van gekerm en gejammer gaat Naarden in vlammen op.

Zó luidt de Nederlandse versie van dit bloedige drama. Een hoog Spaans officier (Bernardino de Mendoza, officier onder don Frederik, in zijn geschrift *Comentarios*) meldt:
'Tijdens de onderhandelingen braken de inwoners van Naarden het gegeven woord van onschendbaarheid der gezanten en schoten zij met musketten op hen. Hierdoor werden de Spaanse soldaten tot het uiterste gebracht. Zij namen het plaatsje stormenderhand. Zij doodden allen, die zij gewapend in de straten zagen en legden daarna de gehele stad in de as, behalve de kerk en een nonnenklooster.'
Hoe dan ook, de slachting in Naarden is ontzettend geweest. Toch krijgt don Frederik, die verantwoordelijk is, een pluim op de hoed. Koning Filips schrijft aan Alva:
'Ik wens u geluk met zulk een zoon, zijn voortreffelijke vader ten volle waardig!'
En in een kerk in Amsterdam dankt Alva God, dat hij de bestraffing van Naarden mogelijk heeft gemaakt. Hij beseft niet, dat juist het voorbeeld van Naarden de andere opstandige steden met de moed der wanhoop bezielt...

Haarlem, een der mooiste steden in de Noordelijke gewesten — maar in slechte staat van verdediging — ziet de strijdmacht van don Frederik, 30.000 man sterk, in november voor de muren verschijnen. De prins van Oranje heeft daar de Staten kort tevoren nog moed ingesproken. Hoewel het uitzicht vrij hopeloos is, hebben de afgevaardigden verklaard:
'Wij zullen alles wat we ter wereld hebben, vóór en met Oranje op het spel zetten.'

Minzaam, wellevend, zonder fanatisme, bundelt de prins alle krachten samen voor de strijd, die in zijn ogen zo rechtvaardig is. *'Rustig, temidden van de woelige baren!'* Zo typeert men hem als de verzetsleider die opbeurt, raadgeeft en het volk tot heroïsche daden inspireert. Vervuld van wanhoop en verontwaardiging staat dat volk — calvinisten, lutheranen, wederdopers en ook katholieken — voor een vuurproef, die het zo verbazingwekkend zal doorstaan.

Haarlem: marcherende vendels, commando's, gesleep met kanonnen. Op bevel van de prins is de katholieke stadsregering (die reeds met de Spanjaarden onderhandelde over de overgave) de laan uitgestuurd. In overleg met de gilden en de schutterij zijn vurige calvinisten in de magistraat benoemd.

Het garnizoen van 4000 man, versterkt met 600 schutters, staat onder bevel van de watergeus Wigbold Ripperda. Hij heeft duizend dingen aan zijn hoofd:
'Zijn postduiven gekomen?'
'Ja.' Manden met postduiven zijn de stad uit- en ingevoerd om tijdens de belegering berichten te kunnen overvliegen.
'Heeft het vrouwencorps nu een leidster?'
'Ja.' Kenau Simonsdr. Hasselaer, 46 jaar, weduwe en moeder van vier kinderen, zal de 300 vrouwen aanvoeren. Zij zullen bij iedere stormloop van de vijand olie koken op de muren, pekkransen maken en zonodig met een spies, een haakbus of een zwaard meevechten tussen de mannen in. De nonnen in het klooster hebben de verbandrollen gereed. De laatste boeren uit de omgeving trekken de stad binnen. De wachtposten op de toren melden de komst van een groep Spaanse ruiterij:
'Ze komen!'
'Sluit de poorten!'
Het beleg van Haarlem begint.
'We zullen de stad binnen 8 dagen nemen,' heeft don Frederik gezegd. Het worden 7 maanden! Keer op keer lopen de Spanjaarden storm, maar de Haarlemmers slaan verbeten aanval na aanval af.
Temidden van geknal en kruitdamp worden de bakken met kokende olie gekeerd. Brandend pek en zware wagenwielen, voorzien van ijzeren punten, dalen op de stormende Spanjaarden neer.
Pogingen om de stad te ontzetten, lopen op niets uit. Geuzen brengen voedsel en munitie over het water en over het ijs van de Haarlemmermeer. Zij bestoken de Spanjaarden vanachter dijken en sloten, maar kunnen niet tegen die beter geoefende troepen op.

Bestorming van het fort Spaarndam. Schermutselingen op het ijs. (Alva heeft 7000 plaatjes met scherpe ijsnagels voor zijn soldaten in gereedheid laten brengen!)
Uitvallen uit de stad. Inundaties. De Spaanse soldaten maken hun testament en biechten nog gauw, als een stormloop bevolen wordt. Muziek van gitaar en castagnetten weerklinkt om de kampvuren. Een Spaanse schone danst.
Er zijn dagen dat het heet toegaat en dagen dat er vrijwel geen schot wordt gelost. (300 schoten in totaal in de slapste maand!). En daar is de ongeloofwaardige werkelijkheid, die er in iedere oorlog is:
'Mens, ik stond op de zoldertrap en ik kreeg zó'n kogel tussen de benen,' vertelt Claes Willem Wijf aan ieder die het horen wil. 'Mens, 't was of er een hond doorheengevlogen was...' Ze mankeert niets en toch was het de grootste kanonskogel die de Spanjaarden op Haarlem mikten. Maria van Schoten raakt bij zo'n kanonschot haar beide benen kwijt. Maar ook de verliezen der Spanjaarden zijn schrikbarend hoog. 'Haarlem, het Spaanse graf!' zo zegt men. Don Frederik verliest de meesten van zijn manschappen niet onder de muren, maar aan desertie. Muitend en plunderend — wegens gebrek aan goed eten en soldij — trekken zij het land in. De streek tussen Haarlem en Amsterdam lijkt al gauw op een woestijn: leeggeroofd door Spanjaarden en geuzen!
'De val van Haarlem zal de verliezen nimmer goed maken,' laat een moedeloze don Frederik zijn vader weten per koerier.
'Vertel mijn zoon,' zegt Alva aan de boodschapper, 'dat ik, als hij de belegering niet voorzet, hem niet langer als mijn zoon erken. Wanneer hij bij het beleg sneuvelt, zal ik hem zelf vervangen. En wanneer wij beiden omkomen, dan zal de hertogin, mijn echtgenote, uit Spanje komen om ons werk te voltooien. Zeg hem dat!'

Toch heeft ook de door jicht geplaagde Alva zijn buien van neerslachtigheid. Vooral het gebrek aan middelen om de oorlog krachtig te kunnen voeren, zit hem hoog. Hij schrijft aan koning Filips:
'Ik kom om van de honger. Ik heb al mijn eigen geld uitgegeven en heb niets meer om van te leven. Roep mij toch terug!' Een moment van zwakte, die de ijzeren hertog nimmer aan zijn omgeving toont.

De omstandigheden van de prins zijn nog ongunstiger dan die van Alva. Verwarring in het bestuur. De rechtspraak staat vrijwel stil. Nijpend gebrek aan geld.
'Die voortdurende onenigheid tussen onverdraagzame calvinisten en welwillende katholieken!' verzucht hij keer op keer.
'Waar vind ik raadsmannen met ervaring? Hoe kom ik aan officieren, die werkelijk bruikbaar zijn?
Allerlei problemen stormen op hem af:
'Excellentie, gouverneur Lumey heeft de alom geliefde en geleerde priester Musius uit Delft vermoord!'
Lumey wordt uit zijn ambt ontslagen en gevangengezet.

Met een groot vertrouwen op God zet de prins zijn schouders onder het benarde land. Omdat zijn lot nu zo nauw met de calvinisten verbonden is — want de calvinisten hebben een hecht doortimmerde organisatie en wéten wat ze moeten doen — begeeft hij zich in deze dagen voor het eerst naar hun kerkdienst. Niet in de eerste plaats uit overtuiging, maar uit politieke noodzaak sluit hij zich hechter bij hen aan.
Tegenslagen zijn er volop:

'Excellentie, het is Bossu gelukt de geuzenvloot op de Haarlemmermeer te verslaan...'

Dat is een ramp voor Haarlem, want aan de toevoer van munitie en voedsel komt nu een eind. Honger bedreigt de stad.

'Excellentie, de zwarte vlag wappert van de toren! Haarlem smeekt om hulp!'

'We zullen een nieuwe poging ondernemen tot ontzet!'

Voor de derde maal brengt de prins een bevrijdingsleger op de been. Hij wil zichzelf aan het hoofd stellen van 5000 dapperen. Slechts met moeite houdt men hem daarvan terug. Gelukkig maar. De Spanjaarden hebben twee postduiven neergehaald — en berichten gelezen, die de dieren bij zich droegen voor de stad.

'Mil demonios!' Ze weten nu precies wat er gebeuren gaat.

'Adelante!' Een sterke strijdmacht stelt zich bij het Manpad op en slaat daar het bevrijdingsleger onder Willem van Bronkhorst uiteen. 400 wagens met voorraden maken zij buit. De jonge advocaat Johan van Oldenbarnevelt behoort tot de gelukkigen, die het vege lijf redden.

Haarlem capituleert. Alle honden, alle katten, alle ratten zijn opgegeten. Na de nederlaag bij het Manpad is er geen uitzicht meer.

'Ik garandeer lijfsbehoud!' heeft don Frederik beloofd. Op die belofte geeft Haarlem zich op 12 juli over.

De slecht betaalde Spaanse soldaten plunderen de stad. De dappere Ripperda en 300 geuzen die onder hem dienden, bekopen de overgave met de dood. Toch is het ongelofelijke gebeurd: zeven maanden heeft de stad standgehouden! Het roemrijke Spaanse leger lijkt daardoor opeens niet meer zo onoverwinlijk. Dat geeft de opstandelingen weer wat moed. Ook Alva ziet dat in. Hij vaardigt te Utrecht een proclamatie uit, waarin hij iedereen vergiffenis belooft. Hij voegt daar grimmig aan toe:

'Indien gij deze aanbieding snodelijk afwijst... kunt gij er zeker van zijn, dat ik dan met verwoesting, hongersnood en het zwaard tegen u te werk zal gaan... Zijn majesteit zal dan het land naakt uitkleden, geheel en al ontvolken en het daarna door vreemdelingen laten bewonen...'

Niemand reageert op die zo dreigend uitgestoken hand. Dan moet Alva de strijd wel voortzetten. Met de allergrootste moeite kan hij zijn muitende troepen dwingen, nu het beleg voor Alkmaar te slaan. Hoe slecht de stemming onder de Spanjaarden is, bewijzen de soldaten van het Haarlemse garnizoen: 'Excellentie,' zeggen hun gekozen voormannen, die te Delft heimelijk met de prins van Oranje onderhandelen. 'Voor 40.000 gulden spelen wij Haarlem weer in uw macht!' Hoezeer het de prins ook spijt, hij kan niet op dat aanbod ingaan. Ook híj heeft geen geld!

In augustus zendt Alva zijn zoon met 16.000 veteranen naar Alkmaar.

'Mijn besluit staat vast geen enkel schepsel in leven te laten. Voor elke keel zal het mes getrokken zijn!' schrijft hij aan de koning. De Alkmaarders beseffen dat maar al te goed. Nog net op tijd heeft het stadje op bevel van de prins een klein garnizoen geuzen onder Calibau en Ruichaver binnen de muren gehaald. Nauwelijks 2500 weerbare mannen — maar gesteund door een volledig strijdbare burgerij — staan gereed om de Spanjaarden te ontvangen.

Don Frederik sluit de stad aan alle kanten in. De strijd begint: Alkmaar geeft een beeld van onverzettelijkheid, van geloof, van volharding en voorbeeldige moed.

18 september: een kanonnade van 12 uur, 3 uur in de middag: een stormaanval op àlle poorten van de stad.

'Help nu u self, so helpt u God!'

De gehele burgerij staat op de wallen — elkaar opzwepend tot strijd en dapperheid.

Driemaal stormen de Spanjaarden. Driemaal deinzen zij terug. Als na vier uren van verbitterde gevechten de nacht eindelijk valt, liggen 1000 gesneuvelde Spanjaarden rondom de stad. Slechts 13 burgers en 24 soldaten van Alkmaars garnizoen zijn gebleven in die hete strijd.

'Trompetter, blaas de aanval!' beveelt don Frederik de volgende dag.

'Ponlo acá. Vete yá.' Geen soldaat wil dan nog stormen.

'De duivel zelf moet daar strijden,' roepen zij vol bijgeloof. Hoe anders hebben die half verhongerde Alkmaarders een Spaans leger kunnen weerstaan! 'Adelante!'

Vergramde officieren steken enige muiters eigenhandig overhoop. Het helpt niet.

De soldaten weigeren te vechten en roepen steeds harder om hun soldij!

De stoutmoedige timmerman Pieter van der Mey heeft Alkmaar verlaten. Met brieven voor de prins, goed verborgen in zijn polsstok, sluipt hij door de linies heen.

Op de terugweg bereikt hij de stad opnieuw. Helaas heeft hij dit keer zijn polsstok, waarin hij nu de instructies van de prins vertopt had, bij een sprong over een sloot verloren.

'Blijf standhouden en steek in het uiterste geval de dijken door!' heeft de prins aan de magistraat van Alkmaar geschreven. Die instructies vallen don Frederik in handen.

'Santa puta!' Zo hevig is de schrik van het Spaanse opperbevel voor Alkmaar, dat de staf ogenblikkelijk krijgsraad houdt. 'Al het land komt onder water te staan!'

De slag op het Haarlemmermeer, door H.C. Vroom.

Bourgondische tijd – Twaalfjarig Bestand

De belegering van Alkmaar door de Spanjaarden in 1573. Detail van een schilderij van P.A. Cluyt (1580).

'Mogen wij onze soldaten nodeloos offeren aan een dijkdoorbraak?' Ze kijken elkaar aan en schudden het hoofd. De belegering nú vol te houden zou gekkenwerk zijn.

Op 8 oktober 1573 breekt don Frederik het beleg op.

'Alkmaar heeft standgehouden!' Dat nieuws gaat als een juichkreet door het opstandige Hollandse land.

'Van Alkmaar begint de victorie!' zeggen de optimisten, hoewel de toestand nog ver van rooskleurig is. En waarachtig! Nog geen vier dagen later wordt er opnieuw een mooie overwinning behaald:

'Recht op het admiraalsschip af!' zegt Cornelis Dirksz. burgemeester van Monnikendam en bevelhebber van een geuzenvloot op de Zuiderzee. Een vloot uit Amsterdam onder aanvoering van Bossu is in zicht gekomen. De kanonnen bulderen over het water en kruitdamp verwaait met de wind. De geuzen hebben sterke vissersnetten om de boeg van hun schepen gespannen: daarmee vangen zij de kanonskogels van de vijand op.

'Klaar om te enteren?' Ze zijn klaar. Op de hoogste dekken staan kerels met grote bussen kalk. Die zullen ze straks op de Spaanse matrozen werpen, 'zodat ze geen rooie reet — en zeker geen geus — meer kunnen zien...'

'Nú!' De enterhaken worden geworpen. Onder luid geschreeuw springen de geuzen over. De dappere Jan Haring klimt in de mast en haalt onder gejuich de Spaanse vlag neer. Dan smakt hij, door een musketkogel getroffen, neer tussen de vechtende mannen op het dek.

'We hebben Bossu!'

Alva's stadhouder wordt naar het ruim gebracht. De regeringsvloot vlucht in de richting van Pampus.

In triomf brengen de geuzen Bossu naar Hoorn en stoppen hem daar in het gevang. 'Nu kunnen we hem ruilen tegen Marnix!' hebben ze al bedacht, want ook Filips van Marnix is, bij een gevecht om Maaslandsluis, in gevangenschap geraakt. Bossu en hij hebben hun leven aan elkaars gevangenschap te danken — en zij zullen later ook tegen elkaar worden geruild.

De ondergang van Maaslandsluis is voor de rebellen een harde tegenslag. De Spanjaarden bezetten van daaruit alle dijken en wegen: Delft, Schiedam, Rotterdam lijken op eilanden, omgeven door een Spaanse zee. De prins bevindt zich in het vrijwel afgesneden Delft. De toestand lijkt, ondanks de victorie van Alkmaar, wanhopig.

Onderhandelingen met Frankrijk (ondanks de Bartholomeusnacht!) en contacten met Engeland, slepen zich moeizaam voort, maar steun komt er niet.

'Kom mij toch met een leger te hulp,' schrijft de prins aan zijn broers in Duitsland en een stroom van brieven stuurt hij naar de steden om toch voort te gaan met het verzet.

'De prins stelt hoge eisen, maar wat brengt het ons?' mokt de gegoede burgerij.

Rottende lijken hebben ziekten verspreid. In Zeeland zijn de geuzen reeds bijna een jaar bezig met de belegering van Middelburg. Even dapper als de burgers van Haarlem en Alkmaar, slaan de Spanjaarden onder Mondragón — met steun van koningsgetrouwe burgers — alle aanvallen af.

Van vele kanten stromen de Spanjaarden nu het opstandige Holland in.

'Crispijn, man, wat moet er van ons worden? Bolwerk na bolwerk gaat verloren en kans op redding zie ik niet!' Zelfs de volhardenste rebellen verliezen soms de moed.

Toch komt er redding uit een hoek, die niemand verwacht. Niet de strijdbare calvinisten, noch de prins van Oranje en evenmin de opstandige steden, maar *geldgebrek* is de allergrootste vijand die Spanje heeft... 'God en de mensen zijn tegen mij!' roept Alva moedeloos uit, als koning Filips hem op 19 oktober 1573 eindelijk ontslag verleent.

Zijn onbetaalde troepen heeft hij niet langer in de hand. Overal heeft hij geld geleend. Een flink deel van zijn eigen vermo-

Leidens ontzet

gen heeft hij ingezet om zich in de Nederlanden drijvende te houden. Desondanks is dat niet gelukt.
'Als Spanje geld had gestuurd, was Alva allang overwinnaar geweest!' is de mening in Engeland. De Britse kooplieden zeggen dat zelfs spijtig, omdat de geuzen, die de Vlaamse en Brabantse havens blokkeren, een ramp voor de handel zijn.

Al beleeft Spanje zijn 'Gouden Eeuw', toch staat het land herhaaldelijk voor een bankroet. Om de Spaanse heerschappij in de Middellandse Zee (tegen de Turken) en in Midden- en Zuid-Amerika te kunnen handhaven, heeft Filips grote vloten moeten uitrusten en dure legers op de been gebracht.

'Por Dios, Patria y Rey!' Jawel, maar belastingen hebben het land leeggezogen en in roekeloze overdaad hebben de edelen zich verrijkt.

'Niet goud en zilver, maar zweet is het kostbaarste der metalen. Dát is de alom geldende en nooit haar waarde verliezende munt!' schrijft een bezorgde Spanjaard aan zijn koning. Juist in die Gouden Eeuw, nu goud- en zilverschepen van de Nieuwe Wereld naar de Spaanse havens varen, tonen de Spanjaarden een minachting voor zweet en werk. Cervantes schrijft zijn *Don Quijote*. Lope de Vega produceert zijn 700 toneelstukken, die door rondtrekkende gezelschappen met succes worden gespeeld. Binnenkort zullen El Greco, Murillo en Velasquez hun meesterwerken schilderen. Terwijl zoveel schittert en blinkt, staat Spanje vrijwel voor een bankroet.

Alva is daarvan de dupe geworden. Tegen het eind van november draagt hij de landvoogdij over aan zijn opvolger: don Luis de Zuniga y Requesens, grootcommandeur van Castilië en voorheen Filips' stadhouder in Milaan.

Bijna 70 jaar oud verlaat Alva de Lage Landen — gehaat door vrijwel àlle Nederlanders. Om zijn vele schuldeisers te ontlopen, vertrekt hij, als een dief, in het holst van de nacht. In Spanje valt hij in ongenade en verbanning naar zijn hertogdom volgt.

Nog één keer zal de ijzeren hertog van stal worden gehaald om voor Filips het koninkrijk Portugal te veroveren (1580). Twee jaar later ligt hij op zijn sterfbed. Dan wordt hij door wroeging over zijn daden gekweld.

'Maakt u geen zorgen,' laat Filips hem weten en met pijnlijke zelfoverschatting voegt hij eraan toe: 'Ik zal uw daden wel verantwoorden bij God...' Voor Alva, wiens menselijkheid in ondankbare plichten voor koning en kerk tenondering, is het te hopen dat 's konings woord in de hoge hemel telt. De proost van Mechelen is daar niet zo zeker van. Hij schrijft aan Granvelle, als Alva gestorven is:
'Ik weet niet hoe hij zich daar, waar hij nu is, voor zijn daden verantwoorden zal!'

Alva heeft de Nederlanden achtergelaten in ellendige armoede, in grote verwarring en diepe rouw. Met de komst van Requesens breekt een nieuw tijdperk aan...

Als landvoogd Requesens naar de Nederlanden komt, zijn alleen Holland en Zeeland in opstand. In Brabant en Vlaanderen, in Henegouwen en Namen, in Friesland en Groningen zijn de onderdanen uit angst, door onverschilligheid en soms uit overtuiging, nog trouw aan koning en kerk.

'Wij leven van angst naar angst!' schrijven bezorgde burgers in Leiden, Antwerpen of Zierikzee. Er hangt de mensen ook heel wat boven het hoofd: angst voor de regering, angst voor vervolgingen, angst voor de slecht betaalde, muitende Spanjolen, angst voor plunderende geuzen, angst voor de pest, angst voor de zware belastingdruk. In het geheim gaan allerlei verzetschriften rond.

Oranje heeft aanhangers in vrijwel ieder huisgezin. Maar wie waagt er zijn nek voor die wankele zaak?

Door de veel te strakke inquisitie heeft het katholieke geloof een ernstige klap gehad. De bisschop van Antwerpen verzucht: 'Van de 22.000 communicanten hebben nog geen 9000 kerkelijk Pasen gevierd!'

In de opstandige gewesten zijn doopsgezinden, calvinisten, lutheranen en vele katholieken verbonden in hun strijd tegen de Spaanse tirannie. Onderlinge onenigheid blijft niet uit.

'Die arrogantie der steden!' klaagt de Hollandse ridderschap. De edelen kunnen het niet verkroppen, dat kleine burgers tot grote verzetsleiders zijn uitgegroeid en dat de stadsbesturen zo eigengereid te werk gaan.

'Wij dienen het katholieke geloof als afgodendienst uit te bannen,' hebben de onverdraagzame calvinisten op een particuliere synode te Emden beslist. Onder dwang bekeren zij priesters tot predikanten.

Vanuit hun hecht georganiseerde kerk trachten zij de schoolonderwijzers te zuiveren naar hun leer.

Hoe prachtig vervult de tacticus Oranje zijn rol om in al die tegenstellingen én ruzies te bemiddelen. Hoe schitterend ook maakt hij zijn wil en eerzucht aan de wensen der Staten ondergeschikt. De Staten komen nu geregeld bijeen. Tot verwondering van bijna iedereen begint deze regering der rebellen redelijk goed te functioneren. Voor de 16de eeuw, met al die absoluut regerende vorsten is dat volledig uniek.

Vanzelfsprekend is de opstand in Holland en Zeeland speelbal in de internationale politiek. Koningin Elizabeth van Engeland wenst geen oorlog met Spanje maar is heel voorzichtig tot steun aan de rebellen bereid.

Oranje hoopt ook op hulp uit Frankrijk, dat nu eenmaal Spanje's erfvijand is en bij afbraak van dat land is gebaat.

De Duitse keizer, schoonvader van Filips II, voert een halfslachtige politiek. De onafhankelijke Duitse vorsten staan echter klaar om de prins (uit allerlei overwegingen) met geld, advies en troepen van dienst te zijn. Lodewijk van Nassau, Buys en Filips van Marnix (na zijn gevangenschap) reizen steeds weer de Europese hoven af om steun voor de opstand te winnen.

Er wacht Requesens geen eenvoudige taak, als hij in november 1573 de landvoogdij der Nederlanden in handen neemt.

'Kondig een algemeen pardon af — maar maak de nodige uitzonderingen. Schaf de Raad van Beroerte af. Treed zachtmoedig op, maar houdt het zwaard onvervaard gereed!' Zo luidt ongeveer de volmacht, die Requesens van de koning heeft gekregen.

Ook in het kamp van de prins gaan stemmen op, dat het nu tijd is om vrede te sluiten.
'Laat het volk profiteren van de amnestie,

Bourgondische tijd – Twaalfjarig Bestand

al zoudt ge daarvoor zelf moeten uitwijken naar het buitenland!' schrijft zélfs Marnix (uit gevangenschap) aan de prins.
'Geen sprake van!' beslissen de Staten. Zij denken niet aan toegeven, hoe hachelijk de positie van de rebellen ook is. Dat is een dapper besluit, want wie de balans van de situatie opmaakt, slaat de schrik om het hart:

Requesens heeft 60.000 man onder de wapenen! (Onder die troepen bevinden zich slechts 6000 Spanjaarden. De rest bestaat uit Walen, Italianen en Duitse huurlingen.)
Zijn troepen liggen in Haarlem, in het Spaansgezinde Amsterdam en daarmee is het opstandige Holland vrijwel in tweeën gesplitst. Leiden wordt belegerd.
'Heus, mijn beste, als Leiden valt, is het met de opstand gebeurd!'
'Maar als Middelburg valt en...'
'Als, als... Mondragon houdt in Middelburg nog steeds stand. En in Antwerpen wordt een reusachtige vloot uitgerust om de stad te ontzetten. Let op mijn woord, kerel. Over een paar maanden is het met de opstand gedaan!'

In die geest verlopen de gesprekken, doch de hoop op een wonder blijft.

Vlaanderen bij de kust van de Schelde, 29 januari 1574; landvoogd Requesens staat op de dijk. Hij volgt de vloot van 75 zeilen, die onder bevel van Julian Romero de stad Antwerpen verlaten heeft. Het doel is Middelburg te ontzetten ook al houdt een vloot van de geuzen de Schelde geblokkeerd.
'Daar komt de geuzenvloot, excellentie. Ik heb 64 schepen geteld!'

Requesens knikt. Hij ziet de geuzen onder admiraal Lodewijk van Boisot naderen.
Het getij en de wind hebben ze mee.
'Alle duivels!'

Kanon- en musketschoten daveren over het water. Met klapperende zeilen lopen de verraste Spanjaarden op de zandplaten vast. Julian Romero springt met tien van zijn soldaten van zijn zinkend schip en waadt met het water tot zijn borst, naar de dijk.
Druipnat kruipt hij omhoog en zegt daar tot de landvoogd:

'Uwe excellentie weet dat ik infanterist en geen zeeman ben. Vertrouw mij nooit meer een vloot toe, want zo u mij er honderd gaf, ik zou ze alle verliezen!'
Volgens Hollandse bronnen maken de oppermachtige geuzen 15 schepen buit. 'Er zijn 1200 man aan Spaanse zijde gesneuveld, want kwartier werd niet verleend...'
Middelburg capituleert. Dat is het enige lichtpunt in die donkere dagen. De prins vaart er heen, zet de katholieke edelen (die met Mondragon heulden) de dijk en tracht vertegenwoordigers van de burgerij te plaatsen in het bestuur van de stad. Al zijn hoop is ondertussen gevestigd op het leger, dat zijn broer Lodewijk in Duitsland op de been heeft gebracht.

De Mokerheide, 14 april 1574: Alle Spaanse soldaten en officieren zijn neergeknield.
Zij bidden gezamenlijk.
'Onze Vader die in de hemelen zijt...'
Ze voegen er nog een *Wees gegroet* aan toe, want zij hebben het leger van Lodewijk en Hendrik van Nassau en Christoffel van de Palts nu tegenover zich en zijn ver in de minderheid (een groot deel van het Spaanse leger houdt Leiden ingesloten!)
Lodewijk van Nassau beveelt zijn trompetters de aanval te blazen.

'Wij willen eerst soldij!' schreeuwen de Duitse huurlingen. 'Eerst soldij, anders vechten we niet!'
'Na afloop van de strijd,' belooft Lodewijk. Dan rijdt hij dapper met Hendrik en Christoffel op de vijand in. Het muitende voetvolk weigert hen te volgen en dat beslist de slag.
'Vlucht! Vlucht...' De troepen van Van Nassau vliegen in wanorde uiteen. 2500 voetknechten en 500 ruiters komen om het leven — velen in het moeras achter de hei.
Lodewijk en Hendrik van Nassau sneuvelen, evenals Christoffel van de Palts. Hun lichamen zijn nooit gevonden en liggen daar nog — ergens in het veen.

Opnieuw is een expeditie van een bevrijdingsleger uitgelopen op niets. Begin mei schrijft de prins aan zijn oudste broer Jan. Wanhoop en berusting klinken in de regels door:
'... Ik wil u wel openlijk bekennen, dat mijn hoofd dof is van het grote aantal zaken en ook dof van neerslachtigheid en verdriet over het verlies van mijn broers. Ik weet nog maar nauwelijks wat ik doe. Toch moeten wij dit, als het Gods wil is geweest, geduldig dragen... Zouden wij door gebrek aan hulp tenondergaan, in Godsnaam, het zij zo. Ons blijft dan toch altijd de eer, gedaan te hebben wat geen ander volk voor ons gedaan heeft, te weten, dat wij in zulk een klein land, zonder enige bijstand, standgehouden hebben tegen de grote en verschrikkelijke krachtsinspanning van zulk een machtige vijand...'

De prins ontvangt een ontroerende brief van zijn moeder Juliana van Stolberg, die op de Dillenburg wacht op bericht van haar zoons:
'Mij is herhaaldelijk verzekerd, dat mijn zonen nog in leven zijn. Drie dagen geleden is

Het ontzet van Leiden. Wandtapijt van Joost Jansz. Lanckaert (tweede helft 16de eeuw).

mij verteld, dat een edelman zes dagen achtereen bij mijn lieve Lodewijk is geweest. Daardoor heb ik weer enige hoop. Van hertog Christoffel en mijn lieve Hendrik wist men mij niets te zeggen. Welaan, de zaken mogen zijn, zo God het beveelt. Ik kan niet anders doen, dan Hem bidden om geduld...'

Het zijn donkere dagen na de slag bij Mook. De vrijheid hangt nog slechts aan een dunne draad van hoop. In een sfeer van moedeloosheid flikkert de hoop even op, als de Spaanse soldaten opnieuw aan het muiten slaan:

'Caramba! Santa puta, 35 maanden hebben wij geen soldij gehad! Nou wille we, ponlo acá, wel eens geld in het handje zien!'

Als al die achterstallige soldij niet kan worden gegeven, kiezen de Spanjaarden eigen aanvoerders en trekken op Antwerpen af:

'Help nu u zelf, zo helpt u God!' In het rijke Antwerpen valt wel wat buit te halen.

Requesens snelt toe, tracht zijn troepen te kalmeren.

'Geef mij 200.000 gulden!' eist hij van het stadsbestuur. De Antwerpenaren, die de ellende van de plunderende, spektakelmakende Spanjolen al binnen een paar dagen zat zijn, schenken Requesens het dubbele bedrag:

'Voor de tijd van zes maanden en tegen een rente van 6 1/4 %, excellentie!' Zo kan Requesens het oproer dempen. Vrijwel zonder hoop schuiven de opstandige gewesten het dieptepunt van hun vrijheidsstrijd tegemoet.
'Als Leiden valt, is het met ons allen gedaan!'

Na de slag bij Mook heeft Valdez zijn troepen weer rondom Leiden gelegerd.

Gevochten wordt er nauwelijks of niet. Géén beschietingen. Géén bestormingen. Géén dapper vrouwvolk op de muren!
'Door uithongering zal ik de stad tot overgave dwingen,' heeft Valdez gezegd. De kans daarop lijkt groot. In Leiden is een slappe regentenkring aan het bewind. Een groot deel van de trage, hongerende bevolking dringt op onderhandelen met de vijand aan.
'Om de donder niet!' stelt de kleine, verbeten groep calvinisten, die zich tot het uiterste verzetten wil.
'Een galg voor ieder die maar over overgave rept!' roept de onwankelbare Jan van der Does. Dankzij hem en burgemeester Adriaansz. van der Werff en stadssecretaris Jan van Hout, blijven de poorten gesloten. Er heerst pest in de stad. Legers, die Leiden kunnen ontzetten, zijn er niet. In de kerk klinkt krachtig en vol vertrouwen:

Uit diepten van ellenden
Roep ik met mond en hart
Tot U die heil kunt zenden
O, Heer, aanschouw mijn smart...

Het geloof draagt Leiden van week tot week door de diepte van ellende heen.
'Leiden moet ten koste van alles behouden blijven!' zegt de prins tot de Staten, die hij in juli te Rotterdam bijeengeroepen heeft.
'Dan moeten we de dijken doorsteken!' beslissen de gedeputeerden. De boeren zullen dan wel heftig protesteren, maar er zit niets anders op. Via water is de stad te bereiken. Lodewijk van Boisot, uit Zeeland overgekomen, krijgt de opdracht:
'Breng met spoed een vloot van platboomde vaartuigen in gereedheid!' Daarmee kan over het ondergelopen land de stad wellicht worden bereikt!

Uitgeput en overwerkt zakt de prins in augustus in elkaar. De doktoren vrezen voor zijn leven. Hij ligt op zijn ziekbed in een simpele woning — ver van zijn krankzinnige vrouw, ver van zijn kinderen, die bij Duitse vrienden worden opgevoed. Treffend is het beeld van eenzaamheid, als de ontvanger-generaal van Holland de prins met enkele boodschappers uit Leiden bezoekt. Bedienden zijn er niet. Onaangediend zoekt het kleine gezelschap naar het ziekenvertrek. 'Wat een verschil met vroeger!'

Dat is het zeker. In zijn schitterend paleis te Brussel stonden dagelijks 256 dienaren, waaronder 23 edelen, voor Oranje klaar.

'Van Mierop, gij hier?' Een zwakke stem. De prins richt zich een weinig op.
'Er is nieuws uit Leiden, excellentie. Hoewel in hoge nood, houdt de stad nog steeds stand!'

Hoezeer dit nieuws de prins verheugt, bewijst de notitie:
'En van dier ure begonde zijne excellentie terstond te beteren!'

Eind augustus arriveert Boisot met 800 bootsgezellen in Rotterdam. Met tal van vrijwilligers, waaronder opnieuw de advocaat Johan van Oldenbarnevelt, begeven zij zich aan boord van de platte schepen. Over het ondergelopen land varen zij van Delft naar Schieland en daar komt Leiden in zicht.
'We kunnen niet verder! Het water staat te laag!'

Opnieuw worden dijken doorstoken en aanvallen op Spaanse verschansingen gewaagd.

In de stad eet het volk bladeren van de bomen, fijn gesneden huiden en lappen leer.

Van der Werff roept naar een morrende menigte, die dit niet langer volhouden kan:
'Ik zal mijn eed niet breken. Maar als mijn lichaam u dienen kan, snijdt het in stukken en deelt het met elkaar!'

Het volk gaat uiteen. Misschien kijkt een enkeling hoofdschuddend naar het papieren noodgeld, dat in Leiden in omloop is. Dat draagt het opschrift: 'Haec libertatis ergo! *Dit is voor de vrijheid*'. Voor sommigen is die spreuk aanstootgevend:
'Haec religionis ergo! had op dat geld moeten staan!' vinden zij.
'Niet voor de vrijheid, maar *voor de godsdienst* wordt de strijd gevoerd!' Dat is een twistpunt, dat de gemoederen intens bezighoudt. Zo smeult de onenigheid in het benarde Leiden over een opschrift op geld, waarmee nog geen korrel graan te kopen is. Dagelijks sterven mannen, vrouwen en kinderen van honger en aan de pest. Steeds weer stellen de levenden de vraag:
'Wanneer, wanneer toch komt de vloot van Boisot?'

29 september: Een noordwester storm en springtij stuwen het water plotseling hoog op. De geuzenvloot kan verder, nu het water meer diepgang heeft.

'Ziet ge dat!' wijst de Leidse weesjongen Cornelis Joppenzoon, als de nacht van 2 oktober gevallen is. Vanaf de stadswal ziet hij een rij fakkels, die de sterke Lammenschans verlaat. Ze keren niet terug.
'De Spanjool trekt weg!'

De omstanders lachen hem uit en geloven het niet.

3 oktober. Om te bewijzen, dat de Spanjaarden vertrokken zijn, sluipt Cornelis in zijn eentje naar de schans. Hij vindt er Spaanse hutspot op een dovend vuur, maar geen soldaten.

De uitdeling van haring en wittebrood op 3 oktober 1574. Schilderij van Otto van Veen (1556-1629).

Bourgondische tijd – Twaalfjarig Bestand

Willem van Oranje door Adriaen Thomasz. Key (1544-1589).

Diezelfde dag roeit de vloot der geuzen over de Vliet naar de stad.
'Ze komen! Ze komen!'.
Uitgelaten stroomt de uitgehongerde bevolking toe. Wie nog genoeg kracht heeft springt in het water en zwemt de schepen tegemoet. Handen strekken zich naar witbrood, haring, brokken kaas.
'Wie maar de goede God laat zorgen, en op Hem hoopt in 't bangst gevaar...'
Velen huilen van ontroering — en laten zich bemoederen door de ruige geuzen, die soms zo teder en opofferend kunnen zijn.
'Leiden is ontzet!'
Als een juichkreet verspreidt dat nieuws zich door de Lage Landen. De prinsenvlaggen wapperen van de torens en de molenwieken zijn ermee versierd. De kerken vullen zich. Een dankbare bevolking dankt God voor de redding:
'De rechterhand des Heeren sterk, die heeft vertoont haar wonderwerk, gelijk bij ouden tijden!' roept de predikant tijdens de dankdienst uit. En hij voegt daaraan toe:
'Dat heeft de Heer gedaan *haec religionis ergo*, terwille van onze godsdienst...'

Dit gaat Jan van Hout en zijn vrienden, die op de eerste rij zitten, te ver. 'Wel verdomme!' Dankdienst of niet, ze protesteren luid, dat het niet om de godsdienst, maar om de vrijheid gaat. Hardop, zodat iedereen in de kerk het kan horen, overleggen zij onder elkaar:
'Zullen we die predikant doodsteken of doodschieten!' (De vraag of de opstand en oorlog voor de vrijheid of voor de godsdienst werd gevoerd, zaait al in die beginjaren felle onenigheid. De kwestie heeft de geschiedschrijving over de tachtigjarige oorlog eeuwen beheerst.)
Reeds de volgende dag verschijnt de prins in de stad, toegejuicht door dankbare Leidenaars.
'Excellentie...' Ontroerde mensen grijpen zijn hand.
De prins reorganiseert meteen het stadsbestuur. Hij ontslaat twee burgemeesters en twintig regenten, omdat zij te weinig betrouwbaar zijn geweest in de lange, donkere maanden van het beleg.
'Tot recompsie ende belooninge van de vromicheit ende ongehoorde volstandicheyt... in versoetinge van den honger, commer ende ellende...' zo staat later geschreven, krijgt Leiden een universiteit. Dat is een mythe. De ware reden: naast geld en soldaten heeft het opstandige land een ontstellende behoefte aan geschoolde predikanten en mensen, die in andere vakken zijn afgestudeerd. Al lang zijn plannen voor een universiteit gekoesterd. Nu zet men vaart achter de oprichting, omdat het gewoon noodzakelijk is.

De universiteit van Leiden komt al in begin 1575 van de grond, dankzij de inzet van een kleine groep bezielde mensen. Heel merkwaardig staat in het octrooi:
'Filips bij de gratie Gods, koning van Castilië, Leon, Arragon etc. grave van Holland en Zeeland, heeft bij rijpe deliberatie en advies van zijn lieve neve Wilhelm, prins van Oranje, graaf van Nassau, stadhouder en kapitein-generaal voor ons over Holland, Zeeland...'
Zo richt — althans in het octrooi — de roomskatholieke koning van Spanje de uitgesproken ketterse universiteit op. Aan de fictie van de *wettige* koning houdt men dan nog steeds vast, omdat het nog ondenkbaar is dat een land zonder de souvereiniteit van een vorst zou kunnen bestaan.
Theologie, rechten, medicijnen en de vrije kunsten (talen, wiskunde en vooral filosofie) zullen door haastig benoemde professoren worden onderwezen. 'Waar?' is de vraag die al gauw wordt gesteld.
'We ontruimen het St. Barbara-klooster aan het Rapenburg. Wat moeten we met die papisten in onze stad?'
Op 8 februari 1575 vindt de inhuldiging met een prachtige optocht plaats. Vendels soldaten in rood en wit marcheren voorbij.
'Daar op de wagen zit vrouwe Justitia, geblinddoekt met weegschaal en zwaard!' leggen de toeschouwers elkaar uit. Vrouwe Medicina rijdt te paard met een boek en geneeskundige kruiden. De stadsspeellieden maken muziek met schalmeien en fagotten. Er is een sobere maaltijd. In de avond:
'Man, man dat was wat. Vuurwerk tot an de sterren!'
Er is een universiteit, een humanistisch, ook wel calvinistisch centrum van de rebellen-gewesten, dat zijn diensten zal bewijzen aan de komende Republiek. En, nog belangrijker: met het ontzet van Leiden is het dieptepunt in de vrijheidsstrijd voorbij!

De Pacificatie van Gent

'Hoe kan ik oorlog voeren zonder geld?' vraagt de volledig berooide Requesens zich af. De enige oplossing die hij vindt is: vrede!

Aarzelende vredesonderhandelingen komen op gang. Filips van Marnix, die vrijgelaten is op erewoord, vervult daarbij een weinig krachtige rol. De Duitse Keizer bemiddelt tijdens een vredescongres, dat in 1575 te Breda wordt gehouden. Het loopt op niets uit. Want koning Filips aarzelt weer eindeloos. Godsdienstvrijheid voor de gewesten in de Lage Landen garandeert hij niet. Om die reden worden de onderhandelingen afgebroken. Zo duurt de oorlog voort met grote en kleine wapenfeiten. En met wreedheden, die door beide partijen worden begaan:

Penning met de afbeelding van landvoogd Requesens (1528-1576), door Anieus, 1567.

'Vooruit maar,' zegt Hierges, één van de zonen van Berlaymont. Hij is waarnemend stadhouder van Holland en Zeeland en heeft tijdens een veldtocht Oudewater veroverd en half uitgemoord. Nu drijven zijn soldaten de vrouwen en meisjes samen.
'Wie biedt?'
Voor enkele rijksdaalders per stuk gaat het vrouwvolk van de hand.
Vanuit Haarlem heeft Hierges in het Kennemerland gestroopt en getracht het leven onmogelijk te maken voor Sonoy, de gouverneur van de prins. Sonoy is trouwens ook geen zachtzinnig heer.
'Zij een bloedraad, dan wij ook,' heeft hij gedacht. De geuzenbloedraad die hij opricht, overtreft Alva's Raad van Beroerte in wreedheid en willekeur. Wetboeken hanteert hij nauwelijks of niet. Vrijwel zonder vorm van proces verwijst hij zijn slachtoffers naar het schavot. Om bekentenissen af te dwingen heeft hij gruwelijke middelen bij de hand. Daarbij ontspoort hij met zijn aanhang soms in volledige onmenselijkheid.
'Wil Heijn Theussen niet bekennen? Geef hem dan maar de emmer!'
Beulsknechten zetten Heijn een emmer vol ratten omgekeerd op de naakte buik.
Dan verhitten zij de onderkant, zodat de bijna verschroeide dieren piepend een uitweg zoeken. Woedend knagen zij zich naar wat koelte: door de maag van de schreeuwende Heijn!

De prins protesteert, dringt aan op barmhartigheid, maar ontslaan durft hij de onmisbare Sonoy toch niet. De Staten van Holland gaan nog een stap verder. Zij stellen gelden beschikbaar om de geuzen te bestrijden, want die vermaledeide kerels zijn een plaag voor menig gebied. Soms lijkt het, of in de opstandige gewesten een burgeroorlog woedt — met alle gevolgen van dien. 'Wij hebben alle geuzenaanvallen afgeslagen,' zeggen de kooplieden in het koningsgezinde Amsterdam. 'Maar welk voordeel heeft ons dat gebracht!' Hoezeer de stad te lijden heeft van de blokkade door de geuzen, bewijzen de tol-tabellen van de Sont. In 1568 passeerden daar nog 333 Amsterdamse handelsschepen. Nu zijn het er nog maar ... 2!
''s-Gravenhage is seer verdrietelijck ende bedroeflijck om te sien,' schrijven Hagenaars aan familieleden die elders wonen. Veel aanzienlijke inwoners zijn gevlucht naar het ommuurde Delft. Een groot aantal huizen staat leeg met verbrande deuren en daken.
'Gras groeit bij ons in de straten. Spaanse en Staatse troepen hebben de woningen als stallen gebruikt, ijzerwerk geroofd, alles van waarde geplunderd...' Zelfs de bomen van het Haagse Bos zijn gekapt en verkocht.
Er zijn voortdurend schermutselingen rondom de plaatsen met een Spaans garnizoen. Steeds weer werpen opgeschoten jongens, of een handjevol bijeengeraapte geuzen, zich op kleine patrouilles soldaten die op verkenning moeten gaan.
'Seguir derecho!' Een onbezorgd bevel om rechtdoor te gaan. En opeens een hinderlaag. Schoten. Een doodsschreeuw. Enkele doden die snel beroofd worden, blijven achter langs de kant van een modderige weg.
Toch dienen heel wat Nederlandse jongens als *mochileros* (ranseldragers) in het Spaanse leger. Vásquez schrijft over hen: 'Zij komen al als kinderen bij de soldaten in dienst, en leren de Spaanse taal en het soldatenjargon beter dan hun meesters. Als zij er de leeftijd voor hebben, worden zij wel gewoon soldaat. Later krijgt de liefde voor het vaderland vaak de overhand. Zij hebben ons dan ook bij herhaling verraden. De beste soldaten die de Nederlanden hebben gehad en die ons het felst hebben bestreden, zijn onze vroegere *mochileros* geweest!'

De strijd gaat voort, met daden van moed en verraad. Daar is het stadje Woerden, dat vrijwel vergeten een belegering van Spaanse troepen 50 lange weken standvastig doorstaat. Minstens even heldhaftig is de tocht, die door 1500 Spaanse soldaten onder Mondragon wordt volbracht. Zij waden 3 mijl over de zandplaten en door het water van Tholen naar Duiveland voor een aanval op Zierikzee.
'Knapzakken met kruit om de nek! Lage schoenen aan!'
Daar gaan ze, het modderige water in, glibberend en schuifelend in een maanovergoten nacht. Een geuzenvloot ligt gereed om hen de doorgang te beletten.
'De vloed komt op!'
'Adelante!'
Het water stijgt de Spanjaarden tot de borst. Op schotsafstand liggen de geuzen. Scheldend en honend schieten deze hun haakbussen en musketten leeg:
'Waterhonden!'
'Papistengebroed!'
Af en toe zakt een getroffen soldaat onder het wateroppervlak weg. Maar de meesten bereiken de overkant en Zierikzee valt. Dan is ook Zeeland, net als Holland, in twee delen gesplitst. Dat maakt de toestand kritiek. Niet voor niets zoekt de prins van Oranje krampachtig naar bondgenoten en hoopt hij op steun uit het buitenland.
Steeds weer tracht hij Frankrijk voor zich te winnen. Om dat te bewerkstelligen trouwt hij zelfs voor de derde keer.

Den Briel, juni 1575: In de grote kerk kijkt prins Willem van Oranje naar de vrouw, die nu naast hem staat en die hij, na lang aarzelen, tot de zijne maakt. Hij heeft zich van Anna van Saksen laten scheiden.
De gemeente zingt de psalmen in gezangen met de kracht, alsof het strijdliederen zijn — en getuigt daarmee van een onwankelbaar geloof. Hoe gevaarlijk en dreigend de toestand ook is, van wijken en opgeven weten deze onverzettelijke calvinisten niet:

Wie op den Hoogen God vertrouwt
Heeft zeker op geen zand gebouwd!

Charlotte van Bourbon kijkt onwennig rond, terwijl het gezang door de propvolle kerk weerklinkt. Zij is de dochter van de hertog van Montpensier, uit een voornaam geslacht dat een grote rol in de Franse godsdienstoorlogen heeft vervuld.
'Dat ze non is geweest,' fluisteren vrouwen in de kerk. Ze rekken zich uit om haar goed te zien.
Als abdis van een klooster had Charlotte de sluier reeds aanvaard, maar de drang naar de wereld werd haar toch te sterk. Zij is het klooster ontvlucht, protestant geworden en kreeg onderdak aan het hof van de Palts.
'Wat is daarop uw antwoord?'
'Ja!'

Dat de prins een gewezen non trouwt, heeft heel wat stof doen opwaaien. 'Schande!' heeft men overal geroepen. De Duitse vorsten zijn woedend en vroegere vrienden hebben hem de rug toegekeerd.
Het ja-woord weerklinkt in de kerk, maar de vurig gewenste hulp uit Frankrijk komt niet. Hendrik III heeft zijn handen vol aan een burgeroorlog, waarin zijn jongere broer Frans van Alençon (weldra hertog van Anjou) met hugenoten tegenover hem staat.
Toch heeft Willem van Oranje een goede keus gemaakt. Op een beslissend moment zal Charlotte van Bourbon zijn leven redden — en haar eigen leven verliezen voor hem...

Juist als de zaken er weer eens wanhopig voorstaan, komt er onverwacht toch uitkomst. Alwéér van Spaanse kant:
'Staatsbankroet! Koning Filips heeft een staatsbankroet afgekondigd en per decreet alle betalingen aan de schuldeisers van de staat geschorst!'
Het is sensationeel nieuws, dat heel Europa schokt.
'God-nog-an-toe. Onmogelijk Spaanse wissels betaald te krijgen en m'n kluis ligt vol!' jammeren vele kooplieden. De Spaanse schuldbekentenissen zijn plotseling waarde-

Bourgondische tijd – Twaalfjarig Bestand

loos. Zelfs het bankiershuis van de Fuggers weigert verder nog betalingen voor de Spaanse regering te doen. In paniek roept landvoogd Requesens de Raad van State, de Vliesridders en stadhouders bijeen. 'Wat moet ik doen met de duizenden schuldeisers? Wat met de duizenden soldaten en hun achterstallige soldij? Mijne Heren, er moét geld komen!' Viglius, Berlaymont en Aarschot klagen over willekeur en schrijven vergeefse brieven naar de koning in Madrid. Overal smeult muiterij. Voor de opstandelingen gloort er weer hoop.

Afgezanten van de prins polsen reeds voorzichtig, of koningin Elizabeth het protectoraat der Lage Landen op zich nemen wil. Zij weigert.

En dan gaat opnieuw een schokkend bericht door het land:

'Landvoogd Requesens is na een korte ziekte op 4 maart onverwacht overleden!'

De Nederlanden komen even op hun kop te staan. Nu de landvoogd dood is, ligt het voorlopig bewind in handen van de weinig krachtige Raad van State, die juist in die kritieke weken lang moet wachten op instructies uit Madrid. En nog fataler voor Filips; juist nu zijn bevelhebbers na de val van Zierikzee het gewest Zeeland de genadeslag kunnen geven, gaan de Spaanse soldaten er vandoor.

'Vayanse. Donder maar op,' roepen ze tegen hun officieren. 'Voor ons is er steeds maar geen geld en we zijn het zat!'

'Mannen, luistert...'

'Neen, bewaar jullie smoesjes maar. Er was niet eens geld genoeg om grootcommandeur Requesens een behoorlijke begrafenis te geven! Van nu af zullen wij ons zelf wel helpen aan soldij!' De soldaten schuiven hun officieren aan de kant, kiezen hun eigen voormannen en marcheren naar het Zuiden. Zij verlaten hun vestingen en schansen. Zij verlaten het zo moeizaam veroverde Schouwen en Duiveland. Zij begeven zich op weg naar Vlaanderen en Brabant, waar veel te halen is.

Zij bezetten Aalst, richten daar hun hoofdkwartier in en beginnen het omringende land te plunderen. Wat de prins en zijn geuzen nooit konden volbrengen, komt nu door de Spaanse soldaten tot stand: *De Zuidelijke gewesten komen opnieuw in beweging!*

De prins en zijn getrouwen zijn er als de kippen bij om munt uit deze situatie te slaan.

'Oranje en de geuzen slapen niet!' schrijft Viglius aan de koning.

Dat doen ze zeker niet. Vanuit Middelburg stuurt de prins zijn agenten met brieven naar Brabant, Vlaanderen, Artesië, Henegouwen, Utrecht en Amsterdam. Dit is zijn uur, want alle ontevredenen, opstandigen en vervolgden scharen zich nu achter hem.

'Wij moeten ons teweer kunnen stellen tegen de Spaanse muiters!' zeggen de gedeputeerden in de Staten van Brabant. 'Wij moeten een leger op de been brengen. Een andere mogelijkheid is er niet!'

'Daar hebben we geen recht toe!' menen sommigen voorzichtig.

'Dan moeten we ons maar behelpen met de schijn van wettigheid!'

De Staten van Brabant rusten inderdaad eigenmachtig een leger uit en benoemen baron Willem van Heeze, petekind van Oranje, tot kolonel. Ondanks de schijn van wettigheid is het een daad van rebellie! En het wordt nog erger. Willem van Heeze is

een jonge heethoofd, die nogal makkelijk over de zaken denkt. Nogal kortzichtig geeft hij de Raad van State van alles de schuld.
'We zullen die kerels te pakken nemen,' zegt hij tot zijn makkers.

En waarachtig: Zij grijpen Viglius, Berlaymont, Aarschot en Del Rio en sluiten hen als gevangenen in het Broodhuis op. Vooral Del Rio van de Bloedraad wordt door zijn bewakers gesard:
'Daar zit je, bloedzuiger!'
'Del zit in de knel!'
'En maak je maar klaar voor de hel!'

Van Heeze's optreden wekt alom grote ergernis. De leden van de Raad van State komen meteen weer vrij. Maar wel is duidelijk geworden hoe explosief de situatie is. Overal broeit en gist het. De stad Gent bevindt zich op de rand van een oproer. De prins van Oranje stuurt er 10 vendels heen, omdat hij nu álle oproerige elementen wil verenigen onder zijn banier.

'Holland en Zeeland, reeds verbonden in een Unie, moeten nú met de andere gewesten samengaan. Nú kunnen wij een eigen regering vestigen, met medewerking van de Staten-Generaal en van de vertegenwoordigers der gewesten — onder een beperkte opperheerschappij van Filips II. De Spaanse troepen moeten verdwijnen en er zal godsdienstvrijheid moeten zijn voor iedereen!'

Dát zijn de idealen, die de prins voor ogen staan. De grote vraag is echter: zullen dan de heersende geschillen tussen protestanten en katholieken, tussen calvinisten en wederdopers, tussen koningsgetrouwen en rebellen uiteindelijk worden opgelost?

Met volmacht van de Staten van Holland zoekt de prins nog steeds naar een opperste gezagdrager voor het land. Zijn agenten onderhandelen met de hertog van Anjou.
'Wij moeten tot elke prijs voorkomen, dat de door Filips benoemde landvoogd don Juan, door de Staten-Generaal in zijn functie wordt bekrachtigd!' zegt de prins. Met brieven, boodschappers en vrienden zet hij alles op alles om de partijen tot eenheid te brengen. Dat leidt tot een uiterst belangrijke gebeurtenis: het bijeenkomen van de Staten-Generaal.

Brussel, september 1576: In de vergaderingen van de Staten-Generaal blijkt pas goed, hoe groot de tegenstellingen tussen de gewesten zijn. Natuurlijk vrezen de katholieken de dweepzieke geloofsijver van de Hollandse en Zeeuwse calvinisten. Heel wat hoge edelen zijn met wantrouwen ten opzichte van de prins van Oranje vervuld:
'Hij heeft gemene zaak gemaakt met het volk en daarmee de belangen van ons edelen geschaad!', zo zeggen ze onder elkaar. De adel van de Zuidelijke gewesten wordt door afgunst beheerst. De gedeputeerden van de grote steden in Holland, Brabant en Vlaanderen komen voor hun eigen belangen op. Wie van de aanwezigen beseft, dat de eenheid der Nederlanden op dát ogenblik in hun handen ligt? Slechts op een paar punten zijn de afgevaardigden het met elkaar eens:
'Zeker, de muitende Spaanse soldaten, die alleen al in Vlaanderen 170 dorpen hebben geplunderd — en nu ook Mechelen en Antwerpen bedreigen, mijne heren — moeten verdwijnen. Vooral zij moeten tot rebellen en vogelvrijen worden verklaard!'

Die eensgezindheid wordt plotseling nog aanzienlijk versterkt. De Spaanse troepen spelen Oranje opnieuw in de kaart. Plunderend zijn ze door Limburg getrokken en hebben toen een aanval gewaagd op de stad Maastricht. De leden van de Staten-Generaal zijn des duivels als dat nieuws hen bereikt:
'Dat Spaans gebroed!'
'Die infame rovers!'
'Dat muitziek tuig!'
'Wat is er dan precies gebeurd?'
'Weet ge dat dan niet? Het is verschrikkelijk geweest!'
'Vertel op, man!'
'Alle vrouwen en meisjes uit de omgeving hebben zij gegrepen en als levende schilden tegen zich aangedrukt. Zó zijn ze Maastricht binnengetrokken. Ze hebben er een vreselijk bloedbad aangericht!'

Op 4 november sloffen de muitende Spaanse troepen Antwerpen in. Hun eigen officieren voeren hen nu aan.
'Caramba! We willen geld zien en we zullen het dit keer krijgen ook!'

Het is nauwelijks te beschrijven, wat er in de dagen daarop in het rijke Antwerpen gebeurt. Als barbaren gaan de Spanjaarden tekeer. Zij plunderen de huizen en werpen zich met wilde woede op de burgerij. Het pas afgebouwde, nieuwe raadhuis — met nog 1000 andere gebouwen — gaat in vlammen op. Overal vechtpartijen, verkrachtingen, geschreeuw. In slechts een paar tijd verliezen 7000 soldaten én burgers in de bloederige straten en brandende huizen het leven.
'Ik breng uwe majesteit mijn warmste gelukwens over deze zegepraal,' schrijft een Spaans edelman aan de koning. 'Het onheil van de stad is niet te overzien!'

Nog 3 weken na de plundering zijn de soldaten bezig de kostbare buit op hun karren te laden. Het machtige Antwerpen is door de *Spaanse furie* verwoest en geknakt.

Dit bloedbad én het feit dat de nieuwe landvoogd zich reeds in Luxemburg bevindt, spoort de Staten-Generaal tot daden aan. Een deputatie uit hun midden is reeds naar Gent getrokken om met vertegenwoordigers van Holland en Zeeland te onderhandelen. Zij sluiten daar de *Pacificatie van Gent* — een vredesverdrag tussen Willem van Oranje, de rebelse gewesten Holland en Zeeland en de Staten-Generaal. Eensgezind bepalen de afgevaardigden:
'Alle vreemde troepen moeten uit de Nederlanden verdwijnen!'
'Afkondiging van een algemeen geldende amnestie!'
'Overal zal het katholieke geloof de heersende godsdienst zijn. Alleen Holland en Zeeland worden daarvan uitgezonderd!'
'Schorsing der plakkaten, zodat vrijheid van geweten aan alle protestanten is toegestaan!'
'Prins Willem van Oranje wordt als stadhouder van Holland en Zeeland erkend!'

Met enorme vreugde wordt dit nieuws in alle steden en dorpen begroet. Eindelijk schijnt de eenheid van de Nederlanden hersteld en lijkt de vrijheid in politiek en religie bereikt.
'Een bijzondere, onuitsprekelijke weldaad van God, die Hij ons en dit arme, door vrijwel iedereen in de steek gelaten land en volk bewijst,' noteert de prins van Oranje opgetogen. Voor hem is dit het ogenblik van triomf. De Raad van State is bereid de pacificatie van Gent goed te keuren. Maar wat zal de nieuwe landvoogd doen?

Don Juan, zoon van Karel V en de Duitse wasvrouw Barbara Blomberg, is in Spanje in afzondering opgevoed. Pas na de dood van zijn vader heeft Filips II hem als een broeder ontvangen aan zijn hof. Don Juan heeft als veldheer naam gemaakt in de strijd tegen de Turken. Vol enthousiasme heeft hij de landvoogdij over de Nederlanden aanvaard, want er zit nog meer in het vat. Zijn halfbroer Filips heeft een mooi plan met hem gesmeed:
'Onderneem vanuit de Nederlanden een invasie tegen Engeland. Jaag daar de protestante Elizabeth van de troon. Trouw de katholieke Maria Stuart en ge zult dan zelf koning van Engeland kunnen zijn!'

In drukke correspondentie met Margaretha van Parma heeft de 29-jarige don Juan zich op zijn taak voorbereid. Vermomd als Moors kamerdienaar van de Italiaanse edelman Conzaga, heeft hij de gevaarlijke reis van Italië door Frankrijk naar Luxemburg volbracht. Daar krijgt hij opeens de wanordelijke toestand van de Nederlanden over zich heen. Hij hoort over de pacificatie van Gent. Over troepen die weg moeten. Over agenten, die zich beijveren voor Anjou. Over de Staten, die onderhandelen met de prins. Wanhopig schrijft hij aan Margaretha:
'Senora, ik schrei ten hemel en ik sloof me dagelijks uit om de mensen hier te doen begrijpen, hoe verkeerd de weg is die zij gaan. Zij roepen om vreemde vorsten. Het leger der Staten werkt samen met dat van de prins van Oranje. Zij verwachten troepen uit Frankrijk. Door die gezamenlijke legermacht hopen ze te verwerven, wat ik hun als aan kinderen en zijn majesteit, aanbied in vriendschap en vrede. Om kort te gaan, de oorlog dreigt ons!'

Onderhandelen en nog eens onderhandelen moet don Juan. Hij gaat op weg naar Brussel. Verder dan Namen komt hij niet.
'In naam van de koning spant men samen en roept men troepen bijeen om de Spanjaarden te verjagen!' roept hij met groeiende ergernis uit. De zaken lopen hem volledig uit de hand.

'Weg met Robles!' Oranje-aanhangers te Groningen gaan over tot het offensief en stoppen 's konings stadhouder in het gevang. Zij stellen de katholieke graaf van Rennenberg (broer van Hoogstraten) als stadhouder aan en spreken zich voor de pacificatie uit.
'Nu er niets tegen de katholieken zal worden ondernomen en ons satisfactie gegeven is, kunnen wij ons gerust scharen aan de zijde der geuzen en van de prins. Het gaat

Don Juan volgde Requesens op als landvoogd in de Nederlanden. Schilderij van A. Sanchez Coello, (links).

De duim van het standbeeld van Alva, dat in 1577 door de bewoners van Antwerpen vernield werd. Deze duim kwam later in bezit van P.C. Hooft. Anonieme gravure.

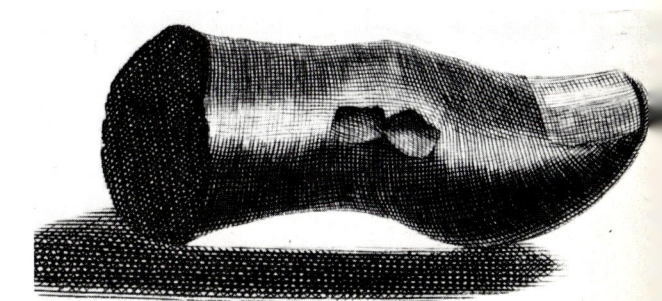

Bourgondische tijd – Twaalfjarig Bestand

immers tegen de Spaanse dwingelandij?' Dat besluiten de Hollandse steden Haarlem, Schoonhoven, Muiden en Weesp. (Amsterdam volgt dat voorbeeld pas in 1578) Ook te Utrecht nemen de zaken een keer.

Te Brussel tekenen alle gewesten de pacificatie van Gent. Voor don Juan, die overal de katholieke godsdienst wil handhaven, blijft er voorlopig niets anders over, dan de pacificatie te bekrachtigen bij het Eeuwig Edict (17 februari 1577). Pas als hij dat gedaan heeft, kan hij naar Brussel. 'Leve don Juan!' juicht het volk, als hij op 1 mei zijn intocht houdt in de feestelijk versierde stad, vergezeld van de pauselijke nuntius, de prins-bisschop van Luik, de Zuidnederlandse edelen en de burgerwacht. De inwoners zwaaien en wuiven hem toe. Zij koesteren de vaste overtuiging dat hij in vrede komt regeren en bedelven hem daarom onder bloemen en kransen.

Desondanks voelt don Juan zich gruwelijk eenzaam. Hij moet schipperen tussen de koninklijke macht (die hij wil handhaven!) en de Staten-Generaal (die die macht juist wil beperken!). Bij Filips stort hij zijn hart uit:

'Ik voel mij als een bal in de kaatsbaan: de één kaatst mij de ander toe... Dit is een afschuwelijk land van dronkaards, verraders en muiters. Stuur mij toch geld voor spionnen, die meer dan ooit nodig zijn!'

Voor het oog speelt hij het spel mee, maar al dat gekonkel ligt de vurige veldheer niet. Geld! Geld moet er zijn voor een leger om de opstandige Nederlanden te tuchtigen! En geld moet er komen om zich van de prins van Oranje te ontdoen. Zijn kruik gaat te water tot hij barst:

'Nou moet het afgelopen zijn!'

In juli werpt don Juan het masker af. Met een staatsgreep tegen de Raad van State en tegen de Staten-Generaal, wil hij zich met geweld verzekeren van de macht. Na zorgvuldige voorbereidingen, maakt hij zich tijdens een jachtpartij te Namen meester van de citadel. Een poging om ook de citadel van Antwerpen in handen te krijgen mislukt. Brieven, door hem aan Filips geschreven, worden onderschept. De prins stuurt die maar al te graag door naar de Staten, zodat ook de afgevaardigden het dubbele spel van de landvoogd kunnen doorzien.

'Schande! Eedbreuk! Verraad! roepen de verontwaardigde afgevaardigden. Overal keert de bevolking zich nu tegen de Duitse huurtroepen, die nog een aantal plaatsen bezet houden voor don Juan.

'Op, lieve burgers! Op naar de citadel!' 10.000 inwoners van Antwerpen — edelen en burgers, aanzienlijke dames en bedelaars — werpen zich op het gehate bouwwerk.

Eensgezind breken zij de vesting af. 'Kijk eens mensen! Herken je die kop?' 'Verdomd, kerel, dat is Alva!'

Alva's grote standbeeld wordt tijdens de afbraak in de citadel ontdekt. Het gaat in duizend stukken.

De broer van Granvelle, een vurig katholiek, maar nog vuriger anti-Spaans — nodigt de prins uit naar Brussel te komen, nu de zaken zich zo dramatisch hebben gekeerd. Wat een triomftocht wordt Oranje's reis daarheen:

'Leve vader Willem!' klinkt het langs de route. Die erenaam is Oranje gegeven, wellicht door vrouwen die in Westfriesland, Holland of Zeeland vol eerbied voor hem neerknielden — en die hij altijd optilde, alsof zo'n eerbetoon niet bij hem paste. 'Leve vader Willem!'

Uitbundige begroetingen in Antwerpen. Dan de intocht te Brussel op 23 september. Wat een glorierijke ontvangst! 300 gewapende Antwerpenaren begeleiden hem. 26 vendels (4000 man) staan als erewacht opgesteld. Aarschot, zijn petekind Willem van Heeze, de zoon van Egmont en vele andere edelen heten hem welkom en volgen hem op zijn rit door de stad. Groen versierde straten. Erebogen. Gevels, die met tapijten behangen zijn. Op de markt aanbieding van een erewijn.

'Welkom, excellentie!' Een jonge maagd, *alsoo naekt als sy van moederlyve gheboren was*, knikt hem toe. Zij is mooi en met zorg voor Oranje uitgekozen door het stadsbestuur.

'Hersteller en verdediger der vrijheid!' Dát leest de prins, als hij zich door volk omstuwd naar zijn voormalige paleis begeeft. Als balling is hij daar 10 jaar geleden vertrokken. Bijna als een souverein vorst keert hij er nu terug.

'Leve vader Willem!' roepen de uitbundige mensen en in de kroegen drinken zij een stevig glas op hem.

'Toch vreemd,' zeggen ze dan. 'Hij heeft de kerk der calvinisten niet bezocht!'

'En ik vind het vreemd, dat hij in zijn kasteel te Breda voor de katholieken de mis laat lezen!'

Toch typeren die zinnetjes Oranje's wens om de godsdienstgeschillen te overbruggen. Zij typeren tevens het wankele kaartenhuis, dat de verdeelde gewesten met de pacificatie van Gent hebben opgericht. Want de tegenstelling tussen katholieken en calvinisten blijft een dreigende realiteit!

Het beleg van Deventer door de Staatse troepen in 1578. Gekleurde gravure door Frans Hogenberg.

De eenheid breekt

Geharrewar, gecomplotteer, wantrouwen en gekonkel omgeven de pacificatie van Gent. Patriciërs en regenten in de steden slaan de volksbewegingen gade met een angstige blik:
'Nu gaat het nog tegen Spanje, maar straks keren zij zich tegen ons!'

Zij schuiven onrustig op hun fluwelen kussens heen en weer. De edelen in het zuiden zijn beducht voor Oranje's groeiende macht.

Jaloers als ze zijn, vertellen zij elkaar:
'De Staten van Brabant hebben hem tot ruwaard benoemd!'
'Hij wil zijn broer Jan stadhouder maken in Holland en Zeeland, omdat hij zichzelf tot een grotere taak geroepen voelt!' (Jan van Nassau wordt door de Staten afgewezen en wordt stadhouder over Gelderland).
'Dáárom heeft Oranje de Staten-Generaal bewogen om don Juan niet langer als landvoogd te erkennen. Zou hij zelf...'

De edelen uit het zuiden, waaronder Aarschot, Egmont, Bossu en Willem van Heeze haasten zich de prins de pas af te snijden. Zij polsen de broer van de Duitse keizer, aartsbisschop Matthias, voor de post — menend dat zo'n vorst van den bloede koning Filips best welgevallig zal zijn. Matthias komt, maar hij raakt al gauw in Oranje's greep verstrikt.
''s Prinsen griffier!' Dat is de spottende bijnaam die de landvoogd-in-spé zich verwerft.

Meer en meer keert de hoge adel, die uit is op banen en invloed, zich af van de prins. Door al die spanningen en tegenstellingen — ook tussen katholieke priesters en calvinistische predikanten — wankelt het bouwwerk van de pacificatie meer en meer...

Don Juan wapent zich. Het gaat nu immers om alles of niets? 3000 Spanjaarden komen uit Italië marcheren. De Franse katholieken zenden hem 4000 man. Zo krijgt hij een leger bijeen, dat in de banieren onder als kruis de wapenspreuk voert: 'In dit teken overwon ik de Turken. In dit teken zal ik de ketters overwinnen!'

Maar ook de Staten zitten niet stil. Afgezanten zijn naar het Engelse hof getogen.
'Majesteit, wij vragen om steun...'
Koningin Elizabeth is nu bereid die steun op flinke schaal te geven. 4000 Schotten varen uit. Bovendien huurt Elizabeth een paar honderd Duitse ruiters — onder aanvoering van de vurige calvinist, Johan Casimir van de Palts.

Don Juan heeft ondertussen bericht gekregen, dat hij van zijn post onthoven is. Koning Filips heeft opnieuw Margaretha van Parma tot landvoogdes benoemd en haar zoon, Alexander, tot haar veldheer aangesteld. Alvorens zich terug te trekken, besluit don Juan met zijn banieren en 16.000 man tot de aanval over te gaan. Inderdaad overwint hij de ketters: op 31 januari 1578 jaagt hij een hopeloos verdeeld Statenleger smadelijk uiteen. Bijna geheel Brabant, tot Leuven toe, valt hem bij zijn opmars vanaf de Maas in handen. Even lijkt het, alsof hij nu de gehele Nederlanden onder de voet zal lopen. Maar dan moet ook don Juan ervaren, dat geld om de soldaten te betalen, ook nu weer ontbreekt.

De verwarring in de Zuidelijke gewesten (vooral in Brabant en Vlaanderen) neemt hand over hand toe. In Brussel heerst anarchie. Toestanden en tonelen in Gent, waar de heer van Ryhove met het fiat van Oranje een staatsgreep heeft uitgevoerd.
'Vooruit maar, mannenbroeders!' Met zijn kornuiten heeft hij Aarschot en enkele andere heren — die gekomen waren voor een vergadering van de Staten-Generaal — opgepakt en in het gevang gestopt.
'Gent, stad van God!' Met het doel een calvinistische republiek te stichten die heel Vlaanderen omvatten moet, heeft de heer van Ryhove (in november 1577) een revolutionair comité gesticht: het *Comité der XVIII Mannen*. Nu werpen deze Gentse calvinisten zich in heel het graafschap op kerken en kloosters — alsof een nieuwe beeldenstorm aan de orde is.
'Vooruit, mannenbroeders, moeten wij de oude Jacob Hessels laten leven, terwijl hij eens lid van Alva's bloedraad was?'
'Neen!' schreeuwen de calvinisten in de stad.
Ze slepen Hessels uit zijn huis. Ryhove rukt hem plukken uit zijn grijze baard en steekt die spottend op zijn hoed.
'Knoop die paapse verrader nu maar op!'
De oude Jacob Hessels wordt in de dichtstbijzijnde boom gehesen en sterft in een strop.
De prins van Oranje durft niet al te hard tegen die felle calvinisten in te gaan. Daar staat hij: tussen de partijen in — in een chaos, waarin geen mens meer orde kan scheppen.

Allerlei legertjes trekken door de Lage Landen, zodat iedereen er bijna dol van wordt:

'Voorwaarts!' Daar gaat het leger van de Staten-Generaal.
'Voorwaarts!' De strijdmacht van Holland en Zeeland rukt op.
'Voorwaarts!' Daar marcheert ook de calvinistische gevechtsgroep van Gent, die het Koninkrijk Gods in geheel Vlaanderen wil grondvesten.
'En avant, mes amis!' Om de toestand nog wat warriger te maken, verschijnt de 24-jarige hertog van Anjou met haastig geworven troepen in Henegouwen — hopend dat een hoofdrol in de Nederlanden zijn deel zal zijn.
'Vorwärts...' Daar rijdt tegelijkertijd de door Engeland betaalde Johan Casimir van de Palts met zijn ruiters over de grens. Kloosters en kerken plunderend begeeft hij zich naar Gent, waar hij juichend door de calvinisten wordt binnengehaald.
'Come on, men. Keep going!' 4000 Schotten sloffen de Lage Landen in. Sommigen van hen kijken alvast hoopvol rond. Valt er te rekenen op rijke buit?

Door al dat wapengeklatter komt aan de opmars van don Juan een eind. Ziek van teleurstelling stort hij te Namen zijn hart uit in een brief aan de koning. 'Er is geen reden te antwoorden,' noteert Filips aan de kantlijn van die brief. Zonder het te beseffen heeft hij volkomen gelijk: de ongelukkige don Juan is inmiddels in oktober 1578 (vermoedelijk aan de pest) gestorven.

Alexander Farnese, hertog van Parma, een knap veldheer en een briljant staatsman betreedt de Nederlanden — door Filips met het opperbevel van het leger en nu ook met de landvoogdij belast.

In het najaar van 1578 liggen de 17 gewesten in een vormloze greep van niet minder dan 4 regeringen — althans 4 groeperingen die streven naar de macht.

1. De prins van Oranje en zijn griffier, aartshertog Matthias. Zij bevinden zich in Antwerpen. Vruchteloos tracht de prins de godsdienstvrede (zoals vastgelegd bij de pacificatie van Gent) en de eenheid te bewaren. Maar de gewesten talen niet om elkaars lot. Vol afgunst, eigengereid en vervuld van eigen ideeën gaat vrijwel ieder zijn weg.

2. Johan Casimir van de Palts koestert zijn eigen dromen in het calvinistische kamp.
Te Gent zweept de predikant Pieter Datheen zijn aanhangers op. Van de kansel roept hij (is het ingeblazen door Casimir?):
'Oranje geeft noch om God, noch om religie. Hij maakt van staat en nut zijn afgod!'
Dat is een stoot onder de gordel die de prins niet heeft verdiend.

3. De hertog van Anjou, een eng baasje, uitgeroepen door de Staten tot 'Beschermer der Nederlanders tegen de Spaanse dwingelandij'. Dat kan van alles en niets betekenen. Konkelend met zijn edelen en Franse troepen in Henegouwen, wacht hij op de kans om een greep naar de macht te doen.

4. Alexander Farnese, hertog van Parma, die in een vrijwel wanhopige toestand een uitweg zoekt. Het enige lichtpunt dat hij ziet is: de grote verdeeldheid van zijn tegenstanders!

In die periode van regeringloosheid valt het leger der Staten, in totaal 50.000 man, in brokken uiteen.
'Dienen in die bende? Voor wat en voor wie?' Heel wat ontevreden soldaten gooien er hun musket bij neer. Rovend en plunderend trekken die *malcontente* eenheden

Bourgondische tijd – Twaalfjarig Bestand

De alteratie van Amsterdam in 1578. Gezicht op de Dam met het oude stadhuis en de waag. De monniken worden de stad uitgezet. Gravure van Jan Luyken (1649-1712).

door de Zuidelijke gewesten.
'Zij eten het land stukje voor stukje op!' luidt de prachtige typering van geheime agenten aan koningin Elizabeth.

Ook de katholieke edelen uit de Waalse provincies, die zich verbonden met Oranje, krijgen genoeg van hun rebellie.

'Wat moeten wij tussen Hollandse en Zeeuwse calvinisten, tussen Franse hugenoten, tussen protestantse Schotten, of met die fanatieke ruiters van Johan Casimir?' vragen zij zich af. 'Hebben wij ons wel aangesloten bij de goede partij?' Wat zij willen is een ouderwetse adelsregering. Zij wenden zich niet alleen van Oranje af. In Dowaai beginnen zij zelfs een tegenoffensief.
'Allez, vrienden. De calvinisten hebben onze priesters de stad uitgejaagd en de macht gegrepen. Nu wij!' Ze brengen een strijdmacht op de been en heroveren het stadhuis.
'Weg met die protestantse rekels!' En weg gaan ze: zonder vorm van proces naar het schavot.
'Mens, 't zijn drukke dagen!' zucht de beul van Dowaai in die dagen.

Uiterst belangrijk voor de rebellen is het feit, dat Amsterdam zich tenslotte achter de opstand heeft geschaard. Lang heeft de zittende magistraat zich tegen de pacificatie, tegen de prins en tegen de Staten van Holland gekeerd. In november 1577 hebben de burgemeesters nog een aanval van Hollandse troepen weten te keren. Op 8 februari 1578 capituleert de nauw ingesloten stad. In mei volgt een goed voorbereide revolutie, waarbij de magistraten, de voornaamste roomse leiders en geestelijken door de schutterij naar de Waag op de Dam worden gedreven. Daar zitten ze: niet langer gewenst door een stad die nu voor de hervorming heeft gekozen. Een dramatisch afscheid van vrienden en familieleden volgt. Dan worden zij op twee schepen buiten de stad gevaren en aan de Sint Anthoniesdijk aan land gezet. De drie schuttersgilden van St. Joris, St. Sebastiaan en de Kloveniers wijzen gezamenlijk een kiescollege aan voor de vorming van een nieuw, hervormd stadsbestuur.

Per 1 juni begint de nieuwe stadsregering haar taak. Nu Amsterdam de vrije handel en scheepvaart herkregen heeft, stromen talloze ballingen naar de stad terug. Het inwonertal, thans 30.000, neemt snel toe.
De katholieke instellingen verdwijnen. De kloosters van de Oude en Nieuwe nonnen worden omgevormd tot Binnengasthuis. De Paulusbroeders moeten toezien, hoe hun kloosterkerk dienst doet als Waalse kerk. Het St. Luciënklooster komt als burgerweeshuis in gebruik. Met de opvoedende en onderwijzende taak van de katholieke kerk is het gedaan. Het stadsbestuur neemt de zorg voor het onderwijs over, sticht volksscholen en ziet erop toe, dat de 'ware godsdienst' aan de Amsterdammers wordt onderwezen. Als een protestantse stad gaat Amsterdam de Gouden Eeuw tegemoet.

Terwijl Willem van Oranje een moeizame godsdienstvrede tot stand brengt in Gent en Anjou tevergeefs de stad Bergen aanvalt, smeedt Parma de ijzers die heet zijn.

Allereerst drijft hij het tuchteloze staatse leger naar Antwerpen terug. Dan slaat hij — tegen alle verwachtingen in — plotseling het beleg voor Maastricht. Ondertussen bespeelt hij de katholieke adel en de verbitterde geestelijkheid op een meesterlijke manier.
'Luister, eerwaarde, het gaat ons toch om het katholieke geloof...'
'Luister, heer graaf, wij zoeken iemand voor een belangrijke post en nu hadden wij gedacht...' Overal zijn Parma's agenten aan het werk om de aanzienlijke heren in het Zuiden met beloften, beloningen en vleierijen over te halen naar het Spaanse kamp. Zij hebben succes, want de rebellie is verder gegaan dan door velen wordt gewenst.
'Nomdeju, wij zijn de calvinisten, de plunderende troepen en alle wanorde langzamerhand beu,' zeggen vertegenwoordigers van Henegouwen, Artesië en Dowaai, die te Atrecht bijeengekomen zijn. Op 6 januari 1579 geven zij een manifest uit:
'Wij verklaren ons vóór het behoud van de rooms-katholieke godsdienst, vóór de gehoorzaamheid, die men aan de koning verschuldigd is, vóór de privileges van het land!'

De *Unie van Atrecht* is de eerste wig die in de eenheid wordt gedreven.

De tweede wig, die de Nederlanden nog verder splijt, komt in het Noorden tot stand.
'Ook wij moeten een verbond hebben! Ook wij moeten elkaar steunen in al het geweld, dat ons in naam van de koning wordt aangedaan!' zegt Jan van Nassau, de stadhouder in Gelre. IJverig gaat hij aan de slag om nu de Noordelijke gewesten in een unie bijeen te halen. Stormachtige tonelen spelen zich op allerlei vergaderingen en bijeenkomsten af, als zijn voorstellen in behandeling komen — temeer omdat Jan van Nassau zijn organisatie met dreiging en geweld uit de grond heeft gestampt.
Lang niet overal is men het met zijn plannen eens.
'Wij weigeren mee te doen!' zeggen de stadsbesturen van Groningen en Zutphen.
'Wij stellen wel bijzondere eisen,' is de voorwaarde van Middelburg en Goes. Vrij willekeurige heren begeven zich tenslotte naar Utrecht voor de ondertekening van het verbond:

Utrecht, 23 januari 1579. Er zijn door de afgevaardigden der Noordelijke gewesten vele schone en verbeten zinnen gesproken:
'Wij zullen elkaar met lijf, goed en bloed bijstaan!'
'Wij moeten een gezamenlijke strijdmacht onderhouden!'
'Een eigen strijdmacht? Door wie wordt die betaald?'
'We zullen de gelden bijeenkrijgen met belastingen op bezaaide landen, op hoornvee, laken, goud, zilver, bier, wijn en zout!'
Ze worden het eindelijk eens, dat groepje willekeurige heren, dat van her en der gekomen is. Met hun handtekening bekrachtigen zij het verbond. Jan van Nassau tekent bovenaan — niet als stadhouder van het katholieke Gelre, maar slechts uit naam van de ridderschap. Voor het gewest Holland tekenen Gerrit van Poelgeest (namens de adel), mr. Paulus Buys, de landsadvocaat, en Reynier Cant, burgemeester van Amsterdam. Het gewest Zeeland is vertegenwoordigd door de baljuw van Veere en de pensionaris van Middelburg. Voor Utrecht: de beide burgemeesters, de hoofdschout en twee leden van de ridderschap. Tenslotte zet ook Eyso Jarges, afgevaardigde van de Groningse Ommelanden zijn handtekening onder het stuk.

Zo heeft het Noorden de *Unie van Utrecht*, die aan kracht wint, naarmate de toestand in de Nederlanden zich verscherpt. Pas in mei plaatst Willem van Oranje (heel aarzelend) zijn handtekening. De graaf van Rennenberg sluit zich aan. Steden als Gent, Brugge, Ieper, Venlo 's-Hertogenbosch vragen om toetreding. Van hechte eensgezindheid is echter nog geen sprake.

Gespleten Nederlanden! Onder leiding van de omkoopbare adel kiezen de katholieke Waalse gewesten van het Zuiden voor Parma en de koning. Het Noorden met Vlaanderen, Brussel en Antwerpen keert zich tegen Parma en blijft trouw aan de *Generaliteit*. Hoewel zij misschien maar 5 % van de bevolking, vertegenwoordigen, ne-

De handtekeningen onder de Unie van Utrecht.

Bourgondische tijd – Twaalfjarig Bestand

men de strijdvaardige calvinisten, waar ze kunnen, de sleutelposities in.
'Laat het toch vrede worden!' smeekt iedereen.

'Wij zetten de strijd voort!' zeggen de calvinisten vastbesloten. 'Zo God voor ons is, wie zal dan tegen ons zijn?'

Vredesonderhandelingen, te Keulen, gevoerd tussen vertegenwoordigers van Filips, de Duitse keizer (initiatiefnemer), de paus, Matthias en de Staten-Generaal, lopen op niets uit. Schitterende beloningen zijn Oranje in het vooruitzicht gesteld, als hij zijn verzet wil staken. De prins is niet te koop. Nu zijn grote eenheidsideaal in rook is opgegaan, is hij wel gedwongen de zijde der calvinisten te kiezen. In Spanje ziet men vooral hem als de stichter van al het kwaad.

'Hoe kunnen we ons toch van Oranje, de ziel van de opstand, ontdoen?' is de vraag die het Spaanse hof zich keer op keer stelt.

Zo gaat de oorlog verder. Met een zeldzame verbetenheid ligt Parma met 20.000 man voor Maastricht. Hij moet en zal de stad veroveren, koste wat het kost.
'Werpt verschansingen op!'
'Graaf loopgraven en ondermijn de muren!'
'Tamboers, sla de stormloop!'

Geld om al die inspanningen te betalen heeft Parma niet. Hij en zijn officieren verkopen hun gouden ketenen, sieraden — zelfs Parma's tafelzilver gaat in pand — om desertie te voorkomen. De vesting Sichem, een vooruitgeschoven post van Maastricht, valt na vele vergeefse aanvallen in Spaanse handen.

Bar wrede details zijn te lezen in het verslag, dat een Spaans ooggetuige van de onvoorwaardelijke overgave geeft: 'Parma, die door het verlies aan manschappen en officieren zeer verbolgen was, liet de gevangenen op een rij zetten en met een zware hamer doodslaan. Daarop gaf hij bevel de commandant aan de hoogste torentrans te hangen...'
'Ik verzoek, als edelman, te mogen sterven door het zwaard!'
'Neen!'

Om aan de onterende dood door wurging te ontkomen, rukt de edelman zich uit de handen van de beul los en springt van de toren naar beneden. Helaas komt hij terecht in de gracht, die vol water staat. Hij wordt opnieuw naar boven gebracht.
'Wenst ge nog geestelijke troost?' vraagt de beul, als hij de strop reeds om de hals van zijn slachtoffer heeft gelegd.

De commandant schudt mismoedig zijn hoofd. Hij haalt het portret van zijn geliefde te voorschijn, kust het in vervoering en werpt het dan in de gracht.
'Scherprechter, doe uw werk!'

Dan wordt hij gehangen. Wéér een dode in de opstand, waaraan maar geen einde komt.

Rondom Maastricht wordt gestreden om iedere voet grond. Schachten, mijnen en tegenmijnen. Gevechten onder de grond in die mijngangen. Gevechten op de muren en in de gracht. De Spanjaarden lijden honger. Om zich te hoeden voor de kou, lopen zij rond in lange donkere rokken, die zij op boerenvrouwen hebben buitgemaakt. Zij lijden zware verliezen door de verbijsterende moed, die door de mannen én vrouwen in Maastricht ten toon wordt gespreid. Een Spaans officier schrijft:
'Zij laten van de wallen en borstweringen wagens naar beneden rollen, waarvan de assen vol lange, scherpe ijzeren punten zitten. De soldaten die door deze wagens worden gegrepen, zijn onherroepelijk verloren... Zij bedienen zich van dorsvlegels, waaraan zij stenen bevestigen. Hiermee slaan zij bliksemsnel op de hoofden van de aanvallende Spanjaarden. Ook werpen zij wel bijenkorven tussen hen in, of kruiken met kalk om hen te verblinden...'

Maand na maand gaat voorbij met uitvallen, bestormingen, gruwelijke gevechten van man tegen man. Pas op 29 juni 1579, als de dodelijk vermoeide schildwachten op de wallen in slaap zijn gevallen, slaan de Spanjaarden een bres in de verdediging. Pas dan stormen zij naar het hart van de stad. Een enorme moordpartij volgt.
'Grijpt hen! Dood hen!'

Paniek onder het volk. Overal hartverscheurend gegil.
'Waye! Waye!' Vrouwen en kinderen springen uit het raam, maar vallen in handen van de Spaanse soldaten die beneden staan. Ze worden afgemaakt. Geschreeuw, gekrijs, gevloek. Vele burgers werpen zich van de brug en komen om in de Maas. 12.000 doden in de stad! Van de vrouwen, die aan de verschansingen hebben gewerkt, brengt niet één het er levend af.

Het oude Maastricht wordt een ontvolkte stad. De Spaanse soldaten vieren er feest. Zij breken de leegstaande huizen af om zich van brandhout te voorzien. Tot ver in de omtrek heerst voor jaren de diepste armoede temidden van vertrapte landerijen, verkoolde hoeves, ziekte en pest.

Ondanks hartstochtelijke waarschuwingen van de prins, verlaten de Walen na die overwinning van Parma de Nederlandse zaak. Het is een zware slag die de vrijheid treft. Reacties blijven niet uit:
'Dat roomse tuig!'
'Dat paapse addergebroed, dat ons verraadt...'

Bloedige demonstraties tegen de katholieken in Antwerpen, in Utrecht en elders zijn het directe gevolg. Verdraagzaamheid? Godsdienstvrede? Weinig blijft daarvan nog bestaan.

'Jaag die papen van de straat!' roepen calvinistische jongeren, als katholieken hun processies houden. De heilige beelden worden bespot, de processies verstoord. Dat zet kwaad bloed bij de katholieken die zich aanvankelijk achter de prins hadden geschaard. De wederzijdse haat groeit met alle gevolgen van dien: 'Die verrekte ketters!' denkt Filips van Egmont, zoon van de onthoofde Lamoraal. Hij is streng katholiek opgevoed en haat de omwenteling. Met zijn regiment trekt hij Brussel binnen en eist de stad voor de koning op. Ogenblikkelijk grijpen de burgers naar hun wapens.
'Kom je soms het hoofd van je vader zoeken?' schreeuwen zij Egmont toe. Zij sluiten hem in op de markt. Nagehoond en nagejouwd moet hij de stad — op de sterfdag van zijn vader — ontvluchten.

Haast even kortzichtig maakt Hembyze zich met een groep calvinisten opnieuw meester van de stad Gent. Met God als zijn herder, jaagt hij de magistraat uit het raadhuis en vestigt hij zijn eigen dictatuur — grimmiger dan Calvijn ooit heeft bedoeld. Hij haalt zich zoveel haat op zijn nek, dat hij moet vluchten en uitwijkt naar de Palts. Oranje moet er voor een tweede keer de orde herstellen. Teleurstelling na teleurstelling stapelt zich op de schouders van de prins. Godsdienstvrijheid! Te Gent heeft hij gezien, hoe de calvinisten de *kapel der Hei-*

De inname van Maastricht door de hertog van Parma in 1579. Anoniem schilderij ca. 1600).

lige Stede tot een opslagplaats van zout hebben verlaagd. Aarschot, Montigny, La Motte en andere edelen laten hem nu definitief in de steek. Hij ziet, hoe de eens onuitputtelijk lijkende rijkdommen der Lage Landen slinken. Moedeloosheid en wanhoop drukken op het volk. Dan volgt er nog een grote tegenslag:

Graaf George van Rennenberg, ijverig katholiek, is voor de drang van zijn zuster en Parma bezweken.

'Laat de zaak der rebellen toch in de steek! Denk aan uw geloof en aan de verantwoording tegenover God. Denk aan uw positie als stadhouder,' zo hebben zij hem gewaarschuwd en zij hebben hem een schone toekomst in het vooruitzicht gesteld:

'Een flinke som ineens en een jaargeld. Opneming in de orde van het Gulden Vlies.

Verheffing tot markies…'

Voor al die zaken laat Rennenberg de Unie van Utrecht inderdaad in de steek. Hij is een Lalaing, van zeer oude adel én katholiek. Nu keert hij terug tot zijn 'natuurlijke' kring — en verraad is dat eigenlijk niet.

In de nacht van 3 op 4 maart 1580 arresteert hij in Groningen de gewichtigste aanhangers van de prins en bezet er de belangrijkste straten en pleinen. In volle wapenrusting rijdt hij in de morgen naar de markt:

'Staat bij, goede burgers. Heden ben ik eerst recht stadhouder dezer landen. laat ons doen, wat tot dienst van zijn majesteit nodig is!'

'Wat is er aan de hand?' Burgemeester Hildebrand komt met de stedelijke overheid naar het stadhuis gerend. Daar ziet hij de geharnaste Rennenberg. Hij wil protesteren: 'Maar…' Voordat de burgemeester iets kan zeggen, zakt hij al in elkaar — dodelijk getroffen door een kogel.

Rennenberg schuift de calvinistische minderheid (die het voor het zeggen had) aan de kant.

'God zij geprezen!' Opgelucht en dankbaar slaan de talloze katholieken in de stad een kruis. Nu kunnen ze zich eindelijk van die tyrannieke calvinisten en plunderende Staatse troepen ontdoen.

Een hevige guerrilla-oorlog — van de Achterhoek tot aan Friesland toe — is het gevolg. Groningen, Drenthe en een belangrijk deel van Overijssel gaan voor de Unie van Utrecht verloren. Alleen Friesland, waar Sonoy snel en met een flinke strijdmacht zijn opwachting maakt, blijft behouden voor de prins. Ruim 14 jaar zal de strijd in de verloren gegane gewesten heen en weer golven — allemaal, doordat Rennenberg het liet afweten…

'Dit is geen doen meer. Ik schei ermee uit!' denkt Jan van Nassau, de stadhouder in Gelderland. Hij heeft in armoede geleefd, omdat niemand hem zijn traktement uitbetaalt. De katholieke adel in zijn gewest heeft hem niet gesteund. Hij is moe van het eeuwige gekrakeel in de door hem gestichte Unie, waarin ieder alleen maar aan zichzelf denkt. Nu Parma langzaam maar zeker oprukt, ziet Jan van Nassau er geen gat meer in.

'Willem, neem jij de zaak maar over, jongen!' zegt hij tegen zijn oudste zoon Willem Lodewijk, die hij in Friesland achterlaat. Dan begeeft hij zich naar de Dillenburg — vol verlangen naar zijn kinderen en… berooid.

Prins Willem van Oranje blijft de opstand trouw, ook al is zoveel verloren gegaan.

Temidden van jonge, eerzuchtige en onervaren pensionarissen, temidden van bekrompen bestuurders, kibbelende Staten en zelfzuchtige gewesten, zet hij met een klein aantal wérkelijk toegewijde vertrouwelingen de strijd tegen het machtige Spanje voort.

Leo Belgicus, een kaart van de zeventien provinciën uit Petrus Montanus, *Germania Inferior* (1617). Gravure van Pieter van den Keere naar Michael Eytsinger (1583).

Bourgondische tijd – Twaalfjarig Bestand
De dood van Willem van Oranje

'Vertrouw niemand, behalve jezelf!' schreef Karel V aan zijn zoon.

Het lijkt wel of Filips II bij het bestuur van zijn wereldrijk die woorden voortdurend voor ogen heeft. Alles wil hij zelf beslissen en zelf doen. Plichtsgetrouw werkt hij zich van vroeg tot laat door de vele staatsstukken heen. Dan maakt hij priegelige aantekeningen in de kantlijnen van brieven en rapporten. Daardoor verliest hij de grote lijnen uit het oog en haalt hij hoofdzaken en bijzaken door elkaar.

'Een man, die in de brieven van zijn gezanten de schrijffouten verbetert!' heeft iemand spottend beweerd. Hij was natuurlijk veel meer.

Als een donkere, wrede koning staat in in de gedachten van de meeste Nederlanders gegrift — als gevolg van een geschiedschrijving, die eeuwenlang partijdig is geweest.

Filips II is een toegewijd echtgenoot. Hij leeft zonder maîtresses en dat is in zijn positie uitzonderlijk voor die tijd. Hij is ook een begripvolle vader. Met huiselijke humor schrijft hij charmante brieven aan zijn dochters Isabella en Catharina. Dat hij zijn krankzinnig en gevaarlijke zoon don Carlos laat opsluiten is waar. Dat hij hem vergiftigd heeft, zoals alom wordt gefluisterd, is aan ernstige twijfels onderhevig.

Bewezen is dat nooit. Opvallend is zijn voortdurende bezorgdheid voor de armen in zijn rijk. Kenmerkend is ook zijn warme belangstelling voor het wel en wee van zijn dienaren, het nederigste personeel incluis.

De buitenlandse gezanten aan zijn hof oordelen vrijwel allen gunstig over de koning, die in de Nederlanden zo zeer wordt gehaat:

'Hij is voor iedereen bereikbaar en een geduldig luisteraar...'

'Hij is genereus, want hij geeft meer dan hij belooft...'

Dikwijls zegt de koning, dat hij het liefst een gewone burger zou willen zijn met een rente van 6000 dukaten per jaar: vrij van de zorgen die koningen en aanzienlijke edelen moeten dragen.

'Een vorst, die eerder met goud dan met staal, liever met zijn hersens dan met zijn arm vecht...'

'Hij heeft zichzelf volledig onder controle. Niemand zag hem ooit in drift. Altijd is hij gematigd, flegmatiek, geduldig en melancholiek!'

Dat zijn wel fraaie karakteristieken, maar natuurlijk was de koning ook met fouten behept. Een aantal van zijn daden heeft de reuk van misdadigheid.

Buiten Madrid bouwt Filips het sobere, strakke Escorial, tegelijkertijd klooster en koninklijk paleis. Als een der mooiste bouwwerken ter wereld zal het de eeuwen trotseren. Daar trekt hij in — met de doodkisten van zijn voorouders, die er in een grafkelder worden bijgezet.

'Domine, salvum fac...' Zonder twijfel bidt hij vurig voor hun zieleheil, want diep gelovig als hij is, gaat hij dagelijks naar de mis. Bij monniken zoekt hij opbeuring en kracht als zijn dierbaren sterven. (Een lang ziekbed met haast onmenselijk lijden zal hij als een heilige doorstaan!)

Vrij zeker zal hij zich hebben verdiept in de geschriften van zijn tijdgenote Santa Teresa de Avila, een der grootste vrouwen die Spanje heeft voortgebracht.

Op papier maakt zij haar 'trips' in de mystieke wereld, die in Spanje nog zo belangrijk is en: 'ontworstelt de geheimen van het leven aan het hart van God...'

'Beschouw uw ziel als een kasteel,' schrijft ze in *Castillo Interior*, 'gemaakt uit één grote diamant, of uit een doorzichtig kristal, waarin vele kamers zijn — zoals de hemel vele woningen heeft... Sommige zijn boven, andere beneden, weer andere aan beide zijden. Maar in het midden, in het centrum van het kristal, bevindt zich het hoofdvertrek, waar vele dingen in diepe geheimzinnigheid gebeuren tussen God en ziel...'

In die mystieke wereld leeft ook koning Filips. Vrijwel niets onderneemt hij zonder zijn biechtvaders te raadplegen. Terwijl Oranje's oudste zoon aan zijn hof met grote voorkomendheid wordt opgevoed tot een wijsgerig man, neemt Filips na lang aarzelen een ingrijpend besluit. Het komt uit de koker van Granvelle, die na jaren van halve verbanning aan het Spaanse hof is teruggekeerd:

In maart 1580 vaardigt Filips de ban over de prins van Oranje uit. Als Parma dat staatsstuk onder ogen krijgt, verschiet hij van kleur.

'Moeten wij met dít soort methoden voor de koning strijden? Straks krijgen de opstandelingen een martelaar en dat zal ons alleen maar schade doen!' Pas na enkele maanden komt Parma met zijn geweten in het reine. Dan laat hij de ban drukken en verspreiden. Vooral in Holland en Zeeland maakt het stuk diepe indruk op het volk.

'Hebt ge het gelezen, Jan Janszoon? Met scheldwoorden, een staatsstuk onwaardig, wordt de prins het hoofd van de opstand en de gemeenste pest van de christenheid genoemd. Hij is vogelvrij verklaard en iedereen mag hem doden!'

''t Is toch wat!'

'Zeg dat!'

'En de beloning?'

'Kolossaal, man. 25.000 gouden ducaten, verheffing in de adelstand en kwijtschelding van straf wegens misdrijf. Iedere moordenaar, die nog vrij rondloopt, kan zijn nek redden met een moord op de prins...'

De prins van Oranje beantwoordt de ban met een prachtige *Apologie*, die hij richt aan de Staten-Generaal. Fel klaagt hij het beleid van de koning aan. Tevens verdedigt hij het doel dat hij zichzelf stelt:

'Waarom hebben wij onze eigen broeders verloren, die ons liever waren dan ons leven? Is dat soms geweest om terstond anderen te vinden? Waarom hebben wij onze zoon zolang in hechtenis gelaten? Is het in uw macht ons een andere te geven? Waarom hebben wij ons leven zo dikwijls gewaagd? Welke prijs, of welk loon voor onze langdurige moeite en arbeid, die ons oud heeft gemaakt en al ons bezit heeft doen verliezen terwille van ulieden, kunnen wij verwachten anders dan wat wij alleen maar begeren de vrijheid te winnen?' Wanneer men hem niet langer vertrouwt, zo schrijft de prins, is hij bereid heen te gaan, desnoods 'tot aen 't eynde der weerelt', maar als de Staten willen volharden onder zijn leiding, wil hij tot het uiterste blijven strijden. Vurig pleit hij voor eenheid: 'Onderhoudt uwe Unie wel, bewaart uwe Unie wel. Doch ziet naarstig toe, mijne heren, dat gij niet alleen met woorden of met geschriften maar ook met de daad het werk uitvoert, dat de bundel samengebonden pijlen in Uw zegel symboliseert.

Je maintiendrai, Nassau.'

Ook deze Apologie — in vertalingen gezonden aan alle koningen en vorsten in Europa — maakt diepe indruk. De Staten willen onder leiding van de prins blijven volharden en op zijn aandringen de hertog van Anjou tot heer der Nederlanden verheffen. De gedachte, dat een land *zonder vorst* kan bestaan, komt blijkbaar nog bij niemand op. Met een jaargeld van 50.000 gulden (waarvan hij vrijwel geen stuiver zal zien!) wordt aartshertog Matthias de laan uitgestuurd.

Als altijd nemen Holland en Zeeland in de Staten-Generaal een uitzonderingspositie in. Zij voelen niets voor de Franse hertog. Zij hebben reeds plannen uitgewerkt om de prins te bekleden met de grafelijke waardigheid. De prins weigert. Met eindeloos geduld heeft hij zich voor Anjou beijverd. Al doen Holland en Zeeland niet mee, al zijn ook Utrecht, Overijssel en Gelderland weinig geneigd de plannen goed te keuren, op 23 januari 1581 zijn afgezanten van de Staten-Generaal toch te Bordeaux om Anjou als landsheer te erkennen.

's-Gravenhage, Binnenhof, 26 juli 1581: De Staten-Generaal zijn in vergadering bijeen. Talrijke punten staan op de agenda. Haast achteloos is het allerbelangrijkste onderdeel tussen de andere onderwerpen vermeld: 'De Acte van Verlatinghe!'

Daarin zeggen de Staten hun gehoorzaamheid aan de Spaanse koning op:

'... Een prins van den lande, van Gode gesteld, is hoofd over zijn onderzaten om hen te bewaren en te beschermen tegen alle ongelijk, overlast en geweld — gelijk een herder zijn schapen. De onderdanen zijn niet door God geschapen tot behoefte van de prins en om hem in alles wat hij beveelt — of het goddelijk of ongoddelijk is, recht of onrecht — onderdanig te zijn en als slaven te dienen!' Zonder enig gevoel zetten de Staten de koning in een gewone vergadering met weinig geestdrift aan de dijk. *Het is een revolutionaire daad op conservatieve wijze uitgevoerd!*

De nood moet hoog gestegen zijn, nu een katholieke Fransman wordt binnengehaald, over wie weinig aantrekkelijke beschrijvingen de ronde doen.

'Ik heb hem in Bordeaux gezien, Pieter Cornelisz.!'

'En? Hoe zag hij eruit?'

'Koortsig van de kliergezwellen. Zijn gehemelte half weggeteerd door etterige zweren, die zijn uitspattingen hem hebben bezorgd!'

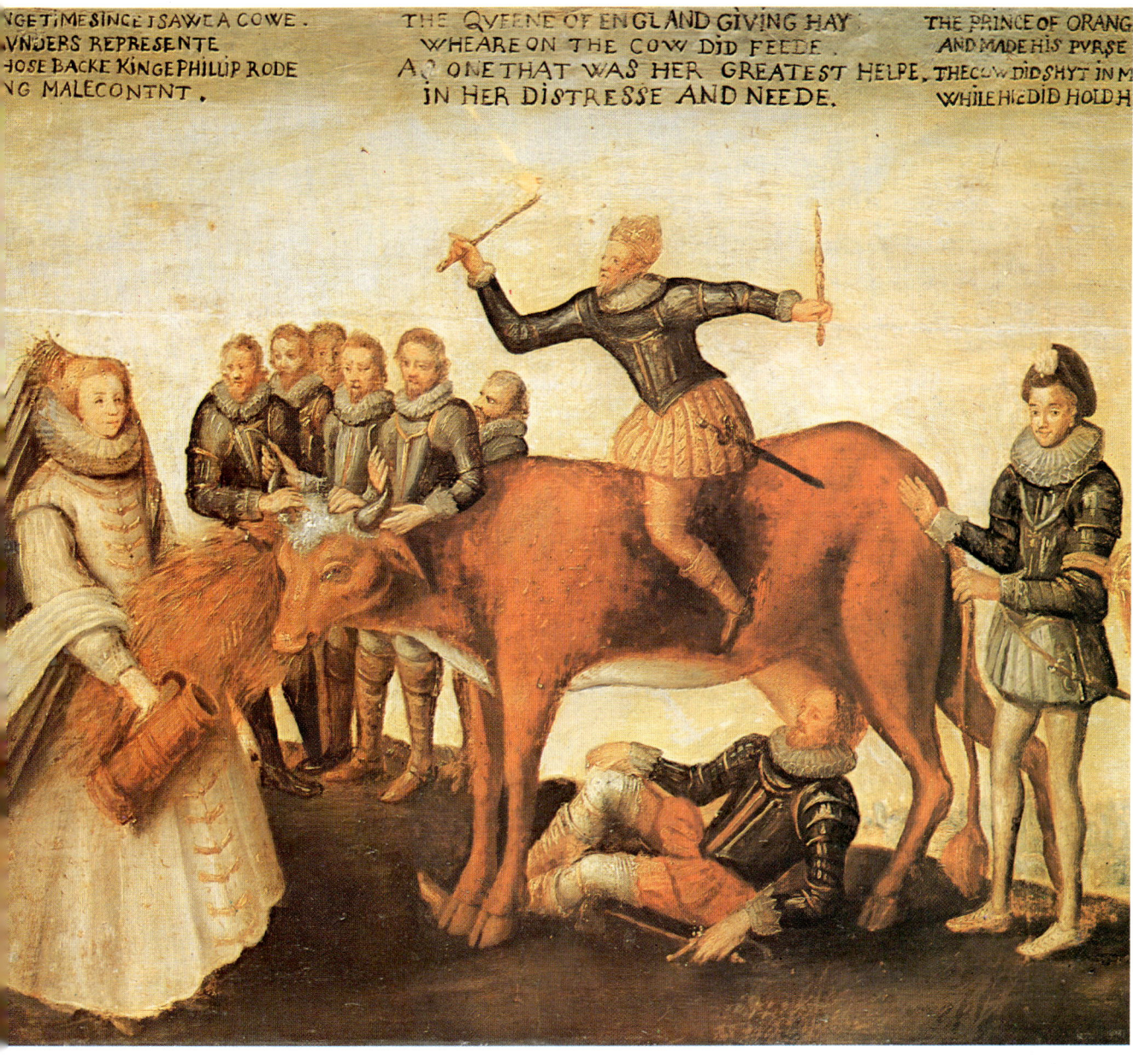

> NGE TIME SINCE I SAW E A COWE.
> VNDERS REPRESENTE
> HOSE BACKE KINGE PHILLIP RODE
> NG MALECONTNT.
>
> THE QVEENE OF ENGLAND GIVING HAY
> WHEARE ON THE COW DID FEEDE
> AS ONE THAT WAS HER GREATEST HELPE
> IN HER DISTRESSE AND NEEDE.
>
> THE PRINCE OF ORANG
> AND MADE HIS PVRSE
> THE COW DID SHYT IN M
> WHILE HE DID HOLDH

De allegorie van de koe (de Nederlanden), uit 1579. Filips II zit op de rug van het beest en slaat het. Koningin Elizabeth van Engeland geeft de koe te eten en te drinken (de geldelijke en militaire steun). Willem van Oranje melkt haar. Bij de staart de hertog van Anjou. Anoniem, Vlaamse school.

'Geslachtsziekte?' Een knik.
'Ze zeggen dat hij met een leger vanuit Frankrijk op weg is naar de Nederlanden!'
'Pieter Cornelisz., kwam er ooit iets goeds uit Frankrijk?'

Door verraad kan Anjou de stad Kortrijk veroveren, maar dan moet hij zijn leger wegens geldgebrek ontbinden.
'Ce n'est pas une catastrophe, messieurs,' lacht hij tegen de edelen in zijn gevolg. Hij heeft al een nieuw plan gemaakt. Hij begeeft zich naar Engeland waar hij — 28 jaar oud — de hand hoopt te winnen van de bijna 50-jarige koningin Elizabeth. Heel Europa volgt de voorbereidingen voor dat huwelijk. Afgezanten van het Franse hof worden met prachtige feesten ontvangen en Elizabeth toont zich verrukt met Anjou. Ze wisselen ringen en behandelen elkaar reeds als toekomstige echtgenoot.

Na verloop van tijd blijkt echter, dat de Franse koning én Elizabeth toch niet bereid zijn voor dat huwelijk een oorlog met Spanje te riskeren...

Terwijl Anjou met Elizabeth flirt, verovert Parma de stad Doornik. Hij toont zich vergevingsgezind ten opzichte van de calvinisten in de stad. Met zijn ridderlijke charme wint hij ook het vertrouwen van het volk. Zózeer zelfs, dat de Staten van de Waalse provincies hem — ondanks de pacificatie van Gent — éénparig toestaan de Spaanse troepen terug te halen. Het is haast niet te geloven en toch is het waar.
'God zij geloofd,' schrijft Parma opgetogen aan de koning. 'Door Zijn gratie is eindelijk verwezenlijkt, wat ik het meest wenste. Het is een mirakel!'

Parma's aanvankelijk zéér wankele positie is in korte tijd opmerkelijk versterkt. Zó ernstig is nu de toestand voor de opstandige gewesten, dat de prins de Staten-Generaal te Antwerpen bijeen roept. Ontstemd zegt hij tot de afgevaardigden: 'Wanneer men subsidies vraagt, zonder dewelke niemand oorlog kan voeren, dan beraadslagen de mensen erover en antwoorden erop, alsof wij nog leefden ten tijde van keizer Karel... Ik zeg u dit, mijn heren, dat er in dit land geen andere oorlog is dan de uwe. Wij hebben een gemeenschappelijke zaak te verdedigen en daarom moeten wij de handen ineenslaan!' De afgevaardigden besluiten een gezantschap naar Engeland te sturen om Anjou te halen, zodat hij het bewind onder de benarde Nederlanden eindelijk kan aanvaarden.

Vlissingen, 10 februari 1582. De inwoners van de stad dringen samen bij de kade, waar 18 grote schepen de ankers hebben uitgeworpen. Zij hebben de hertog van Anjou, en vele aanzienlijke Engelsen, waaronder de graaf van Leicester, met talrijk gevolg naar de Nederlanden gebracht.
'Is dat de hertog? God sta ons bij!'
'Wat een pokdalig bakkes. En die zonderling gevormde neus. Moeders mooiste is het niet!'
'Moet je dat zwakke, afgeleefde, mismaakte lichaam zien. Als die moet vechten tegen Parma...

In Antwerpen zal de inhuldiging van Anjou plaatsvinden.
'Leve de hertog van Brabant!' roept het toegestroomde volk, als herauten een regen van gouden en zilveren munten rondstrooien, terwijl de stoet de stad binnentrekt.

Voorop gaan de kooplieden der hanze. Engelse kooplieden in fluwelen gewaden volgen. Dan de burgerweer met muziek, de magistraat omhangen met gouden ketenen en in het zwart gekleed.
'Daar rijdt Anjou, op die witte telganger!'
'En daar rijdt Oranje. En prins Maurits, zijn 15-jarige zoon.'

Bourgondische tijd – Twaalfjarig Bestand

De Franse Furie te Antwerpen. Anoniem schilderij uit de Vlaamse school.

'Leve vader Willem!'

Het volk graait naar munten en wijst naar de knappe graaf van Leicester, naar Anjou's lijfwacht van hand- en voetboogschutters en naar de lange stoet van 300 geboeide misdadigers, die genade zullen krijgen aan het einde van de dag.

Brabant, Vlaanderen, Holland, Zeeland, Mechelen en Friesland zullen Anjou huldigen als souverein vorst. Utrecht weigert dit te doen en Gelre aarzelt nog.

Prachtige feesten! Dat wel. Maar uit alles blijkt, dat vrijwel iedereen Anjou wantrouwt. Marnix krijgt opdracht hem scherp in de gaten te houden en controleert iedere stap die hij doet. Desondanks schoppen de calvinisten veel herrie, want Anjou is katholiek.

'Wil Anjou naar de mis? Dan moet-ie maar naar Frankrijk gaan!'

Het kost de hertog de grootste moeite, te Antwerpen een kerk ingericht te krijgen, waarin hij zijn geloof kan belijden. Al na enkele dagen beklaagt Anjou zich bitter bij zijn moeder, Catherina de Medici. De Franse vorstin laat haar jongen niet in de steek:

'Ik zal je troepen sturen,' belooft ze haar zoon. 'Met troepen kan je je meester maken van de macht!'

Terwijl Frans van Anjou heimelijk komplotteert en de toestand snel verslechtert, raken de Nederlanden door een andere wandaad van de kook.

Antwerpen, 18 maart 1582. Met een klein gezelschap heeft Willem van Oranje de lunch gebruikt. Als hij de eetzaal verlaat, treedt een jongeman hem tegemoet.

'Hoogheid, ik heb hier een verzoekschrift...'

Hij overhandigt het document, trekt meteen daarop zijn pistool en schiet.

'God!'

Gewond aan een slagader in de hals en verblind door kruitdamp, zakt Oranje met een verbrijzeld kaakbeen ineen.

'Vermoordt hem niet... Ik vergeef hem mijn dood,' fluistert de prins nog, maar zijn woorden komen te laat. Reeds hebben toegeschoten bedienden de moordenaar met 32 messteken doorboord.

'Doorzoek zijn zakken,' beveelt de jonge prins Maurits, de enige die zijn hoofd koel houdt. Een dolk, een Agnus Deï, een kaars, twee gedroogde padden, een gebedenboek, twee Spaanse wissels, een jezüeten-catechismus en... een zakboekje met aantekeningen komen uit de zakken tevoorschijn.

Jean Jaureguy heeft zijn moordaanslag met een snelle dood kunnen bekopen. Uit zijn aantekeningen blijkt wie de aanstichter is van het komplot. Het is de Spaanse koopman Anastro, die met zaken veel geld verloren had. Met de dominicaner monnik Antonie Timmermans en zijn kassier Venero, heeft hij — om uit de schulden te komen — de aanslag op poten gezet. Anastro kan tijdig vluchten, maar Timmermans en Venero verliezen het leven op het schavot.

Vol liefde verpleegd door Charlotte de Bourbon en zijn zuster, overleeft de prins de aanslag van Jean Jaureguy. Hij heeft een ijzersterk gestel. Zijn verzorging heeft echter het uiterste geëist van zijn vrouw. Dag en nacht heeft zij klaargestaan. Zij sterft van uitputting en laat haar man zes dochtertjes na.

Nieuwe aanslagen op de prins worden voorbereid.

'Man, denk je eens in! Een beloning van 25.000 gouden ducaten!'

Die gefluisterde woorden weerklinken in menige kroeg. Mannen, met de moord op de prins in gedachten, sluipen in donkere mantels geheimzinnig naar het huis van een vriend.

'Zullen we...'

'Dan hebben we geld nodig!'

Parma wordt haast dol van alle louche en onbetrouwbare figuren, die hem om voorschotten vragen om Oranje te vermoorden. De Italiaan Basa en de Spanjaard Salseda zweren samen om de prins én Anjou te vergiftigen. Zelfs de jonge graaf van Egmont raakt betrokken in een komplot. Hij wordt gegrepen. Dankzij zijn verwantschap met het Franse hof mag hij de Nederlanden verlaten na een korte gevangenschap.

De drie hoofdrolspelers in de Lage Landen, Parma, Oranje en Anjou, hebben ondertussen allen met hun eigen moeilijkheden te kampen:

Parma bevindt zich voor de muren van Oudenaarde, waar zijn troepen tijdens het beleg aan het muiten zijn gegaan.

'Mil demonios! We willen soldij! We willen soldij!'

Met grote moed treedt Parma zijn schreeuwende, opstandige soldaten tegemoet.

Eén van hen steekt hij zelfs overhoop. Twintig anderen laat hij opknopen. Zo keert hij het gevaar.

De prins van Oranje wijdt zich met energie te Antwerpen aan een nieuwe regering, terwijl er steeds weer aanslagen op zijn leven worden beraamd. Bovendien tracht hij een leger te werven: 30.000 man Zwitsers, Engelsen en Duitsers, waarmee hij Parma's opmars tegen wil gaan. De Staten-Generaal zijn weinig scheutig met het verstrekken van geld.

En dan Frans van Anjou, die weigert het vijfde rad aan de wagen te zijn: 'Het betaamt een zoon van Frankrijk niet een Matthias te zijn,' zegt hij spitsvondig. Met behulp van zijn moeder wil hij een staatsgreep doen.

'We moeten rellen verwekken in steden als Duinkerken, Brugge, Aalst en Gent. Dan kunnen wij ingrijpen met een Franse legermacht. Zo kunnen wij de steden — en vooral Antwerpen is belangrijk, messieurs! — voor ons winnen!'

En inderdaad! In januari veroveren Franse bevelhebbers een aantal plaatsen, waaronder Duinkerken, Oostende en Aalst. Brugge sluit de poorten en Antwerpen ontglipt aan een ramp, als Anjou, de heer der Nederlanden, ook daar toe wil slaan:

Antwerpen. Het is 1 uur in de middag. De inwoners van de stad zitten aan hun

middagmaal. Ze zetten hun tanden in een stuk vlees, of lepelen een maaltje bonen op. Tinnen bekers met verdund bier worden geheven. De straten liggen vrijwel verlaten, als de hertog van Anjou met een groot gevolg de stad uitrijdt. Dát is het teken voor een Franse strijdmacht, die buiten Antwerpen in het veld bivakkeert.
'De stad is in uw macht!' schreeuwt Anjou de Franse troepen toe.
'Neemt haar in bezit!'
De soldaten stormen naar voren. 600 ruiters en 3000 musketiers schieten de poorten door in een overwinningsroes. Zij zijn vooral begerig naar buit:
'De stad is gewonnen!' roepen ze elkaar opgewekt toe. 'We zullen de calvinisten uit hun kerken jagen!'
'Leve de mis!' klinkt het, want de meesten zijn goed katholiek.
'En leve Anjou!'
Met woest getier werpen zij zich op de huizen der rijken en natuurlijk zijn de juwelierszaken het eerst aan de beurt. Als één man komen de Antwerpenaren overeind.
Trompetten schallen, trommels roffelen en de alarmklok wordt geluid.
'Te wapen, burgers!'
'Sla dood. Sla dood...'
Edelen en burgers, katholieken zowel als protestanten, zetten zich eensgezind voor de tegenaanval in. Zij spannen kettingen over de straten. Vrouwen en kinderen klimmen op de daken en werpen stenen en huisraad op de aanstormende Fransen neer. Terwijl de nooit erg dappere Marnix in wanhoop naar Zeeland vlucht bevechten de Antwerpenaren een fraaie overwinning. Buiten de muren moet de verbitterde Anjou toezien, hoe zijn doortrapte plannen in duigen vallen — en hoe zijn soldaten binnen de muren worden afgeslacht.
Anjou's positie is dan onmogelijk geworden. Hij trekt weg. Vanuit Duinkerken speelt hij nog enige tijd een dubbel spel. Hij belooft van alles aan Oranje, maar knoopt ondertussen geheime onderhandelingen met Parma aan. Hij verlaat tenslotte de Nederlanden met de belofte, dat hij met een sterk leger terugkeren zal. Maar binnen een jaar is hij dood!

De *Franse Furie* heeft de prins geen goed gedaan.
'Het is al Oranjes schuld! Hij heeft immers die verrekte Fransen het land binnengehaald!' kankert het volk. Op straat krijgt de prins heel wat scheldwoorden naar zijn hoofd. Zijn vierde vrouw, Louise de Coligny (dochter van de vermoorde hugenootse admiraal) valt een uiterst koele ontvangst ten deel. Het huwelijk moet in alle stilte worden voltrokken. Zó heftig verwijt men Oranje soms zijn pro-Franse politiek, dat hij zijn leven in Antwerpen niet langer zeker kan zijn.
'Wij moeten hier weg!' beslist hij. In een donkere, maanloze julinacht begeeft hij zich in 1583 aan de haven.
'Deze kant op, hoogheid. Dáár ligt uw schip!'
Met Louise vaart hij naar Middelburg. Vandaar reist hij over water en per koets naar Delft. Beseft hij, dat hij het Zuiden nu definitief aan Parma heeft prijsgegeven?
'De zaken hier verkeren niet in goede staat!' schrijft hij aan koningin Elizabeth. Het is veel erger: de zaken gaan ronduit slecht!
Oranje's vertrek heeft Parma tot een groot offensief geïnspireerd. Duinkerken, Nieuwpoort, Veurne en Diksmuide vallen hem in handen. Dan is Ieper aan de beurt. Prachtig manoeuvreert hij zijn troepen door het Brabantse en Vlaamse land. Handig vangt hij overlopers op. Even handig maakt hij gebruik van verraad:
'Ik kan u een steunpunt aan de Schelde in handen spelen,' belooft de baljuw van het Waasland aan Parma en hij doet het ook.
'Ik geef mijn vesting over zonder strijd!' zegt de Engelse commandant van Aalst. Hij is verbitterd op de Staten, die zijn soldij niet hebben betaald.
'Luister, excellentie,' zegt de zoon van Aarschot en hij zorgt ervoor, dat Brugge voor Parma capituleert.
In april 1584 geeft het dappere Ieper zich gewonnen. Het hooghartige Gent weigert te onderhandelen, hoewel de toestand hopeloos is. Alle wegen met de nog overgebleven bondgenoten (Antwerpen en Brussel) zijn geblokkeerd. Hembyze is in de stad teruggekeerd. Hij verscherpt nog het extremisme van de Gentse leiders, die tot genadeloze vervolgingen van de katholieken overgaan. In juli trekt Parma op Antwerpen af, waar Marnix, op verzoek van Oranje, zich belast heeft met het burgemeesterschap.
Ook in het Noorden wint Parma terrein. De Spaanse stadhouder Verdugo verovert Steenwijk en Zutphen. De stadhouder van Gelre, Oranje's eigen zwager Van den Bergh, pleegt verraad. Plunderende Spaanse én Staatse troepen rampokken in Friesland, de Ommelanden en in de Achterhoek.
'Wat gaat dat ons aan?' denken de kooplieden in Holland en Zeeland, die nu ver van het oorlogsgewoel verwijderd zijn.
'Wij moeten op onze handelskansen letten. Er is goud te verdienen, als onze schepen maar de zee opgaan. Moeten wij in de bres springen voor een ander gewest?'
De kooplieden drijven volop handel met Spanje en leveren heel wat oorlogsmateriaal, zeer tegen de zin van de prins. Als er stemmen opgaan om de prins van Oranje met de souvereiniteit over Holland, Zeeland, Utrecht en Friesland te bekleden, zegt Cornelis Pietersz. Hooft, burgemeester van Amsterdam.
'Neen. Daartegen maken wij bezwaren. Als de prins aan de macht komt, zal onze handel op Spanje ernstig schade gaan lijden en dat willen wij niet!' Heel wat kooplieden zijn het roerend met hun burgemeester eens.
Er zijn ook anderen. Vooral de landsadvocaat Paulus Buys, de pensionaris van Rotterdam Johan van Oldenbarnevelt en François Maelson uit Enkhuizen beijveren zich voor de verheffing van de prins en ruimen allerlei bedenkingen uit de weg.
Op 12 juli 1584 zullen Holland en Zeeland dan eindelijk prins Willem van Oranje uitroepen tot hun vorst. Twee dagen tevoren vallen er schoten in het trappehuis van de Prinsenhof te Delft:

'Excellentie, een zekere Balthasar Gerards heeft het plan Oranje te doden. Hij vraagt om steun!'
'Neen!' antwoordt Parma. Er zijn al zoveel pogingen voor een aanslag mislukt. De komplotten van Ordagno (maart '83) en van de Vlissingse koopman Hans Hanszoon (april '84) zijn ook al op niets uitgelopen.
'Dan doe ik het zonder steun!' beslist Gerards. Uit innerlijke overtuiging en met de wil om God te dienen, treft hij zijn voorbereidingen — gesteund door een monnik in Doornik en gesterkt door een jezuïet uit Trier.

Hij ziet kans als boodschapper in dienst te komen bij de prins. Oranje geeft hem zelfs geld, zodat hij zich wat beter in de kleren kan steken. Van dat geld koopt Gerards twee pistolen. Op de 10de juli 1584 komt hij in de Prinsenhof.
'Wat heeft die man een ongunstig uiterlijk,' waarschuwt Louise de Coligny. 'Vertrouw hem niet!'
'Och wat!' De prins wuift haar ongerustheid weg. Hij geeft opdracht een paspoort voor Gerards in orde te maken en begeeft zich dan aan tafel met de Leeuwarder burgemeester Van Ulenburgh.
Het lijkt onbegrijpelijk, maar Balthasar Gerards krijgt de kans zich beneden in de gang te verstoppen in een nis. Als de prins na het middagmaal de trap afkomt, springt hij naar voren en vuurt: Getroffen door twee kogels, zakt de prins, 51 jaar oud, dodelijk gewond in elkaar.
'Mon Dieu, aie pitié de mon âme et de ce pauvre peuple — Mijn God, ontferm u over mijn ziel en over dit arme volk!'
Zijn zuster buigt zich over hem heen, vraagt of hij zijn ziel in Christus' handen stelt.
'Ja!' Een fluistering. Dan breken zijn ogen.
De prins is dood. Hoe prachtig heeft hij met zijn grote gaven — en met een verdraagzaamheid die zijn tijd vér vooruit is — de zaak der Nederlanden gediend. De tranen van duizenden begeleiden de *Vader des Vaderlands* op de tocht naar zijn laatste rustplaats in de grote kerk van Delft...

Balthasar Gerards is meteen gegrepen. Buitengewoon standvastig en moedig doorstaat hij de martelingen op de pijnbank.
'Gewoon merakels!' zeggen de beulen, als zij na floop van een vermoeiende dag een biertje drinken in het kroegje op de hoek. 'Die gast laat zich enkele bekentenis afdwingen, maar we krijgen hem wel!' Inderdaad noemt Gerards tenslotte toch enkele namen.
Op de 14de juli vindt zijn terechtstelling plaats. Oranje, de enige die onmenselijke wreedheden zou hebben voorkomen, is dood. Daarom treft Gerards een afschuwwekkend lot:
'Eerst de hand!' Met een gloeiend wafelijzer schroeien de beulen hem eerst de rechterhand af. Dan scheuren zij hem op zes verschillende plaatsen het vlees van het been.
'Ja, nu de buik!' Ze hebben het nauwgezet berekend. De buik wordt opengesneden, de darmen eruit gehaald. Tenslotte rukt een van de scherprechters het nog kloppende hart uit de borst en smijt dat Gerards in zijn gezicht. Pas dan hakken ze hem het hoofd af. De beloning voor de moord gaat naar de ouders in de Franche Comté.
'De kerk moest Gerards heilig verklaren,' menen vele dweepzieke katholieken — vooral zij, die veel van de calvinisten te lijden hebben gehad. Zij hebben daardoor Oranje als de pest gehaat. De opstandige gewesten moeten nu zonder hun grote leider de strijd tegen het machtige Spanje voortzetten...

Bourgondische tijd – Twaalfjarig Bestand
De komst van Leicester

Allegorische voorstelling van het verdrag van Doornik op 20 mei 1584 gesloten tussen Parma en de stad Brugge. Geheel rechts de onderhandelaars voor de overgave van de stad. Schilderij van P. Claeissens (1532-1623), rechtsboven.

Waer sullen wy nu toch blijven
Wij boeren cleyn en groot?
Ons koeyen siet men ontdrijven
Wij worden bijster en bloot...
Die Spaengiaert wil ons hencken
Als wij die Geus bystaen
Die geus die wil ons crencken
Alw wy by die Spangiaerts gaen...!

In de jaren '80 weten de boeren in vele landstreken niet meer waar zij het moeten zoeken. Hongersnood en pest teisteren de Ommelanden, waar door de Staatse én Spaanse troepen een verbeten guerilla-oorlog wordt gevoerd. (13.000 mensen zijn in 1581 in de stad Groningen gestorven aan de pest!) In Henegouwen zijn Waalse eenheden en de troepen van Anjou ontstellend te keer gegaan. Vlaanderen is een woestenij. Leeg geplunderde dorpen en stadjes zijn er verwoest.
Wolven worden daar herhaaldelijk binnen de muren gezien.
In de omsingelde steden in Brabant heerst hongersnood. Mede daardoor verovert Parma Brussel en vervolgens ook Mechelen (1585).
Hoe groot ook elders de achteruitgang is, bewijst het vrachtverkeer op de Rijn. Er varen vrijwel geen schepen meer, omdat kaperij er ongestraft kan worden uitgevoerd. Om een eind te maken aan de wanhopige verwarring en aan de onderdrukking door de calvinisten, geven Nijmegen en Doesburg zich aan Parma over. Zo herwint de katholieke kerk terrein. Omdat het hard tegen hard gaat, is de kerk van Rome actief bezig zich te reorganiseren en zich van vroegere wantoestanden te ontdoen. In Friesland zijn meer dan 1000 monniken, nonnen en priesters het land uitgejaagd. Zij hebben hun heil gezocht binnen de muren van Groningen, terwijl hun kloosters en bezittingen door allerlei grove onregelmatigheden in handen van particulieren zijn geraakt. Talloze kunstwerken en documenten zijn door protestantse heethoofden vernield.
En terwijl Hollandse kooplieden goud verdienen met de handel op Spanje, zien vurige katholieke en koningsgezinde fabrikanten in Luik er geen been in, hun kanonnen, haakbussen en musketten te smokkelen naar de steden, die Parma belegert. De wapenindustrie te Luik is tot grote bloei gekomen en de buskruitmolens maken overwerk.
Al tonen calvinisten, lutheranen, dopers en katholieken zich bij tijd en wijle van hun slechtste kant, overwegend heerst in de Lage Landen toch een opmerkelijke geest van verdraagzaamheid. In de meeste steden leven katholieken en protestanten moeiteloos naast elkaar. Dat is één van de redenen, waarom de opstand niet in elkaar stort na Oranje's dood!

Mars omringd door Kunsten en Wetenschappen. Op de achtergrond panorama van Brugge. Schilderij van P. Claeissens, 1605, rechtsonder.

De Staten-Generaal, te Delft bijeengekomen, dragen de regering op aan een Raad van State, waarin 18 personen uit Brabant en Vlaanderen (voor zover nog niet door Parma bezet), Holland, Zeeland, Utrecht, Gelre en Friesland een zetel krijgen. De 17-jarige prins Maurits, die onder de beroemde Bruggeling Simon Stevin te Leiden wis- en krijgskunde studeerde, krijgt in die Raad van State de eerste stem.
Tot haast stomme verbazing van de vorsten in Europa, blijkt de bonte verzameling van kooplieden, reders, vissers en zoutverkopers in staat zichzelf zonder vorst en vrijwel zonder edelen te kunnen regeren. De uitgedachte bestuursvorm die allengs tot stand komt, maakt zo'n diepe indruk op koningin Elizabeth van Engeland, dat zij de Hollandse gezant complimenteert:
'Het bestuur is zo vol goede orde en beleid, dat het in wijsheid de intelligentie van alle koningen en potentaten ver te boven gaat. Wij koningen kunnen allen leren van de Staten-Generaal!'

Dat gevoel hebben de leden van de Staten toch nog niet. Zij geloven dat een landsheer onontbeerlijk is. Oldenbarnevelt en anderen beijveren zich om prins Maurits te verheffen tot graaf.
'Hij is te jong! Voor de succesvolle Parma is hij nog geen partij!' menen de meeste afgevaardigden. Daarom zenden zij een gezantschap naar de Franse koning Hendrik III. Zij bieden hem de soevereiniteit aan. Hij weigert. Dan richt men de blik opnieuw op Engeland:
'Majesteit, zoudt gij de Nederlanden willen regeren?' vragen de gezanten aan koningin Elizabeth. Ook zij ziet daar geen heil in. Zij heeft haar handen nog vol aan Schotland en Maria Stuart, de katholieke koningin. Het ontbreekt haar bovendien aan geld om zich in de Nederlanden te wagen aan een kostbaar avontuur. Wel is ze bereid troepen te sturen. Die hulp is hard nodig, want Parma heeft opnieuw enige spectaculaire overwinningen geboekt:
Voor Gent is de toestand onhoudbaar geworden. Tot overmaat van ramp pleegt de volksmenner Hembyze verraad. In het geheim heeft hij met Parma onderhandelingen aangeknoopt. Het wordt ontdekt en zijn terechtstelling vóór de stadsmuren kan de val van de stad nog enkele maanden uitstellen, maar meer ook niet. In september 1584 wordt tot overgave beslist.
'Wat zijn de voorwaarden?' vragen de burgers zich af.
'Algemeen pardon, behoud van privileges!'
'En wat is er vastgesteld over de godsdienst?'
'Alleen de katholieke godsdienst zal worden toegestaan. Maar andersdenkenden krijgen twee jaar tijd om hun huizen en bezit te verkopen en weg te trekken naar een andere stad!'
'Zal Parma zijn woord houden?'
'Hij houdt altijd woord!'
'Wat gaat gij doen, Claesken?'
'Ik neem de benen, Robijn!'
Duizenden Vlamingen wijken uit. Ruim 80.000 zullen naar Holland en Zeeland trekken, die een heel groot voordeel opdoen bij de achteruitgang die elders heerst.
Dankzij de rijke Vlamingen, de reders, bankiers, handelaren en fabrikanten die naar het Noorden gaan, komen handel en nijverheid in deze gewesten tot grote bloei. De *Spaanse Brabanders* dragen vooral bij tot cultuur en kunst.
'Jawel zulle!' zegt de Vlaming Paschier Lamertijn en brengt nieuw leven in de Haarlemse en Alkmaarder linnen-nijverheid. Hetzelfde gebeurt met de Leidse lakenindustrie.
Opmerkelijk is het aantal regenten, geleerden, kooplieden en dominees, die uit het Zuiden afkomstig zijn en die in Holland en Zeeland nieuwe carrières opbouwen: Aertsen, griffier der Staten-Generaal, Nicaise de Sille, pensionaris van Amsterdam, Lipsius, hoogleraar te Leiden, Gomarus, aanvoerder der rechtzinnige predikanten, De Moucheron, de groot-koopman die handelt op de Witte Zee en plannen maakt voor reizen naar Indië om de Noord. Dominee Petrus Plancius, uitgeweken van Brussel naar Amsterdam, maakt de schippers en stuurlui wegwijs met zeekaarten en nautische instrumenten — en bereidt wetenschappelijk de grote vaart voor. Het is, alsof het Hollandse zeevolk door de komst van al die zuiderlingen nu pas goed ontwaakt.
Ruim 450 haringbuizen, met gemiddeld 14 koppen aan boord, geven 6000 gezinnen

een goede boterham. Om al de gevangen vis (gezouten) te kunnen exporteren (met zuivelprodukten en laken) is de zoutvaart van groot belang geworden.
'Luister goed, Reynier Pietersz...' zegt Steven van der Haghen, die als lakei bij de onderkoning van Napels heeft gediend. 'Ik zeg je, dat de Engelsman hele beste zaken met stokvis in Italië doet.'

Reynier Pietersz. van Twisch rust met andere kooplieden het schip 'De Witte Leeuw' uit en stuurt het met een lading kabeljauw naar Genua. Door misoogsten en bevolkingsaanwas in Italië komt de *Straatvaart* goed op gang. Binnen zes jaren varen reeds 200 grote graanschepen naar Italië. Daarvan worden er 26 door de Spanjaarden en Barbarijse zeerovers gekaapt. Dat is wel beroerd, maar de prachtige winsten maken dat verlies ruimschoots goed.

In het jaar 1585 heeft het stadsbestuur van Amsterdam besloten tot een nieuwe stadsuitbreiding over te gaan. Er wonen thans 30.000 mensen — en binnen 30 jaar zullen het er 105.000 zijn! De *Oostvaart* op de landen om de Oostzee voor graan, ijzererts en hout, draait in Amsterdam op volle toeren. Gevluchte Vlamingen brengen er nu de diamant- en zijdeïndustrie op gang.

Er zijn nieuwe werelden te ontdekken en wie over voldoende lef beschikt, kan prachtige zaken doen. Allerlei inlichtingen stromen de zeesteden binnen.
'Van mijn jeugd af geneigd tot het lezen van vreemde dingen, vervuld van de begeerte om vreemde en onbekende landen te zien en avonturen te zoeken, heb ik besloten mij enige tijd uit het vaderland te verwijderen, hoewel het mij zwaar viel!'

Zo begint het reisverhaal, dat Jan Huyghen van Linschoten uit Enkhuizen geschreven heeft. Pas 17 jaar oud is hij naar Lissabon getrokken, vandaar meegezeild met de Portugezen naar Voor-Indië. Hij is 30 jaar als hij terugkeert, maar dan brengt hij ook vele, zéér waardevolle inlichtingen mee. In de taveernes hangen ze aan zijn lippen, als hij aan het vertellen slaat. 'Jan Huyghen in de ton met een hoepeltje erom!' spotten allengs de kroegbezoekers, die de verhalen al tien keer hebben gehoord.

De stadsgenoot van Jan Huyghen, Dirck Gerritsz. Pomp, brengt het tot China en Japan. De reders en kooplieden in Rotterdam, Amsterdam, Vlissingen of Hoorn zijn méér in hun avonturen geïnteresseerd, dan in de opmars van Parma.
'We moeten schepen uitrusten!' zeggen ze tegen elkaar. Botje bij botje leggend, laten zij grote, goedkope vrachtschepen bouwen. Op de wervan van Hoorn lopen de *fluiten* in steeds sneller tempo van stapel.
'Wij moeten kopen om weer te verkopen. Wij moeten aannemen om te verzenden. Wij moeten onszelf uit alle delen van Europa voorzien, om zo geheel Europa van goederen te voorzien!'

Ondertussen is de strijd om Antwerpen de laatste fase ingegaan. Via de Schelde hebben de watergeuzen de stad steeds van voedsel kunnen voorzien.
'We zullen de Schelde stroomopwaarts sluiten! beveelt Parma. Hij laat op beide oevers grote paalwerken in de grond slaan en van 32 platbodem-vaartuigen een schipbrug bouwen, waarop hij 97 kanonnen zet.
'Die brug wordt óf het pad naar Antwerpen, óf mijn graf,' zegt Parma, die zo rustig denkt te kunnen wachten tot de stad is uitgehongerd.

Bourgondische tijd – Twaalfjarig Bestand

Wapenrok van een heraut uit het markgraafschap Antwerpen (17de eeuw).

Harnas van Alexander Farnese, hertog van Parma, vervaardigd ca. 1570 te Milaan door Lucio Piccinino, (rechts).

Robert Dudley, graaf van Leicester. Portret door J.A. van Ravesteyn, (rechts).

Burgemeester Marnix krijgt met de grootste moeilijkheden te kampen, maar de Italiaanse ingenieur Gianibelli, de horlogemaker Bory en de werktuigkundige Timmerman, bedenken een schitterende list om zich van de brug te ontdoen.
'Qué pasa?' vragen de Spaanse officieren, als bij zonsondergang 17 schepen uit Antwerpen op het afnemend getij naar de brug drijven. Vier van de schepen branden.
'Boem!' Een van de schepen ontploft. Een tweede en derde schip volgen, zonder veel schade te doen.
'Qué es esto?'
Lachend wijzen de officieren naar het vierde schip, dat tegen de palissade is aangedreven. Het vuur lijkt reeds gedoofd. En dan...:
'Boem!'
'Jezus Maria...' Zo'n knal is nog nooit gehoord. De grond schudt. De klap davert door de ganse omtrek. De luchtdruk is enorm.
'De wereld vergaat!'
'Het hemelgewelf stort omlaag!'
'God daagt ons allen voor Zijn rechterstoel!'
Een verschrikkelijke paniek heeft zich meester gemaakt van het Spaanse kamp. Het water van de Schelde is door de ongelooflijke ontploffing omhoog geworpen en stroomt over het omliggende land.
'Jezus Maria, ik zag de bodem van de rivier!'
Een ontstellende ravage is door het kruitschip aangericht. Forten vliegen met geschut en al de lucht in. Parma, die vrij ver weg is, slaat tegen de grond en blijft twee uur lang bewusteloos. In Gent (op 17 kilometer afstand) springen de ruiten van de kerken. Meer dan 800 soldaten en vele officieren worden weggeslingerd en vinden de dood. Het regent stenen, brokken ijzer en stalen kettingen, die de ontwerpers van de list zorgvuldig in het kruitschip hadden aangebracht.
'Jezus Maria, ik dacht dat de aarde scheurde en de hel haar poorten geopend had!' mompelt de geschokte Francisco, soldaat van Parma's lijfwacht. Hij is een mijl tussen afgerukte armen, benen, stenen, aarde en balken door de lucht gevlogen en heeft het er desondanks levend vanafgebracht. De markies De Rubas is onvindbaar.
'Mil demonios!' Ontzet wijzen soldaten bij de opruimingswerkzaamheden naar een hoge paal. Daaraan hangt kolonel Gaspar de Robles, aan zijn eigen keten van goud...
Veel soelaas geeft het formidabele succes van de ontploffing Antwerpen niet. De hongerende bevolking, die geen hulp ziet opdagen, zet de weinig krachtige Marnix onder druk:
'Ga toch onderhandelen!' schreeuwen zij hem toe. En Marnix gaat. Tijdens de besprekingen raakt hij diep onder de indruk van Parma's persoonlijkheid. Tot grote woede van de calvinisten pleit Marnix in de raad voor overgave van de stad. Een Engelse ooggetuige schrijft:
'Daar was niemand in de vergadering van de Brede Raad, die niet verbaasd was om mijnheer van St. Aldegonde zo hevig de deugden van de prins van Parma te horen ophemelen. Dat hij verzoening met de koning van Spanje aanprees, beviel de Brede Raad niet en de kolonels en kapiteins nog veel minder. De meesten waanden zich te dromen...'
Hoewel de Hollanders en Zeeuwen doen wat ze kunnen, zien de Antwerpenaars er geen gat meer in. Op 17 augustus tekent een teleurgestelde Marnix het capitulatieverdrag:
'Amnestie. Terugkeer van de gevluchte koningsgezinden en herstel in hun bezit. Herstel van het katholieke geloof. Een fikse boete. Vertrek van het garnizoen, maar met krijgseer!' Dat zijn de voorwaarden, waarop het trotse Antwerpen zich aan Parma onderwerpt. Duizenden trekken met hun kapitaal en ondernemingsgeest weg.
'Nou niet huilen, vrouw. We zullen in Holland of Zeeland een nieuw leven beginnen. God, de Here, laat ons niet in de steek...'
De stad die eens ruim 100.000 inwoners telde, heeft in vier jaar tijd nog slechts 42.000 burgers over. De tol op de Schelde, die eens 1800 gulden per week opbracht, haalt nu amper 60 gulden, omdat de geuzenvloot alle schepen doorgang belet.
De dankbare koning Filips verleent Parma de orde van het Gulden Vlies. De verbitterde Staten zetten Marnix als een verrader aan de dijk. Hij trekt naar Leiden, waar hij zich gaat wijden aan een studie van de theologie.

In enkele jaren heeft Parma op schitterende wijze de Zuidelijke gewesten teruggewonnen voor zijn vorst. Dat hij een hele baas is, bewijst de praal waarmee hij placht uit te rijden op een hoogtijdag. Het is door zijn eigen officieren beschreven:
'Voor Parma reed een compagnie lichte cavalerie van 120 man. Zij hadden witte, donkere of rode vaantjes aan hun lansen en droegen prachtige tunieken van rood fluweel, bewerkt met passementen en boordsels van gouddraad. Op hun helmen wuifden vuurrode pluimen...' Dan volgt de bereden lijfwacht, 200 man sterk.
Daarachter 100 bereden musketiers en de Duitse wacht.
'Achter hen kwamen de 20 pages van Parma, die er prachtig uitzagen in hun rood fluweel en goud en met hun wapperende pluimen. Zij reden op kleine paarden met korte stijgbeugels...' Dan 24 lakeien, goud getrest en met rode vilthoeden op. De koninklijke standaard is omgeven door de hoogste Spaanse en Italiaanse edelen. En eindelijk komt Parma zelf:
'Parma zelf reed op een kastanjebruin, Spaans ros. Hij droeg een zwaar borstkuras met drie gouden strepen, een karmozijnen overkleed met schoon borduursel versierd. Hij hield zijn staf en teugels in de ene hand, zijn hoed met rode veren in de andere. Want hij was zo'n hoffelijk man, dat hij altijd blootshoofds reed...'
Tegen deze ijdele, maar geniale krijgsman moeten Holland, Zeeland, Utrecht, Gelderland (binnen Waal en IJssel), Friesland en een deel van Brabant zich staande zien te houden. Zij danken God, dat er grote en brede rivieren zijn, die Parma moeilijk over kan. Want vooral door militair-geografische factoren wordt de scheiding tussen Noord en Zuid een feit.

Door toedoen van Oldenbarnevelt roepen Holland en Zeeland de jonge prins

Maurits tot hun stadhouder uit. Zij benoemen hem tevens tot kapitein-generaal en admiraal over leger en vloot. Ondertussen kijkt men reikhalzend uit naar de hulp, waarvoor met koningin Elizabeth wordt onderhandeld:
'Ik wil wel hulp geven,' zegt de Engelse koningin, 'maar om de kosten goed te maken, moet daar wel wat tegenoverstaan!'
Zij eist Den Briel en Vlissingen als pandsteden op, zodat zij de mondingen van Maas en Schelde kan beheersen. Zij verlangt bovendien, dat de aanvoerder van de Engelse strijdmacht als gouverneur-generaal én nog twee andere Engelse heren, toegang zullen krijgen tot de Raad van State.
'Yes, your majesty!' zeggen de Hollandse gezanten. Al is het een heilloos verbond, zij hopen Engeland op deze wijze in de oorlog te kunnen betrekken.
In het najaar van 1585 gaat een Engelse strijdmacht — 5000 man voetvolk en 1000 ruiters — aan land, gevolgd door Robert Dudley, graaf van Leicester, de lieveling van Elizabeth. Johan van Oldenbarnevelt, prins Maurits, de Friese stadhouder Willem Lodewijk van Nassau heten hem en zijn gevolg van 500 edelen hartelijk welkom, als hij te Vlissingen van boord is gegaan. Vooral de calvinisten juichen hem uitbundig toe, omdat zij in hem de grote voorvechter voor de vrijheid zien.
'Hoe kunnen ze juichen. De komst der En-

Bourgondische tijd – Twaalfjarig Bestand

gelsen voorspelt niets goeds,' zeggen anderen misprijzend. Wantrouwen heerst er volop. Robert Dudley, graaf van Leicester, raakt hier in een ingewikkelde situatie verzeild:

'Er heerst hier geen eenheid!' is tegen Leicester gezegd. 'Holland en Zeeland betalen samen bijna 70 % van de oorlogskosten. Deze twee gewesten hebben zich in de Staten-Generaal meer en meer meester gemaakt van de macht. U zult nog wel merken, excellentie, hoe de andere gewesten steen en been klagen, omdat Holland en Zeeland niets voor hen doen!'

Het is waar! Holland en Zeeland hebben het te druk om met volle inzet oorlog te voeren. Hun havens liggen open. Zonder enig probleem kunnen de schepen de zee opgaan. Nu Antwerpen is uitgeschakeld, Brugge en Gent verarmen en de hanze ineen is gestort, staan Hollanders, Zeeuwen en gevluchte Vlaamse en Brabantse kooplieden gereed om een greep naar de prachtige handelskansen te doen. Wat zullen zij zich, beschermd door het water, drukmaken over hun lijdende bondgenoten in Brabant of Gelderland?

'En niet alleen tussen de gewesten, your excellency, maar ook tussen allerlei groeperingen onderling zijn scherpe tegenstellingen over geloofszaken, over de verhouding tussen kerk en staat ontstaan!' krijgt Leicester te horen. Ook dat is waar. Vooral de ballingen (die zoveel verloren hebben!) en de orthodoxe calvinisten wensen verbeten te strijden voor hun vrijheid en hun geloof.
'Verbiedt toch de handel op Spanje!' roepen zij hun stadsregeringen toe. 'Het is toch schandelijk, dat de vijand van onze handel profiteert?'

Zij gaan nog verder:
'Wij stellen het leren van ónze geloofsbelijdenis op de scholen verplicht,' eisen ze brutaal, hoewel ze vrijwel overal in de minderheid zijn. En omdat ze de ziel van de opstand zijn, lukt hen dat ook. Een plan om de armenzorg volledig door de overheid te laten regelen wijzen zij met felheid af. Want juist de armenzorg blijkt een probaat middel om de bezitloze massa tot het calvinisme te bekeren. Aangevuurd door hun predikanten eisen zij medezeggenschap en willen zij hun kerk verheffen boven de staat — precies zoals Calvijn dat in Genève heeft gedaan.

Tegenover deze orthodoxe groep staan meer gematigde staatslieden met Oldenbarnevelt en prins Maurits aan het hoofd.
'De handel met Spanje brengt het geld binnen, waarmee de oorlogvoering kan worden betaald,' stellen zij wel terecht. Zij wensen geen inspraak van de kerk (en daarmee van het volk) maar willen het land regeren met een regentenstand.

Zo zijn langzamerhand twee partijen scherp tegenover elkaar komen te taan — met daar tussenin de katholieken, die lijdelijk verduren wat hen aan godsdienstbeperkingen wordt opgelegd.
'Verstevig de eenheid!' heeft Elizabeth tegen Leicester gezegd. Met die opdracht is hij naar de Lage Landen vertrokken en nu zoekt hij tussen de twistende partijen zijn weg!

Leicester wedt op het verkeerde paard. Hij mengt zich in de partijstrijd en raakt in handen van (of kiest zelf voor) de groep die het zoekt in een kerkelijke dictatuur.
'Luister, your excellency,' zeggen de orthodoxen hem. 'U moet de handel op Spanje en vooral op de Zuidelijke gewesten verbieden. De moedeloze boeren in het Zuiden weigeren de nieuwe oogst uit te zaaien en Parma zit daardoor in een moeilijk parket.

Als de kooplieden hier het Zuiden niets meer leveren, zal Parma door de knieën moeten gaan...' Leicester knikt. Zonder de voedselleveranties uit het Noorden zal Parma er slecht voor komen te staan. Daarom vaardigt de nieuwe landvoogd een streng plakkaat tegen de handel met Spanje en het Zuiden uit.
'Wat zullen we nou hebben?' kankeren de Hollandse en Zeeuwse kooplieden. 'Laten we ons het brood uit de mond stoten door die verrekte Engelsman?' Felle protesten tegen het plakkaat klinken in de havensteden op.

Wellicht om ver van dat gekrakeel verwijderd te zijn, vestigt Leicester zijn residentie niet in Holland, maar in Utrecht. Oók dat zet kwaad bloed. De toestand verslechtert nog, als hij zich daar met Vlaamse calvinisten omringt. In Leicesters Geheime Raad zitten drie mannen, voor wie haast niemand een goed woord over heeft.
'Reingoud, een bankbreukige bankier, die zowel voor Granvelle, als voor Alva en Requesens heeft gewerkt. En dan, God-betere-het, Gerard Prouninck, die eerzuchtige Brabander, die tot burgemeester van Utrecht is benoemd!'
'Maar Daniël De Borchrave is de ergste. Hij is gewetenloos en schrander en in Holland houden ze hem voor een doortrapte spion!'

Nijdig spugen velen hun gal over dat drietal dat baantjes vergeeft, tegenstanders zonder vorm van proces laat verbannen en de wetten schendt. Al die wandaden komen op de schouders van Leicester neer. Het zijn inderdaad geen fijne jongens, maar de meesten van hun tegenstanders zijn dat evenmin.
'Doe toch iets!' smeken velen Johan van Oldenbarnevelt, die tot landsadvocaat is benoemd. In die functie doet Oldenbarnevelt al het mogelijke om Leicesters invloed en macht, waar hij maar kan, te beperken.

De onrust in de opstandige gewesten neemt nog toe, als er in de oorlog geen successen worden behaald. Grave en Venlo gaan verloren. Engelse commandanten aan de IJssel plegen verraad en spelen Parma

Scheepsontwerpers aan het werk. Illustratie uit Matthew Baker, *Fragments of Ancient Shipwrighty* (16de eeuw).

Deventer en de schansen rondom Zutphen in handen.

In november vertrekt Leicester naar Engeland om zijn vorstin in het proces tegen de katholieke, komplotterende Maria Stuart bij te staan.
'De Raad van State mag in mijn afwezigheid geen belangrijke beslissingen nemen!' beveelt hij voor zijn vertrek. De reactie daarop blijft niet uit. Heftig raken de gemoederen in beweging. In de Staten-Generaal blazen verontwaardigde afgevaardigden hun stoom af:
'Een achterraad bedisselt in het geheim 's lands zaken!' roep Oldenbarnevelt driftig uit. 'Wij worden schandelijk door de Engelsen bedrogen!' Wilkes, het Engelse raadslid springt op, protesteert:
'Bij gebrek aan een wettelijke vorst behoort de souvereiniteit aan de gemeente toe en niet aan u, mijne heren!' Hij keert zich tegen de regering der regenten en komt daardoor op voor het volk, evenals vele calvinistische dominees dat doen. Oproer dreigt.
'God heeft aan de kerk het toezicht op de ganse samenleving toevertrouwd!' donderen de gereformeerde predikanten van de kansel. 'Niet bij de Staten, maar bij het volk vah Christus ligt de souvereiniteit!'
Vlugschriften doen de ronde. Op voorstel van Oldenbarnevelt nemen de steden waardgelders in dienst om op alles voorbereid te zijn. De bevoegdheden van prins Maurits worden uitgebreid.

Zo is de situatie, als Leicester in juli 1587 naar de Nederlanden terugkeert — met zeer geheime instructies van zijn vorstin.
'Wij bevinden ons in een netelige situatie!' heeft Elizabeth gezegd, alvorens Leicester vertrekt. Zij weet dat koning Filips een grote 'Armada' bouwt. Spionnen hebben haar gemeld, dat hij een aanval op Engeland voorbereidt: 'Met 150 schepen, bemand door 30.000 matrozen en roeiers en een landingsleger van 70.000 man zullen de Spanjaarden komen. Parma zal zich met zijn troepen bij die vloot voegen. Daarom belegert hij nu Sluis, de havenstad van Brugge, om van daaruit makkelijker aan boord te kunnen gaan...' De rapporten van de geheime agenten zijn verontrustend genoeg.

Om te voorkomen, dat opstandige katholieken in Engeland de Spanjaarden zullen steunen en om hen alvast de wind uit de zeilen te nemen, heeft Elizabeth in februari Maria Stuarts hoofd laten vallen op het schavot.
'Luister, Robert,' zegt ze nu tegen Leicester. 'Breng een vrede met Spanje tot stand, maar doe dat voorzichtig en handig! Verzeker je daar in de Nederlanden militair én op het gebied van de financiën van onbeperkte macht. En beperk de handel met Spanje, want het is toch te gek, dat de Hollanders hout leveren voor schepen, die ons de das om kunnen doen...'
'En als de Staten weigeren mij die onbeperkte macht te geven?'
'Grijp die dan met steun van de calvinistische predikanten en alle hulp die je maar kan krijgen!'
Zo ongeveer hebben de altijd op twee gedachten hinkende Elizabeth en Leicester gesproken. Leicester keert terug — vastbesloten om een staatsgreep te doen.

Maar ook de tegenpartij beschikt over spionnen. Eén van hen klopt bij Oldenbarnevelt aan:
'Ik weet welke geheime instructies de graaf van Leicester heeft gekregen!'
'Zeg op, Ortel!' En de spion Ortel geeft zijn imformaties prijs.

Groot is de verontwaardiging in de Staten, als Oldenbarnevelt de afgevaardigden van de plannen vertelt.
'Ik zal mij tegen Leicester keren en ik neem ontslag, als men mij niet steunt!' roept de landsadvocaat dreigend uit. De zaken lopen naar een kookpunt. Leicester onderneemt een poging om het belegerde Sluis te ontzetten, want de val van die stad betekent extra gevaar voor Engeland. De Staten steunen hem nauwelijks of niet en de onderneming wordt daardoor een flop.
'Verraad! De Staten slaan geen acht op het landsbelang!' protesteren de calvinisten in Zeeland. Ze zijn woedend — vooral als Sluis valt. Zij scharen zich achter de Engelse landvoogd, die nu zijn tijd gekomen acht. Met groot gevolg begeeft hij zich naar Den Haag.
'Breek de macht van de verraderlijke Staten. Stop Oldenbarnevelt en prins Maurits in het gevang!' hebben de nijdige Zeeuwen hem gezegd.
Tijdig gewaarschuwd trekt Maurits zich terug in het ommuurde Delft. Met calvinistische aanhang en Engelse troepen probeert Leicester Hollandse steden in bezit te nemen. Een aanslag op Amsterdam mislukt. Enkhuizen sluit de poorten en Friesland laat weten, dat ze daar niet gesteld zijn op het voorgenomen bezoek van de landvoogd. Temidden van alle onenigheid, van woelingen en twisten, verlaat Robert Dudley, graaf van Leicester, in december de Nederlanden als een diep teleurgesteld man.
'Non gregem, sed ingratos desero — Niet de kudde, maar de ondankbaren verlaat ik!' laat hij op zijn afscheidspenning slaan.

Groot is nu de wanorde. Overal dreigt oproer en verzet. Engelse troepen bezetten Walcheren en keren zich tegen de Zeeuwse Staten. Prins Maurits herstelt er de rust.
In Friesland hebben de kwartieren Oostergo en Westergo de buik vol van alle onenigheid en strijd.
'Wij moeten vrede sluiten met stadhouder Verdugo. Alleen zó komt er aan de guerilla-oorlog en de plundertochten een eind!' roepen de Friezen met een verhitte kop. Het kost Willem Lodewijk van Nassau de grootste moeite hen te weerhouden van die stap.
Sonoy, Leicesters grote vriend, nestelt zich in Medemblik. Hij probeert ook Enkhuizen en Hoorn voor zich te winnen en smeekt Engeland om steun. Hij krijgt die niet. In andere plaatsen slaan garnizoenen aan het muiten en schreeuwen onbetaalde soldaten om soldij.
'Als Parma eens in deze chaos zou aanvallen,' denken sommige bezorgde burgers.
Maar Parma valt niet aan. Hij heeft instructies in het Zuiden te blijven omdat de Armada komt.

Onder de moedige, uiterst bekwame leiding van Johan van Oldenbarnevelt nemen de Staten-Generaal een belangrijk besluit. Langzaam, haast onbewust, zijn de afgevaardigden tot het inzicht gekomen, dat de vrijheid alleen te winnen is door op eigen benen te staan. Met Holland voorop zijn de Staten-Generaal eindelijk bereid, de souvereiniteit in eigen hand te nemen en de sprong te wagen naar een Republiek:
'Vooruit maar. In Gods naam!'
De opstandige predikanten ontvangen een scherp schrijven: 'Bemoei u niet langer met de zaken van de staat!' In die uiterst kritieke dagen leggen zij het hoofd in de schoot.
Te Utrecht wordt het kerkelijk bestuur dat, net als bij Calvijn in Genève, over de stad heeft geheerst, volledig gebroken. En Reingoud, de ijverige calvinist, vlucht naar het Zuiden en wordt weer ijverig katholiek.
Juist op tijd komt er een eind aan alle tweestrijd, want een nieuwe krachtmeting met de vijand staat voor de deur...

Elizabeth van Engeland in een draagstoel op weg naar de Westminster Abbey in Londen om een dankdienst bij te wonen ter gelegenheid van de Engelse overwinning op de Spaanse Armada. Schilderij toegeschreven aan Marcus Gheeraerts (eind 16de eeuw).

Bourgondische tijd – Twaalfjarig Bestand
De Armada

Het is merkwaardig, dat de Republiek der Verenigde Nederlanden nooit werd afgekondigd, ook nooit werd uitgeroepen, maar in feite geleidelijk in de jaren tachtig ontstond. Is het een statenbond of een bondsstaat? Elementen van allebei zijn aanwezig. Het lijkt op een bond van zeven republiekjes, omdat de gewesten Holland, Zeeland, Utrecht, Gelre, Overijssel, Friesland en Groningen in hoge mate zelfstandig zijn. Dat geldt ook voor de steden, waar het bestuur in handen ligt van de magistraat: de burgemeesters en de schepenen. (De leden van de vroedschap — de gemeenteraad met 20 tot 40 leden — hebben zitting voor het leven. Zij kiezen uit hun midden de burgemeesters — meestal vier — voor de periode van één jaar!) Als plaatsen openvallen kiest de vroedschap soms zelf nieuwe leden, doch meestal worden zij door de Staten of de stadhouder benoemd.

De Staten van een gewest worden op verschillende manieren gevormd. In de Staten van Gelre heeft de ridderschap overwegende betekenis en ook in Overijssel oefent de adel nog veel invloed uit. In de Staten van Holland heeft de ridderschap maar één stem. Daar zijn het de afgevaardigden van de 18 steden (iedere stad heeft één stem) die over de zaken beslissen. Minstens vier maal per jaar komen de heren voor een periode van drie tot vijf weken bijeen. De steden geven hun afgevaardigden opdracht hoe zij moeten stemmen. (In geval van twijfel moeten de heren 'ruggespraak' houden. Dan reizen zij herhaaldelijk heen en weer, alvorens een definitieve stem kan worden uitgebracht.)

Vanuit de Staten zenden de gewesten hun gedeputeerden naar de Staten-Generaal, die in hoogste instantie verantwoordelijk is voor de oorlogvoering, voor leger en vloot, voor de betrekkingen met andere landen, voor de financiën en voor de uitgaven van de generaliteit.

Door éénparigheid van stemmen komt daar de besluitvorming tot stand. Het rijke Holland, dat de oorlog grotendeels bekostigt, heeft in de Staten-Generaal een belangrijk overwicht. Hollands aandeel in de generaliteits-uitgaven steekt overweldigend af bij dat van de andere gewesten:

Holland	: 58 %
Friesland	: 11,5 %
Zeeland	: 9 %
Utrecht	: 6 %
Gelre	: 5,5 %
Groningen	: 5,5 %
Overijssel	: 3,5 %

In feite betaalt Holland zelfs meer, omdat het dikwijls voorschiet, wat andere gewesten nog niet kunnen betalen — en ook nooit zouden betalen. Met het straatarme Overijssel is dat herhaaldelijk het geval.

(De stad Amsterdam betaalt 1/3 deel van de Hollandse uitgaven!)

Onder Johan van Oldenbarnevelt groeit het ambt van landsadvocaat (juridisch adviseur van het gewest Holland) uit tot een soort eerste minister die verantwoordelijk is voor de binnen- en buitenlandse politiek. Hoewel de post van stadhouder als vertegenwoordiger van de koning overbodig is geworden, blijft die functie toch bestaan.

Ontwerp van een wandtapijt over de Armada. Op de voorgrond is het Spaanse admiraalsschip ingeklemd tussen de Engelse aanvallers.

Daar de souvereiniteit nu rust bij de Staten-Generaal wordt de stadhouder een dienaar van de staat. Zijn taak bestaat uit de handhaving van het recht. Hij beschikt ook over het recht om gratie te verlenen en mannen voor belangrijke posten te benoemen. Tevens draagt hij verantwoordelijkheid voor de godsdienst en de gewestelijke militaire macht. Bovenal: hij is opperbevelhebber van leger en vloot en vooral dááraan ontleent hij zijn invloed en gezag.

Meer dan andere instanties houdt daarom de stadhouder het algemeen belang in het oog!

De Republiek der Verenigde Nederlanden is een wankel geval op papier. Zolang echter krachtige mannen aan het hoofd staan gaat alles goed. Het is bovendien geen tijd om over bevoegdheden en regeringsstructuren te twisten, nu Spanje tot een vernietigend offensief lijkt over te gaan:

Lissabon, voorjaar 1588: De grootste vloot, die ooit de wereldzeeën bevaren heeft, komt langzaam maar zeker gereed. Bezoekers die aan de kade komen, weten niet wat ze zien. Wimpels, zeilen, af en aan varende sloepen, karvelen, lichters. Marcherende soldaten. Paarden, karren met voorraden. Kisten, tonnen. Militaire commando's vermengen zich met het geschreeuw van sjouwers en bootsvolk. Schepen uit Sicilië en Napels, galjoenen uit Sevilla en Cadiz, galeien uit Portugal. Bij elkaar 150 schepen!

En de kleinste meet nog 500 ton en heeft 65 stuks geschut aan boord!

De Armada!

Onder oppertoezicht van de markies van Santa Cruz, één van de kundigste admiraals die Spanje ooit heeft bezeten, wordt de *Armada* door 970 kustvaarders van voorraden en troepen voorzien. Wat aan boord gaat grenst aan het ongelooflijke: 5000 Spaanse soldaten van de Italiaanse regimenten, 5000 Spanjaarden uit de Azoren en 3000, die van de Indische vloot afkomstig zijn. 12.000 jonge kerels zijn in Castilië geworven. Opnieuw heeft overal de oproep geschald: 'Por Dios, Patria y Rey!'

5000 geronselde Portugezen, 1200 ruiters, 4290 artilleristen en tenslotte de tros, 3000 man, waaronder een hospitaaldienst, 180 monniken en zelfs een grootinquisiteur.

Onvoorstelbare hoeveelheden voedsel en andere benodigdheden zijn in de ruimen gestouwd: 39.600.000 pond beschuit, 2.100.000 liter erwten en bonen, 19.000 grote zakken stro, 1000 muildieren hinniken onder de dekken — meegenomen voor het trekken van het geschut. Wat niemand zich nog realiseert is het feit, dat Francis Drake in het najaar van 1587 een aanval op de zuidkust van Portugal heeft gewaagd en al het uitgewerkte hout (voor tonnen en vaten) heeft verbrand. De watervaten- en tonnen, die aan boord zijn gegaan, zijn uit nieuw hout vervaardigd. Dat zal lekken tot gevolg hebben en... watergebrek.

'Por Dios, Patria y Rey!' Uit alle delen van Spanje zijn jongelingen uit aanzienlijke families toegestroomd. Als *avontureros* maken zij de tocht mee.

Vlak voor het vertrekt sterft de markies van Santa Cruz aan de pest. Is het een slecht teken? In zijn plaats wordt de onervaren hertog Medina Sidonia tot vlootvoogd benoemd.

Eind mei zeilt de vloot naar het noorden om allereerst Engeland te onderwerpen aan Spanjes wil.

Tevergeefs hebben gezanten van Elizabeth en Parma met elkaar over vrede onderhandeld. Over en weer hebben zij elkaar bedrogen en dubbel spel gespeeld. Parma zou graag met de verovering van Engeland hebben gewacht tot de onderwerping der Nederlanden volledig zou zijn geweest. De kans daarvoor achtte hij groot, nu de kracht van de opstandige gewesten door tweestrijd lijkt verlamd. Er komt echter vrij snel orde in de chaos, die Leicester bij zijn vertrek achterliet. Onbuigzaam, eerlijk en volhardend heeft Johan van Oldenbarnevelt met een verbluffende kennis van zaken zijn schouders onder de enorme problemen gezet.

'Liever verheerd dan verknecht!' Met dat motto handhaaft hij het gezag van de regenten — hoewel dat niet altijd 'heren' zijn. Door zijn eminente persoonlijkheid — hij is niet alleen scherpzinnig, maar ook een groot redenaar — slaagt hij erin al de onzichtbare draden van de binnenlandse én buitenlandse politiek in handen te krijgen — en hij beijvert zich daarbij voor het overwicht van zijn eigen gewest.

'Wij zijn nu de koningen van Holland!' roept een Amsterdams burgemeester opgetogen uit. Dat typeert wel hoe de situatie is. Engelse gezanten zijn minder enthousiast. Bitter melden ze Elizabeth:

'De landsadvocaat bestuurt alles! Niemand durft hem tegenspreken en nauwelijks durft men hem te dienen met een advies!'

In ieder geval is er nu krachtige leiding in de jonge Republiek. En dat mag ook wel, want de reusachtige Armada komt aangezeild.

Groot is de onrust in Engeland.

'Ships! What we need now are ships!' Sir Francis Drake, Howard en Hawkins trachten een vloot bij elkaar te krijgen. In de zeesteden worden koopvaardijschepen in allerlij tot oorlogsbodems omgebouwd. Om het gevaar van een Spaanse invasie te keren, rukt Leicester met een leger op naar de kust.

De enorme bedreiging van de naderende Armada maakt samenwerking tussen Engeland en de Republiek tot een dringende noodzakelijkheid.

'Verhinder tot iedere prijs, dat Parma zijn krachten met de Armada kan bundelen!' luidt de opdracht aan Hollandse en Zeeuwse eskaders. Vanaf de Schelde tot aan Duinkerken blokkeren zij de kust.

'Zeil naar Dover en vervoeg u daar bij de Engelse vloot!' krijgt Cornelis Loncq te horen en met 20 schepen van de Republiek kiest hij het ruime sop. Op 30 juli varen de Britten de vijand met 60 vaartuigen tegemoet. De volgende dag weerklinkt de roep van een uitkijk:

'Zeilen aan bakboord!'

De kust van Cornwall, zondag 31 juli 1588: Schitterend uitgedost met vlaggen en standaards en met katholieke emblemen versierd, vaart de Armada statig voort. 'Dominus vobiscum.' 'Et cum spirito tuo...' Priesters houden bidstonden en godsdienstoefeningen op de dekken. Daarmee wordt het heilige doel van de vloot onderstreept: wraak voor de dood van Maria Stuart en herstel in Engeland van het katholieke geloof. Daarna zullen de opstandige gewesten in de Nederlanden tot de orde worden geroepen.

'Domine, dirige nos...'

Daar zeilen de machtige schepen: met biddende priesters, trotse edelen, lichtzinnige vrouwen en galeislaven: met paarden in de ruimen en kisten vol geld voor de soldij.

Een dagenlange strijd begint. Heeft de hemel de vurige gebeden niet gehoord?

De Engelse en Nederlandse kapiteins staan in vol harnas op hun commandoposten op het dek. Scherp letten zij op de seinen van hun bevelhebber en schreeuwen dan hun bevelen:

'Klaar om te wenden... Ree!'

'Klaar om te vuren... Vúúr!'

Pag. 268-269
Kaart van de tocht van de Armada in de Engelse wateren.

Bourgondische tijd – Twaalfjarig Bestand

St. Bartholomeus point
SHOTLANDE
Sunnborne heade
Faire Il
Olde Zante
Bergen
NORWAYE
Longholl
Notton
SCOT
LANDE
DEN
MARKE
Bournbergen
St. Abs heade
Holy Il.
Solwey Frith
St. Bees
Kendall
Lancaster
Larpoole
Chester
Newcastle
Hartlepoole
Scarbrough
Flambrough head
Hull
ENGLANDE
HONI SOIT QUI MAL Y PENSE
YORKE
Grimsby
Sandhall
Skegnesse
Boston
Walpoole
Lyn
Wells
Winterton
Yarmouth
Orfordnesse
Harwich
Colchester
BRISTOL
LONDON
Aberdouy
Aberistwyth
Cardigan
Holms
Ilfroycombe
Barnestable bay
Lundye
Start point
Lizard
Wight
Owers
Beachy
Dover
Douer
Dunge nesse
The Spanishe fleete
The Englishe fleete
EAST
Emden
Vlieland
Tesell
Harling
FRISLANDE
Enchusen
Amsterdame
HOLLAND
Dorte
Bergen
BRABANTE
Antwerpe
Vlisinge
Sluise
Ostende
Newporte
Dunkercke
Calais
FLANDERS
Bulloinge
Abbevuille
Treporte
Diepe
PICARDIE
Caskettes
Alderney
Garnesay
Iarsay
7 Iles
Il bas
Barflete
Newhauen
Honflew
Roan
Cane
NORMANDIE

Bourgondische tijd – Twaalfjarig Bestand

Penning uit 1588 met de afbeelding van de ondergang van de Armada.

De kanonniers staan aan de stukken. Wolken kruitdamp verwaaien in de wind.

Steeds weer gaan de schepen overstag. Steeds weer zwenken zij af om net buiten schot te blijven van de gevreesde Spaanse kanonnen. Zij nemen slechts de hoge, logge galjoenen op de zijvleugels en in de achterhoede van de katholieke vloot onder vuur.

'Santa puta!' Er breekt brand uit op het schip van betaalmeester Juan de Guerra. De grote oorlogsbodem van don Pedro de Valdes raakt onklaar en wordt nu aan alle kanten door de Engelsen bestookt. 400 soldaten en zeelieden vinden de dood en juichend brengen de Britten dat schip met al zijn geldkisten naar Plymouth op.

'Domine, dirige nos...'

Terwijl de priesters en monniken gebeden prevelen en stervenden bijstaan, manoeuvreert Medina Sidonia zijn vloot naar het eiland Wright. Hij stuurt een snelle zeiler naar Parma, die met zijn leger bij Duinkerken wacht, maar verder niets kan doen.

Zonder zich aan een echte zeeslag te wagen bestoken de Engelsen hun vijand van iedere kant.

Duinkerken, 6 augustus: Vanaf de kust ziet Parma hoe een ramp zich langzaam voltrekt. De Armada is voor anker gegaan. Denkt Mediana dat Parma nu met lichte schepen zal uitvaren? Het is ijdele hoop. Vóór zich ziet hij de Nederlanders, die Parma geen kans geven de zee op te gaan. Achter zich weet hij de Engelsen.

Een sterke wind steekt op. Dat is precies, waarop de Hollanders en Zeeuwse waterrotten hebben gewacht. Snel zenden zij branders op de Spaanse schepen af.

'Kijk nou toch, Crispijn!' Juichend staan ze aan de reling, als ze zien hoeveel verwarring er door die branders wordt gesticht.

'Klaar om te vuren?'
'Vooruit, Crispijn!'
'Vúúr!'

Hout versplintert. Water spat op. Opgewonden vloeken glijden over het water. Een grote mast komt krakend naar beneden met al zijn tuig.

'Domine, dirige nos...'

Uit angst voor de branders en de zandbanken kappen de Spanjaarden onbesuisd en in paniek de ankerkabels door. Met gereefde zeilen lopen de schepen voor de wind naar het noorden — uit angst om in het nauwe Kanaal te vergaan.

'Jesu Maria...'

Het Spaanse admiraalsschip krijgt 14 kanonskogels onder de waterlijn. De San Mateo verliest zijn grote mast en roer. De zware golfslag en de harde wind jagen het stuurloze schip door de vijanden heen op een zandbank. Het galjoen San Felipe, uit de koers geslagen, kapseist voor Nieuwpoort, terwijl het Spaanse leger machteloos moet toezien, hoe het scheepsvolk tenondergaat.

Een scherpe noordwestenwind drijft de Armada de volgende dag opnieuw naar de Vlaamse kust, waar het eskader van de Republiek onder bevel van Pieter van der Does een aantal galjoenen tot overgave dwingt, of tot zinken brengt.

'Jesu Maria!'

In de ruimen schoppen hinnikende paarden tegen de beschotten als het water stijgt.

Gewonden schreeuwen hun doodsnood uit. Kanonniers springen overboord en trachten naar drijfhout te grijpen.

'Madre mia!' Langzaam zinkt een Spaans galjoen met zijn geldkisten en beschuiten met zijn trotse edelen en galeislaven, met zijn piekeniers en biddende priesters. De golven slaan over de dekken, over de zeilen en masten. De laatste wimpel verdwijnt onder het wateroppervlak. De Hollanders juichen...

De wind draait. De ontmoedigde, verstrooide Spaanse vloot loopt de Noordzee in — nog drie dagen achtervolgd door de Engelsen, die hun laatste munitie verschieten.

Op de 12de augustus ziet het eskader onder Howard de Armada bij Newcastle voor het laatst.

'Wij plukten de Spanjaarden stuk voor stuk de veren uit!' meldt hij later. Met behulp van de Nederlanders hebben de Britten een opzienbarende overwinning behaald.

Tegen de adviezen van een Hollandse en Schotse loods, wil de hertog van Medina Sidonia zijn verspreide vloot in veiligheid brengen om Schotland en Ierland heen.

Hevige stormen doen de rest. Toegetakeld, topzwaar en hulpeloos lopen de Spaanse galjoenen op de rotsen van de Hebriden, de Orkney- en Faroër-eilanden te pletter.

Langs de ganse kust het beeld van aangespoelde wrakstukken en lijken, van drenkelingen, die door de plaatselijke bevolking worden uitgeschud, vermoord, of vastgehouden tot de losprijs zal zijn betaald. Pas in oktober komt slechts een derde deel van de reusachtige, onoverwinlijke vloot ontredderd in Spanje aan.

Duizenden families leven in angstige afwachting op nieuws:
'Leeft Francisco?'
'Leeft don Diego?'
'Wat is er geworden van de blijmoedige piekenier Patricio, die op de San Felipe heeft gediend?'
'Hebben de graaf van Paredes en de kleine schildknaap Alonso het er levend afgebracht?'

In maandenlange onzekerheid stellen vrouwen, meisjes en kinderen angstige vragen aan matrozen en soldaten die zijn teruggekeerd. In duizenden families heerst diepe rouw.

'God heeft het niet goed geacht, dat de koningin van Engeland voor haar welddaden tegen de kerk en het katholieke geloof werd gestraft,' zo zegt men in Spanje, waar in de kerken menig gebed tot God voor het zieleheil van een gesneuvelde weerklinkt.

Ook de Engelsen en Nederlanders stromen naar hun kerken. Dankgebeden stijgen op naar diezelfde God, die het protestantisme en de zaak der vrijheid heeft willen redden met een storm. Hoe groot is het gevaar geweest, waaraan Engeland en de Republiek zijn ontsnapt!

De oorlog duurt voort. Het belegerde Bergen op Zoom houdt zich vroom en weert de Spaanse schare. Lijdend aan jicht en waterzucht kan de 43-jarige Parma zich niet langer aan het hoofd van zijn legermacht stellen. Hij draagt het commando over aan de graaf van Mansfelt, die een offensief tegen de Betuwe begint. Opnieuw komt er redding voor de Republiek, door een gebeurtenis, die zich ver buiten de grenzen heeft afgespeeld:

In Frankrijk is de godsdienstoorlog tot een climax geraakt. Moordpartijen aan het hof zijn de oorzaak, dat Hendrik van Navarre, uit het huis Bourbon, als Hendrik IV de kroon aanvaardt. In feite is hij slechts koning der hugenoten. Daarom komen de katholieken ogenblikkelijk met een tegenkandidaat. Koning Filips van Spanje besluit in te grijpen. Zijn geliefde dochter Isabella heeft een Franse prinses tot moeder gehad. Zou zij geen aanspraak kunnen maken op de Franse troon?

ANNO. M.D.XCVIII, ijser wijt
hoeft Indien gebragst inf Nederland den
cruyt genaemt by ons Nicotiana dude
in Judien Tabacca, den cruyt gedrooght

inden roock op verscheyden wysen opge-
nu binnen 25 jaren in Europa te veer-
keuts is geworden, ende dat door ver sch-
reevaegen van alle Nataien,

'God geeft ons de kans om de hegemonie der Habsburgers nu ook in Frankrijk stevig te grondvesten!' Filips zet alles op die ene kaart.
'Begeef u met een sterk leger naar Frankrijk. Belet Hendrik van Navarre's opmars naar Parijs!' is de opdracht die de ziekelijke Parma tot zijn grote ergernis ontvangt.
Juist nu zijn kansen daar zo gunstig zijn, moet hij de Nederlanden verlaten. In augustus 1590 stort hij zich met een leger van 17.000 man in het Franse avontuur.
Het is door dát besluit, dat koning Filips zijn Nederlandse erflanden in het Noorden definitief verspeelt. Hij wil te veel! Nu Parma al zijn aandacht aan het verwarde Frankrijk moet wijden, krijgt de Republiek der Zeven Provinciën de mogelijkheid tot het offensief over te gaan. Maar hoeveel ellende heeft de oorlog ondertussen al teweeg gebracht:

In de eens zo welvarende gewesten Brabant en Vlaanderen heerst hongersnood, nu de Schelde door Hollandse en Engelse schepen ligt afgegrendeld. Groepen rovers en vagebonden overvallen afgelegen huizen en gehuchten.
'Hier met dat graan! Hier met dat spek!' Ze plunderen de voorraden en gappen alles wat van hun gading is, want nood breekt wet.
Zelfs eens welgestelde boeren en aanzienlijke ambtenaren sluiten zich geheel verpauperd bij de vrijbuitersbenden aan om in het levensonderhoud van hun gezinnen te kunnen voorzien. Ook zij roven en plunderen mee.
Op het platteland kan niet worden gedacht aan het hernemen van de normale activiteit. De dorpen in de omgeving van Gent en Kortrijk publiceren elk jaar een lijst met de namen van kinderen, die door wolven verslonden zijn. De verwildering heeft zo'n omvang, dat het tot diep in de 17de eeuw zal duren, voordat de katholieke eredienst op het platteland kan worden hersteld.

Overal banjeren groepen onbetaalde troepen. Ook zij schuimen het land af. In Kamerijk ligt nog steeds een Frans garnizoen, dat daar is achtergelaten door Anjou.
Nu de krachtige hand van Parma niet langer wordt gevoeld, lijkt het met de krijgstucht in het Spaanse leger gedaan. Het oude, roemrijke regiment, het *tercio viejo* komt in opstand en moet worden ontbonden. Muitende Spanjolen maken zich meester van Kortrijk en Menen en weigeren verder dienst.
Zo bieden ook de steden een aanblik van verlatenheid.
'Urbis olim celberrimae mira solitudo — Aanschouw de verlatenheid der eens zo beroemde stad!' klaagt bisschop Torrentius in een brief, als hij Antwerpen beschrijft.

De dichter van een volksliedje roept jammerend uit:

Hoe zijt ghy gevallen
O koninklijke stad
Uw neringen die smallen
Uw huyzen liggen plat...

Al smallen de neringen, toch is er nog veel geld in de rijke stad, want juist in deze jaren worden de schitterende gildehuizen opgetrokken aan de Grote Markt. De cultuur bloeit — als een plant die zich moet voeden met menselijke mest.
Christoffel Plantijn, de vermaarde drukker, is in 1589 gestorven.
'Er is geen stof in die man; alles in hem is geest!' is van hem gezegd. Schoonzoon Jan Moretus zet het bedrijf met series uitmuntende boekwerken voort. De opdrachten komen binnen uit alle delen van Europa en op de jaarmarkt van Frankfurt heeft de drukkerij haar eigen stand.
Grote vermaardheid geniet ook de diplomaat-humanist Ogier Chislanus Busbecq van Komen.
'Kijk eens goed naar die plant. Die heb ik ontdekt in de woestijn. Hij groeit uit een bol!' wijst hij zijn bezoekers. Na een langdurig verblijf in Turkije heeft hij de *tulipan* naar de Lage Landen gebracht. De tulipans die hij kweekt zullen weldra als *tulpen* in de mode komen. De *aardappel*, door Clusius

17de eeuwse tekening ter herinnering aan het feit dat in 1598 de eerste tabak uit West-Indië in Nederland werd aangevoerd.

Bourgondische tijd – Twaalfjarig Bestand

Prins Maurits. Schilderij van M.J. van Mierevelt.

ingevoerd, groeit in de plantentuin te Leiden:
'Hij is giftig!' wijst daar de botanicus. Dat zegt hij trouwens ook van de tomaat die daar als sierplant bloeit. (De aardappel-consumptie en de produktie ervan komt pas tegen het eind van de 17de eeuw — het eerst in West-Vlaanderen — in zwang!)

De kennis van de mensen breidt zich gestadig uit. Dat mag ook wel: de kinderen die naar school gaan maken lange dagen.
'Jantje, kom eruit. Opstaan!' roept een moeder om 5 uur in de morgen, omdat haar zoontje om 6 uur ('s winters om 7 uur) op school moet zijn. Tot 's avonds 7 uur zit Jantje in de bank — met tweemaal een uur vrij om thuis te gaan eten. De sommen die hij moet oplossen vallen niet mee:

'Twee hebben 't samen gekocht 8 pinten malevesey (zoete wijn), nu soo begeeren sy deselve te delen in 2 gelijcken, maer en hebben anders geen mate als een fles van 5 pinten en één van 3 pinten. Vrage: hoe zullen sy zulks doen...?'

'Kom hier jij! schreeuwt de schoolmeester, als Jantje voorzegt of spiekt. Dan volgt er een pak slaag met de zweep, de plak of de riem.
'En nou het ezelsbord,' roept de meester, als hij goed driftig is. Dan krijgt Jan nog een bord omgehangen, waarop geschreven staat wat zijn misdrijf is geweest. Schandpalen op de scholen zijn geen uitzondering:
'Dit is Jan die nog niet lezen kan!'
'Anneke Palmen spotte met de psalmen!'
Daar staan ze op het plein voor de school met jouwende kinderen eromheen. Ze bijten op hun lip en misschien biggelt een traan wat verloren over een wang.
'Hij huilt! Huh, die Jan!'
Het is cru, maar met zachtzinnigheid, zo lijkt het, kan de jonge Republiek geen geschiedenis maken.
Hard is het leven van scholieren en studenten soms wel. In Franeker, waar de predikanten worden opgeleid, gaat het ontgroenen met zoveel wreedheid gepaard, dat de Staten moeten ingrijpen. Ook in Leiden liggen de studenten dikwijls met de overheid overhoop. Flinke rellen zijn het gevolg. Tussen de professoren en studenten is de verhouding goed. Gezamenlijk hebben zij broederschap gesloten en houden zij hun drinkgelagen in de herberg 'De Dennenappel', of in de taveerne 'De Strijdende Leeuw'. En als het nodig is knokken de professoren en studenten gezamenlijk tegen de burgerij:
'Nun nugis sed factis!' roepen ze, omdat Latijn de voertaal is. *Geen woorden, maar daden!*

Haast nog heviger raken de gemoederen in beweging, als een nieuw gebruik zich met heftige vóór- en tegenstanders in de samenleving nestelt.
'Het is van de duivel!'
'Er kan niets goed van komen, jongen.'
'Houd er toch mee op!'
'Het ondermijnt de gezondheid en het verstand!'
Toch raakt het *tabak zuigen* meer en meer in de mode. Onwrikbare predikanten veroordelen in de kerken dat nieuwe, duivelse verschijnsel met grote heftigheid.
Toch steken steeds meer mannen een pijpje op.
'Niet in huis, Jan Huygenszoon!' De propere Hollandse huisvrouwen zijn als de dood, dat de rook hun boeltje vernielt. De tabakhuizen schieten dan ook als paddestoelen uit de grond. De predikanten, die zoveel in de melk te brokken hebben, leggen zich er tenslotte bij neer. Zij hebben andere zorgen aan hun hoofd:

'Wij moeten ons keren tegen de *paapse stoutigheden!*' zeggen de dominees. Hoewel het calvinisme wat aanhang betreft nog ver in de minderheid is, trachten de predikanten de protestantisering in het noorden en zuiden door te voeren zonder pijnbank en schavot.
'Katholieken mogen geen zitting hebben in enig regeringscollege en ook niet lid van een gilde zijn!' hebben zij beslist. Het is de katholieken eveneens verboden het ambt uit te oefenen van notaris, dokter of advocaat. Overal worden pastoors omgeschoold. Commisies van onderzoek met predikanten aan het hoofd, trekken het land in om te onderzoeken hoe het met de predikaties in de dorpen gaat.
'Pater, ge moest maar predikant worden!' zeggen ze tegen de priesters. 'Met de paapse stoutigheden is het in dit land gedaan. Vooruit, pater, trouw uw huishoudster. In uw leefwijze maakt dat immers weinig verschil?' Soms al binnen een week tijd kunnen bekeerde priesters als dominee de preekstoel op. Wel duurt het dan nog tientallen jaren voordat de leer van Calvijn werkelijk ingang vindt.
De verpauperde katholieken, geheel afhankelijk van de armenzorg en de hervormde diakonieën, lopen het eerst naar de calvinisten over.
'God zal ons wel vergeven, dat we de mis laten schieten,' denken ze, als ze in de rij staan bij de uitreiking van kleren of brood. De rijken en vooral de edelen blijven het katholieke geloof gemakkelijker trouw. Baas op een eigen heerlijkheid houden zij de mis in hun kasteel — en zij maken de slotkapel toegankelijk voor het roomse landvolk dat hen omringt. Zij krijgen daarbij steun van Sasbout Vosmeer, die vanuit Haarlem en Delft met een 20-tal priesters het missiewerk in de zeven provinciën heimelijk organiseert. In de praktijk valt de geestelijke onderdrukking door de calvinistische minderheid nogal mee. Dankzij de handelsgeest van de regenten, kan door de katholieken toch nog wel wat geloofsvrijheid worden gekocht.
'Willen jullie een schuilkerk inrichten en naar de mis gaan?' vraagt menig schout of schepen en zij rinkelen dan veelbetekenend met hun geld.
'Wil je een priester in huis nemen? Je kind laten dopen als katholiek?' Bij de baljuw, de burgemeesters en schepenen is voor geld veel te koop. Daarnaast heerst in de Nederlandse gewesten over het geheel genomen toch ook een geest van waarachtige verdraagzaamheid. Zonder veel problemen drinken katholieken en calvinisten met elkaar een biertje in een of andere kroeg.

Er wordt wat afgedronken in de Republiek. De brouwerijen in Haarlem produceren jaarlijks 25.000.000 liter bier en toch moet er nog bier uit Engeland en Duitsland worden ingevoerd. Vooral het 'dubbele bier' is gewild. Het veroorzaakt een snellere dronkenschap. Als in de kroegen of taveernes de koppen wat verhit raken, wordt er geschreeuwd naar de waard:
'De ton! De ton die moet aan duigen!'
De waard zet dan de ton op. Hij pakt zijn poes en stopt het miauwende dier erin. Zijn klanten hebben onderstussen sterke stokken gepakt.
'Inzetten mannen!'
Het spel begint. Met kracht werpen de kerels joelend hun stokken naar de ton. Wie hem het eerst in duigen gooit, zodat de doodsbenauwde kat naar de grond valt of springt, wint de pot.
In de meeste Hollandse huiskamers gaat het 's avonds wat rustiger toe. Daar speelt het gezin een spelletje ganzenbord. Er wordt ook veel voorgelezen en gezongen.
Vooral de liederen van Sweelinck zijn zeer geliefd, althans in de betere kringen.
Want het lagere volk komt aan dat soort verfijnde bezigheden nog niet toe. In Leiden, de snel opkomende industriestad, leeft het merendeel der arbeiders in krotten. Veel meer huisraad dan een strozak om te slapen bezitten zij niet. Bij hen komt er slechts éénmaal per week gezouten of gerookt vlees op tafel. Voor hen zijn de plaatsen achter in de kerk. En soms niet eens. Bepaalde predikanten hebben zó'n faam als spreker, dat de gelovigen op zondag 4 uur lang in de rij gaan staan om maar een plaatsje in de kerk te bemachtigen. Dan zingen zij daar een van de vele psalmen, die Louis Bourgeois voor hen heeft gedicht:

Ik roep U aan, 'k blijf op U wachten
omdat G', o God, mij altoos redt
Ai, luister dan naar mijn gebed
en neig uw oren tot mijn klachten...

De regenten, met Oldenbarnevelt en prins Maurits aan het hoofd, laten zich weinig aan geloofszaken gelegen liggen — hoe gelovig ze ook zijn. Zij hebben zoveel andere zorgen. In Geertruidenberg weigert de Engelse garnizoenscommandant Wingfield het gezag van de Staten nog langer te erkennen. Oldenbarnevelt en prins Maurits haasten zich met 5000 man naar die belangrijke vestingstad. Ze komen te laat! Voor een flinke som geld heeft Wingfield Geertruidenberg aan Parma geschonken.
'Die vuile Britten!' In Holland groeit de verbittering tegen die perfide Engelse bondgenoot.
'Ze zijn niet te vertrouwen, Cornelis. Man, weet je hoeveel schade de Britse zeerovers onze schepen in het afgelopen jaar hebben toegebracht?'
"Nou?'
'Voor 18.000.000 harde guldens, man!'
'De Staten moeten er nodig iets aan doen!'
De leden der Staten hebben het druk genoeg. Ze reizen heen en weer tussen 's-Gravenhage en hun eigen stad. Zij hebben hun vergaderingen en besprekingen.
Een schitterend detail daarbij: de leden van de Staten van Holland picknicken in het gras, voordat een middagzitting begint!
Zij eten hompen brood met kaas — met een eenvoud die voor vele buitenlanders verbijsterend is.
'Zo'n volk is onoverwinlijk!' roept een buitenlands gezant, als hij de Statenleden zo eenvoudig in het gras ziet eten. De leiders van de Republiek kunnen dat voorlopig alleen nog maar hopen...

Prins Maurits in het offensief

In het begin van het jaar 1590 is de stadhouder van Friesland, graaf Willem Lodewijk van Nassau, naar Den Haag gereisd.
'Us heit!' noemen de Friezen hem. Hij is een vroom, eenvoudig, zeer bekwaam man en een voortreffelijk veldheer, die de klassieke krijgskunde zeer grondig heeft bestudeerd. Bij de Staten komt hij pleiten voor een offensief.
'Het is nu de rechte tijd om de vijand over Rijn en Maas te drijven,' zegt hij tot de geduputeerden. 'Al het land, aan de oostzijde van de rivieren gelegen, moeten wij nu bevrijden. Dan wordt de tuin van de Verenigde Nederlanden zoveel wijder en sterker gemaakt!'
De Staten aarzelen. Zijn ze wel sterk genoeg voor een offensief?
'Kunnen wij niet beter alle aandacht schenken aan de verdediging? vraagt een der gedeputeerden, die uit het gewest Holland afkomstig is. In Holland zitten ze veilig achter de waterlinie en ondervinden ze van de oorlog meer voordeel (door de handel) dan last.
'Zouden wij niet, de vijand zoekende, een slapende hond wekken?' vraagt een ander. Aan de Spaanse troepen, die plunderend door het geteisterde Drenthe trekken, denkt hij niet. Een ander punt is, wie het Staatse leger moet leiden.
'Is er een beproefd veldheer?' heeft koningin Elizabeth laten vragen, want veel vertrouwen in de 22-jarige prins Maurits heeft ze niet. De Staten aarzelen lang. Pas als prins Maurits hen met een onverwachte overwinning verrast, hakken zij de knoop door.

Prins Maurits, in hart en nieren militair, en zijn mentor Willem Lodewijk van Nassau beschikken over een klein huurleger. Het is uit Franse, Schotse, Engelse en vooral Duitse afdelingen samengesteld. Mede door toedoen van Willem Lodewijk is dit leger voortreffelijk getraind en op een moderne leest geschoeid.
'Vergiet nimmer onnodig bloed van de soldaten,' heeft Willem Lodewijk zijn jonge neef geleerd. 'Voor bruggen en vestingwerken moeten wij kunnen beschikken over een doeltreffende genie. We dienen de artillerie uit te breiden. We moeten zorgen voor een goede fouragering en bovenal voor een snelle verplaatsbaarheid!'
Maurits voert als opperbevelhebber tal van nieuwigheden in. Met grote zorgvuldigheid bereidt hij zijn acties voor. Heel inventief denkt hij zijn krijgslisten uit:

Zevenbergen, maart 1590: Het is middernacht. Schipper Adriaan van Bergen en zijn knecht staan op het dek van hun schip.
'Daar komen ze!'
Ze horen een zacht gerucht. Uit de duisternis doemen donkere schimmen geheimzinnig op. Een zachte stem roept aarzelend:
'Van Bergen?'
'Hier!'
Luitenant Karel van Heraugière meldt zich met 70 zorgvuldig uitgekozen soldaten present. Schipper Van Bergen helpt de troep snel aan boord. Af en toe klinkt zacht gekletter van wapenen, of een onderdrukte vloek als iemand een misstap doet.
'Sssst!'
De schippersknecht staat op de uitkijk. Onopgemerkt door het slapende Zevenbergen, sluipen de soldaten onder hun jonge aanvoerder naar het ruim van het schip. Op het dek is een lading turf gestapeld, bestemd voor het kasteel van Breda. De Italiaanse bezetting van het kasteel heeft gebrek aan brandstof en lijdt kou. Ze varen de nacht in. Tegenwind. IJsschotsen. De boot lekt.
'Hoe lang nog?'
'We zijn er bijna!'

Tot hun knieën zitten de soldaten in het ijskoude water, hongerig en verkleumd.
Eindelijk, na lange uren varen, Breda. Italiaanse stemmen. Een korporaal van de wacht onderzoekt het schip.
'Alleen maar turf, man. Voor jullie dolce vita!' Adriaan van Bergen leidt met een geintje de aandacht af. In het ruim houden 70 soldaten de adem in — opschrikkend van ieder ritselend geluid. Het lossen begint.
'De rest komt morgen wel,' roept schipper Van Bergen als de deklading reeds naar de wal is gebracht. Hij wendt voor doodmoe te zijn. Toch blijft hij aan dek. Rusteloos pompt hij water om het geschuifel en de onafwendbare geluiden uit het ruim te overstemmen.
'Allemaal klaar?' vraagt Karel van Heraugière. Tegen middernacht voert hij zijn verkleumde troep naar de wal. Ze overweldigen de wacht van het kasteel.
'Avanti!' roept de jonge Antonio Lansaveccia, die in afwezigheid van zijn vader het bevel over de Italianen voert. Dapper maar dom doet hij een uitval met 30 man. Ze worden verslagen. Heraugière en zijn mannen bezetten het kasteel. Ogenblikkelijk gaat er een boodschapper naar prins Maurits, die met een flinke strijdmacht de uitslag vol spanning heeft afgewacht.
'Voorwaarts!'

Bourgondische tijd – Twaalfjarig Bestand

Als het goede nieuws hem heeft bereikt, rukt Maurits meteen op. Vanuit het kasteel sommeert hij Breda (het oude bezit der Nassau's) te capituleren.
'Kunnen we plundering afkopen?' vraagt het benauwde stadsbestuur.
'Ja!' zegt Maurits. Hij eist twee maanden soldij voor de 70 dapperen die de aanval op het kasteel hebben gewaagd. De poorten van Breda gaan open en de zegevierende intocht begint.
'Leve de prins!' klinkt het in de Republiek. Overal heerst een uitgelaten vreugde. De klokken luiden. Vreugdevuren branden in de nacht. In de kerken klinken de dankgebeden tot God. De dankbare Staten schenken de jonge Heraugière en zijn mannen een gouden penning en een jaargeld voor het leven.
Na lange, vaak hachelijke jaren is er eindelijk weer eens een overwinning behaald.
Na dit wapenfeit hakken de aarzelende Staten de knoop door en besluiten tot het offensief over te gaan.

Een schitterende serie wapenfeiten volgt. Met een leger van 10.000 man plus 2000 ruiters trekt Maurits geheel onverwacht naar Hemert en neemt dan achtereenvolgens Crèvecoeur, Hedel, Ter Heyde, daarna Steenbergen, Oosterhout en de schans bij Rozendaal.
'Nu Brabant in!'
Een rooftocht rondom Antwerpen en Brussel heeft tot gevolg, dat de Spaanse troepen in het zuiden worden samengetrokken. Ondertussen heeft prins Maurits de aanval op Zutphen en Deventer in alle stilte voorbereid. Tegen ieders verwachting in verschijnt hij plotseling bij de IJssel, waar het totaal verraste Zutphen zich reeds na 5 dagen overgeeft. Na een beleg van slechts 10 dagen valt Deventer. Dan trekt het leger door de moerassen en venen van Drenthe naar Groningen.
'Wedden dat de prins ook die stad in handen krijgt?' zeggen de Hollanders tegen elkaar.
'Mij goed, Crispijn. Wat is de inzet?'
Wedden is bijna een nationale sport. Door vele goklustige Hollanders wordt graag om de uitslag van een veldslag of belegering gewed. Crispijn verliest zijn inzet, want het koningsgezinde Groningen houdt stand. Bang dat Parma zal oprukken, waagt Maurits zich niet aan een langdurig beleg. Hij neemt Delfzijl (de belangrijkste toevoerhaven van Groningen) en trekt vandaar naar Steenwijk. Inderdaad is Parma, uit Frankrijk teruggekeerd, de opmars begonnen. Hij slaat het beleg voor de Knodsenburg bij Nijmegen, die Maurits op tijd heeft versterkt. Tot een krachtmeting tussen beide veldheren komt het nog niet. Op bevel van het Escorial moet Parma zich opnieuw voor Filips naar Frankrijk begeven.

Wéér past Maurits een krijgslist toe, die met behulp van de Staten wonderwel slaagt.
'Terug naar de winterkwartieren!' beveelt hij de commandanten. Omdat de winter nadert en er dan nooit wordt gevochten, keert het leger heel normaal naar de diverse garnizoensteden terug. Hierdoor misleid brengt Parma nog eens Spaanse vendels uit de Nederlanden naar Frankrijk, waar de koning der hugenoten, Hendrik IV, zich nog steeds staande houdt. Daarop heeft Maurits gehoopt.
'Aantreden!' 'Met volle uitrusting!' klinken nu de bevelen in de garnizoenen van de Republiek. Gekanker in alle talen, maar ordelijk wordt naar de verzamelplaatsen gemarcheerd. Verrassend snel brengt prins Maurits zijn leger in het veld. Opnieuw verschijnt hij op een plaats, waar hij allerminst wordt verwacht. Hulst, in Zeeuws-Vlaanderen, opent de poorten na een kort beleg.
Nu ernstig in Vlaanderen bedreigd trekken de Spanjaarden daar samen. Maar Maurits heeft zijn troepen alweer ingescheept — veel transporten van het leger aan per schip — en ze voor de tweede keer naar de winterkampen gestuurd.
'Wedden dat ze nóg eens optrekken?'
'Welnee, Crispijn!'
'Nou, wedden?'
En waarachtig, Crispijn wint nu. Opeens is Maurits met het leger voor Nijmegen verschenen. De 'sleutel van de Waal' valt hem in handen. Uitbundige vreugde in de Republiek over al de overwinningen in dat ene jaar (1591) behaald.
'Leve prins Maurits, 's lands beschermer en uitbreider der grenzen!' jubelt het volk.
'Zoveel beleid en wakkerheid bij een man zo jong van jaren!' zegt men in het buitenland, waar men ook met de hoogste verwondering het optreden van de Staten gadeslaat.
'Dat *gewone burgers* zonder vorst een land kunnen leiden!' mompelen de edelen aan de hoven van Europa. Ze begrijpen het niet. De adel heeft de touwtjes altijd in handen gehad. Met verbazing ervaren ze, dat kooplieden en reders met evenveel succes aan die touwtjes kunnen trekken — althans in de Republiek. 'Niet te geloven,' zeggen ze met zeldzame overschatting van hun eigen blauwe bloed.

Het jaar 1592 brengt nieuwe overwinningen voor de Republiek. In 44 dagen tijd veroveren Maurits en Willem Lodewijk het onneembaar geachte Spaanse roversnest Steenwijk. Als mollen leggen de mineurs gangen aan en graven zo de vijand uit.
'Niet met de wapenen, maar met schoppen en spaden zijn wij, als een vos, uit onze schuilhoek gedolven,' zeggen de verdedigers, als zij op eervolle voorwaarden de aftocht moeten blazen.
Dan is Coevorden aan de beurt, al zint dat de Staten van Holland niet. 'Moeten wij oorlogskosten betalen voor strijd in afgelegen streken?' kankeren de gedeputeerden.
Maar Maurits drijft zijn wil door.
'Wedden dat de Spanjolen daar in Coevorden de kop zullen gaan?'
'Da's best, Crispijn!'
Coevorden valt.

Met een leger van 24.000 man heeft Parma tegen Hendrik IV in het veld gestaan en opnieuw zijn meesterschap als veldheer getoond. Maar zijn gezondheid is er niet op vooruitgegaan.
'Estoy enfermo. Estoy muy cansado...' zegt hij tegen zijn omgeving. Ziek, moe en moedeloos is hij tegen de winter naar de Nederlanden teruggekeerd, waar hij overspoeld wordt met klachten over de hebzucht van Spaanse ambtenaren en over honger die in vele steden heerst. Hij schrijft wanhopige brieven naar de koning, maar Filips toont zich blind rond God.
Omringd door zijn gunstelingen en zijn bijzit, de mooie Franselina, zoekt hij voor zijn zieke lichaam heil in de wateren van Spa. Moedeloos overdenkt hij zijn toestand.
Hij weet maar al te goed dat zijn ster, sinds de ondergang van de Armada, aan het Spaanse hof is gedaald. Hij overweegt: 'De koning zal mij aan de kant zetten. Dat zal mijn dank zijn voor 15 jaren zware dienst. Ik zal hem voor zijn!'
Parma dient zijn ontslag in. Op 11 november verlaat hij Brussel. Een ooggetuige meldt:
'Hoewel het zeer koud was, had hij geen mantel omgeslagen. Nooit heb ik hem zó prachtig uitgedost gezien. Met moeite hield hij zich in het zadel. Als twee lakeien hem niet hadden ondersteund, zou hij gevallen zijn. Maar met een onwrikbare wil zocht hij in het zadel te blijven. Zijn aftocht was zo schoon mogelijk. Hoffelijk als steeds groette hij allen met zijn hoed. Vele mensen voorzagen, dat het spoedig met hem gedaan zou zijn, zo ziek en zwak was hij...'
In de nacht van 2 op 3 december komt in de abdij Sint Vaast te Atrecht het einde. Op zijn sterfbed wijst hij de oude graaf van Mansfelt als zijn plaatsvervanger aan.
De graaf van Fuentes, boodschapper van het Escoriaal, kan Parma net niet meer berichten, dat het koning Filips heeft behaagd Ernst, aartshertog van Oostenrijk, met de landvoogdij te bekleden. Filips heeft deze Ernst tevens de hand van zijn dochter Isabella geschonken.
'De koning wenst de eenheid en de vrede te herstellen. Tot dat doel heeft hij zijn eigen dochter ingezet,' meldt Fuentes aan het Brusselse hof. Maar de oorlog duurt voort...

Geertruidenberg in het jaar des Heren 1593: Voor tweederde deel gelegen aan het water en door moerassen omzoomd, lijkt de oude stad een vesting, die vrijwel onneembaar is. De insluiting wordt onmogelijk geacht.
'Gekkenwerk!' brommen oude, beproefde vechtjassen, als prins Maurits met slechts 5000 man de belegering begint.
'Dit is toch geen oorlogvoeren!' kankeren de soldaten, als ze met schoppen in de hand hulpeloos in de modder staan.
'Dáár en dáár moeten dammen komen! En dáár moeten dijken worden aangelegd!' wijst Maurits. Zijn genie bouwt watermolens, waarmee stukken land moeten worden drooggelegd.
Hevige april-buien slaan op de belegeraars neer, als zij in de modder stevige verschansingen optrekken om zich te kunnen verdedigen tegen aanvallen van buitenaf. Langzaam maar zeker naderen de Staatse soldaten met zorgvuldig gegraven loopgraven de wallen der stad. Een ketting van schepen, door kabels aan elkaar verbonden en flink bewapend, snijdt Geertruidenberg aan de waterkant af. Met 12.000 man en 3000 ruiters komt de oude Mansfelt uit Frankrijk toegesneld, om het gevaar te keren.
'Sacré!' Hij vindt het Staatse leger zó sterk verschanst, dat hij niets kan uitrichten. De legerplaats van de prins is een onaantastbaar geheel. •

'Schaak!' klinkt het in die legerplaats.
'Ik zie het, hoogheid!'
In de grote tent, die in verschillende vertrekken is verdeeld, zit prins Maurits te schaken. Graag verdiept hij zich ook in krijgskundige boeken, die Willem Lodewijk hem stuurt. Of hij amuseert zich met één van zijn vele vriendinnen, waarvan een katholieke Mechelse jonkvrouw de meest duurzame blijkt. Ze is al gauw 'le Mecq' gedoopt.
Maurits is omgeven door zijn hofhouding, zijn lijfwacht en door enkele gedepu-

teerden te velde, die nauwlettend de verrichtingen van het leger gade slaan. De kosten moeten eruit komen en Maurits is een dienaar van de Staat. Daarom heeft de Staten-Generaal ook in de legerplaats een vinger in de pap.

Verderop bevindt zich het park der artillerie, dat tevens de troepen huisvest van de genie. Daar staan de bronzen kanonnen: per tien minuten goed voor één schot. Daar staan eveneens de mortieren van allerlei afmetingen, die stenen kogels en 'vuurballen' op Geertruidenberg doen neerregenen. De potten, die met buskruit worden gevuld om een stadspoort te laten springen, staan er keurig bijeen. De meeste kanonnen zijn vervaardigd in de Haagse geschutsgieterij, in 1590 opgericht.

De kwartieren van de cavalerie en infanterie — alle streng naar landsaard gescheiden om vechtpartijen te voorkomen — zijn per compagnie ingedeeld. Iedere soldaat heeft zijn eigen plek van 3 bij 3 meter, waarop hij zijn hut kan bouwen van takken en stro.

Voor die bouwwerkjes koken de soldaten hun eigen pot. Kleurrijk is de markt in de legerplaats, waar zoetelaars, marskramers en bakkers hun waren aanprijzen:
'Héé, Heinz, muss du nog Eier!' roept een zoetelaarster naar een passerende Duitse soldaat. Ze heeft heel wat talen een beetje leren spreken.
'Eier?' De Duitser schudt zijn hoofd, omdat hij het bij het natte Geertruidenberg behoorlijk aan zijn ingewanden heeft. Hij maakt zich ook al verstaanbaar in een soort koeterwaals. De zoethandelaarster lacht en Heinz loopt verder: langs de tenten, kramen en werkplaatsen van zadelmakers, zwaardvegers en herbergiers.
'Psst, schatje...' Heel wat meisjes van plezier tonen zich bereid om Heinz een vrolijke avond te bezorgen, maar hij denkt slechts bezorgd aan de pijn in zijn buik.

Wee de ongelukkigen, die in de strijd gewond raken en voor eigen kosten in de gasthuizen terechtkomen. Mannen en vrouwen liggen daar door elkaar in stinkende jammerholen, waarin vrijwel alles ontbreekt. Wie zwaar verminkt de dienst moet verlaten, kan gaan bedelen. Pensioenen zijn er niet!

Hoewel er in de legerplaats af en toe flink wordt geknokt en menig duel oogluikend wordt toegelaten, heerst in Maurits' leger toch een voorbeeldige tucht. Ongehinderd en vol vertrouwen komen de boeren met hun slachtvee, hun boter, koren, haver, eieren en kaas naar het kamp, waar de zoetelaars de produkten met eerlijke handel overnemen.

De soldaten van Maurits dragen een oranje sjerp. Dát alleen onderscheidt hen van de Spanjolen met rode sjerpen.

'Sacré!' Vol ergernis moet de oude graaf van Mansfelt vaststellen, dat het Maurits' strijdmacht in de sterke verschansingen aan niets ontbreekt. Zonder iets te kunnen doen ervaart hij op een afstand, hoe het sterke Geertruidenberg na een beleg van drie maanden capituleert. Willem Lodewijk wenst zijn neef per brief geluk:
'Gij hebt met een merkwaardig voorbeeld bewezen, dat methode en arbeid in de oorlog het ruwe geweld te boven gaan. Uwe belegering brengt de oude krijgskunde en krijgskunst weer in ere, die tot nog toe in minachting door onkundigen werden bespot en zelfs door veldheren van de nieuwe tijd niet begrepen zijn...'

In geheel Europa is Maurits' krijgsroem nu gevestigd. Uit Engeland, Duitsland, Frankrijk stromen jonge edelen naar zijn kamp om het krijgsvak te leren. Ook de kleine Frederik Hendrik van Nassau is er al vroeg bij. Maurits benoemt zijn 9-jarig halfbroertje tot bevelhebber van het veroverde Geertruidenberg, terwijl 'Sacré!' Mansfelt met een muitziek leger wegtrekt.

Hoe diep is Spanjes aanzien gezonken! Tijdens een schitterend geleide veldtocht rukt Filips van Nassau met een Staats leger dwars door Limburg naar Luxemburg, waar hij zich met de hugenootse hertog van Bouillon verbindt om de zaak van Hendrik IV te steunen. Ook in Frankrijk zijn de zaken voor koning Filips de verkeerde kant opgegaan. De onderhandelingen om zijn dochter daar op de troon te krijgen hebben geen resultaat gehad.
'Paris vaut bien une messe!' heeft Hendrik IV gezegd. Omdat Parijs met het koningschap hem wel een mis waard is, bekeert hij zich tot het katholieke geloof. Die daad brengt eindelijk rust. De illusie, waarvoor Filips zijn belangen in de Nederlanden opofferde, is door een mis in wierook opgegaan. En nieuwe teleurstellingen staan voor de deur.

In het hoge Noorden tracht Willem Lodewijk van Nassau het Spaansgezinde Groningen te isoleren. Nog steeds onderneemt Verdugo plundertochten naar het Friese land.
'Waar blijft de prins met zijn leger?' schreeuwen de Friezen steeds woedender uit.
'Waarom staan de belangen van Holland steeds voorop? Wij dragen toch zeker ook aan de oorlogskosten bij?' Ze zijn des duivels. Heftige tonelen spelen zich af op de landdag, waar Karel Roorda alle ontevredenen om zich verzamelt en zich met beledigingen en verdachtmakingen tegen stadhouder Willem Lodewijk keert.
'Lafheid... onwil... verraad!' Er vallen zulke harde woorden, dat de stadhouder Roorda zijn handschoen toesmijt en hem aanklaagt bij het Friese hof.
Al die onrust doen de Staten eindelijk besluiten nu toch ook iets voor de Friezen te doen. In 1594 wordt het offensief tegen de stad Groningen ingezet.

'Laat een gezantschap naar Brussel gaan en trachten hulp te krijgen,' heeft de magistraat van Groningen beslist. Vooraanstaande burgers hebben de lange reis gemaakt, maar wat zij melden is weinig florissant:
'De nieuwe landvoogd, aartshertog Ernst, is een vadsige man zonder energie, die zich met Spaanse raadgevers heeft omgeven. Hij droomt wel van een prachtige toekomst, maar meer dan een speelbal is hij niet. In de Raad van State betwisten Mansfelt en Fuentes elkaar de *werkelijke* macht!'
De financiën bevinden zich in een chaotische toestand en het krediet is uitgeput.
Onbetaalde troepen sloffen plunderend onder eigen gekozen aanvoerders door Brabant, Vlaanderen, Henegouwen en Artesië.
De Groningse gezanten reizen naar het verre Madrid, maar ook in het Escorial halen hun smeekbeden weinig uit. In hun uiterste nood overwegen de Groningers zelfs hun stad bij Brunswijk onder te brengen en doen daarvoor nog een beroep op de Duitse keizer. Ze zijn te laat! Het is Willem Lodewijk eindelijk gelukt de insluiting van de stad te voltooien. De laatste toevoerweg naar de stad heeft hij in bezit gekregen en met flinke schansen versterkt.
'Caramba!' vloekt Verdugo, die nu afgesneden is. Hij ziet de winter komen en kan vrijwel nergens meer heen. In zijn wanhoop dirigeert hij zijn troepen naar het sterke Coevorden en begint een beleg. Het wordt een ramp.
'No me siento bien!'
'Tiene gripe, reumatismo!'
Zo kreunen de Spaanse soldaten, als koude najaarsbuien op hen neerstriemen. In de barre wintermaanden sterven dagelijks 30 tot 40 man door honger, besmettelijke zieken en van de kou. Ze jammeren, ze kankeren, ze bidden het Onze Vader en menig Weesgegroet. Het helpt allemaal niet. Van tijd tot tijd komen nieuwe regimenten uit Brabant opdagen, maar steeds weer verkruimelt Verdugo's strijdmacht door ziekte en desertie.
'Madre mia!' 40 lange weken liggen de soldaten voor het goed voorziene Coevorden, waarin — in al die weken — slechts één man sneuvelt.

Als Maurits zijn opmars begint, breekt de radeloze Verdugo het beleg op. Onbedreigd kan dan de aanval op Groningen worden ingezet:

Groningen, mei in het jaar 1594: Aangespoord door de jezuïeten van het jezuïetencollege, hebben de Groningers hun stad in staat van verdediging gebracht.
'Kunnen wij niet beter streven naar een verzoening met de Republiek?' zeggen de regenten en de rijkere kooplieden, die nu geen zaken meer kunnen doen.
'Ja, laten wij onderhandelen. Zo alleen kan de stad een bestorming worden bespaard!' knikken de burgemeesters. Maar het volk

Tegeltableau met verschillende soorten soldaten (eerste kwart 17de eeuw).

Bourgondische tijd – Twaalfjarig Bestand

De A-kerk in Groningen, die na het beleg door de calvinisten in gebruik genomen werd. Anoniem schilderij (17de eeuw).

en de priesters nemen dat niet:
'Verraad! Verraad!'
'Te wapen, lieve burgers!'

In wilde razernij komt het katholieke, koningsgezinde volk de straat op. Zij werpen zich plunderend op de huizen van de bekende Oranje-gezinden.

'Vooruit, smijt die kerels uit het raadhuis!' schreeuwen ze woest en ze zetten de Staatsgezinde burgemeesters af. 'Er valt niks te onderhandelen. We zullen strijden totter dood!'

De Groningers weten maar al te goed wat er gebeuren zal, als de calvinisten de macht in handen krijgen.

'Dan is het gedaan met onze kerken, Eelko! Dan is het gedaan met onze priesters. Gedaan met onze scholen en gedaan met ons geloof!'

En na twee maanden is het inderdaad gedaan! Een zorgvuldig gegraven schacht bereikt de Oosterpoort. Met een ontstellende knal komt een mijn tot ontploffing.

'Ave Maria...' Met tranen in de ogen ziet het volk in, dat het afgelopen is. Eind juli geeft de stad zich over.

'Als een *herwonnen vriend* kunt ge toetreden tot de Unie onder het stadhouderschap van Willem Lodewijk!' is tot de Groningers gezegd. De stad en de Ommelanden, tot één provincie aaneengekoppeld, zal gelijke rechten krijgen als de andere gewesten.

Ook in Drenthe wordt Willem Lodewijk van Nassau tot stadhouder uitgeroepen, maar een stem in de Staten krijgt dit verarmde, halfverwoeste en leeggeroofde gewest niet.

'Zie je wel!' zeggen de katholieke Groningers geschokt, als reeds drie dagen na de overgave dominee Menso Alting in de Martinikerk de kansel beklimt en juichend uitroept dat het eeuwige Jeruzalem op handen is.
'Zie je wel!'

Enkele weken later nemen de calvinisten ook de A-kerk in gebruik.

'Jullie mogen wel blijven,' zeggen ze tot de katholieke meesters op de Duitse scholen. 'Maar dan wordt wel een openlijke belijdenis van ons geloof van jullie geëist!'

Na lange gesprekken met elkaar leggen 16 van de 19 schoolmeesters de geëiste verklaring af, — en worden calvinist. De andere drie trekken met de priesters, die voor hun geloof blijven staan, in stilte weg.
'Zie je wel?'

Het katholieke geloof wordt verboden. Heel wat priesters laten zich omscholen en gaan na een examen in de nieuwe leer — soms binnen een week afgelegd — als calvinistische predikanten aan de slag.

'Pater noster, qui es in coelis...' Soms beginnen zij het Onze Vader nog gewoontegetrouw in het Latijn, want alle begin is moeilijk.

De Staten van Utrecht sturen een commissie van onderzoek naar Drenthe. Een edelman, twee predikanten en een ouderling reizen het gewest rond om te zien, of het nu wel zuiver toegaat in de leer. Zij schrijven in hun rapport:

'Verscheidene pastoors weigeren stout zich te onderwerpen en delen met Pasen nog het paapse sacrament uit. Zij leggen ook een *verdachte* tegenzin aan de dag om hun 'huisvrouw' te trouwen... Door middel van een plakkaat zal hun bevolen moeten worden hun kerken van relikwieën ende vuilnissen der papisterie te zuiveren!'

Smartelijk voelen duizenden katholieken het gemis van hun kerk. Klagend schrijven zij aan familie en bekenden:

'Merkt wat een grote pijne en marteling het voor onze arme zielen is, dat benemen van al de middelen onzer zaligheid...'

'Het gebod des Heren belast ons zorg te dragen voor goede onderwijzing van onze kinderen. Wat pijne en marteling, als wij zien dat wij het niet kunnen, dat onze kinderen verwilderen, zodat zij van God niet weten en nooit de katholieke Kerkdienst zullen zien...'

'Want kinderen worden van hunne schoolmeesters verleid. Want er mogen geen katholieke scholen zijn, noch mogen er katholieke boeken worden gelezen!'

De 'herwonnen vrienden' komen in verzet. Willem Lodewijk moet een sterke bezetting in de stad Groningen achterlaten — en er later, net zoals Alva deed, een citadel bouwen. Zo houdt hij de herwonnen vrienden in bedwang. Daarmee worden ze nog niet op slag protestant, maar ook Rome is niet op één dag gebouwd.

In het zuiden gaat het precies omgekeerd. Daar hebben ijverige jezuïeten en kundige kerkvorsten een groot deel van de afvalligen weer teruggewonnen. Zonder inquisitie en zonder brandstapels is de her-katholisering daar in volle gang.

Met de zege van koning Filips zoekt aartshertog Ernst van Oostenrijk naar vrede.

Twee Zuidnederlandse rechtsgeleerden reizen naar Den Haag.

'Kunnen wij vredesonderhandelingen beginnen op basis van de pacificatie van Gent?' luidt het verzoek.

'Wat nu?' vragen de Staten, Oldenbarnevelt en Maurits zich bezorgd af. Zij willen de oorlog voortzetten, maar beseffen dat er door tienduizenden in de Republiek intens naar vrede wordt verlangd. Het verzoek ligt hen zwaar op de maag. Een neen tegen de vrede is nauwelijks te verkopen. En toch hebben zij een definitieve, doorslaggevende overwinning nodig om de Republiek zeker te stellen voor de toekomst.

Want grenzen zijn er niet. Er is niemand die kan zeggen, wat tot de Republiek en wat tot het zuiden (Spanje) behoort. Om het grondgebied vast en veilig te maken, lijkt het zaak het bestaande front zo ver mogelijk naar het zuiden te verschuiven. Dáárom is voortzetting van de oorlog van belang, ook al zwelt de roep om vrede aan.

Verkerend in dat moeilijke parket tussen oorlog en vrede, brengt een moordaanslag, beraamd op Maurits en andere staatslieden, uitkomst — vooral als het blijkt dat landvoogd Ernst van Oostenrijk een hand in dat komplot heeft gehad.

'Wij kunnen niet onderhandelen met een regering, die zich tot een sluipmoord verlaagt,' verklaren de Staten opgelucht. En de oorlog duurt voort...

Heemskerck naar Nova Zembla Houtman en De Keyser naar De Oost

'Vrede! Waarom sluiten we toch geen vrede!' Dat is de wens, die de verarmde gewesten in het zuiden steeds krachtiger laten horen.

Aartshertog Ernst wil wel. Hij kan nergens meer enig krediet krijgen en zit hoe langer hoe meer tussen twee vuren in. Aan de ene kant staan de leidende Spaanse ambtenaren, zoals Fuentes, die de oorlog met kracht willen voortzetten. Tegenover hen groeperen zich de zuidelijke edelen en steden, die op een verzoening met het noorden aandringen en — net als vroeger — met klem naar voren brengen:
'Die muitende Spaanse troepen moeten het land uit!'

Ten einde raad roept de weifelende landvoogd de Staten-Generaal bijeen. Hij hoopt advies te winnen, maar krijgt een stortvloed van klachten over zich heen:
'Het land is uitgeput door de oorlog, door de stroperijen van de soldaten, door de schraapzucht van de ambtenaren!' roepen de edelen, de bisschoppen en ridders van het Gulden Vlies. Vooral de oude Karel van Aarschot, prins van Chimay, kant zich scherp tegen het ondragelijk geworden Spaanse regime.

De bisschoppen van Atrecht en St. Omer, de graaf van Aremberg, Bossu, Berlaymont, Ligne, Richardot en andere regeringsleiders stellen een Advies op, waarin zij alle klachten samenvatten. Het zijn er 38 bij elkaar! Temidden van die opstandige stemming verklaart Hendrik IV de oorlog aan Spanje (januari 1595). Een maand later sterft aartshertog Ernst en krijgt de krachtige Fuentes de macht tijdelijk in handen.

Gesteund door Verdugo en de oude Mondragón laat Fuentes zien, dat het Spaanse bewind nog heel wat vermag. Met geld, dat eindelijk uit Spanje komt, betaalt hij zijn troepen. Hij herstelt de discipline en begint een sterk offensief: zuivering van Luxemburg. Verovering van Kamerijk (op de Fransen). Ontzet van Grol, dat Maurits belegerde. Met die wapenfeiten wordt het vertrouwen in het onrustige Zuiden hersteld. Voor de oude hertog van Aarschot is de aardigheid eraf. Alle invloed, waarop hij krachtens zijn rang aanspraak kan maken, heeft hij verspeeld.
'Ik ga naar Italië om als een vrij man te kunnen sterven,' verklaart hij. Dat sterven doet hij kort daarop in Venetië, door vrijwel niemand betreurd. Van vrede, die hij met Frankrijk en de Republiek tot stand heeft willen brengen, is geen sprake, al wordt het nog zo vurig door de meerderheid in Noord en Zuid gewenst. Terwijl onderhandelingen te Middelburg zich nog voortslepen, haalt koning Filips een dikke streep door de hoop op vrede van tienduizenden mensen:
'Laat beslag leggen op álle Hollandse en Zeeuwse schepen, die in Spaanse of Portugese havens zijn!' beveelt Filips II. En dat gebeurt. Trillend van woede, vloekend en scheldend in hun machteloosheid, staan de kapiteins en hun zeevolk op de dekken, als de Spanjaarden hun schepen opeisen. 400 à 500 koopvaarders — 2/5 deel van de gehele koopvaardijvloot — zijn op één dag voor de Republiek verloren gegaan. Het is een ontstellende klap.
'Ik ben verloren. Bankroet!' jammeren reders in de kroeg.
'Zuip maar eens uit, kerel!' Een bemoedigende klap op de schouder, maar dat helpt natuurlijk niet.
'Wat moet er worden van mijn Cornelis?' klaagt een vrouw in Edam.
'Wat is er geworden van het scheepsvolk op de Dolfeyn?'
'Hoe moeten wij nu aan onze duiten komen?' jammeren honderden vrouwen in de zeehavens.
'Drie van mijn zoons zitten nu in Spaanse gevangenschap! En waarom? Wat hebben ze gedaan?'
Hevig is de verontwaardigingg, groot de verslagenheid.
'Waarom?'
Die vraag wordt in duizenden gezinnen gesteld. Koestert Filips opnieuw het plan om een armada uit te rusten? Zijn dáárvoor soms al die schepen gepikt? 'Ik hoop, dat die Spanjolen dan wéér verzuipen. Allemaal!'
Dat alles draagt niet tot een vredesstemming bij. De oorlog gaat verder, juist nu Spanje die vrijwel niet meer kan voeren. Spanje staat voor een nieuw bankroet. De staatsschuld bedraagt 100.000.000 dukaten en voor de komende vier jaar is de belastingpot reeds verteerd.
'Demasiado!' mompelt de oude heerser in het Escorial. De oorlog wordt hem teveel.
Vrede lijkt het enige redmiddel. Om dat doel te verwezenlijken roept Filips de succesvolle Fuentes naar Spanje terug en zendt hij aartshertog Albertus van Oostenrijk als nieuwe landvoogd naar de Lage Landen...

Albertus — broer van Matthias en Ernst — is opgevoed aan het Spaanse hof. Filips houdt van hem als van een eigen zoon. Hij heeft hem op jeugdige leeftijd tot kardinaal verheven en hem tot onderkoning van Portugal gemaakt. Albertus is een bekwaam man. Filips hoopt, dat hij nu met Isabella zal trouwen. Al is hij kardinaal, door de paus zal voor dat huwelijk wel dispensatie worden verleend. Samen moeten zij de landvoogdij in handen nemen, de opstand beëindigen en na Filips' dood als souvereine vorsten over de Nederlanden gaan heersen. Zo kunnen de erflanden misschien bewaard blijven voor het Habsburgse huis.

In het voorjaar van 1596 komt Albertus met 3000 man Spaanse troepen in zijn standplaats aan. Als hij zijn intocht houdt, doen de oudere mensen in Brussel een verrassende ontdekking:
'Heilige Moeder Gods. Daar rijdt Willem van Oranje!'
'Welnee, mens. Dat is zijn zoon!'
'Wie?'
'Filips Willem!'
'Sprekend zijn vader!'

Na een afwezigheid van bijna 30 jaar keert Filips Willem van Oranje, 42 jaar oud, naar zijn vaderland terug, Het Spaanse hof hoopt dat hij, als hoofd van zijn geslacht, een gunstige invloed zal uitoefenen op Maurits en Willem Lodewijk. De Staten sturen hem een welkomstgeschenk — maar verzoeken de prins dringend de Republiek voorlopig niet te bezoeken.
'Cómo está Ud?' vragen vrienden. Vindt hij het fijn weer in Brussel te zijn?
'No muy bien!'

De tragiek in Filips Willems leven is, dat hij uit liefde voor de katholieke kerk en uit gehechtheid aan Albertus niets tegen Spanje zal ondernemen. Eerbied voor zijn vader, verbondenheid met zijn stamhuis dwingen hem evenzeer niets te beginnen tegen Maurits en de Republiek.
'Ik dien me tussen de partijen afzijdig te houden!' zegt hij. Slechts daar waar hij bemiddelen kan, treedt hij actief op: waardig en bescheiden, zoals het een filosofisch man betaamt.

Filips Willem is de tragische troefkaart die koning Filips uitspeelt, om het volk der Nederlanden gunstig voor de nieuwe landvoogd te stemmen.
Een tweede verzoeningsdaad zet meer zoden aan de dijk. Het nieuws daarover wordt in de Hollandse en Zeeuwse havens met uitbundig gejuich begroet.
'Neeltje, Johanna, Saskia, vrouw van der Does, ze zijn weer vrij! Ze zijn weer vrij!'
Dolgelukkige vrouwen stuiven de straat op om het goede nieuws overal rond te vertellen.
'Ze komen weer thuis. Schipper Dirksz. is net binnengelopen!'
'God lof!'

De vrijlating van de zeelieden en van hun schepen, door Filips bevolen, wekt veel vreugde. Het ene schip na het andere vaart de thuishaven binnen — met zeelui die elkaar opgetogen op de schouders slaan als zij de vertrouwde duinenrij weer zien. Zij kunnen voortaan weer ongestoord op Spanje en Portugal varen, heeft de koning gegarandeerd. Het graan en timmerhout, het ijzer en zeilwerk dat de Hollanders aanvoeren kan Spanje eenvoudig niet missen.
Vrede? Filips wil het wel, maar opnieuw is hij te laat.

Bourgondische tijd – Twaalfjarig Bestand

Hollandse schepen overvaren Spaanse galeien voor de Vlaamse kust op 3 oktober 1602. Schilderij van C.H. Vroom.

'Het is een merakels mooi gezicht!' Joost Henkensz., matroos, zit op de grote ra.

Vanaf dat hoge punt kijkt hij neer op de Hollands-Engelse oorlogsvloot, die op weg is voor een aanval op Spaanse en Portugese havens.

'Ik hoop dat het mooi blijft,' bromt zijn maat. 'Het spul zal nou wel gauw beginnen!'

Joost kijkt naar de schepen, die op de blauwe zee voor anker zijn gegaan. Een donders mooie vloot, die wat duiten heeft gekost! Er zijn sloepen gestreken. De bevelhebbers zijn bijeengekomen op het Engelse admiraalschip om met Howard, Johan van Wassenaar-Duivenvoorde, de graaf van Essex en Lodewijk Gunther van Nassau het aanvalsplan te bespreken en de laatste bijzonderheden te regelen voor de landing op de kust.

'Ik ga mee aan land,' zegt Joost, die zich bij de stuurman heeft opgegeven. 'Ze zeggen, dat er heel wat buit te halen valt!'

'Ik hou m'n poten liever op een dek. En weet je waarom? Omdat ze daar allang weten dat we komen. Dáárom! Ze zullen daar wel zorgen voor een warme ontvangst!'

Joost ziet hoe zijn maat hoofdschuddend aan een reeftouw trekt. Zijn hand mist twee vingers. Die liggen in de Middellandse Zee. 'Jullie jongkerels denken alleen maar aan mooie meiden en aan buit. Nou, heet zal het er wel toegaan, maar niet met vrouwvolk, jongen! Wat ik je brom!'

Even voelt Joost spijt, dat hij zich als vrijwilliger heeft gemeld. Maar alle schepen, die hij vanaf de ra kan zien — met al die soldaten op de dekken — herstellen zijn vertrouwen op slag. Een landingsleger van 6000 man. Dat was niet helemaal niks. Ze moeten de nieuwe, in aanbouw zijnde armada vernietigen, zo wordt beweerd. En als het kan, een opstand uitlokken onder de Portugezen. Onder hem deint het schip op de golven in de wind. Als de sloep met de ouwe is teruggekeerd, klinken de bevelen.

Ze vallen af. De wind pakt nu weer de zeilen. De tocht gaat verder.

'We gaan naar Cadiz, mannen,' weet de bootsman die avond te vertellen. Zoals vroeger de Vikingen in het Noorden, zaaien nu de Hollanders en Britten paniek in de stad. De landingstroepen vernietigen de Spaanse galjoenen in de haven. Er klinkt geroep en geschreeuw, als zij in de huizen aan het plunderen slaan. Vrouwen zijn met hun kinderen naar de kerken gevlucht.

Wat later is Faro in Portugal aan de beurt. Ook daar zien de onthutste bewoners de rauwe zeebonken en soldaten door hun straten jagen, huizen binnenstormen en dan lachend met de armen vol kostbaarheden naar de schepen gaan. Met buit beladen keren de Hollanders en Engelsen naar hun eigen havens terug.

''t Is mooi geweest,' zegt Joost Henkensz., als hij weer veilig in zijn woning in Zierikzee is teruggekeerd. Hij knoopt zijn plunjezak los en laat zien, wat hij allemaal heeft meegebracht.

Landvoogd Albertus begrijpt, dat van een verzoenende houding en van vrede voorlopig geen sprake kan zijn. Daar hij zelf geen militair is, huurt hij een Frans edelman om de Spaanse strijdmacht aan te voeren tegen Calais. Want de beproefde veldheren Verdugo en Mondragón zijn kort na elkaar gestorven. 'Calais is in onze handen!' kan Albertus aan de koning melden. Het is een prachtige springplank, van waaruit een aanval op Engeland kan worden gewaagd. Een nieuwe armada van 60 schepen, met 8000 man aan boord, verlaat de Spaanse havens voor de versterking van Calais.

'Domine, dirige nos!' Maar het lijkt of de hemel ook dit keer de gebeden niet hoort.

Een storm steekt op bij Kaap Finistère. Harde rukwinden jagen de Spaanse vloot uiteen. Opzwiepende golven. Scheurende zeilen in een donkere nacht. Schepen die kapseizen en hulpgeroep. Ronddrijvende masten, kisten, lijken. Meer dan de helft van de schepen vergaat en opnieuw wordt Spanje gedompeld in diepe rouw.

Rampen staan nooit alleen. Kort na de ondergang van de nieuwe armada wordt Spanje getroffen door een bankroet. De vertwijfelde Albertus van Oostenrijk zit op

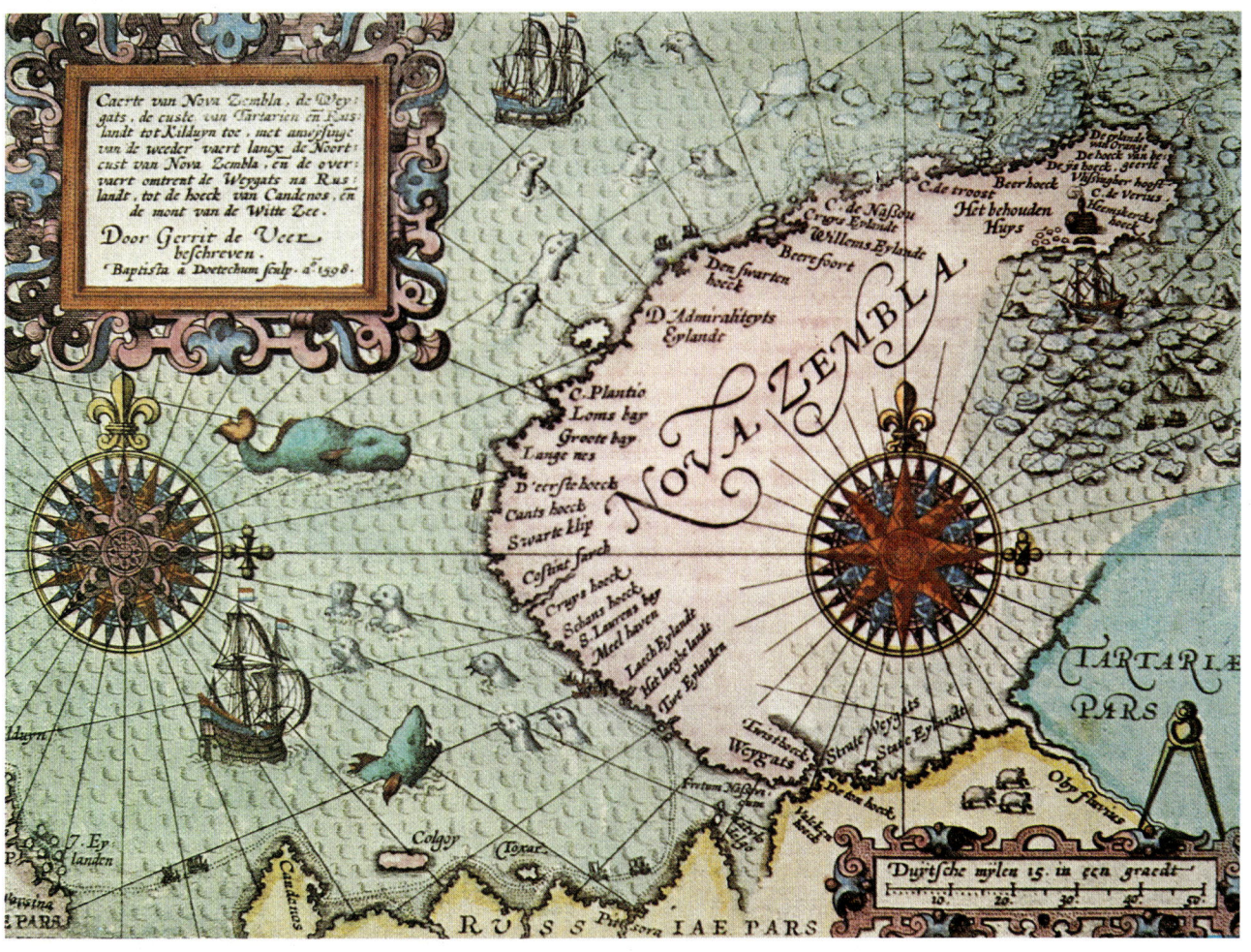

Kaart van Nova Zembla met Nederlandse schepen en 'Het behouden Huys', waar Heemskerck en Barentz in 1597 overwinterden. Kaart van Gerrit de Veer uit 1598.

Bij de expansie over zee was de cartografie onontbeerlijk. Een van de belangrijke Nederlandse cartografen was Jodocus Hondius (Joost de Hondt). In 1606 begon hij een heruitgave van de Atlas van Mercator.

Het *Drievoudig Verbond*, gesloten met Engeland en Frankrijk, tegen Spanje, is een triomf voor Oldenbarnevelts politiek. De opstandige gewesten, die zich vijftien jaar geleden nog hebben willen wegschenken aan Matthias, aan Anjou, aan koningin Elizabeth, zijn thans een zelfstandige en zelfbewuste Republiek — vanwege het Drievoudig Verbond door twee Europese mogendheden erkend!

De prijs, die de Staten voor dit bondgenootschap moeten betalen, is hoog. Frankrijk eist militaire steun. Engeland stelt een oorlogsschuld vast van 800.000 pond en staat erop, dat de handel op Spanje en Portugal wordt stopgezet.

'Schandelijk! Dit wordt onze ondergang!' roepen de kooplieden in koor. Vooral Amsterdam en Rotterdam laten krachtige protesten horen.

'Duizenden bootsgezellen komen nu zonder werk!' verklaren de Amsterdamse en Rotterdamse gedeputeerden in de Statenvergadering. 'Hoe kunnen wij, zonder de handel op Spanje en Portugal, de oorlog bekostigen? Dit Drievoudig Verbond is een domheid en een ramp!' Toch wordt het bekrachtigd, omdat de meeste afgevaardigden de grote lijnen wel zien:

'De staat van deze landen,' zo zeggen zij, 'bestaat niet bij de kooplieden alleen...'

zwaard zaad. En er zijn geen geldschieters meer, die hij tot leningen kan bewegen. Zijn soldaten slaan aan het muiten. De zorgvuldig opgestelde oorlogsplannen krijgen geen kans. Het Zuiden verduurt...

Met grote behendigheid is Oldenbarnevelt ondertussen langs de talrijke klippen van de internationale politiek gekoerst. Met Engeland — dat jaloers is op de Hollandse handel en stopzetting van de vaart op Spanje eist — is een redelijke verstandhouding bewaard. En al is Hendrik IV tot het katholieke geloof overgegaan, toch blijft Oldenbarnevelt hem bejegenen als een onmisbare bondgenoot.

'De staat en de godsdienst hebben niets gemeen!' stelt hij. Na driekwart eeuw van geloofsstrijd is dat een nieuw geluid.

Toch zijn het wél de kooplieden, die met hun gedurfde ondernemingen zorgen voor het geld. 600 schepen zeilen in één week de thuishavens binnen met koren uit de Oostzee. Dat is een glorieus gezicht. Twee- en driemasters met gebolde zeilen, de vlaggen in top. Wolken en even een zonflits op de grijze golven. Putsen water over een

Bourgondische tijd – Twaalfjarig Bestand

schoongeschrobd dek. Volgeladen varen ze langs Texel de Zuiderzee op en laten dan de ankers vallen in het IJ voor Amsterdam. Sloepen, vol zeevolk en plunjezakken, varen naar de wal. Tientallen graanhandelaren wrijven zich vergenoegd in de handen — en drinken een stevige borrel op de goede afloop met hun kapiteins.
'Op uwe gezondheid, Roemer Visscher!'
'Proost, schipper Dirksz.!'

De korenhandel verschaft werk aan 30.000 man.

Grote vloten varen naar Spanje, Portugal en de Levant. De welvaart (hoe nauw is dat woord met de scheepvaart verbonden!) brengt buitenlandse bezoekers in verbazing.

Zij kijken hun ogen uit bij het drukke, kleurrijke gedoe in de havens van de Republiek:
'Het is niet te geloven, voor wie het niet zelf heeft gezien,' schrijft een Franse edelman. 'Te Amsterdam liggen 3 à 4000 vaartuigen tegelijkertijd op de rede!' De kleine schepen van de binnenvaart heeft hij zeker meegerekend. Prachtig geeft een Spaanse bezoeker zijn indrukken weer:
'Holland heeft bijna geen graan, maar heel Europa heeft geen betere korenschuren.

Het kweekt geen vlas, maar verwerkt het toch in grote hoeveelheden tot lijnwaad.

Het heeft geen kudden, maar verweeft een overvloed van wol tot laken. Het land heeft geen wijnbergen, maar bezit desondanks de stapel van de Duitse en Franse wijn.

Het heeft geen bossen, maar timmert meer schepen dan de overige landen van Europa bij elkaar.'
1000 schepen lopen jaarlijks van de Hollandse werven. Voor een deel worden ze ook voor het buitenland gebouwd. Daarmee zeilen de Hollanders en Zeeuwen steeds verder de wereldzeeën op: naar de Kaap Verdische Eilanden en naar Guinee op de kust van Afrika.

Als koning Filips schepen in beslag neemt en daardoor de handel in gevaar brengt, steken ondernemende kooplui de koppen bij elkaar:
'Beste Roemer, zouden we niet een kansje wagen om de Indische waren zelf te gaan halen?'
'Wil je zo graag een schip verspelen, Cornelis?'
'Wie niet waagt, die niet wint!'
''t Is een lange en gevaarlijke reis. Man, denk aan de zeerovers van Duinkerken. Je moet langs de Engelse piraten, langs Spaanse oorlogsbodems, langs Portugese nederzettingen!'
'Maar man, denk eens aan de winst!'

In 1594 is reeds de eerste *Compagnie van Verre* opgericht. Omdat de bestaande route naar Indië vol gevaren is, overwegen de kooplieden om de tocht te laten maken 'om de Noort':

De uit Antwerpen afkomstige, Middelburgse koopman Moucheron heeft overleg gepleegd met admiraal Duivenvoorde, met gedeputeerden, tenslotte ook met prins Maurits en Oldenbarnevelt.
'Excellentie, ik heb alle beschikbare kaarten en alle bestaande reisbeschrijvingen bestudeerd. Mercator, de beroemde geograaf, heeft beweerd, dat er dwars over de Pool een grote open zee loopt, waarlangs Indië te bereiken moet zijn!'
'Bent u daar zeker van?'

Moucheron knikt. Hij somt voordelen op en weet de anderen te overtuigen.

Vanwege zijn enthousiasme rusten de Staten twee schepen uit. Amsterdamse kooplieden, die graag een gokje wagen, dragen voor een derde in de kosten bij.

In juli 1594 begint de tocht onder bevel van Jan Huyghen van Linschoten met de ervaren stuurman Willem Barendsz. op de brug.
'Goeie reis!'
'En behouden vaart!'

Ze zeilen langs Noorwegen, de Noordkaap, Lapland, Finland, Rusland, de Witte

De retourvloot uit Indië onder leiding van Jacob Corn. van Neck op 19 juli 1599 op de rede van Amsterdam. Schilderij van H.C. Vroom.

Zee en vinden een zeestraat met open water, die *Waaigat* wordt gedoopt. Maar juist dan moeten zij naar huis wegens gebrek aan proviand.

Een nieuwe vloot van 7 schepen probeert het een jaar later. Uit de scheepsjournalen van die reis slechts één detail:

Hoog in het noorden zijn de bootsgezellen aan land gegaan om gretig te graven naar bergkristal. Een ijsbeer sluipt nader, valt één ven hen aan in de rug:
'Hij heeft hem metterhaast de halve kaak en wang met het halve hoofd afgebeten en zuigt zijn bloed zo lang, tot de ongelukkige de geest geeft...'

Tevergeefs tracht het scheepsvolk, nog 29 man sterk, de beer te verjagen. Wapens hebben ze niet, die zijn aan boord gelaten. Een tweede zeeman sterft in de sterkte klauwen van de beer. De rest vlucht weg naar het schip. Later krijgen ze het monster toch nog te pakken. De matroos, die de ijsbeert vilt en opensnijdt, vindt in de maag de halve hoofden en de kaken van zijn gezellen!

Omdat schotsen en ijsbergen de weg versperren, keert de vloot naar het vaderland terug. Dan stoppen de Staten hun pogingen. Wel loven zij een prijs uit:
'25.000 gulden voor ieder, die de noordelijke zeeweg naar Indië vindt!'

Het stadsbestuur van Amsterdam rust de derde expeditie uit. In mei 1596 varen De Rijp en Heemskerck uit. De ervaren Willem Barendsz. gaat ook dit keer mee. De schippers hebben zo veel mogelijk ongehuwd scheepsvolk aangemonsterd:
'Om minder door de trek tot wijf en kinderen in het werk te versagen!' Het zijn knapen, die tegen een stootje kunnen.

De Rijp houdt een westelijke koers, ontdekt Spitsbergen en wijkt dan naar Finland uit. Heemskerck en Barendsz. zeilen oost-noord-oost. Gerrit de Veer schrijdt op, wat ze tijdens de reis *'ter werelt noyt so vreemt ghehoort'* beleven:
'Zwanen!' Een hele zee vol reuzenzwanen!' roept de uitkijk op een dag. De hele bemanning stormt aan dek om te zien hoe... ijsschotsen naderen en voorbijdrijven.

Ze bereiken Nova Zembla en vriezen daar vast in het ijs:
'Het schip ligt scheef als een bootsgezel na twee volle kruiken bourgogne!'

De sloepen gaan de wal op. Dan volgen de vaatjes boter, de voorraden gezouten vlees, meel, wijn. De bemanning, 17 man sterk, besluit een huis te bouwen, waarin zij de op handen zijnde winter kunnen doorstaan. In oktober komt het geraamte van de hut gereed. Kort daarop sterft de scheepstimmerman. Zonder zijn kundige leiding ploeteren de zeebonken voort. Het dak sluiten ze af met een zeil.

'Het Behouden Huis!' Dat is de naam voor de hut in die volslagen verlaten wereld.

Toch staat er trouw een wacht bij het schip: om te zien of het ijs al smelt.

De lange poolnacht gaat in. Op 1 december valt de eerste sneeuw. Het blijft sneeuwen. Metershoog hopen de vlokken zich op. De schoorsteen raakt verstopt en poolvossen sluipen over het dak! Het vriest dat het kraakt. IJzel bedekt de kleren. De bevroren schoenen zijn onbruikbaar. Van hout maken ze klompen en bekleden die met vossebont. De versleten, ontoereikende kleding verwisselen zij voor een ijsbeerpels. Het houtvuur in het Behouden Huis rookt en geeft nauwelijks warmte.

Dat is verschrikkelijk, maar hoe bloemrijk klinkt dat in de oud-Hollandse taal:
'Als wij onze voeten nae 't vuur staken, soo verbranden wij veel eer onze cousen, eer wij de warmte gevoelden... jae, hadden wij 't niet eer gheroken als ghevoelt, wij souden se eer gantsch verbrandt hebben, eer wij 't ghewaer ghewroden hadden!'

Verkleumd zitten ze tijdens sneeuwstormen bijeen op een karig rantsoen. Het vuil hoopt zich op.

'We moeten Driekoningen-avond vieren,' hebben ze gezegd. Van twee pond meel

Bourgondische tijd – Twaalfjarig Bestand

bakken ze koeken. Ze drinken wijn: 'Constabel, jou maken we koninck van Nova Zembla!' Eventjes hebben ze lol, maar soms worden ze half gek van de lange winter, van de eenzaamheid en van elkaar.
Steeds weer brengen de Bijbel en de wijze Willem Barendsz. vertroosting.
Voorjaar! Het open water komt dichterbij. De ene dag is het nog maar 100 meter van het ingevroren schip verwijderd. Een paar dagen later is alles weer ijs en ligt het water weer 500 meter weg.
'Schipper, we motten naar huis. Desnoods in een sloep. We gaan hier kapot...'
Ze smeken. Ze janken. Maar Heemskerck laat zijn goede schip niet voor wat jammerend scheepsvolk in de steek. Nog drie weken gaan voorbij. Het rantsoen is nog slechts twee ons spek per dag.
'Gaan we nou?'
'Maak de sloepen maar zeilklaar!'
'Godlof!'
Barendsz. is ziek. Hij schrijft drie brieven, waarin hij over zijn lotgevallen vertelt.
Eén van die brieven laat hij in een kruithoorn hangen aan de schoorsteen van het Behouden Huis (In 1871 vindt de walvisjager Elling Carlsen die brief bij de ingezakte woning terug, mét de koperen braadpannen, een klok, waskaarsen, kisten en kleren.
Dankzij een Engelsman komen al die overblijfselen met Heemskercks scheepsvlag naar Amsterdam.)
Met twee kleine sloepen kiezen ze zee. Ze dragen de zieke Barendz. en de uitgeputte matroos Claes Andriesz. aan boord. Beiden sterven.
'De Heer heeft gegeven, de Heer heeft genomen...' Een simpele plechtigheid. 'In Godsnaam!' Ze zetten hun gestorven makkers overboord. De lichamen zakken weg in het groene, ijskoude water.
Zeilend en roeiend bereiken ze de Russische kust en later, o wonder, het schip van Jan Cornelisz. de Rijp. Het einde van de barre onderneming komt eindelijk in zicht, als zij daar aan de horizon de vertrouwde Hollandse torenspitsen uit de ommuurde steden zien verrijzen. Beurtschippers op de Zuiderzee schreeuwen een eerste welkom en vragen:
'Wie zijn jullie?'
'De Rijp en Heemskerck. Terug van Nova Zembla!'
En misschien horen zij dán al het grote nieuws:
'Houtman en De Keyser zijn van een reis naar Indië teruggekeerd!'
Terwijl ze vastgevroren zaten in het ijs, zijn andere Hollanders erin geslaagd, het verre Indië langs de zuidelijke route te bereiken...

'Laten we het wagen!' hebben Hendrik Hudde, Reinier Pauw, Pieter Hasselaar en nog zeven andere Amsterdamse kooplieden gezegd. Ook zij hebben een Compagnie van Verre opgericht. Met toestemming van de Staten zeilt in april 1595 een kleine vloot van 4 schepen uit — met 250 koppen in totaal. Het bevel ligt in handen van Pieter Dircksz. de Keyser, als eerste stuurman, en Cornelis Houtman, als eerste kommies. Vaandrig Frank van der Does schrijft op, wat ze op die reis naar Indië beleven:
'Plunderen! Laten we toch plunderen!' roept het scheepsvolk gretig, als twee Portugese schepen al aan het begin van de reis in zicht gekomen zijn.
'Geen vijandelijkheden!' beveelt de admiraal. Daarom ruilen de Hollanders allervriendelijkst wat hammen en kazen tegen potten marmelade uit Portugal. Ze zeilen langs het eiland St. Helena: 'Als een boei voor de zeelieden door God in zee gelegd!' noteert Frank van der Does. Kaap de Goede Hoop. Dan Afrika's Oostkust, waar de zeelui verbaasd kennismaken met de Hottentotten: 'Zo zwart! Net of ze door twee brandstapels zijn heengegaan!'
'Ze lijken op losgesneden gehangenen!'
Vol afschuw kijken ze toe, hoe dat verschrompelde volkje de darmen van het geslachte vee rauw verslindt. Ze varen weer verder. 18 augustus wordt Madagascar bereikt. De ruilhandel brengt de matrozen in verrukking:
'Eén tinnen lepel voor vier schapen of een os!'
'IJsbrand, jongen, maar één lepel voor die mooie negermeid!'
Ze sjacheren, maken platte grappen in hun eigen taal. De stuurman die koeien wil kopen, maakt het net iets te bont. Midden in de onderhandelingen snijden de inlanders hem de keel door. In het dorp Antongil plunderen de inwoners de sloep. Het gaat dat volk alleen maar om de spijkers! Een flinke vechtpartij — stenen tegen musketkogels! — is het gevolg. Zonder pardon steken de matrozen het dorp in brand.
Als reeds 70 opvarenden te Madagascar op het 'Hollandse Kerkhof' begraven zijn, waagt de kleine vloot in februari 1596 de sprong over de wijde, onbekende Indische Oceaan. Vijf lange, eentonige maanden gaan voorbij. Dagen van windstilte en doelloos ronddobberen onder een hete zon. Ruzies en vechtpartijen. Hoe snel schieten de vuisten uit in het logies, waar de stank van ongewassen lijven, de vette weeë lucht uit het kombuis nog overtreft. De kommies Van Bönningen heeft zich met àlle adelborsten tegen Houtman gekeerd. Hij wordt in de boeien geslagen, maar de geprikkelde toestanden aan boord duren voort.
Eindelijk, eindelijk wordt Indië bereikt. Dan verbetert de stemming snel. Ze ontmoeten de eerste inlanders.
'Gekleed in cattoen met diverse couleuren versierst... Altijts eeten zij een vrucht, waerdoor haere monden altyt soo root als bloet schinen te wesen, daer beneffens hebben zy leelycke zwarte gesleepen tanden...'
Als de ankers op de rede van Bantam vallen, zwermen Javanen, Chinezen en Arabieren naar de Hollandse schepen uit. Zij houden markt op de dekken en Houtman laadt 250 zakken peper, 30 balen foelie en 25 balen muskaat. Dan komen er moeilijkheden met de Javanen, die door de Portugezen tegen de Hollanders zijn opgezet. Ze zeilen verder naar Sidajoe bij Soerabaja. Daar wordt het vechten geblazen en een schipper, een scheepstimmerman en een aantal matrozen sneuvelen in de strijd.
'We gaan naar de Molukken!' beslist Houtman.
'Dat nooit! We willen naar huis!' mort het opstandig geworden scheepsvolk. Van de 250 koppen zijn er nog maar 94 in leven.
Het schip De Amsterdam maakt water en is niet te repareren. Ze slepen er alles af en steken de boot in brand. Ze zwalken verder, langs onbekende kusten — steeds weer zoekend of er ergens iets te halen valt. Zo bereiken ze Bali, waar de koning van het eiland hen vriendelijk ontvangt. Hij stelt hun vragen over de Republiek.
'Hier!' wijzen de schippers, terwijl zij hun kaart ontvouwen. Ze leggen hun vingers op de Nederlanden en wijzen meteen ook maar Duitsland, Scandinavië en Rusland aan als delen van de Republiek. Dát maakt de nodige indruk — vergeleken bij het kleine plekje, dat Bali vormt.
'De koning was bedroefd, dat zijn eiland so klein in de caert lag!' schrijft Van der Does treffend.
Maar de koning fleurt zienderogen op als hij hoort dat Maurits, Hollands koning met 30.000 ruiters en 50.000 voetsoldaten (wat zou Maurits dat graag willen!) nog niet eens één vrouw bezit.
'En de Mecq dan? gniffelt een matroos.
'Houd je somme bakkus en luister liever naar de radja die over 200 vrouwen beschikt!' bijten de schippers hem toe.
'Al ligt hij dan klein in de kaart, in bed ligt hij zoveel beter,' denkt de matroos.

In Amsterdam luiden de klokken als de Indië-vaarders — althans 87 van 250 koppen — in de haven zijn teruggekeerd. Overstelpt met vragen en toejuichingen gaat het scheepsvolk naar het raadhuis, waar het stadsbestuur een erewijn aanbiedt. Dan komen de verhalen los:
'We hebben de weg naar de specerijen gevonden, uwe edelen!'
'En de macht van de Portugezen in Indië is maar gering!'
Overal zijn kooplieden er dan als de kippen bij, om Compagnieën van Verre op te richten. In 1598 kiest een vloot van 8 schepen onder commando van Van Neck en Jacob van Heemskerck zee. Door verstandig optreden koopt Van Neck de gehele voorraad specerijen van de Bantammers op. Heemskerck doet ondertussen goede zaken op de Molukken en sticht factorijen op Ternate en Banda. Reeds een jaar later zijn ze terug. Iedereen weet dan meteen al te vertellen:
'Zolang Holland Holland is geweest, zijn er niet zulke rijk beladen schepen gearriveerd!' En het is waar. De aandeelhouders in die vloot maken een winst van 100 %.
'Een goudregen! Daar moeten wij ons deel aan zien te krijgen...' knikken kooplieden in andere havensteden. Binnen drie jaar zijn er 14 vloten — 65 schepen bij elkaar — naar Indië onderweg. De onderlinge concurrentie is fel:
'Men zeilde elkaar het geld uit de beurs en de schoenen van de voet!' schrijft een man die het kan weten. De bazen van een Compagnie van Verre te Amsterdam zeggen openlijk tegen hun schippers:
'Houdt steeds in gedachtenis, dat de Zeeuwen de vijanden zijn van ons werk!'

Met een hoop lef, een nuchtere aard en begerig naar een goede winst, zeilen de Nederlanders de wereldzeeën op. Quakernaak bereikt Japan. Olivier van Noort vaart de *gantse aertcloot* om. De waardevolle gegevens over zeeën en kusten, die de kapiteins met zich meebrengen, verwerkt Blaeu in zijn beroemde *Wereldatlas*.
Vooral dankzij de ondernemende kooplieden en de bekwame schippers, zijn de Staten in staat de vredesvoorstellen uit het Zuiden naast zich neer te leggen. Zij beschikken over voldoende geld en zetten de oorlog met kracht voort 'om de tuyn van de Verenigde Nederlanden sooveel wijder en sterker te maken...'
Inmiddels is prins Maurits opnieuw tot de aanval overgegaan...

Over zeerovers en de dood van Filips II

'Zijn vaderland is het leger, zijn harnas is zijn huis. Zijn zwaard is zijn scepter, zijn rechtboek is zijn vaan en de opwekking van zijn ziel is het bloed!'

Dat wordt gezegd over de beroepssoldaten, die zich verhuren aan de veldheer die hen het meeste biedt. Ze leven ver buiten de maatschappij.

Ook het leger van prins Maurits bestaat uit huurlingen. Er heerst daar een voorbeeldige discipline, althans voor die tijd, omdat Oldenbarnevelt hen stipt betaalt. Toch worden er in de Republiek bitter klachten geslaakt:
'Waar hoort en ziet men meer vloeken, zweren, vreten, zuipen, hoereren, gokken, kijven, twisten, dansen, springen, loze lichtvaardige woorden zotternijen, godslasteringen, vrouwenschendingen en onrechtvaardigheid als in de huidige oorlog?'

Als de huurlingen van prins Maurits het te bont maken, komen ze in handen van de scherprechter of provoost. Die heren verdienen in het leger een goede boterham: 6 gulden voor iedere ophanging; 3 gulden voor een geseling (maar het dubbele, als hun slachtoffers met de zweep door de garnizoenplaats moeten worden gejaagd!).

Brandmerken levert 3 gulden op. Daar komt nog 1,5 gulden bij 'voor de Pot en Kolen, dienende tot het heet maken van het ijzer en het brengen derselver op de plaats van de executie!'

Het zijn de Heinrichs uit Duitsland, de Pierres uit Frankrijk, de Patricks uit Schotland en de Wilhelms uit Zwitserland, die de overwinningen bevechten voor de Republiek.

Turnhout, januari in het jaar 1597: Een flinke Spaanse strijdmacht onder bevel van graaf Varax, ligt in de Kempen. In het diepste geheim heeft prins Maurits een aanval tegen die troepen voorbereid, 5000 infanteristen en 800 ruiters zijn in alle stilte uit hun winterkwartieren gehaald. Met 150 schepen zijn ze naar Geertruidenberg gevaren. Vandaar is de opmars begonnen.

Te laat ontdekt graaf Varax, dat het Staatse leger hem bedreigt. Haastig breekt hij zijn kamp op. Het wordt lopen geblazen voor de Spanjolen. Omdat zijn voetvolk op de modderige wegen slechts langzaam vordert, besluit Maurits alleen met zijn ruiterij en slechts 200 musketiers tot de aanval over te gaan.
'Voorwaarts!'

Daar gaan de ruiters op hun snuivende paarden — in de onzekere spanning die voorafgaat aan ieder gevecht. Paniek in het Spaanse leger. De Spaanse soldaten vuren te vroeg. Omdat er 56 handgrepen nodig zijn om een geweer te laden, zijn ze niet op tijd gereed voor het volgende schot. Hoe anders verloopt dat in het leger van de Republiek. Ordelijk weerklinken daar de commando's voor ieder gelid:

'Maeckt u gereed!'
'Legh aen...'
'Geeft vuur!'

Binnen een half uur ontaardt de strijd in een slachting. Varax, vele van zijn officieren en 2000 Spaanse soldaten verliezen hun leven.
'Overwinning! Overwinning!' Het juichende leger maakt 500 gevangenen en tevens nog 38 vaandels buit. Acht dagen later bevindt Maurits zich alweer in Den Haag. Zijn troepen keren terug naar het winterkwartier.

In de kroegen en taveernes van de garnizoensplaatsen weerklinken de sterke verhalen — vooral na enkele pinten dubbel bier: 'Heinrich, du Mensch, je had het moeten zien. Als verschrikte vlooien sprongen de Spanjolen rond. Bij duizenden joegen wij hen in de dood. En zelf verloren we maar tien man!'

Maurits treft ondertussen zorgvuldige voorbereidingen voor het voorjaarsoffensief.

Als een Frans leger Amiens belegert en landvoogd Albertus zijn krachten op de verdediging van het Zuiden concentreert, begint Maurits zijn veldtocht die Gelderland, Overijssel en Drenthe van de vijand verlost. Eerst verovert hij Rijnberk, waardoor hij Twente en de Achterhoek van het Zuiden scheidt. Daarna volgen Grol, Bredevoort, Enschede, Ootmarsum, Oldenzaal. 'Geeft eerbiedig de eer der overwinning aan de almagtigen God, Wiens genadig welbehagen de wapenen der Staten heeft gezegend!' klinkt het in de kerken. Maar ook prins Maurits wordt overladen met geldgeschenken en eerbetoon.
'We zijn weer baas op eigen erf!' zegt men in het Noorden.

De vrijheid! Het is een goed dat in de Republiek hogelijk wordt gewaardeerd. 'Groot is hier het genot der vrijheid!' rapporteert Buzanval, de Franse gezant in Den Haag.

Van alle kanten stromen dan ook vervolgde mensen naar de Republiek. Joden uit Portugal, hugenoten uit Frankrijk, dopers uit Duitsland vinden er een veilig toevluchtsoord.

De slag bij Turnhout in 1597. Gravure van B. Dolendo.

Bourgondische tijd – Twaalfjarig Bestand

Uit alle delen van Europa komen jongelingen naar Leiden vanwege de vrijzinnige geest die daar heerst. Het is dé grote, internationale universiteit — de eerste, die de waterproef bij heksenvervolging veroordeeld heeft!

Al die vreemdelingen raken niet uitgekeken op dat kleine, wonderlijke land, dat door rijke kooplieden wordt geregeerd. Zij ervaren, dat het volk het bestuur van die kleine regentengroep vol vertrouwen accepteert. Wat hen ook opvalt is het feit dat er zoveel gelezen wordt:
'Ecoutez, mon ami, Amsterdam telt 244 boekhandelaren, waarvan velen tevens uitgever en drukker zijn. Zij hebben eigen vertalers in dienst. Dát is natuurlijk één van de oorzaken, dat het leven hier zo ordelijk verloopt!'
'Het is de nuchterheid en de calvinistische geest!'
'Ja, maar...' Ze raken er niet over uitgepraat.

Geliefd zijn de kermissen. Ze duren twee, soms drie weken lang. Het feest begint met papegaaischieten, voorafgegaan door een gilde-optocht. Het volk verdringt zich voor de rijen winkeltjes, kraampjes en tenten, en staart verwonderd naar de acrobaten, koorddansers en de wonderlijke kermisklanten. Gierend kijken ze naar de talrijke clowns:
'Dat is *Jean Potage* uit het Franse land!'
'Noem hem maar rustig *Jan Soep!*'

Wat verderop staan *Punch* uit Engeland, *Hanswurst* uit Duitsland en de *Pekelharing*, de populaire grappenmaker die afkomstig is uit de Republiek.
'Kan je goed zien, Maart?' De kleine Maarten wordt opgetild en kijkt ontzet naar de 'dolle vrouwen', die in hun krankzinnigheid spugen, sissen en gezichten trekken — en rammelen met de ketenen waarmee ze vastgebonden zijn. 'Hier mot je wezen, hier mot je zijn!' Een rattenvanger prijst zijn rattekruid aan. Om zijn kopers te overtuigen, hangt een groot aantal dode ratten aan een draad voor zijn kraam.

Als het dubbele bier overvloedig is gedronken, vinden de onafwendbare knokpartijen plaats en worden er toernooien met stompe messen georganiseerd.
'Wedden dat die lange wint?'
'Ik houd het op die schele, buur. Z'n tegenstander kan nooit weten, waarheen hij kijkt en stoot, haha!'
Ze wedden. Ze staan in een kring en hitsen de vechtersbazen met hun stompe messen op — totdat er één jankend en bloedend het strijdperk verlaat.
''t Was toch die schele! Kom op met je duiten, buur!'
Muziek is er volop, al getuigen de liederen niet van een al te beste smaak. Een tophit uit die jaren:

Ik sey goeden avond, lieve Joosje
Mijn suikerdoosje...
Ik segje, mijn hartje, mijn troosje, mijn schat
Ik sweer je by 't bont van Lubberts oom kat
En och! och! dat ik jou had...

Na iedere kermis heeft de schout het druk. In dronkenschap zijn heel wat wandaden begaan. Er vallen dan harde straffen, want de rechtspraak is streng: 'Zachte heelmeesters maken stinkende wonden!' Die mening zijn de meeste burgers toegedaan.

Zonder gestreng optreden tegen het rapalje zou het maar een chaos worden in de stad. Daarom zijn de vonnissen van schout en schepenen meestal niet voor de poes: 'De doodstraf op het schavot!' krijgt een ongelukkige dienstmaagd te horen, als zij haar ongewenst, buitenechtelijke kind heeft vermoord.
'Aan de schandpaal!' is de straf voor een warmbloedig heerschap, die het met twee vrouwen houdt.
'De brandstapel!' luidt het vonnis over een man van 86 jaar. Hij is van moord beschuldigd, hoewel hij het jammerend heeft ontkend.

De scherprechters zien er geen been in jongens van 16 jaar te brandmerken. Zij hakken ook handen af, branden de tong, of ontdoen een boosdoener van een oor: onuitwisbare tekenen van een strafregister, waardoor de misdadigers vrijwel voor het leven uitgestoten zijn. Gevangenschap wordt zoveel mogelijk vermeden. Dat kost maar onnodig geld.
'Jan Janszoon, jij mag een jaar lang, 's avonds na acht uur, je huis niet uit!' zegt de schout, omdat Jan Janszoon met een dronken kop een gewelddaad heeft gepleegd.
'Huibrecht Cornelisz. gedurende drie jaar willen wij je niet meer in een taveerne of herberg zien!' En Huibrecht knikt opgelucht — allang blij dat hij zijn oren mag houden.

In de meeste steden staan de galgen bij de poorten, maar heel wat misdadigers wachten de strop niet af. Vogelvrij vluchten ze weg naar plaatsen, waar ze voor de rakkers van de schout ongrijpbaar zijn.

Duinkerken, het zeeroversnest, biedt veel schoelje een veilig en avontuurlijk onderdak. Honderden Hollanders en Zeeuwen en Friezen varen met de Duinkerkers mee.

Zij zien er geen been in hun landgenoten

Optocht op de Grote Markt in Brussel, door Denis van Alsloot (ca. 1570-ca. 1626).

te overvallen. Integendeel zelfs: de buit op de schepen der Republiek is meestal groot. Vooral voor de haringvissers (500 schepen) zijn die ruige Duinkerkers een ramp. Meestal hebben een aantal vissersgezinnen gezamenlijk een schip uitgerust. Zij leven daarvan. En als zo'n schip verloren gaat, wat moeten ze dan? Veel van de vissers zijn doopsgezind. Van geloofswege voeren zij geen wapenen en hebben die ook niet aan boord. De Duinkerkse zeerovers weten dat maar al te goed. Herhaaldelijk overvallen zij een haringvloot — ook al geven de Staten een miljoen per jaar uit om de vissers en de koopvaardij met wachtschepen rondom Duinkerken te beschermen.

Ontstellend rauwe tonelen spelen zich af op zee, als Hollanders en Duinkerkse kapers elkaar vloekend en schreeuwend enteren en het scheepsvolk over springt voor gevechten van man tegen man. Als de zeerovers verliezen is er geen pardon. 'Spoel ze de voeten! Zet ze overboord!' Hoe ze ook kermen en janken, genade voor de gevangen piraten is er niet. 'Flàts!' daar gaan ze. Soms zijn ze gewond en worden ze met bebloede koppen de golven ingegooid.

'Genade!' 'k Heb vrouw en kinderen in Harderwijk!'

'Flàts!' Een nieuwe plons. De meesten kunnen niet zwemmen en hun geschreeuw wordt al gauw door de golven gestild.

Wraak blijft natuurlijk niet uit. Als de Duinkerkse zeerovers op hun beurt een schip buitmaken en leeghalen, spijkeren zij de bemanning soms met voeten of oren vast aan het dek. Dan brengen zij het vaartuig tot zinken.

'God zal jullie straffen!' roepen de vastgenagelde ongelukkigen.

'Je moer in Zierikzee!' Honend staan de zeerovers aan de reling. Rauwlachend kijken ze toe, hoe de kronkelende, vastgespijkerde zeelui op het dek, scheldend en biddend verdwijnen onder het wateroppervlak. Alleen de schippers ontlopen dat lot. Zij zijn immers een goed losprijs waard!

'Joost Lubberts, kom nou toch eens kijken!' roept een Hollander uit het ruim van een Duinkerker, die na een hard gevecht is buitgemaakt. In het ruim zitten maar liefst 21 gevangen schippers bij elkaar. Hun gezamenlijke losprijs was op 43.000 gulden getaxeerd.

'God lof!' Ze gaan de vrijheid weer tegemoet — en zullen weer gaan zeilen, alle gevaren ten spijt.

Een enkele keer nemen de schepen van de Republiek hun gevangenen mee naar de wal. Dan kunnen de inwoners van Hoorn of Enkhuizen, Vlissingen of Zierikzee zich vergapen aan het feit, dat 50 piraten in één keer worden opgeknoopt.

'Dan maar liever de lucht in!' bromt de zeer beruchte zeerover Neelken en hij gooit een lont in het kruit van zijn schip, als hij op zee geen uitweg meer ziet.

Filips II, omringd door zijn familie. Grafmonument van Leone Leoni in het Escoriaal bij Madrid.

Bourgondische tijd – Twaalfjarig Bestand

De haringvissers mogen het zwaar hebben, ook hun Republiek is op politiek gebied in moeilijk vaarwater beland. Een harde slag is het voor Oldenbarnevelt, als landvoogd Albertus — op aandringen van de paus — vrede aanbiedt aan Hendrik IV. En Frankrijk is bereid de aantrekkelijke voorwaarden te accepteren.

'Wij moeten dat voorkomen!' zegt Oldenbarnevelt. Met Justinus van Nassau haast hij zich naar het Franse hof. In zijn gevolg bevindt zich de 15-jarige Huig de Groot, een Hollands wonderkind en vrijwel doctor in het Recht. Huig mag helpen om Hendrik IV gunstig te stemmen voor de Republiek. Het gezantschap krijgt een schitterende ontvangst. Urenlang mag de jonge Huig met de koning van gedachten wisselen over recht en geloof.

'Incroyable!' fluisteren de hovelingen en ook de hofdames staan versteld.

Vooral Oldenbarnevelt wordt overladen met eerbewijs. Hendrik IV leidt hem persoonlijk naar het fraaie slaapvertrek van zijn geliefde maîtresse, Gabrielle d'Estrées, die daar op haar kraambed ligt.

'U mag haar kussen!' Dat is voor Oldenbarnevelt een buitengewone eer.

'Enchanté, Madame!'

Maar de poging Hendrik IV in de oorlog te houden, mislukt. Frankrijk sluit de vrede van Vervins — het gunstigste verdrag dat het in eeuwen van Spanje heeft gehad.

Bezorgd trekken Oldenbarnevelt en Justinus van Nassau naar koningin Elizabeth.

Ook daar in Engeland zitten de zaken niet mee.

'Ik onderhandel reeds met Spanje en ik raad u aan hetzelfde te doen!' zegt de Engelse vorstin. Als Oldenbarnevelt dat weigert, eist Elizabeth teruggave van de gelden, die zij heeft voorgeschoten aan de Republiek.

'Anderhalf miljoen, dear sir!' stelt ze gretig vast. Ze wil niet inzien, dat Spanjes vredesvoorstellen aan Oldenbarnevelt onaanvaardbaar zijn.

'Maar your majesty, herstel van de katholieke godsdienst en herstel van de koninklijke macht, dat kunnen wij toch niet accepteren?'

De onderhandelingen hebben geen prettig verloop. Oldenbarnevelt laat zich echter niet in een hoek drukken. Bij het afscheid heft hij een vermanende vinger in de lucht en hij waarschuwt de lastige koningin: 'Oock coningen ende princen zijn verbonden aan haer contracten, beloften ende eeden voor Godt ende werelt...'

Tot zijn vreugde krijgt ook Elizabeth haar vrede niet. De voorwaarden die Spanje haar biedt zijn zo ongunstig, dat zij tot voortzetting van de oorlog beslist. De schuld van de republiek, die zij eerst vaststelde op 1.500.00 pond, brengt zij snel terug tot 800.000 — mits de Staten beloven te hulp te snellen, als koning Filips een nieuwe aanval op Engeland waagt.

Maar koning Filips waagt geen aanval meer. Hij is bezig aan zijn allerlaatste gevecht.

Spanje, het Escorial, 13 september 1598: De koning is stervende. Hij heeft afstand gedaan van de Nederlanden en ze geschonken aan zijn dochter Isabella 'de spiegel, het licht van mijn ogen', die landvoogd Albertus huwen zal. Mocht hun huwelijk kinderloos blijven, dan vervallen de erflanden weer aan de Spaanse kroon.

Aartshertogin Isabella bij het papagaaischieten op de Zavel te Brussel. Schilderij van A. Sallaert.

Daar ligt koning Filips, die vanuit zijn werkkamer het Spaanse wereldrijk 43 jaar lang heeft bestuurd. Zweren overdekken zijn lichaam. Hij heeft open wonden aan het been en de knie.
'Majesteit, wij moeten u weer branden!' Doktoren branden en snijden hem. Zij hebben reeds een vinger aan de rechterhand afgezet.
'Tengo dolor aqui...'
Op vier plaatsen is 's konings borst opengegaan. Een onnoemelijk aantal wurmen krioelt in de wonden rond. Onophoudelijk zijn dienaren bezig geweest ontelbare luizen van het gemartelde lichaam te verwijderen. De stank in de ziekenkamer is vrijwel niet meer te harden — het slaat de bezoekers tegemoet. 53 lange dagen heeft koning Filips doodstil op zijn rug gelegen, omdat iedere beweging hem ondragelijke pijnen bezorgt. Het linnen, dat vastplakt, is vrijwel niet meer los te weken van zijn lijf.
'Lees tot mijn vertroosting de lijdensgeschiedenis van Jezus voor,' vraagt de koning.

Gedurende al die dagen legt hij een bewonderenswaardige kalmte en een bijna heilig geduld aan de dag.
'Al deze smarten zijn niet zo groot al die, welke ik over mijn zonden gevoel!' zegt hij tot zijn omgeving. Hij neemt afscheid van zijn zoon en waarschuwt hem voor plannen die eerzuchtig zijn:
'Langs die weg heb ik 600 miljoen dukaten en de levens van 20 miljoen mensen verspeeld!'
Hij sterft 71 jaar oud in de wetenschap dat van zijn dromen niets is uitgekomen. Noch de alleenheerschappij van de katholieke kerk, noch de oppermacht van Spanje is tot stand gebracht. Wat Filips achterlaat zijn een lege schatkist en ontredderde staten!

Na de dood van Filips zet Albertus van Oostenrijk zijn kardinaalshoed af. Met toestemming van de paus huwt hij Isabella te Ferrara in Italië. Met haar hoopt hij een nieuwe Habsburgse dynastie in de Nederlanden te kunnen vestigen. Voorlopig ligt alleen het zuiden voor hem klaar. Het leven daar begint zich na de vrede met Frankrijk langzaam te herstellen — al zijn er nog gebieden, waar de achteruitgang zijn dieptepunt nog niet heeft bereikt.
'Lieve God, verlos ons van de ruiters van de Republiek!' bidt het volk in het onbeschermde gebied tussen Oostende en Breda. Keer op keer zien zij de ruiterafdelingen komen. Plundering en brandschatting op het platteland zijn niet van de lucht. Ook de nog steeds muitende Spaanse eenheden zijn een plaag. Het muitende garnizoen in de citadel van Antwerpen heeft zelfs met kanonschoten betaling geëist van de burgerij.
'A los de la casa de la villa — Aan hen in het raadhuis!' hebben zij brutaalweg op een brief gezet, waarin zij de magistraat als lakeien ontbieden om te komen praten over het ontbreken van hun soldij.
In de loop van de eeuw is de graanprijs in het Zuiden vervijfvoudigd en het zilvergehalte van de stuiver bijna gehalveerd. Alleen de katholieke kerk is door talrijke hervormingen een nieuwe bloeiperiode tegemoet gegaan. Dat is te merken aan de toenemende kerkgang, aan acties van jezuïeten, en aan het geestelijk leven op de universiteiten van Leuven en Dowaai. Toch is ook hier de oude glorie nog teruggekeerd. Het aantal woningen in Leuven is in driekwart eeuw van 3102 tot 1735 gedaald — en een dikke 100 staan er leeg. De beroemde geleerde Justus Lipsius, die voorheen te Leiden doceerde, is tot het katholieke geloof teruggekeerd en geeft te Leuven college. Hij geeft de regering te Brussel een scherpzinnig advies:
'Sluit met het noorden een bestand,' zegt hij. 'Dan zal daar een heftige twist uitbreken op kerkelijk en politiek gebied. De oorlog maakt de rebellen nu nog eensgezind maar als het vrede is, zal tweespalt de noordelijke gewesten breken en dan kunnen ze als rijpe appels worden geplukt!'

'Leve de aartshertog Albertus en Isabella!' juicht het volk van Brussel, als de nieuwe vorsten de stad binnenrijden. Vooral Isabella, die haar vader met zoveel geduld en liefde heeft verpleegd, maakt zich met haar minzame karakter in korte tijd populair.

Om hun goede wil te tonen, geven de aartshertogen de Zuidnederlandse edelen in regeringszaken medezeggenschap. In tegenstelling tot het noorden, waar de rol van de adel vrijwel is uitgespeeld, vormt deze in het zuiden nog steeds een belangrijke groep. Chimay, de jonge hertog van Aarschot, Aremberg en prins Filips Willem van Oranje worden tot leden van de Raad van State benoemd.
Bezield door de hoop de *gehele* Nederlanden toch nog voor zich te winnen, zetten de aartshertogen zich actief in voor honderden zaken. zij ontvangen vele blijken van aanhankelijkheid — soms nog geheel doortrokken van een primitieve, middeleeuwse geest. De renaissance en het humanisme hebben dan wel hun schitterende voormannen gehad, de geest daarvan heeft echter de brede lagen van het volk nog niet bereikt. Eén voorbeeld uit de lange, slepende oorlog werpt daarop een duidelijk licht:

'Sla dood! Hak erop in!'
40 Franse soldaten, in dienst van prins Maurits, zijn bij Diest slaags geraakt met een afdeling Nederlanders, die in het Spaanse leger dienen en afkomstig zijn uit het garnizoen van 's-Hertogenbosch. De Nederlanders winnen de strijd. Zij maken een aantal gevangenen, maar de briefwisseling over de losprijs ontaardt in een complete scheldpartij:
'Die Nederlanders zijn geen soldaten, maar aasgieren, lieden zonder God of gebod!' schrijft de kolonel De Breauté, uit het leger van prins Maurits aan de bevelhebber van 's-Hertogenbosch, de heer van Grobbendonck. De zaak loopt zó hoog op, dat een strijd op leven en dood tussen 22 Fransen en 22 Nederlanders zal moeten bewijzen, wie de dapperen en wie de aasgieren zijn.
Met 21 cavaleristen rijdt monsieur De Breauté naar een vlak stuk grond even buiten Den Bosch.
'Meldt onze tegenstanders dat we er zijn!' beveelt hij een trompetter die zich naar de stadspoort begeeft.
De hopman Abraham staat met zijn mannen gereed. Zij hebben gebiecht en Gods barmartigheid afgesmeekt. Ze luisteren naar de bemoedigende woorden van

Ruitergevecht op de Vughterheide op 5 februari 1600 tussen troepen onder Pierre de Briauté en Gerard Ambrahamsz. Lekkerbeetje, door S. Vrancx.

Bourgondische tijd – Twaalfjarig Bestand
1600: Slag bij Nieuwpoort

de heer van Grobbendonck, die van aartshertog Albertus geen toestemming heeft gekregen om aan dit gevecht mee te doen:
'Denkt aan de eer en grootmaking van de katholieke kerk! Denkt aan het heil van uw vorst!'

Dan trekken de 22 dapperen de stad uit: korporaal Pieter uit Grave, Gerard Weert uit Geertruidenberg, Joris Boeke uit Leuven, ene Gerard uit Amersfoort, en mannen uit Picardië, Oss en Maastricht.
'Vooruit, makkers, we zullen monsieur De Breauté zoeken,' roept hopman Abraham hen toe. 'Mocht ik bij het eerste treffen vallen, laat dan, broeders, de moed niet zinken, maar vecht dapper voort tot de overwinning is behaald!' Ze geven hun paarden de sporen en galopperen de Fransen tegemoet. Reeds bij het eerste treffen valt hopman Abraham en ook zijn broer Johan. 26 paarden worden gedood. Dan lukt het de Nederlanders om monsieur De Breauté neer te slaan.
'Grâce! Grâce...' Hij smeekt om genade, biedt een grote som geld, maar de Nederlanders geven hem geen kwartier en steken hem dood. De laátste acht, nog levende Fransen nemen daarop met losse teugel de vlucht. Veertien van hun kameraden en vijf Nederlanders zijn gesneuveld in de strijd — en enkelen zullen nog sterven aan de verwondingen die zij hebben opgelopen in het gevecht.

Te 's-Hertogenbosch juicht het volk de terugkerende helden toe.
'Zij zullen zichzelf en hun geboorteplaats tot eeuwigdurende luister zijn...'
Waarvan akte!

Nauwelijks is dat opzienbarende gevecht voorbij, of Albertus en Isabella roepen, op 20 maart van het jaar 1600, alle leden van de Staten-Generaal te Brussel bijeen. Er zijn in de vergaderzaal ook plaatsen voor de afgevaardigden van de Noordelijke gewesten ingeruimd. Die banken blijven leeg!
'Daar al onze inspanningen voor de vrede geen resultaten hebben gehad, vragen wij u, leden van de Staten-Generaal, om een bede, zodat de oorlog met kracht kan worden voortgezet!' zeggen de aartshertogen. Een regen van protesten volgt.
'Hoe moeten wij komen aan geld?' roepen de afgevaardigden van de steden. 'Door middel van plakkaten is immers alle handel met de opstandige gewesten verboden? Dat heeft tot verarming geleid!' Dat is wel wat overdreven, want in het afgelopen jaar zijn toch nog 640 schepen, alleen al uit Amsterdam, met allerlei produkten naar de Zuidelijke havens gezeild! Juist als de debatten over die bede in volle gang zijn, bereikt een schrikwekkend bericht de vergadering van de Zuidelijke Staten-Generaal:
'Prins Maurits is met een sterke strijdmacht Vlaanderen binnengevallen...'

'Die eeuwige belastingen. Al dat geld, dat de oorlog kost!' In de Republiek weerklinkt het gemor van steden en burgers sterker dan voorheen. Keer op keer moet prins Maurits smeken om gelden, zodat hij zijn te kleine leger kan uitbreiden. Dankzij de Staten van Holland mag hij zijn strijdmacht met 4000 Fransen, 2000 Duitsers en 1000 Zwitsers versterken.
'Maar, excellentie, dan moet u wel tot de aanval overgaan. En omdat wij het geld fourneren, zullen wij ook vaststellen, wat het aanvalsdoel moet zijn!'
'En dat is?'
'De verovering van Duinkerken, dat zoveel schade toebrengt aan de koopvaardij!' zeggen de leden van de Staten. Het is bij uitstek een regentendoel — al zullen de vissers en al het scheepsvolk welvaren bij de opruiming van dat roversnest.
'Duinkerken veroveren is een dwaasheid,' meent prins Maurits en Willem Lodewijk van Nassau valt hem bij: 'Het is onverantwoordelijk het leger in de waagschaal te stellen voor zo'n ver en moeilijk bereikbaar doel!' Toch houden Johan van Oldenbarnevelt en de Staten voet bij stuk en Maurits zwicht...

In juni verzamelt de prins zijn troepen: 12.000 man voetvolk, 3000 ruiters en 37 stukken geschut. Nog nooit heeft de Republiek over zo'n schitterend leger beschikt.
Beroemde aanvoerders met hun bepluimde hoeden, hun vaandels en prachtige uitrusting omringen de prins: sir Francis Vere, graaf Everard van Solms, Lodewijk Gunther en Ernst Casimir van Nassau, tal van edelen uit Duitsland, Frankrijk en Engeland. En ook de jonge Frederik Hendrik, die juist tot lid van de Raad van State is benoemd. Hoe sober steken Oldenbarnevelt, Van der Dussen en De Huybert — die als gedeputeerden te velde toezicht willen houden! — bij dat kleurrijke gezelschap af.
'Langrokken!' worden ze spottend genoemd, maar dankzij die langrokken ontvangt iedere officier en iedere soldaat zijn soldij keurig op tijd.
Met een gereedliggende vloot steekt Maurits de Schelde over. De onrustige hinnikende paarden, de kanonnen, de tenten, voorraden en vaandels worden aan de overkant ontscheept. In de hoop dat ze hem zullen steunen, stuurt Maurits vriendelijke brieven naar de steden Gent en Brugge. Die hoop vervliegt al gauw. Als het Staatse leger langs trekt op weg naar de kust, houden Brugge en Gent de poorten gesloten en hun kanonnen branden op het passerende leger los.
'Ze zien ons hier niet bepaald als bevrijders!' ontdekken de gedeputeerden met enige spijt. Integendeel zelfs. Vlaamse boeren werpen zich op Hollandse achterblijvers. Uit wraak gaat menig dorp in vlammen op. Vrijwel zonder tegenstand te ontmoeten, bereikt Maurits Nieuwpoort aan de kust.
'Zie je wel?' zeggen de gedeputeerden vol goede moed. Onbedreigd zullen zij zich van Duinkerken en andere havens kunnen meestermaken. Ze juichen iets te vroeg.
Plotseling melden officieren in het hoofdkwartier: 'De Spanjaarden naderen!'
De schitterende kans om prins Maurits en zijn leger van het noorden af te snijden, willen de aartshertogen niet voorbij laten gaan. De troepen van Velasco aan de Maas zijn haastig samengetrokken. Persoonlijk zijn Isabella en Albertus naar Diest gereden om een beroep op hun muitende soldaten te doen. Het lijkt een vergeefse tocht.
'We willen soldij! Dan zullen we vechten!', schreeuwen de Spaanse troepen. Isabella spreekt haar soldaten toe: 'Het gaat om de vijanden van jullie godsdienst, van jullie vaderland. De soldij komt. Ik beloof het...'
Ze wijst naar haar oorbellen en roept uit: 'Liever wil ik al mijn sieraden ten offer brengen, dan dulden dat zulke brave krijgslieden hun loon onthouden wordt!'
De brave krijgslieden tonen zich de beroerdste niet. Isabella heeft een gevoelige snaar bij de brave plunderaars geraakt.
'Leve de infante!' De hoeden gaan de lucht in. Ze zijn bereid te marcheren. Reeds enkele dagen later begint Albertus met een sterk leger onder bevel van Mendoza de opmars vanuit Gent.

'Hoe sterk is het leger van de vijand? Hoe groot is de ruiterij? Over hoeveel kanonnen kunnen zij beschikken?' vraagt Maurits, maar er is niemand die het antwoord op die vragen weet. Het leger van de prins bevindt zich in een uiterst hachelijke positie. De hoofdmacht is bij Nieuwpoort gelegerd op het strand. Een deel ligt in Oudenburg en weer een ander deel is in de omtrek aan het plunderen gegaan. Het hachelijke van de toestand vormt de doorwaadbare haveningang van Nieuwpoort, die bij vloed geheel onder water loopt. Maurits ligt er met zijn hoofdmacht achter, maar een derde deel, onder commando van Ernst Casimir, bevindt zich ervoor.
'De Spanjaarden! Ze komen!'
'Houdt de vijand tegen, tot de haveningang bij eb weer doorwaadbaar zal zijn!' laat Maurits Ernst Casimir weten. De prins staat op het strand als een speelbal van het tij.
Daar hoort hij het onthutsende nieuws.
'De troepen van graaf Ernst zijn door de overmacht volledig uit elkaar gejaagd. 3000 man, 18 vaandels en 2 kanonnen zijn verloren gegaan!'
Juichend trekken de Spanjaarden nu in zuidwaartse richting langs het strand.

Nieuwpoort, 2 juli in het jaar 1600: Ondanks de overmacht die hij nu tegenover zich weet, zet Maurits alles op één kaart.
'Stuur de schepen de zee op!' beveelt hij. Zo wordt de vloot in ieder geval gered. En

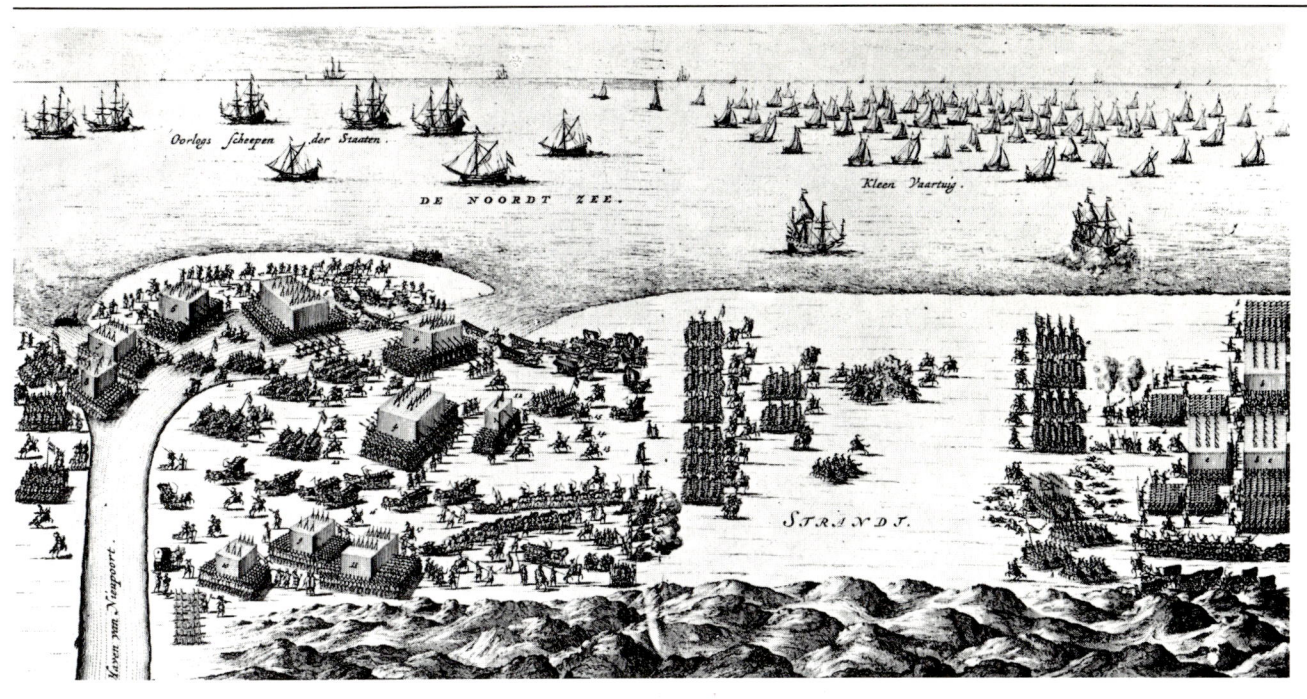

Voorstelling van de slag bij Nieuwpoort uit Hugo de Groot, *Nederlandsche jaarboeken en historiën* (Amsterdam 1681).

zo weten de soldaten, dat er voor hen geen kans op vluchten bestaat. Ook de jeugdige Frederik Hendrik wil hij op een vaartuig in veiligheid brengen. 'Laat me blijven,' smeekt Frederik Hendrik. 'Laat me delen in het gevaar!' Dat mag.

Het Spaanse hoofdkwartier laat 5 kostbare uren met strafbesprekingen voorbijgaan.

In die tijd stelt prins Maurits zijn leger in slagorde op.
'Breng de kanonnen op houten vloeren, daar in het mulle zand, in stelling!'
Matrozen stellen zich achter de vuurmonden op als kanonnier.
'We zullen de aanval afwachten. We hebben de zon én de wind in de rug!' Alleen de vijand zal straks last hebben van het opstuivende zand. Al het mogelijke heeft Maurits gedaan. Nu knielt hij en vraagt of God de rest wil doen.

2 uur in de middag: Het is vloed. In de duinen zijn de eerste gevechten begonnen en meter voor meter dringen de Spaanse veteranen het voetvolk van Maurits terug.
'Standhouden!'
'Overwinnen of sterven!'
Met het rapier in de hand, herkenbaar aan de oranje pluimen op zijn helm, vuurt prins Maurits zijn wijkende troepen aan. Hij is overal. Krachtig houdt hij de leiding over zijn officieren en soldaten in eigen hand.
'Maeckt U gereet... Legh aen... Geeft vuur!'
Meeuwen vliegen verschrikt omhoog. Honderden musketschoten, overstemmen het gejammer van de gewonden en stervenden. Konijnen kruipen angstig weg.
Trillend luisteren ze met gespitste oren naar het gedreun en geweld boven hun hol.
Heel wat soldaten zouden zo wel willen wegkruipen, maar die kans bezitten zij niet.
'Geeft vuur!' Ze vechten en maken elkaar af.

Op het kritieke moment zet Maurits de ruiterij in. Sir Francis Vere en Lodewijk Gunther werpen zich met hun woest galopperende paarden op het voetvolk van de vijand.

7 uur in de avond: Het is bijna eb. De laatste aanval is ingezet. Onder de verbeten charges van de ruiterij begint de Spaanse legermacht te wijken. Op het breder wordende strand vuren de matrozen hun kanonnen af.
'Overwinning! Overwinning!' Met die kreet stormen de laatste reservetroepen naar voren. De Spaanse troepen wijken, slaan dan op de vlucht. Honderden vaandels vallen in handen van de soldaten der Republiek. Albertus is net kunnen ontkomen, maar zijn bevelhebber en 700 krijgsgevangenen laat hij op zijn vlucht achter. 6000 doden liggen bij Nieuwpoort in de duinen en op het brede strand.

De prins is van zijn paard gestegen en neergeknield. Beter dan wie ook beseft hij, aan welk groot gevaar zijn leger is ontsnapt. In het mulle duinzand dankt hij God voor de overwinning, die hij op het allerlaatste moment heeft behaald.

De volgende dag begeeft Maurits zich naar Oostende, waar hij Oldenbarnevelt en de andere gedeputeerden treft.
'Gij, gij alleen hebt het leger naar de slachtbank geleid! Maar nu weiger ik nog langer in Vlaanderen te blijven!' De gedeputeerden te velde leggen zich bij die beslissing neer.

Zo zeilt het restant van het leger weer naar Holland terug. Oostende blijft geïsoleerd achter in het vijandige Vlaamse land. De slag bij Nieuwpoort is een schitterende overwinning geworden, al heeft het de Republiek geen enkel voordeel gebracht. Integendeel: de onderneming heeft tonnen goud gekost.

Voor de aartshertogen heeft de nederlaag een teleurstellend gevolg. Filips III van Spanje, die toch al niet verdragen kan dat zijn vader afstand van de Nederlanden heeft gedaan, begint zijn zwager nu te behandelen als een landvoogd, terwijl hij toch als een onafhankelijk vorst moet worden beschouwd. 'Intrigeer waar ge kunt!' heeft Filips III aan zijn ambassadeur te Brussel laten weten. Hij heeft er alles voor over om de Nederlanden in zijn bezit te krijgen en terug te brengen onder de Spaanse kroon.

Albertus en Isabella streven opnieuw naar vrede. Na Nieuwpoort sturen zij de graaf van Bassigny, kolonel Bentinck en de pensionaris van Ieper met vredesvoorstellen naar Bergen op Zoom.
'Volledige afscheiding van Spanje!' Dat is de eerste eis, die Oldenbarnevelt aan de vrede verbindt. 'Onaanvaardbaar!' menen de onderhandelaars uit het Zuiden. Na een paar dagen gaat men al weer uiteen — zonder een stap nader tot elkaar gekomen te zijn.

De oorlog duurt voort. Albertus slaat het beleg voor het sterke Oostende, dat zich vanuit zee van al het nodige kan voorzien. Een heroïsche strijd, die 3 jaar zal duren, begint. Geldgebrek en een zekere oorlogsmoeheid zijn de oorzaak, dat de Republiek niet het uiterste tot redding van de dappere stad onderneemt. De Hollanders en Zeeuwen hebben andere zaken aan hun hoofd:

'Zo gaat het niet langer!'
'De moordende concurrentie is fataal!'
'De prijzen van specerijen in Bantam en op de Molukken zijn tot het achtvoudige gestegen en de inlandse vorsten eisen een steeds hogere tol!'
Zo jammeren en kankeren de kooplieden, die in Amsterdam (vier), in Rotterdam (twee), in Zeeland (twee), in Delft, Hoorn en Enkhuizen Compagnieën van Verre hebben opgericht. Hun onderlinge jaloezie is door de felle naijver tussen de Hollandse en Zeeuwse steden en de bekrompen halsstarrigheid van de reders, in heftige kijfpartijen ontaard. Tussenkomst van de prins heeft een aantal ruzies (vooral tussen Zeeland en Holland) gesust.
'Laat de directies van de bestaande compagnieën bij me komen!' heeft de op alles attente Oldenbarnevelt gezegd. Het is hem duidelijk, dat er een regeling voor de Indische zaken moet worden gemaakt. Hij wil al die kleine Compagnieën van Verre onderbrengen in één grote maatschappij.

Op 20 maart van het jaar 1602 verlenen de Staten-Generaal met meerderheid van stemmen, octrooi aan de *Verenigde Oostindische Compagnie* voor de tijd van 21 jaar. De compagnie krijgt het recht van alleenhandel op alle landen ten oosten van Kaap de Goede Hoop en ten westen van Straat Magelhaen. In artikel 35 van het octrooi staat, dat de compagnie 'opten naem van de Staten Generaal der Vereenichde Nederlanden met Princen ende Potentaten verbintenissen ende contracten mag maken...' Het

Bourgondische tijd – Twaalfjarig Bestand

hoofdbestuur zal berusten bij de Heren XVII, waarvan 8 uit Amsterdam, 4 uit Zeeland en één lid uit de andere steden, die een Compagnie van Verre hadden opgericht. Een van de eerste N.V.'s ter wereld is in de Statenvergadering van 20 maart opgericht met een beginkapitaal van 6 1/2 miljoen gulden. Overal kunnen Nederlanders inschrijven voor een aandeel in de compagnie. Dat wordt met enthousiasme gedaan.
'Ik wil wel aandelen ter waarde van 60.000 gulden!' zegt een koopman die haarfijn heeft uitgekiend, hoe de winstkansen zullen zijn.
'Kan ik een stukje krijgen van 50 gulden?' vraagt een weduwe voorzichtig. Ook dat kan.
'Dit is een nationale aangelegenheid,' heeft burgemeester Pauw van Amsterdam gedacht. Voor alle leden van zijn huispersoneel heeft hij een aandeel van 100 gulden gekocht.

Reeds enkele dagen na de oprichting vaart de eerste vloot van 17 schepen onder bevel van Wybrand van Waerwijck naar de Oost.
'Drijf handel, knoop betrekkingen aan, sticht factorijen!' luidt de opdracht. Vanuit Bantam zeilen de schepen naar Banda, Atjeh, Djohor, Borneo, Siam en China. Een nieuwe vloot van 13 oorlogsbodems komt de handelsvloot in 1603 achterna:
'Drijf, waar mogelijk, de Portugezen uit de Archipel!' is een de bevelen, die admiraal Steven van der Haghen, stichter van het *Kasteel van Verre* op Ambon, van de Heren Zeventien heeft meegekregen.

Nu A gezegd is moet B volgen. Al spoedig lopen de aandelen op. Dan dalen ze tot 48 % door schandelijke speculaties. Heel wat mensen gaan bankroet. Maar ook dat komt de compagnie te boven. Reeds in 1605 krijgen de aandeelhouders aanzienlijke sommen uitbetaald.
'Kijk eens? Voor ieder van jullie heb ik 25 gulden. Dat heeft jullie aandeel van 100 dit jaar opgebracht!' zegt burgemeester Pauw tot zijn personeel. 'Uwe edele wordt wel bedankt!' zeggen de meiden en ze gaan opgetogen naar de keuken terug.

De groeiende handel in Indië, op de kuststreek van Bengalen en met Ceylon eist zoveel aandacht op, dat wat minder aan de oorlog tegen Spanje wordt gedacht. Het elan is er uit, sinds Frankrijk vrede sloot. En nu valt ook Engeland als bondgenoot weg.

Koningin Elizabeth is in het jaar 1603 gestorven. Dat is een verlies. Zij is een wisselvallige, maar toch zeker ook een daadwerkelijke steun geweest. Met haar opvolger treft de Republiek het minder goed.
'Those damned Dutch!' is de mening van koning Jacobus I. Hij heeft weinig met de Hollanders op en sluit eigenmachtig vrede, het bondgenootschap ten spijt. Zelfs het wonderkind Huig de Groot, die zo'n indruk maakte op Hendrik IV, vermurwt de Britse koning niet. 'Een pedante gek!' noemt Jacobus de jonge rechtsgeleerde.

De Republiek staat weer alleen. En dat juist op een moment, dat koning Filips III van Spanje toenemende interesse in de oude Spaanse erflanden krijgt. 'Het huwelijk van aartshertog Albertus en Isabella zal wel kinderloos blijven,' is hem bericht. Bij hun dood zullen de oude erflanden vervallen aan zijn kroon. Vandaar dat hij zich nu best wil inspannen om in de Nederlanden nog te redden wat er te redden is. Hij stuurt geld naar Brussel, zodat het leger kan worden betaald en de oorlog tegen de opstandige gewesten met kracht kan worden gevoerd. De bekwame Italiaanse militair, Ambrosio Spinola, krijgt opdracht het leger te reorganiseren. Alle stootkracht moet hij richten op Oostende, dat zich met schitterende dapperheid al drie jaar lang staande houdt tegen een Spaanse overmacht. De Staten van Holland geven 100.000 gulden per maand uit om die belangrijke haven te behouden. Al dat geld blijkt toch niet genoeg:

Oostende, 2 september 1604: Duizenden, tienduizenden soldaten zijn reeds gesneuveld of gewond geraakt. Met mijngangen, verschansingen, stormaanvallen, beschietingen en het afgrendelen van de haven hebben de Spanjaarden geprobeerd de stad te overmeesteren. Met uitvallen, het doorsteken van dijken en kundige verdediging op de muren heeft het garnizoen in Oostende (7000 man, steeds weer aangevuld door transporten over zee!) alles geprobeerd om de vijand af te slaan.

'Ik denk niet dat er ergens een plaats is op de wereld, waar een soldaat zoveel kan zien en kan leren als in onze Lage Landen!' heeft graaf Ernst Casimir van Nassau beweerd.

Dat geldt nu zeker voor Oostende. Van heinde en verre zijn beroemde veldheren en jonge officieren toegestroomd, om het beleg — zowel in het Spaanse kamp, als in de stad — gade te slaan.
'Een academia ofte hooge schole van de krijgskunst!' noemt men het beleg.

Soms lijkt het er wel een kermis, als vrouwen en kinderen hun strijdende mannen en vaders bezoeken. Oók in de stad! Zwierige edelen uit Frankrijk, Duitsland, Engeland en Italië komen met hun gevolg kijken, hoe brandballen, vuurpijlen en gloeiende kogels op muren en verschansingen neerdalen.
'Good shot!'
'Donnerwetter!'
'C'est vraiment quelque chose!'
Ondanks de uitroepen van toegestroomde toeschouwers, blijft het een triest kijkspel.

70.000 mensen zijn in 3 jaar gesneuveld. De pest waart rond. Muren liggen in puin. Grachten zijn met dat puin gevuld. Acht garnizoenscommandanten in Oostende vonden reeds de dood.
'Voer het leger weer naar Vlaanderen en probeer de stad te ontzetten!' hebben de leden van de Staten herhaaldelijk tegen Maurits gezegd.
'Grote risico's nemen voor een hoop omver geworpen aarde?' heeft Maurits geantwoord. Hij voelt er niets voor zijn leger te wagen voor een ruïne. Tenslotte is hij toch met 11.000 man de Schelde overgestoken en het beleg begonnen van Sluis. Pas als die stad gevallen is en hij zich gedekt weet in de rug, is Maurits bereid naar Oostende te gaan. Maar dan is hij net te laat.

Op 2 september 1604 geeft de stad zich over. Spaanse eenheden staan aangetreden, als Spinola de dappere bezetting met roffelende trommen en vliegende vaandels naar het Staatse leger laat vertrekken.

'Heilige Moeder Gods,' fluistert Isabella ontdaan, nu zij met Albertus Oostende binnenrijdt. Het is doodstil. Vrijwel alle inwo-

Episode uit het beleg van Oostende. (1601-1604) door S. Vrancx.

Naar een twaalfjarig bestand

ners — ijverige protestanten — zijn gevlucht. De huizen die nog overeind staan, steken als spookachtige skeletten tegen de hemel af. Het is verschrikkelijk die armzalige puinhoop te zien. Die verbrokkelde stenen, verkoolde balken, ineengezakte en uitgebrande gebouwen hebben ruim 70.000 mensen het leven gekost.

Spinola is nu in het zuiden de grote man. 'Maestre del campo general' mag hij zich noemen. Als opperbevelhebber stelt hij doortastend orde op de militaire zaken en gaat dan over tot het offensief.
'De Spaanse Boeha!' spotten de Hollanders, maar de lachlust vervliegt vrij snel, als Spinola enkele indrukwekkende veroveringen maakt: Oldenzaal, Lingen, Rijnkerk en Grol. Maurits is na een mislukte aanval op Antwerpen haastig naar Coevorden getrokken om een Spaanse opmars naar het noorden te beletten. Hij ontwijkt echter een beslissende slag. Er is ziekte in zijn leger uitgebroken en hij voelt zich niet sterk genoeg. Oorlogsmoeheid? Zelfs na 40 lange jaren duurt de oorlog toch nog voort.

Maar de stemmen die nu om vrede roepen, winnen aan kracht...

Oorlog of vrede?
De schuldenlast van Holland is opgelopen tot 26 miljoen. In het diepste geheim — ook buiten prins Maurits om — zet Oldenbarnevelt een commissie aan het werk.
'Zoek uit, of de Republiek uit financieel oogpunt de oorlog nog wel voortzetten kan!'
'Neen!' rapporteren de commissieleden in het jaar 1606, mede omdat er geen steun meer te verwachten valt van Frankrijk en Engeland.
Oorlog of vrede? Beide hebben hun voor- en tegenstanders.
'Oorlog!' menen Maurits en Willem Lodewijk van Nassau. Het gaat hen niet zozeer om de kaapgelden, die zij in zo ruime mate hebben gewonnen in de strijd. Door stug vol te houden hopen zij, dat Spanje tenslotte door de knieën zal gaan.
'Oorlog!' zeggen de kooplieden — vooral zij die een Westindische compagnie willen oprichten om de Spanjaarden in Amerika te bestoken en met kaapvaart hun slag hopen te slaan.
'Oorlog!' roepen de calvinisten. Zij zijn de strijders van het eerste uur. Evenals de immigranten uit het zuiden willen zij van geen wijken weten.
'Vrede!' vinden de katholieken, een ander deel van de kooplui en alle mensen, die zoveel van de oorlog te lijden hebben gehad.
Een oorlogspartij en een vredespartij tekenen zich af. Een onrustige stemming maakt zich meester van de Republiek, nu allerlei geruchten en allerlei meningen over oorlog en vrede de ronde doen.

De slag bij Gibraltar, 25 april 1607. Op dit schilderij van C.H. Vroom vliegt het Spaanse vlaggeschip de lucht in.

Bourgondische tijd – Twaalfjarig Bestand

Jacobus Arminius. Gravure van J. Jangena.

Een moedeloze Johan van Oldenbarnevelt heeft reeds twee keer zijn ontslag ingediend. Zijn prestige in de Staten-Generaal is getaand. Steeds meer begint hij in te zien, dat onderhandelingen over vrede onafwendbaar zijn. Trouwens, de meeste gedeputeerden in de Staten-Generaal zijn die mening toegedaan. 'De hertige mannen, die het Spaanse jock gheproeft hadden' zijn verdwenen. De verbeten vrijheidsstrijders van weleer hebben plaatsgemaakt voor een nieuwe generatie die naar vrede verlangt.

Ook in Spanje en aan het Brusselse hof zitten de voorstanders van de oorlog en de vrede.
'Vrede met de opstandelingen betekent het einde van de Spaanse wereldheerschappij!' meent de oorlogspartij in Spanje. Een schitterend wapenfeit draagt ertoe bij, dat de voorstanders van de vrede het tenslotte winnen:

Gibraltar: 25 april 1607: Jacob van Heemskerck heeft de onderbevelhebbers van zijn eskader bij zich aan boord gehaald. Scheepsraad! Voor hen uit, bij Gibraltar, ligt een Spaanse oorlogsvloot.
'Die is sterker dan de onze!' zegt een van de kapiteins.
'En nog beschermd door de kanonnen van de forten op de wal!'
'Moeten we ons wagen aan een slag?'
Van Heemskerck besluit tot de aanval over te gaan. Hij bespreekt zijn plan en vermaant de kapiteins hun uiterste plicht te doen. Dan komen de flessen te voorschijn.
'Een dronck van getrouwigheyt!'
Ze drinken elkaar toe. Plechtig beloven zij elkaar trouw te steunen in het gevaar. Zo gesterkt begeven de kapiteins zich naar hun eigen schepen om zich voor te bereiden op het komende gevecht. Een laatste handdruk aan de reling: 'Zeil met God, admiraal!'
Met 26 oorlogsbodems zeilt Jacob van Heemskerck — door de Staten naar het zuiden gezonden — een veel sterkere vijand tegemoet.

'Cuanto?'
Op het trotse galjoen van don Juan Alvarez d'Avila heeft het scheepsvolk de Nederlandse schepen ontdekt. De admiraal heeft gevraagd hoeveel het er zijn. Zouden ze werkelijk een aanval durven wagen? Reeds eerder zijn Hollandse eskaders voor de Spaanse kust verschenen ter bescherming van de koopvaardij. Nog geen jaar geleden is zo'n vloot bij Kaap St. Vincent uiteengejaagd. Alleen de dolle schipper, Reinier Claeszen, had zich toen als een leeuw geweerd. Twee dagen lang had hij de strijd tegen de overmacht volgehouden. Toen zijn aan flarden geschoten schip reddeloos ronddreef, stak hij de lont in het kruitvat. Met 60 koppen aan boord is zijn schip toen de lucht ingevlogen, want aan overgave werd niet gedacht.
'Zouden die Hollanders werkelijk slag durven leveren?' Vlootvoogd d'Avila laat een schipper uit Rotterdam, die zich bij hem aan boord bevindt, bij zich komen.
'Zullen je landgenoten een aanval wagen?'
'Ik denk van wel, uwe excellentie!'
En waarachtig! De Spaanse admiraal ziet het Hollandse eskader even later naderen.

'Mil demonios!' vloekt een Spaans matroos vol ontzag.
Zonder ook maar één schot te lossen, zeilt Jacob van Heemskerck onvervaard langs de Spaanse galjoenen, recht op het admiraalsschip af. Pas als hij vlakbij is, branden zijn kanonnen los.
'Bijdraaien...'
'Ankers neer...'
'Enteren...'
Onder luid geschreeuw springt de bemanning van Heemskerck bij admiraal d'Avila aan boord. Verwoede gevechten op het dek. Twee Spaanse galjoenen raken in brand. Een derde wordt kapotgeschoten en zinkt. Kanongebulder vanuit het fort op de wal. In een journaal wordt later geschreven: 'De dikke nevels van rook hadden de namiddag veranderd in een nacht, toen één van de grootste Spaanse schepen door zijn eigen buskruit ontplofte. De stad en het strand dreunen vreselijk. De ontploffing bracht de naaste schepen in zo groot gevaar, dat de Spanjaarden, verbijsterd door ontsteltenis, schielijk de ankers kapten en op het strand liepen...'
Don Juan Alvarez d'Avila is gesneuveld. zijn vlag is neergehaald. 'Vrede, vrede!' roepen de Spaanse matrozen. Zij hijsen de witte vlag, maar de Nederlanders wensen de vrede niet. Verhit door de strijd, verbitterd door een oude haat, werpen zij zich genadeloos op de vijand. Ze schieten zelfs op de Spaanse matrozen, die voor hun leven zwemmen naar de kust.
Jacob van Heemskerck is er niet meer om het bloedbad te stoppen. Hoog op het dek stond hij, toen zijn rechterbeen door een kanonskogel werd weggerukt. Zijn laatste bevel:
'Houdt mijn dood geheim, tot de slag voorbij is!'
'Als een recht edel zeeridder in sijn volle wapenen, met het helmet op het hooft en het swaerd in de hand is hij gevallen!'
In de Oude Kerk te Amsterdam wordt hij op kosten van de Staten met pracht en praal begraven. Een dankbaar volk geeft hem een grafschrift mee:

Heemskerck, die dwars door 't ijs en 't ijzer dorst te streven
Liet de eer aan 't land, hier 't lijf, voor Gibraltar het leven!

Zijn overwinning geeft een flinke stoot aan de vredesonderhandelingen, die aarzelend en met voorzichtig aftasten zijn begonnen.

Reeds tal van besprekingen zijn er geweest, als in 1607 de biechtvader van aartshertog Albertus in Den Haag verschijnt. In het diepste geheim voert hij gesprekken met prins Maurits en Oldenbarnevelt in het stadhouderlijk verblijf op het Binnenhof.

'Ja, ja!' knikt Oldenbarnevelt. De voorstellen van de biechtvader zijn het overwegen waard. Een wapenstilstand, die 8 maanden zal duren komt er uit voort.

Groot is ondertussen de activiteit in de internationale politiek. Londen en Parijs zetten zich voor de vrede in. Hendrik IV stuurt ter bemiddeling de bekwame jurist Jeannin met een gezantschap naar Den Haag. In de Republiek neemt de onrust toe.

Gesprekken en debatten over oorlog of vrede zijn niet van de lucht.
'Maar ik zeg je toch: de Spanjaarden houden geen woord als het om ketters gaat!'
'Dat was onder Filips II. Man, je loopt achter!'
'De prins is ook tegen de vrede, zeggen ze!'
'Ze zeggen zo veel!'

Tal van spotschriften gaan van hand tot hand. Scherp, boertig, spottend stellen ze de onderhandelingen aan de kaak.
'Hier, *Samensprekinghen tussen paus en Spaanse Koning*. Als je dàt leest, zing je wel anders, Jan Boelensz!'
''t Is al gezwets!'
'En hier: *Een oud Schipper van Monnickendam!*'

Alle gruwelen en wreedheden, eens door de Spanjaarden bedreven, worden uit de oude doos gehaald. Van heel wat hatelijkheden is Johan van Oldenbarnevelt nu het mikpunt.

Het komt tot heftige woelingen in Friesland, Groningen, Utrecht. Steeds duidelijker blijkt, dat het bestuur van de Republiek op een andere leest moet worden geschoeid.

De vrij losse federatie van gewesten mist bestuurbaarheid. Een krachtige, centrale regering ontbreekt, want de Staatse theorie is, dat ieder gewest beschikt over eigen souvereiniteit. Temidden van alle onrust over de op handen zijnde vrede, heeft nog een andere ruzie de gemoederen heftig in beweging gebracht:

Jan Harmensz. uit Oudewater noemt zich Jacobus Arminius in deftig Latijn. Hij heeft in Leiden, Genève, Basel, Padua en Frankfurt theologie en wijsbegeerte gestudeerd. Na als predikant werkzaam te zijn geweest in Amsterdam, is hij door toedoen van hofprediker Wtenbogaert en prins Maurits in 1603 tot hoogleraar te Leiden benoemd. Zijn welsprekendheid en zijn gematigde opvattingen slaan bij vele studenten aan.
'Heb je gehoord, wat hij vanmorgen in zijn college zei?' zeggen zij in de herberg De Strijdende Leeuw.
'Nou?'
'Hij durfde wijzen op de gebreken in het stelsel van Calvijn!'
'Hij bracht tevens het goede in de leerstellingen van de katholieke Thomas van Aquino aan het licht!'

De uitspraken van Arminius wekken al gauw ergernis bij de meer rechtzinnige broeders in de Heer. Met de hoogleraar Franciscus Gomarus — afkomstig uit Brugge en werkzaam geweest onder de streng calvinistische ballingen in Frankfurt — ligt Arminius al gauw overhoop. Vooral over het leerstuk der uitverkiezing worden de degens gekruist:
'Heeft God de ene mens voorbestemd ten eeuwigen leven, de ander tot verdoemenis en ten eeuwigen dood?'
'Ja!' zegt Gomarus. Hij heeft zijn aanhangers vooral onder het volk. De kleine burgers, die de regenten onaantastbaar op het kussen zien, ondergaan de onrechtvaardigheid van het leven het sterkst. Vurig hopen zij, dat God hun lot op aarde later in de hemel zal compenseren.
'Zo hoeft het niet te zijn!' menen de volgelingen van Arminius. Felle disputen zijn het gevolg. Twee kampen tekenen zich af. Een gelijk is in zo'n godsdienstige ruzie niet te vinden. De twist ligt geheel in een emotioneel vlak en is daarom zo hartstochtelijk en fel.

De aanhangers van Gomarus, die als ware revolutionairen de oorlog tegen Spanje voerden, zijn de 'preciezen', die geen druppel water in hun wijn willen doen. Eén geloof, het hunne, moet alle Nederlanders verenigen. Dan kunnen kerk en staat één zijn, zoals Calvijn dat heeft geleerd.
'Neen', menen de arminianen, die de zaken wat ruimer zien. Zij zijn de 'reckelijken' en tot hun groep behoren de meeste regenten en de meeste rijke kooplui. Zij willen wél invloed van de staat op de kerk, want op die manier kunnen de arminianen steunen op de overheid, zolang de overheid tenminste hun zaak is toegedaan. Aan de aanhang van Gomarus ontzeggen zij dat recht, omdat zij anders de sigaar zouden zijn.

Het geschil loopt hoog op. Voor het geloof is de oorlog gevoerd. Voor het geloof zijn talloze slachtoffers gebracht. Juist daarom zetten de geloofszaken de Nederlanders zo snel in vuur en vlam — al is het goed te bedenken, dat de meerderheid van het volk nog steeds de katholieke godsdienst belijdt!

Temidden van dit gekrakeel blijft Oldenbarnevelt standvastig ijveren voor de vrede.
'Ick let op alles, betrouw op Godt den Heere en doe mijn devoir!' zegt hij. Met de gezanten onderhandelt hij over grensscheidingen, schulden, vrijlating van gevangenen, verbeurdverklaarde goederen en al die andere zaken, die er te regelen zijn. De godsdienst en de handel op Indië (die Spanje verbieden wil) leveren de grootste struikelblokken op.
'Ik doe mijn devoir!' Maar Oldenbarnevelt doet meer dan zijn plicht. Wat een maanden moeten het voor hem zijn geweest! Amsterdam weigert zijn stem voor de vrede te geven. Een van de argumenten luidt:
'Dan kan de Schelde niet langer gesloten blijven en zal Antwerpen tot bloei komen. Dat willen wij niet!'

Er heerst ook woede in de kringen, die met een Westindische compagnie de Spanjaarden in de West te lijf willen gaan. Vrede haalt een streep door hun plannen en daarom spugen zij hun gal. Maurits en Lodewijk van Nassau koesteren aanhoudend achterdocht over de onderhandelingen die gaande zijn.

Dat alles krijgt Oldenbarnevelt over zich heen. Driftige predikanten komen bij hem hun opwachting maken:
'Vrede zal God niet welgevallig zijn!' zeggen zij en voor die mening hebben zij heel wat bijbelteksten bij de hand. Vervolgens staan er weer spionnen op de stoep, die melden hoe de zaken ervoor staan aan het Spaanse hof. Of een deputatie uit Zeeland, die de raadpensionaris kenbaar maakt dat zij prins Maurits willen uitroepen tot souverein vorst. Dat plan was reeds eerder ter sprake gekomen. Prins Maurits had toen geweigerd — niet uit bescheidenheid, maar omdat de armslag die men hem wilde geven, hem niet voldoende was.

Temidden van hevige ruzies, verdachtmakingen, pogingen tot omkoperij zijn er nog honderden andere details, die Oldenbarnevelt regelen moet. Prins Filips Willem van Oranje komt voor het eerst naar de Republiek. Hij logeert bij zijn zuster Maria in Buren.
'Wilt gij bemiddelen in de boedelscheiding van mijn vader?' heeft hij Oldenbarnevelt verzocht. Filips Willem en Maurits hebben een geschil over de bezittingen en rechten bij Breda.

Oldenbarnevelt verzet bergen werk. Hij moet daarbij ongelooflijk op zijn tellen passen, want hij wordt nauwlettend op zijn vingers gekeken door de oorlogspartij.

Geen woord, geen komma, mag hem in de stukken ontgaan. Spanjes afgezant Neyen wordt bijna dol van de onwrikbare, ziftende Nederlandse onderhandelaars:
'Die wantrouwige lieden praten zo resoluut, alsof zij geen vrede nodig hebben van hun kant. Ik moest mij tot een kameleon maken om mij te kunnen aanpassen aan al hun stemmingen... Zij tonen een ongelooflijke achterdocht, die bij hun door de huid, de spieren en beenderen heen, doorgedrongen is tot op het merg!' schrijft Neyen wanhopig. Toch wordt klip na klip omzeild en hindernis na hindernis genomen. Prins Maurits en Willem Lodewijk leggen zich bij het onafwendbare neer. De onderhandelingen kunnen beginnen...

Franciscus Gomarus. Gravure van V. Van Swanenburgh.

Einde Tachtigjarige Oorlog – Patriottentijd
In het jaar 1609

1 Februari in het jaar 1608: in gezelschap van zijn broer Frederik Hendrik en zijn neef Willem Lodewijk, rijdt prins Maurits van het Binnenhof naar de Hoornbrug bij Rijswijk. Als altijd is hij door een cavalcade van edelen en officieren omgeven.

Vanuit Delft nadert een andere indrukwekkende stoet. Omringd door 166 edelen en vele dienaren komt de markies Ambrosio Spinola aan het hoofd van een gezantschap naderbij. Het is bitterkoud. Toch zijn duizenden uitgelopen om de ontmoeting van de twee grote veldheren gade te slaan.
'Daar heb je ze!'
'Nou, nou, de begroeting is wel hartelijk!'
'Te hartelijk naar mijn smaak, Sijman!'
'Zie je dat? Spinola neemt plaats in het rijtuig van de prins!'

De koetsen rollen naar Den Haag. Met de bepluimde hoeden in de hand wuiven Maurits en Spinola naar het volk, dat overal langs de wegen staat. Een deel juicht. Een deel schudt verbitterd het hoofd: zij zien geen heil in de onderhandelingen, die nu hun eindfase zijn ingegaan. Zelfs nu nog ritselen pamfletten en vlugschriften tegen de vrede — *en dat mag en kan toch maar in de Republiek* — tussen de mensenmassa, die zich op die ijskoude vriesmorgen langs de wegen heeft geschaard.

Dat er eerst over een duurzame vrede, pas later over een bestand wordt onderhandeld, neemt niet weg, dat er een flink conflict tussen Oldenbarnevelt en prins Maurits is ontstaan. Louise de Coligny, Willem Lodewijk, hofprediker Wtenbogaert en vooral de Franse gezant Jeannin beijveren zich voor een verzoening. Jeannin duwt de oorlogsgezinde prins een boze brief van koning Hendrik IV onder de neus.
'Ik heb U uw twijfel aangaande mijn goede wil zeer kwalijk genomen,' schrijft de koning aan de prins. 'Wanneer een wapenstilstand gevaarlijk is en de gevolgen daarvan niet met zekerheid te berekenen zijn, de oorlog is toch nog veel gevaarlijker en veel onzekerder... Ik vind uw wens zonderling, dat ik onzijdig moet blijven en de Nederlanders moet toestaan op hun wijze de oorlog voort te zetten... Wat ik gedaan heb, is alleen om uw bestwil...'

Pas als hij de garantie krijgt, dat hij het komende jaar 30.000 man onder de wapenen mag houden, wil prins Maurits zich wel weer met Oldenbarnevelt verzoenen — en zich neerleggen bij het bestand, waarin hij geen voordeel ziet voor de republiek.

Aan de conferentietafel zijn de laatste problemen overwonnen, omdat de grote struikelblokken behendig worden omzeild. 'Laten we maar niets in het verdrag zetten over de vrijheid van godsdienst voor de katholieken!' spreken de onderhandelaars af.
'Dan zullen wij de katholieken ten plattelande alle vrijheden laten, voor zover die daar nog bestaan!' beloven de Staten onderhands. Zo schuiven zij ook langs het moeilijke punt van de vaart op de Oost. Militair zal ieder behouden wat hij bezit. Tijdens het bestand zullen er geen nieuwe forten worden gebouwd. Voor de Oranjes weet Oldenbarnevelt nog te bedingen, dat de aartshertogen hen 300.000 gulden afstaan — een hoog geschat bedrag voor wat Willem de Zwijger nog van de landsregering had te vorderen. En het allerbelangrijkste punt: 'De Unie wordt beschouwd *als ware zij een onafhankelijke staat!*'

De laatste ruggespraak wordt gehouden. De laatste puntjes worden op de i gezet. De Staten-Generaal begeven zich naar Bergen op Zoom, om bij de hand te zijn als de laatste besprekingen beginnen. Ook prins Maurits, Frederik Hendrik en Lodewijk Willem bevinden zich daar. In een redelijk goede stemming wachten zij de laatste ontwikkelingen aan het Brusselse hof gespannen af.

Antwerpen, donderdag 9 april 1609: Het verdrag voor een twaalfjarig bestand ligt ter tekening in het fraaie stadhuis gereed. De vertegenwoordigers van de Republiek zijn er goed ontvangen. Spinola is hen tegemoet getreden en heeft hen bij Dambrugge hoffelijk begroet.
'Ende veele anderen, te peert, in caroutsen ende te voet,' schrijft één van de afgevaardigden later. 'De wallen waren becleet met menichte van menschen, als oock de strate, waar wij door geleydt werden. Onze compste scheen veelen aengenaem te weesen...'

Tromgeroffel, trompetten, vaandels en een erewacht. Hoopt Antwerpen, dat de Republiek nu de Schelde zal openen? Dat delicate punt is naar een komende conferentie verschoven, maar de kans lijkt klein, dat het door de Zeeuwen zal worden toegestaan.

De handtekeningen worden gezet. Een feestmaal in het prachtige Fuggerhuis, aangeboden door het stadbestuur. In dat Fuggerhuis mogen calvinistische predikanten alle zondagen preken — net zoals priesters in Den Haag de mis mochten celebreren, toen Spinola daar met zijn aanhang was. 'Een goeden soen,' schrijft Oldenbarnevelt over de laatste maaltijd. Hij mag tevreden zijn. Zijn tegenspelers aan de conferentietafel hebben veel meer gegeven, dan het buitenland voor mogelijk had geacht. Bovendien heeft hij voor zijn bemoeiïngen een grote som geld ontvangen van de Franse ambassadeur, een attentie, die niet ongebruikelijk is voor die tijd.

Het bestand is er.
'Tot grote tevredenheid van iedereen, zélfs van monsieur le prince Maurice,' meldt de Franse ambassadeur aan Parijs.

Na een strijd van 40 jaar komt er — wonder boven wonder — eindelijk een periode van rust. En haast nog verwonderlijker: inderdaad hebben beide partijen zich 12 jaar lang aan de gemaakte afspraken gehouden!

Zowel in het Noorden als in het Zuiden heerst er grote vreugde over het bestand. 'Laat ons God danken, loven en prijzen!' klinkt het op de dankdag aan God, die de Staten-Generaal hebben uitgeschreven voor de 5de mei. De kerken zijn met remonstranten én contra-remonstranten volgestroomd.
'Domini factum est!' klinkt het in het Zuiden, waar menige mis wordt opgedragen aan God, die de mensen in staat heeft gesteld een 12-jarige vrede te tekenen.

Toch zijn er wolken aan de hemel en hun schaduwen glijden reeds over de Lage Landen heen. De Republiek is een onafhankelijke natie geworden, maar de scheuring tussen Noord en Zuid lijkt definitief. De inzet van Willem van Oranje om de Nederlanden in hun geheel te verenigen, is niet tot standgebracht. Het Zuiden — met Frans- en Nederlandssprekenden — is nu min of meer overgeleverd aan de grillen van een verre koning in Spanje, want het huwelijk van Albertus en Isabella is nog steeds kinderloos. In het Noorden zijn er geschillen tussen Holland en Zeeland, geschillen op godsdienstig gebied en is het wederzijds vertrouwen tussen Oldenbarnevelt en Maurits nog niet geheel hersteld. Doeltreffende bestuurbaarheid in de losse federatie van gewesten — en in de steden die nog steeds over eigen wetten en priviliges beschikken — ontbreekt. De krachtige, autoritaire Oldenbarnevelt is nog een bindende factor, al beseft hij beter dan wie ook, dat drastische veranderingen moeten worden ingevoerd.

In de oorlog heeft het wankele schip van staat schitterend gevaren. Vrijwel àlle groeperingen, hoezeer ook onderling verdeeld, hebben hun krachten gebundeld om de vijand te weren. Nu is het vrede, en de grote vraag is, of die eensgezindheid zonder oorlog zal blijven bestaan...

De Unie van Utrecht — in feite een militair bondgenootschap — heeft als de

Ontmoeting tussen Maurits en Spinola bij de Hoornbrug bij Den Haag, voor de onderhandelingen over een bestand. Tekening vermoedelijk door Willem Luytsz. van Kittensteyn, waarschijnlijk ter plaatse gemaakt.

grondwet van de Republiek gegolden. Het gevolg is dat de bond van gewesten ook juridisch op zeer losse schroeven staat. Om de ontwikkeling in de komende eeuwen te begrijpen, is enig inzicht in de organisatie van het overheidsbestel een noodzaak. Die organisatie verschilt van gewest tot gewest.

Het bestuur in Holland (met Westfriesland) rust in hoge mate op het overwicht van de steden. Van de negentien stemmen, die in de Statenvergadering worden uitgebracht, zijn er achttien afkomstig van de deputaties der belangrijkste steden. De ridderschap in Holland — slechts een klein college van hoge edelen — brengt de negentiende stem uit. Die ridderschap heeft steeds recht gehad op het voorzitterschap der Statenvergadering. In praktijk wordt dat voor de hoge edelen waargenomen door de 'advocaat van den lande', die later 'raadpensionaris van Holland' zal worden genoemd. Daardoor wordt de raadpensionaris, na de stadhouder, de belangrijkste functionaris van het gewest. Het dagelijks bestuur ligt, in het noorder- en zuiderkwartier van Holland, in handen van twee colleges van gecommitteerde raden.

De organisatie van het staatsbestel in Zeeland (van oudsher deel van het graafschap Holland) is ongeveer op dezelfde wijze als in Holland ingericht. Alleen hebben in Zeeland slechts zes steden een stem in de gewestelijke Statenvergadering. Daar Veere en Vlissingen tot een hoge heerlijkheid van de Oranjes behoren en deze tevens als 'eerste edelen van Zeeland' de adel vertegenwoordigen, beschikken de stadhouders over drie van de zeven stemmen.

Holland en Zeeland hebben steeds dezelfde stadhouder en bezitten ook gezamenlijk de twee gerechtshoven: de Hoge Raad van Holland en Zeeland en het Hof van Holland en Zeeland.

In de vijf overige gewesten liggen de zaken minder overzichtelijk. Daar heeft het platteland, vertegenwoordigd door de adel en eigenerfde boeren (in het noorden) meer invloed. In Gelderland brengen de drie kwartieren Veluwe, Zutphen en Nijmegen ieder een stem in de Statenvergadering uit. In Friesland gebeurt dit door de vier kwartieren Oostergo, Westergo, Zevenwolden en de vergadering der elf steden. In Groningen zijn het de twee leden van Stad en Ommeland. In Utrecht zijn de stemmen in handen van de drie standen: de ridderschap, de steden en de geseculariseerde kanunniken. In Overijssel hebben de leden van de ridderschap individuele stemmen die opwegen tegen de stemmen van de drie steden Deventer, Kampen en Zwolle.

De magistraat in een stad bestaat uit schout (officier van justitie) en schepenen, burgemeesters, bijgestaan door vroedschap of raad. Zij kunnen steunen op tal van ambtenaren (onder anderen pensionaris, secretaris, penningmeester, weesmeester).

De bevoegdheden van die regenten zijn weinig duidelijk afgebakend, maar geschillen weten zij meestal binnen eigen kring op te lossen. Daar de stadhouder benoemingen op voordrachten kan verrichten, heeft hij in bijzondere gevallen in de steden wel eens diepgaand ingegrepen en 'de wet verzet', dat wil zeggen: zittende magistraten de wei ingestuurd en door anderen vervangen.

Het platteland is verdeeld in verschillende districten, die weer onderverdeeld zijn in dorpen. Bestuur en rechtspraak zijn hier meestal niet gescheiden. Er bestaat daar slechts een 'hoge' en een 'lage' justitie (de *baljuw en zijn mannen* en de *schout en schepenen!*).

De gewesten zijn grotendeels opgedeeld in heerlijkheden. De heer van een hoge heerlijkheid is bevoegd om een baljuw aan te stellen. De heer van een lage heerlijkheid kan slechts overgaan tot de benoeming van lagere justitiefunctionarissen, bij voorbeeld een schout. In de Republiek zijn niet alleen edelen bezitters van heerlijkheden. Heel wat telgen uit stedelijke regentengeslachten — en ook de steden zelf — kopen heerlijkheden op en kunnen zich op die wijze verzekeren van invloed over het omringende platteland. In Friesland zijn de plattelandsdistricten voor de rechtspraak in dertig 'grietenijen' verdeeld. De grietman en zijn bijzitters spreken daar recht over de burgerlijke zaken. Alle criminele rechtspraak wordt in Friesland verricht door het hof.

Drenthe, niet vertegenwoordigd in de Staten-generaal, is in feite even souverein als ieder ander gewest. Op de landdag hebben de eigenerfden tweemaal zoveel stemmen als de ridderschap.

De stadhouders zijn — als erfgenamen van het landsheerlijk gezag — ambtenaar en dienaar van de Staten van een gewest. Zij moeten steeds door de Staten worden benoemd. Pas later komt de erfelijkheid ter sprake, als het ambt zich in dynastieke richting heeft ontwikkeld. De prinsen van Oranje zijn stadhouder in alle provincies behalve die in het noorden; de graven van Nassau-Dietz oefenen onafgebroken het ambt in Friesland uit. (In 1702 zullen de Nassau-Dietzen na de dood van Willem III de titel van prins en de heerlijkheden der Oranjes erven).

Bij de Staten-Generaal ligt het hoogste gezag over de gehele Republiek: het bestuur over de generaliteit, de defensie en de buitenlandse betrekkingen berusten bij dit orgaan. Elk gewest heeft daar één stem en bij belangrijke zaken is eenstemmigheid vereist. De buitenlandse betrekkingen worden daar in standgehouden door een commissie (één man uit iedere provincie) onder leiding van de raadpensionaris van Holland, die daardoor een soort minister van buitenlandse zaken wordt. Het binnenlandse bestuur (waaronder het zo belangrijke beheer van de gelden) is opgedragen aan de Raad van State, onder toezicht van de Staten-Generaal. De invloed van de Raad van State is beperkt gebleven. Als voorbeeld daarvan moge dienen, dat het beheer van de vloot is opgedragen aan vijf regionale admiraliteitscolleges te Amsterdam, Rotterdam, Vlissingen, Enkhuizen en Harlingen. En ook wat het leger betreft streeft ieder gewest naar zeggenschap over de troepen, waarvoor het betaalt, terwijl de Unie van Utrecht uitdrukkelijk heeft bepaald, dat er maar één gemeenschappelijke krijgsmacht mag zijn.

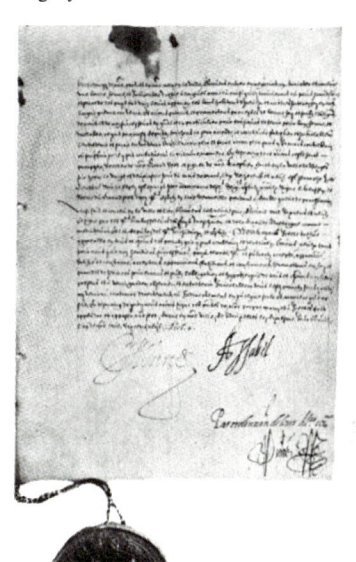

Acte van ratificatie van het twaalfjarig bestand door de aartshertogen Albertus en Isabella op 9 april 1609.

Allegorie op het bestand tussen Spanje en de Republiek. In het midden de aartshertogen en de prinsen Maurits en Frederik Hendrik. Schilderij van A.P. van de Venne.

Einde Tachtigjarige Oorlog – Patriottentijd

Jacob Biclier. Portret door J. van Sandrart (1606-1688).

Pieter Xaverij vervaardigde in 1673 terracotta beeldjes voor de Leidse Vierschaar (stedelijke rechtbank). In het midden de schout, naast hem de schrijver en de partijen met hun getuigen.

Dan zijn er nog gebieden, die buiten de gewesten vallen. Dat zijn de *Generaliteitslanden*, de gebieden die door de Republiek in de oorlog zijn veroverd in Vlaanderen, Brabant en Limburg. Zij worden (met hun merendeels katholieke bevolking) als wingewesten beschouwd en door de Staten-Generaal geregeerd.

Tenslotte nog de bezittingen overzee. Overeenkomstig een octrooi van de Staten-Generaal wordt het overheidsgezag daar door de Verenigde Oostindische Compagnie, door de Westindische Compagnie en door de Sociëteit van Suriname uitgeoefend.

De Republiek der Geünieerde Provinciën, die vreemde bond van aan elkaar zo verschillende gewesten, zal tot 1795 blijven bestaan.

Te Brussel leiden de aartshertogen hun ± 1.500.000 onderdanen volgens goede katholieke tradities. Aan hun weelderig hof heersen de strakke ceremoniën, die zij hebben afgekeken van het Escorial. Nu het twaalfjarig bestand is ingegaan, onderhouden zij een minzame correspondentie met de Republiek. Zij schrijven boven hun brieven aan de Staten-Generaal: 'Très chiers et bons amys!' De 'zeer dierbare en grote vrienden' in het noorden ondertekenen hun brieven met even grote vriendelijkheid: 'Uwe doorluchticheden welgeaffectioneerde vrienden en nageburen!' Een goede buur lijkt beter dan een verre vriend. Het is alleen verdrietig, dat deze buren niet langer wonen onder hetzelfde dak — en dat hun huizen zo verschillend zijn ingericht.

'U wordt verwacht, meester Rubens!' De beroemde schilder, die te Antwerpen een vorstelijke staat voert, wordt door de hofjonkers en pages aan het hof te Brussel met veel onderscheiding ontvangen.

Rubens wordt naar een vertrek geleid, waar aartshertogin Isabella hem wacht. Ze is gekleed in het zwart, omhangen met parels. Zo komt ze ook op een schitterend schilderij te staan.

Rubens en zijn leerling Van Dijck (die hem als portrettist zal evenaren) vormen in het Zuiden de top van het culturele leven, dat daar langzaam verschraalt. Voor een deel is dat te wijten aan de tienduizenden geleerden, schrijvers, schilders en predikanten, die in de voorafgaande jaren naar het Noorden zijn gevlucht.

De meeste edelen zijn in het Zuiden gebleven. De karossen van al die adellijke seigneurs rollen over de ongeplaveide, modderige wegen voort: van Valenciennes naar Leuven, van Brussel naar Gent. De oude, roemrijke geslachten leven op hun middeleeuwse kastelen — zich koesterend in middeleeuwse voorrechten en privileges, die nog niet opgeheven zijn (zo ook nog in Overijssel en Gelderland). Die trotse burchten van weleer zijn hun bruikbaarheid als vesting kwijt.

'We gaan de boel verbouwen. Nu het vrede is kan dat wel!' hebben heel wat van die hoge heren gezegd. Overal zijn werklieden en grondwerkers bezig muren te slechten en grachten te dempen.

'Ik wens een trap naar de voordeur!'
'Zeker, uwe edelheid! Ik zal u de schetsen laten zien!'
'En hoge vensters in de muren, dan kunnen we uitkijken in het park!' kirt een liftallig gravinnetje, dat reeds allerlei plannen voor de inrichting heeft gemaakt.

Wie geld heeft, verandert zijn grimmige burcht in een fraai en vriendelijk buitenhuis.

In Holland en Zeeland is de invloed van de adel — die er nooit groot is geweest — vrijwel verdwenen. Daar heersen de nakomelingen van viltmakers, zeepzieders of bakkers, die het binnen één of twee generaties tot de koopmans-elite hebben gebracht. Die heren doen alle moeite om de levenswijze van de adel over te nemen.

De meeste van hen gaat dat niet slecht af.

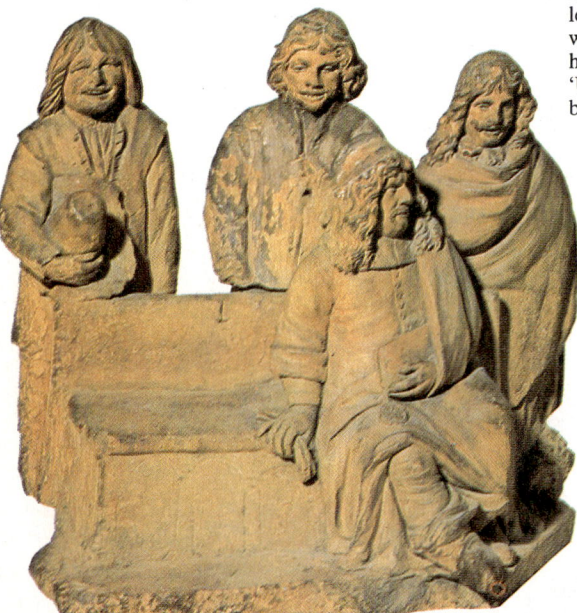

In het jaar 1609 is Pieter Corneliszoon Hooft, zoon van de burgemeester van Amsterdam, tot drost en kastelein van Muiden, tot baljuw van Gooiland en hoofdofficier van Weesp benoemd. Op 17-jarige leeftijd heeft hij een tocht gemaakt door Frankrijk, Duitsland en Italië, dat nog steeds modelland is voor de kunst.

'Ik heb hier een Italiaans spel, *Granida* heet het!' heeft hij bij zijn terugkeer tot de Amsterdamse rederijkers gezegd. Hij heeft hen over de opvoering in Italië verteld.

Met enthousiasme zijn ze aan het vertalen en repeteren gegaan. De opvoering is een flop geweest. Pieter Corneliszoon zal binnenkort meer succes oogsten met zijn eigen *Warenar*.

Schouwburgen zijn er nog niet. Rondreizende toneelgezelschappen geven hun voorstellingen in een manege, op een schietbaan of in een grote loods. 'Ook wij moeten een permanente schouwburg hebben!' heeft de medicus Samuel Coster, rederijker en lid van 'In liefde bloeiende' tot zijn vrienden gezegd. Dankzij hem krijgt Amsterdam de eerste schouwburg van de Republiek, opgetrokken van hout en overladen met de felle kritiek van de strenge predikanten:

'Dat bouwwerk is van de satan!' waarschuwen zij van de kansel.

'Een poel van zonde en verderf!'

De stemmig in het zwart gestoken kerkgangers knikken ernstig. Maar de schouwburg komt er toch.

Overal in de Lage Landen vormen zich literaire en kunstzinnige kringen.

Zo ook in het huis van de rijke graanhandelaar Roemer Visscher op de Zeedijk, waar:

Zijn vloer betreden wordt, zijn drempel is gesleten
Van Schilders, Kunstenaars, van Zangers en Poëten...

In dat 'saligh Roemers huys' krijgen de drie dochters Anna, Geertruida en Marie Tesselschade (bij haar geboorte leed een graanvloot bij Texel grote schade, vandaar die vreemde naam!) een voortreffelijke en veelzijdige opvoeding!

'Ik heb ze les laten geven in tekenen, schilderen, musiceren, dichten en het graveren van glas. Het heeft me aardig wat gekost!' zegt vader Roemer vol trots tegen ieder die het horen wil. De meisjes kunnen ook zwemmen en ze rijden goed paard.

Als het bestand is ingegaan en er zoveel ruimte en energie voor nieuwe activiteiten vrijkomt, staat Joost van den Vondel als 22-jarige jongeling in de kousenwinkel van zijn doopsgezinde (uit het Zuiden gevluchte) oude heer. Joost leert zichzelf Duits, Latijn, natuurwetenschappen en wil zich gaan wijden aan de literatuur. Misschien hoopt hij eens net zo beroemd te worden als de 32-jarige Jacob Cats, die alle schrijvers en dichters overschaduwt in populariteit.

'Ik wil myne landgenoten met vermakelijkheid wat zoets doen lezen en hen daardoor bekwamer maken voor huiselijk en burgerlijk geluk!' zegt Cats. Als regentenzoon heeft hij in Leiden, Orléans, Oxford en Cambridge gestudeerd. En evenals zijn mederegenten speculeert hij in gronden, die in de oorlog onder water zijn gezet en nu voor een prikje te koop zijn. De drooglegging van de Beemster is al begonnen.

De rijke Holanders steken hun geld ook in veengronden in Drenthe en doen zelfs mee aan landprojecten in het buitenland. Cats verliest daar wat geld bij en dicht.

Het dijcken is van outs een ongewisse kans
Maer verre boven al, het dijcken buyten 's lants...

Er worden met de bedijkingen in inpolderingen toch aardige kapitaaltjes verdiend.

De rijke kooplieden gokken en rekenen graag. De rekenmeester en boekhouder Willem Bartjens maakt zich bij de cijferende, winsten tellende kooplui onsterfelijk.

Hij ontdekt een nieuwe rekenmethode, waarin hij de Romeinse cijfers door Arabische cijfers vervangt.

'Rekenborden, telramen, legpenningen voor optellen, aftrekken en vermenigvuldigen, kunnen aan de kant!' Althans *volgens Bartjens*, die iedereen graag toont, dat het met zijn Arabische cijfers allemaal veel eenvoudiger kan dan voorheen.

'Ik heb de nieuwe methode ingevoerd. Man, doe het ook, je zal er plezier aan beleven!' zeggen ze op de koopmansbeurs. Daar is het altijd een drukte van belang.

Architect Hendrik de Keyser werkt ijverig aan een nieuwe beurs.

'Overdekte zijgangen zullen steunen op pilaren,' wijst hij op zijn tekeningen.

'Daar zullen de kooplieden en handelaren hun vaste trefpunten krijgen: voor de handel op Indië, voor de vaart op de Oostzee of de Levant. Bij de ene pilaar kunnen ze schepen huren. Bij een andere verzekeringen afsluiten, of aandelen verhandelen.

Op mijn woord, over een jaar zal het hele gebouw er staan!'

Een wisselbank, opgericht in 1609, heeft de betaling bij binnen- en buitenlandse transacties veel eenvoudiger gemaakt. Er is een soort giro-systeem. Graag wisselt men daar de talloze munten die in omloop zijn, voor handzaam geld.

'Beste Willem, we moesten beter geïnformeerd zijn over wat er in de wereld gebeurt. Dat verkleint de risico's en vergroot de winst!' heeft een handelaar tegen zijn compagnon gezegd.

'Ja, ja' heeft Willem geknikt. Hij heeft er met andere kooplieden over gesproken. En zo krijgen de grote steden eigen correspondenten in het buitenland: in Keulen, Londen, Antwerpen en zelfs in Lissabon. Allerlei pamfletten houden de burgers reeds op de hoogte van wat er in de Republiek en daarbuiten geschiedt. (De eerste echte nieuwsbulletins zullen omstreeks 1618 gaan verschijnen).

Toenemende welvaart. Toenemende activiteit. De flinke winsten worden steeds weer in nieuwe ondernemingen belegd. Daarom is er volop leven in de drukke, kleurrijke havens van Amsterdam, Rotterdam, Middelburg en in de kleinere havens als Stavoren, Kampen, Monnikendam en Zierikzee.

De zegels van de Staten van Zeeland, Friesland en Groningen (van boven naar onder).

Einde Tachtigjarige Oorlog – Patriottentijd

Vele tienduizenden Nederlanders zwalken op de koopvaardijschepen over de zeeën, soms door oorlogsbodems beschermd. Het leven aan boord is minder romantisch dan het lijkt.
'Bukken, jongen. Pas op je harsens!'
300 Man hokt samen in een verblijf van 27 bij 12 meter en niet veel meer dan 1.60 hoog. Het stinkt er als de hel, want de zeelieden wassen zich niet. Zelfs op een lange reis wordt nauwelijks of niet aan verschoning gedacht. In die slaapruimten op de oorlogsbodems staan ook de kanonnen. Als er een dag flink geschoten is, slaapt het bootsvolk in de maar half weggetrokken kruitdamp. Patrijspoorten zijn er niet.
'Stilte, maets, een toontje min!' dreigen ze uit hun hangmat als er teveel lawaai wordt gemaakt. Het is nauwelijks nodig: half bedwelmd door de lucht vallen ze vanzelf wel in slaap.
Dag en nacht walmen de olielampen in het logies. Vette dampen stijgen op uit het kombuis — een afgeschot verblijf waar de zeelieden 'baksgewijs' moeten schaften.
Het wemelt van de vlooien en luizen aan boord. En steeds weer fluistert wel ergens een matroos: 'Ssst, Harm, een rat! Geef me je mes!' Alleen op lange tochten mogen de ratten hun leven behouden. dan worden die knagers als een reserve-maaltje opgediend.

'Piraten in zicht!' meldt soms een uitkijk. Dan trommelt de tamboer de bemanning met lange roffels naar het dek.
'Vechten geblazen, Jochem,' krijgt een 11-jarige scheepsjongen te horen, als al die grote, rauwe kerels om hem heen opgewonden naar hun posten aan het dek rennen.
God sta ze bij, als de chirurgijn gaat amputeren en een been- of armstomp afbindt met een vochtig gemaakte varkensblaas. God sta ze ook bij, als de schipper de straffen uitdeelt, die de admiraliteit heeft voorgeschreven voor doodslag, geweldpleging, dronkenschap of muiterij:
'Nagel hem aan de mast!' De kleine Jochem ziet voor het eerst, hoe een boosdoener met een mes door zijn hand aan de mast wordt vastgestoken.
'Brandmerk hem dan toch schelm!' klinkt het een andere keer. Dat is niet best: Zelfs in een lang en woest bestaan slijt zo'n brandmerk nog niet weg. De schelm zit er zijn levenlang mee opgescheept. Wee de ongelukkige, die 'kielhalen' tot straf krijgt toegewezen. Gebonden aan een touw smijten bemanningsleden hem voor de boeg in het water. Dan halen ze hem onder het schip door naar het achtereind. Wanneer het in de thuishaven gebeurt, varen tientallen roeiboten met nieuwsgierigen uit.
'Kan je het zien, IJsbrandt?'

'Daar staat-ie, Marie. Daar helemaal vooraan. En let nu goed op!'
'Wedden dat-ie het haalt?'
'Wedden om twee stuiver van niet?'
'Daar gaat-ie...'
Een plons. Vele seconden spanning. Paars komen de slachtoffers boven — vaak met bebloede ruggen, die langs de scheepsbodem zijn geschuurd. Soms leven ze nog.
Soms zijn ze dood.
Haast nog onsmakelijker is het 'ra vallen.' Bij die gruwelijke straf hijsen de matrozen hun veroordeelde maat aan een touw naar de ra.
'Los!'
Ze laten het touw los en in volle vaart kwakt een zeeman van grote hoogte neer op het dek. Dat gebeurt meestal een paar maal achtereen. Het zijn harde, rauwe bonken die de oorlogsbodems bemannen, maar door de heel barre straffen aan boord lopen ze toch aardig in het gareel.

Zonder twijfel heeft de lange strijd tegen het machtige Spanje het zelfbewustzijn in de Republiek verhoogd. De Hollanders en Zeeuwen varen met een haast onbegrensde dadendrang. Nu het bestand getekend is, steekt een aantal kooplieden te Amsterdam de koppen bij elkaar.
'Er moet een zeeweg naar Indië via het westen te vinden zijn!'
'En als die korter is, reken dan eens uit wat je verdient!'
Ze contracteren de vermaarde Britse ontdekkingsreiziger Henry Hudson.
'Wilt ge een poging wagen?'
Hudson knikt de heren toe en vertelt hen wat zijn eisen zijn.
In het jaar 1609 verlaat de Halve Maen de rede van Texel. Vijf maanden later, als het schip langs de kust van Amerika koerst, schreeuwt de uitkijk naar omlaag: 'Let op, boots! Dáár loopt de zee landinwaarts...' hebben ze een doorgang naar Indië ontdekt? Hoopvol zeilen ze de inham in — langs een eiland dat door de Indianen Manhattan zal worden genoemd.
'Damm it!' vloekt Hudson. Het blijkt de monding van een rivier te zijn, de rivier die eens zijn eigen naam zal dragen. De verkenningstocht loopt op niets uit. De thuisreis wordt aanvaard.
'Het land is daar rijk aan pelsdieren en vis! Men zou daar best een kolonie kunnen stichten,' is het enige dat Hudson aan zijn opdrachtgevers kan melden. De Heren Zeventien knikken, maar ze zien niet veel in een handel in bont.
'Denkt mister Hudson alsnog een doorgang te kunnen vinden?'
'I think so!'
Henry Hudson vertrekt opnieuw. Veel noordelijker steekt hij nu de oceaan over.
Hoog boven New Foundland vindt hij een zeestraat. Vol vertrouwen zeilt hij langs de kusten van Labrador. Dan maakt een ijskoude winter het hem onmogelijk verder te gaan. Overwintering bij de James-Baai. Bevriezingen en gierende sneeuwstormen. Een plukje mannen, verloren in de verlatenheid van ijs en sneeuw. Met de temperatuur zakt ook de stemming steeds verder onder nul.
'We will continue,' zegt Hudson, als het eindelijk voorjaar is geworden, maar de matrozen verdommen het.

De binnenplaats van de Beurs in Amsterdam, ontworpen door Hendrik de Keyser. Schilderij van Emanuel de Witte (1653).

'Ons leven wagen voor die Engelsman?'
'Laat hem doodvallen!'

Het scheepsvolk muit, maakt zich meester van het schip. Zij sturen Hudson met een sloep het water op.

'Vooruit! Die boot in!'

En Hudson gaat. De overmacht is te groot. Na de barre overwintering valt er niet te rekenen op enige menselijkheid. Met acht zieken die hem trouw bleven, bemant Hudson de kleine sloep. Hij weet zich kansloos op die verlaten, ijskoude zee.

'De groeten aan de ijsberen!' roept het verbitterde zeevolk hem na. Henry Hudson beseft, dat hij nu zijn laatste grote ontdekkingsreis gaat maken — naar een wereld die men misschien leert kennen na de dood...

De heren van de compagnie gaan over tot de orde van de dag. Op de grote wereldzeeën gebeurt zoveel dat gruwelijk en verschrikkelijk is. Wel exploreren Adriaen Block en Cornelis May de Noordamerikaanse kust, zoekend of er mogelijkheden zijn. Handelaren beginnen daar wat zaken te doen. Met de roodhuiden leggen zij een eerste contact.

'Bont! We willen bont!' wijzen en gebaren ze.

'Yo ha!' knikken de Indianen. Voor wat snuisterijen en drank zijn ze bereid aardig wat aan te slepen. Er wordt zelfs een fort gebouwd. Maar het blijft kruimelwerk. De grote zaken, de grote winsten komen uit de Oost.

'Wij verbieden aan de Nederlandse kooplieden de handel op Indië!' protesteert het Spaanse hof keer op keer. Koningen koesteren nog het idee, dat zeeën - net als landen - hun eigendommen kunnen zijn 'bij de gratie Gods.' Om zich daar tegen te verweren, neemt de compagnie een jong advocaat in dienst.

'De jure praedae! Over het buitrecht,' heet de baanbrekende studie, die Hugo de Groot op verzoek van de Oostindische Compagnie verricht. Eén hoofdstuk daaruit wordt reeds in 1609 gepubliceerd:

'*De vrije zee!*' Met de rechtskundige opvatting achter zich dat de zee vrij is, zeilen de schepen van de Republiek zich naar de suprematie van de handel in het Verre Oosten — en dat alles in de tijd van 25 jaar. De vrijheid der zee, jawel! Maar geen enkele handelsconcurrent wordt door de Nederlanders in de Oost geduld. Alleen als zij er zelf voordeel van hebben, zoals op de Noordzee, telt de opvatting van de vrije zee dubbel en dwars. Energiek, bekwaam en onbehouwen treden de mannen van de compagnie de Indonesiërs, Ceylonezen, Indiërs, Chinezen en Japanners tegemoet.

Zij stichten factorijen, bouwen forten en beleven hun wilde, nooit gedroomde avonturen.

Banda, 22 mei 1609: admiraal Verhoeff is naar Indië gevaren met een flinke vloot.

Op Banda wil hij een fort bouwen, dat het personeel van de compagnie moet beschermen in tijden van nood.

'Kunnen we dat fort hier optrekken?'

'Tida bisa!' antwoorden de kustbewoners. Allervriendelijkst nodigen zij de admiraal uit voor besprekingen in het binnenland. Zo trekt Verhoeff met 46 man langs wuivende palmen, sawa's, tamarindes en exotische vogels het achterland in.

'Héé, Simon Eenoor, dat moest je dikke Trui eens zien!'

'Och, schiet op,' bromt Simon, die zowat stikt in zijn dikke goed.

Het zijn de laatste woorden die hij uit. Getroffen door een speer zakt zijn zwetende lichaam ineen.

'Sekarang!' klinkt een schreeuw.

'Saja! Saja...' Pijlen en speren vliegen vanuit de struiken op de Nederlanders neer.

De hinderlaag is goed gelegd. Verhoeff en zijn mannen gaan een vreselijk einde tegemoet.

Als ware piraten overvallen de Nederlanders op hun beurt de Chinese jonken, die van Canton naar Manilla varen met zijde, gember en porselein. De buit die zij maken wordt handenwrijvend door de leiding van de compagnie, de Heren Zeventien, in de boeken vermeld.

'Wij moeten beslag leggen op de gehele handel in kruidnagel, peper en nootmuskaat!' bevelen zij aan hun kapiteins. Die werpen zich daarom op Spaanse vloten en verjagen de Portugezen uit de forten die zij met veel moeite in de archipel hebben gebouwd. Bestand of niet, de strijd tegen Spanjaarden en Portugezen duurt in het Verre Oosten onverminderd voort. Het is een chaotische strijd, een soort catch-as-catch-can, waarbij menig admiraal het leven laat.

'Wat we nodig hebben is permanente leiding. En een rendez-vous, een vaste standplaats, waar alle rondzeilende schepen voor anker kunnen gaan!' hebben de admiraals tot de Heren Zeventien gezegd. Om die wensen ten uitvoer te brengen, vaart Pieter Both als eerste gouverneur-generaal naar de Oost. Een vaste voet vindt hij nog niet.

Dat zal pas gebeuren, als Jan Pietersz. Coen in 1618 de leiding in Indië in handen krijgt.

Ondertussen grijpen de Nederlanders alle kansen, die de vrije zee hen biedt.

"Goeie reis, maets. En behouden vaart!"

Heel wat vrouwen halen opgelucht adem, als hun man het ruime sop weer kiest.

Vrijheid! Na 40 jaar oorlog is dat een kostbaar goed. Wat die vrijheid betekent, ervaren vooral de buitenlanders, die door die vrijheid in de Republiek steeds weer in verbazing worden gebracht.

'Gott im Himmel!' roept een Duits vorst verschrikt uit, als hij tijdens de jacht onbezorgd over een akker rijdt. Opeens ziet hij een boer met een mestvork op zich afkomen en uit alles blijkt, dat die kerel nijdig is:

'M'n land af, hier en gunder!'

Dat is wel wat anders dan de vorst in zijn Heimat gewend is. Hij dient een klacht in, maar de boer krijgt gelijk.

'C'est fantastique!' zeggen de Fransen, als zij in de trekschuiten, kroegen en taveernes horen, hoe ongezouten het volk tegen regenten, baljuws, gedeputeerden, de stadhouder of een garnizoenscommandant te keer kan gaan. Dat kan — in tegenstelling tot vele plaatsen in het buitenland.

De vrijheid geldt voor talrijke vluchtelin-

Onderste batterijdek met kanonaffuiten van het Zweedse schip de 'Wasa', dat op zijn eerste tocht reeds zonk (1628), links onder.

Koppertjesmaandag: de jaarlijkse ommegang te Amsterdam om geld te verzamelen voor de leprozen. Schilderij van A. van Nieuwlandt (1604).

Einde Tachtigjarige Oorlog – Patriottentijd
Remonstranten en contra-remonstranten

gen. Verdreven joden uit Spanje en Portugal zullen hun prachtige synagoge kunnen bouwen in Amsterdam. Als in Engeland de tegenstelling tussen puriteinen en de staatsgodsdienst verscherpt, vindt een groep puriteinen gastvrij onderdak in Amsterdam. Later trekken zij naar Leiden om vandaar als de *Pelgrim Fathers* naar Amerika te gaan.

De vrijheid straalt af van de liefdadigheid, die op basis van vrijwilligheid op zo'n grote schaal wordt bedreven. Offerblokken staan in de meeste steden opgesteld.

Steeds weer zijn er loterijen met prijzen van 1000 gulden, waarvan de opbrengst aan de armen ten goede komt. Door heel wat rijke kooplieden wordt een deel van hun kapitaal per testament aan een liefdadige instelling vermaakt. Een Duits edelman schrijft na een bezoek aan Amsterdam:
'Mij, als ik het zeggen zal, heeft het meest in die stad getroffen, dat er voor armen en zieken, voor grijzen en wezen zo voorbeeldig wordt gezorgd, in gebouwen zo groots, dat ik aarzel of ik ze godshuizen of paleizen moet noemen!'

De zwervers en bedelaars hebben het Rasphuis (voor mannen) en het Spinhuis (voor vrouwen) nimmer als een paleis of godshuis gezien.
'Het is eigen aan de deugd om te onderwerpen wat men vreest!' staat in het Latijn op de gevel van het Rasphuis gebeiteld. Dat is precies, wat men er tracht te doen.
'En nou werken!' schreeuwen de opzichters tegen een werkschuwe gast, die hout moet raspen voor een houthandelaar in de stad.

Als zelfs stokslagen niet helpen, gaat de zwerver de kelder in. Water stroomt daar in een dikke straal uit een buis. Het onderaardse hol loopt vrij snel vol. 'Daar is een pomp, makker. Nou kan je kiezen: pompen of verzuipen!'

Om een verdrinkingsdood te ontlopen pompen pompen de werkschuwen zich het zweet op hun lijf. Na verloop van tijd zijn zelfs de meest onwillige bedelaars en zwervers bereid zich aan het raspen van hout te zetten.

Zondags komen de predikanten preken. Zij maken duidelijk, wat God van dit asociale volkje verwacht:
'In het zweet uws aanschijns zult gij brood eten, totdat gij tot de aarde wederkeert!'

Eredienst in een kleine dorpskerk door P. de Bloot (1629).

De Franeker hoogleraar Lubbertus herleest de brief die hij van de Parijse predikant Pierre du Moulin heeft gekregen. Enkele regels typeren scherp wat er in de Republiek gebeurt nu het bestand is ingegaan:
'Wij weten, dat de haat tegen de Spanjaarden tot nu toe de band is geweest van uw eendacht. De haat heeft de inwendige haatgevoelens en de onverhulde tekenen van tweedracht tot nu toe onderdrukt!'

Inderdaad! Nu het vrede is, komen de tekenen van tweedracht onverhuld naar voren: niet alleen op godsdienstig, maar ook op economisch, politiek en sociaal gebied. Al is de hoogleraar Arminius in 1609 gestorven, het felle gekijf over zijn opvattingen duurt onverminderd voort. In heel wat steden wenst het volk zich niet langer te onderwerpen aan de wil van het regentendom. Dat alles mengt en verweeft zich dooreen. Nog heeft Oldenbarnevelt, als dienaar van de Staten van Holland, de teugels van de Republiek stevig in de hand.
'Voor hoelang nog?' vragen velen zich bezorgd af.

Utrecht, 20 januari 1610. Jonker Dirk de Canter en oud-schepen Hendrik van Helsdingen — beiden felle calvinisten — hebben zich aan het hoofd van een volksbeweging gesteld. 'Kom aen, lieve burgers!' hebben zij gezegd en de lieve burgers zijn opgewonden de straat opgestoven. Ze hebben genoeg van de zware belastingen, genoeg van de adel die samenspant met de magistraat, genoeg van de hele regentenkliek.
'Kan God gedogen, dat de magistraat de wensen van de kerk ganselijk negeert?' galmen de calvinistische predikanten van de kansels in de kerk.

Zij zijn de voormannen van de kleine man en vormen de enige spreekbuis waarover het volk beschikt.
Utrecht, stad van God?
Opgezweept door de predikanten komen gilden en burgerij in opstand. Ze dwingen de magistraat tot aftreden en brengen hun eigen leiders aan de macht.
'Weg met de Staten!' weerklinkt vervolgens de roep. Na de magistraat worden nu ook de Gewestelijke Staten van Utrecht door gewapend volk bedreigd. De gedeputeerden roepen de hulp in van de Staten-Generaal en van de prins.

Prins Maurits heeft — net als zijn vader — niet uit overtuiging, maar uit politieke noodzaak verbondenheid met de verbeten calvinisten gezocht. De calvinisten bieden Maurits de macht aan over het woelige Utrechtse gewest. Het is opnieuw een bewijs, hoe sterk de gewestelijke souvereiniteit nog wordt gevoeld — en hoe weinig de souvereiniteit van de gehele Unie zich heeft ontwikkeld.

Zo ernstig loopt de toestand uit de hand, dat de Staten-Generaal hun vergaderingen vanuit Den Haag naar Woerden verplaatsen om dichter bij de plek des onheils te zijn.

De vrees voor een burgeroorlog groeit met de dag. Besprekingen tussen Oldenbarnevelt en de nieuwe Utrechtse stadsregering lopen op niets uit. Dan geven de Staten-generaal prins Maurits opdracht met het leger naar Utrecht te gaan.
'Neen!' zegt Maurits. Hij voelt ernstige bezwaren. Frederik Hendrik aanvaardt het commando wel. Met 9000 man trekt hij naar Utrecht op.
'Het leger komt!' Dat nieuws verspreidt zich en brengt Utrecht in rep en roer. 'Te wapen! Te wapen!'
'God zal met u zijn!'
Jonker de Canter wapent de burgerij. Opgewonden mannen van de gilden hijsen kanonnen op de wallen. Afgezanten van de stad reizen haastig naar het altijd onafhankelijke Amsterdam. Ze vragen daar om steun.

Pas als Amsterdam hulp weigert en Frederik Hendrik zijn troepen heel rustig rond Utrecht heeft gelegerd, zijn jonker de Canter en zijn aanhang bereid om te onderhandelen. De Raad van State en de Staten-Generaal beloven algemene amnestie. De rust keert enigszins terug.

Zodra hij de kans schoon ziet, herstelt Oldenbarnevelt de oude magistraat. Een nieuw oproer is het gevolg. De Staten-Generaal zenden een sterk garnizoen naar de stad. De Engelse commandant Ogle houdt de verhitte burgerij met geweld in bedwang. De ergste raddraaiers komen voor het gerecht.

Ook elders loopt het verkeerd. Ernstig zijn de rellen in Friesland. In Leeuwarden komen de gilden en de kleine burgers de straat op om zich tegen de regenten te keren. Stadhouder Willem Lodewijk van Nassau, een vurig calvinist, kiest hier de zijde van het volk.

Hoe snel ontvlambaar blijken de inwoners van de Republiek: Alkmaar wordt door een predikantenruzie op stelten gezet. Dominee De Jager (arminiaan) en dominee Van Hille (gomarist) staan er fel tegenover elkaar. De kerken stromen vol. Niemand wil iets missen van de hartstochtelijke predikaties der godgeleerden, die elkaar niet langer ontzien. De Staten-Generaal en de regenten kiezen partij voor dominee De Jager. Dominee Van Hille wordt door hen uit Alkmaar verwijderd.
'Schandelijk! Dat de Staten zich durven bemoeien met een kerkelijke aangelegenheid!' kankeren de gomaristen. verbitterd trekken zij iedere zondag in weer en wind naar het nabij gelegen Koedijk, waar dominee Van Hille nu zijn grimmige preken houdt. Er komt wijziging in het stadsbestuur. Een nieuwe kerkeraad wordt op bevel van de vroedschap aangesteld. Een blijvende oplossing is dat niet.
'Het vuur is te heet ende te diepe ingebrand in de harten en gemoederen,' zeggen de bezorgde burgers van Alkmaar tegen elkaar.

Omdat de arminianen zich gedekt weten door Staten en regenten, voelen de aanhangers van Gomarus zich steeds meer bekneld.
'De Staten hebben geen recht predikanten aan te stellen en af te zetten. Zij bezitten geen oppergezag over de kerk!' beweren zij met klem. Zij beroepen zich op de Bijbel, op de confessie, op de catechismus en — met minder recht dan zij menen — op de leer van Calvijn.
'De Staten hebben dat recht wel!' menen de arminianen. Zij zijn in de minderheid en weten zich verloren zonder steun van de overheid.
'Er moet een nationale synode komen! Alleen door een kerk-synode kan over de zaken der kerk worden beslist!' stellen de gomaristen in hun pamfletten en geschriften. Natuurlijk weten zij, dat zij op een kerkelijke synode in de meerderheid zullen zijn.
'Geen synode!' betogen de arminianen op hun beurt. Zij krijgen de steun van Oldenbarnevelt, die zich daarbij op de Unie van Utrecht beroept:
'De godsdienst is een zaak van de provincies en niet van de Staten-Generaal!' Dat is wel zo, maar alleen in theorie.

Gouda, 14 januari 1610: Omstreeks 40 arminianen zijn in het diepste geheim bijeengekomen. Onder leiding van hofprediker Wtenbogaert bespreken zij, wat zij tegen de dwang van de 'preciezen' kunnen doen.
'We moeten ons verklaren tegen de leer van de strikte uitverkiezing!'
'En ook tegen het geloof, dat Christus alleen voor de uitverkorenen is gestorven!'
'Wij moeten duidelijk maken, dat wij geen scheuring in de kerk wensen, maar op verzoening uit zijn.'
'Wat wij vooral nodig hebben, is bescherming van de Staten. Anders lopen de gomaristen ons onder de voet!'
Ze stellen met elkaar een *remonstrantie* op en spelen die Oldenbarnevelt in handen.

Als hun tegenstanders een copie van die remonstrantie bemachtigen, schreeuwen ze moord en brand. Ze stellen een *contra-remonstrantie* op. In 7 punten zetten zij hun opvatting over de uitverkiezing op papier.

Door dogmatische vraagstukken raakt het land in steeds grotere beroering. Achter de predikantenruzie doemt een gevaarlijk conflict tussen kerk en staat. Een regen van pamfletten, traktaten, verwijten en hatelijkheden daalt op de Republiek neer.
'Die ketter hier? Dan blijf ik niet!' roept Gomarus, als dominee Vorstius, als opvolger van Arminius, tot hoogleraar in Leiden wordt benoemd. Hij legt zijn ambt neer en gaat als predikant naar Middelburg. Die daad heeft een storm van verontwaardiging tot gevolg.
'Wij willen niet, dat Vorstius met zijn godlasterlijke opvattingen de theologische studenten vergiftigt!' schreeuwen de gomaristen in protest. Dat zij zich opwinden is begrijpelijk: zo'n professoraat is een vitale post voor de jonge, hervormde kerk. Boze brieven gaan naar de Staten-Generaal, naar Oldenbarnevelt en de prins. Woelingen in Friesland, in Gelderland, in Dordrecht en Amsterdam. De Engelse gezant bemoeit zich met de rel en zélfs koning Jacobus I schrijft over het geval een brief op hoge poten aan de Staten-Generaal:
'Dat godslasterend monster!' wordt Vorstius in die brief genoemd. Oldenbarnevelt stuurt Hugo de Groot naar Engeland om uitleg te geven. Achter zijn rug om maakt de Amsterdamse burgemeester Rei-

*De zielenvisserij, door A.P. van de Venne (1614). Als ironisch uitgangspunt werden de woorden van Christus: 'Ik zal u maken tot vissers van mensen', genomen.
Op de linker oever staan de protestanten, op de rechter de katholieken.*

301

Einde Tachtigjarige Oorlog – Patriottentijd

Zilveren plaquette met het portret van Oldenbarnevelt; op de achtergrond het Binnenhof met de Ridderzaal te Den Haag. (vermoedelijk eerste helft 19de eeuw).

Ds. Johannes Wtenbogaert (1557-1644), door M.J. van Miereveld.

Vaandeldrager van het Oranjevendel van de Haagse schutterij, door E.Q. van der Maes. (rechts.)

nier Pauw zijn tegenstander Hugo de Groot bij de Engelse koning verdacht.

Zo zakt men steeds dieper weg in een moeras, waarin geen gelijk te vinden is. Een bezorgde Oldenbarnevelt tracht de partijen met elkaar te verzoenen. Steeds weer zijn er conferenties, bijeenkomsten, gesprekken, die lang en afmattend zijn. Het loopt allemaal uit op niets. Want wie kent de wil van God?

Daar ligt de hervormde kerk in een land, dat voor de meerderheid nog door katholieken wordt bewoond. De angst voor het roomse geloof (en uitbreiding daarvan) is een realiteit, die vele predikanten bezighoudt. De taak van die predikanten in de splijtende kerk is zwaar. Zij moeten zich keren tegen 'paapse superstitiën', tegen ontheiliging van de zondagsrust, tegen dobbelspel, dronkenschap en een groeiende onverschilligheid. Velen van hen — zeker op het platteland — hebben geen idee, waarover de ruzies en kiftpartijen gaan. Vooral de ouderen onder hen en de bekeerde priesters hebben amper weet van de catechismus en de leer van de uitverkiezing. 'Laten wij toch verdraagzaam zijn!' pleiten de remonstranten. Maar de contra-remonstranten — zij zijn als het ware revolutionairen en de strijders van het eerste uur geweest — voelen niets voor verdraagzaamheid. Verbitterd strijden zij voor kerkorde, voor hun strakke beginselen, voor tucht. Alleen daarmee, denken zij, is de eenheid van de kerk te redden. Met grof geschut keren zij zich tegen allen, die niet vóór hen zijn.

'Die paep, die hond, die libertijn! Die geile wolf in de schaapskooi!' Met harde woorden vellen de preciezen hun oordeel over menig remonstrant. De oude dominee Fontanus, grondlegger van de calvinistische kerk in Gelderland, barst van verdriet herhaaldelijk in tranen uit.

'Zo hevig,' meldt een vriend, 'dat sy lanck synen grijsen baert ende casack vlotten en op d'aarde bickelen...'

Die biggelende tranen illustreren, hoeveel het geloof (en natuurlijk ook de kerk) voor de mensen betekent.

In de kerk hebben de regenten een vinger in de pap. Zittend in de herenbank eisen zij — van predikanten en gemeente — respect voor hun hoog gezag. Uit handelspolitieke overwegingen eisen zij tevens verdraagzaamheid ten opzichte van hen, die afvallig zijn. Dit levert weer spanningen op met dat deel van de predikanten, die uit het eenvoudige volk voortgekomen zijn en die, juist met steun van het volk, ijveren voor hun eigen leer.

'Ziet toe,' schrijft de remonstrant Taurinus in een pamflet voor Oldenbarnevelt en regenten, 'men wil Uw gezag met de voeten treden om U de scepter met Jan Rap en zijn maat uit de handen te slaan!' Omdat één regent meer gezag heeft dan een paar honderd burgers bij elkaar, blijven de gematigde remonstranten in Holland en Utrecht voorlopig nog in de meerderheid. Maar niet overal.

'Dit is het ogenblik om de macht van Oldenbarnevelt te breken,' vindt een aantal regenten in het eigenzinnige Amsterdam. Onder hen bevinden zich de voorstanders van een Westindische Compagnie, die zich voor niets verheugd hebben op de buit van Spaanse schepen. Uit gekwetste trots, uit economisch oogpunt en politieke motieven kiezen zij de partij van de contra-remonstranten en het gewone volk.

'Zeker, dominee, het moet maar eens flink gezegd worden!' fluisteren zij dominee Plancius toe. En die eerwaarde heer veroordeelt met donderpreken de politiek van Oldenbarnevelt. Tevens valt hij zijn remonstrantse tegenstanders aan. Zo opgejut stromen de preciezen na afloop van de kerkdienst naar buiten. Een onthutste kerkbezoeker vertelt na afloop van de preek: 'Sommige toehoorders staken de oren op, als paarden die de krijgstrompet horen blazen. Anderen stelden zich zo aan, alsof zij de brandklok hoorden kleppen!'

Op die wijze 'gesticht' vallen de kerkgangers direct na afloop van de dienst de remonstranten op het lijf. En burgemeester Pauw ziet kans de vroedschap tegen de remonstranten op te zetten.

Hoorn kiest voor Oldenbarnevelt. 'Dan zijn wij voor Amsterdam!' beslist de magistraat in Enkhuizen, waar de concurrentie van Hoorn ernstig wordt gevoeld. Hetzelfde doen Edam en Purmerend.

Omdat Rotterdam de regering trouw blijft (Hugo de Groot is er pensionaris) gaat handelsrivaal Dordrecht over naar het contra-remonstrantse kamp. Zo vergiftigen handelsbelangen en concurrentie de toch al zo verwarde kerkstrijd nog meer. En belangrijker: de Staten van Holland staan niet langer eendrachtig achter de oude raadpenionaris opgesteld. Niemand heeft gelijk — behalve dominee Fontanus die tranen stort van verdriet. De kaarten worden geschud op godsdienstig, sociaal, economisch en politiek gebied, en voor een naderend drama uitgespeeld.

De remonstranten zitten ondertussen ook niet stil. Precies als dominee Plancius in Amsterdam, gaat dominee Grevinchoven te Rotterdam te keer — alleen kiest hij wat andere Bijbelteksten uit om zijn gelijk voor God en gemeente te onderstrepen. Als een volksmenner zweept hij zijn broeders en zusters tot daden op. Zo opgehitst trekken deze direct na afloop van de preek tegen de

contra-remonstranten van leer.
'Ketterse honden!'
'Hoeren van Gomarus!'
Daar staan ze in hun deftige zwarte, zondagse pakken. De rode koppen steken woest boven de witte kragen uit. Modder vliegt door de lucht.
'Sla dood die kinderen van Belial!'
Verheffend is het niet. Oldenbarnevelt werkt hard aan een resolutie aangenomen te krijgen, die het gezag van de regering moet vestigen boven de kerk: 'Het allerbezwaarlijkste, schadelijkste en meest ruïneuze zou zijn, als het gewone volk de macht in de Republiek (via de kerken) in handen krijgt!' is zijn mening. En formeel heeft hij grotendeels gelijk.
'Wij zijn tegen!' zeggen Edam, Purmerend en Amsterdam, maar desondanks krijgt Oldenbarnevelt zijn resolutie er in januari 1615 door.
'En nu straffer optreden!' beslissen de Staten van Holland. De regering staat nu immers boven de kerk? De heren regenten beginnen predikanten, die zich niet aan de resolutie willen onderwerpen, te schorsen en te beboeten.
'Satanswerk!'
'Inquisitie en tirannie!'
'Het lijkt waarachtig, of de Spanjaarden er weer zijn!'
Woelingen in Amsterdam. Onrust te Leiden. Rellen in Den Haag, waar de contra-remonstrantse predikant Rosaeus uit zijn kerk wordt gezet. Hij vestigt zich te Rijswijk en zijn verbeten aanhang komt daar nu iedere zondag bijeen.
'Daar gaan ze, die slijkgeuzen!' jouwen de remonstranten, als het gehoor van dominee Rosaeus zich 's zondags over de modderige wegen naar Rijswijk begeeft.
Overal komen afgescheiden kerken tot bloei. In de kerken te Amsterdam houdt men collectes voor de broeders en zusters in nood. Predikanten complotteren tegen het gezag van de staat. Het gaat allengs hard tegen hard: te Rotterdam laat Hugo de Groot de schepen en schuren, waarin contra-remonstranten ter kerke gaan, verbeurd verklaren.
'Dit kan toch zo maar niet?' Woedende preciezen schimpen op de overheid. Steeds heftiger roepen ze uit:
'Wij eisen een nationale synode!'
'Niet zolang ik leef!' antwoordt Oldenbarnevelt, die zich beroept op het pamflet dat hofpredikant Wtenbogaert heeft geschreven. Daarin is het oppergezag van de overheid over de kerk en over kerkelijke personen heel scherp geformuleerd. Zo wordt het buigen of barsten. Oldenbarnevelt is geen man die zijn standpunten prijsgeeft en buigt. Zal hij in de komende strijd om de macht kunnen rekenen op het leger van de prins?

'Mijne heeren, ick ben een krijgsman. Dit zijn zaken van theologie, die ick niet verstae en daerover ick my niet en bemoeye!' zegt prins Maurits tegen een Zeeuwse missie, die over geloofszaken en moeilijkheden in Zeeland is komen praten. De prins is al die jaren neutraal gebleven. De eerste jaren van het bestand heeft hij met het leger in Gulik gelegen, waar een opvolgingskwestie grote internationale spanningen had veroorzaakt. De godsdienst laat prins Maurits koud.
'Ik en weet niet, of de predestinatie groen of blauw is!' heeft hij over de uitverkiezing te berde gebracht. In ieder opzicht is hij 'rekkelijk'. Zijn onwettige vrouw, Margaretha van Mechelen, is katholiek en zij blijft dat ook tot aan haar dood. In Breda houdt de prins de pastoor de hand boven het bedreigde hoofd. Toch gaat hij trouw bij dominee Wtenbogaert ter kerk.
Louise de Coligny en Frederik Hendrik hellen over naar het remonstrantse kamp.
Willem Lodewijk van Nassau is weer contra-remonstrant en doet alle moeite Maurits voor die kant te winnen. Dat probeert de Engelse gezant eveneens. Want Oldenbarnevelt is in zijn buitenlandse politiek sterk op Frankrijk gericht, terwijl Maurits voorstander is van goede betrekkingen met Engeland. Zo raakt het gekonkel niet uit de lucht. Er zijn nog meer tegenstellingen tussen de oude raadpensionaris en de prins:
'Wij moeten de macht van Holland boven de andere gewesten vestigen, want dat is in het belang van de Republiek!' menen Oldenbarnevelt en zijn trouwe medewerkers Hugo de Groot en Hoogerbeets. In hun gedachten is de gewestelijke soevereiniteit nog steeds een realiteit.
'Maar ik ben niet de dienaar van Holland alleen, maar van de gehele Unie!' stelt de prins. En ook dat is waar.

Het verzet van de contra-remonstranten tegen de regering groeit. De toestand verscherpt.
'Geef mij uw openlijke steun,' vraagt Oldenbarnevelt in 1616 aan de prins.
'Ik moet neutraal blijven,' vindt Maurits en hij dringt erop aan, dat een synode bijeengeroepen wordt.
'Als het leger en de prins ons niet willen steunen, zullen we zelf huurlingen in dienst moeten nemen om ons te beschermen tegen opstand en rebellie!' zegt Oldenbarnevelt tegen de Staten van Holland. Hij stelt voor 4000 huursoldaten als waardgelders in dienst te nemen van het gewest.
'Ik wanhoop aan een schikking!' mompelt Maurits tijdens een bezoek aan Louise de Coligny. 'Dit geschil zal door de wapenen worden beslist!'
In januari 1617 verzoeken de Staten van Holland hun stadhouder opnieuw om steun bij de handhaving van het openbaar gezag. Uit de archieven laat Maurits het artikel van instructie komen, waarop hij in 1585 zijn eed als stadhouder heeft afgelegd. Hij kijkt de afgevaardigden aan:
'Ik heb gezworen de ware gereformeerde religie te beschermen!' zegt hij tot de commissie van de Staten. Hij bedoelt dat in contra-remonstrantse zin. 'Zolang ik leef, zal ik mijn eed houden en die religie voorstaan!'
Later voegt hij daar nog aan toe, als Oldenbarnevelt, Hugo de Groot en anderen hun standpunten in een volle Statenvergadering hebben laten horen, dat al dat gepraat zinloos is.
'Het is hier met vele oraties en verbloemde redenen niet te doen! Maar hiermede...' hij klop op het gevest van zijn rapier, 'zal ik de religie, die mijn vader in deze landen geplant heeft, verdedigen. En ik zal zien, wie mij dat beletten zal!'
Het punt is bereikt, waarop al het geredeneer, alle pamfletten, alle schotschriften en scheldpartijen niets meer kunnen uitrichten. De beslissing is thans aan het zwaard...

Einde Tachtigjarige Oorlog – Patriottentijd
Rellen en een staatsgreep

Het hemd is nader dan de rok. Dat geldt ook in de politiek. Dat familiebelangen bij de regenten een grotere rol spelen dan politieke en godsdienstige overtuigingen, maakt de situatie in de Republiek nog onoverzichtelijker.

Het heeft er alle schijn van, dat de leiders der contra-remonstranten voorstanders zijn van grotere invloed van het volk. Niets is minder waar. Slechts met behulp van het roerige volk hopen contra-remonstranse regenten, de remonstrantse families die de macht bezitten, uit vroedschap en stadsbestuur te wippen. Om zelf aan het bewind te komen, keren zij zich tegen de regering en roepen ze steeds krachtiger:
'Weg met Oldenbarnevelt!'

Amsterdam, 19 februari 1617: In groten getale is het volk de straat opgegaan, opgehitst door contra-remonstrantse regenten.
'Maeck haest. Op naar koopman Bisschop!'
Joelend begeeft een menigte zich naar het huis van de rijke, remonstrantse koopman Rem Egbertsz. Bisschop.
'De ketters komen in zijn huis bijeen! hebben de preciezen calvinisten verteld. Dat is waar. Omdat de contra-remonstranten in Amsterdam alle kerken in bezit genomen hebben, is er herhaaldelijk door remonstrantse predikanten in het huis van Rem Egbertsz. gepreekt.
'Kunnen wij hier zulk volk dulden, dat de vervloekte leer verkondigt dat God de ene mens tot verdoemnis geschapen heeft en de ander tot eeuwige zaligheid?' roept een kerel in de massa uit.
'Man, dát is juist wat koopman Rem Egbertsz. ontkent!' bijt een felle calvinist hem toe. 'O!' De man staat even beteuterd te kijken. Weet hij veel van predestinatie en de leer van Calvijn. Het zal hem trouwens een zorg zijn.
'Weeran, mensen!' schreeuwt hij het volk toe. Rem Egbertsz. Bisschop is een rijkaard. Er zal best wat te halen zijn in zijn mooie huis. Met een zware balk rammeit het joelende volk de voorname huisdeur in elkaar. Het stadsbestuur, dat die rel best kan gebruiken, steekt geen vinger uit.
'De schout gaat weg!' wijst het gepeupel opgelucht. 'Het huis is ons ten prijs!' Ze stormen naar binnen, grijpen wat er te grijpen valt en slaan de boel kort en klein. Zó demonstreert het volk van Amsterdam tegen een remonstrantse minderheid — een walgelijke vertoning die de magistraat rustig laat begaan.
'Het is beter onder de Turken te leven dan in een land, waar het gepeupel vrij spel heeft,' klaagt een remonstrantse predikant.
Die rel in Amsterdam maakt diepe indruk in de Republiek. Het lijkt of die rel het gehele land opeens wakker schudt.
'Die wandaad eist wraak!' vinden de mensen in Schoonhoven. *Op bevel van de overheid* gaat daar een huis in puin, waarin juist verdrukte contra-remonstranten bijeengekomen zijn. In Oudewater breekt een volksoproer uit.
'Leg de resolutie van de Staten, die baas over de kerk menen te zijn, naast u neer!' roepen woedende preciezen de regenten toe. Zo zijn er woelingen in Den Briel, in Haarlem, in Rotterdam. Op vele plaatsen raakt het gezag van de Staat ondermijnd.
Wat moet Oldenbarnevelt doen? Toegeven ligt niet in zijn lijn. Koppig en conservatief houdt hij aan zijn overtuiging vast, dat iedere beweging die van onderop uit het volk komt, alleen maar chaos brengt. Weinig plooibaar zet hij zijn geweldige persoonlijkheid voor zijn eigen inzichten in.
'Ick dencke daervoren te leven ende te sterven...'
Hugo de Groot — een eminent geleerde, maar een slecht politicus — reist met opdrachten van Oldenbarnevelt het land af om de politiek van zijn meester te verdedigen: naar Amsterdam, naar Oudewater, naar Dordrecht. En naar Zeeland, waar het volk hem met stenen bekogelt. Nu de spanning zozeer stijgt, begint zijn vertrouwen in Oldenbarnevelt te wankelen. Hij begint te schipperen, doet uit angst water in de wijn. Dat heeft funeste gevolgen in een toestand, die toch al zo geladen is.
Ook de remonstrantse voorman Wtenbogaert is tot bakzeilhalen bereid:
'Sta toch een synode toe,' smeekt hij Oldenbarnevelt. 'Al zullen wij daar een nederlaag lijden, het zal het enige redmiddel zijn om geloofsvervolgingen te voorkomen!'
Zó ver is de prestigestrijd gekomen dat in de vrijheidslievende, zo verdraagzame Republiek, geloofsvervolgingen op grote schaal op handen lijken te zijn.
'Wtenbogaert, wilt gij 's lands gerechtigheden weggeven? Ik niet!' antwoordt Oldenbarnevelt gebelgd.

De Republiek gaat steeds dichter naar een burgeroorlog toe. Aan de ene kant staat Oldenbarnevelt met de regenten, een verdeeld Holland en een weifelend Overijssel achter zich. Aan de andere kant groeperen zich prins Maurits, Willem Lodewijk van Nassau, Zeeland, Friesland, Groningen en de steden Enkhuizen, Dordrecht en Amsterdam. Gelderland aarzelt. Er wordt wat afgeschreven in pamfletten en geschriften — met een taal die er niet om liegt.
'Die apocalyptische beesten en de babylonische hoeren die daarop zitten!' Zo noemt de eerwaarde dominee van Drielenburch zijn remonstrantse tegenstanders in de *Calendier*.
Vloekpsalmen, spotliederen, verwensingen en verwijten weerklinken in deftige raadskamers, in kroegen en op de hoek van bijna iedere straat. Op 24 juni 1617 gaan de afgevaardigden van de Staten van Holland voor drie weken uiteen.
'Dat Gods genade uitkomst moge geven!' hebben de bezorgde gedeputeerden tegen elkaar gezegd. Die uitkomst komt er niet.

Den Haag, zondagmorgen 9 juli 1617. Een woedende menigte staat voor de Kloosterkerk. De kerk is wegens restauratie-werkzaamheden gesloten. De 'slijkgeuzen', die iedere zondag voor hun kerkdienst naar Rijswijk moeten gaan, hebben genoeg van hun moeizame tochten door weer en wind. Hun vertrouwensman Nicolaes Kromhout is naar Oldenbarnevelt gegaan met het verzoek, of de Kloosterkerk in Den Haag voor hen kan worden ingeruimd.
'Het spijt me,' zegt Oldenbarnevelt, die zich tijdens de audiëntie verder heel welwillend toont.
'Als het niet goedschiks gaat, broeders en zusters, dan maar kwaadschiks!' De slijkgeuzen nemen het heft in eigen hand. Waarschijnlijk heeft prins Maurits hun goedkeurend toegeknikt. Zeker zijn zij aangespoord door de voormannen der contra-remonstranten, die graag willen zien, tot hoever ze kunnen gaan.
'Breek open. Breek open die kerk!'
In alle vroegte trekken ze de kerk in. Een paar huizen verderop, in zijn eigen woning, moet Oldenbarnevelt het geschreeuw van de slijkgeuzen hebben gehoord.
'Stoelen! Er moeten stoelen komen!'
'En een preekstoel voor de predikant!'
Het is allemaal goed voorbereid, want in minder dan geen tijd worden stoelen én een preekstoel onder gejuich de kerk ingedragen. Dominee Swalmius uit Oud-Beyerland, daartoe overgehaald door de prins, beklimt de kansel en houdt een dank- en lofdienst voor 2500 man. Hij doopt drie kinderen — en de namen die de baby's krijgen spreken duidelijke taal:
'Willem!' luidt de naam van de eerste.
'Maurits!' heet de tweede.
In de naam van de Vader, de Zoon en de Heilige Geest, wordt de derde 'Hendrik' gedoopt.
Vurig bidt de gemeente voor het huis van Oranje én voor de koning van Engeland.
Aan Johan van Oldenbarnevelt en de Franse koning wordt niet gedacht.
'Openlijke rebellie op enkele stappen van mijn huis!' Tandenknarsend overweegt de oude landsadvocaat, of hij de oproerige kerkeraad zal laten grijpen en op slag zal laten onthoofden op het schavot. Dat plan krijgt vrijwel geen steun. Een poging om de Kloosterkerk weer dicht te spijkeren, loopt op een dreigende demonstratie door jonge precieze calvinisten uit.
Staat Oldenbarnevelt schaakmat? Louise de Coligny gelooft het niet. Uit vriendschap voor de landsadvocaat schrijft zij een wanhopige brief aan stadhouder Willem Lodewijk. Daarin smeekt zij hem om prins Maurits van extreme daden te weerhouden. Maar de teerling is reeds geworpen!

Twee weken later begeeft prins Maurits zich met groot gevolg naar een dienst in de Kloosterkerk. Een duidelijker blijk van zijn gezindheid geven kan hij niet.
'Blijf jij nou bij Wtenbogaert ter kerke gaan,' heeft hij Frederik Hendrik aangeraden.
Mocht de krachtmeting met Oldenbarnevelt verkeerd voor hem aflopen — en Maurits angst daarvoor is groot! — dan kan het stadhouderschap voor het huis van Oranje misschien bewaard blijven voor Frederik Hendrik.
5 Augustus vaardigen de Staten van Holland de *Scherpe Resolutie* uit.
'Neem voor het handhaven van de orde waardgelders in dienst, die niet door de provincie en niet door de prins kunnen worden gebruikt!' is de raad die aan de Hollandse steden wordt gegeven. Alle regenten, alle ambtenaren en het krijgsvolk, krijgen de opdracht alleen aan de Staten en aan de magistraat van hun stad gehoorzaam te zijn.

'Mijn hope staet op God, den Heere almachtich!' zegt Oldenbarnevelt. Hij voelt zich moe en ziek. Daarom trekt hij zich op zijn landgoed bij Amersfoort terug. Juist in dit kritieke ogenblik laat hij de zaken over aan Hoogerbeets en De Groot.

Prins Maurits, die niet weet of de uitverkiezing groen of blauw is, heeft nu toch eindelijk kleur bekend. Als onbetwist leider der contra-remonstranten tracht hij — als een echte schaker — Oldenbarnevelt stap voor stap te isoleren. In september beslissen de Staten-Generaal reeds, dat er een nationale synode zal komen. Een beklemmende spanning heeft zich als gevolg van de Republiek meester gemaakt. Sommige steden nemen waardgelders in dienst. De prins laat Den Briel door zijn eigen troepen bezetten.

Haast tergend langzaam ontwikkelt de fatale strijd om de macht zich naar een climax toe. Stap voor stap slaat Maurits toe: in januari 1618 helpt hij in Nijmegen de contra-remonstranten aan het bewind. Ondanks protesten van de Staten van Holland, brengt hij op de landdag te Arnhem het gewest Gelderland onder zijn macht. In mei weekt hij Overijssel van Holland los. Zonder bloed te vergieten wikkelt hij zijn staatsgreep af. Holland en Utrecht blijven over. Een commissie van de Staten-Generaal — met Maurits aan het hoofd! — adviseert de stad Utrecht het garnizoen af te danken.

'Nee!' zeggen Hoogerbeets en Hugo de Groot, die in opdracht van Oldenbarnevelt haastig per karos naar de oude bisschopsstad zijn gereden om het gevaar te keren. 'De waardgelders ontvangen hun soldij van de Staten van Holland! Zij moeten dus aan de gedeputeerden van Holland gehoorzaam zijn!' Wordt hiermee verraad gepleegd tegen de Republiek?

'Welneen! menen velen, waaronder Oldenbarnevelt. Zij blijven vasthouden aan de gewestelijke souvereiniteit.

'Jawel!' zeggen anderen, die in theorie voorstanders zijn van de souvereiniteit der gehele Unie boven die van een gewest.

In de jonge Republiek is dit alles nog niet duidelijk vastgelegd.

Utrecht, 31 juli 1618: Het is 4 uur in de morgen. Op de Neude staat een halve compagnie waardgelders op wacht. Nog enkele andere vendels liggen over de stad verdeeld. Hugo de Groot en Hoogerbeets hebben lang gesproken met de Staten van Utrecht en de magistraat.

'Verzet u, als de prins uw troepen ontbinden wil. Biedt weerstand als dat nodig is!' hebben zij de commandant bevolen, die het bevel over de waardgelders voert. De commandant weigert.

'Lafbek!' scheldt een woedende De Groot. Een ander krijgt de benoeming — met de opdracht de stadspoorten te bezetten. Want prins Maurits is met zijn leger onderweg.

Maurits, door de volgzame Staten-Generaal gemachtigd (want de meerderheid der afgevaardigden wil de macht van Holland graag gebroken zien!) moet nu doortastend optreden, als hij zijn prestige niet verliezen wil. Zijn probleem is een bloedbad te voorkomen om niet te worden gebrandmerkt als een bloedige tiran. In de nacht van 31 juli trekt hij Utrecht in. Alleen vergezeld van zijn staf, begeeft hij zich naar de Neude. Daar zet hij zich op zijn stuitje (zitstok) neer, voor het huis van een schoenlapper. 'Famars, ga de waardgelders maar vertellen, dat ze de wapens moeten neerleggen,' zegt hij tegen zijn adjudant, die de kleinzoon van Marnix van St. Aldegonde is.

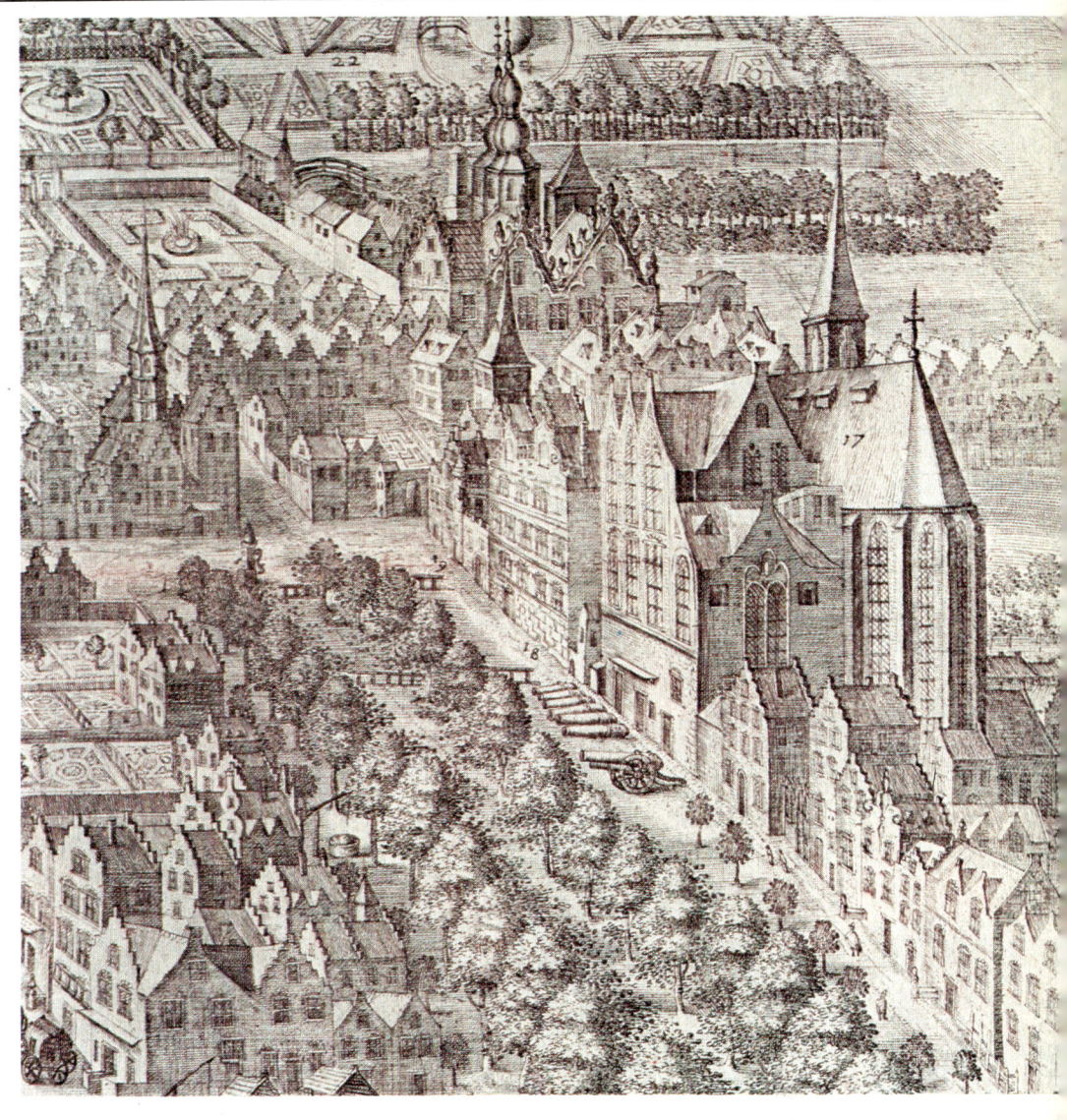

'Niks ervan,' zeggen de waardgelders. Zij aanvaarden hun cassatie niet. Dan treedt Maurits hen zelf tegemoet.

'Als jullie niet gehoorzamen, jongens, zullen jullie erom moeten vechten!'

Dan is het gebeurd. De waardgelders leggen hun wapenen neer. Zij dwingen wel de belofte af, dat de stad Amsterdam garant zal zijn voor hun soldij. Hugo de Groot, Hoogerbeets, Ledenberg en nog enkele andere gedeputeerden hebben in een ander stadsdeel de uitslag vol spanning afgewacht. Nu rijden zij in hun karossen ijlings weg.

Zij ontlopen nog net hun arrestatie. Prins Maurits is meester van de stad. Er komt een nieuwe vroedschap en de grote kerken worden meteen voor de precieze calvinisten ingeruimd. Dat Oldenbarnevelt de waardgelders tegen hem heeft opgezet, zal de prins niet gauw vergeten.

Het laatste bedrijf! Holland staat nu alleen en is bovendien nog onderling verdeeld.

'Vlucht! Vlucht met mij naar Rotterdam!' zegt Hugo de Groot tegen Oldenbarnevelt. 'Ik wil de uitkomst van dit gebeuren afwachten in 's-Gravenhage. Daar woon ik en daar heb ik mijn meesters trouw gediend. Ik lijd liever voor het Vaderland... dan dat door mij of om mijnent wil enige stad in moeilijkheden geraakt!'

Standvastig blijft de oude heer op zijn post. Wel stuurt hij vast kleren en zilver naar zijn nicht Deliana Kievit te Rotterdam. Al zijn hoop heeft hij gevestigd op een audiëntie bij de prins. Het loopt uit op niets. Maurits, die slecht kan veinzen, zwijgt in alle talen tijdens zijn ontmoeting met Oldenbarnevelt. Een verdeeld Holland staat tegenover de rest van de Republiekk.

'Zal het burgeroorlog worden?' vragen angstige burgers zich af.

'Is het waar, dat de landsadvocaat om Spaanse hulptroepen heeft gevraagd?' 'Praat toch geen onzin, mijn beste man!' 'Is het waar, dat Oldenbarnevelt een subsidie van Frankrijk voor zich heeft opgeëist?' 'Welnee. Dat was bestemd voor de achterstallige soldij. Hij heeft dat Franse geld opgeëist voor de Staten van Holland, voor betaling van de waardgelders. Dát wordt hem nu door de Staten-Generaal betwist...'

Terwijl allerlei geruchten en halve waarheden de ronde doen, besluit Maurits zich van zijn tegenstanders te ontdoen. Met Sloet, de nieuwe president van de Staten-Generaal, zoekt hij naar middelen om tot hun arrestatie over te gaan. Samen stellen zij een (onwettige!) resolutie op:

'Sinister beleydt... directelijck strijdende tegen de Unie...' Dat zijn de argumenten die zij opduiken om de landsadvocaat te grijpen. Twee raadsheren komen Oldenbarnevelt waarschuwen voor het naderend gevaar.

De Kloosterkerk te Den Haag. (ca. 1615).

Einde Tachtigjarige Oorlog – Patriottentijd

'Vertrek toch van hier!'
'Ik blijf!'
De volgende dag rijdt Oldenbarnevelt in zijn koets over het Binnenhof. Hij is op weg naar een Statenvergadering. De opper-kamerheer van prins Maurits komt hem tegemoet.
'De prins verzoekt u even langs te komen!'
Moeizaam gaat de advocaat de trap op. Zijn knecht Jan Francken blijft buiten wachten.
'Héé, denkt Jan Francken, want even later ziet hij ook Hugo de Groot en Hoogerbeets verdwijnen door de deur. Dan krijgt hij te horen:
'De heren zijn gearresteerd!'
Het duurt even, voordat Jan Francken de omvang van die woorden bevat.

'Jan, Marie, hebt ge 't gehoord! De stadsbode heeft me net verteld...'
'Bij God, beste vriend, het schijnt dus waar te zijn...'
Op kaats- en schietbanen, in gildehuizen en bij de schutterij, wordt het schokkende nieuws verspreid. Wat een indruk maakt het, dat de leiders van de Republiek gevangen genomen zijn. In de Staten van Holland heerst diepe verslagenheid:
'Hoofd en hand zijn ons weggenomen,' zegt de voorzitter. Twee gedeputeerden, de edelman Van Asperen en Schagen, brengen de moed op om te protesteren bij de prins.
'Heer van Asperen, houdt uw bakkus toe, of ik zet u erbij!' dreigt Maurits, die 260 soldaten uit Utrecht heeft laten komen om tegenacties in de kiem te kunnen smoren.
Maar 's-Gravenhage blijft rustig. De meeste vrienden van de oude advocaat voelen zich te deftig om de straat op te gaan.
Paniek breekt onder de remonstranten uit. Wtenbogaert vlucht naar Antwerpen.
Anderen volgen zijn voorbeeld.
'De gevangenneming is een onrechtmatige daad,' klinkt het in de vroedschappen van vele Hollandse steden. Met angst in het hart wachten vele regenten af, wat er verder zal gebeuren.

Op 6 september vertrekt prins Maurits, omgeven door zijn lijfwacht, naar de Hollandse steden. In de laatste bolwerken van Oldenbarnevelts aanhang, helpt hij de contra-remonstranten aan de macht: Schoonhoven, Den Briel, Schiedam, Gorinchem, Oudewater, Woerden, Monnikendam. Het volk juicht. Even lijkt het of Hoorn zich verzet. De schutterij staat in de wapenen, maar ook daar komt de omwenteling zonder bloedvergieten tot stand. Dan gaat het naar Leiden, Haarlem, Rotterdam en Gouda — de steden, die Oldenbarnevelt bij uitstek hebben gesteund.

In die steden blijven nog heel wat remonstranten in de vroedschap of magistraat op het kussen zitten. Familiebelangen gelden ook nú boven overwegingen van godsdienst of politiek. Te Amsterdam verheft de oude Hooft zijn stem tegen de staatsgreep van de prins. Want een staatsgreep is het!
'Bestevaer, 't moet nu voor deze tijd zo wezen,' zegt Maurits hem. 'De nood en de dienst van het land eisen het!'
Op 17 november is alles voorbij. De Staten van Holland — nu gevuld met nieuwe afgevaardigden! — steken Maurits de loftrompet toe.
'Zijne excellentie wordt ten hoogste bedankt voor zijn affectie, zorg en getrouwigheid!'
Er lijkt nu zoveel veranderd, doch ook de nieuwe afgevaardigden zijn in hart en nieren regent. Zij willen — net als hun voorgangers — niet laten tornen aan de souvereiniteit van hun gewest. Zij wensen noch aan prins Maurits, noch aan de Staten-Generaal concessies te doen. *In feite verandert er niets!*
Het volk is speelbal geweest in de strijd om macht. Het heeft geschreeuwd en gejoeld, maar enige zeggenschap in regeringszaken krijgt het niet.
'Ge kunt u, nee, ge moet u nu laten uitroepen tot monarch!' is in die dagen vaak tegen Maurits gezegd. Hij heeft dat niet begeerd. De voorwaarden, waarop hij aanvaard zou worden, zouden voor hem te beperkend zijn geweest. En wettige kinderen om hem op te volgen, heeft hij niet. De oude toestand wordt daarom met nieuwe mensen bestendigd. Hoe triest, dat als resultaat van deze machtsstrijd — waarin niemand gelijk had en *allen* schuldig waren en fouten begingen — juist een groot man zijn leven moet verliezen...

Ontwerp voor het pamflet 'De Regtveerdighe Sifte'. Maurits, geholpen door familieleden en afgevaardigden van de Staten-Generaal, beweegt een grote zeef, waar Oldenbarnevelt en een aantal Arminianen doorvallen.

Oldenbarnevelts dood

Oldenbarnevelt, Hugo de Groot en Hoogerbeets zitten gevangen in vertrekken op het Binnenhof. Al hebben zij hun bevoegdheden maar weinig overschreden, toch is ook door hun toedoen het land in beroering geraakt. Met een hardnekkige kortzichtigheid hebben zij hun macht tot overheersing gebruikt. 'Verraders!' worden zij door vele pamfletschrijvers genoemd. Dat zijn zij niet. Vanuit hun eigen gezichtshoek hebben zij de Republiek naar beste weten gediend. Prins Maurits en zijn aanhang willen de staatsgreep voor volk en wereld rechtvaardigen met een proces. Op godsdienstig gebied hopen zij hun gelijk te winnen op de nationale synode, die nu eindelijk uitgeschreven is.

Die twee belangrijke gebeurtenissen, het proces en de synode, spelen zich af in de winter van 1618-1619, terwijl de nu onderliggende remonstranten woelingen veroorzaken. Het is nog verre van rustig in de Republiek. Voor- en tegenstanders klimmen in de pen, demonstreren, beklagen zich bij de Staten of de prins. Dat alles roept weer nieuwe spanningen op. En dat verklaart dan weer de verbeten heftigheid, waarmee de synode wordt gehouden en het proces wordt gevoerd.

'O, Barnevelt, Barnevelt, waer toe hebt ghy ons ghebracht!' roept Ledenberg uit, als de verhoren door zijn vijanden Silla en Van Leeuwen beginnen. Hij is Oldenbarnevelts vertrouwensman te Utrecht geweest. Daar is hij gevangengenomen en naar het Binnenhof overgebracht. Hij beseft dat een veroordeling onafwendbaar is.
'Mij wacht een verraderlijk proces, de pijnbank misschien, een onterend vals vonnis. Want zó moeten zij doen om mijn gevangenschap te verantwoorden!'
In de nacht van 28 op 29 september loopt Ledenberg in zijn kamer rond. Denkt hij aan verbeurdverklaring van zijn goederen, die op een veroordeling volgt? Wil hij dat lot besparen aan zijn gezin? Hij grijpt een groot mes, aarzelt, bidt wellicht om vergeving en kracht. Dan zet hij het mes op zijn keel en snijdt...
'Laat het lijk balsemen!' bevelen de aanklagers onkies. Ze willen Ledenbergs lichaam bewaren tot na de uitslag van het komende proces.

'Ik blijf bij u, heer!' heeft de knecht Jan Francken tot Oldenbarnevelt gezegd. Hij heeft zich vrijwillig met zijn meester laten opsluiten. Zo leven zij samen in volledige afzondering. Oldenbarnevelt krijgt zijn eten uit de keuken van de prins. Hij gebruikt zijn maaltijden met de cadetten, die voor zijn bewaking zijn aangesteld.
'Kan ik boeken krijgen? En schrijfgerei?'
'Neen, heer!' Het wordt niet toegestaan. Toch krijgt hij schrijfbenodigdheden in handen. In fruitmandjes en bakken met dovende kolen smokkelen vrienden papier, inkt en brieven naar zijn vertrek. Oldenbarnevelt verbergt de notities die hij maakt achter het behang. Pas na zijn vonnis zullen zij daar worden ontdekt. Hij blijft onverschrokken, toont zich waardig en kalm.
'Het zal niet lang duren, Jan. Ik heb hiertoe niemand reden gegeven,' zegt hij herhaaldelijk tegen zijn knecht. Maar als wijs staatsman weet hij diep in zijn hart, dat het wel anders zal zijn. Hij beseft, dat hij de waardgelders te Utrecht tegen de prins heeft opgezet. Vooral die kwestie én de relatie Holland-Utrecht, zullen zijn vijanden wel beschouwen als hoogverraad.
Acht en een halve maand zal Oldenbarnevelt moeten doorbrengen in dat éne vertrek — zonder ook maar een woord te kunnen wisselen met Hugo de Groot in de kamer ernaast.

Hugo de Groot, door velen eens bestempeld tot Oldenbarnevelts opvolger, is niet opgewassen tegen zijn gevangenschap. Tijdens de eerste verhoren al, laat hij de oude heer volledig in de steek. Hij probeert zichzelf vrij te pleiten ten koste van de advocaat. Beseft hij, dat hij daardoor diens zaak ernstig ondermijnt? In een moment van twijfel en zwakte schrijft de grote rechtsgeleerde aan de prins:
''t Is waar, genadige heer; ik en vele anderen met mij hebben te veel op de wijsheid van één persoon vertrouwd... Mijn jaren laten mij niet veel ervarenheid toe...
Daarom bid ik uwe excellentie, genadelijk te vergeten, wat ik op last van mijn meerderen, of in ondoordachte ijver of uit vergissing zou mogen hebben gedaan, dat tot ondienst van het land of van uwe excellentie is geweest...'
Als vrienden van De Groot een goed woordje voor hem doen bij de prins, wijst Maurits naar de windwijzer op het dak.
'Daar ziet gij het hoofd van De Groot!' Evenals de weerhaan op het dak draait ook De Groot mee met de wind, die nu zo sterk opgestoken is uit de contra-remonstrantse hoek.
'Ik beken, dat ik vele daden van de advocaat, in dewelke ik van hem notoirlijk heb verschild, voor verdacht gehouden heb!' zegt De Groot. Door de bezielende brieven van zijn vrouw, Marie van Reigersberch, toont hij zich gaandeweg flinker en hervindt hij zijn kracht.

Het Binnenhof met de Ridderzaal. Schilderij uit de Hollandse School (ca. 1650).

Hugo de Groot, Portret naar M.J. van Miereveld (1631).

Einde Tachtigjarige Oorlog – Patriottentijd

De zitting van de Dordtse Synode. Schilderij door P. Weyts Jr.

'Allerliefste,' schrijft ze in oktober, 'Eén ding verwondert mij... dat u aan een van de heren zou hebben gezegd iets groots te willen ontdoen, maar dat gij eerst begeerde genomen te worden onder protectie van zijne excellentie (de prins). Ik heb dit niet willen geloven, gelijk ik nog niet doe..'
Waar hij maar kan protesteert de Franse gezant tegen de arrestatie van de leiders der Republiek. Zonder Oldenbarnevelt loopt het sterke bondgenootschap met Frankrijk ernstig gevaar. De Engelse gezant, die al zo lang bij Maurits heeft gestookt, juicht omdat de staatsgreep zo goed is gelukt. Terwijl de eerste verhoren beginnen, komt te Dordrecht de nationale synode bijeen:

Dordrecht, 13 november 1618. In stemmig zwart gekleed zijn predikanten en ouderlingen — met zorg door de kerken in alle gewesten gekozen — op de eerste vergadering verschenen. Zij zijn vrijwel allemaal contra-remonstrant. In de Kloveniersdoelen worden vele handen geschud.
'Dag mijn beste Gomarus!'
'Hoe vaart ge, Lubbertus?'
5 hoogleraren, 38 predikanten, 19 ouderlingen, 18 politieke commissarissen der Republiek en nog 23 godsgeleerden uit Engeland, de Palts, Hessen, Genève, Bremen en Emden bezinnen zich over de uitverkiezing en de geloofsleer van Calvijn. Zeer geleerde uiteenzettingen weerklinken in het Latijn.
'In Christi nomine!' Eendrachtig wordt besloten de Bijbel opnieuw te laten vertalen.
Dat wordt de beroemde *Statenbijbel*, die eeuwenlang zoveel mensen zal sterken in lief en leed.
In Christi nomine trachten de godgeleerden met twaalf remonstrantse predikanten een eind te maken aan de kerkelijke twist. Uren, nee dagenlang rederen, twisten en schelden zij. De remonstranten verzetten zich vijf weken lang tegen een veroordeling. Schuld bekennen zij niet. Driftig roept voorzitter Bogerman hen tenslotte toe: 'Met een leugen zijt ge begonnen en met een leugen eindigt gij. Gij zijt niet waardig, dat de synode verder met u handelt. Gij zijt ontslagen. Gaat heen!'
De twaalf remonstranten gaan, wel beseffend wat hun lot zal zijn. Ook de Leidse hoogleraar Vorstius komt ter sprake en krijgt flinke vegen uit de contra-remonstrantse pan.
'Een bedrieger, godlasteraar en goddeloze ketter! Hij is onwaardig de naam van professor en doctor in de gereformeerde kerken te dragen!'
Vorstius wordt ontslagen en verbannen naar het buitenland.
Als de godgeleerde heren het eens zijn over de catechismus en de geloofsbelijdenis, eindigt de synode — na 154 vergaderingen! — met een ernstig gebed van Bogerman in de Grote Kerk van Dordt. Een laatste maaltijd met muziek en snarenspel. Heel preuts zingen vrouwen achter gesloten gordijnen.
'Proost, beste Lubbertus!'
'Op uw gezondheid, geleerde Gomarus!'
De glazen gaan de lucht in. Er is een rekening bewaard gebleven van de hoeveelheid gedronken jenever. Het is enorm!

Ondertussen sleept het lange proces tegen Oldenbarnevelt, De Groot, Hoogerbeets en de gebalsemde Ledenberg zich moeizaam voort. Omdat er geen generaliteitsrechtbank bestaat — een gerechtshof, dat over alle gewesten gaat is er niet! — hebben de Staten-Generaal enkele leden van de Raad van State, van het Hof van Holland en gedeputeerden uit andere gewesten, tot rechters aangewezen. Hun aanstelling geeft reden tot kritiek.
'Reinier Pauw is tot rechter benoemd. Hij staat bekend als een verklaarde vijand van de advocaat!'
'Met Van Swieuen en met Muys van Holy uit Dordrecht is het krek zo gesteld. En ook van Albrecht Bruyninck uit Enkhuizen verwacht ik geen onpartijdigheid!'
Oldenbarnevelt protesteert terecht tegen deze rechters ad hoc, voordat Adriaen Duyck, de advocaat-fiskaal met zijn 136 vraagpunten begint:
'Is het waar, dat de advocaat prins Maurits uit het land heeft willen zetten?'
'Is het waar, dat hij Spaans geld ontvangen heeft? Hoe anders heeft hij zijn vrienden en medestanders zo rijkelijk en ruim beloond?'
Verhoren, Tegenwerpingen. Kleingeestigheden. Het zoeken naar spijkers op laag water. De oude heer verdedigt zich met onbuigzame trots. Hij somt zijn staat van dienst op in de oorlog tegen Spanje, maar verzwijgt het grote aandeel dat prins Maurits in de successen heeft gehad. Hij geeft ook antwoorden die de rechters irriteren en veel zaken schijnt hij vergeten te zijn. Soms missen zijn woorden geloofwaardigheid.
'Zullen we hem op de pijnbank leggen?' vragen enkele rechters zich af. De vernedering wordt de 70-jarige gelukkig bespaard.
'Hang de verraders!' roept men buiten de rechtszaal. Opruiende spotschriften gaan daar van hand tot hand en opzwepende liederen worden er gezongen:

Sy sijn in banden, tot haerder schanden
Sy sijn in banden, dat valsch gedrocht
Sy sijn in banden, die onse Landen
Zoo' schijnt, om gelt hadden vercocht...

Het is geen sfeer, die tot rustige, ernstige bezinning leidt. Karaktervast — en daarin groot — staat Oldenbarnevelt voor zijn rechters. Berouw toont hij niet. Schokkende bekentenissen komen niet uit zijn mond. De kwestie van de waardgelders — en vooral de ingreep te Utrecht — blijkt de voornaamste aanklacht te zijn. Na een proces van twee maanden, moet door de rechters het oordeel worden geveld.
'Spaar Oldenbarnevelt het leven!' De Franse gezant doet een hartstochtelijk beroep op de Staten-Generaal.
'Weest barmhartig!' vraagt Louise de Coligny aan de prins. Ook zij doet voor de advocaat wat ze kan.
'Hij heeft landverraad gepleegd!' zegt Maurits. Het feit, dat Oldenbarnevelt de waardgelders tegen hem, de opperbevelhebber, aan het muiten heeft gebracht, zit hem hoog. Bezien tegen de achtergrond, dat de gewesten een Unie vormen, is dat een begrijpelijke zaak. Bezien tegen de achtergrond, dat ieder gewest souverein is, wordt die beschuldiging minder acceptabel. Maar tijdens de verhoren had zelfs Hugo de Groot toegegeven, dat de Staten-Generaal een mate van souvereiniteit bezaten. Oldenbarnevelt heeft steeds Holland gediend en niet tot zijn recht laten komen, wat de Unie en de Staten-Generaal als hoge staatsmachten van hem eisen mochten.

Er is geen gelijk! Onoverbrugbaar is het proces gevoerd over het verschil in beginsel

Koperen snuifdoos met het portret van prins Maurits.

— zowel kerkelijk als politiek. Bezien uit de gezichtshoek van Oldenbarnevelt, die 43 jaar tevoren een leidende rol kreeg en de Republiek naar zijn inzichten grondvestte, is er geen sprake van hoogverraad. Maar in 43 jaar is veel veranderd. Er gelden nu andere normen en andere maatstaven voor het Staatsbestel.

'Schuldig!' luidt het oordeel van de 24 rechters.

'Is dat oordeel niet een monstrum van onrechtvaardigheid?' vragen velen zich af.

'Als voor het vermeende landverraad de doodstraf valt, is er dan geen sprake van een gerechtelijke moord?'

'Ja!' roepen de remonstranten.

'Neen!' zeggen de aanhangers van de prins.

Geen van beiden en allebei hebben gelijk. Het is een menselijk drama, waarin allen hun fatale vergissingen hebben gemaakt.

De familieleden van Oldenbarnevelt tekenen bezwaar aan tegen het gevoerde proces. De Zeeuw Jacob Magnus, een vurig Oranjeklant, doet een beroep op Van Aerssen, Maurits' belangrijkste adviseur. 'Zou er geen middel zijn om hem te leven te salveren? Mogelijk zal hij niet lang meer leven en een doodstraf zou zo gruwelijk wreed worden gerekend!' Als hij niet sterft, lopen wij gevaar om hals te worden gebracht!' antwoordt Van Aerssen. De angst voor Oldenbarnevelt wortelt diep. Franse gezanten doen namens de Franse koning nog een beroep op de prins om clement te zijn. 'Barnevelt heeft me persoonlijk beledigd,' zegt Maurits hen. 'Hij is van plan geweest mij, net als Leicester, te verjagen. De koning moet me vergeven, dat ik voor hem geen tussenkomst verleen.

Hij is er van beschuldigd het land in woelingen te hebben gestort, om het weer onder het Spaanse juk te brengen. De rechtbank zal uitspraak doen!'

De hardvochtigheid van de prins komt voort uit vrees, dat een levende Oldenbarnevelt een gevaar vormt voor het vaderland. En dat juist, nu binnenkort de oorlog tegen Spanje moet worden hernieuwd. De rechters wikken en wegen over de straf. Het steekt hen, dat de familie Oldenbarnevelt op 1 mei de meiboom voor het huis plant om het volksfeest mee te vieren — en haast op tartende wijze provoceert. Is dat kleine gebeuren eveneens een onweegbaar bestanddeel geweest, dat de aarzelende rechters ertoe drijft tot het uiterste te gaan? Op zondagmorgen 12 mei wordt de beslissing geveld:

'De sententie des doods!'

's-Gravenhage, Binnenhof, zondagmiddag 12 mei: Silla, Van Leeuwen en de provoost-geweldige Carel Nijs (die verantwoordelijk is gesteld voor de executie) hebben Oldenbarnevelt de straf aangezegd.

'De sententie des doods! De sententie des doods! Dat had ik niet verwacht!' In een met bont afgezette tabberd, steunend op een stoel, heeft Oldenbarnevelt de heren staande aangehoord.

'Laat de rechters zien, dat zij dit voor God verantwoorden. Zal men zo handelen met een goed patriot?'

Dat is de vraag die iedereen zich stelt. Zal de prins nog gratie verlenen op het allerlaatste ogenblik? Of zal de hooghartige familie Oldenbarnevelt gratie verzoeken voor man en vader — al ligt in zo'n verzoek het toegeven van schuld?

De oude advocaat schrijft zijn vrouw en kinderen een afscheidsbrief: 'Ick ontfange op deze ure een seer beswaerde en droeve tydinge dat ick, oude man, voor al mijne diensten, het vaderland zooveel jaren altyts wel en getrouwelick gedaen hebbende, my moet prepareren om op morgen te sterven. Ick trooste my aan Godt den Heer Almagtich, die ons allen in sijne heylige bewaringe genadelyck bewaren sal. Uyt myne kamer der droefenisse, den 12 Mey 1619. Uwe seer lieve man, vader, schoonvader en grootvader, Johan van Oldenbarnevelt.'

Om zes uur in de middag komt dominee Walaeus de advocaat vertroosten. 'Dominee, zeg me, is de doodstraf het loon voor mijn onvermoeide zorg en onophoudelijke arbeid van 43 jaar?'

Dominee Walaeus weet geen antwoord en laat zijn tranen de vrije loop. Zij eten het avondmaal, samen met de provoost-geweldige Carel Nijs. Oldenbarnevelt laat de wijn staan: 'Opdat het gemoedt, door vele gedachten beroert sijnde, niet soude worden ontstelt...'

Op zijn verzoek begeeft Walaeus zich laat in de avond naar de prins om deze te vertellen, dat de advocaat vergiffenis vraagt voor wat hij mocht hebben misdaan, al is hij zich van geen schuld bewust. Ook moet hij

De terechtstelling van Van Oldenbarnevelt op het Binnenhof te Den Haag, met de portretten van de andere veroordeelden. Midden onder het ophangen van de kist met het lijk van Ledenberg. Gravure door C.J. Visscher.

Einde Tachtigjarige Oorlog – Patriottentijd

vragen, of zijn kinderen geen vergelding treffen zal. Walaeus krijgt ogenblikkelijk toegang. Gespannen hoort Maurits de boodschap aan.

'Het ongeluk van den advocaet is my leedt. Ick heb hem altijdts lief gehadt, en dikwijls vermaent anders te doen...' En dan laat de prins merken, wat hem persoonlijk het hoogste zit.

'Hij heeft het krijgsvolk van den eedt, die sy my, als hun veldoverste, schuldig waeren, getracht af te trekken... En wat sijn kinderen aengaet, ik sal die gunstig sijn soo lang als sij wel doen...' Dat is een belofte, die de prins niet houdt. Als Walaeus afscheid neemt, reeds bij de deur is, roept Maurits hem terug.

'Spreekt hij van geen pardon?' gespannen kijkt hij de dominee aan.

'Ik heb daer met waerheid niets van verstaen,' antwoordt Walaeus tot zijn spijt. Johan van Oldenbarnevelt is te groot van formaat om in die laatste nacht nog door de knieën te gaan. Hij vraagt geen vergeving voor daden, waaraan hij zich niet schuldig acht.

Om twaalf uur in de nacht rijdt Louise de Coligny met haar karos naar het Binnenhof. Voor het laatst wil zij Maurits om gratie smeken, maar ze maakt de rit voor niks.

Maurits ontvangt haar niet. Enkele uren later dienen mevrouw Oldenbarnevelt en haar kinderen een verzoek in bij de president van de rechtbank en bij de prins. Gratie vragen zij niet. Zij willen slechts hun man en vader nog een keer zien.

'Nee,' zegt Oldenbarnevelt. Hij wil zijn gezin de hartverscheurende emoties besparen. Van een laatste afscheid komt niets.

Tussen drie en vier uur in de nacht klinkt tromgeroffel in de stad. De soldaten, die voor de afzetting moeten zorgdragen, komen op de been. Het zijn de garde van de prins, de compagnieën van de heer van Brederode en hopman Wevers voor het Binnenhof. De compagnieën van de Engelse kolonels en de garde van Ernst van Nassau stellen zich bij het Buitenhof op. In totaal 1200 man. Men is op alles voorbereid. Bij de voorgevel van de Ridderzaal, voor de vensters van de trap, slaan timmerlieden het schavot in elkaar.

'Héé, geef me de spijkers eens aan?' roept een van hen. Het lijkt alsof het naderend drama hem volledig ontgaat.

Vijf uur in de morgen. De Franse gezant Du Maurier begeeft zich naar het Binnenhof. Hij vraagt audiëntie aan bij de Staten-Generaal. Hoe ernstig men de toestand acht, blijkt uit het feit dat de gedeputeerden op dat vroege uur reeds vergaderen.

'Ik wil alleen om uitstel vragen van de executie!' zegt Du Maurier, als men hem tegenhoudt. Hij krijgt geen toegang en ook de laatste poging om de advocaat te redden mislukt.

Oldenbarnevelt heeft zijn laatste nacht op aarde gelezen in zijn Franse psalmboek. Bij het aanbreken van de morgen beveelt hij Jan Francken zijn hemd van voren open te snijden.

'En Jan, steek de slaapmuts in je zak!' Hij wil die als blinddoek op het schavot gebruiken. Walaeus en twee andere predikanten komen hem halen. Ze lezen uit de Bijbel en bidden met hem. Dan brengen Carel Nijs en kapitein van der Molen hem naar de Rolzaal, waar het vonnis voorgelezen wordt. Onrustig draaiend op zijn stoel, hoort Oldenbarnevelt de woordenstroom aan.

'Zijne excellentie de prins in levensgevaar gebracht... De Unie verbroken... de landen tot eigen defensie onbekwaam gemaakt...' Dan volgt de ombarmhartige straf:... Omgebracht te worden opt Binnenhof, ter plaetse daartoe bereidt en aldaer geëxecuteert te worden met den zwaarde, dat er de doodt na volght en verklaeren alle zijne goederen geconfisqueert!'

Na afloop mag Oldenbarnevelt zelf nog enige woorden zeggen:

'De rechters zetten veel in mijne sententie, dat zij uit mijn confessie niet en zullen trekken!' Dat men zijn goederen toch verbeurd verklaart, zit hem, na de woorden van de prins, zeer hoog.

'Is dit mijn recompense voor 43 jaren dienst, die ik de landen heb gedaan?' Rechter Vooght snoert hem de mond.

'Uwe sententie is gelezen!' Hij wijst naar de deur. 'Voort! Voort!' Daar gaat Oldenbarnevelt. Hij leunt op zijn stok. Hij steunt op zijn knecht en wordt begeleid door dominee Lamotius en een luitenant van de garde.

Ruim 3000 mensen zijn samengestroomd. Voor de buitenlandse godgeleerden, die de synode te Dordrecht net achter de rug hebben, is door de Nederlandse collegae nog een aardig verzetje bedacht: de terechtstelling. Op de tribunes zijn extra plaatsen voor hen ingeruimd. Het is een schouwspel van de eerste orde, dat zij nu gaan zien.

'O Godt, wat komt er van den mensch,' mompelt Oldenbarnevelt als hij het schavot betreedt. Daar ziet hij zijn doodkist van ongeschaafd hout — op het laatste moment nog haastig gehaald bij een kistenmaker. Die kist was aanvankelijk bestemd voor een moordenaar die vergiffenis kreeg. Er is in de haast nog meer vergeten. Een kussen om op te knielen is er niet.

'Zal ik een stoel laten halen?' vraagt de provoost-geweldige, Carel Nijs. Oldenbarnevelt knielt op de blote planken neer. Dominee Lamotius bidt en eindigt met het Onze Vader. Op het plein bidden de toeschouwers dat gebed ernstig en bewogen mee.

Het is doodstil, als de 70-jarige advocaat zijn tabberd en wambuis uittrekt. Fier en onvervaard tot het laatst richt hij zich tot het volk rondom. 'Mannen, gelooft niet dat ick een landt-verrader ben. Ick hebbe oprecht ende vroom gehandelt, als een goed patriot, ende die sal ick sterven..' Hij trekt de slaapmuts over zijn ogen, loopt naar de hoop zand, die zijn bloed moet opvangen. Op dat zand knielt hij neer.

'Jesus Christus sal mijnen Leydtsman zijn. Heere Godt, Hemelsche Vader, ontfangt mijnen geest!' Dan, bevelend tot de beul: 'Maeck 't kort, maeck 't kort!'

Hij buigt het hoofd. Een blok is er niet. Hij vouwt de handen ter hoogte van zijn borst. Het zwaard flitst trefzeker door de lucht en zwiept het hoofd en twee vingers van het lichaam weg. Om iets van het bloed te bemachtigen komt het volk nu naderbij. Een boer koopt een doosje met bebloed zand voor een halve riks. Verbeten fluistert hij: 'Dat zal ik thuis bewaren, tot er wraak genomen is!'

Zo is er aan Nederlands grootste staatsman — de grondlegger van de Republiek, die de politiek van Europa tientallen jaren beheerste — een eind gekomen. Die dag schrijft Adriaen Duyck, secretaris van de Staten van Holland, in het notulenboek: 'Een man van grooten bedryve, besoigne, memorie en directie, ja, singulier uitzonderlijk in alles. Die staat sie toe dat hij niet valle. Ende sy Godt syne siele genadig. Amen!'

Het is een prachtig grafschrift voor de uitzonderlijke landsadvocaat.

Heel Europa is geschokt, als de dood van Johan van Oldenbarnevelt bekend wordt.

'O justa sententia per injustos judices!' roept aartshertog Albertus in de Zuidelijke Nederlanden uit. *O rechtvaardig vonnis van onrechtvaardige rechters!* Hoezeer bewijzen juist die woorden, dat er van verraad aan Spanje geen sprake is geweest.

Grote verontwaardiging heerst in Frankrijk. Het land verloor in Oldenbarnevelt een goede vriend. Het oordeel van kardinaal Richelieu, die daar binnenkort de macht in handen krijgt, luidt cynisch en koud:

'In materie van staat heeft de zwakste altijd ongelijk!'

In Engeland is men tevreden. Fletcher en Massinger brengen reeds binnen enkele maanden een toneelstuk op de planken: 'Tragedy of Sir John van Olden Barnavelt'. De moraal van dat stuk is simpel: hoogmoed komt voor de val!

Drie dagen na de terechtstelling volgt de veroordeling van de gebalsemde Ledenberg. Zijn zelfmoord heeft de verbeurdverklaring van zijn goederen niet voorkomen. Weinig kies spreken de rechters het doodvonnis postuum over hem uit. Wat een aanfluiting voor die keurige, witgebefte rechters, dat zij het gebalsemde lijk in een kist laten hangen aan de galg.

Kort daarop horen Hugo de Groot en Hoogerbeets hun vonnis.

'Eeuwige gevangenisse ende confiscatie van alle goederen!'

Op de 5de juni worden zij overgebracht naar het slot Loevestein.

Alle macht is nu in handen gekomen van de prins. En van de contra-remonstrantse regenten die — net als hun voorgangers! — er niet op gesteld zijn dat het volk zijn stem verheft. Ook in de politiek zal vrijwel alles bij het oude blijven: nieuwe spelers voor het aloude spel. Slechts één ding kunnen de bewoners der Nederlanden nu wel overtuigd zijn: als het bestand ten einde is, zal het geen vrede zijn...

De laatste jaren van het bestand

In het noorden: geloofsstrijd tussen remonstranten en contra-remonstranten, met véél onverdraagzaamheid!

In het zuiden: opbloei — als nooit tevoren — van het katholieke geloof.

De diepe vroomheid van de aartshertogen Albertus en Isabella is adel en volk tot een inspirerend voorbeeld geweest. Keer op keer reizen zij overal heen om de eerste steen te leggen voor kloosters en kerken, die zij begunstigen met gelden uit de staatskas of uit hun eigen bezit.

'Pater noster...' Steeds weer rusten hun vingers bij de 10de kraal van de rozenkrans. Zij bidden enige uren per dag. Op iedere Witte Donderdag doen de aartshertogen de voetwassing in de kapel van hun Brusselse paleis.

Albertus draagt persoonlijk de relikwieënkast van zijn heilige naamgenoot door de straten van Bergen naar de Karmelietenkerk.

Zijn vrouw volgt graag processies en is dan gehuld in een nonnenkleed. Zij slaapt zelfs van tijd tot tijd op de grond. Door verzaking van haar lichaam hoopt zij de geest te scherpen tot een intenser geloof. 'Een heilige!' is het oordeel van Rubens, die met een jaarwedde van 500 gulden tot hofschilder is benoemd.

240 Kloosters en 173 abdijen beïnvloeden de Zuidnederlandse samenleving met hun godsvrucht en ijver. Maar tegenover de opbloei van het geloof staat een economisch verval. Nu men de blikken vol mystiek naar de hemel richt, lijkt het, of men de belangen van de aarde vergeet.

Terwijl de Republiek — en vooral het gewest Holland — vol zelfvertrouwen de handelskansen grijpt, raken de Zuidelijke Nederlanden steeds afhankelijker van vorst en kerk. Door de slechte economische omstandigheden (de Schelde is gesloten gebleven), brengen adel en burgerij niet langer het elan op voor de politieke doelstellingen, die Vlaanderen en Brabant tot opstandigheid tegen Spanje hadden gedreven. Het trotse Vlaams, dat in menige rel zo vurig heeft geklonken, gaat achteruit ten opzichte van het Frans. Niet langer houden de rederijkers het volk wakker met bijtende satires en boertig vermaak. Zij hebben hun stukken en onderwerpen aangepast aan de geest van de contra-reformatie en voeren nu, geholpen door jezuïeten, ernstige treurspelen op.

'Ave Maria, Gij gezegende onder de vrouwen...' Vroom biddend trekken pelgrims naar het Mariabeeld te Halle, of naar de basiliek van Scherpenheuvel, die door de aartshertogen werd gebouwd. Diezelfde massa's liepen vroeger te hoop om te protesteren tegen de aanwezigheid van de Spaanse legermacht. De vrijheidslievende steden en gewesten hebben het afgelegd tegen het groeiende absolutisme van de vorst. Hun onafhankelijkheid is verloren gegaan.

Het huwelijk van Albertus en Isabella is kinderloos gebleven. Onafwendbaar zal het Zuiden zich daarom weer moeten scharen onder de Spaanse kroon. Niemand windt zich daarover op. Met een zekere gelatenheid hebben de Zuidelijke Nederlanden het gezag van de centrale regering aanvaard.

Aartshertogin Isabella volgt in het kleed der Clarissen een processie voor de O.L.V. van Laken. Schilderij van N. van der Horst.

Einde Tachtigjarige Oorlog – Patriottentijd

Triomf der zotheid. Schilderij van Pieter Quast van een toneelvoorstelling (1643). Veel predikanten vonden toneelvoorstellingen duivelswerk.

Veel heftiger en levendiger ontwikkelt het leven zich in de Republiek. De reacties op de staatsgreep van prins Maurits, op Oldenbarnevelts terechtstelling en de gevolgen van de Synode van Dordrecht zijn niet uitgebleven. Nu de contra-remonstranten oppermachtig zijn, worden de remonstrantse predikanten in het nauw gedreven.

'Broeders, ik moet u verlaten!' verzucht menige dominee in de kerkeraad.

'Maar dominee...'

'Men heeft van mij een eed van gehoorzaamheid geëist! Ik wil en kan die niet geven.

'Hoe is de getrouwe stad tot eene hoer geworden! Zij was vol recht. Gerechtigheid herbergde daarin, maar nu zegevieren de doodslagers!' Jesaja of Jeremia citerend kijken remonstrantse predikanten hun ouderlingen en diakenen voor de laatste maal aan. Ruim 80 van hen die weigeren zich bij de besluiten van de synode neer te leggen, vluchten naar het buitenland. 200 Remonstrantse domiees worden uit hun ambt gestoten.

'Monsterkens van de nieuwe Hollandse Inquisitie!' heet één van de verbitterde pamfletten, die de gevluchte oud-hofprediker Wtenbogaert vanuit Antwerpen naar het Noorden stuurt. Veel verbannen predikanten blijven hun gemeente trouw.

Zij leven in de verborgenheid, slapen nu eens hier, dan daar.

'Voor uw opsporing is een prijs van 500 gulden uitgeloofd, dominee!' krijgen zij van hun volgelingen te horen.

'Wij zijn in Gods hand, Lijske Leffers!'

Heimelijk gaan zij toch op huisbezoek. Zij preken in de verborgenheid. Slechts een enkele keer worden er wat predikanten gepakt. Dan komen ze als boeven in het tuchthuis terecht. De meesten zijn de overheid te slim af:

'Zalig zijn zij die treuren, want zij zullen vertroost worden!' zegt dominee Passchier de Fijne en hij kijkt behoedzaam om zich heen. Hij heeft zich als metselaar vermomd en hangt nu achteloos over de reling van een brug. Hij is onopvallend omgeven door remonstranten, die op de afgesproken plaats troost bij hun voortvluchtige dominee hebben gezocht.

'Zalig zijn zij die vervolgd worden om der gerechtigheid wil, want hunner is het Koninkrijk der Hemelen!'

'Amen!'

Zó gesticht op een winderige brug, gaan de remonstranten weer huns weegs. Zullen zij dominee de volgende keer als glazenmaker, of vermomd als een visser uit Monnikendam zien? Keer op keer is Plasschier de Fijne zijn vervolgers te slim af. Soms gaat hij met zijn remonstrantse toehoorders het ijs op. Dan preekt hij vanuit een slee, die door straf schaatsende diakenen wordt voortgeduwd!

'Het IJsvogelken!' is de bijnaam die hij krijgt. Iedereen heeft er plezier in. Heel wat contra-remonstranten helpen hem dan ook om aan de schout en zijn rakkers te ontkomen. Verdraagzaamheid blijft onder het volk bestaan. Zelfs de allerarmsten weigeren nog het judasloon van 500 gulden te incasseren.

Toch is het weinig verheffend, wat nu in de republiek gebeurt. In heel wat steden komt het tot heftige botsingen, als heimelijke bijeenkomsten van de remonstranten door de magistraat worden verhinderd.

'Kijk, daar gaan ze!' wijzen predikanten en schepenen elkaar in Rotterdam. Ze zijn op de toren geklommen. Tevreden kijken zij toe, hoe een troep soldaten een bijeenkomst van arminianen in het veld uiteenjaagt.

'Deksels, gaat dat niet wat te ver, eerwaarde?' De soldaten beroven hun slachtoffers van sieraden en kleding. Vrijwel naakt keren de vervolgden naar de stad terug.

'Arminiaanse naaktlopers!'

'Ik zie je zondige billen, Jan Janszoon!' Ze krijgen nog scheldwoorden naar het hoofd op de koop toe.

Hartstochten laaien snel en hevig op. Dat ervaart Louise de Coligny, die na de dood van Oldenbarnevelt het land verlaat. Op weg naar Frankrijk arriveert ze in Delft.

Portret van Louise de Coligny.

'Arminiaanse hoer!' schreeuwt een opgezweepte menigte haar toe. Een regen van stenen en kwakken modder vliegen naar haar karos, waarin Frederik Hendrik haar gezelschap houdt.

'Wat een beschamend vaarwel voor een vrouw, die zoveel heeft geofferd voor het land!' denken sommigen terecht. Kort daarop sterft ze te Fontainebleau. Haar stoffelijk overschot krijgt tenminste nog een eervolle plaats in de grafkelder te Delft.

'Zeer harde doornen in onze voet!' noemt de brave Adriaen Duyck, secretaris der Staten, de woelingen die zoveel onrust brengen in de Republiek. Hij klaagt ook steen en been over de nieuwe vroedschappen, die na de staatsgreep aan het bewind zijn gekomen:

'De nieuwen zijn onervaren. Zij vrezen iets te doen, dat de gemeente mishaagt, omdat zij dan weer buiten krediet geworpen zullen worden!' *Buiten krediet geworpen!*

Dat lijkt een prachtige typering voor de regenten en hun strijd om de macht, die niet om het spel, maar om de knikkers gaat.

Voor de strenge predikanten is er geen spel en zijn er geen knikkers; voor hen geldt slechts de zuiverheid van de leer des geloofs:

'De zondige ijdelheden der arminianen wensen wij niet!' stellen zij met kracht.

Overal vliegen onderwijzers, ouderlingen en kosters de laan uit. Even verontwaardigd keren die dominees zich tegen de ontheiliging van de zondag en tegen werelds vermaak.

'De rederijkers zijn van de heidenen afkomstig!' vermanen zij van de kansel. De schouwburg van dokter Coster krijgt keer op keer een veeg uit de pan: 'Onvruchtbaar werk der duisternis, gants ergerlijk, al te stout, onheilig, onkuis, vals, superstitieus ende afgodisch!'

Prins Maurits tracht vervolgingen te voorkomen en dringt op matiging aan.

'Wat willen die predikanten toch?' vraagt hij zich af. 'Hebben se noch hunnen sin niet?' Niet helemaal! Want net als voorheen krijgen de kerkeraden maar weinig te vertellen, waar het openbare of publieke zaken betreft. Door de heftige acties van de predikanten groeit echter wel het ledental der calvinistische kerk. Iedereen weet, dat bij het vergeven van ambten en baantjes wel degelijk op afgelegd kerkbezoek wordt gelet. Mede daardoor nemen vele katholieken nu de sprong naar de gereformeerde kerk. Op die manier ontlopen zij meteen ook de pesterijen van medeburgers en de afpersingen van de schout.

Zo glijden de laatste jaren van het bestand voorbij. Ondanks het geharrewar wordt er met stoutmoedige ondernemingen geschiedenis gemaakt. Terwijl de predikanten twisten, bevaren de schepen onverminderd alle wereldzeeën:

'Wat een stank, bootsman,' kreunt een matroos, die voor het eerst ter walvisvaart is gegaan.
'Als een oordeel, jongen! Maar het went wel!' Sinds 1614 bezit de 'Noordse Compagnie' — ontstaan door een fusie van een aantal kleine maatschappijen — het monopolie voor de walvisvangst. Op het eiland Spitsbergen, waar de walvissen bij tientallen vlak voor de kust door het ijskoude water dartelen, hebben de Hollanders een nederzetting gesticht. 'Smeerenburg' is de toepasselijke naam van de kleine zomerkolonie.

200 Man verwerkt daar het walvisspek en het balein. Vanuit Smeerenburg gaan de schepen op hun huiveringwekkende jacht.
'Vooruit, roeien, mannen. En iets naar bakboord, Harm!' De harpoenier staat op de voorplecht van de kleine, open sloep. Hij werpt zijn harpoen en volgt nauwlettend wat er verder gebeurt.
'Vieren! Verdomme, vier die lijn!' roept hij, als de reusachtige vissen getergd onderduiken en wegzwemmen. Soms trekken zij de kantelende sloepen met zich mee. De verliezen op de walvisvaart aan mensen en materiaal zijn groot. Herhaaldelijk lopen de moederschepen op ijsbergen, die voor het grootste deel onder het wateroppervlak verborgen zijn.
'Here God!' Opeens die schok, het krakend geweld van scheurend hout. Gevloek en gejammer in het scheepsvolk. En het gepiep van de wegspringende ratten. In één jaar verdwijnen er zo 50 schepen achter elkaar. Dan wordt er op Ameland of Terschelling tevergeefs op een duin uitgekeken naar een thuiszeilend schip.

Een volgend jaar maakt de verliezen weer goed. Dan slepen de jagers roeiend en zeilend heel wat logge dieren naar de kust. Op het strand staan de grote ketels waarin de bewoners van Smeerenburg het walvisspek koken tot traan.
'Die stank, Harmen!'
'Houd je neus maar dicht, jongen. En denk maar niet te veel aan wat de grote heren trachten uit te sparen op je magere rantsoen!' Hompen lillend spek gaan ook wel in vaten naar het moederland, naar de traankokerijen aan de Zaan.
'Stinkerijen!' heten ze in de volksmond. De penetrante lucht schrikt de Zaankanters toch niet af. Als er één ding is, wat ze in de Republiek goed hebben geleerd, dan is dat wel, dat geld niet stinkt!

'God sta ons bij,' mompelt een matroos. Met vernietigende kracht slaat een hoge golf over de boeg van het schip. De wind giert door het want. Andere matrozen strijken vol bijgeloof over een amulet, of kijken angstig, of de gereefde zeilen en de mast het in deze storm wel zullen houden.
Het is het jaar 1619. Schipper Willem Ysbrandtzoon Bontekoe is vanuit Hoorn op weg naar de Oost, met een schip van 500 ton. Er zijn 600 koppen aan boord, merendeels versterking voor de factorijen van de compagnie. Woest beuken de golven op de romp. Opspattend water. Geklapper van de zilen. En opeens de kreet:
'Brand! Brand...' Hoe de brand is ontstaan heeft schipper Bontekoe later beschreven.
'De botteliersmaet gingh (nae ouder gewoonte) met syn vaetjesn 's achtermiddaeghs in 't ruim en soude dat volpompen, om alsoo 's anderendaeghs aen de gasten ieder een half mutsjens brandewijn uyt te delen. Hij nam een keers mede en stak de steker (blaker met scherpe punt!) in de boom van een vat...' De vlam van de kaars slaat in de brandewijn, die dan zijn naam alle eer aandoet. Terwijl het schip over de golven danst, grijpt het vuur om zich heen en bereikt de olievoorraad. En erger: de vlammen naderen het kruit.
'Zet het buskruit overboord!' schreeuwen rauwe stemmen. Paniek op het overvolle schip, als klerken en soldaten voor Coen, kuipers, botteliers, adelborsten en scheepsjongens dooreen rennen op zoek naar een veilige plek. Dan bemerken allen, dat het vuur tenslotte toch de voorraad buskruit heeft bereikt. Met een donderende klap spat het schip in de wolde storm uiteen. Tussen brokstukken dek, kakelende kippen, kisten en bootsvolk, is ook schipper Bontekoe de lucht in gegaan. Hij kwakt neer in de golven. Biddend klaampt hij zich vast aan een stuk hout, tot hij door een sloep wordt opgepikt. En dan begint de ellende pas goed.
Dertien dagen zwalkt Bontekoe met enkele mannen, niet ver van Straat Soenda, over de Indische Oceaan: zonder eten, zonder drinken, zonder kompas en onder een brandende zon.
'Jullie hemden, mannen!'
'Maar...'
Van een plankje prutsen ze een sextant in elkaar. De dorst kwelt. Ze drinken hun urine en bijten gretig in enkele rauwe vliegende vissen, die in de sloep zijn terechtgekomen.
'God zal me straffen, maar dat joch...' Uitzinnig van de honger loeren de ontredderde matrozen begerig naar de scheepsjongen. Want hij is jong en mals. Ze kijken naar hem. Ze likken zich over de gebarsten lippen. Dan springen er een paar op.
'Hier jij!' Ze werpen zich op het joch, willen hem wurgen en verslinden.
'Nee! Schipper! Help!' Bontekoe weet zijn matrozen in bedwang te houden. En dan komt eindelijk land in zicht. Dol van vreugde bereiken ze Sumatra. Vervolgens vinden zij hun weg naar Bantam, waar ze worden opgepikt door een wachtschip van de vloot.
'De commandeur Houtman riep ons achter in de kajuyt,' vertelt Bontekoe. 'Hij heete ons wellekoom, liet ons de tafel decken om met hem te eten. Maer als ick het broot en ander eten sagh, sloot my het herte en het lijf toe, en de tranen schooten my van blijtschap over de wangen, soo dat ick niet eten kon!'
Gelukkig mag schipper Bontekoe wat later op de dag bij Jan Pietersz. Coen aan tafel en dan haalt hij zijn schade in. Zijn *Journael ofte gedenkwaerdige beschrijvinghe van de Oost-Indische Reyse* zal in de komende eeuw tenminste 50 herdrukken beleven!

Toen Bontekoe zijn onfortuinlijke reis begon, verkeerde gouverneur-generaal Coen in een moeilijke situatie. Een sterke Engelse vloot onder sir Thomas Dale is op de rede van Bantam voor anker gegaan. De strijdmacht van Coen is te gering om de brutale Britten te verjagen.
'Breng het fort in staat van verdediging. Ik zal naar de Molukken zeilen om hulp te halen!' zegt Coen en hij zeilt weg. Met bevriende Javanen begint sir Thomas de belegering van het Hollandse fort.
Gevochten wordt er nauwelijks of niet. Eindeloze onderhandelingen en palavers spelen zich af tussen Engelsen en Javanen, Javanen en Hollanders, Hollanders en Engelsen.
'Saja, saja, toewan!' Commandant Van den Broecke laat zich paaien om de vrede te tekenen aan het hof van Jacatra's regent. Als hij daar verschijnt, wordt hij te zamen met zes van zijn mannen verraderlijk gegrepen en gevangengezet. De losprijs die de Indische vorst eist: 10.000 realen, kruit, lood en twee stukken geschut! Onderbevelhebber Pieter van Raey weigerde zich door de Javanen te laten chanteren.

Gezicht op Batavia (1764) door J. Rach.

Einde Tachtigjarige Oorlog – Patriottentijd

Jan Pietersz. Coen.
Anoniem portret.

'Geen losprijs voor die heidense Javanen!' zegt hij, hoewel Van den Broecke hem wanhopige briefjes stuurt. 'We zullen de plaats behouden zo lang het in ons vermogen is!' Op 12 maart doopt hij het fort onder het luiden van de klokken.
'Batavia!' Het is de Indische naam voor *Zeven Provinciën*.

Hoewel de Engelsen hun geschut in stelling hebben gebracht en steun gekregen hebben van de Bantammers, blijft de verwachte aanval uit. Als Coen op 28 mei met zijn schepen terugkeert, zeilen de Engelsen weg. De Trouw, Morgensterre, Zuyder Eendracht, Wapen van Amsterdam, Gouden Leeuw, het jacht Cleen Hollandia, de Zeewolf, Nassau, Haerlem, Hoorn, Neptunus, St. Michiel, Sonne, Hert en de Bergerboot laten de ankers vallen en ruim 1000 man gaan aan wal. Twee dagen later trekt Coen aan het hoofd van dat corps de betaille tegen Jacatra op.

'Tidak! Tidak!' schreeuwt de vluchtende bevolking, maar Coen maakt hun stad tóch met de grond gelijk. Eén Hollander sneuvelt. De Jacatranen verliezen tien man.

Opgetogen bericht Coen de Heren Zeventien:
"'t Is seecker, dat dese victorie ende het vluchten van de hoochmoedige Engelsen door gants Indiën een grooten schrick maecken sal. De Eere ende reputatie van de Nederlandse natie sal hierdoor seer vermeerderen. Nu sal elckeen soecken onse vrient te wezen!' Coen spreekt de hoop uit, dat de Javanen toch vooral het oorlogvoeren niet zullen leren en voegt daaraan toe: 'Siet ende considereert doch, wat een goede couragie vermacht!' De Heren Zeventien schrijven hypocriete briefjes terug.
'Vermijdt zoveel mogelijk de onlusten met de Inlandse vorsten, als dat de belangen van de compagnie tenminste niet schaadt!' De Heren Zeventien zijn overigens goed geïnformeerd. Ze melden Coen, dat oudgedienden van de compagnie in Denemarken schepen uitrusten voor vaart naar de Oost.
'Houdt ze aan!' luidt het bevel, want enige concurrentie dulden de heren niet.
'Negen Engelse schepen zijn in maart 1618 uitgelopen. Ghylieden moet aldaar overal op u hoede syn...' In één van de brieven krijgt Coen het verzoek: 'De professoren van de Academie tot Leyden in de medicinen hebben aen ons versocht, om Uwe Edele te recommanderen, ingevalle daer eenige rariteyten van blommen ofte vreemde cruyden sijn... omme hier te lande in hare gemeenelands Cruythoff te planten!'

Met een ijzeren vuist brengt Coen de archipel onder zijn gezag. Onnodig bloeddorstig treden de Hollanders — en de Duitse, Franse en Schotse soldaten in hun dienst — tegen het opstandige eiland Banda op. Met 16 compagnieën gaat Coen daar aan land.

Een onmenselijke slachting begint. Vele inwoners uit Banda vluchten naar de bergen, maar levenskansen hebben zij daar niet. Coen bericht:
'Omtrent 2500 zijn er zo van honger en ellende, als ook door het zwaard vergaan. Van gants Banda zijn niet meer dan 300 Bandanezen ontkomen!'

Het ontbreken van Hollandse vrouwen in de archipel is een ontstellend probleem, waarover Coen de Heren Zeventien schrijft.
'Of een eerlijk man niet zot zou zijn met het uitwerpsel van deze landen — want er worden veel slavinnen verkocht — te trouwen. Waren hier eerlijke vrouwen en dochters, zeer veel goede lieden zouden hier blijven. Strijdt toch niet langer tegen de natuur, noch tegen de ordonnantie van God!' Hij verzoekt de Heren Zeventien niet langer uitschot, maar nette meisjes te sturen.

Opperstuurman Adriaen Cornelisz. Fortuyn, afkomstig uit Hoorn, zoekt zijn fortuin in de liefde bij de scheepsjongen. Dat wordt ontdekt.
'De brandstapel!' luidt het vonnis, maar tenslotte krijgt de opperstuurman toch gratie. Wel moet hij terug naar Holland, want 'Hij is onwaardig onder redelijke ende eerlijke mensen te leven ende te verkeren!'

Met strenge straffen handhaaft Coen de discipline in de archipel. De bottelier Willem Huyghen Bolckvanger heeft stiekum geld opgenomen en er een slavin voor gekocht.
'Sssst!'
'Saja, Toewan!' Bolckvanger smokkelt het vrouwtje in het huis van de compagnie.

Daar loopt hij tegen de lamp.
'Vier maanden inhouden van gage en degradatie tot bootsgezel!' luidt zijn straf. Het inhouden van gage helpt de compagnie aan een hogere winst.

Oege Wilkes uit Sneek snijdt een maat met een mes in de rug.
'Gekielhaald, en met 50 slagen in een enkele linnen broek voor de mast geleersd (gegeseld) strekt anderen tot exempel!'

Tijdens de wacht op een hoek van het fort valt de 17-jarige soldaat Huybrecht Beversz. uit Middelburg, in slaap.
'Aen een pael te binden en te arquebuseeren (de kogel) datter de doot na volcht!' De vaandrig, de korporaals, adelborsten en soldaten smeken Coen om genade. Dat krijgt Huybrechts — mits hij een jaar lang wil werken 'voor de prins'. Ook zijn soldij verdwijnt in de kas van de compagnie. Wie het kleine niet eert, is het grote niet weerd, weten de Heren Zeventien.

Omdat de gages laag zijn, tracht ieder zich met aparte handeltjes of diefstal van het nodige te voorzien. Zo draait Coens tafelknechtje Witte Cornelisz. de bak in.
'Witte toch! Zal je voortaan oppassen?'
'Jawel, Uwe Edele!' En Witte houdt woord. Later zal hij, als admiraal Witte Cornelisz. de With, geschiedenis maken voor de Republiek.

'Genade!' kermen Aert Pietersz. uit 's-Hertogenbosch en Harmen Pietersz. uit Hussum. Ze zijn in Japan gedeserteerd en wilden overlopen naar de Portugezen. Ze zijn gepakt en worden driemaal gekielhaald. Nu staan ze met een strop om de hals voor de grote mast. De gesel zwiept over hen heen. Al het scheepsvolk moet hen beurteling slaan. De deserteurs overleven het en moeten dan nog twee jaar roeien op de galeien.

Met een onverflauwde energie en harde discipline legt de voormalige boekhouder Jan Pietersz. Coen de basis voor een machtig koloniaal rijk. Keer op keer beklaagt hij zich bij de bewindhebbers, die hem onvoldoende steunen met schepen, mensen en geld.
'Ick sweer U bij den Allerhoochsten, dat de Generale Compagnie geen vijanden heeft, die haer méér hinder en schade doen, dan d'onwetentheyt en onbedachtheyt (hout het my ten beste), die onder UEd. regneert en de verstandigen overstemt!'

Hij uit niet alleen zijn toorn, maar steekt de Heren Zeventien ook een hart onder de riem: 'Dispereert niet, ontsiet uwe vijanden niet... want daer can in Indiën wat groots worden verricht!'

Dat grote werk gaat gepaard met koelbloedige onderdrukking van het inheemse volk; met aanslagen op de nederzettingen van Portugezen en Britten; met corruptie en heldenmoed. Met nauwelijks 30 schepen en omstreeks 1600 soldaten van diverse pluimage, vestigt Coen daar met verbijsterende geesteskracht de handelsmacht van de Republiek. Zijn droom een rijk te stichten, waarin Hollandse mannen en vrouwen temidden van inlanders vreedzaam zouden kunnen leven en werken, komt pas drie eeuwen later tot stand.

De visie en vastberadenheid, die Coens daden beheersen, ontbreken bij de prins.

Maurits heeft wel de macht van Oldenbarnevelt gebroken, maar een beter bestuur, een doeltreffender politiek brengt hij niet. Maurits is geen politicus. Hij blijft ook nu een man van de kazerne. Terecht is hij omgeven door krijgsroem en erkend als grootste veldheer van zijn tijd. Sinds 1618 kan hij zich prins van Oranje noemen, want Filips Willem heeft hem bij zijn dood het prinsdom Oranje nagelaten, met de heerlijkheden Steenbergen en Breda.

Ook Willem Lodewijk van Nassau, de bescheiden, onvervaarde strijder voor de vrijheid, is gestorven. In Groningen en Drenthe is prins Maurits tot zijn opvolger benoemd. De Friezen hebben lang geaarzeld. Beducht voor de oppermacht van Holland, hebben zij tenslotte Ernst Casimir van Nassau als hun stadhouder aangesteld.

Met hun rijkdommen en schepen beheersen Holland en Zeeland de macht in de Republiek. Het is haast verbluffend te zien, hoe snel door sommige kooplui kapitalen worden verdiend.

'Da's Jacob Poppen, de rijkste inwoner van de stad,' wijzen Amsterdammers, als de heer Poppen passeert. 'Zijn vader kwam als berooide immigrant uit Holstein. Zelf is hij nog kantoorbediende bij een graanhandelaar in de Warmoesstraat geweest. Toen is hij voor zichzelf begonnen en nu is hij bewindhebber van de Oostindische Compagnie!'

'Hoeveel heeft-ie? Zowat een miljoen!'

'Here God, al is 't zonde dat ik vloek!' Een miljoen is een onvoorstelbaar vermogen in een tijd, waarin een goed werkman slechts één stuiver per uur verdient.

Een zekere Cocq, afkomstig uit Bremen, loopt bedelend langs de huizen van Amsterdam. Een apotheker helpt hem aan een baantje en dan klimt hij — via een huwelijk met een meisje Banningh — rap langs de maatschappelijke ladder omhoog.

Zijn zoon Frans neemt de naam van zijn moeder erbij, trouwt een burgemeestersdochter en wordt dr. Frans Banningh Cocq, ridder, heer van Purmerend en Ilpendam.

Als hoofdpersoon op de Nachtwacht van Rembrandt gaat hij de geschiedenis in.

Er worden soms in een paar jaar kapitalen verdiend, maar ook weer verspeeld. Vaak klinken er jammerende woorden in de zuilengalerij van de Koopmansbeurs.
'Man, man, m'n schip! Het was zo rijk beladen, maar het is in een storm tenonder gegaan!'
'Zat er veel scheepsvolk aan boord?'
'Man, m'n hele kapitaal zat in die boot!'

Nog vaker zijn schepen prooi van de Algerijnse of Tunesische piraten in de Middellandse Zee. In één jaar tijd gaan daar 143 Nederlandse schepen verloren. Totale waarde: 30 miljoen.

'Klaar om te enteren?'

De rode bloedvlag is gehesen. Met baarden, lange haren: de messen en pistolen in de gordels en mouwloze vesten over de blote borst, zó staan de piraten van de Middellandse Zee gereed om een schip te bespringen van de Nederlandse koopvaardij. Het zijn gevreesde, zeldzaam rauwe gasten.

'Dit volck hield in 't bidden, noch in 't voorlezen (van de bijbel) eenighe orde. 't Was van den dageraet tot in den avondstont niets dan vloecken en sweren dat men hoorde!'

Heel wat Hollanders maken bij die zeerovers een prachtige carrière. Hun namen worden met ontzag en angst genoemd.

'Simon de Danser, alias Dali de Duivel!' Hij bezit een fraai paleis in Algiers, dat — zo wordt beweerd — met schone vrouwen is gevuld.

'De Veenboer, alias Soliman Reis!' Hij heeft het tot admiraal gebracht, maar komt bij een hard gevecht in de Straat van Gibraltar in 1620 aan zijn eind.

'Godver-hier-en-gunder,' vloekt Klaas Compaan. 'Mannen, van nou af aan gaan we er zelf tegenaan!' Hij smijt de scheepsbijbel, de psalmboeken en het scheepsjournaal overboord en maakt nu een begin aan zijn carrière als piraat.

'De schrik der zee!' is de bijnaam die hij krijgt. En niet ten onrechte. Pas als hij de buit van 385 schepen binnen heeft, gaat hij rustig rentenieren, bij moeder in Oostzaan.

'Goe'avond, Klaas Compaan!' klinkt het, als de ex-piraat 's avonds voor het slapen gaan als een eerzaam burger nog even een luchtje schept.

'Goe'avond buur!'

Coert Siewerts kaapt voor rekening van Venetië tegen de Turken. Hij beëindigt zijn loopbaan als admiraal-generaal in Deense dienst.

Jacob de Hoerewaard uit Rotterdam, Jan Jansoen uit Haarlem, Seffer Reis, alias Thomas de Gauwdief uit Harlingen, en meer dan 100 andere Hollandse schippers ruilen hun sombere zeemansberoep voor het kleurrijke en winstgevende bestaan als piraat. Dat men er niet al te zwaar aan tilt, blijkt in Amsterdam. Daar zijn beschuldigingen geuit, dat burgemeester Jan Cornelisz. Geelvink en enkele andere grote heren hun kapitalen hebben verdiend met de zeeroverij. Er wordt een onderzoek gelast. En dan komt de aap uit de mouw: 'Het zijn lieden van kwaliteit!' schrijft de admiraliteit van Amsterdam.

De zaak gaat de doofpot in! 'Op soo weynige informatie alsser is!' staat in het rapport.

Zoals gezegd: het geld stinkt niet in de Republiek.

Toch is het niet alles goud wat er blinkt in die Gouden Eeuw. Terwijl de Zaankanters een goede boterham verdienen met hun olie-, krijt-, mosterd-, verf-, papier-, loodwit- en snuifmolens, heerst in het gewest Drenthe in 1621 grote hongersnood.

Onthutsende berichten daarover bereiken Holland en Zeeland:
'De mensen sterven daar van gebrek!'
''t Is toch wat!'
'Met het riet van de daken voeren de Drenthenaren hun vee. Toch zijn duizenden paarden en runderen en wel 50.000 schapen

De zogenaamde Nachtwacht van Rembrandt (1642). In het midden Frans Banning Cocq (links) en Willem van Ruytenburch (rechts).

Einde Tachtigjarige Oorlog – Patriottentijd

'Ellenden-eind', allegorie op armoede en dood, door A.P. van de Venne (1622).

omgekomen!'
''t Is toch wat!'
'Ze hebben nu geeneens mest voor hun akkers en de helft van het bouwland ligt braak!'
''t Is toch wat! Zuip eens uit, Pieters Dirksz.! Ik geeft een rondje!' In Holland en Zeeland steekt men geen hand voor Drenthe uit. Vele jaren lang gaat dat gewest onder diepe armoede gebukt.

In Leiden wonen de arbeiders in krotwoningen. Als daar even een terugslag komt in de textiel, zwerven er duizenden arbeiders langs de straten, bedelend om brood. Zij worden wél geholpen, want men voelt zich verantwoordelijk voor de armen in de eigen stad. Ook de componist Jan Pietersz. Sweelinck ervaart dat. Jarenlang hebben de Amsterdammers genoten van zijn orgelspel in de Nieuwe Kerk. Vrienden en bewonderaars hebben voor zijn oude dag gezorgd;

'Jan Pietersz.,' hebben ze hem gezegd, 'leen ons 200 gulden, dan zullen we daarmee een goed handeltje doen!' Sweelinck geeft hen aarzelend dat bedrag, niet wetend dat een inzameling voor hem reeds 40.000 gulden heeft opgebracht. Dat bedrag wordt hem als 'speculatie-winst' uitgekeerd, zodat zijn eergevoel voor die uitkering niet wordt aangetast. Sweelinck sterft in 1621, maar zijn liederen blijven weerklinken in de Republiek.

Zoals zoveel grote geleerden uit die tijd, heeft René Descartes, wijsgeer, natuurkundige, grondlegger van de analytische meetkunde, zich, om de vrijheid die er heerst, in Holland gevestigd.

'Het leven in Frankrijk haalt daar niet bij!' heeft hij keer op keer gezegd. Toch wordt de vrijheid niet door iedereen genoten. Een Hollands geleerde treft juist nu voorbereidingen om weg te vluchten naar het Franse land.

Loevestein, maart 1621: Hugo de Groot brengt zijn dagen in het sombere slot studerende door. Regelmatig stuurt een vriend in Leiden hem boeken in een grote kist.
'Huig, ik weet wat!' zegt de onvervaarde Maria van Reigersberch, die de gevangenschap met haar geleerde man deelt. In plaats van de stapel boeken die retour moet, stopt ze hém in de kist. En waarachtig: Huig past erin — al moet hij zich opvouwen.
'Zit de arminiaan er zelfs soms in?' vraagt een der knechten, die de kist naar buiten tilt.
'Zeker,' antwoordt Maria met een luchtig lachje 'het zijn immers arminiaanse boeken, mijn beste man!'

Onder het toeziend oog van het dienstmeisje van Hugo de Groot, Elsje van Houwelingen, gaat de kist per schuit naar Gorinchem. Daar vermomt Hugo de Groot zich op een vertrouwd adres als metselaar. Hij komt de grens over en bereikt Parijs, waar koning Lodewijk XIII hem met onderscheiding ontvangt. Een jaargeld van 3600 livres wordt hem dan toegekend. Vanuit Parijs richt hij direct een scherpe aanval op de nieuwe leiders van de republiek — met een geschrift, dat met behulp van de koning in het Latijn, Frans en Duits verschijnt. Zo ondermijnt hij in geheel Europa de regering van zijn vaderland. Het lijkt er wel wat op, dat hij zijn slappe houding tijdens zijn proces en zijn geringe kordaatheid in gevangenschap op deze wijze compenseert.

Later stelt hij een daad van veel hoger niveau, als hij zijn vermaarde studie over het recht van oorlog en vrede publiceert. In het vaderland heeft men hem niet terug willen zien. Als gezant van Zweden te Parijs eindigt hij zijn leven.

Als het bestand ten einde loopt, gaan er in brede kringen stemmen op om nu tot een definitieve vrede te komen. Pogingen in die richting lopen op niets uit.
'Wat hebben wij aan vrede?' zegt een groot aantal kooplieden. In sterke pressiegroepen keren zij zich tegen de verlenging van het bestand. Een aantal van hen sticht in 1621 de Westindische Compagnie. De bewindhebbers, de Heren Negentien, willen Spanje vooral door kaapvaart afbreuk doen.
'We moeten onze schepen als oorlogsbodems inrichten. En dan op de Spaanse zilvervloten af. Mijn beste, dat zal wat winsten kunnen geven!'

Met een monopolie voor de westkust van Afrika en voor Amerika — en een moeizaam bijeengehaalde 7 miljoen als beginkapitaal — maakt de WIC zich gereed om zijn kapiteins als halve zeerovers de zee op te sturen. Vooral in die kring is het verzet tegen de vrede sterk:
'Vrede? Niks geen vrede!' Zij fluisteren de gedeputeerden toe, hun stem niet aan vrede, of een bestandsverlenging te geven.

Zo komt er weer bedrijvigheid in de grensvestingen, als prins Maurits de garnizoenen met nieuw verworven vendels laat versterken. Hij wil kunnen beschikken over 50.000 man voetvolk en nog 4000 man voor de ruiterij. Het kost miljoenen.
'Hemel-nog-an-toe, die belastingen!' zuchten de mensen. De geldkoersen stijgen en in vele steden klaagt men steen en been.

In de naderende strijd zal prins Maurits de ervaring van de bekwame en energieke Oldenbarnevelt ten zeerste missen...

Slot Loevestein, waar Hugo de Groot gevangen werd gezet.

De oorlog hernieuwd

Als het bestand ten einde loopt, breekt in Duitsland de dertigjarige oorlog uit. De protestanten in Bohemen zijn tegen hun katholieke, heerszuchtige keizer in opstand gekomen en alle Europese landen kiezen partij. Als de Republiek in 1621 de oorlog tegen Spanje hernieuwt, vormt die strijd dan ook een onderdeel van een grote Europese oorlog, waarin katholiek en protestant tegenover elkaar zijn komen te staan. Sterke bondgenoten heeft de Republiek niet. De door Maurits gewenste toenadering tot Engeland heeft niets opgebracht.
'Die bloedzuigers van mijn rijk!' noemt koning Jacobus de Hollanders, die zich niet aan vissersovereenkomsten storen en Britse schepen uit Indië jagen. De Engelsen worden ook verdreven uit de Noordelijke IJszee. Heel begrijpelijk heeft Engeland weinig zin in een bondgenootschap met de Republiek. Na de dood van Oldenbarnevelt leek men voorlopig ook niet te kunnen rekenen op Franse steun.
Nog erger lijkt het feit, dat de hoofdrolspelers in de Nederlanden niet langer beschikken over de kracht, die tot doorzetten en onwrikbaar volhouden dwingt. Prins Maurits, lijdend aan een leverziekte en vroeg oud, maakt wel grote plannen met zijn neef Frederik van de Palts, die, omdat hij slechts één winter koning van Bohemen is geweest, later de bijnaam 'Winterkoning' zou krijgen. De Staten hebben de Duitse protestanten flinke subsidies verleend, maar enig voordeel levert dat niet op. 'Toen d'oude hontsvot leefde, wasser raedt en geldt, nu isser 't een noch 't ander!' bromt prins Maurits, die tegen de politieke problemen niet is opgewassen — en met het oude hontsvot Oldenbarnevelt bedoelt.
Frederik Hendrik rijdt met zijn ruiterij vrij doelloos door het Brabantse land. Zijn plundertochten tot voor de muren van Brussel, Leuven en Mechelen veroorzaken hevige verontwaardiging bij de zuiderburen, maar zoden aan de dijk zet dat niet.
Evenals de Republiek ontwikkelen ook de Zuidelijke Nederlanden weinig kracht. Vanuit Grol, Lingen en Oldenzaal plunderen Spaanse troepen Drenthe, Overijssel en Gelderland. Luide klachten stijgen in die provincies op:
'Holland laat ons barsten!'
'We betalen hogere belastingen en het leger steekt geen poot voor onze vrijheid uit!'
Zo begint in maart 1621 met weinig overtuiging het tweede bedrijf van de tachtigjarige oorlog en wat niemand nog beseft: men heeft nog 27 jaren voor de boeg!

'Hebt ge het gehoord? Hij is dood!' Onthutst vertellen de inwoners van Brussel elkaar, dat aartshertog Albertus is gestorven, enkele maanden na het beëindigen van het bestand.
Het diepe verdriet van aartshertogin Isabella ontroert heel Europa. Wekenlang sluit zij zich in haar vertrekken op, levend in eenzaamheid en duisternis! Zij heeft haar prachtige haar laten afknippen, als teken van rouw, en gaat nu als een kloosterlinge gekleed.
Acht maanden zijn nodig voor het regelen van Albertus' begrafenis. Gehuld in een monnikspij van de franciscanen gaat zijn stoffelijk overschot naar de Sint Goedelekerk. Statig schrijdt een heraut met de wapens van Bourgondië voor de schitterende lijkwagen uit.

'Wat zal er nu met ons gebeuren? vragen de Zuidnederlanders zich af. De meesten halen onverschillig de schouders op. Met de dood van Albertus verdwijnt de schijn van onafhankelijkheid, die het Zuiden 22 jaar lang heeft bezeten. Vanwege het kinderloos gebleven huwelijk, komen de gewesten nu weer onder de Spaanse kroon.
Er klinken geen protesten, als de geliefde aartshertogin Isabella door Filip IV tot landvoogdes wordt verlaagd en zich meer en meer door Spaanse raadgevers moet laten omringen. Spanje en de Republiek staan opnieuw tegenover elkaar.

'Bergen op Zoom, houdt u vroom, stut de Spaanse scharen!'
Dat doet Bergen op Zoom, als Spinola de stad in 1622 belegert. Groot is de ongerustheid in de Republiek. Met een lening van bondgenoot Venetië wordt in Duitsland haastig een huurleger op de been gehaald. Die Duitsers dwingen Spinola tot de aftocht.
Prins Maurits waagt een aanval op Antwerpen. Net als vroeger heeft hij zijn leger uit de winterkwartieren gehaald. 'God alleen kan mij de onderneming doen mislukken!' roept hij verbeten uit, omdat er nog geen enkel militair succes is behaald. God lijkt dat inderdaad te doen. Stromende regens slaan op de troepen neer. Het aanvalsplan valt letterlijk in het water.
Ontevredenheid en gekanker beheersen de gesprekken in de Republiek. 'Waarom vechten ze niet, Jan Janszoon?'
''t Is clote van de bok, Dirk Dirkszoon. En het leger is waarlijk duur genoeg!'
'Ze zeggen, dat de prins heimelijk onderhandelt!'
'Wat we nodig hebben, Dirk Dirkszoon, is een nieuwe Oldenbarnevelt!'
Gesprekken. Meningen. Ontevredenheid. Kritiek.
De ster van de prins zakt snel. Overal klinken stemmen, die hem de slappe oorlogvoering verwijten. Enkele van zijn tegenstanders achten de tijd gekomen om tot daden over te gaan.

Den Haag: januari 1623: Dominee Slatius, een felle, querulante arminiaan, enkele vervolgde predikanten én de zonen van Oldenbarnevelt, Stoutenburg en Groenevelt, smeden een duister komplot.
'We kunnen de prins gemakkelijk uit de weg ruimen. Dagelijks rijdt hij immers in zijn karos naar Rijswijk, naar Margaretha van Mechelen, die katholieke hoer?' Ze knikken elkaar toe. Op weg naar zijn geliefde in Rijswijk heeft prins Maurits de gewoonte zijn rijtuig te laten stoppen op een vast punt. Dan maakt hij een wandeling door de weilanden; een sombere man, die graag alleen wil zijn.
'Daar ligt onze kans!' fluisteren de samenzweerders. In een kroeg te Rotterdam huren ze een paar berooide zeebonken voor het vuile werk.
'Vierhonderd gulden, mannen. Wie jullie slachtoffer is, doet er niet toe, maar het is tot welzijn van het gehele vaderland!'
De ruige matrozen deinzen niet terug voor een moord. Maar de opzet is zó klungelig en er wordt zó geheimzinnig gedaan, dat argwaan bij hen groeit. Eén van hen, een zekere Jan Faessen, schrijft de prins. De ganzeveer in zijn grove hand glijdt onbeholpen en met heel wat spelfouten over het papier.
'Looft Godt boven al, 1623, den 6den Februari.
So mijn genadich Heer Prince Maurijs van Nassauwen weet, dat alsoo dat ons voor ooghen gehecomen is om een expleit (grote daad) te doen voor thgemeene vaderlandt, sodat het so is, behoirt mijnder ghenadich Heere Prince van Oraniën daer oock wetenschap af te hebbe en so hij daer niet af en weet, so vrezen wij, dat het een verraet voir het Landt is...'
Prins Maurits laat de matrozen ogenblikkelijk bij zich komen. Hij schrikt als hij de bijzonderheden hoort.
'Grijpt de samenzweerders!' beveelt hij en gerechtsdienaren trekken erop uit.
Groenevelt, tijdig gewaarschuwd, vlucht naar Scheveningen. Hij wil uitwijken naar Engeland, maar een storm houdt hem op het strand. In paniek begeeft hij zich naar Katwijk. Vandaar gaat hij naar het noorden

Einde Tachtigjarige Oorlog – Patriottentijd

Schotel met het ontzet van Bergen op Zoom in 1622 door de troepen van prins Maurits.

per karos. 5000 gulden beloning is voor zijn aanhouding uitgeloofd. Dat is een kapitaal bedrag. Voort, voort, steeds verder voort moet Groenevelt. Hij steekt, als visser vermomd, over naar Texel. Dan vaart hij naar Vlieland, waar hij zich onhandig en bepaald niet als een echte visser gedraagt.
'Wat is dat voor een vreemde gast?' vragen de Vlielanders zich af. De schout krijgt argwaan, arresteert hem. De zoon van de grote Oldenbarnevelt valt al gauw door de mand.

Als te Den Haag het doodvonnis over Groenevelt is uitgesproken, komt mevrouw Van Oldenbarnevelt met haar schoon- en kleindochter bij Maurits om genade te smeken voor haar oudste zoon.
'Hoe is het mogelijk, mevrouw dat gij nu genade vraagt voor uw zoon, terwijl gij dat niet gedaan hebt om het leven van uw echtgenoot te redden? vraagt prins Maurits, die de dames zeer voorkomend ontvangt.
'Ik deed het niet voor mijn echtgenoot, excellentie, want hij was onschuldig. Voor mijn oudste zoon doe ik het wel, want deze is schuldig!'

Gratie wordt niet verleend. Oprecht berouw tonend gaat Groenevelt zijn einde waardig tegemoet.
'O God, wie ben ik geweest en wie ben ik nu!' mompelt hij op het schavot. Dan trekt hij het kapje over zijn gezicht.
'Klak!' Na het hoofd van de vader rolt nu ook dat van de zoon.

Zijn broer Stoutenburg ontsnapt. Na een tocht vol avonturen bereikt hij het Zuiden, waar hij dienst neemt tegen zijn eigen vaderland. Dominee Slatius loopt op weg naar Duitsland, in een herberg in Drenthe, tegen de lamp. Met een dertiental anderen wordt hij terechtgesteld.

De scherprechters zetten de hoofden der samenzweerders op pieken. Zo worden ze aan het volk getoond. De verminkte rompen worden dan alsnog gevierendeeld.

Want de verontwaardiging over de beraamde aanslag is, zowel bij vrienden als vijanden van de prins, hevig en groot.
'Ongoddelijck, schandelijck ende execrabel!' schrijven de verbannen remonstrantse predikanten in een *ootmoedig vertoogh* aan de prins. Zij hopen dat de wraak niet zal neerdalen op het remonstrantse kamp. Veel uitwerking heeft dat niet. De vervolgingen tegen de arminianen, die men toch aanziet voor de schuldigen van het komplot, worden weer met nieuwe verbittering gevoerd.

Lichtpunten in die donkere oorlogsjaren 1623 en 1624 zijn er nauwelijks of niet. Met 18.000 man verschijnt Spinola voor het onneembaar geachte Breda. Spaanse troepen — en vooral de ruiterij van graaf Hendrik van den Bergh — brandschatten het oosten en de Veluwe tot aan Barneveld toe. Overstromingen, sneeuw en strenge vorst teisteren bovendien nog het platteland. Moedeloosheid heerst in het Spaanse leger, dat zich tot de verdediging van de grote rivieren beperkt.
'Bondgenoten! Wat wij nodig hebben, zijn bondgenoten!' zeggen de leiders van de Republiek. Een gezantschap gaat (tóch!) naar Frankrijk en begint daar te onderhandelen met kardinaal de Richelieu.
'Stel schepen beschikbaar en help de opstandige hugenoten bedwingen in La Rochelle!' eist de geslepen kardinaal voor een bondgenootschap met de Republiek.

Maurits en de zijnen hebben geen keus. Wat zij Oldenbarnevelt zo heftig hebben verweten, doen zij nu zelf. Uit politieke noodzaak zeilen twaalf Nederlandse oorlogsbodems uit, om de protestantse hugenoten in La Rochelle te bestrijden. Als dat nieuws bekend wordt, barst er grote verontwaardiging los. Al die jaren is de oorlog voor de protestantse godsdienst gevoerd. En nu dit!
'Dit is onvruchtbaar werk der duisternis!' roepen de predikanten woedend uit.
'Moeten wij de papist helpen opdat in Frankrijk de ware religie wordt onderdrukt?

Maar, zoals Oldenbarnevelt reeds had gezegd: godsdienst en politiek hebben niets met elkaar gemeen.

Het enige goede nieuws dat de gedeputeerden in de Staten-Generaal bereikt, komt van ver over zee. Daar hebben admiraal Willekens en zijn doortastende vice-admiraal Piet Heyn — in dienst van de Westindische Compagnie — São Salvador in Brazilië veroverd. Zij hebben tevens de Spaanse macht in de West behoorlijk aangetast. In een paar jaar tijd nemen zij Curaçao, Bonaire en Aruba, onder de ogen van de Spanjaarden, in bezit. Tot ergernis van Engeland.
'Die bloedzuigers van mijn rijk!' kan koning Jacobus opnieuw uitroepen, want de schepen van de Westindische Compagnie bedreigen nu ook de kolonies, die de Britse *Virginia-Compagnie* in Noord-Amerika heeft gesticht. In Jamestown, waar de eerste kolonisten in 1609 aan land zijn gegaan, zijn inmiddels 4000 Engelsen neergestreken, die vooral met het verbouwen van tabak goede zaken doen. Op hun plantages komen zij handen te kort. Reeds in 1619 worden daar de eerste negerslaven uit Afrika aangevoerd.
Flink wat noordelijker hebben de Pilgrim Fathers, die Leiden hebben verlaten, zich in Massachussetts gevestigd. En nou komen die verrekte Hollanders naar het Noordamerikaanse continent.
'Those bloody Dutch,' mag koning Jacobus tieren, als de eerste Nederlandse handelsposten, zoals Fort Oranje (1624), in Amerika verrijzen. Veel steun ontvangen die wankele nederzettingen echter niet. Andere zaken eisen alle aandacht op.

's-Gravenhage, april 1625: Ziek, neerslachtig, ontevreden met zichzelf en met de wereld, heeft prins Maurits zich teruggetrokken van het oorlogstoneel. Zijn laatste krachten wijdt hij niet aan het leger, maar aan de staat. Voelend dat de dood nabij is, ontbiedt hij prins Frederik Hendrik, een vrolijke vrijgezel van 40 jaar.
'Nou moet je eindelijk eens trouwen!' zegt hij zijn halfbroer. 'En als je dat niet doet, echt ik de zoons, die ik bij Margaretha heb en dan benoem ik de oudste van hen tot mijn erfgenaam!'
'Moy Heintje', zoals Frederik Hendrik in de volksmond wordt genoemd, kiest eieren voor zijn geld. Met speciale volmachten van de Staten springt hij halsoverkop met Amalia, gravin van Solms-Braunfels in de huwelijksboot. Amalia is een hofdame van de Winterkoning, die na zijn nederlagen in

Duitsland, onderkomen heeft gevonden in Den Haag. Zo stelt 'mooi Heintje' zijn belangrijke erfenis veilig.

Benoemd tot kapitein-generaal van het leger, verlaat hij in april zijn stervende broer om zich aan het hoofd te plaatsen van de strijdmacht der Republiek.

Hevige koortsen hebben dan al het sterk vermagerde lichaam van prins Maurits aangetast. Bijgestaan door zijn geliefde zuster Emilia, door dominee Bogerman en enkele leden van de Staten-Generaal, komt in het stadhouderlijk kwartier op het Binnenhof op 23 april het eind.

'Weg!' Neemt dat hoofd weg!' schijnt hij vlak voor zijn dood ijlend te hebben gefluisterd. Heeft hij het bebloede hoofd van Oldenbarnevelt voor zich gezien?

Dominee Bogerman, die de Dordtse Synode heeft voorgezeten, getuigt: 'Ik verklaar, dat Godt de Heere hem heeft liefgehadt tot den eynde en hem heeft ghemaeckt tot een exemplaar van Heroïque Militaire Dapperheyt en Politicque Kloeckheyt!'

Margaretha van Mechelen, die zo lang zijn trouwe vriendin is geweest, ontvangt een behoorlijk jaargeld. De twee zonen, die zij van prins Maurits heeft gekregen en die zich in hoge posities in het leger onderscheiden, erven de heerlijkheden Monster, Beverweerd met Polanen en Leck. Twee zonen en drie dochters, die in andere verhoudingen zijn verwekt, worden minder goed bedeeld. De arminianen hebben altijd veel kritiek gehad op die kant van Maurits' bestaan. Zij typeerden de omgeving van de prins met weinig vleiende woorden: 'Bordeelbrocken, dronckaerts, hoereerders...'

Prins Maurits leefde echter niet anders dan de meeste tijdgenoten, die met zijn rang, rijkdom en macht waren bekleed. Eeuwenlang heeft hij als een humeurig, somber man te boek gestaan. De regent Alexander van der Capellen, geeft een ander beeld over de prins:

'Heel beleeft ende affabel, wetende d'affectie van een iegelick te winnen!'

Wie was prins Maurits? Onachterhaalbaar daalt zijn stoffelijk overschot op 20 september 1625 in de grafkelder te Delft. Hij was een groot krijgsman. Hij verzekerde de vrijheid van de Republiek. Hoe jammer, dat hij de innerlijke grootheid miste om gratie te verlenen aan zijn medestrijder Oldenbarnevelt. Misschien is dát de reden, dat hij in Nederland nooit een toch wélverdiend standbeeld heeft gekregen.

Mooi Heintje wordt tot stadhouder uitgeroepen — behalve in Groningen en Drenthe, waar zijn neef Ernst Casimir wordt benoemd. Het zit Frederik in het begin niet erg mee. Het grote Statenleger met zijn uitgebreide artillerie van 200 stukken, ziet geen kans, Spinola te verdrijven uit zijn stellingen rond Breda. Dat oude bezit der Oranjes gaat al verloren binnen een maand na de dood van prins Maurits. Grote vreugde in het Zuiden, waar die overwinning feestelijk wordt gevierd.

'Cuándo estará listo?' vraagt men daar aan de grote schilder Velasquez, die van de overgave een schitterend schilderstuk maakt: Spinola voor de stad, omgeven door veldheren in harnas en vendels soldaten. En de garnizoenscommandant van Breda, die voor Spinola buigt. Groot is ondertussen de verslagenheid in de Republiek.

'Is onze kracht verloren gegaan?' vragen vooral de precieuze calvinisten zich af. Met wantrouwen volgen zij de daden van Frederik Hendrik, die, zo weten zij, altijd remonstrantse sympathieën heeft gehad.

'Sachte gaen! Moderatie, mijne heeren!' Dat is steeds het advies, dat Frederik Hendrik aan de verhitte stadsregeringen geeft. Tactvol en zonder enige partijhartstocht, zet hij zich in om de kloof tussen remonstranten en contra-remonstranten te overbruggen. Bij verkiezingen voor de vroedschap krijgen de *gematigde* mensen overal zijn steun.

'Moderatie, mijne heeren!' zegt de prins ook tegen de felle predikanten, wiens uitvallen van de kansel hij bezonnen onderdrukt. Het lot van de arminianen verbetert daardoor snel. Na de dood van prins Maurits durft de dichter Vondel een politiek vers te publiceren, dat hij tevoren slechts liet lezen in kleine kring.

'Op het Stokske van Johan van Oldenbarnevelt, Vader des Vaderlants':

'Ghy zult noch jaren achtereen
Den uitgang van dien Helt getuigen
En hoe Gewelt het Recht dorst buigen
Tot smaet der onderdrukte Steên...'

In de onderdrukte steden durven de remonstranten zich steeds openlijker te roeren en zelfs tot gewaagde daden over te gaan.

'Dit stuk heet *Palamedes*,' zegt Vondel tot zijn vrienden. 'De onschuld die Oldenbarnevelt symboliseert, wordt erin vermoord!'
'Dát voer ik in mijn schouwburg op!' zegt Samuel Coster. De eerste voorstelling ontaardt al direct in een heftige rel. Voor- en tegenstanders beginnen te redetwisten over de verborgen bedoelingen van het stuk.

Schilderij door H.G. Pot, vermoedelijk voorstellende Joost van den Vondel als herder met lauwerkrans.

De overgave van Breda op 2 juni 1625. Justinus van Nassau overhandigt de sleutel van de stad aan de Spaanse veldheer Spinola. Schilderij door Velasquez (1635).

Einde Tachtigjarige Oorlog – Patriottentijd

Frederik Hendrik met zijn gemalin Amalia van Solms. Schilderij van G. van Honthorst (1637/1638).

'Die schandelijke onruststokers!' roept de ene partij.
'Ze hebben gelijk!' beweren de remonstranten en de debatten zijn niet van de lucht.
'Daag Vondel voor het gerecht!' beveelt het Hof van Holland, dat uit contra-remonstranten bestaat. De magistraat van Amsterdam waar burgemeester Pauw zijn invloed heeft verloren, weigert Vondel uit te leveren en doet de zaak met een boete van 300 gulden af. In enkele dagen is de eerste druk al uitverkocht — voor zover de exemplaren niet in beslag genomen zijn. Een tweede en derde druk volgen.
Frederik Hendrik laat zich *Palamedes* voorlezen door... een kleinzoon van Oldenbarnevelt! Grinnikend vertelt Vondel aan zijn vriend, de schrijver Brandt: 'Dat'er de Prins gevallen in hadde en er zich mee kittelde!'

De vrijmoedige toon van de schrijvers en dichters, lokken op hun beurt weer heftige reacties van de contra-remonstranten uit.
'Wij hebben Gods woord, hoort derhalve wat wij u zeggen!' roept dominee Smout van de preekstoel zijn volle kerk in. 'Wij zijn uwe herders. Wij zullen u niet anders zeggen dan de waarheid. Gij en zult de poëten, juristen, orateurs en politieken niet aanhangen. *Ons* zult gij aanhangen, daar zal 't moeten vandaankomen!'

Zo hitsen de predikanten hun gemeenteleden op, waardoor wederom een explosieve toestand ontstaat. Als in Amsterdam een *remonstrant* tot kapitein van de schutterij wordt benoemd, komen de contra-remonstrantse schutters in verzet.
'Moeten wij trouw zweren aan een vijand van de ware kerk?' vragen zij aan de synode.
'Neen!' meent de theologische faculteit te Leiden, die het probleem krijgt voorgelegd. Als het hard tegen hard dreigt te gaan, verzoeken de contra-remonstranten om troepen. Desnoods met geweld willen zij de vrijpostige arminianen de mond snoeren en in het gareel laten lopen.

'Ik heb geen soldaten om rustige burgers te kwellen,' antwoordt de prins. Toch begeeft hij zich met enige vendels naar Amsterdam. De rust wordt hersteld.

Omdat er geen politieke partijen zijn, liggen alle menselijke doelstellingen en alle idealen nauw verweven met het geloof. Dat verklaart tevens, waarom er over godsdienstige tegenstellingen zo hevig wordt getwist.

Geheel in het spoor van zijn vader toont Frederik Hendrik keer op keer zijn verdraagzaamheid. Als goed politicus en tactvol diplomaat beseft hij, dat hij de binnenlandse vrede vóór alles moet bewaren. Met niet altijd even fijne middelen stelt hij zijn vrienden en vertrouwelingen op vitale posten aan. De tijd zal komen, dat hij daardoor de gehele Staten-Generaal beheerst. Via al die vrienden kan hij zijn *eigen* stempel drukken op de buitenlandse politiek. Diep verborgen schuilt in de zwierige prins het verlangen om uitgeroepen te worden tot souverein vorst. Dat vuur wordt zeker nog aangeblazen door zijn heerszuchtige, hebzuchtige en voortdurend intrigerende vrouw. De prins beseft echter terdege, dat de Hollandse regenten geen koning wensen. Dat de regenten maar nauwelijks een stadhouder verdragen, moet hij keer op keer hebben gevoeld.
'U is een dienaar geboren!' meldt Frederik Hendrik aan de Staten-Generaal, als op 27 mei 1626, een zoon (Willem II) in het Stadhouderlijk kwartier op het Binnenhof het levenslicht ziet. Dat is heel tactvol gezegd. Het streven van die *dienaren* is er echter op gericht, om *meester* te worden in de Republiek!

In de oorlog gebeurt er niet veel in die eerste jaren van Mooi Heintjes bewind. De kooplieden in Amsterdam — de stad is haast een staat in de staat! — houden hun hand op hun beurs. Dat Ernst Casimir het Spaanse roversnest Oldenzaal verovert, interesseert die heren minder, dan het veilig binnenlopen van hun schepen en de winst die daardoor wordt behaald.
'Moeten we langzamerhand niet wat kolonies stichten in Amerika?' overwegen de bewindhebbers van de Westindische Compagnie. Dat Drenthe, Overijssel, of Gelderland geplunderd worden, laat hen zo koud als een steen.

'Yo ha!' knikken de Indianen, als Peter Minuit een hoeveelheid prullaria uit een kist te voorschijn haalt. Voor de waarde van omstreeks 60 gulden koopt hij, na geduldig onderhandelen, het goed gelegen eiland bij de monding van de Hudson.
'Manhattan — Plaats van dronkenschap!' Zo luidt de veelzeggende, wat onzeker afgeleide naam van het eiland, waar nu de nederzetting Nieuw-Amsterdam wordt gesticht.

Gemakkelijk hebben die eerste Hollandse kolonisten het daar niet.
'Stuur ons toch mensen en materiaal. Hoe kunnen wij zonder uitrusting het hoofd bieden aan de Indianen? Aan een Zweedse kolonie in opkomst? Aan de Engelsen, met wie het herhaaldelijk tot botsingen komt?' Hun smeekbrieven uit de verlatenheid van die wijde Nieuwe Wereld, komen dikwijls te laat. Dat ervaren de kolonisten bij de Delaware Baai.

'Here God, wat is het stil!'
'Als je het mij vraagt, stuurman, is het een stilte die onheil spelt!'
Aan het hoofd van een kleine groep gewapende mannen heeft David de Vries zijn schip verlaten. Met een sloep is hij door de Delaware-Baai naar de kust geroeid. Na een afwezigheid van enkele jaren wil hij een bezoek brengen aan de kolonie, die hij zelf

in de Nieuwe Wereld heeft gesticht.
'Niemand komt ons tegemoet,' bromt een matroos aan de riemen.
'En er kringelt geen rook uit de schoorstenen, maat!'

De sloep schuift op het zand. Ze lopen het land op en zien nu de daken van de woningen tussen het groen.
'O God, dit niet!' mompelt David de Vries. Met de hand aan zijn zwaard zoekt hij met zijn mannen eendoorgang in de borstwering van houten palen. Zwart verkoolde balken steken uit in een inelkaar gezakt huis omhoog.
'Pas op!' Eén van de mannen deinst terug. Bijna had hij op een geraamte getrapt, dat overwoekerd is door varens en opschietend gras. Een verroeste hellebaard ligt vlakbij.
'Kijk nou toch!' Ontdaan wijzen de mannen naar de huizen, die een prooi zijn geworden van de wildernis. Ze vinden skeletten. Doodshoofden grijnzen hen onbewogen aan.
'Ziet u dat?' De bootsman raapt een Indiaanse amulet van de grond en houdt die even in de hand.
'Ja, Indianen!' knikt David de Vries. In gedachten doorleeft hij, wat zijn mensen hier hebben doorgemaakt. Onder moeilijke omstandigheden bouwden zij hier hun houten huizen. Zij kapten bossen en met onvoldoende middelen ontgonnen zij stukken land. Dat alles is voor niets geweest. De Indianen waren gekomen en hadden de gehele kolonie uitgemoord.

Door de immigranten royaal land aan te bieden, doet de Westindische Compagnie enkele pogingen om tot bevolking van de Hollandse gebieden in Amerika over te gaan. Er komen wat avonturiers. Een handjevol politieke vluchtelingen zoekt er een beter bestaan. Wat boeren strijken moedig tussen Indianen neer. Het lijkt een fantastisch avontuur, maar de angst in een verlaten wildernis is groot.
'Vel die bomen!' Ze grijpen allereerst hun bijlen. Dan zagen en kloven ze de stammen, waarmee de woningen worden gebouwd.
'Smelt dat berenvet, Marie!' Glas voor de ramen is er niet. Met een ruit van papier, gedrenkt in berenvet, moet worden volstaan. Ze timmeren hun tafels en stoelen in elkaar, branden kreupelhout weg en zaaien het eerste koren tussen de stronken. Het leven is hard. De tegenslagen zijn vaak oneindig groot.

De Republiek onderneemt weinig om de dappere emigranten te steunen. De Hollanders willen dat ook niet.
'Géén koloniaal rijk!' is de mening van de machtige kooplieden. Het gaat hen niet om het stichten van nederzettingen over zee. Handelsposten, ja! Forten om de handel te beschermen? Ja! Behoefte aan kolonies hebben zij allerminst. Ze hebben trouwens wel wat anders aan hun hoofd, dan zich druk te maken over wankele nederzettingen in een Amerikaanse wildernis.
'Hoe kunnen we al onze schepen bemannen?'
'We moeten meer ronselaars aan het werk zetten, Egbert Temminck!' Dat is zorg nummer één. Ze moeten scheepsvolk, boekhouders, inkopers zien te krijgen, want overal ter wereld doen zich prachtige handelskansen voor. En ze komen handen te kort:
'Coen schreeuwt om mensen voor zijn factorijen en forten in de Oost!'
'Er zijn soldaten en schepen nodig in Brazilië. Nú is het ogenblik, om de Portugezen daar te verjagen!'
'Er moeten hoognodig schepen naar de West!'
'Man, we moeten naar Afrika! Daar is goud te verdienen met handel in ivoor, honing en bijenwas. En de handel in slaven, mijn beste. Ze zeggen dat die nog het profijtelijkst is!'

Ook in Afrika zijn enkele forten gebouwd en nederzettingen gesticht. Negerslaven uit Afrika maken op de Engelse, Spaanse en Portugese suiker- en tabaksplantages in Amerika een beste prijs.
'Prop ze maar in de ruimen, Jan Janszoon!' De stumperds worden nog nauwelijks als

Negerhoofden, door P.P. Rubens.

Einde Tachtigjarige Oorlog – Patriottentijd

Piet Heyn. Portret door J.D. Cool (1629).

mensen gezien. Verkocht door opperhoofden van vijandige stammen, komen de negers met transporten naar de kust. Daar worden ze in de Hollandse schepen gestouwd.

'Vooruit, roetmoppen, schuif's dichter naar elkaar!' Mannen en vrouwen zitten erbarmelijk in de bedompte ruimen opeengehoopt. Velen sterven tijdens de reis. De rest gaat een droeve toekomst tegemoet.

'D'r is goud te verdienen met die zwarten, Egbert!' En Egbert knikt. De Hollanders zullen in de komende eeuwen 900.000 slaven naar de Nieuwe Wereld varen. Het geld stinkt niet!

Omdat de Republiek zo ontstellend veel activiteiten ontwikkelt en de kooplieden uitsluitend bezig zijn met het spekken van hun eigen beurs, verloopt de emigratie van Hollanders naar Amerika te langzaam. Het bestaan in de Lage Landen is nog te goed. De noodzaak om elders een beter leven te bevechten, ontbreekt. De regenten, die het voor het zeggen hebben, beijveren zich slechts voor een winstgevende handel en buit.

'Eerlycke Kaepvaert!' is vooral het motto van de Zeeuwen, die op economisch gebied bij het gewest Holland tenachter zijn gebleven. Maar ook de Hollanders zien er geen been in, zich te wijden aan dat zeer wisselvallige bedrijf. In die tijd van 13 jaren maken de matrozen van de Republiek — alleen al in de Westindische wateren — bijna 600 Spaanse en Portugese schepen buit.

'Weeran, maets!' roepen de matrozen als zij de galjoenen enteren, hopend op zilver en goud.

'God zal me stompen!' vloeken ze teleurgesteld, wanneer zij soms na urenlang vechten ontdekken, dat de buit slechts uit wat verfhout, suiker en een troepje vermagerde, zieke slaven bestaat.

Slechts een enkele keer — als de bewindhebbers der WIC bereid zijn een flinke gok te wagen en er een behoorlijke vloot wordt uitgerust — slaan de zeelui werkelijk een formidabele slag:

De noordkust van Cuba, 8 september 1628: Een vloot van 30 schepen is onder commando van admiraal-generaal Piet Heyn naar de West gezeild. Om geen achterdocht te wekken, hebben de schepen de tocht in kleine groepen volbracht. Doel van de reis is de droom van iedere Hollandse of Engelse kaper: De Spaanse zilvervloot, die jaarlijks van Cuba naar Spanje vertrekt.

'Schepen in zicht!' roept de uitkijk. En waarachtig! Op die 8ste september doemen de zeilen van een Spaans convooi aan de horizon op.

'Het zijn 15 schepen bij elkaar, admiraal!'

Piet Heyn beschikt over 700 kanonnen en 4000 soldaten en matrozen. Daarmee heeft hij reeds dagenlang gezwalkt door het Caraïbisch gebied. Zal alle moeite nu eindelijk worden beloond?

'Smijt de bloedvlag achteruit!' De bloedrode vlaggen zwaaien van de kampagnes van alle Hollandse schepen: teken, dat het vechten geblazen is.

'Weeran, maets!' Met woest geschreeuw enteren de matrozen een aantal galjoenen, terwijl de rest van de Spaanse vloot naar de ondiepe baai van Matanzas vlucht.

'Strijk de sloepen!'

Zeldzaam brutaal roeien de gretige Hollanders naar de Spaanse schepen in de baai.

Op buit belust klauteren ze langs touwen bij de overdonderde Spanjaarden aan boord. Tegenstand ondervinden ze niet.

'Jezus Maria!' vloeken de schippers en matrozen, als ze de fabelachtige schatten aan boord van de galjoenen zien.

'Zie dat eens an, maets. Zilver, goud, paarlen, indigo!' 'Hier ligt suiker!'

'En daar! Ladingen campechehout en kostbare huiden en... Man, man, 't is ongehoord!' Nog nooit hebben de matrozen zo'n kostelijke buit gezien. Opgetogen lachen ze om een papegaai, die in het Spaans roept:

'O, que buene va!'

'Wat zegt dat malle beest?'

'O, wat gaat het goed!' vertaalt de bottelier, die wat Spaans heeft geleerd.

'Dat gaat het zeker!' lachen de matrozen. Ze beseffen verheugd, dat de buitgelden dit keer niet gering zullen zijn.

Uitbundige vreugde heerst in de Republiek, als het snelzeilend jacht De Ooievaar het grote nieuws heeft gemeld. In het stille Delfshaven stormen enthousiaste burgers naar het huisje van de oude moeder Heyn.

'Je zoon Piet heeft de Spaanse zilvervloot gekaapt!' roepen ze het mensje opgewonden toe. Moeder Heyn slaat haar ogen beschaamd naar de grond. 'Ik heb altijd wel geweten, dat het niet goed met hem zou aflopen,' mompelt ze. 'Hij deugde aan de wal ook al voor niets!'

Dat prachtige verhaal gaat al gauw van mond tot mond, mét het nieuws dat de zilvervloot 15 miljoen heeft opgebracht.

'De bewindhebbers van de WIC keren in één keer een dividend uit van 50 %. En da's geen kattepis, Jan Janszoon!'

Piet Heyn wordt in Holland geëerd met de aanstelling van luitenant-admiraal bij de oorlogsvloot. Doortastend begint hij een grote reorganisatie. Hij voert een strakkere krijgstucht in, zorgt ook voor een betere samenwerking tussen bevelhebbers en brengt een veel billijker rechtspraak tot stand. Piet Heyn legt de basis voor de grote overwinningen, die later door Tromp, De Ruyter, Evertsen en Van Galen worden behaald.

Bij een gevecht tegen Duinkerkse zeerovers komt aan zijn leven helaas een vroegtijdig eind.

'Zijn naam is klein, maar zijn daden benne groot!' De Republiek eert hem dan ook met een praalgraf in de kerk te Delft. Terecht, want Piet Heyn heeft de gelden binnengebracht, waarmee de oorlog tegen Spanje krachtiger kan worden gevoerd.

Mede daardoor wordt een keerpunt in de strijd bereikt...

Als Den Bosch geus wordt

Dutten? sprack moy Heintgje, dutten?
Stilte, Maets! een toontje min!
Dutten? wacht, dat most ick schutten,
Bin ick anders, dien ick bin.
'k Hebb' te langh om Noord en Zuyen
By den Baes (Maurits) te roer gestaen,
'k Hebb' te veul gesnor van buyen
Over deuse muts sien gaen...
Heintgje peurde strack an 't stuer en
Haelde 't ancker uyt de grond
't Scheepje ginck door 't Zee-sop scheuren
Offer Mauringh (Maurits) noch an stond...!

Die enthousiaste regels dicht Constantijn Huygens op prins Frederik Hendrik, als hij de belangrijkse vesting Grol op Spinola verovert. Door die knappe overwinning én door de buitgemaakte zilvervloot, herwint de Republiek haar zelfvertrouwen en vastberadenheid. In de Zuidelijke Nederlanden gaat het niet andersom.

Het verlies van Grol kost Spinola zijn baan. Andere kundige veldheren zijn er niet.

Bovendien begint de adel onrustig te worden:

'Aartshertogin Isabella is nu door Spaanse raadgevers omringd. Moeten wij dadeloos toezien, dat het landsbestuur meer en meer in Spaanse handen komt?' vragen de hertog van Aarschot, Lodewijk van Egmont en graaf Hendrik van den Bergh zich af. 'Moeten wij geen gemene zaak maken met de opstandelingen in het Noorden, om een nieuwe Spaanse overheersing tegen te gaan?' Net als bij hun vaders en grootvaders in de tijd van Granvelle, spoken dat soort gedachten door hun hoofden heen. Zullen de *gehele* Nederlanden zich tegen Spanje keren? Frederik Hendrik koestert die droom. Hij beseft echter wel, dat de verbeten calvinisten in de Republiek nimmer zullen willen samenwerken met hun zuiderburen van het katholieke geloof. Na al die jaren speelt de godsdienst nog steeds een doorslaggevende rol.

'Dit is het ogenblik om tot het offensief over te gaan!' beslist de prins. Een beslissende fase in de tachtigjarige oorlog breekt aan:

's-Hertogenbosch, 30 april 1629: Met 24.000 man voetvolk, 4000 ruiters, 5000 polderjongens en gelichte boeren, verschijnt Frederik Hendrik voor het vrijwel onneembaar geachte 's-Hertogenbosch. Alle krachten heeft de Republiek samengebundeld voor dat beleg. Over de Mookerheide is het leger onder ervaren bevelhebbers voorwaarts gegaan: Ernst Casimir van Nassau, Brederode, de Veres, de graaf van Chatillon en de jonge hertog van Bouillon.

In 's-Hertogenbosch voert de oude Antoine van Grobbendock het sterke garnizoen aan. Hij is al 50 jaar gouverneur van de stad. Naast de 4000 man vaste troepen, kan hij ten volle rekenen op de krijgshaftige, katholieke burgerij. Zijn positie in het moerassige land tussen de rivieren is uiterst sterk.

'Wedden dat de stad valt?' klinkt het in de kroegen van de Hollandse steden.

'Wedden van niet?' meent een ander deel van het wedgrage volk. Het wordt een adembenemende strijd. Niet alleen de gehele Nederlanden, maar half Europa volgt het schouwspel van het beleg. 's-Hertogenbosch wordt een vast punt van iedere reis, die door welgestelden door Europa wordt gemaakt. Tijdens de strijd gaat het heel wat hoffelijker toe, dan vroeger het geval is geweest.

'Staat uwe excellentie toe, dat alle kloostermaagden, zieken, gebrekkigen en oudenvan-dagen de stad verlaten? vraagt Grobbendonck.

'Ik sta dat gaarne toe,' antwoordt de prins. De genadeloze tijden van Alva of Lumey zijn voorbij.

'Als Den Bosch Geus wordt!' Al jaren lang is dat een gevleugelde spreuk voor zaken, die nooit tot stand zullen worden gebracht. Dat spreekwoord symboliseert de houding van heel wat regenten, die er maar weinig brood in zien.

'Wat goeds kan er komen van dat beleg?' vragen zij zich bezorgd af.

'Man, het verslindt alleen maar tonnen goud!'

Desondanks reizen gedeputeerden van de Staten onvermoeid heen en weer om Frederik Hendrik van de nodige gelden te voorzien. Boeren, gelicht in de Betuwe of Zuid-Holland, graven twee linies met verschansingen. De binnenste linie beschermt het leger tegen aanvallen uit de stad. De buitenste linie — 55 kilometer lang — moet ontzettingspogingen verijdelen.

'Dam de Dommel en de Aa af!' krijgen de polderjongens te horen. 21 watermolens — een vinding van Leeghwater — malen, met een door paarden voortbewogen tredmolen het ondergelopen land droog. Dan gaan de schoppen in de grond voor de loopgraven en voor de mijngangen naar de stad.

'Ze zullen ons ontzetten,' zeggen de Bossenaren tegen elkaar. Hun verbetenheid groeit, als 116 kanonnen en talloze mortieren hun bombardementen beginnen:

'Houdt moed, lieve burgers!' Zij moedigen elkaar aan, als de kogels met krakend geweld door daken en verdiepingen neerdreunen. Branden breken uit. Gewonden roepen om hulp.

'Heilige Moeder Maria, Gij gezegende onder der vrouwen...' Vurig bidden de burgers om kracht. Daardoor gesterkt nemen zij dapper deel aan de verdediging. Zij strijden niet alleen voor hun stad, maar vooral voor hun geloof — voor een manier van leven, die door de weinig verdraagzame calvinisten uit het Noorden nimmer zal worden aanvaard.

Te Brussel zien Isabella en haar Spaanse raadgevers de toekomst somber in. Gelden uit Spanje voor de werving van troepen bereiken hen niet. Dankzij extra bijdragen van de Zuidelijke gewesten, brengt opperbevelhebber graaf Gendrik van den Bergh (volle neef van Frederik Hendrik) een machtig leger op de been. Met 30.000 man waagt hij een poging tot ontzet van de stad.

'Sacré!' Zijn tegenstanders zitten reeds te goed verschanst. Omdat de oostgrens van de Republiek nu onbeschermd ligt, trekt hij met zijn strijdkracht bij Westervoort over de IJssel heen.

'De weg naar het westen ligt voor ons open. Mijn waarde neef zal 's-Hertogenbosch nú wel laten schieten. Als hij blijft zitten voor Den Bosch marcheren wij ongehinderd naar Amsterdam. Vooruit, mannen. Op mars!' Maar Frederik Hendrik blijft voor 's-Hertogenbosch! De oostelijke provincies zien de Spanjaarden verschijnen en de schrik slaat de mensen daar om het hart.

'Ze komen. Here God, wat moeten we doen!' Paniek in Gelderland. Waardgelders en schutters worden overal haastig bijeengeroepen, maar hun krachten bundelen zij niet.

'Ze komen. Eindelijk!' fluisteren de katholieken in Gelderland verheugd. Een aantal van hen gaat het Spaanse leger dankbaar tegemoet. Ze luisteren naar de jezuïeten, die met het leger meetrekken en zich in de veroverde gebieden richten tot het volk:

'Bekeert u! Het einde van de opstand, het einde van de onafhankelijkheid der Republiek is in zicht! Keert als berouwvolle kinderen in de schoot der moederkerk terug.

Ave Maria, gratia plena... Dominus tecum!' Het gevaar neemt met de dag toe.

Wáár is een strijdmacht, die de oprukkende Spaanse troepen kan keren? Deson-

Middenschip van de St. Jan, toen deze nog in gebruik was voor de rooms-katholieke eredienst, door P.J. Saenredam.

Einde Tachtigjarige Oorlog – Patriottentijd

danks blijft Frederik Hendrik voor 's-Hertogenbosch.

Dramatisch en zelfs kritiek wordt de toestand, als de Duitse keizer in de dertigjarige oorlog met Denemarken vrede sluit. Dan heeft hij zijn handen wat vrijer om zich te mengen in het offensief.
'Begeeft u naar de Nederlanden en steunt de Spaanse zaak!' beveelt de keizer aan zijn veldheer Montecucculli. En ook die valt nu de Republiek met nog eens 12.000 man op het lijf.

Standvastig en eensgezind nemen de leiders van het land maatregelen om het naderend gevaar tegen te gaan.
'Verlaat uw boerderijen. Trek naar de steden!' luidt het bevel aan de boeren op de Veluwe, als de vijand in aantocht is. 'Neem vee, voorraden en zaaigraan mee. Maak korenmolens en brouwketels onbruikbaar voor uw vertrek!' Die opdracht haalt weinig uit. Vanuit de sterke vesting Wezel, waarin grote voorraden wapens en voedsel zijn opgeslagen, worden de Spaanse troepen gefourageerd. De opmars gaat ongehinderd voort, tot ontsteltenis van vrijwel iedereen.
'Ze komen. Ze komen!'
'De katholieken plegen verraad!'
'Waar blijft de prins? Wat moet hij nog bij 's-Hertogenbosch?'

Overal heerst verwarring. Overal vluchten angstige burgers weg. Amersfoort valt in Spaanse handen. Alle boeren van 18 tot 60 worden opgeroepen om in het leger dienst te doen.
'Zet de sluizen open!' beveelt de Utrechtse magistraat. Het land rond de stad komt onder water te staan.
'Laat de prins het beleg toch beëindigen!' roepen de kooplieden in Amsterdam. De weg naar hun stad ligt open en hun ongerustheid groeit met de dag. Maar Frederik Hendrik blijft voor 's-Hertogenbosch.

Schitterend slaat de Republiek in dit donkere uur de handen ineen. De Staten-Generaal staan achter de prins. Amsterdam levert voorraden, wapens en geld. De Westindische Compagnie stelt haar soldaten en matrozen beschikbaar voor de strijd.
'Voorwaarts!' klinkt het in de Hollandse vestingen. Vendels van de schutterij marcheren de vijand in Brabant, Gelderland en Utrecht tegemoet. De Staten werven Engelse troepen en allengs staan 120.000 man onder de wapenen: niet alleen voor de benarde vrijheid, maar zeker ook voor het bedreigde geloof.

Terwijl de burgers in Utrecht reeds hun geld en kostbaarheden begraven en een enkele stadsregering het hoofd verliest, reizen leden van de Staten-Generaal 'als soldaten in de voorste loopgraaf' van her naar der, om ieder te roepen tot de strijd.

En dan opeens komt er redding — door het buitengewoon koelbloedig optreden van een legergroep én... door een dosis geluk: Wezel, 19 augustus in het jaar 1629:
Als het eerste daglicht over het stille landschap glijdt, geeft Otto van Gent, heer van Dieden en kolonel in het leger van de prins, een kort bevel: 'Toe maar, mannen. En veel geluk!'

Met 1000 voetknechten en 800 ruiters is Van Dieden opgerukt door de nacht. Zijn doel: Wezel te verrassen en beslag te leggen op de Spaanse voorraadschuur. Zonder geluid te maken sluipen nu 40 matrozen naar de gracht rond de stad. Ze zwemmen naar de enige zwakke plek in de verdediging: een afgebroken stuk muur, dat tijdelijk met palissaden is gedicht.
'Kedaer, de touwen!'
'Trekken, maets!' Met als lasso's opgegooide touwen trekken de matrozen de palissaden om. Ze stormen naar de stadspoort en overmeesteren de wacht. Dan beginnen de moeilijkheden voor de dappere groep.
'De brug! Verdomme, de brug!' Ze kunnen de brug niet neerlaten en zitten nu als ratten in de val.
'Qué es esto!' Er klinkt geschreeuw. De trommels roeren zich. Scherpe bevelen brengen de soldaten van het garnizoen op de been. Reeds dondert het eerste kanon op de muur, maar in hun paniek hebben de Wezelse kanonniers niet goed gericht.
'Boem!' De kogel vliegt — hoe bestaat het! — tegen de zware ketting van de brug. De ketting knapt. De brug slaat neer.
'Overwinning! Overwinning!' Juichend stormen Van Dieden en zijn mannen de stad in. Als de commandant van Wezel wakker schrikt, staan de Hollanders reeds aan zijn bed.
'Geeft ge het garnizoen over?' Een knik. Er zit niets anders op. Wezel is voor de prins.
'Lustich blasen de Trompetters het oude liedeken Wilhelmus van Nassauwen!' En zo valt een schitterende buit van geschut, munitie en mondvoorraad in handen van de Republiek.

'O, mijn zone!' roept een uitgelaten Frederik Hendrik, als Pieter Mulder hem komt melden, dat Wezel geus geworden is. 'Is het zó geschiedt? Is het zo? Zo is het louter een werk van God en niet van mensen!'

Nu Wezel gevallen is, trekken Hendrik van den Bergh en Montecucculi zich achter de IJssel terug. Hun hoop, het Staatse leger voor 's-Hertogenbosch weg te lokken, is in rook opgegaan. Al is er pest uitgebroken in het leger van de prins, toch weerklinkt gejuich als de eerste loopgraaf de stadsgracht bereikt. Mijnen ontploffen en vernietigen een deel van de muur. Op dat goede nieuws haasten leden der Staten-Generaal zich naar Vught. Daar beraadslagen zij over de overgave met de prins. De val van de stad is slechts een kwestie van tijd.
'Ik capituleer!' zegt dan ook eindelijk de dappere Grobbendonck. 'Maar ik beding gewetensvrijheid voor de katholieken. Ik eis een vrije aftocht voor de bisschop, voor de priesters en kloosterlingen en een vrije aftocht voor het dappere garnizoen!' Die wensen worden ingewilligd.
'Sy sullen uyt de Stadt trecken sonder eenige verhinderinge ofte empeschement, met Wapenen ende Bagagie: De Ruyterije met blasende Trompetten, vliegende Vlagge, met volle Wapenen, het Geweer in de handt; 't Voetvolk met slaende Trommelen, vliegende Vendels, brandende Lonten aen beyde de eynden, met Kogels in de mondt in sulcke orde en forme, als sy ghe-

Frederik Hendrik bij de belegering van Den Bosch (1629), door P. van Hillegaert.

324

woon syn te marcheeren in Bataille...' Zo staat het in het capitulatie-verdrag: Grobbendonck tekent op 14 september 1629.

Duizenden burgers haasten zich nu naar Den Bosch, om de uittocht van geestelijkheid en garnizoen gade te slaan. Het belooft een schouwspel te worden van de eerste orde. De capitulatie groeit haast tot een kermis uit.

'Mens, kijk nou toch! Daar komt bisschop Ophovius met zijn poppedingen!' wijzen mannen, vrouwen en kinderen elkaar. Omstreeks 1200 karren en wagens zijn de stad ingestuurd. Volgestouwd met de eigendommen en verdedigers en priesters rijden ze de poort weer uit.

'Zie je die poppedingen?' Hoofdschuddend nemen de calvinisten de heilige beelden, de schilderijen en relieken van de bisschop in ogenschouw.

'Hoe vaart ge, heer Grobbendonck?' Staande voor zijn veldtent, wisselt Frederik Hendrik in gezelschap van zijn vrouw, van de Winterkoning, van gedeputeerden en een prachtige stoet van Nederlandse, Engelse, Duitse en Franse officieren 'heusse minlijkheden en hoffelijke woorden' met de bejaarde verdediger van 's-Hertogenbosch. De calvinisten tonen minder hoffelijkheid.

'Wij dienen de verfoeilijke papen-nesten uit te roeien!' zeggen de predikanten in de Republiek. Reeds op 19 september preekt dominee Conradus Markinius in de ontruimde kathedraal van St. Jan. Met een tekst uit Jesaia houdt hij de 'dwalende' katholieken voor: 'Ik zal u geven de schatten die in de duisternissen zijn, ende verborgene rijkdommen: opdat gij moogt weten, dat ik de Here ben, die u bij uwen name riept, de God Israëls!'

De pastoors in de Meierij hebben hun beste tijd gehad. Zij moeten plaatsmaken voor de predikanten, zo wordt hen per plakkaat bericht. De hervormde kerk zendt tevens dominee Gijsbert Voetius naar 's-Hertogenbosch, met een speciale boodschap voor de gedeputeerden en de prins:

'Excellentie, de christelijke overheid heeft niet zozeer te letten op veroveringen van landen en steden, als wel op de uitbreiding van 's Heren woord en de voortplanting van Zijn kerk!'

Het is diep triest, dat het fanatieke optreden van de felle calvinisten een toenadering met de Zuidelijke gewesten onmogelijk maakt. Zij zijn wél fervente voorstanders van verovering, maar dan moet toch het hoofddoel zijn, dat het katholicisme wordt uitgeroeid.

'Het is beter de stad Antwerpen niet te hebben als deselve met toelating van de roomse religie te winnen en te houden!' roept één van de fanatieke predikanten uit.

Dat is geen uitspraak, die het vertrouwen van het Zuiden wint. Hoe dubbeljammer!

Want nu 's-Hertogenbosch gevallen is, lijkt de kans groot, dat alle ontevredenheid in Vlaanderen, Brabant, Henegouwen zich tegen Spanje keert. Er heerst een opstandige stemming. Een Spaanse regeringsleider te Brussel schrijft aan een vriend: 'Nooit zijn de vijandige gevoelens van deze gewesten jegens Spanje scherper geweest. Als de prins van Oranje en de rebellen door hun fanatieke onverdraagzaamheid niet weerhouden werden om vrijheid van eredienst af te kondigen en de (roomse) geestelijkheid het bezit van kerken en goederen te waarborgen, dan zou een verbintenis van de gehoorzame gewesten met die van het Noorden niet te stuiten zijn!'

Wat een mogelijke kans op hereniging gaat verloren! Want de predikanten dringen hun wil op. Hen dat te beletten, durft Frederik Hendrik niet — al maant hij nog zo tot matiging aan.

'Het katholieke Den Bosch moet protestant worden!' Dat is de eis, die door een aantal vooraanstaande calvinisten (maar lang niet allen) wordt gesteld. De poging, die zij daartoe ondernemen, heeft iets van een farce.

'Er zijn niet eens voldoende protestanten in de stad om een nieuwe magistraat samen te stellen!' ontdekken ze met schrik.

'Dan moeten we mensen van buiten aantrekken om er de belangrijke ambten te laten bekleden!'

'Ja, ja!' knikken ze. 'Maar wie wordt baljuw? Wie schout? Wie zullen de schepenen, tienmannen en burgemeesters zijn? En waar halen we deugdelijke weesmeesters vandaan?'

's-Hertogenbosch levert een aantal regentenzoontjes lucratieve baantjes op, maar de stad met het omringende land blijft ondanks alle pogingen katholiek. Al zijn 120 priesters uit de 200 parochies voortvluchtig, vrijwel alle kloosters buiten de stad blijven ongestoord bestaan.

Hier is, hier is het oorlogseind
Frederik heeft het werk volwrocht...

Dat dicht een opgetogen Vondel, nu 's-Hertogenbosch en een groot deel van Brabant in handen is gekomen van de Republiek. De weg naar Antwerpen en Brussel ligt open.

'Wordt dit het einde der oorlog?'
'Wedden van wel?'

De benauwde regering in Brussel is reeds bezig om voorstellen voor een vrede te doen. In opdracht van Isabella reist de schilder Rubens naar het Noorden: 'Ik heb volmacht om besprekingen te voeren over een nieuw bestand. Vrede voor een periode van 24 jaar!'

'Vrede? Wat moeten we met vrede?' zeggen de bewindhebbers van de Westindische Compagnie. 'Vrede brengt onze kaapvaart in gevaar. In vredestijd kunnen we geen Portugezen uit Brazilië jagen en geen Spaanse vloten overvallen, waarmee toch een iegelijk is gebaat!'

'Ja, vrede brengt de handel in gevaar,' overweegt men in regentenkringen. Er zijn trouwens nog andere belangrijke oorzaken, waardoor het niet tot vrede komt.

'Als de Staten-Generaal zeven jaar lang géén vrede sluiten, beloof ik een oorlogsondersteuning van 1 miljoen livres per jaar!' zegt de Franse regeringsleider, kardinaal de Richelieu. Hij voert een actieve buitenlandse politiek om zich te verzetten tegen de Habsburgers, die al zo lang Frankrijks aartsvijanden zijn.

En de oorlog duurt voort, al wordt dat in de Republiek nauwelijks meer gemerkt.

Want Gustaaf Adolf van Zweden is met een sterk leger Duitsland binnengerukt.

Tijdens een schitterend geleide veldtocht verslaat hij de keizer. Dat noodzaakt de Habsburgers nu àl hun aandacht op Duitsland te richten. Daardoor laten zij de Republiek vrijwel met rust. Nog éénmaal gaat het Zuiden over tot een offensief.

'Het gaat om uw godsdienst, om ons aller geloof!' heeft pater Philip, een kapucijner monnik uitgeroepen, als een veldtocht van Frederik Hendrik naar Duinkerken is mislukt. Onder zijn vurige aansporingen brengen Spanjaarden en Zuidnederlanders een vloot in gereedheid. Met 88 grote en kleine schepen wordt een landing op Zeeland gewaagd.

'Iets meer naar bakboord!' wijst Willem van Stoutenburg, de gevluchte zoon van Oldenbarnevelt. Hij is één van de gidsen, die de vaartuigen — met 4500 soldaten op weg naar Tholen — door de Zeeuwse wateren leidt. De Zeeuwen zien de vloot komen. Overal slaan zij alarm.

'Te wapen mannen! Tamboer, roer de trom!'

Op 12 september 1631 snellen Zeeuwse boeren en haastig verzamelde schutters met pieken en musketten naar de dijk.

'Daar komen ze, die papisten!'
'Ik lust ze rauw!'

Ze zwepen elkaar op. Vanaf de dijk zien ze, hoe een Zeeuws eskader onder bevel van Marinus de Hollare, zich op de vijand werpt. Op het Slaak bulderen de kanonnen. En ze blijven bulderen, zelfs als de nacht valt en een mat maanlicht over het water glijdt.

In brand geschoten en deerlijk gehavend lopen de Zuidnederlandse schepen ontredderd op de kust.

'Vooruit, mannen! Pak ze. Die half verzopen papen bieden geen tegenstand meer!'

4000 Man, waaronder vele hoofdofficieren, raken daar bij het Slaak in gevangenschap. Slechts een tiental schepen kan in de dichte ochtendnevel ontkomen en zoekt toegetakeld de thuishavens op. *Voor het laatst* zijn Spaanse troepen verschenen binnen de grenzen van de Republiek. En toch duurt de oorlog nog 17 jaar!

Aartshertogin Isabella, door P.P. Rubens.

Einde Tachtigjarige Oorlog – Patriottentijd

Het Zuiden verduurt

Na de val van 's-Hertogenbosch maakt het Spaanse regime in het Zuiden een ernstige crisis door. Er heerst grote ontevredenheid onder het volk. De toestand lijkt zó explosief, dat landvoogdes Isabella zich zorgen maakt over het leven van kardinaal Bedmar, de Spaanse ambassadeur.

'Hij moet tijdens de processie niet aan mijn zijde lopen,' zegt ze tegen haar staatssecretaris Pedro de San Juan. 'Het volk zal hem dan vermoorden!' Voor alle zekerheid zendt zij de kardinaal uit Brussel weg.

Heel wat hoge Spaanse officieren leven in angst, dat opstandige burgers hen in de eigen woningen zullen overvallen.

'Quién es?' vragen ze benauwd, als er 's avonds op hun huisdeur wordt geklopt. Tot heftige uitbarstingen komt het echter niet. Het leven in het Zuiden glijdt zonder schokken voort.

Leeft, leeft, Antwerpen, schoonste stat
Die Nederland oyt heeft gehad!

Dat dicht Anna Roemer Visscher. Het zijn geen ijzersterke regels. Ze bewijzen echter wel, dat Anna — en velen met haar — zich Antwerpen nog bij Nederland denkt. Vijandschap ten opzichte van het Zuiden wordt in haar kringen niet gevoeld.

Trouwens in Antwerpen, dat te midden van het verval nog steeds een schitterende weelde tentoonspreidt, onderhouden de culturele leiders en humanisten (zoals Duarte) nauwe betrekkingen met de Muiderkring.

'Nou! Wat zegt ge ervan?' vraagt een rijke Antwerpse koopman aan zijn neefje. Nu de barok in het Zuiden hoogtij begint te vieren, heeft hij zijn huis opnieuw ingericht.

''t Is fraai, oom!' Het neefje laat verveeld zijn blikken glijden langs de glanzende boltafels, het lage buffet, de rijkversierde troonkast en het kostbare kabinet uit palissander en ebbehout vervaardigd. Het leer, waarmee de pronkkamer behangen is, glanst in het licht. Het is met goudverf bedrukt. ''t Is kostelijk, oom!' knikt het neefje en hij overweegt, of hij zijn rijke oom nú al om wat geld kan vragen, want dat vurige meisje dat achter de Groenmarkt woont, leeft niet van de lucht. Oom had kapitalen uitgegeven aan schilderijen, aan feesten, aan ommegangen en aan de kerk. Zou hij een berooid neefje overslaan?

'Oom, ik heb wat rijkelijk geschonken voor de processie van de Heilige Maagd. En nu zit ik even wat krap. Zoudt ge...' Het neefje grinnikt in zichzelf, want het meisje achter de Groenmarkt was niet heilig en ze was ook geen maagd. En de processie met haar was geen devoot, maar wel een wild feest geweest. Tot zijn vreugde ziet hij, dat zijn oom zijn buidel trekt.

Het prachtige huis van de schilder Pieter Pauwel Rubens, de vertrouweling van de landvoogdes, vormt in het kunstzinnig leven van Antwerpen een schitterend middelpunt. Rubens onderschat zichzelf niet. Als de beeldhouwer Frans du Quesnoy naar Italië is vertrokken en daar een standbeeld vervaardigt voor de Sint Pietersbasiliek, schrijft Rubens hem met de allure van een vorst. 'Ik in het byzonder en onze natie in het algemeen, verheugen ons over de roem van het standbeeld van de heilige Andreas!'

De schilder Jacob Jordaens is veel eenvoudiger. Met hartstocht schildert hij het gewone volk, als dat zijn rumoerige feesten viert. Door velen wordt hij reeds als de opvolger van de grote Rubens gezien. In het bonte leven vindt hij onderwerpen genoeg. De rederijkers komen bijeen. De schutterij marcheert. Op de markt prijzen gewiekste vrouwen hun waren aan.

'Tin!' Wie heeft er tin?' De roep van de tinnegieters klinkt door de straten. Met de schorten vol gebroken borden, gesneuvelde lepels of gedeukte kannen, hollen de huisvrouwen (of hun meiden) naar de tingieters toe: 'Hier man!' Ze laten hun versleten huisraad ter plaatse omsmelten en gaan dan met een nieuw bord of een nieuwe kroes gelukkig naar huis.

Duurzamer dan het zachte tin lijkt in het Zuiden de godsvrucht. Een vrome opvoeding van de jeugd is voor de geestelijkheid van groot belang.

'Patrouilleer op zondag in de straten en stuur alle spelende kinderen naar de zondagsschool!' beveelt bisschop Malderus van Antwerpen aan de schout. Met het oog op de catechismus is, op zondag, het op straat spelen tussen 9 en 3 verboden.

In de stelselmatige re-katholisering, is het protestantisme vrijwel ten onder gegaan.

Net als in het Noorden bij de calvinisten, is de dwang van overheid en kerk van doorslaggevende betekenis geweest. Hier en daar leven nog kleine groepjes 'ketters'.

Tal van beperkingen zijn hen opgelegd. De meesten zijn reeds naar het Noorden gevlucht. Alleen in het prins-bisdom Luik —

Antwerpse hospitaalzusters, door J. Jordaens.

waar Isabella geen zeggenschap heeft — wonen nog ongeveer 2000 protestanten, maar hun aantal neemt snel af.

Niet alleen in eigen land zetten minderbroeders, capucijnen, jezuïeten en carmelieten zich in om mensen te bekeren tot hun geloof, maar zij trekken daarvoor ook de wereld in.

'Dit is Jezus, Zoon van God!' roept Dionysius van de Doornekroon uit Leuven. Hij werkt als missionaris in Perzië en houdt daar het kruis voor verbaasde muzelmannen omhoog.

Lodewijk Flores uit Antwerpen waagt de verre reis naar Japan. Ook hij treedt de 'heidenen' met het kruis van Christus tegemoet.

'Bekeert u! Zoekt redding van uw zonden!'

De Japanners in Nagasaki hebben geen boodschap aan de boodschap van Christus.

Evenmin aan de vrome broeder Lodewijk. Ze grijpen hem en op een brandstapel eindigt hij zijn bestaan.

De moedige jezuïet Pierre van Spierre, uit Dowaai, zwerft jarenlang door China. 'We zullen dit keer kerstmis vieren in Hoekwang!' heeft hij tot twee van zijn volgelingen gezegd. Op weg daarheen plegen rovers een overval.

'Hsiang-chou, Wei Ku...' En jawel: de priesters worden uitgeschud en vermoord.

De rovers smijten hun lijken in de Blauwe Rivier.

Hoe zwaar er in het Zuiden aan geloofszaken wordt getild, bewijst een aanklacht, die de Brusselse Raad van State tegen graaf Hendrik van den Bergh heeft opgesteld. De aanvoerder van het leger wordt beschuldigd van drie zware misdaden (let goed op de volgorde):

1. Dat hij ketters is;
2. Dat hij bloedschande met zijn zuster én met zijn dochter heeft gepleegd;
3. Dat hij heimelijk met de vijand in verbinding staat.

De ketterij gaat vóór bloedschande en landverraad! De stemming in het land lijkt zó ontplofbaar, dat de regering niets tegen Hendrik onderneemt. Is het hof bang, dat een veroordeling van de graaf ernstige gevolgen zal hebben en ziet men er daarom van af? Wel wordt de markies van Santa Cruz nu met het opperbevel belast. Graaf Hendrik van den Bergh moet genoegen nemen met een lager commando en wordt als bevelhebber in Limburg aangesteld. Hij aanvaardt die post wel. Ondertussen zint hij op wraak.

'De beste manier om ons van het Spaanse regime te ontdoen, is aansluiting zoeken bij de Republiek,' zegt hij tot enige vrienden. In het diepste geheim beraamt hij met andere edelen een plan, om zich niet alleen op de Spanjaarden te wreken, maar tevens om er zelf een goede slag bij te slaan. Frankrijk, dat gebaat is met opstandige Zuidnederlandse edelen, stookt het vuurtje verder op. 'Ik doe mee,' zegt René van Renesse, de graaf van Warfusée. Hij is president van de Raad van Financiën. Na allerlei manipulaties staat hij voor een bankroet. Slechts door een omwenteling denkt hij zijn fortuin te kunnen redden.

Van den Bergh laat zijn zuster en dochter in de steek. Samen met Van Warfusée trekt hij heimelijk naar Rijswijk om te onderhandelen met de prins, de raadspensionaris én de Franse gezant.

Ze komen op een goed moment. Na de val van 's-Hertogenbosch begint kardinaal de Richelieu te vrezen, dat de Zuidelijke

Jezuïeten-missionaris in China. Krijttekening door P.P. Rubens.

Einde Tachtigjarige Oorlog – Patriottentijd

Marktdag in een Vlaamse Stad, door S. Vrancx.

Nederlanden zullen worden opgeslokt door de steeds machtiger wordende Republiek. Hij wenst voor Frankrijk een deel van de koek. Via de deken van Kamerijk, die hij omkoopt, treedt hij met de samenzwerende edelen in contact. En ondertussen stookt hij in de Republiek. Frederik Hendrik mag het Vlaamse deel van het Zuiden proberen op te eisen, terwijl Frankrijk andere ijzers in het vuur houdt. Natuurlijk zijn nog vele andere ingewikkelde problemen aan de orde gesteld.

En zo zitten ze daar in Rijswijk om de tafel, als graaf Hendrik van den Bergh en de graaf van Warfusée hun opwachting hebben gemaakt. Ze zeggen tegen de prins: 'Voor 100.000 gulden de man, excellentie, zullen wij Uwe edele vrij spel geven, als u de opmars naar het Zuiden begint!'
'Wij zijn nog niet voor een offensief gereed,' zegt de Franse gezant met enige spijt.

Aan de binnenlandse onlusten die Frankrijk verscheuren — en die Spanje weer aanwakkert en financiert — heeft Richelieu zijn handen voorlopig nog vol. Maar de kans is te mooi om voorbij te laten gaan. Hendrik van den Bergh en Warfusée krijgen ieder hun ton.
'Laat het leger zich te Nijmegen verzamelen,' beveelt Frederik Hendrik. 'En met de grootste spoed!'

Eind mei 1632 begint de prins met ruim 20.000 man zijn opmars langs de Maas. Zijn neef Willem van Nassau trekt tegelijkertijd met een strijdmacht Vlaanderen in.

Zullen de Vlamingen en Brabanders nu eindelijk overlopen naar het leger van de Republiek?
'Verdrijft de Spangiaerts, naar het loffelijke voorbeeld van uw voorvaderen!' staat in een manifest van de Staten-Generaal, dat de troepen moeten uitreiken aan het Zuidnederlandse volk. 'Wij beloven u steun. Wij zullen de oude privileges handhaven en uwe godsdienst in ere houden!'

Paniek in Brussel. De regering daar is volkomen verrast door het onverwachte offensief. De schrik neemt nog toe, als Hendrik van den Bergh zijn verraad pleegt en in alle stilte de aftocht blaast. Venlo geeft zich reeds binnen twee dagen over aan de prins. IJlings trekt het leger verder naar Roermond.
'Een verspiede vesting is al half gewonnen!' luidt een spreekwoord. Om inlichtingen te verzamelen over de dikte en hoogte van de muren, de diepte van de gracht, de verhouding tussen burgerij en garnizoen, rijdt Ernst Casimir met de spits vooruit.

Hij sneuvelt tijdens de verkenning van de stad. Een nutteloze dood, van Roermond capituleert zonder enige tegenstand. Vier dagen later staat Frederik Hendrik het beleg voor Maastricht. Garnizoenscommandant De Lede heeft de stad haastig in staat van verdediging gebracht. Daar één verdediger op de muren opweegt tegen tien man van de aanvallende partij, beschikt hij met 3000 man over een sterk garnizoen.

Terwijl Isabella haar onrustige gewesten in de hand houdt, dirigeert de markies van Santa Cruz zijn troepen naar Maastricht. Daar krijgt hij steun van een Duits leger onder bevel van Von Pappenheim.

Op 18 augustus heeft Frederik Hendrik, die zich goed rond de stad heeft verschanst, 40.000 man tegenover zich. Verbeten zetten zij de aanval in om Maastricht te ontzetten: 'Geef rooksignalen!' beveelt de commandant in Maastricht. Keer op keer tracht hij berichten door te geven aan de markies van Santa Cruz. Postduiven zijn losgelaten.

Een dappere vrouw is zelfs bereid de stad uit te gaan en zich door de linies van de prins te wagen met een boodschap voor de Spaanse generaal.
'Hier, slik dit in!' Een briefje met berichten, verpakt in een kleine koker van metaal glijdt door haar keelgat heen.

'Als ze je aanhouden, vinden ze niks!' Ze knikt. Moedig begeeft ze zich op weg. Ze wordt aangehouden. Haar smoesjes bij een schildwacht hebben geen resultaat. Die avond staat er in een rapport: 'Er wierden geene Brieven bij haer bevonden. Doch heeft sij naer vele dreigementen bekent, dase een kleyn kogeltjen met een Brief hadde in-geswolgen, het welcke sy — naer dat men se een stercke purgatie hadde ingegeven — door den stoel-ganck loste. En wierdt den Brief daer in gevonden!'

Mijngangen bereiken de stad. Ontploffingen slaan een gat in de muur. 'Tamboer! Sla de stormaanval!' De soldaten stormen naar de bres, maar het garnizoen verdedigt zich dapper. Het is de burgerij, die nu de moed verliest. 'Die zich snel overgeeft, wordt goed behandeld. Met hen, die lang weerstand bieden, loopt het altoos slecht af!' zeggen de Maastrichtenaren tegen elkaar. Dat is inderdaad de gangbare stelregel bij een beleg. Beducht voor uitmoording en plundering, smeken zij de commandant de onderhandelingen met Frederik Hendrik te herbeginnen.

Op 22 augustus capituleert de stad. Het garnizoen krijgt een eervolle aftocht.
'Breng een fles. En waar zijn de vrouwkens licht van aarde?' Op hun laatste avond in de stad vieren de soldaten een rumoerig afscheidsfeest. Nog half beschonken marcheren ze de volgende dag de vesting uit. Lallend schieten ze hun musketten af in de lucht. Eén van hen doodt daarbij per ongeluk de zoon van een Staats kapitein.
'Hang hem!' klinkt ogenblikkelijk het bevel.

Von Pappenheim keert met zijn leger naar Duitsland terug — waar hij in de slag bij Lützen tegelijk sneuvelt met Gustaaf Adolf. Vondel geeft Von Pappenheim een vrij onvriendelijk grafschrift mee:

Hier rot een kreng, het hoofd van moordenaars en fielen
Gedaagd voor 't vierschaar Gods, van zoveel duizend zielen:
Aartsvijand, pest en vloek van 't menselijk geslacht;
Die wellust schept in moord, geweld en vrouwekracht...

Ook Vondel kent zijn pappenheimers!
'Binnenkort zal de prins de aartshertogin in Brussel kussen!' grappen de soldaten in het Staatse leger als Maastricht gevallen is. De kans, nú de Zuidelijke Nederlanden te winnen, lijkt beter dan ooit. Maar van die omhelzing komt niets.
'Het leger is seer gematteert (vermoeid) en verswackt!' schrijft Frederik Hendrik aan de

Staten-Generaal. Té voorzichtig wikt en weegt hij zijn kansen voor een nieuw offensief.

In haar nood roept Isabella — zeer tegen de wil van het Spaanse hof — nu de Zuidelijke Staten-Generaal bijeen. De afgevaardigden zijn de oorlog meer dan zat.
'Wij dringen aan op vrede! Begin toch onderhandelingen met Frederik Hendrik in Maastricht!' verzoeken zij met klem. Isabella geeft toe.
'Met een algemene en onuitsprekelijke vertroosting van haar gehele volk, dat reeds de dag van vrede en rust meende te zien na zo'n lange en donkere nacht van de rampzalige oorlog!' noteert een kroniekschrijver opgelucht. Zal het dan eindelijk vrede worden?

Vol goede moed begeeft Aarschot zich naar Maastricht. Rubens, afgevaardigd door de landvoogdes, voert lange gesprekken met de prins. De Engelse gezant biedt zijn bemiddeling aan. Gedeputeerden van de Staten-Generaal maken hun opwachting.

Belangrijke voorstellen voor een langdurige vrede komen ter tafel. Zo gaat kostbare tijd voorbij.
'Beveel toch de opmars naar Brussel. De weg is vrij!' krijgt Frederik Hendrik van vele kanten te horen. De gewesten Friesland en Groningen protesteren tegen de onderhandelingen, die begonnen zijn.
'Een goed deel van de overheerste Nederlanden zijn onze oude bondgenoten in de Unie van Utrecht. De oorlog is toch aangevangen om *alle* Nederlanden te bevrijden van het Spaanse juk?'

De duiven en haviken spreken zich overal voor of tegen vrede uit. Zó wordt het november. Dan is het te laat voor een groot offensief. De láátste eventuele poging voor de hereniging van Noord en Zuid gaat ongebruikt voorbij.

Wantrouwen inzake godsdienst, handelsbelangen, structurele tegenstellingen tussen Noord en Zuid — en al te grote voorzichtigheid van Frederik Hendrik — hebben een definitieve streep gezet onder Willem de Zwijgers ideaal: de *gehele* Nederlanden onder Nederlands bestuur. De lange, donkere nacht van de rampzalige oorlog is nog niet voorbij.

Geen vrede! Tot verdriet van de Zuidnederlanders tonen de Republiek en Spanje hun onwil bij de onderhandelingen in Den Haag. Isabella maakt dat niet meer mee.

Bij een adventprocessie vat zij ernstig kou. Haar lichaam, ondermijnd door zelfkastijding en zorgen, kan die lichte ziekte niet meer aan. 'Domine, fiat voluntas tua!'

Priesters omgeven haar sterfbed, maar geld, om haar een welverdiende staatsiebegrafenis te geven, ontbreekt. De schatkist is volledig uitgeput. De kardinaal-infant don Ferdinand, broer van koning Filips IV en pas 25 jaar oud, wordt nu tot landvoogd benoemd. Hij haast zich naar de Nederlanden en maakt zich al vrij snel populair.
'Stuur allereerst de Staten-Generaal naar huis, uwe hoogheid!' adviseren de Spaanse raadgevers. Dat gebeurt. En dan begint de ellende voor de Zuidelijke gewesten pas goed. Nu het geen vrede wordt, denken de Republiek én Frankrijk, overeenkomstig het gesloten bondgenootschap, tot verdeling van het Zuiden over te kunnen gaan.

Op 19 mei 1635 wordt door een heraut van de Franse koning op de Grote Zavel te Brussel heel plechtig de oorlog verklaard. De (katholieke) Fransen krijgen als gevolg woedende scheldwoorden naar het hoofd.
'Schenders van het volkenrecht!'
'Stichters van de ketterij!'
'Verstoorders van het katholieke geloof!'

Schelden doet geen pijn. Met een leger van 20.000 man trekken de Fransen door Luxemburg naar het noorden op. Ze hakken de strijdmacht van don Ferdinand in de pan en verenigen zich met het leger van de Republiek.
'Wedden dat Brussel nu binnen twee maanden valt?'
'Wedden van niet!' De niet-wedders krijgen gelijk, al staan 50.000 man voor de opmars gereed.

Tot zijn verbazing ervaart Frederik Hendrik, dat het Zuiden hem niet als een bevrijder binnenhaalt. De oorlogsschatting, die hij in Brabant eist, het moorden en plunderen van zijn troepen bij de Zuidnederlandse boeren, maken hem veeleer gehaat.
'Denkt wat in Tienen is gebeurd!' waarschuwen de inwoners van Leuven elkaar, als het Frans-Staatse leger de muren is genaderd. Tienen, een stadje dat zich dapper verdedigde, is leeggeplunderd en uitgemoord. Dat harde voorbeeld had het verzet van andere steden moeten breken, maar het tegendeel is het geval.
'Te wapen!' roept men in Leuven. Met verbetenheid vechten de studenten, monniken en burgers met het garnizoen mee om een overval af te slaan.

De veldtocht van de prins loopt op niets uit. Als het grote leger zich in juli terugtrekt op Roermond, nemen de boeren, van wie zoveel geroofd is, bittere wraak: 'Weeran, mannen!' Ze werpen zich op de achterblijvers van het verbonden leger en als ze moe en bezweet thuiskomen, vertellen ze voldaan: 'We hebben ze afgeslacht, of het konijnen waren!'
'Het Geus is altijd wreed, het Frans altijd verrader!' zeggen de mensen. En het ergste leed staat nog voor de deur, want de oorlog duurt voort...

Infant Ferdinand, opvolger van aartshertogin Isabella als landvoogd in het Zuiden.

Einde Tachtigjarige Oorlog – Patriottentijd
Over schilders en slaven, tulpen en sex

Terwijl de Zuidelijke Nederlanden gebukt gaan onder het oorlogsgeweld, reilt en zeilt het leven in de Republiek blijmoedig voort. De ster van Frederik Hendrik is hoog gestegen. Door zijn aandeel in de oorlogsschattingen en buitgelden — ook van de Zilvervloot kreeg hij zijn deel — is zijn jaarinkomen verdubbeld: 3.600.000 gulden is het kolossale bedrag. Daarmee verfraait hij zijn paleizen in Den Haag, 'het liefste dorp van Europa', en daarmee bouwt hij nieuwe lustoorden, zoals Honselaarsdijk en Huis ten Bosch.

Omgeven door buitenlandse edelen, kunstenaars en hovelingen, voert Mooi Heintje een indrukwekkende staat. Op zijn jachtpartijen, bals, maskerades en andere hoffeesten gaat het nogal ruig toe.

Herhaaldelijk komen predikanten klagen:
'Die zedeloosheid, excellentie! Die duellerende edelen. En al die adellijke dames, die in opspraak worden gebracht!'
'U kan alle eerlijke recreatie toch niet verbieden,' antwoordt de prins.
'De kerkelijken zélf komen op mijn gastmalen. En tegen dansen bestaat toch geen kerkelijk verbod?'

Het vrolijke, rumoerige hofleven gaat voort: met comedie-voorstellingen, concerten, kaatspartijen, sledetochten en schitterende diners. Temidden van alle schandalen die Den Haag keer op keer schokken, bewaren de prins en zijn vrouw toch hun waardigheid.

In de politiek zet Frederik Hendrik de zaken steeds meer naar zijn hand. Alexander van der Capellen, een Gelders edelman, noteert bezorgd: 'Wij vervallen geheel in slavernij. De Prins disponeert van alles naar zijn welgevallen, en alles wordt aan hem gedefereert!'

De kleine Willem II, net 3 jaar oud, ontvangt de post van generaal der ruiterij. Een paar jaar later schenken de Staten hem de 'survivance': het recht tot opvolging in al de ambten die zijn vader bekleedt.

Daarmee is het stadhouderschap min of meer erfelijk geworden.

Mooi Heintje verheft het Huis van Oranje ver boven alle andere geslachten in de Republiek. Hij is nog steeds 'Zijne Excellentie', met 'Stedendwinger' als erenaam. De tijd zal komen dat hij — mede gedreven door zijn ietwat vulgaire vrouw — zichzelf tot 'Hoogheid' bombardeert. Zo groeit een monarchaal aspect, dat op den duur heel wat nuchtere Hollanders irriteert.

Het Muiderslot, door J.A. Beerstraten (1658).

Onder het alziend oog der predikanten lijkt het leven in de Republiek zedig, star en streng. Niets is minder waar.
'Och nee toch,' mompelen verbaasde buitenlanders. 'Man en vrouw omhelzen elkaar krachtig en zonder schaamte, zo maar in het openbaar!' Dat getuigt van een vrijmoedigheid, die elders in Europa niet te vinden is. Het huwelijksleven is hecht — haast even duurzaam als de hemden, die man en vrouw dragen in hun eerste huwelijksnacht. Daarna worden die hemden zorgvuldig bewaard, om nog één keer, maar dan als doodskleed, dienst te doen. Naakt slapen is er niet meer bij. Sex wel:
'De Nederlandse vrouwen doen uit simpelheid, wat Parijse hoertjes doen uit raffinement!' ontdekt een Fransman die de Republiek bezoekt.
'Op het hoogtepunt van het genot eten zij een appel, of zij kraken een noot tussen hun tanden, dis-donc!'

Heel wat jongelui grijpen naar het boek van Ovidius, waarin alles over de kunst van het minnekozen staat vermeld. In het Haagse Bos dringen meisjes van lichte zeden zich op klaarlichte dag aan voorbijgangers op. En de weeshuizen zitten vol kinderen uit buitenechtelijke verhoudingen, die te vondeling zijn gelegd.
'Good Lord,' mompelde een Engelsman, als hij het gesprek opvangt van twee keurige burgers, die elkaar op straat hebben ontmoet. De Brit schrijft die conversatie als de drommel op. En wel als volgt:
'Goedendag, buurman!'
'Ook zo, buurman!'
'Ik weet niet, of ik vrijuit kan spreken?'
'Ga je gang!'
'Er wordt gezegd, buurman, dat je dienstmaagd zwanger is!'
'Wat gaat mij dat aan?'
'Maar buurman, er wordt bij gezegd, dat het kind van jou is!'
'Wat gaat jou dat aan?'

Daarop lichten ze de zwarte hoeden en iedere vervolgt zijn weg door het drukke, kleurrijke gedoe van de stad. Op de markten horen ze het geschreeuw en geroep van de visvrouwen, slagers, groentevrouwen, die daar achter hun kraampjes staan.
Wortelteef Trijn Dubbeld-in, uit Bunschoten, roept de voorbijgangers aan: 'Wat selje hebben, Liestentje (lieverdje)? Bietwortelen, kroten, raepjes? Se smaecken as Emmer-appelen en Rysen-bry!'
'Siet, vryers!' schreeuwt Jannetje Vrancken, het viswijf, wier rode handen met stukjes schubben zijn bedekt. 'Neb-ael, Grof-ael, Fijn-ael, Schellevis. Ick hebse met lever en kuyt. Dát sin Meisjes met blancke borstjes.

De anatomische les van Nicolaas Tulp, door Rembrandt.

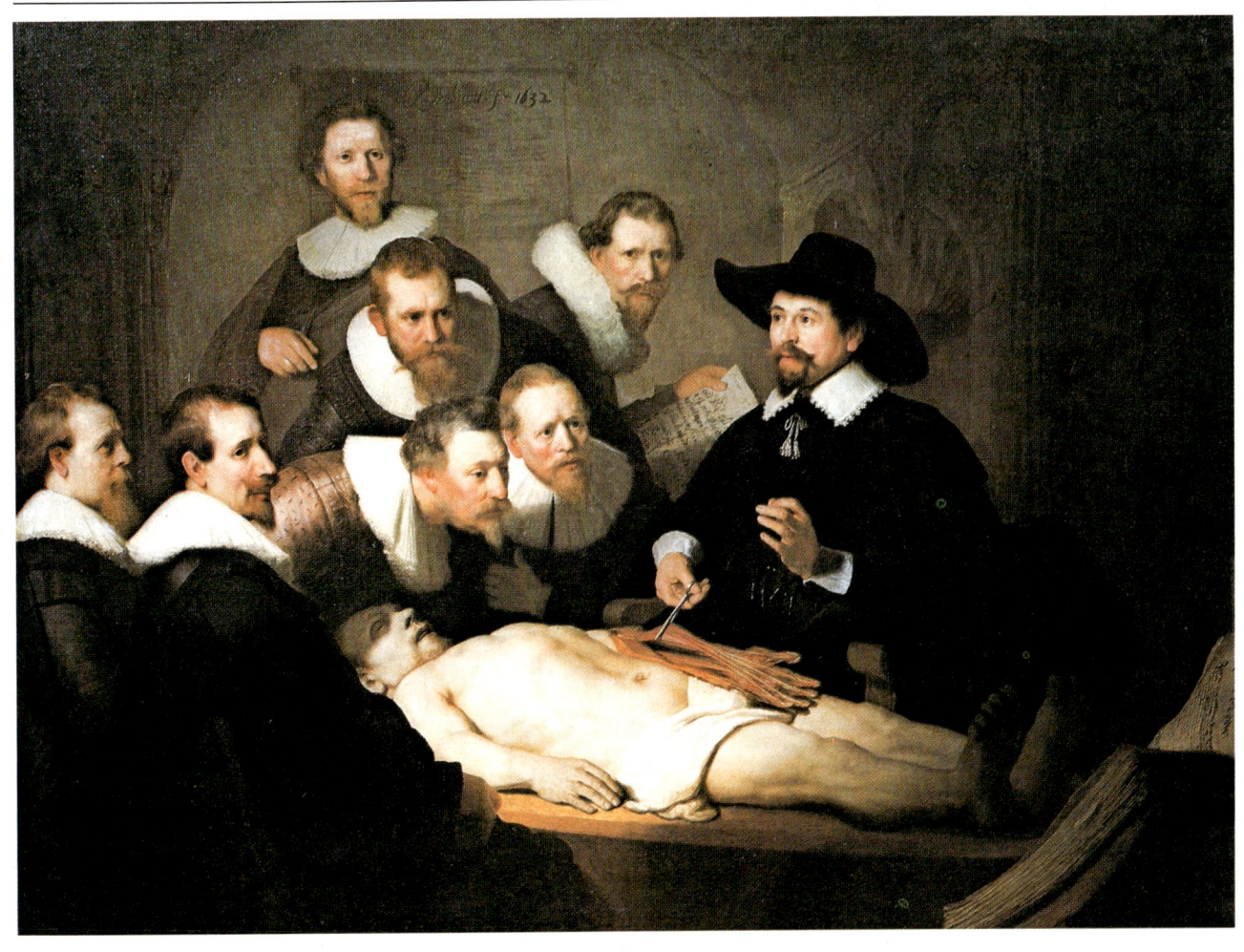

Meuge se jou niet behaghen?'
Wat verderop staan de slagers — als het koud is met een doek om de hals en een druipende neus:
'Ik heb mooi Kallef-vlees, Runt-vlees, Lams-vlees, Schape-vlees!' roepen ze de boodschappende huisvrouwen toe.
'Siet, dats een Wieringer Sock-lam. Dats een Schager-schaap. Halsknook om d'r halve stuyver. Wil je geen Pens, Koevoet, Nieren? Het smaeckt soo soet. Wil je geen warme Beuling, Bloeling, Pieperling?'
Die smakelijke aanprijzingen van etenswaar staan te lezen in een gedicht van Brederode, de stem van het volk, die *Herenboeken* maar moeilijk te verteren vindt. Er zijn beroemde eethuizen. Zalm in groene saus is de specialiteit van de 'Geleerde Man' te Bennebroek. In hogere kringen begint men met een vork te eten, maar de gewone man eet de vette hutsepot met gebraad, de pens met erwtjes, of de pasteien, nog met de vingers op.
'Smakelijk eten, Jan Janszoon!'
'Ook zo, Cornelisbuur!'
Na afloop pakken ze een glaasje jenever of brandewijn. Dat versterkt de maag. En maagversteviging hebben de inwoners van de Republiek wel nodig, want op feestelijke gelegenheden worden er onvoorstelbare porties naar binnen gewerkt. Negen uur aan tafel zitten voor een goed diner is geen uitzondering. Bij de rijken begint theedrinken een rage te worden: 'Thee is een onfeilbaar middel tegen scheurbuik, keelpijn, koliek, jicht, geelzucht, onwelriekende adem en ontstoken ogen!' zeggen de artsen. Nu 151 schepen jaarlijks naar Indië varen, wordt veel thee gedronken uit Chinees porselein. (3.000.000 stuks porselein bereiken in de eerste helft van de 17de eeuw de handelaren in de Republiek!).

Haast even sappig als Brederode schrijft de deftige P.C. Hooft in het Muiderslot, als hij aan de *Nederlandsche Historiën* werkt. Zijn ganzeveer brengt uitmoording van Naarden door de Spanjaarden beeldend op papier:
'Men rukt de groote poort oopen, leydt eenpaarlijk aan en schiet af, plompverlooren in 't hondert, met gillen en schreeuwen, dat ieder 't hart deed sluyten en de haaren te bergh staan. Dat wordt, bij die van binnen, schichtigh beantwoordt met een kryten en kermen, zuchten en janken, om steen en staal te vermurren. 't Koude zweet breekt hun uit. Werwaarts zy zich keeren, de wanten staan pal en de doodt in de deur!'
In de Muiderkring komen de literaire, kunstzinnige en geleerde grootheden van de Republiek bijeen. Anna en Maria Tesselschade hebben er Joost van den Vondel geïntroduceerd.
'Kan dat wel? Ik bij al dat deftig volk?' heeft Joost zeker gevraagd, want het standsverschil in de Republiek telt zwaar. Het kan! De kring heeft zijn grote talenten erkend.
Constantijn Huygens, secretaris van de prins, de professoren Vossius en Van Baerle (hoogleraar in de welsprekendheid) en raadpensionaris Jacob Cats zijn welkome gasten op het Muiderslot. Het gaat er vrij precieus en vormelijk toe. Vondel heeft er niet veel mee op. Tesselschade schittert in de kring en geniet volop. De briefjes, die Hooft haar schrijft, zijn dan ook charmant:
'Me Joffre,
U.E. heeft hier haere muilen gelaeten. Dit's een leelijke vergetelheit. Want het waere beter, dat U.E. de voeten vergeten had *én* 't geen daer aen vast is... De pruimen beginnen all' teffens te rijpen en te roepen: Tesseltje, Tesseltjes mondtje!'

Nu de geloofsstrijd op zijn eind loopt, heerst er een klimaat van toenemende verdraagzaamheid. Vondel begint over te hellen naar het katholieke geloof — en hangt dat later ook openlijk aan. Er is ook een grotere geestelijke vrijheid voor de remonstranten ontstaan.
'Wordt het niet tijd, dat er door ons een eigen school wordt gesticht, waar onze kinderen onderwijs kunnen krijgen in onze eigen geestelijke sfeer?' hebben de remonstranten zich afgevraagd. In 1632 richten zij met geestverwanten de Illustere School op. Dit Athenaeum wordt de voorloper van de Amsterdamse universiteit.
Dan beschikt de Republiek over vier universiteiten: Leiden (1575), Franeker (1585), Groningen (1614) en Utrecht (1636). Harderwijk komt daar in 1648 nog bij.
De Leidse universiteit is één van de grootste, zo niet dé grootste van Europa. Er studeren zeer veel buitenlanders (52 % van het totaal) en er heerst een indrukwekkende vrijheid van onderzoek. De geneeskunde is er nieuwe paden opgegaan, nu lijken uit het gasthuis worden ontleed. Huiverend stromen de studenten toe, om het snijden op de lijken gade te slaan. Rembrandt schildert de bekende dokter Tulp tijdens een anatomische les.
'En wie is dat lijk, meester Rembrandt?'
'De 29-jarige Adriaen Adriaensz., alias de boef Aris Kindt, die voor geweldpleging de doodstraf kreeg!'

Einde Tachtigjarige Oorlog – Patriottentijd

De Leidse universiteitsdrukkerij van Elsevier heeft Oosterse letterkasten aangeschaft en drukt werken in het Syrisch, Ethiopisch, Chaldeeuws, Arabisch en Hebreeuws. De hoogleraar Golius, officieel tolk van de Staten-Generaal, schrijft brieven in het Arabisch die naar het Nabije Oosten worden gestuurd.

'Bij Allah!' mompelen de islamitische vorsten bewonderend. Zulke stijlvolle, bloemrijke regels lezen zij niet vaak.

Nederlandse waterbouwkundige ingenieurs werken in Italië, Rusland, Polen, Duitsland, Frankrijk en Engeland.

'Good show!' roepen de hovelingen aan het Britse hof verrukt uit, als uitvinder Cornelius Drebbel uit Alkmaar, daar de meest wonderbaarlijke ontdekkingen doet.

'Dit is een onderzeeboot!' wijst Drebbel zelfverzekerd. En waarachtig: het fantastische bouwwerk vaart met roeiers *onder het wateroppervlak*, van Westminster naar Greenwich.

'Dit is een machine, waarmee regen en bliksem kan worden opgewekt!' Drebbel vindt een doeltreffende methode, om wol scharlaken rood te verven met tinzout en karmijn. Hij ontwerpt vuurschepen en bezorgt koning Karel een hoop plezier. Met een vast jaargeld woont hij in Eltham Palace — en keer op keer verrast hij de koning met iets nieuws.

Dat de wetenschap in de Republiek hoog staat aangeschreven, is mede te danken aan goed onderwijs. Toch wordt er veel gekankerd, vooral met betrekking tot de lagere school.

'De klassen zijn overvol!'
'Die slechte behuizing is toch geen doen!'
'En die verrekte schoolmeesters. Die kerels deugen niet!'

Erg verwonderlijk is dat laatste niet. Het salaris van de onderwijzers is laag. Meestal nemen zij er een baantje bij: als doodgraver, klokkeluider, schoenlapper, barbier en zélfs als soldaat.

Verdraagzaamheid heerst óók in het onderwijs. Pater Makeblijde heeft in Delft zonder al te veel moeite een katholieke school opgericht. In Gouda staat een deftig rooms internaat, waar 30 meisjes uit aanzienlijke families les krijgen van geleerde jezuïeten. Hoog adellijke freultjes uit binnen- en buitenland zijn met eigen kameniers te Culemborg ondergebracht in een zeer voornaam instituut. Noten tussen de tanden worden dáár niet gekraakt.

'Best lieve joffers, al zijn ze paaps!' vinden de meeste Culemborgers. De calvinistische soep wordt op vele plaatsen lang niet zo heet gegeten, als hij door sommige predikanten op de kansel wordt opgediend.

'Dewijle de burger klein is, behoort men hem klein te houden!' meent Jacob de Witt, houthandelaar en burgemeester van Dordt. Zijn zoon Johan (die later de Republiek zal leiden) zit op een deftige school. Hij leert daar naast de gebruikelijke vakken, ook muziek, schermen en wordt in het balspel getraind. Jacob de Witt is best tevreden met zijn oppassende zoon, want heel wat vaders gaan bij de opvoeding van hun jongens onder zorgen gebukt.

'Als jij niet wil leren, jongen, en niet deugen wil, dan vaar je maar *voor slecht* naar de Oost!' Dat soort zinnetjes valt herhaaldelijk in Hollandse huiskamers. Ook de zoon van Vondel, die grote schulden maakt, 'vaart voor slecht' naar de Oost. Zijn eens welgestelde vader is er dan beroerd aan toe. De nood drijft hem naar een baantje op de Bank van Lening.

De vader van Rembrandt van Rhijn is niet al te lief en scheutig voor zijn zoon geweest. Van studeren komt niets.

'Ik wil schilder worden!'
'Dat zullen we nog wel eens zien!' Het heeft Rembrandt de grootste moeite gekost zijn ouders te overtuigen. Nu is het zover. Toverend met schaduw en licht is hij zijn carrière in Leiden begonnen. Nu woont hij in Amsterdam, getrouwd met Saskia van Uylenborgh. Hij heeft naam gemaakt, maar de leden van de Muiderkring slaan Rubens hoger aan.

Het lijkt een gouden tijd voor schilders. Iedereen wil een schilderij aan de wand. Dat is een onmisbaar status-symbool.

'Man, het hebt me wat gekost!' zegt de dikke eigenaar van het Herenlogement in Edam. Vol trots toont hij het royale doek, waarop hij met al zijn 450 pond is vereeuwigd.

Haast kinderlijk ijdel poseren de rijk geworden kooplieden met hun gezin voor een schilder van naam. Intens tevreden kijken zij daarna naar de schilderijen aan hun muur. Daar staan ze: wijzend naar hun schepen, omgeven door vrouw en kinderen, of geschilderd tegen een Indisch decor.

Van Goyen, Aelbrecht Cuyp, Frans Hals, Van Ostade, Van der Helst, Ferdinand Bol — en wat later Paulus Potter en Jan Steen — vervaardigen hun doeken voor een deftige regentenkamer of een eenvoudig binnenhuis.

'Hebben ze je goed betaald, Jan?'
'Nee, En ik durf m'n prijzen niet te verhogen!' Rijk worden de grote meesters niet.

De Amsterdamse regenten brengen Rembrandt op de rand van de afgrond, hoewel hij goede jaren heeft gekend. Seghers raakt aan de drank.

'Hij weet van Teeuwes noch Meeuwes!' wijzen de mensen, als Seghers zwaar beschonken door de straten sliert.

Frans Hals, Ruysdael en Hobbema zijn herhaaldelijk afhankelijk van de liefdadigheid. Jan Steen sterft arm. Vermeer heeft nog een schuld staan bij de bakker van 600 gulden, als hij berooid zijn kist in gaat.

'Gaan we ergens pannekoeken eten?' klinkt het op zon- en feestdagen, als een deel van de stadsbevolking naar buiten trekt.

'Hé nee, we zouden toch gaan zeilen?'
'Ik wil zo graag de kinderen in hun bokke- en hondewagentjes zien!'

Kinderen kijken hun vader smekend aan, als er op zondag plannetjes worden gemaakt. De kans is groot, dat hij gaat vissen.

Tal van balspelen winnen aan populariteit: kaatsen, kegelen, het klosspel (een soort croquet met de hand). In de winter is het vooralf kolf — de voorloper van ijshockey — dat met een klein rond balletje op het ijs wordt gespeeld.

'De twaalfstedentocht gaat door!' zeggen de burgers opgewekt, als het hard heeft gevroren. Die tocht van 200 km door het gewest van Holland heen, is nu één van de hoogtepunten uit het winterseizoen.

'Wedden dat Cornelisz Neliszoon wint?'
'Wedden van niet?' Bij de koekenzopies worden de duiten ingezet.

Ondanks het verzet van de predikanten, houdt het volk aan oude, katholieke feestdagen en gebruiken vast:

Sint-Martijn! Sint-Martijn
Heden most, maar morgen wijn...

Het feest van Sint-Maarten, op 11 november, brengt de gezinnen rond prachtig verlichte tafels voor een maaltijd van pannekoeken, mispels, gebraden gans en wijn.

Het Sinterklaasfeest wordt alom uitbundig gevierd met peperkoeken, drinkpartijen, gehos en gedans. Ze eindigen herhaaldelijk in dol rumoer.

Daar is het feest van Driekoningen. En Pinksteren. Dan kiezen de jongelui het mooiste meisje tot Pinksterbruid. Op de zaterdag vóór Pinksteren zijn de kinderen in alle vroegte opgestaan. Met rode wangen van opwinding slaan zij op iedere deur. Ze gooien stenen naar de ruiten van de huizen in de buurt:

Luilak
Slaapzak
Beddezak
Kermispop
Staat om negen uur pas op!

Al die kinderen — en de vrijmoedigheid waarmee zij zich bewegen — vormen eveneens een aspect van het leven in de Republiek, dat buitenlandse bezoekers keer op keer in verbazing brengt. Wat hen ook opvalt: dat de Hollanders met zeer gewaagde speculaties snel rijk trachten te worden en dat de liefde voor bloemen tot een nationaal verschijnsel is uitgegroeid. Die twee láátste eigenschappen geven aanleiding tot een krankzinnig drama, dat na Frederik Hendriks mislukte veldtocht naar Brussel in Holland wordt opgevoerd:

Holland in de winter van 1636: in alle steden zijn bloemenwinkels, die zelfs in de winter met bloemen en planten zijn gevuld. In heel wat tuinen is ijverig geploeterd met saffraanplanten, lelies, violen, crocussen, rozen of maagdenpalm. En dan opeens raakt iedereen vervuld van de tulp.

'Kijk nou toch eens. het wordt een paarsgevlekte!'
'Ik heb een roodgevlamde!'

Door een virus zijn bij de tulp variaties ontstaan, die de Hollanders volledig op hol doen slaan. Dat anders zo nuchtere volk raakt geheel van de kook bij het zien van de helderwitte, gele, bruine, rose-gestreepte bloemen. Al die verschillende tulpen krijgen namen en worden met geschilderde voorbeelden in fraaie catalogussen vermeld: 'Semper Augustus... Wonder... Admiraal Pottebacker... Generaal der Generalen!' En daarnaast de meer bizarre benamingen: 'Laprock, in zijn harlekijnspak. De Gele van Catoleyn!'

Tientallen soorten komen in omloop. Een rage ontstaat. De prijzen lopen tot ongekende hoogte op. Helemaal door het dolle heen van de gemaakte winsten, begint een windhandel, die er niet om liegt.

'Ik bied 3000 voor de Semper Augustus! Ik 4000!'
'5000 gulden voor die ene bol!'

Een gek te Hoorn verkoopt zijn huis voor drie beroemde bollen en is er nog gelukkig mee. En dan stort iedereen zich in de handel.

'Harmen, man, wat bezielt je?' roept een vrouw, als haar man met een schop zijn tuin in rent.

'Bollen kweken!' roept Harmen en driftig spit hij zijn tuintje om. Bezeten door de gigantische prijzen, nemen tallozen de schop ter hand. Schoolmeesters, studenten, slagers, bakkers, arminianen en contra-remonstranten ploegen verbeten hun tuintjes om.

'Buurman, heb je het gehoord?'

'Wat?'
'Een Amsterdammer heeft met bollen kweken in enkele maanden voor 60.000 gulden uit zijn achtertuin gehaald!'
'Da's toch niet te geloven,' antwoordt de buurman, die met hard werken amper 200 gulden per jaar verdient. Het is om gek van te worden. En dat worden ze ook. Men leent geld, zoekt naar nieuwe variaties, zet kinderen aan het werk. Mensen tonen zich bereid àl hun bezit in te zetten voor één oogst.
'Die bol *Vice-Roi* wil ik hebben!' zegt een kerel.
'Dat gaat je kosten!' bromt de kweker. Samen gaan ze naar de notaris en maken het koopcontract (voor die éne bol!) op. De prijs voor de Vice-Roi: 'Twee last boekweit, vier last rogge, twee okshoofd wijn, vier vette ossen, acht varkens, twaalf schapen, vier ton bier van 8 gulden, twee ton boter, 1000 pond kaas, een pak zondagse kleren en een zilveren drinkbeker!' De kweker wrijft zich vergenoegd in de handen, als hij de buit heeft binnengehaald. Hij is op slag in goeden doen. Er worden in minder dan geen tijd fortuinen gemaakt.
'Man, ik heb kerels gezien, die nog geen jaar geleden als boerenarbeiders en schooiers langs de weg gingen,' vertellen verstelde burgers elkaar. 'En nu zie je ze in kakelbonte, maar zeer dure kleren gestoken en rondrijden in een karos met twee vurige paarden bespannen!'
De bollen-beurzen in herbergen en kroegen worden door heel wat goklustigen gretig bezocht:
'Ik bied 4400 gulden voor de Admiraal Liefkens!'
'Hier, 2025 gulden voor de Purper Bruin!'

'1800 gulden voor de Generaal van Eyck!'
De duurste bol, ooit verkocht, is de Semper Augustus. Op een dag gaat die ene bol voor het kapitale bedrag van 13.000 gulden van de hand. Dat is voor zestig maal het jaarloon van een werkman!
In de taveernes gonzen de opgewonden stemmen van de kopers en verkopers.
Bollen gaan per dag soms tien keer van de hand. En steeds voor een hogere prijs.
En opeens valt de klap. Een bloemist blijft zitten met een bol van 1250 gulden. In paniek reizen speculanten nog van her naar der, om hun voorraad te verkopen aan een domoor, die nog van niets weet. Binnen enkele weken is een bol van 4000 gulden geen 50 gulden meer waard. Dan is de windhandel uitgeraasd.
''t Is me wat geweest, buur!'
'Zeg dat!' lacht de buur. Hij heeft een aardig kapitaal gemaakt en is op tijd gestopt.
Heel wat families hebben al hun bezit verloren. De faillissementen zijn niet van de lucht!

Al waar de wind ons voert, na alle zeeën en kusten
Gewinzicht liet tot nu, geen haven onbezocht...

Dat dicht Vondel. Hij heeft gelijk. De zucht naar gewin is groot. 'Die maaien wil, dient eerst te zaaien!' schrijft Antonie van Diemen aan de bewindhebbers van de Oostindische Compagnie. Hij is de nieuwe gouverneur-generaal in Indië en breidt de macht daar gestadig uit. Maaien doet hij ook: hij maait de Portugezen uit de Molukken en verovert Malakka en Ceylon. Onder zijn krachtige leiding stijgen de aandelen van de VOC tot 500 %.

De zaken van de Westindische Compagnie gaan minder goed. In het jaar 1636 is Johan Maurits van Nassau met 3000 man en 12 schepen naar Brazilië gegaan. Hij toont zich daar een voortreffelijk landvoogd. 'Stuur mij predikanten, onderwijzers, bouwmeesters en schilders!' schrijft hij naar de Republiek. Hij laat huizen bouwen en legt wegen aan. Nederzettingen en handelsposten worden door hem gesticht. Graaf Johan Maurits koestert grootse plannen, maar werkelijke steun blijft uit. 'Geen volksplantingen. Alleen maar handel!' is de stelregel van de Hollandse kooplieden. Acht jaar later keert Maurits terug — bitter klagend, dat hij van de heren bewindhebbers totaal geen medewerking heeft gehad. De aandelen van de WIC zijn dan al beneden hun nominale waarde gedaald.
Toch heeft de graaf zich in die korte tijd zeer verdienstelijk gemaakt. Hij heeft de Hollandse macht bevestigd op Curaçao (een gunstig gelegen haven voor de vloot!), op St. Maarten (belangrijk om zijn zoutwinning!) en in Suriname, dat tot een centrum van de slavenhandel is uitgegroeid.
De slavenhandel! Het is mensonterend en het gebeurt. Opeengehoopt in propvolle ruimen maken de stumperds een reis over de oceaan, die veel van een nachtmerrie heeft.
'Unkulunkulu!' Ze roepen de Grote Geest aan, als het schip heen en weer danst in een storm. Ze braken langs en over elkaar heen, want ruimte hebben ze niet.
'Ninavanhu-Ma!' Hulpeloos smeken ze de Grote Moeder, de godin van de schepping, om kracht, als ze zich moeten wentelen in hun eigen vuil. Twee aan twee zijn zij aan

Schilderij van Jan Bruegel de Jonge op de tulpomanie, die in de jaren dertig van de 17de eeuw in Holland woedde.

Einde Tachtigjarige Oorlog – Patriottentijd

Een Nederlandse plantage in Bengalen, door H. van Schuylenburgh. De koopman op de muur links is waarschijnlijk Rogier van Heyningen, die tussen 1663 en 1665 hoofd was van de kamer van Bengalen van de VOC.

elkaar geboeid en de latrines bezoeken kunnen ze niet.
'Marimba, Mpushu, Lukiko...' Jammerend en klagend roepen zij naar elkaar, als pijnen ondraaglijk zijn. Rode loop. Gele koorts. Scheurbuik. Pokken. De dood!
In noodweer blijven de luiken soms lange tijd dicht. En als ze eindelijk opengaan, kijken de matrozen in het ruim. Zélfs zij geloven soms hun ogen niet. 'Grote God, bootsman...' Ze zien de negers, liggend in hun braaksel, uitwerpselen, bloed. Soms is de helft gestorven, vergiftigd door de stank. Ratten hebben bij de lijken vingers, oren en tenen weggeknaagd.

Wat levend aankomt, gaat in Suriname de slavenmarkt op. Ze staan daar op stellages en worden van voren en van achteren door de kopers betast. Sommigen proberen te ontsnappen met een zelfmoord. Met grote wilskracht houden enkelen een hongerstaking vol. Zij weigeren voedsel.
'Vooruit, open die muil!' schreeuwen de opzichters, want aan dode slaven hebben ze niets. 'Verdomme, Klaas, ik krijg er zelfs geen mespunt tussen. Zó houdt die roetmop zijn tanden op elkaar!'
'Probeer het met gloeiende kolen, Cornelis. Dan gaat z'n bek wel open en dan vreet-iewel!'
Daar staan ze op de stellages, opgevijzeld door de handige handelaars. Grijze haren zijn zwart geverfd. Andere gebreken zijn met foefjes verdoezeld. 'Wie biedt, wie biedt er voor die sterke vrouw? Niemand meer dan 50 gulden? Eéénmaal, andermaal... verkocht!'
Kamango, die eens houtsnijder was, Dambisa-Luwewe, eens onmisbaar als spion voor zijn stam, Mbewu, de machtige jager en Tetiwe, een kleindochter van de grote medicijnman, zijn thans niet meer dan 25 tot 70 gulden waard. En soms niet eens!
Wie bij de verkoping overblijft, wordt aan zijn lot overgelaten en mag, als oud vuil sterven aan de kade.
'O, Indaba, mijn kinderen!'

Handel is handel en geld stinkt niet. In de Republiek gaan ze er dan ook stevig tegenaan.
'Ik ben niet naar Azië gekomen om hooi te vreten!' zegt de Zeeuwse regentenzoon Pieter Nuyts. Wegens wangedrag wordt hij uit Formosa weggetrapt. Omdat zijn familie zeer invloedrijk is, ontvangt hij toch 18.000 gulden van de compagnie.
Het zijn sterke benen, die de weelde kunnen dragen. Een aantal benen is niet sterk genoeg. Er sluipt corruptie in het leven en de prachtige eenvoud van de allergrootsten — die zo kenmerkend was, toen de tachtigjarige oorlog begon! — begint zachtjes aan verloren te gaan. Het directe, eigen voordeel weegt zwaarder, dan de belangen van het land.
De Franse wijsgeer René Descartes schrijft vanuit Amsterdam naar een vriend: 'In deze grote stad, waar behalve ikzelf niemand woont die geen handel drijft, is iedereen dusdanig op eigen voordeel uit, dat ik hier mijn hele leven zou kunnen doorbrengen, zonder ooit een sterveling te ontmoeten!'
In de kerken prediken de predikanten over de vergankelijkheid van het bestaan: 'Het is lichter, dat een kemel ga door het oog van de naald, dan dat een rijke inga in het Koninkrijk Gods!'
In die korte tijd die hun gegeven is, willen de godvruchtige kooplieden niettemin de buit toch heel graag binnenhalen, zolang er kansen zijn. Nog zijn hun benen sterk.
Maar voor hoelang?

O, Tromp, men zal uw deught trompetten

In januari 1637 ontvangt Frederik Hendrik van de Franse koning een lang gewenst nieuwjaarsgeschenk:
'Son altesse!' is de betiteling, die Lodewijk XIII hem toebedeelt.
Kleinere souvereine vorsten en prinsen van den bloede worden met die woorden aangesproken.
'Zijne hoogheid!' De leden van de Staten van Holland, toch al als de dood voor de monarchale aspiraties van de prins, zijn er niet erg gelukkig mee.
'Dat wij hem Doorluchtige Hooggeboren vorst noemen, is toch zeker mooi genoeg?' vinden zij oprecht. Het gaat echter om een fijne nuance en de titel 'Hoogheid' blijft.
'De afstand tussen ons en hem moet toch niet te groot worden,' denken de gedeputeerden van de Staten-Generaal bezorgd. Wellicht uit reactie, kennen zij zichzelf de titel 'Hoogmogende Heeren' toe.
De leden van de Raad van State moeten het met 'Edelmogende Heeren' doen.
Steeds sterker begint de titulatuur zich in het leven te nestelen: hoogedel en weledel hooggeboren en edelgeboren — al zijn alle mensen naaktgeboren met eenzelfde vel. Als een lid van het Hof van Holland een brief ontvangt, staat op de enveloppe: 'Erntfeste, hoochgeleerde, wijse, discrete, zeer voorsinnighe heere, Mijne Heere Mr. X, Advocaat fiscael van den Hove van Hollant. In Den Hage.'
Alsof het geen oorlog is, raakt het leven met de etiquettekwesties bezwangerd. Ze wegen uitermate zwaar.

Zijne hoogheid prins Frederik Hendrik slaat in 1637 het beleg voor Breda. In twee maanden tijd sneuvelen 850 man. Ongeveer 1350 soldaten raken gewond. De kanonnen van de prins vuren meer dan 23.000 schoten af. Bijna 400 zware kogels dreunen iedere dag op de stad neer. Een totaal van 320.000 pond kruit.

Maar dan is het ook gebeurd. Breda capituleert. Grote vreugde in de Republiek! De blijdschap wordt echter weer wat getemperd door het verlies van Venlo en Roermond. Voor de inwoners valt zo'n overgang vrij zwaar: 'Fonske, Franciscus, wat een bestaan,' zuchten ze in de steden in het grensgebied. 'Zo hoor je bij Brussel en dan weer bij de Republiek. Zó luister je naar een pater, dan weer naar een predikant. Bij Sinte Thomas, de kop loopt me ervan om!'

Het is ook een wisselvallig bestaan in die steden, die zich steeds weer moeten schikken naar de eisen van een nieuwe magistraat, of naar de grillen van een nieuw garnizoen.

26 Graven van Nassau dienen in het leger van zijne hoogheid de prins. Zij vermaken zich best met de Duitse, Franse, Engelse, Poolse, Deense en Italiaanse edelen, die er als officieren zijn aangesteld. Het zijn zwierige kerels met bepluimde hoeden, degens opzij en fraaie sjerpen om het lijf. 'Comt an dan, man. Hier zijn schoon vroukens in 't gespan!'

'Si, jawohl, oui, yes...' Zorgeloos vrolijk stappen ze de kroegen in. Ze zetten Den Haag herhaaldelijk op z'n kop.

De glans der rijken steekt schril af bij de ontstellende armoede die op vele plaatsen heerst.

'Een aalmoes, hoogedele heer!' Overal klinkt die aloude roep. Smekend om eten en geld stropen duizenden bedelaars het platteland af. In de steden met veel nijverheid, huist het volk in krotten: geplaagd door ratten en geteisterd door tyfus en pest.

In Haarlem leeft één op de zeven gezinnen van de armenzorg en diakonie. Nog erbarmelijker is de toestand in Leiden: een derde deel van de bevolking is aangewezen op liefdadigheid. Armoede leidt vaak tot diefstal, want nood breekt wet. De misdadigheid neemt toe:

'Dit loopt de spuigaten uit. Een mens kan 's avonds nauwelijks meer alleen over straat,' kankeren de welgestelden. 'Waarom grijpt die verrekte schout niet in?' Maar die verrekte schout en zijn rakkers kunnen het aantal landlopers, bedelaars, zakkenrollers en tassensnijders niet meer aan. Toch worden nog heel wat ongelukkigen gepakt.

'Het is kwaad stelen, waar de waard een dief is,' mopperen ze onder elkaar. En inderdaad: enigszins slaat die zegswijze op het leven in de Republiek. Wat de hongerigen in het klein doen, bedrijven enkele regenten op grote schaal.

'Voor geld zullen ze in de hel varen tot de zeilen branden!' zeggen de kleine burgers over sommige kooplieden, die in hun zaken werkelijk schaamteloos te werk gaan.

'Héé, Jacob Druiloor? Weet je, dat die werf schepen voor de Duinkerkse zeerovers bouwt?' Jacob Druiloor knikt. Hij weet het allang.

'Die grote heren,' zegt hij bitter en spuugt een pruim naar de grond. 'Ze smokkelen de hele wereld bij elkaar. En ze knoeien ook nog met de rantsoenen van het varend personeel. Als ze de kans kregen, zeilden ze nog m'n broek van me gat!' Jacob Druiloor doet zijn bijnaam alle eer aan, maar

De uittocht op 10 oktober 1637, na de overgave van Breda aan Frederik Hendrik. Zilveren beker in 1648 vervaardigd te Sneek.

Einde Tachtigjarige Oorlog – Patriottentijd

Maarten Harpertszoon Tromp (1598-1653). Anoniem schilderij.

ziet de toestand wel wat zwart. Hoewel...

De *hoogmogende heer* Musch, griffier van de Staten-generaal, verkoopt ambten en wendt voor geld zijn invloed bij anderen aan.

'Excellentie, ik heb nieuws voor u!' zegt hij keer op keer tegen de ambassadeur van Portugal. Voor geld verkoopt hij geheimen van de staat. Iedereen weet het. Toch blijft de hoogmogende heer Musch rustig zitten op zijn kussen van fluweel. Zijn gedrag is echter een uitzondering. In de meeste koninkrijken van Europa is het met omkoperij en corruptie veel erger gesteld.

'In de Republiek gaat het in het openbare leven onkreukbaar eerlijk toe,' menen heel wat buitenlanders. Hoewel...

'Luister goed,' klinkt het in een hoek van een havenkroeg. Een stem daalt. 'Eind maart vaart een vloot uit. Rijk beladen schepen voor de Levant. Zeg ze dat!' In de Hollandse en Zeeuwse havensteden zitten agenten, die voor geld de Duinkerkse kapers op de hoogte brengen van de vaarschema's van de koopvaardij. Zo weten de zeerovers meestal precies, wanneer zij een goede slag kunnen slaan. Niet voor niets zijn de verzekeringspremies voor schepen en ladingen gestegen van 2 tot 10 %. De vloot is niet doeltreffend. Aan het hoofd staat een onbekwame, adellijke admiraal.

Een aantal kapiteins toont zich onbetrouwbaar op zee. En op het land: 'Frauden en dieverijen!' vloeken de matrozen van de oorlogsvloot, want steeds weer wordt er met hun gage en voeding geknoeid. Omdat de gevechtskracht van een aantal eskaders verloren is gegaan, treden de Duinkerkers brutaler op. Allengs durven nog maar 10 van de 50 schelvisvaarders uit Maassluis de zee op te gaan. Van dat kleine aantal worden er tóch nog twee gepakt.

Op aandringen van het gewest Holland, benoemt zijne hoogheid tenslotte twee ervaren 'pikbroeken' tot hoofd van de vloot: Maarten Harpertszoon Tromp, luitenant-admiraal, en Witte Cornelisz. de With, vice-admiraal. Met krachtige hand herstellen zij de orde en de krijgstucht op de oorlogsbodems van de republiek..

'Laat kijken, man!'
'Flikker nou es op!'
'Héé, laat 's zien?'

De matrozen verdringen zich om een maat, die een lijst met de nieuwe gages te pakken heeft gekregen. Daaruit blijkt tevens, hoe Tromp en Witte de With zich de verhoudingen aan boord van de schepen hebben voorgesteld:

'Lijste, waer na de Capiteynen, Officieren ende Matrosen sullen gegageert worden ter Maendt:

De Capiteyn	100
Stuyrman	36
Luytenant	25
Schipper	24
Schrijver	16
Barbier (chirurgijn)	24
Hoochbootsman	22
Timmerman	30
Constapel	22
Zeylmaecker	14
Constapelsmaet	15
Hoochbootsmans Maet	15
De drie Quartiermeesters elcx veertien gulden	42
Corporael	14
Provoost	12
Bottelier	22
Sijn Maet	15
Kock	21
Sijn Maet	14
Twintig Matrosen tot elf gulden	220
Veertich tot tien gulden	400
Ses half-wassen braemssens tot vijf gulden	30
Trompetter	20
Lootsman	36
Een jongen tot vier gulden	4

En nou maar zeilen, maets! met 90 koppen op één schip voor 1193 in de maand. 'Op naar de Duinkerkers!'

Tromp kan die kapers wel vreten. Als jongen aan boord van het schip van zijn vader, is hij door zeerovers gevangen genomen op de Afrikaanse kust. Twee jaar lang heeft hij als jochie een zeerover-kapitein als kajuitjongen gediend. Tevens heeft hij meegemaakt, hoe de grote Piet Heyn in een gevecht tegen de Duinkerkers om het leven kwam.

Wie vreest nu schutgevaert of scherp
Of zeegevaerte en watersmetten?
O, Harpertszoon, ghy zijt ons harp
O Tromp, men zal uw deught trompetten
U komt een Scheepskroon toe van goud...

Een gouden scheepskroon voor Tromp, meent Vondel, als een schitterende staat van dienst zich met glorierijke overwinningen en kleurrijke anekdotes aaneenrijgt. Met een smaldeel van slechts elf schepen boort hij een vloot van twintig Duinkerkse zeilen in de grond. En, nóg indrukwekkender baant Tromp de weg naar vrede:

Het Kanaal, september 1639: Met gegeide grootzeilen, de marszeilen op de rand gelopen, wacht Tromp met 18 schepen een Spaanse Armada op. Hij weet precies, hoe sterk de naderende vijand is. Een omgekochte secretaris van don Ferdinand aan het Brusselse hof — en geheime agenten — hebben dat aan de leiders van de Republiek gemeld:

'67 Zware galjoenen met 1700 kanonnen en 24.000 matrozen en soldaten aan boord, hebben onder bevel van don Antonio d'Oquendo de haven van Coruna verlaten!'

Daarmee wil Spanje een laatste poging doen om de Republiek te verslaan.

Terwijl de Hollandse schepen op de golven dobberen, komt de machtige Armada in zicht. Een seinvlag gaat de mast in: 'Krijgsraad!'

De kapiteins en Witte de With begeven zich naar het admiraalsschip. Zij besluiten tot de aanval over te gaan.

15 September: De kanonnen bulderen. Op zoek naar gunstige posities koersen de schepen urenlang langs elkaar heen. 'Terugtrekken!' seint d'Oquendo. Hij heeft opdracht een zeeslag te vermijden en dirigeert nu zijn schepen naar de Engelse kust.

17 September: Windstilte. Doelloos gedobber.

18 September: 'De wind steekt op,' meldt de wacht. Tromp besluit die kans te grijpen.

Wéér branden zijn kanonnen op de vijand los. Met gehavende schepen zoekt de Spaanse Armada veiligheid tussen de gevaarlijke zandbanken van Goodwin Sands, op de rede van Duins. Dat is neutraal gebied.

Tromp stuurt bericht naar het vaderland. Hij vraagt om instructies.

'Mag ik de Spanjaard op de rede van Duins aanvallen?' Een Engelse vloot — 30 schepen onder admiraal Pennington — kijkt vol argwaan toe, dat de neutraliteit van Engeland niet wordt geschonden. Bovendien zijn de Britse forten aan de kust goed bemand. 'Stuur mij versterkingen!' vraagt Tromp met klem.

21 September: De Staten-Generaal hebben de toestand overwogen. De gedeputeerden aarzelen niet:

'Tracht de Spangiaerts beset te houden. In geval de mogelijkheid zich zal presenteren: de vijand aanvallen, sonder eenig aenschouw oft reguardt te nemen op de havenen, reeden oft baayen van het Engelse Koninkrijk!' Nu er zich zo'n geweldige kans voordoet, hebben de Staten-Generaal lak aan de Engelse neutraliteit.

'Houdt deze opdracht wel geheim!' luidt het advies. En dan gaat de Republiek met man en macht aan het werk, om de vloot van méér schepen, branders, én scheepsvolk te voorzien. Nicolaas Witsen, een grootkoopman en regent te Amsterdam, beschrijft de koortsachtige bedrijvigheid:

'De kaaien, havens en scheepstimmerwerven van Holland en Zeeland woelden en grimmelden van nieuwe toerustingen te water en te land. Het scheen niet of men schepen timmerde, maar of ze vanzelf groeiden. Men zag geen werving van matrozen, maar hen vanzelf in de schepen vallen!'

'Kom op, man. We gaan vechten waar Tromp is!' klinkt het in de havens. 'Vooruit, maats! We kunnen buit halen waar Tromp is!' Van alle kanten stroomt zee- en krijgsvolk toe. Schepen worden te leen gevraagd voor de vloot. Kanonnen en mortieren worden in rusteloos tempo gegoten en munitie wordt in grote hoeveelheden

gekocht. Zodra één schip gereed én bemand is, kiest het zee. De Statenvlag wappert van de campagne. Van week tot week groeit de vloot van Tromp aan: 40 schepen. 50 schepen. 60 schepen en 11 branders.
'Levert toch slag!' Keer op keer daagt Tromp de Spaanse vlootvoogd uit. Om zijn eer te redden bedenkt d'Oquendo uitvlucht na uitvlucht:
'Mijn masten en stengen liggen te Dover in reparatie!'
'Ik zal ze laten halen,' antwoordt Tromp. Hij stuurt enkele schepen met die opdracht weg.
'We hebben geen kogels en geen kruit!'
'We zullen het brengen!' Desondanks blijft d'Oquendo veilig achter de zandbanken van Goodwin Sands. Zo gaan ruim drie weken voorbij.

Half oktober hijst een matroos een rode vlag in de mast.
'Krijgsraad!' Witte de With, Joost Banckert, Jan Evertsen, Jan van Galen, Joris Cats en anderen laten zich naar het vlaggeschip roeien.
'We vallen aan, zodra de wind naar het westen draait!' zegt Tromp. Dan heffen ze de glazen voor een 'dronk van getrouwicheyt'. En misschien bewondert Jan van Galen nog even de leghoenders, die admiraal Tromp iedere ochtend zelf voert.

21 Oktober: Bij het eerste daglicht zet de vloot — gegroeid tot 95 schepen en 11 branders — in volmaakte slagorde de aanval in.
'Wat zullen de Engelsen doen, maat?'
Tromp heeft Pennington wel gewaarschuwd. Toch houdt Witte de With de Britse vloot met een sterk smaldeel in het oog.

De trompetters, van 20 gulden in de maand, blazen hun signalen over het dek. De kanonniers staan achter de kanonnen opgesteld.
'Doorschiet ze in hun nest!'
'We zullen die Spanjolen raken!'
Het gevecht ontaardt in een slachting. 40 Spaanse schepen worden in brand geschoten of vernield. 14 galjoenen worden buitgemaakt. 5000 doden. 1800 gevangenen. Tromp verliest slechts één schip en niet veel meer dan 100 man.
'Caramba!'
Dankzij een zware mist kan d'Oquendo met 10 schepen naar Duinkerken ontkomen.

De strandjutters aan de Engelse kust slaan een hele beste slag.

'Op 9 november dankdag aan God!' proclameren de leiders van de republiek. Dat mag ook wel: Spanje heeft vrijwel opgehouden een zeemogendheid te zijn. Daarom luiden de klokken en verspreiden de pektonnen hun feestelijk licht. Op de Vijverberg in Den Haag bulderen zestig kanonnen een eresaluut.
'Daar gaat-ie!' roept het juichende volk bij het Binnenhof.
'Kan je het zien, Michiel?'
Op de vijver drijft het nagebouwde Spaanse admiraalsschip, met vlaggen en wimpels versierd. Een kleine brander met de Statenvlag zet het gevaarte in brand.
'Hoera! Hoera!'

In Spanje wordt wat anders over de slag bij Duins gedacht. De inwoners van San Se-

Boeren in een herberg, door A. Van Ostade (1662).

De slag bij Duins op 21 oktober 1639, door Willem van de Velde de Oude.

Einde Tachtigjarige Oorlog – Patriottentijd

Willem II met zijn vrouw Mary Stuart, dochter van de Engelse koning Karel I. Schilderij uit het atelier van Anthoniy van Dijck.

bastian trekken voor don Antonio d'Oquendo een fraai standbeeld op. Het krijgt een even fraai onderschrift: 'Door zijn vijanden zelf voor onoverwinlijk verklaard!'

Met gebeurtenissen uit de geschiedenis kan men alle kanten op.

De slag bij Duins, schending van de Britse neutraliteit, heeft in Engeland geen gevolg. Koning Karel I bevindt zich in een moeilijk parket. Schotland is in opstand. (Die opstand zal overslaan naar Engeland en brengt daar later de harde puritein Cromwell aan de macht!) In die geladen sfeer kan Karel I geen vuist maken tegen de Republiek. Integendeel! Hij zoekt er steun. Ondanks Duins komt daarom de verloving tot stand tussen de 15-jarige prins Willem en Karels 10-jarige dochter Maria Stuart. Dit is een groot succes voor Frederik Hendrik. Zijn dynastieke politiek is met succes bekroond, zoals de verloving bewijst. (Zijn dochter Louise Henriëtte zal in 1646 met de Grote Keurvorst van Brandenburg trouwen!) In mei 1641 zeilt de prins met een schitterend uitgeruste, indrukwekkende oorlogsvloot van 20 schepen over de Noordzee. Hij ontmoet zijn kleine bruid. De hofdames kijken vertederd toe.

Het huwelijk stuwt het aanzien van Frederik Hendrik nog verder omhoog. Het plaatst hem háást op voet van gelijkheid met de grote vorsten in Europa — al zien die, als op een parvenu, nog wel wat op hem neer.

'Wat moet dat worden?' verzuchten vele regenten bezorgd. Vol wantrouwen beloeren zij het zwierige, verfranste hof. 'Het eigen belang van Zijne Hoogheid druist in tegen de belangen van de Republiek!'

En dat is waar. De prins steunt de benarde Karel I. Die toenaderingspolitiek tot de grootste handelsconcurrent van de Hollandse kooplieden zint de regenten niet.

Tussen hen en Frederik Hendrik begint zich een kloof af te tekenen, die gaandeweg groter wordt!

De slag bij Duins heeft tot gevolg, dat Spanje nu naar vrede zoekt. Het eens zo machtige wereldrijk stort langzaam ineen: Portugal maakt zich van Spanje los. Catalonië dreigt zich zelfstandig te verklaren. Opstand gist in Italië, in de gebieden van het Spaanse rijk. Indië is verloren gegaan. In de West wordt Spanje ernstig bedreigd. 'Mil demonios!' Er staat een bankroet voor de deur. En dan zijn er nog de Zuidelijke Nederlanden, die bekneld liggen tussen Frankrijk en de Republiek.

'Wat wij nodig hebben is vrede!' beslissen de raadgevers aan het Spaanse hof. De Republiek toont zich wel bereid, maar bondgenoot Frankrijk niet.

'Vrede? Geen denken aan,' vindt kardinaal de Richelieu. De afspraak is gemaakt, dat alleen *gezamenlijk* een vrede gesloten kan worden. Richelieu hoopt de Republiek nog voor het karretje van zijn eigen politiek te kunnen spannen. Maar de voorstanders van de vrede wroeten voort. Munster en Osnabrück lijken geschikte plaatsen voor onderhandeling. De paus en Venetië bieden hun bemiddeling aan. En dan moeten de bondgenoten Frankrijk, Zweden en de Republiek maar zien, of zij met hun tegenstanders Spanje, de keizer en de katholieke Duitse vorsten, de grote Europese oorlog kunnen beëindigen.

Ministers en hun adviseurs stellen de eerste memoranda op.

'Wij moeten uitgaan van het vaste en onafwijkbare besluit, de algehele vrijheid te proclameren van het katholieke geloof. Hiervan mag op geen enkele wijze worden afgeweken!' meent het hof in Spanje. Ze voegen daar echter voor zichzelf aan toe: 'Alleen als het niet anders kan, dan vinger voor vinger toegeven!'

Ook Amalia van Solms doet haar best voor de vrede:

'Mijn hart,' schrijft ze naar haar man in het leger. 'Ik wilde, dat ik bij je kon zijn om te weten, of men binnenkort vrede gaat maken. Ik wens het met mijn gehele hart, want ik geloof dat het in ons voordeel is'

Op naar de vrede van Munster

Ons voordeel! Dat slaat niet op de Republiek. Wat Amalia voor ogen heeft, is uitsluitend het belang van het Oranjehuis.

In de Zeven Provinciën is de stemming (als altijd) verdeeld.
'Geen vrede!' is de mening in het gewest Zeeland. Door té veel reders en schippers wordt daar van de kaapvaart geprofiteerd. Alleen al te Vlissingen hebben 3500 man, met 27 kaperschepen, er een behoorlijke boterham aan. Vrede brengt die boterham ernstig in gevaar.
'Geen vrede!' vinden ook de Zeeuwse calvinisten. Zij koesteren nog steeds het ideaal om de Zuidelijke Nederlanden te veroveren en er 'de ware kerk' te grondvesten.
'Ja, wel vrede!' zeggen de kooplieden in Amsterdam. Zij krijgen er genoeg van hun geld te verslingeren aan de kostbare oorlog.
'Vrede geeft ons het wereldmonopolie van zeehandel en vrachtvaart!' En tegen die achtergrond houden zij hun handen steeds strakker op de beurs.
'Wil men geen middelen verschaffen tot de oorlog, zo mag ik het rapier wel nederleggen,' bromt Frederik Hendrik wat wrevelig, maar ook hij legt zich bij het vredestreven neer.

Aarzelende toenaderingen. Achter de rug van Frankrijk om, reizen Spaanse onderhandelaars naar de Republiek om voorstellen te doen.
'Laat het bondgenootschap met de Fransen toch in de steek!' adviseren zij gedeputeerden, de prins van Oranje en de machtige kooplui in Amsterdam. Er wordt gekonkeld. Er worden mensen omgekocht. Met allerlei kuiperijen begint het lange, moeilijke spel, waarin de vrede moet winnen. Maar de oorlog duurt nog voort...

Diep triest liggen de Zuidelijke Nederlanden als een prooi voor de troepen van Frankrijk en de Republiek. Geld ontbreekt. Soldaten om een tegenoffensief te beginnen zijn er niet.
De Fransen nemen Atrecht. Zij veroveren La Bassée, Lens, Bapaume. De dappere landvoogd don Ferdinand doet al het mogelijke, maar pokken maken onverwacht een eind aan zijn leven.
Dan nemen de Fransen óók nog (het toen Luxemburgse) Thionville.
Haast nog vernederender voor de Zuidelijke Nederlanden is de nieuwe landvoogd, die koning Filips IV naar Brussel wil zenden: Het is zijn bastaardzoon don Juan van Oostenrijk, oud... 14 jaar!
'Wat denken ze daar in Spanje dat we zijn?' vraagt men zich nijdig af.
Frankrijk wakkert de verbitterde stemming aan.
Richelieu is in 1642 gestorven. Zijn opvolger, kardinaal Mazarin, koestert nu het plan om van de Zuidelijke Nederlanden een bufferstaat te maken en de hertog van Orléans daar te laten uitroepen tot souverein vorst.
'Tracht een opstand uit te lokken,' heeft hij tot de graaf van Egmont gezegd. En die gaat aan de slag.
'Werpt het Spaanse juk af! Herneemt de onafhankelijkheid!' Dat staat op pamfletten die Frankrijk naar het noorden stuurt. De Zuidnederlanders verdragen het lijdzaam. Hun nood, vooral op het platteland, stijgt hoog.

Een leger van de Republiek trekt Vlaanderen in.
'Nou valt er wat te verdienen!' denkt een stoet van handige kooplieden en handelaren. Ze volgen het leger op de voet en kopen geroofd vee en gestolen huisraad van de soldaten op:
'Onderweg werden de huizen geplunderd,' schrijft een ooggetuige. 'De één kwam met een paard, de ander met een koe en varken. Weer anderen kwamen met hoenderen en duiven, of droegen ketels, schotels en ander gereedschap aan.'
Erg zachtzinnig gaat al dat roven niet. Als zij brandhout nodig hebben, breken de ruwe soldaten ijskoud huizen en schuren af. Als Frederik Hendrik het beleg slaat voor Sas van Gent, klinkt het gejammer van de boeren tot ver in de omtrek. In de Republiek ligt niemand daar wakker van. Tijdens een gezellig avondje op het Muiderslot schrijven Hooft, Jan Vos, Maria Tesselschade, Caspar Barlaeus en anderen — na een stevig glas wijn — een vrolijk briefje aan Constantijn Huygens, in het hoofdkwartier van de prins bij Sas van Gent:
'Terwijl U, Eed. Gestr. daar dondert en bliksemt tegen Sas van Gent met grove stukken van metaal, donderen en bliksemen wij hier, met fijne stukken van kristal!'
Dat ene a-tje gaat erbij voor de rijm.
Schril steekt de zorgeloze stemming in het veilige Noorden af bij het leed van het Zuiden.
Daar marcheren de Fransen: naar Mardijke, Kassel, Bethune, Armentères, Waasten, Komen, Menen. Reeds kunnen zij op de klokken van Gent zien, hoe laat het is. Ook dáár wijd en zijd gejammer van de boeren. Het Staatse leger verovert intussen Sas van Gent en Hulst. De plunderingen gaan gepaard met zo'n geweld en razernij, dat zelfs menig geharde vechtjas zijn ogen niet gelooft:

Seldenrode in Vlaanderen in het jaar 1645: Een bewogen predikant in het leger van de prins ervaart, hoe de bevolking overal in paniek vlucht. Hij schrijft naar huis:
'Op 't Kerkhof van dit dorp vonden wij midden in de nacht zóvel vrouwen en kinderen van Seldenrode en het omliggende land, dat men ze niet tellen en konde.
Deze vrouwen en kinderen schreiden zeer bitterlijk!'
'Ga toch in de kerk,' zegt de dominee.
'Nee, dat nooit!' roepen de vrouwen.
'Waarom dan niet?'
'De Fransen zullen komen en de kerk verbranden!'
De dominee stelt de kermende vrouwen gerust.
Het is slechts één klein detail van het leed dat het platteland verduurt.

De Fransen richten een aanval op Duinkerken en vragen daarbij hulp van de Staatse vloot. De kooplieden in Amsterdam zijn allerminst verheugd, dat het zeeroversnest wordt opgeruimd.
'Als de Fransen de haven van Duinkerken bezitten, worden ze onze handelconcurrent!' zeggen de heren bevreesd.
'Moet ik de Fransozen wèrkelijk steunen?' vraagt Tromp aan de Staten, tot tweemaal toe. Ook hij weet hoe de kaarten liggen en stoot zijn neus liever niet.
Steeds weer trachten de Hollandse regenten de oorlog ondergeschikt te maken aan hun eigen belang. Slechts één voorbeeld:
'Bezet toch het kanaal naar Brugge en Gent!' verzoeken de Fransen aan Frederik Hendrik. De prins kan dat met het grootste gemak doen — en zo de aanvoer vanuit zee lamleggen.
'Neen!' zeggen de Hollandse kooplieden. Want over het kanaal varen hun graanschepen en zij maken daarmee een aanzienlijke

Einde Tachtigjarige Oorlog – Patriottentijd

Interieur van de O.L.V. kerk te Antwerpen, door P. Neefs.

Ook de 17de eeuw kende een langharigenprobleem. Felle protesten rezen tegen kapsels zoals Q.G. van Brekelenkam hier afbeeldde.

winst. Het kanaal naar Brugge en Gent blijft open, tot ergernis van Mazarin.

Nog kwalijker voor de prins is de tegenwerking, die hij bij de verovering van Antwerpen van de Amsterdamse kooplieden ondervindt. De stad is hem als het ware door de Fransen als privébuit beloofd.

'Als we Antwerpen veroveren, moet de Schelde open en dan krijgen we er pas goed een belangrijke handelsconcurrent bij!' zeggen ze in Amsterdam. Van veel groter belang achten zij daar het openblijven van de Sont. Denemarken, vijand van het opkomende Zweden, wil de Sont sluiten met Spaanse steun.

'Dat nooit!' beslissen de Amsterdamse regenten. Ondanks heftige protesten van de prins, nemen zij het heft in eigen hand.

Half juni 1645 zeilt Witte de With met 50 oorlogsschepen en een koopvaardijvloot van 300 vaartuigen naar de Sont.
'Wat een pracht, stuurman!' klinkt het hier en daar aan de reling.
'Zeg dat, luitenant!'

In fraaie slagorde en vol opgetuigd, zeilt die enorme vloot zelfbewust en trots langs Kopenhagen, en langs de Deense forten aan de kust. Tol wordt niet betaald. Integendeel! De With eist zich het recht op om zich op de Deense eilanden van water en levensmiddelen te voorzien. Dat seizoen zeilen uit allerlei landen — sommige twee of drie keer — in totaal 1035 schepen door de Sont. Daarvan zijn 986 afkomstig uit de Republiek.

Het zijn werkelijk machtige, invloedrijke heren, die handel drijven op de Oostzee.

Louis de Geer en Elias Trip, compagnons en oorspronkelijk afkomstig uit Luik, beheersen de handel met Zweden. Zij bezitten daar ijzergieterijen, houtzaagmolens, pakhuizen, grossierderijen en winkels. In die winkels verkopen de dochters van De Geer pannen en tafelgerei.

'Kunt gij me helpen tegen de Denen?' heeft de Zweedse koning aan De Geer gevraagd
'Dat zal wel gaan, Sire!'

De Geer neemt de gehele uitrusting van de Zweedse vloot voor zijn rekening. Dat kost hem anderhalf miljoen. Hij krijgt er hout en koperconcessies voor terug en de dankbare koning verheft hem in de adelstand..

'Wie met koningen wil eten, heeft een lange lepel nodig!' zegt de nu hooggeboren jonkheer De Geer — al zullen zijn erfgenamen later klagen, dat Zweden hen nog honderdduizenden guldens schuldig is.

Het zijn de grote bazen in de Republiek, die De Geers en Trippen, de Bickers en de Pauws ('slimme Reintje'). Zij laten de prins optrekken met het leger — zolang het hun belangen niet schaadt. Ze laten prins Willem als een vrij onbesuisde playboy stoeien aan het Hof te Den Haag. Zij laten zich zelfs geringschattend behandelen door Maria Stuart en door de hovelingen, die zij uit Engeland meegenomen heeft.

'Zonen van bakkers en viltmakers!' worden ze door die Britten genoemd. Maar die zonen van bakkers, vissers en schippers gaan rustig hun eigen gang.

Met de ruimen vol pik, teer, ijzer, koper, geschut, kogels, salpeter (1.000.000. pond per jaar), huiden, wol, zeep en vooral graan (jaarlijks 120.000.000 liter!) keren hun schepen uit de Oostzee naar Amsterdam, Hoorn of Harlingen terug.

'Wat zullen we nou hebben? Hèé, stuur, zie je dat?' Tot hun verbazing ontdekken de, van een lange reis thuisvarende, schippers, dat een lange haardracht bij de mannen mode aan het worden is. Dat vrij simpele feit schokt het leven in de Republiek:
'Walgelijk ende Gode onwelgevallig sijn die lange haren,' roepen bedillerige predikanten tijdens een kerkdienst uit.
'Sijn dat mannen?' 't Lijken eerder meiden!'

De 'harige kwestie', loopt zó hoog op, dat de predikanten er uitvoerig over spreken op de synode van Den Briel. Hoe hevig er ook gefoeterd, gescholden, gelachen of gehuild wordt over al die jongkerels met dat lange haar, die nieuwe mode blijft!

Daar stappen de vier gebroeders Bicker uit Amsterdam. Hun haar valt op de schouders neer. Men ziet ze als steunpilaren van de Republiek:
'Onberispelijk in leven, heylig in handel en wandel, wacker voor de welvaert van het land!' Toch leveren zij hun vijand Spanje: schepen, lood en kruit. Zij lenen de vijand zelfs geld. Dat de oorlog daardoor langer kan duren, laat hen steenkoud. Zélfs de prins kan dat die invloedrijke heren niet beletten.

'Wacker voor de welvaert!' Dat zijn de grote heren wel. Vanuit Batavia vaart Abel Tasman in opdracht van de gouverneur-generaal met twee schepen uit. Zijn er nog streken, waar onontdekte handelskansen zijn?

Abel Tasman ontdekt Australië en noemt dat Van Diemensland naar zijn gouverneur. In de Frederik-Hendriksbaai slaat

hij een paal met een bordje in het zand, met het simpele opschrift:
'Oost-Indische Compagnie!' Zo wordt die baai in bezit genomen. Abel ontdekt ook Tasmanië. Het inheemse volkje daar vlucht angstig weg, als de trompetter bij aankomst een vrolijk deuntje blaast. In zijn logboek houdt Tasman zijn ontdekingen nauwkeurig bij. Nieuwe namen komen op de kaart te staan:
'Moordenaarsbaai!' Bij een aanval van de inboorlingen worden drie matrozen gedood. Driekoningen-eiland, Pijlstaart-eiland, Amsterdam...
'Worrg, worrr, worrrr!' roepen die nieuw benoemde, half naakte 'Amsterdammers' uit een prauw. Niemand van de matrozen die over de reling hangen, begrijpt het drukke geschreeuw van de inboorlingen, tot een levend varken in de kano zichtbaar wordt.
'Vers vlees, maats!'
Voor wat snuisterijen halen de matrozen het knorrende dier haastig aan boord.

De kunst van geven en nemen verstaan Tasmans mannen beter dan de diplomaten in Europa, die over de vrede aan het onderhandelen zijn. Niet met snuisterijen, maar met steden, geldbedragen, of huwelijken van koningskinderen, trachten zij tot overeenstemming te komen met elkaar. Er heerst veel achterdocht. Het is loven en bieden over en weer.
'Wij bieden Antwerpen voor de prins, of voor de Staten,' zeggen de Spaanse onderhandelaars, 'als de Republiek met een huwelijk tussen de jonge Lodewijk XIV en de Spaanse infante akkoord wil gaan!' En zo gaat het eindeloos door.
In de Republiek verscherpen opnieuw de tegenstellingen tussen hen, die voor oorlog wroeten en hen die voor vrede zijn.
'Zegt men, dat de oorlog teveel geld kost?' roepen de haviken. 'Kijk naar de weelde en pracht der heren, met hun knechten, meisjes, pagiën en karossen, en de duizenden die zij aan hunne kinderen ten huwelijk geven. Het Landt weet geen raet met sijn gelt...'
De predikanten stellen zich straffer tegen de vrede op, daar de katholieken nieuwe activiteiten ontwikkelen. Actief zijn zij bezig voor de redding van hun geloof.
'In wereldse kleding komen priesters en klopjes (nonnen) uit het Zuiden naar de Republiek, om katholieke kinderen te onderwijzen en hun ouders bij te staan!' protesteren de calvinisten. Het wantrouwen ten opzichte van de papisten is nog steeds groot. Helemaal zonder grond is hun bezorgdheid niet. Met een prachtig organisatietalent heeft Sasbout Vosmeer als *apostolisch vicaris* de roomse kerk weer opgebouwd. Ruim 200 priesters en nog een aantal jezuïeten zijn zeer actief werkzaam in de Republiek. Dat wordt als een bedreiging gevoeld.
'Oorlog is de remedie tegen al onze ziekten. Nú is de kans om Spanje armen en benen af te snijden!' roepen sommige predikanten weinig christelijk uit.
De meeste regenten willen vrede. Standvastig stellen zij hun voorwaarden aan de Staten-Generaal.
'Onze gezanten, die naar Munster zullen vertrekken, moeten met "excellentie" worden aangesproken!' eisen zij, tot ergernis van Frankrijk. Daar vindt men dat té veel eer voor wat kooplieden van gewone komaf.
'Eerder komen we niet naar Munster!' Van meet af aan moet bij de onderhandelingen duidelijk zijn, dat de Republiek een onafhankelijke, soevereine natie is.
Daarom moeten de gezanten 'excellenties' zijn. Met het regelen van allerlei etiquette-kwesties gaan vele maanden voorbij.
En de oorlog duurt voort. In 1646 trekt de bijna 60-jarige prins Frederik Hendrik voor het laatst te velde, al haalt dat niets meer uit. Wel ondergaat het zo geplaagde Zuiden — dat géén stem heeft in de vredesonderhandelingen die begonnen zijn! — opnieuw het leed van de oorlog.
Voor de laatste krijgsverrichting van die lange, lange, lange oorlog géén grote veldslag, géén spectaculaire belegering en géén bloedig treffen van grote vloten op zee.
Nu een klein gebeurtenisje, dat in zijn onbeduidendheid de oorlogvoering van die dagen juist zo treffend typeert:
Tienen, in het jaar 1646: Soldaten van de prins, afkomstig uit Maastricht, staan voor de poort. Zij hebben zich als geestelijken en boeren vermomd. Zó hopen zij zich door een krijgslist meester te maken van de kleine stad. De cornet Jan Ramacq heeft zich gestoken in een boerenpak en:
'Hebbende sijn aensicht verbonden, alsoft hij tantpijn hadde gehad!' Eén soldaat heeft zich gekleed als 'een arm student, coemende uth Hoogh Duytslandt!' Enkelen lopen als minderbroeders en papen in habijten, waaronder de pistolen en dolken makkelijk te verbergen zijn. Heel geraffineerd heeft de trompetter van ritmeester Brouckhuysen een rode (Spaanse) sjerp omgedaan. Hij voert zogenaamd twee gevangen, met oranje sjerpen om, met zich mee. Dan zijn er nog wat soldaten als boeren vermomd. Zij hebben hun rapier in de wandelstok en houden brandende lonten in hun zak. Ze zitten wel in hun rats, dat de poortwachters die brandende *lont* zullen *ruiken*.
Het fraai vermomde troepje mengt zich voor de muur onder een handjevol burgers, boeren en buitenlui. Geduldig wachten ze tot het klinket (klein deurtje in de stadspoort) opengaat.
'Mijn tanden doen mij zo zeer!' zegt de cornet Ramacq. Hij is geheel in zijn rol. 'Ick moet mij wat warms laten maken! Pater,' zegt hij tot een kameraad, 'wildy meede gaen?'
'Ick heb coude voeten. Ick soude dese wel gaarne warmen,' mompelt de zogenaamde pater en misschien slaat hij wel een kruis.
Zo voeren ze hun kleine comedie op. En als vroeg in de morgen de stadspoort opengaat en de brug neergelaten wordt — een mestkar moet naar buiten — stormt de troep naar voren en overmeestert de wacht.
'De brug. Snel!'
'Jawel!' Eén van de soldaten heeft zijn hamer en grote krammen reeds te voorschijn gehaald. Met snelle slagen zet hij de ophaalbrug vast. 'Voorwaarts, mannen!' beveelt kapitein Grison die van veraf alles heeft gevolgd. Met zijn soldaten springt hij uit zijn schuilplaats te voorschijn, dringt de stad in en overmeestert het garnizoen. De buit aan vaandels, paarden en trommen is groot. Die vaandels krijgen later, bij de Grote Vergadering, een plaats in de zaal van het Binnenhof!

Oorlog wordt er daarna bijna niet meer gevoerd. Als de prins in het najaar van 1646 van zijn veldtocht in Den Haag terugkeert, zegt hij:
'Maar het is vrede!' Dát als troost voor het feit, dat zijn leger zo weinig heeft gepresteerd.
Na eindeloos geharrewar hebben de Staten-Generaal acht excellenties, met een instructie van 116 artikelen, per karos naar Munster gestuurd. Adriaan Pauw en Johan, heer van Mathenesse, vertegenwoordigen het gewest Holland. De zeer omkoopbare Johan de Knuyt vertegenwoordt Zeeland, dat geen vrede wenst. De meeste excellenties zijn min of meer volgelingen van de prins — behalve Frans Donia, die uit Friesland komt.

De heren hebben 100.000 gulden meegekregen en nog voor 2000 gulden aan wijn, voor 5000 gulden aan specerijen, kaarsen, boter, kaas, zout, zeep, stokvis, haring, azijn en spek. Die voorraden zijn binnen

De overgave van Hulst in 1645, door H. de Meyer.

Einde Tachtigjarige Oorlog – Patriottentijd

Herautenkostuum uit de tijd van Frederik Hendrik.

vier maanden op en dan is de vrede nog lang niet in zicht. Ook de 100.000 gulden vliegen er doorheen:
'Voor de huur van tafelzilver 13.964 gulden!'
'Voor tapijt tot behangsel, lampetbecken, 2 kandelaers, snuyter ende waterpot: 1000 gulden!' De bedienden (vier per excellentie) delen met z'n tweeën één bed en met hun vieren één waterpot.

En dan de onderhandelingen. Weer eindeloos gekonkel. Pogingen tot omkoperij.

Onderlinge kibbelpartijen tussen de acht excellenties van de Republiek. Deftige diners. Uitdeling van kostbare snuisterijen aan de Nederlandse dames door de Spaanse ambassadeur. Kortom: de bonte koehandel der internationale politiek.

Frankrijk wil geen vrede en saboteert. Mazarin tracht de oorlog te rekken met behulp van Frederik Hendrik. De acht gezanten varen daar wel bij: schaamteloos maken enkelen van de verdeelde stemming gebruik, om zich te laten omkopen door de tegenpartij.

'Het is een gouvernement, waarin een ieder zich laat betalen,' schrijft de Spaanse gezant over de regering van de Republiek. Spanje legt dan ook 200.000 harde guldens neer om het tekenen van het verdrag te bevorderen. De Franse gezant probeert het tegendeel te bewerkstelligen en reist met 180.000 gulden naar Den Haag.

Den Haag, maart 1747: Prins Frederik Hendrik, door een beroerte getroffen, oefent op de gang van zaken geen invloed meer uit. Met gezwollen benen, zijn handen verstijfd door de jicht en aangetaste longen ligt hij te bed. Geestelijk is hij af en toe geheel in de war. Daarom moet hij zich laten leiden door zijn niet zo sympathieke vrouw.

Amalia beijvert zich kordaat voor de belangen van haar gezin. Haar 21-jarige zoon Willem werkt ondertussen alleen voor zichzelf. Die wilde, onbesuisde jongen wil niets liever dan oorlog. Achter de rug van zijn zieke, in de strijd versleten vader — die zich juist bij de komende vrede heeft neergelegd — voert hij geheime besprekingen met Frankrijk om te zien, of hij de oorlog toch nog niet bestendigen kan.
'Roem en aanzien verwerven op het slagveld!' zweeft hem door de geest. Het wantrouwen van de regenten ten opzichte van het Huis van Oranje, groeit daardoor met de dag.

Op 11 maart neemt prins Frederik Hendrik afscheid van zijn vrouw, van zijn kinderen, van deputaties van de Staten van Holland en de Staten-Generaal. Vanaf zijn sterfbed reikt hij allen de hand. Bij hun vertrek uit de sterfkamer strekt hij de armen uit en roept hen na:
'God zegene u allen!'

Kort daarop sterft Frederik Hendrik. Groot is de verslagenheid onder zijn officieren en soldaten, die hem om zijn rechtvaardigheid, moed en menselijke zorg hebben liefgehad.
'De prins is dood, buur. De stadsomroeper heeft dat net verklaard!'
'Ja!'

Grote droefheid heerst bij een flink deel van het volk. Wegens zijn gemoedelijke omgang en gematigdheid, heeft de prins zich in brede lagen zeer populair gemaakt.

De regenten hebben zijn monarchale aspiraties gewantrouwd. Zonder twijfel had Frederik Hendrik — evenals prins Maurits — een kroon in de Republiek kunnen grijpen. Hij heeft dat niet gedaan en is een (soms lastige) dienaar van de Staat gebleven. Met indrukwekkende statie wordt zijn stoffelijk overschot in de grafkelder te Delft bijgezet.

Met weinig enthousiasme benoemen de Staten-Generaal de energieke prins Willem II tot opvolger van zijn vader:
'Wat moeten we met de prins, die zijn lichtzinnige vriendinnen, zijn jachtpartijen en de renbaan hoger schat dan de politiek?' hebben de gedeputeerden zich bezorgd afgevraagd.

Een onbesuisde poging van prins Willem II om het leger naar Vlaanderen te sturen en de oorlog opnieuw te ontketenen, wordt door de Staten in de kiem gesmoord. De vrede krijgt eindelijk zijn beslag:

Munster, 15 en 16 mei 1648: Het is zo ver! Vroeg in de morgen op het raadhuis een indrukwekkende stapel documenten geschikt. Die liggen nu ter tekening gereed.

Ongeveer 20.000 mensen hebben zich langs de straten in Munster opgesteld. Zij willen niets missen van deze historische gebeurtenis.
'Daar komen de vertegenwoordigers van de Republiek!'

In vijf karossen, behangen met karmozijn fluweel en damast, voorafgegaan door een bazuinblazer, rijden de excellenties met hun koetsiers en palfreniers in livrei naar het raadhuis. Vreugdesalvo's van kanonnen dreunen over de stad. Franse toeschouwers maken geintjes: bij ieder schot sommen ze op, wat de Spaanse koning zal kwijtraken bij dit vredesverdrag:
'Boem!'
'Daar gaat 's-Hertogenbosch!'
'Boem!'
'Die knal is voor Maastricht!'
'Boem!'
'Oelala, c'est pour Sas van Gent!'

De komst van Penaranda, ambassadeur van de Spaanse koning, maakt een overweldigende indruk op het publiek. Vooraan een karos met acht edelen in gala. Dan een stemmige karos met de twee aalmoezeniers, de betaalmeester, de secretaris voor vreemde talen, gevolgd door twee karossen met de vrienden van de Spaanse excellentie. Twee trompetters, 24 lakeien, 12 soldaten te paard, 12 hellebardiers in schitterend uniform. De kapitein en luitenant van de garde. Twee stalmeesters in rood en goud.
'Daar komt eindelijk zijn excellentie zelf!'

Een staatsiekaros, getrokken door zes schimmels met eromheen 14 pages te voet. De graaf van Penaranda is in een rozijnkleurig pak van het fijnste Amsterdamse laken gekleed.

Hartelijke omhelzingen op het raadhuis, waar een erewacht de musketten heeft gepresenteerd. De ondertekening van de vredestractaten. De eed! De Spanjaarden zweren met de handen op een kruisbeeld en op een opengeslagen bijbel, die een priester voorhoudt:

'In naam van voornoemde Heer Koning, op het Heilige Kruis en op de Heilige Evangeliën...'

De afgezanten van de Republiek zweren met twee opgeheven vingers:

'Soo help ons Godt!' (Het gewest Zeeland tekent niet mee, maar zal later toch door de knieën gaan. De vrede wordt er wel gepubliceerd!'. Trompetgeschal. Vreugdeschoten. Volksvrouwen slurpen gretig van de wijn, die de Spaanse ambassadeur de ganse dag laat stromen uit een fontein. Een Te Deum. Penaranda biedt de afgezanten van de Republiek een verblindend diner aan. 500 schotels worden in het grootste gedrang van het toekijkend publiek opgediend. Allen, die het gastmaal gadeslaan, krijgen gratis wijn.

'Hoe is het mogelijk, dat Spanje voor dit diner betaalt', zeggen de mensen onder elkaar. 'De Republiek heeft immers het meest van dit vredesverdrag geprofiteerd?'

In feite zijn de Zuidelijke Nederlanden het kind van de rekening. Alsof het land niet meer is dan een simpele bezitting, heeft Spanje steden en gebiedsdelen van het Zuiden geofferd aan de Republiek: Staats-Vlaanderen, Staats-Brabant en Staats-Limburg — stukken die na het twaalfjarig bestand door het Noorden zijn veroverd — staat Spanje nu af. Schrijnend voor de Zuidnederlanders, accepteert Spanje dat de Schelde gesloten blijft. De Hollanders hebben er alvast schepen met stenen laten zinken. Vier forten op de Schelde-oevers bestrijken het water: geen zeeschip kan er door.

In de Zuidelijke Nederlanden zijn geen ketters meer. De prijs die dáárvoor betaald is, lijkt onmetelijk hoog. Het land zit vastgeklonken aan de Spaanse kroon. Omdat die kroon zijn luister heeft verloren, zal de eens zo schitterende beschaving van Antwerpen en Brussel, Brugge en Gent, van jaar tot jaar meer verloren gaan.

Op de 5de juni 1648 — op de sterfdag van Egmont en Horne — wordt de vrede in de Lage Landen afgekondigd. In het verarmde, illusieloze, afgestompte Zuiden wordt de vrede uitbundiger gevierd dan in de Republiek: Dag en nacht klinken er de vreugdeschoten, de trommen en trompetten — al duurt de oorlog tussen Spanje en Frankrijk nog voort. De feestroes duurt drie dagen. De laatste avond dekken de mensen hun tafel buiten voor de deur. De volgende morgen zitten zij er nog, naast de teertonnen die zijn uitgebrand.

Denkt één van al die vrolijke feestvierders, dat te Munster de Nederlanden definitief gespleten zijn?

De koeien geven melk en room
Het is al boter tot den boom
Men zingt al Pais en Vree...

Zo dicht een opgetogen, al vrij oude, Vondel, die nog *drie* oorlogen van de Republiek zal moeten aanschouwen. Niet alle Nederlanders zingen het blijde lied van Pais en Vree met hem mee: Geen feesten in Zeeland. Geen feesten in Leiden. Op vele kansels heffen predikanten de vinger vermanend naar de hemel op en veroordelen de bewerkers van de vrede tot verdoemenis. Ook prins Willem II is verontwaardigd over de konkelpartijen der vredestichters. Anderen wijden fraaie dichtregels op de vrijheid die bevochten is:

Al daar de hemel strekt en daar de wolken drijven
Is 't even, waar men woont, als de kinderen en de wijven
Zijn buiten slavernij...
De vogel is alleen geboren om te snijden
Met vleugelen de lucht. De paarden om te rijden...
En wij om vrij te zijn...

'Wij zijn geboren om vrij te zijn!' dicht professor Daniël Heinsius. Maar wat is vrijheid?

De vrijheid van de calvinist betekent een muilkorf voor de katholiek. Hoe duidelijk en wrang komt dat tot uiting in een rapport van de pauselijke nuntius. Nog geen twee maanden na de vrede, schrijft hij vanuit Brussel:

'Vele duizenden uit de Republiek zijn uit devotie naar Brussel getogen om aan de Sacramentsprocessie op 25 juli mee te doen!' Wie meet de hunkering, die het leven van de katholieken in de Republiek jarenlang heeft beheerst?

Wat is vrijheid? Het antwoord waait ongrijpbaar weg met de wind. De predikanten denken iets anders dan de rijke kooplui in Amsterdam. Rond de vrijheid koesterт de jonge Willem II andere illusies dan de Staten van Holland, die de gewesten Friesland, Groningen en Zeeland vol afgunst tegenover zich zien. En tenlotte de vrijheid voor de regenten houdt in, dat zij de burgers klein moeten houden, zolang dat nog kan.

Vrijheid, jawel, maar er kruipen kleine én grote adders onder het groene gras van de vrede.

De eedsaflegging op de vrede van Munster in de grote zaal van het stadhuis op 15 mei 1648. Schilderij van Gerard ter Borch.

Einde Tachtigjarige Oorlog – Patriottentijd
Prins Willem II

Prins Willem II (1626-1650), door Gerard van Honthorst. (rechts boven.)

Europa na de vrede van Munster: De Republiek der Verenigde Nederlanden is thans een eersterangs mogendheid. 'Er is geen macht in Europa, die thans niet onze vriendschap zoekt en die niet het voordeel ziet van een bondgenootschap met ons!' constateren de gedeputeerden met grote tevredenheid.

Spanje: Een uitgeput land dat met handige politiek tracht te bewaren wat het nog bezit. Koning Filips IV heeft zijn neef, aartshertog Leopold Willem, zoon van de Duitse keizer, tot landvoogd over de Zuidelijke Nederlanden benoemd. Leopold Willem is geestelijke en heeft een aantal bisdommen op zijn naam. Hij is soldaat van het geloof, die de láátste gewestelijke vrijheden verkracht en een ijzeren, godvruchtige tucht in het leven roept: 'Jezus-Maria!' Met die strijdkreet — die niet als vloek, maar ernstig is bedoeld! — voert hij zijn soldaten tegen de Fransen aan.

Het Duitse rijk: In de verwoestende dertigjarige oorlog is de losse bond van staten nog verder verslapt. Hessen, Saksen, Beieren, Brandenburg, Keulen en géén van de kleinere vorstendommen zijn machtig genoeg om een dominerende rol in het keizerrijk te spelen.

Portugal: Met energie herwinnen de Portugezen Brazilië op de Republiek. Witte Cornelisz. de With is met een zwakke vloot uitgevaren om dat te verhinderen, maar veel steun krijgt hij niet. 'Ik dien liever de Turk, dan de compagnie!' zegt hij bitter, als hij na twee jaar terugkeert naar het lieve vaderland. Wegens het verlaten van zijn post, stopt de prins hem en zijn kapiteins in de gevangenis. 'Schande!' vindt het gewest Holland, dat daarin een schending van haar rechten ziet. De kapiteins worden met geweld uit de gevangenis bevrijd.

De Portugezen veroveren dus Brazilië. Oorlog wordt het niet. De Republiek stort zich voor de toch al wankelende Westindische Compagnie niet in een nieuw avontuur.

Frankrijk: De 10-jarige Lodewijk XIV, die op zijn 5de jaar de troon besteeg, voegt zich in de staatszaken nog volledig naar kardinaal de Mazarin. Er woedt een hevige binnenlandse oorlog, de Fronde, nu de adel een laatste poging waagt om zich te verzetten tegen de absolute macht van de vorst.

Engeland: De zaken zijn Karel I, die het parlement tegenover zich vond, volledig uit de hand gelopen. Oorlog tussen Engeland en Schotland en hevige twisten tussen koningsgezinden en republikeinen, Presbyterianen en Onafhankelijken, hebben het land geschokt. Het huis van Oranje heeft — tot ergernis van de regenten — Karel I met grote geldbedragen gesteund. Geholpen heeft dat niet.

Op 30 januari 1649 legt Karel I met onverstoorbare kalmte zijn hoofd op het schavot:
'Klak!'
De gemaskerde beul grijpt het koninklijke hoofd bij de haren, heft het omhoog en roept naar het volk:
'Dit is het hoofd van een verrader!'

Cromwell heeft, als een onverzettelijk dictator, de macht in handen genomen en leidt nu Engeland met een stevige vuist. Karel II is naar Holland gevlucht. Met zijn hooghartige hovelingen leeft hij op de beurs van zijn zwager. Willem II leent hem zelfs twee miljoen en tracht — met behulp van Frankrijk — een oorlog tegen Cromwell én tegen Spanje te beginnen.

Gezicht op Olinda, Brazilië. Schilderij door Frans Post (1612-1680), rechts onder.

'Ik zal de schurken die vrede sloten hun nek breken!' zegt Willem II. Hij kan rekenen op de steun van vele predikanten en een groot deel van het volk (de prinsgezinden!).

Het machtige Holland en de regenten met hun aanhang (de staatsgezinden!) heeft hij tegenover zich.

In de bierhuizen, op de kaatsbanen en in herbergen, bespreken de Nederlanders de dingen van de dag. Opgehitst door talloze pamfletten over het sluiten van de vrede, treden prinsgezinden en staatsgezinden met elkaar in debat. Vooral in de trekschuit, waarin de reizigers zoveel tijd moeten doden, praten ze de wereld graag met breedsprakerige verhalen aan elkaar:
'Hoor hier wat, heerschap. Koningsmoordenaars zijn die Engelse kenijnen. Cromwell bedreef geweld met staart en poten. Hij...' Een bakkersgezel, op weg naar zijn schoonfamilie in Leiden, knikt. Afmaken kan hij zijn zin niet.
'Hoor hier, kornuit', zegt een deftig man. 'Koning Karel regeerde zonder God en schaamte!'
'Heerschap, Godt vergeef't mij, ick spreeke los, maar ze mosten de prince zijn gang laten gaen. Ick heb met hem voor Land en Kerk standvastelijk gesweet. Ick sal je seggen...' Een bottelier van de vloot vertelt, wat zijn buurman bij Breda heeft beleefd en legt daarna uit, waarom oorlog goed is voor het land. De trekschuit glijdt voort. Op het jaagpad hangt de schippersknecht scheef over de rug van het paard.
'Kom, kom!' De deftige burger schudt met een fijn, vernietigend lachje zijn hoofd. 'M'n lieve man, hoe kan je zo dom zeuren? De prince zijn gang laten gaan?' Met goed gekozen woorden verklaart hij, waarom het met zo'n heethoofd zó weer oorlog is.

En wie betaalt de kosten? Zit Holland niet met een schuld van 120 miljoen, die uit de laatste oorlog stamt?
'Souden wy, m'n goede man, onse goetjes so overdadig verdoen? Ze mosten het leger afdancken, seg ick! Nou, seper!'

De afdanking van het leger! De mensen praten daarover in boekwinkels en op de kaden: gemoedelijk en spottend, en ook vol wantrouwen en agressief. 60.000 Man zijn nog onder de wapenen. De Staten-Generaal willen dat aantal halveren. Het gewest Holland wil nog veel verder gaan.
'Neen!' zegt de prins. Met in slecht Frans geschreven brieven protesteert hij ertegen dat het grootste deel van het leger naar huis wordt gestuurd.
'Maar wij zijn het, die 60 % van de kosten betalen!' antwoorden de Staten van Holland ontstemd. Het conflict groeit uit tot een prestigestrijd van de eerste orde. Net zoals prins Maurits, wenst nu ook Willem II de rechten van de Staten-Generaal bóven die van het gewest Holland te handhaven. Eindeloos wordt het geharrewar over afdanking van vendels, halvering van buitenlandse compagnieën, huisvesting van ruiterij en uitbetaling van soldij. Want achter de legerkwestie zit de buitenlandse politiek.
'Wij moeten niet toegeven!' stellen de Staten van Holland. Onder aanvoering van de burgemeesters van Amsterdam, Andries en Cornelis Bicker en Jacob de Witt uit Dordrecht ('even hard als het hout waarin hij handelt!') stelt het gewest zich op tegenover de prins en de verdeelde Staten-Generaal. De brieven over en weer worden steeds scherper van toon.
'Neem harde, heilzame maatregelen!'

344

schrijft stadhouder Willem Frederik van Nassau aan zijn jonge neef. Hij stuurt die boodschap voor alle zekerheid in cijferschrift. 'Breek met betrouwbare troepen het verzet van Amsterdam!'

Bemiddelingspogingen van raadpensionaris Jacob Cats halen weinig uit. 'Wij zullen eigenmachtig troepen ontslaan!' dreigen de Staten van Holland. De tweestrijd loopt hoog op.

'Weiger de bevelen van Holland uit te voeren!' zegt de prins tot zijn officieren. Hij heeft de steun van de andere zes gewesten, die hij grotendeels beheerst. Op 5 juni 1650 verwerft hij een volmacht van de Staten-Generaal:

'Om de orde te herstellen en alle voorzieningen te treffen, ten einde dat de goede rust en vrede bewaard blijve en dat in het bijzonder zal worden vastgehouden aan de Unie!'

Vasthouden aan de Unie! Het gaat opnieuw om dat wankel bouwwerk van los aan elkaar hangende gewesten, waarin Holland nog steeds de boventoon voert. Met een *seer notabele besendinge* mag de prins proberen, of hij de Hollandse steden onder de duim kan krijgen.

Aan het hoofd van een schitterende stoet van wel 400 officieren en enkele gedeputeerden, begeeft Willem zich over wegen vol modderige karresporen van stad naar stad. Wat een afgang voor de prins wordt die tocht door het Hollandse gewest! In negen steden weigert de magistraat gehoor te geven aan de eisen van Willem II.

Dordrecht breekt de onderhandelingen af.

'Wij willen zijne hoogheid uitsluitend ontvangen als hij *alleen* komt!' berichten Haarlem en Delft.

'Wij hebben geen boodschap aan de notabele besendinge van de Staten-Generaal.

'Wij weigeren daar iets over te vernemen!' stelt de vroedschap in Amsterdam. De stad Medemblik is onbereikbaar — wegens onbegaanbaarheid van de weg door het drassige land.

De prins is razend, als hij op 30 juli de Staten-Generaal verslag uitbrengt over die ongelukkige tocht:

'Insolente stugheid... ijdele, opgepronkte, neuswijzige welsprekendheid!' verwijt hij de magistraat van de steden die hij heeft bezocht. Hij voelt zich zwaar beledigd.

Vooral als hij hoort, dat de stad Amsterdam heimelijk en op eigen houtje verdragen sluit met Oliver Cromwell — een inmenging in de buitenlandse politiek van de Republiek! — besluit de prins het verzet van de weerbarstige Hollandse steden te breken. Omdat het niet goedschiks ging, moet het nu maar met geweld.

Einde Tachtigjarige Oorlog – Patriottentijd

Gevangenneming en wegvoering van zes leden van de Staten van Holland naar Loevestein. Anoniem.

De hartstochten laaien hoog op. Met venijnige pamfletten en libellen treffen de staatsgezinden en prinsgezinden elkaar bij voorbaat op de zwakste plek. De Oranjeklanten richten hun aanvallen bij voorkeur op de gebroeders Bicker. Broer Andries, 'een stug-hooghartige verschijning met barse doorpriemende ogen,' wordt als de grote tegenspeler van de prins gezien. Te Amsterdam staat hij sterk: door zijn toedoen bekleden zeven Bickers belangrijke posten in de magistraat.

'Landverraders zijn die Bickers!' roepen de prinsgezinden. 'Brekers van de Unie, openbare muiters, arminianen, heimelijke papisten zijn het! Zij hebben hun geld verdiend met het leveren van schepen en kanonnen aan de Spanjool. Pas op, lieve burgers. Met sinistere praktijken breken zij nu de macht van de prins!'

'Welnee, beste mensen!' zeggen de staatsgezinden. 'De Bickers zijn goede en eerlijke patriotten, rechte Vaders van 't Vaderland, trouwe Herders van de Gemeente, uitstekende, wijze, discrete en incorripitible Mannen, onberispelijk van Leven!'

Zonder twijfel hebben de Bickers een aandeel gehad in de bloei van Amsterdam. Zij hebben er liefdadigheid en verdraagzaamheid bestendigd. 15.000 Katholieken kunnen, mede dankzij hen, onbedreigd naar hun schuilkerken gaan. In de Ons Lieve Heer op Solder wonen zij de mis bij. Augustijnen, jezïeten, franciscanen en carmelieten hebben de vrijheid gekregen (voor zover mogelijk) om hun priesterlijk werk in de stad te doen.

Ook aan de lutheranen wordt weinig in de weg gelegd. Zij hebben reeds vier predikanten beroepen — en er wordt druk aan hun grote, ronde kerk aan het Singel gebouwd. De energieke Andries Bicker ziet er in de calvinistische kerkeraad op toe, dat geen al te felle predikanten te Amsterdam worden benoemd. Elders in het land smeken juist die felle predikanten Gods straf af voor het opstandige, zondige Amsterdam: 'Godt sal wederom sijn Hoogheits Persoon met alle heil begenadigen, sijn Huis nae wensch zegenen... en hem het beste schotvrije Harnas geven tegen allerley Wereltsche rampspet...'

Soldatenwacht, door David Teniers de Jonge.

In die heetgeblakerde sfeer zet prins Willem II nogal heethoofdig de aanval in:

Den Haag, zaterdag 30 juli 1650: Vroeg in de morgen heeft de prins zes leden van de Staten van Holland bij zich ontboden. Jacob de Witt, dan nog de pensionaris van Haarlem, de burgemeesters van Hoorn, Dordt en Delft en de pensionaris van Medemblik, hebben zich alle zes tegen de notabele besendinge gekeerd.
'Als ze komen, zet ze dan gevangen!' heeft de prins tegen de kolonel van zijn lijfwacht gezegd — net zoals zijn oom Maurits met Oldenbarnevelt, Hugo de Groot en Hoogerbeets deed! Binnen 24 uur zijn die zes belangrijke staatsgezinden op transport naar het slot Loevestein.

Dan roept de prins raadpensionaris Jacob Cats bij zich. Hij vertelt hem, wat er is gebeurd en voegt daar nog aan toe: 'Troepen van mijn garde, en van de garnizoenen in de buurt, houden de poorten en toegangswegen van Den Haag bezet!' Cats, die anders altijd wel woorden vindt, weet met de situatie geen raad:

Ik stond hierop versteld, als van een zeldzaam wonder.
Mijn brein was omgeroerd, als van een groten donder!

Ondertussen is graaf Willem Frederik van Nassau, de stadhouder in het noorden, met compagnieën uit Utrecht, Amersfoort en Ouderkerk — omstreeks 10.000 man bij elkaar — op weg naar het weerbarstige Amsterdam.
'Overrompel de stad, maar vergiet geen bloed!' luidt de opdracht. Daarom is de Franse majoor Gentillot met 50 man per nachtschuit vast vanuit Utrecht vooruitgegaan. Hij moet vroeg in de morgen de Reguliersspoort bezetten en die openhouden voor het leger van de prins.
'D'accord!' zegt de koene majoor. Maar het loopt anders: het verrassingselement, dat zo belangrijk is voor de onderneming van de prins, gaat door een toeval teloor.

Want wat gebeurt?
'Donderclooten!' mompelt de bode Evert Lambertszen, die op weg is met post van Hamburg naar Amsterdam. In het nachtelijk duister, tijdens onweer en slagregens, ziet hij verdwaalde troepen op de heidevelden rond Hilversum. Hij komt zelfs terecht in een troep ruiters, maar ze laten hem ongemoeid.
'Donderclooten!' Onthutst meldt hij bij zijn aankomst te Amsterdam, wat hij heeft gezien.

Andries Bicker — op dat ogenblik de enige aanwezige burgemeester — komt ogenblikkelijk in het geweer. De stadsomroepers zwermen uit:
'Een *onbekende* vijand nadert Amsterdam. Te wapen, lieve burgers!' roepen zij in alle wijken van de stad.
'Zijn het Gulikse troepen?'
'Muitende Lotharingers? Of Zweden die aan het plunderen zijn?'
'Krijgsvolk uit Brabant? Troepen van de prins?'

Niemand die het weet. Die verdwaalde troepen kunnen van alles zijn. De vroedschap houdt krijgsraad. De schutterij wapent zich. Na de oproep van de burgemeester stroomt de bevolking eensgezind toe:
'Het Canaelje en 't Clootjes volck (bewoners van de achterbuurten), de Schanskruiers, de Vulnisjongens, de Passementswerkers, Trekkers, Lijndraaiers, Koordwevers, Jagers en Pelsers komen de straat op!' wordt aan de vroedschap bericht. Arminianen en gomaristen, katholieken, lutheranen, doopsgezinden en joden slepen eendrachtig kanonnen naar de wal. Haastig bemande schepen zeilen de Amstel op.

Valbruggen worden opgetrokken en de poorten gaan dicht. De eerste inundaties worden uitgevoerd. Zo wacht Amsterdam de onbekende vijand af.

Van overrompeling is dan al geen sprake meer. Daarom begint graaf Willem Frederik met omsingeling. Hij stuurt een trompetter naar de muren met een brief van de prins. Pas tegen de avond brengt een gewapend jacht met twee leden van de vroedschap antwoord:
'Wij wachten op bericht van de Staten van Holland. Maar weet, mijne heren, dat wij ieder geweld zullen keren met geweld!'

Willem II hoort in Den Haag per brief, dat de aanslag is mislukt. Hij is razend: 'Hij altereerde soo schrickelijck, dat hy van de tafel op stont, ende de brief met voeten trampte!' Zondagmoren, na de preek, begeeft hij zich naar Amsterdam. Zijn bastaardneef Lodewijk van Nassau rijdt hem tegemoet. Voorbereidingen voor onderhandelingen zijn reeds getroffen. Op 1 augustus komen de prins en leden van de vroedschap bijeen.
'Een beleg is nadelig voor de handel,' hebben de Amsterdammers bedacht.
'Bovendien staan wij alleen in ons verzet!' Ze zijn tot een compromis bereid. De prins

trekt daarbij aan het langste eind: 'Jawel, hoogheid, inzake de afdanking der troepen leggen wij ons bij de wensen der Staten-Generaal neer. Zeker, uwe hoogheid, de heren Bicker zullen hun ontslag indienen. Wij staan er echter op, dat uw hoogheid de Statenleden in Loevestein de vrijheid hergeeft!' Ook dat gebeurt. De heren uit Loevestein mogen naar huis. Zij zullen hun gevangenneming niet gauw vergeten: hun liefde voor het Huis van Oranje is daar bepaald niet gegroeid!

Na voor zijn diensten te zijn bedankt door de Staten-Generaal, begeeft prins Willem II zich naar Dieren voor een jachtpartij. Heimelijk beraamt hij daar plannen, om als bondgenoot van Frankrijk de oorlog tegen Spanje te hernieuwen. Kardinaal Mazarin heeft reeds een traktaat voor een bondgenootschap opgesteld.

Er komt echter een onverwacht eind aan de dromen van Willem II. Tijdens een nieuwe jachtpartij, waarbij hij beraadslaagt over het verjagen van Cromwell, over de verheffing van zijn huis (wellicht door het verwerven van de hertogstitel van Gelre), wordt hij flink ziek.
'Waterpokken!' stellen de doktoren vast. Per boot reist de prins terug naar Den Haag.

Zijn toestand verergert vrij plotseling en hij sterft, nog geen 24 jaar oud. Al meteen lopen er geruchten, dat hij vergiftigd is: 'Ze hebben hem vermoord, Wabbertje Gerrits. Op de markt wierd dat volmondig uitgezeid. Het zijn de Spangiaerts!'
'Praatjens, Teus. Allemaal praatjens. Niet de Spangiaerts, maar de Loevensteinse heren. Die hebben het gedaan!'
Vele Oranjeklanten wijzen de gebroeders Bickers als de moordenaars aan — al is er van vergiftiging geen sprake geweest. Ontstellende haatgevoelens laaien uit allerlei pamfletten op:
'Kruist hem. Kruist hem!' staat er in één zo'n geschrift. 'De duivelse Bicker, de landverrader, de eervergeten schelm ende prinsenmoordenaar, is waardig om met zijn zoon gekruisigd te worden. Velen verlangen daar naar!' De reacties bij de staatsgezinden zijn niet veel fijner. Een Amsterdammer stopt tijdens de kerkgang een briefje met een grote gift in de collectezak:

De prins is dood,
mijn gave groot
Geen blijder maar,
in tachtig jaar!

Toch overheerst een gevoel van verslagenheid. Wat moet het land zonder een prins van Oranje, vragen velen zich af.

Den Haag, 14 november 1650: De klokken beieren. De teer- en pektonnen branden.
In de mistige herfstavond verspreiden zij een geheimzinnig licht.
'Er is een prins geboren!' juicht het volk. Acht dagen na de dood van Willem II heeft de ongenaakbare Maria Stuart het leven geschonken aan een zoon.
Rond het kraambed voeren twee vrouwen een heftige strijd:
'His name will be Charles!' zegt Maria Stuart, die nog geen woord Nederlands heeft geleerd. Zij wil haar zoon noemen naar haar onthoofde vader en naar haar broer.
'Zijn naam moet Willem zijn!' vindt Amalia van Solms, die het bloed van haar schoondochter soms wel kan drinken.

Tal van etiquette-kwesties hebben de verhouding tussen de twee heerszuchtige prinsessen geen goed gedaan. Toen Karel II en zijn broers gastvrijheid genoten aan het stadhouderlijk hof, aten zij daar met Maria aan een aparte tafel. De Oranjes en hun gasten waren niet goed genoeg om bij hen — *kinderen van een koning* — aan tafel te zitten tijdens het diner. En dát, terwijl de Oranjes grote bedragen uitgaven tot steun van het Engelse koningshuis. Het was Amalia een doorn in het vlees.
'No, I do not wish to go!' heeft Maria verklaard, toen een dochter van Frederik Hendrik met de keurvorst van Brandenburg in het huwelijk trad. Halsstarrig heeft ze geweigerd de plechtigheid bij te wonen. Het gaf toch geen pas, dat zij, een koningsdochter, aan een prinses van Oranje voorrang gaf?

Heel wat problemen omgeven ook het

De Grote Vergadering van 1651 in de Ridderzaal te Den Haag. Aan het plafond de vaandels die tijdens de tachtigjarige oorlog waren buitgemaakt. Schilderij van Dirck van Delen (1605-1671).

Prins Willem II stopt op de weg naar Amsterdam bij de boerderij Welna aan de Amstel, door Johannes Lingelbach. Mogelijk stelt dit schilderij ook het halthouden van Karel II voor, tijdens zijn tocht van Rotterdam naar Den Haag (25 mei 1660).

Einde Tachtigjarige Oorlog – Patriottentijd

Blokhuizen in de Amstel, door H. Dubbels (*1620/1621-1676*). Na de mislukte aanslag van Willem II op Amsterdam, bouwde het stadsbestuur twee blokhuizen of forten in de Amstel. De blokhuizen werden al in 1654 afgebroken, omdat zij de doorstroming van het water belemmerden en omdat Amsterdam de verdediging op andere leest ging schoeien.

kraambed.
'Zal mijn dochter wel uitgenodigd worden om te gaan zitten, als zij op kraamvisite komt?' vraagt Amalia van Solms aan Maria's intendant.
'Ik vrees van niet!' antwoordt de heer van Heenvliet. Amalia wordt razend:
'Haere Hoocheit verviel in sulcke colère, dat ick het liever hebbe te vergeten als te verhaelen!' schrijft Heenvliet later. In een warnet van intriges en ruzies, behaalt Amalia dit keer toch de overwinning:
'Willem!' wordt de naam, die het kleine prinsje krijgt.

Nog heftiger wordt het gekrakeel, als moeder en grootmoeder beginnen te twisten over het voogdijschap van de pas geboren prins. De toestanden en tonelen aan het hof doen de Oranjepartij geen goed. De ruzie tussen de twee vrouwen loopt zó hoog op, dat beiden de Staten van Holland verzoeken om hulp. Beiden paaien en vleien de tegenstanders van het Huis van Oranje om hun zin te kunnen doordrijven:
'Donnerwetter!' denkt Amalia.
"Damn!' zegt Maria, die ook zo lief niet is. Het is een familieruzie, zoals er duizenden zijn bij de burgerij. De prinsessen gaan er hard tegenaan — en verlammen daardoor de kracht van de Oranjepartij!

Onenigheid en verdeeldheid beheersen ook de Staten van Holland en de Staten-Generaal, waar het de toekomst van het land en van de kleine prins betreft.
'De verdeeldheid is zó groot, de constitutie zó slecht, dat een scheuring onvermijdelijk lijkt. De terugkeer van de koning van Spanje zal het eind zijn!' Dat rapporteert de pauselijke nuntius te Keulen — de latere paus Alexander VII — na een bezoek aan de Republiek. Zal het anarchie worden? De kans daarop lijkt groot.
'Geen stadhouder meer. En geen kapitein-generaal!' maken de Staten van Holland bekend. Hoe gevaarlijk de samenvoeging van die ambten is, hebben de regenten ervaren bij het beleg van Amsterdam. Dat hun voormannen in Loevestein gevangen hebben gezeten, zit hen nog steeds hoog. Daarom gaan zij met energie aan de slag om medestanders voor hun doelstellingen te winnen. Op aandrang van Holland roepen de Staten-Generaal alle gewesten tot een *Groote Vergadering* op. Buitengewone afgevaardigden van de Zeven Provinciën zullen daar de weg naar de toekomst moeten bepalen. Eenvoudig is dat niet:

Den Haag, 18 januari 1651: In de grote zaal van het Hof — eens ridderzaal van de graven van Holland — hangen de vlaggen, vanen en wimpels, die in de oorlog tegen Spanje zijn buitgemaakt. Pibo van Donia uit Friesland, bij toerbeurt president van de Staten-Generaal, opent de Grote Vergadering. Hij roept de aanzienlijkste regenten uit het land een welkom toe. Dan krijgt de oude Jacob Cats het woord. Hij is lang van stof:
'Nu niemandt van 't Huys van Oranje capabel en bequaem is de waerdigheden sijner vaderen te aanvaarden...'
De afgevaardigden knikken. Drie uitermate belangrijke punten eisen nu hun aandacht op: De unie (de eenheid van het land), de godsdienst (nog steeds aanleiding tot veel onenigheid) en het leger (betaling en afdanking van de troepen, bevelvoering, etc.).
Weken, allengs maanden rijgen zich met lange redevoeringen en besprekingen aaneen.

'De unie!' Men stelt zich nog steeds een federatie van *zelfstandige gewesten* voor.
'De religie!' Ja, de gedeputeerden wensen zich te houden aan de besluiten van de synode van Dordt — vooral, als ernstige, in stemmig zwart geklede predikanten in de Ridderzaal verschijnen. Zij spreken de vergadering toe, tot redding van de zeden van het land:
'Treedt toch krachtig op tegen de paapse afgoderij, tegen de talrijke jezuïeten, priesters, papen en monniken, die bij duizenden als sprinkhanen het land aflopen!'
'Hoogmogende Heren,' zegt een ander, 'Wij eisen maatregelen tegen de zondagsheiligingen, tegen bordelen, komediespel en dartelheid. Keert u tegen verboden huwelijken en tegen kleding die te overdadig is.' De regenten onderschatten de invloed van die veelal Oranjegezinde predikanten niet. Zij komen aan hun eisen tegemoet.
Eindeloos duren de vergaderingen over het leger. Amalia van Solms en Maria Stuart pleiten voor de aanstelling van de kleine prins tot kapitein-generaal.
'Neen!' zegt Holland. Het gewest houdt de voet stijf en de baby wordt geen kapitein-generaal.
Een nieuw strijdpunt vormt het stadhouderschap. Willem Frederik, stadhouder in Friesland, Groningen en Drenthe — getrouwd met een dochter van Frederik Hendrik — intrigeert. Hij dringt zich naar voren om de plaats in te nemen van Willem II.
'Neen!' Onder aanvoering van Holland besluiten Gelderland, Utrecht, Overijssel en Zeeland niet tot de aanstelling van een nieuwe stadhouder over te gaan. 'Want,' zo zeggen de regenten, 'het is immers onzeker, wat uyt hem (de prins) soude wassen!'
Als goede kooplui kopen zij geen kat in de zak.

Op 27 maart houdt een gezantschap van Cromwell — 246 man sterk — zijn intocht in Den Haag. Ze krijgen er de schok van hun leven, want het volk komt dreigend en scheldend op de been.
'En weet je waarom, buur?' zegt een paardenkoopman in de kroeg.
'Een page van Maria Stuart heeft geld uitgedeeld onder het rapalje! Om rellen te schoppen! Dáárom! Die Britse gasten zijn immers de moordenaars van haar vader?'
De Britten, die namens Cromwell komen spreken over een Unie tussen Engeland en de Republiek, zien hun plannen in rook opgaan. Na zeven maanden loopt de Grote Vergadering eindelijk op zijn eind. Ieder gewest krijgt min of meer zeggenschap over de troepen die het betaalt, hebben de afgevaardigden beslist. Ze hebben gesproken over de voogdijschap van de prins, over reiskosten, over amnestie. Als zeven bondgenoten met gelijke rechten — en met een versterkte regentenstand in Staten en steden — zo gaat de Republiek nu de toekomst tegemoet. Jacob Cats houdt de afscheidsrede, prijst de eenheid en neemt zijn ontslag. Een kerkdienst, een openbare dankdag met kanonschoten en klokkengelui. De Grote Vergadering is voorbij.
'Nu heeft de Leeuw weer klem in zijn klauw!' denken velen tevreden. Het *eerste stadhouderloze tijdperk* is ingegaan. Onder leiding van het gewest Holland zet de Republiek zich vastberaden op een nieuwe koers. Klem in z'n klauw heeft de Leeuw hard nodig: na vier jaar vrede staat er een nieuwe oorlog voor de deur.

348

Oorlog met Engeland

'Jezus-Maria!' Met die strijdkreet is landvoogd Leopold Willem in de Zuiderlijke Nederlanden met zijn godvruchtig leger in opmars gegaan. Omdat in Frankrijk de burgeroorlog woedt, ondervindt hij aanvankelijk weinig tegenstand. Maar als Mazarin de burgerstrijd in zijn land de baas wordt, is het met de Spaanse successen gedaan. De Fransen hernemen het initiatief. Dwars door de velden van vluchtende boeren gaan zij plunderend de grens over. De ruiterij, de bagagepaarden, de volgeladen karren en de compagnieën voetvolk trekken verwoestende sporen door het land.
'Met geweld moet men de Vlamingen in alles ergeren, teneinde hen dadelijk te versuffen. Laat hen geen zweem van vrijheid, noch enige hoop op een gunstige behandeling!' geeft een Frans bevelhebber ten beste.
Pas elf jaar na de vrede van Munster zal de oorlog tussen Spanje en Frankrijk worden gestaakt. De vrede van de Pyreneeën (1659), waarbij Lodewijk XIV met een dochter van Filips IV in het huwelijk treedt, redt de Zuidelijke Nederlanden van een wisse ondergang.
Want talloze huizen en boerderijen zijn dan al in vlammen opgegaan. In de grensplaatsen is alles neergang, verderf en dood!

Hoeveel veiliger is het leven in de Republiek — al houdt men daar de dood niet buiten de deur:

Jan sagh een arm man naeckt, maer
socht geen geld te derven
Ick sterf van kou, sei d'arme man.
Soo doen wij allegaer, sprack Jan,
Want wierd een mensch niet koud, een mensch en sou niet sterven.-

Dat dicht Constantijn Huygens — Hollander, Hervormd en Hagenaar. Drie zaken, waarvoor hij God dagelijks dankt. De dood in de Republiek verschijnt niet door plunderende troepen, belegering en strijd. De dood zoekt de mensen eerder bij een rustig ziekbed op, al doen de artsen ook intens hun best, die ongewenste gast te weren:
'Hoe is u, schoon' Mevrouw!'
'My lust te weinigh sprekens!'
'Beswaert u duyselingh?'
'My dunkt, de kamer sackt!'
'Met hersen-knagingen?'
'Als werden ze gehackt!'
'Hoe doet de maegh haer werck?'
'Foey! Lieve swijght van eten!'
'Wat doet het onderlijf?'
'Ick heb het schier vergeten...'

Als de dood toeslaat, worden alle spiegels in het sterfhuis gedraaid. De rijken behangen hun gevels met zwart laken en sturen deftige doodsaankondigingen (soms in versvorm) via aansprekers rond:
'Alzo heeft het God, volgens zijn eeuwig en onveranderlijk raadsbesluit behaagt, mijn beminde vrouw Neeltje Huibrechts zaliger, nadat haar Weledele tien dagen aan een heftige ziekte te bedde heeft gelegen — hoewel somtijds enige verlichting hebbende en hopende op beterschap — op de 7de dezes, 's morgens ten zeven uren, zeer godzaliglijk uit deze bedroefde wereld op te nemen in Zijn eeuwig koninkrijk.'

In die bedroefde wereld is de geboorte van een mensenkind tóch bijna iedere keer weer een feestelijke gebeurtenis:
'Jan, hang het plankje aan de deur,' zegt dan een gelukkige moeder tegen haar man.
En Jan hangt het plankje, overtrokken met rode zijde, aan de voorkant van zijn huis — met een witte kokarde eraan als de baby een meisje is. Een met zwarte stof overtrokken plankje maakt de hele buurt duidelijk, dat de kleine het kraambed niet heeft overleefd.

Flink ingepakt met een leren muts op het hoofd en stijf ingesnoerd in een korset met baleinen, gaan al die kleine Nederlanders het leven tegemoet. Onder de luifels van de huizen klinken allengs hun felle stemmen op:
'Nietus!'
'Wellus!'
'Zeepert!'
'Papist!'

Ze bikkelen, vechten, treiteren voorbijgangers, en zullen zich net als hun ouders, door een aantal oorlogen heen moeten slaan. Brutaal en ongemanierd schuimen ze door de rumoerige straten. Ze rennen een stukje mee met de diligences, die uitrijden van stad naar stad. De afstand die de diligences afleggen bedraagt 100 kilometer per dag. In de winter tracht de koetsier de kuilen en modderpoelen te ontlopen. In de zomer hapt hij niets dan stof. De oude weg over de Veluwe is op sommige plaatsen meer dan 1000 meter breed.
Na zo'n dag rijden, stappen de passagiers geradbraakt uit.
'Schoon' mevrouw, 'k voel nepen in de zij!'
'En ik niet minder, heerschip!' Dat kan ook moeilijk anders. De reis van Groningen naar Amsterdam duurt 42 uur. Onderweg stappen deftige heren en mevrouwen wel eens uit. Dan brengen ze de nacht door in een landelijke herberg. Op stro!
'Segh, hebdy gien swijnsveren (een borstel)? Myn mantel en wambuys syn soo bepluyst. Nee?' De reizigers schudden het hoofd, als ze ontdekken, hoeveel er in de kleine dorpen nog mankeert.

Urenlang gaat de tocht door onherbergzame streken. Geen huis en geen hond is dan te zien. Struikrovers proberen daar wel eens een overval. Als ze gegrepen worden, hangt men ze ter plaatse aan een boom. Een reis per trekschuit (plaats voor 50 mensen en bagage) verloopt heel wat comfortabeler voor de passagiers.

Doktersbezoek, door Jan Steen.

Einde Tachtigjarige Oorlog – Patriottentijd

De kraamkamer, door Esaias Boursse. De baker bij het vuur zit in een zogenoemde bakermat.

Onderwerp van gesprek in diligence en trekschuit vormt zonder twijfel de *Acte van Navigatie*, die Cromwell (op aandringen van zijn tegenstanders in het Parlement) in oktober 1651 bekend heeft gemaakt.
'Die vuile koningsmoordenaars. Ze willen onze handel lamleggen!'
'Ze mosten Tromp weer eens sturen naar Duins. 't Sal ze leren!'
Verbitterd over de slechte ontvangst van de gezanten, jaloers op de welvaart van de Republiek, ontstemd over schending van visserijrechten, nijdig over zeeroverij door de Zeeuwse kapers bedreven en gegriefd door allerlei gewelddaden in de Oost, zetten de Britten die verrekte Hollanders nu de voet dwars. De Actie van Navigatie komt hard aan:
'Alleen Engelse schepen mogen goederen naar Engeland transporteren. Of schepen uit de landen, die de produkten zelf hebben voortgebracht!' vertellen de Hollandse reders elkaar onthutst. 'Geen koren uit de Oostzee, geen wijnen uit Portugal, geen specerijen uit de Oost mogen voortaan met onze schepen naar Engeland!'
'Geldt dat ook voor de koloniën in Amerika?'
'Ja, man! De Brit wil ons ook daarvan uitsluiten!'
'En ze gaan de scheepsbouw in eigen land bevorderen! Here God, dat zal een slag voor onze werven zijn!'
De consternatie in de Republiek is groot. De jonge raadpensionaris van Dordrecht, de 26-jarige Johan de Witt, krijgt opdracht een grondig onderzoek naar de betrekkingen met Engeland te doen. Met de gedragslijn, die de jonge advocaat uitstippelt, begeeft een gezantschap zich naar Londen — in de hoop dat er nog iets te plooien valt.
Jacob Cats is één van de afgezanten, hoewel hij lang heeft tegengestribbeld:

Dies bad ik onze Staat mij te willen sparen
Zo om de harde tijd, als om mijn hoge jaren,
Ook om de sture zee, die van mijn jonkheid aan
Mij kwellig is geweest en tegen heeft gestaan...

Te Londen worden de gezanten met alle eerbewijzen ontvangen, maar het volk joelt hen uit. Spotprenten en pamfletten onderstrepen de oorlogsstemming.
'My lords...' De 74-jarige Vader Cats zet met dichterlijke citaten en Latijnse spreuken het Nederlandse standpunt in het Britse parlement uiteen. Het helpt niet.
Integendeel. De Acte van Navigatie blijft onverkort bestaan en de Engelsen voegen daar nog enige eisen aan toe:
'Uw zeelieden zullen voortaan in de Britse wateren de vlag voor onze schepen moeten strijken!' zeggen zij tot de afgezanten van de Republiek. 'En wij eisen het recht om uw koopvaarders in onze wateren op de lading te onderzoeken om te zien, of de Acte van Navigatie niet ontdoken wordt!'
De Britten blazen zó hoog van de toren, dat de zending van Cats mislukt. Nog proberen pensionaris Pauw, De Witt en de Staten-Generaal de vrede te redden, want onder de krachtige leiding van Cromwell hebben de Engelsen een sterke oorlogsvloot in zee gebracht. Met de vloot van de Republiek is het na de vrede van Munster vrij droevig gesteld.
Opgestookt door de Oranjeklanten — en door alle soldaten en matrozen die zijn afgedankt! — roept een deel van de Republiek om oorlog:
'Geheel Holland door was 't meest zo: hoe berooider, ellendiger, en armer men werd, hoe harder de gemeente riep: Leve de prins! Géén vrede met Engeland!'
Terwijl de Staten nog onderhandelen, loopt het mis op de 'sture zee':
Op de Noordzee, mei 1652: Met 50 schepen is de grijze Maarten Harpertsz. Tromp de zee opgezonden om vrachtvaarders van de Republiek te begeleiden door het Kanaal.
Op zijn admiraalsschip Brederode dient de felle Oranjeklant Tromp de staatsgezinde regenten met een verouderde vloot. De schepen kunnen zich niet meer meten met de vernieuwde Britse oorlogsvloot. Tromp weet dat maar al te goed. Vuil weer in het Kanaal. Rijden op de ankers. Daarna zeilt één van de patrouille-schepen de Brederode tegemoet. Kapitein Van der Zaen meldt:
'Slaags geweest met een Engelsman over het strijken van de vlag! De zeven koopvaarders, die ik geleidde, lopen nu gevaar!'
'Waar?', vraagt Tromp.
'Ter hoogte van Dover!'
'Dan naar Dover!'
Bestevaer Tromp geeft zijn bevelen. Een Engels smaldeel onder admiraal Blake komt in zicht.
'Zal het vechten worden?' vragen de matrozen in zenuwachtige spanning. Gebeten kijken ze naar het admiraalsschip. Strijkt Bestevaer de vlag?
'Er staat reeds een matroos voor de vlag bij de mast!'
'Boem!' Een rookpluim op een Britse oorlogsbodem. Een waarschuwingsschot vliegt over de Brederode heen. Een tweede schot volgt. Twee Hollandse matrozen raken gewond.
'Strijk een sloep!' beveelt Tromp. Hij wil zich naar Blake laten roeien en vragen, wat dit alles te betekenen heeft.
'Boem!' Een derde kogel dreunt op de Brederode neer. De rode vlag gaat uit. Driftige bevelen weerklinken.
'Tamboer!' De tamboer roffelt de maats aan dek. Matrozen doven de vuren. Alleen

Scheepstimmerwerf van de admiraliteit van Amsterdam, door Ludolf Bakhuysen.

de kolen in het kombuis blijven gloeien voor de pannen met kokende olie, waarmee de chirurgijn straks de wonden reinigen moet. De scheepspredikant bidt voor de overwinning — zo het zijn mag — en smeekt om de zegen van God.
'We nemen er nog een, stuurman!' Heel wat kapiteins op de Hollandse vloot grijpen nu naar de fles. Met een flink stuk in hun kraag zijn ze beter tegen de gevaren bestand. Sommige kapiteins zeilen zich snel buiten schot. (Na iedere zeeslag moet de Admiraliteit harde straffen uitdelen voor lafhartig gedrag!). In linie varend zoeken de schepen de loefpositie op.
'Vuur!' De kanonnen branden los. Zeilen en dekken raken in brand. Vijf uur lang vecht Tromp tegen de Engelse vloot van Blake. Pas als de duisternis valt wijkt hij uit.

'Those damned Dutch!'
'Die vuile, vieze, Britse kenijnen!'
Het treffen van Tromp en Blake hitst de oorlogsstemming verder op. Raadspensionaris Pauw tracht de zaak nog te sussen en haast zich naar Engeland.
Tevergeefs. In juli 1652 breekt de oorlog uit. De twee mogendheden zullen elkaar de hegemonie van de zee betwisten: een enorme krachtmeting, die al met al ruim een eeuw zal duren, begint.

Oorlog. Hard wordt er nu gewerkt aan een doeltreffender vloot. Maar eenhoofdige leiding op het gebied van zeezaken is er niet. Het bouwen van nieuwe oorlogsbodems gaat ook niet snel genoeg.
Dapper kruist Tromp met zijn slecht toegeruste schepen heen en weer.
'Breng de thuisvarende koopvaardij-vloten veilig binnengaats,' is de opdracht die hij heeft gekregen. In vuil, stormachtig weer stampen zijn eskaders over de Noordzee en door het Kanaal — 100 schepen, 11.000 man. Zij loodsen de koopvaarders langs de op de loer liggende smaldelen van de Britse vloot. Toch gebeuren er enkele rampen, die leed en rouw brengen in de havens van de Republiek.
'Vrouw Kikker, ik... ik hoor...' Een vissersvrouw barst in snikken uit. Met horten en stoten vertelt ze, dat Blake de Hollandse vissersvloot bij de Orkney-eilanden totaal heeft vernietigd.
'Wat moeten we nou?' De mannen komen niet terug. Al het geld, dat honderden families in de boten hebben gestopt, is in één klap verloren gegaan. Eenzelfde lot treft een rijk beladen Hollandse handelsvloot.

Verslagenheid in de Republiek. Heel wat rijke kooplieden vragen jammerend hun faillissementen aan.
'Het ligt aan Tromp!' menen de regenten. 'Hij is Oranjeklant. Met opzet speelt hij de kleine prins in de kaart!' Geheel onrechte verwijten zij hem de tegenslagen op zee.
Tromp wordt geschorst en zelfs bijna voor de rechter gedaagd!

'Mannen, dat nemen we niet!' De matrozen en officieren op de Brederode komen in opstand, als de staatsgezinde Witte de With met het opperbevel wordt belast.
'Wij hebben de hooi van hem. Maats, hij komt hier niet aan boord!' gromt het zeevolk, als de rauwe, onbesuisde, maar ook zeer dappere De With naar het admiraalsschip wordt geroeid.
'Als hij aan boord komt, zullen wij niet naar behoren vechten. Liever richten we onze schoten op hem, als op de Brit!' De nieuwe admiraal komt niet bij de Brederode aan boord. Hij vaart op de kleinere oorlogsbodem Prins Willem uit. 'Ik zal de vloot wel lustig naar de vijand voeren!' heeft hij verzekerd aan de Staten-Generaal. Dat doet hij — met alle gevolgen van dien:
'We vallen aan,' seint hij in oktober, hoewel hij een veel sterkere vloot tegenover zich heeft.
'Dat verdommen we!' Vloekend en scheldend wenden twintig kapiteins de steven en laten hun admiraal in de steek. Dan moet ook De With de aftocht blazen. Met bebloede, gehavende schepen loopt hij binnen bij Goerree.
'We willen Tromp! En anders varen we niet!' De ruige matrozen schreeuwen hun ontstemdheid uit. Voor de Staten zit er niets anders op, dan een verbitterde Tromp over te halen het opperbevel weer te aanvaarden. Dat kost moeite, maar tenslotte geeft Tromp toch toe.
'Leve Bestevaer Tromp!' De matrozen werpen juichend hun mutsen in de lucht, als de oude admiraal zijn vlaggeschip weer betreedt.
Ruim 500 koopvaarders, die tevoren niet durfden uitzeilen — dat was een slag voor de handel! — loodst hij nu veilig door het Kanaal. En op 10 december jaagt hij bij Dungeness de (minder sterke) vloot van Blake van de zee.
Voor enige tijd zijn de Hollanders dan weer meester op het water. Dat mocht ook wel, want een hevige onrust heeft zich intussen meester gemaakt van het leven in de Republiek:
'Al is ons prinsje nog zo klein, alevel moet hij stadhouder zijn!' Ontevreden Hollanders roepen om de prins. Er heerst grote werkloosheid, omdat het oorlog is en de aanvoer stokt. Armoede en honger zijn het gevolg. De oproerige stemming tegen de regering neemt gevaarlijke vormen aan:
'Vooruit, mannen!' Werkloze vissers te Enkhuizen hijsen de Oranjevlag. Er zijn flinke gistingen in Zeeland. De staatsgezinde regenten krijgen van alles de schuld. In deze tijd van nood herwint de naam Oranje haar magische klank:
'Het is niet te geloven, dat een strijdbaar volk in verlegenheid heul zoekt bij een klein jongetje (de prins), dat zijn luiers nog niet eens is ontgroeid!' noteert een regent met enige bitterheid. Maar de nood is dan ook hoog gestegen.
Handel en visserij liggen vrijwel stil. Duizenden werklozen zwerven bedelend, en zoekend naar karweitjes, over straat. Er is gebrek aan koren, gebrek aan geld.
Werkplaatsen en pakhuizen zijn voor een groot deel gesloten. In Amsterdam staan 3000 woningen leeg.
'We willen de prins!'
De Amsterdamse admiraliteit ziet wel een oplossing om zich van het schreeuwende bedelvolk te ontdoen. De heren schrijven aan de Staten-Generaal:
'Zoekt de bedelaars op, die gezond en bekwaam zijn. Verdeel hen over de respectievelijke oorlogsbodems van de vloot. Daardoor zal het land merkbaar van rapalje worden gezuiverd. Zo kunnen tevens de schepen van scheepsvolk worden voorzien!' Dat is nu beslist een noodzaak, want de eskaders komen handen te kort.
'Ik moet nog tien matrozen hebben!' verzuchten vele kapiteins. Om die te werven valt niet mee. De animo om naar de gevaarvolle zee te gaan ontbreekt. Om hun schepen toch bemand te krijgen, treden de kapiteins met een 'slaapbaas' of zielverkoper in contact:

'Lever me vóór morgenochtend tien man, Rijkert!'
'Ge hebt ze voor zes uur aan boord, kapitein!' belooft een slaapbaas. Hij gaat meteen aan het werk. In havenkroegen kiest hij flink gebouwde, jonge kerels uit. Rondje na rondje biedt hij hen aan. Als ze volkomen laveloos en suizebollend tegen de grond gaan, draagt hij hen met zijn helpers naar een gereedliggende sloep.
'Roei ze naar kapitein Kortenaer...'

Einde Tachtigjarige Oorlog – Patriottentijd

Als de kerels een paar uur later ontwaken uit hun roes, krijgen ze de rauwe taal van de hoogbootsman over zich heen: 'Vooruit, zet die kakkies op het dek!'

De ankers zijn reeds gelicht. Met een kater, en groen van ellende hangen de zo geronselde matrozen over de reling, als het schip over de eerste flinke golven danst. 'Jullie daar! Als je over je nek wilt schijten, doe je dat maar aan de wal!' schreeuwt de bootsman hen toe. Dat klinkt wrang, want een terug is er niet. De geronselde stakkers hebben vooral pech, als hun schip voor drie jaar uitvaart naar de Oost.

Misschien hebben de zielverkopers ook matrozen geleverd aan Jan van Riebeeck uit Culemborg. Deze voormalige chirurgijn heeft bij de Oostindische Compagnie een fraaie carrière gemaakt. Hij is opgeklommen tot opperkoopman en heeft nu opdracht gekregen, een kolonie te stichten in de Kaap:

'Bouw daar een fort en richt een bunkerplaats in, waar de Oost-Indiëvaarders zich kunnen voorzien van water, verse groente en vers vlees!'

Om die produkten naar behoren te kunnen leveren, zijn ook een aantal boeren vertrokken naar de Kaap. Al vrij gauw trekken zij het binnenland in — op zoek naar betere gronden voor hun vee. Onder het bewind van Jan van Riebeeck groeit Kaap de Goede Hoop tot een welvarende kolonie uit.

In het vaderland lopen de zaken minder naar wens. De regentenregering ziet zich tegenover toenemende problemen geplaatst. Niet alleen binnen de grenzen, maar ook van buitenaf groeit het gevaar voor de Republiek. Het omhoogstrevende Zweden ziet er wel brood in samen met Spanje — aan de zijde van Engeland — de strijd in te gaan.

'Ja, we moeten de oorlog in!' ageren ongeduldige kooplieden in Antwerpen, Brugge en Gent. 'Oorlog geeft ons immers de kans om de Schelde te openen met Engelse steun?'

Even lijkt het, of al die bedreigingen onoverkomelijk zullen zijn. Maar juist dan krijgt een uitzonderlijke krachtige persoonlijkheid — na de dood van Pauw in februari 1653 — het roer van de Republiek in handen. De 28-jarige Johan de Witt wordt door de Staten van Holland tot raadpensionaris van het gewest Holland benoemd.

Johan de Witt! Een wat kille, hooghartige, onkreukbare regentenzoon. Een briljant jurist, schrijver van baanbrekende studies over de wiskunde, grondlegger van het levensverzekeringenwezen en een kenner van de Europese literatuur.

'Bekommerlijk, ja bijna desperaat!' noemt hij de toestand van het lieve vaderland. 'Gelijk men het kwaad altijd een oorzaak wil geven, zo worden alle rampen algemeen toegeschreven aan de kwade directie van de regenten. Die mening is zó diep ingeworteld, dat van het gewone volk nauwelijks één op duizend mensen van die opinie vrij is!'

Haast onoplosbaar lijken de problemen, waarmee hij wordt geconfronteerd: Ruzies tussen de admiraliteiten! De vijf grote steden hebben ieder een eigen admiraliteitscollege en eensgezindheid ontbreekt. Bepaald ernstig zijn de geschillen tussen Amsterdam en Rotterdam over de te volgen strategie. De steden denken alleen aan het eigen belang. Daarbij staan de gewesten Holland en Zeeland scherp tegenover elkaar. Er heerst oproer in Enkhuizen. Overal neemt de agitatie uit het Oranjekamp dreigend toe. En tenslotte is er nog de oorlog:

De Engelsen zijn met een nieuwe vloot de zee opgekomen en blokkeren het Kanaal.

'Zullen onze thuisvarende koopvaarders er doorheen komen?' Duizenden gezinnen leven in spanning en onzekerheid. Alle hoop is gevestigd op Tromp, die op de eenzame kampanje van zijn schip voor al die mensen en ladingen de verantwoordelijkheid draagt.

Onder aanvoering van Johan de Witt ontwikkelt de Republiek in dit donkere uur een formidabele kracht. Met een wrakke vloot gaat Tromp onvervaard de zee op.

Hij schrijft:

'Mij verdriet het te zien, dat schone nieuwe schepen, half afgebouwd, overal aan land blijven liggen. Maar ik zal niet mankeren in mijn plicht om als eerlijk man voor mijn lieve vaderland te leven en te sterven!'

Tromp zeilt uit. Reikhalzend wacht het bezorgde volk aan de wal op bericht. Zullen de rijk beladen schepen uit Frankrijk, Spanje, uit de Oost en West veilig binnenlopen? Bijna drie dagen lang levert de vloot verbitterde gevechten tegen Blake. Het gaat furieus toe. De Brederode schiet het Britse admiraalschip in de prak. Blake raakt ernstig gewond. Michiel de Ruyter entert het schip. De Engelsen weren zich met grote dapperheid. De matrozen willen het schip weer verlaten. De Ruyter roept hen toe:

'Mannen, dat gaet niet aen. Eens daarin, altijt daarin. Sa, sa, lustig weer over!' De matrozen springen opnieuw naar het vijandelijke dek.

Het scheepsgeschut dreunt. Drie, dan vijf, tenslotte tien Britse oorlogsbodems omsingelen het buitgemaakt admiraalsschip. Opnieuw deinzen de matrozen terug.

Johan Evertsen is overstag gegaan en komt de omsingelde De Ruyter te hulp.

Wrakhout. Brandende schepen. Ronddrijvende, om hulp roepende matrozen. Sloepen worden hier en daar gestreken. De duisternis valt.

'Varend in een halve maan zullen we de koopvaardijvloot behouden naar het vaderland brengen,' klinkt het tijdens de krijgs-

De slag bij Terheide in de eerste Engelse oorlog op 10 augustus 1653, door J.A. Beerstraten (1622-1666).

raad in de hut van Tromp.

De volgende dag: opnieuw doen de Britten aanval na aanval. De aan flarden geschoten schepen van De Ruyter en Pieter Florisz., moeten worden gesleept. Na een driedaagse zeeslag weet Tromp een deel van de kostbare vloot te redden, maar 12 oorlogsbodems en 50 koopvaarders bereiken de thuishavens niet. 4000 doden en gewonden, waaronder 15 kapiteins, vormen de trieste prijs, die de Republiek voor de thuisvarende koopvaardij betaalt.

In mei kiest de vloot opnieuw zee. Opnieuw in juli. Opnieuw in augustus. Vooral dán is de toestand kritiek:
'De Brit heeft al zijn smaldelen verenigd! Met die machtige vloot worden alle Hollandse havens geblokkeerd!' Hoofdschuddend en mismoedig bespreken de kooplieden, de vissers en het vrouwvolk de ellende, die dit teweeggebracht heeft:
'Geen visserij!'
'Geen vaart op de Sont en dus geen graan!'
'Geen handel op Frankrijk en de Levant!'
'Geen vrachtvaarders naar de Oost of de West!'
'Bij God, Evert, Cornelis, Huibrecht, we moeten toch tot de aanval overgaan!'

Tromp is met een eskader de zee opgegaan, maar Witte de With ligt met zijn smaldeel bij Texel, waar de Britse admiraal Monk hem met 100 oorlogsbodems de doorgang belet.

Storm op 8 en 9 augustus. Tromp zeilt met zijn stampende schepen noordwaarts en lokt Monk bij Texel weg. Een zeeslag bij Petten in vuil weer. Zal Tromp zich, gedekt door het slechte zicht, kunnen verenigen met Witte de With?

Texel, 9 augustus 1653: Witte de With heeft het gebulder van de scheepskanonnen bij Petten gehoord.
'Wel hier-en-gunder. We moeten de zee op!'
'Met deze wind? En dan met al die zandbanken? Onverantwoord!' menen de kapiteins. Er is trouwens geen loods te vinden, die de vloot buitengaats wil voeren in deze storm.
'We gaan!' zegt Witte de With.
'Maar alle tonnen en bakens zijn weggehaald!' Bevreesd voor een Britse landing, gaven de bakens niet langer de vaarroute aan.
'Toch gaan we de zee op!' Witte de With huurt 18 vissersboten en zorgt voor een goede verlichting op ieder schip:'Baken een vaargeul af! Ga bij de ondiepten en zandbanken voor anker!'

En waarachtig. De vloot zeilt uit. De kapiteins nemen enorme risico's in dat ruige weer.
'Klaar om te wenden?' Steeds weer gaan de zware oorlogsbodems overstag. De verlichte vissersboten rijden op hun ankers en dansen op de hoge golven van de stuurse zee.
'Klaar om te wenden?' De commando's weerklinken over de natte dekken. Er wordt aan touwen en zeilen gesjord. Ze komen buitengaats. Slechts één schip loopt op de zandbanken vast.
'Met de vloot uitgelaveerd!' noteert Witte de With nuchter in zijn journaal. Hij heeft echter een stukje zeemanschap van hoge klasse gedomonstreerd. Die morgen verenigt hij zich met de vloot van Tromp.

Terheide, 10 augustus 1653: Duizenden Hagenaars en kustbewoners staan op de duinen bij het strand.
'Godlof, hij redt het! Nee! Here God, kijk nou toch!' Op de woelige zee voor hen uit, zien zij de Engelse vloot en de vloot van de Republiek in wolken kruitdamp gehuld.

Ze horen het gebulder der kanonnen en zien schepen reddeloos tenondergaan. Soms juichen ze, als het Engelsen zijn. Soms slaan ze de handen geschokt voor het gezicht:
'God zij hun zielen genadig!'

Déze zeeslag moet de beslissing brengen in de oorlog, die zo bloedig en verbeten uitsluitend op de zee is gevoerd.
'We geven geen kwartier!' heeft admiraal Monk tegen zijn kapiteins gezegd. Het gaat nu om alles of niets.

11 uur in de morgen: Een Engelse oorlogsbodem vaart langs de Brederode. De Britse commandant heeft Tromp ontdekt, die in zijn harnas op de kampagne staat en zijn bevelen geeft.
'Quick! A sharpshooter!' roept de Britse commandant. Een scherpschutter meldt zich. Zijn musket gaat naar de schouder.
'Kill the admiral, mate!'

De Britse scherpschutter legt aan. Temidden van het gedreun der kanonnen, het gekraak van masten en stengen en het opspattende water, knalt het droge geluid van zijn schot. Tromp zakt ineen. Hij is getroffen in zijn borst.
'Ik heb gedaan! Houdt goede moed. O Heer, wees mij en dit arme volk genadig!'
Zo sterft hij in het harnas, tijdens de beslissende slag. Kortenaer, de kapitein van de Brederode, hijst meteen de rode vlag en roept ogenblikkelijk de onderbevelhebbers op. Alleen De Ruyter ziet het sein. Evertsen, zelf gewond, is met een doorschoten, zinkend schip op weg naar Goeree. Witte de With en Pieters Florisz. zijn betrokken in een verwoed gevecht.
'Ik vond de nobele Heer Admiraal tot mijn leedwezen dood in zijn hut...' zegt De Ruyter, als hij weer is teruggekeerd naar zijn eigen schip. Even later is ook hij uitgeschakeld. De fokkemast en grote steng zijn stukgeschoten en tientallen kanonskogels hebben zijn schip doorboord. De bemanning van 150 koppen is vrijwel gehalveerd:
'43 morsdood en 35 gekwetst!' meldt een officier.

Als de laatste schot verwaait in de wind, blijken 26 kostbare schepen van de Republiek verloren te zijn gegaan. 600 matrozen en officieren zijn gebleven in de verwoede strijd. Even zwaar gehavend en bloedend zoekt ook de Britse vloot de thuishavens op. De dodelijke blokkade is opgeheven.

'We willen de prins! We willen de prins!'
Oproer dreigt in Rotterdam, Haarlem, Delft, Dordrecht, Medemblik, Enkhuizen, in Zeeland en Den Haag. Ruiten van gehate regenten worden ingegooid. Protesten weerklinken over de grote verliezen op zee,

Johan de Witt. Portret op koper door J.M. Quinckhard naar een ouder portret door H. Bary.

353

Einde Tachtigjarige Oorlog – Patriottentijd
Rellen in Noord en Zuid

over de werkloosheid, over de honger die knaagt:
'Weeran, Arent Pieter, Mieuwees. Vooruit Jaap en Leen!' Getergde, hongerige burgers schieten op de Staten-vaandels. Ze plunderen huizen en lopen met Oranjewimpels rond.

In die verhitte toestand zoekt Johan de Witt naar een snelle vrede. Hij weet, dat ook Cromwell die nodig heeft, want in Engeland — toch al verarmd door de burgeroorlog — roept het volk om de koning. In het diepste geheim begint Johan de Witt te onderhandelen met 'Zijne Hoogheid Oliver Cromwell, Lord Protector van de Engelse Republiek'. Achter de rug van de Staten-Generaal om schaaft hij aan een verdrag: 'Opheffing van de Acte van Navigatie. Vrije handel voor beide landen in de Nieuwe Wereld en op Afrika!' De Engelsen zullen worden schadeloosgesteld voor hun verliezen in de Oost.

'En dan eisen wij een *Acte van Seclusie!*' stelt Cromwell, als allereerste voorwaarde voor de vrede. Holland zal nimmer meer een stadhouder mogen aanvaarden — en zal ook niet mogen helpen aan de verheffing van de prins in een ander gewest. Een Oranje aan de macht — zo nauw verbonden aan de Stuarts — zal voor Cromwells eigen positie levensgevaarlijk zijn. De Witt verzet zich, tracht de Acte uit te stellen, omdat hij in de Republiek heftige reacties verwacht. Hij krijgt geen keus. Terwille van de noodzakelijke vrede levert hij een hard gevecht in de (geheime) vergaderingen van de Staten van Holland. Met 14 stemmen tegen 5 krijgt hij de Acte van Seclusie erdoor.

Ondanks de eed van geheimhouding, die de gedeputeerden hebben afgelegd, lekt het nieuws uit:
'Verraad!'
'Duistere praktijken!'
Een storm van felle protesten laait op. De Staten-Generaal eisen opheldering. Eindelijk eensgezind, schrijven de prinsessen Amalia van Solms en Maria Stuart opgewonden brieven naar Hunne Hoogmogendheden:
'Komt toch voor onze zoon en kleinzoon op!'
Friesland keert zich uiterst fel tegen het eigengereide Hollandse gewest. Heel wat regenten krijgen het benauwd temidden van alle verontwaardiging — en vragen zich af, of ze nu overstag moeten gaan:
'Op het ijdel geluid van de naam van een kind (de prins) en de dode letter van een humbel geschrifte van twee weduwvrouwen,' merkt Johan de Witt schamper op.

Voortvarend weet hij de aanvallen op zijn beleid met een brochure, De Deductie, te smoren. Tenslotte wenst vrijwel iedereen het eind van de oorlog te zien.

Met klokgelui, volksfeesten en een dankdag wordt in juni 1654 de *vrede van Westminster* gevierd. Maar opnieuw wordt de vrede direct daarna opnieuw bedreigd...

Ziet wat een fraai kasteel. Wat heit het me gekost!
Mijn geld is niet verbrast aan keur van vreemde kost...
Geen bloemfluwelen gewaden versieren 't stinkend lijf
Mijn huis is mijn sieraad, dáárvoor mijn koffer open
En wat mijn huis behoeft, dat haast ik mij te kopen...

Die dichtregels van een deftig koopman illustreren, hoe gemakkelijk de anders zo spaarzame en inhalige Hollandse burgers hun geld uitgeven voor een eigen huis. En voor de inboedel die daarbij hoort.
Het stinkend lijf heeft hij vast letterlijk bedoeld, want wassen doet men zich vrijwel niet. Zélfs in de hoogste kringen is de afkeer van water groot. Handen en gezicht krijgen in geen dagen, de rest in geen maanden een schoonmaakbeurt.
'Ze zijn morsig als een aal met vuile aangezichten!' schrijft een heerschap, die wat zindelijker is aangelegd. Wat een dampen slaan er uit de hoog ingebouwde bedstees in de slaapvertrekken, die zo keurig wit bepleisterd zijn.
'Niet krabben!' zeggen de meesters op school met een streng gezicht. De kinderen mogen ook geen luizen vangen tijdens de les. Wel hangt naast de lessenaar een ijzeren kam:
'Om de onreine hoofden te dwingen tot reinheid!' Tijdens de les mogen die kinderen elkaar niet slaan, schoppen, steken en niet schuifelen met de voet.

De trek naar de steden is groot. Vooral Amsterdam heeft een magische aantrekkingskracht 150.000 mensen zitten er opeengehoopt. Het nieuwe raadhuis, dat in 1655 gereedkomt (het oude is verbrand), overschaduwt ieder ander bouwwerk in de Republiek.
'Het achtste wereldwonder!' noemen buitenlanders Jacob van Campens machtige werkstuk. Huygens draagt zelfs een gedicht op aan de EE. Heeren Regeerders van de stad:

Doorluchte Stichteren van 's Werelds Achtste Wonder
Van zoveel steens omhoog, op zoveel houts van onder!

Bijna 14.000 palen hardhout — aangevoerd over zee — zijn voor dat raadhuis in de drassige grond geheid. Toch blijft er nog genoeg hout over om de 500.000 mensen, die nog katholiek zijn, van crucifixen te voorzien. Iedere zondag komen honderden van hen naar Den Haag: speciaal om ongestoord de mis bij te wonen aan het hof van de Franse, Spaanse, of Portugese ambassadeur. Toch is op vele plaatsen een vrijheid van oordeelsvorming toegestaan.
'Als souvereinen moeten regeren zónder toe te geven aan de heerschappij van het gepeupel, dan is het noodzakelijk om vrijheid van oordeelsvorming toe te staan. Dan moet men de mensen zó regeren, dat zij strijdige en verschillende meningen kunnen uiten en desondanks toch kunnen leven in harmonie!' Dat zegt de glasslijper en wijsgeer, Baruch de Spinoza. De 'Godloze Godzoeker' wordt hij wel genoemd.
'Vroomheid en geloof bestaan geheel uit de beoefening van naastenliefde en rechtvaardigheid!' De joodse voorgangers achten zijn opvattingen onverenigbaar met hun eigen geloof. Met vervloekingen stoten zij hem uit de joodse gemeenschap wegens ketterij.

Misschien heeft Rembrandt, die juist failliet is gegaan, zijn portret van een jonge joodse student aan Baruch de Spinoza gewijd.
De Spinoza sluit zich aan bij de 'Rijnsburgers' — een groep van humanisten, remonstranten, quakers, doopsgezinden en mennonisten. Enkele keren per jaar komen deze te Rijnsburg bijeen. Met elkaar onderzoeken zij de grote vragen van het leven. Zij streven naar afschaffing van de oorlog, sociale verbetering en verbroedering. Enkele predikanten noemen de Rijnsburgers godslasterlijk en blijven onverdraagzaam vasthouden aan het 'geloof der vaderen', zoals dat door Calvijn een eeuw tevoren was gepreekt. Niet alleen in de Republiek maar ook ver over zee:

Ceylon, 23 juni 1656: Dominee Baldaeus heeft gepreekt en gebeden voor de 1200 man van de compagnie, die de aanval op de sterke stad Colombo hebben ingezet. Na bloedige gevechten en hevige verliezen geven de Portugezen zich over. Hun ambtenaren, officieren en ook al hun geestelijken worden te zamen met kerksieraden en altaarstukken weggevoerd. Als zij eindelijk naar Portugal mogen vertrekken, leggen de Hollanders beslag op alle voorraden, opslagplaatsen, het zilver en goud.
Dominee Baldaeus preekt al meteen in de afgetakelde hoofdkerk van het eiland, waar de relikwieën haastig verwijderd zijn. Zijn tekst uit Exodus:
'En Mozes bouwde een altaar en hij noemde deszelfs naam: De Heere is mijn bannier!' Ook te Ceylon triomfeert het calvinisme over het katholieke geloof. 'Door Godes bijzondere genade is de Edele Compagnie heer geworden van het kostelijke eiland Ceylon, waarvan nu de gehele paapse aanhang met alle afgoderijen is verdreven,' constateert dominee Baldaeus met tevredenheid.
'Zou de tot het roomse geloof bekeerde bevolking niet in opstand komen?' vragen enkelen zich af. Denkbeeldig is het niet. Daarom krijgen vijf franciscaner monniken *voorlopig* toestemming nog te blijven:
'Oefen uw godsdienst uit achter gesloten deuren,' krijgen ze te horen. 'En houdt geen publieke processies, want dat geeft ergernis!'

Ruim 4000 Portugezen, mannen, vrouwen en kinderen worden verdreven uit de Molukken, Malakka en Ceylon — en trekken zich op Goa terug. De zaken van de compagnie gaan goed. Ondanks minder fijne capriolen die steeds weer met de boekhoudingen worden uitgehaald, keren de Bewindhebbers dividenden uit van 25,30 en zelfs 40 %. Een enkel ongelukkig jaar levert 12 % op.
Met de Westindische Compagnie loopt het minder vlot. In Brazilië zijn het de Hollandse ambtenaren, kooplieden en dominees, die hun boeltje moeten pakken en op overvolle schepen terugkeren naar de Republiek. Voor de som van 8 miljoen nemen de Portugezen Brazilië onbetwist in bezit.
Weinig beter gaat het in *Nieuw Nederland*, de kolonie die in Amerika rond de Hudsonrivier is ontstaan. Wél is *Nieuw Amsterdam* uitgegroeid tot een vrolijke, kleurrijke havenstad. De taveernes zitten vol zeevolk en vol kooplieden van allerlei nationaliteit.
'Ik weet een goeie slag te slaan,' fluisteren daar de smokkelaars.
'Haga el favor de hablar más alto!' bromt een Spaanse avonturier.

Op het eiland Manhattan staan keurige Hollandse huizen met vaderlandse geveltjes en blauwe tegels rond de schouw. Welvarende boerderijen liggen langs de glooiende oevers van de Hudsonrivier — met de dorpen Haerlem en Breuckelen (Brooklyn) op het Lange Eiland (dat tegenwoordig Long Island heet!).

Gouverneur Pieter Stuyvesant — een angstaanjagende kerel met een houten been — voert er een hard bewind. Steun uit het vaderland tegen Indianen en opdringende Britse kolonisten ontvangt hij niet. 'De gruwelijkste ruïne zal hier volgen en deze provincie zal een weerloze prooi worden voor haar buren. De naam van Nieuw Nederland zal zelfs verloren gaan!' waarschuwen afgevaardigden uit Nieuw Amsterdam aan de Staten-Generaal.

De Hoogmogende Heren horen de klachten aan, maar krachtige maatregelen nemen ze niet. In expansie zien zij geen belang. Ze maken zich veel grotere zorgen over de problemen dicht bij huis, want het hemd is altijd nader dan de rok:

'Dubbele moord! Meineed! Omkoperij!' Die kreten krijgt Oranjeklant Rutger van Haersolte naar zijn hoofd, als hij tot drost van Twente is gekozen door Kampen, Zwolle en de ridderschap. In Overijssel voeren de staatsgezinden en prinsgezinden (al dekken die benamingen de groeperingen niet altijd, als het gaat om twisten van lokale aard) een verbitterde strijd om baljuwschappen en andere invloedrijke ambten in het gewest. Komplotten en intriges zijn er niet van de lucht.
'Ze plunderen de publieke kassen!'
'Ze werven zelfs soldaten aan!'
Het is als met de pot, die de ketel verwijt.

In dat troebele water vist Willem Frederik van Nassau naar het stadhouderschap — al kan hij de orde in zijn eigen gewesten niet eens aan.
'Neen!' zegt Rutger van Haersolte. Hij roept de 4-jarige prins Willem III tot stadhouder uit. Loeiende protesten van zijn tegenstanders klinken op. En het blijft niet bij geschreeuw alleen:
'Schiet ze voor d'r raep!' roepen vergramde burgers van het stadje Hasselt, als schepen uit Zwolle passeren. *En ze schieten!* Onder gejuich nemen ze een aantal schepen in beslag.
'Dat duivelse gebroed uit Hasselt!' schelden de razende Zwolse burgers op hun beurt. Ze bewapenen zich. IJverig slepen ze kanonnen aan en nemen het Hasseltse dievenpak onder vuur. Burgeroorlog staat op het punt uit te breken, als Johan de Witt haastig komt bemiddelen en de eendracht herstelt. Dat is een formidabele prestatie bij zoveel heethoofderij. Oranjeklant van Haersolte ziet zich het ambt van drost toch weer ontgaan.

Ernstige onlusten doen zich voor in Groningen. De gilden komen in opstand tegen de oppermachtige regenten en het platteland keert zich tegen de overheersing van de stad:
'Het is een schrikbewind! Weg met hem!' Met steun van Johan de Witt drijven Rudolf van Inn-und Knyphausen en de heer Rengers hun tegenstanders uit de ambten en stellen dan hun eigen vrienden aan.

Heet gaat het toe op de landdag en de Staten-vergaderingen, waar de gedeputeerden elkaar bewerken met de vuist en met het rapier:
'Ik zal je, hondsvot!'
'Die was raak, hoerezoon!'
Soldaten komen bij het statenhuis op wacht te staan. Niemand mag meer gewapend verschijnen op een vergadering. De

De Dam met het nieuwe raadhuis door G.A. Berckheijde (1638-1698).

Penning met afbeelding van Willem III als kind (1654), door Pieter van Abeele.

Penning over de onenigheid over de opdracht van het stadhouderschap van Overijssel aan Willem III (1657), door Jurriaan Pool. Voor- en keerzijde.

Einde Tachtigjarige Oorlog – Patriottentijd

Pieter de la Court, schrijver van Interest van Holland, door A.L. van den Tempel.

aanhangers van Johan de Witt blijven aan de macht. Hun tirannieke bewind gaat echter gepaard met opstootjes, verwarring en plundering.

In Gelderland zit het ook al zo lekker niet. Arnhem en Zutphen liggen ernstig met elkaar overhoop.

'Dit is onze kans,' denkt de energieke bisschop van Munster. Hij laat nu zijn aanspraken gelden op de heerlijkheid Borculo. 'Munster kreeg die heerlijkheid in 1406 van de Bronkhorsten in leen!' stelt hij nogal boud.

'Geen sprake van!' zegt de familie Van Limburg Stirum. Met steun van de Staten van Gelderland en de Staten-Generaal komt de bisschop er voorlopig niet aan te pas.

Onrust in Utrecht. De adel daar wroet voor het herstel van het stadhouderschap. Dat gebeurt eveneens in Zeeland, waar Vlissingen, Veere en Goes de prinsgezinden uithangen en zich kanten tegen Middelburg, Tholen en Zierikzee, die daarom doen of ze staatsgezind zijn.

'Weg met die zielverkopers van satan!' roepen woedende vrouwen in Leiden, als trommelslagers, uit naam van de Staten, matrozen komen werven voor de vloot.

Scheldend en schimpend vliegen ze de straat op: 'De duivel hale de Staten. Sla voor de prins!' En als dat niet meteen gebeurt, gaan ze als ware hellevegen tot de aanval over.

De trommelslagers krijgen dat razende vrouwvolk over zich heen en hun trommels worden aan stukken gescheurd. Dat soort taferelen hebben zich op vele plaatsen afgespeeld.

Al onderneemt hij weinig om de bestaande tegenstellingen op te heffen, door overal vrienden en vertrouwelingen op het kussen te helpen handhaaft Johan de Witt zich.

Het gewoel van het vulgair organisme neemt eindelijk af. 'De kracht van de Republiek ligt in de steden van Holland!' luidt het maxime van die tijd. Veel Hollandse regenten zien in het bezit van Staats-Brabant, Staats-Vlaanderen en Staats-Limburg eerder wingewesten, dan delen van het vaderland. En de rest van de Republiek is in hun ogen een soort achtergebleven gebied, dat meer last dan voordeel geeft. Eén van hen, de Leidse lakenfabrikant Pieter de la Court, brengt in het geschrift *Interest van Holland* onder woorden, hoe er door vele regenten en vooraanstaande kooplieden over de Republiek wordt gedacht: In het 14de hoofdstuk van de 2de druk (een passage die zijn vriend De Witt bij de 1ste druk liet schrappen) schrijft hij:

'Ik stel vast, dat de regeerders der respectievelijke provinciën Gelderland, Overijssel, Groningen, Friesland en Zeeland zo onvoorzichtig en boosaardig zullen zijn om een stadhouder en kapitein-generaal *van hun Republieken* te kiezen en dat hun blinde heerszuchtigheid groot zal zijn!' De la Court ziet de andere gewesten als republieken, als een soort bevriende bondgenoten, waaraan men toch geen al te grote boodschap heeft.

Om Holland tegen de Oranjes, tegen de gewesten en andere machten in de wereld te beschermen, stelt hij voor een brede verdedigingsgracht te laten graven van de Zuiderzee naar de Lek. Verbonden met Utrecht, zou Holland zich dan veilig achter die waterlinie kunnen verschansen en zich ongestoord kunnen wijden aan haar belangrijkste taak: handel drijven en geld verdienen. De overige gewesten wil hij wegschenken aan de Duitse keizer, of domweg laten gaar koken in hun eigen sop. De kosten van die waterlinie met versterkingen taxeert hij op 16.000.000 gulden — heel wat minder dan de 20.000.000 gulden, die het land nodig had in het jaar, waarin 's-Hertogenbosch werd belegerd.

Om te onderstrepen hoe belangrijk *vrede* voor de handel is, wenst Pieter de la Court de agressieve leeuwen als schildhouders van het wapen van Holland te veranderen in twee... vriendelijke poezen.

'Miaauw!' Dat moet het zichtbare bewijs zijn, dat Holland geen heerszuchtige bedoelingen heeft en uitsluitend vrede wenst.

Heel wat regenten bewijzen door hun daden, dat zij het eens zijn met De la Court. De prinsgezinden schreeuwen moord en brand:

'Een schandalig geschrift!' noemen zij *Interest van Holland*. Een krachtige tegenstem geven zij echter niet. De eenheid in hun kamp ontbreekt. Zelfs de meest vurige Oranjeklant wordt door de eeuwig twistende Amalia van Sols en Maria Stuart niet tot daden geïnspireerd.

Maria haat de Nederlanders. Zij blijft zich Engelse voelen en vraagt haar broer Karel II om 'bevelen'. Razend is ze, als Karel op Amalia's landgoed bij Turnhout tennist met de prinsessen van Oranje — en er geruchten gaan dat hij zich wil verloven met Henriëtte. De kleine prins Willem III is omringd door Engelse hovelingen en Engelse gouvernantes. Dat zet kwaad bloed. Vooral prinses Amalia ergert zich mateloos.

Onder druk van Cromwell — die de Oranjes en de Stuarts voor geen stuiver vertrouwt — moet Karel de Republiek verlaten. Hij begeeft zich naar de Zuidelijke Nederlanden. Vele maanden brengt hij door in

De markt te Brugge, door J.B. van Meunincxhove (2de helft 17de eeuw).

Spa — de badplaats waar vorsten en rijke edelen zich zo uitstekend vermaken. Maria bezoekt hem daar:
'Nog nooit in mijn leven heb ik het zó leuk gehad!' schrijft ze naar haar intendant.

Dansen, jachtpartijen en reisjes wisselen elkaar af. Ze bezoekt ook haar andere broer de latere Jacobus II, die als hertog van York hof houdt in Brugge, hoewel hij geen cent bezit. Enkele Oranjeklanten brengen Maria daar een bezoek:
'Zij ontving ons op haar gewone manier, namelijk koel *en zonder één woord te zeggen*, hetgeen in de tegenwoordige tijd niet meer behaagt!' vertellen zij wat ontdaan.

Het beeld dat de dolende, verkwistende, onderling twistende Stuarts en de konkelende prinsessen van Oranje uitdragen, is weinig verheffend en inspireert niet.

Onbedreigd blijft Johan de Witt als leider van de Republiek overeind. In de buitenlandse politiek speelt het land onder zijn sterke leiding een eerste viool. De goede verhouding met Engeland, de vriendschap met Frankrijk en de vrede met Spanje blijven bewaard.

Slechts uit Zweden komen verontrustende berichten. Gezant Van Beuningen meldt bezorgd:
'De Zweede koning dreigt Denemarken te veroveren. En als dat gebeurt, wordt Zweden in de Oostzee een te vrezen concurrent van de Republiek!' Kopenhagen wordt reeds door de Zweden belegerd. De Hollanders besluiten daar wat aan te doen:
'Vernietig de Zweedse vloot!' luidt de opdracht aan Wassenaer, heer van Obdam, die na de dood van Tromp tot vlootvoogd is benoemd. Vanwege hun grote handelsbelangen verdragen de Hollanders geen andere macht in de Oostzee. Wat een kracht ontplooit de Republiek: 75 schepen met 3000 kanonnen en 15.000 man troepen aan boord, bevinden zich allengs in de Deense en Zweedse wateren. Tijdens een eerste zeeslag sneuvelen Pieter Floriszoon en de dappere Witte de With. De zwaar gehavende Zweedse vloot zoekt veilige havens op. Ook de door jicht geplaagde Obdam keert naar het vaderland terug. Michiel de Ruyter wordt dan met het opperbevel belast. Met een deel van de vloot blokkeert hij de Zweedse havens. Voor het ontzet van Kopenhagen richt hij de aanval op de stad Nyborg op het eiland Funen, waar Zweden over 4000 ruiters en 2000 man voetvolk beschikt. De vloot begint het bombardement op de stad:
'Nyborg stond somtijds als in rook van stuiven van dakpannen en stenen. De kanonskogels vlogen zo dik, dat het niet om te schrijven is...'

Volgens afspraak moeten de Denen een landing beginnen. Ze durven niet. De Ruyter wordt razend:
'Hij heeft syn haer uyt syn hooft getrocken van boosheyt!' Om een voorbeeld te geven, springt de admiraal woedend in een sloep:
'Val aen, mannen. Val aen, of gy sult altemael vermoort worden!' Eén van zijn officieren, de Franse ritmeester Buat, roept geestdriftig uit:
'Dát gaet u voor!' Hij wijst naar de admiraal. 'Val aen!' Met de degen in de hand springt hij in het ijskoude water van de novemberzee en waadt dapper naar de kust.

Na harde gevechten, waarbij 500 man sneuvelen, wordt Nyborg genomen. De stad wordt geplunderd en het Deense vrouwvolk krijgt de soldaten van de Republiek over zich heen:
''t Geen droevich was om te sien,' meldt De Ruyter. 'Zy lieten veel menschen in haer hemdt staen sonder klederen, waaruyt men sach, dat d'oorlogh alles verslindt!'

Zweden trekt zich terug. Om nu de vrede te bewerkstelligen, zend Johan de Witt zijn neef Govert van Slingelandt, pensionaris van Dordrecht, haastig naar het Zweedse hof.

'De sleutels van de Sont liggen in Amsterdam,' stelt Van Beuningen tevreden vast.

Zonder dat het politieke evenwicht in Europa is verstoord, heeft de Republiek opnieuw haar macht getoond.

De dankbare Deense koning verheft De Ruyter in de adelstand, geeft hem een jaargeld van 800 rijksdaalders en hangt hem eigenhandig een gouden ereketen om.

Het is vrede in Europa! Ook de twee katholieke mogendheden Spanje en Frankrijk hebben in 1659 de strijd eindelijk gestaakt. Met behulp van Cromwell heeft de bekwame aanvoerder Turenne de stad Duinkerken ingenomen. Een Spaans leger, tot ontzet van de stad aangevoerd, lijdt in de duinen een deerlijke nederlaag. Dan kunnen de Zuidelijke Nederlanden als een rijpe appel worden geplukt. De Fransen bezetten Vlaanderens zuidwesthoek. Reeds is Turenne met zijn leger op weg naar Brussel, als de winter inzet. Harde slagregens hebben de wegen volledig onbegaanbaar gemaakt.

In het uitgeputte Spanje is Filips IV eindelijk bereid concessies te doen. De vrede van de Pyreneeën komt tot stand. Filips staat zijn dochtertje Maria Theresia af aan Lodewijk XIV.
'Maar dan moet zij wel van al haar opvolgingsrechten in Spanje afstand doen!' verklaart het Spaanse hof.
'Bien sur!' zeggen de Franse onderhandelaars, maar hun jonge koning werpt reeds begerige blikken op de Spaanse troon, en zijn juristen zijn al spitsvondig aan de gang, om de onhoudbaarheid en ongeldigheid van die afstand aan te tonen. De Fransen eisen weldra nog Artois, brokken van Henegouwen, Luxemburg en een stuk van Vlaanderen voor zich op.

Murw geslagen en platgetrapt als slagveld van Europa, is het met de Zuidelijke gewesten verdrietig gesteld. Spanjaarden en

De slag in de Sont op 8 november 1658. Geheel rechts kasteel Kronenborg. Schilderij van P. van den Velde.

Einde Tachtigjarige Oorlog – Patriottentijd
Michiel Adriaansz. de Ruyter

Fransen hebben over hun lot beslist.

Hoe hoog is de nood gestegen en hoe merkbaar is de achteruitgang op ieder gebied.

Met grote heftigheid zoekt het onbehagen van het gefrustreerde volk in Brabant een uitlaatklep:

Antwerpen, augustus 1659: Een vrij onbelangrijke kwestie van de posterijen hebben de burgers als een inbreuk op hun privileges gevoeld. De dekens van de gilden komen in verzet. Als de regering een achttiental van hen wil verbannen, vindt een gewelddadige volksuitbarsting plaats.

Woedende kerels stuwen schreeuwend op en mishandelen burgemeester Van Halmale in zijn eigen stadhuis. Benarde arbeiders en werklozen plunderen woningen en roepen de rijken toe:

'Het is nú de tijd, dat de kooplieden moeten zwijgen en dat de werkman mag spreken. Gij lieden dwingt en praamt ons dikwijls genoeg. Maar nu is het onze keer. Sa, sa, geeft ons geld om te leven, ofte wij weten wel, wat wij moeten doen!'

Vele dagen staat de raad op zijn kop. Dan grijpt de regering te Brussel in. Met toestemming van de Raad van Brabant, marcheert de landvoogd met 10.000 man en met de hertogen van York en Gloucester — en ook weer een Aarschot — naar de opstandige stad. Antwerpen buigt het hoofd. Haar onderwerping is van een bittere volledigheid. Toch hebben heel wat Brabanders en Vlamingen een flinke binnenpret, dat het nu met de uitdagende trots en de overheersing van de Antwerpenaren is gedaan. Pestend zenden ze spotschriften en paskwillen naar de vernederde, gebroken stad.

Schamper dichten ze op de nieuwe landvoogd, Caracena:

Marquis de Caracena, ontfermt u onzer
Here Kanseliers, zijt ons barmhartig
Heren van de Raad van Brabant, wilt ons ontfermen
Wij hebben gezondigd. Wij bekennen het ook...
Wij vallen op onze knieën
Wij verslijten onze panne broeken
Wij presenteren u onze vrijheid
Wij verzaken onze privilegiën
Wij geven ons leven ende kinderen.

'Aan een mens kan niets gelukkigers, beters, nuttigers en zaligers overkomen, dan op deze wereld vrede te hebben!' schrijft notaris De Bie te Lier. In de geschonden Spaanse Nederlanden zijn de mensen dat roerend met hem eens.

Cromwell sterft in 1658. Hij laat de regering van Engeland na aan zijn weinig krachtige zoon Richard. Binnen twee jaar heerst er een complete chaos in het land.
'Wij willen een koning!' schreeuwt het volk en die roep wint aan kracht. Admiraal Monk maakt zich meester van de macht. Met behulp van zijn troepen stuurt hij het Britse parlement naar huis. Zo effent hij de weg naar de troon voor Karel II, die uitgenodigd wordt naar Engeland te komen.

Een tweede gebeurtenis, die het evenwicht in Europa verstoort, is de dood van kardinaal de Mazarin in het jaar 1661. Frankrijk herstelt zich van de burgeroorlog en begint weer een rol te spelen in de Europese politiek. Lodewijk XIV benoemt geen opvolger voor Mazarin. Hij neemt het heft in eigen hand. 'De koningen komt hulde toe en zij doen wat hun behaagt!' Met onder meer dát zinnetje heeft Lodewijk XIV schrijven geleerd. IJdel en praalziek als hij van nature al is, zal hij gaan doen wat hem behaagt — en Europa zal het weten. Het zijn twee vorstelijke wolken, die de vredeszon boven de Lage Landen steeds verder verduisteren.

Johan de Witt is de derde hoofdrolspeler in de Europese politiek. Hij is republikein. Gewogen tegen de verrichtingen van Lodewijk XIV en de schelmenstreken van Karel II, eist dat wel enige waardering op.

Op verzoek van Cromwell heeft hij Karel II de Republiek uitgezet.

Nu Karel koning wordt, past hij zich haastig aan de gewijzigde omstandigheden aan. Als goed politicus probeert hij alsnog de vriendschap van de nieuwe Britse vorst te winnen.

'Wens Karel geluk met het koningschap en nodig hem uit voor een bezoek aan Den Haag!' zegt Johan de Witt tegen de deputatie van de Staten-Generaal. Maria Stuart is opgetogen:
'Charles, king of Engeland! How lovely that will be!'

De deputatie spoedt zich naar Breda. De heren beloven koning Karel een schitterende ontvangst. Hij mag zijn intrek nemen in het Mauritshuis en prachtige feesten worden voor hem op touw gezet.

Eenmaal in Den Haag, maakt Karel zijn opwachting in de Staten-Generaal. Hij spreekt de gedeputeerden toe en houdt — in het Frans — een warm pleidooi voor zijn buitenspel geplaatste neefje Willem III:
'Laat mijn zuster en mijn neef, twee mensen die mij uiterst dierbaar zijn, de bewijzen van uw gunst gevoelen!'

De ontvangsten van de nieuwbakken koning slurpen honderdduizenden guldens op.
'We hadden al dat geld beter kunnen besteden aan schepen, kruit en lood!' merkt de pensionaris van Medemblik wat cynisch op. De staatsgezinde regenten zijn dat roerend met hem eens. Met een Stuart op de troon van Engeland beschikt de Oranjepartij over een machtige bondgenoot. Kortzichtig als altijd, begint Maria met nieuwe moed te ijveren voor de verheffing van haar zoon. Ze begeeft zich naar Londen, hopend op steun van haar koninklijke broer. Als zij daar is, slaan pokken toe. Ze sterft te Londen op kerstavond 1661, pas 30 jaar oud. In haar testament stelt zij haar zoon zeer speciaal onder de bescherming van Karel II:
'I entreat His Majesty most especially to be protector and tutor to him and to his interest!' Het ergert Johan de Witt mateloos, dat Maria de Staten niet noemt en dat prins Willem niets van haar erft:
'Ze maeckt hem zelfs niet de waerde van een stuyver!'

Ondertussen laveert De Witt het 'schip van Staat' behendig langs alle Oranjeklippen heen. Hij houdt de 10-jarige prins Willem III buitenspel, terwijl Karel II zijn gewroet begint:
'Yes, my lords...' Hij wil zich zien meester te maken van zijn neef én van de Oranjepartij. Zo hoopt hij de Republiek als een vazalstaat bij het Britse rijk te kunnen voegen.
'De Engelsen blijven altijd Engelandsen ende veranderingen van de regering geeft aldaar geen veranderinge in de humeuren!' noteert Johan de Witt, die met moeizame onderhandelingen ernstig probeert, tot een vriendschapsverdrag met Engeland te komen.

Daar stapt raadpensionaris De Witt door het deftige Den Haag. Slechts één dienaar volgt hem op de voet. In het gewest Holland kan hij rekenen op krachtige steun, want vele verwanten bezetten er belangrijke posten. Zijn broer Cornelis is ruwaard te Rotterdam — een nogal tiranniek en genadeloos heer, die neerziet op het gewone volk. De Witt kan vervolgens staat maken op: 'Ons neve Druyvensteyn te Haarlem, oom Van Coolwijck te Delft, onse neve Paets te Leiden, onse neve Vermey in Gouda, onse neven Kemp en Bloensz te Gorcum, onse neve Van Slingelandt in Dordt, onse neve Fannius te Brielle, onse neve De Witt te Schiedam!' Met al die ne-

Het vertrek van Karel II uit Scheveningen in 1660, door P.H. Schut.

ven en ooms op invloedrijke posten, helpt hij zijn vader zonder moeite in de Rekenkamer en zijn broer in de Admiraliteit van de Maas. Zijn huwelijk met Wendela Bicker heeft flinke ondersteuning opgeleverd in Amsterdam.

Daar stapt hij, leider van de Republiek, leider ook in de politiek van Europa.

Persoonlijke vrienden heeft hij vrijwel niet, wel vele bewonderaars. Hij is eerlijk, ordelijk en verbluffend werkzaam: de acten van zijn bewind zullen 22.591 bladzijden beslaan. Als een echt regentenzoon staat hij bij de wensen van het volk nauwelijks stil. Trouwens, wenst het volk wel iets? Als de ene regentenpartij niet bevalt, schreeuwt de kleine man hoogstens om een andere regentengroep. Als hij honger heeft, of zich benauwd voelt, roept hij om de prins — alsof daarmee alle narigheid is opgelost. 'Het volk' is een moeilijk te bepalen en zeer gevarieerde groep, die nog weinig of niets heeft in te brengen in de politiek. Daarom leent Johan de Witt zijn oor niet aan die vage wensen van het volk. Sober gekleed loopt hij dagelijks naar zijn werkkamer, waar hij zijn secretarissen en schrijvers met werk overlaadt.

Heel wat minder sober lopen andere regentenzonen erbij. De stemmige, veelal zwarte kleding van weleer, heeft plaats gemaakt voor zwierige mantels en kleurrijke wambuizen van fluweel, zijde en statijn. Lange, fraai gekrulde pruiken zijn in de mode.

'Het lijken net meiden!' wordt er soms gegiecheld. Niet ten onrechte, want de man heeft in zijn kleding veel overgenomen van de vrouw:

'Kijk ze op hun hooggehakte schoenen, in hun fel gekleurde kousen (bij voorkeur rood!) en met blanketsel op het gezicht!' Reukwater voor de (met luizen gevulde) lange haardos, ringen aan de vingers en vergulde degens aan de zij, kompleteren het manlijk toilet.

'Oelala, regardez ça!' Zelfs in het mondaine Parijs lacht men de pronkerige Hollanders met hun linten en kostbare kousebanden openlijk uit. De schippers en matrozen, de boeren en vissers houden het voorlopig nog bij de wijde pofbroeken en kort haar.

De dames dragen fluwelen voorstukken, met gouddraad bestikte rokken, gekleurde keurslijfjes (heel pikant), zijden onderrokken en de hele lange rest. De jongen die eens stevig met zijn verloofde wil vrijen, heeft aan al die kleren een heel karwei!

De drang naar weelde steekt wel schrijnend af bij de armoede, die alom heerst. Alleen al de gereformeerde kerk te Amsterdam deelt per jaar 800.000 gulden aan behoeftige burgers uit. Dat is een enorm kapitaal voor die tijd. Dat bedrag siert de calvinisten, die zich steeds zo krachtig voor de liefdadigheid hebben ingezet.

In die goedgeefse kerken bidden vele predikanten standvastig voor het Oranjehuis.

Dat zint de Staten van Holland allerminst.

'Dat moet veranderen,' zeggen de gedeputeerden. Een speciale commissie krijgt opdracht om te onderzoeken, hoe dat met de kerkelijke gebeden moet. De vele vergaderingen, hieraan gewijd, hebben resultaat:

'Het Publiek Gebed!' Zó wordt het nieuwe gebedsformulier genoemd. De commissieleden wekken wel de schijn, dat zij nauwgezet weten, hoe God in de hemel de menselijke smeekbeden wenst:

'Eerst bidden voor de Staten van het gewest (de souvereine macht), dan voor de Staten van de andere gewesten (bondgenoten), vervolgens voor de Staten-Generaal. De Raad van State komt pas aan het eind!'

Alléén in Den Haag mag de gemeente bovendien nog bidden voor de gerechtshoven en de Rekenkamer, maar de naam van Oranje wordt in het formulier nergens genoemd. Misschien dat God in de hemel het zó mooi vindt, maar in de meeste kerken neemt men het niet:

'Satanswerk!' bulderen een aantal predikanten. Opnieuw regenen pamfletten en protesten in de Republiek neer. Door snel met verzachtende maatregelen in te grijpen, voorkomt Johan de Witt een fikse rel!

Veel ernstiger zijn ondertussen de ontwikkelingen in de buitenlandse politiek. Het wordt duidelijk, dat Lodewijk XIV een hebberig baasje is. En Karel II, die zo nauw met het huis van Oranje is verbonden, speelt via zijn gezant Downing de prinsgezinden krachtig in de kaart.

Einde Tachtigjarige Oorlog – Patriottentijd

Avondmaalsbeker uit Marsum door Jan Melchers Oostervelt met een afbeelding van een kerkvergadering (1653).

'Zowel door het recht van de overwinning als door het geboorterecht kwam ik op de Franse troon!' heeft Hendrik IV ('Parijs is wel een mis waard!') aan zijn kleinzoon verteld. Lodewijk XIV schijnt die woorden goed te hebben onthouden. Niet alleen loert hij op het prinsdom Oranje, maar hij hoopt ook de Spaanse Nederlanden op te slokken — na de dood van Filips IV. Uit angst, dat dit inderdaad gebeuren zal, streeft Johan de Witt naar een bondgenootschap met de Franse vorst. Dat lukt.

Minder voorspoedig verlopen de onderhandelingen met Engeland. Hoe kan het ook anders! Beide landen bestrijden elkaar de bezittingen in de Nieuwe Wereld, Afrika en de Oost. De *Royal African Company* werpt zich op eigendommen van de Westindische Compagnie en pikt bij de kust van Guinee enkele Nederlandse schepen in.
'We willen met de Engelse koning om twee schepen geen ruzie maken!' zeggen de afgevaardigden in de Staten-Generaal. Maar de moeilijkheden tussen de twee zeemogendheden stapelen zich op. Johan de Witt doet zijn uiterste best om de vrede te bewaren — zelfs iets té veel:

Drie van de rechters, die Karel I aan zijn doodstraf hielpen, zijn uit Engeland gevlucht toen het getij daar keerde. Zij vonden een veilig en gastvrij onderdak in Delft. 'Lever die koningsmoordenaars aan ons uit!' eist Engeland tijdens de onderhandelingen voor een vriendschapsverdrag. De Witt aarzelt lang. Maar als de zaken op scherp worden gezet, geeft hij terwille van de zo begeerde vrede toe. Gerechtsdienaars trekken naar de woningen van de drie voormalige rechters — met arrestatiebevelen in de zak. Consternatie! Protesten:
'But, dear sir, listen..'
De rechters worden gegrepen en gaan op transport naar Londen — met de afschuwelijke wetenschap dat de dood op het schavot hen daar wacht.
'Dat is vuil, laaghartig verraad!' schreeuwen vrijheidslievende burgers in de Republiek. 'Dit is inbreuk op het gastrecht. Leggen we ons daar zo maar bij neer?' Rellen in Delft en Amsterdam. Het is koren op de molen van de prinsgezinden. Luid roepen ze, dat de regering niet deugt.
'Luister toch,' zeggen anderen wat bedachtzamer. 'In de verschrikkingen van een oorlog zullen duizenden sterven. Daar weegt het leven van die drie Britten — al is het afschuwelijk — toch ruimschoots tegenop?'
'Toch is het vuil verraad!'
'Van regeringsleiders worden nu eenmaal onmenselijke beslissingen geëist!' Al zijn de rechters uitgeleverd, desondanks drijven de oorlogswolken donker en dreigend naderbij:

Nieuw Amsterdam, 1664: Pieter Stuyvesant vraagt zich af, wat hij moet doen. Hij heeft het bestuur over Nieuw Nederland krachtig geleid en beslag gelegd op een Zweedse nederzetting, die in de toekomst misschien een gevaar zou kunnen zijn.

Vanuit het noorden zijn de Engelsen opgedrongen. Zij zijn zózeer in de meerderheid, dat zij de Hollanders het fort De Goede Hoop ongestraft afhandig hebben gemaakt. Nu is er een kleine, Engelse zeemacht bij Nieuw Amsterdam voor anker gegaan:
'Wij eisen Nieuw Nederland voor Engeland op! heeft de commandant aan Stuyvesant laten weten. Stuyvesant heeft geen keus. De stemming in zijn kolonie is slecht.

Steun uit Holland heeft hij niet gekregen, omdat de belangstelling voor kolonies bij de kooplieden ontbreekt. En de Neder-

Nieuw Amsterdam zoals het in 1664 was uitgegroeid. Afbeelding uit de zogenoemde *Duke's Map*.

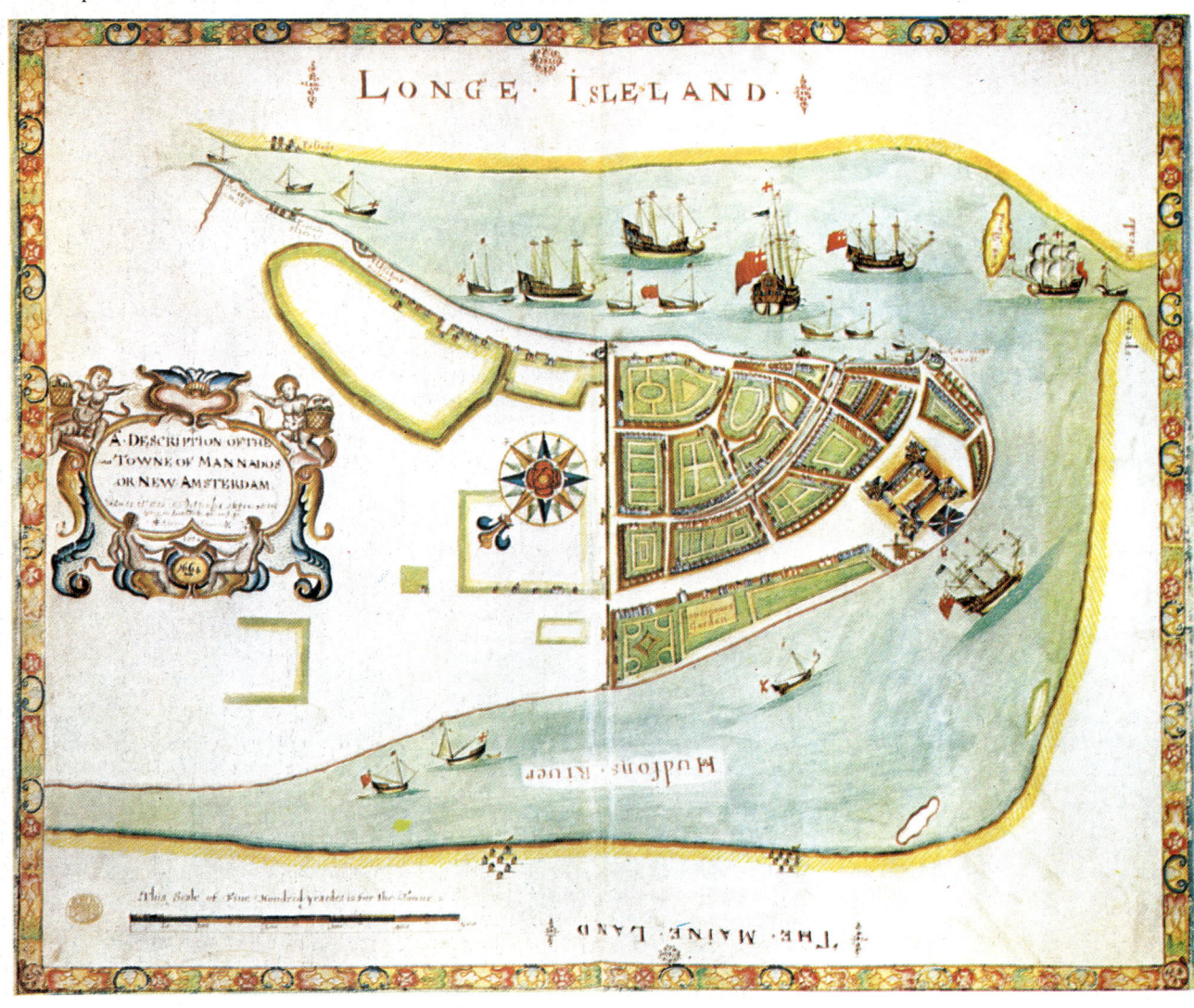

landse kolonisten zijn te gering in aantal — omstreeks 7000, waarvan 1500 in Nieuw Amsterdam — om zich weer te stellen tegen de Britse overmacht.

'Ja, wij zullen ons overgeven!' zucht Pieter Stuyvesant. Met zijn houten been stapt hij grimmig naar buiten en ziet toe, hoe de Hollandse vlag wordt neergehaald.

De Britten willen wél koloniseren in Amerika. Nieuw Amsterdam wordt nu New York. De Nederlanders krijgen de nodige armslag onder het Engelse bestuur.

Binnen enkele jaren ontstaat een samenleving van Hollandse gewoonten en Engelse leefregels en wetten, waaronder beide groepen tevreden zijn. Het eerste werk in de grote smeltkroes Amerika is verricht.

Onder aanvoering van de katholieke hertog van York, broer van de koning en Lord High Admiral van de vloot, hitst de oorlogspartij in Engeland de regering op. York is vooral spreekbuis van de verschillende handelscompagnieën, die de macht van de Republiek graag gebroken zien.

Een oorlogspartij in de Zeven Provinciën doet hetzelfde. En ook Johan de Witt toont, dat hij toch niet àlles voor de lieve vrede over heeft:

'Zeil in alle stilte naar Afrika en herover onze bezittingen op de kust van Guinee!' beveelt hij De Ruyter, zonder dat iemand er van weet. Die tocht heeft succes — al is het gevolg, dat de Engelsen beslag leggen op Hollandse schepen die in hun havens zijn.

De tweede krachtmeting tussen de beide landen staat nu voor de deur. 'Er moeten dertig flinke oorlogsbodems worden gebouwd!' zegt De Witt doortastend, nu een oorlog onvermijdelijk lijkt. Krachtig bemoeit hij zich persoonlijk met de reorganisatie van de vloot. Ook de werven in Engeland zijn druk in de weer. De regering reikt reeds kaperbrieven uit. Daarmee gewapend overvallen de Britten in januari 1665 een aantal koopvaarders van de Republiek, die vanuit Smyrna op de thuisreis zijn. Dankzij de dappere commandeur Jan van Brakel, komt het grootste deel van die retourvloot veilig aan.

'Die infame Engelsen!'

'We mosten er nou maar tegen aan!'

De oorlogsstemming bereikt een kookpunt. Op 3 maart 1665 is het zo ver: de tweede Engelse oorlog breekt uit — en de bisschop van Munster is er als de kippen bij, om nu met een flink leger zijn aanspraken te doen gelden op de heerlijkheid Borculo.

De man, die naast De Witt, in deze oorlog een schitterende hoofdrol zal vervullen, koerst nog met zijn vloot op een verre zee.

Vice-admiraal Michiel Adriaansz. de Ruyter heeft in de Middellandse Zee de Barbarijse zeerovers bevochten, de forten in Guinee heroverd en is toen in opdracht van de Staten naar de West gezeild. Daar heeft hij de Brit waar mogelijk, afbreuk gedaan. Nu vaart hij, in juli 1665 met zijn eskader van 14 rijk beladen schepen over de Atlantische Oceaan naar huis.

Michiel Adriaansz. heeft een bewogen leven achter de rug. Geboren op 24 maart 1607, als zoon van een zeeman en bierdrager, is hij in het roerige Vlissingen opgegroeid.

'Hy dogt in zijne jonkheid nergens toe dan ter zee te vaeren!' weet men nu met een glimlach te vertellen. Op school is het dan ook niet erg goed gelukt. De meester heeft hem eraf geschopt.

'Het was al vechten en smijten!' zegt men over zijn jeugd. Schooien langs de kaden. Klimmen op de bal van de kerktoren. En tenslotte in dienst bij Lampens, voor zes stuivers in de week. Daar draait hij op de lijnbaan aan het grote wiel! Net elf jaar oud gaat hij dan eindelijk als hoogbootsjongen de zee op. Vier jaar later dient hij als busschutter in het leger van prins Maurits, maar dat bevalt hem toch niet. De roep van de zee is toch te sterk.

'Jongen, leer toch verder. Je hebt een goed verstand! heeft reder Lampsens herhaaldelijk gezegd. Met onwennige hand en onbeholpen letters ploetert Michiel zich door allerlei opgaven heen. De beloning blijft niet uit: hij wordt stuurman. Als stuurman op de Groene Leeuw vaart hij met de ervaren schipper Jan Mayen ter walvisvaart. Een lange reeks van avonturen rijgt zich aaneen. Dienst op een oorlogsbodem. Gewond tijdens een gevecht in de Golf van Biscaye. Gevangen genomen in Spanje, maar met twee matrozen ontsnapt: bedelend door Frankrijk vindt hij de weg naar huis.

Lampsens benoemt hem tot kapitein op zijn privé-kruiser, die zijn koopvaardijschepen tegen de Duinkerkse kapers beschermen moet. Vele weken achtereen kruist Michiel Adriaansz. langs de Vlaamse kust: 'Weinig profijt, God beter 't!' schrijft de jonge kapitein in zijn journaal.

Michiel Adriaansz. de Ruyter, omstreeks 1665, door H. Berckman.

Einde Tachtigjarige Oorlog – Patriottentijd

De slag bij Lowestoft in 1665, nadat het admiraalsschip De Eendracht in de lucht was gevlogen. Tekening door W. van de Velde de Oude.

Allengs zeilt hij uit, als *schipper naest Godt* op een eigen schip. Hij drijft onder meer handel met de gevreesde Sidi Ali ben Mohammed ben Mousa, marabout (mohammedaans priester) in Marokko's binnenland. Zijn moed en eerlijkheid leveren hem de vriendschap van de wispelturige Sant. Dat mag ook wel: de tocht met koopwaar en monsters per muilezel naar het binnenland heeft drie dagen geduurd. En dan is er zijn beroemde tocht vanuit een Engelse haven naar het vaderland.
'Man, ga niet alleen. De zee krioelt van kapers!' hebben andere schippers gezegd. De Ruyter is toch gegaan, want tijd is geld. Voorzichtig als steeds, heeft hij zijn gehele schip van binnen en buiten met dikke Ierse boeter ingesmeerd.
'Loop maar op je kousen, maats. Dan gebeurt je niks!' Die voorzorgsmaatregel was niet voor niets:
'Een Duinkerker!' meldt de uitkijk. Ontlopen kunnen ze de kapers niet. Ze worden geënterd en dan gebeurt, wat De Ruyter al had voorzien:
'Alles was zo glad ende glibberig door de booter, dat de vijanden nergens vat aen vonden. Ende die overkwamen, konden gaen noch staen, maar gleeden, glipten ende vielen als op glad ijs, onder ende over elkander heenen, zodat hij hen na een kort gevecht afsloeg!'
Zó indrukwekkend is langzamerhand zijn staat van dienst — zó adembenemend ook de vele avonturen — dat zijn schoonzoon, dominee Somer, het schrijven van een De Ruyter-boek overweegt. Om dat te voorkomen, scheurt de stoere Zeeuw vele vellen uit zijn scheepsjournaal.
'Michiel Adriaansz., nou is het wel geweest!' vindt zijn derde vrouw. Op haar aandringen zegt hij, 45 jaar oud, de zee vaarwel. Hij kan rentenieren en gaan genieten van een rustig bestaan. Dat duurt precies een half jaar. De eerste Engelse oorlog breekt uit. De Staten doen een beroep op hem, om als onderbevelhebber te dienen op de vloot van Witte de With.
'Ik neem het aan, met groote tegenheid en bekommernisse!' zegt hij tegen de heren.

'En slechts één reis!' Sindsdien is zijn ster steeds hoger gestegen en is zijn naam in de ganse Republiek bekend.
Nu vaart hij, komende uit de West, met zijn rijk beladen vloot over de Oceaan naar huis. Op 22 juli zeilt een galjoot uit Huisduinen hem tegemoet: 'Ik heb opdracht alle thuisvarende schepen te waarschuwen voor de Engelsman, admiraal!' zegt de kapitein. En dan hoort De Ruyter, dat een schitterende vloot van de Republiek op 13 juni een noodlottige nederlaag heeft geleden bij Lowesoft:
'Eind mei verscheen een Engelse vloot van ruim 100 schepen, met 4200 kanonnen en 22.000 matrozen voor de Hollandse kust, admiraal!' vertelt de Huisduinse kapitein.
Onder het alziend oog van Johan de Witt is ook een vloot van de Republiek de zee opgegaan. Bij de Theemsmonding is het gekomen tot een verbitterde slag. *Alles* was daarbij verkeerd gegaan. Er heerste wantrouwen in het beleid van Wassenaer-Obdam:
'Een jonker uit het leger, die boven de ervaren pikbroeken is gesteld!' Onderlinge jaloezie tussen de bevelhebbers en ongunstige wind hebben tot de schokkende nederlaag geleid.
'De wakkere Kortenaer sneuvelde al direct in het begin. En in een treffen met York is Wassenaer met zijn doornageld admiraalschip de lucht ingegaan!' Onder gejuich van de Brit zijn vele kapiteins gevlucht. Johan Evertsen en de onstuimige Cornelis Tromp hebben nog getracht, de orde in hun eskaders te herstellen. Gebaat heeft dat niet en ook zij hebben de steven gewend.
'16 grote schepen zijn verloren gegaan. 9 zijn in handen geraakt van de Brit. Ruim 2000 mannen zijn gesneuveld. De thuishavens waren in rep en roer...'
De woede van het volk is groot geweest. Admiraal Johan Evertsen heeft dat ervaren, toen hij met zijn doorschoten schip — 17 voltreffers onder de waterlinie — met 13 doden en 40 gewonden op de Maas voor anker ging. 15.000 pond kruit heeft hij verschoten. Nu krijgt hij van zijn eigen volk de volle laag. Als hij per rijtuig reist van Hellevoetsluis naar Den Haag, wacht woedend volk te Den Briel hem vol wraakgevoelens op:
'Grijp hem. Pak de lafaard!' schreeuwen de Brielse vrouwen, want hun mannen en zonen zijn met Wassenaer-Obdam de lucht ingegaan. Ze jouwen de 65-jarige Evertsen uit. Ze gooien hem modder en stenen naar het hoofd. Tenslotte wordt hij uit zijn rijtuig gesleurd:
'Smijt hem in de plomp!' Ze jonassen hem het water in. Door enkele welwillende burgers wordt hij tenauwernood van een verdrinkingsdood gered.
De krijgsraad krijgt het druk, als rapporten over de zeeslag worden uitgebracht. Drie kapiteins die de vlucht namen, worden ter dood veroordeeld. Anderen worden eerloos verklaard en verbannen uit het gewest. Ondertussen is Johan de Witt naar Texel gegaan. Met steun van Tromp ziet hij persoonlijk toe op het herstel en de reorganisatie van de zwaar gehavende vloot.

'Admiraal De Ruyter is teruggekeerd!' Dat nieuws gaat als lopend vuur door de Republiek, als Michiel Adriaansz. zijn schepen behouden naar Delfzijl heeft gebracht. Wekenlang hebben de Engelsen op hem geloerd. Hij is hen keer op keer te slim af geweest. Op de wal bulderen de kanonnen hem met saluutschoten een opgetogen welkom toe.
'De Ruyter is terug!'
'Met een flink aantal veroverde schepen!'
'En zijn buit is groot. Hij heeft alleen al 16.000 pond olifantstanden uit Sierra Leone aan boord!' Van heinde en verre stroomt volk naar Delfzijl. Duizenden boeren en burgers brengen een bezoek aan de schepen, die zo fortuinlijk zijn geweest.
'O, admiraal!' Dankbare vrouwen vallen De Ruyter om de hals en kussen hem. Op de zeedijk ontstaat al gauw een soort kermis met kraampjes en koekenzoopies, die al die bezoekers van eten en drinken voorzien.

Wreek, dapp're Ruiter, wreek de Nederlanders leed
De brave Tromp, die brandt, hij is met u gereed...

De brave Tromp brandt meer van ergernis. Want omdat hij als vurig Oranjeklant door de regenten wordt gewantrouwd, wordt Michiel Adriaansz. de Ruyter met het opperbevel van de vloot belast.
De nieuwe admiraal aanvaardt dit hoge commando met een grote nederigheid. Kort na zijn hoge benoeming zit hij in een herberg aan het Haringvliet te Rotterdam. Hij bidt voor hij het eten begint en iemand vangt zijn woorden op:
'God, geef mij een deemoedige geest, opdat ik mij op mijne verheffing niet verhoovardige. Geef mij sterkte in 't bedienen van mijn hoogwichtig ambt. Verleen mij een heldenhart en bewaar mij voor een deerlijk sneuvelen als mijn voorzaat (Obdam) en spaar mij ten dienst en nut van 't vaderland!'
Met De Ruyter als hoofd van de vloot begint de verbeten strijd tegen de Engelsen pas goed...

De Tweede Engelse Oorlog

Terwijl de vloot alle aandacht krijgt, verkeert het landleger van de republiek in een desolate staat: 'Veronachtzaamde vestingen, verroeste kanonnen, slechte officieren en ongeoefende soldaten, waar er bovendien nog veel te weinig van zijn!' klaagt prins Johan Maurits van Nassau, die met het opperbevel is bekleed.

Vrijwel onbedreigd voert de bisschop van Munster, Bernhard van Galen, met steun van Brandenburg en de landvoogd der Zuidelijke Nederlanden, Castel-Rodrigo, zijn troepen naar Twente, Sallant en de Achterhoek. Plunderend trekt hij naar Drenthe. Een aanval op Groningen wordt met de grootste moeite belet.

'We worden gebeten door een muis!' kankert men, vooral in het oosten van de Republiek. Vijf gewesten dringen er bij De Witt op aan, dat de prins van Oranje tot opperbevelhebber moet worden benoemd. De ontevredenheid is zó groot, dat de regering zich in een ernstige crisis bevindt.

'Hijs de prinsenvlag!' schreeuwen matrozen op de vloot.

Ondertussen hitsen Engelse agenten de voormannen der Oranjepartij op tegen pensionaris De Witt. Het geroep om de prins neemt in die benauwde dagen weer toe. Prinses Amalia van Solms beijvert zich opnieuw om de toekomst van prins Willem duidelijker af te bakenen en tracht hem aanvaard te krijgen als een 'Kind van Staat'.

'Kind van Staat?' Morgen brengen!', mompelen vele regenten ongerust. 'Je zal zien, dat de staat dan binnenkort het kind van de prins zal zijn!' De regeringsleiders weten maar al te goed, dat de prinsgezinden streven naar een snelle vrede met Engeland. Die vrede kan Willem II alleen maar tot voordeel zijn.

Opgestookt door de Britse agent Sylvius, biedt de vurige Orangist, ritmeester Buat zijn diensten aan:

'Ik wil wel bemiddelen voor de vrede. Ik heb goede connecties aan het Britse hof,' zegt hij in het najaar van 1665 tegen De Witt. En zo begint ook hij zijn onbetwistbaar dubbel spel: vóór Oranje, tegen Johan de Witt.

Terwijl de Munsterse muizen venijnig knagen in het achterwerk van de Republiek, haalt de regering hulp in Frankrijk om het gevaar aan de IJssellinie te keren. Een Frans leger van 6000 man trekt — evenzeer rovend en plunderend — langs de Maas naar het noorden op. Dankzij de voortvarende politiek van de overal aanwezige, op alles attente Johan de Witt, raakt de bisschop van Munster geïsoleerd. In april 1666 laat hij zijn aanspraken op Borculo varen en kan met hem vast de vrede worden getekend. Met de Engelsen is men minder gauw klaar.

Eind 1665 is de herstelde vloot weer uitgezeild. Aan boord van het admiraalsschip Delfland bevinden zich Johan de Witt, de 80-jarige Huygens en Johan Boreel. Als gedeputeerden van de Staten houden zij toezicht op en delen zij de gevaren met de vloot. Een lijfwacht van 92 matrozen is hen tot beschikking gesteld. Boreel raakt onder de indruk van de onvoorstelbare drukte aan boord:

'De chaos ende twoelt als een mierennest,' schrijft hij. De kleine, benauwde kajuit voor de 5 gedeputeerden wordt dan ook tevens gebruikt als raad-, eet-, spijs-, brood-, kaarsen-, haring- en kaaskamer. Wijn en bier liggen er opgeslagen. Het bedompte vertrek doet tevens dienst als fornuis-, kleer, artilleriekamer en ook nog als apotheek. De 80-jarige Huygens geniet. Ondanks al het ongemak voelt hij zich beter dan ooit.

'In heerlijke stand en vol couragie!' Zo zeilt de vloot uit, schrijft Boreel. Tot een tweede treffen met de Britten komt het niet. Hevige stormen en aanhoudend slecht weer houden de vloten uit elkaar. Het wordt winter. Beide naties werven scheepsvolk, bouwen schepen en bereiden zich voor op een nieuwe strijd.

Nieuw in de Republiek is de oprichting van een regiment mariniers, 19 compagnies sterk, onder bevel gesteld van kolonel Willem Joseph van Ghent. 'De jongens van Johan de Witt,' worden ze al gauw genoemd — eerbewijs aan de pensionaris, wie de zeezaken zo ter harte gaan. Nieuw is ook de schitterende oorlogsbodem, die De Ruyter tot zijn admiraalsschip kiest.

De Zeven Provinciën! Het schip is 163 Amsterdamse voet lang, 43 breed en 16 1/2 voet diep. Er zijn 80 stukken geschut en er moeten 475 vaste bemanningsleden aan boord.

Hoezeer wikken en wegen Johan de Witt en De Ruyter hun kansen voor het komende voorjaar — vooral als de admiraal met zijn vrouw enkele dagen bij de De Witten logeert.

Voorjaar 1666: Frankrijk en Denemarken hebben Engeland de oorlog verklaard, maar de Republiek zal niet kunnen rekenen op krachtige steun. Eind maart begeeft De Ruyter zich met zijn vrouw, zijn zoon Engel (die zijn vader als luitenant dient) en andere familieleden naar Hellevoetsluis. Daar ligt de Zeven Provinciën voor hem gereed. Vlootpredikant Flockenius houdt een fraaie preek. Minder fraai is, dat van de 475 koppen nog meer dan de helft ontbreekt. Ook te Texel, de verzamelplaats van de vloot, komen de kapiteins talloze matrozen en mariniers te kort.

In Engeland is het niet anders gesteld: 'Up boys, come on!' Ronselaars schuimen de steden af. Marine-afdelingen plukken overal jonge kerels uit de kroeg. Te Londen zijn bij tijd en wijle alleen nog maar vrouwen op straat te zien. De mannen blijven thuis — bang om te worden gegrepen door de hardhandige ronselaars.

Op 16 mei komt de 15-jarige prins Willem III met een schitterend gevolg op bezoek bij de vloot.

'Oranje boven! Leve de prins!' juichen de matrozen, als de prins de rijk bevlagde schepen van De Ruyter, Tromp en Van Nes betreedt. Alle admiraals, de schouten-bij-nacht, alle kapiteins en de gedeputeerden van de Staten, gebruiken met de prins de maaltijd aan boord van het vlaggeschip.

'En let nu eens op, hoogheid,' zegt De Ruy-

Gedenkpenning op de vierdaagse zeeslag, met het portret van De Ruyter, door Christoffel Adolfsz.

Einde Tachtigjarige Oorlog – Patriottentijd

Ruitergevecht, door J. van Huchtenburgh (1647-1733).

ter, die naast een spiegelgevecht van twee kleine fregatten, nog een mooi spektakelstuk voor de prins in petto heeft. Een matroos klimt in de mast. Op de bovenbramsteng vertoont hij zijn kunst: hij plaatst zijn hoofd op de kloot van de vlaggestok en steekt dan zijn benen in de lucht.

Gesterkt zeilt de vloot begin juni uit: 'De schoonste scheepsmacht die onze havens ooit heeft verlaten,' is het oordeel van De Witt. 'Met wel bevaeren, kloeck ende gesont volck bemant!' 84 oorlogsbodems, 13 fregatten, 8 adviesjachten en 4 branders met in totaal 4600 kanonnen en 22.000 man aan boord. Verdeeld in drie eskaders, ieder weer onderverdeeld in 4 smaldelen, koerst die scheepsmacht in de richting van het Kanaal. De grootste zeeslag van de eeuw staat hen te wachten. Niemand die dat nog beseft.

Daar zeilen ze: Cornelis Tromp, Tjerk Hiddes de Vries, Banckert, Meppel, Van der Hulst, De Liefde, Evertsen en Van Es. Ze worden begeleid door de gebeden van hun vrouwen aan de wal. Tijdens de laatste krijgsraad heeft De Ruyter aan allen de vraag gesteld:

'Zijt gij alsnoch geresolveert het leven voor het Vaderlandt op te setten?'

'Resoluut!' is het antwoord van de hoofdofficieren geweest. Na die belofte koersen zij naar de Britse kust om de Engelsen bij Duins of bij de Theems-monding te ruïneren:

Het Kanaal ter hoogte van Duinkerken, 11 juni 1666: *De Vierdaagse Zeeslag* begint, als de Britse vloot onder Albemarle — met Ayscue, Spragge, Allin en Berkeley als vice-admiraal — in zicht gekomen is. 55 zeilen worden geteld.

'Here God, geef ons de kracht om Jezus' wil, Amen!' Voor de slag een aanvang neemt, klinken er gebeden op ieder Hollands schip. Bij de heftige zuidwester wind nadert de vijand zó snel, dat de maaltijd overhaast wordt beëindigd.

'Kap de ankertouwen!' wordt op sommige schepen bevolen. De tijd ontbreekt, om de ankers op te halen — men geeft ze liever aan de golven prijs.

'Open de geschutspoorten!' De kogelrekken erachter zijn reeds gevuld. De kruitzakken liggen klaar. Alles wat de matrozen bij de strijd in de weg staan kan, is in de ruimen weggestouwd. Uit angst voor brand, houden matrozen de zeilen nat. Putsen met water staan op de dekken gereed. Daarmee kunnen kleine branden ogenblikkelijk worden geblust.

'Timmerlieden!' Jawel, ze betrekken hun posten in het ruim. Ieder lek zullen zij als de weerlicht dichten — vooral als een voltreffer hun schip onder de waterlijn treft.

'Soldaten! Naar de reling aan stuurboord!' Jawel, ze stellen zich op — op een plaats die hen als geweerschutters de beste kansen biedt.

11 Uur in de morgen: Iedereen staat op post.

'Vuur!' De kanonnen branden los. In lange kiellinie varend trachten de Britten de brede, wat verwarde linie der Hollanders te doorbreken. Berkeley — in de voorhoede van Albemarles rode eskader — raakt met zijn smaldeel tussen Tromp, De Ruyter en Evertsen beklemd. Moedig strijdend gaat hij met een groot deel van zijn bemanning de ondergang tegemoet.

'Strijk een sloep!' Bij Tromp en ook bij Van Es zijn de masten door voltreffers overboord gekwakt. Geschreeuw, gevloek. Opspattend water. Een stil gebed. De onderbevelhebbers laten hun vlaggen op andere schepen hijsen en zetten de strijd voort.

'Brand!' Die wanhopige kreet weerklinkt op het schip, waar Otto van Treslong het commando voert. De vlammen grijpen snel om zich heen. Twee Franse edelen — de vorst van Monaco en hertog De Guiche — bevinden zich als waarnemers bij hem aan boord. Met de grootste moeite redden zij zich op een ander schip.

Op een van de dekken zit een man, die niet vecht. Hij maakt een reportage van de hete strijd. Met trefzekere hand schetst Hendrik van de Velde doorgenagelde schepen, sloepen die drinkelingen oppikken, wolken kruitdamp, een brandend zeil. Later zal hij zijn schetsen uitwerken en dramatisch vereeuwigen op het doek.

'Here God!' Misschien schiet zijn tekenstift van tijd tot tijd uit, als hij het onthutsende treffen van beide vloten gadeslaat: Het is ook ontstellend wat er soms gebeurt. De Zeeuw Simon Blok krijgt een voltreffer in de kruitkamer en vliegt met zijn schip en honderden matrozen in de lucht. Gewonden en stervenden drijven in het water rond. Wrakhout, masten, tuig en hulpgeroep. Pas tegen 10 uur in de avond verstilt het geweld. Het einde van de eerste dag, die nog géén beslissing heeft gebracht.

Tijdens de nacht worden de gewonden verpleegd, de schade aan masten, zeilen en want hersteld. Dan komt de nieuwe morgen: de tweede dag.

12 juni, 7 uur: Een passeergevecht bij wisselende wind. Tegen de orders in werpt de altijd ontstuimige Tromp zich op de vijand:

'Weeraen, maets!' Maar moed alleen is niet genoeg. Zijn achterhoede raakt beknecht. 'Hijs de bloedvlag!' beveelt De Ruyter. Dat is het teken voor een algehele aanval, maar een deel van de kapiteins ziet de bloedvlag niet. Bij de actie om Tromp te ontzetten, sneuvelt vice-admiraal Van der Hulst. Tromp verlaat zijn reddeloos geschoten schip opnieuw.

'Zijn er soms een paar Trompen op de vloot?' vragen de Britten zich af, omdat Tromp steeds weer van schip moet verwisselen.

Een tweede passeergevecht. De grote steng van de Zeven Provinciën gaat aan barrels. De Ruyter trekt zich terug, wil de schade herstellen en draagt het bevel tijdelijk over aan zijn vriend Van Nes.

Een derde passeergevecht. Tromp gaat over op zijn vierde schip. De nacht begint te vallen. De zwaar gehavende Engelse vloot heeft genoeg gehad. De Nederlanders maken zich gereed om de achtervolging te beginnen, maar zover is het nog niet.

Want op de derde dag krijgen de Britten onverwacht versterking: 20 schepen, van het eskader van prins Rupert, sluiten zich bij de Engelse scheepsmacht aan. Opnieuw verbitterde gevechten.

'Weeran, maets, tsa, tsa!' Tromp entert de Royal Prince, maakt het schip buit en neemt Admiraal Ayscue als gevangene aan boord.

'We blijven volhouden!' Tijdens een krijgsraad op de Zeven Provinciën besluiten de bevelhebbers tot voortgang van de strijd.

14 juni, 8.30 uur in de morgen: de vierde dag. Een verwarde, niets ontziende strijd breekt los. Tot vier keer toe lopen beide vloten dicht langs elkaar. Ze raken zelfs in elkaar verward. Tromps kreupel geschoten eskader is vrijwel onbruikbaar. De kanonnen bulderen furieus. De wind steekt op.

'Hijs de bloedvlag!' beveelt De Ruyter opnieuw. Verbeten zetten de Hollanders de aanval in. Die hevige schok kunnen de Engelsen niet meer doorstaan. Ze nemen de wijk. De achtervolging wordt ingezet, tot

Titelpagina van het vonnis van ritmeester Buat en zijn terechtstelling in Den Haag op 11 oktober 1666. Gravure van Jan Luyken

een zware mist dit verder onmogelijk maakt:
'Gezonden door God, die de vijand alleen voor zijn hoogmoed heeft willen tuchtigen, maar niet diens ondergang heeft voltooid!' meent De Ruyter. Met nauwelijks meer munitie aan boord, keert de vloot naar het vaderland terug. Vlaggen en wimpels versieren de schepen: ten teken van zegepraal. Vier oorlogsbodems zijn verloren gegaan. Aan doden en gewonden betreurt de vloot 2000 mannen. Maar 8 schepen zijn op de Britten veroverd en 12 tot zinken gebracht of verbrand. 3000 Engelsen zijn gevangen genomen en 5000 zijn gewond of gedood.

De Franse edelman De Guiche vermeldt: 'Direct na de zeeslag zag ik de grote admiraal De Ruyter met de bezem in de hand ijverig zijn kajuit schoonvegen en vervolgens zijn kippen verzorgen! Die bezem en die kippen maken hem vooral zo groot!

De vierdaagse zeeslag heeft nog geen beslissing in de oorlog gebracht. Koortsachtig gaat Engeland aan de slag en in juli ligt alweer een nieuwe scheepsmacht van 90 linieschepen en 17 branders gereed.
'The greatest and most glorious fleet that ever went out of Engeland!' zegt men — net als tevoren Johan de Witt — over die vloot.

Ook de republiek maakt zich klaar. De Witt reist naar Vlissingen, Goeree, Hellevoetsluis, Amsterdam en Texel. Hij bevordert de werkzaamheden waar hij kan.
'Kunnen we niet de Theems opvaren? Met een landing daar, zaaien we schrik en paniek aan de overkant!' Hij bespreekt dat plan uitvoerig met admiraal De Ruyter, maar de onderbevelhebbers achten dat waagstuk te groot.

In juli vaart de vloot wel naar de Theems. Alle bakens en tonnen zijn daar weggehaald. Het krioelt van troepen aan de Engelse kust. Géén landing. Op 1 augustus komen de Engelsen buitengaats. Slecht weer drijft de Hollandse scheepsmacht uiteen. En dan begint op 4 augustus de *tweedaagse zeeslag* — bij de zandbanken voor de Vlaamse kust.
'We attack!' Terwijl hij zijn pluk pruimtabak onverstoorbaar van de ene naar de andere mondhoek schuift, zoekt Albemarle met zijn Royal Charles de Zeven Provinciën op. Een hard gevecht volgt.

Johan Evertsen sneuvelt. Tjerk Hiddes de Vries raakt gewond. Tromp zegeviert weliswaar over de Britse achterhoede, maar zet — opnieuw tegen alle instructies in — de achtervolging in. Ter hoogte van Oostende herstellen de eskaders de opgelopen schade tijdens de nacht. Als het dag wordt, is Tromp nog steeds niet teruggekeerd.

De Ruyter is wanhopig. Hij is nu omsingeld door een overmacht en kan maar weinig doen.
'Wat komt er over ons? Ik wou dat ik dood was!' zegt hij tegen Van Nes.
'Ik ook,' antwoordt Aert van Nes, 'maar men sterft juist niet, als men het verlangt!'

De veroverde Engelse schepen worden het Goereese gat binnengebracht na de vierdaagse zeeslag (11-14 juni 1666), door Willem van de Velde de Jonge (1633-1707).

Einde Tachtigjarige Oorlog – Patriottentijd

Allegorie op de bloei van de Nederlandse visserij na de tweede Engelse oorlog. In het midden — met keten om zijn hals — Michiel de Ruyter. Schilderij, toegeschreven aan Willem Eversdijck.

Nauwelijks hebben beide admiraals de kajuit verlaten, of een voltreffer vernielt De Ruyters hut. Het gevecht is opnieuw begonnen. En nog steeds geen Tromp.

'O God, hoe ben ik zo ongelukkig. Is er onder zoveel kogels niet één kogel, die mij wegneemt?' Diep ellendig overziet De Ruyter zijn zwaar geteisterde schip en zijn verspreide vloot.

'Laten we recht op de Engelsen inlopen en strijdend sterven!' stelt zijn schoonzoon voor. De admiraal schudt zijn hoofd. Hij kent zijn verantwoordelijkheid. Seinvlaggen gaan de mast in. En dan begint zijn beroemde aftocht naar de Schelde, waar 3000 doden aan de wal worden gebracht. Dankzij dichte mist, kan ook Tromp daar binnenlopen. Hij heeft succesvol gestreden tegen het blauwe eskader onder Smyth en Spragge. De Ruyter waardeert dat niet.

'Schelm!' schreeuwt hij, als Tromp zijn opwachting maakt. Driftig jaagt hij hem van de Zeven Provinciën af. De ruzie loopt hoog op. Tromp, de roekeloze, onversaagde zeeheld krijgt ontslag. Mokkend over dat vermeende onrecht, zoekt hij zijn Oranjevrienden op. Met hen overweegt hij in stilte, hoe ze de regering omver kunnen werpen en de prins kunnen verheffen tot het stadhouderschap.

Dit keer hebben de Engelsen de overwinning behaald. Nu beheersen *zij* weer de zee.

Eén van hun eskaders loopt het Vlie in. 140 Koopvaarders worden daar maar eventjes vernield. De Britten landen zelfs op Terschelling en rukken plunderend over het eiland op. Op indrukwekkende wijze brengt slechts één man hun opmars tot staan:

'Hey, you there!' roept één van de officieren tegen een Terschellinger boer. De boer sloft wat onwillig naderbij.

'Nou?' vraagt hij vol wantrouwen.

'Hoe is het daar verderop? Moeten we nog rekenen op tegenstand?' Boereslim volgt de boer de wijzende hand van een Engels officier. Een lichte mist hangt over de velden. In de verte ziet de boer de hem zo bekende begraafplaats van Striep. De lange, smalle zerken doemen geheimzinnig uit de mistflarden op. En opeens krijgt hij een schitterend idee:

'Zie je dat daar? You see?'

'Yes!'

'Ze staan daar bij honderden en ze liggen er bij duizenden!' knauwt de Terschellinger en zijn ogen lichten even op. En waarachtig! De Britten denken inderdaad, dat die hoge zerken mensen zijn en dat er een sterke strijdmacht *ligt*. Ze maken rechtsomkeer en haasten zich terug naar hun schepen.

De woede over die inval op Terschelling en de verwoesting van al die schepen is groot. Een razende volksmenigte zoekt een schuldige en loopt te hoop voor het huis van De Ruyter te Amsterdam.

'Verraad! Lafhartigheid!' Ze staan er te schreeuwen, met kreten die nergens op slaan.

Zo is het *Jan Hagel* van de Gouden Eeuw. Zij zijn het sociale droesem, dat nooit een behoorlijke kans heeft gehad. Altijd zijn ze rijp voor rellen en oproer. Hokkend in krotten, arm en klaplopend, schooien ze rond van stad naar stad.

De ridderorde van St. Michiel, die De Ruyter voor de vierdaagse zeeslag van Lodewijk XIV ontvangt, vergoedt wellicht de scheldpartij in Amsterdam.

Ook elders in het land demonstreert het volk zijn onbehagen. Als de winter ingaat, maakt de regering van De Witt een nieuwe crisis door.

'Al die inspanningen! Al dat geld voor de vloot. Al die doden! En vrijwel niets in de oorlog tot stand gebracht!' is de klacht.

In Engeland is de toestand nog slechter dan in de Republiekk.

'Het parlement heeft enorme bedragen uitgegeven voor de uitbouw van de vloot. Maar waar is de zegepraal?' Het volk mort en scheldt. En dan opeens klinkt in Londen de verschrikte roep:

'Brand! Brand!'

Een zee van vuur verslindt de woonwijken en verpulvert de houten huizen tot as.

Meteen daarop luiden de doodsklokken over de geblakerde stad. Talloze Londenaren worden nu het slachtoffer van de pest. Terwijl in Schotland een opstand broeit, groeit de ontevredenheid met de dag.

'What we need now most of all is peace!' Vrede is wat koning Karel II nodig heeft.

Belaagd door zijn parlement, weigert hij nieuwe gelden uit te geven aan de vloot.

Ook in de Republiek wint de vredespartij aan kracht. Eindeloos is het gekonkel van de prinsgezinden: Buat en Johan Kievit, de zwager van Tromp, spelen een verraderlijke rol. Een brief, die Johan de Witt per vergissing in handen krijgt, brengt hun komplot aan het licht:

'Grijpt Buat!'

Huiszoeking levert de bewijzen van zijn onbetwistbaar verraad.

'Grootmaking van de vijand tot nadeel van de Staat!' Zo formuleren de rechters de beschuldiging tegen Buat. Kievit en Van der Horst zijn tijdig gevlucht.

Heulen met de vijand wordt door de

De tocht naar Chatham

De Zuidelijke Nederlanden in het jaar 1667: Na de dood van Filips IV van Spanje, heeft Lodewijk XIV de erfrechten voor zijn Spaanse vrouw opgeëist. Hij wenst aanspraak te maken op Brabant, Antwerpen, Limburg, Mechelen, Gelderland, Namen Kamerijk, Henegouwen, een deel van Artois en een derde deel van Luxemburg. Hij verzamelt een schitterend leger in Picardië. Zonder oorlogsverklaring gaan zijn troepen eind mei over de grens — onder de befaamde veldheer Turenne.

meeste prinsgezinden als een volstrekt ontoelaatbare daad gevoeld.

'De partij van de prins is ernstig verzwakt door de ontdekking van Buat', schrijft Temple, de Britse gezant te Brussel, die zelf van op een afstand aan het komplot heeft meegedaan. De naïeve Buat heeft zich, als speelbal van grotere machten, beijverd vóór de Engelse koning en de prins. Hij moet als zondebok naar het schavot.

'Ik sterf nochtans onschuldig!' heeft hij tot zijn rechters gezegd. Op 11 oktober 1666 schrijdt hij in een lange zwarte mantel, gevolgd door zijn bedienden, langs de vrienden en bekenden, die voor zijn terechtstelling zijn gekomen. Waardig groet hij zijn rechters. Tenslotte licht hij zijn hoed voor de lege kamer op het Binnenhof — de kamer van de jonge prins die er niet is.

'Here God, wij zijn hier bijeen...' Dominee Vollenhovius bidt ' een geleerd, aandachtig ende lang gebed'. Buat knielt neer.

'Hij is het slachtoffer van zijn Oranjegezindheid,' mompelen heel wat toeschouwers, die hem nu vol deernis gadeslaan.

'Klak!' De zwaardslag van de beul. Een rollend hoofd. Henry de Fleury de Coulan, seigneur de Buat, St. Sire et La Forest de Gay, page aan het Oranjehof, een dapper, rondborstig, levenslustig officier is niet meer. Zijn gekomplotteer voor de prins heeft een averechtse uitwerking gehad: 'Het onzag voor de staat is vermeerderd!' schrijft een journalist in Haarlem. De regering van Johan de Witt is door het verraad van zijn tegenstanders veel sterker komen te staan.

Al lijkt die vrede nu in de lucht te hangen, toch reist de raadpensionaris opnieuw langs de admiraliteiten in Zeeland en aan de Maas, Texel en Amsterdam. In tegenstelling tot Karel II zorgt hij ervoor, dat de vloot voor het komende voorjaar in perfecte conditie is. Intens politiek verkeer brengt afgezanten van Engeland, Frankrijk en de republiek in april 1667 te Breda bijeen. De onderhandelingen voor de vrede beginnen.

'Hoe opvallend vriendelijk tonen de Franse gezanten zich tegenover de Britten en hoe weinig toeschietelijk tonen zij zich voor de eisen en verlangens van hun bondgenoot, de Republiek,' denkt de bekwame afgezant van de Staten, Hiëronymus van Beverninck. De aap komt al vrij snel uit de mouw: 'Frankrijk is met sterke legers naar de Zuidelijke Nederlanden opgerukt!' Door dát onverwachte offensief raken de politieke verhoudingen in Europa danig verstoord.

Engeland heeft opeens geen haast meer met een vredesverdrag. Zij menen met Frankrijk sterk te staan. De Britten brengen nu allerlei oude kwesties ter sprake. Onredelijk hoge eisen worden aan de Republiek gesteld.

'Geen stap wijken!' bericht Johan de Witt zijn onderhandelaars in Breda. Bezorgd beziet hij de opmars van de Franse bondgenoot.

Drastische daden zijn nodig om Europa duidelijk te maken, dat de Republiek nog niet aan het eind van haar krachten is.

De markies de Castel-Rodrigo heeft zo goed en zo kwaad als het kon de Zuidelijke Nederlanden in staat van verdediging gebracht. In het dorpje Charnoy is onder meer een vesting gebouwd, die de naam krijgt van de nieuwe, ziekelijke Spaanse koning, Carlos II. *Charleroi!*

Boerenjongens hebben wél hard gewerkt aan de aardewallen, maar soldaten om de vesting te bemannen heeft Castel-Rodrigo niet. Hij beschikt amper over 20.000 man. De toestand van de schatkist is zo erbarmelijk, dat aan uitbreiding van het leger niet kan worden gedacht. Het eens zo rijke Vlaanderen meldt de Spaanse regentes Maria Anna van Oostenrijk:

'Wij kunnen zelfs geen 1200 gulden vinden om tot betaling van enkele pas aangekomen Italiaanse soldaten over tegaan. Het volk is zozeer terneergedrukt, dat er niet meer op te rekenen valt!'

Het leger van Frankrijk marcheert, La Basée, Condé, Armentières, Saint-Ghislain en de nieuwe vesting Charleroi vallen binnen enkele dagen als rijpe (wat wormstekige) appels in de Franse mand.

'C'est joli. Charmant!' kirren de Franse hofdames. In hun mooiste japonnen en gezeten in koetsen, volgen zij het leger op de voet. Ze hebben dolle pret.

Castel-Rodrigo doet wat hij kan. Hij vernietigt bruggen. Plaatsen, die hij niet verdedigen kan, blaast hij op. Hij schreeuwt om krijgsvolk:

'Wie als partizaan wil strijden, beloof ik vrijdom van belasting!' zegt hij. En als dat niet voldoende helpt gooit hij er zelfs adellijke titels tegenaan. Wanneer er eindelijk een subsidie komt uit Madrid, wordt daarmee nog niet eens een honderste deel van de lopende kosten gedekt.

Alsof het een parade of picknick betreft, trekken de Fransen vrijwel ongehinderd voort. Waar ze in zicht komen, openen de steden zonder slag of stoot hun poorten.

In juni vallen Bergues, Veurne, Doornik. Vervolgens Dowaai, Kamerijk, Oudenaarde. Dan gaat het verder in de richting van Brussel, Brugge en Gent...

In de Republiek wordt het gevaar van de naderende Fransen terdege gevoeld. Johan de Witt zou het wankelende buffergebied in het Zuiden graag verstevigen, maar hij heeft zijn handen voorlopig nog vol aan Engeland. Engeland, dat de vredesonderhandelingen slepende houdt en te hoge eisen stelt.

'Ik weet wat ons te doen staat,' zegt De Witt, die zich niet wil laten chanteren. In juni stuurt hij de vloot de zee op met een stoutmoedig plan, dat hij zelf heeft ontworpen.

Aan boord van de Zeven Provinciën bevindt zich Cornelis de Witt. De schriftelijke zeer geheime opracht, die hij als gedeputeerde van de Staten heeft meegekregen luidt:

'De Theems en vervolgens de rivier de Medway opzeilen. Bij de Chatham liggende Engelse oorlogsbodems, de werven, opslagplaatsen en magazijnen aantasten en zo volledig mogelijk vernielen!'

Tijdens een krijgsraad op volle zee komt dat goed geheim gehouden plan ter tafel.

'Belachelijk!' zeggen álle hoofdofficieren.
'Het is onmogelijk!'
'Ende vol perikel!'

Eenparig achten zij de tocht onuitvoerbaar, maar Cornelis drijft de opdracht door.

De Theemsmonding, 20 juni: Vroeg in de morgen zetten de Nederlanders de aanval in.

'Daar gaan we, maat!'
'Komen we levend terug?'
'Dat weet alleen God!'

Het is een adembenemend avontuur. Onder commando van Van Ghent, De Liefde en Vlugh varen 17 lichte schepen, 4 jachten, 4 branders en 10 galjoten met 1000 mariniers aan boord de rivier op.

'Zouden ze het halen?' denken de matrozen op de andere schepen. Het grootste deel van de vloot blijft in de Theemsmonding achter om de Engelse eskaders uit het Kanaal af te slaan. Vanaf de dekken kijkt het scheepsvolk toe:

'Het is toch wat!'
'Zo maar Engeland inzeilen. Da's nog nooit vertoond!'

Op de oevers van de Theems en Medway wordt geschut haastig in stelling gereden.

Albemarle en York leiden persoonlijk de verdediging. Om de Hollanders de doorvaart te beletten, zijn een aantal schepen tot zinken gebracht. 'Those bloody Dutch!' mompelt Albemarle en hij schuift de bruine pruim in zijn mond naar een andere hoek.

21 juni: Wat niemand verwachtte dat kans van slagen had, gebeurt:

Kolonel Dolman heeft zijn laatste instructies gegeven. Met 800 mariniers gaat hij aan land.

'Voorwaarts!' Ze bezetten het half voltooide fort Sheerness en maken daar een mooie hoeveelheid geschut, masten, stengen en munitie buit. Een verkenning van de Medway spoort tot verdere daden aan:

'Er liggen daar 18 half onttakelde oorlogsbodems!' melden de commandanten van twee vooruitgevaren adviesjachten. Met behulp van twee Engelse verraders, die als loods dienen op de Staatse vloot, zeilt De Ruyter achter de galjoten in voorhoede aan.

'Strijk een sloep,' beveelt hij de volgende morgen. Als hij zich naar voren laat roeien, is de actie bij Chatham reeds volop aan de gang. Ze houden opnieuw krijgsraad:

'We moeten de doorgang naar Chatham forceren!' vindt Cornelis de Witt. 'Onmogelijk,' menen de kapiteins. 'Bij het kasteel Upnor is een ketting gespannen. Over de hele breedte van de rivier!'

'De Unity ligt er met twee fregatten voor!'
'En vier grote schepen erachter!'
'En dan al die Britse musketschutters en kanonnen op de wal!'

367

Einde Tachtigjarige Oorlog – Patriottentijd

Twee episoden uit de tocht naar Chatham. Onder de verovering van het fort Sheerness. Gravure van R. de Hooghe.

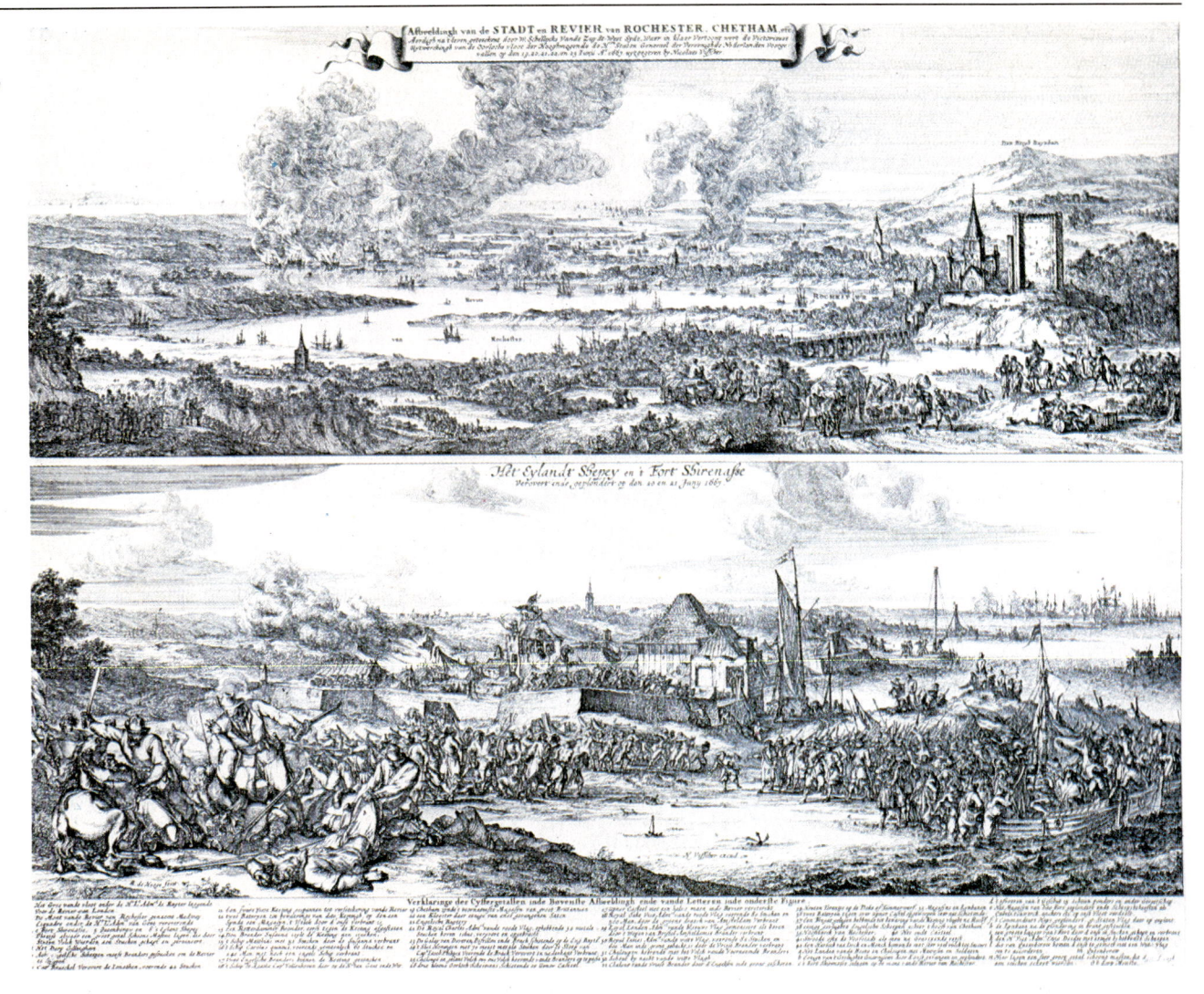

De kapiteins schudden het hoofd. Het lijkt gekkenwerk.
'Ik wil die ketting wel forceren!' laat kapitein Jan van Brakel de vlootvoogd weten.
Tegen de orders in, is hij bij Sheppey aan land gegaan. Voor die insubordinatie is hij gevangengezet. Nu hoopt hij zijn plichtsverzuim goed te maken met een koene daad.
En Jan van Brakel gaat. Met ingehouden adem volgen de anderen zijn schip. Onder hevig vuur van de vijand en zonder zelf ook maar één schot te lossen, zeilt Van Brakel driest op de ketting af. Pas als hij vlakbij is, geeft hij de Britten de volle laag.

'Couragie ende moed!' De kapiteins van de branders zeilen achter Van Brakel aan.
'Godlof!' Van den Rijn vaart de ketting stuk en steekt de brand in het Britse schip Mattheus, dat in een vroegere zeeslag op de Hollander werd buitgemaakt.
'Wij braken de boom en de vlotten!' schrijft De Ruyter in zijn journaal.
'Roeien, mannen!' Sloepen van De Liefde en Tobiassen gaan onvervaard op een der grootste Britse oorlogsbodems, de Royal Charles af. Vanuit de sloepen klimmen de matrozen aan boord.
'God Almighty!' De Engelse matrozen springen in paniek over de reling en zwemmen naar de wal, waar Albemarle vloekend ontdekt, dat zijn vlag op de Royal Charles naar beneden wordt gehaald.

Paniek breekt uit in Londen. Opgewonden mensenmassa's staan voor de banken die hun betalingen hebben gestaakt. Heel wat Londenaars pakken hun boeltje bijeen. Zij bereiden zich reeds voor op een haastige vlucht. De wildste geruchten gaan er van mond tot mond:
'De Hollanders hebben Dover genomen!'
'Ze zijn geland op de kust!'
'Ze zitten tot aan Dartmouth toe!'
Samuel Pepys, een groot man in de Britse Admiraliteit, noteert in zijn (beroemd geworden) dagboek:
'Bij God, ik geloof dat de duivel Hollanders schijt!'

23 Juni: Onder persoonlijke leiding van admiraal De Ruyter dringen 7 fregatten en een aantal branders de Medway op. Gezeten in een sloep met Cornelis de Witt, voert hij persoonlijk één der branders aan. Hij kijkt tevreden toe, hoeveel ravage er door de bemanning wordt aangericht.
'Daar gaat de Royal James!'
'De Royal London brandt!'
'De Royal Oak gaat in vlammen op!'
Werven en magazijnen worden grondig vernield. Pas als het getij verloopt dwingt laag water de Hollanders tot de terugtocht. De Royal Charles en de Unity voeren zij in triomf met zich mee. 6 Schepen zijn verbrand. 12 Schepen hebben de Britten in hun paniek zelf tot zinken gebracht.
'Een miljoenenschade,' denkt De Ruyter tevreden. Zelf verloor hij slechts enkele branders en niet meer dan 30 man!
De indruk, die de tocht naar Chatham in de wereld maakt, is overweldigend. 'De Hollanders winnen het van ons in wijsheid, moed, kracht, kennis van onze eigen stromen en in succes. En zo besluiten zij de oorlog met een overwinning aan hun kant!' schrijft Pepys in zijn dagboek. De diep vernederde Karel II geeft zijn gezanten te Breda opdracht de vrede te tekenen. De handtekeningen worden gezet.
Nieuw Nederland gaat voor de Republiek verloren, maar Suriname — nog net op tijd door een Zeeuwse vloot onder Crijnssen veroverd — blijft Nederlands bezit. Zo ook Makassar, het laatste steunpunt van de Britten op de Molukken. De gehate Acte van Navigatie blijft nog slechts zeer gematigd van kracht.

'Een glorieus tractaat!' jubelt Johan de Witt. Het is tevens het meest glorieuze uur van de Republiek.
'Zeetriomf der Vrije Nederlanden. Al d'Oceaan gewaagt van Hollands Admiraal!' schrijft Vondel verrukt. En het is waar! Zweden, Denemarken en Portugal durven op politiek gebied de wensen van de Republiek niet langer tegen te gaan. Frankrijk tracht de belangstelling van Johan de Witt te winnen voor de verovering van de Spaanse Nederlanden. Spanje doet alle moeite voor het tegendeel. De tocht naar Chatham heeft in de Republiek tevens het gevoel van eigenwaarde versterkt:
'Het is niet te zeggen, hoe hoog de Hollanders zich tegenwoordig voelen. Hun snoeven en pochen is onverdraaglijk!' vindt een Engels koopman in Rotterdam.

De positie van Johan de Witt, en van de regenten die thans aan de macht zijn, is opnieuw verstevigd. Zij zijn verantwoordelijk geweest voor de oorlog, die zo zegevierend is beëindigd. In de Republiek is, mede door hen, het gewest Holland machtiger dan ooit — tot flinke ergernis van de Zeeuwen.

Het enige, dat na de overwinning op Engeland op losse schroeven is komen te staan, blijkt de buitenlandse politiek. Bondgenoot Frankrijk dringt steeds dieper in de zuidelijke Nederlanden door.
'Frankrijk wordt op die manier een ernstige bedreiging voor ons. Wij moeten de opmars van de Fransen een halt toeroepen,' bedenken de regenten. Johan de Witt ziet reeds naar andere bondgenoten uit.

Dankzij de nieuwe Britse gezant sir William Temple (zijn vorige standplaats was Brussel en hij is zeer anti-Frans) sluit de Republiek een verdrag met Engeland en het (weinig betrouwbare Zweden): 'De Triple Alliantie!'

Koning Lodewijk XIV schrikt daar toch wel even van. Hij toont zich tenminste bereid om een eind te maken aan zijn oorlog tegen Spanje.
'Sire,' protesteren zijn veldheren. 'De Spaanse Nederlanden liggen voor het grijpen. En óók de Republiek!'
'Non messieurs. Pas encore!' Lodewijk heeft nog andere pijlen op zijn boog. In het diepste geheim heeft hij reeds met de Duitse keizer bekokstoofd, dat zij — als schoonzoons van Filips IV — de Spaanse erfenis zullen delen bij de dood van de ziekelijke Carlos II.
'Die zal gau sterven, sire' heeft men hem verzekerd. Zo tekent Lodewijk, overeenkomstig de wens van de Triple Alliantie, in 1668 de Vrede van Aken. Hij lijft Charleroi, Binche, Ath, Rijsel, Dowaai, Doornik, Oudenaarde, Armentières en Veurne bij dat verdrag vast bij Frankrijk in. Hij heeft zijn keus zorgvuldig gemaakt: die veroverde steden leveren hem bruggehoofden achter de Sambre, Schelde en Leie.

Stuk voor stuk zijn het prachtige springplanken voor een nieuw offensief. En aangezien koningen doen wat hun behaagt, belooft dat niet veel goeds.

Weer schijnt de vredeszon over Europa. En wéér zijn de Spaanse Nederlanden het kind van de rekening. De ellende, die de Franse opmars heeft gebracht, duurt onverminderd voort. Stelselmatig stropen de Franse troepen het land af. Om citadellen, forten en kazernes te kunnen optrekken, beroven zij oude kloosterorden van bossen. Boom na boom kappen zij om.
'Die monniken zijn toch nutteloze lieden en in de meeste gevallen zijn zij de vijand toegedaan!' zegt een Frans gouverneur. Door de eigendommen van rijke families te verwoesten, dwingt hij andere aanzienlijke geslachten te kiezen voor de Franse kant.

In de Republiek rollen luxe-karossen, calèches, fiacres en sjeesjes onbedreigd over de wegen voort. In de weekends, als iedereen naar buiten wil, vormen er zich files en

Penning op de vrede van Breda in 1667, door Wouter Muller.

Het vernietigen van de Engelse vloot bij Chatham op 20 juni 1667. Op de voorgrond in het midden de zojuist buitgemaakte Royal Charles waarop de Nederlandse vlag is gehesen. Schilderij door Peter van den Velde (1634-1687).

Einde Tachtigjarige Oorlog – Patriottentijd

verkeersopstoppingen, vooral in de nauwe straten van Amsterdam. 'We moeten het verkeer van particuliere rijtuigen in de stad verbieden,' heeft de magistraat al herhaaldelijk bedacht.

'Geen denken aan!' zeggen de welgestelde burgers. Omdat zij zo graag met hun kostbaar beklede, fraai beschilderde koetsen willen pronken, hebben zij zich met kracht tegen die maatregel verzet. Voor wie geen eigen rijtuig heeft, staan taxikoetsen op de Dam gereed.

'De stenen!' roepen de koetsiers, als iemand een rijtuig bestelt. Dan komen de dobbelstenen voor de dag.

'Dubbel drie!'
'Een negen!'
'Elf!'

Wie de hoogste ogen heeft gegooid, rijdt met de klant weg.

'Naar de houthaven? Zeker uwe edele, stapt U maar in!'

Wie het voorkomen kan, begeeft zich 's nachts niet over straat. Zakkenrollers en straatrovers liggen dan op de loer. Voor de nachtwacht heeft de stad Amsterdam 158 beroepssoldaten in dienst. Met flambouwen en ratels (voorloper van het politiefluitje) lopen ze rond. Ze zitten dieven en landlopers na en brengen dronken kerels thuis. Omdat het soms aardedonker is, valt er nog wel eens een dronken gabber in de gracht.

'Ik weet, hoe we dat kunnen voorkomen,' zegt Jan van der Heyden, schilder van menig stadsgezicht. Hij ontwerpt een systeem voor een openbare straatverlichting.

Met olielampen! De dankbare stadsregering beloont hem met de eretitel: 'Opsighter over de Straetlantaernen van Amsterdam!'

Later maakt Jan van der Heyden zich nog op een andere manier verdienstelijk voor de stad. Hij ontdekt de brandspuit. Zijn apparaat pompt water uit de gracht en spuit dan dikke stralen metershoog in de lucht.

Ook op het gebied der wetenschap loopt de Republiek vooraan. Twee geleerden in het bijzonder zijn in deze jaren in heel Europa vermaard:

Christiaan Huygens, zoon van Constantijn, geboren in 1629, begint op 13-jarige leeftijd zijn loopbaan als wiskundige, natuurkundige en astronoom. Met een door hem zelf gebouwde telescoop ontdekt hij de ring van Saturnus. Hij vervaardigt een micrometer en ontwikkelt de golftheorie van het licht. Door zijn toedoen gaat de wetenschap met sprongen vooruit. Vooral door de spectaculaire uitvinding van het slingeruurwerk raakt hij beroemd. Daarvoor heeft hij tal van proeven genomen in de toren van de Scheveningse kerk.

'Een vriendelijke, opgewekte, achtenswaardige man!' is het oordeel van de mensen die hem kennen. Zijn grootheid wordt in alle opzichten door zijn goedheid geëvenaard!' Huygens houdt van het rustige leven in zijn studeervertrek. Hij is nooit getrouwd — misschien wel uit angst, dat een huwelijk ten koste van zijn studies zou gaan.

In het buitenhuis Hofwijck bij Voorburg — waarheen zijn vader de *wijk* nam voor het leven aan het *hof* — neemt hij zijn proeven, vervaardigt hij zijn werktuigen en speurt hij naar de geheimen van de hemel boven hem. Wegens zijn baanbrekend werk wordt hij een 'fellow' van de Londense *Royal Society*. De Franse minister Colbert nodigt hem naar Parijs, waar hij zich tot profijt van Frankrijk jarenlang aan tal van studies wijdt.

Juist in deze jaren raakt het wetenschappelijk onderzoek van allerlei fantasieën en ondeskundige speculaties bevrijd. Voorbeeld van gewetensvolle, nauwgezette onderzoekingen is bij uitstek Antonie van Leeuwenhoek. Hij is fabrikant in Delft, maar ook zijn naam krijgt in Europa een grote klank.

Met zelf geslepen lenzen bouwt hij een

Bordje van Delfts blauw, met het portret van Antoni van Leeuwenhoek.

nieuw soort microscoop. Hij is de eerste, die van de rode bloedlichaampjes een nauwkeurige beschrijving geeft. Tevens publiceert hij baanbrekende studies over de spermatozoïden, over de voortplanting van de paling. Hij legt ook vlooien onder zijn microscoop en doet rondweg meesterlijk uit de doeken, hoe een vlo zijn ei verlaat. Gebogen over zijn microscoop ontdekt hij de infusiediertjes:
'Meer dan duysentmael cleynder dan het oogje van een luys!' Van Leeuwenhoek wordt eveneens lid van de Royal Society. Al is hij langzamerhand wereldberoemd, hoogleraar worden kan hij toch niet.
'Hij spreekt geen Latijn! Hij heeft nimmer de Latijnse school bezocht!' zegt men aan de universiteiten in de Republiek. In de snobbige wetenschappelijke wereld blijkt dat een onoverkomelijk bezwaar. Delft zal hem echter eren met een graf in de Oude Kerk, naast Tromp en Piet Heyn. Uit de laatste regels van zijn grafschrift blijkt, hoezeer men Antonie Leeuwenhoek heeft bewonderd:

Heeft elk, o wandelaar alom
Ontzagh voor hoogen ouderdom
En wonderbaren gaven
Soo set eerbiedigh hier uw stap
Hier legt de grijse weetenschap
In Leeuwenhoek begraven!

In tegenstelling tot de wetenschap, gaat de economische ontwikkeling minder gunstige kanten op. Vooral met de verdeling van de welvaart en rijkdom loopt het niet zo goed.
'De rijken worden steeds rijker en het aantal armen neemt toe,' wordt hier en daar gemompeld. Herhaaldelijk komen de predikanten, als voormannen van het gewone volk, met krachtige kritiek. Dominee Bornius te Delft gaat heftig tekeer tegen de schrijver van *Interest van Holland*, de fabrikant Pieter de la Court:
'Een twist ende oproermaker, verrijkt door arme Weduwe ende Wezen goed, ja, door afgekneveld ende afgeperst zweet en bloed. Een hoogvaardige deugniet, een eerrover, verrader, Godslasteraar ende woekeraar!'
Eerlijkheidshalve moet gezegd, dat de eerwaarde dominee Bornius een verhouding heeft met de jeugdige dochter van burgemeester Welhoek en zich daardoor — én door zijn Oranjegezindheid! de haat van de regenten op de hals heeft gehaald. Agatha Welhoek is 23 jaar jonger dan de dominee en de vrijage ontaardt in een rel tussen de Oranje- en de staatsgezindepartij.
Corruptie is er natuurlijk wel. Bij de dood (zelfmoord) van Cornelis Musch, griffier van de Staten-Generaal en schoonvader van ritmeester Buat, blijkt, dat hij de Republiek benadeeld heeft voor 2 miljoen! Zestien gedeputeerden zijn in de zaak betrokken. Verontwaardigde kreten stijgen op. Men spreekt er schande van en dat typeert de situatie toch wel. Vergeleken bij wat op dit gebied in vele andere landen gebeurt, valt het met de corruptie in de Republiek nogal mee. De heftige preken van de dominees en de vrijmoedige kritiek in talloze pamfletten, werken over het algemeen als een uitstekende rem. Bij de meeste regenten leeft trouwens een groot plichtsgevoel. Niet als ambtenaren, maar als burgers met een flinke dosis verantwoordelijkheid, werken zij tegen kleine vergoedingen voor de publieke zaak. Bij dat werk gaat het maar zelden om kwesties van partij of politiek.

'Leve de prins,' wordt er af en toe geroepen, maar zolang de lepel in de brijpot staat, maakt niemand zich druk over economie of politiek. Veel intenser houden de burgers zich bezig met, bij voorbeeld, de komende twaalfstedentocht. Die race op de schaats over 200 kilometer wordt verreden in het Hollandse gewest.

4 Uur in de morgen: Aanvang te Zaandam. IJzersterke kerels verschijnen aan de start. Er wordt hartstochtelijk gewed.
'Kom aen, Cornelis. M'n duiten staan op jou!'
'Vooruit, Jan Janszoon, zorg dat je wint!'
Met de handen op de rug schaatsen de stedetochtrijders door het lage land.
De belangrijkste plaatsen op hun route: van Zaandam via Amsterdam, naar Naarden, over de Zuiderzee naar Monnikendam, Edam, Hoorn, Medemblik en dan terug via Alkmaar naar Zaandam, zijn met vlaggen versierd. Er staan koekenzoopies op het ijs.
Speelmannen geven vrolijke wijsjes ten beste. Luid klinken de toejuichingen, als de rijders tegen half negen in de avond over de finish gaan. Een beroemde kampioen uit die jaren is Cornelis le Fleur. In de wedstrijden voor vrouwen staat Maria Scholtus aan de top.
Veel plezier beleeft het jonge volk in de tavernes en in de kroegen, die als danslokalen zijn ingericht. Enkele muzikanten zorgen er voor de muziek.

Boerenbruiloft, door Jan Steen (1626-1679).

Einde Tachtigjarige Oorlog – Patriottentijd
Johan de Witt

Trijntgie, seydt daer lestmael eenen
By m'n eer, ick hebje lieff
Van de cruyn aff tot de teenen
Staen ick onder jou belieft...

In hun danslokalen heffen de herbergiers geen entree. Zij stellen wijn drinken verplicht. En zo dansen daar dan de jonge kerels — en de oudere mannen die een slippertje maken — met de vrolijke meisjes uit de 'rosse buurt'. Die meisjes hebben hun kamertjes vlakbij de herberg, overeenkomstig de dichtregels van Jacob Cats:

Een die goed paren wil en mag niet verder gaan
Als dat hij met een kolf een bal vermag te slaan!

Dominee Hendrik de Frein te Middelburg is niet te spreken over die poelen van zonde en verderf:
'Juffers, opgetooit als wereldse poppen, met opgesierde hoofden, ontblote halzen, ruggen en boezems. Zij ontsteken jonkers in vuile lusten, niet denkende noch gelovende dat zij eens zullen komen voor het gericht!'
Van het vrij zorgeloze, ongebonden seksleven uit de middeleeuwen is nog wel iets over. Het verzet daartegen groeit!

Nuchter, zonder al te veel eerbied voor de overheid en met de benen stevig op de grond, stappen de Noordnederlanders in hun schone steden rond. De properheid van huizen en straten valt alle buitenlanders op — al wordt de overdreven schoonmaakwoede van de huisvrouwen vaak bespot:
'Believe it or not!' vertelt sir William Temple, gezant te Den Haag.
'Zelf zag ik, hoe in een deftig huis een burgemeester op bezoek kwam. De dienstmeid, die opendeed, tilde hem op alsof hij een zak aardappelen was en droeg hem op haar rug door het voorhuis naar binnen. Really, ze wilde geen beslijkte laarzen op haar pas geschrobde vloer!'

Een groot gevoel voor netheid demonstreert ook het plaatsje Broek:
'Voortaan is het aan alle inwoners verboden hun behoefte op straat te doen!' heeft de vroedschap beslist. Dat is heel keurig, maar als men aan tafel gaat, wast men de handen niet.
'Dégoutant!' zeggen de Fransen. Ze vinden dat maar weinig fris.
'Men wil de pels wassen ende niet nat maecken!' luidt een veel gebruikt spreekwoord. Met hun grote en kleine zorgen slaan de burgers zich door het leven heen.

Ze hebben méér belangstelling voor de kermissen, dan voor de Franse legers, die zoveel steden in het Zuiden hebben opgeslokt. Zij kijken liever naar *Lange Gerrit*, een boom van een kerel: 2,59 meter lang en sterk als een os, dan dat zij letten op Lodewijk XIV, die in Europa uitgroeit tot een alles opslokkende reus. Dankzij de politiek van Johan de Witt is aan zijn gulzigheid voorlopig paal en perk gesteld. De vraag is echter: voor hoelang?

'Van nu af aan zal het welzijn van het vaderland mijn bruid zijn,' schrijft Johan de Witt aan de Engelse gezant, als zijn vrouw in 1668 is gestorven. Enkele weken later wordt dat welzijn opnieuw in zijn handen gelegd: De Staten van Holland benoemen hem voor de derde keer tot raadpensionaris — en als steeds voor de periode van vijf jaar.

Als dank voor zijn uitzonderlijke verdiensten schenken zij hem een bedrag van 45.000 gulden en de ridderschap doet daar nog eens 15.000 gulden bij. Zijn traktement verdubbelt tot 6000 gulden per jaar.

Uiterlijk lijkt de positie van Johan de Witt onaantastbaar — en dat zou hij ook zijn, als het bouwwerk van de Republiek wat hechter was geweest. Er zijn onder de regenten allerlei fracties ontstaan. Uit allerlei oogmerken keert de ene groep regenten zich tegen de andere groep, als het gaat om ambten en macht. (Oranjegezindheid of staatsgezindheid speelt daarbij slechts een zeer ondergeschikte rol!)

Door het gewroet van die fracties komt er een kink in de kabel van vriendenpolitiek, waarop De Witt zijn gezag zo stevig heeft gebaseerd. In Amsterdam komt burgemeester Valckenier aan de macht. Hij is geen vriend van de raadpensionaris en Oranjegezind. Zeeland roept Oranjeklant Pieter de Huybert tot raadpensionaris van dat gewest uit.
'Dát gaat toch te ver!' zeggen de gedeputeerden in de Statenvergadering van Holland, als broer Cornelis de Witt voor zijn aandeel in de tocht naar Chatham eerst 12.000 en later nog eens 30.000 gulden ontvangt.

Het zet kwaad bloed. Wanneer de raadpensionaris zijn hooghartige, middelmatige broer óók nog de heerlijkheid Spijkenisse bezorgen wil, zetten de steden van Holland hem de voet dwars:
'Wij hebben een rasphuis voor stoute bedelaars!' roept een afgevaardigde.

Terwijl de regentenfracties — soms staatsgezind, soms prinsgezind, maar familiebelangen stijgen daarboven uit — verbitterd vechten om de belangrijke ambten, doen een aantal predikanten, officieren in het leger en natuurlijk Amalia van Solms al het mogelijke om de prins te verheffen tot het stadhouderschap.

Prins Willem II, nu 18 jaar oud, heeft een ellendige jeugd gehad. Steeds weer is er gestreden over zijn voogdij. Gouverneurs en gouvernantes zijn gekomen en gegaan. Juist degenen aan wie hij zich hechtte, hebben keer op keer het veld geruimd.
Onder het wakend oog van Johan de Witt is hij opgegroeid: een vroegrijp kind, dat nooit waarachtig jong heeft kunnen zijn. Lijdend aan astma en hevige hoofdpijn, treedt hij het leven vol wantrouwen en achterdocht tegemoet.

Al is ons prinsje nog zo klein
Zo zal hij toch eens Stadhouder zijn
Al breekt het hout, al kraakt het riet
Alevel treurt prins Willem niet!

Dat liedje heeft hij herhaaldelijk horen zingen, als hij bij het bezoek aan een stad door het volk werd toegejuicht.
'In zichzelf gekeerd, stroef in gezelschap, uiterlijk ongevoelig en koud!' Zo wordt hij beschreven. Al is hij ondoorgrondelijk voor zijn omgeving, van binnen gloeit zijn heerszucht en zijn verlangen naar macht. Vol berekening wacht hij zijn tijd af.

Omdat hij zich niet gemakkelijk beweegt, zal het een opgaaf voor hem zijn geweest het bal te openen, dat Johan de Witt bij zich thuis ter ere van de vrede van Aken gaf:
'Hoogheid, mag ik u verzoeken?'
De prins danst, maar van harte gaat het niet.

'Luister goed,' zeggen Amalia van Solms en Constantijn Huygens, die temidden van al het gekonkel der facties een heimelijk plan voor de prins hebben uitgedacht. Door hun toedoen zet Willem III, in september 1668, zijn eerste belangrijke stap op het politieke toneel van de Republiek. Achter de rug van zijn opvoeders en de regering om, begeeft hij zich na een jachtpartij te Breda geheel onverwacht naar Zeeland. Een aantal adellijke vrienden zijn tevens van de partij. Wanneer zijn karos, getrokken door zes paarden, Middelburg binnenrijdt, hangen de vlaggen uit. De haastig bijeengeroepen schutters vormen een erewacht.
'Leve de prins!'

Raadspenionaris Johan de Witt. Kopie naar Jan de Baen (1633-1702).

'Oranje boven!'
Een groot deel van het volk is door het dolle heen. Het ziet zwart van de mensen op het plein voor de oude abdij. Honderden zijn op de daken der huizen geklommen en vreugde-schoten knallen door de toejuichingen heen.

De volgende dag is er Statenvergadering:

'Hoogheid, neemt u plaats!' De gedeputeerden bieden Willem de zetel van *Eerste Edele* aan. De Zeeuwse regenten doen dat niet zozeer, omdat zij zo pro-Oranje zijn. Het is een onderdeel van hun anti-Hollandse politiek
'Hoe onstuimig, oproerig en boosaardig zijn de Zeeuwen!' schrijft een Hollandse staatsgezinde pamflettist. De ergernis in Holland wordt ook terdege door de Zeeuwse predikanten gewekt. Zij wijden namelijk hartstochtelijk gebeden aan het Oranjehuis: 'Zodra zij beginnen te spreken over het loffelijke Huis van Oranje en Nassau, slaan zij hun ogen naar de hemel, het wit van de ogen omhoog. En zij spreken met zó een beweeglijke stem, alsof de zaligheid alleen van het Huis van Oranje afhangt. Maar als die Zeeuwse predikanten bidden voor de Hooge Overheid (de regering van Johan de Witt), dan rabbelen zij zo wat henen, alsof het gebed een kranke kraamvrouw geldt!'

Sommige Hollandse regenten tillen niet al te zwaar aan deze zet van de prins. Zij hopen, dat die stap zal bijdragen tot een betere verstandhouding met Engeland en Karel II. En die opvatting zint Johan de Witt weer niet:
'God beter't, zoveel zwakheid in ons eigen lichaam, zelfs in deze voorspoedige tijd,' zegt hij geërgerd.

De Oranjepartij in Zeeland doet het overigens niet al te best. Nassau-Odijk voert er als plaatsvervanger van Willem III — een allernaarst gunstelingenbewind. Hij jaagt de regenten tegen zich in het harnas, omdat hij allerlei ambten aan zijn vriendjes vergeeft. De frustraties, die de economische achteruitgang in Zeeland teweeg hebben gebracht, nemen onder Nassau-Odijk eerder toe dan af.

'Ik heb niets tegen de prins, maar zijn Engelse relaties zijn een onmiskenbaar gevaar voor de Republiek,' moet Johan de Witt dikwijls hebben gedacht. Om de gesloten, ondoorzienbare prins (wiens populariteit groeit!) buiten spel te houden, ontwerpt hij een belangrijk document:

Het Eeuwig Edict! Met dat staatsstuk wil De Witt de Staten van Holland laten vaststellen, dat een toekomstig kapitein- of admiraal-generaal nóóit tegelijkertijd ook nog stadhouder mag zijn. Als dat Edict in de vergadering ter sprake komt, prikt De Witts neef Van Slingelandt, pensionaris van Dordt, met zijn pennemes in het voor hem liggende besluit.
'Wat doet ge?'
'Ik probeer, wat het staal vermag tegen het perkament!' Dat verdragen en afspraken in de politiek geen lang leven zijn beschoren, beseft Van Slingelandt maar al te goed.

Het kost grote moeite, voordat de andere gewesten tot aanvaarding van het Eeuwig Edict overgaan (zoiets was in de Republiek altijd een hele hijs!). Onder heftige protesten van de prinsgezinden geven Gel-

Einde Tachtigjarige Oorlog – Patriottentijd

Band van *The works of king Charles the Martyr*. Dit boek werd Willem III geschonken bij zijn erepromotie in Oxford in 1671.

derland, Utrecht en Overijssel hun goedkeuring aan het plan. Zeeland, Friesland en Groningen weigeren akkoord te gaan.

Het kost De Witt twee jaar om die tegenstrevende gewesten te winnen — en het gaat alweer met de nodige rellen gepaard: 'Op naar Genemuiden en Kuinder!' roepen regenten in het Oranjegezinde Zwolle.

Zij willen met hun factie die plaatsen bezetten, nadat er in de Statenvergaderingen zulke verbitterde gevechten geleverd zijn. Zij wensen er een ander bestuur, waardoor er weer andere gedeputeerden in de Staten zullen komen. Zo hopen zij de meerderheid der stemmen te behouden.

'Op naar Zwartsluis en Blokzijl!' Dat is het antwoord van het staatsgezinde Kampen. Met steun van Deventer zenden de regenten uit Kampen troepen naar die plaatsen. Zij brengen het gewest Overijssel daardoor dicht bij de rand van een burgeroorlog.

Ook in Groningen en Friesland — die een stadhouder hebben! — lopen de zaken uit de hand. Met schaamteloze zelfzucht kuipen de verschillende facties om de macht:

'Allen te zamen bedrijven ongeoorloofde kunsten. Zij brengen de regering in handen en genot van weinigen, alsof het hun vaderlijk erfdeel is,' schrijft de rechtsgeleerde Ulric Huber te Franeker. Zowel prinsgezinden — met van alles er tussenin — laten zich daar niet van hun beste kant zien.

Johan de Witt begeeft zich persoonlijk naar het noorden om een eind te maken aan alle strijd. Wekenlang probeert hij de gang van zaken te verbeteren. Het heeft geen resultaat.

'Hij in de vroedschap en ik niet?'
'Zijn neef in de magistraat en de mijne niet?'

De machtige heren zijn niet bereid offers te brengen voor een beter bestuur.

In maart 1670 komt het Eeuwig Edict ter sprake in een vergadering van de Staten-Generaal. Er zijn dan al vele verhitte gesprekken gevoerd. Amsterdam, onder burgemeester Valckenier, en ook andere Hollandse steden, stellen zich tegenover de regering op. Eindeloos is er gekonkeld en er is koehandel gedreven, waarbij enkele getrouwen — zoals Van Beuningen — De Witt ontvallen zijn. Natuurlijk hebben de ambassadeurs van Frankrijk, Spanje en Engeland naar hartelust gestookt. Iedere gezant heeft zijn vrienden in het regentendom:

'Listen, my dear sir...'
'Ecoutez bien, mon cher ami...'
'Qué puedo ofrecer a Usted?'

De gezanten proberen politieke munt uit de onverwikkelijke toestand te slaan.

Vooral Frankrijk doet zijn uiterste best om de positie van Johan de Witt — leider van de Triple Alliantie! — te ondermijnen.

De raadpensionaris blijft overeind. Hij weet alle gewesten tenslotte tóch achter zich te krijgen — al is dat een harde strijd geweest. Voordat het Eeuwig Edict, met de Acte van Harmonie, in de Staten-Generaal wordt aangenomen, heeft hij nog enkele concessies moeten doen: prins Willem wordt meerderjarig verklaard én als lid van de Raad van State aanvaard.

Met een verbluffend inzicht in de politieke verhoudingen heeft de jeugdige prins zich bij het Edict neergelegd. Dat betekent echter geenszins, dat hij zijn dynastieke ambities heeft laten varen. Door de machts- strijd, die zo hevig aan de gang is geweest (en blijft) is het prestige van de raadpensionaris gedaald. In de steden en gewesten zoekt iedereen naar versteviging van zijn eigen ambt:

'De partijen zoeken ieder hun eigen vaatjes goed te bekuipen!' Bij die ontwikkelingen wordt door vroegere aanhangers van Johan de Witt uit een ander vaatje getapt.

Heimelijk laat een aantal regenten hem in de steek. De positie van de raadpensionaris brokkelt stukje bij beetje af.

'Ik voorzie, dat het met de raadpensionaris De Witt zal haperen!' zegt burgemeester Valckenier in Amsterdam. Het hapert echter eerder met hem zelf, want in Amsterdam wordt hij gewipt. Toch krijgt ook De Witt het steeds moeilijker: niet eens zozeer door de binnenlandse verhoudingen, als wel door de buitenlandse politiek. Hij wordt door een kwalijke slag getroffen:

Dover, Engeland, 1 juni 1670: Op verzoek van Lodewijk XIV is de lieftallige hertogin van Orléans het kanaal overgestoken met een zeer speciale taak:

'Bespeel koning Karel en win Engeland voor een verbond met ons!' heeft Lodewijk haar gezegd. Hij heeft de omkoopbaarheid van de lichtzinnige, cynische Engelse koning ontdekt. Hij weet tevens, dat Karel II katholiek wil worden en zich, in stilte, graag zou willen wreken op de Republiek.

De hertogin van Orléans kwijt zich uitstekend van haar taak. Ze gebruikt al haar charmes — en haar bed! — om Karel II in een komplot tegen de Verenigde Nederlanden te betrekken. Door háár toedoen sluiten beide koningen in het diepste geheim een verdrag:

'Sire, als gij uw katholieke geloof in Engeland bekend maakt, kunt ge veel geld krijgen en rekenen op Franse steun,' is Karel II beloofd. 'Bovendien zal Engeland, Walcheren, Cadzand en Sluis mogen opeisen, als koning Lodewijk, na de dood van Carlos II, op zijn Spaanse erfenis in de Nederlanden beslag laat leggen. Maar dan rekent Frankrijk daarbij op uw steun!' Zo zijn allerlei toekomstplannen gemaakt.

Tevens beloven beide vorsten elkaar, te zullen ijveren voor de verheffing van Willem III. Zó verraadt Karel II van Engeland de Triple Alliantie en zijn vriendschapsverdrag met de Republiek. Lodewijk XIV konkelt voort. Met geld koopt hij Zweden om — dat de Sont voor de Hollanders zal sluiten als het oorlog wordt.

Bovendien brengt hij met een geslepen politiek de bisschoppen van Keulen en Munster nog onder zijn invloedssfeer. Insiders en agenten laten De Witt hun waarschuwingen horen. Hij weigert te geloven, dat er een komplot te Dover is gesmeed:

'Dit is zo ver buiten de waarheid, als het oosten is van het westen!' Dat Frankrijk 120.000 uitstekend gedrilde troepen onder de wapenen heeft — met 300 pontons om rivieren mee over te steken! — maakt de bedoelingen duidelijk genoeg. Johan de Witt, die zich zelf zo stipt aan verdragen en afspraken houdt, onderkent de verraderlijke schemenstreken van Karel II te laat. Terwijl Engeland, Frankrijk en ook Munster en Keulen zich bewapenen, ziet de Republiek werkeloos toe. Het is net, of de raadpensionaris in deze kritieke maanden zijn gebruikelijke doortastendheid mist.

Hij blijft vasthouden aan de Triple Alliantie én aan het Eeuwig Edict, terwijl die twee traktaten op dit ogenblik zo schadelijk zijn voor het landsbelang.

Karel II begint het spel. Op zijn uitnodiging begeeft prins Willem zich met toestemming van de Staten naar Engeland. Hij wil daar ondermeer onderhandelen over de 2 miljoen, die het Huis van Oranje aan de Stuarts heeft geleend. Zijn vriend Hans Willem Bentinck, de 70-jarige Huygens en een vrij talrijk gevolg vergezellen hem.

Heel wat jongelui maken de reis op eigen kosten mee.

Prins Willem krijgt een schitterende ontvangst. Feesten en diners in Londen, eredoctoraten in Oxford en Cambridge. Het kan niet op. De indruk, die de prins op de Britten maakt, is voortreffelijk:

'Eenvoudig, zeer zelfbeheerst en opvallend verstandig voor zijn jaren!' vindt men aan het Engelse hof. Natuurlijk neemt Karel II zijn jonge neef apart: 'Ik ga katholiek worden, William. Alle protestanten vormen een afvallige groep en zijn bovendien nog onder elkaar verdeeld. Good Lord, dear William, onderzoek toch de dingen en laat je niet leiden door de Hollanders, die stomkoppen zijn!' In die geest spreekt koning Karel II, maar over het komplot van Dover rept hij met geen woord. De oorzaak daarvan ligt vermoedelijk in het karakter van de prins: 'Prins Willem van Oranje blijkt een hartstochtelijk Hollander en protestant te zijn!' bericht de Franse gezant te Londen aan zijn meester te Parijs. Dat zijn precies de redenen, waarom koning Karel zijn neefje toch niet helemaal vertrouwt.

Vier maanden lang blijft prins Willem in Engeland — tot grote ergernis van Johan de Witt, die dan juist het eerste onraad ruikt. Speelt de prins daar in Engeland dubbel spel? De raadpensionaris weet het niet. Wel beseft hij nu, dat een oorlog op handen is en dat de Republiek dit keer geen enkele bondgenoot bezit.
'Tracht àl het mogelijke te doen om het gevaar van een naderende oorlog te bezweren!' bericht De Witt aan zijn gezanten Boreel, te Londen, en De Groot (zoon van Hugo) te Parijs. Zijn hoop, de vrede te kunnen bewaren, blijkt een illusie te zijn.

Zowel Engeland als Frankrijk sturen met allerlei maatregelen tegen de Republiek op een oorlog aan.
'We moeten het slecht toegeruste leger versterken,' zegt nu de regering.
'Wie zal het leger aanvoeren?'
'De prins!' roept de Oranjepartij. 'Maak de prins kapitein-generaal!' Het geschreeuw om Oranje neemt hand over hand toe. Heviger dan tevoren laait de partijstrijd op. In zijn streven de prins buiten spel te houden, raakt de raadpensionaris geïsoleerd. Zelfs in het gewest Holland eisen de gedeputeerden van Enkhuizen, Haarlem, Leiden en Amsterdam de aanstelling van de prins. Ze zeggen erbij:

'Dat het de predikanten aangenaam zal wezen!' De dominees hebben een behoorlijke invloed op brede lagen van het volk.

Ondanks de druk van een aantal Hollandse steden en van de zes overige gewesten, houdt Jan de Witt — karaktervast maar dom — voet bij stuk. Hij is tenslotte wel bereid, de prins kapitein-generaal te maken voor de duur van één veldtocht.
'Goed,' zegt de prins na lang aarzelen. Want hij beseft, dat hij zijn reputatie met die ene veldtocht — en bovendien met een slecht toegerust leger — in de waagschaal stelt.

In zijn huis aan de Kneuterdijk verwerkt Johan de Witt zijn nederlaag in de politiek Dat zoveel vrienden van weleer hem nu uit berekening in de steek laten, stelt hem zeer teleur:
'Ook vele goede patriotten. Die Godt de Heere juist niet met de grootste standvastigheid ende couragie heeft bewapend!' schrijft hij naar De Groot in Parijs.

Temidden van de zorgen vindt hij nog steeds tijd voor zijn vijf kinderen — ondanks de beklemmende hoeveelheid werk. Hij weet precies, wat ze allen doen. Als Den Haag in 1671 kermis viert, geeft hij voor zijn kinderen een feest in zijn huis op de Kneuterdijk. De jongelui dansen de nacht door, tot 's morgens 7 uur. Een nichtje uit Amsterdam verstuikt haar voet bij al het gehos. Johan de Witt toont zich een goede oom:

'Kijk, dat zit zo,' zegt hij tegen een ander nichtje, dat bij hem logeert. Hij helpt haar met wiskundige opgaven. Als ze weer naar huis is, stuurt hij haar zelfs nog enkele aanwijzingen toe. Een treffend detail, hoezeer zijn ordelijke geest zich met vrijwel alles kan bezighouden en bezighoudt. Heeft hij ooit een verlangen naar rust gekend, of een

gevoel beleefd, zoals dat door dichter Jan Luyken onder woorden is gebracht:

Gelukkig mensch wien 't is gegeeven
By 't vreedzaam en onnozel vee
Dat nooit noch kwaad noch onrecht deê
In 't veld zijn dagen af te leven...

Vermoedelijk niet. Wel leest hij Spinoza. Wel regelt hij rusteloos de geldzaken van zijn familie en van zichzelf. Hij zit dicht bij het vuur en ziet kans met beleggingen menige goede slag te slaan. Rondom hem woedt de partijstrijd. Er klinken opruiende preken. Schotschriften worden verspreid. De ontevredenheid over de stijgende belastingen neemt toe. Het wantrouwen in de regerende regenten groeit.

Dat alles, én de angst voor de komende oorlog, brengen vele burgers in een staat van razernij.
'De raadpensionaris is verantwoordelijk voor deze ellendige toestand,' zeggen de ontevreden mensen. Zij zoeken zo graag een schuldige en hebben een oordeel snel bij de hand: 'Het is alles de schuld van De Witt!'
'En van zijn hoogmoedige broer Cornelis, die de wensen van het volk veracht!'

Steeds dreigender klinkt op straathoeken de kreet, die al het onbehagen illustreert: 'Oranje boven! De Witten onder...'

In januari 1672 toont prins Willem zijn ongeduld. Hij bewijst, dat het wantrouwen van De Witt ten opzichte van hem, toch wel enigszins gerechtvaardigd is geweest.

Juist nu Engeland met grove hatelijkheden begint, schrijft de prins een brief aan zijn oom Karel II. Via Sylvius, de Britse agent in de Buat-affaire, gaat die brief naar het Engelse hof. De inhoud ruikt naar verraad aan de Republiek:

Gezicht op het Haagse regeringscentrum met de Hofvijver. Links het Groene Zoodje waar in 1672 de gebroeders De Witt vermoord zouden worden. Detail van een schilderij door Gerrit Adriaensz. Berckheyde (1638-1698).

Einde Tachtigjarige Oorlog – Patriottentijd

Het rampjaar 1672

'Als zijne majesteit niet te zeer aan Frankrijk verbonden is, zal zij nooit een betere gelegenheid vinden, om van de heren Staten alles wat zij zou kunnen verlangen, te bekomen. En als zijne majesteit mij wil doen weten wat zij wenst, maak ik mij sterk — aangenomen dat het niet regelrecht tegen de grondslagen van de Republiek aanloopt — het haar te bezorgen, ten spijt van mijnheer de raadpensionaris De Witt en zijn kabaal, die daardoor het onderspit zullen delven. En ik en mijn vrienden... zullen dan aan het hoofd van de zaken worden geplaatst!' Het is een geluk voor prins Willem dat Karel II niet op zijn aanbod reageert.

In februari wordt de prins Willem officieel tot kapitein-generaal voor de duur van één veldtocht benoemd. Er wordt bijgevoegd dat hij, als hij wat ouder is, de aanstelling voor het leven zal ontvangen. 'Hoera! Leve de prins!' Een groot deel van het volk toont zich opgetogen over de benoeming van de prins. Zelfs de Amsterdamse beurs reageert gunstig. De koersen lopen op.
'Heel het land door was onder de gemeente een grote vreugde. Ze hadden nu moed als leeuwen en zeiden dat één man (met de prins als opperbevelhebber) zou tellen voor zes!' schrijft een advocaat in Den Haag. Maar hij voegt er aan toe:
'Dat botte volck heeft geen verstand van vrijheid, noch weet het, waaruit die bestaat!'

Ook dat is waar! Het volk is inderdaad nog erg bot. Bij brede lagen ontbreekt ieder politiek inzicht. Gevoelsmatig, kortzichtig, bot, en zeker niet eensgezind in de voorkeur voor Oranje, geven ze hun onvrede prijs en schreeuwen dan maar wat!

De laatste pogingen van De Witt om de vrede te bewaren, lopen op niets uit. Zonder oorlogsverklaring werpen de Engelsen zich eind mei op een rijke retourvloot van de Republiek — afkomstig uit de Middellandse Zee. Dapper optreden van de kapiteins voorkomt een ramp. Enkele dagen later veegt Engeland al haar grieven bij elkaar en zendt die — nu dan tóch met een officiële oorlogsverklaring — naar Den Haag. Op 6 april volgt de oorlogsverklaring van Frankrijk. Munster en Keulen haasten zich om mee te doen.

Branderaanval op de Royal James tijdens de slag bij Solebay op 7 juni 1672, door Willem van de Velde de Jonge (1633-1707).

'Oorlog!'
Dat nieuws veroorzaakt opwinding en hevige angst:
'Wat zeg je? Heeft den Engelsman zijn diefachtige klauwen weer uitgestoken naar onze schepen?' In de havenkroegen snoeven de matrozen, wat ze met de duivelse Engelsman zullen doen. De vloot onder het opperbevel van admiraal De Ruyter bevindt zich in een perfecte staat.

Diep treurig is echter de toestand van het leger. (Om zowel een goed vloot als een sterk leger te onderhouden was voor de Republiek een financiële onmogelijkheid!)
Ondanks een aantal nieuwe lichtingen, is het met de gevechtskracht van het leger miserabel gesteld.
'Oorlog met Engeland, Frankrijk, Munster en Keulen?' Vele garnizoenscommandanten schudden het hoofd. Er is alle reden tot paniek. Verbijsterende wantoestanden komen in de veronachtzaamde vestingen aan het licht. Daarvan slechts één detail; het buskruit, opgeslagen bij Den Bosch, dateert uit het jaar 1629 en is dus 43 jaar oud.
Hoe denkt de republiek ooit de aanval van het machtige Franse leger te zullen weerstaan...

Te laat, veel te laat is de regering van Johan de Witt tot reorganisatie en uitbreiding van het leger overgegaan. Volledigheidshalve moet daarbij gezegd, dat vele Oranjegezinde steden zich tegen die verbetering van het leger hebben verzet.
'Is het mogelijk, dat de afstammelingen van een natie, die de grondslagen onzer vrijheid heeft gelegd, zó lafhartig verdedigen, wat hun voorvaderen verkregen met zoveel roem?' roept Pieter de Groot uit. Hij ziet dat het volk de overtuiging mist om het goede welvaartsleven te verwisselen voor opoffering, ontberingen en strijd.

Johan de Witt heeft al het mogelijke gedaan om inzake de landdefensie de zeven provinciën tot samenwerking te bewegen. Maar het leger is nog steeds over de gewesten verdeeld. Het kost tijd al die garnizoenen te bundelen tot een doeltreffend en saamhorig geheel.

De meeste officieren zijn welgedane, fraai geklede, afgeleefde oude heren, óf... onervaren, minderjarige jongelui.
'Ze zouden eerst eens drie maanden moeten kamperen. Het schijnt dat wij de oorlog niet meer verstaan,' meldt een bekwaam kolonel aan De Witt.

Onthutsende feiten komen aan de dag. Magazijnen en opslagplaatsen zijn leeg. Of ze zijn met verroeste kanonnen en verrotte affuiten gevuld. De verdedigingswallen van vestigingen en steden zijn volop met bomen beplant. Er staan huizen in het schootsveld van de forten en de grachten liggen droog.
'Ik ga niet. Ik ben daar mal!' zeggen de boeren, die voor het leger worden opgetrommeld. Zij melden zich niet.
Begin mei hebben de Oranjegezinde gewesten Zeeland en Friesland nog geen cent voor de verdediging van het land bijeengebracht.
Overijssel en zelfs het bedreigde Gelderland brengen de benodigde gelden niet op.

Terwijl de problemen zich haast onafzienbaar opeenhopen, geeft Johan de Witt opnieuw een schitterend voorbeeld van zijn daadkracht en energie. Vergaderingen, besprekingen, het uitvaardigen van besluiten, het opstellen van krijgsplannen slokken zijn werklust op. Van vroeg in de morgen tot diep in de nacht is hij voor zijn geliefde

Republiek in de weer. Dikwijls heeft hij om 9 uur 's avonds nog niet gegeten, want tientallen problemen dalen op zijn schrijftafel neer:

Te Brussel onderhandelen zijn gezanten om Spanje als bondgenoot te winnen. De vloot heeft te kampen met een gebrek aan matrozen. Er moet geld zijn — en de meeste regenten tonen weinig offervaardigheid. Toch krijgt hij, dankzij een voortreffelijk beleid, de miljoenen bijeen. Met kracht wil hij de IJssel-linie verdedigen, nu de Fransen in opmars zijn gegaan:
'Daarbij te leven of te sterven!' zegt hij tot de Staten van Holland, en prins Willem is dat geheel met hem eens. De Hollandse gedeputeerden knikken eensgezind:
'De vijand moet vóór de rivieren worden afgewacht!'

Een aantal gedeputeerden trekt kordaat naar de IJssel, om de prins met de verdediging bij te staan. De raadpensionaris tracht ondertussen de onenigheid tussen de verschillende gewesten te sussen en bereidt een aantal inundaties voor. Zonder acht te slaan op de kritiek van de prinsgezinden — zonder ook erg te letten op het benauwde volk, dat om een stadhouder roept — werkt hij zich door de geweldige problemen heen.

Een aantal predikanten maakt groot misbaar, dat de katholieke vaderlanders niet te vertrouwen zijn. Zullen zij, bij een overwinning van de katholieke Fransen, niet kunnen rekenen op volledige vrijheid van godsdienst en geloof? 'Verhinder den godslasterlyken afgodendienst en oneindelijke superstitieuse ceremoniëen!' klinkt het als vanouds van de kansel. De predikanten denken daarbij aan de 30.000 katholieken in Amsterdam. Aan de talloze katholieken in Brabant, Limburg en op het platteland. Lodewijk XIV heeft zich opgeworpen als kampioen van het katholieke geloof.

Door hoeveel roomsen wordt op een Franse overwinning gehoopt?
'Heft de paapse sociëteiten op! Verzet u tegen de excessen en stoutigheden van het pausdom!' Het oude zeer speelt nog steeds. De staten geven dit keer geen gehoor aan de opgewonden klachten van enkele verbeten dominees.

In april begeeft een bijna overwerkte De Witt zich naar het Nieuwe Diep. Persóónlijk wil hij de vloot de zee op helpen, omdat zijn inzet op dat gebied juist zo groot was. 'Van 's landts vloot hangt ons aller welvaren of ondergang af,' schrijft hij in een brief aan klagende regenten uit Hoorn. Die heren willen meer soldaten in hun stad.
'Neen!' zegt De Witt. De rivieren en waterlinies kunnen de Franse legers wellicht wel staande houden. De catastrofe zou echter volledig zijn, als Engelse en Franse troepen *achter* die linies zouden kunnen landen op de kust van de Republiek. De angst voor zo'n landing is groot!
'Nu is alles in Gods hand!' zal De Witt hebben gedacht, als de vloot op 9 mei de zee opgaat: 41 zware oorlogsbodems, 13 fregatten, 16 branders, 9 adviesjachten en 2 snauwen, later nog door een Zeeuws eskader versterkt. De aan jicht lijdende Cornelis de Witt is weer als gedeputeerde van de Staten bij De Ruyter aan boord.

Kruisen langs de Engelse kust. Dan weer koersen naar Zeeland om een verwachte landing te verhinderen, of om een retourvloot op te vangen uit de Oost. Pas na een maand krijgen de adviesjachten de vijand bij Solebay in zicht.
'De Franse vloot heeft zich met de Engelsman verenigd,' melden zij ontfutst. 'Meer dan 100 schepen hebben wij geteld!'
6 juni: krijgsraad aan boord van de Zeven Provinciën. De overmacht van de vijand is groot: 80 grote en 13 kleinere oorlogsbodems, 24 branders, 28 lichte schepen, 6158 stukken geschut en 40.000 man.
'We vallen aan,' besluiten De Ruyter en Cornelis De Witt. 'In de nacht zeilen we uit de Zeeuwse wateren naar Solebay. Dan vallen we de vijand onverwacht op het lijf!'

Scherpe orders weerklinken. De schepen worden in gereedheid gebracht voor het komende gevecht.

7 juni, 5 uur in de morgen. Verwarring op de Engels-Franse vloot. 'There they come!' Ze zien de eskaders van de Republiek in het eerste daglicht aan de horizon.

Haastig worden de Britse officieren en matrozen, die zich nog op de wal bevinden, aan boord geseind. 'They come like a torrent!' wijzen de Britse gezagvoerders. *Snel als een stroom* komen de Hollandse zeilen naderbij.

Admiraal De Ruyter is in een beste stemming. Opgewekt wijst hij naar het admiraalsschip van York:
'Stuurman Zeger, dát is onze man!'
'Myn Heer, dat zal je gebeuren,' zegt opperstuurman Zeger en hij licht beleefd zijn muts.

Op de campagne zit de jichtige Cornelis De Witt in een armstoel met fluweel bekleed. Een aantal hellebaardiers in roodgele uniformen (de kleuren van Holland) omringt hem als de strijd ontbrandt. Na een hard gevecht verlaat York tegen de middag zijn Royal Prince. Met een sloep laat hij zich roeien naar de St. Michael. Daar gaat de rode vlag van zijn eskader nu in top.
'Restez ici!' De Fransen, op grote afstand onder vuur genomen door vice-admiraal Banckert, houden zich achteraf. Vice-admiraal Van Ghent heeft de aanval op het blauwe eskader van de Britten ingezet. Anderhalf uur lang zit het touwwerk van zijn schip Dolfijn, verward in de Royal James.
'Weeran!' Er wordt zeldzaam verbeten gevochten. Van Ghent sneuvelt, doch ook de moedig strijdende Britse admiraal Sandwich is tot ondergang doemd. Uitgedost in vol ornaat, vuurt hij zijn matrozen en soldaten aan. Van de 1000 man op de Royal James zijn er allengs 900 gesneuveld of gewond. Wild raast het volk over de dekken, als Jan Danielsz. van den Rijn het Engelse admiraalsschip met een brander in lichter laaie zet.

Sandwich vindt een zeemansdood. Met de Orde van de Kouseband op de borst drijft hij door het water. Pas een paar dagen later stuwen de golven zijn lijk naar de kust.
'Er is scherper en langduriger gevochten, dan ik óóit in enige zeeslag heb meegemaakt!' is de mening van De Ruyter, als om 9 uur in de avond de duisternis valt. De zwaar gehavende schepen staken de strijd. Engel De Ruyter heeft kogelsplinters in zijn borst. Banckert is flink gewond. De Westergo is in de lucht gesprongen en met man en muis vergaan.
'Is dat de admiraal?' vraagt een Engels luitenant, die als gevangene naar de Zeven Provinciën is gebracht. Vol ontzag kijkt hij naar De Ruyter op en roept dan uit:

Lodewijk XIV met zijn troepen bij het oversteken van de Rijn bij Lobith op 12 juni 1672. Schilderij door Adam Frans van der Meulen (1632-1690).

Einde Tachtigjarige Oorlog – Patriottentijd

'Dat is een admiraal, een kapitein, een stuurman, een matroos en een soldaat. Ja, die man, die held, is alles tegelijk!' Nog groter lof komt van de Franse minister Colbert, als hij de uitslag van de slag bij Solebay verneemt:
'Le plus grand capitaine qui ayt jamais été en mer: de grootste aanvoerder die ooit op zee is geweest!'

Al is de strijd in feite onbeslist gebleven, ondanks hun overmacht zijn de verliezen van de Britten het grootst. Moreel heeft de Republiek de overwinning behaald!

Het gevaar van zeezijde is voorlopig geweken, maar hoe ontstellend verloopt de oorlog op het land.

Half mei is het Franse leger, 120.000 man sterk, onder Turenne, Condé en Luxembourg, in aanwezigheid van Lodewijk XIV de opmars vanuit Charleroi en Sédan begonnen. Het is verbijsterend, wat in enkele weken gebeurt. Rees, Wezel, Orsoy, Rijnberk, Emmerik, Doetinchem en Grol klappen als kaartenhuisjes in elkaar. Plunderend trekken de troepen uit Munster en Keulen door Twente heen.

30.000 Man staat aan de IJssel. Maar de officieren zijn onbekwaam. 'Terug mannen!' klinkt het bij de bewakingstroepen van de Republiek aan de Rijn. Zij moeten de Fransen beletten de rivier over te gaan, doch wegens gebrek aan versterkingen laten zij hun stellingen bij het Tolhuis van Lobith in de steek. 4000 Soldaten, voetvolk en ruiterij, worden nog haastig naar Lobith gestuurd. Ze zitten daar zonder geschut.
'En avant!' Onbedreigd komen de troepen van Condé en De Guiche over de Rijn.

Slechts het Friese regiment Aylva bied dapper tegenstand — al komt dat door een misverstand. Ze hebben de wapens reeds neergelegd. Dan komt er een Frans edelman naar voren. Hij heeft een flink stuk in zijn kraag. Met zijn dronken kop neemt hij de Friezen plotseling onder vuur. Dat is tegen alle afspraken in.
'Aylva, weeraen!' Driftig pakken de Friezen hun wapenen op. Ze hervatten de strijd.

Heel wat Franse edelen raken gewond (o.a. Condé) of sneuvelen op het veld van eer.

De Franse opmars gaat voort. Turenne heeft zijn troepen reeds tussen Arnhem en Nijmegen geplaatst. De ruiterij van Condé galoppeert door de Betuwe en dreigt op Utrecht af te gaan. Uit angst van Holland te worden afgesneden, geeft prins Willem de IJssel-linie prijs. Met een restant van zijn strijdmacht, slechts 8500 man, trekt hij zich op Utrecht terug. De stad staat op zijn kop 'Generaele wiltheydt!' Dat is het beeld van Utrecht, waar iedereen angstig is. De prins tracht de vroedschap op te wekken tot kordate tegenstand. 'Utrecht moet worden prijsgegeven!' bevelen, al een paar dagen later, de Staten-Generaal. Het geslonken leger zoekt het laàtste bolwerk — achter de Hollandse waterlinie — op.

In enkele weken hebben de Fransen de oostelijke en zuidelijke gewesten van de Republiek in bezit. Ze behoeven nog slechts een aantal vestingen en steden op te rollen en dan is het daar gebeurd. Op aandrang van de regenten geeft Deventer zich reeds over na het eerste hevige bombardement. Verraad, omkoperij en lafheid van vele officieren zijn weer oorzaak dat Zwolle en Kampen in Franse handen overgaan.

Slechts enkele regimenten onder goede aanvoerders, redden zich in Friesland en Groningen.

Boodschappers en vluchtelingen verspreiden al dat verontrustende nieuws in de Hollandse steden en zaaien een hevige angst:
'De Fransen in Arnhem!'
'Nijmegen is gevallen!'
'Verraad in Gelderland!'
'Ze zitten in Zutphen!'
De jobstijdingen vliegen van mond tot mond.
'Koning Lodewijk heeft zijn hoofdkwartier gevestigd te Zeist!' En dat is waar!

Vanuit Zeist maakt hij een rit door de stad Utrecht, waar het bange volk zich aan de fraai uitgedoste edelen, de stoet van hofdames en de schitterend uitgeruste troepen vergaapt.
'Dat ze zijn gaan kijken!'
'Och man, natuurlijk katholieken!'

Vluchtelingen bewegen zich overal over de wegen voort. Steeds onrustbarender wordt het nieuws dat Holland bereikt:
'Rochefort staat met zijn ruiterij voor Naarden, voor Asperen en Leerdam!'
'Muiden wordt bedreigd!'
'God beter 't. Wat moet er worden van de sluizen in de Vecht?' Wat een paniek in het Hollandse land. Prachtig van beeld zijn de getuigenissen van de burgers, die de verwarring rondom gadeslaan:
'Elk stond als bedwelmt en stom. Elk was syn huys te kleyn en te bang. Daerom begaf ieder zich op de straet, waer hy niet anders tot synen troost ontmoete als miserie en gekerm!'

Vluchtelingen met kisten en koffers stromen de Hollandse steden in. Opstandige boeren verzetten zich tegen de inundaties die bevolen zijn: 'Dat brakke zee- en Vechtwater over onze akkers en landerijen? Dat nooit!' Pas onder dwang steken ze de dijken door. De boeren rond het fort te Abcoude pikken het handiger in. Ze kopen de inundatie van de Oostpolder af.
'Jullie kunt mooi wat van ons krijgen!' zeggen ze tegen de soldaten.
'Nou, wat bieden jullie dan?' Ze krabben zich boereslim over de kop. Aarzelend tasten ze af: 'Eh, 17 gulden per dag? En 2 halve vaten dun bier? En een half vat dik bier! En boter, met brood en kaas!'
'Akkoord,' lachen de soldaten. Op die manier goed voorzien, trekken zij welgemoed naar andere polders en persen ook daar de boeren geld en levensmiddelen af. Er heerst woede over zulk gedrag. Er heerst opwinding over lafhartig verraad. Er heerst vrees, omdat men zich machteloos voelt. En de Fransen naderen zo snel:
'Elk liet syn hooft hangen als een biese. Elk scheen syne sententie des doods te hebben gehoord. De ambachten stonden stil. De winkels waren toegedaan. De rechtbanken waren geslooten, de akademiën en schoolen maekten vacantie!'

Benauwde burgers begraven kostbaarheden en geld. Wie kan, stuurt vrouw en kinderen met schepen weg. Er gaan verhalen, dat katholieken in Overijssel en Gelderland de vijand blijgemoed tegemoet gaan. Er heerst overdreven angst voor katholiek verraad in de rug.

De kerken vullen zich in dit donkere uur:
'De kerken vielen te kleyn voor de benaude herten, die van angst meer suchten als sy konden bidden!'

De staatspapieren dalen van 100 tot 30 %. De aandelen van de Oostindische Compagnie lopen terug van 572 naar 250 %.
'De regering was radeloos, het volk redeloos, het land reddeloos!' Een beroemde

Interieur van de Dom te Utrecht in 1672, nadat deze kerk weer in gebruik was genomen voor de rooms-katholieke eredienst. Schilderij door H.C. van Vliet.

De Fransen voor Naarden. Dit schilderij van A.F. van der Meulen werd niet voltooid omdat de Fransen voor die tijd weer uit de stad waren verdreven door Willem III.

zin, bedacht voor het rampjaar 1672 in een veel latere tijd. Het is wat al te simpel gezegd.

'Kordaatheid. Alleen kordaatheid kan het land redden!' roept Johan de Witt uit op een slecht bezochte vergadering van de Staten-Generaal. De gedeputeerden dringen op onderhandelingen aan. Heeft niemand meer vertrouwen in de Waterlinie, die zich uitstrekt van Muiden naar Gorinchem en loopt langs Den Bosch en Breda?

Gezeten aan zijn schrijftafel overdenkt De Witt het aantal rampen, dat het land in zo'n korte tijd heeft getroffen. Afgezanten van de Staten zijn op weg naar koning Lodewijk en Karel II. Vooral de Oranjegezinden (o.a. Leiden) tonen zich bereid grote concessies te doen.

De prins zit nu met de rest van het leger in Holland. Al heeft hij te kampen met verouderd, verroest geschut en gebrek aan munitie, er is toch nog hoop, zo denkt de raadpensionaris. De jonge prins heeft zich in ieder geval standvastig en buitengewoon vastberaden getoond. De Witt pakt schrijfgerei. Hij wil zijn bezwaard gemoed luchten en schrijft aan zijn vriend Vivien:
'Ons grootste kwaad is niet de macht of de progressen van de vijand, maar de algehele opstand, de ongehoorzaamheid en de weerspannigheid van de burgers en ingezetenen in de steden ende van de boeren op het platte land. Daardoor wordt de kracht van de hoge overheid ontzenuwd en zeer vertraagd!'

Wat een verraad, wat een smadelijke capitulaties, wat een nederlagen hebben het land geschokt. En nu slingert het volk in de steden van Holland hem nog de heftigste verwijten naar het hoofd. Te Dordrecht beschuldigen zijn broer Cornelis — die de vloot wegens ziekte heeft moeten verlaten — van lafheid en verraad. Steeds luider verheft zich het geschreeuw:

Oranje boven en Wit onder
Die anders wil, die slaâ de Donder!

Op de avond van de 21ste juni 1672 zitten vier Oranjeklanten in het huis van raadsheer De Graeff bijeen. Vanuit die woning op de Vijverberg, zien zij de lichten branden in de vergaderzaal van Holland.
'Dat slim en slinks gebroed!'
'Die verrader De Witt zal er ook wel zijn!'

Jacob en Pieter de Graeff en hun vrienden Borrebach en De Bruyn drinken hun glazen nog eens uit. Ze vragen zich af, wat er in de Statenvergadering wordt bekokstoofd. Al pratende en drinkende hitsen zij elkaar op. En dan rijst er een krankzinnig plan:
'Als we De Witt eens uit de weg ruimden? Zó moeilijk is dat niet!' Met teveel drank in het lijf, en gewapend met hun degens, gaan ze de straat op. Als Johan de Witt omstreeks half twaalf naar huis wandelt, voorafgegaan door een bediende met een toorts, zetten de vier jonge heethoofden de aanval in:
'Schelm!'
'Verrader!'
Een worsteling. De raadpensionaris gaat tegen de grond. De overvallers steken toe:

'Hier!' Een wond aan de hals.
'Hier!' Een wond in de zij:
'Hier!' Een wond achter in de schouder.

Als De Witt voor dood op de grond ligt, vluchten de aanranders weg. Drie van hen zoeken in de nacht een goed heenkomen naar het leger van de prins, dat bij Bodegraven ligt. Pieter de Graeff, Borrebach en De Bruyn verkeren daar in vrij grote veiligheid. En dat is erg! Nóg onthutsender is het feit, dat De Bruyn later een post krijgt in het Haagse stadsbestuur, terwijl Borrebach het erfrecht wint op de baan van zijn vader, die postmeester is!

Jacob de Graeff wordt gepakt. Slaat zijn knagende angst bij de eerste verhoren over in een haast hysterische geloofsijver en betuigingen van spijt? Of hebben de prinsgezinden dat later bedacht? Het verhaal gaat, dat Jacob de Graeff vrome liederen zingt met de cipier. Hij is de predikanten, die hem komen steunen, tot troost. Zelfs op het schavot — reeds acht dagen na de aanslag — roept hij de omstanders toe:
'Lieve burgers, vloekt toch nooit meer!'
Hij heeft De Witt zijn spijt betuigd: 'Ik was van God verlaten!'
'Klak!'
Hij sterft onder de bijlslag van de beul. En o, wonder! Wat de beul ook doet, het bloed blijft kleven aan de bijl. Ook dát wijst op een achteraf geconstrueerde legende, maar het volk ziet er toch een teken in.

De worsteling Jacobs! In dat geschrift vertelt een dominee over de laatste dagen van Jacob de Graeff. Op een misselijke manier wordt de sluipmoordenaar van De Witt verheven tot een heilige en een martelaar. En kenmerkend voor de stemming: De Worsteling Jacobs beleeft druk na druk.

'Oranje boven! De Witten onder!'

De omwenteling komt op de dag van de aanslag voor een deel op gang. Johan de Witt ligt met zijn wonden in bed. Niets kan hij ondernemen om het veranderende getij te keren.

De wetsverzetting begint: Op 21 juni roept de stad Veere prins Willem tot stadhouder uit. Op 29 juni raakt Dordrecht in rep en roer. Een vendel van burgers zet het plein rond de grote kerk af:
'Ben je Staats of Prins?'

Iedereen, die op die morgen naar de kerk wil, krijgt die vraag op zich afgevuurd. Een opgehitste menigte bedreigt de magistraat en eist herroeping van het Eeuwig Edict.

De angstige regenten verzoeken de prins naar Dordrecht te komen en bieden hem een maaltijd aan in de herberg De Pauw. Onder dwang van de menigte op straat, roepen zij prins Willem tot stadhouder uit.
'Mijne heren, ik beklaag u,' zegt de prins, als de regenten in de herberg een stuk opstellen, waarin het Edict ongedaan wordt gemaakt.
'Neen, ik teken dat stuk niet!' zegt Cornelis de Witt. Hij zit thuis door jichtaanvallen geplaagd.
'Teken toch. Toe, teken' smeekt zijn angstige vrouw. Een woedende menigte, die met plundering dreigt, staat joelend voor de deur. Cornelis tekent, maar hij plaatst de letters v.c. achter zijn naam: 'Vi coactus! Onder dwang en protest!' Zijn vrouw maakt die letters nog gauw onleesbaar.

Rotterdam volgt het voorbeeld van Dordt. En dan slaat de woede-rage tegen Johan de Witt over van stad tot stad. Rellen en oproeren zijn aan de orde van de dag. Angst, dat de gedeputeerden het land aan de Fransen zullen verraden, brengt woedende burgers met rottingen, kleer- en raagstokken op de straat. De vroedschappen — eens trouwe medestanders van De Witt — hangen fluks hun huik naar de wind:
'Al wederom dansen zij naar de pijpen van de muitemakers!' merken sommige toeschouwers op.
'God lof, wij hebben op het goede paard gewed,' denkt een aantal regenten, want in korte tijd is de omwenteling een feit.

De Staten van Holland roepen prins Willem tot stadhouder uit. Zeeland volgt. Het is overigens geen verheffend beeld, dat nu uit de Staten-vergaderingen naar voren komt. Als Lodewijk XIV absurd zware eisen voor de vrede stelt, willen de vertegenwoordigers van Leiden die onaanvaardbare voorstellen tóch ter sprake brengen in de Staten-Generaal:
'Wij zouden zulk een advies niet geven, als wij de zaken niet voor desperaat aanzagen!' zeggen de Leidenaars. Amsterdam, nu de krachtige aanvoerder ter verdediging van het land, tapt uit een ander vat:
'Het is niet aan ons het land over te geven!' Amsterdam krijgt de steun van de stad Alkmaar, doch de kleinere steden jammeren:
'Datter geen redden aen is. Dat de posten niet te defenderen syn!' Daarop springen de afgevaardigden van Alkmaar weer overeind:

379

Einde Tachtigjarige Oorlog – Patriottentijd

Moord op de gebroeders De Witt

'Wij zullen liever door de vijand, als door de burgers worden doodgeslagen!' roepen zij uit. De heren regenten hebben vrijwel allemaal te maken met roerige, opstandige volksmassa's en weten maar al te goed, uit welke hoek de wind waait. Pamfletten en schotschriften met valse verdachtmakingen tegen de gebroeders De Witt gaan van hand tot hand. Er lopen geruchten over verraad — waarbij (misschien niet helemaal ten onrechte) de naam van Pieter de Groot wordt genoemd.

Op 4 juli benoemen de Staten-Generaal prins Willem tot kapitein - en admiraal-generaal van de Unie.

'Dat bericht was my ende de officieren ende matrosen ende soldaten seer aengenaem!' schrijft admiraal De Ruyter in zijn journaal. Hij heeft zich steeds buiten de partijstrijd gehouden, maar weet een deel van zijn scheepsvolk Oranjegezind.

Vanaf zijn ziekbed doet Johan de Witt een beroep op de prins. Er wordt beweerd, dat hij schandelijk verraad heeft gepleegd en dat hij met staatsgelden heeft geknoeid. Hij verzoekt prins Willem die boze aantijdingen te ontzenuwen. Het antwoord van de prins is koel. Het is een slecht teken!

'Messieurs, le roi!'

Te Zeist voert Lodewijk XIV een weelderig hof. Zijn muzikanten, toneelspelers, dichters en dienaren zorgen ervoor, dat het hem 'te velde' aan niets ontbreekt. Prachtige tenten zijn voor ontvangsten opgericht. De Nederlandse onderhandelaars stappen naderbij. Ze ruiken de met parfum overgoten hovelingen en de fraai opgetooide hofdames al van ver.

'Votre majesté!' Ootmoedig buigen zij voor de vorst. En bij de onderhandelingen bieden zij hem in hun radeloosheid, Maastricht, de Rijnsteden en Brabant aan.

'Mais non, messieurs!'

Wat een geluk voor de Republiek én de Spaanse Nederlanden, dat de koning weigert op het aanbod in te gaan. Lodewijk hoopt op nog meer! De winkeliers uit Zeist en Utrecht doen betere zaken met het Franse hof. Voor een feestje leveren de bakkers 206 flinke boterletters:

'Voila le A'
'Voici le L'

Bij elkaar vormen de letters een gedicht in het Latijn: een hulde aan de losbandige, heerszuchtige Zonnekoning, die dat ten zeerste appreciëert. (Geen enkele bakker heeft er vergif in gestopt!)

Te Zeist, waar de onderhandelingen met de Republiek op niets uitlopen — evenals te Londen, waar Karel II absurde eisen stelt — wacht Lodewijk af, of de Nederlanders niet zullen terugkeren met voorstellen en aanbiedingen, die nog grandiozer voor hem zijn. Wat een kans heeft hij laten glippen om het terugtrekkende legertje van de prins op de voet te volgen en in Holland zegevierend binnen te gaan. Nu verstrijkt de tijd.

In zijn hoofdkwartier te Bodegraven organiseert stadhouder prins Willem de verdediging van de Republiek. Het volk tot rust brengen doet hij niet. Hoopt hij in stilte op de golf van massabewegingen te rijden, tot de Staten-Generaal hem tot monarch verheft? In ieder geval hoopt hij op voldoende macht om de Fransen en hun spilzieke koning te kunnen weerstaan — en zich buiten de greep te houden van de konkelende Karel II.

Als prins Willem III tot stadhouder en kapitein- en admiraal-generaal is uitgeroepen, lijkt het even of alle opwinding luwt. Dat duurt niet lang. De onrust in de Hollandse steden blijft. Nu de Fransen voor de waterlinie staan en allerlei geruchten de ronde doen, groeit de angst voor verraad. De burgers brengen de vendels op de been. Zelfs gedeputeerden, die met opdrachten voor leger of vloot op reis gaan, worden aangehouden en ondervraagd:

'Wie bent u?'
'Waar gaat u heen?'
'Hé, mannen, is het geen aanhanger van De Witt?'

Onder bedreiging van messen en musketten moeten de gedeputeerden vaak hun strikt geheime opdrachten laten zien.

Het wantrouwen tegen de aanhangers van De Witt neemt geleidelijk toe. De achterdocht richt zich vooral op gezant Pieter de Groot die, tegen de wens van De Witt in, met de vijand onderhandelt en concessies wil doen. Zó verbitterd en fel zijn de verdachtmakingen tegen hem, dat hij naar Antwerpen vlucht. (Tijdens een proces in 1678 wordt hij vrijgesproken, misschien niet helemaal terecht!)

Tromps zwager Johan Kieviet — diep betrokken in de affaire Buat — keert als sir John Kievit uit Engeland terug. Hij wordt met gejuich en eresalvo's begroet.

De verwarring is groot. De angst is groot. Het gevoel van onzekerheid is groot. En het aantal misvattingen is groot! De grootste schreeuwers — hoe kortzichtig en dom hun woorden ook zijn — krijgen altijd wel een horde mensen achter zich aan.

'Moeten we dat allemaal maar nemen?'
'Nee!', brult een menigte in Dordrecht. Omdat ze honger hebben en van er alles is beweerd, zijn ze de straat opgekomen. In optocht gaan ze naar het raadhuis.
'Vivat Oranje!' Weg met de verrader De Witt!'

In het raadhuis hangt een pronkerig schilderij van Cornelis De Witt. Hooghartig en uitdagend staat hij op het doek, dat zijn aandeel in de tocht naar Chatham vereeuwigt. Heel merkwaardig heeft in de Engelse oorlogsverklaring gestaan, dat het uitdagende schilderij als één van de grieven en als één van de redenen tot de oorlog heeft geleid.
'Pak het!' schreeuwt nu de horde.
'Weg ermee!' Driftige handen trekken het portret van de muur. Onder gejuich en gekrijs hangt het Dordtse volk, dat zoveel grieven heeft, het portret aan de galg.

Negen dagen later wordt Cornelis de Witt gearresteerd en overgebracht naar de Gevangenpoort.
'Hij zit in de kamer van Buat!' vertellen opgetogen Oranjeklanten aan elkaar. En terugdenkend aan de rondborstige, prinsgezinde Buat, wensen zij Cornelis het ergste toe. Nerveuze regenten vragen zich bezorgd af:
'Wat is de beschuldiging tegen Cornelis de Witt? Wat is er precies gebeurd!'

Niemand weet het. Iedereen gist. De stok om mee te slaan wordt echter wel gevonden.
'Cornelis de Witt beraamde een aanslag op het leven van de prins. Hij heeft mij willen omkopen, om die moord op zijne hoogheid te doen!' Dat verklaart de barbier-chirurgijn Willem Tichelaer. Hij is een hoogst onbetrouwbaar sujet.

Wegens meineed en vrouwenschending is hij herhaaldelijk met de politie in aanraking geweest. Wellicht is dat één van de redenen waarom hij zich nu op de overheid wreekt. Wie, of wat, heeft hem bewogen de hoofdrol te gaan spelen in het drama, dat nu op handen is?

In de kroeg van Beukelaer en in de herberg De Zwaan komen al geruime tijd felle Oranjeklanten samen. Vooral als het bier flink heeft gevloeid, worden daar de heftigste beschuldigingen geuit. Hebben de bezoekers van die kroegen Tichelaer tot zijn schurkachtige daad aangezet?

Op een of andere manier heeft de barbier toegang gekregen tot de ziekenkamer van Cornelis de Witt in Dordt. Wat hij en de jichtige ruwaard daar half juli hebben besproken, is aan niemand bekend.
'Hij beraamde een aanslag op het leven van de prins!' Dát is de aanklacht die Willem Tichelaer bij het Hof van Holland heeft ingediend. En op die leugenachtige aantijging — in de verhitte sfeer van die dagen is alles mogelijk! — wordt Cornelis de Witt gearresteerd. Tijdens het proces staat het woord van Tichelaer tegenover het woord van Cornelis de Witt.
'Edelachtbare, de ruwaard wou mij geld geven voor een moord op de prins!'
'Dat is een leugen!'

Omdat zij er niet uitkomen, verwijzen de rechters Cornelis naar de pijnbank — met de meerderheid van één stem. Dat is meer dan onrechtvaardig: het is een misdaad. De pijnbank levert geen resultaten op. Zelfs wanneer de touwen en gewichten zijn jichtige lichaam rekken en de schroeven hem folteren, ontkent Cornelis standvastig zijn schuld. Als hij na afloop te bed ligt om van zijn pijnen te bekomen, klit een menigte

Cornelis de Witt, naar Jan de Baen.

onder zijn venster bij de Gevangenpoort bijeen:
'Weg met de verrader!'
'Dood aan De Witt!'

De verblinde massa wil schuldigen zien voor alle rampen, die op het vaderland zijn neergedaald.

De wildste verhalen doen ondertussen de ronde in de Hollandse steden. De haat richt zich vooral tegen Cornelis, die nimmer een innemend man is geweest:
'Hij heeft 3000 pond buskruit van de vloot gehaald!' Inderdaad, maar dat kruit was voor de verdediging van Dordrecht bestemd.
'Hij heeft geknoeid met de gelden van de staat!'
'Op de vloot heeft hij steeds getwist met De Ruyter en als een lafaard is hij weggekropen bij iedere slag!' Leugens, geruchten en halve waarheden stapelen zich op. Op verzoek van Johan de Witt verklaart admiraal De Ruyter met eerlijke rondborstigheid het tegendeel. Hij schrijft aan de Staten-generaal:
'Het zijn versierde en valselijk uitgestrooide zaken. Ik had met de ruwaard broederlijke enigheid ende openhartige vriendschap!' Niemand luistert naar de betrouwbare stem van de admiraal. De heksenjagerij is al te ver op gang.

Op 1 augustus begeeft de herstellende Johan de Witt zich naar de prins. Hij complimenteert hem met zijn nieuwe waardigheden en pleit voor zijn broer.
'En, hoogheid, mijn ontslagaanvrage zal bij de Souvereine Staten worden ingediend!'

De ontvangst is koel. De prins van Oranje blijkt niets te zullen ondernemen om de neergang van de grote raadpensionaris te veredelen. Integendeel! Als Johan de Witt met een waardige rede de Staten van Holland om zijn ontslag verzoekt, wordt door toedoen van de prins het woord *eervol* geschrapt. Zo komt het eind aan een indrukwekkende loopbaan van bijna 20 jaar.

Den Haag, 20 augustus 1672: Om half negen in de morgen begeven de rechters van het Hof — tegen alle gebruiken in! — zich naar de Gevangenpoort. Dáár maken zij het vonnis aan Cornelis bekend. Hun angst voor het tierende Haagse volk is zo groot, dat ze dat niet in de rechtzaal durven te doen.
'Wij verklaren u van alle ambten vervallen en bevelen verbanning uit Holland voor altijd!' Zo luidt het vonnis, maar het woord 'schuldig' spreken de rechters niet uit.

Einde Tachtigjarige Oorlog – Patriottentijd

Cornelis vraag direct naar de reden. 'Het Hof en geeft geen redenen!' zeggen de halfslachtige rechters.

'En dat zijn heren. Dat zijn heren!' roept Cornelis in de grootste opwinding uit.

Zonder dat hij de oorzaak van het vonnis te horen krijgt, moet hij terug naar zijn kamer. Om overleg te kunnen plegen, stuurt hij een boodschap naar zijn broer.

Omstreeks half tien komt Johan de Witt bij de Gevangenpoort aan. (Er gaat een hardnekkige versie, dat niet Cornelis, maar zijn tegenstanders Johan naar de Voorpoort hebben gelokt!)

De gebroeders bespreken het vonnis. Zij regelen de betaling van de kosten van het kwalijke proces. Zij praten over de toekomst, die nu zo onzeker is. Den Haag, dat dagenlang vol ongeduld op het vonnis heeft gewacht, komt op de been.

'De Witt wordt verbannen. En ik ben vrij!' roept Tichelaer de mensen toe vanuit een raam van de Kasteleinij. Die woorden brengen de menigte in razernij.

'Dat is verraad!'

'Tichelaer is vrij. Hij heeft dus de waarheid gesproken. Dat bewijs dat De Witt schuldig is!'

'Niet verbanning, maar de dood voor de Witte Duyvel!'

'Te wapen, lieve burgers!' Verraad!'

Grimmige geruchten, dat ontevreden boeren uit het Westland onderweg zijn om Den Haag te plunderen en dat woedend volk uit Delft in aantocht is, brengen de stemming naar een kookpunt. Dominee Copmoijer, die naast de Gevangenpoort woont, loert door het luikje van zijn voordeur. Hij ziet, hoe opgewonden burgers in groepjes naderen en hoort hun geschreeuw. Als Johan de Witt de Gevangenpoort om ongeveer half elf wil verlaten, versperren woeste kerels hem de weg:

'Hier mag niemand uit!'

'Waarom niet? Gij weet toch wie ik ben?'

'Schiet! Schiet!' roepen stemmen uit de massa. Een musket wordt reeds geheven. De cipier en zijn dienstbode trekken Johan de Witt terug. Ontsnappen is niet meer mogelijk. Met veel branie zijn enkele Hagenaars op de daken van de omliggende huizen geklommen. Zij zullen er wel voor zorgen, dat niemand ontvlucht.

De ruiterij is onder de wapenen gekomen. De commandant, graaf de Tilly, krijgt het bevel:

'Bezet de Plaats en wacht nadere orders af!'

De slappe Haagse magistraat — waarin enkele vijanden zitten van de gebroeders De Witt — stuurt de weinig betrouwbare schutterij naar de Gevangenpoort. De verhouding tussen de burgers en de ruiterij is gespannen.

Af en toe komen enkele schutters en burgers boven kijken, of de gebroeders De Witt er nog zijn:

'Wij zijn hier om het grauw te stillen!' zeggen ze wat bedremmeld met de hoeden en mutsen in de hand. Ze komen flink onder de indruk van Johan de Witts ontzagwekkende persoonlijkheid. Amper raad wetend met hun houding mompelen ze:

'Mijn heer zal nog wat patiëntie moeten nemen, omdat de burgers wat zeer oplopende zijn!'

In het huis op de Kneuterdijk kan de familie De Witt duidelijk zien, wat er voor de Poort gebeurt. Tante van Zwijndrecht brengt de oude vader en de kinderen De Witt in veiligheid. Zelf blijft zij op haar post, vervuld van angst.

In de middag gaat Cornelis wat rusten. De uren op de pijnbank hebben hem flink verzwakt. Johan leest in de Bijbel. Buiten rijden koetsen met nieuwsgierigen af en aan:

'Het schavot om en langs de Plaats!' roepen keurige dames en deftige heren tegen hun koetsiers. Ouden van dagen houden hun lorgnet voor de ogen om alles beter te kunnen zien: de menigte, de verhitte redenaars, de gebalde vuisten in de lucht, geschreeuw.

Dominee Copmoijer ziet dat alles van zeer nabij, als hij door het luikje van zijn voordeur gluurt.

'We zullen de De Witten doodslaan of zelf sterven!' heeft de zilversmid en schutter Hendrik Verhoeff al vroeg in de morgen beweerd. Hij is een lange, donkere kerel, die in de herberg De Zwaan de schutters van het blauwe vendel heeft opgezweept.

De kans lijkt groot, dat Johan Kievit en Cornelis Tromp een aantal rondjes hebben uitgedeeld — en instemmend hebben geknikt, toen er in de kroeg de dood van de De Witten werd gezworen.

Met zijn grote bek schreeuwt Verhoeff zich naar het leiderschap van de menigte voor de Gevangenpoort. Omdat hij de volkswoede bespeelt, roept de Haagse magistraat hem naar de vergaderzaal.

'Daar is hij!' meldt de bode. Als Verhoeff de zaal binnenkomt, staan de regenten op.

Allen nemen de hoed voor hem af. Het illustreert hun lafheid en angst. Ze trachten de zilversmid tot rede te brengen, maar het is onbegonnen werk. Als een echte lefgozer bekent Verhoeff openlijk, dat hij de gebroeders wil vermoorden:

'Het zal evenwel geschieden, indien God mij het leven spaart, al zou ik het alleen doen. Hebt maar een half uur geduld met elkander en ik zal u de beide harten in handen leveren!' Het lijkt ongelooflijk, maar het gebeurt: bang om maatregelen te nemen, laat de magistraat Verhoeff ongehinderd gaan. En nog erger- graaf Tilly krijgt opdracht met zijn ruiters weg te trekken, want de boeren uit het Westland — die rustig thuis zitten, het is maar een gerucht! — moeten tot staan worden gebracht.

'Nu zijn de Witten dode lieden!' roept Tilly uit. Maar bevel is bevel. Hij verlaat de Plaats met zijn betrouwbare ruiterij. Niets staat Verhoeff en zijn makkers dan nog in de weg:

Dominee Copmoijer ziet door zijn luikje, hoe de menigte onder opzwepend gejoel tegen 4 uur tot de aanval overgaat. Diezelfde dag nog geeft hij zijn onthutsende indrukken weer in een brief aan mr. Nicolaes Listingh te Amsterdam:

'Toen op de deur van de Poort met scherp werd geschoten... en met een moker de grendels en het dwarsijzer werden afgeslagen, gingen enige burgers naar binnen...'

Verhoeff, pokmeester Cornelis d'Assigny, Adriaan van Valen en andere schutters van het blauwe vendel, gaan met rode koppen van de drank de trap op, dan de gevangenkamer in. Verhoeff loopt naar het bed, trekt de gordijnen open.

'Verrader, gij moet sterven. Bid God en bereid u zelf!' roept hij Cornelis toe.

'Vrienden, wat heb ik misdaan?'

'Gij zijt een prinsenmoordenaar, een verrader en een schelm. Haast u maar aanstonds!' Een ram met de kolf van het geweer. Cornelis komt uit bed, kleedt zich aan. Johan de Witt treedt nader:

'Is het de bedoeling ook mij om te brengen?'

'Ja, schelm, verrader, dief! Gij zult de eigen gang van uw broeder gaan!' Een slag met de geweerkolf tegen het hoofd. Kalm neemt Johan de Witt zijn hoed en kalotje af en legt een zakdoek op de bloedende wond.

'Mannen, is het om mijn leven te doen? Schiet mij dan dadelijk onder de voet!'

'Naar beneden!'

Verhoeff komt onder de indruk van het vuur, dat schittert in de ogen van Johan. Hij vraagt, veel rustiger nu:

'Hoe komt het toch, dat gij een land, waar gij zo geacht en gezien waart, aan de Fransen hebt overgegeven? Van dichterbij is de raadpensionaris een geheel andere man dan hij heeft gedacht.

'Zo allen hadden gehandeld als ik, zou er nog niet één stad overgeweest (gevallen) zijn!'

Tabaksdoos (1707) met de voorstelling van de moord op de gebroeders De Witt. Volgens een overlevering zou deze doos een teen en een tong van hen bevat hebben.

Buiten loeit het ongeduldig geworden volk:
'Verhoeff verstaat zich met de raadpensionaris. Hij heeft alreeds de goudbeurs en zijn horlogie!'

De gebroeders worden naar buiten geduwd. Cornelis loopt voorop.

En dan opeens ontlaat zich alle haat. Weerzinwekkend geschreeuw. Dreigende geweerkolven. Grijpende handen. Cornelis raakt erin verstrikt.

Johan loopt langs de schutters:
'Wel mannen, wat zal dit zijn?'
'Dat wordt ge dadelijk wel gewaar!'
'Wij zijn onnozel (onschuldig!) ende geen verraders. Brengt ons waar gij begeert en laat ons examineren!' Johan duwt de geweren opzij, loopt nu ook naar buiten. In het gedrang voor zich ziet hij zijn broer.

Luitenant ter zee Jan van Valen lost het eerste schot. Johan de Witt valt neer. En hoe wanstaltig! Terwijl de broers daar liggen, vormen burgers en schutters een kring om hen heen en slaan toe. Musketschoten weerklinken en de stompzinnige massa juicht!

Dominee Copmoijer ziet het allemaal vlakbij gebeuren, door het luikje in zijn deur:

'Zo zijn ze, zonder hemd of iets anders, moedernaakt op het schavot gesleept, en om ongeveer zes uur met de voeten omhoog met lonten aan de wip opgehangen,' schrijft de dominee om 9 uur 's avonds. En dan hangen de lijken er nog.
'De manlijke delen, neus, oren, tenen, vingers en de tepels zijn afgesneden en worden als curiositeiten bewaard en vertoond. Wij vrezen, dat de boeren uit het Westland en de vissers van Sluis en nog anderen ons nog meer moeilijkheden zullen bezorgen en ons zullen plunderen, doch hopen vanavond nog enkele compagnieën binnen te krijgen.

Dit in haast geschreven, verblijf U.ED.W.D.A. Copmoijer.'

Tromp en Kievit hebben van een afstand toegekeken. Zoals in spookachtige droombeelden van de duisternis hebben zij de mensen beestachtig bezig gezien, wellicht zelfs aangemoedigd. Zijn ze tevreden? Misschien zijn ook Kievit en Tromp de volgende dag naar de Nieuwe Kerk gegaan, waar de eerwaarde dominee Simonides durft uitroepen:
'Een straffe Gods! De moordenaars moeten eerder beloond worden dan gestraft!'

Pas in de volgende nacht durft de familie de lijken door dienaren te laten weghalen, maar de timmerman durft geen doodkisten te leveren, uit angst voor de woede van het volk. Geen zwarte muurkleden worden gehangen aan het huis op de Kneuterdijk. De doodsbidders durven dat karwei niet aan. Ronduit jammerlijk zijn de regenten van de magistraat en de Gecommitteerde Raden tekort geschoten op een beslissend moment.

Het ligt niet direct op de weg van de prins om de schuldigen te straffen voor die afschuwelijke moord. Hij probeert het ook niet. Integendeel! Willem Tichelaer krijgt een pensioen uit de kas van de prins en wordt tot onderschout benoemd! Met een aanbeveling van Tromp mag Verhoeff, als herbergier, voortaan vrijwilligers lichten voor de vloot.

'Een execrabel feit!' noemen de geschokte regenten de moord. Dan gaan zij over tot de orde van de dag. Zij overleggen met hun

Michael de Ruyter en zijn familie (detail), door Jurriaen Jacobson (1624-1685). Ook De Ruyters vrouw, Anna van Gelder, werd in 1672 bedreigd omdat haar man de vloot aan de Fransen zou hebben verkocht.

Einde Tachtigjarige Oorlog – Patriottentijd

Het rampjaar glijdt voorbij

facties en hebben de handen vol, om zich staande te houden in de storm van de Oranjeliefde, agitatie en partijstrijd. Ze kiezen eieren voor hun geld:

Nu roepen wij luidkeels: Lang leef Oranjes held
En die het zo niet meent, die wordt terneer geveld...

Zonder gêne maakt de prins van alle onrust gebruik. In de grote steden helpt hij de prinsgezinden aan de macht. Het begint te Rotterdam, waar het volk met steun van de schutterij, de hulpeloze vroedschap intimideert. Sir John Kievit wordt er zonder moeite burgemeester. Daarop machtigen de Staten de prins overal de wet te verzetten, waar hij dat nodig acht. Die resolutie brengt omwentelingen in de andere steden te weeg: in Dordrecht, Leiden, Delft. Alleen op die wijze lijkt de rust te kunnen worden hersteld.

Hoe ontvlambaar de situatie is, hoe snel er woelingen ontstaan, vertelt Geeraerdt Brandt, die als historieschrijver reeds een grote neem heeft gemaakt: 'Enkele leugens van valse tongen en lasterkladde brengen ettelijke honderden, ja, misschien wel duizenden domme, of boze mensen op de been,' schrijft hij, als hij alle rellen in de benarde Republiek overziet.

'Bijna ongelooffelyk' noemt hij de oploop in Amsterdam, waar een dol geworden menigte zich verzamelt op het Waaseiland, voor De Ruyters huis:

'Men hoorde met groot gedruis schreeuwen, dat men het huis zou plunderen,' vertelt Brandt. 'Het wam mevrouw De Ruyter ter oren, die — zich zonder manvolk in huis bevindende — de heer Wessel Smit, een voornaam koopman en kapitein van een vaandel burgers... te haren huize ontbood...'

'Gij dikke schelm, komt van de stoep. Men zal u op zijn Jan de Witts handelen!' roepen kerels in de menigte naar Wessel Smit. Als hij om opheldering vraagt, schreeuwen ze met vele kelen en ijsselijk gebulder:

'De admiraal, die schelm, heeft 's Lands vloot aan de Fransen verkocht!' Enkele vrouwen voegen daar nog vinnig aan toe: 'Hij zocht de vloot te verraden en zou voor ieder van onze arme mannen een dukaat genieten!' Die woorden typeren het niveau van de rel. Haastig opgeroepen troepen jagen de woedende, hongerige, teleurgestelde en uitermate kortzichtige menigte uiteen. Tegenover de almachtige regenten is het volk altijd machteloos geweest.

Precies even machteloos zal het zijn onder het regime van de prins. De omwenteling heeft zich wel voltrokken, maar in feite verandert er niets. Hetzelfde soort regenten, maar nu van andere facties, bestuurt nu de Republiek.

De gouden glanstijd van de Republiek onder de uitzonderlijk bekwame (maar weinig innemende) Johan de Witt, is voorbij. Zijn lichaam rust in de Nieuwe Kerk van Den Haag — onder de trotse wapenschilden, die de familie daar heeft aangebracht. Een onderzoek naar zijn beleid is gelast. Hoopt men toch nog iets te ontdekken, dat de moord rechtvaardigen kan?

'Wat hebt gij in De Witt's papieren gevonden?' wordt aan één der leden van de commissie van onderzoek gevraagd. En het antwoord:

'Wat zouden wij gevonden hebben? *Niets dan eerlijkheid!*' Een beter grafschrift voor een politicus is haast niet denkbaar.

Het rampjaar 1672: Al is Spanje niet in oorlog met Frankrijk, toch laat de graaf van Monterey, de nieuwe landvoogd in de Spaanse Nederlanden, openbare gebeden lezen voor de benarde Republiek.

Van zijn bittere armoede stuurt hij zelfs ruiters naar het leger van de prins. De toestand voor de Zeven Provinciën lijkt desperaat:

Lodewijk XIV staat voor de waterlinie met 120.000 man. Hij beheerst Gelderland, Brabant en Limburg. De Franse kardinaal de Bouillon heeft de Domkerk te Utrecht weer voor de katholieke eredienst ingewijd. Voor het eerst sinds 100 jaar kunnen de roomse gelovigen hun huizen op Sacramentsdag weer versieren. De hervormden kijken toe, hoe tijdens de processie het sacrament onder een paars baldakijn de statiekoets van bisschop Neercassel volgt:

'Gloria in excelsis Deo!'

'Here God!' schrikken de gereformeerden. Nu de katholieken eindelijk voor hun geloof kunnen uitkomen, zijn de niet-roomsen over hun aantal ten zeerste verbaasd.

Keulse en Munsterse troepen hebben na een lange plundertocht Coevorden veroverd. Zij trekken naar de stad Groningen en beginnen een beleg.

'Bommen Berend!' luidt de formidabele bijnaam, die de Munsterse bisschop Bernard van Galen zich verwerft.

Karel II van Engeland heeft tevergeefs getracht zijn neefje Willem III naar zijn hand te zetten. Dat is hem niet gelukt. Niemand aan het Engelse hof gelooft, dat de prins zich zal handhaven in het roerige land.

'Het volk zal ook u in stukken scheuren!' hebben ze geschreven.

'Denk niet, dat uw bedreigingen mij verschrikken. Ik ben niet erg vreesachtig van natuur!' luidt het antwoord van de prins. Van een buiten spel gehouden figurant, is hij nu opeens de onbetwiste leider, die met volgzame steden en Staten de politiek van de Republiek beheerst. Hij zal nu, met de krachtige steun van Amsterdam, en mannen als Van Beuningen, het Franse, Engelse, Munsterse en Keulse gevaar moeten keren. Het lijkt een onmenselijk zware taak voor een altijd hoestende, aan astma lijdende, zwakke, in zichzelf gekeerde, wantrouwende jongeman van 22 jaar.

In de herfst — als het vechtseizoen zowat voorbij is — vinden de verdere wetsverzettingen plaats. Het blijft daardoor onrustig in de Republiek. Hier en daar proberen de gilden en de burgerwachten bij de nieuwe benoemingen invloed uit te oefenen. Zij komen met eigen wensen naar voren:

'Herstel van oude privileges!'
'Er moet een eind komen aan de vergeving der stadsambten!'

Hopend op medezeggenschap — nu de aangangers van De Witt uit de stadsbesturen worden gewipt — stellen enkele inwoners van Amsterdam een pamflet op. Op een burgervergadering in de Doelen leggen zij 12 punten aan hun (vrij willekeurig bijeengekomen, maar meest prinsgezinde) stadsgenoten voor:

'Kom, licht bij, ik zal 't eens lezen!' zegt een bedaard man.

'Stilte! Stilte!' Gestamp met de voeten. Geraas en geroep. Het stuk wordt voorgelezen en bijval weerklinkt.

'Ik wil wel bovenaan tekenen. Wat bruit het mij?' Gedrang rond de tafel, waar de handtekeningen worden gezet. Sommige aanwezigen weigeren dat.

'Waarom zijn jullie dan gekomen?'
'Om te zien wat hier omging!'

Woedende reacties volgen:
'Het zijn falivouwers, verraders, verspieders. Jan de Witts volk!'
'Ben je getrouwe en welmenende burgers, zo tekent!'

De vergadering loopt geheel uit de hand. Het is al 'tap, wijn, bier, schenk, zuip uit,' wat de klok slaat.

Tenslotte gaat er toch een lijst met 34 namen — ze hebben onder hun geestverwanten qua afkomst en intellect zo hoog mogelijk gegrepen — naar de stadhouder. Daarmee zouden 17 vacatures in Amsterdam kunnen worden gevuld. Tot grote pret van de factie van Valckenier wordt er maar één kandidaat van die lijst benoemd. Want evenals Johan de Witt is ook Willem III (en geen der regeringsleiders in Europa) aan democratische denkbeelden toe.

In de 18 stemhebbende steden worden van de ongeveer 500 magistraten er 140 naar huis gestuurd. En als dat is gebeurd, komt er aan alle paniek, aan de rellen en de desertie, geleidelijk een eind. Hoopvol richt het ongeruste volk nu de ogen op de prins.

Met zijn scherp verstand, zijn helder oordeel en een zeldzame wilskracht, zet stadhouder Willem III zich in om de vrijheid, het protestantisme én zijn eigen belangen tegen Lodewijk XIV te verdedigen. Onder zijn leiding en het inspirerende voorbeeld van Amsterdam, slaat de wankelmoedige stemming achter de waterlinie in vastberadenheid om. Scherpe bevelen gaan uit in het Hollandse gewest:
'Steek de dijken door!'
'Laat de boeren verschansingen opwerpen!'
'Beman de batterijen aan de kust met schutters uit de stad!'

Matrozen, mariniers, vluchtelingen uit de oostelijke provincies en lichtingen uit Duitsland (aangevoerd over de Zuiderzee) bezetten de stellingen aan de waterlinie en aan de kust. Holland is, met 55.000 man onder de wapenen, in een onneembare vesting herschapen als de winter begint.

Uitvallen op Naarden en het strategisch belangrijke Woerden leveren niets op. In het prinselijk hoofdkwartier worden ondertussen drieste plannen gesmeed: 'Charleroi is het centrale depot van de Fransen. Wat denken de heren van een snelle uitval naar Maastricht? En vandaar een doorstoot naar Charleroi?' Begin november trekt de prins met 23.000 man vanuit Rozendaal naar Maastricht. De stad valt. Valkenburg wordt genomen. De aanval op Charleroi mislukt: de Fransen hebben nog nét op tijd een sterk garnizoen in de vesting gelegerd. Het heeft echter maar weinig gescheeld. Koning Lodewijk heeft zich dan ook zeer ongerust gemaakt.

'Ce petit monsieur de Breda,' heeft hij prins Willem steeds spottend genoemd. Hij weet nu, dat hij in die kleine heer van Breda een tegenstander heeft gekregen van groot formaat. Er is een harde klap uitgedeeld. De Fransen besluiten terug te slaan: Woerden, 27 december 1672: 10.000 Fransen zijn in het stadje samengetrokken. Ze vinden de Hollandse winter een straf. De troepen hebben de omliggende dorpen geplunderd en gebrandschat om het koude klimaat te kunnen doorstaan. Harde vorst in december heeft de waterlinie veranderd in een ijsvlakte. 'Het ijs houdt. We kunnen er overheen!' hebben officieren aan hun veldheer Luxemburg gemeld. De opmars begint. Verkleumde Franse soldaten werpen zich op Bodegraven en Zwammerdam. Zij gaan er als beesten te keer: Abraham de Wicquefort beschrijft hoe het toegaat — in een *Getrouw Advies*, dat hij aan alle *Oprechte Hollanders* richt:
'Omtrent twintig Franse Officieren komen in de kamer van een huis te Bodegraven waar enige vrouwen en dochters bij malkanderen zijn. Altemaal laten zij (die officieren) de broeken op de hielen vallen. Nadat zij al de insolentiën — waartoe de Franse natie bekwamer is dan enig ander — met woorden én daden hadden gedaan, leefden zij met dat gezelschap op een verfoeilijke en ongehoorde wijze!'

De arme burgers, die de Fransen krijgen ingekwartierd, moeten hun bedden, hun eten en hun brandstof aan de soldaten afstaan. Het meubilair gaat in puin en de huizen raken uitgewoond. Even dreigt er paniek in Holland, als het bericht over de Franse opmars zich verspreidt. Dan zet de dooi in. Luxemburg moet met zijn troepen terug.

'Op! Op!' De boeren bewapenen zich. Er is nu een prachtige kans om de Fransen de weg te versperren. Luxemburg zit immers als een rat in de val? Het loopt echter anders.

De kolonel Pain-et-Vin, bevelhebber van de schans Nieuwerbrug, laat zijn sterke stelling in de steek. Daarmee redt hij de Fransen van een wisse ondergang. Juist via die schans bereikt Luxemburg — beladen met roof en buit — het stadje Woerden, dat zijn uitvalsbasis is geweest. Prins Willem is razend als hij dat nieuws verneemt:
'De doodstraf! Ik eis de doodstraf voor de kolonel!' roept hij driftig, als de krijgsraad Pain-et-Vin een lichtere straf hebben toebedacht. Want de eigenlijke schuldige is een hoge officier, een Duitse graaf. Diens reputatie blijft echter gespaard. Door de koppigheid van de prins (met een bijmengsel van klassejustitie zouden we nú zeggen), slaat de militaire beul Pain-et-Vin bij Gouda het hoofd van de romp.

Veel reden tot vreugde en optimisme is er aan het eind van het jaar 1672 nog niet. De stad Groningen houdt nog stand, maar in Friesland is het een chaos. De 15-jarige stadhouder Hendrik Casimir (zijn moeder is een dochter van Frederik Hendrik) lopen de zaken volledig uit de hand. De gehate grietmannen zijn te Leeuwarden door volksbewegingen uit de Staten gegooid.
'Wij weigeren af te treden!' hebben ze gezegd. Te Sneek komen zij toch weer bijeen.

Midden in de oorlog staan in Friesland twee Statenvergaderingen tegenover elkaar.

Wegens de onbekwaamheid van de volksleiders hebben de hervormings-bewegingen geen enkel resultaat. De grietmannen handhaven zich. In de oorlog tegen Bommen Berend is echter uit het verdeelde Friese gewest geen krachtige steun te verwachten.

De bestorming van Coevorden op 30 december 1672, door Pieter Wouwerman (1623-1682).

385

Einde Tachtigjarige Oorlog – Patriottentijd

Michiel Adriaensz. de Ruyter, door Ferdinand Bol (1616-1680).

Met geld is de steun van Brandenburg en de keizer gekocht. Zij helpen de Republiek echter nauwelijks of niet. Ze vechten een eigen strijd tegen het Franse overheersingsgevaar. En dan is er nog het verarmde Spanje, dat in de Zuidelijke Nederlanden door Frankrijk wordt bedreigd. Flinke bijstand is ook van die bondgenoot niet te verwachten. Vol zorgen gaan de Hollanders de jaarwisseling tegemoet:
'Oud en Nieuw?' Ik vier het dit jaar niet, buur! Met al die heffingen voor de oorlog.
Nu alweer een heffing half-ten-honderd op het vermogen. Wat blijft er over voor een eerlijk man?'
'Onder De Witt hadden we het beter!'
'Zeg dat, buur. Maar zeg het niet hardop!'
Eensgezindheid ontbreekt in het bedreigde Holland. De aanhang van de vermoorde raadpensionaris roert zich nog. Vondel, Van der Goes en andere dichters publiceren een bundel, waarin de gebroeders De Witt worden verheerlijkt. De weduwe van Cornelis ontvangt zelfs van wildvreemde mensen attenties en hartelijkheid. Zij krijgt onder meer twee patrijzen toegezonden met het kreupele, typerende gedicht:

Gaat beesjes, gaat en help Mevrou de Witt vergeten
Hoe Haagse doggen, helsch en duyvels dul gebeten
Op witte onschuldigheid, de vader van het land
Door moord, de afgrijselijkste, die martelden van kant!

Eén wapenfeit steekt weer wankelmoedig geworden en onderling verdeelde burgers van de Republiek in de laatste dagen van dat rampjaar toch nog een riem onder het hart:

'Het is winter, generaal!' zegt de gevluchte, Coevordense schoolmeester Meindert van Tienen tegen de bevelhebber in het noorden, generaal Rabenhaubt. 'De moerassen liggen bevroren. Met matten van biezen zouden wij dwars door de moerassen kunnen gaan en zonder gevaar de wallen van Coevorden kunnen bereiken!'
Schoolmeester Meindert wint Rabenhaupt voor het plan om Coevorden bij verrassing te nemen. Onder aanvoering van Frederik van Eybergen begeeft een strijdmacht uit Groningen zich op een koude wintermorgen over de biesbruggen op weg. Gedekt door een dichte mist, en met een strowis op de hoed ter herkenning, bereiken ze de stad.
'God zij met ons!' Met die strijdkreet zetten ze de aanval op de stad aan de noordkant in. Een trommelslager klimt in zijn eentje aan de zuidkant op de wal. 'Op voor de prins!' Hij slaat de prinsen-mars met zoveel vuur, dat de Munsterse huurlingen zich nu ook aan de zuidkant bedreigd voelen. Ze denken daarom, dat ze aangevallen worden door een grote legermacht.
'We geven ons over!' roept het garnizoen met de lafhartigheid, die iedere aanvoerder min of meer van zijn huurtroepen kan verwachten. Het door zijn ligging onneembaar geachte Coevorden is weer in handen van de Republiek. Als dat nieuws in Holland bekend wordt, geloven de mensen het niet.
'Wedden om een gouden rijder, dat Coevorden niet gevallen is?'
'Dat neem ik aan Jan Jacob!' De Amsterdamse kooplieden sluiten heel wat weddenschappen af. Er is feest, met vuurwerk en brandende pektonnen, als de val van Coevorden door de Staten-Generaal wordt bevestigd. Er wordt een goed glas gedronken en de beloning voor de dapperen vergeet men niet: Rabenhaubt wordt drost van Drenthe en Frederik van Eybergen garnizoenscommandant. Meester Meindert ontvangt de aanstelling tot magazijnmeester in zijn geliefde stad.

Als het voorjaar op handen is en de Staten-Generaal een sterke vloot op zee willen brengen, tracht de prins admiraal de Ruyter en Cornelis Tromp met elkaar te verzoenen.
'Hoogheid, Tromp is een vaillant en braef soldaet, maar niet bekwaam om te commanderen. Hij is te furieus!' zegt De Ruyter. Hij is bang, dat Tromp hem weer een beentje zal lichten, als hij zijn oude waardigheid bij de Amsterdamse admiraliteit opnieuw bekleedt.
'Hoogheid,' zegt Tromp op zijn beurt. 'De Ruyter vecht als een cujon (lammeling).
Zijn zoon liet hem in de Tweedaagse Zeeslag in de steek. En in gezelschap wordt hij door zijn vrouw geblameerd!' Al klinkt dat niet aardig, in april komt toch een verzoening tot stand.
'Wij zullen in broederlijke trouw en vriendschap leven,' beloven de admiraals elkaar met enige plechtigheid.
'We gaan weer aan de dans!' roept Tromp zijn matrozen toe, als hij zijn admiraalsschip weer beklimt. Wanneer het Amsterdamse eskader zich bij de vloot voegt, begroet Tromp de Zeven Provinciën met enkele saluutschoten. Hij salueert De Ruyter ook op een heuselijke manier. Al is de scheepsmacht van de Republiek — ondanks flinke wervingsacties — zwak bemand, de verhouding onder de vlagofficieren is goed.
Op de 4de juni bedient dominee Westhovius het Avondmaal op de Zeven Provinciën en De Ruyter leest een proclamatie van de prins voor:

'In geval van plichtsverzuim zal voor de lafhartigen niets zo gevaarlijk zijn als de havenen van de Staat!' Iedereen weet, wat er met Pain-et-Vin is gebeurd. Eensgezind, vastberaden en ernstig is het Hollandse zeevolk bereid slag te leveren tegen de Engels-Franse overmacht. Dat moet ook wel. In Engeland staat een flink leger gereed en liggen transportschepen klaar om een landing te wagen op de Nederlandse kust. Met 126 schepen (tegen 85 van de Republiek) zeilen prins Robert, Spragge en de Franse admiraal D'Estrées uit om de zee schoon te vegen;
Schooneveld, 7 juni 1673: Prins Robert is tot de aanval overgegaan en al direct in een furieus gevecht gewikkeld met het eskader van Tromp. De Ruyter heeft de Fransen opgezocht. Hij vaart dwars door de middentocht van D'Estrées. De Fransen stuiven in verwarring uiteen en een groot deel neemt de vlucht. 'De vijand heeft nog ontzag voor de Zeven Provinciën,' stelt De Ruyter met voldoening vast. Hij wil de achtervolging inzetten, maar ziet dan hoe hevig Tromp zich weert:
'Het zwaarst moet het zwaarst wegen. 't Is beter vrienden te helpen, dan de vijand te deren!' Tromp is dan al op zijn tweede schip overgegaan. Hij bevindt zich in groot gevaar.
'Mannen, daar is Bestevaer! Die komt ons helpen. Ik zal hem ook niet verlaten, zo lang ik adem schep!' Tot 10 uur in de avond duurt het zware gevecht. Dan nemen de Engelsen de wijk. De Ruyter stuurt ogenblikkelijk bericht naar de wal:
'Godt sy loff, tot dusver is de victorie aan de zijde van deze Staat ende Uwe Hoogheid!'

Gezeten in de hut van zijn vierde schip schrijft Tromp in een brief aan zijn gezin; 'Wij hebben ons hart weer opgehaald!' De strijd is echter nog niet beslist. Als over en weer de nodige reparaties zijn verricht, gaan de vloten er weer tegenaan. Opnieuw valt geen beslissing, maar de verliezen aan Britse zijde zijn het grootst. Het gevaar van een landing is voorlopig voorbij. De Staten schrijven voor 5 juli een dank-, vast- en bededag uit. Zó groot is de opluchting in de Republiek. Dat duurt niet lang. In augustus komt er een enorme vloot naar de Lage Landen gezeild. Wéér staat er een krachtsinspanning voor de deur:

'Wat een schepen. Kijk nou toch!' 'De Engelse vloot!'

Op de duinen bij Scheveningen staat een opgewonden menigte te kijken. Ze tellen de zeilen, die in aantocht zijn: 85 grote en 45 kleinere schepen!

In de zeedorpen slaat men ogenblikkelijk alarm. In grote haast snelt de prins met zijn ruiterij van Raamsdonck naar de kust. Gewapende boeren en burgers stromen toe.

Zo goed mogelijk brengen burgers en militairen de hele strook tussen Hoek van Holland en Texel in staat van verdediging: 'Haal de bakens en tonnen weg!' 'Rij die kanonnen het strand op!'

Enkele Britse fregatten zeilen tot vlakbij het strand. Hun kanonnen branden los.

Voltreffers komen op de kerk van Scheveningen terecht. Wat later geven ze ook nog een kanonnade weg op Wijk aan Zee. Krijgsraad op de Zeven Provinciën. Moet de vloot gewaagd worden tegen die Britse overmacht?

'Aanvallen!' beveelt de prins. Een rijke, Indische retourvloot is op weg naar huis.

Hoe komen die koopvaarders anders ooit door de Britten heen?

Proclamaties van de Staten-Generaal. Om die kracht bij te zetten, begeeft de prins zich met een Scheveningse visserspink naar de vloot.

'Hoezee! Leve de prins!' Na de besprekingen begeven Bestevaer en Oranje zich met de onderbevelhebbers aan dek. De prins spreekt het scheepsvolk toe: 'Trouw.. Plichtsbetrachting...'

'Ja... Ja!' De matrozen tonen hun bijval. Dan neemt De Ruyter het woord:

'Toont, toont opnieuw dat ge mannen zijt, die bereid zijn voor het lieve vaderland, voor de oude vrijheid, voor Zijne Hoogheid en voor de vrouwen en kinderen tegen alle vijanden naast mij te strijden. Bedenkt, dat Zijne Hoogheid, die hier naast mij staat, de bloden zal straffen en degenen die zich wèl gedragen, eerlijk zal belonen!'

'Ja, ja. Lang leve de prins!'

Zo gesterkt zeilen ze uit om de Britse vloot op te zoeken:

Kijkduin: 21 augustus 1673: Opnieuw staat een menigte op het strand en op de duinen, als admiraal De Ruyter noordwaarts vaart en het voordeel zoekt van de wind. Maakt hij een kans tegen de Britten, die zoveel sterker zijn?

In het land luiden de klokken. De kerken zijn volgestroomd:

'Here God, keer het gevaar van een landing. Geef ons de overwinning,' bidden de predikanten. En honderden vrouwen prevelen zacht in zichzelf:

'En Heer, laat mijn Aert, laat mijn Jan toch behouden thuiskeren!'

Harde slagregens slaan op de schepen neer, als het gedreun der kanonnen begint.

Reeds kort na de middag gaat het Franse eskader aan de haal: waarschijnlijk in opdracht van de Franse koning, die de Engelsen wantrouwt en zijn schepen wil sparen. De Ruyter werpt zich op het eskader van prins Robert. Alles is vuur en vlam.

Tromp en Spragge zijn gewikkeld in een hevig gevecht: 'Furieuser dan oyt!' Tromp krijgt een aantal schoten door zijn kleren, maar blijft ongedeerd. De Royal Prince verlaat de linie zwaar beschadigd. De St. Michael verliest de voorsteng. Spragge laat zich naar Royal Charles roeien. De sloep wordt stukgeschoten. Spragge, die niet zwemmen kan, verdrinkt.

Honderden, allengs duizenden, liggen dood op de dekken, of zinken in de golven weg.

'God, weest mijn ziel genadig!' Een laatste gebed. Een laatste gedachte aan huis vervaagt.

Vice-admiraal Sweers sneuvelt. Vice-admiraal De Liefde sneuvelt. Kapitein Jan van Gelder sneuvelt. Aert sneuvelt. Zo ook Teun, die kleine blonde matroos, wiens moeder in de kerk bidt. En die vrolijke tamboer. En de driftige hoogbootsman, die altijd als een ketter heeft gevloekt... 'God, weest mijn ziel genadig!'

Om 8 uur in de avond hijst prins Robert het sein tot de aftocht. Opnieuw geen beslissing, maar de Staatse vloot is niet vernietigd en van een landing zal geen sprake zijn. Zittend op zijn ledikant in de kajuit van de Zeven Provinciën, zegt De Ruyter tegen een vriend:

'Monden ende tongen ontbreken ons om Gods goedheid te vermelden, die Hij aan ons heeft gedaan!'

Ook dit keer blijven de beloningen van een dankbaar volk niet uit: Holland schenkt de admiraal een rentebrief van 6000 gulden. Tromp en Van Nes krijgen er elk een van 4000 gulden. Het gewest Zeeland gedenkt Banckert en Evertsen met eenzelfde bedrag.

Geerardt Brandt dicht een loflied op de grote luitenant-admiraal:

Aenschouw den Helt, der Staten rechterhandt
Den redder van 't vervallen vaderlandt..
Het roer der vloot, den arm daar Godt door streê,
Door hem herleeft de vrijheid en de vreê!

De vrijheid, maar nog niet de vrede, komt wat dichterbij, als Naarden is gevallen en ook bij de waterlinie de krijgskans keert.

En nog beter: uit angst voor Lodewijks veroveringspolitiek, verenigen Spanje, de Duitse keizer, Lotharingen en wat later ook Denemarken zich met de Republiek in het *Haags Verbond*. De oorlog van de Republiek tegen Frankrijk groeit tot een Europese oorlog uit. En doortastend plan drijft tenslotte ook de Franse legers uit het land: 'Voorwaarts!' klinken de commando's in het najaar. En de soldaten van de Republiek marcheren. Helemaal naar Bonn, de centrale Franse ravitailleringspost. Die vesting valt. Bij de bestorming van de stad raakt Lys Sint Morel, één der officieren, flink gewond. Lys Sint Morel is als tamboer in dienst gekomen en heeft een kleurrijke carrière gemaakt. Als de legerchirurgijn hem behandelt, gelooft hij zijn ogen niet: 'Here God, dat kan toch niet?' Hij kijkt nog eens goed. En jawel: Lys Sint Morel is geen man maar een vrouw! Zoiets komt trouwens wel vaker voor. Uit de stoet van vrouwen, die het leger omzwermen, zijn er altijd wel enkelen, die zich vermommen als man. Dan vechten ze dapper tussen de soldaten in. Soms klimmen ze in de rangen op — tot ze op een keer hun hemd verschonen en worden ontdekt.

Door de inname van Bonn brengt prins Willem de verbinding met de keizerlijke troepen tot stand. Uit angst geheel te worden afgesneden, trekken de Fransen zich terug op Grave en Maastricht. Rampzalig is de toestand, die zij achter zich laten in het door hem bezette gebied:

'De vijandelijke garnizoenen hebben het platteland geruïneerd,' vertellen reizigers, die nu weer ongehinderd de Hollandse steden kunnen bezoeken. 'De veestapel is zo goed als vernietigd. De zware lasten, die de Fransen onder bedreiging van plundering,

Willem III, kopie naar Caspar Netscher, vermoedelijk van J. van Huchtenburg.

Einde Tachtigjarige Oorlog – Patriottentijd
Naar de vrede van Nijmegen

blaken en branden vooral in Utrecht en Gelderland hebben geëist, heeft het volk volledig uitgeput!'

Op een Statenvergadering van het gewest Holland vragen de gedeputeerden zich ernstig af, wat zij met die uitgeschudde, leeggeplunderde provincies zullen doen: 'Moeten we ze weer opnemen in de Unie?' Sommigen trekken bedenkelijke gezichten: 'Dat zal ons alleen maar geld kosten. En, wees eerlijk, horen ze er eigenlijk wel bij?' 'Ja!' zegt de prins met klem. Met een aantal *Regeringsreglementen* wordt zijn invloed in Overijssel, Utrecht en Gelderland aanzienlijk vergroot. Het komt er min of meer op neer, dat hij in die provincies het recht krijgt, de stedelijke besturen en andere overheden te benoemen. Snel helpt hij daar zijn eigen gunstelingen aan de macht. Zo kan hij, uit de provincies, voortaan rekenen op belangrijke stemmen in de Staten-Generaal. Zijn positie wordt er aanzienlijk door versterkt. En zijn ster rijst nog hoger, als het met Engeland tot een vrede komt:

'Those bloody French!' De Engelsen zijn ten zeerste verbitterd over het lafhartig gedrag van de Franse vloot. Zij zijn verbitterd over het katholieke huwelijk van de hertog van York, die de troonopvolger is. Bij de protestanten gaan reeds stemmen op om de prins van Oranje — na York de naaste bloedverwant van Karel II — koning van Engeland te maken.

'Wat moeten wij met een bondgenootschap met de Fransen? zeggen vele Britse kooplieden. Zij willen vrede met de Republiek. Dan kunnen ze daarna met hun handel fijn profiteren van Englands onzijdigheid.

'Wij stellen geen gelden meer voor de oorlogsvoering beschikbaar!' zegt het Britse parlement tot Karel II. Koning Karel kan tenslotte niet anders dan toegeven. Er komen nieuwe staatslieden aan het bewind. Zo kan, op 19 februari, de *vrede van Westminster* worden getekend.

Ook Munster en Keulen zien er dan geen gat meer in. Bommen Berend, langzamerhand ook bevreesd voor de franse veroveringsplannen, sluit vrede in april. Keulen volgt dat voorbeeld in mei. Dankzij de geweldige krachtsinspanning van het gehele volk, dankzij de vloot en zeker ook dankzij de taaie volharding van de prins, blijft de Republiek een eersterangs mogendheid.

De dankbare Staten van Holland en Zeeland verklaren het stadhouderschap in manlijke linie voor erfelijk — met een nieuw Eeuwig Edict. De Staten-Generaal doen dat met de post van kapitein-generaal en admiraal. De nieuw benoemde regenten in Utrecht, Overijssel en Gelderland doen eveneens, wat nu van hen wordt verwacht. 'Wij kunnen niet achterblijven,' zeggen de machtige heren van Amsterdam. Ze schenken de prins een schuld van 2 miljoen kwijt. De Oostindische Compagnie maakt eveneens een prachtig gebaar: 1/33 deel van alle winstuitkeringen is voortaan voor de prins.

En zo zit stadhouder Willem III, 25 jaar oud, stevig in het zadel. Hij is eerzuchtig, als alle Oranjes voor hem, maar hij vergeet zijn plichten niet. Zijn grootste taak ziet hij in het vernietigen van koning Lodewijks macht. Aan dat doel maakt hij zijn eigen machtstreven ondergeschikt. De staatkundige en godsdienstige vrijheid van Europa ligt op zijn tengere schouders. Dáárvoor zal hij blijven strijden, al verliest hij zijn dynastieke belangen niet uit het oog.

'Prinsgezinden? Staatsgezinden? Het is om te lachen. Ik ken niets dan zelfgezinden!' Met die woorden spot een geschiedschrijver uit die jaren met de bewindhebbers van de Republiek. De regenten, die posten en ambten in de familie willen houden, maken onderlinge afspraken met elkaar. Met hun facties verdelen zij de banen van baljuw, drost, burgemeester, schepen of schout. 'Weinig tijd geleden is aan de zoon van de secretaris van de Raad van State, oud 8 jaar, gegeven een ontvangerschap in de Meierij van Den Bosch van 1200 gulden traktement!' noteert een Haags advocaat, die dat terecht zeer kwalijk vindt.

Stadhouder Willem III heeft enige kansen gehad om veranderingen aan te brengen in een te eenzijdig bewind — al ligt zoiets niet in de geest der tijd. Hij faalt echter in zijn binnenlandse politiek. Niet alleen stelt hij soms weinig fijne heren aan, maar hij houdt doortrapte regenten-schurken de hand boven het hoofd en moedigt hen zelfs nog aan. De facties met hun ongezonde ontwikkeling en de partijstrijd, die in vele steden woedt, laten de prins in wezen koud. Zolang hij maar kan rekenen op steun voor zijn buitenlandse politiek! Zolang hij maar geld en legers krijgt om tegen Lodewijk XIV te kunnen optrekken in het belang van de staat! Als er flinke onlusten in Delft zijn, zegt hij — en dat is heel typerend voor zijn bewind:
'Die van Delft mogen mengen, kneden, bakken en brouwen soo sij 't willen. Ik salder mij niet meer mee bemoeien!'

Heel wat regenten verrichten hun werk rustig, sober en met een groot gevoel van verantwoordelijkheid. Natuurlijk wordt een aantal van hen door handelsgeest en winststreven geleid. Niet voor niets heeft een verbitterde burger het Onze Vader aangegrepen om zijn gal te luchten op de afgevaardigden in Den Haag:

Onze vaderen, die in Den Hage zijt
Uwe naam moet zijn vermaledeid...
Gij zoudt ons geven ons dagelijks brood
Maar laat onze soldaten en vrouwen in nood
O Heer, laat ons in geen bekoring vallen
En verlost ons van deze dieven, allen.
Uw naam zij gebenedijt
Maakt ons deze begerige duivels kwijt!

De burgerlijke eenvoud der leiders, die zo'n hechte basis heeft gevormd bij de groei van de Republiek, raakt meer en meer verloren. Zoals overal het geval is in het aristocratische Europa, worden de rijken steeds rijker. In die spiraal beweegt ook het leven in de Republiek zich voort. Dat brengt een hoop ellende met zich mee. Nacht- en zondagsarbeid zijn vanzelfsprekende zaken geworden, want de lonen liggen laag.

Vrouwen en kinderen werken 12 uur per dag, anders komen ze niet aan de kost. Nu leger en vloot zoveel mankracht opslokken, halen de regenten de weeshuizen leeg. Het zijn goedkope arbeidskrachten voor hun werkplaats of fabriek.
'Zorg echter voor catechiseermeesters en breng de kinderen tussen het werk de beginselen bij van het ware geloof!' Dat is ongeveer de enige eis, die de overheid stelt aan de werkgevers die kinderen voor zich laten werken.

De grote lakenfabrikanten, de papier- en pannenfabrikanten, ronselen hun arbeiders tot in Brabant en Luik. Tal van reders en ook de compagnieën komen krachten te kort:

'We bieden 150 gulden voor iedere flinke kerel die je ons levert,' beloven de heren van de Oostindische Compagnie aan de zielverkopers, die dan ook driftig aan het ronselen slaan.

'Vooruit, kom mee, beste kerel, dan valt er straks een borreltje af!' Ze plukken zwervers, gedeserteerde soldaten en zelfs onnozele buitenlanders van de straat.

Dronken gevoerd in een onguur logement — en soms gekneveld — brengen zij de ongelukkigen naar een of ander schip.
'De 150 gulden worden niet eerder uitbetaald, voordat die geronselde gasten dat bedrag met werken hebben verdiend!' Door die bepaling verkopen de zielverkopers hun verkregen schuldbrieven meestal voor 1/4 van de prijs aan de rijke burgers, die met die brieven op de beurs aan het speculeren gaan. De winst van heel wat zaken glijdt op die manier in de beurzen van steeds weer dezelfde groep. De armen zijn er — vooral in oorlogstijd — slecht aan toe.

'Toe maar, Krijn, zet de bijl er maar in!' Verkleumde Leidenaren breken de zolders van hun huurwoningen af. Met dat hout stoken zij zich door een ijskoude winter heen. De fraai bepruikte regenten bouwen ondertussen hun buitenverblijven met een fraai park eromheen.

'Bien sûr, het heeft me wat gekost, mon cher!' zeggen ze tegen hun vrienden. Want al duurt de oorlog tegen Frankrijk voort, de verfransing van adel en regenten neemt hand over hand toe.

De rijke kooplieden verdienen de koopsom van zo'n kostbaar buitenhuis graag zo gauw mogelijk terug. Daarom delen ze baantjes uit aan hun zoontjes, dochters, aan hun vrouw en zelfs aan een baby die pas geboren is.

Amsterdam — die republiek in de Republiek die zo ontzettend veel macht bezit (en waarschijnlijk nog te weinig in verhouding tot de belangrijkheid van de stad!) — gaat

nu de dagen tegemoet, waarin dat soort corruptie begint. De magistraat heeft 3000 baantjes te vergeven. Van een aantal is het inkomen zeer de moeite waard:
'Alors, mon cher, we moeten iemand benoemen voor het postmeesterschap. Opbrengst 11.678 per jaar. Nu had ik zo gedacht...' Zo beginnen nu de stadsregeerders te konkelfoezen. Ze maken afspraken: jij dit, ik dat. Soms delen enkele families het inkomen van een belangrijk ambt onder elkaar.

In Zeeland is dat gebruik al geruime tijd in zwang. Nassau-Odijk verkoopt er banen voor grof geld. En wie het dichtst bij het vuur zit, warmt zich het best. Daarom beginnen deftige families in kleine, wat afgelegen Zeeuwse plaatsjes te verhuizen:
'Ik moet mijn kinderen aan officiën (baantjes) helpen, terwijl ik leve. Hier vervalt weinig. Het gaapt, maar 't en bijt niet!' zeggen fatsoenlijke huisvaders en ze trekken op hoop van zegen naar Vlissingen of Middelburg.

Af en toe komt het tot een uitbarsting. Dan denkt het volk de prins op zijn hand te hebben en slaat om een belasting op turf enkele regenten dood. Zij ontlopen hun straf niet. Hun wandaden worden in de kranten vermeld.
'Heb je het gelezen buur?'
'Ach man, ze schrijven maar wat!' De meeste grote heren kijken met minachting op het bedrijf der krantenmakers neer.

'Oui, mon cher, de couranten zijn met beuselingen gevuld!' Toch vormen het weekblad *De Opregte Haarlemmer* en de stroom van pamfletten en schotschriften nog steeds een dankbaar onderwerp van gesprek.
'Heb je het gehoord, buur?'
'Nou?'
'De Staten van Gelderland hebben de titel van hertog aangeboden aan de prins!'
'Da's mooi!'
'Juist niet man. Da's een eerste stap naar de souvereine macht!'

Het houdt de gemoederen fel bezig, als de prins in het jaar 1674 een poging doet, om met de souvereine macht te worden bekleed. Zijn vrienden Fagel, de raadpensionaris, en Willem Bentinck tasten in Gelderland de zaak voor hem af. Door de regeringsreglementen liggen zijn kaarten daar aardig goed. De andere gewesten verzetten zich tegen onbeperkte macht voor de prins.
'Neen!' is de mening van het gewest Zeeland.
'Neen!' beweren afgevaardigden van verschillende steden in Holland. Aan hun bijzondere rechten en aan hun vrijheid zijn de regenten té veel gehecht.

De prins is geprikkeld en teleurgesteld. Verstandig als hij is, drijft hij zijn wil niet door. Dat is een zegen voor de Republiek. In de sfeer van politieke tegenstellingen en godsdienstige spanningen had een absoluut vorst (à la Lodewijk XIV) het niet gehaald.

Te wankel is de eenheid van de Unie. Te teer is de verbondenheid van de gewesten onderling. Slechts één voorbeeld:
'Wij hebben genoeg van Hollands oppermacht!' Dat is de mening van enkele gedeputeerden in Zeeland. Ze zijn druk in de weer met een plan:
'We moeten ons gewest als een provincie bij Engeland laten inlijven!' zeggen ze. Ze menen dat héél serieus.

Ondertussen wordt de oorlog niet langer in de Republiek, maar opnieuw in de Zuidelijke Nederlanden gevoerd. Onder de zwakke en berooide Spaanse landvoogden, raakt het Zuiden steeds ernstiger in de greep van Frankrijk verstrikt. Met een sterk leger opent Willem III een offensief. Hij wil Frankrijk in, maar bij Seneffe wacht Condé hem met een sterke strijdmacht op:
'Vorwärts!'
'En avant!'

In alle talen klinken bevelen en in de verwarring van het slagveld onderscheiden vriend en vijand zich nauwelijks van elkaar. Uniformen dragen de soldaten niet — op enkele regimenten na. De prins van Oranje ontsnapt aan een groot gevaar, als hij tijdens het gevecht bij de troepen van de keizer denkt te zijn. In werkelijkheid bevindt hij zich bij een afdeling van Lodewijk XIV. 'Ik ga avanceren met mijn volk!' roept hij tegen een *Frans* officier.
'Zodra ik mijn mensen in slagorde heb, zal

Een van de lucratieve baantjes die de regenten elkaar toespeelden was het postmeesterschap. De Delftse postmeester Lambert Twent met zijn zoons, door M. de la Court (1695).

Einde Tachtigjarige Oorlog – Patriottentijd

De Hollanders vragen de Fransen om vrede in 1678.

ik u volgen,' antwoordt de Fransman. Pas dan ontdekt de prins, dat hij hem smeren moet. Hij komt nog net bijtijds weg.

De slag gaat verloren. Condé dwingt de prins terug te keren naar de Republiek. De Spaanse landvoogd blijft verloren achter. Zijn strijdmacht slinkt van dag tot dag. In 1675 brengt hij met de grootste moeite nog 6000 man in het veld. Wanhopige afgevaardigden uit Brussel reizen naar Madrid. Met tranen in de ogen smeken zij hun vorst: 'Zend ons toch troepen. Stuur ons toch geld. Geef ons uw steun!'

'Daar kunt u op rekenen!' belooft koning Carlos plechtig. Maar er gebeurt niets. Het enige dat het Zuiden ontvangt is een brief van de Spaanse koningin. Ze schrijft in haar onschuld, maar het komt hard aan: 'Stuur mij kanarievogels, die muziek fluiten en zingen!' Een wrang verzoek, nu de verstandhouding tussen het Zuiden en de Republiek verslechtert en de Fransen — mede daardoor — tot een verpletterend offensief overgaan. Lodewijk XIV rijdt persoonlijk met zijn leger mee. Opgetogen ziet hij toe, hoe Hoei, Dinant, Visé, Tongeren, Sint-Truiden, Tienen en Charleroi worden veroverd. En opnieuw trekken zijn troepen rovend en plunderend door de Spaanse Nederlanden heen In het land van Waas gaan meer dan 200 prachtige huizen en kastelen in puin. Hele dorpen gaan in vlammen op.

Ook in de Middellandse Zee wordt Spanje door de Fransen belaagd. Sicilië — dat dan nog Spaans is — dreigt aan de Fransen verloren te gaan.

'Stuur een vloot en laat admiraal De Ruyter de opperbevelhebber zijn!' eist de Spaanse koning van de Republiek. De Ruyter voelt er niets voor. Hij oppert zijn bezwaren in de admiraliteit van Amsterdam:
'De vloot, die de heren mij mee willen geven, is te klein en te zwak!'
'Ik denk toch niet, mijnheer, dat gij in uw oude dagen bevreesd begint te raken en de moed laat vallen?'
'Neen,' antwoordt De Ruyter waardig. 'Ik heb mijn leven veil voor de staat. Maar ik ben verwonderd en het is mij leed, dat de heren de vlag van de staat zó veil hebben en wagen!'

De deftige heren van de admiraliteit houden voet bij stuk. Aan de handelsbelangen én de noodzaak de Spaanse bondgenoot tot vriend te houden, wordt voorrang verleend. Zij verzoeken de admiraal om te gaan.
'De heren hebben mij niet te verzoeken, maar te gebieden. En al werd mij bevolen 's lands vlag op één enkel schip te voeren, ik zou daarmee in zee gaan!'

Hij zeilt uit en voorvoelt dat het zijn laatste reis zal zijn. Op 22 april 1676 heeft zijn zwakke eskader Sicilië bereikt. De Spaanse vloot die hem in de Middellandse Zee zou versterken, blijft ernstig in gebreke. Slechts enkele schepen hebben zich gemeld. De Ruyter heeft een veel sterkere Franse vloot tegenover zich. Hij weet zich ver in de minderheid. Toch komt het bevel: 'We vallen aan!'

Op het schip de Eenhoorn zeilt de admiraal de Fransen tegemoet. De zee, waarboven de Etna zich verheft, is vlak en blauw. Gezeten op zijn stoel op het zonnedek van de kampanje, commandeert De Ruyter zijn wrakke vloot. Opeens een donderende klap. Een kanonskogel slaat in.
'De admiraal! De admiraal!' Matrozen snellen toe, maken dan plaats voor officieren.

Een deel van De Ruyters linkervoet is weggerukt. Zijn rechterbeen is verbrijzeld.

Hij is bovendien van de kampanje op het twee meter lagere opperdek gesmakt.
'Houdt moed, mijn kinderen. Houdt moed. Zo moet men doen om de zege te verkrijgen!' roept hij zijn ontstelde officieren toe, als dokter Johan Mannart, door twee chirurgijns geassisteerd, hem in zijn hut verbindt. De admiraalsvlag blijft wapperen op de Eenhoorn. Misschien wel mede daardoor trekken de Fransen zich terug.

Na enkele dagen gaat de admiraal snel achteruit. Tijdens een nieuwe slag met de Fransen ligt hij in zijn hut. Hij bidt in hevige pijnen:
'Here, bewaar 's lands vloot. Spaar genadiglijk onze officieren, matrozen en soldaten, die voor een klein geld zoveel ongemak en gevaar uitstaan. Geeft hun kloekmoedigheid en kracht!' He t gebed van een groot man. Het einde komt in volslagen aanvaarding en rust:
'Zalige verlossing!' zijn zijn laatste woorden. Omgeven door zijn bedroefde officieren en bedienden, zeilt Hollands grootste admiraal tegen de avond mee met de dood.

Vier dagen later ontvangt de vloot bericht, dat de Spaanse koning De Ruyter tot hertog heeft verheven. Een haast nog groter eerbewijs brengt Frankrijk, dat in de laatste jaren steeds zijn vijand is geweest. Koning Lodewijk XIV stuurt bevel naar alle Franse havenplaatsen:
'Los saluutschoten, als het lijk van admiraal De Ruyter passeert!'

Het ondertekenen van het vredesverdrag te Nijmegen, door Henri Gascar.

De begrafenis overschaduwt die der prinsen van Oranje. Duizenden zijn uit eerbied naar Amsterdam gekomen om de plechtigheid te zien. Overal vandaan. Ruim 4 uur lang trekt de indrukwekkende rouwstoet door de stad. Voorop gaan de 4 onderschouten van Amsterdam met de ruiter- en ratel-wacht.
'Opzij. Naar achteren!' Zij duwen de menigte wat weg om ruimte te maken voor de stoet die volgt: stadsmajoor Witsen met twee vendels soldaten. Zwarte strikken zitten om de geweren, om vaandels en iedere piek. De trommels zijn omfloerst. De zwarte zijden admiraalsvlag, gedragen door een branderkapitein, passeert. Dan de standaard met de vier kwartieren van De Ruyters wapen en blazoen. Officieren dragen de sporen van de admiraal, zijn ijzeren handschoenen, zijn helm en wapenrok.
'Daar komt de lijkbaar!' Een stille fluistering beweegt zich eerbiedig door de toegestroomde menigte heen. De luitenant-admiraals Aert van Nes en Willem Schepers, de vice-admiraals Evertsen en Vlugh dragen de slippen. De familie. Een stoet van vrienden. Buitenlandse gezanten. Leden van de Raad van State, de Staten van Holland, de Staten-genraal. Predikanten, professoren, bewindhebbers van de Oost- en Westindische Compagnie. En Huygens, die de prins vertegenwoordigt in de stoet. Na zijn rouwbezoek heeft hij prins Willem spottend en misplaatst gemeld:
'De hertogin De Ruyter doet haar boodschappen nog op de markt!'
Als de lijkbaar in de grafkelder van de Nieuwe Kerk daalt, weerklinken saluutschoten als de geweren van soldaten op de Dam. Een fregat voor de stad vuurt met 24 kanonnen 3 salvo's af.
Zó neemt de Republiek afscheid van de grote admiraal.

Het voorjaar 1677 brengt een nieuw Frans offensief. Valenciennes valt. Kamerijk en Sint-Omaars raken bedreigd. Prins Willem snelt met zijn leger te hulp, maar lijdt een geduchte nederlaag. Hij verliest een derde deel van zijn troepen en al zijn geschut.
'Nou moet er vrede komen!' vinden de kooplieden, die de oorlogskosten als een ondraaglijke last beginnen te voelen. Bovendien brengt de Franse kaperkapitein Jean Bart, die vanuit Duinkerken opereert, de koopvaardij grote schade toe. Handel en industrie zakken steeds verder in een malaise weg.
'Ja, vrede!' menen de meeste regenten. De bondgenoten van de Republiek presteren niets en met lede ogen zien zij, hoe de Engelsman nu van allerlei handelskansen profiteert. *'Vrij schip, vrij goed!'* Zo was dat vastgelegd in het Engels-Nederlandse marine-tractaat van 1674. Daarvan maken de Britten nu handig gebruik.
'Vrede zou ruïneus en rampzalig zijn!' zegt de prins. Hij hoopt Engeland als bondgenoot in de oorlog te kunnen betrekken, omdat het Britse parlement geen Fransen in de Zuidelijke Nederlanden wenst. In het najaar van 1677 begeeft prins Willem zich naar Londen. IJverig doet hij zijn best voor het bondgenootschap. Hij trouwt zelfs Mary, de 15-jarige protestantse dochter van de katholieke hertog van York.
'De jaren van 1650 keren terug!' bedenken de vroegere aanhangers van Johan de Witt. Zij zien de ellende weer voor zich, die het huwelijk van Willem II met Mary Stuart teweeg had gebracht.
'Wat moet de prins met een Engelse prinses? Daar kan geen goeds van komen!'

Heftige reacties op die trouwpartij komen los. Ze richten zich ook tegen de prins.
Raadpensionaris Fagel wordt er helemaal moedeloos van. De diplomaat Van Beuningen keert zich nu van prins Willem af. De regenten in Amsterdam, zoals overal in twee facties verdeeld, schuiven al hun twistpunten aan de kant. Eensgezind willen zij zich tegen de oorlogspolitiek van de prins keren. In het diepste geheim corresponderen zij reeds met de Franse gezant d'Estrades, die voor Frankrijk de aarzelend begonnen vredesonderhandelingen te Nijmegen voert.
Nu het om oorlog of vrede gaat, blijkt opnieuw, hoe weinig hecht de Unie van de Zeven Provinciën in elkaar zit. Nog steeds gunnen gewesten en steden elkaar soms het licht in de ogen niet. Allerlei facties trachten zich in de steden en Staten te verzekeren van de macht. En als vanouds staan nu alweer een aantal predikanten tegenover elkaar. De strakke aanhangers van dominee Voetius — hij is Oranjegezind en fel anti-katholiek — keren zich tegen de coccejanen, die gematigder en vaak ook wat deftiger zijn. En ook dat heeft invloed in de politiek. Veel voetianen, die geschrokken zijn van het grote aantal katholieken — tijdens de opmars van koning Lodewijk was dat maar al te duidelijk — steunen de prins.
'Wij moeten de oorlog voortzetten,' zeggen zij. 'Wij moeten het katholicisme bestrijden!'
'Kom, kom, het is belangrijker dat het eerst vrede wordt,' menen vele coccejanen en zij geven de regenten in Amsterdam alle steun.
Temidden van dit haast onontwarbaar gekrakeel, is er ook nog een stille machtsstrijd tussen stadhouders onderling: Uit jaloezie werkt Hendrik Casimir van Nassau, de stadhouder in Friesland, zijn neef prins Willem III tegen waar hij kan.
Van de verdeelde stemming maken de Fransen handig gebruik. Als zij in maart 1678 Gent en Ieper veroveren, is ook het uitgeputte Spanje tot het sluiten van vrede bereid. Spanje heeft zijn tijd gehad. Een geestelijk wrak, don Carlos II, de laatste Spaanse Habsburger, zit op de troon. De schatkist is leeg. Het inwonertal is door de oorlogen, door ziekten en emigratie van 8.000.000 in 1500 tot 4.000.000 gedaald.
Als in augustus de vredesverdragen gereedliggen, heeft prins Willem zijn leger bij Bergen tegenover de veldheer Luxemburg in het veld gebracht. Bereikt het bericht, dat de vrede reeds getekend is, hem te laat? Of heeft hij met een veldslag willen forceren, dat de oorlog tóch zou worden voortgezet? In ieder geval ontbrandt de strijd terwijl het al vrede is. Luxemburg wéét, dat het vrede is. Hij acht het echter aan zijn eer verplicht, het gevecht niet te ontwijken. En zo klinken dan op 15 augustus de bevelen. De troepen stellen zich op. 'Voorwaarts!' De soldaten stormen op elkaar in.
De doden, die het slagveld bedekken, zullen nimmer weten, dat zij nodeloos gesneuveld zijn.

Bij de *vrede van Nijmegen* handhaaft de Republiek zijn oude zelfstandigheid. De Spaanse Nederlanden zijn voor de zoveelste maal het stiefkind van Europa, want Lodewijk XIV effent zijn noordelijke grens. Hij trekt onder meer Bergen, Kamerijk, Sint-Omaars, Ieper, Kassel, Bavaai en Maubeuge bij zijn rijk.
'Liever bij het katholieke Frankrijk, dan bij de protestantse Republiek,' is de mening van veel mensen in het Zuiden. 'De Hollanders hebben niet alleen onze handel, zeevaart en nijverheid beknot. Hun predikanten hebben bovendien nog smaad geworpen op onze heilige kerk!'

Voor de prins is de vrede een slag. Door de vrede valt het Haags Verbond, waarvoor hij zo hard had gewerkt, volledig uiteen. En wat hij haast nog erger vindt: velen denken dat er nu een eind is gekomen aan de onbeschaamde machtspolitiek van koning Lodewijk. Al die mensen hebben het mis. De Franse veroveringslust zal nog een kwart eeuw doorgaan.

Einde Tachtigjarige Oorlog – Patriottentijd
Koning-stadhouder Willem III

Een oorlogsmoe Europa. Betrekkelijk rustige jaren voor de Republiek. De oorlogsschade aan handel en nijverheid wordt er met man en macht hersteld.

In de Zuidelijke Nederlanden hebben zwakke Spaanse landvoogden elkaar opgevolgd. De dikke Alexander Farnese rijdt als nieuwe landvoogd in 1680 Brussel binnen. Zelfs geld voor zijn eigen lijfwacht bezit hij niet. Zijn manschappen hebben nauwelijks te eten. Haveloze soldaten zwerven bedelend langs de weg. De belastinggelden blijven uit.
'Wij laten ons liever het hart uitrukken, dan dat we nog een stuiver betalen,' grommen vergramde ambachtslieden in Brabant. De steden en gewesten in het Zuiden zorgen voor zichzelf, zo goed en zo kwaad als het kan.

Lodewijk XIV gaat rusteloos voort om allerlei aanspraken op gebieden te laten gelden, hoewel het vrede is. Daaronder valt ook Luxemburg. De prins wil daarvoor opnieuw de oorlog in, maar het machtige Amsterdam volgt hem niet. Dat hij zich bij de wil van de regenten moet neerleggen, zit de prins hoog:
'Die schurken van Amsterdam. We zullen de knuppel daar op straat gooien!' roept hij — net als zijn vader Willem II. Ook in de andere gewesten groeit het verzet tegen de oorlogspolitiek. Met kunst en vliegwerk brengt de prins zijn gunstelingen en medestanders in Utrecht, Dordrecht, Gorkum en Leiden aan de macht. Op hun steun kan hij thans rekenen, maar Amsterdam buigt niet. Friesland en Groningen, Middelburg en Zierikzee wensen geen nieuwe oorlog tegen Frankrijk te beginnen. Zelfs Overijssel, waar hij met de regeringsreglementen zijn vrienden aan het bewind hielp, stelt zich — weliswaar aarzelend — niet geheel achter de prins op. En zo gaat Spanje in 1683 alleen de oorlog tegen Frankrijk in. Geheel Vlaanderen gaat al meteen verloren:
'Wij zijn hier als die ellendigen die tot de dood veroordeeld zijn. Met een doffe ongevoeligheid wachten wij de fatale slag af!' schrijft een Zuidnederlander. De Franse troepen gaan in Vlaanderen en Brabant ongehinderd hun gang, terwijl Lodewijk XIV heel behendig onderhandelt met de innerlijk zo verdeelde Republiek. Zijn gezanten slagen erin, een 20-jarige wapenstilstand te sluiten en Willem III legt zich daar foeterend bij neer.

Mede door de godsdienstkwestie houdt dat 20-jarig Verdrag van Regensburg nog geen 6 jaar stand. Want de zaken van het geloof brengen opnieuw een grote onrust in Europa te weeg: in Frankrijk, in Engeland en in de Republiek.

In de 16de en 17de eeuw tierde het geloof in heksen nog welig. Ook in de kunst komen afbeeldingen van heksen nog veelvuldig voor, zoals deze Voorbereiding van de heksensabbat door David Teniers.

Ja, de godsdienstkwestie. Door de ontwikkeling van de natuurwetenschappen (Van Leeuwenhoek) en door de filosofie van mensen als Descartes en Spinoza, is de twijfel over de strakke, onwrikbare leerstellingen van de gereformeerde kerk gegroeid. Het levende, strijdbare geloof uit de tachtigjarige oorlog lijkt soms in dogmatisme te zijn geblust. Afwijkende meningen van mensen, die naar nieuwe wegen zoeken, worden niet geduld:
'Die Roëll is met zijn opvattingen omtrent Christus' zoonschap van God niet zuiver in de leer. Hij moest maar eens voor de synode verschijnen!'
'Dominee Heidanus dwaalt! Wij dienen zijn opvattingen te onderwerpen aan een grondig onderzoek!' Zo klinken de stemmen van gereformeerde predikanten. Een ware vervolging tegen andersdenkenden en dwaalgeesten begint. Dominee Koelman wordt in Sluis uit de kerk gezet. Dankzij Van Beuningen vindt hij een gastvrij onderdak in Amsterdam. Dominee Balthasar Bekker uit Franeker, beïnvloed door Descartes, maar orthodoxer dan men denkt, wordt eveneens door zijn gemeente verjaagd. Ook hij komt naar Amsterdam.

Betoverde Wereld! Zo heet het opgangmakende geschrift, waarmee dominee Bekker zich tegen al het bijgeloof keert. Overbodig is die publikatie werkelijk niet: heksen, spoken en duivels spelen in de gedachten van mensen nog steeds een belangrijke rol.

Allerlei vreemde overtuigingen drukken nog op het menselijk bestaan:
'Spinnekoppen of een bijbelvers, gedragen in een notedop op de borst, verjagen de koorts,' zeggen de mensen. 'En begin nooit een reis op vrijdag, want dat geeft ongeluk!' Geen schipper zal zijn schip zeilklaar maken in de nacht van Sint-Jan. Een passagier met geverfde haren betekent ongeluk. Etc. Etc.
'Neen,' zegt dominee Bekker na een langdurig onderzoek. 'Noch de duivel en evenmin kwade geesten spelen in het leven van mensen een rol!'
'De duivel speelt wel degelijk een rol!' beweert de Noordhollandse synode. 'Gij verkondigt verderfelijke stellingen, aanlopende tegen Gods Heilige Woord!' De predikanten zetten Bekker uit de kerk en willen zijn geschriften verbieden. maar dat laatste lukt hen toch niet.

Zo ziet de gereformeerde kerk — die zo graag staatskerk wil zijn — zich door allerlei opvattingen, twijfels en afvalligheid bedreigd. De kerkvaders willen de gelederen hecht aaneensluiten, vooral nu het katholicisme onder Lodewijk XIV de grenzen zo dicht is genaderd. De predikanten zijn daarom voorstanders van de oorlogspolitiek van de prins. En zij worden dat nog meer, als de Franse koning onder aanvoering van de jezuïeten de aanval tegen de hugenoten begint:

'Zet de hugenoten uit de openbare ambten. Dwing hen, hun kinderen op te voeden tot het roomse geloof!' heeft Lodewijk bevolen. Er zijn 1.000.000 protestanten in Frankrijk. Zij bezitten 600 kerken en die zijn de allerchristelijkste koning Lodewijk een doorn in het oog. Hoewel hij zelf steeds ruzie maakt met de paus, wenst hij in zijn staat slechts één geloof.
'Dit is een schending van het Edict van Nantes!' protesteerden de hugenoten. Zij verzetten zich. Een brute vervolging met verwoesting van kerken, mishandelingen, het sluiten van winkels van protestanten en scholen begint. Protestanten, die zich tegen de bekering tot het katholicisme verweren, worden naar de galeien gestuurd.

Als koning Lodewijk in oktober 1685 het Edict van Nantes (dat godsdienstvrijheid garandeerde!) geheel opheft, verlaten 500.000 hugenoten het land. Omstreeks 75.000 van hen trekken naar de Republiek. Zij worden daar gastvrij ontvangen en gesteund. Zij treden toe tot de Waalse kerk. Zij dragen hun kennis en Franse verfijning in de samenleving uit. Hun verhalen over vervolgingen en martelingen dragen er zelfs in Amsterdam toe bij, dat de stemming ten opzichte van Frankrijk overslaat in haat.
'Wij moeten pal staan voor het protestantse geloof. Straks komen die vuile, paapse Fransen hier en dan zijn wij aan de beurt!' Een oorlogszuchtige stemming maakt zich van vele mensen meester.

Godsdienstige moeilijkheden in Engeland vergroten nog de spanning in de Republiek. Daardoor krijgt prins Willem toch de kans, om als de kampioen van het protestantisme tegen Lodewijk ten strijde te trekken. En dat doet hij, zonder dat hij de steun van zijn katholieke bondgenoten verspeelt! Karel II is in 1685 gestorven en zijn jongere broer, de katholieke hertog van York, zit nu als Jacobus II op de troon.

Er ontstaan ernstige moeilijkheden. Engelse delegaties en vluchtelingen komen naar de Republiek.
'De katholieke koning houdt het parlement buiten spel. Hij vervreemdt meer en meer van zijn protestantse volk!' vertellen zij aan ieder die het horen wil. Zij wenden zich ook tot de prins:
'Gij kunt de redder zijn van ons geloof. Gij kunt de redder zijn van het verdrukte parlement. Onze koning zal met Frankrijk samenspelen. Slechts een omwenteling kan de zaken in het land ten goede keren. Tienduizenden hebben de hoop gevestigd op u!'

Prins Willem hoort de Britten aan. Hij denkt aan de komende oorlog met Frankrijk en stuurt zelfs op een nieuwe strijd om de macht aan. Het is daarom van het grootste belang, Engeland niet te verliezen als bondgenoot. De prins denkt tevens aan de aanspraken van zijn vrouw (en van zichzelf) op de Engelse troon. Stel, dat schoonpapa de monarchie verspeelt? Het is zaak, goed op de hoogte te blijven. Met de tegenstanders van zijn schoonvader onderhoudt hij dan ook nauw contact.

In het jaar 1688 komt het tot een crisis tussen Jacobus II en een groot deel van zijn volk. Allerlei gebeurtenissen zwepen de verontrustheid op:
'Zeven bisschoppen van de anglicaanse kerk zijn in de Tower gevangengezet!'
'De koning heeft zich met strenge roomse raadgevers omringd!'

De verbittering neemt nog toe, als de vrouw van Jacobus wat vroegtijdig een zoon ter wereld brengt.

Willem III en zijn vrouw Mary Stuart, door Rombout Verhulst.

Einde Tachtigjarige Oorlog – Patriottentijd

Het vertrek van Willem III naar Engeland in 1688. Tegeltableau door Corn. Bouwmeester (1670-1733).

'Het is een ondergeschoven kind!' beweren de protestanten met klem.
'Het is een streek van de jezuïeten. Zij willen de troon ook in de toekomst voor een katholiek verzekerd zien!'
'Those bloody priests!'

Hardnekkige geruchten, dat er bij de geboorte van de troonopvolger is geknoeid, gaan door stad en land. Prins Willem en prinses Mary zenden de heer van Zuylesteyn naar Engeland om hun schoonvader en vader geluk te wensen met de geboorte van zijn zoon. Toch hebben ook zij al verhalen gehoord — en gelezen in een brief van prinses Ann aan Mary! — dat de kleine prins van Wales geen wettig kereltje is.

Misschien niet en misschien ook wel. Hoe het ook zij, de opschudding die de baby veroorzaakt is groot. De Britse admiraal Herbert reist naar de Republiek en brengt een bezoek aan het hof:
'Redt onze godsdienst. Redt onze vrijheid!' smeekt hij Mary en de prins.
'Your highness, komt naar Engeland. Laat prinses Mary onze koningin worden. Het is nu of nooit!'
'Niet ik alleen, maar *mijn man en ik* zullen in dat geval over Engeland regeren!' antwoordt Mary — met de onderdanigheid van een 17de-eeuwse vrouw. Zij ziet haar man zeer naar de ogen. Na een aantal koele jaren — misschien omdat de prins krachtige mannenvriendschappen onderhield en er is één geval geweest van duidelijke ontrouw — is er tenslotte toch een hechte band tussen Mary en prins Willem ontstaan.

Zullen ze gaan? Raadpensionaris Fagel legt het geval voor aan de Staten-Generaal: 'Zijne Hoogheid heeft besloten, de Engelse natie tot bewaring van de gereformeerde godsdienst, haar vrijheden en gerechtigheden te hulp te komen!' zegt Fagel. Hij vraagt de afgevaardigden met klem, of zij de prins en prinses daarbij willen steunen met leger en vloot.

De afgevaardigden staan dan voor een moeilijke keus. Wat te doen als het mislukt?
Wegens het grote politieke gewicht van hun stad, worden drie burgemeesters van Amsterdam in het geheim gepolst. Zij zijn niet tegen de onderneming gekant.

Vervolgens wegen ook de vroedschappen in andere steden de voor- en nadelen af:
'Als de tocht van de prins niet slaagt, vestigt Frankrijk zijn oppermacht!' menen sommigen.
'De tocht naar Engeland zal de predikanten welgevallig zijn!' zeggen anderen..
'Het is noodzaak! Zonder Engeland als bondgenoot lopen de Fransen ons onder te voet!'

In oktober verklaren eerst de Staten van Holland, vervolgens de Staten-Generaal zich akkoord met het plan. Dan worden haastig allerlei voorbereidingen getroffen: pamfletten voor het Engelse volk worden gedrukt, boodschappers snellen weg om de katholieke tegenstanders van Lodewijk XIV in Duitsland gerust te stellen. Het grote avontuur begint:

Den Briel, eind oktober 1688: Vergezeld van zijn vrouw en vele staatslieden, begeeft prins Willem zich naar de gereedliggende vloot. Vlak voor het vertrek heeft hij met Mary nog een lang en ernstig gesprek:
'De kans bestaat, dat ik niet levend terugkeer. Dan is het wenselijk dat je hertrouwt.
Maar doet dat niet met een katholiek, my dear!'

De prins heeft bij dat gesprek tranen in zijn ogen, zoals Mary met aandoenlijke zinnen in haar dagboek vermeldt. Ze voelt haar hart bij dit afscheid breken. Hoe verdrietig en zwaar weegt ook het feit, dat er na een huwelijk van 11 jaar nog steeds geen kinderen zijn.
'Ik wil je niet overleven, dear William. Daar ik geen kind heb van jou, begeer ik er ook geen van een ander — al zou het van een Engel zijn!'

Op 27 oktober is er een bede- en vastendag in de gehele Republiek voor het welslagen van de tocht. Flinke storm zorgt nog voor het nodige oponthoud. Op 10 novem-

Wapenbord van de Friese Admiraliteit te Harlingen, vervaardigd omstreeks 1670 door Hermanus van Arnhem uit Zwolle.

ber neemt de prins definitief afscheid van zijn vrouw.
'Toen hij mij verliet was het, alsof men mij het hart had uitgetrokken!' schrijft de prinses. Ze beklimt de 315 treden van de Brielse kerktoren en wuift haar man na, tot ze hem niet meer ziet.
'For Liberty and Protestant Religion!' staat op de Prinsenvlag. Voor 'vrijheid en de protestantse godsdient' zeilt de prins met 14.000 man (voor een belangrijk deel Engelse en Schotse regimenten) door het Kanaal naar Torbay. 'Er waait een protestantse wind!' ontdekt het scheepsvolk tevreden. Het stormt flink en de Britse vloot kan de Theems niet uit door de harde tegenwind.

De prins ondergaat de spanning. Wat zal het Britse leger doen? Wat zal de houding zijn van het Britse volk, als hij landt?
'Ik ben in de grootste bekommering van de wereld, dat gij niet hier zijt!' schrijft hij aan zijn vriend en raadsman Willem Bentinck, die op een ander schip de vloot wat later volgt.

De ontscheping in Torbay begint. Hoestend en ziek stijgt de prins te paard, verkent de omgeving en trekt dan naar Exeter op. De spanning stijgt. 'Welcome in England, your highness!' De eerste aanzienlijke Britten melden zich in het hoofdkwartier: de burggraaf van Colchester; Kolonel Cornbury met zijn officieren en dragonders; Edward Seymour, oud-minister en speaker van het Lagerhuis. En Daniël Defoe, schrijver van Robinson Crusoë. Toestromen doen de Engelsen niet. Ze willen koning Jacobus wel laten gaar koken in zijn sop, maar dat betekent niet, dat ze zo enthousiast zijn voor prins Willem III. Heel begripelijk stellen 20 vrome, vooraanstaande anglicanen:
'King James is koning bij de gratie Gods. Al is hij katholiek, wij kunnen zijn goddelijk recht toch niet ontkennen?' Zij weten niet goed, wat zij moeten doen.

Pas als de opmars naar Londen begint, ondervindt de prins meer blijken van bijval en sympathie. John Churchill, opperbevelhebber van het leger, loopt over en tegenstand is er vrijwel niet. Koning Jacobus II ziet geen uitweg meer. Aan alle kanten in de steek gelaten, smijt hij zijn koninklijk grootzegel in de Theems en vlucht dan naar Frankrijk weg.

Een deel van de Londense bevolking grijpt de omwenteling aan om een goede slag te slaan:
'Weg met de katholieken!' joelt men en alsof het welgevallig werk is, plunderen ze een aantal rijke roomse huizen leeg. De prins grijpt ogenblikkelijk in: 'Ik betreur het zeer, dat men hier zo hevig tegen de katholieken is. Ik doe alles wat ik kan, om de zaken te hunne opzichten te matigen!' schrijft hij aan de oude graaf Waldeck, die hij in de Republiek met het opperbevel heeft belast. In een andere brief vermeldt hij:
'Gij kent mij genoeg om te geloven, dat het geflonker van een kroon mij in het geheel niet verblindt. Was het niet absolute noodzaak geweest, ik zou haar niet hebben genomen!'

Op 21 april vindt de kroning plaats in de Westminster Abbey — met anglicaans ritueel. Nuchter als een ware calvinist én Hollander, zegt de koning-stadhouder na afloop tegen Nicolaas Witsen, burgemeester van Amsterdam en afgevaardigde van de Republiek:
'Hebt ge de comedie van de kroning gezien? Wat hebt ge van die zotte, oude paapse ceremoniën gedacht?'

Willem en Mary zijn koning en koningin van Engeland. Dat is een groot moment.

De Republiek viert het met uitbundige feesten en gebed.

…De Bloemenkrans braveert de gouden kroon
Die 's konings zorg bij nacht doet waken
Geruster zit men onder daken
Van riet gebouwd, als op de Hoge Troon…

De waarheid van Jan Luykens dichtregels zullen Willem en Mary zeker hebben beaamd. Want zij zijn niet gelukkig in Engeland. Zij missen hun vrijheid en verlangen beiden terug naar hun vroegere leven in de Republiek.
'Voel je soms ook de heimwee niet?' vraagt de koning-stadhouder aan Huygens. En later, als het mei is, denkt hij aan de kermis in Den Haag:
'O, dat men zo, gelijk een vogel kon overvliegen. Ik gaf er wel honderdduizend gulden voor. Wel tweehonderdduizend…'

In Engeland zal hij altijd vreemdeling blijven — en afhankelijk zijn van een lastig parlement. Hij is een te harde werker om iets in het mondaine hofleven te zien. Zijn karakter maakt het hem moeilijk om met politieke elites om te gaan. In de *Declaration of Rights* is vastgelegd, dat hij de protestantse godsdienst zal handhaven en moet regeren in overeenstemming met het parlement. Hij hoort daar het gekrakeel tussen de *Tory's* (aanhangers van de anglicaanse High Church) en de *Whigs* (afvalligen, die de Low Church zijn toegedaan). Van hen is hij afhankelijker, dan bij zijn wezen past.
'De koning-stadhouder is stadhouder in Engeland, maar koning in de Republiek!' zeggen spotters. Daar zit ook wel iets in. Want in de Republiek kan hij zijn wil doorvoeren (voor een groot deel), met behulp van de vrienden en trawanten die hij overal heeft aangesteld. In Engeland gaat dat niet zo eenvoudig. Die wil richt zich op één groot levensdoel:
'Ik zoek niets dan vrede, maar ik wil geen vrede, die Frankrijk meester in Europa laat!'

Dáárvoor zet hij al zijn krachten in.
De bekwame Anthonie Heinsius, die raadpensionaris Fagel is opgevolgd, is dan ook rusteloos bezig om Spanje, Brandenburg, Saksen, Hannover, Beieren, Savoye, de keizer en zelfs de paus te winnen voor een grote coalitie, die tegen Lodewijk XIV is gericht. Want nu Jacobus II van de troon is gejaagd, heeft de Franse koning Engeland én de Republiek de oorlog verklaard.
'Excellent! Het is goed, dat het oorlog is!' zeggen de Whigs en vooral de rijke kooplieden onder hen. Graag steunen zij de politiek van hun nieuwe vorst. *Niet* voor de protestantse godsdienst en *niet* voor Willems koningschap, maar voor hun handelsbelangen willen zij ten strijde gaan (of beter: geld geven om anderen te laten vechten!). Zij zijn bang, dat de Fransen hun macht vanuit Canada langs de Mississippi zullen uitbreiden en dat Spaans-Amerika door Frankrijk zal worden ingepikt.

Holland en Zeeland ervaren ondertussen, dat het koningschap van hun stadhouder weinig voordeel en heel wat nadelen geeft:
'De Acte van Navigatie kan niet worden ingetrokken!' meldt gezant Nicolaas Witsen teleurgesteld aan de Staten-Generaal. 'De Whigs schrijven de koning de wet voor. Onze handelsbelangen zullen ondergeschikt raken aan die van Engeland. En in de oorlog tegen Frankrijk moet de Republiek vooral strijden op het land. De vloot zal voor het grootste deel uit Engelse schepen bestaan en aangevoerd worden door een Brits admiraal!' Alles bij elkaar is dat een vrij bittere pil, die door de Staten-Generaal moet worden geslikt.

Het zijn moeilijke maanden voor koning-stadhouder Willem III. Door twee zeemogendheden wordt aan hem getrokken. Bovendien kan hij nog niet tegen Lodewijk XIV ten strijde gaan. Zijn schoonvader is met een Frans leger in het opstandige, zeer katholieke Ierland geland:

De rivier de Boyne in Ierland, juli 1690: Met protestantse Ieren, gevluchte hugenoten, Denen, Zweden en Engelse regimenten, staat Willem III in het veld tegenover zijn schoonvader, die over Ieren en Franse troepen beschikt.
'Ik weet dat ik je niet hoef te smeken om voor mijn vader te zorgen!' heeft Mary in een van haar brieven geschreven. Ze had de brief beter kunnen sturen naar haar papa. Tijdens een verkenningsrit langs de rivier, wordt Willem door de vijand aan de over-

Einde Tachtigjarige Oorlog – Patriottentijd

kant herkend. Snel brengt men daar twee kanonnen in stelling:
'Vuur!'

De prins van Hessen stort ter aarde, als zijn paard door de voltreffer wordt geraakt.
'Is de prins gedood?' vraagt de koning verschrikt.
'Vuur!'

Een tweede zespondskogel vliegt over de rivier. De koning wordt aan de schouder gewond. Zijn hoofd zakt neer, maar hij blijft in het zadel overeind. Doodbedaard stijgt hij af, laat zich verbinden en vervolgt dan zijn inspectierit langs de troepen, die vier uur duurt. Luid wordt hij toegejuicht. Zijn persoonlijke moed — die groot is! — wordt hogelijk gewaardeerd.

De volgende morgen slaan de tamboers de aanval. Tot het middel, soms tot de hals toe in het water steekt de infanterie de Boyne over, gevolgd door de ruiterij. Aan het hoofd van de protestantse, Ierse dragonders voert koning Willem, ondanks zijn verwonding, een aantal charges uit.

Jacobus lijdt de nederlaag. Tijdens de terugtocht van zijn strijdmacht wijkt hij via Dublin naar Frankrijk uit.
'Our Father Which art in Heaven, Hallow'd be Thy Name!' Het Onze Vader weerklinkt in de katholieke kathedraal van Dublin, die haastig voor de protestanten wordt ingeruimd. Op 16 augustus wordt daar een dankdienst gehouden, waarbij de koning-stadhouder aanwezig is.

De protestanten worden in het stadsbestuur gezet. Koning Willem laat amnestie voor de roomse aanhangers van Jacobus afkondigen en breekt bij Limmerick de laatste tegenstand. Zo blijft het katholieke Ierland onder de (protestantse) Britse Kroon. Voor het plaatselijk bestuur worden Engelse Lords aangesteld. En de tegenstellingen tussen katholieken en de protestanten zullen doorvreten tot op deze dag.

Willems vreugde over de behaalde overwinning in Ierland duurt niet lang. Reeds enkele dagen na de slag aan de Boyne ontvangt hij bericht dat het leger van de Republiek bij Fleurus een geduchte nederlaag geleden heeft tegen het Franse leger onder Luxemburg.
'Dat neemt de voldoening van mijn eigen overwinning geheel weg,' schrijft hij aan Heinsius. Onenigheid tussen de bondgenoten staat een krachtige oorlogvoering tegen Frankrijk in de weg.

Nog ontstellender is het nieuws, dat de Franse vloot met ruim 80 schepen het Kanaal komt ingezeild. Koningin Mary, die in afwezigheid van Willem het bewind in handen heeft, aarzelt niet lang:
'Slag leveren!' beveelt zij aan de Britse vlootvoogd, lord Torrington. 22 schepen van de Republiek maken deel uit van de Britse scheepsmacht, die nu de havens verlaat.

Onder commando van admiraal Cornelis Evertsen — of *Keesje de Duyvel*, zoals de matrozen hem noemen — wordt door de Nederlandse schepen de voorhoede gevormd. De stemming aan boord is uitstekend:
'Ons bootsvolck bewees alle tekenen van vreugde, door de mutsen op te smijten en alles klaar te maken met alle mogelijke vlijt!' noteert Keesje de Duyvel in zijn journaal. Vol goede moed zeilen zij uit. Dapper gaan zij bij Beachy Head (Bevesier) met hun 22 schepen tot de aanval over. En dan doen ze een gruwelijke ontdekking. De Engelsen volgen niet.
'Ze laten ons in de steek!'
'Die vuile lafaards zeilen weg!'
'Willen die duivelse Britten zich op deze manier van de Hollandse scheepsmacht ontdoen?' Hoe verwoed de Hollanders ook strijden, tegen de overmacht kunnen zij niet op. Ze raken omsingeld, worden prooi van de honderden kanonnen tegenover zich. Masten breken en slaan met tuig en al op de dekken neer. De scheepswanden versplinteren onder de inslaande voltreffers. De verliezen zijn onthutsend groot.
'Naar de kust, opperstuurman! Zet het

De kroning van Willem III en zijn vrouw Mary in de abdij van Westminster te Londen op 21 april 1689 door R. de Hooghe.

Lodewijk XIV en Willem III

schip op de kust!' Vier kapiteins zeilen hun ontredderde schepen met kunst en vliegwerk naar de wal. Aan boord is dan al een vreselijke ravage aangericht.
'Drinken... Water!' kreunen de bebloede gekwetsten op de Veere, waar 41 doden en 72 gewonden zijn.
'Zeg aan mijn vrouw... zeg haar... O, God!' Een jonge stukgeschoten matroos op de Reigersberg geeft de geest. Hij is de 37ste dode en 52 man aan boord zijn gewond.
'Wij hebben 140 schoten in de romp en 175 schoten in masten en tuig gekregen,' meldt een officier aan schout-bij-nacht Schey. Er zijn daar 12 doden en 60 gewonden aan boord. Desondanks hebben ze 25.000 pond kruit op de Fransen afgevuurd.

Met tranen van drift en onmacht zien de matrozen op de Maas, die nauwelijks meer kan varen, hoe de Franse schepen tot een nieuwe aanval overgaan. Het Britse schip, dat de Maas naar de Theems zou slepen, heeft de sleeptouwen gekapt en gaat er vandoor.
'Die duivelse ploerten. Dat vuile Engelse tuig!'
Kapitein Jan Snellen heeft 46 doden en 90 gewonden op zijn schip. Ook hij ziet de Franse oorlogsbodems naderen, maar overgeven wil hij zich niet. Hij zeilt zijn bijna zinkende schip naar de kust.
'Breng de gewonden en kanonnen naar het strand!' beveelt hij. Een batterij wordt in grote haast op het strand in gereedheid gebracht. 13 Franse oorlogsbodems trachten de Maas buit te maken. Het lukt hen niet.
'Vuur! Schiet ze voor d'r raap!' Jan Snellen is overal tegelijk. Door zijn bezielend optreden nemen de Fransen de wijk.
Het is ongelooflijk maar waar: Jan Snellen krijgt zijn doornagelde Maas weer vlot.
Zonder grote mast en zonder bezaanmast vaart hij zijn geliefd schip over de Noordzee naar het vaderland. Hij wordt prompt bevorderd tot schout-bij-nacht.
Dat neemt de woede nog niet weg. De verontwaardiging in de Republiek over het gedrag van de perfide Engelsman is groot:
'De overwinning is voor de Fransen, de eer voor de Nederlanders, de schande voor de Brit!'
Koningin Mary schrijft Evertsen persoonlijk een brief vol excuus. Ze laat Torrington gevangen nemen en beveelt de krijgsraad streng te zijn. Maar het kwaad is dan al geschied. De toch al ontevreden stemming in de Republiek wordt er niet beter op.

Door de afwezigheid van de koning-stadhouder wordt de Republiek door allerlei moeilijkheden gekweld:
Er heerst onvree over de geleden verliezen van leger en vloot. Omdat de predikanten voortdurend met elkaar twisten, neemt een gevoel van onzekerheid toe. Er is onbehagen over het bewind van de stadsbesturen. Al is er van een volkswil geen sprake, toch wordt er verlangd naar betere regenten en — bij een vage herinnering aan een lang verleden — naar een heel klein beetje controle.
Er heerst bovendien een onaanwijsbare woede en onmacht over de steeds stijgende belastingen, die voor de oorlogvoering nodig zijn.
Een buitenlands bezoeker schrijft:
'De staat is dusdanig beladen met schulden; de onderdanen zijn dusdanig belast met heffingen, accijnzen en verklikkers, dat men zich mag verbazen, dat de staat jaarlijks betaalt wat hij schuldig is, en dat de onderdanen hun verplichtingen nakomen.'
En dat is juist. Het gewest Holland is haar gehele inkomen alleen al aan de rente van de schulden kwijt. De Engelse gezant vermeldt:
'Men kan in een gewone herberg geen schotel vlees eten, zonder er alles bijeen 19 accijnzen op te betalen!' Er is accijns op slachten, op transport, op hout voor het fornuis, op peper, boter, zout, etc. etc.
Woede en verdriet zijn er ook over de koopvaardij- en vissersschepen, die aan Jean Bart en zijn Duinkerkse kapers verloren gaan.
'Ik ben liever dood, dan dat ik langer wil aanzien dat men de lieden hier goed en bloed doet geven om dobbe, dobbe dob en fanfare te spelen voor de koning van Engeland!' Woorden van een schoonzoon van Johan de Witt, als hij na geheime vredesbesprekingen met Frankrijk voor het gerecht wordt gedaagd.
Door dit alles hebben de (willekeurige) benoemingen van raadsleden en leden van de vroedschap — en ieder denkt daarbij aan zijn eigen kliek! — keer op keer ernstige woelingen tot gevolg.

'Hier is onze lijst voor de nieuwe schepen,' zeggen (overeenkomstig een oud privilege) de bestuurders van Amsterdam.
'Neen, die heren niet!' beslist de koning-stadhouder in Engeland, als de lijst onder zijn aandacht komt. Hij wil *eigen* vrienden uit een andere regentenfactie in het schepencollege opgenomen zien. Die zaak loopt hoog op:
'In dat geval dragen wij niet langer bij aan de oorlogskosten!' dreigen de burgemeesters van Amsterdam. Van de weeromstuit keren zij zich tegen de benoeming van Willem Bentinck als lid der ridderschap in de Statenvergadering van Holland.
Bentinck is in Engeland met anderen in de hoge adelstand verheven. Hij is nu graaf Portland.
'Dat geeft hem rechten in Londen, maar niet hier!' zeggen de nijdige Amsterdammers. Maandenlange twist met spotprenten en pamfletten zijn het onverkwikkelijke gevolg.
In Overijssel liggen de steden en ridderschap met elkaar overhoop, over belastingen en gelden, die aan de Staat moeten worden betaald. En ook te Rotterdam vormen de belastingen, geheven op wijn, aanleiding tot een rel:
'Belastinginner Van der Steen is zo corrupt als de pest. We mosten hem maar eens op zijn mieter komen! grommen enkele adelborsten, bij wie de (te) dure wijn schijnbaar niet goed gevallen is. Ze slaan de gehate Van der Steen de hersens in.
Dan grijpt de baljuw en schout, Mr. Jacob van Zuylen van Nyevelt, in — al heeft hij zelf vrij veel boter op zijn hoofd. In het jaar 1672 was deze Jacob nog straatarm. Rijk geworden door uiterst bedenkelijke praktijken, heeft hij zich de naam Van Nyevelt aangematigd. Als 'agent' van de prins te Rotterdam, kan hij de regenten haast willoos aan zich laten gehoorzamen — en met behulp van de prostituées heeft hij heel wat keren chantage op die rijke heren gepleegd. Want overspel is in de Republiek een strafbaar feit! Deze Mr. Jacob van Zuylen van Nyevelt veroordeelt één der aanranders tot de dood op het schavot. Een groot deel van Rotterdam komt op de been, als de scherprechter het vonnis heeft voltrokken:
'Op naar het huis van Van der Steen!' Een woeste menigte slaat daar de boel kort en klein — en drinkt 'en passant' de wijnkelder

Einde Tachtigjarige Oorlog – Patriottentijd

De belastinggaarder, door D. Rijckaert (1612-1661).

leeg, terwijl de familie Van der Steen zich angstig op zolder verscholen houdt.

Wij plunderen al Van der Steen
Nu gaene wij naar Quakelbeen
En dan naar Jacob van Zuylen
Wij zullen hem doen huylen...

De schutterij kijkt achter de kanonnen toe, hoe de boze Rotterdammers zich op het huis van Jacob van Zuylen werpen. Zij breken het tot de grond af. Niets van het zilver, porselein en de kostbare schilderijen blijft gespaard. Zelfs de zure appels aan de bomen in de tuin eet het nijdige volk nog op.
'Héé, mannen broeders, lees dit eens.' Tijdens de plundering komen de bewijzen van Van Zuylens corruptie onmiskenbaar aan het licht. Ergerlijk is, dat de prins hem desondanks de hand boven het hoofd houdt. Mr. Jacob ontvangt zelfs 150.000 gulden voor de geleden schade.
'Straf de schuldigen van het oproer,' beveelt de koning-stadhouder vanuit Engeland.
Het duurt echter maanden, alvorens de geschokte stad tot rust komt onder een nieuwe magistraat.

Ook Haarlem komt op zijn kop te staan, als op aandrang van de predikanten (die tegen roken zijn) en het stadsbestuur (dat bang is voor brand) door de schout bekend wordt gemaakt:
'Roken op straat, in wagens en schuiten is verboden!'
'Wij zullen roken waar en wanneer we willen,' roepen driftige Haarlemmers en een tabaksoproer begint. Alle onvrede barst naar buiten, als het volk zich vanwege de rokerij tegen schout en schepenen keert. Veel 'lieden van fatsoen' doen mee. Zij hopen, bij een wisseling van het bestuur, zelf een baantje te bemachtigen in de magistraat. Op bevel uit Engeland wordt ook dit oproer de kop ingedrukt. Er komt géén verandering in het stadsbestuur.
Door alle onrust begrijpt koning Willem, dat hij terug moet keren naar de Republiek. Maar hij kan niet weg. Ook in Engeland is het verre van rustig. Aanhangers van Jacobus smeden komplotten om hem van de troon te stoten en tal van andere zaken eisen zijn aandacht op. Pas in januari 1691 kan hij scheep gaan om de ruziemakende, verdeelde regenten in het gareel te brengen en door zijn persoonlijk overwicht een einde te maken aan volksbewegingen en oproer.
Storm, mist en ijzige kou woeden op de Noordzee, als koning Willem met 12 oorlogsschepen de overtocht begint.
'We moeten terugkeren!' vinden de gezagvoerders.
'Neen!' zegt Willem. Hij hunkert ernaar om naar huis te gaan. Na vier dagen varen blijkt de Maas onbegaanbaar door ijsgang en mist.
'Dan maar met sloepen naar de wal!'
'Maar er zijn kapers in de buurt.'
'We gaan!'
16 Lange uren zwalken drie sloepen over zee. Pas midden in de nacht nadert het gezelschap Goeree. Verkleumd, doornat, ongeschoren en flink verkouden gaat de koning-stadhouder aan land. Ze eten wat in een boerderij. Dan steken ze de Maas over. Aan de overkant wacht een boer met een kar.
'Hoe vaar je al, Jilles? Ken je mij nog wel?'
De boer kijkt nog eens goed, herkent dan de koning van de jacht in dat gebied.
'Wellekom, mijn heer Prins. Ick wist niet, dat gij het waert!'

'Wellekom! Lang leve de koning, onze stadhouder!' roept een geestdriftige menigte in Den Haag, als Willem daar (tegen zijn zin) een grootse intocht houdt. Erepoorten, vlaggen, portretten van de Oranjes, gejuich. De Britse hovelingen staan over zoveel spontaan enthousiasme versteld.
'Ik ben de favoriet niet,' zegt Willem hen. 'Als Mary erbij was geweest, hadden jullie nog heel wat anders gezien!'
Er zijn honderden problemen, die nu zijn aandacht vragen. Kans om alles één-twee-drie op te lossen, heeft hij niet.
'Ik ril als ik denk, met hoeveel hoofden ik te maken heb. Hoeveel gemakkelijker is het voor de Franse koning, die alléén alles te beschikken heeft!' Dat denkt koning Willem wel, maar ook Lodewijk heeft te maken met allerlei groeperingen om zich heen.
De binnenlandse politiek blijft Willems stiefkind. Veel verder dan eigen vrienden aan de macht te helpen, gaat hij niet. Zolang we hem maar steunen, laat het hem vrij koud, wat de heren verder doen. Niet voor niets zingen de Amsterdammers over 'Groothans', die een symbool is voor het zichzelf bevoorrechtende regentendom:

Uw gulden zullen nulles zijn
En nooit een burger kapitein
Voorts, zo gij onze hoertjes trouwt
Krijgt ge een baantje zonder fout
En wie hier tegen enig woord uit
In vierentwintig uur de poort uit!

In Goes maken twee regenten-klieken ruzie. Beide zijn corrupt. Beide hebben een volstrekt onontwikkelde volksaanhang achter zich. Eer en hebzucht maar geen principes hebben de boel in Goes op stelten gezet. Zich niet storend aan privileges, zendt Willem troepen naar de stad. Zo herstelt hij het reeds afgezette stadsbestuur in de macht. Het ideaal van de koning-stadhouder ligt niet in binnenlandse toestanden, maar in het breken van Frankrijks macht.
Voor dat levensdoel trekt hij in februari met een groot aantal kibbelende legeraanvoerders naar het Zuiden, waar de stad Bergen door de Fransen wordt belegerd. De Zuidelijke Nederlanders weten dan al nauwelijks meer, waar zij het zoeken moeten, want de klappen vallen overal.

Terwijl koning Willem na de val van Bergen de aanval inzet op het belegerde Namen, beraamt koning Lodewijk XIV een landing op Engeland. De Franse vloot ligt voor dat doel te Brest gereed. Omstreeks 25.000 soldaten schepen zich in.
Ondertussen wordt in Engeland een komplot voorbereid om de macht van Willem en Mary te breken. Vele hoge edelen en, naar men zegt, bijna 100 leden van het parlement, doen aan dat komplot mee. Met grote kalmte en wijsheid bezweert koningin

De inname van Namen door Lodewijk XIV in 1692. Schilderij door J.B. Martin.

Mary dat gevaar. Heel het land krijgt zij achter zich, nu de Franse vloot zee kiest en de aanval op Engeland waagt.

De vloot vaart uit en dit keer zeilen de Engelse eskaders voorop. Dit keer vechten de Britten zo verwoed, dat er nauwelijks een beroep op de Nederlandse schepen wordt gedaan. Bij La Hogue worden de Fransen vernietigend verslagen. Hun schepen vluchten weg. Zij zoeken veiligheid in baaien en kreken langs de kust. Branders worden op hen afgezonden en de een na de ander gaat in vlammen op. Al wordt de complete overwinning toch nog onvoldoende uitgebuit, voor lange tijd houdt Frankrijk op een zeemacht te zijn.

'Excellent!' Heel wat kooplieden in Engeland wrijven zich vergenoegd in de handen!

Zonder veel risico's kunnen zij nu hun handelskansen benutten in de Nieuwe Wereld en in de Middellandse Zee. De Hollandse kooplieden zijn minder gelukkig — vooral als Willem III in de slag bij Neerwinden (1693) een verschrikkelijke nederlaag lijdt en bijna zijn gehele artillerie verliest.

'De oorlog kost te veel! Onze handel verloopt. Het is nodig, dat het vrede wordt!' morren de regenten. Met zorg volgen zij de troepenbewegingen. Verontrust zien zij, hoe het leger maar groeit en groeit. De vredespartij in de Republiek wint weer aan kracht. In het diepste geheim begint Amsterdam op eigen houtje met agenten van de Franse koning te onderhandelen. Helaas blijkt de weg naar vrede altijd een lange, lange weg te zijn.

De koning-stadhouder reist ondertussen rusteloos van Engeland naar de Republiek. Van de Republiek naar zijn hoofdkwartier in de Spaanse Nederlanden. Dan weer terug naar Londen, waar Hampton Court zijn geliefde verblijfplaats is. Wat een slag treft hem daar in het begin van 1696:

'Het is een zware verkoudheid!' hebben 9 doktoren aanvankelijk vastgesteld, als koningin Mary flink ziek is geworden. Die verkoudheid gaat niet voorbij.

'Nee, het zijn pokken! denken de doktoren dan.

'Nee, het zijn mazelen!'

'Nee, het zijn toch pokken!'

Volslagen machteloos staan zij bij het sterfbed van de vrome, eenvoudige koningin.

De ziekenkamer is met hovelingen, hofdames en dienaren gevuld. Allen kijken ontsteld en hulpeloos toe, hoe Mary's toestand met de dag verslechtert.

Koning Willem is geheel in de war. Anders altijd zo beheerst, stoïcijns en gesloten, raakt hij nu de kluts kwijt. Even toont hij zijn omgeving de grote gevoeligheid, die zo diep in zijn wezen ligt verborgen. Hij slaapt op een veldbed naast de sterfkamer.

'U weet wat het is, om een goede vrouw te hebben,' schrijft hij aan een vriend. 'Daar ik zo verdrietig ben de mijne te moeten verliezen, zou ik me uit de wereld willen terugtrekken. Hoewel wij in onze godsdienst geen kloosters hebben, is er altijd wel een plek te vinden, waar ik voor de rest van mijn dagen in afzondering kan bidden tot de goede God!'

Koningin Mary sterft in de nacht van 5 op 6 januari.

'Zelfs het marmer weent!' zegt de secretaris van Willem Bentinck. Dat is meer dan een frase. De meest verharde hovelingen zijn diep onder de indruk van het sterfgeval.

'Indien ik kon geloven, dat óóit een sterveling zonder besmetting van zonde werd gevormd, dan zou ik dat geloven van de koningin,' getuigt koning Willem vol verdriet. Wekenlang houdt hij zich in afzondering. Wegens zijn toenemende astma-aanvallen kan hij nauwelijks meer lopen. Dienaren moeten hem steeds naar een stoel in de tuin dragen!

'Meer dan ooit wens ik tot een prompte vrede te komen. Om oorlog te voeren voel ik mij niet meer bekwaam!' bericht hij Heinsius. Toch reist hij met zijn sterk plichtsgevoel naar de Zuidelijke Nederlanden, waar 120.000 soldaten van de Republiek en de bondgenoten, tegenover 100.000 soldaten van Lodewijk XIV staan.

Het enige grote wapenfeit uit de campagnes die volgen, is de strijd om Namen, dat na een knappe belegering de Republiek en de bondgenoten in handen valt. Om de belegeraars tot de aftocht te dwingen, zijn de Fransen op Brussel afgegaan.

'Brussel is toch een open stad?' zeggen verontruste burgers, als ze zien, hoe Franse kanonnen in stelling worden gebracht. Open of niet, een schandelijk bombardement begint.

'Het schieten met gloeiende kogels, kanonnen en mortieren continueert. Men ziet zó grote ellende, als in geen eeuwen is gezien!' staat in een brief, die raadpensionaris Heinsius ontvangt.

Brussel staat in brand. Met huisraad en kostbaarheden die zij kunnen sjouwen, zijn de inwoners van de benedenstad naar de bovenstad gerend. Ook daar verspreidt zich het vuur.

'De kerken van St. Nicolaas, van de Predikheren, de Minderbroeders, de Lieve Vrouw, Beurs-St. Jan, het Vleeshuis, de Vismarkt en alle huizen tot in de Bergstraat liggen onder de voet. Somma: zo grote verwoestingen, dat ik die niet noemen kan!'

In totaal gaan 4000 huizen tijdens het bombardement en de branden in as. Namen valt: dankzij het aandeel van de vermaarde vestingbouwkundige, Menno, baron van Coehoorn, die, evenals zijn Franse tegenstander Vauban, een Europese vermaardheid bezit.

De Zuidelijke Nederlanden verduren opnieuw. Op aandringen van Willem III en de Duitse keizer is Maximiliaan Emanuel van Beieren daar tot landvoogd benoemd.

Met Beierse regimenten en Beiers geld trekt hij Brussel in 'Leve Maximiliaan!' juicht het volk, dat nu in hem de redder van het vaderland ziet. Dat is hij allerminst.

399

Einde Tachtigjarige Oorlog – Patriottentijd

Aan zijn schitterend hof verwekt hij het ene schandaal na het andere met de stoet van maîtresses die hij verslijt. Voor de Zuidelijke Nederlanden beijvert hij zich niet. Hij denkt slechts aan zichzelf en hoopt in stilte op een koningstroon. Als pogingen in die richting niet lukken bij de keizer en Willem III, zoekt hij zijn heil bij het Franse hof.

Hij koestert vooral grote verwachtingen voor zijn zoontje, Jozef Ferdinand. Even lijkt het of zijn streven succes zal hebben nu overal hartstochtelijk naar vrede wordt verlangd.

'Waarom nog langer strijden, als beide partijen even sterk blijken te zijn en niemand een doorslaggevende overwinning behaalt?' Het antwoord op die vraag is vrede.

Oorlogsmoeheid, ontevredenheid over de hoge belastingen, hebben zich van vele mensen meester gemaakt. In Amsterdam heeft reeds een oproer plaatsgevonden: 'Belasting op begrafenissen? Dat wordt nog onze eigen dood!' hebben opstandige doodgravers, kraaien en aansprekers uitgeroepen en ze zijn de straat opgegaan. Het toch al ontevreden volk sluit zich bij de doodbidders aan.

'Op naar het huis van Boreel!' Een verhitte menigte ramt de woning van burgemeester Jacob Boreel, een trouw medestander van de prins, volledig in puin.

'Een prompte vrede is een absolute noodzaak. Wij hebben tijd nodig om op adem te komen,' vindt ook de koning-stadhouder, die zelf aan het eind van zijn lichamelijke krachten is. Zijn aanhangers houden de Republiek nog wel stevig in hun greep, maar in Amsterdam is toch duidelijk geworden, hoe ontplofbaar de stemming is.

Eindeloos duren de voorbereidingen. Etiquette-kwesties — 'Wie krijgt voorrang bij het binnenkomen?' Of: 'Hoe moeten de afgezanten zich scharen rond de tafel?' — nemen maanden in beslag. Tenslotte worden toch in het huis Nieuwburg (onder Rijswijk) de handtekeningen geplaatst. Bij de *vrede van Rijswijk* in het jaar 1697, geeft Frankrijk een deel van zijn veroveringen terug. Het behoudt echter Straatsburg en nog 82 andere steden en dorpen. Willem III wordt als koning van Engeland erkend.

'Eindelijk vrede!' De reders en kooplieden zenden hun schepen weer uit. Het economische leven bloeit op. Vooral de geldhandel neemt toe. Als vanouds worden er weer belangrijke transacties afgesloten in de kroegen, taveernes en op de beurs.

'Zal de vrede duurzaam zijn?' vragen de politici zich bezorgd af. Want amper is de vrede getekend, of er verschijnen opnieuw sombere wolken aan de Europese horizon. Ditmaal ontstaan ze in Spanje. Koning Carlos II van Spanje heeft geen kinderen en zijn dood is nabij. De vraag, die nu alle hoven in Europa beheerst, is:

'Wie zal de Spaanse kroon erven? Wie zal straks heerser over Spanje, Milaan, Napels, Sicilië, Sardinië, de Zuidelijke Nederlanden, Opper-Gelre, de koloniën in Amerika en op de Filippijnen zijn?'

'Ik! Ik heb rechten!' zegt koning Lodewijk van Frankrijk. Hij is met een dochter van de vorige Spaanse koning getrouwd en zijn moeder was een zuster van die vorst. (Hij trouwde dus zijn nicht.)

'Ook ik heb rechten!' zegt de Duitse keizer. En inderdaad: ook hij is met een dochter van de vorige Spaanse koning gehuwd en ook zijn moeder was een zuster van Filips IV.

Conferenties zonder eind. Na langdurig overleg besluit men het Spaanse rijk maar te verdelen. Een kleinzoon van Lodewijk zal Napels en Sicilië krijgen; de keizer zal het moeten doen met Milaan. Jozef Ferdinand van Beieren wordt (ook door de Republiek) als opvolger van koning Carlos aanvaard. Ziezo, dat lijkt heel mooi geregeld.

Maar Jozef Ferdinand sterft. Nieuwe koehandel is het gevolg. En temidden daarvan beslist koning Carlos van Spanje, voor hij in het jaar 1700 zijn ogen sluit:

'Mijn rijk blijft één geheel. Ik wijs Filips van Anjou, zoon van de Franse kroonprins, als mijn algehele erfgenaam aan!'

In zijn pompeuze paleis te Versailles, waar de schoorstenen roken, de ramen tochten, de gerechten 's winters vrijwel bevroren op tafel komen en de zwierige hovelingen hun behoefte in de gangen doen, vraagt Lodewijk XIV zich af, wat de volgende stappen moeten zijn.

'Houden wij ons aan de afspraken, die met de Republiek en de andere vorsten zijn gemaakt?' Lodewijk XIV schudt zijn bepruikte hoofd.

'Bedenk wel, sire, als uw kleinzoon de Spaanse erfenis aanvaardt, zal een nieuwe oorlog onvermijdelijk zijn!'

Uitkijkend over de 1400 fonteinen in het park, denkt koning Lodewijk misschien even aan zijn geld verslindende hof en zijn totaal verarmd land. Zal Frankrijk de lasten van een nieuwe oorlog nog kunnen dragen? De kans daar in Spanje is echter té mooi om te laten glippen, alle afspraken en beloften ten spijt. Bovendien weet Lodewijk, dat zijn grote tegenstander Willem III niet lang meer zal kunnen leven.

'De koning-stadhouder heeft het uiterlijk van een dode en is diep melancholiek,' heeft een Franse agent uit Breda gemeld. 'Hij is aamborstig, lijdt aan hevige hoofdpijnen en steeds weer doen er zich allerlei lichaamszwellingen voor. Er is al herhaaldelijk voor zijn leven gevreesd!'

Hoewel Lodewijk de koning-stadhouder geenszins onderschat, en beseft dat hij een nieuwe oorlog niet uit de weg zal gaan,

Kaart van Frankrijk in 1684, met de indeling in arrondissementen. Deze kaart werd op een tafelblad aangebracht.

zendt hij zijn kleinzoon naar Madrid. Filips van Anjou wordt daar met gejuich als de nieuwe koning begroet.
'Mijn vader, de koning. Mijn zoon, de koning!' zegt de Franse kroonprins, die zelf nooit op een eigen troon zal zitten.

Lodewijk stuurt zijn legers naar de Zuidelijke Nederlanden, waar hij nu met steun van Maximiliaan van Beieren, de belangrijkste steden bezet.
'In Godsnaam geen nieuwe oorlog. Laten we toch onderhandelen!' De regenten in de Republiek zijn bereid Filips van Anjou als de nieuwe Spaanse monarch te erkennen, mits de Franse legers terugtrekken op de oude grens. Onderhandelingen beginnen, maar het wapengekletter zwelt aan.

In september 1701 sterft ex-koning Jacobus II.

'Ik erken de prins van Wales als zijn opvolger,' zegt Lodewijk XIV, al is dat in strijd met wat op de vrede van Rijswijk werd bepaald. Een hevig verontwaardigd Engeland bereidt zich als gevolg op een nieuwe oorlog voor.

Nu Frankrijk en Spanje samengaan, zien ook de regenten in de Republiek hun handelsbelangen bedreigd. De Staten begrijpen dat oorlog onafwendbaar is. Zo scharen de oude bondgenoten — met uitzondering van Beieren — zich weer aaneen.

De grote kampioen in de strijd tegen Lodewijk XIV zal de op handen zijnde oorlog niet meer beleven:

Londen, 4 maart 1702: Koning-stadhouder Willem III berijdt het paard Sorrel voor de allereerste keer. Hij is op weg van Kensington naar Hampton Court.
'Come on, Sorrel!' Als hij in galop wil overgaan, struikelt het paard. Willem slaat tegen de grond en breekt een sleutelbeen. De Hollandse professor Bidloo zet het been, maar de genezing verloopt moeizaam. Op de 13de wandelt de koning wat in de galerij. Hij voelt zich echter zó dodelijk vermoeid, dat hij gaat zitten en voor twee open ramen in slaap valt. Huiverend wordt hij wakker.
'Ik voel mij niet wel!' Dienaren helpen hem in bed. De koorts komt op. Dan weet koning Willem, dat zijn einde is gekomen:
'Ik ben zwak,' zegt hij tegen Bidloo. 'Ik krijgt er elke dag een nieuwe ziekte bij. Gisteren buikloop. Nu braken. Voel m'n pols eens? Voel je wel, hoe zwak ik ben?'

Op de 18de maart komt de aartsbisschop van Canterbury. Hij dient de koning de (anglicaanse) communie toe. Heel rustig, heel moedig gaat de koning-stadhouder zijn dood tegemoet.

De sterfkamer en de aangrenzende vertrekken zijn vol met hovelingen, ministers, gezanten, vrienden en dienaren. Vlak voor het einde dringt een verslagen Willem Bentinck door die menigte heen. De koning grijpt zijn hand, legt die op zijn hart.
'Voor de laatste maal!' fluistert hij in het Nederlands. Dan glijdt hij uit het leven weg:

'Met een grootheid van geest die niet gewoon is, met vastheid en een grootse gelatenheid,' zeggen Bidloo en anderen, die het sterfbed hebben meegemaakt. 'Hij heeft zich over niemand beklaagd. Ontevredenheid toonde hij niet. Wel dankbaarheid aan allen, die hem persoonlijk hadden gediend!'

Als de doktoren tot lijkschouwing overgaan, zien zij op zijn blote borst een zwartzijden lint. Aan dat lint: een gouden ring en een haarlok van Mary...

Johan Willem Friso, die door de koning-stadhouder als zijn opvolger was aangewezen. Anoniem miniatuur.

Aan het leven van koning-stadhouder Willem III, die moeilijk met mensen kon omgaan, die hoogmoedig en gesloten was, is een eind gekomen. Met een ijzersterke geest in een uiterst zwak lichaam streed hij 30 jaar lang zijn grote strijd.

In de binnenlandse politiek heeft hij jammerlijk gefaald. De corruptie is toegenomen onder het bewind van zijn gunstelingenkliek. De misbruiken van de regenten zijn in die jaren uitgegroeid tot een systeem. Met de allure van een heel groot staatsman heeft hij echter het leven in Europa beheerst. Als kampioen van vrijheden van Europa heeft hij zich al die jaren tegenover Frankrijk opgesteld. In die landoorlog is de vloot ernstig verwaarloosd, omdat én een groot leger op de been houden én een grote vloot uitrusten, voor de Republiek financieel een onmogelijkheid was.
'Ik wil dat Johan Willem Friso mijn erfgenaam wordt!' heeft Willem gezegd. De 14-jarige zoon van de inmiddels gestorven Hendrik Casimir van Nassau, volgt hem als prins van Oranje op. Anna, een zuster van Mary, bestijgt als Queen Ann de Engelse troon.

De Spaanse successieoorlog (1702-1713/15) staat op het punt om uit te breken. Is de Republiek, die toch al onder zware lasten en oorlogsschulden gebukt gaat, tot die nieuwe oorlog tegen Frankrijk — en nu ook Spanje! — in staat?

Einde Tachtigjarige Oorlog – Patriottentijd
De Republiek omstreeks 1700

'Het wonder van Hollands welvaart!' Keer op keer heeft die welvaart de buitenlandse bezoekers in verbazing gebracht. 'De hoogste lonen ter wereld worden uitbetaald in de Republiek!'

Scherpe waarnemers hebben echter ontdekt, dat die lonen het gevolg zijn van de vele accijnzen op de eerste levensbehoeften en dat óók de belastingen in de Republiek de hoogste ter wereld zijn:

'Alles in Holland is belast, behalve de wind,' schrijft een verwonderde Brit. Inderdaad! De oorlogen tegen Spanje, tegen Engeland en Frankrijk, hebben hun tol geëist. Het leven raakt langzamerhand in uiterst zware belastingen verstikt. Juist door die hoge lonen wordt de concurrentiepositie van de industrie aangetast. Heel wat geschoolde arbeiders ontvluchten de belastingen en trekken weg. Het gevolg is, dat Engelse inkopers van Hollandse produkten beginnen te klagen over de prijs en de kwaliteit:

'In Schotland en in Ierland kunnen wij goedkoper en fijner linnen bemachtigen dan bij u,' schrijven ze naar Haarlem en Leiden. De textielfabrikanten proberen hun ateliers en werkplaatsen naar Brabant te verleggen, omdat de arbeidskrachten daar goedkoper zijn.

Terwijl de industrie in de Republiek achteruitgaat door stijgende kosten en belastingdruk (de staatsschuld bedraagt 30.000.000!) en tevens de toenemende concurrentie van Frankrijk en Engeland sterker wordt gevoeld, wordt de geldhandel van steeds grotere betekenis. De Republiek is tot de geldschieter van Europa uitgegroeid. Op dát gebied worden er geweldige zaken gedaan. Dat neemt echter niet weg, dat het land zich geen oorlog meer kan permitteren. De Republiek heeft vrede nodig, maar staat voor de tragische noodzakelijkheid, dat het mee moet doen met de machtspolitiek, die deze eeuw beheerst.

Het is de eeuw, waarin de buit door Engeland wordt binnengehaald.

Omstreeks 1650 heeft de Fransman Pavillon de eenvoud der Hollanders keer op keer geprezen. Nu, 50 jaar later, rijmt een bezorgd dichter, of beter gezegd, dicht een bezorgd rijmelaar:

'Zo Pavillon eens opstond uit zijn graf
En voor de tweede maal zich op de weg begaf
Om Holland door te reizen
Wat zou hij sedert zijne dood
De pracht en weelde zien vergroot
Hij zag zijn ogen blind aan stad- en landpaleizen!'

Schitterende buitenpaleizen met Franse tuinen, priëlen, beeldhouwwerken, smeedijzeren hekken, biljartkamers en beschilderde plafonds, staan langs de Vecht. De bewoners van Vredenhoff, Vechtestein, Vijverhoff, of van de kastelen Nijenrode, Cronenburgh, Zuilen of Boelenstein, reizen met hun jachten vanuit Utrecht of Amsterdam naar deze buitenverblijven toe. Zij kunnen ook vertrekken met een eigen karos. Hun personeel gaat met de wagendienst. De prijzen van Breukelen naar Amsterdam:
'In de bak, vooruit rijdende: 22 stuiver. In de bak, achteruit rijdende: 18 stuiver. Voorop, maar achter de voerman: 14 stuiver!'

Al die kostelijke buitenplaatsen kunnen verrijzen, omdat er nog grote handelstransacties worden gedaan. De handel met Frankrijk loopt terug, maar de in- en uitvoer van produkten uit Noord-Europa, Zuid-Europa, Zuid-Amerika, West-Afrika, Zuid-Azië en Japan is nog volop aan de gang. 16.000 Vaten Spaanse brandewijn worden jaarlijks uit Cadiz gehaald. In Schiedam is men begonnen jenever te stoken — als surrogaat voor de Franse brandewijn, die in de oorlogsjaren niet kon worden aangevoerd.
'Da's nou jenever van eigen bodem. Zuip eens uit, Jan Janszoon!'
'Op de gezondheid van uwe edele!'
'Nou? Wat vind je ervan?'

Werkelijk schitterend houdt de Republiek ook de concurrentiestrijd in de Aziatische handel tegen andere landen vol — en zal dat ook blijven volhouden tot het midden van de 18de eeuw. Onder de gouverneur Andries Maetsuycker is de macht in Oost-Indië aanzienlijk uitgebreid. De winst van de compagnie, alleen al op zijde uit Japan, bedraagt 5.000.000 gulden per jaar. Verslapping in het oppergezag leidt geleidelijk tot corruptie, smokkel, afpersing en omkoperij.
'Indië is de losplaats van het Hollandse uitschot!' merken de regenten met enige bezorgdheid op. De aandelen van de compagnie staan echter nog op 500 % en nog worden hoge dividenden van 20 en soms 40 % uitgekeerd. 'In korte tijd rijk worden!' Met dat doel vooral trekken Hollanders naar de Oost. Schandelijke knoeipartijen zijn het gevolg. En ook in Indië groeit de drang naar weelde en uiterlijk vertoon. Een Hollandse vrouw in Batavia schrijft naar huis:
'UEd heeft versocht, dat ik eens soude schrijven, wat mijn 59 slaven voor werk doen.

Drie à vier jongens lopen achter mij en mijn man, als wij uitgaan, en ook nog zoveel meiden. Vijf à zes staetjonckers en staetjoffrouwen staan achter onze stoel als wij aan tafel gaan. Drie jongens spelen op de bas, viool en harp als wij dineren. De rest van de jongens gebruik ik tot huiswerk, boodschappen, naaien en breien!' Ze vertelt in haar brief, hoe haar bruiloft met 80 personen is gevierd:
'De kronen, die ik tijdens mijn huwelijk droeg, waren gemaakt van parelsnoeren en diamanten, die mijn bruidegom mij daartoe had gegeven. Mijn kapsel was met 7 boekels paarlen overstrengeld, gelijk ook al de juwelen tot hals, handen ende borst zeer kostelijk waren. Mijn bruidegom was ook in het fluweel en alles was zeer deftig na malkanderen!'

Hoezeer draait alles om geld. De eenvoud raakt er door verloren. Het stand-gevoel neemt toe. Een aristocratiseringsproces is daardoor op gang gekomen.

De schepen steken de zeeën over. Tweemaal per jaar vaart een vloot naar Archangelsk om handel te drijven op de jaarmarkten van Noord-Rusland. Tientallen vrachtvaarders van 400 ton zeilen met 10 tot 12 matrozen aan boord naar de Oostzee.

De graanvloot ligt nog steeds met 700 schepen in de vaart.

'Luie, verzopen vlegels!' Zo worden de ambtenaren van de compagnie en de soldaten van het garnizoen in de Kaapkolonie genoemd. Die kolonie, gevormd door 88 echtparen met 231 kinderen — en een opvallend grote stoet halfbloeden! — heeft moeilijke jaren achter de rug. Pas onder het langdurige, vaderlijke bewind van Simon van der Stel kwam de burgerlijke samenleving daar tot enige bloei.
'Laat weesmeisjes komen!' schreef Van der Stel naar Holland. Want kolonisten bleven uit. Die meisjes zijn gekomen, zijn er getrouwd en hebben gezinnen gesticht.

Een stroom van gevluchte hugenoten heeft de Kaapkolonie nog verder versterkt.

Als Adriaan van der Stel in 1699 het gouverneurschap van zijn vader overneemt, loopt het mis. Met enkele ambtenaren van de compagnie misbruikt hij zijn ambt op een onbeschaamde manier:
'Wij kunnen de Kaap onder onszelf verdelen,' zegt hij tegen zijn trawanten. En dat is wat zij doen. Adriaans hoeve te Vergelegen telt binnen enkele jaren: 18.000 schapen, 1000 runderen, 500.000 wijnstokken. Daarnaast zijn 60 ambtenaren van de compagnie in zijn persoonlijke dienst. De ongerustheid bij de vrije burgers in de Kaap neemt toe:
'Straks zullen hier slechts 4 of 5 grote landgoederen zijn, door halfbloeden, Hottentotten en Indische slaven bevolkt!' Omdat zij zich steeds meer beknel voelen in de greep van Van der Stel, sturen zij ernstige klachten naar de bewindhebbers van de compagnie. Adriaan is razend, als hij dat te weten komt: 'Die vuilaardige, onwetende boeren!' roept hij uit. Hij laat hun voormannen gevangen zetten. Als een ware tiran onderdrukt hij de burgers en spekt hij zijn eigen beurs. Dan grijpt de compagnie eindelijk in.

Wapenschild van de VOC, door Jeronimus Becx de Jonge (1651).

Als Adriaan verdwenen is, kunnen de vrije boeren van de Kaap — een handjevol in een gebied zo groot als Holland, Zeeland en Utrecht samen — ongehinderd verder bouwen aan hun maatschappij. Van de Hottentotten, die met hun vee als nomaden rondzwerven, hebben zij in het ruime land geen last. Integendeel: heel wat boeren bedrijven de liefde met een negervrouw. En heel wat boerendochters raken zwanger van een zwarte slaaf van hun papa. 'Schandelijke seksuele orgieën spelen zich af in de slavenlogies van de compagnie,' wordt door veronruste burgers aan de autoriteiten gemeld. 'Elke zondagmorgen dansen ambtenaren van de compagnie en soldaten daar naakt met slavinnen — zonder schaamte en ten aanschouwen van elkaar!'

Die vrijgevochten boosdoeners worden gegrepen, gegeseld en gebrandmerkt. Dat lost de problemen toch niet op. Blanken, die in de Kaap worden geboren — zowel van Nederlandse, als van Franse of Duitse afkomst — beginnen zich 'Afrikaander' te noemen. Zij krijgen steeds meer lak aan de gouverneurs van de compagnie.

Wat noordelijker, op de kust van West-Afrika, schrijven andere Nederlanders een stuk geschiedenis, dat in ieder opzicht verschrikkelijk en beschamend is. 'De hel van Guinee!' noemen de Hollanders hun verblijfplaats in het fort St. George d'Elmina.

Ambtenaren van de WIC doden daar de tijd met drinken en negerinnen — en zij betalen de boete van een rijksdaalder, als zij op zondag niet naar de kerk gaan. Het leven in het fort heeft slechts één voordeel: Je kan er snel promotie maken, want de dood maait er flink om zich heen.

Tien forten staan op de 500 km lange kust. Daar komen de Hollanders niet alleen goud halen, maar vooral slaven, waarmee zij de Spaanse en Engelse plantages van werkkrachten voorzien. Alleen al uit de plaatsjes Fida en Loango haalt de compagnie jaarlijks 3000 negers weg.

'Als jullie oorlog voert en gevangenen maakt, breng die dan naar ons! We betalen goed!' hebben de Hollanders de stamhoofden laten weten.

'Mbwa...'

Zo komen honderden, duizenden mannen, vrouwen en kinderen naar de kust.

Opperkoopman Willem Bosman schrijft aan de bewindhebbers der WIC:

'Wanneer de slaven te Fida komen, worden ze allen bij elkaar in een tronk of gevangenhuis gezet. Als wij ze gaan kopen, worden ze op een groot plein bijeengebracht.

Dan worden ze door onze chirurgijns allernauwkeurigst bezichtigd en betast: moedernaakt, zowel de vrouwen als mannen, zonder enig onderscheid of schijn van de minste schaamte...'

De gebrekkigen, de lijders aan geslachtsziekten, en zij die ouder zijn dan 35 jaar, worden opzijgezet. Voor de rest ligt het brandmerk reeds in het vuur. Die krijgen het wapen of merk der maatschappij op de borst geschroeid.

'Deze handeling,' schrijft Bosman, 'komt UEd. misschien wat wreed en half barbaars voor. Daar het noodzakelijk is, moeten wij ermee doorgaan. Wij dragen echter zoveel mogelijk zorg, dat ze niet te hard worden gebrand, voornamelijk de vrouwlieden, die toch altoos wat teerder vallen...'

En daar gaan dan de ongelukkigen, met 700 man tegelijk in het ruim van een Hollands schip. Ongeveer 70 negers sterven tijdens de overtocht. Dat gemiddeld steekt bij de verliezen op Engelse en Franse slavenschepen, nog erg gunstig af.

Met deze onmenselijke slaventransporten belast de Republiek zich met een onstellend stuk schuld. Noch de dominees, noch de bewindhebbers en evenmin het volk heeft ooit een schreeuw van protest gegeven. Er worden behoorlijke kapitalen mee verdiend.

De kloof tussen rijk en arm neemt toe. Ten opzichte van de rijke werkgevers groeit de afhankelijkheid en onderdanigheid van de kleine man. De gilden, die zich nog konden laten gelden, hebben hun kracht verloren: tot genoegen van sommige rijkaards, want nu de gilden geen vuist meer kunnen maken, kunnen de lonen nog verder worden gedrukt. Slechts de steunfondsen van de gilden zijn, als een soort verzekering, blijven bestaan.

Weyntje Ockersdochter moet zó hard werken in een deftig huis en krijgt zó weinig aandacht, dat zij in een vlaag van woede en onmacht de soep vergiftigt. Op die wijze hoopt zij de familie, waarvoor ze werkt, uit de weg te ruimen. Haar straf: geseling en 70 jaar in het gevang. Weyntje Ockersdochter is pas 12 jaar oud!

'Dat arme schaap!' mag het volk mompelen. Maar wat het volk mompelt speelt geen enkele rol. En de volkswil? Het is de vraag, of het volk wel over een wil beschikt die verder reikt dan rellen en sensatie. Nu eens krijgt de ene, dan weer de andere regentenkliek de sympathie van de man in de straat. Zeker is, dat de afstand tussen de regenten en het volk steeds groter wordt. Dat blijkt ook uit de correspondentie uit die tijd. Een Haags advocaat schrijft aan een gewichtig cliënt:

'Hoog Edele Welgebooren Heer,
Ik heb wel ontfangen U.H.E.W.G's brief, waarin U.H.E.W.G. mij gelieft te schrijven, dat U.H.E.W.G. op U.H.E.W.G.'s landgoed verscheiden dagen heeft gepasseert... Ik blijve, met de nederigste onderwerping en het diepste respect, Hoog Edele Welgebooren Heer, Uw dienstwillige dienaar...'

In die geest schrijven de grote heren trouwens ook aan elkaar. Opvallend in al die brieven is, hoezeer de taal verfranst. 'Passeren, respect, galant, permitteren, important, etc. etc...' doorspekken in de hogere kringen het goede, oude Nederlands van Trijntje Worteltreef. Het sappige Hol-

403

Einde Tachtigjarige Oorlog – Patriottentijd

Wapenschild van Batavia, door Jeronimus Becx de Jonge (1651).

lands — en hoe prachtig beeldend was die taal! — is alleen nog te horen op de kade, of op de markt:
'Haring, zacht als suiker!'
'Alree, man, smul eens van mijn pruimen!'
'Kom, heerschip, koopt nu Krenten, Mangelen, Garsijnen, en appelen van Jeranje. Ik hebse noch wel een schootje groter ook!'
In de mode is alles Frans wat de klok (nee: pendule) slaat. In de schouwburgen heeft het Hollands drama van Hooft, Vondel en Brederode, plaats gemaakt voor de stukken van Corneille, Molière en Racine: 'Formidable, mon cher. Ik heb me bien amusé met Molières Malade imaginaire!' De hugenoten doen goede zaken met die verfransing van het land — al noemt monsieur Malherbe zich nu meneer Kwaadgras! Niet alleen als mode-ontwerpers, maar ook als onderwijzers. Zij geven schermlessen, vioollessen en vinden als gouverneurs of gouvernantes een plaats in menig aristocratisch gezin. En in vele Hollandse keukens — waar men genoeg krijgt van de eeuwige hutsepot — kunnen zij terecht als kok. Een populair feestmenu uit die dagen is echter niet van Franse, doch van Spaanse herkomst:

'Olipotrigo!' De bereiding van dat kruidige gerecht is te lezen in een van de vele kookboeken, die in omloop zijn:
'Neem stukken kapoen, lams- en kalfsvlees, worst, varkens- en schapenpoten, varkenskop, andijvie, artisjokken en verschillende kruiden. Laat dat 3 1/2 uur koken.
Maak een aparte saus van 5 eierdooiers met gesmolten boter en verjus. Giet de saus over het grecht uit en dien het met kastagnes op!'
'Lekker, uwe edele?'
'Lijsbet Leffers, wat heit het me gesmaekt!'
'Seg eens, blonde Marie. Wie zijn er vandaag geweest?'
'Niks besonders, heer schout. Alleen een viese Itailliaan, die se tande in m'n nek heb geset. Kijkt uwes eens!' Als een soort privilege houden de schout en zijn rakkers het oppertoezicht over de bordelen en strijken daarbij een deel van de winsten op.
Omdat overspel strafbaar is, kan menig deftig regent — door nauwe samenwerking met de prostituées — worden betrapt.
'Wat is het uwe edele waard, als het delict niet wordt vervolgd?' Van Bankhem, baljuw geworden in Den Haag als 'beloning' voor zijn aandeel in de moord op de ge-

broeders De Witt, heeft met de hoertjes op de Hofkade op die wijze kapitalen verdiend.
In Enkhuizen verkopen de heren van het stadsbestuur ambten: 'Jan Janszoon wil dat ambt met een traktement van 1200 gulden per jaar, wel voor 600 gulden verrichten!' 'Da's fraai. Dan blijft er 600 gulden voor ons in de pot!' Zelfs het baantje van stovenzetter in de kerk gaat zo nog van de hand.
Zoals gezegd: het geld stinkt niet. De mensen waarschijnlijk wel. In de grote stad Amsterdam, waar 's nachts 2400 straatlantaarns branden en meer dan 100 herbergen floreren, is slechts één badhuis in gebruik. Vergulde karossen — 'wegenbelasting' 100 gulden per jaar! — rijden langs keurig gepruikte ruiters, langs hondekarren, sleden, postkoetsen, terwijl talloze beurtschippers wirwarren over 't IJ en met volle ladingen de Zuiderzee opgaan. Eén van de buitenlandse bezoekers die aan dat alles zijn ogen uitkijkt, levert de Hollanders dagenlang stof tot gesprek:

'Wie is die grote gast, makker?' Een arbeider wijst naar een boom van een vent, 2.04 meter lang, gestoken in een linnen broek en een rood hemd. Hij heeft hem nooit eerder op het werk gezien.
'Da's Peter Michailov. Een Rus!' Binnen enkele dagen is het in Zaandam bekend, dat de ruige Peter Michailov de machtige tsaar aller Russen is. Met een groot gezantschap is tsaar Peter naar de Republiek gekomen. Hij bezoekt de Zaanse olie-, zaag-, en papiermolens, werkt op scheepswerven, studeert wis- en natuurkunde, hanteert de smidshamer en zet zich achter een weefgetouw. 'Wat is dat?' vraagt hij steeds.
Alles wil hij weten. Hij laat zich zelfs voorlichten, hoe men in de Republiek kiezen trekt. Als hem dat is voorgedaan, beveelt hij tegen enkele leden van zijn gevolg: 'Ga zitten in die stoel!' Ze doen het huiverend. En dan gaat tsaar Peter zelf aan de slag.
Bij leden van zijn gezantschap trekt hij de zieke én gezonde tanden uit. In Leiden brengt hij een bezoek aan hoogleraar Hermanus Boerhaave, een van de beroemde geneeskundigen van die tijd. Vol belangstelling volgt tsaar Peter een college.
'Bah,' fluisteren enkele Russen uit het gevolg, als zij zien hoe de hooggeleerde Boerhaave een lijk ontleedt.
'Wat bah?' vraagt de tsaar ontstemd. Als straf voor dat 'bah' beveelt hij een ongelukkige:
'Vooruit, scheur met je tanden een gedeelte van de opperhuid van dat dode lichaam los!' Met grote tegenzin zet de Rus zijn tanden in het vel.
In Den Haag is een schitterende woning (het huidige ministerie van Buitenlandse Zaken) voor de tsaar aller Russen ingericht.
'Nee, hier wil ik niet slapen!' Midden in de nacht verhuist tsaar Peter naar de herberg, waar de rest van zijn gezantschap is ondergebracht. Hij rolt zich daar tevreden in een berevacht.
'Ik moet scheepsbouwers, architecten, ingenieurs hebben. Zij moeten helpen bij de opbouw van mijn achtergebleven rijk!' Hij nodigt een groot aantal uit op goede voorwaarden naar Rusland te komen. 640 Topkrachten verlaten de Republiek
Ze gaan. Een deel van hen stuurt tsaar Peter met 40.000 horigen de moerassen in om de haven van St. Petersburg (thans Leningrad) uit de grond te laten stampen. De invloed van de Hollandse architecten is

De Russische tsaar Peter de Grote. Portret door Aert de Gelder.

(nog steeds) duidelijk merkbaar in de opzet van de stad. En inderdaad: de handel en scheepvaart op Rusland breiden zich na tsaar Peters bezoek gestadig uit.

Zo ligt daar de Republiek in dat jaar 1702: nog steeds welvarend! Nog steeds een grote mogendheid. Nu een kleinzoon van Lodewijk XIV de Spaanse troon heeft bestegen en de handelsbelangen — vooral op de Zuidelijke Nederlanden — ernstig in gevaar zijn gebracht, staat er een nieuwe oorlog voor de deur.

'Er zijn geen Pyreneeën meer!' heeft de Franse koning opgetogen gezegd. De Republiek is echter niet bereid, de belangrijke handel met Spanje in Franse handen te laten overgaan. Al is koning-stadhouder Willem III gestorven, raadpensionaris Heinsius zet diens politiek onveranderd voort.

Johan Willem Friso, nu de prins van Oranje, treedt nog niet als stadhouder op. Hij is nog te jong. (Alleen in Friesland is hij stadhouder, omdat het ambt daar erfelijk is.)

Een nieuw tijdperk van regentenvrijheid breekt aan, als de leiders der Republiek besluiten 'stadhouderloos' de oorlog in te gaan. Zonder binnenlandse woelingen verloopt die beslissing niet. Het nieuwe bewind heeft weer overal tot gevolg, dat de verschillende regentenfacties elkaar in de haren vliegen:
'Nu zijn wij weer aan de beurt!' vinden groepen regenten in Zeeland, die door Willem III op een zijspoor zijn geplaatst. Zij werken een aantal trawanten van de koning-stadhouder uit de ambten en schuiven de corrupte Nassau-Odijk aan de kant. Niet dat het allemaal veel verschil maakt.

De bitse heerszucht zit nu, buiten alle nood
Weer op haar kussen, want: de Britse King is dood!

Zo mopperen de heren, die nu aan de dijk worden gezet. De rellen en woelingen, die dit tot gevolg heeft, zijn ernstig van aard. Er vallen zelfs méér doden bij, dan in 1672, dat rampzalige oorlogsjaar. Heel wat belastinginners en afpersers zien woedende meutes op zich afkomen en worden doodgeslagen.

Onlusten ook in Gelderland en Overijssel, waar de regenten van 'de oude plooi' voor die van de 'nieuwe plooi' moeten wijken. Het scheelt niet veel, of een complete burgeroorlog breekt uit in die zo los van elkaar hangende gewesten. De jonkers op de Veluwe weren zich flink in de 'guerilla' die daar jarenlang woedt. Ex-burgemeester Roukens van Nijmegen wordt onthoofd. Het rommelt in Utrecht en toestanden en tonelen spelen zich af in Amersfoort.

Voor zover dat bij die onderlinge twisten mogelijk is, tracht de Republiek eensgezind de oorlog in te gaan onder het krachtige beleid van Heinsius, Simon van Slingelandt en François Fagel, griffier van de Staten-Generaal. 'Wie moet het leger aanvoeren?' Het kost de Staten-Generaal de grootste moeite een geschikte bevelhebber te vinden. De

Einde Tachtigjarige Oorlog – Patriottentijd

Republiek heeft ruim 100.000 man onder de wapenen staan (waarvan 42.000 in de garnizoenen), terwijl Engeland nog 40.000 man beschikbaar stelt voor de komende strijd. Na veel vijven en zessen wordt John Churchill, de hertog van Marlborough met het opperbevel belast. Die keus had niet beter kunnen zijn. Fataal is echter, dat Engeland opnieuw zijn vloot versterkt, terwijl de Republiek nu alles op het landleger zet.

'Men behoeft de bevolking van de Spaanse Nederlanden niet te vrezen. Als we willen, zullen wij de meester zijn. Het volk is niet in staat iets te doen. In dit land moet men nooit iets voorstellen, doch met klem bevelen en het zal geschieden!' Dat schrijft een Fransman naar het hof te Versailles. In de Zuidelijke Nederlanden is Lodewijk XIV oppermachtig. Hij kan er doen en laten wat hij wil, want zijn kleinzoon op de Spaanse troon is niet veel meer dan een figurant. En Maximiliaan Emanuel van Beieren heeft openlijk gekozen voor de Franse partij.

Bekneld tussen twee vuren in, kiest de katholieke kerk in het Zuiden voor Frankrijk.

Duidelijk wordt dat in Antwerpen gedemonstreerd, als een Frans garnizoen de stad tegen een Hollands-Engelse aanval moet verdedigen:

'Vooruit, lieve broeders, versterk de stad. Niets dan leed hebben wij van die ketterse Hollanders en Britten te verwchten!' De abt van St. Michiels meldt zich met zijn kloosterlingen voor graafwerk bij de St. Jorispoort. Zo ook de jezuïeten, augustijnen, en de kapelaans van St. Jacobs. Zelfs de 84-jarige bisschop Cools rijdt een paar kruiwagens zand voor de Franse zaak. In Brussel zijn ze minder vlot. Het bombardement op hun stad zijn de burgers daar nog niet vergeten.

Meer en meer raken de Zuidelijke gewesten in de greep van het Franse hof. De bevelen uit Parijs spreken duidelijke taal: 'Schaf de Collaterale Raden af! Vestig een sterk centraal gezag! Laat Franse intendanten de leiding nemen in het plaatselijk bestuur! Hef fikse belastingen, want we zitten hier in Versailles om geld te springen! En laat de jongelingen loten, wie er van hen bij ons in dienst moet komen als soldaat!' In die geest laat Lodewijk XIV zijn kleinzoon Filips V bevelen geven aan het Brusselse hof. Natuurlijk groeit er ook verzet.

'Wij weigeren een stelsel van pacht!' zeggen de Staten van Brabant flink. 'De bevolking van dit land geeft meer om vrijheid dan om het leven!' waarschuwt de Henegouwse geestelijkheid. 'Voor iedere jongeling, die de Franse koning verplicht om soldaat te worden, zullen er twee anderen bij vreemde troepen onder de wapenen gaan!'

'Wij voorspellen de ondergang van onze gehele provincie!' roepen de leden van de Raad van Vlaanderen wanhopig uit.

Met ijzeren vuist drukken de Franse indringers allerlei hervormingen door. Zij mengen zich zelfs in een kerkstrijd, die in het Zuiden woedt. Precies zoals de predikanten in het Noorden, vallen ook de geestelijken in het Zuiden elkaar over bepaalde geloofsopvattingen aan.

'Zet de geestelijken, die het jansénisme belijden achter slot!' luidt het Franse bevel.

Met 'lettres de cachet' — blanco bevelschriften van de koning, die maar behoeven te worden ingevuld om boosdoeners of tegenstanders in het gevang te helpen — worden heel wat priesters opgepakt.

Handel, cultuur, nijverheid, ja, vrijwel alles is in neergang, als in 1702 de Spaanse successieoorlog begint. De Zuidelijke Nederlanden, bekneld tussen Frankrijk en de republiek, zijn opnieuw het kind van de rekening. Met hartverscheurende hevigheid zal die oorlog niet alleen in het Zuiden, maar ook in Beieren, in Spanje, in Italië, op Curaçao, in Suriname en in Amerika (om het bezit van de koloniën) worden gevoerd.

'Voorwaarts soldaten!'

Ze stormen op elkaar in, zonder te weten waar Beieren ligt, zonder te beseffen wat koningen wensen, of regenten bedoelen. Ver boven hun hoofd wordt door slechts enkelen over hun stormloop beslist.

Spiegelgevecht op het IJ op 1 september 1697 ter ere van tsaar Peter de Grote, door Abraham Storck (1635-ca. 1710).

De Spaanse successieoorlog

De veldtheer en de trom, zijn beiden bij gevaar
Deez' brengt het volck in 't veldt; die hitst het aan elkaar
D'een wint door wijs beleid, en d'ander door rumoeren
De Krijgh is zonder kracht noch kunst niet uit te voeren.

De soldaten marcheren. Met al haar geld ontwikkelt de Republiek een flinke kracht, want ze heeft heel wat huursoldaten kunnen werven.

'Moeten jullie soldaten hebben? Wat wordt ervoor betaald?' hebben vorsten in Pruisen, Holstein, Hessen, Denemarken en Saksen gevraagd. Voor goede subsidies zijn zij bereid geweest, hun onderdanen te versjacheren aan Engeland en de Republiek. Zonder al te veel moeite hebben zij een aantal boerenjongens in regimenten bij elkaar geveegd.

'Vorwärts!' Daar gaan ze — voor een oorlog die hen totaal niet raakt. Onder de uiterst bekwame veldheer Marlborough beginnen zij in het jaar 1702 de opmars door de Maasvallei. De gedeputeerden te velde van de Staten-Generaal geven Marlborough per keer toestemming om gebruik te maken van de huursoldaten der Republiek. Zo houden ze een vinger in de pap.

'Gaat u gang maar, excellentie!' En Marlborough gaat zijn gang. De Fransen verliezen Venlo, Roermond, Stevensweert en Luik

'Dàt moeten we vieren!' menen de heren in Den Haag. Daniël Marot ontwerpt een schitterend vuurwerk, dat op de Haagse Hofvijver wordt afgestoken.

Dat eerste oorlogsjaar geeft nog meer reden tot vreugde. In oktober veroveren eskaders van Engeland en de Republiek rijk beladen Spaanse schepen, die uit West-Indië naar de baai van Vigo zijn teruggekeerd.

'Een nieuwe zilvervloot!' juichen velen. Anderen zijn minder verheugd.

'Voor mij is het een ramp!' zuchten sommige kooplieden en ze vloeken hun teleurstelling uit.

'Hoezo, mon cher?'

'Wel verrek, man! Ik had een onderhands aandeel in die lading!'

'Veel verloren?'

'Een lieve duit!' Als geldschieters van Europa wedden de Hollanders soms op het verkeerde paard.

De vloot van de Republiek is niet meer wat hij was. Onderling wantrouwen bij de admiraliteiten, waar de sterke hand van een Johan de Witt of Willem III ten zeerste wordt gemist, én gebrek aan geld, omdat de landoorlog al zoveel kost, hebben een ernstige achteruitgang teweeggebracht.

'Wij moeten niet langer denken aan de vloot van de Republiek, maar aan onszelf!' vinden heel wat regenten in het verarmde Zeeland, dat de concurrentie tegen het gewest Holland nauwelijks meer kan volhouden. 'Het is nu oorlog. Nú hebben we een kans om met kaapvaart een goede slag te slaan!'

Middelburg en Vlissingen rusten 50 kaperschepen uit. Die vloot zal nog uitgroeien tot 75 schepen met 12.000 man en 1700 stukken geschut aan boord.

'Weeraan, maats!' klinken de bevelen van de Zeeuwse kaperkapiteins. Ze werpen zich niet alleen op Franse en Spaanse, maar ook op neutrale vaartuigen. Zelfs de schepen van bevriende naties worden niet ontzien. Honderden prijzen maken zij buit. Van die poging om de concurrentie met het machtige Holland op een ander vlak te voeren, veert Zeeland helemaal op.

'Wat die Zeeuwen doen, kunnen wij ook!' menen jaloerse Amsterdammers. Reders in andere zeesteden en dorpen hebben dat inmiddels ook bedacht. Ook zij sturen kaperschepen het water op. De West- en Zuideuropese zeeën krioelen allengs van piraten, voor wie geen koopvaarder veilig is.

In het jaar 1704 verovert de Engels-Hollandse vloot Gibraltar. Een Frans-Spaanse armada van 88 oorlogsbodems probeert dat belangrijke strategische punt te heroveren. De Britten, gesteund door 12 schepen van de republiek, slaan de aanval af.

Ook te land blijft de oorlog voorspoedig verlopen, althans voor de Republiek.

Hoewel ernstig in zijn plannen door de bemoeizieke gedeputeerden gehinderd (ruzie's te over!), zet Marlborough zijn overwinningsreeks voort. Met 30.000 man trekt hij van Maastricht naar Zuid-Duitsland, waar Maximiliaan Emanuel van Beieren Oostenrijk bedreigt. Bij Hochstädt en Blenheim brengt hij de Frans-Beierse legers een volledige nederlaag toe.

De grote klap voor Frankrijk valt in het jaar 1706, als de Engelse, Staatse en Duitse contingenten, 60.000 man in totaal, zich met Pinksteren bij Ramillies op de Franse strijdmacht werpen.

'Up men. Attack!'

'Angriff!'

'Voorwaarts! Tamboer, sla de aanval!'

In allerlei talen klinken de commando's, als het verbonden leger tot de aanval overgaat. De Fransen houden het niet en slaan op de vlucht. Tijd om zich te hergroeperen geeft Marborough hen niet:

'Als schapen drijft hij de Fransosen met de punt van zijn degen voor zich uit!'

Voor Lodewijk XIV is de uitslag verpletterend. Uit alle garnizoenen in Brabant en Vlaanderen trekt hij nu zijn troepen terug.

'Dit is het moment om onderhandelingen te beginnen!' vindt de Franse Zonnekoning. Zijn schatkist is leeg. Hongeroproeren zwiepen door Parijs. Verbitterde hugenoten voeren een guerilla-oorlog in de Cevennen. Frankrijk is volledig uitgeput.

Tot ergernis van Engeland begint de republiek besprekingen — in een situatie, die vol complicaties is. Simpel gezegd komt het erop neer, dat Frankrijk bereid is te capituleren en akkoord gaat met 39 van de 40 artikelen van een voorlopig verdrag:

'Nous sommes d'accord!' zeggen de Franse onderhandelaars, als de teruggave van alle veroverde gebieden wordt geëist.

'Nous sommes d'accord!' Ze gaan akkoord, dat de Republiek een sterke barrière in de Zuidelijke Nederlanden krijgt en in feite de militaire, financiële en economische voogdij in handen neemt.

Alleen artikel 37 levert grote moeilijkheden op. De Republiek en Engeland eisen, dat Karel van Habsburg koning van Spanje wordt. In principe is Frankrijk daar niet tegen.

'Maar,' zo zeggen de Franse gezanten, 'U kunt toch niet verwachten, dat onze koning u hulp zal bieden om zijn *eigen* kleinzoon weg te jagen uit Madrid?'

De Republiek en Engeland houden echter voet bij stuk.

Het treffen van de Engels-Hollandse en Frans-Spaanse vloot in de baai van Vigo (23/24 oktober 1702). Anoniem schilderij uit de Hollandse School.

Einde Tachtigjarige Oorlog – Patriottentijd

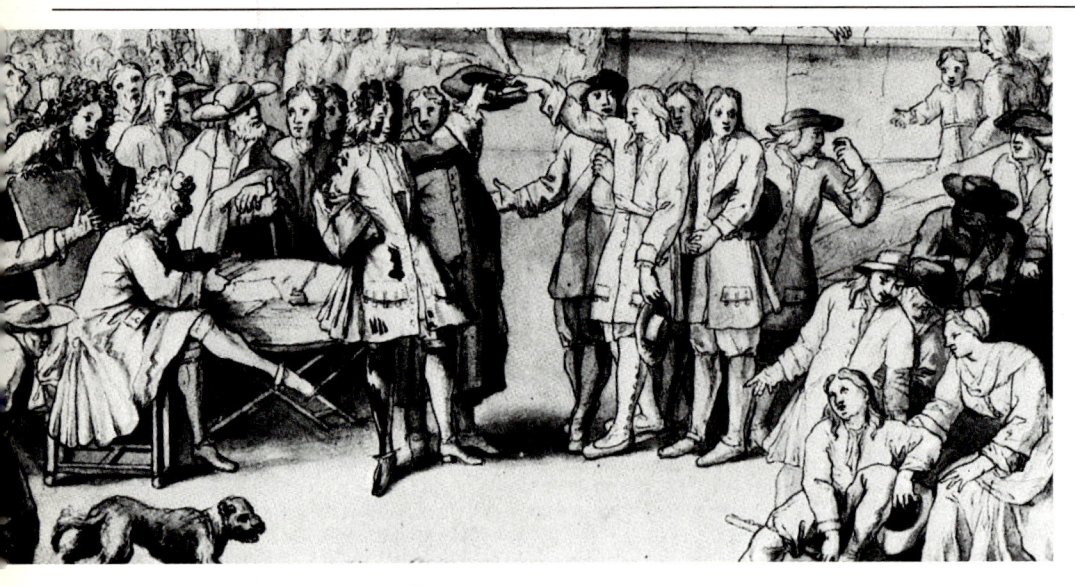

Het werven van soldaten voor het leger van Lodewijk XIV. Anonieme tekening.

'Het blijkt, dat gij het overwinnen nog niet gewoon bent. Daarom weet gij nog niet het juiste gebruik te maken van uw zegepraal!' Met die hooghartige opmerkingen verlaten de Franse gezanten de vredesconferentie. En de oorlog duurt voort, terwille van het eergevoel van de trotse Franse vorst.

Opnieuw marcheren de legers. Nog één-maal wil Lodewijk XIV àlles op het spel zetten om de krijgskans te doen keren. Pathetisch richt hij zich tot zijn volk: 'Lever uw goud en zilverwerk in om de staatskas te steunen!' verzoekt hij de hogere standen in het land. Met kunst en vliegwerk brengt hij met het zo verkregen geld een strijdmacht voor een beslissende veldslag op de been:

Malplaquet in Henegouwen, 11 september 1709: Met voorbeeldige moed hebben de Franse linies de eerste aanval doorstaan. Zij hebben een overmacht tegenover zich.

Vanuit hun verschansingen zien zij, hoe de vijand zich voor een tweede aanval groepeert.

'Daar komen ze!' Signalen weerklinken. De stormloop begint. De jonge prins Johan Willem Friso, reeds tot generaal opgeklommen, heeft zijn vaandeldrager de vlag uit de handen gerukt. Aan het hoofd van de Staatse infanterie dirigeert hij zijn troepen naar de belangrijke schans Aulnoit: 'Voorwaarts!'

De infanteristen van de Republiek doen hun best. Maar als in korte tijd 2000 doden de grond bedekken, deinzen ze terug. Marlborough schiet te hulp en voorkomt een totale nederlaag. De ruiterij gaat tot de aanval over. Om de rest van hun leger te sparen, trekken de Fransen weg. Zij laten 14.000 doden achter.

Het slagveld. De wegtrekkende kruitdamp. Hulpgeroep. Vrouwen van beroepssoldaten lopen tussen lijken en stervenden, op zoek naar hun man:
'Waar is tamboer Lamont?'
'Waar is Beukelaar, van het 4de eskadron?' Tientallen namen worden genoemd, want de geallieerden verloren 24.000 man. De marketentsters verkopen bier en brandewijn. Bezwete kerels vertellen elkaar, wat zij tijdens de slag hebben meegemaakt:
'Verdom, die Fransoos hief zijn zwaard en sloeg dwars door mijn trom. Een knal dat dat gaf! De oren vlogen me zowat van de kop!' Rauwe moppen helpen de verschrikkingen van het bloedbad vergeten, al beginnen de verschrikkingen nu voor velen pas goed.

'Hou hem vast, mannen!' zegt een chirurgijn. In een boerderij amputeert hij ledematen en brandt hij schotwonden schoon. De gewonden, die daar op een behandeling wachten, reiken elkaar de brandewijn. Als ze goed dronken worden zullen ze minder voelen, als de chirurgijn het branden en zagen bij hen begint.
'Barmhartige God,' bidt een bloedende soldaat, als hij het ijselijke geschreeuw uit de behandelkamer hoort.

Opkopers en handelaren lopen door de legerplaats heen. De soldaten wachten hen op met hun buit:
'Wat biedt ge voor die schoenen, die kledingstukken en dat gesneuvelde paard?'
Mannen uit Holland, uit Utrecht, uit Engeland, Pruisen en Saksen koken hun potje boven een vuur. Als de nacht valt, sluipen boeren en allerlei gespuis over het slagveld heen. Als aasgieren hebben ze staan wachten. Nú hebben ze de kans om de lijken te beroven van alles wat nog bruikbaar is. En opnieuw behoort een bloedige veldslag tot de historie.

Wéér beginnen de moeilijke onderhandelingen voor de vrede. Ieder wenst het onderste uit de kan. Maandenlang debatteren Engeland en de Republiek over de verdeling van de buit:
'Jullie krijgen barrière-steden in het Zuiden, maar dan worden Oostende en Duinkerken van ons!' zeggen de Britten.
'Neen!' De Hollanders zijn als de dood, dat belangrijke handelskansen hen dan zullen ontgaan. Zij zijn toch al bang, dat de Engelsen hen op dat gebied zullen overvleugelen. Economische en politieke belangen vloeien in de besprekingen over vrede volledig door elkaar. Maanden glijden voorbij.

Achter de rug van de Republiek om, onderhandelen de Engelsen ondertussen rechtstreeks met het Franse en Spaanse hof: 'Wij willen Gibraltar. Een vlootbasis op Minorca. Het alleenrecht van de slavenhandel op Spaans-Amerika. Als wij het nu maar samen eens worden, dan heeft de Republiek straks toch geen keus?'

Ten koste van Henegouwen exporteren de Britten reeds hun steenkool naar het Vlaamse land. Iedere handelskans die zich voordoet, grijpen zij aan, al is het nog geen vrede. Het arme Zuiden verduurt. Na het harde bewind van de Franse overheersers, delen daar nu Hollandse en Engelse bezettingslegers de lakens uit. In de strijdbare Staten van Brabant worden troosteloze meningen geuit:
'Sinds mensenheugenis werd het land nooit onder zóveel lasten tegelijk bedolven.

De handel maakte ons vroeger zo bloeiend in de ogen van gans Europa, dat nu het afschuwelijke toneel is van de oorlog. Alles wat wij van een duurzame vrede kunnen verwachten is: om nog in staat te zijn van akkerbouw te leven!' Niet langer als kooplieden en handelaren, maar als boeren menen zij zich voortaan door het leven te moeten slaan. De mensen in de Spaanse Nederlanden zijn in staat veel te verdragen.

Dat heeft het verleden hen wel geleerd. Ze raken echter opstandig, als ook hun laatste houvast, hun katholieke geloof, door de bezetters wordt aangetast:
'Heilige Moeder Maria, gij gezegende onder de vrouwen....' De katholieken in de Zuidelijke Nederlanden bidden naar de hemel en smeken om uitkomst. Schending van hun privileges, plundering door langstrekkende legers en inkwartiering hebben zij doorstaan. Zij verduren de overvallen door vele honderden rovers — en hebben reeds het kreupelhout langs de wegen gekapt, zodat bandieten zich daar niet langer in een hinderlaag kunnen verstoppen. Temidden van alle wanorde en al het leed, wordt hun bestaan nu óók nog op een andere manier bedreigd: De predikanten van de republiek, die met de garnizoenen zijn meegekomen, beschouwen het Zuiden als een soort zendingsgebied. Zij willen de roomsen graag bekeren tot het calvinistische geloof. Door hun optreden raken de katholieken in Vlaanderen en Brabant hevig ontsteld:
'Zij begraven ketters op onze kerkhoven!'
'Zij weigeren katholieken in ons hospitaal het heilige sacrament!'
'Zij zegenen gemengde huwelijken in!'

Verontrust door dit soort berichten, verlangen de Zuidnederlanders, dat de katholieke Karel van Habsburg zal geroepen worden tot de Spaanse troon. 'Hij zal ons van het juk der protestante ketters bevrijden. Hij is nu toch ook keizer! Dat geeft hem toch de nodige macht!' Op initiatief van de Staten van Brabant begeeft een deftig gezantschap zich naar Den Haag.
'Wij verzoeken u, Karel van Habsburg als souverein vorst over de Zuidelijke Nederlanden te erkennen!' smeken zij raadpensionaris Heinsius. De Republiek toont zich weinig toegevend.
'Vergeet niet, mijne heren, dat U veroverd werd!' antwoordt Heinsius nogal bot.

Daarmee moet het gezantschap uit het Zuiden het voorlopig doen. Eén van de leden, de burgemeester van Leuven, schrijft verdrietig naar huis:
'Hoe meer ik hier in Den Haag gewaar word, des te zekerder komt het mij voor, dat wij verkocht zijn. Het gaat er alleen nog maar om, ons uit te leveren!' Zo liggen inderdaad de kaarten, al zijn ze nog steeds niet voor de laatste keer geschud:

De onderhandelingen duren voort, terwijl kostbare legers onder de wapenen staan.

De Republiek bevindt zich in een uiterst moeilijk parket. Engeland beheerst nu de zee. Voor de handel op Zuid-Amerika, op de Levant en Afrika is de republiek nu afhankelijk van de Britten met hun sterke vloot. De regering heeft geen andere keus meer, dan krampachtig vast te houden aan het bondgenootschap met Engeland, dat zijn positie natuurlijk aan alle kanten uitbuit. Dáárom vooral duurt de oorlog voort. Want niet alleen in Europa, maar ook in

Amerika, vechten Engelsen en Fransen om de macht. Kleine legers staan daar tegenover elkaar. Fransen en Spanjaarden werpen zich op de nog zwakke Britse koloniën in Noord- en Zuid-Carolina. Ook de Engelse bezittingen in Noord-Amerika worden fel door de Fransen (met behulp van de Indianen) bestookt.

'Stuur ons toch troepen!' Massachusetts schreeuwt om hulp. Een Engels leger van 12.000 man trekt door de nog vrijwel ongerepte wildernis naar het Franse Quebec in Canada. Die onderneming loopt op niets uit. Meer succes hebben operaties in Florida en bij de monding van de Mississippi. Daar worden Spaanse en Franse nederzettingen zonder veel moeite van de kaart geveegd.

Wereldbelangen zijn in de Spaanse successieoorlog op het spel komen te staan. Ook de Westindische koloniën van de republiek (of beter: van de WIC) ervaren dat, als Spaanse en Franse boekaniers hun overvallen plegen, belust als zij zijn op een flinke buit:

'Boekaniers! Drie schepen komen de rivier op! Vlucht!' Paniek onder de Nederlandse planters bij de Essequebo rivier in Suriname, als Franse schepen naderen. Ze vluchten naar het fort 'Kijkoveral' waar de commandeur met 50 soldaten geheel machteloos is.

'Wij eisen 50.000 gulden en als we die niet krijgen, steken we hier de hele boel in brand!' zegt de aanvoerder van de Franse boekaniers. Met geld van de planters en met slaven van de compagnie wordt de brandschatting afgekocht. 'Mijn ideaal is het, om nog eens door Amsterdam te rijden in een eigen koets!' heeft de commandeur van St. Eustatius steeds gezegd. Voor dat doel zit hij op het kleine eiland en spaart hij zijn salaris (en de rest) bij elkaar. Zo ver komt hij niet. Ook op St. Eustatius verschijnen de Fransen. Ook dáár wordt alles leeggeroofd. Voorlopig geen karos voor de Hollandse gouverneur.

Een sterke Franse vloot onder de kaperadmiraal Cassard — 38 schepen met 3000 man aan boord — brengt korte tijd later bezoek aan de Nederlandse koloniën in de West. Al laten de Hollanders de slaven voor zich vechten, een stevige vuist maken kunnen ze niet.

'Me voila!' Op de plantage Meerzorg in Suriname richt Cassard zijn hoofdkwartier in. Hij geeft de Hollanders inderdaad *méér zorg*.

'Lever me 15.000 okshoofden suiker! Breng mij al de aanwezige slaven. En geef mij al jullie geld!' Hij int de som van 622.800 gulden.

'Nou naar fort Nassau op Berbice!' Na een flink bombardement dwingt de kaper-admiraal de Hollanders daar 300.000 gulden af. Een deel wordt in wissels betaald.

Enkele gijzelaars moeten mee aan boord.

'Met hun leven zullen ze zorg dragen, dat die wissels door de patroons in Holland zullen worden uitgekeerd!' hoopt Cassard.

'Geen sprake van,' zeggen de patroons in Holland. 'Heel Berbice is die som niet waard!'

De Fransen verkopen de wissels tenslotte voor 100.000 gulden aan enige heren in Amsterdam. Die krijgen daardoor Berbice in privé-bezit, al kunnen ze er voorlopig nog niet veel mee doen.

'Op naar St. Eustatius!' beveelt Cassard opgewekt, want de zaken gaan aardig goed.

Er valt niet veel meer te halen.

'Wat is de buit, Pierre?' vraagt een Frans matroos, als zijn maatje van het eiland is teruggekeerd.

'34 slaven, 22 runderen, 65 schapen, 6 kabrieten, 23 kalkoenen en 67 kippen! Oui, mon vieux, de kapiteins krijgen voorlopig weer een vers eitje aan het ontbijt!'

Dan zeilt Cassard naar Curaçao. Gouverneur van Collen spoort de burgers van die rijke kolonie tot tegenweer aan. Veel enthousiasme is er niet.

'Gij kale neten! Gij hebt er niets bij te liezen!' schreeuwt Van Collen woedend, als niemand lust toont te sneuvelen voor de compagnie. Tot strijd komt het niet. Het loven en bieden begint:

'Voor 400.000 pesos blijft plundering u bespaard!' zegt Cassard.

'100.000 pesos!'

Voor 114.000 pesos — omstreeks 345.000 gulden — wordt de koop gesloten. De boekaniers varen toch nog vrij tevreden weg.

Wat een zwakte. En wat een weerloosheid. Vermoedelijk draaien Piet Heyn, De Ruyter en Tromp zich in hun fraaie grafkelders om. Tal van protesten uit de West bereiken de Staten-Generaal. Ze worden gesust. De doofpot wordt er niet kleiner op.

Terwijl de oorlog voortduurt, besturen de regenten de Republiek. De roep om een stadhouder en Oranje is gesmoord. Het geloof, dat een stadhouder hen tegen excessen van de regenten kan beschermen, is het volk onder Willem III wel kwijtgeraakt. Zelfs de predikanten roeren zich niet. De erfenis van Willem III blijkt in menig opzicht een moeilijke affaire te zijn. De koning van Pruisen is een afstammeling van Frederik Hendrik en meent daardoor, dat de titel prins van Oranje voor hem moet zijn. Na jarenlang onderhandelen leek nu een definitieve regeling gesloten te kunnen worden.

'Daar moet ik bij zijn,' denkt Johan Willem Friso, 23 jaar oud. Hij wil zijn toekomstkansen niet laten ondermijnen door een Pruisisch familielid.

'Zet er spoed achter!' roept hij tegen de koetsiers, als hij met een klein gevolg vanuit het leger in het Zuiden op weg gaat naar Den Haag. Tijdens de overtocht over het Hollands Diep breekt een noodweer los.

'Hoogheid, gaat u toch zitten in uw koets!' De prins knikt. Hij stapt in. Hevige windstoten doen het rijtuig hellen. De prins komt weer naar buiten. Het water spat steeds hoger op. De pont ligt scheef, loopt gedeeltelijk vol en allengs slaan golven over de boot heen.

'Houdt mij vast, hoogheid!' roept de heer Du Tour over de stormwind heen. Juist dan, als een nieuwe golf aanspoelt, moet hij zelf het portier van het rijtuig laten schieten. Ze spoelen weg.

'Grijp dat touw!'

Een touw wordt hen toegesmeten. Spartelend in het water grijpen zij het beet. Door een nieuwe vloedgolf verliest de prins zijn houvast.

'Heer, ontferm u over mij!' Dat zijn de láátste woorden, die van Johan Willem Friso worden gehoord. Het woeste water van het Hollands Diep sluit zich boven hem.

John Chuchill, hertog van Marlborough (1705), door Adriaen van der Werff (1659-1722).

Einde Tachtigjarige Oorlog – Patriottentijd

Acht dagen later vindt een beurtschipper zijn weggedreven lijk.

De enige wérkelijke kandidaat voor het stadhouderschap is dood. Zijn zoontje, dat zes weken later wordt geboren, is geen bedreiging voor het regentendom, dat nu de macht in handen heeft.

Onder die regenten gaat de Republiek een zeer dramatische periode tegemoet. Al is in de oorlog een overwinning behaald, op diplomatiek gebied lijdt het land een zéér gevoelige nederlaag. Tijdens de vredesbesprekingen te Geertruidenberg voeren de afgezanten van de Republiek nog het hoogste woord. Zij stellen stevige eisen, omdat Frankrijk verslagen is. Hoe sterk denken zij te staan met hun Engelse bondgenoot. En wat komen de Nederlandse gezanten bedrogen uit.

In Engeland krijgen de Tories de macht in handen en zij zetten zich voor de vrede in.

Opnieuw achter de rug van de Republiek om beginnen de Britten rechtstreeks te onderhandelen met koning Lodewijk: 'Wij willen Filips V wel als koning van Spanje erkennen,' zeggen ze geslepen. 'Maar geef dan de Zuidelijke Nederlanden aan Oostenrijk!' Dat is dan een pleister op de wond voor Karel van Habsburg, die Spanje aan zijn neus voorbij ziet gaan. De Britse onderhandelaars beloven de Fransen:
'Wij zullen voor jullie heel redelijk zijn. Maar dan willen wij wél Gibraltar. En een vlootbasis op Minorca. En New Foundland en Nova Scotia!' Voor de Britten zijn dat belangrijke steunpunten voor een toekomstige aanval op Frans-Canada. 'Wij willen een handelsverdrag en de alleenhandel van de slaven op Spaans-Amerika. En tenslotte, de bolwerken Duinkerken en Oostende, zo dichtbij onze kust, moeten tegen de grond!'

De Fransen beseffen, dat de Britse eisen voornamelijk ten koste van Spanje en de Zuidelijke Nederlanden zullen gaan. Toch niet helemaal gerust, vragen zij:
'En wat doen we met de Republiek?'
'Geef de Republiek de barrière. Laat ze maar garnizoenen leggen in een aantal Zuidnederlandse steden. En geef ze Venlo. Da's wel genoeg. Heus, messieurs, in het belang van Frankrijk kunt ge het best met ons in zee gaan. Den Haag en Wenen zullen dan vanzelf wel volgen. want zij hebben dan geen keus!'

Frankrijk neemt de uitgestoken hand van Engeland met vreugde aan. Groot is de woede én de onsteltenis in de Republiek, als die heimelijk gemaakte afspraken uitlekken:
'Wraak op Engeland, de ondankbare, wie het bedrog uit de ogen straalt!'

'Engelands blank krijtgebergte bloost van edele spijt!'

Nijdige pamfletschrijvers mogen foeteren wat ze willen, de kaarten blijken nu toch voor het laatst te zijn geschud.
'Wij zullen over u, bij u en zónder u onderhandelen!' zegt de Franse gezant Polignac tegen de onderhandelaars van de Republiek, als de vredesbesprekingen te Utrecht beginnen. Hoe kernachtig typeren die woorden de toestand van de Republiek — hoewel de Fransen haar macht ten onrechte nog even sterk schatten als die van Engeland.

Bij de *vrede van Utrecht*, in april 1713, komt Engeland als de grote overwinnaar uit de strijd: met Gibraltar beheerser van de Middellandse Zee; met de handel op Zuid-Amerika stevig in handen; met een versterkte positie in Noord-Amerika. En met de allersterkste vloot! De Zuidelijke Nederlanden zijn niet langer Spaans. Zij vallen nu onder Oostenrijk. Karel van Habsburg ontvangt bovendien Sardinië, Napels en Milaan.

Dankzij het dubbele spel van Engeland, komt Frankrijk er bij de vrede redelijk goed af. Lodewijk XIV behoudt Artois, Waals-Vlaanderen, Kamerijk en de helft van het Henegouwse gewest. Bovendien mag hij beslag leggen op het prinsdom Oranje. En de Republiek?
'Wij hebben de eerste nederlaag geleden in onze economische worsteling met Engeland!' mompelen de kooplieden en ze schudden mistroostig het bepruikte hoofd. 'Engeland was als vijand minder gevaarlijk dan als bondgenoot,' zeggen anderen. Al ontvangt de Republiek Venlo en al mag zij garnizoenen leggen in een aantal barrièresteden, toch heerst er een gevoel, dat men bij het kaartspel is blijven zitten met de Zwarte Piet. Door het verzaken van de vloot, wat in de dure landoorlog onvermijdelijk was, staan de Zeven Provinciën er opeens niet zo sterk meer voor. De Republiek, die zo lang en zo krachtig heeft gestreden om de Franse veroveringszucht te stoppen — en daarmee de Zuidelijke Nederlanden voor inlijving heeft behoed! — oogst weinig dank.

Wanneer afgevaardigden van de Staten-Generaal zich in 1715 naar Antwerpen begeven om het Barrière-Tractaat met Karel van Habsburg te tekenen, worden ze op weg naar het stadhuis door de Antwerpse burgers uitgejouwd:
'Kaas! Kaas!' Kaasboeren!'

Die trefzekere scheldwoorden klinken uit de menigte op, omdat de Schelde nog steeds gesloten blijft. *Die* eis van de Republiek is bij de vrede van Utrecht gehonoreerd.

De Zuidelijke Nederlanden zijn weer de grote verliezers. Dat een aantal steden nu Hollandse regimenten in garnizoen moet nemen, wordt als een diepe vernedering gevoeld. Klagend meldt een dichter over de toestand in het Vlaamse land:

Ziet onze havens en Oostende
Zonder schepen! Vol ellende!
Alles is eruit verhuisd
En de vaarten zijn versluisd
Al ons schoon' en rijke steden
Zijn al ziek of overleden...

Maar ook 'de kaasboeren' in de Republiek hebben hun glorietijd gehad. De vrede van Utrecht sluit de periode van grootheid af. De Gouden Eeuw van kruitdamp, pek en teer, van soberheid, geloof en durf, van ondernemingslust, strijdbaarheid en visie is voorbij. De periode van het *werkelijke* goud, gezeten in de beurzen van de rijke regenten, begint. De tijd van overdadige buitenplaatsen, kolossaal gestegen schulden, zware belastingen, de tijd van neergang en vernedering staat voor de deur.

Tafeltje, dat gebruikt zou zijn voor de geloofsbrieven van de gezanten die kwamen onderhandelen voor de vrede van Utrecht.

In de eeuw van goud

Kort na de vrede van Utrecht maakt de Engelse lady Mary Wortley Montagu een reisje langs een aantal plaatsen in de Republiek. Zij geeft haar (oppervlakkige) indrukken als volgt weer:
'Het ganse land lijkt op een grote tuin. Alle wegen zijn goed geplaveid en aan weerskanten met rijen bomen beschaduwd. Brede kanalen, vol schepen die in beide richtingen varen, lopen er langs.

Om de twintig schreden krijgt men de aanblik van een buitenhuis en om de vier uur van een grote stad, zó verwonderlijk keurig, dat ge er zeker schik in hebbe zoudt...'
'Noch vuil, noch bedelarij ziet men hier. Men stuit niet op die gebrekkigen, die er in Londen zoveel zijn, noch heeft men last van luie kerels en meiden. De gewone dienstboden en winkelverkoopsters zijn hier netter en zindelijker dan de meeste dames bij ons. De winkels en magazijnen zijn vol van een ongelooflijke hoeveelheid koopwaar en veel goedkoper dan bij ons in Engeland...'

Lady Mary heeft natuurlijk niet bij het Jan Hagel gelogeerd. Zij heeft evenmin 'soireetjes' bezocht in de krotten van de textielarbeiders in Leiden, of thee gedronken bij de weduwe van een bierdrager in Rotterdam. Dan waren er wel andere woorden uit haar pen gevloeid.

Zeker, er wonen heel wat rijke mensen in de Republiek.

Oppervlakkige bezoekers menen inderdaad, dat de Hollanders het rijkste volk ter wereld zijn. En toch: de Unie van de Zeven Verenigde Provincies is straatarm. De Republiek staat voor een bankroet!

De schuldenlast is tijdens de Spaanse successieoorlog van 30.000.000 gulden tot maar liefst 130.000.000 gestegen. De gewesten Zeeland, Utrecht, Friesland en Overijssel zijn alle achter met hun quoten (bijdragen) aan de Generaliteit — en zullen dat vrijwel constant blijven gedurende de rest van de eeuw.

'We kunnen geen betalingen meer doen!' meldt een ontstelde Heinsius, die in de oorlog links en rechts geld heeft geleend om het leger van 130.000 man van het nodige te kunnen voorzien. De kantoren van de Unie gaan in 1715 voor negen maanden dicht. De Republiek, zo vol rijke mensen, zit op zwart zaad.

Oorzaak zijn vooral de oorlogen, die een immens zware opgaaf zijn geweest. Daar komt bij, dat de Staten-Generaal niet bij machte zijn om het land doeltreffend te besturen. Het regeringsapparaat is zó ingewikkeld en loopt dérmate stroef, dat er van snelle besluitvaardigheid geen sprake kan zijn.

De Raad van State, bestaande uit 12 leden (gekozen door de Staten der gewesten), zou een uitermate geschikt lichaam hebben kunnen zijn voor het centrale bestuur. De Raad had kunnen uitgroeien tot een soort ministerraad. Omdat het oppermachtige gewest Holland daar slechts over 3 stemmen beschikte — en zich niet door de anderen de wet wilde laten voorschrijven! — is de Raad van State echter vervallen tot onbelangrijkheid.

De souvereiniteit van de Republiek berust bij de Staten-Generaal. Daar zitten de afgevaardigden van de gewestelijke Staten, die op hun beurt door afgevaardigingen van de steden en ridderschap zijn samengesteld.
'Daarvoor moeten we eerst ruggespraak houden!' zeggen de gedeputeerden in de Staten-Generaal, als er een belangrijk voorstel wordt gedaan, dat niet door hun 'lastbrief' van het gewest wordt gedekt. Dan reizen ze terug naar hun stad, overleggen daar met de magistraat. Vervolgens bespreken zij zo'n voorstel in de gewestelijke Staten-vergadering. Stedelijke en gewestelijke voor- en nadelen worden afgewogen. Wijzigingen worden aangebracht. Dat alles kost tijd. Pas vele maanden later kunnen de gewestelijke afgevaardigden een standpunt laten horen in de Staten-Generaal. En ook de reacties dáárop blijven niet uit:

'De wijzigingen, die de Hollandse afgevaardigden voorstellen, gaan buiten onze lastbrief om. Wij zullen opnieuw ruggespraak moeten houden!' opperen dan de Zeeuwse, of Friese, of Gelderse gedeputeerden.

En opnieuw reizen de Hoogmogende Heren naar hun steden en Staten-vergaderingen, tot een bepaald voorstel dan eindelijk in stemming kan worden gebracht. De belangstelling voor de politiek is minimaal. De man in de straat laat de zaken geheel over aan de regenten, die de stedelijke, gewestelijke (en vaak ook persoonlijke) onenigheden met elkaar uitvechten.

'De bestaande staatsinrichting is overbodig geworden. De Unie is geen Unie meer.
Het is een chaos!' rapporteert Simon van Slingelandt, de secretaris van de Raad van State aan de Staten-Generaal. Hij is een briljant man. Naar zijn ernstige waarschuwing wordt geluisterd. Iedereen ziet trouwens in, dat het besturen van de Republiek op deze wijze niet langer gaat.
'We dienen een *Grote Vergadering* bijeen te roepen!' stelt de graaf van Rechteren namens het gewest Overijssel voor. Dát is een voorstel, dat vrij vlot aangenomen wordt:

Den Haag, 28 november 1716: In de Trèves-zaal zitten 34 gedeputeerden bijeen. Alle gewesten hebben afgevaardigden naar de 'Extra-ordinaire Vergadering' gestuurd.
Behalve Groningen. In de wandelgangen van het Binnenhof is daarover gesproken:
'Geen Groningers?' vraagt een Zeeuwse regent.
'Nee, mijn waarde. Groningen en Ommeland zijn in een heftig conflict geraakt over het afdanken van de militie! Er heerst daar totale regeringsloosheid, mon chèr. De justitie, de politie, de financiën, álles ligt daar stil!'

Bij de vrede was inkrimping van het leger (tot 40.000 man) een eerste vereiste geweest. Een aantal gewesten, die toch al met hun betalingen tenachter waren, hadden eigenmachtig extra vendels naar huis gestuurd vanwege het gebrek aan geld.

De lege plaats van Groningen in de Trèves-zaal demonstreert duidelijk, wat er hapert in de Republiek:
'Er moet een eind komen aan het feit, dat elk gewest maar zijn eigen gang gaat, zonder zich om de Unie te bekommeren,' zegt de graaf van Rechteren in zijn openingswoord. Met krachtige taal legt hij zijn vinger op de wonde: 'De handen krachtig ineenslaan... De gebreken in de constitutie opheffen... Ruggespraak moet overbodig zijn... De afgevaardigden dienen volmacht te hebben om zelf beslissingen te nemen in de Staten-Generaal...'

De gedeputeerden knikken. Maar als de dagen zich met vergaderingen aaneenrijgen, verzanden die kordate woorden in onenigheid.
'Wij willen ruggespraak blijven voeren! De gewestelijke vrijheid is de ware vrijheid! Dáárvoor hebben wij immers al die oorlogen gevoerd?' Dat is de opvatting, die door de meeste gewesten naar voren wordt gebracht. Er wordt gekibbeld over kleinigheden. Er is geharrewar en strijd om persoonlijk belang. In september 1717 wordt de voortzetting van de besprekingen volledig zinloos geacht.
'Na verloop van tien maanden is er niet één punt afgedaan!' roept de teleurgestelde graaf van Rechteren aan het slot. 'Wij moeten met verbaasdheid en de uiterste smart onzer ziel verklaren, dat wij de Republiek verloren achten, als er nog langer op deze voet wordt voortgegaan!'

Een zekere moedeloosheid maakt zich van een aantal flinke, energieke mensen meester. Simon van Slingelandt, die als

411

Einde Tachtigjarige Oorlog – Patriottentijd

Schoenlapper, door Matthijs Naiveu (1647-ca. 1721).

De Trèves-zaal in Den Haag, waar in 1716 de Grote Vergadering bijeenkwam. Gravure door J.C. Philips (rechts boven).

staatsman groot aanzien geniet, schrijft belangrijke studies over het staatsbestel. Er verandert niets. Men haalt de schouders op. Met humor stelt een enkele pamflettist de onmacht van de gedeputeerden op die Grote Vergadering aan de kaak:

Zondag absent
Maandag in het logement
Dinsdag present
Woensdag kompleet
Donderdag niet gereed
Vrijdags niets gedaan
Zaterdags naar huis gegaan!

Het lijkt of de Republiek — toch overwinnaar in de oorlog! — een invalide natie is geworden, besluiteloos en onbekwaam om tot acties over te gaan:

Ze dronken een glas
Zij deden een plas
En lieten de zaak zoals hij was...

Hoe kan het ook anders! De gewesten willen niets van hun onafhankelijkheid prijsgeven. In de Staten-Generaal zijn de afgevaardigden aan het touwtrekken — zeven verschillende richtingen op! — bij ieder belangrijk besluit dat ter sprake komt. De besten onder de regenten zien de verlamming en liggen er nachten van wakker. 'Kom, kom, mon chèr, het gaat zo slecht nog niet!' beweren heel wat kooplieden, die nog prachtige zaken doen. Ruim 3000 schepen lopen jaarlijks de haven van Amsterdam binnen. Dat getal is groter dan het ooit is geweest. Zeker, ondanks de hoge belastingen zit de Republiek zonder geld. De admiraliteiten zitten in de schulden en nieuwe oorlogsbodems kunnen niet worden gebouwd. De schippers van de koopvaardij beginnen te kankeren:
'Wat moeten we beginnen tegen de Algerijnse zeerovers zonder een goed konvooi? Verdomme nog-an-toe, de schepen van die piraten zijn sneller dan die van ons. God beter 't!'
'We kopen die kerels wel af!' sussen de reders. Zij beloven de Algerijnen een percentage van de lading, als er aan de plunderingen een eind wordt gemaakt. Van kracht getuigt dat niet.

Geld! Het stroomt nog binnen, maar vooral de rijken profiteren daarvan. De buitenplaatsen aan de Vecht en rond Amsterdam — daar loopt het aantal tegen de 400 — blijven verrijzen.

'Het heit me wat gekost!' glimlacht een joodse bankier, als hij zijn gasten rondleidt door zijn lusthof aan de Vecht. Verwonderd kijken de bezoekers naar de beeldhouwerken van marmer en albast, naar een kunstzinnige waterval, naar een berg, die geheel met schelpen is ingelegd. En als ze schatten, dat hij ongeveer 200.000 gulden voor de aanleg van dat bluffende park heeft betaald, zitten zij er niet ver naast. (Dat is honderden keren het jaarinkomen van een arbeider in de textiel!).

Er wonen al zoveel joden bij de Vecht, dat Abraham Aboab op zijn buiten Vechtevoort een synagoge voor hen heeft ingericht. Die is inmiddels te klein geworden en daarom wordt er te Maarsen een grotere gebouwd. De calvinisten in de omgeving hebben daartegen ernstige bezwaren gemaakt. Hun protesten halen (gelukkig!) weinig uit.

Elders leven de joodse gemeenschappen in schrijnend contrast met die weelde aan de Vecht. De starre, op zichzelf gerichte afgeslotenheid van de *kehilloth*, de starheid ook van de rabbi's, die in de joodse wijken nieuwe ideeën tegengaan, hebben een triest gevolg: van de ruim 23.000 joden in Amsterdam, zullen binnenkort 17.000 als bedelaar te boek komen te staan.

Toch zijn er zulke grote kapitalen in de Republiek, dat menig rijk man er geen raad mee weet:
'Wat moet ik met mijn geld, Christoffel. Kom, schaf mij eens raad. Ik zie niet goed, waarin ik het beleggen moet!'
'Beleg het in Engeland, mijn beste. Dat heb ik ook gedaan!' Christoffel knikt wereldwijs voor zich uit. Het is een veeg teken, dat de rijke kooplieden — behalve in de agrarische sector — geen mogelijkheden zien in eigen land. Zij stichten geen nieuwe ondernemingen. Zij wagen hun geld onvoldoende in de eigen industrie. Liever kopen zij Britse staatspapieren op. Gezien de gewijzigde economische omstandigheden in de wereld rondom, is dat een verstandig beleid. In totaal is er vanuit de Republiek reeds 100.000.000 gulden in Engeland belegd. (Tegen het eind van de eeuw zal dat bedrag gestegen zijn tot 280 miljoen!). Zo vloeien er gelden uit het land, die zoveel beter hadden kunnen worden besteed. Jammerlijke toestanden heersen in Leiden en Haarlem. Grote werkloosheid is het gevolg van de achteruitgang in de textielindustrie. Kerk en stadsbestuur houden de hordes armen en behoeftigen met kunst en vliegwerk in leven. Dat uitdijende proletariaat vervult de welgestelden met angst:

'Het kroost der armen groeit tuchteloos op. Zij verliezen hun eerbied voor overheid en kerk!' stellen de regenten met bezorgdheid vast. Raakt de maatschappelijke orde niet in gevaar? Zullen rellen en plundering niet toenemen, als het Jan Hagel zo beangstigend groeit?
'We moeten scholen stichten voor de arme lui, Christoffel. Daar moet hen de Heilige Catechismus en goede discipline worden geleerd!'
'Bien sur, mon chèr. En we dienen de kinderen eerbied bij te brengen jegens allen, die God tot bediening van belangrijke ambten heeft aangesteld!'
De scholen voor de armen komen. Niet het volk te onderwijzen, maar het Jan Hagel onder de duim te houden, wordt de voornaamste taak van die armenscholen. De kerk, die een deel van haar vitaliteit en strijdvaardigheid heeft verloren, voert de wensen van de regenten plichtsgetrouw uit. Ook uit die hoek kunnen geen nieuwe ontwikkelingen worden verwacht. Velen beseffen wel, dat allerlei maatschappelijke veranderingen noodzakelijk zijn. Het is alsof de visie, de kracht en de mogelijkheden ontbreken om tot doeltreffende hervormingen over te gaan.
Allerlei rampen teisteren ook het platteland. Een runderpest maait delen van de veestapel weg. De overheid kan enkele preventieve maatregelen nemen, al wordt er nog niet veel aan vee-artsenij gedaan.
'Neen!' zeggen de boeren. 'De runderpest is een straf van God!' Zij weigeren iets tegen die ziekte te doen. Tienduizenden koeien sterven. Nieuw vee moet uit Denemarken worden ingevoerd. Veel erger zijn nog de overstromingen. Met kerstmis 1717 stuiven de golven vernietigend over het lage land. Vooral in het gewest Groningen is de ellende niet te overzien: 2000 mensen en 14.000 koeien, 22.000 varkens en schapen komen om. Ruim 15.000 huizen vallen aan het water ten prooi.
Ook in de Zaanstreek en in Friesland komen uitgestrekte landerijen onder water te staan.
'Dit is de wraak van God! Zijn zwaard komt over Nederland!'
Al is het vrede, erg gelukkig zijn de mensen niet. Officieren lopen vloekend uit het leger weg, omdat de overheid de achterstallige soldij maar niet betaalt. De Levanthandel verslapt, omdat de Engelsen (met hun sterke vloot) de Algerijnen wél braveren. In de belangrijke handel op de Spaans-Amerikaanse koloniën komt steeds ernstiger de klad.

De winkeliers verdrongen,
De ambachtsman wordt naakt
D'arbeiders onvermogen
Gaan leeg, en menig raakt
Tot lasten van de kerken..

De oude Heinsius — hij is al een eindje in de zeventig — wordt moedeloos van de voortdurende aanvallen, die zijn politiek van vele kanten ondervindt:
'Wat moeten we met die barrière-steden in het Zuiden?' verwijten de kooplieden.
Vooral zij, die handel drijven op de Middellandse Zee, vinden de daaraan gespendeerde kosten weggegooid geld. 'Liever 100 goede oorlogsbodems, dan die houten barrière van dure overtollige garnizoenen!' het is waar, dat de garnizoenen van de Republiek in Namen, Doornik, Meenen, Veurne, Ieper en in het fort De Knokke méér geld kosten, dan Heinsius heeft voorzien. Karel van Habsburg beloofde 3/5 van de kosten (1.250.000 gulden) voor zijn rekening te zullen nemen. Maar die gelden blijven uit. Dat is beroerd, gezien de slechte positie van 's lands middelen. Misschien wordt Heinsius nog veel moedelozer van de weinig verkwikkelijke politieke verhoudingen *binnen* de Republiek. Want de corruptie neemt toe:

'Wij kunnen de zaken onderling regelen! Door middel van "Vriendschappen", een "Sociëteit", of "Correspondentie", kunnen wij de belangrijke ambten en banen onder ons zelf verdelen, en zó behouden voor de eigen kring!' Zo praten Friese edelen, Groningse jonkers, Gelderse drosten, baljuw in Brabant, burgemeesters in Holland, schout en schepenen in Zeeland — kortom al die deftige heren, die als *regenten* worden aangeduid. Als een kleine, bevoorrechte kaste trekken zij, met hun facties, in steden en gewesten alle macht naar zich toe.
In Friesland is de kleine, toekomstige Willem IV tot stadhouder uitgeroepen. Zijn moeder, Marie Louise van Hessen-Kassel, voert als regentes het bewind en verwerft zich grote populariteit.
'Maaike-Meu' is de bijnaam die de Friezen haar geven. Mede door haar wordt de kleine prins Willem ook in Groningen tot stadhouder benoemd. Gelderland en Drenthe volgen dat voorbeeld 4 jaar later. In de overige gewesten wordt iedere stap voor de verheffing van de prins, behendig door de regenten geblokkeerd.

Carrière maken bij de overheid is niet zo'n eenvoudige zaak, ook al schrijft de heer De Beaufort:

Loofhuttenfeest bij de Portugese joden. Tekening door Bernard Picart (1673-1733). Het Loofhuttenfeest, dat in september-oktober valt, is gebaseerd op Leviticus 23:42. Daarin wordt voorgeschreven zeven dagen in een loofhut, met een open, met takken afgeschermd dak door te brengen.

Einde Tachtigjarige Oorlog – Patriottentijd

Jan Pranger (1700-1773), directeur-generaal van de goudkust. Portret door Frans van der Mijn (1719-1783).

'Voor luiden van een verheven geest, van eer, deugd en verstand ligt er een schone loopbaan klaar. Zij kunnen opklimmen tot de ere-ambten van de Republiek!' De heer De Beaufort heeft misschien even vergeten, dat hij in 'Vriendschap' de belangrijkste ambten in Tholen met enkele andere heren deelt. De twee burgemeesters-plaatsen komen bij toerbeurt steeds bij dezelfde vier heren terecht. Die zijn daar best tevreden mee. Alles loopt naar wens, tot de heer De Beaufort ruzie krijgt met burgemeester Turck. Bovendien komt Mollerus, een jong en eerzuchtig advocaatje, nog wat stoken in die zaak. Plotseling ligt De Beaufort eruit. En dan schrijft hij, wat minder verheven: 'Turck is zó gewend schoelje-stukken te doen, dat hij zich zou schamen, als hij eens een eerlijke daad verrichtte... En Mollerus heeft in assurant liegen zijn weerga niet...'

Zo af en toe hebben de regenten hun verbitterde ruzies. Verschillende facties staan meestal wel tegenover elkaar. Over het algemeen houden zij hun vuile was binnenshuis. Geldlustig als ze zijn — en omdat alle beetjes helpen — bedenken zij baantjes voor hun vrouwen en kroost:
'Dochter, jij bent voortaan de vroedvrouw van de stad,' glimlacht een burgemeester van Gouda tevreden. Als het lieve kind hem verschrikt aankijkt, sust hij haar gauw: 'Wees maar niet bang. Een échte vroedvrouw zal het werk doen. Voor de helft van het geld. De andere helft is voor jou!' Het spaarbankboekje van het meisje vertoont na verloop van tijd een aardig bedrag.
'Ik ben de bode op Amsterdam!' verklaart een burgemeester van Rotterdam. Want wie het kleine niet eert, is het grote niet weerd! Ook de burgemeesters van Amsterdam gaan er kras tegenaan. De heren Trip, Corver en Hooft (en hun familieleden), bezitten daar door een 'Verbond van Vriendschap' tientallen jaren alle macht.

Zelfs de maîtresses van die heren worden op de stedelijke loonlijsten geplaatst. Af en toe klinken er nijdige stemmen in protest:
'Schande! Weet ge wel, Jan Janszoon, hoeveel baantjes de magistraat in Amsterdam vergeeft?'
'Nou?'

'Als je het precies wilt weten: 400 makelaars, 370 turfdragers, 176 bierdragers, 36 korenzetters en 36 korenmeters, 283 waagdragers, 150 schippers. En dan bespaar ik je de stadsopzichters, de sluiswachters, de klerken, professoren, predikanten, secretarissen en de hele lange rest. 3000 ambten bij elkaar, Jan Janszoon! En dat wordt maar allemaal vergeven en verdeeld en niemand die zijn bek opentrekt!'
'Onder een staand zeil is het goed roeien!'
'Zeg dat, Jan Janszoon!'

Nog kwalijker is het feit, dat de rijken hun strafvervolging kunnen afkopen bij de schout. En met behulp van de schout zetten zij soms hun tegenstanders buitenspel. Als burgemeester De Haze van Amsterdam — die 2 van zijn 3 miljoen in Engelse fondsen heeft belegd — wordt lastig gevallen door zijn eigen bastaardzoon, beveelt hij de schout:
'Pak hem zijn papieren af. Laat hem geselen en sluit hem in het rasphuis op!' Zo is hij dat moeilijke kereltje voorlopig kwijt. Met 'politieke briefjes' aan de schout ruimen de heren regenten soms lastige sujetten uit de weg.

In de kerken staan de predikanten op de kansel. Zij leren hun gemeente eerbied te hebben voor het gezag, dat van God gegeven is:

'Laat ons bidden...' De gemeente bidt voor de leiders van de stad, van het gewest en van de Republiek, die haast onbereikbaar hoog zijn uitgestegen boven het gewone volk.
'Laat ons bidden voor de burgemeesters, de vroedschap, de schout en de schepenen...'
En de gemeente bidt voor die stoet van welgedane regenten, zowel voor de corrupte, handige groep, als voor het grote aantal dat eerlijk, onkreukbaar, menslievend en barmhartig is.
'Laat ons bidden voor de drosten en baljuws...' Soms lijkt het, of die invloedrijke heren nauwelijks steun behoeven van God. Zij trekken hun prachtige huizen aan de grachten op. Hun schitterende buitenplaatsen verrijzen in Kralingen, rond Haarlem, in het Gooi en langs de Vecht. Het nageslacht zal zich dankbaar vergapen aan de luister van die eeuw van goud. Vergeleken bij de kastelen en paleizen, die de hoge adel in Frankrijk en Engeland laat optrekken, blijft het hier een Madurodam!

Na de vrede van Utrecht is de Republiek nét onder het niveau van een eersterangs mogendheid gezakt (nog geen mogendheid van de tweede rang!). In de internationale politiek echter is de hoofdrol uitgespeeld. Er begint een licht streven merkbaar te worden naar een koers van neutraliteit. Dat kan ook wat beter dan voorheen:
De heerszuchtige Lodewijk XIV is in 1715 gestorven. Vanaf zijn sterfbed gaf hij zijn achterkleinzoon en opvolger de wijze raad: 'Volg mij niet na in mijn liefde voor gebouwen en ook niet in mijn begeerte om oorlog te voeren. Tracht liever in vrede met de buurstaten te leven. Probeer de ellende van je volkeren te lenigen, wat ik zelf helaas niet heb kunnen doen!' pathetische woorden van een hoogmoedig vorst, die voor Frankrijk toch een heel groot koning is geweest. Lodewijk XV is nog een kind. De hertog van Orléans voert het regentschap — en koestert zelf aspiraties voor de troon. Van Frankrijk, dat voorlopig alleen maar handelsvoordelen zoekt, behoeft de republiek voorlopig niet te veel te vrezen.

In Engeland is Queen Ann gestorven en Georg, de protestantse keurvorst van Hannover, zit nu als George I op de troon. Een krachtfiguur is hij niet:
'Engeland is te groot voor hem!' is het oordeel van zijn minister Chesterfield. De katholieke Jacobus III (wiens vader werd verjaagd door Willem III) stookt vanuit Schotland en doet vandaar nog een gooi naar het Britse koningschap. Ook van de zijde van Engeland heeft de Republiek voorlopig geen gevaar te duchten — behalve concurrentie in de handel, en dat is al zwaar genoeg. Door de Britten wordt energieke kracht ontplooid. De Whigs (partij der rijke kooplieden) zijn weer aan het bewind en zoeken doortastend handelsvoordelen op. Gestadig breiden zij Engelands macht in Amerika uit.

Steeds meer Britse schepen varen door de Sont. Zij nemen hun aandeel in de Oostzeehandel. De Republiek mist nu de vloot om daar iets tegen te doen.
'Verwatering, versuffing, verwekelijking. Hier staat alles stil!' Jonge energieke kerels winden zich op over de tekenen van verval, die door de gouden glinstering heen, nu zichtbaar aan het worden zijn. Al is de grondslag voor dit verval in de vorige eeuw door een té eenzijdige handelspolitiek gelegd, toch uiten velen hun kritiek op de huidige leiders van het land. Dat geeft een scheef beeld van de situatie, zoals die werkelijk is. Niet zozeer door verslapping of versuffing van binnenuit, maar veeleer door allerlei veranderingen van buitenaf, zet de langzame neergang in:
'De wereld heeft betere communicatie- en transportmogelijkheden gekregen. Dáárdoor komt het, dat Holland zijn belangrijkheid als stapelplaats van goederen verliest!' ontdekken scherpe zakenmensen en zij schakelen over naar een ander handelsgebied.

Vooral in het geldwezen zien zij een goede boterham.
'Het ontbreken van eigen grondstoffen begint te tellen!' ervaren de kooplieden. Nu Engeland en Frankrijk opkomen, ondervinden zij de concurrentie en de vijandige handelspolitiek van hun vroegere leveranciers. Ook zij hangen hun huik naar de wind.

Er is nog durf en ondernemingslust genoeg. In enkele sectoren gaat het economische leven achteruit. Op andere gebieden is er duidelijk sprake van vooruitgang en groei.

En dan is er het punt van het geringe bevolkingsaantal. De Republiek was groot in zijn soort, maar het soort was niet groot genoeg! Intelligente jonge mensen nemen geen genoegen met de wereld zoals hij is. Zij komen met kritiek. Op hun reizen door Engeland en Frankrijk hebben zij nieuwe ideeën opgedaan.
'De absolute monarchie kan niet steunen op een goddelijk recht!' heeft John Locke in Engeland gesteld. 'Het volk heeft evenzeer onvervreemdbare rechten: om te leven, op vrijheid van mening, op medezeggenschap in het bestuur van het land!' Die woorden slaan evenzeer op het bestuur van het regentendom in de Republiek. De pronkerige rijkdom van hun eigen kring, vliegt de jongeren soms naar de keel. En als zij dan eens heftig debatteren met hun oude heer, komt er al gauw een wending in het gesprek: 'Oom Christoffel Brants heeft ons uitgenodigd voor een tuinfeest in zijn lustoord aan de Vecht. Ter ere van het tweede bezoek van tsaar Peter en Catharina. Oom Christoffel krijgt de benoeming van Russisch resident in de Republiek. Voor onze zaken, Egbert, zal dat een onschatbaar voordeel zijn!' Vaag gekoesterde idealen springen dan weer weg, als luchtbellen in een champagneglas.

Het tuinfeest, dat de schatrijke Christoffel Brants ter ere van de tsaar en tsarin geeft, overtreft in rijkdom, pracht en praal álles wat er op dit gebied ooit van een Hollands koopman is gezien. Nog weken later wordt erover gepraat. Het volk van Amsterdam kijkt zijn ogen uit, wanneer Brants op de Binnen-Amstel prachtige vuurwerken laat afsteken. Vrijwel niemand, die er schande van spreekt. De bewoners van de Republiek aanvaarden het bewind van de regenten, van wie ze zo afhankelijk zijn. Af en toe worden de hoofden geschud, als de zucht naar gewin wat al te duidelijk aan het licht komt. Dat is het geval, als een blinde speculatiekoorts vanuit Engeland en Frankrijk overwaait naar de Republiek:
'Muntgeld is niet nodig! Een natie kan papiergeld uitgeven, waardoor het kapitaal van de staat onuitputtelijk zal zijn!' Met die theorie heeft de financier John Law verbetering willen brengen in de wanhopig verwarde geldmiddelen van de Franse staat. Hij heeft te Parijs een 'Mississippimaatschappij' opgericht. Hij geeft aandelen uit. Die koersen daarvan lopen ongehoord snel op. Voor zijn kantoor drukken de Fransen elkaar bijna dood, om die aandelen voor 30 of 40 maal de waarde te verkrijgen. 'Dat kunnen wij ook!' bedenken enkele Britse kooplieden. Zij richten een 'Zuidzee Compagnie' op. De aandelen stijgen tot boven de 1000 %.
'Dát is nog eens zaken doen!' zeggen dan ook begerige, derderangs bankiers in de Republiek. Allerlei duistere maatschappijen schieten als paddestoelen uit de grond: in Middelburg, Vlissingen, Gouda, Zwolle, Steenwijk, Harlingen, Muiden en Den Haag. Overal boren bankiers nieuwe projecten aan: 'Wij maken van Utrecht een havenstad!' belooft een linke groep.
'Enkhuizen zal zijn oude glans herwinnen!' beweert een andere maatschappij.
'Woerden zal groot worden door de fabrieken, die hier door ons zullen worden gesticht!' heeft weer een ander stel handige heren bedacht. Allerlei aandelen vliegen met stijgende koersen door de republiek. Beunhazen, maar ook kooplieden van fatsoen, vullen de herbergen en het Engelse en Franse koffiehuis. Tot diep in de nacht gonst het rumoer rond de handel in aandelen door de gehele Kalverstraat:
'Ik bied 325 gulden!'
'Geef mij er tien tegen de koers van 405!'
'420!'
'500!'

En dan valt de klap. Eerst in Frankrijk, waar John Law zijn kantoren sluit. (Hij vlucht naar het buitenland en sterft arm!) Dan zakken de aandelen van de Engelse Zuidzee Compagnie (van 1000 naar 130!). Zoals het een eeuw eerder met de windhandel in de tulpebollen liep, zó komt er ook aan die aandelenzwendel een eind.
'Groot Tafreel der Dwaasheid!' staat er op spotprenten. Honderden mensen zijn bankroet gegaan.

Het is geen wonder dat de jongere mensen — als reactie op het toenemende materialisme — zich wat meer gaan richten op het leven van de geest. Nieuwe geestelijke stromingen ontstaan vooral in het buitenland. Als gevolg daarvan zoeken ook idealisten in de Republiek naar betere antwoor-

De kraamkamer, door Cornelis Troost (1696-1750). Soms kregen kleine kinderen uit de regentenkring, terwijl ze nog in de wieg lagen, reeds een baan met een aantrekkelijk inkomen toegeschoven.

Einde Tachtigjarige Oorlog – Patriottentijd

Interieur van het Theaterinstituut te Amsterdam. Op de muren 18de eeuwse wandschilderingen vervaardigd door Jacob de Wit en Isaac de Moucheron.

Boerhaave met zijn gezin in 1722, door Aert de Gelder (1645-1727).

den op het verwarde bestaan. Bij velen heerst de hoop, dat de menselijke rede het instrument is, waarmee een nieuwe leefwijze te verwezenlijken is.
'Je moet Robinson Crusoë maar eens lezen, mijn waarde. In dat boek laat Daniël Defoe zien, wat een mens op een onbewoond eiland met zijn verstand en zijn rede kan bereiken!' Het boek is in 1720 vertaald.

In de Oostenrijkse Nederlanden zoekt August Hermann Francke het antwoord in een praktisch christendom, dat zich op de naasten richt. Te Halle sticht hij (zonder middelen) een weeshuis en een armenschool. Vele bezielde studenten geven daar als onderwijzer gratis les.

Graaf Von Zinzendorf begint zijn gemeenschap van Herrnhutters, die ook in de Republiek vertakkingen krijgt. De Broedergemeente te Zeist zal zich vooral gaan wijden aan de zending onder de negerslaven in de West. In Engeland hebben de rechtschapen, vreedzame quakers, die het voorbeeld van Jezus in de praktijk willen brengen, het zwaar te verduren gehad. Vanwege vervolgingen en schandalige processen zijn velen van hen naar Amerika uitgeweken met hun leider William Penn.

'Wij zullen daar een vrije kolonie vormen, ten bate van de gehele mensheid!' heeft Pann op pamfletten laten drukken. Die worden in vier talen over Europa verspreid.

Duizenden idealisten — en families die in Duitsland, Engeland, Frankrijk of Oostenrijk worden vervolgd om hun geloof — wijken nu naar Amerika uit.

De Verlichting, zoals dat zoeken naar nieuwe vormen, naar een nieuwe benadering van het bestaan wordt genoemd, breekt langzaam door. Juist omdat de Republiek in vroeger jaren zo voorop liep, gebeurt er nú weinig.

Met de 'verwatering, versuffing en verwekelijking' valt het overigens nog wel mee.

Het is gewoon een heel moeilijke tijd. Dat is merkbaar in leven en politiek hoewel er best nog het een en ander gebeurt.
'Boerhaave, Europa!' Als dát adres op een brief staat, waar ook vandaan, dan glijdt hij bij de beroemde Leidse hoogleraar in de bus, zo zegt men. Hij is een groot man. Dat staat wel vast:

'Oprecht, zonder geheimzinnigheid, zonder inbeelding, dienstvaardig, goedhartig en vriendelijk. Niemand weet iets op hem aan te merken dan zijn sjovele kleding!' wordt over de beroemde Herman Boerhaave gezegd. Hij is een fenomenaal geneesheer en zijn mensenkennis is groot. Dat bewijst hij, als er in het weeshuis van Katwijk een soort epidemie van zenuwtoevallen heerst. Er klinkt gegil en geschreeuw.

Kinderen en allengs ook leidsters rollen hysterisch over de grond. De een steekt de ander aan en niemand weet raad. Dan wordt Boerhaave gehaald. Hij roept de verzamelde kinderen dreigend toe:
'Wie van nu af aan nog één zenuwtoeval krijgt, zal ik met een gloeiend brandijzer merken!' op slag is het met het hysterische gedoe gedaan.

Boerhaave is het soort geneesheer, dat de Franse ambassadeur rustig enkele uren laat wachten, als hij met eenvoudige mensen bezig is. Dat is vrij ongewoon voor die tijd.

Zijn kennis en belangstelling beslaan een breed vlak. Zijn baanbrekende dissertaties worden hier te landen misschien wel wat overschat. Boerhaave zelf is de eerste, die niet zijn grootheid en successen, maar zijn eigen onkunde erkent:
'Men heeft een té hoge dunk van mij,' schrijft hij op zijn sterfbed. 'Aangetast door een ziekte, die me noodlottig zal worden, ken ik er zelf niet eens de oorzaak van!'

Op het gebied der kunst drijven de kunstenaars in de Republiek steeds meer op naäperij uit het buitenland. De blindgeworden De Lairesse geeft zijn *Groot Schilderboek* uit — vol diepzinnige verhandelingen over de schilderkunst. Zijn werk wordt alom bewonderd, maar de woorden klinken toch wat armetierig en hol. Zijn manier van schrijven bewijst haast al, dat de schilderkunst tot stilstand is gekomen. Alleen de knappe Cornelis Troost steekt boven zijn middelmatige kunstbroeders uit. Hij vereeuwigt de deftige regenten met een fijne spot. Anderen houden zich bezig met het beschilderen van panelen in een rijke eetsalon. Of zij penselen roze engeltjes op het plafond.

Pieter Mortier heeft een prachtige platenbijbel op de markt gebracht. Jan Luyken, Bernard Picart, Ottomar Elliger en Jan Goeree hebben voor die *Historie des Ouden en Nieuwen Testaments* meer dan 350 platen in koper geëtst. 'Ik hoop dit boek een groter begrip voor de Bijbel mogelijk te maken!' heeft Mortier gezegd.
'Verwacht je daar veel van?'
'Nee,' zegt Mortier. 'Want dan most men mensen hebben die anders gemaakt zijn als degenen, waarvan de wereld zo vol is!'

Een nuchter Hollands woord. De mensen zijn zoals ze zijn: 'In zonde geboren en geneigd tot alle kwaad!' staat in de catechismus. Bewijzen daarvoor zijn er volop: Bij de Latijnse school op de Singel vist men een deerlijk verwond mensenhoofd uit het water op. Het is gewikkeld in een wollen dweil. Later vindt men nog een been. Dan een arm. De schout staat voor een raadsel.

Over pruiken, bokkepruiken en regenten

De overlieden van het gilde der chirurgijns delen weduwen en wezen 3 gulden per maand uit, in plaats van per week. De rest gaat in de eigen zak! Een rel in de jodenhoek, waar een schipper het aan de stok krijgt met enkele joodse mannen. Ze staan met brandende pijpen bij een droge lading hooi:
'Lelijke smousen!' Het scheldwoord typeert, dat ze nog niet als gelijkwaardige burgers worden gezien. Zes joodse jongens springen toe. Ze trappen de schipper in elkaar. In de zondige wereld zijn de mensen nu eenmaal, zoals ze zijn!

Op een verhoging voor het stadhuis staan twee bordeelhoudsters *aan de kaak*; 'Smerige hoerwaardinnen!' Het volk hoont en scheldt en lacht. Men gooit met vuil en drek. Terugscheldend en dan weer gelaten verdrietig, worden door die vrouwen alle vernederingen ondergaan.
'Vandaag is er weer justitie gedaan,' mompelt een koopman tevreden. Hij vindt het een zegen, dat de schout flink let op het schoeljie van de stad.
'Er zijn er 30 gegeseld en 10 gebrand. Meest dienstmeiden, die hun mevrouw hadden begapt!' Het gerucht gaat, dat het dienstmeisje van dokter Reynestijn onschuldig is gestraft. Het volk komt in protest de straat op. Men trapt luiken en deuren bij de dokter in en slaat de boel kort en klein.
'Ziezo!' Ze zijn weer van wat onlustgevoelens en agressiviteit bevrijd. Jan Six krijgt het dubbele postmeesterschap op Antwerpen. Inkomen per jaar: 11.000 gulden. Jan Six ligt nog in de wieg.

Ja, de mensen mosten anders wezen dan degenen, waarvan de wereld zo vol is. Maar zij zijn dat niet!

De Zuidelijke Nederlanden (waaronder Roermond) vallen onder het bewind van Oostenrijk, dat zich in weinig van de Spaanse en tussentijdse Franse opperheerschappijen onderscheidt.
'Dit land moet zijn privileges verliezen, anders verliezen de privileges het land!' Dat is een spitsvondig grapje van de Oostenrijkse (plaatsvervangende) landvoogd, de markies De Prié. Het wordt een uitgangspunt van zijn bestuur. De markies breekt de invloed van de adel, ontneemt de gilden alle macht en schuift de privileges aan de kant.
Onder aanvoering van de stoelenfabrikant Frans van Anneenssens barst in Brussel een opstand uit. Maandenlang zijn rumoer en gewelddaden aan de orde van de dag. Dan trekken Duitse troepen, zoals vroeger de Spaanse regimenten, Brussel binnen. De rust wordt met wapengeweld hersteld. Frans van Anneenssens, in ieder opzicht een voortreffelijk mens, komt als een misdadiger voor het gerecht.
Hij sterft op het schavot.
'Zijn moed en gelatenheid voor de dood maken hem tot één der sympathiekste figuren in de lange rij van mannen, die voor de stedelijke vrijheden hun leven hebben gegeven!' mompelen bedroefde Brusselaren en gelaten scharen zij zich nu onder het Oostenrijkse bewind. Reeds enkele jaren na de opstand meldt de markies De Prié aan het Oostenrijkse hof:
'Het volk is wellicht nog nooit zó gedwee en rustig geweest, als thans in alle steden van het land!'
De mensen zijn murw. Zij hebben hun portie gehad. Bovendien zien Engeland en de Republiek er scherp op toe, dat uit de Oostenrijkse Nederlanden geen concurrentie komt. De Schelde is nog steeds potdicht. Van de 100 weverijen in Antwerpen is geen enkele meer over. De eens zo bedrijvige wereldhaven is nu een stille, haast dode stad, die niet meer dan 30.000 inwoners telt.

Toch steken kooplieden in het Zuiden — om uit het slop te komen — nu de handen uit de mouw. Zij krijgen de steun van Karel VI van Habsburg. Op 19 december 1711 wordt een compagnie opgericht, die het monopolie voor de handel in West-, Oost-Indië en geheel Afrika in handen krijgt. Met grote bedragen uit Engeland en de (geldschietende) Republiek, wordt voor de Compagnie van Oostende het kapitaal van 6.000.000 gulden met vereende krachten bijeengebracht. Twee jaar later varen de eerste drie schepen de haven uit.
'Stel alles in het werk om de handel van dat land te breken en te schaden!' staat in een brief, die de Britse consul in Oostende uit Engeland ontvangt. Dat landgenoten geld in de Zuidnederlandse onderneming hebben gestoken, maakt in Londen weinig uit.
'Ik snij me liever de keel af, dan de Compagnie van Oostende het minste gemak te verlenen,' zegt een bewindsman in de Republiek. Rond het geval ontstaat grote onrust in de internationale politiek. Engeland dringt op krachtige maatregelen aan.

In Den Haag — waar de besluiten zo zeldzaam stroef worden genomen — komt een tegenoffensief nauwelijks op gang. Londen stuurt een ongeduldige brief naar de Engelse gezant in Den Haag:
'Het is verbijsterend, dat op dit kritieke ogenblik de Staten van Holland — aan het hoofd van een rijk en machtig volk — over kleinigheden blijven kibbelen. Om 's hemelswil, vermaan hen om zich wat flinker te gedragen, of zij zullen de spot van de hele wereld zijn!'
Om Oostenrijk, inzake de Compagnie van Oostende, tot de orde te roepen sluit Engeland met Frankrijk een verdrag. De trage Republiek volgt pas een jaar later. Zo krijgt een economische opleving in de Zuidelijke Nederlanden al meteen weer een genadeslag.
'We zullen moeten toegeven,' bedenkt Karel VI. Hij is niet in staat een oorlog in te gaan. Zo dierbaar zijn de Zuidelijke Nederlanden hem trouwens niet. Bovendien heeft hij nog een andere reden om op goede voet te blijven met Engeland en de republiek. Hartstochtelijk wenst hij, dat hij door zijn dochter, Maria-Theresia, kan worden opgevolgd. Om dáárvoor aanvaarding te winnen, offert hij de Compagnie van Oostende op.

Met welgevallen constateren de regenten in de Republiek, dat direct oorlogsgevaar niet langer bestaat. In de Zuidelijke Nederlanden kwijnt de handel weg en neemt nu de landbouw toe. Maria-Elizabeth, een andere dochter van de keizer, wordt er in 1725 met de landvoogdij belast.
'Groot is ze, en als wijwater zo vroom,' weet men al gauw over haar te vertellen. Met voldoening zien de Zuidnederlanders, dat Maria-Elizabeth deelneemt aan bedevaarten en op Witte Donderdag de voeten van de arme vrouwen wast. Aan haar statige hof, dat jaarlijks 560.000 gulden

Houten strafton uit de 18de eeuw, die in Leiden gebruikt werd voor overspelige vrouwen.

417

Einde Tachtigjarige Oorlog – Patriottentijd

Willem IV als ridder in de Orde van de Kouseband. Anoniem schilderij.

opslurpt, is zij door Oostenrijkse en inheemse aanzienlijken omringd. Ondanks Duitse invloeden, neemt de verfransing — zoals aan alle hoven van Europa — sterk toe. In de Zuidelijke Nederlanden breken nu eindelijk jaren aan van vrede en rust.

Onder Simon van Slingelandt, die in 1727 raadpensionaris is geworden, zet de Republiek — althans min of meer — haar politiek van neutraliteit voort. Het land kan ook moeilijk anders met een veronachtzaamd leger en een verwaarloosde vloot. Met buitengewone helderheid heeft Van Slingelandt keer op keer aangetoond, hoe funest het ontbreken van een krachtige, centrale regering is. Zijn verhandelingen, hoe de inrichting van de Republiek verbeterd kan worden, ontmoeten instemming en bewondering, maar geen der gewesten wil iets offeren van de eigen souvereiniteit. Ook op internationaal gebied levert Van Slingelandt enkele belangrijke bijdragen, bedoeld voor het bewerkstelligen van de vrede in Europa.

Tijdens zijn bewind krijgt Van Slingelandt te maken met regenten in Friesland en de anti-Hollandse adel in Gelderland, die zich beijveren voor de prins. Heel wat predikanten steunen nog steeds de zaak van Oranje. Er komen soms verheven gedichten aan te pas:

Vaar voort Oranje, zo te leven
En toon dus telkens met de daad
Aan hen, die vaak daartegen schreven,
Hoe nut uw ambt is voor de staat…

De meeste regenten zien dat nut niet. Integendeel:
'Het erfstadhouderschap is zeer gevaarlijk voor de vrijheid, zo niet onverenigbaar daarmee!' schrijft Lieven de Beaufort. Hij prijst de eerlijke, deugdzame bestuurders van het vaderland. Zij zijn in zijn ogen 'zo zacht, zo aangenaam en zo heilzaam voor de onderdanen, als een redelijk mens van Gods zegen zou mogen verwachten!' Die woorden lijken een lacher, maar ze zijn het allerminst. De heren regenten genieten in vele gevallen inderdaad een zeer groot aanzien. Zij regeren dan ook vanuit een haast vanzelfsprekende onaantastbaarheid. En zoals de kaarten in die jaren liggen: één regent is nog steeds een paar honderd burgers waard, zover het macht, invloed en prestige betreft.

De prins van Oranje, die in Franeker en Utrecht heeft gestudeerd, krijgt voorlopig geen kans zijn invloed te verstevigen. De weg naar het markiezaat van Veere (Eerste Edele in de Statenvergadering van het Zeeuwse gewest); de weg naar het opperbevel van het leger; de weg naar opneming in de Raad van State liggen volledig voor hem geblokkeerd. In 1733 trouwt prins Willem IV met prinses Anna, de oudste dochter van de Engelse koning, George II.
'Wie weet kan dat huwelijk ertoe bijdragen, dat de prins tot stadhouder wordt benoemd en dat de Republiek dan wat krachtiger zal optreden als onze bondgenoot!' hoopt de regering in Engeland. Zonder de Republiek kunnen de Britten weinig beginnen op het vasteland van Europa, waar zij Spanje en Frankrijk tegenover zich zien.

Het is een buitengewoon moeilijke tijd voor de Republiek. Onder de bekwame Simon van Slingelandt slaat men er zich — gezien de mogelijkheden — aardig goed doorheen.

Plannen tot hervorming van de belastingen, lopen op niets uit. De heren, die de belastingen pachten — en met verklikkers en verspieders te werk gaan — maken zich zeldzaam gehaat. De belastingdruk wordt zwaar gevoeld. De praktijken van sommige belastinginners maken er de stemming niet beter op:
…'s Lands kasverkrachters
Bloedzuigers, eervergeten pachters
Ten spijt der schamele gemeent
Van hen geknaagd tot op het gebeent!

Zelfs hervormer Simon van Slingelandt doet mee aan de praktijken, die zo ondermijnend zijn. Hij koopt voor zijn zoon het drostambt van Breda. 50.000 Gulden is de prijs, die hij ervoor betaalt. Aan zoonlief nu de taak, om dat bedrag in de kortst mogelijke tijd terug te verdienen. Het volk mokt, kankert, schimpt zo af en toe op de wantoestanden, die achter de fraaie pruiken en schitterende buitenplaatsen verscholen gaan.
'Tap op, man. Schenk in… Zuyp uit!' Een deel drinkt zijn onvrede weg met jenever of brandewijn. (De kroegbazen zetten nog steeds onstellende hoeveelheden drank om!) Twistgesprekken over de grote heren, wie er wel en wie er niet een plaats verdienen in de magistraat:

Goon, wat bekommeringe en zorgen in d'achterstraten
In kroeg en koffiehuis! Bij sjap en brandewijn!
Wie voor dit lopend jaar 't volks vaders zullen zijn
Elk doet niet anders dan van zijn regenten praten...
'A is een wijs heer, vol oordeel, boven maten!'
'Maar B verstaat zeer grondig zijn Latijn!'

De kleine burgers, die het meest van de slapte te lijden hebben, winden zich hevig op als er nieuwe verkiezingen zijn — ook al bezitten zij zelf geen enkele stem. Als de ruzies hoog oplopen, liggen de messen in een ommezien in de hand:
'Rats!' Een haal over een wang. 'Hei je genoeg?'
'Ja. Steek je mes maar op!' Als de rust in de kroeg na zo'n vechtpartij is weergekeerd, gaan de gesprekken over rauwe details van het leven voort:
'Brasser, hei je het gehoord van die hoer?'
Een hoer, als verklikster in dienst van de justitie, werd doodgestoken achter de Zuiderkerk. Ze was vijf maanden zwanger. De dader blijft onbekend. Moorden — en ook zelfmoorden — behoren tot de orde van de dag.
'Héé, hei je het gehoord van Pieter Vuyst?' Pieter Vuyst, oud-gouverneur van Ceylon, is wegens wandaden aangeklaagd. De schepenbank heeft hem veroordeeld tot een gruwelijke straf. Zittend op een stoel op het schavot, snijdt de beul hem na zijn veroordeling de keel af. De scherprechters laten hem doodbloeden. Gevierendeeld en verbrand, smijt men de resten van Pieter Vuyst tenslotte in zee.

Soms zijn er schandaaltjes, waar de hele stad plezier aan beleeft: 'Hei je het gehoord van Van der Grijp?' De 21-jarige Van der Grijp, klerk van het Amsterdamse weeshuis, is begonnen met niets. Nu bezit hij een huis op de Herengracht, een buitenplaats in Bennebroek, een stal met 20 paarden en 25 dure jachthonden, die zilveren koppels dragen. Naast zijn vrouw onderhoudt Van der Grijp nog drie meisjes van plezier. De weesmeesters zijn uiterst tevreden over hun ijverige, welgestelde klerk, tot ze eindelijk ontdekken, dat hij het weeshuis voor tonnen heeft opgelicht.

'Hij is met alles wat hij nog bezat naar Brussel gevlucht. Zijn vrouwtje van 19 liet hij achter met twee kinderen en een derde op komst!'
'Dát had-ie nou niet moeten doen, buur!'
In de kroegen heerst woede, dat in enkele jaren 40 koopvaarders door de Algerijnse zeerovers werden buitgemaakt en dat 900 Hollandse matrozen zuchten in een Algerijnse gevangenis.
'Smadelijk, buur!'
'Maar er komen nu Engelse scheepsbouwers naar de republiek voor de modernisering van de vloot!'
'Da's nog smadelijker! Engelse bootbouwers! In dit land! Wat een neergang, God beter 't...' En dan praten ze weer over een sjees met twee paarden, die te water is geraakt. Over de verkeersongelukken die toenemen. Over de pasgeboren baby, die met een gebroken nek uit de Baangracht werd opgevist.

Terwijl het volk in de kroegen rumoert, kijken glimlachende plafondengeltjes op de welgedane regenten neer.

In de wereld vol tegenstellingen glipt een stukje vitaliteit uit de mensen weg. Zélfs de schrijvers bezitten niet langer de felheid en hartstocht, die zo kenmerkend lijkt voor hun beroep. Het zijn nette burgers. Als hoogste doel zweeft hen voor ogen: de maatschappij verheffen in deugd en fatsoen. Justus van Effen is ongetwijfeld de grootste onder hen. In Engeland heeft hij kennisgemaakt met de samenstellers van het tijdschrift *The Spectator*. Met dat voorbeeld voor ogen heeft hij de *Hollandse Spectator* opgericht. Proeve van zijn proza: 'Ik zal alleenlijk maar zeggen, dat het voor mij de vermakelijkste klucht is, nu en dan een uurtje te passeren in zekere Koffiehuizen, waar jonge pennelikkers, Barbiers-gasten en andere burgerzoontjes na hun gedane werk een pijpje roken, of op een Billiard à la guerre spelen. 't Is een vermaak te horen, hoe de halfwassen brasempjes malkanderen de naam van Mijnheer naar 't hoofd smijten, en dat zelfs op zijn hoffelijkst in de derde persoon, als bijvoorbeeld: "Maar Mijnheer! Hoe kan Mijnheer dat zeggen. Mijnheer weet immers wel beter?"...'

Zich beroepend op de redelijkheid en de deugd, schrijft Justus van Effen over de zeden van zijn tijd, over mode, aanspreektitels, familiebezoek, goed en kwaad. Een beminlijk man, die — vanuit het heden bezien — zijn begaafde schrijverspen niet erg diep zet in de ongezonde maatschappij om hem heen. Hoe zou hij ook? Heel Europa ligt immers in de vanzelfsprekende greep van het aristocratisch bestel?

Met veel minder pretentie — en daarom sympathieker — schrijft de eenvoudige landbouwer Hubert Cornelisz. Poot, die bij de dood van zijn dochtertje de aandoenlijke regels dicht:

Jacoba tradt met tegenzin
Ter snode wereld in
En heeft zich aan het eindt geschreid
In haere onnozelheid
Zij was hier naeu verschenen
Of ging wel graag weer henen...

De snode wereld applaudisseert ondertussen (want 'klappen' doen de schouwburg bezoekers niet meer!) voor de snaakse stukken van Pieter Langendijk, die ondanks de vele Franse comedies, toch op de planken worden gebracht. *Wederzijds Huwelijksbedrog*, *De Windhandelaars* en *Spiegel der Vaderlandse Kooplieden* vermaken een lachtlustig publiek. Hoognodige zoden voor vernieuwing zetten zijn toneelscènes niet aan de dijk.

En natuurlijk zijn er talloze geschriften van de dominees. Enkelen van hen vrezen nog steeds de invloed van de paus. Anderen keren zich nog heftig tegen de ketterij — alsof het een beest is, dat men de bek moet snoeren:

Men kramme het wilde zwijn de bek
En brand' het, wat geknor het make
De steile borstels van de nek...

Een proeve van een predikant!

De jaren dertig van de 18de eeuw sudderen voorbij. Steeds meer reders hebben moeite voldoende ladingen te vinden voor hun schepen. De koopvaardij loopt terug. Zij, die de economische vrijheid steeds zo zeer hebben voorgestaan, vragen nu om beschermende rechten aan de overheid:
'Bescherm de binnenkomende goederen!' zegt een deel van de kooplieden.
'Nee, de uitgaande goederen!' zeggen de anderen met klem. De bedrijvigheid op de scheepswerven, in de mastmakerijen, de touwslagerijen, de scheepsbeschuit-in-

Scène uit het toneelstuk De wiskunstenaar of 't gevluchte juffertje van Pieter Langendijk uit 1715. Cornelis Troost beeldde het tafereel uit waarin de draak gestoken wordt met de geleerden, die na de maaltijd met de restanten van het maal de loop van de planeten trachten te bepalen (1741).

Einde Tachtigjarige Oorlog – Patriottentijd

Keizerin Maria Theresia, door J.E. Liotard (1762).

dustrie, en de ankersmederijen, loopt zienderogen achteruit. In Amsterdam, waar vrijwel geen woning te krijgen was, staan aan het eind van de jaren dertig 400 huizen leeg! De uitkeringen van de compagnie dalen in magere jaren van 40 naar 12 1/2 %. Dat vindt mede zijn oorzaak in de schaamteloze knoeierijen op de kantoren in de Oost.

Af en toe lopen daar duizenden Chinese koelies van het werk weg, omdat zij genoeg krijgen van de kettingstraffen, geseling, verbanning en ophanging, die zij voor kleinere en grotere misdrijven moeten ondergaan.
'Lo Ta-lin, Wang, Hu en Tse, we blijven hier niet! Kom met ons mee!'
Een opstand van al die rondzwervende Chinezen dreigt. De Europeanen en Javanen raken in paniek:
'Ruim de stad van Chinezen!' Plunderend, brandend en moordend werpen zij zich op de woningen van de Chinezen in de stad. Vrouwen, kinderen en zelfs ouden-van-dagen worden niet ontzien. Acht dagen lang raast het geweld door Batavia heen.
'Omstreeks 10.000 Chinezen werden gedood,' wordt met de nodige overdrijving gemeld. Al is het aantal stellig veel kleiner geweest, het kost gouverneur-generaal Valckenier zijn baan. Hij eindigt zijn leven te Batavia in het gevang.

Het feestmaal, dat heren van de Oostindische Compagnie in Zeeland elkaar als afronding van de zware werkzaamheden aanbieden, is ondanks de opstand niet soberder dan voorheen:
'Twee soorten zeevis en twee soorten riviervis. Twee witte en twee bruine soepen. Twee warme en twee koude pasteien. Een schotel met 12 soorten groente. Duiven in gelei. Kippen in gelei. Kalkoen à la dobe, zilt en rollade. Fazantenpastei. Patrijzen-, haas-, haan-, kiekenpastei. Een varkensbout...' Af en toe lopen de heren naar het secreet (dat is het nette woord), maken daar wat ruimte en zetten dan de maaltijd voort:
'Een warme gezoden ham. Een warm paterstuk. Popton van oesters. Popton van karper. Twee krakan-taarten en vier compotes, amandel-, kersen-, pruimen-, abrikozen-, appel-, kwee, en citroen-taarten. Een pudding!' Ze heffen de glazen: Dat het de compagnie goed mag gaan. De láátste ronde begint: 'Een gefarceerde snoek. Een karper à la royale. Een gefarceerd kieken. Een kapoen met oesters...' Dan volgt de dankzegging: Een lang en goed gebed.
'Een láátste glaasje na de gratie?' Na het 'amen' nog snel even *one for the road!* Voor de vrouwen is slechts te hopen, dat de heren na afloop van dat diner naar hun maîtresses gaan. Die gewoonte raakt meer en meer in zwang.

Bij de Westindische Compagnie schrijft Jacobus Eliza Joannes Capitein een stukje kleurrijke geschiedenis. Als 11-jarig negerslaafje kwam hij naar de Republiek. Hij werd daar automatisch een vrij mens. Zijn voormalige eigenaar en enkele vrienden hebben hem in Leiden laten studeren in de theologie. Aan het eind van zijn studie houdt hij een academische oratie:
'De slavernij is wettig!' stelt de jonge negerpredikant. Hij bewijst dat met een aantal teksten uit de Heilige Schrift.
'Zie je nou wel!' Verheugd zwaaien de Hollandse slavenhandelaars met de oratie, die in druk is verschenen en zelfs enkele herdrukken beleeft. 'Die neger zegt het zelf!'

Hoe hypocriet is hun geweten weer gesust.
Dominee Jacobus Eliza Joannes Capitein wordt door de compagnie naar Elmina gestuurd. Daar sticht hij een school voor negerkinderen en vertaalt er het Onze Vader en de Tien Geboden in de taal van het land. Dan verwekt hij een schandaal, omdat hij met een *ongedoopt* negerinnetje een romance beleeft. (Ongedoopt, dat gaat toch niet!). Het gevolg is, dat dominee Capitein haastig een meisje uit Utrecht huwt, zich aan de handel gaat wijden en overladen met schulden sterft: een verdrietig slachtoffer van een wereld, die zijn eigen schijnheiligheid slecht doorziet.

Nieuwe generaties komen en de oude generaties sterven uit. De begrafenissen in de Republiek — voor de gegoede burgers gebeurt dat altijd 's avonds! — gaan gepaard met overdreven weelde en rijke maaltijden, die door de hoeveelheden drank ontaarden in uitgelaten vrolijkheid.

De altijd aanwezige, alles bedekkende schaduw van de dood verheft zich opnieuw donker en dreigend boven de Republiek, als een nieuwe oorlog uitbreekt.

De Oostenrijkse successieoorlog

De machtsverhoudingen in Europa hebben zich gewijzigd. In het westen voeren Engeland (met de Republiek als een wat halfslachtige bondgenoot) en Frankrijk (met Spanje in haar zog) een verbeten duel om koloniën, om handelsbelangen, om de macht ter zee. Dat heeft tot tal van incidenten geleid in Spaans-Amerika — tot grote ergernis van de Britse slavenhandelaars, de eigenaars van katoen- en suikerplantages, de reders van smokkelschepen.

'Dit is het oor, dat de Spanjaarden mij hebben afgeslagen!' roept kapitein Jenkins in het Britse parlement. Hij heeft zijn zorgvuldig bewaarde oortje uit een doosje gehaald en vervolgens zo'n gloedvolle rede gehouden, dat in 1739 een oorlog uitbreekt tussen Spanje en Engeland.

In centraal Europa betwisten Oostenrijk en het snel opgekomen Pruisen elkaar de macht. Met flinke legers streven beide landen naar uitbreiding van hun gebied. De Pruisische vorsten hebben 'dienstplicht' ingevoerd — en de grootste kerels van Europa laten ronselen voor de lijfwacht aan hun hof. De cynische, kunstzinnige Frederik de Grote, die niet langer in God gelooft, beschouwt zich, als 'verlicht vorst', de dienaar van het volk. Hij heft de censuur zelfs op:
'Mijn volk mag zeggen wat het wil. Ik alleen kan doen wat ik wil!'

Dat doet hij ook! In 1740 laat hij zijn troepen Silezië bezetten, hoewel dat aan Oostenrijk behoort.

In Oostenrijk is de knappe Maria Theresia haar vader Karel VI van Habsburg opgevolgd. Ondanks alle verzekeringen van de Europese machten, wordt de troon haar nu betwist. Pruisen, Beieren, vervolgens ook Frankrijk en Spanje keren zich tegen haar en rukken met legers op. Engeland en de Republiek steunen haar nauwelijks of niet.

Zo neemt de Oostenrijkse successieoorlog een aanvang. Het is een soort burgeroorlog in het Heilige Roomse Rijk, waarin een aantal Duitse vorstendommen opstaan tegen de Weense monarchie. Een strijd ook van Habsburgers tegen de Bourbons.

'Stuur mij toch hulp, zoals is toegezegd!' smeekt Maria Theresia aan Engeland en de Republiek, als haar land door Pruisische, Beierse en Franse troepen wordt overlopen.
'Wij moeten haar steunen!' vindt raadpensionaris Anthonie van der Heim, die Van Slingelandt is opgevolgd. 'Als wij niet meedoen, worden we straks in de buitenlandse politiek volledig buitenspel gezet!'

Van der Heim is een bekwaam en fatsoenlijk man, maar een krachtfiguur is hij niet.

Hoewel hij de meerderheid achter zich krijgt, moet ook hij ervaren, dat besluitvorming in de Republiek tot de onmogelijkheden behoort. Eenparigheid van stemmen wordt niet bereikt. Maanden, vele maanden gaan voorbij, als voorstanders van oorlog en voorstanders van vrede elkaar in de haren zitten, kibbelen over de uitbreiding van leger en vloot (dat kost geld en wie betaalt dat?), eindeloos beraadslagen over het opperbevel en dat soort zaken meer.

De Oranjegezinde gewesten Friesland en Groningen spreken zich tegen de oorlog uit. Zo ook de pensionaris van Dordrecht. De prinsgezinde Friese edelman, Willem van Haren, is er juist vóór. In de oorlog zullen de kansen voor Willem IV om in Holland en Zeeland stadhouder te worden, aanzienlijk stijgen. Dat denkt ook de uit Engeland afkomstige Willem Bentinck, heer van Roon, zoon van de vriend van Willem III. Als jong lid van de ridderschap van Holland pleit hij voor een krachtig samengaan met Engeland.

In hun streven ondervinden Van Haren en Bentinck maar weinig steun van prins Willem IV. Nu zijn erfenis eindelijk is geregeld, heeft hij de Nassause gebieden in bezit gekregen. Hij heeft zich naar de rijksdag in Frankfurt begeven, die tegen Maria Theresia is gericht. De Engelse koning — uit het huis van Hannover — pleit voor neutraliteit. Dat heeft weer tot gevolg, dat ook het machtige Amsterdam niets voor een oorlog voelt:
'Troepen zenden? Dat brengt te hoge kosten met zich mee. De handel loopt toch al zo slecht!'

De publieke opinie keert zich echter tegen die opvatting van de magistraat. Vooral de vurige gedichten van Willem van Haren, lid van de Staten-Generaal, dragen er toe bij, dat verontwaardigde Amsterdammers hun vuisten beginnen te ballen:

Ontaarden! Ik zal dan, wil niemand met mij streven
Alleen, alleen het oorlogszwaard
Opheffen en alleen de vrijheid met mijn leven
Beschermen! Voor geen dood vervaard...

Op de bruggen en straathoeken worden die woorden geciteerd. De stemming schuift naar een kookpunt. Na enkele rellen en hongeroproeren kiest de Amsterdamse magistraat (de publieke opinie heeft toch wel invloed!) eieren voor zijn geld.

De heren stemmen erin toe, dat het leger met 20.000 man wordt uitgebreid. Zo doet ook Dordt.

In de toenemende onrust begint weer het oude lied: van stadhouderloze regenten en van een prins, die niet zonder die regenten heersen kan en wil. Alleen wordt dit keer het lied gezongen door minder kordate figuren dan voorheen. Géén Oldenbarnevelt en Maurits. Géén Johan de Witt en Willem III. Dit keer zijn het de ijverige Van der Heim en de weinig doortastende Willem IV.

Pamflettenstrijd. Donderpreken van een aantal predikanten. Het hongerige en ontevreden lagere volk, dat nu weer harder begint te roepen om de prins. In de onmachtige, besluiteloze, steeds weer ruggespraak houdende Staten-Generaal, gaan de dagen, de weken, de maanden en zelfs jaren voorbij.

'Ik wacht tot ik word geroepen door de meerderheid der regenten,' is het standpunt van de prins. Willem Bentinck, die gestadig groeit naar het leiderschap der Oranjegezinden, wordt er soms wanhopig van. Pas door gebeurtenissen van buitenaf, worden er in de Republiek tenslotte toch enkele belangrijke knopen doorgehakt:

In 1744 sterft de 90-jarige kardinaal Fleury, die tot dan het bestuur over het verarmde Frankrijk heeft gevoerd. Lodewijk XV, nu oud genoeg, neemt de macht in eigen hand. Dan krijgt de oorlogspartij in Frankrijk de overhand. Opgehitst door zijn hovelingen en maîtresses, verklaart de koning de oorlog aan Engeland.

De Republiek onderhandelt. Frankrijk heeft immers beloofd geen aanval op de Zuidelijke Nederlanden te zullen doen? Engeland laat krachtige protesten horen. Op steeds dreigender toon worden eisen gesteld:
'Versterk onze vloot! Voer toch een krachtiger beleid!' Na slapeloze nachten sturen de Staten-Generaal een vloot van 20 schepen naar zee. De 72-jarige Hendrik Grave krijgt het opperbevel als luitenant-admiraal. De Britse zeeofficieren geloven hun ogen niet, als zij het zooitje zien:
'Damn it. Look at that!' vloeken ze, eerst verwonderd en daarna kwaad. De Nederlandse schepen munten uit door ongeoefende matrozen, onvoldoende proviand en onbekwame kapiteins. Onder spot en hoongelach keert het troepje al vrij gauw naar de eigen havens terug.
'Alle admiraliteits-colleges in de Republiek kunnen gezamenlijk nog niet eens één enkel schip uitrusten!' luidt het schampere commentaar van minister Chesterfield.
'Argumenten hebben geen kracht meer in de anarchie van de Republiek!'

Er komt voor de Britten nog meer reden tot ergernis, als de Franse gezant de Staten-Generaal met vriendelijke woorden komt vertellen, dat zijn land het offensief tegen de Oostenrijkse Nederlanden begint.

Einde Tachtigjarige Oorlog – Patriottentijd

'Those bloody cowards!' Een gehuil van verontwaardiging stijgt in Engeland op, als de barrière-vestingen in het Zuiden — met garnizoenen van de Republiek — zonder noemenswaardige strijd in Franse handen overgaan. Engeland zelf presteert overigens niet veel meer! De verontwaardiging in de Republiek is minstens even groot.

Verlies aan troepen. Verlies aan geschut. Krijgsraadzaken. Ruzies tussen de bevelhebbers. De woede daarover onder het volk blijft niet uit:

'Lafaards!' schreeuwen nijdige burgers in de Hollandse steden tegen iedere militair die zij tegenkomen op straat. Het zijn meest huurlingen, want vechten wordt nog niet door de burgers gedaan.

Ook Justus van Effen schrijft zijn indrukken op:

'Zelfs krijgslieden, die voor 't Vaderland 't leven hebben gewaagd... worden als de grootste jakhalzen behandeld en zelfs met bedelaars en het schuim van het mensdom gelijkgesteld!'

Woede en onmacht, nu Frankrijk opnieuw oppermachtig in de Zuidelijke Nederlanden staat. Vrijwel geruisloos en zonder schokken gaat het gezag van Oostenrijkers op Fransen over. Het blijkt lood om oud ijzer te zijn. De Zuidnederlanders schikken zich en een deel van hen voelt zich zelfs opgelucht:

'God lof, we zijn nu verlost van het Hollandse garnizoen!' klinkt het in Ieperen, Brugge, Knokke en andere steden van het land. 'En de Fransen hebben ons immers beloofd onze vorm van bestuur te zullen eerbiedigen?' Een Vlaams dichter (als hij die naam verdient) pent enkele vurige en blijde regels neer, nu hij ziet, hoe Hollandse soldaten in gevangenschap zijn geraakt:

> O lof! Vlaander, schept nu goeden moed
> Over 't geluk dat u de Heer doet
> Die verdrijft met groot gedruis
> Van hier dat kwaad, boos gespuis
> En... u een Christen-koning geeft...

Gent geniet de eer, de Christen-koning Lodewijk XV binnen muren te mogen hebben. Dat wordt de 3de Franse koning in 70 jaar! De Franse gouverneur treft voorbereidingen en richt ernstige vermaningen tot het stadsbestuur:

De trieste gevolgen van het beleg van Bergen op Zoom van 14 juni tot 16 september 1747, door S. Fokke.

'De pensionaris zal de eer hebben zijne majesteit toe te spreken. Maar met weinig woorden, messieurs!' De Gentse regenten knikken.

'Een ander van uw magistraten zal de stadssleutels op een schotel dragen en aan mij overhandigen. Gij zult acht geven, dat de gehele magistraat dan met één knie ter aarde buigt!'

'Jawel, zulle!' zegt het Gentse regentendom.

De Grote Raad van Mechelen wenst die vernederingen niet te slikken en treedt af.

Elders is er vrijwel geen verzet. Te Brugge wordt Lodewijk XV met gejuich begroet:

> Men hoorde niets als Frans
> Uit babbelen en schrijven
> Zo bij de Brugse wijven
> Als bij de jeugd en mans...

Nationale gevoelens bezit het Zuiden niet. Er groeit wel eensgezind verzet tegen de belastingen, tegen de dienstplicht. Allengs verlangt men weer terug naar het Oostenrijkse bestuur, dat toch milder bleek dan de Franse heerschappij. Gezegd moet worden, dat de regering te Wenen de Zuidelijke Nederlanden deksels graag zouden ruilen tegen een Italiaans hertogdom.

Er is ondertussen een werkwaardige situatie ontstaan. Engeland is met Frankrijk in oorlog, maar de Republiek nog steeds niet. Engeland trekt zijn troepen uit het Zuiden terug om een inval vanuit Schotland te keren, terwijl de Republiek nu extra troepen in Duitsland werft. De onderhandelingen met Frankrijk gaan paniekerig voort.

'Uit angst voor Engeland durven de Hollanders geen vrede te sluiten! Uit angst voor Frankrijk missen zij tot oorlogvoering de moed!' spot het buitenland. Al kan Frankrijk als vijand worden beschouwd, tot ergernis van de Britten varen de Hollanders en Zeeuwen onvermoeid de schepen vol contrabande naar het Franse kamp. Een fraaie spotprent in Engeland toont de wereld als een vette koe. Frankrijk en Spanje trekken het dier aan de horens. Engeland rukt het dier aan de staart. Ondertussen melkt het Hollandse boertje rustig de uier leeg!

Zo erg rustig gaat dat toch niet. De Oranjeklanten — en langzamerhand iedereen die ontevreden is — willen de prins als stadhouder bevestigd zien. Willem IV aarzelt. Hij wacht zijn tijd af.

'Niet de schreeuwstem van het volk, maar de regenten moeten mij verheffen,' meent hij en ongelijk heeft hij niet. Die regenten ervaren ondertussen, dat er niets tot stand kan worden gebracht. Er heerst verdeeldheid in de Staten-Generaal. Het gekonkel in de Staten van Holland is zonder eind. Allerlei verdachtmakingen ondermijnen de stadsregeringen, waarin familie-klieken nu weer wat feller tegenover elkaar zijn komen te staan. Van der Heim tracht Engeland voor vrede te winnen, terwijl Engeland (ook daar een oorlogs- en een vredespartij!) stookt om de prins te verheffen tot het stadhouderschap — hopend krachtiger steun van hem te zullen krijgen.

Honger. Werkloosheid. Relletjes, Geschreeuw. Willem Bentinck schrijft de prins:

'Of er geld is of niet. Of het te vinden is of niet. Of het vee sterft of niet. Of de mensen goed- of kwaadgezind zijn. Of de meerderheid voor of tegen u is, Uwe Doorluchtige Hoogheid moét nadrukkelijk en openlijk partij kiezen tégen Frankrijk.

U moet zeggen, dat als wij in 1572, in 1672, in 1688 en 1702 gewikt en gewogen hadden, wij nu onder Frankrijk zouden zitten in papisme en slavernij...' Dat zijn wel simpele én roekeloze woorden, waarmee aan de houding en inzet van heel wat regenten ernstig tekort wordt gedaan. Een half doodgewerkte Van der Heim sterft in 1746 letterlijk van uitputting en zorg.

En de oorlog — die voor de Republiek geen officiële oorlog is — duurt voort. In april 1747 trekken de Fransen over de grens. In Zeeuws-Vlaanderen slaan zij het beleg voor Sluis, dat binnen enkele dagen capituleert. Het Staatse leger ligt nutteloos in Brabant, omdat een aanval op Breda werd verwacht.

Om Vlissingen te beschermen, kruisen niet Hollandse en Zeeuwse, maar Britse eskaders voor de kust van Walcheren heen en weer. Het is al bij al een treurige situatie, die een aantal Zeeuwen niet langer accepteert:

'En nou moet het afgelopen zijn!' In Veere komen leden van de schutterij aangespoord door hun Oranjegezinde burgemeester en Engelse agenten in de nacht bijeen.

Vervolgens zetten zij hun magistraat het mes op de keel:

'Roep de prins tot stadhouder uit!' De magistraat heeft geen keus. Ook in Middelburg, in Zierikzee en Tholen zien angstige regenten zich omgeven door woedend volk. De veelal Oranjegezinde predikanten houden hun gemeente nauwelijks meer in toom. Overal gaan de oranjevlaggen uit. Iedereen draagt oranje-linten en strikken op hoed en jas. Binnen enkele dagen, op 28 april 1747, bieden de Staten van Zeeland prins Willem het stadhouderschap aan.

Rotterdam volgt. Gedwongen door een groot deel van de burgerij, kiest de magistraat voor de prins. De beweging slaat over naar andere steden en dan is er geen houden meer aan.

'Laten we de prins nu maar snel tot stadhouder uitroepen!' beslist het stadsbestuur in Den Haag. Sommige van de regenten zijn zó bang voor de roerige volksgroepen, dat ze niet langer in hun eigen huis slapen.

'Oranje boven! Leve de prins!'
 Hier en daar wordt een republikeinse burgemeester of schout in de gracht gegooid.
 Ondanks alle ontevredenheid en opwinding komt de omwenteling in alle gewesten tot stand, zonder dat er ook maar één dode valt. Tijdig hangen de regenten hun huik naar de wind. Want als zij de bakens niet snel genoeg verzetten, krijgen ze kwaad volk op zich af.
 'Help! Help!' schreeuwt de raadpensionaris Gilles, als hij door een woedende menigte wordt achternagezeten. Hij heeft altijd gezegd 'als een republikein' te zullen sterven.
 Nu sluipt hij in de nacht naar het huis van Bentinck op de Voorhout en vraagt, of hij daar overnachten mag, omdat hij voor zijn leven vreest. De secretaris van Bentinck getuigt in een brief, hoe rap de voormalige tegenstanders van de prins nu eieren kiezen voor hun geld:
 'Gij zoudt u een ongeluk lachen, als ge al de burgemeesters met oranje getooid kondt zien. Zélfs een De Witt in Dordrecht heeft het niet kunnen laten!' Waarachtig, nog nooit is een regime zo smadelijk tenondergegaan.
 Met grote eenstemmigheid wordt de prins in Holland, Zeeland, Overijssel en Utrecht tot stadhouder aangesteld. Hij wordt tevens tot opperbevelhebber benoemd. De erfelijk-verklaring van al zijn ambten volgt. Nog nooit heeft een Oranje over zoveel macht beschikt als Willem IV.
 Helaas, hoe zwak zijn de schouders, waarop al die macht nu rust!

 Met ijver gaat de prins, gesteund door Bentinck én de regenten, aan de slag. In het zog van Engeland wil hij het land nu sterken voor de oorlog.
 'Wij brengen 150.000 man op de been!' belooft hij Londen. Hij huurt troepen in Saksen, Nassau, Zwitserland, Schotland. Hij rekent zelfs op 30.000 soldaten uit Rusland voor zijn 'papieren' legermacht. De prins werkt in zijn eigen ogen verschrikkelijk hard:
 'Indien ik bezwijk, zal ik de voldoening hebben, dat ik naar vermogen mijn plicht heb gedaan!' schrijft hij aan zijn moeder, Maaike-Meu. Dat vermogen is echter gering. Van alle fraaie plannen op papier komt niets terecht. Er is geen geld.
 De toestand in de Republiek ziet er niet fraai uit. De handel kwijnt. Het leven wordt steeds duurder, want keer op keer gaan de belastingen omhoog. Hoe het volk tobt, blijkt uit één regeltje uit een brief, die de Britse gezant naar Londen schrijft:
 'De lagere bevolking in de Republiek leeft van boekweit. De smaak van brood zijn zij vergeten...'
 In vele steden heerst onrust. Op vele plaatsen wordt om hervormingen geschreeuwd. Vooral de gang van zaken bij de posterijen en bij de belastingpachters is iedereen een doorn in het oog. Met oranjekokardes op de borst komt de stoet van hongerende bezitlozen hoopvol de straat op:
 'Leve de prins! Weg met de pachters der belastingen!'
 'Weg met alle uitbuiters!'
 'Weg met de heren, die alle baantjes verdelen onder elkaar!'
 Het volk, dat zich gesteund denkt door de prins, schreeuwt, maar heeft geen plan. Het mist bekwame leiders en is bovendien nog onderling verdeeld. In hun onverstand werpen woedende massa's zich op de huizen van... katholieken! De onvree moet toch ergens heen.
 Als een kind van zijn tijd, als een kind van de meest aristocratische eeuw, slaat de prins geen acht op de roepstem van de burgerij. Tot grote opluchting van het regentendom. De van oudsher republikeinse heren komen nu naar het hof. Zij flemen, vleien en bedelen om de baantjes, die de prins te vergeven heeft. De meesten van hen mogen op hun fluwelen kussen blijven zitten. Opnieuw verandert er niets.
 De Fransen beginnen een nieuw offensief. Zij veroveren Bergen-op-Zoom. Tal van bidstonden in de Republiek onderstrepen de benauwdheid, die er heerst. De Zuidelijke Nederlanden kijken lachend toe. Vooral in West-Vlaanderen, waar de smaad van een gesloten Schelde en de opheffing van de Oostende Compagnie nog niet vergeten zijn, honen ze de Hollanders nu met het fraaie lied:

 Wel, loze Jantje Kaas
 Hoe mooi heb jij het aan uw Maas
 Dat Bergen op den Zoom
 Verliest haar room
 Mits zij bukt onder 't Franse jok
 Zuipt hierop een jenever-slok
 Nu dat uw bevende hert
 Bezwijkt van smert...

 Het is geen wereldliteratuur. Wel laat het zien, wat in delen van het Zuiden wordt gevoeld. In de Republiek klinken alweer vrij snel de stemmen op van burgers, die hevig teleurgesteld zijn in de prins.
 'Regenten, prins 't is om het even!' grommen sommigen. Zij zien in eigen land geen redding en richten hun hoop voor een betere toekomst over de grens:

 'De Fransen boven! De prins van Oranje onder!' roept de zoon van schoenmaker Blok op de Dam. Wat verbijsterd over zoveel stompzinnigheid, halen verstandige burgers de schouders op. Maar een deel van het volk slikt de kreten van de schoenmakerszoon niet. Een woedende menigte trekt naar de Halsteeg en dreigt daar de boel kort en klein te slaan.
 'Steek de Oranjevlag uit! Schrijf *Vivat Oranje* op je luifel!' schreeuwen ze naar schoenmaker Blok. 'En Godver-hier-en gunder, hou je bij je leest!'
 De schutters grijpen in. De schoenmaker trakteert hen op wijn, omdat zij hem net op tijd uit handen van het woedende volk hebben gered. Temidden van al die woelingen, die onvree, die werkloosheid, rest de republiek maar één mogelijkheid: Vrede!
 'De financiële toestand van het land is dusdanig, dat vrede absoluut noodzakelijk is!' zegt raadpensionaris Gillis (die aangebleven is!) tot de Britse gezant.
 Die vrede komt. Niet door beslissende veldslagen in Europa. In feite heeft een handjevol kolonisten de vrede geforceerd:

 'Die verrekte Fransen! We moeten iets doen!' zegt Mr. Pepperell, een koopman in Maine in Amerika. Reeds herhaaldelijk heeft de Britse kolonie van Franse rooftochten vanuit Canada te lijden gehad.
 In de Nieuwe Wereld staan Frankrijk (met omstreeks 80.000 onderdanen in Canada en het Mississippi-gebied) en Engeland (met ongeveer 1.500.000 inwoners in de koloniën) ook tegenover elkaar. Op het immense toneel van Amerika trekken kleine eenheden beroepssoldaten tegen elkaar op. Voor het eerst echter beseffen de kolonisten, dat de machtsstrijd ook hun eigen leven raakt.

Vuurwerkpaviljoen, gebouwd in de Hofvijver te Den Haag, ter gelegenheid van de vrede van Aken in 1749. Schilderij van J. ten Compe.

Einde Tachtigjarige Oorlog – Patriottentijd
Hervormingsbewegingen en Prins Willem IV

Interieur van een patriciërshuis (1786), door Maria Margaretha La Fargue. (rechts boven.)

'We moeten Cap Breton, het fort in de monding van de St. Lawrence rivier veroveren!' heeft Pepperell bedacht. 'Wie dat fort bezit, beheerst Canada!'
'Dat fort is absoluut onneembaar!' De beroepsofficieren van het Britse leger schudden hun hoofd. Wat weten die verrekte burgers van strategie?
'We gaan er toch op af!' dramt Mr. Pepperell, die heel wat kolonisten in een soort burgerwacht heeft verzameld. En waarachtig, ze gaan. Terwijl een Brits eskader vanuit zee de aanval ondersteunt, stormen de kolonisten moedig en agressief naar het onneembare fort. Ze gaan zó volslagen anders te werk dan de Franse officieren op de krijgsschool hebben geleerd, dat de commandant van Cap Breton zijn hoofd verliest.
'Mon Dieu!' Het even dappere als onbegrijpelijke optreden van Mr. Pepperell en zijn mannen heeft tot gevolg, dat de commandant van Cap Breton capituleert (1745).

Franse oorlogsvloten die hulp moeten bieden, worden door de Britten verslagen. De Franse bezittingen in de West liggen daardoor geblokkeerd.
Wat een opluchting in brede kringen van de Republiek, als de aanvankelijk zo op krachtige oorlogvoering ingestelde Willem IV een onverwachte ommezwaai maakt — tot grote ergernis van Bentinck en Engeland. Hij heeft geen keus. Het land zit volledig op zwart zaad. Hoe erg het is, blijkt uit het gevloek van de kapiteins op de oorlogsschepen.
'Verdomme, verdomme, verdomme!' Ze ontvangen geen rooie cent. Ze moeten maar zien, dat ze voor hun scheepsvolk aan het nodige voedsel komen. Geen slager, geen bakker, geen kaas- of visboer geeft hen nog krediet.

Ook in andere steden dan Amsterdam kwam het tot pachtersopstanden, zoals in Leiden. Schilderij door Pieter Cattel (1712- na 1753), rechts onder.

Zo gaat hij op de vrede af, als de afgezanten van vele landen de vredesonderhandelingen te Aken beginnen. Als het verdrag, na lange, lange besprekingen eindelijk tot stand komt, stappen Engeland en Pruisen als de grote overwinnaars uit de strijd. Engeland behoudt onder meer Cap Breton, de toekomstige springplank voor de verovering van Canada. Pruisen moet Bohemen teruggeven, maar voegt het veel belangrijkere Silezië dankbaar bij haar gebied.
Onder druk van Engeland en de Republiek (voor zover die nog iets te drukken heeft!) ontfermt Oostenrijk zich opnieuw over de Zuidelijke Nederlanden — al had het liever Silezië gehad. En de Republiek? 'A la santé du mort!' kunnen spotters beweren. Als grote mogendheid daalt de Republiek te Aken in haar graf.
'Zij kan bij haar vijanden geen vrees, bij haar vrienden geen hoop meer wekken!' zegt de Pruisische koning Frederik II. In belangrijkheid zijn niet alleen Engeland en Frankrijk, maar nu ook Rusland, Pruisen en Oostenrijk de Republiek voorbijgestreefd.
In de Republiek: Honger en armoede! Zucht naar hervormingen en vaag opgloeiende wensen voor een betere maatschappij! Klagende kooplieden, die hun verlopende handel beschermd willen zien! Angstige regenten vol moedeloosheid!
Verdeeldheid en onrust! Dat alles gist door de Zeven Provinciën heen. Jantje Kaas zit in de nesten en alleen een geniale Hercules zou nog iets aan zijn vergane grootheid kunnen doen. Die Hercules is er niet.
'A la santé du mort...'

De feodale wereld in Europa is langzaam aan het doodlopen, al wordt dat maar door enkelen gezien. In Londen, Parijs, in Duitsland en Italië, zijn intellectuelen hartstochtelijk op zoek naar een nieuwe benadering van het bestaan. In zijn boek Gullivers Reizen steekt Jonathan Swift de draak met de macht van koningen en de invloed van hovelingen aan het hof. 'Het bestaan van standen is een krankzinnigheid,' schrijft Jean Jacques Rousseau. 'Een edelman is niets meer dan een ander. Ik wed 20 tegen 1, dat iedere edelman afstamt van een schavuit!'

De menselijke vrijheid en gelijkheid komen ter sprake (in kleine groepen voorlopers) en de godsdienst wordt afgewogen tegen redelijkheid en verstand. Steeds luider spreekt men over barbaarse lijfstraffen, de pijnbank en de doodstraf afschuw uit. Onder het volk, dat hongerig en uitzichtloos in de grote steden samenhokt, wordt gekankerd en gescholden.
'Ik maak me niet druk over het geschreeuw van de Parijzenaars,' zegt Lodewijk XV. 'Het zijn horzels, die eeuwig gonzen!' Precies zo denken heel wat regenten in de Republiek. Zij gaan hun eigen weg — al zijn zij nu afhankelijker van de prins. Zij kunnen over het algemeen rekenen op de steun van de welgestelde burgers en intellectuelen — de groep die maatschappelijk op hen volgt.

De gegoede middenstanders en de kleine burgerij hebben weinig met de regenten op. Zij ergeren zich aan het geknoei met postmeesterschappen en belastingen, doch zijn tevens als de dood voor het grauw, dat zo af en toe plundert en rellen schopt. Als dat gebeurt, maken regenten en prins een gezamenlijk front, terwijl de middenstand (die de burgerwacht vormt) een fikse rel nog wel eens met leedvermaak kan gadeslaan. Tussen al die groepen in staat de hervormde kerk, die de gelovigen eerbied voor de overheid leert, maar invloed verliest.

De regenten regeren. De bevolkingsgroepen onder hen bezitten geen politieke programma's en beschikken ook niet over leidsmannen, die krachten bundelen en richting geven aan de vage wensen en verlangens van een bepaalde klasse. Slechts massale volksbewegingen zijn af en toe van invloed geweest, zoals bij de benoeming van de prins tot het stadhouderschap..

'Een prins! Het is een prins!' De klokken luiden, de teer- en pektonnen branden en de kanonnen vuren vreugdeschoten af (eindelijk schieten ze!), als Willem Batavus, zoon van Willem IV, op 8 maart 1748 het levenslicht ziet. 'Vivat Oranje!' Hoe hoopvol worden vele gedachten op het Oranjehuis gericht. De economische toestand na de Oostenrijkse successieoorlog is in vele sectoren ronduit slecht. Vooral de middenstand en de kleine burgerij verwachten nu uitkomst van de prins.
Stadhouder Willem IV is vrijwel met de macht van een monarch bekleed. Maaike-Meu heeft hem uitstekend opgevoed. Hij spreekt zijn talen, beweegt zich makkelijk en is charmant. Bovendien is hij een voortreffelijk echtgenoot. Zijn Engelse vrouw beschouwt haar huwelijk als 'het grote geluk' in haar leven. Al heeft hij lichaamsbreken, waaronder een hoge rug, hij werkt hard en is lang niet dom. Maar een Hercules is hij niet. Met te weinig begrip voor wat er gaande is, en zich onvoldoende bewust van de werkelijke verhoudingen in het land, ziet hij slechts heil in een nauwe samenwerking met het regentendom. Bij de andere groepen leeft het misverstand, dat de prins juist een eind zal maken aan de regentendictatuur.
'Leve de prins. Oranje boven!' Met die woorden op de lippen stormen vergramde boeren het land op en stuiven bezitloze burgers in de steden de straat op. Zij willen een eind maken aan wantoestanden en aan de 'onredelijke' belastingen — terwijl het moderne, vrij efficiënte belastingstelsel van de Republiek in het buitenland juist bewondering wekt. (Daar is het nog heel wat beroerder, maar dat weet men niet!).
'Leve de prins!' Grote, ontevreden groeperingen keren zich tegen de uitzuigerij van belastingpachters, tegen de overtollige, te dik betaalde ambten der regenten en eisen medezeggenschap op. Het komt in 1747 en 1748 tot heftige uitbarstingen. Allerlei hervormingsideeën vliegen in het rond. De teleurstellingen blijven niet uit.

'God, sta me bij!' hijgt de grietman Van Knijff uit Ferwerderadeel, als hij met zijn deftige pruik op als een angstig konijn door de weilanden rent. Buiten adem werpt hij zich in een droge sloot. Af en toe richt hij zich op. Dan gluurt hij tussen riet en gras naar de woedende horde, die nu zijn fraaie

woning omringt. Hij hoort het geschreeuw:
'Waar is die bloedzuiger?'
'Ram de deur in!' In Friesland zijn de boeren in opstand gekomen. Jarenlang zijn zij in de grietenijen buiten de bestuurszaken gehouden en hebben zij geleefd onder een zware belastingdruk: de 40ste penning bij verkoop van onroerend goed; uitvoerrechten op vee; passagegelden, belastingen op turf, brandhout, ja, op wat niet. Nu is de maat vol. Joelend marcheren de boeren op de woningen van de belastingpachters af. Driftig verscheuren zij de pachtersboeken. Tierend slaan zij de huizen der grietmannen in puin:
'Weg met de valse justitie!'
'Weg met de macht der grietmannen!' Wat er allemaal weg moet, weten ze deksels goed. Hoe het dan wél moet, beseffen ze maar vaag of niet.

De kleine, doopsgezinde en remonstrantse burgers in Harlingen — de calvinistische kerk doet niet mee — sluiten zich bij de beweging aan. Tijdens allerlei onstuimige bijeenkomsten zetten zij hun wensen op papier. Zij kiezen hun vertegenwoordigers, die daarop met allerlei wensen en verlangens naar de Staten van Friesland gaan:
'Alle macht aan de prins!'
'Toezicht op het beheer van de belastinggelden!'
'Zitting in de landdag. We willen meepraten in het bestuur!'

Voorafgegaan door trommelslagers worden de Harlingers onder toejuichingen van het volk in Leeuwarden binnengehaald. De angstige regenten in de Staten van Friesland geven toe. Ze kunnen niet veel anders doen. In steden en dorpen kiezen burgers en boeren nu *eigen* voormannen, die met elkaar gaan vergaderen in de stadsdoelen en in de Grote Kerk. In de verhitte sfeer vol toekomstverwachtingen en onpraktische idealen, glijden weken, zelfs maanden voor-

Einde Tachtigjarige Oorlog – Patriottentijd

Het binnendringen van het slaapvertrek van de prins door de Doelisten in de nacht van 9 september. Gravure door Reinier Vinkeles (1794).

bij. En dan staan eindelijk 77 hervormingspunten op papier. Van dat moeizaam verkregen programma komt niet veel terecht. Drie cavalerie-regimenten van de prins trekken naar Friesland om de orde te herstellen. De ergste oproerkraaiers worden, met al hun plannen en idealen, gepakt.

Een prinselijke commissie van onderzoek begint haar werk.

De prins — nu oppermachtig in Friesland — houdt geen rekening met de wensen van de kleine burgerij. De regenten blijven aan de macht — alleen worden zij nu wat meer verantwoordelijk aan de prins.

Zo gaat het ook in Groningen, waar de miserabele toestand van de handel veel mensen op de rand van de afgrond heeft gebracht. Opgewonden Groningers vertellen elkaar, wat voor misstanden er gaande zijn: 'Op de belastingen van ons gewest, groot 1.000.000, is een tekort van 700.000 gulden. Man, man, er is gestolen en geklauwd!'
'De schelmen!'

In de strijd tussen Groningse republikeinen en prinsgezinden, speelt *De Opregte Groninger Courant* met andere bladen een belangrijke rol. Drijvend op de volksbewegingen verstevigt de prins er zijn gezag. Onrust in Overijssel, in Drenthe, in Gelderland. Overal geroep om de prins, die de opstanden aanmoedigt, of aan de rellen een einde maakt, al naar het hem uitkomt. Hij krijgt daardoor haast dictatoriale macht.

De hervormingsbewegingen en belastingoproeren slaan vanuit Friesland over op het Hollandse gewest. In Haarlem en Leiden komen de werklozen op de been.
'Leve de prins!' Dolle massa's rammen een aantal pachtershuizen in puin.

De Zeeuwen maken zich minder druk. 'Och wat! Zoveel drukte om belastingen?' Ze halen de schouders op. Er wordt daar zó intensief gesmokkeld en zó handig belasting ontdoken, dat het systeem daar geen opwinding veroorzaakt.

Onder de druk van de omstandigheden pleit prins Willem in de Hollandse Statenvergadering voor de directe afschaffing van het belasting-pachten. Hij heeft succes.

Althans één heilzame, sociale hervorming komt toch door de volksbeweging tot stand. Alleen in Amsterdam, waar de corruptie en tirannie der regenten het verst is doorgewoekerd, legt de magistraat het besluit van de Staten naast zich neer. Althans, het heffen van accijnzen blijft daar onveranderd bestaan. De gevolgen blijven niet uit:

Amsterdam, maandagmorgen 24 juni 1748: Op de Botermarkt is de handel normaal begonnen, maar er staan nu 60 schutters met musketten bij het pachterskantoor op wacht.
'We betalen geen accijns, mannen!'
'Krek zo!' Zich beroepend op de prins weigeren de boterhandelaren belasting af te staan. Er hangt een gespannen sfeer. Er wordt druk gepraat. Omstanders verwachten een rel. En dan komt opeens een dronken matroos uit Noorwegen — die van niks weet! — lallend de hoek om.
'Rinkel-de-kink!' Door het dolle heen slaat hij uitgerekend enkele ruiten van het belastingkantoor in puin. Het rinkelende geluid mist zijn uitwerking niet. Straatjongens beginnen stenen te gooien en dan is het dek van de dam:
'D'r op los!' gilt Matje van de Nieuwendijk. Zij is een berucht manwijf. Met felle kreten hitst ze het volk op.
'Grijp ze an!' schreeuwt de tuinman Pieter van Dord. Hij staat steeds vooraan, als een wilde menigte in wel 30 huizen van pachters en impostmeesters gruwelijk aan het plunderen slaat. Pieter van Dord maakt zich daarbij meester van een fraaie pruik.

Brullend van de lol zet hij hem op zijn ruige kop.
'Kijk hem! Net de burgemeester!' Die hele dag wordt de tuinman 'de burgemeester' genoemd.
'Kom mee, meid!' Volksvrouwen hollen met hun dochters de huizen van belastingpachters in. Ze rennen trappen op, rukken fraaie japonnen uit de kasten en wringen zich erin. Als deftige dames voeren zij verrukkelijke pantomines uit. Kasten, stoelen en doofpotten worden ondertussen door de mannen uit het raam gesmeten. Heel wat volk in de straat beneden raakt er door gewond. Dat drukt de pret toch niet.
'Hallekiedéée...' Opgezweept door de drank, die zij in vele kelders hebben gevonden, dansen mannen en vrouwen in het rond. Kostbare meubelen, juwelen, goud en zilver, zware ijzeren kisten gevuld met geld worden over een brugleuning in het water gesmeten.

Op de Singel, in het huis van de heer Van Arssen, directeur van de wijnen, spelen zich formidabele tonelen af. Jacob Bicker Raye, een deftig Amsterdammer, heeft het in zijn dagboek genoteerd:
'De gehele nacht brachten zij door met zuipen en bordeeleren, wat publiek te zien was, zowel in huis, in de kelder, op alle stoepen in de buurt, als ook op de wal.

Verscheidene hebben zich doodgezopen. Ondermeer werd een vrouwmens moedernakend uit de kelder gehaald, die dood "gearbeid" en gezopen was...'

De schutterij kijkt toe, zolang de gehate belastingpachters hun trekken krijgen thuisbezorgd. Als het grauw zich echter op de huizen van andere burgers wil werpen, schieten de schutters met scherp. Matje van de Nieuwendijk en Pieter van Dord worden gearresteerd en de justitie — die een hard voorbeeld wil stellen — spreekt het doodvonnis over hen uit. Wanneer zij uit de vensters van de Waag gehangen worden, kijkt half Amsterdam toe. Duizenden staan op de Dam. Als Matje bungelt aan haar strop, dringen de mensen achteraan naar voren om maar niets van het schouwspel te missen. Zij duwen de voorste toeschouwers op enkele burgercompagnieën, alsmede op de waagdragers, die van sabels en pieken zijn voorzien. Er ontstaat paniek. Er vallen schoten. Gegil van gewonden. Een paar zijn dood.

Gedrang en geduw, als iedereen een goed heenkomen zoekt. Bicker Raye vermeldt:
'Achter de Waag raakten honderden tegelijk in het water, waarvan men zegt, dat er wel zestig verdronken zijn. Velen werden zo verschrikkelijk verdrongen, dat zij zo staande de geest gaven. Gehele bergen met

mensen lagen op malkander, de ene partij dood en de andere gekwetst door het trappen. Kortom, men zegt dat in het geheel 108 het leven daarbij hebben verloren...'

En Matje bungelt maar in haar strop, heen en weer bewogen door de wind.

'Dit kan zo niet. Er moet nu iets gebeuren!' De woelingen maken gedachten los. Een groep ernstige burgers uit de gegoede Amsterdamse middenstand steekt de hoofden bij elkaar. De Chirugijn Andries Boekelman, de makelaar Martini, de patroontekenaar Van Gimmig en anderen, bezetten de Kloveniersdoelen en roepen in augustus de burgers bijeen.

'Wij moeten de stad in wijken verdelen en burgerwachten in het leven roepen voor de handhaving van orde en rust. Wij moeten onze grieven en hervormingsplannen gaan bespreken met de magistraat!' Onder aanvoering van de porseleinkoopman Raap (een goedwillend warhoofd) en de Rotterdamse koekebakker Laurens van der Meer (een vurig Oranjeklant) praten en vergaderen zij dagen achtereen tot diep in de nacht.

De Doelisten! Onder die naam zoeken Oranjegezinde hervormers uit de middenstand naar nieuwe wegen. Zij streven naar medezeggenschap, maar ook zij missen flinke leiders en een vast omlijnd plan. De spanning in de stad stijgt. Onder leiding van Boekelman en Van Gimmig maken 3000 opstandigen een protestmars door de stad.

'Afschaffing van de stadsaccijnzen!'
'Reorganisatie van de schutterij!' Dat alleen regenten tot officier worden benoemd, is velen een doorn in het oog.
'Vrije krijgsraad naast de magistraat!'
'Deelname aan de verkiezing van de vroedschap!'
'De burgemeesters, schepenen en pensionarissen moeten verdwijnen!'

Die wensen en verlangens klinken uit de menigte op.

'Dat wordt toch te dol!' zeggen de burgemeesters. Ze hebben reeds veel moeten toegeven, maar zichzelf afzetten willen zij toch niet. Het wachten is op de prins, die op 2 september om 10 uur in de morgen in de woelige koopmansstad arriveert:

Het kanon op de stadswallen buldert, als prins Willem IV, begeleid door burgercompagnieën en stadssoldaten zijn intocht houdt.

'Voor Oranje en Vrijheid!' staat op de grote scheepsvlag, die door de scheepstimmerlui uit Kattenburg "de bijltjes", wordt meegevoerd. Vol hoop en verwachting escorteren de bijltjes het rijtuig van de prins naar het Heerenlogement op de Oude Zijds. Onderkent de prins de vele goede elementen, die in de hervormingsbeweging aanwezig zijn? Hoe mooi had hij leiding kunnen geven aan de burgerij, die zich politieke verantwoordelijkheden bewust begint te worden en deel wil nemen aan het bestuur. De prins, kind van de aristocratische eeuw, ziet de mogelijkheden niet.

Hij voert besprekingen met de overheid, met de Doelisten, met vertegenwoordigers uit de verschillende wijken van Amsterdam. Hij moet wel enige concessies doen, maar dat gaat met tegenzin:

'Het spijt mij, Corver,' zegt hij met tranen in de ogen, als hij burgemeester Corver en de andere drie burgemeesters met leden van de vroedschap naar huis moet sturen.

Tot ontsteltenis van de Doelisten zoekt hij de opvolgers in dezelfde rijke koopmanskring.

'Zo schieten we niet op! Zo blijft het van hetzelfde laken een pak!' Ontstemde Doelisten begeven zich, na een lange avond vergaderen, om 3 uur in de nacht naar het Heerenlogement op de Oude Zijds.

'De prins zal slapen!' zeggen enkelen met een lichte aarzeling.

'Dan zullen we hem wekken!' Gesteund door de goed georganiseerde bijltjes dringen ze naar binnen en stommelen naar het prinselijk slaapvertrek. Daar zit de stadhouder met slaapmuts op, rechtop in bed. Fel en ongebonden maken de Doelisten hem hun eisen kenbaar. Zij dringen op inwilliging aan:

'Zo niet, hoogheid, dan zou het best eens een bloedbad kunnen worden in de stad!'

Diep geschokt vergadert de prins de volgende dag met hovelingen en het nieuwe stadsbestuur. Hij vaardigt een proclamatie uit: zó dubbelzinnig gesteld, dat de Doelisten reeds juichen. Het is een doorgestoken kaart. Nauwelijks is de prins de stad uit, of de aap komt uit de mouw. Als de nieuwe magistraat haar plannen bekend maakt op de Dam, blijkt er slechts één ding: er verandert niets!

De schutterij blijft zoals hij was: onder aanvoering van regenten-officieren. Het oude systeem blijft gehandhaafd. Slechts enkele van de ergste misbruiken zijn uit de weg geruimd. De Doelisten, die weliswaar ervaring en inzicht missen, hadden van de prins een beter lot verdiend. Willem IV verspeelt daarmee een flink stuk van zijn populariteit:

'Kerel, doe het Oranje weg, want het is geen mode weer!' zeggen burgers in Amsterdam, als zij prinsgezinden met oranjestrikken zien.

De hervormingsbewegingen vallen overal in verwarring en onverschilligheid uiteen. Murw van de onrust, de plunderingen, de geschetterde woorden, gaan de mensen weer over tot de orde van de dag.

'Brand bij een bakker op de Lindengracht!'
'Een 17-jarige joodse vrouw zal wegens doodslag in het openbaar worden geworgd!'

Dat soort zaken spreekt meer tot de verbeelding van de kleine burgerij en het volk, dan de vruchteloze debatten in de Staten-Generaal. Zeker, er heerst opwinding als de heren regenten opnieuw een burgervendel schenken aan een kind. Maar minstens evenveel opwinding heerst er over dominee Brunings, die ervan verdacht wordt een Hernhutter te zijn.

Merkwaardigerwijs krijgen de Doelisten, *wegens hun Oranjegezindheid*, van alle kanten kritiek. Het verzet tegen die hervormers — en ook tegen allen die juist de oude privileges willen herstellen — neemt toe.

'Wat moeten we met die rotzooitrappers!' roept een schuitemaker, als hij hoort, dat in de Plantage een stel jonge kerels bijeenzit — een groepje dat zich 'patriotten' noemt.

'Kom mee, makkers!' De schuitemaker

Prins Willem IV, opgebaard, of zoals het onderschrift van deze prent luidt: Perspective Afbeelding van de Parade Zaal waarin het lijk van Zijne Doorl. Hoogheid voor een yder heeft ten toon gelegen. Gravure door T. Punt.

427

Einde Tachtigjarige Oorlog – Patriottentijd

Machteloosheid in de Republiek

marcheert er heen. Zonder zich af te vragen wat die patriotten eigenlijk willen, slaat hij met zijn sterke maats het zaakje uitelkaar.

Scherp heeft Willem Bentinck gezien, hoe de stadhouder zijn aanzien heeft verspeeld. Hij schrijft niet alleen aan de prins, maar ook aan prinses Anna, die zich zo graag met de zaken bemoeit: 'De grondslagen van alle regering is het vertrouwen, dat het volk in de regeerders stelt. Dat vertrouwen is hier op dit ogenblik volslagen vernietigd!' In een wat latere brief vermeldt hij: 'Te Amsterdam is de grote meerderheid op de beurs en onder de burgers tegen de prins. Dat is ook in de andere Hollandse steden het geval...'

Haast dadeloos, slechts ingrijpend als het werkelijk noodzakelijk is, drijft prins Willem IV door die woelige jaren heen. Zelfs de Oranjegezinde burgemeester van Veere — die zich met zijn schutters als éérste beijverde voor de stadhouder! — spreekt nu een vernietigend oordeel over hem uit: 'De prins houdt de mensen altoos op met spreukjes en badinages, als zij over problemen komen spreken. 's Morgens lacht en badineert hij met zijn kamerdienaars. Hij laat oneindig veel stukken ongetekend liggen, dikwijls ook belangrijke brieven. Hij lijkt lui en onbekwaam voor zo'n hoge post. Goedhartig van aard en goed van humeur belooft hij van alles zonder nadenken. Met 10.000 gulden uit 's lands schatkist springt hij om, of het een dubbeltje is...'

Bij deze prins komen de regenten om baantjes bedelen. En dan gaan ook zij over tot de orde van de dag. Hoe triest is dat voor de republiek, die nu weerloos gevangen ligt tussen een oorlogszuchtig Pruisen, een machtig Frankrijk en een overheersend Engeland. De hertog van Brunswijk, die in december naar Nederland komt om het verlopen leger te reorganiseren — voor 62.500 gulden per jaar en het gouverneurschap van Den Bosch — bericht aan Maria Theresia: 'De troepen zijn in de jammerlijkste toestand der wereld, slecht betaald, slecht onderhouden en in de akeligste verwarring...' Die woorden gelden evenzeer voor de vloot. Evenzeer voor het regeringsstelsel, dat niet meer functioneert. Evenzeer voor een deel van de handel en cultuur. Er zullen daden moeten komen van de prins. Ook dát behoort al gauw tot een onmogelijkheid.

Op 22 oktober 1751 geeft zijne doorluchtige hoogheid, Willem Karel Hendrik Friso, prins van Oranje en Nassau, na een week van koortsen en ijlhoofdigheid zijn laatste adem prijs. In alle steden en dorpen worden de klokken acht dagen lang geluid. Echte droefheid wordt niet gevoeld.
'De genegenheid, die de prins hier vroeger genoot, is in kille verachting overgegaan,' schrijft Brunswijk naar het Weense hof.

Prinses Anna wordt als gouvernante van de kleine Willem Batavus aangesteld.

Omgeven door een vrij corrupte hofkliek, houdt zij strak vast aan het bondgenootschap met Engeland. Zij is niet de vrouw, waarvan het land nu wonderen mag verwachten. Men typeert haar:
'Het is een onverzettelijk mens, die naar geen goede raad wil luisteren, die stijf op haar stuk staat en dikwijls kapitaal kan jokken!'

In de Oostenrijkse Nederlanden is de levenslustige zwager van Maria Theresia, Karel van Lotharingen, benoemd tot gouverneur-generaal.

Hij is de enige wérkelijke populaire landvoogd, die het land ooit heeft gehad. Eindelijk iemand, die de belangen van de gewesten ziet en ervoor opkomt:
'Het is waar,' schrijft hij naar Wenen, 'dat deze landen aan hun privileges gehecht zijn tot in het waanzinnige toe. Met goedheid is hier echter alles te bereiken, wat Uwe majesteit maar wenst...'

Met zachte hand voert hij een bestuur, waarin de bureaucratie toeneemt. Hij schept instellingen, die met ministeries te vergelijken zijn. In die jaren van vrede bloeit de landbouw op. Het inwonertal stijgt. Op allerlei gebieden komt de industrie op gang — tot ergernis van Engeland en de Republiek. Met aanleg van wegen, met het graven van kanalen, met de ontwikkeling van de mijnbouw, ontplooien de Zuidelijke Nederlanden een levenskracht, die het Noorden enigszins mist.

De Republiek bevindt zich in een moeilijk parket. Het is niet zozeer, dat de handel achteruitgaat door gebrek aan initiatief. (Over de gehele eeuw genomen zijn de totale handelsinkomsten slechts 5 % minder dan in de voorafgaande eeuw!) De geringe achteruitgang valt echter zo duidelijk op, omdat andere landen in zo'n snel tempo vooruitgaan. Bovendien maakt de goederenhandel — daarin had de Republiek vrijwel een monopolie-positie en daarin ligt haar economische kracht! — meer en meer plaats voor de geldhandel.

Er zijn na de vrede van Aken tal van initiatieven genomen om door belastinghervormingen, tariefverlagingen voor in- en uitvoer en andere maatregelen, de economische positie van de Republiek ten opzichte van Engeland, Frankrijk en het reeds lang opgekomen Hamburg te verbeteren. Al die plannen zijn verzand in de gecompliceerde ondoelmatige structuur van de overheid.

Belangrijke kooplieden en bankiers, waaronder Thomas Hope in Amsterdam, hebben een 'porto-franco-plan' opgesteld. In 284 artikelen hebben zij getracht vast te leggen, hoe de kwijnende economie te versterken is. Zij hebben ontheffingen voorgesteld op de tarieven van in- en uitvoer, hopend met Hope, dat een grotere handelsvrijheid meer buitenlandse kooplieden en goederen zal brengen naar de Republiek. Willem IV had zich een krachtig voorstander van het plan getoond.

Maar wat een geharrewar ontstaat er, als allerlei groepen en instanties de grote lijnen niet kunnen zien en slechts opkomen voor het eigen belang.

'Er moeten hoge tarieven blijven op lompen en papier uit het buitenland. Anders blijven we nergens!' zeggen de papierfabrikanten in Gelderland. Al leggen zij niet veel gewicht in de schaal, zij hebben belangrijke relaties en die verheffen hun stem.
'De steenkool uit het buitenland moet worden geweerd. Hoe kunnen wij anders zaken doen met onze turf?' De veenbazen in Groningen en Drenthe zien geen heil in het porto-franco-plan.
'Onze belangen worden verwaarloosd!' protesteren de linnenfabrikanten in Twente.

Ook zij sturen hun delegaties naar Den Haag.

De admiraliteits-colleges, die de in- en uitvoerrechten innen (daarmee wordt de vloot gedeeltelijk onderhouden), zijn bang inkomsten te zullen verliezen.
'Juist nú hebben wij een krachtige vloot nodig om onze konvooien te beschermen,' zeggen zij in de Staten-Generaal. Een nieuwe oorlog tussen Engeland en Frankrijk lijkt onvermijdelijk. En in zo'n oorlog lopen de koopvaarders van de Republiek ongetwijfeld gevaar. De landbouwprovincies verzetten zich eveneens tegen het plan. Vrije invoer uit het buitenland zal, zo menen zij, alleen maar tot hun schade zijn.

Al die tegenstemmen zouden wellicht niet doorslaggevend zijn geweest als Zeeland het porto-franco-plan niet ernstig had gesaboteerd. De Zeeuwen willen niets liever dan de Hollanders een hak zetten. Zij smokkelen bij het leven, ontduiken de geheven rechten toch al waar ze kunnen. Als porto-franco voor Amsterdam of Rotterdam een voordeel is, dan zien ze er in Vlissingen, Middelburg of Zierikzee een nadeel in.

Hoe funest is het feit, dat een krachtig centraal gezag ontbreekt.

Een gevoel van machteloosheid en frustratie moet zich van een aantal energieke mensen hebben meester gemaakt. Zeker in het gewest Holland, dat steeds zo oppermachtig is geweest. Nu klimmen de buitengewesten omhoog. Hun belangrijkheid neemt toe. De boeren in Groningen gaan van veeteelt op landbouw over.

Zij ploegen een welvarende tijd tegemoet. In Holland daarentegen springt de achteruitgang in sommige gebieden steeds duidelijker in het oog. 'In de laatste 60 jaar is het aantal haringbuizen te Enkhuizen van 300 tot 56 teruggelopen, God beter 't!' kankeren de vissers. Heel wat onder hen treden nu bij buitenlandse maatschappijen in dienst. De regering tracht dat te voorkomen en vaardigt scherpe voorschriften uit.
'Laten we elders opnieuw beginnen. Hier is het niets meer gedaan!' grommen arbeiders in de textielindustrie. Velen van hen raakten hun werk kwijt. De produktie van laken te Leiden is van 85.000 tot 54.000 stuks gedaald!

De geldhandel floreert. Daar de buitenlandse kooplieden het Hollandse krediet niet kunnen missen, nemen commissiehandel en wisseltransacties toe. Geld voor eigen nijverheid ontbreekt. De kloof tussen rijk en arm groeit nog steeds. Er wordt gekankerd in de trekschuit. Er heerst af en toe opwinding in een stad over een corruptieschandaal. Afschuwelijke nieuwtjes doen de ronde over wantoestanden aan het hof:

Onno Zwier van Haren raakt met zijn eigen dochters betrokken in een seks-schandaal. De omkoopbaarheid van opperstalmeester Douwe van Grovestins slaat ruimschoot, wat men op dat gebied tot dusverre in de Republiek heeft gezien.
'Alles', zo zegt men, 'is aan het hof voor geld te koop!'

De graaf van Gronsfeld misbruikt er op ongehoorde wijze zijn macht. Voor 70.000 gulden helpt hij een liefhebber aan het gouverneurschap (bij de VOC) van Ceylon.

Voor 10.000 pond biedt hij zich te koop aan de Franse gezant. Hij belooft voor dat bedrag de Republiek te zullen losweken uit het bondgenootschap met Engeland,
'Hebt ge het gehoord?' klinkt het steeds weer.
'Nou?'
'Prinses Anna heeft drie nieuwe officieren in haar garde benoemd!'
'Wat zou dat?'
'Man, bij elkaar opgeteld vormt de leeftijd van deze krijgshaftige heren het formidabele getal van... 14 jaar!'
'Nou, nou. Tsjonge-jong, och, och!'

Het is allemaal weinig verheffend. Er loopt in die jaren een man op kermissen rond, die veel opzien baart. Tot verbazing van het publiek slikt hij steeds een flinke hoeveelheid kiezelstenen in en laat die dan rammelen in zijn buik. Maar veel erger rammelt het staatsbestel der Republiek. Nu krachtige leiders ontbreken, treedt de onbestuurbaarheid steeds duidelijker aan het licht. De bepruikte heren op de beurs uiten kritiek. Ieder van hen zou wel weten, hoe de zaken moesten worden aangepakt:
'De politiek van het hof is desastreus!' zegt de een.
'Wat we nodig hebben is een sterke vloot!!' mompelt een ander. 'Ik heb nou al een tweede schip aan die vermaledijde Algerijnen verspeeld!'
'Herstel van de vloot en de legeruitbreiding moeten krachtig worden aangepakt! Man, je zal zien, dat het weer oorlog wordt!'

In de harde machtspolitiek van die eeuw gaat het de mogendheden vooral om de koloniën in Oost en West. In Amerika en India is de strijd tussen Engeland en Frankrijk reeds ontbrand. Men hoopt het in afgelegen gebieden te kunnen uitvechten, zónder dat het oorlog wordt. Helaas gebeurt dat niet. Met steun van Rusland en Polen wil Oostenrijk zich wreken op Pruisen, dat Silezië heeft ingepikt. Als Frankrijk vervolgens de zijde van Oostenrijk kiest en Engeland van de weeromstuit een bondgenootschap met Pruisen zoekt, breekt in 1756 de 'zevenjarige oorlog' uit.
'Wat moeten we doen?' Grote bezorgdheid heerst bij de leiders van de Republiek.
'We moeten het leger uitbreiden en partij kiezen voor Engeland,' vindt prinses Anna, die nog steeds gouvernante voor de stadhouder is. Bentinck, Brunswijk en de gewesten Friesland, Groningen, Overijssel — die provincies hebben meer baat bij een sterk leger dan bij een sterke vloot! — steunen haar in die politiek. 'Neen!' stellen de afgevaardigden van de grote Hollandse steden met Amsterdam voorop. 'De vloot is het belangrijkst. We moeten aansluiting zoeken bij Frankrijk, want daarin ligt ons handelsbelang!'
'We moeten neutraal blijven,' betoogt raadpensionaris Steyn. Hij is een bekwaam financier, maar geen politicus van formaat.

In de kerken bidden de meeste predikanten voor het behoud van de vrede. Heel merkwaardig roept een deel van hen vol vuur van de kansels uit:
'Het gaat om het behoud van onze protestantse godsdienst! Wij dienen ons te keren tegen Frankrijk en... het katholieke gevaar!' Het is, alsof de tijd driekwart eeuw heeft stilgestaan. De Engelse en Franse gezant doen ieder al het mogelijke om de Republiek voor zich te winnen. Zij stoken en dreigen naar hartelust:
'Alors, messieurs...' zegt de bekwame Franse gezant D'Affry tot de kooplieden van de republiek. 'Zorg dat uw land neutraal blijft. Lever ons de goederen die Frankrijk voor de oorlog nodig heeft. Dan sta ik garant voor een uiterst gunstig handelsverdrag!' Dat is een aantrekkelijke kluif. Schepen vol oorlogsmateriaal en andere goederen zeilen nu naar Frankrijk. Er worden prachtige winsten gemaakt.

Dat men in de Republiek de zaken nog weet aan te pakken blijkt: het aantal koopvaarders *verdrievoudigt* zich in enkele jaren tijd!
'Damn it! Die handel met Frankrijk moet afgelopen zijn!' waarschuwt de Britse gezant Yorke. 'Volgens verdrag is de Republiek onze bondgenoot. Ge moet ons troepen leveren. En als die schepen naar Frankrijk blijven gaan, zullen wij ze onderscheppen en brengen wij ze naar Engeland op!'

Het delven van de Gentse Vaart (1753?) door J.A. Garemijn.

Einde Tachtigjarige Oorlog – Patriottentijd

Portret van Willem V, door Johann Friedrich August Tischbein (1750-1812).

Ook dat gebeurt. Door overvallen door Britse kapers en oorlogsbodems, komen tientallen Nederlandse schepen in de Engelse havens terecht. Een woedend gehuil stijgt op. Maar als de Republiek begint te wankelen onder die toenemende druk van Engeland, speelt de Franse gezant zijn kaarten weer heel handig uit:
'Alors messieurs, wij hopen niet, dat wij tot wapengeweld moeten overgaan. Uw barrière-steden in het Zuiden bestaan niet meer. Een doeltreffend leger heeft u niet. Wanneer gij Engeland bevoordeelt, zal bezetting door onze legers onvermijdelijk zijn!' D'Affry ziet keer op keer, dat zijn dreigementen met succes worden bekroond.
Dan schrijft hij tevreden naar het Franse hof:
'Er is geen beter middel om de Hollanders ergens toe te krijgen, dan ze bang te maken!' In diezelfde geest laat prinses Anna zich uit in haar brieven naar het Engelse hof:
'Het spijt mij van harte, dat onze kooplieden zo onbehoorlijk en zo dwaas zijn geweest om het zenden van troepen uit te stellen. De angst en de schrik zijn hier zo wijd verbreid, dat al mijn ijver vergeefs is geweest!'
Zó erg is het beslist niet. De invloed van de gezanten is minder groot, dan door hen zelf wordt gedacht. In de Staten-Generaal kunnen nu eenmaal onmogelijk knopen worden doorgehakt, want twee partijen staan daar als vanouds tegenover elkaar.
Staatsgezinden en prinsgezinden beginnen weer tegen elkaar te stoken: met verdachtmakingen, woede en toenemende verbittering. Door de facties van de 'oude' en 'nieuwe plooi' wordt Johan de Witt als een treffend voorbeeld uit zijn graf gehaald:
'Een verraderlijke ploert!' wordt hij in sommige pamfletten genoemd. 'Een vrijheidslievende held!' zeggen anderen en zij vergelijken De Witts eerlijkheid met de corruptie aan het hof.

Temidden van dat gekrakeel en zigzaggend tussen Franse en Britse dreigementen, behoudt de Republiek haar neutraliteit. Dat is een prestatie, die er werkelijk wel mag zijn. Zeker, de Engelsen brengen tientallen schepen op. Door de Fransen wordt met hoge invoerrechten gedreigd. De verzekeringsmensen jammeren dat er te veel schepen verloren gaan. En de vrouwen en kinderen van het opgepakte zeevolk hebben het allerberoerdst. Maar als de mogendheden in 1763 vrede sluiten (Engeland opnieuw de grote winnaar met Canada, Louisiana en Franse bezittingen in Afrika!) blijkt ook de Republiek lang niet slecht te hebben geboerd. De handel is opgebloeid. De staatsschuld is gedaald. Amsterdam toont zich nog steeds een financieel en koloniaal middelpunt.

'Nú is het ogenblik om de zaken stevig aan te pakken!' vinden vele verstandige regenten in het land. In Frankrijk heerst ontreddering. Lodewijk XV begint te wankelen op zijn troon. Pruisen is in het oorlogsgeweld platgetrapt, leeggegeten en kaal. Engeland gaat gebukt onder de bedragen die de oorlog heeft gekost. Het laat Europa in haar eigen sop gaar koken en concentreert zich op de bezittingen over zee.
'Dit is de kans! Nú moet de Republiek eens goed op poten worden gezet!' Overal wordt dat met kracht gezegd. Maar wat kan er in de praktijk worden gedaan?
Prinses Anna is in 1759 gestorven, nadat vrijwel álle teugels van het bewind haar uit de handen gegleden zijn. De hertog van Brunswijk — die behendig tussen alle partijstrijd is doorgeglipt — is tot voogd van prins Willem V benoemd. Al drinkt hij ontstellend veel, en al maakt hij formidabele schulden, hij slaat zich met grote soepelheid en zeer nauwgezet door de moeilijkheden heen. Heel verstandig houdt hij de jonge prins wat achteraf.
Overal wordt nu over vernieuwingen en radicale hervormingen gesproken.
Groepen uit de gegoede burgerij eisen nu medezeggenschap op. Praten, praten! Ideeën genoeg. Maar ook nu blijven de zaken zoals ze zijn. Wéér gebeurt er niets! Vanwege de venijnig gevoerde partijstrijd kan er van een krachtige staatkunde geen sprake zijn.
Economisch zet de onvermijdelijke, maar daarom niet minder noodlottige ontwikkeling zich voort. De kooplieden, die aan de oorlog kapitalen hebben verdiend, zien geen redelijke mogelijkheden om dat geld in eigen land te beleggen. Het brood op de plank móet blijven komen van grote investeringen in het buitenland. Al leven heel wat mensen als schatrijke renteniers, de armoede onder het volk neemt toe. Er wordt niet voldoende werkgelegenheid gecreëerd.

De beroemde Schotse rechtsgeleerde, James Boswell, maakt in het jaar 1764 een reis door de Republiek. De indrukken van die intelligente man leveren een treurig beeld:
'De meeste belangrijke steden zijn droevig in verval. In plaats van iedere sterveling druk aan het werk te zien, komt men menigten arme drommels tegen die verhongeren in ledigheid. Utrecht is verbazend achterop geraakt. Er zijn vele stegen vol ellendige stakkers, die geen andere leefkost hebben dan aardappelen, jenever én een goedje, dat thee of koffie wordt genoemd. En wat nog het ergste is: zij zijn, geloof ik, zó aan dit leven gewend geraakt, dat zij, als men hen dit aanbood, geen werk zouden willen aanvaarden...'
Dát is een beeld van de rijke Republiek, die nog steeds geldschieter van de wereld is.
De schrijver Simon Stijl geeft in die jaren weer, hoezeer de Nederlandse taal met termen uit de zeevaart is doorspekt:
'Wij wenden het over deze of genen boeg, zoeken eene reê, werpen ons anker, klampen elkaar aan boord, haken naar het voorwerp onzer begeerte, enz. Wij komen met ééne grote golf aan land, of drijven op Gods genade. Kortom, geen uur op de dag, dat wij niet varen of bezig zijn met ons getij te bepalen...'
Hoezeer de zeevaart ook *in de taal* verankerd ligt, in de praktijk lijkt het met de animo voor het zemansleven gedaan. Tekenend is in dit opzicht de monsterrol van de 'Nijenborg', een schip van de compagnie, dat met 346 man naar Indië vaart: 'We hebben 171 Duitsers, dan nog 86 mensen van 14 andere nationaliteiten en slechts 107 Hollanders aan boord!' noteert de kapitein in zijn journaal. Er breekt muiterij uit.
Radbraking, de galg en te pronkstelling zijn de harde vonnissen, die worden uitgedeeld door de admiraliteit. Opdat al het scheepsvolk zal weten, wat er met muiters gebeurt, hangt men de ongelukkigen op aan het Marsdiep, bij het fort Kijkduin. Op alle uitvarende schepen kunnen de matrozen de gehangenen zien: een waarschuwing, die indruk maakt.
Zonder haar koers te bepalen zwalkt de Republiek, op Gods genade, door de jaren heen. Dankzij de hertog van Brunswijk is de toestand redelijk stabiel, als Willem V op 18-jarige leeftijd de regering aanvaardt. 'Wij danken u voor uw vaderlijke zorgen, die onmogelijk naar waarde te schatten zijn!' zeggen de gewestelijke staten en de Staten-Generaal tot de hertog, die waarachtig een goed voogd is geweest. Men overlaadt hem met geschenken. Omstreeks 600.000 gulden in totaal. Daarmee betaalt de gemoedelijke Brunswijk een groot deel van zijn schulden af. Bij zijn afscheid kruipt er echter nog een addertje onder het gras.
'De Acte van Consulentschap!' Dat is een heimelijk gesloten verdrag. Slechts enkele heren weten ervan. In dat verdrag is bepaald, dat de prins te allen tijde — en buiten de Staten-Generaal om! — een beroep op de hertog zal mogen blijven doen. Zo blijft Brunswijk een invloedrijk man aan het hof.
Ook Willem V is geen Hercules! Als zwakst begaafde van alle Oranjes staat hij voor een taak, die zijn draagvermogen verre overtreft. Hij slaapt veel. Naar buiten toe wordt de glans, die hem als stadhouder omgeeft, voorlopig nog zorgvuldig bewaard. Als hij in 1767 met de 16-jarige Wilhelmina van Pruisen huwt, wordt dat nog met grote feesten en zonder wanklanken gevierd.

Zelfs Amsterdam met zijn staatsgezinde regenten, geeft het jonge paar een luisterrijke ontvangst.
'Wij hebben van deze Willem niets te vrezen!' weten de meeste regenten reeds met stelligheid. De voorbeelden van zijn geringe kracht zijn dan al redelijk goed bekend.
Hoe typerend lijken de woorden, die de prins Willem V spreekt, als hij zijn hart eens uitstort bij de oude heer Van Hardenbroek:
'Ik wenste dat ik dood ware, dat mijn vader nimmer stadhouder was geworden. Ik gevoele, dat ik geen bekwaamheid genoeg hebbe, om aan het hoofd van zoveel zaken te zijn. 't Hoofd loopt mij om!'
De tragiek voor hemzelf én het land is, dat de Republiek tóch op zijn schouders rust.
De predikanten vermanen wel, dat het stadhouderlijk gezag niet betrokken moet worden in de kritiek op de overheid. Bij alle partijstrijd blijft die kritiek toch niet uit.

Nu grote daden niet te realiseren zijn en het land aan politieke invloed in de wereld verliest, winnen de begrippen 'fatsoen' en 'eerbaarheid' — bij uitstek woorden ter camouflage van de middelmatigheid! — in deze jaren sterk aan kracht. De wettige overheden zien dan ook nauwlettend toe, dat er op dit gebied géén achteruitgang is.
Dienders van de ratelwacht in Amsterdam pakken op een nacht 39 hoertjes van de straat. Ze zijn buiten medeweten van de schout, en buiten diens beurs om, aan de tippel geweest? Ontstelde burgers vertellen:
'Waarachtig, buurman, er waren erbij van 14 en de oudste was 70 jaar!'
'Het is toch wat!'
Dat is het, maar nood breekt wet. Misschien wordt dat ook door vrouw Creken te Voorhout gedacht. Bij elf bevallingen baart zij 25 kinderen. Toch breidt de bevolking in de Republiek zich niet uit. Het aantal inwoners (toch al gering) blijft op hetzelfde peil — en bewijst misschien, hoe slecht de omstandigheden in vele gezinnen zijn.
In de huizen der rijken weerklinkt veel kamermuziek van Händel en Bach. De piano begint het klavecimbel te verdringen en de Rococo-stijl met zijn sierlijke krullen en tierlantijnen is 'in'. In de woningen van de gegoede burgerij richt het streven zich op intimiteit en behaaglijk gemak. Dat gaat met een flinke dosis sentimentaliteit gepaard. Op het toneel in de schouwburgen, waar burgerlijke drama's worden opgevoerd, wordt door de acteurs véél en gráág gehuild. Zij huilen zonder te acteren, als de Amsterdamse Schouwburg afbrandt tijdens een uitvoering van de Vlaamse Opera. Simon Stijl beschrijft dat voorval — met een stijl, die kenmerkend is voor die tijd:
'Menigten worden... als in een maalstroom heen en weer gevoerd, met uitstekende armen, handen, of blote kruinen, terwijl zij (het publiek) met een open mond en keel het aanstuivende vuur onwillig inzwelgen; zwangere moeders, teder kroost, tegen de wanden geperst, onder de banken gestommeld, gekneusd, verminkt en onder het puin bestulpt. Aanzienlijken — maar wie rept er nog van aanzien, of wereldse grootheid, daar de ganse menselijkheid siddert?'
Bij de toenemende tegenstellingen tussen rijk en arm, draait het raderwerk van de aristocratische wereld steeds minder soepel rond. Zij raakt beroerd en aangetast door heftige geschriften, die in Engeland, Frankrijk en het verre Amerika het licht hebben gezien. Jonge mensen worden door nieuwe, revolutionaire gedachten aan het denken gezet. Terwijl de schrijvers in de republiek over het algemeen beuzelen over deugdzaamheid en fatsoen, klinken er vurige woorden in Boston, Londen en Parijs:
'Een eerlijk man betekent meer voor de samenleving, dan honderd gekroonde schurken bij elkaar!' Met die woorden stelt Thomas Paine het koningschap aan de kaak. Voltaire, geen vriend van het christendom, keert zich fel tegen tirannie. Hij is ook gekant tegen democratie, want het volk noemt hij dom, wreed en dwaas.
'Nee!' zegt Jean-Jacques Rousseau. In zijn boek *Emile ou de l'Education* wijst hij de slechte opvoeding van kinderen — en beroerde levensomstandigheden! — als oorzaak van alle narigheid in de wereld aan. Hij pleit — dan al! — voor gelijke rechten van de vrouw.

Hartstochtelijk zoeken mensen opnieuw naar antwoorden op de grote vragen van het leven, naar betere spelregels voor de nog weinig rechtvaardige maatschappij. Er vallen harde woorden over dienstplicht, terechtstellingen, vrijheid. Harde woorden ook over God, kerk en koningschap. In de Republiek geeft Frans Hemsterhuis een schitterend getuigenis van een nieuw levensideaal. Geboren in Franeker, thans commies bij de Raad van State, verheft hij zich boven de vaak schijnheilige normen van fatsoen. Over de misdaad schrijft hij bij voorbeeld:
'De misdadiger is in werkelijkheid veel minder schuldig, dan men hem wil doen geloven, en zelfs een weinig minder, dan hij zichzelf verbeeldt. Dit is zeker: de man, die het woord en begrip "straf" heeft uitgevonden, is eenvoudig gek geweest... Als ik de strengheid van de wet zie, lijkt ze me dwaas. Ze doet zich voor als een dochter van God, terwijl ze niets anders is dan een onvolmaakte schepping van de huidige maatschappij...'
Humaan en gevoelig als hij is, rijpt in hem een nieuwe opvatting in de verhouding van mens tot mens. Hij neemt het op voor muitende matrozen: 'Eerlijk gezegd hadden die kerels niet zo erg ongelijk!' Het steriele, Haagse society-leven stuit hem tegen de borst. Hoe leeg en van steen lijken hem al die deftige mensen — behalve zijn zeer dierbare vriendin, prinses Gallitzin, de vrouw van de Russische gezant. Hij schrijft haar:
'De aanblik van mijn vaderland, vroeger weliswaar minder rijk, maar geducht, zegevierend en krioelend van grote mannen op ieder gebied, veroorzaakt mij zo'n smart, dat zelfs de filosofie die moeilijk kan lenigen!'
Frans Hemsterhuis, bestrijder van het materialisme, dat zo beklemmend sterk rondom hem woelt, is met vele anderen een vertegenwoordiger van een nieuw levensideaal.
Varend in het zog van Frankrijk, waar het belang van de handel nu zo sterk ligt, houdt de Republiek zich buiten de grote Europese politiek. Omdat sterke regeringsleiders ontbreken, krijgen de staatsgezinde pensionarissen van de grote steden steeds meer macht. De Republiek verliest daardoor de greep op zichzelf.

Terechtstelling van een boer, wegens financiële malversaties in 1767 te Brugge. Schilderij van J. Gaeremyn.

431

Einde Tachtigjarige Oorlog – Patriottentijd
De vierde oorlog met Engeland

Lodewijk XV, koning van Frankrijk en Navarra bij de gratie Gods, sterft in 1774 door pokken een vrij lugubere dood.
'O God, leidt ons en bescherm ons. Wij zijn te jong om te regeren!' bidden Lodewijk XVI en zijn Oostenrijkse vrouw Marie Antoinette.
(Hun huwelijk bekrachtigde het Frans-Oostenrijkse verbond!) Zij moeten gaan heersen over 25 miljoen Fransen: over een ontevreden adel, over een corrupte en verdeelde kerk, over een rijke, gezeten burgerij, die medezeggenschap eist - terecht, want adel en kerk betalen geen belasting — en over een grote, grauwe hongerige massa die onrustig gonst. Naarmate schrijvers, denkers en wijsgeren hun ideeën stoutmoediger verkondigen, neemt de onrust toe.
'Het komt mij voor, dat het heelal nu op mij gaat vallen,' schrijft Lodewijk XVI aan de vooravond van zijn kroning. 'Mijn God! Wat een zware last is nu op mijn schouders gelegd. En dat op mijn leeftijd. Het ergste is nog: men heeft mij niets geleerd!' Zijn onderdanen verwachten hervormingen en hopen, dat het algemeen welzijn zal worden bevorderd. Maar wat is het algemeen welzijn?
Daarover lopen de meningen uiteen. Hoewel het grootste deel van het volk hoog opkijkt tegen de adel, die nog veel prestige bezit, klinkt in Franse schouwburgen een ander geluid. In het stuk van Beaumarchais zegt de knecht Figaro tegen zijn stompzinnige, adellijke heer:
'Mijnheer de graaf, omdat u een groot heer bent, gelooft u, dat u een grote geest bezit. Adeldom, rijkdom, stand, hoge posten, dat alles maakt u zo trots. Wat heeft u voor zoveel voordelen gedaan? U hebt u zelf de moeite gegeven geboren te worden en niets meer. Overigens bent u een vrij alledaags mens!'
Wat er in Frankrijk gedacht en geschreven wordt, waait over naar de Oostenrijkse Nederlanden, die zich zozeer op de Franse cultuur hebben gericht.

De Oostenrijkse Nederlanden gedijen in vrij grote rust onder een ambtenarenregime. Samen met de Oostenrijkse bestuurders beheersen adel en geestelijkheid de maatschappij. De Staten-Generaal zijn in 150 jaar niet bij elkaar geweest! Een onthutsende verfransing ligt over het ganse leven heen. De leider van de 'Société Littéraire', een Letterkundige Vereniging, schrijft, als er een prijsvraag is uitgeloofd: 'Jammer dat één van de inzendingen Vlaams is. Maar de secretaris zal het goed maken, door een behoorlijke vertaling in het Frans!' Het taaltje, dat men in Antwerpen spreekt, wekt de lachlust op van bezoekers uit de Republiek:
'Een verschrikkelijk mengelmoes van oude Duitse, Hoogduitse, Franse en Hollandse woorden. Van de bekoorlijke lippen der lieftallige jongedametjes klinkt dat taaltje echter zielsbetoverend!'
Op deftige kostscholen is het spreken van Nederlands verboden. Dat wekt verzet.
Met bijtende spot stellen schrijvers de verfransing aan de kaak:
'Souhaiteer je te dejeuneren van een delicaat jambon?' Een zakenman in moeilijkheden schrijft aan een relatie:
'Wij zijn zeer geëmbarasseerd in een difficile affaire, dewelke onze compagnie extremelijk chagrineert!'
Onder aanvoering van Verlooy uit Brussel begint men de strijd tegen de verfransing van het Vlaamse en Brabantse land. 'Taal van de vrijheid' noemt Verlooy de Nederlandse taal. Hij voegt daar keer op keer aan toe:
'De inwoners van de Republiek en van de Oostenrijkse Nederlanden zijn één volk!'
Al lijkt het, of het Zuiden geen geschiedenis maakt en vegeteert onder dat verre Weense hof, toch waaien óók daar nieuwe ideeën over de grens. Verlooy groeit uit tot een der voormannen van de democratische hervormingspartij. Een nieuwe samenleving staat hem en zijn vrienden voor ogen.
Ook in de Republiek woelen allerlei revolutionaire gedachten door de hoofden,

Het tekenen van de Amerikaanse onafhankelijkheidsverklaring in 1776 te Philadelphia, door John Trumbull (begin 19de eeuw).

temeer daar zoveel burgers nu zo diep teleurgesteld zijn in de prins. Allerlei groeperingen streven uiteenlopende doelstellingen na:
'Het wordt hoog tijd, dat *wij* nu eens op het kussen komen,' vinden de staatsgezinde regenten, die indertijd door de prins opzij geschoven zijn.
'Wij eisen eindelijk rechtvaardigheid!' roepen de katholieken. Dat zij nog steeds als tweederangsburgers behandeld worden, zit hen hoog. Dienen in de schutterij mogen zij niet. Zij worden bovendien door extra belastingen gekweld. Ontevredenheid heerst in vele kringen.
Gevoed door lectuur uit het buitenland, beginnen allerlei mensen uit de gegoede burgerij (de massa speelt nog niet mee) zich te verenigen onder een verzamelnaam: 'De patriotten!' Met wellicht de woorden van Johan van Oldenbarnevelt voor ogen ('Ik heb gehandeld als een goed patriot ende die zal ik sterven!') kiezen deze vaderlanders die naam. De gegoede burgerij wenst nu krachtiger medezeggenschap — en zet zich in om de weinig wakkere prins van Oranje te wippen. De gedachte over hervorming en vernieuwing, die hen — en zoveel andere mensen in Europa! — bezighoudt krijgt prachtig gestalte door Johan Derk van der Capellen tot de Poll. Hoewel lid van de Overijsselse ridderschap, keert hij zich tegen de ontsporingen rond de drost-ambten, tegen misbruiken in de verhouding tussen adel en boer, tegen de eenzijdigheid in het bestuur. Hij haalt zich de woede van mede-regenten op de hals en wordt wegens belediging uit de Staten gegooid. Daardoor wint hij echter vele bewonderaars.
In de stadsregeringen en Statenvergaderingen zijn verlammende twisten en ruzies niet van de lucht. De begrafenis van de Oranjegezinde heer Raap, de Doelist, ontaardt in een flinke rel tégen de prins. Zélfs in Engeland, waar men op de stadhouder meent te kunnen steunen, schrikt men ervan. Al die *gedachten* aan hervorming, worden opeens in het verre Amerika in *daden* omgezet:

De 13 kolonies in Amerika krijgen er genoeg van om vanuit het verre Londen te worden geregeerd. De kolonisten willen niet langer hoge belastingen betalen ten behoeve van Engelands oorlogsschulden en voor het onderhoud van de enorme vloot, die overigens wél voor de verdediging van de kolonies heeft gestreden.
De vrijheidslievende Amerikanen (Hollanders, Zweden, Polen, Duitsers en Britse kolonisten, die al generaties lang in Amerika hebben gewoond) gaan zich bewapenen. Vanuit de West worden zij door Hollanders en Fransen van wapens, munitie en andere produkten voorzien. Met die wapenen beginnen de Amerikaanse patriotten hun strijd tegen Engeland voor de reeds lang begeerde onafhankelijkheid. Wanneer de afgevaardigden van de 13 kolonies (na een harde strijd om de stemmen) in het Congres bijeenkomen, in de zomer van 1776, wordt de breuk met Engeland een feit.
In één middag stelt Thomas Jefferson de onafhankelijkheidsverklaring op. In nuchtere, eenvoudige taal zet hij de wensen van de Amerikanen met de 'Declaration of Independence' schitterend op papier. Het is doodstil in de vergaderzaal van het congres, als dat stuk wordt voorgelezen:
'Wij achten het een onbetwistbaar feit, dat alle mensen gelijk geschapen zijn; dat zij door hun Schepper met bepaalde, onvervreemdbare rechten begiftigd zijn en dat hiertoe onder meer het recht op eigen leven, vrijheid en het nastreven van geluk behoren; dat, om deze rechten te verzekeren, regeringen zijn ingesteld, wier gezag berust op de wil van hun onderdanen; dat, indien een regering de verwezenlijking van de doelstellingen in de weg staat, het volk het recht bezit haar te wijzigen, of af te zetten en een nieuwe regering in te stellen, die uitgaat van beginselen, welke het volk een grotere mate van veiligheid en geluk waarborgen...'
Deze historische baanbrekende verklaring wordt aangenomen door het Congres. Hij wordt ondertekend door de afgevaardigden van de 13 koloniën, die nu géén koloniën meer zijn. Het is het geboorteuur van de Verenigde Staten!
Een moeizame vrijheidsoorlog onder aanvoering van George Washington begint.
Benjamin Franklin begeeft zich als eerste Amerikaanse gezant naar Versailles. Met zijn rustige eenvoud, zijn sterk gevoel voor humor en zijn mensenkennis verovert hij op slag de harten van het wufte, verfijnde hof. Marie Antoinette is verrukt over hem.

'Op naar Amerika!' denken vele Franse edelen. Met honderden landgenoten melden zij zich als vrijwilligers voor de Amerikaanse vrijheidsstrijd. De steun, die Frankrijk aan die Amerikaanse opstandelingen geeft, loopt in het jaar 1778 op een nieuwe oorlog met Engeland uit.

De Amerikaanse rebellen wekken veel enthousiasme en sympathie.
'Zij spreken de taal van burgerrechten en van vrijheid!'
'Zij verdienen onze steun!' Kooplieden in de Republiek sturen schepen vol contrabande via St. Eustatius naar Amerika. Het eiland wordt al gauw de 'Gouden Rots' genoemd.
Vele prinsgezinden in de Republiek — en zeker de conservatieve Willem V — voelen niets voor de Amerikaanse opstand. Zij kiezen de zijde van Engeland — maar al te goed beseffend, dat het stadhouderschap al tachtig jaar van Britse steun afhankelijk is geweest. De Britse gezant Yorke doet al het mogelijke, om de prinsgezinden en de Republiek stevig achter zich te krijgen. Hij vraagt aan de prins:
'Leen ons uw Schotse Brigade voor de strijd in Amerika!' Prins Willem is maar al te be-

Bestorming van het kantoor van de Generaliteitsloterij in de Kalverstraat in Amsterdam in 1779, door Isaak Ouwater (1750-1793).

Einde Tachtigjarige Oorlog – Patriottentijd

reid de Schotse Brigade, die sinds jaar en dag in de Republiek dient, aan Engeland te lenen. Een geloei van protesten stijgt uit het kamp der patriotten. Johan van der Capellen tot de Poll roept in een vergadering van de Staten-Generaal:
'Past het ons, die zélf slaaf zijn geweest, die zélf de naam van rebel hebben gedragen, om nu de zijde van de verdrukker te kiezen, die bovendien onze schepen aanhoudt en confisqueert?'

De nieuwe Franse gezant doet natuurlijk eveneens zijn uiterste best om de Zeven Provinciën aan de zijde van Frankrijk te krijgen. Hij bewerkt de patriotten. Hij dreigt met beperkingen voor de handel, als sommige steden hun gehoorzaamheid tonen aan de prins. Achter de rug van de zwakke regeringsleiders om, voert hij besprekingen met de staatsgezinde regenten van Amsterdam.

Het is een droeve vertoning. Een pamflettenregen daalt op de Republiek neer. Met felle artikelen komen patriotten en prinsgezinden voor hun standpunten op. Ondertussen varen de Hollandse schepen naar Frankrijk en de West. Op hun tochten worden zij keer op keer door Britse oorlogsbodems onderzocht — en soms naar Engelse havens opgebracht.

'Het hoofd loopt mij om!' zucht de ongelukkige prins. Van àlle kanten krijgt hij zo langzamerhand verwijten naar zijn hoofd. Hij schrijft in 1778 in een brief aan Fagel: 'De situatie is erger dan zij in lang is geweest. De Republiek blijft alléén drijven, zonder bondgenoten, zonder fortificaties, zonder barrière, zonder voldoende voorraad in de magazijnen, — en dat is het slechtste van alles — zonder dat er eendracht en harmonie in de regering is!'

Ja, de Republiek drijft. De buitenlandse gezanten bemoeien zich met binnenlandse aangelegenheden en doen dat ongestraft. Onderhandelingen. Twistgesprekken. Pamfletten. Totale onmacht van de regeringsleiders, die nu hun hoop op een bondgenootschap met Catharina van Rusland hebben gericht. Verval bij de Oostindische Compagnie door starre behoudzucht en corruptie van de bewindhebbers. Bentinck smeekt de prins keer op keer, die baatzuchtige heren aan te pakken. Er gebeurt niets.
'Het dient mijn tijd wel uit!' denkt men in de Oost, waar de etablessementen van de compagnie voortsudderen in een bedroefde staat.

Toenemende handel op Frankrijk. Dan dreigementen van Engeland. Dan onderhandelingen met Engeland. Dan weer dreigementen van de Franse kant. Die impasse wordt doorbroken, als op het eind van 1779 — ondanks Britse tegenwerking — eindelijk toch een grote handelsvloot voor Frankrijk de zee op gaat:

Slechts begeleid door enkele oorlogsbodems zeilen 300 schepen uit. Een jaar lang hebben de kooplieden moeten wachten, voordat de Staten de preciese voorwaarden voor de ladingen bekend hebben gemaakt. 'Géén scheepshout. En géén hennep voor touwen! En géén ankers. En géén wapens en munitie...' De Britse gezant heeft prins Willem duidelijk voorgeschreven, welke goederen wél en welke niet naar Frankrijk mogen gaan. Nu is het dan zover.

Terwijl de kooplieden reeds verheugd hun winsten berekenen, wachten Britse eskaders bij het eiland Wight de Hollandse handelsvloot op. 'Wij hebben geen scheepshout aan boord!' garandeert schout-bij-nacht Van Bylandt.
'Wij willen de schepen tóch onderzoeken!' eisen de Britten met klem.
'Vuur!' roept Van Bylandt. Hij laat zijn kanonnen één keer bulderen. Dan is aan de eer voldaan en strijkt hij de vlag.
'God beter 't!' vloekt een aantal kapiteins van de koopvaardij. Ze zetten alle zeilen bij en varen als de weerlicht weg. De rest van de grote handelsvloot wordt naar Britse havens opgebracht.

Een storm van protest, woede en gekrenkte trots raast over de Republiek. Vrijwel geen koopvaarder waagt zich nu nog buitengaats.
'Dat komt nou van die slappe, schipperende politiek van de prins!' zeggen de patriotten. Ze zitten vol kritiek. De vraag blijft, of ze het zelf — gezien de omstandigheden — zoveel beter hadden gedaan. Hoezeer de Republiek in zichzelf verdeeld is geraakt bewijst de stad Amsterdam. Buiten de Staten-Generaal om wil de stad een verdrag met de Verenigde Staten sluiten, zodra de onafhankelijkheid door Engeland zal zijn erkend. Die daad krijgt een lange staart:

Het schip, dat het ontwerpverdrag van Amsterdam aan boord heeft, wordt door een Britse kaper buitgemaakt. De documenten komen in Londen terecht. Heel begrijpelijk is men daar hogelijk ontstemd. 'Ontsla die kerels in Amsterdam!' eist de Engelse regering van de prins. De erfstadhouder aarzelt. Van alle kanten hagelen verwijten op hem neer. Zelfs de meest vurige Oranjeklanten barsten wanhopig tegen hem uit.
'Ik wenste dat ik dood ware!' De prins zit nu tussen twee vuren in! Hij durft de machtige bestuurders van Amsterdam niet aan. En de nota's uit Engeland worden steeds dreigender van toon. Niet wetend wat te doen, doet hij daarom niets! Als reacties uitblijven, slingert Engeland tenslotte een oorlogsverklaring over de Noordzee.

'Tot ons leedwezen!' zeggen de Britten, die in de republiek onder de erfstadhouder geen bondgenoot meer kunnen zien. Zo breekt in het jaar 1780 de *vierde Engelse oorlog* uit.

Oorlog! In de Republiek kan men het nauwelijks geloven. Toch gaat men in vrijwel alle kringen met enthousiasme — en een zeldzame onderschatting van de realiteit — de strijd tegemoet:
'Nú kunnen we eindelijk afrekenen met de concurrentie uit Engeland!' meent een flink aantal regenten en burgers in de Republiek. Opgewekt heffen zij hun glas op het vaderland. Zij denken werkelijk dat Engeland, nu het met Frankrijk, met Spanje, met de Amerikaanse rebellen en óók nog met de Republiek in oorlog is, vrijwel zeker voor zijn ondergang staat.
'Deze wordt tevens de neergang van het Huis van Oranje!' voorspellen de patriotten en Staatsgezinde regenten verheugd. In een opgeschroefde, haast juichende oorlogsstemming, spreken velen van de wederopstanding van de Trompen en De Ruyters, van een herleving van de oude geest, waarmee men het gehate Engeland wel mores zal leren. Wát een teleurstellingen liggen in het verschiet!

De Engelse kapers zitten overal. Binnen enkele maanden zijn reeds tientallen schepen van de Republiek uit zee geplukt. De handel ligt stil. De wrakke oorlogsbodems, merendeels onzeewaardig, kunnen niet eens worden bemand. In de voorafgaande vijftien jaar heeft Zeeland nauwelijks een schip voor de marine gebouwd.

Een ramp voltrekt zich in de West. Een sterke Britse vloot onder Rodney — 15 grote schepen en een aantal fregatten met 3000 man — zeilt naar de 'Gouden Rots.' Te laat gewaarschuwd moet St. Eustatius, verdedigd door een klein garnizoen, zich overgeven.
'Good heavens!' De Britten zijn opgetogen over de rijke buit, die hen in handen valt: 130 rijk beladen koopvaardijschepen, pakhuizen vol suiker en tabak. De waarde van dat alles beloopt 40 miljoen.
'Hijs niet onze vlag, maar laat de Hollandse vlaggen wapperen!' beveelt Rodney, die zich met zijn zeevolk vrij schandalig op het eiland verrijkt. Vele Hollandse koopvaarders, in de war gebracht door die vlaggen, zeilen als weerloze vliegen in het Britse web. Nog een ander konvooi van 23 schepen maken de Engelsen prijs. Curaçao wordt flink verdedigd, maar bezittingen als Berbice en Essequebo gaan verloren aan de Brit.

Koopvaarders, afkomstig uit de Oost, kunnen niet thuisvaren, omdat er geen konvooien van de marine zijn. Zij wachten in

Gezicht op St. Eustatius, door A. Nelson (1774).

De stadhouderlijke familie bezoekt de Haagse kermis. Detail van een schilderij van H. Pothoven.

buitenlandse havens betere tijden af.

Bewindhebbers van de Oostindische Compagnie begeven zich paniekerig naar Parijs:
'Zend ons toch hulp!' smeken zij, nu ook allerlei bezittingen in Oost-Indië verloren gaan, zoals kantoren van de compagnie op de westkust van Sumatra en in Bengalen.

Dankzij tussenkomst van Franse eskaders, kunnen Kaap de Goede Hoop, Ceylon en Java nog worden gered.

De ene jobstijding na de andere bereikt de verhitte Republiek. Een hetze-campagne (hij zou verraad hebben gepleegd) richt zich tegen de hertog van Brunswijk, die nog steeds veel invloed heeft aan het hof. Alsof hij iets aan alle misère kan doen. Terwijl prinsgezinden en patriotten elkaar met kranten en geschriften bestoken, wordt de crisis en de neergang verwekt. De stemming is zó verbitterd, dat prins Willem niet eens meer naar een Statenvergadering in Den Haag durft te gaan:
'Het maakt mijn vrouw zo angstig!' luidt zijn excuus. Hoongelach is het gevolg.

Dat de verwaarloosde, onmachtige vloot de zee niet op durft, wordt als een vernedering gevoeld. Het lokt heftige reacties uit: 'We worden geslagen, geschopt, getrapt. In deze jammerlijkste houding zijn wij de ganse wereld ten spot!' Nijdige volksvrouwen in Amsterdam komen de straat op. Zij marcheren naar de haven, met vrijwel naakte kinderen op de arm. Daar schreeuwen zij tegen de rondhangende matrozen hun woede en onmacht uit:
'Laffe honden!'
'Jullie moeten vechten! Ga tenminste aan boord en exerceer daar...'

Exerceren aan boord is wel niet veel, maar dan gebeurt er tenminste toch iets. Als Scheveningers op een zondagmorgen uit de kerk komen, zien zij Engelse oorlogsschepen jacht maken op een vissersboot. Met kanonvuur jagen de Britten de vissers naar het strand. Brunswijk en de prins begeven zich haastig met enkele kanonnen uit Den Haag naar Scheveningen en keren het gevaar. 'Leve de prins!' roepen de Scheveningers opgelucht. Zij begrijpen niet, dat

ook de prins voor een flink deel verantwoordelijk is voor het ontbreken van een vloot.

'Aan het volk van Nederland!' staat op een pamflet, dat in die dagen overal de ronde doet. De schrijver daarvan is de felle hervormer en patriot Van der Capellen — al blijft hij met dit geschrift anoniem. Hij zegt: 'Wij zijn alleen dáárdoor ongelukkig; onze koophandel staat alleen dáárdoor stil; onze werklieden lijden alleen dáárdoor honger en kommer, omdat wij geen vloot hebben. En een vloot had *gij* moeten, en gij, gij Willem V, gij alleen ons bijtijds kunnen bezorgen...'

Een feit is echter, dat de landprovincies de versterking van de vloot voortdurend hebben tegengewerkt.

'Wij betalen voor een vloot, die alleen Holland en Zeeland tot voordeel is? Geef ons liever een sterke legermacht!' De landprovincies hebben daarom onvoldoende gelden gestort.

Van der Capellen raadt in zijn brochure de Nederlanders aan, in steden en dorpen

Einde Tachtigjarige Oorlog – Patriottentijd

Herinneringsbord aan de slag bij Doggersbank. Delfts blauw bordje (1781).

voormannen te kiezen: goede patriotten, die medezeggenschap moeten opeisen. Zij moeten tevens onderzoeken, waarom er overal zo'n traagheid en slapheid heerst.

Dan gaat hij verder:
'Zorg voor de vrijheid der drukpers, want zij is de enige steun van ulieden in de nationale vrijheid. Wapent u allen! Kiest degenen, die u commanderen moeten en gaat, evenals het volk in Amerika, in alles met bedaardheid te werk!'

Zo woelt en wirwart het in de Republiek. Zo bokst men tegen de stadhouder op, die alles bij het oude laat. Heel langzaam aan verheft de patriottenbeweging zich boven de belangen van afzonderlijke steden en afzonderlijke gewesten. De kiemen lijken aanwezig voor een optreden, niet in plaatselijk, of gewestelijk, maar in *nationaal* verband.

Hoe zwak de positie van Willem V ook is, één lichtpuntje verstevigt toch weer zijn slappe bewind:

'Wij eisen, dat een konvooi zonder enig verderfelijk uitstel de zee opgaat!' is door handelaren op de Oostzee haast dreigend naar voren gebracht. Gesprekken met de heren der admiraliteit; plannen om nauwer samen te werken met de Franse vloot; inspecties! Dat alles leidt er tenslotte toe, dat ongeveer 70 koopvaarders — met bestemming Oostzee — uitvaren. De prins is persoonlijk naar Texel gereisd om de marine te bevelen, een konvooi te leveren voor die handelsvloot. 7 Linieschepen en enkele fregatten, onder bevel van schout-bij-nacht Zoutman en Kapitein Van Kinsbergen, varen uit. Bij Doggersbank stuiten zij op een Britse handelsvloot: 200 schepen groot. Deze zijn juist uit de Oostzee teruggekeerd en worden door een smaldeel van de Engelse marine begeleid. Een hevig gevecht volgt.

Vijf uur lang verwaait het gebulder met de wind over zee. Met grote dapperheid strijden de Hollanders tegen de overmacht. Eén van de linieschepen zinkt. Over en weer wordt — onder niet al te bekwame leiding — een grote ravage aangericht. De Engelsen deinzen tenslotte terug en zeilen met ontredderde schepen weg. Doch ook Zoutman en de zijnen — en dus de koopvaardij — moeten met hun gehavende oorlogsbodems terug naar de wal. Al is bij die 'slag bij Doggersbank' geen zegepraal behaald, de prinsgezinden meten het zeegevecht uit tot een glorieuze overwinning van de vloot:

'Zoutman, onze held! Oranje boven!' De oorlogsbodems van de Maas zijn niet uitgevaren. Er gaan hardnekkige geruchten van verraad. Toch wordt de slag bij de Doggersbank uitbundig gevierd, *omdat het geen nederlaag is*:

De Brit verliest de moed in deze hoge nood
De Batavier staat pal in 't aangezicht van de dood
En beukt en scheurt de macht van Engeland aan flenteren
Het donderend geluid, dat klinkt uit d'o-

pen mond
Van 't bulderend kanon, dreunt haast de aardbol rond
En wekt de helden op, die lang zijn overleden
De Ruyter, Tromp, Piet Heyn, verrijzen uit hun graf
Uit vrees, dat Neêrlands moed de laatste doodsnik gaf
Zij komen, zien én... gaan gerust weer naar beneden

Ja, ja! Al draaien Tromp, De Ruyter en Piet Heyn zich vermoedelijk in hun graven rond van pure ergernis, prins Willem ontbiedt de helden van Doggersbank dankbaar naar het hof. Omgeven door zijn vrouw en drie kinderen, reikt hij hoge onderscheidingen uit — hopend dat de felle kritiek op zijn bewind nu wat zal luwen.

Omdat ook de weinig krachtige raadpensionaris Van Bleiswijk geen richting aangeeft, nemen de staatsgezinde pensionarissen van Leiden, Dordrecht, Haarlem en vooral Amsterdam het heft in Holland en in de Staten-Generaal steeds steviger in handen. Door hun toedoen sluit de Republiek eindelijk een goed verdrag met Frankrijk en wordt de onafhankelijkheid van de Verenigde Staten eindelijk erkend.

Hoewel de prins nog kan steunen op grote lagen van het volk, op leden van de calvinistische kerk, op de adel, ontdekt hij toch, dat het kamp van zijn tegenstanders groeit en met de dag brutaler wordt. De spotschriften en pamfletten spreken in dat opzicht een duidelijke taal:
'Mallen Willem!'
'Dikke Schelm!'
'Verstokte Deugniet!'
'Het verraderlijke Anglo-Oranje rot!'

In de clubs der patriotten wordt ondertussen hartstochtelijk vergaderd. Heel wat inspiratie voor de te volgen politiek, komt uit Amerika:
'Bij het volk berust de hoogste macht. De vorst en de wettige overheden zijn slechts dienaren van de volkswil!' Met *volk* bedoelen de patriotten zichzelf: de laag van gegoede burgers, die — sociaal gezien — onder die der regenten ligt. Aan het wérkelijke volk, — de grote massa van de arbeiders tot aan het Jan Hagel toe — hebben zij ongeveer evenveel lak als iedere regent.

De patriotten beginnen te pleiten voor de oprichting van 'vrijkorpsen', als tegenwicht op de schutterijen, die merendeels voor Oranje zijn. Onder de inspirerende leiding van Van der Capellen komen die korpsen — met *gekozen* officieren — het eerst in Utrecht, Zwolle en Kampen van de grond. Tussen katholieken, calvinisten, remonstranten of doopsgezinden maken zij geen onderscheid. De gegoede burgerij treedt toe. Het lagere volk kiest daardoor weer wat krachtiger voor de prins:
'Oranje boven!' klinkt het op Sinterklaasavond in Den Haag. Het 'proletariaat' komt de straat op om even goed duidelijk te maken, dat zij er nog zijn. Een aantal ruiten gaat in.
'Leve de prins!' roept een woeste troep in Rotterdam. Met Oranje op de borst werpen zij zich op de huizen van de gegoede burgerij. De uitbuiting door patriottistischgezinde regenten hebben ze maar al te goed gevoeld.
'Dat Oranje-vee!' scheldt de gegoede burgerij, als de grauwe massa de aanval op de vrijkorpsen richt. In Leiden vallen bij zo'n rel vier doden!

Terwijl de tegenstellingen in de Republiek zich toespitsen, suddert de oorlog naar een verdrietig eind. Als Engeland met Amerikanen, Fransen en Spanjaarden over vrede onderhandelt, staan de afgezanten uit Den Haag als machteloze toeschouwers aan de kant. Pas als tussen die mogendheden alles in kannen en kruiken is, dicteert Engeland haar voorwaarden aan de Republiek:
'Afstand doen van Negapatnam in India!'
'Vrije vaart voor Engeland op Indië, in de gehele archipel!'
'Een streep door het eens gesloten handelsverdrag!' De vredesvoorwaarden zijn vernederend en triest. Bovendien eist Oostenrijk nu, dat de Schelde open moet.

'Holland? Holland is niets!' heeft William Pitt reeds eerder in het Britse parlement gezegd. Al komen er nog enkele goede jaren, zonder aanzien en zonder kracht schuift de Republiek — waarin patriotten en prinsgezinden in uiterst verwarde groepen elkaar de macht betwisten — naar een nieuwe crisis.

Relletjes in Rotterdam in 1781, door Dirk Langendijk.

De Franse Tijd – Negentiende en Twintigste Eeuw
Opkomst der patriotten

De Verenigde Staten van Amerika hebben hun vrijheid bevochten op Engeland. 'Vrijheid' is een prachtig woord en een kostbaar goed. Maar hoe moet men haar toepassen in een deels nog feodale maatschappij?

Duizenden Franse vrijwilligers hebben tijdens de Amerikaanse Vrijheidsoorlog ervaren, hoe een democratische levenshouding zich in dat jonge land heeft genesteld. Met enthousiaste verhalen en vol plannen om de samenleving te verbeteren, zijn zij naar Frankrijk teruggekeerd. Adel en geestelijkheid bezitten daar nog steeds alle macht. De protesten daartegen groeien met de dag. Abbé Siéyès van de kathedraal van Chartres schrijft een pamflet, dat een sensatie verwekt. In simpele bewoordingen stelt hij drie vragen. Even simpel zijn de antwoorden, die hij op die vragen geeft.

WAT IS DE DERDE STAND?
'Het doel van dit geschrift is eenvoudig genoeg. Wij hebben ons slechts drie vragen te stellen:
1. Wat is de derde stand? Alles!
2. Wat is hij tot dusver in onze staatsvorm geweest? Niets!
3. Wat verlangt hij? Iets te worden!

Wie vormen de derde stand? Niet het grauw uit de volksbuurten, dat nog geen enkele politieke ambitie bezit. Niet de kleine burgerij, die de zaken nog graag aan de 'grote heren' overlaat – en slechts hoopt, dat die het bekwaam en fatsoenlijk zullen doen.

Het zijn de welgestelde en gegoede burgers, die nu 'iets willen worden'. Hun geroep om vrijheid en hervormingen is op medezeggenschap gericht. De eeuw van de aristocratie, de eeuw van verlichte vorsten, de eeuw van de kleine groep oppermachtige regenten, loopt naar zijn eind.

De 'Secrete Magt' ter rede van Vlissingen, 1784. Dit eskader werd door de Staten-Generaal bijeengebracht om de sluiting van de Schelde desnoods met geweld te handhaven. Schilderij door E. Hoogerheyden (1805).

Ook keizer Jozef II, die Maria Theresia in Oostenrijk heeft opgevolgd, is een verlicht vorst. Hij hanteert de ideeën van zijn tijd, maar past die naar zijn eigen willekeur toe.

Hard treedt hij op tegen de grote invloed van de kerk. Hij heft kloosters op om de gelden daarvan te kunnen besteden voor zijn leger, voor armenzorg en onderwijs. Alleen al te Roermond – hoofdstad van het Overkwartier, deel van de Zuidelijke Nederlanden en vallend onder Oostenrijks bestuur – gaan in drie jaar tijd (1783 - 1786) 9 kloosters van dominicanesen, kartuizers, karmelietessen, augustijnen, franciscanen, clarissen en kruisheren in staatsbezit over.

In de woelige wereld, waarin de drang naar gelijkheid, rechtvaardigheid en een menswaardig bestaan steeds duidelijker zichtbaar wordt, is Roermond een oase van rust. Een geestelijke uit Luik beschrijft de kleine stad:

'Roermond is noch mooi, noch groot, noch versterkt, noch handelsstad. Het aantal inwoners haalt nauwelijks de 5000. Het zijn beste mensen. Verlichte theorieën, zucht naar geld en overdaad hebben deze streek nog niet verdord. Men bidt voor en na tafel. De kinderen vragen een kruisje aan hun ouders en men groet de priesters!' vertelt de abbé uit Luik, die het wel anders heeft meegemaakt. 'Het lijkt wel een andere wereld. In ambacht en handel wordt men eerlijk en correct bediend én... voor de juiste prijs. God verhoede dat de goede stad ooit tot meer welvaart komt...'

Er zijn natuurlijk talloze plaatsen en dorpen als Roermond, waar men nog opziet tegen adel, regenten en kerk; waar men amper weet heeft van de Amerikaanse vrijheidsoorlog en van de onstuimige hervormingsgedachte, die de wereld beroert.

In de Zuidelijke Nederlanden glijdt het leven onder het Oostenrijkse regime in redelijke tevredenheid voort. De welvaart is in de afgelopen 30 jaar aanzienlijk toegenomen. Het staatsinkomen is toegenomen van 5 1/2 tot 15 miljoen. De rechten op in- en uitvoer zijn verdrievoudigd. Dat het in materieel opzicht goed gaat, blijkt tevens uit de flinke aanwas van de bevolking:

Brussel: van 58.000 naar 75.000
Antwerpen: van 37.000 naar 48.000
Bergen: van 15.000 naar 20.000
Gent: van 45.000 naar 48.000

Vele plattelandsgemeenten hebben zich verdubbeld.

Keizer Jozef II heeft het land een bezoek gebracht. Zijn oordeel over de Nederlandse onderdanen luidt:
'Verfranste koppen met bier van binnen!' Erg vleiend is dat niet. Keizer Jozef heeft dan ook alle moeite gedaan om de Zuidelijke Nederlanden te ruilen tegen Beieren (waar het bier van binnen eveneens volop aanwezig is!). Als pogingen in die richting mislukken, begint hij zich wat grondiger te bemoeien met de zaken van het land. Voor 163 kloosters en abdijen zijn dan de laatste dagen geteld. Hun opheffing verloopt zonder noemenswaardig protest van het volk. 'Nu de kerk haar macht verliest, kan het land zich eindelijk ontworstelen aan alle onwetendheid!' menen de intellectuelen, die hun blikken zozeer op Parijs hebben gericht. De graaf van Beaufort laat de over-

heid weten, dat hij die lege kloosters graag wil gebruiken als fabriek (James Watt heeft de stoommachine zódanig verbeterd, dat het werk van 600 vrouwen in de spinnerijen nu door 1 man en 4 kinderen kan worden verricht).

Met de trots van zijn geslacht legt keizer Jozef II zijn wil graag aan zwakkeren op. Hij heeft reeds gedaan gekregen, dat de Republiek haar garnizoenen uit de barrièresteden heeft teruggehaald. Na dat succes wil hij meer:

'Ik wens nieuwe grenzen in Zeeuws-Vlaanderen! En de stad Maastricht!' maakt hij aan de Republiek bekend. Hij beroept zich daarbij op verdragen van een eeuw oud. Verder eist hij, dat nu de Schelde wordt geopend:

'Wij zijn van plan de scheepvaart op die rivier te herstellen. Indien van de kant van de Republiek de Habsburgse vlag ook maar de minste belediging wordt aangedaan, zal zijne majesteit dat beschouwen als een oorlogsverklaring en een duidelijke vijandige daad!' krijgen afgevaardigden van de Republiek te horen, als onderhandelingen te Brussel begonnen zijn.

De Zuidelijke Nederlanders hebben nauwelijks belangstelling voor die zaak. Oostende heeft tijdens de laatste oorlog beste zaken gedaan. Heel wat Britse en Hollandse kooplieden hebben daar reeds kantoren gevestigd. Aan die ene zeehaven heeft het Zuiden voorlopig genoeg. In de Republiek neemt men de bedreiging hoog op:

'De Schelde open? Dat nooit!' Amsterdam, dat zijn opkomst mede aan de val van Antwerpen te danken heeft, dringt bij de Staten-Generaal op krachtige maatregelen aan. Aan Frankrijk wordt steun gevraagd.

Keizer Jozef stuurt een aantal regimenten naar de Zuidelijke Nederlanden – hopend dat de Republiek bij dat wapengekletter door de knieën zal gaan. Dan geeft hij twee schepen opdracht, zich gereed te maken om de haven van Antwerpen te verlaten en de Schelde op te gaan. Het schip Louis zal als eerste moeten uitzeilen om de afsluiting te forceren.

'Wat nu?'

Grote ongerustheid in Den Haag. De Staten-Generaal hebben een vlooteskader naar de Schelde gedirigeerd met de opdracht te vuren, als de zaken werkelijk op scherp worden gezet. Op het laatste moment schrikken de afgevaardigden daar toch weer van terug:

'Laat admiraal Van Reynst ten spoedigste weten, dat hij toch maar liever niet moet schieten!' beslissen de Staten-Generaal in een paniekerige vergadering. Met die opdracht snelt een boodschapper naar de Schelde. Hij komt te laat, de Louis vaart reeds naar het westen. De Hollandse matrozen en mariniers staan bij de kanons gereed om het schip de doorgang te beletten.

'Vuur!' klinkt het commando, als de Louis weigert te stoppen, na daartoe te zijn gesommeerd.

'Boem!'

Een voltreffer raakt een kookketel op het dek. Even heerst er spanning. Zal Jozef tot de aanval overgaan? Een oorlog om de Louis? Dan maakt Frankrijk een eind aan de klucht, die door de Zuidnederlanders spottend de *Ketel-oorlog* is genoemd. Keizer Jozef ziet in, dat zijn gebluf geen resultaat heeft gehad:

'Ik zal mijn eigenliefde moeten opofferen en me maar laten uitjouwen om de staat niet bloot te stellen aan een al te groot gevaar!' schrijft hij aan zijn broer. Na een jaar onderhandelen wordt te Fontainebleau – onder toezicht der Fransen – een verdrag getekend. De Schelde blijft gesloten.

In de Republiek is er nauwelijks rede tot vreugd. De zorgelijke binnenlandse toestand, met toenemende tegenstellingen eist daar alle aandacht op.

'Dit kan nooit goed gaan!' mompelt luitenant-stadhouder De Pesters, die zich langzamerhand bij alle kringen in Utrecht gehaat heeft gemaakt. 'De pest van Utrechts burgerij' wordt hij genoemd, omdat hij, in naam van de prins, een schandelijke vroedschapscorrespondentie onderhoudt, banen en ambten verkoopt en met een spionage-stelsel iedereen tot gehoorzaamheid dwingt en tiranniseert. Door het Huis van Oranje is niets tegen dat wanstaltige wanbeheer gedaan. Nu toont De Pesters aan een vriend het programma, dat de gewapende vrijkorpsen van de patriotse verenigingen hebben opgesteld. De titel luidt:

Ontwerp om de Republiek door een heilzame Vereniging der Belangen van Regent en Burger van binnen gelukkig en van buiten geducht te maken! De gegoede burgerij wil een vinger in de pap. Dat is duidelijk genoeg. Náást regenten en ridderschap wensen de patriotten een deel te krijgen in het bestuur van stad, gewest en land. Ondanks alle fraaie leuzen over vrijheid, soevereiniteit van het volk, hervorming en vernieuwing komt het kort gezegd dáárop neer. De nieuwe regeringsvorm moet er een van regenten én burgers zijn. Het gepraat over de wijze van verkiezing is reeds volop aan de gang.

Keizer Jozef II met zijn broer, aartshertog Leopold, die hem in 1790 als keizer zou opvolgen. Schilderij door Pompeo Batoni (1769).

De Franse Tijd – Negentiende en Twintigste Eeuw

P.P.J. Quint Ondaatje (1760-1818), door Chrétien.

Wat moet er op die manier worden van de ambten, die de prins te vergeven heeft? En van de mensen, die hij (overeenkomstig de regeringsreglementen) overal heeft aangesteld?
'Dat stomme volk zet de prins aan de kant!'
'Dat staat hij immers al!'

Luitenant-stadhouder De Pesters kijkt door het raam. In het park rondom zijn buitenplaats knipt de tuinman met zijn knechten de heggen naar de moestuin recht. De lijnen in de politiek lopen nimmer zo recht als die haag. Ja, God beter 't, op advies van zijn vrouw Wilhelmina en zijn oom, de koning van Pruisen, houdt Willem V zich nu gedekt. De oorlog is beëindigd door de steun, die het Oranjehuis steeds van Engeland ontving. Ongestraft hebben pensionaris Van Berckel van Amsterdam, pensionaris De Gijselaar van Dordrecht en de bekwame pensionaris Zeebergh van Haarlem een soort driemanschap gevormd. Zij delen nu de lakens uit. De prins – bij God, ging er maar eens wat kracht van die man uit – houdt zich achteraf. 'De Oranjepartij mist eenheid. Wij zijn niet georganiseerd. Dát maakt ons zo zwak!'

Driftig denkt De Pesters, hoe weifelachtigheid van het hof zijn hele bestaan in gevaar heeft gebracht. De prins kon rekenen op de boeren, op het grauw in de steden. Waarom wilde hij niet steunen op het volk, dat om hem riep? En dan was er nog het leger! Als het hard tegen hard zou moeten gaan... Wat willen die patriotten?' klinkt de stem van zijn vriend. 'Wat willen die democraten? Hoe kunnen de Staatsgezinde regenten op dit moment met hen samengaan? In Gelderland – met die verrekte Van de Capellen – in Overijssel, in streken van Holland, in Friesland en hier bij ons, hebben de stadsbesturen reeds bondgenootschappen gesloten met de patriotse partij. Allemaal uit angst!'

Er wordt op de deur geklopt. De knecht buigt bij de deur. 'De tafel is gedekt!'

Zo ongeveer zullen gesprekken tussen Oranjeklanten hebben geklonken: wat moedeloos van ondertoon. Veel levendiger en krachtiger gaat het in de sociëteiten van de patriotten toe.
'De patriotse partij is onze natie!' roept een vurig democraat en hij kijkt zijn vrienden aan. 'Wij moeten ons niet langer scharen achter de onbeschaamde aristocratie. Al die trotse regenten eigenen zich maar de bronnen der rijkdom toe. Zij bouwen paleizen, in plaats van betamelijke huizen! Zij rijden in hun prachtige koetsen en spatten de gewone burger met slijk. Wij hebben die uitbuiters niet nodig!'
'Wij moeten een volksregering organiseren,' zegt een ander. 'Volkssoevereiniteit, zoals in Amerika!'
'Ik heb horen zeggen, dat in Gelderland...' begint een derde, maar hij maakt zijn zin niet af. Buiten op straat klinken gejoel, geschreeuw en dan het rinkelen van een ruit:
'Oranje boven!'
'Leve de prins!'

Met mosselvrouw Kaatje of Oranje-Annie voorop – want de volksvrouwen weren zich geducht voor de prins – marcheert een haveloze troep door de stad en komt nu langs de patriotten-sociëteit. Ze kloppen op huizen en vragen om geld, dat onder het dreigend geroep van de massa wel moet worden gegeven. De mannen en vrouwen van het volk dragen oranjestrikken op de borst. Ze zijn als de dood, dat de machtige regenten in het stadsbestuur de prins zullen verdrijven. Want dan zal – zo denken zij beperkt – een nieuwe golf van uitbuiting en willekeur het onvermijdelijke gevolg zijn. 'Leve de prins. En graag een aalmoes, mevrol!'

Vergaderingen. Pamfletten. Gesprekken tot diep in de nacht. De vrijkorpsen marcheren en richten hun acties tegen het woelende volk. Hun tegenpartij zit evenmin stil. Vanuit Rotterdam trekken mannen, vrouwen en kinderen, onder aanvoering van Mossel Kaat en de Oranjemeid (Keetje Swenk) voor een demonstratie in een janplaisirwagen, bedolven onder oranjestrikken, naar Den Haag. Zij bezoeken de prins op Huis ten Bosch. Voor hun aandeel in rellen worden Kaat en de Oranjemeid later begrepen. Na een geruchtmakend proces worden zij door de schepenbank veroordeeld tot geseling en jarenlange spinhuisstraf.
'Wij moeten de Oranjegezindheid van het grauw aan banden leggen, anders gaat het hek van de dam!' meent de magistraat in menige stad. Steunend op patriotten en democraten nemen zij strenge maatregelen voor de handhaving van de rust:
'Het dragen van oranje is voortaan verboden!' Beseffend, hoe de kleinste kleinigheden ruzies en rellen tot gevolg hebben, voegen de stadsbestuurders er wat kinderachtig aan toe:
'Oranjewortels zullen voortaan *peentjes* heten en Prinsesseboontjes zullen van nu af *slaboontjes* zijn!'

Die maatregelen hebben weer rellen in Rotterdam, Leiden en Den Haag tot gevolg.

De Franse gezant stookt als vanouds onder de patriotten en steunt hun beweging met geld. Aan de opstandige regenten wordt een gunstig handelsverdrag beloofd. De Britse gezant doet van zijn kant al het mogelijke, om een hechtere eenheid te smeden onder de losse aanhang van de prins. De invloed van de buitenlandse diplomaten is echter minder groot, dan in het algemeen wordt gedacht.

In de Staten-Generaal tekenen zich allengs de machtsverhoudingen af. Friesland, Zeeland (anti-Frans) en Gelderland (dank zij de regeringsreglementen) zijn voor de prins. Holland, Groningen en Overijssel zijn patriots/staatsgezind. In Utrecht is de machtsstrijd volop aan de gang. Bij een stand van 3 tegen 3 volgen de andere gewesten vol spanning, wat de uitkomst van de Utrechtse woelingen zal zijn:

In Utrecht, waar vele studenten en slechts enkele hoogleraren zich patriot tonen, is de dichter Bellamy wegens zijn heftige gedichten (tegen Oranje) aangeklaagd door de schout. Hij wint het proces! Dat moedigt de patriotten aan om verder te gaan. Te midden van allerlei lasterpartijen, verdachtmakingen, spotschriften, wroeten allerlei democratische, staatsgezinde en patriottische groepen tegen de macht van de aristocratie, die er – dank zij luitenant-stadhouder De Pesters – de belangrijkste ambten bekleedt.

In Utrecht marcheert de student Jurriaan Quint Ondaatje, een predikantenzoon uit Ceylon en vriend van Bellamy, met het schuttersvendel 'De Zwarte Knechten,' dat hij mede heeft opgericht. Deze Ondaatje voelt zich geroepen om een belangrijke rol te spelen bij de vernieuwing van het stadsbestuur.

Op verzoek van de Staten van Utrecht heeft 'het volk' (dat is de gegoede burgerij) een wensenpakket overhandigd. Het struikelblok daarin is de regeling voor de verkiezing van de magistraat. De zittende regenten wensen een kiescollege voor de duur van zes jaar. De patriotten eisen een directere medezeggenschap op: niet in een college, waarin zij kunnen worden overstemd en niet voor de tijd van zes jaar.
'Als onze eisen niet doorgaan, zijn we voor altijd slaaf!' roept Ondaatje in de stadskelder uit. Terwijl een menigte bij het licht van flambouwen eendrachtig verzameld is, begeeft hij zich met vrienden naar het raadhuis. Daar roept hij de vergaderende vroedschap, die zich met de nieuwe benoemingen bezighoudt, vol dreiging toe:
'Het volk zal niemand van u het raadhuis laten verlaten, voordat er een beslissing genomen is. En als het een ongunstige beslissing is, dan zeg ik u...'

De vroedschap, die geen zin heeft in gebroken tanden en een blauw oog, voldoet aan de eisen van de student. Een van de heren schrijft later:
'Zo zaten wij op het gestoelte der ere, doch werden als kwajongens behandeld!' Het aftreden van een aantal aristocratische regenten, dat op deze wijze wordt afgedwongen, maakt grote indruk in de Republiek. Toch heeft het geval nog een vreemde staart. Als 19 van de 40 vroedschapsleden hun onslag indienen en zeggen dat ze zullen verhuizen, dan smeekt de burgerij tóch weer, of zij dat niet willen doen. Er heerst bij de burgerij toch ook weer angst, dat de patriotten het te dol zullen maken en te ver zullen gaan. De 19 regenten keren als overwinnaars op hun oude zetel terug. Het touwtrekken om de zetels gaat voort. De geschrokken prinsgezinden luchten ondertussen hun gal.
'Een schandelijke ommekeer van de maatschappelijke orde!' hebben zij het succes van Ondaatje genoemd. Een aantal uit hun kamp vlucht uit Utrecht weg.
'Daar in Utrecht zijn de zaken kordaat aangepakt!' vinden democraten in andere steden. Met behulp van hun vrijkorpsen, met rellen en steun van staatsgezinde regenten, brengen óók zij hun vertegenwoordigers in het stadsbestuur. Het recht van de prins om dit soort benoemingen te doen, schuiven zij rustig aan de kant. En dan komt als gevolg weer de grauwe massa de straat op, bang nu door nieuwe machtswellustelingen te wor-

den uitgebeend:
'Oranje boven. Leve de prins!'
'Wilhelmus van Nassauwe...' De Staten van Holland verbieden het zingen van dat nationale lied. Maar het weerklinkt toch. Arrestaties, te hoop lopen, processen. Vele rustige burgers krijgen het deksels benauwd:
'Ach, ach, mijne heren. Mijn bloed wordt koud!' Ze roepen de patriotten toe:
'Vrienden, wat komt het erop aan, of wij door arminianen, mennonisten, roomsen, lutheranen, quakers, smousen of Turken worden geregeerd, als het maar goed gaat.
Niemand kan meer voor verdraagzaamheid zijn dan ik. Laat ieder als burger, in de kring waarin God hem geplaatst heeft, zijn best doen in zijn beroep. En zoveel mogelijk goed doen als hij kan. Dan zullen wij allen gelukkig zijn. Wat weten wij burgers, hoe het land moet worden geregeerd...'
Die laatste regel spreekt duidelijke taal. Een groot deel van de burgers voelt zich beslist niet capabel om verantwoordelijkheid te nemen in het bestuur. Zij laten de zaken liever over aan het heersende regentendom. Het is alles héél onoverzichtelijk en verward.
Rellen, ja! Arrestaties, ja! En regenten, die wél tegen de prins zijn, maar er toch voor terugschrikken om met de patriotten in zee te gaan – al zijn die patriotten merendeels gematigde, welgedane en zeer behoorlijke heren.
Er is nog een ander belangrijk punt. Ieder dorp, iedere stad en ieder gewest vecht zijn *eigen* zaakjes uit. Toch hebben allerlei vrijkorpsen – overal vandaan en op zichzelf is dat uniek – in Utrecht een congres gehouden! Al is het nog niet zover, de patriottenbeweging draagt toch een aantal goede elementen in zich, om uit te groeien tot een 'nationale' partij.
Voor prins Willem V is het leven in het woelige Den Haag een marteling. Hoon, kritiek, venijnige laster, het stort zich allemaal over hem uit. De macht ontvalt hem en hij ziet er geen gat meer in.
'Ik ben hier mijn leven niet langer zeker. We moeten hier weg!' heeft hij herhaaldelijk gezegd. Hij denkt er hard over om naar de Dillenburg in Duitsland te gaan. Zijn kordate vrouw Wilhelmina weerhoudt hem van die onherroepelijke stap.
'De prins begrijpt niet, dat hij een man van het volk moet zijn!' schrijft de jonge Gijsbert Karel van Hogendorp, die een goed contact heeft met de prinses, en wel iets aan het hof te danken heeft. Er is veel meer, dat de prins niet begrijpt. Hij mist staatkundig inzicht en is niet bereid tot enig compromis. Wilhelmina bericht haar broer, die weldra koning van Pruisen zal zijn:
'Zijn standvastigheid wordt koppigheid, als men aan zijn vooroordelen raakt!' Alle nieuwigheid weert hij van zijn schrijftafel en van zijn deur.
Op zondag 4 september 1785 inspecteert de prins het garnizoen van Den Haag. Enkele vrijkorpsen uit Leiden en Schiedam bevinden zich – lekker uitdagend in uniform – onder het toekijkend publiek.
'Vooruit, mannen-broeders!' Ze provoceren. Oranjeklanten reageren fel. Een eerste klap! Een klap terug! Woedend komt de Oranjemenigte overeind:
'Sla d'r op!'
'Weg met dat patriotse vee!' De vrijkorpsen gaan aan de haal. De rel heeft de Staten van Holland echter hevig geschokt. Hoeveel heeft het gescheeld, of de prins had het garnizoen op de patriotten afgestuurd? Uit angst, dat de prins nog eens op die wijze een vuist zal maken, plaatsen zij het Haagse garnizoen nu rechtstreeks onder hun eigen bevel.
'Dit... dit...' Prins Willem V kan niet verwerken, dat hij het commando over het garnizoen zo maar verloren heeft.
'Dit... dit...' Gebroken, wanhopig en moedeloos, voelt hij zich niet langer beschermd en is hij tot de aftocht bereid. Prinses Wilhelmina verzet zich. Denkt ze aan die goedbedoelde raad, die zij kort tevoren uit Pruisen kreeg? 'Zet de prins toch aan de kant!' had haar broer geadviseerd. 'Zoek contact met de patriotten en neem zelf het bewind in handen als gouvernante van je zoon!'
De nieuwe Engelse gezant Harris doet eveneens wat hij kan. Het is allemaal tevergeefs. Vrezend voor zijn leven, pakt Willem V zijn boeltje op. Met Wilhelmina, die hem trouw blijft, begeeft hij zich naar het onrustige Friesland en vervolgens naar het iets rustiger Gelderland. Hij laat Holland 'stadhouderloos' en in de grootste onrust achter.
Grote onrust, ja, maar toch niet bij iedereen. De bakkers bakken hun brood. Bankiers werken op kantoor hun wisseltransacties af. Koetsiers rijden hun vrachtjes van her naar der.
'Ze zoeken het maar uit,' brommen de pruikenmakers, schippers, kantoorklerken, of waagdragers, als ze na het werk een neutje drinken in de kroeg. Te midden van alle onrust schrijft de rechtschapen Zwolse ontvanger der convooien en licenten, Rhijnvis Feith, zijn roman *Ferdinand en Constantia*, twee geliefden die elkaar hartstochtelijk beminnen – in alle eer en deugd! In de gistende wereld om hem heen is veel aan de gang. Uit het proza van Rhijnvis Feith, typerend voor die tijd, blijkt dat allerminst. Een passage uit *Ferdinand en Constantia* bewijst wel, dat het óók in het liefdeleven niet altijd even soepel gaat:
'Zij zat voor het klavier toen ik binnenkwam, en was bezig met de verrijzenis van Lazarus uit Schutte te zingen. Ik plaatste mij achter haar. Elke toon was louter uitdrukking. Mijn hart smolt ervoor als was...

  Donker graf, nare en bleke dood
  Gij zult mijn ziel niet meer verschrikken
  Donker graf, nare bleke dood
  Gij zult mijn ziel in hoop verkwikken!

Bij elke regel rolden twee grote tranen als paarlen over haar kaken. Thans meende ik te verstikken en zij zelve werd bleek als sneeuw... Met de derde regel vestigde zij haar natte ogen op mij – zij zonken tot op de bodem mijner ziel. Ik hijgde naar adem. De laatste woorden waren nauwelijks over haar lippen of zij viel... als een dode neder... Enige droppen van Hofman, die zich gelukkig in het vertrek bevonden, brachten haar weer bij...'
Liefdeleven aan het eind van de 18de eeuw! Ferdinand en Constantia zijn vergeten, maar andere regels van Rhijnvis hebben de tand des tijds doorstaan:

Oefening van het patriottisch genootschap 'Pro Patria et Libertate' in Utrecht. Anonieme Utrechtse meester (1784).

De Franse Tijd – Negentiende en Twintigste Eeuw

Uren, dagen, maanden, jaren
Vlieden als een schaduw heen
Ach, wij vinden waar wij staren
Niets bestendigs hier beneên...

Niets bestendigs in de gespannen wereld van pruiken, prinsgezinden en patriotten. De met de patriotten dwepende Betje Wolff en Aagje Deken werken met veel talent en een levendige, eigen stijl aan hun burgerromans *Sara Burgerhart* en *Willem Leevend*.

In briefvorm rijgen de hoofdstukken zich in die boeken aan elkaar. Een tante schrijft haar nicht over Willem Leevend, theologisch student:
'Mijn man zegt: Kind, jij hebt een zwak hoofd, je moet niet zoveel studeren. Wat bemoei je je toch met dominees hun zaken? Elk moet maar bij zijn geloof blijven. Al dat tissen en kribben onder de Schrift zal je nog gek maken. Op de degelijkheid komt het maar aan. En (zo zegt hij), Willem is nog een veel te jonge springer om zo op een haartje af te weten, wat hij gelooft. En (zo zegt hij) hij bemoeit zich te Leiden meer met de mooie meisjes, dan met het Woord. Ik zwijg dan maar om vredeswil, want ik weet het niet!' Ook de bloter wordende mode eist tantes aandacht op. Ze eindigt haar brief met de snier:
'Als je neteldoekse doeken dragen wilt, kun je ze krijgen: althans, ik versta niet, dat je weer zo naakt hier komt. Ik groet u en ben, Uwe liefhebbende Tante M. de Harde...'

Ver over de grenzen brengt de fel levende, hartstochtelijke Belle van Zuylen een geheel eigen geluid. Zij heeft te Parijs te midden van de grote filosofen en auteurs (en vele wereldhervormers) verkeerd. Nu woont zij, vrij ongelukkig getrouwd, in Zwitserland. Haar oordeel over de bewoners van de Republiek is scherp:
'Holland... Dit koele, langzame volk dat altijd achteraan komt, slaaf is van normen, waarvan de gebruiken niet verfijnd zijn, de taal zich niet heeft verbeterd... is tegelijk het meest onbezonnen land in zijn liefde, het meest onvoorzichtige in zijn haat, het meest teugelloze in zijn wraak...' Belle heeft het gekrakeel beluisterd en is haar geboorteland ontvlucht.

Servies van Amstelporselein, gedecoreerd met kinderspelen.

'... Ik trok mij evenmin iets van de Hollanders aan als van de Turken. Ik kende hun hoge kringen: die waren 's morgens Engels en 's avonds Frans, bijgevolg de hele dag apen. Ik heb hun geleerden gezien, ze waren pedant. Hun burgers log, de lagere kringen brutaal. Is dit het land, dat u onder de begunstigde landen rangschikt?'

De fijnbesnaarde Hiëronymus van Alphen dicht zijn *Kleine gedichten voor Kinderen*.

Op een verrassend nieuwe wijze tracht hij de grote gedachten van de verlichting over te hevelen op het kind, met kleine, moraliserende rijmpjes:
Jantje zag eens pruimen hangen,
O, als eieren zo groot.
't Scheen dat hij ze wou gaan plukken
Schoon zijn vader het hem verbood...

Geheel overeenkomstig de geest van de tijd, zetten tal van predikanten zich in voor een volledige godsdienstvrijheid voor iedereen! Er hangen heel veel idealen in de lucht. De doopsgezinde leraar Maarten Nieuwenhuyzen uit Monnikendam, brengt één daarvan in praktijk:
De Maatschappij tot Nut van 't Algemeen! Die instelling is bedoeld om de minder vermogenden te beschaven en kansen te geven tot ontwikkeling. In een aantal plaatsen verrijzen nu scholen, waaraan kinderen uit het volk – jongens én meisjes! – schrijven, rekenen en zingen wordt geleerd. Zij moeten daar tevens wennen aan een behoorlijke tucht. Het is de tijd van het éérste Doofstommen Instituut en van de éérste Zeevaartschool.

Door allerlei ideeën, theorieën en plannen wordt de Republiek omgeploegd. Hoe het niet moet, weet ongeveer iedereen. Hoe dan wel?

'Wij moeten ons recht en vrijheid verschaffen met het koude staal!' roept de jonge regentenzoon Herman Willem Daendels te Hattum uit. Hij heeft rechten gestudeerd aan de academie van Harderwijk. Vervolgens heeft hij gehoopt tot secretaris van Hattum te worden benoemd. Als de prins hem dat baantje niet geeft, keert hij zich fel tegen het stadhouderlijk gezag:

'Daendels moet schepen worden!' schreeuwen de Hattumers. Zij eisen daarbij maar meteen een aantal rechten en vergane privileges voor zichzelf op. Geldingsdrang, ambitie, persoonlijk voordeel, de godsdienst, aandachttrekkerij, machtshonger – idealen worden zelden puur ingediend! – mengen zich in de onoverzichtelijke strijd.

Ook in het stadje Wijk (bij Duurstede) hebben de patriotse burgers de pruimen zien hangen. Met verkiezingen hebben zij een eigen vroedschap (van staatse regenten) aan het bewind gebracht. De Staten van Utrecht waarschuwen, dat zoiets niet kan. Dan beginnen ze te dreigen.
'We geven niet toe! Als het moet, vechten we ons liever dood!' roepen de verhitte burgers van Wijk. Ze krijgen kanonnen uit Amsterdam. Honderd dappere Wijkse burgers staan geestdriftig onder de wapenen.
'Er zal hulp komen uit Holland en de andere gewesten. En als de prins met zijn troepen komt, dan steken wij de dijken door en wordt het land onder water gezet!'

Zij hebben 'oude' volksrechten hersteld. Hopend op een 'nieuwe', betere samenleving wachten zij de gebeurtenissen af.

Oud? Nieuw? Over het algemeen wordt het oude, federale stelsel (onafhankelijkheid van elke gewest) door vrijwel iedereen aanvaard. Geleidelijk echter schuiven de bewegingen over de gewestelijke grenzen heen en steunen de patriotten elkaar in groter verband.

De uren, de dagen, de maanden vliegen als een schaduw heen. Met het gewest Holland, dat nu zonder stadhouder zijn slaboontjes dopt. Met de prins in Gelderland, die als kapitein-generaal van het leger aarzelt om tot wapengeweld over te gaan. Met staatsgezinde en prinsgezinde regenten. Met plannenmakende patriotten uit de gegoede burgerij. En met huismoeders, die het zo druk hebben in de 'schommelweek', wanneer de grote schoonmaak aan de orde is. Méér dan enig huis, is de schommelende Republiek aan een grote schoonmaakbeurt toe. Sommigen zien het gloren van een nieuwe dageraad. Een realiteit is dat nog niet. Wat er gloort is een crisis: met wapengeweld en een nieuwe ommekeer...

Burgeroorlog?

Wie is het, die zijn Stam langs rood bebloede trappen
Van twist en heerszucht na wil stappen
Tot opperheerschappij in dit ons vrij gebied?
Prins Willem noem ik niet!
Wie is het, die in plaats van met de kroon te prijken
Nu zo rampzalig zit te kijken,
Dat hem geen uitkomst dan te sterven overschiet?
Prins Willem noem ik niet!

Op de Veluwe hebben Elburg en Hattum geweigerd, aan de (Oranjegezinde) Staten van Gelderland gehoorzaam te zijn. De burgerij zit daar toch wel wat mee in:
'De prins zal komen met zijn troepen. Hij zal ons zijn wil opleggen met wapengeweld. En wat dan?'
'Er zal hulp komen!' roept de jonge Daendels de opstandige burgers toe. En er komt hulp. De Hollandse vrijkorpsen sturen vendels en geschut. Uit Zwolle komen patriotten aangemarcheerd. Een ooggetuige beschrijft de uittocht van die vrijwilligers in lyrische taal:
'Onbeschrijfelijk is de heldhaftige kloekmoedigheid van de Zwolse burgerij. Zoiets aandoenlijks heb ik nog nimmer gezien! Idealisten met wapperende vaandels? Neen! Het zijn meest kleine ambachtslieden, die gewoonlijk 16 stuiver verdienen op een dag.
'Wij bieden jullie 2 gulden per dag voor de duur van de veldtocht!' hebben de patriotten beloofd. Dat buitenkansje laten de kleine burgers zich niet ontgaan. Ze marcheren. De meeste leden van het Zwolse vrijkorps blijven thuis. De kleine man mag het vuile werk doen.

Heldhaftige kloekmoedigheid? Neen! Als prins Willem inderdaad met troepen naar Elburg en Hattum oprukt, raken de vrijwilligers al meteen in paniek. Ze vluchten alle kanten op, terwijl er vrijwel nog geen schot is gelost. 'Niet kwaad!' lachen de soldaten van de prins. Elburg en Hattum zijn leeggestroomd. Ongehinderd kunnen zij in de verlaten woningen aan het plunderen gaan. Woedende reacties, vooral uit Holland, zijn het gevolg. Met de gebruikelijke overdrijving wordt het optreden van de prinselijke troepen aan de kaak gesteld:
'De prins is een Alva!'
'Een tweede Nero!'
'Wij moeten hem schorsen als kapitein-generaal!'

Haastig dirigeert het gewest Holland zijn troepen naar de grens om een eventuele aanval van de prins en het leger af te slaan. Bezorgde burgers staan op de stoep voor hun huis. Ze zien soldaten voorbijtrekken, de officieren te paard. Trommelslagers. Ze horen kreten en schudden het hoofd.
'Wordt het burgeroorlog, buur?'
'Iedereen verwacht het. Heel het land is in rep en roer. Marcherende vendels. Marcherende vrijkorpsen. Man, overal in Holland zetten die patriotten hun tegenstanders uit de vroedschap en winnen daardoor alle macht. Dat kan toch niet goed gaan, buur?'
'Ik ben voor de prins!'
'En ik ben voor de patriot!'
'Maar we zijn allebei voor rust!'
'Zo is het, buur. Voor al die herrie koop je niks!'

In de Staten-Generaal is de meerderheid nog steeds voor de prins. Om Hollands wapenmacht te breken, bedenken de afgevaardigden snel een handige zet.
'De soldaten van Holland kregen in lang geen soldij. Als wij hun dat bedrag aanbieden bij het leger in Gelderland, lopen ze wel over naar de prins!' Met een voortvarendheid, die zij van elkaar in lang niet hebben gezien, jagen de Staten-Generaal er die resolutie doorheen. En waarachtig: meer dan de helft van de Hollandse troepen loopt over naar het leger van de prins.

Burgeroorlog? De prins weifelt – en in menig opzicht siert het hem – om Holland binnen te trekken met zijn groeiende legermacht. Pruisen en Frankrijk hebben gezanten gezonden om te bemiddelen in het conflict. In Holland trekken vrijkorpsen en vendels heen en weer. In de sociëteiten van de patriotten worden plannen gemaakt hoe deelname in het bestuur kan worden verwezenlijkt. Een dominee geeft over de bijeenkomsten een vernietigend oordeel:
'Dartelheden, zuip- en vreetpartijen, vloeken en zweren, schenden van de sabbat zijn het voornaamste bedrijf van die zogenaamde vaderlanders...'

Dat beeld is veel te negatief, maar illustreert wel, met hoeveel angst de hervormingen door behoudende mensen tegemoet worden gezien. En toch: de leiders der burgerij zouden vermoedelijk een verzoening met de prins best hebben aanvaard, als hun eisen een goed onthaal hadden gehad. Hun belangrijkste eisen: 'Verkiezing van de stadsregenten door (een kleine groep) kiezers!'
'Het recht van die kiezers om bezwaren voor te dragen, die leven onder de burgerij!'

De patriotten willen een eind gemaakt zien aan de eenzijdige macht van adel en oligarchie, die kleine, bevoorrechte groep, die van de prins de belangrijke ambten ontvangt en die onder elkaar de banen en zetels verdeelt. Prinses Wilhelmina toont daarvoor nog wel enig begrip. De prins niet. En ondertussen trachten de pensionarissen de macht van de stadhouder te beperken. Zij willen de Republiek niet langer in handen laten van de Staten-Generaal die besluitvaardigheid mist. Het streven van de democraten in de steden komt bij hen pas op het tweede plan. Natuurlijk betekent die houding een verzwakking voor de patriottenzaak.

De Franse gezant Rayneval geeft de situatie als volgt weer:
'De zwakheid van de regenten als het

Gevecht tussen patiotten en prinsgezinden aan de Kattenbrug te Amsterdam op 30 mei 1787. Tekening door W. Kok.

De beëdiging van het exercitiegenootschap 'Pro aris et focis' in de Grote Zaal van de Doelen te Haarlem, 5 april 1787. Kopergravure naar W. Hendriks (1787).

De Franse Tijd – Negentiende en Twintigste Eeuw

De 'internering' van prinses Wilhelmina na de aanhouding bij Goejanverwellesluis op 28 juni 1787.

Het gevangen houden van haar Koningl. Hoogheid Mevrouwe de Princesse van Oranje enz. in het huis van A. Leuwenhoek, aan de goejan verwelle sluis den 28.ᵗᵉ Junij 1787.

aankwam op weerstand bieden aan de persoonlijke (op Engeland gerichte) politiek van de prinsen van Oranje, heeft altijd hierin gelegen, dat de ontwikkelde burgerij buiten alles werd gehouden. Wanneer de stadhouders de volksmenigten tegen de (staatsgezinde) regenten ophitsten, bleven de gegoede burgers schouderophalend terzijde staan. Besnoei de macht van de stadhouder, geef de burgerij haar rechtmatige invloed, zodat zij zich met de regenten verbonden gaat voelen, en de constitutie zal haar evenwicht hervinden!' Dat lijkt een goede raad, maar de regenten schrikken ervoor terug om de macht met de patriotten te delen. Met hun hulp hebben zij prinsgezinden uit de ambten gezet. Zij willen niet te veel concessies doen.
'Mijn waarde, als ik moet kiezen tussen de patriotten en de prins, dan kies ik uiteindelijk toch liever voor de prins!' zegt een aantal onder hen. Zo ontstaan er weer nieuwe groeperingen en nieuwe machtsverhoudingen in het roerige Hollandse gewest: de regenten, de boeren op het platteland en het lagere volk in de steden tegenover de intellectuelen en de burgerij – met alle uitzonderingen van dien.
'Nu is de tijd om hervormingen door te voeren,' roepen de patriotten nog steeds enthousiast. Maar de mensen om hen heen raken vermoeid. Zij krijgen genoeg van al het gekrakeel. De stemming slaat geleidelijk om.

'De stemming slaat om. Wij moeten terug naar Den Haag!' zeggen hovelingen aan het hof van de prins: 'Wanneer zijne hoogheid in Den Haag verschijnt, zal het gehele leger én het volk hem bijvallen. Dan zal het spel gewonnen zijn!'
De prins is daar niet zo zeker van. Hij is in drukke besprekingen gewikkeld met regenten uit een aantal steden, waaronder Amsterdam en Rotterdam. Hij kiest in dit kritieke moment voor de oude oligarchie, voor die kleine, bevoorrechte klasse, buiten wie hij geen anderen een direct aandeel in het landsbestuur gunt. De prins hoort van rellen. Hij hoort van patriotten die Oranjesociëteiten plunderen en van de goed georganiseerde bijltjes uit Amsterdam, die zich daarover wreken door de sociëteiten der patriotten aan gruzels te slaan. Het hoofd loopt hem om.
Prinses Wilhelmina hakt de knoopt door. Gijsbert Karel van Hogendorp heeft haar laten weten, dat Den Haag haar met open armen zal ontvangen. Zij wil erheen.
'Alors, Guillaume...' Stadhouder Willem V waagt het niet, zich in een wespennest te steken en weigert te gaan.
'Dan ga ik alleen!' Op 28 juni stapt de doortastende Wilhelmina in een gereedstaande karos. Haar adembenemende tocht met slechts een klein gevolg begint. Zullen ze Den Haag bereiken? Zullen de patriotten haar ongehinderd laten gaan? Ze passeert Tiel, Geldermalsen, Leerdam. Bij Nieuwpoort steekt ze de Lek over.
'Zag u dat, hoogheid?' wijst een hoveling. Als de kapsjees en de twee karossen Schoonhoven passeren, presenteren de daar op wacht staande soldaten het geweer.
'Het gaat goed!'
'Bien sûr!'
Ze rijden de weg naar Gouda op. Dan komt de tegenslag. Bij Goejanverwellesluis houden leden van een vrijkorps het gezelschap aan. De bevelvoerende officier komt naar het rijtuig:
'Het spijt me, hoogheid. Ik heb mijn orders!' Hij brengt de prinses naar een boerderij. Enige uren later verschijnt daar een commissie. De heren weten niet goed, wat ze moeten doen.
'De Staten moeten beslissen, of u mag doorreizen naar Den Haag!' zeggen ze tot de prinses. Maar de Staten beslissen niet. Er komt geen ja en geen nee. 'Wij moeten eerst ruggespraak houden in onze steden!' beweren de gedeputeerden met grote halfslachtigheid. De aanhouding van prinses Wilhelmina hebben zij wél goedgekeurd. Nu weten ze geen raad!
Diep beledigd keert de prinses naar Nijmegen terug. Aan haar broer Frederik Willem II, koning van Pruisen, schrijft zij een woedende brief.
Frederik Willem hoopt politieke munt uit de situatie te kunnen slaan en verzoekt de Staten om opheldering. Stadhouder Willem V schrijft ook een brief:
'Ik ben altijd tegen deze reis geweest,' bericht hij zijn kinderen. 'Het is mij in mijn ongeluk een grote troost, dat ik gedaan heb wat ik kon om uw moeder terug te houden van zulk een gevaarlijke onderneming...'
Op allerlei plaatsen in de Republiek volgen reacties op de mislukte reis van de prinses.
'Oranje boven!' klinkt het in Leerdam. Met kokardes op de borst spreken de mensen zich daar uit voor de prins.
'Niks te Oranje-boven!' roepen de patriotten in Vianen. Met een flinke stoottroep snellen zij naar het Oranjegezinde Leerdam. Bij die strafexpeditie rukken zij strikken en kokardes af. Zij nemen twee heren van de Leerdamse magistraat gevangen. Dan keren zij voldaan naar Vianen terug.
Ook de boeren op Beierland geven op krachtige wijze van hun Oranjegezindheid blijk.
'Op naar die rotboeren!' Leden van de vrijkorpsen in Dordrecht marcheren gehaast naar Beieren. Zij voeren zelfs kanonnen met zich mee. Bij de overmeestering van een dorp vinden 15 mensen de dood. Het gaat hard tegen hard. Met een wagen vol buitgemaakte sabels, pistolen, mestvorken, gekaapt geld en met 30 gevangenen, keren de patriotten óók daar als overwinnaars naar Dordrecht terug.
In Utrecht nemen de patriotten een legerkorps onder de Rijngraaf van Salm in dienst. Zij beramen een aanval op Soestdijk, dat bewaakt wordt door troepen van de prins. Het is één uur in de nacht, als de schildwachten bij de gracht om het lusthof geluiden horen.
'Werda?' roepen ze de duisternis in.
'Deserteurs!'
'Nadert dan!' De Utrechters naderen en

zetten de aanval in. Een hevig vuurgevecht volgt. 4 Doden en 16 gewonden bij de paleiswacht. De verliezen bij de patriotten zijn veel groter. In wanorde vluchten ze weg: mét de 8 karren, die zij meegenomen hadden voor de buit van de vooringenomen plundering.

Verwarring heerst in het land. Grimmige groeperingen trachten te zegevieren over hun tegenstanders en vaak gaat dat met geweld gepaard. De uitslag van de tweestrijd wordt echter niet door de heldendaden der patriotten en evenmin door de moed van de prinsgezinden bepaald. De eindbeslissing van de krachtmeting (eigenlijk toch burgeroorlog) valt door toedoen van het buitenland.

Onder aanvoering van de Britse gezant Harris beginnen de prinsgezinden een tegenoffensief.
'Ik doe het mijne om de heersende partij stokken in de wielen te steken en overeenstemmigheid te verhinderen in de Staten-Generaal, kortom, om de verwarring en regeringsloosheid in dit land gaande te houden...' bericht Harris naar Londen. Hij krijgt steun van de Zeeuw Van de Spiegel. Met Engels geld worden andere prinsgezinden opgezet om wat flinker te zijn.

Terwijl Frankrijk ijvert tegen de prins, stookt Engeland Pruisen op. Koning Frederik Willem II eist van de Staten genoegdoening en excuses voor de beledigingen, die zijn zuster Wilhelmina bij Goejanverwellesluis ondervond. Als die uitblijven, stuurt hij op 8 september een ultimatum naar de Republiek. Vier dagen krijgen de Staten van Holland de tijd, om alsnog de geëiste genoegdoening te geven. En zo niet...

'Allemachtig!' De ontstelde gedeputeerden zenden (buiten de Staten-Generaal om!) ijlings een afgezant naar Versailles en vragen dringend om steun. Die steun komt niet! Een bankroet en chaotische toestanden hebben de kracht van Frankrijk verlamd. Ernstig gewaarschuwd door Engeland, steken de Fransen geen hand voor de staatsgezinden uit. Dat grote prestigeverlies (want dat is het voor Frankrijk!) verschaft Frederik Willem de nodige moed om tot daden over te gaan:
'Op naar de Republiek. Herstel de macht van de prins!' beveelt hij zijn generaals. Op 13 september 1787 zet een Pruisisch leger van 20.000 man de opmars in.

Utrecht en Holland, waar vele steden nu in de greep liggen van de gewapende burgerij, raken flink van de kook. De Staten van Holland komen in spoedzitting bijeen. Er klinken kranige woorden:
'De prins is aanstoker van de burgeroorlog. Hij is onze vijand en een moordenaar!' roept pensionaris De Gijselaar. Die kordaatheid wordt niet overal getoond. Geruchten, dat de Rijngraaf van Salm zich door Oranje heeft laten omkopen, breken op vele plaatsen het verzet. De geregelde troepen en ook vele patriottenvendels zien er dan geen gat meer in.
'Waartoe heeft dit alles mij gebaat?' vragen zij zich af. Ze smijten hun geweren weg. 6000 Leden van de vrijkorpsen gaan aan de haal.
'Leve de prins!' Oranjeklanten in Dordrecht tonen een krachtige vuist, al nemen de schutters hen onder vuur.

In Delft gaan de oranjevlaggen uit. Uitgelaten hossend en flink onder de drank trekken Haagse oranjeklanten door de straten en kinkelen bij de patriotten de ruiten in.

De Pruisische troepen trekken door de Leidsepoort Amsterdam binnen op 10 oktober 1787. Anoniem schilderij.

Er vallen schoten in Franeker. Benarde patriotten in Friesland willen delen van het gewest onder water zetten, omdat een aanval van het leger wordt verwacht. Dan grijpen woedende boeren naar hun mestvorken en het waterballet gaat niet door.

In vele steden wenst het opgewonden volk eerder afgezette regenten terug in de magistraat. Zij worden in hun vroegere ambt hersteld. De patriotten worden verjaagd. De meesten van hen vluchten naar Amsterdam, dat nog niet van plan lijkt bakzeil te halen.

'Wilhelmus van Nassauwe...' Dat schalt door Den Haag, als de prins op 20 september, een week nadat de Pruisische opmars begon, de stad binnenrijdt. 'Vivat! Vivat!' De uitgelaten massa spant een span paarden uit en trekt de koets van de prins voort. De prinses en de kinderen komen een paar dagen later.
'Nu moeten wij de burgerij tegemoet komen,' zegt Van Hogendorp tegen de prinses. 'Medezeggenschap van de burgers is onontbeerlijk voor een nieuwe regering!'
'Geen democratie!' antwoordt Wilhelmina. Van het hof is ook dit keer géén grote schoonmaakbeurt te verwachten. De laatste kans op daadwerkelijke hervormingen – en het moment lijkt nu zo gunstig – gaat ongebruikt voorbij.

Op 1 oktober beginnen de Pruisen de aanval op Amsterdam. De vurigste patriotten uit het hele land hebben daar een veilig onderkomen gezocht. Er klinken dappere, verbeten én grimmige woorden in de stad:
'We zullen standvastig zijn!'
'Overwinning of de dood!'

Even biedt men flinke tegenstand bij Amstelveen. Maar onderhandelingen zijn reeds begonnen. De Amsterdamse prinsgezinden komen in steeds grotere getale op de been. De patriotten ervaren, dat zij zich niet langer kunnen handhaven in het stadhuis. Zij laten hun, met zoveel moeite verkregen zetels uit angst voor het dreigende volk in de steek. Velen verloochenen zelfs, dat ze ooit patriot zijn geweest. Erg flink is dat niet. Met grote bitterheid noteert een vurig democraat over zijn vroegere vrienden, die de mond zo vol hadden met 'overwinnen of de dood':
'Zij pluisden de lusjes en draadjes van hun schouders en uit hunne rokspanden, ten einde niet ontdekt te worden, dat zij er epauletten, of andere vrijheidstekenen op hadden gedragen. Laag tot de grond bogen al die aanzienlijke schreeuwerds, die de Vrijheid of de Dood gezworen hadden, voor de Oranjedolleman...'

Het is gebeurd. Duizenden patriotten en democraten vluchten nu naar het buitenland. Zij, die achterblijven, zien zich de mond gesnoerd. De overheid verbiedt het verschijnen van hun kranten. Hun sociëteiten gaan dicht.

De prins en de regenten hebben de leidsels weer in handen genomen. Zij zitten weer met elkaar op de bok. Alleen: de leidsels blijken niet veel meer dan volledig versleten draden; de bok is wormstekig en vermolmd.

De nieuwe raadpensionaris, Van de Spiegel uit Zeeland (die kort tevoren zijn gewest nog best wilde inlijven bij Engeland en ook pogingen in die richting deed!), is een overtuigd voorstander van het oude systeem.

De familiebegunstiging der regenten gaat vrolijk voort. Met de financiën blijft het treurig gesteld. Buitenlandse inmenging in binnenlandse aangelegenheden blijft bestaan: Engeland en Pruisen hebben zich garant gesteld dat prins Willem stadhouder blijft! Dat de Republiek op deze wijze tot ondergang is gedoemd, ziet misschien een enkeling. Dat er veel moet veranderen, weet iedereen. Maar hoe! Door wie? En wanneer? De stoot daartoe zal uit Frankrijk komen.

Prinses Wilhelmina, door M.A. Falconet.

445

De Franse Tijd – Negentiende en Twintigste Eeuw
Tijdens de Franse revolutie

De chaos in Frankrijk neemt van dag tot dag toe. Het feodale, geldverslindende hof van Lodewijk XVI en Marie Antoinette mist de greep op allerlei ontwikkelingen in het land. De aristocratie eist meer invloed en medezeggenschap. Zij krijgt daarbij de steun van de gegoede burgerij, die al jarenlang geïnspireerd is door mensen als Voltaire en Jean Jacques Rousseau. Het lagere volk schreeuwt om brood.

Terwijl in deftige salons gesproken wordt over de 'Rechten van de Mens'; terwijl de in het nauw gebrachte koning eindelijk de afgevaardigden van de drie standen in de Staten-Generaal bijeenroept; terwijl die afgevaardigden elkaar in de Nationale Vergadering over wetten en nieuwe regeringsvormen in de haren zitten, rammelt de honger door het Franse land.

Oproeren te Parijs. Hongeroptochten naar Versailles.

Belastingkantoren branden. Op de terrassen van de cafés schreeuwen patriotten hun onvree uit.

Op de 14de juli 1789 zien honderdduizenden Parijzenaars, hoe opstandige burgers én geregelde troepen de Bastille bestormen. Dat bolwerk – symbool van het gehate, feodale systeem – bezwijkt. Die nacht wordt de onwetende Lodewijk XVI door de grootmeester van de garde-robe gewekt.

'Sire!' Kort en zakelijk vertelt hij, wat er zich die dag in Parijs heeft afgespeeld.

'Maar... maar dat is een opstand!' zegt de koning nerveus.

'Nee, sire. Het is een revolutie!'

Die revolutie, begonnen door de adel, overgenomen door de gezeten burgerij, zal uitgroeien tot massale volksbewegingen in Parijs; tot een streven naar het ideaal van Vrijheid, Gelijkheid en Broederschap.

Met felheid en verbeten moed zoeken de Fransen naar een betere maatschappij. Maar de zaken lopen het verlichte deel van de adel en de intellectuelen van de gegoede burgerij keer op keer uit de hand.

De Franse Revolutie is het verhaal van grote, onstuimige idealisten, van machtszoekers, van tweedracht, van komplotten en onbegrip. Het is het verhaal van mensen in de storm, die zich keer op keer afvragen, hoe die revolutie, die maar wentelt en wentelt – en zijn slachtoffers eist – tot staan kan worden gebracht.

De derde stand zal de macht in handen krijgen en de feodale levensstijl doorbreken. Wat er in Frankrijk, in verschillende fases gebeurt, is bepalend voor de toekomst van geheel Europa, bepalend ook voor de ontwikkelingen in de Oostenrijkse Nederlanden en de Republiek.

De revolutie is eigenlijk overal. Haast onzichtbaar hangen nieuwe ideeën in de lucht. In alle landen wordt verlangd naar een betere rechtspraak, beter onderwijs, rechtvaardiger bestuur (en medezeggenschap daarin door middel van kiescolleges). Dat véél aandacht zich richt op de verdeling van de macht, ligt voor de hand.

In Wenen heeft keizer Jozef II gemeend, dat in Nederlandse gewesten staatkundige hervormingen moeten worden doorgevoerd. Hij doet dat niet zoals zijn onderdanen hebben gehoopt. In feite lijft hij het land bij Oostenrijk in. Een storm van protesten steekt in alle bevolkingslagen op: zowel bij de adel, als bij het lagere volk, zowel bij de intellectuelen, als bij de kleine burgerij, zowel bij patriotten, als bij de regenten, die conservatief en behoudend kunnen worden genoemd.

'Inlijving?'

'Dat nooit!'

Bij de geestelijkheid heerst reeds grote verontwaardiging over de opheffing van talloze kloosters. De aantasting van de kerkelijke macht is sterk gevoeld. Niet voor niets schrijft een aartsbisschop naar het Weense hof:

'Steeds heb ik de keizer gegeven, wat des keizer is! Nu bevind ik mij in de onontkoombare noodzakelijkheid, om God te geven, wat Godes is...'

Onder leiding van de behoudende advocaat Henri ('Heintje') van der Noot en zijn lieftallige maîtresse Pinault (Madame de Pompadour des Pays-Bas') beginnen de Zuidnederlanders zich fel te keren tegen de maatregelen van het Oostenrijks gezag. Vooral de nieuwe wijze van belasting innen wekt heftige reacties op. Het keizerlijke edict daarover wordt niet door de Staten van Brabant geaccepteerd. De gedeputeerden van dat gewest spreken opstandige taal:

'Hier is eeuwenlang over het land beslist! Hier, in deze zaal (te Brussel) zijn regeringen van hertogen, koningen, keizers – vorsten der Nederlanden – ten einde gekomen en vernietigd. Moeten wij ons schikken in de eisen van een ver en vreemd hof?'

'Nee!' roept een ander. 'De vorst is er voor het volk; het volk niet voor de vorst!'

'De maatregelen van de keizer zijn een belediging van de godsdienst, de vroomheid, de vrijheid! Zij zijn een belediging van de heiligste wetten van het land!' Die woorden worden niet alleen in Brabant, maar in alle gewesten van het Zuiden begrepen en gehoord. De patriotten, onder aanvoering van de advocaat Vonck, verheffen hun stem. Zij schrijven pamfletten en stellen petities op. In Brabant en Henegouwen steken zij vlaggen uit in de *nationale* kleuren: zwart, geel, rood! Eensgezind keren vrijwel alle groeperingen zich tegen het Oostenrijks gezag.

Een enorme menigte verzamelt zich te Brussel op de Grote Markt. Voorman Van der Noot wordt er luid toegejuicht:

'Vrijheid!'

'Onafhankelijkheid!'

'Rechten voor het volk!'

'Herstel van de kloosters!'

'Weg met de keizer!'

Die laatste kreet is wat *allen* bindt. Te midden van dat tumult weerklinkt een nieuwe naam:

'Allez, les *Belges*!'

'Vooruit, *Belgen*!'

De naam Belgen – van Belgae, de naam die Julius Caesar gaf aan de oude bewoners van het land – raakt meer en meer in zwang. Bij honderden laten de 'Belgen' zich inschrijven voor de burgerwacht.

Net zoals bij de vrijkorpsen in de Republiek, beheersen die burgerwachten de straat. De landvoogden Albert en Maria zitten met de handen in het haar. Onder de druk van de omstandigheden moeten zij toegeven en beloftes doen. Keizer Jozef II houdt de voet echter stijf:

'Zodra het eerste geweerschot is gelost,' schrijft hij zijn legeraanvoerder te Brussel, 'zal ik uit mijn Duitse provincies zoveel troepen laten aanrukken, als nodig zal zijn... Ik ben vast besloten het vuur te doven. Daar offer ik mijn laatste man en mijn laatste stuiver voor op!'

Deputaties van Belgen gaan naar Wenen. Tot een oplossing komen zij niet. Besprekingen. Vergaderingen. Gloedvolle woorden onderstrepen menig ideaal. Boeren en burgers grijpen naar de wapenen, bereid hun krachten te meten met een zwak, Oostenrijks garnizoen.

'De Bastille is gevallen!' Door dat nieuws neemt de onrust nog aanzienlijk toe. In het prinsbisdom Luik – waar de zaken anders liggen dan in Brabant of Vlaanderen – barst een revolutie naar Frans voorbeeld los.

'Wij eisen een grondwet, zoals in Frankrijk!' betogen ook Brabantse, Henegouwse en Vlaamse patriotten. Zij richten comités op. Wapenen worden verzameld. De regering beveelt daarop huiszoekingen. Oosten-

De val van de Bastille. Anoniem schilderij (eind 18de eeuw).

rijkse detachementen gaan door de straten en zoeken geheime wapendepots op. Vrijwel geen dag gaat voorbij, of er worden burgers gewond en gedood. De opstand wint aan kracht.

'De slavernije is tegen ons besloten. 't Is met de katholieke godsdienst gedaan!' staat dramatisch in een veel gelezen pamflet. De meeste Belgen is het niet eens zozeer te doen om onafhankelijkheid. Zij werpen zich in de strijd terwille van hun *geloof*:
'Het is tijd, christene zielen, gij, die nog het bloed van uw voorouders in de aders gevoelt. De kostelijke schat van onze religie gaat over.' Maakt ulieden bereid. Laat u van wapens en geweren voorzien!'

Dát is wat de Belgen doen. De jonge prins van Ligne trekt met een krijgsbende over de Schelde en verrast de poorten van Gent. Hij krijgt de burgers achter zich. Men hen vecht hij lange, bloedige dagen tegen het Oostenrijks garnizoen. Met een kruisbeeld in de ene, een sabel in de andere hand, vechten de monniken met hem mee. Zo gaat het elders ook.

Ondertussen zoeken de voormannen van de opstand hulp in het buitenland. De regenten – onder aanvoering van Heintje van der Noot en de priester Van Eupen – zoeken steun in Pruisen, Engeland en in de Republiek. Daarentegen hebben Vonck en de patriotten alle hoop op Frankrijk gericht.

Maar geen van de mogendheden onderneemt iets om de Belgen te steunen.

Toch raast de opstand voort. De stormklokken luiden. Kanonnen bulderen. Straatgevechten. Manifesten. Aanvallen op garnizoenen. En dan gejuich: op 12 december 1789 vluchten de Oostenrijkse bewindvoerders weg. De Zuidelijke Nederlanden zijn vrij! Aan het 74-jarige Oostenrijkse bewind is een eind gekomen...

'Wat nu?' Die vraagt ligt vele Belgen op de lip. De gehate Oostenrijkers zijn verdwenen. Hoe moet nu een nieuwe regering worden gevormd? De verschillende groeperingen houden er uiteenlopende inzichten op na.

Porseleinen schaal (ca. 1775) met de afbeelding van de Europese factorijen te Kanton, tot 1842 de enige Chinese haven waar de Europese koopman werd toegelaten.

De Franse Tijd – Negentiende en Twintigste Eeuw

'We moeten aansluiting zoeken bij de Republiek,' vindt een aantal mensen. 'Prins Willem van Oranje heeft nog een tweede zoon. Laat die hier stadhouder zijn!'
'Wel nee! We moeten ons aansluiten bij Frankrijk!' betogen de patriotten met stelligheid.

Er komt een Congres bijeen – nét zoals in Amerika is gebeurd.
'Wij roepen de *Verenigde Belgische Staten* uit!' bedenken de afgevaardigden – nét zoals in Amerika is gebeurd. De eerste stap is gezet. Maar dan? Aan democratische gedachten, aan ideeën van de Franse revolutie, wagen de meeste congresleden zich toch liever niet.
'Geen nieuwigheden!' zegt priester Van Eupen. De veel vloekende Van der Noot wil een systeem in het leven roepen, dat veel weg heeft van het regeringsstelsel in de Republiek.

'Zijn ze bedonderd!' vloeken daarop de patriotten. Zij hitsen het volk op tegen de conservatieve regenten in het Congres – nét zoals in Frankrijk is gebeurd:
'Op naar de vergaderzaal, beste mensen. Smijt die starre kerels uit het raam!' Die houding brengt de priesters en de monniken in het geweer. De geestelijkheid is als de dood voor de vrijdenkende revolutionairen: 'Werpt u op de patriotten!' roepen zij hun parochieleden toe. 'Maak een eind aan die vijanden van de godsdienst!'

Een machteloos Congres ervaart, dat de verwarring van dag tot dag groeit. Net zoals Ondaatje in Utrecht, zetten democraten in Gent de zaken naar hun hand. Bootslui aan de Schelde schreeuwen ondertussen om oeroude privileges – alsof het land nog in de middeleeuwen verkeert.

Niets dan tumult in de jonge, Belgische Republiek. Heintje van der Noot gromt zijn 'Godverdoms,' maar het land tot eenheid voert hij niet! De grote mogendheden hebben de ontwikkelingen in de Zuidelijke Nederlanden met intense belangstelling gevolgd. Pruisen, dat zijn erfvijand Oostenrijk graag in de nesten ziet, heeft steun beloofd – en zelfs even een troepen ingegrepen. Engeland houdt zich maar al te graag afzijdig.
'Godverdom!' vloekt Van der Noot. Als hij in Londen is, ontvangt minister Pitt hem niet. De Republiek stelt vage hulp in het vooruitzicht, maar geeft die niet. In het grote spel van de internationale politiek is er voor de 'Verenigde Belgische Staten' nog geen plaats.

De mogendheden worden het met elkaar eens: 'Het beste is, dat Oostenrijk zijn macht in de Zuidelijke Nederlanden maar herstelt!' En dat gebeurt.
'Ik haal opgelucht adem!' zucht de landvoogdes, als het keizerlijk leger vanuit Wenen de opmars begint.

Een poging van het Congres, om een strijdmacht op de been te brengen – hoewel het geen stuiver bezit! – loopt op niets uit. Als een kaartenhuis stort de revolutie in de Belgische gewesten, én in Luik, allerjammerlijkst in elkaar. De patriotten vluchten naar Frankrijk. Een druk gedoe aan de grens. Want aristocraten in Frankrijk vluchten nu onder meer naar de Zuidelijke Nederlanden, om niet slachtoffer te worden van de revolutie in hun eigen land! Heintje van der Noot, *Godverdom*, zoekt met een aantal volgelingen heil in de Republiek. Oostenrijkse legereenheden bezetten weer de grote steden, in het Zuiden. Het oude regime wordt hersteld. Voor lang zal dat niet zijn.

Ook de Republiek vaart langzaam, maar onafwendbaar naar een eind. Grote feesten in Den Haag, als de jonge prinses Louise ('Loulou') met de vorst van Brunswijk, en erfprins Willem zijn nichtje Wilhelmina van Pruisen trouwt. Feesten en vlaggen op een zinkend schip!

Onder de krachtige leiding van de conservatieve raadpensionaris Van de Spiegel is de klok teruggezet. De oude oligarchie van regenten herkrijgt alle macht. Als vanouds beleggen de renteniers hun geld weer in Engeland. De armoede onder het volk – dat zo

Vrijwilliger van de Franse nationale garde; kanonnier, een vrijwilliger, die deel uitmaakte van de Franse bezettingstroepen; Hollandse muzikant, die als vrijwilliger dienst deed in het Franse Vreemdelingenlegioen en op 23 november in Brugge gelegerd werd; huzaar uit hetzelfde legioen; een van de doodskophuzaren die 23 januari 1793 Brugge binnentrokken.

hard en zo fel voor de prins heeft geschreeuwd – neemt beangstigend toe. De grauwe masa, die ontevreden, haast vergeten groep, die zoveel van Oranje heeft verwacht, keert zich nu van de stadhouder af. Dat betekent in wezen een versterking van de patriotse partij.

'Kanker van de armoede... verdierlijking van het proletariaat,' noteert Van Hogendorp in zijn dagboek. Een oplossing van dat probleem, buiten liefdadigheid, ziet hij niet. Tijdens de bevrijding van het Zuiden heeft Van Hogendorp krachtig voor nauwere samenwerking met de Verenigde Belgische Staten gepleit. Uit angst, dat als gevolg daarvan de Schelde open zal gaan, hebben de regenten in Amsterdam zich krachtig tegen dat plan verzet.

'Onze Republiek draait om handelsbelangen,' zegt raadpensionaris Van de Spiegel. In 1788 heeft hij de prins een nieuwe grondwet laten overhandigen, waarbij het stadhouderschap, 'erfelijk in het Doorluchtige Huis van Oranje', aanzienlijk is verstevigd. Van regenten en schutters, van professoren, predikanten, advocaten en ambtenaren wordt nu de eed op die grondwet geëist. De aristocratie, met aan het hoofd de starre, oerconservatieve Willem V, heeft getriomfeerd.

Met grote doortastendheid zet Van Spiegel zich nu over een aantal hervormingen in.

Door zijn toedoen – en pas na maandenlange besprekingen vol tegenwerking en gekonkel – wordt de failliete Westindische Compagnie overgenomen door de staat. De Westindische bezittingen worden nu koloniën van de Republiek.

Pogingen om hetzelfde te doen met de corrupte, slordig beheerde Oostindische Compagnie – de bewindhebbers hebben eindeloos miljoenen geleend en daarmee dividend uitgekeerd! – worden dermate gedwarsboomd, dat er niets van komt.

Hervormingen ook voor leger en vloot. Maanden, nee, bijna 3 jaren gaan voorbij, alvorens de gewesten het onderling eens worden, hoeveel geld (quoten) ieder moet afstaan voor de legermacht.

'Wij zijn arm!' is de noodkreet die ieder gewest laat horen – in de hoop, dat het rijke Holland zal opdraaien voor de, in verhouding althans, grootste portie.

De vijf bestaande admiraliteitscolleges worden afgeschaft. Men wil de vloot nu plaatsen onder één Zeeraad. De vijf vloothavens – Enkhuizen, Amsterdam (waar de haven verzandt), Rotterdam, Vlissingen en Harlingen, verzetten zich. De vlootreorganisatie – met gekibbel en tegenwerking – komt uiterst moeizaam op gang, terwijl toch de buitenlandse toestand verre van rooskleurig is.

Onder het beleid van Van de Spiegel bloeien handel en nijverheid op. Het aantal binnengelopen schepen bedraagt in het jaar 1792 maar liefst 4650, een recordcijfer, dat grote voldoening schept. En juist als de financiën zich beginnen te herstellen en de vloot eindelijk weer wat steviger op het water ligt, komt er opeens een dikke streep door alle zaken, waarvoor de raadpensionaris zijn beste krachten gaf. Het zijn de gebeurtenissen in Frankrijk, die daarvan de oorzaak zijn.

In de Nationale Vergadering te Parijs is een nieuwe grondwet tot stand gekomen, maar de tegenstellingen tussen de verschillende 'revolutie-groeperingen' nemen toe. Zowel de felle jacobijnen (die vooral steunen op de kleine burgerij en het volk) als de cordeliers en girondijnen (die drijven op de verlichte adel en de welgestelde burgers), bezinnen zich over de moeilijke vraag, wat nu voor Frankrijk het beste is. De 'Rechten van Mens en de Burger' komen na felle debatten moeizaam tot stand:

'Vrijheid, gelijkheid, het recht van verzet tegen onderdrukking. Opheffing van de gilden. Onteigening van de kerkelijke landerijen (die nu in handen komen van de gegoede stand!). Kiesrecht, ja, maar alleen voor hen, die een bepaalde som belasting betalen!'

Het volk slikt dat niet. Woedende Parijzenaars stuiven door het paleis van de koning.

'Dood aan de aristocraten!' klinkt het overal, omdat de revolutie in veler oog nog niet ver genoeg is gegaan. De koning vlucht, doch wordt door patriotten teruggebracht naar Parijs. De angstige Marie Antoinette zendt koeriers naar Wenen en Duitsland:

'Verklaart toch de oorlog. Stuurt uw legers naar Parijs. Redt de Franse kroon!'

Op 19 april 1792 stuurt Oostenrijk een straf ultimatum. Een heetgebakerde stemming maakt zich daarop meester van het Franse parlement:

'Laten we de oorlog verklaren aan koningen! Vrede aan de naties!' roept één van de afgevaardigden gloedvol uit.

'Oorlog aan de kastelen. Vrede aan de hutten!'

Zo accepteren de Fransen een oorlog met Oostenrijk. Pruisen sluit zich bij Oostenrijk aan. Het verscheurde Frankrijk lijkt een gemakkelijke prooi, maar een nieuwe geest vaart door het land. Een jong officier dicht een oorlogshymne voor het leger aan de Rijn:

Allons enfants de la patrie
Le jour de gloire est arrivé
Contre nous de la tyrannie
L'étendard sanglant est levé...

De uitvinding van dokter Guillotin, die het leed van doodstraffen wil verzachten, staat thans op pleinen. De guillotines hakken met afschuwelijke regelmaat de hoofden af van allen, die tégen de revolutie zijn.

Verbijsterd kijkt Europa uit de verte toe. Oostenrijkers en Pruisen, die Frankrijk binnendringen, merken hoe snel de kracht van hun vijand groeit. Met ware doodsverachting, in lompen gehuld, voeren de Franse soldaten hun strijd voor 'Vrijheid, Gelijkheid en Broederschap'.

In oktober gaat generaal Dumouriez over tot het offensief. Zijn leger (van het oude regime) trekt naar het noorden om de Oostenrijkers in de Zuidelijke Nederlanden te verslaan:

Jemappes, 27 oktober 1792: 60.000 Fransen staan tegenover de keurregimenten van de keizer. Een beslissend tweegevecht tussen verleden en toekomst begint. De Belgen hopen op een Franse overwinning. De laatste maanden zijn zij op brute wijze door de Oostenrijkers onderdrukt. Franse agenten en spionnen, die kunnen rekenen op de steun van de Belgische patriotten, hitsen het volk op. De Franse aristocraten te Brussel, die voor de revolutie zijn gevlucht, zijn optimistisch:

'Aha, over enkele dagen zitten wij weer in Parijs!' zeggen ze opgewekt. Veel Franse edelen dienen in de Pruisische en Oostenrijkse legers. Heel Europa wacht de uitslag van de Frans-Oostenrijkse krachtmeting gespannen af. Want deze tijd van ideologische tegenstellingen en hervormingen (de 'Tweede Reformatie!') stoort zich niet aan grenzen en is niet gebonden aan een bepaald land!

Vroeg in de morgen zetten de Fransen de aanval in.
'En avant. Vive la patrie!'

Zij werpen zich op de voorposten van de vijand, werpen die terug. Een lange dag gaat met verbeten, bloedige strijd voorbij. Dan laten de Oostenrijkers hun stellingen in de steek.

'Allons enfants de la patrie, le jour de gloire est arrivé!' Uitbundig schalt de 'Marseillaise' in het Franse legerkamp. De overwinning bij Jemappes is de eerste in een lange reeks. De ideeën van hun revolutie zullen door de Franse legers naar vele landen in Europa worden gebracht.

'Wij komen als broeders en vrienden!' maakt Dumouriez aan de Belgen bekend.

'Leve Dumouriez! Leve de redder der Belgen!' klinkt het, als de Franse regimenten het land binnengaan. De Oostenrijkers ontruimen Brussel, uitgejouwd door het opgetogen volk.

'Ontbindt de oude besturen van de bevoorrechte klasse. Kies een nieuwe regering, volgens de regels van de volkssoevereiniteit. Wij beogen niets anders dan uw onafhankelijkheid!' zegt Dumouriez.

De Belgen geloven het! Met enthousiasme en hartstocht bereiden zij verkiezeingen voor. Maar hoe? Wie mag stemmen? En waarop? Een bittere pamfletstrijd breekt los, als verschillende groeperingen (conservatieven, gematigde patriotten en radicale democraten) hun zienswijzen trachten op te dringen aan het volk. Afzwering van de keizer! Vergaderingen! Demonstraties! Oprichting van politieke clubs!

'Wij zijn tegen de koningen, tegen onrechtmatige gezagsdragers, tegen de geestelijkheid!' roepen de leden van de vereniging 'Vrienden van de Vrijheid en Gelijkheid!'

Zij richten felle aanvallen op de kerk, op de adel en de feodaliteit. Hun fraaie slagzinnen zetten toch niet de meeste zoden aan de dijk. De conservatieven vormen met elkaar de stevigste macht. De kerk en het geloof – zo diep in het leven van velen verankerd – gooien de meeste Belgen niet graag overboord.

Wanorde en verwarring zijn het gevolg. Om anarchie te voorkomen richten de Fransen een decreet tot het Belgische volk:
'Wij zullen een voorlopig voogdijschap op ons nemen. Wij zullen alle vroegere machten afschaffen, alle overblijfselen van tirannie, bijgeloof, leendienstig opheffen. Onze commissarissen zullen u de weg wijzen en vertellen, hoe alles moet gaan. Zij zullen u zeggen, hoe u soldaten moet werven, belasting moet betalen en bijdragen kunt leveren aan de revolutie...'

Een storm van protesten. Algemene verontwaardiging:
'Hebben we dáárvoor de Oostenrijkers verdreven? De Fransen doen hetzelfde als zij!'

'Ons nu door de Fransen laten knechten? Dát nooit!'

Alleen de radicalen juichen. Zij lopen met hun vrijheidsmutsen rond. Zij zwaaien hun vaandels en slaken de loze kreet:
'De God der vrijheid is de ware God!'

De chaos neemt hand over hand toe. En dan wijzigt de situatie zich opnieuw door gebeurtenissen in Parijs. Dan wordt het exit Dumouriez en exit Belgische Republiek.

De Franse Tijd – Negentiende en Twintigste Eeuw
Exit Willem V

De Fransen hebben het koningschap afgeschaft. In januari 1793 heeft de Conventie Lodewijk XVI beschuldigd van hoogverraad en met 387 tegen 334 stemmen ter dood veroordeeld. Op het Plein van de Revolutie is Lodewijk XVI, die tijdens zijn leven nimmer een werkelijke koning is geweest, rustig, dapper als een waarachtig koning gestorven.

Met de dood van de koning schuift de revolutie wéér een nieuwe fase in. De jacobijnen grijpen de macht. Robespierre, St. Just en Carnot loodsen Frankrijk nu door de storm. Instinctief voelen zij aan, wat het thans oppermachtige volk van Parijs van hen eist. Door terreur versterken zij hun greep op het land. Tevens bezield om de idealen van de revolutie uit te dragen ('Oorlog aan koningen, vrede aan naties!') verklaren zij in februari 1793 de oorlog aan de koning van Engeland, aan de koning van Spanje en aan de stadhouder van de Republiek.

Generaal Pichegru, door Ch. H. Hodges.

De terechtstelling van Lodewijk XVI op 21 januari 1793 te Parijs. Schilderij door P. A. de Machy

De naar Frankrijk gevluchte Herman Willem Daendels heeft met uitgeweken Nederlandse patriotten een bevrijdingslegioen op de been gebracht. Nu het oorlog geworden is, tracht hij Dumouriez te bewegen een snelle aanval te richten op de Republiek:
'Zeeland is flink versterkt, maar de vestingen in Brabant zijn zwak bezet!' zal hij in het Franse hoofdkwartier hebben gezegd. Dumouriez rukt op, tot ontsteltenis van de prinsgezinden en tot vreugde van een patriotse groep.
'Ze komen!' roepen verheugde patriotten in de Republiek. Ze bereiden zich voor om de Fransen, zonodig met wapenen, bij hun opmars te steunen. Want erg groot is Dumouriez' strijdmacht niet. Met slechts 15.000 man en 40 kanonnen marcheert hij over de grens. Zijn voorhoede van amper 1000 man verovert Breda. De garnizoenscommandant daar geeft zich lafhartig over, hoewel hij over 260 kanonnen beschikt.
'Te wapen, Bataven! Te wapen tegen de stadhouder, die een tiran is geworden. Te wapen tegen leenroerigheid en aristocratie!' Met dit soort slagzinnen richt Dumouriez zich tot het Nederlandse volk.
De 'Bataven' (ook de Nederlandse patriotten meten zich de naam aan van de oude Germaanse bewoners van het land!) planten in Breda een vrijheidsboom en dansen en zingen eromheen. Geertruidenberg valt. Daendels snelt met 800 patriotten naar Dordrecht, maar verovert de stad niet.
Boven de grote rivieren heerst paniek. Tal van families maken zich voor een vlucht gereed.
'Zeg ons, wanneer we moeten vluchten,' verzoekt prinses Wilhelmina aan raadpensionaris Van de Spiegel. Zover komt het nog niet. Karel van Boetzelaer en erfprins Willem houden met hun krijgsmacht dapper stand bij het platgeschoten Willemstad. Zwaar bewapende vissersspinken varen ter bewaking over de grote rivieren. Engelse troepen komen aan land.
Door de mogendheden worden coalities gesloten en krijgsplannen gemaakt. De Oostenrijkers beginnen een nieuw offensief. Dan moeten de opgerukte Fransen wel tot een veldslag overgaan. Dit keer redden zij het niet. Bij Neerwinden lijden zij een ernstige nederlaag. Het resultaat: de verslagen Dumouriez loopt met zijn staf – officieren van het oude regime, die een afschuw hebben van de jacobijnen en Robespierre – naar de vijand over. Zijn troepen laten de Republiek én de Zuidelijke Nederlanden in de steek. Zij trekken zich op Frankrijk terug. Onbedreigd kunnen de Oostenrijkers hun opmars voltooien.
'Verdom!' Van der Noot mag vloeken wat hij wil. De Belgen moeten zich opnieuw buigen voor de keizerlijke macht. Somber stappen zij van de regen in de drup.
Vreugde in de Republiek – de patriotten uitgezonderd:
'Ik feliciteer uwe koninklijke hoogheid met de volkomen bevrijding van de Republiek als door een mirakel,' schrijft pensionaris Van de Spiegel aan de prins. Nauwlettend volgt hij ondertussen de ontwikkelingen in het Franse land:

'Het vaderland is in gevaar!' maken Robespierre en de zijnen bekend. Er zijn binnenlandse opstanden. Een aantal steden, waaronder Toulon, houdt de poorten voor de revolutie gesloten. Een jonge majoor van de artillerie, Napoleon Bonaparte, bombardeert de stad, die door een Britse strijdmacht wordt gesteund. Een Engels expeditieleger is bij Duinkerken aan land gegaan. Pruisen en Oostenrijk maken zich voor een nieuwe aanval op Frankrijk gereed. Welbewust kiezen de jacobijnen nu voor de dictatuur. Zij bevelen vanuit Parijs: 'Laat de zonen van Frankrijk uit alle gehuchten opmarcheren. Jongelingen zullen ten strijde trekken. Gehuwden zullen wapens smeden, bagage en geschut vervoeren. Vrouwen zullen kleren en tenten maken en dienst doen in een hospitaal. En de grijsaards zullen op de straten en pleinen woorden van moed spreken tot de jeugd! En haat prediken tegen koningen! En zorgen voor de eenheid van de Franse Republiek!'
'Allons enfants de la patrie!' Een bewonderenswaardige onverzettelijkheid maakt zich van de Fransen meester. Het gehele land zet zich in voor de alles opeisende strijd. 650.000 Mannen komen onder de wapenen te staan. Welgestelden moeten hun schoenen uittrekken voor de soldaten in het leger, waar vrijwilligers op blote voeten geen uitzondering zijn.
'Allons enfants de la patrie!' Met een vurig elan gaan zij alle vijanden tegemoet. Zij drijven de Britten uit Duinkerken. En dan begint een nieuw offensief tegen het noorden, onder de generaals Jourdan en Pichegru.
Fleurus bij Charleroi, 26 juni 1794: Het leger van generaal Coburg, bestaande uit 45.000 Oostenrijkers, 13.000 Engelsen, 12.000 Hannoveranen, 8.000 Hessen, 15.000 Hollanders en 8.000 Pruisen (ruim 100.000 soldaten bij elkaar!) hebben hun kansen voor een offensief tegen het verdeelde Frankrijk slecht benut. Bovendien heeft Coburg de geestdriftige, revolutionaire legers onder jonge aanvoerders, volledig onderschat. Vrijwel alles is nieuw in de Franse legers: de uniformen (voor zover ze er zijn!) de officieren, de wijze van vechten en het enthousiasme, dat de soldaten (geen huurlingen meer!) bezielt.
'Allons enfants de la patrie!' Eén Frans leger heeft de vijand uit Ieper gejaagd. Een ander veroverde reeds Charleroi, waar erfprins Willem van Oranje zo dapper tegenstand bood. Nu, op 26 juni, komen de Fransen van het Sambre-leger bij Fleurus tegenover Coburg te staan. Van 5 uur in de ochtend tot 7 uur in de avond duurt het geweld. De droge korenvelden raken in vlam.

Zo ook de jonge Franse officieren, die roem willen behalen voor hun nieuwe Republiek. Zo ook Hendrik Willem Daendels die het reeds tot generaal-majoor heeft gebracht. De Fransen behalen de overwinning en zetten hun opmars voort. Pichegru verovert Brussel, Doornik, Brugge, Oostende, Oudenaarde en Gent. Hij drijft de moedeloze Hollanders en Engelsen voor zich uit. Paniek in de Zuidelijke Nederlanden, waar het schrikbewind van Robespierre – een even tragische als grootse periode – weinig vertrouwen heeft gewekt. Als de Fransen naderen, vluchten de bissschoppen, op één na, naar alle kanten weg. De angst voor de guillotine zit er stevig in.
'Domine, fiat voluntas tua!'

Duizenden Belgen zoeken hun heil in de Republiek. En terecht, want dit keer komen de Fransen niet als bevrijders, maar als *bezetters* van het land. Zij wensen nú slechts te denken aan hun eigen belang en hun eigen veiligheid. Het mooie ideaal van broederschap offeren zij aan machtsprincipes op:
'Neem alles, wat ge in handen kunt krijgen,' beveelt Carnot vanuit Parijs aan de bevelhebbers van het leger. 'Haal België leeg. Beroof het land van zijn kunstschatten en beschouw het als een veroverd gebied!'

Een waarlijk beschamende bezetting volgt. De Belgische patriotten worden er helemaal wanhopig van. Uitzuigerij, diefstal, domme jacht op onschuldige monniken en aristocraten, vastzetten van gijzelaars en afpersing zijn aan de orde van de dag. Een nieuwe omwenteling in Parijs brengt daar zélfs geen verandering in:

Als een monster, dat zijn eigen kinderen verslindt, heeft de Franse revolutie gewenteld en gewenteld. De opstandige adel is opzij geschoven. De welgestelde burgers zijn aan de kant gezet. Voormannen van de gegoede burgerij hebben hun idealen onder de guillotine beboet. Nu wil de massa in Parijs een eind zien aan het schrikbewind van Robespierre. In juni 1794 rolt zijn hoofd in de mand op het schavot. Daarmee is dan eindelijk de revolutie tot staan gebracht.

De Conventie blijft achter en beschikt nu over de macht. Omdat de mannen, die over allure en visie, daadkracht en moed beschikten, onder de guillotine zijn onthoofd, zitten in de Conventie nog slechts afgevaardigden van het tweede plan. De dood van Robespierre heeft overal verwarring en chaos tot gevolg. Slechts het leger – ver van politiek en onlusten verwijderd – vecht eensgezind en bezield. Op alle fronten worden glorieuze overwinningen behaald:
'Allons enfants...' Met onweerstaanbare stootkracht drijven de Fransen de Spanjaarden achter de Pyreneeën terug. Bij de Alpen manoeuvreren zij de Oostenrijkers in de verdediging. Zij jagen de Pruisen achter de Rijn. En zij doen dat soms op blote voeten en in lompen gehuld.

Bij de nieuwe leiders staat niet langer voorop om Europa van 'koningen en tirannen' te bevrijden. Zij denken ook niet langer aan een 'zegevierende wil' van het volk. Het pure eigenbelang van Frankrijk komt nu voorop te staan. Heersen over veroverde gebieden, ja! Vrijheid, Gelijkheid en Broederschap komt pas daarna aan de beurt.
Ook de Republiek zal dat ervaren, nu de Franse legers aan de grenzen staan:

'Ze komen. De Franse bevrijders zijn in aantocht!' De vreugdekreten van de patriotten vinden dit keer een beter gehoor. Het starre beleid van prins Willem V heeft langzamerhand zóveel ontevredenheid gewekt, dat de patriotten nu door veel bredere lagen worden gesteund. IJverig zijn zij met pamfletten en strooibiljetten in de weer. Behendiger dan eerst, stoken zij het moedeloos en onverschillig geworden volk tegen de stadhouder en regering op:
'Weiger de dijken door te steken,' zeggen zij tegen de boeren. 'De Fransen komen ons bevrijden. Een nieuwe tijd breekt aan!'
'Weiger schepen aan de regering af te staan!' zeggen zij tegen de schippers. Ze voeren daar tal van argumenten voor aan. Ze verzamelen wapens. Ze richten actiecomités op. Ze zoeken contact met Daendels en Pichegru.
'Moeten we ons dan door de Fransen laten onderwerpen? Moeten we ons kaal laten plunderen, zoals dat in het Zuiden gebeurt?' wordt er keer op keer aan de patriotse voormannen gevraagd.
'Wis en waarachtig niet! Wij willen ons niet onderwerpen. Wij wensen slechts bondgenoten van Frankrijk te zijn. Op die wijze kan de zelfstandigheid van de Republiek worden bewaard! Alleen door de Fransen *als vrienden* te ontvangen, zullen wij plunderingen ontgaan!'

De heren in Parijs hebben echter iets anders in hun hoofd. Zij denken dat er in Holland onmetelijke rijkdommen zijn. Zij hopen beslag te kunnen leggen op een flinke vloot. Met *dát* doel voor ogen beginnen de Fransen hun offensief. Op 9 oktober valt Den Bosch. Vervolgens vinden de snelle capitulaties van Venlo, Maastricht en Nijmegen plaats.
'Onderhandel toch over vrede!' is het voorstel dat uit Friesland komt.
'Wij zijn nog niet tot de laagte gebracht om ons op laffe wijze te buigen onder het vijandelijk juk!' antwoorden de Staten-Generaal.

Krampachtig probeert de overheid in Holland, en ook in Gelderland, vrijwilligers te winnen, die onder zélf gekozen officieren de vijand tegemoet mogen gaan. Maar de fut is eruit. Zódanig zelfs, dat de Engelsen zich niet langer opofferingen willen getroosten voor de verdeelde, verslapte Republiek. En zo draait het niet op vechten, maar op onderhandelingen uit.
'Bij God, als het vrede wordt, blijven we tóch nog zitten met de prins. Als het tot een vredesverdrag komt, is onze kans op een omwenteling voorgoed voorbij!' menen de leiders van de patriotten verontrust. 'Wij moeten actie voeren! Een eigen legerkorps oprichten! En de leiding toevertrouwen aan een Nationaal Comité?'

Dat Nationaal Comité wordt snel gevormd. De leden? Een student en een oud-pensionaris uit Leiden, een hoogleraar uit Utrecht, een schilder uit Dordrecht en een makelaar uit Rotterdam. Zij haasten zich nu – namens het volk der Nederlanden – naar het hoofdkwartier van Pichegru. Ze verzoeken hem met al hun kracht:
'Sluit géén wapenstilstand! Sluit vooral géén vrede! Ga toch over tot het offensief. Slechts dáárdoor zult ge de Republiek als bondgenoot kunnen winnen!'

Het offensief begint. Vooral dank zij de inzet van de vurige Daendels:

Het is een strenge winter. In de grote rivieren stapelt het drijfijs zich op. De kanonneerboten, die er patrouilleren, vriezen vast. Daardoor kan Daendels de Maas oversteken en wordt Bommel veroverd. Met de voeten in stro gestoken, marcheren de Fransen onder Pichegru naar het noorden, waar de Republiek reeds in staat van ontbinding verkeert. Kenmerkend is de brief, die de militaire commandant van Woerden aan de Raad van State schrijft: 'Mijn God, wat zal ik morgen toch aanvangen om de stad te houden. Geen volk heb ik en het weinige is nog onwillig. 'Wij zijn af!' zeggen mijn mannen. 'In zoveel dagen geen warm eten gehad in de kou!' De vijand zal mij forceren en ik kan er niets aan doen. Wat een schande voor mij en wat een verantwoordelijkheid!'

Amsterdam staat op zijn kop. De patriotten willen schoonschip maken en alles op orde hebben voor de intocht van Pichegru. Ze werken aan een proclamatie voor het volk. Wat hun bedoelingen zijn, komt daarin duidelijk tot uiting:
'Burgers! Welke uw denkwijze over het staatkundige, welke uw godsdienstige begrippen ook moge zijn! Joden! Christenen! Het is zonder uitzondering uwer aller belang, het Vaderland voor overheersing te hoeden en te beletten, dat de Fransen niet genoodzaakt zijn, u te behandelen als een overwonnen volk!'

Ook in andere steden roeren de patriotten zich. Als nieuwe machthebbers in de Republiek willen zij de Fransen verwelkomen als *bondgenoot*. In Utrecht hebben de prinsen van Oranje op 6 januari 1795 voor het láátst onderhandeld met de bevelhebbers van Engeland en Oostenrijk. Een láátste poging om de Fransen nog terug te drijven, mislukt.
'Hier is geen redding meer!' schrijft prinses Wilhelmina naar haar broer. Aan het hof zijn de kisten en koffers gepakt. 21 Visserspinken, door de prins gehuurd, liggen

Franse troepen onder bevel van Pichegru trekken over de Waal bij Nijmegen in januari 1795. Tekening door D. Langendijk.

De Franse Tijd – Negentiende en Twintigste Eeuw
De fluwelen revolutie

reeds een aantal weken voor de aftocht gereed.

De Staten-Generaal komen voor het laatst bijeen. De afgevaardigden zien in, dat er niets meer voor het land kan worden gedaan. Zwijgend gaan zij uit elkaar.

'Verlaat het land toch niet!' smeekt Van de Spiegel aan de prins. 'Denk toch wat u aan uw Huis en aan het Vaderland bent verplicht!'

Stadhouder prins Willem V heeft zijn besluit reeds genomen:

'De omstandigheden, waarin de Republiek zich bevindt, doen ons vooruitzien, welk lot wij te wachten hebben, als de vijand verder binnendringt. Omdat wij geen obstakel voor de vrede willen zijn... hebben wij besloten, ons met onze familie voor enige tijd van hier te retireren...'

Den Haag, zondagmorgen, 18 januari 1795. Drie hofkoetsen, met daarin de prinsessen van Oranje en de tweejarige prins Willem (de latere koning Willem II) rijden naar Scheveningen toe. Een metershoge ijsdam heeft zich daar uitgestrekt over het strand.

'Dag, hoogheid. Goeie reis!' Een haag van Scheveningers neemt eerbiedig de hoed af. Via een in het ijs uitgehakte doorgang begeven de prinsessen zich bij Chiel den Heyer aan boord. Elf andere visserspinken zijn reeds met de bezittingen van de Oranjes volgestouwd.

De kerkklok luidt. Een schip voor de haven vuurt een saluutschot af. 'Baker, baker!' schreeuwt de kleine prins, die geschrokken is van de knal. Hij strekt zijn armpjes uit – met een hulpeloosheid, die symbolisch lijkt voor het Oranjehuis.

In de danszaal van het het Binnenhof neemt prins Willem V afscheid van enkele leden van de Staten-Generaal, van buitenlandse gezanten, van vrienden van het hof. Hij wil een afscheidswoord spreken. Zijn stem begeeft het. Een kamerheer leest zijn rede voor. De verdrietige prins verdwijnt.

De prinsenvlag hangt halfstok. Een zwijgende menigte – sommigen hebben zich in rouwkleren gehuld – heeft zich langs de besneeuwde straten opgesteld. Het is doodstil, als nu ook de prins zich met zijn zoons naar Scheveningen begeeft.

De patriotten juichen. Al zijn zij in de minderheid, met de macht van Franse wapenen achter zich, hopen zij oprecht een *nieuwe*, onafhankelijke 'Bataafse Republiek' te kunnen grondvesten. Dat zal een illusie blijken te zijn.

De oude Republiek is dood. In het verleden hebben in die Republiek belangrijke wegwijzers naar de toekomst gestaan: vrijheidsbesef, invloed van het volk, burgerzin en vooral verdraagzaamheid zijn er – eerder dan waar ook ter wereld – prachtig opgebloeid. Doodgelopen en verstard is zij nu aan de ideeën van een nieuwe tijd kapotgegaan.

Maar ook na een kwade oogst moet er worden gezaaid. De Republiek is dood. Leve de nieuwe Republiek!

De Franse natie maakte ons vrij
Zij wierp de kroon der dwingelandij
En onze kluisters neder
Zij bood ons hulp en onderstand
En schonk aan het volk van Nederland
De lieve vrijheid weder...

(Pieter Johannes Uylenbroek)

'De tiran is weg!' roepen de patriotten elkaar uitgelaten toe, als stadhouder Willem V op zondag 18 januari 1795 Den Haag heeft verlaten en vanuit Scheveningen met de Johanna Hoogenraad naar Engeland zeilt.

'Onze Franse vrienden zijn in aantocht!'
'Leve de vrijheid! Leve de Bataafse Republiek!'

Onder uitbundig gejuich arriveren de eerste Franse soldaten nog diezelfde dag in Den Haag. Omstuwd door een vreugdevolle menigte galopperen eskadrons Franse huzaren onder Daendels een dag later naar de Dam te Amsterdam.

Eerst in Leiden, vervolgens in Amsterdam en andere steden worden de regenten als ambteloze burgers de wei ingestuurd. 'Voorlopige Vertegenwoordigers van het volk' nemen hun plaats in.

De Hoog-Mogende Republiek der Verenigde Nederlanden heeft na ruim twee eeuwen opgehouden te bestaan. De breuk met het oude regeringspatroon en met de oude maatschappijvorm is eindelijk een feit.

Drie jaar eerder hadden uitgeweken patriotten te Parijs een schets-ontwerp voor een 'Bataafse Republiek' opgesteld. Bezield door vele idealen en gedreven door de wil om nu zelf de lakens uit te delen, wensen rijke burgers en de gegoede burgerij een nieuwe staat te grondvesten: naar Frans voorbeeld en met Franse steun. Het 'Vrijheid, Gelijkheid en Broederschap' is overal te horen, al deelt lang niet iedereen in de vreugde die nu heerst.

'Je malle moer, Wullum,' schimpt een Oranjegezinde Kattenburger en verbitterd schudt hij zijn hoofd. Hij beseft maar al te goed, dat de Gelijkheid en Broederschap voor hem niet zijn bedoeld. 'En de Vrijheid, Wullum, heb me nog nooit een boterham gegeven!' Achter de rug van een Frans huzaar spuugt hij nijdig een bruine fluim naar de grond.

Vol enthousiasme maken de patriotten zich op om vrijheidsfeesten te organiseren. Misschien hadden zij er beter aan gedaan wat scherper poolshoogte te nemen bij hun zuidelijke buren, die reeds de nodige ervaring met de Fransen hadden opgedaan.

Als ware veroveraars hebben de Fransen de Zuidelijke Nederlanden leeggeplunderd. Na alle revoluties en bestuurswisselingen en na alle op-en wegtrekkende legers, is er een noodtoestand ontstaan. De ellende is ontstellend hoog gestegen. In de textielstad Verviers zijn van de 14.000 inwoners ruim 6.000 mensen afhankelijk van de armenzorg. In vele andere plaatsen staan arme drommels voor broodkaarten in de rij. Oostenrijkse deserteurs banjeren plunderend langs de wegen. Troepen werklozen, behoeftigen en vagebonden schuimen bedelend over straat:

'Een aalmoes!' Jankend knielen ze in de modder neer en heffen dan smekend een hand op. 'In Godsnaam, geef iets te eten voor mijn kinderen!' Mensen sterven van de honger. De armoede neemt werkelijk beangstigende vormen aan.

'We moeten oppassen, dat er geen algehele opstand uitbreekt,' denken de Franse overheersers bezorgd. Zij beginnen hun bezetting wat te matigen en voeren ondertussen een aantal heilzame hervormingen in.

'Wat wordt nu onze toekomst?' vragen vele Belgen zich af. Wanhopig hebben de patriotten getracht een *eigen* Republiek te stichten. Zij hebben gepraat, vergaderd, gediscussieerd. Onderlinge ruzies hebben menige vergaderzaal geschokt. Om nu daadwerkelijk inhoud te geven aan de revolutionaire ideeën valt hun buitengewoon moeilijk.

'Het is allemaal gemakkelijker gezegd, dan gedaan!' ontdekken ze teleurgesteld. Er is zoveel geharrewar geweest, er zijn zoveel tegenstrijdigheden in oeverloze besprekingen naar voren gekomen, dat de patriotten de moed laten zakken. *Zélf* een 'Nieuw Regime' grondvesten kunnen zij niet.
'Lijf ons maar bij Frankrijk in,' zeggen zij een beetje uitgeblust.
'Ja, in Godsnaam,' vinden dan ook conservatieve leiders. Zij hebben reeds zoveel van hun patriotse landgenoten te verduren gehad, dat zij de Franse heersers verkiezen boven de radicale burgers uit eigen land. Dat past maar al te goed bij de (allengs heel wat nuchterder geworden) Franse veroveringspolitiek. Al is de meerderheid der Belgen beslist tegen inlijving, de regeringsleiders te Parijs leggen die bezwaren gemakkelijk naast zich neer:
'Het volk wil wel steeds het goede, maar kan het goede niet altijd zien. Het is in het belang van Belgen en Luikenaars, dat zij *vrij* zullen zijn – maar dan toch net als de Fransen!'

Op 1 oktober 1795 worden de voormalige Spaanse en Oostenrijkse Nederlanden, benevens het prinsbisdom Luik, bij Frankrijk ingelijfd. Ze worden in 9 departementen verdeeld, aan het hoofd waarvan commissarissen komen te staan. Het bestuur daarvan is Frans. Een nieuwe grondwet wordt van kracht. Alle oude staatkundige, rechterlijke en kerkelijke instellingen verdwijnen in slechts enkele weken tijd.
'Non-de-ju, Franciscus, als een verdwaalde loop ik rond in mijn eigen stad,' verzucht een koopman, als Franse wetten op het lokale bestuur, op het registratierecht, het douanewezen, de gendarmerie, het zegelrecht en op de rechtbanken opeens van kracht zijn geworden. Hij vloekt op de chaos die door die wetten is ontstan. Zijn vriend sust hem:
'Een beetje geduld, mon chèr!'
'Maar ik weet amper meer bij wie ik moet zijn om mijn zaken te regelen. Ze sturen me, non-de-ju, van het kastje naar de muur!'
De verwarring is omvangrijk, vooral omdat het Directoire in België de grootste moeite heeft om geschikte kandidaten voor de vele nieuwe ambten te vinden. Niet alleen de jacobijnen, maar ook oud-Vonckisten, gematigden en zélfs conservatieven worden in de departementen, municipaliteiten en gerechtshoven naast een aantal Franse ambtenaren aangesteld. Zo komt het *Nieuwe Regime* tot stand. Het zal lang genoeg duren om vele heilzame hervormingen blijvend in te voeren – en net niet lang genoeg om de Belgen in een totale verfransing te verstikken. Al komt er van gelijkheid en medezeggenschap in praktijk niet veel terecht, er worden in die richting toch gedachten opgeroepen, waarmee komende generaties hun voordeel zullen doen. In de salons, op de kantoren en tijdens lange ritten in de diligence wegen de nieuwbakken Fransen de voor- en nadelen van hun nieuwe status bedachtzaam af:

'De feodale en heerlijke rechten, de adellijke titels en gilden zijn vervallen verklaard,' zegt een graanhandelaar, die de nadelen van dat soort zaken als kind maar al te vaak heeft gevoeld: 'De pijnbank, galeistraf en verbanning zijn uit de wetboeken geschrapt!' Triomfantelijk kijkt hij rond, omdat een betere tijd lijkt aangebroken.
'Maar nou hebben we dienstplicht, net als in Frankrijk,' mompelt een boerenzoon, die haast zeker weet dat hij binnenkort voor het leger zal worden opgeroepen. Zijn vader mist het geld om daarmee een ander in zijn plaats te laten gaan.
'En we hebben belasting, net als in Frankrijk,' bromt een koopman die zijn eerste aanslag heeft ontvangen. Hij drukt zijn hoed wat steviger op zijn pruik en botst dan, door het hobbelen van de koets, tegen een dikke burgerjuffrouw die naast hem zit.
'Pardon, freule,' zegt hij met een knipoog naar de rest. Hij krijgt geen antwoord. De juffrouw duwt de rozenkrans in haar handen wat steviger tegen haar omvangrijke boezem aan en staart strak voor zich uit. Even denkt ze aan meneer pastoor, die in haar huis ondergedoken zit. Had hij niet gezegd, dat de boze wereld thans vol heidenen zat?
De koopman haalt grijnzend zijn schouders op. Hij heeft het niet op die felle roomsen begrepen. Maar nog veel minder is hij op de Fransen gesteld.
'De Fransoos is gekomen om ons kaal te vreten en anders niet,' gaat hij voort. 'Wij zijn net goed genoeg om de Franse staatskas te vullen. De oude belastingen zijn weliswaar afgeschaft, maar wat krijgen we nu? Grondbelasting, personele belasting, belasting op roerende goederen, douanerechten, patentrecht. En nog een indirecte belastingen op de verkoop van wijn, bier, tabak en noem de hele reut maar op. En nog eens de gedwongen leningen en de heffingen op 'het dertigste paard'. Nee, mensen, als je het mij vraagt zou ik zeggen: 'Leve de keizer!' Want we hadden het nog zo slecht niet onder het Oostenrijks bewind!'
Het is even stil. De diligence hobbelt voort. Dan zegt de graanhandelaar, die zich door die sombere woorden niet heeft laten overtuigen:
'Maar de belastingen zijn nu billijker verdeeld dan voorheen. En wij hebben nu de *Rechten van de Mens*. Als je zoals ik opgegroeid was op een groot landgoed...' Hij maakt de zin niet af. Het geroep van de koetsier tegen de paarden en het schokkend tot stilstand komen kondigen aan, dat de volgende stopplaats is bereikt.

Hoewel de Franse militairen zich gedragen, alsof zij zich in veroverd gebied bevinden – zij vorderen eenvoudig wat zij nodig hebben en vergoeden het niet! – komt onder het bewind van Bouteville toch veel goeds tot stand. Deze ijverige, energieke en bekwame Fransman zet zich ten volle in om de nieuwe wetten en instellingen van de grond te krijgen. Wel ontbreekt het hem aan geld om zijn ambtenaren te betalen. Wel knoeien vele baantjesjagers op de hoge posten die hun werden toevertrouwd. Desondanks begint het Nieuwe Regime te draaien.

Het is de Kerk, die van de revolutie de hardste klappen te incasseren krijgt. En daarmee raken de Fransen een bijzonder gevoelige snaar:
'Is het waar, meneer pastoor, dat processies verboden zijn? En is het waar, dat de klokken niet langer voor metten en vesper mogen worden geluid?'
Een pastoor op het platteland knikt en kijkt dan zijn parochianen ernstig aan. Wat moet hij tegen deze brave lieden, die zich in de kerk koesteren van de wieg tot het graf, over dit soort zaken zeggen?
'Het zal nog erger worden,' waarschuwt hij en voegt er dan haastig aan toe: 'Zoekt troost bij Ons Lieve Heer!'
Het wordt erger! Gedreven door geldnood legt het Directoire te Parijs beslag op vrijwel al het kerkelijk bezit. De openbare verkopingen, zo denkt men, leveren vast en zeker de onontbeerlijke miljoenen op.
'Is het waar, meneer pastoor? Is het werkelijk waar?'
'Wat moet er dan worden van mijn dochter in het Begijnhof?'
'En wat gaat er gebeuren met mijn zoon, die bij Brugge in een kloosterke zit?' De pastoor weet ook dit keer het antwoord

De commandant van het Bataafse legioen H.W. Daendels neemt te Maarsen op 18 januari 1795 afscheid van C.R.H. Krayenhoff bij diens vertrek naar Amsterdam. Schilderij door A. de Lelie en E. van Drielst (1795).

De Franse Tijd – Negentiende en Twintigste Eeuw

Bewapening der burgers in de sociëteit 'De Gouden Leeuw' in de Zijlstraat te Haarlem op 19 januari 1795. Gewassen tekening door W. Hendriks.

niet. Hij bidt met zijn parochianen en zoekt naar woorden van troost.

Naar schatting komen door die maatregelen van de Fransen 275 kloosters, 110 abdijen, 15 begijnhoven en omstreeks 10.000 geestelijken op de officiële rand van de afgrond te staan. De openbare verkopingen van het kerkelijk bezit beginnen. Aanvankelijk wat aarzelend brengen de rijkere Belgen hun bod uit. Wie is sterk genoeg om zo'n buitenkansje aan zijn neus voorbij te laten gaan? De buit, die de regering met het onteigende kerkelijk bezit in België ophaalt, beloopt uiteindelijk 500.000.000 franc.

'Is het waar, meneer pastoor, dat gij en alle priesters voortaan trouw moeten zweren aan de Republiek?'
'Ja, lieve mensen. Dat is waar. En het burgerlijk huwelijk krijgt voortaan naast het kerkelijk huwelijk rechtsgeldigheid. Net als in Parijs!'
'Hoe kan God dat toelaten?' vraagt de een.
'Die buiten de kerk huwt, leeft toch in zonde?' vraagt een bezorgde moeder. Haar dochter wil buiten de kerk trouwen met een vurig patriot.
'Gods wegen zijn ondoorgrondelijk,' mompelt de priester. Alles wat vroeger zo eenvoudig leek, blijkt nu opeens niet meer zo simpel te zijn. God zij dank treft de aanranding der kerk zijn parochianen diep in hun ziel. 'Ik moet maar eens gaan praten met de bisschop,' denkt de pastoor. Want hoe het allemaal verder moet, ziet hij niet.

Het wekt ook ergernis in Vlaanderen, dat Frans nu de officiële voertaal wordt. De afkondiging van alle wetten en besluiten geschiedt nu in het Frans – al zijn vertalingen toegestaan. De afkeer van het Nieuwe Regime neemt dermate toe, dat de minister van Binnenlandse Zaken vanuit Parijs naar het onrustige België komt:
'Persoonlijk zal ik maatregelen nemen voor het welzijn van België, maakt hij bekend. Het kost Bouteville, die *werkelijk* dat welzijn voor ogen had, zijn baan.

In maart 1797 mogen de Belgen deelnemen aan de verkiezingen, die de Franse Republiek heeft uitgeschreven. Het gaat hierbij om de benoeming van hogere ambtenaren en rechters in ieder departement.
'Is het waar, Jefke, dat we mogen stemmen?' vraagt een wever in Gent, als hij moegewerkt met een kameraad naar huis loopt.
'Welnee, Fonske. Da's alleen bedoeld voor de grote heren!'
'Krek wat ik docht,' zegt Fonske.

Slechts op beperkte schaal kunnen de Belgen hun stem uitbrengen. *Kiezers* zijn zij, die op voorvergaderingen door een groep uitverkoren burgers zijn aangewezen. Kranten en pamfletten onderstrepen de noodzaak om vooral alle Fransgezinden uit de ambten te wippen:
'Weest eensgezind! Toont u Belgisch!'
En dat gebeurt. Heel wat doorgewinterde patriotten moeten nu plaats maken voor gematigder heren. Voor de rechtbanken valt de keus op vrij wat aanhangers van het Oude Regime. Met hen hopen de Belgen verzachting te krijgen betreffende de wetten, die zijn uitgevaardigd tegen de kerk. Zij hopen vooral op verzachting in de processen, die nog steeds tegen vele priesters worden gevoerd. En inderdaad trachten de nieuw gekozen overheden de burgers terwille te zijn. Groot opzien baart het als pastoor Haze, die de eed geweigerd heeft en desondanks zijn ambt uitoefende, door een rechtbank wordt vrijgesproken.
Een half jaar ziet het ernaar uit, dat de Belgen zich wat kunnen ontspannen. Gevluchte priesters, edelen en rijke regenten die het land hadden verlaten, keren naar hun geboortestreek terug. En dan opeens komt er een dikke streep door de wat positievere toekomstverwachting. Op 4 december 1797 vindt er in Parijs een nieuwe staatsgreep plaats:
Barras en twee van zijn medestanders in het Directoire laten het Wetgevend Lichaam door soldaten overrompelen en zetten daarmee de leiders van de gematigde vleugel buiten spel. Een dag later worden de gehouden verkiezingen voor ongeldig verklaard. Een harder bewind doet dan zijn intrede. De Belgen verduren...

Ook in het Noorden leven de patriotten in 1795 nog volledig met de hoop, dat zij zélf een nieuwe maatschappij kunnen grondvesten. Tevreden lezen zij de proclamatie, die de Fransen bij hun komst aan het Bataafse volk hebben gericht:
'Bataven, wij komen niet bij u om u onder het juk te brengen. De Franse natie zal uw onafhankelijkheid eerbiedigen!'
Met die zekerheid achter zich brengen de patriotten in het Noorden hun revolutie tot stand. In Amsterdam marcheren hun voormannen, omstuwd door allerlei volk, naar het raadhuis – zodra Daendels met Franse huzaren in de stad is gekomen en zij dus kunnen rekenen op militaire steun in de rug.
'Leg uw ambten neer!' bevelen zij de stadsregering van regenten. Dan nemen zij, als *Voorlopige Vertegenwoordigers van het Volk van Amsterdam*, onder voorzitterschap van burger Rutger Jan Schimmelpenninck, op de zo begeerde kussens plaats.
Vanaf het raadhuis roepen de nieuwe bestuurders vol geestdrift naar het verzamelde volk op de Dam:
'Gij zijt vrij. Gij zijt gelijk. Uwe overheersers zijn reeds door ons van hunne posten ontslagen!' Er klinkt gejuich, al wisselen enkele Amsterdammers een bedenkelijke blik.
'Het zijn merendeels welvarende burgers,' mompelt een schoenlapper. Zijn vriend knikt en groet dan zijn dominee, die een paar passen verder staat. Wat denkt dominee van het nieuwe stadsbestuur?
'Er zijn enkele doopsgezinden en zelfs enige katholieken bij,' fluistert de dominee onthutst. Betekent dat niet het eind van de alleenheerschappij van leden der Hervormde Kerk? Bezorgd kijkt hij om zich heen. Hij ziet slechts uitgelaten mensen. Een roes van vreugde golft over het plein. Waar moet dat heen? In de stilte van zijn binnenkamer richt de dominee enkele woorden tot God.

Met een gloedvolle toespraak aanvaardt Schimmelpenninck intussen het voorzitterschap over de municipaliteit:
'In het midden mijner aandoeningen heb ik de kalmte van geest om het moeilijke van mijn taak te overzien... Als uw voorzitter verklaar ik – en ik eis dezelfde verklaring van u allen – dat billijkheid, rechtvaardigheid en grootmoedigheid mijne handelingen zullen regelen...'
Die woorden kenmerken de sfeer, waarin de omwenteling in de Republiek zich voltrekt.
'Een fluwelen revolutie,' spotten de Fransen, omdat nergens een druppel bloed vloeit. Géén guillotines! Géén opgezweepte mensenmenigten. Géén bestorming van regeringsgebouwen. Géén gejoel en géén brandstichting op de buitenplaats van een voormalig regent.
'Welaan, burgers,' roept de nieuwe voorzitter van de gemeenteraad van Hattum de bevolking toe. 'Wij zullen onze voorgangers verklaren, dat gij vrij, doch edel en rechtvaardig denkt. Dat gij vrijheid paart aan heilige eerbied voor de wet. Dat gij wars zijt van wraakzucht!' Toch zijn er enkele mensen die niet geheel begrepen hebben, wat er met de leuze Vrijheid, Gelijkheid en Broederschap wordt bedoeld:
'Kom, Krelis, nou mag het!' zegt een boertje op de Veluwe handenwrijvend tegen zijn buur. Welgemoed begeven zij zich samen op weg om naar hartelust te jagen en te stropen op het landgoed van hun heer.

Vreugde in Amsterdam rond de vrijheidsboom in 1795.

Het wordt hun en vele anderen op het platteland snel duidelijk gemaakt, dat dit bepaald niet in de bedoeling ligt.

Te Leeuwarden halen radicale patriotten de grafkelder van de Oranjes overhoop. Uitdagende wapenborden van deftige regentenfamilies worden uit de kerken verwijderd. Daar blijft het bij. Na de omwenteling in Tiel loopt de afgezette oud-burgemeester woedend tussen het verzamelde volk door. Driftig schreeuwt hij:
'Dit alles is van nul en gener waarde. Wij, wij zijn nog steeds regenten!'
'Laat hem maar gaan,' grinniken de omstanders en de Franse soldaten, die bij de omwentelingsplechtigheid de wacht houden, zingen:
'Les aristocrats à la lanterne!'

Maar zó bloeddorstig zijn de Nederlanders toch niet. De over het algemeen rijke burgers, die thans de macht in handen krijgen, zijn afkerig van geweld. Zij zijn voor een deel gelovige, kerkelijke mensen, die er bij de Fransen op aandringen, de godsdienst in de Republiek toch vooral te ontzien. Met *nieuwe* leuzen zetten zij voorlopig het *oude* regeringssysteem voort.

Bij de regeringsleiders te Parijs leeft ondertussen de gedachte, dat in de Republiek onmetelijke rijkdommen te halen zijn. Nog geen twee weken na het vertrek van Willem V maken zes leden van de Franse Nationale Conventie hun opwachting in Den Haag.
'Wij komen in vriendschap,' zeggen ze met Franse zwier. Ze nestelen zich behaaglijk in de stadhouderlijke appartementen op het Binnenhof en declareren voor hun persoonlijke onkosten de lieve som van 1000 gulden per dag. Maar veel erger: ze beginnen meteen al een onderzoek naar de kunstschatten der Oranjes.
'Vive la liberté!' Al spoedig daarop verdwijnen karren, volgestouwd met schilderijen, kostbare boeken en zeldzame cameeën in de richting van de Franse grens. Maar wie daarop let, lijkt in de roes van de bevrijding een kniesoor. Er liggen immers zoveel schitterende vooruitzichten in het verschiet? Overal maken de patriotten zich op om het aanbreken van een nieuwe tijd te vieren:

Amsterdam, 4 maart 1795: in feestdos begeven de Bataafse burgers zich naar de Dam, waar een 27 meter hoge vrijheidsboom is opgericht. Vreugdeschoten weerklinken, als een groots opgezette optocht eindelijk in beweging komt. Mannen, vrouwen en kinderen verdringen zich achter de 2600 flink gewapende schutters, die voor de afzetting hebben gezorgd.
'Daar komen ze!' De muziek van het voorste muziekkorps is nu duidelijk te horen. Er klinkt gejuich voor de leden van het *Comité Révolutionnaire*, de nieuwe naam die de municipaliteit der stad heeft gekregen. Gejuich ook voor de nieuw gevormde comités van Algemene Waakzaamheid, Justitie, Algemeen Welzijn, Koophandel en Zeevaart.
'Wie zijn dat nou?'
'De afgevaardigden van de 39 leesgezelschappen en van de Franse Club *Les amis de la Liberté*,' wijzen de omstanders elkaar.
'Daar heb je Piet. Héé, Piet!'
Maar Piet hoort het niet. Hij loopt zelfbewust voort – met een gezicht, alsof iedereen de nieuwe vrijheid aan hem te danken heeft. Schutters en detachementen marcheren, gevolgd door jongens en meisjes uit de Amsterdamse weeshuizen, door leerlingen van de zeevaartschool en studenten. Zélfs enkele mannen en vrouwen uit de armenhuizen zijn voor deze patriotten-demonstratie bijeengehaald. Ze hebben geen idee, waarom het gaat. Onhandig grijnzend wuiven ze naar bekenden onder het publiek.
Onder het gedreun van de vreugdeschoten dansen 150 in het wit geklede meisjes – met een groene tak in de hand – rond de vrijheidsboom op de Dam, die nu geen *Dam* meer is. *Plein van de Revolutie* is de glorieuze naam, die het hart van de stad heeft gekregen.
'Leve de vrijheid. Leve de Bataafse Republiek!'

Met klokgelui, muziekkorpsen en dansen om de vrijheidsbomen, worden de *Rechten van de Mens* nu ook afgekondigd in de Republiek:
'Ieder moet een stem hebben in de wetgevende vergadering der gehele maatschappij,' klinkt het zo hoopvol. 'Ieder moet voor openbare ambten verkiesbaar zijn!' Maar voorlopige vertegenwoordigers van het volk beslissen algauw, dat alléén de onafhankelijken (dat wil zeggen de gegoede burgers!) tot stemmen gerechtigd zijn.
Voor dienstpersoneel en hen die van de bedeling leven, geldt het kiesrecht niet.
'Ieder mens heeft het recht om God zodanig te dienen als hij wil, of als hij niet wil!' staat in de verklaring. De opvattting, dat het bestaan mogelijk is zonder God, schokt de gelovige Nederlanders nog wel. Maar volledige geloofsvrijheid, dat grote goed, is nu eindelijk een feit. De katholieken, de doopsgezinden, de joden en al die andere geloofsgroepen die zich hebben moeten bukken voor de bevoorrechte positie van de Hervormde Kerk, juichen opgelucht.
De Staten van Holland komen onder een nieuwe naam bijeen. En ook de Staten-Generaal worden geleidelijk met de nieuwe, *voorlopige* vertegenwoordigers van het volk gevuld. Met een enthousiaste hervormingsdrift stellen deze vertegenwoordigers allerlei zaken aan de orde. Het stadhouderschap wordt afgeschaft. Geïnspireerd door het voorbeeld uit Frankrijk brengt men eeuwenoude grieven thans met grote welsprekendheid naar voren:
'De Raad van State moet weg!'
'Pijnbank, galg en rad moeten uit het leven verdwijnen!'
'Weg met de particuliere tollen!'
'Weg met alle feodale rechten en gilde-privileges...'
Het dragen van livrei wordt verboden. Géén Wilhelmus meer. Géén dragen van oranje. Burgerbewapening in plaats van een beroepsleger. Daendels opperbevelhebber van het leger. Verkiezingen moeten worden voorbereid. Tal van rechtvaardige en zegenrijke hervormingen komen ter sprake. Maar algauw rijst boven de paar belangrijke en honderden kleinere kwesties de levensgrote vraag:
'Wat moet er gebeuren met de Republiek?'
Het vermolmde schip van Staat, dat stadhouder Willem V achterliet, moet hoognodig vernieuwd. Daarover zijn vrijwel allen het eens. Maar hoe? En door wie? Kan het Franse voorbeeld zo maar op de Nederlanden worden toegepast? Hoe verdrietig is het, dat juist op dit beslissende moment de eenheid van de gedachten in het kamp der patriotten ontbreekt.
'Het land moet één en ondeelbaar zijn!' stellen de meer radicale heren. *Unitarissen* wordt allengs hun verzamelnaam.
'Ho, ho, burgers,' roepen andere ongerust, 'de gewestelijke zelfstandigheid is een kostbaar goed. Zie toch, hoe de vrijheidsstrijders het in Amerika hebben gedaan. Daar bezitten de afzonderlijke staten toch ook een eigen macht? Eenheid lijkt mooi, maar de zelfstandigheid van onze steden en onze gewesten gooien wij niet zo maar over boord...' De voorstanders van deze mening noemen zich *Federalist*. Zij zien de nieuwe republiek als een federatie van afzonderlijke gewesten.

Redevoeringen. Discussies in de burgersociëteiten en op de clubs. Elk meent zijn uil een valk te zijn, of, zoals men in de 16de eeuw al zei: 'Elck laet hem duncken dat syn bruyt die schoonste is...'

De Franse Tijd – Negentiende en Twintigste Eeuw

Magere soep

In de wereld gaat niets voor niets. Dat geldt ook voor de Fransen, die hier de vrijheid hebben gebracht. Al vrij spoedig komen Siéyès en Rewbell als vertegenwoordigers van het 'Comité de Salut public' naar Den Haag om te zien, wat er in de toch nog rijke Nederlanden valt te halen. Zij beginnen onderhandelingen (en ontdekken algauw de zwakheid van de revolutie in de Bataafse Republiek). De eisen, die zij daarom durven stellen, vallen de patriotten nogal ruw op het dak:

'Wij zijn bereid de onafhankelijkheid van de Bataafse Republiek te erkennen,' zeggen zij tegen de Nederlanders. 'Maar, mijne heren, daar moet natuurlijk wel het een en ander tegenover staan.'

Bij het 'Haags Verdrag', dat in mei wordt getekend, wordt de prijs betaald:

Afstand doen van Staats-Vlaanderen, Venlo en Maastricht. Een garnizoen in Vlissingen en gebruik van de haven voor de Franse vloot. De lieve som van 100.000.000 gulden als vriendelijke bijdrage voor de Franse zaak. Bovendien een alliantie met Frankrijk, wat automatisch oorlog betekent met Engeland en Oostenrijk. En tenslotte mag de Bataafse Republiek in het onderhoud van 25.000 Franse soldaten voorzien.

'Ramplanplan, daar komen ze an. Ze hebben geen kousen en schoenen meer an...' Dat zingt men in de Hollandse straten, als de magere, in lompen geklede Franse soldaten komen aangemarcheerd.
'Héé, Mientje, zie je hun malle broeken?'

Mientje knikt afwezig. De bruine, fluwelige ogen van die Franse jongens maken héél wat meer indruk op haar. En wat die malle broeken betreft, de kniebroeken raken immers uit de mode? Mientje kijkt daar dwars doorheen. Toch beklijft algauw de spotnaam, die de soldaten treft: 'De Sansculottes!' Oftewel: zij zonder kniebroek.

Hop Marianneke, stroop in het kanneke
Laat de poppekens dansen
Eertijds was de Pruis in 't land
En nu de kale Fransen...!

De kale Fransen gedragen zich heel behoorlijk. Veel reden tot ergernis geven zij niet. Mientje neemt algauw zo'n 'eenzame jongen' mee naar huis.
'Moe, dit is Pierre!'
'Enchanté, madame!'
'Wat zegt-ie nou?'
'Dat-ie best een bakkie leut lust, hé, Pierre?'

Pierre lacht maar wat. 's Avonds doet hij mee met een spelletje ganzenbord – met één hand stiekem onder tafel op Mientjes knie.

Hop Marianneke, stroop in het kanneke
Hop Mariannekke Jansen
Hij wiegt het kind
Hij roert de pap
En laat het hondje dansen...

Pierre en zijn makkers worden hier goed in de kleren gezet. Pas als ze zich behoorlijk rond gegeten hebben en weer volledig op krachten zijn, verdwijnen ze naar het Franse land: vers voer voor het front, waar de oorlog de rijen dunt. Al heel gauw daarop worden nieuwe troepen gestuurd. Ook die worden gekleed en gevoed. En zo gaat het voort. Alles bij elkaar worden het geen 25.000 maar 200.000 man. En vraag niet wat het kost. Tegenover de staatsinkomsten van 17 miljoen komen algauw uitgaven van 48 miljoen te staan. Terwijl de kosten stijgen, de handel kwijnt, de scheepvaart tot een derde teruglopt, trachten de Voorlopige Vertegenwoordigers van het volk een nieuwe organisatie op te bouwen voor de Bataafse Republiek.

Daar zitten de nieuwe machthebbers. De boerenbevolking heeft veelal predikanten naar Den Haag afgevaardigd. Er zijn advocaten, gereformeerde middenstanders (uit Zeeland), vrijdenkers, hoogleraren, grondbezitters, regentenzonen en voormalige gildemeesters. De hoofden van al die vertegenwoordigers zitten vol gedachten, maar hoezeer lopen die gedachten en ook de groepsbelangen uiteen. Dat is een trieste zaak, want met alle Vrijheid, Gelijkheid en Broederschap is er nog géén grondwet en ook nog geen brood op de plank.
'Wij wensen een eenheidsstaat,' zeggen de Hollanders.
'Maar wij wensen dat juist niet,' roepen de Friezen.

Engelse spotprent op de eisen en het gedrag van de Fransen na de Bataafse omwenteling. Gekleurde gravure van S.W. Fores op 29 januari 1795 te Londen uitgegeven.

'Ook wij hebben gans andere plannen voor ons gewest,' zeggen de Zeeuwen, die niet van zins zijn voor de Hollanders opzij te gaan.

Verwijten. Verbitterde debatten. Dreigementen. Scheldpartijen in menig pamflet: 'De Federalisten koesteren aristocratische denkwijzen en zij zijn contrarevolutionair!'

Omdat in Den Haag de zaken zo traag verlopen, neemt de onrust in het land hand over hand toe. In Rotterdam stuwt een opgewonden, ontevreden menigte naar het raadhuis. Nijdige spreekkoren stijgen op: 'Volksverdrukkers, ontsla toch alle Oranjegezinde ambtenaren. Laat ieder toch een eed afleggen op de revolutie. Dan zijn we de onderkruipers en verraders in één klap kwijt!'

Wie eens trouw zwoer aan de prins van Oranje, raakt nu in een moeilijk parket. Want de eedsaflegging wordt kort daarop van alle ambtenaren geëist. Wel zweren? Niet zweren? De jonge schrijver, dichter, advocaat Willem Bilderdijk weigert de eed en wordt verbannen. Hij trekt naar Duitsland, waar prins Willem Frederik de gevluchte Oranjeaanhangers in een kleine strijdmacht groepeert.

In het toenemend gekrakeel in steden en provincies raken sommige Voorlopige Vertegenwoordigers van het Volk hun baantje kwijt. Op sommige plaatsen schuiven radicale heren op het kussen. Elders komen juist gematigder mensen aan de macht. Zo komt er maar weinig schot in de zaak.
'Er moet een Nationale Vergadering komen!' wordt alom kribbig geëist. 'En waar blijven de verkiezingen?'

Verkiezingen! Jawel. Maar hoe? Wie stemt op wie? En wie vertegenwoordigt wat? Moet er medezeggenschap zijn van de gewesten? Maar, brave burgers, zo eenvoudig is dat werkelijk niet. Een Gelders predikant denkt nu eenmaal anders dan een Hollandse gereformeerde gildemeester uit Zeeland zal het niet gauw eens worden met een Utrechtse regentenzoon.

'Is dat nu jullie revolutie?' smalen de Oranjeaanhangers, als zij de groeiende onenigheid gadeslaan. 'Nou hebben we oorlog met Engeland. Geen werk meer op de scheepswerven en de zeilmakerijen liggen stil. Werkloosheid en honger, terwijl de Fransen hier de boel opvreten en ons waardeloze staatspapieren geven in ruil voor ons goede Hollandse geld!'

Dat is makkelijke en goedkope kritiek. Wie de brieven leest, die de vooraanstaande patriotten aan elkaar schrijven, raakt onder de indruk van hun inzet en vasthoudendheid, van hun worstelend zoeken naar oplossingen en hun dapper verstouwen van teleurstellingen.
'Heb ik mij ooit in iemand bedrogen, dan is het in die Vatebender,' schrijft Valckenaer aan een vriend. Vatebender is redacteur van de *Goudse Courant* en plaatsvervangend lid van de Nationale Vergadering.
'Voor de revolutie, toen hem hongerde, schreeuwde hij als een bezetene in zijn courant. Hij treedt bij de verandering het revolutionaire pad op, tot aan het laantje hetwelk op een ambt en een plaats in de Conventie uitloopt. Hij slaat die zijweg in en keert nimmer op 't rechte pad terug, maar blijft in dat laantje lanterfanten...' Te midden van die baantjesjagers, weifelaars, draaiers en idealistische warhoofden zoeken de Federalisten, de Unitarissen en de Moderaten (mannen van de middengroep, onder wie Schimmelpenninck) vruchteloos naar een nieuwe grondwet.

Maand na maand drijft voorbij. Over vrijwel niets raken de heren het eens. Allerlei goed bedoelde principes komen met elkaar in strijd.
'En nou moet dat gedonder in Den Haag afgelopen zijn!' Dat is de mening van radicale patriotten in Leeuwarden. Zij organiseren een vergadering in de Doelen te Den Haag en roepen de leden van revolutionaire clubs, leesgezelschappen en volkssociëteiten daarvoor op. Zij weten zich gesteund door de Fransen.
'Er moet een Nationale Vergadering komen,' beslissen ze in de Doelen en dat gebeurt. Het land wordt in 126 districten van 15.000 zielen verdeeld. Ieder district krijgt 30 grondvergaderingen, waarin het volk (prinsgezinden, bedienden en armen uitgezonderd) de kiesmannen en hun plaatsvervangers mag aanwijzen.

In maart 1796 komt de eerste Nationale Vergadering bijeen: een mengelmoes van predikanten en pastoors (door het platteland aangewezen), fabrikanten en landbouwers, kooplieden en professoren, patriciërs en advocaten. Er zijn felle en gematigde Federalisten en felle en gematigde Unitarissen in de Vergadering.
'Nimmer zag Nederland zoveel wijsheid onder één dak verenigd,' roept één der afgevaardigden hoopvol uit, als de vertegenwoordigers met feestelijk trompetgeschal, musketvuur, kanonschoten en daverend handgeklap in het Binnenhof verenigd zijn. De wijsheid blijkt niet groot genoeg. Als de vergaderingen zich met ontstellende breedsprakigheid aaneenrijgen, spreekt de man in de straat een ander oordeel over de afgevaardigden uit in één, vernietigend woord:
'Slijmgasten...'

Stoethaspelend en krakelend – maar het is ook verschrikkelijk zwaar en moeilijk – komt er na lange, lange maanden eindelijk een grondwet gereed. Het is een compromis van compromissen, gematigd federalistisch getint. 9000 Exemplaren van dat lijvige document worden overal aangeplakt. 8000 Exemplaren gaan naar de grondvergaderingen in ieder district, want een volksstemming zal over de grondwet beslissen.
Maakt het stuk een kans? Hoe neerslachtig klinkt de brief, die de invloedrijke heer Smissaert, in maart 1797, aan zijn vriend Valckenaer richt:
'... Over de zaken in ons vaderland in het gemeen ben ik 't volmaakt eens met u: energie en activiteit zijn er niet. Maar zullen die wel ooit komen, zolang het uitvoerend bestuur veelhoofdig is? Ik zie dagelijks hoe 't toegaat in vergaderingen, alwaar allen gelijk zijn: men wil brillen, men redeneert en oreert; men wordt het oneens; men disputeert; de driften worden gaande, men echauffeert zich, en men brengt niets ten effecte, omdat de één niet wil hebben, dat een ander de eer heeft van een goede daad... De provinciale stemming over de constitutie (grondwet) is rampzalig: zo wordt het federalisme in de hand gewerkt. Ik voorzie uit dat decreet de grootste verwarring in de landprovincies...'

De krachtige, vrij ongeduldige heer Vreede, voorzitter van de grondwetcommissie, noteert met drift:
'Nu is gisteravond de redactie van dat ding, dat men ontwerp van een constitutie noemt, afgekomen, maar hoe ziet het eruit? Erbarmelijk. Zo er enig beginsel zuiver in geconserveerd is, is het de geest van aristocratie. De volksvrijheid is verloren... en 't geheel der staatsmachine zal zo zacht lopen als een boerenwagen met achtkantige wielen... In 't kort, als de natie zich met deze vrijheid tevreden houdt, dan had zij het ook wel met het oude bestuur kunnen doen...'

In vele kringen blijkt de tevredenheid ver te zoeken. Heeft men de hoop aanvankelijk te hoog gestemd? De kritiek is er nu des te harder om.
'Een monsterlijk ontwerp?'
'Het is het werk van verkapte aristocraten!'
Omdat de verontwaardiging zich toch op iets en iemand moet richten, wordt nu bestraffing van oud-regenten geëist.
'Men zou de koetsen, de paleizen en buitenplaatsen van de Van de Polls, Straalmans, Van Lijndens hebben moeten laten springen!'

De stemming in de Bataafse Republiek is hier en daar zó onrustig, dat Oranjegezinden in Friesland zelfs een oproer beginnen. Het wordt met wapengeweld onderdrukt.
'Neen!' luidt het eindoordeel over de grondwet. Dat slechts 136.716 van de 400.000 kiezers daarvoor hun stem uitbrengen, illustreert de ontevreden gelatenheid die alom heerst.

Redacteur Van Woensel houdt een exemplaar van zijn *Lantaarn*, dat zojuist van de drukpers is gekomen, in de hand en herleest het spottende gedicht dat hij daarin heeft geschreven.
'Zo is het maar net, mijnheer,' had één der zetters tegen hem gezegd. Het was makkelijk om te spotten, maar hoe moeilijk was het om oplossingen te vinden, waardoor de samenleving beter werd. Want mensen bleven mensen. Was er werkelijk veel verschil tussen een radicale patriot en een voormalig regent? Waren *allen* niet met dezelfde streken behept?

Met toenemende bezorgdheid heeft Van Woensel ontdekt, dat het graan en hout uit de Oostzeelanden de Hollandse havens voorbijgaan. Door de teruglopende handel en het gebrek aan werk, nam de armoede schrikbarend toe. Engeland had zich reeds meester gemaakt van Ceylon. Vele bezittingen in de Oost en ook de Kaap zouden wel volgen. De waarde van de staatspapieren was tot 20% gedaald. Waar moest het allemaal naar toe?

Van Woensels blikken glijden langs de ironische regels die hij heeft gedicht:

Toen Willem regeerde, die boze guit
Kochten we brood voor drie en een duit
En onder de schelmse municipalen
Moesten we zes en een oortje betalen
Doch nu wij vrije Bataven heten
Moeten we soep à la maigre eten!

Johan Valckenaer, door E. Quenedey (1756-1830). Hij was een van de leidende patriotten en behoorde tot de radicale Unitarissen.

De Franse Tijd – Negentiende en Twintigste Eeuw

De Nationale Vergadering, bijeen in het gebouw van de huidige Tweede Kamer in Den Haag (1796). Aquarel door H. Bauer.

In Parijs worden inmiddels dolle plannen gesmeed. Een van die plannen heeft grote gevolgen voor de Bataafse vloot.

De Ierse vrijheidsstrijder Theobald Wolfe Tone heeft de Franse leiders het hoofd op hof gebracht.

'We moeten een aanval op Ierland wagen, het land bevrijden en vandaaruit een aanval op Engeland doen. Alle Ieren zullen ons daarbij volgaarne steunen,' heeft hij de heren van het Directoire met kracht verzekerd. Te Parijs ziet men wel wat in dat plan. Alleen het geld om een stevige vloot op het water te brengen, bezitten de Fransen niet. Daarom beginnen zij een verraderlijk spel met de Bataafse Republiek.

'Geef ons 3 miljoen,' zeggen ze handig. 'Dan zullen we jullie met eskaders bijstaan om de Kaapkolonie tegen de Engelsen te verdedigen.' De Bataven beginnen te dokken. Eerst 1 miljoen, dat de Fransen glimlachend gebruiken voor hun Ierse plan. Later volgt nog eens 2 miljoen. Tenslotte komt de aap toch uit de mouw: geen enkel Frans schip vaart uit om de reeds uitgezeilde Hollanders bij te staan. En die eskaders gaan dan in de strijd tegen de Britten zonder meer verloren!

Een storm van kritiek barst los.
'Ongehoord! 3 Miljoen vergooid en nu hebben de Britten een deel van onze vloot!'
'De schuldigen moeten worden gestraft. Wij kunnen toch niet alles over onze kant laten gaan?'

De protesten zijn dermate fel, dat de heren van de Bataafse marine het benauwd beginnen te krijgen. Vice-admiraal De Winter en Daendels reizen haastig naar Parijs. De eindeloze besprekingen met de Fransen halen weinig uit. Om hun prestige te redden, willen de Hollanders tenslotte eigenhandig een landing op Ierland wagen. In hun angst en consternatie spelen ze op alles of niets.

En waarachtig. Theobald Wolfe Tone reist met generaal Hoche naar Den Haag.
'Mon Dieu!' Hoche ontdekt algauw, dat de Bataven hun minderwaardigheidscomplex willen overwinnen met een grote, spectaculaire daad. Hopen zij zó te bewijzen, dat ze toch nog iets in de wereld zijn?
'De Hollanders zijn als mensen, die in bretels rondlopen met nog maar één gulden op zak,' zegt Hoche. 'Met die ene gulden willen ze een lotje kopen in de loterij, in de hoop op die wijze tot de aanschaf van een nieuwe jas te kunnen overgaan!'

Alles wordt op één kaart gezet en de vloot komt. 80 Schepen, volgestouwd met troepen, verzamelen zich op de rede van Texel. Het Comité der Marine houdt alle voorbereidingen scherp in het oog. En dan komt een strop. Wanneer alles eindelijk gereed is, blijkt uitzeilen een onmogelijkheid. Weken van tegenwind rijgen zich aaneen. Juli en augustus gaan voorbij met slecht weer.

'Hell! Hell Hell! Allah, Allah, wat ben ik nijdig,' luidt een dagboeknotitie van Theobald Tone. De teleurstelling in regeringskringen is niet minder groot.

'Laat de vloot toch uitvaren. Desnoods tasten ze alleen maar de Britten aan,' zeggen de heren van het Comité van Buitenlandse Zaken. Ze leven met de werkelijke angst straks nog beschuldigd te worden van verraad.

De vloot vaart uit, 24 schepen bij elkaar. Vice-admiraal De Winter is een vurig patriot en een dapper man. Hij is vroeger zee-officier geweest, maar in het Franse leger opgeklommen tot generaal. Een eigen schip heeft hij nog nooit gecommandeerd, laat staan een hele vloot. Veel van zijn officieren en een flink deel van de bemanning komen voor de eerste keer op zee. Bijna de helft van het scheepsvolk is flink zeeziek als de Engelse zeilen opdoemen boven de horizon.

Bij Kamperduin begint de slag. Al bij het eerste treffen breken de Britten door de onregelmatige slaglinie der Bataven heen. Dan is het snel gebeurd, al wordt er nog zo dapper gevochten. Maar moed alleen is niet genoeg.

'Hier is mijn degen, sir,' zegt admiraal De

Winter, als hij zich tenslotte overgeeft. Hij is de eerste Nederlandse admiraal die in gevangenschap raakt. Van de 16 linieschepen maken de Britten er 9, waaronder het admiraalsschip De Vrijheid, buit.
'Indescribable!' noemt admiraal Duncan het ontstellende bloedbad aan boord van De Vrijheid en het schip van de dodelijk gewonde vice-admiraal Reyntjes. 1300 Matrozen zijn daar – goeddeels door onkunde – gesneuveld of gewond.
Zo treft het toch al ontredderde zeewezen opnieuw een zware slag. Het gevolg is een flinke politieke rel.
'Niet Engeland, niet onze minderheid ter zee, maar het provincialisme en het federalisme zijn de schuldigen van de nederlaag bij Kamperduin!' roept Pieter Vreede in de Nationale Vergadering. Een twintigtal leden wil het Comité van Buitenlandse Zaken ter verantwoording roepen – en laten straffen als zij in gebreke gebleven zouden zijn. Zo ver komt het niet. Slechts enkele Oranjegezinde zee-officieren worden bij hun terugkeer in het vaderland door de krijgsraad gestraft:
'Wegens nalatigheid en begane misslagen!'

In de maand november ontvangt de Nationale Vergadering maar liefst 1000 verzoekschriften, waarvoor in totaal 200.000 handtekeningen zijn gezet. Hoe duidelijk bewijst het, dat krachtige leiding ontbreekt.
'Wij moeten de Bataafse natie redden van de snoodaards, van het zwarte zelfbelang der Federalisten,' meent het revolutionaire comité in Amsterdam. De leden nemen zelf contact op met Pieter Vreede en andere Unitarissen. Enkelen van hen reizen naar Parijs om daar hun plannen voor een staatsgreep te bespreken. Zij krijgen de zegen van het Directoire.
Natuurlijk lekken de plannen uit. In een moment van spontane geestdrift zweren de leden van de Nationale Vergadering een vrij dure eed:
'Eendrachtig geschaard om het altaar der vrijheid zullen wij het vaderland redden, óf op onze posten sterven!' Ze redden niks en sterven niet. Alleen het gematigd federalisme van de heren is tot ondergang gedoemd. Daendels en de Franse generaal Joubert verzamelen hun troepen in Den Haag. In de nacht van de 21ste op de 22ste januari 1798, lichten zij hun tegenstanders in de Nationale Vergadering uit hun bed. Een aantal afgevaardigden sturen zij naar huis. De 'aristocraten' van het Comité van Buitenlandse Zaken stoppen zij in het gevang. Vroeg in de middag is alles reeds afgelopen. Er is geen druppel bloed gevloeid.
'Ziezo!' De Unitarissen nemen het heft in handen: naar Frans voorbeeld met een Uitvoerend Bewind van slechts 5 man.

Een nieuwe grondwet komt nu binnen enkele maanden gereed.
'Hij móet aangenomen worden, koste wat het kost!' eisen de nieuwe machthebbers.
Ruw en met willekeur zetten zij zich in om in de grondvergaderingen (dáár worden in de districten de kiesmannen gekozen: de eerste trap dus bij de 'getrapte' verkiezingen!) te manipuleren.
Zoals enkele stadhouders voor hen deden, reorganiseren zij met geweld plaatselijke besturen. Zij sluiten tegenstanders uit. Zij konkelen en knoeien – en kunnen dat ongestraft doen, want zij kregen de zegen uit Parijs. Zo komen zij, die vóór de grondwet stemmen, door kunst en vliegwerk met een meerderheid uit de bus.

Na de staatsgreep begeeft de voorzitter van de Nationale Vergadering, Midderigh, zich naar de vergaderzaal. Gravure door L. Portman.

'Wat een kunst,' reageert het volk met spottende onverschilligheid.
'Ze hebben de stemmen van de thuisblijvers meegeteld als zijnde vóór!'
Soms heeft de revolutie in de Bataafse Republiek iets van een operette. Want als de nieuwe grondwet is aangenomen en er verkiezingen moeten worden gehouden, weigeren de heren van het Voorlopig Uitvoerend Bewind af te treden en naar huis te gaan.
'Wij verklaren ons voor permanent!' zeggen ze met kracht. (Die woorden hebben al eerder in Parijs geklonken.) Zij willen hun baantje houden en blijven waar ze zijn.
'Monsters! Schurken! Bloedzuigers!' Zo worden zij in de pers en in een stroom van pamfletten genoemd. Daendels en anderen zijn alweer naar Parijs vertrokken. Voor de tweede keer vragen zij toestemming om een staatsgreep te doen. En opnieuw krijgen zij de Franse zegen, al kwam die niet helemaal voor niets. In een geheim rapport van de procureur-generaal Van Maanen d.d. 23 november 1798, blijkt dat het Uitvoerend Bewind 450.000 gulden heeft getrokken uit de geheime kas van de Oostindische Compagnie. Met een deel van dat geld zijn enkele leiders te Parijs omgekocht. De heer Delacroix heeft meubels gekregen voor zijn nieuwe huis ter waarde van 10.000 gulden, voor zijn ondertekening van een geheim traktaat betreffende de Franse troepen. (Aardig is te weten dat uit diezelfde pot de particuliere schulden van de student Ondaatje, die in Utrecht de revolutie zo brutaalweg begon, werden betaald. Er was 5000 gulden mee gemoeid!)
Hoe dan ook, wéér verzamelt Daendels zijn troepen in Den Haag om het Uitvoerend Bewind met geweld te verjagen.
'Wat is er toch aan de hand?' vraagt een Haagse dame ongerust, als zij al die soldaten in de straten ziet.
'Ik weet het niet,' antwoordt een oud vrouwtje. 'Ze zeggen dat de heren elkaar weer afzetten!' Zó lauw en zó onverschillig zijn de Bataven allengs geworden, dat er ten leste nog maar 14.200 burgers naar de stembus gaan. Dat is amper 4% van degenen die stemgerechtigd zijn.
Hoe hard men ook werkt en bezig is voor de vernieuwing, eenheid in de gedachten ontbreekt. Door al het gemodder gaat de onafhankelijkheid meer en meer verloren.
'Het blijft magere soep, mon chèr!'
'Ze zoeken het maar uit!'

De Franse Tijd – Negentiende en Twintigste Eeuw
Over opstand en strijd

Al heeft het optreden van de patriotten soms iets van een operette, toch is het dat allerminst. Ontstellend veel wordt in die jaren tot stand gebracht. Ook al is het dan met kunst-en-vliegwerk, de NATIONALE EENHEID (en dat mag best met hoofdletters worden geschreven) is met de nieuwe grondwet een feit. Aan de gewestelijke zelfstandigheid, die zo langdurig een verlammende invloed heeft gehad, is een eind gekomen. Met buitengewone bekwaamheid en energie heeft een aantal patriotten de schouders gezet onder een vrij ontilbaar werk. Zij hebben zegenrijke wetten ontworpen en ingevoerd. Er is gedacht en gepraat, gezocht en gestreden.

Baanbrekende vernieuwingen zijn tot stand gebracht:

'Rechtvaardiger verdeling van de belastingen', is geëist. Gogel, radicaal patriot en lid van het Uitvoerend Bewind, ontwerpt een nieuwe belastingwet. Voor het eerst gaan de Nederlanders inkomstenbelasting betalen.

'Beter onderwijs!' is één van de vele wensen geweest. Van der Palm werkt met grote ijver aan de reorganisatie van de opvoeding, waarop de overheid nu behoorlijk toezicht houdt. Schoolopzieners zullen toezicht gaan houden op de wir-war van allerlei uiteenlopende onderwijsinstituten en de organisatie voor gelijkluidende examens wordt op touw gezet.

En er is thans een kiesstelsel. Al gaat dat nog trapsgewijs en lijkt het nog verre van ideaal, er is dan toch maar een begin met de democratie gemaakt.

Bij al die grote pluspunten is het dubbel verdrietig, dat de onafhankelijkheid door allerlei factoren verloren gaat – mede door toedoen van buitenaf.

Callantsoog en Huisduinen, 27 augustus 1799. Een Engels expeditieleger, versterkt met Russen, is met 10 grote oorlogsbodems, 7 fregatten, 25 kleinere gevechtsvaartuigen en 114 transportschepen op weg naar de Hollandse kust.

'Up, guards, make ready!'

Ruim 12.000 Britten stormen door het water en over het strand naar de duinen en veroveren daar een stevig bruggehoofd. Met 10.000 man ter beschikking heeft opperbevelhebber Daendels geen kans gezien de vijand terug te drijven in zee. Na harde gevechten in de duinen is hij in het defensief moeten gaan. Dan krijgen de Engelsen vrij spel, want de Bataafse vloot biedt nauwelijks enige tegenstand. De Prinsenvlag, die de Britten in top voeren, wekt nu zoveel associaties met de goede oude tijd, dat de Bataafse matrozen weigeren zich aan een slag te wagen.

'Oranje boven,' roepen ze. Denkend dat de bevrijding op handen is, juinen ze elkaar op. Opgewonden gesprekken in het logies en aan de wal. Pamfletten. Felle gesprekken die vóór Oranje en tegen de patriotten zijn gericht.

'Vooruit, Kees, doe mee, jongen!'

En Kees doet mee. Het komt tot een algemeen oproer. Zonder dat de officieren veel kunnen doen, geeft de Bataafse vloot zich over. Erfprins Willem van Oranje komt in Den Helder aan land.

'Oranje boven. Leve de prins!' In het 'bevrijde' Den Helder juicht een deel van de mensen hem hartelijk toe.

De verontwaardiging in Den Haag is groot. Desondanks zien de leiders van de Bataafse Republiek in de landing een mooie kans, om zich uit het Franse bondgenootschap los te weken en met kracht te

Regenten en regentessen van het Leprozenhuis, door J.A. Kruseman (1804-1862).

streven naar een positie van neutraliteit. 'Dat zal de handel ten goede komen en een eind maken aan de economische misère,' denken ze nogal optimistisch. Reeds zijn gezanten naar Pruisen vertrokken om te zien of daar op hulp te rekenen valt. Dat de Bataven de Fransen zullen verraden hangt werkelijk even in de lucht. Ondertussen breiden de Engelsen hun strijdmacht gestadig uit. Als de Oranjeklanten in alle gewesten maar in opstand willen komen, zo denken ze, moet de strijd toch snel in hun voordeel worden beslist. Bij vele bannelingen is hoop gewekt.

'Dit is het ogenblik om een offensief te beginnen,' menen uitgeweken officieren die in Duitsland zijn. Met een strijdmacht van een paar honderd man gaan zij dapper over de grens. Zij nestelen zich in Winterswijk, in Groenlo en Borculo – hopend op flinke steun uit de Republiek. Wat officieren en boeren komen hun gelederen versterken. Daar blijft het bij. De 'Proclamatie van wegen Zyne Excellentie den Lieutenant Generaal Abercromby, Ridder in de Orde of the Bath etc., etc., etc... Wij komen als vrienden en verlossers!' en de proclamatie en oproep van de prins:

'Wij Willem Frederik, Erfprins van Orange en Nassau etc., etc., etc.' wekken maar weinig geestdrift in het land. Het feit, dat de prins de uitdrukking 'wettige souverein' gebruikt, veroorzaakt zelfs veel ergernis bij een groot deel van het volk. Hoe men ook mag kankeren op het huidige bewind, de republikeinse staatsvorm wil men niet zo maar prijsgeven.

Een kleurrijk figuur, die zich hartstochtelijk en haast hysterisch inzet voor de terugkeer van het huis van Oranje, is de freule van Dorth.

'Te wapen! Op voor de prins!' Met die kreten rijdt ze van her naar der om boeren, burgers en buitenlui op te zwepen tot strijd.

'Die freule!'
'Die tante heeft wel de broek an, Jan!'
'Da's juist haar makke, jongen!'

Gelach en wat gegrinnik. Hier en daar weerklinkt achter haar rug een banale grap. De mensen blijven lauw. Vrijwel niemand haalt het in zijn hoofd om naar de 'bevrijders' in de Achterhoek te gaan.

De nationale garde rukt uit. Versterkt met Franse eenheden en vrijwilligers uit Utrecht en Amsterdam, jagen zij de Oranjegezinde officieren weer over de grens. De geëxalteerde freule van Dorth wordt gegrepen en voor de rechters gebracht.

'Hoogverraad,' luidt het vonnis. De straf die daarop staat is de dood. Gekleed in een keurig toilet en reeds liggend in haar kist, sterft zij voor God, stadhouder en vaderland voor een raakschietend vuurpeloton. Daarmee is zij in feite het enige slachtoffer, dat in de Nederlandse revolutie valt.

In de kop van Noord-Holland neemt ondertussen het gevaar van dag tot dag toe. Hoorn valt na een bloedig gevecht, waarbij Daendels bijna 4000 man verliest. Een slag bij Alkmaar loopt eveneens op een Britse overwinning uit. Even lijkt het, of de Engelsen (en de 8000 Russen die met hen strijden) op mars zullen gaan naar Amsterdam. Haastig opgerukte Fransen komen Daendels' strijdmacht versterken. De laatste veldslag, bij Castricum, wordt een Britse nederlaag.

Onderhandelingen beginnen. Voor teruggave van buitgemaakte kanonnen, voor uitlevering van 8000 krijgsgevangenen, onder wie admiraal De Winter, wordt aan de Engelsen een vrije aftocht verleend.

Diep teleurgesteld en overtuigd dat de band tussen Oranje en Nederland voorgoed verbroken is, keert de erfprins naar Engeland terug.

Heft aan, rechtschapen kroost der Vaad'ren
Bataven! heft den Feestzang aan:
De Heerszucht durfde uw' kusten naad'ren
Zij vlood, met schande en smaad belaên...

De bewindvoerders in Den Haag halen opgelucht adem. Maar die (wel erg kromme) feestzang heffen zij toch niet aan. Zij hebben het vertrouwen van de Fransen volledig verspeeld. Uit angst, dat de Bataafse Republiek haar uit de hand zal lopen, maakt de regering te Parijs vast plannen voor een nieuw bewind. Zo zakt het lieve vaderland geleidelijk naar de status van een Franse provincie. Wat Rutger Jan Schimmelpenninck, gezant te Parijs, ook onderneemt, het lukt hem niet het vertrouwen van Frankrijk te herstellen. Niet alleen de lijnen van de buitenlandse politiek, maar ook die van het binnenlands bestuur worden thans door Parijs bepaald. Parijs deelt de lakens uit. Parijs, waar zich opnieuw grote veranderingen hebben voltrokken.

De populaire generaal Napoleon Bonaparte, die in Italië en Egypte zulke schitterende overwinningen heeft bevochten voor de Franse Republiek, heeft een succesvolle greep naar de macht gedaan. Begeleid door zijn regimenten, zijn generaals, zijn ministers, betrekt hij in februari 1799 de herstelde Tuilerieën, waar eens de Franse koningen hebben gewoond. Die eerste avond, bij het naar bed gaan, zegt hij tegen zijn vrouw Josephine:

'Kom, kleine Creoolse, nu slaapt ge in het bed van uw koningin...'

In de Zuidelijke Nederlanden gaat men heel wat minder vrolijk naar bed. Het land heeft de inlijving bij Frankrijk – en alle omwentelingen die daar plaatsvonden – niet zonder heftige schokken doorstaan. In de departementen leggen Franse commissarissen vrijwel onbelemmerd hun wil op.

De erfprins Willem Frederik van Oranje. Anoniem Duits schilderij (ca. 1807).

De Franse Tijd – Negentiende en Twintigste Eeuw

Franse soldaten in een café, door I. de Gijselaar (1796).

Geknoei en dreigementen bij de nieuwe verkiezingen hebben de burgers alle hoop ontnomen, dat de toestand zich in de toekomst nog eens beteren zal.

'Goede God, wat moet er van ons worden,' bidden de duizenden kloosterlingen, die dakloos geworden zijn. Honderden priesters zitten bij hun parochianen ondergedoken. Zij hebben geweigerd de eed af te leggen en de bevolen deportatie staat hen allerminst aan.

'Goede God, wat moet er van ons worden?' vragen onthutste hoogleraren te Leuven zich af. Want op bevel van de overheid wordt de 4 eeuwen oude universiteit gesloten. Protesten halen niets uit.

'Het is een tempel van onwetendheid,' zeggen de Fransen en zij blijven bij hun besluit. De bibliothecaris van de, op Franse leest geschoeide, Centrale School te Brussel grijpt zijn kans.

'Komt mee,' roept hij tegen een detachement militairen, die hij handig heeft versierd. Gedekt door hun wapenen haalt hij wagens vol kostbare boeken en instrumenten uit de universiteit. Heel tevreden brengt hij die spullen naar zijn eigen school. Bijna twintig jaar lang zullen de Zuidelijke Nederlanden het zonder eigen universitair onderwijs moeten doen.

De verkoop van het kerkelijk bezit heeft buitengewoon veel kwaad bloed gezet – al hebben een groot aantal Belgen zich de buitenkansjes van de aangeboden kerkelijke landerijen en gebouwen toch niet laten ontgaan.

'God, wat moet er van ons worden?' bidden de boeren, want al zijn de feodale rechten tot hun voordeel afgeschaft, strenge winters, runderpest en de verwarde politieke toestanden hebben hun bedrijven naar de afgrond gebracht.

'God, wat moet er van ons worden?' bidden de kooplieden. De Schelde was zo plechtig 'open' verklaard, maar in het afgelopen jaar hebben slechts twee schepen de Antwerpse haven bereikt.

'God nog an toe. Hoe moet dat nou?' vragen bezorgde rechters zich af. Hoe kunnen zij hun werk naar behoren doen, als de overheid hun salarissen niet betaalt?

Overal klinkt opruiende taal. In een kleine kroeg in Gent luisteren drie mannen naar het troosteloos verhaal van hun vriend, die op een zakenreis door een troep bandieten van alles was beroofd.

'Ze zeggen, dat een grote bandietentroep ook in de Ardennen opereert!'

'Dat komt door alle werkeloosheid, Fons!'

'Het is een bende!'

Een slok bier. Een droefgeestige blik.

'Ze hebben nu al honderd priesters gepakt en eenendertig op transport naar Guyana gezet!'

'Die zullen daar dan wel sterven. 't Is een moordend klimaat!'

'Alleen voor het afleggen van die eed en voor hun trouw aan het geloof!' Een korte stilte. Opnieuw een slok. Een vloek rolt over het tafeltje heen.

'Denkt de Fransoos ons zo klein te krijgen?'

'Ze zijn de Sint-Donatiaan te Brugge aan het afbreken!'

'Nondeju, zo'n mooie kathedraal!'

'Héé...' Fons wenkt zijn vrienden en kijkt dan snel om zich heen. De hoofden buigen zich naar voren. Fluisterend vertelt hij over de *blinde missen*, die ondergedoken priesters heimelijk celebreren in de woning van... Haast onhoorbaar prevelt hij enkele namen.

Zijn vriend De Neef, die op het stadsarchief werkt, drinkt zijn glas leeg. Hij bestelt opnieuw. Dan vertelt hij hoe de Fransen met hun Belgische meelopers tekeer zijn gegaan in de archieven van instellingen, die zij waardeloos achtten voor de maatschappij. Talloze kostbare gegevens uit het verleden waren onherstelbaar vernield.

'Nondeju, Fonske, uit het perkament van oude boeken worden nu patronen gemaakt...' Archivaris De Neef ramt zijn vuist driftig op de tafel. Ja, er is wanbeheer. De Fransen treden vaak willekeurig op: kranten zijn aan banden gelegd. Verscheidene journalisten, die kritiek hadden geuit, waren gedeporteerd. Briefgeheim wordt geschonden. De woede kropt zich meer en meer op. Dat alles moet wel tot een uitbarsting leiden.

En die uitbarsting komt, als nieuwe maatregelen uit Parijs komen:

'Conscriptie! Dienstplicht door loting voor hen, die de 20-jarige leeftijd hebben bereikt!'

De Belgen realiseren zich opnieuw met een schok: ze zijn geen Belgen meer, maar Fransen. Met de Fransen zullen zij nu moeten meemarcheren naar de slagvelden in Pruisen, in Italië en in Oostenrijk. De onrust, die dat bericht teweegbrengt, laait op tot openlijke opstand en verzet.

'Dat nooit!'

'Te wapen, beste burgers. We kunnen toch niet alles over onze kant laten gaan?'

Engelse agenten helpen het vuurtje stoken. Ondergedoken priesters dragen hun steentje bij om de boeren onder adellijke officieren tot een heilige oorlog te bewegen: 'Wreekt de schande, die de kerk is aangedaan! Trekt ten strijde voor God en Vaderland!'

De boeren in Oost-Vlaanderen grijpen naar hun jachtgeweren, mestvorken en knuppels. Zij verwachten steun uit Engeland. Was de Britse vloot niet de gehele zomer voor de kust aanwezig geweest? Engelse troepen waren zelfs twee dagen lang te Oostende aan land gegaan. Op vele plaatsen tegelijk verschijnen aanplakbiljetten aan de muren, die oproepen tot strijd.

De opstand breidt zich uit over de Kempen, in Brabant en in het departement van de Neder-Maas. Een haastig toegeschoten Franse strijdmacht wordt verslagen en op de vlucht gejaagd. Dat geeft de burgers moed.

'Op, Belgen! Weg met de Fransoos!'

'Weg met die vrijheidsboom!' schreeuwt een nijdige boer en hij hakt onder gejuich van de omstanders dat gehate symbool omver.

Deurwaarders, die beslag willen leggen op de inboedel van nalatige belastingbetalers, worden onder dreigementen verdreven. Gesloten kerken worden opengebroken en ondergedoken priesters komen nu te voorschijn en houden weer een mis. En alom worden de lijsten van de dienstplichtigen vernietigd.

Het duurt niet lang. In Oost-Vlaanderen is de opstand al vrij spoedig onderdrukt. In West-Vlaanderen voert de zakenman Emmanuel Rollier de opstandelingen aan. Hij heeft hoop, dat de Engelsen (met wie hij contacten onderhoudt) zijn strijd zullen steunen. Al koerst er een vloot voor Vlissingen, hulp komt er niet. Aanvallen op Aalst en Brussel mislukken. Emmanuel Rollier en vele anderen duiken onder – en ontlopen zo de Franse wraak.

Staat van Beleg. Generaal Collaud verzamelt zijn troepen en versterkt menig garnizoen. Het verzet verplaatst zich naar de Kempen.

'Er zal hulp komen uit het buitenland!'

'Pruisen maakt zich voor een aanval gereed...'

Hoop is de vader der gedachten. Allerlei valse geruchten doen de ronde. Met die morele steun in de rug, marcheert een boerenleger naar Hasselt en neemt de stad in. De vreugde over dat wapenfeit duurt niet lang. De Fransen, die de boeren in de Kempen hebben laten ontsnappen, rukken nu met kanonnen naar Hasselt op.

'Vuur!'

De granaten vallen op Hasselt én op alle vrijheidszin.

Hasselt zakt ineen. 1000 Mensen verliezen het leven. Gewonden schreeuwen tussen het puin. De opstandige Brabantse boeren kijken elkaar mismoedig aan. Hebben ze eigenlijk wel een kans? Is het niet zinloos het leven te wagen in een strijd, die al verloren lijkt? Velen gooien hun geweren weg en sluipen naar huis. De opstand bloedt dood.

10.000 Belgen zijn omgekomen. Gewonnen is er niets – of het moest zijn, dat de le-

venden zich nu sterker door het lot verbonden voelen dan voorheen, want de wraak van de regering blijft niet uit.
'Hebt ge het gehoord?'
Op straathoeken, in voor-en achtertuintjes, vertellen de Belgen elkaar onthutst, dat de Franse prefecten in de 9 departementen nieuwe razzia's tegen de priesters hebben ingezet. 7500 Geestelijken staan thans aan vervolging bloot. Slechts een kleine 500 worden gegrepen.
Uit flauwe pesterij verwijderen de Franse commissarissen – op last van de minister van Binnenlandse Zaken – de klokken uit de kerktorens. Hoe fier hadden die geluid om het sein tot de opstand te geven.
'Hebt ge het gehoord? Er worden nieuwe lijsten aangelegd voor dienstplichtigen. Ze zeggen, dat de conscriptie nu streng zal worden toegepast!'
'We zouden de brand moeten steken in de registers van de burgerlijke stand!'
'Jawel, zulle!'
Hier en daar gebeurt dat. Des te verbetener zetten speciale commissarissen met behulp van 'Mobiele Colonnes' de mensenjacht in. In korte tijd zitten 3000 Belgen achter de tralies en zijn 1000 opstandigen dood.
Ongeveer 22.000 jongelingen moeten het leger in. De helft weigert op te komen en van de rest deserteert een flink deel. Het verzet tegen de Fransen duurt voort. Op wraak belust, sluiten drieste kerels zich aan bij de verzetsleider *Charles de Loupoigne*, die met een flinke krijgsbende vanuit het Zoniënwoud opereert en de regering vaak het vuur na aan de schenen legt. Hij wordt daar tenslotte toch overvallen en gedood. De Fransen stellen zijn hoofd op de Grote Markt te Brussel ten pronk – een afschrikwekkend voorbeeld voor ieder, die nog iets tegen het bewind zou willen wagen. Pas als Napoleon aan de macht komt, breken er wat betere tijden voor de 9 departementen aan. Er worden bekwame, ijverige en onkreukbare prefecten aangesteld (slechts één Belg wordt benoemd: ridder De Conninck, die te Jemappes een Fransman mag opvolgen). En wat vooral bijdraagt tot de rust, is het concordaat, dat Napoleon sluit met de paus. Eindelijk verzoent de staat zich weer met de kerk. De ondergedoken priesters kunnen weer boven water komen. De kerkdeuren gaan weer open. Dat is belangrijk in het nog steeds zo godsdienstige land.

Toch blijft onverschilligheid ten opzichte van de Fransen de meeste Belgen beheersen. Slechts 1 op de 10 maakt gebruik van de kans om zich uit te spreken over de nieuwe grondwet, die Napoleon in snel tempo uit de grond heeft gestampt.
'Wat zullen we?' denken ze. Hoge ambten zijn immers tóch niet voor de voormalige Belgen weggelegd en zij zullen nauwelijks deel uitmaken van het nieuwe regeringsapparaat.

Van meet af aan stelt Napoleon zich boven de partijen, die het land – net als in de Bataafse Republiek – zo regeringloos en onbestuurbaar hebben gemaakt. Napoleon toont zich *nationaal*. Uit allerlei groeperingen benoemt hij bekwame mannen op belangrijke posten. Vooraanstaande juristen gaan aan het werk om het strafrecht, het burgerlijke recht en het handelsrecht op een nieuwe leest te schoeien. In die *Code Napoleon* wordt aan de idealen van de revolutie vorm gegeven.
Bonaparte laat wegen aanleggen, kanalen graven, havens verbeteren. De onderwijsvernieuwing wordt op grote schaal voorbereid. De vrijheid van drukpers gaat echter geheel verloren en ook door allerlei andere maatregelen blijven de Belgische departementen onderdeel van een politiestaat. Met tegenzin tracht men zich te schikken, zo goed en zo kwaad als het gaat. De één lukt dat beter dan de ander.
'Waar een wil is, is een weg,' moet Lieven Bauwens in Gent hebben gedacht, als hij een fantastisch plan ten uitvoer brengt. Al is het oorlog, hij weet dat er volop wordt gesmokkeld. Nu heeft hij het in zijn hoofd gezet om in het diepste geheim machines in Engeland te kopen.
'Ik moet niet alleen stoommachines hebben, maar ook kerels, die deze dingen voor mij kunnen bedienen,' heeft Lieven Bauwens de Britten laten weten.
En waarachtig, het omslachtige transport van de machines én de mensen begint. Karren rollen naar een Engelse haven. De onderdelen worden weggestouwd in een schip. In een goed voorbereide operatie krijgt Lieven Bauwens de machines en het onmisbare personeel in het land. Hij legt een basis voor de industrialisatie, die zich dan gaandeweg kan ontwikkelen.
De Engelsman William Cockerill volgt dat voorbeeld.
'There are great possibilities on the continent,' moet ook hij zich hebben gerealiseerd. Grondig heeft hij alles bij zichzelf overlegd. Terdege heeft hij beseft hoe onmisbaar zijn produktie voor de Franse oorlogsindustrie zal zijn. Hij steekt Het Kanaal over en vestigt zich in Verviers. Daar leidt hij de wolindustrie in nieuwe banen. Zijn zoon begint een machinefabriek in Luik. De vele soorten stoommachines die hij daar vervaardigt, vinden gretig aftrek in het Franse land.
Onder het bewind van Napoleon bloeit de nijverheid op. 'Leven en laten leven' is de stelregel in de economie. Iedereen kan in dat opzicht vrijelijk zijn gang gaan. Heel wat initiatieven worden daardoor ontplooid. Toch voelen de Belgen zich verre van gelukkig. Hun zonen marcheren noodgedwon-

Vrolijk gezelschap, door J.A. Langedijk.

De Franse Tijd – Negentiende en Twintigste Eeuw

gen mee in de Franse legers. Een stoet van politiespionnen maakt het leven benauwd, alle opbloei ten spijt. De meeste Belgen snakken naar het einde van het Franse regime.

De Bataafse Republiek is dan wel vrij, maar wat is vrijheid waard zonder brood op de plank? Het leven is doordrongen van neergang op ieder gebied. De werkloosheid neemt schrikbarend toe. Van de 25.000 inwoners van Amsterdam leven er 81.000 van de bedeling. Een ontstellende verruwing van het leven is overal te zien. Hoofdschuddend en vaak geschokt wijzen regenten en gegoede burgers naar de verwording om hen heen:
'Mijn beste, waar moet het naar toe? Zedeloosheid! Liederlijke onbeschoftheid bij het volk!'
'Of slaafse onderdanigheid, wat haast nog erger is!'

Met afschuw ontdekken de ouderen hoe allerlei maatstaven van vroeger uit het leven verdwijnen; hoe de mode zich wijzigt; hoeveel er door de revolutie losgeslagen is.
'Het maakt me ziek, mon chèr. Al die dure kleren uit Parijs. Die gepoederde haren, uitheemse rokken, overladen goudversierselen en kwasterige uniformen. Waar zijn de eerlijkheid, de spaarzaamheid, de goede trouw?'
'Alles is onverschilligheid, lusteloosheid, verval...'

Er wordt in de rijkere kringen flink gefeest, onmatig gedronken en veel gerookt.
'Roken is goed tegen de vochtige luchtgesteldheid,' denken de meeste ouders. Ze zetten hun kinderen tot roken aan, ook al zijn die pas 8 à 10 jaar oud. Er is zoveel dat in rook vervliegt. Daaronder valt ook de Oostindische Compagnie. Het bedrijf wordt overgenomen door de staat. Voor 140 miljoen (alle aandeelhouders krijgen hun geld terug) wordt de Bataafse Republiek eigenares van alle bezittingen in de Oost – al zijn de Engelsen daar nu oppermachtig. Zo verloopt het eveneens met de bezittingen van de Westindische Compagnie.

Door de blokkade en de sterke achteruitgang in de handel, raken heel wat kooplieden in het nauw. Zij voelen zich verantwoordelijk voor de gezinnen van hun personeel, maar het geld voor salarissen ontbreekt. Net als de kat in het nauw, doet ook een aantal van hen de raarste sprongen:

'Kunnen we niet gaan varen onder een vreemde vlag?' Sommigen proberen het – en geven zo zorgvuldig bewaarde handelsgeheimen prijs. Anderen schuwen in hun financiëele nood zelfs misdadige praktijken niet.
'We moeten Franse, desnoods Engelse kapers uitrusten. Die laten we dan onze eigen schepen overvallen...'
'Maar kerel...'
'Jawel! Dan strijken we niet alleen de verzekeringsgelden op, maar ook nog de winst, als onze kapers de buit gaan verkopen. We kunnen toch niet helemaal ten gronde gaan?'

Met toenemende ontzetting wordt men de armoede en honger onder het volk gewaar. Vooraanstaande Amsterdammers richten zich met een circulaire tot de gegoede burgerij. Zij willen gaarkeukens oprichten om de gezinnen van de talloze werkelozen in de stad van eten te voorzien.
'Velen, die nimmer het brood der luiheid hebben gegeten, zien zich nu door hunnen scheiende kinderen omringd, die hun tevergeefs om brood vragen,' staat in de oproep. Het initiatief heeft succes. Een spijsloods op de Heerenmarkt begint kort daarop soep uit te delen aan het hongerige volk.

Vooral in de havensteden is de nood hoog gestegen. De visserij ligt plat. Talloze vissersspinken zijn reeds door de Engelsen opgebracht.

Bewogen met het lot van de weeskinderen in het weeshuis van de Nederduits Hervormde Kerk, schrijft P. Verkade in het jaar 1801 zijn: *Berigt wegens Vlaardingen*. In deze eens zo welvarende vissersplaats leven van de 5625 inwoners maar liefst 4116 van de bedeling.
'Iedere vader en moeder zal ijzen,' schrijft Verkade over de weeskinderen, 'wanneer ik aan hun zegge – en op mijn eer verzekere – dat de 66 kinderen onlangs in *geen drie dagen brood* en in *geen veertien dagen enig vlees* genoten hebben...'

Een Hollander, die na een lang verblijf in het buitenland terugkeert in Den Haag, meldt onthutst:
'Lieden, die tevoren in overvloed leefden, zijn bijna tot de bedelstaf gebracht. Anderen zijn geheel door gebrek verteerd en vóór de tijd oud en zwak geworden. Over het aantal bedelaars en behoeftigen was ik verbaasd...'

Als een buitenlandse gezant uitrijdt in zijn koets, wordt hij door een volksmenigte omringd. De mensen gapen hem aan, alsof ze nog nooit een koets hebben gezien:
'De meesten uit die hoop zijn bedelaars, die hun hand in het rijtuig steken om iets te krijgen...'

Ook met de grote doelstellingen der revolutie is het niet zo florissant gesteld. Ondanks de staatsgrepen en de eens zo vurige patriotten, zijn ook vele idealen verloren gegaan. Hoe teleurgesteld klinken de woorden van Blauw, gezant te Parijs, als hij in november 1801 aan vrienden schrijft:
'De toon van onze minister Schimmelpenninck is sedert de nieuwe organisatie verbaasd gemonteerd. Hij schijnt dezelfde man niet meer, en de Oranjelieden hebben aan zijn tafel de voorrang. Wanneer er bij toeval een patriot onder loopt, spreekt hij hem nauwelijks aan. Het spijt mij zeer dat de Oranjelieden bij u bedankt hebben: ik heb nog liever geprononceerde mensen, als lieden van wie men alles kan maken... Ik heb gezien dat de epigraphe *Vrijheid, Gelijkheid en Broederschap* bij u is afgeschaft. Nu, dat vind ik wel. Als de daad niet existeert, is het dwaas de woorden te behouden. Binnenkort zullen wij weer moeten zeggen: Edelmogende Heren Spoors, Pijman, en Besier. Dat gaat de brede weg op...'

Dat het die brede weg opgaat, blijkt enkele maanden later uit een brief van Ermerins aan Gogel. Hij schrijft:
'De Beveren heeft zich in Walcheren extra veel honneurs laten geven. Hij is ingehaald met cavalerie en gewapende burgers. Hij voert op het jacht de wimpel boven de vlag. Zijne collega's zijn dol over die grappen, en willen nu de honneurs voor zulke hoge personages regelen...'

Het eigen hemd blijkt altijd weer nader dan een andermans rok. En omdat de mens – net als de vos – wel zijn haren maar niet zijn streken verliest, vervallen de leidinggevende patriotten algauw in allerlei hebbelijkheden, die zij zo fel en vurig in de voormalige regenten hadden afgekeurd.

De Wijnhaven te Rotterdam, ca. 1800. Tekening door G. Groenewegen.

Naar eenhoofdige leiding

Na een aantal schitterende overwinningen kan Napoleon eerst Oostenrijk en dan ook Engeland tot vrede dwingen.

De Vrede van Amiens, in maart 1802, is een glorieuze vrede voor Frankrijk. Onbetwist bekleedt het land thans de eerste plaats op het vasteland van Europa.

'Eindelijk hebt u dan geheel en al deze vrede,' proclameert Bonaparte vol trots aan het Franse volk. 'Laten we ons een bondgenoot én een voorbeeld tonen voor alle volkeren die ons omringen...'

Meer dan ooit bewieroken de meeste Fransen het genie van de kleine, bleke man die dit wonder heeft volbracht. Zij benoemen hem tot Consul voor het leven. Daarmee komt een eind aan de ontwikkeling, die de Franse revolutie heeft doorgemaakt: na de veelhoofdige leiding van de Nationale Vergadering kwam het Uitvoerend Bewind van 5 man. Nadat die heren zijn verjaagd, kregen 3 Consuls de macht toebedeeld. Nu is er nog slechts één Consul, Napoleon, die de gehele leiding nu alleen in handen neemt (en binnenkort een succesvolle gooi naar de keizerskroon zal doen!).

De ontwikkelingen in de Bataafse Republiek houden gelijke tred met die in Frankrijk: steeds minder democratisch, steeds verdere centralisatie.

Die ontwikkeling brengt met zich, dat patriotten en Oranjegezinden zich met elkaar beginnen te verzoenen. De Oranjes zelf dragen daar een belangrijke steen toe bij.

'Zij, die mij trouw zwoeren, ontsla ik van hun eed. Ik geef hun toestemming om openbare ambten te vervullen in de Bataafse Republiek!' maakt stadhouder Willem V bekend. Hij heeft Engeland verlaten en zich gevestigd op zijn erfslot Oranienstein in het oude Nassause gebied.

Zijn oudste zoon, erfprins Willem, is direct na de vrede naar Parijs gereisd. Bij de oppermachtige Napoleon hoopt hij een fikse schadevergoeding los te bedelen voor het verlies van domeinen en bezit.

In het Parijse blad *Le Publiciste* van 16 maart 1802 valt uitgebreid te lezen, dat zijn ontvangst gepaard gaat met de grootste hoffelijkheid. De eens zo doortastende revolutionair Siéyès eet vrolijk mee aan een lunch, die een voormalig Frans ambassadeur ter ere van erfprins Willem geeft. De krant beschrijft verder, hoe hij door Parijs wandelt, geniet van het bos van Saint-Germain en hoe de leerlingen van het meisjesinstituut van madame Campan het toneelstuk *Esther* voor hem opvoeren.

'Charmant! Mes compliments!' zegt de prins na afloop. Dat mag ook wel, want de lieve kinderen hebben in nerveuze opwinding extra hun best gedaan.

Dank zij de hulp van Rutger Jan Schimmelpenninck én steekpenningen, heimelijk uitgereikt aan minister Talleyrand, wordt prins Willem door Napoleon op de lunch gevraagd. Als mannen van de wereld wisselen zij allerlei vriendelijkheden uit.

'Ik zou graag een schilderij bezitten van koning-stadhouder Willem III. Die bewonder ik ten zeerste,' zegt Napoleon en prins Willem belooft haastig voor een goede copie te zullen zorgen. Gaandeweg worden de zaken ter sprake gebracht.

'Voor het verlies van uw domeinen in de Bataafse Republiek ben ik bereid u het bisdom Fulda, de abdijen Corvey en Weingarten, de rijkssteden Dordtmund Issny en Buchhorn af te staan. Dat alles geeft een inkomen van 500.000 per jaar!'

Prins Willem is daar best gelukkig mee, maar zijn vader niet.

'Ik weiger dat gestolen goed,' zegt Willem V. Omdat de zaken hem niet meer interesseren (hij sterft in 1806), laat hij het verder over aan zijn zoon.

'Vorst van Oranje-Fulda!' Dat is de naam die erfprins Willem voortaan voert. Hij is overigens niet de enige, die bij Napoleon zijn opwachting heeft gemaakt. Van alle kanten stromen Duitse vorsten toe. Zij spekken de beurs van Talleyrand en zoeken zijn voorspraak bij de vorming van Beieren, Baden, Hessen-Nassau, Hannover en Würtemberg. Dat zij zich daardoor afhankelijk maken van de Fransen, deert hen niet...

Napoleon toont zich heel wat minder vriendelijk voor zijn bondgenoot, de Bataafse Republiek. De bewindvoerders in Den Haag klagen steen en been: 'De verplichtingen die de Fransen ons opleggen zijn veel te zwaar. De staatsschuld bedraagt al 100 miljoen en de begroting heeft nog eens 50 miljoen te kort!'

Napoleon beveelt *tiërcering* warm aan. Maar om de staatsschuld ten koste van de onderdanen te verlagen, stuit de Hollanders toch te veel tegen de borst.

Napoleon is ervan overtuigd, dat de Bataafse Republiek schatrijk is en dat contante gelden nog volop aanwezig zijn. Het tegendeel is waar. Zó schaars is het geld, dat een staatslening van 30 miljoen op een rente van 14 8/9% komt te staan.

Toch brengt de vrede een flinke opleving. Met verrassing en blijdschap zien bezoekers van de havenplaatsen de hernieuwde bedrijvigheid. Vol enthousiasme vertelt men elkaar:

'De schepen worden weer opgetuigd. Het oude gewoel op de kades keert terug door het gereedmaken der cargasoenen. Eindelijk kunnen we onze verminderde kapitalen gaan herstellen!'

'Tien dagen na het afkondigen van de vrede lagen de eerste houtvaarders op het noorden reeds zeilree!'

Prins Willem V, kort voor zijn dood, op Oranienstein. Pastel door I.G. Schroeder.

De Franse Tijd – Negentiende en Twintigste Eeuw

Rutger Jan Schimmelpenninck met zijn vrouw en kinderen door P.P. Prud'hon (1758-1823).

'De eerste expedities naar Batavia zijn gelukkig al uitgerust om de Indische produkten te halen, die zich daar inmiddels hebben opgestapeld!'
'De assurantiepremies voor de vaart op Spanje zijn van 25 tot 8 procent gedaald!'

Op de koopmansbeurs worden de nieuwtjes met vreugde begroet. 3548 Schepen lopen in dat jaar 1802 bij Texel binnen en 1786 arriveren via de Maas. 168 Haringbuizen kunnen de zee weer op en 14 walvisvaarders zeilen uit. Even lijkt het, of zelfs de stoutste verwachtingen zullen worden bewaarheid.

'Nu het vrede is, moeten wij zien onder het Franse juk vandaan te komen,' fluisteren de ministers in Den Haag elkaar heimelijk toe. Heel voorzichtig zoeken zij contact met Engeland, met Rusland en Pruisen – door die toenaderingen hopend dat een grotere onafhankelijkheid hun deel zal zijn.

Napoleon slaat die ontwikkelingen met een groeiend wantrouwen gade. Want al is het nog vrede, de internationale toestand verslechtert snel. Engeland, de machtige handelsnatie, voelt zich in toenemende mate bedreigd door de opbloei van de Franse industrie. Tevens wordt het duidelijk, dat Napoleon naar de overheersing van geheel Europa streeft. De bom barst in mei 1803. *Opnieuw oorlog*! De Britten leggen meteen beslag op 1200 Nederlandse en Franse schepen, die dan in hun havens zijn. Het zal een formidabele oorlog blijken te zijn...

De grote Napoleon, die zijn verheffing tot keizer aan het voorbereiden is komt met een groot gevolg – en met Josephine die zich reeds als een keizerin gedraagt – naar de Belgische departementen.
'Antwerpen is het pistool op de borst van Engeland!' roept hij uit. Omgeven door onderdanige bestuurders en erewachten van de bourgeoise, inspecteert hij de haven, geeft opdracht tot het graven van kanalen (van Schelde naar Maas en Rijn, van Brussel naar Charleroi) en eist dat scheepstimmerwerven worden opgericht.
'Wat een besluitvaardigheid,' denken de Belgen. Vele jongelingen raken in de ban van zijn persoonlijkheid.

Om Antwerpen te beschermen voor aanvallen van buitenaf, stuurt Napoleon troepen naar Walcheren. Hij verklaart Vlissingen in staat van beleg. Hij legert Franse garnizoenen in vestingen in Brabant. 2500 Man dirigeert hij naar Den Haag.

Het Staatsbewind protesteert. Het laat duidelijk blijken, hoe graag men in de nieuwe oorlog neutraal zou blijven. Het wantrouwen, dat Napoleon tegen de Bataven koestert, neemt van dag tot dag toe.
'Bouw mij oorlogsschepen! Zorg voor een transportvloot van 60.000 man. Lever me 4000 paarden en rust troepen uit!' klinken de harde bevelen in Parijs. Onder toezicht van admiraal Verhuell, vertrouweling van de keizer, komt inderdaad een transportvloot van 378 schepen met 1480 kanons en 3600 matrozen te Vlissingen bijeen.
'Dat heeft een lieve duit gekost!' kankeren burgers op de kade. 'Dat zal wel weer uit onze zak worden gehaald!'
'Hoe kunnen we ooit de benodigde gelden bijeenkrijgen?' vragen de ministers zich bezorgd af. Tevergeefs trachten afgezanten in Parijs op verzachting van de bevelen aan te dringen. Zij wijzen op de reeds veel te hoge schulden en op de onmogelijkheid om aan de Franse eisen te voldoen.
'Tiërcering van de staatsschuld,' zegt Napoleon. Die woorden zijn thans niet bedoeld als vriendelijke raadgeving, maar als een bevel. Het trieste daarvan is, dat de keizer niets van de economie begrijpt.
'Verlaging van de staatsschuld!' Dat bericht veroorzaakt paniek op de beurs van Amsterdam. Een heetgebakerd pamflet doet daar de ronde:
'Burgers, past nu op uwe zakken. Het schelmstuk wordt nu onbeschaamd uitgeroepen! Als dit geschiedt, is 's Lands' crediet voor eeuwig verloren, en Weduwen, Wezen en honderd-duizenden zijn in ééns geruïneerd...'

De paniek is begrijpelijk. Mag de staat straffeloos haar schulden aan de burgers verkleinen? En dat, terwijl toch al haast niemand over voldoende gelden beschikt?

Er wordt gekankerd en gevloekt. Van een aantal Amsterdammers, die de belasting niet kunnen betalen, wordt in één week tijd 140 huizen geveild.
'Wie biedt?' De veilingmeester kijkt het zaaltje rond.
'Vijftien gulden,' roept iemand uit het publiek. En waarachtig, de woning wordt voor dat bedrag van hem. De meeste andere huizen brengen nog geen 100 gulden op.

Terwijl Den Haag tegen de bevelen uit Parijs blijft sputteren, eist de keizer steeds meer. De tegenwerking bevalt hem allerminst. Daarom besluit hij in te grijpen. 'Laat Schimmelpenninck bij me komen,' beveelt hij aan zijn minister Talleyrand. En Rutger Jan Schimmelpenninck reist gehoorzaam naar Aken, waar Napoleon zich dan bevindt.

'Ik wens een ééhoofdige leiding in de Bataafse Republiek! Die moet gij op u nemen. Stuur het Staatsbewind naar huis. Vorm een nieuwe regering, die nauw aan Frankrijk zal zijn verbonden!'
Schimmelpenninck aarzelt. Dan beseft hij, dat er geen andere mogelijkheid meer is. Om inlijving bij Frankrijk te voorkomen neemt Rutger Jan de opdracht aan.
'De keizer heeft mij uitgekozen om de vallende winkel weder op zijn poten te helpen stellen,' schrijft hij aan zijn vrouw. Als raadpensionaris gaat hij aan het begin van het jaar 1805 aan de slag. Hij ontwerpt een nieuwe regeringsvorm, maar alle belangstelling daarvoor ontbreekt. Als het ontwerp in stemming komt, brengen slechts 14.500 van de 353.000 stemgerechtigden hun stem uit. Van de talloze patriotten heeft zich een dodelijke onverschilligheid meester gemaakt. Hoe anders hadden zij zich de uitkomst van de revolutie voorgesteld! 'In Frankrijk werd de koning onthoofd! En verdomd, nu hebben ze daar de monarchie weer hersteld,' zeggen ze hoofdschuddend op de sociëteit. 'En onze raadpensionaris speelt het spel mee,' spotten anderen. 'Zijne excellentie gedraagt zich als een monarch!'
En dat is waar. Schimmelpenninck, hoe bekwaam hij ook is, toont zich een ijdel man. Hij heeft zich met zijn vrouw gevestigd in het Huis ten Bosch en voert daar een vorstelijke staat. Het keizerlijke voorbeeld dat hij volgt, valt bij de nuchtere Hollanders absoluut niet in de smaak:
'Donders, Willem, zijn knechten lopen in livrei van rood en goud!'
'Maar heb je gezien, hoe hij voor een vergadering van de Staatsraad naar het Noordeinde gaat?'
'Nou?'
'Twee ruiters rijden dan voor zijn rijtuig uit. Drie lakeien zitten op de koets en nog eens vijf ruiters rijden erachter aan...'
'Hij heeft een lijfwacht van 1500 man...'
Zelfs op zondag geven de Schimmelpennincks aanstoot, wanneer zij ter kerke gaan.
'Zie je wel?' wordt er in de kerk gefluisterd.
'Waarachtig!'
Heel Den Haag spreekt er schande van, dat mevrouw Schimmelpenninck in de kerk uigerekend de bank uitkiest, waarop vroeger de prinses van Oranje zat.
Toch is het onder de scherpzinnige Schimmelpenninck (die zich overigens geen illusies over zijn positie maakt), dat vele goede zaken tot stand worden gebracht. De knappe financier Gogel voert het nieuwe belastingstelsel in. Oud Oranjeklant Van Stralen (thans lid van de Staatsraad) reorganiseert de gewestelijke en stedelijke besturen. Op uitdrukkelijk bevel van de keizer wordt Verhuell minister van marine. Met het oog op de invasieplannen voor Engeland vindt Napoleon een vertrouweling op die post van het grootste belang.
Al werkt hij hard en tracht hij te redden wat er nog te redden valt, noch bij patriotten, noch bij de Oranjegezinden maakt Schimmelpenninck zich populair.
'Zijn huishouding kan ons niet smaken. Ik vrees voor het einde van het lied,' schrijft een vroegere medestander.

Een gedrukte stemming maakt zich van de Nederlanden meester, als Engeland met succes Rusland en Oostenrijk in de oorlog betrekt.
'Voor iedere 100.000 man, die ge tegen Frankrijk onder de wapenen brengt, bieden wij 1.250.000 pond,' heeft minister Pitt laten weten aan tsaar Alexander en het Weense hof. Nieuwe lichtingen worden opgeroepen. Soldaten marcheren. Midden in de voorbereidingen van de invasie op Engeland, moet Napoleon nu ook gaan denken aan de strijd te land. Zegevierend rukt hij eerst tegen Oostenrijk op. Terwijl de Russische regimenten naar het Westen marcheren, volgt de grote krachtmeting met Engeland...:

De Franse invasievloot heeft eindelijk de Middellandse-Zeehaven Toulon verlaten: 33 linieschepen, 5 fregatten en 2 barken sterk. Zes jaar lang is voor miljoenen aan die vloot gebouwd. De schepen moeten zich verenigen met de landingsvloten, die in Antwerpen en Vlissingen gereedliggen om de Noordzee over te gaan.
Vol spanning wachten de onderdanen van de keizer de krachtmeting af.
'Zal Engeland zich staande houden?'
'En wat, als Frankrijk overwint?'
Een historisch ogenblik breekt aan. Op de Middellandse Zee wordt de toekomst van Europa bepaald:
Kaap Trafalgar, 21 oktober 1805: De Britse admiraal Nelson heeft lang op het uitzeilen van de Franse vloot gewacht. Al weet hij zich in de minderheid, toch zet hij de aanval in.
'Engeland verwacht, dat iedere man zijn plicht zal doen,' luidt de laatste opdracht van zijn admiraalsschip, de Victory.
De Franse admiraal Villeneuve beseft dat de strijd beslissend zal zijn voor de hegemonie over de zee. En beslissend voor de invasie van Engeland. Daarom heeft hij zijn kapiteins laten weten:
'Ieder schip, dat straks niet onder vuur ligt, bevindt zich niet op zijn post!'
Het is een heldere morgen. De schepen stampen over de stevige deining. De eerste commando's weerklinken:
'Vuur!'
De kanons dreunen, musketschoten kraken. Het eerste geschreeuw van gewonden.
Schepen versplinteren en masten komen neer.
Zes uur lang strijden de Engelsen en Fransen op leven en dood. Het Franse schip Redoutable, passeert de Victory op schootafstand. Een Franse scherpschutter op het dek brengt zijn musket aan de schouder. Hij legt zorgvuldig aan, krijgt de Britse admiraal in zijn vizier.
'Nu,' denkt hij en vuurt. Dodelijk getroffen zakt Nelson ineen.
'Your excellency...' Geschokte officieren knielen bij hem neer – en kunnen hem nog juist voor hij sterft meedelen:
'We hebben een volledige overwinning behaald. 17 Schepen van de vijand zijn in ons bezit!'
Nauwelijks 10 ontredderde Franse oorlogsbodems weten de thuishaven te bereiken in een aanwakkerende storm. 1654 Kanons zijn verloren gegaan. En nog erger: 15.000 Fransen zijn gedood, verdronken, of met admiraal Villeneuve in gevangenschap geraakt.
'Ik kan ook niet overal tegelijk zijn,' zegt Napoleon, als het ontstellende nieuws van Trafalgar hem bereikt. Hij staat nu met zijn leger tegenover Oostenrijkers en Russen, met elkaar een strijdmacht van 100.000 man. Meer dan ooit heeft hij een overwinning nodig om de aandacht van Trafalgar af te leiden. En die overwinning komt bij Austerlitz. Daar liggen in de avond van 2 december 1805, 15.000 Russen en Oostenrijker op de bevroren grond; 20.000 hebben zich overgegeven. Honderden kanonnen, paarden, karren met bagage, en grote voorraden vallen Napoleon in handen.

De gevolgen van de slag bij Austerlitz zijn bijna niet te schatten. Als de Britse minister Pitt het nieuws verneemt, kijkt hij ontdaan naar de kaart van Europa, die aan de muur van zijn werkkamer hangt.
'Rol die kaart maar op,' zegt hij profetisch. 'Die zullen wij niet meer nodig hebben in de eerstvolgende tien jaar!'
Frankrijk beheerst nu het vasteland. Europa is thans van Napoleon. Hij kan er koninkrijken, prinsdommen en hertogdommen in het leven roepen en doet dat ook naar hartelust. Josef Bonaparte wordt koning van Napels. Zwager Murat en zuster Caroline krijgen het groothertogdom Berg. Zuster Eliza ontvangt Toscane en zo gaat het maar door.
Kort na de slag van Austerlitz komt ook het einde van de Bataafse Republiek. Schimmelpenninck ontvangt een brief van minister Talleyrand, dat de bestuursvorm een verandering moet ondergaan. Een afvaardiging, bestaande uit Verhuell, Gogel, Six, Stirum en Brantsen begeeft zich naar Parijs om te vernemen, wat de keizerlijke wensen zijn.
'Inlijving òf Louis Bonaparte koning van Holland!' Dat is de keus, waarvoor de afgezanten worden gesteld.
'Dan maar liever een afhankelijk koninkrijk', is de mening van de meesten. En zo buigen de Bataven zich voor de aanwijzingen uit Parijs, want barsten heeft geen zin. Haastig stellen zij een nieuwe grondwet op. Dan richten zij zich met vleierige volzinnen tot keizer Napoleon:
'Majesteit,
Het volk van Holland verlangt zich onder de eerste der politieke sauvegardes van Europa te plaatsen en zijn gezagsinstellingen in overeenstemming te brengen met de enige Staat, wiens bescherming tegen slavernij en val kan behoeden. Het bidt de prins Lodewijk als koning te mogen hebben. Aan hem dragen wij met onbegrensd en onderdanig vertrouwen de belangen van het lieve vaderland op, in de hoop dat Holland – verzekerd van de toegenegenheid van één der grootste monarchen en door eenheid van het lot nauw verbonden met het uitgestrekte en onsterfelijke keizerrijk – tot de vroegere welvaart en roem zal wederkeren...'

Op 5 juni van het jaar 1806 wordt Lodewijk Napoleon uitgeroepen tot koning van het Hollandse koninkrijk. Op die morgen heeft zijn zoontje een gedichtje opgezegd, dat de keizer het keizeltje heimelijk en met satanisch plezier heeft ingeprent. Het is een fabel van Lafontaine:
'Over de kikvorsen, die om een koning vroegen,' declameert het ventje voor zijn koninklijke ouders. De kikvorsen zijn de Hollanders in hun drassige land. Hun gekwaak is niet langer van belang.
'Houd nooit op Fransman te zijn,' zegt de keizer, als zijn 28-jarige broer naar het noorden vertrekt. Maar Lodewijk Napoleon koestert andere plannen.

De Franse Tijd – Negentiende en Twintigste Eeuw
In het koninkrijk Holland

'Hij meende meer te kunnen zijn dan hij was en bleek tenslotte minder te zijn dan hij wenste.' Zo luidt een typering over koning Lodewijk, die als luitenant van zijn machtige broer naar zijn nieuwe koninkrijk komt.

'Sinds ik het grondgebied van dit land heb betreden, ben ik Hollander geworden,' zegt hij tijdens zijn ontvangst in Den Haag. Bij het organiseren van zijn plechtige intocht heeft hij de Haagse turfdragers 4 dukaten beloofd, als zij de paarden van zijn rijtuig 'spontaan' willen afspannen om daarna de koets zelf voort te trekken. De mannen dragen liever turf dan een opgedrongen koning.

Lusteloos en onverschillig heeft de vergane Bataafse Republiek de komst van Lodewijk Bonaparte en diens vrouw Hortense (dochter van Josephine uit een eerste huwelijk) tegemoet gezien. Slechts een enkeling zet zich schrap. De dappere domineesdochter Aletta Hulshoff stuurt een pamflet de wereld in:

'Oproeping tot het volk... tegen de overheersing door een vreemdeling!' Geen hond reageert. Aletta wordt gegrepen en tijdens een proces ontoerekeningsvatbaar verklaard. De rechters sturen haar naar een krankzinnigengesticht.

Professor Kemper uit Harderwijk raadt zijn toehoorders aan: 'Stel tegenover het geweld van een opgelegde koning niets dan voorzichtigheid en geduld. Laten wij de krachten sparen voor een betere tijd!' Ook hij is een uitzondering. Bijna de gehele regenten-aristocratie, patriotten, Oranjegezinden, de adel en intellectuelen, stuiven naar het hof van hun nieuwe vorst. Hoeveel baantjes zijn er thans niet te vergeven?

De versierselen van de orde van de Unie met bijbehorend ambtskostuum.

De kikvorsen in Holland maken kennis met koning Lodewijk: een ziekelijke, reumatische, mank lopende man met een verlamde hand. Hij legt werkelijk veel goede wil aan de dag om Nederlandse belangen te bevorderen en trotseert zijn machtige broer in Parijs in een streven naar zelfstandigheid. Zoals álle Bonapartes voert óók hij een grote staat. Zijn hofhouding kost schatten.

Net als zijn grote broer omringt hij zich met maarschalken, hovelingen en gardes d'honneur.

'Doe wel en zie niet om!' Dat wordt het devies van een nieuwe ridderorde die hij in het leven roept. Kwistig strooit hij zijn ordetekens in het rond. Er zijn voormalige patriotten die bitter huilen als zo'n lintje hun ontgaat. Met even royale hand verheft koning Lodewijk een aantal lieden in de adelstand. Vooral de dames nemen de nieuwe status kirrend van plezier en handenklappend in ontvangst.
'Bonjour, freule!'
'Au revoir, barones!'

Zélfs de ijskoude regenten ontdooien ervan. Hoe prachtig typeert het blad *De Ster* alle hielenlikkerij:
'Kijk eens,' zegt daarin een deftig heerschap en hij laat triomfantelijk twee leren lapjes zien. 'Die bind ik om de knieeën, om mijn broek niet te bederven. Ik kroop er al zestien revolutietjes mee uit!'

Zelfs de standvastig Oranjegezinde schrijver, mr Willem Bilderdijk, keert nu uit het buitenland terug. Met moeilijke jaren achter zich ('Sedert maandag heb ik opium moeten gebruiken, omdat ik geen brood meer in huis had,' schreef hij een vriend) zet hij juichend voet op de dierbare, vaderlandse grond:
Hollands vasten wal betreden
'k Heb mijn kromgesloofde leden
Op zijn bodem uitgestrekt
'k Heb hem met mijn lijf bedekt
'k Heb hem met mijn arm omvademd
'k Heb zijn lucht weer ingeademd
'k Heb zijn hemel weergezien
God geprezen op mijn kniên...

Eens per week wordt Bilderdijk nu naar het hof geroepen om koning Lodewijk te onderwijzen in de Nederlandse taal. Met hooggestemde verzen prijst hij de nieuwe vorst – al is daar niet al te veel reden voor.

Heerszuchtig, wispelturig, prikkelbaar, jaloers en bezeten om zich populair te maken, bestuurt Lodewijk zijn koninkrijk. Erg gelukkig zijn hij en Hortense hier niet. Ze maken aanhoudend ruzie en leven veel gescheiden. Terecht wantrouwen zij elkaar. Hortense verlangt naar Duroc, een generaal van de keizer. Lodewijk heeft de buitenplaats Amelisweerd bij Utrecht gekocht. Daar beleeft hij zijn galante avonturen met vriendinnen, die hij terwille van de goede zeden niet kan ontvangen aan zijn hof. Al doet de keizer in dit opzicht niet voor hem onder want ook hij stoeit wat af – toch schrijft hij zijn koninklijke broer:
'Uw huiselijke onaangenaamheden worden hoe langer hoe meer bekend aan het publiek. Toon toch in uw huis het vaderlijk karakter, dat uw bestuur kenmerkt. Wees als koning zo fors, als ge dat als echtgenoot zijt geweest... Jammer dat uw vrouw zo deugzaam is. Was zij een beetje koket, dan zou ze u aardig beetnemen. Gij moest een vrouw hebben, zoals ik er te Parijs wel ken. Dan zou ze u wel leren...'

De wispelturige Lodewijk verlegt zijn residentie van Den Haag naar Utrecht. Dan weer van Utrecht naar Amsterdam, waar het oude stadhuis op de Dam voor hem wordt ingericht als paleis. Behalve dat het veel geld kost, lost dat geen problemen op. De onverschilligheid van zijn vrouw blijft zegevieren en aan het eind van zijn bewind vlucht ze zelfs van hem weg.

Er is nu geen kiesrecht meer. In de clubs winden moegeprate mannen zich niet langer op. Aan de stroom van plannen, programma's en pamfletten komt een lusteloos eind. Felle opwinding is er alleen even in Den Helder:

'Moeten wij een eed van trouw zweren aan de nieuwe koning? Nóóit! Geef eerst onze gezinnen maar eens behoorlijk te vreten!' De matrozen van drie linieschepen komen in opstand. Niet voor Oranje! Niet tegen Lodewijk! Ze weigeren de eed slechts uit economische nood. Admiraal De Winter schiet de eerste matroos die de eed weigert, eigenhandig neer. Dan laat hij een uitdeling aan de behoeftige marinegezinnen organiseren. De rust keert weer.

'De lamme koning!' noemt het volk Lodewijk – en niet eens zozeer omdat hij mank loopt. Want niet aan het hof, niet in de staatsraad of de wetgevende vergadering wordt over de zaken beslist. Dat gebeurt in het hoofdkwartier van de keizer, die in oktober 1806 de Pruisen heeft verslagen en Berlijn zegevierend binnentrekt:

Berlijn, 27 oktober 1806: Daar rijden de kurassiers in hun prachtig uniform. Daar trekt de keizerlijke garde, extra fraai uitgedost, aan de Berlijners voorbij. Grenadiers te voet. Kleurrijke jagers. Dan volgen de indrukwekkend geklede maarschalken: Berthier, Duroc, Davout, Angereau – met blinkende sabels, tressen, goudgalons op het schitterend buitenmodel. Ongeacht hun afkomst hebben ze in het Franse leger indrukwekkende carrières gemaakt. Masséna was eens scheepsjongen. Lannes stond als verver in een fabriek. Maarschalk Ney is de zoon van een kuiper. Als zoon van een stalmeester heeft Murat het reeds tot koning van Napels gebracht. Daar rijden ze met hertogelijke titels – en met karren vol buit in de tros.

De Berlijners kijken de ogen uit. Opeens gaat er een gemompel door de rijen.
'De keizer!'
'Napoleon!'

Als een volmaakt acteur rijdt de keizer, op een flinke afstand van zijn maarschalken, geheel alleen. Hij is gezeten op zijn schimmel, gehuld in een eenvoudig gevechtsuniform. Door zijn eenvoud is de indruk die hij maakt grandioos.

Vérstrekkende plannen spelen hem door het hoofd. Polen ligt voor hem. De bedreigde tsaar van Rusland tracht Oostenrijk opnieuw in een oorlog te betrekken. Een strijd om alles of niets staat voor de deur.

Vanuit Berlijn, op 21 november, vaardigt de keizer een aantal nieuwe wetten uit: *Het Continentale Stelsel*! Daarmee hoopt Napoleon Engeland in een economische crisis te storten, waarvan werkloosheid, oproer en tenslotte revolutie het gevolg moeten zijn. 'Totale blokkade van Engeland!' beslist de keizer. 'Alle handel met de Britten is verboden. Alle koopwaar, afkomstig uit Engelse fabrieken of koloniën, wordt verbeurd verklaard. Geen brief naar Groot-Brittannië mag Europa meer uit!'

Legers douanebeambten krijgen opdracht het Continentale Stelsel te handhaven langs de uitgestrekte kust.

'Voor ons zijn deze maatregelen gunstig,' zeggen Belgen, die in de nijverheid werkzaam zijn. 'Wij kunnen nu profiteren van grotere afzetmarkten!' De produkten uit België beginnen nu hun weg te vinden, niet alleen naar Frankrijk, maar ook naar de Franse vazalstaten Italië, Spanje, Duitsland en de Bataafse Republiek.

De mechanisatie wordt doorgevoerd. Met kredieten van de overheid worden nieuwe ondernemingen gesticht. Door middel van nijverheidstentoonstellingen geven de Belgen bekendheid aan de goederen die zij produceren. De katoen- en lakenindustrie, onder andere te Gent, gaan jaren van grote voorspoed tegemoet. (De arbeiders hebben daar maar weinig voordeel van. Hun lonen blijven slabberd en zich organiseren mogen zij niet.)

Van de 3 miljoen Belgen moeten er per jaar omstreeks 7500 in dienst. De rijkere burgers kopen hun zoontjes vrij. De armen moeten zichzelf verminken (of een fictief huwelijk aangaan) om de dienstplicht te ontlopen. De meeste Belgen marcheren echter in de Franse gelederen mee. Zij raken in de ban van de keizer en zij ontdekken de verschrikkingen die de oorlog brengt: 36.000 doden en gewonden op de besneeuwde akkers rondom Eylau bij Koningsbergen. Wat later sneuvelen 25.000 Russen en 7.000 Fransen in enkele uren tijd bij Friedland. Terwijl verkleumde gewonden in open karren naar barakken, kerken en boerenstallen hobbelen, waar vrijwel iedere verzorging ontbreekt; terwijl vermoeide, hongerige soldaten dorpen plunderen, op zoek naar alles wat eet- en drinkbaar is, toont tsaar Alexander zich na die bloedige veldslagen bereid om vrede te sluiten en de wereld met Napoleon Bonaparte te verdelen.

Rusteloos is de keizer bezig aan de opbouw van een nieuw Europa. Overal waar hij met zijn legers komt, draagt hij de ideeën van de revolutie uit. Dagelijks rennen zijn koeriers van her naar der met opdrachten aangaande economie, onderwijs, toneel, kunst. Zijn scherpe uitspraken over toestanden en mensen gonzen door Europa heen. Over de jonge prins van Metternich, Oostenrijks gezant te Parijs, zegt hij: 'Hij zal een groot diplomaat worden, want hij liegt goed!'

Over de cynische, corrupte, maar bekwame minister van buitenlandse zaken Talleyrand:
'Een zijden kous vol modder!'

Ook broer Lodewijk, die zo zijn best doet om zich bij zijn onderdanen geliefd te maken – en hen het Continentale Stelsel op grote schaal laat ontduiken – krijgt harde uitspraken van de keizer naar zijn hoofd: 'Wanneer men zegt, dat een heerser een goede koning is, is zijn bestuur een mislukking...'

Een totale mislukking is het bewind van koning Lodewijk zeker niet. Hij mag dan miljoenen spenderen aan de inrichting van vijf paleizen, aan de aanleg van parken, de aankoop van rijtuigen en paarden, aan feesten en partijen, onder zijn bestuur komt de eenheid van de Nederlanden tot stand.

De vertaling van de Code Napoleon heeft wetboeken van strafrecht, koophandel en een burgerlijk wetboek tot gevolg. 'Eindelijk is er nu toch principiële gelijkheid voor de wet,' denken velen tevreden. 'Rechtszekerheid voor ieder is nu de grondslag van het recht!' De Codes zullen tot ver in de 19de eeuw blijven bestaan.

Eenheid wordt gebracht in het muntstelsel. De posterijen worden, naar Frans voorbeeld, op een nieuwe leest geschoeid. Eindelijk kunnen nu ook *nationale* belangen aan de orde worden gesteld: ontginning van woeste gronden, verbetering van het gevangeniswezen, de droogmaking van de Haarlemmermeer.

De intocht van Lodewijk Napoleon in Amsterdam, 20 april 1808. Schilderij door J.A. Langendijk.

De Franse Tijd – Negentiende en Twintigste Eeuw

Napoleon als keizer, 2 december 1804. Kopie naar F.P.S. Gérard.

'De koning is kwellend voor hen die hem omringen,' zegt één van de ministers, maar Lodewijk doet zijn best. Om het culturele peil van zijn onderdanen te verheffen, richt hij een Koninklijke Academie voor Wetenschappen en een Academie voor Beeldende Kunsten op. Op grote schaal koopt hij schilderijen en kunstvoorwerpen. Uit de rijkscollecties en de tentoonstellingen die hij organiseert, zal later onder andere het Rijksmuseum te Amsterdam ontstaan.

Enigszins populair maakt koning Lodewijk zich, als de stad Leiden wordt getroffen door een ramp en hij daar persoonlijk zijn hartelijke deelneming komt betuigen:

Leiden, 12 januari in het jaar 1807. Het is Koppermaandag en feest in de stad. Tegen de heersende bepalingen in, heeft schipper Van Schie zijn schip met 37.000 pond buskruit aan het Rapenburg gemeerd en is toen met zijn knecht de kroeg ingegaan.

'We nemen er eentje!'
'Jawel, schipper!' lacht de knecht, die best beseft dat het niet bij eentje zal blijven. En inderdaad. Met een flink stuk in de kraag keren ze naar hun schip terug. Het is vier uur in de middag. De particuliere scholen aan het Rapenburg zijn net uitgegaan. Spelende, schreeuwende kinderen op straat:
'Tikkie jij bent h'm!'
'Nietus!'
'Wellus!'

Sommigen kijken naar een jacht, dat een deftig gezelschap uit Amsterdam naar Leiden heeft gebracht.

Het is bijna kwart over vier. De stad geeft het alledaagse beeld te zien van winkelende vrouwen, dienstboden die kleden kloppen, een visboer die aan het venten is en regenten, die in het weeshuis aan de Hooglandse Kerkgracht aan het vergaderen zijn.

'*Boem!*'

Met een geweldige klap is het ritme van alledag opeens gruwelijk verstoord. Ruiten springen. Glas, stenen, dakpannen regenen in de straten neer. 68 Huizen zijn op slag in elkaar geklapt. Nog eens 80 huizen staan in de wolken stof nog maar gedeeltelijk overeind. Honderden gebouwen zijn zwaar beschadigd.
'Barmhartige God! Een aardbeving?'
'Wat is er gebeurd?'
'Een ontploffing op het Rapenburg!'

Bejaarden hollen met hartkloppingen uit hun huizen. Weesjongens rennen met de brandspuit naar de plaats van de ramp. Ontsteld en huilend kijken de Leienaars naar de ravage die is aangericht.

Paniek. Tranen. Verslagenheid. De eerste doden worden geborgen. Vlammen laaien uit de getroffen gebouwen op.

Nog diezelfde avond komt koning Lodewijk naar de plaats van de ramp. 'Eene beloning voor ieder, die iemand redt!' belooft hij en er worden nog 83 mensen levend onder al het puin vandaan gehaald. Voor een moeder, die tijdens de ontploffing aan het bevallen was, komt de hulp te laat. Zij en haar kind komen dood vanonder de steenmassa's te voorschijn.

Er zijn 151 doden. Ruim 2000 mensen zijn vrij ernstig gewond. Vele steden zenden hulp om het zwaar getroffen Leiden te helpen. Vrijwillige bijdragen stromen binnen: kruiwagens, aardappelen, geld. Soldaten doen afstand van een dag soldij. Een Amsterdammer stuurt 20 doodkisten, want ook daaraan is te kort. Acties ten bate van de slachtoffers: drukwerken en prenten worden op vele plaatsen verkocht:

Een ramp, zo eensklaps daargesteld,
Doet kerk en huis vernielen
De Synagoog brand met geweld
Ginds vliegen zo veel Zielen...

'Vader der ongelukkigen!' Dat is de eervolle bijnaam, die koning Lodewijk zich na zijn bezoek aan Leiden (en later aan overstroomde gebieden) verwerft. Die naam typeert de situatie goed, want ongelukkig zijn de onderdanen in het koninkrijk wel:

'Het Continentale Stelsel heeft het land volledig uitgeput. In het jaar 1805 kwamen nog bijna 2500 schepen naar Amsterdam. Thans zijn het er maar 390 geweest,' bekent een verslagen Amsterdammer in 1808. (In 1811 zal geen enkel schip de haven binnenlopen!)

Langs de gehele kust wordt druk gesmokkeld. Lodewijk mag daarvoor zijn ogen sluiten, broer Napoleon slikt dat niet: 'Van uw paleis tot en met de kleinste hut in Holland is alles vol met gesmokkelde waren,' schrijft hij kribbig en dat is wel terecht. Op een lijst, die Gogel onder zijn berusting heeft, staat vermeld wat van 15 oktober tot 30 november in het jaar 1809 via het noordoosten door smokkel het land binnenkwam. Voor anderhalve maand is het niet gering:

'6 miljoen pond koffie, 4 miljoen pond suiker, 150.000 pond indigo, 160.000 pond katoen, 850.000 pond verfhout, 110.000 pond cacao, 210.000 pond peper' en dan nog kleinere hoeveelheden nootmuskaat, tabak, gember, Turks garen, kina en neteldoek.

Woedend laat de keizer daarom de Hollandse douane naar Frans voorbeeld moderniseren. En voor alle zekerheid stuurt hij een legertje Franse douaniers naar het koninkrijk. Het toezicht verscherpt. De buikriem moet aan. Als een gestadige vlek breidt de armoede zich uit.

'Holland is als een uitgeholde wilg. Het leeft nog op de schors,' meldt een Duits bezoeker, die best begrijpt, hoeveel er aan paarden en goederen is gevorderd. 'Vrouwen en kinderen staan ingespannen voor de trekschuiten. Bij iedere stap lijken zij er aan toe om ineen te storten!'

Alleen in de landbouw gaat het redelijk goed en is er sprake van opbloei. Voor het overige leveren steden en dorpen een triest beeld. Overal staan huizen leeg. Overal slierten bedelaars langs de straten. Stadjes als Hoorn, Enkhuizen of Gouda zijn in een haast dodelijke rust en armoede gehuld. Op de verlaten kades in de stil geworden havenplaatsen tuurt het zeevolk somber naar de zee: 'Alleen vrede kan ons nog redden!'

Een knik. Een machteloos ophalen van een schouder. Een vloek. Achter de einder liggen de koloniën in Oost en West, die vroeger zoveel welvaart hadden gebracht. De Engelsman heeft daar nu vrij spel. Wat is ervan geworden?

In januari 1807 is de onstuimige mr. H.W. Daendels tot gouverneur-generaal van Indië benoemd. Zijn opdracht is de Engelsen uit Java te weren.
'Wij moeten hier een leger hebben van 20.000 man,' beveelt Daendels bij zijn aankomst in Batavia.
'Maar excellentie, dat kan toch niet?'
'Werf maar Ambonezen!'

Als een kleine Napoleon laat Daendels kazernes (bij Batavia) en forten (in de moerassen bij Soerabaja) door dwangarbeiders optrekken en zet hij sultans en soesoehoenans het mes op de keel. Zeldzaam kortzichtig bederft hij door contractbreuk de handel met de Amerikanen, die dan nog de enige afnemers van de Indische produkten zijn.

'Wat nu?' Mr. H.W. Daendels, die zo hartstochtelijk voor Vrijheid, Gelijkheid en Broederschap riep, overweegt dan ernstig om drie schepen met Indische vrouwen en kinderen te vullen en die, *als slaven*, naar het verre Peru te zenden. Tegelijkertijd drijft hij duizenden inlanders als dwangarbeiders de binnenlanden in. Daar leggen zij de 1000 kilometer lange postweg, dwars door Java, aan. Bij tientallen kreperen de inlanders onder het werk.

Daendels, zoon van de revolutie, heftig bestrijder van het kapitalistische regentendom, keert zich tegen het oude, corrupte bestuurssysteem van de Compagnie. Links en rechts vallen de ontslagen. Zichzelf schenkt hij het landgoed Buitenzorg en verkoopt het buitenpaleis later aan het gouvernement. Zijn winst: 1.000.000 gulden.

Heel geslepen laat hij de pachtgelden van de vogelnestklippen op Zuid-Java stilletjes in zijn eigen zak glijden. Winst: 1.000.000 gulden. Na een stroom van klachten over zijn wanbeleid, ontheft de keizer hem van zijn post. Benoemd tot grootofficier in het Legioen van Eer vestigt hij zich voorlopig op een schitterend landgoed in 's-Graveland.

Drie maanden na zijn vertrek komen de Engelsen met 90 schepen en 10.000 man op Java aan. Zij maken zich ook meester van de rest van de archipel. Onder het bewind van Raffles (een Britse Daendels en de stichter van Singapore) raken de Javanen in het jaar 1810 van de regen in de drup.

Van de regen in de drup! Zo gaat het ook in het Hollandse koninkrijk. Steeds strenger worden de bevelen uit Parijs. De arme Lodewijk kronkelt als een aal aan de keizerlijke haak heen en weer.
'Ik kan slechts over misère schrijven,' klaagt hij in een brief aan zijn broer. 'Je regeert alleen maar met jeremiades,' antwoordt de keizer. Hij eist strikte nakoming van de blokkade en wil soldaten voor zijn legermacht: 30.000 man.
'Laten we de volwassen jongens uit de stadsweeshuizen maar als eersten voor het leger aanwijzen!' Koning Lodewijk is bang, dat dienstplicht door loting opstootjes tot gevolg heeft.

Hij smeekt de keizer om zijn eisen toch niet te hoog te stellen. Zich kronkelend in talloze bochten – nu eens toegevend, zich dan weer afzettend – graaft koning Lodewijk langzaam maar zeker zijn eigen graf.

Gouverneur-generaal Willem Daendels (1762-1818). Postuum portret door Raden Saleh.

Lodewijk Napoleon, door Ch. H. Hodges (1764-1837), links.

471

De Franse Tijd – Negentiende en Twintigste Eeuw
Onder de keizerskroon

Het wordt de ministers allengs wel duidelijk, dat inlijving bij Frankrijk onafwendbaar zal zijn. Een onverwachte gebeurtenis in Zeeland verhaast dat proces:

Zeeland, 30 juli 1809: Een vloot van 160 Britse schepen met een expeditieleger van 38.000 man is voor de kust van Walcheren voor anker gegaan. Sloepen brengen de soldaten naar het Veerse Gat. Antwerpen is het doel van de operatie, die onder bevel van lord Chatham wordt uitgevoerd.

'Come on, men!'

Nagestaard door verbouwereerde en soms juichende Zeeuwen, zetten de Britten de aanval in. Binnen 14 dagen is geheel Walcheren in hun bezit en hebben zij de Franse troepen in Vlissingen tot overgave gedwongen met een stevig bombardement.

'Mon Dieu!' vloekt koning Lodewijk. Als opperbevelhebber verzamelt hij haastig een leger: grenswachters, oudgedienden, dienstplichtigen die net onder de wapenen zijn. Rijp en groen verzamelt hij rond zich bij Roosendaal.

De keizer vloekt eveneens. De optische-telegraaf, die hij overal in zijn rijk heeft aangebracht, houdt hem nauwkeurig op de hoogte van wat er in het noorden gebeurt.

'Mijn broer is geen militair, maar een burger. Bovendien taalt hij niet om Antwerpen, doch dekt hij alleen maar Amsterdam. Sinds Holland een koninkrijk is, heeft het land zich volkomen nutteloos getoond!'

Maarschalk Bernadotte krijgt opdracht om de leiding in het noorden over te nemen. Koning Lodewijk trekt zich mokkend terug.

De Engelsen veroveren ondertussen Schouwen en Duiveland. Vanaf die eilanden smokkelen zij van alles naar het vasteland. Enkele handige heren in Zeeland verdienen daar kapitalen aan. Hun pret duurt niet lang. Ziekte in het leger dwingt de Engelsen tot de terugtocht. Voor zij vertrekken wordt de haven van Vlissingen nog gauw even verwoest.

Broers of niet, de ruzie tussen koning en keizer heeft dan bijna het kookpunt bereikt.

'Voortaan zal de Rijn de grens van Holland zijn,' schrijft de keizer in een brief op poten. 'Voor de veiligheid van ons rijk, lijven wij Limburg, Brabant en Zeeland bij Frankrijk in. Zorg voor een flinke vloot! Zorg voor een leger van 25.000 man! Zorg dat alle douanemaatregelen stipt worden uitgevoerd! En maak een eind aan die bespottelijke vertoning van Hollandse maarschalken en adelstitels aan je hof...'

Even denkt Lodewijk zijn machtige broer te kunnen weerstaan.

'Sluit uw poorten voor de Fransen,' beveelt hij aan een aantal steden en heimelijk begint hij onderhandelingen met Engeland.

'Aan deze farce moet een eind komen,' tiert Napoleon. Hij stuurt Lodewijk een brief, die er niet om liegt:

'Dit is de láátste brief die ik u schrijft, zolang ik leef!'

De teerling is geworpen. Oudinot krijgt bevel met 20.000 soldaten naar Holland te gaan. 'Bekreun u niet om de koning,' heeft Napoleon hem gezegd.

Zo komt het einde van het koninkrijk. Lodewijk doet op 1 juli 1810 afstand van zijn troon. In vermomming vlucht hij als een dief in de nacht uit de Lage Landen weg.

Enkele dagen later volgt er een decreet uit Parijs:

'Holland is verenigd met het keizerrijk!'

Net als de Belgen zijn dan ook de Hollanders *Fransen* geworden...

Terwijl Napoleon zich beijvert voor de éénwording van Europa, ontwaken in datzelfde Europa – als gevolg van de revolutie – sterke nationale gevoelens.

In Duitsland heeft Herder zijn filosofie op schrift gesteld:
'Een beschaving drukt zich uit door het nationale karakter!'
Te Berlijn beweert Fichte:
'De volksaard van ieder land verschilt. Invloeden van buitenaf zijn verderfelijk voor het nationale gevoel!'
Door deze opvattingen neemt het verzet tegen Frankrijk toe.

Napoleon heeft beslag gelegd op Spanje en Portugal – ook al wordt daar nog harde strijd gevoerd. De wreedheden worden door een bezeten Goya op schilderijen en tekeningen afgebeeld. Napoleon heerst over een rijk, dat zich uitstrekt van de Adriatische Zee tot de Atlantische Oceaan. Hij is keizer over 42 miljoen onderdanen – en over nog eens 40 miljoen mensen, die in vazalstaten van hem afhankelijk zijn.

'Ik word voorwaarts gedreven naar een doel, dat ik zelf niet ken,' zegt hij. 'Mijn bestemming is nog niet vervuld. Er moet voor Europa slechts één wetboek bestaan en één Hof van Appèl. Voor geheel Europa wens ik dezelfde wetten, munten, maten en gewichten. Alle volkeren moeten deel uitmaken van één natie, waarvan Parijs de hoofdstad zal zijn. Wacht nog slechts een jaar...'

Engeland moet op de knieën, al zal een oorlog met Rusland daar nog misschien aan vooraf moeten gaan. En dan?

Hij heeft zich laten scheiden van Josephine en is hertrouwd met Marie-Louise van Oostenrijk. Door een familieband met de Habsburgers hoopt hij de vrede op het vasteland te kunnen bezegelen. Bovendien verlangt hij vurig naar de geboorte van een zoon.

'Hollanders,' begint een proclamatie van de keizer, die in juli 1810 in de *Koninklike Courant* wordt afgedrukt. Dan wordt er opgesomd:

'Art. 1. Holland is met het keizerrijk verenigd.'

'Art. 2. De stad Amsterdam zal de derde stad zijn van het keizerrijk.'

'Art. 3. Holland zal hebben zes leden in de senaat, zes leden in de staatsraad, vijfentwintig leden in het wetgevend lichaam en twee rechters in het hof van cassatie.'

Op 14 juli komt de Fransman Lebrun (inmiddels hertog van Plaisance) naar Amsterdam om het bewind in handen te nemen gedurende de overgangstijd.

Vooraanstaande Hollanders als Gogel, Six, Mollerus, Dirk van Hogendorp (broer van Gijsbert Karel), Van Maanen en natuurlijk admiraal Verhuell, haasten zich naar hem toe om deel te nemen aan dat bestuur. Het volk berust. Gelaten ziet het toe, hoe het land nu in departementen en arrondissementen wordt verdeeld. Bezorgd volgen velen de oprichting van een burgerlijke stand.

'We moeten ons laten inschrijven, Wullum!'
'Ik kennie schrijve!'
'Het gaat erom, dat de keizer ons kan pikke voor de dienst!'
'Mij pakt-ie niet!'
'Dach-ie dat? Je zal motte marchere, jongen. Je hebt immers de duite niet om een ander voor je te laten gaan?'

De inschrijving begint. Vooral bij het lagere volk levert dat grote problemen op. Er zijn stakkerds bij die met een totale onwetendheid uit hun krotten komen gesloft.

'Je naam?' vraagt een ambtenaar.
'Nelus!'
'Achternaam?'

Een schouderophaal. Dan: 'Me vader heette Jan!'
'Leeftijd?'

Opnieuw een schouderophaal. Dan haastig, omdat de ambtenaar zo ongeduldig kijkt: 'Ik zal zowat omtrent 36 of 40 jaren zijn!'
'Beroep?'
'Zaaddrager!'

De ambtenaar kijkt de man nog één keer aan. Hij had hem veel ouder geschat. Dan schrijft hij in de registers: 'Cornelis Zaaddrager, oud 40 jaar!'
'De volgende!'

Ze komen, melden zich en slenteren lachend en soms verontwaardigd met nieuwe achternamen weg. Vaak zijn die namen vanwege een beroep gegeven: Willem Paardekoper, Pieter Metselaar, Maurits Sjouwerman. Enkelen maken er een grap van: 'Het is immers allemaal maar flauwekul? De Fransen zullen hier heus niet eeuwig zijn!' Grinnikend geven ze daarom de gekste namen op:

'Ik ben Hendrik Naaktgeboren!'
'Ze noemen me Janus Zoetekouw!'

Tot hun ellende zullen ze ervaren, dat die namen na het vertrek van de Fransen toch zullen blijven bestaan.

In de nieuwe departementen wordt de samenleving in een strakkere administratie geborgen. Allerlei instellingen verdwijnen. Franeker en Harderwijk raken hun (weinig ontwikkelde) hogescholen kwijt.

De vissers krijgen Franse soldaten aan boord om de uitgebreide smokkel te voorkomen. De gevolgen daarvan blijven niet uit.

'We staan voor een catastrof,' schreeuwt de eigenaar van een katoenspinnerij in Gent. Grondstoffen zijn duur en zeldzaam, nu de verbodsbepalingen op de Britse goederen zo streng geworden zijn. De helft van zijn arbeiders heeft hij reeds moeten ontslaan. Bij hen die zijn gebleven, heeft hij de lonen gehalveerd. 'Leven en laten leven' is de stelregel in de economie. Iedereen kan vrijelijk zijn gang gaan wat lonen en prijzen betreft. Dat dit tot uitbuiting van de arbeidskrachten leidt, beseft men niet.

Ongeveer 2/3 deel van de Gentse bevolking raakt werkloos. In de lakenindustrie te Verviers is het van hetzelfde laken een pak. De laag gebleven lonen en de stijgende prijzen drijven in België duizenden vrouwen en kinderen naar de fabriek:

'Allez, Jefke, er is wel werk voor je in de werkplaatsen van Cockerill,' zegt een werkeloze vader en de 10-jarige Jefke gaat. Hij mag sjouwen met materialen, maakt lange dagen voor een mager bedragje aan centimes. Naast de 150 volwassenen werken er 150 (goedkope) kinderen bij Cockerill.

Vooral na 1810 neemt de armoede ontstellend toe.

'Godver-de-godver,' vloeken de werklozen, die er geen gat meer in zien. Al mogen zij zich niet organiseren, het komt tot fikse opstanden in Verviers en Gent, maar een oplossing voor hun problemen zoekt de overheid nauwelijks of niet. Steeds meer faillissementen staan voor de deur. Zelfs Lieven Bauwens moet voor zijn schuldeisers op de loop.

Over het algemeen hebben de Belgen tot aan 1810 de aanwezigheid van de Fransen zonder vijandschap aanvaard.

'De keizer heeft zich in het algemeen niet te beklagen over de houding van het volk ten opzichte van ons. Het zijn veeleer onze zeden, onze gewoonten en onze vaak snijdende toon, dan onze wetten en instellingen, die moeite hebben ingang te vinden!' rapporteert de prefect Van Dyle naar Parijs. De toestand verscherpt zich echter als de armoede toeneemt, de conscriptie strenger wordt toegepast en ook de kerk weer met de overheid in moeilijkheden komt.

Want Napoleon wenst de kerk tot zijn dienaar te maken. Hoe foeteren de gelovigen, als nieuwe decreten bekend worden gemaakt:

'Weet ge het al? Op 15 augustus zullen wij niet alleen de Hemelvaart van Onze Lieve Vrouwe, maar ook de geboortedag van de keizer moeten vieren. Meneer pastoor heeft ons dat zelf gezegd!'

'Wie denkt de keizer dat hij is? Een ganse les van de catechismus moet aan de plichten jegens hem worden gewijd!'

Napoleon eist van de priesters strikte gehoorzaamheid. De mis en zelfs de biecht komen onder toezicht te staan. Sommige geestelijken zoals de aartsbisschop van Mechelen, mgr De Pradt, zien er geen been in om opstandige priesters aan de politie te verraden. Enkele bisschopsbenoemingen veroorzaken daardoor een heftig verzet.

'We gaan niet naar de koordienst in de kathedraal,' zeggen de studenten van het seminarie te Gent, als mgr Saint-Bazille uit Dijon tot hun bisschop is aangewezen.

Opgewonden discussies in de gangen en op de slaapzalen. Ze verschijnen niet.

'Lijf die knapen bij het leger in. Dat zal ze leren!' beveelt Napoleon. De 250 semina-

Marktdag te Rotterdam, met op de achtergrond de Laurenskerk, door Chr. Meyer (1807).

Het bezoek van Napoleon aan Amsterdam, door M.I. van Bree (1773-1839).

De Franse Tijd – Negentiende en Twintigste Eeuw

De conscriptie bleef gedurende de gehele Franse tijd een ernstige steen des aanstoots, zowel in Noord als Zuid. Een loteling in Amsterdam in 1811, door E. Schmetterling.

risten moeten op transport naar Wezel. 50 Van hen zullen nooit terugkeren.

In 1811 reizen Napoleon en keizerin Marie-Louise door de Belgische departementen om een bezoek te brengen aan het ingelijfde Nederland. Terwijl de keizer de kustverdediging en de haven van Antwerpen inspecteert – dat pistool op de borst van Engeland, waarmee nog geen schot is gelost – maakt zijn vrouw haar opwachting in Brussel.

'Leve Marie-Louise van Oostenrijk,' klinkt het in de straten. Met die kreet demonstreren de Belgen, hoezeer zij terugverlangen naar het Oostenrijks regime.

Via Zeeland, Dordrecht en Utrecht reist het keizerlijke echtpaar met groot gevolg naar Amsterdam, dat 'de onschatbare eer en het geluk zal genieten hunne majesteiten binnen hare muren te ontvangen!' Dat zijn woorden van de burgemeester – nee, van de 'maire', zoals hij nu wordt genoemd. Erepoorten, versierde pleinen, vuurwerk, verlichte grachten en voorstellingen in de schouwburg.

'Leve de keizer!'

Heel Amsterdam loopt uit en juicht Napoleon toe. Erewachten van aanzienlijke jongelieden. Schoongeschrobde straten. Inspecties van werven en verdedigingswerken, waar 3000 Spaanse krijgsgevangenen te werk zijn gesteld.

'Uwe majesteit moet over de stemming in Holland wel uiterst tevreden zijn,' zegt Caulaincourt vlak voor het vertrek.

'De Hollanders zijn goede mensen,' antwoordt de keizer. 'De vereniging van Holland en Frankrijk zal onberekenbare gevolgen opleveren. Binnen enkele jaren zullen wij meester zijn van de zee. Daartoe moeten de Hollanders zich bij ons aansluiten...'

Heel wat Hollanders willen dat wel. De oude adel, prinsgezinde officieren, oud-regenten en voormalige patriotten zijn – hoewel zonder veel enthousiasme – bereid de keizer te dienen. Men lijkt haast te versuft om tot massale tegenwerking over te gaan. Slechts een enkeling komt openlijk voor zijn wantrouwen uit, zoals een viskoopman in Den Haag. Terwijl hij een haring vilt, roept hij: 'Had ik Nappie maar onder m'n mes...'

Hij krijgt wat voorzichtige lachers op zijn hand, maar het kost hem de kop. Want ook in de Nederlandse departementen zitten de politiespionnen thans overal. Desondanks durft ook de dichter Jan Frederik Helmers zich tegen de Franse overheersing te keren:

Neen, wanhoop niet aan 't lot, dat Nederland verwacht
De deugd stierf nog niet weg van 't heilig voorgeslacht
Neen! Nederland zal niet als een nachtgezicht verdwijnen
De zon zal eenmaal weer in volle luister schijnen.

Helmers zelf zal die zon net niet meer zien opgaan. Hij sterft – juist als de Fransen hem in hechtenis willen nemen.

Zeker, er zijn rellen, als jonge mannen door loting worden aangewezen voor de dienst, of wanneer de honger in bepaalde armenwijken te ondragelijk wordt. Opstootjes in Amsterdam, in Rotterdam, in Den Haag, zoals er ook opstootjes zijn in Gent, Hamburg, Toulouse en Metz. Overal in Europa helpen burgers de Italiaanse, Duitse, Hollandse, Belgische én Franse soldaten te deserteren – vooral als een nieuwe oorlog tussen Rusland en Frankrijk onvermijdelijk blijkt te zijn:

Juni, juli, augustus in het jaar 1812: Het grootste leger, dat in de wereldgeschiedenis ooit op de been is gebracht – bijna 600.000 mensen bij elkaar – heeft zich in Duitsland verzameld en trekt nu tegen Rusland op. Tsaar Alexander heeft zijn volk tot een totale oorlog uitgeroepen:

'Verbrand de dorpen. Verniel de voorraden. Verwoest de oogst!'

'God zij ons genadig,' bidden de Russen voor hun ikonen, als het Franse leger nadert en hun legeraanvoerders dorpen en steden veranderen in een vlammenzee.

Borodino, 7 september 1812: Prins Koetoesov heeft opdracht gekregen het Franse leger voor Moskou tot staan te brengen. Hij beschikt over 600 kanonnen en 120.000 man, die hij op de heuvels langs de rivier de Moskwa in geduchte verschansing heeft opgesteld. Vroeg in de morgen zetten de Fransen de aanval in.

Als de avond valt en de Russen teruggetrokken zijn, liggen 90.000 doden en gewonden op de vochtige grond. Lijken hangen met kogels doorboord over de verschansingen heen. 43 Franse generaals zijn gesneuveld. 15.000 Paarden liggen dood of gewond aan de oever van de rivier. Angstig gehinnik vult de nacht.

De weg naar Moskou ligt nu open.

'Nu zal de tsaar ons wel om vrede smeken,' hoopt Napoleon, nadat hij met zijn leger een brandend Moskou is binnengetrokken. Hij heeft tsaar Alexander een brief gestuurd. Alexander antwoordt niet.

Moskou brandt. Het spook van de honger verheft zich levensgroot in de rook, want de voorraden raken op. Troepen, die met karren uitrukken om proviand te halen, worden buiten Moskou door de snel rijdende kozakken afgeslacht. September gaat voorbij. Het wordt oktober. Nog steeds taal noch teken van de tsaar.

'We moeten terug,' beveelt Napoleon. De winter nadert snel.

Beladen met kostbare buit en uitpuilende knapzakken, met nog 50.000 paarden, omzwermd door publieke vrouwen, met tyfuslijders op de karren, bgint de *Grande Armée* aan de lange weg naar huis.

'Wacht maar tot de sneeuw valt,' heeft prins Koetoesov tegen zijn ongeduldige officieren gezegd.

In november zwiepen de eerste sneeuwstormen over de oneindige Russische vlakten. Uitgeput zakken honderden soldaten ineen.

'Mon Dieu!'
'Lieber Gott!'
'Barmhartige God...'

Zelfs de meest geharde soldaten geloven hun ogen niet. Een eindeloos lijkend spoor van armen, schouders, geweren, die omhoog steken uit de sneeuw, wijst de weg die zij moeten gaan. 'Help! Help me toch!'

Een marketentster moet bevallen in een temperatuur van 22 graden onder nul. Soldaten staan haar bij, doen aandoenlijk wat ze kunnen. De baby bevriest aan de borst.

Dan sjokken ze weer verder, beroven de lijken van mantels en schoenen. Van een geordend leger is al lang geen sprake meer. Steeds weer schieten de kozakken met hun lange speren uit de bossen te voorschijn. Het is onvoorstelbaar wat er allemaal gebeurt. Men doodt elkaar voor een aardappel, wat meel, of een paar slokken brandewijn.

'Wacht tot de rivier de Berezina,' zegt prins Koetoesov, omdat zijn ongeduldige officieren nu eindelijk eens tot een grootscheepse aanval willen overgaan.

Bij de Berezina komt inderdaad de genadeslag. De Franse ponteniers hebben met grote moed twee bruggen aangelegd. Eén van de bruggen breekt. In de paniek die volgt verdringt men elkaar om over de andere brug naar de overkant te komen. Karren met gewonden zakken weg tussen de ijsschotsen in de rivier. Met de sabel in de hand slaan sommigen zich door de eigen mensen heen. Men vertrapt en vermorzelt elkaar en daartussen de kanonschoten, het suizen van kogels, de uitbarstingen van de Russische houwitsers, verwensingen en gegil...

Op 4 december laat Napoleon zijn leger in de steek. Hij wil Parijs bereiken en zijn wankelende keizerrijk redden, voordat de ramp van de Grande Armée zich in Europa ten volle openbaart. Pas weken later bereikt een schamel restant van zijn strijdmacht Koningsbergen en lost zich daar op. Van de 600.000 man is vrijwel niets overgebleven. Van de 15.000 Belgen en van het evengrote aantal Hollanders, keren slechts enkelen honderden veilig terug.

De tsaar rukt Polen binnen. Als *bevrijder van Europa* hoopt hij de nieuwe aanvoerder van koningen en hertogen te kunnen zijn. In Duitsland verenigen studenten en burgers zich in organisaties. Zij keren zich nu fel tegen alles wat Fransman is. Pruisische generaals, onder wie Blücher, lopen naar de Russen over. Ontstellende onrust en groeiend verzet in Italië, in België, in Nederland. Opeens heeft men ervaren, dat het zo machtig lijkende keizerrijk toch erg kwetsbaar is.

'Men hief de ogen ten hemel en ons verscheen een straal van hoop, waaraan men ternauwernood durfde te geloven,' noteert graaf van Merode, die burgemeester van Brussel is. Gedreven door de hoop, dat de lijdensweg ten einde loopt, komen lotelingen in opstand. Zij rossen Franse gendarmes af en verspreiden schotschriften en pamfletten die oproepen tot verzet.

'Weg met de Fransoos!'

Dat weerklinkt nu ook krachtiger in Holland. Niet eens zozeer voor de vrijheid, maar gedreven door honger en uit protest tegen de dienstplicht, verschijnen er pamfletten aan de muur:

De sabels in de vuist, heldhaftige Bataven

Verkiest een vrije dood boven 't leven van de slaven...

Nog fraaier is de inhoud van *Karakterschets van den grootsten Dwingeland des gantsche Aardbodem*. Op rijm wordt de keizer van iedere denkbare zonde beticht:

Neêrlands Geessel, Menschenmoorder
Armoezaaijer, Rustverstoorder
Pest der Menschheid, Oorlogskweeker
Ondier, Gelddief, Woordverbreeker
Landbederver, Godverzaaker,
Echtverbreeker, Oproermaaker;
O, Monster! voor de Hel bekwaam
Neem de eerste letters, 't is uw Naam!
(De beginletters vormen NAPOLEON)

Zo opgezweept raast hongerig volk door de achterbuurten van Leiden, Den Haag, Scheveningen en Zaandam. Maar de gegoede burgerij en oud-regenten, die al die opstanden naar een nationaal gebeuren hadden kunnen stuwen, blijven bezorgd in huis. En erger: Leidse studenten openen zelfs de poorten van hun roerige stad, als Franse troepen daar de orde willen herstellen.

De rellen bloeden dood. De boosdoeners komen voor het gerecht. De rechters spreken 16 doodvonnissen uit.

'Deftige lui zijn er niet bij,' ontdekken de mensen, als ze zien hoe een timmerman, een houtdrager, een schoenpoetser, een varensgezel worden weggeleid. Eveneens zijn het molenaarsknechten, dagloners, vissers – en zelfs een dienstbode – die als straf veroordeeld worden tot dwangarbeid.

Toch krijgen nu ook de rijke lui te maken met de vergramde keizer in Parijs. 600 Van hun zonen moeten nu (als een soort gijzelaars) gaan dienen in een keizerlijke Garde d'Honneur.

'Hendrik, mijn lieve,' snikt een moeder als zij afscheid nemen moet. Menig vader slaat zijn zoon bemoedigend op de schouder. Zoonlief ziet er indrukwekkend uit in zijn (zelf betaalde) uniform van 700 gulden.

Op een eigen paard rijdt Hendrik weg. *Alle* zeshonderd melden zich: in keurige uniformen en keurig op tijd. Trouwens, tot 1 juli 1812 zijn er van de 9000 dienstplichtigen uit Nederland slechts 90 gedeserteerd. Nu wordt dat anders. Het verzet is op gang gekomen. Tijdens de volksopstanden is er weer enig nationaal besef ontwaakt.

Nu Frankrijk wankelt, wint de aloude roep 'Oranje boven' weer aan kracht.

Nog éénmaal brengt de keizer met een ijzeren wil een nieuwe troepenmacht op de been.

'Bonaparte heeft maar met zijn voet te stampen en héél Frankrijk springt weer in het gelid,' kankeren teleurgestelde onderdanen in Brugge, in Leuven, in Leeuwarden en in Amsterdam. Een nieuwe opmars begint. Nieuwe overwinningen worden door de keizer in Duitsland behaald.

'Bonaparte kan wellicht een duivel of engel zijn, een gewoon mens is hij niet!'

In een verbijsterd Europa wacht iedereen gespannen de resultaten van de veldtocht af. In september sluiten Rusland, Oostenrijk en Pruisen een verbond om de macht van Frankrijk te breken. Hun legers rukken naar Leipzig op. In de 'Slag der Volkeren' zal over het lot van Europa worden beslist.

Op 16 oktober 1813 raast bij Leipzig het brute geweld van de strijd gedurende 9 uur over de groene velden. Ieder uur van de slag vallen ruim 11.000 soldaten getroffen neer. Sommigen sneuvelen voor de vrijheid van Polen, anderen worden voor het aanzien der Habsburgers geveld. Weer anderen zetten zich in voor het herstel van een machtig Pruisen en velen vallen voor Frankrijks glorie en roem.

De meesten sterven zo maar. Dat zijn de boerenzoons en knechten die opgeroepen zijn; die gewend zijn te gehoorzamen; die geen weet hebben van de eerzuchtige plannen in de hogere politiek.

Gereutel. Gekerm. Een gebed. En de dood overwint.

Na 9 uur harde strijd ziet Napoleon het hopeloze van zijn toestand in. Verslagen beveelt hij de terugtocht. De echo van die veldslag weergalmt over het gehele vasteland.

'Napoleon verslagen! Zijn einde is nabij!'

Engelse troepen trekken vanuit Spanje over de Pyreneeën heen. De horde legers van Pruisen, Zweden, Rusland en Oostenrijk – en de afvallig geworden Duitse vorsten, die alles aan Napoleon te danken hebben gehad – beginnen nu hun opmars naar het Franse land.

'Ze trekken aan hun stutten,' jubelt een Amsterdammer als hij ziet, hoe Franse beambten en douaniers uit Friesland met het beurtschip naar de kade komen om vervolgens in zuidelijke richting te verdwijnen. Ze verzamelen zich in Utrecht en Gorinchem.

'Ze worden bang, maat. Bang dat de zaak hier om zal slaan!'

'Geef ze eens ongelijk?'

In begin november groepen opgetogen Amsterdammers bij de Utrechtse poort opeen. Overmoedig jouwen ze de vertrekkende Fransen na: 'Bonjour. De groeten aan je moer!'

Alle armoede, alle opgekropte ellende en angst zoeken nu een uitweg. In de nood, die zo hoog is gestegen, richt alle hoop zich nu op één kleur: 'Oranje boven,' klinkt het in alle delen van het land.

Keizer Napoleon en zijn staf te paard, door E.J.H. Vernet (1789-1863).

Tsaar Alexander I van Rusland, door Andrien, links.

De Franse Tijd – Negentiende en Twintigste Eeuw
De bevrijding en Waterloo

'Holland moet weer vrij worden, vrij onder het huis van Oranje!' De prins van Oranje heeft te Londen al het mogelijke gedaan om de Britse regering daarvan te overtuigen. 'We will see,' antwoorden de deftige Engelse regeringsleiders, want ze hebben niet veel op met de prins. Bakte hij in het verleden niet herhaaldelijk zoete broodjes bij Napoleon? Zij voelen er veel meer voor om met de zoon, de 21-jarige prins Willem, in zee te gaan. De jonge prins, die onder Wellington heeft gediend, geniet in Engeland een grote populariteit. Bovendien lijkt hij voorbestemd om met prinses Charlotte (vermoedelijke erfgenaam van de Britse troon) te huwen.

Er is in Londen nog niets beslist, als de Fransen in Holland op de terugtocht gaan. In begin november overschrijden de Russen de noordoostelijke grens. De Pruisen komen achter hen aan.

Het aanvaarden van het bewind in naam van de erfprins op 21 november 1813 ten huize van Gijsbert Karel van Hogendorp te Den Haag. Van Hogendorp zit aan tafel, rechts van hem Van der Duyn van Maasdam en Van Limburg Stirum. Schilderij door J.W. Pieneman.

Op maandag 15 november hijst de zeeman Barend Ponstijn een grote oranjevlag bij de Nieuwe Brug te Amsterdam.
'We zijn vrij! Hoezee, hoezee!'
'En nou naar de belastingkantoren!'
'En naar de politiebureaus!'
'En naar de Franse douaneposten!'
De opgezweepte volksmassa slaat daar de boel kort en klein.
Een slager in Den Haag hangt een geslacht varken in zijn winkel op met het stoutmoedige bijschrift:

Al wie Oranje wil verachten
Dien zal ik als dit beest hier slachten!

Een nieuwe tijd lijkt aangebroken. De vrijheid – en dat betekent vooral: brood, werk en geen gedwongen dienstplicht meer – lijkt een herwonnen goed. Te Den Haag acht de aan jicht lijdende, ambitieuze Gijsbert Karel van Hogendorp zijn uur gekomen:

'De Fransen zijn totaal in de war en kunnen op het ogenblik niet om ons denken,' schrijft hij aan enige vrienden. 'Laten wij nú revolutie maken, dan zullen de bondgenoten zich tenminste haasten om ons te hulp te komen!' Met Leopold van Limburg Stirum, Van der Duin van Maasdam en anderen wil hij snel orde scheppen in hun nu bijna bevrijde niemandsland. Dat hij dat initiatief neemt is van de allergrootste betekenis. Hij voorkomt daarmee, dat de grote mogendheden zich gaan bemoeien met de aangelegenheden van het vaderland.

Des te teleurstellender is het daarom, dat hij zich juist op dit beslissende moment met een nogal stuntelige proclamatie tot het Nederlandse volk richt:

Oranje Boven!
Holland is vrij!
De bondgenoten trekken op Utrecht.
De Engelsen worden geroepen.
De Fransen vluchten aan alle kanten.
De zee is open.
De koophandel herleeft.
Alle partijschap heeft opgehouden.
Al het geledene is vergeten.
En vergeven!
Alle aanzienlijken komen in regering.
De regering roept de Prins uit
tot Hoge Overheid
Wij voegen ons bij de Bondgenoten.
En dwingen de vijand tot vrede.

Het volk krijgt een vrolijke dag.
Op gemene kosten.
Zonder plundering, noch mishandeling.
Elk dankt God.
De oude tijden komen wederom.
Oranje Boven!

'Allemachtig,' mompelt een patriot, als hij de proclamatie onder ogen krijgt. Het lijkt wel of de klok 30 jaar lang heeft stilgestaan. Is de visie-op-de-toekomst in dat stuk niet uitsluitend op het verleden gericht?
'Alle aanzienlijken komen in de regering... De oude tijden komen wederom...' herleest hij. En even denkt hij daarbij aan stadhouder Willem V. Zou al het goede, dat de revolutie had gebracht, nu weer verloren gaan? Zou straks opnieuw een regentenklasse oppermachtig zijn?

Om hem heen trekken uitgelaten hossende, zuipende, Wilhelmus zingende horden onder klokgebeier in de met vlaggen versierde straten. Onder bescherming van de Nationale Garde – al omgedoopt tot Oranje Garde! – verlaten de laatste Franse eenheden Den Haag.

Van Hogendorps pogingen om met oud-prinsgezinden en vooraanstaande patriotten een voorlopige regering te vormen, lopen op niets uit. Dan neemt hij met Van der Duin van Maasdam het heft kordaat in eigen hand:
'Daar het Algemeen Bestuur geheel verwaarloosd en in niemands handen is, hebben wij besloten hetzelve op te vatten tot de komst van Zijne Hoogheid toe. God helpe die genen, die zich zelve helpen!'
Leopold van Limburg Stirum wordt voorlopig gouverneur van Den Haag. In dit uur van bevrijding, van nieuwe kansen voor de toekomst klinkt er een liedje in de straten. De mateloze gezapigheid schijnt werkelijk serieus te zijn bedoeld:

O, wat zal Zijn Hoogheid blij zijn
Als hij ziet hoe rustig wij zijn
Op 't verzoek van Leopold
Die op aller tongen rolt
't Is alom Oranje boven
Nergens ziet men plunderen, roven.
Ieder zingt in rust en vree
Toch Oranje, toch hoezee.

Oranje is niet langer een partij. Het is een nationaal symbool. Daarom heeft het Algemeen Bestuur al dadelijk Jacob Fagel naar Engeland gestuurd met een brief voor de prins:
'... Uwe komst is ons alles waard, is ons meer waard dan een leger...'
En de prins komt. Terwijl de Pruisen de Noordelijke Nederlanden binnentrekken en de eerste kozakken verschijnen bij de Muiderpoort te Amsterdam, gaat prins Willem op het Britse fregat The Warrior aan boord. Onder gejuich komt hij te Scheveningen aan land. Een ooggetuige meldt:
'Dezen gloeide het gelaat, gene verbleekte. De één barst los in gejuich; des anderen stem smoorde in snikken der overkropte borste!'
'Al is ons prinsje nog zo klein,' zingen uitgelaten mensen in Den Haag. Maar prins Willem is alles, behalve klein! Een man met méér visie dan de meeste van zijn onderdanen, een krachtfiguur (maar van een modern soort), is aan land gestapt. Als soeverein vorst (nog niet als koning) aanvaardt hij het bewind over de voormalige departementen van het Franse keizerrijk.

Spotprent op de Franse douaniers met als onderschrift: zoek maar uit, zoek maar uit, zes douane voor een duit.

Met schitterende zelfoverschatting, die het Nederlandse volk haast even schitterend typeert, juicht een dichter:

De Leeuw, die uit zijn banden schiet
Gedoogt den bastaard-adelaar niet
In Nederlandse beemden;
Zijn eer, zijn luister is hersteld
Hij brult weer langs zijn eigen veld
Geen speeltuig meer der vreemden.

Helaas! De leeuw is geen leeuw meer. Hoogstens een vriendelijke poes. Het 'gebrul' op eigen veld blijkt een allervoorzichtigst gemiauw, zolang de Franse garnizoenen nog niet geheel zijn verdwenen.

Omdat krachtige leiders ontbreken schuift men alle lasten – overeenkomstig een grondwet-schets van Van Hogendorp – graag op de schouders van de prins.

Prins Willem van Oranje beseft, dat de tijd van kleine naties voorbij is. Hoopt hij in stilte op een groter rijk, waarvan België, Luxemburg en een stuk van Duitsland deel zullen zijn? Hij weet, dat de beslissing daarover niet bij de Hollanders, noch bij de Belgen en evenmin bij de Luxemburgers ligt. De grote mogendheden zullen over het lot van de Lage Landen beschikken. Dáárom onderhoudt prins Willem nauw contact met Engeland en Pruisen, en wacht hij op de totale ondergang van Napoleon.

'Ze komen. Onze bevrijding is nabij,' juichen de Belgen als de eerste geallieerde troepen omstreeks midden december de grens overgaan. De Fransen prefecten in de Belgische departementen zien zich in toenemende mate door een zee van haat omringd.
'Wij zijn omgeven door vijanden, want elke inwoner betuigt openlijk zijn verlangen naar het vertrek der Fransen. De Walen van Jemappes, van Namen, van Luik zijn geen haar beter dan de Vlamingen!'

Napoleon heeft zijn bevelhebbers opdracht gegeven stand te houden bij de Maas. Antwerpen, spil van het noordelijke front, wordt door de bekwame oud-revolutionair Carnot in staat van verdediging gebracht. Maar er is geen houden aan. De fronten vallen ineen. Uitgelaten Belgen trekken de kozakken en Pruisen tegemoet en wijzen hun de weg door het Belgische land. Op 31 januari valt Brussel.
'Als in razernij liepen de mensen het huis uit om elkaar geluk te wensen. Men lachte en huilde tegelijk en men hield niet op om elkaar te omhelzen!'

Begin mei is het hele land bevrijd. Met een sterk saamhorigheidsgevoel hebben de Belgen overal burgerwachten opgericht om de orde te bewaren. Maar wat dan? Wat moet er worden van de gewesten, die eerst vanuit Spanje, vervolgens vanuit Oostenrijk en tenslotte vanuit Parijs werden bestuurd?
'Dit volk is noch Engels, noch Oostenrijks, noch anti-Frans. Het is Belgisch,' had een Frans ambtenaar geschreven. Dat is zeker juist. Maar zijn de Belgen met elkaar in staat om nu een eigen onafhankelijke weg naar de toekomst in te slaan? Hoe triest is het, dat de leiders van allerlei groeperingen de politieke rijpheid missen om eensgezind aan het werk te gaan.
'Niet meer bij Frankrijk,' weten vrijwel allen.
'Niet meer bij Oostenrijk,' zegt een groep, hoewel een groot deel van adel en geestelijkheid graag zou terugkeren naar de toestand, zoals die voor de komst der Fransen was.
'Moeten we één worden met Holland onder Oranje?' vragen sommigen zich af.
'Neen!' meent een meerderheid met grote stelligheid. De meeste Belgen weten deksels goed wat ze *niet* willen. Maar wat dan wel? Er worden plannen voor de onafhankelijkheid gemaakt, maar de onmacht om de eigen vrijheid te bereiken overheerst. Hoor, hoe mgr. De Broglie, bisschop van Gent, door Napoleon heftig vervolgd (en daarom populair), zich nu uitspreekt over de toekomst van het land:
'In Frankrijk moet de monarchie van de Bourbons worden hersteld en België moet zich scharen onder die kroon. De kerk dient *alle* goederen terug te krijgen; de clerus moet opnieuw de eerste stand zijn in de Provinciale Staten en het burgerlijk huwelijk moet worden afgeschaft!' Felle pastoors op het platteland in Vlaanderen hebben de registers van de burgerlijke stand reeds naar hun kerk gesleept:
'Voor geboorte, huwelijk en dood moeten de afgedwaalde schapen dan in ieder geval bij ons terecht!' hopen ze in de vurigheid van hun geloof.

'Dat loopt verkeerd,' denken fabrikanten en rijke burgers verschrikt. Zij hebben van de Fransen kerkgoederen gekocht. Als de kerk te veel macht krijgt, raken ze hun bezittingen misschien nog kwijt. Kooplieden en reders in Antwerpen lonken reeds naar het Hollands kamp.

De prins van Oranje – hopend het Zuiden te kunnen winnen – heeft zijn propagandisten reeds naar de Belgen gestuurd. Ondertussen maken Pruisische commissarissen de dienst uit. De geallieerde bezettingstroepen gedragen zich, alsof ze bij een vijand zijn.
'Padájtje nam piróznoje, jáblok, rídiskoe...' schreeuwen grinnikende kozakken en zij plunderen en brandschatten naar hartelust. De Pruisen doen maar weinig voor hen onder.

'Iedere oplossing is goed, als er maar weer orde komt en als die verrekte bezettingstroepen maar verdwijnen,' verzuchten de meeste Belgen, die zo langzamerhand murw en apathisch zijn. Alles bij elkaar genomen blijkt het land nog niet klaar om aan de eisen van een onafhankelijke staat te voldoen. De geallieerden zullen over het lot

De Franse Tijd – Negentiende en Twintigste Eeuw

Zitting van het Wener Congres in 1815. Lithografie naar een tekening door J.B. Isabey (ca. 1815).

van de Belgen beschikken. Ook daar is nu het wachten op de ondergang van keizer Napoleon.

Frankrijk, april 1814: Chaotische toestanden, als de geallieerde troepen plunderend optrekken naar Parijs. In het paleis te Fontainebleau heeft Napoleon zijn onvoorwaardelijke abdicatie getekend. Hij verklaart daarin:
'... zowel voor zichzelf als voor zijn erfgenamen, afstand te doen van de kroon van Frankrijk en Italië, daar hij álles, zelfs zijn leven, voor het welzijn van Frankrijk wil offeren...'
De oude keizerlijke garde staat aangetreden en presenteert het geweer, als hij afscheid neemt. Hij houdt een korte toespraak, bedankt zijn garde, kust de vlag. Vele soldaten huilen.
'Klaag niet over mijn lot. Ik zal schrijven over de grote dingen, die wij gezamenlijk tot stand hebben gebracht. Adieu, mes enfants...'
Hij stapt in een gereedstaand rijtuig en rijdt uit het zicht. De geallieerden (Engeland, Rusland, Pruisen en Oostenrijk) hebben beslist, dat hij zijn keizerlijke titel mag behouden. Zijn bestemming wordt Elba. Van alle dromen over een wereldrijk, restte hem in werkelijkheid slechts een klein eiland in de Middellandse Zee.
Aan de hoven van Europa ontwikkelt zich ondertussen een grote politieke activiteit. Met behulp van hun ministers en gezanten loeren alle vorsten op de te verdelen buit.
In België is een fikse poging om de Oostenrijkse aartshertog tot soeverein vorst uit te roepen, mislukt. Baron de Horst is door de geallieerden aangewezen tot voorlopig gouverneur-generaal.
'We zullen wel zien, wat er verder met ons gebeurt,' denken vele Belgen gelaten. De vreugderoes over de bevrijding en de verlangens naar een eigen staat zijn met de wind verwaaid.

De zon schijnt op het terras en koestert bijna het prachtige park, dat het grote herenhuis omgeeft.
'Wat staat er nu precies in die nieuwe grondwet? vraagt een student uit Utrecht, die voor het weekend is thuisgekomen. Hij trekt even aan zijn hagelwitte plastron en kijkt zijn vader aan. 'Op de sociëteit gingen allerlei geruchten maar niemand wist er nog het fijne van!'
De vader glimlacht. Over zijn schouder roept hij naar de dienstbode die al jaren in de familie is:
'Lieve Doortje, breng jij ons thee?' Zonder het antwoord af te wachten wend hij zich tot zijn zoon. De jongen had indertijd nogal onbezonnen 'patriots' gedaan. De hemel zij dank was dat alles nu voorbij. En de hemel zij dank was er nu, dank zij de doortastende Van Hogendorp, een nieuwe grondwet.
'Zijne hoogheid Prins Willem is met grote macht bekleed,' vertelt de vader, die dat alles van zijn neef Six heeft gehoord.
'Hij heeft de verantwoordelijkheid voor de buitenlandse betrekkingen. De gezanten en consuls zullen door hem worden benoemd!'
'H'm...'
'Hij krijgt ook de leiding over het leger en de vloot. De prins stelt voortaan alle officieren aan!'
'H'm...'
'Bovendien voert hij het opperbestuur over de geldmiddelen en over de koloniën en bezittingen over zee!'
'Ei, ei! Dat maakt hem bijkans een alleenheerser!'
'Bien sur, mon cher. En ze zeggen dat dit uitstekend bij zijn karakter past!'
Een lachje en een korte stilte. De lieve Doortje zet nu het zilveren theeblad op de tafel neer.
Dan vertelt de vader dat de leden van de Staten-Generaal gekozen zullen worden door de provinciale staten en dat zij de wetgevende taak zullen delen met zijne hoogheid de prins.
'Zij krijgen maar weinig macht, vertelde oom Six!'
'H'm!'
De zoon hapt van de appeltaart, die Doortje heeft gebakken. De vader zegt dat de stadsbesturen – tot zijn genoegen – door *kiescolleges* zullen worden samengesteld.
'H'm!'
'Het is beter zo!'
'Wie zitten in die kiescolleges?'
'Stemrecht hebben eigenlijk alleen de adel en ons soort mensen, de oud-regentenfamilies!'
'H'm...'
Een slok thee. Een hap van de appeltaart. Vader en zoon (en de meeste Nederlanders met hen!) maken zich niet erg druk over de nieuwe grondwet, waardoor toch het leven voor de toekomst zal worden bepaald. Het gesprek glijdt snel af naar de nieuwe handelskansen, die de vrede heeft gebracht.
Alleen over de regeling van de godsdienst ontstaat flinke strijd. Een poging om de hervormde kerk tot de heersende te maken mislukt. Zij blijft echter een bevoorrechte positie innemen met predikanten, die uit de schatkist van het rijk worden betaald. (Sinds de revolutie worden echter ook de geestelijken van andere gezindten door het rijk van traktement voorzien.)
600 Notabelen worden haastig uitgezocht – zonder verkiezingen, want de tijd dringt – om over de nieuwe grondwet te stemmen. 126 Blijven er thuis. De overigen nemen de nieuwe grondwet (448 tegen 26 stemmen) aan.
'Leve Willem Frederik, soeverein vorst der Verenigde Nederlanden!' roept de wapenheraut, als de prins van Oranje zijn eed op de grondwet heeft afgelegd. De Pruisische gezant is verbijsterd over de geringe belangstelling die de Nederlanders voor de hele gang van zaken hebben getoond:
'Men is volkomen onverschillig. Openbare verkiezingen zijn niet eens nodig geweest. De absolute monarchie is ingevoerd!'
Moe en murw aanvaarden de Nederlanders, dat prins Willem de leden van de voormalige staatssecretarie van Lodewijk Napoleon handhaaft en voormalige ambtenaren van de keizer in de regering haalt. Niemand van de voormalige Napoleonaanhangers krijgt enige straf.
'De prins van Oranje is patriot geworden,' spotten enkelen en ze halen onverschillig hun schouders op. Maar heel verstandig stelt de prins zich *boven* de verschillende groeperingen op en wacht – met een gehoorzame regering – gespannen af, wat het grote vredescongres te Wenen over de toekomst der Nederlanden zal beslissen.

Wenen in de laatste maanden van 1814 en de eerste maanden van het jaar 1815: Een schitterend gezelschap uit alle staten van Europa is bijeengekomen om de vele hangende problemen te bespreken. Opnieuw moet Europa's geschonden gelaat een schoonheidsbehandeling ondergaan tot heil van... Tja tot heil van wie?

Von Metternich treedt als gastheer op. Hij heeft de leiding van het grote congres. De onverwoestbare Talleyrand – nu dienaar van Lodewijk XVIII – zet zich voor Frankrijk in en spekt daarbij zijn eigen beurs. Natuurlijk delen de vier grote mogendheden de lakens uit:

'Wij moeten rond Frankrijk bolwerken van flinke staten opwerpen,' brengen zij naar voren. Daarmee hopen ze Franse agressie in de toekomst tegen te kunnen gaan. Zo ontstaat dan toch het Koninkrijk der Nederlanden, uitgebreid met België en Luxemburg. (België beschouwen de heren als een veroverd gebied. Zij doen daar dus wat ze willen. Luxemburg is de compensatie voor het vorstendom Fulda, dat nu voor de Oranjes verloren gaat!)

'Ik ben wel bereid Indië terug te geven aan Nederland,' zegt de Britse gezant lord Castlereagh. Singapore, Malakka, Ceylon en een aantal gebieden in de West blijven het bezit van Engeland.

Terwijl de commissies allerlei verdragen vastleggen op het geduldige papier, verschijnt plotseling de keizer van Elba, die al die mooie plannen doorkruist:

'Bonaparte is teruggekeerd!' Er gaat een schok door heel Europa heen, als dat verbijsterende nieuws overal bekend wordt gemaakt.

'Hij is Elba op 1 maart ontvlucht!'
'Met een handjevol soldaten en slechts vier kanonnen is hij bij Cannes in Zuid-Frankrijk aan land gestapt!'

Want niemand verwacht, gebeurt: binnen enkele weken ligt Frankrijk opnieuw aan zijn voeten.

'Soldaten! Voor elke Fransman die een hart heeft, is het ogenblik gekomen te overwinnen of te sterven!' roept Napoleon bezielend uit. In juni beschikt hij alweer over 170.000 man, 350 kanonnen en een redelijke cavalerie.

Overal marcheren opeens weer soldaten. In Rusland. In Pruisen. In Oostenrijk. Ruim één miljoen bij elkaar. Ruim 70.000 Hollanders en Belgen verenigen zich met 45.000 Britten onder het commando van Wellington. Snel en doortastend voert Napoleon zijn leger naar de Frans-Belgische grens, omdat ook 117.000 Pruisen onder Blücher in opmars zijn.

'Eerst de Pruisen verslaan. Daarna drijven we de Engelsen in zee,' zegt de keizer in zijn hoofdkwartier. Gebogen over de stafkaarten ziet hij, dat Quatre-Bras – viersprong van belangrijke wegen – de sleutel tot de overwinning vormt.

15 juni: Voorpostengevechten. De Fransen bezetten Charleroi. Zij drijven de Pruisen op hun stellingen bij Ligny terug.
16 juni: De Fransen veroveren Ligny na een bloedige strijd.

'Houdt de legers van Blücher en Wellington gescheiden,' beveelt de keizer. Maarschalk Ney moet de aanval richten op Quatre-Bras. Nederlandse en Nassause troepen hebben zich daar verschanst. De prins van Oranje heeft kleine afdelingen rond het dorp verspreid. Zo lijkt het, of hij over een reusachtige legermacht beschikt. De Fransen aarzelen, zetten dan toch de aanval in. Het dapper verdedigde Quatre-Bras houdt stand.

'Waar zijn de Pruisen?'
Die vraag beheerst ieder hoofdkwartier. Wellington heeft van hun eerste nederlaag gehoord.
'Verzoek Blücher dringend zich met ons te verenigen,' zegt hij tot een aide-de-camp, als hij zijn regimenten heeft teruggetrokken bij Waterloo. Napoleon heeft gehoopt de eindbeslissing te kunnen uitvechten bij Quatre-Bras. Nu moet hij zijn afgematte troepen dirigeren naar Waterloo.

17 juni: Stortregens striemen op de legers neer. Soldaten ploeteren over de modderige wegen voort: drijfnat, hongerig, vermoeid.
'Merde!'
Gekanker in alle talen. Ordonnansen galopperen heen en weer. Regen. Kampvuren in de natte nacht.

Zondag, 18 juni: De zon breekt door en beschijnt de vochtige velden rond Waterloo. Beide legers liggen in stelling. Napoleon is vol goede moed. Hij rijdt langs zijn troepen, inspecteert de huzaren, de dragonders, de oude en de jonge garde.

'Als mijn orders goed worden uitgevoerd, slapen we vanavond in Brussel,' zegt hij met overtuigingskracht. Pas om vijf minuten voor twaalf – als de natte velden wat gedroogd zijn – geeft hij het aanvalssein. De kanonnen beginnen te bulderen. Franse scherpschutters gaan naar voren, gevolgd door de infanterie. Soldaten banjeren door de soppige korenvelden. Kogels suizen in het rond. 'Ten aanval!' Elf keer geeft maarschalk Ney zijn mannen dat bevel. Elfmaal wordt hij teruggeslagen. Dan pas lukt het hem door te stoten. Een orgie van bloed.

'Het begint er kwaad uit te zien,' zegt Wellington tegen de prins van Oranje, die het bevel over het centrum voert. Reeds zijn afdelingen van het leger aan de haal gegaan. Denkend dat alles verloren is, vluchten ze naar Brussel en roepen onderweg tegen iedereen:
'Napoleon heeft de slag gewonnen!'

Tot laat in de middag raast de strijd voort. Dan nadert in de verte een sterke troepenmacht. Zijn het Fransen, die de Pruisen op een afstand moesten houden? Een ordonnans stuift naderbij en bericht aan Napoleon:
'Een Pruisisch keurkorps nadert onder von Bülow, sire. Blücher en zijn hoofdmacht volgen!'
'Wij moeten afrekenen met de Engelsen, voordat Blücher het slagveld bereikt,' zegt de keizer. Hij werpt zijn láátste reserves, de oude garde, in de strijd.

Waterloo, laat in de middag op zondag 18 juni: De climax in de bittere, verbeten strijd is bereikt. Wellington rijdt langs zijn linies en beveelt:
'Tot de laatste man sterven, maar standhouden!'

De erfprins van Oranje vuurt zijn troepen aan. Zijn paard wordt onder hem weggeschoten. Gewond valt hij neer. Haastig toegeschoten adjudanten voeren hem bewusteloos weg.

Daar gaan de Fransen, de veteranen van Egypte, Friedland, Austerlitz.
'De oude garde sterft, maar geeft zich niet over...' Sterven lijkt niet erg meer, nu dood en verderf over het slagveld razen. De Fransen stormen voorwaarts om de laatste weerstand van Hollanders, Belgen en Britten te breken. Tamboers roffelen op hun trommen. Vaandeldragers heffen de trotse adelaars in de lucht. Ze sterven als ratten in die wilde, opzwepende roes van het gevecht.

'Leve de keizer!' Dat schalt nog over het slagveld, als in de verte de krijgsmuziek der Pruisen weerklinkt. En dan schreeuwt een Frans soldaat:
'Wij zijn verraden!' Hij ziet de Pruisen naderen, de Engelsen standhouden. Waar blijft de overwinning die hem was beloofd?'
'We zijn verraden. Sauve qui peut!'

Nu raken ook anderen in paniek. De Fransen trekken in wanorde terug in de richting van Charleroi, terwijl Wellington het offensief herneemt:
'Up guards! Make ready!'

De nacht begint te vallen. In de chaos van de terugtocht marcheert de keizer te midden van de oude garde in perfecte slagorde voort. Hij weigert zich over te geven. Kruitdamp verwaait. De duisternis zet in. Op de modderige wegen naar Charleroi vertrappen de Fransen nu elkaar. Artilleristen snijden de stengen van de trekpaarden door, laten hun kanonnen staan en galopperen weg.

Duizenden, honderd-maal-duizend doden bedekken de velden rond Waterloo. Duizenden, tientallen duizenden gewonden kermen om hulp. Duizenden missen daartoe de kracht. Zij liggen reutelend tussen de sjako's, epauletten, sabels en ransels in het slijk. Zij zijn gevallen voor Frankrijk. Maar voor wie in Frankrijk? Ze zijn gevallen voor Pruisen, Engeland, Nederland. Maar voor wie in Pruisen? Voor wie in Engeland en Nederland?

In de kleiner wordende wereld van hun wegebbend leven blijft geen plaats voor het zoeken naar de zin van de strijd. Láátste gedachten aan huis, aan een appelboomgaard, aan een meisje of een vrouw. Dan trekken de pijnen weg. Uren na de slag bij Waterloo verliezen zij de strijd tegen de dood.

De prins van Oranje bij Quatre-Bras in 1815, door J.W. Pieneman (ca. 1820).

De Franse Tijd – Negentiende en Twintigste Eeuw
Het koninkrijk der Nederlanden

Generaal J. van den Bosch, oprichter van de Maatschappij van Weldadigheid. Portret door C. Kruseman (1797-1857), rechts boven.

De mogendheden hebben over de éénwording van België met Nederland beslist. Onder de druk van Napoleons terugkeer uit Elba is de prins van Oranje in maart 1815 tot koning geproclameerd.

Al wordt in september de bruiloft tussen de Noordelijke en Zuidelijke Nederlanden te Brussel met feestelijkheden gevierd, de zwartkijkers ontbreken niet:

'Dit huwelijk uit berekening is tot stand gekomen zonder wederzijdse liefde. Het valt te betwijfelen, of het zal bijdragen tot het wederzijds geluk,' zegt de Franse ambassadeur, die maar weinig goeds ziet komen van deze opgelegde verbintenis. Staan er voor beide landen niet té veel tegenstrijdige belangen op het spel?

België: bijna 4 miljoen inwoners, katholiek, met een opkomende industrie. De staatsschuld is er niet al te groot. Het punt van de algehele godsdienstvrijheid – in de nieuwe grondwet vastgelegd – ligt de katholieke kerk in het Zuiden zwaar op de maag. Onder aanvoering van de bisschop van Gent, monseigneur De Broglie, begint daartegen een heftig verzet.

'De katholieke kerk moet in het Zuiden de staatskerk zijn,' vindt de bisschop, die bang is dat het protestantisme zal opdringen onder de calvinistische vorst. In een herderlijk schrijven spoort hij zijn geloofsgenoten aan zich tegen de nieuwe grondwet te keren:

'Wie tot het handhaven en naleven van de grondwet bijdraagt, doet op de schandelijkste wijze afbreuk aan de heiligste belangen der Kerk!'

De bisschoppen van Namen en Doornik volgen dat voorbeeld. Anti-protestantse, weer gevolgd door anti-katholieke pamfletten, zien het licht.

Er zijn natuurlijk nog tal van andere bezwaren tegen het Noorden. Heel wezenlijk is het feit, dat de geschiedenis van het Zuiden vanaf circa 1600 zo'n geheel ander verloop heeft gehad.

Het Noorden: 2,5 miljoen inwoners, in meerderheid protestant en belast met enorme schulden (die de Belgen nu moeten helpen dragen).

'Wij hebben België erbij gekregen,' denken vele Noordnederlanders, maar zij tonen bar weinig interesse om de onmetelijke zware taak van de werkelijke eenwording op zich te nemen. Dat wordt overgelaten aan de koning, die met alle macht is bekleed. Willem I, 42 jaar oud, is een keiharde werker en een vasthoudend man. Hij wil niets liever dan voor àl zijn onderdanen een goed vader zijn. Met een stevig plichtsbesef gaat hij aan de slag om Noord en Zuid samen te smelten.

De verschillen in mentaliteit kunnen echter niet door visie en werkkracht worden overbrugd.

Willem I begeeft zich na de eedsaflegging naar de Sint Goedele te Brussel (21 sept. 1815). Aquatint door Gibèle naar Leroy, rechts onder.

'Wat een kale neet,' spotten inwoners van Brussel, als Willem I bij zijn plechtige intocht geen zilverstukken, doch vrijwel uitsluitend koperen munten laat werpen naar het uitgelopen volk.
'Het is een *koperen koning*!' klinkt het met een schampere lach.

Ook het zuinige calvinisme botst met de wat uitbundiger zuidelijke levensstijl.

Zeker, enkele Hollanders en Belgen doen oprecht hun best elkaar te begrijpen en het met elkaar eens te worden, in het belang van het land. De meerderheid geeft zich die moeite niet. De praatgrage en vrijpostige Belgen lopen zich al vrij gauw stuk op Hollandse nuchterheid en breed uitgesmeerd fatsoen. En ook omgekeerd:
'Wij moeten hier geen studenten uit het Zuiden!' is het standpunt van de Leidse, Utrechtse en Groningse universiteiten. De studenten daar verzetten geen stap, die tot verbroedering met de Belgische studenten kan leiden. en weer omgekeerd: de katholieken in het Zuiden trekken zich vrijwel niets van hun geloofsgenoten in het Noorden aan.

Monseigneur De Broglie weigert zelfs in zijn kerken te laten bidden voor een voorspoedige bevalling van Anna Paulowna, die met de kroonprins is gehuwd. Dat wekt trouwens ook wel ontstemming in het Zuiden op. De herderlijke brieven van de bisschop zijn dermate agressief, dat de koning er genoeg van krijgt:
'Stuur de marechaussee naar De Broglies kerk. Laten zij de brieven en bullen van de bisschop maar in het openbaar verscheuren!'

De marechaussee marcheert naar binnen. Nijdige blikken en bitse scheldwoorden van de omstanders:
'Christus zal jullie verdoemen!'

Desondanks voeren zij de bevelen uit. Zo laait de ruzie steeds hoger op. De koning daagt De Broglie voor het gerecht. De bisschop vlucht naar zijn geboorteland Frankrijk.

Vasthoudend als hij is, tracht koning Willem de strijd tegen de katholieken te winnen. Graag zou hij *zélf* de bisschoppen benoemen. Onderhandelingen daarover met de paus lopen op niets uit. Later laat de koning de bisschoppelijke seminaries sluiten en beveelt hij, in 1825, de oprichting van het *Collegium Philosophicum* om het onderwijs wat losser te maken van de kerk. Zo hoopt hij tóch enige invloed te krijgen op dat deel van de geestelijkheid dat zich tegen hem keert. De kerk zet zich schrap. Al heerst er persvrijheid, menig ontevreden auteur of pamflettist wordt hardhandig de mond gesnoerd. Het wantrouwen neemt toe.
'Waarom doen de Staten-Generaal zo weinig of niets om het getij te keren?' is een vraag die hier en daar weerklinkt.
'Omdat ze allemaal te belazerd zijn,' luidt soms een snel gegeven antwoord, hoewel dat nogal kortzichtig is.

In de *Eerste Kamer* zitten oude, vaak adellijke heren, die de koning heeft benoemd. Van die deftige lieden is geen oppositie te verwachten.

In de *Tweede Kamer* komen 55 Belgen en 55 Hollanders bijeen. Zij zijn gekozen door de Provinciale Staten. De adel vormt even een teer punt.
'Bij ons in het Noorden bestaat haast geen adel meer, majesteit,' hebben regenten geprotesteerd.
'Dan zullen wij een adel maken,' heeft de koning gezegd. Allen die *vóór* 1795 in de vroedschappen zaten, mogen nu beslag leggen op een adelsbrief. De meeste happen gretig toe en stappen dan wat zelfbewuster rond:
'Bonjour, freule Six!'
'En hoe vaart gij, waarde jonkheer Roëll?'

Omdat er rangen en standen zijn, roepen zij, die reeds vóór 1748 voorvaderen in de vroedschap hadden:
'Wij zijn van *oude adel*!' Dat klinkt wel kinderachtig, maar het klassebewustzijn is sterk. Toch weigert een aantal regenten verheffing in de adelstand. Spottend en met dédain kijken zij op de nieuwbakken jonkheren en baronnen neer.

Kiezers zijn slechts zij, die een bepaald bedrag aan belasting betalen. De verkiezingen voor de Tweede Kamer geschieden in 5 trappen. Véél leden van de Tweede Kamer zijn ambtenaar. Ook zij durven geen krachtige oppositie te voeren, bang als ze zijn hun baantje kwijt te raken bij verzet tegen 's konings wil.

Tenslotte zijn er nog 8 ministers, maar ten opzichte van de Staten-Generaal dragen zij geen verantwoordelijkheid. In feite voeren zij uit wat de koning beveelt. Zij zijn dienaren van hun vorst – en soms heel belangrijke dienaren, zoals Van Maanen, Van de Goltz, Van der Capellen, Van Nagell of Six. (De oude Gijsbert Karel van Hogendorp is nooit minister geweest. Van meet af aan heeft er tussen hem en Willem I een ernstige wrijving bestaan: die twee grote persoonlijkheden konden niet met elkaar overweg.)

Zo liggen dan de zaken in het nieuwe koninkrijk: wat de koning besluit, wordt in de Staten-Generaal zonder veel strijd aanvaard. Met Koninklijke Besluiten – dus zonder wetgeving en buiten de Staten-Generaal om – kan Willem I zijn gang gaan en doet dat gelukkig ook. Energiek zet hij zijn krachtige schouders onder de problemen, want die zijn er volop: meteen al in het begin komt het rijk voor een ernstige economische crisis te staan:

'Now is the time for export,' bedenken de Britten als Napoleon ten val is gebracht. 'Onze produkten kunnen nu weer naar Europa toe!'

Ook het koninkrijk der Nederlanden wordt met Britse goederen overspoeld. Economische neergang en grote werkloosheid zijn het directe gevolg. Van de 25 scheepswerven in Zaandam is er allengs nog maar één in bedrijf. De textielindustrie (vaak nog in de vorm van huisindustrie; man, vrouw en kinderen zitten achter een weefgetouw) kan niet op tegen de Engelse fabrieken, waar de stoommachines reeds lang zijn ingevoerd. Als een enkeling dat voorbeeld wil volgen, geeft dat een hoop radouw:

'Verdomme, dat kreng van een ding stoot ons het brood uit de bek,' schreeuwen arbeiders in Brabant, als Pieter van Doorn een stoommachine aanschaft voor zijn spinnerij. Ze vloeken. Ze ballen een vuist.

'Hier met die stenen! Vooruit, mannen, smijt die ruiten in!' Begrijpelijk is de reactie wel. De arbeiders lijden reeds honger met hun lonen van 6 gulden per week, omdat de prijzen overal onrustbarend zijn gestegen. Wat moet er van hen worden, als dat 'stoommesjien' hun werk overbodig maakt? Ze hokken reeds met hun gezinnen in kelderwoningen of in één schamel vertrek. Man, vrouw en 6 kinderen in één bedstee ('en Henkie heb de tering') zijn geen uitzondering. Vanzelfsprekend hebben die omstandigheden – onder het bestaansminimum – een ontstellende achteruitgang in werkkracht en energie tot gevolg. De ondernemers zien er daarom maar weinig heil in om met dit soort werkvolk in zee te gaan: 'De Nederlandse arbeider is traag, ondervoed, krachteloos en onbekwaam,' zeggen zij spijtig onder elkaar.

'Ik wil graag werk verschaffen. Maar ik kan mijn geld toch niet wagen met dat soort kerels in mijn bedrijf?'

'Zo is het, mijn beste. Voor werk, dat kracht of vakkennis vereist, trek ik daarom buitenlanders aan. Jammer, maar onze mensen zijn er niet toe in staat!'

Omstreeks 40.000 geschoolde gastarbeiders – vooral Duitsers en Zwitsers – komen naar Nederland. Zij pikken een aantal toch al zo schaarse banen voor het Nederlandse werkvolk weg. Voortglijdend in die vicieuze cirkel, neemt de armoede toe.

'Barmhartige God,' mompelt een ontstelde ambtenaar in Amsterdam, als hij enkele mensonterende cijfers op papier heeft gezet. In het jaar 1817 zijn alleen al in Amsterdam 855 kinderen te vondeling gelegd. Nog eens 240 kinderen zijn zo maar achtergelaten in de stad door ouders die (onder andere door een mislukte oogst) volledig wanhopig zijn.

De brandewijnstokerijen maken een best jaar. Om alle ellende te vergeten, drinkt menig werkman zich een behoorlijk stuk in de kraag.

'Er moet iets gebeuren!' besluit de koning, als ruim 1/9 deel van zijn onderdanen van de bedeling leeft. Een *Maatschappij van Weldadigheid* wordt opgericht. Initiatiefnemer generaal Van den Bosch hoopt de werklozen, de bedelaars en de paupers aan het werk te krijgen op de woeste gronden in Drenthe.

'Tijdens de ontginning voeden wij hen daar tot zelfstandige agrariërs op,' is zijn mening, maar vele Nederlanders schudden afkeurend met hun hoofd:

'Belachelijk!'

'De armoede komt van God. Zélfs de armsten zijn die mening toegedaan!'

De zeer christelijke Da Costa komt, evenals vele predikanten, met vernietigende kritiek:

'Hij verdient, dat men hem de kop voor de voeten legt, die generaal Van den Bosch. De armoede te willen opheffen! Het ontwerp is boven het bereik der mensen. Zij willen een toren van Babel bouwen, maar het gehele gebouw moet omver. De bijl ligt al aan de boom en de tijd van Gods herstellende Almacht breekt aan!'

Ondanks die harde woorden gaat de voortvarende generaal met een verheugend optimisme aan de slag.

'Ik kan 200.000 man in Drenthe plaatsen. Dan is het armenvraagstuk opgelost!' Hij sticht armenkoloniën te Frederiksoord, Wilhelmina's oord en Willemsoord. In Veenhuizen komen enorme gestichten voor weeskinderen te staan. De stumperds worden nu overal vandaan gehaald, al verloopt dat niet zonder protest:

'Schande! Kijk nou toch!' Een woedende menigte in Amsterdam dringt samen bij de kade, als honderden weeskinderen naar klaarliggende schepen worden gedirigeerd. Allerlei vrouwen barsten ontroerd in snikken uit, bij het zien van al die bleke, ver-

De Franse Tijd – Negentiende en Twintigste Eeuw

De onderwerping van Diepo Negoro aan luitenant-generaal H.M. de Kock, 28 maart 1830, door N. Pieneman.

bijsterde kindersnuitjes:
'Och arme, zij moeten niet gaan. Dit kan toch niet?'
Maar het kan wel! In hun kieltjes, vaak op te grote schoenen, schuifelen de dreumesen met hun geringe bagage aan boord.
'Verdomme, dit is te dol!' Tierende Amsterdammers dringen verontwaardigd naar voren. Ze worden door bewapende schutters teruggeduwd.
'Nou niet huilen, Henkie!'
'Toe, droog nou je tranen, meid!' Een kinderarm glijdt troostend om een magere meisjesschouder heen. De schepen vol kinderen zeilen ongehinderd over de Zuiderzee.

In Drenthe hokken allengs duizenden wezen en bedelaars in barre kazernes bijeen. Omdat de werkloze stedelingen niets voelen voor werk op het platteland, worden dan maar landlopers en paupers naar Drenthe gestuurd. Van 'vrijwilligheid' blijft bitter weinig bestaan. De kolonies groeien daardoor tot een soort strafkampen uit. De koninklijke familie schenkt veel geld. Een oplossing van de zich opstapelende problemen brengt dat niet. Het voor die tijd zeer moeilijk te realiseren project, is door de slechte arbeidskrachten (en de onvruchtbare Drentse grond) tot mislukking gedoemd.

1600 Bedelaars, 1800 wezen en 3600 armen klonten na verloop van tijd in Drenthe bijeen. Zij brengen 2700 ha in cultuur. Maar tevens zit het koninkrijk nu met die menselijke wrakken opgescheept.

Jacob van Lennep en zijn vriend Dirk van Hogendorp zijn in het jaar 1823 te voet, per trekschuit en diligence, door de noordelijke provincies gereisd. In de veenkolonies te Drenthe bezoeken zij een werkplaats waar 8 kinderen (niet ouder dan 7 jaar!) aan het spinnen zijn onder het toezicht van een vrouw. Van Lennep beschrijft het gesprek, dat Van Hogendorp met enkele kinderen in die bedompte werkplaats heeft:
'Hoe komt gij hier, jongetje?'
Het kind zucht, antwoordt niet, pinkt een traantje weg.
'Antwoord vrij, waar komt gij vandaan?'
'Uit Rotterdam, mijnheer!'
'En wat had je gedaan, dat je hier werd gebracht?'
'Ik had gebedeld, mijnheer, en toen pakten die dienders mij op en brachten mij in de gevangenis. Daar heb ik acht weken gezeten. En toen hebben zij mij hiernaartoe gebracht.
'Wisten je ouders, dat ge bedelde?'
'Ja, mijnheer, mijn vader had het mij gelast.'
'Wat deden uwe ouders?'
'Mijn vader was lam en mijn moeder werkte voor de lui. In de gevangenis heb ik mijn ouders dikwijls gezien. Sinds heb ik niets van hen gehoord...'
Dan spreekt Van Hogendorp een ander ventje aan: 'En jij, jongetje, waar ben jij vandaan?'
'Van Amsterdam, mijnheer.'
'En hoe kom jij hier? Heb je gebedeld?'
'Nee, mijnheer. Mijn vader werkte aan de landswerf en had mij aan het werkhuis aangegeven (voor een baantje), en vandaar ben ik hiernaartoe gevoerd.'
'En weet je vader dat?'
'Nee, mijnheer. Ik heb nooit iets van hem gehoord...'
Huiveringwekkende, angstaanjagende stukjes dialoog! En er is nog zoveel meer in de veenkolonies, dat niet door de beugel kan. Mannen en vrouwen leven er gescheiden. Zelfs de gehuwden wonen niet bij elkaar. De gevolgen daarvan zijn ook Van Lennep niet ontgaan.
'De Republiek van de Vaga Venus heerst hier in de volstrekte zin, zodat de meeste meisjes zwanger zijn,' schrijft hij. 'De jonge lieden van beide kunne gaan gezamenlijk naar het werk. Een soldaat moet op 25 paren passen en er kan licht iets geschieden, dat aan zijn oog ontglipt, wijl verhinderde begeerte te lichter wordt aangeprikkeld...'
Geschrokken vervolgen Van Lennep en Van Hogendorp hun avontuurlijke tocht. Zij ontdekken dorpen in Drenthe, die nog steeds voortsudderen in een volslagen isolement. Noch in Drenthe, noch in Groningen, noch in Friesland is er één verharde weg.
Om het land te ontsluiten beveelt koning Willem de aanleg van een uitgebreid wegennet. Door tollen te heffen komen de kosten er vanzelf uit. Niet alleen de diligences van de firma Van Gend & Loos uit Antwerpen, maar ook de calèches, tilburies, carikels, sjezen, barouchettes en fourgons der rijken, en de hessenkarren van de wagenveerdienst, hobbelen dan wat doeltreffender over de verharde wegen voort. De armen gaan te voet.

Als een bekwaam financier en een groot zakenman ontwerpt de koning een welvaartsplan. Hij neemt krachtige maatregelen om de produktie van allerlei goederen in eigen land te bevorderen en zet zich voor de export in. Ondanks het gekerm van Amsterdamse kooplieden, wie het aan visie ontbreekt, brengt hij met in- en uitvoertarieven de zaken weer wat op gang.

De kooplieden denken veelal, dat zij de Amsterdamse stapelmarkt, die uit de tijd is, nieuw leven kunnen inblazen. In de 17de en 18de eeuw werd allerlei koopwaar in Amsterdam gestapeld. Daar kon men de produkten bekijken en kopen. Deze functie vervalt in de 19de eeuw. Niet alleen halen de kopers de goederen nu zelf uit de produktielanden, maar zij kopen nu ook op monster. Bovendien heeft Engeland een flink deel overgenomen van de oude handel.

Tegen de Engelsen, die aandringen op krachtige uitbreiding van het leger (Willem I was tenslotte als 'schildwacht' voor Frankrijk aangesteld), zegt de koning:
'Mijn onderdanen moeten eten en niet opgegeten worden!'

Woekerend met een chronisch gebrek aan geld, richt de koning het *Amortisatie-Syndicaat* op: een soort privé-pot van belastinggelden, waarmee hij – buiten het zicht van de Staten-Generaal – economische projecten financiert. Dat eigen potje wekt veel ergernis:
'Laat de koning liever rente betalen over de staatsschuld,' kankeren geldschieters. De staatsschuld is zó groot, dat over 2/3 deel geen rente meer wordt betaald. Het Syndicaat loopt uiteindelijk op een débâcle uit.

Koning Willems forse pogingen om de nijverheid in het Zuiden te stimuleren hebben een beter resultaat.
'De koning veroorlooft zich geen rust, behalve wanneer hij aan tafel zit,' schrijft zijn zuster. Dat is waar. Hij werkt dag en nacht, en haalt herhaaldelijk zijn ministers uit hun bed. Alles wil hij *zélf* regelen en doen. Als Amsterdammers komen klagen dat de groter wordende schepen niet langer via de Zuiderzee en het IJ kunnen bereiken, pakt koning Willem een kaart.
'Dan moet hier een kanaal komen,' beveelt hij en hij trekt een rechte streep van IJmuiden naar Amsterdam. De ingenieurs durven zijn plan niet aan. Daarom beginnen zij in 1819 met de aanleg van het Noordhollandskanaal: van Den Helder naar Amsterdam. De Belgen sputteren, want de kosten bedragen 8 1/2 miljoen. Maar ook zij krijgen kanalen: van Terneuzen naar Gent, van Brussel naar Charleroi, het Moezelkanaal en het kanaal van Luik.
Als de president-directeur van een groot bedrijf zet koning Willem zich in om aan ál zijn onderdanen welvaart te brengen. Door oprichting van de Nederlandse Bank saneert hij de wanhopige financiële toestand van het koninkrijk. En als een echte ondernemer ziet de koopman-koning ook het verre Indië als een bedrijf, dat winstgevend behoort te zijn:

'Onze buitenlandse bezittingen zijn het onderwerp van mijn voortdurende aandacht,' klinkt het in de troonrede in 1825. Een jaar eerder heeft koning Willem met veel durf de Nederlandse Handel-Maatschappij opgericht. Met een beginkapitaal van 37 miljoen (de koning steekt er zelf 4 1/2 miljoen in, terwijl ook in het Zuiden voor grote bedragen wordt meegedaan) stelt de nieuwe maatschappij zich ten doel, produkten uit Indië naar Nederland te brengen en Nederlandse produkten uit te voeren naar de Oost. Gent, dat de 'katoentjes' mag leveren, leeft er helemaal van op. Dat juist dan op Java een opstand losbarst, is een lelijke streep door de rekening.

'Dood aan de Hollanders,' roept Dipo Negoro vergramd uit. Hij dacht in aanmerking te komen voor het sultanaat van Djokja. Dat is niet gebeurd. Daarom verzamelt hij duizenden Javanen om zich heen. 'Merdeka!'

Een jarenlange, bloedige guerillaoorlog breekt uit. Dessa's en kampongs gaan in vlammen op. Angstig wegvluchtende vrouwen met een baby op de arm. Huilende, verminkte kinderen langs de kant van de weg in de schaduw van een roerloze palm: 'Tida... tida ada...'

Aan Nederlandse zijde sneuvelen 15.000 man en ongeveer 200.000 Javanen komen bij de wreedheden om. Het kille bedrag van 20 miljoen is de kostprijs van al dat leed.

Er is overigens geen land ter wereld dat zich druk maakt! Geen regering windt zich op, of protesteert tegen de strijd die op Java woedt!

Als een ondernemer die geen stakingen wil, zet de koning een commissie aan het werk om de toestand te verbeteren. 'Geef de inlanders, die de gronden steeds in gemeenschappelijk bezit hebben gehad, *eigen* grond,' adviseert de commissie. 'Laat ze op een deel daarvan produkten verbouwen, die wij nodig hebben. Slechts het stimuleren van een ieders winstbejag zal kunnen leiden tot een goed resultaat!'

Onder aanvoering van generaal Van den Bosch zullen de Javanen onder het *cultuurstelsel* 1/5 van hun grond moeten afstaan voor de verbouwing van produkten, die het gouvernement van hen eist. 66 Dagen per jaar zullen zij voor de Nederlanders mogen werken (en daarvoor ook worden betaald!). Dat dit opgelegde systeem niet altijd even prettig verloopt, meldt ook een zoon van Van Hogendorp. Aan zijn vriend, dichter Da Costa, schrijft hij vanuit Indië een klagende brief:

'Het is een diep bedroevend toneel om hier blanken en christenen te zien, aan het andere eind van de wereld, verdrukkers van zovele miljoenen mensen, bedervers van hun tijdelijke welzijn en zonder hart voor hun hogere belang!'

Opwekkend klinkt dat niet, maar veel erger is, wat er in de West geschiedt. Tegen alle afspraken in smokkelen Hollandse schepen daar nog steeds slaven aan land. In Suriname zijn er 50.000, naast 2000 blanken, van wie 1300 joden die er wat meer vrijheid hebben gezocht. Pas in 1825 zijn de joden voor de wet aan de Nederlanders gelijkgesteld.

Beetje bij beetje neemt de welvaart toe. En dat mag ook wel: 15 tot 20% van de onderdanen zijn als redelijk welgesteld of rijk te beschouwen, de rest is domweg arm!

Terwijl in Engeland de industriële revolutie – het stichten van grote bedrijven met stoommachines en veel werkkrachten – zich voltrekt, staat de tijd in het Noorden van het koninkrijk der Nederlanden vrijwel stil. Het economische leven en de produktie van goederen worden nog geheel door kleinbedrijfjes beheerst. In Friesland zijn 24 brouwerijen. Gezamenlijk hebben zij... 28 man in dienst. In Twente weven en spinnen de meeste textielarbeiders nog thuis. Gedreven door de té lage lonen buiten vele ouders hun kinderen uit. Zelfs kleine hummels maken lange dagen achter een weefgetouw.

De meeste ondernemers laten het werk in hun bedrijf over aan de meesterknecht en komen slechts af en toe even kijken hoe de zaken gaan:
'Alles goed, Hendrik?'
'Jawel, mijnheer!'
'Mooi, mooi!'

Ze lopen wat rond. Ze geven wat aanwijzingen. Dan gaan ze naar de sociëteit om de krant te lezen, want de abonnementen op kranten zijn nog erg duur. Of zij besteden de rest van hun tijd aan het bestuur van stad of gewest. Bij de burgerlijke stand staan trouwens heel wat welgestelden al 25 jaar lang ingeschreven als *rentenier*.

Zij leven zuinig van geërfd geld en brengen dat niet aan het rollen. Daardoor remmen ze de ontwikkeling van de werkgelegenheid.

'In Noord-Nederland kan men een blad horen vallen: alles is zo doods mogelijk!' Zo klinkt een klacht over de lauwe geest. Met een ouderwetse inslag draagt de wetenschap ideeën voor vooruitgang aan. Ook uit die hoek geen stimulans.

Toch wordt er onder het toeziend oog van Willem I een aantal initiatieven ontplooid:
'Ik ga een wijnhandel beginnen,' zegt de energieke Paul van Vlissingen, als hij als officier van administratie in het Indische leger naar het vaderland is teruggekeerd.

Algauw ontdekt hij, dat er betere kansen liggen op een ander gebied. In 1825 richt hij te Kattenburg de Amsterdamse Stoomboot Maatschappij op. Daarmee onderhoudt hij geregelde diensten met Kampen, Den Helder en Zaandam.

Wat later komen daar nog Hamburg en Londen bij. Dan begint hij met een Engels ingenieur – en 30 Engelse arbeiders – een eigen machinefabriek. Dat wordt de basis van het latere *Werkspoor*.

In Rotterdam komt de Maatschappij voor Scheeps- en Werktuigbouw, *Feyenoord* van de grond. Bij de proefvaart van het eerste Nederlandse *stoomschip* (nog van hout en van een Engelse ketel en machine voorzien), bevindt koning Willem I zich aan boord.

'Hoezee, hoezee!'
'Kijk hem roken!'

Het stoombootspel met de stoomboot tussen Dordrecht en Rotterdam.

De Franse Tijd – Negentiende en Twintigste Eeuw
De Belgen komen in verzet

De verbaasde toeschouwers juichen geestdriftig, maar menig zeeman schudt bedachtzaam met zijn hoofd en mompelt in de baard:
'Daar kan niks goeds van komen, wat ik je brom!'

Beter dan in het Noorden – en met meer elan en groter enthousiasme – heeft het Zuiden de zaken aangepakt. In de Waalse metaalnijverheid – mede door toedoen van de koning gemoderniseerd – werken 60.000 arbeiders. 5000 Voertuigen en 30.000 paarden dragen alleen al in deze sector zorg voor het transport.

Nu de Schelde open is, bloeit ook Antwerpen weer wat op. Daar ligt thans een handelsvloot van 117 schepen. Er is een flinke invoer van katoen en wol en een flinke uitvoer van lakens, wapens, ijzerprodukten en vlas. De Gentse textiel profiteert in hoge mate van de Nederlandse Handel-Maatschappij, met export van katoentjes naar de Oost. Grote ondernemingen en fabrieken worden op een modernere leest geschoeid. Dat kan alleen, omdat de eigenaars kapitalen verdienen en dat geld gebruiken voor investeringen in hun bedrijf. (Bankkredieten zijn er nog niet en geld lenen wordt als iets hoogst onfatsoenlijks beschouwd. Dat deed je niet!) Ondertussen woekert de uitbuiting van de arbeiders onverminderd voort. Hun armoede neemt haast van dag tot dag toe.
'Het geklaag der arbeiders schreeuwt tot Gods troon. Er zal een nieuwe wereld komen, waarin de rijken zullen jammeren en schreien...'

Dat is een nieuw geluid, dat aarzelend in het Zuiden begint te klinken. Soelaas voor het volk (1/7 deel leeft in totale armoede) geven die woorden niet. De toestand is dermate ellendig, dat voor velen 'het einde der dagen' wordt verwacht. Boer Jan Masareeuw doet zijn vee maar alvast voor een koopje van de hand.
'Jullie hoeven niet meer naar school,' zegt hij tegen zijn kinderen. Bedaard wacht hij met zijn gezin op de ondergang van de wereld, die in zijn gedachten op handen is. Hij wacht en wacht, maar tevergeefs... Hij is de enige niet. Ook de dichter Bilderdijk, die met 300.000 versregels de bestaande maatschappij van alle kanten aanvalt, wordt beheerst door gedachten aan 's werelds ondergang:

'Het is de afval van God, waardoor Europa is geworden tot dat met zichtbare vloek overladen werelddeel!' Bilderdijk en de dichter Da Costa menen, dat het kwaad in de wereld vooral uit de Franse Revolutie is voortgevloeid.
De dichter Tollens ('Wien Neêrlandsch bloed door de aderen vloeit, van vreemde smetten vrij') wint met zijn huiselijke, gemoedelijke, romantische gedichten grotere populariteit dan de zwartkijkers. Zijn werkje *Bij de dood van een kamermeisje* vindt gretig aftrek:

Zij was een wees, die vrienden had nog magen
Zij was hier vreemd; zij kwam van wijd...

Het duurt 70 coupletten, voordat de stumper sterft. Heel wat dreigender klinken vele geschriften in het Zuiden: zij dringen aan op het stervensuur van het grote koninkrijk...

De tegenstellingen tussen Noord en Zuid nemen gestadig toe. Het zit de Belgen bijvoorbeeld hoog, dat voor de talrijke openbare functies vooral Noordnederlanders worden benoemd:
'Van de 116 ambten op het ministerie van Buitenlandse Zaken worden er slechts 11 door Belgen bekleed,' fulmineren zij onder elkaar.
'Er bevinden zich slechts 10 Belgen onder de 76 generaals!'
'Ik heb het wel gezegd: we worden onderdrukt!'
Een ander wrijfpunt vormt de taal. Het koninkrijk der Nederlanden bestaat uit 2 miljoen Walen, 2 miljoen Vlamingen, ruim 2 miljoen Nederlanders en een half miljoen Friezen. Omdat de taal een bindmiddel is, heeft de koning het Nederlands (met allerlei dwangmaatregelen) als vaderlandsche taal in Vlaanderen ingevoerd.

Ambtenaren, die alleen maar Frans spreken, worden voor een deel uit hun baantjes gewipt. 'Geen Nederlands, geen posten,' is het devies in Vlaanderen. De rechters, notarissen, deurwaarders, die zich van het Frans blijven bedienen, worden achtervolgd en raken hun ambten kwijt.
'Ik wens de Franstalige universiteit van Luik te sluiten,' zegt de koning, maar dat gebeurt toch niet.
De heftige protesten, die vooral de Franstalige kranten laten horen, worden in de kiem gesmoord.
'Wat blijft er zo van onze persvrijheid bestaan?' vragen vooruitstrevende groepen in België zich af. Juist zij hebben de koning gesteund in zijn strijd tegen de kerk. Maar beknotting van het onderwijs en de pers verdragen zij niet. (In het Noorden is men nog helemaal niet zo bijzonder op persvrijheid gesteld!)

De koning mist de soepelheid, de charme en humor om zijn Belgische onderdanen gelukkig te maken. Haast koppig houdt hij aan zijn ideeën vast. Als een kind van zijn tijd is hij een 'verlicht despoot' (en één der beste vorsten van Europa). Om zijn wil te kunnen doordrijven treedt hij soms hardhandig op. De Franstalige kranten (een Vlaamse pers is er vrijwel niet) krijgen er flink van langs. Kamerleden die hem durven tegenwerken, laat hij zijn tanden zien.

Wantrouwen en achterdocht nemen steeds grotere vormen aan. Na 13 jaar is van een 'innige' en 'volledige' vereniging der beide landen nog steeds geen sprake.

Spotprent op de Belgische petitionnementen ter verkrijging van de vrijheid van onderwijs en vrije drukpers. Litho van J. Pinnoy naar een schilderij door J. Geirnaert.

484

'Hier teken dit. Een verzoekschrift aan de koning!'
Onder aanvoering van priesters, toch al op de koning gebeten wegens het sluiten van de seminaries, gaan in Oost- en West-Vlaanderen lijsten rond.
'Waar gaat het om?' vragen boeren.
'Om de vrijheid van de taal. De koning wil het Frans afschaffen om ons te kunnen overheersen. Vooruit, Jefke, Fonske, allez, mannekes, zet uwe handtekening maar efkes neer. Meneer pastoor gaat akkoord?'
Nota bene: 10.000 Vlamingen, die geen woord Frans spreken, die voor het merendeel analfabeet zijn, zetten goedig hun pootje *voor de handhaving van de Franse taal*. Of ze zetten met goesting een kruisje, omdat het tegen overheersing én tegen de koning gaat.
De taalkwestie, het onderwijs, de vrijheid van de pers, kortom àlle adders onder het groene gras van het koninkrijk, steken nu giftig de koppen omhoog.
Acties van de geestelijkheid. Lijsten met wensen en grieven van de Belgen gaan (voorzien van 300.000 handtekeningen!) naar de Staten-Generaal. Tal van heren in het Zuiden (die beschermde rechten nodig hebben in verband met de concurrentie uit Engeland) keren zich tegen economische maatregelen, die voor de kooplieden in het Noorden zo broodnodig zijn. Men roept om een nieuwe grondwet en eist:
'De ministers moeten aan de Staten-Generaal verantwoordelijk zijn!'
'Ik ben de koning der Nederlanden,' geeft Willem I ten antwoord. 'Ik ken mijn recht; ik ken mijn plicht!' Hij handhaaft de grondwet, waarop hij indertijd zijn eed heeft afgelegd.
Heftige brochures tegen de dwingelandij zien dan het licht. In de cafés gaan de gesprekken meer en meer over de politiek. (Er bestond nog geen vrijheid van vergadering. Politieke bijeenkomsten waren er nauwelijks of niet – en konden alleen met toestemming van de politie worden gehouden. Pas in 1848 wordt het recht van vereniging en vergadering in Nederland ingevoerd. In België gebeurt dit in 1831.)
'Wij moeten onze krachten bundelen,' zeggen jonge liberalen. Hoewel zij zich steeds tegen de macht van de kerk hebben verzet, sluiten zij nu met de katholieken een verbond. Eén van hen, Louis de Potter, eist een scheiding tussen Noord en Zuid. In de *Courier des Pays Bas* roept hij de koning toe:
'Beschikt over Uwe meningen, Uw erediensten, Uw scholen zoals het U goeddunkt, en laat ons in vrijheid over de onze beschikken! Handhaaf Uw zeden, Uw gebruiken, Uw taal, maar laat ons onze taal, ónze gebruiken en ónze zeden. Maakt wetten uitsluitend in het belang van Uw handel, wij zullen er maken in het belang van onze landbouw en nijverheid...' Het beeld dat De Potter voor ogen zweeft is dat van twee landen, die onder het bewind van één koning staan.

In die maanden valt het de buitenlandse gezanten reeds op, hoe explosief de toestand in het Zuiden is.
'De oppositie tegen de koning en regering breidt zich met buitengewone snelheid uit,' meldt de Britse gezant aan de regering in Engeland.
Té laat toont koning Willem I zich bereid om enige concessies te doen. En weinig tactvol eist de minister van Justitie, Van Maanen, juist dan van alle ambtenaren een eed van gehoorzaamheid op de bestaande grondwet. Dat zet weer kwaad bloed. Een motie van de Belg Brouckère voor persvrijheid, wordt in de Tweede Kamer, met 66 tegen 44 stemmen, verworpen. Slechts enkele Belgische kamerleden hebben de koning gesteund.
Wegens zijn heftige artikelen is de journalist De Potter – en met hem enkele strijdbare redacteuren van de katholieke pers – gevangen gezet.
'Vive de Potter!' schreeuwt een nijdige menigte, die De Potter op zijn tocht naar het gevang begeleidt.
'A bas Van Maanen!'
De Belgen eisen steeds feller, dat de gehate minister van Justitie (en Politie) wordt afgezet.
Louis de Potter is ondertussen de held van de dag. Zelfs in het gevang ontvangt hij zijn politieke vrienden en bewonderaars. Hij wekt met zijn geschriften (die hij blijft schrijven) àllen op tot gezamenlijke strijd. In zijn huis worden ondertussen bezwarende papieren ontdekt. Het gerechtshof vonnist de Potter tot een verbanning van 8 jaar.
'A bas Van Maanen!' Nieuwe opwinding is het gevolg. Overal spreekt men met afschuw over de minister:
'Hij is bezig 7 kranten te vervolgen!'
'Ik weet het! Maar liefst 30 verschenen arti-

Louis de Potter, door F. Kinsoen (?).

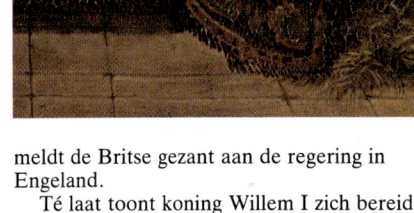

Koning Willem I, door J.B. van der Hulst (1833), links.

De Franse Tijd – Negentiende en Twintigste Eeuw

kelen heeft hij als strafbaar beschouwd!'
'België is geen kolonie van Holland,' roept Charles Rogier zijn landgenoten toe. Van Hogendorp reageert daarop in de Staten-Generaal;
'Wanneer de afgevaardigden der Zuidelijke provincies ons zeggen: wij willen niets van u weten, dan zullen wij antwoorden: wij hebben u niet nodig!' Die mening zijn de meeste Hollanders toegedaan. Krachtige maatregelen, die tot ontspanning kunnen bijdragen, blijven daardoor uit.
'Wat een zwakheid der regering,' schrijft de jonge, liberale hoogleraar Thorbecke uit Gent aan zijn vriend Groen van Prinsterer. Groen beaamt het. Al is hij Oranjegezind en moet hij maar weinig van liberale gedachten hebben, toch heeft hij niet veel waardering voor het autocratische regeringssysteem van Willem I.

Het verzet in het Zuiden – uitmondend in opstand – komt vooral door een economische crisis op gang. Door de voortwoekerende malaise ontbreekt het de bedrijven allengs aan een binnenlandse afzetmarkt. In het buitenland vormt de protectie van eigen goederen een ernstige belemmering voor export. Overproduktie is het gevolg. Het regent faillissementen. De sluiting van bedrijven brengt de toch al verpauperde arbeidersmassa's op de been. Zij keren zich tegen de belastingen, die op het geslacht (vlees) en het gemaal (graan) zijn ingevoerd:
'Goedkoper brood!'
'Goedkoper vlees!'

Met dat soort leuzen werpen de hongerigen zich op graanschuren in hun buurt.
Zonder leiders, zonder vast omlijnd plan, slaan zij machines in de fabrieken in puin.
Nog erger wordt het, als radicale republikeinen in Parijs met behulp van het volk een *echte* revolutie teweeg hebben gebracht. Deze Parijzenaars hebben barricaden in de straten opgeworpen en na flinke strijd koning Karel X van Bourbon van zijn troon gejaagd. Louis Philippe, hertog van Orléans, neemt dan als *burger-koning* zijn plaats in (juli 1830).

Die revolutie in Parijs slaat over naar het noorden. In Verviers, in Namen, in Brussel en in Luik beginnen de arbeiders op grote schaal te marcheren:
'Weg met Willem I!'
'Leve Frankrijk. Leve de hertog van Orléans!'
Een enkele roept per vergissing 'Leve Napoleon'. Maar weten ze veel! Grauw, hongerig en verbeten marcheren ze voort.
Zoals het elders in Europa is gegaan (of nog zal gaan), zo verloopt het ook in het Belgische land: de arbeiders beginnen de opstand en de gegoede burgerij snelt toe om zich via die opstandige bewegingen meester te maken van meer macht.
Het gaat allemaal zó snel, dat de 'revolutie' voor vele revolutionairen als een volslagen verrassing komt en... verder glijdt, dan de meesten van hen hebben bedoeld:

Het is een warme, zelfs hete zomer. In Brussel schuift het gewone leven voort, al wordt er heftiger dan voorheen over de politieke toestand gesproken. Hier en daar zijn wat relletjes geweest. Hollandse ambtenaren zijn uitgescholden en gesard. Vooral de opgeschoten jongelui hebben daarvoor stekelige slagzinnen bedacht:
'Minister Van Maanen, laat je kaaskop kanen!'
Lachend, vol branie – en soms alleen maar belust op een rel – groepen zij in de stad bijeen. Vooral de Muntschouwburg is een geliefd punt van samenkomst.
Sinds 1 augustus (1830) loopt daar de opera *La Muette de Portici* – een stuk, waarin het volk van Napels tegen de Spaanse onderdrukkers strijdt.
'Bis... Bis!' roept het publiek avond aan avond, als de aria *Heilige liefde voor het Vaderland* weerklinkt.
'Vooruit, jongens, daar moeten we naar toe,' zegt de jonge, liberale leraar Philippe Lesbroussart tegen de oudste leerlingen van het Brusselse atheneum. Met een veelbetekend lachje voegt hij daar nog aan toe: 'Als jullie tijdens de voorstelling herrie willen schoppen voor de goede zaak, weerhoud ik jullie niet!'
Terwijl radicale en gematigde liberalen discussiëren over de liberalisering van de staat (voor het geval de koning een scheiding toestaat, maar koning over België blijft), sturen scholieren en studenten de voorstellingen van *La Muette* keer op keer in de war:
'Meezingen, jongens!' Ze zingen mee uit volle borst.
'België moet vrij!' Ze heffen hun spreekkoren aan.
Iedereen praat erover. Steeds meer mensen begeven zich uit nieuwsgierigheid naar de schouwburg: gretig wachtend op een of andere rel.
'Kwajongenswerk!' is de mening van de overheid. 'Laat ze daar maar stoom afblazen, dan weten ze tenminste waar ze zijn!'
De 24ste augustus is het de verjaardag van de koning. Te Brussel zijn alle feestelijkheden en het beloofde vuurwerk afgelast.
'Daar weet ik een goeie grap op,' lacht een jeugdige Brusselaar. Met een groep heetgebakerde jongeren plakt hij Franstalige affiches op de muren van de stad:

Maandag: vuurwerk
Dinsdag: verlichting
Woensdag: revolutie

Die tekst, als grap bedoeld, komt vrijwel letterlijk uit.
25 augustus: Opnieuw staat een grote menigte buiten de Muntschouwburg bijeen. Binnen is het 4de bedrijf net afgelopen, als een groep opgezweepte jongelui naar buiten stormt:
'Allez, allez, op naar de *National*!'
Le National is een krant, die door dik en

De zoon des huizes vertrekt naar het leger. Schilderij door Ch. van Beveren (1828).

dun het bewind van koning en regering heeft gesteund. Alles wat maar naar opstand en revolutie rook, heeft het blad ten scherpste veroordeeld.

De menigte komt in beweging. Er wordt gescholden, gelachen en geschreeuwd. Stenen vliegen door de ruiten bij de hoofdredacteur.

'Allez, allez, nu naar de kaaskop Van Maanen!' Joelend en juichend begeeft de meute zich naar de woning van de gehate minister, die er op dat moment niet is.
'Donder die ruiten in!'
'Allez, naar binnen!'

De plundering begint. Wat te zwaar is om weg te dragen en achterblijft, moet maar in brand.
'Allez, zet de vlam erin, vrienden!'

De marechaussees in de kazerne aan de overkant kijken rustig toe. Pas als de brandweer uitrukt en de woedende massa het bluswerk verhindert, grijpen de marechaussees in. Er klinken schoten. De eerste twee doden vallen neer.

'Wapens, We moeten wapens hebben!' Ontevreden intellectuelen, roerige studenten, opstandige katholieken, winkeliers en ambachtsbazen trachten de magazijnen van wapenhandelaren te plunderen.

26 augustus: De arbeiders komen op de been. Te Ukkel, Vorst en Anderlecht slaan zij de stoommachines in elkaar.
'Leve Napoleon! Weg met Willem I!' schreeuwen ze luid. Wat ze in feite bedoelen is: betere lonen en een menswaardig bestaan. Helaas voor hen, is dat het allerlaatste, waar een revolutionaire notabel aan denkt.

De heer Ducpétiaux, medewerker van de liberale *Courier des Pays-Bas* is op de Groenmarkt het manufacturenwinkeltje van mevrouw Abts binnengestapt:
'Och, madammeke, maak me een mooie *rood-geel-zwarte* vlag!' Mevrouw Abts zet snel wat lappen aan elkaar. Onder gejuich en gezang van vele toeschouwers, hangt Ducpétiaux de oude kleuren van Brabant boven de ingang van het raadhuis.

'Vive la Belgique!' Onder die vlag vloeien *alle* politieke bewegingen samen tot één groot, nationaal geheel. De Belgen worden weliswaar nog niet direct Belgen. Zij zijn het slechts in *negatief* opzicht met elkaar eens: als één man wensen zij een eind te zien aan het Nederlands gezag.

Opnieuw komt het hongerige, uitgebuite proletariaat de straat op. Bij de gegoede burgerij slaat dan de schrik om het hart.
'Stel je voor, dat ze gaan plunderen!' Het mag best tegen de koning gaan, maar lopen nu hun eigen bezittingen geen gevaar?
'Wat we nodig hebben is een burgerwacht! Die kan paal en perk stellen aan de plundering en vernielzucht van het volk!'

De notabelen van Brussel steken snel de hoofden bijeen en de burgerwacht komt.

Baron Vanderlinden d'Hoogvorst krijgt het opperbevel. Andere adellijke heren vormen zijn staf. Diezelfde avond reeds patrouilleren 1000 vrijwilligers door de straten van Brussel. Zij brengen weer enige rust in de complete chaos die er heerst. Op 30 augustus komt uit de kringen van de burgerwacht een raad tot stand. Enkele advocaten en ook de leraar Philippe Lesbroussart nemen er zitting in. Zij stellen duidelijke eisen op, die voor de koning zijn bestemd.

Oók in Luik en andere steden zijn allerlei opstandige bewegingen geweest. Ook daar heeft de gegoede burgerij Comités voor de Veiligheid opgericht. Ook van daar trekken afgezanten met verzoekschriften en eisen naar de koning in Den Haag.

'Ik ga niet opzij voor geweld. Eerst moet de orde hersteld zijn, pas dan wil ik beginnen aan een overleg!' luidt het antwoord van koning Willem I. Hij heeft zijn beide zoons Willem en Frederik met het leger naar het Zuiden gestuurd. De garnizoenen in Brabant zijn versterkt: 10.000 man uitstekende troepen staan voor de opmars naar het opstandige Brussel gereed. Kostbare tijd gaat verloren, als de koning aan de ene kant aarzelt om tot wapengeweld over te gaan, en aan de andere kant niet wil toegeven aan de klemmende eisen, die het Zuiden hem stelt. De afgezanten verzoeken:
'Eerlijke toepassing van de grondwet. Vervang de gehate ministers en geeft hun opvolgers volledige verantwoordelijkheid. Verander het kiesstelsel...' Dat zijn werkelijk geen al te onredelijke eisen maar de ontvangst van de delegaties uit het Zuiden is koel.
'Als ik toegeef, is dat in strijd met de koninklijke waardigheid,' zegt Willem I. Door dat weinig plooibare standpunt rolt de sneeuwbal van de revolutie steeds verder en radicaler voort. In Brussel eist men tenslotte een volledige scheiding van Noord en Zuid.

Brussel, 31 augustus 1830: Hevige ongerustheid heeft zich van de meeste inwoners meester gemaakt. Op straat groepjes mensen in druk gesprek:
'Is het waar? Komt de prins van Oranje aan het hoofd van zijn troepen naar de stad?'
'Dat nooit!'
'Maar...'
'We kunnen hem, nondeju, toch de weg versperren?'

Overal schiet het volk uit de huizen.
'Helpt mee aan het bouwen van een *barricade*...' Dat woord voor 'versperring' (waarmee men al in de Franse Revolutie de cavalerie wilde beletten charges uit te voeren) wordt de kreet van de dag. Eensgezind breken de Belgen de straat op.

Wat een kans om aan alles een eind te maken laat de prins van Oranje lopen, als hij opeens beslist niet met zijn troepen, doch alleen naar Brussel te gaan.
'Ik zal het volk toespreken en bedaren,' zegt hij vol vertrouwen tegen zijn staf. Rekent hij op zijn populariteit? Het is waar: hij heeft zich met zijn charme en zwierig leven bij de inwoners van Brussel geliefd gemaakt. Hij, de held van Waterloo, is een even dapper als gemoedelijk man. Uiterst gemakkelijk gaat hij met mensen om. Tot verbazing van zijn adellijke omgeving heeft hij allerlei slag mensen, ook ouden van dagen, steeds de handen gedrukt – en tal van lieve dames rond Brussel te paard bezocht om wat méér dan de hand te drukken! Hij mist echter politiek inzicht. Daarom verkijkt hij zich lelijk op de situatie die in Brussel heerst.
'Vive le prince!' klinkt het uit enkele deftige huizen, als hij de stad binnenrijdt. Daar blijft het bij. Vijandigheid overheerst.

Dapper rijdt de prins verder. Hij spreekt de burgers toe, tracht hen te kalmeren, sust. Plotseling begint zijn paard te steigeren. Het nerveuze dier trapt een man tegen de grond. Opeens heeft de massa een houvast.

Dreigende vuisten gaan omhoog. Snel geeft de prins zijn onrustige paard de sporen en springend over de barricaden galoppeert hij naar zijn paleis in de bovenstad. Daar kan hij rekenen op de steun van een flink garnizoen.

In dat paleis ontvangt de prins een delegatie van vooraanstaande mensen, onder wie De Brouckère, lid van de Staten-Generaal, Celles, zwager van een minister en generaal Gérard:
'Hoogheid, een volledige scheiding tussen Noord en Zuid is onafwendbaar. Dát is de vurigste wenst der Belgen!' stellen zij met klem.
'En de troepen moeten verdwijnen, hoogheid, anders zal een bloedbad onvermijdelijk zijn!'

De prins geeft toe. Op 3 september verlaat hij Brussel en hij voert het garnizoen met zich mee!
'Ze blazen de aftocht!' juichen de Belgen in Brussel.
'De gierige kaaskoppen gaan ervandoor!'

Wat een overwinning – en zo zichtbaar! – hebben zij opeens behaald. Wat een vooruitgang heeft de nationale beweging opeens geboekt.
'De prins in hoogsteigen persoon is onze wensen aan zijn vader gaan overbrengen,' vertellen de opgetogen Belgen elkaar. Ligt een scheiding van dat verrekte Noorden nu niet in een zeer nabij verschiet?

Revolutionair tijdens de opstand van 1830. Anoniem schilderij.

De Franse Tijd – Negentiende en Twintigste Eeuw
België wordt een koninkrijk

Waarschijnlijk had Willem I koning van België kunnen blijven, als hij op 5 september 1830 met de scheiding had ingestemd. Hij doet dat niet. Zijn proclamatie van die dag loopt op een grote teleurstelling voor de Belgen uit en prikkelt de radicalen om nog radicaler te zijn. Als gevolg worden de hoofdartikelen in de kranten nu ook krachtiger van toon:

'Laten wij Belgen zijn! Laten wij onze Belgische Kamers hebben, onze Belgische grondwet, onze Belgische wetten, ons Belgisch leger. Wij bezitten het mooiste en rijkste land ter wereld. Laat het van Holland gescheiden worden. Wij zullen dan een vaderland bezitten – een vaderland, dat geen leugen meer zal zijn!' staat te lezen in de Politique.

'Voortaan zal in België alles Belgisch zijn,' drukt een krant in Verviers. Zonder twijfel heeft de schrijver van die woorden gedacht aan het Spaanse, Oostenrijkse, Franse en nu het Hollandse bewind.

Sinds eeuwen hebben buitenlanders de lakens uitgedeeld. Is de tijd niet eindelijk rijp voor België's onafhankelijkheid?

Te Brussel, Leuven, Luik, Verviers, Bergen, Doornik, Charleroi en Namen staan de gewapende burgerwachten gereed. Vele afdelingen marcheren reeds naar Brussel, waar de grote klap wordt verwacht.

De Voorlopige Regering. V.l.n.r. Gendebien, Jolly, Rogier, De Potter, Van de Weyer, Feuillen, De Coppin, De Merode, Van der Linden en Van der Linden d'Hoogvorst, door Ch. Picqué (1831).

Op 13 september houdt koning Willem I een teleurstellende troonrede, die niets nieuws bevat. Holland staat achter de koning. Zélfs de meest vooruitstrevende kranten, het *Algemeen Handelsblad* en de *Arnhemse Courant*, dringen op krachtige maatregelen aan. In Brussel wordt de tekst van de troonrede door een opgewonden massa verbrand en weerklinkt de kreet:

'Te Wapen!'

De radicalen beijveren zich om een voorlopige regering in het leven te roepen, maar hun vergaderingen lopen met schreeuwpartijen, ruzies en wanorde uit de hand. Een onafhankelijk België, jazeker, dat wensen vrijwel allen. Maar de meningen lopen heftig uiteen, als dat in de praktijk moet worden gebracht.

Er zijn knokpartijen tussen arbeiders en de burgerwacht. Weer andere groepen bestormen woedend het raadhuis, waar tot grote vreugde een wapendepot wordt ontdekt.

'Er moet iets worden *gedaan*!'
'Er moet krachtiger leiding zijn!'

Luikenaren onder Charles Rogier vormen een stootgroep. Deze radicalen van de 'Réunion Centrale' verdringen nu de Veiligheidscommissies, die ter handhaving van de orde werden ingesteld. Zij grijpen nu de leiding van het verzet. Tijdens een vergadering van amper 40 man, wijzen zij de verbannen De Potter (die uit Frankrijk moet terugkeren), Gendebien en graaf d'Oultremont tot hun leidsmannen aan. Het is 20 september en chaos heerst alom.

'Belgen, neemt de wapenen op. Wij zullen Holland veroveren!' staat in een ontwerp-proclamatie, die wel wat erg optimistisch is gesteld. Maar de wapenen worden opgenomen! Overal marcheren vrijwilligers.

'Het Nederlandse leger is de opmars begonnen,' roepen zij elkander toe.

'Ze komen op Brussel af, maar we zullen ze, verdomme, stoppen!'

'De troepen moeten Brussel binnentrekken en de opstand beëindigen!' is het besluit van koning en ministerraad op 16 september geweest.

Met het oog op later is niet de kroonprins, maar prins Frederik met het opperbevel belast. Deze laat in Antwerpen 4 kostbare dagen ongebruikt voorbijgaan, alvorens hij aan zijn 10.000 man keurtroepen de opmars beveelt.

Paniek in Brussel. De revolutionaire leiders komen moedeloos bijeen.

'Dit loopt verkeerd! We moeten weg!' Zij hebben geen greep kunnen krijgen op de massa, die veelal hongerig en arm door de straten sliert. Zij zien er nu geen gat meer in! Halsoverkop nemen zij de vlucht naar Frankrijk, want voor hen is de revolutie reeds een verloren zaak.

Het zijn de arbeiders, het hongerige, verbeten proletariaat, die met vurige studenten bij de barricaden achterblijven – bereid om hun leven voor een vrij België te geven.

Brussel, 23 september 1830: Het is 6 uur in de morgen. In vier colonnes trekt het leger van prins Frederik naar de stad. Bij de Scharbeekse Poort schieten twee kanonnen de eerste barricade – bezet door omstreeks 50 man – overhoop. 'Voorwaarts, grenadiers. Wij moeten het park in!' roept een bataljonscommandant. De grenadiers stormen over de barricaden. Zij bereiken het park en het koninklijk paleis. De Oranjevlaggen gaan daar in top.

Minder voorspoedig verloopt de aanval, die op de Vlaamse Poort is ingezet. De tegenstand is fel.

'Vooruit, gooi de boel maar op hun mieter,' klinkt het in de huizen bij de poort. Stenen, potten, pannen, emmers water, tafels, stoelen, regenen daar vanuit de hogere verdiepingen op de troepen neer. De soldaten raken in paniek en trekken zich onthutst terug. Vier dagen lang zal bij die Vlaamse Poort verwoed worden gevochten. Ieder huis is een bolwerk. De grimmig strijdende Belgen geven slechts meter voor meter prijs.

Bij de Leuvense Poort verloopt het niet anders. De Hollandse ruiterij raakt in de smalle straten beklemd. Overal wapperen de Belgische kleuren. Een Hollands officier tracht één van die vlaggen naar beneden te halen.

'Dat en zal, godverdomme, niet gebeuren!' brult een kanaalwerker. Hij pakt zijn geweer, legt aan en vuurt. De officier valt getroffen neer. Die grimmige verbetenheid typeert het verzet.

Wat niemand verwacht heeft, gebeurt: de Belgen in Brussel houden stand, omdat de Hollandse troepen, toen het nog mogelijk was, niet vanuit het koninklijk paleis zijn doorgestoten naar het centrum in de benedenstad. De Belgen winnen aan kracht. Er is namelijk één poort, die de Hollanders met opzet ongemoeid hebben gelaten. Zij hoopten, dat de opstandelingen op hun vlucht door die poort de stad zouden verlaten. Dat betekende immers minder tegenstand? Maar het tegendeel is het geval: talloze vrijwilligers komen juist door die poort de stad *in*!

Charles Rogier keert terug. Hij brengt orde in de losse groepen van het verzet. Uit kelders en zolderverdiepingen, vanachter bomen en straathoeken, nemen de Belgen de aanvallende soldaten onder vuur.

'Ja, Jefke, daar komen ze... Nog effe wachten... Ja, schiet nu!'

Van alle kanten klinken schoten. Nergens lijkt er een veilige plek. Prins Frederik tracht te onderhandelen. Hij zendt een afgevaardigde naar het opstandelingenkamp. 'Er valt hier niks te onderhandelen!' krijgt de afgezant te horen. 'Vooruit, makkers, stop die gast maar in het gevang...'

Kanongebulder. Hevige gevechten in het park bij het koninklijk paleis. En ondertussen drinken ook heel wat Belgen gauw even een biertje in een kroegje, mét de gevangenen die zij hebben gemaakt. Steeds meer vrijwilligers stromen Brussel in.

'Vaarwel, ik ga meevechten. Hebt moed, wij zullen overwinnen. Ik omhels u allen,' roept de bierbrouwer Isidore Gillain te Namen uit. Er zijn honderden, duizenden als hij. De verbannen De Potter komt uit Parijs te Brussel aan en wordt er met gejuich begroet. Gendebien, Van de Weyer, Felix de Mérode (reeds in Valenciennes op weg naar Frankrijk) haasten zich met hun vrienden naar het toneel van de strijd. Op 26 september roepen zij – nu definitief – een Voorlopige Regering uit.

In de avond van de 26ste september geeft prins Frederik zijn troepen het sein voor de terugtocht. Hij telt 2000 gewonden en 700 van zijn soldaten zijn gesneuveld. Omstreeks 500 Belgen hebben de hoogste prijs voor hun vrijheidsstrijd betaald. Als de terugtocht begint, zegt één van de Hollandse generaals: 'Brussel verloren, al verloren...'

Hij krijgt gelijk.

Op 4 oktober roept de Voorlopige Regering de onafhankelijkheid van België uit.

Dat is het geboorte-uur van de natie!

'Na eeuwen eindelijk vrij!'

'Na eeuwen eindelijk een eigen natie!'

Er klinkt gejubel in het Belgische land. Er is tevens veel onverschilligheid. Want al hebben zij dan een eigen natie, in vele gezinnen hadden ze liever een extra boterham.

Rechtstreekse verkiezingen voor een Nationaal Congres worden uitgeschreven, maar alleen de gegoede burgers krijgen een stem. Dat zijn er omstreeks 46.000 in totaal. Bij de komende verkiezingen blijven 15.000 van hen rustig thuis!

Op de 10de november komt het Congres bijeen. De afgevaardigden zijn over het algemeen nog vrij jonge mensen. De meerderheid is nog geen 40 jaar oud. Zij moeten nu met elkaar beslissen, hoe de nieuwe staatsvorm voor België zal zijn.

'Een republiek?'

'Een koninkrijk?'

Beseffend dat de tijd dringt, kiezen de afgevaardigden met 174 stemmen tegen 13, voor een parlementaire monarchie. Een commissie van het Voorlopig Bewind gaat aan de slag en stelt een nieuwe grondwet op, die door zijn moderne vorm van Europese betekenis zal blijken te zijn: onschendbaarheid van de koning; verantwoordelijke ministers die de koning moeten kiezen uit de meerderheid van het parlement; het recht voor de kamerleden om zich uit te spreken over de begroting.

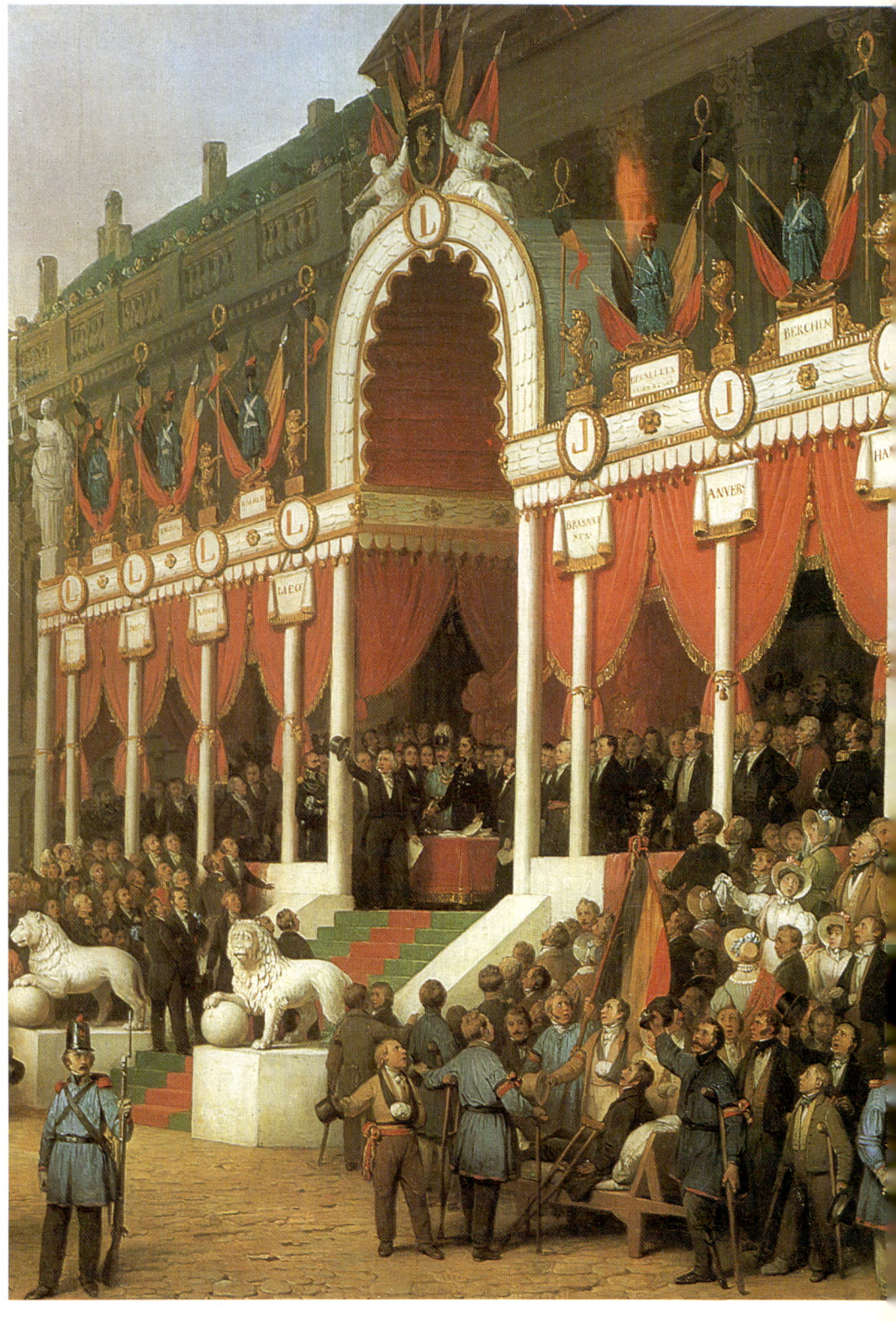

De gemeenten krijgen grotere zelfstandigheid, maar de bevoegdheden van de provinciebesturen worden – uit angst voor de vroegere decentralisatie – beknot. De individuele vrijheden liggen stevig gewaarborgd.

De Belgen hebben een grondwet, die later voor verschillende Europese landen model zal staan. Wat hen dan nog rest is de erkenning van de grote mogendheden. En... er moet naar een eigen koning worden gezocht!

Met toenemende ergernis heeft koning Willem I, *schildwacht van Europa*, zijn grote koninkrijk zien ondergaan. In het oog van de wereld is hij nog slechts een schildwacht met een gebroken geweer. Daarom doet hij nog één (vrij onhandige) poging om het opstandige Zuiden te behouden voor zijn dynastie.

'Ga naar Antwerpen,' beveelt hij de kroonprins. 'Zie, wat er nog te redden valt!'

'Kan ik de Belgische kroon aanvaarden, als

De inhuldiging van Leopold I als koning van België op het Koningsplein te Brussel op 21 juli 1831. Detail van een schilderij van F. de Braekeleer, gedateerd 1856.

489

De Franse Tijd – Negentiende en Twintigste Eeuw

die mij aangeboden wordt?' De koning knikt. Vanuit het hem trouw gebleven Antwerpen is wellicht nog iets in die richting te doen.

Kroonprins Willem, die de Belgen boven de Hollanders verkiest, gaat een stap verder dan zijn vader heeft bedoeld. Eigenhandig werpt hij zich op tot leider van de nieuwe Belgische staat:
'Ik begrijp uw toestand,' roept hij zijn (denkbeeldige) onderdanen toe. 'Ik erken u als onafhankelijke natie. In de provinciën waarover ik regeer, stel ik mij aan het hoofd van de beweging, die u zal leiden naar een nieuw en duurzaam ideaal...'
De Voorlopige Regering in Brussel maakt meteen een eind aan de prinselijke hersenschim:
'Het volk heeft de revolutie gemaakt. Het volk heeft de Hollanders van de Belgische bodem verjaagd. Het volk alleen – en niet de prins van Oranje – staat aan het hoofd van de beweging, die de onafhankelijkheid heeft verzekerd!' (Dat heeft het volk inderdaad gedaan. De Voorlopige Regering vergeet er echter bij te zeggen, dat dit volk verder niets te vertellen krijgt!)
De prins kan inpakken en doet dat ook. Als hij een woelig Antwerpen verlaat, stuurt hij zijn troepen daar naar de citadel om althans één bolwerk in de stad te behouden. Tijdens de mars daarheen vallen er goedgerichte schoten uit de huizen in de buurt. En ondanks gemaakte afspraken, doen de rebellen toch een aanval op het arsenaal.
'Daar zullen de Antwerpenaren voor boeten,' briest de verbitterde generaal Chassé. 'Bombardeer de stad!'
De kanonnen branden los. Er vallen vele doden en de schade aan huizen is groot. Met dat bombardement vanuit de cidatel verschiet Oranje zijn laatste kansen in het Belgische land.
De Nederlanders uiten ondertussen hun verontwaardiging over het optreden van de kroonprins, die de Belgen wilde paaien:
'Ik gruw van zulk ontaard schepsel als de prins. Moge hij nimmermeer voet op Hollandse bodem zetten, nimmer de as zijner voorvaderen ontheiligd worden door zijn lijk!' Die fraaie volzinnen geven aardig weer, hoe er door de meeste Hollanders wordt gedacht.
Vrijwilligers, onder wie veel studenten, stromen nu naar het leger om die rebelse, stompzinnige Belgen een lesje te geven. Maar ook zij zijn razend op de prins.
Een teleurgestelde en ontstemde koning Willem I schijft naar zijn zoon: 'Je kunt beter niet terugkeren naar Den Haag!' Met zijn Russische vrouw en de twee zoontjes Willem en Alexander, begeeft de kroonprins zich naar Londen. Dáár zullen de mogendheden beslissen, wat het lot van Nederland en België moet zijn.

Londen, in de eerste helft van het jaar 1831: Deftige koetsen brengen de afgezanten van de mogendheden naar de conferentiezaal. Er worden handen geschud. Enkele deelnemers kennen elkaar nog van het Wener Congres. Maar anders dan toen, blijken de excellenties nu niet bereid het grote Koninkrijk der Nederlanden te laten bestaan. 'Mais non!' De onverwoestbare Talleyrand (die álle revoluties in zijn land behendig heeft overleefd en niet kapot te krijgen is) doet uit naam van Frankrijk al het mogelijke om de scheiding door te voeren.
Nu de kaarten zó liggen, besluit koning Willem I akkoord te gaan.

'Ik zou honderd keer gelukkiger zijn geweest met mijn Holland alleen,' verzucht hij triest. Wel eist hij goede voorwaarden en even lijkt het erop, dat de mogendheden hem die zullen geven:
'Nederland zal Limburg, Staats-Vlaanderen en Staats-Brabant behouden en koning Willem I blijft groothertog van Luxemburg!'

Eindeloos wordt er over de verdeling van de staatsschuld getwist. Pas als de Nederlandse gezant 150.000 gulden in de bodemloze beurs van Talleyrand laat glijden, komt er een gunstige verdeling tot stand:
'België moet 16/31 en Holland 15/31 van de staatsschuld dragen. En dat is onherroepelijk!' besluiten de mogendheden tenslotte eensgezind. Koning Willem gaat akkoord. 'Onaanvaardbaar!' protesteren de Belgen.

Druk en hevig is door de afgevaardigden op het Congres gesproken over de toekomstige koning van het Belgische land.
'De prins van Oranje!' luidt het voorstel van Rusland en Engeland.
'Dat nooit! Wij sluiten Oranje voor eeuwig uit!' is het standpunt der Belgen.

Tal van andere kandidaten worden vervolgens naar voren gebracht. Sommigen van hen verschijnen als ongeduldige renpaarden aan de start: de hertog van Nemours, 16-jarige zoon van de Franse koning; aartshertog Karel van Oostenrijk; de hertog van Leuchtenberg (hij is een kleinzoon van Napoleons eerste vrouw Josephine). Ook enkele leden van de oude Belgische adel werpen zich op. De keus valt tenslotte op Leopold van Saksen-Coburg.
'En wie mag dat wel zijn?' vragen vele Belgen wat vermoeid.
'De weduwnaar van prinses Charlotte, die vóór haar dood kroonprinses was van Engeland!'
'Is-ie katholiek?'
'Neen!'

De conferentie te Londen, waar de jonge, zeer bekwame Belgische diplomaat Sylvain van de Weyer zich bijzonder onderscheidt, duurt voort. Ongeduldig en half in oorlogsstemming wachten de Hollanders de resultaten af. Ruim 80.000 man ligt onder de wapenen. De toegestroomde vrijwilligers in de Brabantse kazenes willen er maar al te graag op los. Helaas wordt hun krijgslust nog aangewakkerd, als er in de haven van Antwerpen iets dappers en tragisch gebeurt:
'Wij zullen allen zweren, dat we ons schip nooit zullen overgeven,' heeft de jonge luitenant-ter-zee Van Speyk tegen de 30 bemanningsleden van zijn kanonneerboot gezegd.

Storm op de Schelde. Het schip slaat los. Er klinken bevelen, maar het is al te laat. Zonder dat Van Speyk er iets tegen kan doen, drijft zijn kanonneerboot naar de wal.

De Belgen grijpen hun kans. Leden van vrijcorpsen en havenarbeiders verenigen zich in een stevige knokploeg en wachten het marinevaartuig op. 'Waar zijn uw papieren?' vragen zij, wanneer de kanonneerboot als een glorieijke buit aan de kade ligt.
'Ik zal ze gaan halen!' Van Speyk verlaat het dek met een brandende sigaar in de hand.
'Gaat nu de lont in het kruit?' vraagt een scheepsjongen.
Van Speyk knikt, zegt dan tegen het joch:
'Red je...'
Met zijn brandende sigaar loopt Van Speyk naar de kruitkamer. Misschien denkt hij nog even aan het Amsterdamse weeshuis, waarin hij als wees zijn jeugd sleet. Voetstappen op het dek. Triomfantelijk gelach van de Belgen. Van Speyk denkt aan zijn eed. Van overgave kan geen sprake zijn.
'Dan maar liever de lucht in!' Met die ge-

De overwinning van de Nederlandse troepen bij Leuven tijdens de Tiendaagse veldtocht op 12 augustus 1831. Links de prins van Oranje en zijn broer prins Frederik. Gravure door H.W. Hoogkamer naar een tekening door J. Jelgerhuis.

dachte neemt hij een láátste trek van zijn sigaar. De punt gloeit rood aan. Dan werpt hij hem in het kruit. 'Boem!' Een formidabele ontploffing. 26 Marinemannen komen om, als Zijne Majesteits kanonneerboot de lucht in vliegt. Het is of héél Nederland de klap heeft gehoord.
'De Heldendood van J.C.J. van Speyk!'
'De geredde vlag...'

Heldendichten en brallende kranteartikelen geven de Nederlanders een balsem voor alle gekrenkte trots. Zij kunnen niet verkroppen dat die ondankbare Belgen een eigen staat hebben gevormd en nu – na veel vijven en zessen – Lepold van Saksen-Coburg als hun koning hebben aanvaard. Stekend is vooral, dat de Belgen te midden van veel verwarring een eigen leger op de been hebben gebracht en dat zij in Londen bij de mogendheden veel gunstiger voorwaarden voor de scheiding hebben losgepeuterd.
'De nieuwe voorwaarden zijn onaanvaardbaar!' briest koning Willem I. Om zijn belangen en rechten te verdedigen, besluit hij tot wapengeweld over te gaan:

Brabant, 12 juli 1831: Er heerst grote geestdrift bij de 36.000 man, die na een inspectie van de koning, de kroonprins en de twee kleine prinsjes, de opmars tegen België moeten beginnen.
'Voorwaarts met God, voor Vaderland en Oranje!'

Doel van de oprukkende troepen is niet zozeer de verovering van België. Met een veldtocht wil koning Willem de mogendheden bewijzen, dat het hem heilige ernst is met de voorwaarden, die hij in Londen heeft gesteld.

Officieren te paard. Marcherende grenadiers. Voortrollende kanonnen. Vaderlandslievende studenten. Ordonnansen rijden heen en weer. 'De aanval gaat beginnen. Voorwaarts!' klinkt het op 1 augustus.

De samengeraapte legers der Belgen worden bij Hasselt en Leuven verslagen. De weg naar Brussel ligt open, maar een bevel voor de opmars komt niet.
'Waarom gaan we niet verder? Waar is het wachten op?' Al zijn er 700 soldaten gesneuveld, het enthousiasme bij de Hollanders blijft groot. Slechts met de grootste moeite houdt prins Frederik van Oranje zijn ongeduldige troepen in toom. En dat is hard nodig ook, want ook een Frans leger is de Belgische grens overgegaan. Omdat een complete Europese oorlog (die niemand wil) begint te dreigen, trekken de Hollanders zich op hun stellingen in Brabant terug.

De helden van de *Tiendaagse Veldtocht* worden bij hun terugkeer in het vaderland als overwinnaars begroet. Een ooggetuige meldt uit Den Haag:
'Eindelijk, om ongeveer half drie kondigde daverend gejuich de aankomst van de prins van Oranje aan. Het balkon van het paleis was open. Nu zag men ineens de zwarte menigte naderen, een wagen getrokken door de turfdragers en de prins erop staande. De koning was naar beneden gegaan en ontving de prins aan de deur. Hij sloot hem in de armen en kort daarop zag men de gehele familie op het balkon. Het ruisen der stemmen, het wuiven der hoeden... nu is alles weder nationaal...'

Eensgezinder dan te voren gaat het verkleinde koninklijk Nederland de toekomst tegemoet!
'Nu zullen de Belgen wel een toontje lager zingen,' is de mening in Nederland, als alle partijen zich opnieuw rond de conferentietafel hebben geschaard. Inderdaad doen de mogendheden nu wat water in hun wijn, maar koning Willem I meent na de veldtocht recht te hebben op meer. Maanden, allengs jaren, slepen zich met debatten over 24 artikelen aaneen. En ondertussen blijven de kostbare legers onder de wapenen, zowel in België als in Nederland.

Onderhandelingen. Dreigementen. Een Frans leger verdrijft de 4000 man van het Nederlandse garnizoen uit Antwerpens citadel. Desondanks weigert koning Willem I halsstarrig het verdrag te tekenen. De oppositie in eigen land neemt toe.
'Het is niet deze of gene voorwaarde, die de koning weerhoudt om het woord *Amen* uit te spreken. Afstand doen van België was voor hem bijna erger dan de dood,' schrijft de Oostenrijkse gezant.

Door die onredelijke vasthoudendheid raakt Nederland geïsoleerd. Zelfs Engeland begint nu de Belgen te steunen, mede door het huwelijk van prins Albert van Saksen-Coburg met koningin Victoria.

Pas in 1838 is de vereenzaamde koning bereid, onder scherpe druk van de Tweede Kamer en van het volk dat de oorlogslasten moe is, zijn handtekening te zetten onder het verdrag, dat op 19 april 1839 wordt getekend. Een gehalveerd Luxemburg en het grootste deel van Limburg blijven voor hem behouden.

De Belgen beloven 5 miljoen gulden per jaar aan rente voor de staatsschuld bij te dragen – en kopen dat later af.

Daarmee is het drama van het grote koninkrijk ten einde.

Jan van Speyk steekt de lont in het kruit, door J. Schoemaker Doyer (1792-1867).

De Franse Tijd – Negentiende en Twintigste Eeuw

'Het loon der zonde is de dood daar is een hel en hemel, kinderen!'

In de jaren dertig van de 19de eeuw doorleeft een deel van Europa de ingrijpende veranderingen die de Franse revolutie, de industrialisatie, de liberale vrijheidsbewegingen en de sociale ontwikkelingen teweeg hebben gebracht.

Overal zijn filosofen en denkers bezig de economie en de politiek te analyseren, nu fabrieken zich met arbeiders vullen; nu de burgerij stemrecht verovert en medezeggenschap krijgt; nu koningen hun macht beperkt zien en de invloed van de adel een stuk vermindert.

Wat men uitdenkt, kan worden uitgedrukt in de 'ismen', die in de eerste helft van de 19de eeuw ontstaan:

'Liberalisme!' Die aanduiding maakt omstreeks 1819 zijn opwachting in de Engelse taal. Het woord staat voor vrijheid op ieder gebied.

'Radicalisme!' Dat woord raakt in 1820 in het spraakgebruik.

'Socialisme!' komt in 1832.

'Humanisme!' in 1835. Omstreeks die tijd ontstaan eveneens de woorden 'individualisme', 'monarchisme' en 'constitutionalisme'.

('Communisme' dateert van 1840 en 'kapitalisme' verrijkt de taal pas 10 jaar daarna.)

Al naar gelang van de omstandigheden, veranderen die woorden van inhoud en vooral bij 'radicalisme' is dat het geval.

Vergeleken bij de ontwikkelingen in de rest van Europa is Nederland ernstig achterop geraakt. Zowel economisch als politiek, evenzeer wetenschappelijk als cultureel is het lieve vaderland een onderontwikkeld gebied. Al compenseren de Nederlanders die achterstand met chauvinisme en zelfgenoegzaamheid, in menig opzicht leven zij nog in de vorige eeuw.

De avondschool, door G.G. Haanen (1835).

'We moeten breken met de partijdige bekrompenheid, met de brallende vaderlandsliefde, met ons onuitstaanbaar chauvinisme!' Met dat doel voor ogen starten de schrijvers Bakhuizen van den Brink, de dichter-dokter Pieter Heye en Potgieter het tijdschrift *De Gids*. Vooral onder invloed van Bilderdijk is er een *Réveil* op godsdienstig gebied.

Deftige Amsterdammers, aristocratische Hagenaars en soortgelijke groepen in andere steden vormen bijbelkringen en gespreksgroepen, waar naar nieuwe antwoorden op oude vragen wordt gezocht. Zij leggen de basis voor een herleving op godsdienstig gebied, die tevens gevolgen zal hebben in de politiek. Uit die kringen stamt ook Otto Heldring, predikant in de Betuwe en pionier op het gebied van humanisering. 'De jenever erger dan de cholera!' luidt de pakkende titel van een brochure, waarmee hij de drankbestrijding in Nederland begint. In de Betuwe zal hij doorgangshuizen stichten voor 'gevallen' meisjes en vrouwen en voor de verwaarloosde jeugd, zoals pastoor Raken dat in Rotterdam gaat doen.

De mensen van het Réveil trachten de ingesufte kerk nieuw leven in te blazen en beijveren zich voor zending en diaconie. Zegenrijk is de oprichting van het Genootschap tot zedelijke verbetering van gevangenen, want op dat gebied mag er best eens wat worden gedaan. Jaar in jaar uit zitten er 16.000 mensen achter slot en grendel in het nog dun bevolkte Nederland. (Verhoudingsgewijs zouden dat er in onze tijd 100.000 moeten zijn!) Haast nog erger is het feit, dat koning Willem I met het 'Gesel- en Worgbesluit' een aantal strafvormen weer heeft ingevoerd: brandmerken, geseling, tepronkstelling en de dood-door-het-zwaard op het schavot zijn in ere hersteld:

Amsterdam in het jaar 1837: Elias Koster heeft zijn vader vermoord. Met geboven hoofd staat hij voor zijn rechters als het vonnis wordt geveld:

'De doodstraf!'

De klokken luiden, als de rampzalige Koster het schavot betreedt. Op blote voeten, met een zwarte doek over het hoofd, laat hij zich duwen door de beul, die hem aan het volk toont. Leden van het stadsbestuur verschijnen in hun bloedrokken. De deurwaarder leest het vonnis voor.

Dan grijpt Dirk Jansen, de beul, zijn grote bijl:

'Klak!'

Met een goedgemikte slag slaat hij Elias Koster eerst de rechterhand af. Het bloed spuit weg. Om het lijden niet onnodig te rekken daalt de bijl meteen daarna op de nek van de vadermoordenaar neer.

Het *Algemeen Handelsblad* meldt: 'Hedenmiddag, 12 ure, is alhier, op de Nieuwe Markt, het doodvonnis voltrokken aan Elias Koster. Eene talloze schare van aanschouwers, uit alle jaren, stand en kunnne, vulde de markt, en belendende straten, grachten en bruggen. Eene diepe ernstige stilte onder die zo groote volksmenigte bewees den indruk, welke het ontzettende schouwspel maakte...'

Kort na die terechtstelling klinkt het doordringende gegil van twee mannen over de Nieuwe Markt, als de beul Dirk Jansen hen met geseling en brandmerk straft.

'Mens toch,' mompelt een oud vrouwtje geschrokken. Een ander bidt:

'God, sta die stumperds bij!' Dan glijdt het leven met alle grote en kleine zorgen weer rustig voort.

Portret van Ds. de Cock en zijn familie, door K.D. Teenstra (1834).

zondag in keukens en huiskamers voor hun kerkdienst bijeen. Vele hongerige, ontevreden arbeiders vouwen daar dan de handen. Zij hebben de twist aangegrepen om zich tegen de verburgerlijkte, zelfvoldane kerk te keren. Begrijpelijk is dat wel.

Het ondervoede volk leeft in erbarmelijke omstandigheden en loopt met gruwelijke kwalen rond. Bedorven longen, zwerende of ontstoken ogen, vergroeiingen door te langdurig en eenzijdig werk en aan flarden gedronken maagwanden zijn aan de orde van de dag. Epidemieën maken tienduizende slachtoffers. Tering is een nationale kwaal!
'Trek rode kleren aan en hang rode lappen rond de bedstee,' adviseren de doktoren, als een patiënt roodvonk of pokken heeft. De lichtstralen, door al dat rood gezeefd, krijgen dan extra geneeskundige kracht. 20% Van alle zuigelingen sterft in het eerste levensjaar en slechts de helft van het aantal geboren jongens haalt de leeftijd van 35 jaar. Het is ontstellend, en toch dragen de armen hun lasten in doffe berusting en met geduld. Wat moeten ze? Lezen en schrijven hebben ze niet geleerd. Organiseren kunnen zij zich daarom niet. De kloof naar de rijken is onoverbrugbaar groot. De welgestelden kijken van hun kant op het hopeloze van dat armenzooitje neer:
'Dat vervloekte gemeene vee trouwt vóór hun achttiende jaar, vreet aardappelen, maakt teringachtige kinderen, komt aan de armenkas en gaat bedelen,' schrijft een wanhopige man, die overigens zeer vooruitstrevend is. Het erge is: hij heeft gelijk. Hoe omvangrijk de bedelarij is, blijkt uit een bericht uit het plaatsje Zwollerkerspel: 'Sommige landlieden deze gemeente geven op één dag aan 100 tot 200 bedelaars een halve, maar meestal een hele cent!'
Eieren, hoe voedzaam ook, worden op advies van de doktoren zo min mogelijk aan de armen uitgereikt:
'Ze zijn niet geschikt voor volsappige, zittende jongelingen, vooral omdat zij veelal de neiging tot wellust vermeerderen...'
Vakonderwijs voor de jongeren ontbreekt, al komt daar – en enkele Belgen hebben daar deel aan – verandering in.
'Het hemd is nader dan de rok,' hebben enkele Belgische textielfabrikanten gedacht, toen de afscheiding van het land een feit was geworden. Uit angst dat de belangrijke export van katoentjes naar Indië hun neus voorbij zou gaan, hebben zij zich in Nederland gevestigd. Charles de Maere heeft zijn bedrijf van St. Niklaas naar Enschede overgebracht. Door toedoen van de Nederlandse Handel-Maatschappij is de Engelsman Thomas Ainsworth naar Twente gekomen om de textielnijverheid op een moderne leest te schoeien.
'Er moeten weefscholen komen,' heeft Ainsworth geadviseerd. Die komen er. De thuiswevers leren nu de machinale weefgetouwen gebruiken – in de hoop dat er dan wat welvaart zal komen in hun verarmde streek. Voor heel wat kinderen, die thuis uit noodzaak werden uitgebuit, breken er beteren tijden aan. Sommigen kunnen nu naar school al zijn óók daar de omstandigheden verre van ideaal. Gemiddeld zitten er 113 leerlingen in één lokaal. Er wordt nederige onderdanigheid en ijzerstrenge discipline van het geëist:
'Is het nou uit?' Een onderwijzer op een volksschool in Amsterdam houdt zijn bullespees in de hand. Wat kan hij anders doen? 300 Kinderen – wel in klassen ver-

De opkomende belangstelling voor de noden en behoeften van de armen als probleem, leeft nog slechts in een kleine groep. De armoede kwam immers van God? Dat ook de hardwerkende arbeiders wegens veel te lage lonen tot de armen behoren, wordt nauwelijks als aanstootgevend gezien.
De kerk bedrijft liefdadigheid – en heeft het druk met een heftige rel die in haar midden woedt:

Jezus neemt de zondaars aan!
Roept dit troostwoord toe aan allen...

Dit versgedeelte staat in de bundel *Evangelische Gezangen*, die tijdens de Bataafse Republiek is uitgegeven door de Nederlands Hervormde Kerk. Die bundel blijkt voor sommigen een steen des aanstoots te zijn.
'Die liederen zijn te remonstrants. Wat moet er worden van de predestinatieleer?'
'Zij zijn een verraad aan de leer der vaderen!'
'Hoerenliederen zijn het,' beweert dominee Hendrik de Cock, predikant te Ulrum, die zich de felste tegenstander van de gezangenbundel toont. De gemoederen raken heftig in bewegig en de rel die volgt, lijkt alleen maar mogelijk in een land als Nederland.
'Leg De Cock preekverbod op,' eist het Provinciaal Kerkbestuur. Er volgen schorsing, ontzetting uit het ambt en tenslotte moet de fijnzinnige, wat querulante dominee ook nog drie maanden in het gevang.
'Dwazen, blinden, farizeeërs en geveinsden, huurlingen en zielemoordenaars,' heeft De Cock zijn kerkelijke tegenstanders genoemd. Hij valt op die 'wolven' aan 'als een razenden hond...'
Natuurlijk krijgt hij zijn volgelingen – gelovige die bereid zijn om voor hun overtuiging op de vuist te gaan. En omgekeerd! Met fraaie strijdkreten en teksten uit het Oude Testament op de lippen, trekken godvruchtigen van het ene dorp tegen afvalligen in het andere dorp op. De vechtpartijen zijn niet van de lucht.
'Kwartier dragonders in bij De Cock en zijn volgelingen,' beveelt koning Willem I, die de afscheiding van deze *Christelijke Gereformeerden* uit de Hervormde Kerk als een persoonlijke belediging voelt. Het helpt niet veel. Heimelijk komen de Cockianen op

De Franse Tijd – Negentiende en Twintigste Eeuw

Willem I ondertekent zijn abdicatieoorkonde op Het Loo, door B. Wijnveld.

deeld – zitten daar in één zaaltje bijeen. Het peil van het onderwijs ligt laag. Enkele onderwijzers zijn zelfs niet in staat behoorlijk Nederlands te schrijven. Wat mag men anders verwachten? Hoofdonderwijzer R. Meesters verricht zijn moeilijke taak in de gemeente Staphorst (van 1 november tot aan Pasen) voor 30 à 40 gulden per jaar. Hij houdt dat 60 jaar vol!

In het lieve vaderland is niet taal, maar natuurlijk rekenen het belangrijkste vak. En dát leren de kinderen! Een som:
'De 30 Lionsche Ellen Fransche stof kosten 345 Fransche Kroonen. Vraage: hoeveel iemand de El in Holland zal moeten verkopen om 30 ten honderd te winnen, in de veronderstelling dat 3 Ellen Lionsch zo lang zijn als 4 Ellen te Parijs en 5 Ellen te Parijs zoo lang zijn als 7 Ellen in Holland en dat iedere Kroon 56 3/4 grooten Hollands Geld is?'

Uit die haast ongeloofwaardige som komt een nog ongeloofwaardiger antwoord, en wel: $II \frac{6499}{7920}$ (Rekent u het maar na!)

Dit soort sommen en ook de stichtelijke vermaningen, die zo rijkelijk worden uitgedeeld, drukken wel een stempel op de ziel van het koopmansvolk. *Alles* heeft zijn debet en credit:

Het loon der zonde is de dood
Daar is een hel en hemel, kinderen...

Op de universiteiten worden de colleges nog steeds in het Latijn gegeven en de studenten moeten op een vraag ook antwoord geven in het Latijn: 'In probabili ignorantia!' *In te verontschuldigen onkunde!* Want het vergaren van kennis staat meestal niet nummer één: als ze eenmaal zijn afgestudeerd, herinneren de jongeheren zich helaas méér van hun lol in de sociëteit dan van hun studie.

Eén van de vrolijke Leidse studenten, de toekomstige predikant Nicolaas Beets, maakt onder de schuilnaam *Hildebrand* furore met zijn boek *Camera Obscura*, dat in 1839 verschijnt. In een hoofdstuk getiteld *Jongens*, somt hij op, wat een Hollandse jongen in zijn broekzak heeft:
'Knikkers, stuiters, ballen, een spijker, een aangebeten appel, een stukkend knipmes, een touwtje, drie centen, een kluit visdeeg, een dolle kastagne, een stuk elastiek uit de bretel van zijn oudste broer, een leren zuiger om stenen uit de grond te trekken, een voetzoeker, een zakje kokinjes, een grifje, een koperen knoop om heet te maken, een hazesprong, een stukje spiegelglas... enz. enz...'

In datzelfde stukje roept hij de jongens met enthousiasme toe:
'Gegroet, gegroet, gij vrolijke, gezonde, lustige en stevige knapen. Gegroet, gegroet, gij speelse en blozende hoop des vaderlands. Mijn hart gaat open als ik u zie in uw vreugde, in uw spel, in uw uitgelatenheid, in uw eenvoudigheid, in uw vermetele moed...'

De student Beets, die zo vrolijk met zijn kornuiten door Leiden stapt, laat slechts een deel van het leven zien. De talloze kinderen, die in muffe werkplaatsen dag in dag uit sigarenkistjes timmeren, zijn niet zo vrolijk en gezond. In de achterbuurten is de hoop van het vaderland niet blozend of uitgelaten, maar dat is zijn wereld niet. Beets is het soort man die het later prachtig vindt, dat hij met een freule is getrouwd.

Ronduit meesterlijk typeert hij de mensen uit zijn tijd: Pieter Stastok, Keesje, het diakenhuismannetje, Nurks in de Haarlemmerhout en de joviale heer Kegge, die zijn kapitaal heeft gemaakt in de West. Die figuren veroveren de (lezende) Nederlander, die niet zo graag zichzelf maar des te liever zijn buurman herkent.
'Ei, ei, sakkerloot, ik ben geen grote hans,' zegt de heer Kegge. Want ondanks al zijn geld wordt hij door de regentenfamilies als een parvenu beschouwd en niet aanvaard. Zijn knappe dochter Henriet schaamt zich dan ook voor haar luidruchtige, wat protserige oude heer.

Terwijl de Nederlanders smullen van Hildebrands verhalen, brengt een andere Henriëtte het hele land in rep en roer: al is zij een gravin uit een zeer oud Luiks geslacht, óók zij wordt niet aanvaard.

Den Haag, juli 1839: Koning Willem I drinkt zijn thee en vergeet even alle zorgen over de wijziging van de grondwet (noodzakelijk geworden na de afscheiding van België!). Ook de ergernis, dat vooraanstaande politici de koninklijke macht willen beknotten en de ministers willen bekleden met een eigen verantwoordelijkheid, zet hij nu van zich af. Het thee-uurtje met zijn vrouw en haar hofdames is voor koning Willem I altijd een moment van ontspanning geweest. Daarom houdt hij ook na de dood van koningin Wilhelmina aan die gewoonte vast. In die uurtjes van theedrinken, van een rijtoer of een wandeling, groeit zijn genegenheid voor de 47-jarige gravin Henriëtte d'Oultremont.
'Onberispelijk in gedrag, goed humeur, minzaam, spraakzaam, verstandig...' Zo luidt het oordeel over de vrouw, met wie de oude koning wil trouwen. Maar als het nieuws van het voorgenomen huwelijk via buitenlandse kranten uitlekt, ontstaat er een ontstellende deining:
'Een Belgische!'
'En nog katholiek ook!'

Het hypocriete Nederland, dat zich zo eensgezind rond de troon had geschaard, is niet bereid de vereenzaamde koning zijn keus te vergeven.
'Jetje Dondermond!' noemt het volk de deugdzame gravin. En inderdaad, het gedonder om 's konings keus blijkt zonder eind.
'Is hij gek? Dit kan niet,' roept de verbolgen kroonprins en hij keert zich tegen zijn vader. (Dat wordt een traditie, want de Oranjezonen hadden veelvuldig ruzies met hun vaders!) Ministers tekenen protest aan. Een schandelijke stroom van pamfletten, van vulgaire affiches, van lelijke verdachtmakingen en verwijten overspoelen het land. Ten onrechte. Natuurlijk worden door de schijnheilige Hollanders God, de hemel en zelfs de overleden Wilhelmina ten tonele gevoerd:

Naar een nieuwe grondwet

Beef dan terug voor de achtbare schim
Van Wilhelmine, uw trouwe Gade
Zij wenkt U toe vanuit haar graf
En smeekt bij God vergeving af,
En – voor des Hemels toorn – genade...

Maar de koning beeft niet terug. Met zijn gebruikelijke vasthoudendheid zet hij zijn plannen door. Eerst troonsafstand – niet eens zozeer wegens Jetje Dondermond, als wel door het politiek echec, dat hij met de nieuwe grondwet heeft geleden. Dan een huwelijk in het buitenland. Om de stroom van valse geruchten te stuiten, stuurt hij zijn geliefde Henriëtte op reis.

In de aandoenlijke brieven, die hij haar aanhoudend schrijft, toont hij opeens zijn hart – dat zo stevig (maar uiterlijk koud) – voor het koninkrijk heeft geklopt:

'Lieve Henriëtte,
Ik kan mezelf de voldoening niet weigeren, om je een levensteken te sturen, mijn lieve vriendin, en daar aan toe te voegen, dat ik van je houd en altijd van je zal blijven houden...'

Hoewel een verbitterde kroonprins Willem hem op alle mogelijke manieren tegenwerkt, regelt de koning met hulp van zijn dochter Marianne (getrouwd met Albert van Pruisen) de talloze zaken, die aan de abdicatie en het huwelijk vooraf moeten gaan.

Het Loo, 7 oktober 1840: Eindelijk is het zover. De prinsen, de voornaamste regeringspersonen en de leden van het hof zijn nu voor de abdicatie bijeen. Een eenvoudige en daarom misschien een ontroerende plechtigheid. Een koning, die met kop en schouders uitstak boven het merendeel der vorsten in Europa – maar die zich door sommige karaktereigenschappen niet echt geliefd kon maken – doet afstand van zijn troon. Nu de wijziging van de grondwet voor de deur staat, zegt hij in zijn proclamatie:

'Na rijp beraad acht ik het wenselijk, dat een vaste, krachtige mannelijke hand, jeugdiger leeftijd, bevrijd van de druk van geklommen jaren en niet weifelende door vroegere herinneringen, het landsbestuur in handen neemt...'

Nagejouwd met spotverzen begeeft koning Willem – nu graaf van Nassau – zich enkele dagen later naar Berlijn. Daar wordt zijn huwelijk met Henriëtte in het paleis van Marianne in alle stilte voltrokken. Aan het bewind van de goede, hardwerkende koning was een eind gekomen.

Alles wat in het koninkrijk verkeerd is gegaan, schuift een ondankbaar volk hem nu in de schoenen. Men verwijt hem zijn kapitaal van 200.000.000 gulden, zijn eigengereidheid (waarmee zoveel goeds tot stand werd gebracht), zijn Belgische vrouw. Onrechtvaardig breed meten de onderdanen alle gebreken uit:

Het wispelturig volk, dat veel te los
van hoofd
Genoten dienst vergeet, en 't ergste
liefst gelooft...

Onder koning Willem I hebben de telgen uit de omstreeks 600 oud-regentenfamilies (aristocraten door geboorte en geldaristocraten) de dienst in het vaderland uitgemaakt. Als Willem II de kroon van zijn vader overneemt, maakt de gegoede burgerij zich op (een groep van ruwweg 3000 families), om de aristocratie uit de machtsposities te verdringen. Het zijn vooral de liberalen die zich daarvoor beijveren.

'Beperking van de koninklijke macht! Ministeriële verantwoordelijkheid! Herziening van het kiesstelsel!' luiden hun voornaamste eisen. Omdat zij op godsdienstig gebied verdraagzaam zijn, krijgen zij de steun van de katholieken, die zich altijd tegen de heersende groep hebben gekeerd.

Wat alles zo ingewikkeld en onoverzichtelijk maakt, is het feit, dat er nog geen politieke partijen met duidelijke programma's zijn.

'Partijschap is uit den boze. Dat brengt alleen maar ruzie en onenigheid,' denken de meeste leden van de Tweede Kamer. Zij zitten daar als 'invloedrijke particulieren' en geven slechts strikt persoonlijke, individueel gekoesterde meningen weer.

De oppositie in de Tweede Kamer wordt in de eerste plaats gevoerd door de liberalen, vervolgens door het nog steeds machtige Amsterdam (dat een goede regeling voor de staatsschuld wenst) en tenslotte nog door de adel in de landelijke provincies die zich – vooral in belastingzaken (grondbelasting) – bij de Hollanders voelt achtergesteld. Een aantal van hen zou de klok het liefst willen terugdraaien. De Franse Revolutie bezorgt hen nog steeds de rillingen op het lijf.

Na de definitieve scheiding met België heerst er een sfeer van pessimisme en neerslachtigheid.

'Wij zijn als land te klein. Wij moesten ons maar aansluiten bij het Duitse achterland,' is een veel gehoorde mening. Amsterdamse kooplieden koesteren nog steeds illusies over de stapelmarkt (vooral van koloniale produkten), al zien ook zij wel in, dat de tijden zijn veranderd.

'Wij moeten het hebben van de transito-handel, hoewel die minder voordelig is,' zeggen de Rotterdammers. De doorvoer van produkten naar het achterland blijkt inderdaad van groot belang, maar komt langzaam op gang.

In economisch opzicht is Nederland een onderontwikkeld gebied.

Terwijl het spoorwegnet in Engeland en België zich in snel tempo verdicht, tuft hier één treintje tussen Haarlem en Amsterdam. In de komende 16 jaar zal Amsterdam alleen nog maar met Den Haag, Rotterdam, Utrecht en Arnhem per spoor verbonden zijn.

Met de inschakeling van de stoommachines gaat het langzaam. De meeste fabrikanten zijn kooplieden, geen industriëlen. Hier en daar puft een stoommachine. (Het totaal in 1853 bedraagt slechts 7193 P.K.)

'Kwijning en verval allerwegen,' melden de kranten, 'Bloei en vertier zijn een zeldzame uitzondering!' De Provinciale Staten worden bijna overal met klachten overstroomd. De armoede neemt schrikbarende vormen aan. De schatkist is leeg. Het koninkrijk der Nederlanden staat voor een compleet faillissement.

De Franse Tijd – Negentiende en Twintigste Eeuw

Willem II met zijn vrouw Anna Paulowna in de Gotische Zaal te Den Haag. Aquarel door A. Wijnants (ca. 1850).

En daar komt dan koning Willem II, die de visie en de kracht van zijn vader volledig mist. Hij is een ridderlijk, beminlijk, goedhartig man, die aan zijn hof op de Kneuterdijk schitterende feesten geeft en zich met kunstschatten omringt. Hij geeft geen richting aan. Om iedereen maar te vriend te houden, wijzigt hij zijn mening keer op keer. De ministers worden daar bijna dol van. Zij krijgen bij de grondwetsherziening van 1840 wel strafrechterlijke ministeriële verantwoordelijkheid, maar zijn nog geen verantwoording schuldig aan de Staten-Generaal. Toch hebben de leden van de Kamer nu wat meer vat op hen.

Dank zij de nieuwe minister van Financiën, Van Hall, komt het net niet tot een bankroet. Hij schrijft een 'vrijwillige' staatslening uit tegen een rente van 3%: 'Mocht die niet worden volgetekend, dan zal ik tot een vermogensheffing overgaan,' dreigt hij de rijken in het land. Er ontstaat een enorme deining. Aan een dergelijke methode is men niet gewend.
'Dat kan mij m'n troon kosten,' zegt koning Willem II als hij zijn handtekening aarzelend onder het voorstel zet.
'En mij m'n kop!' antwoordt Van Hall. De 127 miljoen komen er. Zonder failliet te gaan ploetert het koninkrijk der Nederlanden moeizaam voort.

Het Jan Hagel uit de vorige eeuwen heet in Rotterdam 'de Huip'.
'*De Huip*, ook wel *Janjurri* of *Baljurk* genaamd, is in Rotterdam een wezen, dat de overgang toont van de mens naar het redeloze dier. De Huip is metselaarsknecht, sleper, kaailoper, losse sjouwer, zakkedrager of diergelijke, al naarmate de opleiding die hij heeft ontvangen; al naarmate de meerdere of mindere domheid of luiheid die hij bezit. Hij opent zijn loopbaan òf op de armen-, diakonie- of tussenschool, òf in de havens onder de blote hemel. In het eerste geval leert hij lezen, schrijven, rekenen en psalmenzingen. In het laatste geval leert hij koffie, suiker, tabak en andere zaken stelen, en vloeken, vechten en zuipen…'

Onder de regering van koning Willem II gaan eindelijk stemmen op, die drastische hervormingen eisen in de onrechtvaardige maatschappij:
'Wij dienen de arbeidersmassa te beschaven. Wij moeten beter onderricht geven aan het volk!'
Intelligente jonge kerels uit de middenstand, een aantal journalisten (onbetrouwbaar geachte individuen, die in andere groepen hebben gefaald en daarom teleurgesteld zijn) en enkele artiesten vormen met elkaar een groep, die met felle geschriften aanvallen op de overheid onderneemt.

Lilliputters heten hun kleine blaadjes (10 bij 16 cm in omvang om het dagbladzegel te ontlopen). Daarin geven zij met gesjeesde studenten, ontevreden schoolmeesters of boekverkopers hun teleurstellingen over de wereld emotioneel geladen prijs. Hun groep wordt gevormd door een handjevol liberalen (die geen sociale, maar politieke hervormingen wensen) en een paar radicalen (door wie naar sociale veranderingen wordt gestreefd!). Hun eenmansgevechten verstuiven bij de hardwerkende, afgestompte massa tot niets. Ook al is men in de wereld rondom al langer – en veel heftiger! – aan de gang, ook in dit soort zaken komt Nederland achteraan.

Tolk der Vrijheid heet het blad, waarmee de opstandige Eillert Meeter zich tegen de regering keert. Later, in Den Haag, geeft hij zijn krachten aan *De Ooyevaar*. Zijn aanklachten en verdachtmakingen zijn van een laag en afbrekend niveau. Trouwens, de meeste geschriften verspreiden de geur van chantage en afpersing. Allerlei louche figuren schuiven kroegjes in om de 'journalisten' voor geld van onsmakelijk nieuws te voorzien:
'Mijnheer, ik zweer u, ik heb zijne excellentie in gezelschap van een onbekend vrouwspersoon gezien…' Gefluisterde woorden boven een glaasje brandewijn en onder een walmende olielamp.
'Mijnheer…' Een heimelijke samenkomst op een brug. 'Ze hadden ruzie. En wat de baron zei over zijn dochter…' gefluisterde woorden in de schemering.

Met dat soort informatie in handen dreigen de journalisten de schandalen van welgestelde families te openbaren, tenzij… de zaak met geld wordt gestopt. Gretig grijpt de burgerij naar de Lilliputters, die vaak met roddels over vooraanstaande persoonlijkheden zijn gevuld. Zelfs de koning – die kwetsbaar is wegens zijn amoureuze avonturen en intriges in België – raakt in de greep van louche figuren beknend.

Deze deinzen er niet voor terug de strikt persoonlijke aangelegenheden van Willem II te betrekken in de politiek:
'Tenzij het slachtoffer van koninklijke harteloosheid wordt bijgestaan, zal ik de hele zaak onmiddellijk publiceren. E. Meeter.' zet de redacteur van de *Ooyevaar* onder een brief aan de koning, die soms nauwelijks weet waar hij het moet zoeken.

Is het wonder dat in die sfeer van intriges en vuilspuiterij, van geheime politie en verdachtmaking, menig journalist wordt opgepakt? Keer op keer tracht de regering de hoofdredacteuren om te kopen. Met flinke beloningen houdt de koning een aantal scribenten in het gareel.

Van veel beter niveau is de strijd, die de kunstschilder Petrus Vos aanbindt met de krakende maatschappij. *De waarachtige Physiologie van Amsterdam* heet het blaadje, dat hij het licht doet zien.
'Ik bied 5 gulden voor artikelen, die tegen minister Van Hall zijn gericht,' maakt hij bekend. Stukjes die andere regeringspersonen door het slijk halen leveren 3 gulden op. 'Achtenswaardige burgers' zijn hem maar 1 gulden waard. Ook dit klinkt niet al te fris, maar toch diep bewogen met het erbarmelijk lot der armen, smijt Petrus Vos zijn opruiende leuzen op papier:
'Werpt nu toch eindelijk – wij bidden u zulks uit naam uwer hongerlijdende kinderen – die afkeurenswaardige flauwheid, die lafhartige deemoedige onderwerping af!' roept hij het volk toe. 'Staat op als één man en toont uwe onderdrukkers, dat de Hollander nog niet geheel ontaard is. Werk of de dood! Anders kan, anders mag er voor u geen uitkomst zijn.'

Mr. Prové Kluit (een welluidende naam voor de directeur van de politie) brengt Vos voor de rechter-commissaris. Gevangenisstraf, geldboetes en tenslotte een vlucht naar Duitsland. Van daaruit zet Vos zijn gevecht onverminderd voort. Maakt hij er kennis met enkele leden van de eerste internationale communistische organisatie, die na een beginperiode in Parijs in 1842 haar hoofdkwartier in Londen heeft gekregen?

In ieder geval reizen enkele Duitse radicalen naar Amsterdam. Hun doel: zo mogelijk de oprichting van een *Verenigig tot Zedelijke Beschaving van de arbeidende klasse*!
'Hören Sie mal, liebe Freunde…'
'Jawohl!'
Ze vergaderen druk. Ze zitten in kroegjes en achterkamers, door geheime politie beloerd. Ze geven allerlei brochures uit. De tijd lijkt rijp, als na een mislukte aardappeloogst de ellende van het volk naar een nieuwe hoogte stijgt. In de winter van 1845-1846 zijn bijna 500.000 mensen afhankelijk van de bedeling. De nood is groot maar redding lijkt dit keer niet nabij:
'Godverdomme, we kreperen van de honger!'
'We motte toch te vrete?'
Rauw, onbehouwen, vervuild, in lom-

pen, komt de grauwe massa uit de achterbuurten te voorschijn. In Harlingen plunderen ze een graanschip leeg. Vijf doden en vele gewonden in Groningen, waar een compleet hongeroproer woedt.
'Op naar die rijke kakmeneren!'
Daar lopen ze, aaneengesloten, de rafelige petten voorovergetrokken, met een angstaanjagende verbetenheid voort. Ze storten zich op de winkels, de graanpakhuizen, de woningen van de rijke burgerij.
In Haarlem, Leiden, Delft en Den Haag gaan wanhopige massa's de broodwinkels in.
De plundering begint. Witte broden, die velen nooit gegeten hebben, worden weggegraaid door een groezelige hand.
'Hier mens, pak an. Voor je hongerige kinderen!'
Politie en afdelingen van het leger worden ingezet. Is dat genoeg?
'Hier in Amsterdam beschikken wij niet over kanonnen,' meldt de benauwde koninklijke gouverneur van Noord-Holland aan de regering. Als gevolg van alle werkloosheid acht hij de toestand in de Jordaan uiterst explosief.
De regering – goed geschrokken – ontwerpt plannen voor werkverschaffing, want ieder voelt, dat er nú toch iets moet gebeuren. Een aantal gelovige Nederlanders ziet slechts een oplossing in een ootmoedige vernedering voor God:

'Nederlanders, die nog gelooft dat God een volk zegent of drukt, opdat het Hem kenne, aanmerkt Gods hand! Op de na de lange winter zo rijk gezegende velden dreigt verderf. Regenvlagen zullen, zo God de wolken niet opbindt, de gezegende korenbouw verwoesten. Werkelijk doortrekt een geduchte pestadem onze aardappelvelden. Dat wij ons dan onder de krachtige hand Gods vernederen...' Met die woorden hebben de predikanten Brummelkamp en van Raalte een oproep geplaatst in de *Drenthse Courant* voor een *vast- en biddag*. Als trouwe volgelingen van dominee De Cock willen zij met de christelijk-gereformeerden vergeving, bekering en redding zoeken bij de Heer.
Wegens hun afscheiding van de Hervormde Kerk zijn zij door hun christelijke tegenstanders aangevallen, mishandeld, bespuugd. Dominee Van Raalte is zelfs bijna gelyncht. Het is voor hem en zijn gesarde volgelingen bijna geen leven meer in het zo sterk verpauperde vaderland. Omdat er geen redding van de hemel komt, zoekt dominee Van Raalte een andere oplossing voor het benarde volk om hem heen:
'Landverhuizing!' staat op een brochure, die hij de wereld in stuurt. Op 24 september 1846 vertrekt hij met 102 volgelingen naar Amerika en begint daar met ossewagens de trek naar het Westen – met de bijbel in de hand. Zij vestigen zich in een eigen dorp, dat zij Holland dopen, in de staat Michigan.
'Daar in Amerika is de godsdienst vrij. En dat is toch wat wij begeren,' zeggen daarop vele christelijk-gereformeerden. Na rijp beraad verkopen zij hun bezit en wagen zij zich met hun gezinnen aan de overtocht.
Anderen volgen dat voorbeeld:
'Daar in Amerika is volop grond. De armen dáár hebben het beter dan de rijksten hier!'
Murw getobde mannen praten met hun vrouw. Ze pakken hun boeltje op. Ze nemen afscheid van ouders, familie, vrienden en vegen hun tranen weg. Hoe uitzichtloos het leven in Nederland voor velen is, blijkt uit het feit, dat 15.000 mensen het land verlaten. Zij hebben àlles te winnen en vrijwel niets meer te verliezen. Dapper bouwen zij in Amerika een nieuwe toekomst op.

Een nieuwe toekomst! Bijna iedere generatie zoekt naar regels, die kunnen leiden naar een beter leven en naar een betere maatschappij. Dat betekent strijd tegen datgene wat bestaat. En dat is goed:
'Door strijd en wrijving ervaart de mens, wat hij wil en kan!'
Zo trekken steeds weer nieuwe generaties het landschap van de toekomst in: soms afbuigend naar rechts, soms afslaand naar links en soms recht vooruit.

In deze tijd van sociale onrust woedt een flinke strijd in de Hervormde Kerk. Vrijzinnigen verzetten zich tegen de bestaande orthodoxie.
'Het gaat om de levende Heer,' stelt professor Hofstede de Groot, hoogleraar aan de Groningse universiteit. Hij en zijn vrienden van de *Groninger Richting* keren zich tegen de predestinatieleer en de oude dogmatiek.
Waarheid in liefde! heet het tijdschrift, waarmee zij hun gedachten uitdragen. Onder leiding van Christus willen zij de samenleving omvormen tot een soort ideale Maatschappij tot Nut van het Algemeen. Hun invloed is uitermate belangrijk, omdat de aandacht nu wat meer op de praktijk van het leven wordt gericht.
'Neen,' menen anderen, onder wie Groen van Prinsterer, Da Costa en Nicolaas Beets. 'Wij moeten het geloof der vaderen voor afbraak behoeden.' In hun tijdschrift *Christelijke Stemmen* pleiten zij voor een persoonlijke godsdienstbeleving en keren zij zich tegen het onderwijs, zoals het op de staatsscholen geschiedt.
Terwijl geheel Europa met revolutionaire gedachten wordt doorploegd, terwijl een geest van persoonlijke vrijheid, van wedergeboorte, van verbetering de ganse samenleving doortrekt, dicht Da Costa:

Met al hun schone woorden
Met al hun stout geschreeuw
Zij zullen ons niet hebben,
De Goden deze Eeuw...

Ook de katholieken (door vele hervormden nog steeds gewantrouwd) ontwaken uit een lange winterslaap. Geleid vanuit Rome via de vice-superior voor de Hollandse Missie in Den Haag (een *eigen* kerkelijk bestuur bezitten wij nog niet) hebben zij steeds in een afwachtende houding berust. Omdat koning Willem II hen zeer terwille is, beginnen onderhandelingen met de paus. De koning sluit een concordaat, waardoor het mogelijk lijkt, dat in Brabant en Limburg bisschoppen kunnen worden aangesteld. Met die steun in de rug, komen de katholieken nu krachtiger dan vroeger voor hun belangen op:
'Wij moeten ons een betere positie in het volksleven verschaffen. Wij hebben ook op een ruimere plaats in het staatsbestuur,' is de mening van dr. Cramer en de heer Alberdingk Thijm. Om dat streven kracht bij te zetten, bewerkstelligen zij in 1846 de oprichting van het dagblad *De Tijd*.

De tijd is rijp voor vernieuwing. Talloze veranderingen hangen in de lucht:
'Wij moeten *rechtstreekse* verkiezingen zien te krijgen,' mompelen deftige heren in de sociëteit. Ze nippen aan hun jenevertje, knikken elkaar toe. Al hebben zij stemrecht, door de trapsgewijze verkiezingen is hun invloed maar gering. 'Grondwetsherziening wordt werkelijk een noodzakelijkheid!'
'Zeker, mijn waarde, zeker!'
Even een gesprekje over de politiek. Dan eist de ritmeester van het plaatselijke garnizoen opeens alle aandacht op:
''tWas fameus vandaag, mijne heren. Een van mijn huzaren, een kerel uit Beierland...' Hij vertelt, hoe die boerenpummel een jaar lang in hetzelfde ondergoed moest lopen, omdat zijn moeder hem het flanel op het lijf had genaaid.
'Hij kon er niet uit. Hij zat genaaid, haha. En de lucht? Etouffant, mijne heren!'
Lachend draait de ritmeester zijn fraaie knevel met twee vingers en twee duimen in

Spotprent op de volgelingen van Ds. de Cock die in 1846 onder leiding van Ds. Scholte naar Amerika vertrokken.

EENE KERMISPRENT,
WAAROP WORDT VOORGESTELD
HET DROEVIG RELAAS DER MISERIEN
OP EENE REIS VAN
GEESTELIJKE LANDVERHUIZERS
NAAR
Nieuw Zuidlekkerland.

» *Wie gaat er meê naar het nieuwe Kanaän?* "

De predikant wekt zijn hoorders op.

Een boer en boerin van 75 jaar gaan in Amerika sterven, louter uit verandering.

Ook ouden van dagen gaan mee.

» *Wij zijn er die Groenlandsche straatjes zoo dikwijls ten einde gegaan!* "

De landverhuizers, zingend een straatliedje van den tijd vertrekken naar de kust.

De Franse Tijd – Negentiende en Twintigste Eeuw

Koning Willem II, door J.A. Kruseman (1804-1862).

Koning Willem III. Anoniem miniatuur, rechts.

de krul. Zijn toehoorders hebben de grondwetsherziening gelukkig vergeten. De ene anekdote volgt op de andere op.
De stemgerechtigden maken zich niet al te druk. Na de financiële sanering door Van Hall zijn de geldaristocraten in het Westen tamelijk tevreden. En Rome was immers ook niet in één nacht gebouwd? Trapsgewijs kiezen zij de leden van de Staten-Generaal. En steunend op hen kan de oer-conservatieve koning Willem II alle vernieuwingen tegengaan. Maar de oppositie groeit met de dag.
Sinds 1840 krijgen de liberalen (zij zijn, ruw genomen, het denkend deel der natie) de wind steeds beter in hun zeil. Vooral uit de oostelijke provincies ontvangen zij veel steun. Omdat de toestand van het koninkrijk allertreurigst is, steekt een aantal van hen de koppen bij elkaar. Onder aanvoering van professor Thorbecke (hoogleraar in de rechten te Leiden), dienen zij in 1844 een ontwerp voor een nieuwe grondwet in.
'Wij wensen meer eenheid en vastheid der uitvoerende macht, majesteit. Wij streven naar vollediger wetgeving en wérkelijke vertegenwoordiging!' De koning kijkt hen afkeurend aan:
'Dit voorstel? Nóóit, al ware het schavot ernaast!'
De Tweede Kamer verwerpt het voorstel met 34 tegen 21 stemmen. Terecht schrijft het steeds liberaler wordende *Handelsblad* (met een oplaag van 5000 exemplaren de grootste krant van Nederland):
'De verwerping van het voorstel van de heer Thorbecke kwetst de natie!' Velen reageren teleurgesteld en winden zich op. En toch: niet door de druk van binnenuit, maar door gebeurtenissen van buitenaf,' maakt koning Willem II ten opzichte van de liberale ideeën een politieke ommezwaai:

'Revolutie in Parijs! Koning Louis-Philippe afgetreden!' melden de kranten in februari 1848. Dat is schokkend nieuws. Gesteund door ontevreden volksmassa's hebben de Franse liberalen de knoop doorgehakt en de conservatieven uit de regering gejaagd. Zonder bloed is dat niet gegaan. Op de barricaden is harde strijd gevoerd.
Vanuit Parijs slaat de beweging over naar Duitsland, waar de conservatieve vorsten worden wakkergeschud.
'Donnerwetter!' Als de drommel wijzigen zij hun regering in liberale zin.
Onrust in geheel Europa. Onrust ook in Amsterdam, waar de radicale sociaal-democraten menen, dat hun uur is aangebroken:
'Leve de Republiek! Weg met de Koning, de ministers en de Staten-Generaal. Zij zijn bloedzuigers, die het volk het merg uit de beenderen zuigen!' Dat staat op pamfletten, die in begin maart op de muren worden geplakt. In de arbeiderskroegen weerklinkt de Marseillaise. De Duitse radicalen Hancke, Gödecke en Martin wekken tot demonstraties op.

'Op naar de Dam!' Jan de Vries, de vurige schrijver van het oppositieblaadje *De Hydra* en Van Bevervoorde sporen het werkvolk aan om op de Dam te verschijnen. Maar zelf blijven ze er weg.
'Leve de Hydra!' roepen de arbeiders, de werklozen en een aantal figuren uit de onderwereld, die nooit ontbreken bij zo'n rel. Omdat er geen leiding is, trekt de menigte naar de huizen op de Heeren- en Keizersgracht.
'Verdomme, stenen motte we hebben!' De ruiten gaan in.
'Stenen? Wat hebben we aan stenen? We willen brood!' Winkels worden geplunderd.
Mr. Provó Kluit staat met zijn agenten gereed. De schutterij komt onder de wapenen. De cavalerie uit Haarlem galoppeert naar het hart van de stad. Zo wordt het Damoproer met wapengeweld onderdrukt. Stevige agenten hebben de schuldigen gegrepen en voor de rechtbank gesleurd. Het pleit voor de rechtspraak, dat Gödecke, Hancke en Martin worden vrijgesproken wegens gebrek aan bewijs. Andere oproerlingen wacht een flinke geseling en 12 jaar gevangenisstraf.
'Voor een *politieke* revolutie ben ik niet bevreesd,' schrijft Jacob van Lennep, 'zolang wij maar geen *sociale* revolutie krijgen!'
Zo ver komt het niet. Het uitgemergelde volk keert naar zijn holen terug. De binnengesmokkelde exemplaren van het *Communistisch Manifest* van Marx en Engels blijven daar ongelezen, want wie begrijpt die moeilijke taal?
De kranten der welgedane burgers publiceren opgelucht:
'De goede, brave, welgezinde arbeidende klasse wil geen oproer. Zij bemint de orde in ons dierbaar vaderland!'

Willem II heeft het die dagen bar benauwd gehad. Hoe heftig had het volk zich tegen zijn conservatieve ministers gekant! Uit angst om wat er overal in Europa gebeurt – de rapporten van zijn gezanten spreken duidelijke taal! – ontbiedt hij de voorzitter van de Tweede Kamer, notabene achter de rug van zijn ministers om.
'Ik sta open voor ruime wijzigingen,' laat hij weten.
'De koning is in één nacht van conservatief opeens liberaal geworden,' spotten zijn tegenstanders opgelucht. Onder voorzitterschap van Thorbecke gaat een grondwetscommissie meteen aan het werk. Reeds in april kan hij melden:
'Wij zijn ervan overtuigd, sire, dat om Nederland en de grondwettige monarchie te behouden, onze instellingen boven alles een grotere medewerking eisen van de burgerij!'
Na vele haken en ogen te hebben ontward, kan de regering de nieuwe grondwet op 3 november 1848 plechtig afkondigen. Eindelijk is er een hecht papieren bouwwerk geschapen voor het Koninkrijk der Nederlanden – een bouwwerk van wetten en bepalingen, waarop de staat heden ten dage nog grotendeels rust.
'Wat houdt de nieuwe grondwet in?' Die vraag komt in menig gezelschap ter sprake.
Voor sommige kringen ging de heer Thorbecke veel te ver, voor andere lang niet ver genoeg:
'Omstreeks 55.000 burgers krijgen stemrecht!'
'Zo zo, dat is nog minder dan voorheen!'
'Maar de trapsgewijze verkiezingen zijn vervallen en het kiesrecht zal geleidelijk aan worden uitgebreid!' (In 1850 ontvangen omstreeks 100.000 mannen kiesrecht oftewel 1/7 van het totaal. De vrouwen doen dan nog lang niet mee.)
'O…'
'De ministers zijn nu verantwoording verschuldigd aan de Kamer, in plaats van aan de koning!'
'O…'
'Een goed ding is het amendementrecht en het recht voor interpellatie en enquête voor de Tweede Kamer. Kamerleden zullen

Over Vlamingen en Walen

voortaan wetsvoorstellen kunnen aanvullen of wijzigen, al naar het hun belieft!'
'O...'
'En eindelijk is er nu vrijheid van vereniging en vergadering, vrijheid van onderwijs, vrijheid van godsdienst!'
'Zo?' Even lichten de ogen op. Er is maar weinig belangstelling voor de politiek, maar de godsdienst is een andere zaak. Dát punt (en daarmee ook het onderwijs) lokt de heftigste reacties uit. Uit angst voor Rome en de toenemende invloed van de katholieken, worden dáárdoor de felste dicussies gevoerd. (En zij zullen 75 jaar lang blijven duren!)
'Er is nu ook een wettelijke regeling van het koloniaal beleid. De Staten-Generaal krijgen medezeggenschap!'
'O...'
'Ik prijs mijn landgenoten zowel voor hunne gematigdheid, voor hun vertrouwen en voor hunne gehechtheid aan wet en orde, als voor hunne verkleefdheid aan het Huis van Oranje!' zegt de dankbare koning Willem II opgelucht. Hij is blij dat het ingrijpende avontuur van de nieuwe grondwet tot het verleden behoort. De eerste verkiezingen in de districten leveren nog wel enige problemen op:
'Op wie moeten we stemmen?' vragen de kiezers zich af. Want iedereen kan stemmen op iedereen. Lijsten van kandidaten zijn er niet. Veelal stemt men op de heren, die reeds zitting hadden in de Kamer en van wie men het gevoel heeft, dat ze het niet slecht hebben gedaan. Er komt daar nu een meerderheid van liberalen en afgevaardigden die de liberalen steunt.

Als de direct gekozen leden van de Staten-Generaal in februari 1849 voor het eerst bijeenkomen, valt het hen op dat de koning eruitziet als een dodelijk vermoeid man.
'Het is zijn hartkwaal,' fluistert de één.
'De schokkende gebeurtenissen van de laatste tijd,' meent de ander.
'Het komt door Alexanders dood!' vermoedt een derde. Lijdend aan tering was prins Alexander naar Madeira vertrokken, waar de dood hem in april 1848 had weggehaald.

Ook voor de vermoeide, afgeleefde Willem II is het einde in zicht. als hij zich in maart 1849 naar zijn geliefd Tilburg begeeft, waar hij logeert bij zijn vriend, pastoor Zwijsen, sterft hij daar toch nog vrij onverwacht.
'Hij is op het laatst nog katholiek geworden,' roddelen protestanten onthutst. Die geruchten doen wel de ronde, maar ze missen iedere grond.
Haastig stuurt de regering bericht naar de kroonprins, die op wens van zijn vader voor een werkbezoek naar Engeland was vertrokken.
Koningin Victoria heeft hem allerhartelijkst ontvangen. Daar heeft hij tevens de handel en industrie bestudeerd. Hij bevindt zich in Schotland, als het noodlottige nieuws hem bereikt.
'Ik voel er niets voor om koning te worden, nu die liberale heren het voor het zeggen hebben in ons land,' zegt de toekomstige Willem III. Hij is 32 jaar oud, conservatief, tegen het parlementaire stelsel, tégen ministers met eigen verantwoordelijkheid. Groot, grof, op zijn wijntje en meer nog op zijn trijntjes gesteld, keert hij desondanks naar het vaderland terug. Tot opluchting van de nieuwe regering verklaart hij:
'Ik zal de nieuwe grondwet volledige werking geven...'

De 19de eeuw is vaak als saai beschouwd. Dat berust op een misverstand. Het is een fascinerende eeuw, omdat allerlei onstuimige gedachten ingrijpende veranderingen teweeg hebben gebracht.

Vrijwel overal in Europa zijn de liberalen aan de macht gekomen. Zij hebben de almacht van vorsten gebroken.

'Vrijheid op politiek, op economisch en godsdienstig gebied,' is hun leus. 'De vrijheid van de enkeling dient voorop te staan!'

In zekere mate erkennen de liberalen het zelfbeschikkingsrecht van volkeren en zij wensen de scheiding tussen kerk en staat.

'Het produceren van goederen schept rijkdom,' zeggen zij, 'zolang dat maar in vrijheid gebeurt. Door vraag en aanbod regelt het produktieproces zich vanzelf!' Zij laten die stelregel óók gelden op de arbeidsmarkt. Het resultaat is, dat de lonen mensonterend laag blijven als er werkeloosheid heerst – en dat is vooral 's winters het geval.

'Overheidsbemoeiing is schadelijk voor de economie!' De intelligentsten, de sterksten, de besten zullen vanzelf naar boven komen om leiders te worden van de maatschappij. 'Zo zal de wereld uitgroeien tot één, groot, economisch welvaartsgebied, waarin vrede en recht voor alle mensen bereikbaar zullen zijn,' menen de liberalen oprecht. Wat zij niet zien is, dat zij de samenleving in een soort jungle herscheppen, waarin de sterkste de zwakke met huid en haar verslindt!

Er stappen bewogen idealisten door die boeiende 19de eeuw. Zij zoeken naar systemen en maken plannen voor het bevorderen van het menselijk geluk.

'Het heil van de mensheid ligt in gemeenschappen van 1600 man – van allerlei rang en stand – waarin ieder naar vermogen zijn eigen werk verricht!' zegt de Fransman Fourrier. De gezinnen zullen zich in elkaar oplossen. Het huwelijk moet vervangen worden.

'Het huwelijk maakt de man egoïst, omdat hij voor vrouw en kinderen moet zorgen!'

Tevergeefs wacht Fourrier op een rijke idealist, die hem de gelden zal verstrekken voor een uitgebreid experiment.
'De staat – en de staat alleen – veroorzaakt alle narigheid in de maatschappij,' meent de anarchist Proudhon. 'Slechts in vrije gemeenschappen komt er samenwerking tussen mensen tot stand!' De rijke Britse fabrikant, Robert Owen, laat het niet bij gedachten alleen. Hij stelt een daad! Hij verkort de arbeidstijden voor de 2000 mannen en vrouwen en kinderen in zijn katoenspinnerij. Hij verhoogt de lonen. Hij zorgt voor ontspanning, goede woningen en onderwijs.

'Ons bedrijf wordt een coöperatie. Jullie zullen delen in de winst!' zegt Owen tot zijn arbeiders. Hij is zijn tijd vér vooruit, maar het experiment mislukt.

'Laten we wel nuchter blijven,' vindt Karl Marx, zoon van een joods advocaat uit Trier. Met zijn vriend, Friedrich Engels stelt hij vast:

'Economische wetten beheersen het leven!' In de geschiedenis is tussen de heersende en onderdrukte klassen altijd strijd gevoerd.

Zoals nu de gegoede burgerij de macht van adel en patriciaat heeft overgenomen, zo zal eens de tijd aanbreken, dat het prole-

De Franse Tijd – Negentiende en Twintigste Eeuw

tariaat de macht in handen krijgt.
'Want,' zo denken zij, 'door concurrentiestrijd zullen de zwakke bedrijven in de sterken opgaan!' Daardoor zal een steeds kleiner aantal grote ondernemingen de produktie van goederen – en het kapitaal! – beheersen. De massa zal het daardoor zó beroerd krijgen, dat revolutie onvermijdelijk wordt. Het gevolg zal zijn, dat de arbeiders beslag zullen leggen op machines en fabrieken, op het kapitaal en de grond. 'Dan zal de dictatuur van het proletariaat een aanvang nemen. Dan verdwijnt het klasseverschil. Dan zal het ook met de macht van de Staat zijn gedaan, want vanaf dát moment hoeft niemand meer te worden onderdrukt!' Daarom roepen Marx en Engels in hun 'Communistisch Manifest' (1848) de arbeiders toe:
'Proletariërs aller landen, verenigt u…' (Wat Marx en Engels in de 19de eeuw niet voorzien: de dictatuur van de massa zal toch door enige leiders moeten worden uitgevoerd. Deze zullen noodgedwongen de vrijheid van hun volgelingen moeten onderdrukken, omdat het anders niet gaat. De ware natuur van de mens wordt in de 19de eeuw nog slecht gekend!)

De proletariërs in België verenigen zich voorlopig nog niet. Na de scheiding van Nederland, hebben Kerk en welgestelde burgers de macht in handen genomen. Slechts de belasting betalende 'gegoeden' hebben stemrecht. Zij hebben de arbeiders het verbod van vereniging opgelegd en uitgesloten voor de verkiezingen van het parlement.

Veel ernstiger lijkt de sociale situatie, die dezelfde is als in Nederland: lange werkdagen, lage lonen, vrouwen- en kinderarbeid, erbarmelijke huisvesting, analfabetisme, overmatig drankgebruik. De Belgen, die de zaken op economisch en politiek gebied bijzonder energiek hebben aangepakt, schieten op het sociale vlak ernstig te kort.
'U weet toch, dat Frankrijk al in 1840 niet veel meer om onafhankelijkheid gaf? Dat de Fransen in het geheim onderhandelden over u, bij u en zonder u? heeft de Britse minister Palmerston tot de Belgische gezant in Londen gezegd. Misschien juist onder de druk van dreigende annexatie, hebben de Belgen tal van zaken in hun jonge staat zo doortastend geregeld. Met hun nieuwe grondwet (meteen al na de scheiding) zijn zij Nederland en de meeste landen in Europa ver vooruit. (In 1848 – dus 17 jaar later! – heeft Thorbecke zich met zijn grondwetsherziening op het Belgische voorbeeld gericht!)

Te midden van een ontstellende armoede onder de arbeidende klasse, gehinderd door een economische crisis en neergang in de landbouw, hebben de Belgen een moderne staat opgebouwd.
'Het Frans zal weer de officiële voertaal zijn,' maken de heren van het Voorlopig Bewind al in november 1830 bekend. Aan de gehate maatregelen van koning Willem I in verband met het *verplichte* Nederlands komt op slag een eind. Wel wat erg luchthartig geven de nieuwe leiders toe, dat 'onder de inwoners van bepaalde streken de Vlaamse en Duitse taal in gebruik was', maar zij wijzen op de onmogelijkheid om officiële documenten in zoveel verschillende dialecten te publiceren. (Bij een volkstelling in 1846 komt vast te staan, dat de meerderheid van de Belgen het 'Vlaams' hanteert. Om precies te zijn: 2.471.248 van de in totaal 4.337.196 inwoners!)

Met alle macht in handen, snijden de verfranste adel en de verfranste burgerij de culturele banden met Nederland door. Het koninkrijk België wordt vrijwel volledig op een Franse leest geschoeid.
'Dat kan toch niet,' mopperen sommige Vlamingen verontrust.
'Frans is de voertaal in de gerechtshoven. Frans is de voertaal van de regering. Aan de universiteiten van Gent, Leuven en Luik is alles Frans. Zélfs in het middelbaar onderwijs raakt het Vlaams buitenspel!' Zo mag een enkele Vlaming foeteren, maar veel indruk maakt dat niet.

Tussen Vlaanderen en Wallonië heeft economisch en sociaal altijd een gezond evenwicht bestaan. In de loop van de 19de eeuw wordt dat evenwicht verstoord – en waarachtig niet alleen door de taal. Economische oorzaken spelen minsten een even grote rol.

Dank zij koning Willem I heeft de Belgische industrie haar wieken kunnen uitslaan.
Wat de industriële revolutie betreft, volgt België – als eerste land ter wereld! – het voorbeeld van Engeland. De steenkool en het ijzererts, zo rijk voorradig in het Waalse land, veroorzaken een snelle groei van de Waalse industrie. Daarmee veroveren de Walen een economisch overwicht op het Vlaamse volksdeel.
'De Walen worden rijk. Zij kunnen hun kinderen naar universiteiten sturen. Zij nemen daardoor de leidende posities in. Zij hebben bovendien nog het voordeel van de taal!' In een spijshuis of een klein stammineke gaat een enkele Vlaming tegen zijn vrienden tekeer.
'Verdomd, het is waar. De Walen doen de grote zaken. De Walen bezitten het geld. En wij Vlamingen, met al onze dialecten, zakken terug en raken buitenspel!'

Koning Leopold I, door P. Beaufaux (1829-1904).

Ook dat is waar. De Vlaamse textielindustrie heeft door de scheiding van Nederland een zware klap gekregen. Tevens zijn door concurrentie van Engeland belangrijke afzetmarkten in Zuid-Amerika verloren gegaan. Voor de kleine Vlaamse boeren, die met vlasspinnen en linnenweven aan huis hun schrale inkomsten aanvullen, betekent dit een ramp:
'God sta ons bij, in Jezus'naam!' bidden zij verslagen, als het geld voor de pacht ontbreekt. Afschuwelijke taferelen spelen zich af, als gerechtsdienaren – vanwege de verschuldigde pacht – beslagleggen op al het bezit.
'Nee, meneer, dát niet!' Huilend slaat een moeder de arm om haar kind, als de deurwaarder met zijn gewapende helpers de koperen melkemmer, de karnton, het tin, meubels, dekens, kortom alle huisraad naar buiten sjouwt.

Door het wegvallen van afzetgebieden wordt de modernisering van de Vlaamse linnenindustrie aanzienlijk vertraagd. Wel bloeit de haven van Antwerpen op door belangrijke transitohandel met het achterland. (De Keulse kooplieden spelen Belgen en Hollanders handig tegen elkaar uit!) Het in Antwerpen verdiende geld wordt echter niet voor investeringen in de industrie gebruikt, maar in verzekeringsmaatschappijen en handelsbanken gestopt. Ook daardoor neemt de armoede in Vlaanderen hemelschreiende vormen aan en blijft het land een achtergebleven gebied.

Het stemrecht – in maart 1848 van 46.000 op 79.000 kiezers gebracht – is flink uitgebreid, maar blijft beperkt tot de gegoede burgerij.

De radicalen eisen verlaging van de census:
'Breng het bedrag op 20 gulden, dan is het uitbrengen van een stem voor veel meer mensen weggelegd,' roepen zij in de roerige vergaderingen van het parlement. Een der afgevaardigden antwoordt:
'Ge krijgt voor een census van 20 gulden geen kiezers, maar knechten!' De knechten en arbeiders zijn nog niet tot oordelen bevoegd.

Strikte neutraliteit in acht nemend, heeft de bekwame, wat eigengereide koning Leopold I het jonge land door de eerste zware jaren heengeloodst. Ook hij heeft zijn moeilijkheden met de Kerk gehad. Het Nationaal Congres heeft zich uitgesproken voor een volledige scheiding van kerk en staat. De kerkelijke leiders hebben zich daartegen verzet en garanties gevraagd om de greep op de maatschappij niet geheel te verliezen. En dat gebeurt – zoals met zoveel zaken in België – door het sluiten van een compromis. Dank zij mgr. Engelbert Sterckx, aartsbisschop van Mechelen, komt er een goede samenwerking met koning en regering tot stand. De Kerk behoudt in praktijk véél, waarvan zij *op papier* afstand heeft moeten doen. Bij voorbeeld: het hele toezicht op het lager onderwijs wordt bij de wet van 1842 naast een wereldlijke ook aan een kerkelijke inspectie toevertrouwd; de staat betaalt wel, maar heeft geen bemoeienis bij de benoemingen van bisschoppen en pastoors! De protestantse, conservatieve koning gaat trouwens liever met de katholieken, dan met de progressieve liberalen in zee.

Koning Leopold krijgt ook te maken met een oppositie van Orangisten (die door koning Willem II worden betaald!) én met sociaal-democraten, die de nodige onrust stoken in zijn land. Marx en Engels – achtervolgd door de internationale politie – hebben enige tijd in Brussel gewoond en daar vooruitziende kerels van de reeds langer bestaande progressieve beweging het hoofd op hol gebracht. Enkele flinke uitbarstingen zijn het gevolg.
'Wij moeten het lot van de arbeidende klasse verbeteren,' stelt de koning. Hij laat arbeiderswoningen bouwen en speelt met de gedachte, of koloniale expansie niet tevens een oplossing voor het armenvraagstuk zou kunnen zijn.

Alles bij elkaar genomen werken de Belgen zich met een verbluffende energie en snelheid door de grootste moeilijkheden heen. Een economische opbloei begint. Het aantal stoommachines (428 in 1830) breidt zich uit tot 2040 in 1850, tot 4410 in 1860.

Onder toeloop van duizenden Belgen is de eerste trein in mei 1835 van Mechelen naar Brussel gestoomd. Het spoorwegnet verdicht zich daarna snel. 'De IJzeren Rijn!' is de naam, die de nieuwe spoorbaan van Antwerpen via Luik naar Keulen krijgt.

Angstige momenten breken aan, als eind juni 1848 de revolutie in Parijs losbarst en als gevolg ook België – net als Nederland – even op stelten komt te staan:
'Leve de Republiek!'
'Dit is de kans om te komen tot een rechtvaardiger maatschappij!' Hoopvol zien de radicalen (de voormannen van de burgerlijke progressieve denkers) het gloren van een nieuwe dageraad.
'Allons, enfants!' Verbeter uw lot. Kom in opstand tegen hen, die u thans onderdrukken!' roepen zij de arbeiders toe. Net als in Nederland zijn er rellen in Brussel, opstootjes in Luik, Brugge en Gent. Ruim 2000 revolutionairen uit Frankrijk zijn reeds in opmars gegaan om in België de nieuwe idealen te grondvesten.
'Gij kunt rekenen op mijn steun. Samen met u wil ik de revolutie zonodig bestrijden,' schrijft koning Willem II aan koning Leopold.

Zonder zich dus zorgen te hoeven maken over de noordgrens, kan Leopold zijn troepen nu naar het zuiden dirigeren. Bij het dorpje Risquons Tout worden de Franse benden uiteengejaagd.

Jan Frans Willems (1793-1846) door P. de Vigne.

De Hoogovens van Cockerill bij nacht. Kleurenlitho.

De Franse Tijd – Negentiende en Twintigste Eeuw
Thorbecke en de nieuwe grondwet

'Vrijheid voor ons kan slechts bestaan, als wij ons als Walen willen gedragen,' fulmineren de Vlaamsgezinden wel enigszins terecht. Beetje bij beetje ontwaakt er onder de Vlamingen een wil tot verzet.
'*De taal is gans het volk*,' roept Prudens van Duyse uit. De orangist Jan Frans Willems is wegens zijn pro-Nederlandse gezindheid uit Antwerpen verbannen, maar hij geeft de moed niet op. Met vrienden maakt hij plannen om de achteruitzetting van Vlaanderen tegen te gaan. Zij beginnen zich te organiseren en trachten aanhang te winnen in het verarmde land. Willems wordt de vader der *Vlaamse Beweging*.

'De Vlaemsche Leeuw!' Dit gedicht van Van Peene wordt door Miry op muziek gezet en groeit tot een strijdlied uit. Ondertussen richt Jan de Laet, oprichter van het éérste, werkelijke Vlaamsgezinde dagblad: *Vlaemsch België*, zich met schokkende woorden tot de dichters in zijn land:

Onze Oud'ren waren groot! En wij?
Wat zijn wij heden?
Een moed'loos volk, dat steeds door vreemden voet vertreden
Zijn leeuwenhals gedwee en sidderend nederbukt...

Het ligt voor de hand, dat de nedergebukte Vlamingen contacten zoeken met Nederland. In 1849 komt het eerste *Nederlands Tael- en Letterkundig Congres* te Gent bijeen. Geleerden, schrijvers, uitgevers en onderwijzers trachten daar de *culturele* eenheid te behouden, nu de *staatkundige* eenheid verloren is gegaan.
Zo zoeken de Vlaamsgezinden in hun verfranste land naar een eigen weg. Het zal een moeizame en lange weg blijken te zijn, zoals door de voormannen terdege wordt beseft:
'We moeten lijden, en lang zullen wij misschien nog moeten lijden, omdat wij onze eigen belangen te veel boven die der grote zaak stellen.'
De taal en daarmee natuurlijk ook het onderwijs, staan in de strijd centraal:
'Zal de Franse taal, die invoerster van vreemde begrippen dan zegepralen op de puien van het Vlaams? Dat verhoede God!' Als Prudens van Duyse gestorven is, klinken die woorden aan zijn graf.
Keer op keer leggen innerlijke verdeeldheid en tal van tegenstellingen de Vlaamse Beweging lam. Inderdaad kost het tijd, alvorens verarmde boeren, onderbetaalde arbeiders, vurige katholieken, welgedane middenstanders en liberale kooplieden wérkelijk eensgezind een vuist kunnen maken tegen de verfranste geest die hen overheerst.
Ruzies, debatten zijn er volop in die kleine groep mensen, die zich met hart en ziel aan de Vlaamse Beweging geeft. Zoals honderden generaties vóór hen, moeten ook zij strijdend, denkend, zoekend, de altijd onduidelijke weg naar de toekomst op.

Ik heb met dat nieuwe niets van doen
Vooreerst, het strijdt met ons fatsoen
En dan, heb ik een vrouw getrouwd
Die 't met de Cathechismus houdt!

Zo hekelt De Genestet de zelfgenoegzaamheid van zijn landgenoten.
Vooral in de rijkere kringen zijn de heren best tevreden met het reilen en zeilen van het vrome vaderland.
'Ongelooflijk! Wat een wonder!' roepen zij opgetogen uit, als de telegraaf – na de uitvinding van de Amerikaan Morse in 1833 – in 1852 in Nederland in werking treedt.
'Ongelooflijk! Wat een wonder!' roepen zij even opgetogen, als de gasverlichting zijn intree doet. De nieuwe verlichting van de steden verwekt sensatie, al zingen de jongens in Utrecht het fraaie lied:

O, wat een schande,
Het gas dat wil niet branden...

Even sensationeel is de eerste Wereldtentoonstelling in Londen (1851), die ruim 6.000.000 bezoekers trekt.
'Een volledig nieuwe tijd lijkt aangebroken!' denken vele Nederlanders opgewekt – al stappen zij voorlopig nog geheel in de oude tijd voort.

'Een stokviswinkel!' noemt Potgieter, redacteur van het tijdschrift *De Gids*, het culturele leven in Nederland. Doodser kan het haast niet. Bitter schijft hij: 'Holland is een misdeeld moeras, een land van mest en mist en vieze regen!'
Ook dominee Busken Huet, die de kerk verliet, in Indië een krant oprichtte en lang werkzaam was in Parijs, spreekt met zijn scherpe pen een vernietigend oordeel uit:
'Zo vaak ik Nederland terugzie, ontvang ik de indruk van een land, gelegen aan de kust der Dode Zee, waar de vogels niet overheen kunnen vliegen zonder te sterven...'
Soms lijkt het daar inderdaad wel op, als er weer eens dijken breken; als een brand Enschede verwoest; als de cholera in één jaar tijd duizenden slachtoffers maakt.
Tot zijn ontzetting ontdekt een arts tijdens een choleraepidemie, dat een Amsterdams gezin 6 varkens op de zolder houdt en de mest van die dieren in de kelder bewaart. 'Een land van mest en mist...'
Een haast doodse stilte heerst er in ieder geval op zondag, als de gelovigen driemaal naar de kerk gaan. De meeste predikanten beschikken over een lange adem en hun preken lijken soms zonder eind.
Het is de tijd van luifelhoeden, van fraaie bakkebaarden, van ritjes in de stadsomnibus. vooral de *dubbeldekkers* bieden aan heel wat mensen plaats. Het is tevens de tijd van slaapmutsen, nachthemden, van sleutelmandjes, zakjes lavendel en van Hendrik, de koetsier, met een keurige knevel en hoge hoed op de bok.
'Ik heb tegenwoordig een landouwer, mijn waarde. Een vering? Het zal je verbazen, als je erin rijdt!' De bezitters van rijtuigen wisselen graag gegevens uit, terwijl hun vrouwen kirrend vertellen wat voor nieuwe snufjes zij in de winkel van Sinkel (het eerste warenhuis in Nederland) hebben gezien.
'Water! Vers water!' Op straat klinkt de roep van de waterventers. Zij komen met vers rivierwater langs de deur. Amsterdam haalt zijn drinkwater nog uit de Vecht, al is er nu, dank zij Jacob van Lennep, een *Duinwatermaatschappij* opgericht.

'Japie, sta stil!' klinkt het – heel toepasselijk – bij het dansen op een bruiloftspartij. De snel blozende bruidjes bij een deel der burgerij gaan volledig oningelicht het huwelijk in. Tijdens de eerste huwelijksnacht krijgen zij de schrik van hun leven, omdat de Japies juist dán niet stil willen staan. 'Ach, lieve mama...' Er wordt wat afgesnikt en gesust in de gedeeltelijk zeer preutse maatschappij. De meerderheid *lijkt* van veraf preuts, maar is het niet. Men práát en schrijft wel niet over seks, maar men doet!
In de Hollandse huiskamers geen seksboeken, maar *De Roos van Dekema* of *Ferdinand Huyck* van Van Lennep. Goede aftrek vinden ook de (steeds vromer wordende) gedichten van Nicolaas Beets en *Huibert en Klaartje*, een dichterlijke vertelling van dominee Bernard ter Haar. Typerend voor de tijd zijn de dichtregels van dominee ter Haar ter gelegenheid van een nieuwe bontjas, die hij van zijn vrouw heeft gekregen:

Komt mij thans op 's Heeren wegen
Soms een arme stumperd tegen
Tandenklapperend van de kou
Wee mij, zo ik niets aan de armen
Om zich ook den rug te warmen,
Met dien pels aan, geven zou!

Liefdadigheid van boven naar beneden!
Op sociaal gebied schiet de Kerk ontstellend te kort. Zeker, de christenen doen veel

Jan Rudolf Thorbecke (1796-1872), door J.H. Neuman (1872).

goed werk. Er zijn 3700 liefdadigheidsverenigingen in Nederland. Wat de predikanten echter onvoldoende zien is het feit, dat het de uitgezogen arbeiders *aan leiders* ontbreekt. Zij hebben de armoede niet als een *economisch probleem* onderkend.

Soms wanhopig, vrijwel altijd machteloos, soms gezapig en verschrikkelijk geborneerd blikken de predikanten op de achtergebleven, verarmde maatschappij:
'100.000 Kinderen van 6 tot 14 jaar krijgen nog geen onderwijs,' weten ze. Maar wat wordt ertegen gedaan?
'In Brabant stelen ze mest uit de weilanden en thuis stoken ze er specie van!' Foei, dat mag niet, zegt meneer pastoor.
In de touwbanen te Moordrecht werken kinderen van 4 1/2 jaar.
'Even m'n kleintje voeden,' zeggen daar de vrouwen tijdens het werk. Hun zuigelingen zijn bij de fabriek in een kruiwagen weggestopt. 62% Van de jonge touwslagers wordt afgekeurd voor de militaire dienst. Trouwens, bijna 30% van alle dienstplichtigen blijkt bij de keuring niet volgroeid. Een dokter te Gouda schrijft:

'De arbeid der kinderen bestaat in het draaien van het rad des Spinners. Gewoonlijk hebben deze kinderen de ouderdom van 7 jaar bereikt... De arbeid, die zij moeten verrichten, is voor hunnen leeftijd te zwaar, te langdurig en zeer eentonig. De ontwikkeling des lichaams wordt er door belet en de krachten worden uitgeput!' Deze kinderen werken 60 tot 70 uur per week voor het formidabele loon van... *1 cent per uur*! Bij God, waar blijft de schreeuw van pure razernij?

De Maatschappij ter bevordering van de Nijverheid heeft in 1849 een prijsvraag uitgeschreven over de voor- en nadelen van kinderarbeid voor de industrie. *Er komt geen enkele inzending binnen,* terwijl toch zoveel predikanten uitstekende schrijvers zijn. God zij dank staan er grote veranderingen voor de deur.

Koning Willem III heeft de progressieve, wat harkerige professor Thorbecke zózeer gewantrouwd, dat hij het eerst nog met andere ministers probeert. Achteraf bezien was dat een goede zet van Willem III en zijn raadgevers. Als de felle Thorbecke meteen al op de koning was losgelaten, had dat zeker tot brokken geleid. Nu wordt Schimmelpenninck, gezant te Londen en zoon van Rutger Jan, minister-president. Later zal deze aan zijn kinderen toevertrouwen: 'Ik wilde een even groot man als mijn vader worden, maar miste er de eigenschappen voor!'
Maar de klok terugzetten kan Willem III niet. En zo komt er tenslotte toch een gedeeltelijk liberaal kabinet aan het bewind, overeenkomstig de verkiezingsuitslag.
'Wacht op onze daden!' roept Thorbecke in de Staten-Generaal. Hij kan daar rekenen op een flinke meerderheid. Met grote voortvarendheid slaat hij aan het werk, om de principes van de grondwet nu vast te leggen in wetten en in de praktijk te laten uitvoeren in heel het land.
'Vóór!' stemmen de meeste kamerleden, als bij de nieuwe *Kieswet* de census tot een minimum van 20 gulden wordt verlaagd. Dat betekent bijna een verdubbeling van het aantal stemgerechtigden tot 100.000 man.
'Vóór!' stemmen de meeste kamerleden, als het kabinet Thorbecke met de *Provinciale Wet* en de *Gemeentewet* eindelijk een gelukkige regeling treft voor het provinciaal en gemeentelijk bestuur. Er komt meer vrijheid, zonder dat het gezag van de rijksoverheid wordt aangetast.
'Vóór!' stemmen de meeste kamerleden, als met nieuwe scheepvaartwetten de periode van vrijhandel wordt ingeluid. Er komen nieuwe regelingen voor de belasting, voor het postwezen. De eerste Nederlandse postzegels worden naar Engels voorbeeld thans op de brieven geplakt.
'Wij moeten de armenzorg kordaat gaan aanpakken en onder het toezicht brengen van de staat!' beslist de regering. Maar als dat nieuws bekend wordt, steekt er een storm van protesten op:
'Dat nóóit!' De hervormde en de katholieke Kerk staan op de achterste benen. 'Staatsarmenzorg is ongrondwettig en strijdig met het kerkelijk belang!' Liefst 800 verzoekschriften gaan naar Den Haag met de klemmende vraag, of de kerken het armenwerk niet mogen blijven doen.
'Neen!' antwoordt de regering. Thorbecke ziet de armoede niet louter als een zaak van liefdadigheid, maar als een gebrek in de maatschappij, waardoor een gezonde ontwikkeling niet mogelijk is.
Door voor de armenzorg op de bres te staan, verzwakt Thorbecke de positie van de regering. En erger: hij gaat zijn nek breken op een andere christelijke aangelegenheid.

Twaalf katholieke kamerleden zijn bijeengekomen om te spreken over de ongelukkige situatie, waarin hun kerk zich nog steeds bevindt:
'Wij zijn hier al tweeëneenhalve eeuw niet meer dan een missie-gebied,' zegt één van hen.
'Wat mij hindert is, dat de pauselijke internuntius hier nog alles bepaalt. *Wij moeten eigen bisschoppen krijgen*. De nieuwe grondwet staat dat toe!'
De anderen knikken instemmend. Al hebben koning Willem I en koning Willem II steeds geweigerd de katholieke hiërarchie te herstellen; met het liberale ministerie Thorbecke maken ze nu toch een goede kans.

De twaalf kamerleden sturen bericht naar de paus. De katholieke minister Van Sonsbeek treft voorbereidingen op zijn departement.
'In 's-Hertogenbosch, Breda, Roermond en Haarlem moeten bisdommen komen en in Utrecht zal een aartsbisdom worden ingericht,' laat Rome weten, als de regering toestemming voor de kerkherziening heeft verleend. Dat brengt het ministerie Thorbecke in een moeilijk parket. De ministers beseffen maar al te goed, hoe groot de weerstand tegen de bisdommen in het protestantse westen zal zijn.
'Liever niet in Haarlem en niet in Utrecht. Het is beter uw keus te laten vallen op Deventer of Zwolle,' adviseren zij aan het Vaticaan.
'Neen! Utrecht, de standplaats van Willibrord!' roept de paus uit.
'Ik zal Europa bewijzen, dat de katholieken

503

De Franse Tijd – Negentiende en Twintigste Eeuw

Guillaume Groen van Prinsterer (1801-1876). Litho door P. Blommers (detail).

in Holland zijn ontwaakt!' Met weinig gelukkige termen maakt Rome het herstel van de oude hiërarchie in Nederland bekend:
'De vijandige mens heeft op dat deel van 's Heren akker onkruid gezaaid...' zegt het Vaticaan. Er vallen ook woorden als 'ketterij' en 'de dwaalleer van Calvijn'.

Dat is meer dan de meeste protestanten kunnen verdragen. Reeksen venijnige krantenartikelen overspoelen het land. Dreigende donderpreken van de kansels, waarin de eeuwenoude kreet weerklinkt:
'Liever Turks dan Paaps!'

De haat loopt zó hoog op, dat protestanten hun katholieke arbeiders en huispersoneel ontslaan. Zij wijzen hun katholieke leveranciers de deur.
'Mét die bisschoppen keren de dagen van de tachtigjarige oorlog weer terug, met inquisitie, schavotten, brandstapels en martelvuur!' roepen protestantse heethoofden op bijeenkomsten uit. Meer dan 200.000 handtekeningen worden in protest tegen de nieuwe bisdommen verzameld en naar de regering gestuurd. voor de 500.000 katholieken met in totaal 460 kerken, begint een spannende tijd. Gelukkig verliest niet iedereen zijn verstand:
'Het recht van de katholieken is onaantastbaar,' zegt Groen van Prinsterer, die echter wél felle kritiek heeft op de wijze, waarop alles nu geschiedt. Van zijn orthodox-protestantse volgelingen krijgt hij de wind van voren:
'Jezuîetenvriend! Verrader van kerk en vaderland!'

Waarachtig, het lijkt erop of de geest van het jaar 1566 opnieuw zijn greep op Nederland heeft gekregen.

Koning Willem III, die toch al weinig van de liberalen moet hebben (en nog minder van Thorbecke!), stelt zich niet krachtig achter het kabinet. Dat wordt duidelijk, als een commissie van 12 leden hem in april de handtekeningen van 51.000 vooraanstaande mensen overhandigt. Bij die gelegenheid vuurt dominee Bernard ter Haar namens die *Aprilbeweging* zijn kortzichtige volzinnen op de koning af:
'Sire, wij doen een beroep op uw moed, beleid en rechtvaardigheid, uit naam van duizenden harten, kloppend van echt protestantse geest...'
'Het is met het grootste genoegen dat ik u hier zie, mijne heren,' antwoordt de koning. 'Ik vind voldoening in de hartelijke, ik zou haast zeggen kinderlijke liefde van mijn volk. Deze dag heeft de band tussen het Huis van Oranje en het Vaderland nog hechter vastgesnoerd...'

Op deze wijze door de koning in de steek gelaten, neemt het ministerie Thorbecke ontslag (het doet dat maar al te graag in de hoop na de verkiezingen sterker te staan!). De Tweede Kamer wordt ontbonden.

Nieuwe verkiezingen brengen – nu de protestanten zózeer op de liberalen gebeten zijn – echter de conservatieven aan de macht. Thorbecke moet zich in het verre Limburg kandidaat laten stellen om nog in de Kamer te worden herkozen.

Maar ook de nieuwe, conservatieve regering onder Van Hall (die verdere liberalisering wil tegengaan) laat direct al weten, dat ook zij de grondwet ongeschonden zal handhaven:
'Wij beloven bescherming aan alle gezindten, vrijheid voor elke belijdenis, eerbiediging van de rechten der katholieke Kerk!'
Gelukkig hebben de van huis uit verdraagzame Nederlanders hun verstand bewaard.

De nieuwe bisdommen komen er. En dominee Bernard ter Haar krijgt een professoraat, als pleister op de wonde...

Drie figuren hebben in de kwestie van de bisdommen en de nationale politiek bij uitstek de aandacht op zich gevestigd:
Thorbecke, de slechtgeklede professor uit Leiden, liberaal, onbaatzuchtig, onomkoopbaar en van een onwankelbaar geloof in zijn roeping vervuld.
'Een magere, hoekige, steile figuur, een man als uit ijzer gegoten,' luidt een typering.

Hij is tevens het soort man, die geen mens voor zich weet in te nemen. Toch voert hij met verziende blik tal van hervormingen door en drukt hij zijn onuitwisbaar stempel op de toekomst van Nederland.

Dan is er Groen van Prinsterer, een geleerde, die van zichzelf zegt: 'Ik ben geen staatsman, maar een evangeliebelijder!' Een schitterend sarcasme trilt in zijn redevoeringen en de vonken vliegen uit de vlijmscherpe debatten, die hij met Thorbecke, 'mijne geachte vriend uit Leiden' houdt. Christelijke, historisch gegroeide beginselen belijdt hij in de politiek. Hij is afkerig van revolutionaire ideeën en weet zich gesteund door de orthodox-protestanten der kleine burgerij.

En tenslotte is er de zwierige, goedgeklede, wat behoudende heer Van Hall. Een man van de wereld, ijdel, een slimme schipperaar. Als advocaat weet hij precies wat 'haalbaar' is. Men heeft respect voor zijn grote bekwaamheden, maar helemaal vertrouwen doet men hem toch niet.

Rond deze drie mannen zal het politieke leven zich ontwikkelen.

In 1853 werd de bisschoppelijke hiërarchie in Nederland hersteld. Het schilderij toont een vergadering der bisschoppen in 1870, met in het midden de aartsbisschop van Utrecht, mgr. A.I. Schaepman. Anoniem schilderij.

Gebed van een onwetende

'*De Nederlander sloft, terwijl anderen rennen. Hij draalt, waar anderen zich haasten!*' *Die uitspraak heeft een halve eeuw gegolden, maar gaat niet langer op. In de jaren 1850-1870 holt de Nederlander zijn benen nog wel niet uit het lijf, maar hij versnelt toch zijn pas.*

Geïnspireerd door de Wereldtentoonstelling te Londen komt er weer leven in nijverheid, bankwezen, handel en transport. De uitvoer stijgt van 144 miljoen naar 314 miljoen in de tijd van 5 jaar. De in die jaren drooggemalen Haarlemmermeer brengt een extra 18.000 ha vruchtbare grond.

'*De zeilschepen varen naar de plaatsen waar de handel is, maar de handel beweegt zich naar de plaatsen waar stoomschepen zijn!*' *Die waarheid dringt nu ook tot de Hollanders door. Zij richten stoombootmaatschappijen op (al zijn er in 1859 nog 2400 zeilschepen tegen 41 stoomschepen in gebruik!).*

De diamantslijperij schakelt over op stroom. De actieve, sociaal bewogen arts, dokter Sarphati, richt de eerste broodfabriek op. In de Veenkoloniën komt de fabricage van aardappelmeel van de grond.

Twente moderniseert de textielindustrie: het aantal mechanische weefgetouwen stijgt in 20 jaar van 80 naar 9181. Indië blijft het grote afzetgebied voor de katoen.

800.000.000 gulden uit Indië vloeien allengs in de schatkist van Nederland (waardoor het heffen van inkomstenbelasting niet nodig is.) Met die gelden financiert de staat grote projecten, zoals aanleg van spoorwegen, kanalen, bruggenbouw.

Het ambtenarenkorps in Indië is aanzienlijk uitgebreid, want met allerlei expedities zijn de buitengewesten Sumatra, Bali, Borneo en Zuid-Celebes onderworpen aan het Nederlandse gezag. Het Cultuurstelsel heeft uitbuiting van de inlanders tot gevolg gehad – al is het goed te bedenken, dat de inlandse vorsten in dit opzicht zeker niet voor de Nederlanders hebben ondergedaan.

'*De Javaan is een kind. Als je hem geld geeft, zal hij het verkwisten en gaan luieren. Houd hem dus krap!*' *Ook al is dat waar, met die weinig fraaie stelregel ontsluiten de Nederlanders het overzeese rijk en maken er hun winst. Dank zij een assistent-resident van Lebak komt daar verandering in.*

Eduard Douwes Dekker, geboren in 1820, grijpt naar zijn pen. Misschien wel omdat hij een gevecht met zichzelf niet aankan, begint hij de strijd tegen de wereld om zich heen. Hij heeft in Indië ontslag genomen. Onder de schuilnaam Multatuli schrijft hij in een Brusselse hotelkamer de *Max Havelaar*: een briljante, maar schromelijk overdreven aanklacht tegen de wantoestanden, die hij op Java heeft gezien. 'Aan u,' begint hij, 'draag ik mijn boek op, Willem de Derde, Koning, Groothertog, Prins... Keizer van het prachtige rijk van Insulinde, dat zich daar slingert om de evenaar, als een gordel van smaragd! – waar meer dan dertig miljoen onderdanen worden mishandeld en uitgezogen in uwe naam...'

Als een getergde leeuw brult hij zijn verontwaardiging uit. Niet alleen het lot van de Javanen ('*De Javaan is een mens, lezer!*'), maar ook het leed van alle verdrukten in het vaderland trekt hij zich aan. Hij schrijft *Vorstenschool, Miljoenen-Studiën, Minnebrieven, Ideeën* en verheft zich tot één van de grootste Nederlandse schrijvers der negentiende eeuw. Volzinnen als zweepslagen knalt hij over de Droogstoppels, kamerleden, ministers, gouverneurs-generaal, over anti-revolutionairen en liberalen uit. Niet te schatten is, wat hij loswoelt in het verburgerlijkte Nederland. Schitterend driftig slaat en schopt hij, terecht, om zich heen.

Hoe diep raakt hij de onaantastbaarheid van het geloof. (De Groninger Richting had reeds een begin gemaakt met wetenschappelijke kritiek op het christendom. Geologen hebben bijvoorbeeld vastgesteld, dat de aarde vele tienduizenden jaren ouder is dan de bijbel beweert!) Nu Multatuli zijn *Gebed van een Onwetende* publiceert, keert een stroom van zijn bewonderaars zich als vrijdenkers van de falende kerk af:

Ik weet niet of we zijn geschapen met een doel
Of maar bij toeval dáár zijn. Ook niet of een God
Of... goden zich vermaken met ons leed, en schimpen
Op de onvolkomenheid van ons bestaan.
Als dit zo waar'
Zou 't vreselijk zijn! Aan wie de schuld
Dat zwakken zwak zijn, kranken krank, en dommen dom?
Ik ken U niet, o God! Ik riep U aan, ik zocht
Ik smeekte om antwoord, en Gij zwijgt!
Ik wou zo graag
Uw wil doen... niet uit vrees voor straf, uit hoop op loon,
Maar zoals 't kind de wil zijns vaders doet... uit liefde!
Gij zwijgt... en altijd zwijgt Ge...
Antwoordt, Vader, als Ge daar zijt, antwoordt!
Laat niet Uw kind vertwijfelen, Vader, Blijf niet stom
Op het bloedige afgeperste *lama sabachthani*!
Zo kermt de onwetende aan z'n zelfgekozen kruis
En krimpt van pijn, en jammert dat hem dorst.
De *wijze* – hij die wél weet, wél God kent – bespot de dwaas
En reikt hem gal en jubelt: 'Hoor, hij roept zijn vader.'
En prevelt: 'Dank, o Heer, dat ik niet ben als hij!'
En zingt 'n psalm: '*Welzalig hij die in der bozen raad
Niet zit, en niet op 't vuile pad des zondaars gaat...*'
De wijze sluipt ter beurze, en schachert integralen.
De Vader zwijgt... O, God, er is geen God!

'O, God, er is geen God!' Spoken die woorden dikwijls door de hoofden der arbeidende klasse, die uitzichtloos op de rand van de bestaansmogelijkheid leeft? Kindersterftecijfer in Zuid-Holland: 309 op de 1000 zuigelingen! (en dan zal een deel van wat blijft leven, nog tot prostitutie en drankzucht vervallen.)

'Wat motte we met nóg een kind?' Moegestreden, vertwijfelde ouders verwaarlozen hun kinderen *met opzet*! Zij hopen dat hun zuigelingen snel dood zullen gaan: 'Een engeltje in de hemel en een mee-eter minder in huis!' Het huilen van de baby gaat de moeder door merg en been, *als het nou maar gauw gebeurt*. Wanneer de kleine gestorven is, eist de vader het geld voor de begrafenis van de verzekering op en drinkt zich daarvan een stuk in zijn kraag.

Dokter Van Hengel in Hilversum heeft iedere week een sterfgeval van een kind, voor wie de ouders géén hulp hebben gevraagd. Hij bericht over een arm echtpaar, dat een tweeling kreeg: 'De kinderen stierven na 20 weken levens; "Onze Lieve Heer," zo sprak de vader, "heeft mij gezegend door die tweeling. Nu trek ik 16 gulden uit de begrafenis-bus en kan ik de huur van mijn aardappelland betalen..."' Bij deze *engeltjesmakerij* sterven de zuigelingen, zodat de rest van een arm gezin kan leven.

Multatuli beschrijft de weekuitgaven van een knecht in een houtzaagmolen, die drie kinderen heeft. Zijn loon bedraagt 6 gulden per week (en dat is méér dan de meesten ontvangen):

Aan brood	$f\ 1.57\frac{1}{2}$
Aan hoofdspijs voor het middagmaal, 5 kop aardappelen, of 2 kop erwten, of 2 pond meel	$f\ 1.40$
Aan zout	$f\ 0.07\frac{1}{2}$
Aan boter, $\frac{1}{2}$ ons daags (margarine bestaat nog niet)	$f\ 0.35$

De Franse Tijd – Negentiende en Twintigste Eeuw

Aan vet, ½ ons daags	ƒ 0.35
Aan peper, azijn, mosterd, meel voor saus	ƒ 0.15
Aan koffie, 2 ons in de week	ƒ 0.26
Aan gebrande stroop	ƒ 0.03
Aan melk, ½ kan daags	ƒ 0.21
Aan karnemelk	ƒ 0.20½
Aan olie voor licht	ƒ 0.09
Aan zeep, stijfsel, blauwsel, droogwater	ƒ 0.20
Aan garen, band, sajet	ƒ 0.20
Aan contributie begrafenisfonds	ƒ 0.18
Aan schoolgeld voor één kind	ƒ 0.10
Aan tabak, scheren, soms een glas jenever	ƒ 0.40
Totaal	ƒ 5.77½

Het landschap op Java wordt bijna overal beheerst door een of meer vulkanen. Op deze prent van A. Salm is het de Smeroe.

Voor vlees, voor kleding, schoeisel, doktershulp, voor woning en brandstof, meubilair, voor ontspanning en feestdagen van de kinderen beschikt deze (goed betaalde) arbeider over... 22 1/2 cent per week.
'Sla, godvergunder, die deuren in!' In wanhopige drift trachten uitgehongerde mensen zich steeds weer met geweld van eten te voorzien. Anderen gaan uit stelen, of sluiten zich bij rondzwervende roversbenden aan.
'Je geld of je leven!' In onherbergzame streken, zoals de Loosdrechtse hei, de Veluwe, of in Drenthe, springen zij uit een hinderlaag als een diligence passeert. Kansen genoeg: in de meeste dorpen stapt slechts één veldwachter rond – al houden de mobiele colonnes van de marechaussee er de schrik wel in. Ook de politiekorpsen in de steden zijn klein. Zij hebben hun handen vol om de straten van bedelaars te zuiveren. Heel wat agenten knijpen een oogje dicht, maar de dienstkloppers hebben weinig geduld: 'vooruit, mee naar 't bureau!'
Zonder vorm van proces worden velen van dit soort ongelukkigen naar de veenkolonies in Drenthe gestuurd. De vrouwen uit de bedelaarskolonies mogen later vaak als verpleegster gaan werken in een ziekenhuis. Loon: ƒ 1,48 per week, met af en toe een extraatje door de verkoop van kleren van een gestorven patiënt. In het Binnengasthuis te Antwerpen 'verplegen' hoeren, dieveggen en meiden, die aan de alcohol zijn verslaafd. Dank zij het inspirerend voorbeeld van Florence Nightingale in de Krimoorlog (1853-1855) verdwijnen de ergste wantoestanden dan toch ook in Nederland. Vol idealisme en barmhartigheid wijden dan ook 'nette' jonge vrouwen zich aan de lijdende medemens, Jeltje de Bosch Kemper gaat het Witte Kruis oprichten en langzaam maar zeker groeit dan het vak van verpleegster uit tot een eerzaam en nobel beroep.

Toch is het niet de 'sociale kwestie', die de gemoederen in de politiek bezighoudt. Het onderwijs (in Nederland is dat een zaak van het geloof!) eist heel veel aandacht op. 'Moet het openbaar onderwijs neutraal zijn?' vragen de politici zich af.
'Ja!' beweren de liberalen. 'Godsdienstonderwijs hoort thuis op de bijzondere school!' 'Neen,' zegt Groen van Prinsterer, die de steun van de katholieken krijgt. 'De openbare school is nimmer godsdienstloos geweest. Wat wij wensen zijn openbare scholen, zowel voor katholieken als een protestanten en zonodig ook voor de joden. Op àlle scholen moet godsdienstonderswijs zijn!'
Het ministerie Van Hall breekt over deze kwestie zijn nek. Onder het antirevolutionaire ministerie Van der Brugghen komt na lang en fel geschipper, in 1857, een Lager-Onderwijswet tot stand. De openbare scholen blijven neutraal. 'Maar,' zo wordt verzekerd, 'de kinderen zullen er worden opgevoed tot deugden, die *christelijk* en *maatschappelijk* zullen zijn!' Groen van Prinsterer denkt zich suf, wat het verschil tussen christelijk en maatschappelijk wel kan zijn. Hij ontdekt slechts één deugd, die wel maatschappelijk, maar niet christelijk is: *vaderlandsliefde*!
Aan ieder staat het vrij bijzondere scholen (bijvoorbeeld de School met den Bijbel) te stichten, maar dat moet dan wel door de ouders worden betaald.
Het is de gematigde middenmoot, die in Nederlant regeert en die met bedachtzame lijnen de weg naar de toekomst aanstipt. Het gaat in die jaren vijftig vooral tussen liberalen, die snel vooruit willen (Thorbecke) en de gematigde liberalen, die met de grondwet van 1848 best tevreden zijn en niet verder willen gaan. De conservatieve koning Willem III zet de wensen van de meerderheid van het parlement nog wel eens de voet dwars. Slechts enkele winden zich daarover op. Er zijn zoveel andere dingen, die opschudding veroorzaken: 'Nietsnut, lazer op met die knokenschudder.'
Charles Boissevain (later hoofdredacteur van het *Algemeen Handelsblad*) heeft in Londen kennisgemaakt met een *vélocipède*. Dat is geen dansmeisje, maar een fiets. In 1865 maakt hij in Rotterdam zijn eerste

rondje op een meegebracht rijwiel. Geschokte omstanders smijten hem koolstronken naar het hoofd. Dat neemt niet weg, dat de sportievere welgestelden zijn hobby overnemen en graag een middagje gaan fietsen in een of ander park.

'Het is verrukkelijk!'
'En zo snel als het gaat!'

De fiets is een sensatie. Iedereen die het maar even kan betalen, schaft er zich eentje aan.

'Opzij... Ruim baan!'

In razende vaart karren hooggehoede heren in pandjesjas door het park. Af en toe krijgen zij een lel met de zweep van een nijdige koetsier, als schichtige paarden door het geratel aan het steigeren gaan. Er worden vélocipède-clubs opgericht.

'Waarschuw ons, wanneer u tochten organiseert,' eist de politie van ieder bestuur.
'Dan kunnen wij tijdig maatregelen nemen voor de veiligheid!'

In het zwartgekousde Oldenbroek wordt het rijwiel per politieverordening als 'vehikel van de duivel' uit het dorp geweerd. Te Deventer sticht Henricus Burgers de eerste Nederlandse Rijwielenfabriek.

'Als nou eens niet alleen de mannen, maar ook de vrouwen gingen fietsen, konden we betere zaken doen,' bedenkt hij slim. Hij roept zijn knecht:

'Hé, Piet, jongen, ik weet wat!' En waarachtig: als Engelse dame verkleed, rijdt Piet Hoedemaker (met grote hoed en een dichte voile voor zijn gezicht) van Deventer naar Twello. Die met veel tam-tam aangekondigde propagandastunt maakt duidelijk, dat de fiets er ook is voor de vrouw.

Gezeten boven het hoge voorwiel en het kleine, ratelende achterwieltje, rijdt Kiderlen uit Delfshaven – de eerste Nederlandse wegrenner – zich in binnen- en buitenland naar de top: 40 prijzen in 3 jaar tijd. Zijn verbazingwekkende snelheid: 32 kilometer legt hij in 1 uur en 2 minuten af!

In het wereldje van de welgestelden zijn er de fietsen, de dansavondjes in het Casino, de theepartijtjes in de Harmonie. In hun huizen hangen de zeegezichten van Schotel, of de romantische schilderijen van Hodges en Van Os.

'Wij breken met die stijl,' bedenken Koekoek en Schelfout. Zij leggen frissere, realistischer onderwerpen op het doek. Jan Bosboom, Jozef Israëls en Mesdag vormen de *Haagse School*:

'Onze schilderstukken moeten doortrokken zijn van levende poëzie en uitingen zijn van eigen volk en eigen tijd!'

Zij geven hun landschappen en interieurs als het ware een ziel. Met verf beelden zij het innerlijke leven uit: het stille lijden van een verkleumde grijsaard bij een lege haard. Het gespannen wachten van een vrouw bij het raam. Het bezorgd uitkijken van vissersvrouwen op het strand.

'Schilder van de twijfeltijd en de vreugdeloze handelingen,' noemt Jozef Israëls zichzelf. Tranen om de verdrietige wereld worden bijna in de verf vermengd.

Niet alleen in de schilderkunst, maar ook onder de werklieden ontwaakt een nieuwe geest. De beter betaalde, beter ontwikkelde arbeiders beginnen zich aaneen te sluiten – veelal met steun van de ondernemers, die beter weten hoe je een organisatie van de grond moet krijgen.

'Boekdrukkunst!' heet de eérste, echte vakbond, die de typografen starten in Amsterdam. Die 'vereniging tot onderlinge bijstand' groeit uit tot de landelijke Algemene Nederlandse Typografen Bond.

'Zoiets moeten wij ook!' Vol idealisme vergaderen de diamantarbeiders: gesprekken over wat zij zullen doen en hopen te bereiken duren tot diep in de nacht. De schilders, timmerlieden, schuitenvoerders, metselaars volgen dat voorbeeld. Al die verenigingen smelten in 1870 samen tot het *Algemeen Nederlands Werklieden Verbond*, dat zich met een eigen blad (*Werkmansvriend*) tot de 3400 leden richt.

De eerste, georganiseerde staking heeft dan net plaatsgevonden, toen de scheepstimmerlieden ter verbetering van hun lot, het werk hadden neergelegd.

'Zó verdommen we het verder!' De mannen groepen bijeen. Redevoeringen, discussies, vuisten in de lucht. Natuurlijk zijn er onderkruipers en rellen, en rukken politie en militairen uit tot herstel van de rust.

'Slavernij in Nederland!' schrijft De Bruyn Kops in zijn blad *Economist*. Hij keurt het politie-optreden ten zeerste af:

'Bij het bestaan van vrije concurrentie, moet men de arbeider als ene partij even zo goed de vrijheid laten, als zulks de andere partij, de meester, vrijstaat...'

De arbeiders krijgen steun van jonge intellectuelen, onder wie die van Sam van Houten, liberaal kamerlid. Ook de kringen der vrijdenkers gaan zich steeds nadrukkelijker richten op de tegenstellingen in de maatschappij. Onder de inspirerende leiding van H. Gerhard wordt een Nederlandse sectie opgericht van de *Internationale Arbeiders Beweging*, waarvan Karl Marx de leider is. Eisen en wensen (onder andere afschaffing van de kinderarbeid) worden nu doeltreffender naar voren gebracht.

Professor Nicolaas Beets begrijpt dat niet:

'Wat wil men toch?' roept hij uit. 'Het is bedilzucht, die met buskruit speelt!'

Wat die nieuwe groeperingen willen, is: de samenleving leefbaar maken voor iedereen!

Het lijkt of Nederland in de jaren zestig eindelijk goed wakker wordt. In de Tweede Kamer kruisen 'Oud' en 'Nieuw' de degens over menige binnenlandse aangelegenheid.

'Vóór of tegen het cultuurstelsel!' Het tegen overheerst.

'Vóór of tegen vrije arbeid!' Het vóór klinkt

Arbeiders in de steenfabriek Ruimzicht aan de Vaartse Rijn, door A.G.A. van Rappard (ca. 1870).

De Franse Tijd – Negentiende en Twintigste Eeuw

overtuigend in het kamp der jonge liberalen, die zich tegen de oud geworden Thorbecke beginnen te keren.
'Vóór of tegen neutraal onderwijs in de openbare school!' Het tégen van de anti-revolutionairen klinkt met kracht.
'Vóór of tegen de verdere indamming van 's konings macht!' Velen zijn ervoor, want Willem III is wel eens buiten zijn boekje gegaan, door zijn wil door te drijven tegen de wensen van de kamermeerderheid in.

De binnenlandse zaken eisen vrijwel steeds alle aandacht op, als plotseling de buitenlandse politiek dreigend aan de orde komt. Wat er aan de hand is, vervult Nederland met angst.

Bij de scheiding van België kreeg Nederland een deel van het hertogdom Limburg, dat – met uitzondering van Venlo en Maastricht – deel uitmaakt van de Duitse Bond.

Zo ook Luxemburg. Eén van de gevolgen daarvan is geweest, dat Luxemburgers en Limburgse boerenzonen als Jagers deel uitmaken van de Duitse legermacht. Pogingen om Limburg en Luxemburg (waar prins Hendrik, broer van Willem III, een uitstekend stadhouder is) van Duitsland los te weken, hebben door gebrek aan belangstelling gefaald. Nederland heeft zich met de aanwinst van de Limburgse provincie nauwelijks gelukkig getoond:
'Wat heeft het voor zin,' heeft mr. Boissevin in een brochure geschreven,' om dit Limburg, een jammerlijke strook grond, die... Hollands sympathieën niet heeft, noch iets bijdraagt tot diens bloei en welvaart, tot een Nederlands gewest te verheffen?'

Die opvatting wijzigt zich wel, maar pas na de ontdekking, dat er in de jammerlijke Limburgse grond voor kapitalen aan steenkool zit.

Als Wilhelm I en Bismarck zich in Pruisen opmaken om in Duitsland één grote, machtige staat te stichten, loopt dat kostbaar geworden Limburg gevaar. 'Mit Blut und Eisen!' Met bloed en staal wil Bismarck met zijn *Realpolitik* het belang van de staat boven alle andere belangen laten gelden. In een snelle Blitzkrieg heeft hij Oostenrijk reeds een geduchte nederlaag toegebracht.
'Lieve hemel!' schrikt Nederland, dat allerminst gesteld is op zo'n inhalige èn machtige buur. 'Straks worden we nog door het bezit van Limburg en omdat de koning hertog van Luxemburg is, in een oorlog gesleept!'

Willem III, zéér anti-Pruisisch, heeft reeds getracht Luxemburg te verkopen: voor 4 à 5 miljoen aan zijn Franse collega Napoleon III.
'Nein!' zegt Bismarck en dreigend voegt hij eraan toe, dat het bij verkoop onherroepelijk oorlog wordt.

Hevig verontrust neemt Nederland de volledige veronachtzaamde landsverdediging ter hand. Met steun van de regering beginnen schietverenigingen en weerbaarheidskorpsen zich reeds te oefenen voor het bloedige soldatenvak.

Gelukkig worden de zaken op een grote conferentie te Londen nog tijdig geregeld. Limburg, losgeweekt uit de Duitse Bond, wordt tot een onafscheidelijk deel van Nederland verklaard. Luxemburg ontvangt het predikaat 'neutraal'.

Het is nét op tijd. Twee jaar later, in 1870, breekt de oorlog tussen Duitsland en Frankrijk uit. De pas opgerichte afdelingen van het Nederlandsche Roode Kruis kunnen zich naar de slagvelden begeven...

Voor Leopold de Kongo, voor Aletta de doktersbul

'Het is niet meer bij te benen, wat er overal gebeurt!'
Inderdaad, in de wereld van 1870 is heel wat aan de gang. Techniek en natuurwetenschappen nemen een grote vlucht:
elektriciteit als bron voor energie is door de uitvinding van de dynamo (Siemens in 1866) het leven binnengeleid. Koper en rubber worden belangrijke produkten, waar iedere mogendheid nu op loert.

'We moeten ook beslag leggen op de aardoliebronnen,' zeggen vooruitdenkende politici, als een explosiemotor (uitvinding van Lenoir in 1863) in de handel komt. De Zweed Nobel heeft in 1867 het dynamiet ontdekt. In Amerika worden tussen 1860 en 1900 maar liefst 676.000 patenten voor uitvindingen (telefoon, schrijfmachine etc.) uitgereikt.

Engeland beleeft het Victoriaanse tijdperk: met veel uiterlijk fatsoen en veel innerlijke onwaarachtigheid! In de afgelopen 20 jaar steeg daar de export van 71 miljoen pond tot 256 miljoen pond. De 'Ierse kwestie' beheerst daar de binnenlandse politiek.

In Frankrijk mist het parlementaire stelsel stabiliteit, omdat er té veel kleine partijen zijn ontstaan.

Pruisen heeft de leiding genomen over de Noordduitse Bond. In 1870 wordt de koning van Pruisen uitgeroepen tot keizer over het gehele Duitse Rijk.

En dan heeft Darwin in die jaren zijn 'evolutieleer' ontwikkeld en zijn 'erfelijkheidsleer' onder woorden gebracht: 'Survival of the fittest – de sterkste overwint!' Die slagzin uit Darwins werk lijkt op het lijf van de grote mogendheden te zijn geschreven, want zij graaien in de wereld naar wat er maar te graaien valt. De hebzucht richt zich vooral op Afrika. De binnenlanden daar zijn nog volledig onbekend gebied.

Eén van de landen, die daar de jacht op groot wild begint, is het koninkrijk België, of beter gezegd, koning Leopold II.

Koning Leopold I is in 1865 gestorven. 'Het orakel van Europa' is hij genoemd. Herhaaldelijk heeft hij zich bij internationale geschillen als scheidsrechter opgeworpen – ondermeer tussen Sardinië en Italië, tussen Spanje en Engeland. In hoge mate heeft dát ertoe bijgedragen, dat België zich in de gunst van Europa verheugt.

Bij zijn dood laat Leopold zijn volk een volledig onafhankelijke en zéér welvarende natie na, want in de wedloop naar de moderne tijd liggen de Belgen in menig opzicht aan de kop:

'Wij hebben het dichtste spoorwegnet ter wereld!' Met trots kunnen zij wijzen naar de 1700 kilometer rails in hun land.

'Als éérsten hebben wij gasverlichting in de huizen aangebracht!' De gasproduktie beloopt 72.500.000 m^3 per jaar.

'Sinds de afscheiding van Nederland is de produktie van steenkool bijna 8 maal vergroot!' Omstreeks 17.000.000 ton steenkool wordt, vooral in Henegouwen, uit de grond gehaald.

'De uitvoer van garens is gestegen van 29.400 kilo, naar 6.000.000 kilo. De totale export van België is vertienvoudigd en bedraagt nu 1.098.000.000 francs!' Dat bedrag illustreert, hoe ook Antwerpen bloeit.

Deze indrukwekkende resultaten zijn niet zonder problemen en allerlei spanningen tot stand gebracht. De binnenlandse toestanden en de ontwikkelingen op politiek gebied hebben veel met die van Nederland gemeen. Alleen zitten in Nederland de katholieken in het verdomhoekje, terwijl dat in België de Vlamingen zijn.

Ook in België zal de schoolstrijd het politieke leven beheersen. Oók in België zijn de omstandigheden van het proletariaat diep treurig en bouwen pioniers van de arbeiders derhalve hun organisaties op. En ook in België zijn van 1857 tot 1870 en van 1878-1884 de liberalen aan de macht. De meest progressieven onder hen beginnen de aanval op de katholieke kerk:

'Een lijk ligt op de weg! Het verspert de weg van de vooruitgang. Dit lijk van het

Koning Willem III, door N. Pieneman (1835), links.

De haven van Antwerpen in 1870. Schilderij door R. Mols.

De Franse Tijd – Negentiende en Twintigste Eeuw

De pasar te Buitenzorg, door A.A.J. Payen.

verleden, om het ronduit bij zijn naam te noemen, is het katholicisme,' roept de radicaal Van Humbeek uit.
'De kerk alleen is onze vijand!' schrijft de *Emancipation*. De kloof tussen liberalen en katholieken begint zich te vergroten. Tegenstellingen stapelen zich op. Mgr. Montpellier, bisschop van Luik, en andere katholieke leiders zetten de tegenaanval in:
'Het liberalisme is volstrekt onverenigbaar met de katholieke godsdienst,' stellen zij.

Daarom trachten zij de katholieke gelederen te dichten, maar pas in 1884 komt een katholieke *partij* tot stand (door onderlinge verdeeldheid kunnen de katholieken het bewind pas in dat jaar blijvend van de liberalen overnemen!).

De katholiek opgevoede, zeer ondernemende koning Leopold II heeft – evenals Willem III – de neiging om *zelf* een ministerraad samen te stellen, zonder rekening te houden met de meerderheid van het parlement. Als hem dat niet lukt, ergert hij zich kapot:
'Het kabinet en de meerderheid zijn ellendelingen!' is één van zijn uitspraken. Als er een nieuw kabinet is gevormd, zegt hij tegen de ministers:
'U moet mij – ieder afzonderlijk – uitdrukkelijk beloven, dat ge zult handelen, zoals ik het wil!'

Handig en onbuigzaam manœuvreert hij zijn omgeving en drijft hij, waar mogelijk, zijn zin door. Zo is het aan hem te danken – en aan hem alleen! – dat België beslag kan leggen op een belangrijke kolonie in Afrika.

'Aangezien de geschiedenis leert, dat koloniën nuttig zijn, dat zij een belangrijk deel vormen van wat de macht en welvaart der staten uitmaakt, laten wij dan op onze beurt trachten er te verwerven!' heeft Leopold aan zijn gezant te Londen geschreven.

Omdat na de scheiding Indië als afzetgebied voor de textiel is weggevallen, zoekt het hof al 40 jaar naar eigen koloniën. Allerlei plannen van de koning om in China of op de Filippijnen iets te organiseren, lopen op niets uit. De Belgen zelf brengen maar weinig belangstelling op.
'Ik zou iets in Afrika willen doen!' Leopold II geeft de moed niet op. Hij neemt het initiatief voor een Internationale Aardrijkskundige Conferentie en handig brengt hij in 1874 ontdekkingsreizigers, aardrijkskundigen en financiers te Brussel bijeen. De mogendheden liggen vol argwaan op de loer. Ministers en parlement zien weinig heil in de koloniale plannen van hun vorst. Leopold neemt allen de wind uit de zeilen:
'Het gaat hier om een liefdadig, uitsluitend wetenschappelijk doel. Er is geen sprake van een handelszaak. Wij willen in Afrika beschaving brengen door middel van hulpstations, die de kust van Zanzibar met die van Kongo zullen verbinden!'
Dat alles leidt tot de oprichting van een *Internationale Afrikaanse Vereniging*, onder voorzitterschap van Leopold II, die met humanitaire en wetenschappelijke exploraties 'iets' in Afrika wil doen. Zonder het zelf te weten, spelen een Engelse dokter en een weesjongen uit Wales de Belgische koning in de kaart:
De zendeling-arts dr. Livingstone – één

der eersten in de wereld die zich inzet voor ontwikkelingshulp – heeft het donkere Afrika bereisd. Hij heeft dat gedaan, zoals hij zelf zegt:
'Voor de glorie van God, aan Wie ik mijn gehele leven heb gewijd!' Hij is ontdekker van de Victoria-watervallen, na moeizame tochten over de rivier de Zambesi. In 1866 vertrekt Livingstone opnieuw naar Afrika. Jaren gaan voorbij, zonder dat de wereld iets van hem hoort.
'Daar zit kopij in,' beslist de redactie van de *New York Herald*. Die krant stuurt zijn avontuurlijke correspondent Stanley op onderzoek uit. Negen maanden ploetert Stanley door de oerwouden. Pas dan treft hij de doodgewaande dokter – als een speld in een hooiberg – aan de oever van het Tanganjika Meer. Stanley schrijft later:
'Ik wilde hem omhelzen, maar wist niet hoe hij mij ontvangen zou. Dus deed ik, wat morele lafheid en valse trots ingaven, dat het beste zou zijn. Ik stapte met vaste tred op hem toe, nam mijn hoed af en zei: "Dokter Livingstone, naar ik veronderstel?"'

De ontmoeting heeft de exploratie van het Kongobekken tot gevolg. Zonder schokken verloopt de aanraking van de 19de eeuw met het stenen tijdperk niet. Soms zetten de primitieve, agressieve stammen de aanval in. Bij één gelegenheid gaan 50 kano's verloren. Stanley noteert met bitterheid:
'Het is een smerige, moordzuchtige wereld. En voor de eerste keer koesteren we een diepe haat tegen de vuile, op prooi loerende aasgieren die hier wonen.'

Als hij naar Europa terugkeert, kwetst het hem diep, dat Engeland geen belangstelling voor zijn ontdekkingen en verdere plannen toont. Daarom wendt hij zich tot koning Leopold, die hem met open armen ontvangt. Nu gefinancierd met Belgisch kapitaal, baant Stanley zich met een nieuwe karavaan naar het hart van Afrika. Daar sluit hij verdragen met de inlandse stamhoofden af.

'Mba...'

Door bijna een duizendtal stamhoofden wordt de soevereiniteit van de Internationale Kongo Vereniging erkend. Weten ze veel! Weliswaar maken Engeland en Portugal bezwaren, maar met steun van Frankrijk en Amerika, grondvest Leopold II in het donkerste deel van Afrika een nieuwe staat – waarvoor in 1884 de internationale erkenning komt. Geheel buiten zijn ministers en twistend parlement om, heeft koning Leopold dat zaakje voor elkaar gebokst.

Koning Willem III ervaart ondertussen, dat het bezit van koloniën ook zijn minder prettige kanten heeft. Er is héél wat geharrewar in de Tweede Kamer geweest – en onenigheid onder ministers – alvorens het cultuurstelsel in 1870 kon worden afgeschaft.

Terwijl Duitsland in dat jaar de Fransen met een indrukwekkende snelheid op de knieën dwingt, blijven Nederland en België buiten die oorlog. Niet zozeer omdat de zaken op het platteland niet al te best gaan, maar vooral door de industrialisatie neemt de trek naar de steden in snel tempo toe. Economisch, sociaal, politiek en cultureel is er in beide landen leven genoeg. Anarchisten, socialisten, vrijdenkers, katholieken, protestanten, radicalen en liberalen debatteren fel en geestdriftig over de vraagstukken van die tijd: kinderarbeid, sociale rechtvaardigheid, onderwijs voor de massa, de positie van de vrouw, afschaffing van de doodstraf en wat al niet. Natuurlijk stuiten de nieuwe bewegingen op veel verzet. De jongeren vinden de eens zo progressieve Thorbecke nu een 'oude sok'.

Als een wetsvoorstel tot afschaffing van de doodstraf in 1870 wordt ingediend, richten 52 leden van de kerkeraden in Amsterdam zich tot de regering: 'Het heeft adressanten met zorg en bekommering vervuld, dat door de regering pogingen worden aangewend tot afschaffing van de doodstraf. Het ontwerp daarvoor is de vrucht van de drieste geest dezes tijds!'

Met bijbelteksten tonen zij aan, dat de doodstraf moet blijven bestaan. Tijdens de kamerdebatten roept Van Wassenaer van Catwijck hevig geëmotioneerd:
'Ik durf de voorstanders van de afschaffing der doodstraf ziekelijk humanitaire mannen te noemen!'

Met 40 stemmen vóór en 28 tegen (in de Eerste Kamer 20 tegen 18) wordt aan de doodstraf gelukkig een eind gemaakt.

Ook het feit, dat de vrouwen zich willen ontwikkelen, stuit nog alom op veel verzet. Geertruida Bosboom - Toussaint roept in haar roman *Majoor Frans* het beeld op van een jonge, sportieve, onafhankelijke vrouw, die desondanks gebonden is aan de preutse, beklemmende banden van haar tijd – en nog volledig ondergeschikt is aan de man.

'Dat zal mij niet gebeuren,' heeft de doktersdochter Aletta Jacobs uit Sappemeer gedacht. Zij heeft na de meisjesschool examen gedaan voor apothekersassistente en Grieks en Latijn geleerd. Dank zij haar verzoekschriften en het persoonlijke ingrijpen van Thorbecke, mag Aletta (voorlopig voor één jaar) naar de Groningse universiteit.

'Zij doet het alleen om met mannen in aanraking te komen,' schrijft een verontwaardigde redacteur in de krant. De Leidse student Theodoor roept in een studentenblad de Groningse studenten toe:
'Maak haar het leven zuur! Dan zal zij haar biezen wel pakken en tevens andere vrouwen afschrikken, die haar noodlottig voorbeeld willen volgen!'

De Groninger student Heike Kamerlingh Onnes neemt het voor Aletta op: 'Mejuffrouw Jacobs heeft in ons vertrouwen gesteld. Wij danken haar daarvoor. Dat vertrouwen is niet beschaamd geworden en de Groninger studenten mogen daar trots op zijn!' Alleen al voor *die* woorden heeft Heike Kamerlingh Onnes de Nobelprijs verdiend, die hem later voor zijn natuurkundige onderzoekingen zal worden uitgereikt.

Als minister Thorbecke in 1872 ernstig ziek wordt en men voor zijn leven vreest, raakt Aletta Jacobs in paniek. Zal zij bij zijn dood haar studie in de medicijnen moeten beëindigen? Haastig doet ze tentamens. Haastig dient ze een verzoekschrift in om met haar studie te mogen doorgaan. Twee dagen na Thorbeckes dood, 5 juni 1872, ontvangt ze de toestemming, in zwarte rouwrand vervat. Het is één van de laatste regeringsdaden van minister Thorbecke geweest. Zou de grote staatsman hebben beseft, dat vooral door de studie van de begaafde Aletta de emancipatie van de vrouw op gang is gebracht?

Het Recht der Vrouw, een brochure van Betsy Perk, is dan al verschenen. Betsy, een *geachte huismoeder,* is uiterst actief in haar vereniging Arbeit Adelt (maar de adel arbeidt niet) en schrijft haar *Wenken voor Jonge Dames, ter bevordering van Huiselijk Geluk!*

Verzet tegen het groeiend koor der vrouwen, dat om meer rechten roept, is er genoeg. Dominee Ten Kate doet de emancipatie der vrouw met enkele dichtregels af:
Hij ziet de verhouding tussen man en vrouw:
Hij zelfstandig als een ceder, die op eigen wortel steunt.
Zij afhankelijk als klimop, die zich aan zijn takken leunt.
Hem: de mensen, haar de kinderen; hem de wereld; haar: het huis
En voor beiden: liefdes volheid, als Gods liefde, sterk en kuis...

'Die jammerlijke verdeeldheid!' klaagt de vergrijsde Groen van Prinsterer, als hij ziet hoe overal meningen tegenover elkaar komen te staan en alles zijn vóór- en tegenstanders heeft. Er heerst onbehagen over scholen, over het toenemend aantal fietsen, over de wensen der socialisten, over de nihilisten die beweren: 'Godsdienst is opium voor het volk!' De woede over kinderarbeid neemt toe: 'De verdrukking der kleinen moet een einde nemen,' schrijft *Het Vaderland*. Het weekblad *De Werkman* eist een wettelijk verbod. De Nederlands Hervormde Kerk ziet geen heil in de vernieuwingen en maakt zich ernstig ongerust: 'De maatschappelijke orde is in gevaar verstoord te worden door de woelingen in het volksleven,' maakt de synode bekend. Hoeveel dominees en zelfgenoegzame burgers verschuilen zich niet achter het rijmpje:

Men hoort de werkman morrend klagen
Geen vlees krijg ik de ganse week.
Maar zeven borrels alle dagen!
Dat maakt hem hoofd en maag van streek!

Heel wat arbeiders lopen nu de kerk uit, want hun strijd gaat voort. Onder aanvoering van het kamerlid Sam van Houten, De Jong van Beek en Donk, mr. Pekelharing en andere vooruitstrevende liberalen, wordt ter bespreking van de sociale kwestie een comité opgericht. Het Algemeen Werklieden Verbond richt zich rechtstreeks tot de koning. En er gebeurt nog meer:

Den Haag, 19 april 1874: 200 afgevaardigden van allerlei arbeidsverenigingen zijn in Diligentia voor een Paascongres bijeen. Met moeite hebben vele aanwezigen het geld voor de reiskosten (door vrijwillige bijdragen van honderden centen) vergaard. 'Wij wensen vurig een wet op de arbeid van kinderen!' klinkt het tijdens het congres.

Maar de bijeenkomst is méér dan een congres. Het is een demonstratie. 14 Kamerleden zijn aanwezig. Diep raken zij onder de indruk van de waardige sfeer. Voor het eerst klinkt de stem van het volk tegen een georganiseerde achtergrond.

Na lange debatten, waarin de jonge, briljante dominee dr. Abraham Kuyper zich onderscheidt, wordt de zeer besnoeide Kinderwet met 64 stemmen tegen 6 stemmen aangenomen. *De Staatscourant* maakt op 24 september 1874 bekend:
'Wij, Willem III, bij de gratie Gods, Koning der Nederlanden, Prins van Oranje-Nassau, Groot-Hertog van Luxemburg enz. enz. enz. ... doen te weten:
Artikel 1. Het is verboden kinderen beneden twaalf jaren in dienst te nemen of in dienst te hebben.
Artikel 2. Het verbod van art. 1 is niet toepasselijk op huiselijke en persoonlijke diensten en op veldarbeid...'

De eérste belangrijke stap op het gebied van de sociale wetgeving is daarmee gezet.

Het Werklieden Verbond is tevreden, maar dr. Kuyper, de geweldenaar der antirevolutionairen, is dat allerminst. Hij schrijft in de *Standaard*, waarvan hij redacteur en oprichter is:
'Géén bescherming is verleend aan kinderen, van wat leeftijd ook, die op het land in dienst worden genomen. Géén bescherming is verleend tegen het gevaar van machinerie of bedorven atmosfeer. Géén bescherming is verleend, die de strijd tussen arbeid en onderwijs wegneemt!' Er blijft in het Koninkrijk der Nederlanden nog ontstellend veel te doen:

Aletta Henriëtte Jacobs (1854-1929).

De Franse Tijd – Negentiende en Twintigste Eeuw

Over Abraham de Geweldige, Dolle Mina en Domela Nieuwenhuis

Als een arbeider in een fabriek buiten zijn schuld door een machine wordt verpletterd, is de patroon *soms* tot enige tegemoetkoming bereid.
'Ik zal de begrafenis bekostigen,' zegt hij tot de weduwe, die met een sleep kinderen achterblijft. 'En als je dit even wilt tekenen, krijg je nog 300 gulden ook!'
Na zo'n voorval schrijven de kranten met zalvende toon:
'Zo ziet men, hoe de patroons zich het lot hunner onderhorigen wel degelijk aantrekken en dat dit praktische liefdesbetoon heel wat beter is, dan de opruiende taal van onruststokers!' Dat de betreffende weduwe een jaar later brood steelt en dan zichzelf ophangt, melden de kranten niet.
Politie en leger springen in, als er in fabrieken en arbeiderswijken onlusten zijn. De soldaten zingen het fraaie lied, dat de kapitein Meijs voor hen heeft gedicht:

Wij 's Konings legerknechten
Zijn fier op onze stand;
Wij strijden voor de rechten
Van 't lieve vaderland...

In arbeiderskringen, waar werklozen hunkerend naar een baantje zoeken, waar de centen en halve centen tienmaal worden omgedraaid, heeft men een parodie op dat vers gemaakt:

Wij onderdrukte knechten
Der rijke adelstand
Wij missen alle rechten
Voor ons geen vaderland!

In slecht verlichte zaaltjes luisteren de arbeiders naar de socialisten, anarchisten, nihilisten en strijdbare christenen, die vol vuur de weg naar de toekomst schetsen:
'Sluiten wij de gelederen nauwer aaneen. Voorwaarts, gij mannen en vrouwen, wijdt u van ganser harte aan onze heilige zaak. Geeft het bewijs de verlossing waard te zijn!'
Over en weer heerst verontwaardiging. En dat is goed. In alle tegenstrijdige krantartikelen, in al het geschreeuw, in alle protesten en debatten, liggen de bestanddelen, waarmee men in de Lage Landen de soep van de vooruitgang brouwt. Door de behoudzucht der conservatieven, door de kortzichtigheid van sommige warhoofdige progressieven, schuurt en scherpt men zich aan elkaar. Het is goed dat de ondernemers nu hun wieken uitslaan. Zo komt het onmisbare brood op de plank. Het is minstens even goed, dat er in allerlei vergaderzaaltjes harde woorden klinken: die zorgen ervoor, dat het leven niet in onrechtvaardigheid verstart.

Terwijl de onderdrukte knechten vechten voor een beter bestaan, marcheren 's konings legerknechten naar de haven, om in een verre rimboe te strijden voor de twijfelachtige rechten van het lieve vaderland...

In oktober 1869 varen het Franse schip Aigle, met keizerin Eugénie aan boord, de Greif met keizer Frans Jozef van Oostenrijk, de Grille met kroonprins Frederik van Pruisen en het raderstoomschip Valk met prins Hendrik (broer van Willem III) en prinses Amalia, door het feestelijk geopende Suez-kanaal. Voor de Nederlanders is de route naar Indië met 10.000 kilometer verkort. Zij varen dan niet meer door Straat Soenda, maar door de Straat van Malakka naar Batavia. Op hun reizen passeren zij nu de Atjehers die beruchte zeerovers zijn.

'Aan die zeeroverspraktijken en aan het plunderen van gestrande schepen moet een eind worden gemaakt,' beslist het gouvernement. Er zijn klachten gekomen van Engeland. Ontstemming heerst ook, omdat de Atjehers zich keer op keer schuldig maken aan mensenroof. Vanaf het eiland Nias bedrijven zij een uitgebreide slavenhandel, terwijl de slavernij in de archipel toch in 1860 was afgeschaft.
Er zijn wat strafexpedities geweest. Dat wapengekletter – zo dicht bij Singapore – heeft Britse protesten uitgelokt. Engelse en Nederlandse diplomaten buigen zich over het probleem:
'Als wij op Sumatra onze gang mogen gaan, zijn wij bereid van onze resterende rechten op de Goudkust afstand te doen,' luidt het Nederlandse voorstel. De Britten verklaren zich akkoord. De afspraak wordt met het *Sumatra-traktaat* (1871) beklonken.
Niet eens zozeer vanwege de slavenhandel of zeeroverij, maar vooral om de tabaksbelangen in Deli veilig te stellen, kan het gouvernement in Indië tot de aanval overgaan. In maart 1873 ontvangen de Atjehers een keurige oorlogsverklaring van de Nederlandse consul te Singapore. Oorlog in Atjeh en ongerustheid in het parlement:
'Tot mijn leedwezen ben ik nog onvoldoende ingelicht,' antwoordt minister Fransen van de Putte op vragen uit de Kamer. 'Maar wij beschikken in Indië over voldoende macht om zonder buitengewone middelen de Atjehse zaken te regelen...'
Dat is hét understatement van het jaar. Honderden miljoenen en een oorlog van 30 jaar zullen nodig blijken om de Atjehers te knechten.
'Allah wil het!' klinkt het in de kampongs. Verbeten oelama's roepen de gelovigen op tot de strijd. Het trotse, strijdbare volk van Atjeh is niet van plan de eeuwenoude onafhankelijkheid te offeren aan de tabaksbelangen van Nederland.
'Wij moeten generaal Van Swieten officieel dankzeggen voor de verovering van Kota Radja!' stelt het kamerlid Fabius voor, als de kraton van de sultan pas na zeven jaar harde strijd is veroverd.
'Neen!' beslist de Kamer, die de regering slapheid verwijt. Maar niet alleen de regering, ook de Staten-Generaal verspelen hun aanzien door de onvruchtbare politieke twisten, waarmee de zaken van het rijk worden aangepakt.
'Die heren in Den Haag, mijn hemel, wat een onmachtig zooitje!' verzucht menige Nederlander. In de kringen van de arbeiders klinkt nog heel andere taal:
'Wij godvergunder honger lijden, terwijl het rijk daar in Atjeh onze centen verschiet!'
Onenigheid over nieuwe belastingvoorstellen. Onenigheid over de invoering van de dienstplicht voor iedereen. En natuurlijk hevige onenigheid over de regeling van het middelbaar- en hoger onderwijs.
Die onenigheid en opwinding zijn de groeistuipen van de zich ontwikkelende politieke partijen. Deze ontwikkeling is vooral te danken aan één man. Met een formidabele werkkracht en een grote visie drukt hij meer dan alle anderen zijn stempel op de politiek van het land:

'Wat bijeen hoort, moet zich verenigen. Wat niet bijeen hoort, moet uit elkaar gaan!' roept dr. Abraham Kuyper zijn gehoor toe bij de viering van het 300-jarig bestaan der hervormde Kerk. Want de protestanten hebben ontdekt, hoezeer zij in zichzelf zijn verdeeld. Wat dr. Kuyper voor ogen staat is een calvinisme, waarin plaats is voor de problemen van zijn tijd. De sociale kwestie, kunst en wetenschap moeten zich ontwikkelen onder de genade van God. Hij werpt zich op als leider van de grote groep christelijke arbeiders en kleine middenstanders, wie het aan woordvoerders ontbreekt. Ze krijgen een goeie aan hem. 'De kleine luyden!' noemt Kuyper zijn volgelingen en voor hún verheffing voert hij zijn strijd:

'Het moet uit zijn met de heerschappij van de financieel en intellectueel bevoorrechte klasse. De massa is in gisting geraakt. Het sociaal belang is op de voorgrond getreden. Indien het volk souverein is, moet dat souvereine volk in zijn massale afmetingen dan nog langer door die heersende klasse worden vertreden?'
Voor de *kleine luyden* richt hij het blad *De Standaard* op. De 20.000 artikelen, die hij daarin zal schrijven, gelden naast de bijbel als zaligmakend in menig vroom gezin. Als Groen van Prinsterer in 1876 sterft, volgt Kuyper hem als leidsman der anti-revolutionairen op.
300.000 Handtekeningen verzamelt hij voor de koning ter torpedering van de wet op het lager onderwijs. (De School met den Bijbel en de katholieke scholen krijgen geen subsidie van het rijk!) De koning tekent de wet toch en dan beseft Abraham Kuyper, dat hij alle anti-revolutionaire kiesverenigingen moet bundelen tot één grote partij: *Ons Program* noemt hij de doelstellingen, beschreven in 1300 pagina's *en daarmee is de éérste politieke partij (in 1879) in Nederland geboren.*
Wanneer de wet op het hoger onderwijs door de Kamer wordt aangenomen wil Kuy-

per een eigen universiteit, die *vrij* zal zijn van staatsbemoeienis: 'God is alles en alle mens is niets!'

Samen met jonkheer De Savornin Lohman sticht hij de *Vrije Universiteit*. Daar kunnen dan de calvinistische theologen, de calvinistische leraren en wetenschapsmensen worden opgeleid. Bij de opening in oktober 1880 – mogelijk gemaakt door aandoenlijke bijdragen van vissers, ambachtslieden en boeren – zegt hij: 'Souvereiniteit in eigen kring! Deze universiteit is tégen al wat groot heet, tégen een wereld van geleerden, tégen heel een eeuw van ontzaglijke bekoring.' Toch is hij een man van vooruitgang, maar hij wenst de stabiliteit van het geloof te plaatsen teenover alle onrust en verwildering.

'Abraham de Geweldige!' Dát is de spotnaam, die hij van zijn tegenstanders krijgt. Hij *is* geweldig:
'Zijn volgelingen houden hem voor een profeet. Zij vereren hem en laten hem niet los, al doet hij nog zo gek,' noteert De Savornin Lohman met enige spijt. Want die steile, woelende gereformeerde volgelingen voelen zich niet langer thuis in de liberale hervormde kerk. Zij treden uit.

Met *zijn* Standaard, *zijn* universiteit en *zijn* kerk vormt Abraham Kuyper een strijdvaardige macht: 800 predikanten en 660.000 gereformeerden sluiten zich allengs bij hem aan. Het aantal zetels van de Anti-Revolutionaire Partij in de Tweede Kamer groeit van 9 tot 27 en het is door toedoen van dr. Kuyper, dat in regeringskringen het verantwoordelijkheidsgevoel voor de sociale kwestie ontwaakt.

Er ontwaakt opeens zoveel en op allerlei gebied! Hoe goed typeert François Erens de sfeer, die in de zoekende, met zichzelf worstelende kunstkringen heerst: 'Het schijnt dat nieuwe ideeën over kunst moeten worden geboren in tabaksrook, bij het gerinkel van glazen... Ja, dat "zwammen" op allerlei kamers in de Pijp, of in de cafés, bij Willemsen, Mast, Krasnapolsky, de Poort van Cleve, of in allerlei kleine kroegjes van Amsterdam. Wat hebben wij gepraat. Wat heb ik betoogd, verklaard, verdedigd, afgebroken. Zó ontstonden de nieuwe begrippen over literatuur...'

De *Beweging van Tachtig* noemen de dichters en schrijvers zich, die willen breken met hun moralistische voorgangers als Ten Kate en Nicolaas Beets.
'Kunst moet zijn de allerindividueelste expressie van de allerindividueelste emotie!' schrijft Willem Kloos aan Herman Gorter, zijn vriend. Zij zoeken de werkelijkheid in de wereld om zich heen. Zij verdiepen zich in schoonheid en waarheid van de natuur. Al is er in de wereld ontstellend veel recht te zetten, de Tachtigers zijn vrijwel uitsluitend bezig met zichzelf:

Ik ben een God in 't diepst van mijn gedachten
En zit in 't binnenst van mijn ziel ten troon...

Zo dicht Willem Kloos, maar erg rustig op die troon-in-zijn-ziel zit hij toch niet. Maurits Uyldert schrijft over hem: 'Hij leefde het éne moment in een droom van goddelijkheid, van naaktkoude en ongenaakbare trots, van felle, onstuimige hartstocht... om een moment later hulpeloos en eenzaam, een arme gebrokene, in de diepe melancholie van een ondoorgrondelijk leed gedoken, voor zich uit te staren, als vervuld van heimwee naar een wereld van liefde en geluk, waaraan zijn ziel voor immer scheen te zijn ontrukt...'

De begaafde, jong gestorven Jacques Perk zet voor de 'eerwaarde jonkvrouwe Johanna Blancke' zijn liefdeswanhoop op papier:

Ik ben geboren uit zonnegloren
En een zucht van de ziedende zee
Die omhoog is gestegen, op wieken van regen
Gezwollen van wanhoop en wee...

In 1885 richten Willem Kloos, de jonge arts Frederik van Eeden, Albert Verwey en anderen *De Nieuwe Gids* op om jonge dichters kans te geven hun werk te publiceren. Onderlinge ruzies – hoe kan het anders bij die fel bewogen heren – leggen de stootkracht van dat tijdschrift al vrij gauw lam.

Fel en uitermate kritisch stelt Lodewijk van Deyssel (schuilnaam voor Alberdingk Thijm) zich op. Hij is de zoon van de oprichter van het katholieke dagblad *De Tijd*.

Zelf breekt hij met de Kerk. Als een hartstochtelijke stormwind blaast hij over het lage land. Vooral de Nederlandse schrijvers krijgen ervan langs:
'Mal volk van vijftigjarige zuigelingen, arme mensen uit een vervallen tijdperk, gij, wien nooit één groot gevoel beheerst, manken en krommen... vervelende zieltjes van het jaar nul. Het mooiste is, dat gij volstrekt niets zijt... en onze literatuur gemaakt hebt tot een sloot van kalme domheid, tot een riool van vunzige banaliteit!'

In het tijdschrift *Nieuw Holland* schreeuwt hij in 1884 de poëten en prozaïsten van Sint Juttemus toe:

Abraham Kuyper als Abraham de Geweldige. Karikatuur door Albert Hahn.

Lodewijk van Deyssel (1864-1952) op oudere leeftijd, door Kees Verweij, links.

De strijd in Atjeh. De slag bij Salamangan op 26 augustus 1877. Tekening door W. de Famars Testas.

De Franse Tijd – Negentiende en Twintigste Eeuw

'Tegen u, stompe stukken, rotte mensheid... met uw koeien-muilen, ezelsoren en ganzengang, doffe brokken stomme lamheid... krakende geraamten van grijze verveling, gij wier boeken niet leven en spreken... impotente vrijers van wassen muzen... stotterende hinkers... proestende raaskallers, die uw lezers met slijmwoorden besproeit, labberlotige beroerlingen, morsige zanikers, zeg-ellendelingen spreeknarren...'

Toch wordt nu ook Nederland 'hoger opgestoten midden in de vaart der volkeren.' De toenemende industrialisatie (het aantal stoomketels in gebruik verdubbelt zich bijna in 15 jaar), het verbeterde en uitgebreide onderwijs (gymnasia, ambachtsscholen, landbouwscholen, de Hoge School te Delft), de toenemende activiteit in handel en geldzaken, doen de 'sloot van kalme domheid' sneller stromen.

De architect P.J.H. Cuypers heeft het Rijksmuseum ontworpen en is bezig met de voltooiing van het Amsterdamse Centraal Station. De jonge architect H.P. Berlage – net uit het buitenland teruggekeerd – zet zich voor de vernieuwing van de bouwkunde in. Naar aanleiding van de Haagse uitbreidingsplannen, schrijft hij over stedebouw:

'Tussen de grote verwarring van denkbeelden, welke onze tijd kenmerkt, komt toch wel duidelijk de bedoeling naar voren, om regel te brengen in de maatschappelijke verhoudingen... In de stedebouw staan we op de grens tussen een onontwikkelde, ondoordachte, zoekende tijd en een tijdperk van ontwikkeling en bezonnenheid...'

Losgekomen van het lelijke verleden, beheerst door een sociale inslag, tekent hij de plannen voor de Amsterdamse Koopmansbeurs.

Er is tevens sprake van een duidelijke kentering op wetenschappelijk gebied. Professor Donders, oogspecialist, geniet Europese vermaardheid. Op een nieuwe, objectieve manier benadert de historicus Fruin de geschiedenis, zoals in zijn *Tien jaren uit de Tachtigjarige Oorlog*. De latere Nobelprijswinnaars Kamerlingh Onnes (vloeibaar maken van helium) en Lorentz (elektronentheorie) verrichten hun baanbrekend werk.

De arts Johan Mezger brengt het Amstel-Hotel tot bloei met zijn massage en heilgymnastiek, want uit heel Europa stromen vorsten en hoogadellijke dames en heren naar Amsterdam voor een behandeling:

Hertoginnen, baronessen, ziek van leden
of uit luim
Voelen nu weer 't lichaam tint'len, onder
Mezgers wonderduim!

Maar ook de Nederlandse lichamen beginnen te tintelen, nu allerlei sporten opeens hun intrede doen.
Utile Dulci! heet de eerste cricketclub, te Deventer in 1875 opgericht. Muziekkorpsen begeleiden bowlers en batsmen tijdens het spel met 'hoempapa, hoempapa'. Op een landgoed in Velsen houden enthousiastelingen de eerste atletiekwedstrijd: een veldloop van 2 kilometer en de 100 meter sprint.

De 13-jarige scholier Pim Mulier neemt als winnaar dankbaar enige... bierglazen in ontvangst. Een jaar later schrijft Pim een nette brief aan het Haarlems gemeentebestuur. Ja, de raad staat hem een veldje af en Nederlands eerste voetbalclub, HFC, gaat van start. Bezoekende teams kijken wel wat verwonderd rond:
'Moeten we daarop spelen?' vragen ze bezorgd, als ze enkele bomen op het voetbalveld zien staan. Tot hun ongenoegen bemerken ze, dat de HFCers die bomen – als handige biljarters – in het spel betrekken. Pim Mulier introduceert wat later de hockeysport.

De sportieve Cornelis Dudok de Wit oogst roem in binnen- en buitenland. Zijn prestaties zijn ook niet gering: in 10 dagen loopt hij naar Parijs. In 4 weken stapt hij naar Wenen. Tenslotte maakt Kees de Tippelaar een voetreis om de wereld. Dagen achtereen legt hij 50 kilometer per dag af – in de tropen op blote voeten!

Heel wat minder sportief gaat het toe in de strijd die de vrouwen hebben aangeboden met de wereld van de man. Wilhelmina Drucker is één van de dapperen, die zich hartstochtelijk keert tegen het benepen fatsoen en de wrede schijnheiligheid om haar heen.
'Dolle Mina!' Die spotnaam valt haar algauw ten deel wegens de artikelen, die zij in het weekblad *Evolutie* schrijft. Zij is een onwettig kind en heeft daarom alle reden om dol te zijn. Natuurlijk komen de journalisten op haar af. Zo'n wilde vrouw is smeuïg nieuws. Tegen één van hen zegt ze tijdens een vraaggesprek:
'Een onwettig kind, weet u wat dat betekende? Hoe ieder "fatsoenlijk" mens zijn neus ervoor ophaalde? M'n zusje, twee jaar ouder dan ik, huilde dikwijls. Ze leed onder de minachting, die ze niet begreep...'

Ook Wilhelmina heeft de minachting sterk gevoeld, toen zij als 13-jarig meisje werd aangenomen in de katholieke kerk: de pastoor ging aan haar voorbij, omdat zij onwettig was.
'Zodra ik volwassen was, ben ik uit de kerk gegaan. Als u wilt: om *die* kleinigheid!'

Aan het eind van de jaren tachtig komt Wilhelmina Drucker met 37 vrouwen in de eetzaal van Suisse te Amsterdam bijeen. Met elkaar richten zij de *Vrije Vrouwen Vereniging* op. Het doel:
'Het bevorderen van het maatschappelijk belang der vrouw en hare geestelijke en staatkundige ontwikkeling!'

Overal in het land volgen bewogen bijeenkomsten. In de volle, rumoerige zaaltjes (entree 5 cent) klinkt de strijdkreet:
'Kiesrecht voor vrouwen!'

Pentekening van het Rijksmuseum door P.J.H. Cuypers (1871-1948).

Vanachter uit de zaal roept dan altijd wel een zware mannenstem:
'De vrouw, uit een rib gemaakt, en tóch wat te zeggen? Nóóit!' Gelach, geschreeuw, rumoer.

Aletta Jacobs toont zich in de vrouwenbeweging een leidster van heel hoog niveau.

Zij is nu arts in Amsterdam – en de invloedrijke heren verwijten haar, dat ze even hoge rekeningen *durft* te schrijven als een man. In de Jordaan en andere armenwijken voert zij strijd voor hygiëne, voor kinderverzorging. met deernis ziet zij de 'engeltjesmakerij' in haar praktijk. Dwars tegen de medische mannen-wereld in, begint zij een kruistocht voor geboortebeperking. Als éérste in Nederland voert zij moderne anti-conceptiemiddelen in. Zij schrijft later: 'Wat al schijnheiligheid heb ik in die dagen leren kennen! En daarbij denk ik dan aan predikanten, die openlijk tegen de voorbehoedsmiddelen waarschuwden, doch hun eigen vrouw naar mijn spreekuur zonden voor het inwinnen van advies... Medici kwamen mij opzoeken met het doel om te vernemen, hoe de door mij aangeprezen middelen moesten worden toegepast, maar tegelijkertijd zich zich in het openbaar aan de zijde mijner tegenstanders...' De moed om de openbare mening te trotseren is in de Lage Landen nooit erg groot geweest.

Het is slechts een kleine, strijdbare groep, die zo moeizaam over het moeilijke pad der emancipatie marcheert. De *nette* meisjes zitten thuis. Zij borduren, tekenen, spelen piano, naaien, maken visites en verdiepen zich in de boeiende advertenties, die speciaal voor hen zijn bedoeld:

Om eene SCHOONE BOEZEM te bekomen
moeten de dames en jonge meisjes
de 'Pilules Orientales' gebruiken.
Zonder de taille dikker te maken
geven zij aan het bovenlijf een bevallig voorkomen.

De volksvrouwen talen niet om taille en bovenlijf. Ze werken dag en nacht in ateliers, in fabrieken en thuis. Met de moed der wanhoop slaan zij zich door dagen vol armoede heen. Sommigen van hen zoeken in een werkplaats veren uit: van 6 uur in de morgen tot 10 uur in de avond. Afgezien van het eten tussendoor is dat 16 uur bij elkaar.

In de glasindustrie verrichten kinderen van 12 jaar 72 uur nachtdienst per week. Niet voor niets stookt het zo op fatsoen gestelde Nederland 50.000.000 liter jenever per jaar. Iedereen mag drank verkopen (45.000 mensen maken daar dankbaar gebruik van) en de clandestiene stokers van spiritus zijn legio. 'Geef me een spatje, een brom, een hassebassie,' klinkt het in de grauwe kroegjes, waar de werkman zijn weekloon verdrinkt. Alleen al in het keurige Den Haag worden jaarlijks 1200 dolgezopen kerels opgepakt. In 1881 neemt de Tweede Kamer de Drankwet aan, waardoor het jeneververbruik in snel tempo tot 1/5 vermindert. Dat ligt tevens aan de verbetering van het sociale klimaat.

Met meer moed en elan komen de arbeiders nu voor hun belangen op:
'Kortere werktijden!'
'Hogere lonen!'
'Algemeen kiesrecht!'

Hun nog veelal versplinterde stootkracht neemt sterk toe, als een gewezen predikant de leiding in handen neemt:

'In de verte beschouwd geleek Domela Nieuwenhuis een reuzeneik, die majestueus zijn takken uitstrekte; van nabij beschouwd was hij een struik brandnetels, waaraan ieder die voorbij wilde zich noodwendig moest steken...'

Zo hebben tegenstanders Ferdinand Domela Nieuwenhuis getypeerd, als hij zich tot woordvoerder opwerpt voor de arbeiders in Nederland. Pas als hij van zijn tweede moeder een vermogen heeft geërfd dat hem financieel onafhankelijk maakt, neemt hij (in 1879) afscheid van de kerk.

Met zijn *Recht voor Allen* richt hij zich tot de socialisten en zijn roepstem wordt gehoord. De sociaal-democratische verenigingen sluiten zich onder zijn leiding aaneen tot De Sociaal Democratische Bond. En daarmee hebben dan ook de socialisten een eigen partij.

'Weg met de goddeloze rooien!' roepen tegenstanders en rond de vergaderzaaltjes komt het herhaaldelijk tot een knokpartij.

Met brochures en artikelen zweept Domela het onmondige werkvolk op. Wat hij in *Recht voor Allen* durft publiceren, brengt velen in verbijstering:

'Het leven van Koning Willem III, den Groote, in al deszelfs hooge betekenis voor het Volk geschetst!' is de dikke kop van een pagina. De rest van de bladzijde laat hij blank: bewijs dat de koning helemaal niets zou hebben gedaan. En dan, met kleine lettertjes onderaan: 'Vervolg in het hiernamaals!'

Met sterke slagzinnen richt hij zijn aanvallen op het grootkapitaal van het liberale Nederland.
'De Slaven-kolonie Enschede en de Slavendrijver Van der Zee!'
'De Handel in vers Mensenvlees!'
'De manieren van zedelijkheid onzer machthebbers!' In dat artikel staan de pikante regels: 'De prins van Wales in het bordeel van mevrouw Jeffreys. Beschaafde maatschappij, uw naam is: *Schandaal*!

Uitermate grof gaat de brochure *Uit het leven van koning Gorilla* ertegenaan. Koning Willem III wordt daarin beticht van vadermoord, van diefstal van juwelen (van zijn moeder), van buitengewoon platte omgang met allerlei vrouwen (niet geheel onwaar), kortom van ongeveer àlles wat God verbiedt. 100.000 Exemplaren van die brochure vliegen weg.

Voor een artikel, dat hij niet eens heeft geschreven, belandt Domela Nieuwenhuis (die nadrukkelijk het martelaarschap heeft gezocht) in de gevangenis.

'Nieuwenhuis moet zakkies plakken,' zingt het Oranjegezinde volk. De 'Gorilla' verleent hem na zeven maanden grootmoedig gratie.

Omdat Domela steeds verder afzwenkt naar het anarchisme, groeit hij toch niet helemaal tot de apostel der arbeiders uit. Wel zal hij – als bij de grondwetsherziening het kiesstelsel door al zijn agitatie is uitgebreid – door de kiezers van Schoterland in de Tweede Kamer worden gekozen.

'Ik zie Domela daar liever dan een slippedrager van de liberalen,' zegt Kuyper, die weet dat hij in de schoolstrijd kan rekenen op Domela's steun. Erg gelukkig voelt het nieuwe kamerlid zich niet, want in zijn eentje kan hij in de Tweede Kamer maar weinig doen.

Het zijn mr. Pieter Jelles Troelstra (eens rector van het Groninger Studenten Corps) en Frank van der Goes (wegens zijn socialistische beginselen door liberale heren uit de Beurs gezet!) met anderen, die de socialistische aanhangers redden uit de handen van de nogal onbesuisde, op revolutie aansturende Domela. Zij stichten (maar pas in 1894) de *Sociaal Democratische Arbeiders Partij*!

In die bewogen jaren vol stakingen, vol protestmarsen, vol geroep om algemeen kiesrecht, sluiten ook de katholieken de gelederen aaneen. Zij hebben ten behoeve van hún emancipatie samengewerkt met de liberalen, maar als de paus het liberalisme veroordeelt (en er ook grote meningsverschillen ontstaan rond het onderwijs), gaan de katholieken een eigen weg.

Onze Wachter! Zo heet het blad, waarin de in Rome gepromoveerde priester, journalist en kamerlid dr. H.J.A.M. Schaepman sinds 1883 zijn programma onthult.
'God is de bron van alle gezag,' stelt dr. Schaepman, die veel met Abraham Kuyper gemeen heeft – en zeker diens werklust deelt.
'Ik geloof en daarom strijd ik,' is zijn levensspreuk. En strijden moet hij, vooral tegen de conservatieve katholieken, die bang zijn voor te veel invloed van het volk: zij wensen wel prioriteit van het katholicisme, maar slechts voor de heersende groep.

Ook de 19de eeuw kende reeds zijn geheime schoonheidsmiddelen. Het gebruik van 'pilules orientales' waarborgde bijzondere resultaten.

Ferdinand Domela Nieuwenhuis (1846-1919).

De Franse Tijd – Negentiende en Twintigste Eeuw

De laatste grote verandering in het politieke leven van Nederland, ontstaat door onenigheid tussen De Savornin Lohman en Abraham Kuyper. Het resultaat: in 1894 verlaat met een groot aantal hervormden De Savornin Lohman de Anti-Revolutionaire Partij en gaat met een eigen partij (de latere Christelijk Historische Unie) de verkiezingen in.

Zo stevent Nederland met stevig afgebakende partijen de 20ste eeuw tegemoet – onder het Huis van Oranje, dat slechts op het nippertje aan een vroegtijdig einde ontsnapt:

De begaafde, kunstzinnige koningin Sophie is in het jaar 1877 gestorven. Een jaar later sterft prins Hendrik, stadhouder in Luxemburg, en kinderen heeft hij niet. Van de drie zonen van Willem III en koningin Sophie is prins Maurits op jeugdige leeftijd gestorven.

Kroonprins Willem is mokkend naar Parijs vertrokken. Hij is goed verliefd geweest op Mattie van Limburg Stirum. Toestemming voor een huwelijk gaf zijn vader niet. Daar in Parijs haalt hij nu zijn plezier op – en is er vrijwel van Holland vervreemd.

Prins Alexander, ongehuwd, heeft na de dood van zijn moeder een jaar lang in totale afzondering geleefd. Hij lijdt aan vetzucht en is niet alleen lichamelijk maar ook geestelijk een wrak.

De ruim 60-jarige koning besluit opnieuw te trouwen. De keus valt op de jeugdige, allerliefste Emma van Waldeck-Pyrmont, een vriendin van zijn zoon.

Ondanks alle aanvallen, die op Willem III worden gericht, blijft hij een populair vorst. Al moet het hem dikwijls grote moeite hebben gekost, zijn eed op de grondwet houdt hij gestand. Met plichtsbesef, rond, rauw, eerlijk – en niet schijnheilig zoals velen om hem heen – is hij door een leven van etiquette en plichtplegingen gegaan.

'Oranje kan nooit, nee nooit genoeg voor Nederland doen!' heeft hij gezegd. Zo heeft het volk zijn bestaan ook aangevoeld.

Het zijn geen gemakkelijke jaren voor Willem III. Nauwelijks is hij in Waldeck met Emma getrouwd, of hij ontvangt bericht, dat zijn oudste zoon te Parijs is gestorven.

Op 31 augustus 1880 bulderen de kanonnen vreugdeschoten over Nederland: 'Het is een prinses!' klinkt het, als de vreugdeschoten der kanonnen zijn geteld.

'Oranje boven, leve Willemien!' Mannen, vrouwen en kinderen in feestdos gaan hossend door de straat. De meesten beseffen, dat de kleine Wilhelmina eens koningin zal zijn. En inderdaad: haar stiefbroer Alexander sterft enkele jaren daarna.

Wilhelmina, oogappel van haar vader, groeit op in een zeldzaam onrustige tijd. De Atjeh-oorlog, de sociale kwestie met haar veelheid aan aspecten, houden iedereen bezig, terwijl er een uitgesproken woede heerst tegen Engeland, dat in Zuid-Afrika de Boeren-republieken zo ongeveer annexeert.

Een onoverzienbare menigte is op de been, als Domela Nieuwenhuis uit de gevangenis komt:
'Koningin Emma heeft de kleine prinses opgestookt en zij heeft haar vader om gratie gevraagd!' vertelt men elkaar.

De vakverenigingen marcheren langs Domela's huis. De afdeling Den Haag voert een rode banier met daarop de wereldbol: symbool der internationaliteit. 'Voor Uwen hoon, voor ons een jubeltoon!' zingt de zangvereniging *Uit het Volk voor het Volk*, en haar leden overhandigen de bevrijde Domela een fraaie krans.

Onder druk van dergelijke demonstraties dringt de Tweede Kamer op een grondwetsherziening aan. Een commissie zet zich aan het werk en rapporteert: 'Op den duur zal algemeen kiesrecht onvermijdelijk zijn, maar dáárvoor is de tijd nog niet rijp!'

Bij de grondwetsherziening wordt het kiesrecht na veel geharrewar van 100.000 tot 300.000 kiezers uitgebreid. De verkiezingen die volgen worden met buitengewone heftigheid gevoerd. De rooms-katholieken en anti-revolutionairen komen aan het bewind. Gretig werpen zij zich meteen op het onderwijs. 'Nu is er kans om ook regeringssteun aan de bijzondere scholen toe te kennen,' beseffen zij. Tevens worden er nieuwe sociale wetten ingevoerd.

Op 23 november 1890 hangen de vlaggen halfstok. 'De koning is dood!'
Na een chronische nierziekte is koning Willem III, op 73-jarige leeftijd gestorven op het Loo.

'De liefde van zijn volk was zijn lijfwacht,' getuigt de hofprediker, als de koning met veel statie in het familiegraf in de Nieuwe Kerk te Delft wordt bijgezet.

Koningin Emma – daartoe aangewezen door de Staten-Generaal – zal acht jaar lang als regentes van haar dochter regeren.

In Luxemburg mag geen vrouw op de troon. Het groot-hertogdom wordt losgekoppeld uit de persoonlijke unie met Nederland. Hertog Adolf van Nassau wordt daar de opvolger van Willem III.

Links en *rechts* (dan nog confessionelen en niet-confessionelen, zo genoemd naar de fracties, die tijdens de Franse revolutie in de Conventie links en rechts zaten!) staan scherp tegenover elkaar, als Nederland zich onder Emma en Wilhelmina klaar maakt voor de sprong naar de 20ste eeuw.

Kiesrecht voor de Belgen

'Vive la Belgique!'
'Leve België!'
Die uitroep schalt in twee talen over pleinen, steden en dorpen, als België in 1880 het 50-jarig bestaan van zijn onafhankelijkheid viert. In uniform gehulde regeringsleiders, burgemeesters met sjerpen om, de steek op het hoofd, en vrijwel alle feestredenaars noemen de vooruitgang die het land heeft gemaakt en onderstrepen de rust, die alom heerst:
'Hoe gelukkig kunnen wij ons prijzen, dat de sociale woelingen buiten de grenzen van ons dierbaar België gebleven zijn!'
Nauwelijks zijn die woorden tussen de feestelijk wapperende vlaagen verwaaid, of de onrust begint – als een duivel, die hard op zijn staart is getrapt.

Een neergang in de economie heeft werkloosheid en dalende lonen tot gevolg. Het leven van tienduizenden arbeidersgezinnen is erbarmelijk en uitzichtloos: 'Er móet iets gebeuren. Zo gaat het niet meer!' De mondig geworden arbeidersverenigingen eisen – net als in Nederland – medezeggenschap. Omdat eendracht macht maakt (de vakverenigingen en vakbonden hadden in hun versplintering tot niets geleid!) komen Waalse, Vlaamse en Brabantse socialisten, in april 1885, te Brussel bijeen.
'De Belgische Werklieden Partij!' Tijdens het congres geven zij hun gemeenschappelijke organisatie die naam. Wensen en eisen zijn tijdens verhitte vergaderingen vastgelegd in een politiek program:
'Algemeen kiesrecht!' Omdat kiesrecht beperkt is, oefenen de massale arbeiderskringen maar weinig invloed uit.
'Kosteloos, onkerkelijk onderwijs!' De invloed van de kerk hebben de socialisten in negatieve zin ondergaan.
'Een wekelijkse rustdag!' Hoe gematigd klinkt dat met de slecht betaalde werkdagen van 12 uur per dag.
'Afschaffing van boetes door inhouding van loon!'
'Arbeidsverbod voor kinderen beneden de 12 jaar!'
'Hogere lonen!'

Het is slechts een greep uit de zeer redelijke eisen, die daar in Brussel door de socialisten worden gesteld. Om hun doelstellingen uit te dragen, richten zij eigen kranten op. Moeten de afgestompte arbeiders niet eindelijk worden wakkergeschud?
Vooruit! heet het Vlaamse dagblad, dat vanaf 1884 te Gent verschijnt. Met scherpe artikelen wordt de alarmklok geluid.
Le Peuple – Het Volk! is de Franstalige krant, die onder het volk een hoop wekt, die nog niet te realiseren is. De onrust neemt daardoor toe:
'We worden belazerd door het grootkapitaal!'
'Mon Dieu, Gérard, zijn wij dan slachtvee, dat zich willoos laat afslachten door een rijke Hans?'
In maart 1886 schuift het grauwe, lang stil gebleven proletariaat opeens de straat op: als een vergramd, log dier, dat tot het uiterste in zijn donkere hol is getergd. Zónder dat er iets georganiseerd is, lopen de zaken opeens uit de hand:
'We slikken het niet meer!'
'Weg met de kapitalisten!'
Achter de vuisten die in de lucht worden gestoken: uitgehongerde gezinnen, hopeloze morele ellende, vervuiling en voedsel dat op zijn best bestaat uit aardappelen en slecht brood.
Diep bewogen is Vincent van Gogh bezig die Aardappeleters te schilderen in hun simpele sombere tegenspoed. Er is nog geen doek van hem verkocht en toch wil hij het leed van die verpauperde gezinnen laten zien.
'Op naar de fabriek!' schreeuwen de aardappeleters. Stakende mijnwerkers, arbeiders uit de glasindustrie, werklozen, bedelaars en gauwdieven, marcheren in hun morsige lompen over de wegen voort. Zij storten zich op een werkplaats of een fabriek. De hele streek rond Charleroi en de Borinage komt op de been.
'Sodemieter op!' 'Weg met dat rijke tuig!'
Zij lopen veldwachters onder de voet, steken kastelen en huizen van fabriekseigenaars in brand. Het leger wordt ingezet.
'Schiet niet op het volk!' smeekt het dagblad *Vooruit*. Maar de soldaten schieten wél! Koning Leopold II wordt voor moordenaar uitgemaakt.
Soms flink vol gezopen en met een machteloze drift, stropen troepen werklozen met stokken en stenen in de hand de dorpen af.
'Henegouwen lijkt wel een land in oorlog,' melden geschrokken reizigers. 'In de steden heerst de staat van beleg! Troepen in vrijwel ieder stadhuis! Bij de fabrieken soldaten op wacht!'
Overal rijden patrouilles van de cavalerie. Héél België is in rep en roer. Overal geschreeuw, charges van de politie, wanorde, angst!' Pas na vele dagen herstellen haastig bijeengeroepen burgerwachten orde en rust.
De koning en de regering, geschokt door de gebeurtenissen, sturen arbeidscommissies op onderzoek uit. De leden melden onthutst:
'Er zijn kwalen aan het licht gekomen, waarvan wij geen vermoeden hadden!' Met de gebrekkige economische inzichten van die jaren wijzen zij de oorzaak van alle ellende aan:
'Het land lijdt hoofdzakelijk aan een crisis van overvloed!'
Daarmee wordt de overproductie bedoeld. De kamerleden en de ministers zijn ervan overtuigd dat in volledige vrijheid – dus zonder ingreep van bovenaf – de economie zich vanzelf wel zal regelen. Hervormingen komen er niet.
'Algemeen kiesrecht!'
'Wij eisen een stem in de zaken van het land!' Met die leuzen marcheren ongeveer 30.000 arbeiders – in voorbeeldige orde! – door Brussel heen.
Ontsteld steken ministers en kamerleden opnieuw de hoofden bijeen.
'Moeten wij kiesrecht geven aan mensen, die geen onderwijs hebben genoten?' vragen zij zich af.
'Dat kan niet,' zeggen de liberalen en conservatieve katholieken.
'Dan zullen al die ongeschoolde mannen slaaf worden van de gegoede burgerij!'
'Of zij zullen in handen vallen van anarchistische herrieschoppers en dan is het hek helemaal van de dam!'

Er wordt ernstig nagedacht en gedebatteerd, maar er gebeurt *niets*. 80.000 Ongeduldig geworden arbeiders trekken met rode vlaggen en borden opnieuw Brussel in. Uit protest tegen de traagheid van de regering leggen wat later 100.000 mijnwerkers hun werk neer. Twintig dagen demonstreren zij in volmaakte orde, wat – gezien de omstandigheden – een wonder is. Misschien wel mede daardoor krijgen zij belangrijke steun: de katholieke arbeiders zijn door al die woelingen en acties ontwaakt. De Luikse priester Pottier verenigt – met toestemming van de Kerk! – allerlei sociaal-democratische groepen in een unie, die onder leiding van de kordate Joris Helleputte uitgroeit tot de Belgische Volksbond. Gematigder dan de anderen brengt hij zijn eisen naar voren, maar niet met minder kracht:
'Verbetering van de maatschappelijke toestand, van de vrede in de wereld! Eerbiediging der rechten van iedereen, zowel van werkgevers als van werknemers!'

Nu van álle kanten onder druk gezet en uit vrees, dat héél het land de straat op zal gaan en revolutie dreigt, hakt de regering na rumoerige spoedvergaderingen, in april 1893, eindelijk de knoop door.
'Kiesrecht voor alle mannen boven de 25 jaar, waarbij aan notabelen en welgestelden één of twee stemmen extra worden toegekend!' beloven regering en parlement. Dat is wel niet helemaal wat de Belgische Werklieden Partij heeft gewenst, maar hun leiders leggen zich bij de regeringsbesluiten neer. Met grote geestdrift gaan zij in de twintig arrondissementen aan de slag. Zij stellen hun kandidaten. Er wordt flinke propaganda voor hun lijstaanvoerders gemaakt.
Dan de nieuwe verkiezingen. De spanning, waarmee de uitslagen worden afgewacht. De eerste cijfers komen binnen en ze kunnen haast niet geloven, wat er nu gebeurt. De stoutste dromen worden overtroffen:
'We hebben 345.959 stemmen gehaald!'
'Wij krijgen maar liefst 34 leden in de Kamer!'
Nog geheel zonder ervaring zoeken de socialisten in het politieke leven hun weg. Wat onwennig zitten zij tussen de deftige heren in de Kamer en drijven daar de voorzitter soms tot wanhoop, omdat zij niet weten hoe het moet:

'Mijn hemel, die kerels weten niets van parlementaire regels af!' Met steun en hulp van vele katholieken en liberalen – dat moet uitdrukkelijk gezegd! - ontwikkelen de werklieden een eigen inbreng. Zij zijn niet alleen *tegen* (bijvoorbeeld tegen de koloniale politiek van Leopold, die zich nu ook met China bemoeit), maar nemen ook medeverantwoordelijkheid vóór de invoering van een aantal wetten, die voor België uiterst belangrijk zijn:
Een ministerie van Arbeid doet in 1895 haar intrede. Wetten op de mijninspectie,

Titelpagina van de geruchtmakende brochure *Uit het leven van koning Gorilla* (1880), links.

Het neerslaan van het Palingoproer te Amsterdam. Deze gravure van M. de Haenen in het Franse blad *l'Illustration* van 7 augustus 1886 zou ter plaatse zijn gemaakt! Later ingekleurde gravure, (uiterst links).

517

De Franse Tijd – Negentiende en Twintigste Eeuw

De aardappeleters door Vincent van Gogh. Aardappels waren sinds het begin van de 19de eeuw volksvoedsel bij uitstek. Ze werden gegeten met azijn en mosterd. Bij hoge uitzondering werden ze met olie of vet besmeerd.

op vakbonden, ouderdomspensioenen, op arbeid en werkplaatsen verbeteren het sociale klimaat. De strijd van de socialisten voor volledig democratisch kiesrecht zal voortduren tot het uitbreken van de eerste wereldoorlog. Gods molens én die van regeringen malen langzaam. Dát ervaren de politieke vluchtelingen en ballingen van alle delen van Europa, die in het gastvrije en verdraagzame België zochten naar een onderdak.

Brussel in het jaar 1903: Omstreeks 60 Russische revolutionairen hebben in een graanpakhuis een congres belegd. Beloerd door de politiespionnen van de tsaar heeft een aantal van hen met de grootste moeite (langs geheime vluchtwegen) Brussel bereikt. Zij slapen daar op verborgen achterkamers: uitgeweken intellectuelen als Lenin, Trotsky, Plechanow en Axelrod. 'Kameraden!'
Ze praten over revolutie, over de ideeën van Marx. Buiten het pakhuis patrouilleert de Belgische politie, die weinig gelukkig is met al die heethoofden in de stad. De postende agenten vertellen aan collega's op het bureau:
'Een kabaal dat ze maken! Ze zweren allen bij hun *eigen*, heilig gekoestere mening. Niemand is het met iemand eens!'

In het begin van de 20ste eeuw verandert de wereld snel. Dat ervaren de in links en rechts verdeelde Belgische katholieken, als hun greep op de gang van zaken verslapt.
Bij de verkiezingen loopt hun stemmenaantal keer op keer achteruit. Pas in het jaar 1909 besluiten zij daar iets aan te doen.

Zij roepen een groot congres te Mechelen bijeen. 5000 Katholieken van allerlei richtingen beraden zich daar over de problemen van de tijd. Onderwerpen, die op de agenda zijn geplaatst:

'Oprichting van christelijke vakbonden, coöperaties, volksbanken. Ontwikkeling van koloniale werken en missie. Regeling van de steeds moeilijke wordende betrekkingen tussen Vlamingen en Walen!' Na afloop van dat succesvolle congres trekken 100.000 katholieken in optocht en zingend door de stad:

'Christus vincit, Christus regnat, Christus imperat – Christus heert en zegeviert...'
Haast onopgemerkt klinkt de stem van een Vlaamse dichter, die juist *die* woorden onderstreept met poëzie, die lijkt voortgekomen uit de ziel van het Vlaamse volk. Hij toont aan hoe schoon de Vlaamse taal kan zijn.
Guido Gezelle, zoon van een tuinman ('Pier Jan, die geen Frans en kan!') draagt met humor en fijngevoeligheid eenvoud uit, wat in hem leeft. Hoe beroemd wordt zijn gedicht op de snel heen en weer flitsende watertor, *Het Schrijverke*:

O krinklende, winklende waterding
Met het zwarte kabotseken aan,
Wat zie ik toch geerne uw kopke flink
Al schrijvende op 't waterke gaan...

En als hij de vraag stelt, wat al die watertorren toch op het wateroppervlak schrijven, blijft één ervan een *stondeke* staan om het antwoord te geven:

'Wij schrijven,' zo sprak het, 'al krinklend af
Hetgeen onze Meester, weleer
Ons makend en lerend, te schrijven gaf
Eén lesse, niet min nochte meer.
Wij schrijven, en kunt gij die lesse toch
Niet lezen, en zijt gij zo bot?
Wij schrijven, herschrijven en schrijven nóg,
Den heiligen Name van God!'

Guido Gezelle laat al zijn gedichten aan zijn huishoudster lezen: als zij het begrijpt, begrijpt héél Vlaanderen het. Voorloper van de bloemenkinderen van nu, dicht hij *Ego Flos* – Ik ben een blomme – die, door eenvoudigweg *te zijn*, de diepste bedoeling van God het schoonst vervult:

Ik ben een blomme
En bloeie voor uwe ogen
Geweldig zonnelicht,
Dat, eeuwig onontaard
Mij, nietig schepselen
In 't leven wilt gedogen...

Beter dan wie ook, gaver en eenvoudiger dan wie ook, zingt hij niet het Frans, niet het Nederlands, maar het Vlaams over zijn dierbare geboortegrond uit!
Met een breedheid van denken heeft koning Leopold ondertussen het bestuur over de (onafhankelijke) Kongostaat gevoerd. Een handjevol Belgen heeft daar verbijsterend veel tot stand gebracht: de aanleg van een spoorweg, opleiding van negersoldaten, uitzending van missionarissen in het onmetelijk gebied. In 1890 zijn er nog maar 175 Belgen in de Kongo; in 1913 zullen het

er 3500 zijn.

In 1906 is de ontginningsmaatschappij *Union Minière du Haut-Katanga* opgericht en slingeren er wegen en rubbertuinen door het land. De hele Kongostaat behoort aan Leopold. Hij heeft er veel eigen geld ingepompt. Duizelingwekkende inkomsten uit Afrika liggen voor hem in het verschiet. Het loopt echter anders:
'De Kongo, privé-bezit van de koning, dat kan toch niet?'
'En, naar men zegt, al die wreedheden die er worden begaan...'
Toenemende belangstelling van de Belgische politici en feller wordende kritiek uit binnen- en buitenland op bedreven gruwelen én financiële moeilijkheden, doen Leopold besluiten de Kongo aan België over te doen. Op 20 september 1908 neemt het koninkrijk dat deel van Afrika in bezit.

Buiten het parlement om tracht de koning een deel van de Kongolese inkomsten nog voor zijn huis te behouden. In het diepste geheim wordt de onderneming van Niederfüllbach opgericht. Lang heeft Leopold daar geen plezier van: hij sterft op 17 december 1909 in zijn paleis te Laken, na 44 jaar te hebben geregeerd. Aan de privé inkomsten uit de Kongo komt dan een eind.
'Nooit is hij populair geweest en nooit heeft een vorst zich met meer wijsheid, toewijding en patriottisme aan het welzijn van zijn volk gewijd!' Dat grafschrift krijgt hij van de Belgische historicus Pirenne. Het onderstreept het werkzame, doortastende, visierijke leven van Leopold II. Terecht! want zijn onderdanen en hun nazaten hebben veel aan hem te danken!

Met steun van de koning heeft de Luikse ingenieur George Nagelmackers zijn *Compagnie Internationale des Wagons Lits* (naar Amerikaans voorbeeld) opgericht.

Mede door toedoen van Leopold II rijden vanaf 1883 de grote internationale exprestreinen de wereld in: van Oostende naar Berlijn, van Keulen naar Parijs en later van Lissabon naar Wladiwostok – en dat traject is 14.000 kilometer lang!

De eerste stroomtrams zijn opgevolgd door elektrische trams. In 1913 ligt er bijna 5000 kilometer tramrails. Dat is een zegen voor het platteland, dat nu eindelijk goede verbindingen krijgt.

De tonnage van binnenkomende schepen is in 18 jaar bijna verdriedubbeld en opgelopen tot 14.147.000 ton. De eerste telefoonnetten zijn in 1884 van start gegaan en jaarlijks komen er ongeveer 2000 nieuwe abonnees. Hoezeer de welvaart is toegenomen bewijst het aantal spaarboekjes misschien nog het best: in 1885 waren er 444.000 met een totaal kapitaal van 189 miljoen francs; in 1913 zijn het er 3.117.000, *zeven maal* zoveel, en bedraagt hun gezamenlijk bedrag 1099 miljoen francs, bijna *zes maal* zoveel!

Na de dood van de doortastende koning Leopold komt zijn neef, de 34-jarige prins Albert op de troon. Hij is gehuwd met Elizabeth, hertogin van Beieren. Misschien omdat ze nog vrij jong zijn, heel eenvoudig én sportief, worden Albert en Elizabeth met groot enthousiasme door àlle Belgen begroet. Desondanks schrijft een kamerlid (onder de indruk van de groeiende eisen die de Vlaamse beweging stelt):
'Sire, er zijn geen Belgen!'
En hier en daar doen extreme mannen extreme uitspraken:
'Vlaanderen aan de Vlamingen. Wallonië aan de Walen. En Brussel aan België!'

De eeuwenoude tegenstellingen spitsen zich weer toe:
'Vervlaamsing van de Gentse Universiteit? Dat nooit!' protesteren de Walen, als dat te gebeuren staat.
'Geen Vlaamse Hogeschool,' zegt ook een leidsman van de Vlaamse Beweging. Hij komt met het verdrietige argument: 'De tegenwoordigheid van de Walen te Gent is onontbeerlijk om de Vlamingen te redden uit hunne bekrompenheid!' De achterstand wordt nog steeds erg gevoeld.

Al overheerst bij vrijwel alle Belgen het gevoel van saamhorigheid, de taalstrijd ligt zwaar op ieders maag. Het Frans overheerst. De grote schrijver Emile Verhaeren schrijft in het Frans. In het Frans dicht en schrijft graaf Maeterlinck zich naar de Nobelprijs. In de schouwburgen klinkt vrijwel uitsluitend Frans. Toch is het niet Frankrijk, maar Duitsland, dat in België grote invloed heeft. De *London Times* meldt verbitterd:
'België is Duitslands economische vazal!'

Helemaal ongegrond zijn die woorden niet. Duitse ingenieurs en zakenlieden dringen zich in fabrieken; Duits kapitaal stroomt de Belgische bankinstellingen in. Duitse scheepvaartmaatschappijen vestigen zich in Antwerpen dat nu – evenals in de tijd der Hanze – op een Duitse haven lijkt. Vele geïmponeerde Belgische vaders sturen hun kinderen nu naar een Duitse universiteit. Vooral vanuit Vlaanderen (waar men de Franse universiteiten in eigen land liever ontloopt) trekken honderden jonge mensen naar scholen en universiteiten van het zoveel kracht ontplooiende Duitse rijk. 'Leve de keizer!' roepen vooral de Vlamingen, als Wilhelm II in 1910 een bezoek aan koning Albert brengt – en in zijn fraaiste uniformen door het feestelijk versierde Brussel rijdt. Doch ook de Franse president Loubet (die als gevolg in de jaren daarop herhaaldelijk naar België komt) vallen hartelijke ontvangsten ten deel.

Engeland heeft door zijn gedrag in Afrika en de harde oorlog tegen boeren vrijwel al zijn goodwill in België verspeeld. En terwijl het koninkrijk België onder Albert nieuwe economische hoogtepunten tegemoetgaat, staan de grote mogendheden elkaar naar de macht in dat levensgevaarlijke spel om alles of niets...

Zowel in het Noorden als in het Zuiden heeft de onderwijskwestie het politieke leven in de tweede helft van de 19de eeuw voor een groot deel beheerst. Interieur van een dorpsschool, door W. Linnig (1875).

Guido Gezelle (1830-1899), links.

De Franse Tijd – Negentiende en Twintigste Eeuw
Over de drempel naar de 20ste eeuw

Een nieuwe lente en een nieuw geluid:
Ik wil dat dit lied klinkt als het gefluit,
Dat ik vaak hoorde voor een zomernacht...

De Mei van Gorter, een hoogepunt in de Beweging van Tachtig: 'een schatkamer van schoonheid, onuitputtelijk als de Natuur!'

Vanuit die onuitputtelijke schatkamer der natuur zijn grote technische en wetenschappelijke vorderingen gemaakt. Het zakenleven wordt door optimisme beheerst. Is het sociaal besef niet gegroeid? Is er geen aanvang gemaakt met de socialisatie van de maatschappij? Hebben de rijken, door het opkomen van de middenstand, niet meer begrip gekregen voor het gewone volk? Maar naast het geloof in de vooruitgang, naast alle idealen waarvoor men vecht, glijdt er toch ook een somber levensperspectief over de samenleving heen. Optimisme én pessimisme; geloof in de toekomst naast de neerslachtige vaststelling dat veel, heel veel van het leven onbereikbaar bijft.

Gecompliceerder, chaotischer, genuanceerder – maar nog steeds vrij zelfgenoegzaam – begeven de Nederlanders zich op weg naar de 20ste eeuw.

Een nieuw geluid weerklinkt in ieder geval aan het verlengde stuk van de Van Baerlestraat in Amsterdam! Daar is in een weiland het gloednieuwe Concertgebouw verrezen. Willem Kes heeft een orkest geformeerd van 42 strijkers, 20 blazers, 3 slagwerkers en 1 harpist. Gast-dirigent Henri Viotta geeft op 11 april 1888 het openingsconcert.
'Ik wens niet, dat de kelners tijdens de concerten bier en koffie rondbrengen. De concertzaal is geen soos of café...' heeft Viotta geëist. Desondanks zijn 422 koetsen naar het Concertgebouw gereden en hebben 2000 mensen dat eerste concert gehoord. Het orkest is een stimulans voor de Nederlandse muziek. Alphons Diepenbrock en vele andere componisten gaan geestdriftig aan de slag.
In het licht van de gaslampen lezen langgerokte meisjes het opwindende boek *Eline Vere*, waarin Louis Couperus de ondergang beschrijft van een meisje in het decadente Den Haag.
'Het was Elines *karakter*. Zij kon niet anders dan zij deed!' vertelden zij elkaar. En nazeggend, wat ze van anderen hebben gehoord: 'Ze was het slachtoffer van haar milieu!'

De gaslampen hebben wel hun langste tijd gehad. De eerste centrales voor de distributie van elektriciteit zijn reeds opgericht.
'Hier ligt een kans,' denkt Gerard Philips. In 1891 begint hij met zijn vader te Eindhoven een gloeilampenfabriekje met een paar man personeel en met als doel 'het fabriceren van gloeilampen en andere elektrotechnische artikelen'. De zaken gingen echter slecht en men dacht erover het bedrijfje te verkopen. Toen kwam in 1895 Anton zijn vader en broer helpen. Door zijn commercieel inzicht en het technische vernuft van zijn broer openden zich nieuwe perspectieven. Enkele jaren later behoorde hun fabriek tot de vier grootste van Europa!
In 1898 maakt Anton Philips zijn succesvolle tocht naar Rusland en verkreeg bij het hof van de tsaar een bestelling van 50.000 zogenoemde kaarslampen. Gerard dacht dat zijn broer, toen hij de bestelling telegrafisch doorkreeg, zich met een nul vergist had. Het antwoord van Anton luidde toen: 'Fifty thousand, fünfzig Tausend, cinquante mille!'

Om haar volk en land beter te leren kennen, brengt de kleine, blonde koningin Wilhelmina met haar moeder een bezoek aan àlle provincies van het koninkrijk:

'Nee, majesteit, dat kan niet!'
'Nee, majesteit, ik denk niet dat Uw moeder dat zal toestaan!' Volledig geïsoleerd, omgeven door leraren en leraressen, leeft de intelligente, ijverige, jonge koningin een eenzaam bestaan tussen alle betuttelende, op etiquette gestelde grote mensen. Af en toe een ritje door het park op één van de vijf pony's die zij van haar vader kreeg. Af en toe eens spelen met de poppen, tussen alle lessen in.
Twaalf jaar oud houdt zij haar eerste, zorgvuldig geleerde toespraak, als zij de eerste steen mag leggen voor het Wilhelmina Gasthuis te Amsterdam. 'Het ging erg goed, majesteit. U moet er echter wel aan denken...' Opgedirkt in Fries kostuum, met kap en gouden oorijzer, brengt ze een bezoek aan het Friese land. De werkloosheid is daar zó omvangrijk, de ellende onder de armen zó groot, dat er *Hongercomité's* en *Schrikcomité's* zijn opgericht. Merkt ze het?
In Zeeland staat de kleine koningin tussen deftige, ijdele heren met hoge hoed, in de regen voor het standbeeld van Michiel de Ruyter. In Limburg sjokt ze tussen een stoet van volwasenen door de gangen van de St. Pietersberg. Leert ze haar volk kennen?
'Neen!' schrijft een hoogleraar. 'Van onze steden kent zij alleen de straten met vlaggen en groen getooid, aan weerszijde een

Het Concertgebouw te Amsterdam in aanbouw. Tekening door J.M.A. Rieke (1887).

dichte, juichende menigte. Gerokte en wit gedaste heren, die buigen en enkele plichtmatige woorden antwoorden op vragen die zij stelt. Geen stad kan zij bezoeken, of er is groot vertoon van legermacht en schittering van rood en goud en gekletter van wapens... Achter al deze uniformen staat het volk en het kan niet naderen. Het blijft van verre...'

Hoogtepunten in het bestaan van de kleine koningin zijn waarschijnlijk de reisjes naar het buitenland: naar koningin Victoria, naar Duitsland en Zwitserland. En als liefhebster van schaatsen heeft zij zich zeker ook verheugd over het telegram, dat zij in januari 1892 ontvangt:

'Namens de Nederlandse Schaatsenrijdersbond heb ik de eer Uwe Majesteit kennis te geven, dat het Meesterschap der wereld op de banen der Amsterdamse IJsclub door Jaap Eden op schitterende wijze gewonnen is!'

'Ik ga moorden, doodjakkeren,' had Jaap gezegd. En inderdaad. Hij heeft ongeloofwaardige tijden gemaakt: de 10.000 meter legt hij in 17 minuten en 56 seconden af.

Heeft de kleine koningin bij ontvangst van dat telegram uitbundig gedanst, zoals andere kinderen van haar leeftijd het toen hebben gedaan?

'Eenzaam, maar niet alleen!' Zó zal zij later haar leven samenvatten.

De belangstelling voor de politiek neemt sterk toe, nu de partijen door mannen van formaat worden aangevoerd: Abraham Kuyper met de *Standaard* achter zich; De Savornin Lohman; Schaepman, die zijn volgelingen aanspoort in *De Tijd*; Jelle Troelstra, die de S.D.A.P. heeft gesticht. De eens zo vooruitstrevende Sam van Houten wordt door de jonge liberalen op zijn beurt weer conservatief genoemd en Treub typeert de partij met het fraaie beeld:

'Een oude, jonge juffrouw, welke je, hoe lang je haar ook aait, met geen mogelijkheid meer in vuur kunt krijgen!'

Het zijn bij uitstek de sociale kwesties, die het land beroeren: de dienstplicht, het kiesrecht, de sociale wetgeving. Daarbij moet worden opgeroeid tegen een sterke conservatieve stroom.

In 1894 dient het ministerie Tak van Poortvliet (liberaal) een kieswet in. Het kabinet wil (zo ongeveer) stemrecht geven aan iedereen, die lezen en schrijven kan. Een storm van protesten en domme misverstanden is het gevolg:

'Een wangedrocht!' noemt De Savornin Lohman het onderwerp.

'Een monster van wetgeving!' zegt het *Handelsblad*.

'Moeten wij in de macht komen van stemvee? En overheerst worden door borrel, bef en kalot?' roept het conservatieve kamerlid Rutgers van Rozenburg. Woedende burgers schoppen daarop een rel bij zijn huis.

In dat dolle jaar 1894 valt het kabinet. De Kamer moet naar huis. De verkiezingen die volgen, gaan met allerheftigste campagnes vóór en tégen de kieswet gepaard. Daarin lopen nu ook vrouwen mee:

'Ook wij willen stemmen!' Een *Vereniging voor Vrouwenkiesrecht* is opgericht. Het zwakke geslacht weert zich kranig, voert processen en heeft – na vier jaar harde strijd – pas 800 leden in totaal.

De bedreigde mannenwereld steekt (in tal van brochures) een vermanende vinger op:

'Als vrouwen kiesrecht krijgen, wordt het huisgezin uit rand en band gehaald!'

'Man en vrouw zullen elkaar de ogen uitkrabben. Het huis wordt voor de man een hel. Hij zal eruit lopen en komt dan terecht in kroeg of bordeel!'

Twee mannen lopen langs een gracht van Amsterdam. Het licht valt op een brug, zoals Breitner het graag zou hebben geschilderd. Het rijtuig van dokter Aletta Jacobs passeert.

'Toch curieus, dat een vrouwelijke dokter niet mag stemmen en haar koetsier wél!'

Een bedachtzame knik, dan een lachje:

'Zeg, zou jij een *vrije* vrouw willen trouwen?'

'Merci! Liever vrij ik met een getrouwde vrouw!'

'Haha, verdomd goed. Die moet ik onthouden!'

Twee vrouwen aan het hoofd van de natie, maar ondanks Emma en Wilhelmina krijgen de vrouwen het stemrecht nog niet. De 'gezeten' arbeider gelukkig wél. Onder het ministerie Van Houten wordt met een nieuwe kieswet het percentage stemgerechtigden van 29% tot 50% uitgebreid – met 56 tegen 43 stemmen door de Tweede Kamer aanvaard.

'De kieswet is te groot voor het conservatieve servet en te klein om de nationale tafel te dekken!' schimpt Abraham Kuyper boos. Door de S.D.A.P. die een direct, enkelvoudig algemeen kiesrecht voorstaat voor man én vrouw, worden slechts 3 zetels gehaald.

Speciaal bijvoegsel van de *Sociaal Democraat* van 1899 ter gelegenheid van de 1 meiviering. Litho door R. Roland Holst.

De Franse Tijd – Negentiende en Twintigste Eeuw

Optimisme heerst er tijdens een zakenlunch in Rotterdam. Een reder vertelt zijn zakenvrienden enthousiast over een reis, die hij door Amerika heeft gemaakt: 'Overal zie je schrijfmachines, kasregisters, telmachines. En net als bij ons in Europa is er veel belangstelling voor de automobiel. Ik heb gehoord van proefnemingen van de gebroeders Studebaker met elektrisch voortbewogen voertuigen. Ook van een zekere Henry Ford in Detroit schijnt men nogal wat te verwachten. Hij is begonnen met een tweepersoons wagentje op fietswielen en een ééncilindermotor, maar hij is met een verbeterde versie bezig.'
'Als je het mij vraagt is het speelgoed voor de allerrijksten. Een hobby van voorbijgaande aard!'
'Curieus was het wel!'
'En het Amerikaanse zakenleven, beste kerel?'
Opnieuw struikelt de reder over zijn woorden als hij wil vertellen, wat voor onvoorstelbare kapitalen daar in Amerika worden verdiend.
'Neem Andrew Carnegie, een Schots immigrantje, die als haspeljongen begon. Alles wat staal produceerde heeft hij samengevoegd. De winsten van zijn United States Steel Corporation bedragen 40.000.000 dollars per jaar...'
Een zacht gefluit. Een open mond met wat erwtjes erin.

Feestelijke intocht van koningin Wilhelmina met haar moeder in Amsterdam op 5 september 1898, door O. Eerelman.

'En neem John D. Rockefeller, die hetzelfde met de olie deed. Bedrijf na bedrijf is zijn Standard Oil Compagny binnengerold. Samenvoeging van bedrijven zal voortgaan, zegt hij. Lood, vlees, lucifers, schoenen, rubber, tabak, worden daar in Amerika verkocht door geweldige trusts en de eigenaars bouwen fabelachtige fortuinen op!'
En dan vertelt de Rotterdamse reder, hoe Amerika een mogendheid is geworden, met een export van 1700 miljoen. 'Net als Engeland, Duitsland, Frankrijk en Rusland, voert ook de U.S.A. nu een koloniale politiek!'
Cuba komt ter sprake. De Cubanen zijn in opstand gekomen tegen het Spaanse gezag. Het is een kans, die Amerika niet laat lopen. In de oorlog die volgt winnen de Verenigde Staten de Filippijnen en zij vestigen Cuba als een zelfstandige, van Amerika afhankelijke staat.
In de jungle van het leven slokken de grote mogendheden de zwakkere op.

Verontrust over wat er in de wereld gebeurt, komen in Nederland jonge mensen vol idealen de straat op. Niet zozeer om wat in Cuba plaatsvond als wel om wat in Europa geschiedt: de Duitse en Engelse vlootpolitiek, de conflicten over de koloniën, de gespannen toestand op de Balkan zijn redenen genoeg. Bovendien prediken de sociaal-democraten bij de arbeiders *internationale solidariteit*. Daarom roepen ze:
'Wij wensen vrede!'
Overal worden vredesverenigingen gesticht.
'De onderlinge verhoudingen tussen volkeren moet met wetten geregeld worden. Wij moeten komen tot een *internationaal recht!*'
Onder aanvoering van de buitengewoon bekwame professor Asser beginnen er congressen, die tot dat doel moeten leiden.
'Juist, omdat wij een klein land zijn, kunnen wij objectief over andere landen oordelen,' denken velen in die tijd. En daarmee wordt de basis gelegd, waarmee de Nederlander – met een zeldzame zelfoverschatting – meent te kunnen oordelen over iedere denkbare toestand in een ander land. Ongegeneerd meten zij zich vanuit hun Madurodamhuisjes en -straatjes aanmatigende oordelen aan en net als bij de kabouters gaat geen probleem hen te hoog.
Het is tegen die mentaliteit, tegen de onuitroeibare gedachte dat er niets beters dan een nuchtere, kaasetende Hollander bestaat, dat dichters en schrijvers zich afzetten. En daarmee steekt het pessimisme van die jaren de kop verdrietig op.
'Alleen ben ik en zoek alleen te wezen,' schrijft de kwetsbare, doodongelukkige dichter Leopold, leraar te Rotterdam.

De wereld gaat en gaat, als lang na dezen
Mijn roem verging, mijn kennis hooggeprezen.
Wij werden voor ons komen niet gemist
Na ons vertrek zal het niet anders wezen.

Ik scheidde; onverstand was allerwegen
Van al mijn parels werd niet één geregen
De dwazen! Honderd dingen, nooit beseft
En nooit bereikt, zijn in mij doodgezwegen...

En daar is Henriëtte Roland Holst, strijdbaar idealiste, die samen met Gorter lid geworden is van de S.D.A.P. Zij bekent met eerlijke moed, dat zij haar weg door het leven soms niet ziet:

Ook ik ben omstreeks 't midden mijner dagen
verdwaald geraakt in levens donker woud...

Mij leidt geen gids, als het eigen gemoed
mij schoort geen steun, dan d'enkele trouwe handen
die mij opbeuren als de kracht bezwijkt

mij sterkt geen afgezant uit betere landen
dan soms het ruisen, als een vleugel doet
van zachte hooop die langs mijn wangen strijkt...

'Een klein volk zij groot in alles, waarin ook een klein volk groot kan zijn,' zegt de dierbaar geworden koningin Emma, als zij als regentes afscheid neemt. Duizenden Nederlanders storten spontaan geld om haar te eren met een waardig afscheidscadeau.
'Ik wens een sanatorium voor longlijders – in de eerste plaats voor hen, die het geld missen om in het buitenland hulp te zoeken tegen de gevreesde kwaal!' heeft koningin Emma bekendgemaakt. De tering, t.b.c., is nog steeds staatsvijand nummer 1.
Op haar 18de verjaardag richt koningin Wilhelmina zich tot het Nederlandse volk:
'Mijn innig geliefde moeder, aan wie ik

Over Van Heutsz en de rooie rakkers

onuitsprekelijk veel verschuldigd ben, gaf mij het voorbeeld van een edele en verheven opvatting van de plichten, die nu op mij rusten. Ik stel mij tot levenstaak dat voorbeeld na te volgen, te regeren, zoals van een vorstin uit het Huis van Oranje wordt verwacht!'

Ook Wilhelmina ontvangt geschenken. De stad Amsterdam geeft haar voor de troonsbestijging de Gouden Koets. De gebroeders Henk en Ko Spijker hebben die koets vervaardigd in hun rijtuigenfabriek – met onder de zitbanken warmwatertanks. En omdat notaris Bacs de eerste Nederlandse automobiel met succes door de Wieringermeer heeft gereden, zullen de gebroeders Spijker binnenkort de befaamde Spijker-automobielen produceren: 6 cilinder, 60 P.K., vierwielaandrijving en voor ieder wiel een rem.

Amsterdam, 6 september 1898: De vlaggen hangen uit. Overal uniformen. Een onafzienbare menigte. Vorsten en afgezanten in de stad. Fotografen en journalisten bewegen zich druk heen en weer, als de jonge koningin der Nederlanden van het paleis op de Dam naar de Nieuwe Kerk loopt om als vorstin te worden ingehuldigd:
'Hoog is mijn roeping, schoon de taak, die God op mijn schouders heeft gelegd,' zegt ze in de kerk. 'De woorden van mijn beminde vader maak ik tot de mijne: Oranje kan nooit, neen nóóit genoeg voor Nederland doen!'

Zij legt de eed af:
'Ik zweer dat ik de onafhankelijkheid en het grondgebied des Rijks met al mijn vermogen zal verdedigen en bewaren; dat ik de algemene en bijzondere vrijheden en rechten van alle mijne onderdanen zal beschermen... zoals een goed koning schuldig is te doen. Zo waarlijk helpe mij God Almachtig!'

De leden der Staten-Generaal leggen hun eed af. Dan roept de Wapenkoning luid:
'Hare Majesteit de Koningin is gehuldigd!'

In de kerk én daarbuiten op de Dam klinkt gejuich. Achter één van de ramen, die een goed uitzicht geeft op de plechtigheid, zit Oscar Carré. Hij heeft zijn plaats voor 1140 gulden gehuurd. Met zijn *American Biograph*, maakt hij hier opnamen, die hij tien dagen later in zijn circus zal vertonen.

Als koningin Wilhelmina uit de Nieuwe Kerk komt, lijkt zij voor velen het symbool voor de toekomst. Hooggestemd en vol schone verwachtingen maakt Nederland zich gereed voor de láátste schreden naar de 20ste eeuw: met demonstrerende vrouwen; met bezielde kerels vol idealen die fier achter de rode vaandels marcheren; met gebolhoede gymnasiasten, die met hun wandelstokjes zwaaien boven hun hoge rijglaarsen; met nog steeds hongerige arbeidersgezinnen, die bidden om kleren en brood; met de Okke Tannema's en de Dik Troms en alle grote en Kleine Zielen, waarover Couperus met zoveel psychologisch inzicht schrijft.

Een vernieuwingsdrang trilt door het volk heen: een soort 'Hup, Holland hup, laat de leeuw niet in zijn hempie staan!' wat in de plechtstatige redevoeringen van die dagen wat ernstiger klinkt:
'Groot zijn, waarin een klein volk groot kan zijn!'

De wereld rond het jaar 1900 is een wereld van gewapende vrede, al worden er – op beperkte schaal – overal oorlogjes gevoerd.

'Een grote oorlog kan nooit langer dan zes weken duren. Daarna zullen de kosten volledig ondraagbaar zijn,' hebben de meeste economen vastgesteld. Desondanks zijn de mogendheden aan een bewapeningswedloop bezig, omdat in de wijde wereld niemand iemand vertrouwt.

'In splendid isolation – in schitterende afzondering!' Zó gaat Engeland een eigen weg. De Britten houden Europa op een afstand en concentreren zich – met een vloot die de zeeën beheerst – op het eigen imperium.

'Ook wij wensen een plaats onder de zon!' maken de Duitsers bekend.

Met een staalproduktie, die thans groter is dan de gezamenlijke produktie van Frankrijk en Engeland, en met de steun van bondgenoten Italië en Oostenrijk in de rug, maken zij hun opwachting in het Nabije en Verre Oosten en in Afrika. Zij werken hard aan een eigen vloot.

Grote problemen stapelen zich in de wereld op.

Allereerst op de Balkan: strevend naar machtsuitbreiding staan Rusland en Oostenrijk daar tegenover elkaar.

Rond Elzas-Lotharingen: Na de oorlog van 1870 heeft Duitsland dat gebied geannexeerd, maar Frankrijk wenst het terug.

In Afrika: Engeland heeft zich meester gemaakt van Egypte en ziet met tegenzin, dat Frankrijk in Marokko bezig is, terwijl de Duitsers elders aan het koloniseren zijn.

In Azië: in toenemende mate vinden de Britten daar de Russen op hun weg.

Om een eind te maken aan de steeds hogere bewapeningskosten en de groeiende legers van dienstplichtigen, roept tsaar Nicolaas II de mogendheden voor een vredesconferentie bijeen:

Den Haag, 18 mei 1899: Vertegenwoordigers van 26 landen vergaderen in het Huis Ten Bosch. Ontwapening en het oplossen van de internationale conflicten zijn op de agenda geplaatst.
'Nu breekt een duurzame wereldvrede aan!' Hoopvol zien vooral zij die geloven in het internationale pacifisme de besprekingen tegemoet. Professor Asser speelt een grote rol bij het tot stand komen van een permanent, internationaal *Hof van Arbitrage*, dat te Den Haag zijn zetel krijgt (omdat Nederland klein is én neutraal!). Staalmagnaat Andrew Carnegie schenkt een paar miljoen voor de bouw van een *Vredespaleis*.

De vergaderingen nemen ruim twee maanden in beslag. De vertegenwoordigers besluiten tot maatregelen, waardoor de oorlogvoering minder gruwelijk zal zijn.
Eén daarvan:
'Voor een periode van vijf jaar wordt het verboden projectielen uit luchtballons te werpen en giftige gassen te gebruiken.'
Voor de rest lopen de hooggestemde verwachtingen op een teleurstelling uit. Niemand wenst te ontwapenen! Het vertrouwen in elkaar ontbreekt! De oprichting van het Internationaal Gerechtshof is wél een stap in de goede richting, maar arbitrage is alleen mogelijk, wanneer ze door béide partijen wordt gewenst. De onrust in de wereld duurt voort:
Oorlogen (Amerika-Spanje), burgeroorlogen (in Korea), revoluties (in Venezuela),

opstanden (in Somaliland) blijven woeden. Dat alles gebeurt zo ver weg, dat er in de Lage Landen vrijwel niemand van wakker ligt. Anders wordt het, wanneer Engeland – kort na afloop van het Haagse vredescongres – de oorlog aanbindt met het stamverwante Zuid-Afrika:

'Die perfide Engelsen! Dat mag de wereld toch niet toestaan?' Diep gevoelde verontwaardiging trilt in Nederland, als Engeland de oorlog tegen de Boeren begint. De oorzaak: duizenden Britten zijn Zuid-Afrika binnengestroomd, toen daar diamant en goud- en zilveraders werden ontdekt. Om zich van invloed in het landsbestuur te verzekeren, hebben de Engelsen een wijziging van de kieswet geëist.
'Nooit!' is het standpunt der Boeren. Als de Engelsen hun troepen beginnen samen te trekken, sturen de Boeren een ultimatum. De strijd begint in oktober 1899. De verbitterde tegenstand van een handjevol Boeren leidt tot een totale oorlog, met alle wreedheden van dien.
'Richt kampen in voor de bevolking!' luidt het meedogenloze bevel van lord Kitchener. In de Boeren-Republieken verrijzen schamele blokhuizen achter prikkeldraad. Om alle tegenstand te breken, worden oude mannen, vrouwen en kinderen daarin samengeveegd. In die eerste concentratiekampen van de wereld zitten allengs 120.000 mensen bijeen. De verzorging is beneden

De Franse Tijd – Negentiende en Twintigste Eeuw

Duitse spotprent op de Vredesconferentie met als onderschrift: Die zal nooit leren lopen!

alle peil. Ruim 20.000 vrouwen en kinderen komen door ziekte, honger en uitputting om. Aangrijpende dichtregels tonen aan, hoe Zuidafrikaanse moeders hun kinderen in Engelse zeepkistjes begraven:

Hulle het jou, in Engeland gemaak zeepkissie
Om hier in ons land as een doodkis te dien...

De Boeren vechten des te verbetener. De Britten moeten steeds meer troepen inzetten. Zij beschikken allengs in Afrika over 600 kanonnen en 240.000 man. En tóch duurt de oorlog nog voort...
In Nederland lopen de gevoelens van nijdige machteloosheid in rellen en demonstraties uit. De namen *Modderrivier, Magersfontein* en van de Boerengeneraals Joubert, Botha en Christiaan de Wet liggen op ieders lippen. Die van Cecil Rhodes, leider van de Britse South-Africa Company, wordt met afschuw genoemd.
'Waarom doen we niets?' Er zijn Nederlanders die best de oorlog in willen terwille van verwanten in Zuid-Afrika.
'Waarom gedraagt onze regering zich zo slap?'
Abraham Kuyper gaat in de Tweede Kamer heftig tekeer. Daar blijft het bij. Nederland wil graag bemiddelen, maar houdt zich aan zijn neutraliteit. Trouwens geen land ter wereld waagt zich voor de Boeren in een oorlogsavontuur. Wél stuurt koningin Wilhelmina in 1900 de kruiser Gelderland naar Afrika, om president Paul Kruger op te halen, die een beroep op alle mogendheden wil doen. Als de Gelderland de terugreis aanvaardt, wordt Kruger door álle passerende schepen – die er speciaal voor uit hun koers gaan – eerbiedig gegroet. De Afrikaanse kranten schrijven:
'Wie is die *man* onder de vorsten van Europa? Een *vrouw*: Wilhelmina!'
Haar alom gewaardeerde daad helpt de Boeren niet. In 1902 leggen zij de wapens neer onder de belofte van komend zelfbestuur. De Engelsen voelen zich toch wel wat beschaamd over hetgeen zij de Boeren hebben aangedaan. Kolonel Baden Powell (die druk aan de concentratiekampen heeft meegewerkt), wil in de verdeelde wereld vriendschap brengen waar vijandschap was. Hij wordt een grondlegger van de padvinderij! Zijn landgenoten treden het overwonnen Zuid-Afrika nu tactvol tegemoet. In het jaar 1910 lossen zij hun belofte in. Dan wordt de Unie van Zuid-Afrika geboren, bestaande uit de Kaapkolonie, Oranje-Vrijstaat, Natal en Transvaal.

Heel merkwaardig zijn de Nederlanders in die jaren méér vervuld geweest van de strijd in Zuid-Afrika, dan van de oorlog die nu in alle hevigheid in Atjeh woedt. Dat soort koloniale conflicten zijn er immers overal? En natuurlijk wegen de problemen in de eigen omgeving zwaarder dan gebeurtenissen – hoe afschuwelijk ook – in een veraf gelegen streek. Daarom heerst er heftige opwinding over het feit, dat kinderen hun ouders beginnen te tutoyeren. Dat geeft toch geen pas?
'Wat een gezagsverlies!' sputteren de ouderen en zij menen oprecht, dat een ernstige gezagscrisis het gevolg zal zijn. In de Tullinghstraat in Den Haag staat meester Jan Lighthart voor de klas. Hij neemt het voor de kinderen op. Met een groot inzicht sputtert hij tegen het bestaande onderwijs.
'Ik moet erkennen,' schrijft hij, 'dat ik voor mijn geestelijke ontwikkeling zo goed als niets aan dat lessen-geleer te danken heb. Ik heb een opleiding gehad van bijna uitsluitend geheugenvulling en ik acht het verloren tijd en misbruikte energie, goed voor idioten omdat die stakkers niet beter kunnen. Hoofdzaak bij iedere geestelijke ontwikkeling is: belangstelling wekken. Met de memoriseer-cultuur wordt de belangstelling vermoord...'
Omdat Lighthart de bestaande schoolboekjes verfoeit, begint hij er zelf enige te schrijven, die Jetses illustreert:
'Ot en Sien' stappen kort na de eeuwwisseling Nederland binnen om generaties kinderen te boeien, die hebben leren lezen met de 17 woorden op de net verschenen leesplank van Hoogeveen:
'Aap, noot, mies, wim, zus, jet, teun, vuur, gijs, lam, kees, bok, weide, does, hok, duif, schapen!' Met de tong uit de mond leggen meisjes in lange jurken en jongetjes in kieltjes of een fluwelen pak, die woorden op de plank: met zwarte letters, gedrukt op bruine blokjes karton, afkomstig uit een rode doos.
Het is opnieuw een tijd van grote idealen en van vast geloof, dat de wereld te verbeteren is. Dokter Frederik van Eeden, 40 jaar oud, start in 1900 zijn kolonie Walden bij Bussum. In die commune brengt hij het ideale communisme in praktijk:
'Alles is in gemeenschappelijk eigendom!'
Het experiment loopt op een totale mislukking uit, omdat de één maar al te graag van de goedheid van een ander profiteert. De jonge hoofdonderwijzer Cor Bruyn doet met enkele artistieke vrienden in Laren precies dezelfde ervaringen op met de Humani-

De leesplank van Hoogeveen, waardoor de jeugd vertrouwd moest worden gemaakt met het alfabet.

taire School.

De sociaal-bewogen Herman Heijermans schrijft onder de schuilnaam Samuel Falkland zijn befaamde 'Falklandjes' in de *Telegraaf* en ontpopt zich met realistische toneelstukken als een dramaturg van formaat. In 1900 komt zijn (door tijdnood *snel* geschreven) *Op Hoop van Zegen* op de planken van de Hollandse Schouwburg. Het stuk is een aanklacht tegen de reders, die de vissers met onbetrouwbare schepen naar zee laten gaan en azen op de verzekeringsgelden. Er is één passage die het publiek bij uitstek ontroert:

Kniertje, weduwe van een visser: 'Truus het gelijk. De vis wordt duur betaald... Huil je, juffrouw?'
Clementine, redersdochter, losbarstend: 'God, als er vannacht maar geen schepen vergaan...'
Kniertje: 'We zijn allemaal in Gods hand – en God is groot en goed...'
En dan schreeuwt Jo, wiens verloofde met de onzeewaardige Op Hoop van Zegen de zee op, is, woest opstuivend uit: 'Me vader is verdronken, verdronken, verdronken! D'r zijn 'r nog meer verdronken! En... Jullie zijn ellendelinge... Jullie zijn... Ze smijt de deur heftig achter zich dicht...

Het stuk wordt een wereldsucces met opvoeringen te Londen, Parijs, Moskou (500 voorstellingen!), New York, Praag, Riga, Stockholm, Antwerpen en Berlijn.

In de roes van het groeiende sociaal-bewustzijn komt onder het laatste liberale ministerie van Goeman Borgesius (1897-1901) een aantal zinvolle wetten tot stand: de leerplichtwet, de ongevallenwet, kinderwetten, gezondheidswet, woningwet. De Rijksverzekeringsbank gaat zich bezighouden met de sociale verzekering. Tijdens dat belangrijke ministerie gaan de vlaggen uit, als óók het Huis van Oranje de toekomst zeker stelt:

Half oktober krijgen de Nederlanders een proclamatie van hun jonge vorstin onder ogen, waarvan de inhoud zélfs voor alle journalisten een verrassing is:
'Aan mijn volk!
Het is mij een behoefte aan het Nederlandse volk, van welks levendige belangstelling in het geluk van mij en mijn Huis ik zo diep ben overtuigd, persoonlijk mededeling te doen van mijn verloving met Zijne Hoogheid Hertog Hendrik van Mecklenburg-Schwerin. Moge deze gebeurtenis, onder Gods zegen, bevorderlijk zijn aan het welzijn van ons land en van zijn bezittingen in Oost en West...'

Het is meteen feest, zoals dat alleen in Nederland kan: met vlaggen, toeters, hoempa's en gehos.
'Leve Hendrik en Willemien!'

Niemand beseft, wat een uitermate frustrerend bestaan de gemoedelijke prins Hendrik als prins-gemaal te verduren krijgt. Concrete taken ontvangt hij niet. De verstikkende rol van een onder etiquette bedolven figurant ligt hem niet. Dat zal één van de oorzaken zijn, waardoor hij hier niet erg gelukkig wordt – al dringt dat dan nog niet tot hem door. Nog vol trots en vol geloof in de toekomst kijkt hij in 1901 naar zijn knappe vrouw bij de opening van de Staten-Generaal. Abraham Kuyper is minister-president en verantwoordelijk voor de nieuwe visie op het koloniale beleid, die nu in de troonrede weerklinkt. *Nieuw*, want tot dan toe zijn Indië en de bezittingen in de West steeds als wingewesten beschouwd. Nu zegt de heldere stem van de koningin: 'Als christelijke mogendheid is Nederland verplicht geheel het regeringsbeleid te doordringen van het besef, dat Nederland tegenover de bevolking dier gewesten *een zedelijke roeping* heeft te vervullen.

De Atjeh-oorlog is nog in volle gang. Toch begint Nederland nu, dank zij mannen als Van Deventer en Cremer, een *ethische politiek*, die op voortvarende wijze zal worden uitgevoerd door generaal Van Heutsz. Nederland tracht de 'buitengewesten' onder het gezag van het gouvernement te brengen. Bezitsaanspraken op Celebes, Borneo en Sumatra zijn *in naam* aanwezig. In praktijk is er weinig aan die gebieden gedaan.

Nu toont Duitsland belangstelling voor Sumatra. Japan zoekt uitbreiding van zijn rijk. Bovendien zijn de Nederlanders bang, dat Engeland en Frankrijk gebieden in Indië aan de Duitsers zullen geven om in andere werelddelen van Duitse aanwezigheid te worden verlost. Oók om die redenen lijkt het verstandige staatkunde, dat Nederland nu initiatieven ontplooit.

'Wij zullen optreden als beschermers van alle goedgezinden, van de have, het goed en de eigendommen van de gehele bevolking!' heeft de (dan nog) kolonel Van Heutsz, drager der Militaire Willemsorde en zojuist benoemde gouverneur van Atjeh, tot zijn troepen gezegd. Dat werd tijd! Lang heeft het Nederlandsindische leger daar een politiek van verschroeide aarde gevoerd. De campagnes (Nederlandse verliezen: 10.000 soldaten en 15.000 dwangarbeiders; Atjeh verloor 35.000 man!) hebben niet veel resultaat gehad. Nu gaat het opnieuw om de pacificatie van dat economisch belangrijke gebied.
'Het draait om de tabak!' weten de soldaten. Met dividenden van 700 tot 1000% heeft de Deli Maatschappij daar in Sumatra niet al te slecht geboerd. 'Het draait óók om de olie!' weten de officieren. Onder de

Prentbriefkaart met koningin Wilhelmina en prins Hendrik van Mecklenburg-Schwerin.

J.B. van Heutsz als gouverneur-generaal van Nederlands Indië (1904-1909).

Aardewerken plastiek van een jong meisje, en een bever, door J. Mendes da Costa (1863-1939).

525

De Franse Tijd – Negentiende en Twintigste Eeuw

voortvarende leiding van August Kessler is de olieproduktie opgelopen tot 300.000 ton per jaar. De aandelen van de Koninklijke Petroleum staan op 800 en geven 46% dividend. Van Heutsz is het daarmee niet eens: 'Het gaat toch niet aan,' schrijft hij naar de gouverneur-generaal, 'dat de ontwikkeling van het gewest Atjeh opgeofferd zou worden ten bate van de maatschappij, die nu eens bijzonder voordelig exploiteren wil!' Toch voeren economische belangen de boventoon.

Met geheel nieuwe denkbeelden bereidt Van Heutsz de pacificatie van Atjeh voor: 'Geen roof, geen verkrachting, geen brandstichting en geen plundering,' waarschuwt hij zijn troepen met klem. Op 1 juni 1898 klinkt het bevel: 'Hoornblazer, het geheel voorwaarts!' Met grote beweeglijkheid begeven marechaussees, infanteristen en kolonialen van het Indische leger zich op weg. Ze bestormen de 'bentengs', de vestingen van hoge, steil gepunte bamboestokken. Ze sjokken over sawa's, door plantages en moerassen, langs kudden olifanten in tropische regens voort. De strijders van Toekoe Oemar en Toengkoe Tjot Plieng worden met grote verliezen uit elkaar gejaagd.

'Het is krankzinnig, dat Van Heutsz niet laat plunderen en platbranden. Er moeten harde voorbeelden worden gesteld,' schrijven de Indische kranten ongeduldig. Toch heeft de methode van Van Heutsz (en zijn adviseur Snouck Hurgronje, die vloeiend Atjehs spreekt) succes. In het jaar 1902 capituleert de laatste opstandige sultan.

En dan begint de opbouw van Atjeh, dat nóóit meer geheel tot rust zal komen, maar nu het gezag van de Nederlanders gelaten aanvaardt. Van Heutsz wordt ontvangen door de koningin, die met grote bewondering zijn prestaties heeft gevolgd.

'Het was een belevenis,' schrijft ze later. Mede door haar toedoen volgt Van Heutsz' benoeming tot gouverneur-generaal. Bijgestaan door regeringscommissaris Hendrik Colijn brengt hij met tal van grote en kleine expedities de gehele archipel onder Nederlands bestuur. Erg zachtzinnig gaat dat niet. De Nederlanders doen in feite precies hetzelfde als de Engelsen in Zuid-Afrika hebben gedaan. Omdat het in Indië om *inlanders* gaat, telt het minder zwaar. (Dát is de denktrant in het begin van de 20ste eeuw!)

Nieuw-Guinea – voor 6000 gulden van Tidore gekocht – en allerlei staatjes en vorstendommen worden in een Nederlands keurslijf geperst.

De S.D.A.P.-er Van Kol laat in de Tweede Kamer felle protesten horen en uit heftige kritiek op Van Heutsz. Later, als hij Indië heeft bezocht, schrijft hij in zijn boek *Uit onze Koloniën*:
'De Atjehers hebben onder Van Heutsz geleerd ons geldelijk beheer te vertrouwen, de eerlijkheid van onze rechtspraak te erkennen, geloof te hechten aan het eenmaal door ons, vroeger zo vaak gebroken woord. Wij maakten een einde aan talrijke knevelarijen der vorsten... En dit is verkregen door de tact en het genie van iemand, die zich meer staatsman toonde dan militair. Een reuzenvooruitgang is merkbaar sedert deze gouverneur het heft in handen nam...'

Dat is een compliment uit een onverwachte hoek. Onder Van Heutsz wordt het onderwijs onder de bevolking sterk uitgebreid: 700 scholen in 1898, 17.000 dessaschooltjes in 1930. De export verdubbelt. Het opiumgebruik daalt snel. 'Wij moeten de inheemse bevolking inschakelen bij het bestuur!' heeft Van Heutsz bevolen. Hij maakt een begin daarmee op gewestelijk en lokaal niveau. De strijd tegen besmettelijke ziekten neemt een aanvang. Missie en zending breiden hun activiteiten uit. Er gebeurt veel, maar naar de mening van de Indonesiërs wordt nauwelijks of niet gevraagd: *Zij horen bij het landschap, als rijstplanten op de sawa's!*

Pas als Japan in 1904 en 1905 de Russen verslaat, ontwaakt er in Azië iets van zelfbewustzijnsgevoel. De 'toean besars' – de blanke meesters – blijken toch niet onoverwinnelijk te zijn.

'Boedi oetomo – Het schone streven! Zo heet een Javaanse beweging, die het geestelijk peil van de inheemse bevolking verheffen wil. Nog geheel trouw aan Nederland – in een soort vader-kindverhouding – zetten de Javanen de eerste stappen op de moeilijke weg naar volwassenheid. Dat kinderen groeien tegen de verdrukking in, groot worden en eens het ouderlijk huis verlaten om geheel onafhankelijk op eigen benen te staan, wordt nog door geen enkele Nederlander beseft.

Op diezelfde weg naar volwassenheid staan de arbeidersbewegingen in Nederland. Zij leven in verdeeldheid. De ene groep streeft naar een sociale vrede, zoals het Werklieden Verbond. De Bond van Domela Nieuwenhuis zoekt de sociale revolutie en beijvert zich voor de ondergang van de kapitalistische maatschappij. De vakverenigingen hebben nog geen krachtige centrale leiding. Net als in een guerrillaoorlog voeren zij allerlei kleine acties uit. Tevergeefs tracht Troelstra de arbeiders achter zich te krijgen. Om de nodige indruk te maken, trekt hij in de Tweede Kamer soms stevig van leer – en dreigt, als hij zijn zin niet krijgt:
'Zo niet, dan gaan de inktpotten door de zaal!' Dat soort zinnen zijn dankbare onderwerpen voor de tekenaars van spotprenten (Hahn, Raemaekers en Brakensiek), maar veel indruk op de aanhang van Domela maken zij niet.

Er zijn hevige conflicten in de Twentse textielindustrie. Arbeiders van de goed georganiseerde Diamantbewerkers Bond gaan in staking en dwingen voor zichzelf betere voorwaarden van hun werkgevers af. Maar het gevoel van verbondenheid met andere groeperingen ontbreekt. En dan plotseling is er een gebeuren, dat Nederland schokt, en dat de werknemers tot grotere eenheid leidt:
Ruzies tussen georganiseerde en ongeorganiseerde arbeiders leiden in januari 1903 tot een staking in de haven van Amsterdam.
'Betere lonen!' eisen werknemers bij Müller en co.
'Solidair zijn!' vinden de arbeiders in andere bedrijven. Algauw ligt de haven verlamd. En daar blijft het niet bij:
'Moet ik die wagon rangeren naar het Blauwhoedenveem? Maar dat verdom ik!' zegt een rangeerder van de Staats-Spoorwegen. Hij wordt op staande voet geschorst door een directie, die toch al niet veel oog heeft voor de problemen van het lagere personeel.
'Dat nemen we niet! Staken! We moeten staken!' Die boodschap van de Amsterdamse spoorwegmannen vliegt als een stormwind door het gehele land. Overal leggen de slecht betaalde spoorwegarbeiders het werk neer.

'Er rijden geen treinen meer!' horen reizigers op de stations. De kranten schreeuwen, dat die staking een schande is. Heftige debatten in de Kamer: 'Ik eis een wettelijk verbod van staking in publieke of semi-publieke diensten,' roept De Savornin Lohman uit. En inderdaad: de regering-Kuyper bereidt onder al die druk Stakingswetten voor. De socialisten, die zich daardoor een belangrijk wapen uit handen geslagen zien, roepen nu tot een algemene staking op:
'Mede-arbeiders,

De regering van "Christenen" zal zorgen, dat wij ons leven op de meest onchristelijke wijze moeten voortslepen; dat honger en ellende voortdurend ons deel zullen zijn en dat de kapitalisten hunne brandkasten zullen blijven vullen ten koste van de welvaart der arbeiders...' Staat een beslissende krachtmeting voor de deur?

'Wat is nu de juiste koers?'
'Kunnen we de stakingen volhouden op een lege maag?' Felle discussies tussen arbeiders en vakbondsbesturen vinden overal plaats. Zeker, eendracht maakt macht, maar onenigheid overheerst.

Tot een sterk *gezamenlijk* front komen ze niet. Het gevolg is (zoals altijd), dat de extremisten en wilde schreeuwers de leiding van de gematigden overnemen. Amsterdam komt op zijn kop te staan. Alarmerende berichten in de kranten jagen de toestand naar een kookpunt op:
'Vermoedelijk zullen de lichtingen '98 en '99 onder de wapenen worden geroepen!'
'Troepen te Amsterdam. Uit Amersfoort zijn aangekomen van het 5de regiment het 2de bataljon, 354 man en het 4de bataljon, 150 man, onder bevel van majoor Vos!' Moet het hard tegen hard? Op het Damrak voert de marechaussee een charge uit en drijft een verzamelde menigte uiteen. Gevloek, geschreeuw, gejank en geroep om revolutie! De drukte op de Nieuwendijk en in de omtrek van het Centraal Station neemt toe. Met de blanke sabel in de hand rukken talrijke detachementen van de politie uit.
'Schoften! Moordenaars!'

De dokwerker David Kobus Bellers wordt met de sabel een hand afgeslagen. Zijn vriend Kooting krijgt een slag op het hoofd. Fluitconcerten doen de paarden steigeren. Steeds meer nieuwsgierigen dringen op. Nieuwe charges! Ontruiming van het Damrak! Spreekkoren en gegil! De gasten van het Victoria Hotel verdringen zich voor de ramen en horen de felle kreten van de straat:
'Weg met de kapitalisten!'
'Leve de arbeidersbeweging!'

In mr. Pieter Jelle Troelstra breekt (te laat) de revolutionair los. Hij roept álle arbeiders tot nieuwe, algehele stakingen op, maar zonder veel resultaat. De vakbonden beginnen onderhandelingen met de directies. De toch al magere stakingskassen zijn volledig leeg.

De strijd is ongelijk geweest. Overal zijn troepen en overal heeft de publieke opinie zich tegen de socialisten gekeerd, die elkaar nu de heftigste verwijten maken. Trieste wanhoop en ellende in duizenden gezinnen, die het zonder loon hebben moeten doen. Hoewel Kuyper op matigheid aandringt, ontslaan de spoorwegen 2000 man!

En tóch: de mislukking van de stakingen levert de arbeiders een aantal voordelen op. Nuchterder dan voorheen maken de grote vakorganisaties de balans op en stichten nu het NVV (Nationaal Verbond van Vakverenigingen), dat meer met werkelijkheidszin de strijd zal voortzetten. En de christelijke vakbonden kunnen nu bij hun politieke partijen met meer kracht aandringen, dat er sterkere sociale actie moet worden gevoerd. Het is allemaal niet voor niets geweest. Terecht roept Carel Adama van Scheltema de arbeiders toe:

... En wie die hunne vaandels vlechten
Tot éénen rozeroode band
Die voor een nieuwe wereld vechten
En sterven voor 't beloofde land:
Dat zijn de muiters en de makkers
Dat zijn de taaie rooie rakkers
Dat zijn de sloopers van den straat
Dat is de daad!

Onder aanvoering van Troelstra beschikken de taaie, rooie rakkers over 7 zetels in de Tweede Kamer. Met *algemeen kiesrecht, staatspensioen* en *8-urige werkdag* als belangrijkste punten op hun programma, groeit dat aantal zetels in de jaren vóór de eerste wereldoorlog tot 18 uit. Dank zij een nauw bondgenootschap met het NVV draagt de SDAP ertoe bij, dat een flink aantal wetten op sociaal gebied kan worden ingevoerd.

Het zijn jaren vol idealen. De *Blauwe Knoop* zet zich in voor drankbestrijding: het *Gebroken Geweer* roept ieder tot antimilitarisme op. Men praat over onderwijsvernieuwing, over zedelijke verheffing van het volk. Met nieuwe zedewetten hopen welwillende mensen de bordelen te sluiten. Niet overal valt dat even goed. Een hoertje in Amsterdam schreeuwt één van haar klanten, een gemeenteraadslid, de ijzersterke woorden na:
'Zeg es, Sjors, als je het hart in je lijf hebt in de raad vóór de afschaffing van de bordelen te stemmen, schrijf ik een brief an je vrouw, dat je een vaste klant bent van het huis. Wel te ruste...'
In het jaar 1909 vallen de onderling twistende socialisten uiteen. Onder David Wijnkoop komt een nieuwe groepering tot stand. Niet langs de parlementaire weg, die Troelstra bekwaam tracht te volgen, maar over het onzekere pad der revolutie hoopt Wijnkoop zijn doelstellingen te bereiken. Het is het geboorte-uur van de *Communistische Partij*, die maar met weinig enthousiasme wordt begroet.

Een andere geboorte wordt veel uitbundiger gevierd:
'Mijne heren, ik ben overgelukkig!' verklaart prins Hendrik, als hij aangifte doet en de kleine prinses Juliana Louise Emma Marie Wilhelmina ook aan een afgevaardigde van de Haagse journalisten toont. Nederland viert feest, maar het kinderkoor *De Proletaar* zingt rode strijdliederen tegen alle Oranjeliedjes in. En Troelstra zegt tegen de correspondent van een Berlijnse krant:
'De geboorte van een troonopvolger laat mij volmaakt koud!' Grimmige scheldwoorden van Oranjegezinden schieten bijtend op de socialisten af:
'Lelijke rooien!'
'Rotzooischoppers!'

Nu de binnenlandse toestand zich toespitst in scherpere klassenstrijd, is het goed om te bedenken dat de levensomstandigheden van duizenden gezinnen nog verbijsterend zijn:
'God-nog-an-toe!' kreunt een man in Haarlem. Hij hoest zijn longen vrijwel uit zijn lijf. Speeksel schiet de kleine kamer in. Het vertrek is 3 meter breed en nog geen 5 meter lang. Daarin kookt de vrouw; daarin wordt gegeten; daarin wast zij de kinderen; daarin verkoopt de vrouw snoepgoed om nog iets te verdienen; daarin droogt de was; daarin slapen de vijf kinderen, de man en de vrouw. Is het een wonder dat het hele gezin aan tering lijdt? En erger: talloze gezinnen leven als zij! Wordt dat niet gezien? Wordt het aanvaard als een onvermijdelijk kwaad? De meeste mensen accepteren het leven nu eenmaal zoals het is en bedenken te weinig, hoe het misschien zou kunnen worden. Nederland huilt niet om alle ellende, maar gniffelt liever over het feit, dat Abraham Kuyper, voor zaken in Brussel, wegens naaktloperij is gearresteerd. In zijn blootje wijdde Abraham zich in zijn kamer in hotel Métropole aan de ochtendgymnastiek. Vóór het raam! Voorbijgangers hopen zich op. De oud-minister-president wordt naar het politiebureau gebracht en krijgt een procesverbaal. De Nederlanders spreken er schande van, want *naakt* is bijna een vies woord.

Een jaar later, in 1912, trekt dr. Kuyper zich terug uit de politiek. Niet zijn blootloperij, maar het 'lintje' voor de heer Lehman (die royaal in de A.R. partijkas heeft gestort) en zijn ondoorzichtelijke reizen naar Duitsland en beïnvloeding van het bui-

Het café *Mille Colonnes* aan het Rembrandtplein, door H. Graus (1882-1929).

De Franse Tijd – Negentiende en Twintigste Eeuw

Och vader blijf thuis. Affiche (ca. 1900). De sterke drank was een volksplaag. De reeds in 1842 opgerichte Vereeniging tot Afschaffing van Sterken Drank vocht tegen de gevolgen.

tenlands beleid (het is nogal duister), hebben hem onmogelijk gemaakt in de ogen van de heren politici. Met ijzeren discipline zet hij zich nu aan het schrijven van 1500 pagina's *Antirevolutionaire Staatkunde*. Of dat standaardwerk ernstige concurrentie zal vormen voor de allerpikantste bestsellers, die op de Zeedijk zijn uitgestald, lijkt geen vraag:

De *eeuwige bruid van de Keizersgracht, Het Vijgenblaadje* en de *Vierdubbele Moord* vormen daar de aanlokkelijke titels. Enkele verkopers van het schandaalblad *Lantaarn* zijn net voor een maand de bak ingedraaid.

Van heel wat beter niveau zijn de boeken van Aart van der Leeuw, die zozeer in de kracht van de liefde gelooft, en van Arthur van Schendel, die als thema kiest: 'Het noodlot houdt de mens in eenzaamheid gevangen,' Israël Querido schrijft het Amsterdamse epos *De Jordaan* en Johan Kievit benadert de kinderen met *Dik Trom, Fulco de Minstreel* en *De Duinheks* op een nieuwe, volwassener manier.

In het zeer populaire cabaret van Jean-Louis Pisuisse zingt Fie Carelsen het schokkende liedje van een ongehuwde moeder, die een brief schrijft aan de koningin:

Laat 't door U zijn, Majesteit-bemind
Dat nooit een onbezonnen meid haar kind
Als hoerekind de wereld in moet sturen...!

Een Haarlemse HBS-er heeft ondertussen meer belangstelling voor de automobiel van de heer Cremer (Deli Maatschappij, oud-minister van koloniën en nu president van de Nederlandsche Handel-Maatschappij, die het schitterende landgoed Duin en Kruidberg bewoont), dan voor zijn huiswerk en school. Als hij in de 4de klas blijft zitten, zegt zijn vader:
'Tonny, ik stuur je naar Duitsland voor een cursus in de techniek!' Het bevalt de jongen daar best. Samen met een rijke luitenant bouwt hij, 20 jaar oud, zijn eerste vliegtuig. Wat een sensatie, als hij met zijn Spin de lucht ingaat:
'Soms ga ik wel 10 meter hoog,' schrijft hij opgetogen naar huis. Dank zij zijn vader wordt Tonny door het Oranje-comité te Haarlem uitgenodigd om een vliegdemonstratie te geven op koninginnedag. Als hij met zijn Spin arriveert, ontdekt hij met schrik, dat het met vlaggestokken afgezette weilandje veel te klein voor landen en opstijgen is.
'Dit kan niet!' zegt hij tegen het Oranje-comité.
'Om de donder wel!' eisen de heren. 'Wij

Spotprent door L.J. Jordaan op 'de naaktloperij' van Abraham Kuyper te Brussel. Uit Het Leven (1911).

hebben al die kosten gemaakt. Nou zul je opstijgen ook!' Ze komen tot een compromis. De vlaggestokken worden verwijderd en Tonny waagt de vlucht. Het lukt:
'Kijk hem toch!'
'Ongelooflijk!'

Met feestmutsen, toeters en de oranjesjerpen om, zien de verbijsterde Haarlemmers, hoe Tonny op 350 meter hoogte rond de St. Bavo cirkelt. Padvinders stormen toe als hij veilig is geland en dragen hem op de schouders rond.
'Hoezee... hoezee!'

Het eerste stukje luchtvaarthistorie is op koninginnedag in het jaar 1911 door Anthony Fokker geschreven.

Minister Lely schrijft een ander stuk geschiedenis. In de troonrede van 1913 maakt de koningin de uitvoering van zijn zorgvuldig voorbereide Zuiderzeewerken bekend. In de nieuw gekozen Staten-Generaal zitten nu heel wat SDAP-ers, die bij de afgelopen verkiezingen een grote overwinning hebben behaald.
'Gelovige en niet-gelovige arbeiders moeten tegenover het kapitalisme schouder aan schouder staan!' is hun verkiezingsleus geweest. Mr. Jelle Troelstra overweegt om deel te nemen aan de regering. Al is hij geen royalist, hij heeft respect voor de koningin en wil uit haar handen best een op-

De eerste wereldoorlog breekt uit

Het Vredespaleis in Den Haag, ontworpen door de Fransman Cordonnier (1907-1913). In dit gebouw is het Permanent Hof van Arbitrage gevestigd.

dracht aanvaarden.

'Neen!' beslist het partijcongres. 'Wij moeten onze handen *vrij* houden. Wij nemen géén regeringsverantwoordelijkheid!' Voor de komende 25 jaar houden de socialisten aan dat standpunt vast. De SDAP-ers beseffen, dat zij – als minderheid in de regering – concessies zullen moeten doen en dat willen zij niet. Zij willen de handen vrij houden om op een gewenst moment te ageren voor hun idealen.

Als de koningin op 7 september in haar gouden koets naar de Ridderzaal rijdt, stuit zij op een demonstratie van 1000 vrouwen sterk.

'Een stille betoging!' heet de actie. Zwijgend en met verwijtende blikken lopen de vrouwen met borden en spandoeken over het Binnenhof:

'Zwijgende zullen wij uiting geven aan onze eis van grondwettelijke gelijkstelling van man en vrouw!' De strijd is langdurig geweest, maar die gelijkstelling hangt nu wel in de lucht. Helaas, juist nu de politieke partijen zich wel goed hebben georganiseerd, wordt hun invloed verzwakt. Door toenemende bemoeiing en uitbreidende taken, is het overheidsapparaat gegroeid tot een log monster van bureaucratie. De politici lopen daardoor enigszins stuk op de staat, die zich steeds trager beweegt. De vele diensten (water, gas, licht, posterijen etc.) die het Rijk aan zijn onderdanen verleent, werken verstarring in de hand.

'Wordt de staat de grote regelaar van ieders leven? vragen sommigen zich geërgerd af. Maar is er een alternatief? Omstandigheden van buitenaf zullen dat proces nog verergeren, want opnieuw hangen donkere oorlogswolken boven de horizon.

'Nee, het zal geen oorlog worden,' is keer op keer vol vertrouwen in Nederland gezegd. 'Wij zijn gewoon te ver ontwikkeld voor dat soort krankzinnigheid!'

Maar de bewapeningswedloop is volop aan de gang. Spionnen zijn overal druk in de weer. De geheimzinnige Nederlandse danseres Mata Hari opereert in Parijs. Onder het codenummer H 21 brengt zij op verzoek van de Duitse legerleiding de hoofden van allerlei Franse officieren op hol. Althans, zo luidt de legende. Misschien is de beroemdste spionne van Europa wel nooit een *echte* spionne geweest. Hoe dan ook: het leven glijdt met al zijn wonderbaarlijke, veelkleurige tierelantijnen voort. Wat een ontnuchtering, als in de zomer van 1914 de student Cavrilo Princip, strijder voor de onafhankelijkheid van Bosnië, zijn revolver trekt. Hij mikt op de Oostenrijkse troonopvolger en vuurt...

'De één of andere stommiteit op de Balkan zal de eerstkomende oorlog veroorzaken,' luidde een voorspelling van Bismarck. Hij krijgt gelijk.

Juist nu de mogendheden de grenzen van oude en nieuwe Balkanstaten hebben vastgesteld (een Nederlands detachement onder majoor Thomson is naar het nieuw gestichte Albanië vertrokken om er de orde te helpen bewaren), schiet Cavrilo Princip in Serajewo aartshertog Frans Ferdinand van Oostenrijk neer. Wat een ontstellende blunders worden er begaan, als in de internationale politiek de memoranda na die moord een maand lang heen en weer vliegen.

Ministers confereren. In de hoofdsteden der wereld geven ambassadeurs de standpunten van hun regeringen weer. Groeiende opwinding en groeiende ongerustheid, nu iedere staat zijn kansen wikt en weegt.

'We kunnen het er wel op wagen,' denkt de regering in Wenen.

Wegens de moord op Frans Ferdinand verklaart Oostenrijk op 28 juli de oorlog aan de Serviërs. Oostenrijk denkt op de Balkan ongestoord een slag te kunnen slaan. Mobilisatie in Rusland! Met een ultimatum eist Duitsland, dat de tsaar zijn mobilisatieoproep intrekt. De Russen confereren in paniek. Het duurt te lang. Daarom kondigt Duitsland de mobilisatie af.

'Mobilisatie!' juichen officieren in Berlijn. In open auto's rijden ze door de stad, zwaaien hun zakdoeken. De verzamelde menigte langs de Unter den Linden zingt spontaan:

'Nun danket alle Gott!'

De Duitse gezant te Parijs vraagt of Frankrijk neutraal wil blijven.

Hij krijgt nul op het request. President Poincaré kondigt de mobilisatie af.

Verdeeldheid bij de regering in Londen. De stemming slaat dáár pas om, als de Duitsers eerst de grens van het neutrale Luxemburg en vervolgens de grens van het koninkrijk België overgaan.

Op 1 augustus 1914 breekt de eerste wereldoorlog uit. De krankzinnige bewapeningswedloop blijkt niet voor niets te zijn geweest. Vlaggen, toejuichingen voor vertrekkende soldaten, toespraken, vaderlandsliefde – en volmaakte blindheid voor het leed dat de wereld wacht.

De afschuwelijke volgorde van de oorlogsverklaringen:
1 augustus: Duitsland verklaart de oorlog aan Rusland. Frankrijk mobiliseert. Engeland, dat niets voor een oorlog voelt (tot woede van Frankrijk), verzoekt Duitsland de neutraliteit van België te ontzien.
3 augustus: Duitsland verklaart de oorlog aan Frankrijk.
4 augustus: Duitsland verklaart de oorlog aan België, want de plannen voor de opmars zijn reeds lang gereed. Engeland verklaart de oorlog aan Duitsland.
5 augustus: Montenegro verklaart de oorlog aan Oostenrijk.
6 augustus: Oostenrijk verklaart de oorlog aan Rusland en Servië doet dat ook.
12 augustus: Frankrijk en Engeland verklaren de oorlog aan Oostenrijk.
23 augustus: Japan verklaart de oorlog aan Duitsland.

De Franse Tijd – Negentiende en Twintigste Eeuw

25 augustus: Japan verklaart de oorlog aan Oostenrijk.
28 augustus: Oostenrijk verklaart de oorlog aan België. (Dat was nog vergeten!)
2 november: Rusland verklaart de oorlog aan Turkije (voor de Dardanellen).
5 november: Engeland en Frankrijk verklaren de oorlog aan Turkije.

In 1915 sluiten Italië, San Marino en Bulgarije zich bij Frankrijk en Engeland aan. In 1916 volgt Portugal. In 1917 gaat Amerika de oorlog in, gevolgd door Panama, Cuba, Griekenland, Siam, Liberia, China en Brazilië. Tenslotte gooien in 1918 Guatemala, Nicaragua, Costa-Rica, Haïti en Honduras nog het volle gewicht van hun krachteloosheid in de strijd.

Koning Albert (1875-1934) als opperbevelhebber van het Belgische leger aan het front. Schilderij door A. Cluysenaer (1872-?).

De Belgen hebben niet in een oorlog geloofd:
'Wij zijn neutraal! Ons kan niets gebeuren!' Dat soort uitspraken zijn in den treure herhaald. De kranten waarschuwen: 'Duitse activiteiten aan de grens!' De redacties dringen aan op een bondgenootschap met Nederland. De Belgen wuiven die bedreigingen van zich af. Zo'n vaart loopt het immers niet?
De regering maakt zich wél zorgen. Op 13 juli besluiten de ministers tot mobilisatie over te gaan.
'Mobilisatie!' De krantenjongens schreeuwen dat bericht door de steden heen. Even heerst er paniek. Lange, lange rijen mensen vormen zich voor de Nationale Bank. Angstige burgers nemen in twee dagen 50 miljoen in zilver op.

Zondag 3 augustus: een stralende, zomerse dag, die zich vult met fietstochtjes, gelach, gesprekken over de toestand, theaterbezoek, dinertjes in een restaurant. Terwijl de Belgen aan tafel zitten, rijdt de Duitse gezant von Below naar het ministerie van Buitenlandse Zaken met een ultimatum (dat reeds lang verzegeld in zijn safe lag) in zijn deftige diplomatentas:
'Vrije doortocht voor onze troepen, of het wordt oorlog,' luidt de strekking van het document. Na besprekingen onder voorzitterschap van koning Albert neemt het kabinet eensgezind een waardig besluit:
'De regering is vast besloten iedere inbreuk op haar recht met alle middelen te weren!'
Oorlog! Hoe schokt dat de Belgen! Voor de meesten is het nieuws zó fantastisch, zo onwaarschijnlijk en het optreden der Duitsers zo onbegrijpelijk brutaal, dat ze de berichten nauwelijks kunnen verwerken. Verontwaardiging heerst alom, maar iedereen blijft kalm.
'Steek de vlag uit!' klinkt het in de gezinnen. Overal wapperen de Belgische kleuren, als om te onderstrepen, dat alle politieke tweestrijd nu tot het verleden behoort. Zowel Vlamingen en Walen als katholieken en socialisten scharen zich eensgezind achter koning Albert en zijn vrouw Elizabeth. Gestoken in een sober uniform roept de koning zijn volk toe:
'Een volk dat zijn bestaan verdedigt, kan niet sterven!'
Albert en zijn vrouw zijn minder conventioneel geweest dan hun voorgangers. Zij hebben lak gehad aan praal, lak ook aan alle etiquette aan het hof. Met hun 3 kinderen vormen zij een hecht gezin. Albert is een verwoed lezer. Hij verslindt twee boeken per dag. Bovendien is hij zeer sportief. Hij rijdt motorfiets, heeft zijn vliegbrevet. Groot natuurliefhebber als hij is, heeft hij beklimmingen van vele hoge bergen in Europa achter de rug. Zijn interesse beslaat een breed vlak. Zowel de problemen van de Borinage, als de ontwikkeling van de medische wetenschap (zijn schoonvader is oogarts) hebben zijn belangstelling steeds gehad.
In enkele dagen tijd groeit deze Albert tot een symbool van het bedreigde België uit. Als hij Brussel verlaat om zich aan het hoofd van het leger te plaatsen, richt hij zich tot de troepen onder zijn bevel:
'Soldaten, de gehele wereld is vol bewondering voor onze loyale houding. Laten we hopen, dat het respect en die bewondering ons zal schragen!'

Respect en bewondering zijn er genoeg. Er blijken echter belangrijkere kanten aan de tegenstand. Door de Duitsers doorgang te weigeren, verschaft België Engeland en Frankrijk kostbare weken, zodat zij zich kunnen voorbereiden op de oorlog die al begonnen is. Tevens geven de Belgen de wankelmoedige geallieerden een doel, waardoor hun strijd nobel en zinvol wordt.
Uit alle rangen en standen stromen vrijwilligers naar de aanmeldingsbureaus:
'Leve België!'
Het leger bestaat uit niet al te best uitgeruste troepen, in totaal 117.000 man. De Duitsers hebben 1.500.000 perfect bewapende soldaten aan de Belgische en Franse grenzen staan.
'Vive la Belgique!'
De vaderlandslievende kreten stoppen de Duitsers niet.

Burgemeester Fléchet, 72 jaar oud, staat met zijn ambtsketen om op het plein van het grensdorp Warsage. Als een der eersten ziet hij de vijand. Eskadrons Uhlanen galopperen voorbij.
'Du, Mensch!' Hij krijgt pamfletten in de hand geduwd. En dan volgt de grote stroom: auto's met stafofficieren, de monocles in het oog; marcherende soldaten, met 30 kilo bepakt; compagnieën op de fiets; voorbijhobbelende veldkeukens, waarop, al rijdende, de soep wordt gekookt.
'Ihr werdet wieder zurück in der Heimat sein vor die Blätter von den Bäumen fallen!' heeft de keizer zijn troepen beloofd. De Duitse soldaten verwachten geen Belgische tegenstand. De 14 forten rondom Luik? Ze zullen veroverd worden zonder slag of stoot. Opeens klinken de eerste schoten. De Duitsers raken in paniek.
'Zijn het burgers, die schieten!'
'Sluipschutters!'
'Verdammt!' De officieren menen, dat er meteen een hard voorbeeld moet worden gesteld. Zes burgers uit Warsage worden gegrepen en gefusilleerd. 'Feldwebel!' Jawohl, de Feldwebel en zijn soldaten steken het dorp Warsage in brand. De vlammen schieten op. In de brandende stallen loeit het binnengehaalde vee. Half verbrande eenden en kippen fladderen, gek van de pijn, als dol heen en weer... En dat is het begin van de lange reeks brute represailles, die België te verduren krijgt.
In de verte horen de Duitsers het onheilspellende gedreun van ladingen dynamiet, waarmee de bruggen over de Maas de lucht in gaan. Grimmig en verbeten over die niet verwachte tegenstander, marcheren zij voort. Ze forceren een overgang over de Maas. Met hun formidabele kanonnen – de 420, in haast vervaardigd door staalmagnaat Krupp – schieten zij Visé in puin.
De aanval op Luik. Een hevig bombardement. Dan een stormloop. Gevechten met de bajonet, alsof geen enkel leven telt. Een Belgisch officier noteert: 'Ze kwamen op ons af, rij na rij, bijna schouder aan schouder, tot we hen neerschoten en ze over elkaar heenvielen, een afschuwelijke barricade van doden en gewonden. Het was niet te geloven: die wal van doden en stervenden stelde de Duitsers in staat dichterbij te kruipen en vanaf deze borstwering een aanval te ondernemen!'
Ondanks de bombardementen op de citadel, weigert de 63-jarige generaal Leman, commandant van Luik, te capituleren.
'Los!' De zeppelin L-Z, 6 augustus te Keulen opgestegen, laat 13 bommen neer op de stad. Huizen zakken ineen. 9 Burgers ko-

men om het leven. Generaal Leman weigert de Duitsers te woord te staan...

Vermomd in nagemaakte Britse uniformen rijden 6 Duitse officieren met 30 man in auto's de stad in. Zij moeten contact maken met generaal Leman en hem dwingen de strijd te staken.
'Leve de Engelsen. Leve onze bondgenoten,' roepen de Luikse burgers verheugd. Ze zwaaien de indringers uitbundig toe.
'Het zijn Duitsers!' schreeuwt een ontstelde kolonel in Lemans hoofdkwartier in de Rue Saint Foy. Hij wordt neergeschoten en een verwoed gevecht breekt uit. De 36 Duitsers vinden de dood. Generaal Leman trekt zich terug in het fort Loncin.
'Grote Belgische overwinning!' melden de kranten in Brussel.
'Drie Duitse legerkorpsen in de pan gehakt!' staat in een krantekop als de 36 Duitsers zijn gesneuveld. Frankrijk schenkt het dappere Luik het grootkruis van het Legioen van Eer.

Ondertussen voert Ludendorff zijn troepen – langs de nog verdedigde forten – naar de stad.
'Voor het eerst in mijn leven,' zo zegt hij, 'hoorde ik het merkwaardige geluid van in menselijke lichamen slaande kogels!' Een dorp, dat de Belgen moedig verdedigden, legt hij met een houwitser in de as. Met de sabel in de hand drijven de Uhlanen hun paarden aan. Zo zetten zij de aanval op Leuven in. Generaal De Witte heeft zijn scherpschutters bij de brug te Halen opgesteld.
'Vuur!'
De schoten treffen doel. Als rijpe pruimen smakken de cavaleristen uit het zadel naar de grond. Bijna 10 uur lang voeren zij hun charges uit. Dan ruimen ze het veld.
'Dát was de beslissende slag van deze oorlog!' melden correspondenten optimistisch.
De Luikse forten ondergaan bombardement na bombardement. De geweldige granaten van de 420-kanonnen versplinteren de gepantserde koepels, die ondoordringbaar werden geacht. Generaal Leman capituleert niet. Pas op 15 augustus trekken de Duitsers hem zwaar gewond onder het puin vandaan. 'Ik was bewusteloos toen ik gevangen werd genomen. Zet dat in uw rapport,' zegt Leman tegen de Duitse generaal von Emmenich. Na die fiere woorden gaat hij op transport naar een gevangenkamp.

'Good luck! Good speed!'
Toejuichingen, vlaggen, muziek en *God save the King*. Zo gaat het Britse expeditieleger scheep: 80.000 man, 30.000 paarden, 315 kanonnen en 125 mitrailleurs. De officieren hebben hun sabels geslepen. Hun commandant, generaal French, blijkt een weinig gelukkige keus:
'Een wispelturig, humeurig oud wijf,' noemen zijn jaloerse collega's hem. Bovendien spreekt hij nauwelijks Frans.
In Londen verwekt een verklaring van lord Kitchener veel verwondering:
'Wij moeten ons erop voorbereiden om miljoenenlegers in het veld te brengen, die we meerdere jaren op de been zullen moeten houden!' Niemand gelooft hem.
Gejuich in Rouaan en Le Havre, als de Britten landen.
'We hebben enige weken nodig, alvorens wij voor actie gereed zijn,' maakt French meteen al bekend. De Engelsen komen te laat om de Belgen te kunnen helpen. Het Belgisch hoofdkwartier meldt het Franse hoofdkwartier keer op keer, dat de Duitse opmars naar Vlaanderen begint. Opnieuw komt er geen steun. Men gelooft het niet...

Na de val van Luik trekken de Duitsers met drie machtige colonnes in de richting van Brussel, Namen en Dinant. De afschuwelijke misvatting, dat francstireurs (burgers die de oorlog voeren) *overal* aanwezig zijn, heeft zich in de hoofden van de officieren en soldaten vastgezet.
'Walgelijke wreedheden der Belgen. Gewapende priesters en burgers liggen in hinderlaag!' berichten de Duitse kranten. De onthutste Duitse soldaten die dat lezen, jutten elkaar met allerlei geruchten op:
'In Aken liggen 30 officieren. Belgische vrouwen en kinderen hebben hun de ogen uitgestoken!' Dat is slechts één van de tientallen verhalen die de ronde doen. Als gevolg trekken de Duitsers haast in panische angst langs boerderijen en dorpen, door het bloedende Belgische land. In iedere boer zien zij een moordenaar. Achter iedere muur en iedere struik verwachten zij vrouwen en kinderen die het op hun leven hebben voorzien.
'Lieber Gott!' Het springen van een autoband doet hen reeds naar de wapens grijpen.
Op van de zenuwen vuren zij op boerin-

Kreuzland, Kreuzland über alles, tekening van L. Raemaekers op de executie in Dinant.

nen en grijsaards. Schoten in het wilde weg! Zij menen wérkelijk, dat de Belgische regering aan alle onderdanen geweren heeft uitgereikt – en dat, terwijl er in België niet eens genoeg wapens voor het eigen leger zijn.
Propaganda van het Duitse opperbevel? Ongelukkige ervaringen bij Luik, waar verspreide soldaten inderdaad uit hinderlagen op de Duitsers hebben gevuurd?
'Schiet op *elke* burger,' schrijft een ongeruste Duitser aan zijn zoon.
'De Belgen zijn niet te vertrouwen!'
Het is tegen die achtergrond, dat het Duitse leger zijn wreedheden begaat. Priesters, verdacht van ophitserij, komen voor de vuurpelotons. Huizen gaan uit represaille in brand. 5000 Burgers vinden de dood. In afschuwelijke angst verlaten Belgische gezinnen hun boerderijen, hun dorpen, hun stadjes, als de Duitse oorlogsmachine naderwalst.
'Jezus! Maria, erbarmen! klinkt het op de overvolle wegen. In de verte het steeds aanwezige gebulder der kanonnen. Overal soldaten, die op de terugtocht zijn.
'Levert alle wapenen in,' smeken de burgemeesters van dorp of stad. Dat wordt gedaan. Maar in alle wanorde worden hier en daar toch verdwaalde schoten gehoord.

Werkplaats voor het vervaardigen van kanonnen bij de firma Krupp in Essen.

De Franse Tijd – Negentiende en Twintigste Eeuw

Briefkaart op de mobilisatie.

De eeuwige post aan de grenzen, spotprent van Jan Sluyters op de neutraliteit van Nederland in *De Nieuwe Amsterdammer* van 14 augustus 1915.

'Los! Los!' schreeuwen Duitse officieren hun troepen toe. Mannen en vrouwen worden gegrepen. In Aarschot een massa-executie van 150 man! In Dinant worden 612 inwoners voor de vuurpeletons gesleept! Eén van hen is Félix Fivet. Hij is drie weken oud...
'Waar blijven de Britten? Waar blijft de Franse hulp? Irwin Cobb, correspondent van de *Saturday Evening Post*, krijgt die vragen steeds weer te horen, als hij de Duitse opmars volgt en zijn verslagen schrijft:
'Verwoeste huizen... verbrande dorpen... wanhopig geloei van koeien die niet gemolken zijn. Rijen, rijen vluchtelingen in de regen...' 1.400.000 Verschrikte, angstige, hongerige Belgen zijn met karren, kinderen, plunjezakken op de schouder op weg naar Frankrijk, Engeland en vooral naar Nederland...

Op 20 augustus marcheren de Duitsers Brussel in.
'Heil dir im Siegerkranz!' zingen de soldaten. Een zwijgende menigte kijkt haast verbijsterd toe: 320.000 man van het leger van von Kluck stampen met roffelende trommen, rijdende schoenmakerswerkplaatsen en zware kanonnen voorbij. Brussel krijgt een oorlogsschatting opgelegd van 50 miljoen francs. Dat moet binnen 4 dagen worden betaald.
Harde strijd in de Ardennen. Granaten gillen en barsten uiteen: aldoor nieuwe granaten. Witgehandschoende cadetten van St. Cyr rijden de dood tegemoet. Regen. Het gehuil en geschreeuw van de gewonden. 'Iedere dag worden er twee of drie gek!' schrijft een sergeant. Tussen 21 en 24 augustus uitzonderlijk bloedige strijd om Namen en Charleroi. Generaal French heeft eindelijk zijn troepen ingezet. Hij telt 1600 doden en gewonden. De Fransen verliezen 140.000 man! De Duitsers beginnen de opmars naar Verdun. Opnieuw geeft de Amerikaanse correspondent indringende details over de verwoestingen die hij ziet '... En over dit alles hing een lucht, die ik nog nooit in enig boek over oorlogen heb horen noemen: de lucht van een half miljoen ongewassen mannen. Die lucht hing dagenlang in iedere stad, waar de Duitsers doorheen trokken...'
Op 25 augustus voltrekt zich te Leuven een ramp:
'Er is iets vreselijks gebeurd,' meldt von Luttwitz, gouverneur van Brussel, aan de Amerikaanse gezant. 'Er is op onze generaal geschoten door de burgemeesterszoon. Ook de bevolking heeft op onze troepen geschoten. Nu moeten wij de stad natuurlijk verwoesten!' En waarachtig: Leuven gaat in brand. Met fakkels in de hand rennen bezopen Duitse soldaten rond.
'Kein Stein auf einander lassen!'
Mgr. De Becker, rector van de universiteit, snikt het uit als de vrijwel onvervangbare bibliotheek in de as is gelegd. In een boek over de inval (dat al in 1915 verschijnt) zegt Emile Verhaeren in het voorwoord:
'De schrijver van dit boek... was vroeger pacifist. Ik ben dat nu niet meer. Met ontroering draag ik deze bladzijde op aan de mens, die ik eens ben geweest!'
Niets ontziend, *alles* verwoestend, raast het oorlogsgeweld voort. En de eensgezindheid van de eerste dagen breekt, als de Franskiljons en Walen de Flaminganten beschuldigen van verraad. Waren zij niet altijd pro-Duits geweest – of althans anti-Frans. 'Après la guerre on ne parlera plus le flamand – Na de oorlog zal men geen Vlaams meer spreken,' stellen artikelen in de Franstalige pers. De reacties van de flaminganten zullen niet uitblijven. Hun uitingen zullen radicaler zijn dan voorheen.

'Een donderslag aan heldere hemel!' Zó hebben de Nederlanders het uitbreken van de oorlog beleefd. Groot is de opwinding in het land, nu er na een eeuw opeens weer een oorlog aan de grenzen woedt.
'Algehele mobilisatie!' melden de kranten op 30 juli. Op 1 augustus is het bij de tramhaltes, op de stations en bij de afvaartplaatsen van veerboten een drukte van belang. 200.000 Dienstplichtigen hebben hun mili-

DE EEUWIGE POST AAN DE GRENZEN

taire plunje uit kasten en rommelzolders gehaald. Zij omhelzen hun vrouw of meisje, nu het vaderland roept.

Heel wat van hen ontdekken met schrik, dat hun dienstlaarzen zijn kromgetrokken en dat het dienstondergoed en sokken al lang in het burgerleven opgedragen zijn. Met het uniform op het naakte lijf en met blote voeten in de verdroogde, gekromde schoenen, sjokken zij met de nodige pijn naar kazerne of legerplaats. Als de hoornblazer het signaal blaast:

> Al wat kapot is, al wat verrot is
> Voor de dokter...!

strompelen honderden naar de ziekenboeg om tegen een hospik te verzuchten: 'M'n pote, dokter!'

Blaren vormen het eerste grote probleem, waarmee het Nederlandse leger te kampen krijgt. Blaren én een ernstig tekort aan helmen, gasmaskers, handgranaten en mitrailleurs. Er is een munitievoorraad voor ... 14 dagen, als er niet te hard wordt gevochten!

Heel kordaat vordert de legerleiding 240 trekhonden voor het vervoer van de mitrailleurs – tegen de woekerprijs van 45 gulden per stuk. Er wordt tevens beslag gelegd op 10 van de 130 vrachtwagens die Nederland bezit.

De aanvankelijke roes van vaderlandsliefde en opofferingsgezindheid duurt niet lang. 600.000 Mannen, die buiten dienst blijven, worden aangespoord zich te melden voor de vrijwillige landstorm. Nog geen 2000 van hen geven aan de oproep gehoor. Voor de 450.000 man, die allengs in het leger komen, breken jaren van eindeloze verveling aan. Af en toe opwinding bij een loos alarm. Dan weer hangen en lachen om de soldatengrollen in een schier nooit drooglopende stroom:

> God schiep de mensen en de dieren
> Maar wie voor den duivel schiep de officieren...?

Hoe weinig de Nederlander zich soldaat voelt, bewijst de tophit uit die dagen:

> Die z'n vader heeft vermoord
> En z'n moeder heeft vergeven
> Die is nog veel te goed
> Voor dat soldatenleven...

Reeds op 3 augustus komt het bekwame en doortastende ministerie Cort van der Linden met een *levensmiddelenwet*, die zich tegen hamsteren en prijsopdrijving keert. Ook de ren op de banken om zilvergeld, wordt met een wet (uitgave van zilverbons) reeds op 6 augustus in de kiem gesmoord. (Zo'n snel tempo in de wetgeving wordt nooit meer bereikt!) Het leven herneemt zijn normale loop.

In het parlement begraven de politieke partijen hun strijdbijl:
'De nationale gedachte overheerst de nationale verschillen!' heeft Troelstra verklaard.
'In ons leger dienen niet partijen, maar alleen Nederlanders!' voegt De Savornin Lohman daaraan toe. Eensgezind willen allen de regering steunen om de kostbare neutraliteit niet verloren te doen gaan. Problemen zijn er genoeg:
'Zijn wij niet mede-garant voor Luxemburgs onzijdigheid? Moeten wij niet optreden, nu de Luxemburgse en Belgische neutraliteit door de Duitsers is geschonden?'

Die vraag valt in de ministerraad. De excellenties zijn bereid die internationale afspraak te vergeten. Ze sturen zelfs bericht naar de hoofdredacties van kranten, om geen melding te maken van dat feit.

Er zijn ogenblikken van spanning, vooral wat de scheepvaart betreft. Engeland wil niet dat Duitsland en Duitsland wil niet dat Engeland van de Nederlandse handel in contrabande profiteert.
'Wij verklaren de gehele Noordzee voor de neutrale scheepvaart tot gevaarlijk gebied,' zegt de regering in Engeland.
'En wij verklaren de wateren rondom Engeland en Ierland tot oorlogsgebied,' maken de Duitsers bekend. Zij hopen Groot-Brittannië met hun duikboten te kunnen uithongeren. De ellende voor de Nederlandse schepen begint:
'Boem!' Reeds in september wordt het stoomschip Maria, op weg naar Ierland, door de Duitse kruiser Karlsruhe in de grond geboord. Kort daarop volgt de Medea met sinaasappelen geladen. Opnieuw protesten en een crisis.
'Weest op uw hoede!' krijgen de grensposten van opperbevelhebber generaal Snijders te horen, omdat hij een Duitse aanval verwacht. Spanning. Wachtposten turen in de nacht. Klinkt daar geratel van een kar. Galoppeert daar een Duits eskadron?
'Boem!' Daar gaat het s.s. Katwijk. Dit keer verklaren de Duitsers dat het een vergissing was.
'Boem!' Een Duitse onderzeeboot plaatst een voltreffer in de Tubantia, één der grootste schepen van de koopvaardij.
'Boem!' Nog geen twee dagen later zinkt de Palembang.

De vis wordt opnieuw duur betaald, want de Britten leggen beslag op een groot deel van de vissersvloot. De grote klap valt, als Amerika de oorlog ingaat en voor de

Het kabinet Cort van der Linden, dat zitting had van 1913-1918. Zittend v.l.n.r. de ministers Treub, Bosboom, Cort van der Linden, Rambonet en Pleyte. Staande v.l.n.r. Posthuma, Loudon, Ort en Lely. Schilderij door P. van der Hem.

De Franse Tijd – Negentiende en Twintigste Eeuw

troepentransporten over onvoldoende schepen beschikt. Onder de dekmantel van een obscure, lang vergeten wet, leggen Engeland en Amerika dan beslag op 156 Nederlandse schepen met een totaal van 696.468 ton. Protesten. Wisselen van nota's. Besprekingen in Londen en Berlijn. De beloften en garanties maken nog geen eind aan een reeks van schepen die tenondergaan. Alleen al te Scheveningen komen in de oorlogsjaren 400 vissers om.

Keer op keer worden de territoriale wateren en het Nederlandse luchtruim geschonden, omdat die verrekte oorlog maar niet eindigen wil. Dat ervaren de troepen van de kustbewaking, die de wacht houden bij kanons, die van schepen zijn gesloopt:
'Héé, luit, kijk nou es?'
'Waar?'
'Daar! Een walvis, luit?'

Het is geen walvis, maar de Duitse onderzeeboot U.C.8, die is vastgelopen op een zandbank voor de kust. De Britse H.6 raakt op dezelfde wijze buiten gevecht.
'Pas op! Van onderen!' schreeuwen ontstelde inwoners van het dorp Eemnes. Een Engels luchtschip glijdt dreigend naderbij. In paniek rennen boeren en boerinnen de weilanden in. En terecht: het luchtschip landt boven op een huis.

Opwinding ook op Ameland, waar de Zeppelin L.19 opeens door het Nederlandse luchtruim zweeft. Na dagen van rondhangen opeens werk aan de winkel voor de manschappen van een batterij:
'Vuur!'
Een kanon brandt los.
'Raak! Midden voor z'n kners!' De soldaten dansen in de stelling rond. Ze zien niet meer dan een ding en juichen, als de getroffen zeppelin uitwijkt naar zee om daar met man en muis te vergaan.

Steeds weer landen aangeschoten of verdwaalde oorlogsvliegers op de neutrale Nederlandse grond. Hun toestellen hopen zich te Soesterberg op. De Britse en Duitse vliegofficieren krijgen hier een gouden tijd. Overal worden feestjes en partijen voor hen georganiseerd.
'Liefje, dit is major Charles Morgan!'

De registratie van Belgische vluchtelingen in de Beurs van Amsterdam in 1914, door H. Lugt.

'En dit Kapitän Heinz Reiche, Garde-officier!'
De Hollandse meisjes vinden het allemaal even dol. Mooie cabaretliedjes onderstrepen, hoe de geïnterneerde officieren zich vermaken in het Nederlandse koninkrijk:

Wilhelmus aus Nassouwe, bin ich van Deutschen bloed
Das Vaterland getrouwe, maar im Holland hab' ich es goed
Slechts ab und zu verkouwe, maar wirklich gut gevoed
Ich have gar kein berouwe, ich blijf hier tot mijn doet!

Haast even mooi is het lied, dat aan de geïnterneerde Fransman wordt gewijd:

Allons enfants de la patrie
Le jour de gloire est arrivé
Ik zit in Holland, zie je
Heel fijn in de interné...

De oorlog duurt voort. Op 3 september hebben de dodelijk vermoeide Duitsers de Marne bereikt. Daar gebeurt het wonder, dat nauwelijks iemand heeft verwacht. 600 Gevorderde Parijse taxi's, bussen en vrachtwagens brengen Franse en Britse soldaten naar het front. De Duitsers worden teruggedreven. Parijs is gered.

Eind september zetten de Duitsers de aanval op Antwerpen in. Hun zeppelins bombarderen de woonwijken en de kanonnen schieten de verouderde forten in puin. Geholpen door de Fransen trekken de Belgische regimenten zich op Oostende terug. Eveneens dodelijk vermoeid, in lompen gehuld, soms gewond, strompelen zij voort langs de kust. Zij zullen tenslotte standhouden bij de rivier de IJzer. 15.000 Belgen vinden daar de dood. Het Britse expeditieleger weert zich met waarachtige heldenmoed bij Ieper, viervijfde van alle officieren en manschappen zullen hun leven geven voor de goede zaak.

35.000 Belgische soldaten zijn na de val van Antwerpen naar Nederland uitgeweken, waar dan al 1.000.000 gevluchte burgers neergestreken zijn.
'Wij moeten helpen!' In korte tijd brengen de Nederlanders 42.000.000 gulden met vrijwillige bijdragen bijeen. Een aanbod van de Engelse regering om met geld te steunen, slaat Nederland af. De hulp wordt als een ereplicht beschouwd. 'Waar moeten we met al die mensen heen?' Dat is steeds de vraag, die in de opvangcentra weerklinkt. Een miljoen mensen! De stroom lijkt eindeloos maar wordt verwerkt. De Belgen komen in haastig opgerichte kampen te Hontenisse, Uden, Nunspeet en Gouda terecht. De meeste van hen keren na verloop van tijd naar België terug.

Na de wilde dagen van opmars en terugtocht zijn de fronten reeds in 1914 onwrikbaar verstard. Een helse linie van loopgraven, prikkeldraadversperringen en zandzakken, strekt zich uit van de Noordzee tot aan de Zwitserse grens. Er is een evenwicht van krachten, waarin vriend met vijand gevangen zit.
'God sta ons bij!' bidden de soldaten, als de zoveelste stormloop van hen wordt geëist. Hoe ze ook bidden en vloeken, hoe wanhopig ze vechten, hoe beestachtig ze ook sneuvelen, verandering in de helse frontlijn komt er niet.

De weg naar de vrede

'God, spaar onze koning en koningin!' Vele gedachten in het bezette België gaan uit naar Albert en Elizabeth, wier huisje in De Panne binnen het bereik van de Duitse kanonnen ligt. Voor de Belgen zijn zij hét symbool van vaderlandsliefde, onafhankelijkheid en taai verzet. De duizenden kinderen, die nu geboren worden en de namen Albert of Elizabeth ontvangen, bewijzen het. In het vrije deel van België liggen 100.000 Belgen aan het front. Dat aantal zal nog uitgroeien tot 170.000 man. Onder de bezielende leiding van de koning zullen zij pas na jaren tot het offensief kunnen overgaan. Zij ervaren, dat het Duitse leger tegenover hen bij Steenstrate voor de eerste keer gifgassen gebruikt. En natuurlijk horen zij de verhalen over de toestand in hun bezette vaderland, waar daden van moed het verzet tegen de Duitse bezetters stimuleren.

Burgemeester Max stelt zich te Brussel dapper tegen de Duitse propaganda teweer. Hij wordt gegrepen en gedeporteerd. Wie overblijft om het verzet te leiden is kardinaal Mercier. Vanuit het aartsbisschoppelijk paleis te Mechelen richt hij zich met vlammende, herderlijke brieven tot het volk: 'De Duitse invaller is géén wettelijke autoriteit. Men is haar in geweten noch waardering, noch aanhankelijkheid en evenmin eerbied verschuldigd. Dit lijden is van voorbijgaande aard. De glorie van de natie zal blijven bestaan!'

Fiere woorden en kwetsend voor de Duitsers. Ze durven het echter niet aan om de kardinaal over te brengen naar een gevangenkamp. Zijn herderlijke brieven blijven pleisters op de vele wonden, die België heeft opgelopen in de dagen van strijd: 100.000 Huizen liggen in puin. 90.000 ha vruchtbaar land zijn door inundaties, of door het omwoelen van granaten verloren gegaan. Requisities van het Duitse leger hebben de veestapel al snel gehalveerd. 1400 Bruggen, tunnels en stations zijn onder dynamiet en bombardementen bezweken. Een vierde deel van de spoorlijnen bestaat niet meer.

'Wat moeten wij zonder invoer?' Vele fabrieken zijn genoodzaakt hun deuren te sluiten. Werkloosheid en honger nemen toe.

'De boer is heer en meester van de dag,' grommen de stedelingen, nu de voedselprijzen schrikbarend de lucht ingaan. (Aan het eind van de oorlog zullen de banksaldo's van de boeren vertienvoudigd zijn!)

De Duitsers grijpen oorlogsbuit: miljoenen, allengs honderden miljoenen worden door de Belgen aan oorlogsschatting betaald. En erger: door allerlei bevelen verstikt het gewone leven in angst:

'Het is verboden te vergaderen of grote bijeenkomsten te houden!'

'Niemand mag op reis, tenzij met toestemming van de Kommandantur!'

Maandelijks moeten alle weerbare mannen zich melden op het gehate *Meldeambt*.

Soepuitdelingen voor het volk dat niets meer te eten heeft. Bonkaarten. Heimelijk geschreven en gedrukte krantjes gaan clandestien van hand tot hand:

L'Anti-Prussien, De Patriot, De Vlaamse Leeuw of *La Libre Belgique*. Zij schragen het verzet:

'Belgen, vergeet nóóit wat de Duitsers u misdeden!'

'Vrijheid en Waarheid, Geduld en Moed!'

De illegale pers geeft richtlijnen aan. Wat te doen als de bezetter al het koper opeist?

'Niet doen. Verberg het, maar levert niets in!'

Duizenden Belgen begraven hun kandelaars, klokken en lampen in de tuin – en riskeren de straffen die daarop staan.

Wat te doen, als de bezetter Belgen wil gebruiken voor het eigen arbeidsproces?

'Niet gaan!' adviseren de illegale kranten. Duitsland rekent op 400.000 man. Slechts 120.000 worden er tenslotte naar Duitsland gedeporteerd.

'Wij protesteren!' zegt de Nederlandse gezant te Berlijn. 'Wij hebben overeenkomstig de Duitse beloften, de vele gevluchte Belgen in ons laten laten weten, dat ze veilig naar België terug konden gaan. Nu breekt gij uw woord!' Ook Zwitserland protesteert. Keizer Wilhelm en zijn ministers liggen daar niet wakker van.

De altijd vrijgevige, liefdadig ingestelde U.S.A. stuurt hulp.

'Commission for Relief in Belgium!' onder leiding van Herbert Hoover brengt die organisatie voedsel naar het verkommerde land. De Amerikaanse gezanten in Brussel, Londen, Parijs en Berlijn effenen de wegen, die de voedseltransporten moeten gaan. Desondanks komt toch nog een groot aantal uitgehongerde kinderen naar Nederland. Als Amerika de oorlog ingaat, nemen de Nederlandse gezant Maurits van Vollenhove en de Spaanse gezant, de markies de Villalobar het Relief-werk van de Amerikanen over.

Met geslepen pogingen trachten de Duitsers vooral de Vlamingen voor zich te winnen. De Vlaamse Beweging krijgt alle steun van de Duitse overheid. Reeds in oktober 1914 sticht een groep jongeren 'Jong Vlaanderen', met steun van een warhoofdige, Nederlandse predikant te Gent, J.D. Domela Nieuwenhuis, een idealist die van een Germaanse volkerengemeenschap droomt. 'Verdwijnen moet de staat en naam *België!* staat in hun programma.

'Vlaanderen bovenal en in Vlaanderen *Vlaams*!' schrijven zij in hun dagblad *Vlaamse Post*, dat wordt uitgegeven met Duitse steun. 'Niet Duitsland, maar Frankrijk is altijd onze eeuwenoude erfvijand geweest!'

De ongelukkige omstandigheden in Vlaanderen hebben bij een minderheid tot dit soort uitspraken geleid. Onder gejuich van een kleine, felle groep wordt de Nederlandse taal op de universiteit van Gent ingevoerd.

'Nu kunnen wij ons van de Waalse tirannie bevrijden!' denkt die felle minderheid. De meeste Vlaamse leiders schudden het hoofd en wijzen dat heethoofdige gedoe van de hand:

'Het enige standpunt, dat wij Vlamingen kunnen innemen, is dat der onafhankelijkheid van de Belgische natie. In dát opzicht bestaat er tussen Walen en Vlamingen geen enkel meningsverschil!'

De Vlaamse Liberale Vereeniging keert zich fel tegen deze activisten, maar de bal is dan al aan het rollen gebracht. Gesprekken, debatten, twijfelaars. Op de universiteit van Gent, dat Vlaams-Germaanse instituut, melden zich het eerste jaar 110 studenten – het tweede jaar 307 – gelokt door studiebeurzen en de rantsoenen, die in het vooruitzicht zijn gesteld. Maar de scheidslijn tussen actieve en passieve Vlaamsgezinden verscherpt daardoor wel. Dan splitsen de Duitsers het ministerie van Kunsten en We-

Soepuitdeling aan behoeftigen te Mechelen, door R. Verheyden.

De Franse Tijd – Negentiende en Twintigste Eeuw

tenschappen in een Vlaamse en Waalse afdeling (1916).

Nog ingrijpender is de oprichting van de *Raad van Vlaanderen* (een soort ministerraad zonder macht), die tot doel heeft een wig te drijven tussen Wallonië en het Vlaamse land.

'Vlaanderen bovenal!' In het zog van die raad hijsen de activisten hun vlaggen. Zij houden optochten, soms 3000 man sterk. Zij trachten zich uit te spreken over de toekomstige politieke status van Vlaanderen (los uit Belgisch Staatsverband) en vertroebelen de eens zo eensgezinde sfeer. Die moedwillig gestimuleerde splijting van België is een der ellendigste rampen, die de Duitse bezetting brengt. Tegenstellingen en haatgevoelens tussen Vlamingen en Walen nemen toe.

Zo verglijden die trieste bezettingsjaren. In de verte, soms duidelijk hoorbaar in Brussel, weerklinkt het onafgebroken gebulder der kanonnen...

In Nederland tracht minister Treub met allerlei maatregelen de zwarte handel in voedsel, de woeker en speculatie aan banden te leggen, maar handige mannen maken toch nog de nodige winst. Vooral de groothandel doet prachtige zaken tussen de oorlogvoerende naties in.

'O.W.ers – Oorlogswinstmakers!' Dat is de scheldnaam die de nieuwbakken miljonairs zich verwerven met onder andere de verkoop van 50.000.000 kilo rijst aan Duitsland, terwijl Nederland die voorraad nauwelijks missen kan. De smokkel op Duitsland en België neemt beangstigende vormen aan.

'Laat het leger, dat niets doet, de grenzen toch bewaken,' roepen nijdige leden in de Tweede Kamer uit. Generaal Snijders zendt voor dat doel 23.000 soldaten naar de grens. De meeste smokkelaars lopen ongedeerd langs hen heen. Linke Joop en Zwarte Nol kennen de kleine paadjes op hun duim. In de nacht sluipen zij weg met boter, rijst, koffie of tabak. Duitsers en Belgen tellen daar kapitalen voor neer.

Door zijn gunstige ligging te midden van de oorlogvoerende naties groeit Nederland tot een nieuw internationaal centrum van geld- en koophandel uit. 'Er moet een eind komen aan de oncontroleerbare transacties van particulieren,' beslist de regering. Want zowel Engelsen als Duitsers beklagen zich over de bevoordeling van de tegenpartij. Er wordt nu een *Nederlandse Overzee Trustmaatschappij* opgericht. Deze krijgt toezicht op de buitenlandse handel en garandeert strikte neutraliteit. (De onontbeerlijke overheidsbemoeiing bijt zich steeds steviger in het maatschappelijk leven vast!)

Te midden van grote en kleine stormen, houdt de regering het hoofd koel. Onder druk van de oorlog komt er in snel tempo weer een aantal goede wetten tot stand. 'Wij wensen nu het bijzonder onderwijs definitief geregeld te zien!' hebben de rechtse groeperingen in het parlement gezegd.

'En wij wensen een grondwetsherziening en algemeen kiesrecht,' dringen de linkse partijen aan. Voor die twee belangrijke zaken sluiten rechts en links een compromis.

Uitbreiding van het kiesrecht en pacificatie betreffende onderwijs komen tot stand. Het districtenstelsel zal worden vervangen door evenredige vertegenwoordiging (daardoor neemt het aantal partijen toe!). De vrouwen hebben zich opnieuw geducht geweerd. 7000 Lijsten met 164.696 handtekeningen hebben zij aan minister Cort van der Linden aangeboden, maar kiesrecht krijgen zij nog niet, al sluit de grondwet die mogelijkheid voor de toekomst niet uit. Gekozen worden mogen ze nu wel! Ook op dit front duurt de oorlog voort.

Toenemende werkeloosheid. Toenemende voedselschaarste. Opstootjes, plundering van winkels. Marechaussees te paard met de sabel in de hand.
'We moeten overgaan tot distributie,' meent de minister van Landbouw, Posthuma. In 1917 verschijnen ook in Nederland de bonkaarten, waar iedereen gek van wordt:
'Bon 184 F geeft recht op 1 ons kaas 20 pct à 8 cent!'
'Op bon 2 van de Vleeskaart GROEN-D 1 ons vet kalfsvlees!'
'Voor de soepuitdeling van de Gemeentelijke Centrale Keukens zal bon 180 F worden afgeknipt!'

Nederland in oorlogstijd: rouwende vissers, hongerige arbeiders en 350 miljonairs. Soepuitdelingen en getorpedeerde schepen zijn onderwerp van gesprek. De hardwerkende koningin inspecteert te paard de landsverdediging. Zij stelt scherpe vragen. En wee de commandant, die uit zichzelf een gesprek begint! Dan komt de vernietigende zin:
'Ik geloof niet, dat ik u iets heb gevraagd!' Koningin Wilhelmina is opgevoed met het besef, dat er de nodige afstand moet zijn. Opperbevelhebber generaal Snijders – met onvoldoende omschreven volmachten – leeft met de regering in voortdurend conflict. Het leven sleurt verder en de mensen raken murw onder de stroom van berichten over de slachtingen aan het front.

'Vom Westen nichts Neues!' meldt het Duitse hoofdkwartier. Al vallen de soldaten bij bosjes, verandering in de frontlijn komt er niet.

Miljoenen, vele miljoenen soldaten in de wereld marcheren voor een koning, een keizer of een schuttermajoor. In Rusland zijn 15.000.000 mannen onder de wapenen, maar slechts één op de tien heeft een eigen geweer. In veldslagen bij Tannenberg, bij de Mazurische Meren, in Polen en op de Balkan stapelen de lijken zich op.

Belgen, Fransen, Engelsen en tenslotte ook Amerikanen stormen voorwaarts. Met de bajonet op het geweer rennen zij door trechtergaten op de vijand af. Mitrailleurs

Affiche voor het stemmen op de S.D.A.P. door A. Hahn, 1918.

ratelen en granaten ontploffen tussen hen in. Bij duizenden worden ze weggemaaid. Soms winnen ze 100 meter terrein en soms vallen ze 100 meter terug.

Duitsers, Oostenrijkers, Italianen, Serviërs, Turken, Arabieren volgen de commando's op en sneuvelen – met een brief van een vrouw of een kind in hun zak.

Brandende steden. Honderdduizenden vluchtelingen op de wegen. Gaarkeukens. Een verkleumd kind. 10.000 Doden. 50.000 Doden. Dat is het nieuws, week in week uit. Dan plotseling een schokkend bericht: 'Revolutie in Rusland!' melden de kranten in het voorjaar van 1917.

Stakingen, hongeroproeren en demonstraties zijn in Petrograd reeds vaak vertoond. En opeens gebeurt, wat niemand heeft vermoed: te midden van winkelende vrouwen, studerende scholieren, balletuitvoeringen en familiefeestjes, breekt – buiten de plannen van de revolutionairen om – de revolutie uit.

Rode vlaggen, spandoeken, schoten, honger en chaos. Stuiptrekkend ligt de kolos Rusland in die maand maart terneer. Of kruipt hij nu omhoog uit het moeras van middeleeuwse achterlijkheid?

'Kameraden...' Als dwergen staan mannen en vrouwen in het onmetelijke gebied. De regering van de socialist Kerenski dwingt de tsaar tot aftreden, maar krijgt het land onvoldoende in haar macht.

Met behulp van de Duitsers (die hem graag rotzooi zien maken in eigen land) reist Lenin met zijn vrienden vanuit Zwitserland, via Finland naar Petrograd. In november is het zover. Lenin, Trotsky, Kamenev, Stalin hebben uren gedebatteerd over de vraag, of ze hún revolutie en hun greep naar de macht moeten beginnen of niet. Ze hakken de knoop door. Brutaalweg nemen ze met een handjevol mensen de macht in handen. Keihard en meedogenloos gaan de leiders der bolsjewieken hun weg. Zij weten dat in een storm alleen de ijzersterken kunnen blijven staan. Zij sluiten vrede met Duitsland en wijden dan al hun krachten aan een burgeroorlog, die dan onvermijdelijk is. 'Revolutie in Rusland!' Dat bericht brengt overal grote onrust teweeg. Ook in Duitsland en Frankrijk komen revolutionaire bewegingen op gang.

In de Lage Landen heeft men de gebeurtenissen in Rusland op de voet gevolgd. Vrijwel unaniem hebben de kranten de revolutie toegejuicht.

'Democratie zegeviert in Rusland. Een zegen voor de Europese cultuur!'

Alom vraagt men zich af, wat de uitwerking van de revolutie op de vredeskansen zal zijn. Reeds herhaaldelijk heeft Nederland pogingen aangewend om te bemiddelen voor de vrede. Oostenrijk en Duitsland willen wel, maar Frankrijk en Engeland zijn op de volledige vernietiging van hun vijanden uit. Blijft het dan oorlog tot het bittere eind?

'Als dat zo is, zullen de arbeiders overal met een revolutie de vrede afdwingen,' schrijft Troelstra in het dagblad *Het Volk*. Met de oorlog én de revolutie in Rusland op de achtergrond, gaat Nederland in 1918 de verkiezingen in.

'Nou hebben we eindelijk een kans,' denken de splinterpartijen, want na de grondwetsherziening is het districtenstelsel afgeschaft. Maar liefst 37 partijen schrijven zich voor de verkiezingen in. Zo begint een fatale versnippering, die de kracht van de democratie ondermijnt. 22 Vrouwen stellen zich kandidaat. Niet één wordt gekozen!

Toch maakt mejuffrouw Suze Groeneweg als éérste vrouw haar opwachting in de Kamer, omdat de SDAP een aantal stemmen op haar heeft overgedragen. Als zij haar *maiden-speech* houdt, kunnen de mannelijke kamerleden het gniffelen niet laten.

De verkiezingsuitslag in 1918:

Katholieken:	30 zetels
S.D.A.P.:	22 zetels
Anti-revolutionairen:	13 zetels
Christelijk-historischen:	7 zetels
Unie van Liberalen:	6 zetels
Vrije Liberalen:	4 zetels
Vrijzinnig-Democraten:	5 zetels
Communisten (die naam komt wat later!):	2 zetels
'Linkse' splintergroepen:	9 zetels
'Rechtse' splintergroepen:	2 zetels

Na de verkiezingen legt het bekwame ministerie-Cort van der Linden, dat Nederland zo voortreffelijk door de moeilijke oorlogsjaren heeft heen geloodst, zijn taak neer. Het beste bewijs van doortastendheid heeft dit kabinet misschien wel geleverd met een wet, die, vlak voor het heengaan door de Kamer wordt bekrachtigd: de wet voor de drooglegging van de Zuiderzee. Want:

'Een volk dat leeft, bouwt aan zijn toekomst!'

Dat midden in de oorlog tot de uitvoering van dat immense project wordt besloten, bewijst dat Nederland in de krakende, uit de voegen lopende wereld toch nog een vast vertrouwen heeft.

Onder het kabinet van Ruys de Beerenbrouck (katholiek steunend op de confessionele partijen) gaat Nederland de toekomst tegemoet, niet beseffend, dat het bijna vrede is...

Als Amerika de oorlog ingaat, proberen de Duitsers met enkele grote offensieven het einde van de strijd te forceren. Hevige gevechten vinden plaats in Vlaanderen. Daar regenen *per dag* 15.000 tot 20.000 granaten op het Belgische front neer. Ook een offensief aan de Marne met de beschieting van Parijs door een nieuw spoorwegkanon levert de Duitsers geen voordeel op.

De geallieerden houden stand.

'Nu wij!' beveelt generaal Foch, die nu eindelijk baas is in het steeds door twist verdeelde geallieerde hoofdkwartier. Hij heeft zijn plannen opgesteld:

'Richt de aanval op de Duitse Flandern II Stelling en vervolgens op Stellung Flandern I. Bevrijd Brugge en Gent en baan dan een weg over de Schelde!' Zo luiden ongeveer de plannen, die koning Albert als bevelhebber van de *Legergroep Vlaanderen* te verwezenlijken krijgt. Dat strijd hevig zal zijn, wordt door de koning maar al te goed beseft. Op 27 september 1918 richt hij zich met een korte toespraak tot de soldaten onder zijn bevel:

'Soldaten! U zult een geweldige aanval tegen de vijandelijke stellingen ondernemen. Het is aan U om aan de zijde van Uw heldhaftige Britse en Franse kameraden de indringer te verdrijven, die sinds meer dan vier jaar Uw broeders verdrukt. Het uur is beslissend. Overal wijken de Duitsers. Soldaten! Toont U de heilige zaak van onze onafhankelijkheid, van onze tradities waardig. Vooruit voor het recht, voor de vrijheid, voor het roemrijke en onsterfelijke België...'

Gesteund door het Tweede Britse Leger en Franse divisies zetten de Belgen de aanval in. Ondanks ontstellend zware verliezen stoten zij door Stellung Flandern II en I heen. Op 17 oktober wordt Brugge bereikt. De aanval op de Schelde is op 11 november vastgesteld.

De prijs voor de succesvolle opmars en de getoonde moed is met bloed betaald: 11.000 officieren en 29.000 soldaten zijn in die paar weken gewond of gedood.

'Op 11 november zullen we in Antwerpen zijn!' zeggen de Belgische militairen. Hoe lang al hebben zij van hun vrouw of meisje gedroomd. De overwinningsroes neemt nog toe, als niet alleen de Duitse linies breken, maar plotseling ook het Duitse thuisfront kraakt:

Revolutie in Duitsland! is het opwindende nieuw dat de fronten bereikt.

'Nu is de oorlog gauw beslist!'

'God, als het werkelijk eens afgelopen was!' In die stemming verkeren de Belgische troepen, als het sensationele nieuws uit Duitsland tot hen komt:

'Wir fahren noch einmal gegen England!' heeft het Duits opperbevel in oktober 1918 beslist. Haast uit wanhoop krijgt de gehele vloot opdracht om de zee op te gaan voor een strijd om alles of niets.

'Verdammte Schweinerei!' vloeken de Duitse matrozen te Kiel. Ze verdommen het om aan boord te gaan. Ze slaan aan het muiten en hun opstand breidt zich naar andere steden uit. Correspondenten melden op 8 november uit Berlijn:

'Berlijn is sedert hedenmorgen in de macht van de arbeiders- en soldatenraden. (Zo is het ook in Rusland gegaan!) In de hoofdstraten rijden vrachtauto's, overvol met soldaten en burgers met rode vaandels in de hand, langs nieuwsgierigen die het nog niet begrijpen. Ze joelen en brullen: 'Hoera! Leven de Republiek!'

Vanaf het paleis van de kroonprins en enkele ministers wappert de rode vlag. De soldaten- en arbeidersraden hebben de Rijksbank, het hoofdtelegraafkantoor, het hoofdbureau van politie en het raadhuis bezet.

Dat betekent het eind van de strijd. Een uitgehongerd Duitsland legt het hoofd in de schoot. Duitse stafofficieren begeven zich naar het bos van Compiègne om in de beroemde treinwagon de wapenstilstand te tekenen. Generaal Foch geeft het láátste commando van de oorlog aan al de troepen onder zijn bevel:

'De vijandelijkheden zullen op het gehele front een einde nemen op 11 november, te 11 uur Franse tijd...' Gejuich aan het front. Het Belgische offensief op de Schelde hoeft niet te worden uitgevoerd. 'Vrede! Het is vrede, vrede, vrede!' De soldaten zijn door het dolle heen. Ze rennen uit hun stellingen, omhelzen elkaar en drinken met de Duitse soldaten, die opeens geen vijand meer zijn.

'Friede, vrede, paix, peace... Prosit...'

Vrede en dat mag ook wel. Vier jaar lang zijn iedere minuut 10 soldaten gesneuveld.

23.000.000 Doden! 20.000.000 Gewonden! 3.000.000 Jonge kerels aan flarden geschoten, onvindbaar in de modder, vermist!

Nu de kanonnen zwijgen, kan de balans worden opgemaakt. Alles bij elkaar heeft de oorlog 500.000.000.000 gulden gekost. Voor die prijs zwiept tyfus over Polen; zwerven vele honderdduizenden vluchtelingen berooid langs de weg; liggen duizenden hospitalen barstens vol met vergaste, verminkte soldaten...

'Vrede! Het is vrede...'

Bij God, het mag ook wel.

De Franse Tijd – Negentiende en Twintigste Eeuw
De polsslag van de tijd

Spotprent op Wilhelm II in Nederland. Tekening door L. Raemaekers.

Op 22 november keert koning Albert in zijn hoofdstad terug. De uitgelaten bevolking ontvangt hem met daverende ovaties en gejuich. De leiders der activisten vluchten naar het buitenland of worden gevangengezet.

De ontvangst die keizer Wilhelm II ten deel valt, is minder glorieus. Als in zijn rijk het *Leve de Republiek* weerklinkt en zijn generaals de wapenstilstand tekenen, gooit hij er het bijltje bij neer. Om gevangenneming door de geallieerden te ontlopen, richt hij zijn blik op het neutrale Nederland. De Nederlandse gezant te Brussel, Van Vollenhoven, stuurt reeds op 9 november een koerier met een spoedbrief naar Den Haag. Hij meldt:

'Baron von der Lancken verzocht mij zojuist bij hem te komen en deelde mij hoogst vertrouwelijk mede, dat Z.M. de Keizer zo spoedig mogelijk, nog deze nacht, of anders morgenochtend vroeg, naar Nederland zal vertrekken. De toestand schijnt uiterst ernstig te zijn. Zijne Majesteit zal de weg nemen Luik-Maastricht. De Keizer verzocht dat H.M. de Koningin dadelijk verwittigd zal worden...'

Op zondag 10 november rinkelt de telefoon op kasteel Amerongen. Graaf Bentinck krijgt van de Nederlandse regering het verzoek, of hij de Duitse keizer, de kroonprins en een gevolg van 30 man voor enkele dagen kan huisvesten. 'Ja,' zegt de graaf na lang aarzelen, 'als het niet langer dan drie dagen duurt!'

Maarn, 11 november, 3 uur in de middag: Een extra trein stopt op het natte station. De keizer stapt uit. Een handjevol nieuwsgierigen, autoriteiten, mannen van de rijkspolitie staan bij het perron. *En lady Susan Townly*, de vrouw van de Britse gezant. Zij is door het dolle heen en roept aan één stuk door:

'I want to see the Kaiser. I want to see the Kaiser!' Zij wil hem fotograferen en uitjouwen, maar wordt tenslotte verwijderd onder protesterend gegil. (Het kost haar man zijn baan in Den Haag!)

In de hal van kasteel Amerongen treedt de keizer zijn gastvrouw tegemoet – en spreekt daarbij de historisch geworden volzin uit:

'Neemt u me niet kwalijk dat ik stoor, maar heeft u misschien een kop goede Engelse thee voor mij?'

Drie jaar lang zal hij op het kasteel blijven, streng door de rijkspolitie bewaakt. De Amerikanen proberen hem te ontvoeren. Een dolle Fransman wil hem vermoorden. Die pogingen lopen op niets uit. Scherpe nota's van *Tijger* Clémenceau en Lloyd George, die zijn uitlevering eisen, hebben geen enkel resultaat. De Nederlandse regering antwoordt waardig:

'Een eerbiedwekkende, eeuwenoude traditie heeft dit land in álle tijden tot een wijkplaats voor de overwonnenen van internationale conflicten gemaakt...' Als Lloyd George doorgaat met zeuren en dreigen, krijgt hij niet eens antwoord meer. Tot aan zijn dood, een kwart eeuw lang, zal keizer Wilhelm als balling in Doorn verblijven. Iedere Nederlander weet, dat hij op zijn kasteel voortdurend bomen hakt. De spaanders die hij *daarmee* maakt, veroorzaken niemand meer enig leed.

Nauwelijks is keizer Wilhelm in het land, of hij dreigt opnieuw in een revolutie te worden verstrikt. Want pal na de wapenstilstand gaat Nederland door spannende dagen heen. De ontevreden stemming, die de laatste oorlogsmaanden kenmerkte, is naar een dieptepunt gezakt. Overal klinken nijdige stemmen op:

'Dat brood is niet te vreten!'
'Er wordt bij de distributie geknoeid!'

Er zijn rellen geweest. Niet voor politieke doelstellingen, maar gewoon omdat ze honger hebben, zijn de bewoners van volksbuurten op de been gekomen. Hier en daar slaan zij de ruiten van winkels in:

'We moeten toch te eten hebben?'

De uiterst waakzame politie in de steden is op alles voorbereid. En dan is er opeens een rel in het leger! In de tóch al onrustige sfeer melden de kranten nogal sensationeel:

'Oproer in legerplaats de Harskamp!'

Wat daar precies is gebeurd, wordt pas later bekend: achter de rug van de regering om, heeft de eigengereide generaal Snijders alle verloven ingetrokken, nu de Duitsers op de terugtocht zijn en de Nederlandse grenzen naderen. 'Geen verlof?' roepen de soldaten op de Harskamp. 'Zijn ze nou belazerd?' 'Ze kunnen me rug op!'

Na jaren van eindeloze verveling en gekanker, knalt onder de soldaten van de Harskamp de krijgstucht uit elkaar:

'Héé, jongens, we gaan mooi met z'n allen tóch naar huis!' Gejoel. Gelach om een paniekerig bevel van een onderofficier. Braniegedoe, dat in domme vernielzucht overslaat.

'Steek die pleurisbarakken in brand!' De zaak loopt goed uit de hand. Er vallen enkele schoten. Lallend van de lol trekt een deel van de soldaten – ondanks de ingetrokken verloven – vrolijk naar huis.

'Kom mee, jongens, ze kunnen ons toch niks maken!'

Het oproer – want dat is het wel – schokt het hele land, vooral na de revoluties die zich elders in Europa hebben afgespeeld. 'Zestig doden in de Harskamp!' meldt *De Telegraaf* met een vette kop.

'Enkele doden!' bericht *Het Volk* met iets meer voorzichtigheid. Maar er is niemand dood. Er is zélfs niemand gewond!

Al die opschudding is nét achter de rug, als de Lage Landen met de opwindende berichten over de revolutie in Duitsland worden overspoeld. De angst dat de revolutie naar Nederland zal overslaan, veroorzaakt hier en daar paniek. Slechts één voorbeeld:

'Wij moeten de vakbondsleiders Heykoop en Brautigam uitnodigen voor een gesprek!' zeggen de 'havenbaronnen' in Rotterdam. Nu de oorlog afgelopen is en schepen weer zullen binnenstromen, wil men rust in de haven van Rotterdam. De sfeer tussen de werkgevers en werknemers heeft zich radicaal gewijzigd in enkele dagen tijd. Heykoop en Brautigam worden opeens als *gelijkwaardige* gesprekspartners aanvaard. Rekenen de reders erop, dat de revolutie komt?

'U moet zorgen, dat...' zeggen zij tegen Heykoop, alsof deze de macht reeds bezit. En burgemeester Zimmerman, die aanwezig is, stelt angstig de vraag:

'Zou de koningin weg moeten?'

Heykoop begint – met die bezorgde heren tegenover zich – werkelijk te geloven, dat ook in Nederland het uur van de revolutie gekomen is. Hij brengt snel Troelstra van de bespreking op de hoogte. En dan zeilt de revolutie-gedachte met volle zeilen de Tweede Kamer in:

Het Binnenhof, (dolle) dinsdag 12 november 1918: mr. Jelle Troelstra, de gevoelige, autoritaire idealist, beklimt het spreekgestoelte in de Tweede Kamer. Hij is ernstig gewaarschuwd door het partijbestuur. Voorzitter Vliegen heeft hem gezegd:

'Ik voel niets voor een oproep, die tot revolutie voorbereidt. Een revolutie is in een democratisch geregeerd land dwaasheid. Ik heb niet 25 jaar gevochten voor algemeen kiesrecht, om het enkele maanden na zijn invoering weer af te schaffen!'

Maar Troelstra acht het ogenblik gekomen. Tijdens het debat, dat over het ontslag van generaal Snijders en de Harskampaffaire gaat, zet hij zijn standpunt in een uren durende, briljante redevoering uiteen:

'De SDAP, de vakbeweging en de arbeidersorganisaties maken aanspraak op de overneming van de macht in de staat,' roept hij uit. 'De vraag is niet 80 gram meer brood, niet om afgescheept te worden met kleine sociale hervormingen. Wij hebben tot taak dit historische ogenblik voor de politieke verheffing der arbeidersklasse te gebruiken. En wat ook van ons gevorderd zal worden aan persoonlijke toewijding en offervaardigheid – al zou het ons leven moeten gelden – wij zullen het gaarne en jubelend geven ter voldoening aan de eisen van dit historisch ogenblik!'

Troelstra roept de regering toe, dat niet meer op steun van leger en politie te rekenen valt.

'Dit is geen snoeverij. Uw stelsel, mijne heren, uw burgerlijke stelsel, is langzamerhand vermolmd en verrot...'

Zijn rede maakt diepe indruk. Na afloop komt de ministerraad meteen bijeen.

'Laten we een volksreferendum toezeggen. En vrouwenkiesrecht invoeren,' stelt de zenuwachtige minister Heemskerk voor. Kunnen ze de opstekende storm nog keren, door snel een aantal concessies te doen? 'De historie leert, dat alle revoluties die slaagden, geslaagd zijn door de vrees der regeerders, die begonnen toe te geven,' zegt minister Aalberse. De andere ministers vallen hem bij. Ze besluiten in de steden een grote troepenmacht op de been te brengen – met bewaking van ieder belangrijk openbaar gebouw.

Toenemende spanning in het land. Proclamaties. Vergaderingen. Nieuwe kamerdebatten, waarin de regering aan vrouwenkiesrecht belooft. Oproep voor de Vrijwillige Burgerwacht. En een schitterende advertentie van een bioscoop in Rotterdam:

Geen Republiek! Wanorde betekent hongersnood. Waarde burgers, blijf kalm en ga naar de 'Imperial' Bioscoop, Hoogstraat 136. Daar zijn Mie en Ko uit de Jordaan. Die laten U een half uur lachen. Weg met het verdriet. Leve de vreugde! Directie Imperial Bioscoop.

De *Telegraaf* verklaart op 13 november, dat zij onder bepaalde voorwaarden bereid is de revolutie te steunen en dat de eisen der arbeiders redelijk zijn. 'Leve de nieuwe tijd!' roept *De Telegraaf* uit.

Dagen vol spanning glijden voorbij. Dan blijkt dat de SDAP, de vakbonden – en vermoedelijk 90% van het Nederlandse volk – geen heil in een revolutie zien.

Troelstra is alleen komen te staan. Hij wordt in de Kamer gehoond. Vanaf de publieke tribune scheldt iemand hem zelfs voor lafaard uit. Al heeft hij misschien een blunder gemaakt, zijn briljante rede had een beter lot verdiend. Geestelijk en lichamelijk stort hij in elkaar.

Verbitterde en teleurgestelde revolutionaire socialisten als Wijnkoop en Domela Nieuwenhuis trachten nog politieke munt uit de toestand te slaan. Zij roepen tot een algehele werkstaking op. Het loopt op niets uit. Op grootscheepse wijze toont Nederland zijn aanhankelijkheid aan het Oranjehuis, als koningin Wilhelmina met Juliaantje op 18 november op het Haagse Malieveld verschijnt. Soldaten (daarvoor tevoren aangewezen!) spannen de paarden uit en trekken hen voort.

Op het Malieveld spreekt de koningin haar landgenoten toe. Dankend voor alle bewijzen van trouw belooft zij:
'Het is mijn verlangen de voorgenomen hervormingen door te zetten en aan te vullen met de snelheid, die past bij de polsslag van deze tijd...'

Helaas: de demonstratie legt op betreurenswaardige wijze een verband tussen het koninklijk huis en 'rechts'. De tegenstellingen tussen links en rechts verscherpen zich als gevolg hiervan nodeloos.

Troelstra, die zijn oude, welverdiende prestige nooit helemaal meer herwint, heeft met zijn oproep tot revolutie in ieder geval bewerkstelligd, dat de sociale wetgeving wordt uitgebreid. De 45-urige werkweek, verzekering voor invaliditeit en ouderdom, én kiesrecht voor de vrouwen verzekeren de rust. Vrede in Nederland en vrede in de wereld rondom:

Na langdurige en moeilijke besprekingen komt men te Versailles eindelijk tot de ondertekening van een vredesverdrag.
'Een Volkenbond, een vereniging van alle volkeren, moet voortaan de wereldvrede in stand houden,' heeft de Amerikaanse president Wilson vol idealisme beleid. Maar de onverzettelijke, veeleisende Clémenceau is vervuld van een ander plan:
'De grootheid van Frankrijk!' Dat is de enige illusie die de cynische Franse staatsman nog heeft. Het bolsjewistische Rusland én Duitsland klein houden is de enige eis, die hij stelt.
'Gott im Himmel!' huilen de Duitsers verontwaardigd, als de bijna onvolbrengbare eisen van het vredesverdrag aan hen bekend worden gemaakt.

Met een griezelig gebrek aan economisch inzicht krijgen de Duitsers het mes op de keel. Het Saargebied, Elzas-Lotharingen, Sudetenland raken zij kwijt. Het Rijnland zal worden bezet. Ontmanteling van de oorlogsindustrieën, afstand doen van Afrikaanse koloniën en miljarden aan herstelbetalingen worden door de overwinnaars geëist.
'Wij wensen Zeeuws-Vlaanderen en een deel van Limburg,' hebben de Belgen tijdens de vredesbesprekingen naar voren gebracht. 'Nederland heeft bij het terugtrekken der Duitse troepen in Limburg vrije doortocht verleend. Dat het daarvoor moet bloeden lijkt ons juist!'

Minister Van Karnebeek reist haastig naar Parijs. De mogendheden wijzen de Belgische eis af en adviseren, dat beide landen die zaak maar onderling moeten regelen. De besprekingen hierover lopen op niets uit – en doen de onderlinge verhouding natuurlijk geen goed.

Vrede! Nooit meer oorlog. Vervuld van die gedachte gaat de wereld de jaren twintig tegemoet. Een tijdperk lijkt afgesloten, nu de democratie in de Lage Landen stevig ligt verankerd. Voor onstuimige revolutionairen lijkt er geen plaats meer te zijn. Haast symbolisch sterft op 19 november 1919 de grote Domela Nieuwenhuis.
'Géén bloemen of kransen en géén toespraken aan mijn graf. Laat niet bewaarheid worden: *Hier liggen de doden en hier liggen de levenden!*' heeft Domela voor zijn dood tegen zijn kinderen gezegd. Zijn begrafenis, in een overweldigende zee van bloemen, manifesteert, wat hij voor tienduizenden Nederlanders heeft betekend en is geweest. 24 Bootwerkers dragen zijn kist door Amsterdam. Erachter volgen mannen van de arbeidersorganisaties, van socialistische verenigingen, zangkoren en een wapperende wolk van rode vaandels in de haast onafzienbare stoet.

In dichte rijen staan tienduizenden langs de Sarphatistraat en langs de gehele route naar het Centraal Station. Politieagenten, die eens zijn volgelingen uit elkaar joegen, salueren nu als de lijkbaar passeert. Opeens lijkt iedereen er zich van bewust, wat mede dank zij Domela Nieuwenhuis verworven is. Hoe vanzelfsprekend en onmisbaar lijkt nu, waarover zoveel lange jaren is geschreeuwd en getwist.

Op de begraafplaats Westerveld klinken uitsluitend de dichtregels uit de *Opstandelingen* van Henriëtte Roland Holst:

Toen zijt gij gekomen en hebt ons met windselen verbonden
Van broederschap, en uw hart heeft het

De ondertekening van het vredesverdrag van Versailles door de Duitser J. Bell op 28 juni 1919. In het midden voor de spiegel v.l.n.r. Wilson, Clémenceau en Lloyd George. Schilderij door Sir William Orpen.

De Franse Tijd – Negentiende en Twintigste Eeuw
In de jaren twintig

woord gevonden
Dat de verstijving der wanhoop brak...

Niet alleen de verstijving der wanhoop breekt. Vele oude zekerheden zijn door de oorlog in gruzels uiteengespat. Koningen en koninginnen zitten niet meer, zoals vroeger het geval was, zo vanzelfsprekend op hun troon. Hun onderdanen beginnen zich af te vragen:
'Wat is de kracht van een vorstenhuis? Wat is er over van de waarde van een dynastie?' Tsaar Nicolaas, keizer Wilhelm en andere vorsten zijn reeds geknakt in de storm: de wind van de revolutie blies hen weg van hun troon. 'Wat is nog de kracht van de kerk? Wat is over van de waarde van het geloof in God?' Het vertrouwen in beiden is gedaald. In de sociale kwestie heeft de kerk haar taak niet gezien. Het geloof raakte niet alleen door de wetenschap ondermijnd, maar werd tevens door de verschrikkingen van de oorlog aangetast. 'Hoe kon God het toelaten?' Die vraag wordt in toenemende mate gesteld. Een antwoord is er niet.
'Wat is er over van de zekerheid, die het bezit van geld en effecten eens gaf?' In Duitsland zakt de mark. In 1923 is een miljoen mark geen cent meer waard! Wie zijn bezit in Russische aandelen had gestopt, is alles kwijt.

Nieuwe idealen stellen zich voor de oude zekerheden in de plaats: de nieuwe, vrij geworden mens, die over de toekomst kan zegevieren. De psychologie draagt nieuwe vergezichten aan.
'Sigmund Freud heeft gezegd...' De theorieën van de Weense psychiater vibreren door Europa heen.
'Wij kunnen ons bevrijden van onze complexen. Wij kunnen ons losmaken uit de frustraties van onze opvoeding en seks!' Die opwekkende gedachte breekt overal baan. Hoe typerend is de uitspraak van een kunstenaar:
'Ik ben van *Nu*! Mijn enige vijand is mijn *ik* van *Toen*!'

Het slopingsproces van standen en klassen raakt op gang. Zoekend naar nieuwe vormen, naar nieuwe vormen, naar nieuwe menselijke verhoudingen, schieten jeugdbewegingen (Padvinders, A.M.V.J., A.J.C.), vrouwenverenigingen (de man-vrouwverhouding wijzigt zich), arbeidersorganisaties, nieuwe godsdienstige sekten, als paddestoelen uit de grond.
Nu overal treinen lopen, telefoons rinkelen en films worden vertoond, lijkt het met de eeuwenoude afzondering waarin volkeren hebben geleefd, volledig gedaan.
'Nooit meer oorlog!' Die diep gevoelde wens uit zich in organisaties als de *Anti-Oorlogsraad*, *Volkerenbond en Vrede*, *Kerk en Vrede*, *Vrede door Recht*.
Dat het deels óók is afgelopen met de burgerlijke ingetogenheid, is te zien aan de meisjes, die met kort geknipte Bubi-kopjes, in korte rokken, vleeskleurige kousen en met lange sigarettepijpjes het leven bestormen. Het is tevens te zien aan de blote knieën, waarmee de jongens zich nu op straat wagen, aan kleurige hemden, aan nieuwe dansen en nieuwe muziek.

Al dragen de politici in Brussel en Den Haag nog steeds een hoge hoed, al blijft de meerderheid christelijk-conservatief, een kleine voorhoede van zoekende, strijdbare, hoopvolle idealisten stapt nu met nieuwe vormen en normen de jaren twintig in.

Had-je-me-maar, die door de Rapaille-partij als kandidaat bij de verkiezingen werd aangewezen. Aquarel door G. Wildschut.

Nederland na de eerste wereldoorlog is een conservatief land en de christelijke partijen (en de kerken) dragen ertoe bij, dat dit nog jarenlang zo blijft. Sinds de mislukte revolutie van Troelstra heerst in confessionele kringen een venijnig wantrouwen ten opzichte van de S.D.A.P. Zowel door links als door rechts wordt zélfs het Huis van Oranje als argument tegen de ander gebruikt:
'Wilhelmina mag dan jullie koningin zijn, van ons is zij het niet!' roepen socialisten in de Tweede Kamer uit. Als de koningin de Staten-Generaal opent en de troonrede leest, blijven zij én de communisten demonstratief uit het Binnenhof weg. Maar als er stakingen zijn, gedragen de aanhangers van de christelijke partijen zich even absurd. Zij steken 'oranje' op en gaan daarmee tegen de stakers in, terwijl het Huis van Oranje daar natuurlijk niets mee te maken heeft.
Vertegenwoordigers van 17 politieke partijen voeren in de Tweede Kamer het woord. (In 1922 doen 48 partijen aan de verkiezingen mee en in 1933 zullen dat er 54 zijn.)
'Hervormingen doorvoeren met de snelheid, die past bij de polsslag van deze tijd!' heeft koningin Wilhelmina op het Malieveld toegezegd. De pols der Tweede Kamer tikt met de vaart van grootvaders klok.

Al vrij gauw na de vrede komt Nederland (na een korte opleving) in een economische crisis terecht. Het kabinet van Ruys de Beerenbrouck (R.K.) weet er geen antwoord op. Er heerst chaos in Duitsland en ook elders in de wereld blijft het (verwachte) herstel uit. Daardoor komt de export niet op gang. De werkloosheid neemt weer toe, met als gevolg, dat de lonen in bepaalde sectoren naar beneden gaan.
'Staken. We moeten staken!' klinkt het opnieuw. De angst, dat de werkgevers van de malaise zullen profiteren en de lonen terug te draaien en de werktijden op te schroeven, leeft overal. De socialisten roepen dan ook hun aanhang op voor een grootscheepse demonstratie op het IJsclubterrein in Amsterdam. 'Vijftigduizend demonstranten bijeen!' meldt *Het Volk*. Zij staan daar met spandoeken en hier en daar dreunt een spreekkoor:

Wie maakt onze centen zoek?
Dat is Ruys de Beerenbrouck.

Het kabinet van Ruys de Beerenbrouck voelt aanvankelijk niets voor regeringssteun aan de duizenden gezinnen, die nu in grote moeilijkheden zijn. Een kleine scène tijdens een vergadering van de ministerraad typeert de sfeer onder de christelijke leiders van Nederland:
'Loonsverlaging! *Dát* zal de situatie verbeteren!' meent de minister van Buitenlandse Zaken, jhr. Van Karnebeek.
'We moeten de gehele werklozensteun afschaffen,' zegt de minister van Landbouw en Nijverheid. Aalberse, minister van Arbeid, protesteert met kracht: 'Het is een schande, zoals hier over de werklieden wordt gesproken. Velen hebben al maanden van werkloosheid achter zich. De gezinnen zijn uitgeput. Wil men nu die duizenden naar de armbesturen verwijzen? Moet het opnieuw tot demonstraties en oproer komen?
'Een angst-argument!' schampert generaal Pop, die minister van Oorlog is. 'Nee, een argument van regeringsbeleid!' antwoordt

Aalberse geraakt.

Pas na een fel debat mag hij de leeggeraakte werkelozenkassen te hulp komen. Maar wél wordt de arbeidstijd verlengd van 8 uur tot 8 1/2 uur per dag.

Eensgezind keren hervormden en katholieken zich tegen het 'rode gevaar'. Met de angst voor revolutie en sociale woelingen nog in de benen, roept de regering een *Centrale Inlichtingendienst* in het leven – buiten de Tweede Kamer om! Al is het maar een kleine dienst (totale kosten 40.000 gulden per jaar), het doen en laten der rooie rakkers wordt toch nauwlettend gecontroleerd.

Onrustig is het wel. Tussen 1919 en 1920 krijgen 2600 ondernemingen *jaarlijks* te maken met een staking of een arbeidsconflict. *Ieder* jaar gaan 1.800.000 arbeidsdagen verloren. Over en weer ontbreekt het aan inzicht en begrip. Een ondernemer schrijft: 'Wanneer de arbeiders willen meepraten, heb ik daar vrede mee, zolang het maar bij meepraten blijft. Het *beslissen* moet de werkgeven doen en hij alleen!' Erg meegaand klinkt dat niet. De brieven, die de personeelsorganisatie van de Spoorwegen over tal van problemen aan de directie stuurt, krijgt men dikwijls *ongeopend* terug. 'We moeten het personeel 'eronder' houden, anders wordt het een chaos, kerel!' is een standpunt, dat nog in vele leidinggevende kringen leeft. Is het wonder, dat Troelstra de zaken voor zijn socialisten scherp stelt?
'De strijd voor de verdwijning van het kapitalisme staat nu op het éérste plan!'

Ondanks deze scherpe tegenstellingen daalt de belangstelling voor de binnenlandse politiek. Het grote werk (kiesrecht, sociale wetgeving, onderwijs,) lijkt gedaan. Voor het gemeier in de Tweede Kamer over de kleinere kwesties loopt niemand meer warm. Vroeger gaf het districtenstelsel nog heftige debatten en vurige toespraken te zien. Om hun aanhang naar de stembus te lokken, gaven de politici hun gehoor toen nog het volle pond. Thans is iedereen *verplicht* om naar de stembus te gaan, maar er staan namen op de verkiezingslijsten, die niemand kent. Veel enthousiasme wekt dat niet.

De eindeloze redevoeringen in de Kamer, waar 17 partijen zich over de kwesties moeten uitspreken (en dat doorspekken met bijbelteksten en menige theologische spitsvondigheid) hebben de interesse gedood. Het doodt tevens de kracht van de democratie, want antidemocratische groepen beginnen zich te weren – zowel in het progressieve als in het conservatieve kamp.
'Het gaat mis!' roept professor Bolland in Leiden. 'De grote hoop stedelingen, die niet werken wil, eist onderhoud van de staat. Dat gaat ten koste van hen die vlijtig en spaarzaam zijn!'
'Het is belachelijk dat Jan-met-de-pet stemrecht heeft,' zeggen anderen en zij nemen Mussolini tot voorbeeld, die als leider van het fascisme in Italië aan de macht is gekomen.

Ook anarchistische kringen roeren zich:

Erich Wichman, schilder, schrijver, beeldhouwer, bohémien en alcoholist, is fel gekant tegen alles wat democratisch is. Hij sticht de Rebelse Patriotten en bedenkt, om de democratie belachelijk te maken, een prachtig plan:
'Héé, jongens, we gaan meedoen aan de verkiezingen voor de gemeenteraad!'
'Verdomd ja. Dan noemen we ons de Rapaille-partij. Dat klinkt goed!'
Gelach. Nog een rondje. Ze zullen eens flink aanschoppen tegen dat verburgerlijkte Nederland.
'Héé, we moeten een programma hebben!'
Een slok. Even nadenken. Nog een slok. 'Ik ben voor vrij vissen in het Vondelpark!'
'En ik voor een borrel, die niet meer kost dan 5 cent!'
Met die 'baanbrekende' programmapunten gaan ze de verkiezingen in. Om het goed gek te maken, kiezen ze een flinke lijstaanvoerder uit: *Had-je-me-maar*, een bekend Amsterdamse straatzanger, die zichzelf door het slaan op een koektrommel begeleidt.
Ruim 14.000 Amsterdammers – die niets meer in de bestaande partijen zien – brengen hun stem op de Rapaille-partij uit. Zij denken, dat er op die manier nog wat te lachen valt. Lang duurt het lachen niet. Kort na zijn verkiezing verhuist Had-je-memaar naar een rijksopvoedingsgesticht.
'Ha, ha...' Dit droeve staaltje is eigenlijk om over te huilen, doch men lacht het toch maar weg. In de binnenlandse politiek gebeurt veel dat irriteert en onverschillig maakt. En met de buitenlandse politiek is het niet veel beter gesteld. Zonder veel animo is het neutrale Nederland in 1920 lid geworden van de Volkenbond.
'Van onze geliefde onzijdigheid kan, hoe betreurd door velen, nu geen sprake meer zijn,' wordt door vele kamerleden naar voren gebracht. Het lidmaatschap legt immers internationale verplichtingen op? Moet er daarom niet aan de bewapening worden gedacht?
'Gewapende landsverdediging betekent nationale zelfmoord,' roept ir. Alberda, opvolger van Troelstra, de socialisten toe. S.D.A.P. en N.V.V. organiseren een grote demonstratie op Houtrust in Den Haag, die zich tegen bewapening keert. In verschillende garnizoenen komt het tot een rel. Er vallen zelfs schoten, waarbij een sergeant wordt gedood.

In die verhitte sfeer komt de regering (die wegens grote tekorten ernstig moet bezuinigen en ambtenarensalarissen reeds heeft besnoeid) met een wet, die moet leiden tot uitbreiding van de vloot.
'Zijn ze daar in Den Haag nou helemaal bemalzerd!' Een flink deel van het Nederlandse volk komt in de grootste opwinding op de been. 1.300.000 Nijdig gezette handtekeningen gaan in protest naar Den Haag. Op het terrein van de Amsterdamse IJsclub demonstreren 90.000 mensen tégen de vlootwet die op handen is: de grootste demonstratie die Nederland ooit heeft gekend.
'Alleen al het tekort op de crisis-dienst bedraagt 1500 miljoen. En dan nog kruisers? Nóóit!'
Een enorme menigte (alweer de grootste ooit bij een kamervergadering vertoond) heeft zich bij het Binnenhof opgesteld, als de vlootwet in stemming wordt gebracht. Omdat het er zéér om zal spannen, hebben zelfs zieke kamerleden zich naar de Tweede-Kamerbijeenkomst gesleept. Dat was wel nodig ook: met 50 stemmen tegen 49 wordt de vlootwet (in 1925) getorpedeerd.

De ministers treden af. Van allerlei kanten roept men nu om een sterke regering, om een krachtig gezag. Men eist bezuinigingen, kordaatheid, durf. Velen stellen nu hun hoop op Hendrik Colijn, de opvolger van Abraham Kuyper, die sinds 1923 minister van Financiën was en nu minister-president wordt.

Hendrik Colijn, boerenzoon uit de Haarlemmermeer, calvinist. Zestien jaar heeft hij in Indië doorgebracht. Hij vocht in Atjeh als adjudant van Van Heutsz. Voor zijn dapperheid, vooral getoond bij de bestorming van de kraton van de sultan, is hem de Militaire Willemsorde toegekend. Hij heeft steeds hoge eisen aan zichzelf gesteld:
'Mijn gezin heb ik bij 's lands dienst geheel ten achter gesteld,' schreef hij in 1909 aan zijn superieuren. 'Wij zijn zestien jaar getrouwd en ruim elf jaar daarvan was ik niet bij mijn gezin, waren vrouw en kinderen alleen, soms anderhalf jaar achter een...'

Omdat hij over onvoldoende kapitaal beschikt om in de politiek te blijven (het jaarsalaris van een minister bedraagt 12.000 gulden per jaar maar hij wil dáár niet afhankelijk van zijn!) neemt Colijn een benoeming aan als directeur bij de Bataafsche Petroleum Maatschappij. Na acht jaar is hij een vermogend man. Hij laat de koninklijke Olie – en de honderdduizenden aan tantièmes – in de steek om zich geheel in te zetten voor de politiek. (Met al zijn geld doet

Schaftuur van de dokwerkers, door G.H. Breitner (1857-1923).

De Franse Tijd – Negentiende en Twintigste Eeuw

Colijn achter zijn werktafel met de sigaren binnen handbereik.

De Nieuwe Werkelijkheid, anonieme litho (ca. 1925).

hij overigens in stilte heel veel goed. Enkele insiders weten te vertellen:
'Hij laat tientallen studenten op zijn kosten studeren, schenkt aan allerlei instellingen veel weg en helpt menige arme drommel met leningen en geld, voor een totaal bedrag van 3 ton!')
Het zijn niet alleen de 'kleine luiden' van de Anti-Revolutionaire Partij, maar ook de ondernemers, die hem weldra op de handen dragen en in hem een krachtig leider zien:
'Hij hakt tenminste knopen door! Hij zeurt niet en heeft lef!'
De socialisten kunnen zijn bloed wel drinken:
'Hij is een kapitalist! Hij dient alleen het oliebelang!' Dat hij per dag 25 sigaren rookt van een kwartje per stuk – en zo per week het inkomen van twee arbeidersgezinnen verpaft! – vergeeft een deel van het volk hem niet.
'Zo'n man toch!' zeggen de kleine luiden bewonderend. 'Ook al in het sigarenroken een geweldenaar!'
Als geen ander laat Colijn zijn invloed op het politieke leven van Nederland gelden. Hij is de sterke man, die zijn klewang zet in de uitgaven van het rijk en de huishouding saneert, die in een rampzalige toestand verkeerde. Hij beknot de zich uitbreidende staatsmacht en staat voor de burgerlijke vrijheid op de bres. Met nieuwe belastingen (o.a. belasting op fietsen met het zogenoemde rijwielplaatje) dekt hij het tekort. In de straten van Nederland klinkt het lied:

Hein Colijn, zit voor het raam, drinkt zijn advocaatje.
Kijkt daarbij door het raam, naar een rijwielplaatje
Tien miljoen, 't is te kort, geloof maar dat het waar is
En de armen krijgen nu, korting van salaris...

Omdat het Duitse achterland zich langzaam herstelt, kruipt ook Nederland uit de naoorlogse malaisejaren vandaan. In 1925 zegt Ernst Heldring, voorzitter van de Kamer van Koophandel in Amsterdam:
'Vergelijkt men de toestand hier te lande met die in de naburige staten, dan ligt daar Nederland rustig, als een vreedzaam eiland.

Hier overheersen rustige bedrijfsomstandigheden, en herstelt zich langzaam de lijn van onze voorspoed!'
In Nederlands-Indië gaan de zaken goed en verdere mechanisatie van het bedrijfsleven in Nederland werpt vruchten af. Er worden flinke initiatieven ontplooid: de Koninklijke Nederlandse Zout-industrie exploiteert de ontdekte zoutlagen bij Boekelo. Chemische fabrieken zijn rondom de steenkoolmijnen in Limburg ontstaan. De Koninklijke Nederlandse Hoogovens en Staalfabrieken zijn (in 1918) opgericht en geven Nederland een eigen staal- en ijzerbron. Wie bijna letterlijk zijn vleugels uitslaat is een jonge luitenant-vlieger op Soesterberg:
In het jaar 1919 heeft Albert Plesman bij een Haagse notaris de Koninklijke Luchtvaart Maatschappij gesticht. Het predikaat *Koninklijke* is bij hoge uitzondering reeds vóór de oprichting door koningin Wilhelmina verleend.
17 mei 1920 stijgt het eerste toestel op, van het kleine vliegveldje Croydon in Engeland. Het is een verbouwde, éénmotorige tweedekker, merk De Havilland Airco.

De vlucht naar Schiphol betekent *de opening van 's werelds eerste luchtlijn!* Ex-oorlogsvlieger Jerry Shaw zet zijn twee passagiers (Britse verslaggevers) veilig op de grond. Enkele autoriteiten stellen de vraag: 'Was u niet bang?' De verkleumde reporters knikken. Eén van hen is flink luchtziek geweest.
De opening van 's werelds eerste luchtlijn haalt in Nederland de voorpagina's niet. (Dáár staat, dat de Zwitserse voetbalploeg de Nederlanders heeft verslagen met 2 tegen 1). Maar voor Plesman is de eerste stap gezet. 'Bouw me twee verkeersvliegtuigen,' zegt hij tegen Anthony Fokker. Met een geweldige visie werkt hij aan de uitbouw van zijn K.L.M. Als tegen de winter het vliegseizoen sluit, beschikt hij over 4 vliegtuigen (waarvan 2 overdekt) en een luchtnet van 942 kilometer: van Amsterdam naar Londen, Bremen, Hamburg en Rotterdam. 'We hebben dit eerste jaar 345 passagiers, 3000 kg post en 22.000 kg vracht vervoerd,' kan hij melden als de balans is opgemaakt. 'Dat is me toch wat!' Het gehele personeel der K.L.M. – 12 man sterk – gloeit van trots. Hoe onvoorstelbaar het ook lijkt,

Het Schröderhuis in Utrecht, door G.T. Rietveld (1924).

Compositie met geel en blauw, door P. Mondriaan (1929).

Wat blijft ons over van dit lange derven
Dat leven is? Wat, dat ik nog begeer?
Voor hem en mij een herfst die niet kan sterven
Zon, mist en stilte, en dan voor immermeer...

Net als menig middeleeuwer deed, lijkt Adriaan Roland Holst in zijn gedichten de wereld te ontvluchten. Hij wil weg 'uit het vale decor van ruimte en tijd'. Ook hij beseft, in *Zwerversliefde*, dat álle dingen eens voorbij zullen zijn:

O, laten wij maar zacht zijn, en maar niet
het trotse hoge woord van liefde spreken,
want hoeveel harten moesten daarom breken
onder de wind in hulpeloos verdriet.

Veel liefde ging verloren in de wind,
En wat de wind wil zullen wij nooit weten;
en daarom – voor we elkander weer vergeten –
laten wij zacht zij voor elkander, kind.

Met korte, duidelijke zinnen zoeken kunstenaars naar eerlijkheid, waarheid. De *kubisten*, onder wie schilder Piet Mondriaan, willen de chaotische wereld ordenen. Zij zetten hun strakke, geometrische figuren op het doek. De vooruitstrevende architecten van de *Stijlgroep* trachten hetzelfde in de bouwkunde te doen. Ook zij zoeken naar zakelijke, strakke vormen, met staal, beton en glas.

Strakheid in een wereld, die nu zo vol dolle, uitgelaten fratsen zit. Het leven swingt. Het vestigen van nieuwe wereldrecords is een rage, die (als zoveel) uit Amerika is overgewaaid: wie het langst kan zitten op een paal, wie het langst kan dansen, roken, in het water kan liggen, of kan leven onder de grond.

Sterk is de drang om op te vallen, beroemd te worden, headlines te halen in de krant. Gouden auto's van filmsterren. Dolle uitspattingen van Amerikaanse miljonairs. De *charleston* brengt ook de Lage Landen in een roes; de *heebiejeebie* raakt in:
'Een pas links voorwaarts, een pas rechts voorwaarts, een pas links voorwaarts, rechts aansluiten,' leren de dansmeesters. (Zo gaat het in Nederland óók in de politiek, al danst men daar wat veelvuldiger met de *rechter* voet!)
'Leve het vrije huwelijk!' Met die slagzin proberen jonge mensen de boeien rond seks te verbreken. Alles kan en alles mag, al blijven de geschokte protesten niet uit.

Even is er een ontnuchtering geweest, als een cycloon het plaatsje Borculo treft. De verwoesting is groot:
'Vier doden, tientallen gewonden, 2000 mensen dakloos!' meldt burgemeester Muralt. Honderden koeien en varkens liggen onder het puin. Verzekeringen die de

reeds vier jaar later volgt de eerste vlucht naar Indië.
In de tweede helft van de jaren twintig gaat Nederland met sprongen vooruit. Dank zij ir. Steringa à Idzerda, die in 1919 in Den Haag met de eerste proefuitzendingen is begonnen, heeft de radio zijn opwachting gemaakt.
'Hier zijn de koersberichten!' klinkt het in de eerste regelmatige uitzendingen vanuit Amsterdam, die de Vereniging voor de Effectenhandel met een eigen zender heeft georganiseerd. Korte tijd later zendt het persbureau Vaz Dias via die zender nieuwsberichten uit. Mede door de vraag naar radiotoestellen verdubbelt Philips in één jaar tijd het aantal werknemers: van 10.000 tot 20.000 man.
Geen wonder, nu omroeppionier Willem Vogt zijn AVRO op poten zet en NCRV, KRO, VARA en wat later de VPRO zijn voetsporen hebben gevolgd. Die *verzuiling* van de omroep – zo typerend voor Nederland, waarin álles verzuilt in protestant, katholiek, socialistisch of liberaal – brengt buitenlandse bezoekers keer op keer in verbazing.
De margarinefabrieken van Jurgens en Van den Bergh fuseren met Lever Brothers. Als Unilever groeien zij tot een wereldbedrijf uit.
'Alles lijkt mogelijk. Wat leven we toch in een fantastische tijd!' Die uitspraak is overal te horen, als het onmogelijke steeds weer mogelijk blijkt: radio, *sprekende* films en zelfs telefoongesprekken met Batavia.
Indrukwekkend is de prestatie van de firma L. Smit & Co uit Maassluis. De sleepboten Roode Zee, Schelde, Indus en Zwarte Zee slepen een Engels dok van 20.000.000 kg staal, 21 meter boven het water uitstekend, van Newcastle naar Singapore.
'Waarom Hollanders?' Waarom doen de Britse slepers dat niet?' De leden van het Engels Lagerhuis vallen hun regering daarover aan.
'Omdat de Nederlandse zeeslepers de besten zijn. Geen enkele verzekeringsmaatschappij wil het risico van het transport dekken, tenzij de firma Smit het doet!' antwoordt de Britse regering en heel Nederland straalt van trots. De mannen uit Maassluis leggen de 8500 zeemijlen met het reusachtige Singaporedok in 117 dagen af.
In de jaren twintig groeit het aantal fietsen (met rijwielplaatjes van een riks!) tot bijna 4 miljoen. Het aantal auto's stijgt van 10.000 (in 1920) tot 110.000 (in 1930). Daarnaast rijden er nog 180.000 vrachtwagens rond. De chauffeurs ergeren zich kapot aan de tollen die nog worden geheven, o.a. te Muiden en Maartensdijk: 'Middeleeuwse rechten, die de tand des tijds hebben doorstaan!' Verschillende keren worden die tollen met acties van lange rijen toeterende automobilisten gekraakt.
Een schitterend beeld van de middeleeuwen heeft de historicus Huizinga juist gegeven. Op grootse wijze heeft hij de 14de en 15de eeuw in felle kleuren tot leven gebracht. *Herfsty der Middeleeuwen* heet zijn boek, dat het menselijke verlangen naar een schoner, beter leven schetst – en tevens zo duidelijk de onmacht en wanhoop van de late middeleeuwers tekent, omdat het betere leven zo onbereikbaar lijkt.
Haast datzelfde gevoel van hunkering heeft zich van een aantal Nederlandse schrijvers meester gemaakt. J.C. Bloem heeft net zijn bundel *Het Verlangen* gepubliceerd. Bij de dood van een vriend dicht hij:

543

De Franse Tijd – Negentiende en Twintigste Eeuw

De grote stad, door de Duitse expressionist Otto Dix. De schilder wilde met dit schilderij een beeld geven van zorgeloosheid en decadentie van de jaren twintig.

schade dekken, zijn er vrijwel niet.

Koningin Wilhelmina en de 16-jarige Juliana haasten zich naar het zwaar geteisterde gebied. Binnen enkele dagen brengen de Nederlanders 3 miljoen gulden bijeen. Als Borculo herbouwd is, blijkt van dat geld nog een halve ton over te zijn.

'Dat was een straf van God! Een waarschuwing voor te veel frivoliteit!' Vermanend heffen de predikanten hun vinger op. Even heeft men door Borculo stilgestaan bij de kwetsbaarheid van het menselijk bestaan. Dan rollen de vrolijke jaren twintig weer voort. Wit geblazerde studentjes met strooien hoedjes op volgen de verrichtingen van Sprenger van Eyck, die de Rally van Monte Carlo wint. Lieve mevrouwtjes met gebobt haar (gehesen in soepjurken en plat als een schol) gaan met hun echtgenoot (in smoking) een avondje luisteren naar Louis Davids, die met zijn liedjes triomfen viert:

... Maar wie betaalt het pakkie van de vice-admiraal...?
Dat is de kleine man, die hele kleine man

Zo'n doodgewone man met zijn confectiepakkie an
Zo'n hongerlijer, zenuwlijer van een kleine man...

De kleine man! Laten we hem niet over het hoofd zien in de jaren twintig. Voor hem zijn die jaren zo vrolijk niet! Hij slaat zich zo goed mogelijk door het leven heen. Dat valt niet mee in een land, waarin de vrijhandel zegeviert en de regering op álles bezuinigt – het onderwijs inclusief! De mijnwerkers krijgen nog maar 2 vakantiedagen per jaar. Voor de fabrieksarbeiders zijn het er 4, soms 6.

Kelners werken nog 70 tot 80 uur per week. Wél zijn de grootste sluizen ter wereld te IJmuiden gereedgekomen en verrijst het eérste stuk van de Afsluitdijk reeds boven de golven van de Zuiderzee.

Maar niet al te veel geld wordt door de regering voor sociale doeleinden beschikbaar gesteld. Niet voor niets schrapen de diamantarbeiders jaar na jaar het afvalslijpsel bijeen. Met die kruimels komt onder de bezielende leiding van Jan van Zutphen de bouw van een eigen t.b.c.-sanatorium tot stand: Zonnestraal, bij Loosdrecht.

Kinderen van de kleine man in de 'getto's van de rooie dorpen' hebben nauwelijks kans los te komen uit hun miserabel milieu. Dat er nog steeds geschreeuwd wordt om hervormingen, begrijpen vele rijken niet. Die kankeren, dat ze 10.000 gulden belasting moeten betalen op een inkomen van een ton! Hoe geniet de uitgaande wereld van een nummer, dat de grote komiek Buziau brengt. Met wrange spot neemt hij de steeds bezige socialisten op de hak, tot genoegen van de gezeten burgerij:

De scène op het toneel is een vergaderzaal. Buziau, als vakbondsleider, neemt het woord:
'Arrebeiers!'
Gejuich.
'We binne allemaal arrebeiers!'
Gejuich.
'En omdat we arrebeiers binne...'
Gejuich.
'Motte we ook arrebeie!'
'Is-ie belazerd? Sodemieter die vent eruit!'

Gelach in de zaal, waar het 'nette' publiek nog maar weinig van het streven der rode massa begrijpt – al komt er nu eindelijk een toenadering tussen werkgever en werknemers tot stand.

Niet het lot van de kleine man, maar het al dan niet zenden van een gezant naar de paus, brengt in Nederland een kabinetscrisis teweeg. Al werken katholiek en protestant nauw samen in de politiek, in het land wordt de 80-jarige oorlog nog steeds gevoerd. Verbijsterende taal wordt op een vergadering van de Staatkundig Gereformeerde Partij gehoord:
'Het is al gruwel, dat een roomse man voorzitter van de Tweede Kamer is. Al die roomsen – wel 30% van de bevolking – moeten weg. 'k Wil ze niet dood maken, dat mag niet. Ze moeten gotenscheppers worden...'

De katholieken hebben het daar af en toe wel naar gemaakt. Hechter dan ooit (en katholieker dan de paus!) houdt de kerk haar schapen in een keurslijf geperst. Het is hen verboden advertenties te plaatsen in een protestantse krant, of lid te zijn van een socialistische vereniging. Kopen bij protestantse winkeliers mogen ze nauwelijks of niet.

'Als nooit tevoren bloeit het katholieke leven op!' zeggen de roomse voormannen en ze hebben gelijk. Eén op de honderd katholieken gaat in een klooster, of wordt tot priester gewijd. De gezinnen gaan driemaal per week naar de mis. Zij voldoen aan de strenge eisen, die de kerk hun stelt. De kinderen gaan naar gedegen roomse scholen – en leren daar enormiteiten, die met ieder wetenschappelijk onderzoek in tegenspraak zijn. Maar ook op de gereformeerde *School met den Bijbel* gaat men er hard tegenaan.

Rooms en *duivels* zijn daar bijna synoniem. Tijdens de geschiedenislessen vertellen de meesters dreigend:

'De katholieken hebben Willem de Zwijger vermoord. En ook die lelijke Lodewijk XIV, die tegen stadhouder Willem III vocht, was (natuurlijk) katholiek.'

Dat alles verklaart misschien de kabinetscrisis over het al dan niet zenden van een gezant naar de Heilige Stoel. Zoiets kan alleen in Nederland! En alleen in Nederland breken in de politiek hevige hartstochten los, als de Olympische Spelen in 1928 gehouden mogen worden in Amsterdam. De regering wil daarvoor een garantiefonds schenken van 1 miljoen. Een deel van de Tweede Kamer vliegt overeind: 'De Olympische Spelen zijn heidens. De massa grijpt naar de vermaken der oude Grieken. God en Zijn Woord worden veracht!' roept dominee Kersten van de Staatkundig Gereformeerde Partij. Hij krijgt de steun van katholiek en protestant. 'De vrouw, door de sportmanie aangegrepen, gaat haar gevoel van kiesheid en eerbaarheid verliezen... Zij werpt zich half gekleed op de sportmarkt der vermakelijkheid!' meent een ander kamerlid.

Drie volle dagen duren de debatten – waarbij het linkse deel der Kamer *voor het eerst* de rechtse regering steunt. Toch krijgt het Olympisch Comité die miljoen gulden *niet*: met 48 tegen 36 stemmen hebben de leden van de Tweede Kamer het plan verworpen. Gelukkig komt het bedrag nu met vrijwillige bijdragen bijeen.

Je maintiendrai, je maintiendrai
Holland spreekt een woordje mee...

Die woorden schallen door het juist gereedgekomen Olympisch Stadion, als prins Hendrik op de eretribune heeft plaats genomen en 3015 sportkampioenen uit alle delen van de wereld hun ronde hebben gemaakt. De medailles voor Nederland stromen binnen: gouden plakken voor zwemster Zus Braun, bokser Bep van Klaveren, voor wielrenners Leene en Van Dijk, voor Pahud de Mortanges' ruiterploeg; 9 maal zilver, 4 maal brons. Vele duizenden staan voor kaartjes urenlang in de rij – vooral voor de voetbalwedstrijd Nederland-Uruguay.

De jaren twintig rollen vol optimisme en met toenemende welvaart voorbij. Charles Lindbergh heeft zijn solovlucht over de Atlantische Oceaan volbracht. De KLM vliegt in 1928 maar liefst 1.578.115 kilometers bij elkaar. De uitvoer van de produkten stijgt tot 1.990 miljoen (tegen een invoer van 2.752 miljoen). De lonen gaan langzaam maar zeker omhoog. Als teken van de welvaartsvergroting breidt het elektriciteitsnet zich naar alle kanten uit. Het *Algemeen Handelsblad* constateert in oktober 1929 met grote tevredenheid:

'Inderdaad heeft thans de geringste arbeiderswoning evenveel licht als het huis van een rijke zestig jaar geleden. Onze straten en pleinen baden in een verlichting, welke de verbeelding prikkelt. Het is alsof de dagen, en daarmee de levendige uren van ons leven, worden verlengd. Dankbaar aanvaarden wij de resultaten van de moderne techniek.'

De koningin heeft in haar troonrede gezegd:

'De toestand van handel en nijverheid geeft in menig opzicht stof tot dankbaarheid!'

En opeens valt de klap...

Affiche vervaardigd ter gelegenheid van de Olympiade in Amsterdam in 1928, door J. Rovers.

De Wolkenkrabber aan het Victoriaplein te Amsterdam, ontworpen door J.F. Staal (1929-1931), links.

Het gemeentemuseum in Den Haag, door H.P. Berlage. Het eerste ontwerp dateert uit 1919-1920, het tweede uit 1928-1929. De bouw werd in 1935 voltooid, uiterst links.

De Franse Tijd – Negentiende en Twintigste Eeuw
De grote crisis begint

De wereld in 1929: Het fanatisme neemt toe, zowel links als rechts, omdat de democratie in menig opzicht faalt.

In Italië is Benito Mussolini verbitterd uit de eerste wereldoorlog teruggekeerd:

'Toen haatte ik de politici, die alleen aan hun herverkiezing dachten en een handelsartikel maakten van ieder ideaal!' Sedert het begin van de jaren twintig heeft hij de macht in handen. Als fascist keert hij zich tégen het internationale socialisme, tégen het communisme, tégen het parlementaire stelsel, tégen het pacifisme dat de nationale krachten verslapt. Met terreur en censuur heeft hij de democratie onthalst, maar in het corrupte, chaotische Italië toch ook veel tot stand gebracht.

In Duitsland keert de National-Sozialistische Deutsche Arbeiter Partei zich tegen de democratie, die de socialisten er hebben verwezenlijkt. De leden van die NSDAP vormen aanvankelijk een kleine groep heethoofden, die communisten en joden haten; die de vrede van Versailles als smaad hebben ondergaan; die vanuit hun eigen kleinheid willen geloven aan de superioriteit van hun ras.

'Heil Hitler!' roepen ze in 1929 tegen de 40-jarige ex-Oostenrijker, ex-korporaal, ex-huisschilder, Adolf Hitler, die met groot talent voor propaganda (en met geüniformeerde knokploegen) steeds meer aandacht op zich vestigt.

In Rusland is Jozef Stalin de grote Lenin opgevolgd. Hij staat voor de onvoorstelbare taak het immense land (een zesde van het aardoppervlak, inwoners van veler nationaliteit) op te heffen uit het moeras van achterlijkheid. Stalin doet dat met een ijskoude terreur en een keiharde dictatuur. Het welgedane Westen lacht, of is bang, maar steekt geen hand uit om de Russen bij die geweldige opgaaf te helpen. En dan Amerika:

'De zaak van Amerika is om zaken te doen,' heeft president Calvin Coolidge beweerd. En die worden er gedaan! Europa en de rest van de wereld staan voor miljoenen bij Amerika in de schuld. Amerika produceert, produceert, produceert, maar de rest van de wereld kan niet langer tot grote aankopen overgaan.

'Van krantenjongen tot miljonair.' Zo heette keer op keer het échte sprookje, dat in Amerika werd opgevoerd.

Standbeeld van Cornelis Lely (1854-1929) aan de Afsluitdijk. Dankzij minister Lely's initiatief werd begonnen met de afsluiting en de inpoldering van de Zuiderzee.

New York, 24 oktober 1929: De Effectenbeurs in Wall Street is de handel vrij rustig begonnen. Opeens komt er een groot aanbod van aandelen los.
'Wat is er aan de hand?' vragen de makelaars elkaar. Niemand weet het. De koersen zakken, storten de komende dagen geheel in elkaar. Zes effectenhandelaars vallen flauw. In panische angst schreeuwen anderen in het beursgebouw: 'Wie koopt? Wie biedt?'
Niemand.
'God, wat gebeurt er?'
Hoewel de beurskrach meer het gevolg is van allerlei onverantwoorde speculaties, markeert deze de kentering in de economische toestand die in deze tijd optreedt na de jaren van economische opgang en optimisme.
Bankiers steken de koppen bij elkaar. Men hoopt nog op herstel, maar reeds op 29 oktober worden 16.400.000 aandelen verkocht: eerst voor de helft van de waarde, dan voor een kwart, dan voor een tiende, dan voor een twintigste van de vroegere prijs.
'Van miljonair tot krantenjongen,' heet het nieuwe sprookje en het is een ellendige werkelijkheid. Fabrieken sluiten. Banken gaan dicht. Werkloosheid.
President Hoover wacht dadeloos af, of het getij keert. De depressie zet steeds verder door. Meer dan 12.000.000 mensen komen zonder werk. De vrolijke jaren twintig hebben opgehouden te bestaan.
De terugslag in de Lage Landen volgt niet meteen, maar toch vrij snel daarop.
'Duikeling aan de Newyorkse beurs!' medt het *Algemeen Handelsblad* op pagina 8, nog weinig verontrust.
'We moeten onze produktie wat inkrimpen!' bedenken voorzichtige ondernemers.
Een deel van het personeel krijgt ontslag. Doordat de werkloosheid toeneemt, wordt er door de winkels minder verkocht.
'De bestellingen blijven uit. We moeten onze produktie nog verder beperken!' zeggen daarop de ondernemers. Ze zien de prijzen dalen, en desondanks wordt er nog niet gekocht.
'We moeten de buitenlandse goederen weren, dan zal het hier wel beter gaan!' eisen zij van de regering, want land na land beschermt zijn eigen industrie. Daardoor lopen uitvoer en invoer terug: in 3 jaar tijd met 57 respectievelijk 52 %. Dát is een klap, die niet alleen de handel maar ook de scheepvaart terdege voelt. Het regent ontslagen en bedrijven gaan dicht.
'In godsnaam, geef ons toch werk,' smeken de werklozen. Hun aantal groeit met de dag: tot 100.000, tot 200.000, tot 415.000 in 1936. Maar reeds in 1930 tekent zich voor de regering de volle omvang van de crisis af.

Onder aanvoering van minister-president Ruys de Beerenbrouck komt langzaam een steunregeling voor de werkelozen tot stand. Een Nationaal Crisis Comité wordt opgericht. Men tracht te helpen met uitkeringen van omstreeks ƒ 19.- per week. De werklozen krijgen gratis rijwielplaatjes en worden goedkoop van brandstof voorzien. Het is niet genoeg:
'We kunnen hooguit 23 cent in de week aan vlees uitgeven,' snikt een moeder, die zes kinderen heeft. Wanhopig zoekt haar man naar werk: dag in, dag uit; week in, week uit; maand in, maand uit; jaar in, jaar uit.
'Ik heb niet meer dan 8 cent in de week

voor de ontspanning van ons hele gezin: voor verjaardagen, voor een schoolreisje van een kind, voor een ritje met de tram, voor het sturen van een briefkaart... Acht cent in de week!'

Regering en parlement zien zich voor formidabele problemen geplaatst. Als mensen van hun tijd passen zij *zuinige* lapmiddelen toe. Zullen de dalende lonen niet vanzelf leiden naar een krachtig herstel?

Met Ruys de Beerenbrouck als lijstaanvoerder gaan de katholieken de verkiezingen in, met de slagzin:
'De edelman, die werkt voor het volk!'

Ruys wil best helpen, ook al is hij erg voorzichtig met de gelden van de staat. De nood van honderdduizenden gezinnen zweeft hem werkelijk wel scherp voor de geest. Als hij op een koude oktoberavond in zijn onverwarmde kamer zit, vraagt zijn vrouw:
'Waarom stook je niet?'
'De werklozen krijgen hun kolentoeslag eerst op 1 november. Zou ik dan nú al stoken gaan?' Hij lijdt mee — en ondertussen worden er *nóg* minder kolen verkocht.

De Lage Landen in de jaren dertig: het trieste beeld van lange rijen mannen voor de deur van een stempellokaal.
'Alsjeblieft,' zegt de man achter het loket. Een stempel op een kaart en dan de steunuitkering voor de volgende week. Jonge en oude kerels, die maar moeten hangen, hangen, hangen. Een demonstratie in Den Haag. Zoeken, zoeken, zoeken naar werk.

Niets vinden en de gezinnen verkeren in nood. Het beddegoed raakt op. De kleren raken versleten. Duizenden gaan van deur tot deur: hongerig, bedelend, soms geheel overstuur.

Een druk op de bel in een villawijk. Een deur die voor een werkloze opengaat: 'Ik ben geen bedelaar, mevrouw. Verdomme, ik schááám me voor m'n armoede, weet u dat? Geef me werk, mevrouw. Laat me alstublief een karweitje doen!'

Ze staan op de stoep, het kraagje van een colbertje overeind, want een boord dragen ze niet.
'Nachten lig ik te piekeren: zal ik dit of zal ik dat? Mevrouw, als je s'ochtends opstaat, dan weet je niet hoe de dag voorbij moet gaan. Al m'n zelfsrespect is naar de knoppen.

Ik... ik kan niet meer...'

Soms barsten ze in tranen uit. Soms mogen ze een tuin harken, hout zagen, of wordt er zo maar iets voor hen bedacht. Hun kinderen worden dikwijls bij beter gesitueerde families te eten gevraagd, omdat er thuis niets meer te eten valt. De rijkere kinderen, tegenover hen aan tafel, ondergaan met gêne de 'andere' manieren — en voelen sterk de schaamte, dat zij zelf nog aan de *goede* zijde van de scheidslijn staan.

Er loopt een diepe kloof dwars door de samenleving heen: een mooie vrouw in een dure bontjas en de matte blik van een haveloze man die haar volgt. Het gelach van de in het wit gestoken tennissers, die met hun rackets zo zorgeloos fietsen door een armenwijk. De kloof is aanwezig in kinderruzies tussen jongens uit het 'rooie dorp' en hun leeftijdgenoten van 10, 12 jaar uit de 'nette' buurt. En dan de scheldwoorden:
'Lelijke kapitalisten!'
'Kunnen wij het helpen, dat we zó rijk zijn?' Er zijn gêne en schaamte, omdat er zo weinig voor die 'anderen' valt te doen.

Het onbegrijpelijke wonder van de crisisjaren is, dat 400.000 werklozen de wereld om hen heen niet grimmig en verbeten in gruzels slaan. Het wonder is, dat zij rustig blijven en de catastrofe gelaten dragen en ondergaan. Waren zij, in hun afhankelijkheid van uitkeringen en liefdadigheid, te kwetsbaar? Begrepen ze, dat vrijwel door iedereen met hen werd meegeleefd? Dat eigenlijk niemand iets aan de ramp kon doen?

Slechts af en toe is er een rel. En één keer een wanhoopsoproer in de Jordaan, als de steunuitkeringen worden besnoeid. Voormannen van extreem linkse groepen stoken de mensen op een onverantwoordelijke manier op. 'Korting op de steun?' Dat moeten jullie niet pikken. Vooruit, de straat op!'

Haast even onverantwoordelijk trekt de regering tegen al die wanhopigen van leer.

Marechaussees en zelfs pantserwagens worden ingezet.
'Voorwaarts. Over die barricaden heen!' 6 doden en ruim 100 gewonden is het trieste resultaat. Afschuw over het gebruikte geweld overheerst haast de opluchting, als de rust is teruggekeerd. Ieder weldenkend

mens begrijpt hoe groot de nood onder het volk is, want overal worden de verzuchtingen van de werklozen gehoord:
'Alle dagen te moeten bedenken en te voelen dat je ernaast staat, maakt je kapot!'

Een ingenieur uit Delft staat als bestuurder op een tram. Een wanhopige boer met 20 ha grond biedt zich jankend bij de werkverschaffing aan: land- en tuinbouwprodukten brengen niets meer op! Bij karrevrachten tegelijk worden tomaten, komkommers en appels op de veilingen doorgedraaid. Omdat er geen kopers zijn! Om de prijzen in stand te houden worden in één jaar tijd in de wereld 400.000 wagons graan, 144.000 wagons rijst en 14.000.000 balen koffie in zee gesmeten of op andere wijze vernietigd. Tegelijkertijd komen miljoenen mensen in diezelfde wereld van de honger om.
'Dit kan toch niet?' roepen verontwaardigde jongeren. Maar hoe ze kan wel. Hoe ze ook roepen en schreeuwen, de regering in Nederland blijft onwankelbaar op haar zuilen staan.

Bezuinigen! is het wachtwoord in Den Haag. Concrete plannen zijn er niet. Niemand weet wat er moet worden gedaan. Voor de werkverschaffing besteedt de regering 60 miljoen per jaar. Dat is niet al te veel. Er komen enkele grote wegen en een aantal bruggen gereed.

En midden in de crisis wordt één enorm project voltooid.

De Zuiderzee, 28 mei 1932: het is op die stralende zaterdag, dat tientallen autoriteiten en journalisten naar het Vlieter varen, waar volop wordt gewerkt. 'Klàts... klàts...' Het water spat op. Drijvende kranen richten hun ladingen keileem op de open plek. De dijken, vanaf Friesland en de Wieringermeer begonnen, liggen nog slechts enkele meters van elkaar. De eeuwenoude kreten van de polderjongens weerklinken, als Jan Schoffelmeer in kraan 6 de láátste lading stort. Het gat tussen de twee dijken is dicht. *De Zuiderzee is IJsselmeer geworden.*
'Hoezee!' Zwarte bolhoeden en besmeurde petten gaan de lucht in. Stoomfluiten, sirenes en misthoorns loeien over het water heen.

Ir. Jan Lely, hoofduitvoerder van het werk, schudt vele handen, terwijl twee polderjongens struikelend over de pas ontstane afsluiting gaan. Grietje Bosker uit Wierin-

De Zeven Provinciën, aquarel door F. Bauduin (1864-1943).

De Franse Tijd – Negentiende en Twintigste Eeuw

Communistisch verkiezingsaffiche. De communisten veroordeelden het bombardement op De Zeven Provinciën en eisten zelfbestuur voor Indonesië.

gen trekt haar schoenen en kousen uit en holt de polderjongens — gillend, omdat ze in de modder wegzakt — opgetogen achterna.

'Een volk dat leeft, bouwt aan zijn toekomst!' Die spreuk onderstreept het gigantische project, dat 200 miljoen heeft gekost.

Bouwen aan de toekomst! Dát wordt vooral in tijden vol tegenstellingen en vol ontevredenheid gedaan. Want juist dan wordt er naar veranderingen en verbeteringen gezocht. In Nederland is iedereen ontevreden: verontwaardigd over alle mislukkingen wijst men systemen en mensen als schuldigen aan:

'Het zijn de kapitalisten en die verdomde olieboer Colijn!'

'De democratie is schuld van alle rotzooi om ons heen. Al dat geouwehoer in Den Haag. Je wordt er misselijk van!'

'Het komt door het gewoel van die verrekte rooien. Ze maken me ziek!'

'Wat we nodig hebben is een sterke vent!'

In die ellendige crisisjaren is er behoefte aan *reuzen* en er lopen slechts doodgewone mensen rond. Die zoeken wel naar antwoorden op alle grote vraagstukken, maar in hun beperktheid komen ze er niet uit.

'Het internationale communisme heeft nú de kans toe te slaan en zorg te dragen voor een rechtvaardiger maatschappij!' denkt de betrekkelijk kleine groep communisten in Nederland. Russische en Duitse agenten, die de grens zijn overgekomen, wijzen hen de weg:

'Vorm cellen van kleine groepen. Als de tijd rijp is, kunnen die tot gerichte acties overgaan!'

Enkele communisten hebben met succes onder de matrozen van de Nederlandse marine gewerkt, want in verschillende marineetablissementen klinkt het lied:

Janmaat voelt het en verstaat:
Eén is het juk dat w'allen dragen
Eén de strijd die heeft te wagen
't Ganse proletariaat...

De bezuinigingsmaatregelen van de regering zijn hard aangekomen bij het marinepersoneel. Reeds *tweemaal* zijn de salarissen ingekort, als de regering per 1 januari 1933 de lonen van overheidspersoneel opnieuw met 7 procent beknot.

'Adoe, alweer minder kat!' kankeren de soldaten van het Koninklijke Nederlandsindische Leger, want ook in Indië worden de crisisjaren ernstig gevoeld. De uitvoer is ontstellend achteruitgegaan. De Volksraad (ingesteld als éérste stap naar zelfbestuur), bestaande uit Europeanen, Indo-Arabieren, Indo-Chinezen en Indonesiërs, buigt zich over de talloze problemen, al worden alle beslissingen genomen in Den Haag. Met grote bezorgdheid kijkt de Volksraad naar Japan, dat de ganse archipel met spotgoedkope goederen overspoelt. Een splinternieuwe fiets doen de Japanners bijvoorbeeld voor ƒ 2,50 van de hand. Niemand kan daar tegen op.

De nieuwe loonronde-naar-beneden bereikt een ontevreden Indië. De matrozen in Soerabaja slikken de salariskorting dit keer niet. Ruim 700 van hen houden een protestmars, waar de vlootvoogd behoorlijk van schrikt. Onderhandelingen, die beginnen, gaan met de nodige misverstanden gepaard. 'We weigeren dienst!' roepen de Jannen, als er geen schot in de besprekingen komt.

Daarop worden 500 van hen in de bak gestopt. Hoe ontplofbaar de situatie is bewijst een gebeurtenis, die de gehele archipel en ook Nederland ten diepste schokt:

Koetaradja, zaterdagavond 4 februari 1933: De commandant van H.M. kruiser De Zeven Provinciën (6600 ton, met 141 Nederlanders en 256 Indonesiërs aan boord) is aan land gegaan. Hij zit met een aantal van zijn officieren achter een biertje of 'splitje' in de Atjehclub. Daar wordt hij plotseling gestoord door een opgewonden korporaal:

'Mijnheer, er zijn plannen dat de bemanning zich meester zal maken van ons schip. Ze willen opstomen naar Soerabaja, mijnheer. En dan... en dan beginnen zij een opstand...'

'Belachelijk! Volledig ongeloofwaardig,' antwoordt de commandant en hij blijft rustig zitten waar hij zit.

Hoe ongeloofwaardig ook, de korporaal had gelijk. Tegen twee uur in de nacht drijft het opstandige scheepsvolk de officieren van de wacht naar het achterdek. Dan stoomt H.M. De Zeven Provinciën met onbekende bestemming de haven uit. De volgende morgen seint het muitende scheepsvol:

'De Zeven Provinciën tijdelijk in handen genomen door de bemanning. Alles gaat gewoon zijn gang. Stomen naar Soerabaja. Geen geweld in de zin doch protest onrechtvaardige salariskorting en gevangenneming marinemannen in Soerabaja.

Alles wel aan boord!' Ze voegen daar later nog aan toe:

'Absoluut geen communistische neiging!'

Paniek in Batavia en paniek in Den Haag. Telegrammen vliegen heen en weer.

Telefoons ratelen. Orders en tegenorders weerklinken, als haastig een eskader (de kruiser Java, twee torpedoboten en twee onderzeeërs) in gereedheid wordt gebracht. 'Neem geen inlanders aan boord!' luidt het bevel van de vlootvoogd. Op Bantam heeft juist een grootscheepse opstand gewoed: na 12 dagen vechten zijn 13.000 inlanders daar in gevangenschap geraakt. Ongeveer 5000 van hen — merendeels communisten, want de Komintern is actief — zijn naar Nieuw-Guinea gezonden, naar gevangenkampen aan de rivier de Digoel.

De angst bij de vlagofficieren zit er dus flink in. Vandaar dat bevel aan de eskadercommandant, die de muiters bij Straat Soenda moet overmeesteren: 'Neem geen inlanders aan boord!'

Een week gaat voorbij.
'Geef jullie over!' heeft een vliegtuig naar De Zeven Provinciën geseind. Het antwoord van de muiters:
'Ons niet hinderen. Alles wel aan boord. Geen gewonden. Dienst gewoon zijn gang. Verder bevelsovergave aan commandant één dag voor aankomst Soerabaja!'
Eén van de verkenningsvliegtuigen heeft opdracht een waarschuwingsbom te gooien voor de boeg van het schip.
'Boem!'
Ongelukkigerwijs is de eerste bom die valt, meteen een voltreffer.
'Grote God, zijn ze gek?'
19 Doden, 11 zwaar gewonden (van wie 4 zullen sterven) en een aantal licht gewonden aan boord. Eén van de matrozen hijst de witte vlag. Het spel om het volle behoud van het salaris is op slag uit.
De marineleiding wil een voorbeeld stellen en pakt de muiters stevig aan. 165 Matrozen ontvangen een fikse straf. De commandant van De Zeven Provinciën en zes van zijn officieren krijgen ontslag uit de dienst. Bezorgt vraagt het gouvernement zich ondertussen af:
'Weten we wel voldoende, wat er in de archipel leeft?'
'Kunnen we niet beter het zekere voor het onzekere nemen en tot actie overgaan?'
Dat láátste gebeurt: ir. Soekarno en andere nationalistische leiders worden gearresteerd. Ook zij gaan — zonder vorm van proces — naar de interneringskampen bij de Digoel.
'Wat we vóór alles nodig hebben is orde en rust!' zegt jhr. De Jonge, de gouverneur-generaal. Enkele kranten worden verboden. Aartsvaderlijk — en met de steun van de meeste inlandse vorsten en dorpshoofden — zet hij de oude koers voort. Hij slaat weinig acht op de woorden die de nationalist Mohammed Hatta met klem heeft gezegd:
'Wij zullen van Nederland geen volledig zelfbestuur krijgen, want dan lopen de winsten gevaar. Maar het moment zal komen, dat de vrijheidsdrang een hoogtepunt bereikt. Dan zal Nederland kunnen kiezen: rustig weggaan of er worden uitgegooid!'
'Wij zijn hier 300 jaar geweest. Wij zullen hier nog 300 jaar blijven,' zegt de gouverneur-generaal. Ook in Indië zitten geen *reuzen*, maar gewone mensen. Zij zijn — net als iedereen — gevangenen van hun tijd.
De bom op De Zeven Provinciën is ook als een bom in Nederland ontploft. De meningen over het voorval lopen natuurlijk sterk uiteen:
'Leve de muiters. Er moet maar eens een eind komen aan de koloniale uitbuiterij!'
Dat standpunt nemen de communisten in.
'Die muiterij was terecht en het gooien van de bom was een grof schandaal!'
Wanneer enkele socialistische kamerleden die woorden uitspreken, klinkt er bij de rechtse groeperingen een verontwaardigd gehuil. Ir. Alberda, leider der SDAP, haast zich te verklaren, als een goed democraat:
'Het was geen muiterij. Het was een zeer slecht gekozen vorm van demonstratie. Het optreden van de bemanning is volstrekt ontoelaatbaar geweest!' Daarmee maakt hij een aantal wilde reacties van partijgenoten nog niet goed. Hoe fel is rechts nu gebeten op links:
'Rinkel-de-kin---'
'Alwéér!' schrikt de kleine Meia Alberda, als zij met de familie aan tafel zit en er opnieuw een baksteen door de ruiten vliegt.
Niet overtuigd van de wérkelijke bedoelingen der socialisten (Colijn wantrouwt hen!) verbiedt de legerleiding publikaties van de Arbeiderspers: zij worden uit de kazernes geweerd. Zes weken na de muiterij zijn er verkiezingen. De grote winnaar: de Anti-Revolutionaire Partij.
'Colijn is tenminste een vent!' denken vele mensen in het land. Dat is hij ook wel, maar een reus is hij niet. Hoe weinig begrijpt hij van het ideaal dat de socialisten en vooral de AJC-ers (Arbeiders-Jeugd Centrale, blauwe blouse met rode das) beweegt:
Dr. Ritter, recensent bij de AVRO, geeft van een massale één-meibijeenkomst een treffend beeld:
'Mijn burgerlijke lezers kunnen zich geen indruk vormen van wat zo'n volksvergadering betekent,' schrijft hij — en dat kunnen de burgerlijke lezers ook niet, want ze komen er nooit.
'Havenwerkers, de petten in de ogen gedrukt, jonge arbeiders in pilo-pakken, vrouwen — soms in verre staat van zwangerschap — met schreiende kinderen bij zich — zij allen bezetten schouder aan schouder de onmetelijke ruimte. Rode doeken met revolutionaire leuzen vlammen langs de wanden van het balkon, vanwaar een spreekkoor ongevraagd zijn afgebeten liederen dreunen laat...'
'Onder trompetgeschal en tromgeroffel komen de één-meibetogers in militaire orde, straf marcherend binnen met vanen en vol onverzettelijke ernst. Een man zit gebogen over een orgel. Opeens zet de Internationale in. De gehele zaal rijst op en zingt mee, met gebalde vuisten...'
De christelijke en liberale bevolkingsgroepen krijgen er de kriebels van. Met de berichten over wantoestanden die hen uit Rusland — breed uitgemeten — bereiken, is dat ook wel begrijpelijk. De angst voor sabotage en revolutie neemt bij hen nog toe, als pal na de muiterij op De Zeven Provinciën, een jonge Nederlandse arbeider héél Europa op stelten zet: hij was het zevende kind van een marskramer die niet taalde om zijn gezin. Hij was 12 jaar toen zijn moeder stierf. Op 16-jarige leeftijd wordt hij voor enige tijd lid van de Communistische Partij. Hij is juist 20 jaar oud, als hij bij het werk in de bouw kalk in zijn ogen krijgt. Dan is hij een slechtziende invalide met een invaliditeitsuitkering van ƒ 7,— in de week.
'Godverdomme!' Machteloos, gebeten op de kapitalistische wereld om hem heen, smijt hij verbitterd de ruiten in bij Maatschappelijk Hulpbetoon.
'Twee weken gevangenisstraf!' beslist de rechter. 'Volgende zaak!' Zonder enige kans op werk zwerft hij rond. Naar België. Naar Duitsland. Dan wil hij naar Rusland. Geld voor een visum heeft hij niet en hij strandt in Berlijn. Dan keert hij naar Nederland terug.

Hij praat en spreekt op vergaderingen. Hij begrijpt al die berustende werkelozen niet. Hij wil actie, strijd:
'We moeten iets anders vinden. De tijd van stakingen is voorbij!' roept hij op een vergadering van taxichauffeurs die aan het staken zijn.
Hij zwerft opnieuw de wereld in: naar Zuid-Slavië, Hongarije, Polen en dan weer door Duitsland, waar Adolf Hitler en zijn nationaal-socialisten juist aan de macht gekomen zijn. Hij ziet hoe de Berlijnse politie een vergadering van communisten opbreekt. Alle mannen gaan, notabene, rustig naar huis. 'Verdomme!' Hij zal die lauwe, onrechtvaardige wereld wakkerschudden met een daad. Driemaal probeert hij in Berlijn een brand te stichten. Geheel alleen kiest hij een stempellokaal, het raadhuis en het oude koninklijke paleis daarvoor uit. De branden worden tijdig geblust.
'Verdomme...!' Krijgen zal hij ze toch.
Op 27 februari klimt hij via een balkon het gebouw van de Rijksdag in. Met zijn eigen jas, trui en zelfs zijn hemd sticht hij daar brand. Als de sirenes beginnen te loeien, staat het gebouw in lichter laaie en is er geen redden meer aan. Bezweet rent hij weg in zijn ondergoed. Zo wordt hij gepakt.
'Waarom heb je het gedaan?' vraagt een politie-inspecteur.
'Uit protest!'
Adolf Hitler en zijn volgelingen slaan uit de brand politieke munt. Duizenden vooraanstaande communisten worden gearresteerd en vastgezet.

Marinus van der Lubbe! Die naam staat opeens in vette letters op de voorpagina's van de wereldpers. Tot zijn ondervragers heeft hij gezegd:
'Ik sympathiseer met het proletariaat dat de klassenstrijd voert... Ik wilde iets doen. Niemand heeft me geholpen!'
De Duitsers geloven hem niet. Ze vermoeden achter Van der Lubbe een uitgebreid komplot. Daarom wordt de doodstraf geëist.
De Nederlandse regering protesteert. Het helpt niet. Zonder afscheidsbrieven, zonder wensen, gruwelijk eenzaam maar vastberaden betreedt Marinus van der Lubbe op 10 januari 1934 het schavot.
'Wij nemen nu vijf minuten stilte in acht!' zegt de omroeper van de VARA op die dag.
'Dat is een politieke demonstratie!' protesteert een anti-revolutionaire minister. Hij schorst de VARA-uitzendingen voor één dag. De AVRO en de NCRV weigeren de vrijgekomen zendtijd te vullen.

'Happy days are here again!' Dat is de tophit, die keer op keer door de radio weerklinkt. Maar de *blije dagen* zijn er nog niet.

Marinus van der Lubbe wordt tijdens het Rijksdag-brand proces in Berlijn geconfronteerd met de hoofdcommissaris van de Berlijnse politie graaf Helldorf. Achter de rechters de plattegrond van het Rijksdaggebouw.

De Franse Tijd – Negentiende en Twintigste Eeuw
België tussen twee wereldoorlogen in

Afgezien van accentverschillen — afgezien ook van het feit, dat in België alles wat bewogener en heftiger gaat — maakt België na de eerste wereldoorlog dezelfde ontwikkelingen als Nederland door. In België zijn reeds in 1916 socialistische ministers aan het bewind. In Nederland gebeurt dat pas in 1939, als oorlog dreigt. Daarentegen hebben de Dolle Mina's in Nederland heel wat eerder kiesrecht verworven dan hun zusters in het Belgische land. Die mogen pas in 1949 naar de stembus gaan.

De schrijver Felix Timmermans, door I. Opsomer.

Affiche voor de Internationale Tentoonstelling van Wegverkeer te Luik, juli 1934, rechts.

De Vlamingen zaten lang in het slop. Lodewijk van Deyssel schreef een vernietigend oordeel over hen neer, waaruit wel duidelijk blijkt hoezeer zij in cultureel opzicht achterop zijn geraakt:
'Ju, ju, wat een grof volkje. Het is ongelooflijk, welk een hoeveelheid riemen papier die Vlamingen hebben volgeschreven om te laten zien, dat zij letterkundig bij Holland horen. Het is abominabel om ze niet een beetje vriendelijk te ontvangen.
Maar 't kan niet, 't is Godsonmogelijk. Er is geen beginnen aan...'
Na de eerste wereldoorlog komt daar verandering in. De grote August Vermeylen, rector-magnificus van de universiteit van Gent, is één van de voormannen geweest, die de stoot tot een bloeiende Vlaamse letterkunde hebben gegeven:
'Mijn vriend, wij zullen dit land schoner maken. Om iets te zijn moeten wij Vlamingen zijn. Wij willen Vlamingen zijn om Europeanen te kunnen worden!'
Cyriel Buysse schrijft over zijn achtergebleven, uitgebuite, 'zwetende en jenever drinkende' geboortegrond:
'Mijn land, mijn vaderland, mijn Vlaanderenland is heel, héél klein, niet groter dan wat ik op een flinke morgenwandeling kan lopen, niet ruimer dan wat ik op mijn Molenheuvel met de blik kan omvatten. Dát is mijn land, mijn vaderland, het mooiste land der aarde...'
René de Clercq is steeds een felle ijveraar voor de Vlaamse zaak geweest. Na de oorlog is hij wegens zijn activisme (samenwerking met de Duitsers) ter dood veroordeeld en uitgeweken naar Nederland. Hij dichtte:

Vlaanderen volgt den Witte Kaproen
Vlamingen thans als Vlamingen toen
Zorgt voor u zelf, geen ander zal 't doen
Slaat op den trommel...!
Slaat op den trommel van dirredondijne
Vecht voor uw volk op de voorste lijne
Slaat op den trommel van dirredondom
Vlaming doe wel en zie *góed* om.

Van veel hoger niveau is het werk van Stijn Streuvels, die 'met een bijbelse grootheid' vooral de natuur beschrijft. Slechts één passage uit het boek *De Oogst*, waarin hij de trek van Vlaamse landarbeiders naar het zuiden beschrijft. Ver van huis wordt de graanoogst met hard werken onder een brandende zon binnengehaald: 'Waar zou-je nu liever zitten, Kretse, vroeg Sneyer om te gekken, nevens uw Karolientje met een verschen pot bier in de Meerschblomme of te spartelen in 't Scheldewater thuis bij avonde?
Niemand en voelde den moed te lachen met Sneyders aardigheid; de zon vlijmde hier zo geweldig, hun keel werd zoo droog dat hun adem achterwege bleef en 't zweet lekewijs uit het vel kroop...'
Niet alleen Streuvels, maar ook het sappige Vlaams van Felix Timmermans, Ernest Claes, Paul van Ostaijen en de onvolprezen Willem Elsschot leveren hun schitterende bijdragen aan de Nederlandse literatuur.

Ondanks alle verwoestingen en ontreddering heeft België zich na de eerste wereldoorlog snel en krachtig hersteld. Doordat de franc een lage waarde heeft, liggen de Belgische produkten goed in de wereldmarkt. Men komt arbeidskrachten te kort en bijna 20.000 buitenlanders werken in de Limburgse mijnen.
In de buitenlandse politiek hebben de zaken met Nederland enkele keren op scherp gestaan.
'Wij wensen een verbinding met de Rijn!' hebben de Belgen geëist. Bij de onderhandelingen beroepen zij zich op afspraken, die in een ver verleden zijn gemaakt. De Nederlanders zijn tot veel bereid. Een verdrag wordt door de Tweede Kamer goedgekeurd, maar — een unicum — de heren in de Eerste Kamer houden dit keer hun poot stijf. De minister van Buitenlandse Zaken, Van Karnebeek, treedt af. Het plan voor de aanleg van het Albert-Kanaal brengt tenslotte rust.
Met veel optimisme nemen de Belgen de wederopbouw ter hand.
'De Duitsers zullen alles wel betalen,' denken de ministers. Zij rekenen op de formidabele herstelbetalingen, die te Versailles van Duitsland worden geëist. Met dat reservepotje in het achterhoofd laten zij 100.000 woningen bouwen en brengen zij onder andere 86.000 ha landbouwgrond in cultuur. Maar de Duitsers betalen niet — althans niet genoeg. In 1926 staat België voor een faillissement. Hevige opwinding in de Kamer, als dat nieuws bekend wordt gemaakt: 'U moet weg!' roept men de royale mi-

nisters toe. Door de bekwame Emile Francqui wordt de schok opgevangen en dan gaat ook België enkele gouden jaren tegemoet.

De opbloei gaat snel. Het lijkt wel of de elektrische trein *Atlantic* op de lijn Brussel-Oostende (140 km per uur, een nieuw record!) de energieke polsslag van België symboliseert. Ook de Kongo levert zijn produkten en draagt bij tot de winst.

Er is dan ook alle reden om uitbundig feest te vieren, als kroonprins Leopold de Zweedse prinses Astrid trouwt. In de *Meerschblomme* wordt menig glas lekker, koel, schuimend bier uit de frisse kelder gevat. Toch is het daar in Vlaanderen niet helemaal botertje tot de boom:

De Duitse nederlaag heeft de Vlaamse Beweging natuurlijk geen goed gedaan. Heel wat activisten zijn bij de bevrijding opgepakt en gevangen gezet. Maar er is nog iets anders tijdens de oorlog gebeurd. Aan het front van de IJzer hebben in meerderheid Franstalige officieren het bevel gevoerd over het Belgische leger, dat dan grotendeels uit *Vlaamse* soldaten bestaat. Dat heeft allerlei wantoestanden tot gevolg gehad.

Duizenden soldaten zijn *Vlaamsgezind* en *Vlaamsbewust* naar huis teruggekeerd. 'Wij werden door de Franskiljons (Walen) behandeld als een minderwaardig ras,' vertellen ze aan ieder die het horen wil. Een aantal oud-strijders verenigt zich tot de Vossen — een groep die vecht voor een eerbiedwaardiger plaats onder de zon. 'Weg met de Franskiljons!' roepen zij op hun landdagen, waar de oude gildevlaggen worden ontplooid. En verbeten voegen zij daar aan toe:
'Nondeju, dat Belgische volkslied in de Franse taal zingen wij niet!'

De extreme groepen marcheren, heffen hun spreekkoren aan en streven naar autonomie van Vlaanderen (in een gefederaliseerd België) ofwel een Grootnederlandse Staat. Maar ook in de meer gematigde kringen klinken de eisen voor de ontfransing van het Vlaamse land.
'Wij worden door de Walen als Duitse knechten afgebeeld. Dat zijn wij niet. Wij willen de eenheid van België bewaren, maar de tweetaligheid moet worden afgeschaft. Geef Vlaanderen culturele zelfstandigheid!' De Vlaamse voormannen in het parlement, zoals Van Cauwelaert (katholiek), Huysmans (socialist) en Hoste (liberaal) houden daar keer op keer een vurig pleidooi.

Als de grote crisis in België inzet — met alle moeilijkheden, waarmee ook Nederland te kampen heeft — komt daar de taalstrijd nog eens als extra zware last bovenop.

De twee talen! Het ganse politieke en openbare leven wordt er allengs door beheerst.

In het jaar 1930 viert België het 100-jarig bestaan van het koninkrijk. Er zijn *twee* herdenkingstentoonstellingen: te Luik is alles te lezen in het *Frans*; te Antwerpen is alles vermeld in het *Vlaams*.

De vernederlandsing van de universiteit van Gent is met grote meerderheid door het parlement aanvaard. Maar als Franssprekende Vlamingen daarnáást een *Ecole des Hautes Etudes* te Gent stichten (als een soort tegenwicht), verbiedt de regering de professoren van de universiteit daar te doceren en breekt haar nek (de koning weigert overigens het ontslag van de liberale

De Franse Tijd – Negentiende en Twintigste Eeuw

ministers te aanvaarden). En erger: de crisis eist nu alle aandacht op. Bij de industrie zakken de winsten van 6 naar 1,5 miljard. Met zoveel zorgen aan het hoofd laat de regering het streven naar tweetaligheid los, vooral ook omdat de Waalse houding in deze zaak zich wijzigt.

'Het openbare leven in Vlaanderen zal ééntalig zijn: Nederlands. Ook voor Wallonië geldt voortaan ééntaligheid: Frans! Alleen in Brussel zullen wij de tweetaligheid blijven hanteren!' Dat is het standpunt dat de regering inneemt om van een hoop gedonder af te zijn.

De verschillende ministeries, de rechtspraak, de radio en tal van andere instellingen, worden nu *met gescheiden Franse en Vlaamse diensten* in tweeën gehakt. 'We hoeven voortaan geen Vlaams meer te leren,' lachen de Walen opgewekt. Zelfs van hoofdambtenaren wordt de tweetaligheid niet meer geëist. 3.000.000 Walen trekken zich op hun Franse stellingen terug. 'België kan niet zonder Frans,' denken ze en ze wijzen naar de 3600 scholen die in Vlaanderen zijn. Op 2800 van die scholen onderwijzen de leraren nog steeds het onmisbare Frans.

De 3.200.000 Vlamingen menen ondertussen, dat zij een waardevolle overwinning hebben behaald. Terwijl dit alles fel en heftig door de crisisjaren woelt, wordt België getroffen door een ramp. Even schuiven alle Belgen de partij- en taalstrijd opzij.

Marche-les-Dames in de Ardennen, 17 februari 1934: Om fit te blijven en de zorgen van zijn zo scherp verdeelde land even te vergeten, is koning Albert erop uitgetrokken. Hij heeft zich aan de bestijging van een rotswand gewaagd.

Geniet hij van de stilte, het uitzicht en van de onvergankelijke natuur om zich heen, als hij voorzichtig zijn weg zoekt naar de top? Hangend tegen de rotsen verliest hij plotseling houvast. Hij valt... In de laatste seconden die hem resten, moet hij afscheid nemen van het leven en van zijn geliefd land. 'La mort du roi Albert!'

'Koning Albert omgekomen. Tragisch ongeval in de Ardennen!' In zwart omrande edities melden de kranten dat ontstellende bericht. Op slag dompelt België zich in diepe rouw. Honderdduizenden Walen én Vlamingen verwerken de zware slag.

Eensgezind scharen zij zich massaal langs de straten, als koning Albert op indrukwekkende wijze met alle militaire eer naar zijn laatste rustplaats wordt gebracht.

Een ogenblik vergeten álle Belgen de politieke strijd, de crisis, de werkloosheid, die alom heerst. Als een hecht volk plaatsen zij zich achter de troon van Leopold III, wiens vrouw Astrid reeds alle harten voor zich heeft veroverd. Helaas, de vrede tussen de partijen duurt niet lang:

De politiek in België geeft een weinig verheffend beeld te zien. De ministeries komen en gaan. Bij belangrijke debatten is de Kamer half leeg. De afgevaardigden laten het werk over aan *commissies*. En als die commissies met grondig voorbereide plannen komen, brengen de kamerleden — uit politiek oogmerk en met onvoldoende kennis van zaken — allerlei wijzigingen aan.

'Politiek?' zeggen dan ook de meeste Belgen, 'politiek is een koehandel van loven en bieden; van baantjes vergeven; van chantage en corruptie. Ieder werkt voor eigen parochie. Wie denkt er nog aan het nationaal belang?'

De Belgen kankeren, maar de humor krijgt toch gauw de overhand.
'Allez!' Dan pakken ze een pilske en spoelen de vieze smaak en harde woorden uit hun keelgat weg. Helaas wordt de humor dikwijls door emotie overheerst. Ministers worden niet langer beoordeeld op hun kwaliteiten, maar op het feit of ze Waal of Vlaming zijn.

Ieder voorstel, iedere wet, iedere maatregel ligt onder wantrouwen bedolven. De ministers moeten koorddansen over de dunne draad der Belgische politiek. Is het wonder dat de een na de ander naar beneden tuimelt?

In juni 1934 staat België voor een bankroet. In één maand tijd is er voor 2 miljard aan goud het land uitgevloeid. Drie bankiers krijgen nu sleutelposities in het nieuwe kabinet, onder wie Emile Francqui. 'De Vader, de Zoon en de Heilige Geest!' spotten de Belgen over dit drietal. Vooral de socialisten spreken hun twijfels over hen uit. Ze krijgen gelijk: ondanks hun almachtige bijnamen blijven de wonderen uit. Reeds enkele maanden later volgt hun kruising.

Het is het ministerie van de briljante Paul van Zeeland, 42 jaar oud, dat in 1935 het heft in handen neemt. Door de rente te verlagen tot 4 % en een vaste koers aan de franc te geven, ontloopt België het bankroet. In Van Zeelands ministerie zitten vernieuwers, onder wie de twee socialistische ministers Hendrik de Man en de jeugdige Paul-Henri Spaak.

Plan voor de Arbeid! Zo heet de visie, die de zeer scherpzinnige, wetenschappelijk goed onderlegde, eerzuchtige Hendrik de Man op schrift heeft gesteld. 'Arbeid en Kapitaal moeten samenwerken en ieder moet aan zekere plichten voldoen!' heeft hij geschreven. Hij heeft een aantal vijf-jarenplannen voor België uitgewerkt, waarin hij het toezicht van de Staat op het economisch leven onvermijdelijk acht.

'Geleidelijk dienen wij de banken en het kredietwezen te nationaliseren. Het particuliere eigendom opheffen moeten wij niet. Wel dienen de belangrijkse industrieën van het land (daarmee in- en uitvoer, groothandel en verkeer) onder het toezicht van de staat te worden geplaatst. Alleen op die wijze kunnen misslagen worden voorkomen!'

De feiten geven hem voorlopig gelijk. Onder het ministerie van Paul van Zeeland loopt het aantal werklozen van 300.000 tot 100.000 terug. De uitvoer stijgt met 100 %. Dat zijn prestaties voor die crisisjaren die bijna ongelooflijk zijn. Opgewekt trekken de Belgen naar de Wereldtentoonstelling, die in 1935 te Brussel is geopend — en die maar even 20.000.000 bezoekers trekt. Ook die spekken de beurs van het koninkrijk.

Juist als alles weer een beetje begint te draaien, lekken enkele grote schandalen uit. Als bij zweren die rijp zijn, springt de politieke etter eruit:
'Er zijn ministers bij betrokken,' weet men te vertellen.
'Geldmagnaten achter de schermen! Een donker komplot!'
'Het zijn die verrekte Walen!'

Opnieuw laaien de politieke hartstochten hoog op. Hoe groot is de ontevredenheid en hoezeer faalt de democratie! De radicale groeperingen krijgen in toenemende mate aanhangers achter zich. Eén man, die vóóral van alle onvrede profiteert, is de gevaarlijke fascist Leon Degrelle, die op massabijeenkomsten en landdagen zijn schimpende, scheldende redevoeringen houdt:
'De geldmagnaten spannen samen. Wij strijden tegen katholieken en communisten.

De corrupte kamerleden moeten weg. Slechts onder één *leider* kunnen in België grote dingen tot stand worden gebracht..'

Wilde kreten en verdachtmakingen slingert hij de wereld in. Het beangstigende van alles is, dat deze Leon Degrelle met zijn *Rexisten* bij de verkiezingen in 1936 in één klap 21 zetels wint.

Ook de Vlaamse Nationalisten boeken grote winst.
'België moet kapot!' is hun leus geweest. Daarmee hebben ze succes gehad. Hun aantal zetels verdubbelt (van 8 naar 16). De communisten veroveren 144.000 stemmen méér en krijgen 9 zetels in plaats van 3. De katholieken en socialisten zijn de grote verliezers bij de verkiezingen geweest. Geschokt, dat de radicale partijen zoveel stemmen hebben gewonnen, vragen zij zich verbijsterd af:
'Zijn de mensen soms gek geworden? Is de ontevredenheid dan zó groot?

In ieder geval is er flink wat onrust. Onbehagen uit zich met een ferme agressiviteit.
Ondoordachte stakingen zwiepen door het land:
'De arbeidende klasse eist verhoging van het levenspeil,' roepen de mijnwerkers.

Tegen het advies van hun vakbonden in leggen zij het werk neer — juist nu de regering met allerlei sociale wetten zo uitstekend op weg is om inderdaad te komen tot een verhoging van het levenspeil.

Het is koren op de molen van Leon Degrelle:
'Op naar Brussel!' roept hij zijn Rexisten toe. Evenals Mussolini, wil hij zich meester maken van de macht. Het lijkt, dat de Belgen opeens tot bezinning komen. Zij beginnen te ervaren wat er in de fascistische landen — Duitsland, Italië, Spanje — gebeurt. De democratie is toch een té kostbaar goed om in te ruilen voor de radicale schreeuwers van een totalitair systeem. Bij de komende verkiezingen raken de Rexisten maar liefst 17 van hun 21 zetels kwijt!

Dat is juist op tijd, want in de wereld rondom stapelen de problemen en conflicten zich op. Niet door fanatisme, maar slechts met wederzijds begrip en een grote mate van barmhartigheid, zal het Belgische volk de naderende storm kunnen doorstaan.

In de schaduwen van morgen

In het altijd wat bedaardere, nuchter levende Noorden lopen de zaken in veel opzichten parallel met die in het Belgische koninkrijk.

Ook in Nederland ontevreden, kribbige, kankerende mensen, die bang zijn voor links of die de pest hebben aan rechts. 'Het moet anders. Het parlement en de regering deugen niet!' Dat klinkt vaag, maar in politiek opzicht zijn de meeste Nederlanders bitter slecht geschoold

En dan staat er opeens een man op, die meent dat het allemaal anders kan. Afgaande op wat er in hemzelf leeft en zich richtend op hetgeen Mussolini in Italië tot stand heeft gebracht, komt hij met een programma om de rotte wereld te hervormen: voor Volk en Vaderland.

Anton Adriaan Mussert, zoon van een bovenmeester, heeft in 1918 zijn studie te Delft met lof voltooid. Hij is dan al een jaar getrouwd met zijn tante — de zuster van zijn moeder, die 18 jaar ouder is dan hij en die hem tijdens een ziekte langdurig had verpleegd. De koningin heeft voor dat huwelijk speciale toestemming moeten geven. Bij het ministerie van Waterstaat klimt Anton Adriaan Mussert snel op tot een gewaardeerd hoofdingenieur.

'Er is verwarring en onzekerheid, overal en in alles. De vaste lijn, de krachtige hand die redding kan brengen in de chaos van het heden wordt gemist...' schrijft hij in een brief aan een aantal Nederlanders, die hij voor een samenkomst bijeenroept. Ze praten over de toestand en dan rijpt bij Mussert de gedachte, dat *hijzelf* de krachtige, reddende hand moet zijn.

'Een door en door fatsoenlijke idealist, een man van helder inzicht en grote moed,' wordt hij genoemd. Hij mist echter mensenkennis en over een nivellerend gevoel voor humor beschikt hij niet. Met te vaag afgebakende dromen voor een betere maatschappij, gedreven door zijn eerzucht en geldingsdrang, sticht hij in 1931 een eigen politieke partij:

'De Nationaal-Socialistische Beweging!' Met die NSB wil hij schoonschip maken in het conservatief geregeerde, democratisch wat doodgelopen Nederland.

'Tucht... orde... Wij keren ons tegen de volksvergiftiging, tegen de afbraak der natie. Wij strijden voor een gezonde maatschappij!' roept hij op de eerste vergaderingen uit. Van alle kanten schieten leden toe: ontevreden officieren, teleurgestelde middenstanders, die zozeer van de crisis te lijden hebben gehad, zakenmensen die hun geld verloren, mannen en vrouwen, die met het eigen leven in de knoei zitten en er geen gat meer in zien. 150 Joodse Nederlanders melden zich. Maar 'Tante', zoals mevrouw Mussert spottend wordt genoemd, geeft zich nimmer als lid op.

'Hou Zee!' is de groet, die de NSB-ers elkaar brengen met uitgestrekte rechterarm. 'Hou liever koers!' schapert de rest van Nederland, wanneer het NSB-blad *Volk en Vaderland* met ophitsende en vaak misleidende artikelen verschijnt: 'Weg met de socialisten, weg met de communisten, weg met de jezuïeten en weg met de vakvereniging!' Later komt daar — tegen de zin van Mussert — nog het 'weg met de joden' bij. En natuurlijk ook 'weg met de regering en dat maar pratende, pratende, pratende parlement.'

De partij groeit betrekkelijk snel. Vooral het feit, dat Hitler en Mussolini de werkloosheid in hun landen opruimen (met Arbeidsdienst en werkkampen) terwijl in Nederland vrijwel niets gebeurt, heeft op velen indruk gemaakt.

Het *nationale* element in de NSB verdwijnt, als er steeds krachtiger voor een nauwe aaneensluiting met het fascistische Hitler-Duitsland wordt gepleit. Net als dáár is gebeurd, sticht de NSB *Weer-Afdelingen* en de leden daarvan marcheren in dreigende zwarte uniformen over straat. Zij betrekken de wachtposten bij hun 'kringhuizen', waar zij oefenen met boksbeugels en de gummistok.

Natuurlijk breken er rellen uit. 'Fascisten! Moordenaars!' Socialistische jongeren verzamelen zich maar al te graag voor de poort.

'Sla op dat rooie tuig in. Hou Zee!' bevelen de commandanten van de W.A. En dan is het knokken geblazen.

Bij de provinciale staten-verkiezingen in 1935 behaalt de NSB 8 % van het stemmentotaal en krijgt in 1937 4 zetels in het parlement. Daarna loopt de beweging hard achteruit. De gepredikte haat en de getoonde onverdraagzaamheid passen slecht bij het Nederlandse volk.

De jaren dertig kenmerken zich door voortdurende rellen tussen *rood* en *zwart*.

Groeiend verzet tegen het fascisme komt trouwens in bijna alle kringen voor.

Professor Schermerhorn en de historicus Pieter Geyl stichten de vereniging Eenheid door Democratie, die tegen fascisme én communisme is gericht. Met 30.000 leden een bolwerk van formaat.

De schrijver Menno ter Braak en Eddy du Perron ('Hitler is een ploert en een prol!') zijn de voormannen van het Comité van Waakzaamheid. Historicus Jan Romein (met zijn vrouw Annie schrijver van *Erflaters van onze beschaving, De Lage Landen bij de Zee*) en dominee Buskens hebben onder meer zitting genomen in het bestuur.

In scherpzinnige publikaties spreekt men over het fascisme vernietigende oordelen uit.

Zo blijft Nederland wakker. En geen wonder: de jodenvervolgingen in Duitsland komen op gang! 25.000 Joodse en 8000 politieke vluchtelingen stromen Nederland in. Gedeeltelijk worden zij in haastig opgerichte (en niet al te beste) kampen ondergebracht. Duizenden gezinnen stellen hun huizen open en joodse weeskinderen uit Duitsland vinden daar een gastvrij onderdak.

De depressie duurt voort. *Ieder jaar* worden er ongeveer 4300 faillissementen aangevraagd. De neergang lijkt gesymboliseerd in een groot aantal Chinezen, die stoker of bediende waren op de schepen van de koopvaardij. Ze zijn in Nederland gestrand. Nu staan ze, met hun eigen gemaakte pindakoeken in broodtrommels, verkleumd in een winkelstraat, of bij de uitgang van een station:

De W.A. marcheert. Affiche door C. Gantzert of M. Meuldijk. De weerafdeling, de ordedienst van de N.S.B., was herkenbaar aan eigen symbolen: de zwarte hemden, het driehoekig lidmaatschapsspeldje en de groet houzee. In 1936 werden de weercorpsen bij de wet verboden.

De Franse Tijd – Negentiende en Twintigste Eeuw

Verkiezingsaffiche van de N.S.B.

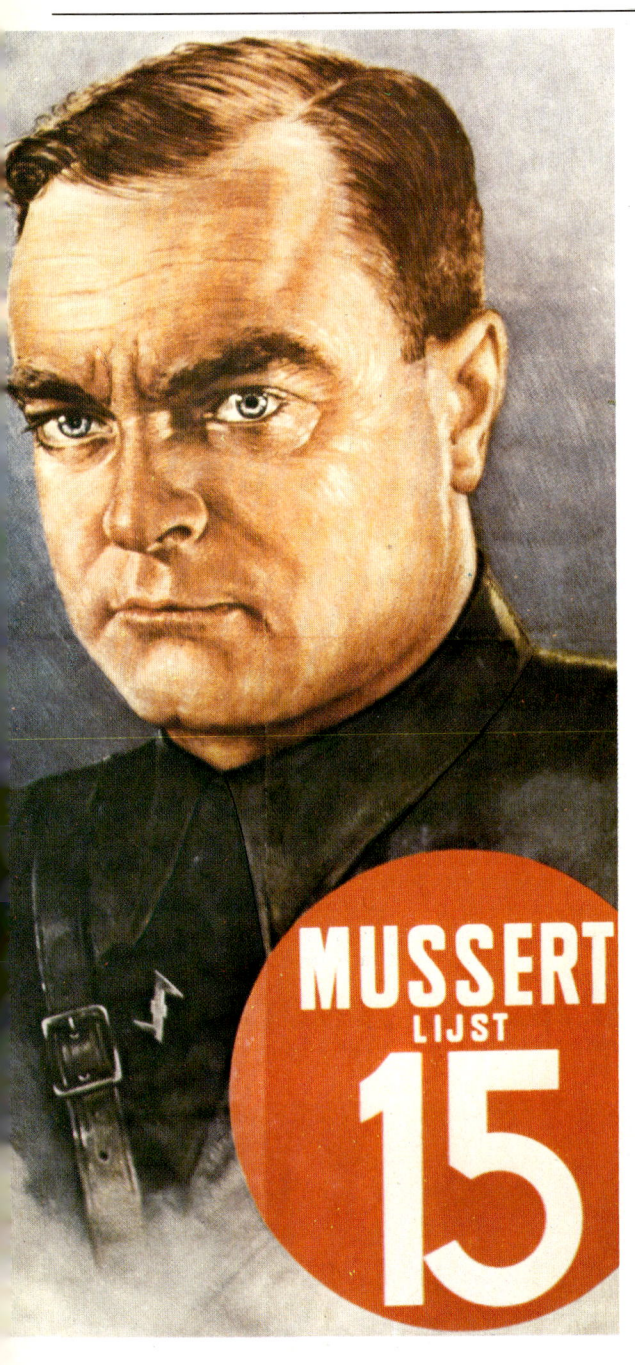

Affiche voor de film Anna Karenina, met Greta Garbo in de vrouwelijke hoofdrol.

'Pinda... Pinda lèkka!' klinkt alom hun klagende, intens trieste roep.

Er komt een tweede, een derde, een vierde, een vijfde kabinet Colijn: 'Een estafetteloper, die zichzelf bij iedere wisselplaats steeds weer het stokje geeft,' spotten de politieke tekenaars. En Colijn wacht, wacht, wacht. Steeds maar bezuinigend, wacht hij gelaten op economisch herstel.

De socialisten zoeken ondertussen langs wetenschappelijke weg naar een oplossing van de crisis in het land. En waarachtig, dat mag ook wel, want in verhouding tot de rest van de wereld lopen in Nederland vier maal zoveel werklozen rond. *Vier maal zoveel!*

'Plan van de Arbeid!' Onder voorzitterschap van ir. Alberda heeft een commissie (met o.a. professor Tinbergen, Wiardi Beckman, Koos Vorrink en Vos) een plan opgesteld. Naar het inspirerend voorbeeld van de Belgische politicus Hendrik de Man, willen de socialisten ook in Nederland tot ordening van de staatshuishouding overgaan.

'Nationaliseer banken, verzekeringen en de grote industrie,' adviseren zij. 'Bestrijd de werkloosheid met grote openbare werken!'

Zij menen dat door betaling van flinkere lonen de koopkracht kan worden vergroot en dat daardoor de produktie weer op gang kan worden gebracht. 'Vrouw en Man, steunt het Plan,' is de socialistische verkiezingsleus.

Colijn schudt het hoofd. In een toespraak te Amsterdam stelt hij: 'Men kan niet àlles van een regering verwachten. Al haalt men de tien knapste koppen en de tien krachtigste persoonlijkheden die in Nederland te vinden zijn, bijeen, dan nóg is het volstrekt uitgesloten, dat deze mensen het hele economische leven van Nederland zouden kunnen redden...'

Colijn is tégen ordening. Hij pleit voor zuinigheid en hoopt, dat in het *vrije spel van krachten* het trieste zaakje vanzelf weer op zijn pootjes komt.

'Schep vreugde in het leven, zet je zorgen aan de kant!' zingt Lou Bandy avond aan avond voor een stampvolle zaal. Want dwars door alle faillissementen, dwars door de diep tragische ellende van de stempelende werklozen, gaat alles gewoon zijn gang. De zorgen voor een avondje vergetend, kijken de Nederlanders naar de serie vrolijke speelfilms, die dank zij de filmervaring van Duitse immigranten tot stand gekomen zijn: 'De Jantjes', 'Bleke Bet', 'Het Meisje met het Blauwe Hoedje' en 'Morgen gaat het beter'.

'De kus!' heet de zwoele film met Greta Garbo in de hoofdrol. De aanplakbiljetten vermelden met grote openhartigheid:

DE KUS
Een ongelukkig huwelijk. Mannen die haar omzwermen als motten het licht. Schuldig in de ogen der wereld. Zult U ook haar veroordelen? Toegang 18 jaar.

'De bioscoop is de kapel van de Satan', zeggen de leden van de Tweede Kamer verontrust. En ook de predikanten en priesters spreken hun bezorgdheid uit over de toenemende verwildering en de afschrikwekkende zedeloosheid, die in hun ogen overal heersen. In menige gemeenteraad vergadert men geschokt over de steeds bloter wordende badpakken, die het vrouwelijk geslacht draagt:

'Kunnen we niet een commissie benoemen om de verschillende badplaatsen af te reizen!' vraagt de regering zich af. Het onveranderlijke antwoord, dat politici in Nederland op problemen hebben — zelfs als het badpakken betreft — is het benoemen van een *commissie*. ('De democratie van het Westen is een stelsel van deskundigen onder leiding van dilettanten,' heeft een Fransman gezegd. En inderdaad: zo komen de commissies aan hun werk!')

Grote vreugde in Nederland, als KLM-piloot Iwan Smirnoff met de Pelikaan in iets meer dan 100 uur naar Batavia vliegt. Ruim 20.000 mensen stromen naar Schiphol en bereiden hem bij zijn terugkeer een grandioze ontvangst.

'Nog nooit is uit verkeerstechnisch oogpunt een dergelijke prestatie, waar ook ter wereld, geleverd!' zegt een opgetogen heer Plesman. Korte tijd later, als er sprake is om het te klein geworden Schiphol op te doeken, komen opnieuw 20.000 Amsterdammers op de been.

'Wij willen Schiphol houden! Schiphol behoort bij Amsterdam!' betogen zij met klem. (En God hoort ze thans brommen in de Slotermeer!).

Onder de vliegtuigen, maar bóven de werklozen, de weinig fantasievolle ministeries, de blote badpakken, de volksdansende AJC-ers en zwart gehelmde NSB-ers, troont koningin Wilhelmina: eenzaam, maar niet alleen.

'Je moet een voorbeeld zijn en dat altijd, zolang je leeft,' heeft koningin Emma haar dochter ingeprent. Diep gelovig, diep overtuigd van de roeping der Oranjes 'bij de gratie Gods' en aan zichzelf de hoogste eisen stellend, heeft koningin Wilhelmina getracht een *Moeder des Vaderlands* te zijn.

'Ik ben een lastig mens. Altijd geweest. Iemand die de neiging heeft iedereen te ringeloren,' heeft zij van zichzelf gezegd. Zij is veel meer: een gecompliceerd karakter met principes, die van alles op de hoogte wil zijn en vaak lastige vragen stelt. Met haar ministers heeft ze niet veel op. Wél had ze respect voor het kabinet van Cort van der Linden; niet voor de ministers Ruys de Beerenbrouck en Colijn.

'Ik heb altijd mensen veracht, die standpunten die ze hoog zaten, zo maar lieten vallen. Wat heb ik dát vaak beleefd!' Niet voor niets is een uitspraak die haar omgeving vaak van haar hoort:

'Zo vals als een diplomaat!'

Tegen ministers, die na conflicten met de Kamer hun ontslag moeten nemen, kan ze zeggen:

'U gaat ook op de grote hoop!'
'Wat bedoelt u, majesteit?'
'Op die hoop, waar al die oud-ministers liggen!'

Ze begrijpt niet dat Colijn niet meer aan de werkloosheid doet: 'Het ontbreekt hem aan verbeeldingskracht, durf, voortvarendheid en werkelijke wil om een oplossing te vinden!'

In 1934 sterft haar moeder, die zoveel voor haar en het gehele Nederlandse volk heeft betekend:

'Haar liefhebbend hart heeft u allen omvat,' zegt Wilhelmina, als zij zich via de radio tot haar onderdanen richt. Zó heeft de natie dat ook ondergaan. Waar zij leed kon verzachten, of troost kon brengen, daar is koningin Emma altijd aanwezig geweest.

Een paar maanden later sterft prins Hendrik — die van het rijk geen geld ontving en financieel geheel afhankelijk was van zijn vrouw.

'Het is niet aardig meer, als je er altijd voor spek en bonen bij moet staan,' heeft hij een vriend eens toevertrouwd. Hoe frustrerend was zijn leven aan het strakke, conservatieve hof:

'Een sfeer, waarin moeilijk viel te leven en waarin wij het samen toch moesten uithouden,' schrijft de koningin jaren later.

'Laat niemand om mij rouwen!' Zo luidde de uitdrukkelijk wens van prins Hendrik voor hij stierf. Hij krijgt een volslagen *witte* begrafenis.

Een nieuwe wind blaast door het koninklijke paleis, als de koningin op 9 september 1936 de verloving van haar dochter Juliana voor de radio bekendmaakt:

'Ik juich de keus van mijn dochter van harte toe!'

Dan klinkt de stem van prinses Juliana, 27 jaar oud, die in Leiden heeft gestudeerd en die, in vele opzichten, een veel gelukkiger jeugd heeft gehad dan haar moeder:

'Ik ben heel gelukkig, nadat wij elkander in de loop van dit jaar heel goed hebben leren kennen. Geleidelijk aan zijn wij het samen eens geworden. En wel zéér eens!'

Met de komst van prins Bernhard lijkt de afstand van de troon tot het volk opeens verkleind. Vooral ook, omdat in de wereld buiten de grenzen het geweld van totalitaire systemen dreigt, schaart Nederland zich hechter om het Huis van Oranje heen.

De pilaarheilige, 1939, door A.C. Willink.

555

De Franse Tijd – Negentiende en Twintigste Eeuw
Wereldoorlog nummer twee

Want hoe zorgelijk, vol dreiging en beangstigend is nu het levensperspectief!

Zelfs de meest vitale dichters bezwijken onder de sombere, dreigende, geweldvolle sfeer, die nu over de wereld hangt.

Hendrik Marsman ('Groots en meeslepend wil ik leven, hoort ge dat vader, moeder, knekelhuis') heeft in het jaar 1927 vooral met zijn gedicht *Paradise Regained* (Het herwonnen paradijs), de harten van vele jonge mensen geraakt. Hij staat op het strand: 'De zon en de zee springen bliksemend open, waaiers van vuur en zij, langs de blauwe bergen van de morgen, scheert de wind, als een antilope voorbij...' Hij voert een blonde vrouw aan zijn zij, die zorgeloos, verrukkelijk-meeslepend zingt:

Het schip van de wind ligt gereed voor de reis
de zon en de maan zijn sneeuwwite rozen
de morgen en nacht twee blauwe matrozen
we gaan terug naar 't Paradijs...

Het paradijs is niet gekomen. 'Deze droom heeft heel kort geduurd,' noteert hij in 1933. En nog later dicht hij over de komende dreiging, die al zijn vitaliteit heeft verstikt:

Ik ben bang voor het uur
dat de dood mijn lichaam ontbinden zal
en mijn ziel wordt ingezet in het vuur
ik ben bang dat ik staan zal tegen de muur
en dat de kogel niet missen zal...

Jan Slauerhoff, hartstochelijk zoeker naar het onbereikbare geluk, ontvlucht als scheepsarts het bedompte vaderland: *een woningloze*, die het in de gewone maatschappij niet meer ziet. Ed Hoornik, Van Hattum, Den Brabander dichten over het uitzichtloze, beklemmende leven van die jaren en zo schilderen Willink en Pyke Koch hun dode werelden vol angst.

Stiefmoeder Aarde! luidt het ophefmakende boek van Theun de Vries. Het is een voortreffelijke titel van een voortreffelijk boek. Hoeveel mensen worden er in het Koninkrijk der Nederlanden niet stiefmoederlijk bedeeld?
'Meneer Dinges weet niet wat swing is...'
Die sterke tophit knalt de radio's uit.

Meneer Dinges weet ook niet, welke rampen op handen zijn. Hij zit veilig achter zijn dijken — in de heilige veronderstelling dat de hele wereld de Nederlanders aardige mensen vindt en dat daarom niemand Nederland iets zal doen. 'We hebben de KLM, het Vredespaleis, de zeeslepers, de Afsluitdijk en Willem Mengelberg voor het Concertgebouworkest,' denkt meneer Dinges. 'Met Leo Halle in het doel van de nationale voetbalploeg en Bep Bakhuis als midvoor kan ons toch niks gebeuren? Of wel?

In de Schaduwen van Morgen! heet het juist verschenen, indringende boek van professor Huizinga. Hoe donker en bloedig die schaduwen zullen zijn, beseft meneer Dinges niet.

Na brallende redevoeringen van Adolf Hitler, heeft een sober levend, zich bewapenend Duitsland het Saargebied teruggewonnen — na een volksstemming onder toezicht van de Volkenbond.
'Sieg Heil!' Sieg Heil!' dreunt het dreigend door het Duitse land.

Enkele maanden later, eveneens in 1935, zal ook Mussolini eens laten zien wat hij kan. Op verovering belust trekken Italiaanse troepen Abessinië in.
'Viva! Viva!' schalt het door Rome, als dappere stamhoofden en hun krijgers zich met hun speren te pletter lopen op de Italiaanse tanks.
'Sancties tegen de agressor!' beslist de Volkenbond. *Geen land dat zich ernstig aan die oproep stoort. De toevoer van olie, staal en ijzer komt geen ogenblik in gevaar. Nederland behoort tot de eerste, niet-fascistische landen die de Italiaanse koning Victor Emanuel als keizer van Ethiopië erkent.*

Ook Japan zoekt expansie. In dat land maken de grote trusts en de militairen de dienst uit. Beducht voor 430.000.000 Chinezen zijn de Japanners in Mandsjoerije tot de aanval overgegaan.
'Banzai!' Zij vechten met een volledige verachting voor de dood.

Duitsland, Italië en Japan — die territoriale uitbreiding zoeken en nieuwe afzetmarkten voor hun industrie — sluiten met elkaar een verbond, dat min of meer tegen de bezittende mogendheden is gericht.

In Spanje heeft generaal Franco zich in 1936 — met de adel, de kerk, de boeren en een deel van het leger achter zich — aan een burgeroorlog gewaagd, als socialisten en communisten een verkiezingsoverwinning hebben behaald. Hitler en Mussolini steunen hem, terwijl de Internationale Brigade met behulp van Frankrijk en Rusland hem bevecht.
'Spanje, een bloedig oefenterrein voor de oorlog die zal komen!'
'Heim ins Reich!' schreeuwen de fascisten, onder aanvoering van Seyss-Inquart, in Oostenrijk. *En waarachtig: met chantage en gangsterpraktijken lijft Hitler Oostenrijk bij Duitsland in (maart 1938).*

'Heim ins Reich!' roepen daarop de Duitsers in Bohemen. *En ook dat gebeurt. Geïnspireerd door die successen zendt Mussolini zijn legers Albanië in.*

In het najaar 1938 lijkt het gevaar voor een wereldoorlog bedwongen als Engeland, Frankrijk, Duitsland en Italië in München tot een vergelijk komen, waarbij Hitler in feite de vrije hand in Tsjecoslowakije krijgt. De Engelse premier Chamberlain toont verheugd de overeenkomst en roept uit:
'Peace for our time' — *vrede voor deze tijd! Maar Hitler weet van geen ophouden meer. Tot verbijstering van de gehele wereld sluit hij in augustus 1939 een non-agressieverdrag met Rusland. Op dezelfde dag garandeert Engeland de Poolse grenzen. Desondanks klinkt het:*
'En nu Polen in!' *De propaganda-machine van de geslepen Goebbels draait al op volle toeren en beschuldigt het Poolse volk van agressiviteit.*

Op 1 september trekken de perfect uitgeruste, perfect getrainde Duitse legers over de Poolse grens.

De Russen pikken snel de oostelijke helft van Polen in. Op zondagmorgen 3 september 1939 overhandigt de Britse ambassadeur te Berlijn een ultimatum:
'Terugtrekken en dat bekendmaken binnen twee uur, anders...'

Als de vertaling daarvan in de Rijkskanselaerij wordt voorgelezen, is het doodstil. Hitler kijkt als versteend voor zich uit. Heeft hij deze stap van Engeland (en ook Frankrijk) niet verwacht?
'Wat nu?' vraagt hij.
'Als we deze oorlog verliezen, dan moge de hemel ons genadig zijn!' zegt Goering, de dikke veldmaarschalk van de Luftwaffe.
De tweede wereldoorlog is een feit!

De nieuwe minister-president jhr. mr. D.J. de Geer.

Mobilisatie in de Lage Landen. Afkondiging van strikte neutraliteit. Hoe moeten Belgen en Nederlanders verwerken, dat het opeens weer oorlog is? Menno ter Braak schrijft in zijn dagboek:
'Neutraliteit: gevoel van opluchting, beschaming, onzekerheid. Opluchting: anderen knappen deze onaangename en onfrisse zaakjes voor ons op. Beschaming: het zijn óók onze zaken die zij behartigen en wij kijken voorlopig toe!'

Hebben velen er zo over gedacht! In België roept de regering 650.000 man onder de wapenen, want men weet daar wat oorlog is. Het ministerie-Pierlot, samengesteld uit katholieke, liberale en socialistische ministers, neemt doortastende maatregelen voor de landsverdediging. In de politiek verklaart België zich solidair met Nederland.

Nederland heeft net een kabinetscrisis achter de rug.
'Ten behoeve van de oorlogsuitgaven willen wij de uitkeringen voor de werklozen (nog steeds 400.000) verlagen,' heeft het laatste kabinet Colijn gesteld. 'Nee,!' De Tweede Kamer heeft de zuinigheid dit keer niet geslikt.

De ministers treden af. Aan de 69-jarige jhr. De Geer (Christelijk-Historisch, cum laude rechtenstudie, een harde werker en een vredelievend man) wordt de opdracht gegeven tot het formeren van een nieuw kabinet.
'IK dring er ten sterkste op aan, dat u socialisten in uw ministerie opneemt,' heeft koningin Wilhelmina hem gezegd. De socialisten, die zijn gaan inzien dat zij hun idealen langs een democratische weg kunnen realiseren, zijn daartoe bereid.
'Ik stel wel mijn eisen,' zegt dr. Van den Tempel, als hij voor een ministerpost wordt gevraagd. Van schildersknecht is hij opgeklommen in het NVV. In avonduren heeft hij diploma's gehaald. Op zijn 52ste is hij cum laude gepromoveerd aan de Hogeschool van Rotterdam.
'Wat zijn uw eisen?' vraagt De Geer.
'Ik wens een wettelijke regeling te zien voor een vakantie van 8 dagen voor iedereen.
Dan betere bestrijding van de werkloosheid en nog een tweede socialist in het kabinet!'
De Geer gaat akkoord. Ir. Alberda krijgt het ministerie van Waterstaat. *Socialisten in de regering!* Dat is een hele gebeurtenis in Nederland.
'Een historische dag!' juicht het dagblad *Het Volk*. De anti-revolutionairen begrijpen niet, hoe men zó stom kan zijn.

Het is half augustus 1939, als een vermoeide jhr. De Geer zijn kabinet — na zes weken ploeteren — gereed heeft gekregen. Hij zegt — twee weken voor het uitbreken van de oorlog — tegen zijn medeministers:
'Ik ga met vakantie. Naar Duitsland. Naar het Zwarte Woud..'
Hij ziet niet, hoe de werkelijke situatie in de wereld is.

Vrijwel niemand ziet het. Als de oorlog uitbreekt gaan 350.000 mannen het leger in. 'Nederland blijft neutraal!' Dat denkt vrijwel iedereen, de regering inclus. Met een haast onbegrijpelijk optimisme wordt nog in wonderen geloofd. 'Je zult eens zien, als de Polen straks in het offensief gaan, is het met de Duitsers gebeurd!'

Binnen een week staan Hitlers legers voor Warschau. Binnen een maand heeft Polen gecapituleerd. 400.000 Joden worden in een wijk van Warschau samengedreven en 1.000.000 Polen zullen gaandeweg met een P op hun kleding als dwangarbeiders naar Duitsland moeten gaan.
'De Franse Maginotlinie is onneembaar,' zeggen de Nederlanders. 'En de Fransen beschikken over briljante generaals. Straks beginnen zij met de Engelsen een offensief en dan zal alles gauw afgelopen zijn!'

Alsof het een boeiend spel betreft, hangen schooljongens in hun kamers kaarten met vlaggetjes aan de muur. Wie beseft hoe wanhopig de situatie is? Engelse officieren hebben uit de Duitse *Blitzkrieg* in Polen reeds geleerd, dat zij zullen moeten beschikken over 1600 tanks. Zij bezitten er 60.

Schakels, door Raoul Hynckes (1936). De beklemmende sfeer van naderend onheil die de periode van het interbellum kenmerkte, komt in dit schilderij sterk tot uiting.

De Franse Tijd – Negentiende en Twintigste Eeuw

De opperbevelhebber van het leger, generaal I.H. Reynders met zijn vrouw.

De Duitse kolonel Oster, die de Nederlanders inlichtte over Hitlers invasieplannen.

Philips heeft de oud-generaal Winkelman in dienst genomen voor de eventuele evacuatie van het bedrijf. Keer op keer geeft de Philips-directie verontrustende, in Duitsland verkregen inlichtingen aan de regering door. Ze worden nauwelijks geloofd.
'We hebben de Grebbelinie en de Waterlinie. Wat beginnen de Duitsers met hun tanks in ons natte land?' Het optimisme zegeviert.
Wie weet, dat heel wat gemobiliseerde Nederlandse soldaten in hun burgerpakkie moeten rondlopen, omdat er onvoldoende uniformen aanwezig zijn? Wie weet, dat zij met Oostenrijkse geweren van het jaar 1890 zijn uitgerust? Twintig jaar lang is het minimum aan leger en vloot besteed.
Generaal Reynders, opperbevelhebber, ligt voortdurend met de regering overhoop. Men kan het maar niet eens worden, waar een eventuele aanval door Duitsland moet worden gekeerd.
'Wij kunnen het jaren uitzingen. Onze voorraden zijn ruimschoots genoeg!' deelt de regering geruststellend mee. De meeste Nederlanders leven vrij onbekommerd voort. Af en toe even een schok: als het houtschip Mark op een mijn loopt, of de tanker Sliedrecht door een Duitse onderzeeër tot zinken wordt gebracht.
Wie beseft dat er overal spionnen zitten en hoe geraffineerd het oorlogsspel door de Duitsers wordt gespeeld?

Kolonel Hans Oster, officier in het hoofdkwartier van de Wehrmacht, is een man die Hitler haat.
'Aan het hoofd van het Duitse Rijk staat een misdadiger,' heeft hij herhaaldelijk tot zijn buitenlandse vrienden gezegd. Eén van die vrienden is de Nederlandse majoor Sas, militair attaché op de ambassade in Berlijn. Hans Oster laat hem weten: 'De aanval op Nederland is bevolen voor 12 november!'
Als de geschrokken majoor dat nieuws doorgeeft naar Den Haag, neemt men dat niet serieus.
'Ik zweer u, dat de aanval op 12 november zal komen,' zegt Sas aan De Geer.
'U kunt moeilijk een eed afleggen op iets, dat nog niet is gebeurd!' antwoordt de minister-president droog. Hij weigert alarm te laten maken, omdat hij Sas niet gelooft. Maar in het Duitse hoofdkwartier liggen de aanvalsplannen gereed. Dáár wordt alleen nog naar een goede aanleiding gezocht:
'Hoe kunnen we bewijzen, dat Nederland *niet* neutraal is? Hoe kunnen we een aanval op de Lage Landen het best rechtvaardigen?'
Dat vraagstuk lossen de Duitsers geraffineerd op. Zij sturen enkele agenten de grens over. Die moeten via-via contact zien te maken met twee Britse spionnen, die opereren vanuit Den Haag.
'Er is een komplot van hoge officieren in Duitsland, vertellen de Duitse agenten met gespeelde ernst. 'Zij gaan Hitler uit de weg ruimen en zullen dan een staatsgreep doen. Vervolgens zijn vredesonderhandelingen het eerste doel!'
Dat goed uitgedachte lokaas werkt. De Britse spionnen Payne Best en Stevens happen toe. In samenspel met de Nederlandse Inlichtingendienst vinden de eerste ontmoetingen met de Duitsers plaats. De Nederlandse luitenant Dirk Klop (die vloeiend Engels spreekt), werkt onder de schuilnaam Clopper met de Britse agenten mee. Als naïeve amateurs gaan zij zich meten met de geslepen Duitse profs. Het gaat gepaard met alle ram-bam, die bij internationale spionage hoort: de BBC zendt codeberichten uit. De Britse ministerraad wordt in de persoon van lord Halifax gewaarschuwd. Het lijkt ook *werkelijk* een zaak van het allergrootste belang.
Een ontmoeting met de Duitsers in Den Haag — met een uitstekend diner bij Stevens aan huis. Dan nóg een diner in een Arnhems restaurant. De kelner, die de Britten en Duitsers aan tafel bedient, krijgt — door alle geheimzinnigheid — zóveel argwaan, dat hij de politie waarschuwt. En de politie komt! Luitenant Dirk Klop weet de zaak te sussen.
Heel behendig houden de Duitsers de Britse agenten aan de lijn. Ze vragen om een radiozender. Die wordt hun, met een code, verstrekt. Maar dat ding werkt niet goed en de Duitse Sicherheitsdienst gooit er dan maar zijn eigen materiaal tegen aan.

Cafe Backus, bij Venlo, pal bij de Duitse gens, op 9 november 1939: een nieuwe bespreking, maar nu met hoge Duitse officieren. Zoals is beloofd, rijden Payne Best, Stevens en luitenant Klop met hun chauffeur naar dat grenscafé. Nauwelijks zijn zij daar gestopt, of een Duitse overvalwagen raast naderbij. SS-ers zitten op de motorkap. Zij schieten hun machinepistolen leeg.
'Grote God'! In café Backus weet men niet wat er gebeurt. Luitenant Klop wordt getroffen aan schouder en hoofd. Stervend wordt hij door Payne Best en Stevens over de grens gesleurd. Wat zijn de Duitsers in hun schik als ze uit de papieren ontdekken, dat mr. Clopper *Dirk Klop* heet en officier is bij de Nederlande Inlichtingendienst. Is dat niet het beste bewijs, dat Nederland met Engeland heult?
Stevens, moreel gebroken, geeft tijdens de verhoren uitvoerig antwoord op iedere Duitse vraag.

'Incident bij Venlo!' melden de kranten. De regering komt nu toch geschrokken bijeen. Had majoor Sas dan toch gelijk? Ernstige waarschuwingen van Britse zijde betreffende een aanval bereiken de ministerraad. De spanning neemt toe. Oók in België, waarmee Nederland nauwe contacten onderhoudt.
Koning Leopold II komt met minister Spaak en generaal Van Overstraeten naar Den Haag. Samen met koningin Wilhelmina zal hij een vredesoproep richten tot alle naties die in oorlog zijn.
'Dat zal onze positie in de wereld versterken,' zegt de Nederlandse minister Van Kleffens (Buitenlandse Zaken), die het plan heeft bedacht. Het telegram van Wilhelmina en Leopold gaat de wereld in, maar komt helaas op een enkele voorpagina terecht.
De fatale datum nadert. De verloven worden ingetrokken. 'Staat van alarm!' is naar alle legercommandanten uitgegaan. Rond de Grebbelinie worden 5000 ha onder water gezet. 2000 mensen, 7000 koeien en paarden moeten verhuizen uit woning en stal. Angstig wacht men de 12de november af. Niemand weet, dat Hitler de aanvalsdatum op aanraden van zijn officieren heeft verschoven.
Wat een opluchting als de 12de voorbijgaat, zonder dat er iets is gebeurd. Minister De Geer richt zich op de 13de november tot het Nederlandse volk. Dat hij geen oorlogsleider is, bewijzen de woorden die hij spreekt:
'In de laatste dagen hebben er geruchten gelopen, die in brede kring onrust hebben verwekt. Daarvoor bestaat geen enkele grond. Het is waar, wat een oud lied zegt:

> Een mens lijdt dikwijls het meest
> Door 't lijden dat hij vreest
> Doch dat nooit op zal dagen
> Zo heeft hij meer te dragen
> Dan God te dragen geeft...'

Dat is een beangstigende dooddoener. En haast nog erger: de actieve majoor Sas heeft in Den Haag zijn goodwill verspeeld.

Terwijl de Russen eind november tegen het kleine Finland vechten (een Nederlandse Rode-Kruisploeg gaat erheen), bereiden de Duitsers een winteroffensief op de Lage Landen voor.
'Als het flink vriest, kunnen onze tanks over de bevroren bodem,' zegt een ongeduldige Hitler, want hij wil met zijn legers naar Het Kanaal. Van daaruit wil hij een aanval op Engeland doen. Weerkundigen hebben flinke vorst in januari voorspeld.
'Wir müssen angreiffen!'
Kolonel Oster waarschuwt majoor Sas, dat de aanval op de 9de, vervolgens op de 14de januari zal zijn. Sas geeft dat nieuws ogenblikkelijk door.
'Opnieuw een onderdeel van de zenuwoorlog,' concludeert generaal Reynders. Hij neemt het bericht niet serieus.
In België doet men dat wél. Dat vindt zijn oorzaak vooral door een kleine gebeurtenis, die zich bij het dorpje Mechelen aan de Maas in Belgisch-Limburg heeft afgespeeld.
'Verdammt!' vloekt majoor Reinberger, van de Fallschirmtruppen, als hij met majoor-vlieger Hoenmann op weg is van Münster naar Keulen. Ze vliegen met een snelle Messerschmidt en zijn boven het besneeuwde landschap verdwaald. 'Verdammt!' Ze krijgen motorpech en moeten naar de grond. Ze strijken in Belgisch-Limburg neer.
Majoor Reinberger heeft een tas vol documenten bij zich. Daaronder bevinden zich strikt geheime stukken over het aanvalsplan op België en Nederland.
'Verdammt!' Het zit de Duitsers ook niet mee. Als de majoor de boel wil verbranden, werkt zijn aansteker niet. Een toegeschoten Belgische boer geeft hem behulpzaam een vuurtje:
'Bitte...' 'Danke schön!'

Terwijl de majoor zijn stukken verbrandt, naderen Belgische soldaten. Als de drommel doven zij het vuur en redden nog een aantal papieren uit de as. Onder het vergrootglas van officieren duiken alarmerende zinnen uit de halfverbrande en verkoolde stukken op:
'Aanval op het Belgisch-Luxemburgse gebied... Xde legerkorps moet Nederland bezetten, de vesting Holland uitgezonderd...'
Generaal Van Overstraeten alarmeert het leger en waarschuwt het Franse opperbevel:
'Ik ben er vrijwel zeker van, dat de aanval komt!'
'Ik geloof het niet,' antwoordt de Franse generaal Gamelin. Ook generaal Reynders gelooft het niet:
'Het ligt er té dik op,' vindt hij. 'Officieren die een noodlanding maken mét belangrijke documenten die ze hun stukken dan nog maar half verbranden, kom nou. Het is allemaal onderdeel van de zenuwoorlog!'
Hoe moeilijk was het in die dagen om de verwarde situatie helder te overzien. Wél gaat er een *Weest op uw hoede* naar alle onderdelen uit. Wél sjouwen de soldaten weer hun versperringen op de weg en brengen zij explosieve ladingen onder de bruggen aan. Wél is er even paniek.
Niemand weet dat Hitler — menend, dat na de noodlanding van majoor Reinberger de aanval door Frankrijk, Nederland en België wordt verwacht — het offensief voor de zoveelste keer heeft afgelast.

Zo glijden de dagen, de weken, de maanden voorbij. Vanwege tal van conflicten met de regering ruimt generaal Reynders het veld. Na lang zoeken wordt de 64-jarige generaal Winkelman voor het opperbevel gepolst.
'Hoera, ik heb hem gestrikt!' roept de minister van Oorlog in de ministerraad uit, als Winkelman de opdracht aanvaardt. Hij is een rustige, bescheiden man. Er gaat gezag en vertrouwen van hem uit. Na tal van inspecties — waarbij hij zich vele malen een ongeluk schrikt — stelt hij de verdedigingslinie eindelijk vast: de Grebbelinie, de rivieren Maas en Waal en de Vesting Holland zullen worden verdedigd. In het diepste geheim zoekt generaal Winkelman vast contact met de geallieerden. Bij een eventuele aanval wil hij kunnen rekenen op doeltreffende samenwerking en steun.
Heel verstandig dat hij dat doet, want het Duitse gevaar komt dichterbij:
'Aanval op Denemarken en Noorwegen,' melden de kranten in april. Met één klap hebben Duitse parachutisten in het noorden alle belangrijke havens bezet. De Deense en Noorse fascisten voeren daar nu het hoogste woord. Belgen en Nederlanders slaat de schrik om het hart. Wat zullen Mussert en Degrelle, wat de NSB-ers en de Rexisten doen, als de aanval komt?
'Wij zullen de armen over elkaar kruisen en toekijken,' heeft Mussert tegen een Amerikaanse radioreporter verklaard. Trouwens, ook de communisten hebben zich weinig vaderlandslievend geuit. Zij lopen geheel aan de leiband van Moskou en na het Russische verdrag met Duitsland inzake Polen, slaat hun neutrale houding in een zekere anti-geallieerde stemming om. Voor alle zekerheid stopt de regering nu een aantal fascistische en communistische voormannen in een interneringskamp.
'Ik ben zo bang, dat wij door een ongelukkig voorval aan de verkeerde kant in de oorlog zullen geraken,' heeft de koningin, die fel anti-nazi is, herhaaldelijk gezegd.
Ze hoeft zich op dit punt geen zorgen te maken. Nieuwe Duitse aanvalsplannen én de datum zijn reeds vastgelegd.

Berlijn, donderdag 9 mei 1940: kolonel Hans Oster heeft het Oberkommando der Wehrmacht verlaten voor een afspraak met majoor Sas, die buiten op hem wacht.
'Beste vriend', zegt hij en hij voelt zich als fatsoenlijk Duitser beschaamd, 'nu is het wérkelijk uit. Er zijn geen tegenbevelen gegeven. Het *zwijn* (hij bedoelt Hitler) is vertrokken naar het westelijk front. Nu is het werkelijk definitief uit. Hopelijk zien wij elkaar na de oorlog terug...'
Het geweldige raderwerk van de Duitse oorlogsmachine draait: op vliegvelden staan de bommenwerpers en jagers klaar. Parachutisten maken zich voor een vlucht gereed. Tankcommandanten lezen hun opdrachten nog eens na. Iedere Nederlandse en Belgische instelling staat nauwkeurig aangegeven op de kaart.
Na zijn ontmoeting met kolonel Oster rent majoor Sas naar de ambassade terug.
Ieder uur telt. Hij waarschuwt de Belgische militaire attaché en belt dan naar het ministerie van Oorlog in Den Haag:
'Post, je kent mijn stem. Ik ben Sas in Berlijn!' roept hij door de telefoon naar de marine-adjudant. 'Ik heb je maar één ding te zeggen. Morgenvroeg! Bij het aanbreken van de dag. Houd je taai!'
Een aantal officieren van de Inlichtingendienst gelooft de boodschap niet. 'Ik ga een biertje drinken,' zegt een overste. 'Ze komen toch niet!' Zijn commandant en de regering hechten dit keer wél waarde aan het bericht. Ook generaal Winkelman is van de juistheid overtuigd.
'Van de grens komen zeer verontrustende berichten binnen. Wees derhalve vannacht bijzonder op uw hoede!' is het bevel dat door het hoofdkwartier wordt uitgestuurd. Met de helm op begeeft generaal Winkelman zich naar de koningin. Zij is de enige op regeringsniveau geweest, die zich de werkelijkheid van een oorlog heeft ingedacht.
Die donderdagavond slapen de koningin, de prinses en de prins, de kleine Beatrix en Irene in de schuilkelder van paleis Huis ten Bosch. Prins Bernhard vindt het daar te benauwd en gaat naar zijn slaapkamer terug.
Die donderdagavond geeft het Amsterdams Joods Koor een uitvoering in de Hollandse Schouwburg, Dirigent Englander neemt de ovaties van het publiek in ontvangst. Hij buigt, met een bos bloemen in de armen. Een bloemkweker in Aalsmeer rijdt die avond een lading bloemen naar

Nederlandse verkenner bommenwerpers die gedurende de meidagen van 1940 enkele doelen bombardeerden die voor de Duitsers van belang waren. Links drie aanvallende Duitse jachtkruisers. Tekening door Thijs Postma.

De Franse Tijd – Negentiende en Twintigste Eeuw
De oorlog in mei

Schiphol. Ze zijn voor Duitsland bestemd.

Ondefineerbaar hangt op die avond van de 9de mei een ongrijpbare en onwezenlijke sfeer over de Lage Landen heen. Alle vruchtbomen staan uitbundig en stralend in bloei.

Een HBS-er zit gebogen over een repetitie Schwere Wörter, maar de moeilijke Duitse woordjes willen er dit keer niet in. 'De verloven zijn ingetrokken,' stond in de krant. Een oudere broer, die korporaal is, heeft net opgebeld:
'De hele opleiding is van Kampen naar Haarlem overgeplaatst. Het schijnt mis te gaan!'

Op straat lopen twee vrindjes voorbij. Ook zij zitten voor hun eindexamen, maar nu trekken ze branieachtig aan sigaren, wat helemaal niet bij hen past.
'We zijn opgeroepen. We moeten in dienst!' Ze lachen vrolijk, want nu zijn ze van het stampen en leren af. 'We krijgen ons eindexamen waarschijnlijk cadeau!'

Een man kan zijn ei niet kwijt. Steeds weer draait hij de radio aan. Dan loopt hij naar buiten en tuurt — hij weet niet waarom — over de weilanden heen. De nacht valt, maar heel wat Nederlanders woelen in hun bed. Een huismoeder hoort geronk van motorfietsen en auto's bij een villa verderop. Daar zijn ponteniers ingekwartierd.

Het is half vijf. Een stralende voorjaarsmorgen, 10 mei 1940. De ponteniers zingen het Wilhelmus. De huismoeder loopt in haar nachtpon naar het balkon.
'Leve de koningin!' roepen de ponteniers. En dan opeens klinkt er een monotoon gebrom van vliegtuigen uit de onbewolkte voorjaarshemel.
'Duitsers!' schreeuwen soldaten en ze wijzen naar de lucht. Onwezenlijk dreunen zware ontploffingen in de verte. Een telefoon rinkelt.
'Weet je het al? Het is verdomme oorlog!'
'We zullen ze wel krijgen,' roepen militairen ver van het front. Hoe absurd glijden vele woorden van ponteniers, infanteristen, van bijeengehoopte burgers die blauwe voorjaarsmorgen in.
'De Grebbelinie is onneembaar!'
'De Engelsen en Fransen zijn onderweg!'
Is al dat optimisme opgewassen tegen vliegtuigen, bommen en tanks? Vrijwel niemand beseft, dat Nederland over geen enkele tank beschikt. Slechts 18 pantserwagens zijn gevechtsklaar. Vrijwel geen soldaat en ook de meeste reserve-officieren niet, hebben geleerd met handgranaten om te gaan.
'We zullen ze!'
Voor een redelijke luchtafweer moeten er ten minste 1250 kanonnen zijn. Er staan er 285 — deels zó verouderd, dat ieder schot bij voorbaat kansloos is, en zélfs gevaarlijk voor de man die vuurt. Er zijn 52 startklare vliegtuigen, de oude beestjes meegeteld.

In een aantal ervan zit nog niet eens een mitrailleur. 'Leve de koningin!'

Verklede burgers staan in hun ongemakkelijke uniformen achter kanonnen, die voor een deel in 1878, 1899 en in het jaar 1905 zijn gemaakt. Het is oorlog. Niemand weet wat hem of haar te wachten staat. 'God, wees ons allen genadig!' Die woorden weerklinken in menig huisgezin.

10 mei 1940: Het Algemeen Hoofdkwartier der Nederlandse Strijdkrachten maakt vroeg in de morgen bekend:
'Van drie uur af hebben Duitse troepen de grens overschreden.
Vliegaanvallen zijn geprobeerd op enkele vliegvelden. Weermacht en afweer zijn paraat gevonden. Inundaties voltrekken zich volgens plan. Voor zover bekend, zijn ten minste 6 Duitse vliegtuigen neergehaald...'
Het persbureau Havas meldt uit Brussel:
'Sedert vannacht één uur is de ministerraad bijeen geweest. Te 6.25 uur werden op het vliegveld Evere bij Brussel bommen geworpen.
Aan de Belgisch-Duitse grens is geschutsvuur gehoord. België, dat zich aangevallen beschouwde, heeft onmiddellijk een beroep gedaan op Engeland en Frankrijk, zijn garanten. Bevestigd wordt, dat ook 'Luxemburg is overweldigd..'
Oorlog in de Lage Landen! Niemand had erom gevraagd, maar hij kwam.

Soo het den wil des Heeren
Op dien tijd was gheweest
Had ick gheern willen keeren
Van u dit swaer tempeest
Maer de Heer van hier boven
Die alle dinck regeert
Die men altijd moet loven
En heeftet niet begheert.

Op de 10de mei 1940 herkrijgen de coupletten van het strijdlied Wilhelmus hun oude kracht.

Vol zorg rijdt generaal Van Voorst tot Voorst, de chef-staf van de landmacht en jongere broer van de commandant van het veldleger zo hard als hij kan op zijn fiets van zijn huis naar het Hoofdkwartier.
'Grensoverschrijding bij Kerkrade en Vaals,' is hem thuis gemeld. Stevig trapt hij op de pedalen, op weg naar de Korte Voorhout. Onderweg roept een juffrouw hem haast huiselijk toe:
'Mijnheer, is het een oefening?''
'Neen, dat is oorlog!' antwoordt generaal Van Voorst.

De gealarmeerde generaal Winkelman banjert voor zijn woning heen en weer. Het wachten op zijn chauffeur duurt lang. Tenslotte brengt een bereidwillige buurman hem weg. Op het Hoofdkwartier hoort hij tot zijn schrik, dat er Duitse parachutisten bij de Moerdijkbrug, rondom Den Haag, bij Rotterdam, Dordrecht en bij vele vliegvelden zijn geland. Wat een paniek zaaien die parachutisten in vrijwel ieder dorp en iedere stad in het westen van het land:
'Ze zijn als Hollandse soldaten verkleed,' vertelt men elkaar.
'Ze hebben zich vermomd als priesters en marechaussees!'
'Parachutisten in het park! Er lopen parachutisten op de hei!' Op dat soort geruchten rukken militaire patrouilles uit. In hun nervositeit trekken de soldaten soms wat te snel aan de trekker van hun geweer. Op volstrekt veilige plaatsen — ver van het front — vallen schoten en de reacties daarop blijven niet uit.
'Duitsers? Schieten NSB-ers uit hun huis?' Zó gonst het van mond tot mond, van straat tot straat. De ontstellende verwarring neemt van uur tot uur toe.

Burgemeester Bleeker van Dordrecht begeeft zich vroeg in de morgen met een taxi naar het stadhuis. In de Hugo de Grootlaan doorzeven kogels zijn taxi en raakt hij gewond aan schouder en nek.
'Herover de zeehaven. Daar zijn parachutisten geland!' beveelt overste Mussert, commandant van Dordrecht en broer van de leider der NSB. Een bataljon wielrijders rukt uit. Wat zij niet weten is, dat de Duitsers daar reeds zijn verdreven door een ander Nederlands onderdeel.
'Vuur!' schreeuwt de commandant van het wielrijdersbataljon.
'Niet schieten! Wij zijn Hollanders! Schiet niet!'
'Vuur!'
De wielrijders blijven vuren op eigen partij, totdat daar het Wilhelmus weerklinkt.
Dan gezwaai en gevloek:
'Zijn jullie belazerd? Te schieten op ons?'
De wielrenners keren geschokt terug. Langs de dijk ontdekken ze opnieuw soldaten.
Zij zwaaien met een Nederlandse vlag. In goed vertrouwen gaat de commandant er met zijn officieren op af. Ook dit keer zit het net verkeerd. Vanachter de dijk springen Duitse parachutisten te voorschijn:
'Hände hoch!' Voor de wielrijders is de oorlog voorbij.

De nachtredactie van de *Limburgse Koerier* in Maastricht wordt tegen vier uur in de

morgen door een correspondent uit Venlo gebeld:
'Ze zijn hier! De Duitsers staan op de Markt!'
'Je bent gek! Heb je soms gedronken? Ben je zat?'
'Maar ik zie ze... Ik kan ze zien vanuit mijn raam.'

Hij heeft gelijk. Gehuld in Nederlandse uniformen heeft een groep Duitsers de ladingen springstof onder enkele Maasbruggen verwijderd. De Duitse troepen trekken er zonder problemen overheen. De zwakke stellingen aan de grens verkreukelen, vrijwel zonder dat er een schot wordt gelost.

'Wohlauf, Kameraden. Aufs Pferd, aufs Pferd!' In de allerbeste stemming galopperen Duitse huzaren Nederland in. Vliegtuigbommen vallen ondertussen op de Alexanderkazerne in Den Haag. De Nederlandse huzaren zien de vloer van hun slaapzaal op de eerste verdieping bezwijken en smakken nu tussen de angstig hinnikende paarden in de stallen neer. 60 Doden en honderden gewonden in één klap.

Terwijl de blauwe voorjaarslucht door Duitse vliegtuigen wordt beheerst, incasseert de legerleiding het *niet verwachte* verlies aan de bruggen over de Moerdijk:
'Maar waren er dan geen ladingen dynamiet?'
'De aanval werd daar niet verwacht!'

De weg naar de vesting Holland ligt nu open via Moerdijk, Dordrecht, Rotterdam.

Hard vecht het 1ste legercorps met parachutisten om de vliegvelden Valkenburg, Ockenburg en Ypenburg. Het Duitse plan om van daaruit de koninklijke familie en de ministers te overmeesteren mislukt.

'Terugtrekken!' Dát is keer op keer het bevel in de oostelijke en noordelijke provincies van het land. Overal worden bruggen opgeblazen en overal wordt een verraderlijke vijfde colonne vermoed.

Met uit de lucht gegrepen geruchten jagen soldaten en burgers elkaar op stang. De regering heeft de arrestatie bevolen van 800 vooraanstaande leden der NSB. In de roes van verhalen over sabotage en verraad — al is dat slechts enkele keren gebeurd! — begint nu een ware heksenjacht tegen de aanhangers van die groep:
'Op nummer 10 zitten van die schoften. Ze hebben lichtsignalen gegeven in de afgelopen nacht!'
'Dat tuig in de Langestraat, op nummer 3, heeft vanuit hun huis op soldaten gevuurd...'

De politie komt handen te kort. 10.000 NSB-ers worden zonder enig onderscheid vaak hardhandig uit hun huis gesleurd. Onder bedreiging van revolvers en geweren verdwijnen zij naar een geïmproviseerd kamp. Zeven van hen vinden bij deze incidenten de dood.

Anton Mussert ontspringt de dans. In Huizen duikt hij onder bij de familie De Gooyer, een NSB-gezin. Als de politie daar voor huiszoeking komt, is de leider der NSB net op tijd door de tuin het bos ingerend. De heer De Gooyer gaat later naar hem op zoek. Hij vertelt:
'In het donker ben ik toen nog eens de bosjes ingegaan. Ik floot heel zachtjes: "De Zwarte Soldaten!" En toen ik dat een paar maal gefloten had, zag ik over de rand van een kuil het hoofd van onze Leider verschijnen!' Wat is er toen door dat hoofd van Anton Mussert heen gegaan?

Hoe groot de paniek alom is, ervaren twee priesters, die zich vrijwillig bij een kazerne melden om gewonden bij te staan. Gedachtig aan alle geruchten schieten de nerveuze wachtposten op hen af:
'Vermomde Duitsers!' Met geweren in de aanslag duwen zij de beide priesters naar hun commandant.
'Maar luistert u nou...'
'Verraders! Bekken dicht!' De commandant houdt zijn revolver in de hand. Het lijkt ongelooflijk, maar het is waar: de priesters komen niet aan het woord. Onder toezicht van een gewapend escorte worden zij naar de politie gebracht. Pas dáár komt de aap uit de mouw.

Lang niet iedereen verliest zijn hoofd. Opperwachtmeester Ketel staat als batterijofficier achter kanonnen uit het jaar 1878 in de Peel. Bij Mill is een Duitse pantsertrein gestopt. Infanteristen springen eruit. De aanval begint.

'Vooruit, jongens. Richten en vuren!' roept opperwachtmeester Ketel. 'Laden... Bukken! Koppen weg!' Mitrailleurs bezitten de batterijen van III-20 R.A. niet, doch hun granaten gieren in een moordend tempo op de vijand af. De Duitse opmars vertraagt, komt tot stilstand.

'Laden... Koppen weg!' Door dappere kerels achter oude kanonnen wordt de doorbraak bij Mill tot stand gebracht.

Met veel moed wagen de vliegofficieren zich in hun wankele, verouderde toestellen in de strijd tegen de superieure Heinkels en Messerschmidts. Door laag te vliegen: *boompje, beestje, huisje* ontlopen enkelen in hun tweedekkers uit 1925 een zekere dood.

De Koninklijke Luchtmacht zal dan ook de Militaire Willemsorde ontvangen voor de moed, waarmee de vliegers zich hebben ingezet.

'Duitse overval is als mislukt te beschouwen!' meldt het *Algemeen Handelsblad* op 11 mei. Het blad baseert zich op de dagorder van opperbevelhebber Winkelman. En inderdaad: de Duitse verrassingsoverval vanuit de lucht op de vesting Holland (Den Haag en alle vliegvelden) is mislukt. Wél heeft de vijand de Moerdijkbruggen in handen.

Prins Bernhard heeft zijn vrouw en kinderen met een gepantserde wagen van de Nederlandse Bank naar IJmuiden gebracht. Een Engelse destroyer brengt hen naar Engeland. Prins Bernhard keert meteen daarop naar Zeeland terug, waar enkele Franse compagnieën aan land zijn gegaan. Nieuwe krachtmetingen bij de Afsluitdijk en bij de Grebbelinie staan nu voor de deur:

'Terug! We moeten terug!' Onthutsende taferelen spelen zich bij de Grebbe af, als een ordeloze terugtocht, uit het voorterrein naar de stellingen, begint. Een sergeant *blijft* lopen en neemt zijn afdeling mee naar... Nieuwersluis. Zijn ontoelaatbaar gedrag heeft een droevig eind:
'We moeten een voorbeeld stellen!' zegt generaal Harberts, want in zijn legergroep zijn heel wat meer gevallen van desertie en paniek. Een krijgsraad veroordeelt de wankelmoedige sergeant tot de dood. Een executiepeloton doet zijn werk.
'Ik vraag overplaatsing naar een gevaarlijke post aan het front,' zegt één van de rechters, die na afschuwelijke twijfels tot de doodstraf heeft beslist.

Uit de verslagen van de strijd om de Grebbelinie klinken wanhopige regels op:
'De jongens hebben een eerste contact gehad met onze tegenstanders en het zijn uitgeputte, radeloze mensen die we terugzien. De meeste soldaten zijn geheel in de war.

Zingende N.S.B.-ers door C. Veth (1941).

De Franse Tijd – Negentiende en Twintigste Eeuw

Sommigen huilen, anderen staren in doffe berusting voor zich uit. Een sergeant is helemaal van streek. Hij staat een tijdje op zijn tanden te knarsen, dan springt hij de loopgraaf uit voor we hem grijpen kunnen. Geheel wild verdwijnt hij in het bos.

We hebben hem nooit teruggezien...'

In de straten van Rhenen liggen volledig gedemoraliseerde troepen tegen de huizen aan. Ze willen hun stellingen niet meer in. 'We zijn uit bomen beschoten!' roepen ze. Dat de Duitsers *werkelijk* zouden schieten, hebben zij zich nooit gerealiseerd.

'Ze gooiden met handgranaten!' Het vuile bedrijf van de oorlog is tot hen gekomen als een schok. En erger: de meesten van hen hebben nog geen Duitser gezien. Op andere plaatsen wordt echter met grote moed en zelfverloochening gestreden en ondervinden de Duitsers méér tegenstand dan zij hadden verwacht. Het baat niet. De befaamde Grebbelinie valt.

Koningin Wilhelmina wil op de derde oorlogsdag naar het front: 'Om als láátste man te vallen in de láátste loopgraaf!' Het kost de grootste moeite om haar het zinloze van zo'n daad te laten zien.

In de bunkers van fort Kornwerderzand, aan het begin van de Afsluitdijk, weren de Nederlandse soldaten zich geducht. Aanvallende vliegtuigen houden zij op een afstand met hun luchtdoelmitrailleurs. Radiografisch geven zij vuuropdrachten aan kanonneerboten van de marine, die vanuit zee voortreffelijk werk doen.

'Vuur!'

De Duitse stoottroepen komen keer op keer naar voren en telkens deinzen zij met flinke verliezen terug. Fort Kornwerderzand houdt stand tot het bittere, wrange eind.

13 mei, 2de Pinksterdag: De Grebbelinie is gevallen. Generaal Winkelman begeeft zich naar de koningin.

'Majesteit, ook Den Haag is niet langer veilig. Een vijandelijke tankcolonne heeft Rotterdam bereikt!'

De koningin barst in tranen uit. Zij wil uitwijken naar Zeeland. Later schrijft ze: 'In haast pakte ik een handkoffertje en verliet die ochtend Den Haag, per auto om half tien, voorafgegaan door een auto met politietroepen. Ik was mij natuurlijk ten volle bewust van de verbijsterde indruk, die dit vertrek thuis zou maken, maar waar het landsbelang dit meebracht, zag ik mij verplicht de smaad aan te durven van de schijn gevlucht te zijn...' De Britse torpedoboot Windsor zet koers naar Zeeland. Gezien de situatie daar bedenkt men zich onderweg. Dan gaat het full-speed naar Engeland.

De klap van haar vertrek komt hard aan. Mensen huilen, schelden of beweren in doffe berusting dat nu alles afgelopen is. Honderden joodse families begeven zich naar de kust.

'Breng ons naar Engeland,' smeken zij vissers en coasterkapiteins. Ze bieden 10.000 tot 20.000 gulden voor een overtocht. Op de gereedliggende passagiersboten schepen alleen Britse onderdanen zich in. De niet eens volgestouwde Van Renselaer loopt bij de havenhoofden op een mijn.

De regering komt op het departement van Economische Zaken bijeen. Dáár is tenminste een doeltreffende schuilkelder. Van Kleffens (Buitenlandse Zaken) en Welter (Koloniën) zijn reeds naar Londen gegaan. Het is avond. Minister-president De Geer zit thuis.

'We zaten,' zo vertelt minister Gerbrandy (A.R. minister van Justitie), 'dat moet ik helaas zeggen, met een minister-president, die nooit leiding in die dagen heeft gegeven, maar volkomen passief bleef en 's nachts niet met ons achterbleef in het gebouw van Economische Zaken!' Het is Gerbrandy, die zijn collega's bij elkaar roept en hun zegt:

'Mijn mening is, dat we onverbiddelijk dáár moeten zijn, waar de koningin is. Wij hebben ons gebied overzee, onze handelsvloot, onze marine. Wij moeten dáár zijn, waar de oorlog kan worden voortgezet!' De ministers zijn dat met hem eens. Zij spreken af, dat zij hun vrouwen en kinderen het lot van het bezette Nederland zullen laten delen en maken zich gereed voor de tocht naar Engeland. Generaal Winkelman — en hij alleen — zal nu de beslissing moeten nemen inzake de capitulatie van het vaderland. Dat ogenblik is nabij.

Dinsdag 14 mei. Nog steeds stralend weer. Overal zijn de Nederlandse troepen op de terugtocht. Geen enkele gevechtseenheid is nog tot krachtige tegenweer in staat. Er wordt nog wél gestreden in Rotterdam. Vooral de mariniers onderscheiden zich.

Het is 10 uur in de morgen, als burgemeester Oud zich naar het hoofdkwartier van kolonel Scharoo begeeft. Drie Duitse officieren hebben daar — onder dekking van een witte vlag — een ultimatum gebracht:

'Binnen twee uur moet Rotterdam zich overgeven, anders volgt de volledige vernietiging van de stad!'

Een conferentie. Ruim anderhalf uur later trekt een Nederlandse kapitein naar een ijssalon. Daar zegt hij tot enige wachtende Duitse generaals: 'Wij kunnen uw ultimatum niet aanvaarden, *omdat het niet ondertekend is!*'

Het is verbazingwekkend, maar waar. Op het ontbreken van een handtekening — in *die* situatie!! — heeft men uiterst kostbare tijd verloren laten gaan. De oudste Duitse generaal zet nu zijn handtekening en geeft uitstel tot half vijf.

Omstreeks half twee vliegt een eskader Duitse bommenwerpers naderbij. Luitenant-generaal Schmidt beveelt:

'Schiet rode patronen af!' Hij wil zijn vliegers waarschuwen, dat het bombardement voorlopig is afgelast. Worden de kogels niet gezien? Of vliegen de Duitsers stug verder, omdat er een voorbeeld moet worden gesteld? Met angstaanjagend gefluit gieren de eerste bommen op de stad neer.

Versplinterde ramen. Scheurende muren en ineenstortende plafonds. Rondrennende mensen, gehuil, geschreeuw:

Na de oorlog maakte de beeldhouwer O. Zadkine het beeld De verwoeste stad: een mensenfiguur waaruit het hart is weggerukt.

De achttien meidagen in België

'Jo, waar is oma?'
'God, naar de kelder!'
'We moeten weg. Snel toch, we moeten weg.'
Een kind gilt: 'Moeder, moeder! Ze is dood!'
Rotterdam brandt. Een krakende vuurzee. Kogels fluiten rond. Mensen klimmen over puinhopen of door een scheefgezakt raam. Het gekerm van gewonde en stervende mensen klinkt overal.
20.000 Rotterdammers stromen in dichte colonnes de stad uit. De bombardementen en de daarop gevolgde brand, leggen het hart van de stad in de as: 24.978 woningen, 24 kerken, 2320 winkels, 775 pakhuizen, 62 scholen bestaan niet meer.
'Rotterdam gebombardeerd. Minstens 30.000 doden!' Dat bericht gaat door een verbijsterd Nederland. Later blijkt, dat niet meer dan 900 mensen tijdens het bombardement zijn omgekomen — misschien alleen, omdat op het ultimatum een handtekening ontbrak...

Het bombardement van Rotterdam is de láátste klap, die Nederland incasseert. Om 16.50 uur stuurt generaal Winkelman een capitulatiebevel naar alle onderdelen uit:
'... Ter sparing van de burgerbevolking en ter voorkoming van verder bloedvergieten... Aan de soldateneer is ten volle voldaan...'
Capitulatie! Velen willen het niet geloven:
'Het moet een leugen zijn!'
Heel wat soldaten huilen van woede, van machteloze drift. Ontreddered en verloren staan overal mensen bij elkaar. De laatste schepen van de marine, gevuld met geschoolde matrozen, zetten koers naar Engeland. De Fransen verlaten Zeeland, terwijl een opgetogen Hitler zich tot zijn zegevierende troepen richt:
'Ich spreche im Namen des deutschen Volkes den Dank und meine Bewunderung aus!'
Anton Mussert kruipt uit zijn schuilplaats te voorschijn. Hij begeeft zich naar Utrecht, naar het NSB-hoofdkwartier.
'We moeten aan de slag!' zegt hij tegen zijn bevrijde kameraden.
Capitulatie! Op de Stadionkade en in de Smaragdstraat te Amsterdam draaien de eerste joodse families de gaskraan open:
'Kom eens hier, Mirjam?'
'Waarom liggen die opgerolde handdoeken bij de drempel tegen de deur?'
Een antwoord op de vraag komt er niet. Het verstikkende gas suist de kamer in. Een man en een vrouw, die radeloos beseffen wat Hitlers overwinning voor hen betekent, kijken elkaar aan.
'Mijn liefste...' Dan kijken ze naar hun kinderen en in het verlossende gat van de dood. Een láátste gedachte. Een láátste gebed. De gaskraan suist.
'Sieg Heil! Sieg Heil!' Hoe angstaanjagend weerklinkt het zegevierend gebrul uit Duitsland door de radio. Lange colonnes van de Duitse Wehrmacht rollen Nederland in, waar 2032 soldaten in die meidagen zijn gesneuveld. De bezetting neemt een aanvang. Levensgroot hangt de vraag boven het lage land: 'Voor hoelang?'

Als de Duitsers voor de tweede keer in 25 jaar tijd het koninkrijk België aanvallen, spreekt koning Leopold zijn onderdanen toe:
'De strijd zal hard zijn. De opofferingen en ontberingen zullen groot zijn. Zoals mijn vader deed in 1914, zo heb ik mij aan het hoofd van ons leger gesteld, met hetzelfde vertrouwen en dezelfde overtuiging.
De zaak van België is zuiver. Met de hulp van God zal zij overwinnen!'
Vastberaden beginnen de Belgen de oorlog onder ogen te zien. Een vijfde colonne is er nauwelijks of niet. De soldaten in het leger, 600.000 man sterk, beseffen dat zij langs het Albertkanaal en langs de Maas (van Luik tot Namen en Givet) stand moeten houden, tot er — net als in 1914 — hulp van Franse en Britse divisies komt. Iedere dag telt!

Duitse troepen tijdens hun opmars door België in mei 1940.

Vroeg in de morgen van de 10de mei dreunen bommen op vliegvelden en de eerste verdedigingslinie neer. Verbijsterd staren de Belgen naar de blauwe lucht: 'Parachutisten!'
Ten westen van Maastricht, bij Vroenhoeven, Veldwezelt en Briegden zweven Duitse valschermjagers bij honderden naar de grond. Hoe zorgvuldig is alles voorbereid: de parachutisten veroveren enkele belangrijke bruggen en kunnen zich nestelen op de linkeroever van het Albertkanaal.
'Zweefvliegtuigen!' Totaal verrast ontdekken de Belgen, dat grote transportvliegtuigen achter de linies neerstrijken. Tot de tanden gewapende Duitsers springen te voorschijn en verzamelen zich op de linkeroever van de Maas. Ze bestormen het belangrijke fort Eben-Emael — voor de Belgen betekent dat een aanval in de rug.
Van de vernielde vliegvelden stijgen 12 vliegtuigen op.
'Bombardeer de héél gebleven bruggen!' luidt de opdracht van de piloten, maar ze hebben geen schijn van kans. 11 van de 12 vliegtuigen keren niet terug.
Na 36 uur van verwoede gevechten trekt de 7de infanteriedivisie zich terug. Via het fort Eben-Emael kunnen de Duitsers tot voorbij Tongeren in opmars gaan. Het 3de legercorps verlaat de vesting Luik.
'*Wij blijven standhouden!*' beveelt kolonel Modard. Hij weigert de forten rond Luik over te geven, evenals generaal Leman in de eerste wereldoorlog heeft gedaan.
10, 11 en 12 mei: Het Belgische leger heeft in eerste instantie de opdracht volvoerd. De Engelsen hebben met 3 divisies de stellingen bij Leuven-Waver betrokken en het 9de Franse leger is tot Namen opgerukt. Op 14 mei maakt koning Leopold in een dagorder aan zijn troepen bekend:
'Hoe zwaar de beproeving ook moge zijn, gij zult haar met moed doorstaan. Zoals bij de IJzer in 1914, rekenen de Franse en Britse troepen daarop. Het heil en de eer van het land vereisen het!'

In West-Vlaanderen trekt een stroom van vluchtelingen voorbij. 'Waar gaat ge heen?'
'We zijn voor de Duitsers gevlucht!' De angst voor wat 25 jaar geleden gebeurde, zit er bij velen nog diep in. Gezinnen sloffen voort. Ze zitten op boerenkarren, in volgestouwde auto's en sommigen hebben hun hele hebben en houden op een fiets gehesen. Ze willen wég van de Duitsers, wég van geweldaden, wég van het front.
De bevolking in Vlaanderen waarschuwt de soldaten keer op keer: 'Ge moogt wel uitkijken. Dáár woont een activist!' Men houdt de huizen van de Vlaamse nationalisten wél goed in de gaten, maar daden van verraad worden nauwelijks gepleegd. De ontstellende verwarring, waaraan Nederland ten prooi viel, blijft uit.
De forten bij Namen en Luik houden nog steeds stand.
'Ik ben trots op U!' seint de koning naar de manschappen van kolonel Modard. Hun moed is niet genoeg. Duitse pantserdivisies

563

De Franse Tijd – Negentiende en Twintigste Eeuw

Koning Leopold III op oudere leeftijd. Tijdens de oorlog verbleef hij als gevangene van de Duitsers op zijn paleis te Laken.

slaan een bres in het Franse front bij Sedan. De geallieerden in de stelling Antwerpen-Namen worden nu met omsingeling bedreigd.
'We moeten terugtrekken!' Zonder al te veel strijd geeft men die sterke linie prijs.

Generaal Deffontaine voert zijn soldaten bekwaam achter de Schelde, waar dan ook de chaotische Franse troepen uit Zeeland hun opwachting hebben gemaakt. Heel wat Vlamingen hebben maar weinig met die Fransen op: 'Wat moeten ze hier? Waarom leggen wij de wapens niet neer, zoals Holland heeft gedaan?'

22, 23, 24 mei: De Duitsers rukken Frankrijk steeds verder in. Door het breken van het Franse front en door de vroegtijdige capitulatie van Nederland, raken de geallieerden steeds verder in het nauw. Zij ontruimen Terneuzen, dan Gent, en stellen zich nu achter de Leie op.
'Soldaten!' zegt koning Leopold in een oproep. 'De grote strijd die ons wachtte, is begonnen... Wat er ook voorvalle, mijn lot zal het uwe zijn!'

Bij de Leie bulderen de kanonnen en zwetende soldaten liggen achter hun mitrailleurs.
'Standhouden, jongens. We krijgen hulp!'
'Laden... richten... Vuur!'

Er wordt dapper gevochten, maar de beloofde hulp blijft uit. Na een mislukt tegenoffensief en om aan omsingeling te ontkomen, trekken de Britten zich op Duinkerken terug. Honderdduizenden liggen daar allengs op het strand — wachtend op vervoer naar hun land.

Vloekend zien de Belgische soldaten, hoe Duitse bommenwerpers hun stellingen en de kuststrook bombarderen — soms met 50 vliegtuigen tegelijk. 'Waar blijven de vliegtuigen uit Frankrijk en Engeland?'

In dit bange uur denken deze landen alleen aan zichzelf. Voor de Belgische soldaten van de 1ste, 3de, 9de en 10de divisie rond Kortrijk is er geen hulp. Er komt zelfs geen aanmoediging van de bondgenoot. De aandacht van de Duitsers wordt wél op hen gericht: strooibiljetten en propaganda-pamfletten dwarrelen vanuit de lucht op hen neer:
'De oorlog is ten einde voor u. Uw bevelhebbers vluchten reeds per vliegtuig weg. Leg de wapens neer!'

De Belgen strijden voort. In de nacht van 25 op 26 mei rijden zij 2000 treinwagons tegen elkaar aan: op de spoorlijn, die van Roeselare naar Ieper loopt.
'Dat zal de Duitse tanks wél stoppen, zeggen ze verbeten. Dapper nemen zij die geïmproviseerde stelling in. Opnieuw is moed niet genoeg. Tijdens de verbitterde gevechten slaan de Duitsers bres na bres in het wanhopig verdedigde front. Soldaten en gevluchte burgers, 3.000 Belgen bij elkaar, hokken samen op het kleine stuk van hun land, dat thans nog niet veroverd is.

De Belgische ministers hebben de bevoegdheden van koning Leopold overgenomen en zijn op 25 mei via Engeland uitgeweken naar Frankrijk. Pierlot en Spaak gaan later naar Londen. Sindsdien hebben zij geen contact met de koning gehad.

Getrouw aan zijn woord blijft koning Leopold in het land om het lot van zijn volk te delen.
'De Engelsen hebben hun stellingen ontruimd,' is generaal Blanchard hem komen melden. 'Wij kunnen de openingen niet meer vullen. Ik beschik nog maar over 15 tanks...'

Het is 27 mei. De laatste uren van de strijd breken aan. De laatste reserves worden ingezet. Ten koste van zware verliezen dringen de Duitsers voorwaarts onder dekking van hun oppermachtige luchtmacht. 'Vooruit, jongens... vuur... Vúúr!' De Belgen schieten als gekken, maar er is geen houden aan.
'Laat de kanonnen springen!' klinken de bevelen, als de Duitsers tot vlakbij genaderd zijn. Voet voor voet wijken de Belgen achteruit. Koning Leopold stuurt een tragisch telegram naar de Britse generaal Gort: 'Het Belgische leger is ontmoedigd. Het vecht sedert vier dagen zonder ophouden onder een geweldig bombardement, dat de Royal Air Force niet heeft kunnen beletten... Het ogenblik nadert snel, waarop wij buiten staat van gevecht zullen zijn!'

Ook de Franse bevelhebber ontvangt een soortgelijk bericht: 'De Belgische weerstand loopt op zijn uiterste. Ons front is aan het breken als een touw, dat geheel versleten is!'

De láátste uren. Op het kleine stuk van het nog vrije België: propvolle wegen met vluchtelingen zonder eten, zonder onderdak. In de reeds boordevolle veldhospitalen is voor alle gewonden geen plaats. 3.000.000 Opeengehoopte Belgen zónder water, zónder gas, zónder elektriciteit.

Het is namiddag, 27 mei.
'Tracht de geallieerde bevelhebbers te waarschuwen, dat België capituleren gaat,' beveelt de koning zijn staf. Maar niemand weet, waar generaal Gort zich bevindt.

Dan worden er onderhandelaars naar het hoofdkwartier van het 18de Duitse leger gestuurd.
'Onvoorwaardelijke overgave!' eist Adolf Hitler.

Het is onvermijdelijk. Koning Leopold schikt zich in die eis. Op de 28ste mei gaat de laatste legerorder naar zijn troepen uit: 'Officieren, onderofficieren, soldaten! Uitgeput door een onophoudelijk gevecht tegen een vijand die ons veruit overtrof in aantal en materiaal, zijn wij er tenslotte toe gedwongen ons over te geven. De geschiedenis zal zeggen, dat het leger volledig zijn plicht heeft vervuld!'

Dat heeft het leger zeker gedaan. Dankzij de Belgische inzet konden de Britten ontkomen naar de kust van Het Kanaal. Churchill, sinds 10 mei oorlogsleider in Engeland, heeft over het Britse expeditieleger op het Duinkerkse strand gezegd: 'Wij zullen er niet meer dan 30.000 kunnen evacueren!' Maar het ongelooflijke geschiedt. Alles wat in Engeland een boot heeft vaart uit. Vissers, lords met dure jachten, vrouwen in motorsloepen en roeiboten halen tussen 29 mei en 4 juni — terwijl Duitsland Frankrijk oprolt — 350.000 hulpeloze Britten van het Duinkerkse strand. 'Ik verlaat u niet in de tegenspoed, die ons overvalt,' zegt de koning. 'Morgen zullen wij ons aan het werk zetten en ons land verheffen uit zijn puinen!'

De Belgen leggen de wapens neer. Leopold begeeft zich naar zijn paleis te Laken,

De bezetting

waar hij het grootste deel van de oorlog een gevangene van de Duitsers zal zijn.

Ondertussen wijken tientallen piloten naar Engeland uit. In de Royal Air Force zal door hen een eigen squadron worden gevormd. Ook talloze Belgische soldaten zien kans te ontsnappen. Zij hergroeperen zich in Engeland en hun brigade 'Bevrijding' zal later optrekken met Montgomery's 21ste legergroep. Heel wat Belgische vissers nemen dienst bij de Britse marine om hún aandeel te leveren voor de bevrijding van het koninkrijk.

Het Belgische volk maakt zich op om een nieuwe Duitse bezetting zo goed mogelijk te doorstaan. Onder een Militärbefehlshaber, de generaal Von Falkenhausen, ontlopen zij een (veel ingrijpender) burgerlijk bestuur, dat Nederland te verwerken krijgt.

Ruim 12.000 Belgen, militairen en burgers, zijn gesneuveld in de strijd, die *achttien dagen* heeft geduurd. Verbitterde Vlaamse nationalisten schrijven: 'Zij hebben hun bloed gegeven voor de glorie van Frankrijk en de bescherming van het Britse imperium!' De felste onder hen beginnen — net als tijdens de eerste wereldoorlog — samen te werken met de Duitse bezettingsmacht. Hun doel:
'Een onafhankelijk Vlaanderen onder de Nieuwe Orde van het Duitse Rijk!!'

In het Waalse land strijden Leon Degrelle en zijn Rexisten voor de oprichting van het oude Bourgondische Rijk. Ook zij zijn bereid zich te schikken onder het Duitse oppergezag.

Vanuit Engeland en vanuit Kongo zetten de vrije Belgen de strijd tegen Duitsland voort.

Frankrijk legt de wapens neer. Ook in Marokko, Tunis en andere Franse gebiedsdelen in Afrika. De juist tot generaal bevorderde Charles de Gaulle houdt echter zijn poot stijf. *Op zijn eigen houtje* vormt hij een vrije regering in Engeland.
'La France, c'est moi. Frankrijk dat ben ik!' stelt hij brutaal maar terecht.

De offensieven van de Italianen in Afrika en op de Balkan lopen ondertussen haast op een lacher uit. Hitler zendt er haastig zijn keurtroepen heen en behoedt de Italianen voor een nederlaag. Dan komen ook Hongarije, Roemenië, Bulgarije, Joegoslavië en Griekenland onder de Duitse heerschappij of invloed.
'Sieg Heil! Sieg Heil!' In de overwinningsroes zien de Duitsers zich reeds als heersers over een nieuw wereldrijk. Maar tegen alle verwachtingen in houdt Engeland stand.
'We zullen tot het einde doorgaan. We zullen vechten in Frankrijk. We zullen vechten op de zeeën en oceanen. We zullen vechten met een groeiend vertrouwen.

We zullen ons eiland verdedigen, wat de verliezen ook mogen zijn. We zullen vechten in de velden en in de straten. We zullen vechten in de heuvels. Nóóit zullen wij ons overgeven!' heeft Winston Churchill uitgeroepen in het Lagerhuis.

De slag om Engeland begint. De bombardementen, die de invasie van de Duitsers voorbereiden, breken het moreel van de Britten niet. Onder de Leen- en Pachtwet ontvangen zij het broodnodige oorlogsmateriaal uit Amerika. Met een grimmige taaiheid en een flinke dosis lakonieke humor zetten zij de oorlog voort — alleen!

Over 1000 jaar zal de Duitse bezetting door geschiedschrijvers met enkele regels worden afgedaan. Misschien zijn het deze: 'De Nederlanders, met hun eerbied voor gezag en met een fatsoenlijke, scrupuleuze ambtenarij, overhandigen de Duitse overheerser zonder aarzeling álle bevolkingsregisters. Ruim 100.000 joden werden juist daar het slachtoffer van en kwamen om in de gaskamers van een of ander concentratiekamp.

Ook mede daardoor konden 500.000 Nederlanders — want ieders naam en adres was bekend — in de Duitse oorlogsindustrie worden gedreven. Het verzet tegen de Duitse machthebbers is gering geweest...'

Misschien zal het er zó staan. Alle menselijke spanningen, alle angsten, alle haat, alle honger, alle moed en alle lafheid zullen dan vergeten zijn.

Affiche van de Waffen-S.S., die in de oorlog de fanatieke kern van de Duitse landstrijdkrachten vormde en berucht werd door tal van misdaden.

De Franse Tijd – Negentiende en Twintigste Eeuw

Dr. Arthur Seyss-Inquart, een intelligente, sobere, sluwe man, is door Hitler tot rijkscommissaris van Nederland benoemd. Hij hoopt het land voor het nationaal-socialisme te winnen langs wegen van geleidelijkheid. Op 29 mei zegt hij tijdens zijn eerste grote rede in de Ridderzaal:
'De Duitsers willen dit land en zijn bevolking niet onderdrukken, noch hun de Duitse politieke leer opdringen... Wij weten dat het uiteindelijke doel van de Führer is: vrede en orde voor allen die van goeden wille zijn!'

Die woorden wekken vertrouwen. Zélfs bij oud-minister-president Colijn: *Op de grens van twee werelden* noemt hij de brochure, waarmee hij de Nederlanders aanspoort zich aan te passen de veranderde maatschappij. Algauw voelt hij spijt.

De Nederlanders willen zich niet aanpassen. Zij wensen de terugkeer van de koningin en verlangen naar de onafhankelijkheid van voorheen.

De W.A.-leden der NSB beheersen — met Duitse steun in de rug — nu in hun zwarte uniformen de straat. Jarenlang zijn ze gesard en bespot. Met wellust voelen ze thans hun macht. Veel indruk maakt dat aanvankelijk niet. Hun aantal (3 procent van de totale bevolking) is nog steeds gering, al zijn na de capitulatie 20.000 mensen — baantjesjagers, verblinde idealisten en ambtenaren die nu weer mogen — toegetreden als lid.

'Landverraders!' is het oordeel van de rest van Nederland, al hebben de NSB-ers in de oorlogsdagen werkelijk niet veel verraad gepleegd. Het ideaal dat de meesten van hen voor ogen zweeft:
'In Europa één grote bond van vrije Germaanse landen onder Adolf Hitlers oppermacht!'
'Waanzin,' vinden de overige Nederlanders. 'Over een paar weken komen de Engelsen en dan is alles voorbij!' Met een onwerkelijk optimisme gaan de meeste Nederlanders de bezetting in.

De Duitse bezettingstroepen gedragen zich uiterst correct. Vriendelijk lachend kopen de soldaten zich suf aan slagroomtaarten en chocola. In ruil voor kanonnen hebben ze dat soort zaken jarenlang gemist. Tevreden zitten zij op caféterrassen achter glaasjes jenever en bier en zetten tussen de slokken hun tanden gretig in brokken boter, gesmeerd óp de chocola:
'H'mm, schmeckt gut, nicht?'

De Nederlanders lachen daar om. Zij haten de NSB-ers aanvankelijk méér, dan de soldaten van de Duitse bezettingsmacht. Toch groeit er wrevel. Het radio-wezen komt onder toezicht van Duitse *Verwalters* te staan. De 'zuilen' verschrompelen tot één omroep, die zich intensief op nationaal-socialistische propaganda richt. Engelse, socialistische, communistische en vooral joodse boeken verdwijnen uit boekhandel en bibliotheek. Uitsluitend Duitse films draaien in de bioscoop. Ook de kranten en tijdschriften passen zich snel — beangstigend snel! — aan de veranderde omstandigheden aan. De altijd zo kritisch ingestelde journalisten schrijven uit angst voor Duitsers en NSB-ers de kolommen met weinig verheffende artikelen vol. De flinksten onder hen krijgen — of nemen — ontslag. Het eerste illegale blad komt niet uit handen van een journalist, maar van een Haarlems restaurateur van gobelins. Reeds op 15 mei geeft Bernard IJzerdraat een eigenhandig geschreven pamfletje uit:

De dokwerker aan het Jonas Daniël Meyerplein te Amsterdam. Het beeld van Mari Andriessen ter herinnering aan de februaristaking.

'De Geuzenactie is ingezet. De strijd gaat door!'
Uit Londen, via de BBC, komt de stem van de koningin:
'Despereert niet. Doet alles wat mogelijk is in 's lands welbegrepen belang. Wij doen het onze. Leve het vaderland!'

Wat is 's lands belang? Een ontstellend moeilijke vraag. Betekent het samenwerken met de Duitsers? Of juist niet? Duidelijke richtlijnen ontbreken.
'We moeten op onze posten blijven, anders nemen NSB-ers onze plaatsen in. Of juist niet? Voor die keus staan rechters, burgemeesters en ambtenaren in het hele land. Zij nemen geen ontslag. Nu de ministers er niet meer zijn, ligt de leiding op de departementen in handen van secretarissen-generaal. Zij moeten gaan schipperen, want ze staan onder Duitse druk. Zij moeten concessies doen — soms diep treurige concessies!

Enkelen, zoals dr. Hirschfeld op Economische Zaken, bereiken met moedig onderhandelen en briljante manipulaties, dat de voedselvoorziening de eerste jaren op een redelijk goed peil gehandhaafd blijft. Iedere Nederlander zit trouwens met het probleem om normen te vinden voor zijn gedrag ten opzichte van de Duitse bezettingsmacht: 'Niet naar een Duitse film. Niet die rottige radio aan!' Maar wél naar een concert, waar de pro-Duitse Willem Mengelberg dirigeert? Wél voetballen tegen een elftal, waarin NSB-ers zijn opgesteld?

Instinctief zoeken de Nederlanders hun weg. De stem van de grote politieke partijen wordt gesmoord. Aarzelend staat Seyss-Inquart toe, dat er door mr. L. Einthoven, mr. J. Linthorst Homan en prof.dr. J.E. de Quay een gloednieuwe politieke beweging wordt opgericht: 'De Nederlandsche Unie!' Zo heet hun partij. In het programma staan nogal totalitaire en anti-democratische gedachten vermeld. Honderdduizenden Nederlanders, de doelstellingen nauwelijks lezend, stromen als leden toe. Zij zien in de Unie een mogelijk bolwerk tegen de Duitsers en de NSB. Tevens voelen zij bij hun toetreden een kans tot demonstratie voor koningin en vaderland.

Om bestaansrecht te verwerven maar ook omdat zij zelf niet geheel vrij te pleiten zijn van fascistoïde tendenties, denken de oprichters in totalitaire lijnen nogal ver met de Duitsers mee — naïef hopend het bezette land van dienst te kunnen zijn. Het loopt op niets uit. Binnen een jaar is de Unie opgedoekt.

Ondertussen spinnen de Duitsers hun verbijsterend nazi-web. Stukje bij beetje glijden de draden duivels koel en geraffineerd om departementen, bevolkingsregisters, fabrieken en distributiekantoren heen. Als hulpeloze vliegen raken de Nederlanders in die draden verstrikt 'Die Juden Aktion!' is in augustus 1940 reeds door Seyss-Inquart op de agenda geplaatst. Tijdens de vergadering sommen zijn stafleden op: 'Boycot van joodse zakenmensen. Verwijdering van joden uit het culturele leven. Maar allereerst het registreren van alle joden in Nederland!' En dat is wat ze doen.

De Nederlandse ambtenaren krijgen formulieren voorgelegd.
'We moeten een ariër-verklaring tekenen,' ontdekken zij in de herfst. 'Een verklaring dat je geen jood bent!'
'Dat ben ik ook niet. Dus kan ik rustig tekenen!'
'Maar...'
Iedereen tekent zonder te beseffen wat de gevolgen zullen zijn. Nog niet eens één ambtenaar op de duizend weigert zijn handtekening. Dan weten de Duitsers precies wie joden zijn en doen ze de volgende stap: 'Alle joden moeten verdwijnen uit de overheidsdienst!'

Als dát nieuws bekend wordt, lijkt het of Nederland enigszins ontwaakt. Dit gaat immers in tegen de eeuwenoude wetten van verdraagzaamheid? Onthutst drukt men bij het afscheid joodse collega's de hand: 'Maup ik vind het verschrikkelijk. Mirjam, als ik ooit iets voor je kan doen...'
Gestamelde afscheidszinnen, als joodse klerken, typisten, leraren, rechters, doktoren, professoren aan de dijk worden gezet. 'Dag, Sam. Dag, Hester. Dag, Nathan. Dag, Max...'

Daar gaan ze en de ambtenaren leggen zich er gelaten bij neer. Slechts een enkeling, zoals Nico de Graaf op het departement van Sociale Zaken, slikt het niet: 'Door alles te aanvaarden begeven we ons op een hellend vlak. Een verwerping van het joodse ras is de verwerping van het christendom!' zegt hij tegen zijn personeel.

Drie weken later zit hij als gijzelaar in het concentratiekamp Buchenwald.

In vrijwel alle kerken lezen priesters en predikanten op 27 oktober een protestbrief aan Seyss-Inquart voor:
'De genomen maatregelen zijn in strijd met de christelijke barmhartigheid!' Vele voorgangers voegen daar felle, persoonlijke woorden aan toe en bidden vurig voor de koningin. De smaad, die de Duitsers de joden hebben aangedaan, scherpt de wrevel tot *verzet*:

De leerlingen van het Vossius-gymnasium te Amsterdam gaan in staking, als zij horen dat hun joodse leraren, onder wie dr. J. Presser, ontslag is aangezegd. Verontwaardiging en verslagenheid maken zich ook meester van de lyceïsten te Doetinchem:
'Die schoften. Die vuile schoften!' Ze staan voor hun school. Als de bel weerklinkt, weigeren ze naar binnen te gaan. Ze nemen het niet, dat hun joodse leraren ontslagen zijn.
'Jullie hebben juist gehandeld,' zegt de rector na een uur. 'Maar komen jullie nu binnen. Jullie kunnen de joodse leraren toch niet redden!'

Dat gevoel van onmacht heerst overal. Maar wat te doen? Verzet is iets, dat moet worden geleerd. Aarzelend zoekt het volk naar een gedragslijn — en denkt daarbij aan de reeds gegrepen Nederlandse gijzelaars. Slechts enkelen beseffen, dat zij nú stelling moeten nemen en nú een keus moeten doen. Slechts aan een enkeling zijn de moed en het inzicht gegeven om een voorbeeld te zijn:

Leiden, 26 november 1940: Professor Cleveringa en professor Telders hebben zich achter stakingsplannen voor de studenten geplaatst. Het heengaan van de joodse hoogleraren — en vooral van de hooggeachte rechtsgeleerde professor Meijers — heeft diepe indruk gemaakt. Het is stampvol in het groot-auditorium, als professor Cleveringa de ontslagbrief van professor Meijers voorleest en dan tot de studenten zegt:
'Ik geef u dit bericht in zijn naakte kaalheid door en zal niet pogen het nader te kwalificeren!' Dat gebeurt vanzelf als professor Cleveringa de persoon en de wetenschappelijke verdiensten van professor Meijers schetst:
'Hoe rijk van verscheidenheid, hoe grondig doordacht, hoe meesterlijk van opzet en uitwerking, hoe scherp gevat is alles geweest, dat tot dusver uit Meijers' pen is gevloeid en hem heeft verheven tot één der grootste rechtsgeleerden van zijn land en zijn tijd, ja, men mag zeggen van vele landen en vele tijden... Het is deze Nederlander, deze nobele en ware zoon van zijn volk, deze mens, deze studentenvader, deze geleerde, die de vreemdeling, welke ons thans vijandiglijk overheerst, van zijn functie ontheft...'

Hoe diep en indringend ondergaan de studenten tijdens de magistrale redevoering, het weerzinwekkende onrecht, dat professor Meijers — en alle joden achter hem — door de Duitsers is aangedaan. Hoe inspirerend klinken ook de woorden aan het slot: 'En inmiddels zullen wij wachten en vertrouwen en hopen en steeds in onze gedachten en in onze harten het beeld en de gestalte de persoonlijkheid vasthouden, van wie wij niet zullen aflaten te geloven, dat hij hier behoort te staan, en, zo God het wil, weer zal keren!'

Na een indrukwekkende stilte zingen alle studenten opeens spontaan het Wilhelmus.

Velen van hen laten de tranen de vrije loop. Een dag later wordt professor Clevering gearresteerd. Zijn koffers had hij reeds klaar gezet in de gang!

De studenten gaan in staking. De Duitsers sluiten de Leidse universiteit. Heel Nederland spreekt erover. Niet alleen bij de studenten, maar bij vele anderen is dan de wil tot verzet ontwaakt!

Als reactie treedt de W.A. steeds driester op. Op 6 februari 1941 slaat een stelletje van hen een aantal joden uit een Amsterdamse tram. Drie dagen later schoppen ze rellen rond het Rembrandtplein — geholpen door de Duitse *Grüne Polizei*. 'Voor joden verboden! Dan moet op jullie deuren staan,' snauwen zij de eigenaars van restaurants en kroegjes naar het hoofd. Dan trekken zij de jodenbuurt in, mishandelen daar mensen en slaan er huisraad in puin. 'We moeten ons verdedigen. Dit gaat te ver!' De joden formeren nu eigen knokploegen en Jordaners en Kattenburgers schieten te hulp.

Een W.A.-man wordt op de Zwanenburgwal tussen de ijsschotsen gekwakt. Op de Oude Schans slaan zij een bijeenkomst van NSB-ers uit elkaar. Nieuwe rellen volgen, waarbij de W.A.-man Koot dood op de straatstenen achterblijft. Dan grijpen de Duitsers in. Op 10 februari sluiten zij de Jodenbuurt hermetisch af. met bloedhonden en mitrailleurs halen zij 425 joden uit hun huis;
'Heraus, Judenzeug!' Ze trappen deuren in, smijten vrouwen van trappen af, jagen mannen op: 379 joden in de leeftijd van 20 tot 35 jaar worden met vrachtwagens weggevoerd.

De haat tegen de Duitsers gloeit nu fel op:
'Dat godvergeten tuig. Die ploerten!' Willem Kraan, stratenmaker en Piet Nak, vuilnisman, organiseren een staking uit protest. De communisten (de enige politieke partij die in zijn geheel 'ondergronds' is gegaan) roepen met een manifest de Amsterdamse burgers op:
'Protesteert tegen de afschuwelijke jodenvervolgingen. Staakt, staakt, staakt!'

En inderdaad, op 25 februari leggen vrijwel alle Amsterdammers het werk neer. De trams blijven in de remise. 2700 Mannen en vrouwen verlaten de werkplaatsen bij Werkspoor. Grote en kleine ateliers, de haven, het energiebedrijf doen eensgezind mee. De beweging slaat over naar de Zaan, naar Haarlem, Utrecht, het Gooi. De woede richt zich vooral tegen de zwarthemden der NSB. Hier en daar gaan ze de grachten in. Een NSB-bruidspaar in Zaandam moet onder bescherming van de politie naar het raadhuis. Als ze getrouwd terugkeren, zijn de ruiten van hun nieuwe woning in gruzels gegooid.

Dodelijk geschrokken komt Rauter, chef van de SS, met zijn Doodskopregimenten naar Amsterdam. 'Boezem de bevolking angst in,' heeft zijn chef, Himmler, hem gezegd. Nauwgezet voert Rauter die opdracht uit. De dreigend gehelmde SS-ers trekken de stad in. Zij vuren hun karabijnen leeg. Zij jagen met mitrailleurstoten hun kogels langs gevels en over de trottoirs. Zij smijten hun handgranaten lukraak in het rond. In enkele uren tijd liggen er 9 doden en 24 zwaar gewonden op de straat.

Stakers en niet-stakers zijn gegrepen en naar het Lloydshotel gebracht. Daar worden ze geslagen, afgesnauwd, gesard:
'Ik ben een *Mörder*!' moet Piet Nak roepen. Vrijwel naakt is hij op een tafel gezet en de Duitsers slaan hem met ploertendoders of hun koppelriem.

De Franse Tijd – Negentiende en Twintigste Eeuw

De gele jodenster.

Joodse gevangenen moeten luid schreeuwen:
'Wir Juden sind die grössten Volksverräter!'
Sommige Amsterdammers krijgen opdracht een plas bloed op de grond op te likken.

De *Februari-staking* plaatst de Nederlanders en Duitsers opeens veel scherper tegenover elkaar. Het lijkt, of het Nederlandse volk daardoor iets van het geknakte zelfbewustzijn hervindt.
'Verzet!' Dát woord gaat van mond tot mond. Steeds meer illegale bladen maken thans duidelijk, wat er in het land gebeurt:
'De anti-semitische bom is verkeerd gebarsten,' schrijft Van Heuven Goedhart in het ondergrondse blad *Het Parool*. Van Randwijk dicht in het illegale *Vrij Nederland*:
'Wat men uit deze bittere strijd, aan uur en dag vergeten mag, nooit deze onvolprezen dag, toen 't volk, dreigend en dood ten spijt, terwille van gerechtigheid, opstond voor 't volk dat onder lag!'

De Duitsers beseffen, dat Nederland zich niet tot het nationaal-socialisme laat bekeren. Wat hun rest is het land te onderdrukken met terreur en geweld. Bij razzia's worden 427 mensen gegrepen en naar Buchenwald gevoerd. In de opstandige steden, zoals Amsterdam, Haarlem, Hilversum, Zaandam, komen nu NSB-burgemeesters aan het bewind. Zware boetes — Hilversum 2,5 miljoen, Amsterdam 15 miljoen — worden opgelegd. En veel erger: de eerste doodvonnissen worden uitgevoerd: 3 communisten en 15 leden van de Geuzengroep, die zich zo waardig voor de staking hadden ingezet. Jan Campert getuigt van die *Achttien Doden*:

Een cel is maar twee meter lang
en nauw twee meter breed
wel kleiner nog is het stuk grond
dat ik nu nog niet weet
maar waar ik naamloos rusten zal
mijn makkers bovendien,
wij waren achttien in getal
geen zal den avond zien.
...
Ik zie, hoe 't eerste morgenlicht
door 't hoge venster daalt
Mijn God, maak mij het sterven licht
en zo ik heb gefaald
gelijk een elk wel falen kan,
schenk mij dan Uw gena,
opdat ik heenga als een man
als 'k voor de lopen sta.

'De joden moeten geholpen worden!' schrijven de illegale bladen, want het joodse volk wordt nu bijeengedreven in een wijk van Amsterdam. Langzaam aan wordt duidelijk, wat de Duitsers van plan zijn te doen. Geraffineerd en koel calculerend treffen zij maatregelen tegen de joden in het land:
'Aanmelden en in laten schrijven!'
'Draag op de kleren een gele Davidsster!'
'Cafés, zwembaden, bioscopen, parken zijn voor joden verboden!'
Onder druk gezet moet de *Joodse Raad* (opgericht op Duits bevel) allerlei onmenselijke maatregelen bekendmaken en uitvoeren. De transporten van joden naar Duitsland — aanvankelijk nog op kleine schaal — nemen een aanvang. Beseft men het in Den Helder, in Tiel, Veere of Veendam? De eerste doodsadvertenties verschijnen in de krant:
'Philips Louis Frank, in de ouderdom van 29 jaar in Duitsland overleden!'
'Karel Marcel Cossmann, op 18-jarige leeftijd in Duitsland overleden...'
Een kleine rij namen. Dan weren de Duitsers die advertenties uit de krant.
Alle Nederlanders hebben inmiddels een persoonsbewijs ontvangen, compleet met vingerafdruk. Bij de joden is er een dikke J bij vermeld.
'We moeten valse persoonsbewijzen voor de joden maken. We moeten hen helpen ontvluchten. Wie levert adressen waar ze goed verborgen zijn?'
'Zij moeten distributie-stamkaarten en bonnen voor levensmiddelen ontvangen. Waar halen we die vandaan?'
Met die directe taken voor ogen start het verzet op steeds grotere schaal. Heimelijke opdrachten worden rondgefluisterd:
'Trek gympjes aan. Maak je gezicht zwart. Heb je breekijzers?' Studenten, arbeiders, keurige kantoormeneren, anti-revolutionairen, evenals fabrieksdirecteuren en vooral de communisten, sluipen als dieven door de nacht. Zij breken distributiekantoren open en klauwen bonkaarten weg. Ook al zit de Duitse Gestapo niet stil, het verzet breidt zich gestadig uit en allerlei organisaties ontstaan.
Zet en tegenzet! Huiszoekingen, doodvonnissen. 1400 Gijzelaars naar een kamp in Vught. Steeds weer nieuwe bekendmakingen, waardoor het leven in de Duitse greep verstikt.
'Nederland zal herrijzen!' belooft de ondergrondse pers. In het diepste geheim luistert men naar de verboden uitzendingen van de BBC:
'Hier Radio Oranje, de Stem van Strijdend Nederland!' klinken vanuit Londen de stemmen van Lou de Jong, de schrijver A. den Doolaard, ex-Philipsman George Sluizer, en van de *Rotterdammer*, oud-Telegraaf-correspondent H.J. van den Broek.

De Nederlandse regering te Londen onder minister-president De Geer geeft de eerste maanden na de capitulatie het trieste beeld van mensen, die moedeloos en terneergeslagen zijn. De Geer wil zelfs vrede sluiten met Duitsland — achter de rug van de Engelsen om. Maar de ministers Gerbrandy en Van den Tempel staan pal voor hun taak.
'Minister De Geer moet weg!' beslist de koningin. Als dat na 58 kabinetsvergaderingen nóg niet is gebeurd, grijpt zij persoonlijk in.
'U heeft mijn vertrouwen volledig verspeeld,' zegt ze tegen de minister-president. 'Ik geef u dringend in overweging ontslag te nemen uit het kabinet!'

De wrede zee

Enkele ministers doen nog een goed woordje voor De Geer:
'Majesteit, hij is een oude man. En wat zal men er wel van denken in het bezette vaderland?' Minister Welter voegt daar nog aan toe:
'Fortiter in re, suaviter in modo!' (Krachtig in het handelen, zacht in de wijze van uitvoering.)
'Ik ken geen Latijn,' antwoordt Wilhelmina, 'maar ik ken wel een goed Nederlands spreekwoord: Zachte heelmeesters maken stinkende wonden!'
De Geer verdwijnt. Via Portugal keert hij naar Nederland terug. De strijdvaardige minister Gerbrandy neemt zijn taak over: een calvinist, die zich vertrouwend op God staande houdt tussen zijn steeds weer twistende ministers. In de kleine Nederlandse kolonie te Londen — een roddeldorp, waar iedereen allengs op iedereens zenuwen werkt — groeit de koningin tot de bezielde leidster van het vrije Nederland uit.
Zij zwoegt op haar toespraken, die zij via Radio Oranje tot haar onderdanen richt.
Zij ontvangt de 'Engelandvaarders', die uit het bezette Nederland zijn ontsnapt. Zij dringt aan dat sterke strijdbare mannen uit Nederland naar Londen moeten komen ter versteviging van het wankele kabinet. Geheim agent Peter Tazelaar krijgt opdracht dr. Wiardi Beckman en kapitein Tielens naar Engeland te brengen, maar die opzet mislukt. Koos Vorrink (SDAP) die later gepolst wordt, weigert te gaan:
'Ik acht mijn taak in Nederland belangrijker dan een ministerspost!' Hij speelt een leidende rol in het verzet.
De koningin heeft haar zorgen voor de strijdende marine en de schepen van de koopvaardij, voor de Prinses Irene Brigade, in Engeland met vrije Nederlanders gevormd. En dan zijn daar de zorgen voor Nederlands-Indië, Suriname en Curaçao.
'Wij moeten de verhoudingen met de overzeese rijksdelen herzien,' heeft de ministerraad beslist. Op 6 december 1941 zegt de koningin daarover:
'Ik stel mij voor... een rijksverband, waarvan Nederland, Indonesië, Suriname en Curaçao te zamen deel zullen uitmaken, terwijl ieder op zichzelf de eigen interne aangelegenheden en steunend op eigen kracht, doch met de wil elkander bij te staan, zal behartigen!'
Als de koningin die woorden spreekt is de Japanse oorlogsvloot reeds in het diepste geheim uitgevaren en koerst naar de Amerikaanse vlootbasis Pearl Harbor, waar een aanval door de Amerikanen allerminst wordt verwacht. Daarmee worden de keurige plannen, die voor Indië zijn gemaakt, doorkruist.

Als Hitler de slag om Engeland in eerste instantie heeft verloren, besluit hij tot een aanval op Rusland.
In juni 1941 beveelt hij de opmars. Met overweldigend succes vegen de Duitsers door middel van grote omsingelingsslagen de Russische legers van de kaart.
Stalin roept zijn volk tot een totale oorlogvoering op. Tot verbazing van de gehele wereld houden de Russen stand. Ondanks de ontstellende verliezen, ontplooit Rusland dan een kracht, een vaderlandsliefde, een bereidheid tot offers, die het Westen met verwondering vervult. Daar in Rusland wordt de basis gelegd voor Hitlers komende ondergang.
Nu Rusland de handen vol heeft aan die strijd op leven en dood, voelen de Japanners zich in de rug gedekt.
'Wij gaan tot de aanval over,' beveelt het keizerlijk hoofdkwartier.
Vernietigend slaat de Japanse vloot te Pearl Harbor, Amerika's vlootbasis, toe. En terwijl Amerika zich voor de strijd opmaakt, overrompelen de Japanners met huiveringwekkende snelheid Hong-Kong, Malakka, de Filippijnen én Nederlands-Indië, waar de marine en de luchtmacht dapper, maar kansloos tegenstand bieden.

De Japanse aanval op Pearl Harbor, waardoor de Verenigde Staten, in de tweede wereldoorlog werden betrokken (7 december 1941).

'Probeer Java te verdedigen!' heeft de regering te Londen naar Batavia geseind.
Wanneer nu de Japanners op Bali landen, waar een grote troepentransportvloot voor anker is gegaan, stuurt admiraal Helfrich een bevel naar schout-bij-nacht Doorman, die met een geallieerd eskader ten zuiden van Java vaart:

De Franse Tijd – Negentiende en Twintigste Eeuw

'Gij moet de aanvallen voortzetten, tot de vijand vernietigd is!' De *slag op de Java Zee* begint.

'All ships follow me!' telegrafeert Doorman aan de schepen van zijn eskader en ze volgen hem. Daar varen de kruisers Houston (Amerika), Exeter (Engeland), Perth (Australië), De Ruyter en Java (Nederland). Daar stampen de torpedobootjagers Edwards, Alden, Ford, Paul Jones (Amerika), Jupiter, Electra, Encounter (Engeland), Witte de With en Kortenaer (Nederland) over de Java Zee voort. Reeds bij het eerste gevecht worden de De Ruyter en de Java licht geraakt. De Exeter moet onder escorte van de Witte de With zwaar beschadigd naar Soerabaja terug.

'Boem!' Een ontploffing op de Kortenaer. Door een torpedo getroffen breekt het schip in tweeën.

'Van boord! Van boord!' De overlevenden werpen zich met vlotten op de olie, die als een dikke, donkere laag op het water drijft: 'De Haan, hierheen!' 'Willem, help me!'

De Japanners — toch al superieur wat hun bewapening betreft — beheersen de lucht.

Keer op keer seinen zij de positie van het geallieerde eskader door en werpen hun bommen neer.

'Boem!' Een voltreffer op de Electra. Mannen met zwemvesten springen in zee.

Sommigen zijn gewond en bloeden flink.

'Zijn hier haaien?'

'Boots, ik kan niet meer...' Jonge kerels zakken naar de diepte weg tot het leven wijkt.

'We moeten de Japanse transportvloot zien te bereiken,' wordt op Hr. Ms. De Ruyter beslist. Als de duisternis over de Java Zee glijdt, en beide vloten elkaar uit het gezicht verliezen, stoomt schout-bij-nacht Doorman met zijn eskader naar het noorden op.

Wéér zijn het de Japanse vliegtuigen, die zijn koers ontdekken en snel instructies seinen naar de eigen vloot. Vier Japanse kruisers stomen dichterbij. Lichtflitsen schieten door de maanovergoten tropennacht. Een snelle vuurgloed, als granaten wegsuizen en het gebulder van kanons weerklinkt.

'Boem!' De Jupiter vliegt de lucht in. Een Japanse onderzeeër heeft een voltreffer geplaatst.

'We zijn even hel verlicht als doelen in een schiettent,' zegt een matroos op de Java.

Meteen daarop klinkt een harde slag.

'God allemachtig, die was raak!' In de romp van Hr. Ms. Java is een torpedo ontploft.

Het achterschip breekt af. Zonder paniek, met voorbeeldige plichtsbetrachting gaan de matrozen en mariniers van boord. De commandant en zijn eerste officier verlaten als laatsten het reeds zwaar hellende schip.

Rondzwemmend zien de matrozen de Java met de boeg omhoog in de golven verdwijnen. Er klinkt geroep: een laatste groet van de matrozen voor een trouw schip.

De nacht. Het dreunen van kanons. Matrozen die zich aan vlotten hebben vastgeklemd.

'Kijk daar!'

'Sodemieter!'

Aan de horizon de vuurgloed van een brandend schip.

'Een Jap?'

'Het is de De Ruyter!'

Zwaar getroffen zinkt nu ook Hr. Ms. De Ruyter langzaam naar de diepte. De vlammen sissen in de golven. Schout-bij-nacht Doorman én zijn staf blijven op de brug. De Indische ziekenverpleger Moorman, een jongen uit een weeshuis, weigert eveneens aan boord te gaan:

'Ik blijf bij de gewonden...' Wat een voorname moed op de kruiser, die nu reddeloos ten onder gaat. Met de doden, de gewonden en de dappere levenden zakt Hr. Ms. De Ruyter naar de bodem van de Java Zee...

Daden van moed. Daden van trouw. Ze leggen nauwelijks enig gewicht in de schaal.

Snel en doortastend zetten de Japanners 60.000 man op Java aan land. Efficiënt gaan zij tot de aanval over: schermutselingen, enkele gevechten. Dan is het gebeurd. Indië capituleert. De Japanners kunnen beslag leggen op de voor hen zo onontbeerlijke olie, rubber, rijst, tin...

Soekarno en al die anderen, die zich voor een onafhankelijker Indië hadden ingezet, worden uit de Nederlandse gevangenkampen bevrijd. Nu zijn de Europeanen aan de beurt: allen verdwijnen in kampen, die haastig zijn ingericht. 5500 Nederlanders worden met 300.000 koelies tussen stekende insekten in de oerwouden van Birma aan het werk gezet. Daar komt de befaamde Birma-spoorweg, de *Doden*-spoorweg gereed. Eén van de Nederlanders schrijft later:

'Wij verloren alle begrip van tijd. Het hele leven werd een vage vlek van onophoudelijk zwoegen, stervende mensen, scheldende bewakers, zware lasten sjouwen, koorts die kwam in golven van hete en koude rillingen, buikloop, honger...'

Ongeveer 100.000 koelies komen om.

Andere krijgsgevangenen worden in Japanse mijnen te werk gesteld. 9000 Van hen vinden daar de dood. 12.000 Nederlanders sterven in barre omstandigheden door honger en uitputting in een kamp.

Buiten de omheiningen klinkt met nieuwe kracht:

'Indonesia Merdeka!'

Indonesië moet vrij. Met visie begint Soekarno met de Japanners te onderhandelen over een toekomstige Indonesische staat. Beetje bij beetje weekt hij concessies los: over het invoeren van een wit-rode, nationale vlag; over het zingen van *Indonesia Raya*, het nieuwe volkslied. Hij houdt zijn redevoeringen en bezielt talloze, uiteenlopende mensen: Javanan, Sumatranen, Balinezen, die de Nederlanders in hun overzeese rijk bij elkaar hadden geveegd. Vol idealisme en enthousiasme, wordt nu bij honderdduizenden jonge Indonesiërs een nationaal gevoel aangewakkerd.

'Indonesia Merdeka!' Voor dat grote doel zijn zij best bereid allerlei diensten te verrichten voor de Japanse bezettingsmacht.

Dat alles gaat buiten de Nederlanders in de kampen om. Die snakken eveneens naar de vrijheid. Zij verlangen terug naar hun huis, hun plantage, hun sociëteit, een rijsttafel en de vrolijke feesten op koninginnedag.

'Adoe, kassian!' zij richten hun gedachten op een toekomst, die er niet meer zal zijn.

Na de val van Indië is van *strijdend Nederland* niet veel meer over dan de Prinses Irene Brigade, een handjevol oorlogsvliegers en vooral: de marine en de koopvaardij.

Op de wrede zee de nachtmerrie van konvooien, die het onmisbare oorlogsmateriaal moeten halen in Amerika. Steeds weer schepen, die door torpedo's worden getroffen. Sirenes. Springen over boord, als op een hellend dek de sloepen niet meer kunnen worden gestreken.

'God sta ons bij!' God is de enige, die voor hen overblijft, want de schepen in het konvooi stoppen niet. Beloerd door duikboten, hebben de kapiteins strikte instructies:

'Doorvaren!'

Wat er ook gebeurt, ze moeten doorvaren, anders brengen zij de konvooien in gevaar.

'Jezus, stuurman!' Een verbijsterde matroos-roerganger ziet tientallen zeelieden van een zinkend schip in het water drijven, vlak voor de boeg. Ze schreeuwen, ze krijsen om hulp.

'Doorvaren!'

'Jezus, stuurman!'

Ze varen dwars door al die drenkelingen heen. In het grote konvooi, dat zigzaggend over de oceaan de torpedo's van de Duitse duikboten ontwijkt, mag de koers niet worden gewijzigd.

'Jezus, stuurman...' prevelt de onthutste roerganger, als het geschreeuw en gekrijs langzaam vervagen.

Vooral in de eerste jaren, als de Duitsers nog oppermachtig zijn in de lucht — en degelijke afweer ontbreekt — is het met de bescherming van de koopvaardijschepen treurig gesteld.

'Geef ons dan tenminste zakken met stenen, dan gooien we die de Moffen wel naar hun kop,' roept een koopvaardij-kapitein uit, als hij ongewapend de zee op moet.

Vrijwel de helft van de koopvaardijvloot uit de Lage Landen (300 grote en kleine schepen) gaat verloren en 11.000 Nederlandse zeelieden halen het einde van de oorlog niet.

De slag in de Javazee op 27 februari 1942. Schilderij door C.W. van der Ven (1970).

Het verzet

'Het gaat goed!' Die woorden klinken in de bezette Lage Landen steeds weer opnieuw. Het geloof in de eindoverwinning wankelt geen ogenblik.

Het gaat goed — ook al moeten de radio's worden ingeleverd, ook al worden al het koper en tin gevorderd en roven de Duitsers 50.000 fietsen op één dag. Benzine is er niet meer. In Rotterdam rijden nog 4 taxi's. Steeds meer handkarren en bakfietsen verschijnen op straat. De rantsoenen lopen stelselmatig achteruit en de prijzen stijgen met de dag. Door zwarthandelaren worden kapitalen verdiend. Als 17 van die patsers in een duur restaurant tegen de lamp lopen, heeft ieder gemiddeld 100.000 gulden op zak.

De verontwaardiging over alles wat gebeurt, neemt van dag tot dag toe. Het verzet wint van dag tot dag aan kracht.

Het verzet heeft zich in enkele grote organisaties en een flink aantal kleinere groeperingen tegenover de Duitsers opgesteld. Enkele ervan: *De Landelijke Organisatie*. De leden van deze groep nemen het vooral voor joden en andere vluchtelingen op. Waar mogelijk brengen zij deze ontredderde mensen met valse persoonsbewijzen en bonkaarten op onderduikadressen in veiligheid.

De K.P. Dat zijn de Knok-Ploegen, die met geweldige risico's overvallen plegen op vele plaatsen in het land.

De Orde-Dienst. De mannen en vrouwen, die zich hiervoor inzetten, stellen zich vooral tot taak de geallieerde legers vóór, tijdens én na de bevrijding te steunen. Zij willen de orde helpen handhaven in de overgangstijd. Deze O.D. ontwikkelt een goede spionagedienst.

En dan zijn er nog de verzetsbewegingen, die valse persoonsbewijzen drukken, kranten uitgeven, zoals de *Paroolgroep* en die van *Trouw*. En de zeer actief werkende communistische illegalen, die zich met hun blad *De Waarheid* in de *Raad van Verzet* hebben opgesteld.

Tot een hechte samenwerking komen deze verzetsbewegingen niet. Vertrouwen in elkaar ontbreekt en ook enige ervaring met dit werk. Midden in de oorlog, dwars door alle ellende van de bezetting heen, twisten de leiders van de organisaties nú al om de macht: wie zal die macht na de oorlog krijgen? De regering in Londen wordt soms wanhopig van de tegenstrijdige berichten, die zij van de verzetsorganisaties uit Nederland ontvangt.

'Hoe kunnen wij die onderlinge strijd tegengaan?' vragen de leiders van de (verboden) politieke partijen zich af. De meest actieven onder hen richten in het diepste geheim het *Grootburgercomité* op. Hun voorman Koos Vorrink tracht een jaar lang in Londen gedaan te krijgen, dat zijn Grootburgercomité met het bewind over Nederland zal worden belast, zodra het land is bevrijd. Lang voor het einde van de oorlog in zicht is, wordt het Grootburgercomité door de Duitsers opgerold. Dat is één van de resultaten van het uiterst geraffineerde *England Spiel*:

'Special Operations!' heet een geheime dienst in Engeland, die tot doel heeft sabotage uit te voeren in Duitsland en bezet gebied.

Reeds in oktober 1941 stuurt deze dienst twee Nederlandse agenten per vliegtuig naar hun vaderland. Bij Ommen in Overijssel springen zij met de parachute naar de grond. Daar staan ze, maar wat zijn ze slecht op hun taak voorbereid. Als ze een treinkaartje willen kopen naar het westen, vallen ze reeds bijna door de mand:
'Hee, wat is dat nou?' De man achter het loket werpt een verbaasde blik op het *zilvergeld*, dat de agenten voor hem hebben neergelegd, omdat in Nederland dan al lang *zinken geld* in omloop is. Ook de persoonsbewijzen, die zij bij zich dragen (in Londen nagemaakt), deugen niet. En nog erger: ze nemen contact op met een verbindingsman van de Orde-Dienst, als nét een verraderlijke handlanger van de Duitsers zich heeft binnengedrongen in die groep.

'Jetzt geht es los!' denkt het hoofd van de Duitse contraspionage in Nederland, Joseph Schreieder. Hij arresteert de twee agenten uit Engeland. Hij krijgt hun code in bezit!

En dan beginnen de beginnen de *Duitsers* met die geheime code naar Special-Operations in Londen te seinen — spelend,

Vlucht met blinde jongen, door H. Chabot (1943).

De Franse Tijd – Negentiende en Twintigste Eeuw

dat *zij* de afgeworpen agenten zijn. Het 'England Spiel' begint.

Steeds weer komen nieuwe agenten en saboteurs uit Londen naar Nederland. Zonder veel moeite grijpen de Duitsers achtereenvolgens 35 mannen en 1 vrouw.

Tijdens de verhoren komen ze van alles aan de weet:

'Ach jongen,' zegt Schreieder tegen één van hen, 'die badkamer, waar je in Engeland het laatst hebt gedoucht, heeft van die blauwe tegeltjes. We weten alles. En vertel ons nou maar eens, wat jij nog weet...' De geschokte agenten kunnen daar niet tegen op.

Zo komt de Duitse Sicherheitsdienst erachter, hoe het verzet in Nederland is georganiseerd. Schreieder ontdekt, hoe voortvluchtigen via Zwitserland of Spanje naar Engeland ontsnappen en óók, hoe het Grootburgercomité is ingericht.

Het England Spiel duurt een jaar. Pas als de agenten Ubbink en Dourlein uit een gevangenis ontsnappen en naar Zwitserland vluchten, krijgt Special Operations te horen, wat er al die tijd aan de hand is geweest. Herr Schreieder arresteert 400 mensen uit het Nederlandse verzet. Opnieuw hebben de profs gezegevierd over de amateurs.

Maar de amateurs groeien allengs tot profs uit: Dienst Wim, Geheime Dienst Nederland, de spionageafdeling van de Orde-Dienst, de groep Harry, de groep Kees en de Raad van Verzet, die met een uitstekende radiodienst de beste verbindingen met Londen verwerft.

Het gaat, in 1943, hard tegen hard. 360.000 Nederlanders zijn dan al in Duitsland tewerkgesteld, maar Hitler vindt dat niet genoeg:

'Alle oud-militairen moeten in krijgsgevangenschap. Uitzonderingen worden niet gemaakt!' beveelt hij. Is hij bang, dat die oud-militairen in actie zullen komen en een gevaar opleveren, als Britten en Amerikanen zullen landen op de kust?

'Het is een rechtmatige eis,' zeggen de meeste beroepsofficieren en zij voldoen aan hun aanmeldingsplicht. 'Wij zijn nu eenmaal krijgsgevangenen, omdat we nog in oorlog zijn. We moeten gaan. Er zit niets anders op!' Het Nederlandse fatsoen legt het opnieuw tegen de Duitsers af.

Reikhalzend zien de Lage Landen naar een geallieerde landing uit. In november 1942 zijn Engelsen en Amerikanen in Noord-Afrika geland. Zij hebben de Duitsers en Italianen opgedreven en iedereen wacht op de volgende stap. De Russen, die zich dood vechten, schreeuwen om een tweede front. Staat dat nu eindelijk te gebeuren?

Moeten daarom al die Nederlandse militairen weg?

Op die bekendmaking wordt fel gereageerd:

'Dit nemen we niet! Jongens, staken!' Arbeiders bij Stork in Hengelo leggen het werk neer. Heel Twente volgt. Dan slaat de staking over naar Zwolle, Heerlen, Eindhoven. Heel Nederland hangt gespannen aan de verborgen radio's:

'Wat zegt Londen? Is er een invasie op komst?' Maar Londen weet niets van de opgewonden stakingsgolf in bezet gebied. Radio Oranje geeft een reportage uit Canada over de prinsesjes Beatrix en Irene, die daar met hun moeder zijn.

Friesland staakt. Boeren weigeren de levering van melk — zelfs als Duitsers met geweren in de aanslag op hun erf staan. Als een windstoot waait de staking over Nederland: naar Dordrecht, naar de Hoogovens in Velsen, naar Werkspoor in Amsterdam. 'Staken doen we hier niet!' zegt de NSB-burgemeester van Nieuwe-Pekela. Boze Groningers sleuren hem uit het raadhuis, slaan een portret van Mussert op zijn hoofd kapot en smijten hem in het kanaal. Hij mag pas naar de wal, als hij 'Oranje Boven' roept en zijn NSB-speldje heeft afgedaan. 'Oranje Boven!' roept de burgemeester en dan kruipt hij druipend naar de kant.

Is heel Nederland in opstand? In Londen zoekt een nerveuze minister Gerbrandy Churchill op:

'Kunnen jullie de invasie niet verhaasten? Heel Nederland verwacht de aanval en staat op zijn kop!'

'Onmogelijk!' antwoordt Churchill. Meteen na dat gesprek remt Radio Oranje de stakingsroes af. Dan is het al te laat, want ondertussen zijn de Duitsers in paniek geraakt:

'Gott im Himmel! Als de staking overslaat naar België, naar Frankrijk... Is dat niet het teken, dat een geallieerde landing op handen is?' vragen de Duitse oorlogsleiders zich bezorgd af.

'Laat Seyss-Inquart toch het standrecht afkondigen. Laat hij die verrückte Holländer toch klein houden met geweld!' roept Hitler uit.

Dat gebeurt. Samenscholingen worden verboden. Avondklok om 8 uur. SS-ers begeven zich naar Twente en grijpen gijzelaars. Zij eisen bij de fabrieken lijsten van stakende arbeiders op. 80 Nederlanders worden als gevolg van die wilde staking in 1943, door Duitse vuurpeletons neergeknald. 60 Mensen sneuvelen bij een of andere wilde schietpartij. Eén van hen is een jongen van 13 jaar. Op 7 mei maken de Duitsers bekend:

'Alle mannen tussen 18 en 35 jaar moeten zich melden voor de arbeidsinzet!' *Ausweiszen* verstrekken de arbeidsbureaus alleen aan de mannen die onmisbaar zijn. Tienduizenden duiken onder met valse Ausweisen in hun zak: bij boeren, bij een oude tante, in bejaardentehuizen, in woonboten in de dan nog modderige Noord-Oostpolder of in een zomerhuisje in een afgelegen bos.

Zet en tegenzet! Steeds weer raken mannen en vrouwen in het Duitse web verstrikt.

In de gevangenissen worden zij verhoord, gemarteld, gedood. Hartverscheurende tonelen van moed en berusting spelen zich in de dodencellen af. Rob Douma van de Paroolgroep, 24 jaar oud, ter dood veroordeeld, schrijft in zijn laatste brief naar huis:

'Mijn lieve ouders, Rie en Dirk, ook Piet en Jan en Greet... Heb ik geen mooi leven achter de rug? Ja! Ik kan zeggen met mijn 24 jaren: ik heb iets verricht. Ik heb iets gedaan om volgens mijn overtuiging mee te helpen de wereld een beetje beter te maken. Houd moed en treur niet. Vaarwel...'

6000 Politieke gevangenen! Velen gaan op transport naar een Duits concentratiekamp. Velen weten, dat de doodstraf hun wacht. Op muren en deuren van hun cellen krassen zij hun gedichten, hun kreten van nood-

'God, help mijn vrouw en kinderen. Ik kom wel terecht!'

Yge Foppema dicht:

Maar als wij aanstonds vallen in de strijd
Eenzaam sterven op de hei in Haren
Dan willen wij de laatste zucht bewaren
Voor dit gebed op weg naar de eeuwigheid:
'Heer, Uw soldaat, die sneuvelt in 't gevecht
Smeekt U: help Holland. Ik kom wel terecht...!'

Er worden schitterende offers gebracht. Eén uit honderden: de beeldhouwer Gerrit van der Veen, die valse persoonsbewijzen drukte, tracht gevangen vrienden te verlos-

Standbeeld ter ere van de verzetsstrijder Gerrit van der Veen aan de Plantage Middenlaan te Amsterdam, door K. Knulman.

De massamoord op de joden

sen uit het huis van bewaring bij de Weteringschans. Hij moet zich hebben gerealiseerd, hoe gering de kansen zijn. Toch wordt de poging gewaagd. De overval mislukt en Gerrit van der Veen krijgt tijdens de actie een kogel in de rug. Zwaar gewond wordt hij ter dood veroordeeld en naar de duinen gevoerd. Twee vrienden moeten hem ondersteunen, als het Duitse executiepeleton aanlegt, mikt en vuurt.

Vraag niet hoe láng men leeft, doch hóe!
Wat men presteert, wat men volbrengt
Wat men bewust de mensheid schenkt
Het tijdsbestek doet er niet toe.

Wanneer het eindsignaal weerklinkt
't Zij vroeg, 't zij laat, ontplooi de vaan
Maak dat gij fier van hier kunt gaan:
'Present! Ik heb mijn plicht gedaan!'

Zo dicht een moeder in *Het Parool*, als haar zoon is neergeknald — woorden die zeker van toepassing zijn op de wakkere groep, die met succes een overval pleegt op de Leeuwarder gevangenis.

Lang niet iedere Nederlander heeft die boodschap begrepen. De meesten slaan zich zo goed en zo kwaad als het gaat, wat schipperend door de ellende heen.

Iedere nieuwe dag wordt vuriger naar de bevrijding verlangd. Die schijnt nabij te komen, als de geallieerden in Zuid-Italië landen (september 1943) en er steeds omvangrijkere bombardementen op Duitsland worden uitgevoerd. Stad na stad ervaart daar een veelvoud van de ellende van Rotterdam.

Soms worden de bommenwerpers neergehaald. Vele piloten redden zich met een parachute. Het verzet krijgt er dan een nieuwe, eveneens levensgevaarlijke taak bij: de geallieerde vliegers en boordschutters te helpen ontsnappen naar Engeland.

Vanuit Nederland loopt een geheime route naar België, Frankrijk, dan Spanje of Zwitserland.

Soms halen duikboten voor de Franse kust groepjes piloten op.

Joke Folmer is 19 jaar, als zij met het opvangen en wegbrengen van geallieerde vliegers begint. Zij stapt met Engelsen en Amerikanen op de trein, af en toe zelfs met zés man tegelijk. Zij beleeft tal van adembenemende incidenten bij vrijwel ieder transport.

'Haben Sie Feuer, bitte?' vraagt soms een Duitser aan een verklede piloot. Dan schiet Joke toe, zegt dat haar reisgenoot doofstom is, of niet goed snik. 320 Amerikanen, Canadezen en Britten — velen van hen overnachten bij de familie Folmer in Zeist — begeleidt Joke op de lange weg naar de vrijheid. Dan loopt het mis. In april '44 komt tijdens zo'n transport op het Centraal Station te Amsterdam de Gestapo op haar af.

Ze wordt gegrepen, verhoord, veroordeeld tot de dood. Doch haar processtukken raken zoek! Zo ontloopt ze de doodstraf.

Concentratiekampen in Duitsland volgen, maar dan gaat ook zij de weg, die naar de vrijheid leidt. In 1946 ontvangt zij de Amerikaanse Medal of Freedom in het Binnenhof.

Joke Folmer en honderden met haar die vooraan gaan in het actieve verzet, zijn mensen uit een normale, *voorstelbare* wereld — ook al staat die wereld krankzinnig op zijn kop. Maar ook het *onvoorstelbare* gebeurt...

De artsen in Nederland verzetten zich bij Seyss-Inquart tegen het te laag geworden voedsel-rantsoen. Artiesten weigeren voor de Duitse Kultuurkamer dienst te doen. Dat soort zaken zijn te passen bij een bezetting in oorlogstijd. Zo ook de jacht op werkkrachten, al druist dat tegen het volkenrecht in.

'Razzia's!' Steeds vaker weerklinkt dat woord, als Duitsers in steden en dorpen wijken afzetten, huizen binnendringen en alle mannen, die zij kunnen vinden, grijpen. Ze worden naar Duitsland gestuurd voor werk in de fabrieken of op het land. 50.000 mannen verliezen op één keer de vrijheid tijdens een grote razzia te Rotterdam.

Onverdraaglijk is het, dat Nederlanders de Duitsers bij dit werk helpen:

'Landwachters!' heten de kerels, die nu overal de woningen binnentrekken, treiteren, vaak gappen en soms ook wreed tekeer kunnen gaan. Maar ook zij behoren tot het voorstelbare patroon van een oorlog, waarin de wet van de jungle telt: ook de bunzings, de gifslangen en aasgieren krijgen dan hun rollen toebedeeld.

'Honger! Geef ons toch iets te eten!' Die woorden klinken keer op keer bij boerderijen en huizen op het platteland. Ze zijn zo oud als de wereld en hebben geklonken in de middeleeuwen, in de tachtigjarige oorlog en in de dagen van Napoleon. Zij passen eveneens in het voorstelbare patroon — zoals de angst, het verraad, de doodvonnissen en het verzet. Maar hoe in kort bestek te beschrijven, wat er met de joden gebeurt?

Het crematorium in het concentratiekamp Dachau.

De Franse Tijd – Negentiende en Twintigste Eeuw

Het eindpunt van de spoorlijn in Westerbork. De aftakking van Hooghalen naar Westerbork werd speciaal voor het vervoer van gedeporteerden van en naar het concentratiekamp aangelegd.

Het huis aan de Prinsengracht te Amsterdam waar Anne Frank en haar familie van 12 juni 1942 tot 1 augustus 1944 waren ondergedoken. Het pand is nu museum, rechts.

Concentratiekampgevangenen, uiterst rechts.

De prikkeldraadversperring rond het kamp in Dachau. Op de achtergrond een wachttoren.

Het onvoorstelbare is met de joden gebeurd! Erger: het is geschied omdat in Nederland de barmhartigheid te kort geschoten is. Angst heeft de naastenliefde voor het vervolgde joodse volksdeel overheerst. Van de 140.000 joden in Nederland — stap voor stap samengedreven in een wijk van Amsterdam — vinden slechts 20.000 een onderduikadres. Van die 20.000 worden er nog eens 10.000 opgepakt. Voor elke aangegeven jood keren de Duitsers een beloning van 7,50 gulden uit.

Schuld? Ja. Deels is men half onwetend, deels is men te veel van eigen zorgen vervuld. De regering in Londen blijft in gebreke, omdat zij via Radio Oranje geen duidelijke richtlijnen verstrekt. Zélfs Gerbrandy kan aanvankelijk niet geloven, wat zich afspeelt in een Duits concentratiekamp. Schuld?

Hoe konden wij slechts voor een dag vergeten
Wat heimelijk zich voltrok naast onze deur!
De mens leeft traag en ieder heeft zijn sleur
Waarin de weerstanden zijn afgesleten.

Die dichtregels van H.W.J.M. Keuls demonstreren het menselijk tekort. *De oorlog die Hitler won!* is de titel van een boek, dat de massamoorden op de joden beschrijft. Ja, Hitler won die oorlog, want dát deel van de Duitse oorlogsmachine heeft steeds op volle toeren gedraaid en doelbewust 6.000.000 Europese joden afgemaakt.

Nacht in, nacht uit wachten joodse families in Amsterdam of de overvalswagens zullen komen en of dit keer *zij* op transport naar Duitsland moeten gaan. Al op 10 oktober 1942 meldt het illegale *Vrij Nederland*:

'Als de klok 8 uur heeft geslagen en het donker komt, begint voor onze joodse medeburgers het ondragelijke, martelende wachten. Elke voetstap doet hen schrikken, elke auto is een naderend oordeel, elke bel is een vonnis. De overvalauto's zijn erop uitgetrokken. De Grüne Polizei en de Hollandse jodenbeulen beginnen hun satanisch nachtelijk bedrijf. Elke avond worden de deuren geopend, vrouwen, kinderen, grijsaards, zieken weggevangen, als vissen uit de fuik: weerloos, rechteloos, zonder hoop, zonder hulp. Elke avond opnieuw. Elke nacht honderden! Op transport gesteld met zijn allen en altijd één-en-de-zelfde bestemming: de dood...'

Met wat ze dragen kunnen, sloffen ze weg: mannen, vrouwen en kinderen. Via lijsten, altijd weer lijsten — opgesteld door de Joodse Raad, die wil remmen en rekken en daarom aanblijft — reizen zij onder strenge bewaking naar het kamp Westerbork in Drenthe. Van daar gaan zij het onbeschrijflijke in Duitse kampen als Auschwitz, Bergen-Belsen, Birkenau, Dachau of Sobidor tegemoet. Honderden treinen, uit alle delen van Europa, met joden volgestampt.

Reeds op 18 augustus 1942 schrijft de SS-officier Gerstein een rapport met de bedoeling Paus Pius XII in te lichten over hetgeen er in de concentratiekampen gebeurt. Zijn verhaal is gebaseerd op eigen waarneming: 'Uit een grote luidspreker klinken bevelen: alles uittrekken, ook prothesen, brillen enz. De sieraden afgeven aan het loket, zonder bon of kwitantie. De schoenen stevig aan elkaar binden, want anders kan niemand in die stapel van meer dan 25 meter hoog de bij elkaar behorende paren terugvinden. Daarna moeten de vrouwen en meisjes naar de kapper, die met twee, drie knippen van zijn schaar al het haar afknipt en in aardappelzakken laat verdwijnen.' Dan gaan allen naar de gaskamer onder begeleiding van geruststellende woorden van de SS-bewakers: 'Er gebeurt jullie niets! Jullie moeten als je in de kamers bent alleen diep ademhalen, dat maakt de longen wijd, dat is nodig omdat er hier zoveel ziekten heersen.'

Niet allemaal laten zij zich bedriegen. Gerstein vervolgt:

'Veel mensen bidden. Ik bid met hen mee, ik sta vertwijfeld tegen een muur gedrukt en schreeuw luide tot mijn en hun God.'

De vernietiging van mensenlevens is in dit stadium nog niet geperfectioneerd. Er wordt gebruik gemaakt van giftige uitlaatgassen van dieselmotoren:

'Na twee uur en negenenveertig minuten slaat de diesel aan. Tot op het ogenblik leven de mensen in deze kamers, vier maal 750 mensen in viermaal 45m³. Er verstrijken nog 25 minuten. Velen zijn nu dood. Je kunt het zien door het raampje...'
'Opeengehoopt staan de slachtoffers hun laatste ogenblik af te wachten, er is geen paniek, geen gekrijs, slechts een zwak gemurmel klinkt naar buiten door, alsof een gezamenlijk gebed tot de hemel opstijgt. Binnen een uur zijn allen dood.'

Omdat dieselmotoren langzaam werken, wordt na enige tijd het giftige gas Zyclon B2 gebruikt. Op 25 maart 1943 schrijft de Nederlander J.H. Ubbink uit Doesburg een verslag aan het illegale blad *Trouw*. Dit verslag wordt na de oorlog in een kippenhok teruggevonden:

'... een ogenblik wordt het inwendige van de kamers door het electrisch licht beschenen. Na 28 minuten leven er nog maar een paar. Eindelijk, na 32 minuten zijn allen dood.'

'Mannen van het Arbeitscommando doen de houten deuren aan de achterkant open... Als bazaltzuilen staan de doden stijf opeengeperst in de kamers. Er is ook geen plaats om neer te vallen of zich zelfs maar voorover te buigen. Zelfs in de dood onderscheidt men de gezinnen nog. Hun handen liggen verkrampt in elkaar, zó stijf dat men moeite heeft ze uit elkaar te trekken

om de kamers vrij te maken voor de volgende lading...'
'Twee dozijn tandartsen trekken de monden met haken open en zoeken naar goud.
Goud links, zonder goud rechts. Andere tandartsen breken met tangen en hamers de gouden kiezen en kronen uit de kaken.'
Niemand — althans bijna niemand — in Nederland gelooft dat deze onmenselijke dingen in de twintigste eeuw nog kunnen gebeuren...

6.000.000 joden in koelen bloede vermoord. De enkelen die levend uit de kampen terugkeren, zullen schrijven:
'Ik zou willen huilen, maar ik kan niet... Het verleden is weggebrand en de gedachten aan de toekomst vervullen ons met angst. Nooit zullen wij *werkelijk terugkeren*, nooit zullen wij weer behoren bij de anderen. De schaduwen van het kamp zullen ons blijven omringen...'
Als de Britse minister Eden op 18 december 1942 in het Lagerhuis een rede houdt over de beestachtige slachtingen, waarmee Hitler doende is de joden uit te roeien, staat de vrije, westerse wereld even op zijn kop:
'Bij God, dit kan toch niet?'
Even werpen de kranten met schreeuwende koppen het ontstellende nieuws de wereld in. Men roept om actie. Men wil iets doen:
'Kunnen we de joden niet loskopen?'
'Desnoods Duitsland wapenen leveren in ruil voor joden in het concentratiekamp?'
Enkele weken later is het al geen nieuws meer. De oorlog duurt voort. Tot redding van de joden wordt geen enkele serieuze poging gedaan. Het zou waarschijnlijk ook maar weinig hebben uitgehaald. Over dit hele gebeuren past slechts één zin:
'Vergeef ons onze schulden, gelijk ook wij vergeven onze schuldenaren...'

575

De Franse Tijd – Negentiende en Twintigste Eeuw
Bevrijding van België — Dolle dinsdag in Nederland

In de Belgische programma's van de BBC — ook populair in Nederland — klinkt de smakelijke stem van Jan Moedwil, die in het gewone leven professor Nand Geersens is. Hij eindigt zijn praatjes steevast met het rijm:

We doen ons best, zonder er op te boffen
En toch krijgen we ze wel, de Moffen!

Daar begint het nu werkelijk naar uit te zien. In Italië zijn de geallieerden na bloedige gevechten een heel eind opgerukt. De Russen, met hun onmetelijke reserves aan mensen, zijn in het offensief. In Duitsland verschrompelen de steden onder het bommengeweld uit de lucht, soms van meer dan 1000 vliegtuigen tegelijk.

Een flink aantal aanslagen op het leven van Hitler is mislukt. Zelfs een goed geplaatste tijdbom in zijn vliegtuig ontplofte door een toeval niet.

Zo duurt de oorlog voort, en voort, en voort...

'Der Militärbefehlshaber gibt bekannt...'
De Belgen hebben een militair bestuur gekregen, dat minder ingrijpend is dan het burgerlijk bestuur in Nederland. In België moet generaal von Falkenhausen — en later de nazi-commissaris Grohé — steunen op een ambtenarij, die veel corrupter is dan die in Nederland. Dat maakt het mogelijk, dat vele Duitse maatregelen heel behendig worden gesaboteerd.

Het inschepen van Amerikaanse troepen voor het grote offensief in Normandië in juni 1944.

'Breng die dossiers maar even weg,' zeggen de ambtenaren op de bevolkingsregisters. Op die wijze besparen zij het volk veel onheil — al is het onheil nog altijd groot genoeg.

De bezetting geeft het beeld, dat ook in de eerste wereldoorlog te zien is geweest. Er zijn Walen én Vlamingen, die veel in de Nieuwe Orde van Hitler zien. Met behulp van hen tracht het militaire bewind een greep te krijgen op het land. Met *Volk en Staat* van de Vlaamse nationalisten, *Nation Belge* en *Pays Réel* (van Léon Degrelle), maken zij propaganda waar ze kunnen, doch met weinig resultaat.

'Vrijwillige arbeidskrachten voor Duitsland gevraagd!' publiceren die bladen. Ze meten de voordelen breeduit.

'Ge kunt ons de kont kussen!' denken de meeste Belgen. Ze vertellen elkaar liever, wat in één van de 250 illegale krantjes staat, of wat de BBC aan nieuws heeft gebracht: 'Jan Moedwil heeft gezegd...'

Als de mensen niet vrijwillig komen, voert de Nationale Arbeidsdienst (met nationaal-socialisten aan het hoofd) in 1942 gedwongen arbeid in:

'Alle mannen van 18 tot 50 en alle vrouwen van 21 tot 35 moeten zich melden!' maken de Duitsers bekend. Er zijn Belgen nodig voor de enorme Duitse verdedigingswerken aan de Atlantische kust.

'Moeten wij óók in de Arbeidsdienst? Dat doen we om de donder nooit!'

De studenten protesteren luid en dan komt het verzet tegen de Duitsers goed op gang.

'Hebt ge het gehoord?' Ja, ze hebben het gehoord. De rector van de universiteit van Leuven weigert lijsten met de namen der studenten af te staan en wordt gearresteerd.

Demonstraties zijn het gevolg. De universiteit van Brussel is dan reeds gesloten, omdat de studenten daar tegen de benoeming van een nazi-hoogleraar felle protesten hebben uitgeschreeuwd. Natuurlijk blijven ook in België de represaillemaatregelen niet uit.

'En toch krijgen we ze wel, de Moffen!'

Veel jonge mensen vluchten de Ardennen in. Zij vormen daar een *maquis*, verzetgroepen, die opereren met gedropte wapens uit Engeland. Zij organiseren daar clandestiene radiostations. Radio Sambre-et-Meuse zendt berichten uit en wekt de Belgen op tot verzet. En dat verzet neemt, net als in Nederland, met de dag toe.

Het Onafhankelijkheidsfront, de Nationale Belgische Beweging (N.B.B.) en de Nationale Koninklijke Beweging (N.K.B.) wijden zich met grote moed aan het vervalsen van persoonsbewijzen, aan spionage en het brengen van bedreigde joden in veiligheid. Van de 52.000 joden die in België zijn, kunnen er omstreeks 25.000 worden gered — en dat is in verhouding zevenmaal meer dan in Nederland.

Het Geheime Leger treft voorbereidingen om de geallieerden doeltreffend te steunen, wanneer zij België binnen zullen gaan. De leden van dit Geheime Leger ontvangen eveneens wapenen, die door de lucht vanuit Engeland worden aangevoerd. Zij plegen sabotagedaden waar het maar kan. Dank zij hun inzet blijven de haveninstallaties van Antwerpen bij de komst van de geallieerden intact.

Ook de communisten strijden — maar pas als Duitsland met Rusland in oorlog is — als één geheel en met grote verbetenheid tegen de Duitsers.

De Amerikaanse president Th. Roosevelt (rechts) met zijn vice-president en opvolger H. Truman.

De Duitsers trachten vrijwilligers te vinden voor het Oostfront, want de oorlog tegen de Russen wordt nu in alle hevigheid gevoerd:
'Strijdt voor een Christelijk Europa tegen de Sovjet-barbaren!'
Meldt u om het communisme te verslaan!' Oproepen, aanplakbiljetten, propaganda-uitzendingen, alsof het een kruistocht geldt.

Zoals ook in Nederland is gebeurd, nemen duizenden vrijwilligers dienst. Zij komen uit de gelederen van de Duits-Vlaamse Arbeidsgemeenschap *De Vlag* en van het Vlaams-Nationaal Verbond. En natuurlijk melden vele Rexisten zich aan.

Net als in Nederland verslechtert de toestand en is er zwarte handel op grote schaal.

Er zijn razzia's en steeds meer Belgische verzetsmensen komen voor de vuurpelotons terecht. 12.000 Politieke gevangen en gedeporteerden vinden de dood in een Duits concentratiekamp. Ruim 700 Belgen verliezen tijdens de bezetting het leven in eigen land.

De grauwe sleur van onderduiken, voedsel halen, verarming. Net als in Nederland roven de Duitsers machines uit de fabrieken weg. Zij sparen ook de musea niet. Het beroemde Lam Gods van Van Eyck en de Madonna van Michelangelo worden gewoon maar weggehaald.

Reikhalzend zien de Belgen naar de bevrijding uit. De toenemende bombardementen op bruggen, wegen en spoorwegemplacementen in het voorjaar van 1944 wijzen erop, dat grote gebeurtenissen op handen zijn. En opeens: 'Ze zijn geland! Ze zijn geland!' De lang, de zo lang verwachte invasie is eindelijk begonnen. Amerikanen, Engelsen en Canadezen springen uit landingsvaartuigen en waden tot aan hun schouders door het water naar het Normandische strand.
'Ze komen! Eindelijk dan!'

'V for Victory!' heeft Churchill tot zijn troepen gezegd.
'De eindoverwinning is aan ons!' krijst een hysterisch wordende Hitler zijn volk toe.
'Wij beschikken over geheime wapens, die de vijand zullen verdelgen!'
En waarachtig, de Duitsers beginnen raketten te lanceren: de befaamde V-1's en later de V-2's — op zichzelf vliegende bommen die op het hart van Londen worden gericht. Het moreel der Engelsen breekt niet.

'Het gaat goed!' Opgetogen zitten Belgen en Nederlanders bij hun radio's. Zij horen van de grote offensieven die de Russen ontplooien en dat de legers van maarschalk Zjoekov in de zomer de Oostpruisische grens hebben bereikt. Roemenië, Bulgarije en Finland — Duitse bondgenoten — staken de strijd. En dan het grote nieuws: 'Doorbraak in Normandië!'

Amerikaanse tanks breken los uit de bruggehoofden en waaieren uit in de richting van Parijs. Maarschalk Montgomery rukt met Britten, Canadezen, Belgen, Polen en Nederlanders naar het noorden op. Aan alle kanten bejubeld, trekken zij op 3 september om 4 uur in de middag Brussel in.
'Bevrijd! Bevrijd!' Door het dolle heen juichen de Belgen de geallieerde voorposten toe. Tot tranen geroerde politieke gevangenen zien hun celdeuren opengaan:
'Het is voorbij: God, God zij gedankt!'

Hoe goed smaakt de eerste Engelse sigaret, de inhoud van een Canadees rantsoen.

Hoe vergaapt men zich aan tijdschriften, aan de jeeps, aan àl het nieuwe, want vier jaar lang heeft het leven in verstikkende ellende stilgestaan.

De volgende dag leiden Belgische verzetsmensen de Britten naar de nu uiterst belangrijke haven van Antwerpen. Een Duitse poging om de haven te vernietigen mislukt.

'Zij komen!'
Een omstuimige golf van enthousiasme spoelt over Nederland heen.
'Gij weet, dat de bevrijder voor de deur staat,' meldt Radio Oranje.
'Prins Bernhard is tot opperbevelhebber van àlle Nederlandse strijdkrachten benoemd!' Onder zijn commando vallen nu ook alle groeperingen van het verzet.

Te veel vertrouwend op allerlei berichten, die in Londen de ronde doen, komt op maandag 4 september de wakkere, strijdbare minister Gerbrandy voor de microfoon:
'Nu de geallieerde legers in hun onweerstaanbare opmars de Nederlandse grens overschreden hebben...' Op dat nieuws staakt zelfs de BBC haar Engelse uitzendingen en zendt spontaan het Wilhelmus uit. Nog later volgt het bericht: '*Breda is bevrijd!*' In de roes van vreugdevolle opwinding breekt de 'Dolle Dinsdag' aan:

Nederland, dinsdag 5 september 1944: Niet een paniek uit angst, maar een paniek uit bevrijdende blijdschap zwiept over Nederland heen.
'Ze komen!' roepen opgetogen mensen na de overtrokken berichten van Radio Oranje en de BBC.
'Breda bevrijd! Vanmiddag, misschien vanavond zijn ze hier!'

Verstrooide en verwarde Duitse eenheden gaan met fietsen, handkarren, zelfs autopeds langs de wegen voort. Dikwijls zijn zij vergezeld door Belgische nazi's, die voor de geallieerden zijn gevlucht. De Duitse telefonisten in hun grijze uniformen hollen met hun koffertjes naar de stations. Gaan er nog treinen naar het Duitse land? 'Schnell, bitte!'

De NSB raakt in paniek: 'Alleen de vrouwen en kineren zullen evacueren,' heeft Mussert op maandag tegen zijn districtleiders gezegd. Op dinsdag is hij met *Tante* naar Twente onderweg. Honderden, duizenden NSB-ers gaan aan de haal. Zij hebben hun zwarte uniformen uitgetrokken, hun speldjes afgedaan.
'Sneller, Mien!'
'Doortrappen, Anton!'

Juichend komt de rest van Nederland (iedereen die goed was, of halfgoed; iedereen die laf en passief was, maar geen wraak heeft te vrezen), als één grote familie de straat op.

Ook het verzet raakt in paniek! Denkend dat alles afgelopen is, hebben leden van Wijk bij Duurstedes knokploeg de NSB-burgemeester gearresteerd. Marechaussees in Brabant stoppen Duitsers in het gevang. Een Rotterdamse verzetsgroep bezet *openlijk* een schook. Het illegale blad *De Vonk* drukt voor het eerst de namen van de redacteuren af — maar distribueert die editie op het laatste moment toch niet.

Onder aanvoering van jhr. Bosch ridder van Rosenthal, komen in Den Haag topmensen uit het verzet, het *College van Vertrouwensmannen* (onder wie Willem Drees) bijeen.
'Wij moeten het bewind tijdelijk in handen nemen,' klinkt het daar, overeenkomstig een telegram, dat hen uit Londen heeft bereikt. Kolonel Koot is tot commandant van de Binnenlandse Strijdkrachten benoemd. Zijn pogingen om alle verzetsgroepen onder zijn commando te verenigen, blijken vruchteloos. 'Nu opeens gehoorzamen aan oud-militairen, terwijl *wij* al die jaren het vuile werk hebben gedaan?'

Buiten op straat duurt de bevrijdingsroes voort. Allerlei wilde geruchten stapelen zich op:
'Rotterdam is bevrijd!'
'Ze zitten al in Den Haag!'

Landelijk sabotagecommandant Jan van Bijnen (Frank K.P.) zet zijn mensen tot sabotagedaden tegen de spoorwegen aan. Hier en daar vliegen bruggen in de lucht.

Overal staan mensen langs de wegen, vaak met bloemen in de hand, voor de eerste geallieerde soldaat! 'Komen ze nou?'

Ze komen niet! De 5de, 6de, de 7de, de 8ste september gaan voorbij. Wat wel komt is de ontnuchterende werkelijkheid: de geallieerden staan bij het Albertkanaal en kampen met een aanvoerprobleem. Voor

De Franse Tijd – Negentiende en Twintigste Eeuw

De brug bij Arnhem tijdens de strijd op 18 september 1944. Schilderij door D. Shepherd.

zich weten zij de grote rivieren, waarachter vroeger Bataven en middeleeuwers, prins Maurits en stadhouder Willem III zich zo vaak en doeltreffend hebben verschanst. Datzelfde voordeel geldt nu voor de Duitse bezettingsmacht. De SS-ers, de Grüne Polizei, de NSB-ers en de gehate Landwachters keren terug en sluiten de gelederen weer aaneen.

Op 10 september komen opperbevelhebber generaal Dwight Eisenhouwer en Montgomery op een vliegveld bij Brussel bijeen. Na heftige debatten besluiten zij tot een aanval met luchtlandingstroepen op de bruggen over Maas, Waal en Rijn. De befaamde *slag om Arnhem* begint:

Arnhem, 17 september 1944: Ruim 10.000 Britse en Poolse parachutisten springen boven Heelsum, Wolfheze en Oosterbeek zwaar gewapend naar beneden. 300 Grote zweefvliegtuigen landen daar met munitie, jeeps en zwaarder oorlogsmateriaal.

Om de brug bij Nijmegen wordt bijna een week lang heroïsche strijd gevoerd.

Tanks, afkomstig uit Duitsland, razen nu door de straten en rammen hun granaten dwars door de gevels, waarachter de Britten zich hebben verschanst. Op vele plaatsen zitten angstige families weggedoken in een kelder of een souterrain.

'Over twee dagen krijgen we steun,' hebben de Britse officieren gezegd. Met dat doel voor ogen springen 7000 Amerikaanse parachutisten bij Grave en zuidelijker naar omlaag. Zij moeten de belangrijke Waalbrug bij Nijmegen veroveren en openhouden voor het 2de Britse leger. Slechts één bataljon Amerikanen bereikt Nijmegen, maar moet dan terug. Door tal van onverwachte tegenslagen en goed georganiseerde Duitse tegenstand, bereikt het 2de Britse leger Arnhem niet.

'Hier is een belangrijke mededeling van de Nederlandse regering,' klinkt de stem van Den Doolaard over de BBC. 'De regering acht thans het ogenblik aangebroken instructie te geven tot een algemene staking van het spoorwegpersoneel...'

Terwijl de Britse parachutisten nog verwoed en hoopvol strijden, leggen vrijwel alle spoorwegmensen het werk neer. Er rijden geen treinen meer.

Arnhem: in puin geschoten huizen en soldaten met rood doorlopen ogen door tekort aan slaap. Noodverbanden en stukgeknipte kleren met bloed doorweekt.

Ratelende mitrailleurs en ratelende tanks met vuurmonden die langzaam en dreigend worden gericht.

Arnhem: hongerig en ongeschoren tracht 250 man, tussen 65 doden en 200 gewonden stand te houden tot de beloofde hulp komt. Een zevende deel van de parachutisten sneuvelt, een derde deel raakt gewond, 400 burgers komen in die dagen om.

'Heraus... Mensch!' Op Duits bevel verlaten 90.000 Arnhemmers met wat haastig bijeengeraapte spullen hun huis. Met fietsen of lopend verlaten zij hun zwaar verminkte stad.

Arnhem: een klein, niet eens zo opvallend bloedige vignet in de ontzagwekkende, verwoestende oorlog. Wat is Arnhem, vergeleken bij de 6 miljoen joden die zijn vergast? Wat bij hetgeen Duitse vrouwen en kinderen doormaken in verpulverde steden tijdens een zwaar bombardement? Wat vergeleken bij de hel, die Amerikanen in de jungles van Bataan, of bij de landing op Tarawa tegen zich doodvechtende Japanners moeten doorstaan?

'Zie daar een dappere. Hij vocht bij Arnhem,' zal men later zeggen. Hoe ontzettend veel dapperen zijn naamloos ten onder gegaan!

De slag om Arnhem mislukt. De strijd om een half ondergelopen Zeeland — waar vooral Walcheren door de Duitsers is omgebouwd tot een onneembare vesting — loopt op een overwinning uit. Antwerpen is bereikbaar geworden voor de geallieerde schepen, wat voor de aanvoer uitermate belangrijk is.

Drie provincies bevrijd, acht provincies nog bezet. Terwijl het Militair Gezag onder leiding van generaal Kruls (steeds ruziënd met de regering in Londen) de ontwrichte, bevrijde provincies op de been helpt, glijden Noord-Nederland en het westen naar de middeleeuwen terug. Er is geen gas, geen licht. Er zijn geen kolen. De voedselvoorziening heeft, nu er geen treinen meer lopen en geen auto's meer zijn, vrijwel opgehouden te bestaan.

'Het zal niet lang meer duren...' zeggen de mensen. Hoopvolle woorden, maar een ijskoude winter zet in.

Van hongerwinter naar bevrijding

De hongerwinter! Wie het heeft meegemaakt zal die maanden nooit vergeten. Hoe te koken, zonder gas of elektriciteit? Hoe te verwarmen zonder kolen, terwijl het buiten 20 graden vriest? 'Razzia's!' Dat onheilspellende woord glijdt steeds weer door die donkere maanden heen, als SS-ers, Grüne Polizei en de gehate landwachters op mensenjacht gaan. Bij de klopjachten klinken keer op keer schoten: als waarschuwing voor een ieder schieten de Duitsers willekeurige burgers in het openbaar neer. Binnen enkele maanden worden opnieuw 120.000 mannen weggevoerd.

Voedsel is er vrijwel niet. Huilende moeders staan bij de gaarkeukens, die in alle grote steden zijn opgericht: voor waterige bietensoep of onverteerbare veevoerpap. In Den Haag lijden 20.000 mensen aan hongeroedeem, want het rantsoen bedaagt slechts 500 calorieën per dag. 25.000 Mannen, vrouwen en kinderen komen van de honger om.

Zij worden in kerken gelegd, want hout voor doodkisten is er niet.

Toch is het goed te beseffen, dat dergelijke hongerwinters honderden keren op aarde zijn voorgekomen en dat het elders heel wat keren véél erger is geweest.

Mensen kunnen ongeloofwaardig veel verduren. Haast onuitputtelijk lijken hun vindingrijkheid en vitaliteit om zich door de moeilijkste omstandigheden heen te slaan.

Niet de mannen, maar de *vrouwen* staan in die laatste oorlogswinter dapper op de bres. Op hén rust de zorg om de ondergedoken mannen en de kinderen te voeden en te warmen in die winter van honger, kou en geweld. Op fietsen met houten banden, achter handkarren en kinderwagens sjouwen zij naar het platteland. Zij trekken over besneeuwde dijken en langs polders die onder water staan, naar boeren in de Betuwe, langs de Vecht, of in de Achterhoek:

'Ik heb hier een gouden ring. Geef me in ruil daarvoor toch iets te eten. En hier m'n bontjas, neem hem voor een paar pond spek! Bikkelharde boeren vragen betaling in tafelzilver, juwelen of linnengoed. Anderen zeggen spontaan:

'Kom maar binnen. Eet maar mee. Hier, neem dat mee voor je kinderen en kom over twee weken maar bij ons terug!'

Zoals eens in het rijk van Karel de Grote beheerst ruilverkeer het leven.

'Een zak tarwe voor deze piano? Hongerkaravanen van vermagerde mensen trekken van Amsterdam naar Drenthe, van Hilversum naar Friesland, van Den Haag naar de Wieringermeer. En wanneer de vrouwen thuiskomen, vertellen ze ontdaan:

'Ik zag kinderen van tien, op blote voeten, slecht gekleed, sjokkend achter een wagentje van boer tot boer!'

'Ik kwam twee jongens tegen. O God... Hun vader was onderweg van uitputting in elkaar gezakt. Dood! Ze duwden hem voort...' Twee kinderen en vader dood op de kar. Duwen langs Duitse controleposten. Hun tranen en hun grimmige verbetenheid:

Duizenden vermoeide voeten
Slepend, slepend. 'Sta niet stil!
God laat mij een mens ontmoeten
Die mij voedsel geven wil...'

Om het buitgemaakte eten te kunnen koken en om de koude winter te kunnen doorstaan, werpen mannen en vrouwen in de steden zich op alles wat brandbaar is:

'Die brugleuningen kunnen we stoken. En verdomme, we gaan die leegstaande huizen in!' Ze slopen trappen, kasten, vloeren, deuren en balken uit de plafonds.

In de leeggeraakte joodse wijken gaat alles voor de bijl. 1700 Huizen in Amsterdam zakken troosteloos in elkaar. Radeloze Amsterdammers bikken tenslotte ook het asfalt weg. Vanonder de tramrails peuteren zij de biels los. 250 Kilometer wordt opgebroken. Met de splinters van de biels worden soep, wat aardappels of pap in kleine noodkachetjes opgewarmd.

'De bomen in de parken. Vooruit, anders zijn anderen ons voor!' Hele volksstammen zwerven uit om hun slag te staan; mannen

Controle op voedsel in Duitsland (1945). Ook in Nederland tijdens de hongerwinter 1944/1945 vormden mensen op zoek naar voedsel een vertrouwd beeld.

De Franse Tijd – Negentiende en Twintigste Eeuw

Affiche van het Koningin Wilhelminafonds dat gelden inzamelde voor hulp aan het Nederlandse volk.

met spanzagen, vrouwen met bijlen, oude beverige oma's met hakmessen uit de keukenla. Ze slepen de stammen, de takken en de twijgen weg. Bossen rond Hilversum 20, 30, 50 ha liggen binnen enkele dagen plat. In de koude huiskamers zitten gezinnen 's avonds rond één kleine vlam van een carbidlantaarn, een oliepitje of... in de duisternis. Hoeveel gebeden gaan er uit naar een weggevoerde echtgenoot of een gevangen genomen zoon?

Maar als ik leven mag tot de bevrijding
en juichen op het overwinningsfeest
God, doe dan dit mij weten: wat voorbijging
aan nood en leed is niet vergeefs geweest...

Niet tevergeefs geweest! Hoe droomt iedereen van een betere wereld, waarin het nooit meer oorlog zal zijn! Hoeveel plannen worden gemaakt voor een toekomst vol zekerheden en rechtvaardigheid? Professor Schermerhorn houdt lezingen en pleidooien voor een grote eenheidsbeweging: de Nederlandse Volksbeweging! Zal Nederland — zo eensgezind in die laatste oorlogswinter — ook eensgezind kunnen herrijzen in de politiek?

Ook werkgevers en werknemers steken de hoofden bijeen:
'Wij moeten niet langer tegenover elkaar, doch náást elkaar gaan staan. Alleen in hechte samenwerking tussen ons kan het verwoeste, leeggeplunderde vaderland weer worden opgebouwd!' spreken zij af. Zo ontstaat de *Stichting van de Arbeid* (die na de oorlog zoveel zal bijdragen voor de arbeidsrust in Nederland)

Denken aan de toekomst, terwijl het land stelselmatig door de Duitsers wordt leeggeroofd.

Af en toe roven de Nederlanders iets terug. Walraven van Hall pleegt een geniale fraude bij de Nederlandse Bank. Onder het oog van de NSB-president Rost van Tonningen goochelt hij de miljoenen te voorschijn voor de gezinnen van het (nog steeds) stakende spoorwegpersoneel. Onder de ogen van de Duitsers komen tevens geheime telefoonverbindingen met het zuiden tot stand. Alles spitst zich op het komende offensief van de geallieerden, dat in het vroege voorjaar wordt verwacht.

Spionagediensten zijn rusteloos in de weer. Soms plegen zij overvallen op Duitse ordonnansen, in de hoop belangrijke documenten buit te maken, die voor dat komende offensief belangrijk kunnen zijn:

Een verzetsgroep ligt bij de Oldenallerbrug tussen Putten en Nijkerk in hinderlaag.

Een wagen van de Wehrmacht nadert over de weg.

'Nu!' Er vallen schoten in de stille nacht. Een Duits officier sterft. Een andere wordt zwaar gewond weggesleept. De volgende dag trekken woedende Duitsers uit represaille Putten in:

'Heraus! Antreten!' Geschreeuw. Dreigende helmen. Machinegeweren in aanslag.

Grimmige soldaten drijven de vrouwen van Putten naar de Grote Kerk. De mannen, 660 in totaal, moeten naar de gereedstaande wagens buiten het dorp marcheren. Zij gaan op transport. Slechts 44 zullen de hel overleven van een Duits concentratiekamp.

Hun vrouwen en kinderen worden het dorp uitgejaagd.

'Mensch, du, laufen!' Achter zich zien zij vlammen en rook uit 80 huizen omhoogstijgen — in brand gestoken voor een overval, die geen enkele zin heeft gehad.

In de extreme toestand van de hongerwinter lijken extreme daden onvermijdelijk Ook in het verzet gaat men soms extreme paden op:

'Vooruit, jongens, een overval op die rijke boer, omdat die rotzak woekerprijzen voor voedsel vraagt!' Al is dan het eten, dat bij zo'n overval geroofd wordt, voor onderduikers en verzetsmensen bestemd, soms knallen de illegalen boeren en zwarthandelaren wel wat al te achteloos neer. Rampzalige gevolgen heeft een aanslag bij de Woeste Hoeve, tussen Arnhem en Apeldoorn:

'Wij moeten een auto hebben,' heeft de leiding van een verzetsploeg daar beslist. In de nacht van 6 op 7 maart vindt een overval plaats op een naderende Duitse BMW.

Een vuurgevecht. 243 Kogels doorzeven de meteen al waardeloos geworden wagen.

En erger: uitgerekend de Höhere SS- und Polizeiführer Rauter zat in die BMW. 'Represailles!' beslissen de Duitsers direct. 117 Gevangen verzetsmensen worden uit hun cellen gesleurd en bij de Woeste Hoeve gefusilleerd. In Rotterdam schieten de Duitsers 100, in Amsterdam 200 mensen dood. Zij dwingen verraste voorbijgangers toe te kijken, als in het Weteringplantsoen de executies in het openbaar worden uitgevoerd:

'Mensch, schau das mal an!'

Behendig uitgedachte windmolens op de daken der huizen laden oude autobatterijen op. Al is er geen elektriciteit, zo komt hier en daar toch nog stroom voor de radio.

Hoe onmisbaar zijn de nieuwsberichten uit Londen:

'Groot Duits offensief in de Ardennen!' meldt de BBC. Goede God, zullen de Duitsers daar doorbreken? Worden we wel ooit bevrijd?'

'V-2's regenen op Antwerpen neer!' Brengt dat de aanvoer in gevaar? Komen de geal-

lieerden dáárom niet? Bij God, waar blijven ze toch! In begin 1945 meldt Radio Oranje, dat er een kabinetscrisis is. Slechts met de grootste moeite slaagt minister Gerbrandy in de samenstelling van een nieuw kabinet. Maar de ministers missen de greep op het Militair Gezag, dat in de bevrijde provincies opereert. Er zijn ruzies, misverstanden, toenemende machtsstrijd. Er groeien tegenstellingen tussen de ministers en de koningin. Van allen leeft koningin Wilhelmina het meest intens met de bezette gebieden mee: 'Als ik in de hongerwinter 's morgens ontwaakte, vroeg ik mij af: Hoe komt ik deze nieuwe dag door? Welke ontstellende berichten zullen mij vandaag bereiken? En toch, ik wist het, ik moest volhouden tot het bittere eind!' Pas in maart (veel later dan zij zelf heeft gewenst) mag zij naar het bevrijde zuiden. Zij bezoekt — 65 jaar oud — de zwaar getroffen gebieden in Zeeland en ondergaat ontroerd het weerzien met haar volk. Dodelijk vermoeiende dagen, waarover ze later schrijft:
'De laatste dagen van de tocht werd ik geplaagd door ischias, een gevolg van de spanningen die het weerzien veroorzaakte... Ik moest voortdurend voor iedereen klaarstaan en mijn medeleven bewijzen. Dat kan men slechts, wanneer men zijn aandoeningen volkomen beheerst!'

Koningin Wilhelmina doet een beroep op koning George van Engeland en op president Roosevelt, want het noorden moet nu toch snel worden bevrijd.
'Het is zeer binnenkort te laat!' bericht Gerbrandy de chef-staf van het geallieerde hoofdkwartier. Den Haag telt er *per dag* 3000 gevallen van hongeroedeem bij.

Eindelijk, eindelijk gaat het 2de Canadese legercorps tot de aanval over en worden de oostelijke en noordelijke provincies bevrijd. Op 18 april staan de Canadezen voor de Grebbelinie en dan ontdekken de langzaam stervende provincies in het westen, dat de opmars niet wordt voortgezet.
'Verdomme, waarom stoten ze niet door? Waarom komen ze niet?' Er wordt getierd en gevloekt, maar de kanonnen aan het front bulderen niet. Het blijft aan alle linies akelig stil. Niemand weet, dat verzetsmensen besprekingen begonnen zijn met Seyss-Inquart. Niemand weet, dat de geallieerden — om verdere rampen en inundaties te voorkomen — de aanval hebben gestaakt.

Maar er komt hulp voor het uitgehongerde deel van Nederland. Door toedoen van het Zweedse Rode Kruis, gaan schepen met voedsel naar Nederland. In Engeland worden grote vliegtuigen met allerlei levensmiddelen volgestouwd.

Nederland, 29 april 1945: Bommenwerpers vliegen over de Lage Landen heen. Op speciaal afgebakende plaatsen werpen zij voedselpakketten neer. Kisten en kartonnen dozen met Zweeds meel en boter zweven aan kleurrijke parachutes door de blauwe lucht naar de grond.
'Redding... O, God...' Grote mensen huilen als kinderen, wanneer dat eten uit de hemel valt. Velen kunnen het niet verwerken en staren met ingehouden adem naar het wonder van die gekleurde parachutes.

Voor velen komt dat voedsel net te laat. In uitgeleefde kamers, in steden waar het afval zich heeft opgehoopt, sterven ieder uur uitgeputte mensen.

Op 30 april voert prins Bernhard met de chefs-staf van Eisenhower en Montgomery en nog een Russische generaal een bespreking met Seyss-Inquart, in een school in Achterveld. Sprekend over de voedseltransporten trachten zij de Duitsers tot capitulatie te bewegen.
'Nein!' zegt Seyss-Inquart. 'Want dan zal de geschiedenis een slecht beeld van mij geven!'
'Ik begrijp u niet,' zegt de ongeduldige Amerikaanse generaal Bedell Smith. 'Wat is dat voor een redenatie? Waarom geeft u niet toe? U wordt toch opgehangen!'
'Dat laat me koud,' antwoord Seyss-Inquart. Capituleren wil hij niet. Wél geeft hij zijn toestemming voor nieuwe voedseltransporten. De Vliegende Forten der Amerikanen vliegen opnieuw over de uitgemergelde provincies heen:
'Bomdoors open!'
Daar gaan de pakketten spek, biscuits, suiker, boter, worst, snoep, jam.
'De beste bommen die wij ooit hebben gegooid!' zeggen de piloten bij hun terugkeer. Ze vertellen over de duizenden wuivende handen die zij onder zich hebben gezien. En over dat ene woord, dat een bollenkweker in een bloeiend tulpenveld had uitgeknipt:
Thanks!
Slechts één woord. Maar hoeveel ontroering, gevoel van opluchting en diepe dankbaarheid drukt het uit.

Op 1 mei pleegt Adolf Hitler zelfmoord, in zijn bunker in het totaal verwoeste Berlijn. Drie dagen later trekken de Russen de Duitse hoofdstad binnen. Op 4 mei ontvangt veldmaarschalk Montgomery hoge Duitse bevelhebbers in zijn hoofdkwartier op de Lüneburger heide.
'Mijne heren, dit is het ogenblik!', zegt hij tegen de wachtende oorlogscorrespondenten, als de handtekeningen onder het

Het vrije Nederland heet de geallieerde soldaten welkom. Een in Londen ontworpen en gedrukt affiche van de Rijksvoorlichtingsdienst.

De Franse Tijd – Negentiende en Twintigste Eeuw

W. Schermerhorn, die van juni 1945 tot juli 1946 optrad als minister-president van het eerste na-oorlogse kabinet. Portret door K. van Veen.

capitulatieverdrag zijn gezet. *Onvoorwaardelijke overgave* voor 1 miljoen Duitse soldaten in Denemarken, West-Duitsland en Nederland.

In hotel De Wereld, in het zwaar getroffen Wageningen, nemen prins Bernhard en generaal Foulkes de overgave van de Duitse generaal Blaskowitz in ontvangst. Dan is het gebeurd. Het is *Vrede!*

Hoe te beschrijven, dat de poorten van de concentratiekampen eindelijk opengaan?

Het is aan dichters het onzegbare onder woorden te brengen, zoals Ed Hoornik doet.

Hij is uit het concentratiekamp Dachau teruggekeerd en tot op het bot door de oorlog geraakt:

Wat onmeedeelbaar is je mee te delen
dat is een opgaaf die ik niet volbreng
dat ik, gestorven, nog in leven ben
en 't voor de mensen daaglijks moet verhelen...

Hoe te beschrijven, dat uitgehongerde mensen de straat op komen, de vlaggen uithangen, huilen, lachen, bidden, zingen en bloemen werpen naar de Canadese jeeps en tanks?

Een vreugdevuur brandt. Een Wilhelmus weerklinkt. Kurken knallen uit flessen, die voor het uur van bevrijding zijn bewaard. Omhelzingen, tranen, dansen, gejuich: 'Vrij...'

In Amsterdam schieten gek geworden Duitsers nog 22 mensen neer. Die hebben 5 gevaarlijke jaren overleefd en sterven als het eindelijk vrede is.

Door het dolle heen slingeren uitbundige meisjes en vrouwen zich in de armen van doorvoede, bruinverbrande, besnorde Canadezen, terwijl Duitse bezettingstroepen naar verzamelplaatsen worden gedirigeerd.

In sommige Duitse regimenten lopen soldaten van niet ouder dan 16 jaar. 'Lieve Jezus nog an toe,' mompelt een omstander. Daar marcheren ze in rijen van vier door de stilte: langs een levensgroot verwijt, langs haat en honger, langs de leegte, die zij in zoveel gezinnen hebben gebracht.

'Jezus nog an toe!' Daar marcheren ze, kinderen nog met hun gebroken trots, hun schaamtevol verlies, hun grimmige, uitzichtloze verbetenheid. Ongeschoren, ontredderd, doodop marcheren zij met hun schuld, die voor sommige toeschouwers ondraaglijk lijkt.

Elders arresteren verzetsgroepen, gehuld in overall met armband om, NSB-ers, hoge Duitse Officieren, gehate leden der Gestapo, voormalige commandanten van een concentratiekamp.

'Lieve Jezus nog an toe!' Hoe ontstellend is het te moeten zien, hoe een aantal verzetsmensen zich daarbij als SS-ers gedraagt.

De kleine Hitlers in de mensen zelf zijn nog niet verslagen. Zó heeft Ed Hoornik dat ook gevoeld, toen hij dichtte:

'Ik weet zeker dat het geen verschil maakt,
of ik *Dachau* of de *wereld* zeg...'

De oorlog is voorbij. Hoe kan de vrede ooit worden gewonnen met al die haat?

Willem Drees en professor Schermerbron vormen een voorlopige regering, tot verkiezingen kunnen worden uitgeschreven. Zij maken de schade op: 92.000 volledig verwoeste woningen en bijna 400.000 huizen die zwaar tot licht beschadigd zijn. 800 Kleine en 24 grote bruggen zijn vernield. Honderden hectaren ondergelopen land. Ontmantelde fabrieken, geen treinen en geen wagens, geen fietsen, geen voedsel, geen textiel. De opbouw kan beginnen.

Tienduizenden vrijwilligers melden zich ondertussen voor het leger, want de oorlog tegen Japan duurt onverminderd voort. 'De Amerikanen, de Britten en Canadezen hebben hun inzet gegeven, nu is het de beurt aan ons,' zeggen zij en hun gedachten gaan vooral uit naar Nederlands-indië, dat nog moet worden bevrijd.

Dan valt, in augustus 1945, de atoombom op Hirosjima: een waanzinnige climax van een oorlog, die al zo krankzinnig is geweest. In enkele seconden is een complete stad met winkels, scholen, weeshuizen, kraamvrouwen en onschuldige kinderen van de aardbodem weggevaagd. Japan capituleert.

Vrede op aarde!

Het werd ook tijd: 100.000.000 mensen kwamen om. Miljoenen zwerven — 'gevallen uit Gods hand' — dakloos, statenloos door de ontredderde wereld.

Kleine benden kinderen, zonder ouders en verwilderd, scharrelen tussen de puinhopen van verpulverde steden op zoek naar warmte, op zoek naar brood... En wat te beginnen met de grenslijnen, die de groten der aarde hebben getrokken over de wereldkaart? De wereld in twee helften verdeeld.

De oorlogskosten kunnen worden opgeteld. Voor dat bedrag zouden *alle gezinnen op aarde* een nieuw huis met garage en auto kunnen krijgen en iedere stad met 5000 inwoners een volledig uitgerust ziekenhuis en een gloednieuwe school. Dat alles is verschoten met bommen en kanonnen.

De kosten zijn berekend, de doden zijn geteld. Nergens staat vermeld, wat de mensheid van die Tweede Wereldoorlog heeft geleerd...

Van het heden naar de toekomst

De geschiedenis van de Lage Landen heeft het heden bereikt. De hoofdrolspelers zijn niet langer 'mensen-van-toen', zij zijn de 'mensen-van-nu'. Om nu al een balans op te maken van hun doen en laten, hun slagen en falen, is vrijwel een onmogelijkheid.

Bij de bevrijding hebben zeer veel Nederlanders en Belgen gedacht, dat zij door de oorlog wezenlijk veranderd waren en dat er daardoor sprake zou zijn van een nieuwe maatschappij: 'Wij hebben iets beleefd; de ban der burgerlijke verstarring is gebroken,' schrijft S. Tas in Criterium. Toch blijkt algauw, dat men zich nog niet uit de kluisters van het verleden heeft losgemaakt. De eerste verkiezingen na de oorlog geven géén opzienbarende verschuivingen te zien. De grote winst van de communisten (van 3 naar 10 zetels; de A.R. verliest) is zeker verdiend door hun voortreffelijk gedrag in het verzet, maar bewijst misschien ook, hoe groot de ontevredenheid een jaar na de bevrijding is:

'Wat was de vrede mooi, toen het nog oorlog was,' is een verzuchting, die de teleurstellingen typeert.

Politieke doorbraak? Er is geen sprake van. Veranderde mensen? Héél misschien is er 'iets' veranderd in de mentaliteit.

De regeringen in de leeggeroofde, verwoeste, totaal ontwrichte Lage Landen zien zich tegenover reusachtige problemen gesteld. Al direct na de bevrijding treden in het koninkrijk België de tegenstellingen — verscherpt tijdens de bezetting — duidelijk aan de dag. De regering-Pierlot die uit Engeland is teruggekeerd, ziet zich tegenover onafzienbare problemen gesteld. Vooral de berechting van de oorlogsmisdadigers levert tussen regering en volk grote spanningen op.
De regering die de bezetting niet heeft meegemaakt, toont zich milder dan het volk, dat een strenge en doortastende berechting eist van alle gevallen van collaboratie en verraad.
Er zijn heel wat Belgen gegrepen: 65.000 militairen, die in de oorlog te kort geschoten zijn. 60.000 Mannen en vrouwen worden verdacht van coöperatie met de Duitsers op politiek en administratief gebied. 43.000 Belgen hebben in het economische vlak de grens van het toelaatbare overschreden. Er zijn 28.000 gevallen van direct verraad geregistreerd. Bovendien loopt er nog over 210.000 mensen een onderzoek.
De ergste verraders, onder wie Borms (voor de tweede keer!), zien doodvonnissen over zich geveld. Bij elkaar geteld zijn het er 1298, waarvan er 242 worden uitgevoerd. (Nederland telt 123 doodvonnissen en slechts 30 executies!)

De regering-Pierlot krijgt te maken met een toenemende tegenwerking, vooral uit de kringen van het verzet.
'De regering-Pierlot moet aftreden!' eisen de ondergrondse strijders, die zich zo flink in de oorlogsjaren voor een nieuw België hebben geweerd. Zij weigeren nu hun wapens in te leveren en willen zich niet schikken in de maatregelen die hen door de regering worden opgelegd. Reeds in november 1944 komt het tot bloedige botsingen, waarbij 45 betogers en 15 politieagenten met behoorlijke verwondingen in een ziekenhuis terechtkomen. De regering-Pierlot handhaaft zich niet.

Hebben de ellendige oorlogsjaren de tegenstellingen tussen Walen en Vlamingen verscherpt? Hoe los de band van de Walen met het koninkrijk België is geworden, bewijst een Waals Nationaal Congres, dat kort na de bevrijding gehouden wordt te Luik. Meer dan 1000 Walen van allerlei richting en kleur komen daar bijeen. Slechts 17 van de aanwezigen wensen de structuur van het koninkrijk — weliswaar met de nodige hervormingen — gehandhaafd te zien. Maar liefst 154 van die Walen hopen op een eigen onafhankelijkheid. 'Los van het Vlaamse land!' is hun devies. En haast nog onthutsender: 486 Walen spreken zich voor aansluiting bij Frankrijk uit. De bedreiging door het levenskrachtiger Vlaanderen wordt in Wallonië intens gevoeld.
'Wanneer een volk onderdrukt wordt,' klinkt het op een ander Waals Congres, 'dan is *opstand* niet enkel een recht, maar een heilige plicht. De tijd werkt vóór de Vlamingen en tégen ons!'

Te midden van de verdrietige tegenstellingen tussen Walen en Vlamingen, tussen overheid en verzet, tussen katholieken en socialisten, doemt kort na de bevrijding bovendien nog de *koningskwestie* op.

'Weg met Leopold!'
Die kreet is in België vooral te horen in linkse kringen, waar men de koning zijn gedrag tijdens de oorlog verwijt. Bij vele Belgen is het tevens verkeerd gevallen, dat koning Leopold in de oorlog met de 19-jarige Marie Lilian Baels (dochter van de minister van Landbouw) is gehuwd. Socialisten en communisten verzetten zich tegen zijn terugkeer naar de troon.

Al direct na de bevrijding — toen de koning nog in Duitsland gevangen zat — is prins Karel (Leopolds broer) tot regent aangesteld. Wat precies de oorzaak is geweest, dat de koning na de Duitse capitulatie niet meteen naar België is gegaan, wordt niet bekend. Hebben leden van de regering die hem in Duitsland bezochten, onaanvaardbare eisen gesteld? Of hebben de geallieerden zich tegen zijn terugkomst gekeerd, omdat hij zich in de ogen van sommigen niet krachtig genoeg tegen de Duitse bezettingsmacht had geweerd? Hoe het ook zij, vanuit Duitsland vertrekt hij naar Zwitserland.
'Om gezondheidsredenen,' heet het officieel. Diepere achtergrond is het feit, dat er bij de bevrijding tal van campagnes tegen zijn terugkeer zijn gevoerd en de beslissing daarover in handen is gelegd van het parlement. Zijn tegenstanders beginnen dan acties voor een republiek. De nieuwe minister-president Van Acker, en later ook minister Spaak, bespelen de emoties en gevoelens van de Belgen op een weinig elegante manier.
'Weg met Leopold!'
'Vive le roi!'
In twee talen bevechten voor- en tegenstanders van de koning elkaar met een bittere felheid en een zeldzame onverdraagzaamheid. Proclamaties, verdachtmakingen en heftige krantenartikelen wisselen elkaar af. De hartstochtelijke debatten in het par-

Duitse vrouwen bezig met het ruimen van puin in Berlijn, 1948.

De Franse Tijd – Negentiende en Twintigste Eeuw

Koning Boudewijn met zijn vrouw koningin Fabiola in 1968.

lement werken als olie op het vuur. En erger: juist in deze uiterst moeilijke en onoverzichtelijke situatie, brengen de verkiezingen (nu ook uitgebreid voor vrouwen), noch aan katholieken, noch aan socialisten een behoorlijke meerderheid. De kabinetscrises stapelen zich op.

In een hete sfeer van vóór en tégen de koning stelt de Belgische regering tenslotte vast, dat het volk zich met een referendum over de koningskwestie mag uitspreken. 'Leopold III de troon op en de franc de berg af. Stemt Neen!' staat er op affiches te lezen. 'La Belgique et son Roi: OUI!'

Op zondag 12 maart 1950 brengen de Belgen hun stem uit. De uitslag per provincie geeft de tegenstellingen goed weer. Vóór terugkeer van de koning zijn:

Brabant (Brussel, Leuven, Nijvel)	50.66 %
Antwerpen	72.44 %
Henegouwen	37.02 %
West-Vlaanderen	75.18 %
Luik	45.39 %
Oost-Vlaanderen	72.16 %
Limburg	83.32 %
Namen	54.13 %
Luxemburg	65.34 %

In totaal is 57.68 % der Belgen vóór de koning. Die kleine meerderheid verwekt opnieuw geharrewar en strijd, want de socialisten hadden voor de terugkeer een meerderheid van ten minste 66 % geëist. Berusten in de uitslag willen zij niet. In Wallonië leggen de arbeiders het werk neer. Grote stakingen vinden plaats in Brussel en Gent. De haven van Antwerpen (na de oorlog al een keer of veertien door stakingen getroffen) gaat opnieuw plat.

Ook in de politiek heeft het referendum geen oplossing gebracht. In Kamer en Senaat staan de partijen onverzoenlijk tegenover elkaar. Dat leidt tot ontbinding van het parlement. Bij de nieuwe verkiezingen behaalt de Christelijke Volkspartij de absolute meerderheid. De nieuwe regering Duvieusart verklaart dat koning Leopold kan terugkeren — tijdens debatten die uitmunten door gemene, verdachtmakende onverdraagzaamheid.

Vanwege de toenemende onrust is de koning eindelijk bereid, zich tijdelijk terug te trekken ten behoeve van zijn zoon Boudewijn, die weldra 18 jaar zal zijn.

Brussel, 21 juli 1950: Het is doodrustig en er zijn vrijwel geen mensen aanwezig, als koning Leopold in alle stilte vanuit Zwitserland in België arriveert. Slechts enkele journalisten maken zijn aankomst op het vliegveld mee. Duizenden militairen en gendarmes zijn op de been, als de koning zich in een gesloten zwarte wagen naar zijn paleis begeeft. Het heeft veel weg van een begrafenisstoet. Heel wat anti-Leopoldisten hebben zich toch nog langs de weg opgesteld. 'Aan de galg!' schreeuwen ze geëmotioneerd.
'Abdicatie!' roepen anderen. Enkele verbitterde Belgen brengen zelfs de Hitlergroet.

Onder aanvoering van socialistenvoorzitter Buset en Paul Henri Spaak beginnen socialisten en communisten een weinig democratisch spel:
'De revolutie schrikt ons niet af,' roept Spaak in het parlement. 'Ik ben met Danton tegen Lodewijk XIV. Een revolutie breekt uit, als de mannen die de macht hebben het onduldbare willen handhaven!'

Nieuwe betogingen. Nieuwe rellen in een sfeer, alsof er een burgeroorlog heerst.
Barricades in Wallonië. Opbreken van spoorwegen. Ruim een half miljoen arbeiders legt het werk opnieuw neer.
'Leopold II moet en zal verdwijnen. Weg met de regering in Brussel. Eruit ermee.
'En de pastoors ook!' roepen de havenarbeiders, die niet langer door de socialisten en vakbondsleiders, maar door de communisten worden aangevoerd. (Naast de koningskwestie spelen ook looneisen en reorganisatie van het werk een rol!). Er zijn bomaanslagen. Bussen worden omvergegooid. De eerste doden vallen.

Onder deze omstandigheden maakt koning Leopold zijn definitieve troonsafstand bekend. Op maandag 16 juli 1951 wordt die zo lang verwachte stap op het kasteel te Brussel in tegenwoordigheid van de hoogste wereldlijke en kerkelijke overheden, dan toch eindelijk gezet. Diep ontroerd omhelst Leopold zijn zoon. Boudewijn, net 18 jaar oud, grijpt zijn vaders hand:
'Ik zal mijn uiterste best doen om een waardige zoon te zijn!'

Op dinsdag 17 juli legt Boudewijn in het Paleis der Natie zijn grondwettelijke eed af.
In de rede die hij daarna houdt, zegt hij: 'De eendracht van alle krachten van het land en het wederkerig begrijpen van onze beide nationale culturen zullen de bestendige ontwikkeling van het materieel en moreel erfgoed van België mogelijk maken... Moge God mij bijstaan om het geluk van ons Vaderland te verzekeren!'

Onder de eenvoudige, sympathieke, zeer beheerste koning Boudewijn komen de gemoederen eindelijk tot rust.

Ondanks alle tweespalt is het koninkrijk België door omliggende landen als een gelukkig land geprezen omdat de economische opbloei daar zo snel is gegaan.

Tevens wijzen andere volkeren met enige jaloezie naar de rust, die in de rijke Kongo heerst. Hebben niet vrijwel alle koloniale mogendheden te kampen met grote problemen in hun overzeese gebiedsdelen, waarvan het een na het ander aan de voormalige bezitters ontvalt? Die rust blijkt de stilte voor de storm.

Terwijl de Belgen nog bezig zijn aan de ontwikkeling van Kongo met een paternalistisch bewind, worden zij plotseling voor het feit geplaatst, dat de Fransen onafhankelijkheid verlenen aan de aangrenzende koloniën. Met de rust in de rijke Kongo, die met zijn tin, uranium, zink en kobalt tot de snelle opbloei van het naoorlogse België had bijgedragen, is het dan gedaan. In een roes van groeiend nationalisme wordt de bestaande orde opeens bloedig verstoord. 'Moeten wij onze politiek van geleidelijke ontwikkeling voortzetten, terwijl de Kongolezen zich met zoveel ongeduld tegen ons keren?' vragen de Belgen zich af.
'Of moeten we het roer omgooien, al is het land daar niet op voorbereid?'

Onder druk van de wereldopinie wordt de Kongolese onafhankelijkheid met een rampspoedige haast ondernomen. Op een conferentie te Oostende besluiten Belgen

Het demonteren van een V-1 door de mijnopruimingsdienst.

en afgevaardigden van Kongo tot een machtsoverdracht. In mei 1960 tekent koning Boudewijn de voorlopige grondwet van de nieuwe Republiek. Vol spontaniteit en in een sfeer van de allerbeste verstandhouding en vriendschapsverdragen juichen de Kongolezen de koning toe, als hij te Leopoldstad persoonlijk de onafhankelijkheid van Kongo uitroept. Dan valt de klap. De moeilijkheden beginnen vrijwel meteen daarop. Muiterij in het leger dat dan nog door Belgische officieren wordt aangevoerd. Minister-president Patrice Loemoemba zet de opperbevelhebber generaal Emil Janssens, aan de dijk en benoemt de voormalige sergeant, Victor Lundula, in zijn plaats. Alle vriendschappen ten spijt, worden de banden met België verbroken. Stammenoorlog en geweld schokken ondertussen de Kasaiprovincie in alle hevigheid. Op verschillende plaatsen worden Belgen bedreigd en vermoord.

Nog aanwezige Belgische militaire eenheden worden versterkt en treden beschermend op. Kongo roept de hulp van de Verenigde Naties in.

Kongo, dunst bevolkt land van Afrika waarin ruim 200 verschillende stammen vrij willekeurig bij elkaar zijn geveegd, beleeft afschuwelijke maanden van opstanden en massamoord. Loemoemba, voorstander van een sterk centraal gezag, staat min of meer tegenover de gekozen president Kasavoeboe, die als een voorstander van federalisme geldt. Tot overmaat van ramp roept Moïse Tsjombe, tegenstander van Loemoemba, met behulp van Belgische officieren en adviseurs de onafhankelijkheid van Katanga uit. (Economische belangen van o.a. de Union Minière spelen daarbij een aanzienlijke rol!)

Na vele onstuimige maanden van strijd, buitenlandse inmenging en acties in de Veiligheidsraad, wordt een complete burgeroorlog voorkomen en blijft Katanga behouden voor de Kongolese Republiek.

Op dit ogenblik werken vele Belgen als gewaardeerde adviseurs in de jonge staat en helpen de Luba's, Kongo's, Lunda's, Mongo's Kakwa's, Asandes, Babwa's, Lega's, Ngbandi's, Bwaka's, Kuma-Bira's, en al die andere stammen op weg om aansluiting te zoeken bij de moderne tijd.

En zo is het koninkrijk België zonder de rijke Kongo als kolonie de weg naar de toekomst opgegaan. De problemen tussen Walen en Vlamingen — met het waterhoofd Brussel tussen in — zijn nog niet opgelost, maar zullen vervagen naarmate de éénwording van Europa dichter bij het einddoel raakt.

Ook bij de noordelijke buren is het pad na de oorlog niet direct over rozen gegaan.

Nederland heeft bij de bevrijding in 1945 een oorlogsschade van bijna 15 miljard. De verarming is totaal. Te kopen is er vrijwel niets. Hoe duidelijk komt dat tot uitdrukking in de ene zin:
'De Nederlandse huisvrouw vraagt geen standbeeld, ze smeekt slechts om een korset!'

Haast nog omvangrijker dan in de oorlog bloeit de zwarte handel op. Het bonnensysteem blijft bestaan. Met een streng toezicht op de economie tracht de regering voorrang te verlenen aan de zaken, die voor in- en uitvoer het noodzakelijkst zijn.

Dat brengt oprichting van talrijke rijksbureaus met zich. Voor vrijwel álles zijn vergunningen nodig en het leven lijkt meer dan ooit te verstikken in een trage, ondoordringbare ambtenarij. Er heerst een ontstellende woningnood:
'Het zal misschien wel tien jaar duren, alvorens dat probleem is opgelost,' schrijven de kranten in 1947. Dat klinkt zo pessimistisch, dat vrijwel niemand het gelooft.

De berechting van oorlogsmisdaden betekent voor de regering een grote zorg.

Want het Nederlandse volk vraagt niet om *recht*, maar het eist *wraak*! Bijna 100.000 politieke delinquenten (oud SS-ers, NSB-ers, Landwachters, verraders van joden en verzetsmensen) zijn opgepakt en zitten in omstreeks 100 verschillende kampen bijeen. In een aantal daarvan spelen zich weerzinwekkende taferelen af:'... X werd, om een bekentenis van hem los te krijgen, eerst uitgekleed, toen geslagen, toen onder een kraan met brandnetels ingewreven en vervolgens opgehangen tot hij bewusteloos was..' Dat gebeurt in Nederland, waar men zich zo kan opwinden over onmenselijkheid *buiten de grenzen* gepleegd. Uit een Huis van Bewaring wordt gemeld:
'De gevangenen werden met een ketting om de hals in hondehokken geperst. Kwam er een bewaker voorbij, dan moesten zij er op hun handen en voeten uitkruipen.

Deden ze dat niet, dan moesten ze tot hun kin in de beerput. Dan werden ze net zo lang op hun hoofd geslagen, tot ze onderdoken in de brij...'

Dat gebeurt in Nederland, waar men achter de dijken zo snel gereed staat om wandaden in het buitenland te veroordelen, maar niet al te snel de hand in eigen boezem steekt. Zelfs bij NSB-ers, die na een gerechtelijk onderzoek zijn vrijgelaten, smijten zij nog de ruiten in.

Dank zij omvangrijke steun uit het altijd vrijgevige Amerika (Marshall Plan), maar zeker ook door een gunstige conjunctuur en de krachtige initiatieven alom ontplooid, schudt Nederland de armoede verwonderlijk snel van zich af. Het herstel en de wederopbouw van bedrijven en instellingen verlopen met een verbazingwekkende vaart. Toch overheerst een gevoel van teleurstelling, omdat de wereld zo weinig veranderd blijkt:
'Toen het oorlog was, had je nog de hoop dat het vrede zou worden. Maar nu...'
'Er is te veel herstel in ons land en te weinig vernieuwing,' zegt minister Schermerhorn. Hij verwijt de volksvertegenwoordigers, dat zij te weinig speuren naar de fundamentele achtergronden van de moderne staat: 'De concrete problemen van financiën en economie zijn voor vrijwel alle kamerleden te ingewikkeld en te moeilijk... Vandaar dat men zich in de Kamer bezighoudt met talloze details, waarvan velen in ons volk het gevoel hebben, dat het daar in wezen niet om gaat!' Dat veroorzaakt na-

Staatsiefoto van koningin Juliana kort na haar inhuldiging in de Nieuwe Kerk te Amsterdam op 6 september 1948.

De Franse Tijd – Negentiende en Twintigste Eeuw

Wajangpoppen omstreeks 1950 vervaardigd door R.M. Sajid uit Surakarta voor een spel over de Indonesische onafhankelijkheidsstrijd. Links soldaten uit het Koninklijk Nederlandsch Indische Leger en uit de tijd van de politionele acties. Rechts president Soekarno met achter hem de nationalisten Hadji Agus Salim en Sutan Sjahrir, een pemuda (benaming van jongeman actief bij de strijd voor de vrijwording), een legerofficier en bij de vlag een lid van de communistische partij.

tuurlijk een frusterend gevoel. Hoewel het herstel zo prachtig is, glijdt er toch een pessimisme over de Lage Landen heen. Koningin Wilhelmina brengt dat onder woorden, wanneer zij als regerend vorstin afscheid neemt:
'Veel is er in de oorlogsjaren gedroomd en verwacht van de toekomst,' zegt zij op 31 augustus 1948. 'Voor velen is de werkelijkheid na de bevrijding een teleurstelling geworden. Ik vertrouw dat gij sterk zult zijn en veel zult verwezenlijken, van wat als toekomstdromen in ons allen leefde en thans nog leeft. Aan de vooravond van mijn troonsafstand bind ik u dit op het hart!'
Troonsafstand van koningin Wilhelmina, die in de oorlogsjaren tot een waarachtige *Moeder des Vaderlands* is uitgegroeid. Het is doodstil op de volgestroomde Dam, als zij na het tekenen van haar abdicatie met koningin Juliana en prins Bernhard op het paleisbalkon verschijnt:
'Ik dank u allen voor het vertrouwen, dat gij mij vijftig jaar lang hebt gegeven. Ik dank u voor de toegenegenheid en de warmte, waarmede gij mij steeds hebt omringd. Met vertrouwen zie ik uw toekomst tegemoet onder de zorgende leiding van mijn innig geliefd kind. God zij met u en de koningin...'
Na een omhelzing van haar moeder spreekt Juliana, voor het eerst als koningin, haar landgenoten toe:
'Ik doe een beroep op de jeugd, om te trachten zulk een toekomst voor ons allen te vormen, dat daarin de hoogste waarden in ere worden gehouden... Tezamen gaan wij moedig voorwaarts. Leve het Vaderland!'
Een nieuw tijdperk breekt aan. Het wordt ingeluid in de Nieuwe Kerk te Amsterdam op 6 september 1948, door de woorden, die koningin Juliana daar bij haar inhuldiging spreekt:
'Veel goede voornemens worden geuit, veel plannen worden gemaakt. Zullen wij ze ook waarmaken: bij het nastreven van sociale rechtvaardigheid, culturele ontwikkeling en economische welvaart in ons kleine land met zijn grote bevolking, in het regelen op voet van vrijheid, zelfstandigheid en gelijkheid van onze verhouding tot de volkeren van Indonesië, Suriname en de Nederlandse Antillen; in het vervullen van onze taak tussen de volken, in de wijde ruimte der wereldverhoudingen? Ja wij kunnen en zullen waar maken, wij kunnen en zullen verwezenlijken, wat in onze macht is om te bereiken. God helpt hen, die zichzelf helpen. Doen wij dit niet en zien wij te veel op de offers die het ons kosten zal, dan lopen wij gevaar in de golven onder te gaan!'
Die woorden zijn bepalend voor de koers in de binnenlandse en buitenlandse politiek: Een putsch in Tsjechoslowakije, waarbij de communisten de macht grijpen, doet de verhouding tussen het Westen en het communistische blok verslechteren. De koude oorlog raakt dan goed aan de gang. Het heeft mede tot gevolg, dat er opeens schot komt in de moeizame besprekingen over een Atlantische Gemeenschap en Nederland treedt toe. Beducht voor communistische agressie zoekt het internationale samenwerking op economisch en militair (NATO) gebied. Het buitenlands beleid — en daarover zijn vrijwel alle politieke partijen het eens — streeft naar uitbouw van de Europese eenheid en naar nauwere banden met België en Luxemburg in de Benelux.
In de binnenlandse politiek richt de aandacht zich op verdere sociale wetgeving, op de overbevolking: toenemende industrialisatie voor het scheppen van voldoende werkgelegenheid en stimulering van emigratie naar Canada, Nieuw-Zeeland, Australië en Zuid-Afrika! Ook over deze zaken lopen de meningen niet al te ver uiteen in de evolutie naar de welzijnsmaatschappij.
Wat de politieke verhoudingen vergiftigt — en wat rechts en links uiterst scherp tegenover elkaar doet staan — is de kwestie Indonesië/Nederlands-Indië. Door gebrek aan visie, door de weinig realiteitszin, zijn de zaken daar hevig geëmotioneerd, doordrenkt van misverstanden en met een kruideniersgeest aangepakt. Dat is niet de schuld van enkele mensen of van een deel van de overheid. Ten minste 85 % van alle Nederlanders draagt daarvoor verantwoordelijkheid. Het laatste woord daarover is nog niet gesproken. Daarom geven we slechts de hoofdlijnen weer:

Als Japan op 15 augustus 1945 (vrij onverwacht) capituleert, zijn de geallieerden niet bij machte om de nauwsluitende schema's van hun transportvloten op slag te wijzigen en al direct met troepen en voedsel voor de gezagsovername naar Indië te gaan.
Slechts op enkele vitale punten, zoals te Batavia en Soerabaja, trekken Britse eenheden aan land. De meeste Nederlanders vertoeven dan nog in een Japans kamp.
'Dit is onze kans,' bedenken de Indonesische nationalisten. Onder aanvoering van ir. Soekarno — en met behulp van de Japanners — roepen zij de onafhankelijkheid uit.
'De Republiek Indonesia!' De gedachte daaraan komt tot leven in het binnenland, dat voor de geallieerden (laat staan voor de Nederlanders) nog volledig onbereikbaar is.

Gouverneur-Generaal jhr. Tjarda van Starkenborgh Stachouwer reist naar Den Haag. Hij zet zijn standpunt aan de regering-Schermerhorn uiteen: 'Eerst moeten wij het Nederlands gezag volledig herstellen. Pas daarna kan er met de "opstandige" Indische leiders worden gepraat!' Daar hij maar weinig begrip ontvangt, neemt Tjarda ontslag.
Maanden, kostbare maanden gaan voorbij, alvorens de eerste Nederlandse detachementen Indië bereiken. Vrijwilligers, die zich hadden gemeld voor de oorlog tegen Japan, zien zich nu opeens ongevraagd voor een volstrekt andere opgaaf gesteld. Met de Duitse bezetting net achter de rug hebben velen van hen begrip voor het Indonesische streven naar onafhankelijkheid. Alleen Soekarno beschouwen zij als landverrader, omdat hij met de Jappen heeft geheuld. En de vrijheidsstrijders zien zij als 'extremisten', die mijnen leggen, rotzooi trappen en bovendien met Japanse wapens overvallen op de Nederlandse stellingen doen. Dat juist Soekarno vonken slaat uit het Indonesische volk (geweldig redenaar als hij is) en daardoor de aangewezen grondlegger moet worden van de nieuwe republiek, wordt onvoldoende aan Nederlandse zijde onderkend.
De vraag, waarom het nu moet gaan, loopt in verscheidenheid uiteen:
'Moet Indonesië volledig vrij?'
'Moet Indonesië beperkt onafhankelijk worden? Is het land wel rijp voor onafhankelijkheid? Passen al die verschillende Indi-

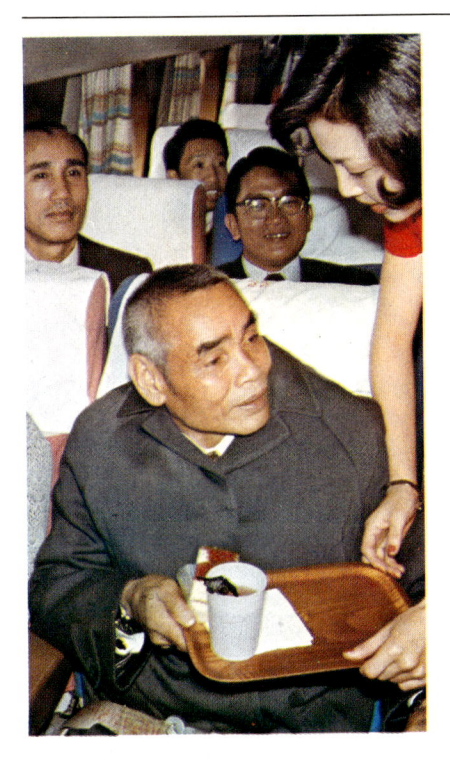

sche volkeren, Javanen, Balinezen, Ambonezen, Sumatranen, wel bij elkaar? We hebben in dat opzicht toch verantwoordelijkheid?'

'Moet Indonesië binnen rijksverband blijven? Wél zelfstandig, maar dan toch onder de Nederlandse kroon?'

'Moet Indonesië voorlopig nog Nederlandsindië blijven, zoals het vóór de oorlog is geweest? Is de uitbuiting van de Indische vorsten niet altijd veel erger geweest, dan het (in veel opzichten) zegenrijke koloniale bestuur van Nederland?'

De opvattingen in Den Haag gaan alle kanten uit. Geen enkele politieke partij is in deze kwestie eensgezind — uitgezonderd de communisten, die van meetaf voor volledige vrijheid zijn. Een stroom van brochures en pamfletten — van links en rechts, van Indië-kenners en onwetenden — overspoelt het land. Zij stichten verdeeldheid en verwarring, maar veel houvast geven ze niet.

Dr. Van Mook vertrekt als opvolger van Tjarda naar Batavia. Hij wordt door bepaalde kringen al bij voorbaat voor een landverrader uitgemaakt, omdat hij wel water bij de wijn moet doen.

'Hij is een vuile nazi!' roepen anderen, omdat hij bij de onderhandelingen misschien niet ver genoeg zal gaan.

Besprekingen met *gematigde* Indonesische leiders (praten met Soekarno wil men niet!) vinden vervolgens op de Hoge Veluwe plaats. Definitieve resultaten leveren zij niet op.

Het Kabinet Beel-Drees (katholieken en P.v.d.A. zijn na de verkiezingen van 1946 aan de macht) bedrijft geen duidelijke politiek. Een strakke lijn ontbreekt. Ontdaan, verontrust en gekrenkt staan pro's en anti's van rechts tegenover anti's en pro's van links. Het wantrouwen in regeringskringen is over en weer zó groot, dat ministers elkaars telefoongesprekken afluisteren, elkaars brieven wegkapen en besprekingen geheim houden voor het parlement. Schermerhorn is min of meer vóór onafhankelijkheid. Beel is er min of meer tegen.

'Waarom zoudt ge 70.000.000 Indonesiërs uitleveren aan Soekarno, die een verrader is?' zeggen bepaalde kringen in de VVD. 'Wij werken niet mee om Indië uit te leveren aan het Amerikaanse grootkapitaal!' roept de heer Tilanus van de CHU. En zo gaat het voort. De oud-minister van Overzeese Gebiedsdelen, professor Logemann van de P.v.d.A. slaat de spijker vermoedelijk op de kop, als hij verklaart:

'Ik begrijp, dat deze zaak ruime kringen van ons volk diep beroert. Maar ik schaam mij als Nederlander voor de teugelloze laster en smaadcampagnes en het snerpend valse pathos, waarmede zoveel onbegrip voor wat ginds voorvalt en zoveel onvermogen om de Indonesiër als gelijkwaardig medemens te bejegenen, aan de man wordt gebracht!'

Het schipperende kabinet-Beel geeft aan de (soms popelende) legerleiding in Indië opdracht, om tot een *politionele actie* over te gaan. Nieuwe besprekingen volgen.

Heftige debatten in de Verenigde Naties. Een toenemende stroom van buitenlandse journalisten naar Batavia. Dr. Beel volgt Van Mook op als Hoge Commissaris van de Kroon.

En dan een tweede politionele actie, die 12 dagen duurt en efficiënt snel verloopt. Het leger bezet een flink deel van de archipel. Opnieuw debatten in de Verenigde Naties, waar een deel van de wereldopinie zich tegen Nederland keert. En dat niet alleen. De militairen in Indonesië, die ongevraagd in uiterst ongelukkige omstandigheden verzeild zijn geraakt, ontvangen kerstpakketten uit het vaderland, waarop met vette letters (bij de verscheping) is geklad: 'Vrolijk kerstfeest, ploeren! Vrolijk kersfeest, moordenaars!'

Inderdaad zijn er enkele acties geweest, die een sterke geur van oorlogsmisdadigheid hebben verspreid. Over het geheel genomen hebben de militairen (er sneuvelden in totaal 1600 man) zich behoorlijk gedragen en zeker niet met opzet brokken gemaakt. Integendeel!

Buitenlandse bemiddeling en tenslotte krachtige buitenlandse druk leiden tot een Ronde-Tafelconferentie die vrede brengt. Indonesië wordt een zelfstandige republiek (Nieuw-Guinea wordt voor een later tijdstip bewaard). Duizenden Ambonezen, die geen boodschap hebben aan Soekarno, komen nu naar Nederland en worden in grote kampen ondergebracht.

De soevereiniteitsoverdracht krijgt tenslotte rechtsgeldigheid, als koningin Juliana op 27 december 1949 haar handtekening onder de stukken zet, tijdens een plechtigheid in de Burgerzaal van het paleis op de Dam.

'Indonesia Merdeka!'

Een andere uitweg was er niet. Wat achterlopend bij de geest van de tijd hebben de Nederlanders de dat te laat beseft. De regering haast zich nu de verhouding met de Nederlandse Antillen en Suriname te schoeien op een nieuwe leest. Grotere onafhankelijkheid wordt die vroegere koloniën toebedeeld. De nieuwe vorm van samenwerking wordt vastgelegd in het Statuut voor het Koninkrijk.

De jaren vijftig staan in het teken van minister-president Willem Drees. Zonder twijfel rijst hij als de grootste, naoorlogse regeringsleider op. Met grote eenvoud, eerlijk, nuchter en met een uiterst helder oordeel pakt hij de zaken aan.

'Vader Drees!' Die erenaam valt hem welverdiend ten deel. De samenwerking tussen P.v.d.A. en de Katholieke Volkspartij (het kabinet kan steunen op een benijdenswaardige meerderheid in het parlement) heeft een arbeidsrust en een ongekende opbloei tot gevolg. Lang heeft de vrees geleefd, dat Nederland zónder Indonesië economisch moeilijk zou kunnen bestaan. Die vrees blijkt ongegrond. Buitenlandse journalisten, die Nederland bezoeken, kijken keer op keer hun ogen uit:

'Nergens hebben wij zulke goede verhoudingen aangetroffen,' zeggen zij verwonderd. De woningnood blijft een onoverwonnen probleem, maar met nieuwe verzekeringen voor werkeloosheid, weduwen en wezen en de ouderdom, belanden de Nederlanders in de welvaartstaat:

'Verzorgd van de wieg tot het graf!'

Toch blijven er angsten en gevaren bestaan:

Op 1 februari 1953 breken de dijken in Zuid-Holland en Zeeland in een donkere stormnacht. Een springvloed overspoelt dorpen en boerderijen en voert mannen, vrouwen en kinderen mee in zijn wild kolkende stroom. Omstreeks 2000 mensen komen om — méér dan er soldaten in Indonesië zijn gesneuveld.

Ter waarde van ruim ƒ 138.000.000 stromen uit alle delen van de wereld bewijzen van medeleven toe. Truien uit Israël, zandzakken uit India, kleding en dekens uit Indonesië, thee uit Pakistan, geneesmiddelen uit Marokko, rijst uit het arme Iran, buitenboordmotoren uit Canada, beddegoed uit Tunis, medicamenten uit Hongarije,

Dr. Willem Drees. Portret door K. van Veen.

Teru Nakamura, een Japans soldaat die zich meer dan dertig jaar verborgen hield op het Indonesische eiland Morotai in de waan dat de oorlog nog niet was afgelopen, links.

Het nationaal monument op de Dam te Amsterdam. Op deze plaats kwamen aan het eind van de jaren zestig herhaaldelijk rellen voor. (pag. 588).

De Franse Tijd – Negentiende en Twintigste Eeuw

Cuba... In haast beschamende hoeveelheden komt er schoeisel uit landen, waar het merendeel van het volk nog op blote voeten loopt; er komen kleren uit gebieden, waar mensen nog gekleed zijn in een lendendoek. In de steeds kleiner en voller wordende wereld groeit het besef, dat de naties en volkeren in toenemende mate zijn aangewezen op elkaar. De televisie brengt de mensen uit andere landen met ál hun problemen steeds dichterbij — al wordt dat mentaal niet één-twee-drie verwerkt.

En zo schuiven de Lage Landen met steeds meer jongeren op bromfietsen en steeds meer ouderen in auto's — met 177.362 verkeersongevallen per jaar — de jaren zestig in.

Op de lange levensweg door alle eeuwen heen is steeds gebleken, dat er ontevredenheid heerst bij ieder bereikt station. Zo ook nu! Hebben alle welvaart, verzorging, alle vooruitgang wel bijgedragen tot het geluk — dat ongrijpbare geluk, dat steeds een fictie is geweest? Vol onvrede, agressief en één-en-al kritiek keren vooral de jongeren zich tegen de bestaande maatschappij — met het gevoel, alsof men hun stenen voor brood heeft verkocht.

Zij schrikken van de bedreigingen, waarin het mensdom lijkt verstrikt; het bestaan van de waterstofbom, de mens slaaf van machines en computers; de massa-dressuur bij televisie-acties als 'Open het Dorp'. Zij raken uit het lood door de éénvormigheid in nieuwbouwflats, door de gelijkschakeling, de luchtverontreiniging. Cynisch wijzen zij de welvaart af. De kerken bieden niet langer houvast. Met de woorden *democratisch* en *inspraak* eisen zij terecht vernieuwing van het onderwijs, betere verdeling van de welvaart, herstructurering van de maatschappij. Hun ouders luisterden naar de fantasierijke hoorspelserie 'Monus, de Man van de Maan'; zij moeten verwerken dat de mens *inderdaad* op de maan landt.

Met een opstandige jeugd en een samenleving die daardoor volop in beweging is, krijgen de Lage Landen de jaren zeventig in zicht. Het lange haar van de jongeren dat tot een symbool wordt, veroorzaakt evenveel ondoordachte herrie — en evenveel misverstanden! — als in de 17de eeuw.

Na jaren van een zekere rust opeens weer volop strijd. En dat is goed! Door strijd en door strijd alleen — dat heeft gegolden voor àlle tijden en alle grote vraagstukken — leert de mens wat hij wil en wat hij kan. Generatieconflicten? Ze zijn er altijd geweest en zullen er altijd zijn. Geldt niet voor ieder kind:

Ik leef en word ouder, maar ik groei niet
Ik leef, kijk om me heen en zie de mensen
Maar ik groei niet
Het zijn de grote mensen, die steeds kleiner worden...

Dat is het onafwendbare proces, dat het verwarrende, onrechtvaardige, soms wanstaltige, maar altijd weer fascinerende leven zijn kleur, zijn diepte, én zijn hoop heeft gegeven. Zich schurend en slijpend aan elkaar moeten jong en oud samen de toekomst tegemoet.

God zij dank is er altijd een weg naar de toekomst, waarvan verleden en heden de onverbrekelijke bestanddelen zijn. Moge deze Geschiedenis van de Lage Landen ertoe bijdragen, dat jonge mensen niet al te veel op die weg zullen verdwalen.

Register

A

Aalberse, Petrus 539, 540
Aarschot, Karel prins van Chimay 248, 251, 277, 287
Aboab, Abraham 412
Acker, Achiel van 583
Ada, dochter van graaf Dirk VII van Holland 100
Adama van Scheltema 527
Adolf, hertog van Nassau, groothertog van Luxemburg 516
Affry, Louis, graaf van 429
Ainsworth, Thomas 493
Alarik, koning der West-Goden 51
Albanus 34
Alberda, Meia 541, 549, 554, 557
Albert, koning van België 519, 530, 535, 537, 538, 552
Albert, prins van Saksen-Coburg, man van koningin Victoria 491
Albertus van Oostenrijk, aartshertog, landvoogd der Zuidelijke Nederlanden 294, 310 311, 317
Albrecht van Beieren, graaf van Holland, Zeeland, Henegouwen 129, 136
Aleida van Holland, dochter van Dirk VI 98
Alexander VI, paus 170
Alexander VII, paus 348
Alexander I Romanov, keizer van Rusland 467, 469, 474
Allin 364
Alphen, Hiëronymus van 442
Amerongen, Jacob heer van 166
Amiens, Peter van 91
Alva, landvoogd der Nederlanden 225, 226, 229, 230, 231, 234, 235, 236, 239, 240, 247, 250, 264
Alvarez, Pedro 171
Amalia, gravin van Solms-Braunfels, vrouw van Frederik Hendrik 318, 338, 342, 347, 348, 354, 356, 363, 372
Amandus, Sint 60
Amstel, Jan van 117, 118
Amstel, Gijsbrecht IV van 102, 105
Anjou, landsheer der Nederlanden 251, 252, 256, 258, 260, 271.
Anna van Buren, vrouw van Willem van Oranje 215
Anna Paulowna, grootvorstin van Rusland, vrouw van koning Willem II 480
Anna van Hannover, vrouw van prins Willem IV 418, 428, 429
Anna van Saksen, vrouw van Willem van Oranje 216, 220, 235, 247
Anneenssens, Frans van 417
Ansfried, bisschop van Utrecht 88
Antonius Pius, keizer 44
Aragon, Catharina van, vrouw van Hendrik VIII van Engeland 177, 198
Aremberg, stadhouder van Friesland, Drenthe, Groningen, Overijssel 230
Aremberg, lid van de Raad van State 277, 287
Arkel, Jan van, bisschop van Utrecht 125, 128, 133, 137, 139
Arkel, Otto van 129
Arminius, hoofdman der Cherusken 31, 37
Arminius, Jacob 293, 300
Arnoud, zoon van graaf Dirk II van Holland 87, 88
Arssen, van 426
Artevelde, Filips van 135
Artevelde, Jacob van 125
Arthur, Brits-Keltische held en koning 99
Asperen, van, 306
Asser, Tobias 522, 523
Assigny, Cornelis d' 382
Assisi, Franciscus van 101
Attila, koning der Hunnen 51
Astrid, koningin der Belgen 551, 552

Augustinius, Sint 51
Augustus, Romeins keizer 31, 32, 37
Augustus, Romulus, Romeins keizer 52
Aurelius, Marcus, Romeins keizer 46
Avila, don Juan d' 292
Avila, Teresa d', 256
Axelrod, Pavel Borisovitsj 518
Ayscue, Sir George 364
Aytta, Viglius 215, 219, 221, 233, 248

B

Bach, Johan Sebastian 431
Baden, Fredrik van, bisschop van Utrecht 174
Baden-Powell, Lord Robert 524
Baerle, Caspar van (Barlaeus) 331, 339
Bakhuizen van den Brink, Reinier Cornelis 492
Baldaeus 354
Balderik, bisschop van Utrecht 86
Balderik, Gelderse graaf 89
Balue, kardinaal 158
Banckert, Adriaan 364, 377, 387
Banckert, Joost 337
Bandy, Lou 554
Bankhem van, baljuw 404
Barbarossa, Frederik, Rooms-Duits keizer 95, 97
Barbarossa, Turks hoofdman 208
Barendsz, Willem 280
Barras, Paul 454
Bart, Jean 397
Bartjens, Willem 297
Basius Johan 233
Bassianus, Romeins keizer 46
Baudouin 220
Bauwens, Lieven 463, 473
Beatrix, prinses der Nederlanden 559, 572
Beaufort de, regent 413
Beaufort, Lieven de 418
Beaumarchais, Pierre-Augustin Caron de 432
Beaumont, Jan van 122, 124, 127
Beckman, Wiardi 554, 569
Bedell Smith 581
Beel, Louis 587
Beets, Nicolaas 494, 497, 502, 507, 513
Bedmar, kardinaal Alfonso de la Cueva, markies van 326
Beieren, Jan van, bisschop van Luik 137, 139, 141
Beieren, Jozef Ferdinand van, zoon van Maximiliaan Emanuel van Beieren 400
Bekker, Balthasar 392
Bellamy, Jacobus 440
Benedictus, paus 120
Bentheim, Boudewijn van 103
Bentinck, Hans Willem, graaf van Portland 374, 389, 395, 397, 401
Bentinck, Willem, graaf van Rhoon 421, 422, 423, 428, 429
Berckel, Engelbert van 440
Berg, Adolf van, Limburgs graaf 108, 110
Bergh, Hendrik graaf van den, zoon van Willem IV 318, 323, 324, 327
Bergen, Adriaan van 234, 273
Berkeley, vlootvoogd 364
Berlage, Hendrik 514
Berlaymont, lid van de Raad van State 215, 219, 223, 233, 248, 277
Bermejo, Rodrigues 169
Bernadotte, Jean Baptiste 472
Bernardus, abt van Clairvaux 96
Bernhard, koning van Italië 79
Bernhard, prins der Nederlanden en Lippe-Biesterfeld 555, 559, 561, 577, 581, 586
Bernlef 71
Berthout van Mechelen, Sophie, vrouw van Reinout van Gelre 110
Best, Payne 558
Beuningen, Koenraad van 357, 374, 384,
391, 392
Beverninck, Hiëronymus van 367
Bevervoorde, Adriaan van 498
Bicker, Andries, heer van Engelenburg, 340, 344, 346
Bicker, Cornelis, heer van Swieten 344, 346
Bicker, Wendela, vrouw van Johan de Witt 359
Bicker, Raye, Jacob 426
Bidloo, Govert 401
Bilderdijk, Willem 457, 468, 492
Billy, Robles de, stadhouder der Noordelijke gewesten 234, 240, 249
Bismarck, Otto von 508, 529
Bisschop, Rem Egbertszoon 304
Blake, Robert 350, 352
Blanchard 564
Blancke, Johanna 513
Blaskowitz, Johann 582
Blauw, Jacob 464
Block, Adriaan 299
Bloem, Jacobus Cornelis 543
Blois, Adèle de, dochter van Willem de Veroveraar 92
Blois, Etienne de 92
Blote, Dirk de 136
Blote, Hugo de 136, 137
Blücher, Gebhard Leberecht von 479
Boekelman, Andries 427
Boerhaave, Hermanus 404, 416
Boetzelaar, Karel van 450
Bogerman, Johannes 308, 319
Boisot, Lodewijk van 244, 245
Boissevain, Charles 506, 508
Bol, Ferdinand 332
Bolland, Gerardus 541
Bommen Berend, zie Van Galen
Bonaparte, Eliza, zuster van Napoleon 467
Bonaparte-de Beauharnais, Hortense, vrouw van Lodewijk Bonaparte 468
Bonifatius (Winfried) 66, 68, 71, 83, 85
Bontekoe, Willem Ysbrandtzoon 313
Borchrave, Daniël de 264
Boreel, Jacob 400
Borms, August 583
Bornius 371
Borsselen, Frank van 144
Borsselen, Wolfert van 111, 114, 116, 117, 127
Bosboom, Johannes 507
Bosboom-Toussaint, Geertruida 511
Bosch, Jeroen 172
Bosch, Johannes van den 481, 483
Bosch Kemper, Jeltje de 506
Bosch, Lodewijk, ridder van Rosenthal 577
Bossu, stadhouder van Holland, Zeeland, Utrecht 213, 236, 238, 241, 242, 277
Boswell, James 430
Both, Pieter 299
Botha, Louis 524
Bouteville du Metz, Louis Ghislain de 453
Boudewijn, bisschop van Utrecht 99
Boudewijn I, graaf van Vlaanderen 84
Boudewijn II, graaf van Vlaanderen 86, 88
Boudewijn V, graaf van Vlaanderen 89.
Boudewijn IX, graaf van Vlaanderen 100
Boudewijn, koning der Belgen 584
Bouillon, Frédéric-Maurice de la Tour, hertog van, 323
Bouillon, Godfried van 92, 93
Bouillon, hertog van, kardinaal 384
Boulogne, graaf Reginald van 101
Bourbon, Charlotte van, vrouw van Willem van Oranje 247, 258
Bourbon, Louis de, bisschop van Luik, neef van Filips de Goede 155
Braak, Menno ter 553, 557
Braakensiek, Johan Coenraad 526
Brakel, Jan van 361, 368
Brandt, Geeraerdt 320, 384, 387
Brants, Christoffel 415
Brantsen 467

Braun, Zus 545
Brautigam 538
Brederode, Diederik van 128
Brederode, Frans van 168
Brederode, Gerbrand Adriaensz 404
Brederode, Gijsbrecht van, bisschop van Utrecht 155
Brederode, Hendrik van, heer van Vianen 219, 221, 222, 225, 227, 228
Brederode, Jan Wolfert van 310, 323
Brederode, Lancelot van 235
Brederode, Reinoud van, baljuw van Kennemerland 129
Brederode, Reinoud van, Hoeks edelman 151
Brederode, Walraven van 139
Brederode, Willem van 144
Breidel, Jan 115
Breitner, George Hendrik 541
Bres, Guido de 211, 217, 220, 226
Brinckerinck, Johannes 132
Brinno, koning der Caninefaten 37
Broecke, Pieter van den 314
Broederlam, Melchior 136
Broek, H.J. van den 568
Broekhuyzen, Reinier van 166
Broglie, Maurice, bisschop van Gent 477, 480
Broke, Keno tom 137
Broke, Occo tom 134
Bronkhorst, Gijsbrecht van 132
Bronkhorst, Willem van, heer van Batenburg en Stein 241
Brueghel, Pieter 222, 229
Brugghen, Justinus van der 506
Brugman, Johannes 155, 161
Brummelkamp, Anthonie 497
Brunswijk-Lüneburg, Elizabeth van 103
Brunswijck-Wolfenbüttel, Karel hertog van 448
Brunswijk-Wolfenbüttel, Lodewijk Ernst hertog van 429, 430, 435
Bruyninck, Albrecht 308
Bruyn Kops, de 507
Buat, Henri de Fleury de Coulan 357, 363, 366, 371, 380
Buren, Floris van 174
Burgers, Henricus 507
Busken Huet, Conrad 502
Buset, Max 584
Buys, Paulus 252, 259
Buyzere, Jaak de 255
Buziau, Johannes 544
Bijnen, Jan van 577
Bylandt, Lodewijk graaf van 434

C

Cabiliau 241
Cabot, John 171
Caesar, Julius, Romeins keizer 26, 27
Caligula, Romeins Keizer 34
Calvijn, Johannes 177, 195, 209, 211, 217, 232, 265
Campen, Jacob van 354
Campert, Jan 568
Canascus 34
Cano, Juan Sebastian del 192
Cant, Reynier 252
Canter, jonker Dirk de 300
Capellen, Alexander van der 319, 330
Capellen tot den Poll, Joan Derk van der 433, 435, 437, 440, 481
Capitein, Jacobus 420
Caransius 47
Carelsen, Fie 528
Carlos, Don, zoon van Filips II 226, 256
Carnegie, Andrew 522, 523
Carnot, Lazare 450, 451, 477
Carré, Oscar 523
Cassard 409
Castel-Rodrigo, landvoogd der Zuidelijke Nederlanden 363, 367
Castelato, Frans van 186
Castlereagh, Lord Henry 479
Catharina, dochter van Filips II 256
Catharina I, keizerin van Rusland 415
Cats, Jacob 297, 331, 345, 346, 348, 350, 372
Cats, Joris 337
Cats, Nicolaas van 107
Caulaincourt, Armand Augustin Louis de 474
Cauwelaert, August van 551
Cele, Johannes 132
Celles, Antoine graaf de 487
Cerealis 38
Châlons, Claude de, vrouw van Hendrik van Nassau-Dillenburg 181
Châlons, Louis van 144, 146
Chamberlain, Sir Neville 556
Charlotte, Engelse kroonprinses 490
Chassé, David Hendrik 490
Chastellain 156
Châtillon, Jacques de 115, 116
Chatham, Lord 472
Chesterfield, Philip 415, 421
Childebrecht, Merovingisch koning 58
Childerik, Merovingisch koning 54
Childerik III, Merovingisch koning 68
Chilperik, Merovingisch koning 57
Chilperik II, Merovingisch koning 64
Christiaan II, koning van Zweden, Noorwegen, Denemarken 197, 198
Churchill, John 395, 406
Churchill, Sir Winston 564, 572, 577
Civilis, Julius 37, 38
Claes, Ernest 550
Claudius, Romeins keizer 34, 35, 36
Clemenceau, Georges 538, 539
Clemens V, paus 120
Clercq de, René 550
Clodio, Merovingisch koning 53, 54
Clovis, Merovingisch koning 54
Cobb, Irwin 532
Cobham, Eleonora 142
Coburg, generaal 450
Cock, Hendrik de 493, 497
Cockerill, William 463
Cocq, Frans Banningh 315
Cocxie, Michiel 229
Coen, Jan Pieterszoon 299, 313, 321
Colbert, Jean-Baptiste 378
Coligny, Gaspard de 234, 238
Coligny, Louise de, de vrouw van Willem van Oranje 259, 296, 303, 304, 308, 310, 312
Collaud, generaal 462
Collen, van 409
Columbus, Cristofoor 169, 170
Colijn, Hendrik(us) 526, 541, 548, 549, 554, 557
Compaan, Klaas 315
Condé, Lodewijk II, hertog van Bourbon 378, 389
Coninck, Pieter de 115
Conninck, de 463
Constantijn, keizer 48
Coolidge, Calvin 546
Cools, bisschop van Antwerpen 406
Coornhert 228
Coppenhole 171
Corbulo 34
Cordianus, Romeins keizer 47
Cornbury 395
Corneille, Pierre 404
Cort van der Linden, Pieter 533, 536, 555
Cortes, Hernando 191
Costa, Isaac da 482, 483, 497
Coster, Laurens Janszoon 151
Coster, Samuel 297, 312, 319
Couperus, Louis 520, 523
Court, Pieter de la 356, 371
Cremer, Jacob 525, 528

Cromwell, Oliver 338, 344, 345, 348, 350, 354, 356, 357
Croy, heer van Chièvres 156, 179, 180, 183, 185
Cruptorix 34
Cuyck, Jan van 112
Cuyck, Jan van 236
Cuyp, Aelbert 332
Cuypers, Petrus 514

D

Daendels, Herman Willem 442, 450, 451, 452, 454, 459, 461, 471
Dagobert I, Frankische koning 57, 59, 60
Dale, Sir Thomas 313
Dalen, Johan van 150
Dampierre, Beatrijs van, vrouw van Floris V 106, 107, 111, 113
Dampierre, Gwijde van, graaf van Vlaanderen 104, 110, 111, 114
Danser, Simon de (Dali de Duivel) 315
Datheen, Pieter 251
David, bastaard van Filips de Goede, bisschop van Utrecht 155, 162, 167, 174
Davids, Louis 544
Defoe, Daniël 395, 416
Degrelle, Leon 552, 559, 565, 576
Dekén, Agatha (Aagje) 442
Deken, Willem de 125
Delacroix, Charles 459
Descartes, René 316, 334, 392
Deschamps, Eustache 141
Despres, Josquin 148
Deventer, Conrad Theodor van 525
Deyssel, Lodewijk van (Alberdingk Thijm) 497, 513, 520
Diaz, Bartholomeus 169
Diemen, Antonie van 333
Diepenbrock, Alphons 520
Dionysius 94
Dionysius de Karthuizer 161
Dirk I, graaf van Holland 87
Dirk II, graaf van Holland 87, 88
Dirk III, graaf van Holland 88
Dirk IV, graaf van Holland 89
Dirk V, graaf van Holland 89
Dirk VI, graaf van Holland 95
Dirk VII, graaf van Holland 97, 100
Dirksz, Cornelis 242
Dodonaeus 229
Douwes Dekker, Eduard (Multatuli) 505
Downing, Sir George 359
Does, Jan van der 245
Does, Pieter van der 270
Domela Nieuwenhuis, Ferdinand 515, 516, 526, 535, 539
Don Juan, troonopvolger van Isabella van Castilië en Ferdinand van Aragon 172
Don Juan, landvoogd der Nederlanden 249, 251
Doolaard, A. den 568, 578
Doorman, Karel 569, 570
Dordt tot Holdhuizen, feule Johanna van 461
Douma, Rob 572
Dourlein 572
Drake, Francis 267
Drebbel, Cornelis Jacobsz 332
Drees, Willem 577, 582, 587
Drucker, Wilhelmina 514
Drusus, stiefzoon van keizer Augustus 32
Ducpétiaux, Antoine Edouard 487
Dudok de Wit, Cornelis 514
Duin van Maasdam, Adam graaf van der 476
Duivenvoorde, Filips van 119
Duivenvoorde, Willem van 119, 124
Dumouriez, Charles François 449
Duncan, Adam 459
Dürer, Albrecht 201
Duroc, Gérard 468

591

Duyse, Prudens van 502
Duyck, Adriaen 308, 310, 312
Dijck, Anthonie van 296
Dijcke, Jehan van den, heer van Santvliet 189
Dijk, van 545
Dyle, van 473

E

Ebo, aartsbisschop van Reims 80
Eck, Johannes 187
Eden, Sir Anthony 575
Eden, Jaap 521
Eeden, Frederik van 513, 524
Edessa, Boudewijn, graaf van 93
Eduard 132
Eduard II, koning van Engeland 112, 114, 122
Eduard III, koning van Engeland 122, 126, 127, 134
Effen, Justus van 419, 422
Egbert, aartsbisschop van Trier 87
Egmond, Adolf van, hertog van Gelre, graaf van Zutphen 159, 164, 165, 167, 171, 230
Egmond, Arnold van, hertog van Gelre, graaf van Zutphen 155, 159
Egmond, Frederik van, graaf van Buren 171
Egmond, Jan van 137, 139
Egmond, Jan III van, stadhouder van Holland 168
Egmond, Karel van, hertog van Gelre, graaf van Zutphen 165, 171, 174, 178, 182, 188, 195, 196
Egmond, Willem van 107
Egmond, Wouter van 107
Egmont, Albrecht van 235
Egmont, Lamoraal, graaf van, stadhouder van Vlaanderen en Artesië 213, 215, 216, 219, 220, 225, 226, 230, 235
Egmont, Filips van, zoon van graaf Lamoraal van Egmont 254, 258
Einthoven, Louis 567
Eisenhouwer, Dwight David 578, 581
Eleemasyna, Jan van 101
Eleonaroa, zuster van Karel V 182
Elizabeth, koningin van Engeland 213, 232, 235, 243, 248, 249, 251, 252, 257, 259, 260, 262, 264, 267, 273, 286, 290
Elizabeth, hertogin van Beieren, koningin van België 519, 530, 535
Ellinger, Ottomar 416
Elsma, Jelle 235
Elsschot, Willem 550
Elzas, Dirk van de, graaf van Vlaanderen 95
Elzas, Filips van de, graaf van Vlaanderen 97
Emma van Waldeck-Pyrmont, koningin der Nederlanden 516, 521, 522, 555
Emmeranus, bisschop van Beieren 66
Engels, Friedrich 498, 499, 501
Entens van Mentheda, Barthold 235, 238
Erasmus, Desiderius 165, 175, 184
Erens, François 513
Ernst, aartshertog van Oostenrijk, landvoogd der Nederlanden 274, 275, 276
Esschen, Johannes van 193
Estrées, Jean d' 386
Eu, Bonne d', vrouw van Filips de Goede 146
Eugénie, keizerin van Frankrijk 512
Eupen, Simon van 448
Everhard 85
Evertsen, Cornelis de Jonge 322
Evertsen, Corneslis de Jongste 387, 391, 396
Evertsen, Johan (Jan) 337, 353, 362, 364, 365
Eybergen, Frederik van 386
Eyk, Jan 140, 146, 148

F

Fabius, Dammes Paul Dirk 512
Fabricius 220
Fagel, François 405, 434
Fagel, Gaspar 389, 391, 394, 395
Fagel, Jacob 476
Falckenhause, Alexander von 565, 576
Farnese, Ottavio 214
Feith, Rhijnvis 441
Ferdinand, broer van Karel V, Rooms-Koning 184, 211
Ferdinand II de Katholieke, koning van Aragon 157, 172, 173, 181, 182
Ferdinand van Oostenrijk, landvoogd der Spaanse Nederlanden, kardinaal-infant 329, 336
Fernando, Don, zoon van Alva 227
Ferrante, Portugese prins 100
Fichte, Johann Gottlieb 472
Filippa, dochter van Willem III, vrouw van Eduard III 122, 127
Filips II, koning van Spanje 206, 211, 218, 219, 220, 221, 223, 224, 225, 226, 232, 235, 239, 240, 243, 246, 247, 250, 251, 254, 256, 262, 265, 270, 274, 275, 280, 286
Filips III, koning van Spanje 289
Filips IV, koning van Spanje 317, 339, 344, 357, 369
Filips V, koning van Spanje III 400, 410
Filips IV de Schone, koning van Frankrijk 112, 114, 115, 120
Filips VI, koning van Frankrijk 125
Filips de Goede, hertog van Bourgondië 141, 150, 152, 155
Filips de Schone, hertog van Bourgondië 167, 171, 172
Filips de Stoute, hertog van Bourgondië 134
Fléchet 530
Fleury, André Hercule, kardinaal 421
Flockenius 363
Florensz van Utrecht, Adriaan, paus 179, 181, 186, 189
Flores, Lodewijk 327
Floris I, zoon van Dirk IV van Holland 89
Floris II, graaf van Holland 94, 95
Floris III, graaf van Holland 96
Floris IV, graaf van Holland 101, 103
Floris V, graaf van Holland en Zeeland 104, 105, 110, 117, 118
Floris de Voogd 105, 111
Floris de Zwarte 95
Floris, Frans 228
Florisz, Pieter 353, 357
Flote, Pierre 115, 116
Foch, Ferdinand 537
Fokker, Anthony 528, 542
Folmer, Joke 573
Fontaine, Jean de la 467
Fontanus, Johannes 302
Foppema, Yge 572
Ford, Henry 522
Fourrier, Charles 499
Francke, August Hermann 316
Francken, Jan 306, 307, 310
Franklin, Benjamin 434
Franco, Francisco 556
Francqui, Emile 551, 552
Frans, Ferdinand, aartshertog van Oostenrijk 529
Frans Jozef, keizer van Oostenrijk 512
Frans I van Valois-Angouleme, koning van Frankrijk 177, 181, 182, 184, 186, 196, 199, 208, 209, 213
Fransen van de Putte, Isaac 512
Frederik, kroonprins van Pruisen 512
Frederik, prins der Nederlanden, zoon van koning Willem I 487, 488, 491
Frederik, graaf van de Palts 182
Frederik V, keurvorst van de Palts, winterkoning van Bohemen 317
Frederik, zoon van Alva 237, 238, 240, 241
Frederik II de Grote, koning van Pruisen 421, 424
Frederik Hendrik, graaf van Nassau, prins van Oranje 275, 289, 294, 301, 303, 304, 312, 318, 324, 325, 328, 332, 335, 338, 339, 342
Frederik Willem II, koning van Pruisen 444
Frederijk de Wijze, keurvorst van Saksen 178, 184, 186, 188
Frederiks, Willem 173
French, John 531
Freud, Sigmund 540
Fuentes, graaf, lid van de Raad van State 274, 275, 277
Fijne, Paschier de 312

G

Gabriël, Peter 223
Galen, Christoph Bernard van, bisschop van Münster 363, 384, 385, 388
Galen, Jan van 322, 337
Galla Placidia, Romeins keizerin 51
Gallittzin, prinses Amalia 431
Gamelin, Maurice Gustave 559
Garbo, Greta 554
Gattinara, Mercurino di 189
Gaulle, Charles de 565
Geelvink, Jan Cornelisz 315
Geer, Dirk Jan de 557, 562, 568, 569
Geer, Louis de 340
Geersens, Nand 576
Geiserik, koning der Vandalen 51
Gelre, Irmingard van, vrouw van Reinoud 108
Gelre, Machteld van, dochter van Reinoud 133, 134
Gelre, Maria van, dochter van Reinoud 133
Gelre, Reinoud I, hertog van Gelre, graaf van Zutphen 108, 110
Gelre, Reinoud II, hertog van Gelre, graaf van Zutphen 132
Gelre, Reinoud III, hertog van Gelre, graaf van Zutphen 132
Gelre, Willem II, hertog van Gelre, graaf van Zutphen 205
Gendebien, Alexandre 488, 489
Genestet, Petrus Augustus de 502
Gent, Otto van, heer van Dieden 324
Gentillot 346
George I, koning van Engeland 415
George VI, koning van Engeland 581
George, hertog van Saksen 173, 178
Gérard, Etienne Maurice 487
Gerards, Balthasar 259
Gerbrandy, Pieter Sjoerds 562, 568, 569, 572, 574, 577, 581
Gerhard, Hendrik 507
Germanicus, Romeins veldheer 32
Gerstein 574
Gerulf, stamvader van het Hollandse Huis 85, 86
Geyl, Pieter 553
Gezelle, Guido 518
Ghemen, Govert van 151
Ghent, Willem Joseph van 363, 367, 377
Gheynst, Jeanne van der 189, 214
Gillain, Isidore 489
Gilles, Jacob 423
Gisi, Ponsard van 120
Gloucester, Humphrey van 141, 144, 149
Gödecke 498
Godfried, aanvoerder der Noormannen 84, 85, 86, 88
Godfried, broer van Jan van Brabant 110
Goebbels, Joseph 556
Goeman Borgesius, Hendrik 525
Goeree, Jan 416
Goering, Hermann 557
Goes, Frank van der 515
Goes, Joannes Antonides van der 386

Goffredi 158
Gogel, Izaak 460, 464, 467, 471, 472
Gogh, Vincent van 517
Goltz, van der 481
Gomarus, Franciscus 301, 308
Gort, John 564
Gorter, Herman 513
Goudanus, Cornelius Aurelius 201
Goya y Lucientes, Francisco de 472
Goyen, Jan van 332
Graaf, Nico de 567
Graeff, Jacob de 379
Graeff, Pieter de 379
Granvelle, zie Perrenot
Grave, Hendrik 421
Gravesdorp, Hendrik van 102
Gregorius VII, paus 100
Grevinchoven 302
Grimoald, zoon van Pippijn 65
Grison, kapitein 341
Grobbendonck, Anthonie van 323, 324
Groenevelt, Reynier van 317
Groeneweg, Suze 537
Groen van Prinsterer, Guillaume 486, 497, 504, 506, 511, 512
Grohé 576
Groot, Pieter de 375, 376, 380
Grote, Geert 131
Grote Pier 178
Grotius (Hugo de Groot) 222, 286, 290, 299, 302, 303, 304, 305, 306, 307, 310, 316, 346
Grovestins, Douwe van 429
Guiche, hertog de 364, 378
Guillotin, Joseph-Ignace 449
Gulik, Willem van 115, 119, 134
Gustaaf II, Adolf, koning van Zweden 325
Gijselaar, Cornelis de 440, 445

H

Haar, Bernard ter 502, 504
Habsburg, Frederik III van, Rooms-Duits keizer 159
Habsburg, Maximiliaan I van, Rooms-Duits keizer 159, 160, 164, 165, 167, 171, 172, 178, 179, 182, 184, 186
Hadewijch 104
Hadrianus, keizer 44, 47
Haemstede, Jan van 127
Haersolte, Rutger van, drost van Twente 355
Hahn, Albert 526
Halifax, Lord Edward 558
Hall, Floris Adriaan van 496, 504, 506
Halmale, van 358
Hals, Frans 332
Hames, Nicolaas de 222
Händel, Georg Friedrich 431
Harberts 561
Haren, Willem van 421
Hari, Mata 529
Haroen Al Raschid 75
Harris, James Lord Malmesbury 441
Hasselaer, Kenau Simonsdr. 240
Hatta, Mohammed 549
Hattum, Jacobus van 556
Hawkins 267
Haze, de 414
Heelu, Jan van 109
Heemskerck, Jacob van 281, 282, 292
Heemskerk, Arnold van 107
Heemskerk, Theodorus 539
Heeze, Willem baron van 248
Hegius, Alexander 165
Heim, Antonie van der 421, 422
Heinsius, Anthonie 395, 396, 399, 405, 408, 411, 413
Heldring, Ernst 542
Heldring, Otto 492
Helleputte, Joris 517
Helmers, Jan Frederik 474
Helsdingen, Hendrik van 300
Heutsz, Johannes Benedictus van 525, 526, 541
Helst, Bartholomeus van der 332
Hemsterhuis, Frans 431
Hendrik VII, koning van Engeland 172
Hendrik VIII, koning van Engeland 177, 182, 186, 198, 200, 213
Hendrik II, koning van Frankrijk 213, 220
Hendrik III, koning van Frankrijk 247, 260
Hendrik IV van Navarre, koning van Frankrijk 270, 274, 275, 277, 279, 286, 290, 293, 294, 360
Hendrik IV, Rooms-Duits keizer 90, 94
Henegouwen, Aleid van, voogdes van Floris V 106
Henegouwen, Gwijde van, bisschop van Utrecht 117
Heraugiere, Karel van 273
Herbert, Brits admiraal 394
Herlin, Gautier 235
Hessels, Jacob 251
Heusden, Ada van 112, 118
Heusden, Vos van 132
Heuven Goedhart, Gerrit Jan van 568
Heyden, Jan van der 370
Heye, Pieter 492
Heijermans, Herman 525
Heyn, Piet 322, 336, 371, 409, 437
Hierges, waarnemend stadhouder van Holland en Zeeland 247
Higlac, koning der Noormannen 55
Hildebrand 255
Hildegaersbergh, Willem van 131
Hitler, Adolf 546, 549, 553, 556, 557, 563, 564, 566, 569, 572, 575, 577, 581
Hobbema, Meindert 332
Hodges, Charles Howard 507
Hoedemaker, Piet 507
Hoerewaard, Jacob de 315
Hoffman, Gillis 211
Hofstede de Groot, Petrus 497
Hogendorp, Dirk van 472, 482
Hogendorp, Gijsbert Karel van 441, 444, 445, 449, 476, 477, 478, 481
Hollare, Marinus de 325
Hooft, Cornelis Pietersz. 259
Hooft, Pieter Cornelisz. 296, 306, 331, 339, 404
Hoogerbeets, Rombout 303, 305, 306, 307, 308, 310, 346
Hoornik, Eduard 556, 582
Hoover, Herbert 535, 546
Hope, Thomas, 428
Horne, Jan van, bisschop van Luik 171
Hoste, Julius Peter 551
Hout, Jan van 245, 246
Houten, Samuel van 507, 511, 521, 522
Houtman, Cornelis 282
Howard 267, 270, 278
Hubert, Ulric 374
Hudson, Henry 298
Huerta, de la 148
Hugonet 164
Huizinga, Johan 543
Hulshoff, Aletta 468
Hulst, Abraham van der 364
Hulst, Frans van der 193
Humbeek, Pierre van 510
Hunbercourt 164
Huntingdom, Ada van 107
Hus, Johannes 138
Huybert, Pieter de 372
Huygens, Christiaan 370
Huygens, Constantijn 323, 331, 339, 349, 363, 372, 374, 395
Huysmans, Camille 551

I

Innocentius, paus 192
Inthiema, Frederik van 235

Irene Emma Elisabeth, prinses der Nederlanden 559, 572
Irmina, schoonmoeder van Pippijn 64
Isabella van Engeland 122
Isabella van Portugal, vrouw van Filips de Goede 146, 152
Isabella van Portugal, vrouw van Karel V 196
Isabella, aartshertogin, landvoogdes der Nederlanden 256, 270, 274, 277, 286, 288, 289, 290, 294, 296, 311, 317, 323, 325, 326, 328
Isabella I de Katholieke, koningin van Castilië, vrouw van Ferdinand van Aragon 157, 169, 172
Israëls, Jozef 507
Iwan III de Grote, grootvorst van Moskou 157

J

Jacoba van Beieren 139, 149
Jacobus I, koning van Engeland 290, 301, 317, 318
Jacobus II, koning van Engeland 357, 361, 392, 395, 396, 398, 401
Jacobus III, koning van Engeland 415
Jacobs, Aletta Henriette 511, 515, 521
Jan zonder Vrees 136, 141
Jan I, graaf van Holland en Zeeland 111, 113, 114, 117
Jan II van Avesnes, graaf van Holland, Zeeland en Henegouwen 103, 104, 114, 117
Jan I, hertog van Brabant en Limburg 105, 108, 111
Jan IV, hertog van Brabant en Limburg 139, 141, 144
Jansen, Dirk 492
Jansoen, Jan 315
Janssens, Emil 585
Jarges, Eyso 252
Jaurequy, Jean 358
Jeannin, Pierre 294
Jefferson, Thomas 433
Jenkins, kapitein 421
Jetses, Cornelis 524
Joannes Baptista, bisschop van Neercassel 384
Johanna van Vlaanderen, dochter van Boudewijn IX 100
Johanna de Waanzinnige, dochter van Ferdinand van Aragon en Isabella van Castilië, vrouw van Filips de Schone 172, 173
Jong, Lou de 568
Jonge, Bonifacius Cornelis de 549
Jordaens, Jacob 326
Joséphine de Beauharnais-Bonarparte, keizerin van Frankrijk 461, 466, 472, 490
Joubert, Barthélemy Catherine 459
Joubert, Petrus Jacobus 524
Jourdan, Jean-Baptiste 450
Jozef Bonaparte, koning van Napels en Spanje 467
Jozef II van Oostenrijk 438, 439, 446
Juan José van Oostenrijk, zoon van Filips IV 339
Juliana, koningin der Nederlanden 527, 539, 544, 555, 559, 586
Julianus, Romeins veldheer 50
Julianus, Salvius 44
Julius II, paus 162, 175
Junius, Franciscus 222
Jurgens, Antoon 543

K

Kaat, Mossel 440
Kamenev, Lev Borisovitsj 537
Kamerlingh Onnes, Heike 511, 514
Karel de Grote 68, 72, 74, 75, 78, 84, 99
Karel de Kale 80, 81, 82, 85

Karel de Dikke 84
Karel de Eenvoudige 87
Karel de Goede 95
Karel de Stoute 150, 156, 158, 159, 164, 233
Karel V, Rooms-Duits keizer, koning van Spanje, heer der Nederlanden 172, 174, 178, 180, 186, 191, 195, 204, 213, 215, 216, 249
Karel II, koning van Spanje 374, 391, 400
Karel VI, Rooms-Duits keizer, keizer van Oostenrijk 407, 408, 410, 413, 417, 421
Karel I, koning van Engeland 332, 338, 344, 360
Karel II, koning van Engeland 344, 347, 356, 358, 360, 366, 368, 373, 374, 375, 379, 384, 388, 393
Karel X, koning van Frankrijk 486
Karel van Lotharingen, landvoogd der Zuidelijke Nederlanden 428
Karel Lodewijk Johan, aartshertog van Oostenrijk, zoon van keizer Leopold II 490
Karel, Theodor, prins van België, zoon van koning Albert 583
Karnebeek, Herman Adriaan van 539, 540, 550
Kate, Jan Jacob Lodewijk ten 511, 513
Kempen, Johannes van 132
Kemper, Joan Melchior 468
Kempis, Thomas à 132
Kerenski, Aleksander Fjodorovitsj 537
Kes, Willem 520
Keuls, Henricus 574
Keyser, Hendrick 297
Keyser, Pieter Dircksz 282
Kievit, Johan 366, 380, 382, 383
Kievit, Johan (schrijver) 528
Kinsbergen, Jan Hendrik 436
Kitchener, Lord Horatio Herbert 531
Klaveren, Bep (Lambertus) van 545
Kleef, Jan van 133, 136
Kleef, Margaretha van, vrouw van Albrecht van Beieren 137, 145
Kleffens, Eelco van 558, 562
Kloos, Willem 513
Klop, Dirk ('Clopper') 558
Kluck, Alexander von 532
Kluit, Provó 496, 498
Knuyt, Johan de 341
Koch, Pyke 556
Koekoek, Barend Cornelis 507
Koelman, Jacobus 392
Koetoesov, prins Michail 474
Koevorden, Frederik van 102
Koevorden, Godfried van 102
Koevorden, Meno van 102
Koevorden, Rudolf van 102
Kol, Henri Hubert van 526
Koomen, Ogier van 271
Koot, H.W.A. 567
Kortenaer, Egbert Meussen 353, 362
Koster, Elias 492
Kraan, Willem 567
Kromhout, Nicolaes 304
Kruger, Paul 524
Kruls, Hendrik Johan 578
Krupp von Bohlen und Halbach, Gustav 530
Kunibert, bisschop van Keulen 60
Kuser, Willem 136
Kuyper, Abraham de 511, 512, 516, 521, 525, 526, 527, 541
Kijfhoek, Floris van 150

L

Laet, Jan de 502
Lairesse, Gerard de 416
Lalaing, Willem heer van, stadhouder van Holland en Zeeland 151
Lambertszen, Evert 346
Lancaster, Machteld gravin van Holland, Zeeland, Henegouwen, vrouw van Floris V 128
Lannes, Jean 469
Lannoy 196, 226
Law, John 415
Lebrun, Charles François hertog van Plaisance 472
Lede, de 328
Ledenberg, Gilles van 305, 307, 308
Leene 545
Leevend, Willem 442
Leeuw, Aart van der 528
Leeuwen, van 307, 309
Leeuwenhoek, Antonie van 370, 392
Leicester, Robert Dudley, graaf van landvoogd der opstandige gewesten 263, 265, 267
Leo I, paus 51
Leo III, paus 74, 77
Leo X, paus 175, 177, 189
Leopold Willem, aartshertog van Oostenrijk, landvoogd der Zuidelijke Nederlanden 344, 349
Leopold I, van Saksen-Coburg, koning van België 490, 491, 501, 509
Leopold II, koning van België 509, 510, 517, 519
Leopold III, koning van België 551, 552, 558, 563, 583
Leopold, Jan 522
Leiden, Jan van 199
Leiden, Lucas van 201
Lely, Cornelis 528
Lely, Jan 547
Leman, Gérard Mathieu 530, 563
Lenin, Nikolaj (Vladimir Ilitsj Oeljanov) 518, 537, 546
Lennep, Jacob van 482, 498, 502
Lenoir, Jean 509
Lesbroussart, Philippe 486, 487
Leuchtenberg, hertog August von 490
Leijden, Filips van 129, 143, 157
Liafwin 70, 85
Liefde, Jan de 367, 387
Ligthart, Jan 524
Lilian, prinses van België, vrouw van Leopold III 583
Limburg Stirum, Leopold graaf van 467, 476
Limburg Stirum, Mattie gravin van 516
Lindbergh, Charles 545
Linschoten, Jan Huyghen van 280
Linthorst Homan, Johannes 567
Liudger 71
Livingstone, David 510
Lloyd George, David 538
Locke, John 415
Lodewijk de Vrome 77, 78, 81
Lodewijk II, zoon van Lodewijk de Vrome 78, 80, 81, 82
Lodewijk van Beieren, Rooms-Duits keizer 119, 341
Lodewijk XI, koning van Frankrijk 156, 160, 161, 164
Lodewijk XII, koning van Frankrijk 177
Lodewijk XIII, koning van Frankrijk 316, 335
Lodewijk XIV, koning van Frankrijk 334, 349, 357, 360, 366, 367, 369, 372, 374, 377, 378, 379, 384, 387, 388, 389, 391, 393, 394, 395, 398, 399, 400, 401, 406, 407, 410, 415, 545
Lodewijk XV, koning van Frankrijk 415, 421, 422, 424, 430, 432
Lodewijk XVI, koning van Franrkrijk 432, 446, 450
Lodewijk XVIII, koning van Frankrijk 479
Lodewijk Napoleon Bonaparte, koning van Holland 467, 469, 478
Loemoemba, Patrice 585
Logemann, Johann 587
Loncq, Cornelis 267
Loon, Lodewijk graaf van 101
Lorentz, Hendrik Antoon 514
Lotharingen, Christina van, nicht van Filips II 211, 214
Lotharingen, René hertog van 161, 163
Lotharius I, Frankisch keizer 79, 80, 81, 82
Lotharius II, Frankisch keizer 84
Loubet, Emile 519
Louis Philippe, hertog van Orléans, koning van Frankrijk 486, 498
Louise Wilhelmina, dochter van Willem V, 448
Loyola, Ignatius van 209
Lubbe, Martinus van der 549
Lubbertus, Sibrandus 300, 308
Ludendorff, Erich 531
Lumey, Willem van der Marck heer van 235, 236, 237, 239, 240
Lundula, Victor 585
Luther, Maarten 178, 183, 187, 190, 193, 200, 209
Luttwitz, von 532
Luxembourg, François Henri de Montmorency-Bouteville, hertog van 378, 385, 391, 396
Luxemburg, Hendrik graaf van 110
Luxemburg, Jan van 108
Luyken, Jan 375, 395, 416

M

Maanen, Cornelis Felix van 459, 472, 481, 485
Maarten, Sint 85
Maere, Charles de 493
Maerlant, Jacob van 105, 114
Maeterlinck, Maurice, graaf 519
Maetsuycker, Andries 402
Magelhaen, Ferdinand 191
Magnus, Jacob 309
Malderus, bisschop van Antwerpen 326
Male, Lodewijk van, graaf van Vlaanderen 126, 134
Malorix, koning der Friezen 35
Man, Hendrik de 552
Mannart, Johan 390
Mansfelt, Karel graaf van 274, 275
Marck, Robert van der, heer van Sedan 182, 189, 196
Margaretha van Vlaanderen, dochter van Boudewijn IX 100
Margaretha van Holland en Zeeland, dochter van Floris V 106, 107, 111
Margaretha, vrouw van keizer Lodewijk van Beieren 119, 127, 128
Margaretha, vrouw van Filips de Stoute 134
Margaretha, dochter van Filips de Stoute 136
Margaretha, dochter van Albrecht van Beieren 136
Margaretha, dochter van keizer Maximiliaan 167, 172, 174, 175, 179, 186
Maria van Portugal, vrouw van Filips II 213
Maria van Portugal, vrouw van Alexander Farnese, hertog van Parma 221, 222
Maria, dochter van Karel de Stoute 159, 163, 164, 165, 167, 173
Maria-Anna van Oostenrijk, regentes voor Karel II van Spanje 367
Maria van Hongarije, landvoogdes der Nederlanden 197, 199, 204, 208, 210, 213
Marie Antoinette, koningin van Frankrijk, vrouw van Lodewijk XVI 432, 433, 446
Maria Elizabeth, aartshertogin van Oostenrijk, landvoogdes der Oostenrijkse Nederlanden 417
Maria-Louise van Oostenrijk, vrouw van Napoleon 472, 474
Maria Theresia, koningin van Frankrijk, vrouw van Lodewijk XVI 357
Maria Theresia, Rooms-Duitse keizerin 417, 421, 428

Markinius, Conradus 325
Marnix, Filips van, heer van St. Aldegonde 227, 232, 235, 238, 242, 243, 259, 262
Marnix, Jan van, heer van Thoulouse 222, 226
Marot, Daniël 407
Marsman, Hendrik 556
Martel, Karel 65, 66, 72
Marx, Karl 498, 499, 501, 507, 518
Masséna, André 469
Massinger, Philip 310
Matthias van Oostenrijk, landvoogd der Nederlanden 251, 256, 277, 279
Matthijzen, Jan 199
Maurier, Du 310
Maurits van, graaf van Nassau, prins van Oranje 257, 260, 263, 265, 272, 275, 277, 280, 282, 287, 291, 293, 294, 300, 303, 304, 306, 310, 312, 315, 316, 317, 318, 319, 342, 346, 361, 421
Max, Adolphe 535
Maximiliaan II Emanuel, keurvorst van Beieren, landvoogd der Zuidelijke Nederlanden 399, 401, 406, 407
Maximus, Romeins keizer 51
Mayen, Jan 361
Mazarin, Jules 339, 340, 342, 344, 347, 349, 358
Mechelen, Margaretha van 303, 317, 318
Mecklenburg-Schwerin, Hendrik hertog van, man van koningin Wilhelmina 525, 527, 555
Medici, Alexander de 214
Medici, Catharina de, vrouw van Hendrik II van Frankrijk 228
Medina Sidonia, hertog 267, 270
Meeter, Eillert 496
Melanchton, Filippus 184, 209
Melis Stoke 108
Memlinc, Hans 148
Mendoza 288
Mengelberg, Willem 556, 566
Meppel, Jan Cornelisz 364
Mercator 229
Mercier, kardinaal Désiré Joseph 535
Mérode, Felix, graaf de 475, 489
Mesdag, Hendrik Willem 507
Metsys, Quinten 201
Metternich-Winnenburg, Klemens 469, 479
Metz, Alpertus van 88
Meijers, Eduard Maurits 567
Mezger, Johan Georg 514
Michelle van Frankrijk, echtgenote van Filips de Goede 146
Minuit, Peter 320
Miry, Karel 502
Modard 563
Moded, Herman 225
Moiturier 148
Molière (Jean Baptiste Paquelin) 404
Mollerus 472
Mondriaan, Pieter Cornelis 543
Monk, George hertog van Albemarle 353, 358, 364, 365, 367
Montagu, Lady Mary Wortley 411
Montecuculli, Ernesto 324
Monterey, Juan Domingo de Zuniga y Fonseca, graaf van, landvoogd der Spaanse Nederlanden 384
Montfoort, Jan van 166
Montgomery, Bernard Law 565, 577, 578, 582
Montigny, Floris de Montmorency baron van 224, 225
Montmorency, Filips van, graaf van Horne 214, 226, 227, 231, 235
Montpellier, bisschop van Luik 510
Mook, Hubertus Johannes van 587
More, Thomas 175
Morel, Lys Sint 387
Mortier, Pieter 416
Moucheron 280
Moulin, Pierre du 300
Mulder, Pieter 324
Mulier, Pim 514
Murat, Caroline, zuster van Napoleon 467
Murat, Joachim, koning van Napels 467, 469
Musch, Cornelis 336, 371
Mussert, Anton 553, 559, 560, 563, 572, 577
Mussolini, Benito 541, 546, 552, 556
Muys van Holy 308

N

Nagell, van 481
Nagelmackers, George 519
Nak, Piet 567
Namen, Gwijde van, zoon van Gwijde van 'Dampierre' 115, 117, 118
Napoleon I Bonaparte, keizer van Frankrijk, 450, 461, 463, 465, 467, 469, 471, 472, 473, 474, 477, 479, 480, 481, 486, 487
Napoleon III Bonaparte, keizer van Frankrijk 508
Nassau, Adolf van, Rooms-Koning 108, 110
Nassau, Jan van, bisschop van Utrecht 107
Nassau, Engelbrecht van, man van Johanna van Polanen 120
Nassau, Hendrik van, man van Claude van Chalons 179, 181
Nassau, René van, zoon van Hendrik van Nassau en Claude van Chalons 201, 205, 208
Nassau, Willem de Rijke, vader van Willem van Oranje 208
Nassau, Hendrik van, broer van Willem van Oranje 244
Nassau, Lodewijk van, broer van Willem van Oranje 222, 224, 228, 230, 231, 234, 237, 238, 243, 244, 293
Nassau, Jan de Oude van, broer van Willem van Oranje 244, 251, 252, 255
Nassau, Filips van, zoon van Jan de Oude 275
Nassau, Lodewijk Günther van, zoon van Jan de Oude 278, 288, 289
Nassau, Willem Lodewijk van, zoon van Jan de Oude 255, 263, 265, 273, 274, 276, 277, 288, 291, 294, 301, 303, 304, 315
Nassau, Ernst Casimir van, zoon van Jan de Oude 288, 290, 310, 315, 319, 320, 323
Nassau, Justinus van, bastaard van Willem van Oranje 286
Nassau-Siegen, Willem van 328
Nassau-Siegen, Johan Maurits van 333, 363
Nassau-Dietz, Willem Frederik van 345, 346, 348, 355
Nassau-Dietz, Hendrik Casimir II van 385, 391, 401
Nassau-Dietz, Johan Willem Friso van, zoon van Hendrik Casimir II 401, 405, 408, 409
Neck, Jacob Cornelisz. van 282
Negoro, Dipo 483
Nelson, Horatio 467
Nemours, Louis van Orleans, hertog van 490
Nero, Romeins keizer 35, 36
Nes, Aert Jansz. van 363, 387, 391
Nesle, Raoul de 115, 116
Ney, Michel 469, 479
Nicolaas II, keizer van Rusland 523, 540
Neufchâtel, Jan van 146
Nevers, Lodewijk van, graaf van Vlaanderen 125
Nielles, Charles de 220
Nieuwendijk, Matje van 426
Nieuwenhuyzen, Maarten 442
Nightingale, Florence 506
Nobel, Alfred 509
Nogent, Guibert van 91
Noircarmes, Philippe de Sainte-Aldegonde heer van 226, 233, 241
Noot, Henri (Heintje) van der 446, 450
Nuyts, Pieter 334
Nijs, Carel 309, 310

O

Obrecht, Jacob 148
Ockeghem, Johannes 148
Oldenbarnevelt, Johan van 241, 245, 259, 260, 262, 265, 267, 276, 279, 280, 283, 286, 288, 289, 292, 293, 294, 300, 303, 312, 315, 316, 318, 319, 346, 421, 433
Ondaatje, Juriaan Quint 440, 459
Ophovius, bisschop van Den Bosch 325
Oquendo, Antonio d' 336
Oranje-Nassau, Emilia van, dochter van Willem de Zwijger 319
Oranje-Nassau, Filips-Willem, zoon van Willem de Zwijger 221, 226, 228, 277, 287, 293, 315
Oranje-Nassau, Maria van, dochter van Willem de Zwijger 293
Oranje-Nassau, Lodewijk van, heer van Beverweerd, de Leck en Odijk 346
Oranje-Nassau, Marianne van, dochter van koning Willem I 495
Oranje-Nassau, Hendrik van, broer van koning Willem III 508, 512, 516
Oranje-Nassau, Maurits, zoon van koning Willem III 516
Oranje-Nassau, Willem Hendrik van, zoon van koning Willem III 516
Orestes 52
Ortelius, Abraham 212
Os, Pieter Gerardus van 507
Ostade, Adriaen van 332
Ostaijen, Paul van 550
Oster, Hans 558, 559
Otto II, bisschop van Utrecht 102, 104, 106
Otto de Grote IV, Rooms-Duits keizer 87, 101
Oudinot, Nicolas 472
Oudshoorn, Jacob van 121
Oultremont, Charles, graaf d' 488
Oultremont, Henriëtte gravin d' 494
Outrive, Rogier van 135
Overstraeten, van 558
Ovidius, Publius Naso 330
Ouwater, Albrecht 148
Owen, Robert 499

P

Paderborn, Willebrand van 102
Pahud de Mortanges, Charles 545
Paine, Thomas 431
Pain-et-Vin 385, 386
Pallandt, Floris van, graaf van Culemborg 222, 223, 228
Palm, Johannes Henricus van der 460
Palmerston, Lord Henry 500
Palts, Christoffel van de 244
Palts, Johan Casimir van de 251
Palts, Rupert (Robert) prins van de 364, 386
Pappenheim, Gottfried Heinrich graaf von 328
Parma, Alexander Farnese hertog van, landvoogd der Nederlanden 221, 222, 251, 252, 254, 256, 257, 258, 260, 265, 267, 270, 274
Parma, Margaretha van, landvoogdes der Nederlanden 189, 194, 195, 196, 214, 217, 219, 220, 221, 222, 224, 226, 228, 249, 251
Patrick, Sint 57
Paulus III, paus 200, 214
Pauw, Adriaan 341, 350
Pauw, Reinier 302, 208, 340
Pavillon 402
Peene, Hippoliet Jan van 502

Pekelharing, Cornelis 511
Penn, William 416
Pennington 336
Pepperell 423
Pepys, Samuel 368
Perez, Marcos 217
Perk, Betsy 511
Perk, Jacques 513
Perrenot, heer van Granvelle 196, 213, 215, 216, 222, 243, 256, 264
Perron, Eddy du 553
Persijn, Jan 111
Pesters, de 439, 440
Peter I de Grote, tsaar van Rusland 404, 415
Petronella van Holland, vrouw van Floris II 95
Philip, pater 325
Philips, Anton Frederik 520
Philips, Gerard 520
Philippus, Romeins keizer 47
Picart, Bernard 416
Pichegru, Charles 450
Pierlot, Hubert 557, 564, 583
Pieters, Gerrit 194
Pippijn, zoon van Lodewijk de Vrome, Frankisch hofmeier 79, 80
Pippijn I van Landen 60
Pippijn II van Herstal, Frankisch hofmeier 62, 65
Pippijn III de Korte, Frankisch hofmeier en koning 67, 70
Pirenne, Henri 519
Pisuisse, Jean-Louis 528
Pitt de Jongere, William 437, 448, 467
Pius V, paus 217, 232
Pius XII, paus 574
Plancius 302
Plantijn, Christoffel 271
Plesman, Albert 542, 555
Poelgeest, Aleid van 136, 137
Poelgeest, Gerrit van 252
Poincaré, Raymond 529
Polanen, Jan van 120
Polanen, Johanna van 120
Polo, Marco 169
Polycarpus, bisschop van Smyrna 45
Poot, Hubert Cornelisz. 419
Pop, generaal 540
Poppen, Jacob 315
Posthuma, Folkert Evert 536
Potgieter Everhardus Johannes 492, 502
Potter, Dirk 140
Potter, Louis de 485, 488, 489
Potter, Paulus 332
Pottier, Eugène Edmé 517
Pradt, de, aartsbisschop van Mechelen 473
Prié, Hercules Jozef, Lodewijk Turinetti, markies van 417
Presser, Jacob 567
Princip, Gavfrilo 529
Proudhon, Pierre-Joseph 499
Prouninck, Gerard 264
Pruisen, Wilhelmina van Hohenzollern, prinses van 430
Pijman, Gerrit Jan 464
Pijn, Lieven 205

Q

Quay, Jan Eduard de 567
Querido, Israël 528
Quesnoy, Frans du 326

R

Raalte, Albertus Christiaan van 497
Rabenhaubt, Karl baron van Sucha 386
Racine, Jean 404
Radboud, bisschop van Utrecht 85
Radewijszoon, Foris 132
Raffles, Sir Thomas 471

Ramacq 341
Randwijk, Hendrik Mattheüs van 568
Rauter, Hans 567, 580
Redbad, koning der Friezen 62, 64, 65
Reigersbergh, Marie van, vrouw van Hugo de Groot 307, 316
Reinberger 558
Reingoud 264
Reis Seffer (Thomas de Gauwdief) 315
Reis, Soliman (De Veenboer) 315
Rembrandt Harmensz. van Rijn 315, 331, 332, 354
Remigius, bisschop van Reims 55
Renesse, René van, graaf van Warfusée 328
Renée de France, dochter van Lodewijk XII van Frankrijk 181
Rengers 355
Rennenberg, graaf George van, stadhouder van Friesland, Drenthe, Overijssel 252
Requesens y Zuniga, Don Luis de, landvoogd der Nederlanden 243, 248, 264
Rewbell, Jean François 456
Reynders, Izaak Herman 558
Reynst, van 439
Reyntjes 459
Rhodes, Cecil 524
Richard Leeuwenhart, koning van Engeland 97
Richelieu, Armand Jean Duplessis, hertog de 310, 318, 325, 327, 338, 339
Riebeeck, Jan Anthonsz. 352
Rinsdorp, Johan van 235
Ripperda, Wigbold 240, 241
Ritter, Pierre Henri 549
Robert I de Fries, graaf van Vlaanderen 89, 92
Robert III van Bethune, graaf van Vlaanderen 115
Robespierre, Maximilien de 450, 451
Rochefort 378
Rockefeller, John 522
Rodney, George 434
Roëll, Herman Alexander 392
Roemer Visscher Anna, 297, 326, 331
Roemer Visscher, Geertruida 297
Roemer Visscher, Maria Tesselschade 297, 331, 339
Roemer Visscher, Pietersz. 297
Rogier, Charles 486, 488, 489
Roland Holst, Adriaan 543
Roland Holst van der Schalk, Henriëtte 522, 539
Rollier, Emmanuel 462
Romanus, Titus Flavius 42
Romein, Jan 553
Romein-Verschoor, Annie 553
Romero, Julian 238, 240, 244
Roorda, Karel 275
Roosevelt, Franklin Delano 581
Rorik, hoofdman der Noormannen 82, 83
Rosaeus 303
Rosen, Kunz von der 168
Rossum, Maarten van 196, 201, 205, 207
Rost van Tonningen, Meinoud Marinus 580
Roukens 405
Rousseau, Jean Jacques 424, 431, 446
Rubens, Jan 325
Rubens, Pieter Pauwel 296, 311, 325, 326, 329, 332
Ruichaver 241
Ruusbroeck, Johannes 131
Ruys de Beerenbrouck, Charles 537, 540, 546, 555
Ruysdael, Salomon van 332
Ruyter, Engel de 377
Ruyter, Michiel Adriaansz. de 322, 352, 353, 357, 361, 363, 367, 376, 377, 380, 381, 384, 386, 390, 409, 437
Ruyven, Klaas van 169
Rijk, Jacob Siemonsz. de 235
Rijn, Jan Danielsz. van den 368, 377
Rijp, Jan Cornelisz. de 281, 282

S

Saenden, Simon van 130
Saint-Bazille, bisschop van Gent 473
Saint-Just, Louis de 450
Saksen, Albrecht van, stadhouder der Nederlanden 168, 169, 171, 173
Saksen, Geertruida van 89
Saksen, Hendrik, hertog van 173
Saksen, Maurits, keurvorst van 213
Saksen, Weimar, Amalia van, vrouw van prins Hendrik 512
Saltbrugge, Crispijn van 235
Salm, graaf van 444
Sandwich, Edward 377
San Juan, Pedro de 326
Santa Cruz, markies van 267
Sarphäti, Samuel 505
Sas, majoor 558, 559
Sauvage, Jean le 185
Savornin Lohman, Alexander Frederik de 513, 516, 521, 526
Schaepman, Hermanus 515, 521
Schaffelaar, Jan van 167
Schagen 306
Scharroo 562
Schelfhout, Andreas 507
Schendel, Arthur van 528
Schepers, Willem 391
Schermerhorn, Willem 553, 580, 582, 585, 587
Schimmelpenninck, Gerrit 503
Schimmelpenninck, Rutger Jan 454, 461, 464, 467
Schoffelmeer, Jan 547
Scholtus, Maria 371
Schoonbeke, Gilbert van 201
Schotel, Johannes 507
Schreieder, Joseph 571
Schwarz, Berthold 128
Scorel, Jan van 201
Seghers, Hercules Pietersz. 332
Sergius, paus 63
Servatius, Sint, bisschop 45, 85, 99
Seymour, Edward 395
Seyss-Inquart, Arthur 566, 567, 573, 581
Sibrandus 103
Sidi Ali ben Mohammed ben Mousa 362
Siegfried, aartsbisschop van Utrecht 108, 109, 110
Siemens, Werner 509
Sieyès, Emanuel 438, 456, 465
Siewerts, Coert 315
Sigismund, Rooms-Duits keizer 139
Silla 307, 309
Silvanus, Marcus Secundinius 42
Six, Jan 417
Six 467, 472, 478, 481
Simonides 383
Slatius 317
Slauerhoff, Jan 556
Slingelandt, Govert van 357, 358, 373
Slingelandt, Simon van 405, 411, 418, 421
Sloet 305
Sluizer, George 568
Sluiter, Klaas, 148
Smirnoff, Iwan 555
Smit, Wessel 384
Smout 320
Smyth 366
Snellen, Jan 397
Snijders, Cornelis 536, 538
Soekarno, Achmed 549, 570, 586
Solms, Everard graaf van 288
Somer, schoonzoon van M.A. de Ruyter 362
Sonoy, Diederik 237, 239, 247, 255
Sonsbeek, van 503
Sophie, koningin der Nederlanden, vrouw van Willem III 516
Spaak, Paul Henri 552, 558, 564, 583
Speyk, Jan van 490

Spiegel, Laurens 445, 448, 450, 452
Spierre, Pierre van 327
Spinola, Ambrogio, markies de los Balbases 290, 291
Spinoza, Baruch de 354, 375, 392
Spragge 364, 366, 386
Sprenger van Eyck, Jacobus Petrus van 544
Spijker, Henk 523
Spijker, Ko 523
Stalin, Jozef (Dzjoegasjvili) 537, 546, 569
Stanley, Sir Henri Morton 510
Steen, Jan 332
Steen, van der 397
Stel, Adriaan van der 402
Stel, Simon van der 402
Sterckx, Engelbert, aartsbisschop van Mechelen 501
Stevin, Simon 260
Steyn, Pieter 429
Stolberg, Hendrik van, stadhouder van Groningen 174
Stolberg, Juliana van, gravin van Nassau 208, 244
Stoutenberg, Willem van 317, 325
Stralen, Hendrik van 467
Streuvels, Stijn 550
Strijen, Gerrit van 144
Stuart, Anna, koningin van Engeland 394, 401, 415
Stuart, Maria, koningin van Schotland 249, 260, 265, 267
Stuart, Maria, koningin van Engeland, vrouw van Willem III 391, 394, 395, 398, 401
Stuart, Maria Henriëtte, vrouw van prins Willem II, 338, 340, 347, 348, 354, 356, 358, 391
Studebaker, familie 522
Stuyvesant, Pieter 355, 360
Stijl, Simon 340, 341
Swalmius 304
Sweelinck, Jan Pietersz. 316
Sweers, Isaac 387
Swieten, Adriaan 165
Swieten, Adriaan van 233, 237
Swieten, Jan van 512
Swift, Jonathan 424
Sylvius 363, 375

T

Tacitus 34, 35
Tak van Poortvliet, Joannes 521
Talleyrand, Charles Maurice 465, 467, 469, 479, 490
Tarsus, Paulus van 36
Tas. S. 583
Tasman, Abel 430
Taurinus 302
Tazelaar, Peter 569
Telders, Benjamin Marius 567
Tempel, Jan van den 557, 568
Temple, Sir William 367, 369, 372
Tetzel, Johannes 178, 184
Teylingen, Dirk van 107
Theodebert, Frankisch koning 56
Theoderik, zoon van Clovis 55
Theodema, abt van Monte Cassino 71
Thorbecke, Johan Rudolf 486, 498, 500, 503, 504, 506, 511
Tiberius, Romeins keizer 32
Tichelaar, Willem 380, 383
Tienen, Meindert van 386
Tigernilus 34
Tilanus, Hendrik Willem 587
Tilly, Claude graaf de 382
Timmermans, Felix 550
Tinbergen, Jan 554
Titaan 211
Titelman, Pieter 218, 220
Tjarda van Starkenborgh Stachouwer, Alidius 586
Tone, Theobald Wolfe 458
Torrington, Lord Arthur Herbert 396
Tours, Gregorius van 58
Townly, Lady Susan 538
Treub, Marie Willem Frederik 521, 536
Trip, Elias 340
Trip, familie 414
Troelstra, Pieter Jelles 515, 521, 526, 528, 533, 537, 538, 540, 541
Tromp, Cornelis 362, 363, 382, 383, 386
Tromp, Maarten Harpertsz. 322, 336, 339, 350, 371, 437
Troost, Cornelis 416
Trotsky, Lev 518, 537
Tsjombe, Moïse 585
Tudor, Maria, koningin van Engeland, vrouw van Filips II van Spanje 213, 214
Tulp, Nicolaas 331
Turck 414
Turenne, Henri de Latour d'Auverge, vicomte de 357, 367, 378
Tyrus, Willem van 90

U

Ubbink 572
Ulfilas, bisschop der West-goten 51
Urbanus II, paus 90, 92
Uutkerke, roelant van 144
Uylenborgh, Saskia van, vrouw van Rembrandt van Rijn 332
Uylenbroek, Pieter Johannes 452

V

Valckenaer, Johan 457
Valckenier, Gilles 372, 374
Vanderlinden d'Hoogvorst, baron 487
Barus, Quintilius 31
Vasco Da Gama 171
Vasco Nunez de Balbao 171, 191
Vásquez, Alonso 229
Vatebender 457
Veen, Gerrit Jan van der 572
Velasquez, Diego Rodriguez da Silva y 319
Velde, Hendrik van de 364
Veldeke, Hendrik van 99
Veldenaer, Jan 151
Velleda 38, 39
Velzen, Gerard van 112
Vercingetorix 27, 28
Verdugo, Francesco 259, 265, 275, 277, 278
Vere, Francis 288, 289
Veres, de 323
Verhaeren, Emile 519, 532
Verhoeff, Hendrik 382, 383
Verhuell, Carel Hendrik 466, 467, 472
Verkade, P. 464
Verlooy, Jan-Baptist 432
Vermeer, Jan 332
Vermeyen, Jan 201
Vermeylen, August 550
Verritus, Friese koning 35
Verwey, Albert 513
Vespasianus, Romeins keizer 38
Vespucci, Amerigo 170
Victor Emanuel III, koning van Italië, keizer van Ethiopië 556
Victoria, koningin van Engeland, keizerin van India 491, 499, 521
Villalobar, markies de 535
Villeneuve 467
Villers 230
Viotta, Hendricus 520
Vitellius, romeins keizer 37, 38
Vliechop, Ellert 235
Vliegen, Willem Hubert 538
Vliet, Jan van 141
Vlugh 367, 391
Voetius, Gijsbert 325, 391
Vogt, Willem 543
Vollenhove, Maurits van 535, 538
Vollenhovius 367
Voltaire (François-Marie Arouet) 446
Vondel, Joost van den 297, 319, 325, 331, 333, 336, 343, 368, 386, 404
Vooght 310
Voorne, Albrecht van 107
Voorst tot Voorst, J.J.G. van 560
Vorrink, Koos 554, 569, 571
Vos, Jan 339
Vossius, Gerardus 331
Vosmeer, Sasbout, bisschop van Utrecht 341
Vorstius 301, 308
Vos, Arents Dircksz. 223
Vos, Hein 554
Vos, Hendrik 194
Vos, Petrus 496
Vreede, Pieter 457, 459
Vries, David de 321
Vries, Jan de 498
Vries, Theun (Uilke) de 556
Vries, Tjerk Hiddes de 364, 365
Vrieze, Lambert 107
Vulcacius 44
Vuyst, Pieter 419

W

Walaeus, Antonius 309, 310
Waldeck, Georg Friedrich graaf van 395
Wallichszoon, Simon 140
Walram III, graaf van Limburg 108
Walraven van Hall 580
Waltger, broer van Dirk I van Holland 87
Washington, George 433
Wassenaar van Catwijk, baron van 511
Wassenaar-Duivenvoorde, Johan baron van 278, 280
Wassenaer, Jacob baron van, heer van Obdam 357, 362
Watt, James 439
Welf, Judith, vrouw van Lodewijk de Vrome 79, 80, 82
Welhoek, Agatha 371
Wellington, Arthur Wellesley hertog van 479
Welter, Charles Joseph 562, 569
Werff, Adriaansz. van der 245
Werve, Klaas 148
Wesembeke, Jacob van 232, 233
Westhovius 386
Wet, Christiaan de 524
Wevers 310
Weyden, Rogier van der 148
Weyer, (Jean) Silvain van de 489
Wichmann, Gelderse graaf 89
Wichmann, Erich 541
Wicquefort, Abraham de 385
Wiemken, Edo 134
Wilde, Goosewijn de, stadhouder der Nederlanden 152
Wilfried, bisschop van York 62
Wilhelm II, keizer van Duitsland 535, 538, 540
Wilhelmina van Hohenzollern, prinses van Pruisen, vrouw van Willem V 441, 443, 444, 445, 450, 451
Wilhelmina, koningin der Nederlanden 448, 494, 516, 520, 521, 522, 524, 525, 536, 539, 540, 542, 544, 555, 557, 560, 569, 586
Wilkes, Thomas 265
Willekens 318
Willem I, graaf van Holland en Friesland 57, 101
Willem II, graaf van Holland en Zeeland, Rooms-koning 103, 106, 108
Willem III van Avesnes, graaf van Holland, Zeeland en Henegouwen 117, 119, 123
Willem IV van Avesnes, graaf van Holland, Zeeland en Henegouwen 122, 126, 127
Willem V, van Beieren, graaf van Holland,

Zeeland en Henegouwen 127, 130
Willem VI van Beieren, graaf van Holland, Zeeland en Henegouwen 136, 139
Willem I de Zwijger, stadhouder van Holland, Zeeland, Friesland 208, 215, 216, 220, 222, 228, 229, 231, 233, 237, 240, 241, 242, 243, 244, 245, 246, 247, 256, 257, 258, 259, 294, 329
Willem II, stadhouder van Holland, Zeeland, Utrecht, Gelderland, Overijssel 320, 330, 338, 340, 342, 343, 344, 345, 348, 391, 392
Willem III, stadhouder van Holland, Zeeland, Utrecht, Gelderland, Overijssel, koning van Engeland 295, 348, 351, 355, 356, 358, 363, 372, 374, 375, 377, 378, 379, 381, 384, 387, 389, 391, 393, 395, 398, 399, 405, 407, 409, 415, 421, 433
Willem IV, stadhouder van Holland, Zeeland, Utrecht, Gelderland, Overijssel, Groningen, Friesland, Drenthe 413, 418, 421, 422, 424, 426, 427, 428
Willem V, stadhouder van Holland, Zeeland, Utrecht, Gelderland, Overijssel, Groningen, Friesland, Drenthe 424, 428, 430, 433, 436, 437, 440, 441, 444, 445, 448, 449, 450, 452, 455, 465, 476
Willem I, koning der Nederlanden 448, 450, 457, 460, 465, 476, 479, 482, 484, 485, 488, 489, 490, 491, 492, 493, 494, 500, 503, 508, 545
Willem II, koning der Nederlanden 452, 487, 488, 489, 490, 491, 494, 495, 496, 497, 498, 499, 501, 503
Willem III, koning der Nederlanden 490, 491, 499, 503, 504, 505, 506, 508, 510, 511, 515, 516
Willem de Veroveraar, hertog van Normandië, koning van Engeland 89, 92, 100
Willems, Jan Frans 502
Willibrord 63, 64, 66, 83
Willink, Carel 556
Wilson, Thomas Woodrow 539
Winfried 66
Winkelman, Henri Gerard 558, 559, 561, 563
Winter, Jan Willem de 458, 461
With, Witte Corneliszoon de 336, 340, 344, 351, 353, 357, 362
Witsen, Nicolaas 336, 395
Witt, Cornelis de 358, 367, 368, 372, 375, 377, 379, 380, 383, 386, 404
Witt, Jacob de 332, 344, 346
Witt, Johan de 332, 350, 352, 354, 355, 357, 358, 360, 365, 366, 368, 372, 376, 379, 380, 384, 386, 391, 404, 407, 421, 423, 430
Witte, de 531
Wittekind 70
Witte van Haemstede, bastaard van Floris V 112, 118
Woensel, Pieter van 457
Woerden, Herman van 112
Wolff-Bekker, Elizabeth (Betje) 442
Wolfram 62
Wtenbogaert, Johannes 294, 301, 303, 304, 306, 312
Wycliff, John 134, 138
Wijnkoop, David 527, 539

X

Ximenes, kardinaal 181, 182, 200

Y

York, Margaretha van, vrouw van Karel de Stoute, 158, 164
Yorke 429, 433
IJsselstein, Willem van 137
IJzerdraat, Bernard 566

Z

Zacharias, paus 68
Zaen, Willem van der 350
Zannekin, Nicolaas 125
Zeeland, Paul van 552
Zeger 377
Zimmerman, Alfred Rudolf 538
Zinzendorf, Nikolaus Ludwig, graaf van 416
Zoutman, Johan Arnold 436
Zutphen, Jan van 544
Zuylen, Belle van 442
Zuylen, Jan 112
Zuylen van Nyevelt, Jacob van 397
Zuylestein, van 394
Zweder, heer van Voorst en Keppel 133
Zwieten, Klaas van 128
Zwingli, Ulrich 194
Zwijsen, Johannes 499

Verantwoording van de afbeeldingen

De uitgever heeft getracht alle rechthebbenden op copyright van de in dit boek opgenomen illustraties te bereiken. In de meeste gevallen is dit gelukt. Mochten er illustraties zonder voorkennis van de rechthebbenden zijn afgedrukt, dan wordt dezen verzocht contact met de uitgever op te nemen.

De illustraties zijn afkomstig van of vervaardigd door:

Abdij van St.-Denis; Academisch-Historisch Museum der Rijksuniversiteit, Leiden; ACL, Brussel; Albertina, Wenen; Algemeen Rijksarchief, Brussel; Algemeen Rijksarchief, Den Haag; Amsterdams Historisch Museum, Amsterdam; AMVC, Antwerpen; ANP-Foto, Amsterdam; Appleby Bross Ltd., Londen; Archief Spiegel Historiael, Weesp; Associated Press, Amsterdam; Atlas van Stolk, Rotterdam; BAI, Groningen; Bavo-Kathedraal, Gent; Bayerische Staatsbibliothek, München; Belastingmuseum prof. dr. Van der Poel, Rotterdam; A. de Belder, Edegem; G.L. Berk, Kampen; Bernisches Historisches Museum, Bern; Biblioteca Medicea Laurenziana, Florence; Biblioteca Nacional, Madrid; Bibliothèque de l'Arsenal, Parijs; Bibliothèque Municipale, Dijon; Bibliothèque Municipale, Rouaan; Bibliothèque Municipale, Valenciennes; Bibliothèque Nationale, Parijs; Bibliothèque du Protestantisme, Parijs; Bodleian Library, Oxford; Bonnenfantenmuseum, Maastricht; A.F. Bourgonje, Den Haag; Brangwyn Museum, Brugge; British Library, Londen; British Museum, Londen; Bürgerbibliotek, Bern; Centraal Museum, Utrecht; Chartreuse de Champmol, Dijon; Christ Church, Oxford; City Museum and Art Gallery, Bristol; Commanding Officer, The Second Battalion, The Parachute Regiment, Aldershot; Corpus Christi College, Cambridge; R.J. Demarée, Leiden; Deutsche Akademie der Wissenschaften, Berlijn; Dienst voor Toerisme, Brugge; Dienst voor Toerisme, Gent; Dienst Verspreide Rijkscollecties, Den Haag; Domschat, Monza; Dordrechts Museum, Dordrecht; Duits Verkeersbureau, Amsterdam; B.G.J. Elias, Amersfoort; Escorial, Madrid; Fondation Custodia (Coll. F. Lugt), Institut Néerlandais, Parijs; Forschungsbibliothek, Gotha; Frans Halsmuseum, Haarlem; Fries Museum, Leeuwarden; Galleria Palatina, Palazzo Pitti, Florence; Gallerie der Stadt Stuttgart, Stuttgart; Gemeentearchief, Amsterdam; Gemeentearchief, Den Haag; Gemeentearcchief, Haarlem; Gemeentearchief, Rotterdam; Gemeentearcchief, Utrecht; Gemeentearchief, Zierikzee; Gemeentearchief, Zutphen; Gerechtshof, Brugge; Germanisches Nationalmuseum, Neurenberg; Giraudon, Parijs; Groeningemuseum, Brugge; Groninger Museum, Groningen; Haags Gemeentemuseum, Den Haag; J.N. van Hall, Hilversum; Heeresgeschichtliches Museum, Wenen; Helders Marinemuseum, Den Helder; Herzog Anton Ulrich-Museum, Brunswijk; N. Hin, Amsterdam; Historisch Museum, Rotterdam; Historisches Archiv, Keulen; Historisches Museum, Frankfurt; Ex-collectie L. en L. Honsdrecht; Imperial War Museum, Londen; Instituut voor Prae- en Protohistorie, Amsterdam; Instituut voor Taal-, Land- en Volkenkunde, Leiden; Internationaal Archief voor de Vrouwenbeweging, Amsterdam; Internationaal Instituut voor Sociale Gescchiedenis, Amsterdam; Israëlisch Nationaal Verkeersbureau, Amsterdam; Joods Historisch Museum, Amsterdam; Kathedraal, Barcelona; Kathedraal, Reims; Kathedraal, Toledo; Kerk, Geel; Kerk, Germigny-des-Prés; Kerkvoogdij Hervormde Gemeente, Groningen; Klassiek Archeologisch Instituut, Groningen; Klooster van de Minderbroeders, Weert; Kon. Bibliotheek, Brussel; Kon. Bibliotheek, Den Haag; Kon. Huisarchief, Den Haag; Kon. Instituut van Natuurwetenschappen, Brussel; Kon. Museum voor Kunst en Geschiedenis, Brussel; Kon. Museum van het Leger, Brussel; Kon. Museum voor Schone Kunsten, Antwerpen; Kon. Nederlands Leger- en Wapenmuseum, Leiden; Kon. Penningkabinet, Den Haag; D.A. Kransberg, Amsterdam; Kunsthistorisches Museum, Wenen; Landeshauptarchiv, Koblenz; Landesmuseum für Kunst und Kulturgeschichte, Münster; Louvre, Parijs; Magdalena College, Oxford; Maritiem Museum 'Prins Hendrik', Rotterdam; MAS, Barcelona; Mauritshuis, Den Haag; R. Mehlen, Luxemburg; G. Michiels, Brugge; Musée des Beaux-Arts, Palais des Etats de Bourgogne, Dijon; Musée des Beaux-Arts, Lausanne; Musée Carnavalet, Parijs; Musée de Cluny, Parijs; Musée Condé, Chantilly; Musée Goya, Castres; Musée Historique de la Réformation, Genève; Musée Municipal, St.-Germain-en-Laye; Musée de la Reine Mathilde, Bayeux; Musée de Versailles, Versailles; Museo de America, Madrid; Museo Arqueologico Nacional, Madrid; Museo Civico, Turijn; Museum Amstelkring, Amsterdam; Museum Boymans-Van Beuningen, Rotterdam; Museum Flehite, Amersfoort; Museum De Hallepoort, Brussel; Museum van de Kanselarij der Nederlandse Orden, Den Haag; Museum für Kunst und Kulturgeschichte, Lübeck; Museum Meermanno-Westreenianum, Den Haag; Museum Plantin-Moretus, Antwerpen; Museum voor Schone Kunsten, Gent; Museum Vleeshuis, Antwerpen; Museum 'De Waag', Deventer; Museum voor de IJsselmeerpolders, Schokland; Nat. Scheepvaartmuseum, Antwerpen; Nat. Gallery, Londen; Nat. Gallery of Art, Washington; Nat. Maritime Museum, Greenwich; Nationalmuseum, Stockholm; Nat. Portrait Gallery, Londen; Nat. Maatschappij der Belgische Spoorwegen, Brussel; Naturhistorisches Museum, Wenen; Natuurhistorisch Museum, Maastricht; Ned. Documentatiecentrum van de Bouwkunst, Amsterdam; Ned. Kastelenstichting, Muiderberg; Ned. Persmuseum, Amsterdam; Ned. Postmuseum, Den Haag; Ned. Theater Instituut, Amsterdam; New College, Oxford; Noordbrabants Museum, Den Bosch; Northern Ireland Tourist Board, Belfast; Nijmeegs Museum 'Commanderie van St. Jan', Nijmegen; OCMW, Antwerpen; OLV-Kerk, Brugge; Oranjekazerne, Schaarsbergen; Österreichisches Nationalbibliothek, Wenen; Paleis van Académiën, Brussel; Pierpont Morgan Library, New York; Th. Postma, Hoofddorp; Prado, Madrid; Prentenkabinet, Rijksuniversiteit, Leiden; Provinciaals Overijssels Museum, Zwolle; Rheinisches Landesmuseum, Bonn; Riksantikvarieämbetet, Stockholm; ROB, Amersfoort, Römisch-Germanisches Museum, Keulen; Rijksarchief in Friesland, Leeuwarden; Rijksarchief in Gelderland, Arnhem; Rijksarchief in Groningen, Groningen; Rijksarchief in Zeeland, Middelburg; Rijksinstituut voor Oorlogsdocumentatie, Amsterdam; Rijksmuseum, Amsterdam; Rijksmuseum 'Het Catharijneconvent', Utrecht; Rijksmuseum van Geologie en Mineralen, Leiden; Rijksmuseum G.M. Kam, Nijmegen; Rijksmuseum van Oudheden, Leiden; Rijksmuseum 'Paleis Het Loo', Apeldoorn; Rijksmuseum 'Nederlands Scheepvaart Museum', Amsterdam; Rijksmuseum Vincent van Gogh, Amsterdam; Rijksvoorlichtingsdienst, Den Haag; Salvat, Barcelona; Scala, Florence; Schatkamer van St.-Servaas, Maastricht; Schnütgen Museum, Keulen; Sherborne Castle, Wiltshire; J.P. Sigmond, Leiden; Silkeborg Kunstmuseum, Silkeborg; Spaans Verkeersbureau, Amsterdam; Staatliche Antikensammlungen, München; Staatliche Kunstsammlungen, Dresden; Staatliche Kunstsammlungen, Kassel; Staatliche Münzsammlungen, München; Staatliche Museen Preussischer Kulturbesitz, Berlijn; Städelsches Kunstinstitut, Frankfurt; Stadhuis, Brugge; Stadhuis, Deventer; Stadhuis, Haarlem; Stadhuis, Mechelen; Stadhuis, Oudenaarde; Stadsarchief, Gent; Stadsarchief, Mechelen; Stadsbibliotheek, Brugge; Stadsmuseum, Brussel; Statens Sjöhistoriska Museum Wasavarvet, Stockholm; Stedelijk Museum, Alkmaar; Stedelijk Museum, Amsterdam; Stedelijk Museum Brugge; Stedelijk Museum, Schiedam; Stedelijk Museum, Vlissingen; Stedelijk Museum Broederpoort, Kampen; Stedelijk Museum 'Het Catharina Gasthuis', Gouda; Stedelijk Museum 'De Lakenhal', Leiden; Stedelijk Museum 'Het Prinsenhof', Delft; Stichting Edwina van Heek, Enschede; Stichting Historische Verzamelingen van het Huis Oranje-Nassau, Den Haag; Stiftsbibliothek, Sankt Gallen; Teylers Museum, Haarlem; Collectie Thyssen-Bornemisza, Castagnola; Universitätsbibliothek, Heidelberg; Universiteitsbibliotheek, Amsterdam; Universiteitsbibliotheek, Gent; Universiteitsbibliotheek, Utrecht; Universitetets Oldsaksamling, Oslo; USIS, Den Haag; Victoria and Albert-museum, Londen; VVV, Deventer; VVV, Dordrecht; VVV, Hulst; VVV, Nijmegen; VVV, Zutphen; Westfälisches Landesmuseum für Kunst und Kulturgeschichte, Münster; Westfries Museum, Hoorn; Württembergisches Landesmuseum, Stuttgart; J. Yben, Bussum; A. de Zeeuw, Zutphen; Zeeuws Maritiem Museum, Zierikzee; Zeeuws Museum, Middelburg; Zentralbibliothek, Luzern; Zentralbibliothek, Zürich.